兴化市志

（上册）

兴化市地方志编纂委员会 编

XINGHUA SHIZHI

1991—2010

方志出版社

图书在版编目（CIP）数据

兴化市志. 1991—2010/兴化市地方志编纂委员会编.
-- 北京：方志出版社，2017.12
ISBN 978-7-5144-2861-2

Ⅰ. ①兴… Ⅱ. ①兴… Ⅲ. ①兴化－地方志－1991
—2010 Ⅳ. ①K295.33

中国版本图书馆CIP数据核字（2017）第315945号

兴化市志（1991—2010）

编　　者： 兴化市地方志编纂委员会
责任编辑： 张　昊

出 版 人： 冀祥德
出 版 者： 方志出版社
地址　北京市朝阳区潘家园东里9号（国家方志馆4层）
邮编　100021
网址　http://www.fzph.org
发　　行： 方志出版社图书经销中心
（010）67110500
经　　销： 各地新华书店
印　　刷： 南京凯德印刷有限公司

开　　本： 889×1194　1/16
印　　张： 93.25
字　　数： 2569千字
版　　次： 2017年12月第1版　2017年12月第1次印刷
印　　数： 0001~3500册

ISBN 978-7-5144-2861-2　定价：1000.00元

兴化市地方志编纂委员会

《兴化市志（1991—2010）》编辑部组成人员

主　　编　陈友光
副 主 编　洪　卫　姚桂本　陈　莉　张炳钊　陈　辉
总　　纂　洪　卫
副 总 纂　张炳钊　陈　辉
特约组稿　莫其康　黄俶成
特约摄影　杨天民　李春泽　顾晓中　朱宜华
编　　辑　孙东圣　贺益梅　孔　颖　朱存安　易楠希　赵爱华　韩董伟　杨四海

《兴化市志（1991—2010）》终审单位

泰州市党史方志档案办公室

《兴化市志（1991—2010）》验收单位

泰州市党史方志档案办公室

《兴化市志（1991—2010）》审核单位

江苏省地方志编纂委员会办公室

《兴化市志（1991—2010）》批准出版单位

兴化市人民政府

《兴化市志（1991—2010）》承编单位撰稿及资料收集人员

（按姓氏笔画排序）

卜铁进	于学谦	万长荣	万仁佑	王　兴	王　军	王　萍	王　锋	王　鑫
王小威	王小将	王长华	王永华	王庆宏	王明方	王建美	王树生	王庭碧
王振安	王桂玉	王晓鹏	王焕兵	王葳葳	王德全	毛文敏	卞殿荣	叶重怀
申祝存	田兆祥	史国铭	史荣斌	成　晔	朱文锦	朱巧宝	朱圳鸿	朱桂翔
朱道平	华正堂	刘　云	刘　艳	刘　强	刘长法	刘仁耀	刘双湖	刘仕兵
刘红兵	刘志龙	刘晓俊	刘晓航	祁斌昌	许　珺	阮书江	阮殿树	孙晓冬
严陈斌	李权平	李庆恺	李松筠	杨　林	杨　波	杨定存	杨洪江	杨海斌
吴　峰	吴　敏	吴　瑾	吴元清	吴胜国	吴海媛	邹　健	邹如明	沙　杰
沙金华	沈小伟	沈文海	张　翔	张　毅	张小荣	张仁贵	张志标	张绍安
张珠香	陆　俊	陆彩萍	陈兆京	陈红兵	陈学兵	陈富钧	邵德成	武阿堂
茅　清	林　楠	罗爱华	季宗传	金厚平	周　娟	周长青	周冬平	周国飞
周春山	周德银	房定华	赵长荣	赵松岐	赵金年	赵继强	赵朝春	查桂远
段　建	姜　华	姜洪义	姜帷韬	宫俊安	姚向东	骆根龙	袁幸福	耿　琪
耿洪盛	夏振建	顾　洁	顾登中	徐兴旗	徐芳芳	徐祖东	徐奎华	徐德元
高寿鹏	高建堂	唐　惠	唐永春	唐红杰	黄　颖	祭彦俊	梅立成	梅林森
董　祥	董淦贵	董维安	韩明华	舒长华	鲁冬一	解卫红	解莉莉	裴丽丽
翟新筠	颜国强	潘岚华	薛　根	薛　超	戴中海	戴锦程	魏仕磊	魏红革

（以上名单为承编单位提供）

千垛菜花　　（2010 年，杨天民摄）

李中水上森林　　（2009年，时永摄）

李中万亩荷塘　　（2016年，朱宜华摄）

乌巾荡晚景　　（2013 年，朱宜华摄）

垛田地貌　　（2010 年，朱春雷摄）

大纵湖　　（2004 年摄，市环保局提供）

徐马荒湿地风光　　（2016 年摄，市林牧业局提供）

城市新貌　（2011 年，杨天民摄）

水城夜景　　（2015 年，顾晓中摄）

2017 年 12 月 8 日，江苏省阜兴泰高速（S75）兴化至泰州段正式通车　　（卞剑萍摄）

改造后的长安路　　（2010 年，朱宜华摄）

1998 年前原长安北路　　（市城建档案馆提供）

改造后的英武路 （2017 年，李春泽摄）

20 世纪 90 年代英武北路 （市城建档案馆提供）

城南新区 （2011 年，李春泽摄）

兴化图书馆　　（2008 年摄，市文广新局提供）

新区体育馆　　（2015 年，顾晓中摄）

20 世纪 90 年代兴化汽车站　（市交通运输局提供）

2013 年 11 月 28 日投入使用的兴化汽车客运总站　（2013 年摄，市委宣传部

兴化市人民医院　（2013 年摄，市委宣传部提供）

兴化电视塔　（2014 年摄，市文广新局提供）

板桥竹石园　（2015 年，顾晓中摄）

儒学广场　（2010 年摄，市旅游局提供）

市民广

昭阳湖　（2014 年，朱宜华摄）

年，赵朝春摄）

时代广场　（2007 年摄，市旅游局提供）

八字桥文化广场　　　　（2012 年，顾晓中摄）

状元坊　　　　（2011 年，杨天民摄）

兴化四牌楼（2009 年迁于现址）

（2009 年摄，市文广新局提供）

八字桥广场一角　　（2010 年，李春泽摄）

1987 年修复后的四牌楼　　（市城建档案馆提供）

市博物馆　　（2010 年，卢寅摄）

郑板桥纪念馆　　（2009 年摄，市文广新局提供）

郑板桥故居　　（2013 年，顾晓中摄）

全国重点文物保护单位——上池斋药店　（2012年，肖海林摄）

春满海池　（2009年，李松筠摄）

东岳庙　（2010年，杨天民摄）

兴化县署　　（2014 年，朱宜华摄）

施耐庵陵园

（2007 年摄，市文广新局提供）

成家大司马府　　（2011 年摄，市文广新局提供）

赵海仙洋楼　　（2015 年，顾晓中摄）

拱极台　　（2007 年摄，市文广新局提供）

上方寺　　（2012 年，李春泽摄）

2010 年第二届中国兴化全国国际象棋锦标赛（个人甲组）比赛现场　　（市体育局提供）

2012 年第四届中国兴化全国国际象棋锦标赛（个人甲组）开幕式　　（市体育局提供）

2014 年第六届中国兴化全国国际象棋锦标赛（个人甲组）颁奖　　（市体育局提供）

2011 年第三届中国兴化全国国际象棋锦标赛颁奖晚会　　（市体育局提供）

2010 年第一届全国国际象棋少年精英赛　　（市体育局提供）

2012 年第三届全国国际象棋少年精英赛

（市体育局提供）

2014 年第五届全国少年儿童国际象棋精英赛

（市体育局提供）

2009 年首届中国·兴化全国国际象棋锦标赛侯逸凡在比赛中

（市体育局提供）

2010 年侯逸凡获得国际象棋世锦赛冠军

（市体育局提供）

世界棋后 侯逸凡

2010 年侯逸凡获得第 16 届亚运会国际象棋女子快棋个人快棋赛冠军

（市体育局提供）

2013 年侯逸凡获得国际象棋女子世界冠军

（市体育局提供）

国象特级大师 谷笑冰、郭琦

2009年首届中国·兴化全国国际象棋锦标赛谷笑冰在比赛中 （市体育局提供）

2014年中国国际象棋甲组联赛郭琦在比赛中 （市体育局提供）

2011 年 10 月 21 日，首届施耐庵文学奖颁奖典礼　　（市文广新局提供）

2013 年 4 月 29 日，第二届施耐庵文学奖新闻发布会　　（市文广新局提供）

毕飞宇工作室　　（2014

著名作家毕飞宇　（2014 年摄，市文广新局提供）

传部提供）

毕飞宇作品集　（2011 年摄，市文广新局提供）

1993 年首届中国·兴化郑板桥艺术节开幕式

（市史志档案办提供）

2009 年第九届中国·兴化郑板桥艺术节开幕式

（市招商局提

2005 年第七届中国·兴化郑板桥艺术节——“幸福小城梦水乡”大型主题文艺演出　（市委宣传部提供）

2004 年中央电视台“心连心”艺术团到兴化市百万农民慰问演出　（市委宣传部提供）

2009 年首届中国·兴化千垛菜花旅游节开幕式　　（市旅游局提供）

2010 年第二届中国·兴化千垛菜花节开幕式
（市旅游局提供）

千垛菜花景区游人如织
（2010 年摄，市旅游局提供）

戴南文化艺术中心　　（2011年摄，市委宣传部提供）

茅山会船节（一）　　（2009年，孙成钢摄）

茅山会船节（二）　　（2009年，孙成钢摄）

沙沟灯会　　（2012年，顾晓中摄）

沙沟段氏板凳龙表演　　（2008年，武成英摄）

张郭镇蒋家舍遗址考古现场　　（2012 年摄，市文广新局提供）

林湖乡影山头遗址　　（2011 年摄，市文广新局提供）

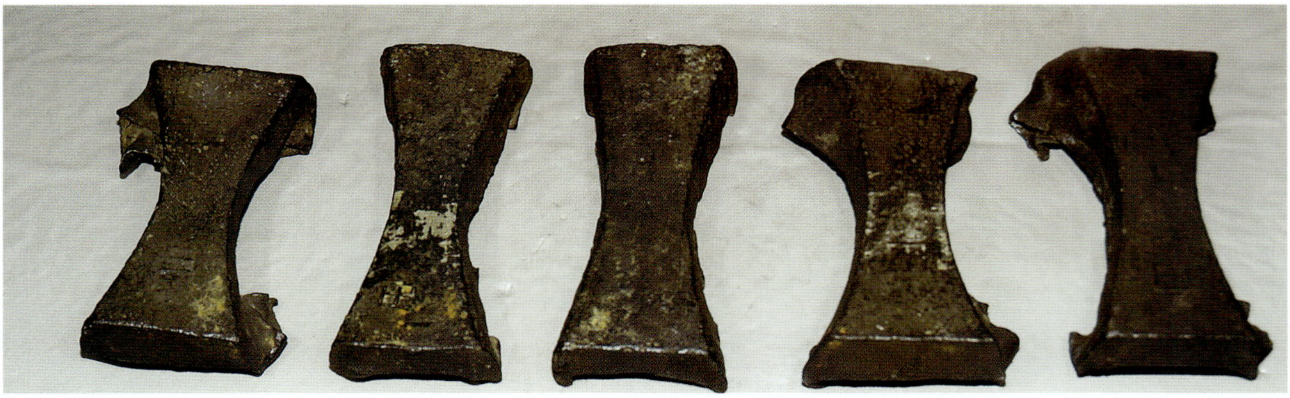

晚唐田字船形银锭一组

明代立姿口含桃枝梅花鹿

明代立姿独角兽薰炉

明代左足盘球狮子薰炉

明代俯首水牛铜器

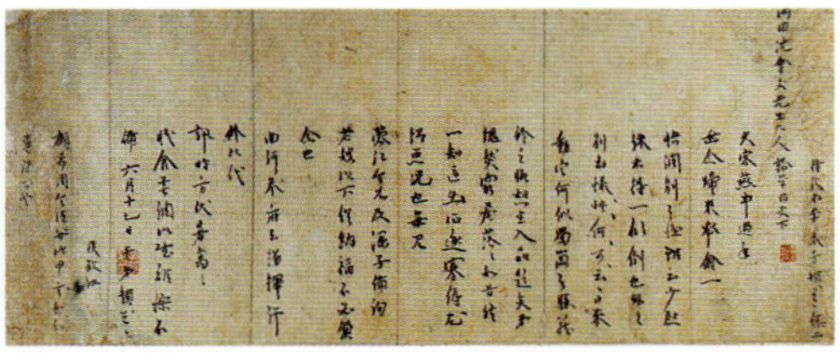

明代李春芳《行书手札》

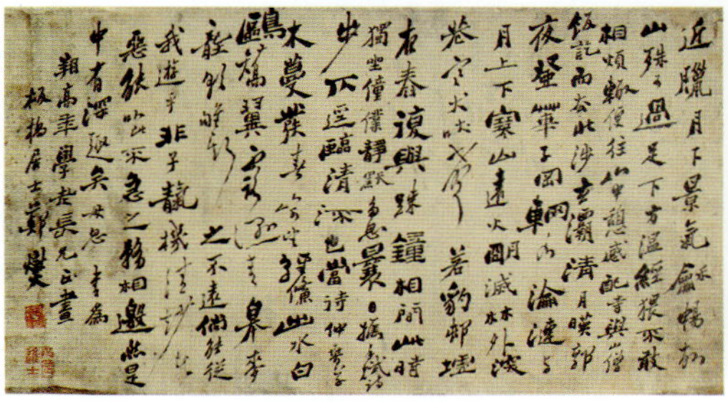

清代郑燮《行书轴》

清代李鱓《喜鹊登梅图》

戴南镇区全景图　　（2012年，陈长荣摄）

江苏兴达钢帘线股份有限公司生产车间　　（2015 年，顾晓中摄）

江苏兴海特钢有限公司氢退流水生产线车间
（2006年摄，市经信委提供）

江苏申源特钢有限公司炼钢车间（2009年摄，市经信委提供）

江苏星火特钢有限公司真空冶炼实验室
（2010年摄，市经信委提供）

江苏兴达钢帘线股份有限公司（2006年摄，戴南镇提供）

安丰镇国蟹市场　　（2015年摄，市委宣传部提供）

粮仓　（2005 年，朱春雷摄）

捕鱼　（2010 年，李松筠摄）

河鸭养殖　（2012 年，朱春雷摄）

扬州鹅养殖　（2008 年摄，市林牧业局提供）

河蟹养殖　（2007 年，朱春雷摄）

興化地理标志产品

兴化香葱

兴化大米

兴化红皮小麦

兴化大闸蟹

兴化大青虾

興化美食

里下河鲜

清蒸大闸蟹

昭阳炝青虾

兴化熏烧鹅

中庄醉蟹

沙沟大鱼圆

龙香芋烧肉

兴化名片

全球重要农业文化遗产（兴化垛田）

中国重要农业文化遗产（兴化垛田）

全国县域经济基本竞争力百强县(市)

全国中小城市综合实力百强县（市）

全国科技实力百强县（市）

全国科技进步先进市

国家科技富民强县试点市

全国粮食生产标兵（先进）县（市）

全国慈善城市百强

全国休闲农业与乡村旅游示范县

国家卫生城市

国家级生态示范区

中国农村综合实力百强县（市）

中国不锈钢之乡

中国国际象棋之乡

中国果蔬脱水加工第一县

中国小说之乡

中国河蟹第一市场

中国最美油菜花海（第二名）

中国美丽田园

中国河蟹养殖第一县

江苏省历史文化名城

江苏省文明城市

江苏省园林城市

江苏省双拥模范城

江苏省社会治安安全市

江苏省放心消费示范市

江苏省新农村新家庭示范市

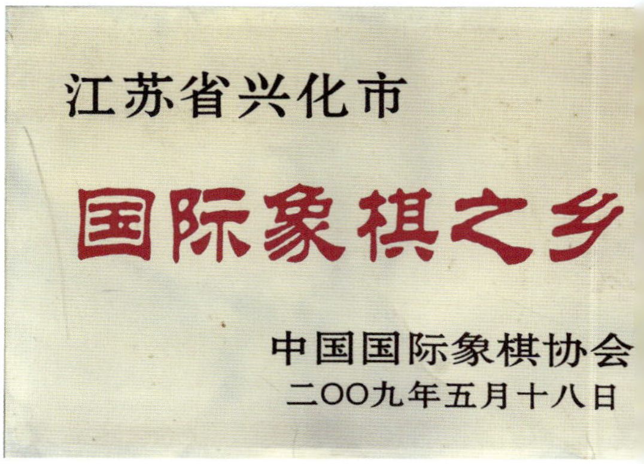

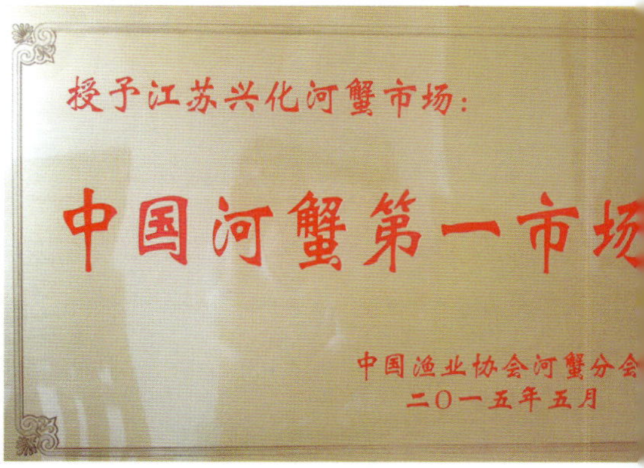

中国重要农业文化遗产
江苏兴化垛田传统农业系统
中华人民共和国农业部
二〇一三年五月

国家星火计划
国家科技富民强县试点县
中华人民共和国科学技术部星火计划办公室
二〇〇六年九月

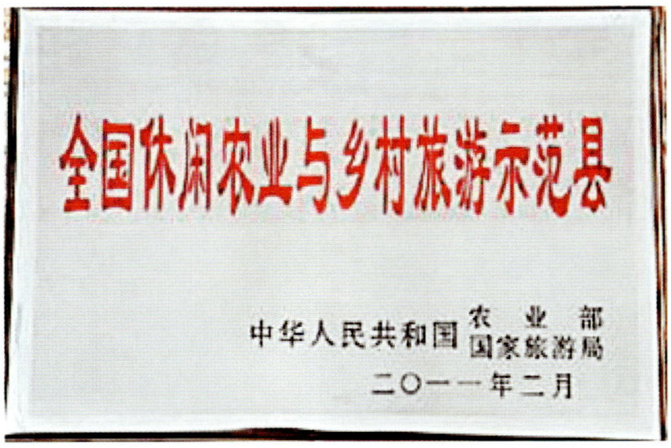
全国休闲农业与乡村旅游示范县
中华人民共和国 农业部 国家旅游局
二〇一一年二月

江苏省兴化市
国家卫生城市
(2015-2017)
全国爱国卫生运动委员会

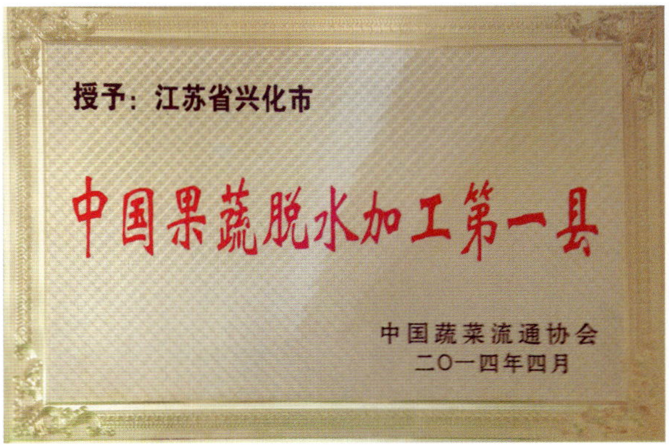
授予：江苏省兴化市
中国果蔬脱水加工第一县
中国蔬菜流通协会
二〇一四年四月

授予 江苏省兴化市
中国小说之乡
中国小说学会
二〇一一年十二月

授予江苏省兴化市：
中国河蟹养殖第一县（市）
中国渔业协会河蟹分会
二〇〇八年七月八日

二〇〇八年度
社会治安安全县(市、区)
中共江苏省委 江苏省人民政府
二〇〇九年一月

《兴化市志（1991—2010）》终审会合影
后排：贺益梅 陈 莉 陈 辉 卢 峰 莫其康 李秀年 殷 勇 申万霞 洪 卫 徐 强 张 维 孔 颖
前排：张炳钊 陆建华 葛崇烈 陈 维 吉 祥 徐立华 申俊才 徐 新 王宇清 张越善 陈友光

序

盛世修志，志载盛世；记录历史，昭示未来。

《兴化市志（1991—2010）》编纂历经十载，数易其稿，付梓出版。这是一件功在当代、利在千秋的大事，是文化兴化建设的一项丰硕成果，是全市广大地方志工作者执着守望、辛勤耕耘的结晶，可喜可贺！

地方志是传承中华文明、发掘历史智慧的重要载体，地方志工作是建设文化强市的有机组成部分。兴化自古教化兴盛，文化积淀深厚，人文气息浓郁，存有明代至民国期间编修县志5部。1995年，编纂出版了第一部新方志《兴化市志》（下限为1990年）。

时间是标注前进步伐的刻度。1991—2010年，二十年峥嵘岁月，春华秋实。二十年来，全市人民在市委、市政府的正确领导下，团结拼搏、砥砺前行，综合实力显著提升，城乡面貌日新月异，社会事业持续发展，党的建设全面加强……这是一段波澜壮阔的光辉历程。

隔代修史，当代修志，史远而志近。《兴化市志（1991—2010）》以丰富详实的资料、科学规范的体例，以述、记、志、传、图、表、录等形式，全面系统地记述了二十年间兴化的自然环境、地理风物、社会变迁、区域经济、科教文化和社会生活的方方面面，是“一方之全史”。它承前志并有创新，集地方性、资料性、纪实性、综合性于一身，突出记述了向建设“富庶、生态、文化、和谐、幸福”新兴化目标迈进的历史征程，很好地体现了时代特征和兴化特色。

治天下者以史为鉴，治郡国者以志为鉴。抚今忆昔，知往鉴今。新时代，新征程，新辉煌，立足新时代坐标，让我们在习近平新时代中国特色社会主义思想指引下，不忘初心，牢记使命，奋力谱写新时代中国特色社会主义兴化新篇章！

中共兴化市委书记

兴化市人民政府市长

2017年12月

凡 例

一、本志以习近平新时代中国特色社会主义思想为指导，坚持辩证唯物主义和历史唯物主义的立场观点和方法，全面系统地记述兴化市1991—2010年自然、政治、经济、文化和社会的历史与现状。

二、本志为《兴化市志》（1995年版）的续志，以兴化市现行政区域为记述区域范围。时间范围：上限1991年，下限2010年。为体现事物发展的连续性和完整性，部分内容适当上溯；补记前志遗漏内容时尽可能从发端写起。大事记延至2017年，志首图片延至2017年。

三、本志综合运用述、记、志、传、图、表、录等体裁，志首设图片、序、凡例。全书设32卷，其中卷一总述、卷二兴化纪事、卷三十二丛录，分别以述、记、录体裁单独设卷。其余专志29卷遵循“横不缺要项，纵不断主线”的原则，横排竖写；各卷一般设章、节、目3个层次，目以汉字数字标序号，子目标题加【 】；卷下设无题序，章和节下无题序根据记述需要设置。志末设索引、编后记。

四、本志将“水乡地理”“文化遗产”“不锈钢产业”升格成卷，设章记述“生态景区”“兴化特产”“国际象棋之乡”。“兴化纪事”卷除大事记外，单设“1991年兴化抗洪纪实”。

五、本志遵循“生不立传”原则，为对经济社会发展有突出贡献和重大影响的本籍已故人士立传，对兴化社会历史发展有较大影响的外地人士亦收录入传。对业绩卓著的在世人物，以事系人，人随事出。“人物”卷收录革命烈士、省及省以上先进人物、在外乡贤和能人巧匠。

六、本志历史纪年：中华民国成立前采用朝代年号纪年，在同一节中首次括注相同朝代年号的公元纪年。中华民国纪年使用阿拉伯数字，括注公元纪年。中华人民共和国成立后采用公元纪年。

七、本志按照《出版物上数字用法》（标准号为GB/T 15835—2011）规定使用数字。一般采用法定计量单位，涉及农耕土地面积，按传统习惯仍沿用以“亩”为计量单位。

八、本志行文中组织机构、会议、文件等名称按当时称谓书写全称，如全称较长则在首次出现时括注简称。志中的“省”“市”“县”以及后缀“委”“人大”“政府”“政协”等，分别指江苏省、兴化市（县）及相应机构。本志使用地名以民政部门认定的地名为准，使用旧地名时括注今地名。

九、本志所用资料主要来源于文献档案、报刊、专著等，经考证鉴别后载入。各类统计数据以统计部门公布的为准，统计部门没有统计的则采用有关主管部门的统计数据。

总目录

上 册

下　册

Contents

目 录

上 册

卷一 总 述

卷二 兴化纪事

卷三 政区 人口

卷四 水乡地理

卷五 国土资源管理 环境保护

卷六　水　利

卷七　交　通

卷八 城乡建设

卷九 经济综情

卷十 农业与农村经济

卷十一　工业　建筑业

卷十二 不锈钢产业

卷十三 商贸服务业

卷十四 邮电信息业

卷十五 金融业

卷十六 财政 税务

卷十七 经济综合管理

卷一 总述

图1-1　昭阳大将军雕像　　（2010年，朱春雷摄）

总 述

一

兴化市地处长江三角洲北翼，江淮之间，苏中里下河腹地，位于北纬32° 40′至33° 13′、东经119° 43′至120° 16′。东邻大丰、东台，南接姜堰、江都，西与高邮、宝应毗邻，北与盐城市盐都区隔界河相望。辖区东西最长、南北最宽各55公里，呈北宽南窄方形，犹如聚宝盆。全市总面积2393.35平方公里、总人口156.06万人，为江苏省国土大县、人口大县，下辖34个乡镇和1个省级开发区。市人民政府驻地昭阳镇。

最美兴化，美在人与自然的和谐统一。2003年，著名词作家阎肃在兴化采风时创作了脍炙人口的《梦水乡》："笑望海光月，轻扣板桥霜，微风摇曳竹影，我的梦里水乡；万亩荷塘绿，千岛菜花黄，荟萃江南秀色，我的甜美故乡。"2010年，诗书大家沈鹏在兴化市采风时即兴写下《七律·兴化一日》："北雁南飞里下河，秋风送爽蟹鱼多。板桥渔鼓道情曲，劳者茅山号子歌。湿地森林真气满，晴空云影淡然过。宽裕今日等闲度，归去身心轻载舸。"阎肃和沈鹏笔下的兴化，风光绮丽，气象万千，人杰地灵，物阜民丰，这是一方水润天成、多姿多彩的神奇膏壤，也是一方祥和安乐、宜居宜游的富庶之地。三分绿水、七分沃土和亚热带湿润季风气候生成了良好的自然生态禀赋；六千年的人类生存史及两千多年的人文开发史孕育了钟灵毓秀的古韵今风。改革开放以来，特别是20世纪90年代以来，兴化人民以勤劳和智慧，在朝着建设"富庶、生态、文化、和谐、幸福"新兴化目标迈进的征程中，书写了经济社会快速协调发展的灿烂篇章。

二

兴化市位于江淮平原的里下河凹陷中心地带，为中新生代断陷盆地持续沉降区，古地貌为大型湖盆洼地。地势东部、南部稍高，西北部偏低，是里下河地区建湖、兴化、溱潼三大洼地中最低洼的地方，俗称"锅底洼""荷叶地"。境内有大中小河道12124条，总长10526公里。"五湖、七溪、五十三河、六十四荡"星罗棋布，芦苇荡、千垛塥、水浒港镶嵌其间，广袤无垠、纵横交错的田园水系和一望无际的大平原，成为《水浒传》描写梁山水泊"周围港汊数千条，四方环绕八百里"的原型蓝本。总储油量千万吨以上的兴化陈堡油田，是已探明的江苏最大油田，也是中国迄今发现的黄河以南最大的陆上油田。历史上的兴化，东临黄海，西依运河和高邮湖，北枕淮水，南濒长江，可谓是"枕吴楚之交，襟江淮之风"，吸天地之灵气，享日月之精华。因其四面环水，历史上无舟不行，向有"自古昭阳好避兵"之说。诗人李恢云："我邑独少宛马来，大泽茫茫不通陆；外人羡作桃花源，万钱争租一间屋"（《闻昔行》，康熙《兴化县志》载），特殊的地理环境，使生活在那个时代的兴化人远离战乱，宛如置身世外桃源。

兴化的优势在于水，她滋润着这方广袤的土地，养育了百万水乡儿女；兴化的劣势也在于水，“锅底洼”“荷叶地”为兴化埋下了“洪水走廊”的隐患。东有海水倒灌，西有运河与高邮湖悬顶、西北有洪泽湖水压境，历史上水灾不断。明隆庆状元张元忭《兴化行》诗云：“扬州本泽国，兴化当其下。迩来堤坏海口塞，河流尽向此中泻。我来泛舟如泛海，两涯那辨牛与马。水荇自青蒲自绿，百里茫茫无茅瓦。”道尽灾年惨相。因而抗洪救灾和兴修水利历来成为秉政地方的第一要务。一代名宦范仲淹、魏源等任职兴化知县时，带领兴化人民治水抗灾，政绩卓著，后人将范仲淹主持修建的捍海堤命名为“范公堤”，将魏源率领农民及兵丁堵埝封缺、加堤固坝后收获的稻谷称为“魏公稻”。

水利是农业的命脉，是兴化市经济社会发展的生命线。中华人民共和国成立后，兴化水灾仍时有发生，历届市（县）委、市（县）政府一以贯之地将治水抗灾保安夺丰收作为关乎国计民生的为政之要。除积极组织人力物力参与国家治淮工程建设外，对地方的水利建设一直紧抓不懈。1991年兴化市遭受百年未遇的特大洪涝灾害，直接经济损失逾十亿元，海内外高度关注并伸出援助之手，国务院总理李鹏、国务院秘书长罗干等领导及联合国救灾署官员亲临视察指导。兴化人民上下一心，团结奋战，取得了抗灾自救和灾后重建的伟大胜利。兴化市委、市政府，海河区委、区公所，昌荣镇党委、政府，李健乡党委、政府，张郭乡蒋庄村和市卫生局、供电局，被省委、省政府表彰为抗洪救灾先进集体，市公安局被公安部荣记抗洪斗争集体一等功。全市进而以此为鉴，紧紧扭住水利这一命脉不放，在修复水毁工程的基础上，加大水利基础设施和农田基本建设投入，将河道疏浚与圩田路综合治理相结合。1991—2010年，先后治理鲤鱼河、中引河、盐靖河、茅湾港、阵营港等县（市）级干河31条、乡级河道364条，清淤疏浚畅通入江入海泄洪通道，提高河道引排能力。同时，强化基础设施建设，提升防洪排涝能力，将农业联圩由403个调整为335个，建设标准由“四三”式提高到“四点五四式”（堤顶真高4.5米，顶宽4米），全面加高培厚。在圩口闸建设中，推广闸站结合，按照“三田一方，条田方整；河沟路林，配套成网；电站渠灌，渠道衬砌；桥闸站涵，全面配套”的方针，把防洪标准提高到百年一遇，1999年基本建成无坝市，在抗击洪涝和干旱灾害斗争中发挥了重要作用。至2010年底，城市防洪工程建设总投资5亿元，建成防洪闸站39座、城乡防洪墙（堤）41.5公里，保护范围近70平方公里，35万人受益，全市185万亩以上农田得到防洪围护，基本形成防洪、排涝、灌溉、降渍四套工程体系，建成高产稳产农田126万亩。防洪保安为农业这一国民经济的基础提供了坚强保障。

全市农业和农村工作，始终坚持稳农强农不动摇，以富民强市、率先基本实现现代化总揽全局，加快农业结构调整步伐，大力推进农业产业化经营和科教兴农，努力提高农业综合经济效益，促进农村经济健康快速发展。“八五”期间，兴化市农业进入“稳粮扩棉”阶段，重点调整夏秋粮比例，扩大棉花、油菜和小宗经济作物种植面积。“九五”期间，实施“一稳二调三扩”的规划目标，稳定油料总产、调减粮食和棉花种植面积，扩大经济作物、立体种植、立体种养面积，农业生产由偏重种植业逐步向农林牧渔综合发展转型。“十五”期间，强化农业服务体系建设，加快部门职能转变，农业综合生产能力持续提高，粮食生产连年增产，粮食单产、小麦单产在全省名列前茅。“十一五”期间，加快转变农业发展方式，推进理念创新、科技创新、机制创新、服务创新，促进农业生产经营的专业化、标准化、规模化和产业化，高效农业得以快速发展，产业化经营深入推进，农业综合生产能力、抗风险能力、市场竞争能力进一步提高。

2001年落实国家以“减负、规范、稳定”为目标的农村税费改革，2004年起对种粮农民实行财政补贴，2005年起全面取消农业税，减轻农民负担，农民生产积极性空前高涨。农业机械化建设的步伐与时俱进，农业生产告别“面朝黄土背朝天，牛耕人拉靠天收”的传统模式，大批劳动力从田间解放出来，向二、三产业和林牧渔业转移。至2010年，农村劳动力进城市务工30多万人，农产品进超市近10亿元，“两进”工程取得阶段性成效，农村经济呈现良好的发展态势。2010年，完成第一产业增加值64.51亿元，占地区生产总值的16.67%，为1990年的6.74倍[①]。种植业和林牧渔业齐头并进，分别占农业内部产值48.6%和45.5%。全市粮食年产量持续稳定在134.42万吨、棉花1.51万吨、油料3.56万吨、生猪饲养量84.2万头、水产品产量24.6万吨的生产水平。兴化市成为全国稻麦生产第一县，连续多年蝉联“全国粮食生产先进县（市）”称号，钓鱼镇水稻万亩示范方百亩核心方平均单产不断刷新稻麦两熟条件下机插水稻百亩示范方单产全国纪录。

得天独厚的生态环境成就了兴化的物华天宝。兴化大米获第十三届中国国际农产品交易会金奖和第十六届中国绿色食品博览会金奖。“板桥墨色淌，清风染荷塘，却抵不过悠悠稻米香。”这是中央电视台为兴化大米“量身定制”原创歌曲《悠悠稻米香》中的歌词。兴化红皮小麦在历届中筋蒸煮类小麦品质评比中均列前茅，兴化面粉成为南方各大城市早点制作的首选用粉，成为多家国际知名食品企业的上等原料。兴化香葱远销日本、韩国、东南亚等地，兴化市是亚洲最大的香葱生产基地、脱水蔬菜加工基地，国家级出口食品农产品质量安全示范区，获“中国果蔬脱水加工第一县”称号。兴化荷藕入选“全国最具魅力农产品”。垛田特产龙香芋还上了中央电视台《舌尖上的中国》节目，受到海内外消费者的青睐。兴化大闸蟹除具有江苏蟹“青壳、白肚、金爪、黄毛”的共性特点外，还具有“膏红、肉鲜”的个性特征，泓膏、天宝湖、膏满堂等品牌的大闸蟹被中国渔业协会河蟹分会评为“中国十大名蟹”，兴化大闸蟹、板桥大闸蟹、金香来大闸蟹在中国渔业协会组织的中国名蟹大赛上获“中国名蟹金奖”。安丰、永丰、中堡、临城等乡镇获“中国河蟹之乡”称号，兴化市获“中国河蟹养殖第一县”称号。兴化大青虾在全国水产品展销会上被评为优质产品。兴化大米、兴化红皮小麦、兴化香葱、兴化荷藕、兴化龙香芋和兴化大闸蟹、兴化大青虾这七大产品，为“国家地理标志保护产品”。兴化市是全国农业生态示范市，位于境内戴窑镇的兴化市粮食交易市场是全国最大的粮食交易市场之一。兴化市是全国水产重点县，淡水产品产量连续多年位居江苏省首位。还有为贡品而美名远扬的中庄醉蟹、150多年前就驰誉大江南北的兴化米甜酒和闻名遐迩的沙沟大鱼圆等名优特产品。全市农、渔等业生产水平持续领跑全省，兴化市是“江苏农业第一县”，“鱼米之乡”美誉是实至名归。

三

兴化市作为传统的农业大县，经济发展起点低，人口基数大，长期以来工业经济薄弱，是苏中的经济洼地。20世纪90年代以来，历届市委、市政府始终不渝地实施“工业强市”的发展战略，下大气力“补短板”，实行追赶式发展。“八五”期间，贯彻落实“抓住机遇，深化改革，扩大开放，促进发展，保持稳定”的方针，为经济发展和社会稳定打下坚实的基础。“九五”期间，实行“农工接轨、规模经济、外向带动、科教兴市、基础设施先行”五大战略，经济社会取得显著进展。“十五”

① 期初1991年为特殊年份，农业、工业等受灾严重，没有可比性，故改为与1990年相比，下同。

期间，市属企业推进以“三置换一保障”[①]为重点的产权制度改革，乡镇企业实施转制改制，国有资本、集体资本有序退出，民营经济挑起大梁。“十一五”期间，坚持以科学发展观统领经济社会发展全局，以经济结构调整为主线，以实施新型工业化为第一方略，把加快发展民营经济和开放型经济、加速城市化进程作为战略重点，全力推进和谐社会建设。经过“八五”至“十一五”四个五年计划的实施和全市人民的不懈努力，全市经济社会迅速走上发展的快车道，取得令人瞩目的成就。主要表现为：

经济综合实力和运行质态迈上新台阶。1991—2010年，经济总量呈现加速扩张态势，地区生产总值连上几个大的标志性台阶。1990年，全市地区生产总值17.71亿元，人均1176元，1996年超50亿元，2003年过100亿元，此后仅用4年时间地区生产总值突破200亿元，平均每年增加25亿元。2010年地区生产总值387.11亿元，人均地区生产总值（按常住人口计算）30919元。经济总量的快速扩张带来财力的不断增长。1990年财政收入为6607.1万元，1993年超亿元，2004年突破10亿元，2010年达54.47亿元，是1990年的83倍，一般预算收入21.13亿元，是1990年的33倍。兴化市多次跻身全国县域经济基本竞争力百强县行列，2010年位居全国县域经济基本竞争力百强县（市）第67位。是年，全市第一、二、三产业的构成比例为16.7：44.7：38.6，与1990年的54.03：25.14：20.83、1995年的42.4：32.1：25.5、2000年的36.9：28.2：34.9、2005年的24.5：44.9：30.6相比，经济格局从原来的“一、二、三”变为“二、三、一”，产业结构明显优化，经济呈现良性发展态势，基本进入工业化中期阶段。

第二产业特别是工业在改革开放中取得突破。围绕“走出里下河，融入长三角”目标，大力实施产业高端化、品牌化、规模化工程，推进工业转型升级，实践科学发展，走新型工业化道路，工业经济发展迅猛。1990年工业总产值21.68亿元，2000年超100亿元，2003年超200亿元，2010年突破1000亿元，是“十五”期末的3.35倍。“短板”状况明显扭转，民营经济的发展功不可没。1993年戴南镇出台“两抓两放”“腾笼换鸟”的政策，1996年张郭镇根据集体企业运行质态分别确定10种改制形式，两镇率先发展个体私营经济，民间创业热情空前高涨，在全市产生强烈反响和引领效应。1999年，市委、市政府作出放手发展私营个体经济的战略决策。2000年，泰州市委印发《兴化市戴南镇、张郭镇发展私营个体经济的调查》，充分肯定戴南、张郭两镇的经验。全市乘势而上，大张旗鼓地开展“放大戴南、张郭效应”和“争创兴达式企业”的活动，私营个体经济突飞猛进。

兴化市招商引资和对外经贸工作富有成效。2010年完成招商引资额44亿元，其中到位资金1000万元以上项目106项。外经外贸份额不断扩大，协议注册利用外资2.6亿美元、实际利用外资1亿美元，分别是“十五”期末的5.4倍和3.5倍。1994年前全市进出口额还是空白，2010年出口商品15大类、200多个品种，远销50多个国家和地区，年出口商品供货额10多亿元。2010年完成自营出口额3.2亿美元，实现外经营业额2200万美元。

区域特色经济发展迅速。不锈钢、农产品加工、机械制造、纺织服装行业迅速成长为全市四大特色产业，形成以戴南镇为中心的三市七镇的不锈钢产业、城郊脱水蔬菜产业、戴窑镇粮食加工产业、大垛镇氧化锌产业、陈堡镇铸造产业等多种特色产业集群，涌现出江苏兴达钢帘线股份有限公司（简称“兴达公司”）等国家级高新技术企业和一批“五五工程”重点工业企业。2008年，不锈钢产业集群被中国社科院工业经济研究所评为“中国百佳产业集群”，脱水蔬菜产业集群跻身于江苏省第一批农产品出口示范区。企业研发投入和技改投入随之明显增长，发展后劲不断增强。2010年，全市研发投入占地区生产总值1.8%，高新技术产业产值106.24亿元，比“十五”期

① 三置换一保障：即置换国有、集体产权或股权；置换国有、集体企业职工身份；置换国有土地使用权；实施社会保障。

末增长209.7%。实施技改项目877项，总投资180.74亿元。市经济开发区、昭阳工业园、科技工业园、戴南科技园区、张郭科技园区、民政工业园区等11个重点工业园区，“十一五”期间投入5.3亿元，新增入园企业684家。20多个国家和地区的客商在兴化投资合作，兴办三资企业100多家。以开发园区为载体的先进制造业基地和高新技术产业基地迅速崛起，成为全市工业经济的脊梁和高新技术产业的孵化器，对全局经济的发展发挥了巨大的推动作用。同时，建筑业也在不断发展。2010年，全市规模建筑企业为111家，施工人数为7.99万人；承建工程竣工面积1212.85万平方米，实现产值140.21亿元，分别是1991年的39倍和258倍，对经济的贡献份额明显增加。

第三产业成为重要的经济增长点。20世纪90年代初，社会商业基本放开经营，私营个体商业和各类商品市场发展迅速，市场竞争日趋激烈。市委、市政府坚持把建设和培育市场作为发展第三产业的重要抓手，先后兴建粮食市场、不锈钢交易市场、水产品批发市场、河蟹市场等亿元以上市场11个。2010年实现社会消费品零售总额85.85亿元，为1990年的8.25倍。兴化市成为长三角具有商业发展潜力的县市之一。现代服务业开始崛起。戴南不锈钢综合物流中心、合陈粮食物流园区、得胜湖港口物流园区三大服务业集聚区加快建设，工业企业主辅分离工作扎实推进。运输业规模迅速扩大，2010年全市客运量、货运量和货物周转量分别是1990年的2.38倍、9.43倍和14.05倍。金融业在改革创新中快速发展，为促进经济和社会发展发挥重要作用。全市3大类18家市级金融机构，2010年银行业存款余额303.67亿元，保险业实现保费收入7.99亿元，证券业实现成交额93.9亿元。信息传媒产业发展迅速。2010年全市固定电话用户和邮政业务总收入，是1990年的100多倍和9.88倍，移动电话用户和计算机宽带网络用户更是从无到有，猛增到72.47万户和9.1万户。乡镇有线电视覆盖率100%。1990年，第三产业值有3.68亿元，2010年猛增到149.58亿元，是1990年的40.65倍。

基础设施建设成就斐然。1991—2010年，交通、通信等基础设施投入巨大。2010年全社会固定资产投资完成额239.24亿元，是1990年的340倍，既拉动全市经济的快速发展，也大大改善城乡面貌。继1992年实现各乡镇通公路后，2007年全市行政村实现村村通公路，“无舟不行”、交通闭塞的状况得到彻底改变。2010年底全市公路里程达2522.73公里，等级公路密度为1.05公里/百平方公里，基本构成四通八达的交通网络。2010年全市客运量1105万人次，货运量4191.62万吨。至2010年，通过旧城改造、新区开发，城市面貌发生巨变。城市面积扩大到64平方公里，道路总长度211.1公里，公共交通覆盖整个城市，市郊区域公共绿地面积182公顷，生活和投资环境大为改观。

科技教育卫生体育事业全面发展。科技实力逐步增强，科技成果向现实生产力转化进程加快。2010年末，全市有省、市级工程技术研究中心24家，省级以上高新技术企业17家，省民营科技型企业77家，各类科技人员53635人，其中具有高级职称的2089人。全市专利申请量1257件，专利授权量778件；发明专利申请量195件，发明专利授权量15件。戴南镇入选江苏省首批创新型乡镇，兴化特种合金材料科技园被列入江苏省首批科技产业园。2007—2010年，兴化市连续通过全国科技进步先进县（市）考核。至2010年，获各级科技进步奖13项，其中：国家级二等奖1项，省级一等奖3项、二等奖4项，省级三等奖5项。

义务教育优先发展，教育事业在深化改革中不断推进。实行学校内部管理体制改革和分级办学、分级管理体制。高起点、高标准全面实施九年制义务教育，1996年通过省政府组织的评估验收。截至2010年底，全市有幼儿园55所、小学55所（含九年一贯制学校37所）、初中16所、普通高中10所、职业学校2所，建成省优质幼儿园12所，省实验小学10所，省示范初中15所，省四星高中2所；有专任教师9283人，其中省特级教师15人、教授级中学高级教师2人、省名教师1人、中学高级教师898人。幼儿入园率、小学入学率和巩固率稳定在100%，初中毕业生升学率95.18%。各学校办学成绩显著，教育成果丰硕，为全国各类高等院校输送合格新生5万多人。

2004年，全国高考江苏省文科状元花落兴化中学。2007年起，省高中生作文三大赛事，兴化学生实现“九连冠”，被誉为作文教学的“兴化现象”。2009年，在中小学生竞赛活动中，144人次获国家级奖项，541人次获省级奖项。大力推进课题研究工作，兴化市区域性综合研究课题《发展语言能力，增强学习能力，探求提高教学效率科学之路》和《追寻理想课堂——兴化市区域整体提高课堂教学质量的实践研究》顺利结题。积极开展和深化课程改革，综合实践活动课程开设与研究水平位于泰州市前列，在省内外产生较大影响。

医药卫生工作得到加强，人口和计划生育工作不断迈上新的台阶。深化医药卫生体制改革，基本医疗保障体系初步建立，市、乡（镇）、村三级医疗卫生服务网络基本健全，城乡基本公共卫生服务逐步均等，服务水平不断提升。2010年，全市有医疗卫生单位55家，卫技人员3360人，病床3269张，平均每1000人2.09张。城乡医疗卫生机构基础设施建设和卫生人才队伍建设得到加强，就诊环境逐步改善，诊断水平逐步提高，突发公共卫生事件应对能力不断增强，人民健康水平得到提升。2002年，兴化市被省政府授予“江苏省初级卫生保健先进县（市）”称号。2008年，赵海仙洋楼成为“江苏省首批中医药文化宣传教育基地建设单位”。人口和计生工作成绩显著，“八五”建成省合格市，“九五”建成省先进市，“十五”建成省示范市，“十一五”建成省人口协调发展先进市，在全省率先实现世代服务机构市乡村三级全覆盖。低生育水平保持稳定，2010年计划生育率99.6%，出生人口性别比趋于正常，获全国“婚育新风进万家”活动先进市、全国计划生育优质服务先进市、江苏省计划生育优质服务先进市、江苏省“新农村新家庭计划”示范市等称号。

城乡群众体育发展较快，竞技体育取得骄人业绩。在政府部门和体育社团的推动下，全民健身运动和业余体育训练蓬勃开展。全市有江苏省、泰州市、兴化市三级体育传统项目学校27所，新区体育馆和全民健身中心建成并投入使用。2010年，常年坚持健身锻炼的约60万人，占总人口的40%。农村体育越来越普及，一些经济发达乡镇定期或不定期举办农民运动会，614个行政村“万村体育健身工程”初见成效。20年间，举办全市综合性运动会3次，各种单项比赛700余次，承办上级在兴化举办的体育赛事50余次，竞技体育水平不断提高。兴化籍运动员在各类体育竞赛中，国际象棋尤为突出，夺得世界冠军、亚洲冠军6个。在江苏省第十七届运动会上，兴化健儿获得4金6银5铜、总分148.75分的好成绩。国际象棋人才辈出，涌现出谷笑冰、侯逸凡、郭琦等一批国际象棋特级大师，侯逸凡成为国际象棋史上最年轻的“棋后”。体育产业成绩喜人，筹集大量经费，为兴化市体育事业的发展提供坚强保障。2009年，兴化市成为第一个被中国国际象棋协会授予“国际象棋之乡”的城市。2010年，市体育局被国家体育总局表彰为“全民健身活动先进单位”。

人民群众生活不断改善。20年间，城乡居民生活实现了从温饱不足到总体小康的历史性跨越。2010年，城镇职工年平均工资29379元，是1990年的18.46倍；农村居民人均纯收入8817元，是1990年的11.85倍；恩格尔系数由1991年58.11%下降到2010年的37.9%。居民储蓄余额206.94亿元是1990年的37.69倍，城镇居民人均可支配收入由1990年的1591元，增加到2010年的18409元。社会保障体系日趋完善。

1991—2010年，全市下岗职工实现再就业或自主创业88030人次，期末城镇登记失业率2.85%。2010年末，参加城乡居民养老保险68.28万人，28.84万人领取基础养老金，实现适龄人员参保、基础养老金发放两个全覆盖；城乡居民医疗保险参保率、筹资率实现两个100%，受益面及保障水平进一步提高；全市享受低保人数36722人，农村在册“五保”户总数11948人，有养老机构173所。1991—2010年，全市建成经济适用房5530套、廉租房535套，面积50万平方米，6000多困难户得到安置，2010年，城镇居民和农村居民人均居住面积分别为36.51平方米、41.03平方米。城乡居民幸福指数节节攀升。

四

兴化市是江苏省历史文化名城，素以人文荟萃和名胜古迹众多而闻名于世。境内人类生存史可追溯到距今6000多年前。据境内林湖乡影山头遗址考证，早在6000年前的新石器时代，兴化境内已有人类栖息。蒋庄良渚文化遗址进一步表明，早在新石器晚期已有先民长期在此定居生活。

兴化古称昭阳，又名楚阳、楚水。今兴化市境，春秋时属吴，战国时属楚，为楚令尹昭阳大将军的食邑。秦属九江郡，汉至隋唐历属临淮、广陵、江都。五代杨吴武义二年（920），析海陵地置招远场，旋改为兴化县，取“昌盛教化”之意，故有“昭阳古邑”“海陵旧址”之称。自宋至清，历属泰州、承州（州治设今高邮）、高邮（路、府、州）和扬州府。民国期间，先后属淮扬道、第十行政督察区、盐城行政督察区、第六行政督察区。中华人民共和国成立后，先后隶属泰州专区、扬州专区（市）。1987年12月，经国务院批准撤县建市。1996年起，由新组建的地级泰州市代管。

“观乎人文，以化成天下。”兴化悠久的文脉，可追溯至屈原的“三闾遗庙”。史传，楚名贤屈原掌管楚地（兴化属其管辖）于沧浪“行吟泽畔”，明代有“昭阳十二景”之一的“三闾遗庙”诗载于史册。自古昭阳多俊杰，兴化四牌楼上悬挂的47块匾额，上自南宋“开科第一”，下迄民初“仁寿之徵”，跨越5个朝代，旌表兴化籍历史名人75人81人次，为兴化深厚历史文化底蕴之见证。

兴化市是名宦之乡。自五代设县一直到清末，有300多人中举，考取进士100多名，其中李春芳和解学熊分别为文科状元、武科状元。明清时期，尚书、侍郎有10多人。明代有高榖、李春芳、吴甡三人位居宰辅。永乐进士高榖，为“五朝元老”，史载“清直持正”。在“土木之变”后，支持于谦抗击外敌，拥立朱祁钰继承大统，名震朝野。嘉靖状元李春芳，史称“性恭谨，治谕平恕”。主持制定《宗藩条例》、限制宗室供给赏赐，诏封俺答汗、保证国家安定，厥功至伟。万历进士吴甡，史可法称其“清方正直，精敏忠勤”“其生平清望，既为海内所推，而忧国热肠，亦其居恒自矢”。嘉靖进士宗臣，面对朝政日益腐败和奸党恣意横行，不畏权势，针锋相对，史赞其“有刚正不阿之节”。在福建任上，身先士卒，大败倭寇，功勋卓著，卒于任所，民族英雄青史留名。

民国时期，知名人物有曾任国民党中央组织部副部长的余井塘，有抗战将领、芷江洽降代表之一、国民党陆军总部副总参谋长冷欣中将等。

自中华人民共和国建立至2010年，有省部军级领导干部10多位。

兴化英烈豪杰辈出。战国时有昭阳将军。南宋有抗金“四义士”张荣、孟威、贾虎、郑握，取得“得胜湖大捷”。明代顾师胜讨贼战死；成琎随燕王朱棣“靖难”、成谐率兵与蒙古俺答战，歼其半，力战死；抗倭英雄许翀、陈平夫，力退敌兵；李长倩抗清殉节闽疆；王哲士及其子王缵、王绩、王续三昆仲，抗清舍生取义；陶国祚和解学曾、戚世嵩、戚世奇及顾似真等从史可法守扬州，以身殉国；李信父子在粤守城抗清，捐躯赴难。清代戎捷随施琅征台湾屡立战功。

在抗日战争和解放战争中，兴化抗日民主政府首任县长朱廉贻、新四军第一师三旅七团团长严昌荣和中共高邮县委书记李健、副县长周奋、县委组织部长袁舜生等许多革命英杰，为人民解放事业战斗不息、英勇献身。抗美援朝传奇英雄张桃芳，在537高地创下击杀214名美军的记录，志愿军总部为其荣记特等功并授予“二级狙击英雄”称号，朝鲜最高人民会议常务委员会授予其“一级国旗勋章”。

兴化市是小说之乡。明清时期，兴化有“四大文豪”：中国文学史上长篇现实主义小说开山鼻祖、跻身世界大文学家之林的《水浒传》作者施耐庵，吴承恩之恩公兼挚友、《西游记》之校定者“华阳洞天主人”李春芳，道教名家、《封神演义》作者陆西星，史学名儒、《梼杌闲评》作者李清。刘熙载孙女刘韵琴，1915年刊发于上海《中华新报》的小说《大公子》（写袁世凯的儿子袁克定），是中国第一部白话文小说，被认为是中国白话小说创作的先驱。2010年，兴化籍作家中有中国作协会员10多名、省级作协会员20多名，毕飞宇、王干、顾保孜等作家的优秀作品荣获全国重要文学奖项。

兴化市是诗文之邦。明代“中原才子”、著名文学家宗臣，其散文《报刘一丈书》名播天下。被清代词家兼学者朱彝尊命名的“昭阳诗派”独步文坛，尊邑人成廷珪为“诗家鼻祖”，其成员以誓不仕清的李沂为核心，由李氏家族、王氏家族、陆氏家族中的文士、诗僧，以及侨寓兴化的文友组成，名动一时。清初广陵诗坛著名诗人宗元鼎，与兄宗观、弟元豫和侄子瑾、子瑜，皆工诗，时称“广陵五宗”。清隐士陆廷抡，工古文词，与宗元豫、李沂称“昭阳三隐”。

明清之际，兴化为文人聚会之所。孔尚任奉“浚海”御差驻守兴化时，发起几次盛会，一时名流云集，冒辟疆父子、邓汉仪、俞瀫、蒋玉渊等，共赴兴化游海子、登拱极、览名园，凭吊百花洲上的宗子相墓，摩挲枣园李清遗著，拜会兴化遗老耆旧，相互吟诵切磋，结成忘年之交；海陵结交宗定九（元鼎）、枣园相会李艾山（李沂）、六月纳凉拱极台、十月题额海光楼、京都相交李木庵（李楠）等，在《湖海集》中多有记载。孔在枣园获读李清大量遗著，丰富了名剧《桃花扇》内容。《桃花扇》脱稿后，左都御史、兴化人李楠为之作跋并设金斗班演唱，轰动京师。

清中叶，“诗书画三绝”的郑板桥之诗作《逃荒行》《思归行》《还家行》被认为有杜甫“三吏”“三别”遗风。其“衙斋卧听萧萧竹，疑是民间疾苦声。些小吾曹州县吏，一枝一叶总关情”传颂至今，脍炙人口。

兴化市巾帼诗人有李国梅、徐尔勉、季娴、王媛、黄仲仙、刘韵琴等20多位，多有诗文传世，且不乏杰作，如徐尔勉给丈夫李淦的遗诗《寄李季子》，令一代诗宗王渔洋赞赏不已。

当代诗坛久负盛名者，当数复旦大学已故教授喻蘅，有《延目》《夕秀》《桑榆》等诗词集传世，其作品入选《历代五绝精华》《历代七绝精华》《历代律诗精华》等作品集，诗坛领袖陈兼与、大诗人吕贞白、国学大师钱仲联、园林学大师陈从周和著名学者包谦六、张中行等，皆予盛赞。

兴化市是学术重镇。自元至清，县志收录的邑人学术著作有320多部，其中14部被收入《明史·艺文志》，3部被收入《四库全书》。除遭禁毁和散佚的著作外，2010年有馆藏古籍1部入选《国家珍贵古籍名录》，5部入选《江苏省珍贵古籍名录》。泰州学派传人韩乐吾，是著名的理学先贤，被誉为“东海贤人”。乾隆进士、历官礼部主事、《四库全书》纂修官、御史任大椿和乾隆进士、《四库全书》校录、著名经训学家顾九苞，为扬州学派前期代表人物。

晚清以来，文章学问足以传世久而弥芳者，当推刘熙载与李详二人。刘熙载是19世纪后期一位忧国忧民、正道直行的儒学君子，杰出的文论家和语言学家，其名著《艺概》是古典美学的经典之作，是中国清代美学之集大成者。李详为扬州学派后期代表人物之一，素以国学大师著称。蔡元培任中央研究院院长后，聘请李详与陈垣、鲁迅、胡适等12人同为特约著述员。钱仲联说李的文章“远祧中古以上”，与章炳麟、王闿运并垂不朽；钱钟书更是将李详与章炳麟并举。其主要著作18种，被整理为《李详文集》出版，胡乔木为之题签。

近代以来，在科技和人文社科领域涌现出的著名科学家和学者有：中国第一个从事虾类分类和鱼类寄生虫分类研究的爱国科学家喻兆琦，追随孙中山革命的南社社员、中华人民共和国成立后被聘为中央文史馆馆员的徐德培，中国植物生理学的开拓者、植物生态学与地植物学的奠基人、中国科学院学部委员（院士）及生物学地学部常务委员李继侗，著名生物化学家、中国科学院院士、获1979年诺贝尔化学奖提名、成为中国提名诺贝尔奖第一人的钮经义，著名石油化工专家、中国科学院院士朱亚杰，著名地理学家、地理教育家李春芬，美国太空核能研究所顾问、著名的大规模集成电路和半导体材料专家张鸿吉，著名内科血液学专家、中国工程院院士、法国科学院外籍院士、获国家最高科学技术奖的王振义，著名辐射物理和辐射防护及安全学家、中国科学院院士李德平，生物化学家李缵文，森林病理学家、林业教育家任玮，林学家袁同功，气象学家王彦昌，美国国家医学院院士王存玉和金融学家丁冬放、会计学泰斗葛家澍等。后起之秀中，有2007年获第十二届王力语言学奖一等奖的教育部长江学者、特聘教授华学诚等。

兴化市是书画之乡。由宋发端，陆续涌现600多位有记载的书画家，其中以清代禹之鼎、李鱓、郑板桥、莲溪影响最大。旧由郑板桥亲笔题写的四牌楼上所悬匾额，旌表明清“诗画名家”12人：陆沧浪、李沂、顾符真、陆震、李鱓、王国栋、顾于观、李恢、李光国、魏标、黎体淳、顾锡爵。清以降，兴化书画名家有陆骖、理昌凤、徐退、吴小道、郑銮、高廪、吴观乐、陈锡侯、魏克三、徐兆彬等20多位。现当代书坛画苑，也是传承有序，以黄后庵、李宗海、江南春、喻蘅、徐石桥和周志高、傅家宝、朱天曙、潘高鹏、张兴来等为代表的一批老中青书画家青蓝相继，人才辈出。

兴化佛道兴盛。明清境内寺庙600多处，丛林14所，素有“兴化出高僧之说”。明清两朝，兴化佛门中受到皇帝册封、召见、赐紫的有弘量、莲峰、仙训、牧云、具宜、云龙、雪悟、天慧、成龙等大德高僧，兴化一系成国师嫡传。明末清初有儒释融通的遗民和尚、东南佛教界领袖弘储，世称灵岩大师；宝严寺明度（铁船）大和尚，为海内外享誉的高僧。顺治皇帝所册封的三位国师，就有两位与兴化有关。一为原兴化龙珠寺开山始祖木陈道忞，为清初临济天童派最高坛主。一为兴化上方寺祖庭方丈、清初临济磐山派最高坛主玉琳（通琇）。其法孙兴化人定生、弘量后来名噪一时。近代著名佛教居士、旅行家、慈善家高鹤年，有著作《名山游访记》行世。佛学尊宿霜亭，续建镇江金山寺，出任住持后亲笔书写佛经数十部，刊刻寺志若干，其传法弟子中，如香港超尘法师、上海淦泉法师、金山慈舟法师（兴邑人）、淮安梦初法师等皆为高僧。曾任上海玉佛寺住持的释震华法师是现代中国承前启后、卓有成就的“佛门史学家”，遗著有28种之多，名著当推《中国佛教人名大辞典》。

道教名人以兴化城东四圣观首任住持、元代全真名道柴元皋真人，东岳庙开山道长、首任住持姜可常真人及第六任住持、内丹东派创始人陆西星真人为代表人物。柴元皋所著《百心箴》、陆西星所著内丹东派道经《方壶外史》名扬海外。

兴化市为江苏省宗教工作重点市。2010年，全市经批准登记的佛教活动场所54处、道教场所7处、基督教活动场所21处。

“兴化医派”享誉杏林。兴化中医博物馆介绍历代名中医80多位，其中有宋代兴化县令、医坛巨擘、世界现存最早的老年病理学专著《养老奉亲书》的作者陈直，以治头风著称的名医郭大本，治好皇后眼疾被元仁宗赐号“金针先生”的郭忠，治愈世宗之疾的明代御医沈露。清末“兴化医派”（“淮海赵魏派”）的杰出代表为赵海仙和魏荫塘。张氏世医张华亭、张小亭、张涤珊三昆仲，以张涤珊医术最为精湛。清末名家有江曲春、方承佑、崔良臣、崔亮畴、朱琨、吴良宪、陈子嘉等。现当代名医有医史学家陈邦贤，寓港中医学名家陈太羲，名医汪履秋等。“兴化医派”造就了杏林的繁华，也带来了兴化中药业的兴盛，中药名店有“四堂一斋”——鹤山堂、中和堂、复春堂、大生堂和上池斋。上池斋创办于清圣祖康熙六十年（1721），是江淮地区历史最为悠久的药店。

兴化文化遗存众多。2010年全市有文物古迹120多处。有东门、北门历史文化街区和西门历史风貌区3处，有省级文保单位施耐庵墓（陵园）、郑燮墓、明清古城墙、李园、东岳庙和上池斋药店6处，市级文物保护单位70处。

经过千百年沉淀幸存下来的文化遗产，既是城市历史文化的结晶，也是城市当今文化的重要组成部分。按照全市经济社会发展总体布局，顺应人民期盼，兴化大力实施“人文兴市”战略，将历史文化与城市建设完美相融，以城市为载体修复千年文脉，以文化为灵魂重塑城市精神。1993年起，每两年举办一届“郑板桥艺术节”。进入21世纪，通过“文艺搭台，文化和经贸唱戏”，举办多届不锈钢产业发展、高效农业发展、文化产业发展论坛，不断调优做大产业发展规模。结合在京沪穗深杭昆等地举办投资环境说明会、招商引资项目发布会、恳谈会，加强“人文兴化”建设，促进经济社会发展。

20世纪90年代后，兴化市组织“郑板桥民本思想”“兴化文学现象”“兴化籍作家作品”等系列研讨活动，成果斐然；在兄弟县市中率先建立的“兴化文学馆”“中国乡土文学网”和“非物质文化遗产展示馆”；市博物馆成为泰州四市两区唯一的国家级博物馆，市图书馆、文化馆亦为国家一级馆；所编印的《昭阳诗词》《文化兴化》《楚风》《历史文化研究》和《兴化历代名人书画》《兴化历代名人》《兴化历史名人研究丛书》等乡土文化书刊，异彩纷呈。一系列丰富多彩的文化活动和有力举措，提高了兴化的知名度和美誉度。兴化市被授予“江苏省文化先进县”荣誉称号，沙沟古镇被评为中国历史文化名镇。沙沟板凳龙演出队成为江苏省特色文化团队，周庄镇民歌《拉纤号子》，新创歌曲《垛田水乡》，在江苏省“五星工程奖”评比中夺金摘银。《林湖秧歌》等兴化民歌还被选入中央音乐学院、江苏省小学音乐教材，中央电视台制成专题片编播、出版。周庄、茅山和垛田三镇分别被授予江苏省“民乐之乡”“民歌之乡”和“民间艺术之乡”称号。截至2010年底，竹泓木船制造技艺被列为国家级非遗保护项目。历史文化名城兴化重新绽放出璀璨耀目的光辉！

五

兴化市是一座崛起中的生态之城。2000年以来，大力实施“生态立市”战略，始终坚持把绿色生态发展理念贯穿到经济社会发展的诸方面和全过程，一手抓环境整治，一手抓生态创建，取得显著成效。2002年获“国家级生态示范区”命名，致力向高标准的生态市建设目标迈进。2005年，着力整治酸洗行业、化工行业的污染问题，迅速取缔戴南镇酸洗加工户560多家，投资1.8亿元兴建南北两个酸洗中心，实行“酸洗工序集中进行，酸洗废水集中处置”，有效遏制酸洗污染。2006年，启动国家环保模范城市、国家生态市创建工作，全面综合整治城乡环境，重点实施城区防洪工程的生态建设和海池河、九顷夹沟河等一批黑臭河道的整治工作，城市内河水质逐步改善。农村结合生态乡镇创建和新农村建设，突出抓好村庄环境、饮用水源地及河道整治工作。2008年，关闭区域性污染和安全隐患突出、年排污水150万吨的城东废旧橡塑专业加工市场，从根本上解决了白涂河的流域性污染问题，全市城乡环境面貌有了明显改观。

环保基础设施是提升城市价值、保障城市功能的重要硬件。“十一五”期间，着力加强环卫设施项目建设，相继建成城南生活污水处理厂、西郊垃圾填埋场、城市生活污水收集管网、戴南生活污水处理厂以及兴化热电厂脱硫设施等一批环保重点工程和污染减排工程，尤其是城区兴建6座垃圾中转站，污水管网全覆盖，城郊一体的生活污水和生活垃圾清运处置体系初步形成。2010年，城市污水处理达到综合排放一级B标准，境内主要河流水质符合环境质量标准，市区第一、二水厂出厂水达标率保持100%；全市空气质量优良天数占监测天数的90.4%；功能区环境噪声达标率95%，环境空气良好天数达标率91.5%，环境质量综合指数位居泰州各市区之首。此外，启动西北部乡村湿地保护区规划建设，倾力打造的中堡大纵湖风景区、西郊徐马荒湿地保护区等一批风景区生态工程成为全市生态建设的靓丽名片。至2010年底，先后建成戴南镇、昭阳镇、张郭镇3个国家级生态乡镇和安丰镇、合陈镇、李中镇3个省级生态乡镇以及戴南镇董北村、海南镇刘泽村等一批国家级、省级生态村，全市生态环境持续向好。

兴化市是一座宜居之城。属北亚热带湿润季风气候区，兼有海洋性和大陆性气候特征，常年雨水充沛、光照充足、气候温暖、四季分明、无霜期长，夏天温高雨多，但炎热期不长；冬季寒冷干燥，但严寒日不多；春季冷暖变化大，多过程性天气；秋季凉爽，降温较迟。常年平均气温15.6℃左右，四季宜人。农副产品资源丰富，四季瓜果蔬菜、水产品不断。兴化饮食富有淮扬特色，菜肴属淮扬菜系，口味南北皆宜。“早上皮包水，晚上水包皮”的悠闲生活，与扬州并无二致。兴化地域既承接楚水古风、吴地雅韵，又传承扬泰风范，呈现丰富的兼容性，是一座适宜人居的水乡城市。

20世纪90年代以来，兴化以建设具有水乡特色的现代化中等城市为目标，引领城市的规划、建设和管理，将优化城乡人居环境作为工作的重中之重。通过实施4轮城市建设规划，有效保护老城区的名胜古迹和古民居、古街区；新城区建设坚持高起点规划，不断优化城市布局，积极完善市政功能，加快园林绿地建设，提升城市建设品位。在新一轮城市规划建设中，努力挖掘文化内涵和城市精髓，传承和彰显特有的原始风貌、地域特色、建筑风格、民俗风情等“基因”，积极运用现代建筑技艺、新材料，重点打造约2.5平方公里的3个特色街区：银北门历史文化街区突出“本色”，金东门历史文化街区突出“古色”，古西门风貌区突出“原色”，3个街区相得益彰，各显地域、人文、建筑特色。同时，加强中心商务区、城市综合体等新兴项目的建设，从与民生息息相关的群众生活问题入手，坚持市场运作和政府投入相结合，陆续建成新区体育馆等一批标志性建筑和8个城市公园。以环城堤坝为基线，建设沧浪河、兴姜河等新、老河道两侧的“亲水型”城市广场、绿地、沿河步道，共创“人水和谐”的生态文明家园。2010年，建成区园林绿化总面积796万平方米，人均公共绿地面积10.08平方米，自来水和天然气普及率分别达100%和99.22%。城市管理主动适应新型城镇化发展要求和人民群众生产生活需要，针对存在的突出问题和主要制约因素，实行“五城同创”，坚持以人为本、源头治理的原则，从细微处入手，重点推出交通秩序、市容环境、公共卫生、马路市场、社会治安、文化市场、环境污染、河岸水域、户外广告、社区环境10项综合整治，大力促进城区面貌改善，城市形象和人居环境为之焕然一新。2008年，兴化市被授予“江苏省文明城市”“江苏省园林城市”“江苏省卫生城市”称号。

1991—2010年，兴化交通状况明显改善，“无舟不行”的历史一去不复返。对外通道，纵有宁盐公路、宁靖盐高速公路、兴泰公路，横有大兴金公路、车路河公路、高兴东公路。新长铁路在境内设有兴化站。自市区出发，1小时车程可达泰州火车站、盐城火车站和扬泰机场、盐城机场，3、4、5小时车程可分别抵达南京禄口机场、上海虹桥机场、浦东机场。境内水路交通十分发达，有内河等级航道12条，通江达海。日益改善的交通环境，为人们出行、旅游和对外交往提供了便利。

兴化市是一座宜游之城。进入21世纪，兴化以建设苏中旅游名城为目标，培育建成千垛菜花[①]、李中水上森林、万亩荷塘、乌巾荡和八字桥文化广场等一批旅游景区景点。“河有万湾多碧水，田无一垛不黄花”的千垛景区，是全市精心培育的旅游引爆点，其特色地貌享誉全球，2009

① 千垛菜花：原称“千岛菜花”。兴化垛田风貌以“垛”闻名，景区地形为垛田，非岛屿，故于2013年更名为“千垛菜花”，以更符合景区乃至兴化地区的核心特色。

年被人民网网友评为“中国最美油菜花海”，跻身于全球四大花海之列。据考证，形成于750年前的全球独特的重要农业文化遗产——垛田，是勤劳智慧的兴化先民为了抵御洪水，在湖荡沼泽地带开沟取泥、垒土成垛的独特创造，是因地制宜、天人合一的杰作。20世纪50年代，便有“垛田油菜，全国挂帅”之誉。千垛景区一年四季美景不断：春赏千垛菜花，夏观万亩荷塘，秋品菊黄蟹肥，冬瞰芦花飞雪，令人赞叹。与之珠联璧合的有全省最大的人工生态林“李中水上森林”，湿地保护再现天然湖荡风光。“万亩荷塘绿，千岛菜花黄”，水乡风景美不胜收。孔尚任《答王歙州》之信中关于“昭阳城外，菜花黄否？”的发问，表明了对兴化菜花的钟爱和眷念。《国朝诗别裁集》收录清代诗人刘宗霈咏兴化诗《看菜花》：“乍逢红雨点回塘，又见平畦千顷黄。色比散金无异种，香连绣壤不分疆”绘声绘色，令人心驰神往。史载经学家任陈晋当年宦游他乡，每每想起家乡风景，总是油然心生“不如归去”的情结。其《偶怀家乡风景》诗云：“三十六垛菜花圃，六十四荡荷花田。虽无险峻奇风景，恰得平流自在天。”思乡爱乡之情溢于言表。兴化三十六垛、六十四荡的特色地貌、多姿多彩的自然风光和深厚的历史文化底蕴造就了水乡优越的自然和人文环境，成为人们向往的旅游胜地。昔日的“昭阳十二景”名载史册，今日的新景区新景观引人入胜。兴化城区，名胜古迹交相辉映。城中有与扬州平山堂、高邮文游台相媲美、坐落在海池河畔、拥有700多年历史的重要名胜景观玄武灵台（拱极台）；有东卧两座仿古桥“登瀛桥”和“中和桥”、中铺地雕“兴化古城池图”、西矗“四牌楼”三位一体的八字桥文化广场；有明代“三宰辅”高榖、李春芳、吴甡和清代“扬州八怪”之翘楚郑板桥、杰出文论家刘熙载等名人故居。随着郑板桥艺术节和千垛菜花旅游节的成功举办，兴化市旅游业从无到有迅猛发展，城市形象宣传和旅游品牌推介取得明显成效。2010年，接待中外游客118万人次，旅游综合收入3.4亿元。同时又进一步以建设国家全域旅游示范区为目标，不断提升现有景区景点品质，着力挖掘潜在优势资源，彰显乡村旅游特色。兴化正在成为一座后来居上、魅力四射的全域旅游城市。

六

20年改革发展，兴化市发生了深刻而巨大的变化。今日兴化，城美乡美，水美景美，业美人美，水乡古城从一个历经沧桑的里下河经济洼地崛起为苏中大地上一座充满生机和活力的新锐城市。回眸过去，兴化在前进和发展中无可讳言存在一些问题，主要是，体量远超昆山周庄的水城兴化，古城风貌及环城水系在旧城改造中遭受重创；规模、高度、气势远胜缸顾垛田，任陈晋笔下的“三十六垛菜花圃”，在城乡开发中风光不再。

“长风破浪会有时，直挂云帆济沧海。”站在新的历史起点上的兴化人民，正以强烈的责任意识和坚韧不拔的拼搏精神，认真总结经验教训，不忘初心继续前进，燃烧激情争先进位，聚力创新，聚焦富民，为全面建成高水平小康社会，为建成中国历史文化名城和里下河生态经济示范区，谱写“强富美高”的新兴化篇章奋勇前行。

卷二

兴化纪事

一、1991—2017年大事记

二、1991年兴化抗洪纪实

图 2-1　千垛菜花　　（2010 年摄，市委宣传部提供）

一、1991—2017年大事记

1991年

1月16日　兴化市红十字会成立。

4月18日　兴化市获1990年全国粮食生产和夏粮生产先进单位称号，受到国务院表彰。

4月23—26日　中共兴化市第七次代表大会召开。大会主题：万众一心，艰苦奋斗，把全市社会主义现代化建设继续推向前进。大会选举产生中共兴化市第七届委员会和中共兴化市纪律检查委员会。市委七届一次全会选举吕振霖为市委书记。

5月21日—7月15日　总雨量1293.8毫米，为常年梅雨量的5.3倍，为大水年份1954年梅雨量的2.1倍。

7月1日　市委、市政府在兴化县委成立地——戴窑镇召开座谈会，纪念中共兴化县委、兴化县抗日民主政府成立50周年。

7月5日　市防汛指挥部将危房及室内进水30厘米以上住户的老人小孩转移到安全地带。至15日，全市安全转移42万多人。

7月9日　为支援兴化人民抗灾，省武警总队直属支队、南京军区83544部队官兵携带救援设备相继抵达兴化，支援兴化人民抗灾。

7月9日—8月底　中央、国家机关、军队和江苏省、扬州市负责人60多人（批次）先后到兴化市视察灾情、慰问群众、指导抗灾工作。

7月11日　国务院抗灾工作组一行5人到兴化市视察灾情并指导工作。

7月15日　16时水位：市区3.34米，超过警戒水位1.54米；荡朱3.45米。市内农田全部受淹，市区大部进水，工商企业被迫停产停业，各方面直接经济损失达17.1亿元。

7月18日　降雨逐渐停止，水位开始下降。市政府召开区长紧急碰头会，部署防疫、灭病工作，力争大灾之年不出现大疫。

7月21日　国务院总理李鹏和水利、农业、卫生、民政等部门及其他有关方面负责人，在省委书记沈达人、省长陈焕友陪同下，乘直升机到兴化市察看灾情。10时10分，李鹏一行到垛田镇孔戴村看望受灾群众。

7月28日　江苏省抗洪救灾工作组在兴化城召开恢复生产调研会。

7月　国家统计局公布“七五”期间全国农业县（市）100强，兴化市农业总产量居第八位。

8月12—22日　中国人民解放军第十二集团军83225部队134名官兵、83651部队557名官兵相继到兴化，支援兴化人民灾后重建家园。

8月19日　中国人民保险公司兴化支公司全力投入灾后损失理赔工作，整个水灾理赔款2835万元。被评为江苏省“抗洪理赔业务集体”。

8月24日　省人民政府向兴化市划拨国际社会救灾捐款300万元。

9月1日　全市中小学按时安全开学。

9月11日 副市长张凤岗、市政协副主席姚正生赴北京参加中宣部组织的抗洪报告会，受到江泽民、李鹏、万里等党和国家领导人接见。

9月21日 市委、市政府召开广播大会，表彰抗洪先进集体140个，先进个人230名。

10月1日 市广播电视中心竣工，市电视台正式播出电视节目3套。

10月18日 国家计划生育委员会主任彭珮云到兴化市视察。

10月中旬 市委抽调干部、职工350余人，组织社会主义思想教育工作队，进驻受灾严重的沙沟、竹泓、临城3区13个乡镇，进行爱国主义、社会主义、集体主义及民主与法制教育，历时8个月。

10月25日 中日合资兴化日模塑料制品有限公司开业。

11月 李士祥被评为“全国抗洪救灾新闻摄影工作先进个人”，赴北京接受表彰。

是年 受到国家级嘉奖的有市公安局集体一等功（公安部表彰）、市人民法院集体二等功（最高人民法院表彰）。市港务管理处被全国总工会表彰为“抗灾救灾先进单位”，并获“全国五一劳动奖状”。

1992年

1月6日 国务院秘书长罗干到兴化检查灾后生产恢复和群众生活安排等工作。听取市委副书记、市长胡炼的汇报。次日上午到东鲍乡及垛田乡孔戴村视察。

1月11日 全国总工会副主席章瑞英率慰问团到兴化市视察企业灾后恢复工作，慰问职工和军烈属。

1月15—20日 市委、市政府组织机关干部1000多人到农村宣讲中共十三届八中全会精神，检查落实灾后群众生活安排工作。

1月27日 省长陈焕友、副省长季允石一行到兴化市视察灾后恢复生产和人民生活安排情况。

图2-2 1992年4月14日，徐扬公路通车
（市委宣传部提供）

4月14日 兴化市至徐扬公路建成通车。至此实现全市乡乡通公路的目标，结束水乡兴化自古“非舟楫莫渡”的历史。

4月17日 为探索高产技术，完善服务体系，市内10万亩棉花集团承包服务合同在第二招待所签字。承包方为江苏省农业科学院经济作物研究所、省棉麻公司、扬州市棉麻公司、兴化市农业局及供销合作总社，委托方为大垛、荻垛、陶庄、唐刘、戴南、戴窑6个乡镇人民政府。

5月7日 港澳捐赠代表考察团一行53人到兴化市考察灾后恢复工作和群众生活情况。

6月7—9日 由台湾佛教慈济慈善事业基金会（简称“台湾慈济基金会”）德慈法师、德安法师和领队王瑞正率领的赈灾团一行30人到兴化市，对1991年援建的灾民住房进行验收，并捐助人民币900万元，帮助建设8所中、小学。

6月9日 广西壮族自治区田阳县和兴化市结成友好县（市）。

7月 国家统计局和国务院发展研究中心公布，兴化市为农村综合经济实力百强县（市）之一。

9月12日 兴化市青年祝勇康发明、市金利达领带厂生产的专利产品——定位式拉链领带获首届中国专利新技术、新产品博览会金奖。次年1月，祝勇康被国家科委列入《国家级科技成果研制功臣名录》。

10月1日 位于英武路南口的大兴商厦开业。商厦主楼建筑12层，高50.8米，总面积1万多平方米。集商场、餐厅、宾馆、儿童乐园、舞厅、工商银行储蓄部于一体，为市内规模较大的商场之一。

10月2日 市委、市政府在北京召开“北京92兴化经济汇报会”，陈丕显、费孝通、袁木等130余位知名人士应邀出席，会间播放录像《板桥故里的希望》，与相关经济部门对口洽谈。

10月12—18日 中共兴化市委书记吕振霖出席中国共产党第十四次全国代表大会。

10月20—23日 市首届农副产品交易会在兴化宾馆举行，600余名商客到会洽谈业务，成交额2.92亿元。

11月 府前东街、马桥路拓宽及文博中心建设进入实施阶段，349户居民陆续搬迁，拆迁总面积17388平方米。

12月28日 位于英武路南、府前西街西口的精品商城开业。商城和兴化大厦浑然一体，主楼高12层，连同钟楼高67.6米，总面积10734平方米，由市供销系统投资兴建，营业面积3400平方米，为市内规模最大的综合商场之一。

12月30日 占地6040平方米的楚水招商城第一期工程竣工投入营业，首批入场营业的有100多户。

10—12月 南京博物馆和扬州博物馆联合考古发掘队，对林湖乡戴家舍南荡龙山文化遗址进行发掘，出土一批珍贵文物。这一考古发现将文献所记载的兴化历史向前推进2000年。

1993年

1月8日 市第二自来水厂一期工程在东潭乡王家村竣工投产。

2月13—17日 市政协八届一次会议召开，250名委员出席会议。会议选举顾桂喜为市政协第八届委员会主席。

2月14—18日 市第十一届人民代表大会第一次会议召开，实到代表460名。会议选举胡炼为市人大常委会主任，桑光裕为市人民政府市长。

3月4日 经省政府批准，撤销舍陈乡，以原辖区建立舍陈镇，实行镇管村体制。

3月7日 经省政府批准，周奋乡划分为周奋、缸顾两个乡。

5月 市粮食、商业、物资集团总公司相继成立，与原有各局两块牌子、一套班子。受市政府委托行使部分行政管理职能。

5月25日 边城、周庄、茅山、陈堡等乡镇突遭暴风雨、冰雹袭击，对在田农作物和部分财产造成严重损失。小麦、棉花受灾面积分别达3.8万亩、7600亩。

7月19日 三集电视剧《郑板桥》开拍仪式在兴化宾馆举行。该剧由中国名俗协会民俗民情系列片《扬州八怪》摄制组与兴化市政府联合摄制。

9月14日 由陈绍明率领的台湾慈济慈善事业基金会一行61人抵达兴化市，参加该会援建的8所中小学竣工启用典礼，并考察1991年水灾后灾民建房情况。

9月24日 老圩乡花炮厂配药车间在研磨火药时发生爆炸，当场炸死5人。

10月1日 位于英武路口的国有零售企业——兴化商业大厦开业。大厦主楼8层，建筑面积4000平方米，其中营业面积3000平方米。主要经营针纺织品、服装鞋帽、百货、文化用品、五金交电、烟酒副食等类近2万个品种。

10月15—19日 市第二届农副产品交易会历时5天，参展的农副产品有8大类200多个品种。10多个省、市的569名客商通过洽谈，签订各类现货、期货合同400份，除皮棉交易外，成交额3.15亿元，洽谈资源开发和农副产品加工项目8个。

10月28日 市内第一座220千伏变电所——昭阳变电所一期工程投入运营。全市供电容量从9.45万千伏安增加到12.5万千伏安。

11月2—3日 江苏省综合整顿、城市卫生检查团通过分组对城市卫生情况全面检查，认为兴化城市及建设基础设施有所改善，市容市貌变化显著，已具新型中小城市规模。

11月16日 江苏省人民政府批准兴化市经济开发区为省级经济开发区。23日，副省长姜永荣、扬州市代市长施国兴为江苏省兴化经济开发区揭牌。

11月22日 首届中国·兴化郑板桥艺术节在人民影剧院开幕。出席开幕式的有国内外郑板桥艺术思想研究专家、学者和新闻、文艺、工商界人士，兴化籍在外知名人士、海外侨胞，江苏省、扬州市及兄弟县市负责人，共1000多人。艺术节期间，签订贸易合同157份，成交额3.8亿元；签订外资项目18个、内联项目42个。

△ 市政府举行郑板桥纪念馆落成及郑板桥塑像揭幕仪式。

11月23日 为纪念郑板桥诞辰300周年，郑板桥艺术思想国际研讨会举行，100多人出席。来自国内及美国、德国、日本的20位专家及研究学者在会上宣读研究论文。

11月27日 国家统计局对全国2171个县市1992年社会商品零售总额排名，兴化市以10.7亿元的零售总额名列第54位。

△ 昌荣镇唐子到东丁土路工程竣工，全长11公里。至此，全镇33个村全部通公路，成为市内第一个村村通公路的乡镇。

12月2日 铁道部和江苏、浙江两省在武进联合举行新（沂）长（兴）铁路初步审查会议，确定铁路从兴化境内通过，长度为11.48公里。在合塔乡开太村设兴化站。2004年11月正式开通运营。

12月28日 市委、市政府举行“93故乡行”活动。在兴化农村插队的扬州、南京知识青年160余人出席。

△ 装机容量2.5万千瓦的兴化热电厂工程在兴化经济开发区举行奠基仪式。

1994年

1月11日 兴化粮棉产量再次进入全国百强行列。其中粮食产量居第11位，棉花产量居第13位。

1月22—23日 《兴化市志》评审会在兴化宾馆召开。江苏省及扬州市地方志办公室负责人、省内方志界专家、修志同仁及兴化市有关领导70余人参加。经过评审，《兴化市志》获得通过。1995年6月正式出版发行，并举行首发式。

2月25—27日 以宫口德夫为团长的日本福岛县双叶郡浪江町访华团到兴化市进行友好访问。

3月1日 经省政府批准，撤销张郭乡，建立张郭镇，原境域不变。

6月28日—8月18日 兴化境内发生自1929年以来最为严重的高温干旱，许多农田龟裂、河流断航干涸，24.14万人饮水困难。市委、市政府成立抗旱指导小组，由市委常委带队到各灾区指导抗旱。至8月中旬，灾情得到缓解，灾区生产生活基本正常，社会治安稳定。

10月8日　1994年兴化秋季招商会开幕。会间成交额超过13亿元，谈成项目113个，中外合资项目16个，国家专项8个，引进资金2亿元。

12月20日　南起戴南镇兴泰界河，北至中圩乡兴盐界河的宁盐一级公路兴化段土方工程竣工。全长55.3公里。路面工程于翌年3月11日开工，1996年底建成通车。

是年　兴化市农业十大工程建设初具规模。全市建成的生产加工基地有：6.5万吨水产品、1000吨河蟹、3万吨荷藕、70万担优质棉、8万吨优质啤酒大麦、10万吨优质米面及15吨珍珠生产加工基地。

△　经省政府批准，严家乡更名为北郊乡。

1995年

1月20日　市政府转发市妇女儿童工委《九十年代兴化市儿童事业发展规划》。

2月13日　谷笑冰获得在天津举行的第三届“李成智杯”全国国际象棋少儿冠军赛女子10岁组冠军，为兴化市体育史上第一位全国冠军。

3月10日　市委印发《兴化市爱国主义教育实施意见》。6月14日，市委决定，将市博物馆、革命烈士纪念馆、华中二分区革命烈士纪念塔、中共兴化县委成立旧址和施耐庵陵园列入首批爱国主义教育基地。

△　市委发出《关于在全市开展写史立标进行爱国主义教育的实施意见》。此后，全市各个乡镇以征编革命斗争群英谱为重点，开展写史立标活动，全市各乡镇出版《群英谱》45本。

6月30日　市东北部的老圩、永合、海河3个区先后遭到冰雹、大风暴雨严重袭击，在田作物普遍受到灾害影响。冰雹颗粒一般1—1.5厘米，大的达3厘米以上，雹灾持续时间、个体、密度、袭击范围均为兴化市雹灾史上罕见。

8月　全市机关、企业事业单位和中小学举办纪念抗日战争胜利50周年暨兴化革命斗争史专题报告会，组织各部门团员开展“踏着烈士足迹前进”参观访问活动，组织爱国主义影片展映。

9月22—24日　全国城市卫生和环境整治江苏检查团第七分团，对兴化市城市卫生和环境综合整治情况进行全面检查，对兴化创卫工作取得的成绩给予充分肯定。

11月7日　省长郑斯林到兴化市考察。郑斯林指出第九个五年计划的实施必须由传统的计划经济向社会主义市场经济转变；由传统的量的扩张向以提高素质为主转变。

11月18—22日　兴化市举行第二届中国·兴化郑板桥艺术节。其间，全市签订合资合作项目105项，总投资16.25亿元。

12月31日　市委印发《兴化市跨世纪领导干部培养选拔规划》。是日，市委办公室转发市委组织部、市委统战部关于选拔党外领导干部和培养选拔妇女干部发展女党员的两个工作规划。

1996年

1月30日　在全国农业工作会议上，兴化市被表彰为粮食生产先进县，名列江苏省榜首。

3月17—20日 市第十一届人大第四次会议审议通过《兴化市国民经济和社会发展“九五”计划和2010年远景目标纲要》。

4月17日 兴化市与日本国浪江町缔结为友好城市，签字仪式在市友好会馆举行。

8月10日 市委召开大会，传达省委关于行政区划的调整方案，兴化市改由新组建的地级泰州市代管。

8月 兴化市在大纵湖建成全省最大湖泊围网养蟹基地，年产河蟹25万千克，成鱼200多万千克。

10月25日 宁盐（南京—盐城）一级公路兴化段半幅通车试运行，11月18日正式通车，全长55.3公里。

11月12—13日 中国《水浒》学会和兴化市政府举行《水浒》和施耐庵研究学术报告会，纪念施耐庵诞辰700周年。

11月25—28日 中共兴化市第八次代表大会举行。大会主题为：团结、拼搏、创业、奉献，为实现“九五”发展目标而奋斗。市委八届一次全会选举臧巧华为市委书记。

是年 兴化市农业四项指标夺得全省冠军：粮食总产11.95亿千克；110万亩“吨粮田”平均亩产1079千克；国家定购、议购粮食5亿千克；淡水养殖总产比上年增加6000吨，达9.2万吨。

△ 兴化市被表彰为“全国科技工作先进县”。

1997年

图2-3 兴化无坝市工程纪念碑（2005年摄，市水务局提供）

1月9日 市委、市政府发出《关于市属工业企业改制工作有关问题的处理意见（试行）》，就市属工业企业产权制度改革提出40条政策性意见。2月15日，市委、市政府召开会议，具体部署市属工业企业改制工作。

1月12日 市委作出《关于加强水利建设，努力实现三年圩堤达标建成无坝市的决定》。至1999年9月，目标顺利实现。省委书记陈焕友为兴化无坝市工程纪念碑题字。

3月10日 市委、市政府发出《关于鼓励发展私营工业的意见》，市政府成立私营工业经济领导小组。

3月11日 市委、市政府发出《关于乡镇企业改制若干问题的处理意见（试行）》，就乡镇企业产权制度改革提出9条政策性意见。

3月12—14日 全市乡镇企业产权制度改革经验交流会在张郭镇召开。

4月16日 顶新国际集团兴化顶芳脱水食品有限公司二期工程投产，工程投资1400万美元。该公司可日加工鲜菜300吨，成为亚洲最大的脱水蔬菜中心。

6月30日　市委、市政府认定戴南镇董北村等31个村为兴化市1996年度小康达标村。

7月14日　泰州市委、市政府批复，同意兴化市党政机构改革方案。9月3日，市委、市政府召开动员大会，落实机构改革方案。

7月16日　戴南镇董北村一次性购进50辆“富康”轿车，成为全国购进这一牌号轿车最多的村。二汽集团神龙汽车公司授予董北村全国首家“富康村”匾牌。

8月16日　市政府召开市属企业下岗职工基本情况核查、基本生活保障资金筹集和征缴工作会议。次日，市政府下发文件，对“基保资金”来源和管理作出具体规定。

10月28日　江苏兴达钢帘线股份有限公司研制的新结构钢丝帘线填补国内汽车工业一项空白。国家科委在泰州召开产品推广应用会，向全国汽车轮胎制造厂家展示这一成果。

10月30日　华中二分区革命烈士纪念碑重建落成暨泰州市爱国主义教育基地命名仪式在中圩乡举行。

11月8—9日　第三届中国·兴化郑板桥艺术节举行。

11月12日　兴化市通过省“初保”合格县（市）的评审。

是年　兴化市被评为“全国粮食生产先进县（市）”。

1998年

1月1—6日　市政协九届一次会议召开，245名委员出席会议。会议选举李柏荫为市政协第九届委员会主席。

1月4—8日　市第十二届人民代表大会第一次会议举行，实到代表433名，会议选举顾桂喜为市人大常委会主任，选举周书国为市人民政府市长。

2月21日　市委、市政府召开第二批市属企业改制动员大会，动员加快推进工业企业产权制度和内部配套改革。

6月16日　兴化陈堡地区刘陆油田建成投产。该油田日产原油600吨以上，年产原油20多万吨，是江苏境内最大的油田。

8月10日　市委、市政府印发《关于进一步稳定和完善农村土地承包关系，做好延长土地承包期工作的若干意见》，决定在第一轮土地承包到期后，再延长土地承包期30年。

9月15日　市委印发《兴化市农村基层民主建设工作目标责任制》，对乡镇政务和村务公开实行目标责任化管理。

10月中旬　楚水招商城个体劳动者协会党支部成立，这是全市第一个成立的个体劳动者党支部。

11月1—30日　兴泰公路兴化段土方工程开工，总长27.8公里，18个乡镇10多万民工参加施工。2000年12月26日建成通车，总投资1.9亿元。

11月9日　《兴化报》更名为《兴化日报》。

11月23日　市委、市政府召开全市私营工业企业经验交流会。翌年7月28日发出《关于大力促进个体私营经济快速发展的若干意见》，对发展个体私营经济提出更为优惠和宽松的政策。

12月8日　兴化市重新修建的拱极台落成。拱极台，原名玄武台，始建于宋代，明初更名拱极台，与扬州平山堂、高邮文游台齐名。

12月13日　市内各界隆重集会，庆祝兴化解放50周年。同日，市委、市政府举行《江苏人民革命斗争群英谱（兴化卷）》首发式暨兴化市《群英谱》书展揭幕式。

是年 兴化市水产总量达10.22万吨，是全省唯一淡水水产总量突破10万吨的县（市）。

1999年

1月20日 兴化市农村电气化建设通过省级验收。

3月19日 市委发出《关于开展研究戴南、学习戴南的活动意见》。指出，“戴南现象”的本质特征是三产协调发展和所有制结构全面优化，要求各乡镇结合当地实际学习戴南。

4月6日 恒鑫担保有限公司在兴化市张郭镇成立，为全市第一家股份制担保公司。

6月8日 省重点工程220千伏陆昭（姜堰市陆庄—兴化市昭阳）输电线路基建工程竣工，工程总造价3250万元，全长61.5公里。

8月 经省政府和泰州市政府批准，原昭阳镇及其周边9个村和东潭乡合并组建新的昭阳镇。

9月18日 戴南镇董北村获“全国创建文明村镇工作先进村”称号。

9月29日 市委、市政府举行庆祝中华人民共和国成立50周年大会。

10月9—10日 农业部在兴化召开国家商品粮大县代表座谈会，就如何加快商品粮基地建设，促进农业增效和农民增收等问题进行座谈。随后，农业部、国家计委和中国农业发展银行在兴化市召开全国棉花产业化工作会议，就稳定推进棉花产业化经营作出部署。

10月25日 市委、市政府部署深化国有、集体企业产权制度改革工作。至2001年底，全市绝大部分国有、集体企业的资本实现“退出和变现”，并完成职工下岗分流或身份置换。

10月28日 第四届郑板桥艺术节在兴化市举行，中外来宾、新闻记者和兴化各界人士1000多人参加开幕式。其间，举办《郑板桥书画作品暨当代名人书画展》和书画笔会，邀请外地著名艺术家在市影剧院举行《楚水潮》大型文艺晚会。

12月23日 全市电话交换机总容量达12.4万门，实现全市村村通程控电话。全市村组全部通电，农户通电率达99.98%。

2000年

1月 杭天珑当选兴化市人民政府市长。

2月29日 经省政府批准，调整兴化市部分乡镇区划，将24个规模偏小或布局不合理的乡镇合并为12个乡镇和1个开发区。至此，全市设34个乡镇和1个经济开发区。

4月28日 戴南镇董北村党委书记张文德被国务院授予“全国劳动模范”称号。

6月20日 市委、市政府召开科技创新大会，传达贯彻全省和泰州市科技创新大会精神，提出实施“科技兴市”战略。

7月13日 昭阳、竹泓、临城、垛田、沈坨、安丰、新垛、荻垛、陶庄、张郭、大垛、永丰、戴窑等13个乡镇、71个村遭受特大龙卷风灾害，造成15人死亡，700多人受伤，倒塌房屋4157多间，受损房屋13632间，供电、通信、广播、有线电视、桥梁等基础设施损坏严重，直接经济损失1.26亿元。副省长张连珍、泰州市市长丁解民先后到兴化市了解灾情，指导救灾工作。

7月14日 泰州市委发出《关于学习推广戴南、张郭两镇放手发展个体私营经济经验的通知》。

7月20日　市政府印发《贯彻〈泰州市城镇职工医疗保险制度改革实施方案〉的实施办法》，决定从8月1日起实行新的医疗保险制度。

12月28日　市委召开“三个代表”重要思想学习教育活动动员大会。会后，学习活动在全市区乡镇和市级机关领导班子中展开。

12月26日　总投资3.3亿元的高兴东公路兴化段举行开工典礼。2002年12月20日建成通车。

12月29日　城区道路中轴线及南北主动脉——长安南路竣工通车。该工程包括长安大桥、长安广场、沧浪公园、沧浪桥、长安小区及道路工程。

2001年

2月3—6日　兴化市第十二届人民代表大会第四次会议举行。决定接受顾桂喜辞去市人大常委会主任职务的请求，选举陈骏骠为市人大常委会主任，选举吴跃为市人民政府市长。

2月6日　兴化代表江苏省组队参加“浪花杯”“李成智杯”少年儿童国际象棋比赛。小棋手侯逸凡获快棋及女子1994年组双冠军。

3月19日　省政府行文公布第二批江苏省历史名城名单，兴化市名列其中。

3月20—22日　中共兴化市第九次代表大会召开。大会主题为：抢抓机遇，富民强市，为实现“十五”目标而奋斗。市委九届一次全会选举陈骏骠任市委书记。

3月26日　泰州市在陈堡镇召开农村税费改革工作现场会。4月17—30日，泰州市委书记陈宝田、市长丁解民等先后至陈堡镇调研税费改革实施单位及事业单位改革工作和初步方案。

4月1日　中央电视台《焦点访谈》栏目以“无证小钢厂何以泛滥”为题，对戴南不锈钢冶炼企业曝光。翌日，兴化市政府有关负责人和省政府工作组相继进驻戴南镇，对被曝光企业进行检查。泰州市市长丁解民到戴南了解情况，指导企业制定整改措施，恢复生产。

4月7日　兴化市“国家级生态示范区建设规划”通过由省环保厅组织的专家组评审。7月5日，兴化市通过国家级生态示范区建设试点工作初审。

4月19日　市政府印发《兴化市国民经济和社会发展第十个五年计划纲要》。

4月　年初启动的全市行政村合并工作完成，由1409个合并为614个。

5月8日　戴南镇董北村农民疗养院开业。该院于2000年4月26日开工建设，占地2.1万平方米，建筑面积1.2万平方米，总投资2000多万元，集养老敬老、康复疗养、保健医疗于一体。

5月28日　周庄中学被省教育厅确认为江苏省重点高中。

6月16日　钓鱼镇国家粮食储备库北郊分库通过验收。粮库建筑面积15083平方米，仓容5万吨，总投资2952万元。

7月1日　张郭镇党委被中共中央组织部授予“全国先进基层党组织”称号。

7月28日　中国特钢企业协会不锈钢分会、江苏希尔发集团共同组建不锈钢研究与开发中心在戴南挂牌成立，为国内首家民营不锈钢研发中心。

8月27日　2001年科技集市在兴化市实验小学开幕，来自东南大学、南京农业大学、省科技情报研究所的18名专家教授莅临现场，全市百余家列统工业企业及骨干私营企业代表对接200余项高科技项目。

8月30日　在世界青年国际象棋锦标赛中，兴化籍运动员谷笑冰获女子第四名。

9月10日　经国家质量监督检验检疫总局审查确定，兴化香葱列入国家农业标准化示范区项目。

11月28—30日 在第五届中国·兴化郑板桥艺术节期间，在中国·兴化第五届板桥艺术节水产信息发布会上，市内5家水产企业与外地客商签订价值5亿元的水产品购销合同。市委、市政府举行兴化市经济发展恳谈会，日本、韩国及中国香港、台湾等地区的客商，北京、上海等地大企业、集团负责人及国家部委科研院所的专家、教授等100多人与会。

12月8日 市汽运总公司整体改制结束，市内首家民营运输企业——板桥运业有限责任公司成立。

2002年

1月20日 兴化市再次被省政府、省军区命名为“省级双拥模范城”称号。

3月7日 国家环保局命名兴化市为国家级生态示范区。

3月27日 市委、市政府召开市属企业“三置换一保障”改革动员大会。

3月30日—4月2日 市委、市政府分别在浙江省杭州市及温州市举行兴化经济环境情况说明会。其间，兴化市有关单位及乡镇与浙江方签订合作项目19个，达成意向协议5个，总投资近9亿元。

4月20日 市委、市政府邀请华东师范大学、南京大学、南京林业大学、南京市园林规划设计院的专家教授就开发兴化旅游资源、提高旅游城市知名度问题，进行实地考察，专题研讨。

4月 江苏双蝶集团公司包装厂纸板线班被中华全国总工会授予“全国五一劳动奖状”。

5月10日 拥有国内最先进不锈钢检测设备的兴化市不锈钢产品质量监督检验中心在戴南挂牌成立。

5月11—16日 在江苏省第六届残疾人运动会上，代表泰州市参赛的兴化市5名运动员全部获得奖牌。

6月6日 城区金东门历史地段保护与整治规划，通过省和泰州市文管会、南京大学、东南大学、南京工业大学等单位专家组成的评审组评审。

6月7日 兴化市在全国率先实行民政供养人员的供养费由县（市）级财政社会化发放。

6月8日 “兴化市李审言藏书室”揭牌仪式在市图书馆举行，市领导向李氏后裔六房代表颁发证书和奖金。

7月16日 兴化市体育馆全面竣工，正式投入使用。

7月23日 龙卷风袭击兴化与大丰二市交界的串场河沿线，造成戴窑镇灯塔村直接经济损失90多万元。

7月27日 兴化市政府网站——兴化网站暨兴化市广播电视宽带网正式开通。

8月6日 在全国第四次农村改水改厕工作会议上，兴化市被全国爱国卫生委员会命名为“全国农村自来水普及工作先进单位”。

10月9日 市祥盛光电子材料有限公司年产70万片蓝宝石衬底基片高技术产业化示范工程项目被列入国家高技术产业发展项目计划，项目总投资9016万元，其中国家计委拨款900万元。该企业为省内首家获国家大额拨款的私营企业。

10月22日 兴化境内第一条高速公路——宁靖盐高速公路通车。该路兴化段长55公里，设3个互通口。

10月25日 兴化明代古城墙和清代上池斋药店被公布为省级文物保护单位，“李园”并入原省级文物保护单位船厅，统称李园。

12月20日　高兴东公路南绕城段开工，2005年11月竣工通车。

12月21日　市政府举行兴化市第一部地方性综合年鉴《兴化年鉴》（2002）首发式。

12月25日　江浙商业广场奠基、开工兴建。2004年9月28日试营业。

12月26日　市政府当年十项为民办实事之一的城区管道燃气首期工程通气。

12月　戴南镇预算内财政收入1.23亿元，成为苏中地区第一家财政收入超亿元的乡镇。

是年　全市淡水产品总量达13万吨，连续10年获全省各县（市）淡水产品总产冠军。

2003年

1月3—8日　市政协十届一次会议召开，249名委员出席会议。会议选举范学忠为市政协第十届委员会主席。

1月5—9日　市第十三届人民代表大会第一次会议召开，实到代表429名。会议选举兴化市出席泰州市人大代表106名。会议选举杨峰为市人大常委会主任，选举吴跃为市人民政府市长。

1月13日　兴化市“楚水”牌青虾、醉蟹、冻青虾、冰虾仁及“中庄”牌中华绒螯蟹被省无公害农产品认定委员会认定为“无公害农产品”。

3月2日　省军区政委吴齐少将在泰州市委常委、军分区政委朱逸民，泰州军分区司令员陈以尧陪同下，到兴化市检查指导人武工作。

3月24—26日　中国民营不锈钢企业发展战略研讨会在戴南举行。

4月3日　张郭镇在全省首获“绿色名片”——ISO14001绿色环保体系认证证书。

4月11日　市委、市政府成立防治非典型肺炎工作领导小组，从即日起至4月下旬实行24小时疫情值班制。

△　市政府印发《非典型肺炎防治应急处理预案》，召开全市“防非”工作会议。要求各乡镇、各部门严密监测防范，市人民医院为全市“非典”病人集中收治医院。至月底，全市未发现1例“非典”病人。

4月下旬　市政府特邀词曲作家阎肃、孟庆云作《梦水乡》一歌，以此赞美、讴歌兴化。

4月30日　江苏兴达钢帘线股份有限公司董事长刘锦兰被全国总工会授予全国五一劳动奖章，市供电局职工刘广发被省总工会授予省五一劳动奖章。

7月6—18日　6日，市防汛指挥部在兴化宾馆集中办公，强化指挥调度，协调全市抗灾。同时成立城区防洪分指挥，下设7个工作组，承担保护城区7个地块的防汛任务。省里下河地区防汛工作会议在兴化市召开。要求里下河地区各县（市）服从大局、团结抗灾，努力夺取防汛抗灾最终胜利。省长梁保华、省委副书记张连珍、副省长黄莉新先后到兴化市视察灾情，指导抗灾工作。10日14时，兴化城水位达3.16米，至10日全市178万亩耕地受淹，大部分秋熟作物严重受灾；70万亩鱼塘滞涝，50万亩绝收。11日，兴化城水位达3.24米，距1991年兴化历史最高水位相差0.1米。16日，卫生部副部长王陇德率灾情考察组在省卫生厅厅长周珉及泰州市有关负责人陪同下，到兴化市视察受灾情况，指导灾后防疫工作。18日，全省农业抗灾恢复生产现场会在兴化市召开。

9月9日　城区防洪工作会议通过城市防洪规划，决定从是年起至2015年投入7.87亿元，实行“小包围”和“大包围”设防相结合的办法建设城市防洪工程。

9月20日　兴化籍学生沈晓华在第十届全国推新人选拔赛民族组比赛中获“十佳新人”奖。

10月18日　宁靖盐高速公路戴南互通至张郭连接线公路通车。

10月27日 以郑板桥故居为基础扩建的板桥文化园开园迎客。

10月28—30日 第六届中国·兴化郑板桥艺术节举行。艺术节期间，举行上方寺大雄宝殿落成暨佛像开光大典。招商引资签约项目93项，总投资33亿元；其中外资项目15项，总投资4960万美元。

11月2日 在希腊雅典举行的世界少年国际象棋锦标赛上，兴化选手侯逸凡以8胜3和的不败战绩获女子10岁组冠军，为兴化籍选手首次获分龄组世界冠军。

11月13日 张郭镇建成全市第一个“国家级卫生乡（镇）”。

11月25日 兴化市发现明代“崇祯五十辅臣”之一吴甡府第。至此，兴化明代三位宰辅高穀、李春芳、吴甡府第均已被发现。

11月26日 在第三届全国县域经济基本竞争力评价中，兴化跻身全国百强县，位列第96名。

12月6日 中央电视台“心连心”艺术团到兴化慰问演出。演出以“三农”为主题，定名“大江歌”，向全国展示发展进步的兴化，快速崛起的泰州，“两个率先”的江苏。省委书记李源潮等出席。

12月20日 戴南镇预算内财政收入完成20038万元，成为苏中、苏北地区首家财政收入超2亿元的乡镇。

12月31日 中共兴化市委根据中共中央办公厅、国务院办公厅《关于进一步治理党政部门报刊散滥和利用职权发行，减轻基层和农民负担的通知》精神，决定停办《兴化日报》。

是年 兴化市被表彰为“全国粮食生产先进市”。

△ 全市地区生产总值首次突破百亿元大关。

2004年

1月6日 撤销兴化日报社，成立兴化市新闻信息中心。

1月7日 市政府承担实施的国家级“兴化香葱标准化示范区”建设项目，通过国家标准化管理委员会验收。

1月13日 被市政府列入2003年“1515”工程重点项目的长安北路、英武北路、楚水东路、五角广场建设工程同时竣工。

1月20日 兴化市被农业部表彰为“全国粮食生产先进市”称号，这是自1996年以来第二次获此荣誉。

1月26—31日 景珊珊、刘曼犁赴哈尔滨参加第12届“李成智”杯国际象棋全国少年儿童比赛，双双获得冠军。

2月23日 兴化市举办中小城市建设发展国际研讨会，众多国内外知名专家教授围绕城市经济发展、城市建设规划、人居模式等议题进行广泛研讨。

2月24—26日 新垛镇司法所被最高人民法院和司法部联合授予“全国人民调解模范司法所”称号。

3月2日 戴南镇被建设部、国土资源部、农业部等6部委授予“全国重点镇”称号，为全国1887个重点镇之一。

4月1日 省委书记李源潮带领省农林厅、水利厅等单位负责人在泰州市领导朱龙生等陪同下，调研兴化“三农”工作，并到江苏兴达钢帘线集团调研。

4月6日 甘肃省党政代表团一行90余人到戴南镇和张郭镇参观考察。

4月20日 全国爱卫会、卫生部邀请新华社、中央电视台、中央人民广播电台、人民日报社、中国新闻社、《健康报》等6家新闻单位记者，到张郭镇采访创建全国卫生镇情况。

5月19日　兴化市第一座无人值班标准的220千伏电压等级变电所——顾庄变电所建成投入电网运行。该所于2003年6月动工兴建，总投资1.7亿元，可直接接受盐都500千伏变电所输送的电能。

5月25日　钓鱼镇中心公路建成通车，长11.9公里，是泰州市“南户北村”（南户，指帮扶黄桥老区贫困户；北村，指兴化通村公路扶贫工程）活动中建设的最长通村公路，直接沟通11个行政村、20个自然村。

5月26—28日　私立兴化市明升双语学校被表彰为“全国民办教育百强学校”，并选为中国民营科技实业家协会理事单位。

5月31日　市政府新区行政中心正式启用，并举行升旗仪式。

6月3日　省长梁保华到兴化市考察“三夏”工作。

6月5日　投资100多万元的城区环境空气自动监测站正式投入运行，对城区空气环境质量进行自动监测，并将空气环境质量预报节目每天在兴化电视台播放。

6月22日　在国家统计局、中国商业联合会共同举办的2003年度中国商品交易市场统计年会上，兴化市粮食交易市场获2003年度全国百强粮食交易市场第一名的好业绩。

7月29日　纳米比亚埃龙戈省政府代表团一行4人，在省长努约马的率领下到兴化市参观访问。

8月3日　市委作出向沈正彬学习的决定。17日，市委召开报告会，追授沈正彬“爱民支书”称号。10月19日，沈正彬亲属向市史志档案办捐赠沈正彬日记及各种证书。

8月5日　省教育厅公布2004年上半年普通高中晋星评估结果，确认江苏省兴化中学为省四星级普通高中。

8月13日　兴化人武部在组织民兵四〇火箭筒操作训练时，因误将训练弹当作教练弹，发射后爆炸致2人重伤（1人经抢救无效死亡）、5人轻伤。事故发生后，市委、市政府领导立即赶赴现场组织抢救。省军区副司令员刘华建亲赴现场，对事故调查和善后处理作明确指示。

8月20日　经国家质量技术监督检验检疫总局批准，兴化市被列为“国家级稻渔共作标准化示范”项目实施区，市政府成立项目区建设领导小组。

9月1日　投资1.5亿元的民营公助学校——兴化市文正实验学校正式交付使用，1000多名师生参加开学典礼。

9月5日　国家粮食局确定兴化市为江苏省唯一农村储粮科技调研基地，并在兴化市开展农村储粮课题研究，向农民讲授粮食储藏知识。

9月8日　由市新闻信息中心主办的《兴化信息》开始出版。

10月23日　兴化市与河北省南宫市缔结为友好城市。

10月30日　投资5800万元、全长37公里的兴沙公路正式通车。

△　市政府纳入政策改造的2202户草危房全部改造完毕。

11月1日　新长铁路兴化火车站客站正式开通。

11月5日　《人民日报》、新华社江苏分社、中央人民广播电台等20多家中央和省级新闻媒体的记者，配合国家有关部委表彰“优秀中国特色社会主义事业建设者”活动。到戴南镇集中采访兴达钢帘线公司董事长刘锦兰，宣传报道“新苏商”典型代表刘锦兰的事迹。

11月18日　全省最大的不锈钢成品交易市场——“中国·戴南不锈钢交易城”动工建设，该项目总投资5亿元，设计建筑面积55万平方米。

11月29日　《中国农村现代化道路与规律——张郭研究》座谈会在南京举行，省委副书记张连珍，省委常委、省委宣传部长孙志军出席并讲话。

12月28日 兴化市全年生产粮食110.6万吨，被农业部授予“全国十大粮食生产标兵县（市）”称号，副市长顾国平赴京参加颁奖仪式。

12月29日 兴化市被表彰为“全国十大粮食生产标兵县”。

是年 戴南镇全年实现社会总产值76.18亿元、国内生产总值24.6亿元，其中财政收入3.01亿元，居苏中苏北各乡镇之首。

2005年

1月4日 兴化籍作家毕飞宇的小说《玉米》获第三届鲁迅文学奖。

1月6日 兴化市开展“中国13亿人口日”宣传活动。自实行计划生育政策以来，兴化市少生人口近30万。

1月17日 一套记载400年前迁入兴化地区的孔子后裔的家谱，在垛田镇孔戴村被发现。至此，兴化市有3000余名孔子后裔正式入编孔子世家谱。

2月8日 兴化市信用合作联社各项存款余额达40.88亿元，在泰州、扬州两市各县金融机构中位居榜首。

3月1日 全面反映兴达钢帘线创业发展之路的八集系列报道《傲雪风骨兴达魂》，由兴化电视台拍摄完成并开播。

3月3—4日 中纪委派驻农业部纪检组长朱保成到兴化市了解保持共产党员先进性教育活动和中央“一号文件”落实情况，并进村入户与农民座谈，了解春耕备耕和农民生产生活方面情况。

3月20日 总投资4亿元、建筑面积30多万平方米的嘉鸿豪庭住宅小区项目在市区正式开工。

3月28日 江苏兴达钢帘线股份有限公司开发的子午线轮胎专用高性能新结构帘线生产技术，获2004年度国家科技进步二等奖。

3月30日 兴化市举行“中国·兴化政府门户网站”开通仪式，市委书记杨峰为网站开通点击。

4月5日 省国税、地税部门联合公布：江苏兴达钢帘线股份有限公司列入2004年度江苏纳税百强企业、涉外纳税百强企业名单，列全省第39位。

4月 国务院授予张郭镇党委书记赵旭东“全国先进工作者”称号。

5月3日 兴化市书画院成立。

5月6日 泰州市撤渡建桥样板工程——下官河李中镇黑高大桥建成通行，水乡兴化彻底告别无船不出庄的历史。

5月10日 以“爱民支书沈正彬”为题材的大型纪实淮剧《沈正彬》在兴化市举行首演式。2006年1月，在江苏省第五届淮剧艺术节上，市淮剧团演出的《沈正彬》获优秀剧目、优秀导演、优秀配器、优秀表演、作曲、灯光设计和表演奖等7项大奖共13个奖项。

5月11日 兴化市合陈国家粮食储备库经省粮食建库竣工验收委员会验收合格，投入使用。

6月1日 中堡、钓鱼等12个乡镇遭受风雹灾，造成农业直接经济损失2014万元。

6月8日 在第13届李成智杯全国少年儿童国际象棋赛上，兴化市小棋手景姗姗获得女子8岁组冠军。

7月 由东南大学交通设计分院设计、江苏三水建设工程有限公司承建的英武大桥开工建设。该桥全长191米，其中主跨75米。总投资2500万元，2007年8月通过验收。

8月11日 兴化籍运动员刘小龙在全国少年击剑锦标赛上夺得男子重剑冠军。

8月12—15日 在山东潍坊举行的全国少年14—15岁组田径锦标赛上，兴化运动员薛宏夺得男子14岁组铁饼综合成绩第一名，决赛第二名。

9月5日 江苏兴达钢帘线股份有限公司入选全国“2004年度上规模民营企业500强”。

9月8日 省社会科学院、省明清小说研究会联合组织的《水浒》探源——施耐庵故里行研讨会在兴化市召开。

10月22日 省发改委在戴南镇举行“十一五”规划座谈会，规划建设以戴南为核心，以苏中、苏北7镇为依托的不锈钢产品生产集聚区——中国·戴南千亿级不锈钢产业集群。

10月27日 总投资3亿元，建筑面积14万平方米的建材市场—宝都国际商城在兴化新区开工建设。

△ 兴化当代名人馆正式开馆。

10月26日 兴化市举行国学大师李详故居复建奠基仪式。

10月28日 中国城投集团江苏公司投资、中央电视台摄制组拍摄的《梦水乡》MTV首发仪式在兴化举行。此歌曲由著名词曲作家阎肃、孟庆云作词作曲，歌唱家谭晶演唱。

10月28—30日 兴化市举办第七届中国·兴化郑板桥艺术节。艺术节期间落实投资额1000万元以上的签约项目47项，总投资额达11.59亿元。

11月1日 全市1%人口抽样调查工作正式启动，此次抽样调查涉及全市1万多户、3万多人口。

11月 国家统计局公布的2004年度全国粮食生产百强县（市）中，兴化市以108.66万吨的总产量排名第15位，再获“全国粮食生产先进县（市）标兵”称号。

12月1日 兴化市人力资源市场揭牌成立。该市场为全省首家县级人力资源市场。

12月8日 兴化市福彩张阳投注站业主汪东奇为一彩民垫付56元代购复式福彩双色球彩票，结果喜中503万元大奖。汪东奇在第一时间将彩票交到委托人手中。省电视台对其诚信事迹进行详细报道，中央电视台先后在《新闻联播》和《生活567》中播出。

12月9日 兴化最大的城市改造项目——金港·公元国际正式动工。

12月17日 兴化市作家协会第一次代表大会召开。

12月20日 兴化市板桥京剧联谊会被文化部表彰为“全国先进票友社团”，会长许作成获全国振兴京剧功勋奖。

12月29日 戴南、张郭两乡镇通过省环保厅组织的省级环境优美乡镇考核组考核，成为泰州市首批“省级环境优美乡镇”。

△ 兴化市被表彰为“全国粮食生产先进县标兵”。

12月30日 兴化市抗日战争死难同胞纪念碑在拱极台公园揭幕。

2006年

1月10日 兴化市农村慈善基金募捐动员大会召开。市委、市政府确定慈善基金创始基金募集任务为1300万元。

3月6日 江苏省兴化经济开发区通过国家发改委审核，成为第四批达审核要求的110家省级开发区之一。

3月18日 在全省双拥工作会议上，兴化市获得“省级双拥模范城”称号。

3月19日 江苏省军区司令员陈一远少将到兴化市民兵训练基地，指导民兵整组、点验民兵。

3月22日 泰州市委书记朱龙生带领泰州市发改委、经贸委、财政局、交通局等部门负责人到兴化市，调研和指导兴化市开展“市（区）学昆山、乡（镇）学戴南张郭、村学华西”活动。

3月23日 农业部副部长范小建、副省长黄莉新及省海洋与渔业局局长宋家新等一行到兴化市，考察和调研渔业发展情况。

4月1日 兴化市乌巾荡风景区总体规划设计方案通过初审。总规划面积约8.36平方公里，其中水域面积约3.2平方公里。

4月10日 经省政府同意，省农林厅、对外贸易经济合作厅批准，设立江苏省兴化农副产品加工区，规划面积2.18平方公里，主要涉及脱水蔬菜、饲料加工、纺织、麦芽、水产品、冷冻加工等领域。

4月11日 2005年，兴化市水产品总产量14.3万吨，现价产值20.38亿元，连续15年位居全省各县市之首，被省政府表彰为“2005年度全省渔业工作先进县”。

4月11—13日 “板桥故里、水浒摇篮、梦里水乡、绿色兴化”摄影邀请赛在兴化市举行。各地著名摄影家和摄影工作者60多人参赛。

4月15日 省发改委宏观经济研究院在南京牵头召开评审会，研讨“中国·戴南”不锈钢产业集群“十一五”发展规划及2020年远景目标。评审通过兴化戴南、张郭、茅山，东台溱东、时堰，姜堰兴泰、溱潼7镇不锈钢产业规划。

△ 邓小平长女、著名书画家邓林到缸顾乡采风。

4月27日 博鳌亚洲论坛秘书长龙永图到兴化市参观，并考察张郭镇。

5月10日 兴化第一口地热水井“兴热一井”在戴南镇永丰村开采成功。此井开采水温50℃，日产量2000立方米。

5月11日 江苏兴化农村合作银行由兴化市信用合作联社翻牌开业。

5月15日 上方寺天王殿破土动工。600多位佛教界法师、僧众及居士参加开工庆典。2009年11月竣工。

5月22—24日 日本国浪江町町长横山藏人和议长山本幸男率领的浪江町友好访问团和友好町民访问团访问兴化市。

6月21日 晚18时，周庄镇境内9个村、43家企业遭受龙卷风袭击，损坏房屋3000间，造成人员1死10伤，经济损失达2200万元。

6月25—28日 中共兴化市第十次代表大会召开。大会主题：认真落实科学发展观，开展全面小康新征程，努力构建和谐兴化。市委十届一次全会选举杨峰为市委书记。

6月 江苏兴达钢帘线股份有限公司以营业收入24.29亿元列“江苏省百强民企”第75位。

7月1—31日 连降暴雨，加至客水过境，水位猛涨。3日14时兴化城区水位2.74米，超过警戒水位0.94米，3天内水位上涨1.04米。副省长黄莉新、张九汉，省水利厅厅长吕振霖等先后到兴化市有关乡镇视察受灾情况，指导防汛抗灾工作。国家防汛抗旱总指挥部副总工程师程涛、中储粮江苏分公司副总经理徐国安、农业部救灾工作组先后到兴化市了解灾情。至7月5日兴化水位达3.01米，造成在田作物严重受灾。直接和间接经济损失6.59亿元。

7月12—18日 兴化市青少年友好访问团一行25人赴日本浪江町进行友好访问，与浪江町的学校师生以及学生家庭接触和交流。

7月24日 市四套班子联席会议决定，全面启动“五城同创”工程，力争用三到五年时间，创建省级文明城市和园林城市、国家卫生城市、国家环境模范城市和双拥模范城。

8月8日 在无锡召开的2006年中国不锈钢行业年会上，戴南镇被中国金属材料流通协会不锈钢分会授予“中国不锈钢名镇”称号。

8月28日　“兴化香葱”申报原产地保护产品，通过国家质量监督检验检疫总局科技司组织的专家组评审。

8月30日　市政府召开英武中路二期工程拆迁改造动员大会。该工程拆迁面积近6.4万平方米、住户近1100户，涉及昭阳镇及经贸、交通等41个系统。

9月2日　国家税务总局公布2005年度中国纳税百强排行榜，江苏兴达钢帘线股份有限公司以年纳税额2.27亿元，成为全国金属制品行业纳税冠军。

9月3日　兴化市彩票销售点经营者汪东奇、已故“爱民支书”沈正彬当选为“感动泰州”十大人物。12月28日，汪东奇先后被授予“江苏省第十届精神文明建设新人新事”当选者（提名奖）、“2006年和谐江苏·文明社区环省行”十大感动人物，2008年2月获江苏省道德模范提名奖。

10月11日　中国渔业协会授予兴化市红膏大闸蟹有限公司“中国河蟹养殖大王”称号。

10月15日　全市第一类疫苗开始全部实施免费接种。

10月16日　兴化市第三届运动会在兴化中学开幕。

△　日本浪江町教育委员会教育长远肇一率日本中学生友好访问团到兴化市进行交流访问。

11月18日　第三届中国中小城市可持续发展高峰论坛公布2006年度全国中小城市综合实力100强，兴化市列87位。

12月12日　泰州市首家农村社区股份合作社——戴南镇董北村股份合作社成立。

12月16日　江苏省兴化中学举行“孔子基金会国学教育基地”“孔子书院”揭牌、孔子塑像落成仪式暨兴化中学成立80周年校庆祝活动。

12月18日　233省道射（阳）江（都）线兴化段改建工程建成通车。

12月19日　兴化市生态农业市创建工作，通过省农林厅、水利厅、环保厅、建设厅联合组织的验收评估审核组验收。

12月20日　兴化市2006年粮食总产达122.9万吨，小麦单产401千克，水稻单产544千克，再次被农业部表彰为“全国粮食生产先进县（市）”。

12月21日　江苏兴达钢帘线股份有限公司在香港联交所成功上市，融资11亿港元。开盘仪式后，兴达股票一路飙升，2小时内成交额2亿元港币。

△　“火炬地产杯”全国国际象棋甲级联赛暨2006年全国国际象棋团体赛结束，兴化籍12岁女棋手侯逸凡获最佳女棋手和最佳新人两项大奖。

12月22日　劳动和社会保障部副部长王东进专题调研兴化市医疗、工伤保险工作。

12月28日　兴泰公路扩建工程举行开工典礼。该项目北起兴化境内大纵湖东侧，终点在泰州市区泰东转盘，路线总长76.13公里，在兴化境内55.54公里，总投资14亿元。于2009年12月建成。该工程为兴化境内首条一级公路。

2007年

1月18日　泰州供电公司举行220千伏唐子变电所扩建工程竣工典礼。

2月2日　劳动和社会保障部副部长、国务院农民工办公室主任胡晓义到兴化市，调研农村医疗工伤保险情况。

2月5日　兴化市《苏中稻区（兴化市）水稻高产优质清洁生产技术集成与示范》《优质不结球白菜新品种示范推广及加工利用》《稻渔蟹共作优质安全标准化生产技术示范推广》3项科技成果通过省科技厅验收。

2月8日 兴化里下河湿地可持续利用示范工程建设、里下河沼泽湿地自然保护区建设和乌巾荡省级湿地公园建设在南京通过专家论证。

3月24日 兴化木船制造工艺入选《第一批江苏省非物质文化遗产名录》。

4月7日 中共中央政治局委员、中央组织部部长贺国强，在省委书记李源潮，省委副书记、省长梁保华等陪同下，到兴化缸顾乡视察调研农村基层党组织建设和新农村建设情况。

4月25日 兴化市慈善总会成立。

5月4日 中共中央委员、中华全国供销合作总社常务副主任周声涛到兴化市，调研农副产品深加工产业发展情况。

5月8日 省淡水水产研究所河蟹研究基地、泰州市河蟹产业技术研究中心以及信息中心，在江苏红膏大闸蟹有限公司成立。

5月18日 江苏省不锈钢制品质量监督检验中心在戴南镇成立。

5月24—27日 市公安局国保大队在全国公安系统英雄模范立功集体表彰大会上，获“全国优秀公安基层单位”称号。

6月1日 兴化市出台城镇居民基本医疗保险办法，惠及8万多名不属于城镇职工医保范围的城区居民。

6月18日 在2007年“竣祥房产杯”全国国际象棋男女个人（A组）赛中，兴化籍13岁的侯逸凡夺得冠军，打破上海棋手秦侃莹保持19年之久的最小年龄夺冠纪录。

6月18—19日 日本水稻专家及川正纪考察陈堡、戴南、海南、获垛等乡镇农业生产，重点内容为获垛镇山华公司稻鸭共作、海南镇稻渔共作、直播稻生产现场，并为农技人员举办直播稻栽培技术讲座。

6月20日 省政协“加快里下河地区农村危桥改造步伐”提案督办会在兴化市召开。2003—2006年，兴化市投入4787.3万元，新建农桥395座。

6月21—23日 市委书记、市人大常委会主任贾春林率兴化市友好访问团一行6人，访问日本国福岛县双叶郡浪江町。

7月3日 18时左右，戴南、陈堡、茅山镇遭受龙卷风袭击，受灾村民4299人，倒塌房屋278间，重伤村民4人，轻伤18人。

7月7—25日 7日8时，城区水位2.05米，沙沟镇水位2.33米，市防汛抗旱指挥部发出橙色预警。下午水位继续上升。市委、市政府召开全市防汛工作紧急电话会议。9—13日，省委副书记张连珍、副省长黄莉新、省军区副司令员刘长意、农业部救灾工作组、民政部查灾小组先后到兴化市，视察灾情、指示救灾工作。此次洪灾，兴化城乡经济损失约10亿元。17日，省委书记李源潮在省委常委、省委秘书长李云峰，泰州市领导朱龙生、姚建华等陪同下到兴化市视察灾后工作。至25日，全市22个乡镇遭受雷雨大风及冰雹袭击，受灾人口11.21万人，死亡5人，重伤8人。倒塌房屋2666间，农作物受灾面积8844.6公顷。直接经济损失5600万元。

7月28日 在黑龙江绥化举行的全国田径比赛中，兴化籍16岁的薛宏夺得全国铁饼比赛金牌。

8月6日 总投资5亿元（含拆迁费）的城区防洪工程启动，于2009年6月底全线竣工。全城8个片区建防洪墙41.5公里，防洪闸39座。

8月11日 兴化市举行“慈善助孤行”暨孤儿证首发仪式。全市有五保户11400多人，各类残疾人10万多人，孤儿350多人。

8月16日 由省环保、公安、监察厅和质监局组成联合调查组到兴化市，督查废油净化企业专项整治工作。根据要求，全市有3家停产，3家停止扩建，两家进入关停程序。

8月22日 第七届全国县域经济基本竞争力评价结果揭晓，兴化市名列全国县域经济百强县第99位。

9月6日　由国家安监总局局长李毅中率领的国务院安委会督查组到兴化，督查隐患排查治理工作和化工生产企业关闭情况。

9月11日　兴化市“大地蓝”牌蚕丝被国家质检总局授予“中国名牌产品”称号。

9月11—12日　由中国水浒学会和兴化市政府联合举办的2007年水浒文化暨明清小说研讨会在兴化市召开，全国50多位知名专家与会。

9月18日　市政府举行新闻发布会，公示第一批非物质文化遗产名录8大类30项和第二批文物保护单位13处。

△　农业部副部长牛盾、副省长黄莉新到兴化市考察现代渔业建设工作。

9月26日　兴化市举行第八届中国·兴化郑板桥艺术节开幕式暨“弘扬板桥民本思想，造福民生实践展”开展仪式。艺术节期间，举行投资环境说明会暨项目签约仪式。日本、马来西亚和中国香港、台湾地区及上海、浙江、苏南等地近百名企业家、客商代表应邀参加，签订合作项目89项，总投资33.88亿元。在经济开发区、昭阳园区和市科技工业园区举行14个重大项目集中奠基仪式，总投资6.66亿元。

△　在武汉举行的第六届全国城市运动会上，兴化籍李茂鉴夺得男子柔道81公斤级比赛金牌。

9月28—29日　省关工委主任曹鸿鸣一行到兴化市调研关心下一代和关爱留守儿童工作。兴化市91所初中配齐法制副校长，组织214名“五老”与136个网吧结对监督。全市关闭、停业278家黑网吧（赌博机、游戏机6000多台）。

10月22—24日　日本浪江町友好代表团一行22人到兴化市进行友好访问。

11月4日　戴南镇宏诚不锈钢（韩国）会社，领取韩国政府颁发的营业执照和生产许可证。公司投产后，年生产不锈钢5000吨，创外汇2500万美元。

11月18日　兴化市工商联广东兴化商会在广州成立。

11月22日　兴化市年供电量30.1亿千瓦·时，成为苏中、苏北地区首家超30亿千瓦·时的县（市）。

12月18—22日　市政协十一届一次会议召开，276名委员出席会议。会议选举范学忠为市政协第十一届委员会主席。

12月19—23日　市第十四届人民代表大会第一次会议召开，实到代表430名。会议选举兴化市出席泰州市人大代表106名。会议选举贾春林为市人大常委会主任，选举李伟为市人民政府市长。

12月23日　兴化市获2007年度“全国十大粮食生产先进县（市）标兵”称号。

12月28日　兴化城市重点建设工程森林公园、人民公园、板桥竹石园以及英武中路相继竣工。市领导为英武中路开通剪彩，为竹石园开园揭幕。

△　兴化市政府举行非税收入收缴系统启动仪式。

12月　江苏新宏大集团有限公司开发的“大直径环状盘的加工方法”，获“中国专利优秀奖”。

2008年

1月8日　大兴金公路大营至钓鱼段建成通车。

1月18日　省教育厅为兴化市楚水实验学校举行四星级普通高中授牌仪式。这是继江苏省兴化中学以后兴化第二家省四星级高中。

1月29日 在江苏省第十一届人大第三次会议上，江苏兴达钢帘线股份有限公司董事长刘锦兰当选第十一届全国人大代表。3月5—18日，出席十一届全国人大一次会议。

3月23日 市特殊教育学校举行慈心楼奠基典礼。慈心慈善事业基金会与市政府签订捐建慈心楼协议书，开展现场捐款活动。“慈心楼”于次年3月16日举行竣工典礼。市长李伟向慈心慈善基金会董事长谢正达颁发“荣誉校长”证书，并和省教育厅副厅长祭彦加等一起为“慈心楼”纪念碑揭幕。

3月29日 市政府在韩国首都首尔举办“中国兴化投资环境说明会”。

4月5日 国家发展和改革委员会常务副主任张国宝在省发改委主任毛伟明的陪同下，专程考察缸顾千垛菜花风景区。

4月9—10日 中国就业促进会副会长张幼云、孔德厚到兴化市调研农村返乡人员创业培训（惠普）援助项目实施情况。

4月22日 中央储备粮南京直属库戴窑收储库揭牌。

4月29日 中国邮政储蓄银行兴化支行举行揭牌仪式。

4月 江苏兴达钢帘线股份有限公司被中华全国总工会授予“全国五一劳动奖状”。

5月12—16日 由中国国际象棋协会主办、兴化市政府承办、江苏棋院协办的“戴南杯”首届中国国际象棋女子明星对抗赛在兴化市举行。

5月15日 市委、市政府在时代广场举行“兴化人民支援四川灾区抗震救灾捐赠仪式”。会后装载兴化人民向灾区捐赠的价值50万元食品的赴川爱心车队出发。

5月19—21日 全国哀悼日，全市下半旗，停止公共娱乐活动，向汶川大地震遇难者致哀。

5月26日 兴化市汪东奇、刘锁英、张文德、杭汉林、赵龙才、杨希等6人参加奥运火炬接力泰州站的传递。

6月14日 国务院公布国家级第二批非物质文化遗产名录，兴化市竹泓木船制造工艺名列其中。

7月6日 兴化市列“全国县域经济百强县”第76名。

8月18日 市人民医院举行新址奠基仪式。于2013年1月建成投入使用。

8月19日 市委、市政府在杭州举行投资环境说明会暨重大项目签约仪式。来自杭州、温州、台州及上海、苏南等周边地区的80多位客商和部分旅浙兴化籍领导应邀参会。其间，签订合作项目50个，投资额13.5亿元。8月20日举行江苏·兴化（杭州）城建项目推介会暨签约仪式，现场签约项目16个，投资额11.36亿元。

8月20日 市社会志愿者总会成立。

8月28日 国家发改委小城镇改革发展中心调研组到戴南镇开展专题调研，充分肯定戴南镇在经济社会发展等方面取得的成绩，并对戴南镇今后发展提出建议。

9月8日 中国渔业协会河蟹分会、中国水产技术推广中心、中国渔业报社等单位，在兴化市联合举办河蟹产业科学发展论坛，为兴化市举行中国生态河蟹养殖第一县（市）授牌仪式。

10月5日 在北京举行的首届世界智力运动会国际象棋女子超快棋比赛上，侯逸凡夺得决赛铜牌，这是中国在智运会上获得的首枚奖牌。

10月9日 由省建设厅组织的专家组对兴化市创建省级园林城市工作进行检查。认为各项指标符合要求，于翌年1月被省政府命名为“江苏省园林城市”。

10月20日 由日本浪江町江东中学校副校长堀本晋一郎为团长的浪江町中学生友好访问团到兴化市访问。

10月23日 市政府举办兴化优质小麦产业发展论坛，省质监局处长施劲松宣读国家质监总局《关于受理兴化红皮小麦等产品申报地理标志产品保护的公告》。

10月　兴化市中国不锈钢制品产业集群入选“中国百佳产业集群”。

11月3日　市政府召开全市区域供水暨农村饮水安全工程建设动员会议，参会乡镇与市政府签订目标责任书。2010年6月，市发改委、财政等部门对2008年实施的合陈、永丰、戴窑、戴南2个片区4个乡镇的农村饮水安全工程进行完工验收，基本认定为合格。2009年实施的安丰、昌荣、老圩、新垛、大营、沈坨、茅山、获垛、张郭、陶庄等4个片区10个乡镇的饮水安全工程基本完工，安装管道560公里，新建增压泵站10座，工程总投资1.19亿元，可解决24.39万人饮水安全问题。

11月6日　江苏兴化生态大闸蟹推介会在香港香格里拉大酒店举行。中央政府驻香港联络处官员、香港部分著名实业家、水产品经销商和各大媒体记者与会。

11月12日　总投资2.2亿元，历时两年改建的332省道大兴金公路兴化西段工程，通过泰州市交工验收，实现全线通车。

11月16日　江苏兴达钢帘线股份有限公司博士后科研工作站正式揭牌成立。

12月1日　省长罗志军率领省经贸委、财政厅、农林厅以及省政府办公厅、研究室等部门负责人，视察兴化市农业项目建设及不锈钢产业发展状况。

12月6日　中日合作农村分散型生活污水处理示范项目，在戴南镇董北村举行开工仪式。

12月9日　国家、省、泰州市及兴化部分人大代表视察兴化市环境保护和节能减排工作，并先后视察戴南、张郭两镇污水处理厂。

12月10日　山东省庆云县党政代表团到兴化市参观考察，就两个城市的友好合作、项目推进事宜进行交流，并举行两缔结友好城市签字仪式。

△　市法院民事裁定兴化市金港房地产开发有限公司破产。

12月15日　市委、市政府召开全市清理规范幼儿园办园行为动员大会，就幼儿园规划布点、审批注册、限期整改及依法取缔等环节提出要求。

12月19日　市委、市政府召开全市党政机关下属企事业单位公务用车制度改革动员大会。

12月20日　兴化市工商联上海兴化商会在沪举行成立大会。

12月21日　市政府在上海双拥大厦举办江苏·兴化（上海）投资环境说明会。签订55个项目投资协议，其中工业项目52个，计划投资15.2亿元；农业项目3个，计划投资1亿元；境外客商投资项目4个，计划投资2200万美元。

12月28日　兴化市被表彰为“全国粮食生产先进县标兵”。

2009年

1月5日　市政府举行市体育馆、八字桥文化广场、高毂故居、李鲱浮沤馆集中奠基仪式，同时举行兴健园、生态观光园、阳山公园、八里铺公园开园剪彩仪式。

2月24日　兴泰公路兴化东绕城段建成通车。该路段全长5.84公里，按一级公路标准建设，总投资近2亿元。

3月29日　兴化市工商联北京兴化商会在北京新世纪日航饭店举行成立大会。

4月2日　首届中国·兴化千垛菜花旅游节在缸顾乡“千垛菜花风景区”开幕。

4月26日　市委、市政府在浙江宁波举行江苏·兴化（宁波）投资环境说明会，宁波及周边地区近80名客商和宁波兴化籍领导等应邀与会。签订合作项目44个，总投资14.1亿元。

5月6日　人民网旅游频道主办的“中国最美油菜花海”评选活动结果揭晓，千垛菜花风景区成为中国最美油菜花海（第二名）。

5月9—12日 2009年江苏省少儿游泳赛在无锡市举行。兴化小将储定海夺得男子13—14岁组100米蝶泳第一名、200米蝶泳第二名。

5月18日 沃尔玛超市和中堡镇水产品营销公司结为合作伙伴，"中庄牌" 系列水产品打入世界上最大的连锁零售企业。

5月22日 乌巾荡湿地风景区核心区建设工程开工。

5月25日 由国家体育总局棋牌运动管理中心和兴化市委、市政府共同主办的首届中国·兴化国际象棋锦标赛（个人甲组）在市区举行新闻发布会暨开开幕式。中国国际象棋协会授予兴化"国际象棋之乡" 和 "国际象棋高水平后备人才培训基地" 称号。棋赛于6月7日结束。

5月 市博物馆被评为国家三级博物馆。

6月6日 江苏·兴化（上海）服务业招商说明会在上海宏泉丽笙酒店落幕。签约21个项目，总投资9.75亿元，其中旅游项目占据较大比例。

6月20日 省政府公布第二批省级非物质文化遗产名录和第一批省级扩展项目名录。兴化市民间文学 "施耐庵与《水浒》传说"、传统音乐 "茅山号子"、传统舞蹈 "沙沟板凳龙" 榜上有名。

6月23日 中日合作农村分散型生活污水处理——戴南镇赵家村、董北村示范项目竣工。试运行一年后，将所有权正式移交戴南镇。

7月6日 在全省文化建设工作会议上，兴化市被命名为第四批江苏省文明城市。

7月11日 市委、市政府在戴南镇举行江苏戴南不锈钢集团成立大会。

7月18日 市内发生首例甲型H1N1流感疑似病例，次日，被省卫生厅派出的专家组进一步诊断。

7月26日 第九届全国县域经济基本竞争力百强县（市）评价结果揭晓：兴化市在参评的2001个县（市）中位居第72位，位次较上届提升4位。

7月29日 四川省绵竹市拱星镇与张郭镇签订协议，缔结为友好乡镇。

9月1日 市政府举行全市无纸化协同办公系统运行启动仪式。市长李伟签发第一份电子文件。

9月21日 昭阳镇文峰社区被民政部命名表彰为 "全国和谐示范社区"。

9月29日 受中央和省委组织部选派，戴南镇党委书记马元连作为基层党组织代表，赴京参加中华人民共和国成立60周年庆典观礼。

10月5日 "万人游兴化" 开游和金东门文化旅游发展有限公司揭牌仪式在郑板桥故居广场举行。

10月9—10日 由兴化市委、市政府主办，省美协、书协协办的第九届中国·兴化郑板桥艺术节 "板桥杯" 全国书画大赛，在兴化市评审。进入终评的书画作品946件。确定书、画作品金奖各两名；美术类，书法类银奖分别3名、4名；美术类、书法类铜奖分别15名、14名；书、画作品优秀奖各100名。

10月29日 江苏省政府公布沙沟镇为江苏省历史文化名镇。

11月4日 江苏省科技厅邀请浙江大学、安徽农业大学、江苏省农业科学院、江苏省农林厅等单位的专家到钓鱼镇姚家村，经对百亩甬优8号水稻超高产精确定量栽培丰产方实产验收，单产和最高单产均再创稻麦两熟条件下全国纪录。

11月4—6日 经江苏省三类城市语言文字工作评估小组全面评估，认为兴化城市语言文字规范应用达到指标要求。翌年1月20日，获 "江苏省语言文字工作评估达标县（市、区）" 称号。

11月6日 中央电视台、《中国纪检监察报》、中国新闻社、《农民日报》《新华日报》、江苏卫视、江苏人民广播电台、《扬子晚报》及泰州电视台、《泰州日报》等12家中央、省市新闻媒体记者齐聚陈堡镇蒋庄村，对该村 "村民直评村干部" 强化民主监督，激发村民自治意识的做法表示肯定，对兴化基层党风廉政建设给予好评。

11月12日 兴化市“江苏省脱水蔬菜出口基地”举行揭牌仪式。

△ 国家质检总局正式批复，同意在兴化市戴南镇筹建国家不锈钢制品质量监督检验中心。该中心成为泰州市首家国家级检测中心，也是全国范围内唯一一家设立在乡镇的国家级中心。

11月16—18日 第三届中国生态河蟹文化节、第九届中国·兴化郑板桥艺术节开幕。当晚中央电视台《欢乐中国行·魅力兴化》大型文艺晚会在文正实验学校上演。次日，由中国渔业协会、江苏省海洋与渔业局、泰州市政府联合举行第二届中国名蟹评比大赛。兴化市“泓膏”“天宝湖”“膏满堂”3个品牌河蟹获“中国十大名蟹”称号。

11月17日 兴化市与省农科院农业科技合作协议签字仪式在兴化市举行。市委书记贾春林与省农科院副院长余文贵为“江苏省农科院兴化果蔬研发中心”揭牌。副市长顾国平与余文贵分别在合作协议上签字。

11月18日 上方寺举行山门殿、天王殿落成暨佛像开光庆典。

11月19日 江苏银行戴南支行开业暨揭牌仪式举行。

11月20日 “兴化文学馆”开馆仪式在市博物馆举行。省作协书记处书记张王飞、省作协副主席黄蓓佳为“兴化文学馆”揭牌。

12月17日 科技部下发“考评结果”通知：兴化市获“2007—2008年度全国科技进步先进县（市）”称号。

△ 兴化市再次被评为全国粮食生产先进标兵县（市），为全国20个标兵县（市）之一。

12月28日 231省道兴化至泰州段建成通车。

12月29日 市政府举行重点城建工程竣工暨昭阳大将军塑像落成仪式。兴化市规划展示馆开馆。

△ 戴南镇通道式放射性环境监测系统顺利通过省级验收，开始试运行，开创国内放射性环境监管的先河。

12月31日 时代超级购物中心兴化店开业。该店由香港肇丰集团投资建设，经营面积1.9万平方米，分为商店街、生鲜食品区和百货家电区3层，经营品种达几十个门类，3万多个品种。

△ 兴化市广播电视信息网络有限公司揭牌暨有线数字电视整体转换启动仪式在锦绣园举行。

2010年

1月15日 在全省“扫黄打非”工作会议上，兴化市获“全省扫黄打非先进模范市”称号。

1月18日 影山头古遗址被公布为江苏省第三次全国文物普查十大新发现之一。

1月19日 兴化市图书馆获“国家一级图书馆”称号。

△ 兴化中学高三（4）班学生苏阳和刘帅在中国数学奥林匹克暨第25届全国中学生数学冬令营竞赛中获一等奖。

3月4日 兴化市体育总会成立。

3月15日 市委、市政府举办兴化市企业发展高端论坛。

3月16日 市哲学社会科学界联合会召开成立大会。选举产生第一届理事会，并通过联合会章程。

3月17日 《兴化信息》更名为《兴化报》。

4月2—24日 第二届中国·兴化千垛菜花旅游节在千垛菜花风景区开幕。本届旅游节历时23天，接待游客48万人次（其中旅游团队2000个，约21万人次），比上届增长480%；实现旅游总收入2.4亿元，比上届增长500%。

4月8日 宋县署（范仲淹纪念馆）开馆暨历史文化街区启动仪式，在八字桥文化广场举行。

△ 省林业局授予兴化市“江苏里下河湿地省级生态保护示范区”称号。

4月10日 东岳庙举行殿堂落成暨神像开光庆典。海内外道教界人士及信教群众近1000人参加庆典。

4月25日 兴化市历史学会成立。

5月14日 市政府召开机构改革工作交办会。改革后市政府设置工作部门24个，比改革前减少5个。

5月22日 兴化市首届慈善文艺演出在市广播电视台演播大厅举行。演出期间，募集慈善款1700多万元。

△ 省内首家农民贷款担保公司在周庄镇成立。该公司由政府、龙头企业、村干部、农民经纪人出资入股组建，注册资金300万元。

5月29日 中纪委检查组到兴化市调研公务用车改革情况。

6月2日 中央电视台《道德观察》栏目组编导王东红一行，专程到兴化市采访水乡好姑娘毛如勤与患尿毒症丈夫离而不弃的感人事迹。

△ 兴化市关工委被表彰为“全国关心下一代工作先进集体”，沈坨镇樊荣村关工委副主任樊才林被表彰为“全国关心下一代工作先进工作者”。

7月2日 以市农公客运有限公司为龙头，由市宝通汽车运输有限公司及戴南汽车运输公司共同组建的股份制客运企业——市亨通运业有限公司成立，60辆新型公交客车投入运营。

7月20日 住房和城乡建设部、国家文物局公布沙沟镇为中国历史文化名镇。

7月29日 第七届全国象棋一级棋士赛在中国棋院落幕。兴化市棋手程鸣夺得男子组冠军，成为2010年度产生的第一位国家级大师。

8月5日 省委常委会研究决定，在全省20个经济比较发达的镇开展行政管理体制改革试点。入选的戴南镇被赋予县级经济社会管理权限。

8月9日 国家钢标准化技术委员会专家组至兴化，考察和指导国家不锈钢质检中心建设及验收准备工作。

8月中旬 兴化市列“第十届全国县域经济百强县（市）”第67位。

8月16日 由兴化市委、市政府，江苏华红影视投资有限公司和江苏星瑞影业有限公司联合摄制的谍战影片《步步惊心》，在兴化市举行观摩活动。该片以兴化抗日战争历史为背景，反映新四军武工队克服艰难险阻，与敌人斗智斗勇的故事。

8月18日 江苏兴化脱水食品集团挂牌成立。这是继上年成立戴南不锈钢集团之后，市内成立的又一个特色产业集团。

9月3日 省文化厅命名第三批省非物质文化遗产代表性传承人，茅山号子项目传承人陆爱琴榜上有名。

9月7日 江苏星火特钢有限公司江苏省院士（陈国良）工作站成立。

9月27日 泰州市全面小康村建设现场推进会在兴化市召开。与会人员先后参观戴南镇董北村、荻垛镇北王村、埝墩村，大垛镇管阮村等小康村建设现场，对兴化市相关工作给予较高评价。

10月5日 茅山景德禅寺举行大雄宝殿、天王殿、地藏殿落成暨佛像开光庆典。

10月14—17日 江苏省第十七届运动会青少年部游泳决赛在常州奥体中心举行，兴化小将储定海一人独得三金，且有两项达国家一级运动员标准，破两项省纪录，1项达全国赛标准。

10月18日　由中国邮政集团公司发行的《梅兰竹菊》特种邮票首发式在兴化举行。兴化市政府和省集邮公司联合发行的“以文化让兴化更美好”为主题的《清风流韵》《楚水文韵》纪念邮册同时亮相。

△　兴化籍作家王干的《王干随笔选》获第五届鲁迅文学奖。

10月21日　江苏·兴化（上海）服务业投资环境说明会在上海宏泉丽笙酒店举行。上海及周边地区的近100位客商应邀参加。有17个项目签约，总投资20.8亿元。

10月30日　兴化市工商联苏州兴化商会成立大会在苏州香格里拉大酒店举行，来自陕西、天津、广东、上海等地兴化商会代表及苏州兴化商会会员300多人与会。

11月15日　在中国地方志指导小组和中国地方志协会主办的全国地方志系统第二届年鉴评奖中，《兴化年鉴》（2009）被评为综合一等奖。

11月16日　侯逸凡夺得广州亚运会国际象棋女子个人赛冠军，这是兴化籍运动员夺得的首枚亚运会金牌。

11月25日　江苏省南水北调里下河水源调整工程建设动员会议在兴化市召开，国务院南水北调办公室主任鄂竟平、副省长黄莉新共同启动工程建设按钮。

11月26日　15时45分，在兴化北纬32° 58′、东经119° 59′发生里氏3.0级地震。市委、市政府迅速启动应急预案，有序开展地震应急工作。

12月1日　市委、市政府举行得胜湖港口物流园区奠基仪式，该园区总规划面积4平方公里。

12月6日　吴江农村商业银行兴化支行举行开业庆典。

12月22日　在全国农业工作会议上，兴化市第六次获“全国粮食生产先进县标兵”称号。

12月24日　侯逸凡夺得在土耳其举行的2010年女子国际象棋世界锦标赛冠军，成为国际象棋史上最年轻的世界棋后。

是年　兴化市完成乡镇机构改革工作。

△　戴南镇启动国家和省经济发达镇行政管理体制改革试点工作。

2011年

1月10日　市第十四届人民代表大会常委会召开第二十三次会议，接受李伟辞去兴化市人民政府市长职务的请求。在11—14日召开的市第十四届人大第四次会议上，选举徐克俭为兴化市人民政府市长。

△　戴南镇被国家人口计生委命名为“全国计划生育优质服务示范站”。

1月12日　兴化市民生出租汽车有限公司揭牌暨新车投运仪式在安达汽车客运站广场举行。

1月14日　兴化籍中国工程院院士、内科血液学专家王振义获2010年度国家最高科学技术奖，并获500万元奖金。中共中央总书记、国家主席、中央军委主席胡锦涛向王振义颁奖。

1月16日　泰州市历史学会、兴化市历史学会在兴化中学举行纪念李春芳诞辰500周年暨学术研讨会。

1月27日　兴化苏南村镇银行举行开业庆典。

1月28日　中国中学生顶级作文大赛——“作家杯第十三届全国新概念作文大赛”在上海落下帷幕，兴化中学高三（26）班学生祭雨竹获一等奖。

3月17日　兴化籍作家毕飞宇小说《玉米》英文版获第四届2010年曼氏亚洲文学奖，成为第三个获得该奖项的中国作家。是年8月，毕飞宇著作《推拿》获第八届茅盾文学奖。

4月3日—5月1日 中国·兴化第三届千垛菜花旅游节，暨大型实景演出《水韵兴化》开幕式在乌巾荡湿地公园举行。本届菜花节历时近1个月，接待游客66万人次（其中旅游团队近6000家，40万人次），实现旅游总收入3.5亿元。

△ 台湾地区知名政要郝柏村先生携眷参观古镇沙沟，重温童年记忆。

5月6日 省长李学勇在省政府和泰州市、兴化市有关负责人陪同下，考察兴化文化建设、新农村建设、粮食生产、特色产业发展等工作。

6月9日 在第四届全国残疾人工作会议上，兴化市被授予“全国残疾人工作先进单位”称号。

6月11日 兴化市“茅山号子”入选第三批国家级非物质文化遗产名录。

6月16日 省委和泰州市委决定：陆晓声任中共兴化市委委员、常委、书记；免去贾春林中共兴化市委书记、常委、委员职务，并经泰州市委常委会研究决定不再提名贾春林担任兴化市人大常委会主任职务。

6月15—16日 在浙江宁波举行的首届华东六省一市新创红歌大赛上。兴化市选送的《垛田水乡》《拉纤号子》代表江苏省参赛，分别获得创作金奖和表演银奖。

6月27—29日 中共兴化市第十一次代表大会召开。大会选举产生中共兴化市第十一届委员会委员31人、候补委员6人；市纪律检查委员会委员15人。大会主题为全面建设更高水平小康社会，坚定不移地向基本现代化迈进。市委十一届一次全会选举陆晓声为市委书记。

8月20日 在第十一届全国县域经济基本竞争力百强县（市）中，兴化市列第56位，比上届位次前移11位。

8月25日 江苏兴达钢帘线股份有限公司进入2010年中国民营企业500强名录。以64.96亿元的营业收入总额排名第354位。

9月2日 兴化市板桥道情（传统音乐类）、水车制作技艺（传统技艺类）、渔具制作技艺（传统技艺类）和清明节·茅山会船（民俗类）入选江苏省第三批非物质文化遗产名录。

9月27日 第27届亚洲邮展兴化巡邮活动暨“中国·兴化第十届郑板桥艺术节”纪念邮品首发式，在市广播电视台演播大厅举行。

9月28日 位于永丰镇的兴化河蟹交易市场开业。市场由在苏州经商的永丰籍陈忠平和苏州兴化商会副秘书长陈荣平共同投资9000万元建设。

10月15日 第十届中国·兴化郑板桥艺术节暨中国·兴化“2011河蟹节”开幕式在新区体育馆举行。

△ 缸顾乡东旺村获“江苏最具魅力休闲乡村”称号。

10月16日 兴化市工商联无锡兴化商会成立大会在雷迪森大酒店举行。

10月17日 美国国家医学院宣布的65名新任院士名单中，包括来自中国的兴化籍科学家王存玉教授。

10月21日 江苏省兴化现代渔业产业园区揭牌暨科技研发中心大楼落成剪彩在红膏生态园举行。园区位于临城镇和陈堡镇古庄、花沈等9个行政村，面积733.33公顷，内有河蟹主养区、多品种混养区、优质种苗繁育区、加工物流区、科技研发中心与垂钓休闲中心等6大功能区。

11月6日 江苏省第四届紫金山文学奖获奖名单揭晓，兴化籍4位作家获奖：毕飞宇的《推拿》获得文学奖荣誉奖；庞余亮的《薄冰》和朱辉的《止痒》获得短篇小说奖；刘春龙的随笔集《乡村捕钓散记》获得散文奖。

11月8日 江苏银监局批复，同意成立江苏兴化农村商业银行股份有限公司，11日举行开业典礼。

11月29日 兴化市历史文化研究会召开第一次会员大会。选举产生第一届理事会，市政协主席范学忠当选为会长。

12月8日　随着中堡镇夏李村客运通达工程完工，全市168个行政村客运班车通达工程宣告全面建成。

12月20日　戴南镇董北村被中央精神文明建设指导委员会授予“全国文明村镇”称号。张郭镇、戴南镇保留“全国文明村镇”称号。

12月22日　兴化市获“全国粮食生产先进县（市）”称号。市农技推广中心副主任沙安勤同时被表彰为“全国农技推广先进个人”。

12月28日　2012年城市基础建设重点项目——西气东输主干网工程举行开工仪式。工程总投资6000万元。

12月　在交通运输部和中国道路运输协会举办的全国道路客运“海格智慧”科技行动评优活动中，兴化市大运交通运输有限公司获“科技应用先进企业”奖，驾驶员潘学凤获“安全节能驾驶能手”称号。

是年　影山头遗址、兴化垛田、杨家大院、成氏宅第、万兴公典5处获批江苏省文物保护单位。

2012年

1月17日　兴化市再次被省政府表彰为“江苏省文明城市”。

2月2日　首届江苏“百名美德少年”颁奖典礼在苏州举行。兴化市乐吾实验学校已故学生成倩获江苏省美德少年特别奖。

2月8日　戴南镇获“国家园林城镇”称号。

2月11日　戴南镇董北村党委书记张文德获“中国农村新闻人物创业富民奖”。

△　兴化市明清小说研究会成立。

3月6日　总投资18亿元的光伏并网电站项目落户兴化市。市长徐克俭与华电新能源江苏分公司总经理王武仕签约。

3月8日　总投资近50亿元的20个新开工项目分别在经济开发区、昭阳工业园、新区、得胜湖港口物流园区举行开工奠基仪式。

3月22日　兴化市政协举行第十二届委员会第一次会议。选举金厚坤为市政协主席。

3月23—27日　兴化市第十五届人民代表大会第一次会议召开，实到代表429名。会议选举陆晓声为市人大常委会主任，选举徐克俭为市人民政府市长。会议选出兴化市出席泰州市第四届人民代表大会代表。

3月29日　按照国家旅游局五星级宾馆标准建设的兴化市天宝花园大酒店开业。

4月2日　第四届中国·兴化千垛菜花旅游节开幕式在兴化市新区体育馆举行。

△　兴化市千垛菜花风景区、李中水上森林公园和桃花岛生态园分别被授予省四星级和三星级乡村旅游区（点）。

4月10日　由兴化市委、市政府，《大众摄影》杂志社，江苏省摄影家协会共同主办的第四届中国·兴化千垛菜花旅游节建工杯摄影作品大展“千岛菜花甲天下、水乡兴化景如画”开镜仪式在千垛菜花景区举行。

4月21日　兴化市被授予“中国小说之乡”称号，中国小说学会、江苏省作协、兴化市政府共同举行“中国小说之乡”授牌仪式，中国小说学会副会长吴义勤向兴化市颁发“中国小说之乡”牌匾。

4月27日 由兴化市委、市政府，大太阳（北京）影视制作有限公司、兴化市创星文化传媒有限公司联合打造摄制的影片《哺乳期的女人》（根据毕飞宇同名小说改编）开机仪式在兴化市天宝大酒店举行。

5月14日 缸顾乡被提名为“中国最美的乡村（小镇）”100佳。

6月28日 全国创先争优表彰大会在北京人民大会堂召开，戴南镇董北村党委被表彰为“全国创先争优先进基层党组织”。

6月30日 333省道改扩建、351省道海南至昌荣段和203县道永丰至陶庄段工程举行开工仪式。

△ 《兴化小说丛书》由凤凰出版传媒集团江苏文艺出版社出版发行，江苏省作协主席范小青作序。

7月4日 周奋乡仲寨村女孩仲芳当选中央文明办6月中国好人榜“助人为乐”好人，被誉为“最美打工妹”。

7月30日 在全省文化局长会议上，兴化市被授予“江苏省文化先进县”称号。

8月15日 国际象棋世界青年锦标赛在希腊雅典举行，兴化市17岁少女郭琦夺得冠军。9月6日，兴化市委、市政府召开表彰大会，授予郭琦“国际象棋运动突出贡献奖”。

8月23日 兴化市青虾养殖标准化示范区以高分通过江苏省质量技术监督局组织的国家级验收。

9月3日 由无锡金维多食品有限公司总投资11亿元的伽力森主食产业项目，落户兴化开发区，举行项目开发仪式。

10月30日 市委、市政府召开戴南镇行政管理体制改革试点工作推进会议。

12月 江苏省发改委、江苏省财政厅联合批复，确定戴南科技园区循环经济产业园为省级“城市矿产”示范试点基地。

2013年

1月2日 中国·兴化郑板桥艺术节入选中国品牌节庆榜，获“最具国际影响力文化艺术节”称号。

1月 省农委和省海洋与渔业局通知：“兴化大青虾”获省农产品区域公共品牌认定。

2月25日 兴化市举办纪念刘熙载200周年诞辰座谈会。市领导邹祥龙、彭国良、刘春龙以及市内从事刘熙载研究的部分专家和刘氏后裔参加。

2月27日 江苏兴化农村商业银行各项存款余额达203.1亿元，在泰州市各县级金融机构中率先突破200亿元大关。

3月5—17日 江苏兴达钢帘线股份有限公司董事长刘锦兰出席第十二届全国人大第一次会议。

3月11日 兴化经济开发区举行8个项目集中开工典礼。项目总投资约24亿元，其中亿元以上项目6个。

4月3日 第五届中国·兴化千垛菜花旅游节暨江苏休闲农业与乡村旅游精品线路发布仪式，在千垛菜花风景区举行。

△ 省长李学勇深入兴化市乡村、企业，就生态农业发展、工业经济转型升级、新农村建设等方面进行调研。

4月16日 “农村商业银行杯”第五届中国·兴化全国国际象棋甲组个人赛在兴化市举行。

国家体育总局棋牌运动管理中心党委书记杨俊安，中国国际象棋协会秘书长叶江川和参赛棋手出席开幕式。比赛历时12天，于4月27日落下帷幕。

4月18日　环境保护部公告，授予昭阳镇“国家级生态乡镇”称号。

4月19日　中共中央党校常务副校长李景田一行到兴化市调研，视察“板桥竹风、先贤风范”廉政文化旅游专线（内含郑板桥故居、郑板桥纪念馆、板桥竹石园、板桥陵园等文化景点）。

△　兴化市与国电电力发展股份有限公司合作的燃机热电联产项目正式签约。项目投资规模31亿元，建成后供热范围将覆盖戴南、张郭、茅山、周庄等4乡镇。

5月19日　中国邮政集团公司发行《美丽中国》邮票一套。“兴化垛田（菜花）”图案为江苏省唯一入选作品。

5月17日　市基督教恩典堂举行新堂落成暨献堂庆典活动。全国基督教“两会”（中国基督教协会与中国基督教三自爱国运动委员会）副会长、江苏省基督教“两会”会长安信义牧师及兴化市有关领导参加活动。新址位于长安北路森林公园内，占地面积4617平方米，建筑面积4830多平方米，总投资1500多万元。

5月21日　农业部公布第一批19个中国重要农业文化遗产，“兴化垛田”榜上有名。10月15日在景区举行垛田传统农业系统揭幕仪式。

5月30日　经江苏省旅游局与新华报业传媒集团组织的专家评审，兴化市千垛菜花景区位列为2013年江苏十大赏花胜地之首。

6月8日　在教育部项目组组织的“全国综合实践活动特色学校”评选活动中，兴化市板桥初中入选。

6月24日　《兴化报》决定从7月1日起更名为《兴化日报》，并全面改扩版，由原四开四版扩大到四开八版。

6月27日　在联合国举行的“公共行政日”表彰活动中，董北村被授予“幸福乡村”称号，大会在巴林首都麦纳麦举行，村党委书记张文德受到巴林国王哈马德·本·伊萨·阿勒哈利法接见。张文德向联合国和巴林政要赠送纪念品——两把不锈钢材料制成的二胡。

6月28日　兴化市召开基督教第一次代表会议。选举产生第一届委员会领导班子以及名誉副主席。讨论通过兴化市基督教三自爱国运动会章程。

7月8—11日　“体育彩票杯”全国国际象棋少儿精英赛在兴化市举行，兴化籍8岁棋手袁烨、胡月分别获得女子A组和B组冠军。

7月15日　市电子商务协会在市民政部门注册登记，成为泰州地区首家电子类商务组织。

7月29日　由水利部、淮河委员会、全国节水办组成的验收组，对泰州市节水型社会建设试点工作进行终期评估验收，兴达钢帘线股份有限公司、戴南污水处理厂接受评估验收。

8月1日　省人大常委会常务副主任张卫国到兴化视察“代表之家”建设工作。

△　戴南镇董北村被评选为第七届“中国十佳小康村”。

8月6日　江苏省环保厅宣布：对兴化市全境实行“区域限批”，限批期限暂定为3个月。其中，对兴化市戴南镇的限批期暂定为一年，督促兴化市与戴南镇两级政府重视并积极推进突出环境问题整改。2014年追加一年。2015年8月，江苏省环保厅解除戴南镇建设项目环境影响评价文件暂停审批。

8月　兴化市“千垛菜花”入选意大利2015世博会中国馆展览项目。

9月2日　在第十二届全运会男子柔道81公斤级比赛中，兴化籍小将李茂鉴获得银牌。

9月20日　在泰州举行的2013年女子国际象棋世界冠军赛中，侯逸凡战胜乌克兰棋手乌什尼娜，成功夺回“棋后”桂冠。

9月　在第三十七届蒙特利尔国际电影节上，根据毕飞宇同名小说改编的《哺乳期的女人》，获艺术创新大奖，为电影节上7项大奖之一。

10月18日 上池斋药店举行全国重点文物保护单位揭碑仪式。是年5月3日，被国务院正式对外公布为第七批全国重点文物保护单位。

10月 人力资源和社会保障部、全国博士后管理委员会下发文件，批准兴化市江苏红膏大闸蟹有限公司设立博士后科研工作站。

11月1日 江苏兴海特钢有限公司生产的不锈钢焊丝，在广西北海召开的2013年中国不锈钢行业大会上获"中国不锈钢行业名牌产品"称号。

11月30日 第十三届全国村长论坛在安徽省凤阳县小岗村举行。董北村党委书记张文德当选为"全国十大杰出村官"。

12月13日 兴化市川东港工程建设指挥处在戴窑镇成立。川东港建成后将形成里下河地区入海的第五大港。

12月26日 中国·兴化政府门户网站获得2013年度"中国政务网站优秀奖"。

2014年

1月6—9日 兴化市第十五届人民代表大会第三次会议在昭阳剧院召开。会议选举李卫国为市人民政府市长。

△ 戴南镇北姜村、安丰镇三庄村、沙沟镇光耀村被授予"江苏省社会主义新农村建设示范村"称号。

1月12日 中国小说学会2013年度中国小说排行榜评议会在兴化市举行，评选出25部上榜作品，毕飞宇的短篇小说《大雨如注》榜上有名。

1月 戴南镇被全国爱卫会命名为2011—2013年度国家卫生乡镇（县城）。

2月16日 在第64届柏林电影节上，根据毕飞宇同名小说改编的电影《推拿》获得最佳艺术贡献奖（摄影）。

2月27日 兴化水车制作技艺传承人徐长龙被命名为江苏省第四批非物质文化遗产代表性传承人。

4月3日 2014中国·兴化千垛菜花旅游节开幕式在千垛菜花风景区举行。

4月8日 第一届东亚地区农业文化遗产学术研讨会在兴化市召开，海内外近100名专家学者与会。

4月21日 中国蔬菜流通协会全国果蔬脱水加工产业联合会在兴化市成立。

4月28日 兴化地方税务局第四分局被授予"全国工人先锋号"。

4月29日 在罗马举行的联合国粮农组织全球重要农业文化遗产指导委员会和科学委员会会议上，兴化垛田传统农业系统被列入全球重要农业文化遗产。

5月4日 中共中央总书记习近平视察北京大学，参加北大英杰交流中心师生座谈会。侯逸凡作为学生代表在会上发言，并与习近平总书记围绕国际象棋进行互动交流。

6月13日 环保部发布公告，授予兴化市临城镇、垛田镇、李中镇、缸顾乡、安丰镇"国家级生态乡镇"称号。

6月18日 江苏长江银行兴化支行开业。

7月17日 市委、市政府主持召开《兴化"水韵·垛田"生态经济区综合发展规划》专家评审会，中国科学院南京地理所、南京大学、江苏省社科院、江苏省农学会有关专家及兴化市有关乡镇、部门负责人参加会议。

7月21日　兴化市被命名为“江苏省双拥模范城”。

△　安丰镇、戴南镇被住房和城乡建设部、国家发展和改革委员会等7部委联合命名为“全国重点镇”。

7月　科技部命名戴南镇董北村为国家“兴化铁皮石斛研发中心”“兴化铁皮石斛产业化示范基地”，授牌仪式在北京举行。

8月17日　在第二届南京青年奥林匹克运动会66公斤级男子柔道比赛中，兴化市运动员吴志强获得季军。

8月24日　龙香芋健康产业战略联盟在兴化市举行新闻发布会。推介“龙门艳芋”兴化龙香芋膳食营养系列产品，被世界中医药联合总会授予第三届世界亚裔传统医药产品金牌奖。

8月　兴化市千垛菜花风景区被江苏省水利厅公布为2014年首批省级水利风景区之一。兴化市李中水上森林景点、郑板桥·范仲淹纪念馆先后被批准为AAAA国家级旅游景区。

△　临城镇古庄村获评“江苏最具魅力休闲乡村”。

9月15—16日　兴化市创建成为“江苏省户户通”有线电视县（市）。获省专家验收通过。

9月20—21日　中国·兴化第一届全国果蔬食品加工产业博览会暨兴化名特优新农产品展销会在兴化城举行。国内219家厂商和相关机构近500名客商参加。

9月21日—10月10日　由中国农业博物馆与兴化市联合举办的农耕文化展，在千垛菜花景区举行。农耕展主题为“传承农耕文明，弘扬民俗文化，发展现代农业，促进区域发展”。

10月25日　2014图曼搏击“武林风”世界拳王争霸赛在兴化市新区体育馆举行。

10月28日　兴化市首张IC卡道路运输证在市行政中心交通窗口发出。

11月1—2日　第十四届全国村长论坛在河南省漯河市源汇区干河陈村举行。戴南镇董北村党委书记张文德、张万村党支部书记赵德智、罗顾村党总支书记俞春海应邀参加。

11月3日　在第三届中国城市公益慈善指数排名中，兴化市进入全国慈善城市百强行列。

△　董北村铁皮石斛繁育技术与产品深加工项目获“中国技术市场金桥奖”。

11月6日　首期毕飞宇工作室“小说沙龙”在兴化市举行。毕飞宇、庞余亮、《雨花》杂志社主编李风宇等多位作家及文友参会。

△　戴南镇黄夏村大学生村官滕培华当选“江苏省最美新型青年农民”。

11月8日　仲爱军为一名4岁白血病患儿成功捐献造血干细胞，为兴化市造血干细胞捐献第一人。

11月10日　国务院公布第四批国家级非物质文化遗产代表性项目名录，兴化市清明节（茅山会船）入选。

11月11日　国家河蟹产业技术创新战略联盟成立大会在兴化市召开。

11月15日　中国石油和化学工业联合会科学技术奖授奖大会在北京人民大会堂召开，江苏兴达钢帘线股份有限公司获“中国石油和化工行业技术创新示范企业”称号。企业产品“高性能子午线轮胎用超高强度钢帘线生产技术开发”项目获科技进步二等奖。

△　“2014中国最美村镇”颁奖典礼在南京进行，戴南镇董北村被授予“人物贡献奖”。

11月21日　江苏“最美法治人物”首场发布会在兴化市举行，市公安局刑警大队副大队长蔡国栋被授予江苏“最美法治人物”称号。

12月18日　江苏省旅游景区质量等级评定委员会正式批准沙沟古镇为AAA国家级旅游景区。

12月27日　连接城区与新区的文峰大桥建成通车。大桥横跨车路河，是市内首座独塔斜拉桥，全长476米，主桥长197.8米，高72米的主塔呈倒“Y”型。

是年　兴化市粮食总产142.32万吨，比上年增加1.21万吨，增长0.86%，继续保持江苏省产粮第一大县（市）的称号。

△ 兴化市完成高新技术产业产值503.4亿元，首次超过500亿元。

2015年

1月11日 2014年度中国小说排行榜在兴化市揭晓，选出25部上榜作品，兴化籍作家毕飞宇的《虚拟》登短篇小说榜首。

1月17日 由中国农业电影电视中心主办，央视《每日农经》栏目承办的大型电视活动——《魅力农产品嘉年华・兴化之夜》在昭阳剧院举行。活动现场揭晓了由权威农业专家评选推介的12个2014年度全国最具魅力农产品，兴化大米、兴化芋头榜上有名。

1月21日 兴化淮剧团演员汤红英由国家二级演员晋升为国家一级演员，成为兴化本土首个国家一级演员。

1月22日 昭阳镇西霞社区被国务院侨务办公室授予“全国社区侨务工作示范单位”称号，文林社区被省侨办授予“全省社区侨务工作示范单位”。

2月13日 兴化中学教师任祖镛收到上海大世界基尼斯总部颁发给其“连续执教时间最长的高中老师”的“大世界基尼斯之最”证书。

3月1日 侯逸凡以2686分首次超越匈牙利传奇女将小波尔加的2675分，正式登上国际象棋女子等级分榜首。欧美女棋手居于等级分榜首40多年的垄断历史被打破。此外，侯逸凡成为自1989年以来第一个包揽现任棋后与女子等级分排名世界第一的棋手。

3月2日 国务委员、公安部部长郭声琨签署命令，给兴化市公安局刑警大队记集体一等功，表彰其在严厉打击刑事犯罪活动，保卫人民群众生命财产安全作出的突出贡献。

3月6日 戴南书院建成正式对外开放，书院建筑面积近2000平方米，拥有图书近2000册。如此规模的乡镇书院在全省尚属首家。

3月24日 兴化市被全国爱卫办授予“国家卫生城市”称号。

3月31日 省委书记罗志军到兴化开发区调研指导工作。

4月10日 全国人大常委会原副委员长盛华仁到开发区调研，并参观江苏兴野食品有限公司生产车间。

4月14日 兴化市实现首例器官捐献，捐献的器官将通过中国人体器官共享与分配计算机系统，在全省等待移植病人名单中进行分配，完成肝、肾、心脏三大器官的捐献。

4月28日 2015年庆祝“五一”国际劳动节暨表彰全国劳动模范和先进工作者大会在京举行，兴化市红膏大闸蟹有限公司董事长朱同林受到表彰。

5月13日 2015年第一届全国青年运动会男子柔道比赛预赛在靖江举行。兴化市柔道小将吴志强在男子66公斤级预赛中获金牌。

5月28日 市委常委、戴南镇党委书记马元连在该镇便民服务中心市场监管局登记窗口，向兴化市时尚凯歌娱乐有限公司负责人张伟颁发该镇首张“三证合一”营业执照。这是苏中地区乡镇中首张“三证合一”营业执照。

5月29日 历时12天的“体育彩票杯”第七届中国兴化全国国际象棋锦标赛（个人甲组）落下帷幕。韦奕、谭中怡分别获得男子组和女子组冠军。

6月4日 国家发改委和财政部发出《关于同意江苏戴南科技园区等4个园区为第六批国家“城市矿产”示范基地的通知》，江苏戴南科技园区成为此批全省唯一入选的单位。

6月8日　兴化市召开2015中国·兴化千垛菜花旅游节总结新闻发布会，向社会各界通报菜花旅游节相关情况。接待游客数量、旅游总收入、景区门票收入比上年均增四成以上。菜花节期间，有58个项目成功签约，计划总投资136.3亿元。

6月9日　经中华全国供销合作总社评选，兴化市入选“2015年供销合作社电子商务示范县”，成为江苏省仅有的5个电子商务示范县之一。

6月12日　兴化市戴南不锈钢现代物流园区规划设计评审会在戴南镇举行，来自省内的专家组成员对规划设计方案进行评审。

6月15日　省委常委、副省长徐鸣一行到兴化市调研“三夏”工作，实地了解兴化市秸秆机械化还田、水稻集中育供秧、水稻机插秧和夏粮收购等工作情况。

7月8—12日　“体育彩票杯”第六届全国少年儿童国际象棋精英赛在兴化开赛，50名男女国际象棋少儿棋手齐聚兴化。经过4天、9轮角逐，兴化籍棋手沈居祺获得女子B组冠军，胡月获得女子A组亚军，张睿获得男子A组第四名，刘楚鸣获得男子B组第六名。

7月10日　由市供销合作总社所属江苏中科电子商务公司打造的具有完整交易支付和服务功能的“中国蟹库网”上线运行。这是全国首创、全国最大的大闸蟹专业电子交易平台。

7月29日　2015年全国青少年国际象棋锦标赛（团体）在安徽黄山市落幕。兴化市叶江川（兴化）国际象棋学校的沈居祺、王一飞获女子丁组团体冠军，胡月、刘雅娴获女子乙组团体第三名。

8月11日　受第13号台风“苏迪罗”减弱后的低压和北方冷空气共同影响，兴化市出现强降水过程，截至7时，大部分乡镇降雨量200毫米以上，最大降雨出现在大营镇，为380.3毫米。11日7时城区水位为2.4米。

8月22日　第十五届全国县域经济与县域基本竞争力百强县揭晓，兴化市位列第77位。

9月29日　澳大利亚巴拉瑞特市访问团到兴化市开展交流访问活动。

9月　省发改委、教育厅、财政厅、旅游局联合下发批复，确定江苏戴南科技园区为省循环经济教育示范基地。全省有14家获此称号，泰州市仅此一家。

△　市政府与阿里巴巴集团淘宝网战略合作开设的地方馆——淘宝网“特色中国·兴化馆”正式上线运行。

10月16日—11月30日　第十二届中国·兴化郑板桥艺术节开幕。其间，围绕“板桥文化板块、经济活动板块、旅游民俗板块”三大板块11个主题系列活动展开。围绕“板桥文化”板块举办昭阳讲坛之板桥书画专题讲座、中小学生千人画竹石、非物质文化遗产展示等活动；围绕“经济活动”板块，举办第十二届中国·兴化郑板桥艺术节投资环境说明会暨重大项目签约仪式，成功签约63个项目，计划总投资110.2亿元；围绕民俗板块开展赏菊品蟹等活动。

11月1日　省科技厅邀请浙江大学、华中农业大学、安徽农业大学、安徽省农业技术推广总站、江苏里下河地区农科所等单位专家，对钓鱼镇姚家村杂交粳稻“甬优2640”超高产攻关百亩方进行实产验收。专家组确认：再次创造稻麦两熟条件下机插水稻百亩示范方单产全国纪录。

11月30日　戴南镇的江苏益草堂石斛股份有限公司在深圳前海股权交易中心证券交易所挂牌上市新四板。

11月　由南京博物馆主持进行的兴化蒋庄遗址（西区）抢救性考古发掘工作结束。此项工作始于2011年10月，发掘面积3500平方米。发现一处良渚文化聚落，清理该时期墓葬278座，房址8座，灰坑110余个，以及水井、灰沟等遗迹，出土玉、石、陶、骨等不同质地的遗物1200件，为长江以北地区首次发现的良渚文化大型聚落。

12月4日　农业部副部长张桃林一行调研兴化市农技推广体系及信息化建设工作情况。

12月17日　兴化中学76岁的特级教师任祖镛获得英国吉尼斯“全世界连续执教时间最长的语言类老师”世界纪录证书，把这个世界纪录从50年提高到55年。

12月30日 《兴化城市总体规划（2013—2030）》和历史文化名城规划获省政府批准，"十二五"期间兴化实施城建工程600多项，总投资约301亿元；建成国家卫生城市，国家历史文化名城申报全面展开。

2016年

1月12日 由中国社会科学院主办的年度"六大考古新发现"公布。南京博物院考古研究所承担考古发掘的兴化蒋庄良渚文化遗址项目，成为2015年度"中国六大考古新发现"之一。

1月14日 第六届中央电视台魅力农产品嘉年华在四川蒲江录制完成，兴化荷藕与甘肃定西马铃薯、海南文昌石斑鱼等10个农产品，获得"第六届魅力农产品嘉年华十大魅力农产品"称号，这是兴化市获得的第三件全国魅力农产品。

2月3日 兴化市道德模范樊才林被省政府评为"最具爱心的行为楷模"，是泰州市唯一获此殊荣的个人。

2月16日 省住建厅、省文物局公布第一批58个"江苏省历史文化街区"，兴化市的东门历史文化街区和北门历史文化街区入选其中。

2月18日 兴化市召开"国家全域旅游示范区"创建工作动员会议。出台《关于开展"国家全域旅游示范区"创建工作的实施意见》，描绘"全域旅游"的发展宏图，力争通过2至3年的努力，各项指标达到全域旅游示范区创建标准，实现全域景观化、景区内外环境一体化、市场秩序规范化、旅游服务精细化。

3月15日 中国棋手侯逸凡在2016国际象棋女子世界冠军赛上再度夺得国际象棋女子世界冠军，这是22岁的侯逸凡继2010年、2011年和2013年之后，第四度封后。

4月1日—5月6日 中国·兴化第八届千垛菜花旅游节举办。其间，围绕"相约美丽兴化　畅游千垛花海"主题，开展多种形式活动，接待游客145万人次，实现旅游总收入10.15亿元。

5月10日 省经信委发文公布第五批18家江苏省特色产业集群名单，兴化经济开发区食品产业集群名列其中，这是兴化市继戴南科技园区之后第2个省级特色产业集群。

5月16日 2015年度全国十大考古新发现公布，张郭蒋庄良渚遗址入选。

6月24日 农业部在北京召开全国粮食生产功能区和重要农产品生产保护区划定试点工作会议，作为全国闻名的产粮大县，兴化市被确定为长江流域粮食生产功能区划定试点县，是江苏省唯一的试点县。

7月26—28日 中共兴化市第十二次代表大会召开，大会主题为不忘初心继续前进，燃烧激情争先进位，为加快建成全面小康社会而努力奋斗。市委十二届一次全会选举李卫国为市委书记。

9月20日 兴化中学特级教师任祖镛入选"泰州教育20年十大功勋人物"。

△ 第十七届中国绿色食品博览会在吉林省长春市举办，有来自全国各地34个展团的近2000家企业亮相展会。兴化市美华蔬菜专业合作社参展的"兴化龙香芋"获得绿博会金奖。

9月27日 长三角城市市场信息协作网第十六次联席会议评选公布：兴化市入选2015年度长三角最具商业潜力十大县（市）。

10月9日 兴化市政府发出贺信，祝贺兴化农村商业银行各项存款突破300亿元。

10月19日 在2016年第三届全国象棋青年大师赛上，26岁的兴化籍棋手程鸣以七战四胜三平的不败战绩勇夺男子个人桂冠。这是程鸣个人全国重大职业比赛首冠，同时也是兴化市中国象棋史上的重大突破。

11月8日 中国福彩“双色球”第2016131期开奖。兴化市一彩民以一张10+1复式票成功斩获双色球一等奖1注，奖金1444万元。这是兴化是年中出的第2个双色球一等奖，也是泰州地区有史以来最大的福彩奖。

11月16日 市委书记李卫国，市委副书记、代市长黄红旗会见意大利拉斯佩齐亚市政府访问团一行，并签订兴化市与莱万托市建立友好城市的意向书。

11月25日 “供销金融杯”2015—2016中国合作经济年度成就奖颁奖典礼暨2016中国合作经济年度主题论坛在兴化市举行。现场发布30佳农民合作社产品品牌榜、50佳农民合作社榜，表彰十佳普惠金融创业之星和年度十大新闻人物、年度十大领军人物、年度十大改革人物。

12月20日 市委、市政府举行英武大道等重点交通工程通车仪式。市委书记李卫国，市委副书记、代市长黄红旗率领市四套班子全体负责人、市级机关部门、各乡镇主要负责人，参加通车检阅仪式。英武大道建设工程是兴化主城区连接兴泰高速公路的重要通道，路线全长约3.609公里。本项目为城市主干路，采用双向六车道建设标准，道路全宽约150米，设计时速60公里。项目于2015年4月28日正式开工，2016年12月建成交工。

图2-4 英武大道等重点交通工程通车仪式
（2016年摄，市交通局提供）

2017年

1月3—7日 政协兴化市第十三届委员会第一次会议在兴化召开。会议听取和讨论市委书记李卫国的讲话；听取和审议市政协第十二届委员会常务委员会工作报告和提案工作情况的报告；听取并讨论市政府工作报告及其他报告；举行大会协商发言；听取市政协十三届一次会议提案初步审查情况的报告；对2017年度先进政协工委、先进委员小组和优秀政协委员,2017年度优秀提案和优秀社情民意信息进行了表彰；通过大会决议。会议选举产生沙顺喜为市政协主席，邹祥龙、彭国良、丁永明、吴海盈、王福全为市政协副主席，王宇云为秘书长。

1月4—8日 市十六届人民代表大会在兴化召开。会议听取并审议代市长黄红旗所作兴化市人民政府工作报告，审查并批准市2016年国民经济、社会发展计划执行情况及2017年国民经济、社会发展计划草案的书面报告，审查并批准市2016年财政预算执行情况及2017年财政预算草案的书面报告；听取并审议市人大常委会主任卞正祥所作市人大常委会工作报告、市人民法院代院长张伟所作市人民法院工作报告、市人民检察院检察长钱飞所作市人民检察院工作报告。选举吉天鹏为市人大常委会主任，翟云峰、邓志方、余建年、常传林为副主任；选举出十六届人大常委会委员40名；选举黄红旗为市长，徐立华、丁春华、朱学林、刘汉梅、沈德才、刘忠、花再鹏为副市长；选举张伟为法院院长，钱飞为检察院检察长；通过设立兴化市人民代表大会法制委员会和财政经济委员会的决定，选举出各专门委员会主任、副主任及委员。

1月15日 由中国小说学会主办的2016年度中国小说排行榜在兴化市揭晓。来自全国各地的23位评委评出25部上榜作品。其中长篇小说5部、中篇小说10部、短篇小说10部。贾平凹的

《极花》荣登长篇小说榜首，迟子建的《空色林澡屋》、范小青的《谁在我的镜子里》分别荣登中篇小说和短篇小说榜首。这是中国小说学会在有着“中国小说之乡”美誉的兴化第四次举行年度中国小说排行榜评议活动。

1月 江苏兴化市里下河国家湿地公园（试点），经国家林业局评审、公示，正式获批。

3月25—26日 国家旅游局副局长王晓峰考察兴化市全域旅游建设情况。

3月27日 2017中国·兴化千垛菜花旅游节开幕。5月8日闭幕。节庆期间，全市共接待游客215万人次，同比增长48.2%，实现旅游总收入15.6亿元，同比增长53.6%。共有88个项目签约，计划总投资157亿元，创历史新高。

3月31日 沈坨镇退休乡村医生樊才林获得“2016感动中国·江苏十大感动人物”称号。

3月 国家标准委下达第九批国家农业标准化示范项目，兴化市获批为国家农产品电子商务标准化示范区，成为全国唯一一家农产品电子商务标准化示范区。

4月1日 由中国电影家协会、中国文联电影艺术中心、江苏省电影家协会、市委宣传部共同主办的“我们的中国梦·相约美丽兴化”——慰问兴化百万农民文艺志愿服务演出活动在体育馆隆重举行，近30位著名艺术家和文艺工作者同台献艺，为水乡人民奉上一场文化盛宴。

4月9日 由农业部中国农村杂志社主办的首届“中国美丽乡村百佳范例揭晓仪式暨农村改革与发展座谈会”在北京举行。戴南镇董北村获中国美丽乡村百佳殊荣。

4月13日 原南京军区政委方祖岐上将携家人回到母校江苏省兴化中学，举行“方祖岐将军慈善基金”奖助学金发放仪式。

4月23日 由国家体育总局棋牌运动管理中心、中国国际象棋协会联合主办，江苏棋院和兴化市承办的“体育彩票杯”第九届中国·兴化全国国际象棋锦标赛（个人甲组）在天宝花园大酒店开赛。经过11轮的激烈角逐后于5月4日落下帷幕。兴化籍棋手郭琦、袁烨分获女子组第四名和第五名。

4月26—27日 省委书记李强到兴化市调研。他强调，水资源丰富、生态环境良好，是兴化最大的优势和竞争力所在，要把省委、省政府重大战略部署与本地实际结合起来，进一步加强生态涵养、凸显生态优势，补齐基础设施短板，着力发展生态经济、绿色产业，走出特色发展新路，更好地促进增收富民，造福广大百姓。省委常委、秘书长樊金龙参加调研。

5月2日 兴化市召开千垛景区（平旺湖）扩容提升项目总体规划评审会，来自东南大学、南京师范大学、三江学院、南京中陆必得旅游规划设计研究院、江苏省旅游局和泰州市旅游局的6位专家组成评审组，评审千垛景区（平旺湖）扩容提升项目总体规划。

5月19日 市长黄红旗会见法国兰特黎斯集团全球传播总监米歇尔，双方就探寻合作机会作了良好交流。

5月 在国家旅游局主办的“2017年中国旅游日”主题宣传暨中国旅游投融资促进大会上，兴化市获得“中国十大乡村旅游目的地”称号。

6月23日 省人大代表联组到兴化市，调研江淮生态大走廊建设有关工作情况。省人大常委会副主任刘永忠、省人大常委会秘书长吕振霖参加调研。

6月 省商务厅开展的2017—2019年度江苏省重点培育和发展的国际知名品牌评选结果揭晓，江苏兴达钢帘线股份有限公司的“兴达XINGDA及图”品牌、江苏双乐化工颜料有限公司的“双乐”品牌、江苏兴野食品有限公司的“乐可乐及图”品牌入选其中，作为国际知名品牌重点培育对象。

7月8日 全国首届农业无人系统大会暨农业无人系统应用示范基地建设启动仪式在兴化市举行，100多位来自全国相关领域的专家和企业代表共商无人系统在农业领域的应用和发展。

7月25日 在第23届夏季听障奥运会自行车公路赛女子40公里积分赛中，兴化籍姑娘徐晓文获得第二名，为中国代表队添一枚银牌。在此之前，她在自行车公路赛女子70公里个人赛中，还以2小时20分53秒的成绩夺得冠军。

8月2日　第50届瑞士比尔国际象棋节上，兴化籍棋手侯逸凡执白战胜东道主瑞士棋手格奥吉雅迪斯，以积6.5分的成绩，夺得本届国际象棋节国际特级大师组冠军。

8月4日　由兴化市人民政府和中国农业电影电视中心（CCTV-7农业军事频道）共同主办的《问稻中国》——中国稻米产业发展论坛在兴化市举行。众多粮食技术、产业研究、企业管理以及品牌营销战略专家从生产、加工、品牌三个维度解读中国稻米产业发展的新形势，探讨产业面临的新的机遇与挑战。

8月8日　第十三届全运会男子柔道66公斤级比赛在天津举行，兴化籍选手吴志强获得冠军，这是江苏代表团在本届全运会上获得的第三枚金牌。

8月21日　法国文化部授予兴化籍著名作家毕飞宇法兰西文学艺术骑士勋章。授勋仪式在法国驻上海总领事馆官邸举行，总领事阿克塞尔·柯瑞宇为毕飞宇授勋。

8月28日　国家住房和城乡建设部发出《关于公布第二批全国特色小镇名单的通知》，兴化市戴南镇名列其中。

9月12日　京东生鲜·兴化大闸蟹战略合作协议签约仪式在兴化市举行，这标志着“兴化大闸蟹”正式入驻京东商城，将借助“京东生鲜”快车道，走向全国，“爬”上千家万户的餐桌。

9月14日　省长吴政隆到兴化市走访调研。他强调，要牢固树立“绿水青山就是金山银山”的理念，围绕生态下功夫，围绕绿色调结构，不断强化特色、培育优势，做好生态经济大文章，打好富民增收主攻仗。省政府秘书长王奇参加调研。

9月16日　万科集团董事会主席、首席执行官郁亮一行到兴化市缸顾乡千垛景区、东罗村和李中水上森林景区、海南镇刘泽村，实地考察旅游项目开发及特色田园乡村建设情况。

10月5日　国土资源部副部长曹卫星带领南京农业大学专家教授到兴化市钓鱼镇，观摩国家粮食生产功能区智慧农业服务中心，实地调研全市智慧农业发展情况。

10月18日—12月22日　第十三届中国·兴化郑板桥艺术节在兴化举行。会上举行艺术节投资环境说明会暨重大项目签约仪式，共签约项目65项，项目计划总投资168.77亿元。其中，利用外资项目2项，总投资2100万美元；产业项目60项，项目计划总投资98.77亿元。亿元以上项目49项，其中5亿—10亿元项目5项，10亿元以上项目4项。艺术节期间举办了一系列文化交流和旅游项目。

12月6日　全国供销总社“海峡两岸农村合作金融模式比较分析研讨交流会”在兴化市举行。两岸农村合作金融领域专家、业界知名学者、各级供销合作社负责人及基层合作社实践者探讨全国新型农村合作金融机构运行与管理方式，持续推动供销合作社综合改革。

12月7日　兴化市徐马荒湿地风景区顺利通过省级水利风景区评审。这是全市继缸顾千垛菜花、李中水上森林之后，第三家通过评审的省级水利风景区。

12月8日　江苏省阜兴泰高速公路（S75）兴化至泰州段（简称“兴泰高速”）正式通车。兴泰高速起自兴化经济开发区附近与333省道交叉处，止于和启扬高速公路相交的淤溪枢纽，南联泰高高速公路。全长35.66公里，途径兴化市临城镇、陈堡镇、周庄镇、姜堰区俞垛镇、淤溪镇。双向四车道，一般路段路基宽28米，设计时速120公里/小时。随着这条高速的开通，作为全省最后一个出城10分钟无法上高速的县（市），兴化彻底摘掉这顶“帽子”，从兴化主城区驾车到高速入口的时间缩短三分之二。

12月25日　全国县域经济专业研究机构北京中郡研究所在京发布《2017县域经济与县域发展监测评价报告》，兴化市入选全国县域经济与县域发展百强县榜单，名列第46位。

12月26日　兴化市入选中国食品工业协会发布2016—2017年度全国食品工业强县（市、

区）名单，全国共有48个县(市、区)上榜，江苏省只有3家。

12月 由江苏省水利厅、文化厅、旅游局共同主办的“江苏最美水地标”推选结果发布。兴化千垛菜花景区等15个水景观获选“江苏最美水地标”。

二、1991年兴化抗洪纪实

1991年，兴化市遭受百年罕见的特大洪涝灾害。工厂企业停工，商业关门停业，农田作物受淹，居民住宅进水，“船在陆上行，车在水中走”，“锅底洼”的兴化成为茫茫泽国。全市直接经济损失达17.1亿元。在特大洪涝灾害面前，全市广大党员、干部、群众发扬“欲与天公试比高”的大无畏精神，团结奋斗，顽强拼搏，描绘了一幅幅可歌可泣的抗洪图，谱写了一曲曲感人肺腑的壮丽诗篇。兴化的抗灾，得到党和政府的关怀，得到全国人民的支持。中共中央总书记江泽民亲自询问里下河地区的汛情、灾情，李鹏总理亲临兴化市视察慰问。省、市各级领导深入灾区直接指导兴化市的抗洪救灾斗争。人民解放军指战员在抗洪抢险中作出重要贡献，对兴化市的抗洪救灾给予积极援助。

一、特大洪水

5月21日入梅，7月15日出梅，比常年早入梅1个月，出梅期比常年推迟5天，梅雨期长达56天。其间，兴化阴雨连绵，暴雨阵雨交替出现。6月12日15时至22时，全市连降暴雨，至7月11日，降大暴雨、特大暴雨10次，其中5次降雨量超过100毫米。6月29—30日降雨达280.3毫米，7月8—9日降雨量221.1毫米。7月10日雨量达236毫米。5月21日至7月15日，总雨量1293.8毫米，为常年梅雨量的5.3倍，为大水年份1954年梅雨量的2.1倍。

图2-5 兴化一片汪洋 （1991年，丁峻摄）

6月14日，兴化水位越过1.8米的警戒线，7月8日11时，水位突破1954年3.06米的历史最高水位。7月15日20时，水位高达3.34米，地势低洼的荡朱乡水位竟高达3.45米。

全市192万亩农田全部受淹。全市秋季作物受灾面积为186.59万亩，水稻绝收面积为56.99万亩，棉花绝收面积为36.26万亩。全市38.3万亩养殖水面有29.8万亩发生跑鱼、逃鱼约1.5万吨。1.9万亩蔬菜无收；127万只畜禽死亡，170万株树木枯萎；破圩沉圩302个，3750座圩口闸、排涝站被毁坏，农业和多种经营损失达10.89亿元。

全市2240个工业企业被淹，占总数的99.2%，其中2189个企业被迫停产，占96.9%，学校校舍受损严重，全市近一半的校舍进水，校房倒塌317间，造成危房4123间，桌凳损坏2万多张，大批仪器设备、图书遭到损失。全市56个卫生医疗单位被淹的48个，许多药品、医疗设备遭到损坏，损失达1140万元。

洪水威胁着人民生命财产安全，群众的生活秩序遭到严重破坏。12.9平方公里的市区被淹11平方公里，1万多户住宅进水，最深处达2米以上，运输船泊在新城住宅区居民家窗口。暴雨冲倒农民住房6.2万间，城市居民房屋倒塌和新增危房1497间。

二、抗击洪涝

在特大洪涝面前，全市广大干部、共产党员、共青团员，冲锋在前，撤退在后，身先士卒，临危不惧；广大人民群众顾大局，讲风格，奋勇争先，舍生忘死；支援兴化抗洪的中国人民解放军子弟兵，哪里出现危险，就开赴哪里。党群全力，军民一心，无数个血肉之躯筑起一道道冲不破的长堤。

兴化市委、市政府把抗洪救灾作为压倒一切的中心任务。在全市紧急动员，带领广大干部、群众展开抗洪斗争。市有关部门负责人集中办公，市区成立分指挥部，统一指挥调度。市四套班子成员分区包干负责。市级机关抽调副局级以上干部分赴各乡镇协助抗洪。各部门分别成立抗洪救灾领导小组，昼夜有人值班，应对各种紧急情况。扬州市级机关也下派得力干部指导、帮助兴化抗洪。

7月5日，市防汛指挥部将危房及室内进水30厘米以上住户的老人小孩转移到安全地带。

7月11日，灾情发生急剧恶化，市委、市政府采取紧急措施，将灾民安置到安全地方，5天内完成36.2万人的大转移，至15日，全市安全转移42万多人，全市无一人被洪水淹死。

7月11日下午，国务院赴江苏抗洪救灾工作苏北组在兴化市部署抗洪工作。

7月12日凌晨，垛田乡前进圩两处决堤，缺口长达36米，汹涌奔腾的洪水向圩内的12个村、1万多人、7000多亩良田倾泻而去。全乡1000多名干部群众与闻讯赶到的150多名武警部队指战员经过连续两天两夜的紧张战斗，终于锁住缺口。

7月21日上午，中共中央政治局常委、国务院总理李鹏和水利、农业、卫生、民政等部门及其他有关方面负责人，在中共江苏省委书记沈达人、省长陈焕友陪同下，乘直升机到兴化市察看灾情。10时10分，李鹏一行到垛田镇孔戴村看望受灾群众，号召村民生产自救。在灾民临时居住的小船上，李鹏详细了解灾民的生活情况。李鹏说："你们发动群众开展生产自救很好。现在要争分夺秒，能抢一块就抢一块，能保一块就保一块，把受灾损失降到最低点。"在孔戴的草棚里，李鹏和当地干部群众商谈进一步开展抗洪救灾工作。李鹏说："你们虽然灾情严重，但广大干部吃苦在前，带领群众积极救灾恢复生产。我相信，你们一定能够战胜灾害，重建家园。"李鹏总理关心灾民的生活，希望大家注意饮水卫生，搞好防疫灭病工作，保护身体健康。

在圩堤出现危险的紧急关头，共产党员和广大群众纷纷挺身而出。为堵住被洪水冲倒的堤口，竹泓镇一个专业户毅然将装有15吨小麦的运输船沉了下去。大垛、沈纶等乡镇的农民不惜倾家荡产，用自家的一块块门板、床板、踏板筑成"三板圩"。为战胜洪水，保住家园，全市用去柴油5150吨，草（麻、编织）袋1100万条，木材200多立方米，毛篙、木棍75万多支，直接费用达3700万元。兴化制药厂一边抗洪，一边坚持生产防疫药品，支援全市各地。

全市先后关闭圩口闸1080座，打坝堵口5000多个，完成土方150多万立方米。在全面加高培厚堤坝的基础上，开动排灌站757座，抽水机1865台、抢排泵1543台，外调排涝机组4251台（套），启动11.02万千瓦动力突击抢排圩内积水。主动破圩36个，滞涝湖荡滩地18处，滞涝面积97.7平方公里，连同沉没的农业圩实际滞涝面积140万亩，是省里规定滞涝面积的11.65倍，对整个里下河地区洪水起到削峰作用。在水位突破3米后，面对暴雨不断，人民生命财产受到威胁的严峻形势，市委、市政府组织力量将40多万灾民转移到安全地带。同时收缩战线，突出重点，确保居住集中。经过艰苦奋斗，保住155个农业圩，夺回80万亩秋熟作物，改种补种70万亩晚秋作

图2-6 军民同心协力抗击洪灾 （1991年，杨天民摄）

物，为救灾工作争得主动。市人武部动员基干民兵12272人、普通民兵149728人，成立1867个抗洪抢险突击队全力投入抗洪，挖土68.43万立方米，加固圩堤39.48万米，堵决口8837处、涵洞2673个，转移物资8677吨，紧急疏散转移10.76万人。市委、市政府及时组织、调配资金、物资和药品，帮助灾民解决吃饭、住房、医疗、上学等主要困难，紧急组织生产和调运食品，及时发放到群众手中，确保全市没有一人淹死，没有一人饿死，基本稳定群众情绪和社会秩序，把灾害损失降低到最低程度。

三、救灾援助

7月9日上午，为支援兴化人民抗灾，省武警总队直属支队王队长率领200名武警官兵、南京军区83544部队后勤部部长率领180名官兵携带救援设备相继抵达兴化。下午，扬州红十字会转赠解放军三总部赠送的39箱药品和部分医疗器械抵达兴化。7月10日，兴化市人民医院张筱霖、张佩夫妇向市民政局捐赠500元、粮票500斤。7月23日，日本大阪中岛株式会社社长、兴化中岛渔具有限公司经理中岛一诚给兴化市及渔具公司各赠人民币1万元。7月27日上午，联合国副秘书长、救灾开发署署长特使艾莎特由江苏省政府秘书长段绪申陪同，至东潭乡冷家村察看灾情。8月6日，联合国计划开发署援助兴化人民币234.39万元，帮助灾民建简易住房140套。8月12—22日，中国人民解放军第十二集团军83225部队134名官兵、83651部队557名官兵相继到兴化，支援兴化人民灾后重建家园。8月17日，德国红十字会代表B·古扎特博士到兴化市，捐赠大米1500吨，并到舜生镇参加捐赠大米发放工作。8月24日，省政府向兴化市划拨国际社会救灾捐款300万元。截至8月31日，收到捐赠款人民币1176.07万元、3870美元、30万日元、200法郎、5000港元、100加拿大元，大米1500吨，救灾粮票2969313斤，自然灾害救济事业费人民币100万元，各类捐赠物品价值人民币221.99万元。市卫生局、红十字会受到各类捐赠药品价值人民币907445元。

图2-7 1991年8月17日，德国红十字会捐赠1500吨大米，德国红十字会代表B·古扎特博士参加大米发放工作 （仕影摄）

四、重建家园

特大洪涝灾害使兴化遭受巨大损失，但并没有吓倒有拼搏精神的兴化人民，在市委、市政府的领导下，自力更生，艰苦奋斗，积极开展生产自救，重建美好的家园。

兴化的灾情牵动了上级领导的心，从7月10日到8月底，先后到兴化市视察灾情、慰问群众、指导工作的国家机关和江苏省有关方面负责人有51人，扬州市党政领导人到兴化市的有7人。省长陈焕友、省委副书记曹克明带领省有关部门的负责人在兴化现场办公，解决灾后的实际困难，帮助兴化人民重建家园。

河南省南阳地区61辆卡车，装着62.5万千克绿豆种，千里迢迢送到兴化市。兴化只用10天时间就建好住宅1527间，让受灾特困户、贫困户住了进去，全市无一户露宿街头。

洪涝灾害期间，疫情形势严峻，特别是农村，人民群众的生活环境越来越恶化，东鲍、荻垛、大垛、刘陆、舜生等乡镇发现肝炎、伤寒、肠道传染病病例。7月18日，市委、市政府对灾后防病治病工作进行部署，各乡镇卫生院恢复正常工作。全市组织120多个的医疗、防疫队伍，逐村逐户宣传卫生防疫知识，做好饮水消毒、粪便处理、环境卫生治理，及时收治病人。7月25日，省7个医疗队在市各地巡回治病，各卫生院及时把救灾药品下发到各村卫生室。组织近1万人的饮水消毒员，把消毒措施落实到户到缸。粪便和水面漂浮物实行专船专人处理，并对退水后的环境进行消毒杀虫。市环保、卫生、防疫、环卫等部门把住“出口和入口”两头。市环保局先从环保补助资金中划拨7000元，支持环卫所购买6条5吨的水泥船，用于积水区域打捞、收集、运送垃圾粪便，并帮助环卫所解决清运车辆不足的困难，向上求援吸粪车2辆、农用车4辆，缓解环境卫生的压力。保护水厂水源，增加船民供水站8个，解决自来水空白区3处。为可能出现流行病发展、病员增加的情况发生，多渠道组织资金，抓紧修复医院倒塌的房屋和危房，增加医疗设备和药品。截至8月底，全市安排农村医院修建费50万元、防疫费25万元。城乡73个自来水厂积极做好自来水供应工作，8471名专职饮水员把好饮水消毒工作，灾后全市没有发生肠道病流行。

图2-8 省医疗队到村巡回治病
（1991年，仕影摄）

台湾慈济基金会经过论证，出资兴建1381户住房，148人间敬老院和12个班的小学教室。

洪水初退，兴化各地积极开展生产自救。在农业上，为解决农村经济政策方面出现的许多新问题、新情况，7月28日，兴化市委批转市委农工部《关于农村生产自救方面的政策意见》。全市突击抢排抢田，抢种抢管，全市先后从外地紧急组织排涝设备2000余台，投入排涝总动力9.19万千瓦。市农业、粮食等部门组织数百辆汽车，先后调运后作稻种373万千克、绿豆种130万千克、荞麦种49万千克以及其他晚秋作物种子。截至8月12日底，在全市100多万亩绝收稻棉田中，截至8月底，复种面积达75万亩。由于气候恶劣，复种期间，仍然连续出现大雨和暴雨，致使不少田块两次乃至三次复种。同时，对抢出来的在田作物的管理，采取特殊补救措施，施肥促长，适时搁田，及时防治病虫害。全市利用农闲季节，组织积造秋播肥料。组织15万名劳动力上水利，筑圩堤。在多种经营上，市水产、工商等部门发动渔民开展外河捕捞，严禁幼鱼上市，限价统一收购，重新组织放养1亿尾下花。供销、多管等部门组织秋禽炕孵，全市增养秋禽300万只，补养生猪20万头和增养一批菜牛、羊等，并加强桑园、果园的管理，增养晚秋蚕，扩种秋播桑600亩。对多种经营专业大户，市里采取承包指标合理调整、承包期适当延长、银行支持生产贷款等措施，调动其生产自救的积极性。在工业上，全市围绕生产效益同步到位，集中力量恢复生产。抢排厂区积水，抢修机器设备，鼓励供销人员在外抓业务，根据农业资源大幅度减产给企业造成的严重困难，及早规划，把严格岗位经济责任制作为企业管理的一项主要工作，对一些亏损企业，实行先整顿，制订扭亏增盈的规划，再按计划组织生产。截至8月底，全市660多家乡级以上企业，有90%以上恢复和部分恢复生产。在商业流通领域，全面开展“服务抗灾，当好后勤，扩销增利，多作贡献”的活动。为保证和促进经济恢复工作，全市立足自力更生，依靠集体和社会力量，修复城乡公路交通、邮电通信、整修学校危房等各项社会事业。全市出动数万劳动力起早摸黑，清淤河道，修筑圩堤，掀起大搞水利建设的热潮。

兴化克服多方困难，抢修被洪水毁坏的校舍，保证全市中小学校如期开学。9月1日，全市19万多名中小学生如期到校上课，第一课先接受“抗洪精神”的教育。

1991年的特大洪涝，使兴化遭受巨大灾害。大灾一方面使兴化受到从中央到省、市各级以及社会各界的广泛关注，凸显兴化里下河腹地在洪涝灾害方面面临的种种难题，另一方面也使兴化痛定思痛，在灾后将防洪保安和水环境治理作为兴化发展的命脉对待。这一场特大水灾既使兴化的“抗洪精神”得到升华，也成为兴化重建涅槃再生的全新起点。

1991年兴化市特大洪涝灾害捐赠和视察名单一览表

表2-1

赠送钱物的单位、团体	联合国开发计划署、中国爱德基金会、香港天主教教友代表团、台湾佛教慈济事业基金会、台湾红十字会、台北市兴化同乡会、江苏省水产局、江苏省交通厅、江苏省妇联、广东省南海市、河南省南阳地区粮食部门、深圳圳荣水泥制品股份有限公司、上海市农委、嘉定县、川沙县、南汇县、奉贤县、唐山市、无锡市国棉二厂、南京军区司令部直工部、南通正大集团、常州拖拉机厂、常州柴油机厂、常州五洋皮件公司、扬州军分区及预备役师机关、泰县、新沂市、江都县江胜制鞋有限公司、东南大学、扬州冈本有限公司、兴化市佛教协会和宝严寺、兴化市实验小学等
捐赠的各界人士	香港同胞刘锐广、商靖居，香港东明有限公司经理韦启华，澳门同胞虞蒙，澳门明爱总干事潘志明，在港兴化籍人士张丙昆，兴化在美、法学习、工作的吕铭、胡瑛等9人，旅居加拿大侨胞徐茂周夫妇、徐通仁夫妇，旅美侨胞董桂祥，旅居泰国华人刘炳荣、陈咸炎、陈修德，中国农资总公司李德琛，山西省长治市李建堂，上海宝钢高级工程师徐世平，上海市农委张燕，南京军区总医院夏合金，泰兴镇党委孙国民，兴化市委原领导张莫棠、丁解民，兴化籍住广州东山路徐宁，海南乡刘泽村许满意，张郭乡电热电器厂陈振堂等
捐赠的外国政府、团体及个人	泰国、日本日模株式会社寺田庆穗、德国红十字会等
单位领导视察	农业部、公安部、财政部、民政部、交通部、水利部、卫生部、邮电部、监察部、全国妇联、国家计生委、国家教委、中纪委、广播电视总局、国家税务总局、国家环保局、最高人民法院、武警部队、中国人民银行等
国家机关和江苏省有关方面负责人视察	国务院总理李鹏、全国人大常委会副委员长彭冲、国务院研究室主任袁木、农业部副部长陈耀邦、公安部副部长胡之光、邮电部副部长杨贤足、交通部副部长郑光迪、财政部副部长刘斌和救灾专员史梅恩、国家监察部司长孙国芝、国家教委副主任邹时炎和财务司司长王显明、国家计委吴奇、中纪委第四检查室主任贺邦靖、国家环保局副局长解振华、国家税务总局副局长李永贵、全国邮电工会主席罗淑珍、全国妇联副主席关健、全国妇联副主席杨衍银、国家物价局机关党委副书记温存富、全国政协常委张祥、最高人民法院副院长华联奎、中国人民解放军第12集团军副军长王文惠少将、中国人民武装警察部队政委徐寿增、中国人民银行副行长白文庆、江苏省委副书记孙家正和曹鸿鸣、江苏省副省长吴锡军、江苏省副省长戴顺智、省政府办公厅副主任潘春林、省政府办公厅副秘书长王湛、省人大农委经委主任赵景邦、省军区司令员章昭薰少将、省军区副政委陈春耕少将、省卫生厅厅长刘洪琪、省卫生厅副厅长张国义、省农林厅副厅长徐希珍、省交通厅厅长徐华强、省财政厅厅长姜其温、省民政厅副厅长朱士良、省妇联主任胡善瑾、省水产局局长王忠祥、省纪委副书记张品华、省建委副主任安迪光、省税务局局长翁荣华、省物价局副局长王德驹、省高级人民法院院长朱宝林、省武警总队政委王志刚和副总队长顾惠琪、农业银行江苏省分行行长潘承德等
扬州市党政领导人视察	扬州市委副书记吉宜才、代市长李炳才、市委常委薛庆仁、副市长管德本、人大常委会主任黄书祥、市纪委书记袁平波、市法院院长吕立高等

卷三 政区 人口

兴化历史悠久，自五代杨吴武义二年（920）建县，迄今1090余年，先后属扬州（江都府）、泰州、承州、高邮（军、路、府、州）。民国时期，先后属淮扬道、第十行政督察区、盐城行政督察区、第六行政督察区。中华人民共和国成立后，隶属泰州专区、扬州专区（市）。1987年12月，经国务院批准撤县建市。1996年8月起，由新组建的地级泰州市代管。

兴化市地处江淮之间，里下河地区腹部，东邻大丰、东台，南接姜堰、江都，西与高邮、宝应毗邻，北与盐都隔界河相望。位于北纬32°40′—33°13′、东经119°43′—120°16′之间。辖区东西、南北间距离各约55公里，总面积2393.35平方公里。其中：陆地面积1949.65平方公里，占81.46%；水面积（含水面和滩地）443.7平方公里，占18.54%。辖34个乡镇、1个经济开发区，下设614个行政村、70个居民社区。市政府驻地昭阳镇，即兴化城。2010年，全市总人口1560563人，平均每平方公里652.04人。

图3-1　城市远景图　（2010年，李春泽摄）

第一章　建置区划

第一节　建置沿革

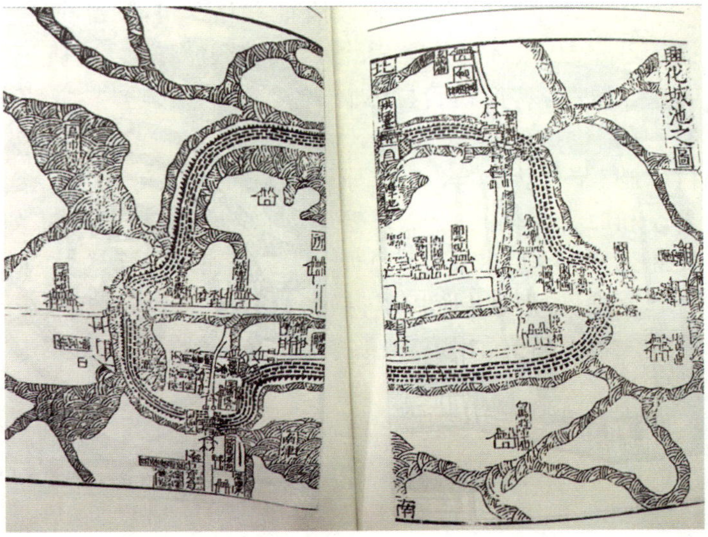

图3–2　兴化旧城地图　　（市史志档案办提供）

春秋战国时期，今市境为吴楚之地。相传周慎靓王时，为楚令尹昭阳食邑。秦为九江郡地。汉至隋唐历属临淮、广陵、江都。五代杨吴武义二年（920），析海陵县北境置招远场，旋改为兴化县，隶属江都府。自南唐至清，历属泰州、承州、高邮（军、路、府、州）及扬州府。民国初年废府制直属江苏省。民国3年—16年（1914—1927）隶属淮扬道，民国16年（1927）废道制，先后属江苏省第十行政督察区、盐城行政督察区、第六行政督察区。自民国30年（1941）2月，在戴家窑成立兴化县抗日民主政府。先后隶属苏北临时行政委员会、苏中行政区第二、第一行政分区。日伪统治期间，伪兴化县政府隶汪伪“苏北行营”。解放战争时期，兴化解放区隶属苏皖边区第二行政区。为适应革命斗争的需要，民国33年（1944）5月以后，在兴化、东台、泰县（今姜堰市）交界地区先后建立兴东县、溱潼县，在西北部设立沙沟市（县）。民国38年（1949）初，兴化全境解放。同年5月，兴化隶属苏北行政区扬州专区。5月、9月，行政区划调整，原溱潼县大部分境域及原属高邮县的黄邳、沙沟两区划属兴化，串场河东的白驹、刘庄划属大丰县。1950年，兴化改属泰州专区。自1953年1月起，属扬州专区（1971年5月改称扬州地区）。1983年2月，江苏省实行市管县体制，兴化县隶属扬州市。1987年12月，经国务院批准，兴化撤县建市，计划单列，由扬州市代管。1996年8月，兴化市由新组建的地级泰州市代管。

第二节　区划调整

一、乡镇区划

1991年，全市下设9个区公所（为市派出机构），32个乡，13个区属建制镇，1个市属镇。分别是：永合区含戴窑镇和合塔、舍陈、徐扬、永丰、林潭5乡，老圩区含安丰镇和大营、新垛、老圩、中圩4乡，海河区含大邹镇和钓鱼、下圩、海河、海南4乡，沙沟区含沙沟、中堡、舜生3镇和周奋、李健2乡，临城区含严家、荡朱、东潭、红星、东鲍、西鲍、临城7乡，竹泓区含竹泓镇及沈纶、林湖、垛田、刘陆4乡，大垛区含昌荣、大垛2个镇和荻垛、陶庄2乡，周庄区含周庄、边城、茅山3镇及陈堡乡，戴南区含戴南镇、张郭乡、唐刘乡、顾庄乡，昭阳镇为市属镇。

1993年3月，撤销舍陈乡建立舍陈镇，实行镇管村体制。周奋乡划分为周奋、缸顾2乡。11月，经省民政厅批复、省政府批准，撤销张郭乡，以其原辖区域设立张郭镇，实行镇管村体制。

1994年，严家乡更名为北郊乡。

1996年，唐刘乡、荻垛乡和海南乡撤乡建镇，实行镇管村体制。

1999年8月，撤销东潭乡，所辖18个村划属昭阳镇。西鲍乡南贺、关门、新城、双官4村，北郊乡严家村，临城乡东五里、药沈两村，垛田乡下甸、沙垛两村，共9村一并划归昭阳镇管理。

2000年2月，经江苏省政府批准和泰州市政府批复，决定调整兴化市部分乡镇行政区划：撤销红星乡，将原红星乡所辖区域并入昭阳镇，实行镇管村体制；撤销林潭乡，将其原辖区域并入戴窑镇，实行镇管村体制；撤销舍陈镇、合塔乡，以其原辖区域设立合陈镇，实行镇管村体制；撤销徐扬乡，将其原辖区域并入永丰乡；撤销中圩乡，将其原辖区域并入安丰镇，实行镇管村体制；撤销海河乡，将其原辖区域并入钓鱼乡；撤销李健乡、舜生镇，以原李健乡的18个村委会和原舜生乡的12个村委会及1个居委会合并，设立李中镇，实行镇管村体制；撤销荡朱乡和北郊乡，将原荡朱乡的21个村委会和北郊乡的20个村委会划归组成西郊乡；撤销刘陆乡，将其原辖区域设立临城乡；撤销边城镇，将其原辖区域并入周庄镇；撤销顾庄乡，将其原辖区域并入戴南镇；撤销唐刘镇，将其原辖区域并入张郭镇。至此，全市设34个乡镇和1个经济开发区。

2000年12月，经市政府同意，昭阳镇张阳村、孙金村、葛家村划归市经济开发区管辖，西郊镇水产村、陈楼村划归昭阳镇管辖，原林潭乡姚庄村、傅家村划归昌荣镇管辖。

2000年，永丰、新垛、钓鱼、垛田、陶庄、陈堡、临城、西郊、沈纶等乡经批准撤乡建镇，实行镇管村体制。

2001年，大营、下圩乡经批准撤乡建镇，实行镇管村体制；撤销东鲍乡，以其原辖区域设立城东镇，实行镇管村体制。同年10月，撤销9个区公所的建置。

2010年，全市辖34个乡镇、1个经济开发区。即昭阳镇、戴南镇、张郭镇、大垛镇、荻垛镇、戴窑镇、合陈镇、昌荣镇、陶庄镇、海南镇、大邹镇、永丰镇、安丰镇、老圩乡、新垛镇、钓鱼镇、大营镇、下圩镇、沙沟镇、李中镇、西郊镇、周奋乡、中堡镇、缸顾乡、西鲍乡、城东镇、临城镇、陈堡镇、周庄镇、垛田镇、竹泓镇、茅山镇、林湖乡、沈纶镇及江苏省兴化经济开发区。

二、社区和村庄合并

1990年底，全市有1409个村民委员会，8446个村民小组，13个街道办事处（其中昭阳镇7个），65个居民委员会（其中昭阳镇38个）。为提高村委会管理效能，节约村民开支、减轻农民负担，于2001年初，各乡镇启动行政村合并工作，在广泛征求干部、群众意见基础上，制定方案，报经市政府批准实施。同年4月，全市行政村的规模调整后，设村民委员会614个，村民小组8290个，社区居民委员会78个，其中所属昭阳镇原有46个行政社区和3个行政村调整为24个社区居民委员会。2008年，昭阳镇社区居民委员会调整为16个。至2010年，全市行政村有614个，社区居民委员会有70个。

2010年兴化市村(居)民委员会一览表

表3-1

乡镇	村(居)委会(个)	村(居)民委员会名称
昭阳镇	村11居16	村委会:沙甸(沙垛、下甸)、五岳(东五里、药沈)、南阳(庞家、南山、袁家)、安洲(安基、泗州)、双潭(东潭、西潭)、阳山(王阳、北山、居家)、城堡(城堡、北水产)、冷家(冷家、西水产)、严家(严家、陈楼)、新城(新城、南贺)、城北(关门、双官) 社区居委会:水关(水乡、水关部分、新城村)、迎丰(迎丰、水关部分)、长安、文峰(文峰、王家)、景范(沙甸村、新区东部)、五岳(五岳村、新区西部、南郊部分)、儒学(儒学部分、沧浪部分)、沧浪、南沧(联建、南沧、建新部分、南郊部分)、文林(健康、建新部分)、新阳(堂子、新风)、西霞(西霞、建联部分、城堡村)、牌楼(牌楼、英武)、新义(新义、富康部分)、海池(楚水、北郊部分、富康部分)、英武(昭阳、北郊部分)
戴南镇	村33居5	村委会:中迎(丁泊、戴南一、戴南二、戴南水产)、戴泽(戴南三、戴南农科站)、永丰(戴南四、戴南五)、南朱(南朱、高丰)、东陈(陈北、陈南)、罗顾(罗东、罗西)、裴马(裴庄、马东、马西)、张万、赵家、双沐(前沐、后沐)、董北、史堡(堡东、堡西、堡南)、雁伦(雁周、官伦)、北姜(北朱、姜介)、陈祁(陈万、祁雁)、孙堡(孙南、孙北)、石万(石家、万家庄)、北孙(孙东、孙西)、丁吉(丁南、丁北、吉庄)、徐顾、光孝(光孝东、光孝西)、顾庄(顾二、顾三、顾四、城家)、帅垛(帅东、帅西)、姜何(姜圩、何姚)、张合(南张庄、北张庄)、黄夏(黄岱、夏顾)、花杨(花东、花西、双港)、季家(南季、季东、季西)、小良、刁家(刁东、刁西)、冯田(田家、冯东、冯西)、管家(管东、管西、管南、管北)、徐唐(佘湾、徐富、唐庄) 居委会:人民、护国、顾庄水产、顾中(顾庄居委会)、兴达
张郭镇	村24居3	村委会:蒋庄、刘纪(刘西、刘东、曹郭)、五星(张北、张南、院头、郭东、郭西)、罗么(罗么、罗么西)、赵万(赵东、赵西、农科、戴垛、南甸)、欧家、同济(徐秤、范家)、葛尤(葛黄、黄尤)、千户、陆姜(大陆、小陆、姜舍)、吁戚(西戚、东戚、喻垛)、华庄(华东、华西)、藕杭(杭堡、藕池)、港南(港南、曹兴)、杨家、周家(翟家、周黄)、南桥(南东、南西)、草积、蒲场、唐刘(唐北、唐南)、三舍(西舍、中舍、东舍)、东周(东一、东二、东三、东四)、西周(西东、西周)、朱家 居委会:赵万、张郭水产、裕民
大垛镇	村23居1	村委会:大何(大何东、大何西、小何)、三家(赵家、信者家、徐家)、娄庄(娄庄、小许)、兴芦、东刘、朱罗(罗西、东套、西套)、大陶、世联(高顾、小陶、单家)、保宽、从六(从六、曹家)、安民(安民、农科站)、双石、许马庄(许堡、马庄)、丁家、阮中(原名阮钟)、管阮、双包(包刘、包徐)、陈卞(陈卞、苏杨)、盛吴(盛家、吴家)、肖庄(单家、肖家)、吴杨、天河(天和、兴河)、吴岔 居委会:板桥社区(镇南、镇北)
荻垛镇	村21居1	村委会:塾墩(东姓、塾墩)、郑周、蒋家(蒋南、蒋北、何兴)、富家(傅家、杨杏、南垛)、周石(周薛、宋石)、荻垛(荻一、荻二、荻三)、北王(北王、大王)、南王、四联(郃家、曹家、土娄、陈吕)、董唐(董家、唐家、小王)、周吾(周东、周西、进子)、郝家、七子、大袁、征王、从刘(从卜)、野陈(野陈、伏兴)、南北石(南石、北石)、廷良(郜家、金家、万子)、新丰(新丰、草里)、西毛(西一、西二、南村) 社区:荻垛

续表 3-1-1

乡镇	村（居）委会（个）	村（居）民委员会名称
戴窑镇	村32居3	村委会：韩窑（韩东、韩西）、元友（元友、蒋卫）、三合（双舍、韩董、孙达）、古牛（周李、东古）、新唐元（唐园、王甫）、新竹元（黄易、竹园）、联葛（联盟、葛苏）、新花园（新川、花园头）、青凤（新庄、袁周）、窑东（戴窑东、戴舍）、窑南（戴窑南、戴窑水产）、恒和（新老舍、朱韩、戴窑农技）、胜合（南李庄、苏胡）、焦勇（顾林、张林）、袁夏（袁家舍、夏家舍）、永杰（永杰、洪新）、洪亮（洪亮、费家）、刘丰（北刘、勤丰）、东三（东三、焦家、泗汉）、向阳庄（梅杨、东蔡）、叶堡（东叶沈、西叶沈、孙宝）、兴野（胡野、兴唐、张野）、唐林（唐林、马家舍）、白港（戚林、西蔡、林潭水产）、荣进、钱元、灯塔、锯家、北李、果园、舍王、杨林 居委会：一清、东关、护驾垛
合陈镇	村27居1	村委会：胜利（胜利、新建）、东向阳（三阳庄、施李）、东联合（七里、吉家、董港）、锦贤（开阳、开太、合陈农科）、界牌（沙家庄、界牌）、娄子（沈楼、杨宗）、凤存（九顷、西马、马陈）、朱甜（朱目、甜水）、朱陈（朱陈、陈家舍）、陆谦（新农、陆谦）、红旗（新联、申家庄、周家舍）、卜寨（卜寨、新卜、杨政、车坦、高樊）、李秀（李秀、新胜、合塔水产）、九里港（五合、徐杨）、高桂（高桂、吕成、老舍）、许港（许沈、东马港）、万沈（桥头、舍万）、桂山（凌葛、刘士、新万舍）、樊奚（樊家、奚塔）、成章（东成章、西成章）、舍陈（民主、建设、李家舍、发扬）、张居（张家、居庄）、征孙（征南、征北、孙任）、塔港（周家、袁湾、禹庄）、邓桥（邓桥、东沈、西沈）、幸福（范吕、钱舍）、甘杨（杨沈、甘湾） 居委会：民建
昌荣镇	村13居1	村委会：安西（喊陈、姚舍）、安仁（邹罗、港周、东丁）、瞿沈、宝宏（西张舍、东张舍、宝宏、蒋舍）、欣荣（陈舍、苍朱）、唐子（张韦、木塔寺、唐子、傅家、姚庄、野孙）、唐泽、红花（红花、昌荣农科）、富民（新镇、翁果）、双星（戴桶、东村 ）、盐北（万昌、秦庄）、朝阳新（余家、李府、刘桶）、存德（存一、存二、存三、存四、昌荣水产） 居委会：唐子
陶庄镇	村20居1	村委会：南柯、焦庄、夏北（北戚、三夏、袁荡）、王寺、仲冯舍（仲家庄、冯家舍、舍王庄）、卞堡、袁庄、金戈（乌金、北戈 ）、潘洋汉（西汉、东汉）、罗马（野马、罗家）、陶庄、焦舍、潘戴（潘联、三姓）、裴舍、大顾（大顾东、大顾南、大顾西、娄家）、幸福庄（小顾、大顾北）、新徐（新洋、徐舍）、季平（十八河、陆家庄、谢家）、三和庄（豆子、杨思、尤舍）、周冯（周刘、冯湾） 居委会：梓辛
海南镇	村18居1	村委会：金储、西荡、东荡、胡家（胡一、胡二、胡三）、老舍（西老、东老）、刘泽、南蒋、北蒋（野蒋、北蒋庄）、新伍（蒋锋、赵海、杨舍、成周）、新合（韩蒋、蒋家、李舍、关垛）、中兴（崔徐、任朱、陈海）、张联（东张庄、西张、联兴）、唐良（唐家、良家舍）、蔡高（ 钱垛、北娄子、兴高、蔡兴庄）、许马（马舍、许庄、许舍）、新发、苏海（苏海、张杨舍）、莫顾（移合、莫顾） 居委会：蔡高
大邹镇	村13居1	村委会：双溪（双生、大宏、新南）、渭水（荻垛、南舍、小邹）、友谊（许四、大邹水产、贾所）、万家（万家、简家、车刘）、北艮（北陆、艮子）、芦家坝（双坝、西坝）、复兴（张文、仇家、赦马）、沈五（长银、西沈）、新庄（新四、新五、新六）、吉耿（吉里、耿家）、吴家、向家、顾马 居委会：虹桥（东升、井南、西郊、街北）

续表 3-1-2

乡镇	村（居）委会（个）	村（居）民委员会名称
永丰镇	村26居1	村委会：徐扬（徐南、徐北）、桑富（桑毕、周付）、沙仁、三联（文家垛、黄家垛、朱全垛）、三星（东张、西张家、南倪）、东倪（北倪、兴倪、东小营）、府李舍（府李舍、徐扬水产）、永联（戎家、黄新、周家庄、宋庄）、东棒徐（东棒徐、冬年）、四合（刘营、三合、张利）、捷行（徐桥、陆荡、陈海）、捷西（丰洛、三唐、朱龙庄）、新科（朱舍、成八舍、新陆、曹吴）、永兴（花家、张宏、胥园）、新虎（兴建、翟虎）、蔡星、港中（刘寨、杨碾、范丰）、刘葛（刘丰、刘葛、葛庄、张沈）、四塔（四舍、塔垛）、明兴（新刘、吴明）、苏扬（苏任、高杨）、钟祁（钟堡、东祁、兴沈）、祁吉（祁吉、永丰水产）、如意（赵八、王茂）、迎新（阿沈、葛丰、西营）、戚舍 居委会：朱严
安丰镇	村21居7	村委会：万耿（明范、南万、耿家）、万刘（北万、东万、刘邹）、三庄（灶里、兴吴、朱家南、朱家北）、西南（王耿、蒋尧、葛相、大邹）、寺万（新万、龙湾、任庄）、东郊（袁营、增庆）、九丰（徐吴、方石、安丰农科、张仙）、新北郊（周邦、易童、杨坝、许家、莲花沟）、东新合（府李、沈铁、丁沟）、塘港（张新、崔舍、丁杨、安丰水产）、五庄（张明、邱家庄、赵庄）、黄庄（河南、河北）、新夏（北新庄、夏家舍）、成其甫（成其甫东、成其甫西）、盛宋（盛家庄、宋家舍）、陆宴（南陆、陆宴）、中圩（曹村、范顾、中圩水产、双葛、黄家、中圩农科、振中）、大杨庄（杨家舍、大杨庄东、大杨庄西）、沈曹（沈河、江曹、裴家）、四和（陈河、张河、张甫、包家）、张阳（张刘、兴阳、张家） 居委会：程关东、程关西、西园、虹桥、太平、青龙、永安
老圩乡	村15居1	村委会：肖家（肖家、陈新、三星）、民乐（明李、王道、徐村）、联合（吴思、葛芝、三垎）、韩周（瓦韩、周桥）、双徐（徐秀、双夏）、西凤（西韩、凤凰）、钟南（钟夏、章营、苏南）、安东（万胜、王许、老圩水产）、孙联（孙王、西孙、孙定）、朱文（朱裴、文王）、葛杨（葛茶、杨林舍）、双葛（葛徐、葛杏）、文邱（文邱、周徐）、郭徐（朱郭、新徐）、潘王（王好、小潘） 居委会：振兴
新垛镇	村13居1	村委会：丰乐（易周、王园）、新城庄（陈倪庄、新垛、新文、张韩）、团结（钱韩、陈道）、孙家（南孙庄、北孙）、庙徐（南徐、北徐）、曹吉（曹家窑、张吉）、新东（桂刘、盛家舍、陆童）、荷花港（何桥、束家）、施家桥（板桥、杨舍五庄、施家桥）、朱彭三庄（朱彭、幸福、新垛水产）、徐高（东高庄、陈庄、徐家）、李施（李施、李方）、张高（张尖、西高） 居委会：新港
钓鱼镇	村24居2	村委会：钓鱼（钓鱼、西棒徐、鸭陈、杨廒、北刘、陈木）、同联（丁庄、夏家、钓鱼水产、北周）、姚家（姚家、西张庄）、陆胥（南陆庄、胥刘）、北芙（北芙、徐海）、苏任（苏舍、任兴）、洋汉（朱家、鲍家、南秦）、汤顾（汤家、顾岔）、春景（春景、倪府、新孙）、南刘、北赵（新海、北赵、元如）、同利（祝家庄、于尖、南周）、南北夏（ 南夏、北夏 ）、刘陆南（刘舍、陆虾、南芙）、南旺（南一、南二）、圣传、八尺沟（东八、西八、南八）、陈李吴（陈家、李家、吴榔）、双吉（南吉、北吉）、陆杨（陆家、杨武）、檀孙（檀木、孙家窑）、卞张（卞家舍、张家舍、李家舍）、南赵（南赵、新华、冶家）、中朝（中朝、文远、万陆） 居委会：钓鱼、北芙蓉
大营镇	村11居1	村委会：大营（大营、东营、施童、殷唐）、营东（智陈、戴王、殷顾）、屯南（联合、沈庄、卞杨）、营丰（葛姚、陈王）、屯军（南束、北束、南陈）、洋子（北陈、朱王、大营水产）、联镇（南园、北园、潘家）、屯北（张金、金高）、高港（陆杨、王营、陈高、金瞿）、阵营（崔庄、三张、邓家）、营中（董庄、张官、孙庄） 居委会：兴营

续表 3-1-3

乡镇	村（居）委会（个）	村（居）民委员会名称
下圩镇	村12居1	村委会：东港（东马、冀家）、李阳（李季、黄晓、朱家）、朝阳（西马庄、杨仕、薛舍）、双建（野邹、新邹、兴盐、殷家）、同盟（顾孟、葛舍、刘庄）、镇二（周良、陆祖）、镇一（翟家庄、戈家、邹堡）、洋港（王献、赵舍、顾家、刘圩舍）、刘文（施家、孙阳、刘文、致富）、双联（四合、小顾）、联富（朱南庄、柏舍、陆舍、戴家）、清洋（王舍、瓦屋、油坊头） 居委会：玉带
沙沟镇	村10居4	村委会：兴龙（大兴、小戚家）、严舍、官河（官庄、乔家、南阳）、联溪（落驾、夏舍）、水金（沙沟水产、金星）、董庄（董东、董西、董南）、光耀（汤庄、光耀、光北）、高桂（桂庄、高庄）、石梁（垛田、南星）、沙北（王庄、朱夏） 居委会：繁荣、民主、团结、兴隆
李中镇	村15居1	村委会：顾赵（ 顾赵、西龙、高旺）、李南（蔡家、柴沟、李健水产）、刘沟、苏宋、许季（许秦、季家庄）、草王东（草三、草四、舜生水产）、草王西（草一、草二）、黄花、翟家、黑高、铁陈、天鹅（蒋鹅、曹丰）、黄邳（黄一、黄二、黄三、黄四、南黄）、陆家、兴健（陆阳、高刘、唐李） 居委会：草王
西郊镇	村17	村委会：陈杨（陈进、杨家）、金焦（焦家、金舍）、丁沙（中沙、丁桥、南沙、水利）、荡朱（荡朱、西坝）、北沙（北沙、郭仙、荡朱水产）、徐圩（徐官、圩岸）、马港（马港、纪庄、西林场）、姜戴（姜戴、吕杨）、夏许（许戴、西夏庄）、侯管（侯家、管家）、西郊（西邹、王玉）、郑朱（西陆、文政、牌坊）、刘联（刘银、刘香）、兴西（严吴、许赵）、孙张（孙张、黄五）、北兴（刘良、禹家）、华南（华北、南祥）
周奋乡	村10居1	村委会：崔一、崔二、崔三、崔四、斜沟、傅堡、时堡（时堡一、时堡二、时堡三、时堡四、时堡五）、仲南（仲寨二、仲寨三、古沙）、仲北（仲寨一、仲寨四、西寨）、三界（谭堡、大李、孙留） 居委会：周奋
中堡镇	村13居1	村委会：戚家、东皋（东皋、兴皋）、朱野、夏李、陆家甸（江家庄、陆甸）、沙湾（南沙湾、北沙湾）、长安庄（南长、中长、西长、北长）、西孤（西孤一、西孤二）、东荡庄（东孤、荡子）、夏宏（顾洪、夏庄）、中堡（北秦、中堡一、中堡二、中堡三、谭家）、龙江（北舍、冯家垛、南宋）、水产 居委会：中堡
缸顾乡	村8居1	村委会：缸顾（缸顾一、缸顾二、缸顾三、缸顾四）、房石水（房家、石榴、缸顾水产）、瞿冯（瞿家、冯野、新建）、夏广、东罗（东罗、西罗）、仲家、东旺（东旺南、东旺北）、万旺（西旺、万庄） 居委会：康盛
西鲍乡	村17居1	村委会：西鲍（西鲍东、西鲍南、西鲍西、西鲍农科、西鲍水产）、肖垛（肖家舍、毛垛）、牛陆（新陆庄、牛车）、胡杨（胡鲍、杨唐）、新民、张舍、沙陆（沙家、陆徐）、新王、窦泊（窦家、曹泊）、北贺、高垛、巾荡（颜家、鹅尚）、平旺（平旺东、平旺南、平旺西）、朱家（朱家东、朱家西）、陆鸭、周家（周东、周西）、韩家（韩家东、韩家西） 居委会：官河
城东镇	村16居1	村委会：东北（东鲍东、东鲍北）东鲍南（东鲍南、曹东）、东鲍西（东鲍西、东鲍水产）、腊树（腊树、小张）、跃进（湖北庄一、湖北庄五）、西湖（湖北庄二、湖北庄三）、恒刘（湖北庄四、刘沟）、周蛮、沈沟、赵献（西赵、献基）、塔头、灶陈、联发（长岸、杨坊）、孙唐（孙解、唐朱）、新南（杨庄、孔桥）、钱戴（戴舍、钱庄） 居委会：东鲍

续表 3-1-4

乡镇	村（居）委会（个）	村（居）民委员会名称
临城镇	村27居1	村委会：三赵（三赵）、王梅（王梅）、朱中（东朱舍、西朱、薛余）、刘陆（刘陆、刘陆水产）、大王（大王、杨家）、陈里（陈里）、西浒垛（西浒南、西浒中、西浒北、谭舍）、秦家（秦家）、三王（三一、三二）、花沈（花沈、施舍、孔家）、老阁（老阁、宗刘）、瓦庄（瓦庄）、曹垛（曹垛）、砖场（砖场）、南娄子（南娄子、油坊）、袁舍（袁舍）、新银（新舍、银匠）、陆横（金家、陆横、曹陆、王家）、任家（任一、任二、任三、李庄）、古庄（古庄）、宣扬（宣扬）、临东（张安、顾湾、铁匠）、十里（十里）、八里（八里）、姜家（姜家、小吴、临城水产）、陈口（陈口）、郭家（东郭、西郭） 居委会：城南
陈堡镇	村17居1	村委会：东南（陈堡东、陈堡南）、镇郊（陈堡西、陈堡北）、向沟（向沟、水产）、校果（校家、果元）、宁乡（宁乡、宁西）、唐庄（三河、唐堡）、蒋庄（蒋庄南、蒋庄北、蒋庄东）、曹黄（曹堡、黄舍）、武泽（武一、武二）、四林（东费、西林、东林、冯林）、蔡堡（蔡堡一、蔡堡二、蔡堡三、蔡堡四、尚庄）、陆陈（陆庄、陈联）、沈芦（沈杨、南卢、北卢）、东彭（东里、彭庄）、袁家庄（袁家庄、袁建）、里堡（西里、南里、北里）、高里庄（高里、双桥） 居委会：新陈
周庄镇	村24居2	村委会：周郊（周庄南、周庄西）、薛庄（周庄东、薛庄）、邬牛（邬牛、河西）、农兴、边城一（城东、城北、刘家）、边城二（城南、城西）、腾马、西边城（西一、西二）、黄界（黄东、黄西、界河）、大同、伍张（伍张一、伍张二、伍张三、东高）、夏泊（夏泊、花庄）、周北（三周、北蒋）、官庄（郭官庄、倪官、张联、冯官庄、王官）、胡官（胡官、刘官）、东浒（东浒垛一、东浒垛二、东浒垛三）、西浒（西浒、浒东、浒南）、东坂埨（坂东、坂西、西高）、西坂埨（西坂埨一、坂埨二、坂埨三、中四）、江孙庄（江庄、孙家庄）、祁沟（祁东、祁西）、颜吕（颜庄、吕庄）、殷庄（殷庄、殷南）、周泽（周泽、泽南） 居委会：周庄、边城（边城水产村委会、边城居委会）
垛田镇	村22居1	村委会：芦洲（芦东、芦南、芦西、芦北）、南园（南腰、朱园）、征北（征陆、北腰）、孔长（孔戴、长安）、杨荡、高家荡（高一、高二）、王垛、张庄（张东、张西）、水产、张皮、南仇（仇垛、南樊）、新联合（何垛、北樊）、解楼（楼子头、袁张、解家）、凌翟（凌沟、翟家垛）、城东（将庙、上甸、小戚）、杨花（乌羊、杨花）、新徐庄（绰口荡、小徐）、三羊、得胜（周严、乌牛、刁姚）、申家佃、王横（王横、王西）、湖西口 集镇居委会：金岛
竹泓镇	村17居2	村委会：竹一（竹一）、竹二（竹二、梁家）、竹三（竹三）、竹四（竹四）、冯家（南冯、北冯）、西刘（西刘）、赵徐沈（赵泓、徐元、沈老 ）、志芳（志芳、孙马）、九港（梓唐、毕榔）、北张（北张）、尖沟（尖沟 ）、丁刘（丁家、北刘）、舒余（舒一、舒二、舒三）、白沙（白沙）、竺陆张（竺家、陆泓、南张舍）、解徐王（解家、徐泓、小王）、东高魏（东浒、高舍、魏家） 居委会：永宁、竹泓水产
茅山镇	村10居1	村委会：茅山东（白马、茅东、茅山水产）、茅山西（茅二、茅三、东孙沭）、姜太（姜南、姜北、太平）、纪荀（纪东、纪西、荀家、荀头）、茅山北（北存、卞东、卞西）、朝阳庄（西纪、朱龙）、薛杨（薛家、朱杨南、朱杨北）、孙王（东孙王、西孙王、何家）、顾冯（顾蔡、东冯、西冯）、南朱庄（南朱东、南朱西、牧场） 居委会：茅山
林湖乡	村12居2	村委会：魏东（魏庄一、魏庄二、魏庄三）、魏西（魏庄四、魏庄五、魏庄六）、铁陆（刘陆舍、生铁）、西丁（西丁东、西丁西、西丁南、西丁北）、强胜（彭家、苗家、新家、雍家）、朱陈庄（东朱庄、西朱庄、陈宽）、马家（林湖水产、马家 ）、姚富、湾朱（ 湾南、湾北 ）、朱胖、湖东（魏舍、湖东一、湖东二）、戴家（ 戴一、戴二、戴三、戴四、平家 ） 居委会：魏庄、良种场

续表 3-1-5

乡镇	村（居）委会（个）	村（居）民委员会名称
沈坨镇	村13居1	村委会：关华复（关口、华谈、复龙）、李默（南王庄、袁陆）、薛鹏（薛鹏一、薛鹏二、薛鹏三、薛鹏四、沈坨农科站）、金唐纪（纪舍、金沈、唐张）、樊荣（樊南、樊荣）、沈家、柏九（九尖、柏朱）、姜朱（朱家舍、姜童、沈坨水产）、张谭（张王、谭洪）、沈北（沈一、沈四）、沈南（沈二、沈三）、安塘、冒家 居委会：沈坨
经济开发区	村9	村委会：开创（陈元、楼房、赵何）、开拓（崔宗、董家、陈家）、开明（南孙、必存、梅家）、开泰（魏家庄、刘家舍、院墙）、开富（宦家、胥家、东葛）、开放（西十、单家、沙庄）、开源（新庄南、新庄北、红星水产）、开发（葛家、孙金、张阳）、向阳

说明：1. 括弧内为调整前村（居）民委员会名称。2. 兴化域内市果园场设居委会：苗圃社区。

第二章　人　口

1991年末，全市总户数515905户，人口1529014人，其中非农业人口163988人，占总人口的10.73%。1991—2010年，人口缓慢增长。2000年末为1548314人，2010年末为1560563人，20年增加31549人，增长20.63‰，年递增1.08‰，其中有3个年份为负增长。由于市场经济的不断发展，计划生育工作的深入，境内人口状况出现新的特点：一是非农业人口逐年增加。据抽样调查，2000年从事第一产业人口占总人口的71.68%，2010年下降为37.92%。二是中老年人口比例上升；逐渐步入老年化行列。三是全市人文化素质有所提高。2000年在6岁（含6岁）以上人口137.2万人中，受过高等教育的占总人口1.37%；2010年6岁（含6岁）以上人口受过大学教育的人口占3.51%。高中、初中文化人的人口同步增加。文盲人口大幅度下降。四是全市人口死亡率处于较低水平。由于生存环境的改善，医疗保健水平提高，全市人口死亡率除2007年的12.73‰、2010年的13.21‰之外，其他年份保持在4.89‰—7.59‰之间。人口期望寿命：2000年72.55岁，2010年75.59岁。2010年全市百岁（含）以上老人37人。1990年，全市计划内生育率97.11%。1991年全市人口出生率14.5‰，自然增长率8.76‰。2000年，人口出生率9.23‰，自然增长率2.83‰。计划内生育率99.68%。2010年，人口出生率12.66‰，自然增长率-0.55‰。计划生育率99.6%。

第一节　人口总量与分布

一、人口数量

1991年，全市户籍总人口1529014人。此后，全市人口总体呈缓慢增长趋势，至2010年末，全市户籍总人口为1560563人，比1991年增加31549人，年递增1.08‰。

1991—2010年兴化市户籍人口数量一览表

表3-2

年份	总户数（户）	总人口（人）			其中：非农业人口（人）	出生（人）	死亡（人）	迁入（人）	迁出（人）
		男	女	合计					
1991	515905	791235	737779	1529014	163988	22071	8736	9593	9257
1992	508552	793829	738092	1531921	167746	18291	9699	2087	4963
1993	500534	796702	737559	1534261	175786	15960	9109	11127	15140
1994	500708	797658	734148	1531806	181692	13931	9343	16786	21556
1995	501882	798916	735294	1534210	188140	14897	9461	17343	18676
1996	495683	799643	735746	1535389	192513	10233	8269	7978	10599
1997	494921	799550	735858	1535408	197454	10142	9156	7242	9553
1998	488749	796319	737882	1534201	199023	9971	10036	6290	8658
1999	492266	800097	745741	1545838	220370	10012	8642	12353	10582
2000	493627	802950	745364	1548314	245000	14280	9899	12239	13058
2001	510841	805628	747092	1552720	254522	13445	8752	12245	12501
2002	510861	805127	747206	1552333	263038	9129	8141	10612	12043
2003	511102	804112	745810	1549922	287354	8641	8574	5840	8594
2004	517207	803298	746149	1549447	302660	8709	8022	8229	9391
2005	525049	800530	742526	1543056	315555	9888	8983	5512	12808
2006	531827	801785	745085	1546870	322409	12973	8016	10706	11849
2007	534628	797306	741917	1539223	—	15627	19653	12836	16457
2008	535197	802135	742178	1544313	—	15680	7532	9999	13057
2009	539903	810368	749055	1559423	—	17674	7438	13517	8643
2010	540091	814021	746542	1560563	—	19747	20606	12020	9409

说明：2007年后不再统计非农人口。

二、人口密度

全市人口密度，1990年633.18人/平方公里，属人口稠密区。1995年641.03人/平方公里，2000年646.92人/平方公里，2005年644.73人/平方公里，2010年为每平方公里652.04人。

由于城镇化发展，全市城镇人口比例逐步提高。全市非农业人口1990年161910人，占总人口10.68%；1995年188140人，占总人口12.26%；2000年245000人，占总人口15.82%；2005年315555人，占总人口20.45%；2007年后不再统计非农人口。

1998年，市属镇昭阳镇（城区）每平方公里9268人。在其他乡镇中，戴南镇人口密度最高，每平方公里961.05人。舜生镇密度最低，每平方公里353.26人。1999年、2000年，部分乡镇区划调整，土地面积和人口数量发生变化。2000年，调整后的昭阳镇人口密度2918.63人/平方公里，戴南镇856.04人/平方公里、李中镇（含原舜生镇和李健乡）435.22人/平方公里。2010年，昭阳镇人口密度为3357.63人/平方公里、戴南镇864.19人/平方公里、李中镇498.59人/平方公里。其他乡镇中，每平方公里800人以上的有钓鱼镇和垛田镇，700—800人的有戴窑、安丰、茅山、张郭4镇，600—700人的有永丰、临城、竹泓、荻垛、陶庄、昌荣、周庄7镇，500—600人的有合陈、大营、新垛、老圩、下圩、海南、沙沟、周奋、西郊、西鲍、林湖、沈坨、大垛、陈堡等14乡镇及开发区，400—500人的有中堡和城东两镇，400人以下的为大邹镇和缸顾乡。

2010年兴化市人口分布及密度一览表

表3-3

乡 镇（开发区）	总户数（户）	总人口（人）	其中		土地面积（平方公里）	人口密度（人/平方公里）
			男	女		
戴窑镇	24405	68677	35751	32926	97.27	706.05
合陈镇	19474	55387	28590	26797	98.90	560.03
永丰镇	17868	49604	26079	23525	77.94	636.44
大营镇	9764	27648	14323	13325	50.81	544.14
新垛镇	9373	26487	13752	12735	49.08	539.67
老圩乡	10173	27396	14181	13215	52.37	523.12
安丰镇	26704	71262	36736	34526	98.73	721.79
下圩镇	9392	25363	13217	12146	49.16	515.93
海南镇	13328	36809	19624	17185	71.63	513.88
钓鱼镇	15673	45531	24195	21336	46.57	977.69
大邹镇	8100	27760	14323	13437	69.99	396.63
沙沟镇	10022	30270	15678	14592	57.82	523.52
周奋乡	8106	27856	14421	13435	46.48	599.31
缸顾乡	6744	21191	11422	9769	83.93	252.48
中堡镇	11222	34933	18673	16260	80.52	433.84
李中镇	10679	35011	18604	16407	70.22	498.59
西郊镇	9805	29135	15417	13718	55.87	521.48
城东镇	9386	30451	15576	14875	74.88	406.66
西鲍乡	9840	28755	15002	13753	52.44	548.34
临城镇	16567	55885	29551	26334	92.73	602.66
林湖乡	14777	37278	19857	17421	65.74	567.05
垛田镇	17332	56976	30159	26817	59.64	955.33
竹泓镇	12099	39651	20996	18655	64.27	616.94
沈坨镇	9475	28057	14630	13427	49.56	566.12
大垛镇	14949	42938	22661	20277	72.77	590.05
荻垛镇	13759	45957	24678	21279	72.39	634.85
陶庄镇	14900	46112	24593	21519	69.63	662.24
昌荣镇	13757	37720	19915	17805	61.64	611.94
茅山镇	10462	30417	15997	14420	43.04	706.70
周庄镇	17873	56183	28490	27693	92.52	607.25
陈堡镇	14821	45413	23294	22119	80.57	563.65

续表 3-3

乡 镇（开发区）	总户数（户）	总人口（人）	其中		土地面积（平方公里）	人口密度（人/平方公里）
			男	女		
戴南镇	32881	93065	48128	44937	107.69	864.19
张郭镇	21078	62772	33065	29707	84.40	743.74
昭阳镇	67119	159219	80278	78941	47.42	3357.63
开发区	8184	23394	12165	11229	42.47	550.84
合计	540091	1560563	814021	746542	2393.35	652.04

说明：本表根据户籍人口计算。

第二节　人口变动

一、自然变动

1991—2010年，全市人口缓慢增长。1991—1995年，出生率从14.5‰降到9.72‰。1996—2005年，出生率基本保持在6‰上下，有的年份因补报往年出生而略高。2006年起，由生育政策的调整，人口出生率有所上升，从8.4‰递升至12.66‰。全市人口死亡率基本维持在6.5‰以下，仅2007年和2010年略高，分别为12.73‰和13.21‰。人口自然增长率：1991年8.76‰。1992—2010年，超过5‰的有3年，1‰—5‰的有7年，1‰以下的有9年，其中负增长3年。

1991—2010年兴化市人口自然变动一览表

表 3-4

年份	出生		死亡		自然增长	
	人数	出生率（‰）	人数	死亡率（‰）	人数	增长率（‰）
1991	22071	14.50	8736	5.74	13335	8.76
1992	18291	11.95	9699	6.36	8592	5.61
1993	15960	10.41	9109	5.91	6851	4.47
1994	13931	9.09	9343	6.09	4588	3.00
1995	14897	9.72	9461	6.17	5436	3.55
1996	10233	6.67	8269	5.39	1964	1.28
1997	10142	6.61	9156	5.96	986	0.65
1998	9971	6.50	10036	6.54	-65	-0.04
1999	10012	6.50	8642	5.61	1370	0.89
2000	14280	9.23	9899	6.40	4381	2.83
2001	13455	8.68	8752	5.64	4693	3.03
2002	9129	5.88	8141	5.24	988	0.64
2003	8641	5.57	8574	5.53	67	0.04

续表 3-4

年份	出生		死亡		自然增长	
	人数	出生率（‰）	人数	死亡率（‰）	人数	增长率（‰）
2004	8709	5.66	8022	5.21	687	0.54
2005	9888	6.39	8983	5.81	905	0.58
2006	12973	8.40	8016	5.19	4957	3.21
2007	15627	10.13	19653	12.73	-4026	-2.61
2008	15680	10.17	7532	4.89	8148	5.28
2009	17674	11.39	7438	4.79	10236	6.60
2010	19747	12.66	20606	13.21	-859	-0.55

二、机械变动

1991年后，因学生到外地读书，青年服兵役，城乡居民外出就业、投靠亲属和子女，农村人口跨市县“农转非”，婚进、婚出，复员退伍军人回乡安置，人才引进，大中专毕业生分配工作，外地人口到兴化市（尤其戴南等东南部乡镇）做工，以及按照政策办理各类户口迁移等原因，全市人口机械变动频繁。1991—2005年间，有3个年份迁入多于迁出，12个年份迁出多于迁入。

1991—2005年兴化市人口机械变动一览表

表3-5　　单位：人

年份	迁入	迁出	净迁移	年份	迁入	迁出	净迁移
1991	9593	9275	318	1999	12353	10582	1771
1992	2087	4963	-2876	2000	12239	13058	-819
1993	11121	15146	-4025	2001	12245	12051	194
1994	16795	21551	-4756	2002	10612	12043	-1431
1995	17343	18676	-1333	2003	5840	8594	-2754
1996	7978	10599	-2621	2004	6229	9411	-3182
1997	7242	9553	-2311	2005	5512	12808	-7296
1998	6290	8658	-2368				

说明：2005年后不统计该项目。

第三节　人口构成

一、民族

2000年，第五次全国人口普查表明，全市登记常住人口1441659人，其中：汉族1440269人，占99.9%，少数民族31个，1390人。2010年第六次全国人口普查表明，全市登记常住人口1253548人，其中：汉族1251849人，占99.86%；少数民族41个、1699人，占0.14%。

2010年第六次人口普查兴化市少数民族人口分布一览表

表3-6

民　族	人数	分布乡镇
蒙古族	34	合陈、大邹、临城、垛田、竹泓、周庄、陈堡、戴南、昭阳等镇及开发区
回　族	137	安丰、永丰、钓鱼、垛田、茅山、周庄、戴南、张郭、昭阳等镇及开发区
藏　族	15	海南、垛田、竹泓、陶庄、昭阳、城东、周奋等乡镇及开发区
苗　族	370	戴窑、永丰、海南、钓鱼、戴南、张郭、昭阳、城东、老圩、缸顾等乡镇及开发区
彝　族	112	合陈、新垛、垛田、临城、沈坨、大垛、戴南、张郭、昭阳等镇及开发区
壮　族	193	戴窑、永丰、新垛、西郊、竹泓、大垛、荻垛、陶庄、昭阳、林湖等乡镇及开发区
布依族	98	新垛、垛田、陶庄、陈堡、戴南、昭阳等镇及开发区
朝鲜族	30	安丰、大垛、茅山、戴南、张郭、昭阳等镇
满　族	35	永丰、安丰、李中、西郊、沈坨、戴南等镇及开发区
侗　族	113	合陈、新垛、沙沟、竹泓、荻垛、戴南、张郭、昭阳等镇及开发区
瑶　族	15	海南、戴南、张郭、昭阳等镇
白　族	38	竹泓、戴南、城东、老圩、周奋、西鲍等乡镇
土家族	126	新垛、安丰、中堡、垛田、荻垛、周庄、昭阳、下圩等镇及开发区
哈尼族	23	合陈、陶庄、张郭、昭阳等镇及开发区
哈萨克族	173	西鲍乡
黎　族	5	安丰、张郭、昭阳、城东等镇
傣　族	6	合陈、荻垛、周庄、戴南、昭阳等镇
傈僳族	27	合陈、临城、陶庄、戴南等镇及开发区
佤　族	9	竹泓、大垛、戴南、昭阳、大营、周奋等乡镇
畲　族	7	戴南、昭阳等镇
拉祜族	18	沙沟、大垛、戴南、张郭、周奋等乡镇
水　族	17	海南、竹泓、荻垛、戴南、昭阳、大营、城东、周奋、西鲍、林湖等乡镇
纳西族	5	戴南、张郭等镇
土　族	21	陶庄、戴南、张郭、昭阳、老圩、缸顾、西鲍等乡镇
撒拉族	16	昭阳镇及开发区
仡佬族	16	戴窑、大垛、茅山、戴南、张郭、昭阳等镇
赫哲族	7	昭阳镇
其　他	33	—

说明：其他包括维吾尔族4人（钓鱼、戴南、昭阳）、东乡族2人（安丰、戴南）、达斡尔族2人（戴南）、仫佬族2人（戴南、昭阳）、羌族3人（周庄、戴南、西鲍）、布朗族4人（合陈、张郭、开发区）、阿昌族1人（大营）、怒族2人（大邹、昭阳）、鄂温克族2人（张郭、昭阳）、德昂族2人（戴南）、京族2人（戴窑、永丰）、塔塔尔族1人（昭阳）、独龙族1人（戴南）、鄂伦春族1人（昭阳）、未识别4人（戴南）。

二、性别

2000年第五次人口普查，全市登记常住人口为1441659人，其中男性745856人、女性695803人，性别比107.19（女性=100，下同），高于泰州市的105.65，比1990年第四次人口普查时的106.29上升0.9个百分点。性别比地区有差异：第五次全市最高的昌荣镇为111.99，最低的昭阳镇为102.93；2010年第六次人口普查抽样人口120390人，男60823人、女59567人，性别比102.11，比2000年普查时低5.08百分点；在全市各乡镇人口性别比，戴南镇最高，为116.84，新垛镇最低，为94.37。全市登记常住人口1253548人，男641297人、女612251人，性别比为104.74。

在各年龄组中，2000年除20—39岁，以及65岁以上各组外，均为男性多于女性。0—4岁组性别比135.39，5—9岁组高达159.42。70岁以上老龄人口中，男性3477人，女性4607人，性别比75.47。年龄越大，性别比越低。90—94年组龄性别比最低，为35.29。2010年，25—49岁及75岁以上各组，性别比均低于100。其中90—94岁年龄组为37.41。其余各组均为男性多于女性。0—4岁年龄组性别比116.45，5—9岁年龄组性别比120.69，10—14岁年龄组性别比133.48，15—19岁年龄组性别比高达148.77。

2000年，全市在业人口性别比为111.18。2010年，全市在业人口抽样调查的性别比为116.49。大多数职业的在业人员都是男性多于女性，但各种职业之间具体情况有差别，具体见下表：

第五次、第六次人口普查兴化市各类职业人口性别比一览表

表3-7 性别比：女性=100

职业类别	第五次普查（2000年）	第六次普查（2010年）
建筑业	1437.70	522.65
国家机关党群组织及企业负责人	975.97	774.50
办事人员及有关人员	342.76	402.63
生产设备运输及有关人员	208.82	141.34
专业技术人员	148.70	102.49
批发和零售贸易、餐饮业	122.74	103.31
		73.70
农、林、牧、渔业	91.77	93.54

说明：第六次人口普查的数据为抽样调查数据。

三、年龄

2000年、2010年两次人口普查表明，市内人口年龄构成正向成年型和老年型转变。

全市人口年龄特点是：少年儿童比例下降。据2000年普查，0—14岁少年儿童292818人，占常住人口20.31%，比1990年普查时下降1.8个百分点。2010年，0—14岁少年儿童157309人，占常住人口12.55%，比2000年普查时下降7.76个百分点。老年人口比重上升。2000年，65岁及以上人口134278人，占常住人口的9.31%，比1990年上升2.67个百分点。2010年，65岁及以上老年人口185458人，占常住人口14.79%，比2000年普查时上升5.48个百分点，进入老龄化行列（国际通行人口年龄类型标准，65岁及以上人口占10%以上即为老年型）。若按60岁及以上人口为标准计算，则2000年全市老年人口为198512人，占常住人口13.77%。比1990年普查时上升3.95个百分点。2010年270403人，占常住人口21.57%，比2000年普查时上升7.8个百分点。随着人们物质文化生活的逐步改善，人口平均年龄有较大提高。人口预期寿命：1989年71.83岁，2000年72.55岁，2010年75.59岁。百岁以上老人：2000年5人，均为女性。2010年37人，其中男11人、女26人。适龄劳动人口（男16—59岁，女16—54岁）：2000年为916356人，占常住人口的63.56%。总抚养比为51.7%。儿童少年抚养比为30.81%，老年抚养比20.89%。2010年，适龄劳动人口917034人，占常住人口的73.16%。总抚养比37.63%，比2000年普查降低14.07%。少年抚养比17.27%，比2000年降低13.54%；老年抚养比20.36%，比2000年下降0.53%。

2010年兴化市分性别、年龄常住人口一览表

表3-8 单位：人

年龄	男	女	合计
0	6201	5383	11584
1—4	26441	22649	49090
5—9	26445	21911	48356
10—14	27601	20678	48279
15—19	52113	35030	87143
20—24	42665	41028	83693
25—29	27582	29006	56588
30—34	35981	37544	73525
35—39	43391	44660	88051
40—44	70214	70629	140843
45—49	53867	55315	109182
50—54	38938	38655	77593
55—59	55462	53756	109218
60—64	43771	41174	84945
65—69	35059	30524	65583
70—74	26038	25477	51515
75—79	17453	20155	37608
80—84	8138	11356	19494
85—89	3239	5723	8962
90—94	602	1334	1936
95—99	85	238	323
100岁及以上	11	26	37
合计	641297	612251	1253548

四、文化

1990年后，全市人口文化素质逐步提高。2000年，6岁及6岁以上人口1372025人中，受过高等教育（指大专以上，下同）的18792人（大专15466人、大学本科3228人、研究生98人），受过高中（包括中专，下同）教育的162823人（含普通高中140472人、中专22351人），受过初中教育的527846人，受过小学教育的535424人。每10万人中拥有各种文化程度人口：大专及以上1370人，高中11867人，初中38472人，分别比第四次人口普查增加963人、7396人和14823人，小学程度人口39024人，减少8584人。但高文化层次人口比重较低，低文化层次人口比重依然较高。在各种文化程度人口中，大学程度仅占1.37%、高中程度占11.87%，初中程度占38.47%，小学程度占39.02%。

2010年，在6岁及以上1182278人中，受过大学教育的41450人，其中大专29148人、大学本科12075人、研究生227人；接受高中教育的132382人，接受初中教育的476553人，接受小学教育的423498人。每10万人口中拥有各种受教育程度人口：大专及以上的3506人，高中11197人，初中40308人。与2000年相比，大专及以上增加2136人，高中减少670人，初中增加1836人。小学文化程度人口35821人，又比2000年减少3203人。高文化人口比重有所变化，低文化程度人口进一步下降。在各种文化程人口中，大学占3.51%，比2000年提高2.14个百分点，高中占11.2%，下降0.67个百分点，初中占40.31%，上升1.84个百分点。小学程度占35.82%，下降3.2个百分点。

市区人口文化水平高于乡镇。2000年，市区每1000人中具有大专以上文化人口110.8人（昭阳镇）。其他乡镇前五名的依次为戴南33.82人、开发区32.22人、周庄镇28.04人、安丰镇27.86人、张郭镇24.07人。

文盲人口大幅减少。2000年，全市16岁及以上文盲95025人，粗文盲率6.59%，与1990年相比，下降10.5个百分点。其中昭阳镇6.6%、其余乡镇平均为9.21%。文盲率较高的5个乡镇依次为：开发区15.12%、海南镇13.85%、中堡镇13.27%、戴南镇12.62%、城东镇11.85%；文盲率较低的乡镇依次为竹泓镇3.13%、永丰镇3.47%、沈坨镇4.8%、戴窑镇5.42%、钓鱼镇7.09%。2010年，15岁及以上文盲人口14538人，粗文盲率1.16%，比2000年降低5.43个百分点。

在不同性别人口中，男性文化程度高于女性，文化程度越高，女性所占比例越小，反之女性所占比例越大。2000年，大学文化程度人口中女性占23.35%，高中文化程度中女性占29.14%、初中文化程度人口中女性占44.73%、小学文化程度人口中女性占52.94%。在15岁及以上人口的文盲中女性占80.56%。2010年，大学文化程度人口中女性占36.64%、高中文化程度人口中女性占34.02%、初中文化程度人口中女性占42.64%、小学文化程度人口中女性占54.3%。15岁及以上文化程度为文盲的人口中女性占80.7%。

第五次、第六次人口普查兴化市人口文化程度一览表

表3-9 单位：人

年份	总人口	大学		高中		初中		小学	
		人数	占比(%)	人数	占比(%)	人数	占比(%)	人数	占比(%)
2000	1441659	15792	1.10	162823	11.29	527846	36.61	535424	37.14
2010	1253548	41450	3.31	132382	10.56	476553	38.02	423498	33.78

说明：2000年、2010年数据为兴化市登记常住人口。

五、劳动力人口

1990年后，全市在业人口比例下降。据2000年人口普查抽样登记，15岁及以上就业人口91851人，占同年龄段人口81.92%，比1990年下降2.97个百分点。失业2529人，失业率2.68%。在从事三产人口中，第一产业的65836人，占71.68%；第二产业10706人，占11.66%；第三产业

15309人，占16.66%。与1990年相比，第一产业人口比重下降10.09个百分点，第二产业人口比重上升3.16个百分点，第三产业人口比重上升6.93个百分点。商业、服务人员上升幅度较大，农、林、牧、渔、水利业人口下降幅度较大。

2010年人口普查抽样登记，15岁及以上就业人口76550人，占同年龄段人口73.11%。比2000年下降8.81个百分点。在从事三产人口中，从事第一产业的28831人，占37.66%；第二产业26588人，占34.73%；第三产业21131人，占27.6%。与2000年相比，第一产业人口比重下降34.02个百分点，第二产业人口比重上升23.07个百分点，第三产业人口比重上升10.94个百分点。

在2000年就业人口中，男性占52.65%，女性占47.35%；失业人口中，男性占45.59%，女性占54.41%。2010年，在业人口中，男性占53.8%，女性占46.2%。

在业人口文化素质：2000年大学占1.79%，高中占12.9%，初中占46.43%，小学及以下占38.88%。2010年大学占3.65%，比2000年上升1.86个百分点；高中占9.23%，下降3.67个百分点；初中占45.4%，下降1.03个百分点；小学及以下占41.72%，上升2.84个百分点。

第五次、第六次人口普查兴化市各职业人口分布抽样调查一览表

表3-10　　单位：人

年份	国家机关党群组织企业、事业单位负责人	专业技术人员	办事人员和有关人员	商业、服务业人员	农、林、牧、渔、水利业生产人员	生产、运输设备操作人员及有关人员	不便分类的其他劳动者	合计
2000	1388	3452	1346	8155	65517	11908	85	91851
占比(%)	1.51	3.76	1.47	8.88	71.33	12.96	0.09	100.00
2010	709	2850	2481	15505	29026	25976	3	76550
占比(%)	0.93	3.72	3.24	20.25	37.92	33.93	—	100.00

第五次人口普查兴化市在业人口行业分布抽样调查一览表

表3-11　　单位：人

年份	农、林、牧、渔业	采掘业	制造业	电力、煤气及水的生产和供应业	建筑业	地质勘查业、水利管理业	交通运输、仓储及邮电通信业
2000	63836	3	7576	313	814	76	3382

批发和零售贸易、餐饮业	金融、保险业	房地产业	社会服务业	卫生、体育和社会福利业	教育、文化艺术及广播电影电视业	科学研究和综合技术服务业	国家机关、政党机关和社会团体	其他行业	合计
5989	254	76	1351	811	1600	14	1377	379	91851

第六次人口普查兴化市人口行业分布抽样调查一览表

表3-12　　单位：人

年份	农、林、牧、渔业	采矿业	制造业	电力、燃气和水的生产供应业	建筑业	交通运输仓储和邮政业	信息传输、计算机服务和软件业	批发和零售业
2010	28831	78	21257	280	4973	2270	199	12014

续表 3-12

住宿业和餐饮业	金融业	房地产业	租赁和商务服务业	科学研究技术服务和地质勘查业	水利环保和公共设施管理业	居民服务和其他服务业	教育	卫生、社会保障和社会福利业	文化、体育和娱乐业	公共管理和社会组织	合计
1234	279	174	319	58	113	1301	1121	675	136	1238	76550

六、婚姻家庭

图 3-3 集体婚礼 （2010年，桑桂祥摄）

【婚姻状况】 2000年，按10%人口抽样调查，全市15岁以上人口112117人，其中：男56117人，占50.05%；女56000人，占49.95%。未婚的14639人，占13.06%，其中：男9158人，占62.56%；女5481人，占37.44%。初婚有配偶的87577人，占78.11%，其中：男43450人，占49.61%；女44127人，占50.39%。再婚有配偶的1600人，占1.43%，其中：男634人，占39.63%；女966人，占60.37%。离婚的474人，占0.42%，其中：男369人，占77.85%；女105人，占22.15%。丧偶的7827人，占6.98%，其中：男2506人，占32.02%；女5321人，占67.98%。早婚现象得到控制。15岁以上未达法定婚龄（男22岁、女20岁）的人口中，已婚的26人（男15人，女11人），为相同年龄人口的0.32%。比1990年下降10.05个百分点。未婚大龄人口下降。在30—49岁的人口中，未婚的占2.68%，比1990年下降2.27个百分点，其中男性占2.59%、女性占0.09%。在相同年龄人口中，男性未婚的占5.17%，女性占0.17%。

2010年，按人口抽样调查，全市15岁及15岁以上人口104709人，其中：男52438人，占50.08%；女52271人，占49.92%。未婚的14195人，占13.56%，其中：男9343人，占65.82%；女4852人，占34.18%。有配偶的81479人，占77.81%，其中：男40040人，占49.14%；女41439人，占50.86%。离婚的740人，占0.91%，其中：男509人，占68.78%；女231人，占31.22%。丧偶的8295人，占7.92%，其中：男2546人，占30.69%；女5749人，占69.31%。15岁以上未达婚龄的人口中，已婚509人（男376人，女133人），占同龄人口的6.68%，比2000年上升6.36个百分点。在30—49岁大龄人口中，未婚的808人占相同年龄人口的2.07%，比2000年下降0.61个百分点，其中：男性720人，占1.85%；女性88人，占0.22%。在相同年龄人口中，男性占3.8%，女性占0.44%。

【家庭】 1991年，全市有家庭515905户。2000年，全市有家庭493627户，其中一代户133128户，占26.97%；二代户251389户，占50.93%。按家庭人口分：1人户45438户，占9.2%；2人户104731户，占21.22%；3人户171783户，占34.8%。每户平均3.14人，比1990年普查时的2.96人减少0.18人。

2010年，全市有家庭540335户，其中一代户186749户，占34.56%；二代户158242户，占29.29%。按家庭人口分：1人户70367户，占13.02%；2人户136511户，占25.26%；3人户110409户，占20.43%。每户平均2.9人，比2000年普查时的3.14人少0.24人。

卷四 水乡地理

第一章　地质　地貌

第二章　湖荡河流　水文

第三章　气候　物候

第四章　自然资源与自然灾害

第五章　生态景区

第六章　兴化特产

兴化境内地貌为大型湖盆洼地。在第四纪，洼地经由江、河、海合力堆积，历经海湾——潟湖——水网平原的演化过程，形成湖荡、沼泽地貌特征。地势低洼平坦、起伏小，为周高中低碟形洼地。地面高程约在1.4—3.2米之间。其间河湖密布，土地肥沃。属北亚热带湿润季风气候区，具有四季分明、光照充足、雨量充沛、霜期不长的特点，但灾害性天气较多。

20世纪80年代以来，由于人口增加，住房、工厂、交通用地不断扩大，耕地日渐减少，水面、滩涂、荒地不断被开发，自然植被基本消失，野生动植物品种、数量日趋减少。随着乡、镇、村办工业较快发展，"三废" 污染逐渐加重，生态资源遭到破坏。20世纪90年代后，兴化从保护生态环境和挖掘旅游资源两方面出发，走出一条生态重建和资源适度利用相结合的新路子。

2002年3月，兴化市被国家环保总局命名为国家级生态示范区。域内有众多生态景区，如垛田与千垛菜花风景区、李中水上森林景区、乌巾荡风景区、徐马荒生态风景区等。兴化市是全国闻名的农业大市，素有"水乡泽国、鱼米之乡"之称，物产丰富，尤以农产品和水产品产量丰富，以"兴化大米""兴化面粉""兴化香葱""兴化大闸蟹""兴化大青虾"5种地理标志产品最具特色，兴化粮棉总产量列全国各县（市）前茅。至2010年，兴化淡水产品连续15年居江苏省之冠。

图4-1　李中水上森林　（2008年，薛宏金摄）

第一章　地质　地貌

兴化市位于北纬32° 40′—33° 13′、东经119° 43′—120° 16′，地处苏北里下河浅洼平原区。全境地势低洼平坦、起伏小，为周高中低碟形洼地。地分圩里、圩南、圩外三部分。地面高程在海拔1.4—3.2米之间。

第一节　地　质

一、地质构造

兴化市境所在的苏北—南黄海盆地，是在印支—燕山期皱褶基础上发展起来的中新生代陆相沉积盆地，其基底是以碳酸盐为主的古生代地层。在地质构造上，处于自建湖隆起以南的东台凹陷带内，自北而南跨越枯垛低凸起、高邮—白驹凹陷、吴堡—博镇低凸起和溱潼凹陷，为两隆两凹格局。

境内均为第四系全新统湖积层和河流泛滥物质所覆盖。据石油普查勘探，除绝大部分钻井揭露了新生代地层外，在低凸起上还揭示中生代和部分古生代地层。

新生代（约始于6700万年前）沉积厚度和地层分布受不同性质的次级构造单元控制，溱潼凹陷和高邮凹陷发育齐全，厚度4500—6000米，高邮凹陷向低凸起过渡减薄，在凸起上缺失戴南组，阜宁组也多遭侵蚀。

柘垛低凸起为建湖隆起伸向坳陷内的潜伏高带，走向东北，除缺失戴南组外，高部位三垛组发育或保存不全，其余各组地层均有发育。一般阜宁组上部地层也受不同程度的侵蚀。厚度1000—3000米。

吴堡、博镇低凸起以北倾正断层与高邮—白驹凹陷分界。南部与溱潼凹陷北部斜坡相连，新生代发育情况与柘垛低凸起相似，厚度约2000米。这个低凸起西端与高邮凹陷之间的高里庄—小纪庄断陷带地层则保存齐全，且为十分活跃的火山活动带，属中心式基性火山喷发。

高邮凹陷在市境的深凹系樊川深凹带的东延部分，位于陈堡—大垛一线，新生代沉积厚度达5000米以上，向北、东北方向兴化城至吴岔河一带减薄为3500米。溱潼凹陷的北侧和斜坡带位于市境内，地层发育齐全，厚度达4500—5000米以上。向斜坡带戴南组迅速尖灭，各组地层减薄。白驹凹陷与高邮、溱潼凹陷虽具有相似的性质，但由于吴堡、三架运动的强烈影响，使阜宁组、三垛组剥蚀严重，新生代地层最大厚度为3600米，其中下第三系厚仅1500米。

中生代（约始于23000万—6700万年前）地层在深凹内由于钻井深度所限，未能揭示。在两个低凸起和白驹凹陷内，普遍钻遇新生界之下的上白垩统浦口组和赤山组，其岩性为棕红色砂、泥岩。位于荻垛镇4号井，曾钻遇侏罗—白垩系暗色地层和三叠系青龙灰岩。

古生代（约形成于57000万—23000万年前）地层见于荻垛、大垛、戴窑等地的许多钻井中，埋深2500—3000米以下，已揭示的最老地层属寒武系，最新地层为二叠系，和下扬子区的古生界具有相同特征。

二、地震活动

兴化市处于郯城—庐江大断裂东侧，扬州—铜陵地震带上。境内隐伏断裂十分发育，断裂主要方向为北东向，次为北北西、北北东及东西向。根据江苏省地震区划，兴化为6度区。兴化历代志书对地震记载不详。明代缺载，清代268年间仅记载地震5次，首例为康熙七年（1668）七月的地震，即山东郯城、莒县间8.5级地震，兴化烈度为VII，直接造成破坏。历史上对兴化造成较大影响的境外地震，有记载的15次。另据江苏省地震局资料，1911—1987年，兴化境内Ms（面波震级）1.0级以上地震20次。其中4级以上1次，即1976年11月2日大纵湖地震4.5级，造成一定程度的破坏。2010年4月19日5时57分在兴化市发生ML（里氏震级）2.8级地震，震中位于兴化市安丰镇附近（北纬33°05′、东经120°06′），震感并不明显，是一次浅源性地震。2010年11月26日15时45分，在兴化市（北纬32°58′、东经119°59′）发生ML3.0级地震。

第二节 地 貌

兴化地势低、起伏小，周高中低，形如侧釜，为里下河区域三大洼地（兴化、建湖、溱潼）之一。全境地形总趋势大致为：唐港河以东，蚌蜒河以南偏高，分别是1000—2000年前的沙堤和沙嘴。唐港西、蚌蜒河以北地势偏低，俗称“锅低洼”，呈明显向心式。西北部湖荡星罗棋布，是当初泻湖沉积的残存湖泊，水面辽阔，湖滩地水草丰美，但在洪水期易受内涝威胁。

境内平均地面高程2.4米，按水利部门资料，全市耕地加权平均田面高程在1.5米以下的占2.73%，1.6—2米的占13.64%，2.1—2.5米占45.47%，2.6米以上的占38.16%，大致可分为圩南区、圩里区、中部低洼区、湖荡区四个区域。

一、圩南区

位于市境南部蚌蜒河以南，含周庄、陈堡、茅山、戴南、张郭和沈坨等镇。地面高程2.4—3.2米，平均高程2.66米，占全市土地总面积的19.12%。

二、圩里区

位于蚌蜒河以北，唐港河以东，市境东部偏北，含戴窑、合陈、永丰、安丰、大营、新垛、老圩及陶庄、荻垛等乡镇。地面高程2.4—3.2米，平均高程2.66米，占全市土地总面积的28.1%。

三、中部低洼区

位于唐港河以西，蚌蜒河以北，市境中部，含钓鱼、下圩、海南、大邹、城东、西鲍、临城、竹泓、大垛、昌荣、垛田、昭阳等乡镇及经济开发区。该区微地貌复杂，大部分是圩田，乌巾荡、得胜湖、癞子荡都在区内，又具有生长蔬菜和经济作物的垛岸。地面高程1.8—2.3米，平均高程2.25米，占全市土地总面积的34.21%。

四、湖荡区

位于市境西北部，含沙沟、中堡、缸顾、周奋、西郊、李中等乡镇。地面高程1.4—2.8米，地面平均高程1.88米，占全市土地总面积的18.57%。该区湖荡众多，有4湖8荡。

第二章　湖荡河流　水文

兴化境内湖荡棋布，河道纵横，属淮河水系。旧时，南自江都孔家涵受通扬运河来水流经斜丰港由老阁入境；西自高邮南北各闸洞分受里运河东流水，一支由运盐河至河口穿海陵溪入境，一支由澄子河入斜丰港至老阁入境，三支同注南官河。另有蚌蜒河北分之水及高邮北支渠穿海陵溪东注之水，然以南官河来水为大宗。泄水大势由西南而趋东北，通过经河、纬河东流注入串场河，北流注入兴盐界河，分别泄入归海五港——竹港、川东港、王港、斗龙港、新洋港。

第一节　湖　荡

兴化市湖泊湖荡所在的里下河地区的形成和发展，是一部围垦开发的历史。据史料记载，里下河地区早在秦汉时期就已进行围湖兴垦，种植水稻。但由于海堤、运堤堤防修筑较晚，至南宋年间，里下河腹部仍是水多陆少的的湖泊群地区，没有脱离沼泽状态。唐宋时期为了保护盐场，发展农业生产，在里下河地区兴办水利，唐代修“常丰堰”，宋代筑“范公堤”。宋元以后，围垦范围进一步扩大，开始环水堆土，造成高出水面的人工“垛田”。里下河地区的形成和大量开发始于元末，运堤及运盐河堤全线修好，配置石闸口门泄水建筑物，里下河地区主要河道的总长115万米，水网基本形成，大片沼泽地开发成为农田。

兴化境内河道纵横，湖荡密布，湖是四周为陆地的广阔水域，浅水湖则为荡，兴化素有“五湖八荡”“五湖十八荡”“莲花六十四荡”之说。

20世纪80年代，兴化有大纵湖、蜈蚣湖、郭正湖、平旺湖和得胜湖等五大湖，湖泊周围还有团头荡、官庄荡、王庄荡、广洋荡、花粉荡、沙沟南荡、乌巾荡和癞子荡等8个荡，构成兴化市西部、西北部地区的湖泊群。兴化的五湖八荡1982年土地资源调查时实测面积8万亩，连同3.9万亩沼泽草滩、13.2万亩的低洼荒田，组成一个总面积25万亩调蓄洪水的水库，湖荡沼泽草滩还可以调节湿度温度、调节气候，改善全市的生态环境，五湖八荡盛产鱼、虾、蟹，水产品满足市场供应需求，数万渔民生计得以解决，五湖八荡成为兴化人民的聚宝盆，“金沙沟、银时堡、中堡庄的银子动担挑”，享誉大江南北。

“五湖十八荡”之说由来已久，但很多湖泊与河荡早已难以访踪。五湖为大纵湖、蜈蚣湖、郭正湖、平旺湖和得胜湖。大纵湖心是古时兴化与盐城的分界线，至2010年依然如此；蜈蚣湖在古镇中堡，是传说中隐士吴公退隐之处；“平望湖”又称“黑高荡”，明代李承勋《名剑记》载：“扬州兴化平望湖中一剑，屈之首尾相就，识者曰即‘绕指柔’也”；得胜湖本名“缩头湖”，《宋史》中的“缩头湖大捷”即发生于此。南宋绍兴元年（1131），梁山泊义军首领张荣、贾虎、孟威、郑握4人率领队伍南下抗击金兵，在得胜湖内驻扎水寨，大破金兵万余人，生擒三百余众于水荡草泽之中。“十八荡”之说或远不止此数，兴化乡间以“荡”命名的水域不胜枚举。林湖乡戴家舍的南荡有一处新石器时代的人类遗址，一度将兴化已知的文明史向前推进2000余年。城北“乌巾荡”最负盛名，相传为岳飞射落金兀术乌色头巾处。古时的乌巾荡“风浪极险”“夜行，船莫知所向”，于是有好义之人于北门窑尾大王庙前设立“灯竿”，指引风波失途之船民。其他如大南门内“升仙荡”，城西门外“西荡”，垛田镇“绰口荡”“高家荡”“周家荡”“杨家荡”“旗杆荡”“癞子荡”等，共同构成兴化版图上浩大的水面面积。

“莲花六十四荡”以“十里红莲”著称，与“三十六垛”“七十二舍”一般，同在兴化城东的垛田地貌区内。六十四荡以乡镇归属划分，包括西郊镇的梁山荒、吴家荡、洪家荡，昭阳镇的耿家荡，临城镇的浪家荡，林湖乡的黄家荡，垛田镇的旗杆荡、周家荡、杨家荡、高家荡、癞子荡、墨家荡，周奋乡的蒲家荡等。

根据2005年3月至2006年10月江苏水利勘测设计研究院有限公司编制的《江苏省里下河腹部地区湖泊湖荡保护规划》，全市域湖泊湖荡有20个。湖面积79978亩，其中水面76508亩、湖坎3470亩。20世纪70年代，在“以粮为纲”的口号下，部分生产大队、生产队围垦一些荒地浅滩。80年代初，各有关乡镇按照“绝不放松粮食生产，积极发展多种经营”的方针，利用湖荡发展水产养殖。得胜湖、郭正湖及蜈蚣湖被逐步开发成精养鱼池，约占总面积的70%左右。1989年，江苏省里下河地区开发会议在兴化市召开后，在“开发致富”的思想指导下，市政府对湖荡进行规划，要求开发必须服从滞涝和保障行洪，做到“围而不死，活而不溜，水产水利，兼得其利”，但仍出现一些基层单位无计划乱围乱垦的现象。1992年，省政府下达44号文件《关于里下河腹部地区滞涝、清障的实施意见》，强调必须全面实施“上抽、中滞、下排”的综合治理规划方案，并重申现有湖荡不准再行圈围。但由于所有权、管理权、经营权不统一，致使湖荡盲目围垦不断升级。2004年1月，江苏水利勘测设计研究院编制的《里下河地区水利规划（征求意见稿）》明确里下河地区防洪排涝规划的设计水位以兴化水位为控制，标准为10年一遇水位2.5米，20年一遇水位3.1米。在规划工作中，需要保证湖荡分批滞涝（洪）。在所控制的216平方公里内，实施退田还湖还渔计划。至2006年，湖荡自由水面为58.1平方公里。

2010年兴化市湖荡情况一览表

表4-1

湖荡名	面积（亩）	湖底高程（米）			所在乡镇	备注
		平均	最高处	最低处		
得胜湖	22500	0.4–0.6	0.8–0.9	0	城东、林湖、垛田	出水有车路河、梓辛河
郭真湖（又名郭正湖）	6348	0.4	2.6	0.3	沙沟、周奋	
蜈蚣湖（又名吴公湖）	21518	0.2	0.6	0	中堡、缸顾	主要源头上官河、下官河，经中引河、鲤鱼河，泄大纵湖
大纵湖	39000	0.2	0.5	0	兴化中堡境内1.8万亩，其余在盐城境内	一支入兴盐界河，一支入盐城蟒蛇河
平旺湖（又名黑高荡）	5049	0	0.5	–0.2	缸顾、李中	下官河为进出水河道
沙沟南荡	4192	0.5	1.2	0.4	沙沟、周奋	自沙沟向东入大纵湖或向北排入沙黄河
乌巾荡	3189	0	–0.3	–0.8	昭阳	20世纪50年代面积7600多亩，后因城市建设和筑路缩减
癞子荡	2943	0.5	1.1–1.3	0.1	垛田、竹泓	
花粉荡（又名时堡西荡）	541	0.9	1.2	0.6	沙沟441亩、周奋100亩	
沙沟北荡（又名沙沟西荡）	1700	0.6	1.2	0.2	沙沟	
官庄荡	1724	0.6	1.2	0.4	沙沟	
东门泊	1170	0.1	0.5	0.3	城东、垛田	

续表 4-1

湖荡名	面积（亩）	湖底高程（米）			所在乡镇	备注
		平均	最高处	最低处		
时堡南荡（又名南荡）	1050	0.8	1.1	0.5	周奋	
吴家荡	875	1.2	1.3	0.8	昭阳、西郊	
黄邳西荡	875	1.3	1.4	1.2	李中	
洪家荡	450	1.0	1.3	0.3	临城	
马港西荡（又名关口）	450	1.1	1.2	1.0	西郊	
王庄荡	893	—	—	—	沙沟	
团头荡	193	—	—	—	沙沟	
广洋荡	486	—	—	—	沙沟	宝应县广洋湖一部分，此为兴化境内面积

说明：表中所在乡镇为2000年合并后乡镇名称。

第二节 河 道

南北向主要河道有串场河、茅湾港、阵营港、横泾河、雌港、雄港、东唐港、盐靖河、西唐港、渭水河、上官河、下官河、卤汀河，此外，市境西北部的沙黄河、李中河、中引河、鲤鱼河、西孤峰河等，也具有重要引排作用。

东西向主要河道有兴盐界河、海沟河、白涂河、车路河、梓辛河、蚌蜒河。此外，市境西北部的潼河以及中部的兴姜河等，也是重要的引水和泄洪河道。

2010年兴化市骨干河道一览表

表 4-2

河道名称	起讫地点		长度（公里）	走向	流域面积（平方公里）	河道状况		
	起	讫				统计流量（立方米/秒）	底高（米）	底宽（米）
李中河	北沙庄	沙沟镇	20.75	南北	104	20	-1.5	14
沙黄河	朱夏庄	严家舍	7.70	南北	32	90	-4.0	40
卤汀河	周 庄	市 区	29.10	南北	127	100	-1.0	30—50
下官河	乌巾荡	沙 沟	26.0	南北	77	70	-1.0	100
中引河	东罗庄	大纵湖	8.00	南北	12	30	-1.5	27.5
鲤鱼河	蜈蚣湖	大纵湖	3.69	南北	11	30	-1.5	30
上官河	车路河	古殿堡	20.62	南北	142	70	-2.0	25
西唐港	姜家庄	兴盐界河	59.90	南北	200	50	-1.5	20
渭水河	兴泰界河	兴盐界河	52.50	南北	301	40	-1.5	45
盐靖河	罗 顾	兴盐界河	54.00	南北	204	30	-2.5	12.5
雄 港	车路河	海沟河	15.20	南北	20	40	-1.5	25—40

续表 4-2

河道名称	起讫地点		长度（公里）	走向	流域面积（平方公里）	河道状况		
	起	讫				统计流量（立方米/秒）	底高（米）	底宽（米）
雌 港	海沟河	兴盐界河	8.50	南北	45	100	-2.5	40
兴盐界河	大纵湖口	刘 庄	39.50	东西	137	40	-0.6—1.5	25—50
海沟河	西 鲍	白 驹	50.30	东西	254	70	-1.0—1.5	40—60
白涂河	上官河	草 堰	46.40	东西	190	40	-1.0—1.3	20—30
车路河	卤汀河	丁 溪	42.50	东西	106	80	-3.0—5.0	24—50
梓辛河	上官河	博 镇	52.90	东西	115	50	-0.6—1.6	32—63
蚌蜒河	老 阁	南 柯	36.50	东西	159	40	-0.4—1.4	20—50
兴姜河	市 区	帅 垛	36.30	南北	149	30	-1.0—1.5	30—50
串场河	宗家园	张 家	25.00	东西	60	30	—	—
通界河	界 河	沈 纶	11.50	南北	35	17.3	-1.0	18
潼 河	宝 应	郭正湖	3.00	东西	15	40	-1.0	50

说明：1. 本表据《兴化水利志》（2001年版）；2. 兴姜河—兴化至姜堰主航道。

第三节 水 文

据兴化水文站南官河水位观测站记载，1991—2010年，最高水位发生在1991年7月15日达3.34米，最低水位0.65米发生在1999年5月1日。2000年后，高水位发生频率明显增多，2003年、2006年、2007年最高水位均突破3米。

1991—2010年兴化观测站水位记录一览表

表 4-3

年份	平均水位（米）	最高（米）	日期	最低（米）	日期
1991	1.31	3.34	7月15日	0.81	1月17日
1992	1.10	1.82	9月2日	0.77	2月23日
1993	1.21	1.85	7月18日	0.85	1月5日
1994	1.12	1.68	9月8日	0.82	1月30日
1995	1.17	1.74	8月28日	0.82	4月12日
1996	1.25	2.35	7月6日	0.77	3月13日
1997	1.16	1.71	8月20日	0.84	6月21日
1998	1.26	2.24	7月4日	0.86	12月20日
1999	1.16	2.10	8月26日	0.65	5月1日
2000	1.23	1.75	6月4日	0.72	4月12日
2001	1.26	1.86	8月2日	0.97	3月22日
2002	1.19	1.87	8月17日	0.87	2月13日
2003	1.33	3.24	7月11日	0.99	2月5日

续表 4-3

年份	平均水位(米)	最高(米)	日期	最低(米)	日期
2004	1.11	1.46	6月20日	0.85	3月5日
2005	1.30	2.34	8月8日	0.88	1月23日
2006	1.27	3.01	7月5日	1.01	3月18日
2007	1.26	3.13	7月10日	0.90	4月27日
2008	1.24	2.10	8月2日	0.92	3月25日
2009	1.29	2.23	8月12日	0.95	1月29日
2010	1.30	1.93	7月15日	1.02	1月28日

第三章 气候 物候

兴化市地处江苏中部江淮流域里下河腹部地区，属北亚热带湿润性季风气候区。常年雨水充沛、光照充足、气候温暖、四季分明、无霜期长，气候资源数不胜数。夏天温高雨多，但炎热不长；冬季寒冷干燥，但严寒日不多；春季冷暖变化大，多过程性天气；秋季凉爽，降温较迟。四季分明特色导致境内物候特征明显。

兴化市年平均气温15.6℃。1月为最冷月，平均气温2.4℃；7月为最热月，平均气温27.7℃。年平均降水量1065.6毫米，年平均雨日(日雨量≥0.1毫米)101.7天；每年6—7月江南梅子成熟季节，常有一段阴雨天气，称为“梅雨”。兴化市平均入梅期为6月20日，平均出梅期为7月10日，梅雨量平均为240毫米，但各年多寡不一。

第一节 气 候

兴化市属北亚热带湿润季风气候区，具有寒暑变化明显，冬夏长，春秋短，四季分明，雨热同季，光照充足，雨量充沛，霜期不长等特点。冬天严寒，夏季酷暑。按气候学四季划分标准[①]和历年气象资料，兴化春季为4月3日至6月12日，历时71天，气温回升较慢，冷暖变化较大，常有低温阴雨。6月13日至9月16日为夏季，历时96天，炎热高温天气在7月中旬至8月中旬。9月17日至11月30日为秋季，历时75天。天高气爽，雨量较少。冬季自12月1日至次年4月2日，历时123天，多干燥晴冷天气，气温急剧下降。对域内影响较大的灾害天气主要有暴雨、连阴雨、台风、冰雹、高温、干旱等，而以暴雨、台风造成的灾害尤为严重。

一、气温

年平均气温15.6℃。年际变化：最高2007年，平均气温16.4℃，最低1991年，平均气温

①按气候学四季划分标准：候平均气温滑动平均值≤10℃为冬季，≥22℃为夏季；介于两者之间为春、秋季。候平均气温为连续5日的平均气温。

14.6℃。月际变化：最高7月，平均27.7℃，最低1月，平均2.4℃。极端最高温度38.8℃（2003年8月2日），极端最低温度-10.3℃（1991年12月29日）。≥35℃的高温日平均7.6天，最多日数12天（1994年、2001年和2004年），≤-5℃的低温日年平均4.7天，最多1999—2000年冬季，出现11天。

二、风

年平均风速2.5米/秒，最大风速15米/秒，出现在1994年7月15日；极大风速26.7米/秒，出现在2005年6月2日；年平均8级以上大风日数4.3天，其中春夏季达3.5天。

三、降水

年平均降水量1065.6毫米，最多1991年2080.8毫米，最少2004年604.7毫米，其中，春季降水量平均213.2毫米，占全年的20.01%，平均降水数2.65天。汛期（6—9月）平均降水量643毫米，占全年降水量的60.34%，7月降水量平均值232.4毫米，占汛期降水量的36.14%，其中1991年、2003年和2007年的7月占降水量的47.6%、54.5%和55.3%。一日最大降水量187.7毫米，出现在1991年6月29日。平均降水日数101.7天，最多134天，出现在2003年；最少74天，出现在1995年。年平均雷暴日30.4天，最多年份2003年，为47天；最少年份1996年，为15天。

四、日照

年平均日照时数2190.4小时，日照百分率为49%。最多2004年为2454小时，最少1998年为1974.5小时。其中8月日照时数最多，平均208.3小时，占全年日照时数的9.5%；7月次之，平均204.6小时，占9.3%；1月最少，平均151.5小时，占6.9%；2月次之，平均153.5小时，占7%。

五、蒸发

年平均蒸发量906.3毫米，蒸发最多的年份1994年，为1506.4毫米；蒸发量最少的年份为2003年，为1215毫米。

六、霜雪

霜期最短113天（2000—2001年），最长171天（1994—1995年），平均为138.9天。年平均霜日62.5天，2000—2001年最少，为42天；1995—1996年最多，为78天。初霜日平均在11月9日，最早出现在10月25日（1992年），最晚出现在11月28日（1999年），终霜日平均在3月27日，最早出现在3月7日（1992年、2002年），最晚出现在4月19日（1995年）。

年平均降雪日数为7.9天，最多17天（2004—2005年），最少1天（2006—2007年）。降雪期在11月至次年4月，以1—2月最多，占61.6%，平均降雪初日12月18日，最早11月11日（2000年），最晚1月18日（2002年）。平均降雪终日2月25日，最早12月9日（2006年），最晚4月13日（2006年）。最大积雪深度为16厘米，出现在2008年1月29日。

七、云雾

年平均雾日18.7天，最多26天，出现在1997年；最少11天，出现在2010年。秋冬多雾，其中以11月最多，11月至次年1月，占全年的41.7%，春天雾日5天，占26.5%。

图4-2 垛田雾色 （2000年摄，市旅游局提供）

1991—2010年兴化市气象情况一览表

表 4-4

年份	降水量（毫米）	气温（℃）			日照（小时）	霜日（天）	初终霜日期		蒸发量（毫米）	八级以上大风（天数）
		全年平均	最高	最低			初霜	终霜（次年）		
1991	2080.8	14.6	35.4	-10.3	2118.9	69	10月28日	3月7日	1238.9	7
1992	879.8	14.9	36.1	-5.3	2363.6	75	10月25日	4月12日	1417.0	8
1993	1187.3	14.8	34.9	-8.0	2108.8	73	10月31日	3月30日	1271.9	3
1994	760.6	16.2	36.9	-6.0	2406.5	72	10月31日	4月19日	1506.4	9
1995	833.1	15.1	36.1	-6.1	2391.3	78	11月20日	4月3日	1427.3	11
1996	1111.0	15.0	36.3	-7.4	2114.1	61	11月18日	3月24日	1319.6	4
1997	988.3	15.7	35.6	-7.0	2343.1	46	11月10日	3月22日	1346.7	3
1998	1368.9	16.2	36.4	-7.9	1974.5	53	11月23日	3月22日	1242.5	6
1999	934.1	15.4	34.5	-7.8	2106.4	59	11月28日	3月29日	1135.5	0
2000	944.0	15.7	35.4	-7.2	2130.1	42	11月13日	4月1日	1335.2	8
2001	856.1	15.9	37.2	-6.7	2275.9	56	11月15日	3月7日	1321.5	3
2002	807.8	16.1	37.6	-6.3	2269.3	58	11月4日	3月20日	1378.6	7
2003	1365.6	15.3	38.8	-7.9	2095.4	64	11月13日	4月4日	1215.0	1
2004	604.7	16.2	37.3	-7.3	2454.0	59	11月16日	3月30日	1477.5	4
2005	1103.5	15.6	36.2	-7.7	2245.0	53	11月21日	3月19日	1392.8	5
2006	1028.2	16.2	36.8	-5.7	2182.5	58	11月12日	4月3日	1311.6	3
2007	1316.7	16.4	37.1	-3.6	2091.7	71	11月20日	3月20日	1288.3	2
2008	1088.1	15.7	35.9	-9.2	2011.5	62	11月19日	4月2日	1378.6	1
2009	1072.3	15.8	36.0	-7.8	2006.0	63	11月30日	3月26日	1313.9	0
2010	966.5	15.6	37.5	-7.2	2120.0	77	10月28日	4月5日	1390.2	1

第二节　物　候

一、植物候

境内主要农作物一般品种候期如下：

【小麦】 10月下旬播种，次年2月下旬返青，3月下旬初拔节，4月下旬齐穗，5月中旬乳熟，6月上旬成熟收割。

【杂交水稻】 5月5—15日播种，6月中旬移栽，7月10日前后拔节孕穗，8月20日前后齐穗，9月下旬—10月上旬成熟收割。

【棉花】 3月底4月初播种育苗，5月25日前后移栽，6月上中旬现蕾，7月上旬开花，8月下旬吐絮（伏前桃）。

【湖桑】 3月中下旬桑芽萌动，4月上中旬开叶，5月初至10月中旬为采叶期，11月下旬落叶。

兴化市主要林木物候情况一览表

表4-5

品 种	萌 芽	展 叶	开 花	果实成熟	秋叶变色	落 叶
意大利杨	4月上旬	4月中下旬	5月上旬	—	—	10月中旬
水杉	3月中下旬	4月上旬	—	—	10月底	11月中下旬
池杉	4月上旬	4月下旬	—	10月下旬	11月中旬	11月上旬
刺槐	3月下旬	4月上旬	4月下旬	7月中下旬	—	11月上旬
泡桐	3月下旬	4月中旬	4月中旬	—	—	10月下旬
旱柳	3月3日	3月18日	3月29日	4月21日	12月3日	12月15日
杞柳	3月上中旬	3月下旬	—	—	—	10月下旬
湖桑	3月中下旬	4月上旬	—	—	—	11月下旬
悬铃木	3月26日	4月13日	4月22日	10月16日	11月23日	12月16日

兴化市主要果树物候情况一览表

表4-6

树 种	萌芽期	开花期	成熟采收期	落叶期
苹果	4月上旬	4月下旬	9月下旬	11月下旬
梨	3月中旬	4月上旬	9月下旬	11月下旬
桃	2月中旬	3月下旬	6月中旬	11月中旬

二、动物候

【燕子】 4月营巢，10月南迁。

【布谷鸟（大杜鹃）】 6月5日始鸣。

【雁】 10月下旬由北方迁来，翌年3月下旬北迁。

【青蛙】 4月下旬始鸣，10月上旬绝鸣。

【蝉】 7月中旬始鸣，8月下旬绝鸣。

【蛇】 3月上旬出洞，10月下旬冬眠。

第四章　自然资源与自然灾害

第一节　自然资源

一、土地、土壤

【土地资源】 兴化市土地总面积2393.35平方公里，合23.93万公顷。据1986年土地分类调查，在总面积中，农用地14.36万公顷，占总面积的60.02%；水域6.27万公顷，占26.21%；各种建设用地3.17万公顷，占13.24%，其他用地及未利用地1268公顷，占0.53%。20世纪90年代后，由于城乡建设及工业、交通、水利设施的发展，农用地和水域面积减少。2010年，全市农用地13.09万公顷，占总面积54.69%，比1986年减少5.33个百分点；水域4.44万公顷，占18.54%，比1986年减少7.67个百分点；各种建设用地6.16万公顷，占25.75%，比1986年增加12.51个百分点；其他用地及未用地2436公顷，占1.02%，比1986年增加0.49个百分点。

1986年、2010年兴化市土地利用情况一览表

表4-7

土地类别	1986年		2010年		2010年占比与1986年相比增减百分点（+、-）
	数量（公顷）	占总数（%）	数量（公顷）	占总数（%）	
土地总量	239335	100.00	239335	100.00	—
一、农用地	143647	60.02	130902	54.69	-5.33
1.耕地	142667	59.61	128853	53.84	-5.77
2.园地	741	0.31	822	0.34	+0.03
3.林地	171	0.07	1217	0.51	+0.44
4.草地	62	0.03	10	0.01	-0.02
二、水域	62725	26.21	44370	18.54	-7.67
三、建设用地	31695	13.24	61627	25.75	+12.51
1.居民及工矿用地	15456	6.46	24191	10.11	+3.65
2.交通用地	7427	3.10	5729	2.39	-0.71
3.水利设施用地	8812	3.68	31707	13.25	+9.57
四、其他用地和未用地	1268	0.53	2436	1.02	+0.49

【土壤分类】 境内土壤母质为长江和黄淮冲积物以及湖海相沉积物。由于地势较低，易涝易渍，尤其是一些高程在2米以下的低洼地，土壤冷渍，潜在肥力难以释放。中华人民共和国成立

后，随着农田水利条件的改善，抗灾能力的提高，地下水位控制在地面以下1米的耕地占总面积的50%左右，降渍条件显著改善。尤其是实现沤改旱和实行插入绿肥的轮作制以后，农田土壤环境得到改善，物理性状得到改良，释肥能力得到提高。据1979—1984年第二次土壤普查，全县土壤分布为潮土、水稻土、沼泽土3个土类，其中水稻土占耕地总面积的90.5%，有脱潜型水稻土、潴育型水稻土、潜育型水稻土、渗育型水稻土控制4个亚类，16个土属42个土种。潮土占耕地总面积的2.1%，只有灰潮土一个亚类，1个土属5个土种。沼泽土占总面积的7.4%，只有腐殖质沼泽土1个亚类，1个土属2个土种。

二、矿产资源

兴化境内主要矿产资源为地下油、气、热水等，地表为黏土和泥炭。发现和开发利用的品种有石油、砖瓦用黏土及其他资源。

【石油】 境内石油主要分布在陈堡、临城（刘陆）、茅山、周庄、戴南、合陈等地。经中国石化华东石油局和江苏油田30多年的勘探，探明陈堡地区石油地质储量1800万吨，是江苏最大的陆上整装油田，年开采量30万—40万吨。此外，境内天然气储量1亿吨左右，产于周庄的天然气，其成分以甲烷为主，含量达97.8%，属于气类型。与石油、天然气伴生的还有硼，主要分布在戴南油田，但未达到工业品位。

图4-3 合陈油田 （2007年摄，合陈镇提供）

2010年兴化市探明石油资源分布一览表

表4-8

油田名称	油田类型	规模	所属企业
周庄	原油、天然气	小型	中国石化江苏油田分公司
陈堡	原油、天然气	中型	中国石化江苏油田分公司
瓦庄	原油、天然气	小型	中国石化江苏油田分公司
边城	原油、天然气	小型	中国石化华东分公司
帅垛	原油	小型	中国石化华东分公司

【地热】 经对周庄、茅山、戴南、荻垛、戴窑等地部分钻井进行固井测试，除产油外，还有地热水产出。产层在2000米以下，静温达80℃，井口温度达50℃以上，可为地热资源，能应用于种植、养殖、取暖、生活等方面。此类地层出水的含盐量一般达20克/升以上，盐分较高。

"兴热1#"井。位于戴南永丰地区，2006年5月10日完井，井深1600米，水温50℃左右，日产水量2000立方米。经送样北京和南京分别检测，水质达到国家饮用水的标准，顺利通过地热资源勘查报告及开发利用方案编制的专家评审。

"兴热2#"井。乌巾荡地热井，2009年9月2日完井，井深1606.45米，水温48℃左右，经水质检测，该地热水含溴含锶偏硅酸复合型矿泉水，有利于人体健康。

【黏土】 市境为长江、淮河冲积地，土质为黏土、亚黏土，适合农业种植，同时也是砖瓦生产的较好原材料。市内各乡镇有砖瓦生产的悠久历史，全市以“窑”命名的村镇不下10处。20世纪70年代以来，各轮窑、土窑更是遍地开花，消耗大量黏土，是毁田大户。2000年以来，逐步建立起黏土资源开采权有偿出让市场，并建立一套较为完善的黏土资源长效管理制度。

【泥炭】 境内泥炭资源主要分布在中堡镇、垛田镇、林湖乡，可作为农业有机肥料，尚未完全利用。

2010年兴化市境内泥炭矿床（点）分布一览表

表4-9

矿床（点）名称	颜色	平均厚度（米）	规模	成因类型
中堡泥炭矿床	黑褐	0.60	大型	湖沼洼地
林湖魏庄泥炭矿床	黑褐	0.40	大型	湖沼洼地
得胜湖泥炭矿床	黑	0.30	大型	湖沼洼地
垛田南腰舍泥炭矿床	黑褐	0.60	中型	湖沼洼地

三、水资源

兴化河网稠密，无封闭边界，水资源丰富，水质较好。水资源分区按照地形高低、水资源条件、土地利用等情况，结合农业区划，分为圩南片、圩里片和圩外片3个水平衡区（其中圩外片包括城区）。

【地表水】 按照市内各雨量站综合选取不同年型，平水年选取雨量接近于频率50%的年份，代表年型为1983年；中等干旱年选取雨量接近于频率75%的年份，代表年型为1985年；特殊干旱年选取雨量接近频率95%的年份，代表年型为1978年；现状年为1990年。经分析计算境内分区地表水资源评价量下表4-10。

兴化市地表水资源评价量一览表

表4-10　　单位：万立方米

年型	圩南片	圩里片	圩外片	全市	其中城区
平水年（P=50%）	8476	15477	27298	51251	191
中等干旱年（P=75%）	8344	10914	17562	36820	146
特殊干旱年（P=95%）	-6367	-8290	-28876	-43522	-106
现状年（1990年）	12159	17538	24493	54190	177

【外来水】 主要包括江都水利枢纽和高港水利枢纽补给的长江水源及沿运自灌区的少量回归水。当河网水位超过海拔1.4米时，多余水量即向江、海排泄，以致对自然降水的利用水平很低。境内冬春或夏插用水高峰期河网水位较低时，由江都水利枢纽和高港水利枢纽翻引长江水以补充。江都水利枢纽自芒稻河翻引长江水，经江都西闸、江都东闸入新通扬运河，然后由通扬运河各口门分散入里下河地区。高港水利枢纽自泰州引江河翻引长江水，经卤汀河、泰东河入里下河，两支来水都经上游江都、泰州、姜堰入境。据扬泰水文水资源勘测资料统计，2006年兴化市使用长江水7.26亿立方米，2007年江都水利枢纽和高港水利枢纽向里下河地区补水28.95亿立方米。补给的长江水资源除了基本解决人畜饮水和灌溉用水外，相当一部分为过境水。兴化市可利用的水资源量，在正常年份和一般干旱年份（保证率75%）可满足工农业用水需求，特殊干旱年份（保证率95%）

虽然缺水，但由于有江都水利枢纽和高港水利枢纽及时补给长江水源，工农业用水不受影响。

【地下水】 兴化市地下水资源丰富。根据地下水含水层时代成因、埋藏条件、水力性质及地质化学特征，区域内孔隙地下水分为潜水、第Ⅰ承压水、第Ⅱ承压水、第Ⅲ承压水及第Ⅳ承压水5个含水层。境内地下水可开采量为3.12亿立方米。

兴化为碟型洼地，地表水排水条件较差，地下水以降雨入渗补给为主，河湖补给较少。地下排泄以垂向为主，向河湖的排泄较少。由于河湖和沟渠及侧边普遍有一层厚度较大、透水性很差的淤质或亚黏土层，渗透补给量很少。

地下水水质变化比较复杂，具有沿海平原地区水质分带变化规律。在水平方向上，西部浅层水中以微咸水为主，往东渐变为半咸水或咸水。在垂直方向上，深层水为淡水或微咸水，实用性较广，成为主要的开采对象。截至2010年底，全市有深井150口，其中市区17口、乡村133口，全年取水量819.79万立方米，其中工业用水616.99万立方米、生活用水202.8万立方米。

四、生物资源

【植物】 兴化市地带性植物被型为落叶常绿阔叶混交林。由于长期受人类活动影响，原有自然植物种群在人的干预下逐渐形成人工植物群落，所有林木都是人工林，除一些自然景区仍保留部分原始林木。农家常有树种历来为桑、榆、楝、杨、槐、柳、竹等。现有百年以上树木为甚少的银杏，桧柏次之。

兴化境内常见野生植物品种有：

孢子植物：甲藻、硅藻、金藻；蛇苔、地钱、大金发藓、葫芦藓；蕨、问荆、节节草、蘋、满江红、凤尾蕨、刺齿凤尾蕨、四叶菜、铁钱蕨、槐叶蘋、狗脊。

裸子植物：银杏、桧、铁树（引进树种）。

被子植物：双子叶植物有杨树（旱柳）、垂柳（柳树）、杞柳、枫杨、榆、榔榆、桑、构树、葎草（萝萝藤）、金不换、酸模、酸模叶蓼、水蓼（水红花）、虎杖（女儿红）、萹蓄（铁扫帚）、何首乌、白藜（灰灰条）、地肤（扫帚菜）、青葙（土鸡冠）、土牛膝、空心莲子草（水花生）、马齿苋、牛繁缕、芡实（鸡头）、金鱼藻、毛茛、荠菜、瓦松、虎耳草、野蔷薇、蛇莓（蛇郎果）、合欢、决明、槐、南苜蓿（黄花草）、鸡血藤、刺槐（钉刺槐）、田菁、紫云英（红花草）、野豌豆、酢浆草、枳臭椿、香椿（椿树）、楝树、泽漆、水苋菜、荅菜、马鞭草、藿香、夏菇草、益母草、薄荷、紫苏、枸杞、酸浆（灯笼草）、龙葵、曼陀罗（风茄儿）、猪殃殃、金银花（忍冬）、败酱、跖楼、半边莲、佩兰、马兰头、旋覆花、苍耳、豨莶、鳢肠、鬼针草、野菊、石胡荽、艾、黄花蒿、青蒿、大蓟、刺儿菜（小蓟）、蒲公英、奶浆草。单子叶植物有黑三棱、眼子菜、芦苇、芦竹、淡竹叶、牛筋草、狗牙根、看麦娘、稗、狗尾草、白茅、荆三棱、莎草（三枝果）、菖蒲、大瓢（水浮莲）、半夏（野芋头）、浮萍、紫萍、谷精草、鸭跖草、凤眼莲（水葫芦）、灯心草。

此外，人工栽培的植物主要有：

粮棉油作物：籼稻、粳稻、糯稻、小麦、大麦、元麦（已淘汰）、玉米、红薯（山芋）、棉花、白菜、油菜、芝麻、花生、向日葵、高粱。

瓜类：黄瓜、南瓜、丝瓜、冬瓜、甜瓜、稍瓜、酥瓜、西瓜等。

豆菜类：蚕豆、豌豆、扁豆、豇豆、菜豆、黄豆、红豆、绿豆等；青菜、韭菜、菠菜、包心菜、结球甘蓝、甜菜、蒜、葱、姜、胡萝卜、萝卜、马铃薯、芋头、莴苣、茄子、西红柿、辣椒、蘑菇、平菇、草莓、芫荽、药芹、茼蒿；茭白、藕、荸荠、茨菇（慈姑）等。

花卉类：月季、玫瑰、兰、菊、茶花、水仙、芍药、牡丹、茉莉、凤仙、美人蕉、仙人掌、冬青、吉祥草、杜鹃、君子兰、荷、长春花、如意草、万年青、海棠、蔷薇、菱花、木犀（桂花）、珊瑚、含笑、夜来香、红枫、腊梅等。

绿化树种：银杏、雪松、马尾松、黑松、杉、柳杉、水杉、侧柏（扁柏）、桧、宝塔松、刺柏、罗汉松、毛白杨、旱柳、垂柳、腊梅、樟、悬铃木、合欢、槐、龙爪槐、刺槐、黄杨、梧桐、泡桐、意大利杨、冬青、湖桑、夹竹桃、爬墙虎、竹子、棕榈、柿、苹果、葡萄。

【动物】 境内各地出土的化石表明，早在4000多年前即有麋鹿等哺乳动物存在。民国年间，境内生活着狸、刺猬、水獭、獾、鹰、鸥等野生动物，野兔、野鸭、野鸡甚为常见，鱼、鳖、虾、蟹等水产品则尤为丰富。后因人口繁衍，土地深度开发，农田施用化肥、农药，使水体受到污染，不少野生动物在境内已绝迹多年。

境内常见的野生动物品种主要有：

环节动物：蚯蚓、水蛭（蚂蟥）、蛞蝓（鼻涕虫）。

软体动物：三角帆蚌、背角无齿蚌、褶纹冠蚌、香蕉蚌；蚬；中国圆田螺；梨型环棱螺；铜锈环棱螺；牡蛎、蛏；蜗牛。

节肢动物：马陆（骚气娘）、蜈蚣（百脚）、蛐蜒（蓑衣虫）、壁钱（壁蟢儿）、圆网蛛（蟢蟢蛛儿）、蟏蛸、绳虎、水蚤（红虫）、中华米虾、日本沼虾、大头虾、克氏螯虾（龙虾）、中华绒螯虾、蟛蜞、毛衣鱼、蝗虫（绿螽斯）、纺织娘、突灶螽（灶鸡儿）、蟋蟀（蛐蛐儿）、油葫芦、金钟儿（金铃子）、蝼蛄（土地狗儿）、东方蜚蠊（樟木虫）、土鳖（地鳖虫）、螳螂（斫螂）、白蚂蚁（散蚂蚁）、蜉蝣、蜻蜓、蝉（假牛）、褐飞虱、菜蚜（腻虫）、九香虫、温带臭虫、黄刺蛾（洋辣子）、二化螟、三化螟、玉米螟、豆荚螟、茶蓑蛾（皮虫）、小地老虎、褐色玉带凤蝶（梁山伯）、菜粉蝶、七星瓢虫（花大姐）、萤火虫（黄萤）、沟叩头虫、蚕豆象（牛子）、米象（米牛子）、大黑金龟子、小黑蚁、小黄家蚁、斑胡蜂、按蚊、库蚊、伊蚊、华虻（牛虻）、舍蝇、金蝇、麻蝇。

脊椎动物：

鱼类：鳗鲡（毛鱼）、鲤（花鱼）、鲫、翘嘴红鲌（白鱼）、鲦、鳊、鳑、泥鳅、胡子鲶、鳝（长鱼）、塘鳢（虎头鲨）、鳢（乌鱼）、银鱼、青鱼、草鱼、鲢、鳙、三角鲂、团头鲂、鲈鱼、昂刺鱼、桂鱼（鳜鱼）。

两栖类：蟾蜍（癞宝）、雨蛙、青蛙（田鸡）、金钱蛙。

爬行类：乌龟（金龟）、鳖（甲鱼）、水赤链游蛇（水蛇）、赤链蛇（火烧链子）、乌风蛇、黑眉锦蛇（家蛇）、蝮蛇（土鳖蛇）、壁虎（守宫）、草蜥（四脚蛇）。

鸟类：池鹭、白鹭、苦恶鸟（隔断鸟）、斑鸠（鹁鸪）、四声杜鹃（刮锅雀儿）、翠鸟、啄木鸟、云雀（叫天子）、家燕、黑枕黄鹂（黄莺儿）、灰喜鹊（山喜子）、喜鹊、大嘴乌鸦、白头翁、白脸鹡鸰、八哥、麻雀、蜡嘴雀。

哺乳类：狗、水牛、羊、奶牛、刺猬（刺鱼）、蝙蝠、草兔、褐家鼠、黄胸鼠、小家鼠、田鼠、仓鼠、豹猫、猫、黄鼬、狐狸。

图4-4　徐马荒风景　（2010年摄，市招商局提供）

第二节　自然灾害

对境内影响较大的灾害性天气主要有暴雨、连阴雨、台风、冰雹、寒潮、高温等，而以暴雨、台风造成的灾害最为严重。1991年兴化遭遇特大水灾，造成严重损失。

一、水灾

1991年5月21日入梅，7月15日出梅，梅期56天，为常年2.7倍，雨量1293.8毫米，为常年的5.3倍，集中降雨过程为两次：第一次是5月21日至6月中旬，降雨量336毫米。水位由梅前的1.01米上涨至2.08米，出现烂麦场。第二次自6月29日至7月15日，降水974.8毫米，水位由1.34米涨至3.34米，超过1954年最高水位28厘米。3.06米的水位持续15天。低洼地区水位达3.46米。出梅后至8月15日又先后遭受4次暴雨袭击，降雨量210.5毫米，水位两次回涨，使改种补种作物受涝。据气象卫星遥感资料：7月19日当兴化水位回落到3.25米时，全市受淹总面积达2038平方公里，占全市总面积的85.2%，占里下河地区受淹面积的41.4%，受淹农田9.62万公顷。7月23日，当兴化水位降至2.28米时，仍有824平方公里严重受淹，占总面积34.4%，受淹农田仍有3.87万公顷。水灾导致破圩302个，沉田9.2万公顷，其中绝收7.13万公顷，倒房6.41万间。105万人被水围困，2189家企业停产。全市直接经济损失17.1亿元。（参见《兴化纪事》卷《二、1991年兴化抗洪纪实》）

2003年6月21日入梅，至7月22日出梅，32天时间内有雨日28个，梅雨总量652.6毫米。频繁降雨加之客水汇集，四水投塘，使河网水位迅猛上涨，6月30日以来的三天内，水位上涨0.86米，7月1日兴化水位达1.81米，突破1.8米的警戒水位。7月9日达3.06米，平1954年最高水位。7月11日达3.24米，成为中华人民共和国成立后仅次于1991年（3.34米）的第二个水位最高值。

2006年自6月21日入梅后，即出现连续降雨过程，自7月5日的15天时间内，有雨日11个，降雨331.8毫米，是正常梅雨量的1.38倍。尤其是6月30日至7月4日的5天时间内，兴化站降雨量总量达204.9毫米，降雨范围覆盖较广。由于周边地区降雨强度较大，四水投塘，客水压境，加之市境西北部和东北部的大强度降雨，阻断涝水入海出路，水位上涨较快。7月1日水位2.01米，7月2日水位2.49米。7月5日8时水位2.98米，19时水位3.01米，超过警戒水位1.21米。

2007年自6月20日入梅至7月25日出梅，36天时间内出现雨日21日，降雨总量483.8毫米，是常年的2倍。7月1日后为降水集中时段，相继出现4场暴雨，特别是7月8日7时至9日7时24小时降雨量达167.1毫米，降雨强度为历史罕见。7月3日以后，水位迅猛上涨，7月4日达1.8米，达警戒水位。7月9日11时，水位达2.91米。至7月10日20时，兴化水位3.13米，超过警戒水位1.33米，比2006年高0.12米。

二、旱灾

1994年6月28日至8月18日，天气晴热少雨，兴化水位急剧下降。其间，江都4座抽水机站数次以每日200立方米/秒的流量向里下河地区送水，未能阻止旱情的发展。境内182个行政村24.14万人饮用水源困难，2.05万公顷水稻灌溉水困难，1.11万公顷棉花无法窨水，落铃、掉蕾、掉桃达50%以上。其他经济作物、水产养殖及畜牧业都受到一定的威胁，全市直接经济损失约2.71亿元。

1997年6月11日至24日，近半个月时间晴热少雨，时间比1994年提前近20天，此间正值夏季插秧用水高峰期，河网水位迅速下跌，兴化水位从6月8日的1.22米下降到6月21日0.84米。大营乡董家村仅-0.05米，出现严重旱情。

三、风灾

1991—2010年，对兴化有较大影响的台风有8次。影响兴化的台风主要活动在7—10月份，尤以8、9月两月为甚。1992年8月30—31日，受16号台风影响，全境遭暴风雨袭击，造成5万亩棉花不同程度受损，部分水稻倒伏。2000年7月13日下午，竹泓、临城、垛田、安丰、荻垛、陶庄、张郭、沈坨、新垛等乡镇71个村先后遭到龙卷风袭击，死亡15人，重伤191人，经济损失12643万元。2002年7月23日17时40分，戴窑镇灯塔村遭受龙卷风袭击，持续时间约四五分钟，给村民造成严重损失。据统计，约400多间房屋刮坏，600多羽家禽受损，部分树木被刮倒，3人受轻伤，直接损失约32.8万元。2005年4月25日，新垛镇一小学生途经一无栏杆小桥时被风刮下河，溺水身亡。此次大风造成倒塌房屋150间，其中民房倒塌58间，损坏房屋12843间。2005年9月12日，15号台风"卡努"影响兴化。17时05分出现9级偏北大风（23米/秒），日降水58.6毫米。8—9时，1小时降水15.8毫米，城区水位由1.67米上涨至次日8时的1.84米，给境内农业生产造成一定灾害。2006年6月21日晚18时，周庄镇境内9个村、43家企业遭受龙卷风袭击，造成人员1死1伤，损坏房屋3000间，经济损失2200万元。2007年7月3日18时左右，陈堡镇、茅山镇、戴南镇遭受龙卷风袭击，时间持续约5分钟，受灾人口4299人，受伤22人（其中重伤4人），紧急转移安置632人，倒塌房屋278间（民房37户135间），损坏房屋944间（民房310户770间），农作物受灾24公顷，损坏树木2500棵，倒断电线杆82根。7月25日15时30分左右至16时30分，城区遭受雷雨大风袭击，部分地区伴有冰雹，灾害涉及乡镇22个，受灾人口112075人，紧急转移安置607人，因灾受伤58人（其中重伤8人），死亡5人，倒塌房屋2666间，损坏房屋8869间，树木倒断5万多株，11万伏铁塔倒塌5座，三线杆倒断552根，以棉花为主的作物受灾面积达8844.6公顷（其中1000多公顷绝收），全市直接经济损失5600万元。7月30日18时左右，部分地区出现局地强对流天气，遭受短时大风、强降水袭击，昌荣自动站瞬时风力28.4米/秒，造成受灾人口1.4万多人，倒塌房屋59间，农作物受灾1000多公顷，倒断三线杆121根，倒断树木4730株，倒塌鸡舍1700多平方米，死亡鸭子900多羽。8月2日13时30分左右，合陈、戴南、张郭3个乡镇遭受雷雨大风袭击，张郭镇3人受轻伤，损坏居民房屋25户49间，倒塌厂房3间，倒断三线杆18根，倒断树木500株左右。此外，2007年9月18—19日13号台风"韦帕"、2008年7月29—30日8号台风"凤凰"、2009年8月10—11日台风"莫拉克"以及2010年10号台风"莫兰蒂"外围都对兴化带来一定影响，狂风暴雨给农业及生活设施造成不同程度灾害。

四、其他灾害

【寒潮】 寒潮是影响兴化地区的主要灾害性天气，寒潮南侵不仅有偏北大风，气温剧降，还常伴有雨雪和冻害。1991—2010年，兴化出现寒潮47次，平均每年2.35次，最多的年份是1998年6次，其次是1992年、1996年、2004年分别是4次，降温幅度最大的是2004年2月22日，48小时降温降温19.5℃。其次是2005年3月11日，降温达19℃。2008年出现寒潮2次，2009年、2010年各出现3次。其中2008年12月21、22日，48小时气温下降14.3℃，22日晨最低气温-9.2℃，此情况很罕见。

兴化全年以3月和12月出现寒潮的概率最大，11月的寒潮也较多。春秋季的寒潮过境，天气转晴后地面辐射很强，形成霜冻（地面最低温度≤0℃或有白霜），对农作物造成危害。

【冰雹】 兴化出现的冰雹降雹时间短、地域范围小，不易形成严重灾害，但偶尔也会有较大冰雹出现。1993年5月25日，兴化南部边城、周庄、茅山、陈堡等乡镇突遭暴风雨、冰雹袭击，对在田作物和部分财产造成严重损失。初步统计小麦倒伏面积达3.8万亩，占受灾乡镇小麦总面积的34%；棉花受灾面积7600亩，占总面积的18%。1995年6月30日，兴化东北部的老圩、永合、海河3个区先后遭到冰雹、大风暴雨的严重袭击，在田作物普遍受到冰雹灾害影响，冰雹颗粒直径一般1—1.5厘米，大的达3厘米以上，最大的似鸡蛋。其雹灾持续时间之长，雹粒个体之大，密度之高，袭击范围之广均为兴化雹灾史上罕见。全市12个乡镇212个村遭受雹灾袭击，受灾面积达16.77万亩。

【雷击】 1999年5月10日下午，兴化出现强对流天气，刘陆乡西中村及老圩乡西村各有一名妇女遭受雷击身亡。2003年7月21日17时，受副热带高压边缘西南气流的影响，陶庄镇金戈等村遭受龙卷风、冰雹和雷电的袭击，一名女青年遭雷击死亡，农田经济作物遭到不同程度的损失达10万多元。2005年4月20日，兴化发生雷雨大风等强对流天气，垛田镇芦北村五组有两个农民遭雷击，其中一名妇女当场死亡，一人受伤。2006年6月30日，林湖乡魏西村村民陈某下午在田间作业时遭雷击身亡。7月1日早晨，安丰镇中圩村村民范某在家中遭雷击身亡。7月2日，林湖乡魏西村村民陈某中午在田间作业时遭雷击身亡。2007年6月28日6时许，陶庄镇王寺村61岁农民张某，在下田作业的路上遭雷击身亡。2007年8月4日16时许，大垛镇从六村16岁男孩朱某在高兴东公路上行走时遭雷击身亡。

第五章 生态景区

兴化地域广大，河流纵横，雨水充沛，四季分明，生态环境良好。2002年3月被国家环保总局命名为国家级生态示范区。域内有众多生态景区，如垛田与千垛菜花风景区、李中水上森林景区、乌巾荡风景区、徐马荒生态风景区等。

20世纪90年代后，为保护环境，发展旅游经济，兴化市先后编制旅游业发展总体规划和“十一五”规划，突出西北部“里下河原生态”主题，重点开发建设水上森林、千岛垛田、大纵湖景区，对西郊徐马荒实行退耕还湖还荒，注重回归生态，回归荒凉，在长三角城市群中建立一片生态田园。

第一节 垛田与千垛菜花风景区

垛田，也叫“垛”，是兴化里下河水乡的特色地貌景观，因湖荡沼泽地带，在上游来水的冲击、下游海潮的顶托下形成了一个个面积不大、大小不等、形态各异、四周环水，各不相连，形同海上小岛，高低错落的水中土丘，大的两三亩，小的只有几分、几厘。垛田镇、缸顾乡等地多有分布。3000年前，海岸线东移，兴化地区水位下降出现了陆地。宋朝年间，范仲淹出任兴化知县，因兴化饱受洪涝灾害而修建“范公堤”，为沼泽变陆地提供了条件。兴化先民们从水下取土，一方一方使其堆积成垛，在上面种植农作物，一直延续到20世纪90年代。

千垛菜花自然景观坐落在缸顾乡东旺村东侧，总面积近万亩，菜花观光核心区4600亩。1200多年前东旺是一片沼泽草地，荒无人烟。宋、金战争时，金军统帅金兀术就在这离岳飞大营（昭阳）9公里的草地上安营扎寨。为防御岳家军，就在中军帐四周开挖八卦形战壕，逐渐向外围重重开挖，把开挖的泥土堆成土丘、土圩，作为防御屏障。由于江淮上游冲积泥沙逐渐使西、南、北地形不断增高，而江淮腹部成了锅底凹，河水汇集此地，水位增高，战壕都成了水沟，土丘、土圩成了四周环水的小垛，变成泽国之乡。后经兴化先民不断开发，千垛田园就此形成。沼泽、草地、古战场不见存在，却还有一些遗迹可以证明，千垛菜花景区的“八卦田”就是中军帐，“关沟”是中军帐的关口，“增塘”是中军帐用水的塘（原叫“深塘”），“边沟”是外围的第一道防线，与金兀术金字有关的，如“金家沟”“大金沟”“小金沟”等。

20世纪90年代后，兴化市和缸顾乡政府加大投入，投资兴建20多米高的观光瞭望塔，铺设

1000余米的木栈道，形成观光旅游景区。每年吸引无数中外游人前来踏春赏景。修建停车场3000余平方米，配备水上游小木船和农家乐休闲娱乐餐饮等配套设施。

“雾色千垛”和“洞天福地寿字田”是千垛菜花风景区的两道特色风景。初春，暖湿空气与冷地表之间有较大温差时，近地表气层的温度迅速降低，相对湿度不断增大而形成平流雾。平流雾在菜花田中分散、聚拢，徐徐升腾，千垛若隐若现，亦真亦幻，形成特别的雾色千垛奇特风景。在平旺湖东岸千垛之处，农民在干活时无意中看出这一方垛岸像一个寿字形状，“寿字田”的称谓从此流传。“寿”与“收”同音，寓意丰收。经过多年风雨沧桑和人为改造，地形已有改变，但在航拍图上，还能看得出“寿”字的图形。

图4-5 菜花节期间游人如织（2009年摄，市旅游局提供）

缸顾千垛菜花美景吸引国内外许多专家学者、文人墨客到此观光采风和考察。2006年省摄影家协会在千垛菜花风景区成功举办全国摄影竞赛开拍仪式。2006年4月15日，邓小平长女、著名书画家邓林到缸顾采风。2007年4月7日，中共中央政治局委员、中央组织部部长贺国强在江苏省委书记李源潮和省长梁保华等陪同下，到兴化视察调研党的组织建设和新农村建设工作，并指导缸顾高效观光农业的发展。2008年4月5日，国家发展和改革委员会常务副主任张国宝到缸顾千垛菜花风景区考察。2009年4月2日至4月25日，兴化市成功举办首届“中国兴化千垛菜花旅游节”，吸引中外游客近10万人。著名文学家梅汝恺观景后，欣然挥笔，写下佳作《兴化菜花赞》。中国书画院院长、艺术学博士陈奕纯为景区题字。中央电视台及多家电影摄制组到风景区进行实地拍摄，相关菜花摄影图片在国内外多种著名杂志上刊登。在2009年由人民网旅游频道主办的“中国最美油菜花海”评选活动中，千垛菜花风景区成为中国最美油菜花海（第二名）。2010年，完成《千岛菜花景区规划》，举办第二届菜花旅游节。

附

兴化菜花赞

梅汝恺

我漫游过苏州“香雪海”，访梅于太湖之滨，内心浮现的诗句为：“岭岭是梅花”，“到处皆诗境”，故忘返而流连焉。我曾在豫东杏林里徘徊，迷醉于“红杏枝头春意闹”的妙趣。林表是宁谧的，是广阔的，但实质是喧嚣的。它喧嚣着，闹着，为的是欢呼苏醒万物的东君的临莅。

在黄河故道，暮云黯晦，我曾漫行于梨园之间，魂销的是“月胧胧，树树梨花细雨中”的雅境。此后入湘西桃源，又目迷那“桃之夭夭，灼灼其华”的蔚然，深深叹服者，是杜甫的“红入桃花嫩，青归柳叶新”的哦咏情思。而今年，雨丝风片的清明节，有幸，我们老两口偕文友一平，专程前往兴化，由地方“使君”鲍友喜引领，饱览的是那儿独特的菜花之美，但嘴边却无从咀嚼任何古人的佳辞丽句。盖卷帙浩繁的唐诗宋词，竟无有谁吟咏到菜花者。然而兴化的菜花，究其壮观、美奂、粲明、懿盛，却是最荡人魂魄的。因为它的无垠之广，它的规模之宏，焕灿出的是荣茂浩瀚的大美。所谓“春光明媚”，没有比兴化菜花更形象更酣畅淋漓表述东君赐福人寰的慷慨之所在了。

笔者闻兴化菜花之美，其实早在40年前。而我有公差机缘出入兴化已不下5次，惜因时令错位，终无缘躬逢菜花怒放之胜，以至憾怅年年。自思，年逾“古稀”如我，来日无多，最不可再低迷恍惚，琐屑自牵，而最应紧抓时机，珍惜花信，以了却我的观觇夙愿。盖“少壮轻年月，迟暮惜光辉”。此种心态，唯耄耋者始能深切体味得。

兴化，古称“楚水”，坐落于苏北里下河中心位置。它曾被誉为神州第一农业大县（市）。此处稻麦丰饶，蟹满鱼肥虾鲜。有文士曾以“东方乌克兰”喻比它。那动心悦耳唱遍遐迩的名曲《拔根芦柴花》，传唱的即是楚水生民的天人合一的音籁。它地灵人杰，既是倡言“难得糊涂”“吃亏是福”的郑板桥的家乡，亦是《水浒传》作者施耐庵的故里。我们怀心香一瓣，当然是先拜谒郑墓、施墓。行路之间，但见杳杳天低，空蒙柳绿。麦垄片片成棋局，方方菜花耀眼明。人在画中，任谁都心旷神怡雀跃为欢了。可地方“使君”却言：“你们现在看到的，其实只算一篇长文的‘序言’，真正的菜花的美还在后面。那地段叫‘缸顾’。”好怪的地名！于是他解释了这怪地名的来历。原来古楚水之称“楚水”，因它是片地道的水寮泽国之区。垦民拓殖，开辟草莱，常遭洪水灾祸，“人或为鱼鳖”。在某次洪灾中，有一顾姓人家，其母子侥幸坐进一只大缸，遂随波逐流，漂到一处高埂边，逃得性命。他们也就成为此地生民始祖。繁衍的顾姓后代为纪念水缸救人，特将此邑定名为“缸顾”。如此，我们来到了缸顾。哪知一进入缸顾，在煦和的阳光落照下，眼睛一下变得眩晕了。

这是一派无垠的平川。弥望以远，“野旷天低，青霭杳杳”。而在我们平眺之间，那习见的棋局阡陌，滚滚麦浪，皆顿然无踪了。满目所见的，是粲粲亮、黄澄澄，由南至北、自东及西，仿佛都是用金线织就出的锦帛，密密铺覆着这苍茫野旷。那不是别的，是油菜花，是稠匝匝的油菜花。其为色也，近视，是迎春花般的灵动的黄，愈远，其色愈淡，嬗变为雏菊般的煊黄，再远去，其色更淡。仿佛是那柳蕾芽黄，绵亘而达于天涯之极。其茸茸然，甚至更像是那刚出壳幼鹅的柔羽，更借助天仙织女的巧手神功纺织出的绡幕，且是专为人间显现其奇幻蜃域的。我们都为这眼前的大美惊呆了。可“使君”友喜道：“这里还有更可看的。且让我们登舟吧。”舟，早给准备了。于是我们舍陆登舟。沼泽地缸顾，若言高埂广坨，本是从不存在的。在泥土特缺的泽国里，缸顾先民们硬是从水下取土，一方一方累积，一方一方使其堆积成垛，酷似那新燕衔泥筑巢，硬是靠辛勤和无畏筑出一条一条垛田。远看油菜地，平畴无际，可近观其详，每条垛田都浮漾于水中。活像是那硕大的水面盆景。我们如此借助机动舢板，曲折蜿行于垛地的沟洫纵横间。“水光潋艳晴方好”，“淡磨明镜照芳菲”，经日华斜照，那垛田齐人高的油菜花秆，整个儿给投射入水中。垛田芳菲，水面芳菲，由此浑然融溶为一了。而那油菜花，氤氲然，幽熙然，馥郁然，蒙密然，雾漫漫地，氛围笼萦地使我们人人神荡魂销。这种大美，实在并非出于天女手织，它完全是由缸顾生民代代相承以精卫填海的固执与天争地而夺得的。不亦丽乎，不亦伟乎！

“求天下奇闻壮绩，以知神州之广邃”，诚是余之愿也。今日始见，纵然野蔬至微，菜华至卑，但它“聚蚊成雷”，“众煦漂山”，其集群的纷蕴妍姱亦堪为我锦绣中华增彩溢姿了，则楚水地僻，岂不更该颂赞乎？余耄矣，能为大美而歌，自属猗欤幸甚。

第二节 李中水上森林景区

李中水上森林景区位于兴化市西北部的李中镇兴沙公路舜生桥附近，林地面积1050亩，是里下河地区规模最大的人工湿地森林生态系统。

李中水上森林景区原是一片芦苇湿地，20世纪70年代末，干部群众为合理开发利用荒滩资源，将这里的荒滩开发成一条条垛格，栽种适应水中生长的池杉、水杉等树木品种，林中间种芦芋、油菜等经济作物。建起1500亩人工生态林基地。最初栽种的10万株水杉、池杉等树木长成高大茂密、生机盎然的水上园林，林木蓄积量1.5万立方米，且每年以12%的速度递增，形成“林中有水，水中有鱼，林中有鸟，河流回环，水杉林立”的3600多亩生态湿地景观，其中林地面积1050亩。猫头鹰、野鸭、白鹭、黑杜鹃、草鹦鹉、喜鹊、雁鹅等110多种珍稀鸟类在此栖息，林中鸟正常在3万羽左右，最多时有6万多羽，被誉为天然的生态氧吧。景区先后被江苏省委宣传部、省教委、省环保厅命名为“江苏省环境教育基地”“江苏省科普教育基地”。

图4-6 李中水上森林风景区 （2010年，薛全宏摄）

李中水上森林景区经过多年的保护建设，于2003年正式组建李中水上森林生态旅游开发有限公司，聘请东南大学对园区编制完成18894亩控制区概念性规划及1500亩水上森林公园核心区景点规划。兴化市政府投资1110多万元，买断农户林木产权，用于建筑景区路道、人工河驳岸、通信电力设施以及卧波桥、曲桥亭、风味茶社、风车、万亩荷塘等景点基础设施建设。2003年5月正式对外开放。2007年由上海新乐旅游公司以保护和利用生态环境为基点，投资2200多万元，建设公园门楼、林间木栈道、情水平台、水漂流木筏和2000羽野鸭放飞等29个游乐设施项目。

2010年11月，投资组建江苏李中水上森林旅游投资有限公司，遵循“整体规划、尊重自然、突出重点、优化布局、开发运行”和体现整体协调统一，生态自然，因地制宜，人与生态自然相和谐的理念，委托江苏省交通规划设计院城市景观设计所，规划设计景区总体开发建设规划。规划的景区总面积约246公顷，分为入口接待区、森林休闲村、水上游乐区、森林氧吧区、生态农业体验区和森林观光游览区等6个板块。其中核心景区面积100公顷，其中一期工程是核心景区建设，项目有景区主入口广场、游客接待中心、商务会议中心、宾馆及餐饮中心以及休闲会所及水上运动中心和景观塔、游船等景区内部景点建设，总投资约5000万元。二期工程主要为森林休闲村和生态疗养健身区。三期工程主要建设生态农业体验区，项目总投资在2亿元以上。

景区形象定位为“苏中水上森林，生态养生天堂”。至2010年，景区内有林中水巷、板桥栈道、难得糊涂林、步云桥、垂钓区、娱乐区等一批具有现代水乡风光特色的景点，公园内投资开发许多便于游客游览的附属设施，建设林间木栈道5600米，生态游步道1500米，游客观光休闲点21处，公共卫生洗手间6座，红膏木屋渔村12处，水上木屋餐馆7座700多平方米，艺术木桥7座，画舫2艘，木筏80条，钓鱼台10处，小九寨沟、森林雾森、文化长廊、木筏漂流、休闲娱乐餐饮船1艘和面积10亩的浮心岛屿等景观游乐项目52个。公园为了让游客体味水乡的特色景致，还定期举行野鸭放飞、鱼鹰捕鱼等渔家表演项目，让游客真实体味“野凫眠岸有闲意，老树著花无丑枝”的休闲快意，更为来自全国各地的摄影家们提供了绝好的水乡田园摄影素材。是年，完成《李中水上森林风景区旅游规划》。

第三节 乌巾荡风景区

乌巾荡风景区位于兴化城北郊，面积6.78平方公里，陆地、水域各为一半。相传由岳飞在此射下金兀术的乌巾而得名，也是《水浒传》作者施耐庵笔下梁山泊的原型。景区为原生态湿地风

貌。清末时，兴化城的西门、北门被乌巾荡包围。20世纪60年代之后，逐步填塞，城市扩建，水面退后，兴盐公路又把荡一分为二，乌巾荡仅留下北部主要水域。20世纪90年代开始，兴化市政府筹建乌巾荡风景区。2006年4月1日，兴化市乌巾荡风景区总体规划设计方案通过初审。2009年5月22日，乌巾荡湿地风景区核心区建设工程开工。景区建有水上活动、湿地观光、渔事活动、乡村旅游、度假休闲、宗教文化等6个功能区。乌巾荡公园和著名水上佛教胜地——上方寺均在区内。乌巾荡公园得“水”独厚，公园有水七八处，大小不一，形态各异。2010年完成《乌巾荡风景区规划》。

一、乌巾荡公园

乌巾荡公园是乌巾荡湿地经改造开发后的一部分。1998年被省建设厅批准为省二级园林单位，是里下河地区最大的生态公园，占地总面积近4000亩，其中水面3000亩。乌巾荡公园建成桂花园、腊梅园、海棠园、枫园、紫荆园等11个特色植物园。还建设动物园、水上游艇、儿童游乐场、垂钓园、湖心岛、情侣园、芳草园、神奇世界、跑马场等游乐项目。整个园区业形成基础设施完善、功能区域明确、植树造林造景环境优美、景色宜人、娱乐性强的生态园林环境。

二、上方寺

上方寺位于乌巾荡公园北首，是全国最大的水上佛都胜地，也是中国佛教禅宗、临济宗磬山派的嫡传法脉，祖庭为浙江天目山报恩寺，初建于明朝崇祯年间。明朝末年，报恩寺朗然大和尚云游兴化，发现这方净土与汉译佛教典籍《四十二章经》中“视兴化，如四时木”相暗合，遂在水天一色的兴化城东大徐垛结庵梵修，朗然因其地处东郊，按《汉书》孟康注中“上方谓北与东也，阳气所萌生”之典，故定寺名为上方寺。古刹于民国33年（1944）毁于兵燹。1996年，兴化市政府落实宗教政策，于1996年始迁址重建扩大规模，占地150多亩，按原有风格建筑建有照壁、山门殿、天王殿、大雄宝殿、藏经楼、居士室、禅房、戒台等。大雄宝殿高25米，实用面积1242平方米，雄伟壮观，金碧辉煌，构建精致，其体量之大堪称江苏第一，在国内也仅次于承德外八庙的普宁大佛寺大雄宝殿。寺院周围有碧波荡漾的数千亩水面环抱，构成天然西园与放生池。

第四节　徐马荒湿地保护区

图4-7　徐马荒湿地保护区
（2007年摄，市委宣传部提供）

徐马荒位于江苏兴化市西郊镇，徐圩与马港之间的一片荒地，距城区仅20公里。总面积10.68平方公里。区内有陆地2000亩、林地3000亩、荒滩水面4000亩、鱼池5000亩。徐马荒的称谓，是由西郊镇徐官庄、马踏港的村名各取一字而成由来，源于“徐官还乡马踏港”的民间传说。徐马荒是自然形成的湿地，与兴化西部湿地属同一个板块。早年，兴化西部都是苇荡，后来居民垦苇造田、围湖建塘，湿地范围逐渐缩小，而徐马荒区域多年尚未遭受人工改造，原生态风貌保存较好。徐马荒土质为黑色黏土，主要生长芦苇、蒲草，盛产鱼、虾、蟹和莲藕。20世纪90年代，营造3000多亩以意杨为主的生态林，与原有的原始林木相连。原始的生态、多样的生物种类，形成该地域得天独厚的资源。著名演员吴若甫主演的电视连续剧《秋雪湖之恋》将此处作为外景基地。徐马荒是里下河地区少有的自然生态保护接近原始状态的地方，有“南有沙家浜，北有徐马荒”之说。

区内水域宽广、沟汊交错，蒲草繁密、禽鸟起落，湿地美景令人流连忘返。另有成片荷藕、野菱，供游人荡舟其间，自由采摘。宗教文化游览区——八公神庙传说古老，色彩神秘。历史掌故游览区多处渊源久远、沉淀深厚和充满传奇色彩的人文景点使游人对景思怀、抚今追昔。

风景区2006年1月开始建设，纳入兴化市“十一五”旅游业发展重点规划，由南京大学生命科学院设计，政府重点投入风景区内路桥建设。2007年，兴化市和西郊镇政府联合成立兴化市徐马荒旅游发展公司，将徐马荒列入生态景区建设。按照相关规划，实施区内5.5公里河道贯通、浚深工程，并在河道两侧植上芦苇、野菱、野藕等水生植物。采用自然恢复和人工修复相结合的办法，改造沿河、沿路两侧鱼池，退出精养模式，收回经营权，打通隔岸池埂，恢复宽广水域。重点修复水草、芦苇、蒲蒿、野藕、野菱等湿地植被，并补充杂鱼、虾、螺、蚌、蚬等水生物，重新构建湿地生态循环圈。

第六章　兴化特产

第一节　地理标志产品

兴化物产丰富，尤以农产品和水产品产量丰富，兴化市是全国闻名的农业大市，素有“水乡泽国、鱼米之乡”等美称。计划经济时代，兴化是全国著名的商品粮生产基地和优质棉基地，粮棉总产量列全国各县（市）前茅；至2010年，淡水产品连续15年创江苏省之冠。由于地处里下河腹部地区，是有名的“锅底洼”，气候、土壤及水文特点与众不同，造就兴化农产品的独特品质。随着农产品生产和销售者的商标意识不断增强，农产品注册商标呈逐年递增的态势。2006年，兴化市政府出台《关于推进名牌战略的实施意见》，首次增加对核准注册地理标志奖励20万元的激励措施。是年，“兴化香葱”被国家质检总局认证为国家地理标志产品。经过3年左右的努力，2009年3月，“兴化大米”“兴化面粉”“兴化香葱”“兴化大闸蟹”“兴化大青虾”5大集体商标获国家工商总局商标局正式批准登记注册，是年，“兴化香葱”被国家质检总局认证为国家地理标志产品。同年，“兴化大米”被国家质检总局认证为国家地理标志产品。“兴化大闸蟹”“兴化大青虾”被农业部认证为农产品地理标志产品。这为兴化农村发展、农业增效、农民增收打开新局面。兴化市成为全国首个一次成功申报注册5个农产品集体商标的县（市）。 新注册登记的5大集体商标分别由兴化大米、面粉、香葱、大闸蟹、大青虾等五个行业协会统一使用，作为协会联合组织及其成员的身份标志。是年，各地质检部门开始对兴化红皮小麦实施地理标志产品保护措施。

一、兴化大米

兴化市粮食交易市场是全国最大的粮食交易市场之一，创建于1991年，位于戴窑镇。是全国著名的商品粮基地及国家粮食生产县标兵，该市每年种植水稻、小麦150万亩左右。该市土地肥沃，资源丰富，物产丰殷，交通便利，水运发达，景色优美，气候宜人，素有“鱼米之乡”的美称，为全国农业生态示范市。

兴化大米主要产于兴化市北部地区沙沟、周奋、李中、缸顾、中堡、西鲍、城东、大邹、钓鱼、海南、下圩、安丰、昌荣、林湖、老圩、新垛、大营、永丰、合陈、戴窑等20个乡镇。

在兴化农产品中，兴化大米兼有南北大米的优势，具有“稻谷金黄，腹白小，米粒饱满，柔软细润，浓香持久”等特性，常年畅销苏南、上海、广东等市场，并有部分出口海外，深受广大消费者青睐。

二、兴化面粉

图4-8 兴化面粉
（2010年摄，市文广新局提供）

以扬麦158为代表的优质中筋红皮小麦产于兴化市下圩镇、海南镇、钓鱼镇、大邹镇、沙沟镇、周奋乡、缸顾乡、西郊镇、城东镇、西鲍乡、临城镇、林湖乡、垛田镇、沈坨镇、大垛镇、荻垛镇、陶庄镇、昌荣镇 。兴化历史上就有罱积河泥作有机肥垭田的传统习惯，通过长期开沟筑圩，堆田垦殖，围田开垦，将有机肥料堆积在自然覆盖之上，不断抬高田身和增肥地力，全市人为覆盖层平均达60.2厘米，土壤有机质含量得到进一步提高，肥力不断增强，自然沼泽土终于演变成高有机含量的粘性肥沃土壤。域特殊的自然资源环境和兴化人民所具有的传统罱积河泥与人工垦殖的农事习惯，促成兴化红皮小麦的独特品质。

2006年10月，兴化市成立优质小麦产业协会，并制定《兴化市红皮小麦加工业示范基地发展规划》。该协会拥有87家会员，其中种植领域会员39家、流通仓储领域会员40家、面粉及食品加工领域会员3家。2010年，兴化市加工示范基地建成75万亩标准化优质小麦产业基地。按照区域化布局、专业化生产的要求，重点实施区域在中部农区与湖荡农区。 与此同时，小麦深加工业在兴化市得到快速发展。至2010年，兴化面粉企业总设计能力达到每天处理小麦2650吨，其中楚龙面粉公司日处理能力达1600吨，单体产能居全省之首。至2010年，兴化市优质红皮小麦种植面积120万亩，全部通过无公害农产品产地整体认证，年产优质小麦40多万吨，商品率达90%以上。

以扬麦158为代表的优质中筋小麦为主要原料加工而成的兴化面粉。其独特品质在于：面粉粉色较白，白度达77.9%以上；面团弹性好，拉伸曲线具有较大的能量，曲线面积达85平方厘米以上；粉质稳定时间长6分钟以上。这三个独特品质是其他中筋小麦粉不可比拟的，决定了“兴化面粉”是蒸煮类面食最理想的面粉原料。以“兴化面粉”为原料，生产出的馒头等蒸煮类面食，麦香浓郁，色白松软，组织结构蓬松且有弹性，特别是面条口感与弹性较佳，非常适合华东、华南人民的消费需求，在南方诸省畅销，在制作高端面条与水饺专用粉时，兴化面粉是首选的最优质的中筋配麦。用兴化面粉制作的面条、饺子、馒头可高度满足南方人的口感与视觉标准，成为南方各大城市饭店茶楼早点制作的首选用粉。“兴化小麦”特定而优异的质量充分得到市场认可，并成为“康师傅”“华丰”等品牌方便面专用面粉原料。

三、兴化香葱

香葱原产于西亚地区，约在唐代引进中国，兴化地区亦早有种植。兴化栽植香葱有据可考的历史至少已有400多年，明万历十九年（1591）修编的《兴化县新志》卷二《地理之纪·物产》记载："诸蔬之品，则菰、蒲、萍、藻皆出于湖，莲、藕、菱、芡皆出于荡，芹、莼、水荇皆出于河，瓠、瓜、茄、芋皆出于厢，荸荠出于田，茭菰生于浅水，葱、韭、蒜、薤无地不宜……"兴化香葱过去只是作为供应厨房的佐料，种植面积很小，基本上处于自给自足的状态。进入20世纪90年代，随着食品工业的快速发展，国内外对脱水香葱的需求量越来越大，以香葱产品为主的脱水加工企业迅速崛起，兴化的香葱种植揭开了历史新篇章，逐渐走向规模化、规范化、优质化的发展之路。

兴化香葱的株高、茎粗、茎长、叶粗居于章丘大葱、胡葱与四季小葱之间，叶长和章丘大葱相等，虽产量低于章丘大葱，但分蘖性比章丘大葱强，口感也比章丘大葱嫩，且全年都可栽培。其香味浓郁，品质优良，含有特殊的硫化丙烯，具有增进食欲、预防心血管疾病的保健功效，是保鲜、脱水加工的理想原料和食品工业不可缺少的调味品，"统一""康师傅""华龙""白象"等方便面中的脱水香葱均来源于兴化。产品远销日本、韩国、东南亚等地。

四、兴化大闸蟹

兴化市地处江淮之间、江苏中部的里下河腹部，全市总面积2393.35平方公里，其中水域（含水面和滩涂）443.7平方公里，占18.54%，是全国水产重点县（市）和国家级生态示范市。2010年，兴化市水产品总产量25万吨，连续15年居江苏省内陆县之首。

兴化大闸蟹为中华绒螯蟹，属淡水河蟹。至2010年，兴化水产养殖实现从粗放到集约，从零星分散到规模经营的巨大转变。大闸蟹品牌主要有"泓膏""板桥"等。其中泓膏大闸蟹是兴化大闸蟹的典型代表，除了具有江苏蟹"壳青、肚白、金爪、黄毛"的共性特点外，还具有"膏红、肉鲜"的个性特征。

五、兴化大青虾

青虾是兴化淡水虾中最主要品种，占全国青虾市场的十分之一。青虾喜生活于湖泊、河流及池塘底层。兴化水面类型多样，环境条件适于青虾生育。兴化大青虾的特点是适应性强，繁育较快；虾肉嫩而鲜美，营养丰富；个体大，色质好。整齐的可连壳冷冻精包装，也可加工成优质虾仁，晶莹光亮。在全国水产品展销会上，兴化淡水大青虾被评为优良产品。用兴化虾仁烹制的上海"水晶虾仁"、杭州"龙井虾仁"，味均优于其他地方产品，博得中外宾客的一致赞誉。

第二节　其他特产

一、兴化鱼圆

兴化鱼圆历史悠久，相传明末清初就已盛产，是兴化人招待贵宾的美食。兴化鱼圆的原料草鱼，是在兴化市经过多年筛选淘汰、提纯优壮繁育的优质草鱼品种。与青鱼、鲫鱼等鱼种相比较，草鱼肉质白嫩，骨刺少，营养丰富，更适合作为兴化鱼圆的原料。兴化鱼圆有着独特的制作工艺：选择两年生3—4千克的鲜活草鱼，洗净后，鱼肉经绞肉机绞碎，再捏制成鱼圆。制作出来的鱼圆外形圆滑、饱满，色鲜、肉嫩、味美，外皮似金、内肉如银、极富韧性。制作方法则分红、白两种。可水余，可油余，油余鱼圆余入油锅后，稍滚就浮，盛起来上桌，圆圆滚滚，色泽金黄，里面肉色雪白，油而不腻。其风味特色细腻、鲜嫩、有韧性。兴化鱼圆深受周边各大城市消费者青睐，上海、南京、杭州、无锡、常州、镇江都有诸多网点。2000年后，对于兴化鱼圆，兴化不断推进“市场准入深加工”，逐步实行分级上市和产地标识制度，发展超市经营、连锁配送和网上销售等现代销售，不断提高加工的科技含量和附加值。

二、金松皮蛋

“金松”牌松花皮蛋是兴化市肉联厂的传统产品。成品去壳后，蛋形完整，蛋白坚韧，富有弹性，色彩光亮、透明，松花纹理明显，表面无铅斑黑点，蛋黄软硬适宜或略带溏心，辣味不重，芬芳清香，凉爽可口，色、香、味、形俱佳，是宴席中之佳肴。产品在制作过程中不添加一氧化铅，而采用对人体有益的天然植物微量元素，从而保证产品不含铅。由于加工方法和使用材料上的差异，分溏心皮蛋（京彩蛋）和硬心皮蛋（湖心蛋）两种。“金松”牌松花皮蛋，不仅销售国内大中城市，而且远销欧、美、东南亚和中国港澳等十多个国家和地区。多次获得部、省级名、特、优产品称号。

三、中庄醉蟹

中庄醉蟹历史悠久，驰名中外，早在18世纪就是名闻遐迩的进京贡品。1898年在南洋（新加坡）物赛会上被评为一等奖。

中庄醉蟹产地中堡镇，镇周围广阔的大纵湖、蜈蚣湖水质甘甜清冽，为优质淡水螃蟹的生长繁殖提供了得天独厚的良好条件。中庄醉蟹选用蜈蚣湖、大纵湖出产的淡水蟹，经过21道工序，采用特制的秘方和名贵药材，结合现代技术醉制而成。其肉质细嫩，色清如玉，口味鲜美，“色、香、甜、咸、爽”五味其佳，是宴席上的高档冷盘佳肴，馈赠亲友的美食礼品。

四、“一禾”西瓜

“一禾”西瓜是2002年认定的中国国际农业博览会名牌产品，为纯正绿色食品。“一禾”西瓜最初由西郊镇姜戴村种植并发展起来的，主要品种有小兰、特小凤、京欣、苏密等多个系列。其培育“底料”为特种石料、饼肥、鸡粪、砻糠配制而成的“轻基质”，施肥、授粉、剪蔓、水控、瓜重等均按标准实施，形成口感好、色泽好、外形好、含糖量高（中心糖度达13.3%）的特点，因而广受欢迎。

五、兴化龙香芋

图4-9 垛田龙香芋 （2010年，李松筠摄）

垛田镇和缸顾乡历来以盛产品优质佳的龙香芋而闻名。独特的“垛田”地貌，通风好、光照足，而且四面环水，极易浇灌又难有水渍，是龙香芋生长的最佳环境；“垛田”又是由湖荡沼泽地堆积而成，其土质是以沼泽土为主的“垛田土”，富含多种微量元素，这样的土壤条件更是龙香芋生长的理想之地。“兴化龙香芋”株高1.2—1.5米，叶片深绿色，叶柄绿色，叶柄长，叶片与叶柄相连处有紫晕，母芋近圆形，内质白、粉而香，子芋少，椭圆形，肉质粉，富含丰富的蛋白质、淀粉以及钙、铁等矿物质，是人们喜食的蔬菜品种之一。2009年，垛田镇为龙香芋注册“千岛垛田”商标。

卷五

国土资源管理　环境保护

兴化市国土总面积2393.35平方公里，占江苏省总面积的2.33%、占泰州总面积的41.29%。其中陆地面积1949.65平方公里，占81.46%，水域（含水面和滩涂）443.7平方公里，占18.54%。按2010年户籍人口计算，人口密度为每平方公里652.04人。境内水土资源丰富，且蕴藏石油、天然气和地热资源。20世纪90年代后，市内各项建设事业快速发展，非农业用地数量大幅上升。少数地方乱占滥用耕地的现象时有发生，人多地少的矛盾更加显现。1991年，全市耕地面积182.63万亩，2010年，全市耕地面积193.28万亩。耕地总面积和人均面积分别增长5.83%和3.4%。

1988年市国土管理部门成立。1991年后，土地使用制度改革逐步深化，1995年国有土地使用权开始实行有偿出让。土地登记制度逐步建立，土地管理日趋规范。土地执法监察工作日趋强化。市、乡镇、村三级监察体制逐步建立、健全，基本做到违法占地有人查，乱建乱挖有人管。各乡镇土地管理“三无”（无违法批地、无违法用地、无违法管地）创建活动取得明显效果。通过编制第二轮土地利用总体规划，全市划定农田保护区11604个，落实基本农田保护面积186.57万亩。

20世纪50年代，兴化工业企业不多，交通运输亦不发达，环境污染不突出。20世纪60年代起，工业、交通运输业发展加快，特别是20世纪80年代企业发展迅速，加上人口增长，造成废水、废气、固体废物及噪声的污染，尤其废水、废气造成的环境污染规模大、污染重，治理面临严峻挑战。1984年3月，县城乡建设环境保护局成立。1989年3月，将环境保护工作分离出来，建立市环境保护局。20世纪90年代以后，兴化市委、市政府加大环境保护投入和环境污染治理力度，执行建设项目环保总量控制、排污许可等环境管理制度，推进污染治理设施建设，废水、废气污染得到有效控制。重视农村环境保护工作，开展优美乡镇、生态村等创建活动，对畜禽养殖污染、农药化肥等施用加强管理。严格按照环保法律法规，执行“一步规划、分步实施”环境保护规划，建立环境保护目标责任制、环境影响评价制度、限期治理等行政管理制度。开展省级、国家级环保模范城市创建等活动，全市环境保护工作取得明显成效。

图5-1　沧浪公园建筑群　　（2007年，朱春雷摄）

第一章　土地使用与土地市场

第一节　土地有偿使用

一、国有土地有偿使用

1989年，扬州市政府同意兴化市城镇土地使用税单位税额的批复城镇土地划分为两个等级，市区每平方米0.4元，其他建制镇每平方米0.2元。1992年7月15日，市政府印发《兴化市农村非农业建设用地有偿使用收费管理实施办法的通知》，标志着在全市范围内正式启动以国有土地有偿使用为核心的土地使用制度的改革。

1992年，兴化市国土局开展土地问题的调查研究，推进兴化市土地使用制度改革，先后出台《兴化市城镇国有土地使用权出让和转让暂行办法》《兴化市有偿划拨国有土地暂行办法》《关于市经济技术开发区土地实行预征的意见》《关于乡镇工业小区等开发用地的通知》等11个与土地使用制度改革配套的政策性文件，为全市土地使用制度改革提供政策依据。

1993年11月起，市国土局成立地产交易所，负责土地使用权转让、出租、抵押等交易的业务，对地产交易提供洽谈协议、交流信息、展示行情等各种服务，以及企业改制后土地资产处置等工作，形成土地二级市场管理的雏形。

1994年8月起，市政府明确国有土地的出让实行归口管理，土地使用权出让必须实行政府垄断，土地管理部门统一组织实施，由市国土局统一负责全市土地出让工作，土地有偿使用工作正式纳入国土部门日常工作，12月，市政府出台《关于深化土地使用制度改革有关问题的暂行规定》，将乡镇商品房开发用地实行出让供地，利用经济杠杆的调控作用，调动乡镇地改工作的积极性，促进乡镇集镇建设。

1999年3月，市政府批转市国土局、财政局、物价局3部门联合上报的《对国有划拨土地使用权出租或改变用途收取土地年租金的实施意见》，规定对划拨土地使用权出租或改变用途的要收取土地年租金，并公布年租金标准。

2000年，江苏土地市场兴化交易所正式挂牌运行。兴化市引入市场机制，推进土地使用权公开拍卖。是年3月21日，市政府发布《兴化市国有土地使用权招标和拍卖管理办法》，在全市范围内对商业、旅游、娱乐、金融、房地产开发等经营性用地一律实行国有土地使用权招标、拍卖。5月28日，在市园林管理处3楼会议室对丰收北路A1地块326.1平方米进行拍卖，起始价每平方米4100元，最后以总价146.09万元成交。全年以拍卖方式出让土地11宗，面积1614平方米，净出让金到账总额466万元，平均地价为每平方米2887元。

2002年7月1日，国土资源部《招标拍卖挂牌出让国有土地使用权规定》正式实施，兴化市全面实行经营性用地“招拍挂”出让制度，规定除违法用地补办手续、军用土地转让、规划上不具备单独招标拍卖挂牌条件的以外，其他所有新增经营性用地一律进入土地市场，通过“招拍挂”方式出让。是年10月，对安丰镇振安南路东侧四宗国有土地使用权实施公开挂牌出让，标志着乡镇经营性用地公开出让制度正式实施。同时，为加强对全市经营性用地出让的组织领导，市政府成立土地招标拍卖出让领导小组，对全市土地招拍挂出让政策制定、全年出让计划编制、“招拍挂”地块的规划条件确定、挂牌底价等重大事项进行集体研究、集体决策。

2004年2月1日起，经营性用地被纳入全市统一的土地市场进行“招拍挂”出让。2007年4月，市政府批转市国土局拟定的《兴化市工业用地招拍挂出让实施细则》明确规定，工业用地一律通过“招拍挂”方式出让。是年7月，对戴南等乡镇5宗地块国有土地使用权进行公开挂牌出让，土地用途为工业用地，投资强度每亩不得低于167万元。至此，比较规范统一的全市土地市场格局基本形成，通过市场机制配置土地资源的主导形式基本确立。2010年，推行净地上市，全年挂牌出让供地226宗282.6公顷，成交总额16.36亿元。

二、集体土地有偿使用

1987年，市政府作出《关于清查非农业用地依法管理土地的通知》。通过清查，非农业建设违法占地情况基本见底、发生时间和违章性质基本查清。到1988年底，全市有15个乡镇基本完成清查，积极扫尾的有25个乡镇，特别是周庄、大垛、昌荣等乡镇采取基层包干负责的办法，保证进度，提高质量。经过清查和处理，乱占耕地的现象得到有效遏制。

在1990年海南乡试点的基础上，1991年兴化市全面推广宅基地有偿使用。至1991年底，全市45个乡镇有491个村完成试点工作，占全市1409个行政村的34.85%，通过试点全市收回土地5万多平方米，撤回建房用地申请190多户，为兴办福利事业积累资金。同时建立农村企业用地和农民宅基地有偿使用的收税、收费制度。根据国务院和江苏省减轻农民负担的规定，农民宅基地使用费在1993年停止收取。

1990年4月29日，市政府出台《兴化市农村宅基地管理暂行规定》，规定因实施村镇建设规划或国家建设拆迁、有2个以上子女的家庭，其中1个子女已达婚龄，现有宅基地低于限额标准，并且无法拆建等条件可申请使用宅基地，对农村村民需要使用宅基地的，应当向村民委员会提出申请，由村民委员会公布并提交村民会议或者村民代表会议讨论。经讨论同意并公布后，逐级报乡（镇）土地管理机构、县（市）土地行政主管部门审核和县（市）人民政府审批。县（市）人民政府批准后，村民委员会应当公布批准使用的宅基地。

1997年1月25日，市政府批转市城建局、土管局《兴化市规划区内村民建房和宅基地管理的意见》，主要包括西鲍、北郊、东潭、临城、垛田、红星、昭阳等39个近郊村和48个远郊村，近郊村为管理重点，实行城市规划和宅基地审批年度计划双轨管理制度，以申请、查勘、征求意见、规划定点、土地审批、审批发证、检查验收7个程序。

农民集体土地使用制度的改革，初期主要在农民集体自身范围内开展，农民集体土地的使用价值在全市社会经济大环境下没有得到充分体现。市国土局成立后，改革逐步转向为建立科学的国家和农民集体土地产权关系制度，新的农民集体土地使用制度逐步形成。至2010年，落实土地卫片执法检查和约谈制度。

第二节　土地市场与土地储备

一、规范土地市场

【土地一级市场】 1990年5月，国务院55号令发布《中华人民共和国城镇国有土地使用权出让和转让暂行条例》。据此，市政府拟订土地使用制度改革方案、国有土地使用权出让和转让办法（暂行）和外商投资用地管理办法等地方性法规，将非农业建设用地全面纳入有偿使用轨道，建立由政府垄断的土地一级市场。建立与之配套的法律、行政、经济、技术等措施，逐步形成国有土地有偿、有限期、有序流动的市场。1994年、1995年，全市出让土地12幅，172219平方米，收取出让金550万余元，平均每平方米31.94元左右。2006—2010年，全市出让土地1632幅，收取出让金654470.58万元。

2006—2010年兴化市工业用地、经营性用地招拍挂情况一览表

表5-1

年份	工业、划拨			经营性用地		
	宗	面积（平方米）	金额（万元）	宗	面积（平方米）	金额（万元）
2006	379	4699371.20	88470.67	91	757596.20	39397.50
2007	298	3818967.70	102875.12	117	1674537.20	136620.80
2008	159	2380813.52	32989.03	80	1135448.80	58370.75
2009	145	1498729.60	14567.62	85	417907.90	15869.38
2010	180	2111547.90	24266.91	98	1321154.96	141042.80
合计	1161	14509429.92	263169.35	471	5306645.06	391301.23

2006—2010年兴化市部分地块招拍挂情况一览表

表5-2

工业用地、划拨、协议出让				经营性用地			
地块位置	竞得者	面积（平方米）	金额（万元）	地块位置	竞得者	面积（平方米）	金额（万元）
城区原金三角	兴化市经贸资产经营管理公司	67944.6	9570.74	戴南镇迎宾大道西侧园区东路南侧	兴化市万源置业有限公司	163275.5	9330
开发区纬六路北	江苏盛洲粮油工业有限公司	115869.1	2540	杭州路西侧、车路河路南侧	浙江海陆房地产开发有限公司	140008.5	25800
戴南镇赵家村、南朱村、兴达大道东侧	江苏兴达钢帘线股份有限公司	305483.8	4444	水乡路北侧（原玻璃厂及周边地块）	吴功淦	116736.1	13700
戴南镇同心路东侧	江苏戴南新材料科技有限公司	107971.6	1570.5	周庄镇世纪大道北侧、兴泰公路西侧	上海开天房地产开发经营有限公司	33272.9	1481
张郭镇赵万村	江苏申源特钢有限公司	220202.5	3203	戴南镇工农路两侧、团结路两侧	兴化市戴南镇东南集镇建设投资有限公司	17484.2	16820

【土地二级市场】　二级市场在市土地管理部门领导下，具体工作由乡（镇）土地管理所负责。2005—2010年，经国土资源局登记的土地使用权抵押1.02万宗3629.58万平方米，抵押金316.11亿元。

2005—2010年兴化市土地使用权抵押情况一览表

表5-3

年份	宗地数（宗）	抵押面积（平方米）	贷款金额（万元）	年份	宗地数（宗）	抵押面积（平方米）	贷款金额（万元）
2005	404	2339952	64183	2009	2592	14230679	1131011
2006	801	4347158	116887	2010	2399	7395716	972917
2007	2017	696765	246775	合计	10193	36295823	3161117
2008	1980	7285553	629344				

二、清理土地隐形市场

1990年后，随着土地使用权作为特殊商品进入流动领域，境内土地自发交易活跃，扰乱土地市场秩序，滋生土地投机行为，主要表现为出卖土地，直接获取地价；非法转让、出租房地，获取隐形地租；出售房屋，获取地价。参与隐形市场的单位和个人利用区位优势，获取级差地租。此外，还有以地易物、以地换房、以地联建、卖土卖地、擅自抵押等违法违规行为，导致国有土地资产流失。

1990年后，为建立规范、公开、有序的土地交易市场，土管、城建、工商、物价、财政、税务等部门和人民法院，抽调人员组成班子，开展工作。境内凡擅自转让、出租和抵押划拨土地使用权的单位和个人，均属清理对象，清理重点是市区和集镇。1991—2010年，全市通过清理，查出城区出现的土地使用权自发交易1343起，分别依法补办土地出让和租赁手续，为政府挽回流失的土地资产102万元，罚没非法所得10万元。

三、土地储备

2002年，采取通过向金融系统借贷方式，先后收储土地兴化油厂等4宗土地547413.33平方米，并以招标、拍卖和挂牌方式出让国有土地137333.33平方米，实现出让金12009.54万元，其中可用于公用设施46733.33平方米。

2003年后，收购储备范围逐步扩大，尤其针对破产改制国有企业土地加大收购储备力度。先后对兴化机具总厂、兴化服装厂大楼、兴化包装厂、昭阳文林小学、城南小学、健康小学、兴化工艺美术厂、兴化市气筒厂、兴化食品厂、市种子公司、市气象局、兴化市北郊供销社、原水产养殖场、兴化市西鲍布厂、兴化市纺织品公司样品楼、昭阳卫生院等单位土地实施收购储备。2002—2010年，计收储土地75宗1533753.33平方米，出让土地601266.67平方米，用于公共设施土地349133.33平方米，可用于公共设施土地125600平方米 。同时加强租赁管理，定期组织巡查，发现问题及时解决，有效防止土地资产流失。

第三节 地租、地价、规费

一、地租

改革开放后，由于农业生产力提高，大批剩余劳动力纷纷外出经商、务工，不少家庭只留下老人、儿童。农忙时节，就近的青壮年赶回家耕作、收获，路途较远或不能丢下手中工作回家的，多请亲邻帮工，除酒食招待外，再给一些现金作酬劳。不少外出者通过多年辛劳，有些积蓄，在外县（市）、外省安家落户，但老家的承包地却不愿放弃，或交亲邻耕种，每年象征性地收取一些粮、钱。更多的是通过“转包”形式，将土地承包权转让给种植大户或养殖大户。不少大户动辄集中土地上百亩，甚至几百亩，连片种植或养殖，取得规模效益。20世纪90年代以后，政府对种粮农民有各种补贴，且逐步取消各种收费和农业税，种田收益逐步提高，经营户对原承包户所支付的粮款也提高，有的每亩几百元、上千元，多的达每亩1500元左右。这当中一部分是政府发放的各种补贴，大部分是承包户利用土地承包权转包收取的租金。

20世纪80年代后，大批农民进城（镇）务工、经商，起初都租住私房（或公房转租），城镇房屋租金因此急遽上升。闹市区店房每间年租金动辄3万—5万元，普通街区新建市房每间年租金2万—3万元，门面狭小的旧店房每间年租金也在0.8万—1万元之间。中心集镇的市房租金与市区不相上下。再差的市房每年租金也不少于四五千元。20世纪90年代以后，有的成倍甚至数倍上升。在市场机制和经济利益驱动下，一些临街私房主（包括一些企业）拆墙、装潢，出租店面，收取高额租金，实际上以房租掩盖级差地租。2000年前，新建商品房住房租金小套每月200—300元；平房每间租金150—200元，郊区简易住房每间10—15平方米，月租金60—100元。邻近名校的私房主，腾出房屋让进城就读的学生拼租，每人每月100元左右。这种房租差别取决于房屋质量和所处地段，其间亦包含级差地租成分在内。2006年后，随着房价不断攀升，房租也随之提高。闹市区店房每间年租金较2000年几乎上涨一倍以上，平均6万—10万元左右；新建商品房住房租金小套每月400—600元；其他类型房屋也有较大增长。至2010年，随着房价上涨速度放慢，房租也趋于稳定。

二、地价

【农村地价】 农业合作化后，实行土地公有制，农田地价不复存在。现称农村地价为征地补偿，含土地补偿费用、青苗补偿费、主要附着物补偿费以及被征地农民基本生活方面的支出等。（参见《国土资源管理　环境保护》卷第三章第三节第一目《征地补偿》）

【城镇地价】 1992年7月，市政府推出兴化市经济开发区国有土地地价。规定地价由征（拨）地费用、基础设施配套费、地租三部分组成，对区位级差地价用地租（土地使用费）予以体现。对行政划拨用地除按规定收取征地成本费外，相应征收配套设施费。

1993年5月，江苏省政府下发《关于全省国有土地使用权出让保护价格的意见》，规定由政府确定国有土地使用权出让的最低价格，其中包括土地征用费、土地开发费、银行利息及适量地租等。此后，市政府随市场物价浮动，对地价作过数次调整，2010年，具体地价幅度由开发区管委会掌握。土地出让年限原则上不少于50年。

2009年兴化市城区级别基准地价一览表

表5-4

土地用途	土地级别	基准地价（元/平方米）	设定土地开发程度	设定容积率	地块编号	分布范围
商业	一	6340	五通一平	1.2	1-1	金富商业街（北小街东侧—府前街南侧—英武路东侧—建设东路南侧一线）、牌楼路（长安路至丰收路）、英武路（西公路至建设路）、楚水招商城（美食街—马桥路—丰收路—建设西路一线）、马桥路（英武路至丰收路）、美食街（牌楼西路至建设西路）

续表 5-4-1

土地用途	土地级别	基准地价（元/平方米）	设定土地开发程度	设定容积率	地块编号	分布范围
	二	4440	五通一平	1.1	2-1	长安路（沧浪桥至市河路）、市河路（上官河至海池路）、牌楼东路（板桥路至长安路）
					2-2	金三角市场（丰收路—阳山路—西荡河—至海池河一线）、丰收路（横泾河至海池河）
					2-3	英武北路（海池河至水乡路）
	三	2760	五通一平	1.0	3-1	东营街（沧浪河至牌楼东路）、东公路（板桥路至长安路）、板桥路（王家塘路至上官河）
					3-2	九顷路（新城北路，西至北水官大桥）、新城东路（九顷路至楚水路）
					3-3	阳山路（丰收路至过境公路）
					3-4	昭阳路（长安路至过境公路）
	四	1890	五通一平	1.0	4-1	江浙商业广场（千垛路—南至人民法院—南亭路—兴化大道—兴东公路一线）
					4-2	丰收南路（五里西路至横泾河）、五里路（长安南路至过境公路）
					4-3	楚水路（海池河至长安路）、长安北路（市河路至二院北路）
	五	1270	五通一平	0.9	5-1	过境公路（五里西路路口以南200米左右至大溪河）
					5-2	创业路（兴化大道至卤汀河路）
					5-3	宝都国际（兴化大道—南至文昌路—西至英武路—北至兴东公路一线）
住宅	一	2090	五通一平	1.5	1-1	东至长安路，南至车路河，西至南官河—丰收路一线，北至拱极路—海池河一线
	二	1420	五通一平	1.4	2-1	东至上官河，南至车路河，西至长安路，北至公园路
					2-2	东至庙港河，南至中和路，西至南官河，北至车路河
					2-3	东至南官河—丰收路一线，南至五里西路，西至经一路—横泾河一线，北至海池河
					2-4	东至上官河，南至海池河，西至西荡河，北至乌巾荡公园
	三	950	五通一平	1.3	3-1	东至绕城公路东侧河流—姜埝河一线，南至八里路—姜埝河一线，西至庙港河，北至车路河
					3-2	东至南官河—经一路—西荡河—下官河一线，南至纬三路，西至过境公路，北至过境公路
					3-3	东至白涂河—新城北路—兴西公路一线，南至白涂河—上官河一线，西至白涂河，北至瑞景蓝湾北侧河塘
	四	560	五通一平	1.2	4-1	东至风力机试验场，南至白涂河，西至上官河，北至关门小学南侧河流
					4-2	东至临中河，南至创业路—康民路—顺达路一线，西至南官河，北至紫荆河—兴东公路一线
					4-3	东至过境公路—下官河一线，南至大溪河，西至水泥制品加工厂，北至过境公路以北800米
工业	一	400	五通一平	0.8	1-1	东至庙港河—上官河一线，南至五里东路，西至南官河—西荡河—上官河一线，北至过境公路

续表 5-4-2

土地用途	土地级别	基准地价（元/平方米）	设定土地开发程度	设定容积率	地块编号	分布范围
	二	215	五通一平	0.8	2-1	东至英武南路—过境公路一线，南至兴东公路，西至规划中的外环路东侧—规划中的外环路—青阳路—横泾河—钢联齿轮有限公司东侧河流一线，北至五里东路—船厂路—私营城二路一线
					2-2	东至西荡河—下官河一线，南至大溪河，西至过境公路，北至过境公路
	三	175	五通一平	0.7	3-1	东至绕城公路，南至联合村东北侧河流，西至上官河—白涂河—上官河一线，北至关门小学南侧河流
					3-2	东至临中河—南官河一线，南至顺达路—生产河—纬六路一线，西至过境公路，北至紫荆河—高兴东公路
					3-3	东至规划中的外环路东侧—规划中的外环路—青阳路—横泾河—钢联齿轮有限公司东侧河流—过境公路—上官河一线，南至高兴东公路，西至规划中外环路西侧—南山电池集团西侧—规划中的外环路，北至乌巾荡中部

2009年兴化市戴南镇基准地价一览表

表5-5

土地用途	土地级别	基准地价（元/平方米）	设定土地开发程度	设定容积率	地块编号	分布范围
商业	一	3810	五通一平	1.2	1-1	人民路（五一新村东侧河流至康戴河）、戴泽路（护国街至中行戴南分理处北侧河流）
	二	3440	五通一平	1.5	2-1	迎宾大道—人民北路北段（戴南人家美食城南侧河流至戴张公路）
	三	1300	五通一平	1.0	3-1	护国街（鸭蛋河至西环路）
					3-2	宁盐公路（人民西路至戴张公路）、人民西路（青年路至宁盐公路）、新泽路（振兴路至盐靖河）、园区东路（戴南镇国土所东侧河流至盐靖河）、万源商贸城—不锈钢交易城（戴南镇国土所东侧河流—宏云特钢厂南侧河流—人民公园—时代广场北侧河流—唐戴河—戴张公一线）
					3-3	戴张公路（顾庄中学至顾中河）、顾庄中心路（标准厂房至顾庄农贸市场北侧河流）
住宅	一	970	五通一平	1.3	1-1	东至振兴路，南至人民西路—人民东路，西至青年路，北至新泽路—唐戴河—宏云特钢厂南侧河流—人民公园—时代广场北侧河流—戴南人民医院南侧一线
	二	730	五通一平	1.2	2-1	东至振兴路—鸭蛋河—西港一线，南至泰州兴驰自行车厂南侧河流—戴南粮贸公司东侧河流—金龙不锈钢制品厂南侧道路—茅山河一线，西至兴达大道，北至新泽路—兴达小区东侧—人民西路一线
	三	510	五通一平	1.2	3-1	东至何姚港，南至标准厂房何姚小学北侧夹沟，西至顾中河，北至顾庄农贸市场北侧河流—顾庄中学北侧一线
工业	一	210	五通一平	0.8	1-1	东至盐靖河，南至张帅路—张万大桥所跨河流—兴化市腾龙特钢厂南侧河流—宁盐公路—人民西路一线，西至顾中河，北至戴张公路
	二	185	四通一平	0.7	2-1	东至振兴路—鸭蛋河—西港—宽宏不锈钢制品厂东侧河流一线，南至泰州市振兴石化丝网公司南侧河流—泰州市泰富合金有限公司南侧河流一线，西至盐靖河，北至戴张公路

说明：1. 评估基准日：本基准地价成果的评估基准日为2009年1月1日。2. 土地使用年期：本基准地价成果的土地使用年期按各类用地法定最高出让年限设定，即商业用地40年、住宅用地70年、工业用地50年。3. 土地开发水平：五通一平指宗地红线外达到通路、通电、通上水、通下水、通信“五通”及宗地红线内场地平整“一平”；四通一平指宗地红线外达到通路、通电、通上水、通信“四通”及宗地红线内场地平整“一平”。4. 容积率：各土地级别基准地价成果是指对应级别设定容积率条件下的地价，各区段基准地价成果是指对应区段设定容积率条件下的地价。

2009年兴化市各集镇区段基准地价一览表

表5-6

镇名	土地用途	地价区段名称	基准地价(元/平方米)	设定土地开发程度	设定容积率	分布范围 起点	分布范围 止点
张郭	商业	张郭朝阳路—人民路	1170	五通一平	1.2	双乐西路；南汤河	恒丰路；文昌路
张郭	商业	张郭千年路—春晖路—赵万路	810	五通一平	1.0	人民路；赵万路	恒丰路；文昌路
张郭	住宅	张郭镇镇区	660	五通一平	1.2	东至双乐西路—东汤河—敬老院东侧河流，南至南汤河，西至幸福河，北至新型耐火器材厂北侧河流—同济路—民营路	
张郭	工业	张郭工业集中区	185	五通一平	0.7	东至刘蒋路，南至南汤河、敬老院东侧河流—东汤河，西至幸福河，北至志成电热电器厂北侧道路—欧家村居民点东侧河流—北港河	
安丰	商业	安丰振安路—新大街	2050	五通一平	1.2	镇卫生院；育才小学南侧河流	振安路；程关路
安丰	商业	安丰程关路	1190	五通一平	1.0	王爷港	莲花小区
安丰	住宅	安丰镇镇区	610	五通一平	1.2	东至东塘港—新北郊村易童组北侧河流—规划东外环路，南至方石路—南外环路，西至新夏村公路—海沟河—飞月轴瓦厂西侧河流—智宇有色金属加工厂西侧河流一线，北至宁靖盐高速公路—生产河	
安丰	工业	安丰工业集中区北区	180	五通一平	0.7	东南至宁靖盐高速公路，西至新夏村公路，北至前进河	
安丰	工业	安丰镇工业非集中区	185	五通一平	0.7	东至东塘港—新北郊村易童组北侧河流—规划东外环路，南至方石路—南外环路，西至新夏村公路—海沟河—飞月轴瓦厂西侧河流—智宇有色金属加工厂西侧河流一线，北至宁靖盐高速公路—生产河	
大垛	商业	大垛文化路南段	1190	五通一平	1.0	镇南桥	规划难得路
大垛	商业	大垛文化路北段	650	五通一平	0.9	规划难得路	郑燮桥
大垛	住宅	大垛镇镇区	630	五通一平	1.2	东至宁盐高速公路，南至梓辛河—保宽油厂西侧河流—老曹子—文化路东侧河流—梓辛河—供销社北侧河流，西至新塘港—规划难得路—朝阳河，北至高兴东公路	
大垛	工业	大垛工业集中区	180	五通一平	0.7	东至新塘港—板桥路—五塘港，南至规划难得路，西至东升氧化锌厂西侧河流—麻杨舍南侧河流—恒隆金属制品厂西侧河流，北至江苏通泰纱线有限公司北侧河流一线	
垛田	商业	垛田兴东公路	1130	五通一平	0.9	金岛大道	姜堰河
垛田	住宅	垛田镇镇区	590	五通一平	1.1	东至金岛大道—凌沟村居民点东侧，南至镇中心小学南侧—凌沟村居民点南侧一线，西至姜堰河—镇政府南侧—农民小区南侧—菁蒲路西侧河流一线，北至车路河	
垛田	工业	垛田镇镇区	175	五通一平	0.7	东至金岛大道—凌沟村居民点东侧，南至镇中心小学南侧—凌沟村居民点南侧一线，西至姜堰河—镇政府南侧—农民小区南侧—菁蒲路西侧河流一线，北至车路河	
荻垛	商业	荻垛幸福路—建康路—环镇路	1020	五通一平	0.9	宁盐一级公路；幸福路	供销社、农贸市场西侧；环镇路
荻垛	住宅	荻垛镇镇区	390	五通一平	1.1	东至华航不锈钢厂西侧河流—春达路—兴东路—介界河—宁盐一级公路，南至镇南路—后丰河—北王村西侧河流—北王村南侧河流—北王村东侧河流—后丰河—镇南路，西至十里港河，北至镇区总体规划范围界线—华航不锈钢厂北侧河流一线	
荻垛	工业	荻垛镇工业集中区	175	五通一平	0.7	东至宁盐一级公路，南至幸福路，西至十里港河—环镇路—水厂东侧环镇路，北至镇区总体规划范围界线—兴东路—四号路	

续表 5-6-1

镇名	土地用途	地价区段名称	基准地价(元/平方米)	设定土地开发程度	设定容积率	分布范围	
						起点	止点
戴窑	商业	戴窑三桥路—乐吾路	1220	五通一平	1.0	塔子河;车路河	戴窑中学;人民路
		戴窑人民路	610	五通一平	0.9	塔子河	西桐路
	住宅	戴窑镇镇区	430	五通一平	1.2	东至生产河,南至车路河—青龙路南侧河流—砖瓦一厂东侧河流—车路河,西至西春路,北至旺家路南侧河流—西善路西侧河流—旺家路北侧河流—塔子河—旺家路凤凰新村东侧河流—规划旺家路南侧河流一线	
	工业	戴窑镇镇区	170	五通一平	0.7	东至生产河,南至车路河—青龙路南侧河流—砖瓦一厂东侧河流—车路河,西至西春路,北至旺家路南侧河流—西善路西侧河流—旺家路北侧河流—塔子河—旺家路凤凰新村东侧河流—规划旺家路南侧河流一线	
合陈	商业	合陈人民路—民主路	920	五通一平	1.0	公园路、新城南路、合成高中东侧河流;民建路	塔子河、舍戴公路;昌合公路
	住宅	合陈镇镇区	400	五通一平	1.2	东至公园路—中心小学南侧河流—舍陈庄东侧河流,南至塔子河支流—舍戴公路—建设路一线,西至塔子河,北至杨家舍南侧河流—舍营公路—昌盛路	
	工业	合陈镇工业集中区	170	五通一平	0.7	东至塔子河,南至奚东舍南侧河流,西至建设四组西侧河流,北至评价区范围界线	
茅山	商业	茅山景德北街—茅顾公路	1110	五通一平	1.0	纪荀河;茅山河	变电所;茅顾公路
	住宅	茅山镇镇区	410	五通一平	1.1	东至唐港河,南至茅山粮库南侧河流—茅山河一线,西至兴姜河以西400米一线,北至变电所北侧河流—纪荀河—生产河北侧河流一线	
	工业	茅山镇镇区	175	五通一平	0.7	东至唐港河,南至茅山粮库南侧河流—茅山河一线,西至兴姜河以西400米一线,北至变电所北侧河流—纪荀河—生产河北侧河流一线	
陈堡	商业	陈堡人民路	1260	五通一平	1.0	兴泰公路转盘	育才路
		陈堡育才路—裕堡路—迎宾路	600	五通一平	0.9	迎宾路;裕堡路	育才路;人民路
	住宅	陈堡镇镇区	490	五通一平	1.1	东至南园路,南至校阳河,西至自来水厂西侧一线,北至敬老院北侧河流—下场河—中间河—交通北路—镇北河—生产河—兴泰公路—老兴泰公路	
	工业	陈堡镇工业集中区	180	五通一平	0.7	东至南园路,南至华圣公司南侧—华兴电容厂南侧道路—朝阳河—裕堡路—迎宾路—校阳河—兴泰公路—老兴泰公路,西至交通北路—镇北河—生产河—安邦铸造厂西侧道路一线—人民路—迎宾路—汤口河—朝阳河—警民街	
昌荣	商业	昌荣昌荣路—木塔路	730	五通一平	0.9	塘港河;兴东公路	农村信用合作社;北昌路
	住宅	昌荣镇镇区	290	五通一平	1.1	东至盐靖公路—车路河—蒿坡路东侧一线,南至兴东公路—兴东公路南侧河流—昌荣路南延一线—严昌荣烈士陵园南侧道路—塘港河—兴东公路,西至昌安路—干河西路—唐子中路西延一线—自来水厂、变电所西侧一线,北至工业园路—镇区总体规划范围界线	
	工业	昌荣镇镇区	165	五通一平	0.7	东至盐靖公路—车路河—蒿坡路东侧一线,南至兴东公路—兴东公路南侧河流—昌荣路南延一线—严昌荣烈士陵园南侧道路—塘港河—兴东公路,西至昌安路—干河西路—唐子中路西延一线—自来水厂、变电所西侧一线,北至工业园路—镇区总体规划界线	

续表 5-6-2

镇名	土地用途	地价区段名称	基准地价(元/平方米)	设定土地开发程度	设定容积率	分布范围	
						起点	止点
西鲍	商业	西鲍兴西路—周韩路	460	五通一平	0.9	兴西路；文化中心南侧河流	新年超市；水泥厂北侧河流
	住宅	西鲍乡集镇区	260	五通一平	1.1	东至西鲍乡评价范围界线，南至紫禁城北河一线，西至西鲍乡评价范围界线，北至后大河—上官河	
	工业	西鲍乡集镇区	160	五通一平	0.7	东至西鲍乡评价范围界线，南至文化中心南侧河流，西至后大河支流—包箱厂南侧河流—上官河一线，北至后大河—上官河	
城东	商业	东鲍人民路	710	五通一平	0.9	东鲍大桥	兴盐公路
		东鲍迎宾路	520	五通一平	0.9	蒋沟河	兴盐公路
	住宅	城东镇镇区	270	五通一平	1.1	东至东北村东侧河流，南至金达电器厂南侧—金达电器厂东侧河流—镇政府南侧河流—城沈路南侧河流—城沈路，西至兴盐公路，北至西大白河—蒋沟河—东北村北侧河流	
	工业	城东镇镇区	165	五通一平	0.7	东至东北村东侧河流，南至金达电器厂南侧—金达电器厂东侧河流—镇政府南侧河流—城沈路南侧河流—城沈路，西至兴盐公路，北至西大白河—蒋沟河—东北村北侧河流	
西郊	商业	西郊振兴路—兴西公路	650	五通一平	0.9	中心小学	李中河
	住宅	西郊镇镇区	250	五通一平	1.1	东至粮管所东侧河流，南至中心小学南侧规划路—生产河—兴西公路南侧河流—兴西公路一线，西至李中河，北至大溪河	
竹泓	商业	竹泓安泰路—兴泓路—市场路	840	五通一平	0.9	一号桥；农贸市场	客运站西侧桥；太平桥
	住宅	竹泓镇镇区	280	五通一平	1.1	东至九港河，南至镇政府南侧河流—农贸市场南侧河流一线，西至中学西侧，北至中学北侧—太平桥所跨河流一线	
	工业	竹泓镇镇区	160	五通一平	0.7	东至九港河，南至镇政府南侧河流—农贸市场南侧河流一线，西至中学西侧，北至中学北侧—太平桥所跨河流一线	
陶庄	商业	陶庄陶庄路—陶徐路—中心路	470	五通一平	0.9	镇政府西侧；陶庄路	周冯路；人民东路
	住宅	陶庄镇镇区	240	五通一平	1.1	东至幸福河，南至老分圩河，西至分圩河，北至四号河	
	工业	陶庄镇镇区	155	五通一平	0.7	东至幸福河，南至老分圩河，西至分圩河，北至四号河	
海南	商业	海南文昌路—振海路	510	五通一平	0.9	环镇东路；文昌路	兴盐公路；振海路
	住宅	海南镇镇区	230	五通一平	1.1	东至卫生院东侧河流，南至洋车河—文昌中学东侧河流—环镇南路南侧河流，西至渭水河，北至洋汊河	
	工业	海南镇镇区	165	五通一平	0.7	东至卫生院东侧河流，南至洋车河—文昌中学东侧河流—环镇南路南侧河流，西至渭水河，北至洋汊河	
大邹	商业	大邹兴盐公路—双溪路	500	五通一平	0.9	丰乐路、大溪河	兴盐公路；陵园路
	住宅	大邹镇镇区	200	五通一平	1.0	东至兴盐界河支流—大溪河—双生村居民点北侧河流—双生村居民点东侧—直尚沟—南溪河—生产河—双生村东侧一线	
	工业	大邹镇镇区	150	五通一平	0.7	东至兴盐界河支流—大溪河—双生村居民点北侧河流—双生村居民点东侧—直尚沟—南溪河—生产河—双生村东侧一线	

续表 5-6-3

镇名	土地用途	地价区段名称	基准地价(元/平方米)	设定土地开发程度	设定容积率	分布范围	
						起点	止点
永丰	商业	永丰朱严路—昌合路	520	四通一平	0.9	永东河;永阳河	主干河;朱严桥
	住宅	永丰镇镇区	210	四通一平	1.1	东至汽车站东侧道路—昌合路南侧河流—永东河,南至徐南村南侧道路,西至主干河—永阳河—主干河西侧道路,北至镇政府北侧河流—永东河—镇政府南侧道路—线	
	工业	永丰镇镇区	150	四通一平	0.7	东至汽车站东侧道路—昌合路南侧河流—永东河,南至徐南村南侧道路,西至主干河—永阳河—主干河西侧道路,北至镇政府北侧河流—永东河—镇政府南侧道路—线	
老圩	商业	老圩中心路	320	四通一平	0.9	老圩河	乡政府
	住宅	老圩乡集镇区	190	四通一平	1.1	东至乡政府东侧—健康路东首一线,南至老圩河,西至中学西侧河流,北至生产河—中心河—乡政府北侧	
新垛	商业	新垛振兴路—港西路	480	五通一平	0.9	建新路;府前路	施公路;振兴路
	住宅	新垛镇镇区	230	五通一平	1.2	东至规划镇东大道,南至富民路—雌港河—规划富裕路一线,西至王元大道,北至规划创新路	
	工业	新垛工业集中区	150	五通一平	0.7	东至规划镇东大道,南至海沟河,西至王元大道,北至富民路—雌港河—规划富裕路一线	
钓鱼	商业	钓鱼大兴金公路	520	五通一平	0.9	太公桥	杨厫村
	住宅	钓鱼镇镇区	230	五通一平	1.0	东至下圩镇、海南镇镇界,南至洋汉河—西棒徐村居民点西侧河流—西棒徐村居民点南侧河流,西至水厂东侧一线,北至示范园区路一线	
	工业	钓鱼镇镇区	150	五通一平	0.7	东至下圩镇、海南镇镇界,南至洋汉河—西棒徐村居民点西侧河流—西棒徐村居民点南侧河流,西至水厂东侧一线,北至示范园区路一线	
大营	商业	大营中心路—府西路	490	五通一平	0.9	生产河;中心路	中学西河;规划镇北路
	住宅	大营镇镇区	220	五通一平	1.1	东至规划镇东路东侧河流,南至海沟河,西至中学西河,北至规划镇北路	
	工业	大营镇镇区	150	五通一平	0.7	东至规划镇东路东侧河流,南至海沟河,西至中学西河,北至规划镇北路	
下圩	商业	下圩供销北路	340	四通一平	0.9	金带路	前进路
	住宅	下圩镇镇区	200	四通一平	1.1	东至规划东环路,南至陆家后河,西至粮贸公司西侧河流一线,北至规划北环路	
	工业	下圩镇镇区	150	四通一平	0.7	东至规划东环路,南至陆家后河,西至粮贸公司西侧河流一线,北至规划北环路	
沙沟	商业	沙沟人民路—迎宾路—康乐路	540	五通一平	0.9	中心路;盐沙路、富安路	石梁路北至宝应河
	住宅	沙沟镇镇区	220	五通一平	1.1	东至下关河,南至新盐河—李中河—沙沟高中南侧—沙沟高中东侧—盐沙公路,西至工业路,北至虹桥路	
	工业	沙沟镇镇区	150	五通一平	0.7	东至李中河,南至新盐河,西至环镇西路,北至宝应河—工业路—虹桥路	
李中	商业	李中舜川路—中心路—草王大街	320	五通一平	0.9	李中路、教育路;草王大街	老邮政所、草王大河;舜川路
	住宅	李中镇镇区	200	五通一平	1.0	东至李中路—李中路东侧河流一线,南至草西村南侧河流—草王大河—草东村南侧河流,西至草西村建设基地用地范围界线,北至舜川路—李中织带厂西侧—镇政府北侧一线	
	工业	李中镇镇区北部	150	五通一平	0.7	东至李中路,南至舜川河,西至舜川河,北至舜川路—李中织带厂西侧—镇政府北侧一线	

续表 5-6-4

镇名	土地用途	地价区段名称	基准地价（元/平方米）	设定土地开发程度	设定容积率	分布范围	
						起点	止点
周奋	商业	沙沟兴沙公路—临沙公路	320	四通一平	0.9	兴沙公路；区公所	液化气站；派出所
	住宅	周奋乡集镇区	200	四通一平	1.0	东至李中河大桥以东1000米一线，南至李中河大桥以南1000米一线，西至李中河大桥以西1000米一线，北至李中河大桥以北1000米一线	
	工业	周奋乡集镇区	150	四通一平	0.7	东至李中河大桥以东1000米一线，南至李中河大桥以南1000米一线，西至李中河大桥以西1000米一线，北至李中河大桥以北1000米一线	
中堡	商业	中堡中庄路—健康路—兴中路	340	四通一平	0.9	卫生院；南湖花园南侧河流、政府路	中庄路；鲤鱼河、成才路
	住宅	中堡镇镇区	220	四通一平	1.1	东至中堡初中东侧—大溪河—轮船河—千禧龙家具厂东侧道路，南至南湖花园南侧河流一线—规划团结路—规划湖中路—规划经一路—众和服装厂南侧一线，西至大溪河—规划西环路一线，北至评价区范围界线	
	工业	中堡镇镇区	150	四通一平	0.7	东至千禧龙家具厂东侧道路，南至规划湖中路—规划经一路—众和服装厂南侧一线，西至中荘河，北至大溪河—轮船河	
缸顾	商业	缸顾世纪大道—缸亭路	320	四通一平	0.9	庄东河；钓沙公路	幸福路；缸顾河
	住宅	缸顾乡集镇区	190	四通一平	1.0	东至致富路，南至缸夏河，西至规划育才路，北至国土所北侧河流—缸顾河—规划幸福路—规划镇北路	
	工业	缸顾乡集镇区	150	四通一平	0.7	东至规划育才路，南至缸夏河，西至下官河，北至世纪大道—中裕油脂有限公司西侧道路一线—规划北环路——号河—国土所北侧河流一线	
林湖	商业	林湖丰收路—人民路—东林路	330	四通一平	0.9	人民路；丰收路	老菜场、闸桥；东林路
	住宅	林湖乡集镇区	190	四通一平	1.0	东至观音泊，南至中学南侧河流—中学东侧河流—生产河一线，西至林海河，北至北大河	
	工业	林湖乡集镇区	150	四通一平	0.7	东至观音泊，南至中学南侧河流—中学东侧河流—生产河一线，西至林海河，北至北大河	
沈坨	商业	沈坨溱潼路—薛鹏路	500	五通一平	0.9	迎宾路；镇南路	评价区范围界线；沈安路
	住宅	沈坨集镇区	230	五通一平	1.0	东至大周公路—沈安路—园区路，南至评价区范围界线，西至评价区范围界线，北至沈三村北部—镇北路	
	工业	沈坨集镇区	165	五通一平	0.7	东至大周公路—沈安路—园区路，南至评价区范围界线，西至评价区范围界线，北至沈三村北部—镇北路	
周庄	商业	周庄政通路西段—薛祁路	1360	五通一平	1.0	文昌路；中心河	薛祁路；人和路
		周庄人和路—文昌路—政通路东段	670	五通一平	0.9	人民路转盘、文昌路；政通路	文昌路、薛祁路；人和路
	住宅	周庄镇镇区	580	五通一平	1.2	东至兴泰公路，南至迎宾路—人民路小学南侧河流一线—村建所东侧—世纪大道南侧小河，西至卤汀河，北至周陈河—大官河—薛祁路—双蝶集团南侧道路—双蝶大道—文昌路—大官河	
	工业	周庄镇工业集中区	180	五通一平	0.7	东至兴泰公路，南至大官河—薛祁路—双蝶集团南侧道路—双蝶大道—文昌路—大官河，西至周陈河，北至薛庄河	

说明：1. 适用范围：兴化市市区建成区和近期规划区，以及乡镇镇区。2. 本基准地价成果的评估基准日为2009年1月1日。3. 本基准地价成果的土地使用年期按各类用地法定最高出让年限设定，即商业用地40年、住宅用地70年、工业用地50年。

【土地定级估价】 1993年11月，根据国家土地管理局颁布《城镇土地定级规程（试行）》《城镇土地估价规程（试行）》和江苏省土地管理局有关要求，成立以分管副市长为主任的兴化市土地估价委员会。市土地管理局在南京师范大学金陵土地资产评估高新技术公司协作下，用8个月时间完成兴化市区土地定级估价工作。1994年6月通过江苏省土地管理局组织的专家组验收，获得合格证书。兴化市区定级估价以建成区为基础，并考虑到至2000年规划，其范围东至上官河，南至五里西路，北至乌巾荡，面积约11.71平方公里，剔除水面、道路后面积为927.05公顷，定级结果为一级32.5公顷，占3.51%；二级192.80公顷，占20.80%；三级291.46公顷，占31.44%；四级410.29公顷，占44.26%。

1994年、1995年，兴化市实际进行土地估价的企业126户，其中自行评估的83户、委托市土地估价交易所评估的43户，全部采用基准地价系数修正法评估。土地总面积218.27万平方米，总值4.26亿元，综合平均地价195元/平方米。

1994年兴化市基准地价一览表

表5-7　　单位：元/平方米

土地级别		一	二	三	四
商业地价	平均	1150	700	450	300
	变幅	900—1400	550—900	350—550	250—350
住宅地价	平均	375	300	250	225
	变幅	325—425	250—350	200—300	190—250
工业地价	平均	350	300	250	200
	变幅	300—400	250—350	200—300	180—220
综合地价	平均	950	550	350	200
	变幅	650—1250	450—650	250—450	180—250

根据实地调查和综合分析，把市区主要繁华街道分为12个路线价区段，采取各段内若干个房地出租样点，采用租金剥离法，求取各区段的平均价，结果如下表：

1994年兴化市区路线地价一览表

表5-8

编号	地价区段名称	起讫点		样本总数（份）	参算样本数（份）	标准深度（米）	路线价（元/平方米）
		起点	讫点				
1	严家路	英武路	严家路	12	8	6	750.59
2	丰收南路A	丰收路	马桥街	15	11	4	1128.91
3	丰收南路B	马桥街	西大街	10	6	4	1339.20
4	丰收南路C	西大街	物资大楼	19	15	5	1248.37
5	牌楼西路A	丰收南路	英武路	21	17	6	1567.38
6	牌楼西路B	英武路	牌楼北路	10	7	4	1661.58
7	牌楼东路A	牌楼北路	长安北路	11	7	4	1472.30
8	牌楼东路B	长安北路	麒麟路	15	10	4	1218.31

续表 5-8

编号	地价区段名称	起讫点		样本总数（份）	参算样本数（份）	标准深度（米）	路线价（元/平方米）
		起点	讫点				
9	牌楼南路	牌楼西路	盐业公司批发部	9	7	4	901.85
10	英武路A	严家路	备战桥	11	7	4	1131.77
11	英武路B	备战桥	牌楼西路	18	13	5	1738.53
12	东城外大街	麒麟路	蔬菜公司	10	8	4	866.16

2002年，随着建城区面积不断扩大，再次对土地定级与基准地价更新，并首次在兴化市区建立地价动态监测体系。

2002年兴化市级别基准地价一览表

表5-9 单位：元/平方米

土地级别		一	二	三	四	五
商业地价	平均	6340	4440	2760	1890	1270
	变幅	4470—10060	3150—5900	2000—4110	1530—2790	960—1660
	容积率	1.2	1.1	1.0	1.0	0.9
住宅地价	平均	2090	1420	950	560	—
	变幅	1700—2590	1090—1930	650—990	380—810	—
	容积率	1.5	1.4	1.3	1.2	—
工业地价	平均	400	215	175	—	—
	变幅	380—420	190—240	160—190	—	—
	容积率	0.8	0.8	0.7	—	—

2002年兴化市商业、住宅、工业用地级别基准地价一览表

表5-10 单位：元/平方米

用地类型	一级	二级	三级	四级	五级
商业用地	1600	1050	700	400	310
住宅用地	700	550	380	280	230
工业用地	360	310	240	190	160

说明：基准日设定为2002年1月1日。

由于新旧土地级别在空间上存在差异，商业用地地价总体上升，其中英武路—建设路、马桥路—美食街等街道商业用地地价2005年后上涨较快；工业用地虽然自2005年后征地成本大幅提高，但工业用地的实际成交变化不大，这与工业用地的市场供求状况和工业用地的特点相吻合。2007年1月1日起，执行《江苏省工业用地出让最低价标准》，工业用地出让最低价适用于土地利用总体规定确定的城镇建设用地范围内所有拟出让的工业用地，土地使用年期设定为工业用地法定最高出让年期50年，基准日为2007年1月1日，市工业用地出让最低价为144元/平方米。至2010年，根据城市建设发展，对原定级估价范围和土地价格均依法定程序作出修订。

【土地资产评价】 1995年，兴化市组织开展土地清查估价工作。1994—1995年，市属土地

估价范围的企业169户，其中因体制变化等原因不具有土地资产或土地权属未落实的43户。在实际进行土地估价的企业中，自行评估的83户，占65.87%；委托市土地估价交易事务所评价的43户，占34.13%，评估方法全部采用基准地价系数修正法。评估宗地价基本上为基准价格，126户企业估价结果：土地总面积2182684平方米，价值总额为42607万元，综合平均地价195.2元/平方米。其中：商业用地73532平方米，价值总额3083万元，平均地价为419.27元/平方米；住宅用地128746平方米，价值总额2959万元，平均地价229.83元/平方米；工业（仓储）用地1980406平方米，价值总额36565万元，平均地价184.63元/平方米。在土地资产总量中，3000万元以上的企业1户，1000万—3000万元的企业9户。根据省有关文件精神，此次土地评估价格不作为企业单位产权变动时土地实际价格。

三、规费

1992年起，兴化市土地管理部门执行扬州市统一的土地管理系统行政事业性收费项目和标准。主要规费有征（拨、使）用土地管理费、土地出让业务费、城乡居民建房用地管理费、临时用地管理费、土地权属及用途变更费、土地登记费、土地荒芜费、土地复垦保证金、非农业建设用地有偿使用业务费、土地管理工本费。

【征（拨、使）用土地管理费】 1992年，省局规定：征（拨、使）用土地管理费按规定收取的各种费用总额的2%—3%收取。是年7月，扬州市明确国有土地有偿划拨费标准：撤组剩余国有土地划拨每平方米15—30元，其他国有土地划拨每平方米40—50元。由划入单位支付，行政机关免收。此项费用由土地管理部门代收，交同级财政部门作预算调入资金处理。土地管理部门按国有土地有偿划拨费收入的2%—3%提取业务费。划拨费用的2%，即0.6元/平方米。

【土地出让业务费】 收费标准是在收取土地出让金总额中提取2%—5%，征地后即行出让的不收征（拨、使）用土地管理费。1994年8月，扬州市土地管理局规定，在出让金总额中提取2%作为土地出让业务费。收入分成比例：省10%、市20%、县70%。

【城乡居民建房用地管理费】 1992年3月开始收取城乡居民建房用地管理费，每平方米0.4元，每户最多不超过55元。农村“五保户”建房用地免交管理费。2004年6月起不再收取。

【临时用地管理费】 因工程建设需要堆场、运输道路和其他临时设施，以及在城乡从事各类经营活动需要临时占用国有或集体土地的单位和个人，向土地管理部门缴纳。国家、集体建设临时用地每年每平方米0.5—2元，城乡各类经营性临时用地每年每平方米3—4元。城乡居民破墙开店或新批准的营业用地，视同临时用地，按年收取临时用地管理费。水利、交通工程临时用地，公安部门在市区道路旁及广场安排的临时停车场，工商管理部门确定的早晚集市用地，经土地管理部门核准后，免交临时用地管理费。按省政府有关文件精神，于2008年9月1日停止收取。

【土地权属、用途变更费】 按省政府有关文件精神，收费标准为：县城（含）以上城市每平方米1—2元，乡镇以下每平方米0.5—1元，机关事业单位、社会公益事业、农民建房用地免交，公路、水利用地报省批准后减免。1992年3月，扬州市规定标准：党政机关、人民团体、全额预算管理事业单位免缴，企业、自收自支单位50元/宗（1000平方米以下），差额预算管理事业单位75元/宗（2500平方米以下），城镇私房用于生产经营者400元/宗（500平方米以下），城镇居民住房85元/宗（100平方米以下），农村居民生活用地3.5元/宗。兴化市规定县城（含）以上城市一次性收取每平方米2元，乡镇以下一次性收取每平方米1元。土地权属、用途变更费于2008年9月1日停止收取。

【土地登记费】 对建设用地进行地籍测量、调查、验线、登记和发证时按宗地收取，对同一块地内有几个使用者共同使用难以划清界限进行测绘的，按各自独立使用和分摊的面积收取。自成系统的单位按具有法人资格的土地使用者收取。包含土地权属调查费、地籍测绘费和土地注册登记及证书费。土地登记费和土地权属变更费在同一宗地块上不得同时发生。

【土地荒芜费】 用地单位在办理审批手续时，向土地管理部门交纳的土地荒芜押金。一年内施工的退回押金，超过一年未动工的没收其押金，超过二年未动工的依法收回土地使用权。土地荒芜费收费标准为每亩600—2000元。1994年规定，建设单位或个人经批准征用的耕地、园地和其他有收益的土地，满6个月还未动工而荒芜的，责任田抛荒户每亩收取2000元。此项费用由土地管理部门代政府收取，用于土地复垦。

【土地复垦保证金】 按照对土地“谁破坏、谁复垦”的原则，建设用地单位和个人在办理建设用地批准手续前，按照“占地一亩，复垦一亩”的原则交纳土地复垦保证金。收取标准为每亩1000—3000元，1994年统一调整为2000元。用地单位或个人能承担复垦任务的，验收合格后退回保证金；不能承担复垦任务的，由土地管理部门统一组织复垦。

【非农业建设用地有偿使用业务费】 收费标准：对尚未开征国有土地使用税的城镇、独立工矿建成区以外的各类农业生产经营及其他用地收取。其标准为每年每平方米0.15—0.2元，自批准之日起6个月不按原设计进行工程建设的用地，按标准加收1—4倍。党政机关、文教、医院及由财政拨款的行政事业单位、交通、水利、军事设施及农民宅基地等免缴非农业用地有偿使用业务费。

【土地管理工本费】 在办理用地审批手续时所发放证件等需收取工本费，建设用地许可证每册5元，土地界桩每根15元（连同成本、运输、劳务等），建设用地批准书每本8元。

第二章 土地利用与开发保护

第一节 土地规划

一、市级总体规划

1986年6月，《中华人民共和国土地管理法》（简称“土地管理法”）颁布后，兴化县（市）人民政府按照“一要吃饭，二要建设”和依法、统一、全面、科学的原则和要求，加强对土地开发、利用的管理。1993年编制《兴化市土地利用总体规划（1991—2000）》、《兴化市土地利用总体规划方案说明》、1∶10万全市土地利用现状图和规划图、土地利用现状分析、专题研究报告和土地后备资源复垦开发、农田保护区等规划，并于1995年划定基本农田保护区，在此基础上与村镇建设规划进行衔接、协调。

随着《兴化市国民经济和社会发展“九五”计划和2010年远景目标纲要》的制定以及土地利用、管理思路的调整和行政隶属关系的变更，在对1993年规划认真研究的基础上，经过综合分析、协调平衡，于1998年10月编制第二轮《兴化市土地利用总体规划（1997—2010）》。此次规划以1996年为基础期年，2010年为规划年，并展望2030年。按照土地基本用途的不同，全市划分为农业用地区、建设用地区和其他用地区3大类用途区。

农业用地区：规划期末，全市耕地区面积198.9万亩，其中基本农田面积186.57万亩。

建设用地区：包括城镇用地区、村镇用地区、线状工程用地区。1996—2010年规划期间，全市建设用地供地总量12.65万亩，其中利用存量土地7.43万亩、建设新占耕地2.02万亩、利用其他土地3.2万亩。至2010年全市城镇体系为市区、6个中心镇和10个片次中心镇、16个一般建制镇。城镇用地区总面积11.55万亩。交通、水利工程等线状工程用地总面积23.44万亩。规划期间，全市省以上重点工程项目2个，新占耕地1.19万亩，其中新长铁路项目用地0.13万亩、宁靖盐高速公路项目用地1.06万亩。

其他用地区：包括生态景观保护区、水域、其他利用区。

此轮兴化市土地利用总体规划由规划文本、规划图件、规划说明和计算机管理体系4部分组成。1997年末，作为泰州市规划修编试点市，兴化市的规划本和图件资料修订工作结束。1998年10月，经江苏省、泰州市土地利用总体规划修编领导小组评审通过。1998年12月，经省政府批准实施。

二、乡（镇）级规划

1992年5月，市政府成立编制土地利用总体规划领导小组，以分管副市长为组长，市各有关部门负责人为成员，领导小组设办公室处理日常工作。各乡镇也分别成立领导小组和办公室，开展规划工作。市领导小组通过在海南乡进行规划编制试点，培训技术骨干，并总结经验，对《兴化市土地利用总体规划技术方案》《兴化市土地评查补充工作细则》进行修改补充，作为编制规划的指导性文件。1992年上半年，首批完成12个乡镇的规划编制工作，年底前各乡镇全面完成《土地利用总体规划（1991—2000）》。1992年底至1993年上半年，兴化市荡朱、大邹、陶庄、荻垛、周庄等乡镇的编制成果被评为扬州市级优秀规划。

2002年初，开展第二轮乡镇土地利用总体规划（1997—2010）的调整、完善工作，合理规划城镇建设用地区、基本农田保护区、土地开发整理区，使土地利用结构更为合理。由于乡镇区划调整，全市由46个乡镇及4个国营圃场整合并为34个乡镇，土地利用总体规划也作相应调整。其成果于2004年4月经泰州市政府和省国土资源厅验收通过。

第二节　土地利用状况

兴化地处里下河地区腹部，属淮河水系。境内河网纵横交错，湖荡星罗棋布。2010年，全市国土总面积2393.35平方公里，其中陆地面积1949.65平方公里，占81.46%；水域（含水面和滩涂）443.7平方公里，占18.54%。按土地利用现状分，耕地1288.53平方公里，园地8.22平方公里，林地12.17平方公里，草地0.1平方公里，城镇村及工矿用地241.91平方公里，交通运输用地57.29平方公里，水域及水利设施用地760.77平方公里，其他土地24.36平方公里。

图5-2　兴化垛田地貌　（2007年，朱春雷摄）

一、耕地

1991年，全市耕地面积182.63万亩。此后，由于城镇建设步伐加快、工业园区和工业集聚区迅速扩大，公路及水利建设的发展，大多数村庄农户建房增多，庄基面积不断扩张，各种建设用地除部分使用存量土地和非耕地外，大部分为占用耕地。在耕地被大量占用的同时,除公路、水利等公益设施用地外,其他建设用地占用耕地,坚持贯彻执行“占一补一”政策,通过未利用地、旧庄基、砖瓦窑等复垦开发以及农业内部结构调整等措施新增部分耕地,增减相抵。2010年全市耕地面积193.28万亩。耕地总面积和人均面积比1991年分别增加5.83%和3.4%。

二、建设用地

1986年末,全县建设用地面积为39.28万亩。1987年撤县建市至1995年,全市建设用地为44.03万亩,8年新增建设用地4.75万亩。1991年以来,兴化在经济发展的同时,城镇基础设施和公益设施建设、居民住房建设、交通及水利设施建设、村庄建设相应发展。1995—2010年,是兴化各项经济建设事业较快发展时期。1999—2010年,全市建设用地为3.5万亩,新增建设用地2.33万亩。

1999—2010年兴化市建设用地审批情况一览表

表5-11 单位:亩

年份	建设用地总量	新增建设用地总量	其中农用地面积	其中耕地面积
1999	542.11	356.73	286.62	286.62
2000	368.91	366.95	307.80	307.80
2001	1298.39	1211.70	1000.88	1000.88
2002	783.71	752.13	594.76	594.76
2003	5674.7	5122.24	4911.00	4650.19
2004	2625.78	2588.15	2445.26	2321.38
2005	2759.49	2306.74	2168.61	1961.06
2006	2507.28	2496.60	2340.89	2199.29
2007	8221.86	1790.54	1504.77	1351.72
2008	2745.77	1228.87	1138.59	988.33
2009	3888.47	954.89	808.37	685.39
2010	3654.44	3158.00	290.95	2535.82

1996—2010年兴化市建设用地面积一览表

表5-12 单位:亩

年份	城镇、农村居民点及独立用地	交通用地	水利设施用地	合计
1996	317708.6	23788.3	79817.6	421314.5
1997	321042.2	25746.1	80135.6	426923.9
1998	328100.3	27900.5	86968.1	442968.9
1999	更新调查			
2000				
2001	347368.8	29148.5	53736.4	430253.7
2002	328172.6	36424.6	53459.2	418056.4
2003	331487.7	36727.3	53434.4	421649.4

续表 5-12

年份	城镇、农村居民点及独立用地	交通用地	水利设施用地	合计
2004	349962.6	38699.8	53337.6	442000.0
2005	352585.1	39279.3	53331.8	445196.2
2006	362566.7	39508.2	53330.1	455405.0
2007	360860.0	39934.7	53297.1	454091.8
2008	361415.0	39572.9	53294.2	454282.1
2009	354153.6	39418.0	42884.5	436456.1
2010	362858.1	39409.8	42850.2	445118.1

说明：1999年、2000年更新调查，无数据。

三、其他用地

1986年，兴化全县园地面积2.86万亩（含果园、桑园），林草地0.99万亩，交通用地12.43万亩，水域106万亩（含河流、湖泊、沟塘、苇地、荒滩及联圩、隔损圩、外址圩、沟渠等各种水利设施），特殊用地0.01万亩，未利用地、墓地等1.94万亩，合计124.23万亩。

1995年，全市园地11.97万亩，林草地1.11万亩，交通用地14.19万亩，水域118.31万亩，特殊用地和其他用地合为2.08万亩。随后10多年的经济建设地类调整及各项用地增减等因素，2010年，全市各类用地131.67万亩，占土地总面积的36.65%，比1995年减少15.99万亩，其中：园地1.23万亩，减少10.74万亩；林草地1.83万亩，增加0.72万亩；交通用地8.59万亩，减少5.6万亩（2002年调整地类，农村道路归于其他农用地计算，故大幅减少）；特殊用地和其他用地为5.9万亩。

1995—2010年部分年份兴化市各类用地面积增减情况一览表

表 5-13　　单位：万亩

项目	1995年		2000年		2005年		2010年	
	占地面积	占%	占地面积	占%	占地面积	占%	占地面积	占%
园地	11.97	3.34	4.30	1.20	1.67	0.47	1.23	0.34
林草地	1.11	0.31	1.02	0.30	0.94	0.26	1.83	0.51
交通用地	14.19	3.95	15.02	4.18	3.93	1.09	8.59	2.39
水域	118.31	32.95	110.57	30.8	80.98	22.55	114.12	31.77
特殊用地及其他用地	2.08	0.58	0.75	0.20	81.70	22.75	5.90	1.64
合计	147.66	41.13	131.66	36.68	169.23	47.12	131.67	36.65

第三节　土地整理复垦

20世纪90年代后，全市建设占用耕地逐年增加，市和各乡镇按“占一补一”原则，多渠道筹措资金，将土地复垦开发整理作为一项重点工作。1996年，全市土地后备资源为不影响行洪滞涝的可开发利用苇地面积0.88万亩，滩涂1.21万亩，牧草地0.04万亩，交通废弃地0.27万亩，砖瓦窑废弃地0.1万亩，未利用土地0.4万亩，合计2.9万亩。1996—2010年，全市完成耕地占补平衡项目库434个，项目建设规模174925.3亩，净增耕地130196.25亩。

1996—2010年兴化市土地复垦开发情况一览表

表5-14

年份	项目库（个）	项目建设规模（亩）	净增耕地（亩）	年份	项目库（个）	项目建设规模（亩）	净增耕地（亩）
1996—2001	17	29356.2	17651.7	2007	72	13202.3	11494.8
2002	15	11886.6	10156.4	2008	58	11906.5	8758.1
2003	21	23147.3	18171.2	2009	40	6198.0	5338.4
2004	63	27994.7	21649.1	2010	33	7015.3	6899.3
2005	62	24832.4	17523.6	合 计	434	174925.3	130196.3
2006	53	19386.0	12553.7				

2001—2010年兴化市土地开发情况一览表

表5-15

项目名称	项目地点	项目类型	计划资金下达年份	项目建设规模			
				总面积（公顷）	基本农田整治（公顷）	新增耕地（公顷）	新增耕地比重（%）
缸顾乡土地整理项目	东罗等10个村	整理	2001	87.84	—	132.00	10.04
安丰镇土地整理项目	万耿、万刘、西南、三庄、寺万、任庄村	整理	2004	35.16	—	52.70	10.01
中堡镇土地开发整理项目	中堡、龙江村	开发	2004	20.59	—	129.77	42.02
老圩乡土地整理项目	孙联、朱文、安东、钟南、双徐、联合村	整理	2007	71.12	—	114.75	10.76
沙沟镇武装圩土地整理项目	水金、光耀、官河、董庄、沙北、联溪村	整理	2007	119.20	69.3	209.58	11.72
合陈镇土地整理项目	卜寨、陆谦、李秀、甘杨、幸福、邓桥、红旗村	整理	2007	59.37	—	66.82	7.50
永丰镇双营北圩土地整理项目	如意、钟祁、苏杨、祁东、祁吉、迎新、四合、刘葛村	整理	2007	53.22	—	41.57	5.21
钓鱼镇基本农田示范区土地整理项目	钓鱼、陆胥、同联、姚家村	整理	2008	64.42	—	30.33	3.14
昌荣镇土地整理项目	朝阳新村、存德村、富民村、红花村、双星村、盐北村	整理	2008	73.44	—	33.52	3.04
周庄镇基本农田示范区土地整理项目	官庄、大同、周北、边一、边二、西边城、东浒、胡官、黄界村	整理	2008	102.70	89.81	49.11	3.19

续表 5-15

项目名称	项目地点	项目类型	计划资金下达年份	项目建设规模			
				总面积（公顷）	基本农田整治（公顷）	新增耕地（公顷）	新增耕地比重（%）
海南镇基本农田示范区土地整理项目	北蒋、新伍、新合、中兴、张联、蔡高、许马、新发、唐良、苏海、莫顾村	整理	2009	95.59	79.03	45.96	3.21
戴窑镇基本农田示范区土地整理项目	元友、荣进、韩窑、恒和、永杰、刘丰、洪亮、舍王、向阳、杨林村	整理	2009	75.98	—	40.48	3.55
张郭镇"万顷良田建设工程"土地整治项目（第一期）	西周、南桥、东周、唐刘、三舍村	整治	2009	34.00	46.31	18.19	3.91
戴南镇"万顷良田建设工程"土地整治项目（第一期）	花杨、张合、季家村	整治	2009	28.68	—	15.23	4.33
大营镇西北圩基本农田整理项目	高港、屯北、阵营、营中村	整理	2010	62.24	54.55	51.88	5.56
新垛镇土地整治项目	张高、徐高、李施、孙家、新城庄、荷花港、朱彭三庄村	整治	2010	65.85	56.22	40.28	4.08
合计	—	—	—	1049.40	—	1072.17	—

2006—2010年兴化市土地占补平衡情况一览表

表5-16

年份	项目数量（个）	项目位置	项目区面积（亩）	省确认新增耕地面积（亩）
2006	53	下圩、李中等29个乡镇	17934.9	12553.7
2007	73	新垛、临城等30个乡镇等54个村	13322.5	11494.8
2008	58	新垛、大邹等29个乡镇72个村	11906.5	8758.1
2009	40	竹泓、周庄等26个乡镇50个村	6198.0	5338.4
2010	69	沙沟、昌荣等32个乡镇	7994.8	7950.1
合计	293	—	57356.7	46095.1

第四节　耕地保护

20世纪90年代初，全市在编制1991—2000年乡镇土地利用总体规划的同时，进行基本农田保护区划定。全市以行政村为单位分成片，连片集中、排灌方便、土地肥力较高的农田划为一级保护区（基本农田保护区），分成1357片，13716个保护块，面积186.63万亩；列入二级保护区的是零星、分散、不便排灌的边隙地2018块，面积为12.09万亩；基本农田保护率为98.8%。

1993年编制的市级土地利用总体规划中，确定基本农田保护面积为186.63万亩。其中耕地183.15万亩，占保护面积的98.14%。与扬州市下达兴化市的基本农田保护面积指标基本相符。

1993年后，全市先后建立健全《基本农田保护用途管制制度》《基本农田保护责任制度》《基本农田审批和占补平衡制度》《基本质量保护制度》《基本农田动态巡查制度》等基本农田保护工作制度。全市建立较为完善的基本农田保护监察网络，聘请各村委会主任兼监察信息员，成立以基层国土所为单位的监察中队，对辖区内基本农田进行动态监控，定期巡回检查，处理各类违反《基本农田保护条例》的违法违规行为。将基本农田落实到村组和地块。稳定基本农田面积，规定不得为躲避审批而随意调整，不得在基本农田上挖塘养鱼、种树造林。加大投入力度，加快中低产田改造，提高基本农田质量。

在第二轮市级土地利用总体规划(1997—2010)的编制过程中，开展基本农田保护区的核查工作：依照泰州市政府下达的保护指标，确定基本农田保护数量；根据土地肥力和环境情况，对土地划分等级，确定基本农田保护的质量；以现状勘丈的实际位置，确立基本农田保护范围；以保护片(块)为单位，设立标志(保护区标志牌)；以乡(镇)和村负责人为保护第一责任人，分别与市、乡(镇)签订保护责任书；以改造中低产田、建设高产稳产农田为目标，落实基本农田投入措施。

截至2003年底，划定11604个基本农田保护块，设置基本农田保护标志牌838块。34个乡镇均建立保护档案，且全部在省、市、县三级备案。基本农田保护责任书签订到村的有934份，签订到组的有181份。2004年后，全市新增基本农田保护标志牌479块，新增签订责任书5010份，其中签到村的338份，签到组的4672份。2006年，根据《泰州市县级政府耕地保护责任目标考核办法》，兴化市政府对《泰州市土地利用总体规划》确定的本行政区域内的耕地保有量和基本农田保护面积负责，市长为第一责任人。2006年11月20日，兴化市被正式确定为国家基本农田保护示范区。至2010年，全市土地利用总体规划确定的基本农田面积为186.57万亩。

第三章 建设用地管理

第一节 用地类型和管理

一、国家建设用地

改革开放后，经济快速发展，国家、集体、个人对土地需求大幅度增加，土地产值大幅度增加。原有国家建设征用土地办法系20世纪50年代初制定，历经30多年，情况已有变化。1987年，《土地管理法》实施，建立土地管理部门，依法管理加强监督。1992年，国务院颁发《国家建设征用土地条例》,国家建设征用土地步入法制轨道。

兴化市国家建设用地主要包括在工业、交通、商业、城镇建设等。1999—2010年,全市国家建设征用土地35070.9亩。

1990—1997年兴化各类建设用地增加面积一览表

表5-17　　　　单位:亩

年份	国家建设用地								集体建设用地					农村个人建房用地	合计
	城市	建制镇	独立工矿	铁路	公路	水利工程	其他	小计	农村道路	农田水利	乡镇企业	其他	小计		
1990	147	40	23	—	2	—	123	335	—	34	9	—	43	622	1000
1991	203	56	69	—	—	—	34	362	—	23	21	5	49	537	948
1992	38	69	40	—	—	—	231	378	—	20371	18	323	20712	484	21574
1993	65	6	30	—	—	—	3	104	—	—	3	3	6	97	207
1994	131	28	135	—	—	—	30	324	—	—	22	2	24	115	463
1995	289	94	358	—	32	171	96	1040	—	—	173	40	213	127	1380
1996	289	463	272	—	—	—	157	1181	—	—	21	11	32	277	1490
1997	149	125	44	—	—	50572	255	51145	—	—	114	41	155	148	51448
合计	1311	881	971	—	34	50743	929	54869	—	20428	381	425	21234	2407	78510

二、集体建设用地

1989—2010年,执行《江苏省乡(镇)村企业建设用地管理办法(执行)》。凡周围有荒地以及老企业内有空闲地可以安排建设的,不得占用耕地。在基本农田保护区和蔬菜地范围内不安排乡(镇)村企业建设用地。

三、个人建房用地

【城镇居民建房用地】 1991—2010年,根据国家及江苏省、扬州市政府颁布的有关法律、法规。市政府作出具体规定:凡城镇居民、职工、国家工作人员住房,由城建部门统一建商品房,或由所在单位集资统建住宅,个人不得占地新建单门独院平房。在原地翻、改、扩建住房的,必须按城镇规划进行,依法办理相关手续,经土地管理部门派员现场审核会同有关部门人员现场放样后方可施工,竣工1个月后申请竣工验收。向市国土管理局办理登记,领取《国有土地使用证》。

【农民建房用地】 自1988年起,农民建房用地按省下达的标准控制。在调查摸底的基础上,将个人用地指标分解到乡镇,由乡镇分解到村,再由村落实到户。要求用地计划与土地利用总体规划相统一,严禁在基本农田保护区内建房。1990—1997年农民个人建房用地160.47公顷。1999年报批农民宅基地2334宗,面积34.23公顷。2001年报批农民宅基地364宗,面积4.74公顷。2008年,兴化市出台村镇村民建房管理暂行办法,明确对往年发生的一户多宅或宅基地超过规定标准的，依法查处，逐步收归集体所有，另行安排。使用办法还规定村民异地新建住宅的，除按规定办理规划、建设用地审批手续外，与所在村和乡镇人民政府签订按期退还原有宅基地的协议。缴交原房屋产权证、土地使用证，由发证部门予以收回注销，到期不退还的，按违法占地处理；原有住宅出租、出卖或赠与他人的，再申请宅基地建房的不予批准。村民住宅不得向城镇居民出售，城镇居民不得占用农村集体土地建住宅。2009—2010年，缸顾乡等乡镇相继出台村民建房管理规定。

第二节　用地审批

1987年，《土地管理法》颁布实施后，征用耕地3亩以下，其他土地10亩以下，由县（市）人民政府批准，征用耕地3亩以上（原为15亩），蔬菜地3亩以下，其他土地10亩以上、50亩以下，报扬州市政府批准。征用耕地1000亩以上，其他土地2000亩以上的，由省政府报国务院批准。1997年起，依据《土地管理法》规定，农用地转用审批权限在省人民政府。征用土地实行国务院和省政府两级审批，市、县政府征用土地的审批权被取消。

第三节　征地补偿安置

一、征地补偿

1992年1月1日起，按扬州市政府办公室调整的征地补偿费用标准执行：补偿农作物亩产值稻麦棉一年两熟轮作田每亩500—600元，旱作物农田每亩400—500元；一年水旱三熟农田每亩600—700元；老菜田3年以上高产菜地，每亩1200元，新菜田（3年以下）每亩800—1000元；精养鱼塘每亩1200—1500元，粗放养鱼塘及放养水面每亩400—500元。

1996年后，执行泰州市政府规定，兴化粮田被征用前3年平均产值的最低标准为1400元/亩。城市规划区内常年（连续3年以上）蔬菜地年产值最低标准：1900元/亩。同时规定：1. 征用耕地（含粮、蔬菜地）的土地补偿费为该地被征用前3年平均年产值的10倍；2. 征用精养鱼池的，按其邻近耕地前3年平均年产值的10—12倍计算；征用其他养殖水面的，按其邻近耕地前3年产值的6—8倍计算；3. 征用果园或其他经济林地的按其邻近耕地前3年平均年产值的10—12倍计算；4. 征用其他农用地的，按其邻近耕地平均年产值的8—10倍计算；5. 征用未利用土地的，按其邻近耕地前3年平均年产值5倍计算；6. 征用集体所有非农业建设用地的，按其邻近耕地前3年平均年产值的8—10倍计算。

1999年1月1日起，根据修订后的《土地管理法》，征用耕地的补偿费用包括土地补偿费、安置补助费以及地上附着物和青苗的补偿费；征用耕地的土地补偿费，为该耕地被征用前3年平均年产值的6—10倍；征用耕地的安置补助费，按照需要安置的农业人口数计算，每一个需要安置的农业人口的安置补助费标准为该耕地被征用前3年平均年产值的4—6倍，每公顷被征用耕地的安置补助费最高不得超过被征用前3年平均年产值的15倍；征用城市郊区的菜地，用地单位按照国家有关规定缴纳新菜地开发建设基金；土地补偿费和安置补助费的总和不得超过土地被征用前3年平均年产值的30倍。

2002年6月1起，根据《泰州市实施〈江苏省土地管理条例〉办法》，征用土地的土地补偿费、安置补助费按照《江苏省土地管理条例》第二十六条规定的年产值的倍数予以补偿。

2003年12月，江苏省政府发布《关于调整征地补偿标准的通知》，征用耕地的土地补偿费为该地被征用前3年平均产值的10倍。划分1、2、3、4类最低标准。兴化为第3类，每亩最低补偿标准为1400元。

2004年7月1日起，兴化市实行《泰州市征地补偿和被征地农民基本生活保障试行办法》。根据江苏省征地补偿标准地区分类，兴化市为3类地区，依法征用农民集体所有的土地，必须按照规定及时足额给予补偿，征地补偿安置费用，包括土地补偿费、安置补助费、青苗和地上附着物补偿费。土地补偿费，以该土地被征用前3年平均年产值的倍数计算，耕地被征用前3年平均年产值的最低标准为1400元/亩；征用耕地（含粮田、蔬菜地）的土地补偿费，为该耕地被征用前3年平均年产值的10倍；征用精养鱼池的，按其邻近耕地前3年平均年产值的10—12倍计算；征用其他养殖水面的，按其邻近耕地前3年平均年产值的6—8倍计算；征用果园或其他经济林地的，按其邻近耕地前3年平均年产值的10—12倍计算；征用其他农用地的，按其邻近耕地前3年平均年产值的8—10倍计算；征用未利用地的，按其邻近耕地前3年平均年产值的5倍计算；征用集体所有的非农业建设用地的，按其邻近耕地前3年平均年产值的8—10倍计算。

二、被征地农民基本生活保障

1991年1月1日起，根据修订后的《土地管理法》，征用耕地的安置补助费，按照需要安置的农业人口计算，每个需要安置的农业人口的安置补助费标准为该耕地被片用前3年平均每亩年产值的2—3倍，但是，每亩被征用耕地安置补助费最高不得超过被征用前3年平均年产值的10倍；征用城市郊区的菜地，用地单位按照国家有关规定缴纳新菜地开建设基金；土地补偿费和安置补助费的总和不得超过土地被征用前3年平均年产值的30倍。

2004年起，根据修订后《土地管理法》，征用耕地的安置补助费，按照需要安置的农业人口数计算，每一个需要安置的农业人口的安置补助费标准为该耕地被征用前3年平均年产值的4—6倍，但是，每公顷被征用耕地的安置补助费最高不得超过被征用前3年平均年产值的15倍。

随着企业改制的深入，用地安置劳动力难以落实。加之经济发展建设用地量日益增多，失地农民不断增加。2003年，省政府颁发《江苏省征地补偿和被征地农民生活保障试点办法》。翌年6月，泰州市政府根据省政府试点办法精神，制定相应办法。对相关部门职责、保障对象、保障资金来源及使用标准等，作出明确规定。

2004年7月1日起，兴化市根据《泰州市征地补偿和被征地农民基本生活保障试行办法》，安置补助费，按照需要安置人员的安置补助费最低标准为13000元；征用养殖水面、果园等其他农用地的安置补助费，按照邻近耕地的土地补偿费标准的70%计算；征用未利用地和农民集体所有非农业建设用地的，不支付安置补助费。征地补偿安置方案批准后，兴化市土地行政主管部门应当将不低于70%的土地补偿费和全部安置补助费作为被征地农民基本生活保障资金，将其余的土地补偿费支付给农村集体经济组织，将地上附着物及青苗补偿费支付给地上附着物及青苗的所有者；支付给农村集体经济组织的土地补偿费，纳入公积金管理，必须用于农村集体经济组织发展生产和公益性事业，以及解决历史遗留的被征地农民的生活问题，不得挪作他用。兴化市人民政府根据经济社会发展状况、物价水平等实际情况适时调整征用耕地前3年平均年产值、安置补助费标准。被征地农民基本生活保障资金的来源包括：不低于70%的土地补偿费和全部安置补助费；兴化市人民政府从新征用建设用地的土地出让金等土地有偿收益中列支的部分，提取标准按新征用建设用地面积计算，为每亩不低于9000元；被征地农民基本生活保障资金的利息及其增值收入部分；其他可用于被征地农民基本生活保障的资金。

第四节 撤销无田村民小组

20世纪80年代后，国家经济建设及各项基础设施建设征用大量土地，一些邻近城镇的村民小组无地可种。1982年，《国家建设征用土地条例》和《江苏省国家建设征用土地条例实施办法》规定，人均占有耕地在0.1亩以下的村民小组，可以撤销建制，村民农业户口转为城镇户口（简称“撤组转户”）。1987年5月30日、6月10日，县政府先后对东潭乡五里村和昭阳镇花园村的村民户口进行冻结转迁。1993年，西鲍乡新城村第四村民小组经省政府批准，成为兴化市第一个撤组的村民小组。该组农业人口247人转为城市户口。1991—2010年撤销村民小组3个。撤组后剩余集体土地全部转为国有土地，撤组后原集体经济组织的资产和撤组剩余土地处置的收益主要用于原农村集体经济组织成员的生产、生活安置和社会保障。

第四章 地籍管理

第一节 土地调查

一、农村地籍调查

1992年下半年，市土地管理局以海南乡试点，进行农村地籍调查。在市农业区划办公室和市水利局的支持下，取得全县1986年土地资源详查图件资料和动态监测资料。以此为基础进行修补测量，完成海南全乡71.7平方公里的土地利用现状调查，33个村集体土地之间，与外乡外村之间，以及与国有土地之间权属界线调查核实，并在各村村委会负责人现场指界、设立标志的基础上，签订权属界线协议书，绘制土地利用现状图和权属界线图。1993年4月扩大试点，在安丰镇开展村庄地籍调查，在2个月时间内完成全镇23个村5462宗地权属调查工作。其中莲花村集体建设用地209宗。在完成权属调查后，采用部分解析法进行地籍测量，一步到位。农科村采用基线勘丈成图，也是一步到位。其他各村在进行权属调查的同时，绘制宗地相关位置图，保证宗地不重不漏。所有宗地都采用几何图形法，通过FX-3600计算器运用公式计算。从权属调查到地籍测量均按规范认真实施，从而达到“权属合法，界址清楚，面积准确”三条标准。尔后在其他乡镇和行政村全面开展地籍调查。全市共完成1116个村、290696户外业调查，分别占行政村和宗地总数的79.2%、78.1%，内业描绘宗地图165336份。截至2010年底，核发《集体土地所有权证书》1428本、《集体土地建设用地使用权证书》31550本。

二、城镇地籍调查

1988年起，开展国有土地使用权申报工作。通过调查，昭阳镇老城区和新建城区、农村9个建制镇，除道路、河流、绿化带申报外，有国有土地597.34万平方米。单位使用国有土地1816宗，个人使用国有土地16512宗。按用地性质分：商业用地56.51万平方米，占用地面积的9.46%；工业用地243.05万平方米，占用地面积的40.69%；城镇公共建筑用地80.71万平方米，占用地面积的13.51%；住宅用地93.1万平方米，占用地面积的15.59%；其他用地123.97万平方米，占用地面积的20.75%。

1992年初，对市区使用国有土地的单位和个人，按地区、街坊逐宗进行调查。查明各宗地的权属、位置、界线、面积和用途等基本情况。权属调查工作主要分准备底图、发送“指界通知书”、实地调查3个阶段。1993年，在昭阳镇试点完成14388宗外业调查的基础上，进一步完善和整理内业，对达到权属合法、界址清楚、面积准确的10922宗地，报请市政府批准登记，颁发《国有土地使用权证》8961份，占82.1%。1994—1995年，在巩固1993年地籍调查成果的基础上，加快全市工作进度，同时，签订村集体土地权属界线协议，并报请市政府批准登记。兴化市调查城区14429宗，直管公房2816宗，其余11613宗经地籍调查达到“权属合法、界址清楚、面积准确”的有10265宗，占总数的88.39%。1994年4月起，兴化市根据省土地管理局批准《兴化城区地籍测量技术设计》，在城区全面开展地籍测量，测区划分为150个街坊、14380宗地，其中居民用地11600宗、单位1780宗。1995年，兴化市完成城区初始地籍调查，调查面积14平方公里，完成城郊13.5平方公里、216幅图的测绘。1998年，开展土地利用现状更新调查，全市建成区初始地籍调查后向城郊接合部转移，完成1.2平方公里面积调查。

1999—2001年，开展土地利用现状，更新调查外业工作，且达省国土资源厅验收标准。2001年集中国土资源所业务骨干全面开展内外业的对接和核查，并与省土地勘测规划设计院联合，校正土地利用现状更新调查成果。2003年8月，按新的标准和要求，启动新一轮城镇地籍调查和地籍管理信息系统建设工作，调查面积26平方公里。完成东至大小尖、上官河、白涂河（新城小区东侧河流）、食品厂蛋库，南至新区、老兴油公路，西至过境公路西侧1000米私营经济城，北至过境公路北侧1000米，22.54平方公里地籍调查。调查成果表明，兴化土地总面积3590355.5亩，按地权性质分：村集体土地3209690亩，占总面积89.4%；乡镇集体土地208856.4亩，占总面积5.82%；国有土地171809.1亩，占总面积4.78%。

1994年4月，江苏省土地管理局批准《兴化城区地籍测量技术设计》。市国土局组织专业队伍，在城区全面开展地籍测量工作。测区范围：东至白涂河（包括九顷新区和小岛新村），西至下官河、西荡河，南至车路河、新开发区，北至乌巾荡（首批为老城区6平方公里）。地籍划分为150个街坊、13380宗地，其中居民用地11600宗、单位1780宗。老城区房屋密集，宗地密度高，每幅图400多宗地，最密的1个网格（2500平方米）就有40多宗地，每宗地平均面积60多平方米，最小的仅10平方米。针对上述情况，确定选用部分解析法进行测量，以1∶500比例尺成图。1995年7月，上报扬州市及江苏省土地管理局，经专家检查，符合国家规程和省颁《实施细则》，验收合格。1995年初，开始城郊地籍测量。年底前完成13.5平方公里216幅图的测绘，基本达到地形、地籍两图并出的目的，获1995年省级科技成果奖。2008年10月，兴化市地籍勘测队被江苏省测绘地理信息局颁发丙级《测绘资质证书》。

三、土地台账

1988年初，兴化市土地管理局成立后，与统计部门共同建立土地统计报表制度，同时建立起耕地变化台账，非农业建设用地台账、宗地评估登记台账等。历年的年度土地统计报表由下列表式组成：《土地利用现状分类面积》（国土年综1表）、《耕地面积变化情况》（国土年综2表）、《各类建设用地当年增加面积》（国土年综3表）、《城镇建设用地当年增加面积》（国土年综4表）和《土地利用现状分类（概查）面积》（国土年综5表）。随着国民经济和社会事业的发展，非农业建设用地逐年增多，社会主义市场经济的建立和土地使用制度的改革，国家规定的土地年报表式有所调整。各乡镇以村为单位建立土地统计台账，主要项目有土地总面积、耕地、园地、林地、工业用地、交通用地、村民宅基用地、水域、未利用地面积等。国土局用地科按月记载征用土地流水账，主要记载征地单位、征地原因、被征乡（镇）村名、征地数量、土地性质、审批机关及批文等情况。年底汇总，统计出当年各项用地变化结果，从而建立市级土地统计台账。1999年后，逐步以电子台账取代传统的手工台账。土地统计工作和土地利用动态遥感监测正常有序开展。全面建立统计工作制度，初始统计台账、统计簿册完善，并实现年度更新。2001年，根据省国土资源厅布置，开展卫星动态遥感监测外业调查，主要用于执法检查。2002年，全市开展国土资源大调查中的耕地后备资源调查。2005年，为分析村庄土地整理潜力，开展零星村庄宅基地的调查工作。至2010年，土地统计年报有原"国土年综2–5表"、《国家建设征用土地情况汇总表》、《乡村建设、村民宅基地、农业建设用地情况汇总表》。

第二节　土地登记

一、初始登记

【城镇土地初始登记】 1993年，市土地管理局抽调人员，对权属调查工作补充完善，对大单位及复杂的宗地进行地籍复测；进行内业资料整理、审核，宗地面积量算及蒙绘宗地图等工作。经过内外业资料反复核实，除市房产公司直管公房2816宗地完成外业调查，暂不发证外，其余11613宗地之中，达"权属合法、界址清楚、面积准确"的10922宗。由市地籍调查登记办公室向使用单位和个人发出"土地登记通知书"及附图，有关单位和办公室申请土地登记。办公室将登记表和地籍调查资料核对无误后发布公告。公告期满如有关单位、个人和宗邻各方没有异议，即由市土管局签署意见，报请市政府批准，发给《国有土地使用证》。至年底发证8455份，发证率82.1%。至2010年末，应发放《国有土地使用权证》91250本，实际发放87560本；应完成初始登记87000本，实际完成初始登记86100本。

【农村土地初始登记】 自1992年海南乡试点起，至1993年底，开展农村土地初始登记发证，完成1116个村、190696宗地外业调查，分别占全市村庄总数和宗地数的79.2%和78.1%。经过内业整理，市政府对16个乡镇中达到"权属合法、界址清楚、面积准确"的土地使用者颁发土地证书。至2010年底，全市农村发放土地使用权证27.55万本。

2004—2010年兴化市土地登记情况一览表

表5-18

年份	集体土地使用权		国有土地使用权	
	宗数（个）	面积（平方米）	宗数（个）	面积（平方米）
2004	14077	753580	3301	4990360
2005	4135	6348950	3057	5399750
2006	19553	1026316	3680	5687508
2007	8887	1645600	4818	9318040
2008	2702	720900	2975	5679596
2009	1692	393667	2434	5974456
2010	1664	262792	3301	6109545

二、变更登记

20世纪90年代初始登记后，土地权属等发生变化而随时办理登记。随着国家土地法律法规逐步完善，为保持土地使用权的现时性，在进行国有土地申报登记的同时，强化变更管理。

2009年，集体土地使用权变更登记354宗，面积6万平方米；国有土地使用权变更登记593宗，面积60.89万平方米；2010年，集体土地使用权变更登记745宗，面积11.33万平方米；国有土地使用权变更登记1652宗，面积153.12万平方米。

第三节　土地权属管理

1980年起，农村实行联产承包责任制，加之经济发展，建房户增多，土地使用权纠纷案件（尤其是宅基地纠纷）发案率大幅上升。《土地管理法》实施后，兴化拟定调处程序，对土地权属纠纷，本着尊重历史，面对现实，互谅互让的精神，协商解决。协商不成的，由当事人报请乡（镇）政府及土地管理所调解处理。达成协议后，制作调解协议书，双方当事人签字盖章，并由调解机关盖章见证。跨乡镇的土地权属纠纷，由有关乡镇政府出面协商、调解。调解无效的，报县（市）政府主管土地的部门调处或裁决。如不服裁决，则由人民法院依法调解或判决。对于产生法律效力的协议或判决必须遵照执行。如一方不履行，被侵权一方可向人民法院提起诉讼。1993—2010年，全市发生土地权属纠纷案件8件，全部通过行政调处解决。

第五章　国土资源执法

第一节　执法基础建设

一、土地监察队伍建设

1988年，市土地管理局内设法规监督检查股。1994年10月，建立兴化市土地管理监察队，隶属市土地管理局，与市土地管理局法规监督检查股合署办公，配备兼职人员16人。1995年，成立国土监察大队。2005年，挂牌成立戴南、戴窑、大垛、安丰、陈堡、沙沟、城区7个监察中队。2006年，将原7个中队调整合并西郊中队和临城中队两个中队。是年，市国土资源局引入ISO9001质量管理体系，明确各自职能职责，推动国土管理规范化建设。2007年，增设戴南中队。2007—2010年，根据乡（镇）村行政区划调整的实际，建立完善市、乡、村、组四级土地执法监察网络，市国土资源局有监察科、队，乡镇所有土地执法监察队，村组有兼职监察员和兼职监察信息员。

二、创建“三无乡镇”与“执法模范乡镇”活动

1991年，兴化市通过以点带面的方法开展“无案乡镇”活动，取得一定成效。1992年，根据江苏省土地管理局文件精神，市土地管理局在总结创建土地管理“无案乡镇、无案村”活动的基础上，在全市开展创建土地管理“三无”（无违法批地、无违法管地、无违法用地）乡镇活动。3月初，市土地管理局在全市范围内开展创建“三无”乡镇竞赛活动。为推动创建“三无”活动的开展，每年初由市政府统一部署，土地管理局组织实施，制订计划措施，推行目标责任制。组与村、村与乡（镇）、单位与部门、土管所内部层层签订责任状，责任落实到人。每年底，根据省国土局制定的考核办法，把“三无”乡镇达标要求分解为百分制，由各乡镇逐项对照，由市政府授予土地管理“三无”乡镇称号。1993年，经年度目标考核，扬州市土地管理局年度抽查，达到省定“三无”乡镇目标的有19个乡镇土地管理所。1994年，全市有87%的乡镇将“三无”活动列入政府工作议事日程，年终有21个乡镇被评为土地管理“三无”乡镇。1995年，受到市政府表彰的土地管理“三无”乡镇有23个。2000年，创建“三无”乡镇活动改为创建“土地执法模范乡镇”活动。2005年，市政府发文对全市2004年度29个土地执法模范乡镇予以表彰，要求巩固创建成果，深化创建内容，不断提高创建活动水平。同时要求深入贯彻执行《土地管理法》，加强国土资源管理，切实保护耕地，严格依法用地、管地，为全市创建“土地执法模范县市”创造条件。2006年，全市35个乡镇（开发区）有30个被评为“土地执法模范乡镇”，达标率为86%。2008年1月，兴化市被省国土资源厅评为创建土地执法模范先进市。

第二节 土地监察

一、土地信访

市土地管理局成立后，按照“分工负责，归口管理”的原则，负责处理土地方面人民来信、来访。1991年，建立局领导受理信访等级和批办制度。1988—1995年，受理人民来信1103件，办结1074件，办结率97.37%。8年接待人民来访317起738人次。所检举案件和反映问题经调查属实处理结案的245起。群众信访反映的问题主要有检举揭发单位或者个人违法用地行为的；因为土地权属不清或者因为土地侵权行为造成土地所有权、使用权争议纠纷的。1996—2010年，受理人民来信1255件、来访956件、来电2078件。来信来访呈现特点是越访、集访量上升；征地补偿不到位，历史欠债的信访较多；由于全市砖瓦窑用地量大等特点，群众举报取土问题比较集中；少数地方基层干部土地法律意识淡薄，观念陈旧，导致干群关系紧张。

二、动态巡查

1999年11月后，根据国土资源部的要求，土地行政主管部门和基层土地管理所普遍实行动态巡查责任制，明确各级巡查范围和职责。实行分片包干，动态巡查，建立考核指标体系，落实奖惩。2000年起，执法监察动态巡查纳入全年工作目标考核。2001年，市国土资源局监察大队在沈坨镇唐张村巡查时，发现该镇招商引资饲料厂选址在基本农田保护区内。大队成员向该镇领导指出问题，并宣传土地管理方面的法律法规，使项目重新选址，迁至集镇建设规划区内。2006年6月，泰州市召开落实开发区四至范围工作会议，要求通过调研，制定发展规划，按照开发区发展要求核减超标面积和定界，江苏兴化经济开发区设置拐点138个，实地埋设铸有“开发区界”的桩石

60个，实际落实开发区面积4.53平方公里，核减64公顷。2000—2010年，国土监察大队开展土地执法动态巡查8204次（含配合上级巡查）。

第三节　土地执法

1988年后，对当事人申请、群众检举揭发、上级机关转批的或监察人员巡回检查发现的案件线索，根据上级规定管辖范围受理自办或转交乡镇国土所办理。违法案件的查处程序分为教育制止、受理立案、调查取证、处罚与处理、送达与执行。1991—2010年，制止违法用地313宗，立案查处280宗。

一、清理非农业建设用地

1990年5月，市政府根据国务院和江苏省、扬州市政府有关文件精神，决定对《土地管理法》实施以来，重点是1988年、1989年建设用地审批情况作一次全面清理。8月中旬，对驻乡（镇）单位进行检查，先后查出45个单位、1109户个人经越权批准或未经批准的违法用地。其中，违法用地的全民单位8个，市属单位2个，违法用地面积13.4亩，在书面检查后，按规定补办用地批准手续，交齐管理费用，并补交耕地占用税7630元。对乡（镇）村办的35个企业在1988年、1989年的违法用地，在书面检讨的基础上，补办土地使用批准手续，补缴各种费用10709元；110户未经批准违法占地建房的个人，分别由有关乡镇土地管理所负责依法补办用地批准手续。

1994年10月，针对出现的乱占耕地现象（如未经报批擅自用地、大片耕地圈而不用，导致成片撂荒等），市政府发出通知，要求各乡镇、各部门对1992年以来建设用地进行全面清理。1995年，市监察局、土地管理局成立土地行政执法工作队，对以前未批先用的单位用地进行清理。按车路河南、河北和市区（含郊区）划分3个责任区，补办1995年以前未批先用的土地报批手续72宗，土地465.2亩，其中：报省及扬州市批准的17宗、土地306.6亩；兴化市政府办理的项目用地55宗、158.6亩。对征而未用、多征少用的闲置撂荒地逐一清理，查出1988年以来的闲置地27宗、178亩。其中25宗闲置荒芜2年以上又无力实施建设的土地，报经市政府批准收回土地使用权，并落实复垦措施。2010年，清理非农业建设用地20宗、160亩，其中19宗改正到位，合计罚款109万元。

二、清理整顿小土窑

1990年8月，在全市组织小土窑专项治理整顿大检查，对291座无土源保证的小土窑责令毁窑停产。是年底，保持生产的土窑667座，比上年下降22.2%。此次整顿虽然取得一定成果，但少数乡（镇）村仍有毁圩建窑、挖圩取土、平圩做坯场现象，使圩堤抗洪能力下降，在1991年洪涝灾害中出现严重后果。1991年，全市建在圩上的土窑500多座，发生沉圩的达302个。

1991年9月16日，市政府下发《关于进一步清理整顿土窑的意见》，要求各乡镇对小土窑全面清理、限期解决，加强对轮窑用土的管理。市土地管理局以车路河两岸为重点，召开清理小土窑现场会，具体部署清理工作。各乡镇在当年秋播以后，以小土窑整顿和水利建设为重点，统一部署行动。林湖乡一次性平毁全乡小土窑，东鲍乡平毁小土窑26座。是年底，全市平毁建在圩堤上的小土窑377座，在清理中，承包小土窑合同到期的一律不得续订，合同未到期但已缴承包款的，分别情况一次性或分期退还。通过清理，市内建于圩上的小土窑基本清除。

1994年，市土地管理局下达各乡镇小土窑控制数，全市129座。但此后，各乡镇又陆续出现一批未经批准擅自恢复的小土窑。至1995年，全市持证和不持证生产的小土窑达448座。1995年，市政府要求各乡镇落实管理措施，明确取土区，坚持凭证取土、凭证生产，对无土源的小土窑限期复垦。市土地管理局和各乡镇对境内小土窑逐一核实，因无土源被令熄火停产并签订毁窑复垦保证书的319座，持证生产的小土窑129座。此后，每年通过定期巡查，发现无证小土窑取土生产的，及时清理，并分别情况予以处理。

2006年，市政府从财政资金中抽出171.6万元解决拆除平毁小土窑及复垦整理土地所需的机械，抽调国土、财政部门6名工作人员组成工作组，对每座窑现状进行拍照、GPS定位和图斑定位确定可复垦面积，在拆除平毁过程中进行跟踪监测，最后进行验收，全部拆除平毁后可整理复垦土地约1900亩。

三、禁止乱葬坟

1991年后，各乡镇按市政府文件要求，推行殡葬改革，取得一定成效。但一些地方在尸体火化后，将骨灰盒乱葬乱埋现象时有发生。1994年，市政府批转市民政局、土地管理局“意见”，要求各乡（镇）搞好“绿化墓地”建设管理。组织力量将埋葬在公路两边、河道两岸的散坟、廓、亭、塔（烈士墓、塔除外）迁移至村规划的绿化墓地，统一安排墓穴，每穴面积1平方米，提倡不留坟头，种常青树留念。1995—2010年，兴化平（迁）土散坟（墓、廓、亭、塔）65万穴，复垦土地2000亩。

四、违法占地案件查处

1987年，市政府和市土地管理部门先后对反映强烈、影响较大的东潭乡城堡村和市水产养殖场非法出售宅基地的行为进行专项治理。查处非法出售宅基地57宗，收回流失的国家土地资产和各种规费60余万元。在巡回检查中，发现东潭乡庞家村将20亩耕地售给私人建房，会同乡政府予以制止，责成该村退还卖地款。1994年10月，对垛田乡下甸村与东鲍乡建筑安装公司兴城分公司违反城市规划法和土地管理法，在未经规划定点和批准用地的情况下，在规划区王家塘市委党校北侧建造商品住宅，及时予以查处。

2003年，先后组织城区城郊违法用地违法建设专项治理、大垛用地项目清理、昭阳镇严家村违法用地查处、竹泓镇违法用地专项清理。2004年，组织戴窑粮食市场违法用地专项治理、张郭镇违法用地专项整治。2005年，组织废品市场违法用地专项整治。2006年，组织戴南、张郭等乡镇违法改变农用地用途专项治理。2007年，查处兴化市东方铸钢有限公司违法占地案。2008年，查处戴南不锈钢交易城违法占地案、兴润畜牧业有限公司非法占用基本农田案。2010年，查处兴化市桃源畜禽有限公司改变原土地批准用途建水果批发市场案。

第四节　地质矿产管理

一、开采许可

境内石油开采由国土资源部发放开采许可证。2003年，砖瓦用黏土资源由泰州市国土资源局发放开采许可证。根据国土资源部《关于进一步规范矿业权出让管理的通知》精神，2003年起，市内全部停止以行政审批方式授予采矿权，而以市场方式配制黏土资源。砖瓦用黏土资源一律采用招标、拍卖、挂牌方式出让，由企业在市场竞争中获得资源，按相关规定向国土资源管理部门登

记申领采矿许可证。2005年后，通过整顿和规范矿产开发行为，拆毁小土窑多座。

2003年，全市采矿权市场步入正轨。全市采矿权到期的50家砖瓦企业，一律采取通过采矿权出让市场竞争的方式来获得采矿权。2005年对采矿权交易所集中统一挂牌出让，规范采矿权延续登记发证工作。对全市49家采矿权届满的砖瓦生产企业按采矿许可登记规范办理采矿登记发证。2006年进一步推行矿产资源市场化配置，全面开展砖瓦窑业黏土资源开采的整治工作，平毁小土窑291张，整理复垦后可新增耕地面积1893.4亩。2010年制定完善《兴化市矿业权有形市场操作方案》，所有挂牌出让的黏土资源点进行现场实测、闭坑验收。2003—2010年，全市出让黏土资源848.42万立方米，收取采矿权出让价款1372.18万元。

二、矿产资源补偿费征管

矿产资源补偿费作为国家预算收入，专项管理，市内石油矿种由省国土资源厅统一代征，黏土资源补偿费由兴化市国土资源局征收，收费标准按1994年国务院第150号令《矿产资源补偿费征收管理规定》的费率表执行，征收的矿产资源补偿费，及时全额上缴国库。

第六章　环境保护

第一节　环境质量

一、大气环境质量

自1983年兴化开展环境空气手工监测，2001年起兴化市开展环境空气自动监测。通过防治措施的实施，空气环境质量中颗粒物浓度总体稳定。2004年6月，投资100多万元的城区环境空气自动监测站投入运行。1991—2010年，二氧化硫、氮氧化物（二氧化氮）年均值指标全部达到二级标准，降尘浓度均符合降尘标准限值要求，但总悬浮颗粒物（TSP）、可吸入颗粒物（PM10）均出现超标，成为影响全市空气环境质量的主要污染物。

1991—2010年兴化市大气环境质量监测数据一览表

表5-19　　单位：毫克/标立方米

年份	二氧化硫（SO_2）	氮氧化物（NO_x）	二氧化碳（NO_2）	总悬浮颗粒物（TSP）	可吸入颗粒物（PM10）
1991	0.038	0.013	—	0.260	—
1992	0.025	0.028	—	0.230	—
1993	0.013	0.012	—	0.170	—
1994	0.024	0.013	—	0.180	—

续表 5-19

年份	二氧化硫（SO_2）	氮氧化物（NO_x）	二氧化碳（NO_2）	总悬浮颗粒物（TSP）	可吸入颗粒物（PM10）
1995	0.023	0.016	—	0.180	—
1996	0.125	0.051	—	0.120	—
1997	0.119	0.063	—	0.090	—
1998	0.109	0.035	—	0.120	—
1999	0.070	0.034	—	0.100	—
2000	0.014	0.016	—	0.130	—
2001	0.014	0.014	0.014	0.120	0.060
2002	0.018	0.010	0.010	0.130	0.075
2003	0.005	0.013	0.014	0.053	0.065
2004	0.024	0.010	0.017	0.046	0.100
2005	0.008	0.018	0.021	0.091	0.091
2006	0.006	0.019	0.014	0.094	0.094
2007	0.005	0.016	0.010	0.094	0.091
2008	0.013	0.016	0.014	0.094	0.081
2009	0.022	0.015	0.017	0.072	0.072
2010	0.030	0.020	0.018	0.087	0.090

1996—2010年兴化市空气中降尘浓度一览表

表 5-20

单位：吨/平方公里·月

年份	降尘浓度空气质量	年份	降尘浓度空气质量	年份	降尘浓度空气质量
1996	7.6	2001	4.6	2006	5.6
1997	6.2	2002	5.3	2007	8.0
1998	5.0	2003	5.2	2008	7.1
1999	6.2	2004	5.8	2009	8.3
2000	5.0	2005	5.9	2010	7.4

说明：执行标准浓度为10吨/平方公里·月。

自1983年开展降水监测以来，未出现酸雨的年份有5年，分别是1996年、2001年、2002年、2003年、2005年。其他年份酸雨发生次数从每年1次至12次不等。发生频率在0.4%—28.2%之间，2007年、2008年酸雨发生频率高，均高于20%。

1991—2010年兴化市酸雨发生情况一览表

表5-21

年份	pH均值	范围	酸雨频率(%)
1991	6.48	4.57～7.44	13.3
1992	6.88	5.18～7.85	5.4
1993	6.55	4.90～7.32	6.3
1994	6.31	4.56～7.33	5.9
1995	5.96	4.40～7.36	12.0
1996	6.27	6.03～6.90	0.0
1997	6.57	5.02～7.05	3.0
1998	6.44	5.33～6.62	5.6
1999	6.63	5.50～6.77	0.6
2000	6.52	5.22～7.42	3.2
2001	6.73	6.13～6.93	0.0
2002	6.25	5.81～6.83	0.0
2003	6.30	5.65～6.98	0.0
2004	6.12	5.16～6.95	0.4
2005	6.08	5.72～6.41	0.0
2006	5.72	4.87～6.32	11.9
2007	5.61	5.28～6.12	28.2
2008	5.20	3.87～5.92	22.0
2009	5.86	4.55～7.54	3.8
2010	6.03	5.43～6.68	2.5

二、水环境质量

20世纪90年代，由于较多的工业废水、生活污水未经处理直接排入内河，加之农药化肥的大量使用，使河流水质均受到不同程度影响。城区河道水质较差，水体内溶解氧含量偏低，氨氮检出值偏高。枯水期，水体中高锰酸钾指数、总磷、氨氮经常超过地表水Ⅲ类标准。2000年后，由于环境保护工作的加强，水质明显改善，城区河道水质多为Ⅲ类。

兴化城区的两个饮用水源地分别为上官河和横泾河。1995年前，上官河一水厂水质为Ⅳ类；1996—2010年，除个别年份为Ⅳ类外，其余均达Ⅲ类。横泾河二水厂水质除1993年为劣Ⅴ类外，其余年份均达Ⅲ类。

1991—2010年兴化市主要河流点位水质类别一览表

表5-22

年份	冷冻厂	河口	横泾	老阁	乌巾荡	加工厂	东门泊
1991	Ⅲ	—	Ⅲ	Ⅲ	Ⅳ	Ⅳ	Ⅳ
1992	Ⅳ	—	Ⅲ	Ⅲ	劣Ⅴ类	Ⅳ	Ⅳ
1993	Ⅲ	—	劣Ⅴ类	Ⅲ	Ⅳ	Ⅲ	Ⅲ
1994	Ⅲ	—	Ⅲ	Ⅲ	Ⅳ	Ⅲ	Ⅲ
1995	Ⅲ	—	Ⅲ	Ⅲ	Ⅳ	Ⅳ	Ⅳ
1996	Ⅲ	—	Ⅲ	Ⅲ	Ⅲ	Ⅲ	Ⅲ
1997	Ⅲ	—	Ⅲ	Ⅲ	Ⅳ	Ⅲ	Ⅲ
1998	Ⅲ	—	Ⅲ	Ⅲ	Ⅳ	Ⅲ	Ⅲ
1999	Ⅲ	Ⅲ	Ⅲ	Ⅲ	Ⅲ	Ⅲ	Ⅲ
2000	Ⅲ	Ⅲ	Ⅲ	Ⅲ	Ⅲ	Ⅲ	Ⅲ
2001	Ⅲ	Ⅲ	Ⅲ	Ⅲ	Ⅲ	Ⅲ	Ⅲ
2002	Ⅲ	Ⅳ	Ⅲ	Ⅲ	Ⅳ	Ⅲ	Ⅲ
2003	Ⅲ	Ⅲ	Ⅲ	Ⅲ	Ⅲ	Ⅲ	Ⅲ
2004	Ⅲ	Ⅲ	Ⅲ	Ⅲ	Ⅲ	Ⅲ	Ⅲ
2005	Ⅲ	Ⅲ	Ⅲ	Ⅲ	Ⅲ	Ⅲ	Ⅲ
2006	Ⅲ	Ⅲ	Ⅲ	Ⅲ	Ⅲ	Ⅲ	Ⅲ
2007	Ⅲ	Ⅳ	Ⅲ	Ⅲ	Ⅲ	Ⅲ	Ⅲ
2008	Ⅲ	Ⅲ	Ⅲ	Ⅲ	Ⅲ	Ⅲ	Ⅲ
2009	Ⅲ	Ⅳ	Ⅲ	Ⅲ	Ⅲ	Ⅳ	Ⅳ
2010	Ⅲ	Ⅳ	Ⅲ	Ⅲ	Ⅳ	Ⅳ	Ⅳ

三、声环境质量

图5-3 城市河道水质改善 （2005年摄，市住建局提供）

市区噪声主要来源于社会生活噪声、交通噪声和建筑施工噪声。全市区域环境噪声等效声级，对照二类区标准：1992年、1993年、1994年、1996年出现超标现象，其他年份符合二类区标准。通过开展噪声达标区建设，声环境质量总趋势呈逐步好转状态。1995年，城区建成环境噪声达标区。

1996年起，市区按四类区开展功能区环境噪声监测。1997—2010年，市区声环境远达到二类区标准。

1991—2010年兴化市区环境噪声监测情况一览表

表5-23　　单位：分贝

年份	区域环境噪声	年份	区域环境噪声	年份	区域环境噪声	年份	区域环境噪声
1991	59.4	1996	62.9	2001	57.0	2006	54.0
1992	60.2	1997	59.2	2002	56.9	2007	53.9
1993	60.9	1998	55.2	2003	56.5	2008	52.9
1994	60.1	1999	55.7	2004	58.5	2009	51.4
1995	59.6	2000	55.3	2005	52.9	2010	51.9

第二节　环境污染治理

一、环境投资

1991—1998年，兴化市环保投资指数保持在1.5%左右水平。1999—2002年，兴化环保投资不断加大，2003年，市环保投资额为1.67亿元，环保投资指数为1.83%。2004年，环保投资额为2.16亿元，环保投资指数为2.09%。2005年，环保投资额为4.3亿元，环保投资指数为3.47%。2006年起，不再进行环保指数统计。2007年、2008年、2009年、2010年，全市财政环保支出分别为2658万元、3863万元、3616万元、5164万元。

二、水污染治理

1991年后，随着工业企业不断壮大，河水污染情况日趋严重，兴化逐步加大水污染治理。每年组织水环境整治，清理沿河垃圾，打捞水上漂浮物。2002年，兴化城市污水处理厂建设通过可行性论证。兴化双乐化工颜料有限公司投资800万元的废水治理项目建成投运。2003年，兴达公司投资6000万元废水废气治理工程等一批重点污染治理设施工程建成并投入运行，实现污染的有效治理和稳定达标排放。是年，兴化市启动污水处理厂规划建设工作。

图5-4　城南污水处理厂处理设施

（2010年摄，市委宣传部提供）

兴化市城南污水处理厂属国家淮河流域污水治理项目，占地5.53公顷，设计总规模为日处理污水6万吨。工程分3期实施，于2006年4月开工建设，投资近亿元，采用DE型氧化沟污水处理工艺，每日可处理2万吨污水。污水收集管网总干管长25公里，污水收集面积达27.4平方公里。污水厂于2007年11月进入试运行，主要收集城区生活污水，收集面积约27.4平方公里。2008年，戴南镇董北村、赵家村始建小城镇分散型生活污水处理项目，2010年7月建成投入运营，日处理量400吨，排放达国家一级B标准。至2010年，全市各乡镇普遍成立水环境保洁公司，实行市场化运作。全市清理市、乡河道162条，833公里；生产河、村庄河道1.6万多条（段）。

三、废气污染治理

1991年后，兴化逐步重视并加强烟尘控制。1998年，兴化烟尘控制区建设通过泰州市环保委组织的验收。为彻底解决市区燃煤炉、窑、灶所排放的烟尘、居民住宅楼下兴办的饮食娱乐服务业所排放的厨房油烟和噪声扰民问题，2003年，市政府颁布《关于加强城区饮食娱乐服务业环境管理的意见》，将建成区划定为清洁能源区，在内所有炉、窑、灶必须使用燃气、燃油、电、太阳能等清洁能源，不再新批燃煤锅炉。同时开展系列环境综合整治活动，如开展油烟整治活动。2004年，被列入整治的116家餐饮企业全部安装油烟净化装置。所有新建餐饮必须安装油烟净化装置。验收合格后方可办理环保审批手续；不断拓展城区“双控区”建设范围，建成烟尘控制区20.77平方公里，烟控区覆盖率达100%，通过泰州市环委会复查验收。2005—2010年，加大城市基础设施建设力度，管道燃气工程在城区全面开展，管道燃气入户率不断提高。对一些群众反映强烈、久拖不决的重点大气污染问题，市政府先后组织开展“整治企业违法排污”“挂牌督办突出环境问题”等专项活动，通过挂牌督办，实施分类管理和逐级销号，对难以完成整改任务的各类企业一律依法取缔。通过实施督办整治，彻底解决城区周边乡镇土法炼油行业烟尘废气污染等问题。2010年，兴化空气质量保持良好，空气质量优良天数占监测天数的90.4%。

四、噪声污染治理

1993年起，兴化创建噪声达标区。对交通、社会生活、建筑施工、工业企业等噪音进行控制，开展安静小区建设专项治理等，噪声污染治理取得明显成效。1997年，兴化市建成5.09平方公里噪声达标区并通过复查，新建3.87平方公里噪声达标区通过验收。2000年，噪声达标区建设面积8.96平方公里，通过泰州市验收。2004年初，重新编制《兴化市环境噪声功能区划》和《兴化市城区城市环境噪声适用区划分技术报告》，并报泰州市环委会技术审核同意，由市政府以文件下发。至2010年，在8.96平方公里基础上扩建10.33平方公里，建成环境噪声达标区面积19.29平方公里，占建成区面积的93.69%。

五、固废污染治理

【白色污染防治】 20世纪90年代中期，随着塑料制品的普及，对白色污染的防治引起重视。每年世界环境日等重大节日，在街道宣传白色污染防治相关知识，呼吁广大市民少用或不用塑料袋，自觉做环保使者。对各超市、饭店等使用塑料袋、快餐盒的白色污染大户开展经常性督查，提出整改要求。每年8月，市环保、质监、工商等部门联合对全市废旧物资回收利用市场进行专项整治，要求市区回收网点规范场地，建章立制，明确责任，长效管理。

【危险废物治理】 1991年后，要求各单位将危险废物送有资质的单位进行安全处置。2005—2010年，根据上级环保部门要求，兴化市开展危险废物产生企业普查登记。对危险废物产生量10千克/年以上的单位进行调查，企业和医疗机构产生的危险废物，委托高港区泰州宇新固体废物处置有限公司处置。

1991—2010年兴化市固体废物产生与处理情况一览表

表5-24　　　　单位：万吨

年份	生活垃圾			工业废物		
	产生量	处理量	处理率（%）	年产生量	处理量	处理率（%）
1991	5.00	5.00	100	2.50	2.38	95.2
1992	4.51	4.51	100	3.12	3.06	98.1
1993	4.69	4.69	100	3.55	3.54	99.7
1994	6.00	6.00	100	4.36	4.35	99.8
1995	5.50	5.50	100	6.59	6.51	98.8
1996	4.23	4.23	100	5.32	5.32	100.0
1997	4.75	4.75	100	5.66	5.66	100.0
1998	4.38	4.38	100	5.02	5.02	100.0
1999	4.86	4.86	100	6.01	6.01	100.0
2000	4.98	4.98	100	5.66	5.66	100.0
2001	6.21	6.21	100	9.41	9.41	100.0
2002	6.33	6.33	100	13.85	13.85	100.0
2003	6.98	6.98	100	14.34	14.34	100.0
2004	7.62	7.62	100	14.04	14.04	100.0
2005	8.18	8.18	100	21.63	21.63	100.0
2006	10.22	10.22	100	26.28	26.28	100.0
2007	12.36	12.36	100	27.82	27.82	100.0
2008	14.98	14.98	100	30.64	30.64	100.0
2009	15.66	15.66	100	31.09	31.09	100.0
2010	18.24	18.24	100	32.04	32.04	100.0

第三节　生态保护和建设

一、生态功能区划分

1999年，兴化市被国家环保总局批准为国家级生态示范区建设试点市。2001年，兴化市建成西郊乡绿色食品基地、李中镇人工生态林和生态水产养殖工程、中堡镇湖荡围网轮休养殖工程、垛田镇千岛农业生态园、陶庄镇特禽生态养殖场、以废旧塑料综合利用为主的环保产业园。是年10月中旬，兴化市生态示范区建设通过国家环保总局考核验收。2002年3月，兴化市被国家环保总局命名为第二批国家级生态示范区。2005年，市政府将乌巾荡风景名胜区等8处区域划定为重要生态功能区，总面积148.47平方公里。2009年，省环保厅发布《江苏省重要生态功能保护区区域规划》，批准兴化市垛田千岛春色风景名胜区等9个重要生态功能保护区区域。兴化市垛田千岛春色风景名胜区属于景观保护区域，总面积为42.4平方公里，其中禁止开发区面积为4平方公里，限制开发区面积为38.3平方公里；兴化市乌巾荡风景名胜区属于景观保护区域，总面积为10平方公里，属于限制开发区域；兴化市饮用水源保护区属于饮用水源保护地，总面积为1.2平方公里，全部为禁止开发区；南官河饮用水源保护区的禁止开发区为一级保护区；横泾河饮用水源保护区的禁止开发区为一级保护区；蜈蚣湖湖群重要湿地区属于湿地生态系统维护、洪水调蓄区域，总面积为466.7平方公里，属于限制开发区域；兴化市有机蔬果特殊生态产业区属于特殊生态产业区，总面积为12平方公里，属于限制开发区域；兴化市有机稻米特殊生态产业区属于特殊生态产业区，兴化中、西部乡镇建成优质粳稻生产基地1.2万亩，属于限制开发区域；兴化市有机鸿膏大闸蟹特殊生态产业区属于特殊生态产业区，总面积为7.42平方公里，属于限制开发区域。

二、环境优美乡镇、生态村创建

【环境优美乡镇创建】 2000年3月，兴化市李中镇建成省级经济与环境协调发展示范镇。2003年，根据省环保厅“意见”开展创建生态示范区、环境优美乡镇和生态村活动。2005年，戴南镇、张郭镇建成省级环境优美乡镇。2005年、2006年，泰州市环境保护委员会先后命名缸顾乡、李中镇、周庄镇为泰州市级环境优美乡镇。2007年，安丰镇和合陈镇成为泰州市级环境优美乡镇。2008年底，戴窑镇、昌荣镇、大垛镇完成集镇环境保护规划编制，并通过专家评审。2009年，张郭镇国家级生态镇通过省级验收。2010年5月，茅山镇、海南镇、西郊镇、荻垛镇环境规划通过评审。6月，安丰镇、合陈镇省级生态镇通过考核验收。9月，大垛镇、陈堡镇、周庄镇省级生态镇通过考核验收，戴南镇国家级生态镇通过省级验收。

【生态村创建】 2000年，李中镇曹丰村、苏宋村、西郊镇南沙村、戴南镇董北村、海南镇东老村、安丰镇许家村、林湖乡姚富村、大垛镇陈卞村、陈堡镇蒋庄村、合陈镇东沈村等11个“百佳生态村”通过省环保厅验收。2004年，海南镇刘泽村创建成省级生态示范村。2005年，泰州市环委会命名海南镇刘泽村、南蒋村，西鲍乡周韩村，张郭镇蒋庄村、陆姜村为泰州市级生态村。2006年，张郭镇蒋庄村建成省级生态村，戴南镇永丰村、张万村、东陈村，沙沟镇桂庄村，中堡镇龙江村、陆家甸村、东皋村被泰州市环委会命名泰州市级生态村。2009年，戴南镇张万村建成省级生态村。2010年，泰州市环委会命名戴南镇徐唐村、双沐村、孙堡村、中迎村、冯田村、戴泽村、南朱村、罗顾村，张郭镇藕杭村、刘纪村、唐刘村、千户村、欧家村、罗么村、周家村、赵万村、五星村、朱家村、同济村，大垛镇吴岔村、安明村、阮中村，荻垛镇荻垛村、七子村，戴窑镇兴野村，合陈镇邓桥村、合陈村、张居村，昌荣镇富民村、唐子村，海南镇东荡村、新伍村、蔡高村，陈堡镇蒋庄村、陆陈村、曹黄村，周庄镇江孙村、农兴村，垛田镇凌翟村、征北村、孔长村，竹泓镇竹二村、赵徐沈村、丁牛村，茅山镇南朱庄村、茅山西村、纪荀村，林湖乡戴家村、姚富村，昭阳镇五岳村、南阳村、双潭村、严家村、城北村，开发区开发村、开拓村为泰州市级生态村。

图5-5 整治后的垛田镇孔长村村貌
（2009年摄，市委农工办提供）

三、畜禽养殖污染防治

2004年，江苏英特福生态农业有限公司（陶庄），将猪粪进沼气池发酵后变沼气、沼液，并将沼渣作为有机肥料肥田，形成“猪—沼—食”的循环经济发展模式。2007年，海南镇刘泽村成立峥嵘生猪养殖专业合作社，引进联富公司，投入1400多万元建成规模化养猪场1座，同时投入270万元建成沼气池1座，将猪粪制成沼气、沼液、并将沼渣喂鱼。泰州太子乳业有限公司和合陈镇甘杨生猪养殖小区等综合利用畜禽粪尿分离，猪粪经发酵生产加工成有机肥还田，猪尿等污水经沉淀用作耕地肥料。兴化市隆康畜禽有限公司、竹泓镇忠鑫奶牛场等通过猪粪尿干湿分离，干粪堆积发酵后还田种茎牧草，污水厌氧发酵后入田茎牧草，或进入生化池、氧化塘，最后流入鱼塘、蟹池。2010年，12家规模化畜禽养殖企业实现废弃物综合利用，利用量约2万吨/年。

四、农业废弃物综合利用

20世纪90年代中期起，兴化出现农业富余秸秆露天焚烧现象。为切实搞好秸秆综合利用，减少秸秆焚烧和推入水体对生态环境的影响，每年夏收、秋收时节，市委、市政府联合下发秸秆禁烧和综合利用工作的通知，有关部门联合发布公告，市环保、农业、农机、安监等部门组织联合执法检查。1998—2000年，推广留高桩还田技术，秸草过腹还田技术，利用秸草作为原料制成草片或作为食用菌栽培的培养料，推广以草代煤烧锅炉的综合利用技术，发动农户加工编织制作工艺品。2003年申报秸秆处理养羊项目，上争资金49万元，自筹资金100万元，在李中、大垛等十多个乡镇实施麦秆、稻秆利用新疆微贮王进行微贮，对玉米、大豆秸秆进行青贮饲养山羊，年处理农作物秸秆20万吨。2005年，戴窑镇与广州中科华源科技有限公司、兴化苏源事业有限公司共同投资3200万元建成中科生物质能发电公司，利用秸秆发电，装机容量4000千瓦，年发电量3000万千瓦·时。兴化市环保局多次被省环保厅、农林厅、农机局、科协评为全省秸秆禁烧和综合利用工作先进单位。2010年，全市12家规模化畜禽养殖企业实现废弃物综合利用量约2万吨，秸秆综合利用专业合作社消化秸秆约3万吨。

第四节　环境管理

一、环境保护规划

1991年，兴化市环保局与国家环保局南京环科所合作，组织“兴化水环境容量初步研究”，编制《兴化市水环境规划》。通过1990年底进行枯水期监测。1991年9月下旬洪灾刚过即开始进行丰水期监测，对城乡15条主要河流39个断面进行为期20天的水文、水质监测，取得科研数据6000多个。10月起《规划编制》转入室内计算、文字等工作。翌年7月15日通过《兴化市水环境规划鉴定意见书》。规划主要突出兴化城区水环境现状、水质状况、存在问题及功能区划分原则，研制出适合兴化市水网特点的水文水质容量估算方法。规划对水功能区进行划分，将全市划分为91个河段、43个陆域（其中城区划为23个河段、10个陆域），对不同水功能区执行不同的水质标准，重点保护饮用水源。1993年，兴化市噪声控制近期（1993—1997年）和远期（1997—2010年）规划经市政府批准执行。1994年，完成编制《兴化市城市环境综合整治规划》，安丰、戴窑两镇编制完成《镇区环境综合整治规划》。1995年，《兴化市环保“九五”计划和到2010年长远规划》编制完成，市环保局与市城乡建设局联合编制《兴化市城市污水处理规划》。1996年，经市政府批准实施《兴化市水环境综合整治规划》，为保护兴化市水环境提供地方性规章。是年，制定出台《淮河流域兴化市水污染防治规划》和《兴化市环境空气质量功能区划分》。2001年，为创建国家级生态示范区，兴化市政府批准《兴化市生态示范区建设规划》。2003—2010年，先后有缸顾、张郭、周庄、戴南、安丰、合陈、戴窑、昌荣、大垛、荻垛、茅山、海南、西郊等乡镇完成集镇环境保护规划编制，并通过专家评审。2005年，编制完成《创建国家环保模范城市规划》和兴化环保“十一五”规划。2007年，编制完成《兴化市农村环境综合整治规划》。是年，兴化市政府编制《兴化生态市建设规划》。2009年，城区围绕创建国家环保模范城市，修订《创模规划》，编制《兴化市污水处理厂污泥处置规划》和《兴化市城区黑河整治规划》。2010年，编制完成“十二五”环保规划和兴化市新农村建设“十二五”规划“环保篇”，是年，兴化经济开发区、戴南科技园区委托泰州市环境科学研究所编制生态工业园区建设规划。

二、环境监察

【环境影响评价】 1989年起，由建设单位委托有资质的单位调查建设项目所在地环境状况，评估建设项目污染物种类、数量，预测其排放方式、扩散范围、影响程度，并对建设项目中环保措施提出建议或对策，最后报环保主管部门审批。1991年10月，兴化市环境工程技术服务所成立，配合省内环评机构、科研单位，从事环境咨询服务。2003年6月，经国家环保总局批准，取得环境影响评价乙级（报告表）编制资质。

1991—2010年，经省政府及兴化市政府批准，兴化经济开发区（省级）、张郭科技园相继建成。2008年，经泰州市政府批准，戴南科技园建设环境管理的重点区域，严格执行环境影响评价制度，完善项目准入机制。

【“三同时”】 1989年起，推行有污染项目主体工程与污染防治措施同时设计、同时施工、同时投产使用。2001—2006年，全市审批项目3071个（其中登记表项目2405个、报告表项目650个、报告书项目16个），全部执行“三同时”。其中验收项目2579个，未建、停建项目84个，“三同时”执行率大于80%，验收合格率为100%。2007—2010年，全市审批项目2517个（其中登记表项目1354个、报告表项目1156个、报告书项目7个）。执行“三同时”项目3536个，验收项目2870个，未建、停建项目96个，“三同时”执行率大于80%，验收合格率为100%。同时加强新建项目“三同时”执行情况监督检查，每年对全市建设项目进行一次全面、系统的执法检查。

【排污申报和排污许可证】 1995年12月1日起，全面实施排放污染物申报登记。全市分三批，首批为180个列入环境统计和国家、省重点污染源名录单位，第二批为乡镇企业，第三批为产业申报登记。1996年底前，申报登记全部结束。

1999年8月，省环保厅下发《关于下达实施总量控制排污单位名录的通知》，兴化市对260个工业企业下发《关于核发〈排放污染物许可证〉的通知》，明确要求各企业如实填报排放污染物许可证申请表，按时递交排污许可证申请手续。除4个停产、注销单位外，规定256个工业企业履行排放污染物许可证申请手续，其中40个污染源达标排放单位经泰州市环保局审批后核发许可证。12个单位补办排污许可证申请手续。2003年，市环保局对列统企业中的100个单位核发排污许可证。

2005年，根据泰州市环保局《关于推进淮河和长江流域排放水污染物许可证核发工作的通知》，对所有排放污水、废气的工业企业开展许可证核发工作，发放167个单位。结合兴化城区烟尘控制区内废气污染源监测复测工作，市环保局对城区109个炉、窑单位（其中大部分为三产行业），下发《关于对城区烟尘控制区锅炉、窑炉实施监测的通知》，凡监测达标单位核发《排放污染物许可证》，对于318个非重点企业，凡经市环保局审批而又没有环境纠纷的，填写《泰州市排污许可证申请表》，由市环保局发放《排放污染物许可证》。2007年2月25日，市环保局下发《排污许可证发放程序的具体规定》，要求2004年1月1日以前的建设项目，凡符合国家产业政策和环保要求的，核发正式排污许可证。凡不符合国家产业政策和环境准入条件的，不予核发排污许可证。逾期未领证的按有关法律、法规予以处罚。从2008年1月1日起，所有建设项目统一按新建项目的要求办理。2007—2010年分别核发排污许可证552份、90份、146份和103份。

【环境保护目标责任】 1991—2010年，市委、市政府坚持把环境保护工作作为“一把手”工程，建立环境保护工作责任制，层层落实责任，确定主要领导为第一责任人。每年初，市政府把全市环境保护的工作指标分解到34个乡镇、1个开发区和22个有环保任务的部门，年底，组织对环保工作目标完成情况全面考核，对完成年度工作目标较好，被评为优秀或良好等次的，给予表彰奖励；对未完成年度工作目标的，给予通报批评。

【总量控制】 市政府将污染物排放列入“九五”“十五”“十一五”兴化市环境保护规划内容。市发展和改革委员会与环保局联合对全市各乡镇下达主要污染物控制指标，并以排污许可证的形式对各工业企业分配污染物排放总量。兴化连续多年通过泰州市环保局的考核。

【限期治理】 1989年开始推行限期治理制度。2000年，对28个企业30个项目下达限期治理任务，除2个企业因长期停产外，其余均按期通过达标排放验收。2005—2010年，市政府相继对327个工业企业下达限期治理任务，投入32800万元，建成改造污染防治设施415台(套)。

1991—2010年兴化市限期治理情况一览表

表5-25　　单位：个

年份	限期治理单位	限期治理项目	年份	限期治理单位	限期治理项目
1991	3	3	2001	29	29
1992	8	8	2002	34	37
1993	10	11	2003	22	24
1994	5	6	2004	32	43
1995	10	13	2005	46	57
1996	24	27	2006	38	42
1997	4	6	2007	48	68
1998	4	6	2008	53	73
1999	24	25	2009	60	80
2000	28	30	2010	82	95

【企业环境信息公开】 2010年，根据中国人民银行南京分行、江苏省环保厅《关于共享企业环保信息，控制信贷风险，改进和加强节能环保领域金融服务有关问题的通知》，对2010年企业环境行为评级结果，全部抄送泰州人行，纳入银行企业征信系统。银行系统将根据环保部门对企业环境行为的评级结果(分为绿色、蓝色、黄色、红色、黑色)制定相应信贷应对方案，合理配置信贷资源。对被评为绿色、蓝色等级企业，简化贷款手续，积极给予贷款支持。对被评为黄色等级企业，环保部门认定为中性，是否贷款由银行决定。对被评为红色、黑色等级企业，严格控制贷款规模，禁止向企业发放除更新改造治污减排设施外的任何新增贷款。对限期整改不到位的黑色等级企业，逐步收回存量贷款。至2010年底，兴化市有350家企业参加企业环境行为评级。

【监察机构】 1995年前，环境监察工作由市排污收费站承担。1995年4月，建立市环境监理站。1995—1998年，先后在戴南、周庄、戴窑设立环境监理所。1998年12月，市环境监理站更名为市环境监理大队，监理所更名为环境监理中队。2002年12月，市环境监理大队更名为兴化市环境监察大队，派出城区、戴南、周庄、戴窑、安丰、郊区6个环境监察中队。

【建设项目、重点污染源监督监察】 1989年，市环境保护局建立重点建设项目台账。1995年，环境监察人员对重点污染源每月至少现场监察1次，完善监察笔录，每月25日将全市重点建设项目汇总上报。

2000年起，逐步建立和完善重点污染源远程监控系统，先后与兴达公司、双乐公司、双蝶公司、正阳麦芽、新蕾麦芽、城南污水处理厂、戴南陈北污水处理厂等7个单位实行联网，通过安装COD在线测定仪、污水流量计，随时了解联网企业废水排放情况。

2006年，兴化市由市纪委牵头，监察、环保等职能部门和有关乡镇配合，组织环境专项整治联合执法，通过“关、停、搬、治、转、罚”多管齐下，全市先后关停临城、周庄、陈堡等乡镇“小废油”加工户，取缔海南镇废旧橡塑加工点，清理西鲍乡境内废品市场以外的废旧橡塑加工点，整治张郭镇不锈钢酸洗行业，并对69家脱水蔬菜企业进行集中整治，督促新上生化处理设施2套，物化处理设施47套。2008年，再次组织专项整治行动，分废品市场、废油加工企业、脱水蔬菜加工企业、51家专项整治企业四块，检查企业8380家次，出动人员11200人次。关闭取缔370家，完成限期治理任务128家，投入治理资金2352万元，新上各类治污设施82台套。泰州市挂牌督办的废品市场关闭取缔到位，未经审批的3家废油加工企业4个项目关停到位，另外5家废油加工企业2008年底关停到位，脱水蔬菜加工企业整治工作全部完成。省内组织的小康社会水域功能区抽查监测，兴化市考核的4个段面达标率100%，白涂河水质已恢复到国家Ⅲ类标准。

1991—2010年兴化市建设项目和污染源督查次数一览表

表5-26　　单位：次

年份	建设项目督查次数	污染源督查次数	年份	建设项目督查次数	污染源督查次数
1991	322	427	2001	868	2294
1992	463	965	2002	816	2396
1993	868	1120	2003	1360	2456
1994	480	1080	2004	1788	2582
1995	584	1185	2005	2898	2872
1996	908	1214	2006	3158	3652
1997	576	1195	2007	3216	3680
1998	1112	1286	2008	3129	3845
1999	992	1582	2009	3365	3920
2000	1176	1875	2010	3280	4320

【清洁生产环保监察】 1999年起，根据上级环保部门统一部署，对重污染企业开展清洁生产审核工作。市政府每年调整清洁生产领导小组成员及技术小组成员，确定强制推行清洁生产审核名单，逐步推广到化工、石化、建材、轻纺、造纸、医药、电力等行业和畜禽养殖及餐饮、旅馆等三产行业。市环保局加强指导和督查，通过组织参观学习、外出考察、举行培训班等形式，提高企业参加清洁生产审核自觉性。开展创建国家级、省级清洁生产企业和环境友好型企业活动，建成一批废物“零排放”企业。至2010年，60家企业通过清洁生产审核验收，3家企业创建成省级清洁文明企业。

【循环经济试点】 2002年，国家经贸委、国家环保总局等6部门提出循环经济试点工作后，兴化市以化工、医药、电力等行业为重点，实施一批减量化、再利用、资源化项目。戴南兴达集团电厂首批被省相关部门定为循环经济试点单位并获得“全省循环经济建设试点先进企业”称号。2004年，双乐公司等3家企业被认定为省循环经济试点单位。

【ISO14000认证】 1997年起，市环保局引导、帮助企业开展ISO14000环境管理体系认证工作。全市每年有2—3家企业通过认证。帮助10家企业建立环保产业网页。2000年起，开展环保设施运营市场化工作，协助江苏双乐化工颜料有限公司申报国家级资质证书，帮助飞月、申源等企业按时申报、换发证，40人获得国家下发的污水处理设施上岗证书。至2005年，全市通过ISO4000认证企业50多家。

【信访受理】 市环保局贯彻落实国务院《信访条例》和《江苏省信访条例》，认真受理群众关于环境问题的信访和投诉。1991—2010年，受理信访案件4626人次。

1991—2010年兴化市环境信访办理情况一览表

表5-27

年份	信访来件（人次）	主要信访内容	办理情况
1991	18	野生动物的保护等	全部办结
1992	24	工厂对农作物的污染等	全部办结
1993	32	工厂和噪声等	全部办结
1994	46	化工厂的废水污染	全部办结
1995	55	一些“15小”①企业无环保审批手续，偷排生产废水等	全部办结
1996	58	兴化造纸厂水污染严重，要求关停等	全部办结
1997	68	取缔、关停“15小”取得阶段性成果，要抓长效管理	全部办结
1998	88	市磷肥厂空气、水污染严重，要求查处等	全部办结
1999	110	开发区少数企业偷排放，空气、水污染严重	全部办结
2000	98	大营镇养猪，空气、水污染严重等	全部办结
2001	109	兴化城区三产油烟污水污染严重等	全部办结
2002	115	戴南、张郭等少数乡镇化工企业偷排生产废水等	全部办结
2003	262	市环保部门要严格执法、热情服务等	全部办结
2004	316	城东、西鲍等乡镇塑料清洗、造粒污染严重	全部办结
2005	282	市经济开发区环境整治要彻底，要坚决打击偷排行为	全部办结
2006	281	戴南、张郭等乡镇酸洗废水的污染	全部办结
2007	279	全市烟尘的污染问题	全部办结
2008	892	养殖业污染的问题	全部办结
2009	719	饮用水源地的水环境整治问题	全部办结
2010	774	全市危险废物的管理问题	全部办结

【排污收费】 1998年1月1日起，兴化市实行《江苏省征收二氧化硫排污费暂行办法》，二氧化硫排污费的征收标准为0.2元/千克。1999年3月16日起，全市施行《江苏省按排放水污染物总量征收排污费暂行办法》，对排放水污染物实行总量收费，即按若干种主要污染物同时计征排污费；对每种污染物，均按其污染当量数和单位污染当量收费值计算排污费，并按所排入水体的功能类别对当量收费值进行修正；继续执行国务院《征收排污费暂行办法》中第六条的规定，即对缴纳排污费后仍未达到排放标准的排污单位，从开征第三年起，每年提高征收标准5%。2000—2010年，全市征收排污费10290万元，支出补助企业污染防治资金1992万元。

①“15小”企业：指小造纸、小制革、小染料、土炼焦、土炼硫、土炼砷、土炼汞、土炼铅锌、土炼油、土选金、小农药、小电镀、土法生产石棉制品、土法生产放射性制品、小漂染15种重污染小企业

2003年7月1日起，全市施行国务院颁布《排污费征收使用管理条例》。依照大气污染防治法的规定，向大气排放污染物的，按照排放污染物的种类、数量缴纳排污费。依照水污染防治法的规定，向水体排放污染物的，按照排放污染物的种类、数量缴纳排污费；向水体排放污染物超过国家或地方规定的排放标准的，按照排放污染物的种类、数量加倍缴纳排放费。依照固体废物污染环境防治法的规定，没有建设工业固体废物贮存或处置的设施、场所，或者工业固体废物贮存或者处置的设施、场所不符合环境保护标准的，按照排放污染物的种类、数量缴纳排污费；以填埋方式处置危险废物不符合国家有关规定的，按照排放污染物的种类、数量缴纳排污费。依照环境噪声污染防治法的规定，产生环境噪声污染超过国家环境噪声标准的，按照排放噪声的超标声级缴纳排污费。2010年，征收排污费1421.6万元。

1991—2010年部分年份兴化市排污征收情况一览表

表5-28

年份	缴纳排污费单位数（个）	排污费收入总额（万元）	年份	缴纳排污费单位数（个）	排污费收入总额（万元）
1991	118	154.00	2005	1164	851.00
1995	180	261.30	2010	1235	1421.60
2000	700	350.00			

三、环境质量监测

1983年，兴化县环境监测站成立，1995年通过省监测站计量、认证和标准化建设工作验收。2005年获得中国实验室国家认可委员会认可证书。至2010年，开展包括水和废水、空气和废气、底质和土壤、噪声四大类共87项的环境监测。

1991年以后，市环境监测站每年对地表水、地下水、空气质量、声学环境质量和酸雨等进行监测，对废水、废气、污染源噪声进行监督性监测，对污染事故仲裁监测、“三同时”验收监测、限期治理验收监测。

1991—2010年兴化市环境监测成果一览表

表5-29

年份	环境质量监测				污染源监测			合计	报告或论文（篇）
	水环境（次）	降水（次）	空气环境（次）	声环境（次）	废水（次）	废气（次）	噪声（次）		
1991	—	—	—	—	—	—	—	9014	13
1992	—	—	—	—	—	—	—	3879	19
1993	—	—	—	—	—	—	—	5265	24
1994	—	—	—	—	—	—	—	4826	19
1995	—	—	—	—	—	—	—	7334	21
1996	1396	35	1360	1585	1851	240	485	6952	27
1997	1305	54	1360	880	1746	355	460	6160	27
1998	1569	61	1360	835	1851	38	163	5877	32
1999	2243	33	1456	835	2298	1525	1260	9650	51

续表 5-29

年份	环境质量监测				污染源监测			合计	报告或论文（篇）
	水环境（次）	降水（次）	空气环境（次）	声环境（次）	废水（次）	废气（次）	噪声（次）		
2000	2691	35	1584	3585	2589	1266	683	12433	58
2001	3610	48	1240	980	3194	1662	887	11621	83
2002	3855	42	1240	1864	3880	1728	1242	13851	109
2003	4206	57	1240	1864	4216	1017	1322	13922	182
2004	4608	42	1240	1864	4038	1256	1209	14257	233
2005	4608	42	41640	1864	4911	1490	1316	55871	216
2006	4922	49	41640	1864	4609	1616	1195	55895	307
2007	5226	46	41640	1864	5114	1805	1278	56973	312
2008	5322	49	41640	1864	5221	3562	1548	59206	388
2009	5532	51	41640	1864	6225	3365	1566	60243	426
2010	6658	50	41640	1864	6632	3668	1542	62054	502

2001年4月，完成《戴南镇地表水中含镍情况的调查》，为整治戴南环境污染问题决策提供科学依据。2001—2006年，为解决戴南酸洗废水对水环境的污染，对戴南地区河流进行跟踪监测。2010年，戴南酸洗污泥处置课题组撰写《戴南污水处理厂污泥处置技术初探》论文。

1999—2005年，兴化市环境监测站连续参加泰州市环境监测技术大比武。2006年，组织并参与编写兴化市《“九五”环境质量报告书》。2008年获泰州市环境监测技术大比武创新奖。

四、专项活动

【国家环保模范城市创建】 2005年起，兴化市启动创建国家环保模范城市工作。市委、市政府成立以市长为组长，相关副市长为副组长，环保、建设、城管、水务等部门负责人为成员的市创建工作领导小组。2006年，召开领导小组成员会议，委托国家环保总局南京环境科学研究所编制《兴化市创建国家环境保护模范城市总体规划》，2007年2月通过省级验收。

图 5-6　创建国家环保模范城市

（2006年摄，市环保局提供）

【违法排污专项活动整治】 1993年，市环保部门结合“环保世纪行”活动，配合人大领导，数次组织人员对项目审批、排污申报制度、污染治理、污染事故和纠纷处理、排污费征收等诸方面情况进行较全面检查。1996年，成立兴化市取缔和关停污染严重企业领导小组，利用排污申报资料，认真调查核实，按照量化标准，取缔关停40多家企业。1998年，省、泰州市联合兴化市二级联动对兴化市4家限期治理单位进行逐厂现场检查。7月23日，泰州市政府下达《关于45家限期治理工业企业1999年6月底前必须达标排放水污染物的通知》，45家企业中兴化市有两家，分别为兴化热电厂和戴南热电厂。2001年，根据国家四部委关于开展严厉打击环境违法行为的要求，市政府在全市范围内开展查处环境违法行为专项行动，检查116家企业，下发《现场监理通知单》89份。2002年，根据国家环保总局召开“全国开展严查环境违法行为，遏制污染反弹行动电视电话会议”精神，及省环保厅《关于对全省工业污染源达标排放情况进行全面跟踪检查的通知》的要求，泰州市环保局牵头组织严查行动，兴化市检查342家，其中有3家受到处罚。2003年7月起，泰州市开展清理整顿不法排污企业保障群众健康环保行动，兴化市有305家接受检查，其中有9家受到处罚。2004年起，每年开展整治违法排污企业，保障群众健康环保专项行动。2004年，在泰州市开展整治违法排污企业保障群众健康行动中，兴化顶芳脱水食品有限公司等16家企业被要求于11月底前完成工业废水治理。至2004年，围绕农村水污染治理，兴化市整治乡镇企业474家，关停41家，投入整治资金1.03亿元，是年，白涂河废品市场得到根本治理，新建污水处理池201个。2005年初，在泰州开展“百日环境整治行动”中，兴化市戴南不锈钢酸洗废水污染等10个群众反映强烈的案件被挂牌督办；戴南镇建成酸洗废水处理厂2座，酸洗加工集中到园区、酸洗污水得到集中处理，关停中心以外的酸洗企业1000多家。是年，依法取缔关停荻垛镇境内的34家“小炼铜”作坊。2008年，对市废品市场进行整治，关停取缔小塑料企业700多家。2009年，对全市油品加工企业进行集中整治，取缔关停7家。

【饮用水源地环保专项整治】 2005年，首次对饮用水源地进行环保专项治理。按照省环委会要求，市委、市政府成立饮用水源地专项整治工作领导小组，开展集中式饮用水源地调查，召开饮用水源地环保专项整治工作会议，落实有关部门工作职责。设立各乡镇水厂饮用水源保护区，设立标志牌和警示牌。关闭兴化市化肥厂和废塑料粒子加工厂、塑料收购点各1个，取缔集中式饮用水源保护区内6个沙石码头、兴化市自来水厂水源保护区内围网养殖。搬迁环境风险较大的兴化市净水剂厂。2006年，以农村水环境整治为重点，组织开展集中式饮用水源地环保专项整治行动，在146家自来水厂上下游各1000米范围内，整治违法排污企业93家，取缔一二级保护区范围内非法企业27个，迁移固定船舶530多条，拆除围网养殖102处，打捞水面漂浮物近8000吨，清理垃圾近2000吨。通过集中整治，基本实现自来水厂饮用水源保护区内无水面漂浮物、无围网养殖、无固定停泊船只、无非法排污企业、无河道两侧垃圾和有保护区长效管理制度、有专业管理人员、有保护区标志牌的“五无三有”的整治目标。2009年，将市内54家日供水1000吨以上集中式饮用水源地保护区扩大为取水口上游3000米、下游1000米，按照“五无三有”的要求进行环保专项整治。2010年，市政府出台《关于进一步加强饮用水源保护工作的实施意见》，对区域供水工程饮用水源地开展专项整治行动。先后投资300多万元在二水厂、兴化水厂上游设立水质自动监测站。为做好饮用水源突发环境事件应急处置工作，市政府制订应急预案，并组织市环保、交通、水务、卫生等部门举行饮用水源突发环境事件应急演练。

【戴南工业污水处理】 戴南镇早期工业粗放型的发展，留下环境污染的后遗症，群众反应强烈。2004年5月，镇政府提出“把蓝天碧水还给老百姓”的口号，实施以治理酸洗污水为主的环境治理。与上海环保集团有限公司合作，投资3000万元组建戴南同济环保有限公司，高标准兴建南（赵家）北（董北）两座污水处理厂，日处理污水能力1万吨。2005年，在污水处理厂周围征用土地200亩，投资1.3亿用于污水处理，建成100多家专业酸洗厂，形成不锈钢酸洗小区和污水处理厂“两位一体”的污水处理中心，集中处理全镇516家不锈钢企业酸洗后的污水，实现零排放。经过处理后的水，检验达标后，再送至各酸洗厂循环利用，对300多座冶炼炉窑实施强制性改造，达不到排放标准的一律停产。

卷六

水利

兴化地势低洼，历史上旱涝等灾害频发。中华人民共和国成立后，兴化人民在市（县）委、市（县）政府领导下，按照统一规划，综合治理的要求，积极投入治水。新开和疏浚大、中、小河道多条，开挖田间配套沟渠，建成联圩、圩口闸、机电排灌站等水利设施。

1991年，兴化遭受特大洪涝灾害，不但造成巨大经济损失，而且暴露出水利建设上存在的薄弱环节。灾后，兴化在修复水毁工程的基础上，对各乡镇圩堤全面加高培厚，并继续抓紧闸站、沟渠的维修和新建。1991—2010年，全市投资12.34亿元，完成土石方32173.24万立方米，先后新开或疏浚县级和乡级河道395条，建成或加修联圩335个，基本达“四点五四式”（堤顶真高4.5米，顶宽4米）标准，使185万亩以上的农田受到保护。配套圩口闸3717座、排涝站保有量978座，电灌站352座，排涝动力6.51万千瓦，排涝流量1941立方米/秒。基本形成防洪、排涝、灌溉、降渍四套工程体系，建成高产稳产农田126万亩。

图6-1　城市防洪工程——车路河两侧防洪堤　（2008年摄，市水务局提供）

第一章　河道治理

1990年后，重点抓县乡骨干河道的续建配套和对各级淤浅河道的清淤疏浚。2003年底，省水利厅对县乡河道疏浚给予补助政策出台后，市水务部门制定县乡干河2003—2007年首轮整治规划，加大对县乡河道的治理力度。2005年底，省水利厅决定实施村庄河道整治，并对土方工程予以补助，村庄河道清淤疏浚顺利进展。至2010年，先后治理县（市）级干河31条、乡级河道364条。

第一节　干河治理

1991—2010年，兴化先后治理县（市）级干河31条，总长424.58公里，疏浚土方1662.88万立方米；治理乡级河道364条，总长1167.55公里，疏浚土方2202.3万立方米。

一、县（市）级干河治理

【鲤鱼河】 位于中堡镇境内，南起蜈蚣湖，北出大纵湖，是兴化西北部地区排水经蟒蛇河入新洋港的主要通道之一，全长3.69公里。河道原状弯曲浅窄，口宽40米左右，且有90度弯道两处。1992年，经水利部淮河水利委员会批准立项，江苏省政府批准实施鲤鱼河整治工程，作为新洋港整治工程的重要组成部分。治理长度3.69公里，其中人工开挖2614米，余为机械拓浚。人工开挖部分（新开1044米，老河拓浚和截弯1570米），由沙沟、周奋、李健、舜生4乡镇按人田各半的比例组织1万人施工，工程所在地的中堡镇负责临镇段拆迁和土方施工、大纵湖清障和配套建筑物用工。从1992年12月15日开工，次年1月13日竣工，完成土方36.06万立方米。机挖部分由于拆迁量大，砖杂等施工难度大，直至1995年12月下旬全部竣工。工程标准：河底宽30米，底高-1.5米，坡比1∶3，高程2米处河口宽51米，青坎高程2米，各宽10米，两侧均为“五五”式圩堤。北段327米为出大纵湖喇叭口扩散段，河底高程由-1.5米渐次抬高至湖底高程0米。

【中引河】 位于市境西北部，南起缸顾乡东罗庄，北至大纵湖，全长8公里，是连通平旺湖、蜈蚣湖和大纵湖3湖的重要水道。为扩大排涝效益，1992年12月，将中引河列为新洋港整治应急工程的一部分，采取机械疏浚，全长1550米。其中大溪河以南1050米，按河底高程-1.5米，底宽25米，边坡1∶3的标准组织实施。大溪河以北173米河道标准底宽为30米。另有327米入湖喇叭口，河底宽度由30米渐宽至100米，河底高程由-1.5米逐步抬高至-0.8米。完成土方10.98万立方米。

【盐靖河】 位于市境东部，北起兴盐界河，南至戴南镇罗顾庄兴姜（堰）界河，全长54公里，其中海沟河以北至兴盐界河又称东唐港。河道流经安丰、老圩、戴窑、昌荣、荻垛、张郭、戴南7个乡镇，是里下河地区腹部6条纵向骨干河道之一。经过1958年、1971年、1974年、1976年、1989年沿线乡镇的连续整治，河道基本形成，但标准较低。1994年，省人民政府决定修筑宁盐一级公路，在兴化境内与盐靖河走向基本一致，实施盐靖河拓浚工程，采用人工开挖，浚河取土筑路。工段自安丰镇至戴南罗顾庄，工长44.2公里（其中新开4公里）。整治标准：在高程3.0米处口宽40米，底高-2.5米，底宽12.5米，河坡1∶2.5。河道东侧留青坎3米，修筑堤顶高程4.5米，顶宽4米的圩堤，西侧结合出土修筑盐宁一级公路路基。工程从1994年11月20日开工，组织民工20万人，历时1个月，完成土方405万立方米。戴南张家至罗顾段由于赵家、陈北、罗顾通村公路原因，未能贯通，南端与姜堰交界处也未开通。2001年，实施南端拆坝建桥，先后建成赵家、陈北、罗西通村公路桥和罗西兴姜交界处人行桥，实现全线贯通。

【茅湾港】 位于市境东部，南起车路河，北至海沟河，全长15公里，流经舍陈、合塔（现两乡镇合并为合陈镇）、戴窑3乡镇，是这一地区引、排、航骨干河道之一。该河整治于1987年冬实施一期工程后，于1995年秋实施第二期工程，工段在戴窑镇境内，包括白涂河与大寨河之间的驴港2.26公里和合塔中心河向南延伸至白涂河的新开河段1.96公里，全长4.22公里。设计标准：底宽10米，底高-2米，口宽30米，坡比1∶2。由戴窑镇和合塔乡组织施工，完成土方35.6万立方米。三期工程于1996年11月22日实施，次年1月5日结工。工程南起合塔乡申家庄，北至海沟河，工长10.1公里。标准：河底高程-2米，底宽6米，坡比1∶2.5，高程2.8米处口宽30米，青坎宽5米，圩堤"五五"式，西堤万家港向北至海沟河堤宽8米，留作公路路基。工程完成土方65.4万立方米。

【阵营港】 南起海沟河，北至兴盐界河，是大营、新垛两乡镇的界河，全长8.5公里。1996年11月21日至1997年1月4日，由上述两乡组织民工1万余人整治。河道标准：底宽6米，河底高程-2米，坡比1∶3，高程3米处口宽36米，青坎宽5米，东岸修筑"四点五八"式公路路基；西岸修筑"五五"式圩堤。大营镇临镇段口宽32米（高程3米处），高程1米以上坡比1∶2，以下1∶3，底高底宽不变。完成土方49.5万立方米（其中4万立方米为机械疏浚）。

【缸洋河】 位于缸顾乡和中堡镇境内，西起缸顾庄与缸夏（广）河相连，东穿蜈蚣湖、上官河与洋汊河衔接。1996年11—12月，由中堡、缸顾两乡镇组织民工拓浚中庄河以东河段。工长1950米，河底高程-2米，底宽20米，高程3米处口宽50米，青坎5米，南堤"五五"式，北堤为沙海公路路基。完成土方16.5万立方米。

【子婴河】 位于周奋乡境内，西与高邮交界，东至下官河，全长10.22公里。1996年冬由周奋乡组织施工。工程标准：口宽30米以上，浚深至-1.5米，坡比1∶2。完成土方25.7万立方米。

【东唐港】 位于市境东北部，南起海沟河安丰镇徐吴村与盐靖河相接，北至兴盐界河与盐城冈沟河相通，全长10.35公里。1997年冬，市委、市政府决定实施整治东唐港工程。市成立工程指挥部，施工乡镇分别成立工程团部。11月21日至12月20日，安丰、老圩、中圩、下圩、海南5个乡镇动员民工3万余人参加施工。设计标准：河底高程-2.5米，底宽15米，河坡1∶3，在高程3米处口宽48米，沿老河中心线拓宽，局部切角顺直，青坎填至真高3米，出土修筑两岸圩堤。安丰集镇段采用机械疏浚，并砌筑重力式浆砌块石驳岸550米。完成土方97万立方米，其中机械疏浚8万立方米。

【大溪河】 位于市境西北部，西起周奋乡崔垛，东至中堡集镇，为东西向自然河道，全长7.5公里，是沟通下官河、中引河、鲤鱼河的重要河道。2000年经省水利厅和泰州市水利局文件批复，将大溪河整治工程列为水利地方基建项目。设计标准：下官河至中引河，工长5.5公里，河底高程-1.5米，底宽40米，河坡1∶3，高程2米处河口宽61米。中引河以东至鲤鱼河，改变原河流向，按西段方向向东新开，破中堡镇中北圩，工长2公里，河底宽30米，河口宽51米，其他标准不变。沿河两岸堤外留青坎5—10米，圩堤修筑成"五五"式标准。施工方法：从中引河向东至鲤鱼河，由中堡镇于2000年冬组织民工开挖，从中引河向西至下官河，采用机械疏浚。完成土方80万立方米，其中人工开挖24.5万立方米、机械疏浚55.5万立方米。

【校阳河】 位于市境南部，1975年于陈堡、周庄、茅山3乡镇境内新开。西起卤汀河，东至通界河，全长11公里，是南部地区重要的引排河道。2000年11月，陈堡镇组织劳力1万多人，对西段3.4公里进行拓浚。河底高–2米，口宽34米（高程2.5米处），底宽20米，坡比1∶1.5，完成土方24万立方米。

【朝阳河】 位于市境南部沈纶、茅山、周庄3个乡镇境内，南起西边城，北至蚌蜒河，全长15.3公里，于1976年新开。2007年11月至2008年2月，茅山镇对镇境内6.4公里（南起边城水产，北至沈纶界）干河进行机械疏浚。设计标准：底宽16米，底高–2米，坡比1∶2，完成土方29万立方米。

2007年11月至2008年4月，周庄镇对南起西边城，北至北蒋村的朝阳河周庄段，采用干河泥浆泵施工的方法实施疏浚。工长5.24公里。实施标准：河底宽12米，河底高–1.5米，坡比1∶1.5，完成土方45万立方米。

【渭水河】 位于市境腹部，南起周庄东坂纶村，北至下圩镇野邹村入兴盐界河，纵贯全境，全长52.5公里。该河从1958年3月至1987年1月，先后经过5次整治，实现全线畅通，成为境内重要的引排河道之一。2007年5月，陈堡镇针对河道淤浅的现状，对卖水河至蚌蜒河段6750米进行机械疏浚。设计标准：底宽20米，底高–2米，坡比1∶2，完成土方20万立方米。

2007年12月6日至2008年4月28日，竹泓镇政府对南起临城镇西浒北村，北至北刘村与林湖乡交界处的7.56公里河段采用挖掘机疏浚。其标准在维持原47米口宽的前提下，按河底高–2米，底宽20米的标准实施，完成土方49.5万立方米，投入资金222.75万元。

【李中河】 位于西部湖荡地区，南起西郊镇（原荡朱乡）北沙村，北至沙沟镇，于1976年和1977年两次人工开挖，全长20.75公里。2006年，沙沟镇采用挖泥机船疏浚沙沟至周奋子婴河段，工长6.65公里。标准：河底宽12米，高程–1.5米，河坡1∶2。2007年，李中镇用同样方法疏浚穰草河至齐河段，工长8.5公里，标准：河底宽12米，河底高–1.5米，坡比1∶2。

图6–2　市级骨干河道李中河
（2007年摄，市水务局提供）

【老圩河】 原名反修河，位于市境东北部老圩、新垛两乡境内，东起雌港，西至东唐港，全长8.9公里，其中属老圩乡5.86公里、属新垛镇3.04公里。该河于1975年11月至次年2月和1976年10月至次年2月两期人工开挖而成。由于河道严重淤浅，老圩乡于2002年11月委托市水利疏浚工程处用绞吸式挖泥机船疏浚。从东唐港至老圩中心河4.25公里。疏浚标准：河底宽10米，底高–1.5米，坡度1∶2.5。完成土方8.5万立方米。于2003年3月通过验收。

2006年11月至次年1月，新垛镇对与老圩乡交界处至雌港段2.96公里，采取干河施工，用泥浆泵冲吸的方法进行疏浚，整治标准：河口宽32米，河底宽8米，坡度1∶2.5，完成土方7万立方米。

【老圩中心河】 位于老圩乡境内，南起海沟河，北至兴盐界河，全长8.7公里，于1980年开挖而成。由于原设计标准偏低，加之多年淤积，1990年11月5—27日，老圩乡组织0.7万人拓浚北段3.64公里，挖土方29.6万立方米。标准：底宽6米，底高–2米，坡度1∶2.5—1∶3，高程2.5米处口宽30米。土源用于修筑东岸公路和西岸圩堤。2006年10月，老圩乡又对南段海沟河至老圩河之间4.9公里进行疏浚，采取挖掘机和泥浆泵相结合的方法干河取土。疏浚标准：河底宽8米，底高-2米，坡度1∶2.5。完成土方11万立方米，于2007年2月结束。

【北港河】 位于张郭镇境内，三角圩、张曹圩、范徐圩、欧徐圩和中心圩的结合部，东与泰东河相通，西出幸福河，流经郭西、曹郭、南甸、范家、欧家等自然村，总长5.8公里。为改善河道沿线群众生产、生活条件，2003年11月至2004年1月，张郭镇采取人工与机械相结合的施工方法，对该河进行截弯取直。设计标准：河口宽45米，底宽20米，底高-2米，坡度1∶3，完成土方22万立方米，投入资金154万元。同时，利用河道出土加宽裕民路和张广路，方便陆上交通。

【合塔中心河】 位于合陈镇东部，北起海沟河，南至戴窑镇境内的白涂河，合陈镇境内长10.7公里。由于沙性壤土，长期水土流失导致河道严重淤塞，影响引、排、航效益的发挥。2006年10月至2007年5月，合陈镇政府对海沟河至朝阳河段7.89公里进行疏浚。标准：河底宽10米，底高-2米，坡度1∶1.5。采用挖泥机船和泥浆泵施工，部分村庄段用船运泵吸二次倒运的方法施工，完成土方13万立方米。

【兴姜河】 兴姜河又称姜堰河，因兴化与姜堰间航道而得名。境内经何垛、孔戴、南腰、刘陆、沈坨、茅山、顾庄、戴南等村镇，其中帅垛向东至戴南镇段又称茅山河。2006年，戴南镇组织挖泥机船对张家至集镇段进行疏浚，完成土方23万立方米，砌筑的块石驳岸6公里，以保护红双西圩，提高河道的通航标准。

2009年10月至2010年5月，茅山镇对纪荀河至唐港河光孝村河段，采用绞吸式挖泥机船疏浚，工长1987.5米。标准：河底高程-2米，底宽20米。完成土方8.55万立方米，投资81.19万元。

2010年，市水务局将兴姜河茅山临镇段列入中小河流治理项目。对河岸保护范围内进行绿化护坡，穿越集镇及村庄河段采用块石驳岸。是年，一期工程200米的防洪驳岸完成基础打桩和底板浇筑。

【西唐港】 位于市境中部，北起兴盐界河，南至姜堰宫家，全长59.9公里，流经安丰、下圩、海南、昌荣、林湖、大垛、沈坨、茅山、戴南、周庄等乡镇。1970年10月至1980年2月经先后5次整治而成。2007年3—11月，大垛镇采用水陆两栖挖掘机对车路河至梓辛河河段清淤疏浚，工长5公里。标准：河底宽18米，底高-2米，坡度1∶2，完成土方10万立方米。

2009年2—5月，安丰镇对北段大杨河口至兴盐界河包家庄3公里河道采用机械绞吸的方法进行疏浚。整治标准：口宽40米，底宽15米，河底高程由原-0.8米浚深至-2.5米，坡比1∶2。施工过程中，整平大杨圩内沟槽13处，土地复垦填塘4处，完成土方4.8万立方米。

【横泾河】 位于市境东部，南起车路河戴窑镇，北至海沟河大营镇，流经戴窑、合陈、永丰3乡镇，全长14.4公里。由于长期淤积，阻水严重。2005年12月，戴窑镇对车路河至白涂河河段投入8台泥浆泵，采取干河施工，工长4.5公里。整治标准：河底宽15米，底高-2米，坡度1∶2。于2006年4月通过验收，完成土方16.5万立方米。

【幸福河】 位于市境东南部陶庄、张郭、戴南3镇境内，南起泰东河、北至车路河，中间仲家庄至欧家庄因东台市境的阻隔，未能开通，南北两段总长16.9公里。2002年，省水利厅将幸福河列为泰东河整治影响工程项目。当年10月，兴化市政府决定对南端与泰东河接口段1.2公里进行整治，设计标准：河底宽25米，底高-2.5米，坡度1∶3，高程3米处口宽58米，两岸青坎各12米。市政府召开幸福河整治工程协调会，明确土方工程由戴南、张郭两镇通过以资代劳筹集资金，市水务部门招标落实施工单位，实行机械施工。2004年8月，兴化市水利疏浚工程处进场施工，完成土方15万立方米。同时，兴化市水利工程处负责拆建跨河桥梁1座。新桥设计标准：汽-20，挂-100，桥长3×20米，桥宽7+2×0.5米，梁底高程6.5米。工程于2005年底通过省水利厅验收，被评为优良工程。

2004年10月，市水务局决定对中段8.1公里的疏浚由市水利疏浚工程处施工。设计标准：河底高程-2米，底宽12米，坡度1∶2。于2005年4月底竣工，挖土方68万立方米。利用出土对河道两侧圩槽和沟塘回填复垦，新增土地面积84亩。

2005年10月，市水务局决定通过招标，对幸福河进行整治。范围北起车路河，南至蚌蜒河，全长12.8公里。设计标准：底宽12米，底高-2米，坡比1：2。总土方37万立方米。市水利建筑安装工程总公司中标，由市水利疏浚工程处负责实施。2005年11月，先后组织6条绞吸式挖泥机船进场施工。由于河道出土对沿线部分生产河造成淤积，遭到相关村庄村民的阻挠，给施工造成一定影响，只有梓辛河西汊村至蚌蜒河仲家村6.3公里达到设计要求，其余河段淤浅情况有不同程度改善，工程于2006年5月结束。

【洋子港】 位于大营、新垛两乡镇境内，西出雌港，东与串场河相通，全长9.3公里。1972年对西段雌港至崔家村段实施拓浚，东段崔家村至串场河段新开，实现全线贯通。1980年11月进行全线拓浚。由于该地域在高程1米以下为沙性壤土，易于流失，河道淤浅情况比较普遍。

2004年1—3月，大营采取干河施工的方法，对阵营港至屯沟河2321米的河段清淤疏浚。设计标准：口宽36米，底高-2米，坡度1：2。完成土方64988立方米。2005年2—5月，大营对屯沟河至串场河3140米河道清淤疏浚，完成土方6.15万立方米。

2005年11月至2006年2月，新垛镇采用干河施工，泥浆泵和挖掘机相结合的方法，对西段雌港至阵营港段3600米清淤疏浚。设计标准：河口宽31米，河底宽7米，底高-2米，坡度1：2.5。完成土方7.59万立方米。

【屯沟河】 位于大营镇中部，南起海沟河，北至兴盐界河，全长8.1公里，与东西向的洋子港交叉，将全镇划分成4个地块分别建成联圩。1984年冬，该镇对洋子港以南河段进行整治，1988年冬又整治北段。由于该镇为沙性壤土，河道淤积较为严重，河底宽度由15米缩窄到12米左右，河底高由-2米淤浅至-0.8米上下。2007年11月，大营河段按照底宽15米，底高-2米，边坡1：2.5的标准实施干河施工，采取挖掘机整修边坡标准，泥浆泵冲吸河床淤土，至2008年2月1日结工放水，完成土方22.9万立方米，投入资金141.2万元。利用河床出土填废沟塘6处，新增耕地38.6亩。

【四五河】 原为老圩乡境内的分圩河，1981年增设新垛乡时成为新垛乡与老圩乡界河，全长8.4公里。1970由老圩公社组织开挖，南端在西韩村与官河衔接出海沟河，北穿老圩河（反修河）至兴盐界河。经多年淤积，现状口宽20米，底高-0.2米。2007年11月，新垛镇对北段老圩河至兴盐界河的3.5公里河段实施整治。设计标准，口宽22米，底宽4米，底高-1.5米，坡比1：2。采用挖掘机开挖边坡，抓斗式挖泥机船清理河床，2008年2月结工，完成土方8万立方米，投入资金56万元。

2008年12月至2009年2月，老圩乡采取干河施工的办法，对海沟河至老圩河4.9公里的河段实施疏浚。疏浚标准：河底宽6米，河底高-2.5米，坡比1：2。完成土方31.2万立方米。投入资金110万元。

【前进河】 位于老圩乡西北部，是王好圩、杨林圩的分圩河，西起东唐河，东至老圩中心河，全长5480米。自1982年拓浚后有20多年未浚深，河床高程在-0.5米左右，对引水、排水和交通带来一定影响。为发挥河道引排航效益，老圩乡于2007年11月起对河道实施机械疏浚。标准口宽30米，河底高程-2米，坡比1：2.5，2008年1月底竣工，完成土方21万立方米。

【大溪河①】 位于西郊镇境内，西起圩岸村，东至昭阳镇陈楼村过境路大桥，全长13.7公里。现状口宽50—100米，河底宽30米，河底高程-1.2米左右。2008年10月至2009年3月，西郊镇采用绞吸式挖泥机船对河道进行疏浚。标准为底宽40米，河底高程-2.5米，完成土方76.5万立方米。工程投资535.5万元。

---

①与周奋、中堡境内的大溪河同名。

【大寨河】 位于临城镇境内，农业学大寨期间人工开挖而成。东起刘陆村与姜堰河相通，西止瓦庄与卤汀河相连，全长12.1公里。人工开挖段口宽32米左右，利用自然河道段口宽50米左右。由于长期淤积，河底高程只有-0.2米左右。为改善引、排水条件，临城镇于2008年12月20日对大寨河采用干河施工的方法进行整治。标准：保持原口宽，底宽15米，河底高程-2米，坡比1∶2。2009年4月底竣工，完成土方34.6万立方米。投入资金124.56万元，其中临城镇财政配套资金55.57万元、上级补助68.99万元。

图6-3 疏浚整治中的横泾河（2009年摄，市水务局提供）

【横泾河[①]】 位于市区西部，东西走向，东起城区西荡河，西至高邮市三阳河，流经王阳、冷家、东潭、西潭、西夏、高邮横泾等村镇，境内长度11.12公里，是兴化市第二自来水厂主要取水水源河道。

为解决河道淤浅严重的状况，改善第二自来水厂取水水源的水质，市政府于2008年9月18日召开横泾河疏浚工程专题会办会议，明确采取绞吸式挖泥机船施工，由市水务局组织实施，通过政府采购中心面向全省公开招标，昭阳、西郊等沿线乡镇负责提供相应的排泥场并协调处理矛盾。

横泾河疏浚工程设计标准：从市第二自来水厂至昭阳镇双潭村约5.72公里，按照河底高程-2.5米，底宽25米，坡比1∶0标准施工。双潭村至高邮交界处约5.4公里，按照河底高程-2米，底宽20米，坡比1∶0标准施工。工程于2009年2月12日开工，11月22日结工。完成总土方41.28万立方米，合同价371.52万元。

【黄舍河】 位于陈堡镇北部，西起唐庄村，东至武泽村，全长4公里，是连接卤汀河与蚌蜒河的重要河道。疏浚前河道底宽3—5米，河底高程-0.5米左右，且有多处浅滩坝埂阻水。为畅通北部水系，陈堡镇于2009年11月至2010年4月，采用干河取土、大型挖掘机施工的方法进行河道整治。标准：河底宽10米，河底高程-1.5米，边坡比1∶3，完成土方8万立方米，投入资金近80万元。

【朝阳河】 位于周庄镇境内，又称西朝阳河。南起周郊村与卖水河衔接，北至颜吕村与陈堡境内的校阳河接通，总长11.7公里。2009年11月至2010年2月，周庄镇采用干河、泥浆泵施工的方法进行疏浚。标准：河口宽22米，底宽10米，河底高程-1米。完成土方42.2万立方米，工程投资202.56万元。

【唐戴河】 南起戴南镇接兴姜河，北至车路河。其中车路河至蚌蜒河段为荻垛、陶庄两镇的界河，称团结河。蚌蜒河至戴南镇段称唐戴河（原唐刘乡至戴南镇）。1988年12月由唐刘、戴南两公社联合开挖而成。由于多年淤积、河底一般高程在0.5米左右，基本不能通行。2009年12月，张郭镇对蚌蜒河曹兴村至华唐河杭堡村段实施疏浚。该段工长3.1公里，规划河底宽10米，河底高-1.5米，采用泥浆泵干河取土，加挖掘机整坡的方式施工，2010年3月竣工。完成土方5.34万立方米，投入资金43.65万元。

①与东部横泾河同名。

二、乡级干河治理

乡级干河主要指乡镇范围内的分圩河、圩内中心河，要求通过清淤疏浚，达到能行大、小船只。具体标准：分圩河底高-1.5—-2米，圩内中心河河底高程-1—-1.5米，由各乡镇自行组织施工。2003年前，上级部门对乡级河道清淤疏浚没有明确要求，对整治数量未作统计。2003年，省水利厅对乡级河道整治提出要求，并列入补助范围。2006年，整治乡级河道58条，工长179.69公里，土方359万立方米。2007年，疏浚49条乡级河道、工长178公里的疏浚任务，完成土方302万立方米。2008年，疏浚乡级河道55条，工长182.61公里，完成土方324.5万立方米，改善河道引排条件。2009年，疏浚乡级河道47条，工长160.88公里，土方288万立方米，进一步改善引水排水条件。实现投资约5703万元。2010年，疏浚乡级河道47条，工长178.1公里，土方307万立方米。截至2010年，合计治理乡级干河364条，总长1167.55公里，疏浚土方2202.3万立方米。

第二节　小型河道治理

小型河道主要指圩内生产河。1991年后，各地一般不再新开生产河，而是对原有生产河清淤疏浚，由有关村组根据引水灌溉和生产交通的需要，对淤浅比较严重的河段分期分批组织疏浚。

2005年底至2006年5月，根据江苏省委统一部署，全面开展以村庄河道清淤疏浚为主要内容的"三清"工程。2005年12月27日，兴化市委、市政府下发《关于在全市农村实施"清洁水源、清洁家园、清洁田园"工程的意见》，要求每个行政村整治一条村庄河道，必须完成6000立方米土方任务。各地通过现状查勘，摸清村庄河道淤积情况，制定规划和分年实施计划，组织机械，投入施工。市水务部门制定村庄河道验收考核办法，明确工程标准和长效管理措施，并认真开展督查。2006年5月，市委、市政府组织市委组织部、监察局、财政局、农工办、水务局等相关部门和市人大有关负责人分4个片对各乡镇村庄河道整治情况逐条检查验收。全市有516个行政村通过验收，整治庄前屋后沟河810条，工长626公里，完成土方562万立方米。2007年，有189个行政村开展村庄河道清淤疏浚，工长640公里，完成土方585万立方米，在市级自检的基础上，于5月23日通过省、市水利、财政主管部门的检查验收。2008年起，要求整村推进，全年完成149个行政村1008条河道的整治，工长684.11公里，土方556万立方米。2009年，137个行政村完成河道疏浚，工长777.7公里，土方552万立方米。2010年，118个行政村完成河道疏浚，工长579.13公里，土方426万立方米。

第二章　农田水利

在1991年特大洪涝灾害中，兴化已建水利工程设施在抗灾斗争中发挥重要作用，也暴露出诸多问题。灾后，各乡镇农田水利的重点主要放在提高配套标准方面，先后组织开展圩堤达标建设和"无坝市"建设。1999年9月，实现全市圩堤达标，建成"无坝市"目标。2000年后，增加财政投入力度，加快圩口闸和排涝站的配套建设，继续实施以标准圩建设为主的田间工程。

第一节 圩堤与圩口闸

一、圩堤

1991年秋冬，市委、市政府总结抗洪斗争的经验教训，把圩堤加修摆到水利建设的重要位置，提出“立足抗大灾，坚持高标准，决战一冬春，圩堤上水平”的要求，开展“水利建设突击月”。采取“规划到圩，任务到乡，按圩验收，按乡考核”的办法，动员和组织全市干部群众按“四三”式标准（圩顶真高4米，顶宽3米）对圩堤全面加高培厚。全市最高上工人数达30万人。调整联圩规模，由403个调整为393个，缩短防洪战线49.4公里，堵闭土口门797个，平毁建在圩上的小土窑443座，完成圩堤加修土方1848万立方米，全市达“四三”式以上标准的圩堤长度2822公里，占圩堤总长79.5%。1997年初，市委八届二次全体（扩大）会议作出《关于加强水利工作，努力实现三年圩堤达标建成无坝市的决定》，在圩堤建设标准上，要求所有圩堤加修后要达到“四点五四式”（堤顶真高4.5米，堤顶宽4米）以上标准。按照不影响水系和让出行洪道的要求调整联圩规模，联圩总数由393个调整为335个，减少圩堤加修土方，缩短防涝战线，大大减轻圩口闸的配套压力。在实施过程中，一土多用，做到“四个结合”，即：与道路建设相结合，方便陆上交通；与拓浚河道相结合，既解决筑圩的土源，减少土地挖废，又畅通水系，方便交通航运；与开发性生产相结合，把取土区开挖整理成规格化鱼池，为发展水产养殖创造条件，做到挖而不废，效益不减；与植树绿化相结合，加快发展圩林经济。3年投工3000多万个，完成土方近6000万立方米。全市除顾庄、垛田、茅山3乡镇29个联圩中的125公里外，其余3131公里圩堤基本上达到“四点五四式”以上标准。

2000年后，各地针对圩堤现状，对乡际结合部、庄圩、场圩等薄弱环节组织岁修，每年都完成一定数量的土方。从2009年起，市政府每年安排240万元，按每方土2元的标准，对圩堤除险加固实行以奖代补。2008—2010年，全市加修圩堤610公里，完成土方410万立方米。

二、圩口闸

1991年后，随着圩堤建设标准的提高，圩口闸配套建设也加快速度。1992年，修复圩口闸266座。1995年，新建圩口闸60座。至1996年末，全市建圩口闸1745座，其中悬搁门型1104座，剔除以前报废圩口闸，圩口闸实际保有量1721座。

根据市委1997年初作出的“三年建成无坝市”的决定，市水利部门制定规划，按各地地面高程和圩口闸使用频率，确定配套原则：圩外地区每1000亩、中部地区每800亩、圩南地区每700亩、圩里地区每600亩各配套圩口闸1座。一般建在通村庄的交通河和中心河的两端，以便交通和非汛期圩内换水及抗旱时引水灌溉。在结构形式上，继续推广悬搁门型，闸墙采用浆砌块石和浇筑钢筋混凝土两种形式，严禁砖砌。工程技术人员设计闸孔宽度3.5米、4米、4.5米、5米、5.5米、6米、7米7种规格的系列图纸供各地选用。同时，制定圩口闸施工技术规范和施工管理实施细则。

市委、市政府成立建设无坝市领导小组，各乡镇政府签订责任状，明确党政一把手为责任人。市委、市政府把建闸任务完成情况纳入目标管理，作为年终政绩考核的依据，年终综合评比实行一票否决。市纪委主动介入，实施全程监督。1997—1999年，先后召开圩口闸建设专题会议9次，现场观摩会13次，年度总结会议3次。

图6-4　沿运灌区圩口闸　（2010年摄，市水务局提供）

1997年起，市政府每年筹集资金1000万元，其中市财政200万元、市防洪保安资金300万元、市重点工程建设资金和市农业发展资金500万元。乡镇每年自筹2000万元，乡镇农业发展资金的60%左右和乡镇集体经济组织提留的公积金主要用于圩口闸建设。水利部门对乡镇向金融部门的贷款实行贴息，每年在水费留成中安排50万元用于以奖代补。在坚持不搞“一平二调”和群众自愿的基础上，按每个劳力每年5个工日，每个工日6—10元的标准实行以资代劳。以资代劳资金实行“按劳负担，以乡统筹，乡有市管，验收返还”的管理办法。圩口闸建设资金由市建设无坝市领导小组集中管理，市水利局安排计划，分管副市长审批，年终向市人大常委会报告。通过强化行政、法律监督，确保以资代劳等各类资金专款专用。3年投入资金1.5亿元。至1999年，全市建成圩口闸1688座，合格率达100%，其中优良工程占70%。是年9月30日，市委、市政府召开基本建成无坝市总结表彰会议。

2000年以前，东部地区部分乡镇由于受经济条件限制，尚未达到无坝乡的要求，一些已封闭的土口门陆续开启，以至每年仍需建设部分圩口闸。2005—2007年，圩口闸建设被纳入圩区治理规划，上级补助部分资金，全市又陆续建设圩口闸695座。2007年，市委、市政府总结2003年、2006年两次排涝抗灾的教训，全力加快农村防洪体系建设，除省级补助的建闸资金外，市财政安排专项资金，按上级补助同等标准给予补助，调动各地建闸积极性，当年建闸154座。至2010年，全市圩口闸总数达3717座。

第二节　田间工程

1991年灾后，由于农田水利建设重点放在圩堤加修和闸站配套方面，田间沟渠修复不快，部分地区甚至出现与渠争地、平沟还田的现象。全市以治水改土为重点，开展“开挖清理，疏浚农田‘一套沟’突击月”活动，完成土方413万立方米，新增“一套沟”配套面积22.51万亩。1992年，田间一套沟的配套密度每万亩降至100公里，下降9个百分点，导致灌排困难，渍害严重。1993年，兴化市“一套沟”配套面积125.06万亩。1993—1994年，各乡镇抓住时机大搞秋播田间工程，新开三沟9130条1108公里，疏浚三沟95703条12900公里，完成土方650万立方米。与此同时，加快格田成方，路、沟、林三网配套步伐，基本达到“一方农田，两头排水，三沟配套，四边脱空”要求，提高排涝降渍能力和灌溉水平。

1991—1998年，全市清理、疏浚、新开农田一套沟142901条，完成土方3200多万立方米，配套三沟涵9049座，机耕板35810块。1998年末，全市农田一套沟总长18863公里，每亩平均13米，三沟配套面积145万亩，占秋播面积的98%。此后，由于实行联产到户，农民自主种植，不再重视一套沟配套，大部分沟系被平整为田。

为充分发挥“标准圩”的典型示范作用，市水利部门要求各乡镇都要建设一个“标准圩”。与此同时，市政府重点抓钓鱼“三高”农业示范方、周庄中心东圩示范方、盐靖路“三高”农业示范方和兴泰路高标准农田示范带的建设。市成立示范工程建设领导小组，分管农业负责人任指挥，相关区、乡（镇）和部门负责人任副指挥，建成组织网络。市水利局组织技术人员深入各乡镇作技术指导，示范方水利基础设施配套模式为：三田一方，条田方整；河沟路林，配套成网；电站渠灌，渠道衬砌；桥闸站涵，全面配套。圩堤做足“四点五四”式，圩口闸配套无土口门，能挡4米水位。排涝以座机为主，日雨200毫米两天排出不受涝。灌溉由船机固定机口逐步过渡到节水型衬砌渠道。排灌分开，隔水沟间距40—60米，充分发挥河网、沟网作用，将地下水位控制在距田面1米以下。条田方整，机耕路配套，确保作业机械开到每块田。农田林网达平原绿化先进市标准。示范方内要求达到“四无三有”，即：无土坟土堆，无废沟废塘，无乱插花零碎边角田，无杂树杂物；有新型水利基础设施，有新区域化布局，有新技术推广应用。至1998年末，各乡镇先后完成示范区圩堤、河沟、路渠、土地平整等各类土方94.7万立方米。新筑机耕路155条71.7公里，开挖清理外三沟1924条241公里，平田整地2254.5亩，田块调整8089.5亩，基本形成示范区框架工程。建筑物配套实行多层次、多元化投资，安装田间装配式建筑物650套，硬质节水渠道2000多米，新建大拖拉机桥35座。

2000年，提出按照“圩堤公路化、水利标准化、条田方整化、农田林网化、作业机械化、排灌机电化、干渠硬质化、品种纯良化、建管制度化”的标准，每乡镇规划和建设1—2个标准圩的要求，对防洪、排涝、降渍、条田、机耕路、农田林网等都明确具体指标，市里则重点抓好兴泰公路沿线示范带的建设。此后，由于“两工”（农村义务工和劳动积累工）的逐步取消，加之受地方配套能力的制约，标准圩建设受到一定影响。2010年，安丰镇实施高标准农田示范工程建设项目，建设面积867公顷，财政投资1560万元。

附

农业示范方选介

【钓鱼乡“三高”农业示范方】 1995年10月，市水利局指导按“三高”要求规划，由乡组织实施。次年10月完成第一期工程，实现条田方整、沟渠路三网配套。示范方内修筑机耕路4条，总长4.08公里，疏浚生产河1282米，开挖三沟157条，完成土方6.5万立方米。兴建公路桥3座，建成小型电灌站1座，铺设砂石路面3.37公里，架设葡萄架500米。配套田间沟系三铰拱等建筑物350座。

【周庄中心东圩示范方】 1995年实施，全圩配套圩口闸13座，当年建成无坝圩，9.5公里圩堤全部达“四点五四”式标准，能挡4米水位。兴建排涝站3座，达日降雨200毫米两日排出不受涝。建电灌站5座，实行座机渠灌，直接从中心河提水灌溉，达百日无雨保灌溉的要求。各方区中间布置一路两沟，修筑机耕路19条，11280米，其中泥结碎石路面1750米，机耕桥15座，公路桥12座。两块田（40米）一条隔水沟，开挖隔水沟293条，37500米，做到水旱分开、高低分开、排灌分开。铺设衬砌渠道5.04公里，新建节制闸89座，跨渠机耕桥41座，进水涵64座，排水涵31座，交叉涵23座。农田林网实行意大利杨、水杉、池杉织网，宜林地全面绿化，在村庄周围和主要道路两边栽种长绿树和观赏型花草，美化、香化环境。2003年，建设农兴三泵站。

【盐靖路“三高”农业示范方】 1996年秋规划实施，为农业领导工程重点项目。位于市境东部盐靖公路一线，南北长55公里，沿线包括7乡（镇）9点，总面积3万亩。其中9个示范方耕地总面积2万亩（含戴南红双西圩、唐刘十里圩、荻垛中心圩和胜利西圩、昌荣盐西圩、林潭姚家圩、安丰灶里圩、中圩中心圩和中北圩），各示范方之间的公路西侧一线500米范围内按示范方标准同步实施，面积1万亩。

第三节　排涝站

1991年洪涝灾害对境内排涝设施造成极大破坏，排涝站报废70座，损坏或严重损坏的590座。灾后，市委、市政府要求必须在合理布局的基础上加快修复和重建排涝站。市水利、农机部门总结过去单机单泵、分散布置、多点设站、输电线路长、工程造价高、管理难到位的弊端，决定采用群泵组合、闸站结合、闸桥一体化的布置方式。1991—1995年，建成排涝站117座，增加排涝流量173立方米/秒。在排涝站建设、改造时，排涝模数按联圩平均地面高程划分3种不同配套标准，即：平均地面高程2.5米以上的联圩，为每平方公里0.8立方米/秒；2—2.5米的联圩为每平方公里0.9立方米/秒；2米以下的联圩为每平方公里1立方米/秒。针对不同情况，在排涝能力较强的地区兴建扬程较高的轴流泵站，以解决流量不足和排大涝时圩工泵扬程太低的矛盾。在流量缺口大、地势较高的地区以兴建低扬程大流量的苏排Ⅱ型圩工泵站为主，并根据经济条件推广多机组泵站，以形成骨干排涝能力，同时降低造价，便于统一管理。泵站改造以水泵换型为主，着重提高泵站的装置效率。

2007年，市委、市政府提高泵站建设补助标准，每新建1个流量的排涝站补助标准从2万元增加到6万元，并规定每个流量预缴2.5万元保证金，以调动各地建设排涝站的积极性。全市建成排涝站98座，新增排涝能力229立方米/秒。2008年达124座，出现历史上最好的局面。至2010年底，除因站位调整、设备损坏而报废的以外，固定站保有量978座。

图6-5　2009年建成的排涝站　　　　（市水务局提供）

2010年兴化市高程2米以下联圩排涝能力一览表

表6-1

乡镇名称	联圩数（个）	总面积（平方公里）	耕地面积（亩）	排涝能力		排涝模数（立方米/秒/平方公里）	日雨200毫米雨后1日排出	
				站数（座）	流量（立方米/秒）		需流量（立方米/秒）	缺流量（立方米/秒）
周奋	3	18.97	13101	12	16.3	1.0	19.0	4.1
缸顾	4	40.74	32586	29	52.0	1.0	40.7	0.0
中堡	6	22.57	18866	16	32.7	1.0	22.6	0.8
李中	7	44.15	40463	29	52.1	1.0	44.2	0.2
西郊	6	39.69	30580	25	43.0	1.0	39.7	3.1
昭阳	2	14.52	12026	9	15.2	1.0	14.5	0.0
开发区	2	39.73	27561	16	41.0	1.0	39.7	0.6
垛田	7	19.59	12917	16	22.5	1.0	19.6	0.6

续表 6-1

乡镇名称	联圩数（个）	总面积（平方公里）	耕地面积（亩）	排涝能力		排涝模数（立方米/秒/平方公里）	日雨200毫米雨后1日排出	
				站数（座）	流量（立方米/秒）		需流量（立方米/秒）	缺流量（立方米/秒）
临城	1	8.50	8800	9	13.0	1.0	8.5	0.8
沙沟	3	33.35	17774	24	41.1	1.0	33.4	0.0
合计	41	281.81	214674	185	328.9	10.0	281.9	10.2

2010年兴化市滞涝联圩一览表

表 6-2

乡镇名称	联圩数（个）	总面积（平方公里）	耕地面积（亩）	乡镇名称	联圩数（个）	总面积（平方公里）	耕地面积（亩）
李中	3	17.30	7000.00	沙沟	4	3.12	932.00
昭阳	3	5.53	42.40	西鲍	2	2.60	2115.00
中堡	4	10.03	55.94	周奋	1	6.53	3874.00
竹泓	2	3.59	22.72	合计	22	51.44	16376.06
城东	3	2.74	2334.00				

第四节 电灌站

2002年，新建小型电灌站50座，改善灌溉面积1.5万亩。此后每年均建设数十座电灌站。

2003年起，兴化先后兴建两个省级节水灌溉示范项目。一在大营镇营东圩营东村。2003年9月开始实施，2005年3月通过验收。建成小型电灌站8座，各配套7.5千瓦电机和250ZLG-2.5轴流泵1台，修筑U型防渗渠道5300米，田间配套建筑物380座，节制闸涵和交叉涵35座，架设10千伏输电路线3.5公里，有效灌溉面积2100亩。总投资84.6万元，其中省级补助50万元。二是在戴南镇红双圩陈北村。2004年11月开始实施，次年4月通过验收。建成小型电灌站5座，铺设U型防渗渠道3500米。田间配套建筑物230座，过道桥涵12座，架设电力线路1.5公里，有效灌溉面积1020亩。总投资55.22万元，其中省级补助30万元。与此同时，其他各地也陆续兴建小型电灌站。至2010年，电灌站总数352座，总装机3327.5千瓦，提灌能力达50.36立方米/秒，配套硬质渠道10500米，改善灌溉面积5.3万亩。

第三章 城市防洪

1999年，根据市委、市政府的部署和安排，市水利局调查研究的基础上，委托扬州市勘测设计研究院编制《兴化市城市防洪规划》。按照“以河划块，分区圈圩设防”的规划思路，于2000年初首先在九顷小区启动防洪工程建设。在经历2003年、2006年、2007年3次较大的洪涝灾害后，市委、市政府加大城市防洪工程建设的力度。至2010年底，建成防洪闸站39座，防洪墙（堤）41.5公里，排涝动力3681千瓦，排涝流量66.67立方米/秒，保护范围近70平方公里。

第一节　规划与投入

一、规划

根据《中华人民共和国防洪法》《城市防洪工程设计规范》（CJJ50–92），兴化市城市防洪规划采用50年一遇的防洪标准，设计洪水位3.36米。防洪总体规划方案：让出行洪交通骨干河道，分区圈围设防，以块建站排涝。圩内水面作为汇水调蓄河道，封闭市河两端建闸设站，集中排除涝水。将市区分成主城区、九顷小区和城南、城堡、东五里、关门、严家、野行8个区分别圈围设防。

防洪工程措施以里下河地区区域防洪为依托，充分利用省重点水利工程治理效益，挡排并重，防泄结合。在工程安排上，与城市景观建设、沿河道路建设、市区航道建设、市河整治、污水处理及旧城改造相结合。对主城区、九顷小区、城南区分别砌筑防洪墙。对城郊接合部尽可能修筑圩堤匡进原属联圩，难以取土修圩的地区则砌筑防洪墙。防洪墙、防洪堤顶高4.5米。在防洪墙内侧修筑环河路，路面高程3.5米，路面宽5—12米，实行路墙结合，沟通城区干道。在内河与骨干河道交汇的口门上设置防洪闸和排涝站，在汛期挡洪排涝。新建防洪闸28座，其中闸站结合工程11座。城市排涝规划水平年近期2005年，远期2010年。排涝总体规划方案根据地形高低，建筑物稠疏、水面积大小，分区分块计算，确定各区排涝模数标准。市区排涝模数为2—4立方米/秒·平方公里，城郊结合圩排涝数为1.3立方米/秒·平方公里。雨水全部排入内河，雨水管道设计重现期一般取1年，重要干道、重要地区取2—5年。排涝工程措施整治各区内河，沟通水系，畅引畅排。沿主干道铺设大口径排水管道，沟通内河，并改造内部排水管网，畅通网络。兴建截水管道，承接周边下水道汇水，统一排入内河。兴建组合泵站，安装高扬程轴流泵，实行大小泵径搭配，集中排除涝水。规划兴建各类排涝站38座，装机排涝流量65.5立方米/秒。

随着市委、市政府机关南迁，车路河以南、卤汀河以东、兴东公路绕城段以北、直港河以西范围内逐步建成行政新区。2002年9月，市水务局按照50年一遇标准编制新城区防洪规划。除利用原有圩口闸和排涝站外，规划新建防洪闸3座，闸站结合8座，改造防洪闸4座，排涝站3座。2006年8月，市四套班子负责人联席会议，讨论决定将防洪墙顶高程（废黄河零点）从4.5米调整为3.5米。

二、资金筹集

2000—2010年，城市防洪工程建设按照多渠道筹集建设资金的要求，主要采取按受益范围负担、国家重点工程项目配套资金、有关部门负担或自建、财政投入等渠道组织筹集资金。

【按受益范围负担】 2000年11月，市政府下发《关于新城小区（以下改称九顷小区）城市防洪治污一期工程建设资金筹集的实施意见》，明确资金筹集范围、标准、筹集办法和使用管理等。稍后，市政府办公室下发通知，明确负担标准：机关部门、各类商业营业用房按建筑面积20元/平方米，学校、医院、敬老院、幼儿园等事业单位按占地面积10元/平方米，生产经营性企业按占地面积20元/平方米。实际筹集情况：九顷小区内机关、部门和事业单位15家筹集资金145.5万元。生产经营性企业和商业企业用房有1家交纳0.3万元。2005年8月26日，市政府办公室对主城区南片内移动公司、联通公司、信用合作联社、金港房地产发展有限公司、国土局（城投公司）、建设局、振兴双语学校、第三人民医院、昭阳中学、房管处、长安农贸市场、龙津河农贸市场、国税局、地税局14个单位，下达198万元的负担指标。

【国家重点工程项目配套资金】 2002年9月，白涂河临城段整治被列入省重点区域水利除险加固工程，由泰州市发展计划委员会、泰州市财政局、水利局分别下达省级配套资金190万元。该项经费用于九顷小区白涂河段防洪墙建设；2002年9月九顷小区西侧防洪墙被泰州市财政局、水利局列为上官河临城段整治项目。下达市级补助资金50万元；沧浪河东闸站和车路河兴化城区束窄段整治工程被列入里下河地区灾后水利重建工程项目。2004年3月，泰州市发展计划委员会、财政局、水利局下达省级补助资金596万元；主城区沧浪河南闸、沧浪河西闸站、海池河东闸站、海池河西闸站被省水利厅列为淮河流域湖洼及支流治理项目的城区洼地挡排工程。2005年9月，泰州市水利局批拨国家和省级补助经费1060万元；下官河城区段整治被省水利厅列为兴化市洼地治理下官河城区段整治工程项目，对河东岸防洪墙3公里、西岸防洪墙1.9公里，串心沟闸站、水产村8米闸桥和6米闸站等工程项目，省水利厅于2007年11月，核定省级补助资金1902万元。

【部门负担或自建资金】 市水利局建委分别在水利规费中和建设规费中各安排100万元，自来水总公司污水处理费32万元，城市投资公司5.67万元，合计237.67万元，用于九顷小区城市防洪工程建设。行政新区闸站配套1300万元由城市投资公司负担。有关部门自建的：九顷小区金贵房产开发公司斥资30万元，承建防洪墙120米。城建开发公司斥资45万元，承建防洪墙140米。张阳小区建祥房地产开发公司斥资65万元，承建防洪墙235米。泰兴房地产开发公司斥资95万元，承建防洪墙90米。国际华城斥资90万元，承建防洪墙308米。2005年8月，市政府办公室下达盐业公司、金鹏集团、航运站加油站、昭阳实验小学、高级职业技术学校、昭阳镇市政建设开发公司6个单位自建防洪墙（堤）1935米，投资484.99万元。

【财政投入】 2000年11月，市财政安排专项捐款210万元，用于九顷小区城市防洪工程建设。2006年11月，市政府召开会议，明确城市防洪和农村防洪同步推进，年度建设资金安排大体相当。从2007年起每年由市财政安排1000万元左右资金用于城市防洪工程建设。2007年8月，市委常委、市长联席会议研究决定，土地出让资金安排5000万元，向上争取4000万元，城市水利投资有限公司贷款8000万元，用于城市防洪工程建设。从2008年起每年市财政安排2000万元用于还款。

第二节　防洪设施建设

2000年2月，市委、市政府召开专题会议，要求把实施九顷小区“五、三、二”（5座防洪闸、3座排涝站、2座输水冲污泵站）工程作为必保项目，于年内建成。4月，泰州市水利局原则同意《兴化市城市防洪规划》。11月7日，市政府批准《兴化市城市防洪规划》，并决定从2000年起分期组织实施。

一、防洪墙

2006年下半年开始，兴化市委、市政府投资3.5亿元，至2009年，建成长41.5公里防洪墙，能抵御3.5米以上洪水，35万人受益。

九顷小区防洪墙于2000年开工建设，2004年5月竣工，建成防洪墙3110米。昭阳桥南楚水

图6-6　2006—2008年，先后建成九顷、王家塘、陈堡等6个防洪片区，37个闸站，38公里长的防洪堤坝。（2008年摄，市委宣传部提供）

湾段防洪墙、堤工长1093米，由城市水利投资有限公司负责实施，于2007年3月10日开工，6月20日基本竣工，8月29日通过初步验收。王家塘段防洪墙、堤工长658米，由市建设局负责施工，于2007年3月开工，5月底竣工。张阳小区防洪墙、堤北线防洪墙、堤工长2200米，由城市水利投资公司负责实施，于2007年4月15—25日分标段开工，分别由明灿建设工程有限公司、宏胜建设有限公司承建和开发商自建，2007年6月竣工。车路河南岸（五里大桥至直港河）驳岸工长1917米，由航道站负责实施。于2007年3月开工，6月底竣工。严家片防洪墙西线防洪墙（堤），海池河以北至过境公路段工长2035米，由城市水利投资有限公司负责实施，南京广恒建设工程有限公司中标承建，于2007年9月开工，次年6月竣工投入使用。

另有主城区东片防洪堤（墙）2627米分5个标段和西片防洪堤1813米分2个标段，分别由7个施工单位承建，分别于2007年11月前后开工，次年6月结工。2008年开工的项目为严家片区西线（2269米，分3个标段）防洪圩堤，是年11月开工，次年6月结工。2009年开工的项目主要是关门片区，防洪堤1公里，是年3月开工，6月结工。

二、防洪闸站

九顷小区防洪工程2000年开工建设，2004年5月竣工。防洪闸4座（兴中、抗排站、储运站、野行），排涝站5台/3座（兴中、抗排站、储运站、含2台冲污泵，排涝站流量2.5立方米/秒），对2条总长1410米的排水沟清淤疏浚，衬砌和护坡护底，总投入资金1247万元。

行政新区防洪工程2003年开始实施，2004年底基本完成，建成6米孔宽的防洪闸2座（直港河南、北闸）、6立方米/秒的排涝站2座（直港河南站、中心河南端紫荆河站）、小型防洪闸2座，砌筑防洪墙1100米，按照“四点五四”标准加修圩堤4650米，投入资金1300万元。

沧浪河防洪工程2004年6月20日，主城区沧浪河东闸站开工建设，闸址位于沧浪河东口门处，当年底基本完成主体工程，2005年6月8日通过省市验收交付使用。此项工程为闸、站、桥三位一体，共7孔。其中防洪闸单宽7米，两边6孔选配700ZLB－160型轴流泵6台，单泵设计流量1.33立方米/秒，总流量8立方米/秒。配套电机315-8（75千瓦），总动力450千瓦。沧浪河南闸和西闸站于2006年8月26日同时开工建设。南闸位于沧浪河与车路河交汇的沧浪河南口门处，结构为西高东低单坡5孔拱桥的闸桥结合。5个桥孔中，3孔为平均6米宽的过水闸孔，西闸孔采用液压横移门，其余2孔采用液压直升门。拱桥中间设行车道宽9米，两侧设人行道各宽4.5米。2007年10月19日通过水下工程验收。西闸站位于沧浪河西口门，为闸站桥结合工程。东边孔为净宽6米闸孔，采用横移钢闸门。中孔布置排涝站，设计流量2立方米/秒。西边孔为岸孔。拱桥总宽13米（5米＋8米），其中8米宽桥中设有古亭构造景点，5米为人行道。2007年10月19日通过水下工程验收。

图6-7 海池河西闸站 （2010年摄，市水务局提供）

海池河闸站东站位于海池河东端与上官河交汇处，于2006年12月28日开工建设。工程由闸室、泵房和交通桥组成。西部北侧为防洪闸、单宽6米，钢闸门，采用2×5QP双吊点卷扬式启闭机，南侧为泵房，安装800ZLB-125型水泵1台，设计流量2立方米/秒，配套90千瓦功率YZ-315LZ-10电机。东侧为交通桥，宽5.1米。2007年10月19日通过水下工程验收。西闸站位于海池河西端与西荡河交汇处，2006年12月28日开工，是集防洪排涝、城市景观、文化休闲等功能于一体的建筑物，由闸室、泵房、交通桥3部分组成。中孔为防洪闸，孔宽6米，选用QP2×5KN双吊点卷扬式启闭机。南北两侧为泵房及附属用房，安装800ZLB-125型水泵4台，设计流量8.2立方米/秒。配套90千瓦功率YZ-315LZ-10电机4台。西侧为交通桥、宽3.1米。东侧为曲形观光桥，宽3.1米。于2007年12月15日通过水下工程验收。

新闻信息中心防洪闸位于五里大桥北，单孔6米，工程由建设局负责实施，于2007年4月开工，7月底竣工。

张阳小区防洪工程小区串心沟闸站、单孔4米，排涝流量2立方米/秒，由城市水利投资有限公司负责实施，水利建筑安装工程总公司中标承建，于2007年4月28日开工，2008年5月竣工投入使用。小区中心河闸、单孔6米，由城市水利投资有限公司负责实施，江苏神农海洋工程有限公司中标承建，于2007年4月15日开工，次年1月竣工投入使用。小区高王河闸站，单孔6米，排涝流量6立方米/秒，由城市水利投资有限公司负责实施，市明灿建设工程有限公司中标承建，于2007年4月25日开工，次年1月竣工，投入使用。

严家片防洪工程东线砖瓦厂闸站（又称乌巾荡东闸站），单孔6米，排涝流量6立方米/秒，由城市水利投资有限公司负责实施，南京广恒建设工程有限公司中标承建，于2007年12月开工，次年6月竣工，投入使用。

城堡区经一路闸站单孔4米，排涝流量2立方米/秒，由城市水利投资有限公司负责实施，高邮市水建总公司中标承建，于2007年4月开工建设，次年6月竣工投入使用。

城堡区大溪河闸站单孔4米，排涝流量2立方米/秒，由南京广恒建设工程有限公司承建，2007年11月开工，2008年6月竣工。

野行闸站单孔4米，排涝流量4立方米/秒，由江苏神禹建设公司承建，10月开工，次年6月竣工。

另有2008年开工的严家片区1座防洪闸，是年11月开工，次年6月结工。2009年开工的关门片区，防洪闸站1座（单闸孔宽4米，排涝流量2立方米/秒），是年3月开工，6月竣工。

三、其他设施

北水关集水泵站安装潜水泵，流量2.7立方米/秒，由市鑫源建设公司承建，2007年11月开工，次年6月竣工。

南沧集水泵站安装潜水泵，设计流量0.6立方米/秒，2007年11月开工，2008年6月建成投入使用。

第四章　防汛抗旱

兴化正常每年雨量充沛，同时由于地形为“锅底洼”，极易造成洪涝灾害，洪、涝、旱、风等自然灾害发生频繁，防汛抗旱任务艰巨。1991—2010年，兴化发生重大水旱灾害6次，其中水灾4次（1991年、2003年、2006年、2007年），旱灾2次（1994年、1997年）。

第一节　组　织

20世纪90年代后，每年汛前，市委、市政府即发出通知，调整市级防汛防旱指挥机构，并要求各区乡镇和各部门及有关单位相应调整和建立指挥机构。市级防汛防旱指挥部由市委办公室、市政府办公室、市计委（发展计划局、发展改革委员会）、财政、水利、农业、农机、气象、供电、邮电、商业、供销、物资、交通、人武部、公安、建设、环保、卫生等部门及昭阳镇为成员单位，由市长任指挥。市防汛防旱指挥部下设办公室，由水利（务）局副局长任主任，负责处理日常事务。在出现较大灾情后，水利、农机、供电、计划、商业、供销、物资等有关部门负责人集中办公。1991年成立总值班室和通信联络、物资调度、宣传、综合信息、抢险、后勤等组。2003年、2006年和2007年分别成立雨情水情、宣传报道、物资协调、灾情统计、生产自救、综合服务、社会稳定等组，相关部门负责人各司其职，解决防汛抗灾工作中的突出问题。

第二节　经费和物资

一、经费

1991年后，防汛排涝和抗旱经费每年由省、地级市财政视灾情批拨，市（县）财政也相应拨出专款，在市领导和分管负责人指导下，由市防汛防旱指挥部和财政部门掌握使用。在重大灾害年份，则接受有关方面捐款，以弥补抗灾资金的不足。1991年接受资金和物资捐赠5163.3万元。乡、村范围内抗旱排涝经费一般由受益范围内各有关单位和农户合理负担，自筹解决，国家财政给予适当补助。1991—1998年，上级下达兴化抗灾经费34.75万元，同期兴化市财政支出抗灾专款4473万元。2000—2010年，兴化市投入抗灾资金14630万元。

二、物资

抗灾所需能源、物资由各有关部门组织供应。供电部门负责解决并尽量满足抗旱排涝用电需要。商业、物资、供销等部门每年储备一定数量的柴油、木材、草包、编织袋、毛竹、元钉、铁丝等器材，或采取紧急外购调运等办法，供防汛防旱时统一调度使用。农机部门负责供应机电泵站配件。

各地农民群众发扬自力更生精神，自动筹集一些杂棍、树木、草包和编织袋等抗洪物资。尤其是1991年、2003年、2006年洪涝灾害发生后，上级政府和防汛指挥机构以及友邻县（市）都能及时调拨、捐赠相关抗洪物资支援兴化。

第三节 防汛抗旱纪实

一、1991年排涝

（参见《兴化纪事》卷《二、1991年兴化抗洪纪实》）

二、1994年抗旱

6月28日至8月18日，天气晴热少雨，境内水位急剧下降。其间，江都4座抽水机站数次以每日200立方米/秒的流量向里下河地区送水，未能阻止旱情发展。境内182个行政村24.14万人口饮用水源困难，30.75万亩水稻灌水困难，16.65万亩棉花因无法窨水而落铃、掉蕾、掉桃达50%以上。其他经济作物、水产养殖及畜牧业都受到严重影响，全市直接经济损失约2.71亿元。

在抗旱斗争中，市委、市政府组成抗旱指挥部，市委常委分工至区坐镇指挥。市水利部门按照市委统一部署，争取上级主管部门支持，狠抓水源调度，打通通扬运河北岸、三阳河东岸通向里下河地区口门，增加上游来水，基本控制兴化水位下跌趋势。市水利局要求各地动员劳动力对淤浅的中心河和生产河清淤疏浚，调派挖泥机船突击疏浚河道，以恢复和提高引水功能。市水利、环保、交通、水产、公安、工商等部门互相配合，突击清除卤汀河、车路河行水障碍，拆除53处鱼簖，疏散3处集中停泊点的运输船，使戴窑水位抬高0.22米。市抗旱指挥部抽调608台抢排泵，建立临时泵站，实行两级翻水，抬高圩内河道水位。各乡镇合理安排提灌机具，白天进行稻田灌溉，夜晚从事棉田覆水，把灾害损失降低到最低限度。

三、1997年抗旱

6月11—24日近半个月晴热少雨，时间比1994年提前近20天。此间正值夏插用水高峰期，河网水位迅速下跌，兴化水位从6月8日的1.22米下降到6月21日0.84米。大营乡董家村水位仅-0.05米，出现严重旱情。

省委、省政府对里下河地区出现的旱情和抗旱情况极为关注。江都抽水机站日夜开机，为里下河地区补给水源6.3亿立方米。泰州市市长丁解民至合塔、大营两乡视察旱情。泰州市水利局要求沿江涵闸抢高潮引江，沿新通扬运河一线通里下河的闸涵全部打开。兴化市委、市政府主要负责人到旱情严重的乡镇了解旱情，部署抗旱，组织各部门包区包乡，组织水利、水产、交通、公安、工商等有关部门联手行动，突击清除骨干河道行水障碍215处。同时，组织干旱地区干部群众突击清理疏浚圩内河道3894条，完成土方80万立方米，畅通引水河道。全市投入抽水机船近万艘和抢排泵2791台，实施二级翻水，耗用柴油1534.5吨，抗旱费用2170万元。

四、2003年防汛

2003年，兴化市梅雨成涝。自6月21日入梅至7月22日出梅，32天内有雨日28个，梅雨总量652.6毫米。频繁降雨加之客水汇集，四水投塘，使河网水位迅猛上涨。6月30日至7月2日，水位上涨0.86米。7月1日兴化水位达1.81米，突破1.8米警戒水位。7月9日达3.06米，平1954

年最高水位。7月11日水位达3.24米，成为中华人民共和国成立后仅次于1991年（3.34米）的第二个水位最高值。

根据日趋严峻的汛情，兴化市委、市政府动员全市上下全力投入防汛抗灾斗争。7月2日，兴化水位2.16米时，市委、市政府召开市四套班子成员、市防指成员单位负责人和各乡镇主要负责人参加的紧急电话会议，提出在2.5米水位情况下保生命、保财产、保生产的“三保”并重的方针，要求完善专人值班、领导带班和汛情、灾情报告制度，各部门履行职责，落实排涝抗灾的各项措施，抓好秋熟作物田间管理。

7月4日，兴化水位2.45米，市委、市政府再次召开紧急会议，部署防汛清障。要求达到河道无捕鱼设施、狭窄河段无停泊船只、河道水面无漂浮物的要求。按照属地管理的原则必须在24小时内完成22条市级骨干河道的清障任务，以保证行河道行水畅通无阻。

7月5日，兴化水位2.68米，并呈继续上涨趋势，市委、市政府召开会议，明确各领导成员分工挂钩到各乡镇，21个部门挂钩到有关重点乡镇，检查指导防汛抗灾工作。市防汛指挥部各组、相关部门负责人到岗到位，集中办公，协调指挥抗洪救灾。市委、市政府要求各级领导落实关键措施，做到转移群众保生命，除险加固保安全，抢排涝水保生产，河道清障保畅通，泄洪滞涝保大局，努力把灾情控制在最低限度。

在抗灾斗争中，全市开启固定排涝站862座，抢排泵站130座，投入抢排泵1100台，流动机船6000多艘，抢排涝水。全市投入编织袋560万只，柴油2400吨，电力670万千瓦·时，杂棍、毛竹32万根，木材700立方米。泰州军分区组织民兵29117人抗洪抢险，救助群众10230人次，转运物资60吨，加固堤坝42.67公里，完成土石方1.23万立方米，排除险情36处。

灾情发生后，水利部，省委、省政府，泰州市委、市政府以及相关部门对兴化市的抗洪救灾高度重视。水利部副部长陈雷，省长梁保华，省委副书记张连珍，副省长黄莉新、何权、黄卫先后到兴化市视察、了解灾情，慰问受灾群众，指导抗灾斗争。省、市水利主管部门调集一批编织袋和水泵支持兴化抗灾。在汛情基本稳定后，市委、市政府及时部署灾后自救、防疫灭病和恢复农业生产，努力降低灾害损失。

五、2006年防汛

自6月21日入梅后，出现连续降水过程，至7月5日有雨日11个，降水331.8毫米，是正常梅雨量的1.38倍。尤其是6月30日至7月4日的5天内，兴化站降雨总量达204.9毫米。由于周边地区降雨强度较大，四水投塘，客水压境，加之市境西北部和东北部的大强度降雨，阻断涝水入海出路，水位上涨较快。7月1日水位2.01米，7月2日水位2.49米，超过1991年和2003年同日水位（2.36米和2.16米）。7月5日8时水位2.98米，19时水位3.01米，超过警戒水位1.21米。

灾情发生后，上级领导对兴化防汛救灾工作十分重视。副省长张九汉、黄莉新、泰州市委书记朱龙生、市长姚建华，国家防总副总工程师程涛先后到兴化了解灾情，指导防汛救灾。市委、市政府按照“保生命、保财产、保生产”的要求，动员和组织全市广大干部群众全力投入防汛救灾，千方百计减轻灾害损失。

6月30日突降暴雨后，市政府于次月1日召开会议，对各乡镇、各部门防汛工作进行专题部署。7月2日，当兴化水位突破2.5米以后，又召开市防指成员单位负责人会议，明确防汛排涝工作要求。晚8时，市委、市政府召开防汛排涝紧急电话会议，要求各地紧急落实防汛救灾各项措施。市委、市政府抽调机关34名副局职以上干部分赴各乡镇，具体指导防汛救灾工作。在城区，落实有关部门与社区挂钩，做好低洼地域抢排和受淹群众转移安置工作。市四套班子成员分工包片，各乡镇、村全体干部到岗到位，靠前指挥，分别包干到村、到圩、到站、到闸和口门，对联圩、排涝站和圩口闸逐一落实包保责任制。从7月2日起，组织实施2.5米水位应急预案。相关部门集中办

图6-8 2006年，兴化市再次出现严重洪涝，居民巷道被水淹没 （市气象局提供）

公，及时解决防汛工作中突出问题。按照属地管理的原则，实施市级骨干河道清障方案，清除阻水障碍1800多处。要求所有联圩全部闭口投入排涝。从7月4日起实施第一批湖荡、副业圩滞涝计划。

全市关闭圩口闸3300多座，堵闭和加固土口门400多个，投入抗灾人数40万人次，其中参加抢险的25万人，投入柴油机8000台、10.95万千瓦，电动机1800台、12.1万千瓦。在防汛抗灾中，耗用编织袋、麻袋590万只，木材3000立方米，毛竹36万支，柴油3100吨，用电650万度，投入排涝费用1.1亿元。

六、2007年防汛

自6月20日入梅至7月25日出梅，35天内出现雨日21个，降雨总量483.8毫米，是常年的2倍。7月1日以来是降水集中时段。相继出现4场暴雨，特别是7月8日7时至9日7时24小时降雨量达167.1毫米，降雨强度为历史罕见。7月3日以后，水位持续猛涨，7月4日达1.8米水位警戒线。至7月10日20时，兴化地区水位达3.13米，超过警戒水位1.33米，比2006年高0.12米。

灾情发生后，中央电视台新闻采访指导组、农业部灾情调查组，省委副书记张连珍、副省长黄莉新、省军区有关领导以及省民政厅、水利厅、财政厅、卫生厅、环保厅、农林厅、海洋与渔业局等省级部门负责人，泰州市委书记朱龙生、市长姚建华等先后深入兴化农村、工厂和社区具体指导防汛救灾。省防指、泰州市防指先后调运抢险救灾物资全力支持兴化，省和泰州市红十字会组织救灾物品救济兴化灾民。兴化市委、市政府根据雨情、水情变化，启动相应防汛工作预案，动员和组织全市广大干部群众积极投入防汛抗灾工作。7月7日召开全市防汛排涝紧急电话会议，明确防汛排涝工作措施，要求农业圩全面闭口，开动所有排涝设施，抽排预降到挂坎0.8—1米。全市关闭圩口闸3300多座，开启排涝站950多座，投入排涝动力3.5万多千瓦。实施市级骨干河道清障方案。组织乡村和社区干部逐一走访受淹户，拨付救灾预备金，做好重灾户投亲靠友、转移安置工作。

汛情稍有缓解后，市防汛指挥部发出通知，要求把工作重点及时转移至生产自救上来，抢抓晴好天气，落实补救措施，突击排涝降渍，加强田间管理，搞好技术指导，狠抓补种改种，把灾害损失降低到最低程度。

第五章 水利管理

1990年至2001年3月，市水利局为水利管理机构。2001年4月，市政府撤销市水利局、市农业机械管理局，建立兴化市水利农机局，2001年10月，更名为兴化市水务局，为市政府工作部门，增挂“兴化市农业机械管理局”牌子。2005年1月12日，市委、市政府印发《兴化市政府机构改革实施意见》，将农机管理、农机推广和监理职能划归市农委。

第一节　水利工程管理

一、河道管理

根据水利部和江苏省水利厅文件精神，1991年4月，兴化市编制委员会同意将“兴化市堤防涵闸管理所”更名为“兴化市河道管理所”，作为河道管理的职能机构。1991年后，市级骨干河道和5湖8荡由市河道管理所管理，并根据所在区域委托有关乡镇水利（务）站具体实施。分圩河及5湖8荡以外的湖荡，由所属乡镇水利（务）站管理，涉及两个乡镇以上的河道管理由市水利（务）局协调。圩内干河和生产河由所在村村民委员会管理，涉及两个村以上的由乡镇水利（务）站协调。边界河湖及跨界河流由水利（务）局报请上级主管机关协调。具体要求是禁止在卤汀河、上官河、下官河、渭水河、西唐港、盐靖河、车路河、海沟河8条市级骨干河道中打坝和设置鱼簖网箔等阻水障碍物。在其他市级干河设置拦河渔具，由市水行政主管部门会同水产主管部门联合审批，并登记造册，制定清障预案，根据引水抗旱和行洪排涝的需要，限期拆除。禁止乱围乱圈河湖滩地，禁止填河建房和在河道青坎上乱搭乱建棚舍。市河道管理所定期组织巡查，制止盲目圈围湖荡的现象，对未经批准擅自在湖荡中开发的鱼池一经发现立即拆除或平毁。1991年，兴化市在大灾之后总结、反思水利工程管理工作，重申不准在湖荡滩地围圩造田的规定，将圩堤使用权、经营权、管理权收归集体，一律由乡镇水利站统一管理。建立管林护林专业组织，逐圩逐堤包干到人，明确奖惩办法，调动群众管圩护林积极性。

1992年11月，市计划委员会、市水利局转发国家计委、水利部颁发的《河道管理范围内建设项目管理的有关规定》。为遏制乱圈乱围湖荡河道的源头，解决在河湖清障过程的先清后设、边清边设的情况，市政府于1995年6月发出《关于认真贯彻〈防汛条例〉，进一步抓好湖荡、河流清障工作的通知》，规定凡在市境内施工的挖泥机船，必须统一接受市水利部门的管理，由水利部门核发施工许可证。施工项目、施工地点和作业形式需经水利部门批准。全市领取施工许可证的挖泥机船214艘。对于未领取施工许可证或未按规定施工的挖泥机船一经查获，由水政监察大队配合没收电机或给予行政处罚，先后收缴电机和柴油机112台。1997年8月，兴化市政府发出《关于加强河道管理的通知》，进一步明确市内河道管理范围。1998年、2000年，市政府先后转发《泰州市水利工程管理实施办法》和省政府《关于加强水利工程管理工作的通知》，2001年11月，市政府颁布《兴化市水利工程管理实施细则》，上述规范性文件都对河道管理提出具体要求。

2002年5月，市发展计划局、市水务局发出《关于进一步加强和规范河道管理范围内建设项目审批管理的通知》。2003年5月，市政府办公室转发《江苏省河道管理范围内建设项目管理规定》，上述文件明确规定，在河道管理范围内新建、扩建、改建的开发水利、防治水害、整治河道的各类工程，包括桥梁、码头、道路、渡口、管道、缆线、取水口、排污口等建筑物，厂房、仓库、工业和民用建筑及其他公共设施等，都必须经水利部门审查同意后，方可按基本建设程序履行审批手续。截至2010年底，审批各类建设项目184项。凡未经审查同意，或不按要求实施的建设项目，一经发现，除责令立即停工，补办有关手续，采取相应补救措施外，并根据情节给予行政处罚。对影响行洪排涝和引水的建设项目，不得同意兴建，已建成的予以拆除。1995—2010年，查处水事案件300多起。

二、圩堤管理

1989年11月,《兴化市圩堤管理规定》经市第九届人大常委会第十九次会议审议通过,并由市政府公布执行。1991年灾后,各乡镇在加修圩堤时做到建管并重,发挥工程综合效益。具体做法:每个乡(镇)政府发一份文件,明确圩堤的经营权和使用权归集体,由水利站统一管理;建立一支管圩护圩队伍,实行圩林闸站桥统一管护;健全一套管理责任制度,以村划段,以段定人,明确责任,落实奖惩,并签订管理合同;每个联圩都建立一套档案资料,通过管理出成效。所有圩堤不准取土,不准建窑、不准乱开口子,不准挖翻种植。各乡镇积极落实圩堤管理的责任制。钓鱼乡以分管副乡长牵头,6个联圩圩长形成管理领导小组,60名管理人员的报酬按联圩内各村受益面积负担,由乡经营管理办公室统一代收,由水利站考核后发放。

1999年1月,市委、市政府发出《关于切实加强圩堤管理的意见》,明确管理的权属和原则、管理的范围和方法、考核和奖惩等内容。市水利局在荻垛、张郭两镇的盐靖河东岸进行圩堤管理试点,铲除圩堤上种植的油菜、麦子等作物,拆除搭建在圩堤上的棚舍,统一栽种银杏和意杨,建立长效管理制度。此后,随着土地二轮承包,圩堤连同田块划分到户,圩堤管理一度有所放松。2007年,市委、市政府进一步明确青坎、圩堤和圩内侧10米范围为水利建设用地,要求各乡镇搞好土地流转,买断土地经营权,将土地所有权归乡镇集体所有,开挖好导渗沟,导渗沟以外至河口的土地作为今后圩堤加修的取土区,一律按标准栽种意杨。承包人既是护林员,又是圩堤管理员。树木的收入按合理的比例逐年提取,作为圩堤管理和岁修费用,达到以树护圩,以树养圩。至2010年底,全市圩堤植树长度达2816公里,植树386万株。

三、闸站管理

1991年后,随着圩口闸和排涝站逐年增加,市委办公室、市政府办公室在转发市水务局的有关通知中,规定圩口闸汛前检查清淤、试吊的人工费和交通费300元/座,汛后安放闸门和汛后起吊人工费和交通费200元/座,此项费用根据受益面积按亩负担。排涝站的日常管理费用主要有一次性防盗处理费、看管人员工资、维修费、易盗设备的拆装保管费、汛期使用费等。经费来源通过按受益面积收取排涝费,实行专户储存、专款专用、滚动使用。至2010年,全市闸站管理工作步入健康轨道。

第二节 水资源管理

1995年4月,市政府下发《关于贯彻落实〈江苏省水资源管理条例〉的通知》,明确市水利局负责全市水资源的统一管理、保护和监督工作。经市机构编制委员会批准,成立兴化市水资源管理办公室,理顺水资源管理的关系。1999年、2007年,市政府先后将节约用水职能、城乡供水和污水处理职能从城建部门划归水务部门。2010年,将上述两项职能划归建设部门。

一、取水许可

实行取水许可制度涉及水资源调查、评价、规划、调配、计划和节约用水管理以及污水排放控制、水资源保护诸方面。1993年9月,国务院《取水许可制度实施办法》颁发施行后,兴化市政府下发《关于开展取水登记工作的通知》,首先在荡朱乡试点。当年全市发放江苏省水利厅统一印制的取水许可证1537份,其中地表水1525份、地下水12份;农业用水1513份,工业和生活用水

24份。1995年，对城镇用水单位全面换证。对新的取水单位未报送项目可行性报告前一律不发证，对违法取水的依法予以查处。在规定期限内换发取水许可证126份，市区发证率100%。农村1411个行政村的换证工作于1996年上半年全面完成。此后每年按照相关要求进行年审和核换发新证。2007年，对49家工业用水单位进行年审和换证。2010年，按照上级有关规定，严格取水许可和水资源论证制度。对新申请取水的单位，要求按规定开展建设项目水资源论证，对用水项目的取水水源、用水合理性、退水对水环境的影响以及地质条件的变化情况提供分析报告。

二、地下水开发监管

1995年后，凡开凿深井取用地下水的，必须经水资源管理办公室按照合理、定点、定量开采的原则审批，凡在本市境内从事凿井业务的施工队伍，必须经水资源管理办公室通过资质审查核发施工许可证。根据上级关于严格控制开采地下水的精神，审批权限被逐步上收到上级水行政主管部门。2002年以后，凿井施工由泰州市水利局批准，并明确凡未经泰州水行政主管部门注册审批以及没有较好成井先例的施工队伍，不得参加凿井施工。2004年以后，开凿深井由省水利厅批准。凡开凿深井的单位，必须提供水资源论证报告书，由兴化市水资源管理办公室初审后报泰州市水利局审核，最后经省水利厅批准。2004年，兴化市把开发浅层地下水纳入与深井同步管理的范围。当年4月，市政府发布《关于禁止开采浅层地下水用于水温空调的通告》，水资源管理办公室在充分调查和登记的基础上，对境内用于水温空调的浅层井逐个予以封填。

三、计划用水、节约用水

从1998年开始，根据统计资料和实际用水状况，对各用水企业的地表水、地下水和自来水3种水源下达用水计划。当年下达用水计划的单位40多家，2010年增加到115家。同时制定主要行业用水定额，并加强考核，做到用水有指标，耗水有定额，超用要加价，促进节约用水。为便于管理，除农业灌溉用水和人畜饮水外，规定凡是从河沟和地下取水的用水单位都必须安装水表，做到“一证、一表、一卡、一牌”，实行计量控制和管理，开采地下水的智能式水表安装率达100%，其他水表的安装率达99%。开展创建节水型企业的活动，确定1家省级节水企业，4家地级节水企业和7家县级节水企业。开展水平衡测试工作，改革用水设备，推广新型节水器具，挖掘节水潜力。加大创建节水型社区的宣传发动力度，控制用水增长速度，提高用水管理水平。2010年，全市工业用水重复利用率34.7%，比上年提高16%，万元工业增加值用水量38.14立方米，比上年降低0.5%。地下水开采总量756.3万立方米，低于泰州市水利局下达的850万立方米的指标。

四、水资源监测和保护

2003年，在上官河城区一水厂、海沟河安丰水厂、车路河戴窑水厂3处省重点水功能区竖立饮用水源保护区标志牌，明确上下游保护范围，对界碑不定期巡查维护。核查水功能区的纳污能力，向环保部门提出排污问题控制要求。对设置入河排污口的单位，均需在取得水务部门的审核意见后，方可报送环保部门审批。委托扬泰水文水资源勘测局加强水功能区水量水质的监测评价，分别在上官河城区一水厂、沙沟南大桥、横泾河二水厂、卤汀河周庄大桥、盐靖河戴南公路站码头、蚌蜒河沈纶粮站码头、海沟河安丰大桥、车路河戴窑端午桥8处设置监测点，按月测报。按照布局合理的要求，确定22个地下水监测网点，按期检测地下水位、水质及退水情况。2008年，根据江苏省水利厅决定，建设省水资源管理信息系统一期工程兴化分中心。按照兴化市分中心的实施方案，涉及60多个用水单位，96个监测点，其中地表水水量监测点7个、地下水水量监测点67个、地下水位监测点21个。建设方案明确分中心建设重点用水计量、水位监测点为核心的水资源信息采集与传输系统，即对计量器具进行更换、安装水量水位遥测远传设备，提高水资源管理的科技含量，加强取水用水监督力度，达到合理使用、优化配置水资源的目的。2009年起，建立城区饮用水源地巡查制度。2010年，分中心实现与全省水利网联网，投入试运行。

第三节 水行政执法

一、水利规章建设

1989年，市第九届人大常委会第十九次会议审议通过《兴化市圩堤管理规定》，由市政府颁布施行。1995年以后，市政府先后发出《关于进一步抓好湖荡、河流清障工作的通知》《兴化市河道管理实施办法》《关于贯彻实施〈江苏省水资源管理条例〉的通知》。市水利局与市计划委员会联合发出《关于贯彻水利部和国家计委颁发的〈河道管理范围内建设项目管理的有关规定〉的通知》。1997年、1998年，市政府先后发出《关于加强河道管理的通知》《关于转发泰州市水利工程管理实施办法的通知》。1999年，市委、市政府发出《关于切实加强圩堤管理的意见》。2000年，市政府转发《省政府关于加强水利工程管理的通知》。2001年，市政府颁发《兴化市水利工程管理实施细则》。2002年，市发展计划局和市水务局联合发出《关于进一步加强和规范河道管理范围内建设项目审批管理的通知》，为依法治水和依法管水提供依据。

二、执法工作

1991年后，围绕灾后重建，水行政执法重点抓清除圩堤隐患，清除建在圩堤上的小土窑443座。开展4次湖荡河道清障工作。1993年初，先后组织7500多人次，对以大纵湖为主体的湖荡实施清障。彻底平毁1991年以后圈围和行洪通道中的鱼池33个。对以前圈围的87个鱼池按照“四平一”(即四边池埂平毁一边)和开口滞涝的要求，合计平毁鱼池池埂2.21万米，完成土方8万多立方米，通过省政府当年的清障验收。1995年4月至1996年上半年，全市投入资金24万多元，组织11000多人次，完成清障土方14万多立方米。开口滞涝鱼池537个，口门总长3440米，增加滞涝面积5300亩。平毁鱼池45个，彻底平毁池埂4518米，恢复滞涝面积1.99万亩。退耕还水面积7.5万亩。合计增加滞涝面积14.8万亩。

图6-9 整治后的大纵湖 （2010年摄，市水务局提供）

1995年7月，兴化市在全省率先成立水政监察大队。1996年后，为了扩大巡查的频率和范围，水政监察大队组建湖荡中队和城郊中队，分别负责湖荡地区和城郊的巡查。抽调人员对城区河道每天巡查，实施长效管理，发现水事违法案件立即查处。凡群众举报的案件做到24小时内查处。所有案件，均按照有关法规程序立案、查处，直至立卷归档，按时上报。至1998年底，水政监察大队巡查849航次，查处水事违法事件153起，无一提出行政复议或行政诉讼。1999—2010年，在全市开展执法巡查1260航（车）次，查处各类水事案件150余起。

卷七 交通

第一章　公路交通
第二章　水路交通
第三章　铁路交通
第四章　交通管理

图7-1　兴化市农村公路一角
（2010年摄，市交通运输局提供）

兴化河港纵横交错，旧时，境内交通闭塞，官民运输全靠木帆船。机动船航运业发展缓慢。除圩里、圩南部分村镇有圩堤可通行人外，圩外及湖荡地区多数村镇四面环水，“大泽茫茫不通陆”。居民外出“非舟楫莫渡”。寒冬冰雪封冻，全境交通陷于停顿。1956年5月，兴邮公路修复通车，开辟到外地的陆上通道。1983年，兴化整治车路河、挑筑老兴东公路路基，从此拉开境内公路建设的序幕。至1987年，全市建成公路28条、总长277.8公里。1992年实现乡乡通公路，1998年市乡道路黑色化。2007年实现行政村村村通公路。2010年，全市公路1370条，总里程2522.73公里，公路桥梁2063座。两横四纵省道6条318.3公里，构成全市公路主骨架。县道30条411.68公里，乡村道（乡村道线路合并）1334条1803.4公里，形成全市公路网络化。盐靖高速公路、新长铁路兴化段的相继建成，实现境内高速公路零的突破，结束兴化水乡不通铁路的历史。致密的水陆交通网络，缩短了兴化与苏锡常及上海等经济发达地区的距离。货畅其流，人便于行，提升了兴化区位优势，改善了兴化投资环境，为国民经济和社会发展提供强有力的支撑和保障。

20世纪90年代，在周奋、李中、大营等有渡乡镇，人们出行就靠渡船摆渡，十分不便，由于兴化市建桥撤渡工程面广量大，财政不够宽裕，采取“村里拿一点，乡镇挤一点，群众集一点，上级拨一点，社会捐一点，贷款借一点”的办法，开展建桥撤渡工作。2005年5月6日，泰州市撤渡建桥样板工程，下官河上桥身最长、跨度最大的桥梁——黑高大桥在兴化市李中镇黑高村建成通行，至此兴化彻底告别无船不出庄的历史。

2010年，全市汽车运输业户205户，拥有客运车辆525辆、15885个座位，经营线路86条；道路货运车4658辆，其中大型货车1295辆、中型货车339辆、小型货车2914辆、罐车20辆。全年完成客运量1105万人次，61880万人公里；货运量4191.62万吨，货运周转量858651万吨公里。

2003年，全市有14家水运企业取得省交通厅颁发的水路运输许可证，初步实现由乡镇运输管理站向服务型水运企业转化，货运船舶6171艘、32.3万吨。2008年1月13日，兴化市水运行业协会成立。2010年，全市有水运资质企业29家，拥有水上营运船舶3724艘，127.73万载重吨。2010年12月，为促进水运大市向水运强市转型，兴化市正式开工建设得胜湖港口物流园区。

第一章 公路交通

1991年，全市通车公路里程450公里。1992年，全市45个乡镇（行政区划调整前）实现乡乡通公路的目标，1998年底实现市乡道路黑色化。2007年，全市34个乡镇和1个开发区实现通乡公路二级化，占100%；614个行政村公路通达，实现道路硬质化，占100%，公路建设实现历史性突破。至2010年底，境内公路全长2522.73公里，其中高速公路52.65公里、一级公路115.73公里、二级公里578.02公里、三级以下公路1776.33公里。等级公路密度为1.05公里/百平方公里。

2010年，全市公路桥梁2063座。其中干线公路桥梁284座/21142.86延米（含高速公路兴化段110座/11416.9延米）、农村公路桥梁1779座/48247.4延米。

1991—2010年，全市有26个客运站场，市区客运站场7个，乡镇客运站场19个。全市完成长途客运量3431万人次，客运周转量576408.99万人公里。截至2010年底，全市农公客运单位1家。2010年完成客运量1105万人次，客运周转量61880万人公里，道路货运以私营货车为主，2010年完成货运量4191.62万吨，货运周转量858651万吨公里。

第一节 公 路

一、省道

境内省道除S29盐靖高速公路外，另有S229盐锡线、S231阜扬线、S233射江线、S332大兴金线、S333曹邮仪线5条省道，形成二横四纵覆盖整个兴化。其中曹邮仪线、射江线、阜扬线穿过兴化城区，盐锡线和宁靖盐高速公路覆盖兴化中东部，大兴金线横穿兴化北部，构成兴化公路主骨架，完善了兴化交通网络。

【盐靖高速公路】 全长153公里，北起盐城市境内204国道新兴，经盐都、兴化、姜堰、泰兴，南接泰州境内宁靖、广靖高速公路广陵枢纽，是一条省内高速公路。全线四车道，全封闭，全立交，路基总宽25.5米，设2米宽中央分隔带，采用沥青混凝土路面结构，计算行车速度100公里/小时，桥梁设计荷载汽车超-20吨、挂车-120吨，抗地震裂变为7级。其中兴化段长52.76公里，途经老圩、安丰、昌荣、林湖、大垛、沈纶、荻垛、顾庄、戴南9个乡镇，设置安丰、兴化城区、戴南3处互通式立体交叉，戴南、大垛、安丰3处收费站，1个服务区（老圩），安丰、大垛、戴南3条连接线及118孔近2400米长特大桥1座。该路段一期工程安丰以北7.08公里，1998年10月开工，2001年10月26日建成通车。1999年6月包括安丰以南段二期工程全面施工。全路段征用土地9341.23亩，拆迁房屋10260.23平方米，迁移三杆92道，补贴青苗2349.88亩，清理鱼蟹塘1251亩。2002年10月22日全线正式通车。

【盐（城）（无）锡线】 原名宁盐一级公路。该线起点盐城市南新河大桥，途经郭猛、大冈、兴化安丰、戴南、姜堰东绕城、黄桥、季市互通、靖江西绕城、八圩汽渡、月城高架、青阳、堰桥、锡澄立交，终点无锡市北栅口（公铁立交），全长217.3公里。该线按一级公路标准测设，全幅路基宽

24米，双向四车道，路面宽10.25×2米，中央分隔带2米，设计时速为100公里/小时，桥涵荷载为汽-20吨，挂-100吨。兴化段起点安丰镇兴盐界河共青河桥，终点戴南镇罗顾村。途经中圩、安丰、昌荣、戴窑、荻垛、戴南等乡镇，全长53.3公里。

一期工程通过拓浚东侧盐靖河取土，路河平行，筑路与拓浚河道，兴修水利有机结合，节约耕地1100亩。1994年组织全市民工20万，备土400多万立方米。1995年3月1日开工，1996年10月25日半幅通车试运行。其中兴化收费站区所在的一公里路段，按24米标准路基全幅实施，一期工程利用盐靖线桥涵构造物79座/1750.86延米（含新建桥1座、拓宽桥4座、改建桥1座）。

兴化段建设实行股份制试点，组建兴化市一级公路建设股份有限责任公司。总投资1亿元（不含土方、征地、拆迁等）。其中省交通厅拨款5630万元，余款通过公路建设公司发行股权证筹资4100万元，并向建行贷款2000万元。2004年，泰州公路处对全段进行桥梁改造。2005年4—12月，进行半幅路面改造，技术等级二级，路基宽12米，路面宽10.5米，其中收费站区段为水泥混凝土路面，技术等级为一级。

2005年，泰州公路处对该项目大中修，路面加铺。

【阜（宁）扬（中）线】 原名新兴泰公路。起点阜宁，途经建湖、大纵湖、兴化、陈堡、泰州东南环、刁铺互通、高港汽渡、二墩港汽渡，终点三茅镇，总长181.7公里。兴化至泰州段，起点兴化市区长安转盘，终点泰州市泰东转盘，长48.42公里，2000年建成。标准二级，路基顶宽12米，沥青混凝土路面宽10.5米，桥梁设计荷载为汽-20吨。其中市区至周庄南段27.82公里，投资1.5亿元。

兴化段北延工程起点为周庄镇中四村，终点中堡镇顾洪村，途经周庄、陈堡、临城、垛田、城东、西鲍、钓鱼、大邹、中堡8个乡镇，全长55.54公里。2006年，对兴化段进行改造和新建。12月28日开工建设临城镇陆横村至高兴东公路垛田段。2007年6月开工建设临城镇陆横村至周庄镇中四村改造段。下半年开工建设高兴东公路垛田段至中堡镇兴盐界河剩余路段。全部改造段22.51公里，新建段33.33公里。全线均按一级公路标准设计，路基顶宽24.5米，桥梁49座，6191.56延米，并同步建设绿化、数字公路，桥梁荷载标准为公路Ⅰ级，设计时速80公里。项目2009年12月建成通车，是泰州市境内第一条高标准绿色通道、数字公路。这条路的建成，标示着兴化用20年时间完成兴化城区一环。

图7-2 231省道兴化至泰州段正式建成通车
（2009年摄，市交通运输局提供）

【射（阳）江（都）线】 1983年，兴盐公路兴化境内铺成沥青表面处治路面。2002年，邮兴盐线改为射江线。起点226省道盐城射阳兴桥段，途经上岗、新团、宋楼、龙岗、鞍湖、兴化大邹、钓鱼、海南、城东、西郊、昭阳、江都武坚、小纪，终点接328国道，总里程185.8公里。兴化段起点大邹镇双溪村（与盐城分界），终点兴化市经济开发区开创村（与高邮分界），总长52.28公里。其中9.2公里与曹邮仪线共线（此共线于2005年与兴化城区南绕城段改造一并完成），其余43.08公里，工程分3年实施。2004年改造12.27公里路基、路面并建13座盖板涵。2005年改造17座危桥。2006年3月，开始改建钓鱼镇海河大桥至曹邮仪线平交处（开发区开发村），路基全宽12米，路面宽9米，兴化市区西北环路基宽17米，路面宽12米，部分集镇段适当加宽路基，路面采用沥青混凝土结构。桥涵与路面同宽，设计荷载为公路Ⅱ级。公路安保工程和绿化工程一并实施。2006年12月20日，全部竣工通车，投资总额1.45亿元。

【大（丰）兴（化）金（湖）线】 起点大丰港，途经大丰、白驹、安丰互通、李中、临泽、金湖大桥，终点接金湖县331省道，总里程212.5公里。兴化段起点为兴化、盐城交界的串场河大桥，途经大营、新垛、老圩、安丰、下圩、海南、钓鱼、中堡、缸顾、周奋、李中11个乡镇，终点兴化与高邮交界处，全长59.62公里。路面宽度由4—21米不等。

1978年12月，钓鱼至安丰公路建成通车。1984年6月，钓安公路延建至雌港河边。1987年再延建至大营段。1993年、1994年，投资177.35万元，对安丰—钓鱼段12.8公里进行改造，技术等级三级，路基宽9米，路面宽7米，面层类型为沥青贯入。

1996年，投资358.08万元，建成安丰至大营董家段，长14.65公里，标准与钓安段相同。董家至大营葛姚村为四级路，路基宽7米，泥结碎石路面宽4米，涵洞5处。1997年，投资67.07万元，修建钓鱼境内1.11公里，标准同钓安线，涵洞3处。

2000年—2001年12月，投资3220万元，修建钓鱼至缸顾段公路，长17.4公里，技术等级二级，路基宽12米，沥青混凝土路面，宽9米。1996年投资45.34万元，建成缸顾至兴沙段6.94公里，砂石路，技术等级四级，路基宽7米，路面宽5米。1998年投资120万元，对该路段进行改造，路面采取沥青贯入，2004年投入984万元改造，标准同钓鱼至缸顾段。兴沙线至刘沟分界4.5公里，1998年兴建。2000年投资515万元进行改造，标准同钓安段，桥梁2座，涵洞2处。

2006年7月全线改造，基本沿老路走向，局部调整。按二级公路标准，路基顶宽12米，路面宽10.5米，面层类型沥青混凝土，桥梁荷载公路Ⅱ级。西部湖荡地段按路基的顶宽12米，沥青混凝土路面宽9米。二级公路标准，其中安丰镇区段（易童桥—宁盐公路2.43公里），按行车道17.5米，绿化带2×2米，慢车道4×2米的集镇道路标准实施。2007年底，钓鱼以东段31.54公里公路改造基本完成，钓鱼以西段28.08公里基本实现路基贯通。该项目投资总额2.29亿元，平均每公里造价380万元，2008年9月底全线改造结束，11月实现全线通车。

【曹（撇）（高）邮仪（征）线】 起点东台曹撇，途经东台、大垛互通、兴化、高邮运河大桥、大巷、岔镇，终点仪征曹山立交，全长206.6公里。兴化段原为高兴东公路兴化段，起点市开发区开创村，途经昭阳、垛田、大垛、荻垛、陶庄6镇，终点陶庄镇娄家村，全长44.5公里。

1998年初，兴化市筹资6000多万元，开工建设兴化城区段，于年底建成通车。该段西起五里大桥，东至垛田镇芦洲环形交叉道口，全长6.1公里。其中五里大桥至直港河桥为30米宽城市道路，其余按23米宽一级公路标准建设，设计行车速度100公里/小时，荷载汽-20吨，挂-100吨。垛田转盘至东台交界段26.6公里，投资2.43亿元，其中省交通厅补助50%、泰州市政府筹措50%。兴化市政府负责征地、拆迁及土方工程。该段由起点经芦州村北，沿梓辛河南岸布线，跨渭水河，经黄家荡，跨梓辛河，新唐港河后上跨宁靖盐高速公路，于唐港河转向东南，再跨唐港河与盐锡线相交，经陶庄娄家村转弯向东，进入东台市境。2000年12月26日开工建设，2002年12月15日建成通车。全线二级公路标准，路基宽17米，路面宽14米，桥面净宽16米。设计车速80公里/小时，桥涵设计荷载汽-20吨，挂-100吨。全线建大桥8座，中、小桥21座，涵洞70处，路线在盐锡线交叉处设半苜蓿叶型、互通式立交。

兴化城区过境段，起点经济开发区开拓村（董家），终点高邮与兴化交界处，投资600万元，2002年4月开工建设，10月底建成通车。路基顶宽15米，路面宽12米。城区南绕城段起点开拓村（董家），终点芦洲转盘交叉道口，投资1.44亿元拓建，其中省交通厅补助8100万元，其余由地方政府自筹。2002年12月20日开工建设，2005年11月8日通车，全长16.3公里。其中老路改造10公里，新建段6.3公里。城南公路开拓村至城南收费站北侧，长6.87公里，按一级公路标准设计，路基宽23米，行车道宽2×10米，中央分隔带1.5米，行车速度100公里/小时。城南公路至兴东公路为新建段，城南收费站北侧至垛田何家垛，长6.33公里，路基宽17米，路面宽14米，按二级公路标准设计，行车速度80公里/小时。2003年，垛田利用段何家垛至芦洲环形交叉道口，长2.99

公里。按一级公路标准设计，路基宽23米，行车道宽2×10米，中央分隔带1.5米，沥青混凝土路面，设计时速80公里/小时，桥涵设计荷载为汽–20吨，挂–100吨，桥涵与路基同宽。

二、县（市）乡公路

县（市）乡公路主要指通乡公路，部分骨干乡际连接线，是境内干线公路。2010年，县道30条，总里程411.68公里，其中一级1.79公里、二级315.1公里、三级30.53公里、四级64.26公里，路面类型有沥青贯入、沥青表面处治、沥青混凝土、水泥混凝土及砖铺5种。

【铁路站连接线】 起点铁路客站，终点204国道，长度3.08公里，桥梁7座，涵洞5处。2000年客站至货站段建成通车，长0.91公里，技术等级二级，路基宽17米，路面宽14米，沥青混凝土面层。2007年，货站至204国道段建成通车，长2.17公里，技术等级二级，路基宽8.5米，路面宽7.5米，水泥混凝土面层。

【大戴线】 起点省道332线，途经大营、合陈、戴窑3乡镇，终点戴窑与东台分界处，长18.18公里，中桥7座，涵洞21处。其中戴窑至合陈段9.3公里，技术等级三级，2008年按二级公路标准完成改造，沥青混凝土面层。

【新张线】 起点新垛镇，途经新垛、永丰、戴窑、陶庄、张郭5乡镇，终点张郭与东台交界处，长44.92公里，中桥9座，涵洞38处。其中新垛镇至省道332线段，长1.65公里，2004年改建，技术等级二级，路基宽20米，路面宽16米，水泥混凝土面层。

【老圩乡连接线】 起点老圩乡，终点省道332线，长5.67公里，桥梁2座，涵洞8处。1983—1984年，建成简易砂石路，1997年黑色化改造，沥青贯入面层。2006年改建，技术等级二级，路基宽12米，水泥混凝土面层，宽9米。

【下圩镇连接线】 起点下圩镇，终点省道332线，长3.87公里，涵洞5处。1990年建成砂石路，1998年改造，技术等级四级，路基宽6米，水泥混凝土面层，宽5米。2008年，对项目全线按路基总宽12米、水泥混凝土路面宽9米的二级公路标准进行改造，桥梁全部拆除重建。

【林湖乡连接线】 起点李合线，终点戴昭线，长8.47公里，涵洞6处。李合线至林湖乡段，长2.52公里，暂无路面。林湖乡至戴昭线段长5.95公里，2006年改建，技术等级二级，路基宽12米，水泥混凝土面层，宽7.5米。

【大垛镇连接线】 起点省道333线，终点大垛镇，长2.23公里，中桥1座，涵洞2处。省道333线至唐港河桥段，长1.04公里，2000年建成，技术等级二级，路基宽12米，沥青混凝土面层，宽9米。2006年，唐港河桥至大垛镇段改建，长1.19公里，技术等级二级，路基宽9米，混凝土面层，宽7.5米。

【大周线】 起点海南镇刘泽口，途经海南、竹泓、茅山、周庄等乡镇，终点周庄与姜堰分界处，长42.3公里，桥梁8座，涵洞22处。其中海南至沈坨段2010年12月30日建成，技术等级二级。

【中周线】 起点中堡镇大纵湖，途经中堡、西鲍、昭阳3乡镇，终点省道233线，长24.68公里，桥梁15座，涵洞17处，其中大纵湖至中堡镇段，长2.9公里，2005年改建，技术等级四级，路基宽5.5米，路面宽4米，水泥混凝土面层。

【垛陈线】 起点垛田交叉口，途经垛田、陈堡两乡镇，终点陈张线，长23.14公里。2007年改建，技术等级二级，路基宽9米，路面宽7.5米，沥青混凝土面层，全线桥梁30座，涵洞2处。

【缸西线】 起点省道332线，途经缸顾、西鲍两乡镇，终点李合线，长10.54公里。2007年改造，技术等级四级，路基宽6米，路面宽4米，水泥混凝土面层，全线桥梁6座，涵洞11处。2010年9月投资1500万元按路面宽6米的标准改造，路面调整为沥青混凝土。

【临城镇连接线】 起点戴昭线，终点省道231线，长4.31公里。2004年改建，技术等级二级，路基宽12米，路面宽9米，水泥混凝土面层。全线桥梁1座，涵洞1处。

【陈周线】 起点陈堡镇，途经陈堡、周庄2镇，终点周庄与江都交界处，长7.64公里。2007年改建，技术等级二级，路基宽9米，路面宽7.5米，沥青混凝土面层。全线桥梁13座。

【沙昭线】 起点沙沟镇，途经沙沟、李中、昭阳3镇，终点省道233线，长28.92公里。1987年铺土路，路基宽9米，路面宽7米，1995年黑色化改造，面层改为沥青贯入。2004年全线改造，技术等级二级，路基宽12米，路面宽9米，沥青混凝土面层。全线桥梁7座，涵洞20处。2008年，对该道路进行环境整治，道路两侧实施绿化工程，并拆除部分障碍物。

【西横线】 起点西郊镇，终点高邮分界，长4.41公里，2003年改建，技术等级四级，路基宽5.5米，路面宽3.5米，水泥混凝土面层。全线桥梁1座，涵洞3处。

【沙柳线】 起点大纵湖分界，终点沙沟、宝应分界，长8.91公里，全线中桥2座、涵洞5处。起点至沙沟桥段，长0.96公里，2005年改建，技术等级二级，路基宽12米，路面宽9米，沥青混凝土面层。沙沟桥至沙沟镇段，长1.59公里，2005年改建，技术等级二级，路基宽12米，路面宽9米，水泥混凝土面层。沙沟镇至潼河段，长3.48公里，1998年建成，技术等级四级，路基宽8米，路面宽5米，砖铺面层。潼河至沙沟分界2.88公里，2010年对沙沟至潼河桥段按二级公路半幅进行改造。

【合李线】 起点合陈镇开泰村，途经合陈、永丰、昌荣、海南、城东、西鲍、李中7乡镇，终点李中分界，长60.59公里，全线桥梁16座，涵洞13处。2004年9月28日，完成昌荣至合陈段，技术等级二级，长13.34公里，路基总宽12米，路面宽9米，沥青混凝土面层。原合塔至合陈镇段，长3.09公里，2007年改建，技术等级二级，路基宽12米，路面宽9米，水泥混凝土面层。

【昭横线】 起点沙昭线，终点高邮横泾分界，长13.89公里，全线桥梁2座，涵洞4处。沙昭线至西郊镇段，长7.56公里，2004年新建，技术等级二级，路基宽12米，路面宽9米，沥青混凝土面层。西郊镇至横泾分界，长6.33公里，2003年改建，技术等级四级，路基宽7米，路面宽4米，水泥混凝土面层。

【昌荣连接线】 起点省道229线，终点昌荣镇，长1.19公里，2002年建成，技术等级二级，路基宽26米，路面宽14米，水泥混凝土面层。

【戴昭线】 起点戴窑分界，途经戴窑、昌荣、林湖、垛田、昭阳5乡镇，终点昭阳分界，长53.95公里，全线桥梁32座，涵洞34处。其中戴窑大桥至戴窑镇恒和段，长3.39公里，2007年改建，技术等级二级，路基宽12米，路面宽8米，沥青混凝土面层。其余段于2006—2009年分别按二级公路标准改造到位。

【荻垛连接线】 起点省道229线，终点荻垛镇，长1.38公里，2000年建成，技术等级二级，路基宽16米，路面宽12米，水泥混凝土面层。

【陶庄镇连接线】 起点新张线，终点陶庄镇，长1.17公里，2005年建成，技术等级二级，路基宽12米，路面宽9米，水泥混凝土面层，沿线桥梁1座，涵洞1处。

【陶昭线】 起点陶庄分界，途经陶庄、荻垛、临城3镇，终点省道231线，长34.51公里，沿线涵洞7处。起点至陶庄镇段5.61公里，2005年改建，技术等级四级，路基宽6米，路面宽4.5米，水泥混凝土面层。陶庄镇至三夏口段2.07公里，2005年改建，路基宽6米，路面宽4.5米，水泥混凝土面层。三夏口至省道231线段，长26.83公里，暂未铺设路面。

【沈坨镇连接线】 起点大周线，终点沈坨镇，长2.11公里，2007年改建，技术等级二级，路基宽9米，路面宽7.5米，水泥混凝土面层，沿线桥梁1座。

【农业示范园连接线】 起点张郭分界，终点省道229线，长14.38公里，全线桥梁9座，涵洞7处。张郭分界至张陈线段，长4.14公里，1998年建成，技术等级四级，路基宽8米，路面宽5米，面层类型沥青贯入。张陈线至观光区段，长0.98公里，2004年改建，路基宽24米，沥青混凝土路面宽14米。观光区至省道229线段，长9.26公里，2004年建成，技术等级二级，路基宽12米，路面宽9米，沥青混凝土面层。

【张陈线】 起点张郭分界，途经张郭、戴南、茅山、陈堡4乡镇，终点陈堡分界，长39.65公里，全线桥梁25座，涵洞6处。其中原顾庄至陈堡镇陈联段，长12.53公里，2004年改建，技术等级二级，路基宽12米，路面宽9米，沥青混凝土面层。

【张周线】 起点时堰分界，途经张郭、戴南，终点周庄镇，长29.68公里，全线中桥6座，涵洞5处。2009—2010年，对戴南马家至周庄三周村段长10.7公里按二级公路标准新建。

【兴周线】 起点周庄镇刘官村，终点姜堰兴泰镇，长3.72公里，2007年建成，技术等级四级，路基宽7米，水泥混凝土面层，宽3.5米。全线中桥4座，涵洞2处。

三、乡村公路

1991年后，兴化乡村公路多为土路。为加快农村公路建设步伐，2003年，省政府决定，县到乡镇公路建设每公里补助45万元，乡镇至村和乡之间公路建设每公里补助10万—15万元。2006年初，鉴于兴化水乡特殊地理条件及建造乡村公路的实际困难，省交通厅对兴化特殊照顾，给予专项补助2000万元。2007年，全市614个行政村实现村村通公路。2010年，全市乡道和村道1334条，1803.4公里。其中一级9.62公里、二级22.24公里、三级89.27公里、四级1287.67公里，余为等外级公路。乡道和村道，路基宽一般为5.5米，路面宽一般为3.5米。

图7-3 欢庆农村通公路 （2008年，王少岳摄）

第二节 桥 梁

兴化境内水网密布，建造公路平均1.1公里就要经过一条河道，架设一座桥梁。随着公路事业发展，桥梁数量逐渐增加，质量不断提高。

一、公路桥梁

兴化公路桥梁结构主要有板梁和拱桥两大类，板梁中有T型梁、工字梁、空心板梁3种。大桥荷载标准一般为汽-20吨，挂-100吨，小桥荷载标准为汽-10吨。1991年后，随着公路建设的力度加大，公路桥梁新建和升级力度也相应增加，先后新建串场河大桥、缸顾大桥、平旺大桥等数千座公路桥梁。

图7-4 2007年10月11日，247米长的竹泓镇舒余大桥正式建成通车，是江苏省通村公路上最长的桥梁之一。（徐宝平摄）

2010年，全市公路桥梁2063座。其中干线公路桥梁284座/21142.86延米（含高速公路兴化段110座/11416.9延米)、农村公路桥梁1779座/48247.4延米。根据县、乡、村道分:县道桥梁427座/9852.9延米,乡道桥梁790座/22517.4延米,村道桥梁562座/15877.1延米。境内100米以上公路桥梁69座,15105.89延米。其中:宁靖盐高速公路兴化段25座,7374.12延米;省道公路桥梁22座,4505.62延米;县、乡、村道公路桥梁22座,3226.15延米。

2010年兴化市境内干线公路百米以上桥梁一览表

表7-1

公路类别	桥梁名称	所在线路	中心桩号	桥梁等级	桥梁长度(米)	桥梁宽度(米)	桥梁结构	建筑年份
高速	吉家庄大桥	宁靖盐高速	69.051	汽车-超20级	106.06	25.5	—	2002
	丁南大桥	宁靖盐高速	69.928	汽车-超20级	106.06	25.5	—	2002
	顾庄互通A匝道桥	宁靖盐高速	70.500	汽车-超20级	204.00	15.5	—	2002
	顾庄分离	宁靖盐高速	70.930	汽车-超20级	278.00	25.5	—	2002
	茅山河大桥	宁靖盐高速	72.081	汽车-超20级	106.06	25.5	—	2002
	蚌蜒河大桥	宁靖盐高速	77.656	汽车-超20级	156.10	25.5	—	2002
	王家大桥	宁靖盐高速	79.569	汽车-超20级	166.06	25.5	—	2002
	娄庄大桥	宁靖盐高速	81.904	汽车-超20级	126.06	25.5	—	2002
	大陶大桥	宁靖盐高速	85.331	汽车-超20级	126.07	25.5	—	2002
	进士大桥	宁靖盐高速	86.413	汽车-超20级	146.06	25.5	—	2002
	梓辛河大桥	宁靖盐高速	87.860	汽车-超20级	131.10	25.5	—	2002
	大垛大桥	宁靖盐高速	88.558	汽车-超20级	466.05	25.5	—	2002
	五塘港中桥	宁靖盐高速	89.772	汽车-超20级	102.06	25.5	—	2002
	兴化互通A匝道桥	宁靖盐高速	AK1+000	汽车-超20级	208.00	15.5	—	2002
	阮家庄中桥	宁靖盐高速	90.880	汽车-超20级	102.06	25.5	—	2002
	车路河特大桥	宁靖盐高速	93.350	汽车-超20级	723.60	25.5	—	2002
	白涂河大桥	宁靖盐高速	98.837	汽车-超20级	131.10	25.5	—	2002
	唐子高架桥	宁靖盐高速	102.550	汽车-超20级	2406.06	25.5	—	2002
	横港河大桥	宁靖盐高速	104.732	汽车-超20级	226.06	25.5	—	2002
	五庄河大桥	宁靖盐高速	107.639	汽车-超20级	118.06	25.5	—	2001
	海沟河大桥	宁靖盐高速	111.236	汽车-超20级	465.00	25.5	—	2001
	安丰互通A匝道桥	宁靖盐高速	111.880	汽车-超20级	204.00	25.5	—	2001
	唐家庄分离桥	宁靖盐高速	113.200	汽车-超20级	318.00	25.5	—	2001
	东塘港大桥	宁靖盐高速	115.195	汽车-超20级	146.28	25.5	—	2001
	兴盐界河大桥	宁靖盐高速	120.357	汽车-超20级	106.16	25.5	—	2001
省道(除高速外)	唐家庄立交桥	盐锡线	34.982	汽车-20级	318.00	12.0	桩基础、预应力板	2000
	陈北河桥	阜扬线	123.333	汽车-20级	105.70	24.5	桩基础、空心	2009
	蚌蜒河桥	阜扬线	119.98	汽车-20级	235.70	24.5	桩基础、空心	2009
	大溪河大桥	阜扬线	76.092	公路Ⅰ级	105.30	24.5	桩基础、空心	2009
	中长安大桥	阜扬线	77.053	公路Ⅰ级	105.60	24.5	桩基础、空心	2009

续表 7-1

公路类别	桥梁名称	所在线路	中心桩号	桥梁等级	桥梁长度（米）	桥梁宽度（米）	桥梁结构	建筑年份
	猪腊沟大桥	阜扬线	77.799	公路Ⅰ级	605.20	24.5	系杆拱桥	2009
	洋汊河大桥	阜扬线	79.640	公路Ⅰ级	493.50	24.5	桩基础、空心	2009
	海沟河大桥	阜扬线	87.851	公路Ⅰ级	145.30	24.5	桩基础、空心	2009
	肖家舍大桥	阜扬线	88.512	公路Ⅰ级	245.40	24.5	桩基础、空心	2009
	横河大桥	阜扬线	89.877	公路Ⅰ级	105.30	24.5	桩基础、空心	2009
	钱家庄大桥	阜扬线	96.400	公路Ⅰ级	125.30	24.5	桩基础、空心	2009
	青苔港大桥	阜扬线	97.050	公路Ⅰ级	105.30	24.5	桩基础、空心	2009
	车路河大桥	阜扬线	98.405	公路Ⅰ级	1388.76	24.5	系杆拱桥	2009
	姜堰河大桥	阜扬线	100.571	公路Ⅰ级	145.30	24.5	桩基础、空心	2009
	海河大桥	射江线	89.016	汽车-20级	104.68	12.0	桩基础、空心	2005
	上官河大桥	射江线	113.556	汽车-20级	164.00	12.0	桩基础、空心	2005
	大溪河大桥	射江线	126.000	汽车-20级	129.60	12.0	桩基础、空心	2005
	横泾河大桥	射江线	118.746	汽车-20级	102.00	12.0	桩基础、空心	2005
	雌港大桥	大兴金线	72.650	汽车-20级	104.88	11.0	桩基础、空心	2007
	中庄河桥	大兴金线	104.487	汽车-20级	104.80	10.0	桩基础、空心	2000
	缸顾大桥	大兴金线	112.700	汽车-20级	117.00	12.0	桁架梁	2008
	兴缸大桥	大兴金线	109.045	汽车-20级	143.00	12.0	系杆拱桥	2008
	宁盐高架桥	曹邮仪线	54.929	汽车-20级	282.00	17.0	桩基础、空心	2000
	野陈大桥	曹邮仪线	54.736	汽车-20级	106.00	17.0	桩基础、空心	2003
	西唐港河大桥	曹邮仪线	57.026	汽车-20级	105.66	17.0	桩基础、空心	2003
	宁靖盐高架桥	曹邮仪线	59.920	汽车-20级	468.00	17.0	桩基础、空心	2003
	新塘港大桥	曹邮仪线	60.882	汽车-20级	461.00	17.0	桩基础、空心	2000
	梓辛河桥	曹邮仪线	65.433	汽车-20级	298.00	17.0	桩基础、空心	2000
	渭水河桥	曹邮仪线	68.752	汽车-20级	228.00	17.0	桩基础、空心	2000
	芦洲河桥	曹邮仪线	96.966	汽车-20级	108.00	17.0	桩基础、空心	2000
	姜堰河大桥	曹邮仪线	76.179	汽车-20级	144.60	17.0	桩基础、空心	2005
	兴泰公路高架桥	曹邮仪线	77.992	汽车-20级	368.40	12.0	桩基础、空心	2003
	南官河大桥	曹邮仪线	79.529	汽车-20级	336.60	16.0	桩基础、预应力板	2003

2010年兴化市境内县、乡、村公路百米以上桥梁一览表

表 7-2

桥梁名称	路线名称	中心桩号（公里）	桥梁长度（米）	跨径总长（米）	单孔最大跨径（米）	桥面宽（米）	设计荷载	建成年份	上部构造结构形式
王西大桥	垛横线王西段	0.14	124.00	124	20.0	3.5	低于汽车—10级	1990	T梁
横泾河大桥	南山北路	1.54	125.30	122	22.0	15.0	公路—Ⅱ级	2010	空心板梁

续表 7-2

桥梁名称	路线名称	中心桩号（公里）	桥梁长度（米）	跨径总长（米）	单孔最大跨径（米）	桥面宽（米）	设计荷载	建成年份	上部构造结构形式
海沟河大桥	创业路	0.53	104.00	100	20.00	12.00	公路—Ⅱ级	2010	空心板梁
白涂河大桥	大周公路	6.04	104.00	100	20.00	12.00	公路—Ⅱ级	2010	空心板梁
车路河大桥	大周公路	8.41	640.00	630	70.00	12.00	公路—Ⅱ级	2010	连续箱梁
梓辛河大桥	大周公路	11.81	106.12	100	20.00	12.00	公路—Ⅱ级	2010	空心板梁
竹泓东大桥	大周公路	15.18	164.00	160	20.00	12.00	公路—Ⅱ级	2010	空心板梁
九里港大桥	大周公路	16.21	131.52	125	25.00	12.00	公路—Ⅱ级	2010	空心板梁
高河大桥	大周公路	21.18	106.32	100	20.00	12.00	公路—Ⅱ级	2010	空心板梁
兴姜河桥	大周公路	27.15	107.00	105	25.00	12.00	公路—Ⅱ级	2007	T梁
西纪大桥	大周公路	28.59	102.00	100	20.00	12.00	公路—Ⅱ级	2007	T梁
中朝大桥	中垛线	16.93	124.00	120	20.00	6.00	汽车—15级	1987	T梁
新城大桥	中垛线	26.09	151.00	125	25.00	10.00	公路—Ⅱ级	1976	T梁
高杨河桥	垛陈线	3.73	124.00	10	10.00	9.50	汽车—20级	1989	整体现浇板
卤汀河桥	陈周线	7.12	118.00	110	30.00	10.00	汽车—20级	1992	空心板梁
五里大桥	戴昭线	44.88	112.00	90	30.00	10.00	汽车—超20级	1984	桁架梁
盐靖河大桥	张陈线	14.10	296.00	292	20.00	12.00	汽车—超20级	2003	空心板梁
宁靖盐高架桥	张陈线	17.85	278.00	268	20.00	12.00	公路—Ⅱ级	2000	箱形梁
茅山桥	张陈线	23.49	111.00	105	25.00	12.00	汽车—超20级	2006	空心板梁
盐靖上跨桥	张周线	11.81	450.00	450	25.00	12.00	公路—Ⅱ级	2010	空心板梁
兴姜河大桥	戴沈路	1.17	106.00	100	20.00	10.00	公路—Ⅱ级	2001	T梁
苏海大桥	海苏线	0.68	104.00	100	16.00	3.30	公路—Ⅱ级	1999	T梁
莫顾大桥	海莫线	0.10	104.00	100	16.00	3.60	汽车—20级	2003	T梁
黑高桥	李黑线	3.44	222.00	222	30.00	4.10	汽车—20级	2005	T梁
西鲍大桥	兴鲍线	0.31	119.00	115	27.50	6.00	汽车—20级	1990	T梁
平旺大桥	西缸线	0.34	125.00	125	25.00	5.10	汽车—10级	2003	肋拱
南园大桥	垛南线	2.36	151.00	100	20.00	3.60	汽车—10级	2004	T梁
梓辛河大桥	垛解线	10.43	110.00	100	20.00	11.00	公路—Ⅱ级	2007	空心板梁
湖西大桥	垛湖线	0.10	153.00	143	13.00	5.10	公路—Ⅱ级	2007	空心板梁
白涂河南桥	垛新线	0.19	164.00	132	20.00	14.00	汽车—超20级	2007	空心板梁
王横大桥	垛横线	0.15	260.00	254	20.00	7.00	汽车—超20级	2007	空心板梁
王垛大桥	垛王线	1.22	196.00	196	20.00	3.60	汽车—10级	1990	空心板梁
舒余大桥	竹竺线	0.73	247.00	247	13.00	5.10	公路—Ⅱ级	2007	空心板梁
水乡大桥	中垛线	—	161.45	125	25.00	9.00	汽车—15级	1974	双曲拱

二、农村桥梁

1990年，全市有钢筋混凝土桥5845座（不含公路桥），另有砖桥40座，木桥189座。其后，兴化市不断加大投入，建设农桥及配套道路，旨在逐步改善农村生产生活条件，提升村庄环境整治水平，并明确由财政部门牵头实施农桥建设工作，道路配套、桥头堡填土等由所在地镇村筹资筹劳同步推进。2003年，兴化执行《泰州市财政局关于印发〈泰州市财政支持农村小型公益设施桥梁建设实施意见〉的通知》，按照统一规划、轻重缓急、投入配比原则，分年上报兴化农桥建设计划。资金来源按先自筹，后财政补贴的顺序使用，鼓励农村兴建小型公益性桥梁。截至2007年，农村木板小桥全部改建为混凝土小桥。2003—2010年，全市建农桥1306座，维修农桥608座，兴化财政投入资金15463.3万元。

图7-5 兴化农村桥梁新旧对比图

（2008年摄，市财政局提供）

第三节 站场建设

1990年，在市区阳山大桥西首建农村公共汽车服务站。1993年，在兴化西南环城公路西侧建成兴化长途客运南站。1999年，在五里村东部建成兴化市汽车运输总公司公交分公司停车场。2001年，在长安南路兴建兴化市安达客运站。2007年，建成兴东（大垛高速口）、舍陈、周奋、缸顾客运站，改扩建大邹、中堡、安丰、陈堡、戴窑、新丰客运站。2008年，建成南郊（兴化西南环城公路）、竹泓、陶庄客运站。2009年，建成戴南客运站（一级）、大营、老圩、茅山客运站，改扩建沈坨、合塔客运站。2010年，建成钓鱼、新垛客运站。

一、市区客运站（场）

【兴化市顺达道路运输有限公司站场】 原为兴化汽车站，扬汽公司733车队所在地，1956年建立。1976年11月迁址英武路北站。1989年更名为江苏省汽车运输公司扬州分公司兴化支公司，1994年11月实行属地管理，1995年5月更名为兴化市顺达长途汽车客运中心。1996年，投资60万元扩建，占地面积11656平方米，建筑面积4868平方米，车场面积3800平方米。2001年12月，兴化市安达车站建成前，公司站场成为兴化长途客运中心旅客集散地。2003年改制为顺达道路运输有限公司。

【兴化市农村公共汽车客运有限公司站场】 原名兴化县农村公共汽车服务站（简称“农公站”），1987年投资47.63万元，建于港务处综合码头内。占地面积1.3万平方米，建筑面积1425平方米，停车场面积3452平方米。

1990年投资308万元，于阳山大桥西首建兴化客货服务中心站场。1991年追加700万元，将客货服务中心站场改建为兴化市农村公共汽车客运中心。占地面积20590平方米，建筑面积7500平方米（其中候车室、售票房4000平方米，货运仓库500平方米，办公行政中心600平方米，驾驶员宿舍600平方米，食堂300平方米），停车场面积14500平方米。1995年8月，兴化市农公站迁入，9月18日试营运，11月7日正式营运，是兴化农村客运集散地。

【兴化长途客运南站】 1993年6月投资105万元，建于兴化西南环城公路西侧。占地面积7000平方米，建筑面积300平方米，停车场面积1000平方米，后几经扩建，停车场面积增至3000平方米。该站是泰州轮船公司兴化分公司转变经营机制后，开通长途客运的停车场和站点。2002年9月起该站场租赁给兴化市安达站务公司经营。

【兴化市安达汽车客运站务有限公司】 简称“安达车站”，位于长安南路1号。2001年12月投资4200万元兴建。该站占地面积47377平方米，建筑面积2.2万平方米（含候车室1000平方米、行李房40平方米、售票厅95平方米、市交通局办公大楼18722平方米）。车场面积2.2万平方米，为兴化交通对外窗口。

【兴化市客运东站】 隶属兴化市安达车站。为方便市境中部地带人们出行，2006年投资160万元，建于大垛高速公路出口。占地面积3042平方米，建筑面积512平方米，停车场面积2563平方米。2007年2月投入营运。

二、农村客运站

1991年后，乡镇站场建设不断推进。其中戴南站于1988年投资1万元新建。1992年3月，投资40万元兴建办公楼。1996年4月，投资18万元建司乘人员宿舍，1997年5月投资60万元建成276平方米候车室。2006年，戴南镇投资4000多万元，征地56亩，新建兴化戴南汽车站。建设总面积21163平方米，于2009年建成并投入使用。至2010年，20个乡镇车站中，有戴窑、安丰、新丰、陈堡、大邹、中堡、合塔、舍陈、缸顾等9个车站达到标准化体系农村客运站要求。

2010年兴化市汽车站场一览表

表7-3

名称	建设时间	建设性质	投资规模（万元）	土地面积（平方米）	建筑面积（平方米）	停车场面积（平方米）
兴化市长途客运南站	1993年6月—2003年8月	改扩建	143	7000	300	3000
兴化市安达客运站	2001年12月	新建	4200	47377	22000	22000
兴东客运站（高速公路出口处）	2006年10月	新建	160	3042	512	2563
兴化市汽车运输总公司公交分公司	1999年5月	新建	200	6600	1000	5600
兴化市顺达长途客运中心	1996年	改扩建	60	11656	4868	3800
兴化市客货服务中心	1990年11月	新建	308	20590	6520	7989
兴化市农村公共汽车客运中心	1991年	扩建	700	20590	7500	14500

2010年兴化市乡镇汽车客运站建设情况一览表

表7-4

乡镇	站名	站级	占地面积（平方米）	设计日发送量（人次/日）	建设时间	投资规模（万元）
戴南镇	戴南汽车客运站	一	6840	8000	2006年（新建）	3000
	顾庄汽车站	二	5000	2000	2006年（新建）	200

续表 7-4

乡镇	站名	站级	占地面积（平方米）	设计日发送量（人次/日）	建设时间	投资规模（万元）
戴窑镇	戴窑镇汽车客运站	三	3500	2000	2006—2007年（二次改建）	50
安丰镇	安丰镇桂松汽车客运站	三	4000	2000	2007年（改建）	50
沙沟镇	金沙沟汽车客运站	三	5000	2000	2006年（改建）	40
荻垛镇	新丰汽车客运站	三	3000	2000	2006—2007年（二次改建）	40
陈堡镇	陈堡镇汽车客运站	三	10000	2000	2005—2007年（二次新建）	180
张郭镇	张郭镇汽车客运站	四	5000	500	2007年（改建）	45
周庄镇	周庄镇汽车客运站	四	5000	500	2005年（新建）	220
大邹镇	大邹镇汽车客运站	四	3500	500	2007年（改建）	70
中堡镇	中堡镇汽车客运站	四	3000	500	2007年（改建）	40
竹泓镇	竹泓镇汽车客运站	四	2200	500	2007年（改建）	40
大垛镇	大垛镇汽车客运站（本镇）	四	3500	500	2007年（改建）	40
茅山镇	茅山镇车客运站	四	3000	500	2007年（新建）	100
沈坨镇	沈坨镇汽车客运站	四	2200	500	2007年（改建）	40
陶庄镇	陶庄镇汽车客运站	四	2500	500	2007年（改建）	40
合陈镇	合塔汽车站	四	2000	500	2007年（改建）	40
	舍陈汽车客运站	四	2200	500	2007年（新建）	40
周奋乡	周奋乡振奋汽车客运站	四	1500	500	2006年（改建）	40
缸顾乡	缸顾乡缸顾汽车客运站	四	2000	500	2007年（新建）	40

三、货运场、物流中心

【粮食货运场】 20世纪90年代后，兴化戴窑镇沿河数十里自然形成的粮食交易市场，在粮食道路货运中，发挥积极作用。1993年，每天进场交易的货运汽车只有几辆，随着交易量不断扩大，货运车辆不断增加，1999年，市交通局明确兴化市粮食交易市场车船调度中心为该市场承运、托运、代理三方提供运输服务的中介机构，其职能为进场交易单位和个人提供车、船货运信息，负责组货、理货、装卸业务，代办保险、运单、签证、开票、结算、代结运费等货运手续，同时提供停车、食宿、维修等配套服务。戴窑中心交管所履行维护运输秩序和规范运输业户经营行为的职责。2010年，进场交易的兴化籍和外地货车，日均50辆以上，高峰期近百辆，货船和小粮船若干，日成交粮食2000余吨。粮食外销从周边地区逐步扩大到浙江、上海、山东、安徽、江西、湖北、河北、河南、广东等省市。沿河米厂也由起初的8家发展到62家。

【戴南现代物流园区】（参见《不锈钢产业》卷第三章第三节《戴南现代物流园区》）

【兴化市垛田砂石市场】（参见《商贸服务业》卷第二章第二节《生产资料购销》）

四、公路收费站

【宁盐一级公路兴化收费站】 位于荻垛镇草里村。1996年投资326.77万元建成。占地面积6800平方米，建成综合楼877.18平方米，附属设施435.53平方米。收费道口为双向四车道，当年

11月26日开征通行费。收费主要用于偿还建路贷款及集资，其次是养护经费及日常人员开支。2009年，根据《江苏省政府关于取消政府还贷二级公路收费的通知》，从当年3月1日起停止收费。

【兴化市城南收费站】 位于兴化经济开发区开放村。1997年投资374.06万元，征地6600平方米建站。建筑面积990平方米，收费道口为双向四车道。1998年1月1日开始对过往车辆收取通行费。收费用于偿还城南公路及绕城公路改造工程贷款本息和日常开支，计划2019年终止收费。2004年11月，因线路改造，该站南移1.5公里，征地8692平方米，建办公用房、配套用房354.84平方米，站区内绿化1600平方米，迁移费用393.2万元。2009年，根据《江苏省政府关于取消政府还贷二级公路收费的通知》，从当年3月1日起停止收费。

【S29宁靖盐高速公路兴化段收费站】 2002年10月22日全线通车，兴化路段设置原顾庄（划归戴南）、大垛、安丰3处收费站，直属省企业宁靖盐高速公路股份有限公司。

【陈堡收费站】 S231兴化至泰州段，2000年建成通车，在兴化境内陈堡段设立陈堡收费站，隶属泰州公路处管理。2009年，根据《江苏省政府关于取消政府还贷二级公路收费的通知》，从当年3月1日起停止收费。

五、其他站场

【兴化市板桥运业有限公司站场】 原名兴化县汽车运输服务公司，1984年建于丰收南站（原交通局停车场），占地面积3300平方米，建筑面积1000平方米，停车场面积2300平方米。1988年更名为兴化市汽车运输公司。1993年更名为兴化市汽车运输总公司。1996年扩建，停车场面积3800平方米。2001年，改制为兴化市板桥运业有限责任公司。2003年，停车场更址改建为板桥大酒店。2005年，该公司迁至五里西路9号，占地面积9974平方米，办公用房1幢、680平方米。

【兴化市汽车运输总公司公交分公司停车场】 又名兴化市板桥运业有限公司公交分公司，兴化市板桥运业有限公司投资200万元，于1999年5月建成。场址五里村东部，占地面积6600平方米，建筑面积1000平方米，车场面积5600平方米。

第四节　陆路运输

一、客运

【长途客运】 1991年、1992年，全市有长途客运经营单位3家——兴化汽车站、兴化汽车运输服务公司、戴南汽车运输公司。1992年，经营线路38条、客车83辆、客位3379个，完成客运量66.76万人次、客运周转量11215.68万人公里。1993—2000年，全市长途客运企业增至4家（新增宝通汽车运输有限公司）。1996年，经营线路74条、客车155辆、客位5667个，日发班次119个、完成客运量95.28万人次、客运周转量16007.04万人公里。是年，市板桥运业有限公司开通兴化至武汉班车，全程851公里。1997年，市顺达长途汽车客运中心（原兴化汽车站）开通兴化至北京班车，全程1168公里。1999年，市板桥运业有限公司开通兴化至天津班车，全程1020公里。2000年，4家企业经营线路117条、客车203辆、客位7106个，完成客运量145.83万人次、客运周转量24499.44万人公里。

2001—2002年，有长途客运经营单位5家（新增安达站务有限公司），2002年，经营线路135条、客车229辆、客位7770个，完成客运量184.6万人次、客运周转量31012.8万人公里。2003年，市宝通汽车运输有限公司开通兴化至沈阳班车，全程1600公里；兴化至深圳班车，全程1980

公里。

2003—2006年，长途客运经营单位7家（新增兴化农客中心、高港新城公路客运有限公司）。2004年，顺达长途汽车客运中心（原兴化汽车站）开通兴化至太原班车，全程1000公里。2006年，经营线路155条、客车239辆、客位7320个。其中高级客车84辆，占35%；中级客车78辆，占33%；普通客车77辆，占32%。日发班次391.5个，完成客运量262.6万人次、客运周转量44116.8万人公里。兴化长途客运从集镇汽车站始发的线路95条、客车119辆、客位3480个。2007年，兴化长途客运经营单位6家（高港新城公路客运有限公司划归泰州），经营长途线路150条、客车234辆、客位7117个。日发班次398个，完成客运量285.05万人次，客运周转量47889.39万人公里。

2008年，兴化至徐州、淮安等线路10辆车被列入省交通厅改造计划。通过努力，完成徐州、淮安、东台、大丰4条线17辆车的改造计划。当年全市有市际客运班车145辆，已实施公司化改造车辆109辆，公司化率75.2%。2009年元月1日，开通兴化至泰州客运班线，投放35座高级客车7辆，所有车辆均由公司出资购买，按照公司化经营模式，实现全城直达，点到点服务。2010年，全市在册营业性长途客车237辆、9027客位，中长途客运班车中，高级车辆比重达92%。营运线路155条，完成客运量296.36万人次，客运周转量49788.48万人公里。1991—2010年，全市完成长途客运量3431万人次，客运周转量576408.99万人公里。

1991—2010年兴化市汽车长途客运情况一览表

表7-5

年份	经营公司单位名称	营运线路总数	车辆数	客位数	客运量（万人次）	周转量（万人公里）
1991	板桥、顺达、戴南	32	76	3171	60.69	10195.92
1992		38	83	3379	66.76	11215.68
1993	板桥、顺达、宝通、戴南	53	104	4169	73.44	12337.92
1994		63	114	4532	80.78	13571.04
1995		75	155	5869	88.86	14928.48
1996		74	155	5667	95.28	16007.04
1997		100	177	6535	104.80	17606.40
1998		108	192	6899	120.52	20247.36
1999		112	198	7064	132.57	22271.76
2000		117	203	7106	145.83	24499.44
2001	板桥、顺达、宝通、戴南、安达	123	216	7098	160.52	26967.36
2002		135	229	7770	184.60	31012.80
2003	板桥、顺达、宝通、戴南、高港、农客中心、安达	153	253	7250	212.29	35664.72
2004		153	243	7320	233.52	39231.36
2005		153	264	7320	245.20	41193.60
2006		155	239	7320	262.60	44116.80
2007	板桥、顺达、宝通、戴南、农客中心、安达	150	234	7117	285.05	47889.39
2008		152	240	7468	293.60	49324.80
2009		150	236	7392	287.73	48338.64
2010		155	237	9027	296.36	49788.48
合计		2251	3848	129473	3431.00	576408.99

2010年兴化安达汽车客运站客运班车一览表

表7-6

起点	讫点	发车时间、途经站点、终点站
兴化	上海（浦东）	5：40\20：00\（终点站：上海浦西）
		7：00\8：00\9：00\11：50\12：25\13：00\13：40\14：25\15：40\17：00\途经：上海浦西（终点站：浦东）
	青浦	9：55\13：30\途经：千灯（终点站：青浦车站）
	松江	7：30\11：30\途经：花桥（终点站：松江车站）
	苏州	7：00\9：10\10：30\12：40\13：50\（终点站：苏州北站）
	无锡	6：20\7：00\7：55\9：00\10：00\11：00\12：00\13：10\14：00\15：30\16：25
	常州	6：30\7：40\8：50\12：30\13：40\14：40\（终点站：常州车站、武进车站）
	镇江	6：20\7：05\11：10\13：00\15：10\（终点站：镇江南站）
	句容	8：10\途经：镇江（终点站：句容汽车站）
	南京	5：50\6：30\7：20\8：15\9：10\10：30\12：30\13：10\14：00\15：00\16：00\17：30
	太仓	5：20\途经：常熟（终点站：太仓长途汽车站）
	昆山	6：40\8：00\9：50\11：30\（终点站：昆山长途客运站）
	胥浦	13：20\途经：江都、仪征（终点站：胥浦汽车站）
	宜兴	11：10\途经：槽桥（终点站：宜兴汽车站）
	张渚	7：30\途经：丹阳、金坛、宜兴（终点站：张渚汽车站）
	扬中	6：40\12：25\途经：高港（终点站：三茅汽车站）
	扬州	7：00\8：00\8：40\9：10\9：40\10：15\11：00\12：10\12：40\13：00\13：30\14：00\14：30\15：10\15：45\16：45\17：50\途经：江都（终点站：扬州东站）
	高邮	7：00\8：10\9：00\10：00\10：40\12：25\13：20\14：30\15：40\16：30\途经：三垛（高邮客运站）
	宝应	6：45\9：40\12：30\15：00\途经：汜水（终点站：宝应汽车站）
	金湖	11：20\途经：地龙（终点站：金湖汽车站）
	盐城	6：05\7：05\8：05\9：05\10：05\11：50\12：50\13：50\15：20\16：20\（终点站：盐城客运站）
	南通	6：30\7：30\11：05\12：30\途经：海安、如皋（终点站：永兴汽车站）
	徐州	7：40\8：05\途经：泗阳、宿迁、睢宁（终点站：徐州南站）
	新浦	7：10\13：40\途经：阜宁、滨海、响水、灌云（终点站：新浦客运站）
	淮安	6：40\7：50\13：10\途经：楚州（终点站：淮安汽车站）
	嘉兴	5：30\12：30\途经：盛泽（终点站：嘉兴北站）
	杭州	6：20\17：00\（终点站：杭州北站）
	湖州	7：10\途经：长兴（终点站：湖州总站）
	海宁	7：20\12：50\途经：桐乡（终点站：海宁汽车站）
	宁波	8：40\（终点站：宁波客运中心）
	济南	8：00\途经：新沂、临沂、泰安（终点站：济南长途客运中心）
	青岛	13：00\途经：日照、胶州（终点站：青岛四方长途汽车站）（隔日）
	天津	14：40\途经：德州、沧州（终点站：天津天环客运站）

续表 7-6

起点	讫点	发车时间、途经站点、终点站
	北京	16：35\（终点站：北京丰台区丽泽桥车站）
	太原	8：50\途经：石家庄（终点站：太原迎宾车站）
	沈阳	9：00\途经：秦皇岛、锦州（终点站：沈阳）
	深圳	7：30\途经：广州（终点站：深圳福田汽车站）
	武汉	15：30\（终点站：武汉港长途客运站）
	汕头	8：20\途经：福鼎、福州、厦门（终点站：汕头总站）
	长沙	10：10\途经：岳阳（终点站：长沙南站）（每月逢单发车、逢31日停开）
	成都	8：30\途经：郑州、西安、绵阳（终点站：成都五块石车站）（每月逢双发车）
	江阴	7：00\10：10\14：20\16：10\（终点站：江阴西门车站）
	靖江	9：30\16：00\（终点站：靖江汽车站）
	姜堰	11：30\（终点站：姜堰汽车站）
	泰州	首班6：10、末班18：10、中间每隔15分钟左右一班（终点站：泰州南站）
	东台	6：40\7：40\8：40\9：40\11：20\13：40\14：40\15：30\16：20\17：40\（终点站：东台汽车站）
	大丰	6：05\7：05\8：05\9：00\10：00\11：00\12：00\13：00\14：00\15：00\16：00\16：45\（终点站：大丰汽车站）
	平望	12：05\（终点站：平望汽车站）
	淄博	9：10\（终点站：淄博长途车站）
	南昌	11：10\（隔日终点站：南昌长运车站）
	建湖	9：00\15：30\（建湖汽车总站）

【农公客运】 1988年，兴化农村短途客运企业3家，经营19条农客线路，拥有客车63辆，客位2160个。2002—2006年，兴化农公客运经营单位4家，即农客中心、顺达、宝通、戴南汽运公司4家单位均于2002年成立。2006年，经营线路34条，有客车250辆、客位4780个，日发班次1395个，完成客运量973.54万人次、周转量31153.28万人公里。2007年，全市农公客运经营单位有农客中心、宝通、戴南3家（顺达汽运公司的农公客运业务划归农客中心经营），有24条线路、客车230辆、客位4400个，日发882班次，完成客运量615.87万人次，客运周转量20490.51万人公里。2010年，全市农公客运单位1家，即兴化市亨通运业有限公司。创立于2010年7月，是由市农村公共汽车客运有限公司牵头，宝通汽车运输有限公司、戴南汽车运输公司共同参与，按照现代客运企业制度组建的股份制客运企业。有线路42条、客车365辆、座位9736个，日发1680班次，完成客运量995.02万人次，客运周转量29850.6万人公里。

图7-6 统一外观统一标识的新农公车
（2010年摄，市交通运输局提供）

1991—2010年兴化市农公客运情况一览表

表7-7

年份	经营单位名称	车辆总数	客位总数	营运线路总数	客运量（万人次）	周转量（万人公里）
1991	农公、顺达、戴南	124	4164	25	303.02	9393.62
1992		116	3785	30	283.64	8792.84
1993	农公、戴南	76	2768	21	230.90	7157.90
1994		118	3990	27	358.50	11113.50
1995		118	3990	27	358.50	11113.50
1996		236	4484	39	656.05	20993.60
1997		272	5168	40	756.13	24196.16
1998		273	5187	40	756.13	24196.16
1999		273	5187	40	756.13	24196.16
2000		280	5320	43	775.52	24816.64
2001		291	5529	41	805.99	25791.68
2002	农公、顺达、宝通、戴南	247	4693	28	786.74	25175.68
2003		247	4693	29	826.08	26434.56
2004		263	4997	31	908.68	29077.76
2005		321	6099	31	954.12	30531.84
2006		250	4780	34	973.54	31153.28
2007	农公、宝通、戴南	230	4400	24	615.87	20490.51
2008		242	4932	36	648.10	21515.03
2009		350	6621	38	773.34	23199.98
2010	农公	365	9736	42	995.02	29850.60

二、货运

1991年，兴化道路货运主要分为两部分：一部分是专业道路货运，主要承担社会物资运输；另一部分是非专业道路货运，以装运自备货物为主，承担社会物资装运为辅。其次是交通系统兴化联运公司、航运公司附属联运站、原兴化汽车站办理少量社会零担道路货运。20世纪90年代中期至2010年，兴化道路货运以私营货车为主。2010年，兴化市道路货运车4658辆，完成货运量4191.62万吨，货运周转量858651万吨公里。

1991—2010年兴化市货运情况一览表

表7-8

年份	业户数	货车数（辆）	吨位数（吨）	货运量（万吨）	周转量（万吨公里）
1991	92	313	1078.00	423.10	61582.00
1992	102	362	1248.90	465.50	66508.00
1993	299	382	1337.00	489.00	71000.00
1994	357	408	1420.00	512.00	75026.00
1995	365	431	1508.50	533.00	79523.00

续表 7-8

年份	业户数	货车数（辆）	吨位数（吨）	货运量（万吨）	周转量（万吨公里）
1996	263	412	1442.00	536.00	80000.00
1997	381	478	1673.00	539.00	80487.00
1998	406	500	1744.00	531.00	79119.00
1999	763	896	2087.00	547.00	81876.00
2000	939	1089	2324.50	550.00	82394.00
2001	1037	1105	2989.00	550.00	82333.00
2002	1240	984	2357.28	555.30	83187.20
2003	1768	1365	3366.75	561.90	84185.45
2004	1644	1807	5297.00	565.60	84742.10
2005	2085	2166	6593.00	567.40	85009.00
2006	1563	1744	5059.00	1653.40	217426.00
2007	1847	1916	6634.19	2505.40	619244.00
2008	1906	2116	7277.00	2419.60	595680.00
2009	2745	3351	12968.00	2692.60	546196.00
2010	3966	4658	20605.00	4191.62	858651.00
合计	23768	26483	89009.12	21388.42	4014168.75

说明：表中货运量、周转量不包括人力板车工具运输。

【专业道路货运】 1991—2010年,市内专业道路货运单位,主要有市运输公司3个搬运站,货运汽车队;泰州市轮船运输总公司兴化分公司汽车队;戴南、戴窑、大垛、沈坨、周庄、安丰、中堡、沙沟、竹泓、钓鱼、边城、大邹集镇的12个搬运站。随着市场经济发展,道路运输市场进一步开放,取消个体营运货车额度限制,大批投入货运业务,成为道路货运主体。市运输公司3个搬运站和货运汽车队定点服务单位逐年减少,业务量大幅下降,1995年仅完成15.45万吨、货运周转量108.65万吨公里。因业务少、效益差,市运输公司和轮船分公司汽车队相继歇业。20世纪90年代后期,兴化联运公司业务下降,部分联运业务转为个体经营。扬州市汽车运输公司兴化支公司(原兴化车站)零担物资联运业务随之停业。

20世纪90年代以前,市内非专业运输单位有兴化船厂、化肥厂、齿轮厂、铸钢厂、造纸厂、印刷厂、拖拉机厂、食品公司、粮油运输公司、百花汽运公司、优质棉基地、板桥商店、张阳车队、化工轻工公司、金达运销公司、环球车队、供电局车队、大邹汽运服务部等。20世纪90年代随着企业改制,市场开放,上述单位的运输工具和业务相继转为个体经营。

附

陆运企业选介

【兴化市顺达道路运输有限公司】 原为国营兴化汽车站。1989年,改称江苏省汽车运输公司兴化支公司。1995年3月,更名为兴化市顺达长途客运中心。2003年,企业改制并更名兴化市顺达道路运输有限公司,固定资产3400万元,下辖机动车驾驶员培训学校有限公司、汽车租赁有限公司、交通汽车检测中心、福达电源有限公司、楚水出租公司、华通旅行社有限公司。2007年,兴化市顺达道路运输有限公司有客车68辆2392座位、营运线路53条,客运量95万人次,客运周转量15960.33万人公里。

【兴化市板桥运业有限公司】 1984年，成立兴化县汽车运输服务公司。1988年，改称兴化市汽车运输公司。1993年，易名兴化市汽车运输总公司。1996年，购置轿车50辆，成立出租车分公司，开辟兴化出租车市场。2001年12月，企业改制组建兴化市板桥运业有限责任公司，系民营股份制交通客运企业，集长途和公交运输、驾驶员培训、广告、餐饮、汽车维修、政府公务用车租赁等业务为一体，有员工400人、固定资产3915万元。2007年，兴化市板桥运业有限公司拥有客车84辆2060座位，客运量81.82万人次，客运周转量13745.6万人公里。

【兴化市安顺特种货物运输有限公司】 1991年后，兴化危险品运输由运管处负责管理。为加强化学危险货物道路运输安全管理，2001年7月24日，兴化市运输管理处下发《关于开展全市道路危险货物运输专项整治活动的通知》，9月20日成立兴化市安顺特种货物运输有限公司，将新城液化气公司、自来水公司、东鲍液化气站、兴化石油公司、城东加油站、扬兴加油站、戴窑液化气站、戴南液化气站、戴南化工供应站从事化学危险品货物运输的自备车辆，注销其经营许可证件，统一划转给具有经营资质，从事化学危险货物运输的兴化市安顺特种货物运输有限公司，集中管理、集约化经营。至此，将危险货物道路运输纳入公司化经营轨道。2009—2010年，对危化品运输车安装GPS，纳入实时监管。

2002—2010年兴化市安顺特种货物运输有限公司危险品货运情况一览表

表7-9

年份	车辆数（辆）	吨位数（吨）	种类	运量（万吨）	周转量（万吨公里）
2002	10	46.50	液化气	0.96	20.5
2003	10	46.50	液化气	1.20	27.9
2004	19	100.25	液化气	3.50	176.0
2005	25	142.88	液化气	4.07	290.0
2006	26	184.09	液化气	4.40	404.0
2007	26	184.09	液化气	4.40	404.0
2008	25	190.00	油漆液化气	4.75	427.5
2009	28	215.00	乙炔、氧气、液化气	6.02	541.8
2010	35	320.00	油漆、乙炔、氧气、液化气、烟花	11.20	1008.0

第二章　水路交通

兴化河港纵横交错，密如蛛网。20世纪90年代以前，兴化轮船码头（泰州市轮船运输总公司兴化分公司）是兴化水上客运旅客进出口的集散地，1988年客运量高达45万人次。此外，兴化农民进城往往乘坐所在乡村的个体小客帮船。1992年，全市乡镇小客帮船220条，主要停泊在兴化城区四周河边。20世纪90年代中后期，公路发展，水路客运萧条，兴化轮船码头于1994年因水上客源稀少客轮被迫停开，兴化轮船码头结束水上客运的历史。1999年，陆上客运成为运输主体，兴化市海事处为安全起见，开始撤除乡镇所有小客帮船。2002年个体小客船全部停开，小客船码头闲置。

第一节 航 道

2003年第二次全国内河航道普查，兴化境内有航道53条，总里程961.82公里。主要航道南北向有卤汀河、南官河、下官河、上官河、猪腊沟、渭水河、西唐港、东唐港、盐靖河、雄港、雌港等。东西向有蚌蜒河、梓辛河、车路河、白涂河、海沟河等。根据《内河通航标准GB50139-2004》划分，2010年，境内等级航道12条，473.02公里。其中三级航道62.03公里（盐邵线鹅尚河口东至老阁段20.01公里与建口线重合）、四级航道42.69公里、五级航道31.42公里（属建口线航道中一段）、六级航道90.65公里、七级航道246.23公里；等外级航道41条，488.8公里。航道河床稳定，水流平静，无潮汐影响，除严寒时或有封冻外，均可常年通航。

一、等级航道

【建口线】 北起建湖南至口岸入长江，全长146公里，全线贯穿建湖、盐城、兴化、江都、姜堰、海陵、高港区域。兴化境内长67.19公里，北自盐城市薛家舍南入境，经沙沟、崔垛、黑高、兴化城、十里亭、老阁、周庄至祁沟荡，入姜堰市。由西塘河、下官河、南官河、卤汀河等河段组成，跨河桥梁15座，是兴化通往长江主要水运干线之一。薛家舍至鹅尚河东口为五级航道，长31.42公里，鹅尚河东口至祁沟为三级航道，长35.77公里。1988—2007年疏浚土方51.1万立方米，可通航300吨级船舶。薛家舍至缸顾大桥为西塘河，长16.65公里，口宽80.2米，水深2.8米，航道宽度35.2米。缸顾大桥至鹅尚河东口段为下官河，长14.86公里，口宽87.5米，水深1.9米，航道宽度34.3米。鹅尚河至北澄子河口段为上官河和南官河，长16.82公里，口宽109.7米，水深2.5米，航道宽度39.6米。北澄子河至老阁示位标，长3.19公里，口宽83.8米，水深3.2米，航道宽度37.4米。老阁示位标至卤汀河大桥为卤汀河，长12.17公里，口宽91.8米，水深2.7米，航道宽度40.2米。卤汀河大桥至祁沟长3.59公里，口宽78.米，水深2.5米，航道宽度40.2米。

图7-7 卤汀河航道 （2009年，市招商局提供）

【盐邵线】 自盐城工农桥至江都邵伯镇，全长131公里（其中鹅尚河口至老阁段20.01公里与建口线重合），由东北向西南斜跨盐城、兴化、江都、高邮4市。自盐城市古殿堡起，跨兴盐界河入境，经吴家、东皋、西鲍、兴化城、十里亭至老阁，向西南入高邮市境，长46.27公里，为三级航道。该航道由猪腊沟、上官河、南官河、斜丰港组成，跨河桥梁4座，是兴化通往长江的另一条主要航道。1989年、1990年，吉耿段、洋汉河段、文远段、卞张段疏浚土方14.79万立方米，可通航300吨级船舶。

古殿堡至猪腊沟大桥，长7.74公里。猪腊沟口宽60米，航道宽度20.5米，水深2.6米。朱腊沟大桥至鹅尚河东口为上官河长14.25公里，口宽62.3米，航道宽度22.3米，水深2.6米。鹅尚河东口至老阁示位标，航道状况与建口线相同。老阁示位标至汤庄为斜丰河港长4.27公里，口宽62.1米，航道宽度21.7米，水深2.6米。

【兴姜线】 自兴化城至姜堰市，全长76公里，境内长50.11公里，为六级航道。经何家垛、孔戴舍、刘陆、沈坨、茅山、顾庄、戴南、东陈庄至姜堰市境，是兴化东南向主要航道。该线航道弯曲浅窄，沿线有跨河桥梁46座，大部分符合航道桥梁标准。1988—2007年，茅山朱阳弯道段、张皮村段、顾庄段、戴南段疏浚土方23.82万立方米，可通航100吨级船舶。

戴南东陈至顾庄高速公路桥长16.37公里，口宽64.3米，水深2.2米，航道宽度32.6米。顾庄高速公路桥至刘陆公路桥长18.74公里，口宽60.1米，水深1.75米，航道宽度24.2米。刘陆公路桥至兴姜线口门长15公里，口宽68米，水深2.2米，航道宽度17.5米。

【兴东线】 沿兴化城东车路河经戴家舍、湖东口、湾朱庄、盛家、唐子、果园场、徐家舍、戴窑至东台市境入串场河，境内长42.69公里，四级航道，沿河有跨河桥梁12座。丁溪至宁靖盐高速公路桥长22.43公里，口宽78.8米，水深2.9米，航道宽度30.4米。宁靖盐高速公路桥至兴姜线口门长18.43公里，口宽76.4米，水深2.9米，航道宽度48.2米。

【高东线】 自高邮运东船闸至东台，全长95公里，由北澄子河、蚌蜒河和南官河部分河段组成。该线自高邮市河口入境，经董家、老阁、蒋庄、沈坨、复兴庄、西周卜庄、南柯家堡入东台市境，与串场河通连，境内长40.54公里。河口东至瓦庄口3.31公里为三级航道，瓦庄口至老阁与盐邵线、建口线为复合段，老阁至南柯家堡东为六级航道。境内沿线有跨河桥梁28座。1995年，董家段疏浚土方5万立方米，可通航100吨级船舶。蚌蜒河段长37.23公里。其中南柯家堡东至宁靖盐高速公路桥长13.59公里，口宽45.6米，水深1.5米，航道宽度12米。宁靖盐高速公路桥至沈坨棉花收购站码头，长45米，口宽45米，水深1.2米，航道宽度8米。沈坨棉花收购站码头至武家泽，长4.96公里，口宽52.5米，水深1.8米，航道宽度10.9米；武家泽至三王村，长3.1公里，口宽55.9米，水深1.9米，航道宽度17.2米。三王村至老阁示位标，长6.09公里，口宽55.5米，水深2米，航道宽度18.2米。

【新渭水河】 北起兴盐界河许家村，南至东坂，长43.9公里，纵贯兴化腹部。许家村至湖东口长14.05公里，口宽46米，水深2.4米，航道宽度21.4米。湖东口至东坂坨长29.85公里，口宽47米，水深2.1米，航道宽度14.3米。沿线有跨河桥梁42座。全线为七级航道。

【白涂河】 西起兴化城东九顷水厂，经曹家舍、马家簖、东丁庄、黑王庄、新镇、叶沈庄、郃家舍、袁家舍、东吴庄、合陈凤凰嘴入串场河，至大丰市草堰镇，长45.95公里，为七级航道，河道较顺直，仅郃家舍、袁家舍附近有“S”弯。境内有桥梁34座。

该航道草堰至凤凰嘴长6.05公里，口宽57米，水深1.5米，航道宽度18.3米。凤凰嘴至东吴庄长1.7公里，口宽39米，水深0.8米，航道宽度16.8米。东吴至东丁庄长17.5公里，口宽46米，水深2.4米，航道宽度18.9米。东丁庄至九顷水厂长20.7公里，口宽63米，水深1.8米，航道宽度16.2米。1995年，高垛段疏浚土方9115立方米。1997年，王横段疏浚土方2.03万立方米。

【梓辛河】 自芦洲至东台博镇，境内长29.6公里。该河西起芦洲，经得胜湖沿戴家舍东经朱胖舍、吴岔河、大垛、许家堡、征王庄、潘洋汊、博镇入东台市境，在距东台市区2公里处与蚌蜒河汇合，入串场河。其中博镇至许家堡长13.49公里，口宽52米，水深2.3米，航道宽度26.3米。许家堡至大垛长3.1公里，口宽47米，水深2.4米，航道宽度20.4米。大垛至芦洲长13公里，口宽99米，水深2米，航道宽度13.2米。境内有桥梁21座。1996年，大垛段疏浚土方1.77万立方米。全线为七级航道。

【兴白线】 自西鲍至大丰白驹，全长45.6公里，由上官河、海沟河两河段组成。该航道经西鲍、钓鱼许家、黄庄、安丰、大营、葛垛营至白驹入串场河，可通航50吨级船舶。沿线有跨河桥梁7座。其中西鲍至许家长12.5公里，口宽115米，水深2.4米，航道宽度22.3米。许家至葛垛营长20.8公里，口宽96米，水深2.8米，航道宽度38.2米。葛垛至白驹长12.3公里，口宽86米，水深2.4米，航道宽度34.7米。全线为七级航道。

【唐兴线】 自芦洲经大垛、许家堡至唐子镇，长25.9公里。其中芦洲至大垛长16.1公里，口宽11米，水深2.5米，航道宽度21.4米。大垛至许家堡长3.1公里，口宽47米，水深2.4米，航道宽度20.4米。许家堡至唐子镇长6.7公里，口宽99米，水深1.9米，航道宽度28.5米。沿线有跨河桥梁19座。全线为七级航道。

【横泾河】 东自兴化城区原肉联厂，西至许戴西高邮三郎庙长11.3公里，口宽54米，航道宽度19.2米，水深1.8米。沿线跨河桥梁9座。全线为七级航道。

【唐大线】 自安丰黄庄经大垛盛家、沈坨复兴庄至边城，全长47.08公里。其中黄庄至盛家长17.2公里，口宽58米，水深2米，航道宽度19.4米。盛家至复兴庄长15.78公里，口宽49米，水深2米，航道宽度13.6米。复兴庄至边城长14.1公里，口宽55米，水深2.3米，航道宽度22.5米。沿线有跨河桥梁42座。全线为七级航道。

二、等外航道

2010年，市境内有等外航道41条，总长488.8公里，起讫点基本在市境以内，长度在3.73—30.58公里之间，航道较为浅窄，通航能力相对较低，但水流平稳，小吨位船常年可通航。

2010年兴化市等外级航道一览表

表7-10

序号	航道名称	起讫地点	通航里程（公里）
1	柏兴线	孙堡—柏家寨	11.30
2	陶兴线	许家堡—潘洋汊	15.31
3	兴周线	周庄—兴化	26.60
4	黑刘线	黑高—刘沟	14.63
5	南中线	中堡—南秦	3.73
6	横津线	朱舍—大营	14.40
7	雄港河	苗圃—葛垛营	15.30
8	东唐港	安丰—张家庄	9.60
9	南唐港	关口—安丰	30.58
10	盐靖河	张家—新丰镇	23.88
11	西唐港	黄庄—李家舍	7.60
12	渭水河	钓鱼—大邹	7.68
13	渭上线	郝马庄—陈木匠	10.70
14	洋汊河	南秦—钓鱼	10.50
15	沈胡线	胡家—沈铁	12.50
16	中西线	西鲍—中堡	9.50
17	中崔线	崔垛—中堡	8.10
18	崔大线	大李庄—崔垛	10.50
19	塔子河	戴窑—王家舍	12.95
20	兴徐线	徐官庄—肉联厂（兴化）	13.80
21	竹沈线	沈坨—竹泓	11.80
22	竹薛线	薛鹏—竹泓	10.25

续表 7-10

序号	航道名称	起讫地点	通航里程（公里）
23	戴茅线	戴南—茅山	10.40
24	朝阳河	边城—西纪	10.10
25	团结河	戴南—苗圃	23.79
26	幸福河	仲家—徐舍	12.65
27	校阳河	宁乡北—陈家庄	8.00
28	大寨河	瓦庄—刘陆	9.55
29	跃进河	孔戴—长安	9.15
30	李中河	北沙—朱家	21.90
31	新透界河	朱元村—西高	8.90
32	龙江河	九里湾—北舍	5.80
33	新海河	灶陈—向庄	13.85
34	北盐靖河	新镇—安丰	12.50
35	通界河	界沟—朱扬	10.80
36	安沙线	沙沟—西安丰	5.50
37	西荡河	肉联厂—鹅尚村	4.70
38	阵营港	大营—老圩子	8.80
39	潼河	高庄—沙沟	8.75
40	时戴线	时埝—戴南	4.10
41	雌港河	葛垛营—张家尖	8.35

三、航标设置

兴化境内航标有电动闪光仪、半导体仪器和冷光源集成电路仪器，航标发光周期性稳定。有砖混结构的示位标、镀锌钢板示位标及左右通航标。有固定式钢制灯桩、调整自如的水上浮鼓。有设立在岸边醒目的太阳能侧面标。

1991—2010年，维修航标4582座/42660次。随着航道条件改善，航标逐步减少。2010年，境内航标减至34座。其中发光标29座，均为冷光源。另有昼标5座。设标里程163.57公里。

第二节　码　头

一、客船码头

【兴化轮船码头】 20世纪80年代前，兴化城乡交通以船舶为主。在城区小南门东公路、车路河北岸，建有轮船码头。1991年，码头占地6300平方米，水面3000平方米，泊位7个，其中客轮泊位5个、货船泊位2个，石驳岸长270米，前沿水深2.5米，最大靠泊能力100吨。候船室1座694

平方米，仓库1座660平方米，货场面积2600平方米，堆场3000平方米，吊车2台3吨。当年完成客运量28.36万人次。后随兴化公路运输快速发展，水上客运逐渐萎缩，1994年1—4月，客运量仅0.28万人次。同年5月，客轮停开，码头闲置。1998年旧城改造时，码头拆除。

【小客船码头】 1990年4月，市交通局建成东门大尖石驳岸码头，长100米。同年，市交通局投资5万元，由城建部门在医药公司河边统一建石驳岸，其中停泊个体小客船的码头驳岸长50米。是年，在城区各小客船码头停泊的个体小客船有95艘。随着公路运输发展，个体小客船逐年减少。1994年5月，国营客轮运输停业。1995年，始有经营业户自建码头，每座长约15—25米，多为桩基砖混结构。1998年，兴化城客轮运码头拆除。1999年，个体小客船停泊在南门码头19艘，东门码头12艘，医药公司码头14艘，麦粉厂码头5艘，金三角码头6艘。年底，市地方海事处开始清理乡镇小客船。2002年，个体小客船全部停开、码头闲置。2003年，境内个体客运船彻底歇业，客运码头或废或转用于货运。

二、城区装卸专业码头

20世纪80年代开始，兴化市港务管理处陆续建成综合码头、野行码头、城中码头（2006年迁址）、城南码头、城北码头等专业性码头。1996年，全公司货物吞吐量202万吨，营业收入884.5万元。后货物吞吐量除2000年外逐年下降。2004年9月，市港务管理处改制，组建兴化市港务有限公司。下设9个分公司（站），职工410人，其中生产人员255人、特殊工种作业人员27人、管理人员43人、其他人员85人。2007年货物吞吐量44.12万吨，营业收入318.89万元。2010年货物吞吐量13.91万吨，营业收入41.72万元。

【综合码头】 位于市区西南部、大溪河东端，西邻高兴盐公路，1986年初填河建成。1992年2月，投资47.6万元扩建码头，设计年吞吐量10万吨，石驳岸100米，100吨级泊位3个，最大靠泊能力200吨。码头占地1.3万平方米，仓库2幢/1100平方米，堆场面积9000平方米，固定吊机3台/11吨，叉车2台/8吨。主要装卸钢材、煤炭等大宗货物，2007年吞吐量10.4万吨。

【野行码头】 位于东城郊野行东首、车路河北岸。于1994年2月投资368万元建成。码头占地2.19万平方米，长260米（其中桩基板梁结构驳岸长140米），堆场面积1万平方米，仓库2幢/1300平方米，固定吊机4台/25吨，叉车1台/3吨。有泊位4个，最大靠泊能力500吨，设计年吞吐量35万吨，因城建规划变更，陆路交通不畅，常年仅有小批量化肥储存，2007年吞吐量2.7万吨。2010年货物吞吐量1万吨，营业收入9万元。

【城中码头】 位于市区中部、沧浪河北岸，1999年3月投资50万元开工建设，同年10月建成投产。码头石驳岸50米，100吨级泊位2个，堆场面积600平方米，占地1200平方米，固定吊机2台/10吨，叉车2台/6吨。码头主要装卸黄沙、石子、砖头、水泥、钢材等建材物资，2005年吞吐量9.8万吨。2006年5月，因旧城改造，迁址到市南郊马场基东、卤汀河西岸（原城南木材公司处）。

【城南码头】 2006年下半年，市港务有限公司投资300万元，由城中码头迁址而来，2007年5月建成。该码头占地面积16100平方米，石驳岸195米，500吨级泊位3个，堆场面积1500平方米，仓库3幢/1500平方米，办公用房1幢/320平方米，固定吊机3台/5吨，叉车3台/9吨。主要装卸砂石、钢材等，2007年吞吐量10万吨。2010年吞吐量2.5万吨，营业收入18.5万元。

【城北码头】 位于城北白涂河北岸。2004年，市港务有限公司投资70万元建成。码头占地800平方米，系简易桩板结构驳岸长40米，简易仓库1幢/50平方米，堆场面积600平方米，固定吊机1台/5吨，装载机1台/1.5吨。泊位1个，最大靠泊能力300吨。码头主要装卸煤炭、煤灰、木材、棉纱、水泥、黄沙等货物，2007年吞吐量8万吨。2010年货物吞吐量0.8万吨，营业收入8.5万元。

1991—2010年兴化市港务有限公司经营情况一览表

表7-11

年份	营业收入(万元)	装卸量(万吨)	吞吐量(万吨)	运输量(万吨)	周转量(万吨公里)
1991	526.90	173.00	159.00	45.01	153.00
1992	581.10	175.05	160.24	45.30	168.50
1993	605.00	180.00	165.00	49.01	198.01
1994	694.44	188.00	173.00	50.08	215.00
1995	844.00	210.00	190.00	58.00	248.00
1996	884.50	224.00	202.00	63.50	277.05
1997	824.00	191.00	173.00	53.01	119.00
1998	690.37	153.00	135.00	40.00	93.00
1999	796.00	148.70	131.90	34.50	83.85
2000	961.29	155.00	142.00	47.63	100.00
2001	968.67	118.00	105.02	36.64	83.57
2002	649.19	91.58	84.21	27.77	74.36
2003	504.28	81.96	80.39	30.49	64.79
2004	399.68	34.12	32.71	24.34	49.63
2005	333.91	36.12	33.91	22.78	43.12
2006	280.27	41.36	38.62	20.87	41.27
2007	318.89	47.63	44.12	23.24	46.96
2008	210.98	27.43	42.20	21.07	31.61
2009	91.15	11.72	18.03	9.01	13.52
2010	41.72	9.03	13.91	—	—

三、民营装卸码头

【垛田砂石市场码头】 位于城东郊、车路河垛田大桥东西两侧，河面宽阔，是自然形成的内河天然良港。砂石市场始于1986年，时有10余艘个体船舶利用土坡人工驳石沙经营。1995年后，砂石交易量猛增，经营业户增加投入，整修土坡码头，购置浮吊等起重设备。至1996年底，码头装卸堆场12处，总面积1万多平方米。有固定吊机12台，水上浮吊60多台。1998年，部分经营业户自建混凝土码头6座。2004年，砂石经营业户增至26家，码头长6公里，泊位300个，最大靠泊能力600吨，可停靠600吨船舶300艘，吞吐量达350万吨。周边10多个县市砂石用料在此中转。2007年后，受盐城、姜堰新建砂石市场竞争影响，码头吞吐量降至300万吨左右。2010年，垛田砂石市场内作业的无证水泥吊机船有140多台，大部分操作人员无证上岗，单机船和船队无序装卸、停靠，船舶进出无视航道畅通，堵档和水上交通事故频频发生。垛田砂石市场成为兴化水上安全的重大隐患之地。

【戴窑粮食市场码头】 位于兴化市戴窑镇西首、车路河北岸，是自然形成的内河良港。粮食市场岸边米厂林立，东西长约5公里，是兴化粮食主要集散地。1995年，始有经营业户在此自建码头，至1998年建成码头54处。每座码头长约15—25米，多为桩基砖混结构，最大靠泊能力300吨，配有吸谷机。1998年粮食吞吐量200万吨。1999年，因国家粮食流通体制改革，吞吐量大幅下降。2010年粮食吞吐量100万吨，远销浙江、上海、山东、安徽、江西、湖北、河北、河南、广东等省市。市场具有现代化的信息中心和检验检测中心。场内设有宾馆、餐饮、邮电、金融、仓储、车船调度、配载、大米包装等服务。

四、乡镇装卸专业码头

1991年，兴化有戴南、大垛、沈纶、周庄、安丰、中堡、沙沟、竹泓、钓鱼、边城、大邹、戴窑12个搬运站码头。1996年吞吐量完成60万吨。后因装卸市场变化，工厂企业关停并转，码头货物吞吐量逐年减少，2007年降至33.71万吨。沙沟、戴窑、大垛搬运站码头先后闲置，大邹搬运站码头转个人运作。

五、码头装卸企业

1991年，泰州市轮船运输总公司兴化分公司车队有货运汽车5辆25吨，以运输百杂货为主。1991年运输量7900吨，周转量185万吨公里。1994年运输量6800吨，周转量150万吨公里。

1991年，市交通局管辖12个集镇搬运站。1996年以后运输量逐年下降。2006年运输量38.76万吨，其中：安丰搬运站运输量26.25万吨，戴南搬运站运输量8.25万吨，两站略有盈余。其余10个集镇搬运站由于乡镇合并、市场竞争等因素，处于歇业或半歇业状态。

2004年9月，兴化市运输公司改制，更名为兴化市港务有限公司，一线职工71人（另有200多人退休、295人领取基本生活费）。2004—2007年，主要货运工具来自社会个体改装拖拉机和货运汽车，借助吊机从事装卸运输作业。

2006年下半年，兴化市港务有限公司城南分公司（原第三搬运站）16辆板车，因作业点化肥厂歇业被淘汰。2007年，该公司拥有变型拖拉机15辆75吨位、叉车5辆17吨位。全年完成货运量23.24万吨、货运周转量46.96万吨公里。2010年，货物吞吐量13.91万吨。

1991—2010年兴化市港务有限公司主要货运工具货运量、货运周转量一览表

表7-12

年份	人力板车		变型拖拉机		货运汽车	
	万吨	万吨公里	万吨	万吨公里	万吨	万吨公里
1991	30.33	43.33	—	—	0.40	125.17
1992	29.37	41.95	—	—	0.40	125.17
1993	28.48	40.67	—	—	0.35	108.20
1994	19.48	27.82	—	—	0.35	108.20
1995	15.17	21.66	—	—	0.28	86.99
1996	11.15	15.93	—	—	—	—
1997	10.11	14.44	—	—	—	—
1998	9.37	13.38	2.58	7.22	—	—
1999	5.35	7.65	6.73	17.37	—	—
2000	3.57	5.10	17.84	49.55	—	—
2001	2.83	4.04	25.01	70.26	—	—

续表 7-12

年份	人力板车		变型拖拉机		货运汽车	
	万吨	万吨公里	万吨	万吨公里	万吨	万吨公里
2002	2.01	2.87	18.26	37.53	—	—
2003	1.64	2.34	20.32	41.46	—	—
2004	1.49	2.12	13.11	26.89	—	—
2005	1.34	1.91	11.27	21.97	—	—
2006	1.19	1.70	13.48	27.38	—	—
2007	—	—	23.24	46.96	—	—
2008	—	—	21.07	31.61	—	—
2009	—	—	9.01	13.52	—	—
2010	—	—	—	—	—	—

第三节 渡 口

1988年，全市有244道渡口，分布在45个乡镇，渡工375人，渡口码头设施普遍较差，渡船绝大多数为农用水泥船，无救生设备，存在较多安全隐患。随着公路桥梁建设加快，境内渡口不断减少。20世纪90年代末，全市有乡镇渡口150多道。2000年，市交通局根据“交通安全与运输市场管理年”活动要求，狠抓撤渡建桥，消除渡口安全隐患。至2003年底，撤销渡口92道，建代渡桥68座。

2000—2007年，全市撤渡197道，建代渡桥88座。至2007年底，分布在全市干线航道上的渡口尚有39道，钢质渡船40艘，渡工82人，年渡量90万人次。最大渡口为野行渡口，有钢质渡船2艘，日渡量约1000人次。2010年，全市有乡镇渡口18道，分属12个乡镇，全部分布在等级航道上，其中上官河、南官河、卤汀河、车路河分别进行三级和四级航道改造。除串场河外，渡口所在水域河面宽、桥梁多、船舶流量大，通航环境较为复杂，渡运安全投入和管理工作量巨大。

2000—2010年兴化市撤渡建桥一览表

表 7-13

渡口名称	建桥地点	桥梁规格			项目投资（万元）	建成年份
		长（米）	宽（米）	荷载（吨）		
界牌	合陈镇界牌一组	85	6.5	10	111	2001
五合	合陈镇五合村	80	4.5	5	36	2000
沙仁	永丰镇沙仁村	40	4.5	5	18	2000
新倪	永丰镇新倪村	40	6.5	10	39	2002
金高	大营镇金高村	60	6.5	10	59	2000
明李	老圩乡明李村	40	4.5	5	18	2001
葛徐	老圩乡葛徐村	35	6.5	10	34	2000

续表 7-13-1

渡口名称	建桥地点	桥梁规格			项目投资（万元）	建成年份
		长（米）	宽（米）	荷载（吨）		
张尖	新垛镇张尖村	80	6.5	10	78	2002
张吉	新垛镇张吉村	60	3.5	10	21	2000
新邹	下圩镇新邹村	70	6.5	10	68	2001
顾猛	下圩镇顾猛村	60	6.5	10	58	2000
南赵	钓鱼镇南赵村	95	6.5	10	92	2002
南秦	钓鱼镇南秦村	80	6.5	10	78	2001
新华	钓鱼镇新华村	90	6.5	10	87	2000
吉耿	大邹镇吉耿村	80	6.5	10	78	2001
北舍	中堡镇北舍村	80	6.5	10	83	2000
北长	中堡镇北长村	70	4.5	5	32	2000
黄花	李中镇黄花村	50	4.5	5	23	2000
西朱	临城镇西朱村	80	6.5	10	78	2000
长安	昭阳镇下甸村	131	6.5	10	170	2000
马家	林湖乡马家村	100	6.5	10	98	2000
彭家	林湖乡彭家村	80	4.5	5	36	2000
砖瓦四厂	垛田镇砖瓦四厂	100	4.5	5	45	2000
南腰	垛田镇南腰村	80	6.5	10	78	2000
砖瓦厂	沈坨镇砖瓦厂	80	4.5	5	36	2001
梓塘	竹泓镇梓塘村	75	6.5	10	73	2000
纪西	茅山镇纪西村	60	6.5	10	59	2000
三元	戴窑镇周李村	60	3.0	5	24	2000
黄易	戴窑镇黄易村	54	3.5	5	25	2000
张野	戴窑镇张野村	72	3.5	5	31	2000
北陈	茅山镇北陈村	90	4.0	5	30	2000
东丁	昌荣镇东丁村	60	3.5	5	31	2000
东林	陈堡镇东林村	210	1.5	20	500	2000
竺陆	竹泓镇竺陆村	80	4.5	5	30	2000
朱胖	林湖乡朱胖村	70	6.0	10	40	2001
胜利	合陈镇胜利村	50	7.0	10	110	2000
陈海	永丰镇陈海村	60	3.0	3	15	2000
渭水河	海南镇胡家村	56	6.1	10	41	2001
朱郭	老圩乡朱郭村	60	4.0	10	30	2000
新徐	老圩乡新徐村	70	4.0	5	21	2000
朱裴	老圩乡朱裴家	60	4.0	10	30	2000
平旺	西鲍乡平旺村	132	7.8	10	154	2000
沈沟	城东镇沈沟村	92	3.0	5	39	2000

续表 7-13-2

渡口名称	建桥地点	桥梁规格			项目投资（万元）	建成年份
		长（米）	宽（米）	荷载（吨）		
湖四	城东镇湖四村	98	3.0	5	31	2000
张扬	海南镇张扬村	40	5.0	5	20	2000
雌港	新垛镇新文村	72	9.0	10	80	2000
东高	新垛镇东高村	65	5.0	10	40	2001
西高	新垛镇西高村	68	3.5	6	20	2001
九里礁	西郊镇九里礁	33	5.0	10	40	2000
唐家	李中镇唐家村	58	2.5	6	45	2001
小邹	大邹镇小邹村	72	2.5	6	46	2001
吉里	大邹镇吉耿村	60	3.0	5	20	2000
陈高	大营镇陈高村	60	4.5	10	40	2001
西棒徐	钓鱼镇西棒徐	58	5.5	6	57	2001
谭高	中堡镇谭家村	60	6.0	10	21	2001
喊陈	昌荣镇喊陈村	80	3.5	5	28	2002
南万	安丰镇南万村	45	4.2	6	25	2000
兴盐	下圩镇兴盐村	60	3.5	5	25	2001
杨仕	下圩镇杨仕村	60	4	6	54	2002
平家	林湖乡平家村	96	3.0	3	30	2001
西龙	李中镇西龙村	45	3.8	6	20	2002
戴家	林湖乡戴家舍	100	5.0	10	75	2002
朱舍	永丰镇朱舍村	40	4.5	5	18	2002
葛垛	新垛镇陈堡村	80	3.5	6	30	2002
关口	沈纶镇关口村	100	4.5	5	45	2002
新家	林湖乡新家村	40	5.1	6	18	2002
小水产	昭阳镇水产村	40	4.0	5	15	2002
水产	昭阳镇水产村	50	6.5	10	49	2003
葛姚	大营镇葛姚二组	105	6.5	10	145	2004
南寺	大营镇北元村	105	6.5	10	145	2004
东马	下圩镇东马村	65	6.5	10	63	2005
南吉	钓鱼镇南吉村	100	6.5	10	97	2005
西北	临城镇西北村	95	4.5	5	43	2005
三赵	临城镇三赵村	170	4.5	5	77	2005
老舍	海南镇老舍村	95	6.5	10	92	2006
颜家	西鲍乡颜家村	131	6.5	10	156	2006
崔一	周奋乡崔一村	80	6.5	10	78	2006
崔四	周奋乡崔四村	80	4.5	5	36	2006
巾荡大桥	西鲍乡巾荡村	90	5.1	10	130	2007
陈宽	林湖乡朱陈村	40	4.0	5	15	2007

2010年兴化市渡口情况一览表

表7-14

序号	名称	所在河流及航道等级	所属乡镇	乘客定额（人）
1	郭东	泰东河六级	张郭镇	50
2	河西	卤汀河六级	周庄镇	15
3	宁西	卤汀河六级	陈堡镇	20
4	三河	卤汀河六级	陈堡镇	15
5	瓦庄	南官河六级	临城镇	15
6	第三养殖场	车路河六级	林湖乡	15
7	新建	下官河六级	缸顾乡	15
8	西罗	下官河六级	缸顾乡	15
9	大元舍	上官河六级	中堡镇	15
10	夏李	上官河六级	中堡镇	15
11	钱元	串场河七级	戴窑镇	15
12	顾林	车路河六级	戴窑镇	15
13	灯塔	串场河七级	戴窑镇	15
14	沈娄	串场河七级	合陈镇	15
15	吴家	上官河六级	大邹镇	15
16	耿家	上官河六级	大邹镇	15
17	第八养殖场	车路河六级	垛田镇	15
18	文远	上官河六级	钓鱼镇	15

第四节 水上运输

一、客运

兴化水网密布，1990年前市内客运主要依靠水路。1991年，全市有客船236艘，客位10186个，完成客运量308.91万人次、客运周转量5221.25万人公里。1991年后，随着汽车客运业的发展，水上客运业逐渐萎缩。1996年，有客船114艘、客位3990个，完成客运量150.9万人次、客运周转量2207万人公里。2001年，有客船62艘，客位1980个，完成客运量62.4万人次、客运周转量988万人公里。2002年水上客运终止。

1992年开始，泰州市轮船运输总公司途经兴化的建湖班等水上长途客班船，相继退出客运市场。各乡镇自然村舍个体水泥挂桨机客船，相继开往兴化城区和周边县市，早出晚归。1991年4月，有乡镇客船220艘。1997年11月乡镇客船114艘，全部实现钢质化。1999年12月，有乡镇客船78艘，其中停泊在兴化南门、东门、医药公司、麦粉厂、金三角市场5处客运码头有船63艘。邻近乡镇往来东台、溱潼、泰州码头的客船有14艘。乡际客船1艘。

兴化航运公司水上个体客运服务站，负责城区客船码头站务管理。

二、货运

1991年，水运企业和乡镇个体运输领证船舶10431艘277813吨，完成货运量750万吨、货运周转量66000万吨公里。水路货运船舶从小吨位向大吨位发展，流向从兴化市发展到外县市及浙江等省。货物从粮、棉、百货、煤炭、砂石建筑材料发展到危险品、油燃料等特种运输。1991—1995年，在改革开放形势下，全市8万多名农村劳力，向水上运输业转移。1995年是水上运输业的鼎盛年份。全市28185艘乡镇船舶领取营运证照。横渡长江，成为苏南地区水路货运的一支生力军。是年，顾庄乡运输站领证船舶2217艘，被市政府授予"运输之乡"锦旗。地处车路河边的垛田砂石交易市场，由于通航条件较好，自然形成规模较大的建筑材料个体运销市场。1995年，砂石成交量200多万吨。1996年，有船舶14456艘548668吨，完成货运量1481万吨、货运周转量130328万吨公里。2006年，有船舶2158艘546808吨，完成货运量1476万吨、货运周转量129888万吨公里。2007年，全市水上货运企业27户，均系民营公司，有货船3250艘812500吨，完成货运量1370万吨、货运周转量186802万吨公里。2010年，全市有货船3724艘127.73万吨，完成货运量3832万吨、货运周转量804678万吨公里。

1991—2010年兴化市水路货运情况一览表

表7-15

年份	船舶领证数（艘）	载重吨位（万吨）	货运量（万吨）	货运周转量（万吨公里）
1991	10431	27.78	750	66000
1992	12857	35.41	956	84128
1993	21691	54.59	1474	129712
1994	20882	73.77	1992	175296
1995	28185	92.97	2510	220880
1996	14456	54.87	1481	130328
1997	10682	42.50	1147	100936
1998	8430	34.87	941	82808
1999	7928	34.14	922	81136
2000	6482	27.16	733	64504
2001	6049	29.30	791	69608
2002	6769	37.68	1017	89496
2003	6171	32.30	872	76736
2004	4551	44.17	1193	104984
2005	3666	55.24	1491	131208
2006	2158	54.68	1476	129888
2007	3250	81.25	1370	186802
2008	2893	76.37	2295	480809
2009	2910	83.76	2511	527310
2010	3724	127.73	3832	804678
合计	184165	1100.54	29754	3737247

附

水运企业选介

【兴化市航运公司】 该企业前身是1961年10月初建立的兴化县航运公司，1988年，更名为兴化市航运公司，1993年12月6日，更名为扬州通达集团，至2010年有50年历史。该公司原有职工4100人，是兴化最大集团性质的水路运输企业，下设兴化、戴南、戴窑、安丰、沙沟、大邹、大垛、周庄8个航运站，1个联运服务站，承担各乡镇货运任务。1996年，公司有拖轮20艘、货驳168艘、小马力机动货船及拖驳280艘；完成货运量65万吨、货运周转量24000万吨公里。后因市场萎缩，加之企业老化、资不抵债，2000年12月起，该企业改制，将轮队资产公开竞价出售或职工认购，成立民营兴化市航运有限公司；人随资产分流聘用上岗471人，终止509名职工劳动合同，并给予适当经济补助。离法定退休年龄不足5年的304名职工实行企业内部待岗，40名残疾职工享受城镇居民最低生活保障待遇。2001年，企业解散后，少数航运职工利用熟悉航运业务的优势求生存，自由组合，先后办起民营航运股份有限公司或从事个体运输经营。

第三章 铁路交通

第一节 新长铁路兴化段

图7-8 新长铁路兴化段 （2004年摄，合陈镇提供）

新长铁路北起陇海线新沂车站，南与浙江宣杭铁路长兴站接轨，全长约575公里。兴化段途经市境东部大营、合陈、戴窑3个乡镇，全长11.79公里，建筑物33座，其中大桥3座、中桥3座、小桥涵19座、平交道口5处、立交道3处。1998年6月，铁道部第二十工程局进场施工，1999年12月16日铺轨结束，2000年底建成客、货站房。2002年11月，新长铁路兴化段建成运营。兴化为建新长铁路，提供正线压废土地24.93公顷，站场用地10.8公顷，取土用地40多公顷，房屋拆迁3200多平方米。新长铁路兴化站的建成打破了兴化无铁路的历史，接通兴化水陆各种运输渠道，形成公、铁、水综合交通网络。

新长铁路兴化段附近的具体走向，自大丰狮子口二组上跨204国道和串场河，进入大营镇葛姚村。沿串场河西岸合陈镇开太村与串场河之间设兴化站，2000年底建成，站场占地10.78公顷。

线路出站后经界牌村、朱家舍、钱元村二跨串场河和204国道，进入东台市境。2004年11月，客站开通，后因客流量小关闭。至2010年，货站无运量。

第二节　兴化火车站

新长铁路兴化车站地处市区以东54公里合陈镇境内，2000年底建成。站场面积162亩，站房位于开太村东边。车站南端的朝阳河将被拓宽为港池，以利水铁联运。车站平、纵断面已预留引入专用线的条件，车站办理客、货运业务，货场按尽头式布置。考虑到货场年度发运量较大且货物品种繁杂、调车作业较多，设1股牵出线，其有效长度为350米。2004年11月办理客运，旅客乘降，行李、包裹托运。后停办客运业务，仅办理货运以及区间列车会让等业务。

第三节　铁路运输

新长铁路兴化车站办理客货列车对数，旅客列车4对，直通、区段列车4对，零摘列车2对。

为保证新长铁路兴化站客货进出畅通，2004年9月30日，昌合公路建成通车。该线全长14公里，按二级公路标准建设。2004年11月1日新长铁路兴化火车站客站正式开通。经过2年试运行，客货运量较少。2007年起，火车暂不停靠。

新长铁路兴化车站旅客最高聚集人数及货物装卸量一览表

表7-16

站名	旅客最高聚集（人）	货物装卸量（装/卸）10吨				
		整车仓库	零担仓库	货物站台	散堆装货区	专用线
兴化	400	5.7/0.5	1.6/2.5	2.0/8.5	5.7/18.5	—/20.0

第四章　交通管理

第一节　管理机构

一、兴化市公路管理站

始建于1975年10月，1988年建唐子道班房，1989年建舜生道班房。1992年1月成立城郊

（管辖翟家道班）、钓鱼（管辖东鲍道班）、唐子（管辖戴窑道班）、戴南、舜生、安丰6个养护工区。1996年建陈堡道班房。1999年12月，组建兴化市兴华公路养护工程有限公司（简称“兴华公司”）。2001年10月，设泰州市公路路政支队兴化大队。2002年1月，该站机构改革，站企分离，兴华公司系企业法人单位。

1991—2010年，兴化市公路管理站负责制订公路管理措施，负责辖区内路政管理，公路桥梁养护、大、中修；维护路产路权、征收养路费等工作。

二、兴化市航道管理站

1988年初更为现名，主要职责是编制航道发展规划，拟订航道技术等级，组织实施建设、养护。负责航政管理、航道清障扫床、航养费征收（2009年1月1日实施燃油税后停止征收）、航道赔（补）偿费收取、保护航道设施。1991年8月，兴化航道站设立航政股，专司航道巡航、查处违章、审批航政许可及航标管理等。

三、兴化市地方海事处

前身为兴化县交通监理所。1987年9月，国家交通监理体制改革，公路交通监理职能划归公安部门。成立县港航监督所，负责水上交通监理。1988年初更名市港航监督所，1991年增挂“兴化市船舶检验所”牌子（两块牌子、一套班子）。1993年10月更名为市港航监督处。2001年7月更名市地方海事处，下设昭阳、老阁、戴窑、沙沟地方海事所。市船舶检验所更名为市船舶检验处。地方海事处主要负责全市通航水域、港口的水上安全监督、水上交通事故的调查认定、船舶的法定检验、船员管理、防止船舶污染和通航保障等行政执法职能。

四、兴化市运输管理处

1991年、1992年市运输管理所与市交通局运输生产股两块牌子、一套班子。1993年5月，运输管理所和汽车维修行业管理所分别更名为兴化市运输管理处和兴化市汽车维修行业管理处，实行两块牌子、一套班子。该处主要行使辖区内客货运输、城市出租车、公交车、汽车维修、搬运装卸、机动车驾驶员培训、运输服务业管理及交通规费征收等职能。戴南、戴窑、安丰、周庄、沙沟、唐子、垛田、大邹及城区中心交通管理所，是市交通局派出机构，其业务隶属该处，在辖区内履行交通运输管理职能。

第二节　路政管理

一、安全保障工程

1991年后，交通管理部门继续实施安全保障工程。规定公路两侧建筑物边缘与公路边沟的距离，必须符合公路等级留地范围标准，国道不少于20米，省道不少于10米，乡道不少于5米。公路两侧控制红线内，修建临时建筑设施或经营场所，必须事先征得公路管理部门同意并办理有关手续，否则谁批准谁负责拆除。1997年，市政府发文规定，公路路中心至建筑物边缘距离，控制红线宽度：一级公路40米，二级公路30米，三级公路20米。任何单位和个人不得擅自在公路上增设广告牌等各种非交通标志，不得擅自损坏移动、涂改公路附属设施。1997—2010年，实施正常公路安全养护与维修，完成农村公路道路和桥梁数据库更新。

二、公路环境综合整治

1988—1998年，公路管理部门上路上线清除障碍物5767立方米，拆除违法建筑37处2755平方米。1999年，市政府发出《关于加强公路环境综合整治的通告》。公安、建设、国土、工商等部门联合执法，发放《整顿通知书》和《交通行政处理决定书》168份，拆除违法建筑物84处/26180平方米，查处损坏桥梁案件13起。2001年，市政府在全市范围内开展“公路环境综合整治年”活动，遏制公路街道化，建立健全“路、镇”一体化管理模式。公路两侧各类用地由市建设局、国土局、交通局联合审批。在“整治年”活动中，全市拆除各类违法违章建筑7000多平方米。宁盐公路、兴泰公路、邮兴盐公路城南段建成“环境整治优良路”，被泰州市评为第一名。2002年，通过综合整治，清除障碍物23770平方米，拆除违法违章建筑68处3018平方米。2007年，针对公路建设施工单位多、作业污染大、外挂车辆多的特点，结合兴化“五城同创”活动，以创建文明样板路为重点，集中环境整治5次，开展安全大检查4次，查处违法违章建筑5起，清除路障8920立方米。查处路产损失案件93起，清理S233线路肩路坡，并种植花木41公里。2010年，开展路域环境集中整治活动8次，清除马路市场3处，清除路障5813立方米。通过整治公路通畅水平提升，路域环境得到改善。组织开展5次安全大检查活动，查处安全隐患10多处，并及时整改、修复防撞护栏37块、立柱26根、支架83个、标志3套，新增警示桩68根，安全设施完好率达100%，为确保道路安全畅通。对干线公路标志标线存在的缺陷进行整改，拆除不规范标志8套，新增标志4套，修整损坏的标志49套。增高部分净高达不到规范要求的标志，整改标志29套，更新标志2套。漆划更新标线5万平方米。完成干线公路指路信息优化及高速公路命名编号调整工程，更换标志反光膜15块，新增附着式标志14块，新增单柱式标志4套。

第三节 运输管理

一、长途客运管理

1993年3月，经市政府同意，市交通局在市内试行公路客运营运标志牌有偿使用办法。规定凡车籍在兴化市，经营跨省、市、县的客运班线和出租旅游的大、中、小型客车全面推行公路营运标志牌有偿使用。公路客运营运者一律参加公开招标、竞标，中标者取得营运资格，准予经营。继1993年2次客运公开招标后，1994年，兴泰线25辆客车经营线路实行公开招（竞）标。1998年，交通管理重点查处客运市场无证、倒客、宰客、串线经营等不正当竞争行为。建立举报电话，细化管理规章，公布办事程序，实行社会服务承诺制度，规范经营行为，理顺客班线路，对长途客运班车票明码标价。2000年，开展“交通安全和运输市场管理年”活动，道路客运加快调整和优化车辆结构、档次，采取优惠政策，调动营运业户积极性，长途客运班车按章淘汰低档客车，全部更新为高、中档豪华车。2002年，随着客运企业经营资质评定，公路营运标志牌的有偿使用费停止执行。

2004年9月，板桥、顺达、宝通3家客运企业，组建松散型三级资质的兴化市华通汽车运输有限公司。2005年10月，市交通局同意顺达、板桥、宝通、农公、安达、戴南、高港7家客运企业成立“二级客运企业资质”的法人单位兴化市汽车运输总公司，对各分公司的运务及安全实施管理，负责长途客车对内对外营收结算，协调、督促各分公司处理长途客运相关问题。

2006年5月，经省交通厅运管局批准，板桥、顺达、宝通3家成立二级客运资质企业兴化市华通汽车运输公司，承接兴化市汽车运输总公司所有长途客运线路，对外参与客运市场竞争。2009—2010年，对全市长途车辆加装GPS纳入实时管理。

二、农公客运管理

1992年12月31日，召开全市公路客运标志牌有偿使用招标大会，当场竞拍市内8条农公客运线路，29辆营运客车中标获得经营权，标款42万元。1999年12月，市交通局发布《推进农公线路中心化具体实施办法》，经过两年实施，全市农公线路106辆大客车，逐步更换为120多辆豪华中巴车。1994—2000年，市运输管理处多次实施农公线路经营权续标工作。2005年，推行农公客运线路改造实施方案，按照片区划分农公客运线路经营权，招（续）标线路经营权定为4年，企业与承包业户履行一年一签的合同。经过公开竞标，全市8个片区130辆农公班车，划归兴化市农公汽车客运有限公司、顺达道路运输公司、宝通汽运公司、戴南汽运公司4家客运企业经营。2007年，农公客运业务划归农客、宝通、戴南3家公司经营。为加快推进全市农村客运资源整合，2010年，组建亨通运业有限公司，将原宝通、戴南农公线合并，统一经营。

三、站务管理

1995年，市运管处利用顺达汽运公司站场设施、候车环境、站务管理等条件，协调市汽车运输总公司（现板桥运业有限公司）、宝通汽车运输有限公司（原泰州市轮船运输总公司兴化分公司）等3家长途客运企业，组成统一的公用型车站，即“兴化市顺达长途客运中心”。155辆长途客车集中调度，按序发车，做到车进站、人归点，实行站运分离，取缔城区“马路市场”。车站开办微机售票业务。为实行长效管理，市交通局成立由3家企业和运管处负责人组成的长途客运中心管理委员会，负责公用型车站筹建和日常客运管理。

2001年，市交通局筹集资金4000多万元，征地46200平方米，按照一级车站标准，在市区长安南路新建安达长途汽车客运站务有限公司（简称“安达车站”），同年12月28日试营运。站务公司具有独立法人资格，实行站运分离、单独核算、自负盈亏。客运企业经营的市内、市际、省际长途班车全部进站发车，统一服从站务管理。2002—2010年，实行“责任、监管、保障”全覆盖，加强安全措施，近十年无重大客运事故和安全事故。

四、城市公交管理

1995年7月，兴化市政府召集交通、物价、城管、公安等部门负责人会议，会办城市公共交通问题。会议决定：市财政拨款50万元给兴化汽运总公司公共交通公司，购置“江天”牌中巴公交汽车10辆。市民乘坐公交车出行，票价限额1元，实行一票制。2005年5月，公交公司为照顾70岁以上老人搭乘公交车，凡持有民政局办理的“老人证”，乘车给予半票优惠。为改善市民公交候车环境，板桥运业有限公司筹资100万元，参照南京、无锡等城市候车亭样式，在城区主干线建不锈钢公交站亭56座。2006年，市交通部门把农村客运班车的通达工程和农公班线改造，与城乡一体化结合起来。2007年2月，新购10辆城乡公交车，开通城区至泗洲、西郊、孔戴3条近郊农公客运班线，票价1.5元，实现城乡公交一体化、公司化经营。2008—2010年，相继开通城东、楼房、砖厂、临东村客运班线，票价2元。

五、城市出租车管理

1996年，兴化城区汽车出租业进入客运市场。市政府发布关于《兴化市出租汽车管理办法》，对城市客运出租车辆实行公开招标、额度管理、公司化经营。1999年、2002年出租车进行续标。2002年起，取消除国家、省级行政事业性收费项目以外的一切费用。2003年4月1日，市政府批复同意城市出租汽车总量控制在400辆以内，车辆必须是排气量在1400毫升以上的国家定型和污染排放达标的新车。2005年7月，兴化市出租车行业管理协会成立。2006年4月，市运输管理处对9家汽车出租公司的资质重新审定，注销大众、平安、宏运、华泰、阳泰5家公司的经营权，许可长安、楚水、板桥、兴宇4家公司经营。经检测400辆出租汽车技术数据全部达标。2010年，组建民生出租汽车有限公司，420辆出租汽车技术数据经检测全部达标。

六、水运管理

1992年前，凡从事营业性运输的单位和个人，均须办理计划运输手续方可承运。1992年后，境内运输市场放开，货物运输基本由承托双方直接洽谈，完全由市场调节。1996年1月24日，市交通局发出关于市内客运航线有偿使用、营运客船钢质化的实施意见。运管处具体实施后，市内客船64艘、市际客船24艘（由兴化造船厂设计建造，客位数分为25、40、60三类），全部实现钢质化。2002年9月以后，水上客运逐渐萎缩以至全部停业。其中部分钢质船改为水上定线货船。为保障运输安全，规定水上货运班船的随船货主，不得超过12人。2004年，载货量渐少，水上货运班船自然淘汰。

1992—1998年，兴化乡镇个体运输船舶快速发展，市政府、交通主管部门要求各乡镇政府签订责任状，采取各项优惠政策（如优先安排宅基地，减免子女学杂费等），吸引船民回归，以稳定和增加乡镇船舶在册艘数。2000年后，乡镇个体运输船舶管理工作逐步由乡（镇）政府管理向市场化自主经营转换。2007年5月，全市取得水运企业行政许可的有限公司27家，办理营运证的运输船舶739艘，水运工具基本钢质化。至2010年，全市取得水运企业行政许可的有限公司29家，办理营运证的运输船舶3724艘。

第四节　航道管理

一、航政管理

1991年后，航道管理坚持建、管、养并重，以等级航道为主，与等外级航道相结合原则。航道管理站配有钢质艇1艘、玻璃钢快艇4艘，用于航道日常管理，处理突发事件。1991年，巡航204天（次）/10410公里，维修标志581座/3155次，打捞沉船27艘/316吨，清除网簖50处、暗桩76根、碍航木排2114立方米，疏浚航道中泥土2.57万立方米，扫床19条/619.4公里。

1993年，根据《中华人民共和国航道管理条例》及其实施细则，航道站受权履行航道管理机构的职责。1997年，巡航133天（次）/8011公里，维修标志198座/1812次，打捞沉船62艘/1169吨，查处违章建设7处，许可证审批11件。

2002年，开展第二次全市内河航道普查工作。通过补充普查数据，完善普查资料，建立全市内河航道基础数据信息管理系统。2004年，按《江苏省航道管理条例实施办法》有关规定，市航政部门强化巡航监督，严禁在辖区航道内设置定置性网簖。是年，巡航131天（次）/8117公里，查处违章建筑12处，维修标志86座/1832次，航政许可审批10件。2006年，组织为期3个月的省干线航道网规划专题宣传活动，与各乡镇、相关部门交流，增强干线航道网规划的社会知情度，争取各方面支持配合。全年办理航政许可审批18件，查处违章7处。出航115天（次）/7581公里，扫床59条/1215公里，改建碍航桥梁12座，维修标志42座/1656次，维修建口线周庄、老阁、城区段护岸1300米。是年，该站被命名为“泰州市五十佳基层站所”。2007年，完成兴姜线南段航道驳岸，疏浚土方3万立方米，实施防洪工程驳岸2.7公里；车路河南岸驳岸1.6公里，改建建口线航标4座，新设盐邵线航道指路牌13块。全年巡航116天（次）/7651公里，维修航行标志46座/1567次，扫床59条/1215.4公里，检查受损桥梁49座，办理航政许可案件9起，查处违章16件。2010年，巡航里程25200公里，办理航道行政许可15件，查处违法案件8件，查处航道违法取土6起，收取航道赔（补）偿费30万元。完成航道扫床53条1234.1公里。在盐邵线临城、乌巾荡、中堡段和通扬线董家段新建航道驳岸5.08公里。

二、航道养护

市航道站负责对境内航道改造、疏浚、驳岸、碍航桥的改建等工程。1993年，投资100多万元对北澄子河兴化红星砖瓦厂卡脖子航段进行整治，切除砖瓦厂河段的突咀，清除水上方坊1.5万立方米，疏浚水下方坊3.5万立方米，建驳岸0.97公里，改善航道通航条件。

图7-9 航道驳岸养护工程 （2009年摄，市交通运输局提供）

2004—2005年，市航道站建兴姜线戴南段驳岸6公里，疏浚土方8万立方米，解决该段窄、弯、浅的航道状况。为清除航道障碍，市航道站每年都进行航道扫床、打捞沉物。1991—2010年，市航道站改建碍航桥梁179座，疏浚建口线、盐邵线、兴姜线等航道土方108.08万立方米，驳岸32.7公里，其中在城区周围河道岸坡投资2230多万元，驳岸16.05公里，保护城区航道，美化城市环境。

第五节 海事管理

一、船舶管理

【船舶检验】 1991—1992年，每个乡镇配备1名船舶管理员，全市每年检验运输船舶1万艘左右。1993年，市交通局对运输船舶情况进行摸底调查，全市约有4000艘乡镇运输船舶在安徽及省内武进、盐城、大丰等地检验办证。有小吨位无证挂机船1.3万余艘，在市境内从事砖瓦、砂石等贩运业务。对此，市政府将运输船舶发展增长率、船舶入站检验率列为乡镇目标管理，每年进行考核。市交通局将集中检验办证收费改为分散进行，简化办证程序，方便船民。长期在外地办证的船民，大批回乡办理相关手续。是年，全市检验船舶23025艘，1994年检验船舶21730艘。

1995年，交通部、省交通厅、扬州市政府相继出台《关于清理、取缔“三无”船舶的通告》，市交通局组织港监、运管执法人员在公安、工商部门配合下，对“三无”（无有效渔业船舶检验证书、船舶登记证书、捕捞许可证）船舶进行拉网式检查，8130艘“三无”船舶入站检验办证，辖区内基本上消除“三无”运输船。1995年，检验船舶28068艘、627346吨、315491马力。

1996—1998年，水上运输市场疲软，部分乡镇运输船舶在市场竞争中被淘汰、停航或出售。一些船民躲避港监稽查,成为新的“三无”船舶。有的地方利用货源优势,诱使部分运输船舶异地领证。船舶检验数大幅下降,1998年检验船舶仅有8367艘。1999—2000年,检验船舶稳定在7000艘左右。

2001年,交通部发布《内河运输船舶船型标准化规定》。2002年,省交通厅调整省、市、县三级船舶检验机构工作职能,县(市)船舶检验处负责船长≤30米且主机总动率≤44千瓦常规船舶中一般干货船舶的营运检验,兴化船舶检验从此减少。2003年检验船舶仅6171艘。

2004年1月,兴化成立船型标准化工作领导小组,对水体、空气环境产生较大污染的挂机船舶,实施拆解、落舱改造,并给予一定资金补偿。4月7日,省内第一艘船型标准化改造船舶在兴化市城南船厂下水。省、泰州市和兴化市船型办负责人到场剪彩,并向船主朱金建发放改造补助资金1.8万元。6月11日,江苏省船型标准化工程现场会在兴化市召开。7月,全市大规模挂机船拆解、改造工作正式启动。至2007年底,全市拆解挂机船5391艘,改造58艘。至此,兴化水上运输挂机船退出水运市场。

2005—2006年,无锡、苏州、常州、昆山等地驻点检验终止。2007年,海事处开展外挂船舶回归专项整治,定期派员专车赴上海、苏州、镇江、浙江平湖、海盐等地,对外挂浙江、安徽2省的船舶进行实船检验,办理回归手续。是年,回归检验船舶1832艘241794吨,占全省外挂船舶回归数的四分之一。2010年,常规检验船舶3304艘732474吨。

1991—2010年兴化市船舶检验情况一览表

表7-17

年份	检验船舶数量(艘)	吨位(吨)	功率(千瓦)	年份	检验船舶数量(艘)	吨位(吨)	功率(千瓦)
1991	10759	192895	128008	2001	6310	218802	104741
1992	13984	271793	118109	2002	6798	240473	125966
1993	23025	372981	197556	2003	6171	196511	110212
1994	21730	477731	267780	2004	5582	189467	101189
1995	28068	627346	232043	2005	4145	155837	86416
1996	14580	363933	190142	2006	2474	116667	70750
1997	10478	274944	137706	2007	3564	408152	372448
1998	8367	220873	112182	2008	2895	512642	232767
1999	7845	213702	111237	2009	3463	644272	282804
2000	6794	197521	93696	2010	3304	732474	280869

【船舶登记】 1996年,兴化市地方海事处根据《中华人民共和国船舶登记条例》,对兴化籍所有挂桨机船舶及50总吨、36.8千瓦以下驳船、货船进行登记。是年,登记船舶总数12230艘305274吨。

1997年,登记船舶2724艘71478吨。2003年,船舶登记权划归泰州市地方海事局。兴化市地方海事处受泰州市局委托,进行船舶登记。2007年,登记船舶1832艘241794吨。2008年,登记船舶223艘26760吨。2009年,登记船舶47艘6110吨(因兴化市地方海事处登记权限为50米以下船舶,2010年未有此类船舶申请登记)。

1996—2009年兴化市船舶登记一览表

表7-18

年份	数量（艘）	吨位（吨）	年份	数量（艘）	吨位（吨）
1996	12230	305274	2003	1560	49677
1997	2724	71478	2004	225	7637
1998	1358	35850	2005	65	2440
1999	888	24178	2006	74	3489
2000	803	23345	2007	1832	241794
2001	489	16956	2008	223	26760
2002	1384	48957	2009	47	6110

二、渡口管理

1991年，市交通主管部门按照《江苏省渡口管理办法》，对全市渡口清理整顿，撤并部分渡口，报经市政府确认236道。按照规章要求，全市逐步完善渡口守则牌、责任公示牌、安全警示牌设置，开展渡船、渡口码头规范、培训渡工及救生器材配备等工作。按照“谁经营、谁主管、谁负责”的原则，建立市、乡政府、村委会及渡工的安全管理责任制，乡镇政府履行安全主体责任、交通部门实行行业管理、海事机构负责安全监管和业务指导，渡运安全形势逐步好转。

图7-10　2006年，市交通局免费更新所有渡船
（市交通运输局提供）

1995—2000年，由交通部门和渡口所在地共同出资，淘汰61艘钢丝网水泥渡船，全部换成钢质化渡船。2000年，市交通局开展“交通安全与运输市场管理年”活动，进一步规范乡镇渡口。2006年，按省交通厅统一部署，开展“渡口渡船安全管理专项整治”活动，更新所有36道渡口的37艘渡船，新渡船全部按设计图纸由指定厂家生产，以保证渡船的规范和安全性能。1991—2010年,在加速市内农村公路建设的同时，全力推进撤渡建桥工作。建成代渡桥梁88座，撤销渡口218道。至2010年底，全市乡镇渡口减少至18道。

三、船厂管理

1991年，兴化市属造船厂3家，即兴化船厂、兴化船舶修造厂、兴化水泥制品厂，另有乡镇船厂48家。市地方海事处每年选派验船师，定期到3家市属船厂进行船舶建造检验。1999年后，3家船厂先后改制或转产。1995年，市交通部门建立由海事处、交管所、运管站组成的船厂管理网络。是年，审核认可乡镇船厂51家，全市乡镇船厂生产的船舶有140艘经检验合格。1996—2000年，造船市场疲软，乡镇船厂处于停产状态。

2001年，国家实施船型标准化工程，淘汰水泥船、挂桨机船，需要大批机动货船补充运力，乡镇造船业开始恢复生产。2002年，市地方海事处为乡镇船厂培训焊工283人，其中经考试合格的三类焊工264人、二类焊工12人。2003年，乡镇造船厂发展到72家。市地方海事处组织船厂技术人员45名，参加《船舶制造与管理》专业证书大专班学习。举办5期焊工、冷作工培训班，合格人数159人。整顿存在问题较多的16家乡镇船厂。2004年、2005年，乡镇船厂发展较快，生产规模不断扩大。2005年底，全市乡镇船厂达132家，其中经认可的86家，船厂数量占泰州市三分之二以上，船舶建造量达泰州市一半以上。为加强对乡镇船厂的技术指导，兴化先后成立中远、楚水两家船舶技术服务部。2005年，市地方海事处增设船厂管理办公室。

2006年，成立市造船行业协会。市海事处建立船舶制造登记台账，一船一档，推行船舶质量管理体系。落实泰州市船舶检验局《关于进一步明确船舶修造厂最低生产条件的通知》精神，帮助乡镇船厂完善各项管理规章。是年底，有68家乡镇船厂通过泰州市船检局最低生产条件验收，全年建造检验船舶1200余艘。2007年，船舶制造业萎缩，全年检验乡镇船厂建造船舶仅153艘。2008年，建造检验船舶38艘5598吨。2009年，建造检验船舶348艘85785吨，45261.6千瓦。2010年，建造检验船舶626艘186261吨，79274.3千瓦。

四、船员培训考试

1991年，市地方海事处依据《中华人民共和国船员考试发证规则》等法律、法规，组织挂桨机船驾驶员培训班40期，培训人员2908人。针对船员多、分布广等特点，海事处率先在扬州地区实行电化教学，录制《内河避碰规则》《驾驶常识》《机械常识》等教学带，在各个培训点播放。1994年，举办124期，培训各类船员12394人。其中：挂桨机船驾驶员培训班116期12008人；四等船员培训班3期185人；五等船员培训班3期88人；油船船员培训班1期101人；驾长培训班1期12人。1995年，市海事处举办各类培训班188期，培训船员14969人。其中：五等船员培训班182期，培训五等驾驶、司机50人，五等驾机员14712人；四等船员培训班4期，培训四等大副、大管轮116人；驾长培训班1期24人，油船船员培训班1期67人。1998年后，水运船舶结构调整，挂桨机船逐步淘汰，海事处培训量逐年减少。2002年，受泰州地方海事局委托，兴化市地方海事处先后在等级船员集中的林湖乡、陈堡镇，举办数期三、四等船员考试培训班，培训船员千余人。

1991—2010年，兴化市地方海事处举办各类培训班877期，培训各类船员58059人。

1991—2010年兴化市船员培训情况一览表

表7-19

年份	船员培训		年份	船员培训	
	期数（期）	人数（人）		期数（期）	人数（人）
1991	40	2908	2002	30	1111
1992	81	5590	2003	42	838
1993	73	10519	2004	39	683
1994	124	15940	2005	5	106
1995	188	14969	2006	5	121
1996	54	1779	2007	5	64
1997	50	676	2008	8	86
1998	26	665	2009	10	176
1999	22	575	2010	8	135
2000	42	662	合计	877	58059
2001	25	456			

五、船舶签证

1991年，市地方海事处在永合、老圩、海河、沙沟、临城、竹泓、大垛、周庄、戴南9个区交通管理所设置船舶签证点。此后，又陆续在顾庄、大垛等乡镇运管站设置签证点，委托签证。至1997年，兴化境内先后设置签证点33个。委托签证有时对船舶装载及安全状况的检查流于形式。1998年，经整顿并报省港监局核准，兴化境内设立船舶签证点3个、委托签证点11个、流动签证点10个，撤销不符合要求的签证点9个。2005年，船舶签证全部收归兴化海事处直接办理。2007—2010年，船舶签证分别为5765艘次、17736艘次、15012艘次、11113艘次。

六、水上安全监督

1991年，市海事、运管、航道、公安、工商等部门组成百余人的执法队伍，在串场河、南官河、车路河等主要航道设立8个检查点，开展联合大检查，检查船舶11085艘次，纠正违章2824艘次。1995年，市政府统一部署，治理、整顿“三无”船舶。组织以海事部门为主体的110人突击行动组，对垛田砂石市场、戴窑粮食市场“三无”船舶集中区进行突击整治。全市清理“三无”船舶8130艘，16.7万总吨。2000年，按省海事局要求，市地方海事处安装并开通“12395”水上搜救专用电话，建立健全值班管理和应急反应制度。2002年，按市政府统一部署，清理、整顿城区水环境，历时4个月，将城区河面农杂船287艘迁移至城郊指定水域停靠。2004年，市政府开展农用自备船整治工作。市地方海事处牵头完成辖区内乡镇农用自备船11.6万艘调查摸底，标明船号，登记造册，核定操作人员和装载定额，发放江苏省乡镇农用自备船舶证件。2007年，市海事处出动海巡艇2787艘次/52185公里，检查船舶3780艘次，办理海事行政案件756件。其中开展危险品水上运输专项整治，查船214艘次（含油船14艘），现场查出安全隐患16起。2010年，出动海巡艇2337艘次/43861公里，检查船舶2728艘次，办理海事行政案件1540件，印发“安全隐患整改通知书”43份、安全管理建议书11份，集中开展上海世博会水上安保工作，签发上海水域船舶通行证255件。

1991—2010年，每年春运、清明节等重要节日，戴南、茅山等乡镇传统会船竞赛，缸顾菜花景区水上游览，以及2003年上方寺大雄宝殿佛像开光仪式等重大涉水活动期间，市地方海事处均派船派人赶赴现场，精心组织监督管理工作，确保活动顺利进行。

1991—2010年兴化市水上安全监督船舶检查情况一览表

表7-20 单位：艘次

年份	检查数量	纠正违章数量	年份	检查数量	纠正违章数量
1991	11085	2824	2001	5986	543
1992	3567	1347	2002	3133	318
1993	7720	3015	2003	2139	196
1994	12000	3000	2004	2241	180
1995	13546	5132	2005	4846	1068
1996	2936	2286	2006	4676	1518
1997	4368	82	2007	3780	765
1998	4954	284	2008	3246	2182
1999	3038	2314	2009	3420	2300
2000	6745	1444	2010	2728	1540

第六节 交通稽查

一、道路稽查

20世纪90年代初，主要是宣传贯彻交通法规，稽查“五费三单”即养路费、运管费、客票附加费、货物附加费、车辆购置费，道路运输证、客运线路营运标牌、非营业性路单。1991年，市交通运政稽查大队开展“创建公路运输线路”活动，检查客车243辆，查处违章23起。1992年，针对农用机动三卡发展快、无证多、管理难的特点，运管处于10月15日至11月15日开展“检查月”活动，会同公安、工商部门查车346辆，补征规费18766元，抽查205辆客货车维修卡办理情况，促使单位和个人自觉维修车辆，保证行车安全。1996年，市工商、地税、物价、交通局联合发布《关于加强运输市场管理的通告》，凡经营道路货物运输交易的单位、个人须向运管处申请登记，办理经营许可证、工商营业执照、税务登记证件，自觉遵守国家法规，服从监督管理。1997年，组织106人专项整治队伍，查车100多辆，查扣无证经营的黑车6辆，查处路政案件9起，公路损坏赔偿49万元。1998年，交通部先后颁布《道路运输车辆维护管理规定》《道路运输行政处罚规定》。市运管处通过报纸、宣传册广泛宣传，组织百余人执法队伍，连续72小时，不间断地检查货运车辆，检查1500多辆次，纠违316辆次，补征规费10多万元，查处路政案件5起，公路损坏赔偿16.5万元。1999年，市交通局组织“客运市场百日整治活动”，整治窜线经营、争抢客源的违章行为。是年，查车3648辆次，警告75件，教育放行87件，检测车辆3330辆次，公路损坏赔偿5.16万元。

2000年，根据省交通厅统一部署，开展“交通安全与运输市场管理年”活动，全年查处“黑车”138辆，罚款65万元，查处路政案件58起，公路损坏赔偿47.5万元。2002年，全市组织运政大检查4次，发放宣传材料4000多份，出动检查人员280人次，查处各种违章车辆2949辆，罚款77万元，补征交通规费72万元。路政管理拆除违法建筑和障碍物68处/3018平方米。为加强出租车管理，市政府批转公安局、交通局《关于加强对出租客车管理的意见》，对出租车实行车身颜色（18厘米宽的银粉色行业标志）、服务卡、顶灯、计价器、喷印公司名称、监督电话“五统一”，规范经营行为。2003年，开展“交通环境综合整治”活动，加大路政执法力度，拆除公路违法建筑和临时棚屋26处/9910平方米，查处超限车辆526辆。按照市政府要求，加大对城区无证经营“黑车”打击力度，严禁客运车辆在城区站外随意上下客，整顿马路市场。全年纠正违法经营行为1026起，查处无证车190辆次、超限车526辆次，处理行政案件2328件，公路损坏赔偿15.6万元。2006年，先后组织“全市城乡联合稽查”“运政稽查在行动”“百日打黑”等专项整治活动，重点打击“黑车”和非法营运的二轮、三轮及残疾人营运车，查处违法违规营运车辆1420辆次，其中非法营运“黑车”150多辆次，摩的73辆次，残疾人营运车15辆次，公路损坏赔偿40万元，罚款5万元。

2007年，运政稽查实行联网管理，9个运政稽查中队均配备电脑，实行网上稽查处理，与公安110监控指挥中心联网，利用公安机关安装在城区主干道和城郊接合部的71个电子探头，对运输市场实时动态监管。交通道路稽查以“五城同创”活动为契机，采取辖区源头管理和城乡联动稽查形式。全年检查各类车辆13026辆，其中查处无证“黑车”188辆次，查处违章案件1311起，补征交通规费104万元。2008年，全面实行网上稽查，实现执法案件全部在线管理，坚持人性化执法与严格执法相结合，全年检查各类车辆36787辆，查处违章案件1155起，其中查处非法营运案件537起、载客“摩的”“三轮残疾人”送客车营运案件286起。补征交通规费36.29万元。2009年，与市公安、城管等部门密切配合，精心组织国庆期间“维稳定、保畅通”运输市场专项整治、郑板桥艺术节期间交通营运环境综合整治等活动。稽查大队（包括交管所）全年检查车辆16600多辆次，其中无证营运的"黑车"500多辆次。2010年，整合基层执法力量，将原城区交管所与稽查大队重组（内设4个稽查中队和1个违章处理中心），合并成立兴化市交通运政稽查大队，提高协同稽查能力。查处违章案件1232起，其中无证营运黑车451辆，摩的、残疾车226起，违章上下客等105起。

1991—2010年，全市交通稽查查处违章2万多起，其中重大处罚案件3000多件。

1991—2010年兴化市交通稽查车辆情况一览表

表7-21

年份	检查车辆（辆次）	查处违章（起）	行政执法案件（件）	重大处罚案件（件）
1991	1126	158	—	—
1992	1419	146	—	—
1993	1423	185	—	—
1994	1601	225	—	—
1995	1962	553	—	—
1996	2088	856	—	—
1997	2231	1018	—	—
1998	2375	1346	—	—
1999	3648	2120	845	27
2000	3936	1141	2720	130
2001	5968	1140	2720	130
2002	3949	2949	1560	108
2003	10819	1026	2328	230
2004	4875	1579	1238	230
2005	4960	1356	2520	268
2006	4205	1420	2574	276
2007	13026	1311	1420	281
2008	36787	1155	3221	410
2009	16620	1471	3926	479
2010	32458	1232	1043	446
合计	155476	22387	26115	3015

二、水上交通稽查

1991年以后，在查处无证违章船舶的同时，着重加强对"两客一危"（客渡船、客船、危险品运输船）船舶的管理。在主要航道建立"定船、定人、定责任"的三定安全检查责任制。1991—1995年，水上交通稽查以市港监处（海事处）为主，运管处、航道站配合，联合执法，加强现场监督和源头管理。1996年9月，建立兴化市交通局水上交通稽查大队，与海事处合署办公（航道站、运管处抽人参加专项整治活动）。1998年，全市组织3次较大规模的"三无"船舶整治活动。3月20日至4月20日突击月，查船4316艘，查征规费40.64万元。2002年，开展"水上运输安全管理年"活动，以"两客一危"船舶和重点水域为重点，进行专项清理整顿。取缔"三无"船舶，严禁非载客船载客，禁止个体船经营水上客运和危险品运输等。2006年，开展危险品运输“百日会战”安全专项整治行动，制定《兴化市危险品运输“百日会战”安全专项整治行动方案》。

据不完全统计，1991—2010年，全市水上稽查出动人员20多万人次，查船10万多艘次，纠正违章3万多艘次，查处海事行政案件1.5万件。“12395”接警1000多起，疏通航道100多次，救助船舶200多艘次。

附

重特大交通事故纪略

1991年5月3日，兴化市港务处汽车队驾驶员王某某（男，36岁），驾江苏58/70114号东风牌140大货车，从兴化市周奋乡装浙江永康县桥下乡贵蜂场蜜蜂到山东枣庄薛城区，5月3日晨4时途经淮阴县境内205国道1039.6公里处，与山东枣庄市中区酒厂驾驶员徐某某驾山东04/10712号解放牌带挂大货车发生碰撞，徐某某等3人当场烧死，双方车辆及货物全部烧毁，驾驶员王某某股骨骨折，蜂场老板朱某某头部外伤，两名轻伤，直接经济损失13.7万元。

1994年8月9日7时50分，扬州市汽运总公司兴化773车队葛某某（男，28岁）驾驶07-76030大客车行驶至兴东线5公里+980米处，与舍陈镇许沈村沈某某（男，27岁）驾驶的江苏07-72926农用四轮车发生碰撞，致沈某某及乘客陈某某、赵某某死亡。

1995年11月，兴化市合塔界牌渡口，因违章摆渡，两船相撞，致使渡船翻沉，死亡2人，直接损失2万元。

1995年12月30日，兴化市顺达长途客运中心驾驶员万某某（男，38岁），驾驶车牌号为苏KG1118 663型大客车，从兴化开往杭州。晚6时许，途经东台富安镇梁九村一组路段（204国道766公里+900米）处，发现路前方数十米处有一人影躺在公路中心右侧（据事后了解该妇女因家庭纠纷准备自杀），在向左高速避让时压过卧路妇女腿部，客车左前角与相对行驶的一辆大货车相碰擦而失控（大货车属滨海天场物资运输车队，驾驶员赵某某，车号为苏JH0879），客车翻入右边河沟中，造成大客车乘客5人死亡，1人受伤，损失42.81万元。

1997年5月8日，兴化市大邹镇陈某驾驶的苏KA7706中型客车与盐城苏JC0882大客车，在盐邮线东鲍乡腊树村路段相撞，死4人，伤1人，中巴车严重损坏。

1998年12月20日20时52分，兴化市北郊乡严家村陈某某（男，35岁）驾驶沪AR4129由南向北左转弯向西行驶至兴周线8公里+100米段时，车辆驶出北侧路面，翻下路北鱼塘，致陈本人及车上乘客程某某及妻刘某某死亡。

1999年10月1日2时30分，兴化市下圩乡陆祖庄村马某某（男，25岁）驾驶苏MA2482小型货车由南向北行驶至盐宁线60公里+390米处，从路左侧驶出路面，掉入河中，致车上乘客查某某、苏某和邹某某3人死亡，马某某等2人受伤。

2001年1月21日，兴化市汽车运输总公司承包车主驾驶员施某某（男，30岁）驾驶苏MC1018依维柯NJ6686BHF型客车，由昆山载客驶往兴化舍陈。夜11时许，在靖江境内姜八线51公里+60米由南向北，因避让路面情况，左驾方向刹车，导致车辆侧滑，行至公路左侧路面，与相对方向戴某某（男，23岁靖江季市镇人）驾驶的苏MF0679长安小客车发生碰撞，戴某某及乘员孙某当场死亡，另一乘客韩某受重伤，经抢救无效于10日后死亡，损失25.3万元。

2003年1月6日9时许，兴化垛田张皮村邵某（男，28岁），驾驶6吨农用水泥挂机船由张皮村开往兴化购年货，船上载有22人及货物。船行到垛田小戚河口进入车路河主航道时，与由西向东行驶的鲁济宁挂1132重载船舶相撞，挂桨机船当即向右舷侧翻，船上22人全部落水，16人获救，6人溺水死亡，损失39万元。

2003年3月11日，兴化开发区开拓村蒋某某驾5吨挂机船由陈堡开往临城瓦庄，20时左右行至建口线与高兴东线交汇处老阁河口时，与一重载钢质船浙江桐乡货船00830对驶交汇时相撞，致使挂机船沉没，船上5人中2人获救，3人死亡，损失16万元。

2003年5月10日，垛田翟家大桥被一徐州重载砂石船队拉塌，经查该船队所持证书不齐全，不规范，穿过大桥中孔时操作不当，致使大桥中孔坍塌，直接经济损失约110万元。

2003年10月2日16时20分，顺达出租车公司苏MC3007出租车（驾驶员袁某某，东鲍村人）由南向北行至兴泰线临城加油站段，与相对行驶的苏KA4415中型普通货车（驾驶员苏某某，仪征铜山乡军民村人）交会时相撞，苏KA4415车乘客苏某某、苏MC3007车乘客崔某某、崔某、邵某某重伤，邵某某和驾驶员袁某某等3人死亡，经济损失80万元（其中车损5.5万元）。

2003年12月1日，顺达出租车公司苏MC3041出租车驾驶员孙某某驾车行至竹泓镇赵泓大桥东，由于速度快、操作不当，撞在路边树上，导致1名女乘客当场死亡，孙某某及另两名乘客受伤，经济损失35万元（其中车损1.5万元）。

2004年1月15日，在兴化海沟河灶陈水域发生两船相撞，致使1人死亡。4月15日，卤汀河周庄水域发生一起3船相撞，致使1人死亡。

2004年5月10日，连云港市灌云县一拖队667号装载砂石途经兴化车路河（省五级航道）垛田段，与安徽省天长挂108号空载挂桨机船在垛田大桥中孔交会时，将垛田大桥中间西孔撞塌。3艘船舶沉没，桥上1辆面包车掉入河中，1人受伤。

2004年5月18日，兴化市戴南镇发生一起三车相撞的交通事故，造成2人死亡，1人重伤。

2004年12月30日，宁靖盐高速公路兴化段一辆小轿车冲破护栏后迎面撞上一辆大客车，小轿车被撞得粉碎，车上1名女子被撞飞，大客车则烧成空壳。车祸造成2人死亡，3人不同程度受伤。

2005年6月13日20时30分，兴化市张郭镇周黄村刘某某（男，20岁）和该镇周家村周黄一组19号韩某某（男，16岁）二人驾乘无号牌二轮摩托车在超越同方向机动车后，与陆某某（姜堰市兴泰镇三里泽村人）所驾二轮摩托交会时发生碰撞，致刘某某、韩某某和陆某某死亡，二轮摩托乘客杜某某受伤。

2006年元月24日20时，兴化市新城北村34号302室朱某某（男，52岁）未取得机动车驾驶证，醉后驾驶苏MDD688二轮摩托由东向西行驶至高兴东线85公里+280米处，撞到贵州省遵义县刘某某（男，38岁）驾驶的因故障停在路北侧的贵C50625重型特殊结构货车尾部，朱某某本人和同车袁某某当场死亡。

2008年4月13日，高兴东公路兴化豆子桥处，一辆重型半挂牵引车与一辆客车相撞，5人当场死亡，伤者31人，1名重伤者经抢救无效死亡。

2008年12月18日中午时分，兴化职校门口附近发生一起重大交通事故，其中两名学生死亡、1名学生重伤。

2009年5月14日，兴化市高兴东路与外环路交叉路口向东500米处发生一起特大交通事故，一辆轿车与一辆大货车相撞并引发火灾，事故造成轿车内3人死亡。

2010年2月24日，宁靖盐高速南行80公里+200米处兴化段，一辆滨海开往上海的大客车与一辆轿车相撞，大客车撞断高速护栏后侧翻，车上55名驾乘人员中，1名7岁男童身亡，44人受伤，其中24人重伤。

2010年7月6日13时30分许，周某某（男）驾驶苏MA3096中型普通货车沿332省道由东向西行驶至64公里+525米处，与蒋某某（男）醉酒后驾驶的电动二轮车发生碰撞，致两车受损、蒋某某死亡。

卷八 城乡建设

1991—2010年，兴化以建设具有水乡特色的现代化中等城市为目标，在基础设施、公用事业、住房建设、园林绿化及旧城改造、新区建设诸方面取得显著进展，人居环境逐步改善，文化品位大幅度提升。通过数轮规划的实施，使老城区改造步伐加快，新区建设迅速发展。老城区新建、扩建主干道16条，长40.64公里；新区建成主干道19条，长38.09公里。2007年，建成城南污水处理厂，城市污水处理达标综合排放一级B标准。至2010年，道路总长211.1公里，人均道路面积17.22平方米。沟通新老城区和城区各部分之间的大小桥梁73座。自来水和天然气普及率分别达100%和99.22%。房地产投资54.46亿元。结合旧城改造，拆迁改造旧房屋85万平方米，市区住宅建筑面积1991年141万平方米，2010年为780万平方米。人均住宅面积由14.2平方米增加到33平方米。建成区园林绿化总面积796万平方米，人均公共绿地面积10.08平方米，有城市公园8个。2008年，兴化市被命名为"江苏省园林城市"。2010年，市区建成区面积20.59平方公里，常住人口18.06万人。在城市建设快速发展的同时，农村小城建设和村庄建设取得长足进步。以农村城镇化、城乡一体化为目标，加快建设重点中心镇，推动中心村、基础村建设，涌现出戴南镇、张郭镇、安丰镇及董北村、管阮村、赵家村、邹牛村等一批国家、省及地市级村镇建设典范。

图8-1　城乡建设（张郭镇一角）　（2005年摄，市住建局提供）

第一章　城乡规划

第一节　总体规划

1983年，兴化市委托江苏省城乡规划设计院编制《兴化县县城总体规划（1985—2000）》，1986年经扬州市人民政府批准实施。其后于1989年、1996年、2002年又编制3轮兴化城市总体规划，规划对兴化的社会、经济发展起到较好的综合指导作用。

一、兴化市城市总体规划（1989—2010）

1989年，委托江苏省城乡规划设计院编制，1990年经省人民政府批准实施。主要内容：（1）城市性质：里下河地区腹部具有水乡特色的工商业城市。（2）城市规模：近期（1995年）人口规模12.5万人，用地规模9.95平方公里。远期（2010年）人口规模20万人，用地规模21平方公里。（3）规划范围：规划控制区北至吉家舍，南至冷冻厂，东至高垛、翟家垛，西至北山子，近50万平方米，规划范围包括西鲍乡关门城、官庄、新城、高垛、南贺5个村，严家乡的严家、陈家2个村，东潭乡的城堡、张家、孙家、葛家、五里、王家、北山7个村，临城乡的五里、药沈2个村，垛田乡的沙垛、下甸、小戚、翟家、杨花、新民、新丰、凌沟、何家垛、乌羊10个村，总计26个村。（4）总体布局：城市远景适当向西、西北、东南发展，围绕主城，形成以河流分隔的7个不同特色的组团，各组团之间由城市干道连接，组团与主城之间通过桥梁联系。主城集中发展市级公共建筑和各种服务设施，在各组团配置基层服务设施。在东五里组团设置副中心；张家、城堡组团以居住为主；严家中沟组团以有污染工业及电镀中心为主的综合性组团；孙家、葛家组团以运输业为主，无水污染，少大气污染的工业为主的综合组团；东五里组团以水运业为主，无水、气污染的工业为主的综合性组团；新城村组团以转型加工工业为主的综合性组团。

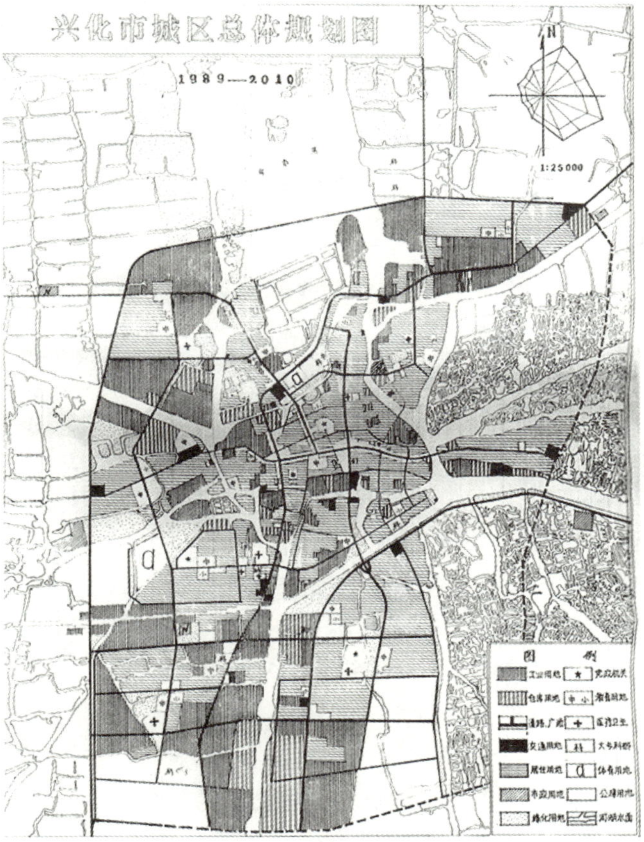

图8-2　兴化市城区总体规划图（1989—2010）
（市规划局提供）

二、兴化市城市总体规划（1996—2010）

1996年，委托江苏省城乡规划设计院编制。1998年3月3日经省人民政府批准实施。主要内容：（1）城市性质：里下河地区富有水乡特色的中心城市。（2）城市规模：近期（2000年）人口规模18万人，用地规模14.15平方公里。远期（2010年）人口规模25万人，用地规模22.5平方公里。（3）规划范围：东起白涂河、野行、直港河一线，南至十里亭，西至高兴盐过境公路西侧，北至乌巾荡北1公里左右，总面积约50.8平方公里。（4）总体布局：城市用地主要向南，其次向北发展，城市结构形态为单中心团块状结构，以主要河流划分6个片区，中心城区东南是以居住、行政、教育科研为主的综合区，西南是以工业用地为主，东北区以工业、居住、教育科研为主，西北是以居住、工业为主，乌巾荡风景区是以水乡自然风光为特色的风景区。

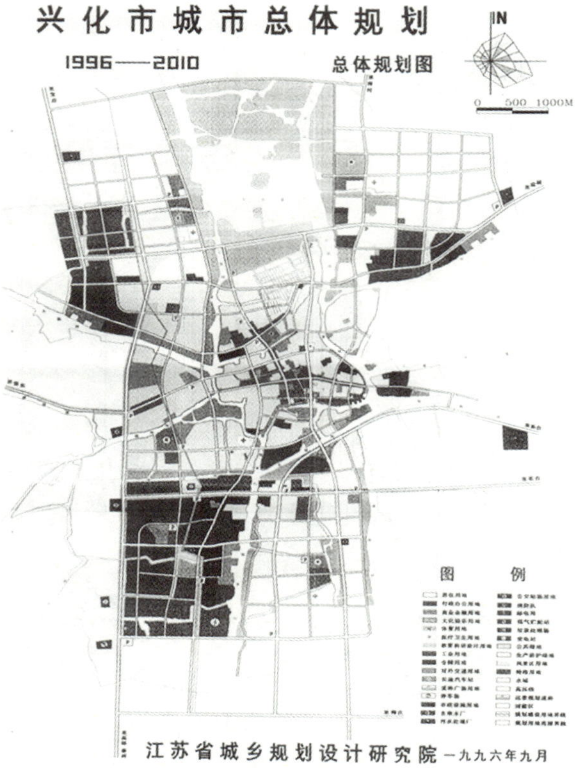

图8-3 兴化市城市总体规划图（1996—2010）
（市规划局提供）

三、兴化市城市总体规划（2002—2020）

2002年，委托江苏省城市规划设计研究院编制。主要内容：（1）城市性质：江苏省历史文化名城，里下河地区富有水乡特色的中心城市。（2）城市规模：近期（2010年）人口规模25万人，用地规模22.51平方公里。远期（2020年）人口规模35万人，用地规模34.38平方公里。（3）规划范围：发展方向主要向南，其次向西。建设用地范围北至荡南路，南至南环路及紫荆河西延段，东至姜堰河、白涂河，西至西外环路。（4）规划布局：仍为单中心团块状结构形态。以主要河流划分为8个片区：旧城区是传统的商贸、金融、文化中心。东南区是以新的城市行政中心为依托的居住、行政、商业、文体、教育综合区。西南片是以一、二类工业为主的工业区。西北片是以居住、工业为主的综合片区。东北片是以居住、工业为主的综合片区。昭阳片是以居住为主兼容部分工业的综合片区。临城片是以工业、居住为主的综合片区。乌巾荡风景区是以水乡自然

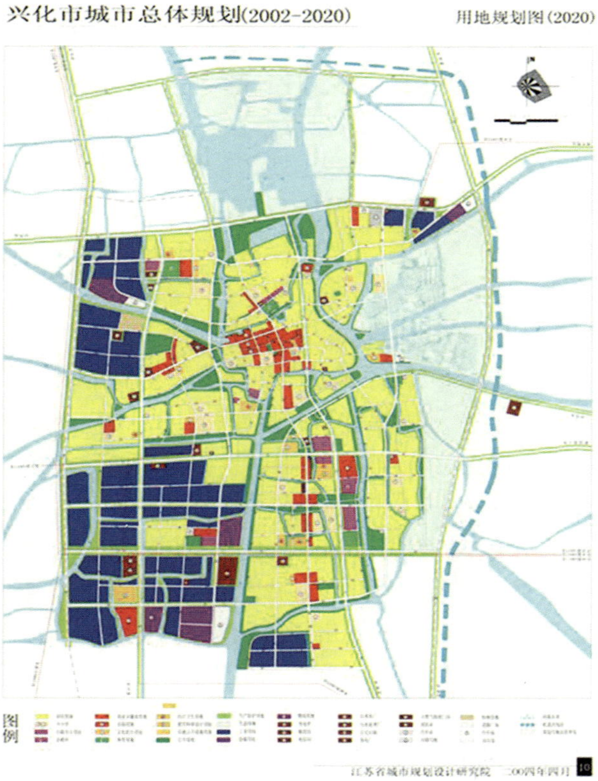

图8-4 兴化市城市总体规划图（2002—2020）
（市规划局提供）

风光为特色的生态旅游、湿地自然保护区。居住用地5个:旧城区、新城区、昭阳区、东北区、城南区。工业区4个:兴化市经济开发区、昭阳工业园、资源再生工业园和市科技工业园。规划市级行政办公机构在新区兴化大道以东、直港河以西、中和路两侧及五里路、兴化大道交叉口西侧,形成以市政府为核心的行政中心区。在现状老城区以英武路为轴线,东起长安大道、西至丰收路、北至海子池、南临南官河,建成全市商业金融中心。新区以英武路为轴线,北起五里路、南至高兴东公路形成市级商贸副中心。结合东北、昭阳、城南居住区结合各居住区中心统一设置居住区级商业服务设施。市级文化中心安排于新区南亭路以南、兴化大道以西,逐步建成多功能文化馆、展览馆、图书馆、博物馆等。

第二节 专项规划和详细规划

专项规划自1992年开始,先后组织编制水环境保护、城区抗震防灾、城区防洪、供水、排水、天然气利用等数十项专项规划。2000年后,陆续对专项规划进行修编。

一、主要专项规划

【兴化市城市天然气利用规划(2002—2020)】 2002年5月委托南京市燃气工程设计院编制,2002年12月22日经兴化市政府批准实施。规划针对兴化市区燃气现状,主要包括气源规划、天然气供应规划、天然气输配系统规划、用地规划、天然气利用或转换的组织体制、对策及地方优惠政策,以及投资匡算、资金筹措和效益分析等,从规划目标、用气量预测、天然气门站、燃气输配进行规划。规划目标为近期以发展压缩天然气为主,瓶装气逐步向天然气转换;远期大力发展天然气用户,并向天然气长输管线过度,至规划期末使天然气成为城市主气源。用气量预测为居民生活耗气定额:近期2090兆焦耳/年·人(50万千卡/年·人),远期2300兆焦耳/年·人(55万千卡/年·人)。液化石油气钢瓶用户耗气定额:15千克/户·月。民用与工业用气量比例:近期80:20,远期50:50。气化覆盖率:近期90%,远期100%。近期城区气化率90%,其中管道燃气占20%、瓶装液化气占80%。远期城区气化率100%,其中管道燃气占80%、瓶装液化气占20%。兴化市用气规模为近期管道燃气305万立方米/年,瓶装液化气10600吨/年,远期管道燃气3630万立方米/年,瓶装液化气7200吨/年。天然气门站规划位于城区西部昭阳工业园内,占地4公顷。市区燃气管网采用中低压二级管网,高压天然气从天然气接受门站进入中压管网,高压管网不进入市区,中压天然气进入区域调压站,用户用气由调压站低压管接入。中压干管采用环状方式布置,中压支管布置成枝状,输配干管在保证同样供气效果时走向求短,尽量靠近居民用气区。低压管道根据自然地理条件自然成片,每片以3—4个调压站连网,确保供气效果,低压管道布置在人行道下。

【兴化市区域供水总体规划】 2004年委托中南市政工程设计院编制。规划从2008—2010年利用三年时间实施农村饮水安全工程建设,通过撤并农村不合格小水厂和新建供水设施形成"多镇一厂"的集中供水格局,基本解决全市农村饮水安全问题。主要分四个片区来实施:一是东南片,通过戴南水厂的扩建取水泰东河,利用管道延伸将荻垛、陶庄、沈坨、茅山、戴南、张郭等6个乡镇纳入供水范围,解决饮水不安全问题。二是东北片,取水通榆河新建兴东水厂,通过管网延伸供水覆盖戴窑、昌荣、永丰、舍陈、新垛、安丰、大营、老圩等8个乡镇,来解决群众的饮水不安全问题。三是西北片,取水潼河建设潼河水厂,供水覆盖下圩、钓鱼、大邹、中堡、周奋、沙沟、李中、缸顾8个乡镇,解决饮水不安全的问题。四是西南片,主要依托城区供水体系增量扩容,取水卤汀河新建一期日供水10万吨的兴化水厂，延伸管网可供城郊的临城、西郊、城东、西鲍、海南、垛田、开发区、陈堡、周庄等乡镇，同时利用大垛水厂供水林湖、竹泓，本区12个乡镇，届时解决近10万人的饮水问题。通过三年的安全饮水工程建设可望解决全市63万人的安全饮水问题。

【兴化市得胜湖港口物流园区产业发展规划】 2010年编制，目的是整合物流资源，实现公、铁、水、空物流联运，提供特色产业物流配套服务，推进兴化现代物流业集聚。园区阶段目标是以实现整体目标进行划分的：第一阶段目标（2010—2013）。将兴化市得胜湖港口物流园打造成物流设施先进、物流服务水平高、物流信息化发达、年吞吐量3050万吨的现代化内河大型港口物流园区。成为江苏省中部的重点物流园区，泰州北部的枢纽和物流基地。通过这一阶段的努力，确保园区实现销售总额100亿元，利税5000万元，并将园区初步建设成为集运输、仓储、加工配送和信息服务为一体的现代物流产业集聚区。第二阶段目标（2014—2020）。通过改造提升，力争成为具备较强相关行业供应链整合能力、物流功能完善、年吞吐量5030万吨的大型现代化、生态化港口物流园区。

【城区停车场规划（2004—2010）】 2004年8月委托兴化市规划设计院编制。规划在分析现状的基础上，采用弹性程度方法，就城市建设不同阶段的停车问题，保持动态、滚动规划和调整。对未来城市公共停车需求进行预测分析，根据不同区域的人口和土地利用布局，确定各类停车设施的比例、规模和停车场布局，提出建筑物停车配建标准和实施措施。主要内容为公共停车场按人均1平方米的标准，兴化停车场总面积为33万平方米。规划主要的大型公共停车场四处：一处位于北顷路与兴西路交叉口东南侧，占地2公顷；一处位于楚水路与英武路交叉口西南侧，占地1.5公顷；一处位于马场基路与开发路交叉口东南侧，占地2公顷；一处位于垛田路与五里路交叉口东北侧，占地1.5公顷；另一处位于牌楼路与长安大道交叉口西南侧，占地0.6公顷。

【城市消防规划（2004—2020）】 2004年12月委托兴化市规划设计院编制。规划对现状概况和存在问题进行调研分析，确定消防重点单位和重点消防区域，包括城市消防安全布局、消防队（站）建设、消防供水、消防通信、消防车通道、消防装备，近期建设，实施要则等内容。重点消防区为：城市中心的商贸、居住中心；新区的行政办公中心；城区西南、西北及东北三大片工业区；城区南侧的科研教育区；老城区的京东门地区有尚未改造的旧城区街坊，棚户区住宅等，近期仍作为重点消防区。合理安排城市不同性质用地区域和范围，按其性质、危险程度、自然地理位置划分成安全可靠的城市功能区。市区新建筑耐火等级应以一级、二级为主，控制三级，严格限制四级。旧城区耐火等级低且相互毗连的建筑密集区、棚区，必须纳入城市改造计划，开辟消防通道，改善消防条件。按照“消防站的布局，应当以接到报警五分钟内消防队可以到责任区边缘”为原则，每消防站责任区面积为4—7平方公里。近期城区消防站应增至3座，远期达5座。按标准消防站35人、小型消防站15人配足消防队员，消防人员编制市区总消防人员编制近期105名，远期155名。按照标准消防站5辆消防车、小型消防站2辆消防车装备，市区总消防车辆近期15辆消防车，远期22辆消防车。

【城市绿地系统规划（2006—2020）】 2006年3月委托江苏省城市规划设计研究院编制。根据《城市总体规划》有关内容，从绿地环境、绿地文化等方面着手，制定城市各类园林绿地建设和城市大环境绿化的空间布局，使绿地发挥出最大的综合效益，并通过自然和人工两大绿地空间的组织整合，构筑生态型、多层次、多功能、立体化、网络式的生态绿地空间体系。利用河、湖生态湿地空间及城市人文资源，建立具有人与自然相互融合的半人工自然系统，形成“城水交融、绿水交织、文水交辉”的城市绿地系统。2007年，城市建成区绿地率32%以上，绿化覆盖率达到37%以上，城市中心区人均公共绿地5平方米以上；2010年，城市建成区绿地率37%，规划12处公园。规划沿城市环路两侧各控制30—50米的防护绿化带，沿主要河流两侧各控制不小于10米的防护绿化带；在变电所、污水处理厂等市政设施外围设必要的防护绿带，在工业区与生活区之间设置宽窄不等的防护林带。工业、交通、仓储用地的绿地率不低于20%，教育、科研不低于40%，医院、休疗养所、机关团体不低于30%—35%，公共文化设施不低于35%，体育用地大于60%，广场不低于45%—50%。一类居住区绿地率应大于35%，二类居住区绿地率大于30%，旧城区成片改造不低于25%。

二、详细规划

【江苏省兴化经济开发区控制性详细规划（2002—2020）】 2002年委托省城市规划设计研究院编制规划目标：建设布局合理，配套完善，环境宜人的现代化工业园区。规划规模：东起南官河，西至大界河、西外环路，北起高王河，南至未名河，总面积约36.06平方公里，其中城市建设用地面积为27.63平方公里。居住人口约7.84万人。可提供约25万个就业岗位。布局结构：为团块状分片区结构，分为13个功能片区：除核心配套区外，生活配套区2个、工业小区7个、物流码头区和旅游度假区3个。核心配套区位于开发区中北部，高兴东公路两侧，主要有管委会大楼、公园、市场、宾馆和居住用地等。有行政办公用地7.26公顷；商业金融用地30.02公顷；居住用地45.47公顷。道路交通规划：开发区路网结合水系布局，主干路“九横三纵”。“九横”为五里路、中和路、兴东路、城南路、上海路、纬四路、纬七路、纬九路和233省道；“三纵”为西外环路、西环路、下官路。

【兴化市新区控制性详细规划】 2001年10月委托省城市规划设计研究院编制。主要内容：（1）位置、范围：位于市区东南部，西起南官河，东至直港河，北起车路河，南至十里亭路，总面积约4.34平方公里（含水域）。（2）功能定位：城市政治、商业、金融和文化教育和体育中心。现代化生态型城市住宅新区。（3）人口规模：总人口控制在4万人左右。（4）用地布局结构：根据城市总体规划，确定三横两纵的主干道路网骨架。利用河道和道路绿化，将城市公园、城市广场有机串联，形成新区点、线、面相结合的绿化网络。依托现状自然条件布置用地。兴化大道两侧以行政办公建筑、教育设施、体育设施以及绿化广场为主，使之成为新区乃至全市景观大道。英武南路作为城市轴线的延续，布置商业建筑。其他为居住用地。（5）城市设计：为“两横两纵”城市景观轴线。纵向为兴化大道、英武南路；横向为五里东路、中和路。通过沿河、沿路绿化将城市公园、城市广场、街头绿地等块状绿化有机串联。以水系为纽带，形成水景轴线，控制沿河建筑，在新区景观轴线交汇点，形成3个重点景观节点。新区标志性建筑主要有市政府、体育馆、金融大厦、酒店宾馆、消防大楼等。控制街道的起、承、转、伏，强化空间节奏感。

【乌巾荡风景区规划】 2006年7月由成都风景园林规划设计院编制。设计范围：位于老城北部，南以水乡路为界，北以北外环为界，东至兴西公路，西至河西大道，围合空间面积约8.36平方公里，其中水域3.2平方公里。设计构想：传承水乡历史文化，培植国家生态示范点，打造乌巾荡湿地旅游品牌，顺应城市建设发展需要，新城南拓，老城北延，把乌巾荡打造成集休闲、度假、生态、旅游为一体的AAAA国家级风景区。景观分区：规划分为入口接待区、主景区、上方寺文化游览区、垛田踏青区、农家乐游览区、水上森林游览区、湿地游览区、温泉度假区、苇荡戏水游览区、游艇俱乐部综合区、市民公园、水上市场12个景区。

第三节　镇村规划

一、乡镇总体规划

1989年，全市45个乡镇集镇总体规划全部编制完成，其中建制镇9个、乡集镇36个。此次总体规划坚持以发展旧镇为主，走调整、利用、改造、发展的路子。1999年，根据《城市规划法》，原乡镇总体规划先后修编、调整原乡镇总体规划35个，其中建制镇21个、乡集镇14个。规划期限为近期10年，远期20年。近期目标是将集镇建设成布局合理、镇容镇貌明显改观，人民生活方便，环境污染得到控制和改善，工业、文教、体卫、商业服务、公用设施有较大发展的小城镇。远期是力求将集镇建设成布局合理、设施配套、交通方便、整洁卫生、市场繁荣、绿树成荫、建筑新颖的小城镇，努力达到“标准不高水平高、造价不高质量高、面积不大功能全、占地不多环境美”的要求，使之成为各具特色的新型城镇。2000年起，进行第三次修编和调整、完善。至2001年底，全市35个小城镇规划全部完成，其中建制镇29个、乡集镇5个、开发区1个。各乡镇规划内容一般由总体规划文本、总体规划说明、总体规划附图三大部分组成。在总体规划说明部分，分设镇村体系规划、镇区总体规划、镇区规划目标、镇区用地规划布局、镇区各项专业规划、镇区近期建设规划、总体规划实施措施等项。2008年，组织编制戴南—张郭小城市规划，完成中堡等5个镇镇区总体规划。

2001年，《戴南镇总体规划（2000—2020）》委托江苏省城乡规划设计院制定。规划以江苏省城市工作会议精神“择优培育重点中心镇”为指导，积极优化城镇空间布局结构，吸引生产要素向中心镇区集聚，增强服务和牵引功能。抓住水乡特色，从实际出发，多元化生态绿地系统与河道融合自然，充分体现生态城镇的特点，并注意挖掘城镇的文化内涵，形成水乡特色布局。同时，在江苏省小城镇规划中首次引入GIS辅助决策系统和住户调查方法，具有创新性，提高规划的深度和科学性。2008年再次委托该院对规划进行修编，突出强调“水乡古镇”以水为魂、以绿为本的特点。

二、镇村布局规划

2005年，《兴化市镇村布局规划》编制完成。规划范围为全市除兴化城区、乡镇集镇镇区外的所有村庄。规划修编的原则是：按照科学发展观统筹城乡经济社会发展，坚持适度集聚、节约用地、有利生产、方便生活的原则。规划期限为2005—2020年。全市域由1375个自然村撤并为901个居民点，其中：300人以下的居民点10个，占总数的1%；301—800人的居民点360个，占40%；801—2000人的居民点288个，占32%；2000人以上的居民点243个，占27%。规划村庄总人口为108万人。规划成果经过江苏省和泰州市专家的认证验收，由兴化市政府批准实施。

三、村庄规划

2005年，全市镇村布局规划全部完成，自然村庄由1300多个调整为900多个。部分乡镇村庄规划有序推进，昭阳镇委托市规划院编制关门村、五岳村、沙甸村、北山村住宅小区建设规划，大垛镇编制管阮村建设规划，陶庄镇编制焦舍、十八河两个自然村庄规划。至2010年，全市完成100个新农村建设先行村的建设规划和300个居住点的村庄平面布局规划。

第四节 勘测与设计

1991年6月，兴化市测绘队成立，隶属兴化市城建局。1994年4月，兴化市城市规划设计事务所成立，隶属市城建局。1997年，测绘队有职工8人。1998年4月，市规划设计事务所更名市规划设计院。2005年12月，兴化市测绘队与兴化市规划设计院合并成立兴化市规划勘测设计院。

2006年9月，划属兴化市规划局。2007年，市规划勘测设计院有职工9人。

一、勘测

2000年前，主要完成张阳小区、富康花园、九顷南村、九顷北村、海池花园、长安小区等10多个小区住宅的建构筑物放样；完成长安中路、长安南路、阳山路、建设路、楚水路等20多条道路的测量放线；对兴化城区20多平方公里地形图进行修补测。2000—2010年，主要完成嘉鸿豪庭、泰莱新城、天宝领秀城、城投国际街区、新世纪嘉园、府东花园、香荷人家、新悦家园、星海花园、水乡人家、海德国际等40多个小区住宅的建构筑物放样；完成兴化大道、英武中路、杭州路、中和路、英武大桥等80多条道路桥梁的测量放线；完成兴化市政府、江浙商业广场、新华书店、农商行、中央大厦、人民医院等办公场所及商业服务设施的建构筑物放样；完成兴化城区40多平方公里的地形图修补测等。

二、规划设计

2004年，兴化市规划设计院承接的重大项目：西藏曲水县5个乡镇总体规划。2005年，完成兴化人防、停车场、给排水等多项城市专项规划。2006年，完成兴化市147个村庄建设规划。1994—2010年，先后完成安丰、临城、荻垛、合陈、新垛、沈坨、钓鱼、海南、大邹等20多个乡镇的总体规划，完成长安路、英武路、丰收路、楚水路、五里路、中和路、杭州路、建设路等90条城市主次干道施工图设计。

第二章　城市建设

第一节　旧城改造

20世纪90年代后，市区旧城改造主要围绕道路建设、危旧房及棚户区改造、广场及公园建设、文物保护、城市防洪等工程项目展开。特别是丰收路、长安路、英武中路等拓宽改造项目的实施，带动沿路两侧危旧房改造与住宅小区建设。城市防洪工程的实施，使主城区沿河16公里河道两侧10—20米范围内危旧房屋全部得以拆迁改造。至2010年，主城区改造范围近10平方公里，拆迁地块50多处，总面积85万平方米。通过拆迁改造，城市面貌发生显著变化，城市交通网络进一步完善，城市框架初步形成。

一、道路建设改造

1991—2010年，先后实施丰收路拓宽，英武路、长安路、昭阳路、马桥路、建设路、府前街、板桥步行街、拱极台路、市河路、文峰路、东营街等道路的建设改造，新建或拓宽道路20余条。人均拥有道路面积从1991年的3.2平方米增至17.22平方米。2002—2010年，建成道路总长100多公里，增加道路面积200多万平方米。

附

城区主要路段介绍

【长安路段】 老城区原长安路北起北水关，南至八字桥，长550米，宽5米左右。自1995年开始改、扩建，至2003年全部建成。改造后的长安路南至长安转盘与兴化大道相连，北至过境线，全长5080米，宽51米，分为南、中、北3段，是贯穿老城区、连接新城区的交通干道。该项目分4期实施。一期始于1995年，南起府前街，北至市河路，全长约540米，动迁单位和民居292户，拆迁面积1.17万平方米，总投资约2251万元。二期南起沧浪河，北至府前街，全长约560米，于1998年开始实施，动迁单位和居民514户，拆迁面积3.6万平方米，总投资约6026万元。三期于1999年开始实施，南起花园中学，北至沧浪河，全长约580米，动迁单位和民居310户，拆迁面积2.1万平方米，总投资约4264万元。同年，长安大桥动工。四期项目始于2000年，南起市河路，北至兴盐公路（现五角广场，2002年后向北延伸至北过境线），全长约950米，动迁单位和民居1039户，拆迁面积5.8万平方米，总投资约9605万元。通过拆迁改造，道路两侧相继建成建设局、国土局、房地产管理处、中央大厦、苏果超市、杭州服饰城、八字桥中央广场、农行大厦、新华书店、明珠城、国寿公司、自来水公司、春兰大酒店、中医院、供电大厦、凯萨皇宫娱乐城等临街建筑及锦绣园、富康花园、板桥景园、都市家园、长安小区等住宅小区。

图8-5 2008年元月英武中路开通 （市住建局提供）

【英武路段】 原英武路南至牌楼路，北至原鲁迅中学，于20世纪90年代前建成。2003年对英武北路（原严家路）拓宽改造，动迁单位和民居570户，拆除房屋面积3.92万平方米，当年底拆迁结束。2004年，为进一步完善城市交通网络，减轻长安路、丰收路的压力，实施打通英武中路、连接新城区的拆迁改造工程。工程南起昭阳路，北至牌楼路，分3期实施。一期始于2004年动迁单位和民居617户，拆除房屋建筑面积4719.22平方米、院落8825.79平方米，拆迁补偿款9695.34万元。二期工程于2006年9月开始，动迁单位和居民1160户，拆除房屋建筑面积61379.15平方米、院落12998.52平方米，拆迁补偿款22046.81万元。三期工程于2007年5月开始，动迁单位和居民73户，拆除房屋建筑面积97323.44平方米、院落18411.01平方米，拆迁补偿款35725.26万元。至2007年底，主城区中心地带交通纵轴线全程贯通。在道路两侧相继建成的临街建筑有大兴商厦、兴化大厦、精品商城、老干部局、有线电视台、板桥宾馆、烟草专卖公司等大楼，建成黄金城道小区。10层以上的大兴商厦和兴化大厦，矗立在英武路与牌楼路交汇处，成为20世纪90年代兴化城区新地标。

【丰收路】 原丰收路是通往盐城、高邮的过境公路。1992年开始对丰收南路进行拆迁改造，由原来宽9—11米拓宽至30米，总长度1950米，道路两侧拆迁改造面积达11000平方米，涉及13个系统、44个单位。通过扩建，新建五里大转盘，道路两侧相继建成沧浪公寓、跃进桥公寓、华丰城市花园等小区。

【昭阳路段】 东至花园中学，西至南官河，全长约750米，拓建工程2001年开始实施，动迁单位和民居289户，拆除房屋建筑面积18794.33平方米。道路两侧相继建成金花园梅苑、兰苑、菊苑、竹苑小区。

【建设路段】 原名建行路，西段和东段拓宽改造分别始于1995年和1997年，拆迁房屋24536平方米，搬迁居民445户。1999年道路全线贯通后，更名为建设路。西路建成建行小区，东路拓宽实验小学校区，沿路两侧新建住宅安置用房30600平方米、营业用房2400平方米，建成新华南、北小区。

【玉带路】 位于城区东门。原路狭窄，人们出行不便。2008年拓宽改造，拆迁房3109平方米，搬迁居民83户，拓建后路长261米，宽16米，总投资88.8万元。

二、危旧房改造

1991年，先后实施城北新村、西水关地区、中医院北侧（现富安小区）、西仓居民点危房、城西农贸市场、实小周边（现新华小区）、金兴小区、美食街（拆除“五日大楼”）、马家圩（现楚水园）、拖拉机厂周边（现金东门小区及周边）、八字桥东南角、沙垛村等地块的改造，新建小区10余个。2008年，为拆迁量最高一年，全年拆除房屋建筑面积约75万平方米。动迁村（居）民9348户，涉及人口21083人。2009年，实施野行大桥改造，动迁居民13户。

【城北新村】 1991年，兴化发生特大水灾，原用于安置返城知青和下放人员的城北新村全被水淹。由于此处房屋结构比较简单，水淹后全部成危房。从1992年开始拆除危房9856.33平方米，涉及人口682人，动迁居民265户，至1994年底全部改造结束。

【西水关地区】 东起英武中路建行区，西至丰收路，南起牌楼路北侧150米，北至海子池马家圩。改造工程于1992年开始，1994年结束，拆除危旧房3931.87平方米，动迁居民736户，涉及人口2381人。该项目的实施贯通了马桥路与建设西路，建成马桥小区、建行小区。

【中医院北侧】 东起上官河，南至中医院，西起长安中路，北至北水关路。工程自1996年3月开始，1997年7月结束拆迁居民273户，涉及人口837人，拆除18263.19平方米。动迁后建成富安小区。

【西仓危房】 东起升仙荡巷，西至丰收路，南汽老车站住宅楼，北至牌楼路人民商场南，动迁居民199户，涉及人口536人，总建筑面积8618.06平方米。1996年3月开始实施，于当年底结束。建成西仓小区，原昭阳中学主大门由东边小街移至西侧大路。

【城西农贸市场】 东起丰收北路、西至西城外礼堂巷东，南起西大街南约50米、北至阳山东路。动迁单位和居民307户，涉及人口1036人，总建筑面积18174.14平方米，用地面积26341平方米。分三期实施：一期于1995年2月进场，总投入2228.04万元，建成城西农贸市场1836平方米和3幢6层商住综合楼10548.9平方米，使城区主干道——阳山西路东段与丰收北路连通。二、三期工程分别于1996年、1997年实施，建成东西两侧住宅小区，1997年底改造结束。

【实小周边】 东起长安中路，西至英武中路，南起府前街，北至北水关路。1997年3月开始实施，动迁居民927户，单位36户，涉及人口2473人，拆除房屋50726.17平方米。工程于2002年结束，建成建设东路，并相继建成新华小区、锦绣园小区、明珠小区。

【金兴小区、美食街】 东起精品商城，西至城隍庙东，南起牌楼路，北至马桥路，项目于2001年2月开始，动迁居民186户，涉及人口353人，建筑面积9779.28平方米。动迁后，在该地块建成金兴小区、美食街，成为市区繁华地段。

【八字桥广场】 该工程分为四个地块，一至四号分别为八字桥西南、西北、东北、东南四角。2002年4月进场实施一、三、四号地块工程（二号地块未实施），搬迁居民和单位1132户，涉及人口1717人，拆除房屋51230.59平方米。相继建成八字桥中央广场、神州大酒店、杭州服饰城、凯萨皇宫娱乐城、天都假日酒店等建筑及板桥景园小区。

【拖拉机厂周边】 东起一水厂，西至源隆油坊巷，南起原无线电厂、城东小学一线，北至上官河。该项目于2002年5月启动，动迁居民633户，涉及人口1083人，拆除房屋22660.48平方米。工程于2003年结束，建成金东门小区、板桥路和玉带路。

图8-6 昭阳镇沙垛村拆迁回迁房
（2009年摄，市住建局提供）

【沙垛自然村】 东起兴化大道，南至五里东路北侧建成区，西起英武南路，北至车路河路。该村为新老城区接合部的“城中村”，占地面积15.22万平方米，房屋建筑面积10.51万平方米。拆迁748户，其中沙垛村村民608户、城市居民140户。工程于2007年开始，至2010年，建成国际公寓二期小区。

【老汽车站及周边】 东起英武路，西至车站西巷，南起车站中巷，北至楚水路。始于2008年3月，动迁居民121户，涉及人口193人，拆除房屋7100.24平方米。建成英武丽都财富广场。

【垛田镇城东村】 位于杭州路规划红线以西，南亭路以北，直港河以东，老兴东公路以南。2008年3月开始，动迁村民632户，涉及人口1792人，拆除房屋75855平方米，建成府东花园小区。

【八字桥西北角】 东起长安路，西至牌楼北路，南起牌楼东路，北至府前街3#、4#住宅楼南侧。2008年4月开始，动迁居民294户，涉及人口437人，拆除房屋1.85万平方米。相继建成文化广场、东门大街古街，其中兴化县丞署与博物馆形成一体。

【东岳庙周边】 东起麒麟路和玉带路，西至东营街，南起牌楼东路，北至东寺桥1#住宅楼。2008年4月开始动迁，动迁居民466户，涉及人口714人，拆除房屋20.73万平方米。动迁后，恢复东岳庙原规模、修复成家大司马府及古城墙遗址。该地块成为兴化市道教活动核心场所和群众游览观光圣迹。

【米市河地块】 位于彩城东侧及米市河北侧。2008年4月开始实施，动迁居民797户，涉及人口1621人，拆除房屋4.3万平方米。动迁后，建成东城名都小区，成为主要安置小区。

【英武中路四期改造】 2008年9月开始实施，动迁居民1840户，涉及人口4320人，拆除房屋10.23万平方米。相继建成主城区东西方向的西公路、花园路。

【水乡大桥周边】 位于水乡大桥东北侧原玻璃厂周边及水乡大桥东南侧、西南侧。2008年9月开始实施，动迁居民535户，涉及人口894人，拆除房屋4.39万平方米，并进行回迁房建设。

【野行大桥改造】 为顺利建成野行大桥，二块同时实施：一块位于上官河东侧，东起原蔬菜公司仓库东墙一线、西至上官河一线，南起原蔬菜公司仓库南墙一线、北至原蔬菜公司仓库北墙。另一块位于上官河西侧，东起防洪墙、西至原农资集团城东经营部西墙一线，南起原物回公司配电间南墙一线、北至原棉麻公司蚕丝车间墙。2009年4月开始实施，动迁居民13户，涉及人口27人。拆除房屋1194.61平方米。

三、其他改造工程

【城市防洪拆迁改造工程】 为解决兴化市区经常受洪水侵袭的困扰而实施城市防洪工程。2007年7月进场动迁，当年底全部搬迁结束，交建设单位实施防洪工程建设。该工程东起上官河两侧，西至横泾河，南起五里大桥，北至关门城。总投资5亿元（含拆迁补偿费），建设防洪堤（墙）41.5公里（含城郊接合部农业联圩）、防洪闸站39座。在沿河道两侧20米范围内进行拆迁，跨度达16公里，涉及居民与单位1607户，拆除房屋107449.52平方米。（参见《水利》卷第三章第二节《防洪设施建设》）

【赵海仙洋楼】 2006年6月30日开始动迁，搬迁居民18户，拆除房屋832.49平方米，天井

264.56平方米，动迁补偿费用210万元，于2006年12月底拆迁结束交与建设方施工。

【沧浪公园】 东起东河边，西至交通街东侧，南起花园中学，北至沧浪河，1999年3—6月实施，拆迁240户，涉及人口673人，拆除房屋14642.41平方米。结束后，在原址建成沧浪公园，成为市区一个新的景点。

【拱极台公园】 东起拱极桥，西至原拱极台公园，南起海子池边，北至拱极西街。2001年4—11月拆迁55户，涉及人口166人，拆迁房屋2720平方米。拆迁结束后，与原拱极台公园连成一片。

第二节 新区建设

本着“松动老区、开发新区”和城市向南发展的规划原则，新区位于老城区南端，在车路河南岸，规划区面积12平方公里。1999年7月至2001年8月，长安大桥建成，连接新老城区，推动新区建设。2004—2007年建成英武大桥，缓解长安大桥交通压力，新区建设步伐加快。至2010年底，新区建成面积约8平方公里。在区内建成主干道19条总长38.09公里，次干道19条总长15.74公里，建成10余座大、小桥梁。建成有时代广场、板桥竹石园、楚水东园、楚水西园、昭阳湖公园和直港河滨河风光带，绿化总面积21026平方米。区内公用设施配套日趋齐全，公共建筑除行政办公大楼外，学校（文正学校、景范学校）、医院（第三人民医院新区分院）、商城（江浙广场、宝都国际商城、大润发超市）以及车站、宾馆、酒店、剧院等相继建成，公共交通便利。有东方明珠、嘉鸿豪庭等数十个新建居住小区及别墅区。

一、道路桥梁

【道路】（参见《城乡建设》卷第二章第三节第一目《城市道路》）

【桥梁】 2001年以前，从东南方进入老城区必须通过五里转盘，除此只能从东门渡口或下甸渡口摆渡进入。为发展新区建设，打通新老城区主干道，1999年，市政府决定新建长安大桥。该大桥位于长安南路跨车路河，结构形式为悬臂箱梁，按五级航道标准设计，桥身全长180米，主跨60米，宽30.5米，梁底标高为7.8米，两侧各四跨，每跨20米，两侧悬臂箱梁浇筑，各40米，总投资1400万元。1999年7月开工建设，2001年8月竣工。

图8-7 英武大桥夜景 （2007年摄，市统计局提供）

英武大桥位于英武南路跨车路河，结构形式为双提篮系杆拱桥，按五级航道标准设计，全长191米，主跨75米，宽30米，梁底标高7.3米，两侧各两跨，每跨25米，两侧引道长125米，坡宽30米。总投资2500多万元。大桥于2005年7月开工建设，2007年8月竣工。该桥是连接新老城区南北的中轴线。大桥建成有效缓解长安大桥交通压力。

二、小区

1996—2010年，新区新建住宅小区42个、建筑面积159.6万平方米。城市人均居住面积33.7

平方米。2000年后，多家房地产开发企业组织新区商业开发，先后建成嘉鸿豪庭、锦绣文华苑、东方明珠、香缇别墅、城投国际街区、上海城、天宝领秀城、宏盛家园等小区。2007年末，市区有住宅小区62个、建筑面积497.23万平方米。至2010年，建成面积约780万平方米。（新区部分小区简介参见《城乡建设》卷第三章第一节《附：市区住宅小区选介》）

三、公共建筑

2001年，位于新区长安南路1号的兴化安达汽车站建成并投入运营。2004年，新区行政中心正式启用7栋楼，总建筑面积2.8万平方米，20多家单位集体实施南迁。随后南区建设办公用房增多。至2010年，金融大厦、交通局、人民法院、人民检察院、公安局、工商局、质监局、人武部等部门和行业办公大楼先后建成使用。市人民医院新区分院、文正学校、景范学校、新区体育馆等配套公共设施也相应建成使用。

四、商业设施

2002年12月，兴化市江浙房地产开发有限公司承建江浙商业广场，面积约7万平方米。2005年，位于五里东路的兴化市香格里大酒店开业。2005年10月，按国际四星级标准建造的集宾馆、餐饮、洗浴、休闲娱乐、商务、会务及室内停车场于一体的兴化市水成大酒店试运营。2007年，兴化首家通过全国星级饭店评定委员会认证的三星级酒店喜来居大酒店开业。2007年8月，泰州市重点工程项目之一的宝都国际商城项目开业，建筑面积规划15万平方米，总投资约3.5亿元。2008年，兴化市嘉鸿房地产开发有限公司承建嘉鸿农贸市场，面积约2.3万平方米。2009年，大润发超市开业，位于市区英武南路与五里路交汇处西南隅。主楼2层，建筑面积29067平方米，营业面积11500平方米。2009年1月，兴化天港假日酒店开业。多个超市、酒店的建成开业，使新区的人气大大提升，商业氛围日渐浓厚。

第三节 市政设施

图8-8 长安中路
（2009年摄，市交通运输局提供）

一、城市道路

【主干道】 主干道中的英武路，南起高兴东公路，北至北过境公路，全长5830米。此路原长600米，自备战桥至牌楼路口、成丁字形。2001年向北拓宽扩建，2003年开始向南打通扩建形成南北走向主要交通干道。此路也是城区主要商业街。该路自高兴东公路至昭阳路段称英武南路，建设时间2001—2005年，路长2800米，宽45米，其中快车道36米、人行道4.5米×2，混凝土路面。商业大厦至备战桥段称英武中路，1995—1996年拓宽扩建，沥青混凝土路长640米，宽39米，其中快车道30米、人行道4.5米×2。备战桥至原看守所段称英武北路，2003—2004年拓宽扩建，沥青混凝土路面长1360米，宽39米，其中快车道30米、人行道4.5米×2。

另一条南北向主干道长安路，南起长安转盘，北至北过境公路，全长5080米，是贯通新老城区主要交通干道，建设时间1995—2003年。以昭阳路为界，以南称长安南路，以北至五角广场段称长安中路，五角广场以北称长安北路。混凝土路面，宽51米，其中快车道25米、绿化带4米×2、慢车道5米×2、人行道4米×2。

2000年后，新区陆续建成主干道19条，分别是五里路、兴化大道、中和路、英武南路、兴东公路、千垛路、车路河路、兴临路、杭州路、文昌路、南亭路、拥绿园路、经一路、纬一路、纬二路、纬三路、纬四路、纬五路、纬六路，总长38.09公里。

2000—2010年兴化市新区主干道一览表

表8-1

路名	起讫地点	走向	道路长度（米）	道路宽度				路面材质	建设时间（年）
				总宽（米）	其中				
					机动车道（米）	慢车道（米）	人行道（米）		
五里路	加油站东—西过境公路	东西	8790	40	31	—	4.5×2	沥青混凝土	2001—2004
兴化大道	长安转盘—南绕城	北南	2602	61	21	6×2	4×2	混凝土	2001—2004
中和路	杭州路—兴临路	东西	2100	51	29	5.5×2	4×2	混凝土	2001—2007
英武南路	英武大桥—南绕城	北南	1880	40	15	5×2	4.5×2	混凝土	2001—2007
兴东公路	立交桥—西过境公路	东西	3000	25	—	—	—	沥青混凝土	2001—2007
千垛路	五里东路—南亭路	北南	440	28	20	—	4×2	沥青混凝土	2002—2003
车路河路	五里东路—南亭路	西东	2100	16	—	—	—	沥青混凝土	2006—2007
兴临路	五里东路—文昌路	北南	1900	29	20	—	4.5×2	混凝土	2005—2007
杭州路	五里东路北—中和路	北南	1700	40	16.5	5.5×2	4.25×2	混凝土	2005—2007
文昌路	兴临路—直港河	西东	1450	20	—	—	—	混凝土	2006—2007
南亭路	千垛路—英武南路	东西	920	24	—	—	—	混凝土	2006—2007
拥绿园路	兴临路—兴化大道	西东	1100	32	24	—	4×2	混凝土	2002—2007
经一路	开发区—阳山路	南北	6000	28	20	—	4×2	混凝土	2003—2007
纬一路	经一路—过境公路	北南	1500—2500	16	—	—	—	—	2003—2007

说明：①兴化大道绿化带10×2米，中和路绿化带1.5×2米，英武南路绿化带3×2米，杭州路绿化带2×2米。②纬一—六路位于五里西路以南1000米左右。一、三、六路长1500米、二路2000米、四路2500米、五路1000米。

至2010年，老城区建成的主干道有英武路、丰收路、楚水东路、昭阳路、长安路、阳山路、沧浪路、新城路、水乡路、李健路、板桥路、过境公路、兴西路、党校路、东公路、公园路16条，总长40.64公里。

1991—2010年兴化市老城区主干道一览表

表8-2

路名	起讫地点	走向	道路长度（米）	道路宽度				路面材质	建设时间（年）
				总宽(米)	其中				
					机动车道（米）	慢车道（米）	人行道（米）		
丰收路	五里转盘—丰收路	南北	4260	25	16	—	4.5×2	混凝土	2004—2005
楚水路	电信局—化纺厂	西东	2860	28	20	—	4×2	混凝土	2003—2004
昭阳路	长安路—过境公路	东西	3190	51	25	5×2	4×2	混凝土	2001—2004
阳山路	阳山大桥—过境公路	东西	1530	31	24	—	3.5×2	混凝土	1995—1999
新城路	皮防所—九顷路	南北	1030	20	—	—	—	混凝土	—
水乡路	五角广场—原看守所	东西	480	40	18	5×2	4×2	沥青混凝土	2003—2007
李健路	英武北路—西过境公路	东西	1600	24	—	—	—	沥青混凝土	—
板桥路	文峰桥—迎丰桥	南北	500	28	20	—	4×2	混凝土	2007
过境公路	废品市场—城南收费站	南北环城	9500	20	—	—	—	—	2001
兴西路	楚水东路—北过境公路	南北	1000	10	—	—	—	混凝土	—
党校路	党校东—文峰桥	南北	890	16	—	—	—	混凝土	—
东公路	板桥路—房管处	东西	600	16	—	—	—	混凝土	—
公园路	备战桥—市河路	西东	480	16	—	—	—	混凝土	—
沧浪路	丰收路—文林路	东西	1330	24	16	—	4×2	混凝土	—

说：部分路段建设时间未确定。

【次干道】 1991—2010年，老城区建成的次干道有建行路、市河路、海池西路、菱池路、牌楼东路、牌楼西路（改建）、鲁中南路、牌楼南路、牌楼北路、西大街、水乡大桥外侧道路、菱池西路、城堡三期北侧通道、玉带路、米市河路、都市华庭北侧道路、嘉园西路、九顷北路、马桥路、东营街、麒麟路、儒学街、新城北村支一路、新城北村支二路、兴中南路、兴中西路、新城南村沿河路、民政局西道路、慈济南路、新城南村支路、水厂路、东寺桥路、府前街、二院北路、张家北路、环海池路、气象路、备战桥西沿河路、拱极路、前进路、麦粉厂路、北水关南沿河路、西公路、南公路、南大街、船厂路、二招路、交通街、城北中学东沿河路、城外北大街、北小街、米市河路、玉带路、中医院北路、张阳小区北路、张阳小区南路、农公站西路、东门外东大街、老鸦塘路、砖瓦厂路、城堡小区中路、城堡小区支一路、城堡小区南一路、肉联厂路、城堡小区南二路、城堡小区南三路等市政道路工程66条，总长25.73公里。

1991—2010年，新城区建成的次干道有八里铺路、直港河东侧道路、垛田东路、垛田西路、姜堰西路、药沈西路、宜平路、英武支路、千垛路、长安大桥匝道、昭阳振兴路、昭阳宏泰路、美全路、建业路、顺业路、幸福路、振阳路、中和路、西外环路19条，总长15.74公里。

【老城区后街背巷整治改造】 城区的后街背巷年代久远，路面年久失修，为数不多的公厕大多陈旧简陋、卫生状况差，给市民的生活带来诸多不便。2006年下半年，市政府决定对城区后街背巷整治改造。在制定改造计划时，广泛征求人大代表、政协委员、社区干部、群众代表意见。本着"整旧如旧"结合古街保护的原则，建设部门派出30多名机关干部，深入16个社区进行调研。

经过复查核实，确定实施一类（金东门）街巷91条，长23532米；二类（5—10年不拆迁）街巷655条，长93798米；三类（三年内拆迁）街巷16条，长1795米。实施中采纳“改造前事先与居委会沟通，及早化解矛盾”“居委会参与后街背巷改造质量监督”的建议，使整治改造工程顺利进行。至2009年，改造后街背巷960条，铺设路面99125米，清理化粪池232座，整修厕所90座，新建24座，总投资2000万元。

二、市区桥梁

兴化市区河道纵横，全靠桥梁衔接主要干道，沟通新老城区。2010年，市区建有各类大小桥梁73座，其中主要桥梁多为1999年后建成。较大的桥梁有长安大桥、英武大桥（以上两桥参见《城乡建设》卷第二章第二节第一目《道路桥梁》）、沧浪桥、海池桥、永安桥、花园桥、横泾河大桥、昭阳桥、文峰桥、水乡大桥、中和路桥、南亭路桥及兴临路上的1#、2#闸桥等。

【大型桥梁】 水乡大桥：位于水乡路五角广场东侧，横跨上官河，东为楚水东路，为兴盐公路配套工程。始建于1973年，1976年建成通车。桥长162.6米（含引桥）、宽9米，结构5孔双曲，引桥空心板。中孔梁底高程7.9米，2004年大修，竣工后桥长105米，宽9米，设计载荷汽-15吨、挂-80吨。

北水关大桥：位于市河路东端，西境在原北城内，横跨上官河，连接老市区和新城小区，为1987年新城小区开发配套工程。桥长104米，宽9米，为3孔桁架拱桥，梁底高程8.18米。2010年大修，竣工后桥长105米，宽10米，设计载荷汽-15吨、挂-80吨。

迎丰桥：东城板桥路（支路）东北部，跨上官河，西南走向，连接金东门小区与绿岛花苑。1985年开工建造，1986年11月建成，2007年维修加固。助拱结构，桥长105米，宽7米。桥面标高9.86米，设计载荷汽-15吨、挂-80吨。

白涂河大桥：位于新城小区，纵跨白涂河。北接楚水东路，衔接兴盐公路，南连新城小区。周围为机关、学校、居民住宅密集区。主桥结构为铰接空心板。长112米，宽14米。设计载荷汽-20吨、挂-100吨。1991年开工建造，1996年建成通车。

【中小桥梁】 2010年，市区有跨径100米以下或者宽度5米（含）以下的中小桥梁62座，其中桥身较长、较宽，地处要津，交通流量较大的有跃进桥、阳山大桥、高王河桥、备战桥、下官河大桥、昭阳大桥、沧浪桥、西荡河桥等。

2010年兴化市区中小桥梁一览表

表8-3

序号	桥梁名称	大、中、小桥梁分类	所在路（河）名称	道路等级	主桥结构形式	桥梁长×宽（米）	设计荷载（吨）	建造年份	备注
1	跃进桥	中	南官河	二级	平行型桁架	52*13	汽-20挂-100	1993	
2	阳山大桥	中	阳山路	二级	T梁	60*18	汽-20挂-100	1985	
3	经一路南桥	小	经一路	主干道	现浇实心板、重力桥台	4*22	汽-20挂-100	2004	
4	上官河大桥	大	上官河	二级	2*30T梁式	140*12	汽-20挂-100	1996	
5	下官河大桥	中	下官河	二级	T梁	80*12	汽-20挂-100	1996	
6	陈家北小桥	小	过境路	二级	铰接空心板	10*12	汽-20挂-100	1996	
7	花木场小桥	小	过境路	街巷	铰接空心板	8*5	人行桥	1998	
8	陈家南桥	小	过境路	二级	铰接空心板	30*12	汽-20挂-100	1996	

续表 8-3-1

序号	桥梁名称	大、中、小桥梁分类	所在路（河）名称	道路等级	主桥结构形式	桥梁长×宽（米）	设计荷载（吨）	建造年份	备注
9	大溪河桥	大	大溪河	二级	T 梁	126*12	汽-20挂-100	1996	
10	王家小桥	小	过境路	二级	铰接空心板	10*12	汽-20挂-100	1996	
11	横泾河大桥	大	横泾河	二级	T 梁	100*12	汽-20挂-100	1996	
12	高王河桥	中	高王河	二级	T 梁	56*12	汽-20挂-100	1996	
13	葛家小桥	小	老兴邮公路	二级	铰接空心板	10*12	汽-20挂-100	1996	
14	气象桥	小	气象路	街巷	桁架桥	14*3.5	人行桥	2002	
15	张阳村桥	小	张阳路	街巷	双曲拱	14*4.6	人行桥	—	
16	船厂路桥	小	船厂路	支路	三铰拱	4*6	人行桥	—	
17	张阳村小桥	小	张阳路	支路	铰接空心板	3*3.5	人行桥	2000	
18	五里东路桥	小	五里东路	主干道	铰接空心板	8*45	汽-20挂-100	—	
19	白涂河桥	大	白涂河	主干道	铰接空心板	112*14	汽-20挂-100	1996	
20	沙家垛北闸桥	小	老高兴东公路	二级	铰接板	6*9.6	汽-15挂-80	—	
21	沙家垛西桥	小	老高兴东公路	二级	铰接板	6*10	汽-15挂-80	—	
22	永安桥	小	长安路	主干道	铰接空心板	7*14	汽-20挂-100	2004	
23	长安大桥	大	车路河	主干道	悬臂箱梁	180*30	汽-20挂-100	2001	
24	垛田桥	中	老高兴东公路	二级	桁架拱	40*9.6	汽-15挂-80	—	
25	直港河北防洪闸桥	小	直港河	二级	铰接空心板	10*8.5	汽-15挂-80	—	
26	野行新村桥	小	上官河	支路	T 梁	108*5	人行桥	1996	
27	拖拉机厂（新厂区）桥	小	上官河	次干道	铰接空心板	4*10	汽-20挂-100	—	
28	轧花厂东小桥	小	老兴盐公路	二级	三铰拱	4*7	汽-15挂-80	—	
29	五里大桥	大	南官河	主干道	桁架桥	105*10	汽-15挂-80	2004	大修
30	五里西路桥	小	五里西路	主干道	铰接空心板	5*12	汽-20挂-100	—	
31	张阳小区东小桥	小	张阳路	支路	实心板	4*7	人行桥	1993	
32	张阳小区西小桥	小	张阳路	支路	实心板	4*5	人行桥	1996	
33	昭阳路兴阳桥	小	昭阳路	主干道	铰接空心板	26*38	汽-20挂-100	2004	
34	昭阳路张阳桥	小	昭阳路	主干道	组合工字梁	16*16	汽-15挂-80	1992	
35	北贺东桥	小	过境路	二级	铰接空心板	4*12	汽-20挂-100	—	
36	北贺桥	小	过境路	二级	铰接空心板	10*12	汽-20挂-100	—	
37	草库人行桥	小	白涂河	二级	T 梁	48*3	人行桥	2003	
38	关门村小桥	小	过境路	二级	铰接空心板	5*18	汽-20挂-100	—	
39	海池河桥	中	海池河	主干道	铰接空心板	42*40	汽-20挂-100	2001	
40	南贺桥	小	老兴盐公路	二级	三铰拱	4*9	汽-15挂-80	—	

续表 8-3-2

序号	桥梁名称	大、中、小桥梁分类	所在路（河）名称	道路等级	主桥结构形式	桥梁长×宽（米）	设计荷载（吨）	建造年份	备注
41	经一路船厂桥	小	高王河	主干道	铰接空心板	8*23	汽-20挂-100	2001	
42	忠东桥	小	沧浪河	街巷	双曲拱	32*3	人行桥	1996	
43	昭阳大桥	中	南官河	主干道	铰接空心板	92*30	汽-20挂-100	2002	
44	纬一桥	小	纬一路	主干道	铰接空心板	6*20	汽-20挂-100	2002	
45	沧浪河小桥	小	沧浪河	支路	钢架拱	32*5.5	汽-15挂-80	—	
46	沧浪河花园桥	小	沧浪河	街巷	T型梁	20*3.5	人行桥	2002	
47	拱极桥	小	海池河	次干道	T 型梁	20*16	汽-20挂-100	1997	
48	公园西桥	小	公园路	支路	铰接空心板	16*9	汽-10	2005	拆除新建
49	公园东桥	小	公园路	支路	铰接空心板	16*9	汽-10	2005	拆除新建
50	备战桥	中	海池河	主干道	肋拱	32*10	汽-15挂-80	1999	维修加固
51	昭阳引桥	中	昭阳路	主干道	铰接空心板	78*30	汽-20挂-100	2001	
52	工人米厂桥	小	沧浪河	街巷	T 型梁	80*3	人行桥	—	
53	沧浪桥	中	沧浪河	主干道	铰接空心板	80*30	汽-20挂-100	1999	
54	文峰桥	中	沧浪河	次干道	铰接空心板	64*17	汽-20挂-100	2002	
55	西荡河桥	中	西荡河	支路	组合工字梁	68*8	汽-20挂-100	1992	
56	严家大桥	中	西荡河	二级	工字梁	80*7	汽-15挂-80	2007	大修
57	工农桥	中	西荡河	街巷	桁架拱	56*6	人行桥	—	
58	迎丰桥	小	上官河	支路	铰接空心板	8*16	汽-20挂-100	2004	
59	八里铺路桥	小	八里铺路	主干道	铰接空心板	26*6	汽-20挂-100	2004	
60	新区南亭路桥	小	南亭路	主干道	铰接空心板	6*24	汽-20挂-100	2004	
61	兴化大道小桥	小	兴化大道	主干道	铰接空心板	6*70	汽-20挂-100	2004	
62	横泾河桥	中	经一路	主干道	铰接空心板	92*24	城区	2006	

说明：部分桥梁建造时间未确定。

至2010年，尚有长度不足5米的小桥15座：陈堡小桥、南贺桥、北贺东桥、张阳小区东小桥、张阳小区西小桥、拖拉机厂（新厂区）桥、轧花厂东小桥、英武南路南延桥、英武南路桥、英武大桥南接线小桥、南亭路东桥、五里支路桥、中和路桥、杭州路桥、直港河东小桥等。

三、广场

【时代广场】 位于长安南路与五里东路交叉口，总面积6.37万平方米。2004年开工建设，2005年竣工并交付使用。总投资1090万元。该广场设置绿岛、雕塑墙、12生肖柱、假山，配以喷泉、水池、回廊、小桥流水及四季花木等，是市民娱乐、休闲、观光的大型综合性广场。

【五角广场】 位于长安北路与楚水东路交汇处，总面积6300平方米，2003年8月开工建设，2004年1月竣工并交付使用，总投资88万元，为绿化为主的休闲广场。

【儒学广场】 广场位于兴化城区中心儒学街。划分为三大区域：一是带有地方历史文化氛围的儒学广场区域，用地面积约4500平方米，内恢复修建中原才子坊、棂星门、古碑亭等遗迹。二是商业广场区域，用地面积7702平方米。三是传统园林和修复老宅相结合的区域，用地面积约

4000平方米，恢复修建的有陈五房、任大椿读书楼、吴甡故居、高毅故居和李鱓浮沤山庄，建筑面积约2200平方米。

【八字桥文化广场】 位于市中心，西邻牌楼北路，东接长安中路，南靠牌楼中路，北为府前路。2008年9月开工建设，总投资4680万元。2009年12月竣工并交付使用。广场的整个布局大致分三个部分：东部为印象“八字桥”，由砖石结合新建的两座仿古桥，一名为“登瀛桥”，另一名为“中和桥”。中部为兴化城池图，整个广场以浅浮雕的形式，雕刻兴化古代的城池图，以再现古城兴化四面城楼、吊桥、护城河的历史风貌。其中建有独具兴化风格的荷花池喷泉，池中设有一组木蓬船及孩童戏水雕塑。广场中段的前端将设计下沉式小型广场，以便于市民开展文化健身活动。西部为四牌楼，按照四牌楼的原料架构，将位于文博中心院内的四牌楼迁址重建到广场。四牌楼的四根立柱将选用福建产花岗岩石，仍然使用拆移的牌匾，保持原有风格。

四、停车场

20世纪90年代，兴化机动车辆停车问题不突出，未专门建设规模性停车地点。2000年以后，鉴于车辆增加，城区停车问题突出，市政府及相关部门通过多种渠道解决停车问题。2002年，对市区停车场建设实施规划。2003年和2005年，先后建成信合大楼人防工程以及时代广场人防工程、国际华城小区人防工程，均设计有停车位。此外通过开辟闲置空地、设置小型露天停车场和路边划线设置停车泊位，解决部分停车问题。至2010年，建成城区停车位2500个。

附

城区停车场选介

【兴化市国际公寓西侧停车场】 位于国际公寓西侧，西公路南侧，轻工小区北侧，2008—2010年建设。总建筑面积约2820平方米，沥青混凝土路面。设计停车位48个（国际公寓西侧36个、西公路南侧12个），主要用于停靠小型车辆。

【海德国际路东停车场】 位于兴化市海德国际东侧，轻工小区西侧，2008—2009年建设。总建筑面积约1660平方米，水泥混凝土路面。设计停车位30个（垂直式21个、倾斜式9个），主要用于停靠小型车辆。

【时代广场人防工程停车场】 位于长安南路与五里东路交叉口东北角，平时作地下停车场用。2004—2005年建设，建筑面积2543平方米，设计停车位70个，工程总投资780万元。

【信合大楼人防工程停车场】 位于长安南路与五里东路交叉口西南角，平时作地下停车场用，2001—2003年建成投入使用。建筑面积1979平方米，设计停车位55个。

【国际华城小区人防工程停车场】 位于经一路与昭阳路交叉口西北角。2003—2005年建成投入使用，平时作地下停车场。建筑面积1800平方米，设计停车位50个。

【板桥故居停车场（竹巷停车场）】 位于彩城小区北对面。2010年建成。总建筑面积约700平方米，设置16个停车位，总投资15万元。

【拱极台停车场】 位于拱极路南侧，拱极台公园北侧。2010年建成。总建筑面积约300平方米，设置15个停车位，总投资7万元。

五、路灯

1992—2005年，市区路灯管理维修由供电部门负责。2005年10月，成立路灯服务所，负责市区路灯维修管理。2006年11月，成立兴化市路灯管理处，与路灯服务所合并办公，负责全市路灯管理、建设、养护，配合道路延伸时路灯工程和亮化景观的建设。

【路灯设置】 20世纪90年代前期，兴化城区路灯多设置在主次干道和部分巷道。后随市区道路、广场建设的扩展，路灯设置不断增多。2010年，市区设置路灯14205盏，路灯专用灯杆6557杆，年开灯时间4380小时，用电750万千瓦・时。亮化景点11处，路灯控制箱236只。路灯中高压钠灯5304盏，节能灯8852盏，无极灯29盏，LED灯20套，其他光源20盏，其中景观照明550盏，总功率450千瓦。是年，全面完成后街背巷路灯安装。

【路灯管理】 1991年后，单位或小区投资建设城市道路照明设施，须符合相应条件，由城市建设行政主管部门组织验收合格后，报路灯管理处办理小区照明准入手续。路灯处设立保修电话，接路灯保修电话后，除天气原因一般在24小时内完成维修，对于大范围路灯故障处理不过夜。2000—2010年，开关灯时间根据季节天气等因素，由智能仪自动控制调整，确保道路照明，还建立路灯亮化巡查制度，保证亮化设施完好。城建部门对道路照明设施管理机构实施检查督促和考核。为使城市道路照明达到合理、经济的目的，根据道路的行人、车辆流量等因素实行分时照明；采用先进的停电、送电控制方式；采用高效率的照明灯具，并定期对照明灯具进行清扫，提高照明效果。

六、排水、污水处理

【排水系统】 1990年，市区下水道总长53公里，占道路总长61%，受益面7.7平方公里。1991年后，城市建设快速发展，下水管道逐步延伸。2007年，排水管网实现市区全覆盖。2010年，新老市区下水道总长402.03公里，为1990年的7.59倍。所有排水管道均为雨污合流。另有少部分路段一侧或两侧为河道，为自然散水。

【污水处理】 为集中治理市区工业污水和生活污水，改善人居环境，市委、市政府决定建设城南污水处理厂。2003年经专家评审论证，报省发改委批准立项，设计总规模6万吨/日，分三期建设，每期各2万吨/日。其中一期总概算为9663.72万元。厂区设在垛田镇，距主城区约12公里，污水处理工艺采用DE型氧化沟。2006年4月8日破土动工，2007年11月建成试运行。厂外收集管网自2006年10月开始铺建。至2010年，先后完成兴东公路、五里路、经一路、兴临路、杭州中和、英武中路等路段，经王家塘小区污水收集管网及沧浪河部分截流管网，完成41公里，建成污水提升泵站台3座。市区建成新城、野行、张阳、城堡以及新旧城区防洪工程污水截流管道约27公里，实际投资7000万元。城市污水经处理达到污水综合排放一级B标准。

第四节　供水、供气

一、供水

【供水能力和用水户】 1975年10月1日，兴化市自来水厂建成供水，日供水能力2万立方米。1993年1月，第二自来水厂一期工程在东潭乡王家村竣工投产，日供水能力2.5万立方米。1998年7月，日供水2.5万立方米的二水厂二期扩建工程建成供水，一、二水厂日供水能力合计约7万立方米。1999年，根据市政府文件精神，实行一户一表改造。对总水表用户实施分户改造，用户之间用水矛盾大为减少。2010年，兴化自来水厂（周庄）一期工程建成供水，日供水能力5万立方米。连同一、二水厂，日供水能力12万立方米。

至2010年底，城市及周边地区总用水77900户，其中生活用水户70986户、工商用水6719户、特种用水户195户。

【输配水网管】 1975—1990年，全城铺设主管道42.38公里，随着供水地域不断扩大，管网铺设不断延伸，受益人口不断增加。进入21世纪后，推广使用新管材、新设备、新技术。2005年起，镀锌管逐步停止使用，改用新型PPR管材，100毫米以上管网使用球墨铁管和水泥管、PE管材。至2009年底，铺设管道总长282.6公里，其中直径100—300毫米管道235.7公里、直径300毫米以上管道46.9公里。城市给水管网布置为环状与枝状混合形成。2010年，建成兴化自来水厂（周庄），并与城区自来水管网并网供水。

【供水水源水质】 1975年，一水厂水源在上官河。1993年，二水厂水源在横泾河。2000年通过省供水行业三级化验室和计量论证评审，自来水水质检测42项。综合合格率达100%。2010年，兴化市自来水厂水源为卤汀河。

水源区划分为一级保护区、二级保护区和准保护区。各保护区界设置明显标志和严禁事项的告示牌。一级保护区范围，以取水口为中心，半径不小于100米。二级保护区范围，上下游不小于1000米。准保护区为水域保护范围取水口上、下游1000米以远，纵深到水厂一侧100米所形成的区域。

【水费收取】 为方便用户缴纳水费，2005年在城区设收费网点7处：一水厂收费点、建设收费点、华丰小区收费点、瑞景蓝湾收费点、自来水总公司大厅收费点、阳山收费点、严家收费点。

二、供气

【管道燃气】 2002年12月，城区管道燃气首期工程通气。2003年，城区居民开始使用管道燃气。供气单位为兴化新奥燃气有限公司。至2010年底，新奥公司投资15000万元，铺设高、中、低压及庭院管线近190公里，发展民用户13000余户。其中通气的小区有：锦绣园小区、张阳小区、汽修厂、锦润嘉园、金花园菊苑、金花园兰苑、金花园竹苑、富康花园、都市家园、老干局宿舍、漪澜宝邸、天水华庭、嘉鸿豪庭、兴阳花园、城堡东苑、城堡西苑、华丰小区、黄金城道、楚水园、憩园、金兴花园、香缇别墅、盛祥苑、新世纪嘉园、金东门花园、时代嘉园、滨河花园、国际公寓、八字桥中央广场、葛家新村、丁香花园、阳光小区、沧浪河公寓、王家塘小区、兴旺公寓、板桥景园、国际华城、九洲城中城、金富商业街、海池公寓、小康花园、明珠城、楚水湾雅居、金泰家园、建兴花园、瑞景蓝湾、彩城花园、长安小区、海池花园、幸福小城、富康花园三期等。通气工商业户68家，日用量为8000立方米，年用气量260万立方米。

【瓶装液化气】 1988年，城区首家液化气站—— 新城液化气站成立。该站为个体独资。在站内设立储气柜罐3座，容积120立方米。从南京用专车运回液化气，分装给用户。1991年后，陆续建起垛田、华安、严家三家液化气站。供气方式主要由用户自带气瓶到站灌装。此外有个体骑车沿街收集用户的空瓶，集中到站灌装后分发，从中收取劳务费。至2010年，市区有液化气站4家，气柜罐15座，容积780立方米，有专用运气车4辆。市区有4万余户使用瓶装液化气，用气人口13万多人，年用气量244万立方米。

第五节　公共交通

一、市区公交

1992年7月，兴化市板桥运业有限公司创办城市公共交通客运。开业时，有“女神”牌中巴汽车5辆、客位51个；经营四牌楼—红星、九顷—五里转盘、四牌楼—舜生3条公交线路；设停车点

18处。起初，公交汽车对候车亭之间的区间客，招手即停。后因公交车乘客稀少，1993年公交公司经营被迫中断。

1995年7月，城市公交恢复营运，投入营运公交汽车19辆，客位361个；经营北郊停车场—热电厂、新城商厦—五里停车场、农工站—色织厂、农公站—西鲍停车场、农工站—九顷5条公交线路；设简易候车亭30个，停靠站点72处。是年，市公交车完成客运量165万人次，利润30万元。

图8-9　2010年，40辆城市豪华空调公交车更新到位
（市交通运输局提供）

2006年，公交公司营运汽车47辆（其中大客41辆、中巴6辆）、客位1281个；经营管家村—西十里、市政府—瑞景蓝湾、庞家村—关门城、农公站—楼房村、五角广场—芦洲村、上方寺—临城镇6条线路；新建候车亭52个、停靠站点120处；全年完成客运量649万人次。2007年，公交公司拥有公交客车79辆。其中大客63辆、中客16辆，客位2381个；经营管家村—西十里、市政府—瑞景蓝湾、中医院—城东镇、庞家村—关门城、农公站—西郊乡、农公站—楼房村、五角广场—芦洲村、上方寺—临城镇、农公站—西鲍乡、农公站—泗洲村等10条线路。公交线路里程111.8公里，公交站亭54个，停靠站点189处，全年完成客运量978万人次。2010年，市公交公司有大巴车106辆，市区公交线路发展到17条。

2010年兴化市公交公司营运线路一览表

表8-4

线路	起讫站	沿途主要停靠站点
1路	管家村—美乐肥料厂（西十里） 每趟80分钟 间隔13分钟	管家村（起点站）→明升双语学校→北郊停车场→严家七队→特殊学校→北郊眼科中心→市二院→老年大学→体育场→香港城→海德国际（森达专卖）→金花园→楚水湾雅居→板桥大酒店（人民医院）→张家口→五里转盘北（锦润嘉园）→板桥驾校→顶康食品公司→葛家村→开发区管委会→向阳村→太子奶有限公司→城南路→西十里→美乐肥料厂（西十里）（终点站）
2路	江浙商业广场—瑞景蓝湾 每趟75分钟 间隔8分钟	江浙商业广场（起点站）→市政府→市法院→长途车站→大润发南→电视台→五里转盘（锦润嘉园）→张家口→板桥大酒店（人民医院）→都市华庭→西城门口→金兴花园→四牌楼→八字桥（皇冠大酒店）→中医院→环保局→联通公司→兴化中学→福利院→瑞景蓝湾（终点站）
3路	农公站—城东镇 每趟75分钟 间隔11分钟	农公站（起点站）→金三角市场→楚水招商城→龙腾湾→民政局→规划局→新世纪嘉园→瑞景蓝湾→市四院→南贺村→高垛村→孔介村→杨方村→王横村→曹介村→城东镇政府→城东中心小学→城东镇（终点站）
4路	职教中心—关门城 每趟72分钟 间隔11分钟	职教中心（起点站）→天水华庭→昭阳工业园→庞家村→北山子→二水厂→昭阳镇政府（正大家具）→城堡小桥→农公站→金三角市场→楚水招商城→金兴花园→四牌楼→八字桥（皇冠大酒店）→中医院→环保局→联通公司→兴化中学→福利院→瑞景蓝湾→新城液化气站→关门城（终点站）
5路	农公站—北沙村 每趟70分钟 间隔11分钟	农公站（起点站）→金三角市场→楚水招商城→金三角市场→农公站→城堡小桥→昭阳镇政府（正大家具）→北郊停车场→明升双语学校→工业园区（侯家）→西邹村→王家村→焦家村→杨家村→王家村→荡朱→北沙村（终点站）

续表 8-4

线路	起讫站	沿途主要停靠站点
7路	农公站—楼房村 每趟100分钟 间隔15分钟	农公站（起点站）→金三角市场→楚水招商城→西城门口→都市华庭→人民医院→楚水实验小学→幸福小城→九角楼→车管所→庞家村→昭阳工业园→天水华庭→南北新→单家村→任白村→宦胥家→魏家村→院墙村→刘家村→红星村→南孙村→陈家村→董家村→陈元村→赵何村→瑞德机械厂→楼房村（终点站）
8路	五角广场—芦洲村 每趟70分 间隔12分	五角广场（起点站）→富康花园→中医院→八字桥（皇冠大酒店）→国土局（市三院）→沧浪公园→移动总公司→城东村西站→城东村东站→垛田镇政府→凌翟村→垛田卫生院→解娄村→渡口→塑料发展公司→旗杆荡→芦洲西站→芦洲村（终点站）
9路	上方寺—临城镇 每趟80分钟 间隔10分	上方寺（起点站）→乌巾荡公园→北郊眼科中心→市二院→老年大学→民政局→规划局→新世纪嘉园→五角广场→富康花园→中医院→八字桥（皇冠大酒店）→国土局（市三院）→沧浪公园→移动总公司→时代嘉园→市法院→嘉鸿豪庭→文正学校→宝都国际商城（凤凰公寓）→郭家路口→临城开发区→十里转盘—临城镇（终点站）
10路	金花园—孔戴村 每趟70分 间隔12分	金花园（起点站）→海德国际（森达专卖）→四牌楼→国土局（市三院）→沧浪公园→移动总公司→时代嘉园→江浙商业广场→上海城→香荷人家（新悦家园）→南北凡→张家—垛田中学→六公里转盘→水产村→杨家荡→王垛小桥→孔戴村（终点站）
11路	农公站—西 鲍 每趟70分钟 间隔11分钟	农公路（起点站）→金三角市场→楚水招商城→龙腾湾→民政局→规划局→新世纪嘉园→瑞景蓝湾→新城液化气站→关门城→窦家村→曹泊村→平旺村→沙家村→张家村→胡鲍村→肖家村→西鲍（终点站）
12路	龙腾湾—砖场村 每趟90分 间隔30分	龙腾湾（起点站）→体育场→香港城→海德国际（森达专卖）→金花园→大润发东→大润发南→东五里村→香缇别墅（东方巴黎）→药沈村→八里村→十里转盘→新舍村→袁家村→油坊村→南娄子→砖场村（终点站）
15路	龙腾湾—泗洲村 每趟120分 间隔45分	龙腾湾（起点站）→楚水招商城→金三角市场→农公站→城堡菜市场→昭阳镇政府（正大家具）→二水厂→北山子→南山子→袁家→安基→泗洲村（终点站）
16路	农公站—农公站内环线（双向） 每趟45分钟 间隔15分钟	农公站→城堡小桥→经一路→国际华城（上海风情）→楚水实验小学→人民医院→楚水湾雅居→大润发东→长途车站→时代嘉园→移动总公司→沧浪公园→国土局（市三院）→八字桥（皇冠大酒店）→中医院→富康花园→新世纪嘉园→规划局→民政局→龙腾湾→楚水招商城→金三角市场→农公站（终点站）
17路	金花园—临东村 每趟120分钟 间隔50分钟	金花园（起点站）→大润发东→长途车站→江浙商业广场→上海城→东方明珠→锦绣文华（府东花园）→昭阳湖公园→宝都国际商城（凤凰公寓）→郭家路口→姜家村→吴家村→养殖场→陆横村→水产村→任家村→宣扬村→临东村（终点站）

二、出租车客运

兴化出租汽车客运业于1996年6月起步，兴化市运管处批准兴化市汽车运输总公司投放20辆夏利汽车试营城市出租，成立兴化市汽车运输总公司捷达出租旅游公司。至2002年，城市出租汽车发展到152辆，以夏利车型为主，并先后由兴化市兴宇汽车出租公司、兴化市板桥汽车出租有限公司、兴化市楚水出租有限公司3家公司参与经营。

2002年7月，市政府从公安、交通管理部门抽调专职人员，成立兴化市出租车管理办公室。2003年底，该机构撤销，仍由市交通局运管处管理。

2003年4月，兴化市运输管理处对市政府限额投放全市400辆城市出租车公开招投标，9家符合条件的公司中标，淘汰176辆夏利等低档车，用捷达、桑塔纳、富康、奇瑞等品牌轿车更新。2006年4月，兴化市运输管理处公开招（续）标，长安、楚水、板桥、兴宇4家公司获得400辆出租车经营权。新一轮招标后，车辆安全技术等状况较好，服务较为规范。2010年，长安、楚水、板桥、兴宇4家出租公司有出租车420辆，从业人员940人，主要车型是桑塔纳、富康、捷达、奇瑞、东风悦达起亚远舰等。单车月纯收入稳定在3000元左右。

三、人力三轮车

1991年，兴化三轮车站隶属市搬运总站。1993年，城区有三轮车300辆左右。1994年，市政府明确三轮车站的服务及职责，对社会三轮车进行归口管理。市城镇管理办公室牵头城区非机动车车辆年审发照工作，公安、交通部门配合，城管监察队日常管理，当年三轮车总量在2500辆左右。1995年创建卫生城市活动中，将城区人力三轮车总量控制为214辆。2002年，三轮车管理实行“三统一”（统一帽子背心、统一车辆颜色、统一工号标志）管理。2004年9月，实行单双号隔日营运。2010年，全城有人力客运三轮车911辆（含照顾车辆44辆）。货运三轮车每年例行年审换证，数量逐减，逐步被机动车辆取代。

第六节　园林绿化

1996—1997年，先后新建东园花木场和水秀园两个苗圃。2000年，投资8000多万元，建成沧浪公园，占地1万多平方米。此后相继建成市政广场、市民广场、时代广场等城市小游园。先后新建多个苗木基地。2006年以后，市政府加大资金投入，城市园林绿化建设全面铺开，品位迅速提高，城市绿化面积由2005年的415.32万平方米，增加到2010年的796万平方米，绿地率由18.62%上升到38.83%，绿化覆盖率由22.35%上升到40.2%，人均公共绿地面积由6.07平方米上升到10.08平方米。市区有公园8个，乌巾荡风景区启动建设，徐马荒、水上森林等一批湿地公园逐步完善。2008年，兴化市通过省政府组织的验收，被命名为“江苏省园林城市”。

一、市区公园

【人民公园】 原名“北公园”，位于海子池畔，原为民国时期的私家花园。历时数十载调整、变迁，于1976年整治海子池后形成现有规模。2007年实施景观改造，重建水晶林带、亲水平台、四方亭、曲桥荷花池、道路景观灯、音响、沿河亮化装饰等。绿化面积达80%以上，配植桂花、白玉兰、紫玉兰、红叶石楠、龙柏、银杏、香樟等60多种名贵花木，主要景观有文化景观墙、观赏温室、水上游乐园等。

图8-10　人民公园　（2008年摄，市旅游局提供）

【拱极台公园】 拱极台又名“玄武台”，占地0.13公顷，为“昭阳十二景”中的“玄武灵台”，原建筑毁于战火。1996年市政府拨款重建，为市级文物保护单位。公园内部由四大景点组成：拱极台遗址、海光楼、华江园、市民广场，总面积1.5公顷。园内绿化品种主要有银杏、黑松、雪松、棕榈、垂柳、合欢、香樟、法桐、樱花、桂花、广玉兰、黄杨、女贞等。其中的一株银杏已有100

多年历史。

【兴健园】 包括“兴健园”和“沧浪公园”两部分。沧浪公园建于2000年6月，园址原为兴化市航运公司家属区。投入资金8000多万元，动迁300多户，建成开放式城市公园，占地1万多平方米。广场以欧式风格为主，沿河采用大理石栏杆，兼具古典园林风格。有各类苗木40多种。兴健园于2008年建成，位于长安大桥西，昭阳路南（原花园中学操场），占地面积18公顷，总投资450万元，建成项目有运动场地、沿河雕塑，为市区开放式公园、市民健身场所及绿化带综合体。

二、市郊公园

图8-11 森林公园 （2008年摄，市旅游局提供）

【森林公园】 位于长安北路北端东侧，占地面积14.13公顷，其中水面2.63公顷。2007—2010年，市政府投资约1200万元。建成主入口广场、生态型停车场、月亮广场、滨水广场、临水坡、水上乐园等景点，园内有各类乔、灌木198种，其中各类大树2562株。

【阳山公园】 位于城区西侧，东起经一路，西止过境路，北邻大溪河路，南与小区分界，总面积为12公顷，始建于2008年。园址原为低洼地，遍布野草垃圾。建设部门结合原地形地貌，从塘底取土堆成大小四岛，将水面合理分割，架小桥连接。

【乌巾荡公园】 地处市区北端，毗邻上方寺，占地面积48公顷，其中陆地面积25公顷，绿化面积18公顷。内种植树木花草23公顷，1986年开始筹建，1991年动工。通过两次大规模土方改造，构筑基本框架。1998年，被省建设厅批准为二级园林单位，是里下河地区较大的生态公园。2006年，被评为AA国家级旅游风景区。公园先后修建游道、门厅、围墙、驳岸等设施，种植树木70多种，乔灌木8000多株，草坪1万多平方米，初步建成桂花园、腊梅园、海棠园、枫园、紫荆园等11个特色植物园。

【时代广场公园】 位于长安大桥南端，汽车站东侧，南北长290米，东西宽145米，总面积约2.9公顷。2003年4月动工兴建。广场建有假山、喷泉、12生肖聚会等园林小品，绿化面积2.9公顷。种植品种主要有香樟、小叶女贞、龙柏、杨柳等。

【板桥竹石园】 位于英武大桥西南首，占地面积6公顷，是一个沿河开放式的生态景观园。2007年，投资约700万元兴建。主要景观有下沉式广场、待渡亭、六角亭、水榭、组合庭院、四百景墙等。园内种有竹子58个品种，体现郑板桥“竹之虚、竹之魂”的廉政、清政、爱民精神。园区次干道每20米即有一处形态各异的板桥竹画地刻，沿车路河路8组竹石小品，用不同石材布置而成，有太湖石、水洗石、斧劈石、黄石、白果峰等。

【楚水园】 位于市区南端，北靠拥绿园路，南临中和路，毗邻市行政中心，面积8.34公顷。以兴化大道为界分为东西两园。面积分别为5公顷和3.34公顷。考虑到东西两园风格的协调，保持原有地貌特征，以水为依托，以植物造景，利用兴化特有的水生植物，营造具有水乡特色的绿地景观。园内小品布局主要为拱桥、平桥、卵石路、亭、廊等，小桥流水，曲径通幽。园内种有银杏、木犀、樱花、香樟、雪松、石楠、杜鹃、梅花、垂柳等树木数十个品种。

【昭阳湖公园】 位于兴化大道东侧，市检察院南面，占地26公顷。园内布置昭阳雕塑和以战国故事为题材的石浮雕，建有群英对台等。是集休闲、度假、娱乐为一体的主题公园。

【生物公园】 地处兴化城北，东临龙腾湾，西接西荡河，南靠市水利局，是城市中一片绿地。

建设时围绕原有内河，打造滨河景观，体现生物多样性。大量选用乡土适生植物及在市境内常见水生植物。常绿落叶、高矮、各色叶树种相搭配，争取在空间、色彩、季节上体现特色。

三、滨河道路绿地

【王家塘滨河风光带】 王家塘滨河风光带，东起沧浪河东闸站，西至沧浪河南闸站，全长1380米，将城区防洪墙、防洪闸、游园小路、绿化景观带融为一体。2006—2007年投资500万元兴建。此风光带以植物造景为主，植有合欢、国槐、垂柳、高杆女贞、香樟、枇杷等花木233株，绿篱4250平方米，铺设草坪5380平方米。内建市民休闲广场3处，布置坐凳、园林小品等设施，供市民观景和休憩。

【海子池滨河风光带】 位于老城区备战桥东至海池河桥，全长2500米，占地面积2.5万平方米。是市内建成的第一条滨河风光带，以绿化、亮化为主。种有垂柳、红叶桃、小叶女贞、女贞球等213株，铺设草坪1650平方米。2010年3月，开工建设海子池风光带北延工程，先后完成海池河淤泥清理，并铺设排污管道。栽种树木2000余株，品种有红叶石楠、桂花、金钟、夹竹桃等，与北岸拱极台公园、海光楼互相衬托，成为老城区又一道风景线。

【直港河滨河风光带】 位于新城区，直港河桥至昭阳湖，总面积5.65万平方米。2007—2010年建，风光带内园路铺设各种花岗岩和卵石。占地400平方米的休闲广场，并设有木平台、木亭、廊架等设施，种植乔木400余株，52个品种，主要有银杏、广玉兰、香樟、国槐、桂花、合欢等。

【城区道路绿化】 2010年，兴化城区道路绿化面积75.4万平方米。主要绿化道路情况如下：长安路—全长4100米，路两边宽4.5米的绿化隔离带，栽植香樟、雪松及金叶女贞、瓜子黄杨等各种规格的树木，按美化要求布置成黄、红、绿相间的条形图案。五里东路—道路两侧栽植木犀、雪松等乔木。建有小景点、小游园等公共绿地3处，两边绿化隔离带内栽种樱花、海棠、广玉兰及红叶石楠、葱兰等四季观赏花木。兴化大道—为新城区栽种树木花草最多的一条道路。栽种香樟、银杏、紫叶女贞、瓜子黄杨、月季、雪松等各种规格的树木，铺设草坪17670平方米，路两边是宽5米的绿化隔离带。

四、住宅区、单位庭院绿化

【住宅区绿化】 锦绣园小区是2000年初旧城改造项目之一。位于长安中路，该园占地面积4.9公顷，小区内花木品种多，绿化面积1.9公顷，绿化率达38%。设有长廊、木亭、假山、石雕等多个景点。其中以“昭阳八景”大喷泉为主要景点。2005年被评为“江苏省园林式小区”。金城富康花园位于长安北路。总面积6.67公顷。小区入口建有广场、中心花园。内配置休闲广场、跌落喷泉、中心绿地、老人活动中心、沿河步道、生态绿带、院落景观、儿童天地8大景观，2005年被评为“江苏省园林式居住区”。2000年后，嘉鸿豪庭、锦绣文华苑、东方明珠等新建小区均重视小区绿化，营造舒适居住环境。

【单位庭院绿化】 市人民法院新址建于2005年3月，占地1.65公顷。院区分审判区和办公区，绿化面积6857.78平方米，绿地率为41.57%，绿化覆盖率45%。2007年被泰州市政府命名为“园林式单位”，2008年被省建设厅表彰为“江苏省园林式单位”。市人民检察院占地2.57公顷，绿化面积1.44公顷，绿化率56%。经园林设计师设计大楼四周及院区内各种观赏花木精心安排，做到四季常青。2007年8月和2008年先后被泰州市建设局和省建设厅表彰为“园林式单位”。兴化地方税务局位于长安北路五角广场西北侧，占地面积2万平方米，绿化面积约1.1公顷，绿化覆盖率55%。2008年，被省建设厅表彰为“江苏省园林式单位”。市质量技术监督局位于兴化市新区，总面积1.04公顷，绿化面积为0.57公顷，占总面积55%。先后投入80多万元，种植香樟、银杏、桂花、广玉兰、黄杨等树木，高矮及颜色搭配和谐有致。2008年，被省建设厅表彰为“江苏省园林式单位”。市广播电视台位于五里东路北侧，总面积为1.65公顷，绿化面积0.86公顷，绿化率达52.12%。主要花木有银杏、香樟、广玉兰、竹子、铁树、桂花、月季等品种。院内草木葱茏，四季常青。2008年，被省建设厅表彰为“江苏省园林式单位”。市楚水实验学校位于经一路与昭阳路交汇处东侧，校园占地16.67公顷，以昭阳路为界，分为南北两个校区。绿化面积7.44公顷，绿化率44.63%。校内建有竹石园，园内小桥流水，花木扶疏，竖立乡贤刘熙载雕像。2008年，被省建设厅表彰为“江苏省园林式单位”。

附

兴化古树名木

【银杏】 树高12米，胸径0.52米，雌性，生长健壮，树龄105年，植于拱极台景区内。

【广玉兰】 树高12米，胸径0.57米，植于市博物馆内，树龄150年。

【木瓜树】 树高6.8米，胸径0.36米，生长于市中心板桥宾馆内。树龄130年，长势正常。后因拆迁移至生态园。

【紫藤】 树龄135年，植于市博物馆李园内。

【瓜子黄杨】 树龄150多年，植于市第一中学内。

【黄杨】 树龄120年，植于大垛镇。

【香橼】 树龄110年，生长地英武南路。

【香橼】 树龄800年，生长于沙沟大士禅林。

【腊梅】 栽植于北宋年间，21世纪初，移植于新建的上方寺内。

【女贞】 树龄116年，植于市图书馆内。

【菩提树】 树龄200多年，树高8米，胸径0.36米，生长于沙沟大士禅林。

第三章 房地产

1991年后，随着城乡经济的发展和人民生活水平提高，对住房需求逐年增加，市内房地产业逐渐兴起。住房制度改革为房地产业发展提供历史性机遇。为完善住房供应和消费政策，提升房地产项目规划标准，市政府综合运用计划、土地、信贷调控、市场监管和舆论引导等手段，促进房地产开发投资持续增长，房地产业发展加快，成为拉动全市经济发展的新动力。1991—2010年，住宅建设面积780万平方米。2010年，全市有房地产开发企业44家。

第一节 住宅建设

1984年，县内第一家房屋开发企业——兴化县住宅建设公司成立，但经营规模较小。1991年，投资3000万元，开工建设面积3万平方米，竣工面积2.2万平方米。至2000年，全市的房地产开发企业，除住宅建设公司外，另有1987年成立的兴化市城市建设开发总公司和1995年成立的兴化市金宇房地产开发公司。开发建设住宅楼43.36万平方米。先后开发建设富安、苏源小区、海池、金大地花园和沧浪、阳山公寓等住宅小区。

2000年，第一家外地房地产开发企业——兴化市金成房地产开发有限公司在兴化市落户。2000年后，受全国房地产业形势影响，市内房地产投资开发呈现高增长、高投资、快速发展态势。开发范围结合市区建设规划，主要分布在主城区向南及新区的城郊接合部。2000—2010年，有关企业主要开发项目有兴化市华远置业有限公司开发海德国际小区33万平方米，兴化市宁兴房地产开发有限公司开发东方巴黎小区20万平方米，泰州万嘉置业有限公司开发万嘉名城小区24万平方米，嘉鸿房地产开发公司开发嘉鸿豪庭小区39万平方米，腾龙房地产开发有限公司开发英武丽都小区4.5万平方米，华盈置业有限公司开发国际华城小区17万平方米，星海置业有限公司开发星海花园小区32万平方米，日晟置业有限公司开发锦绣文华小区23万平方米，恒大房地产开发有限公司开发东方明珠小区15万平方米，金鹏城建投资有限公司开发金花园、东城名都小区约21万平方米。

2007年后开发的住宅楼，多为钢筋混凝土框架结构，注意造型美观新颖，外墙贴彩色面砖，日照间距1∶1.43，并预留绿化空间。各公司开发的住宅，均有太阳能利用及煤气管道等装置。沿街住房设计为商住楼，底层为商业用房，上部多为住宅用房。一般为6层，底部半层分割成车库，上部为5层楼面连用，6楼半层面为“楼中楼”户型。隔层多为钢筋混凝土现场捣制楼板。户型以三室一厅一厨一卫大型房（100—135平方米）为主，少量为三室二厅一厨二卫（130平方米以上）特大户型及二室一厅一厨一卫中户型。80平方米以下小户型逐步被淘汰。每户配套安装进户防盗门。室内预留有线电视线、电话线、煤气管道、空调进线口等。

图8-12　国际公寓小区

（2010年摄，市住建局提供）

1991—2010年，兴化各开发企业在市区开发建设住宅小区84个，建住宅楼2106幢，约6.5万套，建筑面积约780万平方米。2001—2010年，先后在昭阳路、兴化大道南、拥绿园路、兴临路等地段建成单体或连体式别墅110栋，260套，每套建筑面积约260平方米，合计约7.5万平方米。2008—2010年，开发建设小高层住宅楼8栋350套，每套90—130平方米，合计约4万平方米。

1991—2010年兴化市区住宅小区建筑一览表

表8-5

小区名称	建筑面积（万平方米）	竣工年份	小区名称	建筑面积（万平方米）	竣工年份
王家小区	0.94	1991	苏源小区	3.50	1996
新城南村	1.26	1992	海池花园	3.20	1997
新城北村	5.00	1993	沧浪公寓	1.26	1997
城北新村	1.63	1994	阳山公寓	1.70	1998
城堡小区	2.65	1995	长安小区	4.00	1998
富安小区	7.00	1996	金大地花园	2.50	1998

续表 8-5-1

小区名称	建筑面积（万平方米）	竣工年份	小区名称	建筑面积（万平方米）	竣工年份
昭阳花园	2.00	2000	英武丽都财富广场	3.85	2010
楚水湾雅居	8.49	2001	万嘉名城	12.49	2010
花园公寓	1.00	2001	府东花园	8.49	2010
新华小区	7.00	2001	名门府邸	2.07	2010
绿岛花园	2.50	2001	丹桂园	5.10	2010
金花园梅苑	2.40	2001	新区人医西经适房	3.31	2010
楚水公寓	3.00	2001	世纪花城	4.44	2010
张阳小区	14.40	2001	名都苑	34.49	2011
时代嘉园	10.40	2006	富康花园	12.00	2002
国际华城	7.80	2006	金兴花园	2.20	2002
天水华庭	5.20	2006	楚水园	2.50	2002
阳光小区	1.40	2006	明珠城	1.30	2002
新世纪嘉园	10.87	2006	海池公寓	5.30	2002
建兴花园	3.00	2006	金花园	11.50	2002
九洲城中城	4.00	2007	乌巾走廊	1.20	2003
嘉鸿豪庭	26.17	2007	都市家园	2.20	2003
滨河花园	2.17	2007	锦绣园	6.20	2003
锦润嘉园	6.13	2007	小康花园	1.10	2003
国际公寓	12.14	2007	板桥景园	3.50	2004
香缇别墅	2.90	2007	八字桥中央广场	6.70	2004
星海花园	30.80	2007	华丰城市园	2.70	2004
海达花园	0.81	2008	金东门花苑	6.80	2004
广润康城	7.18	2008	丁香花园	1.00	2004
金榜府邸	2.13	2008	兴旺公寓	0.60	2004
阳光园	1.07	2008	金花园兰苑	3.80	2005
城东新村	11.48	2008	瑞景蓝湾	2.90	2005
城堡经适房	20.64	2008	漪澜宝邸	1.30	2005
公元国际	15.32	2008	彩城	4.50	2006
龙腾湾	4.00	2008	盛祥苑	1.15	2008
新区经适房	5.60	2008	东方明珠	15.46	2009
昭阳苑	1.91	2010	舒园花苑	7.25	2009
王家塘安置房	1.72	2010	福星宏盛家园	5.66	2009
张阳安置房	0.86	2010	沙垛新村安置房	19.29	2009
元一银座	1.50	2010	枫叶新都别墅	1.79	2009
楚水香邻	0.97	2010	兴亚花园	1.00	2009
建强花园	1.92	2010	城投国际	7.68	2009
张家廉租房	0.45	2010	水乡家安置房	10.90	2009

续表 8-5-2

小区名称	建筑面积（万平方米）	竣工年份	小区名称	建筑面积（万平方米）	竣工年份
鸿瑞家园	3.73	2009	关门村安置房	1.20	2011
都市华庭	9.80	2010	金东门商业街	0.97	2011
广润上海城	7.71	2010	水巷邻里安置房	3.43	2011
锦绣文华苑	23.11	2010	昭阳园老年公寓	0.97	2011
凤和苑	4.43	2010	紫腾花园	1.39	2011
天宝领秀城	10.70	2010	尚城一品花园	2.62	2011
华丰公寓安置房	1.35	2010	泰莱新城	5.57	2011
兴阳花园	4.32	2010	西子御园一期	7.44	2011
凤凰公寓	7.60	2010	开发区向阳安居房	1.48	2011
新悦家园经适房	6.78	2010	水巷邻里	0.61	2011
金沙花园安置房	0.63	2010	沁雅花园	4.16	2011
丽都花园	3.50	2010	昭阳湖名郡	4.00	2011
东城名都	6.76	2010	三紫星城	1.55	2011
关门村经适房	1.89	2011			

说明：部分小区竣工年份栏中的2011年为实际竣工日期。

附

市区住宅小区选介

【嘉鸿豪庭】 嘉鸿房地产开发公司开发。位于市政府西侧，占地300亩，总投资4亿元，建筑面积30多万平方米。由上海同济规划设计院设计规划方案，建筑形态有多层住宅小区、小高层住宅、联排别墅、双拼别墅等，于2005年3月20日正式开工建设。

【锦绣文华苑】 地处城南新区行政办公区东侧，2008年，兴化市日晟置业有限公司开发，总面积23.11万平方米。小区配备完备的物管设施、星级会所和2000多平方米园林景观。

【东方巴黎】 东方巴黎位于兴化城南核心区域，兴化市宁兴房地产开发有限公司于2004年开发。由上海设计院设计，与市政府大楼隔路相望。市民广场、文正学校、江浙商业广场等公共文化商业设施环伺左右，规划中的英武南路新商业街、五星级酒店等新城地标近在咫尺。项目总建筑面积16.7万平方米，建筑形态有独栋别墅、联排别墅、多层公寓、商业设施及酒店等低密度建筑形态复合组成。

【凤凰公寓】 泰州市金鹰房地产开发有限公司开发，2007开工建设。项目北邻昭阳湖公园，东邻直港河风景带，文正学校、人民医院，开发为多层。楼盘建筑面积为7.6万平方米，总占地面积为70702平方米，容积率为2，绿化率为30%以上。

【东方明珠】 恒大地产2007年开发建设。项目位于兴化市五里东路南侧，临近江浙商业广场东侧、新车站、市政府。占地面积15.47万平方米，建筑面积15.46万平方米，绿化率为36%。

【天宝领秀城】 江苏天宝置业有限公司开发，2008年开发建设。位于兴化市英武南路239号，东临昭阳湖、市政公园。一期总占地50631平方米，建筑面积10.7万平方米。容积率为1.4，绿化率为38%，主要为多层，小高层普通住宅。

【锦绣园】 位于市区长安中路中医院对过。由兴化市屹峰建筑工程有限公司承建，2000年开发，2003年竣工。建筑面积6.2万平方米。其中，2004年8号楼工程项目经省优质工程评审组鉴定，通过江苏省优“扬子杯”奖验收。

【富康花园】 位于长安北路，2000年左右开发，2002年竣工。占地面积约6.7万平方米，为多层住宅和商业，总建筑面积约12万平方米。富康花园采用“源于欧洲，尊重个性”的设计风格，2000年时被认作兴化高档楼盘代表。

【海德国际】 江苏省建筑工程集团有限公司2010年2月开发的楼盘项目（接收2008年底破产的金港·公元国际项目，更名为海德国际）。项目位于市中心英武路上，占地33.34万平方米，总建筑面积约84万平方米。海德国际作为兴化城区规模最大的旧城改造项目，规划建设成集商业、居住、娱乐、购物、休闲等多位一体的大型城市综合体。

第二节　非居住用房建设

一、市区商业用房建设

1992年10月1日，位于英武中路南口的大兴商厦建成开业。商厦主楼建筑12层，高50.8米，总面积1万多平方米。集商场、餐厅、宾馆、儿童乐园、舞厅、工商银行储蓄部于一体，为市内规模较大的商场之一。

1992年12月30日，占地6040平方米的楚水招商城第一期工程竣工并投入营业。营业楼主楼5层，附属经营用房118间，营业大棚2000平方米，总投资600万元，首批入场营业的100多户。

1992年12月28日，位于英武路南、府前西街西口的精品商城建成开业。商城主楼12层，连同钟楼高67.6米，总面积10734平方米，由市供销系统投资兴建，设6个营业部、44个柜组、8个精品屋和1200平方米服装自选区。为市内规模较大的综合商场之一。

1993年10月1日，位于精品商场以南，并与之浑然一体的兴化商业大厦竣工、开业。大厦主楼8层，建筑面积4000平方米，其中营业面积3000平方米。主要经营针纺织品、服装鞋帽、百货、文化用品、五金交电、烟酒副食品等大类近2万个品种。

2002年12月，兴化市江浙房地产开发有限公司承建江浙商业广场，地址长安南路，面积约7万平方米。

2003年，兴化市天都房地产有限公司承建八字桥广场的苏果超市，地址在长安中路，建筑面积9600平方米。

2005年12月，兴化市金港房地产开发有限公司启动金港·公元国际项目，对老城区黄金地带进行大规模旧城改造，改造范围从牌楼路以南，昭阳路以北，长安路以西，丰收路以东，占地面积规划1050亩，规划建筑面积77万平方米，成为最大的旧城改造项目。2008年公司破产清算，后由江苏省建筑工程集团有限公司竞拍成功，转由全资子公司兴化市华远置业有限公司进行房地产开发，并更名为海德国际项目，占地33.34万平方米，总建筑面积约84万平方米，集住宅、小高层、商用为一体，配套大型购物广场、娱乐休闲等项目。

2010年，兴化市嘉鸿房地产开发有限公司建成嘉鸿农贸市场，地址在英武南路，面积约2.3万平方米。

二、办公用房建设

1991年，市政府建办公楼，承建单位严家建筑公司，面积1370平方米，1992年11月投入使用。1992年12月，昭阳镇政府兴建办公楼，由昭阳建筑公司承建，面积652平方米。1996年，市计生委建设综合楼，面积2986平方米，由刘陆建筑公司承建。1996年，市工商局建办公楼，面积1500平方米，次年7月建成投入使用。2000年后，城区规划重心南移。2002年8月，兴化市行政中心施工7栋楼，总建筑面积2.4万平方米，2004年正式启用。20多家单位集体实施南迁。1991—2010年，党政机关、人民团体、金融、国有企业135家建设办公用房，开工面积15.97万平方米，竣工面积11.41万平方米，总投资2.92亿元。

1991—2010年兴化市部分办公用房建设一览表

表8-6

建筑名称	建设单位	施工单位	建筑面积（平方米）	竣工日期
粮食局办公楼（扩建）	市粮食局	建安公司	372	1991年9月
工商所办公楼	临城工商所	西鲍建筑公司	654	1991年10月
公安局办公楼	市公安局	大营建筑公司	851	1991年12月
水上派出所办公楼	市公安局水上派出所	东鲍建筑公司	328	1992年5月
开发大厦组团	市开发总公司	建安公司	9261	1992年12月
新城法院办公楼	市人民法院	大营建筑公司	1300	1993年8月
烟草公司办公楼	市烟草公司	顾庄建筑公司	1700	1994年4月
老干部局办公楼	市老干部局	刘陆建筑公司	629	1994年9月
城建监察楼	市城建监察大队	北郊建筑公司	2200	1997年6月
报社办公楼	兴化报社	垛田建筑公司	1870	1998年10月
组织部办公楼	市委组织部	东潭建筑公司	826	1998年10月
检察办公技术大楼	市人民检察院	北郊建筑公司	3200	1998年10月
外商服务中心综合楼	市经济开发区	东潭建筑公司	950	1999年1月
党校综合楼	市委党校	建安公司	2750	2000年10月
行政中心大楼	市政府	兴建、苏兴、屹峰、新兴、明灿	28000	2004年4月
法院办公楼、审判楼	市人民法院	邗建集团泰州分公司	13991	2005年12月
国税局办公楼	市国家税务局	建安总公司六公司	8000	2006年1月
技监局综合办公楼	市技术监督局	南通万众集团公司	5200	2007年3月
公安指挥大楼	市公安局	江苏苏兴建设工程有限公司	18800	2006年
气象科技大楼	市气象局	江苏屹峰建设工程有限公司	3316	2009年
开发区派出所城管大楼	市经济开发区	兴化市明灿建设工程有限公司	3400	2009年
西霞社区活动办公楼	昭阳镇西霞社区	江苏苏兴建设工程有限公司	3230	2010年

第三节　拆迁管理

1992年，成立兴化市拆迁管理办公室，为全民事业单位，负责全市房屋拆迁管理工作。随着城乡建设的发展，房屋拆迁数量逐年增加，1995年，加快张阳、新城、城堡、王家塘住宅小区和配套建设，实施长安北路等路段的房屋拆迁。2001年，核准城区拆迁房屋9个地段，建筑面积9.3万平方米。9个地段分别为昭阳路、美食街、马家圩、东寺桥、实小东侧、拱极台北侧和东侧、牌楼路邮电支局、酒库。其中申请限期拆迁决定39户、申请法院强制执行3户。2002年，核发《房屋拆迁许可证》9份，拆迁房屋总面积11.9万平方米。其中城区发证5份，拆迁八字桥、中医院南侧、拖拉机厂、阳山大桥西引桥、楚水湾等5个地段，拆迁房屋面积10.7万平方米。2004年，按照突出英武中路一期改造工程，兼顾往年拆迁扫尾项目的思路，出台《房屋拆迁评估技术规范》和《关于做好城市房屋拆迁中特困群体解困安置工作意见》，核发拆迁许可证7份，拆迁房屋总面积5.9万平方米。实施裁决听证130多户，下达拆迁裁决书48份，申请法院强制执行11户。2007年，以英武中路三期和防洪工程拆迁为重点，完成米市河路、张家路等18个地块的拆迁，拆迁房屋面积近35万平方米，搬迁4000余户。其间，受理裁决申请250多份，召开协调会220余场，下达房屋拆迁裁决书190份，召开拆迁听证会50场次，申请行政、司法拆迁40余户。英武中路三期拆迁1373户、9.8万平方米。第一腾空期内签约率达90%。防洪拆迁1483户、9.81万平方米，第二腾空期内签约率达95%。2008年，完成城市第一和第二批16个地块2700户拆迁，拆迁面积22万平方米。顺利实施城市第三批8个地块、2961户拆迁扫尾，面积22.5万平方米。其中受理裁决申请280份，召开协调会260余场、拆迁听证会80余场，申请行政、司法强制拆迁60余户。2009年，开展城市危旧房屋拆迁改造，完成24个地段、3536户房屋拆迁扫尾工作。

1992—2010年，城市房屋拆迁管理办公室核发拆迁许可证121份（其中拆迁安置通知书34份），拆迁房屋建筑面积180万平方米，涉及拆迁户达2.9万余户。受理行政裁决申请近2700份，组织召开协调会3400场，下达行政裁决书1200份，启动行政强制程序620户，组织强制搬迁听证会500余场次。

一、拆迁补偿

1996年，出台《兴化市城市房屋拆迁管理办法》。2000年，拆迁安置以货币补偿和产权置换相结合。2001—2010年，按照《江苏省政府房屋拆迁管理条例》及《泰州市有关房屋拆迁管理条例办法》，市政府相继出台《兴化市城市房屋拆迁补偿安置实施方法》《关于贯彻执行〈泰州市城市房屋拆迁管理办法〉的意见》《关于公布兴化市拆迁房屋附属物附属设施装饰装潢及其他补偿标准的通知》。对集体土地，执行《泰州市征地房屋拆迁补偿安置管理办法》。全市拆迁补偿以货币及产权调换两种方式进行。

【住房拆迁补偿】 1991年以后，市住房拆迁补偿由作价补偿、产权调换和产权调换与作价补偿相结合方式。作价补偿按照被拆除房屋建筑面积的重置价格结合成新结算。各类房屋的重置价格及附属物补偿标准，由市房地产资产评估事务所负责评估。其标准由市房屋拆迁主管部门会同物价部门依法定期确定并公布。从地区较好地段安置到区位较差地段的被拆除房屋，对被拆除房屋的所有人按被拆房屋的合法建筑面积提高补偿标准，由一类区域①安置到二类区域②的每平方米增加180元，一类区域安置到三类区域③的每平方米增加300元；由二类区域安置到三类区域的每平方米增加180元（2000年定价，后随物价水平适时调整）。货币安置按规定的标准计算成货币补偿费支付给被拆迁人，由被拆迁人自行选购安置房。

产权调换按照被拆除房屋建设面积计算（以原使用面积1：1：38——K值比例折算成建筑面积）。安置建筑面积与被拆除建筑面积相等的，按照房屋重置价格结合成新与新房建筑安装工程造价相互结算。应安置建筑面积超过原拆除房屋建筑面积的按建筑安装工程造价结算；新安置建筑面积超过应安置建筑面积的可享受靠套户型（一类地段6平方米，二类地段8平方米，三类地

---

① 一类区域：城区东至东大门大尖、西至工农村、阳山大桥、北至严家小桥与北海桥一线，南至跃进桥。
② 二类区域：城郊新城、新城村以西、张家村、城堡村、严家村兴严大桥东、沙家垛、王家塘小区
③ 三类区域：指一、二类以外地域。

段10平方米)，靠套户型面积按优惠价格算(为安置地段商品房价格的85%)。被拆迁人员享受1套安置房靠套户型面积的优惠价。

此外，产权调换中偿还建筑面积小于原拆建筑面积部分，按货币安置方补偿。

【非住宅房屋拆迁补偿】 非住宅房屋按建筑面积安置和补偿。以产权调换形式偿还相应用途的非住宅房屋，偿还和原拆迁面积相等部分，按照旧房重置价格结合成新与新安商品房建筑安装工程造价加相关配套费用结算，建安工程造价及相关配套费用由拆迁主管部门会同物价部门依法定期确定并公布。偿还建筑面积超过原拆迁建筑面积部分按商品房价格计算，不足部分面积按货币安置规定办理，因拆迁造成被拆迁人停产、停业的，由拆迁人按照劳动部门核准的从业人数、按照市内上年度职工最低工资保障线标准，一次性发给6个月生活补助费(停产不足6个月按实发给)。符合安置非住宅用房无房源或自愿放弃安置的，除按住宅房屋补偿安置外，另按不同情况给予一次性补助。

为进一步推动拆迁工作，兴化市又相继出台鼓励政策，对提前搬迁腾空实施奖励，并逐年提高奖励额度。搬迁提前腾空奖励分档，鼓励被拆迁户早签约、多奖励。将签约期划分为若干个阶段，每个阶段都设定相应奖励标准。越早签约、奖励标准越高，实行早签约、多奖励的模式，促进房屋拆迁工作的顺利进行。

2001年兴化市非住宅房屋拆迁补偿标准一览表

表8-7　　　　标准：元/平方米

补偿标准＼房屋用途 地段类别	营业性			厂房		办公		仓库	
	沿街		非沿街	一类	二类	一类	二类	一类	二类
	主干道	非主干道							
Ⅰ	700	400	200	200	150	150	100	100	50
Ⅱ	500	200	100	150	100	100	50	50	—
Ⅲ	300	100	50	100	500	500	50	—	—

说明：2001年后采取市场比较法，根据具体地块确定标准。

二、拆迁安置

1998年以前，均采用实物安置的方式进行。自1999年开始，探索货币补偿和产权调换安置相结合的方式进行。2001年，国务院《城市房屋拆迁管理条例》颁布后，采取货币补偿和产权调换的补偿方式，由被拆迁人自主选择。通过原地回迁和异地安置使大多数被拆迁户得到妥善安置，保证拆迁户住有所居。至2010年底，建成新城、王家塘、张阳、富安、新华、长安等小区，城北新村、水乡人家、都市华庭南区、华丰小区、双语学校安置房、府东花园、东城名都、香河人家、沙垛新村、沐香居、鑫阳阁等29处安置小区，安置面积约194万平方米。为解决城

图8-13　水乡大桥西首的"水乡人家"安置小区
(2010年摄，市委宣传部提供)

市拆迁中小面积住房、生活困难户及低保特困户的住房问题，从2003年开始，建设解困房和经济适用房面积48.18万平方米，计安置被拆迁户5093套。2010年末，有80.8万平方米经济适用房和43.2万平方米安置房启动建设。通过解困房、经济适用房、安置房3种产权置换安置方式，使城市改造拆迁过程中所有被拆迁户得到妥善安置。

第四节 房地产开发企业

1991年，市房产公司主要从事市区及主要集镇房产行政管理，经营直管公房，并涉及商品房开发建设和销售业务。是年底，全市有房地产企业3家，分别为兴化市住宅建设公司、兴化市城建开发总公司、兴化市金鹏房地产开发服务公司（市工行举办的经济实体，2002年1月与市工行脱钩）。2000年，对城乡房地产开发企业近几年经营、资产、项目质量事故等情况进行清理、检查，以实质重新认定资质并予以换证。全市具有房地产开发资质的企业15家，其中城市综合开发资质企业12家、农村综合开发资质企业3家。全年新开工面积14.6万平方米，竣工面积13.4万平方米，完成开发投资2.06亿元。2002年，对照新标准重新核定资质等级，办理新资质证书。审核本地开发企业8家、外地开发商6家的资质，为4家开发公司办理年检换证。全年投资2.4亿元，开发面积20.3万平方米，竣工面积13.4万平方米。2003年，全市有房地产开发企业35家。为景园、香娟、九洲、新华、四方、申欣、华厦、欣恒、金地元、星海、中兴置业、新生活置业、华盈置业、戴南嘉德、富强15家公司申报房地产开发资质；为市政建设开发总公司、合陈城建开发公司、新世纪房产开发公司进行资质核定；为长安、建新、江浙、杭兴、昭阳、兴亚、华兴、天都8家开发公司进行资质延长；为金宇、市政建设、长安建设、建兴建设、盈兴置业、新世纪房产、华兴置业、杭兴、金城、戴窑、安丰、周庄12家开发公司进行资质年检。2005年，对全市35家开发企业的资质进行年检和申报。2010年，全市有房地产开发企业44家，其中二级资质7家、三级资质30家。在总数中，省辖市公司1家，县区市1家，其他42家。

附

房地产企业选介

【兴化市城市建设开发总公司】 1987年11月组建，为市政府所属房地产业二级资质企业。拥有全资或控股子公司17家，先后被评为江苏省1992—1995年房地产开发30强、50强企业。经营范围涉及房地产开发工程监理、投资咨询、物资经营、商业流通、装饰装潢、物业管理。2000年，开发完成锦绣园小区项目，至2002年，公司先后开发城区英武路、建设路、昭阳路等13条骨干道路的拓宽改造和建设，实施城北、泰山、新城等7个居民点的改造和建设，开发面积146万平方米，拆迁面积30万平方米，总投资90亿元。先后建成兴化大厦、大兴商厦、金穗大厦等城区标志性建筑。2003年，落实市委、市政府"三置换一保障"要求，逐步对系统下属企业实行改制，至2005年系统职工身份置换基本到位。

【兴化市市政建设开发总公司】 成立于1998年，为市政工程建设、房地产开发、建筑安装等综合性集团型企业。先后开发绿岛花园公寓、楚水园住宅小区。2002年，结合昭阳路拆迁改造，实施楚水湾雅居工程建设，总面积8.49万平方米。2004年，改制成为兴化市兴都市政房地产开发有限公司。

【泰州金鹏城建投资股份有限公司】 前身是扬州金鹏集团公司，公司现发展成为集房地产开发、城市房屋拆迁、市场经营管理及物业管理于一身的综合性投资管理型企业。2007年经过企业改制，更为现名。公司拥有员工86人，其中高级经济师3人、中级职称6人、大中专以上专业技术人才占员工总数的60%以上，公司注册资本1020万元。金鹏集团多次荣获省、地、市“十佳企业”“明星企业”“行业排头兵”“文明单位”，连续15年被评为“重合同、守信用企业”、AAA级信用企业。集团下辖兴化市金宇房地产开发公司（三级资质）、兴化市金通拆迁有限公司（三级资质）、兴化市金苑物业管理公司、兴化市金花园农贸市场有限公司等四家企业。集团所属金宇房地产开发公司是兴化市最早的房地产开发商之一，主要有戴湾居民点危房改造工程、城西农贸市场改造、阳山公寓开发及金花园小区等开发项目。其中金花园小区地处城区中心，总规划建筑面积20万平方米，为兴化市城区南移的重点建设项目。

【江苏省兴化市日晟置业有限公司】 成立于2004年，注册资本5000万元。2004年在兴化公开竞拍中标建设用地246亩，容积率1.4，绿地率32%，开发项目名称经市民政部门批准为“锦绣文华苑”。项目分4期开发，建设总面积为23.11万平方米，总投资约5亿元。

【兴化市元泰房地产开发有限公司】 2003年成立，企业三级资质，注册资本金2500万元。至2010年，先后开发3块地块，一号地块为板桥路西、长安菜场北侧，建筑总面积15万平方米，投资总额5000万元，以住宅和商铺为主，2010年底交付使用。二号地块为牌楼东路北侧、玉带路南侧，建筑总面积20744平方米，投资总额4500万元，以多层住宅和别墅、商铺相结合，于2010年交付使用。三号地块为五里东路五路大桥下，原赛登羽绒服厂址，建筑总面积97850平方米，投资总额1.5亿元，以小高层和多层住宅为主。

【兴化市新世纪房地产开发有限公司】 2002年6月成立，注册资本2050万元，开发项目“新世纪嘉园”，建筑总面积为134.65亩，土地购置款3687.76万元，该地块容积率为1.5，分3期开发。

【兴化市恒大房地产有限公司】 2004年9月成立，注册资本为2000万元，房地产开发三级资质。开发的高品质项目——东方明珠，总投资2.5亿元。总建面积22万平方米。由英国D+F国际建筑事务所设计规划，由具有国际质量体系认证、江苏AAA特级信用企业苏兴建筑公司承建；浙江华坤建筑设计院设计景观，高资质专业管理，并配有会所、大型农贸市场和约18万平方米的商业配套，生活、购物、休闲、娱乐等一步到位。

【江苏天宝置业有限公司】 为江苏天宝集团全资子公司，注册资金5200万元。具备房地产开发二级资质。公司开发的戴南镇“都市滨河名邸”等代表性楼盘，用地总面积20033平方米，建筑总面积37253平方米。建筑占地面积6205平方米。集高层住宅、多层住宅、低层住宅及附属用房于一体，开发欧式园林小区“天宝领秀城”居兴化城市中轴。项目一期用地总面积50631.7平方米，建筑总面积74266平方米，建筑占地面积15708.4平方米。纯欧式建筑风格，集多层住宅、叠加排屋、商业用房、小高层住宅于一体。

【兴化市华厦房地产开发公司】 由浙江省乐清市项瑞乐、黄兴荣、章华信3家股东组合而成。2003年5月在兴化市注册成立，总投资1.5亿元开发兴建兴化国际大酒店和温州商城。酒店位于新区，占地2.67公顷，建筑总面积59360平方米，建筑面积30710平方米。24层（主楼21层），总高92.7米，为兴化市标志性建筑之一。温州商城面积28650平方米，楼高3层，为超大型综合性批发市场。

第五节　房产经营

一、房地产买卖

1991年，房地产企业向私人出售房屋34877平方米，其中新建568套，34113平方米，个人支付每平方米410元，收回资金1394万元。旧房出售面积764平方米，户数25户，每平方米平均105元，收回资金8万元。1995年，向个人出售新建住宅面积71887平方米，新建258套，个人支付每平方米900元，收回资金6450万元。旧房出售面积923平方米，户数26户，每平方米平均185元，收回现金17万元。1998年，房地产交易面积1.44万平方米，其中住宅1.13万平方米、商服用房0.31万平方米，交易金额1471万元，其中住宅1003万元、商服用房468万元。2003年，举办全市首届房交会，销售现房、期房、二手房450套，面积4.14万平方米，成交额1.01亿元。2004年第二届房交会，销售现房、期房、二手房443套，意向性购房40套，成交额1.23亿元。2005年，出售公房5940平方米，归集售房资金115.5万元。在市第三届商品房展销会上，销售商品房460套，成交额近1.2亿元。2006年，出售公房34户、1934平方米，归集资金34万元。在第四届商品房展销会上，销售商品房950套，成交额近2.45亿元。

2007—2008年，对房地产市场实行专项清理整顿，对全市30家开发企业进行年检，建立商品房销售网上登记备案制度。为保持房地产市场良性运行，制定《关于促进我市房地产市场稳定健康发展的若干意见》，加大管理力度，核发商品房（预）销售许可证48份，对4家违规销售企业进行处罚。2009年、2010年，核发商品房（预）销售许可证72份。2010年，举办第八届商品房展销会，全年商品房销售达5540套，72万平方米，成交款30.8亿元。

二、房地产转让

1991年后，房产转让发展平稳。2009—2010年，转让交易数量大幅度增加。1991—2010年，全市办理房屋转让手续22598户。

1991—2010年兴化市办理房屋转让户数一览表

表8-8

年份	转让户数	年份	转让户数	年份	转让户数	年份	转让户数
1991	198	1996	279	2001	790	2006	985
1992	216	1997	263	2002	817	2007	742
1993	232	1998	305	2003	874	2008	754
1994	256	1999	456	2004	885	2009	4920
1995	214	2000	518	2005	950	2010	7944

三、房地产抵押

【抵押管理】 1997年，根据建设部颁布《城市房地产抵押管理办法》的规定，由市房地产交易所办理城市房地产抵押，并对房地产抵押行为进行管理。2008年，市房地产管理处成立抵押科，行使房地产抵押行为的管理职能。进行房地产抵押时，先由抵押人和抵押权人签订书面抵押合同，然后持房地产权证书或者房屋所有权证书、土地使用权证书、当事人的合法证明、主合同和抵押合同、抵押房地产价格的证明资料，到房地产交易所申请抵押物登记。

【抵押情况】 1991年，全市发生房地产抵押行为352起，抵押房屋20247.04平方米，标的额528万元；2000年，全市房地产抵押行为605起，抵押房屋52030平方米，标的额7865万元。2002年，实施资产评估702户，办理房屋产权证书4027份。2004—2006年，办理商品房鉴证3229户、房屋抵押2549户，办理各类房屋登记发证5667户。2007—2010年，实施房屋鉴证4148

户，办理各种房屋登记发证34564户，房屋他项权证7374家。

1991—2010年，全市发生房地产抵押行为11760起，用于抵押的房屋11172万平方米，标的额48.51亿元。

四、房屋租赁

1992年，根据《城市房屋租赁管理办法》规定，市房地产交易所对城市房屋租赁进行管理，负责办理城区房屋租赁许可登记。1997年，市房地产管理处成立房屋租赁管理所，对城市房屋租赁接手管理，按照规定对城区租赁房屋进行登记备案，核发登记许可证。2010年，租赁管理与工商部门联系执法，在城区工商所及戴南、安丰、周庄等工商所设立办公窗口，工商户进行营业执照登记的同时进行租赁登记备案。

1991—2010年兴化市直管公房租赁情况一览表

表8-9

年份	租赁面积（万平方米）	其中：非住宅（万平方米）	收租金（万元）	年份	租赁面积（万平方米）	其中：非住宅（万平方米）	收租金（万元）
1991	20.15	4.91	62	2001	14.61	4.30	90
1992	21.26	4.81	60	2002	13.50	4.02	80
1993	21.67	4.71	79	2003	12.67	3.47	70
1994	21.51	4.65	156	2004	11.10	2.90	55
1995	21.84	4.56	155	2005	10.27	2.66	48
1996	21.50	4.55	163	2006	9.74	2.55	38
1997	20.91	4.50	166	2007	9.04	2.40	36
1998	19.63	4.47	145	2008	8.24	2.24	28
1999	14.54	4.38	122	2009	7.52	2.16	21
2000	15.89	4.36	100	2010	6.83	2.06	45

1991—2010年兴化市非直管公房租赁情况一览表

表8-10

年份	办理租赁许可证（份）	建筑面积（万平方米）	租金（万元）	年份	办理租赁许可证（份）	建筑面积（万平方米）	租金（万元）
1991	1400	8.90	1.78	1998	1820	11.00	5.50
1992	1450	9.10	1.82	1999	1500	10.20	5.10
1993	1480	9.30	1.86	2000	1560	10.30	5.15
1994	1510	9.50	1.90	2001	1580	10.50	5.25
1995	1610	9.80	1.96	2002	1400	9.70	4.85
1996	1700	10.10	5.05	2003	1380	9.50	4.75
1997	1780	10.80	5.40	2004	1300	9.20	4.60

续表 8-10

年份	办理租赁许可证（份）	建筑面积（万平方米）	租金（万元）	年份	办理租赁许可证（份）	建筑面积（万平方米）	租金（万元）
2005	1260	8.80	4.40	2008	1080	7.30	5.11
2006	1210	8.10	5.67	2009	980	6.50	4.55
2007	1160	7.70	5.39	2010	940	6.10	4.27

第六节 物 业

一、行业发展

2000年以前，市内房屋采取原产权单位自建自管模式。2002年，经市编办批准成立市建设局物业管理处（挂物业管理中心牌），先后进行物业管理企业资质初审和年检工作，建立住房公共部位、公共设施设备专项维修资金，普通住宅物业管理公共服务指导价格分等定级，住宅区业主委员会管理，物业管理招投标，加强从业人员上岗培训等工作。指导和促进市内的物业管理行业。逐步建立专业化、社会化和市场化的物业管理机制，提高物业管理水平。2002年，兴化市海池物业管理公司成立。2003年，全市有住宅小区31个，其中一类16个、二类5个、三类10个，总建筑面积200万平方米。有物业管理企业9家，从业人员183人，管理18个住宅小区，物业管理覆盖面58%，受益人口3.2万人。2006年，市政府办公室转发市建设局《关于加强住宅小区物业管理工作的意见》，加大环境综合整治力度，对11个小区综合整治规划。2008年，新增昭阳影剧院、市人大、市政协新办公楼物业管理。2009年，规范新建住宅小区物管企业招标程序，制定新建小区附属配套设施监管审核制度，进一步提高物管企业和物管人员的从业水平。至2010年，全市有三级资质的物业管理企业25家，其中外地企业3家、由开发企业改制的物业管理公司10家、民营物业管理公司12家，接管住宅区51个、办公大厦10个、医院3家，托管面积280多万平方米，占住宅小区面积的80%。接管项目中有60%盈利、40%亏损（其中7个小区靠政府“以奖代补”来维持）。接管方式有招投标、双方协议、建设单位成立公司管理3种。企业服务按泰州市公共服务等级标准分为5个服务等级：一级服务小区14个、二级服务小区9个、三级服务小区20个、四级服务小区5个、五级服务小区3个。富康花园小区、锦绣园小区分别于2003年、2004年获得“省级优秀小区”称号。至2010年，有10个小区获得“泰州市优秀小区”称号。

2010年兴化市区居民小区物业管理公司及收费标准一览表

表 8-11

物业公司名称	小区名称	收费标准（元/月·平方米）	文件依据
金苑物业管理有限公司	金花园小区	0.20	兴价（2005）34号
金兴物业管理有限公司	沧浪河小区	0.20	兴价（2005）33号
朝阳物业管理有限公司	新华小区	0.10	兴价（2005）90号
朝阳物业管理有限公司	昭阳花园	0.20	兴价（2005）97号

续表 8-11

物业公司名称	小区名称	收费标准（元/月·平方米）	文件依据
朝阳物业管理有限公司	黄金城道小区	0.25	兴价（2005）136号
楚水物业管理有限公司	张阳南区14–19#	0.30	兴价（2004）153号
朝阳物业管理有限公司	锦绣园小区	0.30	兴价（2005）95号
兴盛物业有限公司	新城北村东区	0.10	兴价（2004）14号
金兴物业管理有限公司	金兴花园	0.20	兴价（2004）15号
金成物业管理有限公司	富康花园	0.30	—
市政物业管理有限公司	绿岛花园	0.10	兴价（2002）2号
楚水物业管理有限公司	楚水公寓	0.10	兴价（2002）79号
朝阳物业管理有限公司	富安小区	0.10	兴价（2005）94号
朝阳物业管理有限公司	阳山公寓	0.10	兴价（2001）120号
朝阳物业管理有限公司	漪澜宝邸	0.25	兴价（2001）120号
朝阳物业管理有限公司	明珠城小区	0.20	兴价（2005）88号
板桥物业管理有限公司	金东门花苑	0.30	兴价（2006）49号

二、业主委员会

2003年5月，富康花园第一届业主委员会成立，为市内第一家由业主选举产生的业主委员会。至2010年底，有富康花园、昭阳花园、锦绣园、明珠城、海池花园、绿岛花园、金兴花园7个住宅小区成立业主委员会，在小区管理、维修资金监督使用方面发挥自治管理作用。

三、小区综合整治

1991年后，兴化各小区内公用设施不全，卫生环境较差，且无物业管理。自2005年起，根据不同情况和条件，对各小区进行综合整治，并实行物业管理。新城北村东区建筑总面积9.3万平方米，入住人口3100多人，由兴盛物业中标管理。沧浪河公寓建筑面积1.7万平方米，入住人口近500人，由楚水物业中标管理。戴湾（西园）小区建筑面积0.65万平方米，入住人口较少，经讨论由业主自治。经过综合整治，完善小区配套，基本达到方便生活，保障安全，净化环境，实施长效管理的目标。2009年，完成海池花园、海池公寓、阳山公寓等老住宅区的环境整治。2010年，完成九顷危旧房改造，对小区道路、绿化、下水道、化粪池等进行维修整治，改善居民小区住宅环境。

四、公共维修资金

2001年7月，市公共维修资金制度建立。根据《兴化市物业管理暂行办法》规定，新建住宅按每平方米20元缴纳公共维修资金，专户存储。专项用于住宅小区保修期满后公共部位、公共设施设备的大中修更新、改造。2004年，投入资金50万元，填补小区绿化面积1.2万平方米，开展小区创优达标活动。2006年，投入17万元，对海池花园、海池公寓、张阳小区进行综合整治，落实小区“三保”（保安、保洁、保绿）方案，指导43个小区开展平安创建活动。至2007年，全市有59个小区建立公共维修基金制度，收集物业公共维修基金2682万元，申请使用维修22.4万元，增值收益72.9万元。至2010年，收集物业公共维修资金6249.5万元，申请使用维修353.02万元。

第四章 城市管理

第一节 规划管理

1995年，市政府颁布《兴化市实施〈中华人民共和国城市规划法〉细则》，对规划编制管理作出明确规定，主要内容包括规划编制原则、规划审批程序等。

一、规划编制管理

1991年以后，兴化村镇规划的编制，以县（市）域规划和县（市）域土地利用总体规划为依据，并与基本农田保护区等专业规划相协调。根据国民经济和社会发展计划，结合自然环境、资源条件以及社会经济发展的历史和现状，统筹兼顾，综合部署。处理好近期建设与远景发展、改造与新建的关系，做到合理用地，节约用地，保护耕地和林地；合理安排住宅、乡镇企业、公共设施和公益事业的布局，缩并零散的自然村落，逐步建成相对集中、设施配套的现代化村落。引导乡镇工业向工业区集中，并适当留有发展余地。保护和改善生活环境与生态环境，防治污染和其他公害，加强绿化和村容镇貌、环境卫生建设。

镇规划由乡镇政府统一组织编制，经乡镇人民代表大会审查同意，并由乡镇人民政府报市政府批准。有关村庄建设规划，先由村民会议讨论同意。村镇规划经批准后，由乡镇政府公布。如确需修改或者变更的，必须按照规定程序报原审批机关批准。

二、建设用地规划管理

1990年起，在报勘核发“一书两证”时，规划部门坚持现场踏勘，严格审核，制定从建设项目选址审批、用地、规划方案到建设工程审批、建筑方案审批等一系列详细操作规程，规范规划管理程序，加强建设、设计、管理单位间的信息沟通，并在工程现场公示报建项目及周边环境关系密切的待审批项目，征求群众意见，及时解决工作中出现的问题。同时，强化对违法建设的查处，加强对建设项目跟踪管理，杜绝不批就建、少批多建等违法行为的发生。

20世纪90年代中期，全市农村掀起建房热，由于当时建设用地管理不严，乱占滥用耕地现象较为严重。为此，市政府颁布《兴化市村镇建设暂行管理规定》，使规划用地管理逐步完善。1997年后，各乡镇政府对建设规划进行修订、完善，将房屋建筑管理列为主要内容，部分乡镇对镇内房屋建筑的高度、结构设计，以及建筑物的布置等均提出要求，还提出建筑设计应贯彻“透明、经济、安全、美观”的原则，注意整体布置和周围环境的协调。2000年起，各镇区街道两侧新建房屋大多在2—4层，最高有6层。2003年起，对各类建设项目逐步实行电脑办理“一书两证”，公开审批程序，集中统一审批。村（居）民个人使用耕地建住宅，需向市规划部门申领村镇规划选址意见书，向土地管理部门办理土地使用手续。其他在非耕地上建住宅者，均向乡、镇政府申领村镇规划选址意见书和村镇工程建设许可证。2008年，兴化市出台《村镇村民建房管理暂行办法》，办法明确对往年发生的一户多宅或宅基地超过规定标准的，依法查处，逐步收归集体所有，另行安排使用办法划定村镇、村民建居分各类建制规划区建设和集镇、村庄建造两区域。还规定村民异地新建住宅的，除按规定办理规划、建设用地审批手续外，应与所在村和乡镇人民政府签订按期退还原有宅基地的协议。缴交原房屋产权证、土地使用证，由发证部门予以收回注销，到期不退还的，按违法占地处理；原有住宅出租、出卖或赠与他人的，再申请宅基地建房的不予批准。村民住宅不得向城镇居民出售，城镇居民不得占用农村集体土地建住宅。办法强调对非法买卖、转让宅基地使用权的，按非法买卖转让土地处理。2010年，全市小城镇房屋建筑中楼房占30%，砖混占70%。张郭、戴南、周庄等镇建成别墅区。张郭等镇建设开始注重房屋建筑风格，建成古典式楼群，并使房屋布置错落有致、美观多样。

第二节　环境卫生管理

一、队伍设施

1991年，昭阳镇清洁管理所负责城区环卫管理，隶属昭阳镇政府。1994年4月22日，清洁管理所划归市城建局管理，更名为市区环境卫生管理处。2002年4月22日，该处由市建设局整建制划归市城管局。1991年，全所职工200多人，其中临时人员80多人，在原昭阳镇政府东租赁3间民房办公，主要负责英武路、丰收路、牌楼路几条主要干道以及20多条支巷的清扫，清扫面积20多万平方米，一日早晨和下午两清扫，不要求保洁，夏季主要采用拖拉机洒水压尘、清运、中转。清运车辆全部为木制人力板车。2010年，环卫在职人员增加到750多人。随着建成区不断扩大，环卫工作量快速增加，清扫保洁面积近250万平方米，清扫范围涵盖过境路以内范围。垃圾日清运处理量150吨（压缩后），粪便日清运处理量仍然达80吨左右。垃圾清运车辆全部由木制改为不锈钢，有洒水车2辆，吸粪车2辆，小型装载机2台，小型吸粪车、冲洗车各1辆。

二、垃圾处理

【垃圾中转点（站）】 1991年前，设有野祭、北公园、西门3个临时垃圾中转点和富安、文峰2个中转码头，采用拖拉机2辆和15吨船4艘进行中转。基本做到城区无垃圾积压。垃圾中转至葛家马场基和旗杆荡垃圾堆放场进行简单堆放处理，夏季进行人工消杀处理。至2010年，先后建成阳山、南沧、九顷3座行吊式中转站以及新区、城堡、长安、英武、城东5座压缩式垃圾中转站。

【垃圾处理方式】 20世纪90年代，城区垃圾处理从无到有，由旗杆荡简易堆放至南沙垃圾处理场简易填埋。1997年7月，占地3.4公顷，投资250万元的南沙垃圾处理场建成使用，日处理生活垃圾近100吨。2002年9月，在南沙处理场北两次租用西郊镇土地5公顷，扩建垃圾处理场。2007年12月，城区所有生活垃圾送盐城大吉公司焚烧处理，日处理生活垃圾近150吨（压缩后），城区生活垃圾无害化处理率达100%。

三、下水道清淤

1989年，兴化城市政工程处有干部职工215人，为市政公用工程三级企业。1998年，更名为兴化市市政建设开发总公司，经营范围为市政道路、公路工程、房屋开发及下水道清淤，干部职工70人。2004年公司改制，将原下水道清淤职能划归市城管局，组建兴化市市区清淤工程处，主要负责城区主次干道和后街背巷下水道疏通和清淤工作。至2010年，清淤处针对不同天气状况，合理安排人员，做好清淤工作。

四、粪便处理

1991年，城区厕所500多座，多为旱厕，水冲厕仅有3座，且有很多露天粪坑，公厕保洁一日一清扫，粪便日处理量为120吨。粪便大部分由城郊农民包街，挑送下乡作为肥料。建有张家贮粪池1处，作为应急使用。2006年，进行城区“公厕革命”，先后进行旱厕改水厕86座，旱厕维修出新138座。至2010年，全面消灭城区露天粪坑和倒粪池，城区水冲厕比例达50%以上。

第三节　市容、市政管理

1986年9月，县城镇建设管理委员会成立。1987年11月，更名为城市管理委员会，负责城市市容市貌管理工作，行使“指导、协调、检查、监督、管理”的职能。1991年6月，建立兴化市城镇管理办公室，为市政府综合管理城区市容市貌的工作部门。2001年底，组建市城市管理局，主要依据国务院令第101号《城市市容和环境卫生管理条例》、《江苏省城市市容和环境卫生管理条例》以及城市管理相关的法律法规，负责对城市市容秩序的管理。

2010年4月，兴化市出台《兴化市城区街景容貌管理办法（试行）》，对街景容貌管理，包括店招店牌、门楣显示屏、空调外机（窗机）、门窗防护（盗）栏、遮阳雨篷以及与街景容貌相关的其他方面管理做出规范，明确市城市管理局是城区街景容貌管理监督主管部门。城市规划区范围内的各建制镇人民政府、经济开发区以及各有关部门、单位在各自的职责范围内共同按照街景容貌标准工作。

一、马路市场、占道摊点管理

20世纪90年代初，城区马路市场摊点乱摆乱设。1994年，市政府颁布《兴化市城市市容管理规定》，强化城区市容管理。市城管办组织人员先后取缔牌楼东路东岳庙附近的百货马路市场，北水关及小南门、东门米市河等处的马路菜场，拆除主干道及巷头乱拉乱搭的棚顶，加强对拱极台、建行小商品市场的管理。同时规范牌楼路、长安路、英武路、丰收路等路段的门面出摊。2003年后，城管部门狠抓马路市场混乱现象的整治，推进市容环卫责任区制度的落实，规范城区摊点，美化市容。随着城区不断扩大，城管工作难度也逐渐加大，市城管局在增加管理力量的同时，不断探索管理方式。2010年，开始在城区后街背巷设置疏导点，从根本上解决菜农卖菜难的问题。针对兴化的实际情况，进一步规范便民修旧点和卤菜熟食摊点，定制标识牌，让经营户挂牌经营。

二、夜市摊点管理

20世纪90年代，取缔城区零散的小商品市场，划设牌楼路夜市一条街，批准设置夜市摊点80多户，按定点的位置、规定的时间、核定的经营范围、统一的经营工具，持证经营，并保持周围环境卫生整洁。2002年，除牌楼东路以外所有夜市排档一律取缔。城管部门组织牌楼东路夜市排档招投标会，参加投标的业主40户，其中26户获得夜市排档经营权。2007年，为改善城区市容，维护牌楼路和英武路的交通秩序，组织实施牌楼路夜市迁址工作。马桥路、美食街和东营街作为夜市迁移的定点路段，159户夜市摊主按照指定路段、指定位置从事夜市经营。2007—2010年，城管部门组建夜市管理中队，落实长效管理措施，每天17时30分上班，实行错时管理。

三、门前三包管理

20世纪90年代，城区“门前三包”工作实行“统一领导、系统包干、单位落实、齐抓共管”的原则，其职责为包环境卫生、包绿化美化、包公共秩序。“门前三包”工作实行保证金制度。2002年，按照“统一代包、有偿服务、强行入轨、标本兼治”的要求，率先在英武路试点，环卫处作为代管单位，负责沿街门点门前的清扫保洁和公共秩序管理。2004—2010年，在城区主次干道逐步推行市容环卫责任区制度，与临街单位和经营网点签订门前三包责任书。

四、内城河管理

20世纪90年代初，从丰收桥至北海桥河段设档，禁止船只航行和停泊（消防、救护、公安等特种船艇除外），进入船只必须办理通行手续，方可进行规范停靠，并派专人对内城河进行巡查，不定期打捞漂浮物，清理河岸垃圾，确保内城河整洁优美。1995年，档口撤销。

五、户外广告管理

1999年，城管办对城区户外广告实施管理，主要含有过街横幅、楼体条幅、布幔和灯箱等广告设施。2005年后，兴化市城管部门为城区户外广告设施设置行政主管部门，即城市管理局，牵头组织户外广告设置规划的编制，负责户外广告的设置管理，对违反户外广告设置管理规定的行为依法查处。2008年12月，兴化市出台《兴化市户外广告设置管理办法》，对户外广告设置、审查等作出规范。2009—2010年，对长安路跨街灯桥及部分户外广告，实施市场化运作。

第四节　城建监察

兴化县城镇建设管理办公室成立于1986年9月。兴化市城建监察大队，原名“兴化县城镇建设监察队”，1986年经县政府批准建立。1997年5月，更名为“兴化市城建监察大队”。1999年4月，兴化市城镇建设管理办公室、兴化市城建监察大队合署办公。

20世纪90年代，主要针对城市违章搭建组织监察。2004年，查处违法违章行为240起，面积2.6万平方米，发出行政处罚决定书102份、告知书103份。组织力量拆除违章搭建234处，面积3981平方米。2005—2010年，查处违法建设行为1200多起，发出行政处罚决定书650份、告知书642份，合计拆除违章建设3000多户，建筑面积4万多平方米。

第五章　镇村建设

第一节　集镇建设

一、基础设施建设

1991年，兴化9个建制镇区公共设施总面积约123.5万平方米。各乡镇人民政府所在地的建设，从实际出发，逐步发展形成政治、经济、文化中心。有的具备小城镇雏形，但总体来讲县域经济条件发展不平衡，有的尚较落后。1997年，全市集镇建设混凝土路面68.5公里，铺设排水管道66公里，供水管道274.8公里，新增供水能力2.8万吨，26个乡镇实现村村通水。开工建设各类商品房31.8万平方米，新改建公厕109座，其中水冲式公厕14座。2003年起，进一步加大以重点中心镇的小城镇建设指导、服务和督查力度，推动小城镇建设更快更好发展。全年小城镇建设投入16.78亿元，其中生产性建设投入4.35亿元。新增道路面积98.44万平方米、绿化面积38.63万平方米、住宅面积124.91万平方米。戴南、张郭、安丰、戴窑4个重点中心镇完成投入4.92亿元，其中生产性建设投入2.1亿元，新增市政道路面积32.72万平方米、绿化面积17.85万平方米、住宅面积23.58万平方米。2007年，全市各乡镇完成投入43.27亿元，新建住宅面积98.53万平方米，开发商品房面积70.14万平方米，建成单位办公用房141万平方米，生产厂房152.9万平方米，新增道路面积116.7万平方米，绿化面积115万平方米。至2010年，全市各乡镇道路总长度972.66公里，面积1125.27万平方米，桥梁1828座。住宅建筑面积932.66万平方米，公共建筑面积400.6万平方米，生产性建筑面积335.22万平方米。

二、集镇公用事业

1991年，戴窑、安丰、沙沟、大垛、周庄、戴南等镇建有自来水厂，管道总长约7.6万米，日产水量1.2万吨。各镇镇区都设有邮电支局、所和广播放大站。有8座影剧院、3所文化中心或会堂、9个文化站、9所中学（其中完中8所）、9所医院或卫生所。1997年后，各乡镇将镇区绿化纳入规划，采取“统一规划，配套建设，分步实施”的方法，搞好镇容镇貌与环境、生态建设，为居民提供娱乐、休闲、锻炼身体的良好场所。1998年，全市小城镇建设投入4.98亿元，新扩建水厂10座，铺设供水管道20公里，下水管道32公里，新建农贸市场42个、公厕28座，新增垃圾箱756只。2006年，全市小城镇建设继续发展，新增硬质化道路面积91.91万平方米、绿化面积62.58万平方米。一批具有一定规模的建筑在乡镇落户，如戴南镇的万源商贸城、博爱幼儿园；茅山镇投入360万元，建成苏果超市；周庄镇建成2500平方米的宾馆；合陈镇建成全钢结构的农贸市场。至2010年底，全市乡镇供水管道长度1169.03公里，排水管道长度256.2公里，路灯12673盏，绿地面积243.59公顷，环卫专用车辆436辆。

三、集镇综合整治

20世纪90年代后期，各集镇环卫工作逐渐引起市政府重视，普遍新建和改建公共厕所，设置垃圾箱和垃圾堆放地，确定专人负责街道、公共厕所的清扫、消毒和垃圾的清运工作。1998年起，全市开展卫生镇建设，环卫工作由村镇建设办公室具体负责，组成环卫机构和专业队伍，实行分处包干。当年，全市乡镇环卫职工120人，清扫道路面积170万平方米，日清运生活垃圾5万吨。在镇区居民中制订卫生公约，实行门前包卫生、包绿化、包秩序的“三包”制度，保持街道和室内清洁，做到人人讲卫生，不随便乱丢脏物、倾倒垃圾。每个乡镇不定期开展群众性卫生活动，进行室内外大扫除，灭蚊灭蝇、喷药消毒，进行卫生检查评比活动。2003年，张郭镇被为国家卫生镇。

2005年，张郭镇在通过全国卫生镇复查和全国小城镇建设示范镇验收的基础上，顺利通过全国农业旅游示范点的认证。戴南镇和周庄镇分别被列为省级和泰州市级城市化示范镇创建对象。2007年，市委、市政府作出决定，在全市深入开展“五城同创”，实行城乡联动，多着并举推进集镇管理，改变集镇“脏、乱、差”状况，做优做美集镇环境、创建适宜人居集镇。重点解决环境卫生、镇容镇貌、水域环境、交通秩序、河道整洁、绿化完善等问题，使集镇环境面貌得到明显改善。各乡镇在编制环境规划时，根据自然环境及所处地理位置，恰当安排绿地、风景带，注意保护名胜古迹、古树名木和有观赏价值的古街区。在街道红线内不准私搭乱建、摆设摊点，街道地面和空间均不得侵占。对破旧房屋、围墙逐步改造，同时注意市区中心广场的布置与设计。按照规划发动居民分区分段包干，义务植树种花。2010年，沙沟镇被住建部、国家文物局命名为中国历史文化名镇。

第二节　新型小城镇建设

20世纪90年代后，随着经济的飞速发展，兴化城镇建设走上快车道，尤其是戴南、张郭等经济发达乡镇，新型小城镇建设发展迅速。

一、戴南小城镇建设

1995年，戴南镇为创建省级新型小城镇，镇区总体规划进行补充修订，经扬州市建委组织的专家评审通过。镇区范围东起振兴路，西至盐靖河，南起官沟址及赵家村北首，北至陈万夹河、东北缫丝厂南生产河，一线人口规模约为4万人。2001年，随着个体私营经济的迅速发展，总体规划重新编修，镇区面积16平方公里，人口规模5万人。

2009年，戴南镇启动国家园林城镇创建工程。该工程以建设国家园林城镇为目标，本着“高起点规划、高标准建设、高效能管理”的原则，推进人与自然的和谐，全面加强镇区园林绿化建设、新区建设和旧镇改造同步推进。新建全省乡镇一流的戴南人民医院、文化艺术中心和汽车客运站等重点城建工程。小城市基础设施逐步完善，建成“八纵六横”的主干交通路网；建成戴南人民公园—泽园和时代、明珠、园区等10个广场，给广大群众提供健身休闲的场所，基本建成绿树环绕、碧水串绿、三季有花、四季有绿、特色鲜明的园林镇区。2010年1月，兴化市规划局戴南分局正式成立，标志着戴南正式被纳入兴化市工商业小城市规划范围。

二、张郭小城镇建设

20世纪90年代到2000年初，张郭镇先后邀请同济大学、江苏省城乡规划设计院、扬州大学对城镇总体规划进行3次修编，确立“五横五纵”的城镇框架，城镇规划面积从0.4平方公里扩大到5.8平方公里，保证小城镇可持续发展的空间。聘请省城乡规划设计院编制详规，对城镇功能分区、空间布局、公共设施、人文景观、单体规模、建筑风格和园林绿化等进行统筹安排。2000年后，先后建成商品房60多万平方米，新增硬质道路55万平方米，所有道路小区实现“硬化、亮化、绿化、美化”，为突出人文特色，投资600万元建成占地5.2万平方米的代表苏中园林建设水平的晨秀公园，投资240万元建成占地1.2万平方米的人民广场。同时，积极营造浓厚的文化氛围，实施街道灯箱文化工程，把本可做商业广告的灯箱改为社会公益性广告，以此熏陶农民、美化城镇。省委副书记任彦申称誉其为“精神文明建设的一道亮丽的文化风景线”。在加快推进城镇建设的同时，坚持以创造良好的人居环境为中心，加强绿色通道、花园工厂和生态小区建设，打造最佳的生态环境。至2010年，投入4000多万元用于镇区绿化，先后建成5座绿化广场和12公里的河滨绿化带，

图8-14　张郭镇街道风景　（2006年摄，张郭镇提供）

新区绿化覆盖率达40.75%，人均公共绿地达20平方米。

三、安丰小城镇建设

安丰镇是兴化市东北部地区经济、商贸、文化中心，区域中心地位凸显。2000年后，该镇围绕打造兴化城市副中心，加快推进基础设施建设，形成“五纵五横”主次干道格局。在小城市推进工作中，安丰镇重点实施海沟河景观风光带、安丰公园等一批民生工程的建设。投资600万元，建成总面积近2万平方米的市民广场，将成为居民休闲、健身、娱乐的好去处。2010年，安丰镇被泰州市列为小城市发展对象。

第三节　村庄建设

一、村民住宅建设

1995年前后，全市农村旧房普遍被改造新建，原砖木结构房屋逐步被砖混结构房屋所代替，并逐步向多层次、套房化、高档化发展。新建楼房设施配套水、电、卫俱全。1996年，全市建有农房800万平方米，其中楼房103万平方米、混合结构200万平方米。人均居住面积增加到20平方米。

1997—2010年，全市每年建房农户2000户左右，建房面积约25万平方米左右，其中砖混合结构占40%以上。大多为旧房改建。房屋内部装修及其舒适度超过小城镇和城市住房。由于小城镇建成区面积扩大，部分村庄被合并，村庄建成区相应缩小，住房用地面积亦有所减少。

二、村庄环境建设管理

2006年，市政府选取50个试点村，集中开展以治脏、治乱、治污、治黑为重点村庄环境建设整治活动。大垛镇管阮村投入603万元，进行村内道路、桥梁、净水式公厕、景观墙地、排水管道埋设和农户改厕。浚深村内河道，消除卫生死角，拆除有碍村庄景观的棚舍18处，在村庄新区建18幢别墅。合陈镇邓桥村对村内主要河道两侧全面整治，拆除乱搭乱建的棚点，清理乱堆乱放的草堆、杂物，绿化河两岸，新建公厕。海南镇刘泽村全面完成改厕。张郭镇蒋庄村对环村西路全面整治，通过扛土填沟拓宽路面，在路两侧补植树木，在村内配置垃圾箱、垃圾池。戴南镇张万村新建农民公寓楼，启动同心路的拓建。沈坨镇安塘村投资48万元拆迁改造庄内主干道，建成长2230米的水泥路面。2007年，全市有188个村庄实施环境整治，浇筑道路1755条，安装路灯7892盏，植树43万株，拆除违章建筑2596处，墙体出新183万平方米。落实保洁人员656人，设置垃圾箱、筒、池6080个，购置垃圾清运车346辆，落实垃圾填埋场165处，清除柴草堆14942个、猪圈灰堆9611个、露天粪缸10517个，新建公厕682座，改厕改圈18241户。疏浚河道土方290多万立方米，整修驳岸90条，长23782米。打捞水面杂草、漂浮物20676船，清理河岸垃圾22912吨，新改建桥梁209座，村村建起体育健身设施。

2010年，在614个行政村全面实现村庄环境整治的基础上，将重点转移到巩固整治成果，落实长效管理措施。通过创建活动的开展和村镇环境的整治，全市村镇容貌得到明显改善，农村综合环境得到进一步优化。大垛镇双石村等先后创建为省级康居示范村，城东镇塔头村、新垛镇施家桥村、合陈镇邓桥村、海南镇刘泽村、大垛镇吴岔村等先后创建为泰州市级康居示范村。

卷九 经济综情

改革开放后，兴化市由计划经济逐步向市场经济转变，产业结构由农业为主向工业为主转变，经济的封闭、半封闭状态被逐步打破。1990年，兴化公有经济保持主体地位。第一、第二、第三产业结构为54.03∶25.14∶20.83，社会固定资产投资7030万元。全年地区生产总值17.71亿元，财政收入0.66亿元，工农业总产值39.31亿元，社会商品零售总额10.41亿元，城镇居民人均可支配收入1591元，农民人均纯收入743.8元。其后，中共兴化市委、市政府加快全市经济、社会发展步伐。在农村稳定和完善土地家庭联产承包责任制。1998年，在试点基础上稳步实施第二轮土地承包，实行适度规模经营，土地承包权流转、入股等改革。加强农村集体资产管理，组织集体经济股份合作社，发展农民专业合作经济组织。在市属企业和乡镇集体企业，推行经济承包责任制，改革产权制度，在商贸流通领域推行多种形式的承包经营责任制，推进计划经济向市场经济转变，实施产权制度改革，大力发展个体私营和股份制企业。2000年后，全市经济从以公有制为主，向多种所有制经济共同发展转变。同时在财税、金融、计划、价格及投资诸领域实施改革，努力改善投资环境，积极开展招商引资，进行经济、科技开发区和乡镇工业集聚区建设，为兴化市经济社会发展注入动力和活力。

1991—2010年，兴化经济持续发展，综合实力逐步增强。2010年，全市第一、第二、第三产业结构调整优化为16.7∶44.7∶38.6。全社会固定资产投资239.24亿元，为1990年的340倍。地区生产总值387.11亿元。财政收入54.47亿元。工农业总产值1192.58亿元，社会消费品零售总额85.85亿元，分别是1990年的30.14倍和8.25倍。城镇居民人均可支配收入18409元，农民人均纯收入8817元，分别是1990年的11.57倍和11.85倍。全市拥有国家名牌产品1个、国家地理标志产品3个、江苏省名牌产品23个、泰州市名牌产品45个。

2003年以后，兴化市连续8年获“全国粮食生产先进县”称号。2007—2010年，兴化市在全国县域经济基本竞争力排名中，连续4次跻身“百强县”行列，名次从第99位上升到第67位。

图9-1　兴化经济开发区管委会　　（2010年，顾晓中摄）

第一章　经济体制改革

20世纪90年代，兴化农民家庭经营由单纯农副业，向第二、第三产业发展。1999年，在核实土地的基础上，与农户签订二轮土地承包合同，将合同承包期限延至30年，并颁发土地承包经营权证书。逐年减轻农民负担。2001年，进行农村税费改革，农民负担大幅度减轻。2001年，全市农民负担总额18514.45万元，人均负担146.71元；总额比税费改革前的2000年下降11168.35万元，人均减负88.5元。2005年取消农业税后，农民负担进一步减轻，全市农民负担总额3800.26万元，人均负担30.11元；总额比税费改革前的2000年下降25882.54万元，人均减负205.1元。2007年8月6日，市委、市政府积极发展农民专业合作社，鼓励农村土地股份合作。2010年，兴化市被省农委评为"全省发展高效设施农业先进县"。

1987年至1991年底，兴化市推行承包经营责任制的方式，探索政企职责分开、企业所有权与经营权适当分离，进而理顺企业和政府的相互关系。开展横向经济联合，组建企业集团，试行股份制，进行企业兼并，深化和完善企业内部配套改革，不断推进企业经营机制的转换，着力进行企业制度创新。1998年个体私营经济渐露峥嵘，实现工业产值16.59亿元。2001年底，逐步转换企业经营机制，建立现代企业制度，实施产权制度改革，对人员实行"三置换一保障"。是年，全市列统市镇工业原公有制企业113家，实行多种形式改革的有104家，改革面92%；涉及产权制度改革的有86家，改制面76%；个私工业产值占全市总量的59.03%。2004年底，市委、市政府实施企业跨越式发展战略，催生一批大项目投入建设，形成成长中的规模企业群和产业集群。至2008年，基本完成公有制企业改制，吸引大量外资民资，加快全市工业经济结构调整，促进全市经济良性发展。

1990年，全市有各类商业网点12524个，商业人员32308人（含行政管理人员）。农副产品收购总额6.83亿元，社会商品零售总额10.41亿元。1993年成立商业集团总公司，与商业局实行两块牌子、一套班子；1999年8月，市百花集团整体划归商业局。2007年7月1日，市政府撤销商业局建制。同日，组建兴化市服务业局。同月设立兴化市经济贸易委员会商业资产管理办公室，负责原商业局系统资产处理、人员身份置换、债权债务清理等后遗工作。

第一节　农村经济体制改革

20世纪90年代，家庭联产承包责任制的继续推行，发挥了自然资源、劳力资源及产品资源优势，农村开始向农林牧副渔全面发展，工商建运服综合经营的方向前进。

1991年后，农村继续实施第二次深化改革，组织工作组赴大垛镇等地进行继续开放国营小商业企业、深化供销社体制改革、改革粮油购销体制和大力发展农村零点体商业等工作试点，推动农村商品经济发展。农村第二步改革确立统分结合的双层经营体制，农民开始成为相对独立的商品生产者；多种经济成份和多种经营形式的发展促进了产业结构的调整；改革流通体制后城乡通开、多渠道少环节的商品流通体制初步形成。

1998年，市委下发《关于进一步稳定和完善农村土地承包关系，做好延长土地承包期工作的若干意见》。市委组织工作组在茅山镇开展土地二轮延包工作，2005年在周庄镇开展土地二轮补发证工作，按照“大稳定、小调整”的原则，完成土地二轮承包自然村1030个、6034个组，27.51万户，耕地面积104.65万亩。2008年，中共十七届三中全会《关于加快推进农村改革发展的决定》明确现有土地承包关系要保持稳定并长久不变，赋予农民更加充分而有保障的土地承包经营权，解放和调动农民生产积极性，促进农村经济发展。2009年，对全市8300多个土地承包核算单位开展农村土地承包状况调查，收集整理土地二轮承包方案、到户手册、承包合同6.03万份，2010年完成验收工作。

2000年后，兴化市鼓励发展特色农业和农业合作，形成一大批高效种植、高效渔业和规模畜禽养殖等先进典型。至2010年，全市发展农村合作组织664家，入社成员4.25万户。其中专业合作社184家、土地合作社27家、社区合作社16家。

2001年，兴化市按照中央和省里的政策规定，在全市推行农村税费改革。实行“四取消、两调整、一改革”，即取消乡统筹费，取消农村教育集资等专门面向农民的行政事业性收费和政府性资金，取消屠宰税，取消统一规定的劳动积累工作义务工；调整农业税政策，调整农业特产税政策；改革村提留使用办法，重新确定农民负担的项目和标准。税改后农民负担项目包括农业税及附加、农业特产税及附加、村级范围内一事一议筹资筹劳（含以资代劳）、务工经商农民上缴的公益事业费。农村税费改革后农民负担大幅度减轻。2001年，全市农民负担总额18514.45万元，人均负担146.71元；总额比税费改革前的2000年下降11168.35万元，人均减负88.5元。2005年取消农业税后，农民负担进一步减轻。是年，全市农民负担总额3800.26万元，人均负担30.25元，总额比税费改革前的2000年下降25882.54万元，人均减负205.1元。2010年，全市农民负担总额3541万元。

2007年，兴化市委、市政府要求各乡镇积极规划新农村建设，围绕中央提出的新农村建设主题，结合本地实际，完成新农村建设规划，完成新农村建设10个示范村、泰州市26个“百村示范”村的布局设置。市级部门挂钩推进村庄规划编制、环境综合整治、户厕改造等试点工作。至2010年，全市达到小康标准的村有376个，覆盖面达61.24%。

第二节 工业、建筑业体制改革

一、工业体制改革

【企业改革】 1991年，按照“稳定、充实、调整、改善”的方针，完善企业二轮承包。全市有36家工业企业实行承包经营责任制，其中：“两包一挂”（包上缴利润，包技术改造，工资总额与经济效益挂钩）4家，“上缴利润递增包干”14家，“上缴利润包干，超收分成”5家，“利润或亏损包干”12家，“租赁和承包”1家。企业内部推行“一包三改”（实行以厂长、经理为主的经济承包制，改企业干部由“任免制”为“聘用制”，改工人由“录用制”为“合同制”，改干部工人的“基本工资”为“浮动工资”）为主要内容的配套改革（改革人事管理制度、用工制度、分配制度，实行承包经营责任制）。部分企业根据车间、科室的特点，实行聘任制，试行计件、计时、联利浮动、联产联销等多种形式的内部承包责任制，或按产品和加工工艺方面的特点，采取独立核算、分级承包的分厂制。

1992年1月16日，市委、市政府派出综合改革试点工作组进驻兴化齿轮厂，以深化人事、用工、分配3项制度改革为重点，开展综合改革试点。翌年，3项制度改革在全市工业企业中大面积推开。1993年，全市实施股份制和股份合作制企业82家，新增股金1778万元，3家企业依法破产。1995年，股份制企业两家，有限责任公司48家，股份合作制企业328家，并通过"包、租、转、卖、并"等形式改造小微亏企业150多家。1998年，1240家乡镇企业进行产权制度改革，改制面达90%。45家市属企业推行不同形式的改革，改制面42%。1999年，全市1304家乡镇企业中有1293家实行改制，改制面达99%。其中改为公司制56家，占改制企业数的4.3%；公转私营1205家，占93.2%；股份合作制13家，占1%；兼并破产19家，占1.5%。集体资本比重由改革前65.5%降至20.4%，社会团体法人资本的比重由改制前的2.8%上升到65.5%。

1997年，市委、市政府发出《关于鼓励发展私营工业的意见》和《关于乡镇企业改制若干问题的处理意见（试行）》。在人民影剧院召开第一次企业改制动员大会。当年，兴化玻璃厂进入破产程序。1999年5月，兴化化肥厂列为破产企业。2000年11月起，对兴化化肥厂实施职工清偿。此后，相继对兴化拖拉机厂、兴化轴瓦厂以及兴化棉纺织厂合同制职工实施清偿，通过对重点企业实施"三置换一保障"改革，为全面推进积累经验。2001年底，全市原公有制列统市镇工业企业113家，实行多种形式改革的有104家，改革面92%。涉及产权制度改革的有86家，改制面76%，其中股份制16家、租股结合8家、售租结合19家、整体出售14家、公转私营9家、依法破产20家。公有资本基本退出或退出控股地位的企业58家，占51%，部分退出的企业20家，占17.7%，退出公有资产1.57亿元，到位资金1.26亿元，资金到位率82%。2002年，市镇企业以"三置换一保障"为重点，加快改制的步伐，置换职工身份人数2.08万人。2003年上升到2.84万人，占应置换身份职工总数的91.8%。101家企业完成或基本完成职工身份置换，占107家企业的94%。其中27家特困企业近9000名职工实行"零补偿"置换。2004年，坚持一企一策，妥善处理困难企业特殊群体和弱势群体存在的问题。应置换职工总数30848人，至年底置换29401人，占总数95.3%；应置换资产6.5亿元，实际置换6.15亿元，置换率94.6%；应置换土地使用面积256.99万平方米，实际置换176.91万平方米，置换率68.84%。2007年，兴化齿轮厂、扬州金鹏集团改制方案和职工身份置换方案进入实施阶段，并按规定程序委托省产权交易所挂牌转让。2010年，全市最后一家国有控股企业兴化热电有限公司完成改制重组。至此，全市列入统计的345家市属企业"三置换一保障"改革全面完成。

【现代企业制度建立】 1992年，全市17家股份制企业和15家外商及港、澳、台商投资企业的创建和运营为探索建立现代企业制度积累了经验。此后，经过十多年探索、实践，至2010年，以总经理为首的层级管理制度、全面劳动合同用工制度、新财会制度、形式多样的分配制度日臻完善。建立现代企业制度的企业在全市企业总数中所占比重不大，但在资产和经营规模上占有较大比例，对全市工业经济发展有较大影响。（参见《工业　建筑业》卷第一章第三节《工业管理》）

二、建筑业体制改革

1991年，市内主要建筑企业有兴化市建筑工程公司、兴化市建筑设计院、兴化市第二建筑工程公司、兴化市建筑安装工程总公司、兴化市大地工程监理公司。除建筑设计院为全民事业单位外，其余为市属集体所有制企业。各乡镇建筑公司均为乡镇集体企业。

2002年，在乡镇建筑企业推行公转私营及股份合作制，采取部分出售或整体出售的方法，进行产权制度改革。5月，市委、市政府召开市属企业产权制度改革工作会议，下发《关于推进市属企业"三置换一保障"改革若干问题的实施意见》。7月，市建筑工程局受权具体指导建筑企业改制工作，成立改制工作领导小组，下发《关于推进和加强市属建筑企业改革改制工作的意见》《关于加快改革进程，严肃改革改制工作纪律的通知》。按照分步推进的总体部署，选择市建筑安装工程公司、市第二建筑工程公司（含戴南、戴窑、安丰、大邹公司）试点。

2003年4月，市属集体建筑企业改制工作全面推开。9月，市政府将市建筑设计院列为改制单位。至2005年12月，全市47个建筑企事业单位改制基本结束。其中改为股份合作制16个、有限责任公司10个、实施“三置换一保障”5个、注销乡镇企业16个，出售净资产2914万元，募集股本金总额1.42亿元。新组建的江苏永泰建造工程有限公司，在接盘二建公司资质的基础上，通过资质升级和股份结构转换，增资扩股6098万元，全为自然人持股，股权聚集在经营层面。在建筑企业产权制度改革过程中，首先进行产权界定，剥离非经营性资产，合理确定底价，将公有资产全部退出。在处置公有资产时一律实行公开、公平、公正竞价。市大地监理公司拍卖底价39万元，通过公开竞争，上升到110万元。市建筑设计院以280万元出让资产转换成民营有限公司。市总公司以100万元买断无形资产及经营权，并交两年定额红利各50万元。新组建的苏兴民营公司3000万元公有股本全部退出，市建安公司及市二建公司分别以30万元、62万元竞标转让，变更无形资产及经营权。市属企业另处置公有资产（土地、房产、机械设备）达1094.3万元。

2007年4月，市建工局下发《关于建工系统后续改制工作有关事项补充实施意见》，一次性裁减改制企业留守人员32名，将73名未参保退休人员纳入市困难企业退休人员管理范围，定期享受城镇低保生活补助，为市建筑安装工程公司改制前的538名退休职工缴纳一次性医保金498万元，为市属企业置换职工身份755名，保老人员办理退休85名。此后，市建工局借用少量留守人员坚守岗位，正常办理保老人员的退休手续申报、补缴“五金”（养老保险、医疗保险、失业保险、工伤保险以及生育保险），置换人员的签约经济补偿，工伤特殊群体人员的定期补助。市建工局筹集劳保统筹资金，解决市属改制企业的资金缺口。至2008年，建工系统企事业改制工作基本结束，各类历史遗留问题得到妥善处理。全年用于改制费用400多万元，依据有关政策，对保老、置换、特殊人员区别对待，分类处理，救助弱势群体300多人，为行业发展创造良好环境。至2010年末，建筑企业通过深化产权制度改革，以新的资质促进行业发展。全市建筑企业111家，全部为民营企业，其中一级总承包企业3家、二级总承包企业15家、三级总承包企业49家，其他均为专业承包和劳务分包企业。

第三节 流通领域体制改革

一、商业系统改革

1993年，市中百一店改制为有限责任公司。其后，商业企业以“三置换一保障”改革为重点，推进公开竞价出售，提高资产退出的透明度，加快职工身份置换，形成资产置换与职工身份置换相互推动、相互推进。企业改制进程加快，商业流通领域股份制企业、民营企业发展迅猛，逐步占主导地位。2003年6月，商办工业食品厂、酱醋厂、豆食厂3家企业实行改制和职工身份置换结算。

二、物资系统改革

1994年，兴化物资系统效益滑坡，经营每况愈下。1995—2002年，物资企业改革大体三步进行。

1995—1996年推行风险抵押，逐级承包。1995年起，公司经理、副经理、实体承包人及职工分别交纳4000元、3000元、2000元、500元风险抵押金，合计144.24万元。对承包人实行公开招标，签约上岗，承包责任是包销售、包费用、包净利润。总公司——二级公司——经营实体，指标逐级分解、逐级承包、逐级考核兑现。职工双向选择，自由组合，择优上岗。未被聘用上岗的实行内部待岗，减发工资津贴。总公司副经理下挂实职，与所挂二级公司风险共担。

1997—1999年，区别不同经营状况，组建股份制企业，发展公有民营。公司对经营上规模、效益较好的实体抓住不放，实行“基数承包，超利奖励”，对保本微利单位推行“定额上缴，超利分成”的承包办法。对长期亏损的实体和小、微、亏零星分散网点实行“定额上缴、超利全留”，抽本承包或租赁经营。同时鼓励有开拓能力的公司领导、中层干部或企业职工自由组合，自筹资金，内部切块组建股份制企业或股份合作制企业。1994年，煤球厂大楼门市部实行公有民营试点。至1999年底，全系统组建股份合作制企业27个，各农村物资站和煤球厂供应门点近30个网点由企业提供牌子、场所，个人硬承包。

2000—2002年，推行现代企业产权制度改革，鼓励发展个私经济。2000年起，在金属材料总公司和煤炭实业公司改制试点的基础上，通过清产核资、盘活资产、企业托管和组建股份制民营企业等途径，加大其他各企业产权置换和职工分流力度。至2002年7月，基本完成全系统所有企业的改革改制，组建超亿元民营企业1个，资产置换2388.44万元，土地置换521万元。

三、供销系统改革

1991年后，市供销社系统按照上级社要求和自身经营需要，循序渐进地实施体制和机制改革创新，以促进企业发展。

【承包经营责任制】 1991年，兴化遭遇特大洪涝灾害，全系统经营大幅滑坡，首次出现全行业亏损。1992年，市供销社按照省、市政府有关文件精神，实施经营、价格、用工、分配“四放宽”改革，但未收到预期效果。1992年5月，市供销社经省体改委和扬州市政府批准，成立兴化宏达集团，成为全省供销社系统第一家企业集团。随后，农资、物回、日杂等公司各自组建总公司。是年，全系统新建法人公司35个，分公司116个。为解决企业资金问题，多渠道拆借资金1.17亿元，其中新扩股金比重大。在促进生产经营的同时，也留下股金挤兑隐患。1993年，突出外购外销、大购大销，开拓大市场、大流通，为解决企业资金瓶颈，鼓励负债投资、增资扩股，当年全系统社员股金总额达7000万元。此后，企业增扩股金势头不减。1996年底，社员股金总额最高峰时达12405万元。

【抽本经营】 1991年，全系统首亏后，亏损面逐年加大。从1992年下半年开始，供销社在企业性质、隶属关系和职工身份不变的前提下，对工业品实行抽本租赁经营承包。借鉴农村家庭联产承包责任制的做法，以农村基层社为重点，把部门分给职工，分期抽回企业商品本金，给承包者自主经营、自负盈亏、自主分配。第一轮承包至1995年基本完成。1996—1998年在系统内全面推进、落实，市供销总社与64个企业签订承包合同，承包责任人交纳承包风险金11.2万元，同时对全系统1424个工业品经营柜组全面实行抽本租赁承包，每年收取承包费1500多万元，并逐步抽回商品本金。

【清欠退股减员分流】 1999年，随着农资、棉花等主要农副产品经营加快放开，加之其他流通企业快速发展，供销系统经营业务总量大幅度下降。全系统亏损额8593万元，企业亏损面达92%，80%以上企业资不抵债，三分之一的企业基本处于停摆状态，各种债务高达9.75亿元。全系统在职职工1.97万人，其中在册人员1.15万人，代管集体商业职工2588人，年工资总额7000万元左右。需净交养老保险金500多万元，负担离退人员3400人、职工遗属640人，20世纪50年代和20世纪60年代下放定补人员133人以及各种类型的临时工等，企业包袱沉重。股金风险大，国家拨出再贷款1102万元专用于兑付社员股金，但股金余额仍有8800万元。由于企业流动资金基本抽空，大多企业再难从银行贷款，资金调度余地小，股金清兑难度大。

1999年7月，市委、市政府出台《关于进一步加强供销社工作的意见》，9月召开大会贯彻文件精神，推进清欠退股减员增效的企业改革。主要措施是“退”“清”“减”“兑”。“退”即实行公有资本退出，将分散的库房、门点及边、小微亏企业出售处理，以资产变现来保证社员股金按期兑付和人员下岗分流；“清”即回收债权，追缴可收回的3.84亿元宕欠款；“减”即下岗分流，减员增收。按照“保老、扶中、推青”的原则，对全系统近2万人实行多形式、多渠道下岗分流。精简行政管理人员和富余职工，实行“职工能进能出”，企业强化用工管理，严格“定岗、定编、定责、定员”。采取提前退休、内退、退职、辞退等多种办法分流职工，鼓励干部职工离岗离职创业；“兑”即按既定承诺如期兑付社员股金，化解股金风险，避免引发挤兑风波，影响社会稳定。至2000年底，全系统出售资产1020万元，其中市供销社汽修厂整体出售137万元，分流职工6109人，社员股金余额降至7334万元，亏损势头得到遏制。

【“三置换一保障”】 2000年11月，市供销总社确定戴窑、安丰、大邹、沙沟、西鲍、林湖、昌荣、边城、戴南9家基层社和农副产品公司为深化产权制度改革试点单位。主要任务是以供销社资产退出为主，实行资产退出和人员精简并举，社员股金清兑与清收欠款齐抓，达到资本退出，股金退清，人员减尽，建立新的多种经济成份合股企业。2001年，市供销总社组织18名科室人员为改革指导小组成员分赴各试点单位，在产权制度改革工作中突出重点，整体推进资产和人员双置换。全年置换公有资产3802万元，置换人员身份2601人，清退社员股金2073万元，余额降至4267万元，产权制度改革取得阶段性成效。

2002年初，市供销总社下发《关于全面推进“三置换一保障”改革的实施意见》，拟用三年时间完成改革。在清盘各企业家底，形成改革方案，征求职工意见后，由市供销总社及各乡镇政府把关，报市劳动、国土、改制办审批后，组织实施。资产、土地使用权置换，以向社会公开出售为主，辅以人随资产走的方式筹措改革资金。人员身份置换采取一企一策，因企制宜。主要有“人资平衡”“人随资产走”“关门走人”“两不找”等形式，其原则是尽量缴足欠缴的职工养老保险金，再视情况支付补偿金。集体商业继续实施“关门走人”的政策。当年全供销系统置换集体资产1708万元，置换职工身份423人，置换土地使用权1.84万平方米，补缴养老保险金390万元，兑付社员股金910万元。

2003年，市委、市政府根据供销社系统的实际困难，出台“六项特殊政策”：一是允许经济困难、无力支付职工经济补偿金的单位在置换职工身份时实行零补偿；二是实施零补偿的企业可经职工本人申请，用失业救济金抵缴陈欠养老保险金，不足部分在市社承诺补缴的情况下缓交；三是对一时难以变现的土地可以由国土部门收储偿还“两金”，或由乡镇收购，通过变现逐年兑付股金；四是对实施零补偿的企业，免收陈欠“两金”的滞纳金，对已办理退休手续的职工的社区管理费视企业情况给予减缓；五是对大龄内转工、职工遗孀、下放人员等特殊群体可由企业低标准一次性补偿。六是由劳动、民政部门研究拿出二等乙级以上伤残人员医疗管理办法。市供销总社抓住机遇，抢时间、争速度，力促职工身份置换工作尽快到位。年底，全系统116家应改制企业完成改制面66%。资产置换2072万元，人员身份置换5964人，完成80.1%。兑付社员股金360多万元，余额降至3256万元。补缴“两金”1900万元，土地抵押失业金364.5万元。基本完成人员身份置换的企业77家，其中基层社42家、区公司3家、轧花厂4家、市社直属公司7家、商业社21家。安丰供销社实行破产清算。

2004年，市供销总社集中力量，主攻11家老大难企业，并推动所有未完成改革的企业加快进程。至年底，全系统“三置换一保障”改革工作基本完成，116个单位（14个市属公司、5个直属工厂、4个区联合公司、47个基层社、46个集体商业）完成改革改制，置换人员身份11893人，置换资产14315万元，清退社员股金9700余万元，置换土地使用权21万平方米。

【产权多元化】 自2004年起，市供销总社对全系统实行清资产、清债权、清债务的“三清”工作，并进行内审，划断老账，建立新的资产负债表。至2005年底结束，为实施产权多元化改革奠定基础。

2005年底，市供销总社有直属企业改制基本完成，17家经重组转型，保留11家公司（其中职工学校1所），投资新建有限责任公司10家。市供销总社在这些新企业中参控股10%—60%。实行开放办社的企业7家，并陆续对所属农资公司、茧丝绸总公司、物资回收总公司、棉花集团公司报经市政府批准后实施破产清算，2007年基本清算终结。安丰食品综合加工厂停产歇业，人员身份全部置换。

2005年，市供销总社对基层社按照"为农服务、因企制宜、市场导向、开放办社、效益优先"的原则，从产权制度入手，对47个基层社和4个区联合公司实行改造或重建，在妥善处理历史遗留问题的前提下，根据好中差的状况，发展一批，重组一批，淘汰一批。是年，选择8家基层社试点。

2006年9月，市政府下发《关于加快我市基层供销社改造重组的实施意见》，明确用3年时间，对47家基层社改造重组，市供销总社按程序制定改造重组方案，是年底，完成安丰、临城、海河、缸顾、开发区、刘陆、钓鱼、垛田8家试点供销社的改造重组工作。2007年基层供销社改造重组正常有序进行，全年完成10家改造重组工作。2010年，改造重组后的基层社以中心社、有限责任公司、为农服务社、专业合作社等形式，并通过构建现代营销网络体系，发展农村商品经营，开展为农服务工作。

四、外贸体制改革

【出口代理制】 1992年前，对外贸易由国家统一领导、统一管理，对外专业公司统一经营，实行指令性计划和统负盈亏、高度集中的经营体制。兴化绝大多数生产企业没有进出口经营权。产品出口委托外贸公司代理出口。1992年，全市外贸出口商品供货单位123家，出口商品达20多个品种。自营和代理进出口总额25859万美元。1993—1995年，自营和代理进出口总额35981万美元65283万美元和91152万美元。1994年，兴化外贸公司获得进出口经营权，可以与买方、卖方直接接触，除国家限制和禁止出口的商品，公司可以自主、多种经营。从此结束单一的外贸收购（供货）体制，向自主经营进出口体制转变。公司根据绝大多数企业没有经营权的实际，在经营体制上首先向代理制发展。

【进出口经营资格审批、等级制】 1992年，全市仅有26家企业获得进出口经营资格。次年起，市外经贸主管部门积极鼓励生产企业申报进出口经营资格，直接参与国际市场竞争。1999年12月，外贸部下发《关于对国有、集体生产企业实行自营进出口权登记制的通知》，企业注册资本不少于500万元。根据这一规定，2000年底全市有4家国有、集体企业上报省对外贸易经济合作厅，登记进出口经营权，并获外经贸部批准，取得中华人民共和国进出口企业证书。2001年7月起，进出口经营资格由审批制改为核准登记制。至2003年底，全市在省对外贸易合作厅审核进出口经营权的企业达14家，比2000年底增加10家。

2004年6月，商务部根据国家《对外贸易法》有关规定，发布《对外贸易经营者备案登记办法》，自2004年7月1日起执行。对申请进出口经营权的企业的注册资本不作具体规定，不再实行登记核准制，进出口经营资格更进一步放开。2004—2010年，兴化市在泰州市对外贸易经济合作局备案登记进出口经营资格的企业达220家，比2003年底核准登记时增加186家。至此，兴化市自营生产企业走上自我接单、自我报关、自找出口、自我退税、自我约束的国际化经营轨道。

【产权制度改革】 1991年，兴化市外贸总公司所属独立核算法人单位17家，即食品进出口公司、土畜产品进出口公司、五金化工机械进出口公司、对外经济贸易公司、国际经济贸易公司、纺织品进出口公司、外商投资服务公司、商贸公司、包装公司、供销公司、技贸公司、外贸商行、外贸节日灯厂等，在册人员246人，其中离退休30人。

1992年，市外贸节日灯厂经市政府协调，以95万元购买“兴化市阀门厂”。1993年8月，该厂和香港钟山轻工工艺品有限公司合资成立“扬州法斯特灯具有限公司”，注册资金56.15万美元，在册职工69人。由于种种原因，经营低迷，其后节日灯厂由个人承包经营，2001年全部改制。

1993年，市外贸总公司处于歇业状态，职工下岗。2001年9月，下发《关于同意兴化市外贸总公司所属企业改制方案的批复》，对外贸公司213名职工进行人员身份置换，改制资金为出售两幢办公楼224.9万元，改制基准日为2001年9月30日，至2003年底改制115人，由于资金短缺，改制时时停顿。截至2003年底，公司在册人员88人，其中内退人员13人、改制小组留用人员6人、待岗人员69人。另离休干部3人，离休干部遗孀1人，退休职工33人，军队转业干部5人。同年，市属企业改革领导小组办公室下发《关于同意兴化市外贸总公司所属企业剩余人员置换身份办法的批复》，职工置换身份基准日为2003年7月31日。

第二章　经济运行

第一节　国民经济主要指标

一、地区生产总值

自1990年后，全市在巩固和加强农业基础地位的同时，加快工业发展步伐，大力发展服务业，合理调整生产力布局，经济总量不断扩张，产业结构逐步优化。1990年，全市地区生产总值17.71亿元，第一产业、第二产业和第三产业所占比重分别为54.03%、25.14%和20.83%。

“八五”期间地区生产总值快速增长，1995年达49.57亿元，比1990年增长1.8倍，年递增22.86%。三次产业同步发展，所占比重第一产业下降为42.37%，第二产业上升到32.15%，第三产业上升到25.48%。

“九五”期间地区生产总值稳步增长，2000年达74.7亿元，比1995年增长50.7%，比1990年增长3.22倍，年递增15.48%。三次产业比重为第一产业36.91%，第二产业28.15%，第三产业34.94%。

“十五”期间地区生产总值较快增长，2003年突破100亿元大关，达103.29亿元。2005年达150.67亿元，比2000年增长1.02倍，比1995年增长2.04倍，比1990年增长7.51倍，年递增达15.34%。三次产业结构逐步优化，第一产业比重下降为24.46%，第二产业比重上升为44.95%，第三产业比重上升为30.59%。三次产业先后次序由1990年的“一、二、三”调整为“二、三、一”。

“十一五”期末的2010年，地区生产总值达387.11亿元，比2005年增长156.93%，比1990年增长2085.83%，年递增16.68%。三次产业结构进一步优化。增加值分别为64.51亿元、173.02亿元和149.58亿元，所占比重分别为16.66%、44.7%和38.64%，三次产业先后次序仍为二、三、一。

1991—2010年兴化市地区生产总值一览表

表9-1

年份	地区生产总值（万元）	第一产业增加值（万元）	第二产业增加值（万元）	第三产业增加值（万元）	人均地区生产总值（按总人口计算）（元）
1991	129010	52580	42862	33568	844
1992	204563	102039	56066	46458	1335
1993	266403	126605	81852	57946	1736
1994	383840	176846	116798	90196	2506
1995	495718	210028	159368	126322	3231
1996	564199	235000	160177	169022	3675
1997	601542	257500	157175	186867	3918
1998	639462	259200	166340	213922	4168
1999	684542	264460	181846	238236	4428
2000	747021	275756	210297	260968	4825
2001	824232	286300	241018	296914	5308
2002	913138	296958	286086	330094	5882
2003	1032900	299200	362400	371300	6664
2004	1240300	333300	468800	438200	8005
2005	1506700	368500	677200	461000	9764
2006	1783600	391500	825400	566700	11530
2007	2127300	417700	1012100	697500	13821
2008	2686100	445500	1321800	918800	17393
2009	3204800	477900	1549500	1177400	20551
2010	3871100	645100	1730200	1495800	24806

二、主要行业总产值

【工业总产值】 1990年，兴化全市工业总产值21.68亿元（按1990年不变价计算）。1991年，全市遭受特大洪涝灾害，99%工业企业受涝。洪涝灾害后，迅速恢复生产，当年完成工业总产值20亿元。1995年工业总产值57.42亿元，比1990年增长1.65倍。“九五”期间，全市加快实施工业第一方略，加大工业组织力度，促进提速增效。2000年工业总产值突破100亿元大关，达105.17亿元，比1995年增长83.16%，比1990年增长3.85倍。“十五”期间，坚持以“富民强市”总揽全局，放大戴南、张郭效应，工业经济快速增长，民营工业成为主体。2004年，全市组织实施工业经济“五五”工程，推进一批大项目投入建设，形成工业规模企业群。2005年，全市工业总产值达323.82亿元，比2000年增长2.08倍，比1995年增长4.64倍，比1990年增长13.94倍。2010年，全市工业总产值1083.46亿元比2005年增长2.35倍，比1990年增长48.98倍，年递增21.6%。

1991—2010年兴化市工业总产值（当年价）一览表

表9-2　　单位：万元

年份	工业总产值	年份	工业总产值	年份	工业总产值
1991	200014	1998	765502	2005	3238174
1992	249925	1999	868145	2006	4135255
1993	332923	2000	1051703	2007	5525004
1994	434152	2001	1253695	2008	6951506
1995	574189	2002	1514668	2009	8635718
1996	616496	2003	2005524	2010	10834550
1997	634177	2004	2545491		

【农业总产值】 1990年，全市农业总产值17.63亿元（按1990年不变价计算）。1995年农业总产值23.76亿元，比1990年增长34.77%。“九五”期末的2000年，农业总产值30.95亿元，比1995年、1990年分别增长30.26%和75.55%。“十五”期间农业总产值平稳增长，2005年达35.69亿元，比2000年增长15.32%，比1995年增长50.21%，比1990年增长1.02倍。“十一五”头两年，农村各业稳步发展。2007年农业总产值37.58亿元，粮食总产量116.67万吨，获“全国十大粮食生产标兵县（市）”称号。水产品总量18.1万吨，被省海洋渔业局授予“全省高效渔业示范市”称号。2010年，全市农业总产值101.34亿元，比2005年增长1.84倍，比1990年增长4.75倍，年递增9.14%，粮食总量134.42万吨，比2007年增长15.21%，连续8年被表彰为“全国粮食生产标兵（先进）县（市）”。水产品总产量24.6万吨，比2007年增长35.91%，是年，获得“中国生态河蟹养殖第一县（市）”称号。

1991—2010年兴化市农业总产值一览表

表9-3　　单位：万元

年份	农业总产值	年份	农业总产值	年份	农业总产值
1991	127959	1998	273356	2005	356884
1992	178091	1999	291256	2006	371988
1993	192845	2000	309480	2007	375844
1994	213282	2001	329139	2008	796238
1995	237552	2002	343983	2009	900395
1996	256727	2003	314773	2010	1013359
1997	256512	2004	340028		

说明：农业总产值按1990年不变价计算。

【建筑业总产值】 “八五”期间，在发展市内建筑业务的同时，着力开发省内其他各地及京、沪、渝等地建筑市场，建筑业进入快速发展时期。1990年，全市实现建筑业总产值2.68亿元。1995年建筑业总产值10.04亿元，比1990年增长2.75倍。随着技术装备水平的提高和从业者质量意识的增强，由最初的土建施工，逐步发展到安装、装潢、装饰和市政建设等工程。1998年政企分开后，建工局驻外办事处职能弱化，市建筑安装工程公司、市第二建筑工程公司、市建筑安装工程总公司的驻外分公司开始走上前沿，逐渐成为主体。2000年建筑业总产值26.85亿元，比1995年增长1.67倍，比1990年增长9.02倍。2005年达55.76亿元，比2000年、1995年和1990年分别增长1.08倍、4.55倍和19.81倍。2010年，全市完成建筑总产值167.23亿元，为1990年的62.4倍。

【运输邮电业总产值】 进入20世纪90年代，境内水上客运业日渐萎缩、消失。1990年，全市水陆客运量465万人次，客运周转量1.18亿人公里，货运量444.4万吨，货运周转量6.11亿吨公里；全年完成邮电业务总量807.66万元。“八五”之后，全市运输邮电业迅猛发展。1995年，完成汽车客运量539万人次，客运周转量2.06亿人公里。货运量533万吨，货运周转量7.95亿吨公里。全年邮电业务总量4831万元，全市46个乡镇全部开通程控电话。2000年，完成客运量613万人次，客运周转量2.39亿人公里，货运量550万吨，货运周转量8.24亿吨公里，货物吞吐量155万吨，全年邮电业务总量2.71亿元。2005年，完成客运量613.4万人次，客运周转量2.36亿人公里，货运量567.4万吨，货运周转量8.5亿吨公里，货物吞吐量84万吨。全年邮电业务总量4.09亿元。2010年，完成客运量1105万人次，比1990年增长1.38倍；客运周转量6.19亿人公里，比1990年增长4.25倍；货运量4191.62万吨，比1990年增长8.43倍；货运周转量85.87亿吨公里，比1990年增长13.05倍；全年邮电业务总量7.29亿元，比1990年增长89.26倍。

【商业总产值】 1990年，社会商品零售总额10.41亿元。1991年因灾市场疲软，零售额下降，全市社会商品零售总额9.87亿元，比1990年下降5.19%，其中居民消费品零售额7.09亿元，下降4%；社会集团消费品2013万元，下降0.98%，农业生产资料零售额2.58亿元，下降13.71%。1995年，灾害影响全面消除，工农业生产恢复发展，市场购销两旺。全年实现社会消费品零售总额14.09亿元。2000年，市场建设加快，全年新建市场23个，市场总数103个，全年实现社会消费品零售总额19.7亿元。2005年，全市消费品市场繁荣兴旺，商业态势不断提升。全年实现社会消费品零售总额34.96亿元。2010年实现社会消费品零售总额85.85亿元，比1990年增长7.25倍。批发、零售业商品销售总额72.66亿元，餐饮业零售额11.96亿元。

1991—2010年兴化市工业企业销售收入和利税总额一览表

表9-4　　单位：亿元

年份	工业总产值	销售收入	利税总额	年份	工业总产值	销售收入	利税总额
1991	20.00	11.56	0.20	2001	125.37	116.90	7.84
1992	24.99	14.03	0.59	2002	151.47	143.51	10.79
1993	33.29	21.61	0.81	2003	200.55	190.95	16.41
1994	43.42	24.98	1.63	2004	254.55	243.65	20.81
1995	57.42	33.56	1.71	2005	323.82	311.35	25.91
1996	61.65	31.98	0.47	2006	413.53	400.95	33.20
1997	63.42	31.35	0.83	2007	552.50	537.26	45.62
1998	76.55	68.40	3.22	2008	695.15	678.98	58.13
1999	86.81	79.72	4.34	2009	863.57	845.22	75.44
2000	105.17	97.88	6.09	2010	1083.46	1063.44	99.75

1991—2010年兴化市经济社会主要指标一览表

表9-5

年份	地区生产总值		工农业总产值（亿元）	社会消费品零售总额（亿元）	财政收入（亿元）	银行存贷款（亿元）		城镇居民人均可支配收入（元）	农民人均纯收入（元）
	人均（元）（按常住人口计算）	合计（亿元）				年末存款余额	年末贷款余额		
1991	848	12.90	32.80	9.87	0.16	8.44	12.13	1666	427
1992	1443	20.46	42.80	10.70	0.70	10.18	14.33	1937	776
1993	1801	26.64	52.58	12.52	1.03	14.10	16.48	2520	986
1994	2504	38.38	64.74	12.08	1.44	20.65	21.43	3381	1400
1995	3234	49.57	81.17	14.09	1.90	30.19	30.47	3963	1880
1996	3676	56.42	87.32	14.43	2.25	38.05	38.23	4432	2346
1997	3858	60.15	89.07	16.52	2.38	43.79	44.32	4698	2837
1998	4166	63.94	103.89	17.26	2.62	51.97	48.46	4914	3090
1999	4445	68.45	115.94	18.31	2.78	59.58	48.27	6849	3242
2000	4829	74.70	136.12	19.70	3.11	65.66	45.94	7396	3382
2001	5316	82.42	181.88	21.32	4.29	71.57	48.48	8531	3531
2002	5882	91.31	209.64	23.54	6.11	78.60	49.43	9129	3710
2003	6659	103.29	258.81	26.00	7.55	94.05	59.67	10373	3936
2004	8003	124.03	321.29	30.05	10.09	111.10	64.17	11903	4409
2005	10995	150.67	394.29	34.96	12.78	128.14	75.21	13560	4904
2006	13273	178.36	486.48	40.62	15.86	141.24	86.17	11133	5456
2007	16064	212.73	628.59	48.05	24.68	167.20	103.45	12651	6176
2008	20414	268.61	780.95	59.37	33.37	211.36	127.66	14667	6995
2009	24246	320.48	959.64	73.45	41.12	255.18	161.57	16422	7741
2010	30919	387.11	1184.79	85.85	54.47	303.67	198.97	18409	8817

说明：1. 工农业总产值1991—1997年均为1990年不变价，1998—2000年农业总产值为不变价，工业总产值为现价，2001起工农业总产值均为现价。2. 城镇居民人均可支配收入从2006年开始统计，之前年份为城镇职工平均工资。

第二节 经济结构

一、所有制结构

20世纪90年代初，农村继续推行统分结合的双层经营体制，大批劳动力投入第二、第三产业。乡镇村工业在国家优惠政策及金融信贷等方面支持下迅速发展。1990年，全市工业总产值21.68亿元，其中全民所有制企业占24.67%、乡镇以上集体企业占48.86%、个体联产及村组工业产值占26.47%。同年，社会商品零售总额10.41亿元，其中国营商业占25.58%、供销合作社占35.04%、其他集体所有制商业占24.65%、个体商业占14.73%。此后，随着改革开放的全面深化，个体、私营企业得到迅速发展。2000年，全市非公有制企业超过公有制企业。当年登记注册工业企业6962个，其中国有企业10个，集体所有制企业69个，股份合作制企业49个，私营经济1650个，个体企业4874个，外商及港澳台投资企业10个，其他300个。在总数中，农村工业企业6862个，占总数的98.56%，在当年价工业总产值105.17亿元中，国有经济占3.65%，集体经济占11.66%，股份合作经济占6.68%，私营经济占35.11%，个体经济占19.04%，外商及港澳台投资经济占2.6%，其他占21.26%。在总量中，农村工业占81.19%。同年，全市社会商品零售总额19.7亿元，其中：个体6.83亿元，占34.67%。

2010年，全市最后一家国有控股工业企业——兴化市热电有限公司完成改制重组。是年，全市规模以上工业企业（年产值500万元以上）836家，完成工业产值680.67亿元。其中：国有控股企业1家，完成产值0.21亿元，占0.03%；集体企业54家，完成产值93.73亿元，占13.77%；股份合作制企业5家，完成产值1.76亿元，占0.26%；有限责任公司51家，完成产值65.39亿元，占9.61%；私营、个体企业686家，完成产值411.28亿元，占60.42%；港澳台企业16家，完成产值15.99亿元，占2.35%，外商投资企业20家，完成产值87.21亿元，占12.81%。同年，实现社会消费品零售总额85.85亿元，其中批发业：国有控股企业3.84亿元，占4.47%。

二、三产结构

20世纪90年代以前，兴化经济以农业为主，工业基础薄弱，商业经济也不甚发达。1990年三次产业比为54.03：25.14：20.83。1995年，第一产业下降为42.4%，第二产业上升到32.1%，第三产业25.5%。“十五”“十一五”期间，境内城市建设步伐加快，邮电信息业蓬勃发展，在社会总产值构成中，工业、运输业、建筑业、商贸流通业的比重不断上升，而农业的比重则逐年下降，产业结构发生重大变化。2007年三次产业的比例为19.6：47.6：32.8，2010年三次产业比例为16.7：44.7：38.6。三次产业的先后次序由1990年的“一、二、三”调整为“二、三、一”。

1990—2010年部分年份兴化市地区生产总值构成一览表

表9-6　　单位：万元

年份	地区生产总值	第一产业增加值	第二产业增加值	第三产业增加值	三次产业结构比例
1990	177100	95682	44521	36897	54.03：25.14：20.83
1995	495718	210028	159368	126322	42.4：32.1：25.5
2000	747021	275756	210297	260968	36.9：28.2：34.9
2010	3871100	645100	1730200	1495800	16.7：44.7：38.6

说明：表内各年数据均按当年价计算。

【第一产业内部结构】 兴化农业一直以种植业为主。1990年，种植业产值在农业内部占60%，其他各业产值占40%。20世纪90年代后期，大力发挥水面资源优势，发展水产养殖业，渔业生产保持多年增长态势，2000年，水产品总量突破12万吨，渔业产值7.99亿元。种植业和其他各业比重为52：48。“十五”期末，农业内部产业结构优化，农村多种经营发展加快。2005年，林牧副渔产值19.69亿元，在农业总产值中的比重占57.9%。“十一五”头两年农村各业发展势头不减，高效渔业建设取得明显效果。2007年，境内水产品总量达18.1万吨，林牧副渔业产值22.08亿元，分别比1995年和2005年增长84.86%和11.51%，占农业总产值的比重上升到58.8%。2010年，种植业产值在农业内部占48.59%，林牧副渔各业占51.41%。

1990—2010年部分年份兴化市农、林、牧、渔副业产值构成一览表

表9-7　　　　单位：万元

年份	种植业	林业	牧业	渔业	副业（服务业）	合计
1990	105512	869	37663	18768	13507	176319
1995	114375	1028	56862	43052	7951	223268
2000	130876	1980	55000	79902	11585	279343
2003	132756	4150	61005	101953	14909	314773
2005	150255	5280	63900	119409	18040	356884
2006	157866	6072	63552	124650	19848	371988
2007	155089	6680	59377	133150	21548	375844
2008	362856	11051	109055	230176	47731	760869
2009	470879	12161	125100	293060	59500	960700
2010	530237	12968	128217	355715	64050	1091187

说明：各年份数据均为1990年不变价。

【第二产业内部结构】 20世纪90年代，兴化乡镇工业迅猛发展，工业经济快速增长。1990年，工业企业发展到7685家，初步形成机械电子、纺织服装、农副产品加工等特色产业。轻重工业比重发生较大变化。1990年，轻重工业比为58.6∶41.4。20世纪90年代后期，随着个私工业发展和乡镇工业中一批规模企业的出现，工业经济发展势头迅猛，以戴南不锈钢产业为龙头的骨干企业支撑作用越来越明显。2005年，全市有25家企业年销售超亿元，江苏兴达钢帘线股份有限公司实现销售23.75亿元。制造业的发展大大提高重工业在工业中所占比重。工业内部结构发生根本性变化。2005年全市列统工业中轻重工业比重为25.9∶74.1。随着规模企业的不断壮大，全市工业经济总量不断攀升，不锈钢材料及制品、农副产品加工、机械制造、纺织服装为特色的四大产业高速发展。其中不锈钢产业占全市规模以上工业的比重达60%，与脱水蔬菜加工业一起被列入全省100个重点培植的产业集群。2007年全市工业总产值突破500亿元，列统工业中轻重工业比为22.3∶77.7。2010年，全市列统工业企业836个，工业总产值680.67亿元，轻重工业比为23.33∶76.67。

1990—2010年部分年份兴化市轻重工业结构一览表

表9-8

年份	全部独立核算工业企业		轻工业		重工业	
	企业数（家）	总产值（万元）	企业数（家）	总产值（万元）	企业数（家）	总产值（万元）
1990	7685	204466	3772	119818	3913	84648
1995	5685	607396	3358	326995	2327	280401
2000	6962	1051703	3959	527430	3003	524273
2002	199	601261	93	250725	106	350536
2005	385	1558560	112	404558	273	1154002
2006	440	2116298	118	484964	322	1631334
2007	523	2904379	132	649496	391	2254883
2008	587	3880690	145	826649	442	3054041
2009	650	5101334	172	1108458	478	3992876
2010	836	6806674	214	1588040	622	5218634

说明：1. 2002年后统计到列统工业企业。2. 工业总产值按现价计算。

【第三产业内部结构】 改革开放后，兴化市商业批发零售贸易及餐饮服务业有较快发展。1990年境内商业网点发展到12524个，从业人员32308人，社会商品零售总额突破10亿元。随着社会主义市场经济体制的逐步建立，商业服务业领域不断拓宽，新型服务业日趋发展，增加值逐年增长。交通运输、邮电通信、金融保险、房地产等服务业地区生产总值增长明显加快，在服务业生产总值中比重不断提升，2000年，上述四业增加值14.09亿元，比1995年增长73.95%，占服务业总增加值的53.98%。2005年，四业增加值22.43亿元，比2000年增长59.19%，占服务业总增加值的48.66%。2010年，四业增加值67.78亿元，为2005年的3.02倍，占当年服务业总增加值的45.31%，分别为1992年、1995年和2000年的23.05倍、3.02倍和4.81倍。

1992—2010年兴化市服务业增加值构成一览表

表9-9　　单位：亿元

年份	交通运输仓储及邮电通信业	批发零售贸易和住宿餐饮业	金融保险业	房地产业	其他服务业	合计
1992	1.64	0.74	0.81	0.49	0.97	4.65
1993	2.27	0.87	0.94	0.78	0.93	5.79
1994	3.16	1.45	1.45	0.93	2.03	9.02
1995	4.60	1.82	1.93	1.57	2.71	12.63
1996	6.01	1.99	3.07	2.03	3.80	16.90
1997	6.30	2.66	2.95	2.28	4.50	18.69
1998	6.78	2.86	2.69	2.85	6.21	21.39
1999	7.58	3.01	2.41	3.13	7.69	23.82
2000	8.41	3.24	2.30	3.38	8.77	26.10
2001	9.45	3.70	2.25	3.89	10.40	29.69
2002	10.46	4.14	2.53	4.27	11.61	33.01
2003	11.19	4.66	2.71	4.72	13.85	37.13
2004	13.20	5.36	3.10	5.62	16.54	43.82
2005	12.50	9.19	2.68	7.25	14.48	46.10
2006	15.34	11.53	3.32	8.93	17.55	56.67
2007	15.71	14.30	4.31	11.01	24.42	69.75
2008	20.70	19.75	6.12	15.74	29.57	91.88
2009	22.46	25.87	7.53	20.52	41.36	117.74
2010	28.07	32.87	11.84	27.87	48.93	149.58

第三节　固定资产投资

"八五"时期，全市加大固定资产投资，调整投资结构，提高投资效益，加快旧城改造和新区建设步伐，商品房开发面积逐年增加，城镇面貌发生较大变化。"八五"期间，全市固定资产投资9.47亿元，比"七五"时期末增长2.17倍，年平均投资1.89亿元。"九五"时期，市内固定资产投资进一步发展，基本建设投资增长加快，城市建设、房地产开发力度加大。2000年，完成固定资产投资额23.56亿元，比"八五"期末增长5.37倍，年平均投资14.09亿元。"十五"时期，全市固定资产投资保持平稳增长，结构得到优化。房地产投资继续加大，完成一批城市建设的重大项目，城市面貌发生较大改观。2005

年全市完成投资总额58.31亿元，“十五”时期年平均投资39.89亿元，分别比“八五”“九五”时期增长20.11倍和1.83倍。“十一五”期间，全社会固定资产投资增势不减，结构进一步优化，第二产业投资增幅加大，房地产投资平稳增长。2010年，全市固定资产投资总额为239.24亿元，为1991年的258倍。

1991—2010年兴化市固定资产投资总额一览表

表9-10　　单位：万元

年份	固定资产总额	年份	固定资产总额	年份	固定资产总额
1991	9290	1998	156895	2005	583106
1992	13513	1999	200143	2006	723250
1993	16946	2000	235578	2007	937052
1994	17896	2001	270788	2008	1278030
1995	37020	2002	306185	2009	1781580
1996	41127	2003	369121	2010	2392401
1997	70715	2004	465225		

第三章　招商引资

第一节　招　商

1999年，市委、市政府制发《关于实施大开放战略的若干意见》。市政府办决定2000年8月1日至9月10日在全市开展“为外商投资企业服务月活动”。同年9月8日，市委、市政府举行中国·兴化投资贸易洽谈会。9月19日，举办中国南京金秋经贸洽谈会和兴化市2000上海投资洽谈会。2001年8月，市委、市政府印发中英文对照《中国兴化对外合作项目》。

图9-2　2009年2月12日，开发区召开2008年度总结表彰暨招商引资动员大会　（开发区提供）

2002年11月，经市政府第36次常务会议研究，制定《兴化市关于鼓励在城区工业园区投资创业的实施办法》。建立引资兴办三资企业责任制，并落实到各乡镇和有关经济主管部门。自当年起，市政府每年出台外经贸工作目标考核奖励办法，对各乡镇、各经济主管部门和市经济开发区进行考核。市委、市政府在每年全市三级干部大会上表彰招商引资工作先进单位，并建立市领导联系招商项目制度。

2003年5月，市政府制定《关于鼓励“飞地”开发、加快重点工业园区建设的若干意见》。兴化市开发区开展招商引资百日赛等一系列活动，把招商工作任务落实到人。在上海等地派专人，为客商开展信息项目跟踪签约等“一条龙”服务。

2004年，市委、市政府编制《中国兴化投资指南》和《招商引资百题问答》，推出新版的《对外合作项目指南》，为到兴化市投资兴业的客商发放贵宾“绿卡”。《兴化市2004年度招商引资考核实施办法》经市委常委、市长联席会议讨论通过，办法主要针对市级机关部门和乡镇考核的招商引资。考核内容包括工业、农业、服务业单个投资额在50万元以上的引资项目。考核实行申报核准制，凡取得招商引资实绩的机关部门（单位）和乡镇须携带本办法规定的有效凭证向市考评办申报。招商引资实行季度考核，年度总评。市级机关部门新招引的工业项目应集中到市“一区三园”落户（农业和副产品加工项目以及帮挂扶乡镇招引项目除外），三产项目应招引到城区投资，此外的项目不列入考核统计。对部门和乡镇的招商引资实现百分制考核，完成年度目标的得基本分100分，超额完成目标每上升10个百分点加1分（实际投资额在1000万元以上的规模项目，每上升5个百分点加1分），实绩低于目标的按差额比例相应减分，直至扣完基本分为止。是年，市委办、市政府办制定《关于鼓励经济薄弱乡镇招引项目到城区工业园区建设的实施办法》，办法为经济薄弱乡镇提供招商引资载体而制定鼓励“飞地”建设的实施办法。此办法暂定3年，从2004年10月起至2007年9月止。办法主要内容为固定资产投资在500万元以上的项目可引荐到省级兴化经济开发区、昭阳工业园、科技工业园。引进到市三个工业园区的工业项目，享受省级开发区和城区工业园区的各项优惠政策。重大项目政策随项目走，实行一事一议。各乡镇招引到园区项目形成的税收，前三年按市实得部分的50%、50%，由市财政部门审核划转到有关乡镇和园区，从第四年开始，市、招引乡镇、园区各得1/3。对招引项目到园区的有关乡镇党委、政府主要负责人实行奖励，固定资产投资500万元以下的项目按1‰奖励；固定资产投资500万—1000万元的项目按1.5‰奖励；固定资产投资1000万元以上的项目按2‰奖励；重大项目实行重奖。奖金从税收利益中列支。2005年，市委、市政府为到兴化市投资兴业客商发放了新版贵宾“绿卡”。2006年，市委、市政府印制新版《中国·兴化投资指南》。

2007年1月，市委、市政府制定《关于进一步加强招商引资工作的意见》，意见明确工作目标：今后五年，每年招商引资额增长20%以上，实际利用外资增长30%以上。2007年全市招商引资总额36.8亿元，新增注册资本7.36亿元；协议利用外资6000万美元，实际利用外资4000万美元。改进和完善招商引资方式，重点突破企业招商，积极开展产业招商，着力强化专业招商。落实激励政策实施，鼓励乡镇飞地开发，乡镇凡引进重大项目进省级经济开发区，所形成税收地方留成部分由乡镇和开发区按5∶5分成。调整完善招商引资政策，对重大投资项目实行“一事一议”，由市重大投资项目建设领导小组审核，视项目具体情况给予一定比例的资金奖励。对突出贡献企业实行新增税收地方留成部分按比例奖励；对“五五”工程定向培植企业实施对外合作嫁接改造的，按市政府〔2006〕355号文件奖励；对面上企业新招项目引进市外投资1000万元以上的，分1000万—2000万元、2001万—5000万元和5000万元以上3个档次，分别按固定资产投资额的1%、2%、3%标准超额累进给予奖励，“零用地”项目和外资项目奖励标准提高0.5个百分点。严格兑现奖励政策，对完成年度招商引资任务的部门，奖励实际到位资金的2‰，超额完成奖励3‰，外资项目奖励3‰。4月29日下午，市委、市政府在上海双拥大厦举行“江苏·兴化（上海）投资环境说明会”。6月，市委、市政府制定《关于进一步加大招商引资、项目建设工作力度的实施意见》。7月25日下午，市委、市政府在杭州举行“江苏·兴化（杭州）投资环境说明会”。随后，制定“意见”在全市范围内开展招商引资百日赛活动。10月26日下午，举行“第八届中国·兴化郑板桥艺术节投资环境说明会暨项目签约仪式。”

2008年3月29日，市委、市政府在韩国首尔举行“中国·兴化（首尔）投资环境说明会”。4月18日，市委、市政府在苏州胥城大厦举行“江苏·兴化（苏州）投资环境说明会”。7月30日，兴化参加“泰州（上海）投资环境说明会”。8月19日，市委、市政府在杭州新侨饭店举行“江苏·兴化（杭州）投资环境说明会”。10月18日，市委、市政府在广州举行台商专题投资环境说明会。12月21日，市委、市政府在上海双拥大厦举行“江苏·兴化（上海）投资环境说明会”。同年，市政府制定《市政府关于对“一区两园”农业产业化龙头企业水资源费等涉水收费实行优惠的通知》，规定享受优惠收费的企业必须是“一区两园”内泰州市级以上农业产业化龙头企业。免收费用的项目是通航河道护岸费，实行减半征收的项目有地下水资源费、地表水资源费、超计划用水加价、占用农业灌溉水源工程设施补偿费、河道堤防工程占用补偿费、河道采砂取土管理费，按实收取的项目为南水北调工程基金。凡享受减免优惠的农业产业化龙头企业，已进入园区的，自发文之日起连续享受3年的优惠；新进园区的农业产业化龙头企业，自发文之日起，享受5年的优惠。

2009年4月26日，市委、市政府在浙江省宁波市金港大酒店举行“江苏·兴化（宁波）投资环境说明会”。5月18—25日，兴化经贸团赴台进行经贸洽谈活动。7月，市政府制定《关于鼓励招引项目“飞地”建设的实施办法（试行）》，办法主要规定“飞地”建设落户范围为兴化市各个重点工业园区，建设项目条件，用地原则，扶持政策，业绩考核服务协调。其中，项目扶持政策包括采取“一事一议”办法，用地优惠，项目竣工投产后所形成的税收5年内由重点工业园区（所属乡镇）与招引乡镇按5∶5分成。为加快兴化市星级酒店（指五星、四星级酒店）建设，提高接待能力，促进服务业发展，市委办、市政府办于2009年8月14日印发《鼓励星级酒店建设的优惠政策》，主要政策包括鼓励投资新建五星、四星级酒店，按星级酒店标准建设且项目竣工并投入营业，按固定资产投资额（不含土地出让金）的3%给予奖励，最高奖励400万元。新建、改建星级酒店的政府性规费全额减免（不含已缴部分）。星级酒店2012年前营业的、原酒店改建提升为五星、四星级酒店的，自营业年度（评定年度）起，三年内税收（新增）地方留成部分全额奖励给企业。2015年前对获得授牌的星级酒店给予一次性奖励，五星级酒店奖600万元、四星级奖300万元；四星级酒店改建提升为五星级的奖300万元。8月29日，市委、市政府在昆山市君豪酒店举行“江苏·兴化（昆山）投资环境说明会”。10月28日市政府制定《关于对全市新上重大工业项目收费实行减免优惠的通知》，明确享受减免优惠的对象，必须是市重大项目领导小组审核批准的新上固定资产投资在1000万元以上的各类生产型投资项目，新上项目所办企业担保贷款涉及的收费也实行同等的减免优惠。明确企业在申办、建设、生产经营过程中的优惠项目、政府性基金收缴优惠、中小企业贷款担保收费优惠。优惠办法时间执行2年。11月16日，市委、市政府在金融大厦三楼会议室举行“第九届中国·兴化郑板桥艺术节投资环境说明会暨重大项目签约仪式”。是年，市经济开发区启动网络招商单位，建成开发区政务网和招商网两个门户网站，内容涵盖开发区定位、比较优势、投资形式及程序、审批流程等。通过网站电子地图，客商可以点击希望落户地块，千里之外即可决定是否前来考察、投资。

2010年1月，市政府制定《兴化市2010年重大工业项目用地优惠政策》。4月18日，在市金融大厦三楼会议室举行“第二届中国·兴化千垛菜花旅游节投资环境说明会”。7月，经市政府第二十八次常务会议研究，制定《兴化市2010年重大工业项目用地优惠政策的补充意见》。9月26日，市委、市政府在广东省深圳市阳光酒店举行“江苏·兴化（深圳）投资环境说明会”。

第二节　利用外资及港澳台资

一、发展概况

“从“七五”至“十二五”开局之年，结合国家宏观调控，兴化利用外资及港澳台资可分为起步、调整提高和快速发展三个时期：

起步时期（1988—1995年）　1988年3月，兴化市批准第一家中外合资企业——兴化日模塑化制品有限公司，由兴化市塑料制品二厂与日本鸟居化成株式会社合资兴办，总投资230万美元，注册资本185.7万美元，合同利用外资90.99万美元。1993年11月，兴化市批准第一家外商独资企业兴化伊棠水产品发展有限公司，由美国珊瑚发展有限公司投资兴办，总投资70万美元，注册资本55万美元，合同利用外资55万美元。至1995年，批准外商投资项目19个，总投资3628.75万美元，注册资本2296.08万美元，合同利用外资及港澳台资1565.38万美元，实际利用外资及港澳台资445.99万美元。

调整提高时期（1996—2000年）　5年批准外商投资项目12个，总投资5226.97万美元，注册资本4538.88万美元，合同利用外资及港澳台资2772.16万美元，实际利用外资及港澳台资3034.99万美元。

快速发展时期（2001—2010年）　2001年，兴化市利用外资及港澳台资掀起新一轮高潮。2003年后，努力适应国家土地、信贷等宏观调控措施，利用外资及港澳台资继续保持良好发展态势。这一时期不仅有江苏兴达钢帘线股份有限公司、顶级手套（兴化）有限公司、新源同昌包装材料（泰州）有限公司、江苏康柏斯机械科技有限公司、江苏兴达特种金属复合线有限公司等一批上规模、上档次的外商投资工业企业，还引进江苏嘉德房地产开发有限公司、兴化新奥燃气开发有限公司、城投（兴化）置业有限公司、山华农业等一批外商投资第三产业和基础设施建设企业，在全市形成不锈钢、脱水蔬菜、精密铸造三大特色产业，使兴化利用外资及港澳台资规模再上一个新台阶。2006年，江苏兴达钢帘线股份有限公司在中国香港联交所主板上市，融资11亿港元。2001年至2010年，批准外商投资及港澳台资项目184个，总投资10.71亿美元，注册资本8.82亿美元，合同利用外资及港澳台资7.81亿美元，实际利用外资及港澳台资3.69亿美元，为前10年实际利用外资及港澳台资总额的10.85倍。

1992—2010年兴化市利用外资及港澳台资情况一览表

表9-11

年份	批准企业数（个）	总投资（万美元）	注册资本（万美元）	合同利用外资及港澳台资（万美元）	实际利用外资及港澳台资（万美元）
1992	4	222.48	184.37	73.59	—
1993	4	231	180.85	93.03	25
1994	4	472.41	353.3	140.19	167.86
1995	5	2602.66	1341.86	1153.58	148.14
1996	1	8	6.5	2.7	92
1997	—	—	—	—	817
1998	3	3040.68	3032.65	1919.41	1048.64
1999	4	691.93	531.45	410.8	372.28
2000	4	1486.36	968.28	439.25	705.07
2001	13	2182.88	1803.48	1249.21	334.76
2002	9	2157.11	1561.11	1193.43	1204.1
2003	14	2181.85	1409.08	794.42	377.84
2004	19	4905.15	3927.63	3064.66	1718.83
2005	25	6990.14	5677.69	4864.71	2976.88
2006	10	3664	2102.42	651.4	894.96
2007	21	16682	12468	10543.5	5016.52

续表 9-11

年份	批准企业数（个）	总投资（万美元）	注册资本（万美元）	合同利用外资及港澳台资（万美元）	实际利用外资及港澳台资（万美元）
2008	25	17801	13406	11813	6234
2009	18	19647	18324	17746	7706
2010	30	30913	27544	26172	10413
合计	213	115879.65	94822.67	82324.88	40252.88

说明：实际利用外资含以前年份已注册未到资企业。

二、外资及港澳台资来源与分布

1991年起，兴化引进外资及港澳台资来源地逐渐扩大，涉及23个国家和地区，遍布非洲之外世界四大洲，而亚洲国家（地区）为外商投资及港澳台资主要来源，尤其以港台地区为主。1991—2010年，港资企业76家、台资企业67家，日韩企业47家，欧美地区以美英两国为主，有35家，避税港企业6家。

“八五”时期，中国深入改革开放，尤其是以邓小平视察南方重要讲话为背景，吸引与兴化有亲情血缘关系的港商、台商和华侨到兴化市投资。这一时期的引资特征是合资多、项目小、传统型、分布散，主要引资方式依靠亲缘招商、筑巢引凤。

“九五”时期，兴化确立“工业强市”“放大效应”等发展战略，开展“板桥艺术节”“走出招商”和“驻点招商”等活动，加快工业化和城乡一体化建设步伐，加大交通和城市建设等基础设施投入，深化审批制度改革，投资软硬环境都有较大改善，引来一批规模较大境内外企业前来投资企业。这一时期引资特征是合资多、项目集中、产业型、分布集中，主要引资方式逐渐趋向环境招商、产业招商、以商引商、筑巢引凤。多数乡镇均有外商投资企业，主要分布在市经济开发区和戴南、昭阳2个镇，这3处外资及港澳台资企业数占全市的69.23%、合同利用外资及港澳台资占75.74%、实际利用外资及港澳台资占74.36%。

1991—2010年兴化市外资及港澳台资国家（地区）分布一览表

表 9-12　　单位：万美元

来源地	企业数	总投资	注册资本	合同利用外资或港澳台资	实际利用外资或港澳台资
中国香港	76	78652.45	63130.00	58201.00	23106.45
新加坡	3	2200.00	1496.00	1384.00	1206.00
中国台湾	67	34760.32	32041.00	29778.00	9366.23
英国	9	7116.00	5183.00	3802.00	2325.72
美国	19	3641.00	2827.00	2511.00	1070.00
英属维尔京群岛	6	11886.00	8600.00	7490.00	8289.00
澳大利亚	4	1410.10	1003.00	853.00	109.47
日本	30	8311.13	7191.50	6194.00	3909.00
丹麦	2	129.00	127.00	57.00	30.00
比利时	1	520.00	520.00	520.00	160.00
德国	2	120.00	88.00	8.00	7.98

续表 9-12

来源地	企业数	总投资	注册资本	合同利用外资或港澳台资	实际利用外资或港澳台资
韩国	17	11291.00	9431.00	7908.00	1756.32
萨摩亚	1	270.00	188.00	137.00	64.00
荷兰	2	798.00	478.00	224.00	80.33
中国澳门	1	600.00	480.00	69.00	69.00
马来西亚	1	2600.00	1310.00	805.00	625.00
外商投资公司	1	420.00	210.00	210.00	210.00
其他	5	4777.00	3460.50	2691.00	1502.50

兴化外商投资及港澳台资企业中劳动密集型居多、资本技术密集型少；第二产业多、第一和第三产业少。主要集中在不锈钢设备制造业、纺织服装制造业、脱水蔬菜等行业，主要产品为不锈钢制品和包装材料等。

三、重点外资及港澳台资项目

为引导和鼓励外商投资及港澳台资大项目、国家鼓励类项目和高新技术项目，将外商投资及港澳台资注册资本在50万美元及以上的农业项目、100万美元及以上的国家鼓励类项目（列入《外商投资产业指导目录》）和高新技术项目（列入《中国高新技术产品目录》），以及1000万美元及以上的其他大项目，视作重点外资项目。按此统计，至2010年末，全市有较大外资及港澳台资项目16个。

2010年兴化市特色外资及港澳台资项目一览表

表 9-13　　单位：万美元

序号	企业名称	总投资	注册资本	合同利用外资及港澳台资	实际利用外资及港澳台资	所在乡镇
1	江苏兴达特种金属复合线有限公司	9000	6000	5400	5400	戴南镇
2	江苏兴达钢帘线股份有限公司	1626	1626	950	950	戴南镇
3	兴化顶芳脱水食品有限公司	2000	860	860	860	开发区
4	江苏兴利达齿轮有限公司	779	519	130	726	开发区
5	城投（兴化）置业有限公司	1000	500	125	125	昭阳镇
6	江苏嘉德房地产有限公司	600	320	320	320	戴南镇
7	顶级手套（兴化）有限公司	1600	805	805	805	开发区
8	兴化嘉诚自来水供应有限公司	1200	500	500	200	昭阳镇
9	泰州长新纺织（兴化）有限公司	900	510	510	—	安丰镇
10	永顺泰（泰州）麦芽有限公司	1400	600	600	600	周庄镇
11	泰州亚德胶粘制品有限公司	1600	900	900	900	茅山镇
12	诺德药业（江苏）有限公司	1000	500	500	290	戴窑镇
13	兴化世友精密铸造有限公司	1280	650	650	650	开发区
14	意科赛特数码科技（江苏）有限公司	1165	518	518	518	昭阳镇
15	江苏万利特钢有限公司	1600	1500	1300	1000	昭阳镇
16	江苏澳瑞凯板桥矿山机械有限公司	250	175	90	90	开发区
	合　计	27000	16483	14158	13434	—

第三节 优惠政策

一、税收优惠

2001年，市政府规定：凡到兴化投资新办鼓励类生产性企业，应征企业所得税属于本市构成部分，3年内由市财政给予全额奖励。新办非生产性外商投资企业、市外内资企业，企业所得税属本市构成部分，自获利年度起5年内，由市财政给予前2年先征收后奖励、后3年先征收后奖励一半的优惠。外商投资企业、市外内资企业在兴化市投资新办企业，应征的增值税从生产销售之日起3年内，按国家规定属本市留成部分，由市财政给予50%的奖励。在已投资的企业中增资扩股的，其新增税收，视同新办企业享受有关优惠。

2002年11月，市政府出台《鼓励在城区工业园区投资创业的实施办法》。规定凡在兴化市经济开发区、私营经济城、科技工业园区兴办生产型企业，除享受国家、省规定的有关优惠政策外，同时享受以下优惠：兴办鼓励类生产型项目经营期在10年以上的，从获利年度起，按企业实际缴纳的所得税，前5年由园区按市留成部分的全额返还给予奖励，后5年由园区按市留成部分的50%返还给予奖励。外商投资的产品出口企业，在依照税法规定免征、减征企业所得税期满后，凡当年出口产品产值达到当年企业产品产值70%以上的，按现行税率征收企业所得税后，园区按其缴纳所得税数额的50%给予奖励。对外商投资的技术先进企业，按规定减免税期满后，经审核确认，园区延长5年按其缴纳企业所得税中市留成部分的50%予以奖励。进区企业从生产销售之日起，3年内缴纳的增值税由园区按市留成部分的50%给予奖励。在已投资的企业中增资扩股，增资额达原投资30%以上的，其新增部分的增值税，视同新办企业予以奖励。

二、土地优惠

2006年，市政府发布《关于鼓励和扶持恢复招引重大项目列市经济开发区的实施办法》，规定新招引列市经济开发区内固定资产投资额在1000万元以上，且符合国家企业政策，属于国家和省产业指导目录中鼓励类项目，投资强度每亩不低于60万元的土地出让最低价格为2万元/亩，不足部分由经济开发区贴补。2010年1月，兴化市政府发布《兴化市2010年重大工业项目用地优惠政策》，规定凡符合国家产业政策、符合环保要求、投资强度达标，且固定资产投资2000万元以上，新增注册资本不少于20%的招商引资重大工业项目享受以下优惠政策：工业用地以省政府规定的出让最低保护价9.6万元/亩挂牌。固定资产投资2000万—5000万元的项目，按9.46万元/亩结算。固定资产投资5000万—1亿元的项目，按8万元/亩结算。固定资产投资1亿元以上的项目，按6万元/亩结算（契税均另缴）。凡新办生产性注册资本在50万美元以上的外商投资企业，所需取得土地使用权的，除上缴省和泰州市的各种税费和按规定付给农民补偿费外，免收属市收取的其他一切费用。2010年7月发布重大工业项目用地优惠政策的补充意见，规定除必须符合《兴化市2010年重大工业项目用地优惠政策》（兴政发〔2010〕10号）规定的“六要素”外，优先考虑以下项目：（1）利用外资的项目（注册资金不低于300万美元，首期到账不低于200万美元）；（2）手续齐全合规、亟待开工的项目；（3）土地出让金足额到位的项目；（4）投资体量较大（总投资2000万元以上）、科技含量较高（国家产业政策鼓励类）的项目；（5）符合节能减排要求的项目。同时调整奖励政策的结算程序，规定2010年市工业用地5000万元以上的项目仍以省政府规定的出让最低保护价9.6万元/亩挂牌（省政府如调整则及时调整），5000万元以下按10.6万元/亩挂牌，优惠内容与幅度保持不变，土地出让金需先行全额解缴。

三、其他优惠

至2010年，在兴化市新建外商投资鼓励类生产性项目，在办理各种开业手续和建设过程中，凡兴化市有权处置的行政性和事业性收费，一律实行“零收费”。对兴化市经济建设及社会发展有重大推动作用的投资项目，采取“一事一议”的办法给予特殊优惠。

第四章　对外及港澳台经济贸易与合作

1988年，市政府设对外贸易经济委员会，主管对外经济贸易。20世纪90年代初，兴化市对外开放，利用外资开始起步。随着改革开放深入，全市引进外资来源地不断拓展，投资逐年增加，一批外商投资企业和中外合资企业在城乡兴起。与此同时，对外经贸稳定增长，促进全市经济社会快速发展。1991年，市外贸公司更名为市外贸总公司，与市外经委合署办公。1998年，市外经委与外贸总公司政企分离，同年外贸总公司实行改制。2003年，外经委更名为对外经济贸易合作局。2010年，将对外经济贸易合作局的职责划归新设立的市商务局。

1990年，全市外贸出口商品供货单位66家，出口商品达12大类200个品种。全年收购出口商品总额10488万元，超过计划的26.36%，比1987年上升39.67%。1995年，兴化对外贸易逐步从外贸收购转向自营进出口，形成自营生产企业、外商投资企业、外贸流通企业三个自营出口主体共同开拓国际市场的局面。到2007年底，全市有自营出口实绩的企业达136家，其中自营生产企业有98家、外商投资企业有33家、外贸流通企业有5家。出口品种有不锈钢制品、特钢制品、农副加工产品、纺织、服装、渔具、玩具、化工等，产品远销欧美、日本、韩国、东南亚、中东及中国香港、澳门、台湾等50多个国家和地区，逐步形成不锈钢制品出口基地和脱水蔬菜等农产品加工出口基地。其中，兴化香葱生产列入省重点扶持建设的十大农产品出口基地。2010年，全市开放型经济创历史新高，完成招商引资总额44亿元。协议注册利用外资2.6亿美元，实际利用外资1亿美元。自营出口3.2亿美元。至2010年底，先后获批江苏省不锈钢、特钢制品出口基地和脱水蔬菜出口基地。

第一节　进出口贸易

1991年以后，兴化对境外贸易持续稳定增长，逐步从外贸收购转向自营进出口。当年，市外贸公司完成外贸收购16321万元，主要出口产品有布、饲料、服装、冻猪肉、工艺礼品、脱水蔬菜等26个品种，产品远销日本、韩国、西欧、泰国等国家和中国香港地区。1993年，市外贸公司自营出口达244.7万美元，其中外贸企业200万美元、“三资”企业44.7万美元。出口供货骨干企业有所增加，外贸出口供货额100万元以上的企业31家，其中500万元以上的骨干企业9家、1000万元以上的企业3家。1995年起，兴化对外贸易逐步从外贸收购转向自营进出口，形成自营生产企业、外商投资企业、外贸流通企业三个自营出口主体共同开拓国际市场的局面。1999年，市外贸出口商品供货总额7.94亿元，为1991年的4.87倍。

1991—1999年兴化市出口商品供货总额一览表

表9-14 单位：万元

年份	出口总额	年增长(%)	年份	出口总额	年增长(%)	年份	出口总额	年增长(%)
1991	16321	54.80	1994	65823	82.94	1997	140114	36.89
1992	25859	57.19	1995	91152	38.48	1998	79421	-43.32
1993	35981	39.14	1996	102352	12.29	1999	79400	-0.03

2000年，市外贸自营出口额达1019万美元，占年计划的77.41%。在出口商品中，工业制品出口占80%以上，比1999年提高10个百分点，机电产品产品出口占总额的40%。兴顺电子公司大功率热敏电阻自营出口额近500万美元。2001年，自营出口额1120万美元，比上年增长9.91%。市外贸公司继续发挥全市出口创汇主力军作用，全年出口额416.26万美元，比上年增长30.49%。三资企业出口702.19万美元，比上年增长2.15%。三资企业兴化亚宝、泰州凯特公司首次实现自营出口。新批自营生产企业江苏九寿堂生物制品有限公司、江苏春龙亚麻有限公司等成为自营出口新的增长点。加工贸易发展较快，全年出口额368万美元，占全市出口总额32.80%。2002年，全市外贸自营出口额1758万美元，比上年增长56.96%，占年计划的116.7%。其中，自营生产企业出口259万美元、三资企业出口1154万美元。有自营出口实绩的企业19家，其中新增4家。出口额100万美元以上的企业7家，出口额50万—100万美元的企业3家。加工贸易审批项目31批，其中进料加工10批，来料加工21家，出口成品460万美元。2003年，外贸公司改制。2004年、2005年，全市自营出口10634万美元，自营生产企业80家，两年中先后申报并获准进出口经营权企业分别为18家和20家，外商投资企业有自营出口实绩的29家，自营生产企业有自营出口实绩的24家。出口额100万美元以上的企业15家。

2006—2009年，全市自营出口66680万美元。2006年，新增获权企业16家。2008年4月，省外经贸厅、财政厅批准兴化市成为省级“江苏省不锈钢、特钢制品出口基地”。2009年11月，“江苏省脱水蔬菜出口基地”在经济开发区管委会揭牌。

2010年，全市有自营出口企业184家，其中自营生产企业有127家、外商及港澳台投资企业41家、外贸流通企业16家。出口品种有不锈钢制品、特钢制品、农副加工产品、纺织、服装、渔具、乳胶制品、化工等，产品远销欧美、日本、韩国、东南亚、中东等50多个国家及中国港澳台地区。全市实现自营出口32018万美元，完成目标任务130.86%，完成任务的160.89%，比上年增长80.33%。其中，自营生产企业出口13473万美元，比上年增长64.41%，外商及港澳台投资企业出口16009万美元，比上年增长98.44%，外贸流通企业出口1936万美元，比上年增长62.57%。全市新备案进出口经营企业60多家，一些新获权的企业成为全市出口新的增长点。2010年，全市不锈钢、特钢制品出口20100万美元，比上年增长88.21%；农产品出口5882万美元，比上年增长55.81%。

2000—2010年兴化市自营出口总额一览表

表9-15 单位：万美元

年份	出口总额	年增长(%)	年份	出口总额	年增长(%)	年份	出口总额	年增长(%)
2000	1019	-18.48	2004	4319	40.18	2008	20753	25.09
2001	1120	9.91	2005	6315	46.21	2009	17755	-14.45
2002	1758	56.96	2006	11581	83.39	2010	32018	80.33
2003	3081	75.26	2007	16591	43.26			

2010年兴化市出口500万美元以上企业一览表

表9-16

序号	企业名称	出口额（万美元）	序号	企业名称	出口额（万美元）
1	江苏宏诚不锈钢制品有限公司	1754	6	兴化市宏泰不锈钢绳有限公司	917
2	江苏希尔发集团有限公司	1099	7	兴化市长江铁路器材有限公司	830
3	兴化市长林贸易有限公司	1006	8	泰州华泽金属工业有限公司	627
4	泰州振亚进出口贸易有限公司	1074	9	兴化市兴龙金属制品股份有限公司	542
5	江苏九寿堂贸易有限公司	962	10	江苏双乐化工颜料有限公司	521

第二节 对外及港澳台合作

“九五”后期，兴化市按照国家“走出去”开放战略，对外经济合作，主要是开展对外劳务合作和境外投资办企业两种形式。

一、工程劳务合作

1993年8月，兴化市对外贸易经济合作局招聘国际海员20名，受聘于南京华盛船务有限公司，赴国际远洋公司工作，迈出兴化海上对外劳务合作的第一步。1995年8月再次招聘国际海员12名。

1997年9月，市外贸局招聘两名服装管理人员，通过中国南京国际经济技术合作（集团）有限公司，受台湾地区中华联合制衣厂聘用，赴莱索托王国联合制衣厂工作，迈出兴化陆上对外劳务合作第一步。

1998年，兴化市国际经济贸易公司成立。是年通过北京住建总公司、厦门国贸集团股份有限公司、安徽天目集团等派驻新加坡、科威特、日本，输出劳务78人，新签合同额66.13万美元，实现营业额57.06万美元。主要从事建筑、缝纫劳务。1999年，市国际经济贸易公司通过中扬国际、盐城国际、南京海外，派往新加坡建筑工127人，新签合同额183.89万美元，实现营业额106.37万美元。2000年，市国际经济贸易公司、市对外经济贸易公司分别通过中铁建、北京住总、北京中电、青岛人才、厦门国贸、中扬国际派驻新加坡建筑工126人，新签合同额166.52万美元，实现外经营业额107.42万美元。

2001年、2002年，市国际经济贸易公司和对外经济贸易公司，通过签约公司派往新加坡建筑劳务220人，新签合同额405.52万美元，实现营业额335.51万美元。2003年、2004年，兴化市佳禾对外劳务公司和兴化市外国投资咨询服务中心，通过签约公司以及劳务人员通过其他途径输出建筑劳务、缝纫以及国际海员336人，赴新加坡、阿联酋、日本、韩国、约旦，新签合同额510万美元，实现营业额410万美元。2004年，江苏苏兴建设工程有限公司经商务部批准，获得国际工程承包经营权。2005—2006年，向新加坡、阿联酋输出建筑劳务225人，签订合同额527万美元，实现营业额180万元。2007年，全市新签外经合同额253万美元，实现营业额201万美元，完成目标任务的100.5%；新派劳务输出人数105人，完成目标任务的105%。

2008年，江苏苏兴建设工程有限公司签订合同额510万美元，实现外经营业额360万美元，派往新加坡、阿联酋、日本劳务170人。2009年，该公司境外工程分包实现零的突破，与省建集团合作中标塞内加尔体育场工程项目。新签外经合同额2080万美元，实现外经营业额1118万美元，新派出国劳务440人。2010年，继续与省建集团公司合作，分包塞内加尔首都卡达尔医院大楼项目。新签外经合同额2550万美元，实现外经营业额2216万美元，新派出国劳务314人。

二、境外投资

1997年6月，扬州拖拉机厂获得商务部批准与北京三九神农农业技术开发有限公司共同投资，在柬埔寨王国金边兴办“柬埔寨王国（中国）三九农机制造有限责任公司”，实现兴化企业境外非贸易企业投资零的突破。该项目总投资59万美元，注册资本59万美元，生产经营农业机械、拖拉机及其配套产品，该公司成立以来，带动拖拉机厂等农机零配件出口约20万美元。由于扬州拖拉机厂1999年破产，该厂柬埔寨项目也关停。2007年11月，江苏宏诚不锈钢制品有限公司在韩国注册宏诚不锈钢（韩国）会社成立。江苏宏诚不锈钢制品有限公司在韩国新办加工贸易企业为市内第一家、泰州市第二家，该项目总投资300万美元，注册资本200万美元，每年带动不锈钢制品出口3000余吨。2009年2月，江苏九寿堂生物制品有限公司在美国投资项目奥通水产食品公司成立。该项目总投资300万美元，注册资本200万美元，每年带动水产品出口500余万美元。境外工程分包取得突破，苏兴公司在塞内加尔体育场项目成功获签。2009年7月，江苏春龙亚麻纺织有限公司美国贸易公司成立，因美国出口业务开拓没有成效，已停业。2010年，江苏振亚螺钉制品有限公司和兴化春龙亚麻纺织有限公司分别在中国香港、美国成立贸易公司。境外工程分包取得新突破，苏兴公司在塞内加尔首都达卡尔医院大楼项目成功获批。

第五章　经济开发区

第一节　江苏省兴化经济开发区

一、区域概况

江苏省兴化经济开发区位于市区东南部。开发区为兴化市城区工业企业集中区，省道231、333一级公路（高兴东公路）分别自南北、东西中心贯穿，地处长三角3小时经济圈内。始建于1992年6月，起初面积1.2平方公里，东起卤汀河（南官河），南至振兴路，西起昭阳南路500米处，北至船厂西路，原属红星乡范围。1993年11月16日，江苏省人民政府批准兴化市经济开发区为省级经济开发区，总体规划面积4平方公里。至1996年，开发面积1.5平方公里，批准进区企业77家、批准企业总投资12.92亿元，企业实际投资5.15亿元，建成投产开业企业5家。投入基础设施建设资金15336万元，先后建成220千伏变电所、110千伏变电所、2.5万千瓦热电厂、10万吨/日净水厂、2万门程控交换通信系统、7500平方米工业标准厂房及五里西路、丰收路、昭阳路、经一路等骨干道路。是年，业务总收入67642万元，业务税金及附加5330万元，利润总额2359万元，企业自营出口额130万美元。

1997年，引进项目7个，其中新开工项目5个。全年建成投产企业4家，批准企业总投资1.41亿元，实际投资8910万元，其中实际利用港澳台资和外资105万美元。业务总收入8.35亿元，实际利税6991万元。

1998—2000年，逐年投入基础设施建设资金260万元、1500万元、1527万元，引进项目7个、9个、12个，批准企业总投资5200万元、1.59亿元、1.65亿元，企业实际投资3100万元、9739万元、9755万元，业务总收入8.96亿元、10.07亿元、13.05亿元，实缴税费2556万元、2370万元、3257万元。

图9-3　20世纪90年代初原开发区入口处
（市城建档案馆提供）

图9-4　江苏省兴化经济开发区西过境路
（2010年，赵朝春摄）

2000年2月，兴化市行政区划调整，将原红星乡整体并入开发区。同年12月，将区内原24个行政村合并为8个。2001年，兴化经济开发区加强招商队伍建设，改进招商方式，重点引进外资项目、农副产品深加工项目、机电配件项目、独资项目和500万元以上规模项目。全年投入基础设施建设资金1258万元。引进项目43个，其中港澳台资和外资项目7个。批准企业总投资1.04亿元，其中合同利用港澳台资和外资728万美元，实际利用港澳台资和外资507万美元。实现业务总收入16.67亿元，实缴税费4161万元，企业自营出口额408万美元。2002年，投入基础设施建设资金956万元，建成葛家东路、孙金路、纬一路，调整五里西路电力线路，延伸经一路供水、供热管道。新建孙金创业园、张阳民营园、葛家私营工业园、楼房机械工业园、西十船舶工业园、胥家调味品工业园。引进项目53个，其中投资规模在1000万元以上项目10个。协议利用资金2.99亿元，其中港澳台资和外资349万美元、市外民资1.2亿元。实际利用资金1.75亿元，其中港澳台资和外资177万美元，市外民资7180万元。开工建设项目53个，建成投产项目33个。业务总收入23.2亿元，其中工业产品销售收入19.3亿元。完成财政收入1770.1万元，企业自营出口额410万美元。2003年，昭阳镇向阳、西五里两村划入，合并为一个村。至此，全开发区辖9个行政村、26个自然村。其范围东起卤汀河，与临城镇隔河相望，西至大界河与高邮市平胜乡、汤庄镇接壤，南临海陵溪与高邮市汤庄镇为邻。北至高王河与昭阳镇为邻。总面积40.77平方公里，其中园区开发建设面积13.15平方公里，耕地面积35578亩。户籍人口2.24万人，其中非农业人口1238人。全年投入基础设施建设资金5000万元，完成五里西路更新改造和经一路北延工程，建成经二路、经三路。引进投资在100万元以上项目60个，其中投资在500万元以上项目31个。协议利用资金43950万元，实际到账资金30380万元。批准港澳台资和外商投资企业3家，批准合同利用港澳台资和外资额470万美元，实际利用港澳台资和外资额341.2万美元。开工建设项目60个，建成投产项目39个。实现业务总收入28.62亿元，其中工业产品销售收入10.16亿元。企业自营出口额830万美元，企业自营进口额54万美元。实现财政收入2059万元。2004年，投入基础设施建设资金8010万元，建成道路16公里、桥梁13座，铺设下水道19公里，完成行政办公中心和外商生活服务中心等工程建设。引进项目57个，其中投资在500万元以上项目32个、1000万元以上项目14个、3000万元以上项目3个。协议利用资金5.02亿元，其中协议利用港澳台资和外资944万美元，实际到账资金3.82亿元。开工建设项目56个，建成投产项目52个，其中建成投资在1000万元以上项目8个。实现工业总产值15.35亿元、利税1.13亿元。完成预算内财政收入4236万元。2005年，规划建设农副产品加工区2.18平方公里，增挂“江苏省兴化农副产品加工区”牌子。完成全社会固定资产投资47168万元，业务总收入296601万元，财政收入5623万元，引进项目57个。批准港澳台商和外商投资企业7家，批准合同利用港澳台资和外资665.2万美元，实际利用港澳台资和外资52万美元。

2006年4月，经江苏省人民政府同意，省农林厅、省外经贸厅联合批准在开发区内设立江苏省兴化农副产品加工区。2006年，进一步完善基础设施建设，建成道路6.1公里，架设供热管道5公里，铺设自来水管道5.1公里，埋设雨水管道1.2公里，增加绿化面积28.8万平方米，安装路灯350座，实施园区河道驳岸3公里，建成工业标准厂房2.9万平方米、职工宿舍楼3幢7800平方米。引进投资在500万元以上项目49个，其中投资在5000万元以上项目7个、超亿元项目2个。协议利用资金12.1亿元，实际到账资金5.2亿元，其中实际利用港澳台资和外资917万美元。业务总收入67.74亿元，财政收入7757万元，其中地方一般预算收入4173万元。企业自营出口额1756万美元。2007年，投入基础设施建设资金10521万元，建成道路3.5公里、桥梁5座、农民安居房6幢1.83万平方米、工业标准厂房10幢2.86万平方米，增加绿化面积18.6万平方米，完成孙金夹河驳岸工程。全年建成投产项目34个，其中投资额为1000万元项目20个、3000万元以上项目8个、亿元项目4个。批准外商投资项目1个，注册协议外资额25万美元，实际到账外资额4405万美元。业务总收入82.6亿元，其中工业产品销售收入21.13亿元，地方一般预算收入13013万元，企业自营出口额1928万美元、出口额545万美元。2008年，实现成片造林1850亩，全区绿化覆盖率达27%，7月，被江苏省建设厅评为江苏省园林式单位。9月18日，通过北京东方认证中心评审，获得ISO14001环境管理认证。全年延伸连接园区道路3条，建成桥梁3座，铺设自来水管道12公里，完成葛家农民安居房、工业标准厂房附属设施建设以及相关地段房屋拆迁，开工建设派出所、综合楼，实施西环路沿线河道疏浚拓宽和沿路绿化工程，园区有线电视网络实现全覆盖。新（修）建闸站4座，新建农桥8座，其中改建危桥3座，加固联圩4500多米。全年引进项目26个，协议利用资金9.3亿元，实际到账资金5.5亿元，其中亿元项目2个，1000万元项目19个。全年工业产品销售收入27.05亿元，财政收入2.01亿元。2009年，新增高效农业面积2800亩，中心幼儿园、世代服务中心按期交付使用，中心敬老院完成基建工程。全年引进项目31个，其中投资超亿元项目3个，协议利用资金8.6亿元，实际到账资金5.6亿元。全年工业产品销售收入33.88亿元，财政收入2.45亿元。

2010年，通过BT方式启动污水处理厂建设，完成热电公司资产重组。完成6处4万平方米的房屋拆迁，拆迁总量为历年之最，五里转盘商贸开发、兴洋公司“退二进三”两地块挂牌出让，葛家马场基商住开发启动建设。在现有的25幢工业标准厂房中除预留2幢用于大项目招引外，其余23幢全部出租，全年实现国有资产经营收入386万元。注册协议利用外资10.5亿元，实际利用外资5500万元。全年工业产品销售收入44.66亿元，财政收入3.55亿元。2010年，全区有私营个体企业526家，其中年销售收入超亿元的15家。全年实现地区生产总值20.29亿元，为2003年的6.24倍。人均地区生产总值5.64万元，为2003年的5.32倍。其中第一产业增加值0.63亿元、第二产业增加值15.36亿元、第三产业增加值4.3亿元，分别比2003年增长46.51%、691.75%和388.64%。工业利税总额6.16亿元，为2003年的8.21倍。

2003—2010年江苏省兴化经济开发区经济社会发展情况一览表

表9-17

年份	户数（户）	人口（人）	耕地面积（亩）	地区生产总值（亿元）				财政收入（万元）	农民人均纯收入（元）
				三产增加值			合计		
				第一产业	第二产业	第三产业			
2003	7035	22386	35578	0.43	1.94	0.88	3.25	2059	4038
2004	8081	21809	34053	0.46	3.81	1.10	5.37	4236	4705
2005	6971	22198	33994	0.50	4.97	1.27	6.74	5623	5400
2006	7295	22913	33991	0.52	6.41	1.52	8.45	7757	6163
2007	7068	22256	28895	0.51	8.21	1.90	10.62	13013	7106
2008	7058	22256	28840	0.53	10.01	2.29	12.83	20114	8188
2009	7058	22256	28925	0.59	12.08	3.56	16.23	24484	9434
2010	8187	23394	28402	0.63	15.36	4.30	20.29	35485	10745

1999—2010年江苏省兴化经济开发区招商引资情况一览表

表9-18　单位：万元

年份	协议利用资金	实际到账资金	年份	协议利用资金	实际到账资金	年份	协议利用资金	实际到账资金
1999	15900	9739	2003	43950	30380	2007	88000	74000
2000	16500	9755	2004	50200	38400	2008	93000	55000
2001	30000	20000	2005	123000	37000	2009	86000	56000
2002	29935	17485	2006	121000	52000	2010	105000	55000

二、重大投资项目

【江苏盛洲粮油工业有限公司】 2007年，由厦门盛洲粮油工业有限公司投资兴办，主要从事系列精制油生产加工，项目总投资约2亿元人民币，注册资金5000万元。该项目征用土地176亩，建筑面积约11万平方米。一期工程为灌装车间，建筑面积1.2万平方米，开工时间为2008年10月，2009年3月建成投产。年生产加工系列精制油20万吨，年销售额10亿元。

【顶级手套（兴化）有限公司】 2005年，由马来西亚顶级国际集团投资兴办的独资企业，该集团为马来西亚吉隆坡股市主板上市公司，主要生产PVC手套，产品销往各大洲165个国家和地区。项目占地面积10.87公顷，首期投资1000万美元，建设20条PVC手套生产线。于2005年10月开工建设，2006年6月竣工投产，产品绝大部分出口。

图9-5　顶级手套（兴化）有限公司车间
（2009年摄，开发区提供）

【江苏金盾门业有限公司】 2006年，由温州市金盾防撬门有限公司投资兴办，主要生产钢质防盗门、防火门、装饰门及木制装饰门等系列产品，产品80%以上出口东欧、西欧、中东、东南亚等地。该项目固定资产投入人民币1.2亿元，申请用地115亩，分两期投入：2006年6月至2007年3月，一期投入8000万元，建筑厂房等2万平方米，装备全自动钢质系列门生产线两条，月产钢质系列门3万扇，年产钢质系列门35万扇，年产值2亿元以上，利税4000万元以上。2007年5月至2008年4月，二期投入4000万元，建筑厂房1.5万平方米，装备木质系列门生产线一条及配套的五金、包装车间，年产值1亿元以上，利税2000万元以上。项目全部建成后，年产钢质系列门、木质装饰门50万扇以上，产值销售3亿元以上，利税6000万元，成为长三角地区最大的门业生产基地。

【五得利面粉项目】 2007年，由河北五得利面粉集团有限公司投资建设，主要从事面包粉、馒头粉、面条粉等专用面粉和麸皮的生产加工。项目计划总投资2亿元，注册资金2700万元。分二期实施。一期工程规划占地面积84.76亩，建筑面积5.65万平方米，投资1.34亿元，2007年开工建设，2009年4月底建成投产。项目全部竣工运行后，日加工小麦2000吨、年加工小麦70多万吨，年产值15亿元，实现利税1.5亿元。

【江苏兴野食品有限公司】 2005年兴办的农副产品加工企业。由南京野生植物研究所、日本龙汉株式会社和兴化中野食品有限公司三方共同投资，总额8000万元。主要从事蔬菜、瓜果、肉类、海产品、水产品等冷冻加工。年产值逾2亿元，利税3000万元，提供就业岗位1200余个，带动农户4000余户。

【珠海市华丰食品工业（集团）有限公司兴化分公司】 该企业是国内知名的方便面食品生产企业集团，主要生产经营方便面及附属产品，2006年7月首期投入3000万元，占地1.5万平方米，建设2条方便面生产线，是年11月建成投产。2007年，建成2条生产线投产，形成日产方便面3.5万箱、产值50万元的生产能力，年销售2亿元，利税2000万元，安排就业500人。

2010年江苏省兴化经济开发区（年销售2000万元以上）骨干企业基本情况一览表

表9-19　　单位：万元

企业名称	销售收入	利税总额	企业名称	销售收入	利税总额
五得利集团兴化面粉有限公司	70733	6541	江苏博思特门业有限公司	6023	760
泰州海大生物饲料有限公司	36526	3085	江苏兴野食品有限公司	5147	722
兴化市锦星特钢有限公司	31724	846	江苏华信达特钢科技有限公司	4685	460
兴化精密铸钢有限公司	23693	3709	江苏时创机械有限公司	3708	380
兴化市万恒特钢有限公司	21145	2234	江苏日升电力机械有限公司	3524	402
江苏海陵机械有限公司	18716	2786	兴化市李工蔬菜机械有限公司	3464	546
江苏双发机械有限公司	16841	2849	江苏瑞宇医疗用品有限公司（高新）	3116	256
珠海市华丰食品工业集团有限公司	16224	2680	兴化长有铸钢有限公司	3084	536
顶级手套（兴化）有限公司	16161	1427	江苏奥瑞凯板桥矿山机械有限公司	2876	389
兴化顶康食品科技有限公司	15962	2631	泰州市水冶机械有限公司	2862	262
兴化市福鑫机械制造有限公司	15485	1171	兴化中天灯具有限公司	2477	405
兴化市同新化工有限公司（高新）	15002	1453	兴化市华荣食品有限公司	2444	203
江苏美乐肥料有限公司	11729	1050	江苏华立自控仪表有限公司	2206	287
江苏兴利达齿轮有限公司	10756	2560	兴化市豪格渔具有限公司	2079	260
江苏新蕾麦芽有限公司	9488	471	兴化市三诚精密铸造有限公司	2073	215

续表 9-19

企业名称	销售收入	利税总额	企业名称	销售收入	利税总额
兴化东华齿轮有限公司	9043	914	兴化大铭渔具有限公司	2007	232
江苏瑞德机械有限公司	8268	665	兴化市盛大精密铸钢有限公司	2003	247
兴化市志友染织有限公司	7380	589			

第二节　其他工业集聚区

一、江苏昭阳工业园

江苏昭阳工业园（兴化市私营经济城）始建于2001年底，2002年10月经省经贸委等部门批准为江苏省乡镇工业小区。园区位于昭阳镇，东临高兴盐公路，南依高兴东公路，北至兴沙公路，大溪河、横泾河等航道河流穿境而过，水陆交通便捷，区位优势明显。园区总体规划6.8平方公里。2009年初，园区科升创业区被明确为省首批重点扶持建设的小企业创业基地。2009年投资2000多万元，完成连接二区、三区的1.8公里四区主干道一路四桥建设，实现一区至四区整体贯通。入园企业163家，其中日本、美国、澳大利亚、新加坡及中国香港、台湾企业9家。企业固定资产总投资16.8亿元，其中外资2899万美元。2010年被兴化市人民政府重新批准定位为兴化市电子产业园，园区享有省级开发区的各项优惠政策。至2010年，园区基础设施投入近亿元，完成骨干道路16条、总长15.6公里，桥梁9座，公共绿化面积6.1万平方米，工业厂房建筑面积70多万平方米，有10千伏、35千伏变电所保障双向供电枢纽，供水、排水、通信、运输畅通，绿化、亮化配套。2010年完成工业总产值60.8亿元、销售收入58.6亿元、出口交货值3.1亿元、利税总额4.5亿元、入库税金2.1亿元。初步形成以南山重工、东方机械为基地的耐热耐磨钢制品，以兴纺机械、圣蓝科技为龙头的纺织机械，以兴顺电子为代表的电子元件，以远洋机械、开源船舶为重点的船舶机械四大特色集群经济。江苏圣蓝科技有限公司跨入省高新技术企业行列，兴化市大地蓝绢纺有限公司“梦水乡”蚕丝被获“中国名牌”称号。

图 9-6　江苏昭阳工业园一角

（2010年摄，昭阳镇提供）

二、兴化市科技工业园

始建于2001年底，位于临城镇境内，辖有十里、郭家、姜家、新银4个自然村，规划面积4平方公里。园区本着“科学规划，分步实施，适度超前，滚动发展”的思路，至2010年底投入基础设施建设资金4300多万元。建成“四纵四横”道路及配套设施框架，入园企业过百家，实现销售近30

亿元，从业人员3000多人，形成不锈钢铸造、机械制造、建筑材料等行业的产业集聚群。2010年招引工业项目9个，三产项目4个，总投资5.6亿元。

三、江苏戴南科技园区

（参见《不锈钢产业》卷第三章第一节《江苏戴南科技园》）

四、江苏张郭科技园区

位于市境东南部、张郭集镇北部，2001年9月经兴化市政府批准设立，2002年10月被省经贸委、省乡镇企业局、省中小企业局命名为“江苏省乡镇工业小区”，同年12月被农业部命名为全国乡镇企业科技园区，辖区面积8平方公里。园区坚持“科学规划、集约开发、提升品位、构筑优势”的要求，走集中、集聚、集约发展之路，建成3平方公里的园区，5万平方米标准化厂房，实现“六通一平”，给水、排水、供电、通信等网络配套设施基本齐全。区内企业180多家，初步形成以电热电器、炊事机械、农副产品出口加工、特种金属材料生产和生物化工、医药包装等为主导的产业，其中外商投资企业1家。2010年招引20个项目入园，计划投资总额4亿元。园内规模较大企业有江苏申源特钢有限公司、江苏双乐化工颜料有限公司、江苏九寿堂生物制品有限公司、江苏博生橡塑有限公司等。

五、兴化市民政工业园

位于宁靖盐高速兴化出口处，高兴东公路南北两侧，创建于2003年7月，同年12月经兴化市人民政府批准，挂靠省级兴化经济开发区，并享受城区“三园”优惠政策。全园总体规划面积2.8平方公里，以高兴东公路为轴，南区完成开发100公顷，基础设施投入达1200万元，先后建成兴业路、板桥路、朝阳路、前进路、人民西路等“两纵三横”道路。电力、通信（宽带）、有线电视、桥梁、绿化、给排水等基础设施全部到位。截至2010年投资4000多万元，完成肖庄路、创业大道等基础设施建设，实现南北区贯通，“一体两翼”的开发格局初步形成。园区形成有色金属、氧化锌、机械、纺织服装、保温材料五大支柱产业，入园企业43家（含港资企业1家），其中南区35家、北区8家。投资5000万元以上企业1家，投资2000万元以上企业4家，投资1000万元以上企业25家，从业人员1750人。2010年完成工业产值21.6亿元，销售21.3亿元，利税9760万元。规模较大企业有江苏通泰纱线有限公司、兴化市正兴齿轮有限公司、江苏晁意铝业有限公司。

六、兴化市双蝶工业园区

2003年成立。位于周庄集镇北侧，为全国农副产品加工创业基地，东依兴泰公路，西傍三级航道卤汀河，交通便利。园区规划面积3.2平方公里，建成面积2平方公里，投入6400万元。区内基础设施配套，“绿化、亮化、美化、硬化”工程实施到位。入园企业66家，职工近5000人。规模企业33家，销售收入超亿元的企业有8家。形成纸板包装、啤酒麦芽、阳极碳素三大特色产业和电力器材、机械铸造、服装生产三大重点产业。2010年，规模较大企业有江苏双蝶集团、泰州正阳麦芽公司、美联碳素公司、江兴公司、永顺泰公司等。

七、兴化市安丰工业集聚区

由南北两个园区组成，规划总面积4平方公里。南区主要以机械、冶金、纺织、建材等行业为主导产业，规模企业主要有三联特钢、晶鑫纺织、顺贸焊丝、美鑫铸造、智宇铜村等30家私营企业。北区于2003年3月创建，以钢材、服装、电子、轻工等行业为主导产业，规模企业主要有天龙铸造、洁豪针织、伟泰制衣、荣乙塑料等16家中外企业。集聚区注册资本1.56亿元，从业人员4860

人，厂房面积13.5万平方米。其中，年销售亿元以上的企业两家，5000万元以上的企业6家，1000万—5000万元以上的企业15家，500万—1000万元以上的企业22家。该区先后投入建设资金1860万元，实施水电、路桥、邮电等基础设施建设工程。2009年投入400多万元，实施两路两桥和绿化工程。集聚区实现“六通一平”，并通过ISO9001质量体系认证和ISO4000环保认证。2010年，成立投资服务公司，实行“一站式”服务。

八、陈堡工业集聚区

2003年成立。位于兴泰公路两侧，交通运输便利。内分三个小区，规划占地面积2.3平方公里，固定资产投入近1亿元，园区内道路、给排水、通信、电力等设施配套齐全，达到“五通一平”，绿化、亮化、美化工程到位。至2010年，区内企业80家，主要有铸锻造、电子、建材、服装、纺配、机电、体育器材等产业，精密铸锻造、电子元器件两大产业形成规模特色，区内从事铸造的企业40家，电子企业15家。销售额500万元，利税50万元以上企业24家，其中市“111”工程企业3家，重点骨干企业有江苏威鹰机械有限公司、兴化市雅兰机械制造有限公司、兴化市华兴机电有限公司、泰州市金鹰精密铸造有限公司、兴化市华宇电子有限公司等24家。

九、兴化市脱水果蔬产业园

1991年3月创建，位于城东镇，水陆交通便利。2003年4月经兴化市人民政府批准为兴化市级工业园区。2010年底，园区更名为兴化市脱水果蔬产业园。园区规划总面积666公顷，其中工业基地133公顷、配套蔬菜生产基地533公顷，建成区面积181公顷。区内有企业57家，其中脱水蔬菜企业29家。固定资产总投资4.5亿元，年消耗农产品80多万吨，年生产销售蔬菜产品5万多吨。2010年实现营业收入25.71亿元，利税总额1.85亿元，出口创汇突破8000万美元。经过20年发展，成为全省最大的脱水果蔬生产加工和销售集散地。

2010年兴化市特色园区情况一览表

表9-20

园区名称	地　址	建立时间	园区规模	主要入园企业
江苏省兴化经济开发区（1993年经省政府批准为省级经济开发区。2006年设省级农产品加工区，农业部认定为全国农业产业化基地）	兴化城南，原红星乡境域	1993年11月	规划面积48平方公里，建成区15平方公里，园区道路网络“五纵九横，七通一平”	入园企业300多家，其中外商和港澳台投资企业30多家。有可可食品、华丰方便面、五得面粉、盛洲粮油等品牌产业；东华链条、美金车桥、兴利达齿轮等汽车配件产业；精密铸钢、华信达特钢、双发机械等精密铸造等企业
江苏兴达新材料产业园区（1995年成为国家火炬计划，江苏特种合金材料及制品产业基地）（位于江苏戴南科技园区）	戴南镇	1992年	规划面积8平方公里，园内实现“八通一平”	入园企业400家，形成不锈钢制品、汽车子午轮胎钢帘线、汽车配件等产业集群，园区有国家不锈钢制品监督检查中心，江苏兴达钢帘线股份有限公司及不锈钢综合物流中心
兴化市新型医药包装产业园（又名江苏张郭科技园区）	张郭镇	2010年10月	规划面积8平方公里，园区配套设施基本齐全，实现“六通一平”	入园企业20多家，形成新型电器电热、炊事机械、特种金属材料及制品、精细化工、生物医药及医药包装等特色产业。有中国医药城辐射、江苏博生医用新材料股份有限公司、江苏博生医用新材料股份有限公司、江苏金扬子公司等多层共挤膜为主的新型医用包装材料产业

续表 9-20

园区名称	地　址	建立时间	园区规模	主要入园企业
兴化市纺织服装产业园（位于兴化市安丰镇工业集聚区南区）	安丰镇	2003年3月	规划面积4平方公里，建成区实现“六通一平”	入园企业近100家，园区成立投资服务公司，形成纺织服装、机械制造、冶金、电子、轻工、建材为主的工业门类。打造品牌服装和簇绒地毯等产业基地
兴化电子产业园区（又名江苏昭阳工业园）	昭阳镇	2010年	规划面积6.8平方公里，基础设施完备	入园企业200家，以江苏兴顺电子有限公司、江苏圣蓝科技公司、泰州嘉诚电子公司、昭阳光电为重点，培养发展电子传感器及芯片、电子电子清沙器和智能手机、平版电脑等IT产业
兴化市合金铸造产业园（又名兴化市科技工业园）	临城镇	2001年	面积4平方公里，形成“四纵四横”道路框架，基础设施配套齐全，实现“六通一平”	入园企业100多家，形成合金铸造、机械制造、化纤纺织、建筑材料为主的产业特色，初建成以汽车4S店为主的特色三产服务业
兴化市双蝶包装材料产业园（又名兴化市双蝶工业园区）	周庄镇	2003年	规划面积3.2平方公里，建成面积2平方公里，基础设施齐全	入园企业66家，以江苏双蝶集团为依托，研发新型高强瓦楞纸板，形成纸板包装以及特种合金钢、机械电子、铁路器材、农副产品加工为特色的集聚区
兴化市精密铸造产业园（位于陈堡工业集聚区）	陈堡镇	2008年	规划面积2.3平方公里，建成区基础设施齐全	入园企业80家，初步形成精密铸造产业集聚区，打造汽车、船舶、高铁及航空航天等领域精密铸造配件基地
兴化市新源轻工科技产业园（精纺产业园）（又名兴化市民政工业园）	大垛镇宁靖盐高速与高兴东公路交会处	2003年7月	规划面积2.8平方公里，建成区面积1平方公里，基础配套设施齐全	入园企业43家，重点发展有色纺纱、化纤纱精纺加工，初步形成纺织服装、有色金属、氧化锌、机械制造、保温材料、新型包装材料等工业门类
兴化市铜制品产业园	荻垛镇	2005年	规划面积1平方公里，基础配套设施齐全，为上海3小时经济圈内重要生产和流通的节点	入园企业20多家，形成工业铜管、铜杆铜排、铜板铜套、电子锌白铜等铜制品生产集聚区
兴化市脱水果蔬产业园	城东镇	1991年3月	规划面积6.66平方公里，其中配套种植基地5.33平方公里，工业区基础设施逐步完善	入园企业57家，其中脱水果蔬菜生产企业29家，成为省内最大的脱水果蔬生产加工和销售集散地
兴化市汽车齿轮产业园（又名塔子河工业园区）	合陈镇	2010年	规划面积4平方公里，建成区基础设施完善“三横五纵六区”道路框架按规划逐步到位	入园企业30多家，其中齿轮生产企业10多家。以汽车齿轮为重点，加快变速箱、驱动桥总成等汽车配套件研发生产
兴化市光伏制品产业园（前身是竹泓镇工业园）	竹泓镇	2007年	规划面积3平方公里，基础设施齐全，实现“六通一平”	入园企业20多家，其中光伏企业3家，初步形成，光伏制品、无纺材料、食品加工、家具生产等主导产业

卷十 农业与农村经济

图10-1　粮食收割　　　　　　　（2008年摄，市委宣传部提供）

1991年，兴化遭遇特大洪涝灾害。全市人民在市委、市政府领导下，奋力抗灾，恢复生产，降低灾害造成的损失。1992年7月，国家统计局和国务院发展研究中心公布，兴化市为农村综合经济实力百强县（包括县级市）之一。1992年后，兴化又数次战胜旱涝等自然灾害，农业保持平稳快速发展。

1993年，《中华人民共和国农业法》颁布实施，家庭联产承包经营在法律上得到确认，土地二轮承包30年不变，同时允许土地流转承包经营。农业综合开发和现代农业建设步伐加快。1991—2010年，全市开垦荒地0.76万亩，改造中低产田53.28万亩，扶持产业化经营项目12个，项目财政总投资19049.05万元。农业机械化水平提高。2010年，全市各类农业机械总动力为938020千瓦，每万亩平均4903.92马力，比1990年提高25.45%，基本实现农业机械化。大批农村劳动力离乡务工，或就地向第二产业和林、牧、渔业转移，促进农业内部结构的调整。

2010年，全市粮食总产量134.42万吨，比1990年增长27.09%，连续8年被表彰为“全国粮食生产先进县”。林牧渔业生产稳定发展。2010年水产品总产量24.6万吨，为1990年的6.04倍。持续保持全省之冠，获“中国生态河蟹养殖第一县（市）”称号。1990年，农业总产值17.63亿元，其中种植业和林牧副渔业产值分别为59.84%和40.16%。2010年，农业总产值109.12亿元，其中种植业53.02亿元，占48.59%；林牧副渔业产值56.1亿元，占51.41%，与种植业基本持平。

20世纪90年代后期，在提高农产品产量的同时，注重质量和经济效益，发展绿色、有机、无公害产品，农业产业化经营顺利推进。在各类特色产业和专业大户的基础上，一批由民间资本投入的专业公司，以市场为导向，依靠科技进步，集中化经营。稻米加工等6大10亿元产业初步形成。“兴化香葱”等5个集体商标获国家工商总局授牌认证，“泓膏”大闸蟹获多家管理部门和产业行会认可为水产“精品”和“信得过产品”。建立农副产品加工企业，对初级农产品进行深加工，提高附加值。开辟国内外产品市场，组织经纪人队伍，构建布局合理，运营通畅的国内外农产品销售市场，让兴化农产品走向全国、走向世界。

在发展生产和流通，增加农民收入的同时，按照政策减控农民负担。2010年，全市农民人均收入8817元，为1990年的11.85倍。

第一章　种植业

第一节　粮食种植

1991年后，全市粮食种植以夏秋二季一年二熟为主。1991年，粮食种植面积256.7万亩，总产量70.54万吨，其中：夏收粮食种植面积为146.44万亩，总产量44.09万吨；秋收粮食种植面积110.26万亩，总产量26.45万吨，其中稻谷种植面积为74.3万亩，总产量24.49万吨。以后每年粮食种植面积均有部分调整，产量稳步上升。2010年，粮食种植面积273.42万亩，总产量134.42万吨，其中：夏收粮食种植面积126.3万亩，总产量49.36万吨，其中小麦种植面积110.4万亩，总产量43.68万吨；秋收粮食种植面积147.12万亩，总产量85.06万吨，其中稻谷种植面积135.77万亩，总产量82.29万吨。

一、水稻

【品种】 1995年前，兴化水稻生产以杂交水稻为主，其中杂交籼稻以汕优63、特优63、特优559等品种为主，搭配种植杂交粳稻以六优一号为主，并少量种植常规粳稻盐粳2号、盐粳235等。20世纪90年代中期以后，水稻生产以常规粳稻为主，搭配种植杂交水稻汕优559、特优559为主，常规粳稻以武育粳3号当家。2004年省内爆发严重的水稻条纹叶枯病，后粳稻品种以抗病品种为主，如徐稻3号、徐稻4号、淮稻9号、淮稻5号、扬辐粳8号、华粳6号。

2004年，兴化市开始实施水稻良种推广补贴项目。至2010年，全市实施良种推广补贴面积939.33万亩（次），推广良种1343.16万千克，补贴资金总额18786.6万元。

【重大项目建设】 2004—2010年，兴化市作为江苏省3个核心试验区之一，在主要承担重大技术研究攻关与集成示范的同时，开展水稻高产示范方建设。2007—2009年，建立超高产攻关方1029.1亩，平均亩产852.8千克。其中2009年钓鱼镇姚家村103.4亩实收单产898.9千克，最高田块单产937.2千克，创造稻麦两熟百亩方和攻关田单产全国纪录。建立千亩示范方134个，面积15.93万亩，平均亩产678.9千克，比大面积增产16.6%。466.17万亩项目区增产稻谷28.52万吨，新增效益69022.18万元，亩平148.06元。

图10-2　国家粮食丰产科技工程水稻项目——兴化市超高产攻关试验方　（2004年摄，市科技局提供）

2008年开始实施水稻高产创建项目。2009年、2010年，省委常委、副省长黄莉新挂钩钓鱼镇水稻万亩示范片。作为全省的指挥方，通过专业化服务的推进，取得显著创建成效。2009年、2010年，钓鱼万亩水稻高产示范片平均单产分别为745.6千克和749.7千克，连续两年刷新全省万亩水稻高产新纪录。至2010年，建立部省级水稻高产创建万亩示范片8个，地点为钓鱼、戴南、海南和下圩等乡镇。

【栽培技术革新】 1991年后，兴化主要采用叶龄模式栽培、高产群体质量栽培、精确定量栽培等革新技术项目。叶龄模式栽培是以水稻叶龄进程为主要依据，对水稻生长过程进行综合诊断，提出调控技术措施具有高产、省工、节本的优点，在杂交中籼稻、常规中籼稻和中粳稻生产上广泛应用。1991年，全市推广应用面积51.27万亩，占水稻面积的68.54%，平均增产6.1%。

高产群体质量栽培是在叶龄模式基础上，通过试验研究集成而形成的高产栽培技术体系，概括为“壮秧、减苗、扩行、调肥、控水”十字栽培技术。市农业局从1992年开始承担研发和示范推广课题任务。至1995年，全市应用面积28.4万亩，平均亩产603.8千克。成为“九五”“十五”水稻栽培的技术路线，促进全市“压籼扩粳”和水稻单产的新突破。1998年，全市119万亩水稻平均单产达626千克，创造水稻单产历史纪录新高。

精确定量栽培技术包括水稻生长发育诊断指标、高产群体质量指标和栽培技术定量化3个部分，对各项技术进行精确定量，以最经济的投入，保证水稻高产群体形成，获得最大经济和生态效益。兴化市是这项栽培技术的主要实施基地县。2004—2010年，全市推广应用602.6万亩，亩增效益在100元以上。

肥床旱育稀植技术包括培肥苗床、旱育旱管、稀植和合理施肥4个技术环节。1993年，开始在钓鱼乡实施试验示范。1995年全市示范面积6.5万亩，平均亩产623.5千克，比对照增产10.7%。1997年全市应用面积79.6万亩，占水稻面积的68.4%，平均亩产609.4千克。结合旱育保姆的应用，全面提高秧苗素质，加快推进全市水稻高产群体质量栽培技术的发展。

塑盘抛秧具有省力、省工、高产、高效、操作简便等优点。20世纪90年代在市境南部示范应用水稻抛秧技术，以湿润育秧抛栽方式为主，采用聚氯乙烯塑料561孔软盘，亩大田秧盘55张—60张，用种3—4千克，落谷时先于盘孔撒营养土，约占三分之二，播后用营养土盖种，并扫除盘面余土，露出孔梗，播后灌满沟或半沟水，一叶一心期以后湿润灌溉为主。20世纪90年代后期，全市水稻抛栽面积4万亩左右。2007年后抛栽稻面积有所扩大，2010年全市抛栽稻面积16.72万亩，平均单产604千克。

20世纪90年代，水稻机插秧技术步入低谷。2004年以来进入快速发展期，通过引进高性能的插秧机，采用双膜或塑盘方式培育标准化的带土小苗移栽，实现高产高效。通过行政推动和政策扶持，2005年，全市新增插秧机488台，实现机插面积7.1万亩。至2010年，全市插秧机总数达1530台，机插面积29.6万亩。主要机型有“东洋PF455S”型（手扶式）、“洋马RR6”、“东洋P600”等高速机型（乘坐式）。

图10-3 推广东洋PF455S型水稻插秧机

（2006年摄，市农业局提供）

1991—2010年兴化市水稻播种面积、产量一览表

表10-1

年份	面积（万亩）	单产（千克/亩）	总产量（吨）	年份	面积（万亩）	单产（千克/亩）	总产量（吨）
1991	74.30	329	244888	2001	99.73	609	607746
1992	109.53	456	499928	2002	102.48	625	640500
1993	111.52	524	584553	2003	93.80	495	464310
1994	99.26	528	524054	2004	131.88	503	663597
1995	99.62	554	551933	2005	136.88	527	721370
1996	110.76	590	653444	2006	134.57	544	732384
1997	116.42	534	621656	2007	133.17	563	749693
1998	119.00	626	744927	2008	134.55	597	802815
1999	122.15	560	684012	2009	135.63	603	817849
2000	109.36	582	636475	2010	135.77	606	822940

二、三麦

【良种推广】 20世纪90年代初，扬麦5号为全市当家品种。1991—1994年小麦以扬麦5号为主，1992年试种扬麦158。1995年后，扬麦158迅速取代杨麦5号，成为主体品种。1998—2004年以扬麦11号为主。2000年后，扬麦11取代扬麦158，扬麦16同时得到推广，面积迅速扩大，取代扬麦11号成为全市当家品种。2004—2009年，以扬麦16号、扬麦11号为主。2009—2010年，以扬麦16号、扬麦13号、宁麦13号为主，扬麦11、扬麦13、扬麦14、宁麦14等品种同时并存。

20世纪80年代，大麦品种以全委早三为主，搭配沪麦4号、8号、苏啤1号、海安大麦等。后几年，冈二、单二等啤酒大麦新品种扩大种植，裸大麦被淘汰。20世纪90年代以后，以单二、苏啤、杨啤等系列啤酒大麦等新品种得到推广应用。1991—2006年，大麦以单二、港啤为主。2007—2010年当家品种不明显。

【耕作制度和耕作方式】 20世纪50年代初期，一些沤田种一季水稻、旱地种麦。20世纪50至20世纪70年代沤改旱成功，改为水旱两熟制—稻、麦、绿肥、油菜、水旱轮作。小麦面积扩大。又有水田两年三熟制，主要形式为麦—稻、绿肥—稻。但绿肥—稻在20世纪70年代中后期逐步由油菜—稻所替代，1980年后主要以稻麦为主。1991—2010年，耕作方式主要为推广麦田一套沟、推广免（少）耕麦、推广条播麦。

【生产技术】 由于境内雨水较多，尤其5—7月梅雨季节，造成明涝暗渍，严重影响三麦生长。因此，挖墒整地成为三麦增产重要措施。20世纪80年代以后，市内麦田排水降渍沟墒的技术要求是田内沟的竖沟，一般畦畦开，间距3—4米，明沟深30厘米左右，暗沟深40—50厘米，横沟间距30米左右，沟深40厘米左右。田外沟、田块间的降渍沟，沟深1米左右，田头排水沟深1.2米，不同茬口间的隔水沟，沟深1米，渠道旁的导渗沟，沟深1米。此外，生产沟、排水河间距500—1000米。进入21世纪后,市内常年麦田三沟配套率占85%左右。

1991年后，重点推广药剂拌种，预防纹枯病。每亩用“春泉”小麦拌种剂1袋（20克），加水750克，均匀拌麦种8—10千克，以矮化植株，加深叶色，促进分蘖，增加次生根，增强抗倒、抗寒能力。加大三麦群体质量栽培技术的推广,强化专用小麦生产技术的研究与应用。对三麦用肥水平、施肥技术要求越来越高，亩用纯氮量由20世纪80年代的10千克左右增加到20世纪90年代

13千克左右，进入21世纪后达16千克左右。

20世纪90年代中期，基本苗降到22万左右。20世纪90年代后期至2000年，由于优良品种供应量增加，基本苗降到20万左右。2000年，增加优质专用小麦生产面积，要求弱筋小麦，一般亩播种量8—9千克，掌握基本苗在16万—18万，中筋小麦一般亩播种量7—8千克，基本苗以14万—16万。播种方法主要有浅旋灭茬撒(条)播、免耕机条播、老棉田浅锄套种和板茬人工撒(条)播4种形式，其中以免耕机条播面积为最大。

1991—2010年，推广免耕种麦面积占三麦播种面积的85%。

【面积和产量】 兴化市小麦面积从1991年的95.58万亩，至2010年稳定在110万亩左右；每亩单产由1991年的297千克增加到2010年的396千克；总产由1991年的28.39万吨增加到2010年的43.68万吨。大麦面积从1991年的49.45万亩到2010年的13.17万亩；每亩单产由302千克上升到2010年的382千克；总产量由1991年的14.93万吨降至2010年的5.03万吨。

1991—2010年兴化市小麦、大麦播种面积、产量一览表

表10-2

年份	小麦			大麦		
	面积（万亩）	单产（千克/亩）	总产量（吨）	面积（万亩）	单产（千克/亩）	总产量（吨）
1991	95.58	297	283872	49.45	302	149339
1992	96.24	392	377518	44.38	325	144243
1993	95.73	358	342806	37.96	303	115185
1994	82.29	349	287466	44.18	296	130754
1995	85.26	360	307202	41.24	317	130611
1996	91.92	391	358975	38.73	355	137483
1997	103.79	375	389315	30.11	335	100869
1998	102.64	267	274075	28.75	209	54618
1999	107.37	393	421948	16.86	325	54800
2000	100.19	368	368675	10.82	340	36788
2001	83.66	365	305305	19.66	345	67826
2002	83.00	310	257315	18.51	251	46402
2003	82.42	344	283521	21.82	333	72590
2004	79.54	386	307200	23.06	352	81084
2005	92.41	387	357637	19.47	342	66587
2006	98.36	401	394455	20.98	352	73918
2007	100.29	360	360608	8.48	319	27032
2008	104.55	380	397271	9.90	345	34229
2009	108.00	395	426600	11.12	375	41700
2010	110.40	396	436809	13.17	382	50309

三、玉米

1990年后主要有郑单918、登海9号、苏玉9号、农大108等。2009年以后当家品种不明显。

第二节　油菜种植

兴化油菜种植历史悠久，早在元代即有栽培油菜的记载。20世纪90年代，面积稳定在20万亩左右，每亩单产130千克左右。单产最高的为162千克。1998年，油菜抽苔后遇严重倒青，作物受冻严重，产量大减。2000年后，由于农业结构调整，全市油菜种植面积扩大，单产水平提高。其中2004年面积达27.51万亩，总产4.6万多吨。2006年后，种麦实行机械化作业，比较效益高，油菜面积逐年减少，单产水平在160千克以上，与1996年相比，每亩增加30千克以上。2010年，全市油菜种植面积20.73万亩，总产3.4万吨。

2007年秋播开始，国家对种植油菜实行良种补贴。实施方法：补贴与油菜种植面积挂钩，每种植一亩油菜补贴10元，由地方财政局通过“一折通”或“一卡通”直接汇给农户。第一年度油菜补贴申报面积21.7万亩，经核实补贴面积21.36万亩，涉及35个乡镇（开发区），618个自然村，179745户农户。第二年度申报面积22.12万亩，核实面积22.1万亩，补贴面积22.1万亩，财政补贴金额220.99万元，涉及35个乡镇（开发区），614个自然村，166746户农户。第三年度申报面积，核实面积和补贴面积均为17.82万亩，涉及35个乡镇（开发区），350个自然村，166825户农户。

一、种子

常规油菜以苏油1号、史力丰为主。杂交油菜以秦优系列为主，1991—2002年以秦油2号当家，2002—2010年以秦优7号为主。

二、品种

20世纪90年代初期，引进陕西咸阳育成的杂交油菜秦油2号，因该品种适应广，耐肥、抗倒、抗病、丰产性较好，大面积应用10多年。20世纪90年代后期，境内示范种植优质“单低”和“双低”品种，主要有宁油10号、宁杂1号、宁杂3号、油研7号等。21世纪初以来，优质、高产品种推广进程加快。2001年“史力丰”等品种开始大面积示范，2003年推广面积达15.1万亩，占总面积的63.5%。后因该品种抗病、抗寒性较弱，硫苷含量较高，应用面积逐年减少，而被秦优7号、红油杂2号等品种所取代。至2006年，全市油菜基本实现优质化。其中，1999年优质“双低”油菜（油菜籽中的油含芥酸底以及天然毒性物质硫甙含量低）占7.2%，2000年占21.3%，2006—2010年达98%以上。由于甘蓝型油菜推广，白菜型品种逐年减少，2010年种植面积只有1700亩，品种以“扬油3号”为主，分布在十边隙地，以油、蔬两用为主。

图10-4　缸顾乡油菜花海
（2007年摄，市农业局提供）

三、栽培技术

【油菜茬口】 20世纪90年代，油菜茬口以水稻茬为主。20世纪90年代末期，示范种植棉花、水稻和经济林园内套栽或套种油菜，缓解前茬收获期推迟后油菜种植光、温资源不足的矛盾。2000—2005年油菜面积较大，茬口较多，以水稻、棉花大田茬口为主。2006年以后大田种植面积减少。2010年只限在田头，十边隙地、蟹塘圩堤、垛田种植。

【栽培方式】 20世纪90年代初，种植油菜在板茬移栽的基础上，采用浅旋耕移栽方式。20世纪90年代中期改进操作程序，在油菜移栽前先进行大田耕整。推广南北畦东西开行的“朝阳沟”移栽方式，以提高冬季保温效果。20世纪90年代末，尤其是2000年以来，农村青壮劳力严重不足，示范推广稻田、棉田套直播、棉田套栽、旱作田和旱茬水稻田接茬直播等播种方式，除播种过迟的迟茬直播油菜外，板茬移栽和早直播油菜的产量水平能保持在适期移栽油菜的水平上，但节省用工较明显。2009年油菜不同株数穴栽方式开始试验示范。

四、科技项目和科技成果

1999年9月至2000年9月，实施江苏省科技厅和泰州市科委下达的“优质油菜新品种及配套增产增效技术的推广”。2002年9月至2004年9月实施江苏省农业三项更新工程“双低油菜集约化栽培及产业化开发”项目；2004年7月至2006年6月，实施江苏省农业三项更新工程“优质油菜集约化轻简栽培技术的集成与推广”项目。研究形成的“优质油菜轻型集约化栽培技术研究与开发成果”经省科技厅组织的专家鉴定，整体达国内先进水平，其中：优质油菜集约化技术的推广与应用获2006年度江苏省农业丰收二等奖，“优质油菜轻型集约化栽培技术研究与开发”和“‘双低’油菜优质栽培及产业化开发”分别获泰州市2002年和2006年科技进步二等奖。

2008年秋播，江苏省首次组织开展油菜高产增效创建活动，兴化市积极参加。万亩示范方设在周奋乡、缸顾乡2乡中的6个村。2009年夏收，万亩示范区实收面积14670亩，亩产达201.3千克。2009年万亩示范片，创建面积10800亩，实收亩产量为203千克。2010年，创建面积10260亩，实收亩产量201千克，达到省创建高产要求。

1991—2010年兴化市油菜面积、产量一览表

表10-3

年份	面积（万亩）	单产（千克/亩）	总产量（吨）	年份	面积（万亩）	单产（千克/亩）	总产量（吨）
1991	20.19	126	25439	2001	24.23	145	35134
1992	22.31	124	27569	2002	23.67	120	28404
1993	20.74	126	25638	2003	23.79	149	35447
1994	21.54	114	24586	2004	27.51	169	46490
1995	21.79	162	35344	2005	25.32	165	41778
1996	19.95	162	32233	2006	19.58	165	32299
1997	19.37	152	29527	2007	17.64	181	31968
1998	18.66	88	16583	2008	19.73	181	35702
1999	20.09	136	27316	2009	19.51	180	35136
2000	23.43	143	33467	2010	20.73	164	33997

第三节 棉花种植

1991年，棉花种植面积为17.46万亩，总产量0.98万吨。2010年，棉花种植面积为16.43万亩，棉花总产量1.51万吨，单产明显提升。

一、种子

1991—2002年，以常规棉花为主。主要品种有苏棉9号、苏棉12号、苏棉15号，2002年后以杂交抗虫棉，中棉所29号、苏杂3号、南抗3号、科棉1号、鄂杂棉9号为主，搭配种植常规棉。

二、植棉政策优惠

兴化植棉历史悠久，至2010年已有90多年，是全国首批优质棉基地县和商品出口基地县之一。棉花是兴化市最大的经济作物，20世纪90年代初，面积达17万亩以上。但棉花价格受市场影响大、年度间价格波动大，直接影响植棉的面积，加之20世纪90年代末期棉铃虫大爆发，植棉面积急剧下降。1999年、2000年的面积只有14万多亩。2000年后，随着杂交抗虫棉的推广，植棉面积有所恢复，基本稳定在20万亩左右。

图10-5 棉花收获 （2005年，朱春雷摄）

为鼓励农民种植棉花，国家从2007年秋播开始实施棉花良种补贴。其中，2007年、2008年，棉花良种补贴与种子挂钩，2009年、2010年与棉花种植面积直接挂钩，每种植一亩棉花补贴15元，由市财政局通过“一折通”或“一卡通”直接汇给农户。2007年度棉花补贴面积14万亩，涉及32个乡镇，547个自然村，44618户农户；2008年度补贴面积16万亩，涉及34个乡镇，477个自然村，22286户农户；2009年度补贴面积14.65万亩，涉及29个乡镇，443个自然村，68831户农户；2010年度补贴面积14.87万亩，涉及28个乡镇，359个自然村，70093户农户。

三、品种

【常规棉】 1990—1993年，以泗棉2号、苏棉1号为主，重病区一般种植苏棉1号。1992年示范种植泗棉3号，1993年对泗棉3号进行提纯复壮，1994—1996年以泗棉3号为主。1995—1996年示范种植苏棉9号、苏棉12号，1997年大面积推广苏棉9号、搭配种植苏棉12号，泗棉3号仍占一定比例。2000年后常规棉以苏棉9号、苏棉12号为主。2004年后，常规棉面积只有5000亩左右，且在持续减少。2008—2010年，随着一些乡镇直播棉的应用，常规棉有一定上升。

【抗虫杂交棉】 1997年，引进省农科院选育的转Bt基因抗虫棉新品系苏抗310（常规），当年获得成功，对棉铃虫有较好的抗虫性。1998年扩大试种面积。因当年7月上中旬连续高温干旱，苏抗310虽有较好的抗虫性，但其结铃性较差、产量极低，种植该品系的棉农提出赔偿要求，造成较大的负面影响。为慎重起见，1999年、2000年除引进部分转Bt基因抗虫棉进行试验外，未大面积使用该品种（系）。2001年引进GK12（常规）转Bt基因抗虫棉，因7月上中旬高温干旱天气等原因，造成结铃性较差、铃小、产量低而引起棉农上访。由此认为常规（非杂交）转基因抗虫棉生态适应性较差，基本不适应本地区种植。同年，部分乡镇引种的杂交抗虫棉南抗3号，在相同气候条件下长势较好，结铃性、适应性强，抗虫性好，产量高，获得极大成功，易为农户接受。2002年经全市示范种植南抗3号转基因杂交抗虫棉再次取得较好收成，抗虫效果也较明显。2003年，在推广南抗3号的同时，又引进中棉所29号、鲁研棉15号、湘杂棉3号等其他转基因杂交抗虫棉，同样取得成功。至此，转基因杂交抗虫棉逐渐被广大棉农所接受。2004—2010年，转Bt基因杂交抗虫棉在全市大面推广应用，同时陆续推广湘杂棉8号、科棉6号、亚华棉10号等。

四、栽培技术

20世纪90年代初，部分麦田留茬麦套棉。1991年后，市内棉花栽培技术主要有营养体育苗移栽技术、水浮育苗移栽技术和棉田立体套种技术。自1993年开始，全市棉花的茬口多为麦（油）后棉。栽培方式都是营养钵育苗移栽。从2007年开始，示范几种简化育苗方式，分别是无土育苗、微钵育苗。2008年，部分乡镇开始进行麦后直播棉，约2000亩左右棉花收获方式为人工拾花。2009—2010年，示范水浮育苗。前两种简化育苗方式应用前景不大，而水浮育苗在各地有一定的面积。

五、科技项目和科技成果

2007年6月至2008年12月，实施江苏省农业三项工程“科棉3号高产高效集约化生产技术示范推广”项目、2008年6月至2009年12月实施江苏省农业三项工程“棉花工厂化育苗移栽高产综合配套技术示范推广”项目，均顺利通过专家鉴定验收。2009—2010年在安丰镇实施“千斤棉”攻关取得可喜成果，两年产量基本达到目标。

2009年夏，全省首次组织开展棉花高产增效创建活动。兴化市万亩示范方设在安丰、沈坨、陶庄三镇的12个村。2009年秋收，万亩片实收皮棉单产为103.2千克（理论测产为108.2千克），比全市平均单产（87千克），增幅18.62%。2010年，万亩示范片实收皮棉单产121千克（理论测产为126千克），比全市平均单产（92千克）增产31.52%。其中安丰镇沈曹村、黄家村高产点接收省部级现场测产验收，部级测产数据籽棉产量390.5千克、皮棉产量144.5千克；省级测产数据籽棉产量397.9千克、皮棉产量147.2千克，达到省创建高产要求。

1991—2010年兴化市棉花面积、产量一览表

表10-4

年份	面积（万亩）	单产（千克/亩）	总产量（吨）	年份	面积（万亩）	单产（千克/亩）	总产量（吨）
1991	17.46	56	9752	1998	26.40	90	23578
1992	55.90	59	33118	1999	14.25	65	9248
1993	42.24	66	28000	2000	14.36	86	12514
1994	46.61	77	35938	2001	24.10	89	21549
1995	49.13	63	31005	2002	18.83	87	16382
1996	40.04	65	26037	2003	22.49	61	13716
1997	34.53	80	27662	2004	23.21	93	21503

续表 10-4

年份	面积（万亩）	单产（千克/亩）	总产量（吨）	年份	面积（万亩）	单产（千克/亩）	总产量（吨）
2005	20.21	72	14548	2008	21.18	87	18356
2006	20.00	90	17996	2009	15.32	87	13375
2007	17.28	79	13595	2010	16.43	92	15111

说明：产量以皮棉计。

第四节　蔬菜种植

一、品种

从20世纪90年代起，市内蔬菜品种结构呈现多元化格局，有大宗蔬菜、花色蔬菜、野生蔬菜等10大类100多个品种。兴化香葱、龙香芋、三十六梗青菜等地方特色品种发展迅速，荠菜、马兰等野生蔬菜得到开发，水生蔬菜慈菇、菱角、莲藕、芡实等种植优势明显，常规蔬菜品种更新步伐加快，优良品种覆盖率大幅提高。

【根菜类】 主要是萝卜和胡萝卜。扬州圆白萝卜单个重150—250克，亩产量2000—2500千克。穿心红单个重1千克，亩产量2500—3000千克；青萝卜单个重0.5—1千克，亩产量2500—3000千克；“心里美” 单个重0.5—1千克，亩产量2500—3000千克；扬花萝卜亩产量400—500千克。1995年后，部分乡镇引种泰国白玉春，亩产量达3000千克以上，主要用于加工；胡萝卜为新黑田五寸，1997年东部乡镇种植，用于加工，一般在近郊少量种植。

【白菜类】 主要是白菜、秋大白菜、甘蓝和花椰菜。三十六梗本地品种，1997年扩大种植，2010年面积近7500亩。苏州青、上海青种植面积达4500亩。四月慢、五月慢、德高青菜种植面积1500亩。大白菜，早熟品种夏阳303，夏丰。秋大白菜为87114，青杂中丰，青杂3号。甘蓝为早熟品种，春丰，尖头型，种植面积1500亩。中晚熟品种为京丰1号、中甘13号，种植面积7500亩。花椰菜为白球品种，生长期60—120天，种植面积1500亩。青球品种主要为进口品种，2010年种植面积300亩。

【绿叶菜类】 至2010年，主要有莴苣、芹菜、苋菜、蕹菜、荠菜。莴苣叶用多为意大利生菜，种植面积300亩。茎用品种有成都二白皮、南京紫皮香3000亩。芹菜为津南实芹，种植面积225亩。西芹品种为文图拉，种植面积300亩，主要用于加工。苋菜品种为红苋等。蕹菜品种有泰国柳叶和大叶空心菜。荠菜品种花叶、板叶都为地方农家品种。

【葱蒜韭菜类】 葱主要有香葱、胡葱和洋葱。香葱有地方品种兴化香葱、兴葱21，年种植面积12万亩；胡葱为农村和近郊种植，作佐料供应市场；洋葱主要品种为红皮洋葱，种植面积4.5万亩。蒜本地主要以青蒜为主，品种为二水早和冬冻青，种植面积3.38万亩。韭菜品种以791为主，种植面积近6.75万亩。

【茄果类】 主要有番茄、茄子和辣椒。番茄20世纪90年代种植东农704，1997年后种植霞粉、苏粉、L402。2000年后，主要种植金棚、东圣、辽园金粉、江蔬1号等，种植面积9000亩。西安绿茄种植在湖荡农业区，种植面积450亩。苏崎茄、苏长茄1992年大面积推广，种植面积3000亩，1998年后种植济杂1号，面积2250亩。甜椒品种有海花3号、海丰1号，种植面积300亩。辣椒，品种有超下椒、洛椒、苏椒5号，种植面积1500亩，2008年推广杭椒，种植面积300亩。

【瓜类】 主要有黄瓜和西瓜。20世纪90年代黄瓜主要有津杂1号、津杂2号，1995年主要有津春4号，1998年推广品种津绿、津优、津园，种植面积1875亩。20世纪90年代初西瓜品种以苏密1号、丰东1号为主，1995年后以抗病品种苏密为主，1998年以京欣1号、西农8号为主。2005年为早佳、京欣3号，种植面积6000亩，2010年种植面积1.2万亩。

【豆类】 主要有菜豆、蔓生、豇豆、毛豆。菜豆为矮生品种，20世纪90年代初品种从美国引进，1995年品种81-6。1998年品种泰国地豆、天马地豆，种植面积900亩。20世纪90年代初蔓生品种78209。1995年后青岛架豆，种植面积750亩。20世纪90年代初豇豆为之豇28-2，1995年为宁豇1号，1996年为宁豇3号、扬豇40、扬豇12，1998年为天禧玉带、小叶5号，种植面积2250亩。20世纪90年代初毛豆为三月黄，1995年为京蔬2号，1998年为台湾292、黑脐，2000年品种辽鲜1号、沈鲜1号、双丰，种植面积3000亩。

【薯芋类】 主要有马铃薯、芋、姜。20世纪90年代马铃薯品种克新1号、东农303，2000年后品种早大白，种植面积2250亩。龙香芋种植历史悠久，为本地特色品种，普遍种植于垛田、缸顾、竹泓等乡镇，种植面积1.5万亩；荔浦芋种植面积3000亩。姜为本地黄姜，种植面积3000亩。

【水生蔬菜】 主要有莲藕、芡实、菱角。莲藕20世纪90年代品种宝应美人红、大紫红，种植面积3万亩，1998年品种鄂莲4号、武植4号，种植面积3万亩。芡实20世纪90年代品种为北芡，2000年为南芡，种植面积2250亩。菱角20世纪90年代品种为邵伯菱，1995年品种芙蓉菱、风菱、二角菱，种植面积7500亩。

二、保护地栽培

20世纪80年代以地膜栽培为主，小棚栽培为辅。20世纪90年代起，农户多采用竹木结构大中棚实施早熟栽培，种植茄果及瓜类蔬菜等。一般大棚跨度4米左右，高1.5—1.8米，内跨小棚，铺地膜、盖草帘，称“三膜一帘”式栽培。1992年引进山东日光温室一连45栋。1998年、1999年垛田镇、农技中心及临城镇投资建立连栋大棚。2002年，全市推广钢架大棚3万亩。

1992年，兴化市成立蔬菜技术指导站，从事蔬菜等高效农业发展的技术指导工作。当年底引进山东冬暖式日光温室大棚，在陈堡、荡朱、严家等乡镇发展。后因兴化冬天雨水较多，光照偏少而发展缓慢，但陈堡蒋庄村竹架大棚生产番茄已初具规模。1995年后，着力培育以兴化香葱为主的脱水蔬菜生产基地，将兴化脱水蔬菜产业打造成全省乃至全国具有特色的农产品加工产业。2001年9月10日，经国家质量监督检验检疫总局审查确定，兴化香葱列入国家农业标准化示范区项目，由市政府承担实施。2004年1月7日，通过国家标准化管理委员会验收。

自2006年开始，全省掀起发展高效农业和高效设施农业的热潮，将高效农业的标准定义为每亩纯收入2000元以上，高效设施农业定义为5000元以上，并出台相关奖励措施给予扶持。2007年，兴化市出台政策对高效农业发展进行奖励。2010年底，经省农委确认，兴化市高效农业面积为59.4万亩，其中设施农业6.41万亩。在高效规模农业上，形成明显特色：一是陈堡番茄，扩展到临城、昭阳、陶庄等地，全市设施番茄面积达2万亩左右；二是临城草莓，老圩、新垛、海南、陈堡、竹泓等地均有种植，设施草莓面积达1.5万亩；三是彭氏西瓜，周庄、茅山、昌荣、老圩等地均有种植，全市设施西瓜面积超过1.2万亩；四是设施葡萄，西郊、戴南、开发区，城东、林湖等地均有种植，面积1.1万亩；五是哈密瓜，为西郊葡萄农庄成功开发的种植品种；六是以兴化香葱为代表的加工蔬菜种植面积达25万亩次；七是以黄蜀葵、杭白菊等为代表的药材，在开发区、西鲍、海南、大邹等地种植；八是荷藕、芡实等水生蔬菜，在沙沟、周奋、李中、缸顾一带种植面积较大，达7.8万亩；九是加工辣椒，在戴南、昌荣、林湖有种植；十是有机稻米，荻垛、海南、钓鱼、陈堡、戴南等地进行积极探索；十一是净菜，钓鱼镇、安丰镇向这个方向努力；十二是食用菌，戴窑、李中、临城、竹泓等地种植有较大规模和较高起点；十三是生态旅游。

三、技术推广和病虫防治

【技术指导】 1997年，兴化市成立市蔬菜科学研究所，主要从事蔬菜新品种、新技术引进、试验、示范、推广，指导大面积蔬菜生产。1995年前，主要推广蔬菜新品种，培训蔬菜种植能手，实施带动、宣传、示范作用。1992年推广嫁接育苗，二氧化碳气肥技术，多层覆盖保温技术。1994年推广长寿无滴保温抗氧化薄膜。1998年，推广平衡施肥技术。2006年，推广香葱全程质量控制技术。2008—2010年，推广连作障碍综合防治技术。通过合理轮作、土壤消毒、增施有机肥、科学防治病虫，适时实施调节剂与叶面肥，效果较好。

【病虫防治】 1995年，推广病虫草害综合防治技术，如霜霉病、疫病应用乙苯铝、代森锰锌、甲霜灵锰锌等杀菌剂防治。灰霉病应用速克灵、扑海因等杀菌剂防治；病毒病选用病毒A、植病灵等杀菌剂防治；软腐病应用农用链霉素等杀菌剂防治。害虫主要有潜叶蝇、蚜虫、跳甲、菜青虫、地老虎等，陆续推广抑太保、卡死克、阿维菌素、甲维盐、密达等低毒低残留农药。菜田杂草推广氟乐灵、农达、精稳杀得、盖草能等新型除草剂。2005—2010年，推广施药综合利用技术。

附

种子管理、经营单位

【兴化市种子管理站】 1952年组建兴化县种子站，隶属县政府农林科。1958年10月，改站为局。1959年恢复种子站，此后，站名、隶属关系、经营体制多有变更。1978年12月，成立兴化县种子公司，与种子站两块牌，一套班子，行政、技术、经营三位一体。2004年6月，为贯彻《中华人民共和国种子法》，将种子经营与管理彻底分开。单独设置市种子站，为农业局下属全额拨款事业单位。2008年11月市种子站更名为兴化市种子管理站。2009年2月对种子管理体制实施转体改制，并于2010年8月重新组建种子管理站。种子站自成立后，从事着全市农作物品种利用、引进和改良，农作物的产前、产中、产后服务以及种子行业和质量管理工作。

【兴化市稻麦棉良种繁育场】 1966年7月始建于林湖乡境北。1990年，全场职工345人，有一块泥田500多亩。1966—1990年，生产原种182.35万千克。1991年遭遇特大洪涝灾害，职工生产自救，在地势较高地块补种"原料"，亩产300多千克。至2005年，建成硬质路面近5公里，硬质渠道2公里，大桥2座，并建成种子加工车间200平方米，购置种子加工机械。2002年、2005年，先后承担省农业综合开发项目和国家优质粮食产业项目。2003年，实施"事改企"改制，全体职工进行身份置换。退休职工养老金实行社会化发放。在职职工分配场内土地资产，人均2.4亩，养老保险由自己缴纳。场更名为兴化市良种场社区居民委员会，隶属市农业局领导。

【兴化市良种繁育中心】 位于原西鲍乡关门村（乌巾荡东侧），占地面积124亩。主要从事棉花良种的繁育、推广，棉花收购、加工、销售。1987年8月，经兴化市人民政府批准成立。

1992年下辖市棉种加工场，拥有200型打包机2台、80型轧花机4台、141型剥绒机12台；种子加工车间，国外进口的稀硫酸脱绒棉种精选、精加工设备1台（套）；市优质棉基地运输队，有进口运输卡车、国产轿车等10辆；市农业生产服务公司，主要经营农作物良种、农药等一系列农资产品；昌荣镇、西鲍乡、东鲍乡、林湖乡、中圩乡双葛村、荡朱乡吕杨村、红星乡单家村等4乡3村棉花良种繁育基地，植棉面积3.5万余亩。年收购加工皮棉7万多担；生产加工优质棉种750吨；繁育、推广四棉2号、3号、4号，苏棉9号、12号等一大批优良品种。销售网络覆盖江苏、安徽及江西、湖北部分市、县（区）。年产值7300多万元，创利税680多万元。

1994年，与清华大学紫光集团合作，利用液—液—固三相萃取工艺，投资2000多万元，新上棉仁蛋白项目，建成兴化市油脂蛋白厂。由于工艺不成熟、设备不配套，最终未能形成工厂化生产，企业年年亏损。经市事业单位改革领导小组批准，以2003年12月31日为改制基准日，有在职职工233人，退休职工17人，借用工26人通过企业全面改制，职工身份全员置换，成为社会自然人。地上实物资产（厂房、设备、库存物资）公开拍卖，土地实行租赁。

第五节 肥料与植物保护

一、肥料

【品种与用量】 1991—2000年，单质和低浓度化肥占主导地位，有机肥料基本不用。2000—2010年，以高浓度复合（混）肥为主。2005年开始使用配方肥，用量逐年增加。2008年使用商品有机肥，并使用秸秆腐熟剂，加速推广秸秆还田技术。2008—2010年，全市使用商品有机肥14312吨，基肥亩用量150—200千克，高效蔬菜田增至500—1000千克，追肥亩用量50—100千克。2010年，推广秸秆还田面积120万亩（次），其中秸秆全量还田30万亩（次），使用秸秆腐熟剂8万亩（次）。

1991年后，无机肥料常用无机肥品种有碳铵、尿素、复合（混）肥、过磷酸钙、氯化钾等，氮、磷、钾三要素含量比15：15：15，主要用于水稻、小麦、棉花、油菜、果蔬等作物。1991—2010年，全市化肥投入总趋势是低含量的单质化肥逐渐减少，高含量多元化肥逐渐增加。2000年始，高浓度复合肥用量大幅增加，碳铵逐步淘汰。据不完全统计，2010年化肥实物总用量25.2万吨，其中氮肥占49%、磷肥占14.7%、钾肥占0.6%、复合肥占35.7%。重点推广锌肥、硼肥、硅肥等肥料，中微量元素肥料品种多，质量不一。2010年，推广使用江苏省农林生化公司生产的肥力素22万亩，僵苗用锌肥16吨，硅肥50多吨。20%硅肥亩用量10千克，用于根外喷施0.4%—0.5%硅肥溶液；硫酸锌基肥亩用1—2千克。

【施肥技术】 2005年，兴化市被农业部列为首批测土配方施肥项目实施县。2010年，这一技术在全市范围推广应用。测土配方施肥技术主要围绕“测土、配方、配肥、供肥、施肥指导”5个环节，对小麦、水稻、棉花和油菜等主体作物实施节氮、增磷、补钾、补充中微量元素，增产节肥效益显著。2005年，实施乡镇有周庄、戴南、茅山、陈堡、沈坨、荻垛、李中镇，40万亩耕地。2010年，全市35个乡镇（开发区）140多万亩耕地推广应用这一技术。据统计，测土配方施肥小麦单产比习惯施肥增产26.24千克，增6.7%，比习惯施肥亩节肥（折纯）1.3千克。测土配方施肥水稻单产比习惯施肥增产29.9千克，增5.2%，比习惯施肥亩节肥（折纯）2.1千克。

1990年，市内秸秆还田以留高桩、机械旋耕灭茬还田为主。2005年，与里下河农科所协作研究麦草全量带水旋耕还田技术。经过3年示范推广，麦草全量带水旋耕还田不仅可以提高水稻产量，还能改善土壤理化性状，每亩可节本增收50元。2007年，全市稻麦两熟推广秸秆还田50万亩（次），其中秸秆全量还田3万亩（次）、留高桩还田47万亩（次）。2010年，兴化市被列为土壤有机质提升补贴项目县，推广秸秆腐熟剂246.2吨，实施面积12.3万亩，秸秆腐熟还田技术主要模式有3种：水稻田麦秸秆全量腐熟还田，墒沟埋草秸秆全量腐熟还田，麦套稻留高桩秸秆全量腐熟还田。

二、植物保护

市境农作物种类齐全，主要有稻、麦、棉、油、蔬菜、旱杂粮等。病虫草鼠害种类繁多，据调查，可造成经济损失的病虫害有150多种，农田鼠害近10种，农田草害60多种。作物受到侵害后，轻者影响生长，重的造成死亡，甚至颗粒无收，还会导致产品质量降低，影响食用和商品价值。仅据泰州市植保植检站1997—2006年统计，每年农作物因病虫危害造成损失，粮食占总产量3%—10%，棉花占总产量的5%—15%，蔬菜占总产量的5%以上。

20世纪90年代后，兴化出现的灾害性的病虫种类主要有1991年、1997年、2005年褐飞虱，1994年棉铃虫，2003年麦类赤霉病，2004年水稻条纹叶枯病等，2005—2007年稻纵卷叶螟等。2000—2010年，为适应农业发展新阶段的要求，植物保护工作逐步由侧重于粮食作物有害生物防控向粮食作物与经济作物有害生物统筹兼防转变，由侧重于保障农产品数量安全向数量安全与质量安全并重转变，树立“公共植保”和“绿色植保”新理念，促进农业持续、快速、稳定发展。

【农作物灾害】 1991—2010年，水稻病虫有稻纵卷叶螟、稻飞虱、三化螟、二化螟、大螟、稻象甲、条纵叶枯病、恶苗病、干灾线虫病、白叶桔病、稻曲病、稻瘟病；麦类病虫有粘虫、蚜虫、赤霉病、黑穗病、大麦黄花叶病、小麦锈病、小麦纹枯病、小麦梭条花叶病；棉花虫病有棉铃虫、红铃虫、红蜘蛛、枯萎病及盲蝽象、烟飞虱、斜纹夜蛾、甜菜夜蛾等。此外，还有众多杂草危害。

【灾害测报】 20世纪90年代，由一病一虫测报防治，改为根据农作物各个生育阶段病虫发生特点，发布总体病虫的发生与防治预报。2007年后，国家实施植物保护工程和优粮工程，兴化市建立农业有害生物预警与控制区域站，应用先进的测报仪器和初步办公自动化改善病虫测报手段，提升植保技术服务水平。相继建立病虫区域站（农业部），自动虫情观测灯、田间小气候自动观测仪、GPS、光学显微镜等先进仪器的应用和病虫信息，测报数据实现网络传输，提高了测报准确性和时效性。运用ELISA方法，进行灰飞虱带毒率测定。同时，测报对象进一步拓展，对蔬菜主要病虫开展测报工作。全市初步建立起较为规范的病虫测报体系和制度。2010年，全市有各级病虫测报点9个，其中市级1个；有专职测报人员7名，推广研究员1名，高级农艺师4名。

【灾害防治】 20世纪90年代，根据常年灾害发生规律，采取标本兼治的总体战略，在不影响防治效果的前提下，减少防治次数和降低农本。如防治水稻病虫，在秧田期采用药剂种子处理方法，预防恶苗病、干尖线虫病，于水稻移栽前1—2天用好“出嫁药”，压低螟虫基数。在本田期，于7月20日前后防治白背飞虱、二代三化螟，兼治纹枯病，8月上旬防治二代二化螟、纹枯病、兼治早发年份的褐稻虱，8月中下旬水稻“破口期”总体防治螟虫、褐飞虱、稻瘟病、纹枯病。1994—1997年棉铃虫大发生，采取农业防治措施与全程药剂控制相结合的方法，控制棉铃虫危害。水稻大田普及化学除草技术，移栽稻以稻草畏（乙·苄）药剂为主，抛秧田以稻无草（丁·苄）药剂为主。2000年后，由于种植业结构调整、栽培方式轻简化，加之暖冬年和害虫抗性等，致使害虫种群结构趋于复杂化，纵卷叶螟、褐飞虱及条纹叶枯病暴发频率加大。针对病虫发生的新变化和新特点，各地以农业防治为基础，科学用药为关键，统防统治为手段。如在水稻条纹叶枯病的防治上，运用栽培避害、切断毒链、治虫防病、全程控制的综合技术措施；又如对褐飞虱的防治，实行治前控后策略，抓住卵孵高峰用药，从而有效地控制条纹叶枯病和褐飞虱的发生危害。2000年后，稻田化学除草成为常规措施，药剂以二氯喹啉酸、苄嘧黄隆、扫弗特为主。2005年后，旱直播面积逐年扩大，化除药剂以丙・苄、丁恶合剂、千金、稻杰、韩秋好等为主，每年化除覆盖率达90%以上。其中，直播稻杂草采取“一封、二杀、三补”防除方法。麦田杂草防除，历史上采取人工拔除法。2007年，兴化市戴南镇成立植保协会购买推车上植保机械6台，担架式弥雾机65台，背负式弥雾器780台，以3种形式提供服务。

1985—1999年，麦田化学除草技术发展迅速，得到大面积推广应用。药剂以绿麦隆、丁草胺、苯达松、二甲四氯、百草敌、绿（甲）黄隆等为主。2000年后，麦田化学除草已成为常规措施，药剂以异丙隆、骠马、使它隆、苯黄隆、炔草酯、快灭灵等为主，每年麦田化学除草覆盖率达90%以上。

【农药】 20世纪80年代杀菌剂、除草剂用量上升。1983年有机氯农药全面停用，有机磷农药相应增加。据资料统计，1987年杀虫剂占78.18%，杀菌剂占9.54%，除草剂占6.28%，杀鼠剂占0.8%，生物农药占5.2%。2007年，各类农药所占比例：化学杀虫剂占65.1%，化学杀菌剂占10.65%，除草剂占13.1%、生物农药占11.15%。

20世纪90年代，杀虫剂以甲胺磷、三唑磷、杀虫双、扑虱灵、菊酯类为主，杀菌剂以粉锈宁、多菌灵、井岗霉素、三环唑为主，除草剂以绿（甲）黄隆、绿麦隆、二甲四氯、苯达松为主。2000年后，杀虫剂以三唑磷、毒死蜱、甲胺磷、杀虫双、吡虫啉、扑虱灵、锐劲特、菊酯类为主，杀菌剂以粉锈宁、多菌灵、井岗霉素、三环唑为主，除草剂以异丙隆、使它隆、苯黄隆、二氯喹啉酸、苄嘧黄隆、扫弗特、丁草胺+恶草酮为主。2005年后，甲胺磷、1605、甲基1605、久效磷、磷胺5种高毒农药被逐步淘汰，2007年后全面停用。三氯杀螨醇、绿黄隆、甲黄隆等高残留农药基本停止使用。锐劲特（氟虫腈）、丙溴磷、氟铃脲、毒死蜱、吡虫啉等高效低（中）毒低残留农药成为主体杀虫剂品种，苦参碱、苏云金杆菌（BT）、阿维菌素、印楝素、井岗霉素、菌克毒克等生物农药的使用量呈上升趋势。2008—2010年，氯虫苯甲酰胺等高效低毒农药被逐步推广。

【植保服务】 由于植保药械修理服务、机手工资报酬等多种原因，1990年以后弥雾机专业防治服务工作有所削弱。2000年后，为提高病虫防治技术到位率，各地开展农业科技入户工程，采取电视广播、技术培训、发放“明白纸”、科技“三下乡”等多种形式，将病虫防治信息送到千家万户。各地在水稻条纹叶枯病、迁飞性害虫等重大病虫防治工作中，积极开展病虫专业化试点和推广“统防统治”工作，探索适应新形势下的植保服务。其主要服务形式：全程承包服务，即按照各类作物的全年用药次数（按前3年平均）测算成本，以亩为单位一次性收取农药及防治用工服务费，并签订承包服务合同；为农民代治服务，即由农户自己拿药，服务队组织人员防治，收取一定的防治服务费；服务队带药带机服务，每亩服务费按农药成本加防治服务费收取。至2010年，全市成立专业化植保组织20个，每年开展统防统治面积25万亩次。

第六节 技术推广

一、农业科技教育

【市农业广播电视学校】 由兴化市人民政府建于1990年。该校先后成为江苏省第一批农村劳动力转移培训基地、国家科技富民强市试点市科技培训基地、江苏省致福工程培训点。2002年，增挂“兴化市农民科技教育培训中心”和“兴化市青年职业技术培训学校”牌子，成为扬州大学农学院社会实践基地。2006年，被科技部认定为农民科技培训星火学校。先后3次被表彰为“全省农民培训先进集体”，1人被表彰为“先进个人”，2人被表彰为“全省致福工程先进个人”，3名学员获“全省农民创业标兵”称号。2010年，被省委农工办、省科技厅、省财政厅和省农委联合表彰为全省“送科技下乡、促农民增收”科技富民突出贡献单位，被中央农广校领导小组表彰为“全国农业广播电视教育先进集体”。至2010年，学校具备独立开展涉农专业和电子装配等与技能培训能力，组建有87人的专兼职师资队伍，开发出“农村政策法规”“农产品市场营销”“高效渔业”等一整套培训教材与课件，其中7项被列为全省农民培训优秀教学资源。《农产品质量安全实施技术》被中国农业出版社出版发行，《茄果类蔬菜优质高产栽培技术》被省农广校作为农民培训专用教材出版发行。学校积极上传培训信息，网传各类培训信息1186篇次，被省级以上报刊和门户网站采用的涉农培训文章77篇次，其中送农民上大学、扶持农民创业、培育职业农民专业村、农技推广信息化平台建设等先后被《农民日报》《新华日报》《江苏农业科技报》和新浪、搜狐等媒体报道宣传。

【实用技术培训】 农民培训工作从2006年开始。"十一五"期间，按照"学有所成、学有所用和学有所帮"的办学目标，完成5年对全市现有农业从业人员轮训一遍规划，办班8751场次、培训农民34.49万人，实现参训农民人均掌握2—4项实用技术目标，培育一大批懂技术、会经营、善管理的专业农民或农民企业家。为了农业转型升级，促进农民不离土地创业，至2010年，办班114场、培训农民11916人，其中1387人参加蔬菜园艺工等涉农工种职业技能鉴定，1364人合格，合格率98.34%；实现80%以上的学员成为"产业转向型、规模扩大型、成果引进型、技术输出型"创业能人，其中64人创办企业，497人成为农民专业合作经济组织领军人物。注册农产品商标31个，获批有机食品1个、绿色食品24个。先后培育了临城镇陆横草莓、陈堡镇蒋庄番茄、垛田镇芦洲香葱、下圩镇洋港特种水产等20多个职业农民、专业村以及安丰金龙、陈堡颐鹤林和旺华果蔬等5个职业农民专业合作社；致福工程农民上网培训调动农民学电脑、用电脑兴趣，推动"网络备耕、鼠标耕作"由虚拟走向现实，办班50场、培训农民2010人，其中864人购买电脑，1982户家庭入网、1642名学员学会利用信息技术指导生产，学成应用率81.69%；阳光工程农村劳动力转移培训办班4期、培训农民400人，352人实现就业，就业创业率88%。

二、科技入户工程

根据省委、省政府关于"三农"工作的决策部署，从2005年开始实施江苏省科技入户工程。按照"规模相对稳定、产业结构调优、指导服务进村、信息快捷入户、质量大幅提升、示范效应显著"的原则，健全"一村一名农技指导员"制度，加快农业"新品种新技术新模式"推广应用，整合各类农业科技、人才、信息资源，强化农技服务，争创"群众满意窗口服务单位"。

图10-6　农技人员进村入户授课
（2005年摄，市农业局提供）

根据农业部和省农委的部署，2009—2010年，实施基层农技推广体系改革与建设示范县项目。通过示范基地培育科技示范户，推广应用新品种、新技术、新材料等措施，加速农业科技成果转化，推动全市农业主导产业壮大发展。建立3G信息化平台，全面提升基层农技推广公共服务能力。

第七节　行政管理

一、农业行政执法

【机构】 1999年6月，经市机构编制委员会批准，在农业局增设农业行政执法大队，履行法律法规赋予县级农业行政主管部门的职责，执法范围为兴化市种植业。主要负责市境域内主要农作物杂交种子及其亲本种子、常规种原种种子生产及经营许可证发放的初步审核，负责其他种子（大田用种）的生产许可证的核发；负责监管市域内农药、种子、肥料等农资产品的质量，查处各类农资生产、经营的违法行为；负责市行政区域内农产品质量安全的监督管理；负责本市域内农作物生产事故现场技术鉴定和组织协调工作；普及宣传涉农法律法规。

【行政执法】 1999—2010年，市农业行政执法大队立案查处各类农资违法案件1045起，移送司法机关1起，捣毁制假窝点4个，调解各类农业生产事故或纠纷300多起，为农民挽回经济损失1000多万元。

二、农产品质量建设

1991年后，市农业局会同工商部门，利用质检站项目的农产品安全速测仪器，对市内主要批发市场、农贸市场进行监测检查；参加市农业局组织的农产品生产基地禁用、限用农药使用情况督查；配合泰州市农检中心在兴化市的农产品市场抽样。为确保学校蔬菜配送安全，指导主要蔬菜生产基地的速测工作，常年督查，建立以市农产品质检站为中心的遍布各乡镇、农产品龙头加工企业、生产基地、批发市场等单位的农产品质量安全网络，建立20个检测室、检测点，配备速测仪，开展快速检测，通过计算机传递信息，形成一个上下贯通、左右相连、反应灵敏的检测预警体系。

兴化市农产品质检站是2009年第三批扩大内需农产品质量安全检验检测体系建设项目，2008年12月10日，经江苏省发改委批复立项，兴化市农业技术推广中心承担建设。项目初步设计与概算于2009年8月18日由省农林厅批复。项目建设目标：通过对520平方米实验室改造、仪器设备添置以及检测能力范围的拓展，能开展农、畜、水产品及其产地环境质量安全指标的检测，开展农业投入品质量安全指标的检测；除能在固定实验室进行定性定量检测外，又能移动进行现场快速检测；既能监测辖区内生产基地、批发市场中农产品质量安全，又能监测整个兴化地区的农产品质量安全，确保实验室通过资质、计量双认证。项目总投资400万元，其中土建工程投资72万元、仪器设备投资295万元、工程建设其他费用15万元、预备费18万元。资金来源为中央投资133万元，省级地方配套资金160万元，县级地方配套资金107万元。项目建设期限自2009年至2010年。2010年9月1日该工程竣工，实际完成建设总投资399.4万元，其中土建工程（含设计、监理、审核）65万元、仪器设备322.16万元、培训费用8.4万元、管理费用3.84万元。项目完成实验室改造650平方米；购置仪器设备159台（套）。项目具备农产品及其产地环境相关质量安全指标的定量定性检测、速测能力，可检测农产品中包括有机磷、菊酯类等农残指标40余项，农产品产地环境中水质与土壤的检测指标20余项，肥料检测指标10余项，土壤质量与肥力检测指标10余项。在检测数量上，承担农产品及其产地环境以及农业投入品检测数量50批次，检测样品量800份。在检测覆盖范围上，将承担本区域内农产品生产基地、批发市场等方面的农产品质量安全日常性检测工作以及与农产品质量安全有关的公益性与服务性检测工作。

第二章 水产业

市境养殖水体分河沟、湖荡大水面、池塘及生态共作4大类型。1998年，水产总量达10.22万吨，当年是全省唯一淡水水产总量突破10万吨的县（市）。2000年后，依靠科技进步，开发水域资源，发展水产养殖，实现渔业从捕捞到养殖、粗养到精养、零星分散到规模经营、自然经济到商品经济、结构调整到产业经营的巨大转变，带动地方农业经济的发展。2007年，全市水产品总产量18.1万吨，水产品现价产值20.82亿元，农民来自水产业的人均纯收入1006.8元。2008年

8月24日，兴化市被中国渔业协会授予“中国河蟹养殖第一县”称号。2010年，实现水产品总产量24.6万吨，连续20年位居全省内陆县级之首，渔业现价产值35.57亿元，渔业产值增加值17.8亿元。

第一节　养　殖

一、发展概况

20世纪80年代起，兴化水产养殖由池塘常规鱼立体养殖发展为鱼蟹、蟹鳜、蟹鳅、虾蟹等综合养殖，实现由单一常规品种到特色多品种立体混养突破，由单一池塘养殖向多层面梯级养殖发展。1991年，全市水产总产量首次名列全省淡水养殖县市第一。其后每年兴化水产量均位居全省前列。

图10-7　沙沟镇淡水产品养殖基地一角
（2007年摄，沙沟镇提供）

2000年后，兴化积极打造青虾绿色产业、大闸蟹生态产业、南美白对虾及罗氏沼虾高效产业，走高效特色渔业之路。市政府持续对亩效益2000元以上、连片养殖100亩以上的新增高效水产业，每亩奖励20元。全市高效渔业面积突破20万亩。2007年，河蟹主养面积56万亩，产量3.5万吨、产值14.7亿元，规模化养殖2000亩以上的养殖企业及大户28家、38万亩。安丰、永丰、李中等27个乡镇河蟹养殖规模1万亩以上，涌现出泓膏、板桥、金香来等一批养殖规模较大的企业群体，大规格优质河蟹比重不断上升。2007年，市水产局被表彰为“全省高效渔业规模化建设工作先进单位”，兴化市被认定为“全省高效渔业示范市”，授予“全省渔业产业化工作先进县”。2009年，兴化市被省海洋与渔业局授予江苏省“现代渔业建设先进县（市、区）”称号。2010年，全市水产养殖面积75.95万亩，水产品总产量24.6万吨。建设江苏省兴化现代渔业产业园区11000亩，建成永丰虾蟹健康养殖基地、临城板桥河蟹青虾高效混养基地、中堡现代渔业示范园等特种养殖基地。是年底，全市高效渔业面积超过54万亩。

二、种苗

1991年7月的特大洪涝灾害，使全市95%的养殖水面受淹，鱼种损失达80%。为尽快恢复生产，兴化千方百计组织鱼苗，先后从广东购进救灾鱼苗645.4万尾、从高邮购进救灾鱼苗855万尾、市内自繁救灾鱼苗1055万尾。

20世纪90年代初，全市有家鱼人工繁殖单位10家，鱼种池面积1.66万亩，生产常规鱼苗鱼种达5亿尾，生产鱼种500万千克。20世纪90年代末，开始工厂化生产。繁彬水产养殖有限公司、燎原特种养殖有限公司良种基地建有标准鱼池、幼蟹培育池、蟹种培育池和孵化设备。成功引进南美白对虾、丁鱥、梭鲈、高体雅罗鱼、翘嘴红鲌、澳洲龙虾、鳜鱼等水产新品种7个。鳜鱼、丁鱥、梭鲈人工繁殖获得成功，年生产优质蟹种4亿只，年供应南美白对虾淡化苗1亿尾。进行青虾、鳜鱼、黄颡鱼、丁鱥、斑点叉尾鮰、梭鲈、异育银鲫及鳜鱼饵料鱼苗规模化繁育，向常州、张家港、海门等地供应梭鲈苗种。海南镇与无锡淡水渔业中心联手建立50亩杂交新品系青虾育苗基地，年产虾苗1亿尾。下圩镇水产养殖场通过省水产原良种审定专家组评审，成为省级水产良种繁育场。

2001年，海卤繁育大眼幼体在兴联公司获得成功，育出50千克大眼幼体。市渔业技术指导站进行黄颡鱼人繁技术试验成功。2005年，“中华绒螯蟹链式开发”项目通过省水产局验收。2010年，启动渔业资源增殖放流活动，放流鱼幼26万尾，扣蟹10万只。

三、质量建设

1991年后，兴化通过水产实用科技培训，水产养殖病等防治和监督管理，确保水产品质量。2002年，申报无公害水产品生产基地21个，全市被认定为省级无公害水产品生产基地15家，面积0.92万公顷，占全市养殖水面的30%。获省无公害水产品生产基地整体推进组织工作奖。

2002年后，按照优质、高效、生态的要求，兴化市依照国家行业标准，落实苗种生产许可制度、养殖生产日志、用药登记制度完善产品标签制度、可追溯制度等相关管理制度和措施，以标准指导生产，规范产业。建立无公害、绿色、有机水产品生产基地和出口基地，加强水产原良种、水生动物疫病病害防治、环境监测和水产品质量监督等体系建设，全面加快产品认定认证步伐，强化出口水产品原产地认证，全力打造楚水、泓膏、板桥、金香来、香湖等品牌，实现无公害农产品、绿色食品和有机食品多举并进，不断提高水产品质量安全水平。全市形成43万亩无公害水产品生产基地、5万亩绿色及1万亩有机水产品生产基地，认定认证13个无公害水产品、10个绿色水产品、7个有机水产品、6个江苏省名牌产品、1个省名牌农产品。制定省标7个、市标18个，全国食品安全示范单位3家、江苏省质量信得过企业（产品）3家、ISO9000质量认证管理体系认证9家。“板桥”大闸蟹、“金香来”大闸蟹被中国企信（北京）市场调查中心、中国企业名牌培育工作委员会、中国企业诚信调查工作委员会授予“中国著名品牌”和“中国最具影响力品牌”，被中华全国工商联合会农业产业商会认定为“全国农产品及其加工制品进超市推荐精品”，泓膏大闸蟹被中国烹饪协会作为“推荐产品”。2006年，中国渔业协会在国内第一次授予红膏大闸蟹有限公司“中国河蟹养殖大王”称号。2008年，中国渔业协会河蟹分会授予兴化市“中国河蟹养殖第一县（市）”称号。2010年，市水产局获“江苏省水产品质量安全整治工作先进集体”。

图10-8 中国生态河蟹养殖第一县（市）授牌仪式（2008年摄，市水产局提供）

四、渔业科技

1992年，林湖乡戴家村村民发明小虾笼，减轻渔农户的捕捞生产强度，并销往全国各地，年产值2000万元。

2003年以后，市水产局汇同市水产协会，每月出刊2—4期《兴化渔业信息》，发给各乡镇站、水产村场和重点养殖大户、水产品经纪人。2004年，实施万名渔农教育工程，组成水产科技专家宣讲团送科技下乡，推动各乡镇渔农民培训工作，培训渔农民2万多人次。印发科普读物及信息资料4万多份。2005年，市乡镇渔业科技人员挂钩帮扶207个村、1297户。2006年实施渔业科技入户示范工程，全市示范户达1000户，辐射带动20000户，重点推广区域内主导品种和技术入户率90%以上。渔业综合生产成本降低15%以上。2007年，制定省级地方标准7个，实施部省级水产项目8个。“江苏省淡水水产研究所河蟹研究基地”“泰州市河蟹产业技术研究中心”和“泰州市河蟹产业信息中心”在红膏大闸蟹有限公司成立。

1991—2010年，市水产局先后承担渔业科技项目20项，获得农业部、省政府、省海洋与渔业局及泰州市科技成果奖21项（其中农业部3项、省政府5项、省海洋与渔业局7项、泰州市政府6项），推广辐射10万亩，生产优质苗种500万尾，上市优质水产品100多万千克，大规格河蟹比重50%以上，新增效益1亿元以上，惠及2万名农户。建立渔稻共作和蟹鳜混养、鱼虾混养、青虾高效生态养殖4个全国农业标准化示范区及40万亩江苏省高效渔业规模化示范区。“池塘混养青虾技术”获得农业部丰收计划一等奖；“长江水系中华绒螯蟹品种更新与健康养殖技术”获省农业科技成果转化一等奖；“渔稻（蟹）共作安全优质高效生产技术”获省科技进步二等奖；“池塘混养青虾科技成果转化”获得省农业科技推广三等奖；“青虾良种选育与产业化关键技术开发”获泰州市科技进步三等奖；“丁鱼岁鱼人工繁殖与推广养殖”“梭鲈全人工养繁技术”填补省内空白。

1991—2010年兴化市水产品养殖情况一览表

表10-5

年份	总产量（吨）	其中养殖产量（吨）	产值（亿元）	养殖面积（万亩）	其中（万亩）			
					池塘	河沟	湖泊	生态共作
1991	27920	20250	1.15	38.10	5.71	28.23	4.16	—
1992	43737	36244	2.00	38.55	6.77	27.49	4.29	—
1993	55522	47935	3.98	40.78	7.37	27.93	5.48	—
1994	68660	61551	6.00	47.49	7.56	27.99	4.31	7.63
1995	87139	68704	7.60	47.77	7.98	27.73	4.54	7.52
1996	92210	83644	10.86	47.88	8.77	27.63	4.82	6.63
1997	96789	90332	9.30	49.93	9.29	28.43	5.54	6.67
1998	102158	97255	13.38	50.60	9.23	28.09	4.67	8.56
1999	111325	106945	15.75	52.30	8.34	24.31	3.99	15.66
2000	122380	117980	16.14	60.75	8.33	23.67	3.78	24.97
2001	126040	121640	17.14	59.17	7.63	22.48	3.78	25.28
2002	130058	127058	17.85	57.97	7.95	22.64	3.59	23.79
2003	127629	116964	18.14	58.15	8.39	22.85	3.56	23.35
2004	138400	127742	19.34	57.00	8.08	22.93	3.50	22.49
2005	143430	131838	20.38	56.32	8.70	23.12	3.57	20.93
2006	152435	135975	22.53	60.12	9.06	23.22	3.70	24.14
2007	180998	170957	33.98	65.03	9.94	23.32	3.74	28.03
2008	220103	202938	38.85	74.95	10.63	25.39	3.73	28.44
2009	241933	221915	43.13	75.10	9.24	24.45	3.60	30.20
2010	246026	245411	53.37	75.95	9.25	24.54	3.59	37.37

1991—2010年兴化市鱼苗、鱼种生产情况一览表

表10-6

年份	生产鱼苗（万尾）						生产鱼种（吨）		
	青鱼	草鱼	白鲢	花鲢	其他	合计	斤两鱼种	仔白鱼种	合计
1991	23072				14617	37689	560	1210	1770
1992	23730				14878	38608	2190	2910	5100
1993	—	—	—	—	—	57585	2270	3460	5730
1994	—	—	—	—	—	63403	2165	2434	4599
1995	—	—	—	—	—	30500	2581	2346	4927
1996	—	—	—	—	—	39700	3892	4723	8615
1997	—	—	—	—	—	45010	3457	4619	8076
1998	—	—	—	—	—	41800	3875	5443	9318
1999	—	—	—	—	—	48450	4172	4965	9137
2000	1000	11000	9800	7000	26000	54800	3843	4480	8323
2001	1200	11000	12000	7100	35500	66800	4464	4103	8567
2002	400	10000	10000	6300	27110	53810	9372	1095	10467
2003	250	5500	2500	1800	21410	31460	6833	8170	15003
2004	200	8400	7000	5800	26125	47525	6744	8590	15334
2005	200	8300	7000	5800	29575	50875	7201	8636	15837
2006	250	8800	7200	5800	28710	50760	7202	8668	15870
2007	400	11200	7800	19000	30275	68675	12274	8886	21160
2008	55	7525	8551	5516	43503	65150	12550	9654	22204
2009	56	7528	8550	5519	48015	69668	26238	14831	41069
2010	666	10052	6353	3126	63411	83608	29117	16246	45363

第二节 捕 捞

20世纪80年代以前，境内渔民常年在外流动捕捞。1991年，全市有专业渔民5638户，18694人，有机动渔船3577艘。当年，兴化渔政站签证外出的渔船1200多艘，目的地主要有太湖、高宝湖、白马湖、骆马湖及黄海浅海域，全年捕捞产量7670吨。2000年捕捞量为4400吨。10年间下降42.63%。2010年，全年渔获量10614吨，为2000年的2.41倍，占全市水产品产量的4.31%。2006—2010年，国家对机动渔船实行柴油价格改革财政补贴，全市有21511艘机动渔船得到补贴，补助7441万元，全部实行一折通发放到渔民。

1991—2010年兴化市水产品捕捞量一览表

表10-7　　　　单位：吨

年份	产量	年份	产量	年份	产量
1991	7670	1998	4903	2005	11592
1992	7493	1999	4380	2006	16460
1993	7587	2000	4400	2007	10041
1994	7109	2001	4400	2008	17165
1995	7844	2002	3000	2009	20018
1996	8566	2003	10665	2010	10614
1997	6457	2004	20114		

第三节　加工流通

一、水产品加工

20世纪90年代以后，全市有水乡水产冷冻制品有限公司、外贸冷冻厂、九寿堂生物制品有限公司以及中庄、红膏醉蟹厂等一批水产品加工企业，形成以市水产冷冻厂为龙头，以市外贸冷冻厂、九寿堂生物制品有限公司、市食品集团公司、东鲍龙华食品有限公司等12家加工企业为主的加工贸易体系；拥有冷库6个、库容3000吨；拥有楚水系列及中庄、九寿堂等3个品牌3大类20多个省级品牌加工产品，主要加工品种为甲壳类，即虾类与河蟹。虾类加工包括青虾、南美白对虾、罗氏沼虾、克氏原螯虾（小龙虾）的整虾加工，南美白对虾、罗氏沼虾、克氏原螯虾、凤尾虾加工，青虾、南美白对虾、罗氏沼虾、克氏原螯虾的虾仁加工等。河蟹加工包括大规格河蟹的暂养、清洗、捆扎、包装加工，小规格河蟹的醉蟹加工等。另有鱼糜、鱼圆、鱼饼等产品。

2007年，全市水产品年加工量2万多吨，出口销售收入3500万美元。九寿堂生物制品有限公司开发的龙虾仁、氨基葡萄糖盐酸盐及青虾系列产品，以健全的质量体系，取得美国和欧盟的HACCP（意为危害分析的临界控制点，国际上共同认可和接受的食品安全保证）体系认证，通过欧盟进出口注册，拥有自营进出口权，产品主要销往美国、欧洲、日本、韩国、澳大利亚等国家和地区，成为全省最大水产品出口创汇企业，被列为“全国农产品加工企业出口示范企业”。至2010年，形成水产品由鲜活产品向粗加工和深加工过渡、由初级产品生产转向水产品加工销售一体化的经营模式。

二、水产品销售

1991年后，水产品销售以散售为主，部分与企业合作销往外地或加工。2003年，红膏大闸蟹养殖场“借船出海”，与阳澄湖大闸蟹集团合作产销，与浙江宁波天宇水产进出口公司联合出口大闸蟹150吨。后与上海、杭州等城市星级饭店合资创办批发商行，实现红膏蟹每天销售2.5吨，销售额30万元，日供北京星级酒店200千克的业绩。2006年，取得出口注册证，成为泰州

图10-9 农民捕捞兴化大闸蟹 （2005年摄，市水产局提供）

市唯一的河蟹出口基地。沙沟、中堡、海南、周奋、竹泓等乡镇组建渔业协会，把水产品供销环节的团体和个人组织起来，形成利益共同体，实现自我管理、依法经营、合作共赢、共同发展的目标，经纪人与养殖户签定订单，以销定产，双方形成协作关系，避免相互压级压价，造成市场混乱，保护养殖户的合法经济利益，维护市场竞争秩序。

2009年，江苏金香来大闸蟹有限公司取得出口注册证。是年5月，中堡镇水产品营销公司与沃尔玛超市结为合作伙伴。“中庄牌”系列水产品打入世界上最大的连锁零售企业。2009—2010年，兴化市先后在南京、上海、杭州、北京、广州、深圳、香港和新加坡等地举行兴化水产品推介会，组织兴化参加有关水产展销和商贸洽谈、推介会等，加强合作与交流。建立并培育沙沟、昭阳等13个水产品批发市场，加强对水产品物流设施的投入，实现水产品销售由常规鱼类转向鱼、虾、蟹多品种销售。开辟水产品乡场、村场、基地与市场流通“绿色通道”，做大“红膏”等4大养殖企业，在市外设置100多个直销窗口，发展水产品经纪人2万多人，同时构建布局合理、运营通畅的水产品市场。沙沟水产品批发市场年销售水产品11.8万吨，成交额8.14亿元，成为省内最大水产品产地批发市场。

第四节 渔政管理

一、渔政机构

兴化市渔船渔港监督管理站隶属兴化市水产局。2010年在岗13人，配有执法艇1艘。兴化市渔政管理站，隶属兴化市水产局，下设5个分站。2010年在岗人员71人，配备渔政艇6艘，渔政车1辆。

二、渔政执法

1991年后，查处违规电鱼、毒虾案件，做到联合执法与平时检查相结合，坚决打击违法违规行为，清理重点国有主干河道上存在的过河大罾、网簖、地笼网、毒鱼等违法捕捞设施。2007年，查获违规违章案件113起、没收电捕工具34件，拆除定置性渔具153处。2010年，在全市水域范围内组织渔业行政执法（安全生产）大检查12次，出动渔业执法小快艇85航次，参加人员348人次，查获电力捕鱼105起，无证捕捞40起，调处渔业生产纠纷70起、渔业水域污染事故14起，挽回渔业经济损失数十万元，罚没款近10万元，没收电捕工具54件（套），建立渔业行政处罚案卷30份。是年签发渔业捕捞许可证3612本，征收渔业资源增殖保护费、赔偿费240余万元。

第三章　蚕桑林业

第一节　蚕桑业

栽桑养蚕是兴化农村传统副业。20世纪80年代后，蚕桑生产与蚕茧加工作为一个产业开始发展。1991年3月，全市桑园面积11790亩，其中成年桑园10245亩，当年蚕茧产量19017担，为历史最高产量。其中钓鱼、大邹、海南、下圩4个乡镇桑园面积、蚕茧产量分别占全市桑园面积、蚕茧产量的80%以上。上述4个乡镇分别列入扬州市千担蚕茧乡镇生产基地。是年春季，市蚕桑技术部门从广东省蚕桑研究所引进杂交桑籽115千克进行试栽，取得一定成绩。为了提高产量与茧质，增加蚕农收益，市蚕桑技术部门提出一整套栽桑养蚕的技术措施，如桑树合理的株行距、氮磷钾配方施肥、采用病虫害综合防治技术、调整养蚕布局、养蚕设施配套及严格消毒防病措施等，提高蚕桑生产水平。1992年，全市新拓桑园3万多亩，达4.6万亩。当年春茧获丰收，全市发放春蚕种1.38万张，春茧收购过8000担大关，蚕茧质量提高，超过往年2个等级以上。各地涌现出一批春茧收入超过千元的高产典型。当年在蚕桑生产方面全面推广夏秋蚕的小蚕共育措施。以叶定产，不养过头蚕，强化桑园肥料管理，继续推广方格簇生产技术，蚕桑生产效益较高。

1995年，全市蚕桑产业出现大起大伏，年初全市桑园面积达6.8万亩，产量也比过去有大幅度上升；但当年茧丝行情的剧变，销售不畅，价格跌幅大，经济效益差，一些地方出现毁桑的情况。1996年，蚕桑产业大滑坡，蚕茧产量2万担，比上年下降60%。秋播时全市桑园不足9000亩，不足1995年的14%。为稳定蚕桑生产提高农民经济效益，市蚕桑技术部门提出几点管理措施：加强桑园肥料管理，精心养好小蚕，全面推广网收法收蚁，春蚕发种不再发棉纸，从而提高春茧单产和质量。

1999年，稻、麦、棉花等农产品价格下浮，而蚕茧价格有所回升，特别是中国加入世界贸易组织后，纺织品和丝绸行业走俏，促进蚕桑生产。全市桑园平均效益达1800元/亩，还出现不少收入超过2500元/亩的丰产方。当年桑园面积1万亩左右，产茧约5500担。2000年，为提高蚕农的经济效益，在蚕桑生产方面有所突破，市蚕桑技术部门从科研单位引进并推广新的蚕种苏菊×明虎等新品种占全市饲养量的61.4%，张茧平均增加2.5千克以上。2003年，蚕桑生产遇到天灾，春天受到非典型肺炎影响，夏季受到洪涝灾害影响，秋季天气条件异常，桑树病虫害猖獗，农药污染严重，对养蚕造成一定的影响。通过各方面努力，克服重重困难，取得春季全面丰收，秋季生产也降低损失，做到减产不减收。全市桑园面积7058亩，发种1.95万张，茧产量644.5吨，亩产值达1369元，与上年持平。2006年，全市养蚕专业户3260户，桑园面积6658亩，年发种1.45万张，蚕茧543.8吨，产值1712万元。当年晚秋蚕生产获得丰产丰收，出现张产超历史，达39千克；价格超历史，收购平均价每担1530元；效益超历史，亩均效益3057元，比2005年高出1200元。

2007年，全市桑园下降到5070亩，年发种1.25万张，产茧470吨，产值780万元，经济效益

图10-10 采桑 （2006年，朱春雷摄）

比上年下降，蚕桑生产进入低谷。是年，春蚕5龄时遇上高温天气，影响蚕的生长发育与茧产量。晚秋蚕生长期间正逢防治水稻虫害，喷施的农药污染水稻田周边桑园，蚕出现中毒现象，影响蚕茧产量。是年，缸顾乡在东罗村新拓桑园100亩，引进优良桑树新品种育71-1，养殖优良蚕品种，建高标准蚕室，全面使用方格簇，取得较高产量与效益，蚕种每张产量比全市平均高9千克，张均效益比全市平均水平高470元。2007年初，以大地蓝绢纺有限公司为龙头，投资400万元，成立大地蓝蚕桑专业合作社，以缸顾乡万旺村的100亩桑园为基地，养蚕与养草鸡相结合，实行“公司+农户”的运作模式，通过综合经营取得很好的经济效益，为养蚕业发展创造新的模式。

2008年，全市桑园面积5070亩，年发种0.95万张，总产茧385吨，总产值785.4万元。是年，全市蚕品种全部调整为新品种苏菊×明虎，由于气候好，品种对路，蚕农取得一定经济效益。但由于经营规模不大，销路少，养蚕结束后出现大面积毁桑现象。

2009年，蚕茧行情上涨，价格大幅度提升，蚕桑生产专业村、专业户的产量高、质量好，比较效益突出。针对兴化市桑园发生桑疫病的情况，市蚕桑技术部门技术人员指导桑田用药、施肥，有效遏制桑疫病的蔓延，保证秋季养蚕桑叶产量、质量。2009年，全市实际养蚕面积1028亩，发种3420张，产茧141吨，产值307万元，亩均效益2986元，是2008年的两倍。蚕茧价格的提高调动各地栽桑养蚕的积极性，海南、缸顾等地出现适度拓桑情况。

2010年，全市桑园1500亩，发种3770张，产茧149.6吨，产值532万元；成立4家蚕桑专业合作社。当年桑园春蚕前期遇到连续低温、多雨，蚕桑技术部门通过推迟发种时间，调整养蚕布局，取得张均产茧比上年高出2千克的成绩。秋蚕生产，虽遇到连续低温、多雨不良天气，但通过养蚕布局的调整，避开农药中毒，取得张均产茧35.5千克的好成绩。是年，市蚕桑技术部门申报实施《小蚕共育规范化，提高蚕桑生产经济效益》项目建设，获得兴化市科技进步三等奖。

第二节 林 业

一、林业资源

【林业用地】 历史上兴化市境内成片树木极少，庄台上只有少量散生树木，境内林业资源极度匮乏。20世纪70年代，各地在圩堤上栽种树木保护圩堤；20世纪80年代全市各地修筑公路，于公路两侧植树造林，保护路坡。

1991年底，全市有成片造林94086亩，其中速丰林基地28534亩，主要是利用西部地区荒田滩地开发池杉基地林。1992年，全市有宜林地面积49.85万亩，其中大型联圩393个，总长3600公里，折合面积6.5万亩，公路总长448.7公里，折合面积1.35万亩，内子圩折合面积17万亩，农田可林网面积180万亩，折合林地面积达9万亩，另外还有滩地、庄台、坟地等可作为宜林地。1995年12月，全市四旁植树保存973.43万株，林网面积111.4万亩，圩堤造林8.77万亩，滩地池杉基地林面积2.66万亩。

2002年，市委、市政府为增加林业用地资源，出台《关于加快林业产业发展的若干政策意见》。明确规定林业用地：铁路、高速公路两侧各50米，省道两侧各30米，县道两侧各20米，通村公路两侧各10米，圩堤内侧10米等作为林业用地，扩大全市林业资源用地。

2005年，林业资源普查结果：林地面积19.3万亩，其中成片林为12.5万亩，果园、桑园面积1.24万亩，其他4033亩。

2006年，全市杨树面积15万亩，其中西郊镇有杨树成片林1.7万亩。林业育苗面积2010亩。绿色通道建设取得显著成效，全市道路绿化4.38万亩，其中铁路、高速公路、省级公路133.3公里，市级公路153公里，乡级公路1219公里，栽植各类树木256万株，林业绿化总面积4.38万亩。2006年11月2日，市委办、市政府办下发《关于加强林业发展用地管理工作的意见》，再次明确把铁路和高速公路两侧各50米、省道两侧各30米、县道两侧各20米、通村公路两侧和圩堤内侧10米以及全部外青坎作为林业发展用地，同时鼓励农民在宜林地植树造林，对林业发展用地范围内不愿意植树造林的农户，通过转包、转让、互换、入股等多种形式流转土地，以确保林业发展用地全部用于绿化造林。

2006年，省核查兴化全市合格成片造林面积51106.5亩。2007年，全市省核查合格成片造林面积65316亩。2008年，全市冬春两季林业绿化造林总面积6.8万亩，其中成片造林6.53万亩、四旁植树折算0.27万亩，林业育苗2250亩。2009年，省核查兴化全市合格成片造林面积38863.5亩，四旁树栽植180.62万株，折算面积6021亩。2010年，全市四旁树折算面积9291亩。

【树种】 历史上市境内树木稀少，树的品种也很少，乡土树种主要有杨树、柳树、榆树、槐树、石榴、桃树、侧柏、榔榆、构树、桑树、梨树、苦楝、乌柏、柿树等。20世纪70年代后引进水杉、池杉等造林树种；20世纪80年代末期，开始引进杨树等速生树种。1991—2010年，市内林业树种逐步以杨树为主，另外有水杉、池杉、柳树、榆树、泡桐、楝树、槐树、银杏、梨树、桃树、女贞、樟树、紫薇等乔木、灌木30多科100多种。

【资源调查】 兴化市在1995年、2000年、2005年、2010年进行4次一类调查均顺利通过国家华东森林资源勘测院验收。2008年6月至2009年9月，根据全省统一部署，兴化市开展森林资源二类调查工作，通过这次调查，建立兴化市林业信息系统最基础数据。调查结果表明，截至2008年底，全市林业用地面积为22.32万亩，其中有林地面积16.12万亩；灌木林地1.46万亩（均为国家特别规定灌木林地），未成林造林地面积4.6万亩，四旁树折算面积7.6万亩，苗圃地300亩，宜林地1043.3亩（全部是其他宜林地）。在有林地中，乔木林地面积16.1万亩，占99.9%；竹林面积157亩，占0.1%。2010年，全市森林覆盖率11.04%。

附

2008年兴化市林业系统基础数据

全市乔木林地面积16.1万亩，蓄积57.55万立方米。其中乔木纯林面积15.16万亩，蓄积56.27万立方米，分别占乔木林面积、蓄积的94.17%和97.79%；乔木混交林面积9382.3亩，蓄积1.28万立方米，分别占乔木林面积、蓄积的5.83%和2.21%。

林种结构：防护林面积1.88万亩，蓄积6.32万立方米；特用林面积1.68万亩，蓄积4.66万立方米；用材林面积12.12万亩，蓄积246.47万立方米；乔木经济林面积4334.5亩，蓄积1006立方米。

乔木林龄组结构：乔木林按龄组划分，幼龄林面积94.8万亩，蓄积7.99万立方米；中龄林面积

136.2万亩，蓄积46.46万立方米；近熟林面积42199.5亩，蓄积2.74万立方米；成熟林面积35670亩，蓄积3270立方米；过熟林面积8386.5亩，蓄积342立方米。在乔木林各龄组中，幼、中龄林无论在面积还是蓄积上，都占有较大比重。

乔木林主要树种结构：乔木林面积按优势树种（组）所占比重依次为杨树占乔木林面积的81.93%，水池杉占4.01%，樟树占3.55%，柳树占2.63%，其他硬阔叶树占1.81%，银杏占1.59%，女贞占1.570%，梨树占1.35%，其他树种所占比重均小于1%。乔木林蓄积按优势树种（组）所占比重依次为杨树占乔木林蓄积的88.32%，水池杉占7.49%，柳树占1.42%，樟树占1.11%，其他树种所占比重均小于1%。

林木蓄积：1992年活立木蓄积量为14.46万立方米，1995年活立木蓄积量35.23万立方米，2006年活立木蓄积量为80万立方米。2008年二类调查数据：全市活立木蓄积878471.1立方米，其中乔木林蓄积575479立方米、四旁树蓄积302181.1立方米、散生木蓄积811立方米。

森林覆盖率：1987年进行森林覆盖率调查数据为3.56%，2005年森林覆盖率为5.38%，2008年，全市森林覆盖率7.01%（省二类调查数据）。

二、林业生产

【植树造林】 1991—1993年，为实现建成1993年平原绿化市的总体规划和要求，对照国家绿化达标规定，利用圩堤、公路、荒地等宜林地，栽植杨树与水杉、池杉等树种，新建、完善、配套林网等，取得较好成绩。1992年，植树438.11万株，发展桑园3.1万亩，果园1200亩。1993年，海南镇发展桑园6270亩，沈埨乡安塘村发展梨园480亩，当年植树造林总株数为867万株。1994年，重点发展经济林树种，全市栽植银杏苗木4.56万株，营造银杏成片林545亩。1995年，在陈堡、昌荣等乡镇利用荒地等建成杨树速生丰产林2051亩，银杏园2295.5亩，果园1633亩。1996年，兴化市被林业部授予“全国绿化先进县”称号。

1999年3月，省农林厅与兴化市开展合作造林，项目地段为靖盐公路兴化段西侧半幅未修筑的路基等，长50多公里，共营造杨树林2000亩左右。此次合作造林是兴化市利用省项目资金进行绿色通道造林的开端。为加快林业生产发展，从2000年初开始实行林权制度方面的改革，调动农民发展林业产业的积极性。2001年3月，在刚建好的兴泰公路两侧建设绿色通道，外侧栽植3年生杨树大苗，内侧栽植女贞与美人蕉美化环境。为拉长苗木栽植时间和提高苗木成活率与生长速度，2001年11月在钓鱼、大垛等乡镇试验栽植杨树苗木。次年调查发现，秋季栽植杨树苗木成活率较高。此后每年在秋冬季节都栽植大量杨树苗木。各乡镇贯彻落实市委有关文件精神，放手发展非公有制林业，在兴化市西部地区培育出一批造林大户和造林先进典型单位，林业生产加快发展，2001年，全市成片造林5000亩左右。2002年，林业重点发展路道绿色通道，以铁路、高速公路、宁靖盐公路、兴盐公路、兴东公路、沙钓公路等路道为重点，大量栽种杨树等绿化树种，实现成片造林12000亩。2006—2010年，兴化市连续5年荣获全省绿化造林先进市（县）。2007年全市林业生产实现突破，栽植各类树木462.59万株，成片造林65316亩，造林总面积在全省第一。其中，戴南镇、张郭镇、开发区分别营造9095亩、7148亩、3708亩杨树林，占市总量的30.5%。2009年，茅山镇建成大周公路绿色通道，全长6.8公里，林带面积387.8亩，其中营建意杨成片林190亩、采用苗圃式营建女贞林197.8亩。2010年，兴化市高标准完成宁靖盐高速公路、兴泰公路、大兴金公路、高兴东公路4条重点绿色通道建设。建设宁靖盐高速公路每侧50米的绿化带，兴泰公路、大兴金公路、高兴东公路每侧30米的绿化带，这4条道路涉及周庄、陈堡、临城等19个乡镇，总长210.8公里，完成四条公路空白段绿化138.7公里，新增绿化面积4394亩，开挖导渗沟总长233公里。

【林业产业化】 20世纪90年代前，林业生产主要由集体经营，优良速生树种不多，树苗栽后无人管理，成活率不高，生长速度慢，经济效益低，林业产业化程度不高。1997年开始，市境西部李中、西郊两镇利用圩堤多、滩地多的优势，加大林业产业的培植力度。西郊镇水利站由于人员多、负债多，决心发展杨树产业来解决单位发展问题。1998年以水利站为基础成立林业生产公司，开始发展杨树产业，3年投入80多万元，栽种杨树苗木10万多株。经过多年发展，林业年产值可达180万元以上，1个轮伐期收入可达1225万元。李中镇政府一位工作人员1999年带头承包圩堤1.9万米，3年投入42万元，承包种植杨树1.71万株，数年后拥有林木资产价值数百万元，成为全市有名的林业生产大户。在其带动下，李中镇很多能人都承包圩堤，栽种杨树，发展林业产业。2000年，进行林业产权制度改革，在西部地区林业产业示范带动下，全市各地形成以杨树生产为主的林业产业，带动一方农民致富。

2004年2月，明灿禽业有限公司在海南镇承包荒地400亩，发展杨树产业，栽种杨树I–72、I–69等品种，并在林下发展养禽，养殖地方草鸡，综合效益明显。2006年12月，江苏呈祥花卉园艺有限公司在大垛镇建立花卉园艺生产基地，占地面积328亩，建成双层连栋大棚180亩，保鲜冷库2座及其他设施。主要生产菊花、百合、郁金香等鲜切花。2007年兴化市振华园艺场根据林业生产与城镇景观绿化工程发展方向，在海南镇租赁土地400多亩，发展苗木基地，主要树种有：香樟、女贞、合欢、银杏、柳树、杨树等，其中100多亩苗圃专门培育景观绿化工程用大苗，成为全市规模较大的苗木产业基地。2008年2月，浙江籍大学毕业生丁建江在西郊镇投资建设葡萄农庄，到2009年葡萄种植面积达700亩。2008年秋冬季开始到2009年，周庄镇绿森林牧专业合作社建成360亩的阳山水蜜桃基地；同年周庄镇润林苗木专业合作社建设400余亩苗木基地，主要培育香樟、黄木栾树、广玉兰、雪松、女贞、红枫、桂花、垂柳、红叶李、紫薇等绿化景观树种苗木；陈堡镇颐鹤林专业合作社建成160余亩的无锡水蜜桃基地。全市林业专业合作社不断涌现，到2010年，全市有50亩以上的林业合作社50多家，培育果树4000余亩，培育花卉苗木8600余亩。

林业产业的发展也带动林业加工业的发展。20世纪90年代，开始发展木材加工企业。2010年全市有木材加工企业24家，其中大型加工企业1家（年消耗木材1000立方米以上）、小型加工企业14家。主要产品有细木工板、木工板、多层板、科技木、模板等。龙头企业有泰州中亚木业有限公司、江苏双蝶集团有限公司、兴化市华盛木业有限公司等。

三、林权制度改革

1999年12月，市多管局召开全市乡镇林业站长参加的林权制度改革现场会。会议期间，与会人员参观荡朱乡圩路林权改革及兴沙公路北段杨树生长效益现场。通过讨论，与会人员认识到全市林业绿化要有突破性进展，必须用市场经济的手段，实施林业产权改革。

2000年2月，市委、市政府出台《关于实施林业产权制度改革的意见》，规定全市境内所有公路、圩堤、河道两侧及农田内的宜林地、退耕还林、宜林荒滩、荒地等都属于林权改制的范围，各地可因地制宜选择股份合作、拍卖租赁、招标承包等方式进行林权改制。

2000年后，各乡镇贯彻落实市委、市政府文件精神，深入开展林业改制。通过林业产权制度改革减少集体对于绿化事业的投入，调动民间资金投资发展林业生产的积极性。缸顾乡一位农民筹集3万元，参与竞标，买下1公里圩堤的30年经营权。中堡镇戚家村一位农民承包8000米长的圩堤，栽树苗1万株左右。钓鱼镇部分干部带头承包圩堤、公路、荒地等宜林地，栽植杨树苗木，发展林业产业。不少农民积极承包宜林地，发展杨树生产，全镇林业生产发展加快。民间投资参与林业生产后，改变以往有人栽树无人管理的现象，全市林业绿化事业走上快速发展之路。至2010年，完成成片造林面积32.25万亩，列全省第十位，森林覆盖率11.04%。

第四章 畜牧业

第一节 家 畜

一、生猪

【饲养繁殖】 1991年，全市上市肉猪46.46万头，比1990年减少5.26万头，下降10.17%，完成当年指标的108.47%。1992年，生猪饲养量77.14万头，其中上市肉猪44.05万头，比上年减少2.41万头，下降5.19%。从苏南引进二花脸母猪1000头，满足饲养户繁殖仔猪的需要。1995年，由于价格等原因，生猪生产下降。1996年推广快速养猪技术，养一头猪可获纯利80—100元，养一头母猪可获纯利1500元。全市规模养猪发展，肉猪饲养户353个，母猪饲养户111个，生猪饲养达75.58万头。1998年春节后，猪肉销售不畅，价格大幅下浮，生猪生产走入低谷。市有关部门提出调整品种结构，大力发展二元母猪。以李健乡为重点建立杂交肉猪生产基地，二元母猪发展到3000多头。1999年上半年，生猪生产形势持续走低，专业大户由于亏损严重，而停养或降低栏存量，母猪下降幅度更大，上半年比上年下降28.8%。下半年由于生猪售价上升，生猪生产走出低谷。9月，生猪出栏3.96万头，比上年上升26.1%。在生猪生产中，全市加快品种改良，三元杂交瘦肉型猪上市10万头，占上市量的20%以上，二元母猪5100头，占能繁母猪的30%。2000年，全市推广杂交母猪6000头，上市三元杂交商品瘦肉型猪8.5万头，生猪人工授精普及率68%。

2006年，全市生猪饲养量69.52万头，出栏肉猪43.41万头，母猪栏存1.45万头。2007年，生猪饲养量达省、市、县规模标准场（户）1842个，规模养殖场（户）上市肉猪22.35万头，占全市上市量43.41万头的51.49%，生猪收购价平均达600元/担。

2008年，随着养猪规模场户的逐步发展，生猪饲养量达65.87万头。一些规模场从抓品种改良入手，坚持自繁自养，扩大优良母猪的栏存，年末栏存母猪达3.1万头，比上年增长72.2%，为发展生猪生产增添后劲，打下坚实的基础。2008年对全市能繁母猪2.85万头实行补贴，发放补贴资金285.35万元；对能繁母猪实行保险，保险覆盖面达100%，保险金额达171.21万元。

2009年，全市畜牧业产值17.88亿元，比上年16.11亿元增加1.77亿元，上升11%。畜牧业纯收入达4.89亿元，全市农民人均来自畜牧业的纯收入413元。生猪饲养量75.75万头，上市44.8万头，比上年上升14.87%；母猪栏存3.14万头，比上年增长1.29%。2009年，全市实施生猪人工授精良种补贴项目72万元，同时对能繁母猪实行保险，保险面达100%。

2010年，生猪饲养量84.23万头，上市49.78万头，比上年上升11.12%；母猪栏存2.9万头，比上年下降7.64%。2010年，实施国家生猪良种补贴项目，加大品种改良力度，加快生猪优良品种的推广速度，人工授精普及率达88%、受胎率91%、产仔数12.5头。

1991—2010年兴化市生猪饲养情况一览表

表10-8 单位：万头

年份	饲养量	上市量	年末存栏	年份	饲养量	上市量	年末存栏
1991	80.20	46.46	33.74	2001	79.48	42.88	36.60
1992	77.14	44.05	33.09	2002	80.36	43.81	36.55
1993	75.03	43.01	32.02	2003	68.53	40.58	27.95
1994	73.62	43.71	29.91	2004	68.26	41.03	27.23
1995	74.56	44.66	29.90	2005	70.65	43.01	27.64
1996	75.58	46.02	29.56	2006	69.52	43.41	26.11
1997	78.00	42.00	36.00	2007	58.56	35.45	23.11
1998	84.55	45.82	38.73	2008	65.87	39.00	26.87
1999	81.85	44.64	37.21	2009	75.75	44.80	30.95
2000	81.40	45.34	36.06	2010	84.23	49.78	34.45

【基地和公司化饲养】 1991年4月6—10日，市多种经营管理局在戴窑、新垛、钓鱼3个乡镇及市畜禽良种站分别设生猪人工授精站，为建立商品瘦肉猪基地创造条件。为此，市政府于当年9月向省商品猪基地领导小组申请，在兴化市建立商品猪生产基地。

1992年，农业部批准兴化市为商品猪生产基地县，推广生猪品种改良，在合陈、新垛设立生猪人工授精分站，推广长白、约克与姜曲海、太湖猪杂交，瘦肉率从35%提升到42%。

1996年，兴化市隆康畜禽有限公司（简称“隆康公司”）在城东镇经济开发区成立，占地面积150亩，猪舍19500平方米，饲料加工及原料仓库2000平方米，种公猪品种主要为杜洛克、大约克等，种母猪以杜长梅和大长梅为主。年均上市肉猪1.5万头。2007年，上市肉猪2万头以上，创纯利700万元，成为苏中地区规模最大的养猪企业。

2002年12月，江苏英特福生态农业有限公司租用陶庄镇三合村土地80亩，建立养猪场。有办公用房及厂房2000平方米，猪舍6000平方米，沼气池58个，3万吨饲料加工厂1座。年产种猪6000头，肉猪14000头。2003年，引进新丹系长白猪。2006年5月，陶庄镇通过招商，将原英特福公司转租给上海邦成生物科技有限公司，更名为泰州邦成农牧科技有限公司。与英国养殖企业合作，新投资5000万元，建立5个肉猪养殖基地，每个基地占地240亩，饲养母猪1000头，年上市肉猪2万头。

2007年，高效规模畜牧业实现新突破，生猪的规模化比重达47.95%，比泰州市下达指标的44%，净增3.95个百分点。隆康公司转变养殖观念，调整养殖模式，建起14个大型沼气发酵池，猪场的排泄物全部经沼气池发酵处理，达到排泄无害化。国家和省及泰州市为隆康下达项目资金，推动和提升养殖规模化水平。

2008年，生猪饲养量65.87万头，比上年增加7.31万头，上升12.48%，规模养殖比重逐年增加。全年养猪规模场户达省标7个、市标65个、县标1676个，规模比重60.47%。7月24—25日，全省畜牧规模养殖推进现场会在兴化市召开，会议代表参观考察隆康公司、联富食品有限公司养猪场等规模养殖企业基地。当年，上争国家生猪标准化养殖小区建设项目资金200万元、省优质瘦肉猪规模化养殖示范基地建设项目资金60万元，“隆康畜禽”获得“江苏省名牌产品”称号。

2009年，畜牧生产总量增加，生猪规模养殖比重64.8%，上升4%。是年，全市新增戴窑兴旺、绿洲、根兴等一批规模养猪场，上争生猪标准化养殖小区建设6家共170万元、农业三新工程项目

2个40万元。

2010年上半年，畜产品价格低迷，效益下滑。下半年，通过调结构、强管理、拓展流动渠道等措施，高效畜牧业取得“三增”效果：养殖总量增（生猪饲养量84.23万头，比上年上升11.19%）；规模比重增（生猪养殖规模比重70%，上升7%，全市新增合陈苏欣、永丰杰庆等一批规模养殖场）；养猪效益增（下半年畜产品行情走俏，带来畜禽养殖效益总体上扬，肉猪每头纯收入260元，比上年增加80元，达历史新高）。

二、羊

1991年，全市羊饲养量18.57万只，比1990年减少2.81万只，下降13.16%。1992年，山羊饲养量6.98万只，全市从外地引进良种山羊4592只。1993年初，沙沟镇农民赵顺年养殖101只山羊，全年收入16000多元，获纯利6000多元。1998年，圩里地区开始发展山羊生产，提出“念羊经、走羊路、发羊财”的口号。1999年，通过市场动态分析，兴化市把发展山羊养殖作为全市多种经营生产的重点之一，引导农民利用圩堤和荒地种牧草，发展养羊业。为改善当地山羊体型小，养殖效益低的状况，在徐杨、钓鱼、陶庄等重点养羊乡镇新建种羊场18座，引进良种波尔山羊20多只、睢宁山羊700多只，为全市山羊杂交改良提供种源。徐扬乡有生产与销售羊肉的传统，屠宰山羊，加工成羊肉销售成为农户的一项致富产业。为提供足够的山羊，供应加工需求，1999年养山羊50.4万只左右，上市29.6万只，全年养羊效益420万元，全乡养羊人均增收56元。乡政府帮助群众解决困难，发展养羊，各村帮助专业大户解决羊舍与饲料用地等。2006年，全市山羊饲养量达30.7万只，其中上市14.3万只。2007年，山羊饲养量4.11万只。2008年，山羊饲养量5.84万只。引进和推广波尔山羊杂交改良工作，上争省级秸秆养畜项目资金40万元。2009年，山羊饲养量6.34万只，上市山羊4万只。2010年，山羊饲养量6.49万只，上市山羊4.08万只，其中周庄“双羊合作社”山羊存栏3000只。

三、牛

兴化历史上饲养水牛主要供役使。20世纪80年代后，由于农业机械逐步普及，养殖水牛的逐渐减少。20世纪90年代后，全市只有个别地方养殖水牛。1991年，永丰乡从徐州、安徽蒙城等地购来肉牛1000头左右用以养殖。由于养殖水平不高，经济效益低，两年后停止饲养。2003年5月，泰州太子乳业有限公司在永丰镇迎新村建立，占地108亩，建筑面积4000平方米，养殖数百头奶牛。建成标准化挤奶间1200平方米，标准化牛奶加工厂占地8亩，拥有先进的牛奶生产线2套和酸奶发酵罐。2004年，太子乳业有限公司取得江苏省无公害产地认定和无公害产品认证。2005年5月，与东台市宇航奶业有限公司合作，进一步提高企业实力，并通过HACCP体系认证、食品卫生A级企业认证、市场准入、QS（食品生产许可）标志认证。公司生产的“太子”牌学生饮用奶，被省市学生饮用奶领导小组批准进入校园。2005年，利用土地、资源等优势，建成优质奶牛产业群，以泰州市太子乳业有限公司、兴化强生乳品有限公司、城东康泰奶牛场、安丰镇、戴窑镇、戴南镇为重点的奶牛产业群，存栏奶牛707头。

图10-11 太子乳业养殖场

（2003年摄，市林牧业局提供）

2007年，全市奶牛养殖规模达省、市、县规模标准场（户）的11个，规模户栏存1373头。2007年，兴化市忠鑫奶牛养殖专业合作社成立。基地位于竹泓镇竹一村，投资700万元，投入土地180亩，建成标准化奶牛场1个，面积3000平方米，奶牛200多头。2008年，全市奶牛栏存1400头，牛奶产量6100吨；养奶牛规模场户达市标1个、县标13个，规模比重99.99%。是年，上争省级奶牛标准化规模养殖建设项目资金100万元、奶牛集约化养殖基地建设项目资金60万元。太子乳业公司利用牛粪养殖蚯蚓，解决牛粪对环境的污染问题，增加企业效益。该公司还在城郊投资1000多万元提升制奶装备水平。2009年，牛奶产量6550吨，比上年上升28.7%；奶牛规模养殖比重100%；新增竹泓忠鑫、城东康泰、戴窑金华等一批规模奶牛场。2010年，新增加合陈康益、西鲍张志强等一批规模养殖场（户），奶牛每头纯收入3500元。

第二节　家　禽

一、鸡

养鸡为境内农户传统副业，一般每户养几羽、十几羽不等。1980年以后，出现一批养鸡专业户。1990年，全市栏存量399.81万羽，平均每户8.3羽。1995年、2000、2005年末栏存量分别为386万羽、415万羽、468万羽。2010年，全年养鸡812万羽，创经济收入1.2亿元。

1991年4月，海南乡兽医站从省家禽研究所购进良种迪高肉鸡1200羽。1992年，全市饲养良种蛋鸡174万羽，良种覆盖率达60.6%，每只蛋鸡年产蛋从6千克提高到8—9千克，育雏成活率从65%提高到75%，产蛋期成活率达90%，料蛋比从4：1降到3—3.2：1。大垛镇有329个养鸡专业户，饲养罗斯、伊莎、迪卡、罗曼等良种鸡34万羽，良种覆盖率达91.4%。该镇兽医站通过技术培训与上门指导，全镇育雏成活率达93.2%，良种蛋鸡平均产蛋率达80%以上。1992年底，西鲍乡西东村农民林支荣在乡政府帮助下自办养鸡场，购进1.21万羽罗曼苗鸡。聘请两名外地技术人员指导，渡过育雏和控制疾病两关，苗鸡成活率达95%，产蛋鸡成活率达90%以上。1993年，产蛋9万千克左右，产值28万元，创纯利13万元。

1995年，陶庄乡罗家村十几户农民在养鸡能手史成扣带动下，发展规模养鸡，养鸡业成为陶庄乡支柱产业。平均每个大户养殖罗曼蛋鸡6000羽，蛋品主要销往上海、苏州、昆山等地。1999年，大垛镇管阮村青年养鸡能手顾道章年养蛋鸡3.5万羽，收入30多万元。在其带动下，该村养蛋鸡1000羽以上的大户有15个，全村养蛋鸡26万羽。

2000年后，兴化养鸡产业由农民专业户养殖逐步发展到禽业公司大规模养殖。2004年，兴化市明灿禽业有限公司在海南镇南蒋村成立，占地450亩，拥有标准鸡舍2.8万平方米，公司注册资本600万元，年产值2490万元，成为中国农业科学院家禽研究所科技示范基地。2005年，取得江苏省无公害产品生产基地认定，草鸡系列产品通过无公害农产品认证，并通过国家工商总局“千家万户”品牌注册。2006年8月，公司承担邵伯祖代鸡场项目建设，建立HACCP管理体系，利用关键控制点，采取质量控制程序，确保优质肉鸡产品质量安全。每年向社会提供26万套父母代邵伯鸡，年产商品苗鸡480万羽。公司利用自身营造的400多亩杨树基地林，推广林下生态养鸡模式，鸡在林下吃昆虫与杂草，鸡粪肥田，促进杨树生长，养殖的草鸡肉质好、价格高、销路畅，取得较高经济效益。经过数年发展，有100多户农户与公司合作，形成“公司+农户”模式。2005年，大地蓝绢纺有限公司在缸顾乡建立养蚕基地，利用100亩桑园，养殖草鸡，其生产的草鸡蛋价格比一般草鸡蛋高50%左右。

2006年，建成以海南镇的兴化市明灿禽业公司、陈堡镇蔡堡村草鸡养殖小区及城郊乡镇为重点，年饲养优质草鸡700万羽的产业群；以盐靖线沿线乡镇为重点形成年产饲养罗曼蛋鸡400万羽的产业群。

图10-12 农技人员下乡服务

（2008年摄，市林牧业局提供）

2007年，兴化市首次争取到省级家禽科技入户项目，在全市20个家禽生产重点乡镇实施科技入户工程，确定1000户家禽科技示范户，组织专家组成员和技术指导员进村入户，通过建立联系监督卡、装订示范户标牌、发放物化用品、印发科普资料等有效手段，促进全市规模家禽业的发展，推进养殖方式的转变。

2008年，规模养殖比重逐年增加，家禽饲养量2200万羽，比上年增长4.76%；养肉禽规模场户达省标7个、市标30个、县标500个，规模比重61.86%；养蛋禽规模场户达省标50个、市标793个、县标521个，规模比重82.3%。出现兴昌蛋鸭养殖小区、帮诚农牧科技有限公司等规模养殖企业、基地。上争省级邵伯鸡标准化养殖小区扩建项目资金80万元、省级兴化市家禽科技入户工程项目资金60万元。

2009年，家禽饲养量2360万羽，上市量1410万羽，比上年上升1.1%；家禽蛋品产量85940吨，比上年上升12.1%。蛋鸡规模养殖比重86.45%，上升4%；肉禽规模养殖比重80.1%，上升6%。新增海南思新、天地裕盈等一批规模禽场。

2010年，家禽饲养量2533万羽，上市量1597万羽；家禽蛋品产量9.4万吨，比上年上升9.3%。蛋鸡规模养殖比重95%，上升9%；肉禽规模养殖比重89%，上升9%。2010年，全市鸡的栏存总量达750万羽，其中林下养殖草鸡200万羽、笼养配套系400万羽、快速型肉鸡150万羽。

二、鸭

兴化农村传统养趟鸭，鸭蛋主要加工咸鸭蛋与松花蛋，肉鸭销往江南市场。20世纪80年代后，养鸭业得到发展。1995年、2000年、2005年年末全市栏存量分别为56万羽、61万羽、80.5万羽。2010年全市养鸭260万羽，创经济收入3000万元。

1991年春，陶庄乡从苏州引进良种樱桃谷鸭品种。谢家村养鸭大户陈金全当年养殖2.6万羽，第一批2000羽成肉鸭销到东台市冷冻厂，每羽纯利2.5元。在其带动下，当地5户养鸭专业户饲养樱桃谷鸭7500羽，取得可观效益。1992年，兴化市150万蛋鸭工程被列入省农林厅丰收计划“9211”工程中，以沙沟、临城等西部乡镇为重点，饲养150万羽蛋鸭。1998年，西部湖荡地区重点发展高邮麻鸭，上半年饲养量达120万羽。2003年底，昌荣镇政府招引当地养鸭能手孙长青从上海回乡创办养鸭小区，开始6户参加，2006年发展到12户，养殖3.6万羽江南2号蛋鸭，饲料、药品、防疫统一进行。2004年，每羽蛋鸭盈利30元，户均收入7万元左右。

2006年，以沙沟、周奋、李中、西郊等乡镇为重点，形成年饲养江南2号和高邮麻鸭等优质蛋鸭100万羽的产业群。

2008年，蛋鸭饲养量110万羽，存栏50万羽，上市60万羽；上争省级昌荣蛋鸭合作社建设项目资金20万元；在昌荣镇建成“兴昌蛋鸭示范养殖小区”，饲养江南2号蛋鸭6万羽。2010年，蛋鸭发展势头良好，年饲养量达140万羽，存栏60万羽，出栏80万羽。蛋鸭每羽纯收入达25元，比上年增加5元。是年,昌荣、林湖、合陈3个乡镇饲养江南二号蛋鸭20万羽。

三、鹅

20世纪80年代前,境内仅有少数农户零星养殖。其后养鹅业发展较快,1990年,全市存栏量25.75万羽。1991年4月16日,海南乡南蒋村村民孟正大购进杂交鹅与土种鹅饲养,杂交鹅纯收入每羽平均2.87元,土种鹅每羽平均0.18元。莱茵鹅养殖虽有良好前景,但初期也存在繁殖技术不过关和缺少资金等问题。1999年,缸顾乡种植牧草发展养鹅产业,2000年养肉鹅350万羽。2000年年全市末存栏70万羽。2003年引进的鹅新品种扬州鹅,生长快,饲养效益高,逐步成为饲养肉鹅的主要品种。市境内湖河纵横,发展水禽产业有天然优势。李中河、上官河、下官河等主要河道两侧成为养鹅水禽的区域特色。2006年,西北部湖荡地区形成养殖肉鹅与种鹅的产业群,养殖肉鹅350万羽,(扬州鹅)种鹅15万羽。2007年6月,兴化市双平禽业有限公司在周庄镇成立,公司投资100万元,租用土地100亩左右,设计年上市10万羽商品鹅的养殖企业。栏存种鹅2000羽,从事种鹅繁育、苗鹅孵化、肉鹅养殖、屠宰加工、饲料生产的一条龙服务。当年上市肉鹅10万羽。2008年,推广扬州鹅父母代10万羽,种草养鹅1万亩,年增养肉鹅200万羽,增收1000万元。上争省级优质鹅高效示范养殖基地建设项目资金60万元。双平禽业被省质监局命名为泰州市唯一的"肉鹅养殖示范区"。2010年,全市鹅饲养量达484万羽,上市量409万羽,年末存栏75万羽,其中推广饲养扬州鹅商品代400万羽;肉鹅每羽纯收入14元,比上年增加6元。开展种鹅反季节产蛋试验5000羽,上争扬州鹅扩繁高效农业项目50万元。

第三节　特种养殖

1991年,垛田乡高二村农民引进食草动物彩豚100对,繁殖到1000对,每对售价90元。林湖乡养殖场农民引进野鸡100羽,成活83羽,每羽利润15元。1992年,舜生镇草三村杨会荣养殖长毛兔250只,纯收入7000元。7月,中圩乡沈河村农民陈锦堂从北京引进120羽七彩山鸡雏饲养。1993年春节前出售公鸡37羽,每羽平均售价36元。1992年,临城乡药沈村农民刘玉俊创办经济园,从大丰市特种动植物场引进1000羽七彩山鸡。1999年养殖长毛兔560只,当年产仔510只。1999年,钓鱼镇南陆村农民引进1500只食草动物彩豚,养殖3个月,获利2万元。钓鱼镇鸭陈村农民从徐州引进2组梅花鹿养殖。中堡镇兴皋村农民养殖野兔1800只。2007年,位于昭阳镇的兴化市祥玉兔业有限公司在双潭村成立,占地23亩,投资150万元。饲养种兔3500只,肉獭兔2万只,上市肉兔3万只,建成年加工10万只肉兔的加工厂。2010年,全市饲养长毛兔9.9万只,重点分布在戴南、陶庄两乡镇。周庄镇板桥鸽业饲养肉鸽20万只,沈坨镇新天地合作社饲养鹌鹑20万只。

第四节　动物疫病防治

一、畜禽防疫

1991年,全市生猪防疫密度97.35%,成禽防疫密度95%,苗禽成活率70%。1992年,全市防疫猪瘟47.3万头剂,猪丹毒38.2万头剂,猪肺疫1440头剂;鸡新城疫Ⅰ系苗232.1万羽剂,Ⅱ系和

Ⅳ系苗332.3万羽剂，禽霍乱19.64万羽剂，鸡传染性法氏囊苗107.5万羽剂，鸡产蛋下降综合症苗12.82万羽剂，鸭瘟苗74.2万羽剂。全市生猪防疫密度98.1%，成鸡防疫密度达95.57%。大垛镇兽医站落实防疫承包责任制，使生猪防疫密度达100%，成禽防疫密度达95.3%。站内建立门诊值班制度，固定一名业务水平较高的老兽医负责技术咨询，备有上百种药品，供畜禽治疗用。2004年2月8日，安丰镇易童村14头苗猪发生5号病，2月12日，5头肉猪发生5号病，均采取扑杀措施并进行深埋处理。

2004年，国内外发生高致病性禽流感。2月5日，市政府召开常务会议，面对周边地区疫情，制定《高致病性禽流感应急预案》下发各乡镇与有关部门。按照省、市关于动物防疫的工作部署，紧急行动，严防死守，各乡镇做到封、消、监、管、检、堵（封：封严封实，不留隐患；消：天天消毒，不留死角；监：天天在场，定期检测；管：定点屠宰，定点交易；检：现场查验，不出差错；堵：做到车车查消，方便流通）。成立115人组成的市动物防疫突击队，主要应对突击性禽流感疫情和动物疫情，提高应急处理能力。各乡镇储备消毒、扑杀、防护用品，建立乡镇疫情处理预备队和紧急免疫突击队。使用禽流感疫苗224.8万毫升，免疫家禽500多万羽，栏存家禽防禽流感密度80.1%。

2006年，重点抓高致病性禽流感、畜牧口蹄疫的防控工作，全年未发生重大动物疫情。全年下发畜牧口蹄疫疫苗121.5万毫升、高致病性禽流感疫苗508万毫升，生猪链球菌疫苗30万毫升。省动防指办抽查安丰、李中两镇秋冬季动物防疫工作，采集畜禽血样100份，抗体监测结果为猪、牛O型口蹄疫免疫抗体合格率均达100%，家禽H5亚型禽流感免疫抗体平均合格率达88.33%，排名全省第11位。夏季部分地方爆发猪“高热病”期间，兽医站专业技术人员到疫情比较严重的乡村巡诊，送医送药上门，降低发病率、死亡率，有效控制疫情。

2007年6月19日，农业部办公厅下发通知，指导防治猪蓝耳病。7月8日，市境发生洪涝灾害后，由于外疫传入和高温高湿天气的诱发，陆续发生猪高热病，其症状以持续高热、皮肤发红、呼吸急促等临床症状为主要特征。针对突发疫情，市动物疫病防治指挥部紧急动员，周密部署，科学防控，疫情得到有效控制，当年未发生重大疫情。市兽医站建立4个防疫工作联系片，与乡镇兽医站、养殖大户挂钩联系服务。配合市政府督查组对动物防疫工作跟踪督查。发放3份业务资料与5期预警报告。强化疫情监测，对奶牛等动物进行疫情监测，市兽医站实验室全年检测猪病1425例、牛病25例、禽病1855例。猪高热病期间，由于及时组织兽医深入到各乡镇检查情况，到疫情比较严重的乡村场户巡诊指导，大大降低发病率与死亡率。全年使用高致病性猪蓝耳病疫苗44.12万毫升，猪瘟疫苗120万头份，猪链球菌苗50.9万毫升，高致病性禽流感疫苗268.93万毫升，鸡新城疫苗3675万份；使用二维码新免疫标识24.1万套。当年接受泰州市抗体抽样检测2次，W、D抗体滴度均超过规定指标。

2009年，分别在3月和10月对全市范围内的生猪、家禽进行全面防疫，全市使用禽流感疫苗419.25万毫升，牲畜口蹄疫苗102.15万毫升，猪瘟疫苗135万头次，猪蓝耳病疫苗灭活苗103.39万毫升（弱毒苗135万头次），猪链球菌苗92万头次。全市生猪口蹄疫免疫密度达99.3%；家禽高致病性禽流感免疫密度达94.9%。同时对高致病性禽流感病、新城疫病、奶牛的“两病”进行抽检，基本达到上级业务主管部门的规定要求，全年尚未发生动物重大疫情。

2010年，全面开展春防、夏季消毒、秋冬季防疫“三大行动”，对全市范围内畜禽进行集中免疫。生猪口蹄疫、高致病性禽流感、蓝耳病、猪瘟等重大疫病的免疫密度和抗体有效率全部达标；免疫标识使用率100%；牲畜口蹄疫、禽流感抽检合格率分别达100%、98.2%。

二、狂犬病防疫

1991年后，林牧业部门负责狂犬病防疫工作。1999年9月，全市开展犬类狂犬病防疫突击月活动。凡城乡机关、团体、企事业单位和个人饲养的警犬、猎犬、宠物犬及其他用途的犬，都必须到所在乡镇畜牧兽医站进行狂犬病疫苗接种。2000年，戴南镇城南村村民张某被狂犬咬伤后，在泰州市人民医院医治无效死亡，引起各级领导及有关部门重视。当年9月，在全市开展犬防突击月活动。各乡镇派出所与兽医站组织力量在开展犬防工作。2003年，再次进行犬类狂犬病防疫工作，市兽医站派员到省畜牧兽医总站组织犬防用苗，实行统一管理，逐级供应。至2010年，公安部门负责对城乡养犬进行审批登记，发放《犬类准养证》，林牧部门负责对城乡养犬进行检疫和狂犬病免疫注射，登记、发放《犬类免疫证》和犬牌。

第五章　农业机械

第一节　农业机械装备

一、耕作机械

1991年，全市拥有各类拖拉机10794台、131273马力，完成机耕面积167万亩。推广开沟机251台，开沟面积29万亩。1993年末，拥有大中型拖拉机142台，小型拖拉机10647台。1994年，推广开沟机265台，与大中拖配套农具237部，与小拖配套农具33476部，机开沟面积57.2万亩。1996年末，拥有大中拖400台，小拖9822台，机耕面积174万亩，占耕地面积的98%，基本实现耕作机械化。2007年末，全市拥有拖拉机11313台，机引犁9837台，旋耕机10388台。2010年，拥有大中型拖拉机658台，小型拖拉机11445台。

2001年进行秸秆还田试验。2006年推广秸秆还田机具8台。2007年底，全市拥有秸秆还田机具50台，秸秆机械化还田面积2.7万亩。2008年，全市新增秸秆还田机具207台，秸秆机械化还田面积7.8万亩。2009年，全市新增秸秆还田机具92台，秸秆机械化还田面积10.59万亩。2010年底，全市拥有秸秆还田机具560台，秸秆机械化还田面积29.91万亩。

二、种植机械

1991年，推广条播机755台，完成条播面积46万亩。1995年，机条播面积85万亩。1996年，引进水稻抛秧机1台，但因抛秧机不适应市内水稻种植情况，只在个别乡镇布点试验，未大面积推广。1999年，从日本洋马公司引进Pe40型乘座式插秧机1台，在戴南镇董北村进行机插秧演示，取得成功，填补兴化机械化插秧空白。2000年，引进洋马公司RR6高速插秧机2台，与原有插秧机完成机插秧面积516亩。2002年，引进PF455S型步进式插秧机17

图10-13　机插秧苗　（2005年，朱春雷摄）

台，机插面积1250亩。2005年，全市推广水稻插秧机488台，列全省第二，实施机插面积77800亩，其中市内71600亩、跨区作业6200亩，被泰州市农委表彰为“2005年度水稻机插秧推广先进单位”。2007年末，拥有播种机8174台，机播水稻、小麦120.45万亩，占总播种面积的54%。2008年末，拥有播种机8894台，插秧机910台，三麦、水稻机械化种植面积140.1万亩。2009年，市抓住被确定为全省重点扶持的三个百万亩以上水稻种植大市（县）之一的机会，推广插秧机526标准台，其中步进式插秧机460台、高速插秧机22台（1∶3）。新增机插秧面积10.5万亩，全市机插面积达26.1万亩，占水稻种植面积的19.3%。机插秧技术推广工作再次实现新的跨越，获“全省机插秧技术推广先进市（县）”称号。2009年末，拥有播种机8050台，插秧机1238台，三麦、水稻机械化种植面积149.2万亩。2010年末，拥有播种机8250台，插秧机1530台，三麦、水稻机械化种植面积155.4万亩。全市实现机插面积29.6万亩，占水稻种植面积的22%。

三、排灌机械

1991年洪涝灾害后，全市新建排灌站20座，新增动力1037千瓦，新增流量24.6立方米/秒，抽水机入会3248台。1992年，新建排涝站84座，维修排涝站638座。1993年，农用排灌动力机械达9019台，农用水泵7507台。2000年，完成新建、改建排涝站216座，完成投资914万元，完好率从59.8%上升到89.4%。2003年，新建、改建排涝站55座，改善灌溉面积26.5万亩。2007年底，拥有排灌动力机械16378台，农用水泵14815台，节水灌溉类机械15台（套）。新建圩口闸154座，排涝站99座/116台，新增排涝流量229立方米/秒。2008年末，拥有排灌动力机械17745台，农用水泵15529台，节水灌溉类机械7台（套）。2010年末，拥有排灌动力机械17983台，农用水泵16091台，节水灌溉类机械9台（套）。

四、植保机械

1993年末，全市拥有机动喷雾（粉）机2631部，化肥深施器13779台，机械植保作业面积13.3万亩。1997年，机械植保面积达150万亩。2005年，拥有机动喷雾（粉）机2657台。2007年，拥有机动喷雾（粉）机3867台，担架式高效植保机械120台，机械植保作业面积246万亩。2008年，拥有机动喷雾（粉）机5497台，机械植保作业面积249万亩。2009年，拥有机动喷雾（粉）机5558台，机械植保作业面积250万亩。2010年，拥有机动喷雾（粉）机6420台，机械植保作业面积254.5万亩。

五、收获运输机械

1992年，推广4GL-130型割晒机92台，机收面积达2万亩。1993年，推广联合收割机4台，机收面积4.5万亩，机动脱粒机14181台。1997年末，拥有联合收割机333台，机动收割机35台，机动脱粒机14678台，农用载重汽车43辆。1999年，推广人民号、久保田、太湖1450等自走式收割机30多台，使全市高档次收割机比例提高。2000年5月成立兴化市农机跨区作业协会，10月组织15台高性能洋马人民号、太湖1450成立跨区作业服务队去河南、安徽等地跨区收割，在农机作业市场化的道路上跨出第一步。2002年、2003年、2004年分别新增各类联合收割机300台左右。2005年，投入4200多万元，新增各类联合收割机600多台，其中高性能收割机80多台，三麦、水稻机收水平分别达93%和76%，主要粮食作物生产综合机械化水平达82%。夏秋期间，全市有750多台收割机到山东、安徽、四川、河南、浙江、安徽、上海及江苏省内各地作业，面积约58万亩，创收2900多万元。2010年末，全市拥有联合收割机2883台，其中高性能半喂入联合收割机720台。小麦机收面积107.76万亩，水稻收获面积126.93万亩，三麦、水稻机收水平分别达97%和92%。

六、其他农业机械

1993年末，全市拥有饲料粉碎机1075台，渔用机动船3458艘，机动运输船22895艘，农用机动三轮车107辆，推土机1台，增氧机192台，农用载重汽车7辆，风力机19台。1997年末，拥有推土机26台，农用运输车119辆，农用载重汽车43辆。2007年末，拥有农副产品加工动力机械6232台，其中柴油机2902台、电动机3330台。农副产品加工作业机械5490台，其中粮食加工机械4148台、棉花加工机械882台、油料加工机械460台，饲料粉碎机1884台，推土机80台，挖掘机65台。机械加工农副产品数量71.1万吨，机械烘干粮食数量0.2万吨，农机运输作业量2220万吨。2010年末，拥有农副产品加工机械6147台，其中柴油机2655台、电动机3492台。农副产品加工作业机械5362台，其中粮食加工机械4166台、油料加工机械496台、棉花加工机械700台，饲料加工机械1133台，农用运输车1465台，农用挂车135台。机械加工农产品62.96万吨，机械化饲草料加工数量22.8万吨，农机运输作业量2800万吨公里。

1991—2010年部分年份兴化市农业机械总动力及拥有量一览表

表10－9

年份	机械总动力		机械分类					
	合计（万千瓦）	每万亩平均（千瓦）	耕作机械（台）	种植机械（台）	排灌机械（台）	植保机械（台）	收获运输机械（台）	其他机械（台）
1991	70.95	2857.34	10683	4049	10251	2549	8	645
1995	56.27	2391.59	10490	4501	10028	2389	151	1420
2000	74.87	2830.76	11328	7683	14026	2463	746	4375
2005	83.65	3368.80	11454	8375	11365	2657	2360	12680
2010	93.80	3606.83	12103	9804	17983	6420	2728	15740

第二节　农机管理服务

一、管理机构

【主管机构】 1991年前，市（县）级农机主管部门为农业机械化管理服务公司，为市政府直属事业单位。1991年4月，公司增挂“兴化市农业机械管理局”牌子。1998年，公司正式更名为兴化市农业机械管理局。2001年4月，农机局与水利局合并成立兴化市水利农机局。同年8月，水利农机局更名为兴化市水务局，另挂“兴化市农业机械管理局”牌子。2005年，组建兴化市农业委员会，另挂“兴化市农业机械管理局”牌子。机电排灌职能从原农机部门划出，由水务部门实施。农业机械管理局下辖三个直属单位：兴化市农业机械化技术推广服务站、兴化市农业机械化技术学校、兴化市农业机械安全监理所。

【农业推广机构】 1987年9月，兴化县农业机械化研究所更名为兴化县农业机械化技术推广服务站，全民事业性质。其主要职能是编制农机技术推广计划，推广先进的农机新技术与新机具；开展农机技术试验示范，农机技术推广信息收集与交流；开展先进农机技术、先进农机具、先进农机化科技成果的引进、试验示范；协助企业开展研发、生产、产品推广鉴定工作；负责相关项目的立项和申报工作。

【农机培训机构】 1991年4月，撤销兴化市农机训练班，成立兴化市农业机械化技术学校。其主要职能是贯彻落实国家、省有关农机化发展的政策、法律法规；负责全市农机系统人才队伍建设，农机行业从业人员技术培训，职业技能鉴定。1991—2010年，通过市训、市乡联训、乡级培训、校企联训、送教下乡等形式进行农机培训，培训人数达3万多人次，年均培训1500人次。

【农机监管机构】 1980年8月，成立兴化市农业机械安全监理所，单位性质为全民事业，主要职能是具体负责农业机械安全监督管理工作；宣传贯彻国家和省安全生产的法律法规、方针政策和技术标准，制定相应的安全生产制度和开展安全知识教育；负责对农业机械和驾驶人员注册登记、安全技术检验、考试考核、核发牌证照；参与新型、改型、改装的农业机械的安全技术性能的审核和安全鉴定；纠正查处违章行为，上报和处理农业机械事故等。1997年6月接受公安机关委托，负责全市上道路拖拉机的安全技术检验、驾驶员考核和核发道路行驶牌证等项工作，2004年5月1日《中华人民共和国道路交通安全法》实施后，由法律授权负责管理上道路行驶拖拉机牌证工作。

二、农机供应与服务

20世纪90年代初，兴化市境内农机产品供应销售仍以国营、集体经营为主体。城区内主要经营单位有兴化市农业机械公司（全民所有制）、兴化市农机物资公司（全民所有制）、兴化市农机配套件公司（集体所有制）、兴化市船用农机公司（集体所有制）。各乡镇主要农机供应机构是各农机站主办的农机产品经营门市部（集体所有制），经营模式是计划经济和市场经济承包相结合。各经营机构对所经销农机产品提供“三包”服务。

随着市场经济的发展，个私企业、个体工商户逐步界入到农机供应领域，且不断发展扩大。到20世纪90年代中后期，个体经营农机市场份额已超越国营、集体所有制经营单位。为规范全市农机维修、农机供应网点的经营服务行为，强化对全市农机生产、经营市场的管理，1995年，市工商行政管理局、市标准计量局、市农业机械管理局联合成立兴化市农机市场检查整顿领导小组，并在市农业机械管理局内设农机市场检查整顿领导小组办公室。统计表明：1997年度全市农机产品经销机构中全民和集体所有制78家，个私企业（或个体工商户）266家，全年农机销售额近2亿元，其中全民和集体所有制企业农机销售额为4400万元。

图10-14 2009年，市农机销售行业协会成立暨放心消费创建工作推进会召开 （市农机局提供）

20世纪90年代中后期，各乡镇农机站所办经济实体都陆续由各地乡镇政府牵头实施改制，2001年6月，兴化市农业机械公司按“三置换一保障”办法实施改革改制。2001年12月底，在城其他全民、集体所有制农机经销企业全部完成改制。至此，国有、集体所有制退出全市农机经营市场。2007年，兴化市农机行业被列为江苏省、泰州市和兴化市3级放心消费创建试点单位，是全省农机系统唯一一家参加全省放心消费创建活动的行业单位。2009年，兴化市成立农机销售行业协会，成为江苏首家县级农机销售行业协会。协会发挥桥梁纽带作用，加强政府与企业间的联系与沟通，提高行业管理水平，推动全市农机销售行业健康发展。同年，兴化市农机行业被授予全省放心消费创建活动示范行业，创建经验在全省农机行业全面推广。2010年12月，《兴化市农业委员会主要职责内设机构人员编制规定》明确市农业机械管理局内设农机市场监督科，负责全市农机经销单位和个人经营资格的审查；依法检查监督全市农机产品的生产销售质量，处理农机产品销售中的违法行为；调查和处理农机产品质量事故，负责消费者投诉工作；负责系统内农机综合经营，对农机维修网点进行资格认证及监督管理。

三、农机购置补贴

2004年，开始施行农机购置补贴政策。是年，中央及省级财政安排兴化市农机购置补贴资金85万元。2005年、2006年、2007年、2008年、2009年、2010年中央及省级财政补贴资金分别为185万元、105万元、110万元、257.63万元、1124.81万元、910.97万元。2004年，市县财政安排补贴资金121万元。2005年、2006年、2007年、2008年、2009年、2010年市县财政安排补贴资金分别为290万元、140万元、130万元、120万元、400万元、350万元。农机购置补贴政策的实施，充分调动农民购机积极性，加快兴化市农机化发展步伐。

第六章　农业综合开发与产业化

1991年，兴化市耕地面积182.63万亩，占土地总面积50.87%。2010年，耕地193.28万亩，占土地总面积49%。与1990年相比，耕地面积略有增加。

据1990年第四次人口普查，全市从事农林牧渔及水利人员80.5万人。2010年，全市农业从业人员21.35万人，其中种植业从业人员17.44万人。1990—2010年，由于产业结构调整，城市化发展，在20年期间，农业从业人员减少73%。

1991年，农业总产值12.8亿元。2010年，农业总产值109.12亿元，为1991年的8.53倍。除粮食、棉花、油料，蔬菜及园艺作物也列入主要农业产值收入来源。

1995年、1996年、1997年，兴化市获全国粮食生产先进县（市）。2003—2010年，连续8年获全国粮食生产先进县。其中，2004年、2005年、2007年、2008年、2009年、2010年获得“全国粮食生产先进县标兵”。

第一节　农业产业化经营

20世纪90年代初期，兴化市围绕农业结构调整，采取“一调二稳三扩”（适当调减粮食播种面积，稳定棉花、油菜种植面积，扩大经济作物、立体种植、立体养殖）措施，促进区域特色和规模经济发展，推进产加销一条龙、贸工农一体化进程。1992年10月20—23日，首届农副产品交易会在兴化宾馆举行，600余名客商到会洽谈业务，成交额达2.92亿元。1999年，初步形成农业产业化经营新格局。至2010年，全市农副产品加工、养殖型企业达1000多家，农产品专业批发市场8家，年成交贸易额60多亿元。农民专业合作经济组织发展到367个，农民经纪人队伍达4万人。

一、产品基地和企业

1996年底，全市建成以水产品养殖、生猪、禽蛋、蔬菜、蚕桑为主的农副业生产基地；以粮食、棉花、蔬菜、畜禽、水产品和蚕茧等农副产品加工企业161家，实现销售收入11亿元。至2010年，全市农副产品加工、养殖型企业达1000多家。

【农副产品基地】 1994年，按照区域化、基地化要求，重点建成以沙沟地区为主的水产经济区、以圩里和中部地区为主的畜禽经济区、以海河、老圩为主的蚕桑经济区和以垛田为主的蔬菜经济区四大基地。是年底，市农业十大工程建设初具规模。全市建成的生产加工基地有6.5万吨水产品、1000吨河蟹、3万吨荷藕、70万担优质棉、8万吨优质啤酒大麦、10万吨优质米面及15吨珍珠生产加工基地。此外，青虾、蚕茧、山羊等工程建设完成总量70%。1997年8月，市委、市政府召开推进农业产业化经营工作会议，把调整农业结构、推进农业产业化经营作为兴化市从农业大市走向经济强市的必由之路。此后，随着全市农业产业结构调整，各乡镇根据市场需求和经济效益，自主选择和发展农副产品生产项目。至2001年，全市46个乡镇都建有生产基地，面积达145.66万亩。形成以永丰、大垛、荻垛、陈堡等乡镇为主的畜牧业基地，饲养牧畜51万头、家禽2583万羽；以沙沟、中堡、海南、下圩等乡镇为主的水产品基地，面积18.38万亩；以垛田、西郊、城东等乡镇为主的蔬菜生产基地；以昌荣、临城等乡镇为主的药材生产基地。初步形成“两带两群”区域特色：即盐靖线蛋鸡产业带，兴沙和兴盐线水禽产业带，兴泰线优质肉鸡产业群和李中、城东、陶庄优质三元肉猪产业群。建成繁彬公司1000亩水产种苗繁育基地、云旭养殖场的1万亩生态养殖基地、红膏养殖场的10万亩大闸蟹出口创汇基地。春蕾集团建成3万亩啤酒大麦生产基地、双蝶集团6个300亩以上的意杨生产基地、沙沟水产品批发市场等3家龙头企业带动和辐射的水产养殖面积近20万亩。

2005年，启动生态农业市建设工程，优质高效规模农业逐步形成。市粮食交易市场建设70万亩优质稻米基地；市绿佳源米业有限公司建设15万亩稻渔共作生产基地；江苏楚龙面粉有限公司建设70万亩优质专用红皮小麦生产基地；正阳、永顺泰等麦芽公司建设15万亩优质啤酒大麦生产基地；城郊周围近百家脱水蔬菜加工企业建设15万亩香葱生产基地。这些基地对稳定和提高农民收入起到较好的作用。2006—2010年，新建陈堡颐鹤林、安丰金龙果蔬等100多家农副产品基地。

【农副产品龙头企业】 1997年8月，市委、市政府在《调整农业结构、推进农业产业化经营三年发展规划和1998年实施计划》中，提出“力争三年内有十家龙头企业都达到亿元以上的销售规模”的要求，并从资金投入、政策扶持、科技研发等方面予以扶持，促进农业龙头企业和私营经济的发展。至2001年，全市农副产品加工企业480多家，其中：农业产业化龙头企业64家，资产总额达4.62亿元，全年销售农副产品45万吨，实现销售收入16.8亿元，创利税1.02亿元。江苏双蝶集团技改投入1200万元，农产品销售收入1.11亿元。小型龙头企业形成区域优势，城东、垛田等城郊乡镇60多家脱水蔬菜加工厂组建行业协会，年加工销售收入达1.71亿元。至2009年，基本形成区域特色明显、产业集聚度高、科技带动力强的六大农副产品加工产业集群：（1）以兴野食品有限公司为龙头的脱水蔬菜产业，年加工蔬菜能力80万吨，实现产值12亿元。有两家企业生产技术由AD式（热风干燥，Air Dried）向FD式（冷冻干燥，Freeze Drying）转变，在全省率先实现脱水蔬菜换代升级，成为脱水蔬菜生产强市。（2）以正阳、永顺泰、新蕾啤酒麦芽有限公司为龙头的啤酒麦芽产业，年加工能力30万吨，实现销售收入7亿元。其中正阳公司正向下游产品延伸，建设年产10万吨的啤酒厂，形成完整的啤酒产业链。（3）以楚龙面粉有限公司、华丰食品有限公司为龙头的红皮小麦加工产业，年面粉加工能力30万吨、方便面生产能力7.2亿包，实现销售2亿元。（4）以江苏九寿堂生物制品有限公司、红膏公司为龙头的水产品加工产业，充分发挥兴化市水面资源优势，开发特种水产，发展精深加工，生产醉蟹、蟹粉、蟹黄、虾仁、医药中间体等产品，生产特种水产品年产量5.3万吨，销售12亿元。（5）以大地蓝绢纺有限公司为龙头的茧丝绸产业，实现年销售2.3亿元。（6）以戴窑粮食交易市场为龙头的优质稻米产业，拥有米厂130家，年加工能力200万吨，实现销售40多亿元。2010年底，全市拥有国家级农业龙头企业1家（江苏九寿堂生物制品有限公司），省级农业龙头企业10家，泰州市级农业龙头企业24家，兴化市级农业龙头企业100多家。

二、农副产品市场和品牌建设

1996年，各类农副产品市场69个，成交额达17亿元。初步形成遍布全国各地的多层次营销网络，农副产品经纪人和专业销售协会不断涌现。1999年，各类农副产品专业市场61个，其中成交额在0.5亿元以上的4个。市粮食市场年成交大米等农产品50万吨，成交额达4亿多元，创利税1000多万元。各类专业协会55个，入会会员6700多人。农民合作组织563个，农民经纪人（运销）0.96万人，全年销售农产品达69.55万吨，销售额达13.58亿元。2010年，农产品专业批发市场8家，年成交贸易额60多亿元。农民专业合作经济组织发展到367个，农民经纪人队伍达4万人。

【专业市场】 1996年底，全市建有各类大中型专业批发市场69个，年成交额17亿元。其中农副产品市场59个，成交额14亿元。全市外贸出口额10亿元，其中农副产品及其加工制成品达3亿元。戴窑水上粮食批发市场和城西、龙津河、北水关、家家乐农副产品综合市场分别形成1亿—2亿元交易规模。荡朱乡注册的“一禾”牌系列农产品当年销售西瓜125万千克、各类蔬菜300万千克以上。江苏难得集团板桥米业有限公司的绿色无公害“楚天”大米，通过上海出口1.1万吨到伊拉克、新加坡等地，全年出口量达5万吨。沙沟水产品、垛田蔬菜、荻垛畜禽蛋品3大专业市场的辐射范围遍及全国各地多层次营销网络。按照“高起点规划，分阶段实施、大范围辐射和滚动发展、逐步配套”的原则，培育、扶持各类专业市场，西郊、中堡、周奋、下圩等乡镇根据自身特色，建立蔬菜、水产品批发等专业市场。2001年，全市有各类农副产专业批发市场75个，其中成交额在0.5亿元以上的专业市场16个。戴窑粮食市场占地面积2.8万平方米，拥有米行72家，大米加工厂73家，年成交大米等农产品30万吨，创利税468万元。沙沟水产品批发市场年销售农产品6.5万吨，产品辐射上海、黑龙江等地，年成交额4.12亿元。至2010年底，全市建有专业市场17家，交易总额36.21亿元，其中年成交额1亿元以上的7家，净利润2.27亿元，上交税金0.54亿元。

图10-15　戴窑粮食市场　（2010年摄，戴窑镇提供）

【品牌建设】 1997年，兴化市成立绿色食品办公室，“一禾”牌西瓜、“楚天”牌大米、“天禾”牌麻油、“五福”牌酱菜、“中庄”牌醉蟹等一批产品获得绿色食品标志。2001年，江苏难得集团冠宇面粉有限公司生产的“冠宇”牌面粉，获得绿色食品标志，当年实现销售4577万元。江苏难得集团板桥米业有限公司生产的“楚天”牌大米，获得绿色食品标志，年实现销售4045万元。西郊镇农工商总公司生产的“一禾”蔬菜系列，年销售4万多吨，收入达1200多万元。陈堡镇蒋庄村农产品营销协会登记的“红富堡”番茄商标，使该村番茄销量达1500万元，成为苏中番茄第一村。至2003年11月，全市登记注册的各类农产品商标达140个，获申请使用的商标50多个。2005年，“一禾”牌西瓜获得“江苏省名牌产品”称号。2006年，兴化市泓膏大闸蟹公司和燎原食品有限公司有7个产品通过有机食品认证。泓膏蟹被授予“江苏省名牌产品”称号，兴化香葱被国家质监总局批准为地理标志保护产品。至2007年，全市有无公害农产品41个，绿色食品47个，有机食品8个，省优质农产品3个，江苏名牌产品1个，中国名牌产品1个。是年，“大地蓝”蚕丝被授予“中国名牌产品”称号。2009年3月，“兴化大米”“兴化面粉”“兴化香葱”“兴化大闸蟹”“兴化大青虾”五大集体商标获国家工商总局商标局正式批准登记注册，兴化市成为全国首个一次成功申报注册5个农产品集体商标的县（市）。至2010年，兴化市打造国家级品牌5个，省级品牌8个，绿色食品63个，有机食品12个。

第二节 农业结构调整

1991年，兴化以传统农业为主。1997年，兴化市制定调整农业结构、推进农业产业化经营三年发展规划和1998年实施计划，按照粮棉油、畜禽、水产品、蔬菜、林果、蚕桑六大区域特色，实行分类指导，优势互补。农业结构调整工程有以中圩、昌荣等盐靖线乡镇为主的万亩棉田高产高效间套种示范工程和以市荡朱、东潭、垛田等乡镇为主的4.95万亩蔬菜产业化基地示范工程。培育和发展专业大户、专业合作组织和加工企业，提高产业化经营的水平。为进一步调整农业结构，推进产业化经营奠定较为坚实的基础，初步形成以沙沟区和海南、荡朱、东鲍、垛田等湖荡低洼地区为主的水产品养殖基地，水产品总量达5.95万吨，占全市62%；以戴窑、合塔、舍陈、大营、新垛、老圩、李健、陶庄、昌荣、周庄等10个乡镇为主的生猪生产基地，上市量达21万头，占全市的45%；以大垛区和大营等5个乡镇为主的禽蛋生产基地，饲养家禽750万羽，占全市38%；以垛田、陈堡、安丰等乡镇为主的蔬菜基地，常年保持2.3万亩，占全市70%；海河区的蚕桑生产基地，在经受市场考验之后，正在逐步恢复和扩大。

1999年，全市根据“一稳二调三扩”的规划目标，稳定油料总产、调减粮食棉花种植面积，扩大经济作物、立体种植、立体种养面积，全市夏粮种植面积127.19万亩，比上年减少6.97万亩；其中水稻、棉花分别比上年减少3.1万亩、12万亩，秋粮面积137.66万亩；蔬菜35万亩，设施栽培5万亩，稻田立体种养面积25万亩，全市粮经比65∶35。1999年底，全市有种植业基地乡镇46个，占乡镇总数100%，基地面积126.35万亩。畜牧业基地乡镇24个，基地饲养牲畜96万头，饲养家禽776万羽，水产基地乡镇41个，基地面积26.19万亩，形成以徐扬、永丰、大垛等乡镇畜禽生产，沙沟、中堡等乡镇水产品生产，垛田、荡朱等乡镇蔬菜生产，昌荣、临城等乡镇药材生产等为重点的区域化产业格局。

2000年，全市粮食播种面积从1999年的264.84万亩次调减到238.1万亩次，其中三麦由上年130万亩调减到100万亩，水稻由122.15万亩调整到109.36万亩，稳定棉花40万亩、油菜20万亩，大力发展以蔬菜、湖桑、银杏为重点的特种经济作物，粮经作物比例调整到50∶50。

夏粮结构上，稳定大麦缩小麦，大麦稳定35万亩，小麦逐步压缩到70万亩。秋粮结构上，籼粳比例稳定在30∶70左右。全市生猪饲养量达81.4万头、山羊56万只、家禽1817.72万羽，分别上市45.34万头、31万只和1030.36万羽。全市水产养殖面积稳定在50万亩以上，水产品总量逐步达12万吨左右。大力培植以专业大户为带头的联合体，以小群体推动大规模，形成各具风格的特色乡和专业村。全市各类养殖专业大户发展到4万户。2001年，兴化市以市场为导向，实施农业结构调整。粮食播种面积较上年调减19.65万亩，三元杂交猪和杂交山羊栏存比例分别达15%和25%以上，特种水产养殖面积52.5万亩。其后兴化市围绕香葱、加工蔬菜、河蟹、小龙虾、食草畜禽等特色高效项目，不断扩大生产规模。2010年，全市高效种植业面积59.4万亩，高效渔业面积54万亩。2006—2010年，兴化市连续5年被表彰为全省"高效农业规模化先进市"。

第三节　农业综合开发

1990年，兴化市被列入国家黄淮海农业综合开发县。是年12月，兴化市成立兴化市农业资源综合开发管理局，与市农业区划办公室实行两块牌子、一套班子。1991年4月，更名为兴化市农业资源综合开发利用管理局。1997年9月更名为兴化市农业资源开发局，为正科级建制，列入市政府序列。

1991年，兴化正式开始实施农业综合开发项目，即黄淮海农业综合开发项目。1991—2010年，全市开垦荒地0.76万亩，改造中低产田53.28万亩，扶持产业化经营项目12个，项目财政总投资1.9亿元。

一、农业综合开发进程

1991—1998年，兴化农业开发主要任务是改造中低产田和开垦宜农荒地。1999—2005年，根据国家农业综合开发部长联席会议精神，实行两个战略性转变，即由以改造中低产田和开垦宜农荒地相结合，转到以改造中低产田为主，尽量少开荒甚至不开荒，把提高农业综合生产能力与保护生态环境结合起来，由以增加农产品产量为主，转到调整结构，依靠科技进步，发展高产优质高效农业上来，全市基本停止荒地开垦，土地治理项目投入全部转移到中低产田改造上来。2006—2010年，主要以促进农业增效、农民增收和农村发展为出发点和落脚点，围绕农业产业发展，改造中低产田、建设高标准农田，扶持农业产业化经营。

二、农业综合开发项目

1991—1993年，兴化市立项建设第二期农业综合开发项目，项目总投资1270.7万元，其中财政投资960万元，涉及红星、东潭、严家、荡朱、李健、舜生、周奋、沙沟8个乡镇，改造中低产田8.24万亩、开垦荒地0.76万亩。投资计划第一年下达40%，第二年、第三年各占30%，群众集资以外的资金来源为三块，即国家资金、地方配套含省、市、县（乡）、农行专项贷款各占三分之一，形成总投资规模。国家拨款和省市配套资金实行50%有偿，县配套最高到60%有偿。

1994—1996年，兴化市立项建设第三期农业综合开发。项目总投资1459.39万元，其中财政投资1174.83万元，改造中低产田6.79万亩。亩投资1995年为150元，每年以15%递增，1996年为170元。财政资金70%用于土地治理，30%用于发展多种经营和农产品的系列开发。国家要求地方财政配套资金必须硬配套，省级财政承担70%以上，市县级财政配套30%以下，但实际情况省级只承担10%，县级财政由二期50%的配套增加到75%，县级财政配套压力加大。国家要求农业开发专项贷款为政策性贷款，其指标在1994年基础上逐年增加，与年度开发财政资金统筹安排，原则上30%用于中低产田改造治理项目，70%用于发展多种经营。由于贷款资金都要按期还贷，一方面农行不敢贷，另一方面作为农业开发部门，怕投资风险大，不敢用，使得贷款呈逐年减少的趋势，农民自筹资金到位难度大。从第三期开始，使用有偿资金年收取费率3%的占用费，二期开发中有偿资金第七年开始偿还、第11年还清，三期开发资金第四年开始还款，第八年还清。

1996年，地级泰州市成立，兴化农业综合开发进入新的历史阶段。1997年，兴化市进入第四期农业综合开发，实行投资计划一年一定，当年批复下达，但实行三年总体验收。在此期间，在杭州召开的全国农业综合开发工作会议上，提出今后农业综合开发在增产、增收的同时，建设高标准的稳产、高产农田，建设可持续生态农业，建设农业现代化示范区，明确增加中低产田投资标准并提出给老项目区进行配套完善。1997年，投资标准为每亩190元，1998提高到250元，开垦宜农荒地的亩投资标准为改造中低产田的2倍。1997—1999年，兴化第四期农业综合开发项目总投资1477.4万元，其中财政投资954.3万元，改造中低产田7.45万亩，衬砌渠道25.5公里，修建机电排灌站49座、中沟级桥涵闸及小沟级田间配套建设建筑物6857座，修筑机耕路31.4公里。

2000—2002年，第五期农业综合开发项目总投资2057.7万元，其中财政投资1497万元，改造中低产田6.39万亩，建设重点示范基地1.45万亩，扶持产业化项目1个。衬砌渠道22.1公里，修建机电排灌站57座，新建桥74座、中沟级桥涵闸及小沟级田间配套建设建筑物3845座，修筑机耕路70.2公里。

2003—2005年，第六期农业综合开发项目总投资2618.2万元，其中财政投资1959.92万元，改造中低产田5.57万亩，扶持产业化经营项目1个。衬砌渠道8.7公里，修建机电排灌站46座，新建机耕桥71座、中沟级桥涵闸及小沟级田间配套建设建筑物1482座，新建种子仓库300平方米、晒场2300平方米，建设示范基地2万亩，修筑机耕路87.2公里，购置和配套农机具13台（套）。

2006—2008年，第七期农业综合开发项目总投资10480.03万元，其中财政投资5630万元。2006年，项目总投资2586.8万元，其中财政资金1478万元，自筹资金1108.8万元，改造中低产田3.84万亩，涉及钓鱼、海南、安丰、大垛、荻垛5个镇。扶持农业产业化项目1个。完成土石方35.1万立方米，新建排涝站4座、圩口闸8座、电灌站9座、机耕桥50座、小沟建筑物670座、硬质渠道2.5公里，新建砂石机耕路41.94公里。2007年，项目总投资5061万元，其中财政配套资金2072万元、自筹资金2989万元。改造中低产田3.7万亩，涉及戴南、沈圪、竹泓、大垛、荻垛5个镇。新建排涝站2座、电灌站11座、圩口闸5座、机耕桥56座、小沟建筑物580座、硬质渠道3公里、砂石机耕路47公里。扶持农业产业化项目2个。2008年，项目总投资2832.23万元，其中财政资金2080万元、自筹资金752.23万元。改造中低产田3.5万亩，涉及城东、西鲍、戴南、大垛、临城5个乡镇及市经济开发区，扶持农业产业化项目1个。新建排涝站3座、电灌站14座、圩口闸7座、机耕桥57座、小沟建筑物370座、移动泵站36台、机耕砂石路50.78公里，新栽苗木40.95万株。

从2009开始，项目改为一年一验收。2009年，项目总投资4779.32万元，其中财政投资3532万元、自筹资金1256.32万元。实施一般土地治理项目1个，治理面积2.5万亩，涉及周庄、陈堡、临城、昭阳4个镇；实施省级规模开发项目1个，治理面积1万亩，涉及西郊镇；实施高标农田项目1个，治理面积1万亩，涉及钓鱼镇。新建排灌站42座（其中排涝站10座、电灌站32座），圩口闸10座，机耕桥80座，小沟建筑物660座；修建圩口闸6座；购置变压器13台，新配电线路29公里；新建种子仓库336平方米，种子晒场1300平方米，新筑机耕路77.41公里，新栽苗木38.05万株；开挖疏浚渠道169.5公里。扶持产业化经营项目5个，其中财政补贴项目2个、财政贴息项目3个。

2010年，项目总投资6510.48万元，其中财政资金3341万元、自筹资金1553.92万元、企业流动资金1553.92万元，治理土地面积3.3万亩。实施中低产田改造项目1个，改造中低产田面积2万亩，涉及茅山、沈坨、竹泓3个乡镇；实施高标准农田项目1个，治理面积1.3万亩，涉及安丰镇。新建圩口闸4座、排涝站5座、电灌站13座、机耕桥66座、小沟建筑物530座、机耕路72.45公里，新栽苗木16万株，实施暗管工程4000亩，开挖疏浚渠道114.2公里，购置变压器8台，架设输变电线路12.63公里。扶持产业化项目5个，其中补助项目2个、财政贴息项目3个。

1991—2010年兴化市土地治理项目投资情况一览表

表10-10

开发期限及年份		投资			
		改造中低产田（万亩）	开垦宜农荒地（万亩）	总投资（万元）	其中：财政投资（万元）
黄淮海第二期开发	1991—1993	8.24	0.76	1270.70	960.00
黄淮海第三期开发	1994	2.00	—	322.00	272.00
	1995	3.04	—	727.07	618.33
	1996	1.75	—	410.32	284.50
	小计	6.79	—	1459.39	1174.83
第四期国家农业综合开发	1997	1.65	—	279.40	181.30
	1998	3.00	—	575.00	360.00
	1999	2.80	—	623.00	413.00
	小计	7.45	—	1477.40	954.30
第五期国家农业综合开发	2000	2.80	—	800.00	480.00
	2001	2.40	—	789.00	641.00
	2002	1.19	—	468.70	376.00
	小计	6.39	—	2057.70	1497.00
第六期国家农业综合开发	2003	0.75	—	551.20	447.92
	2004	1.57	—	637.00	472.00
	2005	3.25	—	1430.00	1040.00
	小计	5.57	—	2618.20	1959.92
第七期国家农业综合开发	2006	3.84	—	2586.80	1478.00
	2007	3.70	—	5061.00	2072.00
	2008	3.50	—	2832.23	2080.00
	小计	11.04	—	10480.03	5630.00

续表 10-10

开发期限及年份	投资			
	改造中低产田（万亩）	开垦宜农荒地（万亩）	总投资（万元）	其中：财政投资（万元）
2009	4.50	—	4779.32	3532.00
2010	3.30	—	6510.48	3341.00
合计	53.28	0.76	30653.22	19049.05

1998—2010年兴化市产业化经营项目投资情况一览表

表10-11

年份	项目名称	实施单位	财政投资（万元）
1998	樱桃谷种鸭孵化及养殖基地	兴化食品（集团）公司	80
2001	西郊镇青虾养殖项目	兴化市荡朱水产公司	220
	临城镇扣蟹商品苗养殖项目	兴化市燎原水产公司	110
2005	戴窑镇优质稻米加工项目	兴化市贤人米业有限公司	280
2006	兴化经济开发区FD蔬菜加工项目	兴化市中野食品有限公司	250
2007	兴化市240吨FD蔬菜加工扩建项目	兴化市中野食品有限公司	320
	兴化市8.8万吨专用面粉加工扩建项目	江苏楚龙面粉有限公司	240
2008	兴化市500万羽优质青脚鸡苗鸡炕孵及养殖扩建项目	兴化市明灿禽业有限公司	260
2009	兴化市200万只扬州鹅孵化养殖基地扩建项目	兴化市建平禽业专业合作社	75
	兴化市日产100吨乳品加工扩建项目	泰州市太子乳业有限公司	120
2010	兴化市年产1000吨脱水蔬菜加工扩建项目	江苏兴野食品有限公司	250
	兴化市日产20吨蔬菜深加工扩建项目	江苏顶能食品有限公司	110
合计			2315

第七章 农村经济管理

第一节 农村经营管理服务站

20世纪90年代初，各乡镇先后成立农村经营管理服务站（简称“农经站”）。主要承担农村财务和资产管理、村务公开和民主管理、农村合作管理、控减农民负担、扶贫解困、农村专业合作社、农村产业化经营、劳务输出及农业承包合同管理等，个别乡镇担负中央农村固定观察点工作。1993年，临城乡、海河乡、大垛镇、戴南镇农经站被表彰为“扬州市乡镇农经组织财务规范化管理先进单位”，10个村集体经济组织被表彰为“扬州市村集体经济组织财务规范化管理先进单位”。1995年4月，市海河乡、戴南镇经管站及10个村被省委农工部表彰“1993—1994年度江苏省农村财务管理先进单位”，1996年4月22日，市4个乡（镇）经管站及23个村被扬州市委农工部、监察局联合表彰为“1995年度市级农村财务规范化管理先进单位”，37人被表彰为“1995年度市级农村财务管理先进个人”。1997年2月20日，14人被表彰为“1995—1996年度江苏省农村财会先进工作者”。2000年，大垛镇管阮村被授予首批“市级农村财务管理暨财务公开示范点”。

一、财务辅导

20世纪90年代初农经站设会计辅导员，负责会计业务辅导和财务年报。永丰乡于1990年起，试行“四统一、一监督”（乡镇农经站统一记账、统一资金管理、统一审计、统一档案管理，接受群众民主监督），对各村财会人员进行培训和辅导。1993年，“四统一、一监督”在全市推行。1994年市委农工部举办3期会计专业知识培训班后，各乡镇农经站对未参加培训的总账会计和学习不深透的人员进行个别辅导。1995年，市委农工部分批对新任会计和未持证上岗的会计人员进行培训。随后各乡镇农经站对村级会计开展业务培训，并通过编制财务年报进行有针对性辅导。自2003年起推行农村会计电算化工作，乡镇农经站会计，对村级会计人员进行电算化业务知识辅导。2008—2010年，兴化市对乡镇、村两级从事会计代理工作人员培训后，农经站又对村级会计，特别对2007年改选后的村级结报会计和新上任代理会计作重点辅导，对新一轮村务监督和理财代表组织培训。

二、资金、总账双代管

2000年2—3月，市委农工部在大垛镇进行村级财务“双代管”试点。3月下旬，市委、市政府在大垛镇召开动员大会，全面部署村级财务“双代管”工作即村集体资金和村总账交乡镇经管站代记代管。3月10日，市委办、市政府办下发实施意见，要求抓好基础工作，在村级财务交乡镇代管前，认真进行民主理财，理清集体财务收支、债权债务。于2001年上半年全面实行“双代管”，同时在农村实行会计持证上岗和推行会计电算化工作。加强民主理财，民主选举产生村级理财小组成员，每年理财不少于两次，对村级主要干部离任，及时做好审计工作，对经济问题严肃处理。完善村级财务公开，集体财产、财务收支、农民负担等项目及时向村民公开。做好村级债权债务清理、处理、管理工作，严格控制新的集体债务发生。截至当年12月底，实行“双代管”的村1341个，占总村数的95%，配备“双代管”工作人员278人，村会计人员2606人，村民主理财组织1411个。有资金乡镇管坚持村级集体资金所有权、使用权、受益权“三权”不变原则。做到不平调、不挪用、不无偿占用，确保村有资金安全、增值。

2001年12月31日，市委办、市政府办根据省和泰州市意见印发通知，要求以巩固农村税费改革成果、维护村组集体经济组织和村民利益为出发点，完善和规范村级财务“双代管”机制，坚持制度管人、规范管事、科技管账，逐步实现队伍专业化、理财民主化、管理程序化、核算电算化、档案规范化。根据农村税费改革、行政村合并和实行村级财务“双代管”工作的新情况，乡（镇）村财会人员岗位责任制及考核奖惩制度，全面建立“六统一”财务管理新机制，即：收支管理、资金管理、审核内容、建账管理、民主监督、档案受理的统一。结合深化农村改革，在海南镇试点成立会计代理中心，在民政部门登记办证后成为正式中介服务组织。至2010年，基本实现村级组织规范化建设。

第二节 农村财务资产管理

一、财务管理

1991年4月28日，兴化市委农工部印发《兴化市村合作社经济组织财务管理制度》，并统一印发账、据、表，从规定当年各项上交资金，统一由农经站代收代管入手，完善“村组有，乡镇管”的制度。在建立健全审计组和村民理财的同时，开展对财务审计人员的培训，同时加强对农经站内部的财务管理。是年12月，扬州市委农工部下发《关于抓紧抓好年中村组民主理财活动的通知》。各村按照通知要求，开展民主理财活动，完善“村组有，乡镇管理”制度，推进财务管理规范化进程。1998年9月，市政府召开农村财务管理工作会议，进一步规范村级财务管理。各乡镇根据市委办、农工部1997年下发的《兴化市村合作经济组织财务管理暂行规定》，结合实际，对管理内容费用开支标准进行控制。2004年7月，市委、市政府决定，从当年起全面推行村级会计代理制，由村委托镇（乡）会计代理中心代为建账、记账、算账、管账，并实行财务公开，使村级财务“双代管”制度进一步完善。2006年6月14日，兴化市税改办、市委农工办、财政局、农村合作银行印发《关于规范和加强村级“三项资金”管理的实施意见》，从村级“三项资金”的预算、拨付、打卡发放、会计核算等环节加强监督管理。2010年，市委办、市政府办下发《关于印发兴化市村集体经济组织财务管理制度的通知》，市委农工办、市财政局印发《关于切实做好村级专项转移支付资金管理工作的通知》，要求各乡镇党委、政府规范分配形式，加强村级财务管理，确保村级专项转移支付资金落实，健康运行专账核算。

【管理组织体制】 1987年，村级取消“组级”核算后，专业会计改为辅助会计。2004年，村级组织规范化建设，村只设结报会计（享受定补待遇），其他会计一律取消，将原有会计管理体制改为会计代理制。乡镇一级从1990年开始，永丰乡（镇）试行“四统一、一监督”。1993年，全市推行“四统一、一监督”制度。

1997年开始，部分乡镇针对财务管理中存在问题，重点抓账务和资金管理，形成实行钱、账分离的农村财账“双代管”（在各乡镇依托财政所设立农村会计服务中心及农村综合招投标中心。村集体“资产、资金、资源”即“三资”由乡镇的“两个”中心代理进行财务活动的核算、计划、监督与控制）。2000年，在大垛试点后全面推开。2004年4月，在海南镇试点成立会计代理中心，7月在全市推广。9月之后村级组织规范化建设全面实施。2006年，财务辅导站改为经营管理站，肩负着全市业务指导和相关管理工作。

【会计核算体制】 1989年之前，采用收付记账法，实行收付余的方法进行核算。1990年，采用借贷记账法，实行资金占用等资金来源的方法进行核算。1997年，采用借贷记账法，实行资产=负债+所有制相关方法进行核算。2005年，根据税费改革的新形势、新情况、新要求，财政部重新颁布村集体组织会计制度。

【财务管理合格乡村创建活动】 1992年起，根据省委农工办的“通知”精神，决定从当年起在全省范围内开展，市委农工部结合兴化实际情况，发出通知，兴化在全市各乡镇农经站分期分批开展乡村集体经济组织财务达标管理活动。

2006年6月28日，市委农工办印发《关于争创农村集体财务规范化管理合格乡镇、村的通知》。当年12月，戴南镇经管站、戴南镇永丰村、大垛镇安民村、西郊镇姜戴村和大垛镇管阮村李中林、西郊镇农经站王凤余、西鲍乡郑朱村刘仁鹏和戴南镇董北村党委书记张文德分别获得全省农村集体财务规范化管理示范乡（镇）、村和优秀个人表彰。截至2007年底，11个乡镇、50个村成为泰州市级示范单位。

【财务清理】 1992年5月5日、1993年5月，市委、市政府连续印发关于认真开展农村财务清理方面的意见，决定从1992年起花2—3年时间对农村财务进行全面清理。通过认真清理，要求达到澄清家底、克服混乱、强化管理、健全制度、民主监督、堵塞漏洞、集聚资金、发展经济。针对农村集体财务管理混乱的现象决定，对全市村组集体财务进行全面清理。

1997年1月，兴化市成立农村财务清理工作领导小组。针对农村财务管理出现的新情况，在周奋、林湖2乡进行财务调查试点的基础上，用一年多时间清理全市各村组前3年财务。4月28日，市委农工部会同市纪委就如何处理农村财务清理中出现的一些经济问题，专门下发文件规定14条处理意见。2006年，对全市会计业务基础工作进行一次专项清理整顿，使村级会计票据、手续凭证、账务记载、资料保管等基础性工作得到规范和加强。2007年，按省有关部门要求，开展百村财务清理整顿活动。2008年，对财务管理相对滞后的6个乡镇，落实挂钩到片进行帮助整改，确保村级财务规范化管理全面达标。

1998年8月9日，根据省委农工部《关于制止用“以欠转贷”办法向农民收取欠缴税费的通知》，按照市委、市政府决定，从1998年1月1日起，一律停止将农民欠缴税费转为贷款的做法，要求各乡镇不得以任何理由指定农村基层金融机构或合作基金会办理“以欠转贷”业务；乡村不得自行将“欠款”转为“贷款”，加收高利息；村组不得借“高利贷”完成税费和其他上交款任务。

2006—2010年，市委农工办把每年3月作为农村财务审计月，由市抽调50多名专业人员，组成8个审计小组进驻乡镇，对全市村级会计代理和财务管理情况全面审计。各小组在审核和调查的基础上，以乡镇形成审计报告，提出整改方案。市委分管领导每次到会听取汇报，并将审计情况通报全市。

2009—2010年，对全市614个村开展农村财务互审，对42个乡镇（次）126个村开展财务送审。

【财务公开】 1997年8月，市委办、市政府办就开展农村村务公开活动印发《关于农村村务公开活动的意见》的通知。要求通过认真审核，按规定记好分类账和明细账。在村务公开前，村会计必须按要求整理出公布方案，送村民主理财小组和全体村组干部审核，确认合规合理、准确无误后，向全村群众公布。明确规定财务公开的内容，包括正常收支、专项收支、各项往来和借款。各项收支要公布到具体项目，代收代交款项目要公布到户、到人，往来款项要公布到单位、到人。同时也规定财务公开的程序、形式、时间、次数。1999年2月26日，市委农工部下发“通知”要求全市1410个村村村设立公开栏，并建立民主议事组织。乡镇经管站全站人员分片包村，将统管的账、据、表带到村，组织民主理财代表全面进行一次民主理财、审计财务活动。

按照“四统一、一公开”要求，2006—2010年，全市统一编印村务管理记事簿，对民主理财、民主议事、村务公开、民主评议村干部等内容的记载作具体规范。市委农工办于每季度对村务公开内容和具体要求提出指导性意见。各村结合新农村建设和村部建设，成立民主理财活动室，坚持每季度理财公开一次，财务账目和公开的资料均由会计代理中心提供，乡镇会计代理一直服务到村、服务到群众。一般情况下，每年进行两次检查，年初结合全市农村财务审计进行检查，6月份结合农民负担督查进行。

【财务培训】 从1992年起，市委农工部对乡镇农经站财会人员，乡镇农经站对村财会人员每年培训1—2次，对村主办会计两年轮训一次。1994年，市举办会计专业知识培训班3期，分别对1990年以后任职的217名村总账会计进行业务培训。1995年，市里分4批分别对新任会计和未持证上岗的会计380人进行培训。通过授课、考试，向340人颁发会计证。与此同时，多数乡镇按照正常培训计划，对村级会计开展业务培训。2003年开始推进农村会计电算化进程。2004年9月24—26日，举办农村会计电算化培训班，培训内容主要有电脑基础知识、会计电算化财务软件的应用操作以及操作过程中疑难问题的解答。每乡镇参训人员2—3名，其中经管站长以及从事电算化操作人员1—2名。2008年9月，对乡镇、村两级从事会计代理工作人员进行轮训，特别将2007年改选后的村结报会计和新上任的代理会计作为重点。通过培训规范会计代理操作流程和业务内容。2009年9月，市委农工办举办农村会计培训班6期，每期3天。培训对象为各村结报会计、乡镇经管助理（站长）和总账会计。培训主要内容：农村财务会计管理知识、农村现行政策法规、农村三大合作知识、市场经济知识。至2010年末，对乡镇会计人员培训达2890人次。

二、化解村集体债务

1999年，全市46个乡镇村级资产总额7.02亿元，债权总额3.77亿元，村平26万元，其中个人欠款1.74亿元，占46%；其他应收未收款1.49亿元，占40%。债务总额2.35亿元，村平16.6万元，其中个人借款（含息转本）8273.31万元，占35%；其他应付未付款6885.6万元，占29%。债务用途：生产性支出7778.92万元，占33%；公益性支出4146.15万元，占17%；管理费2291.21万元，占10%；上交税费2593.06万元，占11%；其他支出占735.09万元，占3%。担保债务总额963.15万元。乡镇级债权总额5894.57万元，乡均128万元。其中所属企业欠款2629.52万元，占45%；个人欠款924.64万元，占16%；其他应收未收款1409.23万元，占24%，债务总额5546.79万元，乡均120万元，其中个人借款1431.92万元，占26%；其他应付款1864.15万元，占34%。债务的用途主要是兴办企业投资1707.67万元，公共设施1226.89万元，弥补日常开支586.19万元，其他支出2026.04万元，担保债务192.67万元。沉重的集体负债造成不良影响，为此，市委、市政府计划用三年左右时间使村级集体不良债务得到化解。

2001年9月13日，市委、市政府召开全市村级债权债务清理整顿工作会议，动员全市农村全面开展村级债权债务清理整顿工作，研究和探索农村税费改革后村级债权债务化解和管理的新思路、新方法，深化和完善农村税费改革，促进村级组织正常运转，确保农村社会稳定。通过村级债权债务的清理整顿，全市村级债权下降25%以上，债务下降20%以上。截至2002年3月，全市村级债权清收1560.41万元，下降4.3%，农户签订还款计划94942份，占应签总份数的50.1%，村级债务化解1031.23万元，下降3.1%，个人借款换据9466份，换据金额达7178.96万元，换据率达59.6%。年底，村级债务25628万元，村平45.85万元（不含无债村数）净减少12304.22万元，下降32.4%。其中：负债100万元以上的村47个，比年初减少50个，占总村数7.6%；负债50万—100万元的村149个，占总村数24.3%；负债20万—50万元的村224个，占总村数36.5%；负债20万元以下的村139个，占总村数22.6%；无债村55个，占总村数9%，其中缸顾乡实现村村零债务。2002年后，各乡镇继续抓好债权清收和债务化解工作。至2005年，村级债权控减到最低限度，村级不良债务基本得到化解。2006年，市委、市政府针对全市村级债务反弹的实际情况，提出分轻重缓急化解债务几项措施：清收债权还债。2005年底，全市村级债权4.27亿元，剔除无效债权1.3亿元，有2.97亿元可以清收。利用资产资源还债。有资产资源的村要优先考虑利用发包、租赁等形式取得的收入还债，一般情况下安排50%以上的资金用于偿还债务。控减开支还债。树立过紧日子思想，千方百计压缩费用开支，尤其对非生产性开支，能减则减，能省则省，节省资金用于还债。

2008年6月26日，市委农工办根据中央和省、市文件精神，下发《关于建设村级债务管理台账的通知》，要求各乡镇及时将各村账目见底入账，以2008年5月底会计科目余额为基数，清理核实债务。乡镇会计代理中心首先按会计科目填制村级债务核实清单，与村结报会计和其他村干部进行对接、核实；然后召集村民代表（主要是理财小组成员），逐笔对村级债务进行清理核实，清理。市政府要求自2008年开始，力争用5年时间使全市乡（镇）村不良债务化解工作取得阶段性成效。各乡镇提出积极可行的工作目标，确保乡（镇）村债务每年化解10%以上。严格控制乡（镇）村新增债务。2008年末，全市24个乡镇村级债务有不同程度下降，其中489个核算村（自然村）债务净下降10%以上，获得“以奖代补”补助。2008年锁定债务5.23亿元，化解债务1.01亿元，新增债务0.43亿元，净下降0.58亿元，2008年末债务余额为4.65亿元。2010年，出台《关于加快村级集体经济发展的意见》，推行村级债务化解以奖代补政策，当年化解村级债务6669万元。

三、农村集体资产管理

1997年12月，建立兴化市农村集体资产评估事务所。1998年，增设市农村集体资产管理办公室，和经济联合社、农经站合署办公。各区乡镇相应成立领导小组，以区、乡镇为组长，并在经管站设置办公室，负责日常工作。从有关部门和行政村抽调人员，组成村组、企业和行政事业3个工作小组，集中人力、时间，处理集体资产管理有关事宜。是年，在荡朱乡试点经验的基础上，市委农工办（农经委）协同各乡镇分步开展集体资产管理工作，保证农村集体资产的完整，产权明晰，使集体和农民的合法权益得到维护。全市46个乡镇，1410个村，2229个企事业单位，清理面积达100%。清理核实后资产总额为36.5亿元，负债21.3亿元，所有者权益15.2亿元，其中农村集体权益13.1亿元。核增集体权益1.6亿元。清理集体土地188.6万亩、水面35.6万亩、其他资源5.2万亩。在清产核资过程中，对于合并乡村集体资产，界定产权、核实债务的基础上，按照资产不平调、不平分和先并总账后并明细账的原则，进行资产合并。资产合并必须经农村集体经济审计机构审计，乡村集体经济组织确认。

2000年起，贯彻《江苏省农村集体资产管理办法》，改农村集体资产由单一的数据统计上报转向全面管理，从而理顺管理体制，明确领导负责制，落实农经与其他部门分块负责责任制。

2004年4月，市委要求乡镇采取措施，按照资产不流失、债务不平摊的原则，合理处置农村集体资产。防止借行政区划调整之机，出现侵占、平调、挪用、私分农村集体资产等现象的发生，确保集体资产保值增值不流失。对合并乡、村集体资产进行全面清查，以1998年清核结果为基础，重新清理确认，清查工作要做到“全、准、实”。要通过资产清查核实资产存量，做到账实、账账相符，真实反映集体家底，为合并工作提供可靠的资料。在权属界定方面，根据“谁投资，谁所有”的原则，尊重历史和照顾现实，实事求是进行集体资产权属界定。5月，进行村级集体资产股份合作组织试点。在稳定家庭联产承包经营和保护农民生产经营权的前提下，综合整治、开发利用和保护集体所有的农村集体资源管理的范围主要包括：农村集体拥有所有权的大水面、精养池塘、提水养殖田块、集体预留“机动地”、“三荒”（荒地、荒滩、荒水）、圩堤、场地、集体非农用地以及农户委托农村集体组织代管的耕地等，鼓励以土地使用权折价股联营发展二、三产业，以集体的资金、土地入股，积极参与小城镇开发和建设，通过开拓经营来增加集体收入。

2004年以后，各乡镇依托经管站成立资源管理服务中心，负责村级资源招标的组织、合同的签订及资金收缴等工作。实行农村集体资源以乡镇统一管理后，村组集体组织仍享有资源的所有权、使用权、收益权和处置权。乡镇经营站（资源管理服务中心）具有监督权、管理权和审计权。乡镇纪检（监察）、公安、司法等部门各司其责，密切配合资源管理服务中心做好农村集体资源管理工作。2006年，戴南镇董北村股份合作社，入股农户2654户。至2007年7月，全市经营性集体资产最大的农村社区股份合作社入股农户2654户。

2006年、2007年，在新一轮农村土地承包期延长工作中，对农民承包集体的土地等资源性资产，不得打乱重分、擅自抬高承包金、过高预留机动地或随意收归集体。对乡村集体企业批准占用的土地，不能随意变更归集体，不能随意变更权属关系，仍是集体所有的资产。对长期拖欠集体资金、侵占、挪用集体资产的单位和个人，通过清查清理，该收回的收回，要处理的处理，切实保障集体经济对其资产的所有权、收益权。

2008年，全市通过资源管理中心公开招标，增加村级收入2396万元，比标底上升30%以上。至2010年底，多数乡镇村级资产资源管理主体明确、台账健全、招标程序规范。通过资源管理中心招标签订的合同1512起，招标金额9618万元，比标底价8078万元增加1540万元，多出19%，提高了集体资产资源的利用率。

第三节 控减农民负担

1991年后，兴化市委、市政府严格落实中央、省、市控减农民负担政策，规范农民负担范围和总量，合理落实负担方法，深化农村税费改革，深入开展监督管理，农民负担得到有效控减。

一、农民负担项目

1991—2000年，全市农民负担包括国家农业税费（农业税、农业特产税、水费）、村提留乡统筹（公积金、公益金、管理费，简称“两金一费”）、劳动积累和义务工（简称“两工”）及从事二、三产业人员劳务管理费。农业税按照规定纳税面积“依率计征”，农业特产税按规定纳税对象和征收范围，以产品常年产量计算收入，“依率计征、按实收缴”。水费按稻麦棉田和旱田不同标准收取。“两金一费”按劳田比例分摊，按劳负担不低于总额的50%，承包地负担不超过总额的50%。2001—2002年，农民负担项目为农业税及附加、农业特产税及附加、务工经商人员上交集体公益事业费、以资代劳、“两工”（从2001年起采取三年过渡，逐年减少）。2003年，负担项目为农业税及附加、一事一议筹资、一事一议筹劳。2005年起，农民负担项目为一事一议筹资、一事一议筹劳。2010年，全市落实村内公益事业建设一事一议，筹资1752万元，人均18.8元。

二、控制农民负担总量

20世纪90年代，按照上年农民人均纯收入5%以内确定当年负担总量和标准。1991年，兴化发生特大洪涝灾害，政府实行农业税、农业特产税全免政策，实际落实农民负担7637.2万元，比核定数减少4060.05万元。1992年起，全市落实国务院《农民承担费用和劳务管理条例》，农民负担监督管理步入法制化轨道。按照江苏省委、省政府《关于切实控制和减轻农民负担的决定》，对农民负担项目和收费标准限期清理，加强对村提留和乡（镇）统筹费的监督管理，禁止乱收费、乱罚款和各种摊派行为，严格控制向农民集资。1993年，公布取消农民负担项目44个、修改14项，停止达标升档活动11项，纠正错误收费与管理办法8种，并在张郭乡进行“两法一例”宣传试点，并在全市督查农民手中“白条子”兑现工作。1994年起，全市740个村（占总村数52.5%）推行农民负担监督卡制度，将农民负担的项目、数量一次性上卡，每年4月底前发放到户。1995年全面推开，实现农民负担表、约、据、卡、账五统一。1998年，全市统一使用省制定的《监督卡》，改“一年一卡”为“三年一卡，一次印发，连续使用三年”。2001年起，继续实行一年一卡。

从1997年起，农民直接承担的村提留乡统筹总量以当年人均纯收入为基数，实行“一定三年不变”制度，实行“公平负担”，1999年落实负担14149.41万元，人均105.04元。2002年，全市农民实际承担的税费总额18072.93万元，人均145元，总额比2001年减少421.52万元，人均减负3.3元。2003年，全市落实农民负担总额15395.68万元，比税改前2000年减少17174万元，人均减负106.6元，全市农民负担逐年下降。至2010年，全市落实监督卡内一事一议筹资1752万元，人均18.8元,“一事一议”筹劳工日354万个,劳均7.4个,全市614个行政村中有48个村不向农民实行“一事一议”筹资。其中1个乡镇、33个村实现农民零负担。

三、农村税费改革

2001年1月,按照省市统一部署,在陈堡镇进行农村税费改革试点,4月在全市实施。在改革过程中按照“减负、规范、稳定”的目标,执行“四取消、两调整、一改革”政策(取消乡统筹费,取消农村教育集资等专门面向农民征收的行政事业性收费和政府性基金,取消屠宰税及劳动积累工和义务工;调整农业税和农业特产税;改革村提留征收使用方法)。通过建立组织、宣传发动、调查研究、制定方案、测算归户、行政村合并等一系列措施,重新确定农民负担的项目和标准,规范农民承担的税费。2001年,全市农民负担总额比税改前的2000年减少11168万元,人均减少88.5元。2002年,全市农民负担总额比2001年减少422万元,人均减少3.3元。2003年,兴化市取消农村二、三产业人员上交公益事业费,全市农民负担总额15395.68万元,比2002年减少1985万元,人均减负14.8元。“两工”由改革前劳均不少于25个减至14个。全市行政村由1413个合并为614个,村干部精减8435名。2004年,全市农民负担水平比2003年又大幅度下降,负担总额10615.86万元,比2003年减少4779.82万元,人均减负37.3元。从2004年开始,按照国务院5年内取消农业税的决定,当年在海南镇试点的基础上,将农业税税率从7%调整为4%,农业税附加比上年降低,农民负担总额8934万元,人均负担71元。2005年,全面取消农业税。至此,千百年来农民耕地负担“皇粮国税”的历史宣告终结。是年,全市农民负担总额3800.26万元,人均负担30.25元。其中:一事一议筹资人口110.08万元,筹资额2135.56万元,人均19.4元;一事一议筹劳劳动力55.49万个,自愿以资代劳款1664.7万元,劳资30元。农民负担总额比2004年减少6815.6万元,其中:减少以资代劳16.8万元,农民人均减负52.65元。取消农业税以后,兴化市农民负担总额逐年减少。2010年,全市农民负担总数3541万元,比取消农业税时的2005年减少259万元。

四、支农惠农政策落实

2004年,省政府惠农补贴政策出台,当年全市落实粮食直补面积131.52万亩,发放补贴2630.4万元,惠及农户34万户。落实良种补贴面积30万亩,发放补贴240万元,惠及农户7.16万户;落实农机具补贴117台(套),农民受益220万元。2006年起,增加农资增支综合补贴,并采取财政涉农补贴“一折通”发放。全市逐年加大粮食直补、农资增支综合补贴,良种补贴和农机具补贴力度。2010年,全市落实粮食直补面积134.58万亩,补贴资金2691.6万元;农资综合补贴面积146.3万亩,补贴资金10094.7万元;良种补贴面积298.48万亩,补贴资金3728.95万元;农机具补贴品种38个,补贴资金911万元。21个乡镇开展“一事一议”财政奖补试点,涉及214个村,奖补资金2792万元。

2004—2010年兴化市粮食直补、农资综合补贴情况一览表

表10-12

年份	粮食直补			农资综合补贴						
	补贴面积(万亩)	补贴标准(元/亩)	补贴金额(万元)	补贴面积(万亩)			补贴标准(元/亩)			补贴金额(万元)
				小麦	水稻	其他	小麦	水稻	其他	
2004	131.52	20	2630.4	—	—	—	—	—	—	—
2005	134.93	20	2698.6	—	—	—	—	—	—	—

续表 10-12

年份	粮食直补			农资综合补贴						
	补贴面积（万亩）	补贴标准（元/亩）	补贴金额（万元）	补贴面积（万亩）			补贴标准（元/亩）			补贴金额（万元）
				小麦	水稻	其他	小麦	水稻	其他	
2006	134.56	20	2691.2	120.35	134.58		10	15		3222.2
2007	134.58	20	2691.6	146.30			30			4389.0
2008	134.58	20	2691.6	146.30			69			10094.7
2009	134.58	20	2691.6	146.30			69			10094.7
2010	134.58	20	2691.6	146.30			69			10094.7
合计	939.33	—	18786.6	840.13			262			37895.3

2003—2010年兴化市良种补贴情况一览表

表 10-13

年份	补贴面积（万亩）				补贴标准（元/亩）			补贴金额（万元）
	水稻	棉花	小麦、油菜、玉米	合计	水稻	棉花	小麦、油菜、玉米	
2003	—	—	10.00	10.00	—	—	10	100.00
2004	30.00	—	10.00	40.00	8	—	10	340.00
2005	65.00	—	40.00	105.00	8	—	10	920.00
2006	50.00	—	35.00	85.00	8	—	10	750.00
2007	50.00	14.00	35.00	99.00	8	15	10	960.00
2008	50.00	16.00	81.36	147.36	8	15	10	1453.60
2009	133.76	14.65	154.96	303.37	15	15	10	3775.75
2010	133.96	14.87	149.65	298.48	15	15	10	3728.95
合计	—	—	—	1088.21	—	—	—	12028.30

第四节　农村劳务输出管理

一、剩余劳动力转移

（参见《社会管理》卷第一章第二节《劳动就业》）

二、劳务输出培训

（参见《社会管理》卷第一章第四节《职业技能培训与鉴定》）

三、全民创业工程

2004年1月29日，市委、市政府在戴南科技园区报告厅召开全民创业动员大会，会议动员全市上下认真学习浙江经验，发动全民创业。是年，全市新登记注册个私企业7883家，其中个私工业企业1215家，注册资金100万元以上的私营工业企业新增77家。2008年，市财政安排启动资金，乡镇财政按辖区内农业人口每人每年2元的标准，设立促进农民自主创业专项资金。实施"零传统农业户"和"零就业家庭"工程。加强人力资源市场建设，建立健全农村劳动力技能培训、信息引导、职业介绍、跟踪服务体系，发展特色劳务，推进农村劳动力成建制、上规模、带技术向高收入岗位转输，努力增加农民工资性收入。实施全民创业工程，营造全民创业氛围，实施财政扶持、技改补贴、要素倾斜、上台阶奖励等一系列优惠政策，激励农村能人离土创业、自主创业，党员干部带头创业、带领创业，培育一批特色乡、特色村，带动民营经济发展。同时加大服务和培育力度，加快发展农村建筑业、运输业和餐饮服务业，促进农村三产全面发展。当年培训农村劳动力1.37万人、新增转移2.41万人，转移43.1万人，转移率68.1%，其中劳务输出32.1万人。新增私营企业700家，总数达1.03万家。新增个体工商户4000户，总数达2.9万户。自主创业农民7.27万人，新增0.57万人。创业项目3.92万个，投入资金194亿元，带动17.95万农民就业。2006—2010年，稳步推进全民创业，民营经济蓬勃发展，新登记注册个体工商户23726户，新登记注册私营企业4387家，民营经济净增注册资本163.3亿元。

第五节　专业合作经济组织

一、组织创建

20世纪90年代，兴化市出现农民经纪人队伍。1999年8月，市民政局批准成立兴化市农民经纪人协会，会员5760人，注册资金452万元。至年底，乡镇农民经纪人协会35个，会员7000多人，各类农民经纪人突破2万人。2000年4月12日，市委农工部同意西郊镇批准建立农村经济合作社39个。尔后，各乡镇所在村陆续建立经济合作社。全市从事蔬菜、水产品、畜禽产品流通的经纪人达2万多人，其中水产品经纪人1.2万人，年销售20亿元。2001年底，全市有各类专业协会54个，会员10511人。农民合伙组织608个，经纪（运销）人3.26万人。全年销售农产品达150万吨，销售额达30.49亿元。是年，市农民经纪人协会被省农林厅命名为全省50家省级示范农村专业合作社（协会）之一。至2002年7月，全市有各类农民专业合作经济组织679个，其中专业合作社13个，专业协会58个，带动农户5200户，农民合伙组织608个，会员30369人，新增农民经纪人2200名。2003年3月，兴化市香葱协会成立，拥有会员企业238个，向全市香葱生产加工销售单位或个人提供资金技术服务、组织人员培训、推进香葱产业化经营。是年收购香葱1800吨，实现销售收入181万元，利润15.8万元。全市从事香葱种植农户4.5万户，种植面积15万亩，年生产香葱30万吨以上，产值3亿元。安丰镇朱同林牵头组建水产养殖经济联合体，基地主要分布在安丰、永丰、大垛、荻垛等乡镇及宿迁、连云港、淮安、盐城、扬州、泰州等市，养殖面积达10万亩，并跨省承包水面5万亩。联合体股东400多人，实行企业化管理。2003年8月，市民政部门对全市35个乡镇（开发区）农民经纪人分会负责登记，其中海南、大垛、茅山、戴南等乡镇分会更名为市农民经纪人协会代表处，其余分会直接登记，凭“登记证”运作。2005年9月，兴化市香葱协会获省“四有”（有组织制定、有合作手段、有较大规模、有明显效益）农民专业合作经济组织称号。

2007年2月5日，泰州市委农工办公布农民专业合作组名单，兴化市有9家名列其中：兴化市沙沟渔业协会、兴化市润兴草莓协会、兴化市西郊春禾林木协会、兴化市脱水蔬菜行业协会、兴化市太子奶牛养殖合作社、兴化市红富堡番茄协会、兴化市兴昌鸭业协会、兴化市海南禽业合作社、兴化市优质稻米行业协会。2008年7月，市委、市政府制定《关于鼓励和扶持农民专业合作社发展的意见》，市财政2008—2010年每年安排100万元，奖励农民专业合作社发展高效规模农业，并在税收政策、租用土地、金融信款、人才技术、信息服务等方面给予帮助和扶持。大力推进合作社规范建设，深入开展“五好”（服务成员好、经营效益好、利益分配好、民主管理好、示范带动好）农民专业合作社示范社创建活动。2010年，有9家合作社被评为泰州市级“五好”示范合作社，29家合作社被评为兴化市级“五好”示范合作社。是年4月，在永丰镇成立泰州市首家农民专业合作社联社—兴化市苏兴水产养殖专业合作社联社。经筛选确定227家合作社纳入第一批农民专业合作社名录库。

至2010年6月底，全市发展农民合作经济组织529家，其中农民专业社414家（工商登记），入社成员7592名，成员出资额8.23亿元；农村土地股份合作社81家（民政登记），入社土地4.87万亩，入股农民12358户；农村社区股份合作社34家（民政登记），入股资金17394万元，其中农民股10643万元，入社农户15182户，股民41669人。

二、经营发展

【专业合作社】 2000年后，兴化农民专业合作组织发展迅速，形式多样，组织层次多样，从事创业多样。组织形式上以专业大户带动型为主。在农户之间合作，如中堡镇水产批发协会，由52名水产经纪人组成，联系1500户养殖户，年销售水产品5000吨以上，由专业大户带动的；李中镇水产协会，由水产养殖大户马井旭牵头，联合其他25名有养殖经验的农民组织协会，养殖水面达7800亩。团体之间合作的，如市粮食行业协会，由两家市级粮食经营公司和46个乡镇粮油购销公司、80个粮食加工厂和100名粮食经纪人组合而成。组织层次多样，有13家市专业合作经济组织，主要是市农民经纪人协会、市香葱种植业协会、市粮食行业协会。乡镇级农民经纪人协会54个，如农民经纪人协会、棉花合作社。村级专业合作组织612个，如陈堡镇蒋庄村蔬菜营销联合体，合作生产番茄，生产面积2700亩，年产1080吨。从事生产创业的有178个，李中镇意杨协会，会员113人，已栽意杨15万株，产值达2200万元，利润800万元。从事加工行业的有15个，脱水蔬菜行业协会，会员拥有固定资产8400万元，年加工香葱、青梗菜等蔬菜40万吨，产值3亿元。从事销售行业的有38个，沙沟镇水产品经纪人协会，拥有固定会员28人，水产品销往30多个大中城市，银鲫等产品远销日本、俄罗斯等国家，年销售额3000多万元。产供销一条龙，李中镇的水产协会，拥有26名会员，自产自销，在南京等地设有销售窗口，年产销额1.5亿元，利润6000万元。

至2010年，全市合作经济组织带动农户12万户，种植耕地面积40万亩，养殖水面30万亩，年产量35万吨，蔬菜45万吨，水产品2万吨，实现产值4亿元。

【经纪人协会】 2000年后，市经纪人协会协助农业部门在市内3个主要农贸市场建立蔬菜速测站，对进入苏果超市的23家生产企业45品种100多种农产品商标、条形码等证明标志进行检测、重新认定，并协助陈堡、竹泓等乡镇进行红富堡番茄、竹泓牌大米、顶芳香葱等绿色食品申报认证，推广红富堡番茄、稻田米香葱等优质农产品。在陈堡、钓鱼等乡镇建立25万亩番茄、香葱等无公害农产品生产基地和35万亩稻田养殖基地，促进兴化农业标准化体系建设、农产品质量检测体系、绿色食品申报等涉及农产品质量安全工作。2003年3月8日，协会先后两次召开会员代表大会，代表分别为2010人和180人，确定随市政府赴江浙农业招商引资活动。年初为300名会员代表订阅2003年度《农民日报》。全年搜集发布农产品价格信息105期。邀请市工商、司法、水产、农业科研所等部门及南京农大专业人员到有关乡镇向1400名经纪人、2600多名农户分别传授经济、法律知识及养殖技术等，其中180名经纪人经考试取得经纪资格证书。向农户提供史立丰等油菜新品种2000千克，推广种植面积8000亩。提供香粳稻种1.6万千克，推广种植面积10万亩。至2010年，在全市初步形成以农村党员经纪人为主体注册的"中庄"牌醉蟹、"板桥"牌无公害大米、"一禾"牌西瓜、"五福"牌酱菜、"天禾"牌麻油等五大农副产品系列品牌。

图10-16　"一禾"西瓜　（2008年摄，西郊镇提供）

三、政策扶持

2004年，市委组织部组织开展"十佳农村党员经纪人""十佳农村女党员经纪人""先进农村党员经纪人组织""百强农村经纪人"等评选表彰活动，先后树立成凤彩、唐爱玲等一批政治素质高、开拓能力强、群众反映好、示范作用突出的党员经纪人典型。"泰州市十佳农民经纪人"戴窑镇成凤彩在上海、苏州等地设有10多个门市部，年销售大米万吨以上，她注册的"贤人"牌大米被指定为"娃哈哈"产品主原料。在她的带动下，戴窑镇活跃着一支200多人的粮食营销经纪人队伍，实现粮食年成交额13亿元。"兴化市十佳女党员经纪人"唐爱玲创办脱水蔬菜加工企业，在她的带领下，全镇涌现出300多名蔬菜营销经纪人，年出口脱水蔬菜1.6万吨，创汇近4000万美元。

2006年起，全市各级党组织和相关部门把培养发展经纪人作为服务中心。要求每年新增经纪人不少于5000名、每个乡镇不少于120人，参训率达100%。优先培育发展农村党员、农产品种养大户、农产品加工龙头企业和农产品贩运大户等4种经纪人队伍，形成高素质的骨干队伍，引领全市农村经纪人队伍健康发展。

2006年12月8日，市财政局、市委农工办下达2006年财政支持农民专业合作组织项目资金：昭阳镇家禽养殖协会，项目资金11万元，用于优质良种奶牛规范化饲养示范基地建设；红富堡番茄协会，项目资金11万元，用于"红富堡"番茄标准化生产基地建设。

2008年9月1日，市财政局、市委农工办根据省财政厅、农林厅通知要求，下达2008年省级农民专业合作组织项目资金6项：（1）兴化市平旺黄蜀葵花专业合作社：扩建种植基地1200亩，疏浚生产河道2公里，开挖、疏浚生产渠道2.4公里，浇筑机耕路4公里，新建1座生产桥；技术培训和示范推广。（2）兴化市益民水产养殖专业合作社：实施面积1000亩建立生态高效套养标准化技术体系，开展标准化技术培训与宣传；规范生态高效套养投入平管理；培育品牌；健全质量控制制度。（3）沙沟镇官河村金源水产养殖专业合作社：鱼池浚深3200亩，105.6万方。硬质化鱼池护坡1575平方米，网片护坡1.2万米，土方护坡7.5万方；渔业机械：新增增氧机120台，投饵机80台。（4）楚绿林木专业合作社建设6000亩杨树标准化生产基地，举办培训班，发放《楚绿林木信息》，推广整形修枝技术。建立杨树病虫害预测预报系统，购置病虫害防治机械。推广无根造林技术。购进林间专用松土机械。配置或购进杨树专用肥料，推广杨树配方施用技术。加强林下复合经营生产试验。（5）双营水产养殖专业合作社扩建育苗面积250亩。增加供水机械及水电设备及防逃设施及开塘、土地流转金蟹籽等费用。（6）合塔生猪专业合作社扩建，日屠宰加工生猪能力800头。推广新品种及生猪养殖技术培训，形成环保养殖、屠宰加工。

2008年起，市财政局安排100万元用于合作社发展考核奖励，扶持合作社发展。上级财政实施合作社发展项目资金扶持政策。当年全市有9个合作社获得省级合作社发展、高效设施农业项目资金265万元，实施渔业生产基地、生猪屠宰线更新、家禽标准化生产车间以及新技术引进。2010年4月29日，兴化市苏兴水产养殖专业合作社联社在工商部门注册登记，成为泰州市首家农民专业合作社联社。该社由永丰镇丰源、兴东等10家农民专业合作社组成，成员出资总额8629万元，加入联社农户315户，水产品养殖、销售，组织采购、供应成员单位水产品养殖销售所需的生产资料等。

2010年9月，省财政厅下拨兴化"五好"农民合作组织建设及培训项目资金150万元。年内经各农民合作组织申报，乡镇政府审核，市高效农业领导小组办公室决定对市贤人生猪养殖专业合作社等93家专业合作社进行奖励，对合陈镇邓桥创新土地股份合作社等27家土地合作社、新垛镇丰乐村社区股份合作社等16家社区合作社、市兴润农村小额贷款有限公司等4家小额贷款有限公司、周庄镇惠龙担保有限公司给予工作经费补助，奖励补助资金总额54.3万元。

四、创建管理

1991年后，根据国家法律、法规及省、泰州市有关文件精神，兴化对农民专业合作组织实施规范管理。规范成员登记与出资。合作社的所有成员依法到工商行政部门登记，合作社则对成员核发证书。合作社成员出资以货币出资。可以实物、技术、土地承包经营权等作价出资。规范成员账户与财务管理。农民专业合作社依法建立成员账户，记载成员的出资额、公积金份额等。各级财政扶持资金属于农民专业合作社财产，必须平均量化为每个成员的份额，作为成员参与盈余分配的份额计入成员账户。合作社建立健全规范的财务管理与会计核算制度，定期向成员公布财务状况，定期向农经主管部门报送财务和会计报表。规范盈余分配制度。在弥补亏损、提取公积金后，农民专业合作社的当前盈余应依法按成员与本社的交易量（额）不低于60%的比例返还给成员；剩余部分以成员账户内记载的出资额和公积金份额，以及本社接受国家财政直接补助和他人捐赠形成的财产平均量化到成员的份额，按比例分配给本社成员。规范组织运行管理。农民专业合作社应依法建立健全成员（代表）大会、理事会、监事会等组织机构，保障合作社正常运行；合作社应依法实行民主选举、民主决策、民主管理和民主监督，法定重大事项必须由成员（代表）大会讨论决定，并形成决议存档备查。

2009年3月，在市委农工办增设"兴化市农民合作经济组织发展指导办公室"。同年7月14日，市委办公室、市政府办公室下发通知，决定在全市开展"五好"农民专业合作社建设行动，择优帮助一批农民专业合作社，使之成为各产业领域的示范社。2008—2010年，经合作社申请、乡镇初审、市复核评选，先后有29家农民专业合作社复核"五好"条件。

卷十一

工业 建筑业

图11-1 江苏兴达钢帘线股份有限公司不锈钢生产车间
（2010年，戴南镇提供）

1991年，兴化市遭遇特大洪涝灾害，全市几乎所有工厂受涝，直接经济损失逾十亿元。是年，全市有工业企业6896家，其中全民企业47家，乡以上集体企业665家，村及村以下5939家，昭阳镇个体办245家。全市工业总产值20亿元，比1990年下降7.75%。市镇工业总产值、农村工业总产值分别占全市工业总产值的44%和56%。1992年起，工业经济缓慢回升。1993年，兴化努力摆脱洪涝灾害的滞后影响，实现工业总产值33.29亿元，比上年增长33.21%。1995年全市工业总产值57.42亿元，完成“八五”计划指标的177.7%。尔后，工业经济结构发生较大变化。市镇工业与农村工业、个私工业之间的差距拉大。至2000年，全市国有企业由1991年的47家锐减至10家，私营、个体工业企业则扩张至6524家。全年工业总产值突破百亿元大关，达105.17亿元，销售收入97.88亿元，利税6.09亿元。其中市镇工业产值占总量的19%、农村工业占81%。全市形成以机械、冶金、轻工、纺织、化工、建材、粮油食品等行业为重点的工业生产格局。2001年，进一步放大戴南、张郭效应，工业经济快速发展，全年实现总产值125.37亿元，销售收入116.9亿元，利税7.84亿元。个私工业成为全市工业主体，产值达74亿元。2003年以后，围绕“五年总量翻番，十年全面小康”的奋斗目标，工业经济运行质态明显提升。2004年底，市委、市政府制定《关于鼓励工业企业做大做强，实施“五五”工程的意见》，决定用三年时间，在全市培植产销过亿元的企业50家，形成继江苏兴达钢帘线股份有限公司之后的规模企业第二、第三方阵，促进企业发展，催生一大批大项目投入建设，逐步形成规模企业群。2005年，全市500万元以上规模企业产值150.2亿元。25家企业年销售额超亿元，其中兴达公司销售收入23.75亿元，占全市工业销售收入的7.33%。是年，第二产业增加值67.72亿元，其中工业增加值55.87亿元。三次产业结构演变为24.5∶44.9∶30.6。2010年，工业经济保持较好发展态势，产值1083.46亿元，销售收入1063.44亿元，利税99.75亿元，分别为2005年的3.35倍、3.42倍和3.85倍。工业增加值147.7亿元，比2005年增长164%。工业经济占全市地区生产总值比重38.15%。是年，戴南镇创工业产值286.93亿元，销售收入284.91亿元，创利税33.28亿元，占全市工业经济份额分别为26.48%、26.79%和33.36%。

1991年，全市有注册登记的建筑企业44家，实现总产值1.17亿元，承建工程竣工面积31.39万平方米。其后，在发展市内建筑业务的同时，着力开发省内其他各地及京、沪、渝等地建筑市场，建筑业进入快速发展时期。随着技术装备水平的提高和从业者质量意识的增强，由最初的土建施工，逐步发展到安装、装潢、装饰和市政建设等工程。2010年，全市有建筑企业111家，年末职工总人数7.99万人，拥有机械设备净值4.91亿元。是年，实现总产值167.23亿元，是1991年的142.93倍。承建工程竣工面积1212.85万平方米，建筑业成为全市重要经济增长点之一。

第一章　工业经济综述

第一节　工业经济总量

20世纪90年代后期，兴化市实施民营化战略，集聚民间资本投入工业领域，同时实施市属工业企业“三置换一保障”改革，工业发展活力明显增强，工业经济总量不断扩张，主体地位开始显现。不锈钢材料及制品、农副产品加工、纺织服装、机械制造为全市重点行业，子午轮胎钢帘线、不锈钢材料及制品、纺织机构、农用机械、电子元器件、化工颜料、医药包装材料、棉纱、棉布、脱水蔬菜、精制大米、啤酒麦芽等产品在国内或省内具有一定优势，拥有较大的市场份额。兴达钢帘线公司的钢帘线产量居国内第一、世界第三，约占国内市场30%，2007年在香港成功上市。2008年10月，不锈钢产业集群被中国社科院工业经济研究所评为“中国百佳产业集群”。2010年，全市工业完成现价总产值1083.46亿元，首次突破千亿元大关，其中规模以上工业完成现价产值662.33亿元，实现工业销售收入647.81亿元。工业经济对GDP增长的贡献份额达43.7%。全市规模以上工业中不锈钢材料及制品、机械铸造、农副产品加工三大主导产业完成产值521.5亿元，经济总量占规模以上企业总量的比例78.7%。

1991—2010年兴化市工业生产、效益一览表

表11-1　　单位:万元

年份	全部工业企业				列统工业企业		
	工业总产值	销售收入	利税	工业增加值	总产值	销售收入	利税
1991	200014	115587	1970	28737	—	—	—
1992	249925	140330	5919	44970	—	—	—
1993	332923	216149	8149	68595	—	—	—
1994	434152	249796	16325	99982	—	—	—
1995	574189	335564	17129	134036	—	—	—
1996	616496	319831	4687	131780	—	—	—
1997	634177	313453	8262	126565	—	—	—
1998	765502	684031	32193	129845	346872	319311	15473
1999	868145	797208	43357	138604	375925	350595	21070
2000	1051703	978793	60861	159745	417000	392200	29000
2001	1253695	1169004	78422	182818	486800	451100	37400
2002	1514668	1435065	107902	219000	601261	576183	53000
2003	2005524	1909483	164088	283700	797508	761593	92254

续表 11-1

年份	全部工业企业				列统工业企业		
	工业总产值	销售收入	利税	工业增加值	总产值	销售收入	利税
2004	2545491	2436511	208073	362100	1073918	1032882	121203
2005	3238174	3113525	259139	558700	1558560	1501980	158879
2006	4135255	4009461	332008	689500	2116298	2052688	200822
2007	5525004	5372623	456235	845000	2904379	2835870	261645
2008	6951506	6789757	581335	1124900	3880690	3788677	340626
2009	8635718	8452228	754383	1333900	5101334	4887567	520120
2010	10834550	10634417	997474	1477000	6623262	6478112	699534

说明：1991—1997年工业企业销售收入及利税为乡及乡以上独立核算企业口径;列统工业企业统计从1998年开始。

第二节　企业类型与结构

20世纪90年代初，市内工业企业主要由国有、集体和私营个体三种类型的所有制成份组成，形成以国有、集体经济为主导，私营、个体经济为补充的工业经济格局。1990年，全市有工业企业7685家，其中国有企业50家，分属工业、粮食、商业等系统；集体企业2717家，其中市属191家、乡镇企业525家、村组企业2001家；合作及个体企业4918家。实现工业总产值21.68亿元，创利税0.31亿元。后随市场经济体制的确立和逐步完善，改革开放进一步深入，股份制改革全面推行，私营、个体企业和外资企业迅速拓展，股权进一步集中，国有、集体股本进一步退出，全市工业所有制发生根本性变化。2000年，全市登记注册工业企业6962家，其中国有企业10家、集体企业69家、股份合作企业49家、私营企业1650家、个体企业4874家，外商及港澳台商投资企业10家，其他300家。全市工业产值105.17亿元，创利税6.09亿元，分别为1990年的4.85倍和19.65倍。其中个私企业产值占54.16%。2000年以后，企业改制进入全面推进阶段，通过股份制，租股结合、售租结合、整体出售、公转私营或依法破产等形式实行改革，并以“三置换一保障”为重点，安置下岗职工，加快改制步伐。2010年，全市列统工业企业836家，其中国有企业1家、集体企业54家、股份合作企业5家、有限责任公司51家、股份有限公司3家、私营企业686家、港澳台商投资企业16家，外商投资企业20家。全市完成工业产值1083.46亿元，创利税99.75亿元，分别为2000年的10.3倍和16.38倍。是年，列统工业企业产值662.33亿元，其中国有企业0.21亿元，占0.03%；集体企业93.73亿元，占14.15%；私营企业411.28亿元，占62%，其他经济157.11亿元，占23.72%。至此，兴化市工业经济形成以私营、个体企业为主，多种经济成分并存的格局。

一、国有企业

1991年，全市国有（全民）工业企业47家，职工18663人，固定资产原值22347万元，产值48378万元，创利税244万元，产值、利税分别占全市工业总产值和总利税额的24.19%和12.39%。20世纪90年代，因核算单位和市场情况的变化，地方国有企业略有增加。1995年达62家，职工20062人，固定资产原值74036万元。是年，地方国有企业工业产值109359万元，占全市工业总产值的19.05%，为1990年的2.26倍。创利税4531万元，为1990年的5.2倍。尔后，国有企业在由计划经济向市场经济转型中，优胜劣汰，部分改制为股份制企业或组建为企业集团，国有资本逐步退出，部分国有企业因产品滞销或因经营管理不善而停产歇业。2000年，全市国有企业10家，职工5210人，固定资产原值41614万元。年产值38378万元，创利税2040万元。产值、利税分别占全市工业的3.65%和3.35%。2005年，全市国有工业企业仅剩兴化市粮食购销总公司、兴化齿轮厂、兴化热电有限公司3家，职工1396人，固定资产原值15403万元，产值14136万元，创利税914万元，产值、利税分别为2000年的36.83%和44.8%，占是年全市工业企业的0.44%和0.35%。2010年，全市唯一的国有工业企业——兴化市粮食购销总公司，职工212人，固定资产原值6489万元，年产值2073万元，创利税177万元，产值、利税分别占全市的0.02%和0.02%。

二、集体企业

20世纪90年代，兴化市集体经济尤其是乡（镇）村组工业发展迅速。1991年，全市集体工业企业2247家（内村组办1582家），占全市工业企业总数的32.58%；从业人员98756人，占全市职工总数的73.64%；完成工业产值133449万元，占全市工业总产值的66.72%；创利税1727万元，占全市工业企业的87.62%。其中乡及乡以上集体企业665家，职工66358人，固定资产原值34718万元，创产值92925万元。1995年，全市集体工业企业1798家（其中村组办1211家），占全市企业总数的31.63%；从业人员80628人；固定资产原值84485.5万元；完成产值360163万元，占全市工业总产值的62.73%，为国有企业的3.29倍；创利税11786万元，占全市68.81%，为国有企业的2.6倍。其中乡及乡以上集体企业581家，职工38372人，年产值262614万元。

1995年后，全市加大产权制度改革力度，对集体企业进行股份制改造，同时鼓励发展私营、个体经济，集体工业企业逐步萎缩。2000年，全市集体工业企业69家，从业人员15312人，产值122585万元，占全市工业总产值的11.66%，比1995年下降82.73%，创利税608万元，占全市1%。

2000年后，集体经济进一步萎缩。2005年，全市列统集体工业企业25家，职工21818人，固定资产原值193878万元，年产值134260万元，占全市工业总产值的4.15%，比1995年提高9.52%；创利税7353万元，占全市2.84%，为国有企业的9.49倍。2010年，全市列统集体工业企业54家，职工25002人，固定资产原值155895万多元，年产值937326万元，占全市工业总产值的8.65%，为2005年的6.98倍。创利税80788万元，占全市工业利税的8.1%，为2005年的10.99倍。

三、股份制企业

20世纪90年代初，全市工业进入快速发展时期，但资金受到制约，通过股份或从社会吸纳资本、或从企业内部筹集资本，建立股份制法人企业，对企业财产实行联合占有，自主经营，自负盈亏，按股分红。市内股份制企业主要形式有股份合作企业、有限责任公司、股份有限公司三种。

【股份合作企业】 20世纪90年代中期，全市工业进行大面积股份制改造，按照“能股则股”的要求，国有及县、乡集体资本尽可能退出。较小企业改为股份合作企业。1992年，全市股份制改造取得突破性进展，有中岛渔具厂、日模塑料制品有限公司等4家股份合作企业实施改造，年产值5899万元，创利税860万元，产值、利税分别占全市工业企业的2.4%和14.53%。此后，股份合作企业的发展经历较大起伏。1998年，股份合作企业发展到206家，年产值117089万元，占全市工业总产值的15.3%。2000年，股份合作企业减少到49家，职工757人，年产值70252万元，占全市工业企业的6.68%，为1995年的11.96倍。创利税1113万元，占全市工业企业的1.83%，比1995年增长29.42%。2005年，在列统企业中，股份合作企业两家，职工115人，年产值2150万元，占全市工业总产值的0.07%，创利税139万元，占全市的0.05%。2010年，股份合作企业5家，职工340人，年产值17581万元，占全市0.16%，为2005年的8.18倍。创利税1599万元，占全市

0.16%，为2005年的11.5倍。

【有限责任公司】 在国有或集体企业改制过程中，一些较大的公私企业改制为有限责任公司。2000年，全市有限责任公司17家，职工2562人，固定资产原值35021万元，年产值94243万元，占全市工业总产值的8.96%；创利税6029万元，占全市9.91%。2000年后，有限责任公司进一步发展。2005年，全市有限责任公司38家，职工5897人，固定资产原值63274万元。产值218521万元，占全市工业总产值的6.75%，为2000年的2.32倍。创利税15941万元，占全市6.15%，为2000年的2.64倍。2010年，全市有限责任公司发展至51家，职工7647人，固定资产原值223989万元；年产值653882万元，占全市工业总产值的6.04%，为2005年的2.99倍；创利税59622万元，占全市利税总额的5.98%，为2005年的3.74倍。

【股份有限公司】 1998年全市8家，由有限责任股东组成，从业人员4994人，固定资产原值50312万元，年产值49185万元，创利税4851万元，产值、利税分别占全市6.43%和15.07%。2000年，全市股份有限责任公司3家，从业人员1660人，固定资产原值44141万元，年产值36652万元，创利税7460万元，产值、利税分别占全市工业的3.49%和12.26%。2005年，全市股份有限公司3家，从业人员4878人，固定资产原值169574万元，年产值261554万元，创利税70850万元，产值、利税占全市工业企业的8.08%和27.34%。2010年，全市股份有限公司3家，从业人员471人，固定资产原值9467万元，年产值51038万元，创利税0.69亿元，产值、利税分别占全市工业企业的0.47%和0.69%。比2005年下降80.49%和90.26%。

四、私营、个体企业

改革开放以后，兴化私营、个体工业企业得到较快发展，逐渐成为经济增长的主要动力。1991年，全市合作、个体办企业4602家，其中合作办385家、农村个体3972家。昭阳镇个体245家，从业人员16679人，工业总产值18187万元，占全市工业总产值的9.09%。

1995年，全市私营、个体工业企业3804家，从业人员13869人，年产值57348万元（其中私营企业827万元），占全市工业总产值的9.99%，为1991年的3.15倍。

2000年，全市私营、个体工业企业6524家（其中私营企业1650家，从业人员15321人），年产值569553万元（其中私营企业369272万元，个体企业200281万元），占全市工业总产值的54.16%。列统私营企业固定资产原值613648万元，年产值181888万元，创利税10528万元，分别占列统工业的43.62%和36.3%。

2005年，全市列统私营工业企业291家，从业人员24886人，固定资产原值165888万元。年产值836771万元，占列统企业产值53.69%；创利税58041万元，占列统企业的36.53%。是年，全部私营、个体工业企业产值2922473万元，占全市工业总产值的90.25%；创利税184534万元，占全市工业利税的71.21%。

2010年，在全市列统工业企业中，有私营企业686家，从业人员49241人，固定资产原值1049567万元。年产值4112767万元，占列统工业产值的62.1%，为2000年的7.22倍。创利税371843万元，占列统企业利税的53.16%，为2000年的35.32倍。

五、港澳台及外商投资企业

【港澳台商投资企业】 1992年，市电力器材厂与中国台湾代升实业有限公司成立合资企业，主要生产锻造产品。1995年，全市列入统计的港澳台资企业8家，年产值4232万元，占列统企业总额的0.78%，创利税149万元。2000年，港澳台商投资企业3家，从业人员1128人，固定资产原值15613万元，年产值12110万元，占全市列统企业的2.9%；创利税314万元，占列统企业的1.1%。2005年，港澳台商投资企业11家，从业人员3400人，固定资产原值23111万元，年产值

66031万元，占列统企业的4.24%，为2000年的5.45倍；创利税4083万元，占列统企业的2.57%，为2000年的13倍。2010年，港澳台商投资企业16家，从业人员3734人，固定资产原值65808万元，年产值159910万元，占列统企业2.41%，为2005年的2.42倍。

【外商投资企业】 1995年，列入统计的外商投资企业9家，年产值3955万元，创利税101万元，分别占列统企业总额的0.73%和0.02%。2000年，外商投资企业7家，职工1050人，固定资产原值3938万元。年产值10283万元，占列统企业总额的2.47%，为1995年的2.59倍；创利税554万元，占列统企业的1.91%，为1995年的5.49倍。2005年，外商投资企业12家，职工1709人，固定资产原值8163万元。年产值25137万元，占列统企业1.61%，为2000年的2.44倍；创利税1558万元，占列统企业总额的0.98%，为2000年的2.81倍。2010年，外商投资企业发展到20家，从业人员16079人，固定资产原值806667万元。年产值872098万元，占列统企业总额的13.17%，为2005年的34.69倍；创利税160723万元，占列统企业的22.98%，为2005年的103.16倍。

1991—2010年部分年份兴化市工业企业经济成份变化一览表

表11-2　　单位：家

年份	国有企业	集体企业	股份合作企业	有限责任公司	股份有限公司	私营企业	个体企业	港澳台商投资企业	外商投资企业	合计
1991	47	2247	—	—	—	—	4602	—	—	6896
1995	62	1798	4	—	—	20	3784	8	9	5685
2000	10	69	49	17	3	1650	4874	3	7	6682
2005	3	25	2	38	3	291	—	11	12	385
2010	1	54	5	51	3	686	—	16	20	836

说明：1. 1991年“集体企业”中有村组企业1582家；“个体私营”中有合作办385家。1995年“集体企业”中村组办1211家；“个体”中合作办103家。2000年有其他企业280家未列。2. 2005年、2010年为列统企业数据。

1991—2010年部分年份兴化市各类企业职工人数一览表

表11-3　　单位：人

年份	国有企业	集体企业	股份合作企业	有限责任公司	股份有限公司	个体私营企业	港澳台商投资企业	外商投资企业
1991	18663	98756	—	—	—	16679	—	—
1995	20062	80628	—	—	—	13869	—	—
2000	5210	15312	757	2562	1660	—	1128	1050
2005	1396	21818	115	5897	4878	—	3400	1709
2010	212	25002	340	7647	471	—	3734	16079

说明：1. 1991年集体企业人员中有村级企业32898人，个体企业有合作办2008人。2. 2000年、2005年、2010年分别为列统企业人数。

1991—2010年部分年份兴化市各类企业工业产值一览表

表11-4　　单位：万元

年份	国有企业	集体企业	股份合作企业	有限责任公司	股份有限企业	个体私营企业	港澳台商投资企业	外商投资企业	合计
1991	48378	133449	—	—	—	18187	—	—	200014
1995	109359	360163	5550	—	—	57348	4232	3955	540607

续表 11-4

年份	国有企业	集体企业	股份合作企业	有限责任公司	股份有限企业	个体私营企业	港澳台商投资企业	外商投资企业	合计
2000	38378	122585	70252	94243	36652	569553	12110	10283	954056
2005	14136	134260	2150	218521	261554	836771	66031	25137	1558560
2010	2073	937326	17581	653882	51038	4112767	159910	872098	6806675

说明 1. 在“集体企业”中有“村组企业”部分：1991年末36501万元。1995年末149867万元。2000年“集体企业”总产值122585万元。另：全年“总产值中有”“其他企业”225581万元。2. 2000年，有其他经济92686万元，2005年、2010年为列统工业企业产值。3年总产值分别为1051703万元、3238174万元和10834550万元。

1991—2010年部分年份兴化市工业企业完成利税一览表

表 11-5 单位：万元

年份	国有企业	集体企业	股份合作企业	有限责任公司	股份有限公司	私营企业	港澳台商投资企业	外商投资企业	合计
1991	244	1727	—	—	—	—	—	—	1971
1995	4531	11786	860	—	—	—	149	101	17427
2000	2040	608	1113	6029	7460	10528	314	554	28646
2005	914	7353	139	15941	70850	58041	4083	1558	158879
2010	177	80788	1599	59622	6923	371843	20386	160723	702061

说明：其中2000年、2005年、2010年为列统企业利税。3年实现全部工业利税总额分别为6.09亿元、25.91亿元和99.75亿元。

1998—2010年部分年份兴化市列统工业企业产值一览表

表 11-6 单位：万元

年份	列统企业总产值	其中		企业分类			
		私营企业总产值	占比（%）	独资	合伙	有限责任公司	股份合作公司
1998	344239	22796	6.62	8362	1113	11807	1514
2000	417017	181889	43.62	61831	20802	97227	2029
2005	1558560	836771	53.69	188926	22127	624902	816
2010	6623262	4112767	62.1	709677	51164	3344134	7792

1998—2010年部分年份兴化市列统私营企业利税总额情况一览表

表 11-7 单位：万元

年份	列统企业利税总额	其中		企业分类			
		私营企业	占比（%）	独资	合伙	有限责任公司	股份合作公司
1998	18242	1695	9.29	473	92	983	147
2000	28646	10528	36.75	3946	1174	5263	145
2005	158879	58041	36.53	12445	1497	44013	86
2010	699534	371843	53.16	60995	4202	306397	249

第三节　工业管理

1987年12月，兴化撤县改市，原主管工业的县经济委员会更名市经济委员会。1989年，建立市节能技术服务中心，隶属市经委领导。2001年，为适应改革开放的形势和经济发展的需要，建立市经贸资产经营公司，授权经营国有资产，对破产企业实施集中管理，处理企业“三置换一保障”改革遗留问题。起始注册资本1.55万元，2006年底资产股权达1637万元。

2003年3月机构改革，市经济委员会更名为市经济贸易局。乡企局改为市经济贸易局挂牌单位，增设中小企业局，市私营个体经济发展局撤销。机械电子工业公司、化工建材工业公司合并为机械化建工业公司，轻工业公司、纺织工业公司合并为轻纺工业公司。2005年1月机构改革，市经济贸易局更名为市经济贸易委员会，增挂“乡镇企业局”“中小企业局”牌子，撤销机械化建工业公司、轻纺工业公司、乡镇企业局。市安全生产监督管理局从市经济贸易委员会划出，升格为政府组成部门、正科级建制。2010年5月，市经贸委撤销，新组建市经济和信息化委员会。

一、管理体制

1991年前，工业主管部门对所属企业实行归口管理的体制，其中，机电、化建、轻工、纺工4家工业主管部门下辖53家工业企业，产品按计划生产，部分生产资料由国家调拨，在人事、用工方面，企业缺乏自主权，党委和总支建制企业的厂长（经理）由市委组织部批准任命，副职和支部建制的正职由主管部门任命，报市委组织部备案，企业按劳动部门下达用工计划招工，且无权自行办理职工调进、调出手续。

20世纪90年代后，市属工业企业逐步转轨变型，由原来按计划组织生产，转向根据市场需求组织生产，企业作为政府附属的地位开始转变。1993年11月，《中共中央关于建立社会主义市场经济体制若干问题的决定》发布，加速市属企业转换经营机制的进程，社会主义市场经济体制初步建立。企业根据市场信息和国家宏观经济政策的导向，实行自主经营、自负盈亏的管理体制。随着企业改制向纵深发展，社会保障制度渐次推开，多种经济成分并存的现代企业起步，企业享有人、财、物、产、供、销自主权，管理体制发生深刻变化。机械、化建、轻纺等计划经济条件下的行业主管部门完成历史使命予以撤销。综合管理部门则偏重于对工业企业实行宏观管理和指导，规范企业行为，促进全市经济和乡镇企业、中小企业的发展与改革的功能随之得到强化。1997年3月10日，市委、市政府发出《关于鼓励发展私营工业的意见》，市政府成立私营工业经济领导小组。次日，市委、市政府发出《关于乡镇企业改制若干问题的处理意见（试行）》，就乡镇企业产权制度改革提出9条政策性意见。

二、技术改造和新产品开发

进入20世纪90年代，兴化市将扩大需求与优化结构结合，以质量、品种、效益为中心，加大技改投入力度，推进全市工业经济结构调整，提高经济运行整体质量和效益。努力消除“七五”期间玻璃厂化妆品玻璃瓶引进线、造纸厂碱回收工程、新建啤酒厂等项目可行性论证不足、决策失误带来的负面影响。1991年，技改在建项目218项，计划总投资3.25亿元，当年完成投资1.24亿元，竣工125项，完成投资1.69亿元。醋酐生产线、漂染生产线、药品片剂、胶囊生产线、0.5万锭纱锭全程改造等项目先后竣工，为重点企业发展增添后劲。1993年，全市技改在建项目238项，计划总投资4.11亿元，完成投资2.91亿元；当年完成2.25亿元，竣工182项，总投资2.38亿元，实际完成2.42亿元；当年完成1.82亿元，平均单项投资规模比1992年提高16%。

2001年，全市重点技改项目实施进度加快，新批重点项目增加，科技含量有所提高。全年完成技改投入财务数6.02亿元，比2000年增长17.7%。新开工项目187项。其中，列入国家批准项目、省批准项目各2个，计划总投资分别为2.52亿元和0.39亿元。兴达钢帘线股份有限公司的6000吨全钢钢帘线项目，计划总投资1.71亿元,列入国家重点技术改造第4批国债专项资金项目和国家重点技术改造项目导向性计划，享受国家财政贴息1980万元，分3年到位，国产设备抵免企业所得税945万元。2002年，以技术创新和技术提升为重点，外抓招商引资，内抓挖掘民资，培植规模企业，加快科技进步，全市技术改造投资总量大幅上升。汇总投资200万元以上技改项目156项，计划总投资11.9亿元，当年完成投资额8.1亿元，增长34.75%。投资规模继续做大，156项技改项目平均规模761万元，其中投资2000万元以上项目11项，比2001年增加3项。1000万—2000万元项目15项，比2001年增加3项。投资主体逐渐多元，资金来源：国内银行贷款8025万元，占9.89%；外资652万元，占0.8%；民间资本投入5.63亿元，占69.48%。投资领域拓宽。已竣工的115个项目中，23个项目为扩大产量，18个项目是在原有基础上提升质量、降低成本，42个项目属技术进步，26个项目依靠规模扩张和新上产品。节能降耗、三废治理项目分别为3个和2个，资金投向高新技术行业比2001年提升1个百分点。2003年，紧紧围绕发展优势企业，壮大规模经济，技术改造仍保持高速增长态势。全市汇总上报项目137项，计划总投资20.08亿元，当年完成投入12.68亿元，比2002年增长56.37%。投资500万元以上项目128项，比2002年增加65项。全年有11个项目在省经贸委备案，其中兴达钢帘线股份有限公司7项，申源特钢有限公司、东明公司各1项。4项列入省重点技改开工计划，其中3项得到省技改贴息。列入省机电产品出口专项2项。2004年、2005年技改投入持续走高。2007年，实施技改项目815项，计划总投资84.5亿元，当年完成投资57.23亿元，比上年增长43.58%。2008年，全市在建工业技改项目733项，计划总投资128.41亿元。其中上年结转116项，新批617项，当年完成投资77.61亿元，比上年增长20.38亿元，占年度计划的100.8%，项目竣工536个，完成投资62.19亿元，分别占在建项目、投入的73.12%和80.13%。2009年，全市在建工业技改项目836项，计划总投资141.93亿元，当年完成投入102.79亿元，比上年增长32.44%，占年度计划的102.79%。当年竣工711项，完成投资84.03亿元，分别占在建项目总数、投入总额的85.05%和66.53%。2010年，全市在建工业项目877项，计划总投资180.74亿元，当年完成投资141.88亿元，比上年增长38%，占年度计划的104.3%。截至12月底，有729个项目竣工，完成投资126.95亿元，分别占在建项目及投入的82.12%和76.72%。

三、企业管理

【生产管理】 1990年开展“企业管理年”活动，围绕定额、标准化、计量、信息、班组5项基础管理，提高经营、质量、物耗、资金、生产现场及现代化6项管理水平，小微企业厂长直接管理生产，或请1名懂行师傅协助厂长负责组织全厂生产。一厂数车间的中型厂，都建立较规范的厂部组织架构，生产科（部）负责管理生产。首先按订单落实生产计划，分解任务到各车间。车间配专人按时填报生产进度、汇总产品产量、质量、原辅材料消耗、员工出勤等项目报厂部，结算成本、计算产值、核算人工报酬。大型企业（如兴达公司）各分厂负责生产，一厂一品或数品，专业化生产。生产厂抓员工规范操作，工艺流程设计改进，设备维护维修，成品、半成品过程检测，安全环保、节能降耗、合理搭配劳动班组组合，提高劳动生产率等。各企业都摈弃作坊式管理，推行5S现场管理（在生产现场中对人员、机器、材料、方法等生产要素进行有效的管理）车间做到人有定岗、机有定位、料有定址、布放有序、环境整洁，生产中依法操作、依标检测，既保障劳动者健康安全，又保证产品产量、质量。

规模企业生产管理以人为本、做到发挥人机最佳结合。讲究精益化、以销定产，从细微处抓技术改进、节能降耗，提高生产率。2008年，戴南兴龙公司新车间400名职工，分成三班倒生产，对原车间200多台设备的工装夹具，全部改造，操作更简便，产品表面光洁度好，成本下降3%。月产量从180吨提高到220吨，提升22%。更新热处理设备，产品档次提升。盐水雾化生锈实验，一般试验标准48小时，而该厂试验为96小时，产品钢丝绳表面光亮如银，颇受国内外客商好评。

2002年4月起，兴达公司实行“三驾马”管理模式，即把美国的“契约管理”、日本的“团队精神”、中国的“人文关怀”结合起来，既让工段、班组明确生产任务，又发挥小组互相帮带的精神，让每位员工以主人翁姿态完成生产任务。2003年，为打破内部“大锅饭”的旧习，在生产管理上推行内部市场制，细分核算单位，公司与分厂之间、分厂与分厂之间、分厂内工序（车间）与工序（车间）都推行市场化。即上道工序是下道工序的供货商，下道工序是上道工序的客户，成品（半成品）在各个工序流通时，不是无偿调拨，而是按市场核算出成本后实行内部买卖制，不合格产品可以拒收。把工序（车间）直接推向市场。2004年，进一步推行小组自主化管理模式，让小组每位成员当家做主，强调每位员工的市场意识和主人公（经营）意识，发挥其主观能动性，促进生产指标稳步提升。

【财务管理】 1992年，学习并推广邯郸钢铁集团有限责任公司扭亏增盈经验，首先在兴化棉纺厂、兴化轴瓦厂试点，并召开“内部银行”现场推广应用会，尔后在市镇工业推行目标成本管理。2000以后，小微企业最少设两名（专职或兼职）会计，1名总账会计，1名出纳会计。中等企业设财务科（部），科长主管，视单位实际需要配备若干专职或兼职会计，对固定资产、流动资金、生产成本、物资实施严格的管理。大型企业（如兴达）设财务部，部长主管，在编55人，分设薪酬办、数据办、会计及资金办，17个会计类别，每人配一台电脑，各司其职，协同管理企业财务。

各企业，财务管理方针是依法计算和缴纳国家税收；提高资金使用效益，维护投资人权益，争取丰厚的回报；有效运营资产，让利客户，提高产品竞争力。提高资金使用效益，精打细算，保障员工工资稳定增长。

工商税务、财政金融、法律等部门及时召开财会人员会议，定期举行讲座，传达国家财政方针政策，交流最新财政管理信息。如税率改变、外贸通关、高新产品财政优惠等相关内容。

【质量管理】 1991年，在企业升级工作的基础上，围绕“质量、品种、效益”这一主题，加强质量基础工作，开展QC小组活动，推行质量否决制和质量工资制，形成质量保证体系。1988—1991年，现代化管理推广应用成果201篇，编纂《兴化市现代化管理成果选》，其中2篇获扬州市以上成果奖。全市主要产品质量稳定提高率95%，优质品率10.3%，研制开发新产品95个。

2001年以后，针对戴南镇部分无证冶炼企业生产劣质不锈钢产品状况，市委、市政府引导戴南镇企业自我总结，找出存在问题，及时整改。

第二章　农副产品加工和食品制造业

第一节　粮油加工

一、大米

1991年，有工人米厂、立新米厂等11家全民所有制、独立核算的大米加工企业，主要生产特等、标一等国标产品，也有部分出口大米。当年生产大米10.8万吨，实现产值（不变价）6718万元。从业人员731人，大部分碾米厂的主设备为定型日产80吨大米生产线。出于降低电耗和减少大米破碎的考虑，气力输送逐步改为提升机。随着国家粮食政策的调整，1993年4月1日起，全省取消粮食订购，成品粮市场完全放开。国有碾米企业由于人员多，负担重，在激烈的市场竞争中，生产经营步入困境。1992年，撤销米厂两家，并入粮食购销企业。1997年，再次撤销米厂7家。当年6月，工人米厂进行设备技术改造，新上1套全自动稻谷烘干线，引进1台日本佐竹90通道大米色选机。1998年，只有工人米厂1家独立核算大米加工企业，后改制为江苏难得集团板桥米业有限公司。当年产品“板桥大米”打入大型超市和日本三得利公司，实现产值6862万元，销售收入3701万元，利税22万元。但由于改革不彻底，企业从2000年开始再次陷入困境，当年亏损142万元。2001年1—8月，企业实现产值1111万元，销售收入568万元，税收和利润均为28万元，由于企业严重资不抵债，生产经营难以为继，经兴化市人民法院裁定，该企业于2001年6月25日进入破产程序。至2007年，清理债权债务、审计评估资产，公开拍卖，职工身份置换，历史遗留问题处理等工作基本完成。

二、面粉

1991年，有兴化面粉厂（地处兴化城北）和兴化第二面粉厂（地处安丰镇）两家规模制粉企业，从业人员378人。当年生产面粉3.79万吨，实现产值（不变价）2059万元，主产品为国标通用小麦粉。1993年底，投资1300多万元的兴化市食品专用麦粉厂（地处城郊严家庄）建成投产。全套设备为原商业部设计院设计的食品专用粉生产线，日处理小麦200吨。主设备为山东产1000X2气压磨粉机等，均为国产消化吸收定型设备。1994年，从业人员421人，面粉产量5.34万吨。1996年，在专用粉厂基础上成立扬州冠宇工贸有限公司，配粉工段上马，初步具备配制专用粉生产能力。1997年、1998年，第二面粉厂生产线改造，生产规模从日处理150吨提高到日处理200吨小麦的等级粉车间，主设备为无锡产XK21000X2磨粉机等，具备高精度面粉生产能力。1998年，扬州冠宇工贸有限公司改制为江苏难得集团冠宇面粉有限公司，另外两家面粉企业分别改制为江苏难得集团板桥制粉有限公司和江苏难得集团白羊制粉有限公司。2000年，面粉产量达6.9万吨。由于企业人员过多，银行债务负担重，以及其他历史原因，企业利润为-744万元，生产经营难以为继。2002年4月，冠宇面粉有限公司被兴化楚龙面粉有限公司租赁。2003年4月，白羊面粉有限公司和板桥制粉有限公司被兴化市人民法院宣告破产。其中，白羊制粉公司资产整体出售后继续从事面粉加工，新企业名称为兴化市安丰制粉有限公司。2006年，板桥和白羊制粉公司破产终结。民营企业江苏楚龙面粉公司发展较快，2006年生产面粉9.5万吨，实现产值2.01亿元，销售收入2.04亿元，利税465万元，利润250万元。2010年实现产值5.8亿元，创利税5595万元。

三、植物油

（参见《商贸服务业》卷第二章第一节第二目《植物油购销》）

第二节　副食品加工

一、面制品

1991—1996年，兴化挂面厂维持挂面、水面生产，年产量2500—2900吨。1996年实现产值50万元，销售收入107万元，利税-196.8万元，利润-205万元。从业人员75人。由于生产经营陷入困境，1997年人员分流，企业停产。另外，原冠宇面粉有限公司1995年上马普通饼干和威化饼干线各一条，生产冠宇牌各色饼干。由于市场拓展受阻，始终未能形成规模化生产。1999年停产。

二、糕点、糖果、冷饮

1990年，全市有糕点、糖果生产企业26家（其中全民1家、城镇集体4家、乡办7家、供销社办14家）。职工483人，固定资产166万元，产值828万元，亏损18万元，缴纳税金15万元，利税额-3万元。20世纪90年代以后，随着私营个体食品行业的兴起，上述生产企业因经营不善，逐渐处于停产状态，部分企业改制为私营。

三、肉蛋、水产品

1990年，全市有肉类加工企业5家，其中兴化肉联厂为主要加工企业。蛋品加工企业3家，水产品加工主要由水产公司负责。1990年以后，上述生产企业由于政策原因和经营不善，处于亏损或微利状态，逐步停产或半停产。兴化肉联厂于2000年改制。同时私营加工企业兴起。2010年，全市有农副产品加工企业78家，总产值790232万元。

第三节　酿　酒

1991—1997年，兴化酒厂持续生产啤酒麦芽和米甜酒，1997年实现产值473万元，销售收入402万元，利税-83万元。1998年，改制为江苏难得集团板桥酿造有限公司，通过引进外资，进行固体发酵改造，开始生产“难得”系列高中低档白酒。2002年，白酒产量达530吨，实现产值154万元，亏损9万元。由于历史包袱过重，严重资不抵债，2002年12月31日，进入破产清算程序，2007年破产终结。

江苏兴宇酒业有限公司（后更名为兴化市梦水乡酒业有限公司）生产的“梦水乡”系列白酒，在2007年“第八届中国·兴化郑板桥艺术节”期间，成为海内外嘉宾的专用接待用酒。

兴化啤酒工业起步较晚。安丰镇的兴化市兴岛啤酒有限公司（后更名为得胜湖啤酒有限公司）于1998年注册成立，主要生产“兴岛”牌麦芽啤酒，年产量仅为2000千升左右。

第四节　酱制品、调味品

1990年，全市有酱品、调味品制造企业21家，其中全民1家、乡以上集体企业12家、村办8家，年产酱油6100吨，酱菜4644吨，食用醋465吨，腌制品2800吨，产值1211万元。主要生产企业为兴化酱醋厂和兴化五福酱品厂。其中兴化酱醋厂于20世纪90年代后期破产。兴化“五福”酱菜至20世纪90年代中后期市场份额达到顶峰。1994年，“五福”牌酱菜在中国食品博览会上获得金奖。2000年后，兴化“五福”市场份额迅速萎缩，至2007年基本退出市场。2008年底，“五福”商标转让给扬州三和四美酱菜有限公司。1990—2010年，全市酱品、调味品制造企业多处于小而散状态，唯垛田香葱生产加工、林湖小胡椒生产加工颇具规模和特色。

第五节 饲料加工

1991—1998年，兴化浓缩蛋白饲料厂以生产各种中低档粉状配合饲料为主，其间1996年新上一条年产万吨全价饲料车间，但未能扭转生产经营颓势。1998年，生产饲料2761吨，实现产值365万元，销售收入333万元，利税-10万元。1999年，整体出租给山东六和集团，企业名称为泰州六和饲料有限公司。六和接手后，企业发生很大变化，产品以各种颗粒料和高档水产料为主。2006年，生产19346吨，实现产值4266万元，销售收入4044万元，利税和利润均为-37万元。

附

企业选介

图11-2 江苏楚龙面粉有限公司车间
（2007年摄，昭阳镇提供）

【江苏楚龙面粉有限公司】 地处兴化乌巾荡风景区西侧，是2002年4月由7位自然人投资组建的民营股份制企业。成立之初租赁原冠宇公司面粉生产线。2005年11月，总投资1300万元，采用PLC控制（可编程逻辑控制），具有国内一流水平、日处理小麦250吨专用粉生产线建成投产，当年通过IS09001：2000国际质量管理体系认证，产品覆盖通用粉、专用粉和高档食品原料粉三大系列，有4个品牌32个品种，产品进入顶益国际集团、华丰等多家知名企业。2006年，先后购入德国、瑞典等国际知名企业生产的多套面粉品质检测分析设备，建立研发检测中心，被评为“泰州市工业企业合格实验室”。同年，收购洪泽一家日处理300吨小麦的企业，更名为江苏楚龙面粉有限公司。2006年，公司占地70余亩，员工206人，其中大中专毕业生52人，总资产7418万元，实有资本2522.6万元，当年生产面粉10.8万吨，实现销售收入2.04亿元，利税465万元。2007年，通过HACCP认证，成为江苏省级农业产业化龙头企业。总投资3500万元，日处理800吨小麦的面粉生产线土建竣工，项目竣工后，企业将进入江苏省最大面粉企业行列。2010年，公司职工189人，产值5.8亿元，营业收入5.6亿元，利润2849.3万元，利税5595万元。

第三章 纺织服装工业

1991年，全市有独立核算纺织、服装企业82家、产值3.34亿元，分别占全部独立核算工业企业数、产值总量的13.64%和16.7%，其中纺织企业拥有细纱机86台、3.5万枚纱锭，线锭机9台、

7220锭，布机1200台，毛纺锭480枚，缫丝1200绪，纺织机150台，袜机、针织机、经纬编机510台。1995年，纺织、服装业产值8.94亿元，占全部独立核算工业总量的23.07%，纱、布产量分别达15394吨和4999.61万米，加工服装546.97万件。1997年开始回落，当年产值仅5.61亿元，占全部独立核算工业总量的14.98%，纱、布产量分别为7004.8吨和2054.97万米，服装加工量减少到238.17万件。2000年，纺织、服装列统工业产值6.33亿元，占列统工业总量的15.18%。此后，生产稳步上升，但占列统工业的比重下降。2007年，产值18.77亿元，占列统工业总量的6.46%。2010年，纺织、服装列统企业完成产值33.05亿元，比上年增长16.21%，占列统工业的比重为4.8%。销售收入32.33亿元，比上年增长15.75%。

第一节　轧　花

1990年，全市有棉花加工企业7家，职工1984人，固定资产原值3542万元，生产皮棉31622吨，产值2.48亿元。2007年，棉花加工企业发展到20家，其中伯祥棉业有限公司（原戴窑轧花油脂一厂）、戴南轧花油脂二厂、恒发棉业有限公司（原兴化市轧花厂）、润成棉业有限公司（原边城轧花厂）、众心棉业有限公司、宏发短绒油脂有限公司等列统企业完成产值3.91亿元。2010年，8家列统企业完成产值9.9亿元。

第二节　纺　织

一、棉纺织

20世纪90年代，棉纺织业面临市场疲软、限产压锭、增本减利等严峻形势，全行业效益下滑。1991年，全市20家棉纺织企业有15家亏损，亏损额高达1053万元。1997年，两家国营棉纺织企业亏损4264万元。为摆脱困境，棉纺织行业加大产权制度改革力度，市政府给予政策扶持，棉纺织企业渐次渡过难关、重新崛起。始建于1967年的兴化棉纺织厂，1999年9月进入破产程序，后由无锡市第一棉纺织厂整体收购。2000—2004年，棉花加工企业有兴化市健康脱脂棉有限公司、兴化市润成棉业有限公司、兴化市众心棉业有限公司。始建于1987年的兴化化纤纺织厂，2001年11月由江苏通裕集团有限公司收购，实行资产重组。重生后的棉纺织业凭借资源、技术、设备优势，进入发展快车道。2007年，20家列统企业完成产值7.22亿元，占列统工业总产值的2.49%。2010年，50家列统纺织企业完成产值31.6亿元，占列统工业总产值的4.8%。

二、毛、麻纺织

1991年，全市有3家独立核算毛、麻纺织企业，其中垛田镇毛纺厂以生产粗纺毛纱为主，刘陆第二麻纺厂以生产麻袋、麻线为主，因产品竞争能力不强先后倒闭。1993年3月，兴化市安丰地毯厂开业，专业生产纯羊毛胶背手工地毯。2000年后，戴窑镇的泰州信诚毛纺有限公司主产羊毛条，年产值过亿元。2000年10月，江苏春龙亚麻纺织有限公司建成投产，生产规模5000锭，为省内第一家纯亚麻纱生产企业，2007年产值7044万元。2010年，职工145人，产值1.13亿元，营业收入1.1亿元，利税987万元，利润641万元。

第三节　缫丝、丝织

一、缫丝

市内3家列统缫丝企业均在海南镇境内：兴化市柏林丝绸有限公司、泰州长远丝绸有限公司、兴化市华丰丝制品厂。分别创建于1999年、2002年与2004年。此外，海南境内还有兴化市兴星丝绸有限公司、渭水源丝绸有限公司、鼎足丝制品厂等缫丝企业。2010年，销售收入1.07亿元，利税总额590万元。

二、丝织

兴化市大地蓝绢纺有限公司位于兴化市私营经济城，是以生产桑棉条、蚕丝被及床上用品为主的私营企业，始建于2003年8月，2004年2月18日开业，注册资金1128万元。是在兴化市楚水绢纺厂基础上，通过招商引资，与国内最大的绢纺企业浙江省桐乡市亿宏绢纺有限公司合作创立。2005年，公司继创立“大地蓝”品牌后，注册“梦水乡”“难忘今宵”生态蚕丝被品牌。2006年，开发生态蚕沙、桑叶保健枕、保健桑茶、丝绸服装等系列产品。2007年，“大地蓝”蚕丝获“中国名牌”称号，成为“国家免检”产品。公司当年销售收入1.11亿元，比上年增长98.9%；实现利税493.2万元，比上年增长67.1%。2010年，职工230人，产值3.65亿元，营业收入3.47亿元，利税3937万元，利润1958万元。

第四节　针　织

20世纪90年代初，市内针织品生产以手套、袜子、毛巾、针织布为主，竞争力不强。1991年，全市11家集体所有制针织企业，固定资产原值仅有345万元，产值370万元，亏损83万元。20世纪90年代中期，建于1956年的兴化市针织厂和建于1979年的昭阳镇针棉织厂相继倒闭。1995年后，针织业在其他乡镇仍有一定发展，产品结构也由传统小商品向针织内衣等方面转变。2010年，安丰镇洁豪针织厂、钓鱼镇兴亚针织服饰有限公司、周庄镇天泰制衣有限公司等3家列统企业，销售收入2.02亿元，利税总额2111.7万元。

第五节　服装、鞋帽

一、服装

1991年，全市独立核算服装加工企业24家、产值2622万元，占全市工业总产值1.31%。2007年，全市列统服装企业10家、产值3.06亿元，占全市列统工业总产值1.05%。江苏万佳制衣有限公司创办于1995年，拥有员工500多人，各种进口设备400多台套。厂区占地1.67公顷，建筑面积7000平方米。主要生产牛仔、摇粒绒、便裤、软领衬衫、夹克、羽绒服等各种系列服装。公司通过ISO9001：2000质量认证。2010年实现产值9620万元，利税560.9万元。

二、鞋帽

1991年，市属集体企业兴化市鞋帽厂（1992年更名为兴化市胶鞋厂），职工454人。1992年产值870.2万元，主要产品为布胶鞋、全胶鞋。由于缺乏市场竞争力，该厂于2000年10月进入破产清偿阶段。2007年，全市鞋帽企业13家，均为个私企业，规模较小，固定资产总值不足200万元，总产值700万元。2010年，全市鞋帽企业14家，总产值4.56亿元。

附

企业选介

【兴化市大地蓝绢纺有限公司】 创建于2003年8月，是由兴化市楚水绢纺厂与浙江桐乡亿宏绢纺有限公司联合组建的民营股份制企业。公司占地面积3.5万平方米，固定资产2800万元，员工500多人，其中高级工程师5人、其他各类专业技术人员60多人。公司主要生产桑绵球、桑绵条、桑落棉，主要产品采用鲜茧经过脱胶、去脂、梳理等18道工序精制而成，产品经加工成绢纺丝，与麻、棉、毛混纺为各种规格的混纺纱，具有胶质低、绵粒少、强力好、质量优等特点。产品主要销往江苏阳光集团、浙江金鹰股份公司、浙江亿宏绢纺公司等国内大型企业，产品供不应求。公司特别注重农业基地培育，已建立企业+农户桑蚕种养基地20多公顷，实行技术指导，合同签约种养的产业化管理模式。公司先后荣获农业部全国质量达标企业、泰州市工商局“重合同、守信用”企业等称号，并通过ISO9001-2000质量体系认证。2007年，“大地蓝”蚕丝被商标获得中国名牌商标，实现全市国家级名牌产品“零”的突破。

图11-3　兴化市大地蓝绢纺有限公司车间
（2008年，邹道海摄）

【兴化市恒发棉业有限公司】 位于昭阳镇。前身为兴化市轧花油脂厂，占地面积13.2万平方米。2010年有职工296人。先后与常州纺工系统联营，建立“兴化市常兴纺织厂”“兴化市伟华织造厂”，与港商合资，建立“中港合资扬州兴新染织有限公司”。2007年产值1.6亿元，利税530万元，年末固定资产原值6688万元。2010年，职工241人，产值2.91亿元，营业收入2.82亿元，利税2239万元，利润1122.6万元。

【泰州长新纺织（兴化）有限公司】 2001年10月，无锡市第一棉纺织厂整体接受原兴化棉纺织厂实物资产，与香港互联基业有限公司组建，注册资本510万美元，其中无锡一棉出资340万美元，占注册资本66.7%。生产区占地面积7.5万平方米，主要生产纯棉、涤棉、中长、腈棉4个系列30多个品种的纱、线、布，年生产能力：纱8000吨、布1500万米。2002年、2003年被评为兴化市“明星企业”“工业企业纳税十强”企业，2004—2006年获“兴化市兴达式先进企业”称号。2007年，产值1.13亿元，销售收入1.03亿元。2010年，职工969人，产值1.44亿元，营业收入1.41亿元，利税832万元，利润267万元。

【兴化通裕纺织有限公司】 原兴化化纤纺织厂由扬州通裕集团有限公司收购，资产重组后于2002年1月成立，主要产品有纯棉普梳纱、精梳纱、涤棉纱、竹节纱、气纺纱等。2007年，产值1.76亿元，销售收入1.65亿元，利税1119.9万元。2010年，职工350人，产值1.88亿元，营业收入1.82亿元，利税1804万元，利润929.4万元。

【兴化市协康纺织品有限公司】 2001年3月由苏州工业园区协亭纺织品有限公司、李中镇经济能人朱康美返乡创建，以织造毛巾、毛巾被、沙发巾等家用纺织品为主，全部外销。2007年2月改上牛仔布项目，新上两条浆染生产线，改写兴化市纺织业无浆染工艺的历史，当年完成产值4060万元。2010年，销售收入6626万元，利税总额422万元。

第四章　轻工业

1991年，兴化有大小轻工企业3693家。1995年，企业3358家。2000年，企业发展到3959家，至2003年6月底，市属轻工企业基本完成产权制度改革和企业职工身份置换。多数轻工企业因规模太小，产品不适销对路纷纷倒闭。2005年，全市轻工企业仅剩112家。与此同时，部分私营和个体企业在竞争中逐步发展壮大，成为全市轻工业的主体。至2010年，全市轻工企业214家，产品有家具、竹木制品、造纸及纸制品、印刷、文体用品、工艺美术品、玻璃制品、橡胶制品、塑料制品、炊具厨具、渔具钓具、包装及其他轻工产品等。

第一节　家　具

1990年以前，主要由兴化市木器厂和各乡镇铁木业社集中批量生产，辅之以个体加工。产品以木制家具为主，金属及其他制品为次。1991年以后，个私企业成为家具生产的主体，以生产“席梦思”和沙发为主的兴化市唐刘乐神家具公司和以生产日用家具为主的兴化市蓝盾家具厂具有一定规模。2010年，乐神家具厂职工37人，产值1727万元，营业收入1616万元，利税168万元，利润86万元。蓝盾家具厂职工40人，产值973万元，营业收入957万元，利税90万元，利润80万元。

第二节　竹木藤柳草制品

20世纪90年代以后，竹木藤柳草制品逐步转为以个体经营为主。至2010年，有个私企业4家，职工158人，固定资产2445万元，产值1.52亿元。

一、竹制品

1991年前，以农具和生活用品为主。1991年以后，竹制产品有竹箩筐、竹梯、竹床、竹筷等，还有少量根据客户需要加工生产的竹睡椅、竹书橱、竹沙发、竹窗帘等。生产规模零星、分散。

二、木制品

1991年以前，以日常生活用品为主。1991年以后，逐步被塑料制品所取代。兴化的木制品除竹泓木船工艺外，主要加工生产多层板、木工板、三夹板和建筑模板。位于西郊镇的中亚木业有限公司以意扬为原材料，日加工能力40立方米，主要产品多层板，年产70万张，体积18000立方米，是2006年江苏省民营科技企业之一。2007年，产值1430万元，销售1347万元，利税66万元，利润42万元。2010年，销售收入4882万元，利税总额480万元。

三、藤柳草制品

1991年以后，均为个私企业加工生产。主要产品有藤椅（睡椅）、藤枕、柳编花篮、柳筐、草包、扫帚等。城区东门外部分居民手工制作扫帚出售，成为兴化老行当之一。

第三节　造纸、纸制品

造纸及纸制品是兴化工业的一个重要门类，兴化造纸厂原系国有中型企业，生产“银鲤”牌各类文化用纸，有20多个品种。1995年产量10019吨。根据国家限期治理淮河流域工业废水污染的要求，1997年12月27日，企业全线停产。尔后，重组创办“兴化市金三角工业品综合市场服务中心”。地处周庄镇的江苏双蝶集团是苏北地区最大的包装物生产基地。2005年，全市有纸制品企业18家，固定资产1亿元，产值3亿元。2010年，全市有纸制品企业6家，固定资产1.37亿元，产值6.42亿元。

第四节　印刷、文体用品

一、印刷品

20世纪90年代，市内印刷企业不断增加。1995年仅教育系统就有校办印刷工厂15家，而全市印刷企业中具有一定规模的仅有原地方国营兴化印刷厂（后改制更名为“兴化印刷有限责任公司”）。该厂是兴化唯一拥有多台大型胶印设备的印刷企业。产品以教科书和烟标为主，延吉卷烟厂和蚌埠卷烟厂的烟标一度成为该厂的主要生产品种。1998年5月，企业进行产权制度改革。2003年8月，国有股本全部退出，组建民营股份制企业。2007年，全市有印刷企业31家，主要产品有教科书、簿本、商标、包装装潢品、不干胶印品等。2010年，列统印刷厂企业1家，固定资产原值221万元，职工15人，产值936万元，销售收入872万元，利税总额28万元。

二、文体用品

1991年后，全市文体用品生产主要有笔记本、练习簿、账册、粉笔、浆糊、胶水、打气筒和篮球架等。稍具规模的企业有陈堡镇兴化市绍山体育用品有限公司和昭阳镇兴化市星球体育用品有限公司。2007年，绍山体育用品有限公司产值862万元，销售815万元，利税45万元，利润22万元；星球体育用品有限公司总产值816.8万元，利税56.1万元。2010年，绍山体育用品有限公司销售2338万元，利润168.3万元；星球体育用品有限公司职工27人，产值5192万元，营业收入5014万元，利税374万元，利润200万元。

第五节 工艺美术品

1991年以后，原有的书画装裱被个人加工所取代。随着市工艺美术厂停产，石膏塑制品也大量减少，刺绣成为个私企业的副业，麦秸民间工艺虽然存在，但未形成气候。临城镇的兴化市佳佳乐玩具有限公司，2001年2月开业，主要生产各类毛绒玩具和工艺拖鞋，产品销往美、欧等国家和地区。2006年产长毛绒玩具100万只，工艺拖鞋30余万双。产值3995万元，销售342万元，利润225万元。

第六节 玻璃、橡胶、塑料制品

一、玻璃制品

1991年以后，兴化玻璃制品生产企业主要是兴化市玻璃厂和江苏凯华集团有限公司（厂址：张郭乡）。原来生产镜屏的企业逐步转为个人生产。1997年6月，兴化市玻璃厂由于资不抵债，依法进入破产程序；地方国营兴化玻璃厂也于1990年因产品不对路，原设计不合理而宣布停办。唯有江苏凯华集团有限公司在市场竞争中得到较大发展。该集团公司即原张郭乡办的兴化市玻璃二厂，1999年组建省级大型企业集团。2003年上半年实现集体资本退出，按现代企业制度成功组建股份制公司。主要生产药用包装材料，品种有玻璃管、安瓿、塑料药瓶、玻璃药瓶等系列产品。2007年产值1.59亿元，利税1517万元，利润740万元。2010年，凯华集团有职工347人，固定资产1.2亿元。年产值2.24亿元，营业收入2.18亿元，利税2191万元，利润1104万元。

二、橡胶制品

1991年后，兴化橡胶厂主要生产吸引胶管、汽车防震支架、密封圈等产品。2001年6月，兴化市橡胶厂因亏损进入破产清算程序，橡胶制品全部转由个私企业生产，主要产品有骨架油封、O型圈等密封件及各类胶管、异型管和各种橡胶杂件。稍具规模的企业有兴化市亨达再生橡胶厂和兴化市楚水橡胶厂。2007年亨达橡胶厂产值1733万元，楚水橡胶厂产值789万元。2010年，亨达橡胶厂销售4128.9万元，利税340.2万元；楚水橡胶厂销售6280万元，利税553万元。

三、塑料制品

1991年，兴化城乡有多家塑料制品的生产企业。产品主要有塑料管材、塑料药膜、塑料编织袋、塑料包装箱、塑料容器及日用塑料杂品等，但大多企业规模较小。稍具规模的企业有兴化市塑料发展有限公司、天中塑料有限公司、诚信塑业有限公司和信达塑料发展有限公司。中日合资兴化日模塑料制品有限公司，因市场变化和产品结构不合理，以及管理机制落后等因素，连年亏损，资不抵债，长期停产。2000年12月经董事会协商，企业清盘，将厂房、土地全部出让给兴化市新华化工设备公司，变现资产用于职工清偿分流。2010年，全市塑料制品行业有15家列统企业，产值4.5亿元，利税3.56亿元。

第七节　其他轻工产品

20世纪90年代，市内其他轻工产品主要有渔具、厨具炊具、灯饰灯具、手套、尼龙网、陶瓷密封材料和各种轻工机械等。

一、渔具钓具

1991年后，主要有临城双华渔具公司、开发区大铭渔具公司、豪格渔具公司和昭阳镇一超渔具公司。2007年，双华渔具公司产值2814万元，大铭渔具公司产值1356万元，豪格渔具公司产值713万元，一超渔具公司产值894万元。2010年，双华渔具公司产值5071万元，大铭渔具公司产值2045.9万元，豪格渔具公司产值2155万元，一超渔具公司产值2011万元。

二、厨具炊具

1991年后，稍具规模的有位于张郭镇的江苏飞月厨具公司和江苏板桥机械有限公司。江苏飞月厨具公司，1984年创建，1985年与上海虹口粮油仪器机械厂联营，主要制造“飞月”牌、“金月”牌、“福乐满”牌蒸饭机、油气灶、食品烤箱、烤禽箱、电炸锅、消毒柜、开水器、份数盒、酒店用品以及各种不锈钢调理设备。在全国设有368个销售网点，产品出口7个国家和地区。2007年产值2013万元。2010年，飞月厨具厂产值2210万元，销售2048万元，利税239.6万元，利润110.1万元。

三、灯饰灯具

1991年后，稍具规模的企业有泰州达威灯饰公司、兴化中天灯具公司和兴化信合电子公司。兴化中天灯具公司，地处开发区，有职工75人，以生产节日灯为主。2007年，产值1850万元，利税191万元，利润138万元。2010年，产值2553万元，营业收入2477万元，利税404万元，利润301万元。

四、手套

20世纪90年代，手套生产原以布、纱、人造革等材料为主，但未形成规模。由马来西亚顶级国际集团首期投资1000万美元，兴办的外商独资企业——顶级手套（兴化）有限公司，占地10.87公顷，于2005年开工建设。该项目有100条PVC医用手套专业生产线，全部投产后年销售额将达1.5亿美元。2010年，有职工420人，产值1.55亿元，营业收入1.61亿元，利税1426万元，利润355万元。

五、尼龙网

20世纪90年代后期，兴化市尼龙网厂亏损停产，仅剩部分个私企业生产尼龙网。至2010年，兴化市造纸网厂生产销售势头平稳，但规模较小。

六、羽毛球

1991年后，为兴化羽毛球厂的主产品。因滞销而停产后，多家个私企业组织生产羽毛球，规模普遍较小，唯有赛鸽体育用品厂在经过几年摸索后，改过去手工操作为机械化生产。至2010年，企业逐步发展，但生产规模不大。

附

企业选介

【江苏双蝶集团有限公司】 位于周庄镇，创建于1980年，公司是从办小土窑起家的。在探索发展工业的过程中，先后上过小五金、小油石等小项目。1980年创办包装厂。1991年后得到发展。经过多次技术改造，包装加工由原来手工操作，活性炭过滤器逐步被机械化、流水线操作所取代。公司拥有各类瓦楞纸、纸板生产流水线6台套，年生产能力名列苏中、苏北首位，江苏省第二。现企业是集造纸、瓦楞纸板、纸箱、蜂窝纸板、彩色印刷生产为一体的股份制公司，主要产品有各类内、外销瓦楞纸箱、牛皮挂面纸、高强瓦楞纸、蜂窝纸板、彩色印制品，是春兰集团、仪征化纤、广东美的、上海新大洲等知名企业的定点包装物生产厂家。2007年，总产值2.6亿元，销售收入2.51亿元，利税2308万元，利润897万元。瓦楞纸箱、瓦楞纸板获评江苏省乡镇企业名牌产品，"双蝶"牌商标被评为泰州市知名商标，双蝶集团先后获全国先进包装企业、全国五一劳动奖状单位，全国乡镇企业创名牌重点企业、农业部全面质量管理达标企业、江苏省民营科技企业、江苏省明星企业，"九五"期间江苏省先进乡镇企业等。金融资信等级为AA，被国家工商行政管理总局评为"全国守合同重信用企业"，系江苏省农业产业化重点龙头企业之一。2010年，公司有职工214人，固定资产1.02亿元，年产值1.49亿元，营业收入1.45亿元，利税1241万元，利润560万元。

图11-4 江苏双蝶集团有限公司纸箱生产
（2008年摄，周庄镇提供）

第五章 机械与电子工业

20世纪80年代末，兴化机械工业逐步形成农业机械、工业设备、电工机械、通用基础件等产品门类。20世纪90年代，产品种类增多，形成液压机械、纺织机械、化工机械、电气机械、轻工机械、农副食品加工机械、矿山机械、交通运输机械、农业机械以及通用、专用零部件等多个门类，农业机械逐步退居其后。1996年，全市机械工业乡及乡以上独立核算企业125家，从业人员13833人，固定资产原价4.55亿元。总产值7.54亿元，利税2025.3万元，分别占全市乡及乡以上独立核算工业总量、利税总额的18.65%和40.42%。2007年，机械工业（列统）企业161家，产值57.71亿元，利税2.73亿元，分别占全市列统工业总量、利税总额的19.87%和10.43%。2010

年，机械工业（列统）企业完成产值269.03亿元，利税25.4亿元，分别占列统企业的40.62%和36.31%。

20世纪90年代，电子工业主要以电子及通信设备制造业和仪器仪表及其他计量器具制造业为主。1991年，电子工业企业有15家，产值2566万元，年末职工人数达2299人。其中，电子工业公司完成工业总产值582.9万元，完成产品销售457.38万元，利润15.52万元。开发新产品32项，其中省级鉴定1项（2SK30，2SK304道口报警器）。1995年企业降至9家，亏损3家，产值2000.8万元。1996年以后，由于技术相对落后或不适应社会需要，电子工业企业面临改制、破产或歇业。2001年电子工业企业缩减为3家，产值8749.7万元，占全市工业总产值的0.7%。2007年起，电子工业企业开始有所复苏。至2010年底，全市电子工业列统企业21家，工业总产值11.73亿元，占全市工业总产值的1.08%。

第一节　农业机械

农业机械曾经是兴化市机械工业的大宗，但从20世纪80年代起，其总量在机械工业中所占份额逐年下降。2000年初，除手扶拖拉机、拖拉机型运输车、双铧犁外，其余产品基本不再生产。位于兴化市区东门外的兴化拖拉机厂，由20世纪50年代建立的兴化县农业机械厂改名，为专业生产手扶拖拉机的地方国有企业。1991年，全厂职工1061人，生产东风-12型手扶拖拉机1.8万台，创产值2510万元。1996年，更名扬州拖拉机厂。由于手扶拖拉机市场日趋饱和，自20世纪90年代起工厂连续多年亏损。2001年启动破产程序，通过“三置换一保障”安置职工，实行国有资产退出。同年末工厂闭歇。手扶拖拉机转由几名工人合资小厂进行组装生产。2007年，生产东风-12型手扶拖拉机及12CY拖拉机及12CY拖拉机型运输车1320台。至2010年，上述小厂由于市场问题，生产难以为继，先后关闭。

2000年后，生产农业机械的企业主要有李工蔬菜机械公司和兴化市环城脱水加工机械厂。位于市经济开发区的兴化李工蔬菜机械有限公司建于2003年，生产蔬菜热风干燥设备、冷风干燥设备和速冻前处理设备等蔬菜脱水加工机械系列产品，主要产品有LG—350型切丁机、LG—550型多用切菜机、气泡清洗机毛刷辊清洗去皮机、大蒜分瓣机等。2010年，李工机械有职工63人，产值3538万元，营业收入3464万元，利税545万元，利润496万元。

第二节　工业及矿山设备

兴化电工机械厂、兴化邮电电缆厂、兴化电机厂、兴化市机具厂、兴化市纺织机械厂等专用设备及零部件生产企业均于2000年后改制或破产，但拖拉机型运输车、络筒机、印花机、双铧犁、炮孔排水车、矿山铵油装药混装车等仍有民营企业继续生产。2000年，专用设备制造业有纺织机械、化工机械、轻工机械、农副食品加工机械、矿山机械、农业机械以及消防器材7个产品门类。2007年，全市生产各类专用设备及其零部件的列统企业26家，从业人数2000余人，固定资产原值1.4亿元，产值9.65亿元，利税7916万元。其经济总量占机械工业列统企业的25.76%。2010年，生产各类专用设备及其零部件的列统企业有47家，固定资产5.09亿元，产值18.49亿元，销售收入18.15亿元。

一、纺织机械

2000年后，兴化市纺织机械制造业有较大发展。2007年，生产纺织机械及其配件的列统企业有16家，工业总产值3.98亿元，利税2881万元。其经济总量在专用设备生产门类中位居第一。其中生产纺机设备的企业7家、生产纺机配件的企业9家。

【络筒车】 生产络筒车的列统企业有4家，规模较大的是江苏兴纺机械有限公司，2000年改制为民营股份制企业，并更为现名。占地5万平方米，拥有铸造、钣金、金加工、油漆、装配、纺电6条生产线，固定资产5000万元，主产品为GA014型系列络筒机、FA721捻线机，2010年产值4222.7万元。其余3家是兴化市通联纺织机械有限公司、兴化市兴工纺织机械厂和兴化市恒发纺织机械厂。

【纺机配件】 1991年后，生产纺机配件的列统企业有9家，其中规模较大的兴化市雅兰机械有限公司，位于陈堡镇，始建于1959年。2000年，改制为民营股份制企业，占地面积7.2万平方米，有职工236人。该公司集压铸、球墨（灰口）铸铁、机械加工于一体，主要产品有纺织机配件、汽车配件及其他机械配件。2007年，产值9427万元，利税671万元。2010年，产值1.25亿元，营业收入1.22亿元，利税541万元，利润344万元。生产纺机配件的列统企业还有泰州市康达机械制造有限公司、泰州市唯特精密机械有限公司、兴化市引春机电有限公司、兴化市华诚纺织机械厂、兴化市金宇机械厂、兴化市宏达机械有限公司、兴化市金象纺织机械有限公司、兴化市鸿运纺织机械有限公司8家企业。

二、化工机械

1991年后，生产化工机械及其配件的列统企业有江苏新宏大石化机械有限公司和兴化市东方石化管件厂。江苏新宏大石化机械有限公司位于戴南镇，建于1993年，在兴化机械工业企业中规模最大，是全市最早的化工机械生产企业，系江苏省民营高科技企业。占地面积9万平方米，建筑面积6万平方米。资产总额2.1亿元，其中固定资产4960万元。职工总数787人，工程技术人员241人，其中专家级技术人员33人。公司坚持技术创新，走科技兴企之路，与多所高等院校、国内外企业建立技术合作关系，先后开发出抽屉式丝网除沫器、波形丝网除沫器、边开门式气体电加热炉、转盘真空过滤机、深锥浓密机、纤维除雾器等产品，其中转盘真空过滤机、纤维除雾器、深锥浓密机被认定为江苏省高新技术产品，市场占有率分别达90%、80%和40%。公司以每年不低于销售收入6%的经费投入科研和开发，确保产品在国内外同行业中处于优势地位。先后申请专利39项，获授权30项（其中4项为发明专利）。2010年，新宏大公司有职工827人，产值3.19亿元，营业收入3.11亿元，创利税4365万元，利润2629万元。

三、轻工机械（制鞋机械）

江苏安丰华英机械有限公司，原名兴化市华英机械有限公司，位于安丰镇，建于2001年，专业生产以液压裁断机为主导产品的各类制鞋机械，广泛应用于制鞋、皮具、箱包、汽车装饰、玩具等各行业的下料，有8大系列30多个品种。2010年，公司有职工60人，产值7711万元，营业收入7429万元，创利税571万元，利润275万元。

四、矿山机械

1991年后，市内生产矿山机械的有兴化市板桥矿山机械有限公司、兴化市新双湖矿山液压机械厂、兴化市利达机械有限公司等企业。板桥有限公司位于兴化经济开发区，建于2003年，主要产品有BC系列矿山装药车、炮孔排水车、螺旋上料机等。2007年，产值2803万元，利税199万元。2010年，该公司有职工34人，产值2961万元，营业收入2876万元，创利税389万元，利润234万元。

五、电工机械

20世纪90年代初，兴化农机修造厂开发生产电缆产品。1993年，该厂更名为兴化电缆总厂。1996年，总厂划分为兴化电工机械厂和兴化邮电电缆厂两家一级法人企业，分别以电工机械和电缆为主产品。2001年依法破产后，上述产品市内无厂家继续生产。

六、消防器材

兴化市泰龙消防器材有限公司和兴化市新安消防器材厂生产。前者建于2005年，2007年，实现工业总产值1373万元，利税155万元。2010年，产值1232万元，利税153万元。后者建于1996年，2007年产值1419万元，利税162万元。2010年，该公司产值1107万元，利税90万元。

第三节　交通运输设备

交通运输设备制造业主要生产厂家有原扬州市兴化船厂、兴化水泥制品厂、兴化拖拉机厂、兴化市船舶修造厂、兴化市玻璃钢船厂、兴化市双马助力车总厂、兴化市自行车链轮曲柄厂等企业。2000年前后，上述企业均已改制、破产或歇业，其产品农用车、助力车、水泥船、钢网水泥船等已不再有企业生产。2000年后，全市交通运输设备主要产品有船舶制造及配套产品、汽车配件、自行车配件等。2007年生产交通运输设备及配套产品的列统企业有17家，工业总产值5.67亿元，其经济总量占全市机械工业列统企业经济总量的18.01%。2010年，生产交通运输设备及配套产品的列统企业有28家，工业总产值18.6亿元，其经济总量占全市列统企业经济总量的2.8%。

一、船舶制造

2007年，从事船舶制造及配套产品生产的列统企业有8家，产值2.08亿元，利税1488万元。2010年，产值4.24亿元，利税4793.6万元。

【钢质船】 1991年后，钢质船生产企业主要有兴化市永生造船厂、兴化市振才钢质船厂、兴化市东方船厂3家，其中永生造船厂2007年产值2680万元，利税67万元。2010年，全市有79家钢制船生产厂家，产值1.77亿元。

【玻璃钢船艇】 兴化市飞达玻璃钢船艇有限公司位于竹泓镇。原为兴化市玻璃钢船厂，始建于1985年（镇办集体）。1989年开发生产的11米玻璃钢快艇，曾获得国家专利及北京第二届国际博览会金奖。1993年开发生产的17米巡逻艇获得交通部造船技术组首肯，1995年被列为省星火发展计划，并获北京展优秀项目奖。2001年，开发生产的15米和26米巡逻艇获得成功，当年通过交通部造船技术专家组评审并列项。2007年，产值5660万元，利税515万元。2010年，公司有职工99人，产值1.31亿元，营业收入1.27

图11-5　玻璃钢船艇　　（2008年摄，竹泓镇提供）

亿元，利税2816万元，利润1085万元。

【液压舵机等船舶配套产品】 由兴化市顺风科技有限公司、兴化市远洋机械厂、兴化市开源机械厂、兴化市方正机械厂、泰州市慧通工程机械有限公司5家列统企业生产。2010年，上述5家企业实现工业总产值1.16亿元，利税814万元。

二、汽车配件

1991年后，全市生产汽车配件的企业8家，分别是江苏威鹰机械有限公司、兴化市美鑫合金钢有限公司、兴化市华升交通器材有限公司、兴化市泰禾机械厂、泰州市宇锋机械有限公司、兴化市阳光汽车配件厂、兴化市鑫锐精锻厂和兴化市登峰机械汽配有限公司。其中江苏威鹰机械有限公司是建于2004年的民营企业，位于陈堡镇，为专业从事温冷联合挤压工艺研发、设计、生产的省内高新技术企业，产品科技含量较高、工艺水平领先、生产检测设备一流。拥有温锻冷挤压技术研发中心、模具制造中心和精密锻件检测中心。汽车等速万向节精锻件申请国家专利40项，其中发明专利5项，被评为江苏省高新技术产品，被国家科学技术委员会授予“2006年中国民营科技促进会创新奖”。2010年，全厂职工180人，产值1.27亿元，创利税1129.7万元。

三、自行车配件

（参见《不锈钢产业》卷第二章第二节第三目《自行车配件》）

四、摩托车配件

1991年，泰州市捷鑫纺织机械专件有限公司成立。该公司主要经营纺织机械配件及专件、汽摩配件、化工机械配件、电热电器制售等。2010年，公司有职工40人，产值4388.9万元，销售收入4248.7万元，利税400.9万元，利润247.1万元。

第四节 电子、通信设备

一、电子器件、仪器仪表

1990年，全市有独立核算电子工业企业10家，从业人员696人，固定资产原值696万元，工业总产值2515万元，利税93万元。其中主要电子工业企业有8家：兴化无线电厂、兴化晶体管厂、兴化市电子仪器厂和兴化市无线电元件厂、兴化市无线电元件二厂、兴化市电子仪表厂（以上3家为昭阳镇办）、兴化市无线电元件六厂（戴窑镇办）、兴化市电视机配件厂（市交通局航运社办）。1996年，电子工业经济总量达到企业改制前的历史最高水平。全市乡及乡以上独立核算企业9家，从业人员1413人，固定资产原值1898万元，总产值2474万元，但全行业处于亏损状态。2000年前后，上述企业除兴化市无线电元件厂与日资合作外，其余企业均改制、破产或歇业，多数产品由于技术相对落后或不适应社会需要等原因不再生产。2007年，全市电子工业列统企业11家，工业总产值3.93亿元，利税2386.1万元。2010年，全市电子工业列统企业21家，工业总产值11.73亿元，利税8142万元。

【控温电子仪表】 上海飞龙仪表电器有限公司兴化分公司建于2002年，位于张郭镇。固定资产498万元，从业人员15人，是研制生产系列控温电子产品的高新技术企业，主要产品有系列电子式温度指示调节仪、数字显示（调节）仪、智能温度仪表、温度控制仪等。2010年，产值3216.8万元，利税320万元。

【电子元器件】 1991年，兴化市生产电子元器件厂家主要有兴化晶体管厂、兴化市无线电元件厂、无线电元件二厂。1997年，兴化市无线电元件厂产销NTC热敏电阻器1500万支，居全国首位。2010年，全市生产电子元器件的列统企业10家，主要产品有电容器、电子蜂鸣器、热敏电阻器、压敏电阻器、变压器及配件等，工业总产值5亿元，利税3476万元。其中江苏兴顺电子有限公司生产热敏电阻器、压敏电阻器，兴化市华兴机电有限公司、华宇电子有限公司、华升交通器材有限公司、天华机电有限公司、金盛电子有限公司生产电容器、电子蜂鸣器，江苏迈克莱电子有限公司、兴化东方电器厂生产变压器及其配件。是年，兴顺、华兴2公司有职工886人，产值3.4亿元，创利税2497万元。

二、电子设备及配件

2010年，全市电子设备及器材制造业有17家列统企业，工业总产值10.28亿元，利税6786万元。

【电气设备】 兴化市通明电气设备有限公司、兴化市宝龙金属制品厂、兴化市中兴电动工具厂、江苏江兴电力器材有限公司、兴化市江中电力器材厂等5家列统企业生产，主要产品有电气设备、电动工具、电力线路供电金具、电气化铁道接触网配件等。2010年，产值3.51亿元，利税3155.4万元。

【电动工具】 兴化市中兴电动工具厂建于2005年，位于兴化经济开发区，有职工63人，以电动工具及附件为主要产品。2010年，产值2018.4万元，利税319.4万元。

【线路金具和接触网配件】 1991年后，江苏江兴电力器材有限公司和兴化市江中电力器材厂生产。2010年，两家企业实现工业产值1.9亿元，利税1611万元。

【电工器材】 20世纪90年代，全市生产各类电工器材的列统企业有5家。其中：兴化市永安电力工具厂、兴化市金沟绝缘材料厂生产绝缘材料；泰州市环能硅碳棒制造有限公司生产硅碳棒；兴化市广盛电器有限公司生产钢质路灯杆；兴化光明蓄电池厂生产蓄电池。2010年，江苏江兴电子器材有限公司职工140人，产值1.49亿元，创利税1241万元。

第五节　通用机械设备及零部件

20世纪90年代，市内出现以液压机械为大宗的通用及专用机械生产企业。主要产品有液压、机械、工业锅炉、工业电炉、水泵。主要配件有轴承、轴瓦、齿轮、标准件、链条、阀门以及其他通用或专用机械基础件。1995年，乡级及乡级以上独立核算机械制造企业103家，年产值5.49亿元，创利税0.19亿元。2000年，列统机械设备制造企业31家，职工5645人，年产值5.58亿元，创利税0.38亿元。2005年，机械制造企业78家，职工6728人，年产值19亿元，创利税1.56亿元。2010年，设备制造企业发展到283家，职工17475人，年产值147.55亿元，创利税15.05亿元。

一、液压设备

1993年，江苏海陵机械有限公司（原名兴化海陵机械厂）开业，为民营股份制企业，位于兴化经济开发区，是国内最早生产DYT（B）型系列电动液压推杆的厂家。2000年初，市内又有3家新办企业生产液压机械，为江苏时创机械有限公司、江苏瑞德机械有限公司、泰州市润泰液压设备制造厂。2007年，4家企业总产值2.02亿元，利税2604万元。2010年，4家企业总产值3.2亿元，利税4000万元。

二、工业锅炉

主要生产单位为兴化市兴洋电热机械有限公司，建于1997年，位于兴化经济开发区，主要产品为工业锅炉及零部件。2010年，有职工68人，产值1915.5万元，创利税323.8万元。

三、工业电炉

主要生产企业为泰州市佳能工业炉有限公司，1995年创建，位于张郭镇，主要产品密封箱式等温淬火生产线、大型井式炉等。2010年，有职工21人，产值3631万元，利税359.6万元。

四、水泵

20世纪50年代后期，兴化即有企业生产农用排灌水泵，但品种少、批量小，主要用于农田排灌。生产厂家有兴化通用机械厂、兴化农机修造厂。建于2003年的兴化市苏中泵业有限公司，位于周庄镇。主产品是各类水泵以及电气控制设备、船用控制电器，有30多个品种，近千个规格，年产量近万台，广泛应用于化工、石油、海洋船舶等行业。2010年，有职工60人，产值5999万元，利税530万元。

五、齿轮

1991年后，生产齿轮的列统企业全市有两家，一是兴化齿轮厂，另一家是江苏兴利达齿轮有限公司。2007年，这两家企业产值均在7000万元左右。2010年，达2.09亿元。

【兴化齿轮厂】 为国有中型企业，建于1977年。系跃进汽车集团成员单位，专业制造各种圆柱圆锥齿轮、各种齿轴、车用变速器总成等。有新老两家厂区。老厂区位于兴化市南门花园（2005年被拆迁修路），新厂区位于兴化经济开发区。占地近10万平方米，年产齿轮、齿轴400万件、各类变速箱总成5万台。2007年9月，国有资产整体出让给杭州东华链条集团有限公司，为企业的发展带来新机遇。2010年，职工712人，产值9434万元，利税913.7万元。

【江苏兴利达齿轮有限公司】 组建于1999年末，位于兴化经济开发区。该公司投资人为仇九松和保裕（香港）有限公司，投资总额6000万元，注册资本4000万元，仇九松占股权的75%。先后开发摩托车齿轮、汽车变速器齿轮、工程机械油泵齿轮等五大系列产品近千个品种，产销以每年30%的速度递增。2010年，公司职工523人，产值1.15亿元，利税达2559.5万元。

六、轴瓦

江苏省兴化轴瓦厂为国有中型企业，建于1969年。有厂区两处，一处在兴化市安丰镇西沿河路，一处在安丰镇徐吴村（位于靖盐公路西侧）。占地8万多平方米，建筑面积3万多平方米。系制造各类内燃机轴瓦、衬套、止推片的专业生产厂家，中国内燃机轴瓦行业协会理事单位。1985年，“飞月”牌轴瓦被江苏省和原国家机械工业部授予“省优”“部优”产品称号。自1989年起产销量曾连续6年保持全国同行业第一。2001年7月依法破产。徐吴村厂区成为若干小型工业企业聚集区。在安丰镇厂区内的江苏飞月轴瓦有限公司（原名兴化市兴安轴瓦有限公司）仍继续生产轴瓦，该公司为民营股份制企业，2002年在收购原江苏省兴化轴瓦厂资产基础上建立。2007年，产值6316万元，利税356万元。2010年，职工243人，产值8587.2万元，销售8303.7万元，利税599.4万元，利润290.7万元。

七、标准件及非标准件

兴化县（市）标准件厂（后改名为兴化市机电配件厂）一直是标准件（六角螺母）的主要生产厂家。1997年以后，又有戴南机械农具厂、戴南新丰五金厂（后改名为兴化县紧固件厂）先后批量生产不锈钢紧固件。2000年前后，上述企业分别改制或歇业。2010年，全市生产标准件以及非标准件的企业有13家。位于戴南镇的江苏振亚特种螺钉有限公司建于1999年，是全国最大的不锈钢标准件生产基地之一。2010年，有职工292人，固定资产2.6亿元，创产值3.69亿元。

八、其他通用机械零部件

【链条】 1991年后，有4家列统企业生产。分别为泰州市精工链条总厂、泰州市双工链条制造有限公司、兴化市特种链条厂、兴化市精达不锈钢链条厂。4家企业总产值8782万元，利税878.7万元。其中泰州市精工链条总厂规模较大，产值4043万元，利税408万元。2010年，精工链条总厂职工162人，产值6510万元，销售收入6299万元，利税648万元，利润345万元。

【轴承】 生产轴承的列统企业是兴化市东明精工轴承有限公司。位于戴南镇，2010年有职工120人，年产值1.16亿元，利税1273万元。

【阀门】 生产阀门的列统企业是兴化市兴东不锈钢制品厂。位于张郭镇，2010年有职工23人，年产值2390.6万元，利税279万元。

【柴油机配件】 兴化市新飞机械制造有限公司成立于1999年，是生产柴油机配件的列统企业，位于周庄镇。2010年，有职工48人，产值5001万元，利税445万元。

【机床配件】 兴化市华兴机械厂成立于2000年9月，主要生产机床配件。2010年，职工68人，产值2260.6万元，利税179.7万元。

【机械加工】 兴化市苏中钢材切割厂成立于2007年4月，是以钢材的切割加工为主业。2010年产值8642万元，利税142万元。

附

企业选介

【江苏兴顺电子有限公司】 位于昭阳镇。系兴化市无线电元件厂和日本石塚株式会社于1993年共同组建的中日合资企业，集研发、生产、销售于一体的NTC热敏电阻器和温度传感器的制造供应商，各类产品已形成年销亿只的能力，产品居国内同行业前列。2010年，全公司有职工180人，产值2.02亿元，创利税1775.3万元。

图11-6　江苏兴顺电子有限公司生产车间
（2005年摄，江苏兴顺电子有限公司提供）

【兴化市华兴机电有限公司】 建于1991年，位于陈堡镇，是以电子元器件产品为主的多元化集团式生产企业，下辖华星、广利、新佳、华峰、龙兴、宏升6家蜂鸣器分厂和两家电子元件配件厂等分支机构。2010年，有职工706人，产值1.38亿元，创利税721.7万元。

【江苏兴利达齿轮有限公司】 位于兴化市五里西路北侧，是1999年经省政府批准建立的合资企业，公司注册资本4000万元，总投资规模6000万元。公司有员工500人，占地面积8万平方米，建筑面积3.5万平方米。公司坚持走高起点、高质量的建设发展之路，有以数控、高效、高精度为主的机械加工设备500余台，并拥有多台数控高效切入磨床、高效数控车床及大量高精度齿轮加工、检测设备，热处理采用德国产2+1+1配置的IPSEN微机可控气氛箱式渗碳。该公司是中国齿轮专业协会会员，国内知名的齿轮生产专业厂家之一，拥有较稳定的销售网络，公司生产的各类汽车变速箱齿轮、汽车同步器齿轮和工程机械用高压油泵齿轮主要为重汽、一汽、跃进、临工、江淮等国内知名汽车生产厂家配套，产品出口欧美市场，数家国际国内知名液压泵企业与该公司配套合作。

第六章 化学与医药工业

20世纪90年代，兴化化工、医药工业在生产传统产品化肥及人、兽用药和有机化工原料基础上，开发化工颜料、医药中间体和氧化物等生产品种。2000年后，医药包装材料、化工中间体和添加剂成为经济增长的新亮点。2005年“美乐”磷肥成为国家免检产品。2010年，全市化学、医药列统企业产值28.43亿元，利税2.42亿元，分别占列统工业总量、利税总额的4.29%和3.46%。

第一节 化肥、农药

化肥和农药是兴化化学工业的基础。20世纪90年代初，全市有兴化化肥厂、兴化磷肥厂和农乐配方肥料厂3家化肥生产企业。陶庄农药厂是唯一农药生产厂家。兴化化肥厂1966年筹建，1969年建成试产，1970年生产，发展于20世纪80年代。1989年被评为省级先进企业。1991年8月增挂“兴化化工总厂”厂牌，12月成立“江苏中星化工有限公司”。同年，化工产品——醋酐生产线竣工投产。1993年，精细化工产品——乙酰丙酮生产线竣工投产。1994年1月，经江苏省体制改革委员会批准，兴化化肥厂更名为江苏南苑集团，下设氮肥厂、有机一厂、有机二厂3家主体分厂及南苑塑料制品厂、化机厂、南苑经贸公司等生产经营单位。其中，南苑塑料制品厂和南苑经贸公司具有独立法人资格。1998年8月停产。1999年5月，因不能偿还到期债务而被兴化市人民法院裁定破产。2000年1月，清算组与扬州人蒋永正签订《资产转让合同》。2001年2月，修订并签订合同，将中星公司所属氮肥厂资产以600万元整体转让蒋永正。蒋永正在收购兴化化肥厂氮肥厂的基础，组建兴化市锦田化肥有限公司，继续生产碳酸氢铵、合成氨。2006年4月因安全原因停产。9月，兴化市政府遵照江苏省安委办通知精神，责令其关闭。同年底完成生产设备的拆除和300名职工的补偿安置。2007年9月，国家安监总局局长李毅中在江苏省和泰州市有关领导陪同下，到原兴化锦田化肥有限公司厂区督查企业关闭事宜。2000年，兴化磷肥厂、农乐配方肥料厂和陶庄农药厂先后通过资产重组，改制为股份制或个私企业，分别更名为江苏美乐肥料有限公司、兴化市农乐肥料有限责任公司和兴化市青松农药化工有限公司。2007年，锦田化肥关闭，列入列统化学肥料企业仅美乐肥料1家。“美乐”系列肥料通过ISO9001质量管理体系认证，采用磷、复肥生产微机自动控制和复肥尿素熔融造粒、氨化造粒工艺，主要产品为磷肥、复合肥、专用肥。2010年销售收入1.12亿元，利税1050万元。

附

企业选介

【江苏美乐肥料有限公司】 地处经济开发区，前身系兴化磷肥厂。1998年8月，兴化农资（集团）公司对停产中的兴化磷肥厂实施租赁经营，组建兴化丰乐磷肥厂。2001年1月改制为股份有限公司，4年内先后更名为兴化市美乐肥料有限公司、泰州市美乐肥料有限公司和江苏美乐肥料有限公司。新厂址占地7万平方米，建筑面积2万平方米，职工120人。2010年，公司职工70人，产值1.18亿元，销售1.12亿元，利税1050万元，利润872.6万元。

第二节　医　药

20世纪80年代末，兴化有生产人、兽用药企业各两家。1990年后，生产人用药的企业仅有兴化制药厂1家，生产兽用药的企业有兴化市蚕药蚕具厂和兴化市恒威生物有限公司两家。生产医药中间体的是中星化工有限公司有机一厂和江苏金扬子生物工程有限公司。另有兴化市健康脱脂棉有限公司专业生产脱脂棉。人用药主要产品有大输液、中针、片剂等。兽用药主要有蚕药、鱼药和蟹药。医药中间体主要产品有吡唑酮、脱水土霉素等。医药包装材料主要产品有各种丁基胶医用产品、塑料输液器用聚丙烯组合盖（拉环式）。2010年，6家医药列统企业完成产值6.4亿元，利税5491万元。

附

企业选介

【江苏板桥药业有限公司】 原名兴化制药厂，位于戴窑镇。1971年建成投产。1997年12月由国家控股，职工参股改制为江苏板桥药业有限公司。2002年4月，江苏板桥药业有限公司与美国诺德公司签订《产权交易合同书》，以600万元价格将药业生产经营性资产及相应债务整体转让给美国诺德公司，组建诺德药业（江苏）有限公司，主要产品有固体口服剂、片剂、胶囊和颗粒剂。2010年，实现产值1842.2万元。

【江苏博生橡塑有限公司】 为专业从事药用丁基橡胶瓶塞的生产企业，坐落在张郭镇。2001年10月建成投产，2002年8月企业通过国家药品监督管理局评审注册。2007年6月完成药用包装材料注册换证。主要产品有：各种规格的丁基橡胶输液瓶塞、丁基橡胶抗生素瓶塞、丁基胶冷冻干燥瓶塞、聚异戊二烯橡胶垫片等。具有年产40亿只胶塞的生产规模，是国内最具现代化的药包材生产基地之一。2010年，全厂职工567人，产值3.65亿元，销售3.55亿元，利税3535万元，利润1866万元。

【江苏九寿堂生物制品有限公司】 位于张郭镇，原名兴化市双星生物化学制品厂，1997年4月投资200万元创办。当年实现产值1020万元，上缴税金50万元，发放职工工资38万元。是年，生产氨基酸盐酸盐，为国内最早开发生产的企业。1999年企业人均创造产值45万元。3年时间内，“双星”产值、利税、职工工资连翻两番。同年，双星产品成为免检产品，同中国药科大学合作开发的甲壳素等一系列新产品全部销往美国、日本，创汇5000万元。2001年更为现名。其是一家专业从事水产养殖、食品开发、速冻加工、甲壳类衍生品、医药中间体和天然提取物研发和生产的外向型国家级农业产业化重点龙头企业、江苏省农业科技型企业，为江苏省高新技术企业。企业注册资本2488万元，总资产1.8亿元，公司下设食品、生化两个产业集群和1个科研所，建有4条国内先进的冷冻食品、水产品加工流水线、4条生化制品生产线、2座冷藏量2500吨以上的冷库、2座实验楼，拥有专利13项，开发出速冻虾仁系列、速冻春卷系列、速冻红鱼系列、速冻斑点叉尾鮰鱼系列、速冻罗非鱼、氨基葡萄糖盐酸盐系列、头孢系列等几十个品种，产品相继通过ISO9001：2000认证、绿色食品认证、对美HACCP体系认证、欧盟卫生注册通行证和全球食品BRC认证。产品全部销往美国、日本、韩国、澳大利亚、欧盟等国家和地区，科技含量、出口创汇、加工品牌质量、综合效益均居全省同行业前列。2009年，九寿堂投资300万美元在美国兴办奥通水产食品公司，成为全省在境外投资的首家水产品加工企业。2005年，被科技部认定为国家“火炬计划”泰州医药产业基地。2006年获得农业部“全国农产品加工业出口示范企业”称号，2007年公司西郊养殖场被认定为农业部“水产健康养殖示范场”，2008年被确认为国家级农业产业化重点龙头企业，2010年被省科技厅认定为江苏省农业科技型企业，2009—2010年承担省部级科技项目2项。2010年，有员工682人，实现销售2.63亿元，利税2561万元，是江苏省最大的水产品加工和出口企业。

图11-7 江苏九寿堂生物制品有限公司
（2007年摄，张郭镇提供）

第三节 其他化工产品

兴化其他化工产品生产以20世纪90年代后期发展起来的化工颜料为主产品，以2000年以后兴起的化工中间体和各种添加剂为辅助产品。尤以“纳米技术改性稳定剂”这一新产品前景最为看好。老产品氧化物和碳素产品仍保持旺盛的产销势头，化妆品生产稳步发展；骨胶、骨粉仍有销路。此外，江苏锁龙消防科技股份有限公司专业生产消防药剂。“锁龙”牌各款消防泡沫液获“3C”（强制性产品认证制度），在全国各省、市区拥有广大销路。2010年，全公司职工70多人，创产值4180万元。

附

企业选介

【江苏双乐化工颜料有限公司】 前身为兴化市化工五厂。位于张郭镇，公司占地面积12.85万平方米。1994年改制为民营股份制企业。1997年7月，与台商合资，投资2500万元引进日本先进生产工艺，连续3年取得产、销、利翻3番的业绩。1999年改为现名，当年实现产值1.18亿元，利税1354万元。公司是专业生产酞菁、铬黄、钼红系列颜料的省级高新技术企业，是中国涂料工业协会铅铬颜料分会副主任单位、中国染料工业协会有机颜料委员会委员单位。拥有年产1.6万吨化工颜料生产能力。其中,包膜铬黄产品获得国家专利产品博览会创新奖,并被列为国家重点新产品;包膜铬黄、酞菁蓝、酞菁绿被中国涂料协会推荐为知名新产品;低氯代溶法铜酞菁被认定为江苏省高新技术产品,国内市场占有率达30%以上,列国内同行业第一位。产品广泛应用于油墨、油漆、橡胶、塑料、印花色浆等行业,远销美国、日本、德国、意大利、比利时及东南亚等40多个国家和地区。“双乐”商标被认定为“江苏省著名商标”,“双乐”牌颜料荣获“江苏名牌产品”称号。在全国同行业率先通过了ISO9001、ISO14001、OHSAS18001质量、环境和职业健康安全管理体系的认证,环保处理水平国内领先,实现了环境效益、社会效益和经济效益的共赢。先后多次获得“江苏省科技先进乡镇企业”“江苏省质量诚信企业”“江苏省安全生产管理先进集体”“江苏省环境保护先进集体”“泰州市明星企业”“泰州市花园式工厂”等称号。2010年,公司职工688人,其中工程技术人员286人。拥有总资产2.97亿元,其中净资产1.4亿元。产值4.64亿元,销售4.51亿元,利税4701万元,利润2280万元,其中出口交货值7012万元。

第七章　建筑材料工业

20世纪90年代,砖瓦更新换代,从生产传统的烧结砖开始转产“多孔砖”。2002年、2003年,由于不适应市场竞争形势,先后有1家全民、两家集体砖瓦厂被淘汰出局。2006年,全市仍有55家砖瓦厂生产“多孔砖”和普通烧结砖,皆为股份制和个私企业。此外,生产保温砖的企业3家,厂址都在大垛镇境内。兴化水泥行业在2000年前仅有兴化水泥厂1家,2003年资产重组,更名江苏安丰水泥有限公司。2010年,全市有5家企业生产标号325号水泥。水泥制品行业一直以扬州金鹏集团(原兴化水泥制品厂)为领头羊,企业发挥地理位置好、地盘范围大的优势,成功转为房产开发而渡过危机。2010年,建材列统企业12家,产值7.42亿元,利税0.72亿元,分别占全市列统工业总量、利税总额的1.12%和1.03%。

第一节　砖　瓦

1991年,兴化遭百年未遇的洪涝灾害,砖瓦行业损失惨重,产量大幅下跌。1993年12月,兴化市戴窑砖瓦厂首先试产成功国家推广使用的“多孔砖”。此后,全市18门以上轮窑的砖瓦企业46家先后投产“多孔砖”,产量8.15亿块。2002年8月,兴化砖瓦厂破产。2003年1月,兴化市戴窑砖瓦厂和兴化市安丰砖瓦厂先后破产。至2010年,保持生产的均为各乡镇个体、私营砖瓦企业。

第二节　水泥及其制品

兴化水泥和水泥制品行业一直以国有企业兴化水泥厂和兴化水泥制品厂为骨干企业。1992

年，兴化水泥制品厂在水泥农船无销路而转产的同时，对其在深圳的分支机构圳荣公司加大投入，扩大生产规模，开拓新的市场，取得较好的经济效益，减缓了企业衰退的速度。1993年，更名为扬州金鹏集团。2003年，兴化市昭阳镇开发区金鼎建材公司彩色水泥瓦生产线竣工投产。2004年，兴化市正阳水泥有限公司、黄河水泥制造有限公司、板桥水泥有限公司陆续开张（兴化水泥从2003年起进熟料生产）。2006—2010年，兴化经济开发区长风新型墙体材料有限公司、李中镇振华墙体材料厂和戴南镇兴化市曦呈资源综合利用公司3个混凝土砌块生产线相继投产，年产混凝土砌块4000万块。

附

企业选介

【扬州金鹏集团】 前身系江苏省兴化水泥制品厂，位于市区昭阳路。1992年开始改产钢质船。1993年7月接受市政府委托管理工贸合营兴化服装厂。同年11月组建扬州金鹏集团。1995年6月创建兴化市金宇房地产开发公司，企业开始转行。1996年生产农用水泥电杆。1998年水泥船、钢质船、水泥电杆相继停产。1999年底完成托管企业工贸合营兴化服装厂资产公开出让。

第八章 冶铸业及其他工业

第一节 冶铸及压延加工

冶铸及压延加工业是兴化市传统工业之一，但在20世纪90年代前，其经济总量在全市各工业门类中不突出，先后只有10家企业左右，规模也较小。20世纪90年代后，以不锈钢材料加工为主的冶铸及压延加工崛起。2000年前后，市属企业及乡镇集体企业的改制、转让或破产，进一步解放生产力，拓宽私营企业的发展空间，促进冶铸及压延加工业的发展。2010年全市冶铸及压延加工企业11家，产值29.4亿元，利税3.01亿元。

2010年兴化市冶铸及压延加工业（列统）基本情况一览表

表11-8

行业	企业数（个）	产值		利税	
		实绩（亿元）	占全市列统工业（%）	实 绩（亿元）	占全市列统工业（%）
黑色金属冶铸及压延	9	28.50	4.30	2.92	4.17
有色金属冶铸及压延	2	0.90	0.14	0.09	0.13
合计	11	29.40	4.44	3.01	4.30

一、黑色金属冶铸及压延加工

20世纪80年代末，全市乡以上独立核算黑色金属冶铸及压延加工业企业5家，产值1500多万元，利税40余万元。20世纪90年代快速发展。至2010年，列统企业达9家，产值28.5亿元，利税2.92亿元，分别占全市冶铸及压延加工业列统企业的96.94%和70.16%。骨干企业有江苏兴利来特钢有限公司、江苏申源特钢有限公司等。（参见《不锈钢产业》卷第二章第一节《骨干企业》）

2010年兴化市黑色金属冶铸及压延产值亿元企业一览表

表11-9 单位：万元

企业名称	产值	销售收入	利税	利润
泰州市天华不锈钢制品有限公司	31569.8	31039.6	4039.0	2019.0
兴化市联源特钢有限公司	30671.4	30397.9	846.3	384.8
兴化市福兴特钢有限公司	21425.8	21144.9	2233.7	2014.6
江苏兴天合金钢有限公司	22276.7	21910.9	2945.0	1352.0
兴化市恒源特钢有限公司	21067.5	20254.9	2304.8	1156.8
兴化市精密铸钢有限公司	24347.2	23693.3	3709.0	3195.5
兴化市双发机械实业有限公司	17301.7	16840.6	2849.0	2232.6
泰州市泰富合金有限公司	24825.2	24414.8	3243.9	1586.1

二、有色金属冶铸及压延加工

有色金属冶铸及压延业在兴化市原以家庭手工作坊（冶匠店）的形式存在，产品系手工浇铸或煅打制作的日常生活铜锡器。改革开放之后，乡镇企业及随后兴起的个体私营企业逐渐引入工业生产方式。2010年，有色金属冶铸及压延业有列统企业两家，产值8818万元，利税867万元。其产值、利税分别占全市冶铸及压延加工业列统企业的3.06%和29.84%。主要产品有铜棒、铜盘条、铜板、铜米、铜丝、铅材、铝材、铝合金材料等。其中生产铜材的企业有兴化市鑫汇有色金属制品厂等10家企业，生产铅材、铝材、铝合金材料的企业各1家，分别是兴化东方有色金属加工厂、泰州市宏凯铝业有限公司、兴化市兴华有色金属制品厂。（参见《不锈钢产业》卷第二章第一节《骨干企业》）

第二节 金属表面处理及热处理

兴化市以金属表面处理为主业的专业厂家历史上甚少。1991年，全市有兴化市电镀厂、兴化市五金电器喷涂厂（顾庄乡办）等4家企业。2000年前后，上述企业均已改制、出让或破产，但金属表面处理及热处理生产工序仍普遍存在于机械电子工业企业和冶铸压延及金属制品工业企业中，且加工工艺不断得到改进。

第三节 五金工具

1991年兴化生产五金工具的有兴化五金工具厂、刃具厂、刀剪厂等，1995年后均改制关闭。兴化市昊天五金工具厂，成立于2007年，是集生产、研发、销售、服务为一体的科研生产型企业，前身为始建于20世纪60年代初期的兴化市新洋磨具厂，位于陶庄镇新徐村。主要产品包括：全系列陶瓷、树脂砂轮、油石、异形磨头、砂圈、砂带、砂布、砂纸、金刚石磨头、磨针、叶轮、百叶盘、千页轮及各种铣刀、钻头等众多系列几百个品种上千种规格。至2010年，企业正常生产，但规模较小。

第四节 其他金属制品

1991年，全市有金属制品企业77家（皆为乡及乡以上集体企业），职工6131人，固定资产3011万元，产值7683万元，利税99万元。其产值占全市工业总产值的3.84%。20世纪90年代，乡镇企业和个体私营企业把金属制品业作为开发生产的主要行业。2007年9月，中国社会科学院工业经济研究所公布《中国百佳产业集群》名单，以戴南镇为核心，包括张郭、陈堡、临城、安丰等乡镇以及城区（昭阳镇、开发区）在内的以不锈钢制品为特色产品的冶铸及金属制品业产业集群榜上有名，主要产品有钢帘线、金属丝及其制品、线缆、焊接材料、电热器材、金属管、机械零部件等。2010年，金属制品列统企业有150家，产值187.05亿元，利税26.73亿元。其产值、利税分别占全市列统企业总量的28.24%和38.21%。

一、焊丝焊材、金属丝及其制品

1991年后，江苏兴海特钢有限公司是国内最大的不锈钢焊丝生产基地，其不锈钢焊丝国内市场占有率达70%以上。江苏兴龙金属制品股份有限公司、泰州华泽金属工业有限公司等企业。主要产品有不锈钢钢丝及丝网、钢丝绳、钼丝等，其中不锈钢丝为大宗产品。2010年，兴海特钢公司销售收入44953万元。

二、电线电缆

1991年后，泰州飞翔线缆有限公司等企业主要产品有裸铜线、漆包线、电线、电缆等。2010年，有职工50人，产值2.4亿元，销售2.35亿元，利税1841万元，利润941万元。

三、电热器材

1991年后，江苏新华合金电器有限公司等企业主要产品有电热丝、电热带、电热管等电热器材及元件。2010年，公司有职工186人，产值3.01亿元，销售2.9亿元，利税1913万元，利润983万元。

四、金属管

1991年后，江苏京生软管有限公司等企业主要产品有金属软管、不锈钢软管、不锈钢拉管、波纹管、管道件、铸管、钢质路灯杆等。2010年，公司有职工800人，产值2.33亿元，销售2.06亿元，利税2499.8万元，利润1282万元。

五、金属工具

1991年后，兴化市东方量刃具有限公司等6家企业主要产品有兴化市东方量刃具有限公司、江苏德丰机械制造有限公司生产的量刃具，兴化市宏宝五金工具有限公司生产的花式钳，兴化市工具制造有限公司生产的木工钻头，兴化市华辉工具厂生产的摩托车随车手工具，兴化市星球体育用品有限公司生产的打气筒等。2010年东方量刃具有限公司有职工68人，产值4980万元，销售4832.5万元，利税401.4万元，利润216.4万元。华辉工具厂有职工78人，产值7660.1万元，销售7362万元，利税644.4万元，利润346.6万元。

六、机械零部件及其他

1991年后，江苏振亚螺钉有限公司等企业主要产品有不锈钢紧固件、链条、阀门、汽车配件、纺机配件、不锈钢油箱、不锈钢航空备品（如飞机用不锈钢厨房设备）等。2010年，振亚螺钉公司销售收入3.63亿元，利税5788万元。

2010年兴化市金属制品业部分产值亿元企业一览表

表11-10　　单位：万元

企业名称	产值	销售收入	利税	利润
江苏兴达钢帘线股份有限公司	603800.0	602869.0	114407.0	59800.0
江苏兴海特钢有限公司	44974.6	44952.6	3689.0	3090.0
江苏兴龙金属制品股份公司	33960.3	33364.8	5390.0	2424.0
泰州兆丰金属材料有限公司	24255.0	23824.2	3729.0	1853.0
江苏东明集团有限公司	11648.3	11434.4	1273.0	644.0
兴化市宏泰不锈钢丝绳有限公司	21594.7	21248.3	3263.2	1626.8
江苏宏诚不锈钢制品有限公司	25089.9	24655.5	1925.9	916.2
江苏京生软管有限公司	23325.0	20555.0	2499.8	1282.0
泰州市华泽金属工业有限公司	23504.5	23085.9	3288.0	1608.0

第九章　地方电力工业

20世纪90年代，为给兴化电网补充电源和调峰负荷，兴化市进行热电厂建设和戴南热电厂机组扩建，加快电网建设速度。在加快220千伏电源建设的同时，加速发展110千伏主网架，调整完善35千伏网络结构，发展完善10千伏配电网络布局。1991年，220千伏昭阳变电所输变电工程被列为扬州二电厂配套工程。1992年、1999年，相继实现村村通电和户户通电的目标。2010年，全市电厂总装机容量5万千瓦，年发电量24300万千瓦·时，输电线路（含10千伏配电线路）总长

5106.38公里。35千伏及以上公用变电所主变压器63台，容量322.84万千伏安。10千伏配电变压器9435台，容量184.07万千伏安。用电户61.85万户，用电设备容量683.07万千伏安。年供电量463126万千瓦·时，最高负荷98.61万千瓦，线损率7.73%。

第一节 设 备

一、输（配）电线路

1991年，全市有110千伏线路3条，长106公里，35千伏线路19条，长219公里，10千伏线路76条，长2188公里。

图11-8 1994年4月城市电网改造
（市供电公司提供）

1992年，新建220千伏线路——江昭线，全长54.88公里，自500千伏江都变电所至220千伏昭阳变电所，为兴化市第一条220千伏的进电干线，接上扬州电网。1999年，新增220千伏陆昭线，全长59.12公里，自陆庄变电所（姜堰）至昭阳变电所，为兴化市第二条电源干线，接上泰州电网。2004年，江昭线开断环接220千伏张套变电所，原江昭线更名为昭张线，全长43.28公里，自昭阳变电所至张套变电所。2005年，新建220千伏都顾线，全长46.43公里，自500千伏盐都变电所至220千伏顾庄变电所，是接上盐城电网的第一条电源干线。是年，陆昭线开断环接顾庄变电所，形成陆顾线（陆庄变电所—顾庄变电所）、昭顾线（昭阳变电所—顾庄变电所），长度分别为33.76公里、32.77公里。2006年，220千伏都唐线建成投运，全长23.01公里，自500千伏盐都变电所至220千伏唐子变电所，是接盐城电网的又一条电源干线。是年，220千伏唐顾线建成投运，全长25.18公里，自唐子变电所至顾庄变电所，是两所之间的联络线。2007年，220千伏旗唐线和旗昭线建成投运，线路长度分别为20.7公里和18.3公里，由220千伏涟水变电所至唐子、昭阳变电所。这两条线接于淮安电网。2008年，220千伏唐子至顾庄线开断环入，线路全长16公里；220千伏盐都至顾庄线开断环入唐子，线路全长8公里。2010年，220千伏泰州北至帅垛双回线路投运，全长36公里。

1992—2010年，先后建成投运110千伏阳兴线、阳电线、垛丰等23条线路，构成110千伏主网架。

1991—2010年，先后新建35千伏阳东、阳严、钓崔、大舍等38条线路，改善优化35千伏电网结构。同期，新增10千伏线路153条，长1486.52公里（含电缆40.03公里）。1998—2003年，城市、农村电网建设与改造，新建、改造10千伏线路2342.61公里，为历史最佳发展期。

2010年，全市有220千伏线路14条，长307.8公里。110千伏线路44条，长472.76公里。35

千伏公用线路41条，长334.13公里。用户自备线路11条，长37.24公里。10千伏线路291条，长3954.45公里（含电缆40.03公里）。

2010年兴化市35千伏输电线路一览表

表11-11

序号	电压等级（千伏）	线路名称	起点	终点	长度（公里）	杆塔（基）	架设年份
1	35	垛史线	大垛变	史堡变	24.11	140	1985
2	35	阳陈线	昭阳变	陈堡变	22.52	140	1987
3	35	严崔线	严家变	崔垛变	18.84	106	1992
4	35	昭兴线	昭阳变	兴化变	3.34	20	1992
5	35	垛陶线	大垛变	陶庄变	11.89	88	1995
6	35	昭电线	昭阳变	电厂	1.64	11	1995
7	35	阳刘线	昭阳变	油田变线路	1.06	7	1997
8	35	戴史线	戴南变	史堡变	3.38	19	1999
9	35	阳东线	昭阳变	兴东变	10.60	72	2000
10	35	阳严线	昭阳变	严家变	5.82	50	2000
11	35	万华线	赵万变	凯华厂	2.13	15	2001
12	35	万华支电热	赵万变	电热厂	3.70	23	2001
13	35	万张线	赵万变	张郭变	1.47	9	2002
14	35	荻史线	荻垛变	史堡变	2.82	16	2003
15	35	陶史线	陶庄变	史堡变	10.71	60	2003
16	35	顾茅支东明	顾庄变	东明厂	0.66	4	2003
17	35	阳开线	昭阳变	开发区	2.33	16	2003
18	35	永舍线	永合变	舍陈变	12.51	64	2003
19	35	顾陈线	顾庄变	陈堡变	19.22	112	2004
20	35	钓安线	钓鱼变	安丰变	10.50	43	2007
21	35	垛安线	大垛变	安丰变	23.34	132	1981
22	35	安大线	安丰变	大营变	14.23	85	1971
23	35	顾茅线	顾庄变	茅山变	5.58	24	2007
24	35	顾堡线	顾庄变	史堡变	3.15	17	2004
25	35	兴东线	兴化变	兴东变	5.93	38	2004
26	35	安营线	安丰变	大营变	13.38	59	2005
27	35	钓崔线	钓鱼变	崔垛变	24.54	90	2005
28	35	严崔支李中	严崔线43号支	李中变	1.60	8	2005
29	35	永戴1号线	永合变	戴窑变	3.68	16	2005
30	35	永戴2号线	永合变	戴窑变	3.68	16	2005
31	35	万张2号线	赵万变	张郭变	1.46	8	2005

续表 11-11

序号	电压等级（千伏）	线路名称	起点	终点	长度（公里）	杆塔（基）	架设年份
32	35	顾兴1号线	顾庄变	兴利来厂	2.78	14	2005
33	35	唐舍线	唐子变	舍陈变	17.18	73	2006
34	35	唐营线	唐子变	大营变	17.90	76	2006
35	35	万堡线	赵万变	堡东变	6.65	38	2006
36	35	东堡线	堡东变	史堡变	2.99	18	2006
37	35	严钓东鲍支线	严家变	东鲍变	0.42	3	2007
38	35	393济东1号线	同济变	堡东变	3.65	17	2008
39	35	493济东2号线	同济变	堡东变	3.65	17	2008
40	35	491同堡线	同济变	史堡变	3.94	25	2008
41	35	394同万线	同济变	赵万变	5.15	30	2008

2010年兴化市35千伏输电线路（用户自备）一览表

表 11-12

序号	电压等级（千伏）	线路名称	起点	终点	长度（公里）	杆塔（基）	架设年份
1	35	化肥2号线	兴化变	化肥厂	1.92	13	1980
2	35	化肥1号线	兴化变	化肥厂	1.82	12	1990
3	35	纱厂线	安丰变	纱厂	2.28	16	1982
4	35	轧钢线	安丰变	轧钢厂	0.69	6	1982
5	35	轴瓦线	安丰变	轴瓦厂	1.15	10	1996
6	35	油田线	阳刘线	刘陆油田变	21.50	238	1998
7	35	垛史支银龙	大垛变	银龙变	2.46	9	2004
8	35	达钢线	堡东变	钢帘变	1.02	6	2007
9	35	兴电线	堡东变	钢帘变	1.10	6	2007
10	35	顾明线	顾庄变	明璐变	1.30	18	2007
11	35	苏中线	堡东变	苏中变	2.00	22	2007

2010年兴化市110千伏—220千伏输电线路一览表

表 11-13

序号	电压等级（千伏）	线路名称	起点	终点	长度（公里）	杆塔（基）	架设年份
1	110	双阳线	双墩变	昭阳变	50.07	212	1966
2	110	阳八2号线	昭阳变	八里变	2.97	12	1981
3	110	秦化线	秦邮变	兴化变	14.65	102	1984
4	110	阳兴线	昭阳变	兴化变	2.90	12	1992
5	110	阳电线	昭阳变	热电厂	2.09	10	1995

续表 11-13-1

序号	电压等级（千伏）	线路名称	起点	终点	长度（公里）	杆塔（基）	架设年份
6	110	阳八线	昭阳变	八里变	2.73	14	1999
7	110	阳垛2号线	昭阳变	大垛变	22.49	80	2001
8	110	顾大赵万支线	顾庄变	赵万变	7.51	29	2001
9	110	顾大线	顾庄变	大垛变	22.16	78	2001
10	110	顾戴2号线	顾庄变	戴南变	7.21	32	2004
11	110	顾戴1号线	顾庄变	戴南变	10.86	45	2001
12	110	顾东线	顾庄变	东陈变	9.30	34	2004
13	110	顾科1号线	顾庄变	科园变	3.26	16	2004
14	110	顾科2号线	顾庄变	科园变	3.26	16	2004
15	110	顾赵线	顾庄变	赵万变	9.99	42	2004
16	110	顾子线	顾庄变	唐子变	26.54	101	2004
17	110	唐安线	唐子变	安丰变	12.55	47	2004
18	110	顾赵北朱支线	顾庄变	北朱变	2.10	8	2005
19	110	唐永1号线	唐子变	永合变	9.12	33	2007
20	110	唐永2号线	唐子变	永合变	9.04	32	2006
21	110	北堡线	北朱变	堡东变	4.04	17	2006
22	110	唐堡1号线	唐子变	堡东变	26.57	128	2006
23	110	唐堡2号线	唐子变	堡东变	26.57	128	2006
24	110	溱湖2号东陈支线	溱潼变	东陈变	5.78	40	2006
25	110	唐丰线	唐子变	安丰变	16.75	62	2007
26	110	唐大线	唐子变	大垛变	12.97	49	2007
27	110	751阳红线	昭阳变	红星变	3.18	26	2008
28	110	897同赵1#线	同济变	赵万变	4.47	21	2008
29	110	895同北线	同济变	北朱变	4.26	17	2008
30	110	892同东线	同济变	堡东变	3.55	17	2008
31	110	810双庄线	双墩变	周庄变	32.42	123	2009
32	110	752阳家1#线	昭阳变	严家变	6.69	33	2009
33	110	758阳周线严家T接线	阳周线	严家变	7.05	27	2009
34	110	893同泽1#线	同济变	戴泽变	10.62	89	2009
35	110	8A6帅泽线	帅垛变	戴泽变	7.43	29	2010
36	110	894同罗线	同济变	罗么变	6.65	28	2010
37	110	8A5帅罗线	帅垛变	罗么变	11.82	47	2010
38	110	734顾帅线	顾庄变	帅垛变	4.92	22	2010
39	110	8A4帅南线	帅垛变	戴南变	5.85	29	2010
40	110	733顾帅线	顾庄变	帅垛变	4.96	22	2010
41	110	8A3帅东线	帅垛变	东陈变	5.04	21	2010

续表 11-13-2

序号	电压等级（千伏）	线路名称	起点	终点	长度（公里）	杆塔（基）	架设年份
42	110	738顾荻线	顾庄变	荻垛变	9.37	38	2010
43	110	889唐荻线	唐子变	荻垛变	17.03	64	2010
44	110	898同赵2#线	同济变	赵万变	3.97	17	2010
45	220	昭秦线	秦邮变	昭阳变	8.73	27	2006
46	220	陆顾线	陆庄变	顾庄变	33.76	95	2005
47	220	昭顾线	昭阳变	顾庄变	32.77	86	2005
48	220	都顾线	盐都变	顾庄变	46.43	119	2005
49	220	都唐线	盐都变	唐子变	23.01	68	2006
50	220	唐顾线	唐子变	顾庄变	25.18	71	2006
51	220	旗昭线	涟水变	昭阳变	20.07	44	2007
52	220	旗唐线	涟水变	唐子变	18.30	43	2007
53	220	同顾线	同济变	顾庄变	8.79	148	2008
54	220	昭思线	昭阳变	洋思变	24.45	72	2008
55	220	唐祠线	唐子变	生祠变	14.36	44	2008
56	220	顾凤线	顾庄变	凤城变	18.71	59	2009
57	220	凤帅线	凤城变	帅垛变	16.62	59	2010
58	220	凤帅线	凤城变	帅垛变	16.62	111	2010

二、变电所

兴化变电所是兴化电网的唯一电源点。1991年，110千伏变电所2座，主变压器3台，容量9.45万千伏安。35千伏公用变电所11座，主变压器24台，容量7.67万千伏安。企业自备变电所6座，主变压器16台，容量1.47万千伏安。1993年，220千伏昭阳变电所一期工程建成投运，主变压器1台，容量12万千伏安，由500千伏江都变电所通过江昭线供电。1999年，二期工程建成投运，新增主变压器1台，容量12万千伏安，新建220千伏陆昭线，为昭阳变电所第二电源。昭阳变电所是电压等级最高的变电所。为适应戴南、张郭2个镇私营经济的快速发展，2004年新建220千伏顾庄变电所、主变压器2台，容量24万千伏安，以500千伏盐都变电所为主供电源。翌年，新增主变压器1台，容量18万千伏安，成为苏北、苏中容量最大的220千伏变电所。2006年，新建220千伏唐子变电所，主变压器1台，容量18万千伏安，亦以500千伏盐都变电

图11-9 2004年，220千伏顾庄输变电工程竣工投入运营（市供电公司提供）

所为主供电源。翌年，新增主变压器1台容量18万千伏安。唐子变电所的投运，初步缓解供电紧张状况。至2010年底，全市有220千伏变电所5座、主变11台/174万千伏安；110千伏变电所16座，主变26台/123.8万千伏安；35千伏变电所12座，主变26台/25.04万千伏安。220千伏线路14条/307.8公里、110千伏线路44条/472.76公里、35千伏线路41条/334.13公里、10千伏线路291条/3954.45公里。

2010年兴化市变电所一览表

表11-14

名称	地点	建成年份	电压等级（千伏）	主变容量及台数（万千伏安/台）
薛鹏变电所	沈纶镇	1967	35	0.36/2
钓鱼变电所	钓鱼镇	1979	35	2.00/2
兴东变电所	昭阳镇	1980	35	4.00/2
崔垛变电所	周奋乡	1983	35	1.63/2
陈堡变电所	陈堡镇	1985	35	2.00/2
戴窑变电所	戴窑镇	1986	35	1.60/2
大营变电所	大营镇	1986	35	1.43/2
史堡变电所	戴南镇	1988	35	3.60/2
茅山变电所	茅山镇	1993	35	2.23/2
陶庄变电所	陶庄镇	1995	35	1.26/2
张郭变电所	张郭镇	2000	35	1.80/2
舍陈变电所	合陈镇	2001	35	1.13/2
李中变电所	李中镇	2005	35	1.00/1
东鲍变电所	城东镇	2007	35	1.00/1
兴化变电所	昭阳镇	1980	110	7.15/2
大垛变电所	大垛镇	1981	110	8.15/2
八里变电所	临城镇	1999	110	3.15/1
戴南变电所	戴南镇	1999	110	7.15/2
安丰变电所	安丰镇	2001	110	6.30/2
赵万变电所	张郭镇	2002	110	10.00/2
东陈变电所	戴南镇	2003	110	8.00/2
科园变电所	戴南镇	2004	110	10.00/2
北朱变电所	戴南镇	2005	110	10.00/2
永合变电所	永丰镇	2005	110	5.00/1
堡东变电所	戴南镇	2006	110	10.00/2
红星变电所	开发区	2007	110	4.00/1
周庄变电所	周庄镇	2009	110	6.30/1

续表 11-14

名称	地点	建成年份	电压等级（千伏）	主变容量及台数（万千伏安/台）
戴泽变电所	戴南镇	2009	110	14.30/2
严家变电所	西郊镇	2009	110	6.30/1
荻垛变电所	荻垛镇	2010	110	8.00/1
昭阳变电所	开发区（单家）	1992	220	24.00/2
顾庄变电所	戴南镇	2004	220	42.00/3
唐子变电所	昌荣镇	2006	220	36.00/2
同济变电所	张郭镇	2008	220	36.00/2
帅垛变电所	戴南镇	2010	220	36.00/2

第二节　发供电

一、发电

【戴南热电厂】 为兴达钢帘线股份有限公司自备电厂。继1986年创建3000千瓦汽轮发电机组后，陆续扩建3台机组。1992年，在1号机厂区扩建2号6000千瓦汽轮发电机组，1996年，建3号1.5万千瓦汽轮发电机组，1998年，1号机退役报废。1999年，2号机迁至3号机厂区，整个建设资金7000多万元。2006年，投资10558万元易地扩建2.5万千瓦汽轮发电机，机组类型抽资定式。厂区占地面积4.3万平方米，是年7月竣工，通过110千伏戴南变电所并网发电。是年发电量13930万千瓦·时，较1990年增长近11倍。供热量增加到147.3万吉焦。2010年，戴南热电厂有职工140人，固定资产33000万元。总装机容量4.3万千瓦，热网总长度1100公里，年发电量20088万千瓦·时，年供热量229.32万吉焦，标准煤耗率408克/千瓦·时，厂用电率15%，设备平均利用小时4672小时。

【兴化市热电有限责任公司】 1991年新建的股份制企业。厂址市区南郊，占地面积8.25万平方米，装机容量2.5万千瓦凝汽型汽轮发电机组1台。1993年，在兴化经济开发区举行奠基仪式。1996年1月建成投产，经3.15万千伏安主变压器升压110千伏通过220千伏昭阳变电所并网发电，当年发电量15579万千瓦·时。2000年，投资1495万元扩热改造，新装8000千瓦和1.6万千瓦抽凝式汽轮发电机组各1台，原2.5万千瓦机组拆除，发电能力2.4万千瓦/时，供热能力70吨/时，供热管网3.7公里，年发电量13101万千瓦·时，年供热量66.83万吉焦。2002年，通过省级热电联产企业论证。2006年，燃气脱硫通过省级环保验收。至2007年，供热用户18家，热网总长度10公里。2010年，全厂职工223人，固定资产8275万元。年发电量9757万千瓦·时，年供热量76万吉焦，标准煤耗率434克/千瓦·时，厂用电率8.07%，设备平均利用小时4627小时。

二、供用电

1991年，兴化市供电局为华东电网省属全民所有制中型企业，省电力公司分支机构，负责全市城乡供电。1996年前隶属扬州供电局，1997年起隶属泰州供电局管辖。2001年，成立兴化市供电公司，与市供电局合署，实行两块牌子、一套班子运作，分别履行政府管电和企业经营两种职能。2002年，建立现代企业制度，撤销市供电局，实行政企分开，政府管电职能移交给市经济贸易委员会，供电公司成为企业单位。2010年定为国家电网泰州兴化供电公司。

随着地方经济的快速发展，兴化市电力最高负荷从1990年5.36万千瓦上升至2010年98.61万千瓦，增长17.4倍。全社会用电量1990年29789万千瓦·时，2010年上升至465035万千瓦·时，增长14.61倍。人均用电量1990年193千瓦·时，2010年上升至2768千瓦·时，增长13.34倍。全市户户通电，供用电状况总体上处于良性发展的态势。

【工业用电】 兴化工业主要由食品、纺织、建材、冶炼、化工、机械、金属制品等行业组成。尤其是戴南、张郭镇的化工、轧钢、不锈钢制造为兴化市经济增长热点，是兴化市社会用电量上升的重要因素，工业用电构成兴化电力负荷的主流。1990年，工业用电量19361万千瓦·时，占全市用电总量的64.9%。2000年后，随着工业企业的迅猛发展，工业用电量大增，2005年工业用电量213342万千瓦·时。2010年，上升为394644万千瓦·时，较1990年增加19倍，占总电量的84.86%。

【农业用电】 兴化市农业用电始于排灌脱粒，随着农业和农村经济发展，逐步向养殖业、苗圃业和开发性项目方面拓展。1990年，农业用电量6112万千瓦·时，占用电总量的20.5%。1991—2000年，全市农业用电量基本保持在5000—8000万千瓦·时。2001年以后由于农业结构调整，农业科技化和农业机械化程度不断提高，排灌及脱粒用电量减少，农业用电量大幅度下降。2010年，农业用电量8596万千瓦·时，仅占用电总量1.85%。

【城乡居民生活用电】 1990年，城乡居民生活用电量3360万千瓦·时，占用电总量的11.3%。由于城市发展，居民家用电器普及，为适应用电需求，从1999年起对城镇居民合表用电实施一户一表改造工程。农村通过扶贫通电工程，以及农村电气化建设，用电得到普及。至1999年底，全市村级全部通电，农户通电率达99.98%。城乡居民生活用电量不断增加。2005年，城乡居民生活用电20890万千瓦·时。2010年43183万千瓦·时，是1990年的12.85倍，占总用电量的9.29%。

【其他方面用电】 包括建筑业、交通运输、邮电通信、商业饮食、供销包储及其他事业。2010年用电总量18612万千瓦·时，占总用电量的3.92%。

1991—2010年兴化市社会分类用电量一览表

表11-15　　　　单位：万千瓦·时

年份	农林牧渔水利业	工业	建筑业	交通运输邮电通信	商业饮食供销仓储	其他事业	城乡居民生活用电	全社会用电合计	其中	
									乡村	城市
1991	7683	19072	137	96	504	429	3692	31613	2513	1179
1992	7494	22384	145	145	433	463	4265	35329	2934	1331
1993	7569	25117	241	166	410	539	6090	40132	4678	1412
1994	5465	25394	573	311	607	864	11612	44826	10015	1597
1995	5340	27386	911	1037	696	905	13101	49376	11440	1661
1996	5866	27584	858	1327	859	1180	16445	54119	14394	2051
1997	4956	23874	832	1162	822	1211	18368	51225	16608	1760
1998	8249	25461	820	998	921	1343	18428	56220	15149	3279

续表 11-15

年份	农林牧渔水利业	工业	建筑业	交通运输邮电通信	商业饮食供销仓储	其他事业	城乡居民生活用电	全社会用电合计	其中	
									乡村	城市
1999	4612	30198	1022	1225	1019	1420	22262	61758	19082	3180
2000	4822	34290	1193	1391	1272	1554	25740	70262	22730	3010
2001	2573	48920	1683	1635	1944	2090	27094	85939	23870	3224
2002	1191	75973	2133	2062	2791	2984	19556	106690	16313	3243
2003	2354	109681	2614	2511	3430	3530	17411	141531	13752	3659
2004	2329	163907	2976	2924	4031	3946	18326	198439	13940	4386
2005	2995	213342	2812	1862	4037	4054	20890	249992	15694	5196
2006	3736	257037	2833	2263	4884	4770	24571	300094	18648	5923
2007	4734	297357	2846	2325	5112	5798	31172	345094	23785	7387
2008	5128	305113	2979	787	4154	7043	26922	356376	20452	6470
2009	6384	324282	3092	816	4712	7073	35444	381803	27212	8232
2010	8596	394644	3145	951	6327	8189	43183	465035	32963	10220

【电价】 1993年7月前执行水利电力部颁发的电热价格标准。1993年7月至1999年7月，全省统一销售电价出台前，每年都有变化。其电价组成：（1）国家批准的目录电价和国家批准的电力建设基金（三峡建设基金、新安江电站移民基金）；（2）省批准的收费项目（地方附加费、缺口电煤差价、阳城电厂集资、省电力建设基金、扶贫通电基金、城网改造费）；（3）地方市政府批准的收费项目（扬州二电厂集资、市电力建设基金、综合加价）。

1993年7月1日起，调整后的电价主要将燃运加价并入目录电价，分类上增加非居民照明电价，居民照明电价每千瓦·时由0.19元提高到0.3元。1994年1月15日起，除居民照明外，其他各类电价每千瓦·时平均提高2.3分。1995年9月1日起，城镇居民生活用电由每千瓦·时0.3元提高到0.4元（含各类附加费）。1996年2月1日起，在1994年目录电价基础上，除城镇居民生活照明用电外，其余各类电价每千瓦·时平均提高0.94分。1997年5月1日起，目录电价每千瓦·时平均上调0.03元左右，城镇居民生活用电每千瓦·时由0.42元提高到0.47元。三峡工程建设基金除城乡居民生活用电及中小化肥生产用电征收标准不变外，其他所有电量每千瓦·时提高0.015元，并新增110千伏及以上电压等级的电度电价。1998年1月起，江苏省将阳城专项基金更名为省电力建设费，征收范围和征收方法不变，征收标准由原有的每千瓦·时0.04元减为0.02元，同时将无电村集资0.6分取消。11月起，取消电力建设费每千瓦·时0.06元。1999年电价改革，分别商业照明电价和居民生活用电价格。1999年10月1日起，凡在江苏电网供电区域内，机械、冶金、化工、医药、建材、纺织6大行业，受电容量在315千伏安及以上的工业用户及电热锅炉（含蓄冰制冷）用电的电度电价，实行峰谷电价。时段划分为峰时07:00～11:00、17:00～21:00；平时11:00～17:00、21:00～23:00；谷时23:00～07:00。每个时段为8小时，峰谷比价为3:1，即峰价在平价基础上调50%，谷价在平价基础下调50%。

2000年，为加强农村电价管理，规范农村电价行为，切实减轻农民电费负担，根据泰州市物价局规定，兴化市在全市农村实施统一销售分类电价，即一县（市）一价。

2000年兴化市农村统一销售电价一览表

表11-16　　　　　　　　　　　　　　　　　　　　　　　　　　　单位：元/千瓦·时

地区	居民生活照明	其他照明	非普工业	农业生产	其中	
					折旧	运行
兴化市	0.64	0.99	0.84	0.66	0.02	0.01

说明：1.上述价格为1千伏以下的到户电价。2.上述价格中均含国家规定的附加，其中居民生活每千瓦·时为0.033元、其他照明、非普工业每千瓦·时为0.052元、农业生产每千瓦·时为0.046元。3.农业排灌用电按农业生产电价执行。

2001年11月对农村居民生活照明用电实行同网同价，由每千瓦·时0.64元降至0.52元。2002年8月1日起对乡镇非居民照明用电实行同网同价，由每千瓦·时0.99元降至0.79元。2003年2月20日起，农业生产用电及农村非工业和普通工业用电的价格降至城市同类电价水平。

2004年起，部分城市居民生活照明执行峰谷分时电价，时段划分：高峰期08：00～21：00、低谷期00:00～8:00、21:00～00:00。峰期电价0.55元、谷期电价0.35元。

2006年，城乡居民生活用电价格每千瓦·时提高0.83分（包括执行峰谷分时电价的峰价、谷价）；非居民生活用电价格、非普工业用电价格每千瓦·时提高2.8分；大工业用电价格每千瓦·时提高1.8分；农业生产、贫困县农业排灌用电价格每千瓦·时提高1.9分。城乡中小学教学用电价格统一执行居民生活用电价格，原商业照明用电价格与其他照明用电价格并轨，改称为非居民生活照明用电价格，电价调整从2006年7月1日抄见电量起执行。

【节约用电】 1991年以来，对全市100千伏安和月用电量1万千瓦·时以上的工业用户下达电耗定额指标，进行产品单耗考核，参加考核产品的用电量占全市工业电量的63%。推广应用节电型新产品、新设备、新工艺、新技术，有盐熔炉快速升温的应用，高频热处理炉应用可控硅调压装置，60安以上交流接触器改装无声运行，橡胶尼龙带取代三角传动皮带，更换淘汰型电动机、变压器和改造低效率的风机、水泵等。加强对非生产性用电管理，通过"绿色照明"节电宣传，淘汰碘钨灯、汞灯、白炽灯，推广使用金属卤化物灯、细管日光灯、节能灯等新型光源。1991—1997年节电14003万千瓦·时。进行科学调度、设备线路改造、加强无功管理、组织营业普查，使线路损失逐年下降，每年完成上级下达指标。1999年起，电力供需矛盾基本缓解，从而取消所有用力限制，计划分配考核逐步过渡到需求管理。2007年，线损率8.53%（全口径）。2010年线损率7.73%。

【电力营销】 发展各类用电客户，1990年仅有1.31万户，用电容量27.42万千瓦（万千伏安）。其中：工业0.07万户，容量12.53万千瓦（万千伏安）；农业0.18万户，容量10.22万千瓦（万千伏安）；城乡居民1.02万户，容量3.62万千瓦（万千伏安）；其他照明0.04万户，容量1.05万千瓦（万千伏安）。1991年后，供电企业工作通过业务扩充、电能计量和电费管理等构成。市供电局开展"为人民服务、树行业新风"活动，将优质服务列为企业的宗旨。1997年12月向社会公开承诺10项服务内容，明确"答复期和接电期"的时限。实行"一口对外""一次申告查实待岗制"和"大厅首问负责制"。1998年6月加入全市"110"联动服务网络，24小时不间断为用户抢修各种电力故障。1999年1月，用电服务中心营业厅实行"无午休、无双休日"工作制。2002年3月建立客户服务网络中心，开通全国统一供电服务的热线电话"95598"，在全市范围内24小时受理客户咨询、故障报修、新装、增容、用电变更、投诉、举报及停电预告、电费电量查询等业务。同时与工商银行、农业银行、建设银行、中国银行联网，2005年又扩大到全市城乡邮政网点，城乡用电客户可在供电营业窗口和任何一家银行、邮政网点实时缴纳电费。2010年末，发展各类用电客户61.85万户，是1990年的47.21倍，用电容量683.07万千瓦（万千伏安），是1990年的24.91倍。其中：工业1.8万户，容量192.5万千瓦（万千伏安）；农业1.83万户，容量29.3万千瓦（万千伏安）；城乡居民55.45

万户，容量433.22万千瓦（万千伏安）；其他照明2.7万户，容量28.05万千瓦（万千伏安）。2010年，销售电42.31亿千瓦·时。1991—2010年销售电力272.26亿千瓦·时，年平均递增15.59%。

第十章 建筑业

1991年末，全市建工系统从业人员1.25万人，全年建筑业总产值1.17亿元。1994年起，全市建筑企业由新组建的市建筑工程局统一管理，行业发展速度加快，建筑业务涉及国内10多个省、市、自治区。2002年起，建筑企业进行产权制度改革，全市46家市属全民、集体及乡镇建筑企业实行公转民营。2006年，全市建筑业从业人员10.38万人，总产值63.99亿元，增加值13.59亿元。建筑业产值占全市GDP的7.62%，创利税总额1.6亿元，其中上缴税金1.2亿元，从业人员年收入为10993元。建筑业成为全市继工业、农业、服务业后的第四支柱产业。至2010年，全市建筑企业增加至111家。其中总承包一级企业3家、总承包二级企业15家、二级资质专业承包企业8家。立足房屋建筑主项，延伸到设备安装、钢结构、建筑装修装饰，建筑幕墙、金属门窗、道路照明、建筑智能、地基基础、园林古建筑、水利水电、市政公用、公路、电力、管道、建筑防水、建筑物拆除、体育场地、预拌商品混凝土等19个专业，并向房地产、市政、公路、桥梁、高效农业等多领域渗透。20年间，创省级优质工程13项，省用户满意奖1项，省结构优质奖2项，省级文明工地19个。2010年，全市完成建筑业总产值167.23亿元，比1991年增长近142倍，完成增加值25.32亿元，比1991增长267倍；上缴税金4.28亿元，比1991年增长214倍。

第一节 建筑企业

根据2002年建设部新出台的建筑企业资质管理规定和新标准，建筑企业资质重新就位。2004年，江苏苏兴建设工程有限公司晋升为房屋建筑工程总承包一级资质。2010年，全市注册登记的建筑业企业111家，注册资本12.5亿元，其中公有制企业10家、私营企业101家，注册资本分别为1.5亿元和11亿元。列入统计范围的乡镇以上建筑企业11家。全市有一级资质总承包企业3家，二级资质总承包企业15家，二级资质专业承包企业8家，三级资质总承包企业49家，三级资质专业承包企业36家。

附

一级资质企业

【江苏苏兴建设工程有限公司】 原名兴化市建筑安装工程总公司，市属集体所有制，初建于1993年。2004年4月企业改制，以100万元买断无形资产及经营权，并交两年定额红利各50万元，转换成民营企业。2004年3月，获得房屋建筑工程施工总承包一级资质。先后通过质量、环境和职业健康安全管理体系认证。11月，获得对外经营签约权。2005年，公司资质增项有：市政公用工程、地基与基础工程、钢结构工程、建筑装修装饰工程、园林古建筑工程二级和机电设备安装、水利水电工程三级，驻外分设北京、上海、广东、海南、江西、安徽、黑龙江、内蒙古、南京、镇江、常州、无锡、苏州、昆山、吴江、扬州、泰州、宿迁、淮安、武汉、西宁、大庆、银川23家分公司。施工队伍分布在10多个省、市、自治区。承接的规模住宅有：武汉爱家国际华城二、三期33.27万平方米，南京英伦爱丁堡5幢138.88万平方米，南京东发家园二期13.58万平方米，南京庆城花园小区18万平方米，南京瑞景文华小区B1区中50栋、建筑面积25360平方米，南京浦东花园1-7、14-16幢住宅楼、商铺、地下室及一期8-13幢住宅楼和地下车库、总建筑面积14.6万平方米，泰州医药高新区康居社区一期10万平方米。2010年，公司固定资产（原值）2267万元，从业人员4642人，其中工程技术人员470人，全年完成建筑业总产值10.1亿元，劳动生产率21.7万元/人。1993—2010年，公司获江苏省“扬子杯”4项优质工程奖，北京市“长城杯”优质工程奖和“金陵杯”“梅兰杯”“琼华杯”“金山杯”等地级市优质工程奖，先后被评为3项“江苏省最佳建筑企业”、4项“江苏省建筑施工文明工地”、“江苏省AAA级特级信用企业”、南京市“市级文明工地”、“优秀企业”、“建筑安全文明施工管理”。连续4年被泰州市评为“重合同守信用企业”，3次获得“泰州市建筑业十强”称号。

图11-10　由江苏苏兴建设工程有限公司承建的南京浦东花园
（2007年摄，江苏苏兴建设工程有限公司提供）

【江苏永泰建造工程有限公司】　原名兴化市第二建筑工程公司，市属集体所有制性质，初建于1980年3月，2003年4月企业改制，2005年11月，以62万元竞标买断无形资产及经营权，转换成私营股份制企业。2006年8月先后通过质量、环境和职业健康安全管理体系认证。10月，公司资质增项有：市政公用工程、地基与基础工程二级，建筑装修装饰工程、钢结构工程、机电设备安装工程三级。驻外分设南京、扬州、镇江、泰州、苏州、昆山、吴江、姜堰等市及浙江等11家分公司，在上海、山东、浙江、安徽、广东等省市留下业绩。施工队伍分布在6个省、市、自治区。2007年，被批准为国家房屋建筑工程施工总承包一级资质。2008—2010年，承建工业厂房项目35个，住宅项目13个，办公用房项目6个。公司在苏南地区先后承建广东奇美电子公司31.74万平方米、淮安富达机械公司16.82万平方米，苏州千禧纸业公司10.29万平方米，宁波奇美电子公司12万平方米，昆山鲜活果汁公司7.8万平方米，苏州慈济园区11.3万平方米，淮安御景天成花苑住宅开发22万平方米，昆山锦绣山庄住宅14万平方米，沭阳国贸大厦5.88万平方米。2010年，公司拥有固定资产（原值）3620万元，从业人员4650人，其中工程技术人员340人，全年完成建筑业总产值11.26亿元，劳动生产率为24万元/人。公司先后获江苏省“扬子杯”1项优质工程奖，被评为“江苏省建筑施工文明工地”和“江苏省AAA级特级信用企业”，获得“金山杯”“姑苏杯”等地级市优质工程奖，被评为泰州市“建筑业科技先进企业”“建筑业安全先进企业”“建筑业明星企业”等称号，在援建四川汶川地震灾区安置房建设中被省总工会表彰为“江苏省优秀青年突击队”称号。

【江苏屹峰建设工程有限公司】　原名兴化县刘陆建筑建材公司，乡镇集体所有制性质。初建于1989年9月，1993年实行横向经营，成为兴化市建筑安装工程公司刘陆分公司。2001年8月，实行二级联合体时为兴化市建筑安装工程公司五公司。2002年5月，经改制转换成股份制企业，改为兴化市屹峰建筑工程有限公司。2005年12月，先后通过质量、环境和职业健康安全管理体系论证。公司资质增项有：市政公用工程二级、建筑装修装饰工程一级、地基与基础工程一级、机电设备安装工程一级、钢结构工程二级。驻外分设有上海、武汉、石家庄、南京、昆山、镇江、海安、东台8家分公司。2010年1月，公司固定资产（原值）3859万元，从业人员5395人，其中工程技术人员342人，全年完成建筑业总产值9.69亿元，劳动生产率为25万元/人。2004—2008年获得江苏省“扬子杯”2项优质工程奖，被评为江苏省“安全生产先进单位”“建筑业优秀企业”；有16项工程获得泰州“梅兰杯”地级市优质工程奖。

附

二级资质企业选介

【江苏金正建设工程有限公司】 原名兴化县建筑站，初建于1950年，市属集体所有制性质，1958年改设兴化县建筑工程公司。1980年3月改为兴化县第一建筑工程公司，1988年10月变更为兴化市建筑安装工程公司，2003年4月企业改制。2005年11月，以30万元竞标买断无形资产及经营权，转换成有限责任公司，更为现名。2006年6月，取得房屋建筑工程施工总承包二级资质。2007年7月通过质量管理体系论证。11月，公司资质增项有：市政公用工程、机电设备安装工程、钢结构工程、地基与基础工程二级，起重设备安装工程三级。驻外分设昆山、苏州、上海、沭阳、南京、滨州、常熟7家分公司。2010年，公司固定资产（原值）2352万元，从业人员2055人，其中工程技术人员158人，承建市供销大厦、博物馆展览厅、农行金穗大厦等标志性建筑，全年完成建筑业总产值4.63亿元，劳动生产率为22万元/人。2003—2010年，公司获江苏省“扬子杯”2项优质工程奖，江苏省“用户满意奖”和泰州“梅兰杯”地级市优质工程奖，先后被评为省和泰州市“建筑业先进企业”“建筑企业排头兵”和“安全生产先进单位”等称号。

【江苏长泰建设工程有限公司】 原名兴化县严家乡建筑站，初建于1976年4月，乡镇集体所有制企业。1988年改为兴化市严家建筑工程公司，1996年更名为兴化市北郊建筑工程公司，2004年6月企业改制，转换成私营有限责任公司，更名为兴化市北郊建设工程有限公司。2006年10月，取得房屋建筑工程施工总承包二级资质，重新更为现名。2007年公司资质增项有：市政公用工程、建筑装修装饰工程、钢结构工程二级，机电设备安装工程、地基与基础工程三级；施工队伍分布上海、南京、无锡、淮安、镇江、扬州、泰州等大中城市。2010年，拥有固定资产（原值）1189万元，从业人员1828人，其中工程技术人员150人，全年完成建筑业总产值3.29亿元，劳动生产率17万元/人。1991—2010年，获江苏省“扬子杯”2项优质工程奖，泰州“梅兰杯”地级市优质工程奖，被评为江苏省“建筑业质量管理先进单位”及泰州市“建筑业先进企业”。

【江苏新兴建设工程有限公司】 原名兴化县东潭乡建筑站，初建于1970年12月，乡镇集体所有制企业。1988年改为兴化市东潭乡建筑安装工程公司。1989年变更名为兴化市建筑安装工程总公司四公司。2001年企业改制，2002年1月成立兴化市新兴建设工程有限公司。2006年3月，取得房屋建筑工程施工总承包二级资质，5月，通过质量、环境和职业健康安全管理体系认证。2006年8月更为现名。2007年公司资质增项有：市政公用工程、钢结构工程、机电设备安装工程、建筑装修装饰工程、地基与基础工程二级。下设兴化市板桥市政工程有限公司、兴化市东潭水泥制品厂等子公司，驻外设有苏州、镇江、扬州、盐城、泰州、宿迁及哈尔滨7家分公司。2010年，拥有固定资产（原值）5718万元，从业人员1629人，其中工程技术人员198人。全年完成建筑业总产值3.64亿元，劳动生产率22万元/人。1991—2010年，公司获得江苏省优质工程质量奖2项，江苏省省外“扬子杯”优质工程奖1项，黑龙江省“结构优质”奖2项，被评为“江苏省质量管理先进单位”“泰州市建筑明星企业”“泰州市建筑业先进企业”及泰州市AA级“重合同守信用企业”。

【兴化市新华建设工程有限公司】 原名兴化市计委基建工程处，初建于1994年6月，全民所有制企业。1998年8月企业改制，转换成为有限责任公司，变更为现名。2007年11月，取得房屋建筑工程施工总承包二级资质。公司资质增项有：市政公用工程、机电设备安装工程、建筑装修装饰工程，持有承装（修、试）电力设施工程许可证。2010年，拥有固定资产（原值）2052万元，从业人员1569人，其中工程技术人员248人。全年完成建筑业总产值4.48亿元，劳动生产率24万元/人。公司先后获得泰州"梅兰杯"等7项地级市优质工程奖。

【江苏明灿建设工程有限公司】　初建于2001年6月，为私营有限责任公司。2007年6月，取得房屋建筑工程施工总承包二级资质，公司资质增项有：市政公用工程、公路路面工程、公路路基工程二级。2010年7月取得公路工程施工总承包二级。2010年，拥有固定资产（原值）5173万元，从业人员1482人，其中工程技术人员170人。全年完成建筑业总产值3.28亿元，劳动生产率22万元/人。

【兴化市盛达建设工程有限公司】　原名兴化县周庄公社建筑小组。初建于1958年10月，为乡镇集体所有制企业。1976年10月改为兴化县周庄公社建筑站，1985年3月起改称兴化县周庄建筑工程公司，2002年转换为有限责任公司，更为现名。2007年12月，取得房屋建筑工程施工总承包二级资质。外出南京、徐州及上海、山东等地施工。2010年，拥有固定资产（原值）3570万元，从业人员2909人，其中工程技术人员155人。全年完成建筑业总产值7.02亿元，劳动生产率24万元/人。公司先后获得"泰州市建筑业明星企业"称号。

【江苏正林建设工程有限公司】　原名兴化县合陈建筑建材公司，初建于1985年6月，乡镇集体所有制性质。2003年企业改制，转换成有限责任公司，更为现名。2002年通过质量管理体系认证。2003年公司下设项目部、建筑安装劳务公司、桩基、土方分公司、综合加工厂、预制构件厂6家子公司。在苏州、滁州等地施工。2010年3月，取得房屋建筑工程总承包二级资质。拥有固定资产（原值）894万元，从业人员1517人，其中工程技术人员374人。全年完成建筑业总产值3.33亿元，劳动生产率为21万元/人。2003—2010年，公司获泰州"梅兰杯"9项地级市优质工程奖，1人被评为"泰州市优秀企业经理"称号。

【江苏富安建设有限公司】　原名兴化市富安建筑装饰有限公司，初建于2004年11月，2006年8月更名为泰州市富安建设工程有限公司。2007年，公司资质增项有：市政公用工程、钢结构工程、建筑装修装饰工程、机电设备安装工程、地基与基础工程三级；有无锡、江阴、南京、盐城4家驻外分公司。2010年4月，取得房屋建筑工程施工总承包二级资质，更为现名，当年拥有固定资产（原值）897万元，从业人员1228人，其中工程技术人员151人。全年完成建筑业总产值3.54亿元，劳动生产率为28万元/人。

【江苏九鼎建设工程有限公司】　原名兴化九鼎建设工程有限公司，初建于2005年9月，为私营有限责任公司。2010年2月，取得房屋建筑工程施工总承包二级资质。2010年拥有固定资产（原值）1569万元，从业人员662人，其中工程技术人员143人。全年完成建筑业总产值1.48亿元，劳动生产率为22万元/人。公司先后获泰州"梅兰杯"等4项地级市优质工程奖。

【泰州市博大建设工程有限公司】　原名泰州市博大建筑装饰工程有限公司，初建于2005年3月9日，为私营有限公司。2005年3月，取得房屋建筑工程施工总承包二级资质。公司资质增项有：市政工程、装饰工程、幕墙工程、金属门窗、地基与基础、机电安装三级。2010年，公司拥有固定资产（原值）298万元，从业人员626人，其中工程技术人员65人，全年完成建筑业总产值1.13亿元，劳动生产率18万元/人。

【江苏永烨建筑工程有限公司】　初建于2007年10月，为私营有限责任公司。资质为房屋建筑工程总承包二级资质。公司资质增项有：地基与基础、防腐保温、机电设备安装三级，在昆山等地施工。2010年，公司拥有固定资产（原值）1153万元，从业人员1326人，其中技术人员151人，全年完成建筑业总产值2.68亿元，劳动生产率20万元/人。

【江苏振亚建设工程有限公司】　原名兴化市振亚建设工程有限公司。初建于2002年6月，为私营有限责任公司。企业资质为房屋建筑工程施工总承包二级。公司资质增项有：市政工程、机电设备安装三级。2010年，公司拥有固定资产（原值）434万元，从业人员726人，其中工程技术人员28人，全年完成建筑业总产值1.78亿元，劳动生产率24万元/人。

2010年兴化市建筑企业基本情况一览表

表11-17

企业名称	资质等级	成立时间	登记注册类型	地址	注册资本（万元）	从业人数（人）	固定资产（原值）（万元）	建筑业总产值（万元）
江苏新兴建设工程有限公司	房建工程二级	2002年1月	私营有限责任公司	昭阳镇	6018	1629	5718	36434
江苏振亚建设工程有限公司	房建工程二级	2002年6月	私营有限责任公司	垛田镇	2008	726	434	17781
江苏长泰建设工程有限公司	房建工程二级	2004年6月	股份有限公司	昭阳镇	2028	1828	1189	32880
兴化市盛达建设工程有限公司	房建工程二级	2002年7月	私营有限责任公司	周庄镇	2029	2909	3570	70156
兴化市新华建设工程有限公司	房建工程二级	1995年1月	其他责任有限公司	昭阳镇	2055	1569	2052	44809
江苏明灿建设工程有限公司	房建工程二级	2001年6月	私营有限责任公司	昭阳镇	3010	1482	5173	32878
江苏正林建设工程有限公司	房建工程二级	1985年6月	其他责任有限公司	合陈镇	2560	1517	894	33287
江苏舜诚建设有限公司	房建工程二级	2004年12月	私营有限责任公司	昭阳镇	2708	1022	426	25544
江苏富安建设有限公司	房建工程二级	2004年11月	私营有限责任公司	安丰镇	2509	1228	897	35382
江苏九鼎建设工程有限公司	房建工程二级	2005年9月	私营有限责任公司	昭阳镇	2518	662	1569	14767
泰州市博大建设工程有限公司	房建工程二级	2005年3月	私营有限责任公司	昭阳镇	2508	626	298	11274
江苏永烨建设工程有限公司	房建工程二级	2007年10月	私营有限责任公司	昭阳镇	2508	1326	1153	26808
兴化市金桥工程有限公司	房建工程二级	1964年8月	其他责任有限公司	昭阳镇	4597	1555	6244	21126
兴化市水利建筑安装工程总公司	水利水电工程二级	1992年12月	国有	昭阳镇	2240	522	5453	10441
兴化市戴南建筑工程有限公司	房建工程三级	1980年3月	私营有限责任公司	戴南镇	695	3537	148	53915
兴化市临城建筑工程公司	房建工程三级	1982年7月	集体	临城镇	697	860	1040	17272
江苏宁原建设工程有限公司	房建工程三级	1977年12月	股份合作	陶庄镇	708	773	409	15801
兴化市安丰建筑工程公司	房建工程三级	1976年10月	集体	安丰镇	749	2193	923	40700
兴化市东兴建设工程有限责任公司	房建工程三级	2002年6月	私营有限责任公司	城东镇	683	1656	683	35100
兴化市难得建筑工程有限公司	房建工程三级	2002年6月	私营有限责任公司	大垛镇	618	1509	768	22097
兴化市昭阳建筑工程公司	房建工程三级	1976年8月	集体	昭阳镇	708	480	764	12017
江苏省兴化经济开发区建筑安装工程有限公司	房建工程三级	2000年1月	集体	开发区	643	1710	1138	35169
江苏兴建建设工程有限公司	房建工程三级	1976年10月	私营有限责任公司	昭阳镇	2068	1530	1747	25029
兴化市西鲍建筑安装工程有限公司	房建工程三级	1976年10月	集体	昭阳镇	908	966	908	20500

续表 11-17-1

企业名称	资质等级	成立时间	登记注册类型	地址	注册资本(万元)	从业人数(人)	固定资产(原值)(万元)	建筑业总产值(万元)
兴化市荻垛建筑工程有限公司	房建工程三级	1978年6月	私营有限责任公司	荻垛镇	600	2079	1227	40772
泰州市华诚建设投资咨询管理有限公司	房建工程三级	2006年11月	其他责任有限公司	昭阳镇	658	17	405	631
兴化市楚雄建筑安装有限公司	房建工程三级	2004年4月	私营有限责任公司	昭阳镇	2508	932	519	18180
兴化市天成建设工程有限公司	房建工程三级	2005年11月	股份合作	昭阳镇	2008	546	1906	11337
兴化市京楚建筑安装工程有限公司	房建工程三级	2006年6月	其他联营	大营镇	700	1249	1369	24880
兴化市贤人建筑工程有限公司	房建工程三级	2006年5月	私营有限责任公司	戴窑镇	626	1240	432	25260
兴化市鑫源建设工程有限公司	房建工程三级	2006年6月	私营有限责任公司	永丰镇	650	828	148	25269
兴化市新基建筑安装工程有限公司	房建工程三级	2006年4月	私营有限责任公司	张郭镇	2605	2105	354	44235
兴化市建泰建设工程有限公司	房建工程三级	2006年6月	私营有限责任公司	临城镇	680	599	735	14122
兴化市鑫沙建筑安装工程有限公司	房建工程三级	2006年3月	私营有限责任公司	沙沟镇	600	1367	127	27685
兴化市阳山建设工程有限公司	房建工程三级	2006年6月	股份合作	昭阳镇	626	469	499	8852
兴化市兴发建筑工程有限公司	房建工程三级	2006年12月	私营有限责任公司	缸顾乡	600	659	551	14196
兴化市兴都建筑工程有限公司	房建工程三级	2006年8月	私营有限责任公司	昭阳镇	552	148	163	1005
兴化市东儒建设工程有限公司	房建工程三级	2006年7月	私营有限责任公司	开发区	608	682	530	11625
兴化市宏强建筑安装工程有限公司	房建工程三级	2006年12月	其他责任有限公司	昭阳镇	700	276	355	5926
兴化市苏建建设工程有限公司	房建工程三级	2006年8月	私营有限责任公司	陈堡镇	660	1434	486	30438
兴化市昌盛建筑工程有限公司	房建工程三级	2006年6月	私营有限责任公司	昌荣镇	600	1343	1487	26105
兴化市盛泰建筑工程有限公司	房建工程三级	2007年6月	股份有限公司	昭阳镇	600	1530	519	29983
江苏顾得福建设工程有限公司	房建工程三级	2007年9月	其他责任有限公司	西鲍乡	2560	793	568	16112
江苏平安建设工程有限公司	房建工程三级	2007年4月	股份合作	昭阳镇	700	667	668	15486
兴化市天池建筑工程有限公司	房建工程三级	2007年9月	其他责任有限公司	垛田镇	700	1058	498	22642
兴化市泓润建设工程有限公司	房建工程三级	2007年7月	其他责任有限公司	竹泓镇	600	1020	459	21091
泰州市鹏达建筑安装工程有限公司	房建工程三级	2007年4月	其他责任有限公司	张郭镇	600	681	459	13978
兴化市富强建筑工程有限公司	房建工程三级	2007年6月	私营有限责任公司	周奋乡	600	665	558	13579
泰州市华亿建设工程有限公司	房建工程三级	2009年4月	其他联营	开发区	708	330	594	8540

续表 11-17-2

企业名称	资质等级	成立时间	登记注册类型	地址	注册资本(万元)	从业人数(人)	固定资产(原值)(万元)	建筑业总产值(万元)
兴化市佳华建筑安装工程有限公司	房建工程三级	2006年6月	其他责任有限公司	老圩乡	600	1475	568	30395
江苏前盛建设工程有限公司	房建工程三级	2010年2月	私营有限责任公司	昭阳镇	716	203	502	3873
江苏苏厦建设工程有限公司	房建工程三级	2010年8月	私营有限责任公司	周庄镇	800	142	200	1404
兴化市兴能输变电工程有限公司	电力工程三级	1993年3月	私营有限责任公司	昭阳镇	2000	355	1510	11595
兴化市板桥市政工程有限公司	市政工程三级	2001年4月	私营有限责任公司	昭阳镇	528	83	330	2240
兴化市宏顺市政建设有限公司	市政工程三级	2003年11月	私营有限责任公司	昭阳镇	500	196	580	4902
兴化市薪星机电设备安装工程有限公司	市政工程三级	2003年1月	私营有限责任公司	垛田镇	506	105	875	1020
泰州市振华路桥工程建设有限公司	市政工程三级	2005年1月	私营有限责任公司	昭阳镇	398	153	407	2511
兴化市宏胜市政建设有限公司	市政工程三级	2004年8月	私营有限责任公司	昭阳镇	500	192	352	2800
泰州亿达建设工程有限公司	市政工程三级	2008年2月	私营独资	大垛镇	1000	355	361	5227
兴化市星辉市政建设有限公司	市政工程三级	2005年6月	股份有限公司	昭阳镇	808	311	402	6244
兴化市兴泰市政工程有限公司	市政工程三级	2007年3月	私营有限责任公司	城东镇	365	190	428	2925
兴化市堑通路桥建设工程有限公司	市政工程三级	2005年2月	私营有限责任公司	昭阳镇	600	55	682	1115
泰州市中原市政建设有限公司	市政工程三级	2007年7月	其他责任有限公司	昭阳镇	600	167	485	3823
泰州市大成装饰工程有限公司	建筑装饰工程二级	1992年12月	私营有限责任公司	昭阳镇	500	134	488	3343
江苏尊筑建筑装饰工程有限公司	建筑装饰工程二级	1999年6月	其他责任有限公司	昭阳镇	1218	372	855	9930
江苏新达建筑装饰工程有限公司	建筑装饰工程二级	2001年9月	私营有限责任公司	昭阳镇	500	82	58	2645
江苏金秋建设工程有限公司	建筑装饰工程二级	2006年11月	私营有限责任公司	昭阳镇	500	190	500	3793
兴化市诚达装潢有限公司	建筑装饰工程二级	2001年3月	私营有限责任公司	昭阳镇	608	125	924	1815
江苏恒大混凝土有限公司	预拌商品混凝土二级	2008年1月	私营有限责任公司	西鲍乡	2500	91	2060	3320
兴化市恒通公路工程有限公司	公路路面工程二级	2003年8月	私营有限责任公司	昭阳镇	3000	1051	2945	22821
兴化市兴华公路养护工程有限公司	公路路面工程二级	2001年12月	其他责任有限公司	昭阳镇	1508	356	2320	4956
兴化市正大基础工程有限公司	地基与基础工程三级	2000年5月	其他责任有限公司	昭阳镇	308	85	96	883
兴化市宏大基础工程有限公司	地基与基础工程三级	2005年10月	股份合作	昭阳镇	300	197	300	3623
兴化市恒大基础建设工程有限公司	地基与基础工程三级	2005年8月	私营有限责任公司	昭阳镇	310	30	305	710
兴化市前锦装潢有限公司	建筑装饰工程三级	2004年9月	其他责任有限公司	昭阳镇	50	28	82	271

续表 11-17-3

企业名称	资质等级	成立时间	登记注册类型	地址	注册资本(万元)	从业人数(人)	固定资产(原值)(万元)	建筑业总产值(万元)
兴化市兴翔建材有限公司	建筑装饰工程三级	2006年8月	私营有限责任公司	李中镇	200	16	38	153
泰州市九采装饰工程有限公司	建筑装饰工程三级	2005年9月	股份有限公司	昭阳镇	100	74	5	294
兴化市风行装饰工程有限公司	建筑装饰工程三级	2006年10月	股份有限公司	昭阳镇	180	76	7	159
兴化市左坤广告装饰装潢有限公司	建筑装饰工程三级	2006年3月	私营有限责任公司	昭阳镇	50	23	36	167
兴化市兴发商品混凝土有限公司	预拌商品混凝土三级	2004年2月	其他责任有限公司	开发区	1000	50	1260	1312
兴化市志峰商品混凝土有限公司	预拌商品混凝土三级	2007年4月	私营有限责任公司	西郊镇	1200	185	1461	3201
兴化市鑫阳商品混凝土有限公司	预拌商品混凝土三级	2008年4月	私营合资	垛田镇	1000	132	140	3875
江苏展业节能建材有限公司	预拌商品混凝土三级	2008年7月	私营独资	临城镇	1380	133	1845	2917
泰州市永固商品混凝土有限公司	预拌商品混凝土三级	2010年3月	私营有限责任公司	戴南镇	1800	32	191	1545
江苏名威商品混凝土有限公司	预拌商品混凝土三级	2010年9月	私营独资	戴南镇	1550	78	201	2600
泰州市鹏宇装饰工程有限公司	园林古建筑三级	1998年11月	股份合作	昭阳镇	508	46	204	688
泰州市天泰钢结构有限公司	钢结构工程三级	2006年11月	其他责任有限公司	开发区	360	86	341	1822
兴化市华泰钢结构有限公司	钢结构工程三级	2008年12月	其他责任有限公司	李中镇	125	34	1200	580
兴化市兴安消防工程安装有限公司	消防工程三级	1995年11月	私营有限责任公司	昭阳镇	340	69	95	862
泰州市雨林建筑防水工程有限公司	建筑防水工程三级	2009年6月	私营有限责任公司	戴窑镇	250	43	198	894
兴化市金辉门窗制造有限公司	金属门窗工程三级	1999年2月	私营有限责任公司	昭阳镇	100	90	180	425
兴化市新标塑钢门窗厂	金属门窗工程三级	1984年5月	集体	西鲍乡	350	44	121	620
兴化市恒安建设起重机械拆装租赁有限公司	起重设备安装工程三级	2008年11月	私营有限责任公司	昭阳镇	80	15	69	54
兴化市嘉成建筑机械有限公司	起重设备安装工程三级	2008年5月	股份有限公司	开发区	80	35	84	376
兴化市宏浩建设工程有限公司	机电安装三级	2010年5月	私营独资	昭阳镇	250	33	40	850
泰州市航宇空调净化有限公司	机电安装三级	2004年3月	其他责任有限公司	大邹镇	708	102	24	2058
泰州兴源电力设备安装工程有限公司	机电安装三级	2008年9月	其他责任有限公司	昭阳镇	1008	85	229	2097
兴化市自来水安装工程有限公司	管道工程三级	1990年7月	国有	昭阳镇	502	119	46	2170
兴化市城明道路照明有限公司	城市及道路照明工程三级	2008年3月	股份有限公司	昭阳镇	250	44	7	473
江苏兴美体育场地设施有限公司	体育设施工程三级	2003年5月	其他责任有限公司	戴南镇	651	81	671	1595

续表 11-17-4

企业名称	资质等级	成立时间	登记注册类型	地址	注册资本(万元)	从业人数(人)	固定资产(原值)(万元)	建筑业总产值(万元)
泰州市凯越体育场地设施有限公司	体育设施工程三级	2009年5月	其他联营	大垛镇	661	74	671	1174
江苏彩虹体育设施材料有限公司	体育设施工程三级	2010年4月	其他责任有限公司	荻垛镇	800	107	68	1500
泰州市凌宇净化工程设备有限公司	空气净化工程三级	2006年12月	私营有限责任公司	张郭镇	288	29	55	964
兴化市兴利拆房有限公司	建筑物非爆炸拆除三级	2004年8月	股份合作	昭阳镇	50	25	80	110
兴化市天安房屋拆除有限公司	建筑物非爆炸拆除三级	2006年4月	其他责任有限公司	钓鱼镇	108	50	118	163
兴化市正大拆迁有限公司	建筑物非爆炸拆除三级	2008年11月	私营有限责任公司	戴南镇	100	35	105	150

说明：已在企业选介中涉及的4家未列入。

第二节 建筑施工

一、施工队伍

【队伍构成】 1991年末，全市建工系统职工总数1.25万人，其中各类技术工人占66.5%左右、普通工人占33.5%左右。行政管理人员及工程技术人员1655人。1992年末，建工系统具有各类专业技术人员1055人，其中高级工程师2人、工程师36人、助理工程师和技术人员1017人。随着建筑业的发展，至2010年，职工人数达8.05万人，其中外出施工人员10万人次。3家施工总承包一级资质企业，员工人数13054人；15家二级资质企业，员工人数20656人，93家其他等级的企业，员工人数46820人。各类工种配备齐全，技术工人和普通工人搭配合理，并涌现出一批钢结构和设备安装的技术工人。2004—2010年，全市取得建造师资格的有472人，其中：经考核认定的一级建造师9人，二级66人；经考试合格的一级建造师48人，二级建造师349人。2010年末，建工系统有各类专业技术人4011人，其中：高级工程师21人，工程师469人，助理工程师和技术人员3521人。对各类专业技术人员平均聘用率90%以上。

【技术培训】 1992年11月，成立兴化市建筑职工培训中心，为全市农村劳动力转移定点培训机构，从事成人教育、建筑技术培训及特殊工种培训。1993年9月至1997年7月，与市职工中专联合办学，举办脱产中专班2个。1999年末，有教职员工16人，其中专业教师10人；在校生120人，其中中专生69人，大专生51人。专业设置有工业与民用建筑、建筑经济管理、建筑设备安装、建筑财会、建筑装潢、建筑安全、市政工程等。1991—2010年，中心举办各类岗位培训班187期，培训人数16600人次，其中：特殊工种450人次，技术工岗位培训16150人次（中级工岗位培训7800人次，中、初级技术工人岗位技能培训8350人次）。

二、装备与技术

【建设装备】 1991年末，全市建筑业机械设备净值2068万元，人均技术装备1192元。

2001年，全市建筑企业有31家改制。兴化建安公司有25—60吨塔吊9台，16吨汽车吊1辆，装机2辆。二建有大中型机械279台（套）。至2010年底，全市建筑业主要设备有塔式起重机88台，施工升降机4台，钻机、打桩机等基础施工机械30台。挖掘机械240台，起重机械384台，打桩机139台，凿岩机39台，空压机528台，推土机152台，压路机159台，沥青摊铺机25台，混凝土搅拌机949台，工程抢修车46辆，装载机302台，自卸车346辆。全市建筑机械设备净值62533万元，人均技术装备8339元。1991—2010年，年均新增技术装备3164万元，人均技术装备费年均增长366元。

【施工技术】 兴化市建筑业以推广应用建设部10项新技术为主线，加大科技投入，引导和鼓励施工企业开展科技攻关，技术创新，淘汰落后工艺，不断提高新技术应用水平。新区兴化市昭阳剧院混凝土屋面大梁单跨28米，采用后张法预应力施工技术，取得较好效果。2008年，江苏苏兴建设工程有限公司承建的南京旭日华庭B地块酒店式公寓楼，建筑面积4.5万平方米，框筒结构28+1层，应用粗直径钢筋直螺纹机械连接技术、现挑脚手架应用技术和预拌砂浆技术，缩短计划工期5%，增加经济效益100万元。新区兴化市正日国际大酒店外墙保温采用挤塑保温板，是全市第一次大面积使用该新型节能保温材料。为提高塔式起重机安装效率，降低安装使用成本，避免施工现场现浇混凝土基础对后续施工带来不利影响，引进塔式起重机分块拼装式基础回收利用FPJ成套技术，一改以往塔式起重机基础必须现场浇筑，施工结束只能报废，还要花费大量人力进行清理的弊端，使塔式起重机基础机可以预制、可重复使用，安装前地基处理和拆卸后现场清理十分简便。

三、施工业绩

【施工总量】 1991年，全市建筑业完成总产值1.17亿元，施工面积51万平方米，竣工面积31万平方米。1994年起，建筑业发展加快，数万名建筑工人分赴省外市外各地建筑市场，当年完成建筑业总产值5.37亿元，比上年增长24.37%，施工面积127万平方米，增长10.8%。1996年起施工总量突破10亿元，产值连续5年在16亿—30亿元之间。2005年总产值破50亿大关，2008年建筑业总产值突破100亿大关。1991—2010年，竣工面积7727万平方米，实现建筑业总产值871亿元。

【经济效益】 1991—2010年，全市建筑业实现增加值223.88亿元，上缴国家税收18.39亿元，实现利润16亿元。其中2007年实现增加值21.8亿元，上缴国家税金1.82亿元，实现利润1.18亿元。建筑职工人均报酬为1.99万元，比1991年增长3.5倍。2010年实现建筑业增加值42.83亿元，上缴国家税金4.28亿元，实现利润8.24亿元；建筑职工人均报酬为4.33万元，比1991年增长9.8倍。

四、优质工程

1991—2010年，全系统施工工程质量合格率一直保持100%。获江苏省“扬子杯”优质工程奖11项，省用户满意奖1项，黑龙江省“结构优质”奖2项。

【兴化市劳动力市场综合楼】 1998年10月竣工，框架结构6层，建筑面积3850平方米，工程造价310万元，兴化市东潭建筑安装工程公司承建，获1998年度“扬子杯”。

【兴化市邮政大楼】 1996年9月竣工，框架结构6层局部7层，建筑面积3380平方米，工程造价480万元，兴化市北郊建筑安装工程公司承建，获1998年度“扬子杯”。

【兴化市邮件处理中心】 2000年1月竣工，框架结构4层，建筑面积4500平方米，工程造价

380万元，兴化市东潭建筑安装工程公司承建，获1998年度“扬子杯”。

【兴化市检察院大楼】 1998年10月竣工，框架结构6层局部7层，建筑面积3200平方米，工程造价460万元，兴化市北郊建筑安装工程公司承建，获1998年度“扬子杯”。

【南京太平花园04栋住宅】 2001年竣工，框架结构6层，建筑面积6000平方米，工程造价380万元，兴化市建筑安装工程总公司承建，获1998年度“扬子杯”。

【兴化市农行金穗大厦】 2001年4月竣工，框架结构9层，建筑面积6788平方米，工程造价383万元，兴化市建筑安装工程公司承建，获2001年度“扬子杯”。

【富康花园一期6、7、8、11、12、15#楼】 2002年起相继竣工。砖混结构6层，建筑面积10.2万平方米，工程造价3600万元，兴化市建筑安装工程公司，兴化市第二建筑安装工程公司、兴化市建筑安装工程总公司、兴化市荡朱建筑安装工程公司承建，获2003年度“扬子杯”。

【锦绣园16#楼】 2003年竣工，砖混结构6层，建筑面积5229平方米，工程造价187万元，江苏屹峰建设工程有限公司承建，获2004年度“扬子杯”。

【南京龙府人家4#楼】 2004年竣工，框架结构11层，建筑面积12292平方米，工程造价1135万元，江苏苏兴建设工程有限公司承建，获2006年度“扬子杯”。

【兴化市锦润家园7号楼】 2007年竣工，砖混结构6层局部7层，建筑面积10160平方米，工程造价577.32万元，江苏屹峰建设工程有限公司承建，获2008年度“扬子杯”。

【兴化市公安指挥大楼】 2008年竣工，框架结构8层，建筑面积1.88万平方米，工程造价1308万元，江苏苏兴建设工程有限公司承建，获2009年度“扬子杯”。

【武汉爱华国际华城一期二区10、12、17、19#楼】 2009年竣工，框架结构29层，建筑面积59859平方米，工程造价8739万元。江苏苏兴建设工程有限公司承建，获2010年度省外“扬子杯”。

【兴化市供电局家属区4#楼】 2002年竣工，砖混结构6层，建筑面积7000平方米，工程造价400万元，兴化市建筑安装工程公司承建，获2003年度“省用户满意奖”。

【肇东市绵绣江南一期工程会所】 2005年竣工，框架结构6层，建筑面积8500平方米，工程造价1100万元，兴化市新兴建设工程有限公司承建，获2006年度黑龙江省“结构优质”奖。

【科瑞科技综合楼】 2007年竣工，框架结构6层局部8层，建筑面积2.3万平方米，工程造价2600万元，江苏新兴建设工程有限公司承建，获2008年度黑龙江省“结构优质”奖。

第三节 建筑市场

1991年起，市建筑工程局对建筑队伍外出施工所在地区实行注册制度，由市建筑安装管理处承担建筑市场和行业管理，负责建筑施工企业的资质审查，发放施工执照。由驻外办事处把分散的建筑队伍组织起来，对全市施工队伍统一实行经营管理、质量管理、安全生产管理和财务管理。逐步形成市内市外建筑市场的管理体系，同时强化服务职能，使主体建筑市场和市外建筑市场不断得到拓展。

一、市内建筑市场

1991—2010年，乡镇所在地建筑市场除由兴化施工企业承建各类建筑外，市区主体建筑市场大都由市属建筑施工企业及重点乡镇建筑施工企业承接，完成各类主要建筑分别为：行政建筑56项19.27万平方米，商粮供建筑34项13.37万平方米，医疗卫生建筑21项16.14万平方米，文化建筑15项6.75万平方米，教育建筑54项119.42万平方米，金融建筑7项3.37万平方米，纪念性建筑8项1.38万平方米，邮电建筑8项1.95万平方米，市场建筑40项36.29万平方米，交通建筑9项4.04万平方米；工业建筑56项15.64万平方米，住宅小区建筑113项627.09万平方米。占据全市主体建筑市场的份额达85%以上。

二、市外建筑市场

1991年，新辟南京、上海、昆山、常州、镇江、海南等地市场。1992年先后开辟西安、海南、北海、广州、北京等地市场，并相继设立驻外办事机构。1998年政企分开后，建工局驻外办事处职能弱化，市建筑安装工程公司、第二建筑工程公司、总公司的驻外分公司开始走上前沿，逐渐成为主体。此后，由于国内建筑市场日趋成熟，建工局驻南京、镇江、常州、无锡、昆山、扬州、泰州、沭阳、太仓、吴江、北京、上海、西安、重庆、兰州等地驻外办事处相继变更为总公司驻外工程处，对驻外施工队伍实施管理。

2006—2010年，在北京建筑施工面积达20万平方米。相继承接2.7万平方米，18层的海润大厦及北京会议中心、国家计委办公楼、百荣商贸商城装修项目。其次，重点突破“长三角”市场，先后承接3幢12—14层南京江浦花园工程，工程造价1.8亿元，建筑面积156万平方米。2幢32层的无锡长江绿岛工程，工程造价6000万元，建筑面积6万平方米；蠡园开发区工程，造价2亿元，建筑面积25万平方米；尔后，企业承接规模工程取得新突破，苏兴公司在武汉承建的爱家国际华城项目为28—23层的高层住宅小区，26幢，37万平方米。永泰公司在广东奇美承建的奇美电子房产项目一个单位工程就达245万平方米。屹峰公司在石家庄承建的东岗怡园小区，一、二期33层住宅楼，面积达30万平方米。

至2010年末，兴化市建筑企业逐步形成北京、上海、天津、广东、海南、云南、浙江、湖北、山东、河北、陕西、甘肃、宁夏、黑龙江等省、市、区及省内南京、镇江、常州、无锡、苏州、昆山、吴江、常熟、姜堰、扬州、泰州、宿迁、淮安、沭阳、海安、东台、徐州等地市场，外出施工队伍的经营、质量、安全、财务均由企业自行管理。外出施工企业带动农民工外出施工人数达10万人次，施工产值从2006年的30.5亿元增长到2010年59.1亿元。一大批从事建筑业的农民工有稳定的收入，每年带回劳务收入5亿元以上。

第四节　建筑管理

一、管理机构

兴化市建筑工程局前身为1986年12月成立的县城乡建设环境保护局，负责对全县建筑行业的统一领导和管理，对建筑工程质量实行检查和监督，扶持和发展县、乡建筑业的联合经营，开拓县外建筑市场。1994年10月由政府授权履行对全市建筑行业的行政管理职能；2006年9月，为理顺建筑工程管理体制，市建工局改在市城乡建设局挂牌。2010年5月，市建筑工程局更名为市建筑工程管理局，为市住房和城乡建设局下属事业机构。

1992年11月，成立市建筑安全监察站与市建筑安装管理处合署办公，实行两块牌子、一套班子。安监站主要负责市内建筑工程安全监督管理。成立兴化市建筑职工培训中心和兴化市建筑工程技术咨询服务部，实行有偿服务。2007年，市建设工程质量监督站、市建设工程定额站划归为市城乡建设局管理，市建筑设计院改为民营企业。

二、工程质量管理

1991年，成立市建筑工程质量检测中心，挂靠市建工局。对建筑工程质量管理实行质量否决制、过程三检制、工程质量终身负责制等管理制，对建设工程材料实施质量管理。2003年，该检测机构变更为市建设工程质量检测有限公司，开始市场化运作。2010年，全市有4家检测企业参与市场竞争。

1998年，市建工局、市房地产开发总公司分别成立监理企业，接受建设单位委托，对建设工程质量实行监管。建设工程质量由原来的施工单位自检、质检站核验转变为监理单位常态化监督管理。2005年，上述监理公司通过改制，独立营运。至2010年，全市有监理企业4家，按国家相关规定要求实施监理的建设工程基本都实施监理。2001年后，市质量监督站监督模式由核验制转变为竣工备案制，由报验检查、核定质量等级转变为日常抽查和监督抽测、不定期巡查、监督验收及对竣工工程进行备案等。

1991—2010年，全市无一例不合格工程，未发生一起重大工程质量事故。全市施工企业所建工程获得江苏省优质工程奖12项、省用户满意奖1项，黑龙江省优秀结构将1项，获奖工程建设面积27.45万平方米。1999年，市建筑安装工程总公司获“江苏省建筑业质量管理先进单位”称号。2010年，市建设工程质量监督站被授予“江苏省先进质监站”称号。市建筑安装管理处被授予“泰州市建管先进单位”。

三、建筑安全管理

1988年后，历任建工局局长均兼任安全生产工作领导小组组长。局机关设有负责安全管理的科室，项目部配备专职安全员，形成较为完善的安全管理网络。1992年成立市建筑安全监察站，负责对市内建筑工程安全监督管理。市建工局加强建筑安全生产管理，开展安全生产专项整治，全面落实各级安全生产责任制。每年初局与各建安企业签订安全生产目标责任书，将安全生产目标、任务、责任分解量化。实施《建设工程项目施工安全责任书》制度，全面落实建设活动各主体的安全责任，严格责任追究，确保工程安全施工。开展建筑安全专项整治。将建筑施工高处坠落、物体打击、施工用电、机械伤害、坍塌等作为专项整治的重点。强化对深基坑、高大模板、悬挑脚手架等危险性较大工程项目及时督促其整改。进行建筑安全宣传教育，聘请专家举办深基坑、高支模、脚手架方案编制等专题讲座。要求具有一定规模的建筑工地，建立农民工业余学校，结合工程进度定期对农民工，特别是新进城、新上岗的农民工开展安全操作技能和安全防护知识培训。对A/B/C三类人员进行安全知识培训、考试和继续教育，提高安全意识和安全技能。对施工现场实施安全文明管理。要求施工单位加大对安全文明措施费用的投入，严格执行安全强制性标准，推进安全质量标准化达标工作。每年召开1—2次安全生产、文明施工现场会，做到“以点带面”推进全市“文明工地”和“平安无事故工地”创建工作。至2010年，创建省级文明工地19个，泰州市级文明工地53个。全市建筑业有2322名企业负责人、项目负责人、专职安全管理人员通过培训考核，取得建筑施工企业三类人员安全生产考核合格证。

1991—2010年，全市建筑安全生产形势总体平稳。2004年，市建筑安全监督站被评为“江苏省建筑施工安全生产先进集体”，2010年12月，市建筑安全监察站通过省住建厅组织专家的验收。市建筑安全监察站2008—2010年被省建管局表彰为“江苏省建筑安全管理先进单位”，同时获得“泰州市建筑施工安全生产先进集体”称号。

卷十二 不锈钢产业

20世纪60年代，戴南镇不锈钢制品锻造业起步。20世纪80年代中期，戴南镇不锈钢产品生产企业迅速增加。1992年，邓小平视察南方重要讲话发表后，兴化市及戴南等乡镇地方党委、政府调整思路，积极支持个私经济发展，不断发展壮大不锈钢产业。是年，戴南电厂投资建成钢帘线厂。经过厂领导团队和技术人员刻苦攻关，生产出合格钢帘线产品，打破国外厂商垄断中国市场的局面。2000年，戴南镇不锈钢行业协会成立，制定产品生产标准和质检管理制度。2003年，戴南镇拥有民营不锈钢生产企业750多家，不锈钢制品年产量突破16万吨，占国内生产总量的七分之一，形成一条由原料采购、冶炼到制造成品的完整产业链。是年，兴化不锈钢产业集群成为全省首批6家优质产品生产示范区之一。2006年，兴化市戴南镇被中国金属材料流通协会不锈钢分会授予“中国不锈钢名镇”称号。2010年，全市不锈钢企业达1700多家，其中规模以上企业近300家，产值395.34亿元，占全市列统工业总产值的59.69%，占四大支柱产业（不锈钢、农副产品加工、机械制造、纺织服装）总产值的71.47%。

图12-1　江苏兴达钢帘线股份有限公司九厂生产车间　（2010年摄，戴南镇提供）

第一章　产业发展

2006年4月，省发改委评审通过《中国·戴南不锈钢产业集群"十一五"发展规划及2020年远景目标》。至2010年，逐渐形成一个以戴南镇为核心，覆盖张郭、茅山、溱潼、兴泰、溱东、时堰等三市七镇的不锈钢制品企业聚集区，产品有棒材、丝、网、布、绳、管、钉、焊丝、链条、挂件、标准件、异型材、板材、化工机械等40多个系列上万个品种。

第一节　发展源流

20世纪60年代初，戴南一批铁匠外流上海浦东一带做临时工，收购一些废旧钢材回乡，用传统工艺锻造各种生活用品，走上生产不锈钢制品的第一步。1965年，戴南社会福利厂从武进县小河乡引进不锈钢拉丝工艺，集镇部分铜匠用小坩埚熔炼不锈钢废料浇铸电炉盘等。综合厂和丁泊、赵家2大队用不锈钢丝生产手表带、针灸针、节育环等。锻工较为集中的戴三、祁雁等大队用不锈钢边角料代替普通钢材，生产螺杆、螺帽、垫片等紧固件，迈出生产不锈钢制品的一大步。

20世纪70—80年代，北朱等村将外地不锈钢废旧料运回，陈祁村加工生产，姜介村外出销售，形成三村循环发展。1978年，戴南冶炼厂将不锈钢废旧料通过熔铸生产电炉丝、电炉板、炉筐、炉罐、炉条等产品。20世纪80年代，农修厂、金属丝网厂、高丰石化丝网厂、陈北氢气淬火丝网厂的不锈钢丝网布，丁泊动物笼具、赵家电热杯、电炒锅，董北的弹簧，戴三（新丰）祁雁、陈万的标准件等一批新产品相继涌现。

20世纪90年代初，戴南镇村办工业滑坡。1994起，村办工业进入调整转型期，地方党委、政府调整思路，支持个私经济发展，通过科学编制产业规划、加强创新驱动、加强服务引导等措施，走出一条适合戴南的工业发展之路，逐渐形成废旧原料收购、熔炼、锻打、轧制、加工、产品销售"一条龙"的产业链。

2000年6月，江苏省委提出学习放大"戴南、张郭效应"，培育更多的戴南式乡镇。2000年10月，为适应不锈钢产业的发展，戴南镇成立不锈钢行业协会，建立和完善出台一整套企业产品生产标准和质检管理制度，为不锈钢集群发展提供信息、技术、人才等服务。之后，兴化市政府着力推动不锈钢产业从"放手放开"到"集约集群"的新转变，切实增强支柱产业的竞争力。是年4月，中央电视台《焦点访谈》对戴南不锈钢产品质量进行曝光后，兴化更加认识到必须坚持"质量兴企、品牌兴镇"，加快企业集中、产业集群、资源集约，提升产业竞争优势，实现可持续发展。2001年，戴南与中国特钢协会不锈钢分会共建特钢研究所。2003年，戴南投入资金5亿元，集中打造省级工业园区——江苏戴南科技园区，使之成为苏中苏北体量最大的乡镇工业园区。2006年，戴南镇被中国金属材料流通协会不锈钢分会授予"中国不锈钢名镇"的称号。兴达公司的钢帘线产量居国内第一、世界第三，约占国内市场30%；兴海集团生产的不锈钢焊丝约占国内市场的70%。据统计，全国近70%的不锈钢钢丝、80%的不锈钢非标准件出自兴化戴南。

2008年，全球金融风暴给兴化不锈钢产业带来巨大冲击，企业产成品、库存价值大幅缩水，不少小型不锈钢企业关门停产。为积极应对宏观经济形势变化，进一步调整优化产业结构，提高产品档次，提升发展水平，增强不锈钢产业综合竞争力和抵御市场风险能力，促进不锈钢支柱产业做大做强和健康发展，兴化市先后出台《扶持不锈钢产业五项措施》《关于促进和扶持全市不锈钢产业发展的意见》《全力支持江苏兴达钢帘线有限公司超百亿、创世界第一的意见》等措施，从设立不锈钢产业发展专项资金、实行重大项目用地优惠、对企业纳税超基数分档奖励、鼓励和引导企业做优做强做大、继续设立不锈钢产业发展周转金、扩大担保公司注册资本金、扶持奖励不锈钢再生资源回收利用和调整财政收入分成办法等方面，加大对不锈钢产业的政策扶持。是年，戴南不锈钢产业集群被社科院工业经济研究所评为“中国百佳产业集群”。2009年，兴化市永泰城小额贷款有限公司成立。戴南镇筹建5000万元用作“不锈钢产业发展周转金”，并投入5000万元建设国家级不锈钢质量检测中心、不锈钢研发中心及不锈钢制品创业园，先后与30多家科研院所、高等院校建立紧密型的科技合作关系。

2009年7月，戴南镇在全省率先组建乡镇产业集团——江苏戴南不锈钢集团。是年，进一步加大企业技术改造力度，加快设备更新改造、工艺流程改进、新产品开发等步伐，不断促进不锈钢产品和产业的优化升级。现代物流快速崛起，投资5亿元的钢城物流园初具规模，日吞吐货物3000多吨，有效降低企业运输成本30%以上。不锈钢交易城、万源商贸城、金泽商业街、华尔商业街、钢城物流、华润苏果超市购物广场等大型服务业项目和特色专业市场初具规模。戴南镇不锈钢行业协会升格为兴化市不锈钢行业协会，会员企业发展到216家。全市有不锈钢产业工业企业1000多家。

2010年，按照“企业向园区集聚，产业向集群发展，酸洗向中心转移”产业布局规划，实施产业园区化战略，加快资本、人才、技术等要素向园区的集中和集聚，产业布局日趋合理。形成五大原材料市场和覆盖全国的销售网络，产品有不锈钢丝、网、布、绳、管、钉、带、型钢、浇铸件、标准件、挂件、棒材、焊丝、链条、餐具、化工机械、制药机械、食品机械、环保机械、光学机械、航空器械、装潢建筑材料等40多个系列1万多个品种。兴达公司、江苏新宏大集团公司（简称“新宏大公司”）、江苏兴海特钢有限公司（简称“兴海公司”）、江苏兴龙金属制品股份有限公司（简称“兴龙公司”）等企业被科技部认定为产业基地骨干企业。拥有1家博士后工作站、36家高新技术企业、各类专利产品140多个。全市不锈钢产业总产值395.34亿元，占全市规模以上工业的比重达60%。江苏兴达钢帘线股份有限公司跻身中国民营企业500强，排名第339位。戴南镇入选首批“江苏省创新型乡镇”。

第二节 产业集群发展规划

2006年4月15日，江苏省发改委宏观经济研究院于南京组织并通过中国·戴南不锈钢产业集群战略研讨会暨“十一五”发展规划及2020年远景目标发布会，确定以戴南镇为中心，“三市七镇”跨区域合作，共同打造一个千亿元产业集群，形成在国际国内市场具有较强竞争力

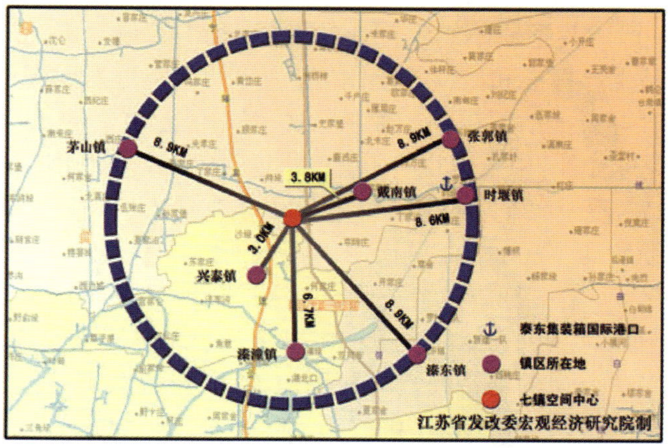

图12-2 3市7镇空间范围图 （市发改委提供）

的“中国·戴南”不锈钢制品这一区域品牌。

“中国·戴南”不锈钢产业集群指分别隶属兴化、姜堰、东台3市7镇的不锈钢企业的集聚区。3市7镇同处里下河地区，地域相邻。改革开放以来，各镇经济和社会得到长足发展，多家企业共同经营不锈钢加工行业，各镇在原有基础上，找准发展的比较优势和特色经济，在产业链上分工合作，错位发展，走以不锈钢产业为基础，特色经济鲜明的发展道路。实施清洁生产。以节能、节水、节材、节地，资源综合利用和发展循环经济为重点，加快节约型社会建设。通过产业集群，提高产业的竞争力，带动地方经济的腾飞。以工业致富农民，以城镇化带动农村，以产业化提升农业。通过产业集群带动社会主义新农村建设。

2010年“中国·戴南不锈钢产业集群”实绩一览表

表12-1

乡镇	地区生产总值（亿元）	销售额（亿元）	财政收入（万元）	企业职工人数（人）	农民人均纯收入（元）	企业总数（家）	销售超亿元以上企业数（个）
戴南	102.25	284.91	167397	38433	13979	1160	32
张郭	43.93	121.47	34739	28747	12759	473	12
茅山	3.71	10.31	5124	11847	9069	76	2
兴泰	9.64	30.68	6051	7486	10003	597	1
溱潼	10.58	15.50	10255	5434	9870	173	3
溱东	24.97	13.81	17956	12815	14310	262	8
时堰	25.99	9.75	16839	14632	12455	312	6
合计	221.07	486.43	258361	119394	11778	3053	64

附

“中国·戴南”不锈钢产业集群“十一五”发展规划（节选）

一、产业集群的战略定位和空间布局

总体定位：打造3市7镇共同拥有“中国·戴南”国际化的不锈钢区域品牌。

1. 不锈钢产业集群空间布局，以戴南为中心，以6镇为支撑，以周边更多乡镇为补充，建设千亿级跨区域不锈钢产业集群。

2. 生产业服务业功能分区空间布局：戴南、茅山建成服务业集聚区，作为研发中心、物流中心、金融中心、中介中心、信息中心；张郭、时堰建成职业技术教育园区；兴泰、溱潼建成休闲度假旅游区；溱东、时堰建成船舶机械和特种钢研发服务中心；建设以戴南为中心的不锈钢产业集群物流圈；建设泰州—戴南—东台铁路支线；在时堰或溱东建成内河集装箱运输港与戴南内河散货码头构成组合港；积极发展天然气管道运输，规划泰州—戴南—兴化天然气管道线路。依托戴南镇不锈钢交易城和姜堰华东五金城，打造产业集群服务平台。以各镇园区为载体，实施循环经济和清洁生产，推行污染治理市场化。

二、产业集群战略目标

1. 经济目标：到2010年，3市7镇不锈钢产业销售额达1150亿元，地区生产总值206.3亿元，

农民纯收入11357元。

2010年3市7镇不锈钢产业集群经济目标一览表

项目＼目标＼镇别	戴南	张郭	茅山	兴泰	溱潼	溱东	时堰	合计
销售额（亿元）	450.0	150.0	50.0	150.0	100.0	150.0	100.0	1150.0
2006—2010年投资额（亿元）	167.0	64.0	23.0	66.0	44.0	60.0	38.0	462.0
地区生产总值（亿元）	100.0	40.0	2.8	15.0	10.0	18.5	20.0	206.3
农民人均年纯收入（元）	16000.0	16000.0	7000.0	8500.0	10000.0	12000.0	10000.0	11357.1

2. 就业目标：到2010年，直接就业机会数154500人，间接就业机会数108150人。

2010年3市7镇不锈钢产业集群就业目标一览表

镇　别	戴南	张郭	茅山	兴泰	溱潼	溱东	时堰	合计
直接就业机会数（人）	76500	15000	3000	17000	5000	20000	18000	154500
间接就业机会数（人）	53550	10500	2100	11900	3500	14000	12600	108150

说明：直接就业：间接就业=10：7。

3. 企业目标：至2010年，以销售额规模为准，建成企业数：百亿元以上2个，10亿元以上10个，1亿元以上100个，5000万—1亿元120个，1000万—5000万元300个，500万—1000万元373个。

4. 环境目标：2010年实现集中治污，达到零排放目标，污染物排放总量削减20%—30%，引导企业参加环境体系标准认证，即ISO14000。2010年力争500家获得认证企业，单位GDP能耗降低20%—30%，吨不锈钢能耗降低30%以上，达到国际同行标准。

5. 人才目标：211企业家工程，企业规模百亿以上两名，10亿以上10名，亿级以上100名。2010年末技术工人占职工总数达75%，其中高级技工和技师占40%。教授级高级工程师100名，中级职称及高级技工1000名，专项技能熟练技工1万名。

6. 创新目标：专利推进工程，每年申请专利10项，使用新型专利100项，外观设计150项。每年填补国内技术空白两项，实现重大突破5项，消化吸收先进工艺产品或生产流程20项。

第二章　企业与产品

1991—2010年，戴南镇境内先后存在乡镇办不锈钢工业企业12家。兴化市轻工机械厂原为市属大集体性质，1993年下放戴南镇管理。1994—2000年，全市村镇办工业进入调整转型期，有的由于经营不善，产品无销路而闭歇，有的改制成个体私营企业，民营不锈钢企业开始逐步兴起。2000年后，兴化不锈钢产业进入飞速发展阶段。2001年全市有不锈钢企业460家，年产值25

亿元。2010年，全市不锈钢企业达1700多家，其中规模以上企业近300家，产值395.34亿元，较2001年增长近15倍。

第一节　骨干企业

一、江苏兴达钢帘线股份有限公司（简称“兴达公司”）

位于戴南科技园区。创建于1988年，脱胎于兴化市戴南热电厂。1998年2月25日公司经省人民政府苏政复（1998）9号批准，于同年3月27日在省工商局登记注册，正式改制为“江苏兴达钢帘线股份有限公司”。公司为生产子午线轮胎骨架材料的专业厂家，注册资本13460万。2004年底，公司领取商业部颁发的《外商投资企业证书》。2005年，兴达国际控股有限公司成立，总部设在上海。2006年底，兴达国际控股有限公司在香港联交所挂牌上市，兴达公司融资渠道延入国际范畴，从单一的“资产经营”步入“资本经营”。2009年10月15日，经兴化市委批准，公司党委隶属市委直管。2010年，公司职工8000多人，设有国家博士后科研工作站、国家认可的实验室、国家认定企业技术中心及省特种合金制品工程技术研究中心，与北京橡胶工业研究设计院、南京航空航天大学有长期合作关系。至2010年，企业总资产为68.6亿元。公司主导产品子午线轮胎用钢帘线年生产能力55万吨，国内市场占有率30%，国际市场占有率达10%，成为亚洲第一、全球第三的钢帘线生产和研发基地。是年，公司实现销售60.29亿元，创利税11.44亿元。

图12-3　江苏兴达钢帘线股份有限公司在香港联交所成功上市　（2006年摄，市委宣传部提供）

至2010年，公司拥有7个主产品生产厂和1个热电厂。一厂兴建于1992年，专业生产胶管钢丝和切割钢丝，是开发新产品的中试工厂。二厂1998年建成，专业生产胎圈钢丝。三厂2001年投产，主要生产1522全钢帘线。六厂2003年建成投产，产能是3个厂的总和，以全钢帘线为主产品。五厂2003年动工兴建，2004年底投产，生产全钢、半钢、高伸长等规格的钢帘线。八厂2005年动工，2006年部分投产，设计能力年产15万吨，是前5个厂产能的总和，主要生产全钢和半钢规格的产品。九厂2009年3月奠基，2010年2月部分投产。兴达热电厂，电能纳入国家电网统一调度，蒸汽供应公司各生产厂专用。2000年后，公司建成3个兴达小区，解决1150户、2200多单身职工住房困难，建成设施一流的宾馆——绣园，集多功能于一体的兴达会议中心。

至2010年末，公司具备自主研发、并拥有自主知识产权的子午线轮胎专用高性能新结构钢帘线生产技术开发成果，该成果2005年获得国家科技进步二等奖。公司拥有授权专利126项（其中发明专利10项）。兴达公司是“国家优秀重点高新技术企业”“江苏省百强高新技术企业”“江苏省首批创新型企业”以及“子午线轮胎用钢帘线”国家标准制定单位、泰州市十强乡镇企业。“兴达”牌商标被评为国家驰名商标，“兴达”牌钢帘线被评为江苏省名牌产品和出口名牌产品。

1993—2010年江苏兴达钢帘线股份有限公司主要产品产量一览表

表12-2 单位：吨

年份	胶管钢丝	胎圈钢丝	钢帘线	年份	胶管钢丝	胎圈钢丝	钢帘线
1993	约500	—	—	2002	283	10535	23208
1994	—	—	363	2003	265	16708	51605
1995	约1000	—	1624	2004	18	23884	96081
1996	—	—	2696	2005	20	28365	145137
1997	—	—	3120	2006	80	27174	165137
1998	—	—	3988	2007	265	36176	198024
1999	—	2342	5220	2008	511	39291	216161
2000	—	5545	7746	2009	1087	43545	265559
2001	—	9094	10526	2010	4516	64264	365907

说明：1994年以及1996—2001年胶管钢丝产量、1993—1998年胎圈钢丝产量，资料散失未能列出。

二、江苏申源特钢有限公司

组建于2002年5月，是全国最大的主产内燃机气阀钢棒的国家重点高新技术企业。公司注册资本10180万元，资产总额58721万元，固定资产37400万元，产品广泛应用于各类发动机气门、机械、石化、锅炉等制造行业，市场占有率超过35%。公司在核心技术领域上加大研发力度，与首都钢铁研究总院、上海材料研究所、东南大学、武汉理工大学等重点科研院所、高等院校展开技术合作，研制开发的5Cr21Mn9Ni4N气阀钢棒荣获省高新技术产品、被科技部认定为国家级火炬计划、国家重点火炬计划项目，1Cr25Ni20Si2、1Cr20Ni14Si2、1Cr18Ni9、1Cr6Si2Mo等耐热不锈钢扁钢、圆钢已成为各大锅炉厂指定配套材料，拥有多项自主知识产权，获国家专利2项，产品市场覆盖率达30%以上，企业通过新加坡PSB认证公司的ISO/TS16949质量认证，先后成为美国伊顿公司、福特公司、日本冈谷机公司的合格供方，成为国内十大气门企业的优秀供方。该公司推进2000万支气门生产线项目，投资1.5亿元，新上一条25吨电弧炉、25吨LF炉、AOD炉生产线，投资1500万元新上德国FOERSTER公司全自动涡流探伤机，使公司生产装备、检测装备以及生产工艺都处于国内先进水平，具有特殊钢年生产能力10万吨，可生产气阀钢、模具钢、轴承钢等系列产品，扩大市场占有率，批量进入国际市场，参与国际市场竞争。2010年，投资2.4亿元的10万吨内燃机专用气门精品生产线项目奠基开工建设。全年实现销售7.28亿元，入库税金4193.39万元。

三、江苏兴海特钢有限公司

位于戴南科技园区，占地13.34万平方米，建筑面积14万平方米。于1992年由戴南物资站投资兴办。1996年升格为省级集团公司，下设特殊钢有限公司、焊接材料有限公司、电焊条制造有限公司、不锈钢焊丝有限公司、气门钢制造有限公司、特殊钢研究所。2001年12月，改制为民营企业，拥有资产1.86亿元，是集科研、生产、销售于一体的中型现代企业，江苏省民营科技企业，国家火炬计划兴化特种合金材料及制品产业基地和省内第一批特色产业集群重点骨干企业，中国特钢企业协会不锈钢分会及中国金属材料流通协会不锈钢分会常务理事单位，省文明单位，省重合同守信用企业，泰州市50强工业企业，兴化市政府重点培植的“111工程”企业。公司经省经信委

图 12-4　不锈钢焊丝生产线（2005年摄，戴南镇提供）

认定为企业技术中心，通过引进，消化吸收，再创新。采用先进的电炉、精炼炉、电渣重熔、水平连铸、连轧、连拔生产装备，并引进国外先进的微电脑控制技术氢退流水生产线和直进式拉拔生产线。全线配有德国和日本直读光谱分析器等检验检测设备。在同行业中率先通过ISO9001和ISO/16949国际质量体系认证，掌握具有自主知识产权的核心技术和多项发明专利，多项成果获得奖励。超低碳特种不锈钢丝和镍铬铁铌不锈钢丝被认定为国家重点新产品，特殊钢焊接用不锈钢焊丝是省高新技术产品。生产高档次、高性能、多规格的系列不锈钢焊丝和内燃机气阀用钢。2010年，公司有员工516人，其中中高级技术人员89人。拥有总资产1.86亿元，其中净资产1.15亿元。年生产不锈钢产品2.2万吨，实现销售4.5亿元，利税3689万元。主导产品为“兴海”牌焊接用不锈钢丝和内燃机气阀钢用钢，分别获“江苏名牌产品”称号。不锈钢焊丝国内市场占有率达70%以上，是国内最大的不锈钢焊丝生产基地和较大的气阀钢生产厂家。

四、江苏兴龙金属制品股份有限公司

位于戴南镇董北村，创立于1984年，前身为村办企业江苏兴龙集团。1997年改制为股份有限公司。占地7.8万平方米，厂房建筑面积6.2万平方米，固定资产1.8个亿元，员工420人，其中工程技术人员168人，内有高级工程师3人。1998年，公司通过ISO9001：2000质量管理体系认证并成立汽车配件研究所，有78人专业从事汽车零部件研究和开发。1999年认定为“江苏省高新技术企业”。2002年，公司取得自营出口资格，2008年成立泰州市工程技术研究中心，2010年与中钢集团郑州金属制品研究院联合申报组建江苏省工程技术研究中心。工程技术人员118人。2005年科技部认定为“国家火炬计划兴化特种合金材料及制品产业基地骨干企业”，2008年认定为“江苏省民营科技企业”“AAA级重合同守信用企业”“外贸出口先进企业”“全国质量信得过企业”“全国重点保护品牌企业”等称号。2010年，公司拥有高速拉丝机、水箱拉丝机200余台，各类型号捻股机、合绳机300多台套。配有拉力试验机、光谱检测仪ROHS检测仪、盐雾试验机、元素分析仪等全套检测设备。年产AISI304、AISI316材质不锈钢丝绳、镀锌钢丝绳车用控制索拉筋线、各类钢绳索具等5000多吨，广泛应用于建筑装潢和农材、石化、渔业、医疗器械等行业，是中国钢丝绳行业的重点骨干企业和金属制品产销基地。全年销售收入33365万元，创利税5390万元。产品覆盖全国市场，拥有1800多家用户。至2010年，公司研发新产品和专利15个，其中国家级高新技术产品2个、江苏省名牌产品和高新技术产品4个、专利13个，产品70%出口海外，远销美、英、意、德、韩、西班牙、俄罗斯、澳大利亚等60多个国家和地区。

五、江苏星火特钢有限公司

1991年始建于戴南镇丁家泊，原名“兴化市星火不锈钢制品厂”。1999年因企业发展需要，迁址戴南镇区，2001年在戴泽工业区重建新厂，企业改为现名。与北京科技大学合作投资建成不锈钢棒材连轧生产线，实现一火成材的生产工艺，获得较好的经济效益。2005年，在科技园区征用土地100多亩，兴建1万多平方米厂房，自主开发不锈钢高速线材控轧控冷连轧生产技术，引进具有国际先进水平的达涅尼无扭轧机，实现不锈钢线材无扭轧制，将本地区不锈钢线材产品推

江苏星火特钢有限公司旧址
（1999年摄，市经信委提供）

图12-5 江苏星火特钢有限公司 （2006年摄，市经信委提供）

向更新的层次，填补省内空白。2009年，不锈钢材料及制品工程技术研究中心生产线和“星研楼”建成，投资4000多万元的不锈钢新材料中试生产线投入生产，新增非真空、真空冶炼、氩氧精炼、电渣重熔工艺，进行不锈钢、特种合金新材料的研究与开发。至2010年末，公司先后与南京理工大学、南京工业大学、中国科学院金属研究所、北京科技大学等高校及科研院所进行广泛合作，建立南京工业大学教学实习基地、江苏省企业院士工作站、江苏省不锈钢材料及制品工程技术研究中心、江苏省企业技术中心等产学研机构。开发韧性高铬铁素体合金、韧性铁–铬–铝铁素体电热合金、高锰低镍纳米析出相奥氏体抗菌不锈钢、软磁不锈钢等专利新产品，其中“韧性高铬铁素体合金”被认定为2010年国家重点新产品，产品替代进口，远销欧美。2010年，江苏省院士（陈国良）工作站建成。2010年，公司销售总额23058万元，创利税3093万元。先后获得“江苏省AAA级重合同守信用企业”“江苏省高新技术企业”“江苏省创新型企业”“江苏省首批中小企业创新能力建设示范单位”“全国乡镇企业创名牌重点企业”等称号。

六、江苏振亚特种螺钉有限公司

位于戴南镇罗顾工业园区，宁盐公路西侧。创办于1999年，系全国生产不锈钢标准件重点骨干企业、中国特钢协会不锈钢分会理事、中国机械通用零部件工业协会、中国机电产品进出口商会和泰州市质量协会会员单位。公司占地20万平方米，标准厂房近9万平方米，主要生产国标、德标、美标、英标不锈钢标准件及各类非标产品。2003年，公司通过ISO9001：2000质量体系管理认证，2006年，产品评为“江苏名牌产品”，“振亚”商标评为江苏省著名商标。2009年投资1.3亿元新上AOD精炼炉，2010年投资2.8亿元新建轧钢厂，装备国内领先的棒线材连轧生产线，年产量达30万吨。至2010年，公司设3个分厂：一分厂专业生产紧固件；二分厂AOD精炼炉接连轧机，生产方、圆、板、矩形钢坯；三分厂轧钢分厂，粗轧、中轧、预精轧、精轧流水生产大小棒材、盘条等。拥有系统的检测设备，保证产品优良的品质。产品远销日、韩、东南亚、中东及欧美市场，并在迪拜及中国香港组建振亚贸易有限公司。公司292名职工中，各类专业技术人才有120名。公司连续5年评为“泰州市重合同守信用单位”，连续3年被评为“省AAA级资信企业”“泰州市明星企业”“泰州市十强私营企业”。是年，公司销售额36216万元，利税5788万元。

七、江苏沪宝不锈钢有限公司

位于戴南镇东北郊北姜工业区，创办于1994年，占地3.6万平方米，建筑总面积1.9万平方米。2002年，公司通过ISO9001：2000质量体系认证，加入中国特钢企业协会不锈钢协会。2005年投资3000万元，新上冶炼炉，选用先进设备，采用高新技术，在兴化市率先开发不锈钢中板项目，获得成功，公司主要产品有：不锈钢中厚板、不锈钢盘元、不锈钢丝、棒材、角钢、扁钢、方钢、槽钢、异型钢等。从冶炼到成品一条龙生产线，年产3万多吨。公司先后被评为AAA级重合同守信用企业，连续六年诚信单位，十强纳税企业。“沪宝”商标已被国家工商总局批准注册。2010年，公司销售总额38440万元，创利税5590万元。

八、江苏新宏大集团有限公司

位于戴南科技园区，占地面积17万平方米，拥有标准厂房7.2万平方米，注册资本1亿元，资产总额4.5亿元，其中固定资产7420万元。该公司始建于1992年，由江苏新宏大集团有限公司（母公司）与江苏宏大德尔搅拌设备有限公司、江苏宏大科技开发有限公司、江苏宏程化工设备安装有限公司、江苏宏润压滤机有限公司4家子公司组建而成。为中国磷肥、硫酸行业设备服务网络成员，中国有色冶炼设备制造领域的重点骨干企业，丝网除沫器行业标准的编制单位，中国化工工程建设标准选用定点单位，是国家高新技术企业、江苏省民营科技企业、中国专利江苏百强企业、国家火炬计划兴化特种合金材料及其制品产业基地骨干企业、江苏省“扶持重点企业发展加强财源建设”试点企业、江苏省重点培育高成长型民营企业、江苏省科技型中小企业、江苏省中小企业知识产权运用示范企业、江苏省中小企业信息化优秀示范企业、AAA级银行信用企业，并得到政府部门提供的项目扶持资金。公司产品被广泛应用于硫、磷酸、磷复肥、氧化铝、钛白粉、湿法冶炼等行业，先后参加过近两百项工程建设，正常业务往来客户600多家。

图12-6　江苏新宏大集团　（2009年摄，戴南镇提供）

公司827名职工中，有工程技术人员221人，其中专家级技术人才20人。公司自主开发和合作开发相结合，研制技术国内领先，填补国内空白的机械设备。与贵阳铝镁设计院、南化设计院、中国有色设计总院、中国科学院金属研究所、合肥通用机械研究院分离机械研究所、英国BEGG COUSLAND公司、瑞典SANDVIK公司、德国Rauschert Verfahrenstechnik公司等多所高等院校、国外企业建立技术合作关系，并设立江苏分离机械工程技术研究中心和全国最大的搅拌试验中心。先后开发一系列新产品，其中转盘真空过滤机、纤维除雾器、深锥浓密机、立式全自动压滤机被认定为江苏省高新技术产品，转盘真空过滤机获国家发明专利（专利号ZL02112753.0），同时被评为中国专利优秀奖，并被立入省火炬计划项目，浓密机、立式全自动压滤机获国家发明专利，纤维除雾器被省科技厅立为省火炬计划项目，搅拌器获得中国有色金属工业科学技术奖三等奖。其中转盘真空过滤机、纤维除雾器、浓密机及搅拌市场占有率分别为90%、40%和10%左右。公司以每年不低于销售收入5%的研发经费投入，确保公司产品在国内外同行业处于优势地位。先后申请专利63项，获授权52项（其中7项为发明专利）。

2009年11月，经英国SGS公司认证，公司通过换版后的ISO9001：2008质量体系认证。同时，“新宏大”商标被评定为江苏省著名商标。2010年，实现销售收入3亿元，上缴税金1447万元。

九、江苏宏泰不锈钢丝绳有限公司

位于戴南科技园区北大门口，距宁靖盐高速公路出口处仅300米，占地面积7.2万平方米，建筑面积5.26万平方米。1994年4月创办。公司引进先进生产设备和检测仪器，拥有捻股合绳机300多台，形成冶炼、拉拔、热处理、捻股合绳一条龙生产线。通过ISO9001：2000质量体系认证和ISO14001：2004环境体系认证。公司职工244人。有无磁耐腐蚀不锈钢丝绳、高强度不锈钢丝拉索、36×19不旋转无磁不锈钢丝绳、304H绿化防护网、新型拉丝清洗机、新型钢丝绳后变形器等14项专利。公司先后获得江苏省名牌产品、江苏省著名商标、江苏省民营科技企业、AAA重合同守信用证书、外贸出口先进企业、技改十佳工业企业等称号。“宏泰”牌主要产品有不锈钢丝绳，不锈钢索具、不锈钢丝4大类、100多个品种。产品覆盖全国大中城市，不锈钢丝绳远销欧、美等30多个国家和地区。2010年，销售总额21248万元，创利税3263万元。

十、江苏明璐不锈钢有限公司

位于戴南镇科技园区西部，占地9.9万平方米，厂房、仓库、办公室等建筑面积4.2万平方米，是生产不锈钢丝及不锈钢异型材的专业公司。前身是兴化市明大不锈钢制品有限公司，2000年7月在赵家村工业园区内开业。初仅有数十名员工，经过短短数年的经营，企业走上转型升级的二次创业之路。2006年，公司淘汰落后生产设备，花巨资添置20吨电弧炉、20吨AOD精炼炉及摩根五代不锈钢高速轧机、快速拉丝机、氢退火等设备，配齐常规检测检验仪器。除在兴化市广招熟练工人外，更到浙江、福建、广东聘请工程技术人才，公司员工254名。2010年，公司拥有固定资产15459万元，销售额19751万元，利税2764万元。

十一、泰州华泽金属工业有限公司

位于戴南东陈工业园区。1987年创业，从一个10多万元启动资金的拉丝小作坊，滚动发展成拥有近亿元资产和成套进口设备的不锈钢丝专业制造企业。1995年与在中国台湾客商共同投资创办合资华泽金属工业有限公司，占地5万平方米，厂房建筑面积2万平方米。拥有先进的不锈钢丝制造设备和完善检测手段，年产值增长30%。20世纪80年代初，公司成功研发兴化市第一台氢气淬火炉，2004年投入资金3000万元进行技术改造，形成年产7万吨不锈钢丝能力，产品外销90%。公司推行SOP标准化作业管理，通过ISO：9002质量体系认证，使质量与国际接轨。2005年，投资3500万元，新上15吨中频炉和18吨AOD精炼炉生产线，年生产0.10—1.00mm各类优质不锈钢丝万吨以上，是国内微型不锈钢丝生产的骨干企业。2010年，公司产品有不锈钢织网线、软管线、胸口线、弹簧线、雨伞线、厨洁具轻拉线、螺丝线等。主要外销欧、美等20多个国家和地区。是年，公司有职工205人，年销售额23086万元，创利税3288万元。

2010年兴化市销售亿元以上企业一览表

表12-3

企业名称	开业时间	业主姓名	职工人数	固定资产（万元）	主要产品	销售收入（万元）
江苏兴达钢帘线股份有限公司	1998年2月	刘锦兰	8000	686000	钢帘线	602869
江苏兴达特种金属复合线有限公司	2003年3月	刘锦兰	—	—	特种金属	156130
江苏申源特钢有限公司	2002年	宫友军	1000	37400	气阀钢棒	72771
江苏京生软管有限公司	1988年	赵京生	800	—	金属软管	22505
江苏新华合金电器有限公司	1998年7月	华大凤	186	—	合金制品	29344
江苏荣明不锈钢有限公司	1991年	徐克荣	—	—	不锈钢丝、线	12007
江苏申达金属制品有限公司	2004年	黄兴国	250	—	金属制品	29581
泰州长联不锈钢有限公司	—	吉红旗	200	—	角钢、钢棒	10088
兴化市三元不锈钢制品有限公司	2007年	顾玉明	200	—	不锈钢带、管	10075

续表 12-3-1

企业名称	开业时间	业主姓名	职工人数	固定资产（万元）	主要产品	销售收入（万元）
江苏兴海特钢有限公司	2001年12月	刘庄明	516	12032	不锈钢焊丝	44953
兴化长利不锈钢材料有限公司	1990年10月	包月琴	528	15000	不锈钢带、装饰管	19820
江苏新宏大集团有限公司	1992年6月	陈爱民	827	36876	化工用过滤机	31143
江苏兴龙金属制品股份有限公司	1997年4月	张　宝	273	9538	钢丝绳、软轴软管	33365
江苏希尔发集团有限公司	1993年8月	陈文涛	277	11925	不锈钢民用装饰管	18065
泰州市永勤机械有限公司	2002年4月	朱玉勤	95	7486	不锈钢铸件	20034
江苏新华达不锈钢有限公司	2001年8月	姚文学	189	9205	不锈钢丝	32240
江苏东明集团有限公司	1990年5月	李卫东	145	5531	汽车配件	11434
江苏振亚特种螺钉有限公司	1999年3月	杭汉林	292	26027	不锈钢紧固件	36216
江苏鑫泽不锈钢制品有限公司	1995年3月	宋洪林	183	5351	不锈钢丝	19973
江苏沪宝不锈钢有限公司	2002年4月	朱其宝	214	10153	不锈钢锻件	38440
江苏天华不锈钢有限公司	1995年1月	姚立科	147	12179	不锈钢铸件	31040
泰州兆丰金属材料有限公司	1999年1月	黄　荣	115	10607	不锈钢焊丝	23824
兴化市新光合金材料有限公司	1999年8月	仲元美	111	4660	不锈钢丝	16099
兴化市正大特钢焊材有限公司	2000年3月	丁正和	82	2932	特种钢焊丝	14624
兴化市佳利达不锈钢制品有限公司	2001年7月	韩建佳	80	2529	不锈钢丝	13220
兴化市长江铁路器材有限公司	2000年2月	钱中民	97	5143	铁路器材配件	25597
兴化市兴津不锈钢制品厂	2000年6月	朱学忠	43	2391	不锈钢丝	12412
江苏星火特钢有限公司	2002年10月	翟世先	244	9989	不锈钢丝	23058
泰州华新航空备品制造有限公司	1996年9月	周仁茂	91	3168	不锈钢航空备品	13899
兴化市兴宇不锈钢制品有限公司	2003年2月	武　寅	98	2926	不锈钢丝	12929
兴化市环宇焊材有限公司	1998年11月	李永祥	53	3847	不锈钢焊丝	16978
江苏华丰不锈钢制品有限公司	2001年1月	祝玉峰	119	3124	不锈钢丝	11373
江苏兴天金属制品有限公司	2003年11月	蒋长凤	93	8189	不锈钢锻件	21911
江苏前进不锈钢有限公司	1991年2月	蒋中才	78	3083	不锈钢丝	12204
江苏明璐不锈钢有限公司	2000年7月	马爱明	254	15459	不锈钢丝	19751
江苏宏泰不锈钢丝绳有限公司	2000年2月	陈爱红	244	7502	不锈钢丝绳、索	21248
兴化市万伟不锈钢制品有限公司	1996年2月	魏万佳	77	3569	不锈钢丝	11702
兴化市隆生不锈钢制品有限公司	2000年8月	陈苏兰	47	3781	不锈钢丝	14924
兴化市华明不锈钢制品有限公司	1998年2月	马立根	89	3739	波纹管	14523
兴化市宏云特钢制品厂	1991年1月	刘庆云	50	7200	机械配件	15021
江苏宏诚不锈钢制品有限公司	2004年4月	朱红桂	110	4792	机械配件	24656
泰州华泽金属工业有限公司	2002年12月	马建华	205	13306	不锈钢丝	23086
江苏德固不锈钢制品有限公司	2001年11月	武智勇	90	4266	不锈钢铸件	11077
兴化市大明不锈钢有限公司	2004年1月	丁佩泉	124	7497	不锈钢丝	13049

续表 12-3-2

企业名称	开业时间	业主姓名	职工人数	固定资产（万元）	主要产品	销售收入（万元）
泰州市泰富金属制品有限公司	2003年7月	朱玉文	125	5755	不锈钢标准件	24415
兴化市东鹏不锈钢制品有限公司	2003年5月	戴卫东	126	8793	不锈钢标准件	16973
江苏延飞特钢有限公司	2000年7月	赵德明	60	8163	不锈钢标准件	13486
兴化市兆泰金属材料有限公司	2005年8月	朱玉勤	28	9685	不锈钢制品	52530
兴化市恒源特钢有限公司	2000年7月	刘长松	200	—	铸钢件	20255
泰州市同鑫不锈钢材料有限公司	2009年	宗义正	—	13000	钢锭	533210
兴化市锦鑫特钢有限公司	2003年	谢吉祥	200	—	合金钢制品	31724
兴化市万恒特钢有限公司	2003年10月	陈川平	—	16240	合金钢、不锈钢	21145

第二节 主要产品

一、钢帘线

20世纪90年代后期，子午线轮胎用钢帘线成为兴达公司主导产品。钢帘线是橡胶轮胎的骨架材料，其内心是质地坚挺的高碳钢，能抗拉伸，但不能与橡胶粘合，必须镀铜，黄铜中铜、锌元素能与橡胶微粒紧密结合，增加轮胎抗压强度。因此钢帘线生产流程中就有“粗中拉”“电镀”“湿拉”“捻股”四道工序。兴达公司依靠科技攻克“热处理”“电镀”“捻股”中系列难关，生产合格产品，并开发高强、超高强、高伸长等系列新品，填补国内空白，打破外国厂商垄断钢帘线市场的局面。至2010年，成为国内最大的钢帘线生产基地，国内市场占有率30%。

图12-7 江苏兴达钢帘线股份有限公司的电镀车间（2010年摄，市经信委提供）

钢帘线规格一览表

表12-4

钢帘线结构	钢帘线结构
2×0.295HT 高强	3×0.22/9×0.20HT
2×0.30ST 超高强	3×0.24/9×0.225HT
3×0.28HT TR	3×0.25/9×0.225+0.15HT
3×0.30HT OC	0.22+6+12×0.20HT

续表 12-4

钢帘线结构	钢帘线结构
3×0.28ST	0.25+6+12×0.225HT
3×0.38 普强	3+9+15×0.175+0.15
2+1×0.25HT	3+9+15×0.22+0.15
2+2×0.25	0.20+18×0.175HT
2+2×0.25HT	0.22+18×0.20HT
2+2×0.28	3+8+13×0.18+0.15HT
2+2×0.28HT（高强）	5×0.30HI
2+2×0.30HT	5×0.35HI
2+2×0.35HT	5×0.38HI（高冲击）
2+2×0.35ST	3×4×0.22HE（高伸长）
3+2×0.35ST	3×7×0.20HE
2+7×0.21	3×7×0.22HE
2+7×0.25HT	4×4×0.22HE
2+7×0.28HT	4×6×0.265HT HE
3+9×0.22	4×6×0.30HT HE
3×0.20+6×0.35	4×7×0.25HT HE
3×0.20+6×0.35HT	4×7×0.35HT HE
3/6×0.35ST（超高强）	7×7×0.22+0.15
3+8×0.33HT	7×7×0.22+0.15HT
3+8×0.33ST	7×7×0.25+0.15HT
3+9×0.22+1.5	7×（3+9×0.245）+0.20HT
3+9×0.22+1.5HT	7×（3+9+15×0.175）+0.20HT
12×0.20+1.5	7×（3+9+15×0.22）+0.22HT
12×0.20+1.5HT	7×（3+9+15×0.245）+0.245HT

二、汽车配件

兴化汽车配件制造始于20世纪80年代，有农机修造厂生产的汽车连杆、曲柄厂生产的汽车万向节中轴。20世纪90年代初，有江苏兴龙金属制品股份有限公司生产汽车换挡推拉索、软轴总成，江苏东明集团有限公司生产汽车冷挤压件、等速万向节零件、变速箱输入轴、输出轴，新世纪、兴化旺中旺不锈钢带厂生产冷轧钢带、弹簧钢带等。

江苏兴龙公司主要产品有不锈钢丝绳、镀锌钢丝绳、镀铜钢丝绳、涂塑钢丝绳、发黑钢丝绳、铁道用钢丝绳、航空用钢丝绳、钢丝绳成套索具、汽车用控制索具、吊索具等。20世纪90年代初该公司开拓市场，自主研发与“二汽”配套的软轴软管，实现产品从不锈钢丝绳向管索的延伸。至2010年，控制索系列产品有换挡软轴总成、选档软轴总成、刹线、拉丝里程表等80多种规格，200多个品种，年产250万套支。公司有制绳、制管、包塑组装流水作业线。可根据市场需求生产新的规格品种，广泛用于汽车、摩托车、船舶、农业和工程机械的传动控制系统、产品覆盖国内1800多家客商，远销欧美、东南亚、中东60多个国家、地区。

三、自行车配件

兴化自行车配件生产起步于20世纪80年代，主要生产地在戴南镇。经过20多年的发展，已形成一定规模。兴化市自行车链轮曲柄有限公司主要产品“风火”牌自行车链轮曲柄，是江苏自行车零部件重点生产企业，全国最大的自行车链轮曲柄生产和出口基地之一。1995年，企业具有年产600万套系列自行车链轮曲柄能力，产品90%出口和为知名三资企业配套。为调整产品结构，1999年投资210万元，先后完成锻工生产线、金工生产线专机改造，新上金工拉方生产线和外贸精品生产线，开发系列连体链轮曲柄、超变速链轮曲柄。2000年，研制开发定档定位链轮曲柄和铝合金包塑链轮曲柄，从而降低生产成本，提高产品档次和产品质量。继42I×34I×24I小三片铁罩，塑罩系列38I×28I＋速及卡式塑罩系列产品的开发成功，又成功开发48I×38I×28I×170、48I×42I×36I×32I×165、42I×34I×24I定档定位新品以及包塑弯曲柄和锻造铝合金曲柄，新产品贡献份额占总产值50%以上。2001年9月，与毛里求斯合资兴办泰州凯特机械有限公司，月产链轮曲柄25万套。2004年5月，兴办天津兴化链轮曲柄有限公司，月产30万套。产品畅销国内14个省市。加入长征、金狮集团，打入上海市场，与“凤凰”联姻，并远销欧、美、亚、非四大洲。“风火轮”牌系列链轮曲柄获1995年中国高新技术和新产品博览会银奖，被评为省优、部优产品。2007年，产值4922万元，出口创汇1000多万元。2010年年产达800万套，国内市场占有率22%。

四、其他不锈钢制品

1991—2010年，兴化市其他不锈钢产品主要有钢丝、焊丝、网布、绳、索、管、带、钉、链条、挂件、棒材、标准件、异型钢以及成套化工、制药、食品、航空、铁道、环保等机械配件40多个系列，10万多个品种。戴南、张郭、昭阳镇、开发区为主要生产地，汇集成规模庞大的产业群。

2010年戴南镇主要不锈钢产品产量情况一览表

表12-5

产品名称	年产量（万吨）	年产值（亿元）	生产厂（家）	重点企业
棒材	35.00	90.00	120	华达、星火
盘条、丝材	22.00	39.00	320	华光、华泽
焊丝	4.00	12.00	7	兴海
型钢	5.00	20.00	23	苏奇、大明、隆生
钢管	3.00	9.00	10	苏源、顺通、永泰
标准件	2.00	5.00	260	振亚、长江
精密铸件	6.00	12.00	43	华鑫、振强、星月
化工、医药、食品机械	—	3.00	6	新宏大、东明
中厚板	20.00	40.00	6	沪宝、华明
带材	10.00	20.00	18	旺中旺、峰霞
钢丝绳	3.00	9.00	32	兴龙、宏泰、亚盛
弯头、管接头法兰	1.00	1.00	46	超威、精业
软轴软管	1.00	0.24	8	东方
筛管、水处理制品	—	0.30	7	润源、华联、联华
装潢管	4.00	12.00	12	春日

续表 12-5

产品名称	年产量（万吨）	年产值（亿元）	生产厂（家）	重点企业
波纹管补偿器	0.17	0.70	7	华明、金帆
挂件	0.21	0.40	52	德固、兴明
排钉、元排	0.25	0.60	16	成信、华明
航空配件	—	0.20	1	华新
喉箍	0.40	0.20	8	华驰
热水器	—	0.15	5	中新
合计	117.03	274.79	1007	—

第三节　名优产品名录

至2010年，兴化市不锈钢企业有江苏省名牌产品7家、泰州市名牌产品13家。

2010年兴化市不锈钢企业江苏省名牌产品一览表

表 12-6

企业名称	商标/产品名称
兴化市长利不锈钢材料有限公司	“长利”牌不锈钢材
江苏兴达钢帘线股份有限公司	“兴达”牌子午线轮胎用钢丝帘线
江苏兴海不锈钢有限公司	“兴海”牌焊接用不锈钢丝
江苏振亚特种螺钉有限公司	“振亚”牌不锈钢螺栓
江苏兴龙金属制品股份有限公司	“兴龙”牌钢丝绳
兴化市精密铸钢有限公司	“兴精”牌XJ不锈钢铸件
江苏申源特钢有限公司	“申源”牌内燃机气阀钢棒

2010年兴化市不锈钢企业泰州市名牌产品一览表

表 12-7

企业名称	商标/产品名称
泰州华泽金属工业有限公司	“华泽”牌不锈钢丝
江苏新宏大集团有限公司	“新宏大”牌不锈钢化工设备
江苏星火特钢有限公司	“高耐”牌不锈钢棒材
江苏兴海特钢有限公司	“兴海”牌内燃机气阀钢棒
江苏宏泰不锈钢丝绳有限公司	“宏泰”牌不锈钢丝绳
泰州市汇能不锈钢制品有限公司	“汇能”牌不锈钢带
江苏春海电热合金制造有限公司	“春龙”牌高电阻电热合金
江苏宏诚不锈钢制品有限公司	“宏诚”牌不锈钢材

续表 12-7

企业名称	商标/产品名称
江苏华信达特钢科技有限公司	“华信达”牌超强型耐热钢
江苏沪宝不锈钢有限公司	“沪宝”牌不锈钢中厚板
江苏申源特钢有限公司	“申源”牌内燃机气阀钢棒
泰州市精工链条总厂	“精工”牌精密滚齿
江苏希尔发集团有限公司	“希尔发”牌不锈钢型钢及中厚板

第三章 园区和专业市场建设

第一节 江苏戴南科技园区

江苏戴南科技园区始建于1992年。始称兴化市东南工业园区，在原戴南镇西部，盐靖河东岸，茅山河从园区流过。2000年，戴南、顾庄两乡镇合并，2003年7月园区西扩，位于原戴南、顾庄交接处，改称江苏戴南科技园，东有宁盐公路，西有宁靖盐高速，2005年8月园区被科技部批准为“国家火炬计划兴化特种合金材料及制品产业基地”，同时也是“江苏省特钢制品出口基地”。园区占地面积8平方公里，先后投入4亿元用于园区配套建设，道路六纵六横，宽40米，有30亩广场，20亩停车场。基础设施“八通一平”（市政道路、雨水、污水、自来水、天然气、电力、电信、有线电视管线通以及土地平整），绿化、亮化、美化、净化“四化”工程同步进行，绿化率达35%。

2010年，扩建不锈钢铸件和制品加工园、创业园。戴南镇围绕打造“中国·戴南”千亿级不锈钢产业集群的目标，园区集聚规模企业278家，总资产110亿元，职工30200人，形成不锈钢制品、轮胎用子午线钢帘线、汽车配件等特色产业群。其中年销售额超60亿元企业1家、5亿元以上企业3家、3亿元以上企业8家、超亿元企业32家。创建江苏省名牌产品4个、泰州市名牌产品10个，拥有1个中国驰名商标、5个江苏省著名商标、9个泰州市知名商标。

第二节 不锈钢市场

一、戴南不锈钢（废旧材料）市场

1978—2000年，镇内经营不锈钢废旧材料的农户从几户发展到上千户。这批不锈钢废旧材料先是堆放在自家庭院中，后移至河边或公路旁交易，有市无场。2000年，戴南镇政府投资1500万元，在盐靖河和宁盐公路西侧，建设中国·戴南不锈钢市场。2001年3月，戴南不锈钢市场建成并挂牌营业，场内设三区，占地5万平方米。主场区四纵八横，硬质化水泥路面达2.7万平方米，大型载重货车直达场区各营业房，装卸货物，场区实现路通、水通、电通、电话通、电视通，有电子磅、铲车、分装等离子切割、储蓄点、小吃部、商店等经营与生活设施。2002年，市场扩建，由最初的6排经营房扩建到10排经营房，增加经营户500多家。2007年，史堡、何姚市场并入，全年商品成交量23万吨，商品成交额25亿元。2010年，戴南不锈钢市场设堡西、堡东、姜何、董北、北姜5区，入场营业户1700多户，年成交量40万吨，成交额32亿元。不锈钢材料市场不仅为镇内企业提供充足的原料，也为周边乡镇及浙江、安徽、山东、河北的客商提供不锈钢原料。

图12-8　戴南不锈钢（废旧材料）市场
（2010年摄，戴南镇提供）

二、戴南不锈钢（商品）交易城

2004年，在戴南镇政府扶持下，厂商联手投资近6亿元，在集镇新区征地600亩新建戴南不锈钢交易城。交易城东依迎宾大道，南临园区东路，西沿唐戴河，北接戴南大道（戴张公路），距宁靖盐高速戴南互通口仅5分钟车程。交易城总建筑面积33万平方米，其中营业面积10万平方米，住宅面积20多万平方米、物流园9万平方米、市场综合管理和生活服务配套设施2.5万平方米 。“两纵三横”24米双向四车道主干道贯穿整个市场，所有门面房均有闹市口效应。交易城有线电视、电话、宽带网预埋入户，业主间相互通话，或向全国500多个城市发布信息，方便快捷。有物流仓储配送中心传送商品，商业银行电子商务交易。不锈钢交易城厂商联手，厂家产品直销。专业集聚，填补苏中不锈钢制品专业市场空白。客商加盟，汇集全国产品，提升质量，走向全国。为整合戴南散小销售点，错位经营、开发新品。交易城可容纳1000多客户驻场常年交易。2010年，集国内外700多家客商，年交易额43.8亿元，是国内最大的不锈钢成品商贸中心。

图12-9　中国·戴南不锈钢交易城
（2007年摄，戴南镇提供）

第三节　戴南现代物流园区

戴南现代物流园区原称戴南不锈钢交易城物流园区，集配载、仓储、展示、加工等于一体，成立于2008年。2009年9月，园区与全国联网，建成物流信息平台，引领服务规范化、标准化，使运输成本下降32.6%，为戴南不锈钢产业集群提供产前原材料供应、产中技术服务、产后市场营销。2009年12月，命名为省重点物流基地，从业人员8000余人，其中园区2800余人。物流园占地8.67公顷，集配载、仓储、展示、加工等于一体，吸纳71家物流企业，在全国建有1195个物流节点，开辟145条物流专线，每天发车300多辆，保证72小时内到达除港澳台、西藏以外的大中城市。

2010年，园区围绕“节点建设规范化、公司运营集约化、物流服务标准化”，发挥不锈钢产业优势、集聚优势、规模优势、形象优势，在物流加工、包装、运输、装卸、配载、信息、仓储等方面强化标准意识，建立标准机构，推进标准普及，完善标准体系。是年，物流园区物流吞吐量达160万吨，物流总值250亿元，完成物流增加值9800多万元，税收500多万元。

图12-10　戴南现代物流园区一角　（2010年摄，戴南镇提供）

第四章　产业科技

20世纪90年代后，兴化不锈钢工业经历改制、转体，许多民营企业摆脱作坊式生产，跨入现代工业生产行列。2000年起，60多家企业先后与大专院校、科研院所挂钩，招聘2200多位中高级工程技术人员，吸纳3000余名大专院校毕业生，从事技术改造和新产品开发。

2000年后，江苏兴达钢帘线股份有限公司建立国家认可的实验中心、技术研发中心各一座。2008年，经人力资源和社会保障部批准，江苏兴达博士后科研工作站成立。江苏兴海不锈钢有限公司成立企业技术中心，聘请北京钢铁研究总院专家和北京钢铁研究总院专家到企业指导新品开发。江苏新宏大集团有限公司成立技术开发中心，花巨资购进美国软件，建立国内最大的搅拌试验台，进行技术攻关。江苏星火特钢有限公司成立不锈钢材料及制品工程技术研究中心，专事开发和研究。2010年，全市企业自主创新能力增强，申报国家专利得到批准的有100多个。开展ISO9002质量体系认证，通过认证的企业68家。是年，全市有36家高新技术企业，其中国家级1个、省级民营科技企业6个、（地）市级民营科技企业12个。

2010年，“兴达XINGDA”及图商标成为中国驰名商标。在已鉴定的19种结构钢帘线中，15

种填补国内空白。江苏新宏大集团有限公司的转盘真空过滤机、深锥浓密机获江苏高新技术产品,生产的除沫器国内市场占有率达70%,转盘式真空过滤机产品产量成为国内第一。江苏兴海特钢有限公司的不锈钢丝、兴化市长利不锈钢材料有限公司的不锈钢材料、江苏振亚特种螺钉有限公司的特种螺栓等获江苏名牌产品。戴南鑫东不锈钢制品厂生产的不锈钢带钢、网布被神舟六号地面接受装置选用。全市有江苏名牌产品7个,江苏高新技术产品2个,省著名商标1个,泰州名牌产品3个,创泰州知名商标16个。

2000—2010年,全市技改投入142.66亿元。其中2000年1.18亿元、2005年10.04亿元,2010年为35.93亿元,分别比2000年、2005年增长29.45倍和2.58倍。

第一节　科技机构

一、研发中心

2001年,戴南镇成立国内首家民营不锈钢研发中心,该研发中心由中国特钢企业协会不锈钢分会和江苏希尔发集团共同组建。2006年,经江苏省科学技术厅批准,江苏兴达钢帘线股份有限公司承担组建江苏省特种合金制品工程技术研究中心。工程中心是国内首家以研究橡胶轮胎钢丝骨架材料为主的研发机构。2010年,有科研人员300人,其中博士1人、硕士6人、高级职称技术人员7人。工程技术研究中心实行技术专家委员会领导下的主任负责制,下设综合办公室、市场信息室、新产品开发部、设备研发部和中心实验室等部门。工程技术研究中心有中试车间和中心实验室。中试车间有试验专用的电镀槽、热处理装置、小型润滑液循环及拉丝系统、各种钢帘线捻制设备;中心实验室有检测专用的原子吸收分光度计(AAS)、电感耦合等离子体原子发射光谱仪(ICP)、气相色谱仪、X射线衍射仪、直读光谱仪、红外线碳硫仪、刚度仪、电子拉力试验机、亨特疲劳试验机、三辊弯曲疲劳试验机、金相显微镜、橡胶硫化试验机等。中心实验室是中国合格评定国家认可委员会认证单位,可承担国家级子午线轮胎用骨架材料的监督检测工作。

兴达企业技术中心2010年被认定为国家级企业技术中心,有工程技术人员1180人。中心实行技术委员会领导下的中心主任负责制,设有综合办公室、新品开发部、设备研发部、中心试验室、知识产权室等多个部门。

二、博士站

兴达博士后科研工作站于2008年6月由人力资源和社会保障部批准,11月正式挂牌。2010年,该博士后科研工作站有1名博士、6名硕士、5名工程师进站工作,主要承担超高强钢帘线的开发任务和兴达钢帘线公司原材料国产化的研究。至2010年,该站成功开发出0328SHT、0230SHT、2232SHT、2235SHT、3235SHT钢帘线和0.22+18*0.20SHT胶管钢丝,其中,0328SHT实现批量生产,0230SHT通过客户检测。此外,还完成3720HE钢帘线原材料国产化研究,并在兴达五分厂推广应用,取得良好的经济效益。

三、院士站

2010年9月,江苏星火特钢有限公司与南京理工大学共建兴化工业企业首家省级企业院士(陈国良)工作站,与国内高校、科研院所进行广泛合作,每年投入销售收入5%以上的研发经费。

依靠星火研发中心的技术支撑，星火特钢已开发出3项江苏省高新技术产品、10多项专利产品，销售额进入同行前列，逐渐成长为创新型特钢企业。

第二节 科技企业

1991年后，兴化市注重实施原始创新战略和应用创新战略，研制开发一批科技含量高、市场容量大、竞争能力强的工业产品。江苏兴达钢帘线股份有限公司是全球第三、亚洲第一的钢帘线生产基地，其主导产品汽车轮胎用子午钢帘线荣获国家科技进步二等奖，成为国内钢帘线标准的起草单位。江苏新宏大集团公司与河海大学联合开发的转盘真空过滤机填补了国内空白，成为全球第二家有能力生产转盘真空过滤机的企业。2010年，全市有36家不锈钢高新技术企业，其中国家级1个、省级民营科技企业6个、（地）市级民营科技企业12个。

一、江苏兴达钢帘线股份有限公司

（参见《不锈钢产业》卷第二章第一节《骨干企业》）

二、江苏新宏大集团有限公司

公司拥有泰州市级企业技术中心1个，工程技术人员221人，其中专家级技术人才20人，并与中国有色设计总院、贵阳铝镁设计院、南化研究院、瑞典SANDVIK公司、德国Rauschert Verfahrenstechnik GmbH公司、英国BEGG COUSLAND公司等多所高等院所、国际行业知名企业建立合作关系。公司先后开发出抽屉式金属丝网除沫器、波形抽屉式金属丝网除沫器、边（顶）开门式气体电加热炉、转盘真空过滤机、深锥浓密机、非湿性纤维除雾器、立式真空过滤机、立式全自动压滤机等产品，其中转盘真空过滤机、深锥浓密机、非湿性纤维除雾器填补国内空白，被江苏省科技厅认定为省高新技术产品。

三、江苏星火特钢有限公司

2001年前，戴南的轧钢工艺都是“两火成材”，既浪费资源又影响质量，而“一火成材”技术投资大且技术难度高。江苏星火特钢有限公司对原有的“两火成材”生产工艺进行改造，成功应用具有国内先进水平的“一火成材”技术，成为戴南地区首家使用该技术的公司，有效推动戴南不锈钢行业的技术升级。2006年，国内经历“非典”和“禽流感”之后，抗菌材料和制品的市场需求迅速升温。星火特钢公司发现市场对抗菌产品的需求，便投入到抗菌新产品的研发之中。经过一年多的努力，终于开发出“高锰低镍纳米析出相奥氏体抗菌不锈钢”，被广泛应用于餐厨行业，受到客户的一致好评，被列入“江苏省火炬计划”，并被评为“江苏省高新技术产品”。2008年底，星火特钢公司上马一条具备国际先进水平的“不锈钢线材高速连轧全自动生产线”，减少轧钢和冶炼工序的能源消耗。2010年，与南京理工大学进行合作，进行“第三代核电用高强韧超低碳控氮奥氏体不锈钢”的研究与开发，将在合金成分设计、微结构调控等基础上，进一步开展冶炼、热处理和锻造过程与工艺的研究，以突破超低碳控氮奥氏体不锈钢的生产技术难关，对于提高核电装备的国产化水平具有重要的意义。同年，江苏星火特钢有限公司与南京理工大学共建兴化工业企业首家省级企业院士工作站，开发出3项江苏省高新技术产品、10多项专利产品，销售额进入同行前列，并成为国家火炬计划兴化特种合金及制造品产业基地骨干企业。

四、江苏申源特钢有限公司

图 12-11　江苏申源特钢有限公司炼钢车间
（2009 年摄，市经信委提供）

2003年9月，公司成功开发出以5Cr21Mn9Ni4N为主的内燃机用气阀钢棒，此后相继开发气阀钢系列产品。随后，公司与东南大学联合研制开发出纳米颗粒强内燃机气阀钢棒，并通过省级科技成果鉴定。2003年底，该产品被科技部确认为国家级火炬计划项目，2005年被确认为国家重点火炬计划项目。公司推行国际汽车行业特定的质量管理体系，并获得国际汽车特别工作组注册颁发的认证书。

2008年初，公司投入1.1亿元资金，对公司现有冶炼工序进行技改扩产，新上具有国际先进水平的“电弧炉冶炼+精炼+弧型连铸”三位一体的短流程生产线。公司董事长宫友军被纳入“江苏省高层次创新创业人才培育计划”领军人才培育对象。至2010年，江苏申源特钢有限公司连续被评为“江苏省百家优秀科技成长型企业”“江苏省创新型企业”等。

第三节　技术改造与新产品开发

一、技术改造

1985—1989年，全市镇村办不锈钢企业注重质量管理，创造出一批“部优”“省优”“市优”产品。2000年，国家经贸委批准下达“年产6000吨子午线轮胎用钢帘线”国家重点技改项目，采用高效率、低能耗双捻设备，改造保护气体与控制钢丝热处理生产技术，全面完成任务。该项目总投资1.7亿元，其中获得农行技改贷款1.1亿元，为兴化市史上单笔最大金额技改贷款。2001年，国家经贸委批准下达“年产2.6万吨高速低滚动阻力子午线轮胎用钢帘线”国家重点技改“双高一优”项目，实现产能3.8万吨，大幅度替代进口产品。2003—2010年，兴达公司非国家重大技改项目70多项，各生产厂小改小革项目近100项。

2001年4月1日，中央电视台“焦点访谈”节目，对戴南镇内部分无证冶炼厂生产的劣质不锈钢产品曝光，对各企业敲起警钟。镇党委、镇政府认真引导企业自我总结，找出存在问题，及时整改，与此同时，责令关闭部分产品质量不过关的小厂、淘汰落后工艺。2002—2010年，不少企业更新设备，加强质量管理。“子午线轮胎专用高性能新结构钢帘线关键技术研究及产业化”2003年获中国石油和化工协会科技进步一等奖及获得2004年度国家科技进步二等奖。2005年承担的江苏省“子午线轮胎专用高性能新结构钢帘线关键技术研究及其产业化”科技成果转化（专项资金）项目，2008年3月通过省科技厅组织的验收。2005—2010年，更新频率加快，全市技改投入100多亿元，淘汰各种落后产能设备120多台套。在300多家冶炼行业中，50多家拆除能耗高的中频炉，10多家企业新上低能耗的AOD精炼炉。新东方、永联特钢、大明特钢等10多家企业新上大功率轧钢机，星火、明璐、振亚、苏驰4家企业新上高速线材设备，兆泰、沪宝、新华达、天华4家企业新上中板生产线。中小企业普通拉丝升级为快速拉丝，普通车床换上数控车床，新型空气锤、冲压机床代替手工锻打。江苏兴龙金属制品股份有限公司产品研发中心研制出海船上拉绳网的钢丝绳长5000米，中间没有接头，其强度比普通钢丝绳高30%。2008年，组织兴达公司实施“电镀黄铜工艺优化”项目，开发出具有自主知识产权的超音频热扩散模块、电流控制模块等关键技术，形成无氰电镀生产线的产业化装备及生产技术。与进口“热扩散”电镀线比，不仅制造成本低，操作方便，而且钢丝热扩散过程完全可视。2009年，兴龙公司开发轿车用轮胎索具，广泛应用于汽车制造业及其辅助行业，用于轿车备用胎升降器。大型企业兴达等投资上亿元，新装备6条现代化生产线，为质量管理打下良好基础。

二、新产品开发

1997年2月，江苏兴达钢帘线股份有限公司承接国家“九五”科技攻关项目“新结构钢帘线开发和应用”，并于2000年9月通过国家石油和化学工业局组织的验收。1999年，国家计委下达的“全钢子午线轮胎用钢帘线”产业化推进项目顺利完成。2004年，江苏新宏大集团公司陆续生产大型搅拌桨、浓密机、纤维除雾器、立式压滤机等，填补国内空白，获有色金属冶炼行业科技进步三等奖。2006年，江苏星火特钢有限公司开发新品高弹性不锈钢弹簧钢、抗稀硫酸、抗海水耐蚀不锈钢、软磁不锈钢、抗菌不锈钢、韧性高铬铁素体合金。是年，“高强度高性能新结构子午线轮胎用钢帘线”通过江苏科学技术成果鉴定。2010年，兴达公司组建获得国家主管部门认可的国家级企业技术中心，肩负着兴达公司发展所需的应用技术研究和新产品开发工作，汇聚了行业内一批具有创新精神的技术专家。至2010年，兴化市开发不锈钢新产品100多个，其中戴南成为国家火炬计划特种合金材料及制品产业基地。

第五章　产业管理

第一节　行业协会

一、兴化市不锈钢行业协会（兴化市戴南镇不锈钢行业协会）

2000年10月6日，成立兴化市戴南镇不锈钢行业协会，2003年6月被省工商联表彰为先进行业组织。2009年升格为兴化市不锈钢行业协会，是境内不锈钢生产经营企业自主组成的非营利性行业组织。成立时会员企业88家，2005年发展到268家，并先后成立驻大中城市分会21个。至2010年，定期召开理事会议和会员大会，组织参加中国特钢协会不锈钢分会的各类活动。每年春节召开茶话会交流生产经营情况，多次邀请业内专家至戴南考察、讲课、现场指导，协助引进高级人才、新设备、新工艺，签订自律公约，出台最新产品指导价格，检测产品质量，配合税务部门协调征纳关系，聘请律师和会计师驻会办公，多方面为企业服务。

二、戴南镇钢丝绳企业协会

2010年12月6日在董北村成立，协会以20多家钢丝绳企业为主体自愿组成。

第二节　质量管理

1991年后，全市大部分不锈钢企业均设有质量管理机构，配合专兼职管理人员。上级业务主管部门对产品质量也负责监管。有40多家企业申报并通过ISO9002质量体系认证，93家申请注册商标，与60多家大专院校、科研院所挂钩，引进高级技术人才140多名。兴化市正大特钢焊材有限公司与哈尔滨焊接研究所合作，南欣公司与北京钢铁研究总院挂靠，希尔法与中国不锈钢协会合作，委培大中专生300多人。

2002年，兴化市逐步实现产品标准化工作。2002年5月，拥有先进不锈钢检测设备的不锈钢产品质量监督检验中心在戴南镇挂牌成立。2002年后，镇内大中企业都设有质量检测部门，小微企业亦有专职的质检员，做到质量管理规范化、全程化、常态化。不断提高员工质量意识，把提高质量贯穿生产全过程。兴达检测中心拥有独立试验楼，配备国际一流的产品检测设备，并按ISO/IEC17025要求建立实验室管理体系，设有物理试验室、化学试验室、金相试验室、粘合试验室等，按照国际合成纤维标准化局（BISFA）制定的《轮胎钢帘线统一测试方法》进行检测、分析和研究，能有效控制并保证产品质量稳定。振亚螺钉公司按照国家质量标准培训中层干部、技术骨干、质检员直至一线职工，培训率达90%以上。公司指定的《质量手册》等相关文件，做到“体系文件符合国家系列标准，现场执行符合体系文件”，车间、班组实行一票否决制，一次不合格，“黄牌警告”，脱产学习培训一星期，限期整改，整改仍不合格，即终止劳动合同关系。振亚公司产品合格率达98.9%以上。2007年5月，江苏省不锈钢制品质量监督检验中心在戴南镇成立。2009年，国家质检总局批复，国家不锈钢制品质量监督检验中心在戴南镇成立，成为泰州市首家国家级检测中心，同时也是全国范围内唯一一家设在乡镇的国家级中心。。

附

国家不锈钢制品质量监督检验中心

2009年11月，经国家质检总局批准，在戴南镇筹建国家不锈钢制品质量监督检验中心。该中心是泰州市首个国家级检测中心，也是全国唯一设在乡镇的国家级检测中心。2010年11月，通过国家质检总局验收。

中心位于戴南科技园区，在园区大道和园心路交汇东北侧，占地30亩，投资5000万元，建筑面积近1万平方米。其中主楼5层，建筑面积7500平方米，附属用房2层2300平方米。投资2500万元购置先进仪器设备，包括德国产ICP等离子光谱、光电直读光谱仪、扫描电子显微镜、美国产X荧光射线光谱仪等。设置化学分析、力学、金相分析、无损检测等实验室。中心与中科院金属研究所、北京钢铁研究总院、安徽工业大学等十多家科研院所和高等院校建立合作关系。聘请陈国良院

图12-12　国家不锈钢质检中心检测大楼
（2010年摄，戴南镇提供）

士、陈吉文博士等专家担任技术顾问，中心拥有高级工程师5名，其中2人被全国钢铁标准化技术委员会吸纳为委员，并招聘5名硕士研究生加盟。

中心与区域内300多家企业建立服务合作关系，实行年度包干服务；每年为戴南企业节省外出检验费用150万元。与星火特钢合作开发研究试制成功的韧性高铬铁素体合金材料，被列为省高新技术产品，增加销售收入3500万元，上缴税款780万元。

第三节 营销管理

20世纪90年代，兴化集体企业改制，个私企业兴起，特别是不锈钢制品形成支柱产品以后，一批供销员在180多个大中城市租赁柜台，销售以标准件为主的不锈钢制品。2000年后，一批大中企业专设营销中心。兴达公司设有营销中心，由常务副总经理主管，下设销售办公室、国内贸易部、国际贸易部、市场服务部、市场信息部，40多名供销员奔走在全国80多家大型轮胎公司之间，销售产品、反馈信息、售后服务、交流技艺、改进产品“一条龙”负责。从1994年起，公司分别在扬州、海口、博鳌等地举行一年一度的订货会。2003年兴达绣园建成后，订货会回归公司举行。在每次订货会期间，举行有关轮胎用钢帘线发展的技术研讨会、报告会，把发展经济与提升技术紧密地结合起来。以江苏兴龙金属制品股份有限公司为龙头的董北村有120多家不锈钢丝绳、钢丝索具生产企业，70%的产品出口。为了让“小产品”营造“大贸易”，2003年兴龙公司聘请比利时、美国、韩国、意大利等国102名洋营销员，把产品销售到英、法、俄、美、加、印度等50多个国家和地区，每年销售量150吨左右。另有12个国家的销售商派员常驻戴南，负责业务联系。2009年7月，董北村成立出口贸易公司，招聘营销人才，拓展亚欧美市场，仅一年就助企业外销1100吨不锈钢产品。2005年，江苏九胜特钢有限公司总经理、山西人葛长胜成立由24名大学生组成的网络销售团队，将拿到的订单“下分”到相关企业，按国际标准监督生产，派出“跟单员”到生产企业，检验合格后，统一“贴牌”发货。在他的带动下，戴南人学习网络销售，开展电子商务。镇内大中企业实行电脑办公，建立销售网址，通过覆盖全国的“戴南不锈钢网站”形成电子商务市场。2008年，兴龙公司设立4个销售网站，通过网站，产品销售到世界50多个国家和地区。至2010年，全市有4000多家（户），1万多人在外经商。在市、镇政府推动下，先后在北京、上海、广州等21个城市成立兴化市不锈钢协会的分会，形成销售网络，共享信息，推动家乡经济发展。2010年，兴化不锈钢产品销售额达388亿元，利税46.93亿元，利润28.64亿元。其中兴达公司完成销售60.29亿元。

2010年戴南镇企业出口商品收购供货一览表

表12-8

企业名称	出口商品	数量（吨）	金额（万元）	企业名称	出口商品	数量（吨）	金额（万元）
江苏兴达钢帘线股份有限公司	钢帘线	52293	132860	泰州市德固不锈钢有限公司	挂件	831	2111
江苏兴海特钢有限公司	不锈钢焊丝	810	2112	泰州润源过滤工程设备制造厂	过滤设备	158	504
江苏新宏大石化机械有限公司	真空过滤机械	170（套）	6884	泰州市华鑫不锈钢制品有限公司	制品	450	1564

续表 12-8

企业名称	出口商品	数量（吨）	金额（万元）	企业名称	出口商品	数量（吨）	金额（万元）
江苏兴龙金属制品股份有限公司	钢丝绳	1541	4966	江苏延飞特钢制品有限公司	标准件	370	1039
江苏希尔发集团公司（进出口公司）	型钢、钢丝	596	1554	江苏飞龙不锈钢制品有限公司	不锈钢制品	385	1063
江苏东明集团有限公司	不锈钢丝	373	1048	江苏立欣特钢制品有限公司	不锈钢铸件	969	2446
江苏振亚特种螺钉有限公司（进出口公司）	标准件	2744	6567	泰州市凯特机械有限公司	链轮曲柄	150（万套）	2094
江苏沪宝不锈钢有限公司	不锈钢丝	181	509	兴化市亚盛金属制品有限公司	钢丝绳	642	1771
泰州兆丰金属材料有限公司	不锈钢焊丝	1077	2587	江苏波波制钉有限公司		206	492
兴化市新光合金材料有限公司	不锈钢丝	408	1118	兴化市亚太不锈钢制品有限公司	不锈钢带	214	612
兴化市正大特钢焊材有限公司	不锈钢焊丝	667	1618	泰州市长达特钢制品有限公司	挂件	500	1355
兴化市佳利不锈钢制品有限公司	不锈钢丝	542	1433	以下非列统企业			
兴化市长江铁路器材有限公司	标准件	1472	3816	江苏九胜特钢制品有限公司	不锈钢制品	983	2479
江苏星火特钢有限公司	棒材	237	615	兴化市胜达不锈钢有限公司	标准件	400	1284
兴化市环宇焊材有限公司	不锈钢焊丝	1097	2531	泰州市园博不锈钢制品有限公司	不锈钢制品	264	746
江苏兴天合金钢有限公司（兴天虹进出口公司）	不锈钢带	483	1221	兴化市凯龙不锈钢制品有限公司	钢丝绳	564	2015
兴化市宏泰不锈钢丝绳有限公司	钢丝绳	630	1882	泰州市诚兑金属制品有限公司	不锈钢制品	304	733
兴化市宏达不锈钢制品厂	不锈钢丝	526	1392	江苏董北不锈钢进出口公司	不锈钢制品	239	601
兴化市降生不锈钢制品厂	不锈钢丝	552	1438	江苏晨明不锈钢材料有限公司	不锈钢制品	671	1668
兴化鑫云特钢制品有限公司	不锈钢制品	604	1589	兴化市华邦特钢制品厂	不锈钢制品	877	2085
江苏宏诚不锈钢制品有限公司	型钢	1393	3734	合计	—	—	213719
泰州市华泽金属工业有限公司	微型钢丝	1040	5583				

第四节 环境管理

全市不锈钢产业的迅猛发展，给兴化环境保护带来沉重压力。特别是戴南1000多家不锈钢企业有600多家有不锈钢零部件酸洗工序，每年用酸量达10多万吨。部分企业用简陋的酸洗设备酸洗不锈钢零部件，每年排入河流中的废水达300多万吨，水资源遭到破坏，部分居民甚至购买纯净水作生活用水。

2000年后，兴化市政府和戴南镇政府加强环境监管力度、严厉打击环境违法行为。2004年，戴南镇在镇区南北各建占地200亩的两家污水处理中心。2005年，戴南建立工业废水专项整治领导小组，采取“污染源向工业小区集中，酸洗污水集中处理”方案。至2005年7月，戴南镇512家排污企业酸洗槽全部拆除，其中340家在酸洗中心新建酸洗车间，91家委托加工处理，48家租用其他企业车间设备协助处理，38家转产，酸洗废水通过酸碱中和，循环利用，实现“零排放”。

2000年起，全市对不锈钢企业轧钢炉、锻打炉、退火炉进行升级改造，先后改造炉窑300多座。戴南热电厂投资2500万元，运用氧化镁、硫布袋除尘办法，使锅炉烟尘达到国家排放标准。

一、戴南工业污水处理中心

2004年5月，戴南镇政府实施以治理酸洗污水为主的环境治理攻坚战，投资3000万元与上海环保集团有限公司合作组建戴南同济环保有限公司，高标准兴建南（罗顾）北（董北）两座污水处理厂，日处理污水能力1万吨。污水收集管网总长25公里。主要工艺流程为管网收集污水—调节池—综合反应—加药搅拌酸碱中和—平流沉淀—污泥浓缩—上清液(处理后中水)—送企业回用—污泥压干制砖、筑路，达到“集中酸洗、集中处理、污水零排放”的设计要求。2005年，在污水处理厂周围征用土地200亩，投资1.3亿元用于污水处理，建成100多家专业酸洗厂，形成不锈钢酸洗小区和污水处理厂“两位一体”的污水处理中心，集中处理全镇不锈钢企业酸洗后的污水，实现零排放。经过处理后的水，检验达标后，再送至各酸洗厂循环利用。对300多座冶炼炉窑实施强制性改造，达不到排放标准一律停产。中心建成使用后，戴南镇周围的盐靖河、兴姜河、茅山河等内河的污染物明显减少。该项目从2005年6月运行至2010年底实际处理pH酸碱度1～1.4工业酸洗废水500多万吨，减排COD（化学需氧量）300多吨，促进生态平衡，水环境质量大大提高。

二、戴南镇通道式放射性环境监测系统

废旧不锈钢材料中，极易杂有放射性金属物质。为防止放射性物质对环境的污染，2009—2010年，戴南镇政府投资350万元，在园区检测中心内设置通道式放射性环境监测系统。从美国引进先进的放射源报警门，该设备具有独特的光谱分析专利技术，灵敏度高。全天候不间断地对通过卡口车辆进行监测。对放射性物质超标车辆，能自动报警，关闭闸道，全景摄像机抓拍超标车辆。误报率仅万分之一。2009年12月，该系统通过省级试验收，开始试运行 。这套监测系统的尝试使用，开创国内对放射性环境监测的先河。

卷十三

商贸服务业

20世纪90年代初，境内延续商业、物资、供销系统经营商业的格局。以全民、集体所有制为主体，部分重要生产资料和生活资料仍实行计划供应。20世纪90年代中后期，实施企业产权制度改革，国营、集体商业逐步退出市场竞争，个体、私营和股份制商业进入快速发展阶段。

21世纪初，市区和主要集镇商业街区得到迅速发展，一批新兴集镇逐步形成。大型超市、商场异军突起，新的行业组织和市场相继建立。商业服务业逐步由与人们日常生活密切相关的煤、米、油、盐、布匹、主副食品及日用百货等商品购销，向餐饮、旅馆、生活服务、中介服务等多领域发展，商业业态趋向多样化。至2010年，全市除烟、盐等专卖专营商品外，基本形成市场调节、分配和自主经营、自我发展的商品流通体制；以民营经济为主体，国有、私营和个体经营户并存，多种经济成份参与的新型商品流通体系。粮食购销实现市场化，商业业态由原来的各公司批发、零售门市部经营和个体商店（摊点），发展到专业商店、连锁店、超市、购物中心、大卖场与特色商业街区遍布城乡。2010年，全市实行社会消费品零售总额85.85亿元，比1990年增长7.25倍。其中批发、零售贸易额72.66亿元、餐饮业零售额11.96亿元。限额以上83家企业和个体实现零售额18.12亿元，占总销售额的21.11%。限额以下企业和个体实现零售额67.73亿元，占总额的78.89%。

图13-1　戴南镇天宝大酒店　（2007年摄，戴南镇提供）

第一章　商贸经营场所

第一节　商业街区

一、城区商业街

20世纪80年代以前，兴化城主要商业区为城内东、西大街及东、南、西、北四门主街，还有城内北大街、北小街、县府南、小南门商业街、东门竹巷、发财巷等。分布在四牌楼以东大街的有同昌、茂昌、仁昌南货店，立大绸缎店，广源、恒吉、大成、顺大、李三泰绸布店，复春堂、鹤山堂、上池斋药店，馨香斋、九如斋茶食店，方乾顺、恒和酱园、九章、文华阁、文化斋文具纸张店，世界书局，洪怡泰、立泰茶叶店，另有瓷器、油漆、家具、铜锡器、百货店、油酒店、银楼等。北门有解裕泰绸布店、大生堂药店、复隆祥酱园等。四门河边粮行、米行、鱼行、猪行、蛋行、菜行、木行、南货行、草行鳞次栉比，全城大小商铺、行栈千余家。1956年对资本主义工商业社会主义改造后，全城商业网点大为减少，沿河各种行栈几乎全部停业。1958年，城内填塞东西市河，建成牌楼路，成为县城主要商业街。中百、糖烟酒、日用杂品、五金交电等公司及其门市部，酱品、茶食等厂的门市部大多云集在这条街上。改革开放后，城区进行大规模拆迁改造，拓宽牌楼路，拓宽延伸丰收路，新建英武路、长安路及其他多条马路，主要商场、商铺集中在这些街道。20世纪90年代，城区商业街主要集中在牌楼路、英武路，并在周边相继建成临街门面和大中型商场，其中10层以上的大兴商厦和兴化大厦建立在英武路与牌楼路交叉口，成为20世纪90年代城区新地标。

图13-2　兴化大厦
（2009年摄，市供销总社提供）

1995年后，随着旧城改造的力度加大，长安路、昭阳路、马桥路、建设路等一批道路新建或拓宽，建成沿街门面。城区商业氛围日益浓厚，并形成一些特色商业集中街，如马桥路的服装零售、建设路的酒类食品批发零售等。

2000年后，根据“松动老城、开发新区”的规划原则，长安路、英武路向南延伸至新区，同时也带动商业向南发展。苏果超市、大润发超市及各类酒店宾馆相继开业。2005年，位于牌楼路以南、昭阳路以北、长安路以西、丰收路以东的海德国际街区项目（原金港公元国际）启动，占地33.34公顷，总建筑面积84公顷，集住宅、商业为一体，配套大型商厦、专卖店、影院等项目，至2010年已初具规模。八字桥广场街区坐落在长安路和牌楼路交汇处，周边集聚各类超市、饭店、娱乐场所、专卖店，成为兴化市新的坐标和商业中心之一。2010年，城区商业街主要集中在长安路、英武路、丰收路（南北向），牌楼路、昭阳路、五里路（东西向），同时保护和改造了金东门、银北门等传统街区。

二、集镇商业街

中华人民共和国成立前，兴化有“十大镇”，中华人民共和国成立后仍属版图的有8个，其中：陵亭（老阁）、（北）芙蓉降为村，仍为集镇的有安丰、大邹、中堡、戴窑、大垛、竹泓。1949年后，从溱潼、盐城划入的有戴南、周庄、茅山、沈坨、沙沟，新兴集镇有陈堡、赵万（张郭）、合陈等。这些集镇都有1条以上的主街道，成为各乡镇商业集聚区。1991—2010年，戴南的迎宾大道、新泽路、戴泽路、人民路，安丰的程关路、增庆路、徐家河路、振安路等，戴窑的人民路、三桥路、乐吾路等，赵万的张戴路、张广路、民营路，大垛的人民路、中兴路，合陈的民主路，周庄的人和路、文昌路、创业路，沙沟的战备路、迎宾路、人民路，沙沟老镇区的“鱼市口”，大邹的双溪路，沈坨的溱潼路，陈堡的人民路等都有发展，尤其戴南、张郭、安丰等经济发达地区商业氛围浓厚。各乡镇政府所在地也分别建有商业街区。

第二节 主要商业网点

图13-3 兴化商业大厦
（2005年摄，市委宣传部提供）

1991年，全市主要商业网点有商业系统下属的百货、纺织品、糖业烟酒、五金交电化工、食品、蔬菜等6个公司和人民商场、贸易中心；物资系统下属的燃料、木材建材、金属材料、机电设备、化工轻工、物资服务等公司以及烟草、医药、盐业、农机供销、水产供销等公司。

1992年10月，兴化大兴商厦开业，为兴化第一座地标建筑，高12层，局部13层，高达50.8米，建筑面积1.2公顷，造价为360万元，集商场、宾馆、餐饮、娱乐于一体，当年商品销售达428万元，创综合经济效益180多万元，主要经济指标列全市零售行业之首。1992年12月，位于英武路南、府前西街西口的精品商城开张营业。商城和兴化大厦浑然一体，主楼高12层，连同钟楼高67.6米，总面积10734平方米，由市供销系统投资兴建，营业面积3400平方米，为市内目前规模最大的综合商场之一。1993年10月，位于英武路口的国有零售企业——兴化商业大厦开业。大厦主楼8层，建筑面积4000平方米，其中营业面积3000平方米。主要经营针纺织品、服装鞋帽、百货文化、五金交电、烟酒副食等大类近2万个品种。

1999年，兴国道超市在兴化市落户，坐落牌楼路西端，与丰收路交汇处。这种新型的经营形式吸引越来越多的消费者。随后在城区开设苏果超市、时代超市、大润发超市，这些超市都有一定规模。规模较小的超市有华联等。较大超市都实行连锁经营，品种多达数千个，主要为中低档食品和生活日用品，有的开始涉足家用电器和家具等。各大集镇也相继开设一批中小型超市，如：戴南苏果超市、戴窑华联超市、安丰超市等。2010年，全市有大型超市4家，从业人员900余人，年销售额4.43亿元。

2010年，全市有各类商场、超市119家，商业零售网点27514家，商业从业人员143796人。全年商业零售总额85.85亿元，为1990年的8.25倍。

附

部分商业网点介绍

【大润发超市】 2009年开业，位于市区英武南路与五里路交汇处西南隅。主楼2层，建筑面积29067平方米，营业面积11500平方米，主营食品、百货、电器等商品，日平均客流量1万人次左右。超市有4辆大巴沿公交线路免费接送顾客。2010年，有员工420人，营业额1.5亿元，创利税350万元。

图13-4　大润发超市　（2010年摄，市供销总社提供）

【苏果超市平价店】 2004年开业，为全国连锁经营。位于市区长安路和牌楼路交汇处以南西侧。主楼2层，建筑面积9600平方米，营业面积6600平方米。主营2万多种商品，主要是食品、百货、电器等。日平均顾客流量4500人次左右。2010年有员工188人，营业额1.3亿元，创利税800万元。

【乐天玛特超市】 2010年6月，兴化时代超市更名为乐天玛特超市，位于市区牌楼西路和丰收路交汇处。主楼3层，建筑面积2万多平方米，营业面积8000平方米，日均客流量3000人次左右。2010年，员工200余人，营业额8000万元。

【戴南苏果购物广场】 2007年开业。位于戴南镇金泽商业街。建筑面积12810平方米，营业面积9000平方米，主营食品、百货、电器等商品，2010年，有员工110人，营业额8255万元。

第三节　专业市场

一、市场建设

1991年后，随着商品经济发展，在市区和部分乡镇陆续兴建一批综合市场或专业市场，无论规模、档次或投资额都得到迅速提升。如始建于1991年的楚水招商城，地处市区丰收北路东侧商业黄金地段，与马桥街、阳山东路交汇，建筑面积5万平方米，2010年交易额15亿元。建于戴窑镇的粮食市场，年吞吐量达100多万吨。戴南不锈钢综合物流中心，2010年成交额43.8亿元，被评为江苏省级诚信文明市场。位于市区东南的江浙商业市场交易额2.45亿元。嘉鸿综合市场位于英武南路，总投资3000万元，占地近1.1公顷，总建筑面积1.5万平方米，2010年12月市场竣工开业。农村集中加大农贸市场和农副产品超市建设和改制力度，周庄农贸市场总投资3600万元，建筑面积2万平方米，其中市场营业房近6000平方米。戴南农副产品综合市场投资1000万元，建筑面积4500平方米。中堡农贸市场总投资1250万元，营业用房面积达8800平方米。戴南、大营、合陈、沈坨等镇均加大农贸市场改造力度，改造钢架大棚、建设市场营业房等，有效改善市场环境和形象。

附

市场选介

【兴化市粮食交易市场】 创建于1991年，地处东台、大丰、兴化三市交界处的戴窑镇。东临新长铁路和204国道，西临宁盐一级公路和宁盐高速，南临省级航道车路河、北依兴东公路。市场全长近15公里，面积50多万平方米。为全国最大的粮食交易市场之一，2010年拥有大米加工企业53家，资产投入近1.4亿元，其中固定资产8000万元，年加工能力300万吨。2010年成交量115万吨，销售总额达33亿元。市场先后获得“江苏省农业产业化龙头企业”“江苏省质量信用产品”等称号。市场建有现代化水平的信息中心和检验检测中心，场内设有宾馆、餐饮、邮电、金融、仓储、车船调度、配载、大米包装印刷等服务机构。“祥兴”“板桥”“贤人”等品牌拥有“绿色食品”“无公害食品”“江苏省名牌产品”称号。产品畅销苏、浙、沪、粤等10多个省市。连续多年被评为省、市文明市场、农业部定点市场、江苏省重点农产品批发市场。2003—2009年度被国家统计局、商业联合会评为全国同类市场第一名，“全国商品交易先进单位”和“中国最大的粮食市场”称号。2009年被省工商局和省文明委评为四星级文明市场。

【兴化市楚水招商城】 始建于1991年，地处市区丰收北路东侧商业黄金地段，地理位置优越，水陆交通便捷，是苏中、苏北地区著名的小商品综合市场，素有“城中城”“购物城”的美称。1992年12月30日，楚水招商城第一期工程竣工投入营业，首批入场营业的有100多户。市场坚持营造优美购物环境、创建一流品牌商城的指导思想，从2004年3月起，投巨资对老商城进行以消防为重点的全面改建、扩建。场内建筑面积约5万平方米，其中一、二层有营业用房1300多个，主要经营百货、服装、副食品、鞋类、床上用品、布匹、针织、箱包等，约有1.5万多个品种。市场实行批零结合经营方式，辐射面广，有开通直达义乌、河桥、常熟、杭州四季青等地的班车，与10多个省、市地区有紧密业务往来，每天人流量万人次以上，年成交额达15亿元。由于管理规范化、服务优质化，被评为省“四星级文明市场”。

【兴化市金三角市场】 创办于1998年，占地面积7万平方米，以装饰材料为主要经营特色，地处丰收路、阳山东路交汇点，市区中心地带，集家居饰材、五金电器、陶瓷水暖、灯饰灯具、油漆涂料、布艺窗帘等六大经营区为一体，营业面积4万余平方米，入场经营户460多家，从业人员3000余人。2003—2004年度获江苏省工商行政管理局授予的“样板市场”称号，2005—2006年度和2007—2008年度连续被江苏省文明办、江苏省工商行政管理局授予“五星级文明诚信市场”称号。

【中国戴南不锈钢市场】 创建于2000年3月，位于江苏戴南科技园区内，宁盐一级公路和宁盐高速公路从市场东西侧而过，水陆交通便捷，该市场总投资3000万元。2010年，戴南镇有4000多户从事不锈钢原材料采购，有2000多家企业从事不锈钢制品生产。市场分有一场五区（史堡、何姚、董北、顾庄、北朱），主市场占地9万平方米，场内交通方便，设施配套，功能齐全，有近500

户入场经营，年不锈钢吞吐量20万吨以上，成交额逾30亿元，成为全国最大的不锈钢原材料集散地之一。市场创建以来，连续8年被泰州市工商局评为“泰州市文明市场”，2007年被省工商局、省文明办评为“四星级文明市场”。

【戴南现代物流园区】（参见《不锈钢产业》卷第三章第三节《戴南现代物流园区》）

【兴化市江浙商业广场】 创建于2002年12月，位于兴化城南，长安南路东侧、高兴东公路南侧，紧邻市政府。广场占地8.8公顷，建筑规模7.8万平方米，是兴化境内最大的家具和装饰建材市场。广场以二楼家具为龙头，拥有皇朝、顾家工艺、双虎、好风景等家具品牌；以一楼灯具照明、陶瓷洁具、板材地板、水性涂料、墙饰布艺、橱柜、门业、五金、线缆等为主要业种，拥有欧普、诺贝尔、马可波罗、TOTO、大自然地板、多乐士、立邦漆、欧派橱柜灯数百个品牌，装饰建材货品齐全。江浙商业广场开业近7年带动数千人就业，同时带动周边商业用房的出租经营。在泰州境内服务业领域颇具一定影响力。

图13-5　江浙广场西大门　（2008年摄，市服务业局提供）

【兴化市桃源综合市场】 创建于2007年，位于昭阳镇工业园区严家村，占地面积19公顷，规划分设屠宰加工、交易冷藏、物流配送、综合服务4大经营区和检测检疫、电子结算、信息服务、物业监控管理4大中心，是市政府为民办实事的“菜篮子工程“之一。担负全市百万人口、各大超市和学校儿童荤素食品、水果配送供应任务。项目总投资1.5亿元，分三期完成。一、二期工程投入资金8600万元，建有各类生产、经营、生活、办公用房3万平方米，配有全省联网监控的机械化畜禽屠宰设备、科学的检疫检验仪器、达标的环保设施以及一流的自动选过设施。保证肉制品、果蔬食品的质量安全。2010年，实现销售7.2亿元，纳税300万元。产品销售辐射山东、河南、安徽各省及本省盐城、大丰、东台、海安、高邮、宝应等周边县市。在建的全框架5000吨高低温冷库是为市场农产品冷链冷藏、物流配送的二期工程之一，为脱水蔬菜储藏、水果保鲜、鱼虾水产品加工和畜禽深加工、小包装配套。

2010年兴化市年交易额亿元以上市场一览表

表13-1

市场名称	主办单位	成交额（亿元）
戴南不锈钢交易城	兴化市鹏飞房地产开发有限公司	43.80
戴窑粮食交易市场	兴化市戴窑交易服务部	33.00
戴南不锈钢市场	戴南镇政府	32.00
楚水招商城工业品综合市场	兴化市楚水招商城有限公司	15.00

续表 13-1

市场名称	主办单位	成交额（亿元）
沙沟水产品批发市场	兴化市沙沟水产品批发市场	14.60
桃源综合市场	兴化市桃源禽畜有限公司	7.20
昭阳水产品批发市场	兴化市昭阳水产品批发市场	5.62
兴化市金三角工业品综合市场	兴化市金三角工业品综合市场服务中心	3.60
兴化市城西农贸市场	兴化市城西农贸市场服务公司	2.90
江浙商业广场	兴化市江浙房地产开发有限公司	2.45
宝都国际商城	兴化市宝都房地产开发有限公司	1.20

二、集市、庙会

【集市】 1949年前，兴化农民有赶集习惯，县城及农村集镇多有集市，县城有猪、牛、船等集市，而农村的集市多为综合性的。中华人民共和国成立后，县城集市基本停止，而农村集贸市场有时开放，有时则作为资本主义滋生地予以限制。改革开放以来，集市贸易逐步恢复发展，成为城乡物资交流的重要渠道。牲畜、猪、船舶、水产品、蔬菜及其他农副产品均可上市。每个集市一般每旬二至三个集期，相邻集期时间错开，方便农民。商贩各处赶集。如：安丰逢二、四、六，大邹三、八，戴窑一、四、七，沈纶二、五、八，唐刘三、六、九等。

每逢集期，农民从四面八方赶往集市，出售自产的农副产品，购回自己所需的商品。流动商贩也四处赶集，销售商品。甚至一些江湖艺人卖大力丸、治跌打损伤的，也来集市大声吆喝，招徕顾客。20世纪90年代前期，各乡镇粮食、供销部门、商业社也组织人员上集市进行购销活动。1991年，全市有集贸市场56个，其中牲畜市场4个、苗猪市场6个、船舶市场2个、农副产品市场44个，集市贸易交易额1.8亿元。2010年，全市亿元以上集贸市场发展到11个，年交易额161.37亿元。

图13-6 垛田镇芦洲庙会 （2010年，王少岳摄）

【庙会】 清嘉庆、道光年间，兴化境内始有庙会。民国期间，城乡庙会有30多个。民国30年（1941）前后，侵华日军飞机频繁骚扰，人心浮动，庙会活动停止，后曾一度恢复。中华人民共和国成立后，视庙会为封建迷信，无人敢冒政治风险，挑头组织庙会活动。改革开放以来，中堡、大邹、戴窑、顾庄、沙沟、周庄、陈堡、陶庄等地庙会活动渐次恢复。新的庙会除传统的迎神赛会外，还组织群众文艺活动和物资交流。届时，市政府和市公安部门派员到现场维持秩序，保证活动的正常进行。个体商贩和商业、供销部门派员赴会从事购销活动。

1990年以来，各地庙会活动得到较快发展。除原有30多家外，新增180多家。至2010年，庙会遍布全市30多个乡镇近220家。其中都天会（纪念唐开元进士、安史之乱时带领军民镇守睢阳的张巡）、三官（天官、地官、水官）会各30家，东岳会20家、龙王会近10家，其余为公侯会、土地会、关帝会、观音会等。其中规模大的有垛田芦洲、周奋东旺、张郭赵万及中堡、茅山等地的东岳会；垛田王横、高家荡、周庄边城、陈堡蒋庄、戴窑、中堡、林湖魏庄等地的都天会；陶庄南柯堡、陈堡袁家庄、临城西浒垛、戴南花杨庄、张郭朱家庄等地的龙王会等，带动了周边商贸服务业的发展。

第二章　商品购销

第一节　粮油棉购销

一、粮食购销

【合同订购】 1991—1993年3月，兴化市继续执行中共中央、国务院1985年1号文件《中共中央国务院关于进一步活跃农村经济的十项政策》精神，取消统购，改为合同订购，粮食部门与农民签订订购合同。订购的粮食国家确定"倒三七"比例计工时，即三成按原统购价，七成按原超购价，订购以外的粮食可以自由上市。为保护农民的利益，如果市场粮价低于原统购价，国家仍按原统购价敞开收购。取消统购价以后，农产品不再受原来经营分工的限制，实行多渠道直线流通，任何单位和个人都不得再向农民下达指令性生产计划。1991年，上级下达全市粮食订购任务28959万千克，后因水灾下达减购指标2亿千克，实际完成订购任务8959万千克。下达油菜籽收购计划500万千克，实际完成油菜籽199万千克、菜油125万千克，折合油脂190.7万千克。粮食销售按上级下达计划为18152.5万千克，其中平价计划5902.5万千克、比例价计划12250万千克，销售结果按计划完成。

1993年4月1日起，全省取消粮食、油料订购任务，收购价格放开，对定量、定（统）销供应的粮油价格，不再使用粮食、食油票券（军用粮票、油票除外）。取消粮油订购任务后，全面推行粮油购销合同制度。在放开粮食价格的同时，为引导农民种植，指导粮食企业经营，每年播种前，由各级物价、粮食部门根据粮食生产成本和供求情况，研究公布粮食收购指导价。1993年，收购指导价就是上年国家定购价。国有粮食企业根据粮食指导价与乡村合作经济组织或农户签订购销合同，实际收购时根据市场情况，收购价格可以浮动。食用油脂、油料的购销价格也一并放开。1993年，全市落实购销合同收购计划23500万千克，其中小麦13500万千克、稻谷10000万千克；实际收购29137.38万千克，其中小麦18592.55万千克、稻谷7560.16万千克。粮食销售5969.7万千克。

1994—1996年实行粮食订购。1994年5月15日，市政府下达全市年度粮食订购和收购计划22300万千克（含种子360万千克），其中小麦14500万千克、稻谷7800万千克，同时下达粮食议购计划13300万千克，实际收购小麦18216.26万千克，收购稻谷9822.69万千克。1995年仍按小麦14500万千克、稻谷10000万千克与各乡镇分解落实，实际收购小麦18255.71万千克、稻谷11288.04万千克。1996年，市政府下达粮食订购任务23340万千克，其中小麦13300万千克、稻谷10040万千克，实际收购小麦19640.27万千克、稻谷9767万千克。

【订购和保护价收购】 1997—2000年，实行订购小麦与保护价小麦收购并举。1997年7月12日，市政府下达全市粮食订购小麦计划13000万千克，补充下达指导性菜籽收购计划380万千克。自7月18日起按省和泰州市粮食购销工作电视电话会议精神，统一挂牌，保护价敞开收购议价小麦，每50千克中等质量红小麦65元，实际收购小麦38231.1万千克，其中订购13000万千克，保护价收购议价小麦17718.6万千克，入库总量比上年增长23.5%。10月12日，市政府下达全年稻谷订购计划10000万千克，其中杂交稻6350万千克，粳稻3650万千克，实际收购稻谷25254.3万千克。1998年5月底，市政府下达的小麦订购计划仍为13000万千克，指导性油菜籽订购计划380万千克，稻谷计划8000万千克。

1998年5月29日，国务院办公厅下发《关于进一步做好粮食购销和价格管理工作的补充通知》，提出坚决落实保护价敞开收购余粮，实行顺价销售，收购资金封闭运行，切实保护农民利益及加快粮食企业自身改革“三项政策一项改革”的要求。市粮食购销企业严格执行价格政策，按保护价敞开收购农民余粮，不限收、不拒收，不停收，不打“白条”，顺价销售，不逆向操作、降价亏本销售。

1999年5月5日，市政府按省和泰州市大幅度调减订购的计划，将全市当年粮食订购计划21500万千克调减为2500万千克，其中小麦、稻谷各1250万千克，仍然实行保护价敞开收购农民余粮，顺价销售，收购资金封闭运行。8月7日，市粮食局召开动员大会，从8月10日至11月20日，组织全市国有粮食购销企业营销“百日赛”活动。是年，收购粮食63180.3万千克，比上年增加23463.6万千克，增加59.08%，其中小麦37922.4万千克，比上年增加16858.7万千克，增长80.04%。收购稻谷25257.9万千克，比上年增加6604.9万千克，增长35.41%。

根据国务院《关于进一步完善粮食流通体制改革政策措施的通知》精神，省政府明确，全省从2000年新粮上市起，红小麦、早籼稻、常规籼稻、玉米退出保护价收购范围。2000年6月13日，市粮食局下发《关于夏粮收购有关问题的紧急通知》，针对红小麦退出保护价收购范围的新情况，提出“购得进、销得出”的收购原则，合理定价，及时调整策略，保持价格相对稳定，最大限度保护农民利益。全市收购小麦35567.8万千克。至12月底，共收购稻谷45627.5万千克，比上年增加20369.6万千克，增长80.65%，其中收购粳稻11423万千克、杂交稻3718万千克。

【粮食购销市场化】 1991年，建粮食交易市场，有15家私营粮食经营部进场开业。2000年，粮食交易市场增加私营粮食经营部35家。2001—2007年，粮食市场全面放开，实行购销市场化。2001年收购粮食37852万千克，销售粮食30662.4万千克。2002年，在李健、沈纶、陈堡、张郭、周庄等乡镇各建1家粮食交易（集贸）市场。2002年4月以后，全市持续近50天阴雨恶劣天气，给夏熟作物长势带来很大影响，主要农作物大面积倒伏，灌浆不饱，容重下降。面对严峻形势，全市夏收工作严格执行省政府办公厅明传电报精神，全年夏粮收购小麦25646.5万千克，其中边购边销7500万千克，收购总量占上市总量的90%，名列全省第一，收购稻谷12205.5万千克。2003年入梅以后，兴化及周边地区连降暴雨，水位猛涨至3.24米，超过警戒水位1.44米，其中，西郊、周奋等乡镇受灾最重，洪水造成全市64家存粮点受灾。洪水期间，全市粮食购销企业存粮30700万千克（含国家储备粮6000万千克），其中原保护价粮11650万千克、自营周转粮12850万千克、地方储备粮300万千克，全部处于洪水包围中，抗洪保粮工作十分艰巨。在面临人员少、物资缺的情况下，粮食企业干部职工严防死守，确保国家财产不受损失，受到上级表扬。2004年，全市收购粮食34708.4万千克，其中小麦26471万千克，稻谷收购8237.4万千克。2005年收购粮食61025.7万千克，其中小麦47658.9万千克、稻谷13366.8万千克。由于市场行情、经营能力等多种因素，少数企业发生经营性亏损。

2006年，国家六部委发布小麦最低收购价执行预案，实行小麦托市收购。市粮食局迅速贯彻落实国家收购政策，下发《关于2006年小麦最低收购价执行预案的实施意见》，明确收购责任主体、收购价格、质量标准、执行时间、延伸库点及必备条件、实施责任要求、收购操作办法8个方面的内容，做到组织、仓容、人员、资金、器材、机械设备“六落实”。全年收购托市小麦40189万千克、自营小麦12919.9万千克、自营大麦8263.8万千克、稻谷18638.5万千克，完成国家下达的小麦托市收购任务。2007年，国家继续在江苏等6省、市实行小麦收购价政策，全市48个国有粮食购销库、站收购夏粮6亿千克，其中托市小麦3.35亿千克，其他自营粮26200万千克，收购量再列全省榜首。2008—2010年，全市粮食购销经营总量1213.11万吨，其中国有粮食购销企业全年经营总量635.45万吨。

【粮食储备】 1990年，国务院制定国家粮食专项储备制度，专储粮权属国务院。1993年，钓鱼粮库、唐子粮库经国家粮食储备局审查批准，命名挂牌为“国家粮食储备库”。1997年，全市粮食购销企业仓容总量50.15万吨。1998年，省下达兴化市无息贷款350万元，建仓1.93万吨。是年，国家利用储备稻谷加工大米出口非洲，兴化市加工出口大米1.2万吨。1999年，国家利用国债基金，在兴化市北郊新建5.5万吨粮食储备库。2004年，增加县级储备粮1.3万吨，其中小麦5200吨、稻谷7800吨。2004—2010年，还承担省级储备粮任务1.5万吨，其中小麦5000吨、稻谷1万吨。至2010年，兴化市有北郊、钓鱼、合陈国家储备库和安丰粮库承担国家、省级和地方储备任务，其中北郊、钓鱼国家储备库是中央储备粮代储库点，兴化合陈国家粮食储备库承储省级和市县储备。

图13-7 北郊国家粮食储备库
（2007年摄，市粮食局提供）

二、植物油购销

1991年，兴化粮食部门参与油料议购议销，当年购进油脂190.7万千克。1999年后基本市场化。

兴化油厂，原位于东城外宝塔街。从业人员333人，1991年生产油脂10196吨，实现产值（不变价）2311万元。由于地理位置制约，多年被列入“江苏省十大安全隐患”之一，不能就地技改发展，生产经营止步徘徊。1998年改制为江苏难得集团兴化油脂有限公司。从1999年起连年亏损，2001年1—5月，仅生产油脂338吨，产值559万元，销售186万元，利税-122万元，利润-126万元，严重资不抵债，生产经营难以为继。5月24日，经兴化市人民法院裁定进入破产清算程序，经过一系列工作后，2007年破产终结。

1991—2010年兴化市粮油收购量一览表

表13-2 单位：万千克

年份	粮食						油脂	
	稻谷	小麦	合计	其中定（订）购			其中订购	合计
				稻谷	小麦	合计		
1991	2317.04	12201.18	14518.22	619.08	8339.92	8959.00	190.70	270.74
1992	6550.55	27200.90	33751.45	4969.94	15507.61	20477.55	—	—

续表 13-2

年份	粮食						油脂	
	稻谷	小麦	合计	其中定（订）购			其中订购	合计
				稻谷	小麦	合计		
1993	7560.16	18592.55	26152.71	5161.00	11001.74	16162.74	—	—
1994	9822.69	18216.26	28038.95	9114.47	14250.80	23365.27	—	—
1995	11288.04	18255.71	29543.75	9832.24	14375.67	24227.91	387.90	876.50
1996	9767.00	19640.27	29407.27	9035.27	13288.00	22323.27	127.50	251.30
1997	25254.30	38231.10	63485.40	21921.50	20036.70	41958.20	44.80	192.70
1998	18653.00	21063.70	39716.70	10398.50	12327.10	22725.60	61.7	193.30
1999	25257.90	37922.40	63180.30	1395.30	1090.30	2485.60	—	2.00
2000	45627.50	35567.80	81195.30	4639.20	790.30	5429.50	—	1.60
2001	12205.50	25646.50	37852.00	22.50	22.50	45.00	—	1.10
2002	11137.00	17338.00	28475.00	—	—	—	—	—
2003	7772.10	18029.00	25801.10	—	—	—	—	—
2004	8237.40	26471.00	34708.40	—	—	—	—	—
2005	13366.80	47658.90	61025.70	8773.10	16840.00	25613.10	—	—
2006	18638.50	60755.00	79393.50	10121.20	24420.70	34541.90	—	—
2007	21585.10	59646.50	81231.60	6771.20	29200.00	35971.20	—	—
2008	35181.90	55111.80	90293.70	10830.40	24724.20	35554.60	—	4.30
2009	71644.80	61380.10	133024.90	3295.80	29265.80	32561.60	—	0.10
2010	56664.80	110421.60	167086.40	—	—	—	—	353.80

说明：1. 收购量中包括从市外、省外购进种粮或从其他粮食生产者批量购进量。2. 1991—2004年粮油购进数据为国有企业统计数据。3. 2005—2010年粮食购进量为全社会统计。4. 部分数据散失，无法统计。

1995—2010年兴化市粮油销售量一览表

表 13-3　　单位：万千克

年份	粮食			油脂合计
	稻谷	小麦	合计	
1995	8989.9	18751.9	27741.8	279.4
1996	11825.8	21984.8	33810.6	903.9
1997	9503.6	33275.8	42779.4	249.0
1998	15132.9	29575.2	44708.1	162.5
1999	28631.7	38024.7	66656.4	33.4
2000	44932.3	41276.4	86208.7	7.1
2001	19435.5	11226.9	30662.4	5.0
2002	10488.9	32844.1	43333.0	—
2003	5526.3	18959.0	24485.3	—
2004	7812.8	18997.2	26810.0	—

续表 13-3

年份	粮食			油脂合计
	稻谷	小麦	合计	
2005	15021.8	49039.0	64060.8	—
2006	95578.9	65789.9	161368.8	—
2007	182595.2	80696.8	263292.0	—
2008	144921.2	109944.4	254865.6	1.0
2009	190737.0	89084.0	279821.0	3.3
2010	177707.9	110307.6	288015.5	353.8

说明：1. 销售总量包括售给市内居民和粮食转化企业、餐饮业的销售量。2. 1995—2004年粮油销售数据为国有企业统计数据。3. 2005年起粮食销售量为全社会统计。

三、棉花购销

1990年前，棉花收购由供销系统专营。1990年全市设收购站100个、结算窗口260个，全年收购皮棉近3.3万吨。大部分调往南通、无锡、上海等地，少量留市内供给纺织企业作原料或民用。随着流通体制改革的深入，棉花收购出现多元化，供销社收购棉花的垄断格局被打破。兴化落实国家棉花收购政策，实行敞开收购，国家决定对购销价差给予适当的价格补贴。棉花收购主要仍由供销系统在乡镇设收花站组织收购，收购资金由农业发展银行供应，实行库贷挂钩，封闭运行。1995年下半年，兴化棉花购销由长期供不应求变为供大于求。从1999年9月，经过省级政府资格认定的纺织企业可以直接参与收购、加工和经营棉花，但不允许个体棉贩及其他未经资格认定的单位收购、加工棉花。供销社虽仍是棉花经营的主渠道，但不是唯一渠道。2006年，国家彻底放开棉花收购，同时提高棉花加工的市场准入门槛。众多棉花经纪人帮助棉农售卖棉花，另有3家400型轧花厂也组织收购、加工业务。收购价格根据当年行情上下调整。2007年每斤籽棉收购价2.7元左右，2008年2.4元左右，2010年5.3元左右。2010年，兴化市有20个经批准有棉花收购价工资制的企业，其中有6家企业在本地农发行有贷款资质。每个企业一般可贷二三千万元，约1亿多元，是棉花收购资金的重要来源。2005—2010年年均收购40万—45万担，收购资金3亿元左右。

第二节　生产资料购销

一、金属材料

1991年、1992年，国家分配兴化钢材3434.14吨、生铁75.16吨、有色金属（铜、铝、锡）材料13.5吨，与全市生产、生活需求量之间有较大的缺口。市物资部门和宝钢、马鞍山、南通钢铁厂等有关钢铁生产企业，运用不同形式开展协作，组织资源；或利用地方外汇购进一定数量的进口钢材等金属材料，2年购进钢材22896吨，生铁3758吨，有色金属材料54吨，分别占计划供应量的85%、80%和75%。1992年后，金属材料取消计划供应。1999年，主营公司改制，金属逐步转由私营、个体商户经营。据不完全统计，1996—2000年，全市销售钢材476040吨、生铁29715吨、有色金属材料180吨。2001—2010年，全市销售钢材964089吨、生铁69470

吨、有色金属材料471吨。其中：2010年，销售钢材49762吨、生铁5873吨、有色金属材料45吨。

二、机电化工

【机电设备】 1990年前，机电设备归属金属设备公司经营。1990年起，此项经营全面开放。为提高经济效益，机电设备公司通过调查、比较，选择优质价廉货源，确定南汽、无锡电缆厂、靖江轴承厂、盐城机床厂等厂家为主要进货单位。随着地方工业的发展，机电设备公司帮助相关厂家销售产品，而厂家则向该公司购买零部件、机器仪表等几十种，逐步增加到电动机、变压器、轴承、电缆、金属切削机床、汽车等整件及零配件等几十个品种。1996年，全市机电设备销售额4808万元，主要销售品种：电动机3010台、轴承5万套、工具100万元、各种机床210台、各类汽车560辆。1997年，机电设备公司实行股份制改制，全员参股，保留公司牌子，多元经营。是年，下岗工人金石开办“金石摩托”车行，逐步发展为地区有影响的摩托车专卖店。2000年元月，实行“三置换一保障”改革，机电设备公司停止业务，机电设备购销社会化。2000年，全市销售机电设备的私营、个体企业52家，出现一批汽车、摩托车、电动车专卖店。当年，全市实现机电设备销售额2.41亿元。2010年，全市销售机电设备的私营、个体企业231家，销售4.5亿元，其中限额以上批发和零售企业销售额1.2亿元。

1991—2010年部分年份兴化市机电设备销售情况一览表

表13-4

年份	汽车（辆）	机床（台）	轴承（万套）	工具（万元）	布电线（公里）	摩托车（辆）
1991	304	156	67	252	3820	135
1995	470	550	98	303	3413	190
2000	1200	864	53	125	8320	3384
2005	2730	582	87	386	28664	6852
2010	8576	1655	125	489	66598	10353

说明：1991年、1995年为物资系统数据。

【化工材料】 1986年，县化工轻工公司成立，主要化工经营品种：硫酸、硝酸、盐酸、硅酸、烧碱、橡胶制品等。1991年公司化工材料销售额6270万元。1997年，公司实行股份制改革，化工材料逐步实行社会化经营。2000年，实行“三置换一保障”改革，公司不再经营业务。化工材料转由私营企业和个体户经营，当年经营化工材料的私营企业、个体12家，年销售额3222万元。2010年，全市化工材料经营户26家，年销售额8865万元。

1991—2010年部分年份兴化市部分化工材料销售情况一览表

表13-5　　单位：万元

年份	化工	塑料	橡胶	年份	化工	塑料	橡胶
1991	3042	300	200	2005	4689	598	320
1995	3570	410	198	2010	7855	825	598
2000	2836	280	112				

说明：1991年、1995年为化轻公司数据。

三、建筑材料

【木材】 1991—1992年，国家每年分配给兴化市的木材100立方米左右，与全市生产、生活需求差距大。物资部门每年派出多人赴南北各木材产地搞协作，市里利用地方外汇购进一批进口木材，物资系统以外单位和个体户也参与木材经营。1991年，全市木材销售32483立方米。1992年，国家取消木材计划供应。木材公司改制后，木材由私营企业和个体户经营。同时，由于建筑结构变化和建筑装潢的发展，原木销售量有所下降，而木板、木方、木条及胶合板销售量逐年上升。1998年，兴化市金三角综合市场开业，多家木材、板材经销商进驻。2000年，全市经营木材及其制品的私营、个体企业98家，销售额1.41亿元。2000年后，随着江浙商业广场等各专业市场的开业以及装修行业的兴起，木材建材市场逐渐扩大。2010年，全市经营木材及其制品的私营、个体企业126家，销售额3.52亿元。销售额分别比2000年增长1.5倍。

【水泥】 1991年，全市销售水泥44690吨，其中计划分配320吨。兴化市水泥厂年生产能力5万吨，产品全部投入兴化市场。1993年，建材市场全面开放。全市开始有私营、个体户投入水泥经营。1999年，市建材公司及市水泥厂先后改制，停业、停产，水泥全部由私营、个体企业经营。2010年，全市经营水泥的私营企业、个体56户，销售量2.86万吨。

【砂石】 20世纪90年代，砂石除由物资部门经营外，部分由建筑单位自行采购，或由船户送货上门。货源大多来自仪征、六合、邳县、宿迁、沭阳等地，后江砂成为大宗。物资部门改制后，经营者多为个体户。1986年，一些从事水上运输的个体户开始顺带少量的砂石在垛田乡境内的车路河一带销售。是年，垛田乡的翟家、解家、三羊3个村农民筹资在这一带建起3座自然码头，以便装卸。3年后，这里逐步发展形成一个小型的民间砂石市场。市工商部门抓住时机，于1989年成立兴化市东郊砂石市场。到1993年，先后建起12座自然码头，由工商、税务、公安3部门共同组建了东郊砂石市场综合治理办公室。到1995年，拥有吊机、运输机等机械化设施30多台，专业服务码头22座，市场劳务人员近千人，面积达12万平方米，成交额猛增至8900万元。1998年成交额1.1亿元。2010年，砂石市场东西航道5公里，每天进出船只300多条，市场内有140多台码头和船用吊机。在林湖乡建得胜湖港口物流园区，取缔垛田砂石市场。

【玻璃】 1991年，进货量243平方米。货源主要来自宿迁、蚌埠、洛阳、秦皇岛等地。2000年后，物资部门改制后，玻璃由私营企业和个体户经营。据不完全统计，2001—2010年，玻璃年均销售量1.5万标箱。

【砖瓦】 砖瓦为建筑材料大宗。20世纪70年代末至20世纪90年代，农村建房热期间，砖瓦窑在各乡镇遍地开花。20世纪90年代后期，兴化砖瓦厂及一批市属集体砖瓦生产企业相继改制、停业。一些建在联圩上的土窑或缺乏土源的小窑被取缔。2010年，全市有个体私营砖瓦厂54家。

1991—2010年部分年份兴化市建筑材料供应情况一览表

表13-6

年份	木材（立方米）	水泥（吨）	砂石（万吨）	玻璃（标箱）	年份	木材（立方米）	水泥（吨）	砂石（万吨）	玻璃（标箱）
1991	32483	44690	27.60	11000	2005	86000	34565	21.81	15861
1995	16804	85867	31.20	50831	2010	176000	28600	5.20	17199
2000	40500	58693	39.20	12865					

四、农用物资

20世纪90年代，供销系统为农用物资购销的主渠道。1995年起，农资市场全面开放，逐步形成多渠道经营的格局。市内农用物资主要经营品种有化肥、磷肥、农药、竹材、农用薄膜、中小农具及农用机械等。

【化肥】 1991年，全年销售化肥67169.5吨，其中兴化化肥厂生产的占85%。全市销售磷肥27000吨，其中兴化磷肥厂销售6000吨。1998年，兴化磷肥厂改制停产，在其基础上建私营美乐肥料有限公司，经营复合肥（美乐牌）生产。2000年，化肥厂改制停产后，化肥全部从外地调进。2010年销售16.85万吨。2010年美乐肥料有限公司销售磷肥3万吨。

【农药】 1991年，全市农药销售量895吨，主要品种有敌百虫、敌敌畏、乐果、甲胺磷等。2010年总销售量1088吨。2000年农药销售量998吨。

【农用薄膜】 随着设施农业的发展，农用薄膜销售量不断上升。1991年全市销售量400吨。由于复用率提高，供应量上升相对缓慢。2000年销售72吨。2010年销量45吨。

【农用机械】 1991年，销售大中型拖拉机58台、手扶拖拉机752台，推广条播机755台。1995年销售大中型拖拉机126台。1996年全市基本实现耕作机械化。2007年，销售水稻插秧机、秸秆还田机、三麦精少量播种机、旋耕机、油菜收割机、担架式高效植保机、增氧机、投饵机、55—70马力拖拉机、保鲜设备和烘干机等1100台（套）农业机械。2008年，销售农业机械1398台（套）。其中水稻插秧机110台、大中型拖拉机65台、中型旋耕机50台、中拖秸秆还田机28台、小拖秸秆还田机30台、多功能管理机15台、田间开沟机200台、三麦播种机200台、油菜收割机5台、担架式高效植保机械189台、增氧机300台、投饵机200台、果蔬保鲜设备4台、烘干机2台。2009年，销售5162台农机。2010年，补贴销售各类机具6242台套，其中25—80马力大中型拖拉机90台、全、半喂入联合收割机26台、油菜籽收割机34台、步进式水稻插秧机213台、乘座式水稻插秧机24台、育秧播种成套设备5台、动力喷雾机112台、其他植保机械108台、挤奶机1台、秸秆粉碎还田机119台、秸秆气化炉55台、秸秆压块制粒设备4台、铡草机4台、增氧机2074台、其中微孔曝气增氧机11台、投饵机1928台、开沟机660台、其中与大中拖配套的开沟机15台、粮食烘干机15台、清淤机62台、田园管理机556台、油菜播种机117台、大中拖旋耕机9台。截至2010年底，全市拥有拖拉机12103台（其中大中型拖拉机658台），联合收割机2883台（其中高性能收割机720台），水稻插秧机1530台，农用运输车1465辆，播种机8250台，旋耕机10990台，秸秆还田机560台，饲料加工机械1120台，渔业机械14285台，畜牧养殖机械1302台。

1991—2010年部分年份兴化市农业生产资料供应情况一览表

表13-7

年份	氮肥（吨）	磷肥（吨）	农药（吨）	薄膜（吨）	年份	氮肥（吨）	磷肥（吨）	农药（吨）	薄膜（吨）
1991	56067.5	27000	895	400	2005	70336	31368	1103	159
1995	61826	21509	1052	68	2010	71585	30002	1088	45
2000	68852	29554	998	72					

五、煤炭购销

1991年，全市有煤炭商店16家，从业人员88人。购销煤炭536080吨，其中计划外购进占

90%。1993年起，煤炭全部实行市场调节，自行采购供应。加之市场多元化经营，煤炭价格放开，市燃料公司采购供应量连年下降。2000年，市燃料公司改制歇业，不再经营，煤炭全由私人经营。此外，一些用煤大户自行去产地组织货源，也有煤炭贩运户从产地采购后送货上门。据不完全统计，2010年全市销售煤炭48.5万吨，销售额1.5亿元。

第三节　生活日用品购销

一、布匹百货

20世纪90年代以前，城区主要由商业系统经营布匹、百货。品种有各类针纺织品、日用化妆品、服装鞋帽、文化纸张用品、劳保用品、五金家用电器、自行车、缝纫机等。经营单位：百货公司、五金交电公司商场、各公司合营、合作商店，大集镇国营商店及各农村供销社专柜等。商品购进有各级批发站（如扬州百货采购供应站）。1991年，全市商业系统从业人员21899人，经营大、小百货二三百个品种，布匹逐步被各类服装取代。1993年起，随着流通企业股份制改革和日用品渠道全面放开，各公司日用百货批零业务急剧下降，商业系统主渠道逐渐下降乃至丧失。当年，国营、集体商业企业全面改制停业，市区及各乡镇先后新建一批商场、超市、专营商店，大多经营或兼营日用百货，个体户更是遍地开花。进货渠道遍及全国，乃至国外市场。各种新的日用品不断出现，市场日趋繁荣。日用百货销售额2000年2.03亿元，2010年4.49亿元，比2000年增长121%。

二、日用杂品

主要经营品种有家具、铁锅、陶器、瓷器、窑货、草席、絮棉、土纸等。20世纪90年代初，经营这些商品的商场、商店遍及城乡，其中供销系统经营日用杂品、家具、炊具的门市部（店）近百个。20世纪90年代后，供销系统改制，日用杂品全由私营、个体户经营。据不完全统计，日用杂品销售额：1991年1250万元，2000年6800万元，2010年7.22亿元。

图13-8　20世纪90年代供销社营业门市　（市供销总社提供）

第四节　副食品购销

一、荤食品

【猪肉】 1991年，全市销售猪肉34845吨。为加强监管，保证城乡居民吃上放心肉，1992年起，在市区和各乡镇设立47个生猪屠宰点。1993年，市食品公司改制、停业后，猪肉全由个体户分散经营。2000年，猪肉销售量33750吨，比1991年下降3.14%。2005年，猪肉销售量32258吨。2010年销售量37335吨，比2000年增长10.6%。

【禽蛋】 20世纪90年代后，家禽蛋品多由商贩在菜市场设点销售，也有少数农民、饲养户沿街叫卖蛋品。各菜市场设有家禽杀点，代客宰杀活禽。2003年预防禽流感期间，禁止活禽上市销售，而在加工点宰杀、脱毛后上市。1991年，全市销售家禽769.99万羽，蛋品23569吨。2000年销售家禽1030万羽，蛋品53521吨，分别比1991年增长34%和127%。2010年，销售家禽1044万羽，蛋品44000吨，分别比2000年增长1%和下降18%。

【牛、羊肉】 菜牛多从贵州、徐州等地购进，宰杀后出售鲜肉或熏制后的熟牛肉。境内陶庄、戴南孙堡村五香牛肉为佳品，在城乡热销。

肉山羊多从兴化饲养户收购，部分从外地购进。宰杀后出售鲜肉，或冷冻后制成涮羊肉片出售。

【水产品】 20世纪90年代后，境内水产养殖业迅速发展。养殖产量占总产量的95%以上。除青、草、鲢、鳙、鲤、鲫等传统家鱼外，螃蟹、黄鳝、鳜鱼、鳖、青虾及从外地引进的克氏螯虾（俗称“小龙虾”）等也有较大的产量。产品除在市境内销售外，有活水车运往沪、宁、苏、锡、常等地市场。随着养殖面积扩大，产量大幅提升，水产品不仅货源充足，价格也稳中有降，成为城乡居民餐桌上家常菜肴。而从河湖中捞捕的鱼虾，因其野生受到青睐，价格也高于养殖的产品。全市水产品销售量：1991年27920吨，2000年122380吨，为1991年的4.38倍。2010年销售246026吨，较2000年增长1.01倍。此外，也有经营户从外地购进少量的海鲜，丰富水产品市场。

二、蔬菜

垛田镇为兴化蔬菜集中产地，另有一些乡镇也有垛岸生产蔬菜。产地村庄都有菜行或经纪人。菜农所产蔬菜大多投行销售或由经纪人转手。收购产品部分销往外地，部分供应市内居民。1993年，国营、集体蔬菜企业改制、停业后，城乡各菜场都设有蔬菜摊点。商贩每日清晨从城郊批发市场进货，赶上白天销售。有少数近郊菜农车载肩挑自产蔬菜，在城镇背街小巷叫卖。蔬菜品种有叶菜、根菜、豆荚、蕈类，还有水生的菱、藕、慈姑、荸荠等。2000年后，农业合作社兴起，大棚种菜发展较快，各种反季节蔬菜提前上市，丰富百姓餐桌。各农贸市场、超市一般供应丰富，价格稳定。

三、食糖、酒类

【食糖】 1983年前，食糖和酒类属糖业烟酒公司经营，实行烟草专卖后，糖酒公司经营食糖、酒类、糖果、糕点、罐头、干果等批零业务。20世纪80年代，民用食糖、酒类敞开供应，民间进货渠道多元。20世纪90年代初，公司经营的副食品无论品种或数量都呈逐年下降趋势，食糖、糖果销售被社会商业所取代。1993年公司改制、歇业。超市、商场及大量中、小商店均经营食糖、糖果、糕点等。在市区和各大集镇还有专营上述商品批发的经营户。全市食糖、糖果销售额：1991年3125吨，2000年5580吨，比1991年增长79%，2010年7865吨，比2000年增长41%。

【酒类】 20世纪90年代初，除销售兴化生产的粮食白酒、米甜酒外，从宝应、泗泽、泗洪等地购进大量白酒，并从上海、青岛、泰兴等地购进啤酒供应市场。20世纪90年代后，广大经营户广开进货渠道，除江苏各地产品外，从贵州、四川、山东、河南、安徽各地采购白酒。2000年后，各种酒类经营部代理全国各种名酒销售（主要为白酒）。据不完全统计，1991年，全市各类饮料酒销售6312吨，2000年9695吨，比1991年增长54%。2010年17956吨，比2000年增长85%。

第五节　农副产品　废品收购

20世纪90年代前，农副土特产、废品收购分别由商业系统、供销系统经营。20世纪90年代后，有关公司相继改制、停业后，全部为社会化经营。

一、农副土特产品

【猪、禽、蛋、水产品】 20世纪90年代前，生猪、家禽、蛋品、水产品由水产公司、食品公司设站收购后，大部分销往外地大、中城市，少部分供应兴化市场。20世纪90年代以后，全部由社会化经营。1991年，社会收购生猪46.46万头、家禽769.99万羽、鲜蛋23569吨、水产品27920吨。2000年，收购生猪45万头、家禽1030万羽、鲜蛋53521吨、水产品122380吨。2010年，收购生猪49.78万头、家禽1044万羽、鲜蛋44000吨、水产品246026吨。

1991—2010年部分年份兴化市猪、家禽、蛋、水产品收购量一览表

表13-8

年份	生猪（万头）	家禽（万羽）	鲜蛋（吨）	水产品（吨）	年份	生猪（万头）	家禽（万羽）	鲜蛋（吨）	水产品（吨）
1991	46.46	770	23569	27920	2005	43.01	980	46000	143430
1995	44.66	1100	52000	86548	2010	49.78	1044	44000	246026
2000	45.34	1030	53521	122380					

【其他农副产品】 包括蚕茧、蜂蜜、畜产品（山羊、狗、猫、黄鼠狼、兔等哺乳动物皮张、猪肠衣、羽毛等）、芦苇、蒲草及其编织品等。20世纪90年代后，有的不再生产，有的数量甚少，已不再列入统计。

二、废旧物资

废旧物资包括废钢铁、废有色金属、废橡胶、废塑料、废棉、废布、废纸等。以上物资原由供销系统的金属回收公司和废旧物资回收公司经营。两家公司改制、停业后，实行社会化经营。全市城乡废品收购站由私人经营。小商贩开车沿街向户主收购废品，汇总后向废品收购站出售。20世纪90年代，国家每年下达废钢铁、废有色金属收购计划，地方按比例向国家交售。后因数量逐渐减少，国家不再下达收购计划。随着家用电器、机（电）动车、自行车及手机普及，每年都有大量被淘汰，2000年以后又出现回收废旧家电、车辆、手机的行业。

兴化市塑料废品市场创建于1995年。当初，为整治市区环境，将散布在城区的近百户塑料废品收购、加工船（点），集中迁至市郊西鲍乡高垛村。经过多年的发展，市场规模日渐扩大，至2008年2月，集聚344家塑料造粒企业、361条废塑料加工经营船只，成为华东地区最大的废塑料加工交易市场，污染严重。2008年2月，兴化市出台《兴化市废品市场环境和安全综合整治实施方案》，4月21日，塑料废品市场的加工经营户全部停产歇业。

第六节 药品购销

一、药材药品收购

20世纪90年代以前,境内野生中药材由基层供销社代为收购。后随地荒开发,农药使用,一些野生中药材逐渐消失。鳖甲、龟板、蝉衣、鸡内金等零星药材,医药部门收药量极少。大宗中药材几乎全部从外地药材市场购进。1991年,全市供应麝香500克,甘草500千克,杜仲500千克,厚朴800千克。药材购进额585万元。1992年,药品市场开放后西药单一进货渠道被打破。部分药品直接从厂家进货,经营批发业务的原为医药公司一家,后增加康瑞医药公司等批发药商。1995年,全市进货额2258万元。2002年4月,兴化市医药公司实行产权制度改革,挂靠扬州市医药总公司,成立兴化市医药有限公司,委托扬州市医药总公司代为管理。2005年,扬州医药集团兴化市医药有限公司再次进行改制,国有股全部退出。至2010年,药材药品收购市场化经营。

二、药材药品销售

20世纪90年代初,全市城乡有药房、药店和农村批转销售点48家,主要从事非处方中西药品销售。1991年,全市药品销售额1446万元,利税89.36万元,除在本市药品销售基础上,加强与市外医疗单位联系,扩大销售。1992年药品市场放开后,药品批发业务由医药公司独家经营的格局被打破。医疗单位直接向厂方或其他药品批发商进货,通过高额差价以药养医。1995年后,部分药厂方代表(医药代表)、个体药贩、药店不规范经营,通过给回扣等方式推销药品,加上部分医生从处方销售额中提成,非必要多开药、开高价药增加患者负担。药品市场出现的不正常情况,引起社会诟病。是年,兴化市医药公司销售3696.21万元。

2000年,医药公司销售额5350万元。2001年,全市有药品经营许可证的企业40家,其中批发企业1家、零售企业39家。2007年,全市限额以上药品及医疗器械批发零售企业有扬州医药集团兴化市医药有限公司、兴化市康瑞医药有限公司、兴化市楚水大药房,销售总额分别为7269万元、4827万元、1029万元。2010年,全市医药销售额3.52亿元,其中医药公司销售额1.35亿元。

第七节 专营 专卖

一、烟草

【烟草购进】 烟草为国有烟草公司专营。1991年,兴化支公司根据卷烟结构的调整,采取定人、定方位、定点负责落实货源的办法,成立常驻云贵小组、省内小组和机动小组3个小组,定点分线,落实责任制。多次赴云南、贵州、广州等省市实地考察分析,确定购进品种、积极组织货源。按省局确定的57家烟厂进货范围,停调其他无效益品种。1994年,随着卷烟市场价格的进一步放开和北京卷烟市场的开放,把重点放在云烟、贵烟两类名烟上,云贵烟的合同份额占合同总数的

70%以上。利用两个卷烟交易市场，积极参与拍卖交易。同时，扩展商路，调整进货渠道，和许多厂家及外商建立友好业务关系，力求在交易中产生较好的经济效益。1995年，针对玉烟计划少、昆烟价位剧跌等新特点，组织适销对路的省外烟，分别在红河、贵阳、青岛、长沙、北京、重庆、毕节等地增加计划。1998年后，随着地产烟和江苏四大名烟在市场主导地位的逐步确立，按照“一要适销、二要效益、三要调控”和“顺价销售”的原则，抓货源配置，继续组织省外货源，重点保持与上海、云南、贵州、湖南等厂家的联系，确保市场供求平衡，推动地产烟的销售。2006年，县级公司取消法人资格后，从市场需求出发，以不同档次卷烟销售份额为依据，排队算账，为分公司有效配置货源提供合理建议。

【烟草销售】 1991—1995年沿袭三级卷烟批发营销模式，近90%左右的卷烟委托基层供销社转批给零售商店（点），公司在城区设1个批发部。为推进销售，公司设立市内、市外两个销售小组，并把全市48个基层供销社分成9个片区，落实到股室分工包干。

1991年，全市卷烟销售31794箱，销售额9388万元。1992年，为畅通烟草销售渠道，分别在城区建5个、乡镇建10个信息点，并聘请个体户5人为信息员，了解并通过各地销售品种、流向和价格，为经营决策提供依据。1995年，全市卷烟销售30391箱，销售额12974万元。

1996年，在全市各乡镇建立26个委批点，下设52个零售点。在市区建立10个直供点，在市外开辟16个点。1997年5月，公司与徐州卷烟厂建立“红杉树”销售网点3000多个。1997年起，市烟草专卖公司在原有烟草网点的基础上，逐步规范烟草网络建设，从而终结委托供销社经营卷烟批发业务的历史。是年12月，在原有新城批发部的基础上新增8个批发部，次年又新增12个，设21个批发部。每个批发部负责2个乡镇的批发业务，在全市范围内形成完整的卷烟批发网络。公司对网络制定一套管理制度，对销售品种、价位、数量实行有效调控。凭借现代化销售网络，实行引导销售、限量配送，使卷烟销售与百姓生活水平同步提高。2001年，烟草销售36289箱，批发销售额30528万元，实现利税3720万元。2010年，烟草销售40633箱，销售收入7.11亿元，实现利税1.95亿元。

图13–9　假烟焚烧现场　（2007年摄，市烟草公司提供）

【专卖管理】 根据《中华人民共和国烟草专卖法》《江苏省烟草专卖实施条例》依法行政。抓好各种证件的核发工作。证件种类包括许可证、准购证、准运证、委托转批证、零售许可证。1991年后逐年实行年检，形成从登记、贴花、印章、收费工作流程。建立一支专业稽查队伍。1991年，在各乡镇建立烟草专卖管理所，配备管理员。1998年，调整为17个管理所，配备所长，聘用104个管销员，聘用公安局保安队员作为专卖保安队员，并向社会招聘47名专管员分派各乡镇。在2001年后，建立8个管理所，6个中队。为建立一支高素质专卖稽查队伍，专卖局加强了管理人员的培训。为便于工作的开展，还配备专用车3辆和其他装备。加强市场监管，在各地公安派出所、交警中队配合下，在交通要道、车站码头设立检查卡扣。1993年开始建立信息举报网络，突出“打假打私”，重点查处无证运输、无证经营、无证批发及边界渗透走私、贩卖假冒伪劣卷烟等违法活动。重点铲除黑批大户，有效遏制其非法经营活动。2001年，依法查处各类违法违规卷烟案件269起，查获各类违规卷烟20674.5条，上缴财政罚没款12.68

万元。2010年，查处各类违法违规卷烟案件257起，查获各类违规卷烟9529条，上缴财政罚没款7.48万元。

二、盐

1991年，江苏盐业公司兴化支公司由市商业局划归财贸办公室代管。1997年1月，改归新组建的泰州盐业分公司管辖，1998年，被批准为正科级建制。2000年4月，省盐业公司改制，取消县级公司法人资格，"兴化盐业支公司"更名为"江苏省盐业集团泰州有限公司兴化分公司"。此后每年食盐销售保持在1万吨左右。2010年，食盐销售1.11万吨，销售收入2920万元，合格碘盐覆盖率98%以上。

【食盐营销】 1988年底，取消食盐定量供应，食盐转批业务由各基层供销社（商业社）经营。供销社（商业社）改制后，盐业公司委托各乡（镇）一家经营规模较大、社会信誉较好的个体工商户，设立"食盐转批站"，后更名为"食盐访销站"。2000年后，为增强盐业市场控制力，成立4个"客户服务部"。逐步取消三级配送，由公司职工直接将食盐配送到零售点终端，减少中间环节，并逐步实施"电话访销"。1991—2010年，全市食盐销售213418吨。

1991—2010年兴化市食盐销售量一览表

表13-9 单位：吨

年份	销量	年份	销量	年份	销量	年份	销量
1991	12005	1996	10007	2001	10815	2006	10335
1992	11702	1997	10848	2002	10916	2007	10900
1993	14204	1998	11413	2003	10026	2008	11083
1994	8827	1999	9100	2004	10107	2009	11285
1995	9347	2000	9424	2005	10020	2010	11054

【食盐加碘】 1993年，国务院163号令发布实施《食盐加碘消除碘缺乏危害管理条例》，以法规形式强化食盐加碘防治碘缺乏病。自1996年3月开始，兴化盐业公司向市场投放加碘盐。从最初的由盐业公司自行分装，后由定点生产厂家直供合格碘盐。1998年12月，泰州市消除碘缺乏病考核审评组对兴化市进行测评，认定兴化市达到基本实现消除碘缺乏病的阶段目标。随后，兴化市卫生部门历年对市内碘盐进行抽检，碘盐覆盖率、合格率为96%以上，均达到年度目标。

【盐政管理】 1990年3月2日，国务院《盐业管理条例》颁布实施，盐业公司管理盐业市场。1992年，经市政府批准成立兴化市盐务管理局，为政府盐业行政主管部门，行使盐政管理职能。1993年3月，设立盐政科，负责全市境内盐业市场的监管和私盐的查禁工作。1996年5月27日，国务院《食盐专营办法》颁布实施，全市食盐转批、零售实行许可证制度。

【盐品仓储】 由于旧城改造，原位于牌楼路小南门47号和花园路车路河边的两座仓库分别于2001年和2004年拆迁。2004年6月，在大垛镇民政工业园区内新征土地7945平方米，新建泰州盐业兴化仓储中心，承担全市食盐和工业盐等盐品的收储。

三、石油

1991年，中国石油公司兴化市支公司经营石油销售业务。全年供应石油3.5万吨，其中汽油1.6万吨、柴油1.9万吨。1993年开始，石油市场完全放开，许多行业、单位自建加油站，销售议价石油。1996年，兴化石油公司由于连年亏损，改制、歇业。市内石油改由中石油、中石化设点经营。境内石油进货主渠道由两家公司统一调配，包括江阴油库（东北石油）等地组织供应。1999年，江苏省石油总公司泰州分公司整体重组为中国石油化工股份有限公司江苏泰州石油分公司，兴化支公司为分销机构。至2000年，境内加油站经过整顿，保留中石油10家，中石化30家，社会加油站3家。全年销售石油8万吨，其中汽油3.65吨、柴油4.35吨。至2001年，兴化支公司改为经营部。2003年，兴化经营部改为支公司。2010年，全市有加油站（加油点）98家，其中属中石油11家、中石化31家、社会加油站（加油点）56家。全年销售石油13万吨，其中汽油5.9万吨、柴油7.1万吨，分别比2000年增长62%和63%。

第三章　生活服务业

20世纪90年代初，兴化餐饮、旅馆等服务行业基本为国有和集体兴办。1993年后，随着经济体制改革的深入，国有、集体餐饮企业逐渐萎缩，网点减少，人员分流。同时私营、个体服务网点兴起，服务水平、标准、质量不断提高。

第一节　饮食业

一、经营概况

1991年，全市城镇餐饮业网点230个，从业人员2610人。其中国有28家、541人，集体所有制202家、2069人。市政府第一、第二招待所餐厅及市区较大的餐馆养和园、昭阳饭店、兴化饭店、楚水饭庄（粮食部门办）及个体海池酒家、高宾酒家等相继建成豪华餐厅，且向"高档化"发展。20世纪90年代，德士堡、麦哈姆等西式快餐登陆兴化城。

1993年后，随着经济体制改革的深入，国有、集体餐饮企业逐渐萎缩，网点减少，人员分流，有的企业转为个人承包，有的企业售给个人经营。市政府第一、第二招待所也先后停办，公务接待转为社会化经营。1995年，全市餐饮业网点187个，比1991年减少18.7%，从业人员3293人，比1991年增加26.2%，销售额1168.1万元。2000年，餐饮业网点增至239个。转为私营、个体运营后，营业设施、服务态度均有改善，菜单花色品种不断增加。是年，全市餐饮业营业额6280万元，比1995年增长4.38倍。

2000年以后，由于市域经济的发展，尤其是公务接待量和经济业务往来招待量的增加，促进餐饮业进一步发展。市区较大的酒楼、饭店门面装潢讲究，有霓虹灯、广告牌，室内除大堂、普通客座外，均设有包厢、雅座，有专人服务。各餐馆除聘用兴化厨师外，还聘用外地厨师，且有外籍厨师加盟。除供应传统淮扬菜肴外，川菜、湘菜也上了食客的餐桌。肯德基在兴化市开设多家分店。市内各集镇，甚至较大村庄餐饮业也有很大发展。几大集镇都有一些规模较大、档次较高的餐馆。如戴南的天宝酒店、安丰的安丰饭店，戴窑的三元饭店等。小型餐饮更是遍布镇区和较大的村庄。许多餐馆除普通客座外，相继设置包厢，经营规格、品种向市区看齐。2010年，全市营业收入500万元以上的餐饮企业12家。个体经营户400多户，从业人员5000多人。全年营业额11.96亿元，比2000年增长18倍。

2010年兴化市主要酒店一览表

表13-10

酒店名称	包厢数（个）	纳税数（万元）	酒店名称	包厢数（个）	纳税数（万元）
天港假日酒店	21	46.56	贵宾楼大酒店	8	21.08
凯悦大酒店	10	7.80	西门大酒店	13	25.10
金色年华	12	29.80	皇冠大酒店	18	66.74
鹏飞美食城	8	5.80	凤台大酒店	13	15.80
胜利大酒店	10	4.41	百路大酒店	15	5.20
金土地酒店	8	18.30	园林大酒店	8	19.05
香格里大酒店	15	42.0	向阳渔港酒店	9	11.40
枫林农庄餐饮有限公司	10	13.47	中央大厦	23	43.80
春兰大酒店	8	12.32	清风茶苑	9	4.76
盛世年华大酒店	9	7.77	华夏大酒店	8	4.32
万家灯火	36	60.03	苏源大酒店	10	5.97
喜来居大酒店	16	47.30	新光源大酒店	9	4.55
板桥运业公司大酒店	9	7.45	二月花酒店	8	3.61
六大碗饭庄	7	4.43	秦淮人家酒店	7	4.20
故乡情酒楼	7	6.89	儒学大酒店	7	9.88

二、地方特色宴菜

【兴化板桥宴】 板桥宴是以郑板桥诗文中提及的菜肴和以民间传承的板桥家宴为基础首创，利用兴化特产，不断挖掘、创新形成了具有浓郁水乡特色的兴化板桥宴。2008年兴化“板桥宴”正式入选《中国名菜大典》。

附

板桥宴菜单

主盘：兰竹石图

围碟：是福醉螺、昭阳咸蛋、板桥炝虾、农家小鱼、糊涂豆子、兰花萝卜、楚水猪头肉、思民菜

回味碟：花生米、萝卜干、豆腐乳、嫩生姜

热菜：菊花茶泡炒米、乱石铺街、金线串珠、拥绿园、竹喜玉欢、珍珠四喜、蜜汁橄榄芋、莲荷野鸭、春笋扣鹬、麻丫头针线、吃亏狗肉、黄金满园

汤菜：文星聚会

主食：粯子菜饭

【兰竹石图】 用料是琼脂、盐水虾、腊肉、油炸桃仁、黄瓜、番茄、西兰花、芦笋。兰竹石为板桥先生醉擅长的，风竹反映其节气、风骨。有题画诗为证：咬定青山不放松，立根原在乱崖中。千

磨万击还坚劲，任尔东西南北风。该菜特点：图案形象逼真，画中有诗，诗中有画。

【是福醉螺】 农家舍不得浪费用酒醉之收藏，其味独特，另有板桥名言：吃亏是福。该菜特点：泥螺鲜嫩，吃口爽滑。

【昭阳咸蛋】 兴化是楚国时期昭阳大将军的封地，咸蛋腌制已有千年历史。昭阳咸蛋特点：红白相映，蛋黄鲜红欲滴。

图 13-10　板桥宴　　（2010年摄，市服务业局提供）

【板桥炝虾】 兴化乃鱼米之乡，盛产鱼虾，大青虾已注册，另板桥的乳母之夫是渔夫。板桥炝虾的特点是：活虾生吃，虾肉鲜爽。

【农家小鱼】 这是农村常备的一种家常菜。特点是小鱼干香酥脆、酸甜。

【糊涂豆子】 豆子烧成糊状是要有火功的，另有板桥名言：难得糊涂。糊涂豆子的特点是豆子酥烂，其香扑鼻。

【楚水猪头肉】 兴化又名楚水，猪头肉是水乡风味独特的卤制特色菜。

【思民菜】 主料为红薯及其叶，此菜代表郑板桥的民本思想，想着老百姓的疾苦。

【兰花萝卜】 以萝卜切成象形的兰花草，其寓意为板桥先生所爱之幽兰。兰花萝卜的特点：每瓣萝卜似朵朵兰花，颜色鲜红，酸甜、爽脆。

【回味碟】 醋泡生仁、豆腐乳、萝卜干、嫩姜片、花生米（油炸后加上糖醋拌匀即可）。萝卜干、豆腐乳、嫩生姜均采用著名扬州酱菜成品。

【菊花草米茶】 用料是炒米、菊花茶。板桥云："天寒冰冻之时，穷亲戚朋友到门，先泡一大碗炒米送手中，佐以酱姜一小碟，最是暖老温贫之具。"并有诗云："白菜青盐糗子饭，瓦壶天水菊花茶"。此茶为板桥先生爱喝，"菊花茶泡炒米"是兴化人待客的见面礼。此茶的特点是入口微香、驱寒暖胃。

【乱石铺街】 用料是羊脑、皮蛋、虾仁、蟹黄。此菜反映板桥的艺术特点，他自称六分半书，这种书体以"八分书"即隶书为主，掺入行楷，并带有草书的体势、篆书的笔意，结构上多呈扁形，转折处常用蹲笔，有力透纸背之感，大大小小、歪歪斜斜、疏疏密密、浓浓淡淡、摇曳多姿，错落有致，有节奏感和韵律感。该菜特点：颜色错落有致，形态各异，营养丰富多彩。

【金线串珠】 用料是鲜藕、猪肉茸、鸡蛋、芹菜茎。"金线串珠"语出自徐悲鸿和齐白石，是板桥的书画艺术特点。此菜特点：形似串珠，外脆内嫩。

【拥绿园】 用料是芦笋、银杏、百合、红辣椒。郑板桥的亲家李复堂在自家的浮沤馆旁，盖了一个园林式别墅，内种一丛丛青竹、兰花，栽了数株石笋、石壁，板桥取名"拥绿园"。该菜特点：色彩鲜艳，清淡素雅。

【竹喜玉欢】 用料是酒香肉。板桥最爱翠竹，肉与肉相间很像美人红唇，有诗：玉人何处教吹箫。该菜特点：酒香肉香扑鼻，肥而不腻。

【珍珠四喜】 用料是糯米、猪肉泥、蟹黄肉、荷叶。板桥赴山东范县为官，农民不知螃蟹可食用，又因其形状可怖，称之为甲壳虫，有的人从田里捡起，互相扔到别家田里，钳伤手足，咬坏庄稼，致使村民闹起来，告到县衙，板桥得知后，要他们捉些甲壳虫，用螃蟹做成"大全大蟹宴"，此菜为第四道。特点：形似珍珠，荷香融入肉香。

【蜜汁橄榄芋】 用料是红薯、蜂蜜、白糖。将红薯去皮削成橄榄型上沾白芝麻，此菜整体形似菊花，板桥在潍坊县署和家乡的书斋名为“橄榄轩”，其主张文艺作品要有回味感，另一层含意板桥为七品芝麻官，做官不与民做主，不如回家卖红薯。特点：造型别致，甜香软糯。

【莲荷野鸭】 主料为野鸭、梅干菜。莲叶衬底，莲花点缀其间，此菜有板桥诗为证：“百六十里荷花田，几千万家鱼鸭边，舟子搦篙撑不得，红粉照人娇可怜。”此菜色彩明丽，动静交织，绿色的荷叶，红色的莲花，褐色的水鸭，色彩配备巧妙。特点：色彩明丽，野味纷呈。

【春笋扣鹝】 鹝是兴化湖荡独有的一种水鸟，产于沙沟苇荡中，笋为竹之母也。该菜特点：用料新颖，其味隽永。

【麻丫头针线】 用料是鸡蛋、麻虾籽、鸡汤、水发发菜、水发金针菇。板桥从小至十岁有乳名：麻丫头，成名后有印章一方。麻丫头针线，即谦称自己的作品为麻丫头的针线活。该菜特点：其味独特，滑嫩鲜爽。

【吃亏狗肉】 扬州城一盐商花重金求板桥字画，未果，后知板桥嗜好狗肉，乔装打扮成贫民，称自家有上好狗膀献之，板桥大悦，给其画两幅，知情后，板桥自我解嘲说吃亏是福。此菜特点：狗肉酥烂、齿颊留香。

【黄金满园】 用料是活蟹、生姜、陈醋。活蟹洗净，上笼清蒸，食时配姜泥陈醋，为板桥十全大蟹宴第九道。特点：自剥自食，自得其乐。

【文星聚会】 又名文思豆腐。板桥罢官后回扬州，又见昔日故友，在扬州竹西亭作一桌之会永日欢。所谓“一桌之会永日欢”就是八个文人正好坐一桌，每人各出一百钱，从早到晚饮酒、吟诗、作画。特点：腐丝纤细、汤汁清醇。

【粯子饭】 粯子为大麦碾压扁而成，板桥有诗云：“白菜青盐粯子饭，瓦壶天水菊花茶”。特点：粗粮细做，营养平衡。

【兴化昭阳宴】 2009年4月，兴化市服务业局、饮食文化研究会、餐饮住宿业协会牵头组织市餐饮单位编制公务接待专用菜谱，经相关专业人士反复修改、推敲，确定“昭阳宴”为市公务接待推荐专用菜谱。昭阳宴的特点是：菜肴原料以兴化（昭阳）本地为主，继承和发扬兴化（昭阳）传统饮食文化的特点并结合现代人健康、口味的需求而形成的一套新的烹饪菜肴制作方法的食谱。

附

1. 昭阳宴（早市）

每桌11人、标准35元/客
饮品：茶、豆浆、牛奶
冷菜：兴化烂芽豆、盐水花生米、青椒百康香干、兴化肴肉、昭阳咸鸭蛋、凉拌海带
开胃小菜：兴化甜蒜头、垛田酱嫩姜
干丝：兴化炝卜页（大蒜100克、卜页300克）
羹类：春季滋补盅（银耳莲子红枣羹或赤豆元宵羹）
热菜：明炉白干（百康白干600克、火腿50克、虾仁50克、豆瓣100克、木耳50克）
草鸡蛋（荷包、水煮）
蒸粗粮（玉米、南瓜、山芋、芋仔）
点心：蟹黄小笼包、翡翠烧卖、兴化米饼（葱香干面饼）
主食：稀饭（粯子粥）、阳春面（鱼汤面）
水果：水果拼盘（一禾西瓜、草莓、苹果）

2. 昭阳宴（中、晚市）

每桌11人，菜谱标准可为60元/客、80元/客、100元/客。

饮品：绿茶、菊花茶、生姜红糖茶或桂圆茶

冷菜：兴化鹅杂、雪菜小鱼、昭阳盐水籽虾、范二猪头肉、卤水素鸡、农家蚕豆、酱汁小黄瓜、昭阳凉粉、熏烧鸭、凉拌海带

开胃小菜：兴化甜蒜头、野山椒、泡菜

味碟：恒顺香醋或海天酱油

水果：餐前水果，每人一小份（一禾西瓜、草莓、苹果）

热菜：乡村豆腐羹（百康豆腐、猪肉皮汤、虾米）或蟹黄豆腐、千垛菜花角鱼（本地产角鱼150克/条）、明炉百康干丝（百康卜页、河虾、木耳、青豆瓣等）、红烧肉慈姑（五花肉、精肉、慈姑）、红烧陈堡老鹅（老鹅600克、土豆300克）

大地蓝草鸡煲（大地蓝草鸡1千克/羽、人参、枸杞等）

兴化三圆（沙沟鱼圆、水乡虾圆、红膏蟹肉圆）

徐马荒草鸡蛋（银鱼涨蛋、炖蛋）

土家四季粮仓（山芋、玉米、马蹄、南瓜）

里下河双味（螺丝肉150克、蚬子肉100克、缸顾韭菜250克）

折烩鲢鱼头（鲢鱼头3000克）

水粉鸡（鸡丝100克、粉丝250克）

雪菜豌豆（豌豆350克、雪菜100克）

汤类：三鲜汤（西红柿、食用菌、榨菜、蛋汤）

点心：沙沟藕夹

主食：三鲜面疙瘩、粯子粥及各类炒饭

第二节　旅馆业

1991年，全市有宾馆旅社338家，床位5795个（其中国营23家，床位1969个）。比较上规模的有20世纪60年代初建于四牌楼东南侧的水乡旅社、20世纪80年代建的昭阳饭店附设旅馆部，有客房50间，床位110张。市政府第一招待所，有客房78间，床位183张；第二招待所有客房74间，床位315张，计可容纳700人住宿，基本满足市内一般会议的接待任务。一些部门、单位也设有内部招待所。此外市区和集镇还有一些规模较小的旅舍。1991年营业收入780万元。20世纪90年代以后，市域经济发展，与外省、市人员交往增多，客源大大增加。2000年后，市第一、第二招待所及部门、单位办招待所相继停办，民办旅馆业兴起。2006年，全市有各类主要宾馆、旅舍583家。2010年，全市有各类主要宾馆629家，床位7000多张，年接待旅客28万人次，营业收入3200万元。

一、宾馆（饭店）

20世纪90年代以后，兴化市陆续建起一批规模较大，配套设施齐全的宾馆，其中：3星级宾馆饭店4家（万家灯火大酒店、喜来居大酒店、戴南天宝大酒店、凤凰大酒店）。

附

主要宾馆（饭店）选介

【万家灯火大酒店】 前身是水成大酒店，2007年12月被评为三星级酒店。位于新区英武南路188号，是一座集沐浴、客房、餐饮、娱乐、会务于一体的豪华酒店。占地2万平方米，建筑总面积26600平方米，总投资6400万元。有高档中、小型会议接待室及客房90间（套），分设总统套房、行政套房、标准房等。8000多平方米的浴城，可同时容纳1000多人就浴。8000多平方米的室内外停车场，24小时对外开放。客房、浴城2006年元月营业。餐饮营业面积6500平方米，拥有室内、室外观光电梯。2010年初被万家灯火大酒店收购，更为万家灯火（英武南路）大酒店。

【喜来居大酒店】 2007年8月建成投入营运。为市内首家三星级大酒店，地处城市新区中心段，五里东路10号。营业面积6000余平方米，主楼6层，有能容纳500余人同时就餐的多功能宴会大厅及16间装饰高雅、风格各异的大小包厢。客房部设有总统套房、韩式客房等各类豪华客房43间，床位73张。设有商务中心、康乐中心、会议中心等完善的配套实施。

【戴南天宝大酒店】 坐落在戴南镇迎宾大道1号。2009年5月被评为三星级酒店。主楼12层，裙楼3层，总营业面积16800平方米，有客房89间（套），其中总统套间1套、部长套房1套、商务套房6套、单人间26间、标准间55间。同时有餐位900多个，有咖啡厅、自动餐厅、中餐厅、零点餐厅以及宴会厅、会议厅、娱乐等服务设施。

【凤凰大酒店】 位于丰收南路181号，2010年12月被评为三星级酒店。建筑总面积6180平方米，共六层，设有餐饮、客房、会务中心、足浴保健、特产专卖和专用停车场等项目。酒店餐饮部设于二、三层，拥有宴会大厅3座，豪华包厢20余间，可同时接待1000名宾客用膳。由名厨主理淮扬菜、粤菜、川湘菜及本帮特色菜系。客房部设于酒店四、五、六层，拥有行政套房、商务套房、标准房、雅致单人房等五种房型56间和会议室两座，提供宽带上网、免费国内长短途电话及自动早餐。

【香格里大酒店】 位于兴化市长安南路、英武南路和高兴东公路五里东路交汇处——兴化长途车站西侧，与市政府、长途车站、江浙广场相邻，交通十分便利。总经营面积为6900平方米。大酒店于2005年开业，翌年更名为香格里大酒店。酒店设施设备是按照三星级标准配备，拥有客房34间，分设豪华套房、商务套房、单人间、标准间等。拥有大、小型会议接待室。在一楼东侧设有休闲大厅沐浴部并提供桑拿、芬兰、冲浪等洗浴服务项目。三楼餐厅设有宴会大厅、豪华包间15间，可同时接纳千人就餐。

【兴达绣园大酒店】 戴南兴达绣园大酒店开业于2003年11月，有68间客房。酒店糅合最新的建筑与工程科技，把酒店的雍容华贵与大自然的山清水秀融为一体。酒店主要分为两大主楼，分别主营客房与餐厅。一号楼设5层，一二三楼主要设有特色豪华房，商务房，套房等。四楼设有VIP接待室，多功能会议厅。五楼设有供客人闲暇娱乐的健身房。二号楼设三层，一楼是提供客人自由畅饮的自助餐厅，二三楼是豪华的宴会包间。

【凤台大酒店】 位于兴化市海池河拱极台风景区，系中华餐饮名店，淮扬菜餐饮名店。营业面积2000多平方米，可同时承接60余桌宴席。酒店有两处宴会大厅和13个包厢，皆呈晚清风格，家具古色古香，陈列古玩、书画，宫灯照明，厅廊迂回，以精雕细琢为境，以琴棋书画为趣，体现古城兴化风韵、板桥人文情致和餐饮文化特色。酒店所经营菜品，以色香味为根，以农家土菜为本，集淮扬菜风格之大成，突出美食与文化相结合，传统与创新相结合。

二、旅舍

1991年，全市城乡旅社131个，从业人员189人，床位700张。商业体制改革后，旅社全部由私人经营。与此同时，新办一批旅社。2010年，市区床位10张（含）以上旅社105家（含宾馆），10张床位以下的小旅社65家，年接待旅客14万人次，营业收入2500万元。各乡镇年接待旅客4万人次，营业收入700万元。

2010年兴化城区主要宾馆、旅社一览表

表13-11

单位名称	房间数（间）	床位数（张）	单位名称	房间数（间）	床位数（张）
万家灯火英武店	88	157	九角楼宾馆	12	20
中央大厦	62	111	海陵大酒店	12	12
格林豪泰	59	79	春春旅馆	11	20
大兴大酒店	59	104	云清旅店	11	13
凤凰大酒店	56	94	海泉旅馆	11	16
神州大酒店	54	91	昭阳健身馆	10	10
楚水宾馆	50	100	金海兰宾馆	10	10
板桥宾馆	48	80	在水一方	10	10
皇冠大酒店	48	65	银座宾馆	10	10
喜来居大酒店	43	73	新港湾旅社	10	11
贵林旅社	42	84	仙乐居旅社	10	12
茉莉花假日酒店	37	57	金海池招待所	10	20
凯悦大酒店	35	61	北海招待所	10	10
香格里大酒店	34	61	国才宾馆	10	10
春兰宾馆	34	58	海晟宾馆	10	16
天港假日酒店	30	50	喜盈门宾馆	10	14
国华宾馆	28	53	中兴宾馆	10	10
水利招待所	25	30	金悦宾馆	10	10
南都宾馆	24	47	华联宾馆	10	10
金石宾馆	23	38	兴泰宾馆	10	10
华泰宾馆	22	37	君悦宾馆	10	10
恒运旅社	20	40	中原大酒店	10	10
向阳旅社	20	40	洋洋旅社	10	10
宇泰旅社	20	40	力伟旅馆	10	10
南郊旅社	20	40	南山旅社	10	10

续表 13-11

单位名称	房间数（间）	床位数（张）	单位名称	房间数（间）	床位数（张）
贵都旅馆	20	40	双华旅社	10	10
火锅局旅社	20	40	鑫鑫旅社	10	10
平安招待所	20	40	万盛旅馆	10	10
鑫和园旅社	20	40	庭安旅社	10	10
天天旅社	20	40	百路大酒店	10	10
新城宾馆	20	30	华生大酒店	10	10
白云旅社	20	40	楚天宾馆	10	10
凯撒皇宫宾馆	19	28	泰山宾馆	0	10
金大地洗浴中心	18	18	禧梅居宾馆	10	20
园林招待所	18	20	金展宾馆	10	10
金色年华	18	34	楚水乡旅馆	10	10
格兰云天宾馆	17	25	春安旅馆	10	10
如家旅社	16	32	明阳宾馆	10	10
物资宾馆	15	40	名人居	10	10
金谷宾馆	15	15	好旺阁宾馆	10	15
盛世年华大酒店	14	24	宏程宾馆	10	12
家外之家宾馆	14	24	家春秋宾馆	10	12
亮都宾馆	14	25	天都假日宾馆	10	10
兴泰旅社	14	28	禧梅居宾馆	10	10
慧珍宾馆	13	16	顺祥招待所	10	10
双龙宾馆	13	21	长安招待所	10	10
新港湾旅馆	12	22	比家好旅社	10	10
优家宾馆	12	16	广源宾馆	10	10
长兴旅社	12	16	永泰宾馆	10	10
金鑫旅馆	12	23	珍慧旅馆	10	10
迎春旅社	12	23	梦都宾馆	10	10
好来客旅社	12	24	流金岁月旅社	10	10

第三节　其他生活服务业

一、浴室

1991年，全市有商业系统办的浴室9家，职工120人。企事业单位自办浴室15家，供销系统办的浴室90家。其中规模较大的有市区的新兴池、溪泉、龙津池、沧浪浴室等。1995年后，各集镇集体所有制浴室先后改制，有的私人承包，有的出售给个人，全面实行社会化经营。市区由于街道拓宽，拆迁改造，有的浴室迁址重建，如北小街的沂泉浴室，有的不复存在，如新兴池。原在小街背巷的尚在继续经营，如西门大街的溪泉浴室等。这些老旧浴室由于面积小，设备老化，已难适应居民新的需求，一批新的浴室应运而生，均为个人经营或合伙经营。浴室均有男女分部，面积大，设备新，更衣处一人一衣柜，男浴池分温水池、热水池、池大水深。休息处有躺椅、茶几、空调、大屏幕挂壁电视，有茶水供应。服务项目有擦背、按摩、修脚、捏脚、刮脚、推拿、捶背等。女宾部设沐浴莲蓬头。农村各集镇和大的村庄均设有浴室，大的集镇有浴室多家，有的设施可与市区浴室媲美。集镇的浴室均设有女宾部。2000年后，兴化市逐步出现洗浴休闲中心，开展洗浴、休闲一体化经营，增加桑拿浴等新型洗浴方式。除洗浴外，还提供棋牌、简餐等服务。市区较有名气的有在水一方、流连、昭阳会馆、水成等。2010年，全市有浴室395家（含洗浴休闲中心），设施、服务水平均有所提升。是年，全市洗浴业营业收入1.89亿元，少数浴室在服务收费方面尚待规范。

二、理发

1991年，全市有理发店234家。市区有集体理发店15家，从业人员130多人。规模较大的有光华、昭阳、紫罗兰、万华等几家理发店。光华理发厅有座椅15张，除主业外，兼营理发工具修理。各集镇也有1—2家集体理发店，归供销社领导。后因个体理发户逐渐增多，且服务灵活，费用较低，而集体理发店由于提取多，开支大，负担重，在竞争中逐渐萎缩。1995年后，随商业体制改革，城乡各集镇理发店相继解体，理发业全部由个体经营。改革开放以后，流行美发、染发、新发饰造型，且逐渐成为主营项目。剪发、修面的普通顾客在一些理发店往往受到冷遇。2000年后，兴化美发行业兴起，除理发外，开展发型设计、染发、烫发等业务，收费也较普通理发高出数倍，一般数十元至上百元不等，但淘汰率较高，一般几年即改换门头。至2010年，全市城乡有理发、美发店695家（含美容美发店），从业人员952人。其中市区338家，从业人员498人，其中市区较有名气的有韶华美发、格调芭莎等。

三、摄影

1991年，全市有照相馆、洗印社68家，从业人员131人。其中市区水乡、红星两家照相馆规模略大，有从业人员近30人。后随商业体制改革和牌楼路拆迁，集体照相馆因经营萎缩闭歇。摄影也从此全部由个人经营，并逐步增加彩扩、洗印等业务。1995年后期，婚纱摄影、儿童摄影等专业摄影机构营运而生，开展化妆、设计、户外拍摄等服务。2010年，全市有照相馆68家（含专业特色摄影机构），从业人员260人。其中比较上规模的有上花轿、巴黎婚纱、爱你宝贝等。

四、修理业

1991年，全市有日用品修理店铺（摊点）659家。20世纪90年代以来，由于消费结构的变化，传统修理业项目，如补锅、锔碗、修汽灯、修钢笔、修杆秤等逐步消失，新兴的修理行在城乡崛起。如修理汽车、摩托车、电动车，修理电脑、电视机、空调、电冰箱、电饭锅等家用电器等。修理钟表、自行车的日渐减少。此外，少数从事修理业人员，身带工具、配件，沿小街、小巷、居民区吆喝、招徕，为居民修理小型家电、锅、煤气灶等。磨剪子、铲刀、修雨伞的已难得一见。家用电器、汽车、摩托车、电瓶车、电脑等维修成为修理主业。

2010年，全市有机动车维修企业34家（一类5家、二类29家），其他各类维修网点535家（自行车、电动车、家电等），从业人员815人。

五、新生服务行业

20世纪90年代以来，市区和各集镇开设打印室，从事电脑打印、复印、扩印，代客印制文件、合同、契约、资料等，并制作标语、横幅、广告，晒图、制图。随着生活水平的提高，家政服务、家宴、婚嫁服务等新生服务行业兴起。家政服务起初仅仅照顾老人、小孩，后发展到帮助缺劳力的家庭打扫房屋、院落、炊事、照看病人等，有钟点工和全日之分。乡镇婚丧嫁娶时比较流行聘请家宴。从饮食行业下岗的职工或学过厨艺人员，带助手和刀具炊具，为举办宴请的户操办宴席。从购买食材到配菜烹饪，直至菜肴上桌。按桌数和菜品计算报酬，一般每桌加工费用30—60元不等。婚嫁服务从事迎亲、婚礼司仪、宴会酬宾、摄像一条龙服务。2000年后，家宴和婚嫁服务水平和收费不断提高，服务项目日益复杂。2010年，全市有打印社142家，从业人员302人，其中市区103家236人。有家政企业6家。家宴、婚嫁服务处于零售分散状态，尚无权威统计。

第四章　商务服务业

第一节　房地产评估

一、兴化市首信房地产价格评估有限公司

原为兴化市房地产资产评估事务所，隶属于兴化市房地产管理处。2003年7月根据《建设部关于房地产价格评估机构改制的通知》精神组建兴化市首信房地产价格评估有限公司。2010年有从业人员15人，其中房地产注册评估师3人。作为泰州市城市房屋征收管理办公室会员单位及江苏省评估协会会员单位，有12人取得泰州住建局核发的房屋征收评估上岗证书。公司注册资金50万元，有股东5人。主要从事房地产征收评估、房地产抵押评估、房地产买卖评估业务。业务范围涉及全市市区及所属乡镇，先后参加长安路、英武路、沙甸村、戴南人民路等几十处房屋征收评估，抵押评估方面与兴化各大商业银行皆有合作协议，先后完成大兴商厦、城投国际、乐天玛特等大型项目评估。2003—2010年，合计评估房地产面积85万平方米，评估金额近20亿元。

二、兴化市永成房地产评估造价咨询有限公司

1999年12月底成立，是一家面向全社会提供建设投资咨询、房地产评估及建设工程招标代理的综合性社会中介机构。公司注册资金70万元，职工15人，其中：高级工程师3人，工程师1人，会计师1人；注册咨询师（投资）2人，注册房地产评估师5人，注册造价师6人。公司具有房地产评估资质（三级）、造价咨询资质（乙级）、工程招标代理资质（暂定），房地产进行投资咨询及评估能力。

三、其他房地产评估公司

其他还有天润房地产造价评估有限公司和江苏苏信房地产评估咨询有限公司兴化分公司等。

第二节　会计、审计事务

一、会计事务所

1988年，扬州会计师事务所兴化分所成立，业务属扬州会计师事务所管辖，委托兴化财政局管理和监督，经费自收自支，核定事业编制3人。1994年固定资产22万元。1995年又更名为江苏兴化会计事务所。开展工商企业决算审计，行政事业单位审计，基建财务审计、经济业务监证，工程预决算审计，会计业务咨询、财会业务培训等。1986年，市财政局会计事务管理科负责颁发会计证，进行会计职称评审，组织会计职称考试，组织会计人员培训。1993年底，根据国务院要求，“两所”（会计事务所、审计事务所）“两师”（注册会计师、注册审计师）合并。1999年末，国家统一要求会计事务所与市财政脱钩改制，江苏兴化会计事务所更名为兴化市兴财会计事务所有限公司。2010年，在市内注册的会计事务所有兴化市兴财会计事务所、兴化市嘉和会计师事务所、泰州兴瑞会计师事务所兴化分所。2010年，3公司从业人员70多人，营业收入500多万元。

二、审计事务所

1988年，兴化市审计事务所成立，独立承办审计查证和开展咨询服务，属社会审计公证机构，受市审计局领导。1999年8月与市审计局脱钩改制，变更为兴化市嘉和会计师事务所有限公司，主营审计业务、会计咨询、资产评估、会计服务等，经济性质改为股份制企业，仍由财政部门负责管理。（参见《经济综合管理》卷第三章第三节《社会审计》）

第三节　广告服务

20世纪80年代后期，境内广告业务逐步兴起。经营单位主要有县（市）人民广播电台、兴化报社和中介经营商6家，从业人员42人。进入20世纪90年代，随着经济发展和企业广告意识增强，境内广告迅速发展。2000年后，随着计算机制版技术的普及和需求的增加，出现大量小规模广告经营店和广告经纪人，多为小门面，经营写真、喷绘等项目。2010年，全市登记广告商户95家，从业人员256人，全年营业额达6400万元，其业务范围扩大到设计、制作、代理、发布国内各类户外、印刷品广告等。

第四节 税务事务

1994年5月，兴化市税务事务所成立，为国家税务局下属自收自支单位，财务独立核算。2000年4月，根据国家税务总局关于税务代理机构与税务机关脱钩改制的文件精神，兴化市国家税务局解除与税务事务所的隶属关系，改为股份制性质的兴化市苏瑞税务师事务所有限公司，其中有注册税务师10人，注册会计师4人，拥有中高级职称7人，聘用专业人员40人。

1994—2010年，开办税务登记证6565户，为大中小型企业代办纳税申报、开展税务咨询、税收筹划、涉税培训23580余户。2000—2010年，开办税务登记5150余户，为大中小型企业代理纳税申报、利用主机共享系统为一般纳税人开具增值税专用发票19860余户，开展税务咨询、税收筹划、涉税培训15880余户。2000—2010年，为企业出具涉税鉴证报告2568户。

第五节 地价评估

1999年4月，江苏金宁达不动产评估咨询有限公司成立。主要从事土地评估及规划管理服务、房地产价格评估、房地产咨询、计算机应用服务等。公司注册土地估价师77人，英国皇家特许测量师（RICS）10人，中国土地估价师协会认定资深会员6人，江苏省注册咨询专家11人。兴化分公司于1999年进入兴化市场从事和土地相关业务，有土地估价师4人，房地产估价师2人，年平均评估土地面积约为500万平方米、年平均评估总价值约为20亿元。2009年完成市区城市土地定级与基准地价评估，并参与完成中国工商银行、中国建设银行、中国石化江苏公司、江苏新华发行集团等多家企业改制上市的土地策划与土地评估项目。至2010年，兴化市有10多家土地评估公司。

第六节 价格事务

1992年1月，市价格事务所成立。2000年，更名为价格认证中心。初以价格咨询服务、受聘担任企业价格顾问、开展赃物、罚没物、过期无主物、纠纷财物价值鉴定为主要内容。同时拓展服务领域，形成价格顾问、价格纠纷的调节与仲裁、价格认证、司法鉴定、公物拍卖、工程造价稽核、银行抵押物估价、车损评估、房地产评估、资产评估等众多服务内容的价格事务体系。1998年，《泰州市涉案物品估价鉴定管理办法》发布实施，明确价格事务所为指定涉案物品估价鉴定机构。是年，《兴化市道路交通事故车辆损失评估实施办法》发布实施，明确市价格事务所承办道路交通事故车辆损失评估。是年，评估金额达220万元。2000年，市价格事务所更名为价格认证中心后，主要从事涉案财产价格鉴证工作，每年承办刑事案件财产价格鉴证数百件，配合公安机关打击涉财刑事犯罪。同时接受法院、检察、质监、工商、烟草等部门和企业委托，开展经济、民事类财产鉴证。2010年，完成各类业务项目563件，标的总额7855.37万元。中心有国家注册价格鉴证师7人、国家信用认证咨询员1人、旧机动鉴定估价师3人。

1992—2010年，市价格认证中心完成各类价格鉴证、价格认证、价格服务11804件，标的额393244.48万元。

1992—2010年兴化市价格认证业务一览表

表13-12

年份	认证业务		年份	认证业务	
	件数（件）	标的（万元）		件数（件）	标的（万元）
1992	18	10.00	2002	837	2096.33
1993	28	2.60	2003	1526	3149.77
1994	8	112.72	2004	1707	3876.42
1995	23	91.32	2005	1021	7717.00
1996	41	90.20	2006	1051	31108.04
1997	156	102.45	2007	698	54618.00
1998	513	245.77	2008	939	263154.00
1999	353	562.15	2009	635	13500.00
2000	722	2494.33	2010	563	7855.37
2001	965	2458.01	合计	11804	393244.48

第五章　旅游业

20世纪90年代，兴化境内旅游业发展缓慢。2000年后，兴化市委、市政府按照省和泰州市关于发展旅游经济，拉动假日消费的部署，制定全市旅游发展规划，因地制宜发展旅游业。2000年4月，市政府成立兴化市旅游工作领导小组，下设办公室。2001年7月，市建设委员会成立旅游建设管理办公室，是年12月成立兴化市旅游局，在建设局挂牌。2009年5月市旅游局升格为一级局。市旅游部门立足兴化丰富的历史人文景观和优美的自然环境，充分发掘旅游资源，重点开发市境西部里下河地区原生态乡村旅游景区，加大水上森林、千垛菜花、大纵湖旅游景区、金东门街区开发，同时对西郊徐马荒（秋雪湖）原生态旅游资源全面规划，打造出兴化特色旅游线路，旅游业逐渐成为带动兴化产业的新型产业。2009年，举办第一届千垛菜花旅游节。2010年，按照国务院《关于加快旅游业发展的意见》，以建设区域性目的地、苏中旅游名城为目标，加大城市旅游开发力度，加快旅游设施配套建设，着力提高服务水平，培育项目精品，推进资源整合，优化旅游环境，实现全市旅游业跨越式发展。2010年，全市有旅行社12家（含营业部），全市接待游客约118万人次，旅游收入3.4亿元，其中第二届中国・兴化千垛菜花旅游节活动期间景区接待新闻记者、摄影家、商务游客、普通游客等48万人次，该届菜花节实现旅游总收入2.4亿元。

第一节 旅游开发

一、旅游资源开发

2000年，兴化市开展水乡金秋游活动，成立市旅游工作领导小组，下设办公室，拉开全市旅游工作建设发展的帷幕。

2003年，市旅游工作建设有所突破，委托上海同济大学编制《兴化市旅游发展总体规划》，并组织专家评审通过；加大景区规划建设，编制李中水上森林园区旅游建设规划；为丰富节庆活动的内容，举办天都杯“国庆假日哪里去，绿色兴化钓鱼去”垂钓大赛和第六届板桥艺术节“板桥景园杯”中国·兴化青虾菜肴热菜及艺术食品雕刻邀请大赛。2004年，扩建板桥陵园，增建李中水上森林景区部分设施；为进一步宣传和推介兴化，联姻南京狮王府，开展水乡兴化风味美食节和南京籍兴化知青返乡巡访第二故乡旅游宣传活动；组团300多人参加省政府开展的江苏万人游香港活动。2005年，开展争创国家旅游奖牌活动，张郭镇新农村农业旅游经国家旅游局检查验收，获得“全国农业旅游示范点”称号，市文博中心整改完善获得AA国家级旅游景点奖牌；全面修建恢复省级文保单位上池斋古药店原风原貌；第七届板桥艺术节期间，举办“嘉鸿杯”水乡特色菜肴烹饪大赛，编制水乡旅游烹饪画册。

2006年，开展争创泰州十大旅游景点活动，郑板桥故居、上方寺入选泰州十大旅游景点；乌巾荡旅游风景区通过招标编制了建设发展规划并组织专家评审会论证通过景区规划；西郊镇徐马荒万亩原生态观光旅游农业建设项目起步建设。

2007年，成功申报两家三星级宾馆饭店，实现全市星级宾馆零的突破；加大招商引资力度，吸引上海旅游企业投资李中水上森林景区建设，并于五一黄金周对外开放经营；加大景区景点建设，完成西郊徐马荒景区的规划编制和评审及景区有关项目建设，推进城市环城滨水旅游区规划建设；第八届板桥艺术节举办“天宝杯”烹饪邀请大赛，编印兴化旅游宣传画册。

2010年，兴化市旅游局先后完成《十二五全市旅游发展总体规划》《千岛菜花景区规划》《李中水上森林风景区旅游规划》《金东门配套设施规划》《乌巾荡风景区规划》《乌巾荡温泉度假规划》等6个方面的规划，并对金东门历史文化街区按规划方案组织实施，“兴化市金东门文化旅游发展有限公司”正式挂牌并开始运作。金东门历史文化街区的成家大司马府、东岳庙、城内东大街、八字桥广场、儒学广场成为兴化市重要的历史文化景点，对游客开放。

二、旅游开发公司

2002年2月，市机构编制委员会批复成立“兴化市旅游发展公司”，负责旅游资源开发、经营，为市政府下属事业单位，委托市建设局（旅游局）管理，相当副科级，核定事业编制5名，经费自收自支。2009年3月，市机构编制委员会批复成立市旅游服务中心，为旅游局下属自收自支事业单位，核定5名编制。2009年5月市旅游局升格为一级局。2010年，组织各旅行社、景点和酒店宾馆参与省、泰州市旅游行业文明单位申报工作。邀请省、市旅游主管部门的专家对乌巾荡、徐马荒、上方寺、金东门、李中水上森林等景点进行星级评定及建设标准指导。

2007年起，千垛菜花景区旅游发展公司实施土地流动，实施统一种植、试验、示范等活动。加大油菜种植补贴，扩建油菜种植面积。强化市场引导，帮助农民创收。明确服务职能，公司以股份合作进行市场化经营，将已投资的固定资产，千垛菜花品牌、农民土地都作为股份加入，做大旅游产业，致富一方百姓。

2009年6月，市政府决定成立“兴化市乌巾荡风景区旅游发展公司”和“兴化市金东门文化旅游发展公司”，对相关景进行整合，并将国有资产划拨公司名下，实行市场化运作，公司化管理。乌巾荡风景区旅游发展公司由市旅游局牵头组建和具体运作，昭阳镇派人参加，具体负责乌巾荡旅游风景区的规划、建设和管理，将东荡和西荡水面、渔事文化区等资产划拨到公司名下，将温泉度假村、上方寺等纳入公司管理范围。金东门文化旅游发展公司由市文化局牵头组建和具体运作，市旅游局、市社工委派人参与。具体负责以金东门历史街区为主体的城区古街区历史文化旅游资源的开发和管理，将郑板桥故居、赵海仙洋楼、上池斋药店、大司马府、县署、儒学广场等资产，由国有资产管理局划拨到公司名下，将城外东大街、城内东大街、东岳庙等纳入公司管理范围。

第二节　宣传推介

境内有丰富的人文景观和自然生态旅游资源，但原有基础条件薄弱，旅游业发展缓慢。2001年，组织兴化一日游线路4条，开展游园活动20次，接待各方游客16万人次，拉动消费100多万元。尔后，每年派员参加全国旅交会、推介会，广泛宣传、推介兴化旅游产品。2006年，获江苏省旅游产品单项铜奖。是年11月，参加国家旅游局在浙江宁波举办的旅游招商活动，强化旅游项目建设招商引资。

2007年，继续加强景点景区、旅游宣传建设。招引上海1家旅行社旅行企业投资水上景区建设，并于是年“五一”黄金周对外经营，年接待游客1.5万人。2009年4月，举办首届中国兴化千垛菜花旅游节，吸引中外游客近10万人。是年5月，获人民网组织评选的“全国最美油菜花海”第二名，以其“河有弯弯多碧水，田无一处不黄花”和“船在水中行，人在花中走”的美景，吸引四海宾朋。

2010年，在菜花节举办前夕，市委、市政府分别组织到南京、上海、扬州等地召开新闻发布会和旅游推介会，菜花节期间这三地来兴化旅游的游客占大多数。在中央电视台、人民网投放的《水润·文成》《走读兴化》等旅游形象宣传片起到积极的效果。邀请扬子晚报、新华日报、江苏经济报、网易、新浪等20多家知名媒体参加新闻发布会。开幕式上邀请到包括中央电视台在内的20多家媒体至兴化采访报道，中央电视台、人民网、人民日报驻江苏记者站、省内外媒体、网站等每天都有菜花节的宣传报道。4月2日至24日举办第二届中国·兴化千垛菜花旅游节，来自国内近100家媒体、100余家旅行社齐聚兴化，其间在《解放日报》《扬子晚报》、人民网、央视网分别刊发、刊登兴化旅游专版，在《光明日报》《经济日报》《新华日报》等国内多家知名网站、媒体播发的相关消息近100条，在国内权威搜索引擎上的相关网页达1000多篇，活动期间，千垛菜花景区接待新闻记者、摄影家、商务游客、普通游客等48万人次，超过以往全年的游客人数，其中团队2000多家，人数21万，旅游车辆达5万辆。菜花节实现旅游总收入2.4亿元。是年国庆期间，李中水上森林游客接待人数2万人次，其中上海游客占总人数的60%。

第三节　旅游服务

一、旅游饭店、宾馆

20世纪90年代，兴化饭店、宾馆以国营为主，民营饭店、宾馆处于“小”“散”状态。2000年后，随着旅游业的不断发展，一批上规模的饭店、宾馆相继建立，如万家灯火、喜来居、香格里、戴南天宝等，接待能力和水平有很大提升。2010年，全市宾馆接待旅客28万人次，营业收入3200万元。（参见《商贸服务业》卷第三章第二节《旅馆业》）

二、旅行社

2003年，兴化市春秋旅行社设立，为兴化市首家旅行社，是上海市春秋国际旅行社联合体成员之一，并与南京青旅、北京国旅、广州中旅等20多家旅行社建立良好的业务合作关系。主要经营范围有：组织代办（接待）团体、个人国内外（本地区）旅游观光、探亲、商务考察，代办、咨询出境护照、签证，订售火车票、境内外飞机票（免费送票上门），经营（代客订制）旅游用品，提供车辆服务，本地异地优惠客房酒店预定，组织策划文化娱乐活动、会务接待等。之后，随着兴化旅游事业的不断兴起和市民对旅游需求的加大，泰州金陵商务国际旅行社、兴化市神州国际旅行社、兴化市华夏国际旅行社有限公司等相继设立。截至2010年底，兴化市有12家旅行社（含营业部）。2010年，兴化市舜天旅行社获得“泰州市旅游行业文明单位”称号。

2010年兴化市旅行社一览表

表13-13

旅行社名称	负责人	设立时间	地　址
兴化市春秋旅行社有限公司	徐年喜	2003年	兴化市英武北路106号拱极台公园西大门口
兴化市舜天旅行社有限公司	顾平、刘兵	2008年1月	兴化市长安南路东侧68号
兴化市神州国际旅行社有限公司	杨萍	2006年6月	兴化市花园居委会金花园竹苑3幢一层商铺8号（英武大桥桥北西侧）
泰州金陵商务国际旅行社有限责任公司	潘平	2006年3月	兴化市长安中路79号
兴化市华夏国际旅行社有限公司	闵志霞、樊建民	2006年7月	兴化市拱极路27号
兴化市浩澜旅行社有限公司	阙亚惠	2010年7月	兴化市长安中路13号楼西侧国土局对面
兴化市平安国际旅行社有限公司	朱凤昶、刘勇	2010年	兴化市新区南郊江浙商业广场B4临街39号
泰州市青年旅行社有限公司兴化营业部	许建军	2002年6月	兴化市建设路195号
泰州市光大国际旅行社有限公司兴化营业部	王有勇	2010年1月	兴化市长安中路7号（人大北侧）
泰州天马国际旅行社有限公司兴化营业部	韩桂龙	2005年	兴化市英武路71号
泰州扬子江国际旅行社兴化营业部	朱宜萍	2005年	兴化市楚水路100号民政局对面
兴化市中原旅行社有限公司	蒋祖然	2007年10月	兴化市戴南镇戴泽路22号

卷十四 邮电信息业

第一章　邮　政

第二章　电　信

第三章　信息化建设

第四章　无线电管理

1991年，全市有邮电支局、所26个，代办所（处）34个。政村通邮率100%。长途电话、农村电话电路分别为70条和258.5条，市内电话、农村电话固定用户分别为2792户和5622户，邮电业务总量1029.12万元。1992年12月29日，兴化邮电局第一套移动通信系统正式开通，标志着兴化境内移动通信的开始。1998年，邮政、电信分营。全年邮电业务总量15156.4万元。2001年1月，兴化电信“小灵通”对外放号，用户突破7500户。2001年2月，发展宽带上网用户。根据信息产业部的规定，自2001年7月1日起，取消固定电话初装费。至2001年底，净增固定电话11.3万部，用户22.99万户。2003年4月，江苏省电信有限公司兴化市分公司成立。2007年4月实现村村通宽带。截至2010年底，邮电业务总量7.29亿元。城乡有线电视用户35.34万户，较2000年增长3.1倍，乡镇有线电视覆盖率100%，电信宽带用户9.14万户；全市固定电话用户26.32万户，较1991年增长30.28倍；全市移动电话用户72.47万户。全市电话普及率276.6户/百户。

1991年，无线电管理初由地（市）无线管理委员会办公室负责业务指导（设于市政府办公室内）。2010年5月，市经贸委撤销，由新组建的市经济和信息化委员会领导。

图14-1　中国电信兴化分公司办公楼　　（2008年摄，市电信公司提供）

第一章　邮　政

第一节　机构与邮路

一、邮政机构

1991年，全市有邮电支局、所26个，代办所（处）34个。1992年成立兴化市迅达通信服务公司。1995年7月成立邮票公司。两公司均为集体性质，自负盈亏。1995年9月，成立兴化市邮政速递公司和报刊发行公司，隶属于邮政科。1998年，实行邮、电分营，成立兴化市邮政局。市邮政局下设46个支局，2个代办所。市邮政局设综合办、经营服务部、计划财务部、人事教育部等科室。在邮政局以下，设有市邮政储蓄银行、邮政快递物流公司、邮票公司、集邮公司等机构。2010年，市邮政局下设综合办公室、人事教育部、计划财务局、经营服务部、速递局、集邮公司、广告公局、物流配送8个机构、37个支局，邮政代办所2个。

二、邮路

1991年，兴化市区至高邮及安丰、戴窑、戴南、沙沟、周庄、边城、徐扬、陈堡、荡朱、永丰、合塔、合陈及市内转趟邮路14条，485公里。委办轮船邮路183公里。兴化市邮政局至高邮自办汽车邮路，单程51公里，每日1趟，分别在11时和15时，交接兴化进出口邮件。自办邮路8条。兴化邮件固定直封口线路3537公里，总长4176公里。固定直封口外地局25个：南京、苏州、无锡、常州、上海、杭州、合肥、郑州、北京、武汉、南昌、镇江（本、转）、连云港、泰州、泰县、泰兴、扬州、盐城、南通、江都、大丰、东台、高邮、宝应、靖江，农村固定直封口48处支局（所）。兴化寄港澳台及国际邮件直封扬州局统转。1991年起市区每日开通邮车2班，直送邮政局转运中心，各分、支局特快邮件多由市邮政局转寄，有的就近邮政局转运中心。城乡寄国际和港澳台邮件直封，由市邮政局统一转寄，每日发无锡一次。

1991年以后，由于交通条件改善，政区调整，邮路随之发生变化。1995年，全市邮路总长度（单程）585公里，农村投递线路总长度（单程）2700公里，其中农村局所56个。2000年，全市邮路总长度（单程）606公里，农村投递线路总长度（单程）2700公里，其中农村局所55个。2005年，全市邮路总长度（单程）646公里，农村投递线路总长度（单程）4502公里，其中农村局所40个。2008年，市内汽车邮路总条数达6条，拥有各类邮政汽车42辆，摩托车、电瓶车、自行车、水路等多种运输方式都得到综合利用。2010年，全市有市区至市郊干线邮路1条，全长61.8公里，每日交接邮件1次。市区至农村支局邮路6条，沿途各支局定时交接邮件，每日1次。兴化邮件固定直封口线路655公里。市区至农村固定直封口46个支局（所），线路总长716.8公里。

三、投递邮路

【市区】 1991年有投递员130人。投递频次：农村每日1次，城区每日2次。运输工具主要

图14-2 投递员送报纸服务 （2010年摄，市邮政局提供）

是自行车。2000年后，随着邮政传统业务的大幅度萎缩，信函投递量相应减少，同时增设了汽车等运输工具。2010年，市区投递员14人，配汽车1辆，投递频次每日2班。邮件、报纸由投递员亲投到户或投入指定信箱。给据邮件亲投收件人户下。运输工具主要为电动自行车。

【农村】 1991年，有农村投递员109人。投递频次：逐日投递到（行政、自然）村，给据邮件投递员亲投到户。后随农村公路建设的发展，行政村规模调整，投递线路部分发生变化。2010年，全市农村投递路总长6000公里，有投递员114人。投递频次：集镇每日1次，行政村（自然村）每日1次，一般投到村委会，给据邮件由投递员亲投到户。

第二节 设 施

一、邮运车辆

图14-3 邮政车队 （2008年摄，市邮政局提供）

1991年，全市有邮运车辆9辆，自行车170辆。2010年，有邮运车辆6辆。

二、计算机网络终端

20世纪90年代初，市邮政局有包裹收寄机1台、邮件传递机1台、邮资机1台、电子秤46台。尔后，淘汰老旧设备，增添新设备。1996年起，各分局逐步配备计算机设备。市邮政局和各邮政分局、支局办公、营业逐步实现微机化。2010年，市邮政局有包裹收寄机1台、邮件传递机1台、邮资机3台、邮储主机58台、营业终端机120台、电子秤46台、打印机104台、点钞机76台、监控设备47台。

第三节 业 务

一、函件

1991年，开班的函件有：信函、明信片、印刷品、盲人读物、挂号邮件、保价信函、航空信函、特种挂号、大宗挂号、存局候领、挂号回执、欠资、退回、查询、义务兵免费平函等。是年，办理平常出口函件432.05万件、给据进口函件13.63万件，机要文件815件，邮政快件32.4万件。1997年，传统信函业务大幅下降，全市函件428万件。2000年以后，随着通信技术的快速发展，信函量大幅度萎缩，唯明信片量稳步增长。2005—2010年，注重发展数据库商函、中邮广告业务。

图14-4 投递员分拣报纸 （2009年摄，市邮政局提供）

二、包件

1991年，开办的包裹业务有：普通包裹、甲类保价包裹、一类保价包裹、快递小包、代收货价包裹、过大包裹等，是年包件14.23万件。2000年后，随着民营快递业务的迅速发展，挤占大量市场份额。2010年，借助“假日经济”和家乡土特产品，开发包裹的协议客户，拓展新市场，使包裹业务保持稳定发展。把握“爱心包裹”业务，收寄包裹4115个，有效拉动国内包裹业务量的增长，在泰州全区（全区包括泰州市分公司、各县（市、区）分公司、各城乡支局）率先完成目标计划。全年实现收入19.61万元。

三、快件、专递

1998年，开办特快专递业务，主要办理信函、文件资料和物品的快递传递。2002年，开办以鲜花为主的快递礼仪业务。2010年，国际特快实现收入17.58万元。

四、汇兑

1991年，市邮政局办理的汇兑业务有：普通汇票、电报汇票等，每张汇票最高限额为5000元。是年办理汇票8.86万张。1996年，每张汇票最该限额提高到1万元。是年，全年开办出口汇票10.5万张。随着经济发展，1999年每张汇票最高限额提高到5万元。2002年，开办24小时到账电子汇兑和2小时到账加急电子汇兑业务。2010年，全市汇票收入48.4万元。

五、报刊发行

1991年，除市邮政局营业部和各邮政分支局报刊发行窗口外，全市有报刊社会发行站98个，

图14-5 《梅兰竹菊》特种邮票首发式在兴化市举行
（2010年摄，市邮政局提供）

社会发行员98人。2000年，发行各类报纸业务收入402万元。此后，由于《扬子晚报》《泰州日报》《泰州晚报》收回自办发行，《兴化报》停刊，给全市报刊发行造成较大影响。2010年全市实现报刊专业总收入720.51万元。

六、集邮

1991年，市邮政局设有经营集邮业务的专营机构。纪念邮票、特种邮票和普通邮票同一窗口出售。1998年成立集邮协会，并设立集邮门市部，出售纪念邮票、特种邮票、首日封、小型张、集邮册、曲折和集邮专用物品。是年，经省邮资票品公司批准，成立兴化市集邮公司，将集邮业务推向市场。

2005年，兴化市政府和江苏省集邮公司在"中国·兴化第七届郑板桥艺术节"期间，联合发行《中国·兴化》个性化邮票。该票设计精良，印刷精美，内容包括《文化名城》《生态水乡》《和谐兴化》48张个性化邮票。2010年，中国邮政集团公司发行的《梅兰竹菊》特种邮票首发式10月18日在兴化市举行。全套邮票以古画配古诗形式表现，"竹"选自郑板桥的《兰竹图册》，"菊"选自李鱓的《菊石图》。兴化郑板桥和李鱓的作品同时出现在一套邮票上，这在全国邮票发行史上十分罕见。至2010年，实现集邮业务收入491.44万元。

七、物流

1995年6月，兴化市邮政局物流配送部设立，为经营物流配送服务的国有企业。以规模促效益，集中优势、做优品牌，主要经营牛奶、白酒、啤酒配送等项目。2001年，启动和拓展非邮业务市场，以物流配送为切入点，是年第四季度配送牛奶5268份，取得较好社会效益和经济效益。2008年，开拓国际货代业务，成功开办"驾证速递"业务，恢复"法院速递""交通违章告知专递"，实现业务收入501万元。2010年配送啤酒5.7万箱，实现收入63.28万元。

八、代理业务

兴化于1986年开办邮政储蓄业务。2001年起，开办代收税款、代收电信费、代发工资等中间业务。2003年，代收保险费6979.42万元，实现代理保费1694万元。2005年，开发代收

图14-6 邮政服务大厅
（2007年摄，市邮政局提供）

电费、代理保险、代收话费，推广“绿卡”等新业务，推进邮政储蓄健康发展。是年末，邮政储蓄余额达19.5亿元，全年净增4.07亿元，累计发放绿卡20702张。2007年，全面启动电子商务平台代收电费和产品上线工作，邮政短信在线用户2.3万户。2009年，代理金融业务，在2009—2010年金融业务跨年度竞赛活动中，邮政金融总余额净增4.3亿元，完成率列全区第一，活期余额净增2.6亿元，净增额列全区第一。2010年开展短信业务跨越发展劳动竞赛活动，积极开办代收代缴、电子商务代理航空机票业务等重点项目，是年实现业务收入295.24万元。

第二章 电 信

第一节 机构网点

一、电信局（电信公司）

1998年9月，邮电分营，成立兴化市电信局。在职员工468人，离退休人员101人。1998年12月，无线寻呼（BB机）从电信局剥离，成立兴化市寻呼公司。是年，有城北、城中、城南和戴南4个分局及46个乡镇支局。2003年4月，该公司改制为江苏省电信有限公司兴化分公司，对外仍保留电信局名称。公司内设综合办公室、市场经营部、设备维护部、计划财务部、人力资源部。生产科室设有：农话科和线路工程维护科。

2010年，设城北、城中、城南和戴南4个分局及34个乡镇支局，有员工652人（其中离退休165人、内退69人）。职能部室有：综合管理部、市场营销部、维护安装部、政企客户部、农村客户部和城区营销中心（生产科室建制）。中心、班组设置有：服务检查室、后勤服务中心、车队、业务支撑中心、10000号客户服务中心、公用电话组、设备维护中心、线路维护中心、VIP客户服务保障中心、综合调度中心、物资供应中心、客户营业中心和转型业务中心等13个。至2010年，在全市建立10余个自建厅、近百家合作营业厅、500多个便利店及中间网点，基本实现用户服务网络全覆盖。

二、移动公司

1992年12月29日，兴化邮电局第一套移动通信系统正式开通，主要由兴化邮电局业务科负责移动通信业务的发展，工程技术科负责移动通信设备维护管理。1998年5月12日，经省通信改制领导小组批准，兴化移动通信从邮电局成建制剥离，划出人员28人。1998年6月，经江苏移动通信有限责任公司和兴化市工商局的批准，成立兴化分公司。1999年11月、2002年3月两次迁址，2004年9月迁址长安南路99号移动综合楼办公。2006年11月，公司又更名为中国移动通信集团江苏有限公司兴化分公司。2008年，与中国铁通泰州分公司兴化营业厅（2004年9月3日成立，主要经营经国家电信主管部门批准的兴化地域范围内的基础电信业务和增值电信业务等）合并。2010年，公司内设综合部、市场经营部、集团数据部、技术业务支撑中心，在岗员工265人。

三、联通公司

中国联通有限公司泰州分公司兴化经营部成立于1997年10月，主要负责中国联通在兴化地区的运营和发展。1999年6月28日正式对外放号经营，2000年5月经国资委申请国务院批准，兴化经营业务部于2003年8月成立中国联通有限公司兴化分公司。兴化联通公司内部实行总经理负责制，公司内设综合部、市场营销部、数据部。2008年，按照国务院国资委及信息产业部的重组改革要求以及深化电信体制改革的重要部署，中国联合通信有限公司兴化市分公司于2008年10月1日将CDMA移动通信网络及业务割接给兴化电信公司，并于2008年10月15日与中国网络通信有限公司兴化市分公司合并，重组成立中国联合网络通信有限公司兴化市分公司。2010年，公司部门调整为综合部、营销服务部、集团客户部和建设维护部4个部门。至2010年，在岗员工89人，有自建营业厅13个，合作营业厅63个，便利店150多个。兴化联通开设移动、固网、宽带、数据类四大综合性业务，结合移动电话、固定电话、宽带、数据专线等通信产品。

第二节 电 路

一、电报电路

1991年，兴化电信局实现报路43条。其中直达报路18条，至南京、扬州、周庄、沈坨、钓鱼、垛田、牌楼支局及气象站各1条，至戴南、戴窑、安丰、沙沟、大垛各2条。另有区间报路25条。1998年10月邮电分营后，撤销农村支局所业务网点。2006年1月，市电信局停止电报业务受理。

二、固定电话电路

1991年，全市长话电路70条，其中至扬州35条、南京5条、泰州3条，至上海、盐城、高邮、镇江各2条。市内电话线长度65公里，明线长度为1公里，电缆长度56.3皮长公里。全市农话电路258.5条，其中出租电路11条，水泥杆路总长365公里。1995年，长途至本地交换机中继电路663路，本地电话中继电路330路，电缆长度217.7皮长公里。其后电信业务迅速发展，电路随之大幅度增加。2000年，全市长话电路240路，本地电话中继电路2640路，电缆长度7104皮长公里。（2001年后未做统计）

图14-7 基站 （2005年摄，市移动公司提供）

三、移动电话电路

【移动公司电话线路】 从1997年发展，经过近九年的建设，截至2006年底，兴化市基站达158个，话音信道达38115个，通信管道达88.22管程公里，通信杆路达511.98杆公里，通信光纤达768.48皮长公里，网络覆盖率达99.99%，网络接通率达96.42%。传送网在用电路使用自建传输电路比例达99.58%。2010年，移动公司管道建设总长度168公里，光缆皮长2115公里，杆路1132公里，建设基站371座，所有基站都用上自己的传输线路。

【中国联通线路】 至2002年，兴化联通建立32座CDMA基站和直放站。2003年，建成GSM通信基站53座，CDMA通信基站51座，建成传输管道47公里，传输杆路1200公里。2010年，兴化联通投资2400万元，新建通信基站64座，室内分布系统32个，新建各类传输设备65套，新铺设光缆260公里。

第三节　设　备

一、电报设备

1991年，兴化邮电局配备电传打字机18部、传真机17部，收报由人工码译汉改为电传。2006年1月，电报设备停止使用。

二、电话设备

1991年后，兴化电话交换设施经历人工话务、纵横制、程控电话的逐步更新。网络结构由过去的长市汇接、多汇接局演变成纯接入模式。1999年12月，全市电话交换机总容量12.4万门，实现全市村村通程控电话。机房局点数由1991年的44个，发展为2010年的274个，其中端局数9个、模块局247个、接入网18个；交换机容量40.31万门，实装容量33.05万门，实装率达81.99%。

三、无线通信设备

1991年，市邮电局有无线寻呼发射机1部，无线寻呼操作终端机3部。1995年，微波线路长度25公里，微波通信线路75波道公里微波数字终端复用设备容量960路。2003年1月，乡镇小灵通网络开通，至年底，小灵通网络覆盖兴化所有集镇。2007年，全市小灵通基站达1600多个。2010年，小灵通业务基本停止。

四、网络通信设备

【模拟移动电话网（A、B网）】 1992年4月和7月，江苏省邮电管理局分别与美国摩托罗拉公司和瑞典爱立信公司签订合同，建设江苏沿江900MHZ蜂窝状移动电话A网和B网。同年12月29日和1994年5月18日，兴化移动电话A网和B网相继开通。1993—1997年，移动电话B网先后进行三期扩容，建成基站26个，增加话音信道391个。1996年底，全市移动电话用户计2486户。1997年底，移动电话用户为5719户。至1998年底，完成模拟网用户收入0.14亿元。此后，移动电话用户逐年大幅度增长。由于模拟移动电话网的局限性，只能提供基本通话业务，不能提供非话音业务。随着移动数字电话的开通，模拟移动电话网于2001年底关闭。

【数据移动电话网（G网）】 1995年，江苏省邮电管理局开始建设全省第一个数字系统移动电话G网工程。同年12月兴化“全球通”数字移动电话开通，1996年，进行移动电话G网首期建设，新建基站10个，新建等效话音信道240个，采用瑞典爱立信生产的移动通信设备。1997年，进行移动电话G网二期扩容，扩建5个基站，新建6个基站，扩容等效语音信道366个，采用阿尔卡特生产的移动通信设备,数字电话网的通信能力有所提高。截至1998年底,完成数字网用户收入0.56亿元,占总收入的80%。剥离改制后,兴化移动以市场为中心,采取适度超前的原则,加快网络建设。1998—2006年,先后完成移动电话G网三、四、五、六、七、八、九期扩容工程,自建公司综合楼、传送网、城区网营配置和市区到各乡镇骨干网。至2010年,建基站371座。

【数字移动电话网(GSM网)】 1998年10月,兴化联通首次建设江苏联通GSM移动通信网二期工程,建13个基站,2.5万门的西门子交换设备。基站采用Motorola生产的通信设备。1999年2月,兴化联通进行GSM三期、四期扩容。三期新建18个基站,四期新建32个基站。6月,三期、四期顺利割接,数字电话网通信能力有整体提高。

2000—2007年先后完成联通五期—十三期工程建设。至2010年底,兴化联通拥有1个23万门西门子交换机、1个17万门贝尔交换机、1个75万容量的HLR归属位置寄存器。全市基站数达283座,无线网络容量达5443.06erl(爱尔兰)。网络覆盖率达98.19%,网络接通率达96.92%。

【CDMA2000移动通信网络】 从2002开始,兴化联通建设C网一期工程,开始使用爱立信的CDMAone产品,属于2代产品。2003年建设C网二、三期工程,并把原先的CDMAone产品替换成CDMA2000网络。从而提供一个更优质、高速的全新产品。至2007年底,CDMA2000网络拥有1个16万的交换机,3个BSC,65个基站,传输管道150公里,传输杆路580公里,无线网络容量达5237erl(爱尔兰)。2008年,CDMA移动通信网络及业务割接给兴化电信公司。

第四节 业 务

一、电信局(公司)业务

【电报】 1991年,电报出口17万份,1995年为6.2万份,1997年为1.99万份。1998年9月底之前,全市电报业务网点有48个,1998年10月邮电分营后,撤销农村支局所业务网点,全市电报业务受理均由市电信局营业大厅受理。2000年为0.67万份,2005年仅有0.04万份。2006年1月,市电信分公司停止电报业务。

【长途电话】 1991年,全市长途电话业务量62.89万张,其中计费60.05万张。1994年,统计单位变更为“次”。1995年12月,扬州组建A、B两个本地网,兴化与泰州、泰兴、靖江、姜堰5市组成B网,电话号码由6位升至7位,长途区号为0523。1998年,长途电话业务市级收入1320万元。2000年,长途业务收入3207万元。后随移动电话和IP业务的发展,长途电话受到影响,资费水平下降,收入增长缓慢。2001年2月1日起,国际、港澳长途计费单元由一分钟改为6秒,由0.5、0.8、1分钟统一为一级计费,6秒钟为0.07元,故长话业务量有所下降。2010年,长话业务量不统计。

【市内电话】 1991年,市内电话营业范围包括兴化市区及近郊的东潭、严家。市话资费标准:0.2元/次,每3分钟1次。是年,市话装机7915部。2001年2月21日起,取消农话,兴化全市固定电话(含小灵通)之间互相通话均为“市话”,并改名为营业区内通话。电话资费作结构性调整:首次3分钟0.2元,以后每分钟0.1元。全市电话装机53605部,其中新装19492部。2005年,全市电话装机55135部,其中新装814部。2010年,全市电话装机达58052部。

【农村电话】 1991年,农村电话范围包括市区固定电话与乡镇固定电话用户之间、农村各乡镇之间的固定电话通话。其资费标准为0.5元/分钟。是年,全市农村电话用户5622户。1995

年，通话改按次计算。至1997年底，全市有农话用户4.6万户，2000年初，兴化农村电话用户8.8万户。2001年2月取消农话，市话营业区扩大至全市范围。农村电话用户猛增，净增2.5万户。2005年，农村电话用户达25.82万户。2007年农村电话用户为26.41万户。2010年，全市农村电话用户达27.1万户。

2000年后，移动电话的普及给固定电话安装和营业收入带来相当大的冲击，电信行业在稳定固话业务的同时，也大力开展移动设备的推广，逐渐形成移动、联通、电信三足鼎立的格局。

【无线电通信】 2001年，兴化电信“小灵通”（低功率移动电话系统，简称“PHS”，是一种个人手持式无线电话系统）正式在市区对外放号。是年放号6128部，2002年为11130部。2003年1月，市内首家开通小灵通的乡镇——戴窑镇小灵通网络开通。“小灵通”凭借话音清晰，保真度高及资费较低的优势，在城乡迅速拓展，2003年底覆盖全市所有乡镇。全市达27827部。此后进入快速成长期，2005年达72616部，2007年88789部。其后随着手机价格和资费的不断降低，小灵通的优势荡然无存，用户急剧萎缩，2010年基本退出市场。

“小灵通”的快速发展，促使手机资费单价迅速下降，手机“定向单向收费”套餐、“准单向计费”套餐很快推出。

【数字通信和多媒体通信】 2001年1月，兴化电信推出宽带上网业务，提供两种方式：ADSL上网、FTTLNA上网（光纤上网）。推出之初，住宅用户ADSL上网速率一般在512Kbps，比同期使用的ISDN（窄带）上网64Kbps快很多。是年发展用户349户（其中ADSL方式346户）。至2003年6月，城区住宅用户ADSL上网速率提至2Mbps。2003年底，全市所有乡镇均开通宽带上网业务。为满足部分高端用户的需求，2006年1月，兴化电信推出“超级宽带”业务，上网速率最高可达3Mbps。2007年4月，全市所有行政村均具备宽带安装条件。2010年，全市电信宽带上网用户91434户。

1998—2010年兴化市电信局（公司）业务一览表

表14-1

年份	市话（户）		农话（户）		小灵通（部）		宽带上网（户）	
	增长数	年末数	增长数	年末数	增长数	年末数	增长数	年末数
1998	4102	26176	17225	63200	—	—	—	—
1999	2925	29101	24816	88016	—	—	—	—
2000	5012	34113	33130	121146	—	—	—	—
2001	19492	53605	55113	176259	6128	6128	349	349
2002	-1035	52570	47355	223614	5002	11130	1343	1692
2003	717	53287	28940	252554	16697	27827	3697	5389
2004	1034	54321	-2601	249953	38145	65972	7336	12725
2005	814	55135	8214	258167	6644	72616	5203	17928
2006	-577	54558	3626	261793	7574	80190	5396	23324

续表 14-1

年份	市话（户）		农话（户）		小灵通（部）		宽带上网（户）	
	增长数	年末数	增长数	年末数	增长数	年末数	增长数	年末数
2007	744	55302	2303	264096	8599	88789	14009	37333
2008	815	56117	2501	266597	—	—	14009	51342
2009	1022	57139	2120	268717	—	—	17215	68557
2010	913	58052	2318	271035	—	—	22877	91434

【无线寻呼】 1989年，兴化邮电局开通无线寻呼业务。1995年开通191、192全国寻呼系统。1996年126、127寻呼网实现全市联网。1996年，兴化有无线寻呼用户1.2万户。之后兴化寻呼业迅速发展，移动、联通均开展此项业务，至2000年达到顶峰。其中，移动寻呼业务总量为14340.29万元。此后随着移动电话的逐渐普及，寻呼市场日渐萎缩。2006年仅剩数百户。2007年，兴化寻呼业全部退出市场。

二、移动公司业务

【营销网络】 改制前，营销网点以邮电营业网点为基础，以代销代理点为补充。社会代销点必须领取省移动通信终端设备准销证，方可开展业务。公司改制后，根据省公司要求，开展各项宣传促销活动，做好市场调研、分析，努力挖掘市场潜力。1998年“5·17”活动及模拟网、全球通移动电话优惠放装活动中，做到宣传、服务、促销、咨询四到位，先后在市区和农村集镇进行宣传促销、现场放装活动达22次，全年放装移动电话5956部，比1997年，增加30.08%，完成省定调整指标的106.84%。

公司加强营业厅建设，推行移动电话代理制。营业厅建立营业账务系统、客户服务系统、DCN系统、计费系统、OA系统、营业厅多媒体查询系统等服务技术支撑系统。在营业厅前台推出密码服务和“免填单”“一站式”服务。顾客要查话费，只要在营业厅自动话单打印机上打印话单，或在家打开电脑，登陆移动网络，即可查出一小时前通话记录，或拨打1861（2006年6月更改为10086）用电话查询话费情况。收费网点扩展到邮政、建行、农行等近千个，使账务、收费系统由封闭式向开放式转变，解决客户缴费难、查话费难的问题。2010年兴化移动电话各类营销网点达545个，其中自办营业厅45个、特许营业厅148个、末梢渠道352个。

【初装费标准】 1992年底，兴化移动电话对外开通每部电话初装费30000元，1994年6月10日，根据省邮电管理局意见，移动电话初装费调整为5000元。1996年8月15日，经江苏省邮电管理局、江苏省物价局联合发文，决定将移动电话初装费调整为每部3000元。随着电信体制改革不断深入和电信资费结构调整，电信事业已基本满足社会需求。为减轻社会负担，经国务院批准，财政部、信息产业部联合发文，自2001年7月1日起，取消移动电话初装费。

【客户服务】 1998年5月，兴化移动公司成立后，设立客户中心，处理客户咨询与投诉；公司明确专人从事接待工作，向社会公开办事程序和办事结果，宣传移动客户接待电话10086（免费）。规范和理顺前台业务办理流程，简化手续，节省客户办理移动电话业务的时间。

在各主营业厅均设立“全球通”专柜，在英武路、长安南路设“全球通”沟通100店，经过一年实践，“全球通”用户连续增长，“动感地带”用户纯度逐步提高，“神州行”系列产品成为大众市场的主导，大品牌协调发展，初步建立起一套定位准确、界限清晰的客户品牌体系。截至2010年底，三大品牌客户分别为：全球通2.8万户、神州行47.5万户、动感地带2.5万户。自2001年以为，兴化移动陆续向社会推出短信息、12580移动秘书服务台、信息台播、IP电话、GPRS、WAP、彩信、彩铃、短信呼、易查询、随E行、移动QQ以及数据传真等移动通信新业务。至2010年底，新业务收入6455万元，为2000年8.1万元的797倍。

2010年，兴化移动以卫生行业信息化基地建设、"心系新农村"农村信息化建设等工作为抓手，在卫生、农业等重点行业率先实现移动信息化建设，以此融入政府部门信息化建设进程，逐步提升公司社会影响力。公司以妇婴宝为基础打造移动健康之家资讯服务概念，开通1类健康短信产品，4大类健康彩信产品。至2010年发展用户3万户。与市卫生主管部门开展全面健康教育与卫生安全预警，发送短信12万条。

【运营效益】 1997年，兴化移动公司剥离前实现运营收入不到0.4亿元，1998年剥离的当年实现运营收入0.48亿元。在改制后的12年里，运营收入逐年增长，2004年运营收入实现1.39亿元，为1998年剥离当年的2.9倍。1997年底用户数只有0.6万户，1998年剥离后，移动用户数每年呈现快速增长态势，2002年用户数有10万户。2006年底已达30万户，比剥离前的1997年增长29.6万户。2010年用户数56.7万户，移动通信市场占有率达60%，比2006年用户数增长88%。营业收入2.59亿元，为1997年的7.85倍，比2006年增长45%，移动通信占有率达65%。

1997—2010年移动兴化分公司经营情况一览表

表14-2

年份	用户数（万户）	营业收入（亿元）	年份	用户数（万户）	营业收入（亿元）	年份	用户数（万户）	营业收入（亿元）
1997	0.6	0.33	2002	10.8	1.15	2007	38.6	1.96
1998	1.8	0.48	2003	14.9	1.28	2008	44.8	2.18
1999	3.6	0.69	2004	20.1	1.39	2009	49.9	2.36
2000	5.9	0.86	2005	24.6	1.56	2010	56.7	2.59
2001	8.1	1.02	2006	30.2	1.79			

三、联通公司业务

【客户服务】 2001年8月，泰州联通成立1001客服中心，处理客户咨询与投诉。县（市）分公司明确专人从事客户接待工作，向社会公开办事程序和结果，宣传联通免费客服热线1001。先后在全区（全区包括泰州各市、县、乡镇区局）统一联通业务办理流程、客户接待流程、维修流程等，规范和理顺前台业务办理流程，简化手续，减少客户办理联通业务的时间。在各主营业厅设立"世界风VIP"专柜，在九顷路营业厅设立"世界风VIP"俱乐部，"世界风""新势力""如意通"三大品牌协调发展，初步建立一套定位准确、界限清晰的客户品牌体系。2007年8月实现客服热线集中至南京、客服队伍调整以及客服中心优化建设。兴化联通有客服经理10人，营业员增加到28人，客户俱乐部联盟单位达15家。

【运营效益】 1998年9月，有用户25000多户，年收入3500多万元。是年，资费月租标准：省网中文机45元，省网数字20元，本网中文机20元，本网数字机15元。开户费：中文机每户100元，数字机每户50元，改名费每次10元，过户费每次30元，变更计费每次10元。1999年以后，运营效益逐年提高。2002年用户数6.6万户，市场占有率42.6%。2005年用户10.3万户。2010年，拥有固网、宽带用户2万户，用户10.8万户。

第三章 信息化建设

第一节 政务信息化

一、中国·兴化政府门户网站

图14-8 兴化市人民政府门户网站开通仪式
（2005年摄，市委宣传部提供）

“中国·兴化政府门户网站”由兴化市政府主办，于2005年3月开通运行。2007年，“中国·兴化政府门户网站”在国务院信息化工作办公室对全国抽样的402家县级政府网站绩效评估中，排名第59位。

2007年3月改版升级，2009年9月第二次改版。2010年，网站继续进行改版。在内容上，对原有网上办事栏目进行整合，新增食品安全、法律服务、消费维权、理财保险4个栏目，添加相关栏目办事内容。网上办事栏目分12个大栏目：教育服务、医疗卫生、劳动保障、交通出行、公用事业、特殊群体服务、就业、住房、食品安全、法律服务、消费维权、理财保险，下设59个子栏目。新改版的政府网站开设“政府站”“市民站”“投资站”“三农站”，以“四大站点”为框架，设立政务公开、今日兴化、部门乡镇动态、公示公告等信息服务栏目。

至2010年，网站访问量突破2645万人次。网站日均访问量达2.8万人次。社会对改版后的政府网站满意率达92.7%。兴化政府门户网站手机版访问量12万多人次。至2010年末，围绕百姓热议话题、政府中心工作和政策解读为主要内容的《在线访谈》《新闻发布》等视频直播节目直播89期。网上“书记信箱”“市长信箱”成为市领导听民言、察民情、知民心、聚民智、解民难的重要载体。信箱中心自开通以来，收到各类信件100575件，办理100356封，办理率达99%以上。是年，在江苏省县级政府网站绩效评估中获B组第一名、被省政府表彰为“2010年度江苏省优秀政府网站”。

二、市电子政务中心

2001年4月，经市编制委员会批准，成立市长公开电话室，为政府办公室下属事业单位，编制4人。2009年，经市政府研究决定，将市长公开电话室更名为"兴化市电子政务中心"（原市长公开电话室调整为内设机构），保留"兴化市政府门户网站管理中心"牌子，机构规格为副科级，编制9人，隶属政府办公室管理，电子政务中心聘任主任1名。在编在岗工作人员7人，人事代理2人。内设市长公开电话室、综合科、技术科3个职能部门。

市电子政务中心具体负责全市电子政务和网站建设的总体规划和建设，开展电子政务工作，管理维护政府电子政务内网，负责全市计算机网络和电子政务的网络管理和信息安全管理；负责电子政务平台和政府门户网站的管理；负责全市的电子政务应用建设，指导各乡镇、各部门信息资源库的建设；负责市政府值班工作和市长公开电话的接听及接转，及时向市政府领导报告重要情况；负责推进、指导、协调、监督全市政府信息公开工作，指导、协调和督促各乡镇、各部门落实政府信息公开事宜，并对全市政府信息公开的实施情况进行监督检查；负责落实政府信息公开工作领导小组交办的其他事宜；负责建立有关管理制度，对各乡镇、各部门电子政务网的运行、管理进行检查、督促。

2010年，市电子政务中心完成首批列入党政协同办公系统133家单位全接入服务，实现市人大办、政协办无纸质传送。

第二节　农村信息化

一、乡镇政府网站建设

2002年7月，市政府开通政府网站，政府部门相继开通政府部门网站，此后，开始推进全市乡镇政府独立互联网站建设。至2010年底，全市34个乡镇和1个开发区均建成乡镇政府独立网站。

二、农村信息化示范村（镇）建设

2007年，全市建成农村信息化示范镇2个，示范村20个。兴化红膏大闸蟹有限公司董事长朱同林被泰州市政府评为农村信息技术应用典型。2008年，确定戴南镇、大垛镇为首批泰州市信息化示范镇，确立泰州市信息化示范村20个，5个省级示范点已通过泰州市考核验收小组。2009年，确定张郭镇、戴窑镇、城东镇为泰州市信息化示范镇，确立泰州市信息化示范村29个。

第三节　社会信息化

20世纪90年代，兴化市信息化建设步伐不断加快，基础设施、公用通信网迅猛发展，计算机网络初具规模，覆盖全市的综合和专业性网络达10多个，计算机和计算机上网用户迅速增加。其中，兴化400生活网等生活服务类网站颇具影响力。同时，不少企业建立网站，至2010年底，20%的制造业企业建立网站，98%以上的列统企业有网站、网页。

第四章 无线电管理

1991年，兴化市建立无线电管理办公室，为市政府办公室内设科室。2010年5月后，由市经济和信息化委员会管理。

第一节 频率台站管理

1991年，全市无线电通信设备515部。1992年，发展到800多部，由城区领导机关发展到乡镇派出所、变电所、砖瓦厂、水利站等，同时流动台也从交警车辆发展到领导指挥小车和救护车等。1992年，针对全市无线电用户越来越多、频率紧缺的状况，由市无管办、邮电服务公司、无线电通信公司联办无线电共频专用网，邮电部门提供4对中继线，同时无线电管理办向上级申请频率，协调用户频率矛盾。1995年后，无线电管理办公室完善基站审批流程，加强无线电频率的分配与管理，严格按照规划对新建基站进行审批，同时管理重心转移到执法监督和打击非法占用频率资源。2000—2010年，兴化市无线电管理办公室配合泰州做好重点时期、重大活动期间以及有关考试期间的无线电保障工作。多次联合公安、广电等部门开展防无线电非法插播应急演练，提高快速反应能力。1991—2010年，全市开通广播电视、蜂窝移动、集群通信、无线接入、扩频通信、遥控遥测、卫星通信等多种业务，广泛启用党政机关、广播电视、交通运输、公安执法、水电气象、防汛指挥、城市管理、餐饮等各行各业。

第二节 空中电磁环境保护

为维护空中电波秩序，保护空中电磁环境，市无线电管理机构加强执法监督和对非法电台的查处。20世纪90年代，多次与市公安局一起配合泰州市无线电管理办公室，开展保护警用通信安全专项整治活动，开展不明信号和干扰查处工作，建立完善定期查处机制，及时排查设台单位干扰投诉。2000年，市无线电管理办公室牵头，多次组织市委、工商、质监、电信等部门，联合开展通信市场的检查活动。2009年、2010年，与泰州无线电监测站对菜花节演出无线电频率进行维护保障。2010年，配合泰州无管办对该市公安使用350M无线电集群台站进行核查登记；对该市主要无线电台进行走访调查，并进行日常管理；对该市各部门信息网络的安全风险进行评估。

卷十五

金融业

1991年，兴化金融业属于以人民银行为指导，商业银行为主体，合作金融机构为补充，保险、证券等各种机构分工协作的金融体系与服务网络。在国家经济和金融方针、政策的指导下，积极开展业务，努力改善经营，提高服务水平。其间，大体经历4个阶段：1991—1993年为大力扩张阶段，增设机构，竞争存款，对外融资，扩大投放；1994—1997年为整顿规范阶段。人民银行加强监管力度，各金融机构整顿规范经营行为，工、农、中、建4家专业银行向国有商业银行转变，收缩网点，改进服务，提高质量，开展公平竞争，纠正违规行为；1998—2002年为审慎经营阶段。按照中共中央、国务院要求，整顿金融秩序，防范金融风险，深化金融改革。4家国有商业银行剥离不良资产4.75亿元，摆脱包袱，轻装上阵；2003年后为稳步发展阶段。在兴化市委、市政府和人民银行政策引导下，各金融部门自主决策权得到加强，制度更加严密，责任更加明确。2010年，全市银行机构网点153个（含农村合作银行60个、邮政储蓄银行50个），保险机构5家。全年各金融机构本外币各项存款余额303.67亿元，为1990年的44.92倍。本外币各项贷款余额198.97亿元，为1990年的18.25倍。市人保公司实现保费收入8834万元，市寿保公司保费收入35705万元，理赔支出分别为3528万元和1202万元。金融工作健康运行，为促进全市经济和社会事业的持续发展发挥重要作用。

图15-1　金融大厦夜景　（2008年，李春泽摄）

第一章 机 构

第一节 银 行

一、中国人民银行兴化市支行

中国人民银行兴化市支行（简称“市人行”）为市金融管理机构，专门行使国家中央银行职能。1989年5月，建立国家外汇管理局兴化支局（简称“市外管局”），与市人行合署办公，市人行行长兼任市外管局局长。主要履行金融监管、调查统计分析、横向头寸调剂、经理国库、现金调拨和外汇管理。隶属人民银行泰州市中心支行，对干部实行垂直管理。1999年，改称中国人民银行兴化市支行。2003年12月，兴化银监组挂牌成立，金融监管职能从市人行分离，市人行职能转为执行货币政策、维护金融稳定和提供金融服务3个方面。是月，根据新修订的《中国人民银行法》，增加反洗钱和管理信贷征信业两项职能。2010年底，市人行内设办公室、监察室、货币信贷与统计股、国库会计股、货币金银股、保卫股、外汇管理股，从业人员25人。

二、中国工商银行股份有限公司兴化支行

1986年，中国工商银行股份有限公司兴化支行（简称“市工行”）从人民银行分设后，隶属中国工商银行扬州支行，主要办理城镇对公及居民人民币存款、结算及工商信贷业务。1991年4月，开办扬州市境内电划直达业务，次年开办住房有奖储蓄。1992年5月，受委托代理保险业务、经市政府批准开办房产金融业务。同年10月以后，市工行及其所属营业网点先后实行电脑联网。1995年3月，开办代收居民电费业务。当年，市工行为扩大中间业务，在办理贴现业务的基础上，开办转贴现业务。1996年5月，经批准办理外汇业务。2000年后，各项新业务发展迅速，经营效益提高。受计划经济政策影响，一度资产质量下降，经营严重亏损。面对艰难局面，该行在加强资产质量管理的同时，加大改革力度。2002年初，全面进行人事劳动体制、分配激励机制和营销机制的改革，并结合该行实际，率先在储蓄专业实行改革，公开竞聘储蓄所主任和储蓄业务岗位的双向选择。2004年，市工行扭转亏损，次年实现盈利。2005年，成立中国工商银行股份有限公司兴化支行。历经数次调整，支行内设公司业务科、个人金融业务科、业务管理科、办公室。除支行营业部外，有二级支行5个，分理处1个。2007年，在戴南重建网点，正式对外营业。全行有从业人员140人。

2010年，市工行设二级支行5个、分理处1个，从业人员140人。当年存款余额31.7亿元，各项贷款余额20亿元。中间业务收入2853万元，实现拨备利润8094万元。网银交易额352.85亿元。

三、中国农业银行股份有限公司兴化市支行

1991年，中国农业银行股份有限公司兴化市支行（简称“市农行”）下辖1个营业部、45个农村营业所、21个储蓄所；内设办公室、人事科、计划科、财计科、资金组织科、农业信贷科、工

图15-2 市农行工作人员现场发卡 （2005年摄，市农行提供）

商信贷科、审稽科、宣教科、保卫科、监察室、思想政治工作办公室、工会等13个科室，另有直属单位干部培训班。1997年，根据行政区划设置，农业银行兴化市支行从扬州分行划出，改属泰州分行。2009年，农业银行股改成功，中国农业银行兴化市支行更名为中国农业银行股份有限公司兴化市支行，设综合管理部、公司业务部、个人金融部、信贷管理部、财会运营部5个部门；二级支行16个，分理处1个，有从业人员326人。市农行经营存贷款、本外币结算、信用卡、住房结贷、自助金库代理收费、代理保险、代理基金销售等业务。个人网上银行为客户提供查询、转账、银证通、网上缴费、记账式债券、开放式基金等各种金融服务。企业网上银行为法人类客户提供查询、转账支付、集团理财、缴费、预约、银行卡交易等各种金融服务。转账电话和电话银行具有转账、查询、缴费、挂失等功能。金穗理财卡除具备普通借记卡全部功能外，还有自动转存、自助转存、自动供款、通知存款、基金买卖、国债买卖、贷款融资、外汇买卖、银证转账等功能。2010年末，各项存款余额57.51亿元，贷款余额30.67亿元，实现中间业务收入4779万元。

四、中国银行股份有限公司兴化支行

中国银行股份有限公司兴化支行（简称“市中国银行）1988年10月成立，隶属于扬州分行，作为外汇专业银行，主要经营范围包括外汇买卖业务，办理一切贸易和非贸易的国际结算，组织外汇资金，办理进出口信贷工作。1997年，划属新成立的泰州分行。2004年，更名为中国银行股份有限公司兴化支行。

1991—1997年，作为外汇专业银行，支行主要侧重于外汇资金的筹集、满足外贸企业资金的需求，提供结售汇、国际汇兑、国际结算等服务，人民币存贷款规模小，发展缓慢，且长期受计划经济的影响，粗放式经营导致信贷资产质量较低，贷款收息率低，形成大量不良贷款。2005年后，按照上级行部署，加大“负债、资产、中间业务”三大核心业务的发展，在兴化市率先开办个人消费贷款业务，办理住房按揭和个人投资经营贷款，满足居民消费需求。提供“汇聚宝”“外汇宝”“春夏秋冬”“基金”“黄金宝”等本外币理财产品，为居民投资提供服务。实施精品网点建设，狠抓文明优质服务，增加网点服务功能，支行综合实力不断增强，盈利能力得到提升，两次剥离人民币不良资产4152万元、外币不良资产20.5万美元，甩掉沉重的历史包袱，走上良好发展轨道。2010年，市中国银行内设综合管理部、业务发展部、个人金融部和业务管理部4个部门，下设支行营业专柜、戴南、昭阳、开发区、长安、西霞、长城等7个网点。员工129人。年末，各项存款余额19.3亿元，贷款余额19.22亿元。国际结算业务量34060万美元。

五、中国建设银行股份有限公司兴化支行

1977年1月，成立中国人民建设银行兴化办事处，隶属县财政局。1984年3月升格为县支行，隶属扬州市支行。1996年3月，中国人民建设银行改称中国建设银行。1998年3月起，改属新成立

的中国建设银行泰州分行，2005年3月，更名为中国建设银行股份有限公司兴化支行（简称“市建行”）。该行主要从事结社贷款和房屋贷款业务，兼营其他金融业务。2010年，设有支行级机构1个，二级支行2个，分理处3个，储蓄机构2个，有从业人员131人。至2010年，一般性存款余额32.53亿元，各项贷款余额25.07亿元，全年实现利润7719万元，中间业务收入3142万元。

六、中国农业发展银行兴化市支行

1996年10月，成立中国农业发展银行兴化市支行（简称“市农发行”），业务经营范围主要以国家信用为基础，筹集农业政策性信贷资金，承担国家规定的农业政策性金融业务，代理财政性支农资金的拨付。主体业务为发放粮棉支农贷款，实行收购资金封闭管理，强化粮棉收购资金的供应。是年，该行成立后设办公室、计划信贷部、会计出纳部（含支行营业部），在岗职工15人。行址丰收北路5号。2004年以来，根据国务院粮食市场化改革的意见，将传统贷款业务支持对象由国有粮棉油购销企业扩大到各种所有制的粮棉油购销企业。2004年9月，开办粮棉油产业化龙头企业和加工企业贷款业务。2006年7月，扩大产业化龙头企业贷款业务范围和开办农业科技贷款业务。2007年1月，开办农村基础设施建设贷款、农业综合开发贷款和农业生产资料贷款业务。逐步形成以粮棉油收购信贷为主体，以农业产业化信贷为一翼，以农业和农村中长期信贷为另一翼的“一体两翼”业务发展格局。2010年，该行在岗职工23人，投入贷款11.1亿元，年末贷款余额14.03亿元，各项存款余额0.89亿元，实现中间业务收入30.48万元。

1996—2010年中国农业发展银行兴化市支行营业绩效一览表

表15-1　　单位：万元

年份	经营利润	年度贷款	年末贷款余额	年份	经营利润	年度贷款	年末贷款余额
1996	11495	1282782	138744	2004	-1194	62132	136234
1997	-3062	157962	169937	2005	-442	83404	163932
1998	-1156	146393	158228	2006	1436	95531	137630
1999	1550	107655	145286	2007	3491	76078	79781
2000	2118	146175	144221	2008	2236	77465	82617
2001	-884	126254	160639	2009	891	84243	80738
2002	-1165	31450	141381	2010	1414	110951	140250
2003	-1529	38127	139683				

七、江苏兴化农村合作银行

前身为兴化市农村信用合作联社，归农行统一领导，合署办公，联合经营，利润分成，各自核算。1995年5月，农村信用社与农行营业所分门经营，此前联合经营的管理模式结束。同年12月，市联社与市农行脱钩，从农行办公大楼迁址英武南路7号楼办公，并建立营业部独立运作，仍属农行领导。1995年12月，市联社始设营业部对外经办存款、贷款、结算、国债、贴现等金融业务，并参加融资市场，进行长短期投资。1996年10月，自办县境往来业务，自1997年起，先后开办江苏省、华东三省一市（江苏、浙江、安徽、上海）银行汇票、代发教师、公务员工资，助学贷款、民政供养人员经费及代收行政、执法机关罚款等中间业务。

1997年9月起，市政府成立“规范农村信用社工作领导小组”。对信用社清产核资，规范管理，恢复合作制性质，加强“三性”建设（组织上的群众性、管理上的民主性、经营上的灵活性），确立“三农”（农业、农村、农民）服务宗旨。召开社员代表大会，修改社章，选举新的理、监事，分红扩股，实施对入股社员的存款报酬返还等事项。泰州市农改办以周庄信用社试点，全市规范信用社工作历时两年半，于1999年末基本结束。1999年，被批准进入全国银行间同业拆借市场。2000年10月，合并全市各农村信用社为市联社1个法人，撤销各基层信用社法人资格。

图15-3 兴化农村合作银行开业庆典
（2006年摄，市农村合作银行提供）

2005年12月，获批准筹建江苏兴化农业合作银行，于次年5月正式开业。2007年11月，与张家港农商行签订引进战略投资合作协议，成为苏南农商行与苏中农商行结成的首对战略合作伙伴。2008年6月，张家港农商行战略投资定向募集到位，双方在资金运作、人员交流、信息共享、业务创新等方面合作全面展开。专项票据成功兑付后，各项指标监测达标工作持续加强，综合监管指标基本达到风险评级二级行标准。

2010年，该行内设办公室、人力资源部、金融市场部、风险合规部、授信审批部、财务会计部、审计部、资金营运部、科技信息部、资产保全部、纪检监察室、安全保卫部12个部室，下辖经营网点60个，在职员工786人。年末各项存款余额115.55亿元，贷款余额82.25亿元。

1991—2010年兴化市城市信用社处置情况一览表

表15-2

名称	组建、隶属部门	处置前情况	处置结果
兴化市兴城城市信用合作社	兴化市信托投资公司筹建，1987年4月开业，1998年4月由兴化市农村信用合作社联社归口管理	2000年6月，职工26人，资产总额4403万元，实际所有者权益-76万元	2000年11月，翻牌为农村信用合作社，与兴化市农村信用合作联社合并为一个法人
兴化市建新城市信用合作社	建设银行兴化县支行组建，1988年6月开业	2001年8月，建行兴化市支行接管其业务	2001年12月撤销，4名职工录用为合同制职工，其余职工领取经济补偿自行择业
兴化市昭阳城市信用合作社	工商银行兴化县支行组建，1988年9月开业	2000年7月，工商银行兴化支行接管其业务	2000年12月撤销，工作人员领取经济补偿自行择业
兴化市银星城市信用合作社	人民银行兴化市支行组建，1994年6月开业，1998年4月由兴化市农村信用合作联社归口管理	2000年6月，有职工26人，资产总额为4674万元，实际所有者权益-9万元	2000年11月，翻牌为农村信用社，与兴化市农村信用合作联社合并为一个法人

八、中国邮政储蓄银行兴化市支行

兴化市于1986年开办邮政储蓄业务。1991年末，邮政储蓄余额为4311万元。1999年起，改变“重余额、轻效益；重定期，轻活期”的经营思想，强化管理，改善服务，加速邮政储蓄现代化进程。是年，投资272万元，对全市22个储蓄网点进行改造，全面实现计算机操作。2000年末，全市邮储余额达72992万元。2001年起，开办代收税款、代收电信费、代发工资等中间业务。2008年，开设中国邮政储蓄银行兴化市支行，增设贷款业务。下设分支机构50个。2010年，年末储蓄余额35.94亿元，贷款余额3.76亿元。

图15－4　中国邮政储蓄银行兴化市支行成立暨揭牌仪式
（2008年摄，市邮储银行提供）

1991—2010年兴化市邮政储蓄年末余额一览表

表15－3　　单位：万元

年份	储蓄年末余额	年份	储蓄年末余额	年份	储蓄年末余额
1991	4311	1998	44614	2005	194930
1992	5876	1999	57341	2006	221616
1993	8081	2000	72992	2007	248104
1994	10824	2001	90554	2008	311508
1995	22363	2002	112617	2009	332687
1996	27712	2003	132626	2010	359395
1997	34562	2004	154243		

九、江苏银行股份有限公司兴化戴南支行

成立于2009年，为江苏银行泰州分行第一家分设机构，也是农村集镇设立的第一家管辖银行，以“短、平、快”的操作模式为客户服务。地址位于兴化市戴南镇不锈钢交易城F12-118号。至2010年，有员工20人。

十、江苏吴江农村商业银行股份有限公司兴化支行

2010年12月6日正式成立。该行为全国第一家股份制农村商业银行，是兴化市城区首家异地支行，与兴化农商行同属农金系统，具备全面的银行业务功能，注重支持实体经济发展和个体工商户经营，加强对“支农、支小”服务。至2010年底，有员工11人。

2010年兴化市银行机构网点一览表

表15-4

银行	支行级机构（个）	二级支行（个）	分理处（个）	储蓄机构（个）	合计（个）	从业人员（人）
农业发展银行	1	—	—	—	1	23
工商银行	1	5	1	—	7	140
农业银行	1	16	1	—	18	326
中国银行	1	5	1	—	7	129
建设银行	1	2	3	2	8	131
邮储银行	1	23	—	26	50	406
江苏银行（戴南）	1	—	—	—	1	20
吴江农商行	1	—	—	—	1	11
农村合作银行	46	—	13	1	60	786
合计	54	51	19	29	153	1972

第二节　保险公司

一、中国人民财产保险股份有限公司兴化支公司（简称“市人保公司”）

1991年3—5月，经人民保险公司扬州分公司批准，人民保险公司兴化支公司先后在安丰等47个乡镇设立保险服务所，其性质为专职代理保险业务机构。1992年7月以后，在戴窑、戴南、安丰设立派出机构分理处。1996年，该公司分设财产、人寿两个支公司。除老圩乡保险所划归保险公司管理外，其他各乡镇保险所划属寿险公司。1998年5月，市人保公司建立保险代理人队伍，招聘保险代理人20多名。1999年，中保财产恢复中国人民保险公司兴化支公司。2007年6月，按上级通知，复名为中国人民保险集团公司兴化支公司（中国

图15-5　人保财险兴化支公司大楼　（2004年摄，市人保公司提供）

人民财产保险股份有限公司兴化支公司)。2010年,在职人员43人。

二、中国人寿保险股份有限公司兴化支公司

1996年3月,中国人民保险公司兴化支公司一分为二,实行产、寿险专业经营。其中,新组建中保人寿保险有限公司兴化支公司(简称“市寿保公司”),主要经营人身保险业务,并承担原兴化人保公司经营的人身险业务。1999年,公司更名中国人寿保险公司兴化支公司。2003年,中国人寿保险股份有限公司在美国纽约和中国香港上市,公司更名为中国人寿保险股份有限公司兴化支公司,并代理原隶属集团公司的各项人身险业务。公司下设6个管理部室,在19个中心乡镇设立网点,当年公司推行机构体制改革和竞聘双选活动,打破身份限制,充分发挥各类人才的主动性和积极性,增强区域保险建设管理能力。2005年5月,中国人寿泰州市分公司将戴南营业部划归泰州市分公司管理(辖戴南、张郭、荻垛3乡镇营销部)。2006年11月,仍划归兴化支公司管理。2010年,公司有员工和保险个人代理人1080人。

三、中国太平洋保险公司兴化分支机构

【中国太平洋保险公司兴化代理处】 1994年6月,中国太平洋保险公司扬州办事处委托兴化百花集团代理保险业务。1995年3月,经中国人民银行扬州分行批准,筹建太平洋保险公司兴化代理处。1995年,保费收入134.5万元,赔款45.7万元,2000年,代理处改称营业处,百花集团退出。当年保费收入131.6万元,赔款40.89万元。

【中国太平洋财产保险股份有限公司兴化市支公司】 2007年5月经江苏省保监局批准设立。位于市区长安中路,主要开展产险业务。

【中国太平洋人寿保险股份有限公司兴化市支公司】 2001年底,太平洋保险公司兴化营业处一分为二,实行产、寿险专业经营,新组建太平洋人寿保险股份有限公司兴化支公司,主要开展人寿保险业务。2002年9月,中国太平洋人寿保险股份有限公司泰州中心支公司在兴化市设立戴南、戴窑、张郭、大垛、周庄、竹泓、陈堡营销服务部。2009年9月,经江苏省保监局设立中国太平洋人寿保险股份有限公司兴化支公司。

四、其他保险公司兴化分支机构(网点)

中国平安财产保险股份有限公司兴化支公司于1998年1月设立。天安财产保险股份有限公司泰州中心支公司兴化营销服务部于2002年12月设立;民生人寿保险股份有限公司江苏分公司兴化营销服务部于2003年6月18日设立;新华人寿保险股份有限公司泰州中心支公司兴化营销服务部于2003年8月设立;中华联合财产保险股份有限公司兴化支公司于2004年12月设立;生命人寿保险股份有限公司泰州中心支公司兴化营销服务部于2006年1月24日设立;安邦财产保险股份有限公司江苏分公司兴化营销服务部于2006年2月设立;阳光财产保险股份有限公司兴化支公司于2006年9月设立;合众人寿保险股份有限公司泰州中心支公司兴化营销服务部于2006年10月设立;中国平安人寿保险股份有限公司泰州中心支公司昭阳营销服务部于2008年6月20日设立;都邦财产保险股份有限公司兴化支公司于2008年8月设立;中国人寿财产保险股份有限公司兴化市支公司于2008年9月设立;永安财产保险股份有限公司兴化支公司于2008年12月设立;信泰人寿保险股份有限公司江苏分公司兴化营业部于2009年2月设立;泰康人寿保险股份有限公司江苏分公司兴化支公司于2009年9月设立。中国大地财产保险股份有限公司兴化支公司于2010年7月设立;华泰人寿保险股份有限公司泰州中心支公司兴化营销服务部于2010年10月设立。

第三节 证券公司

2001年，华夏证券泰州营业部兴化服务部成立，选址于兴化丰收路56号物资大厦。2005年，华夏证券营业部整体变更为中信建投证券营业部，服务部变更为中信建投证券有限责任公司泰州青年北路证券营业部兴化服务部。2007年底，根据中国证监会要求，兴化服务部启动升级。2009年8月27日，经江苏证监局批准，兴化服务部升级为中信建投证券有限责任公司江苏兴化建设路证券营业部。2010年实现利税600万元，证券交易量90亿元。

图15-6 中信建投证券公司服务大厅
（2010年摄，市中信建投证券公司提供）

第四节 农村合作基金会、小额贷款公司

一、农村合作基金会

1991年8—9月，兴化市委农工部在东潭乡试点工作，建立合作基金会。当年全市有3个乡镇组建合作基金会。至1993年，21个乡镇成立农村合作基金会。1994年8月28日成立兴化市合作基金联会。1995年5月，江苏省委农工部、中国人民银行江苏省分行明确规定：各县（市、区）农工部（农委、部委）是农村合作基金会的主管部门，农村合作基金会是社区内的资金互助组织，不是金融机构，不得办理存贷款业务。明确乡镇村农村合作基金会的登记机关分别是（地级）市委农工部和在县（市、区）委农村合作基金办公室。2006年7月，市委农工办、市财政局、市农村合作银行据省政府决定，3年内农村合作基金会剩余个人股金全部兑付完毕。全市个人股金兑付工作于当年8月底全部结束。

二、小额贷款公司

2008年7月22日，兴化市永泰诚农村小额贷款有限公司在戴南镇挂牌成立。该公司为省政府批准的首批试点机构，注册资本6000万元。由江苏嘉诚担保有限公司、兴化市戴南镇高效农业投资发展有限公司和兴化市戴南镇惠农信息咨询有限公司等3家民营企业共同出资组建，旨在逐步培育农村金融市场，规范民间融资，支持"三农"经济发展。

2010年11月4日，兴化市兴润农村小额贷款有限公司在昭阳镇挂牌成立，公司注册资本1亿元，为兴化市第二家经省政府批准成立的农村小额贷款有限公司。公司遵循"立足农村，贴近农民，服务农业"的经营方向。

第二章　银行业务

第一节　储　蓄

一、单位存款

1990年末，全市单位存款余额2.02亿元。其中企业存款1.07亿元、财政存款0.11亿元、机关团体存款0.09亿元、信用社转存银行0.47亿元，其他存款0.28亿元。1991年起，在市人行强化金融监管，严肃查处非法集资的同时，各金融机构大力吸收社会闲散资金，单位存款逐年上升。1995年末，全市单位存款余额5.54亿元，为1990年的2.74倍。其中企业存款4.92亿元、机关团体存款4万元、其他存款0.62亿元。2001年，全市金融部门积极扶持企业发展。通过企业规模扩大，经济实力增强，保持企业存款的发展用多种方式吸引、稳定存款大户，使单位存款保持良好发展势头。全年单位存款12.98亿元，比1995年增长134%。其中企业存款10.55亿元、机关团体存款0.08亿元、其他存款2.35亿元。2003年以后，全市经济稳定，企业依法经营意识增强，融资渠道不断拓展，经营利润和资本实力不断扩大，政府实力逐年提升。2004年，全市单位存款突破20亿元，达20.46亿元。2010年末，全市单位存款余额93.62亿元，其中企业存款29.64亿元、机关团体存款43.71亿元、其他存款20.27亿元。

二、居民储蓄

1990年，全市居民储蓄存款余额5.49亿元，全市人均364元。20世纪90年代以后，全市各专业银行相继增设网点，完善服务设施，核定存款指标，同时增加大额储蓄、有奖储蓄等多种储蓄品种。加之银行存款利息高、风险小等特点，存款余额大幅上升。1992年末，储蓄存款余额8.04亿元，比1990年增长46.45%。1993年起，存款利率上调，3年期以上存款实行保值，城乡居民储蓄存款迅速攀升。1996年末达30.73亿元，为1992年的3.82倍。1996年后，各商业银行逐步由粗放型经营转向集约型经营，将效益放在第一位开始考虑储蓄成本，储蓄业务步入健康轨道。2000年后，存款利率多次下调。但因人们收入增长，物价相对稳定，加上人们将积蓄存入银行以备急需（如建房、购房、子女上学等）的意识比较强，银行储蓄额仍呈上升势头。2005年末，城乡居民储蓄存款余额突破100亿元，达101.45亿元，全市人均6588元，其中活期存款29.88亿元、定期存款71.57亿元。2010年末，全市城乡居民储蓄存款余额206.94亿元，人均13265元，分别为1990年的37.69倍和36.44倍、2005年的2.04倍和2.01倍。其中活期存款76.85亿元、定期存款130.08亿元。

三、存款利率

1991—2010年，存款利率先后调整27次，其中一年期存款利率由1990年8月的8.64%，至2010年的3%。最高的1993年7月为10.98%；最低的2002年1.98%。同时对用户征收20%的利息所得税。

1991—2010年兴化市人民币各项年末存款余额一览表

表15-5 单位：万元

年份	年末存款余额	其中					
		企业存款	机关团体（部队）存款	储蓄存款			其他存款
				活期	定期	合计	
1991	84398	10706	1043	13739	51433	65172	5282
1992	101805	14010	1223	15345	65012	80357	5426
1993	140989	17209	567	18439	77383	95822	14459
1994	206474	36171	11	28821	105398	134219	4733
1995	301886	49182	4	44737	194914	239651	6220
1996	380515	61182	558	51212	256111	307323	7410
1997	437901	58118	615	60532	299445	359977	10441
1998	519666	80794	1030	74636	345658	420294	12051
1999	595769	89018	927	89920	391694	481614	17743
2000	656642	102906	1087	113593	414883	528476	20244
2001	715746	105500	820	128327	450857	579184	23478
2002	786041	92537	14936	156273	493923	650196	23306
2003	940454	115157	16080	190189	565734	755923	47005
2004	1110971	139418	18181	190189	565734	755923	47005
2005	1281405	143507	41594	298786	715733	1014519	84104
2006	1412435	180526	42896	351038	746685	1097723	94416
2007	1671955	264723	31971	426083	814333	1240416	136170
2008	2113572	333906	33032	526470	1048937	1575407	139333
2009	2551826	417078	96326	613859	1206399	1820258	198810
2010	3036692	296366	437141	768518	1300841	2069359	202731

说明：1. 由于统计口径变化，1996年前活期、定期储蓄分别为农村、城乡储蓄存款，1996年起为统计口径的活期、定期储蓄存款。2. 其他存款包括农业存款（农村存款）、信托类存款等。

第二节 信 贷

1991年以后，市内各行信贷计划严格执行贷款规模管理，对信贷投向、信贷规模均受上级行控制，执行上级行的信贷政策和信贷计划。1993年起，试行资产负债管理。初期对增量部分按比例管理，存量部分仍按计划管理。尔后逐步过渡到全面实行资产负债管理。随着贷款利率浮动幅度的扩大，利率相对水平也有所放大，国有商业银行贷款浮动利率为10%—50%，农村合作银行的利率浮动为0%—100%，部分抑制农村地区的信贷需求能力。2010年，全市金融机构贷款余额198.97亿元，为1990年10.9亿元的18.25倍。

一、工(商)业贷款

20世纪90年代，处于经济体制变革期，各商业银行业务发展加快，对企业的信贷投入逐年增加。市工行在流动资金贷款上，主要支持化肥厂、拖拉机厂、百花集团、造纸厂、化纺厂等企业；在技术改造贷款上，主要支持中星化工集团、齿轮厂、电信公司、化纺厂等企业。市中行通过不断扩大信贷资金来源，积极争取规模，先后重点支持三资企业中日合资日模塑料制品厂、中岛渔具厂、中韩合资信友脱水蔬菜厂及中国台湾独资顶芳脱水蔬菜厂，有力支持地方外向型经济发展。1991年6月对中岛渔具厂及时发放中方股本贷款77万元，使该厂当年即取得新增产值125万元、新增利税25万元的经济效益。市建行1991—2000年连续支持戴南兴达钢帘线项目，投放贷款1.5亿元。2000年，加大对重点规模企业扶持力度。2001年8月，市农行对江苏兴达钢帘线股份有限公司发放1.1亿技改项目贷款，支持公司兴建年产6000吨钢帘线项目，为兴化金融史上一次性授信额度最大的贷款业务。2006年，通过工业融资项目推介暨银企对接洽谈会，首次跨辖区邀请泰州市交通银行、中信实业银行和市内其他金融机构一起参与银企对接，促成71家企业获得银行贷款2.95亿元，当年末全市工业贷款余额13.57亿元。2010年10月12日，市政府举办兴化市“百企十亿”银企对接项目签约会，市、乡镇领导成员、银行机构主要负责人及125家重点骨干企业负责人参加。签约项目125项，涉及企业103家，达成意向贷款金额16.78亿元。2010年末，全市工商业贷款金额77.37亿元，为1991年的9.25倍，其中工业贷款73.13亿元，为1991年的37.04倍。

二、农业贷款

1991年洪涝灾害后，兴化贷款重点向农业倾斜。1992年市人行向市农行发放再贷款6.22亿元，用于农副产品收购。逐步完善农采资金专项管理办法，市农行按定、议购分别下达贷款指标。1994年，国家成立农业发展银行，负责农采资金和农业开发资金的管理和供应。1996—2010年市农发行发放贷款262亿元，为国家实施宏观调控，确保国家粮食安全、保护广大农民利益、促进兴化农业和农村经济发展发挥重要作用。其间，该行业务经历两次划转、两次核销和两次挂账：两次划转，第一次是1998年，根据《国务院关于进一步深化粮食流通体制改革的决定》及其配套文件精神，提交农行附营业务占用贷款划转清单172家，金额46814万元，经兴化市人行、泰州市分行多次协调、仲裁，裁定划转农行16家，金额14798万元；第二次是2007年10月，为适应中央储备粮管理体制需要，根据上级农发行要求，将托市粮贷款48777万元划转扬州农发行。两次核销：2006年12月棉花呆账核销本金38884万元，核销利息13354万元；2008年12月棉花呆账核销764万元，核销利息106万元。两次挂账：第一次是1999年将1993—1998年政策性亏损挂账占用贷款16824万元予以挂账；第二次是2005年将1998年6月1日后政策性亏损挂账占用贷款17140万元予以挂账。

2001年，全市信用合作社发放贷款16.5亿元，其中农业贷款78%。农户贷款投放量、覆盖面有较大幅度扩增。全年发放《客户一卡通》3149户，授信总额2.8亿元，占农业贷款总额的38%。2006年、2007年，市内各金融系统大力支持农民创业、农业产业化经营，分别投放农业贷款19.23亿元和22.08亿元。2008年，各行实施对高效农业的扶持政策。工作人员深入西郊葡萄园和徐马荒滩涂湿地、缸顾乡万亩油菜田、沙沟水产品市场、临城草莓大棚区等特色农产品基地，与农户零距离接触，了解信贷需求。2010年，全市农业贷款余额28.32亿元，为1991年的28倍，在支持“三农”中发挥重要作用。

三、项目贷款

1991年以后，市内各银行机构为客户新建、扩建、改建、购置固定资产投资项目提供融资，或帮助解决客户在生产、经营过程中长期平均占用流动资金的需求。1993年末，全市银行机构中长期贷款余额1.21亿元。此后，中长期贷款除2000年略有回落外，其余年份均有上升。1999年为2.47亿元，为1993年的2.04倍。2000年后，加大政府重点项目和民生工程的信贷投入，成功投放新农村建设项目和区域性供水项目贷款。及时加强对两大支柱产业——不锈钢制品企业、农副产品深加工企业的支持力度。通过逐户深入调查、分析研究，制定营销方案。2005年，全市银行机构中长期贷款余额7.43亿元，分别为1993年、2000年的6.14倍和4.25倍。2005年后各种基础设施建设步伐加快，规模扩大，各银行机构增加对市政建设和不锈钢龙头企业发放中长期贷款。2008年，中国银行兴化支行积极介入政府防洪工程配套设施项目。2010年，全市中长期贷款余额达63.1亿元，占全年全部贷款余额的31.71%，为1993年的52.15倍、2005年的8.49倍。

四、住房贷款

1997年起，兴化各商业银行逐步开办个人住房信贷业务。2000年后，住房信贷迎来井喷期。2001年，中行兴化支行新增个人住房按揭贷款4346万元，年末余额6164万元。2002年起，市工行个人住房按揭贷款业务有较大发展。2005年起，市农行大力拓展个人住房按揭贷款业务，力争以优质服务赢得客户青睐。2006年，新增贷款2162万元。2007年，全年发放住房贷款10028万元，年末余额1.28亿元。市工行住房贷款余额2.95亿元，市全年新增个人住房贷款1.57亿元。2008年，市建行继续关注房地产市场，当年个人住房贷款实现兴化市场第一份额的目标，房改金融业务保持领先地位。2009年，市农行个人住房贷款余额5.49亿元，比年初净增2.93亿元。市中行在“兴化市新春房交会”上，搭建“中银理想之家”服务展台，开展住房贷款业务。2010年，市农行新增住房按揭贷款3.53亿元。市中行居民住房按揭贷款净增1.14亿元。

五、不良贷款处置

20世纪90年代，银行经营效益波动较大，乃至连年亏损。市工行1998年因清收贷款本息先后起诉煤石公司、商业大厦、机电设备公司、中百一店等企业，起诉本息300多万元，但效果较差，仅收回资金35万元及价值5万元商品。1999年，针对企业改制中银行（信用社）贷款保全难的状况，市政府下发《关于切实做好企业改制中落实金融债权工作的通知》，建立保全金融债权行长联席会议制度，按政策支持企业改制，保护金融债权。同时采取剥离和核销等方式，清理不良资产。2000年末，市工行收息率仅为33.5%，年末不良资产高达75.22%，账面亏损901万元。1990—2000年，市中行核销人民币贷款997万元，剥离不良资产4152万元。至2000年，不良率为30.69%，较剥离前下降18.6%。市建行1999年下半年至2000年上半年，剥离不良贷款94笔20428.6万元，占当期贷款总额的30%。2000年以后，随着企业经营效益的改善和银行信贷业务的不断规范，各商业银行不良资产率逐年下降。

2001年，通过加强金融资产质量监管，各行清理盘活不良贷款，同口径相比，商业银行不良贷款下降2.74个百分点，农村信用社下降5.1个百分点，逃废债企业和逃废债余额分别下降19.34%和27.43%。2002年，市农行创新机制，多策并举，全年清收不良贷款2686万元，盘活不良资产14365万元，保全不良贷款2707万元。市合作联社非正常贷款额比年初下降4997万元，非正常贷款占比比年初净下降7.7个百分点。2003年，四行一社不良贷款余额10.87亿元，比年初净降

2.36亿元，不良贷款率23.79%，比年初下降13.7个百分点。市工行在市委、市政府支持下，与市商业局达成协议，按照省行确定的受偿率处置大兴商厦、商业大厦等滞留时间长、处理难度大的抵债资产。组织力量对兴化齿轮厂等企业的存量贷款实施退出计划，全年实际退出2644万元。2004年，兴化农村信用合作联社获得7178万元专项央行票据。2007年2月27日，进行兑付，置换不良贷款6846万元，置换历年亏损挂账332万元。2007年，戴南发生一起金融诉讼造成新增不良资产引发的区域性金融风险。通过加强协作，将风险和损失降到最低限度。2010年，市农行加大依法清收力度，资产质量进一步提升，贷款清收五级分类不良贷款3339万元，清收委托处置资产1788.7万元。市中国银行资产质量持续提升，不良贷款余额、不良率实现双降。是年，全市银行机构不良贷款率为0.95%。

1991—2010年兴化市人民币各项年末贷款余额一览表

表15-6　　单位：万元

年份	年末贷款余额	其中				
		工业贷款	商业贷款	农业贷款	中长期贷款	其他贷款
1991	121304	19744	63844	10113	—	27603
1992	143309	21625	78916	13637	—	29131
1993	164822	24039	86294	16366	12050	26073
1994	218564	27289	112027	6206	16663	56379
1995	304686	33692	144166	11261	20516	95051
1996	382274	63568	166466	4838	27109	120293
1997	443195	64679	209799	40908	25642	102167
1998	484645	77749	207961	59364	36549	103022
1999	482701	79140	208548	70942	24667	99404
2000	459437	68986	192950	81276	17470	98755
2001	484752	64702	198832	87322	35098	98798
2002	494348	70200	180259	108686	37883	97320
2003	596666	80547	177111	151307	52730	134971
2004	641681	91233	175335	162424	57534	155155
2005	752114	97497	192413	181632	74286	206286
2006	841654	135727	150258	192287	126481	236901
2007	1034466	247077	89897	220819	163241	313432
2008	1228131	252879	82967	254984	234038	403263
2009	1615667	326144	86338	363517	410372	429296
2010	1989715	731300	42423	283200	630956	301836

第三节 外 汇

1991年后，市金融机构大力宣传外汇政策法规，促进市内外向型经济发展，支持企业对外融资。国家外汇管理局兴化支局强化外汇监管，支持市内银行开办外汇业务，维护外汇金融环境。市中行作为外汇专业银行，侧重于外汇资金筹集，满足外贸企业资金需求。1997—2000年，历年外币存款余额170万美元、200万美元、240万美元和400万美元。1998—2000年，国际业务结算量分别为900万美元、1100万美元和900万美元。2001年，外汇存款余额522万元，国际结算实现收付汇1102万美元，市场份额为90%。全年外币结售汇总额达790万美元。2002年，外币存款余额573万元，国际结算实现收付汇总额1455万美元，市场份额95%。全年外币结售汇总额1256万元。2005年，加大对国际结算业务的营销宣传力度，在戴南举办“中国银行外汇产品推介会”，取得较好效果，全年完成国际结算业务量9188万美元，完成计划任务的141.35%。2006年，全市涉外企业国际收入业务大幅增长，全年收入11787万美元，支出5656万美元。其中市工行新开外币账户8户，实现国际业务结算量1121万美元，外币交易量870万美元。至2007年，市内中行、工行、农行3家开办外汇业务。是年，为兴达钢帘线公司境外上市资金入境投资办理外汇登记；为江苏宏诚不锈钢制品公司境外投资做好资本金用汇申请。办理13户外商投资企业外汇登记，核准开立资本项目账户24户，办理验证咨询17笔，5829万美元。办理企业进出口核销业务4871笔、27769万美元。针对戴南镇新增涉外企业不断增加，市人行会同市外经贸委、市中行在戴南镇举办第三届结算贸易融资和外汇政策宣传推介会，市工行戴南支行也开办外汇业务。当年，全市发生外收汇支39551万美元，付汇5891万美元，售汇1924万美元。收付汇顺差和结售汇顺差比上年分别上升256%和284%。2009年，对65家外商投资企业实施年检，年检率100%。当年全市外贸进出口总额20611.27万美元，其中出口额14993.97万美元、进口额5617.3万美元。2010年，年检企业67家，出口收汇核销7919笔，金额38326万美元。进口付汇8287万美元，进口到货10640万美元。外商投资企业外汇登记20笔，开立资本金账户20个。外商投资企业验资询证61笔，金额5478万美元，批准核资2笔，金额350万美元。新签约外债登记初审5笔，金额700万美元，外债提款6笔，金额753万美元，外债还本付息核准初审24笔，金额217万美元；国际收支申报6839笔，金额36453万美元。

第四节 信托与中间业务

一、信托

兴化市信托投资公司，经中国人民银行江苏省分行和扬州市分行批准，于1985年3月21日正式成立，业务上受人民银行领导，主要办理信托、委托存款，信托、委托贷款，代理发行股票、债券及租赁、咨询等业务。1991年兴化公司并入扬州市信托公司，为扬州市信托投资公司兴化办事处。

1988—1991年，因资金运转不畅，信托投资公司一度停业。1992年底，贷款余额3500万元，利润150万元。贷款方向主要为城区、企业和小额贷款。截至1997年6月30日，公司清产核资，资产总额3023.81万元，负债总额2325.64万元，所有者权益698.18万元。1998年5月，按照深化改革、规范金融机构设置的要求，市信托投资公司清盘转制，资产负债整体移交给市财政局，分流工作人员9人，划出部分固定资产（营业用房230平方米）和其余11名工作人员改组为金桥农村信用社。

二、中间业务

【代理业务】 20世纪90年代初，市内发行的企业短期融资债券均由各银行代理。随后，各家银行相继开展代发工资，代收罚款，代收电费、电话费、水费等公用事业收费业务。1995年，市工行受江苏平安保险公司委托，为其代理保险。2000年后，代理业务项目和业务量均大幅度发展。2001年市农行办理银票贴现10707万元，新拓展保管箱905门，代理收、付款业务发生额7.2亿元。2001年，市建行新增代发工资1.3万户。2003年，市农行大力拓展代理保险业务，先后代理销售大成、银河、长发中信全债指数增强型债券等基金业务。2004年，市工行扩大代理保险、银证通和基金买卖等中间业务，宣传推介"缴费通"业务产品。实现水费、电费、电话费等代收、代扣。市农行全年代理销售各类基金1900万元，代销凭证或国债及记账式国债1100万元。2004年、2005年，代理保险费收入7693万元。2007年，市农发行实现保险代理手续收入13.91万元。市农行代理基金15501万元，其中认购4089万元、申购11412万元。市工行把代理业务作为主打产品，销售基金22800万元，销售保险570万元，代理国债300万元。市建行代理业务类收入517万元，代理基金业务收入457万元。市中行基金销售19370万元，作为2008年北京奥运会银行合作伙伴，销售奥运特许商品176.95万元。2008年，市农发行保险费代理业务手续费收入17.24万元。市中行顺应市场变化，选择适合自身的产品，全年销售基金3500万元、保险1100万元、奥运商品514万元。2009年，市农行实现保险业务收入150万元。2010年，市农行实现中间业务收入4779万元，占同业市场份额38.93%，位居全市同业第一。其中销售财产险135.45万元、销售寿险5933万元、销售偏股型基金8595万元。市工行成功办理兴达钢帘线集团2亿元电子票据贴现业务，为兴化境内，也是泰州市境内第一笔。

【信息咨询服务】 市建行从20世纪80年代末开展信息咨询业务，承接市内外建筑工程招、投标书的编写及工程预算与决算审核。1991起，积极拓展造价咨询业务和政策性房改金融业务，增加结算收入。1991—2000年，市建行中介和咨询收入约300万元，占总收入1%。2001年完成业务总量1.4亿元，其中审核各类工程预决算9600万元，编制各类工程标底3700万元，接受司法部门委托作造价鉴定600多万元，业务收入28.4万元。2007年审价咨询业务收入100万元。2010年，审价咨询业务收入135万元。

【信用卡业务】 1991年后，市农行在兴化市内率先推广使用信用卡作为结算工具。市建行初期代理发行长城万事达卡31张，交易额6万元，特约商户3家。至1992年6月被批准为自发卡银行，1994年1月开办农卡业务。至2000年，发卡2657张，交易额124万元，特约商号33家。1994年4月，市农行开办金穗卡业务，到年末发卡1041张，列扬州市11个县市农行榜首。2000年后，银行卡业务迅猛发展。2001年，市建行发行生肖卡、储蓄卡9500张，卡均存款1300多元。2003年，市农行拓展银行卡业务，加强与特约商户合作，年发卡量、卡存款及卡消费超常规发展。2004年，抓住市人行组织发展"POS"（销售点终端机）商户的时机，与苏果、联华等超市联手举办"刷卡有奖"活动，实现刷卡消费零的突破。市农行积极推广金穗卡综合理财业务。组织银行卡消费促销活动，全年新增发卡量36752张，新增卡存款14362万元，实现卡消费4326万元。2005年，市农行积极营销金穗借记卡、贷记卡、准贷记卡，组织银行卡消费促销活动。全年新增发卡量3.36万张，新增卡存款8887万元，实现卡消费额9923万元。全年拓展网银企业客户46户、个人网银644户，实现网银交易额23.7亿元。2007年，市农行新增网银企业69户、个人网银1934户，增发借记卡47146张，新增贷记卡2000张，新增卡存款2.3亿元，实现卡消费4.18亿元。市建行银行卡业务收入174万元，电子银行类收费12万元。2008年，市农行新增借记卡4624张，实现卡消费额69577万元。市中行积极培育个人消费市场，加大业务卡、中银卡系列信用卡营销。2009年，市农行拓展贷记卡6300张，自有商户95户，全年卡消费13.7

亿元，新增企业网银143户、个人网银7202户。2010年，市工行发放牡丹信用卡5400张、灵通卡42000张，网银交易额352.58亿元。市农行实现卡消费24.5亿元。市农村合作银行成功发行“兴化市民卡”，将30万新农保纳入银行卡管理。

第五节 代理国库

1991年以后，市人行一直代理国库，市各银行营业部为其经收处。1991年2月，实现计算机联网，报解库款和报表编制均通过电子计算机网络处理。为适应财政国库管理体制改革和中国现代化支付系统建设，2001年国库会计核算系统2.0版上线运行。为适应国库加入小额支付系统，同时也为全面完善现有业务的处理能力，2002年起，要求部分业务量较大的国库经收处按月报送《待结算财政款项》分户账。通过审查分户账对税款划解质量进行非现场监管，提高国库监管水平。2005年起，坚持税款入库前把关审查，严把国库资金出口大门。建立拨款逐级审批授权制度，建立财政支拨凭证专人传递制度，杜绝支拨凭证的外部传递风险。同时严把退库关，防止不合规退库。全年办理入库业务10.8万笔，预算收入11.4亿元。国库支出业务2510笔，预算支出13.29亿元。其中：退库业务463笔，支出1.08亿元；拨款业务2047笔，支出12.21亿元。2006年国库会计核算系统从2.0版升级为3.0版。为提高预算收入的入库速度和国库资金使用率，实现信息资源数据共享，缓解支行国库部门业务量增长与人员短缺的矛盾，兴化市财税库行横向联网系统在市政府的领导下，在财政、税收、各金融机构大力的配合下，于2007年4月20日正式上线运行。全年办理各级预算收入、入库24.28亿元。2010年，办理入库资金64.12亿元，退税9.74亿元。

第六节 会计和结算

一、会计

1987年下半年起，兴化农业银行、工商银行开始运用微机处理会计核算业务。1999年9月11日，中国人民银行下发通知，明确原银行机构在人民银行的存款准备金和备付金合二为一，统称为准备金存款。2001年11月，财政部下发通知，正式颁布《金融企业会计制度》，自当年1月1日起施行。2002年12月25日，中国人民银行下发通知，对银行业会计机构的设置、会计科目的设定、会计凭证的填写装订、账务核算、记账规则以及档案保管等事项进行规范。2003年1月，按人民银行泰州中心支行通知，对会计核算、事后监督、账务查询、会计档案集中管理并上线运行。改革人民银行渐趋落后的会计核算方式，提高体改核算效率和管理水平。9月19日，中国人民银行办公厅下发通知，对农村信用社改革试点专项中央银行票据和专项再贷款的会计处理进行规范。9月25日，中国人民银行下发通知，对清理融资中心债权债务的会计处理进行规范。2006年1月起，施行新的中国人民银行会计基本制度。2007年10月，银监会发布《关于银行业金融机构全面执行新〈企业会计准则〉》的时间表，并对金融机构和银行业监督部门提出具体要求。

二、结算

1988年，中国人民银行制定《银行结算办法》及相关会计核实手续，明确银行支付结算的性质为中介性、服务性，确立银行与客户的平等信用关系，强调结算工具的“方便、通用、迅速、安全”功能，坚持“恪守信用，履约付款；谁的钱进谁的账，由谁支配；银行不垫款”的原则。1991年以来，市人行为商业银行办理结算业务使用的结算方式有汇兑（信汇、电汇）、委托收款，结算工具主要包括：汇票、支票（现金支票、转账支票）。2010年，市农村合作银行推出新的电子支付结算项目——“快付通”，在6个乡镇73个村安装“快付通”专用机具156台，满足农民刷卡、转账、查账等要求。

【同城结算】 1987年，市人行成立兴化市票据交换所，主要是工行、农行、建行等8个网点参加。1987—1995年，票据交换采用手工模式，由各网点交换人员手工填写各类计数单和清单，计算清算差额，工作日的每天上午、下午各一场在票据交换所进行现场投递、交接，市人行每天两次对清算行进行资金清算。1995年至2002年10月，采取磁介质方式进行同城票据交换。清算6个银行18个交换网点，将提出业务数据录入同城交换系统生成磁介质文件，连同纸质凭证带到交换所现场投递，交换所通过同城交换系统数据汇总，打印清算差额凭证，每天上午、下午各一场交换和资金清算。2002年10月20日起，正式运行同城电子支付清算系统，各商业银行采用电话拨号，直接与市人行清算中心实施票据和信息的交换，票据传递依托人行的票据中心，23家金融网点工作日每天可进行4场交换，日终一次清算资金。2006—2010年，贯彻落实江苏省小额借记业务合同库建设工作，由市人行召集市相关公用事业收费单位、各商业银行，进行座谈和协调，推进小额定期借记业务。对已实行同城特约委托收款结算方式的收费单位进行清理，督促其尽快转换为小额定期借记业务结算方式。对收费单位和付款委托银行分别存在的收付款合同、付款授权书进行规范，强调付款单位开户行在《对应关系表》确认后，要确保付款委托书完整。

【异地结算】 1986年11月始，利用手工联行办理全国联行业务。2000年11月，实行电子联行和手工联行并行。2003年1月1日起，实行会计核算“四集中”（将县市支行的会计核算、联行清算、事后监督、会计档案等业务全部集中到中心支行，由中心支行统一核算，集中管理），取消手工联行和电子联行。2005年2月，运行会计集中核算系统。2005年后，大额支付系统、国库核算系统正式运行。

【结算管理】 1994年，市人行建立健全结算咨询和举报制度，向社会公布举报电话，开展现场取证和查处、协调等工作。1995年，市人行定期收集各金融机构的月度、年度业务状况表和支付结算季度报表，每年开展支付结算纪律执行情况检查。1997年，市人行建立区域联行分中心。2000年，市人行审核同意市6家公用事业单位使用同城特约收款业务，2002年，人行南京分行统一撤销江苏省区域联行。2005年小额系统运行后，取消此项业务。

第三章　保险证券业务

第一节　财产保险业务

一、保险种类

【企业财产险】 主要有国内财产基本险、综合险及各种附加险，涉外财产保险和财产一切险及各种附加险、利润损失保险等产品。1991年,企业财产保险保费收入185.9万元,1995年299.9万元。2001年,市人保公司开发新产品,对新崛起的个私企业开办急需险种,实行企业财产、个人财产、职业责任、雇主责任等一揽子保险。2005年,企业财产保险保费收入375万元,2010年收入为321万元。

【运输工具险】 此险种中的船舶保险主要有远洋船舶保险、沿海内河船舶保险等产品,机动车辆保险主要有各类汽车损失险、第三者责任保险、拖拉机保险、特种车辆保险及各种附加险等产品。1991年,全市运输工具险保费收入239.7万元。随着经济发展,各种车辆快速增加,此类保险费收入逐年增加,1995年为1154.2万元,2000年为1377.13万元。在运输工具险中,船舶保费2001年41.9万元,2002年71.7万元。2003年,开办机动车和船舶货款保证保险。2003年11月,人保财险公司推出新版车损险产品,对车损险和部分附加险条款进行修改,在费率结构中引入更多的人为因素,根据客户风险确定其保费负担。低风险客户成为此次产品改造的最终受益者。2005年,在保持车险业务稳定的同时,发展效益性非险业务,其全年占比达51%。2008年,运输工具险保费收入2324万元。2009年,运输工具险保费收入3467万元,其中车险保费收入2708万元,占78.11%。2010年,车险保费收入4000万元,占全年保费总收入的45.28%。

【货物运输保险】 主要有国内水路、陆路货物运输保险、海洋货物运输保险等。1991年,此项保费收入28.3万元,1995年增至87.8万元。2000年为156.4万元。2008—2010年,货物运输险业务有所下滑,3年保费收入分别为51万元、58万元和54万元。

【家庭财产保险】 包括普通家庭财产保险、金锁家庭财产综合保险、个人货款抵押房屋保险等。1991年收入286.7万元,2000年收入146.99万元,2010年收入337万元,分别为1991年的1.18倍、2000年的2.29倍。其中1994年、1995年、2001年、2003年、2004年,家庭财产保险保费收入不足100万元(见表15-7)。

【农业保险】 包括种植业和养殖业两个方面。1991年、1992年、1993年,保费收入分别为39.8万元、131.7万元和98.4万元。1994—1998年停办。1999年起,恢复办理农业保险。2001年,麦场火灾险保费收入22.9万元。2007年,落实中央一号文件《中共中央国务院关于积极发展现代农业扎实推进社会主义新农村建设的若干意见》精神和省政府126号文件要求,积极推动农业保险工作。市政府下发《关于开展全市农业保险工作的实施意见》,为乡镇开展农业保险提供政策依据。当年承保水稻8.97万公顷,涉及农户3.6万户,承保面100%;承保能繁母猪15249头、小麦8.02万公顷,油菜1.42万公顷,收取保费920万元。2008年,承保水稻8.97万公顷,涉及农户3.6万户,承保面积100%,承保能繁母猪28535头、小麦8.02万公顷、奶牛500头、高效农业设施8.4公顷,收取保费883万元。2009年、2010年,农业保险工作取得较快进展,保费收入分别达2004万元和2714万元。

【其他保险产品】 主要有工程保险,含建筑工程一切险、安装工程一切险等;责任险,含公众责任保险、产品责任保险、雇主责任保险等产品;信用保证险,含信用卡保险、机动车保证保险等。1996年,上述各险种保费收入37.1万元,1998年收入46.7万元。2001年起,其他各种保险业务有较快发展,当年各类责任保险保费收入202万元,向社会提供36.09亿元风险保障。2003年,获准开办意外伤害和短期健康险。2007年“十一”黄金周期间,为自驾游客户提供路线指引、紧急救援、应急加油、意外伤害救助及导游服务。2010年,其他多种保险业务收入532万元,为1996年的14.34倍,2001年的2.63倍。

二、保险收入

1991年,市财产保险费收入780.4万元,此后逐年有所增长。1995年1629.2万元,2000年2111.8万元。2001年,实现保费收入2351万元,比上年增长11.36%。2002年,市人保公司狠抓业务，注重效益，全面完成上级人保公司下达的各项指标。2005年，市人保公司认真研究保险市场动态，拓展业务，全年完成保费收入3200万元，比上年净增375.31万元。2008年，狠抓应收保费管理，力保展业成果，应收保费风险得到有效控制，全年实现保费收入5061万元，比上年增长7.34%。2010年，市人保公司实现保费收入8834万元，为1991年的11.32倍，2000年的4.18倍。

1991—2010年兴化市财产保险费收入一览表

表15-7　　单位：万元

年份	企业财产险	运输工具险	货物运输险	家庭财产险	农业保险	其他	合计
1991	185.90	239.70	28.30	286.70	39.80	0.00	780.40
1992	353.60	331.70	52.80	431.90	131.70	0.00	1301.70
1993	246.10	335.80	63.80	530.30	98.40	56.80	1331.20
1994	285.30	617.20	119.40	72.80	0.00	0.00	1094.70
1995	299.90	1154.20	87.80	86.80	0.00	0.50	1629.20
1996	448.40	1074.20	118.60	129.00	0.00	37.10	1807.30
1997	513.80	1098.80	127.10	155.40	0.00	5.00	1900.10
1998	420.50	1190.30	141.00	171.90	0.00	46.70	1970.40
1999	242.90	1363.60	151.10	167.40	51.60	34.20	2010.80
2000	282.94	1377.13	156.40	146.99	84.03	63.69	2111.18
2001	315.00	1525.00	181.00	91.00	37.00	202.00	2351.00
2002	389.92	1462.59	177.10	104.35	22.88	343.42	2500.26
2003	242.81	1698.49	109.20	74.75	5.17	464.74	2595.16
2004	319.44	1664.52	185.58	94.82	0.63	559.70	2824.69
2005	375.00	1848.00	134.00	111.00	2.00	730.00	3200.00
2006	423.00	2100.00	103.00	136.00	0.00	583.00	3345.00
2007	393.00	2202.00	127.00	301.00	920.00	772.00	4715.00
2008	357.00	2324.00	51.00	288.00	883.00	1158.00	5061.00
2009	303.00	3467.00	58.00	390.00	2004.00	414.00	6636.00
2010	321.00	4876.00	54.00	337.00	2714.00	532.00	8834.00

三、理赔

1991年8月，市人保公司全力投入灾害损失理赔工作，全市赔款3113.1万元，其中企业财险2434.4万元、家财险414.5万元，年赔付率509.34%。是年10月，市保险支公司被评为江苏省“抗洪理赔先进集体”。1995年，理赔支出1107.5万元，其中企财险183.6万元、家财险

63.4万元。2000年，市人保公司理赔支出1443.1万元，其中企财险134.3万元、家财险177.2万元。2001年，处理赔案2169件，支付赔款1202万元，给付率51.13%。实现利润131.03万元，上缴各种税费187.89万元。2003年，兴化遭遇洪涝灾害，市人保公司在20天内完成90家企业、1000多户家庭财产勘查、灾损、理赔工作，总赔付金额700多万元。2005年，市人保公司实施车险快捷服务，凡赔款在5000元以下的机动车险赔案（包括单车损险及三车险）索赔单证齐全后，3个工作日内赔款。2006年，兴化部分地区遭龙卷风袭击，后又遭连阴雨天气，市人保公司启动防洪预案，经及时勘查，对67家企业、150户居民、420户农民赔款500多万元，并开展异地理赔业务，以方便投保户。2010年，市人保公司理赔支出3528万元，其中运输工具险2262万元、农业保险634万元、其他险种249万元。1991—2010年，理赔支出34619.3万元。

1991—2010年兴化市财产保险理赔支出一览表

表15-8　　单位：万元

年份	企业财产险	运输工具险	货物运输险	家庭财产险	农业保险	其他	合计
1991	2434.4	148.7	13.9	414.5	101.6	—	3113.1
1992	214.7	251.1	48.2	98.8	354.7	—	967.5
1993	96.3	358.0	50.6	57.2	3.0	44.4	609.5
1994	76.6	490.8	47.2	57.1	—	—	671.7
1995	183.6	812.7	47.8	63.4	—	—	1107.5
1996	135.1	733.3	122	83.4	—	—	1073.8
1997	123.6	663.5	77.9	81.0	—	—	946.0
1998	89.1	779.8	51.6	74.9	—	—	995.4
1999	56.9	826.7	76.1	67.2	31.9	3.4	1062.2
2000	134.3	1031.3	59.6	177.2	19.8	20.9	1443.1
2001	177.0	910.0	10.0	58.0	12.0	35.0	1202.0
2002	201.7	853.5	110.5	57.1	8.7	93.3	1324.8
2003	662.8	889.7	110.7	139.4	4.7	129.7	1937.0
2004	225.3	1323.4	42.6	49.5	—	225.9	1866.7
2005	202.0	1331.0	50.0	108.0	6.0	253.0	1950.0
2006	560.0	1748.0	84.0	84.0	—	482.0	2958.0
2007	336.0	1118.0	200.0	146.0	316.0	532.0	2648.0
2008	110.0	1402.0	89.0	123.0	91.0	375.0	2190.0
2009	33.0	1856.0	17.0	116.0	683.0	320.0	3025.0
2010	128.0	2262.0	123.0	132.0	634.0	249.0	3528.0

第二节　人寿保险业务

一、保险种类

1996年3月以前，人寿保险经营的主要险种有：普通寿险（简称“人身险”）、子女教育婚嫁险、年金保险（个人养老保险、集体职工养老保险、其他保险）等。1991年寿险保费收入611.2万元。1996年3月，市寿保公司分设组建后，主要经营以人的寿命和身体为保险标的寿险业务。开办的险种主要有重大疾病、住院医疗保险、人身意外伤害保险、家庭和企业单位资产增值保险、子女教育婚嫁保险、单位及个人养老商业补充保险等100多个险种。

1997年，兴化市在泰州全市率先推行营销化模式，将保险营销员的工资与业务发展考核挂钩，较好地释放保险营销生产力，业务发展呈现高发态势，连续5年业务总量列扬州市（泰州市）之首。2001年3月，保险所顺利并轨改制，释放农村寿险市场的生产力，农村新单业务和队伍规模较2000年同期有较大幅度提升。团险业务较快增长，短险业务通过推广新品种，扩大承保面，优化服务等措施，保费收入大幅增加。实现总收入10460万元，在泰州全市首家保费收入超亿元。2002年，实现新单保单43000件，个险、短险及代理保费同步增长。2003年，在市内独家承担新型合作医疗保险，还承担全市低保、优抚人员医疗保险和城镇职工大病救助补充保险。特别在学生保险上增加非典保险责任。2004年，在团体保险上，重点以健康险、意外险、传统寿险为主打产品，以提高工厂企业员工意外保险保障水平为突破口，形成三大渠道竞相发展的局面。2005年后，公司对个险、团险、中介代理3大板块整体推进，协调发展。2007年，配合市政府新农村建设步伐，推广新简易人身险。用广覆盖、低保费的方式，加大农村保险保障。改变以往学平险以学校代办的方式，利用代理人队伍实行全面放开，开学期间，全市近百所学校设立销售咨询台，有8.2万名学生在公司投保学平险。2010年11月，昭阳镇双潭村在全国人寿系统评比活动中，被总公司表彰为“五有”（在服务“三农”中村有主管、组有协管、户户有保单、人人有保障、发展有后劲）保险示范村，为泰州市国寿系统唯一获此荣誉的保险服务室。

二、保险收入

1996年，全市人寿保险保费收入1740万元，2000年保收入6420万元，为1996年的3.69倍。2001年，实现保费收入10460万元，其中新单保费收入5145万元，完成年计划的78%。2002年，面对激烈竞争的市场形势，市寿保公司层层落实目标责任，不断完善激励机制，全年实现新单保费收入6868万元。2004年，在银邮代理业务上，以完善客户、快捷服务通道赢得市场。全年实现银邮代理保费收入5079万元。2005年，市寿保公司实现保费收入24265万元，完成新单收入11400万元。2008年，市寿保公司创新发展思路，年初推行“1+N”服务（以保单增值为服务重点），综合经营能力进一步提升，全年保费收入31819万元。2010年，市寿保公司完成保费收入35705万元，为1996年的20.52倍，2000年的5.56倍，其中寿险首年保费收入17230万元、首年期保费收入3824万元、风险型保费收入9623万元、短险保费1156万元。

1996—2010年兴化市寿保公司保费收入（含涉外业务）一览表

表15-9 单位：万元

年份	收入	年份	收入	年份	收入
1996	1740	2001	10460	2006	24682
1997	4310	2002	13989	2007	23499
1998	6009	2003	20248	2008	31819
1999	6016	2004	22615	2009	35455
2000	6420	2005	24265	2010	35705

三、理赔

1991年，兴化寿保公司人身险理赔支出32.5万元。1996年，市寿保公司赔款、给付344.9万元，其中赔款125万元、满期给付219.9万元，另有医疗给付13.5万元。2000年，赔款、给付1194万元，其中赔款388.6万元、满期给付805.4万元，另有医疗给付52.87万元。2001年，办理各类给付案件3277件，满期及短险各类给付897万元，赔付率45%。2003年，市寿保公司在首创“学生住院理赔赔金医院代付”项目的基础上，实行零距离接触、现场理赔，全程帮扶服务。2004年，办理新型农村合作医疗保险、优抚人员医疗保险及城镇职工大病救助保险理赔2.6万份，理赔支出1580.4万元。2008年11月，市寿保公司推广驻村代表建设活动，让农民不出村组即可享受投保、保险咨询、理赔和满期生存给付等一系列保险服务。2010年，市寿保公司处理理赔案2640件，人寿险理赔支出1202.1万元，满期给付4806.7万元，另有医疗给付143.13万元。1996—2010年，理赔支出33178.5万元。

图15-7 市人寿保险公司驻村服务 （2009年摄，市人保公司提供）

1996—2010年兴化市寿保公司给付一览表

表15-10 单位：万元

年份	赔款	满期给付	合计	另有医疗给付
1996	125.0	219.9	344.9	13.50
1997	126.0	115.0	241.0	—
1998	212.0	138.8	350.8	—

续表 15-10

年份	赔款	满期给付	合计	另有医疗给付
1999	222.0	982.1	1204.1	9.60
2000	388.6	805.4	1194.0	52.87
2001	333.5	568.8	902.3	—
2002	103.0	499.1	602.1	—
2003	300.2	241.4	541.6	—
2004	794.3	786.1	1580.4	31.22
2005	1135.0	122.5	1257.5	—
2006	694.6	380.1	1074.7	275.64
2007	469.7	2966.1	3435.8	99.45
2008	1114.9	5688.9	6804.8	154.30
2009	1215.8	6419.9	7635.7	173.10
2010	1202.1	4806.7	6008.8	143.13

第三节　证券业务

一、证券交易

中信建投证券公司兴化营业部（简称“营业部”）主要业务包括证券经纪、证券投资咨询、融资融券、IB业务（接受委托给期货经纪商介绍客户，以收佣金等）。2009—2010年，通过设立基金专柜、举办专题讲座、小区营销等多种方式，拓展开放式基金销售及基金股指期货交易模拟竞赛等创新业务发展，取得较好经营效益。2009年，营业部新开户1178户，客户总数6153户，全年交易量77.83亿元，基金销售1727万元，资产总值3.17亿元。2010年，新开户886户，总客户数达7139户，交易量93.9亿元，基金销售600万元，资产总值3.54亿元，实现利税600万元。

二、内部管理

2001—2010年，营业部倡导“诚信、专注、成长、共赢”的文化理念，强化内部管理。通过规范经纪业务流程，加强规章制度执行情况的检查与考核，全方位控制风险。通过推进员工薪酬制度改革，进一步完善员工绩效考核办法，从而提高员工的工作积极性、创造性，并通过建立员工的学习培训制度，努力提高综合业务素质和服务水平，并抓住市场潜在业务机会，进一步拓展代理业务空间。

三、改进服务

2001年后，营业部通过橱窗信息公告栏、投资者教育园地、信息早读、午间荐股、报刊专栏等多种媒介，为客户提供及时信息服务。组织股民每天收看公司研究所的股市评论、定期召开客户座谈会、举办股民学校及股市沙龙等活动。通过将客户分类，为各类客户提供个性化长效优质服务。2005—2010年，通过设立基金专柜，举办专题讲座，小区营销等方式，拓展代理服务空间。

第四章　金融管理

第一节　现金管理

一、规范货币发行

20世纪90年代以后，现金管理对象发生深刻变化，管理制度面临严峻挑战。2001年，开展《人民币管理条例》执行情况检查，组织对回笼入库钱捆内在质量抽查，进行损伤券回收，提高市场流通人民币的整洁度。2002年2月起，现金管理由控制不合理的现金支付和抑制通货膨胀向防范利用现金从事经济犯罪活动转变，现金管理成为反洗钱的一个重要手段。2003年5月，建立兴化市现金投放、回笼分析报告制度，全面掌握境内银行业金融机构现金投放、回笼情况，把握现金投放、回笼规律，更好地支持地方经济建设。2005年3月，建立兴化市现金管理季度联席会议制度。至2010年，市人行与银行业金融机构加强现金管理工作的信息沟通。

二、反假币工作

1990年开始，假币逐渐流入人民币市场，市人行积极开展反假斗争。1991年，加大反假宣传力度，对金融机构进行反假知识培训，经考试合格后持证上岗。1993年9月，成立反假领导小组，专门负责与相关部门协调整治人民币市场业务，建立反假货币工作联席会议制度，成员有市各金融机构的分管负责人，市检察院、法院、文化局、公安局、广电局、技监局、城管局、电视台、报社等部门的相关负责人。充分利用行政资源，编织反假货币网络，定期通报反假情况。1997年后，市政府建立反假币工作联席会议制度，设置日常办事机构。2006年5月，市人行在戴南举办“反假货币工作成果与教育展览”和反假货币咨询大型宣传活动。2007年，市人行与城市社工委、农工委联合下发《关于在兴化市各乡镇建立反假币宣传站的通知》，建立乡镇反假币宣传站35家，城市社区反假币服务站10家，建立联席会议制度，形成反假币组织网络，同时对全市金融机构800名一线柜面出纳人员进行反假币知识培训，规范假币收缴程序，净化流通程序。是年，全市金融机构收缴假币2942张，金额212695元。至2010年，在反假币专项行动中，兴化经侦大队立刑事案件4起，破4起，刑事拘留4人；查办非法持有、使用假币行政案件7起，行政处罚6人；依法收缴假币35万元。

1991—2010年兴化市货币流通情况一览表

表15-11　　　　单位：万元

年份	现金收入	现金支出	年份	现金收入	现金支出
1991	163060	173459	2001	2519369	2586328
1992	228350	249432	2002	2783965	2835964
1993	337909	364523	2003	3743750	3813439
1994	540925	590454	2004	4989712	4988687
1995	678477	834679	2005	7188648	7261278
1996	902358	1138679	2006	8970995	9048110
1997	1376540	1496378	2007	12956516	13036511
1998	1687947	1714398	2008	13854716	13851524
1999	1873293	1948567	2009	13749280	14805120
2000	2237812	2338081	2010	—	—

说明：2010年无统计。

1991—2010年兴化市货币投放、回笼资金一览表

表15-12　　　　单位：万元

年份	货币投放	货币回笼	轧差	年份	货币投放	货币回笼	轧差
1991	27764.1	17109.1	+10655.0	2001	167372.4	98295.7	+69076.7
1992	49007.8	27217.2	+21790.6	2002	169250.6	117284.6	+51966.0
1993	68363.4	41707.7	+26655.7	2003	237398.3	165892.6	+71505.7
1994	101300.6	52773.6	+48527.0	2004	281040.3	280959.6	+80.7
1995	106642.1	56851.5	+49790.6	2005	355863.9	279130	+76733.9
1996	130401.5	62096.9	+68304.6	2006	435524	355935.9	+79588.1
1997	166556.6	70323.1	+96233.5	2007	647415.5	559354.9	+88060.6
1998	166936.2	61982.2	+104954	2008	647400	559400	+88000.0
1999	168538.4	89903.7	+78634.7	2009	588300	601100	-12800.0
2000	187832.7	55687.1	+132145.6	2010	—	—	—

说明：投放为“+”，回笼为“—”；2010年无统计。

第二节 信贷管理

20世纪90年代以来，兴化国有商业银行的信贷规模受其上级行的控制，主要执行上级行的信贷政策和信贷计划；农村信用社执行65%的资产负债比例管理，主要指导思想为“控制总量、调整结构、及时调节、加强管理、提高效益”。1993年起，试行资产负债管理。初期对增量部分按比例管理，存量部分仍按计划管理。尔后逐步过渡到全面实行资产负债管理。在流动资金贷款上，主要支持化肥、拖拉机、百花、造纸、化纺等企业。在技术改造贷款上，主要支持中星化工、齿轮、电信、化纺等企业。1996年，实行贷款证制度，贷款企业须向兴化市人行领取贷款证，市人行利用计算机建立贷款证档案系统。

1996年后，贯彻执行人民银行泰州分行信贷管理政策，引导全市银行业机构降低信贷风险、促进地区贷款总量平稳增长和贷款结构的调整优化。1999—2000年和2004年的集中性不良贷款处置工作，全市金融机构不良贷款率从1998年的近50%下降至2006年末的7.73%。

2000年后，兴化调整和优化信贷结构，围绕国家金融政策，根据兴化经济发展和结构调整的新情况，以加大窗口指导力度为重点，引导辖内金融机构适度控制货币信贷总量，优化贷款结构，促进信贷投入平稳增长。引导金融机构积极加大对重点发展产业（戴南不锈钢产业群和农副产品深加工业）、优质骨干企业和中小民营企业的信贷投入。围绕“中国戴南”不锈钢产业群组织银企对接，围绕农副产品加工业组织银企对接，组织银企对接现场办公，重点促进新兴工业乡镇的企业与银行的合作交流，促进新兴乡镇经济基础的加快发展和全市经济基础的协调发展。2001年8月，市农行向兴达钢帘线股份有限公司发放1.1亿元技改项目贷款。2003年，全市机构存款余额94.05亿元，较上年增长19.64%；各项贷款余额59.67亿元，较上年增长20.7%，出现少有的贷款增幅高于存款增幅，为支持地方经济发展提供有力保障。2010年，全市各项贷款198.97亿元。

第三节 外汇管理

20世纪90年代，兴化外汇管理工作处于改革之中。1994年以前实行外汇直接管理，主要是管理审批用汇，进出口收、付汇核销，外汇额度调剂和外债登记，也参与对新办外商投资企业的评估。1994年，由直接管理向间接管理转变，由管理企业用汇向管理外汇指定银行转移。

1995年，兴化对外商投资企业实行外汇年检制度，同时清理企业外汇账户，当年确认正式外汇账户6个，临时外汇账户17个，撤销不合格外汇账户10个。1996年，实行国际收支申报统计制度，对进出口收付汇核销，区分经常项目和资本项目外汇收支。

1996年前，兴化市只有市中行经营外汇外币业务。1996年5月，市工行经批准代办外汇业务。

2000年，进一步加强外汇监管，进行4项检查，即进出口收汇核销检查、贸易进口付汇检查、非贸易付汇检查、预付货款真实性检查。通过检查，向有关单位发出整改通知书4份，行政处罚决定书1份。为确保经常项目贸易外汇收支的真实性，提高进口付汇核销率，实行银行在办理贸易项下付汇时，付汇企业必须提供“进口付汇备案表”。否则，银行不予付汇。2005年，在戴南召开外汇管理政策宣传会。2007年，为工商银行戴南支行办理结售汇业务备案，指导安装国际收支统计申报、个人结售汇、外汇账户信息交互平台系统，作现场操作指导，并做好非现场核查和现场监管，处罚违规行为。

2009年，指导和督促外汇指定银行及时准确完整地将涉外企业信息输入国际收支新系统，提高国际收支统计申报数据质量，确保新旧系统顺利过渡。修订完善《外汇管理业务审核要素指南》，规范外汇业务审核工作，杜绝操作风险。2010年，市外汇管理部门赴20家企业走访调研，指导企业信贷登记工作。举办外商投资企业外汇年检培训和外汇政策培训各一期。分别有60家外商投资企业和100家自营出口企业有关人员接受培训。

第四节　账户管理

1995年，市人行根据1994年公布的《账户管理办法》，开展银行账户清理工作，并建立兴化市基本账户数据库。2001年起，坚持新开账户按周与金融机构会审制度，规范基本账户管理。至2005年1月，基本账户数据库约有基本户0.88万户。2004年，配合市财政局对农村企事业单位基本账户检查，及时规范农村部分行政事业单位基本存款账户使用不合规现象。2005年，市人行根据2003年的《人民币银行结算账户管理办法》，组织辖区金融机构开展账户核查，并将基本账户、一般账户、临时账户、专用账户年检资料录入全国统一的《人民币银行结算账户管理系统》。对辖区内4家国有商业银行、1家政策性银行和农联社6家金融机构、198个营业网点的银行账户进行全面核查，清理"睡眠户"6333户，核查银行账户7469户，其中核准类账户4601户、非核准类账户2868户。2006年，市人行对农行、农合行在核准类账户撤销和变更、申报备案类账户过程中，未按规定工作日内向人民银行报告、备案，分别处以1.5万元、1万元的处罚，规范市内银行结算账户的开立、使用和变更。2010年办理银行账户行政许可，全年许可核准类账户12103户，备案类账户5086户，个人结算账户2689194户。

第五节　反洗钱

全市反洗钱工作始于2004年，当年包括人行在内各金融机构相继建立以行长为组长的反洗钱工作领导小组，下设办公室，明确反洗钱工作职责和业务分工。2004—2005年，各金融机构全部建立起反洗钱客户身份识别制度、账户资料和交易记录保存制度、大额交易和可疑交易报告制度。2007年1月1日，《反洗钱法》《金融机构反洗钱规定》正式施行，同年3月1日《金融机构大额交易和可疑交易报告管理办法》正式施行。市人行编发的《反洗钱知识50问》，组织全市各金融机构300人的反洗钱知识考试，收到良好效果。同时，各金融机构根据新法规进行制度调整更新。2006年10月，市人行与公安局联合召开反洗钱工作协调会，进行情报会商；2007—2010年，市人行将反洗钱工作扩大到全市证券、保险业。

第六节　维护金融稳定

一、防止逃废金融债务

1998年以后，围绕改善社会信用环境，市人行开展维护金融债权活动，防止企业借改制之机逃废金融债务。2003年，遭遇“非典”及洪水，又逢金融机构改革，为防止特殊时期出现突发事件，市人行紧抓防化金融风险这个中心，紧盯重点领域，增强金融监管，控压不良贷款的发生。截至2006年，全市逃废债余额降至0.32亿元，比2000年初减少5.96亿元，降幅达95%，以后连续5年未发生逃废金融债务行为。

2006年3月，市委提出在兴化生态城、文化城、经济城三城建设的基础上，加入“诚信城”的四城建设计划。成立兴化市创建“四信”工作领导小组，出台《兴化市信用乡镇、信用村、信用企业、信用户评比办法》。至此，“四信”评比工作在全市城乡开展。截至2006年末，全市建成信用乡镇3个、信用村36个、信用企业126个、信用户2604个。随着金融体制改革的不断深化和社会经济的发展变化，金融部门把金融风险处置列为重要工作内容，剥离处置核销不良贷款，集中处置不良贷款，并加大对民间非法融资的处置和监测力度。

2007年，对法人机构超额存款准备率偏低的问题，下发风险提示书，制定流动性风险应急处置预案。监测和上报民间借贷情况，适时调整监测点，强化责任，保证监测数据准确。关注戴南发生的一起剥离金融资产诉讼造成新增不良贷款引发的区域性金融风险，将风险和损失降到最低限度。2010年，指导小额贷款公司、农村资金互助合作社建立健全制度，规范经营行为。

二、处置非法集资行为

2005年后，市人行加强民间借贷情况的监测和上报，适时调整监测点，强化责任，保证监测数据准确。

2008年，市政府通过制定《关于加快中小企业信用担保体系建设的指导意见》《加大信贷支持工业经济发展的指导意见》《关于完善农村信用担保体系建设的实施意见》等文件，促进经济稳定发展。市人行借助电视媒体开展“树立正确投资理念，增强风险防范意识”的专题宣传，引导社会公众远离非法融资，通过市政府印发《兴化市处置非法集资宣传教育工作方案》《兴化市处置非法集资风险排查工作方案》《关于进一步整顿规范全市金融秩序的工作方案》等文件，强化全市非法融资的预防和处置，维护金融秩序稳定。11月28日，率先在泰州辖区组织突发金融风险应急处置预案演练活动，提高金融突发事件的综合管理水平和应急处置能力。

2009年，针对市内4家房地产公司破产重组后出现不良银行贷款的状况，主动沟通协调，维护金融债权。密切关注信贷快速扩张给金融机构带来的风险压力，在贯彻适度宽松货币政策，加大信贷投入的同时，增强风险防范意识，有效遏制不良贷款反弹。市政府出台《加强和规范信用担保公司管理指导意见》，配合相关部门做好担保公司的风险监测工作。对民间借贷规模、融资方式和利率水平等进行重点监测，按季完成《民间借贷利率监测报告》。加强利率管理，推动利率市场化，加强利率报备监测，将小额贷款公司、农民资金互助合作社等新型农村金融组织纳入利率监测范围。在全市范围内开展打击非法集资宣传周活动，教育社会公众远离非法集资。

2010年，针对兴化市香娟房地产开发公司资产重组，市人行召集相关金融机构清理开发项目按揭贷款情况，提出具体指导意见和风险防范要求，指派专人参与破产清算工作，及时了解、掌握清算工作进程，宣传金融政策，保护银行债权达1.5亿元。跟踪兴化市兴利来公司的生产经营情况，市政府及时对该企业实施破产重整，最大限度保护金融债权，维护金融部门整体利益。

卷十六 财政 税务

第一章 财 政

第二章 税 务

1990年，全市财政收入6607.1万元，支出8279.9万元。20世纪90年代以后，通过发展经济，实行财政体制改革，财政收入结构不断优化，全市财政收入逐年增长。市财政部门加强预算管理、预算外资金及非税收入管理，改革保障方式，保证民生、地方经济建设及行政事业单位经费支出的需要。加强财政管理与监督，帮助、指导工业、农业、基本建设等部门严格执行财务制度和财经纪律。加强国有资产和各项资金管理，实行资产保值增值和资金运行安全。2002年，戴南镇财政收入过亿元，成为苏中地区第一家财政收入超亿元的乡镇。2004年，全市财政收入突破10亿元，达10.09亿元。2010年，全市财政总收入和一般预算收入分别突破50亿元、20亿元，达54.47亿元、21.13亿元，支出52.72亿元，财政收支分别为1990年的82.44倍和63.67倍。

1990年，全市实现各税及基金（费）收入7965.3万元。1991—1993年各项税收及基金（费）收入24192.9万元。1994年，国家实行中央与地方分税制改革。根据统一部署，兴化市撤销税务局，成立国税局和地税局。两局成立后，加强税收征管，严密税收稽查制度，规范稽查程序，突出涉税大要案查处。建立纳税申报制度、税务代理制制度，开展税法宣传，加强税务凭证管理、个体、私营企业纳税管理，推行税务信息化建设。税收征管工作取得显著成绩。2010年，国、地税合计征收42.46亿元，其中国税29.93亿元，地税12.53亿元（含各项税费征收）。

图16-1　2002年，戴南镇实现财政收入1.23亿元，成为苏中、苏北地区首家财政收入超亿元的乡镇

（市财政局提供）

第一章　财　政

1991年，沿袭自1987年撤县建市后的财政局机构。1998年3月，成立兴化市国有资产管理局。同年10月，成立兴化市预算外资金管理办公室。1999年，会计事务所改制，与财政局脱钩。2000年3月，乡镇撤并后，47个财政所合并为34个乡镇及开发区财政所。2001年2月，成立兴化市财政监督稽查局。2010年，机构改革，市财政局挂“兴化市政府国有资产监督管理办公室”牌子，设16个内设机构：办公室（研究室）、人事教育科（党委办公室）、预算科、国库科、综合科（市预算外资金管理办公室、非税收入征收管理科）、经济建设科、工贸发展科（金融科）、行政政法科、教科文科、社会保障科、农业科（农业发展基金管理办公室）、基层财政管理科、会计科、监督检查科、税政法规科（行政许可服务科）、绩效评价科。市政府国有资产监督管理办公室设国资综合科、行政事业资产管理科、企业资产管理科。设置下属事业机构市招标采购管理办公室。另设纪检监察室，为市纪委监察局的派出机构。2010年末，全局财政系统职工245人，其中行政编制60人、事业编制185人。

第一节　财政体制

一、县（市）财政体制

1991年，继续实行“收入基数递增包干”，递增比例为5.5%，基数分成比例为57.06%，超收及专项收入另定分成比例，财政支出自行安排。

1994年，实施分税制财政管理体制改革，收入基数按1993年实绩和新的税制划分，支出基数按地方1993年分成的财力确定。具体办法：以1993年地方上划中央的消费税全额和增值税75%部分为基数，每年由中央财政返还；从1994年起，上划中央的收入每年比上年增长部分，按全国消费税和增值税增长幅度以1∶0.3的系数，由中央财政增加对地方的返还。地方原包干上缴基数和递增率仍维持不变。1995年，省财政核定每年给兴化财政补助1777万元、教师工资专项补助100万元。从1995年起，原递增上解地区、上解中央部分不再递增，改按1994年上解数定额上解。2001年，省对县市财政管理体制进行调整，兴化市被核定为转移支付补助市（县），调整内容为取消印花税、城镇土地使用税、资源税、土地增值税、排污费、水资源费等按比例分成的政策，原上交省部分，以2000年为基数，实行定额上交。以2000年为基期年，核定市地方财政收入基数和税收返还基数，尔后比基数增长部分，省统一集中20%。建立财政转移支付制度，核定县市标准财力和标准财政供养人员数，将1999年标准人均财力低于1.1万元的县（市）列入财政转移支付的范围，按照标准人均财力与1.1万元的差额，省补助50%，核定财政转移支付补助基数。建立激励机制，对享受转移支付补助的县市，在保工资、保运转、保平衡的前提下实行补助收入增长与财政收入增长挂钩的办法，地方财政收入每增1%，补助总额增长1.1%，补助最高增长幅度不超过15%，同时实行地方财政收入上台阶奖励政策，县级地方财政收入每增收4000万元一次性奖励20

万元。

2004年，全市财政转移支付实行定额补助，并以2004年为基期年，新增地方财政收入省集中部分全额返还。2007年起，实行“省直管县”财政（江苏省实行省与市、省与县（市）直接联系的财政体制）的管理体制。地级市与县级财政收入按收入属地原则统一划分。根据“一级政府、一级财政、一级事权”的要求，明确市级与县级财政支出责任。以2005年为基期年确定各地级市对县级财政体制性集中和财力补助、专项补助划转基数。县级财政根据全省财政收入预期增长幅度和本地经济社会发展目标，自行确定本级的财政收支预算。县级财政直接与省财政办理各类结算事项，地级市、县之间的结算事项一律通过省财政办理。县级财政直接报送预算、调整、执行和决算财政报表给省财政。

二、乡镇财政体制

1991年，对乡镇财政实行“划分收支范围，核定收支基数，收支挂钩，增收分成，短收压支”的管理体制及“上交留成、增长分成、超收奖励、专项考核分成”的合成分配办法，对原“收入定比递增包干”体制进行调整。1993年，完善乡镇财政体制，实行“收支挂钩，总额分成，超收奖励，短收赔补”的包干体制。

根据江苏省分税制改革精神，1995年起，市财政对乡镇财政也实行分税制财政管理体制改革。核定乡镇财政收入基数，以2000年一般预算收入决算数，剔除非集中项目（包括屠宰税、农业税、农业特产税、耕地占用税、其他收入），计算乡镇财政收入基数。2001年起，乡镇财政收入实绩比核定的收入基数增长部分，乡镇留用50%，市（县）财政集中30%，省财政集中20%。核定乡镇财政定额上交或返还基数，按2000年乡镇财政结算中增值税、营业税、印花税、土地使用税、土地增值税、城市维护建设税、资源税、农业税、农业特产税等收入，实际上划省市收入数和原体制固定上交（返还为负数）之和，计算乡镇财政收入定额上缴基数；随着以县为主的义务教育经费保障体制落实，2003年增加教师“国标工资”上划基数。2005年，增加教师省标补贴上划基数。建立财政转移支付制度，根据2000年财政供养人口计算出标准人均财力（含农村税费改革专项转移支付3910万元），凡是标准人均财力低于1.1万元的乡镇，列入财政转移支付乡镇。市财政按照标准人均财力与1.1万元的差额核定财政体制转移支付补助。2005年，农业税取消后其财力缺口通过农业税降点和免征转移支付来弥补，同时增加村级转移支付额度，保障村级组织的运转。教师国标工资和省标补贴上划后，以2002年财力为基数，对新增财力由市财政集中65%用于教师新增支出。建立激励机制，乡镇财政超收按比上年基数增长部分的6%计算超收奖励。

2008年起，实行“乡财市管”，以2007年为基数，乡镇一般预算收入在剔除省集中20%部分后实行市、乡镇超收分档分成：一般预算收入在500万元以下的乡镇，超收部分全部留于乡镇。一般预算收入在500万元至1000万元的乡镇，超收部分市、乡镇按3∶7分成。一般预算收入在1000万元至5000万元的乡镇，超收部分市、乡镇按4∶6分成。一般预算收入在5000万元以上的乡镇，比上年增长25%以内的部分，市、乡镇按8∶2分成，超过25%的部分按2∶8分成。

第二节 财政收入

1991年，全市财政预算内收入1641万元，其中工商税收收入3800万元、农业四税（农业税、农林特产税、耕地占用税、契税）收入101万元、企业收入-2559万元。受特大洪涝灾害影响，工商税收比上年下降40.63%，农业税、农业特产税绝收。1991年以后，全市财政收入呈快速增长态势，“八五”（1991—1995）期间，财政收入（一般预算收入）3.86亿元，比“七五”期间增长19.8%。“九五”（1996—2000）期间，财政收入（一般预算收入）7.26亿元，比“八五”期间增长88.08%。“十五”（2001—2005）期间，财政收入（一般预算收入）18.14亿元，比“九五”期间增长149.86%。“十一五”（2006—2010）期间，财政收入（一般预算收入）65.57亿元，比“十五”期间增长261.47%。“十一五”期间财政收入（一般预算收入）总量比“七五”期间增长20.36倍，其中，2010年财政收入54.47亿元，比1990年财政收入0.66亿元，年均递增24.69%，一般预算收入21.13亿元，年均递增19.2%。1991—2010年，全市财政收入（一般预算收入）94.83亿元。

一、工商税收收入

1991年，实现工商税收收入3800万元，其中增值税1107万元、营业税1574万元、产品税365万元、城市维护建设税157万元、其他工商税收收入597万元。2000年，一般预算收入中工商税收收入超亿元。2009年，一般预算收入中工商税收收入突破10亿元。2010年，一般预算收入中工商税收收入15.93亿元，为1991年的41.92倍，其中增值税4.55亿元、营业税4.5亿元、其他工商税收6.88亿元。1991—2010年，工商税收68.65亿元，占同期财政收入（一般预算收入）的72.4%。

二、农业四税

农业四税由财政部门征收，并且是财政部门主要税收收入。

【农业税】 1991年因特大洪涝灾害绝收，1992年征收1519万元，占全市地方财政收入的21.85%。1994年，由于粮食收购价提高，农业税计税价格也相应提高，农业税征收2324万元。2001年，实施农村税费改革，计税常年产量进行相应调整，税率统一为7%。2004年，全市农业税税率由7%调整为4%。是年，全市农业税为4922万元，仅占全市地方总财政的4.88%。2005年，全面取消农业税。

【农林特产税】 该税属地方收入，税款全部留给地方，税源主要是水产养殖、蚕桑和瓜果等收入。计算农林特产税时，将农业税扣除。1991—2002年，全市农林特产税收入约5510万元。2003年，农业特产税取消。

【耕地占用税】 1987年起，对占用耕地建房或从事非农业建设的单位和个人，按批准实际占用耕地面积计算征税。1987年，一类地区每平方米7元（兴化市城区即昭阳镇、兴化经济开发区）；二类地区每平方米3元（除一等土地范围外的其他应税土地）。2009年2月1日起，一类地区每平方米30元.。1991—2010年，征收耕地占用税约1.21亿元。2010年，耕地占用税划转地税部门征收。

【契税】 1990年恢复征收。税率为购买价的2%—4%。1997年10月1日起，省规定税率为4%。1999年8月1日起，个人购买自用住宅税率为2%。2008年底，契税税率由4%调整为3%，其中个人购买普通商品住房的契税税率暂时下调到1%。契税收入纳入地方预算管理。契税收入从1991年的5.2万元，增长到2010年的8027万元。1991—2010年，征收4.52亿元。2010年，契税划转地税部门征收。

三、非税收入和基金

1991年，排污费、教育附加费、其他收入和各种基金收入299万元，占当年财政收入的18.22%。2010年，上述各项收入156998万元，占全年财政收入28.83%。

1991—1993年兴化市财政预算内收入一览表（分税制前）

表 16-1

单位：万元

年份	财政收入	工商税收						农业“四税”					专项收入	企业收入	国家预算调节基金	其他收入
		产品税	增值税	营业税	城市维护建设税	其他税收	小计	农业税	农林特产税	耕地占用税	契税	小计				
1991	1641	365	1107	1574	157	597	3800	—	—	96	5	101	188	-2559	46	65
1992	6951	—	—	—	—	—	6801	1519	115	65	14	1713	242	-1995	103	87
1993	10291	—	—	—	—	—	9829	1529	160	33	35	1757	282	-1901	42	282

1994—2010年兴化市财政预算内收入一览表（分税制后）

表 16-2

单位：万元

年份	财政总收入	上划中央收入	一般预算收入																		
			工商税收								农业“四税”小计					专项收入	行政事业性收费收入	罚没收入	国有资本经营收入	其他收入	合计
			增值税	消费税	营业税	企业所得税	个人所得税	城市维护建设税	其他税收	小计	农业税	农林特产税	耕地占用税	契税	小计						
1994	14396	7011	—	—	—	—	—	—	—	5489	2324	247	99	59	2729	314	—	—	—	273	8805
1995	18966	8084	—	—	—	—	—	—	—	5860	2644	331	—	—	2975	408	734		—	905	10882
1996	22513	9249	—	—	—	—	—	—	—	6895	3392	522	401	141	4456	462	785		—	666	13264
1997	23814	10273	—	—	—	—	—	—	—	7485	3188	703	118	189	4198	—	803		—	402	12888
1998	26232	11467	—	—	—	—	—	—	—	8497	3194	814	257	149	4414	601	645		—	55	14212
1999	27846	11603	—	—	—	—	—	—	—	8812	3144	813	1054	213	5224	566	—	1032	—	36	15670
2000	31144	13858	—	—	—	—	—	—	—	10048	3011	1041	133	276	4461	690	—	1330	—	—	16529
2001	42941	18247	—	—	—	—	—	—	—	13426	7942	764	182	320	9208	880	—	653	—	—	24167
2002	61060	25595	—	—	—	—	—	—	—	15606	8434			745	9179	1032	2130	794	—	—	28741
2003	75466	31911	—	—	—	—	—	—	—	19735	8826			876	9702	1101	2569	966	—	33	34106
2004	100888	44764	11521	—	5635	3935	1225	2605	1751	26672	4922	—	1223	2851	8996	2361	2261	1758	—	56	42104
2005	127818	58118	16465	—	8333	3860	1927	3090	3187	36862	—	—	1271	3318	4589	3325	5674	1772	—	87	52309
2006	158588	75022	20415	—	11616	4358	4792	3627	4857	49665	—	—	678	4286	4964	2883	5132	2837	—	107	65588
2007	246782	101891	27938	—	15591	8390	3631	5509	10775	71834	—	—	926	6973	7899	6977	5014	3823	—	291	95838
2008	333718	131994	34514	—	24422	14167	4761	7246	13669	98779	—	—	1611	6006	7617	5412	6892	4165	805	1330	125000
2009	411166	148899	39499	—	34350	14248	5931	11720	15355	121103	—	—	2099	10682	12781	7579	6688	4022	5541	286	158000
2010	544652	185755	45533	—	45036	25361	7346	14184	21869	159329	—	—	1846	8027	9873	9368	9975	5289	16559	873	211266

第三节 财政支出

“八五”期间，兴化财政支出6.42亿元，比“七五”期间增长107.77%。“九五”期间，财政支出14.83亿元，比“八五”期间增长131%。“十五”期间，财政支出37.22亿元，比“九五”期间增长150.98%。“十一五”期间，财政支出125.8亿元，比“十五”期间增长237.99%。“十一五”期间财政支出总量是“七五”期间财政支出总量的40.69倍。2007年，国家实行政府收支分类改革，财政支出按政府职能和活动分类和按支出的经济功能二维模式进行分类。按照政府的职能和活动设置“一般公共服务”等13个支出科目，按支出经济功能分类，反映各项支出的具体经济构成。2007—2010年，预算内财政支出为112.89亿元，其中一般公共服务14.44%、公共安全5.78%、教育22.6%、科学技术1.98%、文化体育与传媒1.37%、社会保障和就业12.92%、医疗卫生7.28%、环境保护1.36%、城乡社区事务5.7%、农林水事务14.81%、交通运输2.39%。

2010年，全市财政一般预算支出41.44亿元，是1991年1.06亿元的39.09倍，年均增速20.12%。1991—2010年，全市财政一般预算支出184.28亿元。

一、支出项目

【农林水及气象支出】 1991年，农林水及气象支出为654万元，占全年财政支出的6.18%。2000年，农林水及气象支出1400万元，占全年财政支出的3.68%。1991—2010年，农林水及气象支出21.17亿元，占财政一般预算支出的11.49%。

【基本建设和企业更新改造支出】 1991年，全市基本建设和企业挖潜、更新、改造支出169万元，占全年财政支出的1.6%。2002年后，全市经济特别是工业经济发展提速，此项支出随之增加，2006年达4338万元，占全年财政支出的3.36%。

【科教文卫事业支出】 1991年，科教文卫事业支出为3654万元，占全年财政支出的34.5%。其中教育事业费3080万元、文体卫生广播事业费503万元、科技三项费用71万元。2001年，教师工资开始由市统一发放。2006年，科教文卫事业支出4.68亿元，占全市财政支出的36.27%。2007—2010年，科教文卫事业支出37.51亿元，占财政一般预算支出的33.23%。

【行政管理支出】 1991年，行政管理支出1171万元，占全年财政支出的11.06%。2006年为1.54亿元，为1991年的12.83倍，占全市财政支出的11.93%。

【抚恤和社会福利救济、社会保障补助支出】 1991年，抚恤和社会福利救济、社会保障补助支出2499万元。2006年达16611万元，为1991年的6.65倍。1991—2006年，全市支出6.87亿元，占同期财政支出的9.62%。其中：抚恤金和社会救济支出3.94亿元，占5.52%；社会保障补助支出2.93亿元，占4.1%。

【其他各项支出】 包括城市建设维护费、价格补贴、行政事业性收费和政府性基金支出等。1991年支出1104万元，占全年财政支出的10.42%。2000年支出2265万元，2010年为4.97亿元，为1991年的45.02倍。1991—2010年，其他支出16.09亿元，占同期财政支出的8.73%。

1991—2006年兴化市财政一般预算支出一览表

表16-3　　单位：万元

年份	支出项目												合计
	基本建设和企业挖潜更新改造支出	农林水及气象支出	教育事业费支出	文体卫生广播事业支出	科技事业及科技三项支出	行政管理费及公检法司法支出	抚恤和社会福利救济支出	其他部门事业支出	城市维护支出	社会保障补助支出	专项支出	其他支出	
1991	169	654	3080	503	71	1579	2499	374	302	—	255	1104	10590
1992	158	988	3040	803	48	1943	1864	457	245	—	264	608	10418
1993	183	936	4010	400	48	2488	657	587	342	—	290	578	10519
1994	577	961	6200	1074	54	4124	874	558	411	—	295	-111	15017
1995	139	861	7000	1009	179	4659	1075	464	711	—	362	1217	17676
1996	272	1300	7500	1095	185	5345	1159	594	918	—	435	3124	21927
1997	180	924	10193	1960	285	6312	1174	801	718	—	—	1540	24087
1998	1062	1135	12571	3217	365	7138	1429	1076	761	133	1091	787	30765
1999	257	1524	14135	3332	415	7312	1659	1221	739	403	1407	1062	33466
2000	870	1400	16331	3991	232	8330	2323	1108	885	282	—	2265	38017
2001	1628	1712	20271	3630	239	10195	2093	1056	837	1676	—	4476	47813
2002	2952	2357	23078	3374	682	12809	2388	1573	1575	2704	965	5725	60182
2003	5021	5334	23665	3979	885	15326	3743	4130	2005	3626	964	5456	74134
2004	2877	5326	28556	6729	868	18465	3769	5052	947	5098	2042	3999	83728
2005	4833	8167	29335	10643	1190	21806	5295	4853	2054	6134	3673	8380	106363
2006	4338	10921	31499	13683	1667	23639	7392	6829	2060	9219	3056	14868	129171
合计	25516	44500	240464	59422	7413	151470	39393	30733	15510	29275	15099	55078	713873

2007—2010年兴化市财政一般预算支出一览表

表16-4　　单位：亿元

年份	一般公共服务	公共安全	教育	科学技术	文化体育与传媒	社会保障和就业	医疗卫生	环境保护	城乡社区事务	农林水事务	交通运输	其他	合计
2007	2.86	1.09	5.43	0.22	0.22	2.15	1.05	0.27	0.61	2.02	0.34	0.97	17.23
2008	3.94	1.58	5.47	0.52	0.35	3.17	1.80	0.39	1.28	3.38	0.49	1.31	23.68
2009	4.19	1.79	5.87	0.66	0.37	4.14	2.18	0.36	1.99	5.09	0.57	3.33	30.54
2010	5.31	2.06	8.74	0.83	0.61	5.13	3.19	0.52	2.55	6.23	1.30	4.97	41.44
合计	16.3	6.52	25.51	2.23	1.55	14.59	8.22	1.54	6.43	16.72	2.70	10.58	112.89

二、财政收支平衡

1991年，受洪涝灾害影响，全市财政收入预算目标未能实现，财政出现巨额赤字。全市大力发展经济，加强收入征管，落实节支措施，经过6年努力，1997年消灭财政赤字，实现财政平衡。2000年后，随着财政收支规模快速增长，对财政收支平衡提出新要求。市财政推行财政改革，以增收节支为主线，坚持“量入为出、略有结余”“有预算不超支、无预算不开支”，不断提高预算管理水平，实现财政收支综合平衡。

1991—2010年兴化市财政预算收支平衡一览表

表16-5 单位：万元

年份	上年结余	本年收入（一般预算收入）	上级补助收入					调入资金	收入合计	本年支出	上解上级支出				预算周转金	年终结余
			返还性收入	专项补助	一般性转移支付	专项转移支付	小计				体制上解	一般性转移支付	专项上解（专项转移支付）	小计		
1991	21	1641	—	11720	—	—	11720	236	13618	10590	3165	—	501	3666	—	-638
1992	-37	6951	—	4401	—	—	4401	618	11934	10418	3339	—	345	3684	63	-2231
1993	-2231	10291	—	3984	—	—	3984	438	13640	10519	3522	—	352	3874	—	-1911
1994	-1911	8805	6031	3020	—	—	9051	1690	18858	15017	3716	—	491	4207	100	-1849
1995	-1521	10882	6264	2199	—	—	8463	3465	26831	17676	3716	—	1355	5071	546	-758
1996	-758	13264	6497	2599	—	—	9096	4500	32002	21927	3716	—	1548	5264	602	-256
1997	-278	12888	6678	3314	—	—	9992	6333	35916	24087	3716	—	1341	5057	632	873
1998	909	14212	6892	3284	—	—	10176	9219	36266	30765	3716	—	1463	5179	228	94
1999	94	15670	6908	2645	1140	—	10693	11895	40757	33466	3716	—	3280	6996	67	228
2000	228	16529	7275	—	2020	—	9295	12526	43800	38017	3716	—	1250	4966	14	803
2001	803	24167	7911	2623	4600	3995	19129	8100	54884	47517	3716	—	2771	6487	89	791
2002	791	28741	10377	4373	5290	3910	23950	10515	68841	60182	3716	—	3481	7197	—	802
2003	802	34106	11259	7556	6629	4217	29661	14173	84514	74134	3716	—	4428	8144	26	1250
2004	1250	42104	12718	9085	8187	8432	38422	13390	102691	83728	3716	—	7806	11522	4	7437
2005	7437	52309	13318	14884	11602	15697	55501	9258	129472	106363	3716	—	10657	14373	1500	6836
2006	6836	65588	14113	28375	11522	18543	72553	2314	155037	129171	3716	—	12590	16306	—	8760
2007	8760	95838	15420	—	47058	39832	102310	2421	209329	172331	—	4337	18759	23096	—	13902
2008	13902	125000	16348	—	54030	60378	130756	3022	272680	236816	—	4179	24198	28377	—	7487
2009	7487	158000	18396	—	59362	84711	162469	17998	349954	305377	—	4458	29253	33711	—	10866
2010	10866	211266	20386	—	67853	114011	202250	38179	462561	414440	—	4527	36191	40718	—	12403

第四节 预决算管理

1991年后，市财政部门每年根据收支平衡等原则及政府、机关、团体和事业单位收支预计，编制年度收支预算草案，报市政府审核后，提请市人民代表大会审议通过，然后下达各预算单位执行。财政年度末，根据年度预算执行结果，按规定编制年终财政决算，经市政府审定后，提请市人民代表大会审议批准。

一、经费保障方式改革

长期以来，预算管理一直沿袭“基数+增长”的传统办法。1991年，改革事业单位经费供给方式，根据事业单位自身组织收入状况，将其划分为全额、差额、自收自支3种预算管理形式，并推进全额向差额、差额向自收自支过渡改革。1997年，取消上述3种预算管理形式，改为“核定收支、定额或者定项补助、超支不补、结余留用”的预算管理办法。1993年，改革市级机关经费保障方式，9个系统单位与财政脱钩或部分以收抵支，压缩预算支出。对市“四办”（市委办、市政府办、市人大常委会办、市政协办）和法院等单位实行按支出项目“核定定额，包干使用”的支出管理办法。改革公费医疗管理办法，通过提高住院自负比例等措施，控制公费医疗支出。

1994年，对法院采用每件案件按95元定额包干。对公安局、检察院的办案经费按照上年基数在年初一次核定。对市“四办”的公用经费分项目包干。1997年，扩大预算编制内容，推行综合预算管理，逐步将预算外资金、政府基金等纳入预算管理。1999年，全面打破预算内外界限，凡是单位收取的收入均统一安排，支出按“零基预算”编制。正常支出按收入和用款计划拨付，严格控制预算追加，规范预算追加审批程序，明确预算追加的审批权限。2010年，教育、文化、医疗、卫生、环境保护等支出增幅高于一般预算支出增幅。

二、部门预算

2000年起，逐步推行部门预算管理，所有的行政事业收费及政府性基金收入全面纳入预算管理，对单位部门的预算内外各项收入，实行统一管理、统筹安排、统编预算。按零基预算原则，在区分机构性质和人员编制的基础上，对人员工资支出按实际在册人头实行定员预算法。对日常公用支出实行定额预算法，对公用经费支出预算编列依据，一律以市编委核定的人员编制数为准，缓解单位部门间经费不均的矛盾。对专项经费根据财力可能实行总额控制法，对收支矛盾比较突出的实行顺序安排法。按照轻重缓急和资金状况保证重点支出，在确保公教人员工资和政府机构正常运转的前提下，努力支持社会保障、科技、教育和农业事业的发展。2001年，全面实行部门预算。2003年的部门预算编制工作实施范围由市级机关扩大到全市乡镇机关事业单位。2010年，部门预算报人大审议。

三、决算编报

1991年后，兴化每年编报财政收支决算表，上报政府，从而加强支出管理，强化财政监督，提高财政资金使用效益。

1996年后，根据财政规定，每年均报请市人民代表大会审议批准。

第五节 预算外资金管理

一、财政专户存储

1991年，除市财政直接管理的预算外资金以外，对行政单位的预算外资金实行“财政专户储存、计划管理、财政审批、银行监督”的管理办法，即行政事业单位按照国家规定的收费项目和标准收取的预算外资金，在所有权和使用权不变的前提下，统一存储在财政设立的专户，收费单位向财政提交收支计划，财政按计划审批，由银行监督使用。1994年，财政部颁布《企业财务通则》和《企业会计准则》，预算外资金不再包括国有企业的预算外资金。是年，制定《兴化市行政事业单位预算外资金财政专户储存收支两条线管理暂行办法》。明确规定所有预算外资金全额专户储存，实行收支两条线的管理办法。1995年，全省范围内统一行政事业性收费票据。

二、三权归位

1996年，根据国务院有关决定，市政府制发《兴化市预算外资金管理办法》，明确按照《企业财务通则》和《企业会计准则》的规定，国有企业税后留用资金不再作为预算外资金管理。预算外资金管理实行“三权归位”，即立项审批权收归中央和省级，所有权收归政府，管理权收归财政。将83项行政性收费项目以及养路费等13项数额较大的政府性基金（收费）纳入财政预算，作为地方财政的固定收入，不再作为预算外资金管理。事业单位和社会团体通过市场取得的不体现政府职能的经营、服务性收入，不再作为预算外资金管理。建立预算外资金收支预决算制度，明确预算外资金管理范围，实行收支两条线管理，规定各单位在银行开设收支两个预算外资金账户，收入户只收不支，支出户只支不收。

1998年，成立市预算外资金管理办公室，对市级预算外资金及全市行政事业性票据实施统一扎口管理。2002年，实行“票款分离、罚缴分离”和财政专户管理。

三、非税收入管理

2007年，启动非税收入收缴管理制度改革，制定非税收入的管理办法。2008年，市级单位全面实施非税收入收缴管理制度，建立覆盖全市的非税收入征管网络，对非税收入项目实行微机化管理，明确各收费项目代码、征收标准、征收范围等，杜绝乱收费行为。以网络系统为依托，强化收费票据和收入账户管理，采取“单位开票，银行收款，财政统管”的管理模式，促进非税收入应收尽收。实行非税收入管理制度后，预算外资金管理退出历史舞台。

1991—1996年兴化市预算外资金及非税收入收支一览表

表16-6

单位：亿元

预算外资金收入	金额	预算外资金支出	金额
地方财政部门管理的收入	1.75	基本建设支出	1.23
事业和乡镇单位管理的收入	5.00	更新改造支出	0.24
国营企业和主管部门管理的收入	0.81	大修理支出	0.22
乡镇统筹自筹资金	0.55	福利奖励支出	0.18

续表 16-6

预算外资金收入	金额	预算外资金支出	金额
企业社会保障资金	0.51	城市维护支出	0.15
		事业行政支出	4.21
		上交国家能源交通重点建设基金	0.04
		上交国家预算调节基金	0.03
		弥补盈亏包干不足	0.04
		乡镇统筹自筹支出	0.09
		企业社会保障基金支出	0.47
		其他支出	0.99
合计	8.62	合计	7.89

1997—2006年兴化市预算外资金及非税收入收支一览表

表 16-7　　单位：亿元

预算外资金收入	金额	预算外资金支出	金额
行政事业性收费	15.06	行政事业支出	16.30
政府性基金和附加	1.98	基本建设支出	1.60
主管部门集中收入	0.36	城市维护支出	0.07
乡镇自筹和统筹收入	8.99	乡镇自筹统筹支出	8.74
企业社会保障收入	0.50	其他支出	1.86
其他收入	2.89	专项支出	0.64
		企业社会保障基金支出	0.50
合计	29.78	合计	29.71

2007—2010年兴化市预算外资金及非税收入收支一览表

表 16-8　　单位：亿元

预算外资金收入	金额	预算外资金支出	金额
行政事业性收费	8.23	一般公共服务	5.14
政府性基金和附加	—	公共安全	0.65
主管部门集中收入	0.04	教育	6.96
乡镇自筹和统筹收入	8.30	科学技术	0.02
企业社会保障收入	0.12	文化体育与传媒	2.46
其他收入	10.06	社会保障和就业	0.34
		医疗卫生	0.09
		环境保护	0.05
		城乡社区事务	2.79
		农林水事务	3.72
		其他支出	1.23
合计	26.75	合计	23.45

第六节　财政监督

一、专项财政管理

【行政事业财政财务管理】 1991年，制定《关于从严控制行政事业单位经费支出的规定》，夜餐费一般不再报支，差旅费严格按规定标准，据实报支，只罚不奖。1992年，按“有保有压”的原则，在保人员经费的前提下，压缩各种补贴。在国家调整粮油统销价格和煤炭调价时，适时减少粮油价差、民用煤销售价差补贴256万元。鼓励有收入的事业单位创收抵支，直至与财政脱钩。是年，物资、商业、粮食、地工、建工、总工会6个单位与财政脱钩。1996年，制定《市级机关有关经费开支管理暂行规定》，压缩住宅电话费，享受对象的住宅电话一次性缴款买断，并实行限额补助、超支不报的办法。加强小汽车管理，建立小车档案记录制度。市级行政事业单位的小汽车实行定点维修，由市政府车船管理年统一负责，同时对车辆加油实行定点加油、定额管理。1997年，按《事业单位财务规则》，对事业单位实行“核定收支，定额补助（上缴），超支不补，结余留用”的预算管理办法，同时，将事业单位在财政拨款以外取得的各项收入全部纳入单位财务收支计划，实行收支统管。2000年，针对岗位津贴无序、乱发、滥发的现象，与人事局、监察局一同对岗位津贴进行清理，有效节减支出。为解决民政优抚对象和社会救补助对象基数不实、“吃空饷”现象严重的问题，开展自查和重点检查，核查后的名单在《兴化日报》上公布，接受社会监督。经清理，核减优抚对象192人，金额21.94万元；社救补助人员168人，金额12.85万元。2002年，加强公用经费支出管理，取消机关干部下乡出差补贴和夜餐费补贴，取消机关事业单位工作人员学历培训费用和跨省培训费用支出项目，仅取消学历培训费用支出这一项，就节约600万元。2004年，开展全市财政供养人员核查工作。同年，实施财政供养人员信息管理系统建设，对全市在编不在岗教师进行清理，清理出在编不在岗教师887人。2005，市政府制发《关于进一步加强市级机关事业单位财务管理的意见》。2010年，完善部门预算编制办法，调整公用经费总体标准，提高规范化水平。

【社会集团购买力控制】 1991年，专控商品项目为17种，实行“计划管理、指标控制、专项审批、定额供应”办法，党政机关、事业单位和国有企业未经批准不得购买专控商品。1993年，专控商品调整为汽车、空调等8类。其他控制商品，实行指标管理，社会集团单位在各级控购机关下达的指标额度内，根据资金状况和财务规定掌握购置。1994—2000年，实行指令性和指导性分类管理的办法，1998年后逐步向政府采购制度过渡。

【基建财务管理】 1999年，市财政局成立基建财务管理科，2002年更名为经济建设科。参与建设项目的资金来源审批、基建账户管理、资金专户管理、工程预决算审查等环节的全程管理。2000年，建立基建工程预决算审核制度、财政拨款工程项目及资金管理制度。2001年，对行政事业单位的基建项目推行预算管理、专户缴存、决算审核。2005年，重点抓工程立项、资金来源、工程概算、工程招投标、基建专户管理、工程款拨付、工程决算审核等环节，对财政性资金工程基建项目实行全程跟踪监督，管理进一步规范。2009年，建立城建项目数据库，实施城建资金预决算制度。1999—2010年，审结工程项目1115个，资金核减率13.6%。

【国库集中支付】 2002年，成立市财政结算中心，建立市级财政国库集中支付制度，把财政资金由财政—部门—单位—收款人的“多环节中转”支付方式，改变为财政到收款人的“直达”支付方式。实行“四个统一”：即统一账户管理——撤销市级预算单位的支出账户，构建以市财政国库存款户为核心、零余额账户及往来资金户为主体、个别特设专户为补充的国库单一账户管理体系；统一支付管理——将所有财政性资金纳入国库单一账户体系管理。预算单位所有收入直接缴入国库或非税收入财政专户，所有财政性资金支付，由结算中心通过国库单一账户体系支付到最终收款人；统一支付程序——对于财政供养人员经费、基建支出、政府采购支出、大额公用经费支出实行直接支付，对于单位零星支出实行授权支付，对于往来款项直接拨付至收款人；统一业务操作流程——按照预算指标控制用款计划、用款计划控制资金支付原则，在支付平台系统上，业务科室录入预算指标和单位用款计划，结算中心统一办理支付。2004年，对会议费实行“一会一单”结算。对146家市级预算单位财政授权支付备用金进行合理调整。扩大财政集中支付的范围，调整国库集中支付经费类型项目。财政集中支付率达78.52%。强化财政支出监督，对不合规或手续不完善的支出予以拒付。2005年，对纳入国库集中支付的预算单位建立财务审批人备案制度，坚持“一支笔”审批，完善财务监督机制，单位主要负责人不得直接审批财务凭证。试行年度用款额度结余清算制度。实行国库集中支付制度，达到账户管理规范、支付程序规范、支出内容规范的效果。

【乡镇财政财务管理】 2002年，对乡镇事业单位财会工作进行改革，在对乡镇事业单位实施“零户统管、代理记账”的基础上，全面推行会计集中核算。2006年，全面实施“乡财市管乡用”的管理体制，按“控人控债、规范支出”的要求，在利益分配关系、预算管理权限，资金所有权、使用权和财务审批权不变的基础上，实行“分类指导，一市两制”，对预算内财政收入在5000万元以上的戴南、张郭、昭阳和开发区4个镇（区）维持原有管理方式不变，对其他31个乡镇实行“乡财市管”改革，即“预算共编、账户统设、收入上划、资金统拨、规范支出、票据统管、债务统批”。对乡镇行政事业单位工作人员工资实行银行卡发放。全面推行涉农补贴“一折通”发放制度，对粮食直补、农资增支综合补贴、农村五保户生活费等涉农补贴全面实施“一折通”发放。2008年，对乡镇公务接待费支出总额以一般预算收入为依据实行分档控制管理。2009—2010年，进一步完善“乡财市管”，在戴南等镇区开展乡镇国库集中支付试点改革。

图16-2　2006年，对涉农补贴实行“一折通”发放，全市38万多农户受益
（市财政局提供）

【会计管理与教育】 1991年起，先后开展实施会计达标、会计基础工作规范化、会计建账监管等制度，促进全市机关、企事业单位财务会计工作规范化。2000年7月1日起，新“会计法”施行，同年，将从1986年开始实行的“会计证”管理制度改为“会计从业资格证书”管理制度，规定会计从业资格证书两年一检。1992年起，实行会计专业技术资格考试制度。1998年，开展会计电算化培训。2006年起，实施会计人员继续教育管理制度，会计证年检制度即行停止。至2010年底，全市会计专业技术资格考试合格2493人，其中初级技术资格1633人、中级800人，另有60人获得高级技术资格。1991—2010年，连续组织会计制度、会计基础工作规范、会计电算化和会计职称考试、会计继续教育等会计业务培训班，51807人次接受培训。至2010年底，全市会计从业资格证书持证人数5844人。

二、监督检查

【税收财务物价大检查】 1991年，把偷税漏税、乱挤成本、截留财政收入作为重点。1994年，全市对3864户国有集体企业、行政事业单位和个体工商户进行重点检查，检查面40%以上。1997年，重点检查641个单位和3335个工商户。2001年，对35家市行政事业单位和各类企业单位的《会计法》执行情况进行重点检查，收缴违纪金额234万元。2001年，成立财政监督稽查局，明确财政监督查局的工作职能，加大财政稽查力度。全年对19个乡镇和22个市级部门单位进行财政财务检查，开展企业税收征管情况、农村税费改革村级"三项资金"到位情况、会计信息质量、非税性财政收入征管情况、社保基金管理情况等专项检查。查出违纪、违规资金568万元，收缴国库110万元。2003年，对14个乡镇、35家市级单位的财政财务和地方税费征解情况进行监督检查，并对乡镇汽车费用和学校财务进行重点剖析，对查出的问题进行纠正和处理。查出违纪金额4147.5万元，追缴入库80多万元。2004年，查出的欠缴税费由税务部门补征入库785万元。追缴财政专户收入492万元，收缴罚没款54.8万元。2005年，对32家企事业单位进行财政财务检查，纠正各类违规违纪金额945万元。2006年，对35家行政企事业单位进行财务检查，纠正各类违纪违规金额5865万元。2007年，对45家单位进行预算执行情况、非税收入收支管理、专项资金使用、会计信息质量和税收收入征管质量等方面的检查，查纠各类违纪违规金额1.11亿元。2008年，对10家单位进行财政财务和会计执法情况检查，查出违纪违规金额1.43亿元。组织对10万元以上项目财政支出进行跟踪问效。2010年，对12个市直单位、6个乡镇财政财务和会计法执行情况进行检查。

【治理"三乱"】 1991年，根据国务院统一部署，全市组织开展治理"三乱"（乱收费、乱罚款、乱摊派）专项工作，对33个单位进行重点检查。1992年，公布20多个单位的收费项目和标准，取消乱收费项目32项，降低标准2项，合并2项，单位自查自纠8项。同年，开展清理整顿统一着装，全市查出不符合规定着装的1881人，收缴着装标志近6000套，收缴个人应补料工费12.3万元。1993年，治理乱收费，取消不合理收费项目21项。

【农村财务检查】 1992年，开展"农业四税"及部分支农资金检查。全市46个乡镇、1409个自然村普遍开展自查和互查，对9个乡镇重点检查。2000年，配合部分乡镇行政区划调整工作，组织人员对24个乡镇进行财务审计。对审计中发现的问题，督促新组建的乡镇进行处理，规范乡镇财政财务行为。

【清理"小金库"】 财政局除正常督查外，还配合审计局不定时开展专项稽查清理工作。1995年，查出各类"小金库"资金398万元。2004年，撤销小金库账户44个，涉案金额1135万元。2009年、2010年，继续开展行政事业单位"小金库"专项治理，查出违纪金额1300万元。2010年，对104个党政机关及其所属728个事业单位进行小金库专项治理工作回头看，巩固专项治理成果。

三、内部督查机制

1999年，按照《泰州市乡镇财政检查监督实施办法》的通知精神，"两年一审，一审两年"，开始对财政部门内部开展监督检查。2001年，成立兴化市财政监督稽查局，财政监督由原集中突击式的事后纠错检查转变为经常性监督检查，积极探索事前监督、事中监控、事后检查相结合的财政监督检查体制。对预算执行情况、非税收入收支管理、专项资金使用、会计信息质量和税收收入征管质量等方面进行全程监督检查。

第七节 政府采购

一、政府采购机构

1998年，市政府成立采购中心，行使政府采购职权。2000年，成立政府采购管理办公室，专门行使政府采购监督管理职权，政府采购中心相应的成为政府采购的实施主体。实行实施主体和监督主体分离，完善政府采购监督机制。2004年，政府采购职能划转，成立市招投标管理办公室（副局级建制）。同年实施《政府采购货物和服务招标投标管理办法》。

二、政府采购品目

1998年，市政府制定《兴化市政府采购暂行办法》。1999年，先后对车辆购置、保险、加油、汽车维修、印刷、办公用纸、设备购置等4大类12个商品或服务实施政府采购，当年采购总额为575万元，节约支出94万元，节约率14.1%。至2010年，各机关、事业单位和团体组织，使用财政性资金，采购属于政府集中采购目录范围以内且政府采购限额标准以上的货物、工程和服务，都属于政府采购范围。政府采购品目有：货物类6个项目，工程类限额以上的全部项目，服务类12个项目。

三、政府采购机制

政府采购包括集中采购和分散采购，凡属于政府集中采购目录以内和政府采购限额标准以上的项目，采购人在编制年度部门预算时，按照规定单独编制政府采购预算和实施计划。对纳入政府集中采购目录的通用采购项目，采购人必须委托市招投标交易中心代理采购，并协助开展采购活动。纳入政府集中采购目录有特殊要求的项目，经市招标采购联席会议批准后，可实行部门集中采购或自行组织采购。对政府集中采购目录以外、达到政府采购限额标准以上的项目，实行分散采购，由采购人按照政府采购有关法律法规和程序组织采购，也可以委托市招投标交易中心或具有政府采购代理资格的代理机构组织采购。2000—2010年，组织政府采购36.85亿元，年均增长34.43%，资金节约率13.46%。

第八节 国有资产管理

一、国有资产管理机构

1998年以前，全市国有（营）企业资产管理工作分散在各经济管理部门，市财政局企财股负责企业财务和资产管理业务的指导。市级行政事业单位资产由各部门各单位自行管理。1998年，市政府组建国有资产管理局（二级局建制），挂靠财政局，行使全市国有资产管理职能。2002年撤销国有资产管理局，在财政局增设市国有资产管理办公室（股级）。2006年，市政府组建国有资产管理办公室（副局级建制），2008年更名为国有资产管理局，升格为正局级建制，明确其行使全市行政企事业单位国有资产监督管理职权。同年，市政府出台《兴化市国有资产管理办法》。2010年，国有资产管理局再次更名为市政府国有资产监督管理办公室（正局级建制），代表市政府行使国有资产出资人的职责，履行国有资产所有权、处置权、收益权以及参与重大决策和选择管理者等出资人权力，对全市行政事业单位和企业的国有资产实施统一综合监管。

二、国有产权登记

1992年，市政府制发《国有资产产权登记管理办法》，在全市范围内开展国有资产产权登记工作。聘请110名国有资产管理联络员，开展预算内（外）国营企业闲置固定资产调查，组织行政事业单位财产清查和国营企业国有资产产权登记工作。1994年，对131户企业进行产权登记，对色织厂等4个单位进行产权制度改革。1995年，对237户企业进行产权登记。1998年，对39户企业进行资产清查，对16户企业进行评估确认，对256户企业、568个行政事业单位的产权进行登记，对55户市属企业进行股份制改造。1999年，完成824个行政事业的产权登记，帮助和指导80户企业建立《企业内部财务管理制度》。2008年，开展行政事业单位公有房屋、土地资产清理核实工作。

三、国有资产统计

1995年，建立分户型国有资产统计体系，通过基层单位收集、录入、汇总数据的办法统计汇总。1997年后，中央建立统一报表制度，要求地方各级财政部门按中央财政“统一报表”要求统计国有资产。根据2000年会计统一报表统计结果，全市国有资产总额41.06亿元，净资产15.49亿元。其中：行政事业单位资产总额16.41亿元，净资产12.32亿元；市属国有企业资产总额24.65亿元，负债21.47亿元，资产负债率87%。净资产3.17亿元，其中国家资本金2.47亿元。2010年10月，建成全市行政事业单位国有资产管理信息系统。经信息系统统计，2010年底全市行政事业单位资产总量为47.57亿元，其中固定资产22.24亿元。全市各类国有公司（企业）资产总额为44.24亿元，其中负债29.53亿元、所有者权益14.71亿元。

四、资产评估

2001年，围绕国有资本退出和减员增效两个重点推进国有企业改革，全面推行以退出国有资本和理顺劳动关系为主要内容的“双置换”。当年办理单位资产评估立项65户，企业破产清算13户，评估资产净值11315.6万元，评估增值1423万元，升值率14.5%。

第九节　债　券

一、国债发行

1991年，兴化国债发行工作采用财政部门“一条龙”服务办法，协同银行、邮电部门设立兑付网点107个。1995年起，国债发行全面实行市场化。1998年，根据财政部提出的整顿财政国债中介机构的要求，地方财政部门的国债发售工作逐步停止，国债发行任务移交工商银行兴化支行。1991—1997年，发行国库券3240万元，兑付本息2087.8万元。

二、财政周转金

20世纪80年代初，上级财政部门下达的社队企业小额贷款和国有企业拨改贷资金等逐渐转变为财政周转基金。尔后，地方各级又安排其他财政资金和间隙资金作为财政周转金贷款的资金来源，用以支持企业和各项事业的发展。1992年，成立专门进行间隙资金融通和信用资金运作的财政信用资金管理处，作为财政部门筹措资金、向上级财政融入资金和实施财政周转金贷款投放管理的专门机构。

1998年，按照中央统一部署，对财政周转金进行清理整顿。1999年执行只收不贷的政策，同时制定清收考核办法，落实清收责任制。是年，市级回收财政周转金2211万元，乡镇回收本级基金1468万元。2000年，回收3225万元。至2000年底，全市财政周转金投放余额为29462.19万元，其中工业发展基金专项周转金1122万元、农业发展基金专项周转金1218.6万元、其他专项周转金27121.59万元，其中由财政信用资金管理处投放的为24099.37万元。

三、地方政府债务

1994年、1995年，市政府发行基金债券，筹集资金4800多万元，用于支持市热电厂建设和各规模企业发展。

根据上级财政部门统一部署，2003年起对政府性债务进行统计监控，防止地方政府过度融资。2005年市政府制发《关于严格乡镇借款的审批意见》。2008年，市政府制发《关于切实做好乡（镇）村债务化解工作的意见》。2009年，市人大出台《关于批复政府借款的操作规程》，强化人大对政府举债行为的监督。至2010年底，在中国人民银行注册的政府融资平台4家，为市政府建设项目筹措建设资金，年末融资余额8.28亿元。

第二章 税 务

1991年，兴化市税务局下辖直属税务所1个、中心税务所10个、稽查大队1个。主要征收税种有产品税、增值税、营业税、国营企业调节税、国营企业奖金税、集体企业所得税。1993年，各税收入9806万元。1991—1993年征收各税20465万元。1994年12月，撤销市税务局，成立市国税局、市地税局，分别征收国税、地税。

1994年，市国税局有税务稽查分局、城区分区2个直属机构，税务事务所（泰州兴瑞会计事务所兴化事务所）和计算站等3个事业单位、9个派出机构——中心税务所。历经数次调整后，2010年，市国税局内设6个行政科室、1个事业单位信息中心、1个直属机构和7个派出机构。1994年以后，市国税系统加强征收管理、税收收入逐年增长。1996年为1.35亿元，2000年2.12亿元，2010年达29.93亿元。1994—2010年征收125.3亿元。

1994年，市地税局下辖稽查分局、城区分局和11个派出机构——中心税务局。经1997年、1998年、1999年和2003年数次机构调整，2010年，下辖直属机构稽查局和11个派出机构——税务分局。17年间，市地税系统各项税收和基金收入逐年增长。1994年地税收入0.3亿元，基金收入134万元。2000年，地税收入0.62亿元，基金收入5440万元。2010年，地税和基金收入分别达12.53亿元和7.64亿元。1995—2010年，地税收入50.06亿元，基金收入39.76亿元。

第一节 税制改革

中华人民共和国成立后，国家工商税制为适应各个时期政治经济形势的变化，历经多次改革和调整。1988—1993年，境内实行以流转税和所得税为主的税制体制逐改革。1994年1月1日起，实行中央和地方分税制，在划分事权的基础上划分税种，分为中央税、中央与地方分享税和地方税。同时全市普遍建立纳税申报制度，推行税务代理制度，建立严格的税务稽核制度，加速推进税收征管信息网络化进程。至2010年，现行工商税有25个税种，按性质和作用分为6类。

一、流转税类改革

以商品生产环节和流通环节的金额和数量和非商品营业额（服务收入）为对象所课征的税种。由原征收的产品税、增值税、营业税和工商统一税4个税种，于1994年1月起，改为增值税、消费税和营业税3个税种。

二、所得税改革

【企业所得税】 1994年1月起，将原来的国有企业所得税、集体企业所得税、私营企业所得税统一为企业所得税，其税率为33%的比例税率。对部分盈利水平低，应税额在10万元以下的，暂实行18%、27%两档优惠税率，并以税法规范企业所得税，税前列支项目和标准。2002年，企业所得税改为中央地方共享税，新办企业所得税由国税部门征收，原有企业所得税由地税部门征收。

【个人所得税】 1991年1月，将原征收的个人所得税、个人收入调节税、城乡个体工商业户所得税统一为个人所得税。工资、薪金所得超过800元以上的部分（2008年3月1日起调整为2000元），采用6级超额累进税率，最低一档为5%，最高一档为45%，实行分档计算。对个体工商户生产经营所得实行5%—35%的超额累进税率，实行分档征收。1999年1月起，对储存款利息征收个人所得税，比例税率20%（2007年8月调减为5%，2008年10月暂停征收）。对专项基金存款和教育专项储蓄利息免征个人所得税。

三、其他税种改革

【资源税类】 对采掘利用自然资源形成的级差收入征收的税种，包括资源税、盐税、城镇土地使用税。

【特别目的税类】 为达到宏观调控和其他特定目的，对某些特定行为征收的税种，包括固定资产投资方向调节税、耕地占用税、土地增值税、城市维护建设税。

【财产和行为税类】 包括房产税、城市房地产税和遗产税（未立法开征）3种；车船使用税、车船使用牌照税、印花税、契税、证券交易税（尚未立法开征）、屠宰税和筵席税，这些税的收入多归地方财政。

【涉外税类】 为适应对外开放的需要，放置和沿用的税种包括外商投资企业和外国企业所得税、个人所得税及工商统一税、城市房产税、车船使用牌照税。

第二节 国税收入

1991—1993年，兴化市征收的税种主要有产品税、增值税、营业税、集体企业所得税、国有企业所得税及其他各税。工商各税征收额：1991年3970万元、1992年6689万元、1993年9806万元，3年20465万元。1994—1997年，国税部门征收税种13种。1998年后，先后征收税种8种。

1991—1993年兴化市各税收入一览表

表16-9 单位：万元

年份	产品税	增值税	营业税	集体企业所得税	国有企业所得税	其他各税	合计
1991	365	1107	1981	186	89	242	3970
1992	930	2308	2805	210	92	344	6689
1993	1479	4119	3530	203	125	350	9806
合计	2774	7534	8316	599	306	936	20465

一、增值税

从原工商税种分解出来的新税种，其特点是以增值额为课税对象。1994年起，增值税目15个，实行以不含税计价，基本税率为17%，低税率为13%。划分一般纳税人和小规模纳税人，对小规模纳税人采用简单计税办法。纳税人出口货物，税率为零。1994年征收7405万元。2000年征收1.6亿元，2005年征收3.16亿元，2010年征收24.76亿元，分别是1994年的2.16倍、4.27倍和33.46倍。1994—2010年，征收98.79亿元。

二、消费税

以特定消费品为征税对象。1993年12月《中华人民共和国消费税暂行条例》及其"实施细则"正式颁布，这是1994年税制改革后新开征的一个税种。1994年1月起，选择一些需要限制和调节的消费品开征消费税。兴化市征收品目主要包括烟、酒、化妆品、烟花爆竹、贵重首饰、摩托车、小汽车、汽油、柴油等。其征收是根据课税对象的具体情况，分别采取从价定率和从量定额两种方法。最高税率45%，最低税率3%。1994年征收30万元。2010年征收92.8万元。1994—2010年，征收777.1万元。

三、营业税

1993年12月13日，国务院颁布《中华人民共和国营业税暂行条例》，对营业税征收对象和范围作了调整，按不同行业采用差别比例税率，其余转地税征收，故税额增长缓慢。

四、企业所得税

对境内企业生产、经营所得和其他所得征收，税率为33%的比例税率，利润较低或规模较小的企业为27%和18%的优惠税率。1994年，征收2625万元。2000年征收5151万元。2010年征收51654.2万元，是1994年的19.68倍，是2000年 的10.03倍。1994—2010年，征收26.43亿元。

五、涉外企业所得税

对外商投资企业和外国企业征收的企业所得税。2002年征收36万元。2010年征收33879.3万元，是2002年的941倍。1994—2010年，累计征收112568万元。

六、个人所得税

1997年后，个人所得税由市地税局征收。1999年11月，开始对储蓄存款利息所得征收个人所得税。2000年征收个人所得税1852万元。2010年征收18365万元，1994—2010年，合计征收86286万元。

七、其他各税

1994年，房产税、土地使用税、固定资产投资方向调节税仍由国税征收，1995年转至地税征收。1994—1995年，城市维护建设税、车船使用税、屠宰税、资源税、印花税，因国税、地税刚分开，由国税、地税分别征收；1996年起，全部改由市地税局征收。

1994—2010年兴化市国税收入一览表

表16-10　　单位：万元

年份	增值税	消费税	营业税	企业所得税	个人所得税	国税收入
1994	7405	30.0	1854	2625.0	105	10055
1995	9100	31.1	1942	1907.9	188	11039
1996	10800	30.9	1972	2698.1	273	13529
1997	12500	32.2	2538	1957.8	806	14490
1998	14200	33.3	2596	2587.7	1244	16821
1999	15900	33.6	2219	1061.4	1478	16995
2000	16000	34.0	2319	5151.0	1852	21185
2001	19100	35.1	2531	10018.9	2024	29154
2002	22200	35.6	3230	12488.4	2002	34724
2003	25300	36.6	4963	15297.4	2282	40634
2004	28400	37.4	6701	26380.6	3063	54818
2005	31600	38.1	9624	41616.9	4817	73255
2006	94900	39.0	13220	13161.0	11979	108100
2007	107700	45.2	18419	18455.8	9078	126201
2008	134100	58.6	28572	28371.4	11903	162530
2009	191100	133.6	38886	28865.4	14827	220099
2010	247600	92.8	50294	51654.2	18365	299347
合计	987905	777.1	191880	264298.9	86286	1252976

说明：部分数据为地税收入，为便于统计列入该表。

第三节 地税收入

一、各税种收入

【营业税】 主要是向交通运输、建筑业、金融保险业、邮电通信业、文化体育业、娱乐业、服务业等行业征收。除娱乐业税率5%—20%外，其余税率为3%—5%。1995年征收1942万元。2010年征收营业税50294万元，比1995年增长2489.8%。1995—2010年，征收19亿元。

【企业所得税】 由国营企业所得税、集体企业所得税、私营企业所得税统一合并而来。内资企业实行33%的比例税率。但对所得额在3万元以下的按18%征收，所得额在3万—10万元的按27%征收。1995年征收868万元。2010年征收20560万元，为1995年的24倍。1995—2010年，征收9.02亿元。

【个人所得税】 主要对个人工资、薪金、个体工商户生产经营、稿酬、利息、股息、红利、财产租赁、转让等个人所得税征收。税率有比例税率20%和5%—35%、5%—45%超额累进税率3种。1995年征收188万元。2010年征收18365万元，比1995年增长96.69倍。1995—2010年，征收8.62亿元。

【土地增值税】 对转让国有土地使用权、地上的建筑物及其附着物并取得收入的单位和个人征收。实行四级超率累进税率：对增值率在50%以下、50%—100%、100%—200%及200%以上的增值额，税率分别为30%、40%、50%、60%。1999年，兴化市区的城镇土地使用税年税额为每平方米1元，建制镇土地使用税年税额为每平方米0.5元。1996—2010年，征收2亿元。2010年征收8196万元。

【城市维护建设税】 对缴纳增值税、消费税、营业税的单位和个人征收，区分所处农村、集镇、城市不同地域分别适用1%、5%、7%的比例税率。1995年征收589万元。2010年征收14184万元，为1995年的24倍。1995—2010年，征收5.54亿元。

【车船使用税】 对单位和个人使用的车、船征收（按规定免征的除外）。机动船、非机动船分别按5—10.6元/吨定额征收，载货汽车按16—60元/吨征收，乘人汽车按320元/辆征收，自行车按12元/辆征收。1995年征收30万元。2007年1月，改车船使用税为车船税，征收176万元。2010年征收439万元，分别比1995年、2007年增长1363.33%和149.43%。1995—2010年，征收2025万元。

【房产税】 对从事生产、经营的房产产权所有人或承典人征收。依照房产原值一次减除10%—30%后的余值计算，按年征收1.2%；依照房产租金收人计算，缴纳的税率为12%。1995年征收151万元。2010年征收3533万元，为1995年的23倍。1995—2010年征收17457万元。

【屠宰税】 对从事牲畜屠宰的单位和个人征收。从事收购及屠宰的，按照实际收购的头数计算缴纳，税额分别为：生猪每头10元，牛、马、驴、骡每头18元，羊每只2元。自养、自宰、自食的，按照实际宰杀头数计算缴纳，税额分别为生猪每头5元，牛、马、驴、骡每头9元，羊每只1元。1995年征收6万元。2000年征收163万元。2001年停征。

【资源税】 向从事开采矿产资源或者生产盐的单位和个人，按照实际开采生产的数量（除规定的减征或者免征外），按0.3元—60元/吨（立方米），定额征收。矿产资源主要为原油。1995年征收3万元。2010年征收821万元。1995—2010年，征收6585万元。

【城镇土地使用税】 在城市、县城、建制镇、工矿区范围内向使用土地的单位或者个人（除条

例规定的免缴范围外),每年按0.2元—10元/平方米定额征收。1995年征收61万元。1999年11月,泰州市政府决定兴化市区的城镇土地使用税年税额为每平方米1元,建制镇土地使用税年税额为每平方米0.5元。2010年征收6301万元。1995—2010年,征收20894万元。

【固定资产投资方向调节税】 向固定资产投资的单位和个人征收,税率分别为5%、15%、30%,1995年征收188万元。2002年停征。1995—2002年,征收1335万元。

【印花税】 向相关单位和个人征收。具有经济标的合同或书据按0.03‰—1‰五档比例税率征税或者贴花。生产经营用账册、房产权证、工商营业执照、商标注册证、专利证、土地使用证按每件5元贴花。1995年征收20万元。2010年征收2579万元,为1995年的129倍。1995—2010年,征收10052万元。

1994—2010年兴化市地税收入一览表

表16-11　　单位:万元

年份	营业税	企业所得税	个人所得税	土地增值税	城市维护建设税	车船使用税	房产税	资源税	城镇土地使用税	印花税	合计
1994	1854	275	105	0	433	21	114	1	35	18	3027
1995	1942	868	188	1	589	30	151	3	61	20	4047
1996	1972	772	273	0	668	14	237	1	61	21	4250
1997	2538	436	806	2	688	20	278	9	47	29	5238
1998	2596	250	1244	5	537	45	300	39	41	21	5397
1999	2219	431	1478	13	495	40	298	97	39	33	5646
2000	2319	912	1852	0	436	21	230	101	34	34	6172
2001	2531	2471	2024	—	536	64	338	88	55	49	8168
2002	3230	3635	2002	0	1496	77	528	303	118	132	11521
2003	4963	5347	2282	—	1938	110	682	169	183	243	15917
2004	6701	9324	3063	111	2606	140	703	183	214	401	23446
2005	9624	7904	4817	734	3090	138	1364	59	281	611	28622
2006	13220	5202	11979	1081	3626	167	1383	945	419	861	38883
2007	18419	6699	9078	2162	5509	176	1930	2006	3194	1307	50480
2008	28572	11577	11903	3721	7246	263	2207	856	4781	1840	72966
2009	38886	13784	14827	3939	11720	281	3295	905	5065	1871	94573
2010	50294	20560	18365	8196	14184	439	3533	821	6301	2579	125272
合计	191880	90447	86286	19965	55797	2046	17571	6586	20929	10070	503625

说明1."合计"中含屠宰税、固定资产投资方向调节税收入。2. 屠宰税收入:1994年4万元、1995年6万元、1996年5万元、1997年72万元、1998年127万元、1999年164万元、2000年163万元、2001年5万元,合计546万元。3. 固定资产投资方向调节税:1994年167万元、1995年188万元、1996年226万元、1997年313万元、1998年192万元、1999年339万元、2000年70万元、2001年7万元,合计1502万元。

二、基金（费）征收

1995年，市地税先后开征各项基金（费）10种，其中社会保险费于2000年10月改由地税部门征收。

【教育费附加】 1995年1月起征收，在境内向缴纳消费税、增值税营业税的单位和个人按照缴纳“三税”的税额，征收3%教育费附加。1995—2010年，征收27131万元。

【江苏省人民教育基金（地方教育基金）】 凡市级国家机关、社会团体、事业单位的在职人员、全民、集体、乡（镇）村企业的在职职工，“三资”企业的中方在职职工，个体工商户和私营企业的职工以及其他有工资收入的个人均应按规定缴纳人民教育基金。机关事业单位职工按每人每年20元缴纳；企业单位职工按每人每年10元缴纳。2003年6月29日，江苏省人民政府将“人民教育基金”更名为“地方教育基金”。2005年12月，地方教育附加征收以“增值税、营业税、消费税”作为计征依据。1995—2010年，征收1256万元。

【江苏省教育地方附加费（地方教育附加）】 凡在市境内缴纳“三税”的市级单位（含中外合资、中外合作经营、外商投资企业、外国企业）及个人、除按规定缴纳农村教育事业费附加的单位（含乡、镇、村办企业）和个人外，均应按规定缴纳教育地方附加费。缴纳人以实际缴纳的“三税”税额为计征依据，按1%征收教育地方附加费。2003年6月30日，江苏省政府将“教育地方附加费”更名为“地方教育附加”。1995—2003年，征收1704万元。2004—2010年，征收地方教育附加8833万元。

【社会保险费】 从2000年10月1日起，改由地方税务部门征收的险种有：基本养老保险费、失业保险费、工伤保险费、生育保险费。养老保险28%，失业保险2%，工伤保险0.8%、1.6%、2.4%，生育保险0.5%。征缴对象是：凡在市境内的行政机关、事业单位、企业及其职工，城镇个体工商户及其雇工均属于社会保险费的征缴对象。2000—2010年，征收301079万元。

【文化事业建设费】 自1997年1月1日起，缴纳娱乐业、广告业营业税的单位和个人，为文化事业建设费的缴纳义务人，费率为3%（计率依据：应纳营业税的税额）。1997—2010年，征收413万元。

【残疾人就业保障金】 泰州市行政区域内的机关，团体、企业（包括外商投资企业、港澳台投资企业、个体和私营企业）、事业单位和其他城乡各类经济组织，按不低于本单位上年末从业人员总数1.5%的比例安排残疾人就业。达不到规定比例的单位，每年度必须缴纳残疾人就业保障金。残疾人就业保障金统一由地税机关代为征缴。其计算公式为：（上年末单位从业人员总数×1.5%-单位已安排从业残疾人员数）×统计部门公布的本地区上年度职工平均工资＝应缴纳残疾人就业保障金。1994—2010年，征收2076万元。

【人民防空建设经费】 2002年2月，企事业单位应负担的人防经费改由地税部门代收，企事业单位人均仍13元/年。2002—2010年，征收742万元。

【退役士兵安置保障金】 2005年1月1日起，由地税部门按企业增值税、营业税、消费税“三税”总额的1%在市区企业中征收。2005—2010年，征收804万元。

【地方预算调节基金】 1995年2月14日，兴化市政府《关于征集地方预算调节基金的通知》规定，凡是市境内从事工业、商业及其他行业的企事业单位和个人（含临时经营），只要取得生产经营收入，都是地方预算调节基金的缴纳人。按规定向主管税务机关申报缴纳地方预算调节基金。征收标准为工业8.5‰，商业零售6‰，商业批发3‰，邮电、供电、交通运输7‰，其他8.5‰。1995—2010年，征收52576万元。

【水泥扶散费】 水泥生产企业每销售1吨袋装水泥缴纳1元专项资金，施工单位、建设单位或其他使用单位，每使用1吨袋装水泥缴纳4元专项资金。1996—2010年，征收990万元。

1994—2010年兴化市各类基金(费)收入一览表

表16-12　　　　单位:万元

年份	教育费附加	地方教育基金	教育地方附加费	社会保险费	文化事业建设费	残疾人就业保障金	人民防空保障金	地方预算调节基金	水泥扶散费	合计
1994	32	37	65	—	—	—	—	—	—	134
1995	42	46	97	—	—	—	—	2402	—	2587
1996	55	65	137	—	—	—	—	2500	10	2767
1997	181	65	195	—	—	—	—	2800	—	3241
1998	200	65	197	—	6	—	—	2800	50	3318
1999	220	66	195	—	3	—	—	2800	51	3335
2000	240	65	196	2088	—	—	—	2800	51	5440
2001	260	65	204	9592	—	—	—	2800	53	12974
2002	313	77	229	13076	8	—	—	2400	51	16154
2003	354	72	254	14933	8	5	52	2681	50	18409
2004	300	72	96	17485	—	1	34	3070	26	21084
2005	2182	5	669	20727	30	100	100	3100	144	27095
2006	1937	74	795	22632	28	6	103	4500	101	30194
2007	2715	103	1045	47306	55	—	101	5899	100	57336
2008	3773	102	1426	43903	76	300	100	6120	98	56098
2009	6330	110	2055	49024	78	708	101	2410	101	61188
2010	8029	204	2747	60313	121	956	151	3494	104	76384
合计	27163	1293	10602	301079	413	2076	742	52576	990	397738

说明:合计中含"退伍士兵安置保障金"。退伍士兵安置保障金收入:2005年38万元、2006年18万元、2007年12万元、2008年200万元、2009年271万元、2010年265万元。

第四节　征收管理

一、税收登记

1987年,对纳税单位和个人进行换证试点,于次年全面展开,以清除税收漏管户。1994年起,按照国务院办公厅、省政府办公厅及上级税务部门关于调整税收征管范围的文件要求,进行第二次税收征管范围划分,1996年7—9月,在全市统一换发税收新证,并将所有登记信息录入征管信息系统管理,建立完整的纳税人资料库。至年末,全市税务登记总数为7895户,其中国有318户、集体1513户、私营34户、个体5571户。在私营个体经济中,有建账户7户。全市一般纳税人953户,其中国有103户、集体587户、私营18户、个体89户。自2004年起,与市工商部门建立信息交换制度，定期对税务登记资料进行维护、完善，弥补登记管理工作的漏洞。2010年，全市税务登记总数10040户，其中国有79户、集体167户、私营2696户、个体5801户。在私营个体经济中，有建账户542户。全市一般纳税人2732户，其中国有62户、集体105户、私营1733户、个体265户。

二、征收方式改革

【国税】 1995年1月1日起，根据省市国税局征管改革工作部署，在城区分局进行试点，设立纳税服务大厅。逐步实现税务专管员由管户向管事的转变。建立纳税人自行申报制度，完善以计算机为依托的税收监控体系，初步实现申报、代理、稽查三位一体的征管模式。1996年，根据上级有关农村税收征管改革的要求，结合全市实际制定《兴化市国家税务局农村税收征管改革方案》，组织戴南试点工作，并相继成立戴南、安丰、戴窑分局等10个征收单位，并改建办税服务厅，使用计算机。2000年，全面完成省局征管改革“一年初见成效，三年大见成效”的目标，实现由上门收税向申报缴税、管户制向管事制、依靠手工征收向依托计算机征管的根本性转变。市国税局和各国税分局均建立局域网，市国税局与上级国税局建成广域网，自动化办公的规模基本形成。统一应用省局征管信息系统（简称“高平台”）。2001年，实现税收征、管、查“三项改革”。新的机构建立，推行金税工程，加入防伪税控系统企业336户。2002年，全市有672户一般纳税人实行网上申报，约占全市一般纳税人总数的60%，电子申报数据与相关银行顺利对接互通，个体双定户委托邮政划卡缴税面达100%。2003年，按照机构扁平化、管理集约化的要求，改革后，基层分局由原来的10个精简为8个。简化办税流程，减少办税环节，方便纳税人，信息化建设长足发展，纳税人网上申报率达100%，信息监控进一步加强，《江苏国税管理信息系统》（6.0版）年末顺利上线，全系统计算机配置量接近人均1台。2007年，坚持创新，在省内率先开发废旧物资回收企业管理软件，开发委托代征软件、普通发票开票软件，进一步规范普通发票的使用。加大兴化国税网站的管理，及时发布相关信息。深化“服务e站”品牌创建，推行网上办税，简化优化税收业务流程和审批环节，组织开展国、地税联合办理涉税事宜，开展纳税信息等级评定工作。完成税银库联网工作，实现税款申报、缴纳、上解、销号实时自动操作。2009年，推行“双层架构、团队管理”的管理员制度，打造日常基础管理、税源风险管理两个团队。2010年，全面推行“一窗式”管理征管改革，全市设置10个全职能服务窗口，优化纳税服务。全面改革税收管理员制度，优化风险管理、基础管理与纳税服务的专业化分工，制定出台《关于推进税源专业化管理的实施意见》及《税源专业化管理岗位职责分工明细表》，明确了税源专业化管理的模式、岗位职能和重点任务，实现“属地管理”管户制向“分类、分行业管理”管事制的转变，实现由“单兵作战”向“团队作战”的转变。全市税源专业化管理的基本思路、模式和机制逐渐形成。

【地税】 1994年12月机构分设以后，市地税局按照“简税制、宽税基、低税率、严征管”的原则，稳步推行征管改革。2000年起，全面实施精细化管理，贯彻ISO9000标准，形成标准化征管运行机制，加大对重点税源户、重点行业的评估力度，加强对营业税、企业所得税、个人所得

图16-3 市地税局接受各项税收咨询

（2005年摄，市地税局提供）

税征管力度，全面落实税收执法责任制，建立健全全面、科学、规范、透明的税收执法责任管理机制。2004年，建立房地产营业税、房产税、土地使用税、土地增值税等税收“一体化”控管体系。在户籍基础管理方面，市地税局每月初将工商部门传递的登记信息整理后转发给各分局，次月进行考核，减少漏征漏管现象。2007年加强与银行的协税护税网络建设，严把售、付汇关。与国税部门在税收宣传、登记管理、信息交换、企业所得税管理、税务稽查、未达起征点管理、纳税信用等级评定、税务代理、市场管理等方面进行广泛深入沟通和协作，形成税收征管合力。2010年落实税收改革思路，按照“零散税源社会化”的方针，以昭阳镇为试点单位，进行个体零散税收社会化的探索，同时加强对个体办的委托代征的管理和个税办征收入库、发票管理等方面的检查。

三、税收信息化建设

【国税】 1994年7月1日，开始实施“金税”（加强增值税发票使用管理电子信息化工程）一期工作，实现增值税专用发票交叉稽核。1997年，在市国税局城区分局建成第一个局域网，应用DOS平台“江苏省国税征管信息系统”征管软件，在国税分局层面上实现征管信息资源共享。2000年1月1日，实施“金税”二期工程，首批500户增值税一般纳税人开始应用防伪税控系统。同年，市国税局加大硬件投入力度，全面建设成地市局至县局、县局至分局三级广域网。至2007年，全部实现无纸化、信息办公及税收征收管理。

【地税】 1994—2010年，地税部门投入520万元，用于购置计算机设备及网络设备，建立网络系统，维护计算机安全和网络安全，维持网络运行。建立覆盖全市地税征收分局的城域网。建立与泰州市地税局、市信用联社、市劳动局、市政府行政审批中心的网络连接。为实现与上级税务机关信息互通、税银联网、社保费征收、行政审批中心办税提供基本保障。建立查账户电子申报和双定户划卡缴税模式，方便纳税人，减轻税务机关的工作量。

第五节　减免税、退税管理

一、减免退税管理

20世纪90年代以前，对城乡个体工商户不满起征点的减免税收。1991年以后，市税务部门发挥税收优惠政策的影响和促进作用，落实对下岗失业人员再就业和校办、福利企业税收减免等优惠政策。对福利企业的增值税实行“先征后退”的优惠政策。2000年底，全市有福利企业46户，实际退还增值税4018万元（含以前年底退税），占全年增值税收入的5.8%。

1991—1999年，全市减免校办企业增值税1289万元。

2000年1月1日起，校办企业的税收优惠政策停止执行。

2003年10月1日起，将增值税起征点调整到国家规定的最高额，惠及全市下岗失业人员和个体工商户58906人，每年减收税款约2000万元。

1991—2010年，全市免、退、返增值税18926万元，其中审批返还福利企业税款12301.9万元。

二、出口退税管理

1994年以后，市国税、地税部门在做好各项税收征管工作的同时，严格执行出口退税政策。对符合税收优惠政策的申请及时给予批复或上报审批；对不符合优惠政策条件或资料不齐全的申请予以退回，并做好税法解释和辅导工作。1994—2010年，市国税系统办理出口退税申请5869笔，退税金额38295万元。

第六节 涉外税收征管

1992年8月，市税务局成立对外税务稽征处，管理市内对外税收工作。对外税收税种有：中外合资经营企业所得税、外国企业所得税、个人所得税、工商统一税、城市房地产税、车船使用牌照税。1994年起，涉外税收工作由市国税局明确税收部门负责，地税局未设立专门部门负责，由各应对分局管理。“两局”相互配合，开展涉外所得税汇算清缴工作和涉外税务审计工作，确保涉外税收依法及时足额入库。1995年，市地税系统“三资”企业开业申报27户，其中中外合资企业15户、中外合作企业7户、外商独资企业5户。2010年，地税系统管理的涉外及港澳台投资企业98户，其中港澳台投资企业45户、外商投资企业31户、外国企业22户。

1991—1993年，全市涉外税收收入4941.04万元，1994—2010年，全市涉外税收收入469562.6万元，其中国税431922.6万元、地税37640万元。

1991—2010年兴化市涉外税收收入一览表

表16-13　　单位：万元

年份	其中		合计	年份	其中		合计
	国税	地税			国税	地税	
1991	—	—	887.69	2002	24113.26	1844	25957.26
1992	—	—	1402.55	2003	28453.65	2047	30500.65
1993	—	—	2650.80	2004	31868.08	2456	34324.08
1994	3843.69	753	4596.69	2005	34736.21	2800	37536.21
1995	4804.60	843	5647.60	2006	38904.56	3136	42040.56
1996	6005.77	970	6975.77	2007	42367.08	3450	45817.08
1997	7447.00	1048	8495.00	2008	44909.10	3826	48735.10
1998	9160.00	1173	10333.00	2009	47379.10	4122	51501.10
1999	11358.40	1337	12695.40	2010	62900.20	4605	67505.20
2000	13743.60	1538	15281.60	合计	431922.60	37640	474503.64
2001	19928.30	1692	21620.30				

第七节 票证管理

1991—1993年，市内使用的发票主要有：企业经税务机关批准的自印发票、工业企业批发扣税发票、工业企业加工发票、工业企业通用发票及饮食业专用发票等。1993年，开始实施新版发票。全市开展旧版发票的清理、检查。1995年，市国税局制定增值税专用发票管理系列制度，开展增值税发票专项检查和增值税一般纳税人资格审核。同年，地税局开展发票换版工作。4月1日起，旧版发票一律作废。加强和规范交通运输发票、建筑安装工作的管理和代扣代缴、代扣代征工作。1997年1月1日起，在全市国税系统更换使用统一防伪措施的新版普通发票。是年，市地税局建立建筑营业税新的征管方式，在饮食业启用剪领发票，并明确管理办法和使用方法。

图16-4 市地税人员向广大纳税人和公民宣传发票相关知识
（2010年摄，市地税局提供）

1998年，市地税局制定“发票管理实施办法”，加强发票回收和印、购、领、用、存的监控管理。市国税局组织人员对重点地区、行业，特别是对增值税专用发票和废旧物资回收凭证的领、用、存及管理情况进行专项检查。1999年，在商业企业中推行商品销售逐笔开票做法，并在43个企业安装防伪税控系统。2000年1月1日起，停止使用手写10万元增值税专营发票，一律通过防伪税控系统由电脑开具。1994—2010年，地税系统查处发票违章行为51起，31.56万元。

第八节 税务稽查

1991年5月，为深入贯彻《江苏省城乡个体工商业户税收征收办法》，全市深入开展对个体工商户税收专项大检查。检查的重点是：清无证漏管户、清挂靠户、清租店租柜户，查纳税定额是否合理、查建账户建账实不实。1994年，市国税局成立稽查分局。至1996年4月，初步建立两级稽查运行体系，以及稽查主要抓大案要案、重点税源户检查和专项检查，各税务分局建立二级稽查机构，履行正常检查职能。1998年，更名市国税稽查局，取消二级稽查。增添税务处罚举证程序。统一使用泰州市国税局规定的税收检查文书、人民来信文书，确保检查和举办案件查资料的完整、准确、有效，增强税务检查执法的严肃性、合法性。在税源筛选、举报受理、立案审批、案件审理及税款入库等各个环节，逐一对税法制度落实情况，发现问题及时纠正。2001年10月10日起，兴化市地税系统开始实施“一级稽查”。2007年，查处“4·23”专案，入库税款滞纳金240多万元，移送司法机关立案侦查，扣捕涉税犯罪嫌疑人，追究相应刑事责任。地税系统建立以计算机网络为依托的管理监控系统。在稽查改革中逐步形成“选案、检查、审理、执行”4个环节互相监督制约的机制。建立科学的稽查规程，健全稽查机构，建立日常稽查、专项稽查和专案稽查的分类稽查制度。2007年4月，在全市范围内开展税收专项检查。检查范围：房地产业及建筑安装业、邮电通信业及保险业、重点税源户。房地产业的检查对象包括各类房地产开发企业及其关联企业——建材销售企业、建筑安装企业和个人、房地产销售公司、中介公司（含物业管理、二手房交易、房屋置换、房屋租赁）等。

1994—2010年，全市国税系统检查涉税案件15563户，查补税款、课罚税、滞纳金14042万元。地税系统检查涉税案件995户，查补税款、课罚税、滞纳金4492.63万元。

1994—2010年兴化市国税系统查办涉税案件一览表

表16-14

年份	检查户数（户）	查补税款（万元）	其中		年份	检查户数（户）	查补税款（万元）	其中	
			10万元以上大要案（件）	40万元以上大要案（件）				10万元以上大要案（件）	40万元以上大要案（件）
1994	289	476	5	0	2003	316	532	12	2
1995	313	507	6	0	2004	114	298	4	0
1996	299	491	10	1	2005	150	1452	12	2
1997	387	560	11	1	2006	276	1023	8	2
1998	128	508	15	2	2007	108	1367	23	7
1999	4945	1204	23	6	2008	86	1408	15	2
2000	6721	1094	15	5	2009	104	1010	18	3
2001	968	733	11	0	2010	84	1085	17	7
2002	275	294	6	3	合计	15563	14042	211	43

1994—2010年兴化市地税系统查办涉税案件一览表

表16-15

年份	检查户数（户）	查补税款（万元）	其中		年份	检查户数（户）	查补税款（万元）	其中	
			10万元以上大要案（件）	40万元以上大要案（件）				10万元以上大要案（件）	40万元以上大要案（件）
1994	12	54.58	4	0	2003	55	453.14	22	3
1995	27	107.45	11	1	2004	75	254.45	20	3
1996	35	124.78	8	0	2005	71	210.52	13	1
1997	31	189.45	9	1	2006	79	216.14	15	2
1998	43	157.28	11	1	2007	84	317.71	21	3
1999	63	279.54	21	2	2008	92	300.10	19	2
2000	53	332.14	11	3	2009	89	58.43	13	2
2001	71	244.58	13	2	2010	51	934.69	18	4
2002	64	257.65	15	1	合计	995	4492.63	244	31

卷十七 经济综合管理

第一章　发展计划管理

第二章　统　计

第三章　审　计

第四章　工商行政管理

第五章　物价管理

第六章　质量技术监督

第七章　安全生产监督管理

1991年以后，社会主义市场经济体制进一步确立，兴化市指令性计划逐步取消或转变为指导性计划。由重视年度计划的制定转为重视中长期规划的制定。对工业产品和主要物资，由计划安排转由市场选择和配置。经济社会计划管理的重点由微观管理转向宏观调控。统计工作在经济综合管理中得到加强。统计指标体系逐步改革和完善。改进调查方法，增强各项社会经济统计和专项调查的及时性、准确性。通过对调查资料的整理汇编，供领导机关决策参考，科学全面地对社会生活进行指导。工商行政管理加强市场监督力度，对市场实施制度化、规范化管理。强化监督检查，打假治劣，维护市场秩序，保护消费者合法权益。企业登记逐步降低准入门槛，简化手续程序。支持企业改制，方便私营、个体企业设立，鼓励民资创业，重视和加强经济合同、商标、广告管理。为加强质量、技术监督，1997年，成立技术监督管理机构，将原由多个部门分散管理的标准化、计量、质量监督等工作集中、整合、加强。2001年，成立安全监察机构，专职实施对安全生产的管理和监督。审计监督地位和作用逐步加强。市内重点开展税收金融审计、经济责任审计、固定资产投资审计、专项审计、审计调查等国家审计项目，同时开展乡镇审计和社会审计。

图17-1　兴化市工商行政管理干部队伍　　（2006年摄，市工商局提供）

第一章　发展计划管理

1991年，市计划委员会（简称“市计委”）主管全市国民经济计划的编制实施。1997年，政府机构改革，市计委增挂“兴化市经济协作办公室”和“兴化市第三产业领导小组”牌子。2001年，市计委更名“市发展计划局”，保留“市第三产业领导小组”。2005年，市发展计划局改组为市发展改革委员会（简称“市发改委”），将原由市政府承担的经济协作职能划入。2010年，将物价职能划入，挂“兴化市物价局”牌子。

1991—2010年，全市计划工作以市场为基础，面向市场，反映市场，并引导市场。强化对全市宏观调控的总体指导和综合协调。市级有关部门转换职能，围绕国民经济和社会发展，研究思路，制定规划，抓好项目。市国民经济计划分年度计划和中、长期计划，经市人民代表大会通过后，分解下达到各乡镇和各部门。市发改委牵头对年度计划执行情况跟踪检查。发现问题，研究对策、措施，以保证计划顺利实施。对于中长期计划，主要采取发展评估的方式进行检查。

第一节　计（规）划编制与实施

一、五年计（规）划

【“八五”计划（1991—1995年）】“八五”计划期间，兴化市围绕加快发展，调整经济结构，稳定提高农业，重点发展工业，协调发展第三产业。农业突出巩固和发展粮食、棉花、畜禽、水产4大生产基地；工业优先发展纺织主导产业，重点发展农用工业和农副产品加工业；服务业突出发展生产和生活服务业，加快商业、供销、物资、金融业和运输业的发展。产业结构调整方面进一步降低农业比重，提高工业和服务业在国民经济中的比重。1995年，全市国内生产总值49.57亿元，完成“八五”计划的115.9%，三次产业结构从1990年的54∶25.1∶20.8调整为42.4∶32.1∶25.5。

【“九五”计划（1996—2000年）】1996年，编制《兴化市国民经济和社会发展“九五”计划和2010年远景目标纲要》。提出建立适应社会主义市场经济要求的经济体制，转变经济增长方式。主要体现在“两个转变”，即加快经济体制从传统的计划经济体制向社会主义市场经济体制转变，积极推进经济增长方式从粗放型向集约型转变，依靠科技进步和提高劳动者素质，优化投资结构，发展规模经济，加强经济管理，不断提高经济运行的质量和效益。提出“农工接轨、规模经济、外向带动、科教兴市、基础设施先行”5大战略。把提高人民生活水平，加强社会保障体系建设，发展各项社会事业放在突出位置。“九五”期间，全市国民经济保持稳定增长态势，各项社会事业取得新的进展，人民生活水平明显提高。2000年，全市国内生产总值74.7亿元，年均增长8.55%，三次产业结构由1995年的42.4∶32.1∶25.5变为36.9∶28.2∶34.9。

【“十五”计划（2001—2005年）】组织实施《兴化市国民经济和社会发展第十个五年计划纲要》。总体目标是：在全面实现小康的基础上，经济总量和人均水平在全省位次前移。各产业、行业结构明显改善，国民经济整体素质和竞争力明显提高，社会主义市场经济体制逐步完善，城镇基础设施建设和综合服务功能明显增强，经济外向度进一步提高，社会保障体系比较健全，各项社会事业协调发展。“十五”计划执行结果：全市综合实力明显增强，经济结构进一步优化。2005年完成地区生产总值150.67亿元，超额完成计划25.67亿元，财政收入12.78亿元，年均增长31.38%，三次产业之比为24.5∶44.9∶30.6，其中工业比重比“九五”期末提高16.7个百分点。城镇在岗职工年平均工资13560元，年均增长12.89%，农民人均收入4904元，年均增长7.71%。

【“十一五”规划（2006—2010年）】 组织实施《兴化市国民经济和社会发展第十一个五年计划纲要》，总体目标是：以基本建成全面小康社会为总体目标，以经济结构调整为主线，以实施新型工业化为第一方略，把提升产业综合竞争力、建设社会主义新农村、加快发展民营经济和开放型经济、加速城市化进程、提高资源环境支撑能力作为战略重点，把改革开放和科技进步作为发展动力，全力推进和谐社会建设。“十一五”计划执行结果：全市经济平稳发展，转型升级不断推进，综合实力再上新台阶。2010年完成地区生产总值387.11亿元，五年翻一番。财政收入54.47亿元，年均增长36.13%，其中地方一般预算收入21.13亿元，五年均翻两番。三次产业之比为16.7∶44.7∶38.6。城镇在岗职工年平均工资29379元，年均增长16.72%，农民人均收入8817元，年均增长12.45%。连续4年跻身全国县域经济基本竞争力百强县（市），其中2010年排名第67位。

二、单项规划

【兴化市交通“十一五”规划】 2006年，市交通运输局编制《兴化市交通“十一五”规划》，规划目标：强势推进“12345”工程，即用1年建成邮兴盐公路兴化段，2年完成农村公路第一轮规划建设任务，3年建成大兴金公路兴化段，4年建成兴泰公路拓宽北延工程，5年基本完成新一轮农村公路网络化建设项目。交通基础设施建设总投入21亿元，公路总里程达2500公里，实现干线公路快速化、农村公路标准化、区域公路联网化，基本形成“五纵五横”干线公路网体系。交通“十一五”规划执行结果：至2010年底，全市公路总里程达2522.73公里，其中高速公路52.65公里、一级公路115.73公里、二级公路578.02公里、三级以下公路1776.33公里。等级公路密度由“十一五”末的0.996公里/百平方公里上升为1.054公里/百平方公里。全市有航道53条，总里程961.82公里。三级航道62.03公里，四级航道42.69公里，五级航道31.42公里，六级航道90.65公里，七级航道246.23公里；等外级航道41条，488.8公里。全市有一级车站2座（安达车站、戴南汽车站），等级车站30个。全市35个乡镇（开发区）均开通农公客车，11个乡镇通上农村公交车，行政村客运班线通达率为70.6%；全市拥有城市公交车106辆，市区公交车万人拥有标台数为5.6标台/万人，城市出租车420辆。

【兴化市水利“十一五”规划】 2006年，市水利局编制《兴化市水利“十一五”规划》，总体目标是：提升水利服务于经济社会发展的综合能力，保障全市经济社会可持续发展。在水利建设方面，健全以骨干河道为主的引排水系和以圩堤、圩口闸、排涝站为主的防灾减灾工程体系，达到中小水情不成灾，特大水情有对策，遇中华人民共和国成立以来最不利水情挡得住，排得出，灌得上，降得下。工程管理方面，通过改革，建立健全覆盖整个水利工程的管理体系和网络合理开发水土资源，发挥综合效益，形成具有地方特色的水利产业。加强政策法规研究，依法开发利用保护水资源。努力开辟新的水利投资渠道，逐步建立水利投入产出的良性运行机制。

【兴化市“十一五”人才发展规划】 2006年，市人事局编制《兴化市“十一五”人才发展规划》，总体目标是：建立健全人才开发机制，促进人才脱颖而出和健康成长，使人才在经济建设和社会事业中充分释放潜能，施展才干。具体目标是：人才总量显著增加，到2010年，人才资源总量达8万人，人才占有量在苏中地区居中上水平。专业技术人员中，高级人员达1600人以上、中级人员达12000人以上。工程技术、财经、农业技术、计算机等专业人员比例有较大提高。高级技工、技师等高级技能人员占技术工人总数10%以上。人才队伍整体素质全面提高。党政人才大专以上学历人员比重提高到80%。专业技术人才中，大专学历以上人员比重提高到60%以上，初中及以下学历人员比重降低到8%以下。初级专业技术人员80%以上达到大专和大学以上学历。专业技术人员中，高、中、初级的比例有所改善，高级职称人员中，45岁以下的中青年人员比例提高到60%左右。人才向优势产业汇集。"十一五"期间，培养和引进汽车零部件、特种金属材料及制品、光电子材料、机械、化工、纺织、食品等优势产业各类专业技术人员1000人，其中高级职称60人、中级职称200人。到2010年基本解决优势产业和重点产业的技术人才紧缺矛盾，为全市支柱产业的形成提供坚强的人才保障。

【兴化市旅游业"十一五"专项规划】 2005年，市旅游局编制《兴化市旅游业"十一五"专项规划》。总体目标是：以兴化历史文化名城为切入点，以水乡水域生态环境为背景，将全市建设成集观光游览、休闲度假为一体的区域著名生态文化旅游胜地。强化旅游产业作为兴化市支柱产业的地位，突出旅游业对其他产业的带动作用，以旅振农，以旅兴工，以旅促商。具体目标是：2005—2010年，积极开发旅游产品，启动中远距离市场营销，用板桥文化的知名度美誉度及兴化市优秀的生态环境，强化旅游交通建设力度，快速形成兴化水陆旅游通道，修好兴化道路旅游标识的制设工作、渲染形成一种浓浓的兴化旅游氛围；把兴化特色的历史人文资源和水上生态旅游资源紧密相结合，叫响"梦里水乡兴化，板桥故里旅游"兴化旅游形象的品牌品质。挖掘、放大郑板桥、施耐庵历史人物旅游资源价值，把水上森林、千岛垛田、大纵湖生态旅游打造成兴化旅游的精品线路，重点开辟兴化水上黄金旅游和古城兴化一日游、二日游；开发兴化旅游系列商品。利用土特产、土农产等资源，制造加工成适销对路、备受广大游人青睐的旅游商品；建立全景区景点旅游娱乐项目，完备游客当"一天兴化人、做一回渔民、干一日农活"等不同的旅游娱乐项目设施，做好兴化旅游促销的策划、宣传和推介，让游客感受到兴化旅游独特的娱乐环境。

【戴南不锈钢产业发展规划】（参见《不锈钢产业》卷第一章第二节《产业集群发展规划》）

第二节　项目调控

1996年前，项目基本建设程序包括6个阶段：第一步编报和审批项目建议书；第二步进行可行性研究和项目评估；第三步编报计划任务书；第四步组织设计并作出概算，依据批准的初步设计和总概算文件列入年度建设计划；第五步列入年度计划的建设项目编制施工预算，进行施工；第六步进行竣工验收并作出竣工报告、工程决算。在建设项目中，总投资超过100万元以上的需编制可行性研究报告，30万—100万元的项目直接编制计划任务书。1996年下半年，国家开始推行工程监理制。1997年兴化市明确在全市范围内对重点投资、政府投资建设的办公楼、社会事业项目等方面的工程实施监理。2000年后，全市在建项目全面实施建设监理制。2000年1月起，市计委和有关部门认真贯彻招投标法，全市所有基建土木工程项目、政府投资项目、材料、设备购置，都纳入招标管理程序。2001年，市政府制定《兴化市建设工程项目审批工作制度》，进一步明确部门职责，严格审批程序和审批纪律，强化对项目审批程序的行政监督。2001年3月，市政府下发《关于对乡镇非生产性基建项目实行审批制度的通知》，规定凡用财政性资金建设的各类非生产经营性基建项目必须严格履行审批手续，报主管部门和市政府审批。对投资规模20万元以上的项目要报市政府主要负责人审批，20万元以下项目要经乡镇党委会研究确定。2005年后，对于企业不使用政府投资建设的项目不再审批，区别不同情况实行项目核准制和项目备案制。发改委负责核准、备案基本建设类项目，经贸委负责核准、备案技术改造类项目。所有新开工项目都要办理项目审核、土地审批和环保审批等手续。新开工项目必须符合国家相关产业政策、发展建设规划和市场准入标准，必须取得发展改革或经贸部门审批、核准、备案的合法手续，必须取得兴化市国土资源管理部门核发的《建设用地批准书》，必须完成项目环评审批，方可开工建设。

2000年后，投资结构逐步优化。2005年，全社会固定资产总投资58.31亿元，其中第一产业2.42亿元、第二产业29.84亿元、第三产业26.05亿元。2010年，全社会固定资产总投资239.24亿元，其中第一产业11.94亿元、第二产业146.58亿元、第三产业80.72亿元。

第三节　协调服务

一、引进建设资金

20世纪90年代初建立电力发展公司，先后筹资支持扬州一、二电厂建设和兴化热电厂建设。1994年后争取列入国家扶持粮棉大县开发计划，国家连续5年安排专项贷款5869万元。2002年争取农业产业化龙头企业项目贷款，高新技术产业化专项资金，兴化中学教学楼等中央预算内资金和省财政补助资金1052万元。2004—2006年，争取国家优质小麦生产基地建设项目资金1429万元，农业龙头企业发展专项补助资金334万元，城南污水厂建设资金2240万元，检察院、法院、中小学等基础设施建设资金572万元。2002—2008年，市发改委向国家和省市申报项目125个，争取各种资金15431万元，其中争取国家资金11968万元、省级资金3199万元、泰州市资金264万元。2009—2010年，争取项目和资金明显增加，市发改委单独或会同其他部门上争项目37个，争取到补助资金29741.07万元，其中中央投资18398.88万元、省级补助11342.19万元。

二、服务重大项目

2002年5月，成立市重大项目领导小组，下设办公室（设市发改委内）。主要职能是负责全市范围内重大项目的计划编报，组织实施项目建设过程中招投标、项目进度、工程质量、投资概算等方面的监督检查，做好列入泰州市重大项目考核的具体工作。从是年起，每年第四季度，由市发改委牵头组织各部门、各乡镇进行重大项目申报，结合当年经济发展要求，列出全市来年重点项目建设计划，报市政府批准后下达各乡镇、部门执行。在此基础上，再筛选出列入泰州市考核的重大项目。每年10月，筛选10—20个涉及工业、农业产业化、基础设施、社会事业等有影响的重大项目，列入泰州市重大项目考核。

三、服务第三产业

20世纪90年代，随着社会主义市场经济的逐步建立，服务业领域不断拓宽，门类逐渐增多，在国民经济中的比重不断提升。进入21世纪后，商品流通、饮食服务等传统服务业得到改造，大型商品超市、连锁店、便民店、专卖店等新型经营业态相继在兴化市出现。现代服务业发展较快，“十五”期间，全市消费性服务业中的新型商贸业、房地产业、市场建设、社区服务业、农村服务业都有长足发展，现代物流业、旅游业、金融保险业、信息业、服务业中介机构等呈现快速发展势头。20世纪90年代中后期，兴化市委、市政府从组织建设、政策扶持、招商引资入手，培育规模市场，发展新型商贸经营业态，实施服务业项目建设管理，尤其加快服务业重点项目审批和落户，加强服务业集聚区规划和发展，促进服务业在本地区的快速发展。2007年，全市完成服务业增加值69.75亿元，占地区生产总值的32.8%，社会消费品零售总额48.05亿元，是1990年的4.6倍，服务业入库税金5.2亿元。2010年，全市完成服务业增加值149.58亿元，分别是1990年和2000年的40.43倍和7.98倍，服务业增加值占地区生产总值的比重由1990的20.8%提高到2010年的38.6%。2010年社会消费品零售总额85.85亿元，分别是1990年和2000年的8.25倍和4.36倍。

四、服务民营经济

"九五"期间，私营工业发展迅猛。2000年，全市工业总产值105.17亿元，其中市镇工业19.79亿元、农村工业实现产值85.38亿元。私营工业实现产值79.51亿元，占全市工业总产值的比重达75.6%，成为全市工业经济发展的重要支柱。2000年，国有工业企业由1991年的47家减少到10家，私营、个体企业增加到6524家。2005年全市乡镇工业企业有8461家，其中集体及集体控股企业5家、私营及私营控股企业3175家、个体企业5281家。2005年，兴化市实施加快民营经济发展"五五"工程，即到2007年，培植产销过5亿元的企业5家，过1亿元的企业50家。同时，市确定"五五"工程定向培植企业55家，加快形成规模企业梯队。市政府先后出台一系列财政扶持、技改贴息、要素倾斜、上台阶奖励等政策，鼓励和引导定向培植企业加快发展，实现规模扩张。定期召开企业过堂分析会，帮企业排忧解难。各职能部门也为这些企业建起特事特办、随到随办的"绿色通道"。2010年，兴化市推动民企在管理层面和技术层面同步创新，加快民营经济的产业集聚、延伸和转型升级。帮助企业构建一批技术服务平台，包括国家级不锈钢监测中心、不锈钢综合物流中心、省级科技成果转化服务中心以及企业院士工作站等。一批龙头企业通过与科研院所合作，在产业链高端占据一席之地。

五、信息服务

2005年3月，市发改委网站开通运行。2006年，建成与省市发改委直连的专线纵向网。2007年1月全面升级改版，开设工作动态、项目批复、文件公开、发展规划、办事指南、体制改革等主要栏目，主页面上还设置领导信息、市民论坛、市门户网站的入口以及与国家、省、市发改委等大型网站的LOGO链接。至2009年，该网站发布信息近2000条，其中动态信息450条，项目审批信息850条，调研报告85篇，处理人民来信112封，用户点击数达740万人次。2008—2010年，举行"市十大诚信中介机构"评选和首届"名店、名厨、名菜"评选的网上投票活动，收集选票10万多张。

第二章　统　计

1991年，全市45个乡、镇设有统计站，其中38个乡镇统计工作人员为统计助理。各行政村分别建有统计组，村总账会计兼统计员。1999年，经考试录（聘）用乡镇专职统计员48名，2001

年起归属乡镇管理，在乡镇事业单位改革中，各乡镇全部配备统计助理。2006年，从各乡镇事业单位中选调30人从事乡镇服务业统计工作。全市各主管部门、事业单位、工厂企业普遍设有统计室，配备专职或兼职统计人员。2007年3月，市统计局所属农村社会经济调查队改建为兴化调查队，由江苏调查总队负责管理。市统计局下设事业单位电子计算站（挂统计信息咨询中心的牌子），2007年7月，更名兴化市综合经济调查队。2007年，兴化市进行统计从业资格认定，13人按照条件免试取得统计从业资格证，180人经全国统一考试，取得统计从业资格证。2010年，全市有统计师90人、助理统计师295人、统计员1973人。

第一节 统计调查

一、普查

【第一次全国第三产业普查】 1993年，开展第一次全国第三产业普查。全市各区乡镇、市直各部门分别成立普查工作机构，配调人员。市统计局分期分批举办业务培训，先行摸底，后进行普查。普查年度为1991年和1992年，范围是从事第三产业的所有单位。包括专门从事第三产业的企业、事业和行政单位，如商业、运输、金融、保险、房地产、信息、咨询、科学研究、文化教育单位和行政机关、部队等；第一产业和第二产业企业中附属的第三产业单位；从事第三产业的个体户。普查内容包括：反映第三产业发展规模的指标，如单位数量、从业人员等；反映第三产业生产（经营）活动成果指标，如销售（营业）收入、销售（营业）成本费用、销售税金、经营利润、附营业务收支净额、行政事业单位业务收支、预算外收支和专项基金收支等；反映第三产业实物资产情况的指标，如固定资产原值、库存总值等；反映第三产业重点行业业务活动的指标，如社会商品零售总额等。

【第三次全国工业普查】 1995年8月起，开展第三次全国工业普查。经过全市各级工业普查机构和1万多名普查人员近两年的努力，圆满完成普查任务。通过这次普查摸清全市工业企业底数，建立企业名录库。普查汇总结果显示，至1995年底，全市乡级以上工业企业670家，其中国有企业62家、集体企业587家、股份制企业4家、三资企业9家、其他经济类型8家；村办企业1211家；村以下工业企业5015家。查清国有企业主要产品产量、生产能力分布及其利用状况，工业产品成本、价格及盈利状况，以及劳动工资、原材料能源消耗和科技开发情况。完成工业总产值计算方法的改革，顺利实现新考核方法的转轨。自1996年1月开始，兴化市工业产值统计口径统一按新规定的方法计算。取得兴化市工业企业财力状况、劳动情况、工业产品生产、销售与库存，主要原材料消耗与库存，科技活动情况，主要工业技术经济指标，工业生产设备，产品质量等一整套翔实的数据。为市政府、各经济主管部门制定全市国民经济社会事业发展的“九五”计划和2010年远景目标提供可靠统计数字资料。

【第一次全国基本单位普查】 兴化市第一次全国基本单位普查和统计行政登记工作自1996年7月开始，至当年12月全部完成。此次普查表主要是《法人单位登记表》和《附营单位登记表》，全市收集法人单位登记表和附营登记表4822份。普查登记结果显示，全市法人单位4199个，附营单位623个。在法人单位中，工业988个，商业441个，村（居）委会1433个，建筑及其他行业1337个。

【第一次全国农业普查】 1996年8月准备，1997年开展。按照《第一次全国农业普查方案》要求，兴化市建立农业普查领导机构，然后通过试点和培训、现场登记和手工汇总、处理和质量评估3个阶段进行。普查标准时点是1996年12月31日，调准标准时期为1996年。普查对象是各种类型经营单位、农村住户、乡镇企业、行政村和乡镇。全市组织近万名普查工作人员，对372457个农户、47个乡镇、1416个行政村、42个居委会和1439个非农乡镇企业进行38个项目调查、687个指标逐项登记。为及早发布农业普查成果，市"农普办"选取68个主要指标逐级快速汇总，编发"普查公报"。

附

兴化市第一次农业普查结果（节选）

1. 社区情况。1996年末，兴化市有46个乡镇（不含昭阳镇），1416个村委会（其中果园场2个、昭阳镇3个），农村居委会42个。100%的行政村通电、通邮、能接收电视节目，85.2%的行政村通电话，47.6%的行政村通公路，65.4%的行政村居民饮用自来水，7.2%的行政村居民用上液化气和煤炭。

2. 农村住户的规模及结构。1996年末，全市从事生产经营活动的农村住户372457户。其中农业户占80%、非农业户占20%。在全部农业住户中：纯农业户占52.8%，农业为主兼营非农业的户占26.2%，非农业主兼营农业的户占21%。

3. 非农村住户类农业生产经营单位的规模与结构。1996年末，全市非农村住户类农业生产经营单位297个，其中：国有5个，集体77个，两者占总数的27.6%，从业人员占53.9%；私营、个体单位169个，占56.9%；联营单位46个，占15.5%。从经营类别来看，在全市非农村住户类农业经营单位中，以经营种植业为主的68个，畜牧业为主的单位14个，林业为主的单位17个，渔业为主的单位198个。

4. 非农乡镇企业的规模与结构。1996年末，全市非农业乡镇企业总数1439个，其中：乡镇办489个，村办512个，两者占总数的69.6%；联户办和户办438个，占总数的30.4%。乡镇企业从业人员60644人，平均每个企业从业人员为42人。

5. 农业从业人员。1996年末，全市农村从业人员为941669人。按从事生产经营活动的372457户计算，户均从业人员2.53人；其中：从事农业的人员为580110人，占61.6%；从事非农业的人员为361559人，占38.4%。全市农村从业人员中，在本乡内从事劳动的722572人，占从业人员总数的76.7%；在本乡以外的从事劳动的219097人，占23.3%，其中在本县外乡从事劳动的为41633人、在本省外县从事劳动的为111222人、在外省从事劳动的66242人。

6. 农村科技与专业人员。1996年末，全市农村科技人员2197人，平均每万名农业劳动人员中有38人。其中种植业科技人员1342人、畜牧业科技人员382人、林业科技人员103人、渔业科技人员370人。全市农民专业人员18494人，平均每个村委会（含农村居委会）有专业人员近13人。其中农机员10377人、水管员6268人、电管员1849人。

7. 主要农业机械。1996年末，全市农村拥有主要农业机械35900台（辆），其中联合收割机289台、机动脱粒机22560台、农用运输车620辆，平均每万名从业人员拥有381台。

8. 农村镇区规模及其社会经济状况。1996年末，全市农村建制镇（不含昭阳镇）18个，占乡镇数的39.1%；每个乡镇镇区平均占地1.7平方公里，平均总人口3013人，平均非农业人员2218人；镇区非农业人口占总人口的比重为73.6%。平均每个镇区的企业为23个，企业从业人员为1996人，企业从业人数占镇区总人口66.3%。国有、集体企业327个，占企业总数80%，从业人员34387人，占企业从业人员总数的95.7%。镇区工业与建筑业294个占企业总数的71.9%，从业人数34387人，占企业从业人员总数的86.8%。

【第五次全国人口普查】 此次人口普查按常住人口登记，以户为单位进行（户分为家庭户和集体户）。普查的标准时间为：2000年11月1日零时。人口普查表有：普查表短表、普查表长表、死亡人口调查表和暂住人口调查表（附表）4种。现场登记工作从2000年11月1日开始至11月

10日以前结束。

2001年4月底发布兴化市第五次全国人口普查主要数据公报。普查显示：2000年11月1日零时，兴化市登记常住人口1441659人，其中：男性人口745856人，占总人口比重为51.74%；女性人口695803人，占总人口的比重为48.26%，性别比为107.19（女=100）。（其他人口数据参见《政区 人口》卷第二章第一节《人口总量与分布》）。

【第二次全国基本单位普查】 普查标准时点为2001年12月31日。内容包括全市各法人单位、产业活动单位及个体工商户的基本标识、主要属性、基本状态和主要总量数据等，使用全省统一的统计分类标准和数据处理标准。普查表式包括基层表3种和综合表6种。各乡镇根据统计局提供的《2001年江苏省县以下行政区划代码库》确定的行政村委会、居委会地域确定普查小区，每个普查区配调1—2个普查员，昭阳镇每个小区配调2—3个普查员。普查工作于2002年12月完成。《泰州市第二次基本单位普查资料汇编》中，兴化市普查结果显示：全市法人单位5675个，按三次产业分工：第一产业27个，第二产业2710个，第三产业2938个；按单位类别分：企业法人4162个，事业法人626个，机关法人121个，社会团体法人49个，居民委员会75个，村民委员会614个，民办非企业法人28个。兴化市产业活动单位6328个，按经营性质分：生产经营性单位4561个，非生产经营性单位1767个。个体工商业户33319个。

【第一次全国经济普查】 标准时点是2004年12月31日，时期为2004年度。县（市、区）级普查机构以2004年6月30日为时点，确定本地区所辖街道、乡（镇）、居民（或村民）委员会行政区划名录。兴化市第一次经济普查登记工作于2005年元月1日开始至2006年结束。全市选调普查指导员300人，普查员1800人。分普查小区693个。普查对象是全市从事第二产业、第三产业活动的全部法人单位、产业活动单位和个体经营户，主要普查内容包括：单位基本属性、从业人员、财务状况、生产经营情况、生产能力、原材料和能源消耗、科技开发的投入状况等。

调查结果显示，兴化市法人单位3872个，从业人员201723人，其中：企业法人2456个，从业人员171515人，资产15043690万元，全年营业收入19154895万元；事业法人543个，从业人员20056人；机关法人单位数87个，从业人员4971人；社团法人单位58个，从业人员196人；其他法人单位728个，从业人员4985人。2004年11月清查摸底显示兴化个体工商户60000多户。

【第二次全国农业普查】 根据《第二次全国农业普查江苏实施方案》，普查标准时间为2006年12月31日24时，普查时期为2006年。普查行业包括农作物种植业、林业、畜牧业、渔业和农林牧渔服务业，普查表包括住户普查表、单位普查表、行政村普查表、乡镇普查表和农业用地普查表5大类14张表，550多个指标，主要普查内容为农业生产条件，农业生产经营活动，农业土地利用，农村劳动力及就业、农村基础设施、农村社会服务、农村居民生活以及乡镇、村民委员会和社区环境等方面的情况。采用全面调查的方法，对所有普查对象（全市农村住户、城镇农业生产经营户、农业生产经营单位、村民委员会和乡镇人民政府）逐个查点和填报。全市组织动员普查员、普查指导员和普查机构工作人员7200人，调查34个乡镇，1个经济开发区，1个良种场。614个村，8个居委会，33.93万住户，填报普查表近70万张。

附

兴化市第二次农业普查主要数据公报

1. 农业基本情况。2006年末，全市有农业生产经营户29.02万户，农业生产经营单位327个。见下表：

2006年兴化市农业基本单位情况一览表

类别 \ 农业基本单位		农业生产经营户		农业生产经营单位	
		数量（万户）	比重（%）	数量（万个）	比重（%）
按行业分	农作物种植业	27.09	93.35	10	3.06
	林业	0.07	0.24	124	37.92
	畜牧业	0.62	2.14	9	2.75
	渔业	0.99	3.41	24	7.34
	农林牧渔服务业	0.25	0.86	160	48.93
合计		29.02	100.00	327	100.00

2. 主要农业机械情况：2006年末，全市有大中型拖拉机444台，小型拖拉机10241台，大中型拖拉机配套农机具210台，小型拖拉机配套农具12624台，联合收割机2973台。

3. 农村基础设施情况：2006年末，全市一个乡镇地域有火车站，所有乡镇地域内有二级以上公路通过，所有乡镇设有邮电所、储蓄所和综合市场，11.76%的乡镇有公园，41.18%的乡镇有产品专业市场。全市100%的乡镇实施集中供水，建有垃圾处理站。

全市97.11%的村通公路，所有村通电、通电话，能接收电视信号，饮用水经过集中净化处理，16.08%的村实施垃圾集中处理。3.86%的村有沼气池，14.15%的村完成改厕。39.55%的村地域内有50平方米以上的综合商店或超市。

4. 农村社会服务情况：2006年末，全市8.82%的乡镇有职业技术学院。所有乡镇有广播、电视站，医疗和卫生院，94.12%的乡镇有敬老院。84.73%的村在3公里范围内有小学，85.21%的村在5公里内有中学。69.94%的村有幼儿园、托儿所，28.62%的村有体育健身场所，10.61%的村有图书室、文化站，21.22%的村有农民业余文化组织，98.55%的村有卫生室（站、所），97.27%的村有行医资格证书的医生，7.56%的村有行医资格证书的接生员。

5. 农村劳动力资源与就业：2006年末，全市农村劳动力资源总量59.7万人，其中男劳动力30.05万人，占50.34%。农村从业人员53.27万人，占农村劳动力总量的89.23%。其中：在第一产业就业32.91万人，占61.78%；在第二产业就业11.76万人，占22.08%；在第三产业就业8.6万人；占16.14%。

全市农村外出从业劳动力26.37万人，其中男劳动力16.08万人，占60.98%。在外出从业劳动力中，在乡外市内从业的劳动力4.34万人，占16.46%，在县外泰州市内从业的劳动力1.31万人，占4.97%，在市外省内从业的劳动力12.42万人，占47.1%，去省外从业的劳动力8.3万人，占31.48%。

全市农村劳动力资源中，大专以上文化程度0.39万人，占0.65%；高中文化程度5.58万人，占9.35%；初中文化程度22.99万人，占38.51%；小学文化程度22.99万人，占38.51%；文盲7.75万人，占12.98%。全市有农业技术人员1109人，其中高级职称20人、中级职称162人、初级职称927人。

6. 农村居民生活条件。2006年末，全市农村居民平均每户拥有住宅面积110.85平方米。99.67%的住户拥有自己的住宅。96.95%的住户使用管道水。69.32%的住户炊事能源以柴草为主。平均每百户拥有彩电97.63台，固定电话70.32部，手机75.47部，电脑2.65台，摩托车29.05辆，生活用汽车2.62辆。

【第六次全国人口普查】 此次人口普查标准时点为2010年11月1日零时，主要调查人口和住户的基本情况，内容包括：性别、年龄、民族、受教育程度、行业、职业、迁移流动、社会保障、婚姻生育、死亡、住房情况等。人口普查的对象是在中华人民共和国（不包括香港、澳门和台湾地区）境内居住的自然人。调查结果显示，全市户籍人口154.98万人，常住人口125.78万人，全市出生人口13154人，死亡9158人（其他人口数据参见《政区　人口》卷第二章第一节《人口总量与分布》）。

二、专项调查和抽样调查

1991年，特大洪涝灾害给社会经济造成巨大损失。为查实境内受灾情况，为市委、市政府制定生产自救、重建家园各项政策提供依据，市统计局、市委农工部和市粮食局、农业局、水利局、民政局、城乡建设局联合组织调查，内容为全市范围内为抗洪抢险物资发放使用、在田作物布局，群众口粮安排、住房倒塌情况、全年收益分配及灾情预测等。1992年5月，根据国家和省统计局及有关部门部署，对1991年度全国小型工业企业技术开发情况进行抽样调查。全省按5%的要求，抽样单位1800个，其中兴化市35个，调查表式6种。1992年6月，开展"儿童基本情况抽样调查"，在安丰等18乡镇抽中18村，计调查898户。调查内容是儿童营养和生长状况；计划免疫，儿童出生和死亡状况；基础教育，青少年辍学和参加劳动儿童生活的家庭环境情况；社会情况等。1993年，进行投入产出调查，抽中69个调查单位，其中：工业企业重点调查单位34个，建筑、运输、邮电、商业、饮食业和服务等重点调查单位13个。1995年，全国1%人口抽样调查，兴化市抽取11个乡镇的66个村民小组，对16000多人口进行调查登记。1997年，国家和省确定中圩、周奋、红星、临城、昭阳、中堡6个乡镇进行全国1‰人口变动和城镇劳动力情况抽样调查，从8月开始至10月13日结束。1997年起，每年进行畜牧业统计调查，兴化市经省抽中的调查点60个，其中家禽调查点30个、生猪调查点30个，涉及6000多户村民。1998年，进行投入产出调查，抽中14个工业企业和2个服务单位。是年，国家统计局决定在全国渔业重点省份开展水产品重点调查，兴化市是江苏省确定的重点调查县市之一，调查10个乡镇的10个水产养殖村，主要调查水产品产量，水产品养殖面积，包括内陆养殖面积和产量，稻田养殖面积和产量，内陆捕捞产量。1999年2月，开展企业景气调查，泰州统计局抽中兴化市11个单位：兴化市轧花油脂厂、江苏兴达钢帘线集团公司、江苏中星化工有限公司（化肥厂）、扬州春蕾集团有限公司、江苏板桥药业有限责任公司（兴化制药厂）、江苏兴海集团公司、兴化齿轮厂、扬州拖拉机厂、兴化灯具厂、兴化建筑工程总公司、兴化市城市建设综合开发公司。同年7月，开展成品油（汽油、柴油）市场调查。对兴化热电厂、江苏兴海集团、兴化齿轮厂、兴化轴瓦厂、兴化市双蝶集团、兴化市汽车运输公司、兴化市药用玻璃瓶总厂、兴化市戴窑轧花厂、兴化市戴南链轮曲柄厂等成品油消费大户的进货渠道及进货量进行调查。对楚水、城东、新丰、顺达、海南加油站的加油设备数量、进货渠道及进货量、销售规模、零售市场占有率、竞争手段和策略进行调查。

1991年起，每年进行农产量、农村社会经济、农村住户抽样调查，调查样本点每5年轮换一次。住户调查样本为100户，主要指标1000多个，调查农村住户家庭基本情况，居住情况，总收入与总支出，纯收入来源，全年可支配收入，可支配收入来源结构，现金收支、出售产品、购买商品、食品消费和粮食收支平衡等情况。农产量、农村社会经济抽样调查网点是10个乡镇10个村20个村民小组。2007年后，不再进行此项调查。

此外，1991—2010年，开展全社会R&D（研究与发展）清查；工业品价格调查；中型流通企业调查；劳动就业调查；农业科技活动统计调查；规模以下工业抽样调查；服务业抽样调查；卷烟消费状况调查；居民消费价格调查；交通系统民用载货车运输抽样调查；大中型工业企业清查；农村个私企业调查；商品交易市场调查；棉花调查；企业职工下岗，分流基本情况调查；兴化市城市住户抽样调查（涉及昭阳镇24个社区，随机抽样11个社区，100住户）；限额以下批发和零售业、住宿和餐饮业月度抽样调查；农户种植意向调查、农产品价格调查、中间消耗调查；农村住户固定资产投资抽样调查；劳动力转移情况调查；环保调查；地税作风调查，纪委作风调查，政治安全感调查；高能耗高污染行业调查；信贷调查；存粮调查；农民科学素质调查；工业品价格统计调查；固定资产投资价格统计调查；房地产价格统计调查；流通和消费价格统计调查和企业（集团）统计调查等。

第二节　统计信息服务

一、统计信息

【信息交流】 1991年，参加苏中信息交流的县市从最初的7个扩大到13个。1998年，在兴化市召开统计信息交流会，通州、如东、如皋、海安、东台、高邮、宝应、泰兴、姜堰和兴化等县（市）区统计局人员等30人与会。至2004年，参与统计信息交流的县（市）区达16个。交流指标有：总人口、地区生产总值、财政收入、全部工业总产值、全社会固定资产投资、实际利用外资、自营出口、社会消费品零售总额、城镇职工平均工资、农民人均纯收入。2007年，统计信息交流从最初20多个指标，单项年报数字交流，增加到100多个指标，月、季、年报数字、文字材料网上直接交流统计信息，研究各地经济发展态势。每月按期发布苏中信息交流资料，拓宽信息服务领域，提高统计信息服务量和服务水平。

【信息处理现代化建设】 2003年，购置计算机及打印机各22台配送有关乡镇。2004年起，15家大中型工业企业实行网上直报。2006年年报起，批发、零售、住宿、餐饮业30家限上企业实行网上直报。2010年，全市35个乡镇（开发区）全面实现微机处理统计数据。

二、统计服务

【资料汇编】 1991—2010年，组织编写、整理、印发《社会总产值、国民收入、国内生产总值统计方法》1本，《兴化统计》445期，《国民经济主要统计指标》15本，《市情手册》7本，《统计年鉴》20本，《数据兴化》1本，《兴化五十年》1本，《“十五”回顾，“十一五”展望》1本，供领导决策和社会各界使用，服务社会和兴化经济建设。

【小康达标认定】 根据农村小康村综合评价指标体系，开展小康达标村认定。1996年，董北村等31个村被认定为兴化市小康达标村；1997年，邓桥村等52个村被认定为兴化市小康达标村；1998年，邓桥村等86个村被认定为兴化市小康达标村；1999年，朱韩村等545个村被认定为兴化市小康达标村；2000年，韩东村等933个村被认定为兴化市小康达标村。

2006年，开展全面建设小康社会进程指标监测，主要包括4个方面，35个指标。经济发展：人均地区生产总值、二、三产业增加值占GDP比重、城市化水平、城镇登记失业率。2010年，实现程度分别为98.9%、92.5%、100%、100%。生活水平：居民收入，城镇居民人均可支配收入、农村居民人均纯收入；居民住房，城镇人均住户建设面积、农村人均钢筋、砖木结构住房面积；居民出行，农村行政村通灰黑公路（或航道）比重、城镇人均拥有道路面积。居民信息化普及程度：百户家庭电话拥有量，百户家庭电脑拥有量。居民文教娱乐服务支出占家庭消费支出比重，恩格尔系数。2010年，实现程度均达100%。社会发展：R&D经费支出占GDP比重，初中毕业生升学率，卫生服务体系健全率。社会保障，城镇劳动保障三大保险各自覆盖面、城镇基本养老保险、城镇失业保险、城镇基本医疗保险、新型农村合作医疗覆盖面。人民群众对社会治安的满意率。城乡村（居）

民依法自治，城镇社区居委会依法自治达标率、农村村委会依法自治达标率。2010年，实现程度均达100%。生态环境：绿化水平，城市绿化覆盖率、森林覆盖率、环境质量综合指数。2010年，实现程度分别为76.9%、100%、59.5%、100%。

【其他认定标准】1991—1994年，进行大中型企业申报、审批，和非工业企业大中小型划分，提升兴化企业类型。根据江苏省统计局对全省乡镇综合评估方案，评出乡镇综合实力十强。

三、统计报表

【报表种类】1991年以后，兴化市统计报表主要有农牧渔业统计，工业统计，建筑业统计，房地产开发统计，运输邮电业统计，批发零售贸易、餐饮业综合统计，服务业统计，固定资产投资统计，劳动综合统计，人口统计，原材料、能源统计，企业科技活动综合统计，国民经济核算综合统计和统计调查单位统计。

【主要指标】1991年后围绕国民经济和社会发展及生产、生活情况，主要统计指标有：总人口，耕地面积。国内生产总值，2003年改为地区生产总值（GDP），第一产业增加值，第二产业增加值，第三产业增加值，人均GDP。工农业总产值：工业总产值；农业总产值，农作物播种面积，农田水利工程，粮食、棉花、油料、禽蛋、水产品产量。社会消费品零售总额，销售收入，应纳增值额，利润总额。供电量。交通运输：客运量，周转量。财政收入，财政支出。金融机构各项存款余额。其中：城乡居民储蓄存款余额，金融机构各项贷款余额。职工人数，职工工资总额，职工年平均工资。农民人均纯收入。中小学教职员工数，中小学在校学生数。卫生专业技术人员数，病床数。竣工房屋面积、邮电业务总量。1996年增加保险业务收入，1998年增加全社会固定资产投资完成额。1999年“职工人数”改为从业人数，职工工资总额改为在岗职工工资总额，职工年年平均工资改为在岗职工年平均工资。城镇增加居民人均可支配收入。

【定期报表】1991年后，统计报表制度实行月报、季报、半年报和年报。以基层单位填报为主，主管部门审核、补充、汇总，统计局各专业统计人员复核，综合用计算机录入或接收处理汇总上报。

第三节　统计监审

1991—2010年，每年组织1至2次《统计法》执法检查和统计监审。聘任统计执法检查员、监督员，对乡（镇）、村、企事业单位进行统计检查和监审。1992年9月开展对工业、商业、外经、劳动工资、固定资产投资和物资6项专业统计报表的数字质量检查，1993年3月对1992年工业增长速度数字进行质量核查。1993年9月，市统计局和地工局抽调45人，共同组织对上半年工业统计数字质量进行抽查。同年10月组织45人分成11个组，先后对周庄、东潭、刘陆、戴南、大垛、林湖、安丰、大邹和沙沟9个乡镇25个骨干厂工业企业的统计数字质量进行抽查，形成“关于上半年工业统计数字质量检查情况的报告”。

1994年，为配合全国性统计执法大检查，市政府从市级机关抽调54人，组成5个组，分别由市监察、法制、统计和农经委、计委负责人任组长。随机抽取10个乡镇（含昭阳镇），49个工业企业（其中市镇工业企业5个）和27个村，重点检查工业总产值、粮食产量、农民人均纯收入和人口等主要统计指标。

1997年，根据第三次全国统计执法大检查工作部署，市统计局、监察局、法制局等有关部门负责人组成大检查领导小组，下设办公室（设在统计局内），具体负责大检查的组织协调工作。对农村生猪上市量、存栏量，家禽上市量、存栏量，羊上市量、存栏量，蚕茧产量、棉花产量统计数据进行质量检查。对兴化市医用制品厂虚报工业总产值情况进行通报处理。1997年10月，对舍陈镇兴化市海星机械厂和大邹镇兴化市永安绝缘器厂的统计违法行为分别进行经济处罚。此外，处理反映调查数字不实信访11件，办理人大代表反映统计数字存在虚报问题11件。

1998年，为贯彻国家、省两办《通知》和国务院副总理温家宝讲话精神，兴化市统计局设立举报电话，印发500本《统计法》小册子，组织540余人参加“三五”统计普法学习，进行2次执法检查。第一次抽查每区一个乡（镇）的一个乡办厂和一个私营企业的产值、销售收入、产销率、利润、税金、技改投入等72项统计指标。第二次与市国税局、地税局联合对11个乡（镇）企业的产品销售收入、利润差异原因进行检查，并对有关乡镇进行查处。

2000年5月，兴化统计局配合江苏省和泰州市统计监察组对兴化市周奋、陈堡两乡镇工业统计进行统计监审。2005年6月，配合江苏省统计监审检查组对兴化市进行统计监审“回头看”检查，抽查昭阳镇、临城镇和垛田镇的15家列统工业企业数字质量和统计基础工作。2006年9月，配合泰州市统计局对兴化市天中塑胶有限公司和兴化市信合电子有限公司进行统计监审。2007年10月，配合泰州市统计局对江苏申源公司和江苏凯华公司的统计基础规范化建设情况进行检查验收。

2008年，兴化统计局对16个企事业单位进行统计监审，重点治理瞒报、漏报、少报、拒报、迟报等行为，对两家单位给予警告处罚。2010年，开展统计执法大检查，现场督查指导10多次，发催报通知书10份，立案查处违法案件1起。

第三章　审　计

1991—2010年，市审计局在全市范围内开展财政金融审计、行政事业审计、企业审计、投资审计、内部审计、乡镇审计、财会审计及专项资金审计。与此同时，市审计师事务所开展社会审计。1994年，全市有内部审计机构8个，内部审计专兼职人员25人，社会审计从业人员19人。2002年，各乡镇相继成立审计站。20年间，完成审计项目（单位）1894个，查出违纪违规金额108954万元，应上缴财政资金5174万元，已上缴财政资金4613万元，移送纪检监察及司法机关的案件线索111件，立案查处35件。

第一节　国家审计

一、预算执行情况审计

1995年，《中华人民共和国审计法》实施后，财政审计坚持“上下审”和“同级审”双轨并行。在本级预算执行和其他财政收支审计中，历经“摸清家底、探索路子、打开局面、扩大影响”和“账户入手、下审一级、全面审计、重点突出”的探索和实践后，同级财政审计形成一套较为成熟的方法。市审计局依法每年对同级财政进行预算执行审计（简称“同级审”），并受市政府委托向市人大常委会作审计工作报告。1996—2010年，完成审计项目131个，查出违规资金7239.36万元、管理不规范资金4267.75万元。审计结果均向市领导报告，审计工作报告经市人大专题审议和市政协协商，财政局对审计报告中相关问题进行整改落实。

二、金融审计

1991—2000年，市审计局依法对国有金融机构进行审计，核实其资产负债损益的真实性、合法性和效益性。1991年，对农业银行市支行1990年第4季度粮油收购资金的筹集、管理、使用和利率执行情况进行审计，对执行利率和“贷前调查、贷中审查、贷后检查”制度进行检查。1992年，对工商、中行市支行进行审计。1993年，对17家非银行金融机构进行审计调查，重点对人员状况、资金来源、资产负债、贷款规模、计划执行及上缴国家利税等情况进行调查。1994年，对农行市支行财务收支和中行市支行财务收支、信贷资金进行审计。1995年，完成兴化中行、建行、信托办事处1994年度财务收支审计。1996年，实施农业银行、中国银行市支行、保险公司1995年度资产、负债、损益情况进行审计。对市保险公司隐瞒进账收入作未达账、安全奖直接冲减收入，少交有关税费等问题进行处理。1994—2000年，对市内19家银行、非银行金融机构进行审计。经审计检查出一些金融机构经营中的违纪违规问题。从2000年开始，上级审计机关不再委托市审计局进行金融审计。

三、行政事业单位审计

1991年起，每年均对数家行政事业单位组织审计。针对个别单位财务管理混乱，预算外收入不全部入账，私设“小金库”的问题，提出处理和整改意见，其中违规资金上缴财政。1995年，在对市司法局审计中，查出该局财务人员少记收入、多记支出和私设“小金库”违纪行为，对有关人员进行处理。根据掌握线索，又查出建工局、公证处私设“小金库”行为。在对农业局审计中，根据线索追查出舜生农技站将2万元吨粮田补助款挪作种子经营周转金的错误行为，作出严肃处理。是年，市审计局审计67个单位，查处违法问题金额1167万元，核定应上缴财政金额311万元。2007年，对市农业机械安全监理所财政财务收支审计时，发现该单位存在违规收费、违规使用购物券、收入不入账、私设“小金库”等问题，提出处理和整改意见。单位负责人组织财务人员通过学习财经法规，规范财务收支行为，搞好会计核算，并建立健全财务监督机制。2008年，组织对全市农村义务教育公用经费保障情况审计，调查中发现个别学校在使用公用经费时，有违反规定列支教职工福利、核算不够规范等问题，提出进一步加强中小学校财务管理的审计建议。

四、社会保险审计

从2002年开始，每年对全市上年度基本养老保险、失业保险等各种社会保险资（基）金进行审计和审计调查。着力摸清全市社保资金（基金）筹集、管理和使用情况，促进规范资金管理，为市委、市政府决策提供可靠依据。针对审计发现部分社保基金欠缴数额较大，未能及时收回的问题，建议强化基金管理，建立健全内控制度，做好内部稽查复核工作，并建议社保、卫生、民政等部门共享信息资源，完善信息系统功能，确保信息的真实性和完整性。

五、企业审计

1991年是第一轮承包终结、第二轮承包开始的交接期，市审计局组织力量，对第一轮承包期间企业经营管理状况、企业资产增值、家底及经营者的经济责任进行综合评价，重点对18个工业、交通企业和13个商业、粮食、物资企业进行审计。审计总金额6295万元，查出违纪金额24万元，其中应上缴财政11万元。此轮审计除由国家审计机关直接审计的同时，发挥社会审计和内部审计机构的作用。1992年，对26家企业进行审计，查出违纪金额320万元。在对标准件厂经营情况进行审计时，寻找经济效益滑坡原因，从经营机制、质量管理、财务管理、制度管理、领导素质等10个专题总结分析。市政府根据审计结果决定将企业租赁经营。1993年，完成14家全民企业、31家集体企业二轮承包审计任务。是年9月下旬，对市外贸总公司及其14个分公司财务收支情况进行审计，审计时间为1992年度及1993年上半年，在审计调查报告中，详细列举该公司资产负债情况，分析企业严重亏损原因。在对兴化造纸厂审计中，发现该厂利润下滑较快，潜亏严重，经过分析对比，归纳出产量下降、费用上升，大量流动资金"沉淀"，积累资金减少，营销开拓不力，投入产出效益差等5条主客观原因，为企业调整经营策略，改善管理提供思路。1996年，对全市54家国有企业和44家城乡集体企业进行审计和审计查证，查出虚增利润10493万元（其中1995年度亏损企业45家，亏损8564万元）。针对审计发现的问题，在查补应缴纳税费的同时，对企业存在的业务费超支严重、盲目追求高消费、财经纪律淡薄等不良现象分别提出整改要求，督促企业自觉遵守国家财经法规，如实反映经营成果，管好、用好国有、集体资产。1995—2000年，对79家企业进行审计，审查企业财经纪律的执行情况、财务收支合法性，产、盈亏真实性的时，贯彻执行上级审计部门关于实行"两个延伸"的要求，向检查企业的内控制度和经济效益方面延伸。因管理不善、历史包袱沉重、不能适应市场经济发展需要等原因，地方国有企业造成运转不畅，经营困难，效益低下，而逐步被兼并、转让进行改制或破产。2004年，对化纤纺织厂、轴瓦厂和扬州拖拉机厂有关破产清算情况进审计调查，核实清算资金缺口和清算过程中存在的问题，其中两家企业资产处置拍卖收入未全额收取到账，清算费用中部分支出较高，审计调查报告如实反映，为领导决策提供真实的数据资料。2005年以后，随着兴化市企业改制，市审计局的企业审计业务逐年萎缩。

六、农业与资源环保审计

1991年后，组织审计市级农业、水务、国土、水产、多种经营管理、农业资源开发等单位的财政财务收支、代政府管理的农林、水利、国土资源、环保与渔业等资金的筹集、管理、使用情况。2010年，在市审计局组织的财政支农资金专项审计调查中，核对资金到户情况。发现部分村及乡镇单位存在截留、挪用、侵占财政支农资金的情况，先后移送市纪委案件线索19件（涉及15个自然村、4个乡镇单位），移送相关乡镇纪委案件线索7件，收缴被截留、挪用、侵占的财政资金28.76万元，10多名乡村党员干部受到党纪政纪处分，形成一定震慑作用。

七、固定资产投资审计

1991—1995年，实施基建审计项目100个，核减工程决算773.44万元。1995年，市审计局组建"基本建设审计股"，开拓基建工程决算审计，当年实施兴化中学二期、楚水招商城三期等工程预（决）算审计。1996年，实施城西农贸市场一期工程竣工项目和齿轮厂宿舍楼项目审计，核减高估冒算金额32万元，占送审额的9%，审计查处入库7.25万元。同时，对城西农贸市场一期工程项目的拆迁安置、工程受益进行审计，查出亏损170万元，为市政府对二期工程开发决策提供依据。同年10月，根据省、市基本建设工程专项治理工作要求，在市专治办组织协调下，与市建行等单位配合，牵头对全市1994年下半年以来投资额在50万元以上、建筑面积在1000平方米以上的基建竣工项目进行审计。2004年，围绕整顿和规范建筑市场秩序，严格控制建设成本，提高建设资金使用效益，实施固定资产投资审计项目18个，投资总额16852万元，核减工程款2197万元，核减率13.04%。在审计中发现的少数建设单位把招标作为形式，标底委托个人或无资质社会中介机构编制，对标底不做审核。部分错误率较高，按中标价签订工程合同后，在工程竣工决算审计时，即使发现差错，损失也难以挽回。针对上述问题，市审计局提出固定资产投资审计应

图17-2 2009年2月，市审计人员对英武大桥工程竣工结算审计项目进行现场测量 （市审计局提供）

关口前移，实行事前审核、事中监督、事后工程竣工决算审计，从工程项目源头招标文件和标底编制阶段进行审计，然后再招标。这一建议引起市领导重视，出台《工程建设项目标底审计暂行办法》，为规范全市财政建设资金管理发挥积极作用。随着市政基础设施投入加大，市政府对固定资产投资审计的要求也越来越高。2005年5月，经市政府批准成立兴化市审计局工程预决算审核中心，专门负责市政府投资项目审计。2005—2010年，工程预决算审核中心实施政府项目投资审计576个，其中决（结）算审计498个、预算审计78个。送审投资总额31.05亿元，核减和调整预算3.22亿元。其中：决（结）算审计21.77亿元，核减工程造价2.62亿元。2008年4月，市政府印发《兴化市建设项目审计监督办法的通知》，明确300万元以上建设项目必审制度和300万元以下的抽查范围。2009年，实施金港公司资产清算审计，核实10亿多元的债权债务，并对其在建工程结算进行审计。对城南污水处理厂、城市防洪工程、自来水厂等重点工程项目实施跟踪审计。2010年10月，根据市政府“先审计后补偿”的要求，对部分拆迁补偿金额在100万元以上的拆迁户进行审计。

八、专项资金审计

1991年洪涝灾害，全市接受救灾捐款1263.55万元，救灾捐物折价649.87万元。市审计局组织实施对救灾捐赠资金进行专项审计，促进捐赠款物管理得当、发放合理、使用有效。1991—1996年，参与全市税收、财务、物价大检查（简称“三大检查”），对检查中发现的问题，按照“一审、二帮、三促”的原则，分别进行处理。1996年按省市审计机关统一部署，对全市1994年、1995年度预算外资金、市场物价调节基金等专项资（基）金的管理使用情况进行审计。2007—2010年，逐年加大社会保障体系的审计监督，除将各种社会保险资（基）金列入重点审计范围外，还对土地出让金、城市防洪工程等事关群众切身利益的资金进行审计监督。

九、任期经济责任审计

根据中共中央办公厅、国务院办公厅印发的《县级以下党政领导干部任期经济责任审计暂行规定》，2002年1月，市审计局成立领导干部任期经济责任审计科。同年12月，成立以市长为组长的兴化市党政领导干部经济审计工作领导小组，市委、市政府同时颁布《关于党政领导干部任期经济责任审计的实施意见》。2003年，市委出台《关于对党政领导干部实行届中经济责任审计的意见》。2006年，为完善经济责任审计工作机制，厘清前后任领导干部的经济责任，市委办、市政府办印发《兴化市领导干部离任未了经济事项交接办法》。为进一步加强对市级领导干部的管理和监督，正确评价领导干部任期经济责任，2008年，市委出台《关于进一步加强党政领导干部经济责任审计工作的意见》和《兴化市党政领导干部经济责任审计评价办法》，2010年，为拓展经济责任审计的广度和深度，市委办出台《兴化市党政领导“三责联审”[①]实施办法（试

①三责联审：由组织部门、编制部门、审计部门联合对党政领导干部开展“用人责任审查，编制责任审核、经济责任审计”。

行)》。2002—2010年,市审计局依据“积极稳妥、量力而行、提高质量、防范风险”十六字方针,围绕被审计对象所在单位预算执行及财政、财务收支情况、重大经济事项决策及专项资金使用情况、主要经济指标完成情况和领导干部执行廉政纪律情况开展经济责任审计,先后对150多名乡局级干部和市属企业负责人实施经济责任审计项目,揭示专项资金使用不规范、社会抚养费征管不到位、内控制度不完善、资产处置不合规等重大违规违纪问题,移送纪检监察部门案件线索14条。

十、乡镇审计

1991年起,市审计局每年进行乡镇财政决算审计。通过审计,提出加强财务管理和内部审计稽核等意见。1994年,对沙沟区6个乡镇财政收支情况进行审计。重点检查税款征收是否足额,财政收支年度划分是否正确,预算内、预算外及乡镇自筹资金的界限是否清楚等,并把工业公司、农经公司作为延伸审计的重点。审计结果表明,乡镇政府、财政所、基层税务所在筹集、分配、调节、监督乡镇各项资金方面取得较好成绩的同时,也存在一些问题。个别乡镇资金体外循环严重,个别企业效益差,欠费、欠税较多。1996年,对周庄区4个乡镇1995年度财政决算进行审计,在审计中发现收入不及时纳入决算,用财政资产垫付税费,违规购买控购商品等违规行为,依法进行处理。对延伸审计部分企业中发现漏交、欠交税费比较严重和部分企业擅自将应交税费转作自有资金等问题提出整改要求。2008年,对全市各乡镇社会抚养费征收、解缴以及计生办财务收支状况进行专项审计清理。2009年,继续深化农村五件实事审计,发现个别民营学校农村义务教育阶段免收学杂费未能执行到位,职业教育助学金和乡镇劳动力转移培训资金使用管理有待进一步规范,部分乡镇存在省补资金专户管理不规范、项目招投标过程和合同签订不合规等问题。2010年,组织实施财政支农项目资金绩效审计,派出4个审计小组,对全市34个乡镇及开发区“十一五”期间中央、省和地方配套的农业综合开发项目、小农水项目资金、现代高效农业项目资金、涉农补贴资金等使用、管理和核算情况进行专项审计。审计调查发现,部分乡镇财政支农资金使用不规范、管理不力、监管不到位,查出违纪违规资金2.29亿元,收缴市财政86.47万元,作出《移送处理书》29份,移送案件线索46条。

1991—2010年兴化市国家审计情况一览表

表17-1

年份	项目完成数(个)	查出违纪违规金额(万元)	管理不规范资金(万元)	上缴财政(万元)	固定资产投资审计项目(个)	核减金额(万元)	经济责任审计(个)	移送案件(件)
1991	78	152	356	23	3	43.44	—	—
1992	106	386	789	212	6	52.00	7	—
1993	111	475	856	33	26	106.00	—	—
1994	101	1207	3450	29	27	269.00	—	—
1995	127	3448	7890	78	38	303.00	2	—
1996	128	2862	6485	46	23	264.00	—	—
1997	110	1975	3586	95	13	145.00	—	—
1998	128	2310	4769	113	11	236.00	—	—
1999	126	9741	14527	128	9	425.05	29	—

续表 17-1

年份	项目完成数（个）	查出违纪违规金额（万元）	管理不规范资金（万元）	上缴财政（万元）	固定资产投资审计项目（个）	核减金额（万元）	经济责任审计（个）	移送案件（件）
2000	194	6789	11859	155	19	206.00	—	—
2001	103	10121	16864	278	6	143.00	—	—
2002	135	7413	11548	100	4	300.00	28	—
2003	133	1221	12174	132	4	703.00	29	2
2004	98	316	10694	239	18	2197.00	17	8
2005	142	1123	14302	175	31	1153.60	24	7
2006	157	1206	14000	395	38	483.00	23	18
2007	128	925	7666	325	25	3193.50	17	7
2008	131	4959	12971	325	77	4244.00	23	17
2009	167	5489	24992	396	131	8833.00	22	11
2010	166	14520	26846	528	138	10941.00	10	36

第二节　内部审计

1991年，市供销、粮食、物资、商业、农业等部门开展内审工作，堵塞漏洞，完善企业内部管理机制。供销系统形成市区乡三级内审计网络。供销社内审工作程序、材料归档较为规范，在开展承包审计、财务收支审计的同时，组织培训内审人员学习系统内审教材。1993年，全市内部审计85个单位，查出损失浪费金额22万元，纠正违纪金额32万元。1994年，全市内部审计15个单位。安丰镇政府审计室自1994年开始，先后组织内部审计业务培训32期，参训人员978人次。1995年，内部审计154个单位，进行财务收支审计97个单位，查出损失浪费金额51万元，纠正违纪金额3万元。2000年起，市教育局重视系统内部审计工作，从学校日常公用经费支出到专项资金使用，从预算执行到经济责任，从民办学校收费到公办学校负债管理以及校舍基建维修，内部审计全覆盖。市交通运输局加强财务工作的内部监督、管理，严肃财经纪律，提高资金的使用效益，在事前控制、事中检查、事后监督上下功夫，切实履行内部审计工作职能，在规范财务管理、服务交通发展、促进廉政建设等方面发挥积极作用。至2010年，该局财审科连续5年被泰州市审计局授予“泰州市内部审计先进集体”称号。

第三节　社会审计

市审计事务所按照市政府要求，承担全市企事业单位注册资本的验资和市属集体企事业单位财务收支审计工作，另外接受建设单位委托对工程项目进行竣工决算审计。1993年，市审计事务所完成委托审计查证项目1132个，受聘担任70个单位的审计会计常年顾问，全市核减基建预决算金额106万元，核减虚假注册资金569万元。1994年，市审计事务所完成委托审计查证项目1307个，受聘担任68个单位的审计会计常年顾问，核减基建预决算金额269万元，核减虚假注册资金1818万元。1995年，完成委托审计查证项目1287个，受聘担任66个单位的审计会计常年顾问，全市核减基建预决算金额300万元，核减虚假注册资金4612万元。1999年8月，市审计事务所与市审计局脱钩改制，变更为兴化市嘉和会计师事务所有限公司，实行行业自律管理。截至改制前，事务所完成审计项目单位7107个，其中财务收支审计369个，承包离任审计68个，为240家企业担任常年顾问，验资年检5783个，核减虚假注册资金7055万元，基建预决算验证288项，核减金额2318万元。

第四章　工商行政管理

1991年，兴化市工商行政管理局（简称“兴化市工商局”）按地段设立城东、城北、城西、安丰、大邹、沙沟、临城、垛田、周庄、大垛、沈坨、戴窑、戴南13个工商管理所，除维持市场秩序、指导市场交易外，管理范围逐步扩大到生产资料和生产要素市场。1999年，工商行政管理部门实行垂直领导，兴化市工商局更名为泰州市兴化工商行政管理局（简称“兴化工商局”）。先后成立相关社团组织：兴化市消费者协会、经纪人协会以及市12315消费者投诉中心（与消费者协会秘书处合署办公）。工商行政部门承担企业登记注册，市场建设，消费者权益保护，经济合同、商标、广告管理及公平交易等业务。

第一节　企业登记

一、工商企业登记

1991年，根据《中华人民共和国企业法人登记管理条例》及其《实施细则》，市工商局对454家批发企业全面清理，对不具备批发资格的162家通过调整，办理变更手续。当年，换发执照企业4977家，歇业3078家，保留并重新登记公司95家，撤销37家，合并两家，降格10家。1992年，为推动和深化国有和合作商业改革，遵循“先放开、后规范，先成立、后脱钩”的指导思想，为32个机关社团兴办的50个经济实体办理登记注册手续。1994年，《中华人民共和国公司法》实施后，市工商局规范公司发展，新登记有限责任公司8家，集团公司12家，股份制企业由小范围试点逐步大面积推广。依据有关法规和兴化市情，研究制定《小型工商企业、兼并、破产、拍卖、出租、承包经营登记注册试行意见》，使小、微、专职、国有、集体企业转制搞活有较强的可操作性。1995—1998年，加快推进国有企业改革，参与企业的改组改制。对于规模企业，协助其组建省级集团公司，努力培植市境规模经济。帮助15家企业挂上省市牌名称。1999—2000年，先后与117家重点企业签订帮扶协议，发放服务卡。通过登记注册，帮助407家企业理顺产权，建立现代企业制度。对磷肥厂、水泥厂产品市场进行专项整治，促进上述企业顺利改制。2001—2002年，支持企业“三置换一保障”改制，全市318家列统市属企业，有259家实施改革，退出公有资产4.79亿元。引导个私企业参与国有集体企业改革，江苏环宇集团等88家企业先后改组为私营企业。2003年以后，进一步畅通登记注册的“绿色通道”。2010年，全市登记在册的工商企业21798家，其中制造业8492个。

1991—2010年兴化市公司注册登记一览表

表17-2

年份	公司总数（户）	从业人员（人）	注册资金（万元）	年份	公司总数（户）	从业人员（人）	注册资金（万元）
1991	425	19586	10098	2001	512	21704	179028
1992	796	28869	25648	2002	767	28058	245289
1993	1433	57488	62395	2003	1145	34637	330162
1994	898	63898	72927	2004	1551	45210	451865
1995	165	4544	40645	2005	1955	53937	551529
1996	97	4038	27325	2006	2540	67483	696163
1997	98	4234	50336	2007	3018	72843	8588881
1998	158	10956	83076	2008	5325	106550	2091404
1999	233	13563	119432	2009	6061	117618	2396668
2000	359	17190	145329	2010	7171	131470	3060423

二、个体工商户、私营企业登记

1991年，全市城乡个体工商户23466户，私营企业7家。1992年，个体工商户为18851户，从业人员29386人。1993年，全市有个体工商户27851户，从业人员46379人，分别比上年增长47.74%和57.83%，为国家提供税收2013万元，占全市工商税收的20%。私营企业可以直冠市名，临时营业执照发放权力下放给各基层所。私营企业由上年的12家增加到45家，从业人员455人。1994年，结合兴化实际，制定发展个体私营经济的措施，下放临时营业执照发放权力，对个体、私营的特殊行业拓宽发展渠道。1995年，采取“简化、放宽、规范化”措施，全年发展个体工商户7514户，私营企业57家，提供工商税收3071万元。发展水上个体运输户，其持照率达92.3%，吨位87.4万吨，水上运输业成为全市个体经济的“半壁江山”。是年，个体工商户验照贴花率达96%。1996年，全市有个体工商户18772户，私营企业138家，税收2959万元，占全市工商税收43%。

1999年，贯彻中共十五届三中全会精神，放手发展个体私营经济，培植新的经济增长点。个体工商户净增3019户，达15096户；私营企业净增59家，达210家。2000年，努力放大戴南、张郭效应，发展个体工商户8567户，私营企业417家。全市登记注册的个体户20214户，私营企业750家。2001年，个体工商户验照贴花率为95%。2001年、2002年，引导个私企业参与国有、集体企业改革，江苏环宇集团等88家企业先后改组为私营企业。通过培育市场、引导劳动力转移、落实下岗职工再就业优惠政策，个私工业全年实现产值122亿元，税收1.85亿元。新发展个体工商户4400户，私营企业700家。引进外地资本5000万元，安置下岗职工再就业2016人。个私企业登记年检率96.5%—98%。2003年，全市新发展个体工商户4825户，完成目标的109%；新发展私营企业630家，完成目标的114%；个人独资企业299家，个人合伙企业16家。帮助冠省名企业8家，冠泰州市名33家。组建省级集团1家，实现零的突破。2004年，个人独资企业302家，比上年增加1%；个人合伙企业31家，比上年增加93.75%；受理登记个体工商户7293户，比上年增加51.15%；注销个体工商户5582户，净增1711户。2005年，受理登记个人独资企业194家，合伙企业23家。受理登记个体工商户7404户，比上年增加1.52%。年检率98%。个体工商户验照贴花率为95%。

2010年，全市登记在册的个体工商户20907户，从业人员54789人，注册资金27.72亿元。私营企业5251家，从业人员109078人，注册资金230.28亿元。个人独资、合资企业年检参检率94.5%，私营企业年检参检率95.1%。个体工商户验照贴花率为98.2%。

三、外商、港澳台商投资企业登记

1988年，市内首家合资企业兴化日模塑料制品有限公司注册成立。1991年，登记外商及港澳台商投资企业两家，投资300万元，注册资金235万元。2000年，登记的外商及港澳台商投资企业35家，投资额29023万元，注册资金25199万元。2010年，登记外商及港澳台商投资企业248家，投资102571万元，注册资金81739万元。其中登记的港澳台商投资企业128家，投资66852.6万元，注册资金55177.59万元。

1991—2010年兴化市非公司法人登记一览表

表17-3

年份	企业总数（家）	注册资金（万元）	从业人员（人）	年份	企业总数（家）	注册资金（万元）	从业人员（人）
1991	5055	73558	161415	2001	11485	2891564	238056
1992	5748	95646	187454	2002	12481	3039813	251535
1993	6750	132230	220349	2003	13511	3145756	265161
1994	7097	155236	255978	2004	14464	3286350	280668
1995	7423	187324	193698	2005	11994	482413	236392
1996	6591	282808	265590	2006	12303	532909	239974
1997	8518	451432	202701	2007	12623	558388	244061
1998	9276	2176166	213441	2008	13462	5616556	258965
1999	9963	2225513	219026	2009	13725	5638715	261804
2000	10705	2830985	228176	2010	14627	5679901	268152

1991—2010年兴化市外商及港澳台商投资企业登记一览表

表17-4

年份	外企总数（家）	从业人员（人）	注册资金（万元）	外商投资（万元）	年份	外企总数（家）	从业人员（人）	注册资金（万元）	外商投资（万元）
1991	2	—	235	300	1993	9	180	652	883
1992	5	—	371	462	1994	2	281	907	1256

续表 17-4

年份	外企总数(家)	从业人员(人)	注册资金(万元)	外商投资(万元)	年份	外企总数(家)	从业人员(人)	注册资金(万元)	外商投资(万元)
1995	7	1138	3098	4926	2003	86	9776	28812	34561
1996	20	1068	3343	5034	2004	113	10843	32733	51807
1997	20	1068	3343	5034	2005	142	11759	42555	51807
1998	25	6464	17389	18803	2006	162	11854	46581	55285
1999	27	7707	21573	23730	2007	219	6461	41703	51706
2000	35	7575	25199	29023	2008	192	13236	41581	58107
2001	43	8708	26087	30289	2009	215	13917	58675	76250
2002	57	9098	26971	31744	2010	248	14389	81739	102571

四、经济户口

2001年,市区和各乡镇主要街道无照率、亮照率全部达标。“经济户口”和“自缴费”制度稳步推行。其中18条街道被评为个体规范化管理示范街。2003年,制定并实施定期检查、专项检查、综合检查、重点检查、无照检查5项检查,通过“经济户口”系统生成巡查表7730份,增强巡查监管的针对性和计划性。2004年,建立以“经济户口”登记静态信息和市场巡查收集动态信息为基础的企业分类监管机制、信用信息披露制度,推进“诚信兴化”建设。

2005年,开展企业分类监管和个体分层分类监管,在企业中建立14个重热点行业书式台账,建立13个重点个体行业书式台账,完善监管网络。对企业年检、警示登记和解除、回访、巡查、专项整治、联合执法等各种监管动态信息及时录入和汇总。2006年,开展农资经营信用等级评比活动,通过自下而上,由经营户互评,乡镇政府初核,市工商部门核准。全市评出2005年度A级信用户104户,B级信用户472户,C级信用户162户。

2007年,全面推行分局三级监管责任体系,做到辖区内户口清楚,及时认领市场主体,划分到巡查组。完善企业监管机制,细化“企业警示制度”“企业巡查制度”“重点行业企业检查制度”,经济户口“五大检查”巡查记录9815条,检查录入率100%;经济主体监管二版软件推广应用率达100%。2008年,“两费”停征后,围绕“经营必领照、领照必亮照、持照必年检(验照)”的总要求,把证照管理放在重要位置,检查街道41个,检查个体工商户2400户,亮照率100%。

2009年,全面开展“经济户口管理示范点”创建活动,确认各类重点行业企业数1071户,实地检查企业6576户,占企业总数的33.24%。实施综合检查14767户,定期检查6612户,专项检查3647户。无照经营检查录入数6588户,责令改正回查155户,案后回查144户。垛田、城西、周庄、戴南4个分局被泰州市工商行政管理局命名为“首批经济户口管理示范点”。2010年,对2533户退出市场的内资企业数进行检查,城东、城北、城南、戴窑、大垛、安丰、大邹、沙沟8个分局被泰州市工商行政管理局命名为“第二批经济户口管理示范点”。

第二节　经济合同管理

一、合同监管

1991—1993年，鉴证各类经济合同20115份，金额23.28亿元，确认无效合同291份，提供资信服务及咨询服务2682次，依法清欠2192万元，75%的企业实现合同管理“三落实”制度（落实管理机构、落实管理人员、落实管理制度），评选1991年、1992年度“重合同，守信用”企业340家，使用合同示范文本的企业1816家。市工商局调查撰写《关于当前利用经济合同行骗的主要手法的防范对策》，提供政府部门和工商企业参考。1995年，市工商局机关印发《经济合同打骗防骗实用手册》，鉴证经济合同10651份，金额20172.6万元，为企业追讨宕欠款369万元，提供资信服务560次，涉及金额7115.8万元。1999年，《中华人民共和国合同法》颁布后，通过深入宣传，提高企业合同意识。确定市磷肥厂等117家企业为“合同解忧”重点帮扶对象，逐厂制定解忧方案。为企业避免经济损失1020万元。追讨宕欠款59万元，帮助企业引入资金29940万元。评比“重合同，守信用”企业136家，其中省级4家。2000年发挥合同鉴证、资信、抵押登记、行政调解等一系列职能作用，举办合同法规培训班64场，参训人员4196人次，鉴证合同3384份，提供资信服务521件，为企业避免经济损失2190万元，评比“重合同，守信用”企业136家，其中省级5家。

2005年开展合同助企活动，举办4期9场企业信用管理培训，528人次接受培训。125家企业建立信用（合同）专门机构，267家企业建立信用（合同）管理制度。2007—2009年，认定“重合同，守信用”企业124家，复查686家，推荐申报省级“重合同，守信用”企业3家。受理拍卖备案35件期，委托金额8170.79万元，成交确认书71份，拍卖成交额6927万元。拍卖行为备案14件。

2010年，合同监管工作以《合同法》《物权法》《担保法》和《拍卖法》为依据，突出以格式合同监管和企业信用监管为重点，强化合同服务职能，创新工作思路，改进工作方法。全面完成“重合同，守信用”企业复查认定工作，复查认定“重合同，守信用”企业230家，新认定42家，格式合同检查备案10份，受理合同争议纠纷调解15件，涉及金额156万元。

二、合同行政调解

1991年、1992年，受理合同纠纷案件630件。1993年，受理合同纠纷案件204件，争议金额857.5万元。2006年，受理合同争议18件，金额360万元，调解终结14件。其中行政调解合同纠纷15件。2007—2010年，受理并调解合同纠纷案件48件，争议金额606万元。

三、抵押登记

1997年，支持改制企业界定产权债务关系，为56家改制企业办理动产、不动产抵押合同登记变更，办理合同抵押登记251件，主债权金额5.5亿元。1998年，办理抵押物登记281件，主债权金额6.4亿元。2000年，办理抵押登记215件，帮助企业盘活资产2.37亿元，引入资金8196万元。2000—2005年，办理抵押登记1025件，帮助企业取得贷款23.72亿元。2006年，办理抵押登记185件，抵押物价值18.5亿元，为企业取得贷款7.86亿元。2007年，为155家企业办理抵押登记，为企业取得贷款4.46亿元，抵押物价值11.95亿元。2008—2010年，办理抵押物登记398件，为企业取得贷款15.79亿元。

1991—2010年兴化市经济合同管理情况一览表

表17-5

年份	鉴证		受理仲裁和行政调解		抵押登记	
	合同（份）	金额（万元）	案例（件）	金额（万元）	案例（件）	贷款金额（万元）
1991	4375	88538	—	—	—	—
1992	7294	128456	—	—	—	—
1993	8446	15797	—	—	—	—
1994	12849	392	—	—	—	—
1995	10651	20173	—	—	—	—
1996	10231	40714	—	—	154	8641
1997	5735	98247	—	—	251	13268
1998	3563	58000	—	—	281	14295
1999	8654	82645	—	—	310	18943
2000	3384	65292	13	262	215	23657
2001	5624	91674	15	364	185	28531
2002	4623	75318	10	128	148	27562
2003	—	—	15	250	130	31430
2004	—	—	9	185	158	56732
2005	—	—	11	132	189	69308
2006	—	—	18	360	185	78632
2007	—	—	5	265	155	44600
2008	—	—	12	150	118	38592
2009	—	—	16	35	140	62071
2010	—	—	15	156	140	57224

说明：1. 1996年起，市工商局办理抵押登记。2. 1999年，县（市）一级撤销仲裁机构，保留合同行政调解职能。3. 2003年，国家压缩行政审批项目，合同鉴证工作取消。

第三节 商标、广告管理

一、商标注册

1991年，核转商标注册46件，备案未注册商标59个。1992年，引导企业正确运用商标，提高申请商标核准率。实施注册商标使用情况月报制度和未注册商标使用备案制度，核转注册商标158件。新增注册商标21个，创江苏省著名商标1个。在商标印制单位聘用审查员，开展“商标印制先进单位”评比活动。1993年，代理申请商标112件，确定定点印制商标单位28家。

1994年、1995年，市工商局派人员至国家商标局帮助企业办理商标申请84件，新申请注册商标66件。1996年、1997年，全市有注册商标293件，新发展指定商标印制单位8家。宣传《中华人民共和国商标法》，举办商标知识培训班25期1800多人，增强企业经营管理人员名牌意识、商标意识，先后为企业代理各类商标申请134件，其中新申请注册商标44件。1998年，代理各类商标申请168件，新办商标注册申请35件。以争创名牌农副产品为突破口，帮助难得集团和荡朱乡申请注册“难得”“一禾”商标。加大申报省著名商标力度，指导11家企业参加省著名商标认定，“飞月”轴瓦、“兴达”钢帘线被认定为省著名商标。

1999—2001年，以农副产品为突破，全面启动兴化名牌工程，初步形成5大系列品牌农副产品：以“垛田”牌香葱为主的脱水蔬菜；以“一禾”牌西瓜为主的果蔬产品；以“中庄”牌醉蟹为主的水产品；以“五福”牌酱菜为主的酱醋制品；以“天禾”牌麻油为主的调味品。有注册商标130件，已申报尚未核准的未注册商标31件。不锈钢制品、劳保用品、化妆品等品牌产品也具备一定的市场知名度。2002年，新办注册商标申请70件，“安洁尔”商标被认定为江苏省著名商标。实施“农产品进超市、劳动力进城市”的“两进”工程，引导农民实施商标战略，提高农副产品档次和市场竞争能力，开辟农副产品“绿色通道”。2003—2005年，新申请注册商标426件，申请省著名商标11件，泰州市知名商标59件。2005年，办理变更、续展、转让35件，开展“百名工商干部进万家企业”活动，出动人员350多人次，发放商标法规宣传资料800份，走访创牌企业85家，检查商标使用单位680户次。举办企业负责人培训班12期，500余人次接受训练。2006年、2007年，新申请注册商标317件，办理变更、续展、转让36件，帮助申报省著名商标6件、泰州知名商标53件。2010年，新申请注册商标289件，全市商标总量达2426件，新认定省著名商标4件。“兴达XINGDA及图”和“美乐”商标，被国家工商总局认定为驰名商标。

2010年兴化市获中国驰名商标、江苏省著名商标企业一览表

表17-6

驰、著名商标	单位名称	商标	认定年份
中国驰名商标	江苏兴达钢帘线股份有限公司	兴达XINGDA及图	2010
	江苏美乐肥料有限公司	美乐	2010
江苏省著名商标	兴化市气筒厂	环球	1992
	泰州远东纸业有限公司	安洁尔	2002、2008
	江苏兴达钢帘线股份有限公司	兴达	1998、2003、2008
	兴化锁龙消防药剂有限公司	锁龙及图	2004
	江苏飞月轴瓦有限公司	飞月	1998、2004
	兴化市精密铸钢有限公司	兴精	2005、2008
	江苏双乐化工颜料有限公司	双乐	2006
	江苏振亚特种螺钉有限公司	振亚	2006
	兴化市星火不锈钢制品厂	高耐	2006
	江苏美乐肥料有限公司	美乐	2007
	江苏博生医用新材料股份有限公司	图形	2008
	江苏新宏大集团有限公司	NEWHONGDA	2008
	泰州市欣晖食品有限公司	欣晖	2008

续表 17-6

驰、著名商标	单位名称	商标	认定年份
	江苏宏泰不锈钢丝绳有限公司	宏泰	2009
	江苏顶能食品有限公司	顶能	2009
	江苏红膏大闸蟹有限公司	泓膏	2009
	江苏兴龙金属制品股份有限公司	兴龙	2010
	江苏京生软管有限公司	京生	2010
	兴化市贤人米业有限公司	贤人	2010
	兴化市大地蓝绢纺有限公司	大地蓝	2010

二、侵权行为查处

1991年，全市封存地产冒牌上海“熊猫”乳胶22592瓶，假冒商标标识31万余张，并进行严肃查处。1992—1994年，查处商标案件47起，收缴、销毁违法商标标识540万套（件），罚款1.3万元。1995年开展整治假冒商标专项斗争，检查有关企业1249家，查处违章违法商标案件50起，没收违法商标标识40多万套（件）。1996年、1997年，全市查处违法商标案件112起，罚没款32万元。对市内商标印制单位实行月报制度，对未注册商标实行使用备案制度。1998年查处制售假冒伪劣商品案件82起，挖掉窝点21个，查扣假烟2190条、假酒5万余瓶，假冒电视机48台、VCD影碟机130台、洗衣粉180箱、乳胶5吨，劣质水泥190吨、饲料4吨，各类假冒商标标识30余万张（只）。1999年、2000年，开展打假活动30多次，查处假冒伪劣案件61起，商标侵权案件123起。突击整治侵权商标，查处各类商标违法案件67起，罚没入库35万多元。

2001年，整顿规范商标使用印制行为，开展争创“无假冒商标商品示范店”活动，立案查处商标侵权案件12起、非法印制商标案件16起，罚没入库12.45万元，查扣违法商标标识35.54万套（件）。2002年，开展打假保名牌的“红盾春雷”执法行动，查获假冒伪劣商品涉案金额160多万元，罚没款22万元。以室内装饰装修材料为重点，组织开展打假保安全居住专项执法行动，对7家市场、296户进行检查，抽查样品206批次，查获无绿色环保标志的各类人造板及其制品、内墙涂料、胶粘剂等装饰装修材料，涉案金额30多万元。2003年，查办商标违法违章案件78件，罚没款54.85万元。围绕保护注册商标专用权，开展“专卖店、连锁店、加盟店、专营店和大卖场”专项检查，查处商标侵权和违法印制商标案件49件，查扣违法商标标识1.4万套（件）。2006年，在“反仿冒、反误导、反欺诈”查处虚假违法活动中，检查各类经营主体660户，查处商标侵权、仿冒名牌、对商品质量价格误导、欺诈消费者等行为。对假冒“鳄鱼”“袋鼠”“啄木鸟”“花花公子”和“苹果”等服饰依法查处，净化市场。全年查处违反商标法规案件28件。

2007—2010年，查处商标案件84件，没收违法商标标识4.6万只，罚没款66.69万元。

三、广告监督管理

1991—1998年，全市查处违法广告案件52起，罚没款12万元。1998年，新发展广告经营单位2户，24户广告经营单位实现广告经营额458万元。1999年，共立案查处广告案件127起。

2000—2004年，以推行“户外广告规范化管理一条街”为重点，突击整治虚假广告案件。完善广告监督管理8项制度，规范医疗广告、药品广告、保健食品广告和其他特殊商品广告发布行为。2002年、2003年，登记各类广告556件，查办广告违法违章案件65件，罚没款25万元。规范户外广告、车身广告、商场市场内广告、印刷品广告等发布行为，先后查处违法广告案件34起，罚没款19.39万元。登记各类广告560件。2005年、2006年，新申请广告经营单位6家。在“反仿冒、反误导、反欺诈”、查处虚假违法广告活动中，检查各类经营主体660户，违反广告法规案件12件。2007年，发展广告经营单位5家，实现广告经营额1135万元，查处广告案件32件，罚没款17.33万元。

2007—2010年，广告产业得到长足发展，年广告经营额以40%以上速度增长，2010年，全市广告企业发展至59家，广告经营个体户36户，年均登记户外广告260件，车身广告400件，广告经营额超过6400万元。

第四节　市场管理

一、市场培育

1991年，全市有各类市场71个。1995年，楚水招商城、顾庄木材市场被评为“扬州市十大市场”。1997年，推行市场办管脱钩，采取“重点培育、抓紧改造、调整结构、提高功能”的方针，加快兴化市场体系建设的步伐。2000年，全市有各类商品交易市场103个，成交额32亿元，其中超亿元市场10个、省级文明市场5个、泰州市级文明市场14个。市工商局帮助和指导社会各方兴办市场、规划设置摊位和招标出租等工作。

2001—2003年，全市集贸市场年成交额51亿元。新发展市场2个，全市登记注册市场105个，其中亿元市场9个。指导督促16个重点农贸市场开展农药残留检测，7个农贸市场实行速测灵快速检测，“放心菜工程”得到全面实施。2004—2006年，培育重点市场和区域市场，对戴窑粮食市场、沙沟水产品批发市场、戴南不锈钢市场重点帮扶。在“金三角”等重点市场开展“双信”（诚信经营户、信得过经营户）活动，促进集贸市场健康有序发展。2006年，集贸市场年成交额83亿元，培育亿元市场10个。2007年，集贸市场年成交额85亿元，有1个市场获省五星级文明诚信市场，4个市场获省四星级文明市场，8个市场分别获得“省三星、二星级文明市场”称号。

2008—2010年，全市有省五星级文明市场1个、四星级文明市场4个。

二、市场规范管理

1991年、1992年，整顿重要生产资料经营，对全市124家经营重要生产资料，特别是钢材、木材、水泥、煤炭的单位和个人进行全面调查和重新审核发照，建立全市钢材经营单位档案，聘请并培训283名生产资料市场协查员。取缔39家无证经营单位和个人摊点，突出对“三农”物资和种子市场的监督管理，加强对棉花、蚕茧等重要生产原料的监督管理。整顿商业批发市场，对不具备资格的162家批发企业办理变更手续。1993年，强化交易秩序管理，综合治理场外无照经营，取缔无照经营者2000多名。吸引国、合商业企业设摊经营。1996年，抓农贸市场整顿，合理设置经营网点，推行明码标价经营。抓棉花、粮食和生猪市场管理。整顿夏季饮料市场。介入建筑市场管理，查处不合格水泥133吨，强化药品市场、文化市场的监管。

1997年，深化集贸市场规范化管理，开展“十佳市场先进行业区、文明摊位”评比活动。城区重点集贸市场实行营业摊位制式化，统一购置电子秤、双面弹簧秤和垃圾周转箱，固定经营户普遍挂牌经营，持照标价率达95%以上。楚水招商城发挥党员个体经营者先锋模范作用，亮牌接受监督，带动其他经营户自尊、自爱、自强，主动检查销毁大量过期变质、假冒伪劣商品。城西等农贸市场实行净菜上市和光禽上市。

1999—2001年，以打击假冒伪劣为重点，整顿和规范市场交易行为。抓农资市场和粮食、棉花市场管理。加强生猪、蚕茧、兽药、鱼药饲料、农机、成品油等市场的监管，规范农村市场秩序。2002年、2003年深化专项整治，会同文化、公安等部门，先后检查城区学校周边网吧100户，取缔无证无照"黑网吧"65户。围绕社会危害较大、严重扰乱市场经济秩序的案件，开展"打假维权"，进行专项检查，打击各类假借防治"非典"之名从事非法经营行为，立案查17件，罚没款17.2万元。抗洪救灾期间，加强涉及化学危险品、抗洪救灾物资和蔬菜生产经营的监管，保障人民生命、财产安全，坚决杜绝囤积居奇、哄抬物价的现象发生。2004—2006年，指导督促21个重点农贸市场开展农药残留检测。推行《江苏省市场食品放心工程责任合同》和《江苏省无公害蔬菜买卖合同》规范文本，逐步建成市场肉菜粮质量监督保障体系，全力营造放心购物、安全消费的良好环境。

2007—2010年，市工商局邀请部分市人大代表、政协委员专题视察"肉菜粮放心工程"。重点帮扶戴南不锈钢交易城、戴窑粮食市场、沙沟水产品批发市场，帮助金三角工业品综合市场建立网站、电子查询系统，引导市场"双信经营户"进入商品推介公示系统。粮食交易市场投资近20万元，对硬件设施进行改造，提升市场整体档次和经营管理水平。

三、经纪人发展与管理

1992年，全市各种经纪人服务组织100多个340多人，把农业、农民推向市场。1994年，整顿精简经纪人队伍，辞退经纪人31人，明确经纪人工作范围，并制订完善奖励、辞退等制度，促进经纪人队伍健康发展。1997年、1998年，重点培育沙沟水产品、垛田蔬菜、荻垛禽蛋3大农副产品批发市场，带动个体私营经济快速发展。1999年12月，正式成立兴化市经纪人协会，317名经纪人通过培训发证。2000年，引导农村剩余劳动力加盟个私经济，发展农民经纪人480多人（执证）。2001年，加强对各类中介市场的监督管理，对217家中介机构进行专项整治，责令13家限期补领营业执照，对两家提供虚假信息、骗取钱财的中介机构立案查处。

2002年、2003年，发展订单农业、促进农业产业化经营。新发展经纪人600人，举办经纪人培训3期，培训1000多人次。2004年，围绕培育蔬菜、粮食、水产、纺织4大特色产业，壮大经纪人队伍，引导成立一批具有兴化特色的行业协会和经纪人组织，新发展经纪人402人，举办经纪人培训班5期，培训2000多人次。2005年，培育发展1500多名经纪人，全年举办经纪人培训班4期。培训2000多人次。2007年，在缸顾乡和开发区举办农村党员经纪人培训班2期。2009年，发展经纪人近400人，600余人次参加业务培训。各基层分局按照挂钩联系两个农村经纪大户、两个农村新型经济合作组织的标准，挂钩联系农村经纪大户20名、农村新型经济合作组织20家。贯彻落实全省工商系统"红盾保民生护企业促发展"主题活动精神，通过上门指导服务，规范农民专业合作社、农村土地股份合作社运行，促进农民增收致富。

2010年，经过培训并领有证照的经纪人605人。全市形成缸顾蔬菜、沙沟水产品、戴窑粮食、戴南不锈钢4个各具地方特色的经纪人团体，活跃在全市各类商品交易市场。

四、反不正当竞争

1994年、1995年，为贯彻落实《中华人民共和国反不正当竞争法》，市工商局打击和制止多起不正当竞争行为。1996年，制止某自来水厂不正当竞争行为，在全市垄断性行业中引起震动。当年查处不正当竞争案件10起，罚款35万元，案值达151万元。1997—1999年，查处兴化市有史以来第一起走私案件，查获走私香烟6万多条，同时查获一大批走私工具。查处3起传销活动。2000—2006年，加强对垄断行业的监督管理，开展对烟草、保险、供电、邮政、金融、供水、供气、保险等行业的调研，查处“不正当竞争”案件8件。开展治理商业贿赂工作，突出工程建设、土地转让、产权交易、医药购销和政府采购等领域，先后查处工程拆迁、开发、装潢等项目的商业贿赂案件4起。

2008年，兴化市公安局经侦大队查处首起串通投标案。犯罪嫌疑人徐某、杨某等人在安丰镇新北郊村一块城镇混合住宅用地招标前，相互串通投标，商定由徐某分别给杨某8万元、另3人各7万元，由于在竞标过程中虚假竞标，最终此地块由徐某“竞得”。同时，警方还查明：犯罪嫌疑人许某等人在安丰镇另一城镇混合住宅用地招标前，相互串通投标，许某分别付给另3人各3.05万元“好处费”，让3人虚假竞标，结果由许某“竞得”。经市国土资源等相关部门初步估算，两次串通投标造成集体经济损失180余万元。犯罪嫌疑人均被绳之以法。

2007—2010年，查处商业贿赂案件112件，罚没款46.56万元。查处“三虚一抽逃”（指提供虚假材料、虚报注册资本、虚假出资、抽逃注册资本4种违法行为）案件44件，罚没款116.55万元；知识产权保护案件46件，罚没款15万元；驱散、遣送传销人员65人，移交司法部门处理2件。

五、食品安全监管

1991年，市工商部门组织城乡200多名个体工商户到外地组织货源。分别对粮油、食盐及各类防洪物资进行突击检查，先后查获加价出售大米4.5万千克，霉变药品40千克，过期变质食品20226瓶（袋）。对一时紧缺的绿豆、豆芽菜实行临时最高限价。各市场加强卫生管理，对死亡家禽、水产品及腐烂变质食品禁止上市。查处冒牌名酒1200多箱，劣质胡椒粉近3.8万袋。是年，在全国第一次食品卫生质量调查中，兴化酒厂被抽检产品的合格率均为100%。

1994—2001年，查处违法经营粮食案件278起，粮食1900多吨。通过省、泰州市组织的粮食市场执法监察检查验收，被省工商局表彰为“粮食市场管理先进集体”。查处销售私盐案件8起，3.2万千克；查扣假酒2000多瓶，假冒劣质饮料2100箱，以及其他一大批假冒伪劣食品、营养品，捣毁制售假冒窝点、团伙28个。1996—1999年，抓粮食市场监管。查处违法经营粮食案件174起，1475.7吨。以林湖、红星等乡为重点，突击整治调味品市场，查处假冒调味品3万多件。以李健、西鲍等乡为重点，突击整治酒烟市场，查处假冒名酒5000多瓶，假冒名烟3000多条。

图17-3　市工商系统进行产品质量和食品安全专项整治（2007年摄，市工商局提供）

2002—2004年，城区以各市场主办单位自检为基础，消费者复检为补充，执法部门抽检为保障的“三检联动”检测网络。不断丰富和完善“肉菜粮放心工程”，围绕关系人民群众健康安全的热点问题，开展“食品安全市场”“散装白酒市场”“节日市场”“调味品市场”等一系列专项检查。检查奶粉及学生饮用奶经营单位及经营户3600多户，抽样送检24批次。立案查处销售假冒“味好美”等调味品案件7起。开展“毒鼠强”“禽流感”动物疫病防治药品等一系列检查执法行动。2005年，开展食品安全专项整治执法行动。先后出动执法人员5200多人次，检查各类市场主体4600多家，检查加工、销售成品粮企业和经营户122家，依法取缔无照收购和销售粮食经营户5户。2007年，结合“农村食品市场整顿年”，开展食品安全整治，下发《基层分局食品安全综合评价检查标准》。对工商系统执法人员进行辅导培训，对食品生产加工主体573户，食品销售主体3863户，餐饮主体1211户进行分类核查和清理规范。市区的市场、超市100%建立进货索证索票制度。乡镇、街道、社区食杂店100%建立食品进货台账。市场主办单位建立并落实《集贸市场猪肉入场复检》《集贸市场猪肉经营场挂钩备案》和《蔬菜农药残留检测》登记台账。2008年，开展元旦、春节市场专项整治和"三鹿"等婴幼儿配方奶粉彻查工作。为应对乳制品突发事件，市工商局下发《关于加强流通领域奶粉及乳制品突发事件应急处置工作的通知》和《关于重申食品安全应急预案Ⅰ级响应期间监管工作责任的紧急通知》，强化流通领域奶粉及乳制品质量安全管理，切实保障婴幼儿及广大消费者健康安全。制定《食品安全示范店创建标准》，开展食品安全示范店创建活动，建成县级示范店504个。

2009年，开展流通环节食品安全整顿工作，两次抽检大米、粽子、糕点、水产罐头、酒类等食品48个批次，对5个批次不合格食品立案查处。按照结合《食品安全法》及其"实施条例"有关规定，对全系统食品安全监管人员和全市食品批发企业、大中型超市、总经销（代理）分别集中培训，提高食品安全监管水平和自律水平。按照国家工商总局《食品流通许可证管理办法》和省工商局《江苏省食品流通许可证管理办法》规定，于10月开始核发《食品流通许可证》。制定出台《基层分局流通环节食品安全监管工作规程（试行）》，该"规程"当年获泰州工商局"创新·规范"课题一等奖，2010年由省工商局发文在全省工商系统推广。根据《食品安全法》等法律法规和国家工商总局《流通环节重大食品安全事故应急预案》，开展应急演练。2009年3月，兴化工商局被省工商局表彰为"食品安全突发事件应急处置工作先进单位"。

2010年，为完善流通环节食品质量可追溯机制，提高食品安全监管效能，在全市推广使用食品安全监管"两项制度"（进货检查验收及记录制度）信息化系统，有40户食品经营主体安装使用这一系统。开展食品安全规范化监管示范街创建活动，创建消费者满意的"示范街"12条。开展食品添加剂、问题奶粉、鳕鱼片、一次性餐盒等专项整治和"学栖霞、强监管、促规范"食品安全百日执法行动，查处各类食品违法案件62件，罚没款35.82万元。

六、经济违法违章行为查处

1991—1995年，查处各类经济案件1045起，罚没款100多万元，先后多次在城乡组织检查活动，销毁假冒伪劣商品，举行假冒伪劣品展览曝光。综合整治场外无照经营，取缔无照经营摊点2000多个。在查处的各类违法违章经济案件中，10万元以上案件4起，1万元以上、10万元以下案件59起。查处非法经营的物品价值2700多万元。查处棉花案件87起，封存1400多台小轧花机。查处违法违章经营的棉花158.03万千克、蚕茧6.8万千克。对涉嫌违法的移送司法机关处理。市工商局并先后被省和国家有关部门命名表彰为"江苏打假先进集体"和"全国打假先进单位"。市工商局经监中队先后被省工商局和扬州市工商局评为先进集体。

1996—2000年，查处各类经济案件3516起，罚没款1672万余元。其中1998年、1999年，查处违法经营粮食案件174起，粮食1475.7吨，通过省、泰州市组织的粮食市场执法监察检查验收，被省工商局表彰为"粮食市场管理先进集体"。棉花上市后，市工商局与交警、交通部门配合，查处非法经营棉花案件107件、棉花240吨。开展"红盾打假护农"执法行动。5次开展农资市场专项清理整顿。重新核准登记农资经营网点579个。注销农资集团公司下设的分支机构358家。取缔400个不具备经营资格的网点和8家小磷肥厂。抽样检测化肥242批次，其中不合格92批次；抽样检测农药60批次，不合格35批次；封存查处571.9吨劣质化肥和370箱农药。查处各类农资案件109起，罚没款30万元。2000年，对全市800多个农资经营网点进行拉网式检查，依法取缔58个非法农资经营网点、6家小磷肥厂，立案26起，查处假劣化肥80.5吨、农药4.7吨。2001—2010年，全市查处各类违法违章经济案件6309件，罚没款1841万元。2004年、2005年，以深入开展“保安全、保健康”专项执法行动为重点，规范市场准入和市场交易行为，整顿涉农市场秩序。2006年、2007年，开展净化油、小磷肥、小源污染企业，小橡塑、化工生产企业，网吧游戏机，取缔无照经营等专项整治活动，落实乡镇政府包干责任制。取缔无照网吧5家，无照游戏经营场所435家，关闭小橡塑生产加工企业418家，取缔不合格化工企业7家，土炼铜生产企业6家，无照生产加工油品企业3家。依法吊销企业经营证照68家，取缔无照经营561家。2008—2010年，查处假冒伪劣案件144起，罚没款78.23万元。

第五节　消费者权益保护

一、执法维权网络建设

1994年“3·15”前后一个月，组织40家大中型生产销售单位有关人员座谈，发表电视讲话，开展“消法”知识竞赛。消费者协会开展“消法”宣传，受理消费者投诉126件，办结率98%。在全市范围内开展争创“维护消费者权益先进企业”活动。

1995—1998年，市工商局以“一切为了农村消费者”为主题，先后动用车辆650多辆次，组织2600多人次对农资市场进行4轮拉网式检查，有效规范农资经营秩序。

1999—2001年，开通“12315”消费者投诉举报电话，发挥“12315”举报网络作用，加大巡查频度，对市场交易活动实施动态化、立体化监控，重点加强对城郊接合部、闲置厂房、仓库码头、深街小巷等案件易发部分的巡查。受理消费者投诉、举报近2000次，从中发现案件线索200多条。立案查处各类案件539起。公开销毁货值130万元的假冒伪劣商品。2005年“3·15”期间，市区24个社区和城乡108所学校建立12315申诉举报联络站。青少年维权工作被表彰为“全省青少年维权岗先进单位”。2006年，健全“12315”网络。12个基层分局建立投诉举报中心，构成辐射全市范围的维权执法系统。12315申诉举报中心受理各类申诉举报265件，受理率100%；办结263件，办结率99%；消费者获加倍赔偿1.56万元，为消费者挽回经济损失78.65万元。2008年，与电视台共同录制红盾维权、食品安全监管、放心消费创建等专题节目3期，与广播电台、《兴化信息》继续联办“消费与维权”栏目6期。组织开展消保维权、12315岗位知识培训、竞赛活动，全面提升干部和12315工作联络站人员的业务素质和技能。会同相关部门在住房、汽车等大宗消费和通信工具售后服装、建筑装潢、教育、文化、保险以及旅游等服务消费领域开展服务维权专项整治活动。

2009年，消费者申诉举报接诉率100%，各类申诉举报在法定时限内办结率100%；各类申诉举报处置工作合法率100%；申诉处置结果向消费者反馈率100%；消费者对各类申诉举报的处置满意率达95%以上。加大消费维权网络体系建设，乡镇、村、街道、社区和行业协会、大型龙头或连锁企业都建立和完善消费者投诉快速处理机制，及时受理和调解消费投诉和消费纠纷。继续推动投诉站（点）进社区、进村镇、进商场、进市场、进企业，努力实现投诉不出门、解决不出店。

2010年，市工商局按照国家工商总局12315“四个平台”建设的要求，努力把12315打造成消费者满意、社会认可、政府肯定的工商维权品牌。消费者投诉站和12315联络站“两站”合署办公，确保消费者申诉有门、有人、有制度。充分利用大学生村官知识面广、责任心强等优势，推进农村消费维权和社会维权工作。在办公场所、受理窗口、执法车辆广泛使用12315品牌创建活动标识。在大型商场、超市和主要商业街张贴12315提示标牌。

二、放心消费创建

2007年，兴化市政府在全市启动放心消费创建活动，以提高消费环境安全度、经营者诚信度和消费者满意度为主要内容，并将活动作为建设“富庶兴化、生态兴化、文化兴化、和谐兴化”的重要举措，列入政府工作的重要议事日程。成立以常务副市长为组长的领导小组及其办事机构，各创建乡镇、部门相继成立创建组织，制定工作方案措施、创建达标标准，从组织、制度、机制、经费上提供保障，确保创建活动的顺利推进。

图17-4 兴化市百康豆制品有限公司直销点
（2010年摄，市供销总社提供）

2008年，以放心消费农机行业创建为先导，紧扣创建目标，制定下发《关于印发〈全市十大重点行业放心消费创建活动实施意见〉的通知》，在食品、食用农产品、粮油制品、豆制品、药品、建材家具、农资、房地产、餐饮、建筑装饰等与群众消费密切相关的10个重点行业开展放心消费创建。明确创建目标、任务、要求和标准，牵头部门研究制定各行业创建实施方案，并组织开展体现本行业特色的为民办实事活动。兴化市大自然地板超市获“2008年度全省放心消费创建活动先进单位”称号。2009年，在全市10个乡镇、16个社区、10个行业、20家市场、20家商场超市全面开展放心消费创建活动。市教育局、工商局、卫生局联手推进“食谱进食堂”“连锁超市进校园”，保证学校和机关餐桌的放心消费。市供销总社开展豆制品放心工程和百惠超市进农村的“万乡千村工程”，建设“百康”豆制品生产基地，在城市社区设立百康豆制品销售点。泰州市新合作常客隆百惠超市有限公司获“2009年度全省放心消费创建活动先进单位”称号，牌楼社区和昭阳镇被评为“2009年度全省放心消费创建活动先进区域”。

2010年，市工商局在安丰镇召开全市放心消费区域创建现场推进会，参观学习安丰镇创建经验。按照省“放心”办《测评体系》和《考核细则》的要求，细化测评标准，制定考核细则，指导完善创建资料，对20个乡镇和20个行业“放心”消费创建工作全面测评，不断提高创建工作层次和水平。兴化市政府获“全省放心消费创建活动先进县（市）”称号，市出租车行业被评为全省放心消费创建活动示范行业，市电信公司、烟草专卖局等8家单位获得“全省放心消费创建活动示范（先进）企业”称号，戴南镇、安丰镇和英武社区获得“全省放心消费创建活动示范（先进）区域”称号。

第五章 物价管理

1992年，市政府批准设立价格事务所，为市物价局领导下的全民事业单位。1995年4月，市政府决定撤销9个农村物价管理检查所，人员分流到市物价局及工商、税务、财政等部门。1997年6月，市物价、财政部门明确47名乡镇财政所人员兼负物价工作。1998年，物价检查所依照国家公务员制度管理。1999年，增挂“兴化市物价举报中心”牌子。2000年，价格事务所更名为兴化市价格认证中心，从事价格鉴定、认证、评估等价格服务工作。2008年，更名为兴化市物价检查分局，调整为市物价局直属行政机构。同年10月，成立兴化市价格协会，开展价格协调、咨询、宣传等服务。2010年机构改革，市物价局职责划入市发展和改革委员会，挂“兴化市物价局”牌子。

第一节　价格管理

1991年，市物价局发出“增强企业活力的若干意见”，提出实行物价控制目标责任制，主要以放开百姓生活商品和服务价格为主，放开服装价格和卷烟零售价格，搞活商品流通。按物价统计口径计算，全年调整扬州市以上管理的各类商品价格和非商品收费净额775.46万元。

1992年，国家物价局颁布《农产品、重工商品、轻工商品和交通运输价格管理目录》，省物价局按照“管住少数、放开多数”的原则，重新公布《江苏省农产品、重工商品、轻工商品和交通运输价格管理目录》。其中授权市县管理的品种减少为农产品2个、轻工商品16个、重工商品20个，计38个。当年，先后放开部分商品价格和经营性收费标准。同时，全面放开流通领域差价，由企业自主确定。1993年9月，对部分重要商品实行提价事前备案制度。是年底，对价格已经放开但与人民生活关系密切的27个品种（项目）300多个规格的商品价格加强管理和指导，明确备案单位。1994年，对政府定价的籼米、粳米、面粉、食用植物油、食盐、居民用电、自来水、管道煤气、民用煤球、液化石油气、房租、居民住宅房、市内公交费、学杂费、托儿费、医疗费等16个品种、项目严格按国家、省有关规定管理。对生产经营者自主定价的33个品种、项目，分别实行差率管理、调价申报、提价备案等。1995年，适当调整管理权限，对猪肉价格继续实行差率管理，猪肉毛白差率控制在60%以内。对商品房销售价格、代收费用及工程、配套设施费用和材料差价进行规范。完善对居民生活必需品和服务价格监审。对政府定价的16个品种（项目）严格管理。对已经放开由生产经营者定价的33个品种，区别不同情况，对其中11个品种实行差率指导、调价申报，对其余22个品种实行提价备案。1996年7月、8月，猪肉、豆制品、蔬菜价格涨势迅猛，全市对猪肉、豆制品采取贴价销售等办法，平抑价格。

1997年是市价格总水平涨幅较低的一年。市物价局先后组织实施国家目录电价、油品、公路客运、公有住房售房成本价格和粮、棉、茧等价格改革，建立商品审价制度，重点对居民基本生活必需品和基本生产资料价格建立商品审价制度。是年，《中华人民共和国价格法》颁布实施。列入监审并实行差率管理、提价申报、提价备案等干预措施的20种工业品价格退出监审范围，由经营者依法自主定价。2002年，省物价局根据“价格法”精神，颁布《江苏省定价目录》，其中市县管理的品种减少为20个，其中：市管的2个，市、县共管的18个。2003年3月，市物价局建立通联报告、政策提醒、预警预报制度。应对“非典”时期的涨价风潮，建立《应对价格异动预案》，依法对30多种“防非”商品价格实施行政干预，2003年解除相关价格干预措施。2004年，价格总水平明显上涨，市物价局根据省局要求，严格控制出台涨价项目，暂停政府定价和政府指导价的提价。

2004—2007年，市物价局重点加强商品房价格管理，严格按成本核定商品房价格，并按照省市相关文件进行管理。同时加强公共事业价格及服务业价格的监管，使价格总水平保持相对稳定。2008年1月，对部分重要商品启动临时价格干预措施，食用植物油和纯牛奶列入提调价申报范围，面粉、粳米、猪肉等列入调价备案范围。出台普通住宅商品房有线电视配套工程收费标准。

图17-5 兴化市市区出租车运价调整听证会
（2007年摄，市物价局提供）

10月，《兴化市城区餐饮业价格行为规则》颁布施行。年末，根据上级要求，暂停住宅商品房价格审批。

2009年10月13日，召开市区“十一五”自来水价格调整听证会。11月，经泰州市物价局批复同意，执行市区“十一五”自来水价格调整方案，居民生活用水到户价调整为每吨2.64元。2010年1月，市区出租汽车运价与油价联动，当93号汽油每升价格上涨达6.04元及以上时，每车次价外加收1元燃油附加费，3月26日零时起，市区出租汽车运价加收1元燃油附加费。6月，为规范房地产市场价格行为，预防房价过快上涨，促进房地产市场平稳健康发展，市政府决定，对新建普通商品住房实行销售价格备案制度，房地产开发企业在领取商品房销售许可证前，须到物价部门履行价格备案手续，并于每季度第一个月的10日前，将上季度实际成交价格书面报市物价、住建部门。拆迁房屋基本重置价格参照泰州市区标准执行。年底，面对全国价格总水平上涨的情况，落实强化价格监测预警等11项稳定社会通胀预期的措施，开展价格调控，保障群众基本生活。

1991—2010年兴化市区部分项目收费标准一览表

表17-7

执行时间	居民用自来水价格（元/吨）	生活及照明用电价格（元/千瓦·时）	管道燃气（元/立方米）	出租车费（5座以下1.4L以上）		有线电视收视费（元/月户端）
				3公里起租价（元）	公里租价（元）	
1991年1月	0.29	0.25	未开通	未运行		未开通
1992年8月	0.29	0.25				
1993年4月	0.35	0.25				
1993年5月	0.35	0.25				8
1993年7月	0.35	0.30				8
1994年5月	0.45	0.30				8
1995年	0.45	0.40				8
1996年1月	0.45	0.42				8
1996年6月	0.45	0.42		7	1.4	8
1996年8月	0.45	0.42		7	1.4	13
1997年3月	0.45	0.42		7	1.4	13
1997年4月	0.58	0.42		7	1.4	13
1997年5月	0.58	0.47		7	1.4	13

续表 17-7

执行时间	居民用自来水价格（元/吨）	生活及照明用电价格（元/千瓦·时）	管道燃气（元/立方米）	出租车费（5座以下1.4L以上）		有线电视收视费（元/月户端）
				3公里起租价（元）	公里租价（元）	
1998年11月	0.95	0.47	未开通	7	1.4	13
1999年8月	0.95	0.52		7	1.4	13
1999年12月	1.15	0.52		7	1.4	13
2001年7月	1.15	0.52		5	1.4	13
2002年9月	1.35	0.52		5	1.4	13
2003年1月	1.35	0.52	2.80	5	1.4	13
2004年5月	1.70	0.52	2.80	5	1.4	13
2004年7月	1.70	0.52	2.80	5	1.4	15
2005年8月	2.05	0.52	2.80	5	1.4	15
2006年4月	2.05	0.52	2.95	5	1.4	15
2006年7月	2.25	0.52	2.95	5	1.4	15
2006年10月	2.25	0.52	2.95	6	1.5	15
2009年11月	2.64	0.52	3.50	6	1.5	15
2010年1月	2.64	0.52	3.50	6	1.5	23

1992—2008年兴化市区商品住宅政府定价一览表

表 17-8　　单位：元/平方米

年份	简单平均价格	最低价格	最高价格	年份	简单平均价格	最低价格	最高价格
1992	473	415	530	2001	1141	1010	1280
1993	650	650	650	2002	1238	940	1625
1995	890	792	978	2003	1344	1112	1600
1996	1113	946	1280	2004	1616	1365	1785
1997	1323	1323	1323	2005	1941	1680	2709
1998	1171	850	1472	2006	2065	1733	2468
1999	1146	1050	1280	2007	2504	2048	2993
2000	1420	1260	1580	2008	2815	2216	3780

说明：1. 2009年1月，暂停审批，企业自主定价，报物价部门备案，未执行到位。2. 2010年6月，重申价格备案制度。规定开发企业在进行普通住宅商品房价格初始备案或重新备案时，实际成交价格均不得高于备案价格，也不得低于备案价格的8%。开发企业根据市场变化情况需调整销售价格的，可在领取商品房预售许可证3个月后到市物价局重新办理备案手续，以后每次重新备案的时间间隔不得少于3个月，价格上调幅度应控制在3%以内，下调幅度不限，俗称“3338”原则。

第二节　收费管理

一、收费项目清理

1991年，市委、市政府发出《关于坚决制止乱收费、乱罚款和各种摊派的实施意见》，对市区43个收费项目进行清理整顿，取消收费项目2个，降低收费标准2项，发放收费许可证477份、收费员证655份。为减轻企业和灾民负担，对水利、城建、土管等部门的一些收费项目实行“减、缓、免”，减收247万元。1992—1994年，建立收费年检制度，审核并向社会公布农林等11个系统的收费项目和标准。通过收费年检，全市取消自立收费项目21项，每年减轻企业和群众负担334万元。市物价局公布司法等38个系统收费项目和标准。

1995年3月，市政府办公室发出《关于立即停止对企业乱收费的紧急通知》，对收费情况进行专项清理，降低市内28项行政事业性收费标准。1997年3月，兴化市取消48项建设项目收费和36项涉企收费项目。7月，取消市、乡镇随电价征收的集资，年减轻用户负担909万元。1998年，《泰州市行政事业性收费管理办法》出台，取消49个收费项目，降低乡镇企业管理费等42项行政事业性收费标准，对个体私营经济和再就业工程实行收费优惠政策。1999年1月，在162家工业企业中推行企业交费登记卡制度，取消和降低公安、文化、城建等部门的488项收费。2000年，市委八届九次全会提出大力推进“阳光收费”工程，相关部门编印《兴化市行政事业性收费项目和标准汇编》，规范收费行为，全面实行收费公示制度，做到明明白白收费。

2001—2005年，市政府先后发文取消104个收费项目，降低、优惠43项收费。2006—2009年，市政府清理政府非税收入项目。市物价局印发《企业缴费指南》。行政事业性收费实行目录制管理，并由省有关部门定期公布。明确涉及政府性投资的建设工程和其他建设工程项目收费和标准。取消收费项目6项，降低收费标准12项。

2010年7月，治理社会团体收费行为。9月，《兴化市经营性服务收费登记证管理办法（暂行）》施行，实施“一点一证”登记制度。市政府开展涉企非税收费专项治理，取消行政事业性收费9项，停止征收1项，降低收费标准34项。停止征收经营性收费9项，降低标准68项。12月，对城区农产品商场、集贸市场摊位费和超市进场费实行备案管理。

二、收费标准管理

【涉农项目收费】 1993年，市委、市政府印发《关于坚决控减农民负担的紧急通知》。涉及10个主管部门的16项收费全部取消或暂缓执行。市监察、财政、物价部门重申收费管理政策，规范收费行为，取消涉及农民负担和企业负担的收费、集资项目67项。1994年，取消蟹苗回收费等46项行政事业性收费。1999—2004年，市物价局先后制定农机作业收费标准，发放《兴化市农民缴费指南》《兴化市主要涉及农民负担行政事业性收费项目目录》，推行涉农收费公示制度，乡镇村公布涉农收费项目、标准。2005年5月，出台《兴化市涉农价格和收费公示制度实施办法》，将泰州市涉农价格和收费项目随“农民负担监督卡”发放到农户，取消收费项目29项，降低收费标准82项。

【道路、交通方面收费】 1992年10月，乡镇开征个体运输定额有偿服务费，货船每年每吨（位）6元，客船每年每客（位）2元，货车每年每吨（位）25元。1993年6月，市政府决定3年内对市内起点站出售的长途客运票每年加收0.5元的埠站建设资金，用于改善乡镇客运条件。

1994—1996年,明确市区停车场收费标准。对城市道路占用挖掘行为收费,并首次出台出租车收费标准,桑塔纳3公里起步价7元,超过起价路程按每公里3元收费。1997年3月,出台《兴化市区客运出租汽车收费规定》,标准起步价7元,每公里租价1.4元。8月,对部分大宗特殊货物搬运装卸收费实行最高限价。1999年1月,《泰州市装卸收费细则》公布实施。2009年,明确机动车尾气检测收费标准,采用稳态工况法对轻型汽油车每次收费600元。9月,召开价格听证会,调整市区出租车客运价格,公路客运开征燃油附加费。2010年11月,明确道路社会化清障施救服务收费标准。

【教育收费】 1991年后,根据国家和省的相关文件精神,在义务教育阶段开始收取杂费。1995年,中小学收费实行“明白卡”制度。2000年秋,兴化市首次出现义务教育阶段民办学校,股份制振兴双语学校初中生培育费每生每学期4000元;私立明升双语学校小学、初中生培养费每生每学期5000元;公办民助学校初中培养费每生3年3600元,高中每生3年3500元。2002年6月《江苏省中小学代办费管理办法》公布施行。2005年春,义务教育阶段学校实行“一费制”收费,包括杂费、课本费和作业本费。2006年8月起,执行《泰州市幼儿园收费管理实施细则》。

1991—2010年兴化市中小学学杂费标准(公费)一览表

表17-9　　单位:元/生·每学期

执行时间	小学(城区)						初中(城区)			高中学费			
	一	二	三	四	五	六	一	二	三	一	二	三	
1991年1月	29	28	33	36	41	45	53	49	44	64	64	63	自费生学费、杂费①
1992年1月	8	8	11	11	14	14	19	19	20	44	44	46	
1993年9月	17	17	18	18	19	19	28	28	29	78	78	80	
1994年9月	88	93	75	80	84	91	148	167	153	192	202	208	
1996年9月	98	103	85	90	94	101	168	187	173	242	252	258	650②
1998年9月	50	50	50	50	50	50	80	80	80	170	170	170	650③
2000年9月	70	70	70	70	70	70	100	100	100	480	480	480	480④
2001年9月	70	70	70	70	70	70	100	100	100	公费、自费并轨,480元—650元⑤			
2005年1月	150	150	183	183	183	183	268	268	246				
2005年9月	160	155	198	204	198	193	338	333	305				
2006年1月	155	155	193	193	193	193	311	311	256				
2006年9月	70	65	103	120	114	109	218	202	196				
2007年1月	65	65	98	98	109	109	169	169	136				
2007年9月	70	65	114	109	114	109	218	202	196	省重点及三星级高中850元;二星高中650元;普通高中500元			
2008年1月	37	32	37	32	37	32	53	48	53				
2008年9月	32	32	32	32	32	32	48	48	48				

说明:1. 高中自费生学费、杂费、代办、讲义、水电、班费、各种杂费3元。1992年秋,省兴化中学杂费加14元。1994年秋含杂、代办、班费,兴中每生加110元,自费生900元。2. 1996年秋,自费生学费、杂费中含杂、代办、班费。省兴化中学每生加110元,自费生900元。3. 小学、初中杂费、代办费另收;省兴化中学每生130元、自费生900元。4. 小学、初中杂费、代办费另收;高中公、自费并轨,省兴化中学每生830元。5. 义务教育阶段学校实行“一费制”,含杂费、课本、作业本、社会实践费;省兴化中学、周庄中学每生850元。2008年含体检费。

【医疗、环卫、涉水收费】 1991年、1996年，安丰、戴窑2个镇在农村先后征收环卫保洁费。1993年，开征污水排污费和乡镇街道企业超标排污费，污水排污费降为每吨0.5元。市委农工部等3部门明确水利工程水费等6项农村有偿服务收费项目和标准。市自来水总公司等20家企业试行企业交费登记卡制度。市物价局调整部分医疗收费标准和自来水价格。1999年1月，城市环卫费列入自来水附加费中征收，每吨0.5元。2001年1月，按泰州市有关规定，城市水增容每1立方米收费500元（2002年1月取消）。2007年1月，开始实施《泰州市危险废物处置收费实施细则》。2月，在市中医院、三院试行单病种限价政策。

【宾馆、服务、中介业务收费】 1992年，市物价局统一全市电脑打字、复印和市区浴室收费标准。板桥宾馆等4家宾馆客房试行季节差价，旺季上浮200%，淡季下浮不限。10月，公安部门向旅馆开征每年每月0.3元的治安联防费，向住宿人员征收住宿标准10%的管理附加费。1997年7月，清理中介收费行为。2003年10月，实施泰州市房地产中介服务费收费办法。2008年12月，开征房地产网信息服务费，每平方米1.9元，2010年降为1.2元。是年，《兴化市经济鉴证类中介服务收费管理办法》出台。

【其他项目收费】 1994年，开征房地产开发管理费，每平方米1.2元。1995年3月，开征地方人防建设资金；首次明确土地基准地价，一级工业用地每平方米350元，一级商业用地每平方米1150元；对广告收费实行备案管理，开征市区广告空间使用费；对建设项目散装水泥发展基金实行预收费制度，每平方米收费2元。1999年1月，对普通住宅小区物业管理收费实行政府定价。同期，市城管办开征户外广告、宣传品设置管理费。2002年8月，停止征收户外广告设置和标志城市空间有偿使用费，改为通过竞争方式获得有偿使用权，按发布面积，每日每平方米不超过0.1元。2006年1月，按泰州市统一生猪屠宰加费标准。对从事个体经营的下岗失业人员和高校毕业生实行收费优惠政策。7月，重新明确殡葬服务收费项目和标准。9月，市政府明确涉及政府性投资的建设工程和其他建设工程项目收费和标准，取消6项，降低收费标准12项。2007年，水上森林景区营业，规定门票价格每人次35元。2008—2010年，对企事业单位的教育收费、自来水价格、管道燃气价格、殡葬收费、集镇垃圾处理费等项目进行成本监审，核减不合理成本费用3000多万元。

第三节 物价监督、检查

1991—1994年，主要检查监督与人民日常生活密切相关的主副食品、日用百货的价格、物价政策贯彻执行情况以及商品和服务明码标价等。1994年后，与人民日常生活密切相关的商品供求逐步平衡，价格监督检查重点逐步转向规范经营者的价格行为和行政事业性收费行为，专项价格检查成为主要内容。1998年后，检查重点转向房地产价格、教育收费、药品价格与医疗收费、涉企收费等方面。1991—1997年，每年第四季度开展为期一个月左右“税收、财务、物价”联合大检查（简称“三大检查”）。1998年价格法实施后，连续13年的联合大检查停止。1991—2010年，市物价部门查处各价格违法案件3413件，实施经济制裁2121.62万元（其中退还用户283.51万元、罚没款收缴财政1838.11万元）。通过12358价格举报电话等平台，受理价格举报3639件，办结数3639件。

一、价格诚信和社会监督

1991年以后，兴化市物价、工商、技术监督等部门拓展价格社会监督工作，开展“物价、计量、质量”信得过竞赛活动，评选“物价、计量、质量信得过单位”。1992年，在昭阳镇7个街道办事处设立群众价格监督站。1991年，大兴商场获“江苏省物价计量信得过最佳企业”称号。新华书店连续两届被授予“江苏省AAA级价格信用单位”称号。2001年，在全市推行收费公示制，做好乡镇、收费单位、行政村3个层次的收费公示。全市设立乡镇公示栏、公示牌37个，乡镇收费单位公示栏、公示牌509个，行政村公示栏、公示牌557个。2010年，兴化市新华书店、中国移动兴化分公司、中国联通兴化分公司被省物价局授予“价格诚信单位”称号。

1991—2010年兴化市查处价格违法案件一览表

表17-10

年份	查处价格违法案件（起）	经济制裁金额（万元）		
		退还用户金额	上缴财政	合计
1991	396	4.11	9.26	13.37
1992	246	—	23.19	23.19
1993	370	0.25	31.54	31.79
1994	309	7.74	22.04	29.78
1995	349	1.02	15.11	16.13
1996	226	32.26	79.79	112.05
1997	239	89.88	22.72	112.60
1998	97	5.48	39.03	44.51
1999	18	4.03	17.41	21.44
2000	42	—	73.91	73.91
2001	2	—	15.80	15.80
2002	92	64.31	56.15	120.46
2003	453	26.78	280.69	307.47
2004	241	6.86	57.62	64.48
2005	169	3.05	55.36	58.41
2006	45	0.47	68.51	68.98
2007	30	12.30	229.13	241.43
2008	53	0.97	300.22	301.19
2009	26	24.00	390.83	414.83
2010	10	—	49.80	49.80
合计	3413	283.51	1838.11	2121.62

二、价格检查

【专项检查】 1991年以后，价格专项检查主要围绕促进发展，拉动市场消费，规范价格行为，减轻群众负担展开。相继开展药品、电力、成品油、邮电价格及交通运输、教育、涉企涉车、医疗服务、中介收费和物业管理收费等开展专项检查。1996年，责令12所学校多收的25万余元全部退还学生。

【市场价格检查】 1990年，国家物价局发布《关于商品和收费实行明码标价制度的规定》，市物价局加大市场明码标价检查力度，1998年，在全市开展“明码标价规范月”活动，修订完善《标价签填写规范》。1999年，开展明码标价竞赛活动，兴化购物中心为明码标价示范店。2001年，为整顿和规范市场经济秩序，价格执法重点转移到维护市场价格竞争秩序上。针对群众反映强烈的餐饮行业不正当价格行为，对市区餐饮行业明码标价开展专项整治，设计制作餐饮行业价目表，规定主料重量和主料质地为必标内容。2003年，全市开展以“规范明码标价、反对价格欺诈”为主题的日常性市场价格监督检查活动，抗击“非典”期间，成功平抑价格异动。2004—2010年，开展反价格欺诈等不正当价格行为的检查，对虚构原价、虚假降价行为当场纠正整改。

第四节　物价调查

一、价格监测

1991年，兴化市建立扬州市价格事务信息服务中心兴化工作站，开展价格收费政策法规知识专题培训，每半月编发1期《兴化价格信息》。1992年，建立价格行情收集发布制度，每月对252种商品价格进行采集发布，指导企业价格行为。1993年10月，兴化市建立价格监测制度和价格监测网络，市物价局与省农资公司和省内20多个物价部门建立信息交流机制，对119种工业品和生产资料实行每月一报，对44种农副产品实行每周一报，并承担向省物价局报送《主要工业消费品价格监测表》《主要粮油批发市场成交价格监测表》《主要农副产品收购价格监测表》和《房地产市场价格直报表》任务。《兴化价格信息》每月增加到3期。1996年，建立生猪收购价格专项监测网络。2002年，编印《兴化价格监测》简报，定期分析价格监测情况。

2003年3月“非典”流行期间，对30多种“防非”商品价格实施重点监测。6月，国家发展和改革委员会《价格监测规定》实施，兴化市设立常年价格监测定点单位15家，监测品种达25大类586个规格等级，及时公布重要商品和农资、农产品行情。主要有固定报表监测、专项价格监测、应急价格监测和突发灾害应急价格监测等形式。2005年底，兴化恒发棉业有限公司和众心棉业有限公司被确定为国家棉花价格监测定点单位。

2007年8月，市政府发布《兴化市价格异常波动事件应急预案》。同月，猪肉、禽蛋等副食品价格上涨较多，及时启动价格补贴预案。从7月至年底，给城镇低保户、特困职工发放每户每月15元的肉贴。2008年9月，因三鹿奶粉事件，兴化市启动奶粉市场价格监测预警措施。2009年，启动对甲型H1N1流感疫情应急价格监测。2010年，通过部门网站定期发布城区4个农贸市场3大类22个品种的价格监测数据。

1991—2010年兴化市区粮油、荤食品价格一览表

表17-11　　单位：元/千克

年份	粮油			肉禽蛋			水产品			
	粳米	杂交籼米	菜油	猪肉	草鸡	杂交鸡蛋	鲫鱼	鲢鱼	鲤鱼	草鱼
1991	—	—	—	5.80	6.80	5.20	6.00	3.80	5.00	5.00
1992	—	—	—	6.40	7.40	4.60	6.00	3.20	6.00	6.00
1993	1.06	0.78	4.00	6.00	8.00	4.60	8.00	4.40	5.20	4.00

续表 17-11

年份	粮油			肉禽蛋			水产品			
	粳米	杂交籼米	菜油	猪肉	草鸡	杂交鸡蛋	鲫鱼	鲢鱼	鲤鱼	草鱼
1994	1.62	1.34	6.60	9.00	10.00	5.40	6.60	4.00	7.40	7.40
1995	2.90	2.80	9.80	16.30	11.00	6.10	11.75	6.00	5.00	6.80
1996	2.81	2.44	8.30	13.00	14.12	6.82	9.44	5.76	6.00	7.12
1997	2.30	1.86	7.54	15.00	17.13	6.10	10.83	4.00	—	14.00
1998	2.20	2.00	7.80	17.41	13.60	5.49	10.20	5.12	—	7.00
1999	2.00	1.92	8.40	12.67	15.50	5.50	9.53	4.41	—	8.00
2000	1.48	1.36	6.20	11.89	14.67	4.53	8.22	3.49	5.81	6.43
2001	1.68	1.46	4.80	13.11	12.00	4.19	8.28	4.57	5.97	7.17
2002	1.68	1.50	5.00	11.89	13.33	4.78	7.50	4.89	6.12	6.67
2003	1.58	1.42	6.00	11.39	13.00	4.75	6.32	4.87	5.67	6.50
2004	1.97	1.30	7.40	15.00	14.28	5.40	7.51	4.67	5.44	7.14
2005	2.65	1.80	6.60	18.33	17.22	6.20	9.00	6.47	7.33	9.18
2006	2.80	2.00	6.60	15.50	18.33	5.30	8.95	5.67	7.50	9.72
2007	2.58	2.44	8.30	17.83	24.44	7.08	11.51	4.91	6.61	8.84
2008	2.76	2.66	12.60	28.13	28.28	7.00	8.91	6.22	7.29	9.90
2009	2.52	2.60	8.00	25.18	25.92	7.29	11.25	6.65	7.52	12.32
2010	3.09	2.86	8.70	22.75	24.25	7.75	11.44	6.75	8.09	12.98

说明：表格中为每年1月份价格。

1991—2010年兴化市区蔬菜、水果价格一览表

表 17-12　　单位：元/千克

年份	蔬菜							水果			
	青菜	大白菜	青椒	西红柿	土豆	韭菜	生姜	苹果	桔子	香蕉	梨
1991	0.40	—	—	—	—	3.80	2.40	3.00	2.60	3.60	2.00
1992	0.25	—	—	—	—	1.10	3.00	3.60	1.80	3.00	1.50
1993	0.30	0.30	—	—	—	3.00	3.00	2.80	2.80	3.20	2.40
1994	0.60	1.00	—	—	—	2.60	2.40	2.00	1.80	3.20	2.80
1995	0.60	0.30	—	4.50	1.80	2.20	1.60	5.53	2.45	3.60	3.20
1996	0.80	1.20	—	4.67	2.22	3.67	6.00	4.07	2.49	3.96	—
1997	0.97	—	5.2	4.23	2.27	4.20	8.00	6.33	2.40	3.93	—
1998	0.96	0.70	6.33	4.07	1.89	4.24	—	2.61	1.17	3.00	—
1999	0.37	0.46	4.19	3.68	1.87	2.88	—	3.35	2.34	3.21	3.00
2000	0.54	0.70	4.28	3.16	1.80	3.67	2.67	2.73	1.56	2.74	2.17

续表 17-12

年份	蔬菜							水果			
	青菜	大白菜	青椒	西红柿	土豆	韭菜	生姜	苹果	桔子	香蕉	梨
2001	0.99	0.85	3.91	3.84	2.02	4.33	3.01	2.49	2.52	2.64	1.61
2002	0.60	0.65	3.13	2.32	1.73	2.87	3.00	2.30	1.60	2.20	1.19
2003	0.77	0.80	2.73	2.93	2.00	3.82	2.70	2.27	1.30	2.07	3.20
2004	1.03	0.82	3.57	3.77	1.83	4.25	4.43	2.38	2.10	3.25	2.06
2005	1.07	0.74	3.76	3.33	2.33	3.89	8.33	2.68	2.30	2.83	2.00
2006	1.82	1.53	5.86	5.28	2.82	5.25	5.61	4.00	2.66	3.40	2.00
2007	1.53	1.34	3.01	4.38	2.62	4.72	3.28	3.96	2.21	3.03	2.36
2008	0.71	0.98	6.04	5.92	2.88	6.31	3.90	5.64	2.88	3.80	3.40
2009	2.94	1.38	7.25	5.33	3.05	5.15	4.48	4.42	1.87	3.62	3.04
2010	3.09	1.94	5.32	7.04	3.84	7.57	9.50	6.75	3.50	2.68	3.25

说明：表格中为每年1月份价格。

二、农业成本调查

兴化一直是国家农产品成本调查直报县，原调查品种有小麦、大麦、籼稻、粳稻、油菜籽、棉花。1998年增加桑蚕茧，分春茧、秋茧两次调查。由于全省农作物布局调整和兴化种植面积下降，2002年撤销油菜籽调查，2007年撤销籼稻调查。至2010年，全市有农产品成本调查点6个，农产品成本调查户18户，调查品种有小麦、粳稻、棉花、桑蚕茧（春茧、秋茧）。根据调查户登记的相应调查品种的产量、物质费用、人工等项目，计算农产品成本和收益，并重点分析产量变化原因、物质费用中农业生产资料投入量与价格的变化、土地租金的变化，收益中产量与农产品出售价格影响的比重。此外每年还进行“农民种植意向调查”“农户购买农业生产资料情况调查”“农户出售粮食情况调查”，为指导农民调整种植结构、上级制定农产品价格和农村政策提供决策依据。2002年，市物价局获得“全国农本调查先进集体”。

1991—2010年兴化市粳米、小麦成本收益一览表

表 17-13

年份	粳米				小麦			
	亩均产量（千克）	平均单价（元/千克）	亩均现金成本（元）	亩均现金收益（元）	亩均产量（千克）	平均单价（元/千克）	亩均现金成本（元）	亩均现金收益（元）
1991	419.75	0.48	80.56	101.47	275.65	0.55	84.87	63.25
1992	464.75	0.63	93.83	150.47	381.75	0.62	87.28	140.56
1993	521.70	0.87	110.35	312.29	345.50	0.68	98.09	130.33
1994	535.00	1.81	241.36	725.57	365.83	1.03	172.14	206.13
1995	596.30	1.90	310.15	719.25	364.75	1.31	155.47	274.75
1996	564.50	1.66	238.40	544.85	420.65	1.48	183.34	361.04
1997	613.50	1.54	234.74	502.42	375.50	1.15	206.01	113.09

续表 17-13

年份	粳米				小麦			
	亩均产量（千克）	平均单价（元/千克）	亩均现金成本（元）	亩均现金收益（元）	亩均产量（千克）	平均单价（元/千克）	亩均现金成本（元）	亩均现金收益（元）
1998	629.40	1.37	223.93	668.77	276.40	1.22	184.05	161.60
1999	52.01	1.07	225.10	355.39	402.10	1.09	162.36	296.54
2000	602.50	1.15	206.97	287.40	383.75	0.71	151.73	17.93
2001	625.40	1.21	226.85	358.41	369.30	1.00	159.37	111.90
2002	630.80	1.03	237.63	247.34	339.60	0.82	157.48	33.29
2003	460.00	1.60	276.67	474.18	345.20	1.14	185.44	224.34
2004	487.80	1.84	447.27	466.93	395.90	1.42	253.19	325.29
2005	524.00	1.74	469.01	461.67	409.40	1.27	272.53	263.09
2006	564.50	1.67	466.65	493.16	440.10	1.33	285.61	263.09
2007	568.19	1.72	486.87	507.38	414.38	1.42	287.44	317.71
2008	591.64	1.81	527.41	562.17	461.13	1.49	314.52	389.60
2009	595.41	1.98	461.27	733.86	435.46	1.65	340.02	393.37
2010	598.39	2.64	476.73	1117.62	422.58	1.96	323.40	519.23

说明：1991年为中籼稻。

第六章　质量技术监督

1991年前，全市质量、标准化、计量管理分别由市经委、标准计量所及商品监督检验所等单位承担，压力容器管理由市劳动部门负责。1997年12月，撤销计量局和标准局（标准计量局），成立市技术监督局，并抽调人员组建稽查大队。2000年3月，原属市劳动局的安检站和锅炉检验所划至市技术监督局。同年更名泰州市兴化质量技术监督局。2005年1月，锅炉检验所和安检站按省质检局文件精神撤销。翌年1月，站、所合并，成立江苏省特种设备安全监督检验检测研究院泰州分院兴化所。2005年3月，成立兴化市特种设备安全协会。

第一节　标准化管理

一、标准化发展

1986年，《中华人民共和国标准化法》颁布实施，兴化工业主管部门和各乡镇加强标准化管理，消灭无标产品成为企业质量管理的首要目标。1993年，“采标”（采用国际标准或国外先进标准）产品有6种通过验收。1997年，全市列统企业标准化覆盖率达98%。1998年，兴化市被省质监局评为“消灭无标生产先进市”。戴南、张郭、陶庄、大垛、周庄、安丰、戴窑、垛田等8个乡镇相继通过省执行标准优秀乡镇验收，获得“江苏省执行标准优秀乡镇”称号。市质监局被省质监局评为消灭无标生产先进集体。2005年，江苏美乐肥料有限公司获得“国家级AAA标准化良好行为企业”称号。

1999年，开始对企业执行产品标准进行年审。2001年，市香葱种植示范区被列为国家级农业标准化示范区，备案登记企业产品标准1200个，增加“采标”验收合格产品346种，办理代码登记2105件，核准注册商品条码21件，表彰“泰州市执行标准优秀企业”86家。2002年起，各工业主管部门和乡镇与市政府签订责任状，制定消灭无标生产考核验收细则，确保所有企业均按合法有效的产品标准组织生产，标准覆盖率大于98%。

2002—2010年，全市企业标准备案数1183个。其中2002年110个、2003年132个、2004年88个、2005年141个、2006年134个、2007年170个、2008年169个、2009年156个、2010年83个。

至2004年，凡国家正式发布的最新国家、行业目录及国际标准委员会（ISO）、电工委员会（IEC）颁布的标准目标均收集齐全，有各类标准1万多个，以供企业查考。

2001—2005年，全市获得执行泰州市标准的优秀企业67家。2006—2010年，全市获得“泰州市消灭无标准先进单位”称号的71家。

二、采用国际标准和国外先进标准（简称“采标”）

1991年后，兴化市在不锈钢丝、绝缘电缆、PVC塑料窗、水泥、齿轮、不锈钢螺栓、砂轮、开关柜等行业均采用国际标准和国内先进标准。一个采标标准覆盖整个行业，带动行业技术水平整体提高和企业基础工作的加强。

2008—2010年兴化市采用国际标准和国外先进标准产品一览表

表17-14

年份和个数	企业名称	产品名称	采标标准号
2008年 15个	兴化市诚信粮油贸易有限公司	大米	ISO7301：2002
	兴化市嘉禾精制米厂	大米	ISO7301：2002
	兴化市金三角米厂	大米	ISO7301：2002
	兴化市阳谷米业有限公司	大米	ISO7301：2002
	兴化市汉生精制米厂	大米	ISO7301：2002
	兴化市荻垛众星精制米厂	大米	ISO7301：2002
	兴化市荻垛镇杰龙精制米厂	大米	ISO7301：2002
	兴化市荻垛镇大元精制米厂	大米	ISO7301：2002
	兴化市荻垛镇从柏西米厂	大米	ISO7301：2002
	兴化市宝根精制米厂	大米	ISO7301：2002
	泰州市和平米业有限公司	大米	ISO7301：2002
	兴化市恒泰粮油加工厂	大米	ISO7301：2002

续表 17-14-1

年份和个数	企业名称	产品名称	采标标准号
	兴化市恒宇粮油加工厂	大米	ISO7301：2002
	兴化市恒昌粮油加工厂	大米	ISO7301：2002
	兴化市绿佳源米业有限公司	大米	ISO7301：2002
2009年 20个	兴化市中庆精制米厂	大米	ISO7301：2002
	兴化市长前精制米厂	大米	ISO7301：2002
	兴化市贤人米业有限公司	大米	ISO7301：2002
	兴化市天缘精制米厂	大米	ISO7301：2002
	兴化市祥兴精制米厂	大米	ISO7301：2002
	兴化市得其精制米厂	大米	ISO7301：2002
	兴化市粮缘精制米厂	大米	ISO7301：2002
	兴化市西郊精制米厂	大米	ISO7301：2002
	兴化市金谷粮油厂	大米	ISO7301：2002
	兴化市镇西精制米厂	大米	ISO7301：2002
	兴化市荣昌精制米厂	大米	ISO7301：2002
	兴化市镇东精制米厂	大米	ISO7301：2002
	兴化市凤吉精制米厂	大米	ISO7301：2002
	兴化市桃园米厂	大米	ISO7301：2002
	兴化市宝发精制米厂	大米	ISO7301：2002
	兴化市洁源精制米厂	大米	ISO7301：2002
	兴化市玉华米厂	大米	ISO7301：2002
	兴化市花园精制米厂	大米	ISO7301：2002
	兴化市永兴精制米厂	大米	ISO7301：2002
	兴化市众兴精制米厂	大米	ISO7301：2002
2010年 21个	兴化市长江铁路器材有限公司	M6-M16不锈钢螺母	ISO3506-2：1997
	兴化市长江铁路器材有限公司	M6-M16不锈钢螺栓	ISO3506-1：1997
	兴化市戴南有全不锈钢螺钉厂	六角头螺栓 全螺纹	ISO4017：1999
	兴化市工艺不锈钢制品厂	六角头螺栓 全螺纹	ISO4017：1999
	兴化市振强不锈钢制品有限公司	六角头螺栓 全螺纹	ISO4017：1999
	兴化市火星机械配件有限公司	六角头螺栓 全螺纹	ISO4017：1999
	泰州市宇新机械有限公司	六角头螺栓 全螺纹	ISO4017：1999

续表 17-14-2

年份和个数	企业名称	产品名称	采标标准号
	兴化市海青不锈钢制品有限公司	六角头螺栓 全螺纹	ISO4017：1999
	泰州市佳杰特种螺钉有限公司	六角头螺栓 全螺纹	ISO4017：1999
	兴化市新坚固不锈钢制品厂	六角头螺栓 全螺纹	ISO4017：1999
	兴化市畅达不锈钢制品有限公司	六角头螺栓 全螺纹	ISO4017：1999
	泰州市泽项不锈钢制品有限公司	六角头螺栓 全螺纹	ISO4017：1999
	江苏银锡高温线缆有限公司	60245IEC03（YG）橡皮绝缘电缆	ISO60245-3：1994
	兴化市申达太阳能设备配件厂	M10~M12不锈钢螺母	ISO3506-2：1997
	兴化市申达太阳能设备配件厂	M10~M12不锈钢螺栓	ISO3506-1：1997
	兴化市星宇金属配件厂	六角头螺栓 全螺纹	ISO4017：1999
	兴化市金源不锈钢制品有限公司	六角头螺栓 全螺纹	ISO4017：1999
	泰州瑾牌紧固件有限公司	六角头螺栓 全螺纹	ISO4017：1999
	江苏春雨不锈钢有限公司	六角头螺栓 全螺纹	ISO4017：1999
	兴化市新迅达不锈钢标准件有限公司	六角头螺栓 全螺纹	ISO4017：1999
	兴化市东悦不锈钢紧固件有限公司	六角头螺栓 全螺纹	ISO4017：1999

三、办理组织机构代码、商品条形码

【组织机构代码】 1991年起，在全市开展组织机构代码宣传活动，办理机关、企事业单位、社会团体、非民办机构等代码登记发证、换证、年审工作，加强部门协作，采集组织机构代码的数据。每年初与工商、人事、民政、税务、银行等部门沟通，显示代码在事业单位法人登记证、社团法人登记证、企业开户、车辆过户、税务登记、银行贷款等工作中数据采集、索引功能。要求各单位到质监窗口验证、办理代码；分别到各乡镇为到期换证、验证单位集中办理相关手续，方便代码使用单位。2006年，办理代码证书1832个，IC卡1002张，代码证书年检换证2737个，比上年增长5倍多，占代码总量的41.9%。获江苏省组织机构代码数据质量进步奖。2007—2010年，新办代码5730个，换证2812个，年审12362个，合计20904个。

【办理商品条形码】 条码有效期两年。兴化市的条码保有量100家左右，每年约50家。2006年，办理商品条码55家（含复审），在全省名列前茅，获2006年江苏省条码工作系统成员续展优秀奖。2007—2010年，办理商品条码33家（含续展）。

四、农业标准化

20世纪90年代后，兴化市依靠科学技术，农业标准化，取得一批成果，主要有：1998年，“池塘青虾混养技术”获江苏省水产科技奖一等奖、江苏省科技进步奖三等奖。1999年，“青虾标准化示范区”获泰州市科技进步奖二等奖。2000年，“青虾池塘养殖技术”获农业部丰收奖一等奖。2003年，“池塘主混养青虾技术”获江苏省农业技术推广奖三等奖。2004年，“稻渔共作标准化技术”获江苏省科技进步奖三等奖。2005年，“兴化青葱标准化生产技术集成与推广”获泰州市科技进步奖二等奖。2006年，“兴化香葱标准化技术”获江苏省农业技术推广奖三等奖，“蟹池套养鳜鱼”获江苏省农业技术推广二等奖。至2010年，兴化市有农业标准化示范区5个：国家级3个，即兴化香葱、稻渔共作和蟹池套养鳜鱼标准化示范区；省级2个，即池塘混养青虾、桑蚕标准化示范区。其中通过验收的有兴化香葱、稻渔共作、池塘混养青虾3个。全市制定、修订农业地方标准项目42份，其中江苏省农业地方标准18份、泰州市农业地方标准24份。组织实施无公害农产品产地认定整体推进，认定无公害粮油生产基地97.55万亩、蔬菜生产和畜禽产地22个，其中家畜14.55万头、家禽299.5万羽。全市通过认证无公害农产品17个、水产品13个、畜产品9个、绿色食品30个，其中绿色水产品生产基地5万亩。

五、服务业标准化

2003—2005年，在开展“质量兴市”活动中，将服务业标准化管理列为重要内容，开展“服务质量信得过单位”和“服务标准化优秀单位”的争创活动，有25家企业通过评审确认。至2010年，全市服务业多采用餐饮业服务质量通用标准、文明经营服务规范、文明经营公约、餐饮业服务分等定级规定，还制定出租车服务守则、医疗机构工作人员行为规范等服务标准，促进服务业规范经营、诚实经营。开展门前“四包”和清柜台活动，提高服务质量，美化城市环境，构建诚信兴化。在行政服务单位、服务窗口推进服务标准化活动。市供电公司、电信局通过ISO9000质量管理体系认证。市供电公司、电信局、移动公司、人保公司获泰州市服务质量奖。

第二节　计量管理

1985年，《中华人民共和国计量法》颁布实施后，兴化市计量所开展计量人员培训工作。1992年、1993年，先后被国家技术监督局和省计量局授予“计量管理函授岗位培训工作优秀集体”称号。1993—1997年，新增条码、代码、标准查询备案工作。成立稽查队和产品质量检验科。1997年12月，原市标准计量管理所分为计量技术研究所、度量衡管理所和产品质量监督检验所。1999年5月，计量所和度量衡管理所合并，组建新的市计量测试技术研究所。

一、计量标准考核验收

1987年7月，国家计量局发表《计量标准考核办法》，兴化市标准计量管理所为接受上级主管部门的计量标准考核，开辟长度、热工、力学、电学、化工等6大类14项35种计量检测项目。1990年4月，通过扬州市考核验收。

1999年，兴化计量所根据国家计量法要求，投入20万元购置计量检测仪器。当年，15项计量标准和3项次级计量标准考核验收。1999—2005年，市计量测试技术研究所组织6人次参加省计量测试与管理大专学习，有23人次获得高、中、初级计量技术职称。2001年9月底，市计量测试技术研究所迁址西城门大教场巷50号大楼内。启用新实验室7间，附属实验室60平方米。先后增添煤气表、电能表、医疗卫生用B超、心脑电图机、X光机、热工仪表等仪器设备的检定装置。根据全市工业企业发展情况对原来的计量标准改造合并，增设定量包装检测3项，计量标准装置30项，检测项目扩大到74项，基本适应全市企业的检测需要。

2000年后，市计量所每年投入15万元，用于技术改造，增添、更换设备。年计量器具检定数以15%的速度增长，全市计量器具受检率稳步提高，覆盖长度、热工、力学、电学、声学、光学、时间、物化8大类项目。自2004年开始，计量所根据JJF1069—2000《法定计量检定机构考核规范》，建立程序文件24个，质量记录63个，是年12月，通过省局考核验收。

2004年，定量包装商品计量检测能力3项。2006年，检测能力增至5项，先后通过省局考核验收，为扼制缺斤少两行为提供技术支撑。2007年，为提高戴南镇不锈钢产品质量，提高新品研发能力，在戴南正式挂牌成立省级不锈钢制品质量监督检验中心。2008年，质检所检验项目涉及化工、建材、食品等6大类103项，计量所检定项目达30个标准75项，省中心监测项目达22项。2009年，投入335.16万元，用于技术监督机构添置仪器设备和装置。是年，兴化市农副产品监测中心正式成立。2010年11月，不锈钢质检中心通过国家质检总局"三合一"验收，成为泰州市首家国家级质检中心，实现省局提出的筹建一年完成验收的任务。农副产品检测中心自9月起正式运行，与全市各农副产品加工企业、各农业专业合作社开展检测业务提供技术保障。投入300万元用于计量所和质检所建设。计量所完成10项技术改造项目，添加"无创血压模拟器""酸度计检定仪""血氧饱和度模拟器"等设备。在民生计量、医疗计量和工业计量等方面开拓一批新的检定项目。质检所检测面覆盖到全市种植业、养殖业、农副产品加工业、水质、土壤等领域。

二、计量确认

1992年后，根据《江苏省企业计量确认管理办法》，推行ISO10012.1计量体系确认，指导企业建立健全计量保证体系。2004年，国家推行《定量包装商品生产企业计量保证能力评价规定》，在全国开展推广使用C标志。兴化市祥兴精制米厂和兴化楚龙面粉厂等26家定量包装商品生产企业获准使用C标志。2005年，兴化齿轮厂、江苏兴达钢帘线股份有限公司先后通过国家级计量检测体系确认。至2010年，全市有26家企业通过江苏省计量保证确认，316家企业通过泰州市计量合格确认。

三、民生计量监督管理

图17-6　计量检查现场　（2005年摄，市质监局提供）

2003年，在全市医疗卫生单位建立计量管理体系，市人民医院等4家为江苏省计量保证确认医院，其余80%通过泰州市计量合格确认医院。2005年，按照江苏省集贸市场计量器具"统一配置、统一管理、统一检定、统一轮换"的要求，在市区长安农贸市场、城西农贸市场试点，对各摊位计量器具产权进行转移。2006年，江苏省出台《餐饮计量规范》（DB32/769-2005）强制性地方标准。市计量所加强对全市大中型饭店计量监管力度，规范菜单标注及菜肴计量行为。完善各类人员职责，先后有10多家饭店获得泰州市计量合格确认。

2007—2010年，依据国家、省、市节能减排工作要求，对全市33家年耗标煤3000吨以上企业进行重点管理，依据能耗级别开展计量监督检查和计量确认工作。

1991—2010年兴化市计量器具检测一览表

表17-15　　单位：台（件）

年份	长度计量器具	力学计量器具	电场磁学计量器具	合计	年份	长度计量器具	力学计量器具	电场磁学计量器具	合计
1991	765	599	488	1852	2001	1154	1653	1068	3875
1992	799	678	566	2043	2002	1211	1788	1125	4124
1993	801	785	651	2237	2003	1522	1796	1165	4483
1994	822	897	689	2408	2004	1633	1984	1298	4915
1995	913	977	716	2606	2005	1789	2016	1344	5149
1996	922	1021	769	2712	2006	1956	2238	1397	5591
1997	963	1132	862	2957	2007	2233	2387	1568	6188
1998	999	1256	861	3116	2008	2356	2569	1780	6705
1999	1001	1369	956	3326	2009	2564	2987	1983	7534
2000	1023	1402	996	3421	2010	2897	3315	2106	8318

第三节　质量管理

一、质量活动

【质量管理（QC）小组活动】 1997—2010年，企业根据自身情况自选课题，成立由工人、干部和技术人员组成的“三结合”QC小组，开展群众性质量管理活动。群策群力、献计献策，制定质量改进对策，将活动成果形成书面成果报告，用幻灯形式发表，评出优秀QC小组层层上报。期间市质监局召开QC小组成果发表会8次，发表成果300篇，创经济效益近千万元。获评泰州市优秀QC小组20个，省优秀QC小组12个，部优秀QC小组两个。

【质量兴市】 1995年，市商业大厦、市华联商厦被评为“扬州市商品质量信得过企业”。2004年5月，兴化市被省政府批准为第二批“质量兴市”试点城市。为此，市政府制定《兴化市质量兴市活动实施意见》，召开争创工作会议，部署争创措施。各系统、乡镇签订责任状，明确目标，落实责任。为鼓励企业积极参与争创活动，制定奖励办法，设置质量兴市贡献奖、特别奖和质量管理十佳企业3个奖项。各企业事业单位，围绕质量兴市目标，以提高产品、工程、服务、环境、安全和生活质量为核心内容，强化计量、标准化和质量管理，加大质量执法和打假治劣的力度。2005年11月，试点工作通过省级验收。同年12月，被省质监局授予“江苏省质量兴市先进市（县）”。其后市政府把争创全国质量兴市先进市列入目标，调整质量兴市领导小组，加大争创力度，实施《质量振兴纲要》，将争创工作与三个文明建设有机结合，使质量兴市活动健康发展。

2010年，全市拥有1个中国名牌产品，3个国家地理标志产品（兴化大米、兴化红皮小麦、兴化香葱），23个江苏省名牌产品，45个泰州市名牌产品。

2010年兴化市市级以上名牌产品一览表

表17-16

	企业名称	商标及产品名称	产品类别
中国名牌产品	兴化市大地蓝绢纺有限公司	“大地蓝”牌蚕丝被	工业产品
江苏省名牌产品	江苏美乐肥料有限公司	“美乐”牌复混肥料、过磷酸钙	工业产品
	江苏双乐化工颜料有限公司	“双乐”牌铅铬黄、酞青颜料	工业产品
	兴化市长利不锈钢材料有限公司	“长利”牌不锈钢材	工业产品
	泰州远东纸业有限公司	“安洁尔”牌卫生巾（含卫生护垫）	工业产品
	江苏兴化锁龙消防药剂有限公司	“锁龙”牌灭火剂	工业产品
	江苏兴达钢帘线股份有限公司	“兴达”牌子午线轮胎用钢丝帘线	工业产品
	江苏兴海不锈钢有限公司	“兴海”牌焊接用不锈钢丝	工业产品
	兴化东华齿轮有限公司	“飞宇”牌齿轮	工业产品
	江苏飞月轴瓦有限公司	“飞月”牌内燃机轴瓦	工业产品
	江苏振亚特种螺钉有限公司	“振亚”牌不锈钢螺栓	工业产品
	兴化市大地蓝绢纺有限公司	“大地蓝”牌蚕丝被	工业产品
	江苏博生医用新材料有限公司	“b”牌药用丁基橡胶塞	工业产品
	江苏兴龙金属制品股份有限公司	“兴龙”牌钢丝绳	工业产品
	兴化市精密铸钢有限公司	“兴精”牌XJ不锈钢铸件	工业产品
	江苏申源特钢有限公司	“申源”牌内燃机气阀钢棒	工业产品
	江苏楚龙面粉有限公司	“楚龙”牌面粉	农产品
	兴化市米业有限公司	“板桥”牌大米	农产品
	兴化市祥兴精制米厂	“祥兴”牌大米	农产品
	江苏高康冻干食品有限公司	“精康”牌脱水蔬菜系列产品	农产品
	泰州市欣晖食品有限公司	“欣晖”牌调味品、欣辉脱水蔬菜	农产品
	兴化市贤人米业有限公司	“贤人”牌大米	农产品
	兴化市顶能食品有限公司	“顶能”牌调味品	农产品
	兴化红膏大闸蟹养殖公司	“泓膏”牌大闸蟹	农产品
泰州市名牌产品	泰州华泽金属工业有限公司	“华泽”牌不锈钢丝	工业产品
	江苏新宏大集团有限公司	“新宏大”牌不锈钢化工设备	工业产品
	江苏星火特钢有限公司	“高耐”牌不锈钢棒材	工业产品
	江苏海陵机械有限公司	兴鹏及图牌电液推杆	工业产品
	江苏兴海特钢有限公司	“兴海”牌内燃机气阀钢棒	工业产品
	江苏博生医用新材料股份有限公司	“b”牌药用丁基橡胶塞	工业产品

续表 17-16-1

	企业名称	商标及产品名称	产品类别
	兴化市恒大劳动防护用品厂	“恒大”牌浸塑耐酸（碱）手套	工业产品
	兴化市宝中宝化妆品有限公司	“宝中宝”牌化妆品	工业产品
	兴化市天派化妆品有限公司	“天派”牌化妆品	工业产品
	兴化市双龙电热电器有限公司	“爱”牌单头电热管	工业产品
	江苏新华合金电器有限公司	HDF“凤华”牌镍铬合金电热丝	工业产品
	上海飞龙仪表电器有限公司兴化分公司	“兆龙”牌温度控制仪、热电偶	工业产品
	兴化市大地蓝绢纺有限公司	“大地蓝”牌蚕丝被	工业产品
	兴化市银锡高温线缆有限公司	“远志”牌耐高温电线电缆	工业产品
	兴化市板桥水泥有限公司	“强劲”牌复合硅酸盐水泥	工业产品
	兴化市双湖矿山液压机械厂	“双湖”牌液压挤孔机、弯轨机	工业产品
	泰州兆丰金属材料有限公司	“美滋”牌佳兆丰	工业产品
	江苏宏泰不修钢丝绳有限公司	“宏泰”牌不锈钢丝绳	工业产品
	泰州市汇能不锈钢制品有限公司	“汇能”牌不锈钢带	工业产品
	江苏春海电热合金制造有限公司	“春龙”牌高电阻电热合金	工业产品
	江苏宏诚不锈钢制品有限公司	“宏诚”牌不锈钢材	工业产品
	兴化市山杉木业制品厂	“山杉”牌木门	工业产品
	泰州市恒安电力工具有限公司	“UFO”牌安全带	工业产品
	江苏华信达特钢科技有限公司	“华信达”牌超强型耐热钢	工业产品
	兴化市亚星量具刃具厂	“亚星”牌量刃具	工业产品
	兴化市星锌冶化厂	“星锌”牌氯化锌	工业产品
	兴化市正兴齿轮有限公司	“正兴”牌齿轮	工业产品
	兴化市宏连纺织机有限公司	“丰源”牌电脑横编织机架	工业产品
	江苏沪宝不锈钢有限公司	“沪宝”牌不锈钢中厚板	工业产品
	江苏移动	—	工业产品
	江苏兴化锁龙消防药剂有限公司	—	工业产品
	江苏申源特钢有限公司	“申源”牌内燃机气阀钢棒	工业产品
	江苏兴纺机械有限公司	“兴纺机”牌络筒机	工业产品
	泰州市精工链条总厂	“精工”牌精密滚齿	工业产品
	江苏希尔发集团有限公司	“希尔发”牌不锈钢型钢及中厚板	工业产品
	江苏楚龙面粉有限公司	“冠宇”牌小麦粉	农产品
	兴化市粮缘精制米厂	“悦福”牌大米	农产品

续表 17-16-2

	企业名称	商标及产品名称	产品类别
	兴化市荣昌精制米厂	“天堂雪”牌大米	农产品
	泰州市欣晖食品有限公司	“欣晖”牌脱水蔬菜、调味品	农产品
	兴化市隆康畜禽有限公司	“隆康”牌猪肉	农产品
	兴化市难得酒厂	“难得”牌佳酿（米酒）	农产品
	江苏九寿堂生物制品有限公司	“九寿堂”牌氨基葡萄糖盐酸盐	农产品
	江苏盛飞食品有限公司	“美滋佳”牌拌饭菜	农产品
	兴化市米业有限公司	“板桥”牌大米	农产品
	兴化市金陵精制米厂	“勤农”牌大米	农产品

二、行政执法

1997—2006年，先后开展查农资、保农业，查建材、保工程质量，查食品、保人体健康，查安全个人证、保人身安全，查无证生产、保名牌产品，查专业批发市场、保消费者合法权益等“六查六保”执法检查工作。

2000年，围绕“查大案、端窝点、整市场”为重点，协助河南省驻马店市公安局查处林湖乡姚家村制造销售假冒王守义十三香案件，依法没收假冒产品、包装物及制假工具，将行政相对人依法移送司法机关查处；协助江苏镇江恒顺酱醋厂捣毁在竹泓等乡镇制造销售假冒镇江恒顺香醋、陈醋的制假窝点，并将行政相对人依法移送司法机关查处；配合省、市局稽查部门查处李中镇和缸顾乡等几处制造、销售假冒洋河酒、分金亭酒的制假窝点，依法没收假冒产品、包装物以及制假工具，并将行政相对人依法移送司法机关查处；配合烟草专卖局稽查大队查处戴南、戴窑、安丰、大营等乡镇及城区几处销售假冒名烟的窝点。

2001年，按照国务院《关于整顿和规范市场经济秩序的决定》，在市委、市政府统一布置下，对市内土炼油、地条钢等不法企业采取措施，彻底断电、断水、没收原辅材料、没收生产工具和违法生产的产品；开展以食品、烟、酒、调味品、化妆品、农药、化肥、种子、农业机械等广大消费者所关心的重点、热点进行执法检查；依法拆除、分解一些土锅炉、土引车等设备。

2002年，查处假冒农药案件9件，不合格农药案件11件，不合格肥料案件6件，涉案金额达100多万元，并捣毁假农药生产窝点2处。对建筑工程中使用的水泥、塑钢门窗、“小平拉”玻璃、防盗门、轻钢龙骨、螺纹钢等建材进行检查，全年查处地条钢、土炼油、家用电器、化妆品、酒、烟、食品等违法案件40多起，涉案金额180多万元，并定期对标准、计量、特种设备等方面违法行为实现专项检查整治。

2003年3月，“非典”流行期间，兴化质监局执法人员按照省质监局提出的“打假抗非典，服务促发展”要求，对防护服、口罩、手套、消毒液、消毒工具、洗涤用品等“防非”用品，加强巡查和监管。加强对人民群众生活密切相关的米、面、油等十类食品的监管，确保食品安全。对各大医院和防疫部门使用的体温计、X光机、血压计等医疗器械加大监督检查，确保计量的准确性。

2005年，继续对小酒厂、小酱醋厂、小调味品厂、小饮料厂、小米厂进行整治。重点查处无证生产、冒用厂名、厂址及掺杂、掺假、短斤少两、以次充好、以陈充新等违法违规行为。对全市农资生产企业进行拉网式排查，关停获垛等乡镇无证生产磷肥的小厂6家，查封劣质磷肥105吨。对有证企业及时监控，确保不合格产品不出厂。依法查处市场上出现的假冒伪劣农资。对建筑工程中使用的钢材、水泥、电器、油漆、涂料、塑钢门窗、防盗门、胶合板等建材进行专项整治，确保建筑工程质量。对土炼油、地条钢发现一家、查处一家、关闭一家。国务院《中华人民共和国工业产品生产许可证管理条例》颁布实施，对列入管理目录的无证产品进行专项整顿，有条件的企业限期取证，没有条件坚决关闭。根据“3C”（强制性产品认证制度）认证要求，对境内无证生产消防器材的企业进行查处。

2006年查处案件196件，货值3120多万元，捣毁制假、售假窝点12个，罚款340万元。先后查处无证生产大米、用陈化粮加工大米案件10起；查封两家劣质饮料厂，封存劣质饮料210箱；查处无锡同方人工环境有限公司无证生产许可证、假冒产地生产的“清华同方”牌中央空调6台，货值28.68万元。捣毁陈堡镇境内“土炼油”生产窝点。在市内查处非法生产“地条钢”案件4起。整治垛田凌花沟、红星胥家、临湖姚家村生产掺杂掺假调味品窝点。加强对建筑工地和家电市场的巡查，查处“3C”认证系列案25起，货值420万元以上。

2007—2010年，立案查处质量、标准、计量、特种设备等方面案件198起，货值1457万元，捣毁制假售价窝点9个。查处各类违法案件383起，货值4040多万元。

第四节　特种设备安全监察

1991年，全市有锅炉、压力容器622台，各类气瓶2000只、溶解乙炔气钢瓶700只、液化气钢瓶3万多只。市安全监督机构对锅炉压力容器普查登记，气检发证换证，实施安全监察。对有关工种工人定期培训、考试，持证上岗的占80%。通过添置测厚仪、探伤仪等专用设备，使检测能力有所提高。

1994年1月，安检站协同扬州市站对电梯、起重机械实施检验。同年开展对避雷装置的检测，培训焊工等特种作业人员。同年2月，综合检查新城液化分装站等8家液化气供应站。市四通液化气服务公司停业整顿检查，要求各站建立安全工作规章制度，长抓不懈，充气量一律按国家标准执行。

1995年4月，召开全市锅炉压力容器监察检验工作会议，部署全年安监工作。先后举办电梯、行车压力容器操作人员、司炉工、电焊工安全技术和锅炉水处理培训班。2000年、2001年，没收液化气过期钢瓶186只，取缔非法充装点8家。2002年，对压力管道使用单位普查整治，检查压力管道45.46公里。2003年，市质监局成立锅容特普查办公室。投入5万余元，出动1200多人次，对城乡特种设备进行普查，检查锅炉、压力容器、起重机械等设备2610台（套），查出隐患900多处，指令报废特种设备60多台（套），下发整改通知书900多份。为消除安全隐患，全市割除土制锅炉120多台，对垛田镇境内制造土锅炉窝点予以取缔。

2004年，锅检所开始特种设备安全生产专项检查10余次，消除安全隐患250多处。对学校、幼儿园、公园、医院、宾馆等公共场所160多家（处）特种设备安全实施有效监管，避免事故发生。2005年，健全特种设备的动态管理体系，建立乡镇、企业特种设备安全台账，完善《全市特种设备重大事故应急救援预案》，确保重大事故危险源监控到位。

2007—2009年，整治化工企业76家，整治冶金类起重机274台，组织全市特种设备安全大检查15次，消除事故隐患40起，重特大事故隐患2起，3年内未发生特种设备安全事故。发放安全指令书40份，安全隐患自查自纠表800多份，对8家特种设备生产单位、26家气体充装单位和231家使用单位进行安全告知。取缔非法充装点3个，违规充装站5家，查封各类超期钢瓶100多只。培训特种设备操作人员1257人。

2010年，出台“黑名单”制度，化解特种设备生产企业拒检难题。会同安监、消防、建设、公安等部门，开展气瓶专项整治，重点整治充装过期气瓶、报废气瓶、无标识不合格气瓶。组织对14家学校暑期停用的锅炉、电梯等设备逐一过堂检查，免费发放50多套《校园特种设备安全手册》。全年开展4次安全大检查，发放安全指令书42份，化解一般安全隐患23起，整改率达100%。

第七章 安全生产监督管理

2001年前，全市安全生产监督管理工作由市劳动局负责，市政府成立市安全生产委员会（简称"安委会"），下设办公室（简称"安委办"），设在市劳动局内。2001年8月，组建兴化市安全生产监督管理局（简称"安监局"），为市经贸局内设机构，市安委办改在市安监局内。2005年1月，市安监局升格为政府工作部门。同年成立市安全生产监察大队，为市安监局下属全额拨款事业单位。2005年3月，烟花爆竹、职业卫生安全监管职能分别从市公安局、卫生局划归市安监局。

第一节 安全生产综合监管

全市安全生产监督管理按照"属地管理、条块结合"的原则，乡镇政府成立安委会、明确分管负责人，乡镇长为第一责任人。2002年5月起，各乡镇普遍设立安全生产助理（简称安全助理），兼任乡镇安委办主任。至2003年底，全市各乡镇都配备专（兼）职乡镇安全生产助理。市安委会各成员单位具体承担本部门、本行业安全生产监督管理职能。其他安全生产重点部门和企业分别成立安全生产工作领导小组，主要负责人（法人代表）任组长、第一责任人，明确分管负责人、具体承办科室和安全管理人员。

1991年后，全面实行安全生产责任制和责任追究制，各乡镇、市各有关部门每年与市政府签订安全生产目标管理责任书，并将目标责任细化分解，落实到所属行政村、企事业单位，对领导干部实行"一岗双责"制。至2001年，全市各乡镇、各部门普遍形成规范安全生产管理体系。全市各乡镇政府、企事业单位逐步建立安全生产例会、检查、教育、责任追究、事故报告、危险源（点）监控、重点企业安全管理等制度和基础台账，明确相关人员的安全管理职责。每年6月，开展"全国安全生产月"活动，组织安全生产主题咨询日活动和安全生产知识竞赛，通过万人签名、演讲比赛、发放安全生产宣传资料等形式宣传安全生产。2006年7月，出台《兴化市安全生产行政责任追究办法》，明确各部门、各单位、各乡镇政府主要负责人为本单位安全生产第一责任人，分管领导对安全生产负直接领导责任。对安全生产考核实行"一票否决制"。2007年，健全完善考核制度和考核指标体系，在各类评先评优中严格执行安全生产"一票否决"。2009年，全面实施企业安全生产专项经费提取、风险抵押金和工伤保险制度，在重点行业推行"安全生产责任告知、承诺制""企业主要负责人安全生产履职报告制"和"从业人员学历等级资格制"，制定《危险化学品从业单位安全标准化实施细则》。2010年，推行"安全告知、承诺""主要负责人履职报告"和"从业人员准入"等制度，确保企业安全生产主体责任落到实处。

2001年，全市发生各类安全事故1489起，死亡102人。2010年，发生各类安全事故132起，比2001年下降91.13%；死亡77人，比2001年下降24.51%。2001—2010年，全市发生各类安全事故5835起，伤亡3906人，各类安全事故和伤亡人数逐年下降。

第二节　安全生产专项整治

2001年后，每年组织开展安全生产专项整治活动，对道路交通、水上交通、危险化学品、烟花爆竹、非煤矿山、建筑市场、燃气市场、特种设备、人员密集场所、农机、冶金等安全生产重点行业和“土锅炉”“土炼油”等非法生产经营行为，进行有计划、分阶段、分步骤的集中整治。市安委会明确牵头部门和配合部门职责分工，其中：道路交通、民爆物品由市公安局牵头；水上交通、造（拆）船行业由市交通局牵头；人员密集场所由市公安消防大队牵头；建筑市场由市建工局牵头；燃气市场由市建设局牵头；特种设备、“土锅炉”、气瓶专项整治由市质监局牵头；“土炼油”由市环保局牵头；农机安全由市农机局牵头；危险化学品、非煤矿山、职业卫生、冶金行业专项整治由市安监局牵头；烟花爆竹专项整治2005年前由市公安局牵头，2005年后由市安监局牵头。

一、危险化学品专项整治

2002年，对28个乡镇的52家危险化学品生产、储存、使用、运输企业进行注册登记，12家企业初审合格。对4家存在安全隐患的加油站责令停业整改。2003年，开展危化品安全生产专项检查和专项执法活动12次，下发整改指令书146份，排查出事故隐患256项，整改251项，事故隐患整改率98%，其中整改金扬子生化公司、东亚化工厂、星球钨钼材料公司等3个重大事故隐患。2005年，全市29家危化品生产企业（含在建3家，停产1家），持生产许可证企业6家，其他19家企业处于申报阶段，申报领证率100%；全市危化品经营企业178家，领证109家，申报69家，申报领证率100%。至2007年底，全市危险化学品在册企业305家，其中：生产企业27家，持危险化学品安全生产许可证25家，两家通过设立审批（1家在建，1家待建）。危险化学品经营企业249家，领取危险化学品经营许可证。危险化学品运输企业3家（陆上1家、水上两家）全部具有相关资质。危险化学品使用企业26家。涉及危险化学品生产的非化工类企业17家，其中：蓄电池生产企业15家，危险化学品提纯企业两家。全市查出重大危险源（点）122个，其中：生产场所9个，贮罐区54个，库区3个，锅炉7个。2007年，对未在限期内完成隐患整改的市海川资源综合利用化工厂、未按期申报领取危险化学品安全生产许可证的市汇丰化工有限公司甲醇钠等6个生产项目依法予以关闭。2008—2010年，对24家化工生产企业（项目）依法实施关闭。

二、非煤矿山专项整治

2002年，对全市55家非煤矿山企业全部核发第一批非煤安全生产许可证。2005年，开展新一轮非煤矿山企业安全生产许可证核发工作。2006年，54家非煤矿山企业经验收合格，发放安全生产许可证。2008—2010年，每年均对全市54家非煤矿山企业逐一过堂，督促钓鱼镇祥盛建材厂等20多家企业对烟囱加箍，督促茅山建材厂等10多家企业对大窑大修，消除事故隐患。2009年，将非煤矿山企业安全标准化达标列为安全生产许可证延期、变更的前置条件，54家非煤矿山企业全部通过标准化验收。2010年，利用冬季非煤矿山企业停产的时机，督促企业加大安全投入，治理事故隐患。金玉建材厂等3家企业对烟囱进行加箍，鲁宁砖瓦厂等5家企业对大窑进行大修。

三、烟花爆竹专项整治

至2001年底，全市有陈堡、缸顾、大顾、老圩、荻垛、板桥、林潭等7家烟花爆竹生产企业，都经省、泰州市公安部门核发生产许可证。2002年1月，根据省政府办公厅和泰州市有关文件要求，

7家烟花爆竹生产企业全部关闭。为解决善后问题，2004年4月，市政府同意由7家被关闭烟花爆竹生产企业联合组建市板桥烟花爆竹专营公司，从事烟花爆竹批发、零售业务。2005年12月，市供销总社日杂公司对原烟花爆竹批发业务进行股份制改造，成立市兴合烟花爆竹经营有限公司，继续从事烟花爆竹批发、零售业务。是年，规范烟花爆竹市场秩序，核发烟花爆竹零售许可证244家，检查烟花爆竹零售户1500多家（次），查处违法行为24起，销毁烟花爆竹价值7万多元。2007年，成立打击烟花爆竹“四私”行为专项整治办公室，打击烟花爆竹“四私”（即私产、私销、私储、私运）行为，查处7家非法经营户，对13名违法经营者进行处理，集中销毁价值40万元的“四私”烟花爆竹。至2007年底，全市核发烟花爆竹（零售）许可证467份，烟花爆竹（零售）临时许可证1240份。2008—2010年，每年组织检查，打击烟花爆竹“四私”行为查处非法经营450起，对10多名违法经营者进行处理，集中销毁价值100万元的“四私”烟花爆竹。

第三节 安全生产检查执法

2001年后，市安委会每年组织元旦、春节、“五一”、国庆等重大节日和重大活动期间的安全生产大检查，在企业自查、乡镇（部门）检查的基础上，市安委会组织专家组督查，将排查的隐患梳理，分级督办整改，对重大隐患由市政府挂牌督办，明确整改要求和整改责任人、责任单位、督查责任单位，落实整改期间的安全监控措施。2001年，开展“六查一整顿”（即查认识，查机构、查制度、查隐患、查措施、查实效和全面整顿安全生产秩序）活动，根据季节特点，全年组织开展6次全市“地毯式”安全生产大检查，检查企业9338家，排查出事故隐患4298项，整改3970项，整改率92.4%。2001—2006年，检查企业50171家（次），排查事故隐患21090项，整改达20056项。2002年以后，每年隐患整改率都保持在95%以上。2003年，对厂区设在张郭镇居民区内、与居民住宅安全间距严重不足的市东亚化工厂实施整体搬迁。2005年，对与西侧美鑫公司厂房安全距离不足的安丰农科液化气站实施整体搬迁。对17项市级以上重大事故隐患，逐一落实整改、督查责任，制定整改方案，落实整改措施，限期整改。全面开展生产经营单位重大危险源的普查、登记、备案、建档工作，对129个重大危险源落实监控措施。2006年，整改兴化大兴商厦、安丰工业园区羊毛衫厂、正大家俱广场等省级重大事故隐患4项，新艺达香料厂、同新化工有限公司、精品商城、楚水招商城、沙沟镇严家大桥等泰州市级重大事故隐患7项，赵海仙洋楼等兴化市级隐患4项；对整改后仍不具备安全生产基本条件的省级重大事故隐患单位市锦田化肥有限公司依法实施关闭。兴化砖瓦厂因大窑、烟囱裂缝严重，难以整改，在旧城改造时予以关闭，次年厂址被开发为森林公园。2007年，开展安全生产隐患排查治理专项行动，整改泰州市挂牌督办的重大隐患市商业大厦1项，兴化市挂牌督办的隐患市百度酒吧等15项。对未按期整改到位的兴化市锦田化肥有限公司实施关闭，对农资公司垛田杨花仓库储存的150多吨废弃农药、安常医药化学品有限公司600千克危化品废弃物进行无害化处置。市政府决定对存在重大隐患的兴化资源再生园区和城东废旧物资有限公司结合“五城同创”，实施彻底关闭。

2007年9月6日，国家安监总局局长李毅中率领国务院安委会督查组到兴化督查安全生产情况，充分肯定兴化市政府工作成绩。是年，全市排查各类隐患5657项，整改5549项，整改率98.09%。2008年，整改隐患12740项。整改泰州市挂牌督办的兴化资源再生园区、城东镇废旧物资有限公司等2项重大事故隐患和兴化市挂牌督办的林湖建材厂、同新化工公司等10项重大事故隐患。2009年，整改隐患11880项。整改泰州市挂牌督办的高兴东线垛田段私开道口、人民影剧院两项重大事故隐患和兴化市挂牌督办的尚垛建材有限公司、兴合烟花爆竹经营有限公司等10项重大事故隐患。2010年，检查企业4071家（次），排查治理事故隐患12117项。泰州市挂牌督办的王毅娱乐城等重大事故隐患、兴化市挂牌督办的金玉建材厂、鑫博合成化工有限公司等10项重大事故隐患全部整改到位。

兴化市志

（下册）

兴化市地方志编纂委员会 编

XINGHUA
SHIZHI

1991—2010

方志出版社

目 录

下 册

卷十八 中共地方组织与群众团体

卷十九 人大 政府 政协

卷二十 政法 军事

卷二十一 科 技

卷二十二 教 育

卷二十三 文 化

卷二十四 文化遗产

卷二十五 体 育

卷二十六 卫 生

卷二十七 社会管理

卷二十八　社会生活

卷二十九　精神文明建设

卷三十 人 物

卷三十一 乡镇概览

卷三十二 丛 录

卷十八 中共地方组织与群众团体

1991年后，历届中共兴化市委贯彻党的路线、方针、政策，坚持以经济建设为中心，深化改革，扩大开放，加快“走出里下河，融入长三角”的步伐，大力发展经济和社会事业。带领全市党员、干部、群众抢抓历史机遇，结合市情特点，确立建设“富庶、生态、文化、和谐、幸福”兴化的目标，坚定不移地推行“工业强市、生态立市、人文兴市”战略，发扬“戴南、张郭精神”，开拓视野，苦干实干，务实创新，大力发展工业企业，建设社会主义新农村，努力构建民生工程。兴化从一个农业大市逐渐转变为工业市，进而成为一、二、三产业协调发展的经济强市，连续4次跻身全国县域经济竞争力百强县（市）之列，人民生活和城市面貌发生深刻变化。1991—2010年，市委围绕经济中心，扎实开展组织、宣传、纪检、统战等党务工作，加强各级党组和党员队伍建设，改进工作作风，努力塑造“为民、务实、创新、清廉”的党员干部形象。按照总揽全局、协调各方的原则，积极支持人大及其常委会依法履行职能，进行法律监督和工作监督，组织支持政协开展政治协商、民主监督，拓宽人大代表和政协委员发挥作用的渠道。

1991—2010年，兴化市总工会、共青团、妇联以及科协、文联、侨联等团体得到进一步发展。1991年1月、1991年5月、1992年12月，相继成立红十字会、残疾人联合会和老区经济建设促进会。这些组织在兴化市委领导下，按照各自组织的章程，围绕改革开放，发展经济的社会事业，大力发展基层组织，团结和带领各自组织的广大成员为民办实事，为党和政府分忧。积极开展活动，提供咨询服务，帮扶各种群众，依法维护广大职工、青少年和妇女合法权益，为社会公平、正义、和谐、稳定发挥有益作用。

图18-1　中国共产党兴化市第九次代表大会　　（2001年摄，市委办提供）

第一章　中共兴化市代表大会

第一节　中共兴化市第七次代表大会

中共兴化市第七次代表大会于1991年4月23—26日召开。449名代表出席会议，74人列席会议，特邀7名党外人士参加会议。大会听取并审议通过吕振霖代表市委所作《万众一心，艰苦奋斗，把我市社会主义现代化建设继续推向前进》的工作报告和李柏荫代表市纪律检查委员会所作的工作报告。会议肯定1988年第六次代表大会以来所取得的成绩，并对不足之处提出批评的建议。提出今后3年的主要任务：要坚定不移地贯彻党的基本路线，以经济建设为中心，坚持四项基本原则，坚持改革开放，切实加强党的建设，加强社会主义精神文明建设和民主法制建设，团结和依靠全市人民，万众一心，艰苦奋斗，围绕实现城乡经济协调发展，科技教育不断进步，社会环境文明安定，人民生活逐步改善的新目标，把兴化社会主义现代化建设继续推进前进。大会选举产生中共兴化市第七届委员会，委员31名、候补委员4名，选举产生中共兴化市纪律检查委员会，委员15名。

第二节　中共兴化市第八次代表大会

中共兴化市第八次代表大会于1996年11月25—28日召开。臧巧华作题为《团结、拼搏、创业、奉献，为实现“九五”发展目标而奋斗》的报告。会议总结第七次党代会以来的5年工作，对全市两个文明建设、社会发展和党的建设等方面取得的成绩予以肯定，对缺乏和不足提出中肯批评，并对今后工作提出建议。会议指出，今后5—15年是兴化市全面实现小康，奔向现代化宏伟目标的重要时期。要求各级党委和政府务必认真贯彻中共十四届四中、五中和六中全会精神，始终坚持以经济建设为中心，始终坚持“两手抓两手都要硬”的方针，始终坚持党的思想、作风和组织建设，不断提高执政水平和领导水平。大会选举产生中共兴化市第一届委员会委员31名，候补委员4名，选举产生中共兴化市纪律检查委员会，委员15名。

第三节　中共兴化市第九次代表大会

中共兴化市第九次代表大会于2001年3月20—22日召开。438名代表出席，列席代表87名和党外人士4名列席会议。会议回顾总结第八次党代会后的工作，进一步研究确定今后5年改革发展的目标任务和主要措施。大会审议通过陈骏骠所作的《抢抓机遇，富民强市，为实现“十五”

目标而奋斗》的工作报告和唐文奇代表中共兴化市纪律检查委员会所作工作报告。大会选举产生中共兴化市第九届委员会，市委委员28名、候补委员5名，选举产生市纪委委员15名。

第四节 中共兴化市第十次代表大会

中共兴化市第十次代表大会于2006年6月25—28日召开，392名代表出席会议。杨峰作题为《认真落实科学发展观，开展全面小康新征程，努力构建和谐兴化》的报告。大会通过中共兴化市第九届委员会工作报告决议和中共兴化市纪律检查委员会工作报告决议。大会选举产生中共兴化市第十届委员会，市委委员29名、候补委员6名，选举产生市纪委委员15名。

第二章 中共兴化市委员会

第一节 中共兴化市历届委员会

一、中共兴化市第七届委员会

1991年4月，中共兴化市第七届委员会由31名委员、4名候补委员组成，中共兴化市第七届委员会常务委员会由吕振霖、胡炼、顾桂喜、桑光裕（女）、李柏荫、陈在钧、沈满志、虞朝庆、顾定俊、钟鸣10人组成，吕振霖任书记，顾桂喜、桑光裕（女）任副书记。

二、中共兴化市第八届委员会

1996年11月，中共兴化市第八届委员会由31名委员、4名候补委员组成。中共兴化市第八届委员会常务委员会由臧巧华、周书国、顾定俊、张凤岗、俞军、董有富、刘振平、邹祥凤（女）8人组成，臧巧华任书记，周书国、顾定俊、张凤岗任副书记。

三、中共兴化市第九届委员会

2001年3月，中共兴化市第九届委员会由28名委员、5名候补委员组成。中共兴化市第九届委员会常务委员会由陈骏骠、吴跃、杨杰、范学忠、邹祥凤（女）、刘元太、李伟、顾跃进、龚智、金厚坤、唐文奇组成，陈骏骠任书记，吴跃、杨杰、范学忠任副书记。

四、中共兴化市第十届委员会

2006年6月，中共兴化市第十届委员会由29名委员、6名候补委员组成。中共兴化市第十届委员会常务委员会由杨峰、贾春林、金厚坤、顾跃进、陈林、赵旭东、卞正祥、张育林、姚爱平、韩成龙、徐立华组成，杨峰任书记，贾春林、金厚坤任副书记。

1991—2010年中共兴化市委书记、副书记、常委一览表

表18-1

届次及任期	职　务	姓　名	籍贯	任职时间
第七届（1991年4月—1996年11月）	书　记	吕振霖	江苏江都	1991年4月—1996年11月
	副书记	胡　炼	江苏邗江	1991年4月—1993年4月
		顾桂喜	江苏兴化	1991年4月—1995年3月
		桑光裕（女）	江苏扬州	1991年4月—1996年1月
		翟祝平	江苏兴化	1991年9月—1995年6月
		李柏荫	江苏兴化	1992年2月—1996年11月
		顾定俊	江苏兴化	1995年2月—1996年11月
		臧巧华	江苏仪征	1996年1月—1996年11月
	常　委	李柏荫	江苏兴化	1991年4月—1996年11月
		陈在钧	江苏兴化	1991年4月—1992年2月
		沈满志	江苏兴化	1991年4月—1994年3月
		虞朝庆	江苏扬州	1991年4月—1991年9月
		顾定俊	江苏兴化	1991年4月—1996年11月
		钟　鸣	江苏兴化	1991年4月—1996年11月
		翟祝平	江苏兴化	1991年9月—1995年6月
		张凤岗	江苏兴化	1992年11月—1996年11月
		袁秋年	江苏兴化	1992年11月—1995年4月
		居锦杰	江苏兴化	1993年3月—1996年11月
		俞　军	江苏扬州	1995年6月—1996年11月
第八届（1996年11月—2001年3月）	书　记	臧巧华	江苏仪征	1996年11月—1998年8月
		陈骏骠	江苏泰州	1998年8月—2001年3月
	副书记	周书国	江苏泰兴	1996年11月—1999年8月
		顾定俊	江苏兴化	1996年11月—1997年9月
		张凤岗	江苏兴化	1996年11月—2001年1月
		俞　军	江苏扬州	1997年9月—1998年12月
		吴　跃	江苏姜堰	1997年10月—2001年3月
		杭天珑（女）	江苏江都	1999年8月—2001年1月
		杨　杰	江苏常州	2001年2月—2001年3月
	常　委	俞　军	江苏扬州	1996年11月—1998年12月
		吴　跃	江苏姜堰	1997年10月—2001年3月
		董有富	江苏兴化	1996年11月—1999年5月
		刘振平	山东青州	1996年11月—1998年12月
		邹祥凤（女）	江苏兴化	1996年11月—2001年3月
		刘元太	江苏兴化	1997年4月—2001年3月
		范学忠	江苏兴化	1998年12月—2001年3月

续表 18-1-1

届次及任期	职　务	姓　名	籍贯	任职时间
		李　伟	江苏泰州	1999年3月—2001年3月
		杭天珑（女）	江苏江都	1999年8月—2001年1月
		王新桥	湖北武汉	1999年3月—2000年8月
		陈明冠	江苏泰州	1999年5月—2001年1月
		顾跃进	江苏兴化	2000年1月—2001年3月
		龚　智	江苏江都	2000年8月—2001年3月
		金厚坤	江苏兴化	2001年1月—2001年3月
		唐文奇	江苏泰州	2001年1月—2001年3月
第九届（2001年3月—2006年6月）	书　记	陈骏骠	江苏泰州	2001年3月—2002年1月
		杨　峰	江苏泰兴	2002年1月—2006年6月
	副书记	吴　跃	江苏姜堰	2001年3月—2005年6月
		杨　杰	江苏常州	2001年3月—2002年10月
		范学忠	江苏兴化	2001年3月—2004年10月
		唐文奇	江苏泰州	2001年6月—2006年6月
		牟国义	四川长宁	2002年12月—2006年6月
		邹祥凤（女）	江苏兴化	2002年11月—2004年8月
		金厚坤	江苏兴化	2004年10月—2006年6月
	常　委	邹祥凤（女）	江苏兴化	2001年3月—2004年8月
		刘元太	江苏兴化	2001年3月—2003年8月
		李　伟	江苏泰州	2001年3月—2001年6月
		顾跃进	江苏兴化	2001年3月—2006年6月
		龚　智	江苏江都	2001年3月—2005年1月
		金厚坤	江苏兴化	2001年3月—2006年6月
		唐文奇	江苏泰州	2001年3月—2006年6月
		陈　林	江苏宝应	2002年4月—2006年6月
		赵旭东	江苏兴化	2002年11月—2006年6月
		卞正祥	江苏兴化	2002年11月—2006年6月
		张育林	江苏兴化	2005年1月—2006年6月
		孟宪辉	江苏宿迁	2005年1月—2005年5月
		姚爱平	江苏金坛	2005年5月—2006年6月
		韩成龙	江苏靖江	2005年9月—2006年6月
第十届（2006年6月—）	书　记	杨　峰	江苏泰兴	2006年6月—2006年12月
		贾春林	江苏姜堰	2006年12月—
	副书记	贾春林	江苏姜堰	2006年6月—2006年12月
		金厚坤	江苏兴化	2006年6月—

续表 18-1-2

届次及任期	职　务	姓　名	籍贯	任职时间
	常　委	顾跃进	江苏兴化	2006年6月—
		李　伟	江苏泰州	2006年12月—
		陈　林	江苏宝应	2006年6月—2007年9月
		赵旭东	江苏兴化	2006年6月—
		卞正祥	江苏兴化	2006年6月—2007年12月
		张育林	江苏兴化	2006年6月—
		姚爱平	江苏金坛	2006年6月—2007年3月
		韩成龙	江苏靖江	2006年6月—2010年11月
		徐立华	江苏兴化	2006年6月—
		吴祥华	江苏宜兴	2007年3月—2008年6月
		朱爱民（挂职）	—	2007年4月—2007年6月
		万永良	江苏泰兴	2007年9月—
		杨　建	江苏兴化	2007年12月—
		朱国金	安徽肥东	2008年6月—2010年7月
		袁祝祥	江苏宝应	2010年7月—

第二节　中共兴化市委全体（扩大）会议

一、中共第七届委员会全体扩大会议

【第一次全体（扩大）会议】 1991年4月26日，中共兴化市第七届委员会举行第一次全体会议。新当选的市委委员、候补委员出席会议，纪委委员列席会议。会议选举产生中共兴化市第七届委员会常务委员10名，选举吕振霖为书记，胡炼、顾桂喜、桑光裕为副书记。

【第二次全体（扩大）会议】 1991年9月9—11日召开。会议讨论通过吕振霖代表市委常委所作的题为《坚定信心，艰苦创业，为加快灾后我市的经济恢复和发展而奋斗》的工作报告。会议认真总结全市抗击特大洪涝灾害的斗争经验，理清灾后全市经济恢复和发展的基本思路，明确当前主要工作任务。

【第三次全体（扩大）会议】 1992年1月8—11日召开。会议认真学习中共十三届八中全会文件，原则同意胡炼、桑光裕分别代表市委常委所作的关于经济建设、关于党的建设和社会主义精神文明建设方面的工作汇报。

【第四次全体（扩大）会议】 1992年5月17日召开。全会主要任务是，继续深入贯彻落实中央2号文件——邓小平视察南方重要讲话和省、市委工作会议精神，进一步动员全市广大党员干部和人民群众，进一步解放思想，放胆改革开拓，为全市经济建设再上一个新台阶而努力奋斗。市委书记吕振霖根据省委、省政府《关于加快改革开放促进经济发展苦干问题的决定》精神，就全市经济发展，赶超全省平均水平的战略目标、基本思路、工作重点和主要措施作了动员。全会就兴化市加快改革开放和促进经济发展的10个政策性意见进行讨论修改。

【第五次全体（扩大）会议】 1992年12月16日召开，全会讨论通过吕振霖所作《深入贯彻党的十四大精神，夺取我市改革开放和经济建设的新胜利》工作报告，并提出90年代全市发展目标任务：即“八五”实现翻一番，“九五”突破两百亿，发展速度赶沿江，提前三年达小康，经济总量在里下河地区保持领先地位。地区生产总值年递增17%以上，到“八五”期末，工农业总产值要突破80亿元，国民生产总值达36亿元以上，人均2300元以上；到2000年，工农业总产值力争突破200亿元，国民生产总值达80亿元以上，人均5000元以上。

【第六次全体（扩大）会议】 1993年8月5—9日召开。全会认真学习中央6号文件《中共中央、国务院关于当前经济情况和加强宏观调控的意见》和省委9号文件精神，听取吕振霖代表市委作的《审时度势，把握机遇，进一步推进我市经济建设既快又好地发展》工作报告，顾桂喜和翟祝平分别就全市农业经济、工业经济工作作专题报告。会议讨论修改了兴化市加快改革开放和促进经济发展的几个政策性意见，专门就加快全市公路交通建设等问题作出决定。

【第七次全体（扩大）会议】 1994年1月3日召开。全会讨论通过吕振霖所作的《加快改革开放，加速调整结构，促进全市经济更快、更好、更健康地发展》工作报告，提出1994年全市工作总的要求：认真贯彻中共十四大和十四届三中全会精神，按照“决战两年超百亿，加快步伐奔小康”的奋斗目标和既定的经济发展基本思路，加大改革力度，加快开放步伐，加速结构调整，在全面提高经济运行质量的基础上，促进国民经济更快更好更健康地发展和社会的全面进步。

【第八次全体（扩大）会议】 1994年7月30日召开。全会认真总结上半年工作，部署下半年任务，分析当前经济形势，研究1995年“超百亿”的基本思路和主要措施，动员全市广大党员干部和人民群众，振奋精神，坚定信心，扎实工作，加压奋进，全面完成1994年各项工作目标，为夺取1995年“超百亿，奔小康”的新胜利夯实基础。会议期间，组织参会人员参观有关乡镇和企业，听取12家单位的工作交流。

【第九次全体（扩大）会议】 1995年1月9日召开。全会的主要任务是以邓小平建设中国特色社会主义理论为指导，认真贯彻中共十四届三中、四中全会精神，围绕“超百亿，奔小康”的既定奋斗目标，回顾总结1994年工作，研究确定1995年工作的指导思想、目标任务和主要措施，动员和组织全市各级党政组织和广大干部群众，进一步解放思想，振奋精神，抓住机遇，乘势而上，促进全市经济持续、快速、健康发展和各项社会事业全面进步。

【第十次全体（扩大）会议】 1995年7月24日召开。全会讨论通过吕振霖所作《总结经验，加压奋进，夺取决战“百亿工程”的全面胜利》的工作报告。会议组织与会人员参观考察市内部分工业投入、农业秋超以及集镇建设等现场。会议要求全市各级党政组织、广大党员干部和人民群众，进一步振奋精神，坚定信心，加压奋进，全力以赴，夺取决战“百亿工程”的全面胜利，促进全市两个文明建设跃上一个新的台阶。

【第十一次全体（扩大）会议】 1996年3月17日召开，讨论制定兴化市国民经济和社会发展“九五”计划和2010年远景目标的建议。

二、中共第八届委员会全体扩大会议

【第一次全体（扩大）会议】 1996年11月25—28日召开。全会听取审议八届市委工作报告和市纪律检查委员会工作报告，选举产生中共兴化市第八届委员会常务委员8名，选举臧巧华为市委书记，周书国、顾定俊、张凤岗为副书记。

【第二次全体（扩大）会议】 1997年1月7日召开。全会讨论通过臧巧华所作的《振奋精神，扎实工作，努力开创全市两个文明建设的新局面》工作报告，提出1997年工作思路、目标任务和主要措施。

【第三次全体（扩大）会议】 1997年7月25—26日召开。会议回顾总结上半年工作，进一步落实下半年任务，动员全市广大党员、干部和群众，统一思想认识，认清形势，振奋精神，鼓舞斗志，扎实工作，加快改革开放和结构调整的步伐，努力实现全年各项工作任务。会议要求调整优化农业结构，大力推进农业产业化；加大改革力度，加快企业转机建制步伐。

【第四次全体（扩大）会议】 1997年12月15—17日召开。全会讨论通过臧巧华所作《认真贯彻落实中共十五大精神，把我市两个文明建设进步推向前进》的工作报告，明确提出1998年发展的目标任务和工作思路，动员全市广大党员和干部群众，高举邓小平理论的伟大旗帜，进一步解放思想，抓住机遇，加大力度，组织改革开放和经济发展的新突破，把全市两个文明建设进一步推向前进。

【第五次全体（扩大）会议】 1998年7月26—27日召开。会议主要任务是：以中共十五大精神为指导，回顾总结上半年工作，进一步明确下半年工作的重点，解放思想，抢抓机遇，加大力度，为全面完成全年各项工作任务而奋斗。会议要求继续深化企业改革、发展个体私营经济、推进农业产业化经营、扩大对外开放横向联营联合上求突破，继续加强党的建设、精神文明建设和民主法制建设，确保全面实现全年两个文明建设的目标任务。9个区的区委书记作交流发言。

【第六次全体（扩大）会议】 1999年1月5—7日召开。全会认真审议并通过陈骏骠代表市委常委会所作的《知难而进，奋发图强，开创全市两个文明建设的新局面》的工作报告，并提出1999年工作总的要求及主要目标任务。

【第七次全体（扩大）会议】 1999年7月28—29日召开。会议传达省委九届十次全会、泰州市委一届八次全会精神，要求进一步动员全市各级党政组织和广大人民群众认清形势、解放思想、理清思路、加快发展，努力实现全市个体私营经济发展的新跨越。市委书记陈骏骠提出，要牢固树立抢抓机遇的观念、先予后取的观念、一视同仁的观念和支持服务的观念，大力推进个私经济的快速、健康、持续发展。

【第八次全体（扩大）会议】 2000年1月3—5日召开。全会认真审议并通过陈骏骠代表市委常委会所作的《抢抓机遇，加快发展，开创世纪之交全市两个文明建设新局面》的工作报告。会议期间，组织部分人员到戴南、张郭参观学习。

【第九次全体（扩大）会议】 2000年7月10日召开。市委书记陈骏骠代表市委常委会作《确立主体思路，突出主体地位，推进全市个私经济更快更好地发展》的工作报告，市委副书记吴跃传达省委书记回良玉视察泰州时的讲话。会上，市委、市政府表彰在招商引资百日赛中成绩显著的12家单位。

【第十次全体（扩大）会议】 2000年12月27—28日召开。全会审议批准《中共兴化市委关于制定兴化市国民经济和社会发展第十个五年计划的建议》。全会提出，“十五”期间，全市地区生产总值年均增长预期调控目标为11%以上，国内生产总值人均增长10%以上，财政收入与国内生产总值同步增长，农民人均纯收入与城镇职工可支配收入年均增长6%以上。城市化率提高到46%。全会讨论通过陈骏骠所作《加快富民强市，推进两个创新，为全面开创兴化“十五”发展新局面而努力奋斗》的工作报告。

【第十一次全体（扩大）会议】 2001年3月18日召开。全会讨论决定召开市第九次党代表大会的有关事项，通过第八届市委工作报告和市纪委工作报告，以及关于中共兴化市第九届委员会、纪律检查委员会的名额和安排原则。

三、中共第九届委员会全体扩大会议

【第一次全体（扩大）会议】 2001年3月22日召开。差额选举产生市委常委11名，选举陈骏骠任市委书记，吴跃、杨杰、范学忠任市委副书记。

【第二次全体（扩大）会议】 2001年7月15日召开。会议表决通过兴化市出席泰州市第二次党代会的代表候选人预备人选建议名单，通过《中国共产党兴化市第九届委员会第二次会议关于召开兴化市党代表会议的决议》，决定2001年7月19日召开兴化市党代表会议，选举出席泰州市党代会代表。会议由市委书记陈骏骠主持。市委委员、候补委员出席会议，市纪委委员列席会议。

【第三次全体（扩大）会议】 2002年1月12—13日召开。全会讨论通过陈骏骠所作《实践“三个代表”，奋力开拓创新，切实加快兴化富民强市步伐》的工作报告，明确提出2002年发展思路和工作目标。要求全市上下围绕第九次党代会确定的战略目标，坚持把富民强市放在总揽全局的核心位置，积极应对入世，趋利避害、开拓进取，大力发展工业，调整提高农业，加快振兴城区，积极开拓“三外”，深化企业改革，狠抓财税建设，努力增加城乡居民收入，保持社会稳定，促进经济持续快速健康发展和社会全面进步，以优异成绩迎接中共十六大召开。

【第四次全体（扩大）会议】 2002年7月16日召开。市委书记杨峰作题为《突出第一要务，优化投资环境，营造加快发展的新优势》的工作报告。全会动员全市上下进一步解放思想，深化认识，硬化措施，强化领导，全面优化投资环境，营造加快发展新优势，努力开创全市改革开放和经济建设的新局面。

【第五次全体（扩大）会议】 2002年12月6日召开。全会讨论通过杨峰所作《抢抓机遇，开拓奋进，在全面建设小康社会新的征程中跨越发展》的工作报告，提出2003年要以十六大精神为指引，切实按照“发展要有新思路，改革要有新突破，开放要有新局面，各项工作要有新举措”的要求，万众一心，艰苦努力，奋发图强，狠抓关键，确保全年地区生产总值过百亿，财政收入实现6.99亿元；城乡居民增收幅度超上年，为加快富民强市步伐、全面建设小康社会奠定坚实的基础。

【第六次全体（扩大）会议】 2003年7月28—31日召开。会议主要任务是，认真学习贯彻胡锦涛总书记“七一”重要讲话精神和省委十届五次全会、泰州市委二届五次全会精神，进一步明确兴化市在实现“两个率先”中的目标定位，研究部署当前和今后一个时期的经济工作，坚持解放思想、开拓进取、抓住重点、加快突破，动员全市人民为5年总量翻番、10年全面小康而全力奋斗。

【第七次全体（扩大）会议】 2004年1月2日召开。全会讨论通过杨峰所作《与时俱进，奋发有为，努力实现兴化经济社会的跨越发展》的工作报告，提出2004年工作的总体思路、目标任务和主要措施，全面贯彻落实中共十六大、十六届三中全会精神，按照中央经济工作会议和省、泰州市委的部署要求，紧紧围绕5年总量翻番、10年全面小康的跨越发展目标，加大改革开放力度，加快结构调整步伐，突破工业强市、开放开发、富民优先、全面协调四大重点，促进兴化市经济持续快速协调健康发展和社会全面进步。

【第八次全体（扩大）会议】 2004年6月18—19日召开。会议讨论通过杨峰所作《全面落实科学发展观，坚持加快发展不动摇》的工作报告。会议回顾总结上半年工作，部署下半年工作，动员全市上下进一步统一思想，振奋精神，抢抓机遇，开拓创新，牢固树立和认真落实科学发展观，积极应对宏观调控，坚持加快发展不动摇。

【第九次全体（扩大）会议】 2004年12月18日召开。全会讨论通过杨峰所作《深入贯彻十六届四中全会精神，努力实现兴化经济社会又好又快发展》的工作报告，提出2005年发展思路、目标任务和主要措施。会议期间组织党政代表团到姜堰、海安进行参观考察。

【第十次全体（扩大）会议】 2005年7月23日召开。会议总结上半年工作，研究分析当前形势，动员全市上下大力弘扬“三创”精神，解放思想，统一认识，抢抓机遇，奋力拼搏，确保全年各项目标任务的完成。

【第十一次全体（扩大）会议】 2005年12月18日召开。杨峰作题为《认真落实科学发展观，开启全面小康新征程》的主题报告，回顾总结兴化市“十五”发展历程，谋划“十一五”发展蓝图，总结2005年工作，明确2006年全市经济社会发展目标。会议审议并通过《兴化市国民经济和社会发展第十一个五年规划的建议》。

四、中共第十届委员会全体扩大会议

【第一次全体（扩大）会议】 2006年6月28日召开，差额选举产生市委常委11名，杨峰当选为市委书记，贾春林、金厚坤当选为市委副书记。

【第二次全体（扩大）会议】 2007年1月4日召开。全会讨论通过贾春林所作《加快建设全面小康，努力构建和谐兴化》的工作报告，审议通过《中共兴化市委关于构建和谐兴化的实施意见》。会议动员全市上下紧紧围绕“建设全面小康、构建和谐兴化”目标，进一步解放思想、抢抓机遇、开拓创新、扎实工作，努力实现经济社会又好又快发展，以优异的成绩迎接中共十七大的胜利召开。

【第三次全体（扩大）会议】 2007年7月20日召开。讨论通过贾春林所作《紧扣全年目标，奋力争先进位，为加快全面达小康夯实基础》的工作报告。会议对贯彻会议精神提出要求，对当前工作进行部署。

【第四次全体（扩大）会议】 2007年12月12日召开。讨论通过贾春林所作《贯彻落实十七大精神 统筹发展优化结构，为全面达小康、建设新兴化而团结奋斗》的工作报告。

【第五次全体（扩大）会议】 2008年7月27—31日召开。会议期间组织市四套班子领导及出席全会的部分成员赴浙江省宁波市鄞州区、上海市松江区和江苏省海门市参观学习。全会讨论通过贾春林所作《解放思想，科学发展，调优创新，为全面达小康、跻身苏中第一梯队而努力奋斗》的工作报告。

【第六次全体（扩大）会议】 2008年12月30日召开。全会讨论通过贾春林所作的《坚定信心，迎难而上，苦干实干，奋力推进全市经济社会平稳较快发展》的工作报告，金厚坤受市委常委会委托，向全委会作市委常委会自身建设和廉洁从政情况报告。

图18-2　中共兴化市委十届六次全体会议
（2008年摄，市委办提供）

【第七次全体（扩大）会议】 2009年7月18日召开。会议回顾总结上半年工作，研究部署下半年及今后一段时期经济社会发展任务。贾春林代表市委常委会作《苦干，实干，创新干，确保完成全年目标任务》的工作报告。

【全市党代表大会】 2010年1月4—6日召开。会议的主要任务是：认真学习贯彻中共十七届四中全会、省委全会，以及中央和省经济工作会议精神，回顾总结2009年工作，分析当前形势，研究部署2010年工作目标任务，动员全市上下深入贯彻落实科学发展观，务实创新，克难攻坚，加快“富庶兴化、生态兴化、文化兴化、和谐兴化”建设进程，努力夺取全面建成小康社会的新胜利。会议期间组织党政代表团赴沛县、江都参观考察。

【第八次全体（扩大）会议】 2010年8月11—12日召开。会议主要任务是：认真贯彻落实省委、泰州市委全会精神，回顾总结上半年工作，分析当前形势，研究部署下半年工作，动员全市上下紧扣“务实抓转型、全力达小康”的工作主线，进一步调优理念，开拓创新，团结拼搏。会议讨论通过贾春林所作《务实抓转转型，全力达小康，为开创科学发展新局面而努力奋斗》的工作报告。

第三章 机构设置

第一节 工作部门及直属机构

1991年初，兴化市委设办公室、组织部、宣传部、农工部、统战部、政法委、党校、兴化报社、市直机关党委、党史办公室、对台办公室、信访局（属市委、市政府双重领导）、老干部局、研究室、机要室。1991年2月，市委对台办公室与市政府台湾事务办公室合署办公，实行两块牌子、一套班子。1991年6月，市委研究室与市政府研究室分开办公，市委研究室与市委办公室合署办公。1993年2月，兴化市纪委、兴化市监察局合署办公，实行一套机构、两个机关名称体制。1993年4月，中共兴化市委对台办公室更名为中共兴化市委台湾工作办公室。

1998年，市委机构调整，设市委工作机构6个，部门管理机构1个，归口管理机构2个，直属事业单位4个，其中党史、地方志、档案工作机构合并，组成“兴化市史志档案办公室”，挂“兴化市档案局”和“兴化市档案馆”牌子。

2001年，市委机构再次调整，设市委工作机构6个，部门管理机构3个，直属事业单位3个，另市史志档案办公室为市委、市政府直属事业单位。2002年，兴化市机构编制委员会办公室从政府口划归党委口。2004年1月，兴化日报社撤销，同时组建“兴化市新闻信息中心”。2005年2月建立“中共兴化市非公有制经济组织工作委员会”，为市委派出机构，与市委组织部合署办公；相应建立“中共兴化市纪委非公有制经济组织工作委员会”，为市纪委派出机构。2005年10月，在市委农村工作办公室增挂“兴化市政府农村工作办公室”牌子。2009年成立“兴化市机关作风建设办公室”，在市级机关工作委员会挂牌。2009年成立兴化市哲学社会科学联合会，与市委宣传部合署办公。

2010年，市委设市委工作机构6个：市委办公室（市委台湾办公室与其合署办公，挂“兴化市政府台湾事务办公室”“兴化市委政策研究室”牌子），市委组织部（挂“兴化市委组织员办公室”牌子，“中共兴化市非公有制经济组织工作委员会”与组织部合署办公），市委宣传部（挂“兴化市精神文明建设指导委员会”牌子，“兴化市文学艺术界联合会”“兴化市哲学社会科学联合会”与兴化市委宣传部合署办公），市委统一战线工作部（挂“兴化市政府民族宗教事务局”牌子），市委农村工作办公室（挂“兴化市农村经济工作委员会”“兴化市政府农村集体资产管理办公室”“兴化市政府农村工作办公室”牌子），市委政法委员会（市社会治安综合治理委员会办公室与其合署办公），另市机构编制委员会办公室列市委工作机构。设部门管理机构3个：市委老干部局，市委市级机关党委（由市委组织部管理），机要保密局。相关直属事业单位3个：市委党校，市新闻信息中心，市史志档案办公室（挂“兴化市档案局”“兴化市档案馆”牌子）。

第二节　乡镇、园区及市委派出机构

1987年10月，全市设立农村区委，为市（县）委派出机构，受市（县）委委托，分管有关乡镇党委的工作，分别为永合区委（分管戴窑、合塔、舍陈、徐杨、永丰、林潭6个乡镇党委）、老圩区委（分管大营、新垛、老圩、安丰、中圩5个乡镇党委）、海河区委（分管下圩、海南、海河、钓鱼、大邹5个乡镇党委）、沙沟区委（分管沙沟、周奋、缸顾、中堡、李健、舜生6个乡镇党委）、临城区委（分管严家、荡朱、东潭、红星、东鲍、西鲍、临城7个乡镇党委）、竹泓区委（分管林湖、垛田、竹泓、刘陆、沈纶5个乡镇党委）、大垛区委（分管大垛、狄垛、陶庄、昌荣4个乡镇党委）、周庄区委（分管茅山、边城、周庄、陈堡4个乡镇党委）、戴南区委（分管戴南、张郭、唐刘、顾庄4个乡镇党委），另昭阳镇为市委机关驻地。（部分乡镇更名、拆分、撤乡建镇情况参见《政区　人口》卷第一章第二节第一目《乡镇区划》）。

2001年10月，撤销区公所建置，区委同时撤销。至2010年，全市有34个乡镇党委，开发区为党工委建制。

第四章　组织建设

第一节　党员队伍建设

一、党员发展

1991年，全市有党员49280人，其中：正式党员48096人，预备党员1184人；男性党员45487人，女性党员3793人；汉族党员49269人，少数民族党员11人。1992年，党员为50329人。其中正式党员48871人、预备党员1458人。1993年，全市发展新党员1014名，其中生产一线的优秀工人、农民占69.82%，科技人员占10%。发展女党员103人，占发展总数的10.2%。1995年，全市发展新党员1456名，35岁以下的青年932人，占64%，女性占18.6%，高中以上文化程度占66.2%，生产一线的工人、农民占73%。此外，农村中5年以上未发展党员224个支部中，当年有191个支部发展新党员，占65.3%，基层党组织对入党积极分子进行党的宗旨及党员条件方面的教育，采取定期考察，专人谈心，思想汇报等多种方式，进行培养教育。

1996年9月27日，市委组织部印发《兴化市1996—2000年党员发展规划》。规划新党员发展数量、结构。在实际工作中，注重从思想上引导、计划上指导，从源头上抓起，基层党组织举办要求入党积极分子培训班，并注意在经济建设第一线考察和培养要求入党的积极分子，发展一大批政治素养好、业务能力强的优秀分子入党。1998年，在全市开展妇女“推优”活动，举办妇女学习党的基本知识专题培训班，完成在全市中学建业余党校的目标，基本解决3年以上不发展党员的行政村发展党员问题，年底全市202个连续3年以上未发展党员的村党支部分别发展新党员或落实发展对象。2002年，实行发展新党员"票决制"，坚持党员发展对象"过三关"（过现实表现关、一票否决关、公示关）的规定，提高发展党员质量。2004年，以保持党的先进性和提高新发展党员质量为核心，突出重点，在青年、妇女和知识分子中发展党员，加大在非公有制经济组织中发展党员力度，规范中学生业余党校建设，全年发展新党员992名，其中35岁以下青年703名，妇女265名，高中以上文化871名，非公有制企业人员165名。

2008年后，继续坚持发展党员工作责任制，明确规定乡镇党委组织委员是发展党员工作的直接责任人，对把好发展对象质量关负有直接责任，特别对发展对象在计划生育、经济往来、遵纪守法等方面的情况进行严格审核。同时，严格实行目标考核和责任追究，对质量把关不严，或发展党员主要指标达不到目标要求，组织委员不得参加优秀组工干部的推荐和表彰；质量把关不严，造成严重后果，影响较大的，追究组织委员的责任。

2010年，按照中共十七届四中、五中全会精神，积极做好在农民中发展党员工作，解决一些农村党组织后继乏人的问题。做好"两新"组织中集中培训和集中推优活动，重点抓好规模企业中发展党员工作，解决一些生产班组没有党员的问题，做到关键岗位、艰苦岗位有党员，不断壮大非公有制经济组织党的力量。做好高知识层次人员发展党员工作，实现人才党员化目标。积极做好在流动人员中发展党员工作，逐步建立齐抓共管工作机制。全市有党员70894人，其中：正式党员68800人，预备党员2094人；35岁以下的青年11890人，占16.77%，女性10218人，占14.41%，高中以上文化程度35448人，占50%，生产一线的工人、农民39140人，占55.21%。

2001—2010年兴化市党员发展情况一览表

表18-2 单位：人

年份	总数	女性	高中以上	35岁以下	年份	总数	女性	高中以上	35岁以下
2001	1238	326	1029	837	2006	1015	283	862	705
2002	1025	280	850	675	2007	1009	277	870	700
2003	1053	300	907	718	2008	1014	285	893	719
2004	992	265	871	703	2009	940	287	905	668
2005	967	265	835	692	2010	1009	306	922	766

1991—2010年部分年份兴化市党员数量一览表

表18-3 单位：人

年份	总数	女性	少数民族	35岁以下
1991	49280	3793	11	8535
1994	52384	4107	13	8474
2002	63353	6907	17	10992
2004	64622	7382	19	10841
2010	70894	10218	19	11890

二、党员教育管理

1991年5月31日，市委组织部下发《关于建立党支部活动室的通知》，明确要求在活动室内将新党员入党《誓词》和党的基础知识——党员的权利和义务放大上墙，使党员时刻牢记党的纪律，努力做一个合格党员。“七一”前，发出《开好党员领导干部民主生活会的通知》。市委10名领导成员及市纪委、组织部、监察局的11人，分别参加5个乡镇、5个市直单位党委（党组）的民主生活会，对检查的内容提出具体要求。

1995年，市委发出《关于开展向孔繁森同志学习活动的通知》。要求全市党员学习孔繁森顾全大局、无私奉献的坚强党性；热爱人民、服务人民的满腔热情、艰苦奋斗、廉洁奉公的高尚品德和开拓进取求真务实的优良作风。是年，在纪念“七一”活动中，发动全体党员投票，评出“十佳”模范人物，结合纪念建党74周年活动予以表彰。

1997年4月，市委连续发出《关于认真组织学习〈中国共产党纪律处分条例（试行）〉的通知》和《关于认真学习贯彻〈中国共产党党员领导干部廉洁从政若干准则（试行）〉的通知》。是年，市纪委、市委组织部联合开展党性党风党纪电教月活动，组织党员干部收看《钢魂》《水冲港的崛起》《泰安大案警示录》等电教片，20万人次观看，收视率达95%以上。市委组织部组织开展党员学理论、学党章的“双学”活动，被省委宣传部、省委组织部、省纪委联合表彰为“双学”先进单位。“七一”前夕，市委发出《关于开展向李荣喜同志学习活动的决定》，在全市党员干部中广泛开展向陈堡乡原果元村党支部书记李荣喜学习的活动。同年12月，全市各级党组织开展新民主评议党员工作。在评议中，按优秀、合格、基本合格和不合格四个档次定格。基本方法和程序分学习教育、个人小结、民主评议、组织考察、表彰和处理等5个阶段。至翌年元月中旬，在全市57196名党员中有54330名参加评议，评出先进党支部406个，优秀党员4890名，合格党员50982名，基本合格党员886名，不合格党员56名。尔后，民主评议党员工作做到正常化、制度化，坚持一年一度评议。

2000年起，加强对非公有制企业的党员教育。楚水招商城为市内最大的日用工业品综合市场。在1300多名个体业主中，有26名中共党员。党组织针对商城特点进行教育，强化党员的先锋意识，发挥模范作用，在商城中涌现出泰州市“十佳再就业明星”邓建华、市“十佳女经理”吴富英等一批先进人物。商城发展成为年交易额5亿元，纳税300多万元，吸纳下岗职工1500多人再就业的全市商贸中心。

2004年8月，市委办印发《关于开展向沈正彬同志学习活动的决定》，各级党组织通过中心组学习、召开民主生活会、上党课、过组织生活等形式，学习沈正彬的先进事迹，并结合实际，组织开展讨论，从思想上和工作上认真对照、查找差距。各级党组织广泛宣传沈正彬的先进事迹，把沈正彬的先进事迹作为教育和培训基层党员干部教材。

2004年后，按泰州市委统一部署，围绕农民致富目标，加强农村党员教育。全市有劳动能力的党员、干部全部参加“双带一促”（党员、干部带头、带动，促进农民增收致富）活动。通过帮带，全市有3.3万多农户找到致富门路，1.1万多农户基本脱贫。

图18-3　“七一”期间，来自19个市级机关部门的60多名党员义工齐聚佰富华广场，开展党员义工便民服务现场咨询活动　（2007年摄，市委组织部提供）

2006年，市委认真贯彻中共十六届六中全会精神和中央办公厅《关于加强和改进流动党员管理工作的意见》，加强对流动党员的管理和教育。据当年6月统计，全市有近7000名流动党员，约占全市党员总数的14%。随着经济体制改革不断深化，在流动党员管理工作出现一些新的情况和问题。市委围绕改革、发展、稳定大局，按照“全面覆盖，不留黑”的要求，加强流动党员的教育管理，发挥流动单元的先锋模范作用，从健全组织生活入手，不断增强党组织的影响力、凝聚力和战斗力。

2008年，着眼增强党组织的凝聚力，切实加强党员队伍管理。发放流动党员活动证，举办党员就业专场招聘会，开展党员义工活动，建成乡镇党员服务中心，推进为民办事全程代理制。“建设困难党员‘帮扶林’，探索党员关爱新机制”的做法，列泰州市组织工作创新创优成果之首。

2010年，加强党员队伍先进性建设，大力实施“先锋工程”，积极开展义工服务活动，注重流动党员管理和服务，全市设置党员先锋集体岗1992个，个人岗9461个，参与党员18778名。

第二节 党组织建设

一、党（总）支部

1991年，全市设党总支部39个，2010年末260个。1991年全市有党支部2985个。随着乡镇合并及企业改制，至2010年，全市支部数2860个。

20世纪90年代后，农村涌现大量新经济组织。各乡镇在企业改制的同时，抓新经济组织的党建工作。1996—1998年，张郭镇在新经济组织中建立党支部8个，发展新党员29人。由此带动经济社会事业的发展，被兴化市委、泰州市委表彰为“红旗党组织”，被省委表彰为“先进基层党组织”。至2010年，全市在股份制企业、外资企业和个体私营企业建起党支部118个。通过单独组建、联合组建、挂靠组建等方式，在全市新经济组织中建立健全党的组织。至2010年末，在全市新经济组织中建立党支部1732个，有党员10651人。

二、党组

1991年，市级机关有党组7个。2010年，全市有党组32个。建立党组的机关单位分别是：市人大常委会、市政府、市政协、总工会、工商联、药监局、法院、检察院、司法局、规划局、人社局、行政服务中心、安监局、人防办、人口计生委、体育局、国税局、地税局、审计局、工商局、残联、发改委、环保局、物价局、质监局、科协、农机局、妇联、信访局、统计局、科技局、农开局。

三、党（工）委

【区委】 1991年，中共兴化市委下设9个区委，分别是永合、老圩、海河、沙沟、临城、竹泓、大垛、周庄、戴南9个区。此后，各区所辖乡镇党委随行政区划调整有所变动。2001年，随着乡镇规模调整，区一级机构不再存在。

【基层党委】 1991年，全市基层党委59个，其中乡镇党委46个。1996年8月16日，经市委批准，成立市内首家村级党委——戴南镇董北村党委。1999—2000年，乡镇合并后有乡镇党委35个（含开发区党工委）。2001年7月1日，中央组织部授予张郭镇党委“全国先进基层党组织”称号。2004年6月，省委授予戴南镇党委“先进基层党组织”称号。2010年，全市有基层党委73个，其中乡镇34个、35个机关、学校医院、企事业及行政村建立党委，分别是：商务局、机关事务管理局、城管局、住建局、经信委、供电局、邮政局、电信局、交通局、江苏板桥药业有限责任公司、财政局、国税局、地税局、工商局、农村商业银行、粮食局、供销总社、农业局、林牧业局、水产局、水

务局、国土局、文广新局、卫生局、人民医院、公安局、民政局、兴化中学、江苏兴达钢帘线股份有限公司、张郭镇赵万村、长新纺织厂、东华齿轮厂、楚水实验学校、戴南不锈钢综合物流中心和张郭镇非公有制经济。

【党工委】 2010年，全市有党的工作委员会4个，分别是市级机关党工委（成立于2002年2月）、教育局党工委（成立于2009年12月）、开发区党工委（成立于2000年3月）、市非公有制经济组织党工委（成立于2005年2月）。

2010年兴化市党的基层组织情况一览表

表18-4　　单位：个

党委（工委）							党组					党总支部					党支部			
总数	其中						总数	其中				总数	其中				总数	其中		
	乡镇党委	企业党委	学校医院党委	村党委	机关系统	党工委		机关	事业	企业	其他		行政村	社区	企业	机关事业等		行政村	企业	机关事业等
73	34	10	3	1	21	4	33	32	—	1	—	260	90	—	27	143	2860	764	679	1417

第三节　干部队伍建设

一、干部管理考核

1991年3月，全市有13个党委举行换届选举。其中市级机关4个、乡镇5个、企业党委4个。另有8个市级机关党委成员由市委任命，一直未改选。此次同时进行选举，调整、充实上述21个党委班子。1992年，在年初考廉考绩和9、10两个月的集中考察，综合分析的基础上，经市委讨论，分批对46个乡镇，64个市直机关和6个重点企业的党委班子进行调整充实。在推荐选拔中，坚持干部“四化”（革命化、年轻化、知识化、专业化）和德才标准，按照“公开、平等、竞争、择优”的原则，把优秀的基层干部充实到乡镇机关。

1994年初，完成乡镇、市级机关及企事业单位副乡（局）级以上的干部“双考”（考核、考察）和民主测评工作。组织全市1254名相应级别的干部参加“民主集中制基础知识”考试。1995年8月起。市委对各乡镇党政领导班子进行考察，了解谈话的1200人。在基层党员干部6000多人中，参加民主测评的5100多人。开展县处级干部的收入申报工作。1996年10月，市委组织部下发《领导干部实绩考核制度》，对乡镇、机关部门和市属企业“一把手”，进行一年一度的考核。

1997年春节前后，通过各乡镇党委换届选举，一批优秀的年轻干部进入领导班子，结构更加优化、合理。换届后，乡镇干部的平均年龄下降1.8岁。在新提拔的118名副乡级以上干部中，35岁以下的占32.2%。在47个乡镇党政班子中有女干部39名。在文化结构上也有所提高。与此同时，对全市77个二级局以上单位领导班子引进考察测评，按“好、中、差”三个档次，分析汇总。结合机构改革，调整机关领导班子26个，提拔副局级干部19人。

1999年底，46个乡镇党委届期将满，市委组织力量对各乡镇党委普遍进行一次考核。对各级领导班子按照基本稳定、适当调整、完善结构、提高素质的要求，在干部安排上，对年龄偏大，退居二线前不能任满一届的，不再安排为新一届党委委员候选人；同时优化结构，年龄在40岁以下的委员比例在50%以上。党委班子中要有30岁以下青年和女性。其次严格控制职数。

2000年后，推进选拔任用制度考核，注重公开选拔和选拔女干部和党外干部，建立乡局级后备干部队伍，加强干部挂职培养锻炼。2001年，面向全市公开选拔31名乡镇长助理。根据《国家公务员考核暂行规定》和泰州市委组织部、人社局有关通知精神，对全市副乡（局）级以上干部进行考核。采取定性、定量结合，逐层逐级把关，领导集体负责的办法。其测评结果分为优秀、称职、基本称职、不称职4个等次，并对优秀人员实行公示，以取得群众认可。是年12月31日，市委组织部首次对新提拔的79名副乡局级干部，进行上岗前的廉政谈话。2003年11月至2004年1月，市委组织18个考察组，对全市34个乡镇和64个市级机关部门的领导班子及领导成员进行年终考核和测评。考察重点是：领导班子的凝聚力、战斗力，团结协调及执行民主集中制的情况；在经济建设中履行岗位职责情况，软环境建设和招商引资情况；廉洁自律，勤政廉政情况及年度工作目标完成情况等。在34个乡镇领导班子中，运转情况较好的16个，正常的13个，一般的5个。在64个机关部门中（不含人大、政协内设机构），运转情况较好的28个，正常的29个，一般的7个。

2007年，市委完善后备干部滚动管理机制。对不适宜作为后备干部培养的人员及时调整，选拔一批30岁左右的优秀年轻干部任助理职务，推选一批优秀青年干部进入乡局级领导班子。同时，做好女干部的配备工作。

2008年，制定出台《后备干部资格考试暂行办法》，对上报的副乡局级后备干部建议人选，实行资格准入理论测试，考试成绩载入干部个人学习档案。拓展后备干部的挂职锻炼途径。全年选派100多名后备干部参与市委、市政府中心工作，其中，从市级机关部门中选派7名年轻干部赴省农林厅、经贸委、人口和计生委、水利厅、粮食局、知识产权局、文化厅跟班学习，3名年轻干部到信访局挂职锻炼，34名副局级后备干部到村挂职锻炼。通过“上挂”“下挂”等方式，增强后备干部服务发展的意识，提升后备干部的综合能力。2008年，公开选拔6名副局职女干部。2010年，增加乡镇党委书记后备层次，建立“双推双考双培”（群众推荐、组织推荐、理论考试、组织考察、加强培训、培养）工作机制。

二、干部教育管理

1991年后，市委对全市干部开展多层次、多渠道、多形式的培训。当年举办6期领导干部培训班。组织一般干部学习党的基本路线，进行普法教育。

1996年，市委针对少数干部中存在思想、作风等方面问题，组织多层次的干部培训。重点学习邓小平建设中国特色社会主义理论、江泽民关于《努力建设高素质的干部队伍》和《关于讲政治》等讲话；学习中共十四届六中全会精神。全市1200多名干部参加学习交流和书面考试。58名区乡镇领导干部和市级机关，建立“四个一”联系员1040个（联系“一个先进村、一个后进村、一个企业、一个特困户”）帮助基层开展好工作。1997年，组织乡（镇）重点工业企业中青年干部，参加省经济管理学院大专证书班学习，时间1年。组织420名乡镇、机关部门干部参加职大、中专班培训。11—12月，市委组织部、市委宣传部和市委党校联合举办学习中共十五大报告轮训班。全市1012名在职副乡（局）级以上干部分7期轮训，农村则以区为单位，组织村支书、村委会主任进行为期5天的培训。1998年末，在广大干部中开展“三讲”（讲学习、讲政治、讲正气），在领导干部中提倡述学、评学、考学的学习方法，重点规范领导干部的政治纪律和选拔任用人事纪律，把用人上的不正之风当着最大的不正之风，切实加强监督。7月，市级领导班子开展“三讲”教育，解决领导成员中在党性、党风方面存在的突出问题。

2001年7月17日，市委下发《2001—2005年兴化市干部教育培训规划》，要求以马克思主义、毛泽东思想、邓小平理论为指导，认真学习“三个代表”的思想。以提高干部思想政治素质为重点，培养干部的理论素养、党性修养、世界眼光、战略思维。规划涵盖乡（局）级领导干部、年轻干部、企业经营管理干部、专业技术人员、基层干部、妇女干部和非党干部等各方面，在提高政治素质的同时，加强学历教育。培养高层次、复合型人才。

2004年8月17日，市委、市政府召开沈正彬先进事迹报告会，全市30多万党员、干部、群众观看电视现场直播。会上宣读市委《关于追授沈正彬为“爱民支书”荣誉称号的决定》和《关于开展向沈正彬同志学习活动的决议》。《泰州日报》刊登《爱民支书沈正彬》长篇报道，兴化电视台制作5集专题电视节目，全面报道沈正彬的先进事迹。市委组织部、市委宣传部联合印制关于学习沈正彬先进事迹、争做沈正彬式好干部的资料。市委调配有一定理论水平和实践经验领导干部10人，充实市委党校师资力量。辅导广大干部继续学习“三个代表”重要思想和中共十六大及十六届三中全会精神。

2005年、2006年，兴化市贯彻党中央十六届五中全会和江苏省委、泰州市委文件精神，结合第三批保持共产党先进性教育活动，全面开展党员干部培训，用5年时间将全市有劳动能力的农村党员和基层干部普遍轮训一遍。

2007年4月起，市委组织部、市委宣传部和市委党校联合发起全市乡局领导干部读书活动。以“三个代表”重要思想和科学发展观为指导，贯彻落实《干部教育培训工作条例》，围绕“建设全面小康，构建和谐兴化”和《兴化市干部教育培新“十一五”规划》确定的目标，以理论武装为重点，以能力建设为核心，培养眼界宽、思路宽、胸襟宽的“三宽型”党政干部队伍。

2008—2010年，干部教育培训围绕“全面达小康，建立新兴化”目标，以“十七大”精神学习为主题，举办各类主体、专题班次32期。2009年，把学习贯彻中共十七届三中全会精神和科学发展观作为干部教育培训工作的首要任务。根据兴化市经济社会发展和干部队伍建设的实际需要，围绕“全面达小康，跻身苏中第一方阵”的目标，开展行之有效的教育培训和实践锻炼活动。2010年，作为“干部能力推进年”，以中共十七届四中全会精神为指导，贯彻《干部教育培训工作条例（试行）》《公务员培训规定（试行）》，组织学习《公务员法》，提升干部教育培训的层次和质量。

第四节　机关党建

一、市直机关基层组织

1991年，市级机关党委下属党总支14个，党支部126个。2000年，下属18个党总支，117个党支部。2010年底，下属党总支18个，党支部118个。

1991—2010年市直机关基层组织情况一览表

表18-5　　单位：个

类别	1991年	1992年	1993年	1994年	1995年	1996年	1997年	1998年	1999年	2000年
党总支	14	15	15	15	16	16	16	16	17	18
党支部	126	118	115	110	122	133	133	113	111	117
类别	2001年	2002年	2003年	2004年	2005年	2006年	2007年	2008年	2009年	2010年
党总支	18	13	14	14	15	16	17	17	17	18
党支部	145	109	104	127	132	108	110	110	114	118

二、市直机关党员

市级机关工委按照“坚持标准、保证质量、改善结构、慎重发展”的方针，严格把好教育、政审、培训、手续完备关，重视在第一线工作的工人、知识分子、青年和妇女中发展党员，做到成熟一个，发展一个。1991年，市级机关党员1946人；2010年，市级机关党员1990人。

1991年，表彰先进党支部19个，优秀党员127人，优秀党务工作者15人；2010年，表彰先进党支部10个，优秀党员106人，优秀党务工作者10人。对违法违纪的党员进行处理，1991年处罚党员4人，2010年处罚党员2人。

1991—2010年市级机关受表彰的先进党支部和个人一览表

表18-6 单位：个

年份	1991	1992	1993	1994	1995	1996	1997	1998	1999	2000
先进党支部	19	10	8	10	9	9	11	11	14	11
优秀党员	127	82	91	90	92	90	92	93	92	95
优秀党务工作者	15	11	12	12	11	11	10	9	11	12

年份	2001	2002	2003	2004	2005	2006	2007	2008	2009	2010
先进党支部	13	14	12	11	12	12	10	12	12	10
优秀党员	95	94	75	83	99	98	97	96	98	106
优秀党务工作者	11	10	7	10	10	10	10	10	10	10

第五节　老干部工作

1991年，全市有离休干部1046人。1998年，市委老干部局归口市委组织部管理，2002年，老干部局为市委组织部管理机构。2010年，全市有离休干部595人。挂靠市委老干部局管理服务的老干部团体组织有7个：市关工委、老年大学、老干部艺术团、老干部书画协会、老干部钓鱼协会、老干部门球协会、老干部棋牌协会。

一、老干部服务工作

【政治关心】 1991—2010年，坚持和完善老干部阅文、学习制度，从政治上关心爱护离退休干部。开展富有时代特色的主题教育活动，努力提高学习效果。组织各单位为老干部订阅《银潮》《老年周报》《老年日报》等报刊，为老干部提供学习资料。组织情况通报会、形势报告会。每逢重要节日、高温季节，或老干部生病住院走访慰问，让老干部感受组织的温暖。组织离退休干部就近、就地参观考察，让老干部亲身感受改革开放带来的变化。加强老干部党支部建设。把老干部党支部建设列入议事日程。选优配强支部班子，不定期派员参加基层单位老干部党支部活动，协助解决老干部党支部建设中的突出问题。每年举办1期老干部党支部书记培训班。

【生活待遇保障】 1995年后，随着经济体制改革的深入，市内一些改制、破产企业和企业化管理的事业单位出现拖欠离休干部离休费、医药费（简称“两费”）的问题。市委、市政府采取措施，确保政策规定的离休干部费用一分不少。在单位尽责的基础上，加大市财政支持力度。市委组织部、老干部局为解决离休干部“两费”拖欠问题，逐单位、逐人头、逐项目协调落实，从而确保离休干部的

“两费”完全到位。为从根本上解决离休干部“两费”拖欠问题，按照上级要求，逐步建立和完善“两费”保障机制。从2000年7月起，企业离休干部的离休费实行社会化发放，发放项目为离休干部的工资、丧葬费、抚恤金和1996年以后去世的遗属生活费。社会化发放项目逐步扩大，从2002年1月起，将特需费、参观费、交通费、护理费纳入其中；从2003年7月起，将离休干部的特护费纳入其中；从2004年1月起，将1995年之前去世的遗属生活费纳入其中。2003年4月起，机关、全额拨款事业单位离休干部离休费实行财政集中支付。从2008年起，将离休干部无工作的遗孀纳入城镇职工医疗保险，享受退休职工的医疗待遇。至2010年，安排资金500多万元，用于年终离休费兜底集中清欠。

二、发挥老干部作用

1991年后，发挥老干部顾问咨询作用。市内重要会议请老干部参加，不定期召开老干部座谈会，听取他们的意见和建议。市里重大政策措施出台时，听取老干部意见。同时，让老干部在群众中宣传讲解党的方针政策，把老干部这一特殊的资源优势转化为统一思想、稳定社会的工作优势。以老干部、老党员、老知识分子为主体形成关心下一代工作网络，以学校为主阵地，以关爱弱势群体为工作重点，加强青少年的思想道德教育。发挥老干部团体作用，老干部团体组织以“充实自我，奉献社会”为宗旨，在组织老干部自娱自乐、强身健体、学习知识、丰富生活的同时，发挥老干部在经济社会发展建设中的作用，尤其在进行爱国主义教育、革命传统教育、党风廉政建设、关心教育下一代、构建和谐社会等方面作出积极贡献。随着老龄化社会的到来，到老年大学学习的人越来越多。自1992年创办后，老年大学规范校务管理，扩大办学规模，添置和更新办学设施，1998年新建1幢800平方米的教学楼，2010年重建1幢3000平方米，设施较为完善的教学楼。至2010年底，老年大学办班6届，入学学员达900多人。

三、老干部文体活动

1991年后，各个老干部团体正常开展有益于身心健康的文体活动，不断丰富老干部的文化娱乐生活。门球协会举办和参加各级各类赛事活动，曾在省级门球比赛中获得第二名成绩；艺术团在自娱自乐的同时，深入社区、农村和学校演出，多次参加省和泰州市的文艺汇演并获奖；书画协会每年开展笔会活动，举办书画作品展览，并选送作品外出参展；钓鱼协会每年组织两次垂钓活动；棋类协会每年组织全市老干部棋类比赛。

第五章　纪检监察

第一节　党风党纪教育

一、主题教育

1991年后，每年在机关和乡镇开展各类主题教育活动。2008年，与市文化局一起打造廉政小戏《板桥放粮》，在省第五届小戏小品大赛中，获优秀剧目一等奖。2009年，加强廉政文化建设，围绕“板桥竹风”品牌，举办廉政文化进校园文艺演出，在部分学校开设板桥民本思想与廉政文化知识讲座。在板桥竹石园注入新的廉政文化元素，建成省级廉政教育基地。选送的廉政公益广告获全省一等奖，廉政小戏《板桥放粮》作为泰州市唯一选调节目，参加全省纪检监察系统中华人民共和国成立60周年文艺展演。2010年，在元旦、春节期间，开展“节日话廉政”专题教育活动，约请有关乡镇、部门负责人参加电视访谈，组织撰写文章24篇，在《兴化报》上发表；在电视台播放廉洁从政专题片8部，全市组织集中收看147场次、参加人员2万多人次。开展学习贯彻《廉政准则》活动，通过专题辅导报告、电视访谈、专题约稿、漫画创作等系列活动，教育引导全市领导干部当好廉洁自律的表率。

二、正反典型教育

1992年、1993年，组织党员干部收看电视片《权与钱》《新中国第一大案》。1994年、1995年，组织参与《江苏纪检》举办的党风廉政建设百题知识竞赛活动，与兴化报社联合举办《勤廉风采》和《为百亿工程护航》的征文活动。2000年，组织全市副乡局级以上干部收看《蜕变启示录》等电视教育片，阅读《胡长清案件警示教育材料》。组织收看《好干部姜云胜》电视片。2004年，组织部分党员干部及家属参观看守所，接受警示教育。2005年，市淮剧团根据钓鱼镇南旺村爱民支书沈正彬事迹，编演大型淮剧《沈正彬》，市纪委组织广大干部、党员集体观看演出。通过身边先进人物事迹，接受勤政、廉政教育。2007年，两次召开警示教育大会，通报案件查处情况，认真剖析思想根源，用身边人、身边事进行集中教育。对新提拔和调整的300多名乡局级领导干部开展任前集体廉政谈话活动。2008—2010年，评选“十佳勤政廉政好干部”，树立正面典型，使广大党员干部学有榜样、赶有目标。召开集中教育大会3次，通报有关案件查处情况，开展警示教育。建立实施《兴化市庭审警示教育工作制度》，先后10次组织300多名党员干部到法庭旁听。结合案件查处情况，召开全市领导干部警示教育大会，会同政法系统、教育系统、民政系统，分别召开警示教育大会，提醒广大党员干部深刻汲取教训。

第二节　党风廉政建设

一、党风廉政建设责任制

1999年，市纪委起草贯彻落实中共中央、国务院《关于党风廉政建设责任制的规定》的实施办法，明确各有关部门和单位在党风廉政建设中的职责范围，“一把手”和其他有关人员的责任，强调责任追究的有关内容。为落实对基层党委党风廉政责任制考核，严肃责任追究制度，市委办、市政府办印发《责任制百分考核细则》，对乡镇、部门和乡（局）级领导干部分别制定考核标准。2002年后，逐步完善各项配套制度，按照“一把手”负总责的要求，签订责任书，落实副职分工负责制和相关责任部门分项负责制，将党风廉政建设责任制落到实处。2004年，按照《中国共产党党内监督条例》10项监督制度的要求，结合实际建立领导干部重大事项报告，述职述廉制度，对“一把手”的责任意识进行加强。2006年，制定“2006年兴化市党风廉政建设工作责任分解表”，在各部门、各乡镇层层分解落实全市党风廉政建设的各项工作任务，并组织市委、市政府主要领导与各部门、各乡镇党政主要负责人签订“党风廉政建设工作目标责任书”。2007年，完善勤政廉政当面报告制度，对领导干部特别是“一把手”的监督，有效增强乡镇、部门主要负责人的廉洁意识和责任意识。至2010年底，形成具有兴化市特点的惩防体系基本框架（一条主线统领，双轨交叉运行，四轮同步驱动），对责任制构建提出要求，抓好任务分工、责任分解、检查考核。

二、领导干部廉洁自律

1991年后，市纪委每年会同组织部门研究、部署各基层党委、党组春节和“七一”前后民主生活会的内容、要求，派员与市委有关负责人一道参加重点单位的生活会。会后调阅各单位报送的原始记录，将民主生活会情况向兴化市委和泰州市纪委作专题汇报。

1997年，检查清理全市党政机关、事业单位领导干部配置的移动电话。落实禁止用公款吃喝玩乐、送礼的规定，奢侈浪费之风得到一定程度遏制。1998—1999年，狠刹各类会议发放纪念品的歪风。春节前发文明令禁止用公费请客送礼、印制代币购物券，落实公费配备和更换小汽车的有关规定，对机关、事业单位小汽车配用情况作专题调查，逐一对账核实，并与车辆管理所配合，健全市级机关车辆档案。2000—2001年，按照上级统一部署，清查全市领导干部公费配置住宅电脑、传真机情况。开展领导干部住房清理工作。开通“510”账户，向社会公布举报电话和受理程序，发动群众监督。市纪委制定《关于乡镇党政机关公务活动接待标准的暂行规定》和《市级机关部门公务接待的暂行规定》，对公款吃喝问题进行治理。2002年，严禁印发和使用代币购物券（卡），制止开具虚假发票公款报销等，组织明察暗访112次，被查单位141家。治理乡镇干部白天在乡镇晚上回城镇家中的“走读”现象。2004年、2005年，对党员干部借用拖欠公款和党政领导干部利用职权将公款借给亲友的问题进行专项清理。制定实施《关于党政机关事业单位更换公务用车的暂行规定》，遏制机关部门的“换车风”。落实领导干部述职述廉、大事报告、廉政谈话等制度。2006年，转发省纪委《关于严格控制公务宴请活动的规定》的通知，把贯彻落实《规定》“六不准”要求与执行兴化市委公务接待五项制度、暂行规定结合起来，严肃工作日中午“禁酒令”，着力解决公款吃喝问题。开展禁赌、禁券（卡）专项行动，组织明察暗访，建立24小时投诉举报受理及查处机制。及时制定下发《关于领导干部办理婚丧喜庆事宜大事报告的补充规定》，实行分级报告备案制，受理正乡局职领导干部个人重大事项报告63人次。

2008—2010年，在全市推进公务用车制度改革，车改工作得到泰州市纪委的肯定，中纪委《纪检监察信息》进行专题介绍。制定《关于公职人员上交收受礼金礼品登记及移交管理办法》，开展制止党政干部公款出国（境）旅游专项工作，对退出现职、接近或者达到退休年龄的党政领导干部在企业兼职、任职情况进行清理。对2009年度“小金库”重点检查中发现问题的单位进行“回头看”。

图18-4　公务用车改革——各单位上缴车辆
（2008年摄，市纪委提供）

三、源头治理

【制度建设】 1991年后，市纪委会同有关部门制定和完善各项制度。1995年，试行企业缴费登记卡制度，狠刹乱收费、乱摊派、乱罚款歪风。1999—2002年，开展计划外生育费专项清理工作，严格实行“乡收市管、财政监督”的管理。进一步深化行政审批制度改革，配合有关部门对原有行政审批事项逐一清理，建立收费公示制度，设立行政审批集中服务窗口，推行“一站式”服务和首部负责制。2004年，按照有关规定，对社团组织进行专项清理，纠正违规收费，责成领导干部辞去违规兼职的社团组织领导职务。

2008—2010年，制定规定对乡（局）级党政“一把手”监督管理，特别是单位主要负责人“六个不直接分管”（党政正职不得直接分管人事、财经（务）、工程项目建设、大宗物品采购、行政审批、行政执法等事项）的规定，健全完善权力运行监督制约机制。制定建立市招标采购监督管理联席会议制度，规范市政府采购和招投标管理工作。深化勤政廉政当面报告和大事报告两项制度；推行基层站所站务监督小组制度，强化基层站所权力运行的监督；完善公务用车管理制度，巩固公车改革成果。

1991—2010年中共兴化市纪委印发廉政制度一览表

表18-7

年　份	制度（文件）名称	备　注
1991	关于元旦、春节期间党风廉政建设的通知	
	党政干部公费安装住宅电话的暂行规定	
	关于纪检工作加快改革开放的发展经济服务的意见	
	关于在住房制度改革中加强纪律的通知	
1992	关于对副乡（局）级以上干部进行廉政考察的制度	
	关于加强副乡（局）级干部建房、分（调）房、修房管理的规定	
1994	关于正乡（局）级以上干部个人重要情况请示报告制度	
	关于国有企业实行业务招待费使用情况向职代会报告制度的规定	
	关于在建设工程承包活动中的九项规定	
1996	关于领导干部在工作调动中要严守纪律、廉洁自律的通知	
	关于党员干部在出售私有住房中要严守纪律的通知	
	关于严禁乡镇机关装修歌舞厅的通知	
2000—2002	关于严禁节日期公款吃喝玩乐、请客送礼、挥霍浪费的通知	
	关于防止乡镇干部“走读”现象的意见	
	乡镇党政机关公务活动接待标准的暂行规定	
2005	关于在对全市基层党委开展党务公开的工作意见	
2008	关于加强对乡（局）级党政“一把手”监督管理的暂行规定	和市委组织部联合下发
	关于领导干部在招标活动中实施回避的暂行规定	

【廉政谈话】 2001年后，市纪委与乡镇、部门党政主要负责人进行任前廉政谈话、戒勉谈话。对新提拔的领导干部，及时开展集体廉政谈话活动，重点加强理想信念教育、党纪条规教育和警示教育。

【勤政廉政当面报告】 2006年后，按照市委关于“纪委既要抓廉政，又要抓勤政”的要求，在开展领导干部述职述廉的基础上，每年选择部分乡镇和单位部门党政领导班子及其成员，向市纪委常委会当面报告勤政廉政情况。制定《关于建立村干部述职述廉制度的实施意见》，通过村民点题，“村官”答疑，释民惑，解民忧，暖民心，受到群众好评。2009年，推行“村

图18-5　获垛镇七子村村民直评村干部大会
（2010年摄，获垛镇提供）

民直评村干部”工作，由全体村民现场质询评议村干部和党员，直评结果作为评先评优、选拔任用的重要依据，以直评等次确定干部工资报酬。至2010年11月底，“村民直评村干部”工作实现全覆盖，全市有360273名村民参加直评活动，3119名村干部进行述职述廉，村民质询事项2189个，解决落实事项1770个，承诺办理事项349个。

第三节　纠正部门和行业不正之风

一、工程建设专项治理

1997年起，加强对工程立项、报建、招标投标、工程监理、质量监督和竣工验收等环节的监督检查。1998年，根据统一部署，向市建筑有形市场派驻人员，参与招投标，纠正处理不规范的招投标行为。2002年，开展土地批租和经济适用房专项治理，重点排查对经济适用房建设违规用地情况，严肃查处五岳村以建营业楼名义，私自转让给他人进行商品楼开发的案件。是年底，依法查纠违法用地145宗，补缴各种规费300多万元。2010年，按照上级部署，对2008年后立项、在建和竣工的90个建设项目进行检查。对泰州市专项检查组抽查中发现的41个问题，落实整改措施。按照省、泰州市专治办要求，组织各专项工作组对全市51个500万元以上的政府投资项目、19个扩内需项目、20个3000万元以上的民资项目，进行集中排查、集体交办，排查出358个问题，明确整改要求、时间和责任。

二、教育领域不正之风治理

2003年，召开治理教育乱收费工作会议，会同相关部门，落实“条包块管”工作责任制。建立教育收费公示、收费许可证、收费票据规范使用管理、收支两条线、代办费管理及“收费卡”登记等6项制度。实行“一表、二公开、三统一”（全市统一一张表收费；开学时公开收费项目和标准，学期结束时公开书本代办费使用情况，多退少补；统一使用财政部门的专用票据，统一由学校财务部门收费，统一由财务部门设专户管理）的收费管理措施。2004年，整治教育领域不正之风，查处教育系统6名严重违纪违法人员。成立5个工作小组，调查处理泰州市纪委交办的34件重点信访件，对2003年秋季后教育乱收费全面清理。重点信访件涉及的违规收费372.9万元，以及其他学校违规收费86.8万元全部清退到位。组织财政、审计力量，清查出教育系统内部“小金库”10个、金额344.77万元，体外循环资金1135.8万元。2005年，结合贯彻《江苏省教育乱收费党纪政纪处分暂行规定》，对全市各中小学收费情况开展专项检查，集中查办12件乱收费信访件，清退违规收费12.56万元。2006年，15个乡镇上年秋季开学时违规收取的470多万元捐资助学款全面清退，会同市教育局对在职教师有偿家教、变相托销教辅用书，以及搭车收费、分散收费、随意扩大代办费范围等问题进行督查，清退违规收费149.38万元。2007年，集中交办、集中查处78件教育乱收费信访件，清退违规收费180多万元，处理校长11人，对20所学校通报批评。牵头专项清理教育系统“吃空饷”问题，核实在编不在岗教师1733人，清查出“吃空饷”教师155人，400多人停发工资，除名处理9人。2008年，查处教育乱收费案件，给予8名学校负责人党纪政纪处分。开展教育系统“无红包学校”创建活动，首批挂牌命名“无红包学校”20家。2009年、2010年，会同教育部门推进学校后勤管理改革。印发治理教育乱收费、规范学校办学行为的各项工作要求，召开改制学校规范办学行为督查汇报会，组织教育、物价等单位对全市学校收费情况进行普查，并对部分学校重点督查。

三、医疗领域不正之风治理

2000年，加大对医疗市场的监管力度，组织有关部门重点整治无证行医、乱设医疗网点和不正当渠道进药等突出问题，取缔非法私人诊所200多个，查抄无证药贩窝点3个，查抄非法经营药品82件91个种次，价值4.2万元。清理销毁过期，伪劣药品价值3.86万元，查处医药购销中的违法违纪案件2件，1人受到党纪处分。2001年，成立全市药品招投标采购中心和采购监督小组。先后两次组织规模较大的药品招标采购活动，规范药品采购行为，节约资金，让利患者。

2006年，督促全市各医疗卫生单位深入开展自查自纠活动，有311名医务人员主动上缴违规收受的统方费、药品回扣、“红包”等140多万元。2007年、2008年，开展医德医风教育，建立和推行医德医风考评制度，组织开展“创建无红包医院”活动和行风评议活动。首批命名一级医院“无红包医院”18家。在城区各医院和乡镇中心卫生院推行医德医风暨“拒收红包”监督卡。在全市开展药品和医疗服务价格重点检查。2009年、2010年，在卫生系统建立廉洁行医档案，开展拒收红包、医患双向承诺等活动。30家受检单位通过“无红包医院”考核，达到创建目标。

四、基层站所作风建设

2004年、2005年，组织开展“为发展服务，让群众得益”的基层站所作风建设活动。在《兴化信息》、电视台分别开设专栏和专访节目，广泛宣传，推动基层站所作风建设不断深入。2006年、2007年，邀请人大代表、政协委员、新闻记者共同参与，对市直部门、基层站所进行明察暗访，制作专题片。以暗访和模拟咨询投诉为主要形式，对各单位开展作风建设活动情况“回头看”，将检查情况及时通报给相关部门。组织全市基层站参加“人民群众基本满意站所”申报认定，对照标准，初步审核认定合格单位623个，认定不合格单位10个。2009年，有25家基层站所被评为“泰州市百佳基层站所”。2010年，组织基层站所作风建设巡查活动，联合市作风办，深入17个乡镇49个站所，围绕工作纪律、内部秩序等方面进行暗访。

五、《行风热线》

图18-6 《行风热线》大型户外直播活动
（2009年摄，市纪委提供）

2004年，研究制定《行风热线》节目流程、咨询投诉处理办法、考核奖惩标准等，提高综合效果。梳理群众反映的问题，迅速调查处理，在反馈节目中给予回复。2005年，《行风热线》接听群众来电658个，现场解答453个，事后办复205个。根据国务院纠正行业不正之风办公室通知要求，组织开展广电、电信系统行风民主评议活动。2006年，《行风热线》组织39个单位部门的“一把手”上线，受理各类咨询投诉648件，办复623件，办结率96.1%，比上年上升2个百分点。为民办实事32件，比上年增加21件。与泰州市纪委、市监察局联合举办“务实为民，共创和谐”《行风热线》大型户外直播活动，泰州市25个部门、兴化市27个部门负责人上线，现场受理群众咨询投诉223件，当场答复（办理）146件。在现场随机采访中，群众满意率达100%。2007年，有42家上线单位的主要负责人走进“行风热线”直播室，接听群众来电523个，现场解答446个，事后办复77个，群众的投诉、咨询办结率

100%。2008年，“行风热线”开播40期，先后有49个单位上线，接受群众咨询投诉596件，现场解答554件，事后办复42件。办结泰州交办件43件，办结率100%。2010年，围绕“优化水环境、净化文化市场、集约化用地、规范化保障”4个主题，组织有关单位联合上线，开展专题直播活动。“行风热线”开播39期，有47个单位正常上线，受理投诉、咨询、举报632件，办结629件，办结率达99.5%，群众满意率达100%。

第四节　案件办理

一、信访举报工作

1991年起，市委常委会及时听取汇报，掌握信访动态，制定相应对策，力求把矛盾解决在基层，解决于萌芽状态。突出抓重点信访问题的解决。凡上级交办并要求报告结果的信访件和有越级上访苗头的来信来访，都列为重点信访问题，力求快查快结快报。各乡镇纪委分别成立信访领导小组，将纪检信访网络延伸到村、组，在村组设立信访员。市纪委每年制定全市纪检信访工作目标管理规划和基层纪检监察目标考核标准。乡镇和市直机关基层纪委基本“达标”，做到无上访老户，无信访积案。执行全委办信访、信访工作领导接待日、定期排查、会办督办等制度，解决重点疑难信访问题。

2003年，按照泰州市纪委部署，开展“信访工作月”活动。针对少数乡镇农村财务管理混乱、群众反映强烈的实际，在全面推进双向承诺制的基础上，探索建立公开办理信访制度、信访举报公开听证制度。2006年，市委、市政府下发《关于进一步推进“三位一体”系统工程建设，全面构建社会主义和谐新农村的意见》。2007年，针对群众诉求中出现的难点、热点及新发问题，实行难点问题交叉办理，热点问题集中办理，新发问题提速提级办理，从12个单位抽调纪监干部35人（次），对26件疑难信访问题实行异地交叉办理。组织人员对梳理出的148件五大类热点问题集中办理。对排查出的158件新发信访问题，实行提级提速办理，月办结率达96.9%，群众满意率超过90%。2008年，下发《信访监督询问书、提醒书、诫勉书、警示书的实施办法（试行）》，在全市推行信访“四书”，发放12份，其中乡局级干部7人、一般干部5人。2009年，在纪检监察工作室增设“信访举报分中心”，构建信访“四级联动机制”，搭建“一站、一室、两中心”信访问题处置平台，信访问题及时预警、综合协调、定期通报、快速处置。开通信访举报“邮政绿色通道”，降低群众信访举报成本，规范信访秩序。1991—2010年，市纪委、市监察局受理群众来信来访以及电话举报18094件。

二、案件查处

【查处情况】 1991—1992年，立案查处违纪案件276件（其中上年度遗留5件）。处分党员干部274人，其中副乡（局）级以上干部5人。在党纪处分中，开除党籍112人，留党察看114人，撤销党内职务9人，严重警告66人，警告43人。受党纪、政纪双重处分的16人。另有5人受刑事处分。1993—1996年，立案查处案件671件，其中党纪案件509件、政纪案件129件，受党纪处分的466人，受政纪处分的151人，受党纪、政纪双重处分的151人。受刑事处分的18人。1997—2000年，立案查处案件848件，处分违纪人员832人，涉及副乡（局）级以上干部43人。受党纪处分的705人次，其中开除党籍169人，留党察看93人、撤销党内职务40人、严重警告172人、警告231人。受行政处分的215人次，其中开除公职5人（开除留用1人）、撤销职务86人、降级1人、记大过26人、记过33人、行政警告20人。在上述案件中，经济案件303件，为国家挽回经济损失585万元。其间，受刑事处分的8人。2001—2010年，全市查处违纪案件2221件，其中副乡（局）级以上干部84件。属经济案件1153件，占总数51.9%，其中1万—10万元的518件、10万—100万元的130件、100万元以上的10件。为国家和集体挽回经济损失11259万元。另据不完全统计，有失职、渎职100件、违反社会管理秩序1127件、组织人事方面2件、侵犯党员、公民权利2件。受党纪、政纪处理的党员干部2178人。其中2003年，受到撤职以上处分50人。2004年开除党籍27人，留党察看26人，撤销党内职务4人，严重警告52人、警告64人。行政撤职14人、降级3人、记大过14人、记过10人。2005年，受到党内撤销职务或行政降级处分的61人。此外，2005—2010年，移送司法机关处理的99件。1991—2010年，市纪检、监察机构立案查处违纪案件4016件，处分违纪党员4023人次。

1991—2010年兴化市违纪违法党员干部处理人数一览表

表18-8

<table>
<tr><th>年份</th><th>立案数（件）</th><th>党纪处分（人）</th><th>政纪处分（人）</th><th>移送司法处理（人）</th><th>涉及副乡局级以上干部（人）</th><th>年份</th><th>立案数（件）</th><th>党纪处分（人）</th><th>政纪处分（人）</th><th>移送司法处理（人）</th><th>涉及副乡局级以上干部（人）</th></tr>
<tr><td>1991</td><td>129</td><td>130</td><td>11</td><td>—</td><td>1</td><td>2001</td><td>217</td><td>173</td><td>41</td><td>—</td><td>15</td></tr>
<tr><td>1992</td><td>147</td><td>144</td><td>5</td><td>—</td><td>4</td><td>2002</td><td>218</td><td colspan="2">203</td><td>4</td><td>—</td></tr>
<tr><td>1993</td><td>162</td><td>96</td><td>42</td><td>—</td><td>3</td><td>2003</td><td>223</td><td colspan="2">202</td><td>—</td><td>11</td></tr>
<tr><td>1994</td><td>164</td><td>122</td><td>31</td><td>—</td><td>7</td><td>2004</td><td>224</td><td colspan="2">221</td><td>14</td><td>12</td></tr>
<tr><td>1995</td><td>170</td><td>119</td><td>42</td><td>—</td><td>—</td><td>2005</td><td>226</td><td colspan="2">238</td><td>18</td><td>11</td></tr>
<tr><td>1996</td><td>175</td><td>129</td><td>36</td><td>—</td><td>8</td><td>2006</td><td>226</td><td colspan="2">223</td><td>18</td><td>6</td></tr>
<tr><td>1997</td><td>187</td><td>139</td><td>43</td><td>—</td><td>—</td><td>2007</td><td>226</td><td colspan="2">217</td><td>19</td><td>6</td></tr>
<tr><td>1998</td><td>235</td><td>171</td><td>79</td><td>—</td><td>11</td><td>2008</td><td>226</td><td colspan="2">230</td><td>11</td><td>9</td></tr>
<tr><td>1999</td><td>210</td><td>207</td><td>68</td><td>—</td><td>14</td><td>2009</td><td>221</td><td>214</td><td>21</td><td>13</td><td>8</td></tr>
<tr><td>2000</td><td>216</td><td>132</td><td>25</td><td>—</td><td>18</td><td>2010</td><td>214</td><td>210</td><td>59</td><td>20</td><td>6</td></tr>
</table>

【办案模式】 1994年，制定《市纪委、检察院关于在反腐败斗争中加强协作的规定》。加强与检察院协同配合，互通案情。2007年，市委建立市党风廉政建设和反腐败工作联席会议制度，成立反腐败工作联席会议领导小组，实现全市反腐倡廉资源整合。2008年后，市委成立反腐败协调小组，建立纪检机关与公安、检察院、法院等部门的办案横向联系网络，建立健全联动办案、信息沟通和案件移送制度等，实行纪检机关与司法机关案件信息互通、案件查办互动、案件材料互享的工作机制。

三、党纪申诉、历史事件复查

1991—1999年，全市受理申诉案件66件，复查案件9件。1993年以后，实行受理案件零复查。2000年以后，市纪委、监察局把案件检查工作关口前移到案件初核阶段，对程序不合法、手续不完备、证据不充分等案件提出不予立案或推迟立案。市纪委案件审理室按照片区划分成立

3个基层案件协审小组,相对固定专人负责。全面审核基层纪检监察组织报送审理案件的初审报告以及调查报告、见面材料、证据、基层组织处理意见等全部案件材料。推行全市基层纪检监察组织查办的案卷进行集中统一管理,要求基层办结的案件材料必须在结案后7个工作日内移交市纪委案件审理室,审理室再次对案件事实、证据、定性、处理、程序、手续、执行、文书格式等进行全面审核把关,符合要求的签收,存在问题的退回补充完善。2000—2010年,受理案件实现零申诉。

1991—1999年兴化市受理申诉案件数和复查案件数一览表

表18-9　　单位:件

年　份	申诉案件	复查案件	办理恢复党员权利
1991	7	4	13
1992	12	5	5
1993	11	—	—
1994	—	—	—
1995	4	—	—
1996	—	—	—
1997	16	—	—
1998	—	—	—
1999	16	—	—

四、监督检查

1991年,市纪委对农业生产资料专营政策的执行情况开展监督检查;对公安系统的收费情况、供销系统的棉花收购政策以及农发基金、工业电价、职称评定中的费用等开展监督检查。1994年,查处4名顶风作案人员。对卫生系统非医疗药品的经营情况进行检查。对省交通重点工程宁盐一级公路兴化段、兴沙公路黑色化建设资金和养路费及客票附加费等进行检查。会同有关部门对全市贯彻执行《统计法》情况和工商部门行政性收费管理工作进行督促检查。1995年,开展土地管理执法监察,依法补办用地手续13宗、233.81亩,补缴规费71.93万元;开展个人所得税专项检查,全市补查入库税款112.43万元,落实代扣代缴单位261户。1997年10月,陶庄镇鞭炮厂发生重大火灾爆炸事故,纪检监察部门对事故处理情况进行执法检查。1998年,在计划生育费专项治理工作中,收到涉及计划生育费方面的来信来访20件,发现案件线索12件,立案11件,处理结案9件。全市清理回收干部个人宕欠款375.96万元,回收自查自纠各类违纪款9.49万元。1999年,开展粮食流通体制改革情况执法检查,发出整改通知35份,收回新发生应收款1062.6万元,制止纠正违纪行为11起,查纠违纪金额81.43万元。抓计划外生育费专项清理,对案件线索14件全部查结。对江苏新环宇集团有限公司亏损倒闭情况实施剖析查处,追缴回收各类违法违纪金额24.68万元,补交税收8.66万元。

2000年,开展面上剖亏效能监察工作。剖析非正常亏损企(事)业24家,实现11家扭亏为盈,3家减亏。剖析经济薄弱村29个,12个摘掉后进帽子,17个减亏,查处违法违纪案件8件,其中万元以上经济案件4件,10名违纪者受到党纪、政纪处分,收缴各类违法违纪款59.87万元,清收欠款314.18万元，回收货款374.92万元，处理积压物资119.5万元，帮助9家企业实行产权制度改革。2001年，对行政审批制度改革情况开展效能监察，建立收费公示制度，设立行政审批集中服务窗口，推行“一站式”服务和“首问负责制”，对行政审批实行联合审批、限时办理和责任追究制度。

2002年，下发《关于在全市机关部门中开展行政服务效能监察的意见》，对市级机关部门特别是政法、工商、税务、交通、质监、建设等21家重点机关部门开展行政服务效能监察，受理投诉101件（次）并全部办结，有2人被系统内通报批评，1名基层站所负责人被调离原岗位，2人受到扣发工资奖金的处罚。配合市委、市政府开展农村“消赤减债”中化解村级债务的督查工作，乡镇纪监组织在消赤减债工作中立案6件，处分违纪党员干部6名。

2004年，开展“服务全民创业，促进经济发展”主题监察活动，帮助企业解决生产经营中遇到的矛盾和困难。对工程建设、土地市场开展执法监察。对全市通村公路建设开展效能监察，抽查永丰、安丰、中堡、合陈、陶庄等14个乡镇，重点检查通村公路建设进度、资金筹措、管理与使用、工程招投标及质量监管等情况，4名违纪人员受到党政纪处分。对全市网吧市场专项整治工作开展效能监察，进一步规范网吧市场经营行为。对禽流感、动物W病的防治工作进行专项督查，向5个单位发出《整改通知书》，追究11名责任人的党政纪责任。对贯彻实施行政许可法进行专项检查，在清理工作中，全市修改规范性文件5件。2005年，加强对城镇拆迁工作的效能监察。对解困房、经济适用房建设和分配工作，征用农民集体所有土地补偿费管理使用情况和经营性土地使用权出让执行招投标情况，中介机构整顿和规范工作等开展监督检查；对《行政许可法》贯彻实施情况对行政服务中心工作效能以及规范化建设等情况监督检查。在公安、国税、工商、质监等21家重点机关部门中开展效能监察，检查职能部门执行市委、市政府有关优化投资软环境政策的情况。办理效能投诉，受理、办结各类投诉和市委、市政府以及纪委领导交办件56件，办结率、回复率达100%。追究2名行政过错责任人的纪律责任、内部通报3次、诫勉谈话3人、批评教育8人、建议相关部门发出整改通知4次。

2006年，监督检查换届工作纪律，保证两级党委换届工作顺利进行。对市政府为民办实事工程进行效能监察，围绕工程质量、工程进度、资金监管和安全使用等专题，先后对城南污水处理厂、城市生活垃圾处理中转站、经济适用房等工程建设项目进行监督检查。对“五城同创”、防汛排涝以及禽流感、动物W病防治工作开展专项效能监察，对防疫工作未达标的5个乡镇督促有关部门下达限期整改通知书，追究1名基层站所负责人的责任。对企业违法排污治理、违章建筑整治、土地使用权出让、征地补偿费落实、农民工工资清欠、机动渔船执行财政补贴政策情况、防汛排涝等工作开展专项执法监察。走访经济开发区及城郊150多家企业，帮助协调解决实际问题60余起，查结企业投诉20件，督促有关部门落实首次不罚制、处罚下限制等政策措施，清退违规收费、罚款4.5万元。

2007年，对城区防洪工程建设项目进行效能监察，市纪委常委先后两次集中督查，要求有关部门既严把工程质量关又严把工程进度关。2008年，先后对废品市场综合整治、水环境集中整治、城乡防洪工程建设开展专项督查。2009年，对市内14项重点工作和政府投资重点工程开展效能监察。对市内新增中央预算内投资项目建设、厉行节约和小金库专项治理工作、集约用地、建设用地容积率管理、市级机关“简化程序、优化服务、提高效率”活动、行政权力网上公开透明运行等加强监督检查。

2010年，对全市19项新增中央投资项目实施情况进行督查，抽调各职能部门专业技术人员组成督查组，重点检查工程进度、工程变更、建设资金拨付、质量保证体系建立、廉政合同签订等情况。对新区体育馆、广电大楼、人民医院、兴东水厂、昭阳湖公园等重点工程，派驻监察小组，从立项到工程招投标、政府资金拨付、项目竣工验收、决算审计等全程督查。

第六章　宣传教育

第一节　理论教育

一、党委学习中心组

1991年，82个基层党委全部建立学习中心组，建立集中制度，为乡局级领导干部加强理论学习提供组织保证。1995年，建立和完善100个基层党委中心组，成员1300多人。1996年，全市102个党委中心组普遍建立和健全理论学习反馈月报制度。2002年，组织“三个代表”重要思想、“5·31”重要讲话、十五届六中全会精神、《江泽民论有中国特色社会主义》（专题摘编）和十六大精神学习。2003年，围绕十六大精神的宣传贯彻，市委中心组3次邀请专家、学者就“十六大”精神、“两个务必”等内容专题授课。5次组织以“策应沿江开发战略，融入沿江经济板块”为内容的专题学习活动。举办全市副乡（局）级以上领导干部培训班，请省委、泰州市委党校专家学者分4个专题作报告，每次报告会听众超过1200人。市委中心组被省委宣传部、省委组织部联合表彰为“理论学习先进集体”。2004年10月，下发《十六届四中全会精神专题学习计划》，结合经济发展形势、党风廉政建设等内容，组织中心组学习。邀请省人大常委会秘书长顾介康、张家港市委书记秦振华、国防大学教授孟祥青、泰州市委宣传部副部长黄林华等领导、学者作辅导报告。在全市机关干部中开展“树立和落实科学发展观”大讨论。2007年，市委中心组被评为全省“县以上党委中心组学习先进集体”。2009年，改进党委中心组学习，促进学习与调研和实践的结合。市委中心组集中学习突出应对金融危机及相关经济政策、产业发展的内容，中心组成员撰写调研文章43篇。2010年，建立由市委宣传部、市委组织部、市纪委、市级机关工委参加的巡学小组，在全市开展巡学考学活动。

二、党员干部学习

1991年，组织党员干部参加《社会主义理论与实践讲座》，开设骨干脱产培训班，全市200多个基层单位的理论骨干接受培训。1992年，组织学习邓小平视察南方重要讲话，市级机关举办座谈会、报告会十多场，听众逾万人，印发资料2万多份。举办十四大文件学习班，帮助基层培训学习骨干。组织开展党史党建理论学习，举办副乡、副局级以上干部培训班。扎实开展农村社会主义思想教育，首批90多万人次接受教育。

1993年，全市宣传工作重点是“换脑工程”，即开展解放思想换脑筋系列活动。全市举办学习邓小平《关于有中国特色社会主义论述的专题摘编》和市场经济知识培训班483期，培训19320多人次，举办专题报告、讲座570多场次，听众逾20万人次。1994年，组织广大干部学习邓小平建设有中国特色的社会主义理论，举办《邓小平文选》培训班200多期、报告会375场。举办师资培训班，培训各基层党校、政校校长及教师64人，帮助有关系统举办教学骨干培训班3期，培训教员130余名。基层政校举办学习理论培训班24期，培训青工7600余名。

1995年，市委制定《学理论学党章三年实施规划》，实施“三大工程”建设（副乡局级以上干部为对象的“重点工程”建设，以基层广大党员、干部为对象的“基础工程”建设，以青少年学生为主体的“希望工程”建设）。组织专题党课，学习《领导干部的楷模——孔繁森》，播放录像107场次，召开学习座谈会、交流会，编写宣传材料，编排大型音乐淮剧《高原雪魂——孔繁森》，演出65场次，5万余名基层党员干部观看演出。举办全市“银锂杯”学理论学党章、超百亿奔小康知识竞赛活动。

1997年，进行乡局级干部轮训学习十五大精神。会同市司法局进行“三五”普法骨干培训和党员干部冬训骨干培训。进行企事业单位政工干部岗位培训，为全市企业改制工作提供思想保证。探索新形势下党员干部教育的新途径。举办“迎七一、庆（香港）回归”知识竞赛。1998年11月，组织对市社科人才现状的调查与预测，对全市企事业单位240人进行政治工作岗位培训。

2000年，组织编写《发展才是硬道理》，牵头拟定《开展争创戴南、张郭式乡镇活动的意见》，推动全市学戴南、张郭活动的开展。按照“双思”（致富思源、富而思进）和“三个代表”学习教育活动的总体要求，组织两次大规模的理论学习教育活动。全年组织办班286期，培训学员6万人次，树立服务经济、服务群众的观念，增强改革意识、发展意识和机遇意识。2002年，在全市建立“基层民主议事活动日”制度，600多名副乡（局）级以上领导干部定人定时进村入户参加议事活动。2003年，围绕宣传贯彻落实中共十六大精神，组织宣讲团深入基层专题宣讲100多场。2004年，中共中央总书记胡锦涛考察江苏讲话精神传达后，组织宣讲团，深入乡镇、社区、机关、学校进行巡回宣讲，听众达2500多人次。

2006年，重点组织党员干部学习科学发展观、《江泽民文选》、十六届六中全会精神、新农村建设、构建和谐社会等内容。调整充实市理论教育讲师团，深入基层开展宣讲。加强基层党校规范化建设，在全市建立一批基层支部党课教育示范点。2007年，深化“三个一”活动（读一本书、开展一次基层工作调研、写好一篇调研文章）。组织党员干部学习宣传贯彻十七大精神，举办副乡（局）级领导干部学习十七大精神培训班。开辟领导干部论坛，市四套班子负责人分别到挂钩联系点讲课。

2008年，开展“践行科学发展观，建设美好新兴化”主题教育活动。以“走出里下河，融入长三角”的解放思想大讨论为先导，着力解决影响改革发展的观念、体制、能力三大制约因素。

2010年，围绕兴化市全面达小康，开展“共建小康、造福百姓”主题教育活动。加强兴化市理论讲师团、宣传演讲团、文明礼仪推广团、文艺展演团4支宣讲队伍建设。到基层开展全面小康等专题理论宣讲活动320多场次。办好昭阳讲坛、领导干部论坛、产业发展论坛，“三坛”联动，构建理论宣传教育新平台。

三、基层党校冬训学习

1991年，全市62家基层党校办班406期，培训党员33886人次。1992年，全市84家基层党校举办培训班2817期，党员干部3546人次参加学习。党校培训班及基层各组织以十四大精神为主要学习内容。全市66所职工政校办班130期，培训企业干部职工26800人次。

1995年，全市65所基层党校办班390次，全市90%的党员通过多渠道接受轮训和培训。在全市基层党校中开展“达标创先争优”竞赛活动。兴化药厂党校和钓鱼乡党校获“江苏省先进基层党校”称号。1996年，强化党校、政校、农村的系统轮训，对全市3000多名村支书、村主任进行轮训，培训党员干部4.4万人。根据扬州市委宣传部关于“建功在‘九五’，贡献在岗位”的主题教育意见，全市政校在第6轮培训中，举办政校教师培训班，12个系统105名专兼教师接受培训。贯彻中宣部、农业部《关于深入开展农村文明建设活动的若干意见》，以农村成人教育中心校为阵地，对广大农民群众进行教育培训。

1998年，下发《关于加强和改进基层党校工作的意见》和《兴化市基层党校工作条例》，以党校办班的形式，对基层党员干部进行系统培训。4月，举办全市基层党校专职干部培训班，开展纪念真理标准问题讨论20周年研讨，交流近20年来基层党校办班情况和20年党员冬训经验。1999年，基层党校开班各类理论学习培训班342期，培训党员和入党积极分子2万多人次。推行开门办学和电化教学。一批基层党校进入全省电化教学网络。2001年，各基层党校举办各类理论学习培训班347期，6万人次接受培训。2002年，下发《加强城区基层党校建设工作意见》。全市基层党校举办各类培训班147期，培训人数4.6万余人。2006年，加强基层党校规范化建设，在全市建立一批基层支部党课教育示范点。2010年，基层党校举办理论培训班24期，27600人次接受培训。

第二节　形势政策教育

1991年，市委宣传部门在张郭乡进行社会主义思想教育试点。是年，兴化市遭遇特大洪涝灾害，全市人民在党和政府领导下，取得抗洪抗险斗争的胜利。宣传部门深入抗洪第一线，挖掘典型，弘扬抗洪斗争精神，为重建家园提供精神动力。

1992年、1993年，全市宣传工作以邓小平视察南方重要讲话、《邓小平文选》和中共十四大、中共十四届三中全会精神为主线，强化思想政治工作，深入宣传中国特色社会主义，为改革开放和经济建设提供思想保证。

1994—1996年，组织全市党员干部系统学习建设中国特色社会主义理论。市委在七届七次全体扩大会议上提出“决战两年超百亿，加快步伐奔小康”的奋斗目标，市委宣传部门积极配合，深入开展“超百亿、奔小康”目标活动。

1997年，围绕迎接香港回归和贯彻落实中共十五大精神展开宣传。举行机关干部“迎香港回归报告会”，编发《迎香港庆回归》辅导材料。在《兴化报》三版开辟《十五大精神问答》栏目，系统宣传十五大精神。以《笔谈十五大精神》栏目推出市委书记臧巧华等10多位领导带头为报纸撰写的文章，推动全市学习贯彻“十五大”精神的深入。

1998—2010年，组织改革开放和中共十一届三中全会召开20周年和五四运动80周年纪念活动，编写《辉煌》《兴化改革开放20年论文集》和《时事知识百题问答》3本书，举办市级机关干部学习邓小平理论交流大会。举办迎国庆五十周年、“迎澳门回归”和迎接新世纪等系列宣传。围绕推动个体私营经济的发展，放大戴南、张郭效应，通过各种形式的宣传活动做好舆论引导、氛围营造。

2001年6月，市委召开思想政治工作联席会议，研究制订《兴化市2001—2003年现代领导教育工程实施意见》，有计划地分批组织市直机关中层干部培训。开展理论教育讲师团百场理论下基层活动，为加快兴化市两个文明建设奠定坚实的思想理论基础。2002年，围绕迎接中共十六大、全面实施“富民强市、加快发展”的战略目标，在全市营造进一步解放思想，错位竞争，挖掘后发优势的舆论氛围。

2004年，学习“三个代表”重要思想和十六届三中、四中全会精神、中央一号文件《中共中央国务院关于促进农民增加收入若干政策的意见》和全民创业的宣传、纪念邓小平诞辰100周年和中华人民共和国成立55周年重大文化活动、开展创建省级文明城市活动。

2005年，以形势报告会等形式传达学习“当前中日关系”“连战宋楚瑜访问大陆”“中央一号文件”“台海形势”“联合国安理会改革问题”等，用中央精神统一党员、干部和群众的思想。举办《新世纪新成就新目标》大型图片展，展示全市三个文明建设所取得的成就。开展“三创”精神的宣传教育和弘扬“三创”精神的主题教育活动。

2006年，开展学昆山，学华西，学戴南、张郭活动，市委举办领导干部读书班、领导干部读书月活动。开展“学习汪东奇、践行社会主义荣辱观、争做诚实守信公民”教育活动。重点组织实施“知荣明耻”进社区、进农村、进学校、进企业、进机关、进窗口单位“六进”系列宣传活动。

2008年，创新工作载体，开设昭阳讲坛，聚焦社会热点，宣讲形势政策。2009年、2010年，组织学习、宣传十七大和十七届三中、四中全会精神，重点组织科学发展观学习实践活动。

第三节 宣传报道

一、革命斗争史和爱国主义教育

1991年，围绕中国共产党成立70周年和中共兴化县委建立50周年纪念活动，开展党史教育、深化社会主义思想教育。1993年，组织开展毛泽东100周年诞辰纪念系列活动，举行市级机关干部座谈会、书画展览、电影展播、文艺演出。各学校团队组织广泛开展“纪念毛泽东、当好接班人”主题活动，举行故事会、演讲赛、电影周和团日活动。

1995年，纪念世界反法西斯战争暨中国抗日战争胜利50周年，开展“爱我中华、兴我兴化”主题教育活动。8月后，在全市机关、企业事业单位和中小学举办纪念抗日战争胜利50周年暨兴化革命斗争史专题报告会。举行100多场爱国主义歌曲演唱会和全市爱国主义歌曲演唱大赛，市级机关组成有四套班子成员参加的代表队参赛，城区有近20个代表队参赛。1997年，举办百首爱国主义歌曲比赛和卡拉OK歌曲大奖赛，组织辉煌五年成就展览活动。

2001年，围绕纪念中国共产党成立80周年，牵头组织开展系列宣传文化活动，举办文艺晚会、万人读书等15项系列活动。完成《兴化历代名人》《串场河放歌》出版工作。组织倡导科学文明的文艺节目，为群众演出30多场次。2008年，组织迎奥运、纪念改革开放30周年等活动。围绕改革开放30周年召开纪念大会，开展新闻宣传，组织大型文艺演出、大型画册编印发行和群众性纪念活动。

二、历代兴化文化名人纪念活动

图18-7 2003年，第六届郑板桥艺术节开幕 （市文广新局提供）

1993年，为纪念郑板桥诞辰300周年，举办首届“中国·兴化郑板桥艺术节”，在全市范围普遍开展为“当好东道主，办好艺术节”的宣传教育，编印、发放宣传讲话材料1万多份。艺术节每两年举办一次，至2009年举办9届。在第二届板桥节期间，邀请省以上新闻单位30多名记者莅临采访，中央电视台当天即播发兴化办节的消息。扬州电视台、兴化电视台做了大量报道。第三届郑板桥艺术节，内容包括大型文艺晚会、书画笔会、专题报告会、瞻仰郑板桥故居、拜谒郑板桥墓等活动。2001年，组织开展系列文化活动。推出书画展、名特优水产品展、郑板桥生平及艺术成就展、郑板桥民本思想研讨会、参观国家级生态示范区景点、拜谒郑板桥墓、举行郑板桥艺术节大型文艺晚会、召开兴化市脱水蔬菜行业协会揭牌仪式暨行业发展研讨会等15项活动。2005年，第七届郑板桥艺术节引领先进文化取得显著成效。其间，举行《水浒》探源——施耐庵故里行研讨会，“板桥杯”全国书画大赛，李详故居重建奠基，“上池斋”修缮工程，国象大师故乡行活动，兴化当代名人馆开展，毕飞宇长篇小说《平原》发行仪式，“幸福小城·梦水乡”大型主题文艺演出及《梦水乡》音乐电视摄制发行。2007年，召开水浒文化暨明清小说研讨会、开放名人故居和历史遗存、举行开幕式大型文艺晚会、举办群众文化活动周等，展示兴化市悠久的文化底蕴。2009年，举办第九届中国·兴化郑板桥艺术节，结合举办第三届中国兴化生态河蟹文化节，推进经贸招商。组织“欢乐中国行”大型文艺演出、“板桥杯”全国书画大赛、兴化文学现象研讨会等活动，推进文化与经济的互动。

三、文化名牌展示

2000年，承办市“金秋旅游节”开幕式专场演出和中秋赏月晚会。组织开展“放大戴南、张郭效应”巡回演讲演出活动40场次，观众2万多人次，并在泰州4市两区进行专题巡回演出。2002年，公开向社会征集兴化市市标、兴化形象广告用语、兴化精神和评兴化、颂兴化、咏兴化名作佳作。

2009年，围绕八字桥、儒学街、东城外大街3大历史街区，丰富文化内涵，提升城市文化品位。公布全市第二批非物质文化遗产保护名录，新增30项非物质文化遗产项目，总量达到66个。茅山号子等3个项目进入省非物质文化遗产项目公示程序。公布全市第三批文保单位，总数达75个。成功举办首届中国兴化全国国际象棋锦标赛，获得全国唯一的“国际象棋之乡”称号。

2010年，影山头古遗址入选第三次文物普查全省十大新发现，垛田文化景观入选国家第三次全国文物普查重大新发现。竹泓木船制造工艺成为兴化市第一个国家级非物质文化遗产保护项目，沙沟板凳龙舞、施耐庵与《水浒》传说、茅山号子等3项成为省非物质文化遗产保护项目。板桥系列小淮剧《板桥事亲》《板桥断鸡》《板桥卖画》，呈现中央电视台戏剧频道。系列小淮剧4个剧本获中国首届戏剧剧本文化奖二等奖。民歌表演《拉纤号子》、新创歌曲《垛田水乡》在省“五星工程奖”评比中夺金摘银。

四、群众文艺体育活动

2002年，组织“万人歌咏大会”、金三角广场“文化月”、农村文艺会调演、六一儿童艺术节、首届超级模仿秀擂台赛等文化活动。2003年，完成中央电视台“心连心”艺术团赴兴化市慰问演出。举办“金叶杯”2003年抗洪救灾摄影作品大赛和“华明杯”防非、抗洪文学作品大赛。在防非典期间，及时搜集各方资料和信息，运用文艺演出的形式，传播科学知识，采用图片、文字等形式宣传“非典”防范措施，印发预防“非典”宣传手册等。

2004年、2005年，举办首届青少年艺术节暨第二届少儿艺术节、孙照宏个人书画作品展、市级机关“电信之春”先锋赞歌咏大会以及系列广场文化活动。策划编排纪实淮剧《沈正彬》，在市内及扬州、淮安、盐城等周边县市巡回演出70多场。2006年，市淮剧团演出的《沈正彬》在省第五届淮剧艺术节上获得优秀剧目、优秀导演、优秀表演等7项大奖。文峰社区参加“文明社区环省行”活动，获得社区才艺一等奖。举办“板桥故里，水浒摇篮，梦里水乡，绿色兴化”摄影大赛。组织开展群众文艺展演评选活动，举办乡镇、文明行业（单位）、教育、社区4个专场演出和国庆汇演，打造“梦水乡”文化品牌。

2007年，挖掘整理茅山号子，代表泰州市参加省文物节开幕式文艺演出。2008年，开展“多彩周末”广场文化活动、地方特色文艺展演，组织舞龙表演大赛、乌巾荡竞舟大赛等民俗竞技活动。2009—2010年，举办新春舞龙大赛、乌巾荡龙舟大赛、广场健身舞大赛、首届民歌大赛、青年歌手电视大赛、家庭才艺大赛等赛事，提升群众文化活动水平。放大“国际象棋进课堂”，举办全国国际象棋锦标赛、青少年精英赛，推动青少年国际象棋运动开展。

图18-8 兴化市青年歌手电视大奖赛颁奖典礼
（2010年，王少岳摄）

五、媒体宣传

1991年抗洪期间，制作录像片《永不沉没的土地》，编印画册《兴化·难忘的1991》和报告文学作品集《谁主沉浮》，汇编《抗洪救灾新闻作品选》，组织抗洪救灾事迹演讲团。

1993年，围绕首届中国·兴化郑板桥艺术节，开展对内对外宣传。兴化电视台与江苏电视台合作，现场直播板桥节开幕式和文艺晚会实况。艺术节前，海内外30多家新闻单位报道办节情况。其间，《人民日报》、新华社、中新社等19家新闻单位的70多名记者到兴化采访。

1994年，协助市政府做好与日本国浪江町之间的通联工作。8月中旬，通过中国新闻社刊发“名胜古迹驰名，资源产品丰富——兴化将举办大型招商会”通讯稿，被数家境内外报纸刊用。9月上旬，《大公报》刊登宣传兴化专版。全年摄制专题录像片7部。为纪念郑板桥诞辰300周年而摄制的《画坛怪杰》，在江苏电视台播出。

1995年，建立对外宣传领导小组及其办公室，宣传市委七届十次全委扩大会议精神，组织《两改联动、两联并举，兴化工业利税翻番》《兴化构建现代大农业格局》等稿件，在《人民日报》《新华日报》刊发，《兴化掀起开发潮》于《新华日报》头版头条刊出。中央电视台纪录片之窗栏目播放《昭阳故事》时长15分钟，专题介绍兴化人文景观。在创建省级卫生城、争创全国卫生城活动取得阶段性进展时，发出《先听民间疾苦声》《兴化："河边公园"环城起》等稿件，被国家级新闻单位采用9篇次，被省级新闻单位采用15篇次。年初，兴化电视台摄制的《板桥故乡——兴化》在美国纽约中文台播出。

1998年，恰逢十一届三中全会召开20周年、兴化解放50周年，又是贯彻落实中共十五大精神的第一年，在一报两台推出“沧桑20年”专栏（题），编发稿件50多篇，展示各条战线取得成果。

1998年11月9日，《兴化报》改版为《兴化日报》。广播电视实现与省网、泰州市网的大联通。为庆祝中华人民共和国成立50周年，开辟“老相册新照片”“伴随共和国前进”等专栏。加大发展私营经济为主的经济工作宣传，《兴化日报》开展“兴化精神大讨论”，并开辟“研究戴南、学习戴南”专栏。专题片《小木匠——薛圣友》获全国三等奖，《英雄婚礼》获全省见义勇为新闻作品一等奖。

2002年，建立宣传报道工作队伍和新闻阅评工作制度，构建新闻宣传协作网络。开通兴化网站暨广播电视宽带网。

2003年，召开中国·兴化农业推介新闻发布会，约请浙江、江苏、上海等25家媒体到兴化市采风，专访领导和相关部门。与《扬子晚报》联手为郑板桥艺术节进行舆论造势，办节前后在《扬子晚报》持续3个月刊载有关稿件。中央电视台一套、三套节目以及海内外22家新闻单位报道办节情况。在宣传内容上打好"省级历史文化名城"和"国家级生态示范区"两张牌，挖掘放大历史文化资源，展示兴化市名特优绿色产品。

2007年，兴化电视台设立《民生直通车》栏目，促进关系百姓切身利益的民生问题迅速解决。对政府门户网改版，设立书记、市长信箱。

2010年，加强重大新闻宣传活动的组织，推出"共建小康、造福百姓""转型升级、制胜未来""巡视重点项目""点击高效农业"等专题专栏。第二届中国兴化千垛菜花节期间，市委宣传部门主动跟进，借助各级媒体平台，图文音像多种形式，展示兴化市生态文化资源，扩大对外影响力。

第七章　统战工作

第一节　党外各界人士工作

兴化市没有民主党派组织，统战工作重点是各界党外代表人士。市四套班子、各乡镇、市级机关各部门都建立党员领导干部与党外人士结对交友制度，经常联系，沟通思想，听取意见。

1991年起，建立党外人士民主监督机制，落实监督措施。在重要领域、重要行业、重要岗位聘任党外人士担任特约监督员、行风监督员。坚持协商于决策之前和决策执行过程之中，保障党外人士履行民主监督职责。

1993年，征求乡镇和部门党委（党组）的意见，建立一支50名左右的党外后备干部队伍。选送部分党外干部参加上级组织的各类培训班，协调有关部门和乡镇党委（组）使用优秀的党外干部。选调党外后备干部参加全市中心工作，在实践中培养基层工作经验。市委通过调整、选拔和招聘的方法，对50%的政府组成部门和法检两院领导班子以及11个重点部门分批配备党外领导干部。1994年，任命党外副局级干部4名。全市党外领导干部达24名。1999年，任命党外正副局级干部9名。泰州市委在兴化市召开现场会讨论党外领导干部培养选拔和使用工作，兴化市作《咬定目标，明确措施，切实做好党外干部培养选拔工作》的交流发言。重视党外干部和后备干部的政治安排，推荐党外干部和后备干部26名，分别担任省、泰州市、兴化市人大代表，109人分别担任泰州市、兴化市政协委员。

2000年，制订党外代表人士参政议政活动的有关制度：每年春节前和中秋节前召开党外各界代表人士迎新春、迎中秋茶话会，市领导到会并讲话，市委就重大人事调整征求党外代表人士意见，市长每年在人代会所作《政府工作报告》向党外代表人士征求意见。全市重大项目建设向党外各界人士通报情况，并征求其意见。

2005年9月，市委发出《关于建立定期向党外人士通报情况、征求意见制度的意见》，市委统战部门按照市委意见，每年召开人代会前，就政府工作报告（讨论稿）以及市里重要人事安排、举行重大活动等部分征求党外人士的建议和意见。统战部门每年协助市委、市政府召开党外人士情况通报会、征求意见会、协商会和座谈会。组织党外人士围绕市委、市政府中心工作开展调研考察活动，从不同的角度和层面提出意见和建议，为党委、政府的科学决策提供参考。

1991—2010年，全市有28名优秀党外人士先后担任领导职务，其中副处职（级）5名、正局职（级）6名、副局职（级）17名。

第二节　非党知识分子工作

1995年，召开党外知识分子代表人物联谊会，建立党外知识分子双月联谊会制度。就市委、市政府提出的“超百亿、奔小康”的奋斗目标，开展“出主意、献良策”活动，征求广大党外知识分子的意见和建议。1998年，召开党外知识分子代表大会，制定科教兴市战略。2001年，组织参加“全国统一战线知识竞赛”，深入戴南、张郭等镇开展调查研究，了解党外知识分子流动及私营企业使用党外知识分子情况。2006年，开展党外知识分子情况调查，建立中级以上职称党外知识分子名册，完善高级和部分中级职称的党外知识分子档案。在政治安排上，先后选拔推荐120多名党外知识分子进入省333工程[①]和泰州市311工程[②]，10名进入省委统战部和省无党派知识分子培养规划。2007年12月，党外知识分子入选省人大代表2名；泰州市人大代表25名，政协委员20名；兴化市人大代表117名，政协委员142名。同年，兴化市副处级领导干部中有党外知识分子5名，副局（科）级领导干部中有党外知识分子10名。2010年，提拔4名正局职党外干部。

第三节　民族宗教工作

1991—2001年，兴化市民族宗教工作由市委统战部主管，下设民族宗教事务办公室。2001年成立民族宗教事务局，为正科级单位，列政府组成部门，与市委统战部合署办公。是年，全市成立宗教工作领导小组，全市民族宗教工作纳入规范管理、依法管理轨道。2010年，列市委组成部门，在统战部挂牌。

一、民族工作

2000年后，全市落实党的民族方针政策，维护少数民族的合法权益，开展少数民族流动人员管理和少数民族扶贫开发，引导少数民族同胞脱贫致富。全市投入少数民族扶贫资金近100万元，通过基地扶贫、项目扶贫、教育扶贫、技术扶贫、结对扶贫等措施，先后帮助324户少数民族同胞脱贫致富。绝大部分少数民族家庭的人均收入达到或超过全市人均生活水平。2001年，省少数民族扶贫基地在西郊镇郭仙村建立，帮扶少数民族特困户15户开展养殖（兔、蟹）种植（西瓜、蔬菜）生产，并提供技术服务，帮助销售产品。2005—2010年，先后在西郊镇、李中镇、周奋乡、沙沟镇、陶庄镇成立5个少数民族扶贫基地，提升少数民族群众的生产、生活水平。

---

①省333工程：由江苏省发起实施，即培养30名左右研究成果具有国际先进、国内领先水平的国家级科学家、工程技术专家和理论家；培养300名左右具有省内领先水平的省级优秀人才；培养3000名左右成绩显著的市级优秀人才。

②泰州市311工程：由泰州市委组织部直接组织实施，每5年一期，每期选拔2次，选拔30名中青年科技领军人才、100名中青年学术技术带头人、1000名优秀青年拔尖人才。

二、宗教工作

1991年，宗教事务办帮助受到灾害破坏的宗教活动场所，使其条件得到改善，同时加强制度建设，打击非法宗教活动和封建迷信活动。是年，指导兴化市佛教协会召开第二次代表大会。1995年，开展中华人民共和国成立后首次宗教活动场所登记，着重调查29个乡镇，38处宗教活动场所和宗教教职人员的现状，逐个登记发证，成立"兴化市基督教堂管理领导小组"和"宝严古寺事务管理委员会"。2000年，协助道教筹备小组成立兴化市道教协会。2001年9月，市委办公室、市政府办公室转发市委统战部、市民宗办《关于进一步加强我市宗教工作管理的意见》，明确各级党委、政府对本乡镇、部门的宗教管理工作职责，增加依法管理宗教事务的力度。同时开展治理假僧假道工作，废止假僧证件841份，假道士证件301份，假僧假道现象得到遏制。2002年后，按照"保护合法、制止非法、防止渗透、打击犯罪"的原则，在全市开展专项治理假僧假道乱做佛事道场的活动，采用"三定一统一"（定人、定场所、定规章制度、统一管理）和"三制"（聘任制、任期制、述职制）的方式，重新审核全市各宗教活动场所。2002年4月，省委统战部、省宗教局在兴化市召开治理假僧假道乱做佛事道场工作现场会，推广兴化市宗教管理工作经验。

2003年8月，对22处佛教寺庙进行登记并发放《宗教活动场所登记证》。对全市从事佛教活动的宗教教职人员进行调查认定，规范全市宗教活动。2003年4月及2006年7月，全省专项治理工作现场会和宗教工作协作机制现场会在兴化市召开，全面推广兴化市的工作经验。2005年，市民宗局与市公安局建立紧密型联系协作机制。完善由市民宗局牵头、公安部门配合、乡镇政府协调、宗教团体参与的行政执法机制。2007年9月，制定《兴化市民族宗教事件应急预案》。按照江苏省《关于〈宗教活动场所设立审批和登记办法〉的实施意见》的要求，开展宗教活动场所登记审核工作，对全市74处拟登记的宗教活动场所从教务、财务、人员管理、制度落实等方面进行全面检查，纠正在检查中发现的问题，对一些不符合条件的场所进行整改和撤并。

2008年后，结合"平安创建""和谐寺观教堂创建"，兴化市宗教工作进一步走上依法管理、规范管理的轨道，上方寺、护国寺、大士禅林被认定为全省重点寺院，上方寺被省宗教局表彰为"模范宗教活动场所"。2009年，对全市77处宗教场所进行全面检查，整改（城区基督教堂和周奋基督教活动）两处存在安全隐患的宗教场所。2010年，开展"和谐寺观教堂"创建活动。

第四节　涉台工作

1991年2月，市委、市政府明确市台办为二级局机构，与市委统战部合署办公。1997年，晋升为正科级。2001年12月，市委台湾工作办公室与市委办公室合署办公，在市委台湾工作办公室挂"兴化市政府台湾事务办公室"牌子，正科级建制，下设经济联络科和台胞接待站。

一、对台经贸

1994年，《中华人民共和国台湾同胞投资保护法》及其实施细则颁布施行后，市台办组织台资企业和相关部门学习，利用电视台、报纸等媒体广泛宣传。在台湾《世界论坛报》《自立晚报》《荣民时报》刊登《兴化百里风光线》《板桥故里——兴化市》及《兴化市投资指南》等介绍兴化市的稿件40多篇，对兴化市经济建设、投资环境、历史文化等方面进行多角度宣传，让台胞全方位了解兴化市，促进台商到兴化市投资。在全市台属中开展“写一封信，牵一条线，提供一个信息，联系一个项目”的活动，要求广大台属为兴化市经济建设出力，及时把有关信息反馈给台办，对已签约的台商投资项目实行专人跟踪服务，及时帮助解决难题。2010年，全市有台资企业27家，总投资额7531.36万美元，实际利用台资3984.88万美元，其中5家台企为通过台属引荐。最早的台资企业泰州远东纸业有限公司是台湾德园兴业有限公司与兴化市戴窑洁尔舒卫生巾厂于1994年4月21日成立，总投资额为15万美元，经营状况良好。

二、交流交往

1991年后，每逢中秋节、春节等中华民族传统节日，台办通过举办茶话会、发贺电、贺信、贺卡等形式，加强与台胞的联系，定期走访慰问在兴化市台企和重点台属。台胞非常关心家乡的建设事业，为全市教育、文化、医疗卫生事业和宗教、郑板桥艺术节等多次捐款。1991年兴化市遭受百年未遇的洪涝灾害后，台湾慈济基金会到兴化市无偿援建15个灾民村和8所中小学。

2001年4月，接待台湾地区知名政要郝柏村一行回乡探亲。2002年后，市台办对台交流交往，由原来接待台胞探亲访友、经贸洽谈扩大为组团互访，市委、市政府主要负责人赴台交流扩大兴化市在岛内的知名度。2002年3月，以市委副书记范学忠为团长的兴化市农业考察团一行7人赴台考察，首开组团赴台先河。台湾慈济教师联谊会、慈济大专青年联谊会先后在2002年8月、2004年8月到兴化市进行“两岸教育交流活动”。

2003年，兴化市再次发生洪涝灾害时，台湾慈济基金会对兴化市受灾严重的3个乡镇的5090户10052人发放价值人民币250余万元的大米、棉衣、棉被等物品。至2010年，台胞向兴化市捐赠款物计人民币2750多万元，其中台湾慈济基金会捐赠2050多万元。

自1987年台湾当局开放台胞回祖国大陆探亲后，至2010年，市台办接待台胞1615批，2900人次，办理因私赴台100批116人次，组团赴台考察交流16批69人次，实现四套班子成员轮流赴台考察。有17位台胞回兴化市定居，在兴化市常住台胞11人，涉台婚姻19对。

三、对台宣传

1991年后，针对台湾政局和两岸关系不断出现新的情况和问题，市台办组织对台宣传通讯员向海内外发稿800多篇，被采用500多篇。

2000—2010年，市台办组织的稿件和调研文章采用率较高。其中被中国香港、台湾地区报刊采用的100多篇，在海峡之声电台、《江苏统战》《海峡广角》杂志上被采用86篇。市台办通过数位台湾—TNN（台湾国际网域股份有限公司）网站等媒体，多侧面、多角度宣传兴化，并收集兴化市人文环境和开发区简介等制成文稿、图片形式报送省、市各网站进行对台宣传，扩大兴化市在台湾岛内的知名度。在宣传过程中始终坚持“和平统一、一国两制”方针和江泽民解决台湾问题的八项主张。与市委宣传部、市政协一起，采取报告会、座谈会等多种形式开展“进社区、进学校、进企业”涉台教育活动，使民众明辨是非真伪，识破“台独”分子分裂祖国的阴谋。

四、台属工作

兴化市台属联谊会于1988年3月14日成立，1999年10月换届。2010年，全市有台属1700多户、1万多人。每逢中秋节、春节等中华民族传统节日，市台办通过举办茶话会、发贺电、贺信、贺卡等形式加强与台胞的联系，定期走访慰问在兴化市的台企和重点台属。先后为80多位台属解决子女就业、入学等方面的困难；为10多位台属办理遗产继承等法律事项。

第八章　其他党务

第一节　党校教育

一、干部培训轮训

1991—2010年，市委党校举办副乡局级以上领导干部培训班36期，主要学习中共十三大至十七大文件、中国特色社会主义理论、“三个代表”重要思想、科学发展观、领导科学、党性修养等理论和业务知识学习，培训干部8328人次。

2009年，举办泰州市（兴化）村主要负责人科学发展能力培训班2期。至2010年，举办村党支部书记培训班27期，培训6431人次，着重对新调任村支书上岗前的业务培训和其他村支书的能力培训。

1993年4月，举办全市第一期中青年干部培训班，至2010年底举办8期，培训中青年后备干部519人，大多数学员走上副乡局级以上领导干部岗位。

2001年、2002年，相继举办机关中层干部夜校学习班3期，参加人员887人。

2008年，举办首期大学生村官岗前培训班，至2010年举办3期，培训人数328人。

1991—2010年，市委党校与市纪委、市委组织部、市委宣传部、市委统战部、机关党工委、人事局、计生委、市委农工部、司法局、团市委、妇联、科协、广电局、国土局、公安局、劳动与社会保障局、体委、人寿保险公司、经济开发区、昭阳镇、垛田镇等20多个单位联合办班171期，参训人数37007人次。

1991—2010年，市委党校开办各种类型培训班317期，培训各级干部62354人次。

二、干部学历教育

1991年12月，经中共江苏省委组织部、省委宣传部、省委党校批准，兴化市委党校建立中专办学体制，主要开展以基层党员干部为主要对象的在职学习及党校函授教育。1993年8月，成立中央党校函授学院江苏分院扬州学区兴化辅导站。1997年7月，更名为中央党校函授学院江苏分院泰州学区兴化辅导站。其间，市委党校与江苏经济干部管理学院、泰州市委党校联合办学，在戴南、张郭、昭阳、海南、西鲍等乡镇设立教学点。

1991—1999年，招收中专班学员2890名。其中1991年招收两年制函授中专专业证书班，学员496人。1993年、1994年招收2届一年制中专专业证书换证班，学员1383人。1992—1999年连续招收7届三年制业余中专班，学员1011人。

1989年9月开始举办函授大专班。1991—2008年招收学员2459人。其中包括15届江苏省委党校函授大专班，学员1638人（含专转全学员92人，专转本学员43人）；2届江苏经济干部管理学院专业证书班，学员91人；6届泰州党校委培大专班，学员730人。

1993年9月开始举办函授本科班。至2008年招收学员963人。其中包括6届中央党校干部函授学院，学员292人；9届江苏省委党校干部函授学院，学员601人；1届南京财经大学函授，学员70人。

2009年，根据中央党校和江苏省委党校要求，开始停办党校大专、本科函授教育，党校停止招生。2010年，党校函授班处于收尾阶段。1991—2008年，毕业人数分别为中专3145人（含以前入学人数）、大专1935人、本科680人。

2001—2008年兴化市委党校函授教育情况一览表

表18-10 单位：人

年份	招生数		毕业数	
	大专	大学本科	大专	大学本科
2001	110	174	98	55
2002	100	64	281	80
2003	138	99	228	167
2004	87	32	52	57
2005	138	102	128	86
2006	221	124	86	32
2007	66	67	115	46
2008	180	95	45	101
合计	1040	757	1033	624

说明：大专班包括中央党校函授大专班、江苏省委党校函授大专班、南京财经大学大专班和泰州市委党校函授大专班；本科班包括中央党校函授本科班、江苏省委党校函授本科班、南京财经大学本科班。

第二节 党史工作

一、史料征集

1992年，市党史办对历年征集的资料进行梳理和分类，以备查考。2003年，开展抗日战争时期史料征集，征集到史料32套，50万字。2006年，开展抗战时期兴化人口伤亡和财产损失资料征集，收集证人、证言2300多条，查阅档案资料1500多份，复印资料2000多页。2009—2010年，开展红色旅游资源和革命遗址普查，征集相关文字图片资料。

二、党史编研

1990年，市委党史办着手编纂《中共兴化党史大事记》和《兴化人民革命斗争简史》，1996年着手编撰《江苏人民革命斗争群英谱》（兴化分卷），并于1998年出版发行。同年，兴化市所有乡镇全部出版群英谱，为全省第一家。1999年，《水乡风云》出版。2004年，记述日军在兴化所犯暴行的史料汇集《不忘历史》出版。用日军在兴化所犯罪行的影像资料编辑制作的电视专题片《见证人》，被省委党史工办评为三等奖。2005年，《中共兴化党史大事记》（1949—2000）出版。2006年，《英烈千秋——兴化英烈传》（1949.10—2005.12）出版。2005年启动华中二分区革命烈士纪念馆布展工作，2007年底完成。2010年，《中共兴化地方史》（1949—1978）出版。

第九章　群众团体

第一节　工　会

一、代表大会

兴化县（市）十一次工人代表大会于1987年9月15—18日召开。1991—2010年，兴化市先后召开第十二至第十四次工人代表大会。

【第十二次代表大会】 1993年7月19—21日在市工人文化宫召开。代表385人、列席代表10人、特邀代表36人出席，市委、市人大常委会、市政府、市政协和扬州市总工会主要领导出席大会。大会听取并审议通过王大启代表十一届委员们作《继续认真贯彻落实党的十四大精神，动员和组织全市职工为加快兴化经济发展做出新贡献》的工作报告，选举产生市总工会第十二届委员会，委员45人、常委11人。选举王大启为主席。

【第十三次代表大会】 1999年11月23—25日在友好会馆召开。出席大会正式代表299人，列席代表15人，特邀代表32人，共346人。市委、市人大常委会、市政府、市政协、团市委和泰州市总工会的主要领导出席大会。会议审议通过市总工会主席翟长山所作的《发挥工人阶级主力军作用，为实现我市跨世纪发展的宏伟目标而努力奋斗》的工作报告，选举产生市总工会第十三届委员会。选举卞荣涛为市总工会第十三届委员会主席。

【第十四次代表大会】 2005年12月26—28日在兴化市召开。出席大会的代表237人，列席代表8人。市委、市人大常委会、市政府、市政协和泰州市总工会主要领导出席大会。会议听取并审议通过市总工会主席倪为民代表第十三届委员会所作的《凝心聚力促发展，组织起来抓维权，团结带领广大职工为实现我市“翻番小康”宏伟目标而努力奋斗》的工作报告，选举产生市总工会第十四届委员会，委员37人、常委9人。选举倪为民为主席。

二、组织建设

【市总工会】 1991年，市总工会设组织、宣传、工资劳保、财务部和办公室。1997年，市总工会内设机构进行调整，下设办公室、生产保护部、财务部、维护保障部（挂“女职工部”和“法律顾问处”牌子）、事业发展部和职工技协交流站。

【基层工会】 1991年后，企业改革改制不断深入，不少企业关、停、并、转，工会会员流失。与此同时，乡镇企业异军突起，不断发展。市总工会适时作出工会组织向乡镇企业延伸的部署。至1996年底，在25个乡镇组建企业工会98家、组建率82.4%，在18个乡镇建立工会工作委员会。1999年11月，在全市34个乡镇及兴化市经济开发区建立工会工作委员会。

2000年后，全市各类新经济组织迅速发展，工会组织和会员队伍随之壮大。为适应形势发展的需要，自2000年起，市总工会将新经济组织组建工会工作作为重点，出台相关文件，到34个乡镇和开发区调查摸底，建立新经济组织工会组建工作领导小组，召开专题会议动员部署。市总工会机关人员分赴各乡镇指导建会工作。至2002年底，全市新经济组织建会总数达925家。市总工会按照全国总工会“两个最大限度”和“组织起来，切实维护”的总体要求，创新工会组建模式。2002年，在泰州市建立首家行业工会——市粮食交易市场工会联合会，48家粮食加工企业1300多名务工人员加入工会组织，并对行业工会暨职代会进行探索。2004年，在城区24个社区成立工会联合会，吸收会员3100多人。至2005年底，全市基层工会组织从1991年的398个增加到2478个，会员96500人，其中进城务工人员33600多人。创建“省合格乡镇工会”31家、省“百强示范乡镇工会”6家。2007年，全市有基层工会829家，会员121260人。至2010年底，全市有基层工会4062家，会员155836人。

三、主要工作

【参与经济建设】 1991年，兴化市发生特大洪灾，市总工会及时发出“注意水情和妥善安置转移职工”的通知，动员和组织全市职工投入抗洪救灾工作。各系统工会干部坐镇受灾严重的企业，100多个基层工会干部担任抢险救灾队长，带领职工抢运物资，转移设备，在被淹的厂区、车间筑坝排水，坚持生产。市总工会拨款5万元，救济1000多户受灾困难户，发动职工捐款21.3万元，粮票1250千克支援重灾区。市港务管理处在洪水肆虐的26天内，抢装物资16.94万吨，人均每天负重10.4吨，其中突击抢运生活必需品5500吨、剧毒易燃危险品45吨。被全国总工会表彰为“抗灾救灾先进单位”，在市内首获“全国五一劳动奖状”。

市总工会在全市广大职工中开展立功竞赛活动。20世纪90年代初开展“争市场、抓质量、促扭亏、增效益”的立功竞赛活动。1995年起，在企业开展“牵红线、找门路、解难题、促销售”活动。1995—1996年，全市职工寄发信函3881封，排找关系户958户，收集供求信息2345条，达成意向协议189项，实施106项，解决生产技术难题80个。融通资金3051万元，催收回笼资金26451.2万元，创综合效益4960万元。全市11个系统工会分别挂靠22家亏困企业，采用分块扭亏和机制创新相结合的办法，发动职工降本增效，仅1997年即有14家企业减亏止亏，4家企业扭亏为盈，扭亏总额1400万元。2000年后，开展以思维创新、技能创新、岗位创新以及创新立功竞赛、优质服务竞赛、重点工程竞赛为主要内容的“三创三赛”活动，3万多名职工参加，大力实施“金蓝领”工程，17名职工进入泰州市专家人才库，江苏兴达钢帘线股份有限公司职工董玉华拥有11项国家专利，被全国总工会表彰为“全国技术创新能手”。

【维护职工合法权益】 1991年后，全市国有、集体企业和部分乡镇企业分别建立职代会制度，80%以上企业每年召开1—2次职代会，落实职代会的五项职权。2001年，转发泰州市总工会《关于在新建企业建立健全职代会制度的意见》，探索和实践“集群职代会，行业职代会、区域职代会”等民主管理新途径、新办法，解决非公有制企业民主管理的难题。全市百人以上的非公有制企业基本上建立职代会制度。私营企业东方机械公司发挥职代会作用的做法，在省总工会有关会议上介绍，省内外媒体作报道。2003年，成立市厂务公开领导小组，总结推广一批企业厂务公开的做法和经验。至2005年底，全市52家国有控股和改制企业全部实行厂务公开。95所市属、乡镇中小学和10家医院推行校务、院务公开。百人以上非公有制企业厂务公开推行面达80%以上。

1991年后，全市各系统、乡镇普遍建立劳动关系三方协调机制，各基层工会建立劳动争议调解委员会。1993年，兴化市总工会受理劳动争议案件74件，经调解达成协议69起。1997年6月，市总工会与劳动部门联合开展劳动争议处理恢复10周年纪念活动。1999年，市总工会主动参与劳动争议仲裁工作，参与市劳动争议仲裁庭办案4件，职工全部胜诉。2003—2004年，全市调解劳动争议58件，参与仲裁14件，并通过执法检查，追缴拖欠工人工资，补办参保手续，补签劳动合同，从而消除或缓解劳动争议。

市总工会举办集体合同规定培训班，培训系统、乡镇工会主席及大企业工会集体协商代表。

在重点企业开展工资集体协商试点工作，抓好集体合同到期续签及改制企业集体合同的衔接工作，推进工资协商、集体合同制度的规范化、制度化。至2005年底，全市签订集体合同的1075家，覆盖职工38200人。其中国有、集体企业32家，覆盖职工6820人。外商投资企业11家，覆盖职工1980人。非公有制企业1032家，覆盖职工29400人，签订区域性集体合同13家，覆盖职工25400人。市总工会建立清欠农民工工资领导小组，主动参与劳动部门执法检查，拖欠农民工工资现象得到控制。2010年，市政府召开全市企业工资集体协商工作推进会，各乡镇、有关系统和市直单位负责人签订《2010年—2012年兴化市推进企业工资集体协商工作目标责任书》，全市已建工会的企业签订工资集体协议910份，覆盖企业3782家，职工132856人。

【职工保障与援助】 1993年，市总工会就亏损企业职工生活状况及安置企业下岗女职工等问题，组织专题调研，深入57家企业调查了解情况，有36家企业亏损，1.3万多名职工生活在困境中，市总工会写出调查报告上报市委、市政府和上级工会组织。1994年，市总工会参与乡镇企业股份合作制改造、市属企业全员劳动合同制试点，女职工社会保险方案的制定，以及关、停、并、转企业职工的安置方案等，为市委、市政府决策提供依据和建议。是年6月，市总工会组织人员对18个系统、37482名职工上半年收入情况及生活状况进行调查，向市委、市政府汇报。1995年，市总工会联合相关部门转发江苏省劳动局、江苏省人事局、江苏省财政厅、江苏省总工会联合下发《关于适当提高城镇职工生活困难补助标准的通知》，使补助标准从原定45元提高到90元。2010年，建立与社工委联席会议制度，城区特困职工由原来系统申报改为社区申报。制定新的帮扶救助工作目标，将乡镇特困职工纳入帮扶救助范围，对因病致困的特困职工实行医疗救助。

1991—1993年，市总工会扶助特困职工310户，脱贫230户。在每年元旦、春节期间开展送温暖活动。1993—2005年，市总工会及基层工会多渠道筹资379.87万元，慰问救助各类困难职工24416人。2000—2007年，市总工会建立特困职工档案，为600户特困职工发放《特困证》，享受政府在水电、教育、医疗等10个方面的优惠。2004年，开展“爱心助学”活动，多方筹集助学资金5.96万元，为198户特困职工子女入学提供帮助。市总工会建言献策，在市政府出台的房屋拆迁补偿政策中，确保特困职工房屋拆迁补偿的住房标准不少于50平方米，有35名特困职工住进解困房。开展劳模结对帮扶活动，35名离退休劳模的荣誉津贴、18名困难企业劳模的医疗保险得到落实。

2001—2005年，建立烹饪、服装、计算机等8个技能培训基地，分期分批对下岗失业人员进行免费培训，提高再就业能力。举办各类技能培训班82期，培训下岗失业人员4520人次。积极发展工会企事业，为下岗失业人员提供就业机会。挖掘社区就业岗位，安排下岗职工从事保安、保洁、保绿等工作。成立职业介绍所，与多家企业建立空岗信息联系制度，与劳保部门联合举办用工洽谈会，千方百计为下岗失业人员再就业牵线搭桥。2005年，帮助2370名下岗失业人员实现再就业。市总工会选树“五一创业岗”63个，下岗职工吴桂英的创业事迹被省、市电视台报道推介。2006年，先后举办家政服务、烹饪技术、计算机操作、缝纫、电子技术等各类培训班9期，培训下岗失业人员310人，帮扶下岗失业人员264人就业。加强与市劳动部门合作，举办迎“五一”大型招聘洽谈会，29家企业进场提供就业岗位2187个，参加洽谈会人员有4000多人，达成意向性签约的636人。2007年，充分发挥工会各种培训基地作用，举办职业技能培训班12期，培训下岗失业人员350人，促进下岗失业人员350人再就业。2008年，先后举办家政服务、服装加工、微机操作、电子技术等各类培训班5期，培训下岗失业人员389人，帮扶下岗失业人员357人就业。与市劳保局和工商局联合举办下岗职工再就业洽谈会，提供就业岗位1200个，接待应聘人员2560人，达成意向158人。继续强化“五一创业岗”基地及示范基地的培植、选树和宣传力度。“五一”前夕，为9个“五一创业岗”基地授牌，并通过新闻媒体宣传报道，扩大影响，推动再就业工作深入发展。2009年，新建两家农民工职业技能培训基地，举办家政服务、服装加工、微机操作、电子技术等各类培训班6期，培训农民工1250人，帮扶2000人就业。

【职工队伍建设】 1991年后，全市各级工会开展以“三学、三树、实施三项工程”（三学：学理论、学技能、学法律；三树：树立正确的世界观、人生观、价值观；三项工程：道德建设工程、技能提高工程、文化建设工程）为主要内容的主题教育活动，把加强“四有”（有理想、有道德、有文化、有纪律）职工队伍建设作为工作重点，大力宣传先进人物和先进事迹，《扬子晚报》《江苏工人报》《泰州日报》先后刊登兴化市先进人物的事迹。市电视台开辟专栏宣传和弘扬广大青年职工任劳任怨、无私奉献的动人事迹，全市85%以上的企事业单位制订和修订职业道德规范。

1992年，指导基层工会开展创建“合格职工之家”“先进职工之家”“先进职工小家”“模范职工之家”活动。215个企业工会被兴化市总工会评为“合格职工之家”，占全市基层工会总数的61%，73家教育工会全部建成“合格职工之家”。1999—2005年，全市有21个和28个基层工会分别被泰州市总工会评为“先进职工之家”和“先进职工小家”，4个基层工会被全国总工会、省总工会评为“模范职工之家”。2008年，兴化市供电公司获“全国模范职工之家”称号，兴化市供电公司农电工会获“江苏省模范职工小家”称号。2009年，8个基层工会被表彰为“泰州市先进职工之家”，8个基层分工会被评为泰州市“先进职工小家”。2010年，3家乡镇工会被表彰为“江苏省模范乡镇职工之家”，4个基层工会被省总工会评为“模范职工之家”，6个基层工会被评为“模范职工小家”。兴达钢帘线股份有限公司被中华全国总工会授予“模范职工之家“称号。

第二节　共青团

一、代表大会

1989年11月3日至12月2日，共青团兴化市第十次代表大会召开。1993—2008年，先后召开第十一次至第十五次代表大会。

【共青团兴化市第十一次代表大会】 1993年5月3日召开。代表395人，列席代表480人出席。兴化市委书记吕振霖出席并讲话。大会听取并审议通过马红专代表上届团市委所作《适应市场经济，培养跨世纪人才，在振兴兴化的伟大事业中再立新功》的工作报告。大会选举产生共青团兴化市第十一届委员会，委员33人。第十一届委员会第一次会议选举产生团市委常委会，委员11人，马红专当选团市委书记。

【共青团兴化市第十二次代表大会】 1997年3月31日召开。代表379人，列席代表300人出席。市委书记臧巧华出席并讲话。大会听取并审议通过陈茂旺代表上届团市委所作《肩负重任，开拓进取，在全市两个文明建设中谱写建功育人的新篇章》的工作报告。大会选举产生共青团兴化市第十二届委员会，委员33人。第十二届委员会第一次会议选举产生团市委常委会，委员11人，余大海当选团市委书记。

【共青团兴化市第十三次代表大会】 2002年4月21日召开。代表302人出席。市委书记杨峰出席并讲话。大会听取并审议通过刘玲代表上届团市委所工作报告。大会选举产生共青团兴化市第十三届委员会，委员34人。第十三届委员会第一次会议选举产生团市委常委会，委员11人，刘玲当选团市委书记。

【共青团兴化市第十四次代表大会】 2005年12月29日召开。代表300人出席。市委书记杨峰出席并讲话，大会听取并审议通过蔡剑锋代表上届团市委所作工作报告。大会选举产生共青团兴化市第十四届委员会，委员34人。第十四届委员会第一次会议选举产生团市委常委会，委员11

人，蔡剑锋当选团市委书记。

【共青团兴化市第十五次代表大会】 2008年12月召开。代表259人出席。市委书记贾春林出席并讲话，大会听取并审议通过周海霞代表上届团市委所作的工作报告。大会选举产生共青团兴化市第十五届委员会，委员32人。第十五届委员会第一次会议选举产生团市委常委会，委员11人。周海霞当选团市委书记。

二、组织建设

【团市委】 1991年，共青团兴化市委内设组织部、宣传部、青工部、青农部、学少部、办公室。2008年1月，由团市委组织发起成立兴化市青年商会。首批会员70名，其中青年企业经营管理人士51名、团干部19名。2010年，团市委内设办公室和组织、宣传、青工、青农、学少5部。

【基层团组织】 1991年，全市有基层团委96个、总支部129个、支部2709个，共青团员55168人。1995年，有基层团委98个、总支部112个、支部2831个，共青团员64736人。2000年后，随着乡镇、行政村规模调整，工厂企业体制改革，部分企业关、停、并、转，涌现大批新经济组织，市内共青团组织相应调整。2007年，有基层团委84个、总支部164个、支部741个，共青团员59210人。2010年，全市基层团委81个，其中乡镇团委35个、机关团委19家、学校团委16个（另团总支2家）、企业团委2个，直属总支部7个，共青团员33678人。

三、主要活动

【推进青年创业】 2003年3月，创办两家非盈利性机构——兴化市青年职业介绍所和兴化市青年职业技术培训学校，全部实行市场化运作，较好实现了职业介绍所和技术学校的优势互补。同年10月，主办的兴化市青年创业网站正式开通运行。是年，青年职业介绍所向社会发布用工信息200余条，提供用工岗位近千个。举办供需见面会5次，配合青年职业技术学校开展3期培训。2004年11月3日，中堡镇水产品养殖基地、市燎原特种养殖有限公司、江苏振亚特种螺钉有限公司被命名为泰州市青年创业基地。2010年，举办青年创业项目设计大赛，示范带动青年投身创业。

【"青年文明号"创建】 20世纪90年代，"青年文明号"创建活动由最初的窗口行业不断向工业企业、党政机关、重点工程、乡镇等拓展，覆盖全市各行各业、各个领域，遍及公安、金融、卫生、商业、旅游、供电、交通、个协、建工建材、电信、邮政、工商、地税、国税等多个行业。团市委分别与各行业主管部门联合发文，召开动员大会，启动并实施创建活动。

图18-9　2003年4月23日，市预算外资金管理办公室被团中央授予"国家级青年文明号"　（市财政局提供）

2001年，团市委联合广电局等7家单位开展"兴化市十佳青年文明号"评选活动。通过表彰先进，促动全市广大青年集体向"兴化市十佳青年文明号"学习，弘扬爱岗敬业、诚实守信、服务群众、奉献社会的职业道德和精神。2004年、2005年，为配合全市文明城市创建，团市委深入推动"青年文明号"创建工作，丰富青年文明号创建内涵，深入实施"青年文明信用建设示范行动"，开展"青年文明号"信用建设示范集体评比。2006—2010年，引导全市"青年文明号"集体发动青年积极参加志愿者、捐资助学、帮扶弱势群体等行动，以此作为评选青年文明号的考核指标。

1994—2010年，全市参与文明号申报创建活动的青年集体达1000多个。先后涌现出2个国家级青年文明号集体、17个省级青年文明号集体、48个泰州市级青年文明号集体和251个兴化市级青年文明集体。

【“希望工程”实施】 1999年，兴化市开展“希望工程”活动，得到社会各界积极响应和广泛参与。先后开展捐赠图书、发放希望工程邮政明信片等活动，1999—2010年“希望工程”捐款捐物折合人民币130多万元。2003年，团省委将援建希望小学的项目落实到兴化市，拨付20万元资金，援建大邹镇三联希望小学，为数百名师生改善学习、生活环境。2006年8月，由戴南不锈钢交易城赞助的“爱心1+1”圆梦行动正式启动。至2010年，累计金额40余万元，受助学生近百人。

【少先队工作】 1991年，全市少先队试行《中国少先队教育纲要》和开展“学赖宁，争做党的好孩子”主题教育活动。之后每年均举办各类主题活动，增强少年儿童爱党、爱国、爱集体、爱劳动意识。2001年，召开全市少先队工作暨“新世纪我能行”体验教育现场推进会，推动体验教育和素质教育全面施行。加强未成年人思想教育，2004年开展“未成年人家庭教育专家现场交流会”，来自基层的100余名中小学教师、学生家长和学生到场聆听专家报告并互动交流。2005年，召开中国少年先锋队兴化市第二次代表大会，全市252名代表参加。2007年，履行“全团带队”使命，组织昭阳实小50多名学生到市聋哑学校开展“心手相牵，和谐快乐庆六一”活动，并捐赠图书和爱心款。2010年，少先队基层组织建设专项推进工作被省少工委表彰为“江苏省少先队工作优秀项目”。

第三节 妇 联

一、代表大会

兴化县第六次妇女代表大会于1985年3月6日召开。此后，于2000年、2007年先后召开兴化市第七次、第八次妇女代表大会。

【兴化市第七次妇女代表大会】 2000年3月18—20日召开。代表357人出席。市委书记陈骏骠到会并讲话。会议听取并审议张莉代表第六届妇联执委会所作《高举旗帜，团结奋进，谱写新世纪我市妇女运动新篇章》的工作报告。选举产生市妇联第七届执行委员会、委员38人。执委会选举常委7人，张莉当选主席。

【兴化市第八次妇女代表大会】 2007年6月19—20日召开。代表277人，特邀代表26人出席。市委书记贾春林到会并讲话。会议听取并审议刘玲代表第七届妇联执委会所做《求真务实，开拓创新，为建设全面小康，构建和谐兴化而努力》的工作报告。会议选举产生妇联第八届执行委员会，委员40人。执委会选举常委10人，刘玲当选主席。

二、组织建设

【市妇联】 1991年，市妇联机关内设办公室、组宣部、儿少部、生产福利部、法律咨询室，编制10人。

1994年成立兴化市妇女儿童工作委员会，由21个单位组成。2003年，市妇女儿童工作委员会更名兴化市人民政府妇女儿童工作委员会，同时调整领导小组成员。2010年，市妇联机关内设办公室、组宣部、儿童部、城乡部、妇儿工委办公室、权益部，编制8人。

【基层组织】 1991年，全市有乡镇妇联46个，行政村妇代会1409个。2000年后，随着乡、镇、村规模调整，大批新经济组织出现，妇女基层组织相应调整。2010年，全市有乡镇妇联34个，行政村妇代会613个，经济开发区妇联1个，直属机关妇委会1个、机关事业单位妇委会12个，新经济组织中妇女组织59个。

三、主要活动

【巾帼建功立业活动】 1991年起，响应全国妇联号召，在城镇妇女中开展“巾帼建功活动”，市妇联开展“突出粮棉、突出科技兴农、突出比贡献”的劳动竞赛活动。1992—1995年，开展行业赛、对口赛、拔尖赛及幸福在家庭等活动，将竞赛延伸到各行业妇女。1998年后，市妇联与劳动部门联合创办“家政服务中心”，举办家政服务培训班，为下岗女工再就业牵线搭桥。通过中心咨询，每年介绍就业人数平均200多人。2000年起，每年平均举办各类实用技术培训班200期，先后培训1万多人次，市妇联与人寿保险公司兴化支公司联合建立“下岗女工再就业培训基地，吸引200多名下岗女职工参加培训。2001年，市妇联制定“十五”期间“双学双比”五年培训计划，将重点转向增加农民收入，引导农村妇女劳动力转移，全市转移妇女劳动力1000多人。2002年，垛田镇输送两批女青年到北京旅游公司当“船娘”。全市各级妇联配合政府、劳动部门转移4万多人，由妇联组织单独转移的有1860人。2002—2006年，以“建设新农村，创造新生活”为主题，组织、动员农村妇女投入社会主义新农村建设。2003年，市妇联下发《“巾帼示范岗”管理办法》《创争活动三项制度》及《升级登记》等文件，促进“巾帼示范岗”争创活动上水平、上台阶。是年，市妇联在江苏万佳制衣有限公司建立巾帼创新业示范点，培训安置下岗、失业、待业女工200多人。举办“庆三八、架金桥、促就业”大型女性招聘会，6家单位进场，1200个岗位招聘，330人被录取。各级妇联开展“一助一”科技扶贫、科技结对活动，用科技带动贫困妇女脱贫致富。组织“巾帼志愿服务队”，开展义务帮工，送科技上门。全市乡、镇、村妇联组织结对扶贫526户。

2003—2006年，实施泰州市妇联“3861”工程，各级妇联分别建立劳务输出的组织网络，乡镇建立劳务输出服务站，村村明确劳务输出信息员。市妇联与有关部门密切配合，为外出妇女提供劳务信息、职业介绍、就业指导等服务，帮助她们实现就业转移，全市每年平均转移妇女劳动力3000多人。2004年，各乡镇妇联倡导妇女科技致富创大业，结对扶贫150对。是年，市妇联召开“巾帼创业”事迹报告会，向全市广大妇女发出“争做新时代的创业女性”的倡议书。与市委宣传部门联合制作《楚风影报》妇女创业专版，与电视台联合开辟“创业之歌”栏目。2005年，召开巾帼创业标兵表彰暨事迹报告会，表彰34名巾帼创业标兵。市妇联与劳动局培训中心联合举办家政、缝纫、插花等下岗、失业、待业女工技能培训班，培训下岗女工1360人次，介绍钟点工、保姆等服务人员150人次。用科技带动贫困妇女脱贫致富，树立致富典型，培植劳务输出骨干队伍，全市各级妇联组织结对扶贫520户，科技结对150对。2006年，以“岗位在行动，建功‘十一五’”为主题，激励城镇妇女积极投入全面小康社会建设。市交通局城南收费站、财政局结算中心被推荐为国家级巾帼示范站，获得省级巾帼示范岗16个、泰州市级巾帼示范岗66个、兴化市级巾帼示范岗166个。

2007年，举办农村妇女实用技术、职业技能、法律保障等特色培训123期，培训妇女9611人次。推动农村富余女劳动力有序转移，全年转移妇女劳动力3194人。开展“岗村结对，城乡共建”活动，有102个“巾帼文明岗”与行政村进行结对共建，通过送文化、送科技、送资金、送温暖活动，为结对村的妇女解决生产生活中的困难，帮助她们树立生活新观念，启发致富新思路，掌握创业新技能。全市新增“巾帼文明岗”38个，16个巾帼文明岗负责人参加泰州市妇联的培训，市财政局结算中心获得“全国巾帼文明岗”称号。市农业局屠美英获选泰州市“巾帼竞秀十大女杰”，人民医院徐小兰、财政局戎秀兰获提名奖。大地蓝绢纺有限公司戴香莲入选省巾帼创业先进事迹演讲团。

图18-10 兴化市女企业家协会成立大会
（2008年摄，市妇联提供）

2008年，开展“百岗助百村、共建新农村”活动，全市104家市级以上巾帼文明岗与包括10个巾帼示范村在内的行政村一一结对，扶助资金达百万余元。举办各类实用技术培训班126期，培训妇女近万人次，新增转移农村妇女劳动力2470人，面向城乡求职妇女免费举办首批月嫂培训班，参培人员100多人。推进“双百”绿色行动，在缸顾乡建立500亩巾帼示范林。10月，召开全市女企业家协会成立大会，42名女性创业者成为首批会员，邀请11个部门的女领导干部担任协会顾问。

2009年，与市劳保局联合举办“庆三八·架金桥”女性就业援助招聘服务周，27家用人单位为下岗女工提供就业岗位1000多个，有数百名城镇下岗女工重新走上工作岗位。

2010年，市妇联与市人社局、总工会联合举办“迎三八、送春风、助就业”女性就业专场招聘会，37家用人单位提供就业岗位1600多个，吸引1000多名求职者，达成就业意向200多人，当场签定合同42人。在女企业家的企业中创建4个市级创业就业实践基地。争取市有关部门支持，加大农村妇女就业技能培训力度，以强化农村妇女文化素质和农科技术教育培训为重点，帮助农村妇女提升就业技能。与市财政局等部门联合下发《兴化市妇女创业小额担保贷款财政贴息政策实施细则》，主动参与小额贷款支持妇女创业工作，帮助妇女解决创业资金难题。与人社局、财政局联合举办SYB①培训班暨小额贷款推介会，50名女大学生村官和女企业家协会会员接受培训。至2010年，全市发放妇女小额贴息贷款410万元。为鼓励大学生村官创业，省妇联扶持茅山景德果蔬合作社女大学生村官朱丽娅创业资金2万元。

【培养女干部】 1991年，市妇联建立部分妇女人才档案，推荐女后备干部102人，举办城区女后备干部培训班，培训70名女中青年干部。1993年在市、乡两级人大换届选举中，女代表比例上升到23%和22%。1994年，市妇联与市委组织部联合办班，对村级女后备干部进行系统培训。1995年，全市47个乡镇领导班子中副乡级女干部达26人，新提拔女性乡镇党委书记1人，实现零的突破。市级机关副局级以上女领导干部25人，村级女领导干部有较大幅度的增长。企业开始重视培养选拔女干部。女党员发展工作有突破性进展。为使更多的优秀妇女走上领导岗位，市妇联与市委组织部联合开展分层次推荐女后备干部工作，将推优列为正常工作。1997年，在市人大、市政协换届选举中，人大女代表106人，占代表总数的24.5%，比上届提高3个百分点，政协女委员37人，占总数的15%。1997年、1998年，市妇联对妇女干部进行“双推”（推荐优秀女性作为入党积极分子，推荐优秀女后备干部）业务培训。两年推荐各级女后备干部200多人。举办村级女支书后备人选培训班，100人接受培训。2001—2006年，全市每年平均推荐女入党积极分子400人左右。2006年，与市委组织部联合建立全市女性人才库，有91人纳入管理，使“双推”工作落到实处。2007年，组织全市35个乡镇（开发区）的妇联主席参加泰州市第

①SYB：全称是“STRT YOU BUSINESS”，意为“创办你的企业”，是针对培养微小型企业经营者而开发的培训项目。

五期妇女干部岗位培训班。9月，市委组织部、市妇联、市委党校联合举办女后备干部培训班，来自市级机关部门单位和乡镇的37名副乡局级女后备干部参加培训。10月，全市8名副乡局级女后备干部参加泰州市委组织部、市妇联举办的第六期中青年女后备干部培训班。2008年，在教育、卫生、科技、文化、审计、计生6个政府部门选拔副局职女领导职位，2009年，市妇联举办女大学生村官与有经验的现职女干部牵手结对活动。为提高女大学生村官的业务水平和工作能力，市妇联与市委组织部联合举办女大学生村官培训班。2010年，市妇联联合市委组织部和市级机关党工委组织开展机关女干部与女大学生村官结对仪式，手牵手帮助女大学生村官提高实践才干。

【维护妇女合法权益】 1991年后，市妇联与有关部门联合，组织“三八节”法律咨询，举办各类培训班，广泛发放《婚姻法》《未成年人保护法》《妇女权益保障法》等资料，发动人大女代表、政协女委员积极向政府进言献策。1991年，市妇联参与解救被拐骗妇女36人。1993年，配合公安、民政部门解救被拐妇女8人。开展妇女病查治工作，全市普查102384人，检出发病人数24321人。1995年，各级妇联配合市公安、文化等部门开展打拐、禁娼、扫黄活动，全市排出1990年后外来婚进妇女1873人，其中被拐妇女73人。

2000年，建立市级妇女权益法律援助站。2001年，市妇联与市综治委联合转发《关于做好预防和制止家庭暴力行为工作的通知》，联合公、检、法、司、民政、劳动、计生、信访等部门，建立维权联席会议制度。2002年，各乡镇相继建立妇女权益维权站。全市11名妇联干部应邀担任人民陪审员，参加泰州中院举办的陪审员培训班。2003年，联合市司法局开展以反对家庭暴力为主题的宣传咨询活动。2004年，市妇联组织城乡妇女开展以学法、说法为主题的第二届万家学法活动。2005年，在全市开展妇女儿童维权示范岗争创工作。2003年，与市劳保局联合成立女职工劳动保护仲裁庭，推荐5名各界妇女为劳动法律监督员，与市司法部门联合成立家庭暴力伤情鉴定中心及家庭暴力投诉站。2005—2006年，与市公安局联合开展防毒拒毒知识咨询，并发动万人签名活动。开展预防艾滋病知识宣传工作。2010年，推动省妇儿工委“八项实事”的落实，促成市政府出台《关于在全市开展免费婚前医学检查工作的通知》，对婚前医学检查人员实行免费服务。开展妇女病普查工作，检查15.6万人，占总数的95.8%，其中特困家庭妇女4689人，查出患宫颈癌8人。1991—2010年，市妇联办理、接待妇女来信来访1358件，结案率达98%。

【维护儿童合法权益】 1991年后，每年“六一”，市妇联协调四套班子成员及市直各单位深入城乡中小学和幼儿园看望少年儿童，慰问儿少工作者。结合“六一”庆祝活动，开展文娱演出、书画比赛等活动。1991年后，全市开展以“三优”（优生、优育、优教）知识普及为主线的家庭教育工作，举行家庭教育讲座，请家长现身说法，广泛宣传教育儿童的意义，交流家庭教育经验。召开家教研究会年会。

1995年，各级妇联实施“春蕾计划”，市妇联向全市妇女及社会各界发出“迎接第四次世界妇女大会，实施春蕾计划”倡议书。此后，每年组织扶持贫困、孤残女童活动，为她们捐款捐物、筹集资金。1999年，与市教委、计生委联合发文，在全市开办0—3岁婴幼儿家长学校。2001年、2002年，有19所婴幼儿家长学校被评为“合格婴幼儿家长学校”。

2003年，全市19所中小学、幼儿园申报泰州市优秀家长学校。2004年，省家庭教育“十五”计划中24个指标，兴化市达标的有21个，达标率88%。2005年，全市中小学校有家长学校468所，办学率99%。2006年，建立“兴化市家长学校网络分校”。

2007年，市政府出台《孤儿扶助实施办法》，牵头负责全市孤儿的认定、发证和安排结对帮扶工作。8月起给首批孤儿颁发《孤儿证》，启动“社会妈妈”关爱孤儿结对帮扶，开展为孤残儿童捐寒衣活动。2008年春节前，组织“冬日暖阳”系列助孤亲子活动。启动社会妈妈关爱留守儿童结对帮扶活动。开展家庭教育知识大讨论，邀请泰州市家庭教育讲师团成员授课。

2008年，市妇联加强对孤儿的档案管理，全市有孤儿337人。与市卫生局联合对他们进行免费体检，建立孤儿健康档案，为12名特困孤儿争取每人1000元的省慈善总会助学款。中国人寿保险公司兴化支公司向全市孤儿赠送“学生平安保险”。实施“关爱残疾儿童，救助春蕾女童”爱心大行动，联合市残联免费为6名残疾儿童配备爱心助听器。

2009年，在全市乡镇建立法律援助工作站，在614个行政村建立法律援助联系点，方便妇女群众就近申请援助。市“受害妇女庇护站”在市民政局挂牌成立。2010年，发动社会各界人士为省儿基会筹集资金15.6万元；争取全国、省、市妇联资金31万元，创办职教、义务教育阶段“春蕾”班4个，资助200名“春蕾”女童和孤贫儿童。

【五好文明家庭活动】 1991年，开展“新风进家庭、争当好婆媳”活动。1994年，开展传统美德进家庭、现代科学知识进家庭、文化娱乐进家庭、文明新风进家庭活动。

1995年，赋予“五好”家庭活动新的内容和时代特色，倡导家庭伦理道德新风尚。1997年，围绕“家”字做文章，在全市范围内开展以倡导“尊老爱幼、男女平等、夫妻和睦、勤俭持家、邻里团结”的家庭美德建设。1999年，各级妇联开展“五好文明家庭”奉献月活动，全市18752人参加，做好事10728件。2003年，市妇联在城乡五好文明家庭、十星文明户中开展以“家家学、家家美、家家富、家家康、家家乐”为主题的特色家庭推荐评选活动。

2004—2006年，开展“争创文明家庭、共建文明城市”“争创五好文明家庭，促进人际关系和谐”以及创建平安家庭等活动。2007年，在全市开展“五好文明家庭”“十星文明户”评选活动，表彰29户“五好文明家庭”、27户“十星文明户”。昭阳镇毛剑云家庭被推荐申报全国“五好文明家庭”标兵户。举办首次“和谐家庭”事迹报告会。围绕“平安兴化”创建工作，组织动员城乡广大家庭积极参与“平安家庭”创建活动，评选出市级“平安家庭”1000户，泰州市级“平安家庭”280户。发动全市“五好文明家庭”“十星文明户”为400多户孤寡老人和军烈属做好事、办实事。

图18-11　兴化市“创建平安家庭　构建和谐家园”广场宣传活动（2009年摄，市妇联提供）

2008年，组织开展家庭美德宣传活动，评选出一批各具特色的“和谐家庭”和“五好文明家庭”。奥运前夕，举办“迎奥运盛会树文明新风”妇女儿童健身大赛。“5·12”汶川大地震发生后，向全市广大妇女发出倡议，积极为受灾地区群众捐款、捐物。为纪念改革开放30周年，组织开展“我家的30年”征文与摄影图片作品征集工作。与市教育局联合举办首届“走进春天”童声合唱比赛。开展平安家庭创建活动，授予1000户家庭兴化市“平安家庭”荣誉称号。

2009年，市妇联举办“创建平安家庭·构建和谐家园”广场宣传活动，向全市干群发放争创平安家庭倡议书，近1000人参观平安家庭创建成果展牌。2010年6月5日在张郭镇举办纪念“6·5”世界环境日文艺汇演，评选表彰100户“绿色家庭”，为提倡低碳环保生活树立榜样。

第四节　工商联

1991年初，全市有工商联会员711名。1995年，垛田乡试点组建基层商会。2004年、2007年，先后成立市餐饮业和金三角市场商会。2010年，全市有34个乡镇和1个开发区建立商会，市工商联会员总数2175人(个)，其中企业会员1352个、团体会员6个、个人会员817个。1991—2010年间，市工商联在市委领导下积极参政议政，发挥民主监督作用。代表并维护商会会员合法权益，为会员提供信息、法律、融资等多种服务，引导广大会员为兴化市经济社会发展贡献力量。

一、代表大会

1993—2006年，兴化市工商联合会先后召开第六至第九次会员代表大会。

【第六次代表大会】 1993年4月7—9日召开，代表149人出席。市委副书记李柏荫出席会议。会议听取和审议市工商联第三届执行委员会工作报告，讨论并通过今后工作任务，选举产生市工商联第六届执行委员会。执行委员39名、常务委员14名。选举段志余为主任委员。

【第七次代表大会】 1997年3月26—27日召开，代表153人出席。市委副书记顾定俊出席会议，并作关于认真贯彻落实中共十四届五中、六中全会精神，更好地做好新形势下工商联工作的讲话。大会听取并审议第六届执行委员会工作报告，讨论并通过今后的工作任务。选举产生市工商联第七届执行委员会。执行委员43名、常务委员8名。选举段志余为会长。

【第八次代表大会】 2002年1月8—9日召开。代表184人出席。市委副书记杨杰出席大会，作关于认真学习贯彻“三个代表”重要思想和中共十五届六中全会精神的讲话。大会听取和审议第七届执行委员会工作报告，讨论并通过今后五年的工作任务。选举产生市工商联第八届执行委员会。执行委员54名、常务委员18名。选举段志余为会长。

【第九次代表大会】 2006年11月21—22日召开。代表252人出席。市委副书记金厚坤出席大会，作作贯彻中共十六届六中全会精神，进一步发展工商联职能的讲话。泰州市工商联党组书记王考中到会讲话。大会听取并审议第八届执行委员会工作报告，讨论并通过今后5年工作任务。选举产生工商联第九届执行委员会。执行委员90名、常委24名。选举余建年为会长。

二、组织建设

【市工商业联合会】 1991年，市工商联编制6人。1998年3月，工商联设置办公室、会员宣教科、经济联络科，定编5人。

【乡镇商会】 1995年，在垛田乡试点，组建以非公有制会员为主体的乡镇商会。1999年，全市组建乡镇商会14个，分别是戴南、大垛、荻垛、昭阳、海南、舍陈、安丰、昌荣、边城、沙沟、戴窑、张郭、周庄、唐刘等乡镇商会。2000—2007年，先后成立茅山、临城两个镇商会。由于乡镇规模调整，边城、唐刘商会分别与周庄、张郭两个镇商会合并。2010年，全市有乡镇商会34个，开发区商会1个。

【行业商会】 2004年3月18日，兴化市餐饮业商会成立。为推动全市行业商会组织工作通过系统调研，形成专题调研报告《组建餐饮业商会的体会和建议》。2007年6月22日，成立兴化市金三角市场商会。2009年，吸收兴化市印刷行业协会为团体会员，组建兴化市鱼圆行业

图18-12 2008年12月20日，市工商联上海兴化商会成立
（市工商联提供）

协会。2010年，吸收兴化市铸造行业协会为团体会员。至2010年底，全市有下属行业商会4个。

【异地商会】 2007年11月，兴化市工商业联合会广东兴化商会成立。随后成立的有上海兴化商会、北京兴化商会、苏州兴化商会。至2010年底，有异地兴化商会4个。

【私营个体经济协会】 2003年4月，撤销个体劳动者协会和私营企业协会，新组建兴化市私营个体经济协会，下设12个分会，有个体工商户会员3.3万余个，私营企业会员6000余个。召开兴化市私营个体经济协会第六次代表大会，选举产生新一届理事会。协会设会长1人，副会长6人，理事35人，秘书处为协会的常设机构，秘书长主持协会的日常工作。

【会员发展】 1991年初，全市有工商联会员711个。其中国营企业会员11个、集体企业会员50个、私营企业会员4个、团体会员1个。2007年6月底，市工商联有会员1387个，其中老会员450个、非公有制经济新会员937个。非公有制经济新会员中，企业会员573个，团体会员3个，个人会员361人。2010年，全市工商联会员2175个，其中企业会员1352个、团体会员6个、个人会员817人。

三、主要活动

【参政议政】 1991—2010年，市工商联组织非公有制经济代表人士中的人大代表、政协委员开展调查研究，向市人大常委会、市政协提交建议案和社情民意400多件。

1991年，市工商联组织对棉纺织行业调查研究，撰写《棉纺织行业企业的亏损原因及其对策》。1992年，与市工商局一起就兴化市“三资”企业，私营、个体经济的情况作调查，撰写《我市个体私营经济的现状及建议》。1993—1997年，深入乡镇、企业和有关部门进行调查研究，形成《因势利导，不断促进非公有制经济发展》《关于我市个体私营经济的现状及其建议》《解放思想，积极引导，更快、更健康地发展我市个体私营经济》等7篇调查报告，在市政协全体会议和常委会上专题发言。1994年，市工商联调研报告《关于我市个体私营经济的现状及其建议》，被扬州市统战理论研讨会选用。2002—2006年，形成《兴化市民营经济发展情况汇报》。针对民营科技型企业的企业规模、发展现状、主要产品及发展中存在的困难等问题开展调研，形成《关于我市民营科技企业情况的调查》。以工商组名义在市政协全会上先后作有《加强蔬菜园区建设，推进农业产业化》《建议重视我市私营经济领域党组织的建设》《打造特色品牌商标的几点建议》等专题发言。2007年，市工商联围绕全市工作中心，开展调查研究，撰写调查报告4篇。其中《落实科学发展观，促进民营经济又好又快发展——当前我市民营经济发展的思考与建议》一文在《兴化情况》第35期刊登，省工商联网站《工作交流》专栏刊登，《中华工商时报》全文刊载。6月，撰写调研报告《兴化市工商联引导非公企业参与新农村建设的主要做法》。2009年，工商联组以“营造区域小气候，帮助企业渡难关”为题在政协十一届二次全会上作大会协商发言。是年，形成《以科学发展观为指导，促进城乡劳动力就业》和《关于我市农业标准化建设情况的调查报告》。2010年，《明主题，树典型，创载体，扎实推进非公经济人士思想政治工作》的调研报告，被市委内部刊物《兴化快报》以专刊形式刊发。

【信息服务】 1991年后，市工商联为部分规模企业免费订阅《江苏经济信息》（每周一期）。定期编发《工商联会讯》，开设会员风采、关爱行动、会务活动、政策法规、企业家等专栏，增加企业了解政策、掌握信息渠道和宣传典型的载体。

【经贸服务】 1992年，组织会员企业参加"武汉'92春季科技交易会"和"上海纺织专业展销会"。1994年，组织企业参加"'94海峡两岸商务洽谈会"。1995年组织会员企业参加"'95广东电子电器产品巡回展暨经销洽谈会""第四次世界妇女大会——'95妇女、儿童用品博览会"等。2004年，先后组织企业参加"德国北威州——江苏省企业经贸洽谈会"、上海"首届日本服装精品展"、"上海企业产权项目交易信息发布会"、"泰州市工商联赴台经贸考察团"等活动。2005年，组织会员参加全国工商联直属商会和徐州市委、市政府共同举办的民营企业家看徐州活动、无锡市委、市政府举办的"第二届苏商高级论坛、省联政策培训"等活动，帮助企业走出去，了解国内外市场，开拓发展视野。2007年，市工商联引进浙江万向集团，向兴利来特钢公司首期投入设备资金3300多万元。2008年，浙江万向集团再与兴化市重点扶持的"五五"工程企业江苏申源特钢等企业合作，提供设备资金5000万元，使总投资1.1亿元年产10万吨气门钢项目顺利开工建设。2010年，双方继续气门钢生产线二期改造工程合作，帮助申源公司引进技改资金5800万元。配合经信委承办兴化市企业上市股权融资推介会，并组织参会的26家知名投资公司和兴化市30家重点骨干企业进行面对面交流。12月，市工商联北京兴化商会牵头在北京江苏大厦举行北京银企恳谈会，北京兴化商会与兴化农村合作银行就双方合作协议达成一致并签署战略合作框架协议。为企业招商引资牵线搭桥，引进兴化市首家汽车销售4S店——北京现代兴化金鼎汽车贸易公司落户临城科技工业园。

【培训服务】 1991年，市工商联组织企业会员代表收听省计经委主任濮梦林《关于当前经济形势》的录音报告。1994年，国家新税制出台，市工商联召开座谈会，邀请兴化市税务局副局长张新华到会宣讲新税制主要精神。1995年，组织3位企业主参加扬州市首届非公有制经济代表人士培训班。1996年，组织4名非公经济代表人士赴扬州社会主义学院培训，系统学习有关法律、法规，学习市场经济知识。1999年，选送2名中青年企业会员参加泰州统战部和市工商联举办的第三期党外非公有制代表人士培训班。2004年，选送4人参加泰州市委组织部举办的"泰州市首届非公有制企业主培训班"。2005年，组织3家会员企业参加省工商联和省经贸委等9个部门举办的"扶持民营企业政策培训班"。组织部分企业代表和机关工作人员参加泰州市工商联举办的培训班专题学习国际商会运作管理、企业开展对外经贸及世界贸易组织有关知识。2006年，组织2家民营企业参加省工商联、省社会科学院举办的江苏省民营企业家自主创新高层论坛。组织有关会员企业参加省工商联和省经贸委等十一个部门举办的政策培训班和短期融资券知识讲座，并组织有关企业参加省委组织部举办的民营企业家自主创新专题研讨班。2007年，为会员企业引进德国专家短期工作，提升民营企业的技术和管理水平。组织泰州精工链条厂等会员企业参加清华大学在南京举办的知识讲座。组织新入选的专兼职会长参加泰州市工商联举办的工商联领导干部培训班。2008年，组织民营企业家参加全省民营企业科学发展主题培训、民营企业档案业务技能培训，会同泰州和兴化市劳保局等部门举办《劳动合同法》、劳动仲裁知识讲座提高民营企业管理水平；组织民营企业家参加省委统战部、省工商联举办的"认清形势应对挑战经济形势报告会"，组织民营企业家赴云南等地考察学习。2009年，组织企业家参加省企业高层管理人员论坛、应对经营风险等培训。2010年，邀请浙江万向集团相关人士作"当前经济形势下，如何运用融资租赁工具实现企业平稳发展"的报告。与经信委联合举行信息化与工业化融合专题报告会，邀请省经济和信息化委员会副主任张坊作专题讲座。

【维护会员合法权益】 自1994年开始，市工商联聘请常年法律顾问，从维护企业的合法权益，保障个私经济发展出发，积极协调关系，化解矛盾。为50多家企业提供法律服务。对会员反映权益受到侵犯的问题，市工商联一方面引导会员用市场经济法律法规来加以维护，另一方面，积极与政府有关部门联系协调，帮助会员维护自身的合法权益。

2000年，市工商联会同有关部门，对个体私营企业收费情况进行调研，形成2份专题调查报告，其中在市政协第九届四次全会上所作的《继续规范收费行为，努力营造宽松环境》的发言，得到市委、市政府的肯定。2003年4月，与泰州信利达律师事务所合作，建立会员法律服务中心，聘请该所全体律师为工商联的法律顾问团，为会员免费提供各种法律咨询、法制宣传、经济合同审查论证等服务。以低收费提供民事、行政、刑事诉讼案件和商事调解、劳动仲裁行政复议、商标、专利等非诉讼法律代理服务，依法维护会员的合法权益。

2005年，兴化市工商联向泰州市政协提交的提案“税务部门要引导和帮助民营企业规范依法纳税行为”被列为重点提案，市政府督促国税局和地税局认真研究落实。关于拓宽兴泰公路的提案，得到泰州市政府高度重视。2006年，在《江苏经济导报》以《兴化市工商联助推民营经济做大做强》为题进行报道，介绍市工商联服务民营经济的经验和做法。2008年，组织市政协工商联组政协委员开展兴化市民营企业经营负担和发展环境调查，将调查出的问题及时梳理，向市委、市政府反映并提出建议，促成兴化市扶持民营企业发展一系列措施的出台。

2010年，协同市仲裁委组织部分民营企业家和行业商会代表参加泰州市召开的企业仲裁座谈会，在非公有制企业中加快推行仲裁法律制度，并选荐相关民营企业家担任泰州市首批非公有制经济专业仲裁员。向企业宣传仲裁对于企业正确处理业务纠纷、维护企业合法权益方面的作用和相关仲裁业务知识，并向全市100多家民营企业免费赠送仲裁业务知识光盘。

第五节 侨 联

2010末，在外兴化籍华侨、华人1000多人，主要分布在美国、加拿大、日本、法国、澳大利亚等20多个国家。

一、代表大会

1987年5月29—30日，召开兴化县第一次归侨侨眷代表大会，成立兴化县归侨侨眷联合会。

1999年9月27—28日，召开兴化市第二次归侨侨眷代表大会，代表68人出席。会议选举产生兴化市归侨侨眷联合会第二届委员会。选举王太元等5人为常委，孔娟当选为副主席兼秘书长，王太元、王永国当选为副主席（兼职）。

二、组织建设

1990年，市侨联与新成立的市外事办合署办公，两块牌子、一套班子，由市政府办代管，编制3人，同时撤销市政府办侨务科。

三、主要工作

【宣传教育】 1991年后，组织并定期召开侨委会和侨眷属代表会，适时传达党和国家有关侨务政策和兴化市侨界情况和侨务工作，提供招商引资、出国探亲、留学咨询信息等。定期编印《兴化侨讯》。2003年，在归侨侨眷中开展以招商引资为主要内容的“金桥”活动。2010年，摄制《情暖侨心》专题片。

【建言献策】 历年召开的侨联全委会，委员们积极参与，就如何更好地凝聚侨心、维护侨益、服务经济建设和社会事业进行探讨和研究，提出不少好的建议和意见。2003年8月，兴化市侨联配合泰州市委统战部筛选8名政治上有影响、社会上有声望、经济上有实力、学术上有造诣的海外人士和3名侨眷加入泰州市海外联谊会。2004—2010年，推荐数十名侨眷加入兴化市海外联谊会。

【维护侨益】 1991年后，每年办理侨眷来信来访。2001年，帮助一美籍华人解决10多年悬而未决的房产纠纷。定期开展侨务慰问。2003年兴化市发生特大洪涝灾害后，泰州和兴化市侨办均对侨眷属受灾户专程慰问。2010年，联合中医院举行侨眷属优惠体检活动，全市有200多名侨眷属代表参加。成立为侨服务志愿队，为需要帮助的侨眷结对帮扶。

【牵线搭桥】 1998年6月，促成美国德克萨斯州“德士堡”食品有限公司在兴化市设立分公司。2003年3月，联系邀请泰州市侨联商会会长、新浦化学（泰兴）有限公司董事长曾宪相一行10人，走访考察兴化市经济开发区。2005年，兴化市侨联对全市侨资企业进行调查，建档立册。据统计，至2010年，兴化市侨资企业有17家，总资产达16714万元。推荐4家侨资企业加入泰州侨商会。

第六节　科学技术协会

一、代表大会

1956年5月、1979年4月和1987年8月，先后召开第一至第三次兴化县科技人员代表大会，选举产生3届县科学技术协会领导班子。

2003年12月18—19日，兴化市科协第四次代表大会召开，205名代表出席。市委副书记、市政协主席范学忠到会并讲话。省、市科协有关负责人应邀出席会议并致辞。大会听取并审议上届协会所作工作报告。选举产生第四届委员会，委员55人，委员会第一次会议选举产生科协常委会，委员22名，陈翔当选为主席。兼职副主席4名。刘锦兰、张筱霖、吕桂才、柳印生应聘为名誉主席。

二、组织建设

【市科协】 1991年，市科协内设办公室、学会部、科普部、咨询部，行政编制7人，事业编制6人。1992年1月，市科协成为市政协组成单位。2005年，成立科协党组。2010年，市科协内设办公室、学会部、科普部、咨询部，行政编制8人。

【基层协会】 1991年，市科学技术协会市属学会18个，有会员2392人，另有专业协会3个，有会员357人。各乡镇分别建有科技协会。2010年，全市有市属学会、协会19个，分别是农、林、气象、水产、水利、畜牧兽医、蚕桑、化工、机械工程、电子、纺织工程、锅炉压力容器、土木建筑、西医、中医、数理化、商业经济、烹饪等学会、协会，会员2560人；企业科协6个，会员196人；行业协会4个，会员189人；乡镇科协35个，会员806人；社区科普分会24个，会员312；农技协65个，会员5632人。此外，全市614个行政村建有科普分会。

三、主要活动

【科普创建】 1991年，成立市科普创建工作领导小组，制定创建规划，印发创建标准及验收细则。昭阳镇、沙沟镇先后被命名为泰州市科普示范乡镇。昭阳镇24个社区中有21个被命名为泰州市科普文明社区，其中英武和联建两社区被命名为省级科普文明社区。兴化中学、第二实验小学等5所学校被命名为泰州市科普特色学校。一大批行政村和农户被市命名为科普示范村和科普示范户。

自2001年起，在每年5月的第三个双休日举办科普宣传周活动，按照省和泰州市科协的统一布置。组织各学（协）会科技工作者和科普志愿者，开展科普宣传活动。如组织科技人员“送科技、送医疗、送文化”到乡镇、进社区。组织各学（协）会专家开展广场科普咨询活动。到中小学开展国旗下讲话、主题班会等科普活动。组织科普展示牌下乡镇、进社区、到学校巡回展出。组织广大农民参加省举办的“百万农民科学知识竞赛”活动。组织新闻媒体集中报道优秀科技工作者的典型事迹。

为提高未成年人科学素质，市科普领导小组会同文明办、教育、环保、气象、文化、等部门和市新华书店，利用校园电台、电视台、绿色网站及科学实验室等活动载体，开展主题班会（队会）、升旗仪式、调查体验等科技教育活动。市科普工作领导小组和市教育局联合转发江苏省《未成年人科学素质行动实施方案》，在全市中小学中开展“节能在我身边”“金钥匙”“科技创新”“电脑制作”“科普大篷车兴化行”等科技竞赛和科技实践活动。举办“新蕾·环保杯”“节能减排”“构建和谐社会”等演讲比赛和征文竞赛。

【教育培训】 1991年兴化市特大洪涝灾害后，为配合农村经济结构调整，中国农函大兴化分校举办农业技术培训班，向广大农民开设“作物栽培”“果树栽培”“食用菌”“畜禽养殖”“淡水养鱼”“企业管理”“企业财会”“综合经营”“蚕桑”等13个专业，传授科学知识和致富门路。

2000年2月，成立百万农民教育工程领导小组。市分管农业的副书记任组长，成员有农工、农业、林牧、科技局及市科协等26个单位负责人。督导小组及其办公室每年组织专家编印科普教材数千份（册），到省科协组织订购数万册科普丛书，赠送各乡镇党、政负责人和各村党支部书记。分别组织专家讲师团到乡镇巡讲科学知识。利用现代远程教育终端网的作用，系统组织农村党员干部接受科技教育与培训，以发挥带头学习科技、带领群众致富的作用。

2003年12月，市科协承办由省委组织部、省人事厅、省科协联合举办的农村党员、干部无公害农产品生产和商品化技术高级研修班（苏中片）。邀请省农科院、南农大、省水产研究所等7位专家到兴化讲课，进行现场咨询和实地技术指导，受训人数2000多人。2005年起，在全市农村开展“学科学技术，做现代农民，建文明家园”活动，兴化市荻垛镇被表彰为全省首批“学、做、建”重点示范乡镇。

2010年，由兴化市政府推动的科普惠民中，指定35名专家，重点对11个工程项目实施对接，帮助农户进行生产、技术加工和营销服务，直接带动农户1953户。先后举办使用技术培训140场次，受训3万多人次，实现新增产值3820万元，带动辐射12110户农户走上小康之路。

第七节 文学艺术界联合会

一、代表大会

【第一届文代会】 1986年9月，召开兴化县第一届文学艺术界代表会议，选举产生县文联领导机构，桑光裕（女）为主席。

【第二届文代会】 1997年11月8日，兴化市第二届文代会召开。会议选举产生市文联领导机构，袁开建为主席。

【第三届文代会】 2003年6月25—26日，兴化市第三届文代会在友好会馆隆重召开。出席会议正式代表122人，列席代表20人。会议期间，制作陈列“文坛艺苑集萃”图片展，重点宣传市文联各协会1997—2003年的活动成果。举办“文坛艺友联谊会”，通过新的文联章程。选举姚朋林为主席。将民间文学、文学、昭阳诗词3个协会合并为一个文学协会，将书画协会分为美术家协会和书法家协会，将戏曲之友联谊会隶属于戏曲协会。会议期间，调整各协会领导班子，配备会长、副会长和秘书长。各协会相应修订本协会章程。

【第四次文代会】 市第四次文代会于2009年7月30—31日召开。代表176名和列席代表25名参加。会议听取上一届文联所作工作报告，审议修订新一届文联章程，选举产生了新一届文联领导班子。刘春龙当选主席。

二、组织建设

2003年，第三次文代会对市文联组织机构的设置、各协会负责人的任免和主要职能作出科学规范。兴化市文联设一个内设机构：秘书处，承担对各团体会员的联络、协调、服务、指导的职责。设机关行政编制为1名。市文联下属有作家协会、美术协会、书法协会、摄影协会、音乐舞蹈协会、戏曲协会6个协会和扬州八怪书画院、书法院、楚风文学院、市国画院、板桥印社、三人行书画工作室、市戏曲之友联谊会、市诗词协会、市民间文艺家协会（筹）、市收藏家协会、市老年书画研究会以及市文艺家俱乐部、市摄影家俱乐部13个非企业文化实体。

2005年，指导成立市楚风文学院、扬州八怪书画院、书法院3个由市社团管理部门注册登记的非企业文化实体。2005年12月17日，市作协筹备召开第一次代表大会，出席会议代表50名，增补新的理事，聘请2名顾问和10名名誉理事，新发展会员37人，新增省级会员3人。2007年，鼓励扶持两个非企业文化实体——兴化市音乐舞蹈家俱乐部和兴化市板桥印社。2010年，全市作协会员近130人。

三、主要活动

【主题教育】 1992年是毛泽东《在延安文艺座谈会上的讲话》发表50周年，组织开展一系列反映水乡人民精神风貌的文艺演出、书画展览。1993年，组织开展毛泽东诞辰100周年纪念系列活动，召开“市级机关干部座谈会，举办书画展览、电影展播、文艺演出。在各中小学校广泛开展“纪念毛泽东、当好接班人”主题活动，举办故事会、演讲赛、电影周和团日活动。2001年，音乐舞蹈协会组织会员参加《党的光辉历程》节目的创作和演出。书画协会11位会员的作品入选泰州市纪念建党80周年书画展，并在市博物馆举办书画展。市摄影协会会员拍摄的共产党员风采照片有3幅入选省展，9幅入选泰州市展览。与市委组织部、市委宣传部、市文化局联合举办《纪念建党80周年兴化共产党员风采摄影图片展》，拍摄80位战斗在两个文明建设一线的优秀共产党员，制作24块展牌，市委组织部、市级机关工委先后组织近千名机关党员干部参观展览。5月12日，书画协会会员孙树平经过几年精心准备的40余件作品在省美术馆展出。2005年7月1日，为纪念抗日战争胜利60周年和庆祝建党84周年，与市政协书联联谊会在市少年宫联合组织“江山如此多娇”主题书画笔会。2008年4月30日，是距北京举办奥运会倒计时100天，市文联策应市委宣传部组织的迎奥运庆祝活动。挑选100名老中青以及少年儿童书画爱好者，举办以“神州迎奥运，水乡绘华章”为主题的百人百米百幅书画长卷创作活动。邀请市内30多位书画名家，举办“心系奥运，翰墨传情”书画创作交流研讨活动。8月19日，市文联会同市关工委、市文明办、市教育局和市供销合作总社在市博物馆举办以广大老同志和青少年学生为主体的“迎奥运、快乐之夏”书画作品展。为纪念改革开放30年，市文联历时两个月，通过社会征集、组织创作、采风拍摄等方式，征集书画作品，于12月26日举办有40幅书画作品和11块展板“兴化市纪念改革开放30周年书画摄影作品展”。编辑出版《兴化巨变——兴化市纪念改革开放30年大型摄影图片集》。

【文学创作】 1998年、1999年，市文联配合市史志档案办，调查整理全市人民群众革命斗争英雄事迹，组织5000余名业余作者采写，完成《江苏人民革命斗争群英谱》（兴化分卷）。2000年编辑《兴化历代名人》一书，记载数以百计的乡贤名流。2001年，做好泰州市建市5周年宣传工作，完成《放歌泰州》文艺卷丛书的组稿工作，兴化市有反映泰州建市5周年，讴歌兴化市两个文明建设成就的诗歌、散文、报告文学2万多字和书画篆刻、摄影作品入卷。2002年8月，编辑出版首期兴化市综合性文学期刊《楚风》杂志（半年刊），至2010年出版17期。2003年，由市文学协会负责举办“华明杯”防非、抗洪文学作品大赛，收到各类文学作品47件。9月，与泰州市文联一起，在戴南镇创建泰州市第一个文艺家创作基地。2004年7月31日，在兴化市第11届书市期间，市作协在新华书店开辟“兴化籍作者文学作品专柜”。邀请著名作家毕飞宇、苏童、黄蓓佳与市内部分作家召开“著名作家兴化行文学创作座谈会”。2006年12月9日，市作协召开“兴化文学现象”研讨会。2007年，市作协先后组织“里下河文学现象”“茅山文化”部分作协会员研讨会。主办中国乡土文学网开展的“走进春天”网上征文竞赛活动。邀请上海《少年文艺》主编人员深入到兴化中学、张郭中学、新生小学开辟文学欣赏讲座。

从2007年11月至2008年2月，由市文联、作家协会和市教育局研究室、兴化中学、上海少年文艺杂志社联合举办“我心中的家园”全市中小学生征文竞赛，5月18日在兴中小报告厅举行颁奖仪式。2010年，市作家协会分别召开“诗情飞扬、激情四溢”走进秋天诗歌研讨会、小说创作研讨会、散文创作研讨会、兴化作家“金秋戴南行”集体采风活动。是年，全市有5位作者的文学作品在《雨花》上发表，刘春龙的《曾经的渔事》散文集、王凤祥的《智斗“飞马帮”》长篇小说出版发行。

【文艺演出】 2005年，市戏剧协会主创的大型纪实剧《沈正彬》，配合全市党员先进性教育活动，公演88场。2006年，市戏曲家协会参与并创作演出反映郑板桥民本思想的小淮剧《开仓放粮》，在泰州市观摩文艺调演中获多个奖项。2010年，市文联牵头，与市文化馆、市戏剧家协会共同承办兴化市首届“富得利”杯戏剧票友广场演唱大赛，有京剧、淮剧、其他地方剧等三场预赛、两场复赛、一场决赛的广场演出活动，吸引城乡各个票社近200名戏剧爱好者参与。

【弘扬兴化历史文化】 2002年，应泰州市文联要求，组织收集兴化市农民作者创作的美术、摄影、民间工艺品3大门类45件，推荐参加江苏省首届农民艺术节综艺展，有9人18件作品获优秀作品奖，市文联获组织奖。同所属各协会收集整理上报泰州市首届文艺奖评选作品，推荐图书7部，书画作品36幅，摄影作品10幅，电视作品4部，其中：文学类获得二等奖、三等奖各1个；摄影类获得二等奖1个；美术类获得三等奖1个；书法类获得三等奖1个。广播、电视类获得三等奖1个。2003年，由市委宣传部主办，市文联具体承办第六届中国·兴化郑板桥艺术节“板桥杯”全国书画展。自5月26日开始，收到海内外华人作品915件，投稿人数730人，其中有加拿大、中国香港作品两人两件。根据作品分类，作者中有国家书协会员77人、省级书协会员45人；国家美协会员10人，省美协会员24人。此外，征集当代名家作品129件。2004年，全面开展兴化市特色文化和民间艺术资源普查工作，取得阶段性成果的有“郑板桥书画艺术”“儒学街历史文化街区片”“四牌楼”3个项目，形成第一手详实的文本。9月7—9日，以省社科院、省明清小说研究会和兴化市委、市政府名义主办，由市文联承办的《水浒》探源——施耐庵故里研讨会在兴化市举行。2006年3月25日，为纪念清代扬州八怪画派代表人物之一、有“盛世画仙”之称的李鱓诞辰320周年，市文联与扬州八怪书画院邀请全市20多位书画家举行笔会。11月22日，郑板桥诞辰313周年纪念日，市文联会同扬州八怪书画院、市书法院组织部分书画家到大垛镇拜谒郑板桥墓，举行以“追思板桥精神，弘扬民本思想，描绘和谐兴化”为主题的系列活动，召开板桥民本思想座谈会，交流创作一批书画作品。

2009年，由市委、市政府主办，省美协、省书协协办，市文联具体负责的第九届中国·兴化郑板桥艺术节“板桥杯”全国书画大赛，收到全国34个省、直辖市、自治区及美国、日本、加拿大、新西兰、奥地利、马来西亚和中国台湾、香港等地的书画爱好者4451人参赛作品6000余件。郑板桥艺术节期间，举办“板桥杯”全国书画作品大赛精品展。由240幅获奖作品组成的《第九届中国兴化郑板桥艺术节“板桥杯”全国书画作品大赛精品集》正式出版发行。

【书画摄影创作竞赛】 2003年，举办“金叶杯”抗洪救灾摄影作品大赛。自7月17日至9月13日，收到摄影作品334幅，参赛作者48人。经泰州摄影家协会5位资深专家评审，评出特等奖1名，金奖4名，银奖10名，铜奖20名，入选奖50名。安排专家为30多名摄影爱好者举办获奖作品点评讲座。2008年9月，由市委、市政府与《中国美术报》和《中国书法报》联合主办，市文联具体承办的“板桥杯”全国书画作品大赛，有除西藏30个省、市、自治区的911位书画作者参赛，评出金奖2名，银奖6名，铜奖30名，优秀奖200名。组织全国书画名家作品邀请展，收到包括中国文联党组副书记、副主席覃志刚，中国书协主席沈鹏，中国书协驻会副主席张飚，分党组副书记张传凯，中国书协副主席陈永正、聂成文等一大批名家书画作品33幅。2006年1月1日，在文博中心举办“乡贤郭顺智——从影40年电影海报精品展”。以“板桥故里、水浒摇篮、梦里水乡、绿色兴化”为主题，先后组织“万垛春色”“水泊之夏”“殷实之秋”“苍翠之冬”4个分主题的集体创作拍摄活动。收录部分优秀作品编印成大型风光图片集《梦里水乡，绿色兴化》。2007年，编印摄影作品集《水乡名城——兴化》，美协编辑出版《兴化当代名家书画作品集》，举办国庆书画作品展。2008年4月8日，在市博物馆举办兴化市首届“楚水湾杯”书法临摹大赛(展)。4月11—13日，由市旅游局、市文联和中国摄影家协会《大众摄影》杂志社联合举办“板桥故里寻诗画”摄影创作研讨活动，中国摄影家协会副主席张桐胜到兴化讲学，原中国摄协副主席袁毅平、吕厚民到兴采风，《大众摄影》编辑部主任姜璐娜、郑壬杰，中国著名摄影家周梅生等近百人齐聚兴化市。2008年11月，市文联摄影家协会、市新农村建设领导小组办公室联合举办“兴化市新农村建设摄影大赛”，编印《新农村、新气象——兴化市社会主义新农村建设摄影作品集》。2009年，为庆祝中华人民共和国成立60周年暨中国人民财产保险公司建立60周年，市文联与市财险公司联手组织市老年书画联谊会举办“人保杯”书画作品展。活动历时半年，征收作品200多件，于国庆期间举办展览，并出版书画作品集。由省摄影家协会与市政府主办，兴化市旅游局、兴化市文联、兴化市摄影家协会承办的兴化市首届“千岛菜花、水上森林、文化兴化”全国摄影大赛在兴化市举办。11月16日兴化市郑板桥艺术节期间，在市博物馆举办获奖摄影作品展，有140幅作品参展，摄影作品集也印刷面世。

2010年寒假期间，组织“缤纷冬日 书画兴化”百名中小学生艺术体验活动，在春节期间利用“兴化报廊”展示。组织开展暑期“丰富七彩夏日·倡导绿网生活”万名中小学生互联网网上才艺作品大赛活动。利用省邮政局网上名信片自行设计制作平台，发放1.8万张优邮卡，以“美丽兴化我的家”为主题，组织中小学生运用照相机或手中的画笔，记录和反映真善美、家乡美的美好瞬间。至8月10日，收到参赛作品4300份。市摄影家协会会同市旅游局在缸顾乡“中国最美油菜花海风景区”设立兴化市摄影家创作基地。2010年7月，市摄协杨天民在北京大众影廊举办个人“心路定格”西部人物展，9月，参加国际摄影大展，多幅作品获《大众摄影》影像社区月赛金银铜奖，被《大众摄影》杂志社评选为2010年度全国影像十杰和十佳摄影师。在第23届全国摄影艺术大赛中，摄影作品《放工》获铜奖，《风雪圣途》《佛门子弟》两幅作品获优秀作品奖。6月，兴化——扬州八怪书画院成立5周年之际，市文联与画院一道面向全国组织开展“八怪遗风”当代著名书画家学术邀请展，展出作品150多幅，结集出版《八怪遗风——全国当代著名书画家学术邀请展作品集》。邀请原河南美术出版社社长李自强、淄博市美协名誉主席齐辛民、山西省美术研究会副会长祝焘、文化部中国美术创作基地常务副主任程翔宇等6位全国知名书画家与兴化市书画家共同举办学术研讨笔会。

第八节 红十字会

一、代表大会

兴化市红十字会于1991年1月16日成立。第一届理事会选举产生会长1人、副会长5人、秘书长1人（兼）、常务理事16人。副市长张凤岗当选为会长。

2010年1月28日，在城召开兴化市红十字第二次会员代表大会，代表108人出席。大会选举产生理事43名。副市长马雅裴当选为会长。金泉当选为专职副会长（兼秘书长），15人当选为兼职副会长。

二、组织建设

【市红十字会】 1991年1月，市红十字会成立后，办公地点设在市卫生局内，曾先后与卫生局医政科、工会、党办合署办公，核定事业编制1人，为红十字会专职人员。2006年12月，市政府调整市红十字会组成人员，副市长梅建成任会长，另调整副会长4人，秘书长1人，常务理事20人，理事15人。2009年下半年，市红十字会升格为正局级建制，同时配备专职副会长，在泰州市率先做到机构体制、专职领导、人员编制、办公场所和一级预算单位的"五落实"。市编办核定市红十字会行政编制2名，参公事业编制3名。

1993年8月26日，经省红十字会批准，兴化市人民医院冠名为"兴化市红十字医院"。

【基层组织】 1991年，兴化市红十字会先后在海南镇、林湖乡、周奋乡、永丰镇等5个乡镇建立基层红十字组织。至2010年底，发展团体永久会员单位（常务理事单位）15家，团体特别会员（理事单位）26家，团体普通会员单位（一般会员单位）54家。年龄在18—60周岁的个人会员13659人，同时，积极招募志愿者。至2010年11月底，在籍志愿者49名。

三、主要工作

【组织救济募捐】 1991年起，每年均筹集棉衣、棉被、大米、食用油和各类药品分配至乡镇、医疗机构及特困户。2003年，兴化市非典防治指挥部、兴化市红十字会接受市委宣传部、移动公司、学校及有识之士的爱心捐款41335.8元，所有捐款全部用于"非典"防治工作。2005年印度洋海啸，兴化市红十字会接受党政机关及事业单位、社会团体组织的捐款10015元。2008年四川汶川大地震发生后，兴化市红十字会接受社会各界捐款152.99万元（不包括定向捐款）。2009年，兴化市红十字会理顺管理体制前，在募捐筹资方面主要致力于救灾募捐。2010年，兴化市红十字会在开展"红十字会博爱送万家"活动中，发放救助金23万元，发放物资折合人民币5.4万元。

【发动无偿献血】 积极参与公民无偿献血的宣传和发动工作。至2009年底，全市临床用血100%来自公民无偿献血。2010年，组织4680人次参加义务献血，总量为人均300毫升。积极开展造血干细胞采样活动。至2010年底，市红十字会实现造血干细胞捐献11例。

【卫生救护培训】 1991年1月，市红十字会与供电部门联合举办野外电工紧急救护训练班。1994年，市红十字会与市公安局联合，先后对1400多名驾驶员进行初级卫生救护知识培训。2001年，市红十字会免费为30多名驻兴化消防官兵进行初级卫生救护知识的培训。2010年，重点面向企业、学校、军营和社区，全年举办救护培训班5期，培训学员230人，经考核合格后，救护培训学员全部取得红十字救护员合格证。

【救助弱势群体】长期与市残联联合开展工作，为残疾人义诊，开展健康知识教育活动，并先后向市聋哑学校捐资、捐物达数千元，用于残疾儿童助学。2005年，江苏省共创教育发展有限公司开展“关爱贫困生献爱心”活动，中堡镇中心小学250名贫困生获得公司7.5万元的捐资。2010年，组织开展校园系列博爱救助活动，安排兴化中学和市板桥初级中学10名家庭困难但品学兼优的学生参加“红十字博爱世博游”活动。向市特殊教育学校等6所西北部乡村小学发放1.7万元食品和3.5万元书籍。泰兴“4·18”幼儿园血案发生后，市红十字会赴泰兴捐助20万元，慰问受害者家庭。

第九节　关心下一代工作委员会

1992年12月24日，兴化市关心下一代工作委员会成立。关工委是党委、政府培养教育青少年的参谋和助手，其组成人员包括党政主管领导、离退休干部和有关部门负责人等，以离退休干部为主体。根据中共中央国务院《关于进一步加强和改进未成年人思想道德建设的若干意见》精神，为充分发挥老干部、老战士、老专家、老教师、老模范等“五老”在加强和改进未成年人思想道德建设中的作用，2005年2月1日，市委决定成立“兴化市未成年人思想道德建设‘五老’志愿者服务总团”，与市关工委合署办公。至2010年，全市各级关工委组织网络不断健全，“五老”队伍不断壮大，工作领域不断拓展，社会影响不断扩大。为加强和改进未成年人思想道德建设，培养和造就新一代兴化人作出积极贡献。2010年3月，被全国妇联、全国维护妇女儿童权益暨平安家庭创建协调组表彰为“全国维护妇女儿童权益先进集体”。2010年6月在纪念中国关工委成立20周年时，被中央文明办、中国关工委表彰为“全国关心下一代工作先进集体”。

一、组织建设

至2010年，全市建有乡镇（开发区）关工委35个，村（社区）关工委684个，市直部门关工委41个，中小学关工委86个，民营企业关工委295个，参加关心下一代工作的“五老”由最初的96人发展到10981人。2010年，有77个村被命名为“泰州市关心下一代工作先进村”，181个村被命名为“泰州市关心下一代合格村”。

二、主要工作

【主题教育活动】1993年后，每逢重大节日，都组织老同志在城区和市郊的学校进行革命传统和爱国主义教育。从2001年开始，每年都以社会主义核心价值体系为根本，确定一到二个教育主题。如：2001年纪念中国共产党成立80周年，2004年纪念邓小平诞辰100周年，2005年纪念抗日战争胜利60周年，2006年社会主义荣辱观和长征胜利70周年，2007年认真学习十七大、喜看家乡新变化，2008年迎奥运、颂改革、树新风，2009年迎国庆、颂祖国，我为祖国添光彩，2010年学双百、争三好。在确定主题的基础上，市关工委每年下发通知，编写印发宣讲材料，组织宣讲团，每年参加宣讲的“五老”达到160多人，参听人数10万人左右。各乡镇各学校关工委分别制定活动计划，以校外教育辅导站和学校少年宫为依托，采取报告会、讲座、国旗下讲话、读书征文比赛、办展览等多种形式和各类实践、体验活动，引领青少年健康成长。

【预防和减少青少年违法犯罪】 1996年起，市关工委着力抓法制教育和结对帮教工作。2006年，市关工委吸收一部分政法战线上的离退休老同志，建立市关爱工作团，乡镇建立35个关爱工作队，有成员569人。组织法制报告团37个，报告员132人。市关工委坚持“预防为主，教育为先，关口前移”的原则，深入开展创建活动。至2010年，未成年人零犯罪社区（村）建成率达到90.3%，大垛等10个乡镇无未成年人犯罪，其中老圩乡、大垛镇连续6年以上无未成年人犯罪。

【网吧监督】 2004年，市关工委建立文化市场监督指导小组，乡镇关工委调整充实网吧义务监督员队伍。全市135家有证网吧，每个网吧都配备1—2名义务监督员，实行对接监督，名单上墙，“五老”网吧义务监督员由170人发展到284人。开展宣传教育，组织学生在远离网吧的倡议书上签名，帮助学校建立绿色网站，引导未成年人远离营业性网吧。经常组织调查巡查，摸清实情，提供信息。通过对接查和小组查相结合，突出对接查；重点查和普遍查相结合，突出重点查；节假日查和平时查相结合，突出节假日查，保持巡查的高压态势。一经发现网迷，“五老”立即跟踪教育，直至转化成功。市关工委的网吧监督经验得到省、泰州市关工委宣传推广。市关工委经常协助执法部门突击检查，查处网吧违规接纳未成年人，取缔黑网吧和无证游戏机室。

【校外辅导站建设】 2007年开始，市关工委组织各乡镇关工委学习海门经验，因地制宜，创新思路，经过多次现场推进和抓典型，促平衡，全市多数村（社区）建立校外辅导站，有1000多名“五老”担任校外教育辅导员。市关工委在实践中总结的办好校外辅导站“班子得力是关键，阵地落实是基础，辅导员队伍是中坚，活动正常是生命”的4条基本经验得到省关工委的肯定。2010年7月，市关工委被表彰为“全省城乡社区校外教育辅导站工作先进集体”，中堡镇少儿中心辅导站被表彰为“全省城乡社区校外辅导站工作优秀辅导站”，樊才林、顾华章被表彰为“全省城乡校外教育辅导站工作先进个人”。

【青年农民培训】 全市各级关工委围绕市委、市政府社会主义新农村建设的要求，乡镇关工委每年配合农技、教育等部门举办青年农民培训班，组织有经验的老农民和青年农民结对，市关工委每年组织农业科技专家到农村讲课，在钓鱼等乡镇举办科技示范点，在临城镇陆横村建立兴化市青年农民实用技术实践基地和青年农民培训基地，在永丰、城东等乡镇扶持青年农民创业，帮助青年农民致富。

【弱势群体、特殊群体中青少年关护】 2006年，全市各级关工委开展以留守子女为重点的“春雨行动”，组织“五老”帮助177名留守子女入学，与123名有不良行为的留守子女结对，帮助913名留守子女落实代理家长。2007年，开展向百名孤儿献爱心活动。2008年，全市各级关工委全年筹集资金62.04万元，帮助孤残青少年749人，扶贫助学1233人。2009年，筹集助学资金70万元，帮助孤残儿童749人，扶贫助学1233人。市关工委配合市教育局向省争取资金1128万元，帮助全市14所初中改善留守儿童食宿条件，解决3605名留守儿童住校食宿问题。2010年12月，成立“兴化市幸福关爱互助会”，为特困青少年筹集部分帮助资金。

第十节 其他团体

一、社科联

【代表大会】 兴化市社科联是兴化市哲学社会科学界的学术团体联合组成的群众性学术团体，是兴化市社科界学术团体的业务主管部门，是泰州市哲学社会科学界联合会的团体会员。

2010年3月16日，兴化市哲学社会科学界联合会第一次代表大会召开，63名代表出席。会议选举马炤龙等32人为市社科联第一届理事会理事。在第一次理事会上，选举刘定荣为市社科联主席。

【基层学会】 2010年，兴化市社科联下属有市外经贸企业协会、税务学会、国际税收研究会、农村金融学会、粮食行业协会、交通运输总会、海外联谊会、餐饮住宿业协会、古迹园林协会、土木建筑协会、建工思想政治工作研究会、燃气协会、建设工程质量检测协会、财政学会、珠算协会、会计学会、版权协会、教育学会、昭阳镇科协、环境科学学会、新农村建设研究会、农机销售行业协会、计划生育协会、金融学会、脱水蔬菜行业协会、不锈钢行业协会、预防医学会、林木协会、社会组织发展促进会、纪检监察学会、法律工作者协会、红十字会、反邪教协会、党建学会、体育总会、青年商会、历史学会等37个学会、协会、研究会。

【主要活动】 2010年，市社科联及所属学会组织开展大型广场咨询、广场书市、"订单式"科普下乡、社科知识进校园进社区、人文社科普及讲座、开设科普专栏等一系列社科普及推广活动。是年，依托昭阳讲坛，先后邀请欧阳健、周思敏、许纲熙等教授等举办讲座14次，内容涵盖兴化市历史文化、文明礼仪、生态文明与低碳生活、平安社会建设、兴化水文化、健康养生、心理调适等方面。从年初开始，进行理论宣传人员选聘工作。和市委宣传部一起，组成了由市委党校骨干和各单位部门领导成员组成的理论讲师团，由百姓名嘴、社会志愿者组成的宣传演讲团，先后深入到10多个乡镇和各社区宣讲十七届四中、五中全会精神、全面小康知识。

【主要社科成果】 1991—2010年，兴化学人发表大量学术论文，出版多部著作，社科成果屡有获奖或得到应用。1991—2005年，张炳嘉的论文《增强课堂教学的渗透力——提高学生领悟与迁移能力"摭谈"》和《〈阿Q正传〉教学谈》《关于"周记"教学的思考与实践》《解题须着力揣摩与提炼语言》《〈石钟山记〉的悖理之处》，分获全国中语会及课堂教研中心优秀论文一等奖。1993年，莫其康的论文《商业企业应树立全面服务的新观念》获兴化市人民政府首届社科优秀成果一等奖和扬州市人民政府首届社科优秀成果三等奖；《略论价格调控的力度》一文1995年入选《中国经济文库》，中央编译出版社颁发《著作证书》；《围绕支农兴农 做好物价工作》得到国家物价局领导的批示，给予高度评价，刊发于《物价简报》总428期，1999年获中国经济写作研究会优秀论文奖；《县域经济活力在民间》获泰州市委机关刊物《泰州通讯》2002年度优秀论文一等奖；《托起率先崛起的希望》2006年获泰州市人民政府第五届社科优秀成果三等奖。2000—2008年，陈麟德的著作《幽寒集》和论文《李清〈三垣笔记〉及其引诗选释》《可作千秋信史传》《艳说桃花扇底梦 心香一瓣礼东塘》《历史真伪的道德力量》，分获泰州市人民政府第二、三、四、五、六届社科优秀成果一等奖和二、三等奖。2003—2010年，朱妙宽的论文《劳动价值论的几个公式及其应用》《新政治经济学的价值理论刍议》，著作《马克思两大发现新探》，论文《发展创新社会主义分配理论》，分获江苏省人民政府第八、九、十、十一届社科优秀成果三等奖，《把劳动价值论研究引向深入》《新政治经济学的价值理论刍议》《社会主义分配理论中的几个关系辨析》《理顺分配关系若干问题的探讨》《创立科学人生价值论的必要性和可能性》《谈谈我国公款消费问题》《深入开展反腐败斗争的几点建议》《把劳动价值论研究引向深入》等篇，分获江苏省委党校、省社科联、省教育厅和泰州市人民政府等地厅级社科优秀成果二、三等奖。2010年，李纲、史道智的论文《以文化兴兴化》、余延瑞的论文《缙绅之渊薮 人才之都会》、陈麟德的论文《进则忧国忧民 退则杜门著述》和莫其康的著作《跋涉集》，同时获泰州市人民政府第七届社科优秀成果三等奖。

二、老区经济建设促进会、扶贫开发协会

【机构设置】 兴化市老区经济建设促进会、兴化市扶贫开发协会先后成立于1992年12月、

1995年9月，实行两块牌子、一套班子（简称老区“两会”），沈鉴担任“两会”会长。2001年3月第一次换届，会长仍由沈鉴担任。老区“两会”宗旨：在市委、市政府领导下，协助党政领导贯彻落实党对老区扶贫开发的一系列方针、政策和各项措施，为促进老区经济社会发展、加快脱贫致富步伐、全面实现小康社会提供服务。“两会”工作初期以调研、扶贫为主，其后职能发展为“5+1”：宣传老区、调查研究、扶贫开发、组织扶贫志愿者结对帮扶、发挥产业化扶贫联系点示范带动作用和“两会”自身建设。

【主要工作】 1991年后，老区“两会”工作不断创新，探索新的扶贫开发思路，从2000年开始，将政府支持的小额扶贫资金改为扶贫贷款的贴息资金（简称“小钱”换“大钱”），通过产业化项目扶贫提升扶贫效果，与农村商业银行合作，发放扶贫贷款2.15亿元，同时争取省和泰州市“两会”的项目贷款和项目借款500多万元。帮扶贫困户和低收入户30074户、101962人，合计贷款2亿多元。

2000年后，推进老区扶贫志愿者活动，采取多种形式帮助老区人民排忧解难。2010年扶贫队伍达700人。志愿者为资助特困户、特困学生和支持家乡公益事业建设的捐款就有合计数千万元。通过开展教育扶贫，帮扶贫困学生圆就业求学梦。2007—2010年，推荐400名应届贫困初中毕业生到有关中等职校就读，学到专业技术，走上就业岗位，实现“一人学技就业、全家脱贫致富”的帮扶效果。

三、残疾人联合会

【组织建设】 1991年5月，兴化市残疾人联合会成立。至2010年，先后召开三次残疾人代表大会。

图18-13 兴化市残疾人联合会第一次代表大会（1991年摄，市残联提供）

1991年12月9—11日，召开第一次残疾人代表大会。出席大会的正式代表110名，其中残疾人代表62名，列席代表46名。会议听取并审议袁春儒所作《贯彻残疾人保障法，为发展残疾人事业而努力奋斗》的工作报告，选举产生第一届主席团，委员30名，其中残疾人委员16名。主席金文鸾（副市长兼），理事长袁春儒（民政局副局长兼）。

1999年10月27—29日，召开市第二次残疾人代表大会。出席大会的正式代表113名，其中残疾人代表57名，列席代表47名。会议听取并审议孙家祥所作《团结奋斗，开拓进取，把残疾人事业推向新的二十一世纪》的工作报告，选举产生第二届主席团，委员31名，其中残疾人委员16名。主席袁征祥，理事长孙家祥。

2008年2月28—29日，召开市第三次残疾人代表大会。出席大会的正式代表143名，其中残疾人代表87名，列席代表48名。会议听取并审议梅广旺所作《乘势而上，奋发进取，努力推进我市残疾人事业又好又快发展》的工作报告，选举产生第三届主席团，委员31名，其中残疾人委员16名。主席顾国平，理事长梅广旺。

【主要工作】（参见《社会管理》卷第七章第二节第二目《残疾人组织》）

卷十九

人大 政府 政协

1991—2010年，兴化市第十至十四届人民代表大会先后召开21次全体会议。选举产生历届市人大常委会和市人民政府组成人员、市人民法院院长、市人民检察院检察长。市人民代表大会及其常委会依法对“一府两院”履行法律监督和工作监督，关注民生，了解民情，反映民意，对国民经济和社会发展规划的制定的调整，财政预决算普法教育、依法治市等重大问题进行审议。推进政府决策民主化、科学化，促进全市经济建设和社会事业的健康发展。在此期间，全市各乡镇先后5次进行人大换届选举，分别于1992年、1995年、1998年、2001年底至2002年初和2007年举行。

1990—2010年，经兴化市人民代表大会选举产生五届人民政府。20年来，兴化市历届政府在改革开放方针的指导下，根据市委决策、市人民代表大会决议和上级政府指示精神，管理经济和各项社会事务，组织实施工业、交通、流通、建设等系统的企业改制和事业单位综合改革，积极招商引资，发展外向型经济。推进文教卫生事业，开展扶贫开发及改善城乡生态环境，加强城乡建设和交通能源建设。全市经济、政治、文化和社会各方面又好又快发展。1991年，全市地区生产总值12.9亿元，财政预算内收入1641.2万元。全年城镇居民人均可支配收入1665.75元，农民人均纯收426.98元。2010年，全市实现地区生产总值387.11亿元，财政收入54.47亿元，全年城镇居民人均可支配收入18409元，农民人均纯收入8817元。综合经济实力不断增强，基础设施日益完善，城乡面貌日新月异，人民生活水平显著提高，区域经济发展实现大的跨越，民主法制不断加强，精神文明建设和各项社会事业取得一定进步。

1991—2010年，市政协第八至第十一届委员会先后召开18次会议，选举产生历届常务委员会成员。市政协在市委领导下，贯彻中共中央关于政协工作的一系列文件精神，遵行《中国人民政治协商会议章程》紧密结合市委、市政府中心工作，认真履行政治协商，民主监督，参政议政职能，为建设和谐兴化积极努力，作出应有贡献。

图19-1　新区市政府一角　（2005年摄，市政府办提供）

第一章　人民代表大会

第一节　代表产生

1991年后，兴化市按照有关法律规定，在城镇按照居住状况划分选区。选区划分遵循便于代表联系选民、开展活动、接受监督的原则。每个选区选举1—3名代表，保证每一代表所代表的人口数大体相等。农村各选区每一代表所代表的人口数大体相等。然后，按照程序进行选民登记，张榜公布。对选出的候选人以选区为单位张榜公布，各选区分别召开选民大会或设立投票站，辅以流动票箱的形式，组织选民在法定选举日进行选举。选举一律采取直接差额选举和无记名投票的方式进行。人大代表结构具有代表性和广泛性，保证工人、农民、知识分子、党外人士以及妇女、少数民族、归侨代表各占适当比例。各级人大代表之间、人大代表与本级党代表、政协委员之间一般不交叉任职。

兴化市第十至第十四届市人大代表构成情况一览表

表19-1　　　　单位：人

届次			第十届（1990年—1992年）	第十一届（1993年—1997年）	第十二届（1998年—2002年）	第十三届（2003年—2007年）	第十四届（2007年—　）
代表人数			449	460	433	433	433
代表构成	工人	人数	40	42	53	51	62
		占代表比例（%）	8.9	9.1	12.2	11.8	14.3
	干部	人数	98	123	113	102	124
		占代表比例（%）	21.8	26.7	26.1	23.6	28.6
	农民	人数	188	183	163	156	131
		占代表比例（%）	41.9	39.8	37.6	36.0	30.3
	知识分子	人数	86	107	97	92	79
		占代表比例（%）	19.2	23.3	22.4	21.2	18.2
	少数民族	人数	2	1	—	1	—
		占代表比例（%）	0.4	0.2	—	0.2	—
	其他	人数	37	3	5	4	35
		占代表比例（%）	8.2	0.7	1.2	0.9	8.1

续表 19-1

届次			第十届（1990年—1992年）	第十一届（1993年—1997年）	第十二届（1998年—2002年）	第十三届（2003年—2007年）	第十四届（2007年— ）
其中	妇女	人数	89	99	106	110	122
		占代表比例（%）	19.8	21.5	24.5	25.4	28.2
	非党	人数	142	140	119	139	137
		占代表比例（%）	31.6	30.4	27.5	32.1	31.6

第十一届市人大换届选举工作于1992年10—12月进行，全市有选民1129624人，划分279个选区，参加选举的选民1028629人，占选民总数的91.1%。全市选出市十一届人大代表460名。

第十二届市人大换届选举工作于1997年8—12月进行。全市有选民1175049人，划分225个选区，参加选举的选民1145279人，占选民总数的97.5%。全市选出市十二届人大代表433名。

第十三届市人大换届选举工作于2002年10—12月进行。全市有选民1178606人，划分202个选区，参加选举的选民1148590人，占选民总数的97.5%。全市选出市十三届人大代表433名。

第十四届市人大换届选举工作于2007年8—12月进行。全市有选民1209406人，划分216个市选区，参加选举的选民1154981人，占选民总数的95.5%。全市选出市十四届人大代表433名。

兴化市第十至第十四届人民代表大会换届选举情况一览表

表 19-2

届次			第十届	第十一届	第十二届	第十三届	第十四届
代表选举时间			1989年12月	1992年1月	1997年12月	2002年12月	2007年12月
选出人数			449	460	433	433	433
出席大会人数			449	460	433	429	429
本届一次会议时间			1990年3月	1993年2月	1998年1月	2003年1月	2007年12月
选举结果（人）	人大常委会	主任	1	1	1	1	1
		副主任	5	6	6	4	5
		委员	23	20	22	24	29
	市政府	市长	1	1	1	1	1
		副市长	5	6	6	7	6
选举结果（人）	人民法院院长		1	1	1	1	1
	人民检察院检察长		1	1	1	1	1
	地市级人大代表		—	扬州80泰州112	补选差	106	106

说明：1. 代表选举资格为直接选举。2. 1993年2月十一届一次人民代表大会上选举扬州市三届人大代表80名；1996年9月十一届五次人民代表大会上选举泰州市一届人大代表112名；2003年1月十三届一次人民代表大会上选举泰州市二届人大代表106名；2007年12月十四届一次人民代表大会上选举泰州市三届人大代表106人。

兴化市人民代表大会代表资格审查变动情况表

表19-3　　　　单位:人

届次(闭会后)		出缺	补选	市人大常委会组成人员变动情况
十届	一次	调离1、逝世1	1	—
	二次	调离2、逝世1	—	—
十一届	一次	调离1、逝世1	2	翟建平、谢东洪、顾宁成辞去委员职务
	二次	调离1、逝世4	2	补选沈满志为副主任,冯建华、朱安为委员;胡炼辞去主任职务
	三次	调离3、逝世1	4	补选顾桂喜为主任,肖扬东、潘扬为委员;接受马红专辞去委员职务
	四次	逝世1	—	补选葛鸾英为副主任
	五次	调离1、终止1	2	—
十二届	一次	调离2、逝世1	2	魏佩、金厚坤、陈茂旺辞去委员职务
	二次	调离2、辞职2、逝世1	6	补选解钦功为副主任
	三次	调离5、户口注销1、逝世2	—	补选王小跃为副主任,倪为民、殷有富、黄先为委员;徐传华因调离,代表资格和委员职务终止
	四次	调离4	4	补选陈骏骠为主任,袁征祥为副主任;陈骏骠因调动辞职;黄绍林辞去副主任职务
	五次	—	—	补选杨峰为主任,全琮德为副主任;邓向明、沈满志、解钦功辞去副主任职务
十三届	一次	调离4、逝世1	1	—
	二次	调离6、逝世1	5	刘江明、姚朋林、殷有富、谢友勤、李金红辞去委员职务
	三次	调离3、逝世2	6	补选薛宏金为副主任,邓志方、刘广华、李纲、梅广旺、蔡剑峰5人为委员;王枢门辞去委员职务
	四次	调离5	5	补选冯晓华为委员;全琮德辞去副主任职务,杨峰辞去主任职务,蔡剑峰辞去委员职务
	五次	调离5	5	补选贾春林为主任;刘广华辞去委员职务。
十四届	一次	调离1、辞职1	—	—
	二次	调离2、辞职2	1	许琳、刘玲辞去委员职务
	三次	调离5、暂停代表资格1	2	周海霞辞去委员职务

附

兴化市出席全国、江苏省人大代表名单及扬州市、泰州市人大代表数量

1. 第十一届、第十二届全国人民代表大会代表:刘锦兰

2. 江苏省第九届人代会代表:周书国、王小跃、杨本余、欣巧凤、娄登仪、顾定华、崔明灿
江苏省第十届人代会代表:吴跃、赵旭东、刘锦兰、邓志方、孔繁彬、薛宏金、张莉莉、陶桂琴
江苏省第十一届人代会代表:朱同林、刘阿华、李伟、邹祥龙、张莉莉、陈学俊、翟云峰

3. 1993年,选举出席扬州市第三届人民代表大会代表80人。

4. 出席泰州市第一届人代会代表112人,第二届代表106人、第三届代表106人。

第二节　市人民代表大会

一、兴化市第十次人民代表大会

第一次会议于1990年3月15—19日召开。第二次会议于1991年3月16—19日召开。448名代表出席。会议听取和审议市政府工作报告、市计划报告、市财政预决算报告，以及市人大常委会、市人民法院和市人民检察院工作报告，并作出相应决议。批准市国民经济和社会发展“八五”计划纲要。会议审议通过关于1990年农业发展基金筹集使用情况和1991年初步安排意见的报告。会议要求全体政府机关工作人员牢固树立全心全意为人民服务的观念，廉洁勤政，改进作风，端正行风，深入实际，多办实事，不断增强机关的服务功能。会议补选金文骞为市人民政府副市长。

第三次会议于1992年3月2—5日召开。445名代表出席。会议听取和审议市政府工作报告、市计划报告、市财政预决算报告，以及市人大常委会、市人民法院和市人民检察院工作报告，并作出相应决议。会议审议通过市政府关于1991年农业发展基金筹集使用情况和1992年初步安排意见的报告等。会议提出1992年政府工作的指导思想是：继续坚持以经济建设为中心，突出抓好结构调整和外向开拓两个重点；加大改革力度，推进科技进步，加强农业和农村工作，搞好重点骨干企业；力争实现经济建设的高效益、社会事业的高效应和政府工作的高效率。

二、兴化市第十一次人民代表大会

第一次会议于1993年2月14—18日召开。460名代表出席。会议听取和审查市政府工作报告、市计划报告、市财政预决算报告，以及市人大常委会、市人民法院和市人民检察院工作报告，并作出相应决议。会议提出1993年政府工作的指导思想是：积极、全面、正确地贯彻落实中共十四大精神，始终不渝地以经济建设为中心，以建立社会主义市场经济为目标，坚持改革、开放、发展整体推进；坚持一、二、三产业协调发展，实现速度、效益、后劲的有机统一；坚持“两手抓”和“两手都要硬”的方针。会议选举出席扬州市第三届人民代表大会代表80名。会议选举产生市第十一届人大常委会，委员20名（其中女性3名），选举市人大常委会主任、副主任，选举市人民政府市长、副市长，选举市人民法院院长、市人民检察院检察长。

第二次会议于1994年3月27—30日召开。460名代表出席。会议听取和审查市政府工作报告、市计划报告、市财政预决算报告，以及市人大常委会、市人民法院和市人民检察院工作报告，并作出相应的决议。会议提出1994年全市各级政府应重点抓好四项工作：第一，发展“三高”农业（高产、高质、高经济效益的农产品或项目）、第三产业和各项社会事业；第二，大力推进改革开放和科技进步；第三，加强社会主义精神文明建设和民主法制建设；第四，加强市政府自身建设。会议补选市人大常委会副主任1名（沈满志），补选市人大常委会委员2名。

第三次会议于1995年2月25—28日召开。458名代表出席。会议听取和审议市政府工作报告、市计划报告、市财政预决算报告，以及市人大常委会、市人民法院、市人民检察院工作报告，并作出相应决议。会议提出要着重抓好十个方面的工作：一、进一步调整农业结构，推进农业的产业化进程；二、突出规模经济建设，提高工业经济整体素质；三、大力发展第三产业，活跃和繁荣城乡经济；四、继续深化各项改革，增强经济发展活力；五、积极扩大对外开放，提高整体经济的外向度；六、切实抓好财税金融工作，增强市级经济调控能力；七、加强城乡基础设施建设，进一步优化经济发展的环境；八、认真实施科教兴市战略，促进经济与社会协调发展；九、加强精神文明建设和民主法制建设，为经济发展和社会进步提供保障；十、努力加强自身建设，不断提高政府工作水平。会议补选市人大常委会主任，补选市人民政府副市长2名。

第四次会议于1996年3月17—20日召开。457名代表出席。会议听取和审议市政府工作报告、市发展"九五"计划和2010年远景目标纲要、市计划报告、市财政预决算报告，以及市人大常委会、市人民法院和市人民检察院工作报告，并作出相应决议。会议宣布"八五"期间全市国内生产总值年均增长22.8%，1995年可达到49.57亿元。"八五"计划提出的发展经济的任务已经超额完成。会议审议通过《兴化市国民经济和社会发展"九五"计划和2010年远景目标纲要》。会议补选市人大常委会副主任1名，补选市人大常委会委员1名，补选市人民政府市长。

第五次会议于1996年9月8—10日召开。456名代表出席。选举出席泰州市第一届人民大会代表112名。

第六次会议于1997年3月18—21日召开。453名代表出席。会议听取和审议市政府工作报告、市计划报告、市财政预决算报告，以及市人大常委会、市人民法院和市人民检察院工作报告，并作出相应的决议。会议审查和批准市国民经济、社会发展"九五"计划和2010年远景目标纲要部分变更的报告。会议提出要着重抓好以下几个方面工作：一、强化农业基础地位，大力推进农业产业化进程；二、启动企业市场化运行工程，着力改善工业运行质态；三、加快发展第三产业，活跃繁荣城乡经济；四、积极稳妥量力而行，抓好基础设施建设；五、推动各项社会事业进步，提高城乡人民生活水平；六、坚持"两手抓"方针，切实加强社会主义精神文明和民主法制建设；七、加强政府自身建设，树立廉洁勤政高效创新的政风。会议补选市人民政府市长和市人民检察院检察长。

三、兴化市第十二次人民代表大会

第一次会议于1998年1月4—8日召开。433名代表出席。会议听取和审查市政府工作报告、市计划报告、市财政预决算报告，以及市人大常委会、市人民法院和市人民检察院工作报告，并作出相应的决议。会议提出今后5年政府工作总的指导思想是：一、全面贯彻中共十五大精神，努力在调整和完善所有制结构上取得新的突破；二、进一步加大经济结构调整力度，努力提高经济整体素质；三、进一步坚持"两手抓"的方针，努力加强精神文明建设和民主法制建设。会议选举产生市第十二届人大常委会，委员22名（其中女性3名），会议选举市人大常委会主任、市人大常委会副主任6名。选举人民政府市长，副市长6名，并选举市人民法院院长、市人民检察院检察长。

第二次会议于1999年1月19—22日召开。432名代表出席。会议听取和审议市政府工作报告、市计划报告、市财政预决算报告，以及市人大常委会、市人民法院工作报告和市人民检察院工作报告，并作出相应的决议。会议强调要妥善处理改革、发展、稳定的关系，把关心和改善人民的生活，作为政府工作的出发点和落脚点。

第三次会议于2000年1月15—18日召开。420名代表出席。会议听取和审议市政府工作报告、市计划报告、市财政预决算报告，以及市人大常委会、市人民法院和市人民检察院工作报告，并作出相应的决议。会议提出2000年政府工作注意把握的四点：一、坚持保持一定的经济增长速度；二、坚持把制度创新和技术创新作为根本动力；三、坚持处理好改革、发展和稳定的关系；四、坚持两手抓，两手都要硬的方针。会议补选市人大常委会副主任1名，补选市人大常委会委员3名；补选市人民政府市长。

第四次会议于2001年2月3—6日召开。415名代表出席。会议听取和审议市政府工作报告、市计划报告、市财政预决算报告，以及市人大常委会、市人民法院和市人民检察院工作报告，并作出相应的决议。会议审查和批准市国民经济和社会发展第十个五年计划纲要。会议强调要始终不渝地把提高人民生活水平作为根本出发点，促进社会全面发展。会议补选市人大常委会主任、副主任（1名）；补选市人民政府市长，副市长（2名）。

第五次会议于2002年3月—5日召开。408名代表出席。会议听取和审议市政府工作报告、市计划报告、市财政预决算报告，以及市人大常委会、市人民法院和市人民检察院工作报告，并作出相应的决议。会议强调全市上下要以邓小平理论和"三个代表"重要思想为指导，深入贯彻中共十五届五中、六中全会以及中央经济工作会议精神，以富民强市总揽全局，主动适应国际国内经济形势的新变化和中国加入世贸组织的新形势，认真贯彻落实本次会议提出的各项任务和要求，促进国民经济持续快速健康发展和社会全面进步。会议补选市人大常委会主任和副主任（1名）。

四、兴化市第十三次人民代表大会

图19-2 兴化市第十三届人民代表大会第一次会议
（2003年摄，市人大常委会办提供）

第一次会议于2003年1月5—9日召开。429名代表出席。会议听取和审议市政府工作报告、市计划报告、市财政预决算报告，以及市人大常委会、市人民法院和市人民检察院工作报告，并作出相应决议。会议要求2003年市政府要坚持把招商引资作为区域经济发展的"第一要着"，加大力度，强力推进，提高实效。调整优化结构，努力发展现代农业，放大戴南、张郭效应，放手发展私营、个体企业，大力发展新型服务业；深化各项改革，加快体制创新，不断增强经济社会发展活力。完善基础设施，加快城镇化步伐，努力营造经济社会发展环境新优势。强化财税建设，优化金融服务，切实增强经济运行调控功能。积极扩大就业，为民多办实事，着力提高人民生活水平。推进政治文明和精神文明建设，大力发展各项社会事业，促进社会全面进步，努力维护社会稳定。转变政府职能，改进机关作风，加强软环境建设，努力把政府自身建设提高到一个新水平。会议选举兴化市出席泰州市人大代表106名。各代表团组织选举人民陪审员，其中泰州市中级人民法院陪审员2名、兴化市人民法院陪审员15名。会议选举产生市第十三届人大常委会，委员24名（其中女性5名），选举人大常委会主任，副主任4名。选举市人民政府市长、副市长7名，并选举市人民法院院长、市人民检察院检察长。

第二次会议于2004年2月8—11日召开。418名代表出席。会议听取和审议市政府工作报告、市计划报告、市财政预决算报告，以及市人大常委会、市人民法院和市人民检察院工作报告，并作出相应决议。会议提出2004年要重点抓好八项工作：一、内外并重，合力推进，实现招商引资新突破；二、优化结构，提升层次，培育产业发展新优势；三、加强农业，富裕农民，拓宽"三农"工作新思路；四、深化改革，推动创新，积聚社会前进新动力；五、打造良好环境，改善形象，构筑跨越发展新平台；六、关注民生，善待百姓，创造祥和安定新生活；七、统筹兼顾，协调发展，开拓文明进步新局面；八、恪尽职守，执政为民，树立政府机关新形象。

第三次会议于2005年2月19—22日召开。411名代表出席。会议听取和审议市政府工作报告、市计划报告、市财政预决算报告，以及市人大常委会、市人民法院和市人民检察院工作报告，并作出相应决议。会议提出要重点抓好七个方面工作：一、强攻招商引资，优化载体建设，奋力推动全市经济加速扩张；二、落实有效措施，培植规模企业，奋力提升工业经济整体素质；三、提高农业效益，增加农民收入，努力保持农村经济增长势头；四、加快城市建设，完善基础设施，全力打造跨越发展良好环境；五、突出攻坚重点，创新工作思路，强力推进各项改革实施进程；六、关注民生社情，为民办好实事，着力提高人民群众生活水平；七、坚持协调发展，着力构建社会主义和谐社会。会议补选市人大常委会副主任1名，市人大常委会委员5名，并补选兴化市人民法院院长。

第四次会议于2006年2月7—10日召开。410名代表出席。会议听取和审议市政府工作报告、市计划报告、市财政预决算报告，以及市人大常委会、市人民法院和市人民检察院工作报告，并作出相应决议。会议审查和批准市国民经济、社会发展"十一五"规划纲要。会议提出2006年着重抓好五个方面工作：一、以提速增效为目标，切实加快工业化进程；二、以农民增收为中心，大力推进农业产业化；三、以项目建设为抓手，全面提升服务业发展水平；四、以科学规划为先导，统筹城乡建设；五、以务实惠民为要务，认真做好关系群众切身利益的工作。会议补选市人大常委会委员1名，补选市人民政府市长。

第五次会议于2007年2月4—7日召开。410名代表出席。会议听取和审议市政府工作报告、市计划报告、市财政预决算报告，以及市人大常委会、市人民法院和市人民检察院工作报告，并作出相应决议。会议提出2007年要着重抓好六个方面工作：一、以招商引资，项目建设为重中之重，加快推进新型工业化和服务业现代化；二、以农民增收为中心，加快建设社会主义新农村；三、以提升载体功能为核心，加快推进城市建设；四、以增强发展活力为目标，加快推进改革创新；五、以加强公共服务为要求，加快发展社会事业；六、以着力改善民生为抓手，加快推进和谐社会。会议补选市人大常委会主任和市人民政府市长。

五、兴化市第十四次人民代表大会

第一次会议于2007年12月19—23日召开。430名代表出席。会议听取和审议"一府两院"及人大常委会工作报告，审议市社会发展计划报告和财政预决算报告，并作出相应决议。会议提出今后五年政府工作的指导思想和总体要求是：全面贯彻落实中共十七大精神，以科学发展观统领全局，按照市第十次党代会的总体部署，深入实施工业强市、开放富市、科教兴市、生态建市、法治立市五大战略，着力推进经济建设、政治建设、文化建设、社会建设和生态建设协调发展，不断提高全面小康的质量和水平，努力实现兴化经济社会又好又快发展。今后五年经济社会发展的奋斗目标是：地区生产总值年均增长13%，到2012年达445亿元；财政总收入年均增长20%，到2012年达53亿元；城市化水平达51%；城镇居民人均可支配收入年均增长11%，农民人均纯收入年均增长10%。会议选举兴化市出席泰州市人大代表106名。会议选举产生市第十四届人大常委会，委员29名（其中女性8名），选举市人大常委会主任，副主任5名。选举市人民政府市长，副市长6名。选举市人民法院院长，市人民检察院检察长。

第二次会议于2009年1月7—10日召开。418名代表出席。会议听取和审议市政府工作报告、计划和财政预决算两份书面报告，以及市人大常委会、市人民法院和市人民检察院工作报告，并作出各项决议。会议提出2009年要重点抓好五个方面工作：一、进一步突出产业提升，全力推进经济平稳较快增长；二、进一步突出城乡统筹，扎实推进新农村建设；三、进一步突出开放开发，切实增强经济发展动力；四、进一步突出人文特色，不断提高城市建设水平；五、进一步突出惠民发展，努力构建和谐社会。

第三次会议于2010年1月12—15日召开。411名代表出席。会议听取和审议市政府工作报

图19-3 兴化市第十四届人民代表大会第三次会议
（2009年摄，市人大常委会办提供）

告、市计划和财政预决算两份书面报告，以及市人大常委会、市人民法院和市人民检察院工作报告，并作出相应决议。会议对市人大常委会主任、副主任，市政府市长、副市长进行述职测评。会议提出要重点抓好六个方面工作：一、加快转型升级，努力促进发展方式新转变；二、突出增效增收，努力建设社会主义新农村；三、注重优化整合，努力培植服务业发展新亮点；四、放大个性特色，努力彰显城市建设新魅力；五、坚持发展惠民，努力加快社会和谐新进程；六、加强自身建设，努力打造为民政府新形象。会议补选兴化市人民检察院检察长。

第三节 市人大常委会

一、组成人员

1990—2007年，兴化市第十至第十四届人大常委会产生主任6名，副主任18名。

兴化市第十至第十四届人大常委会主任、副主任更迭一览表

表19-4

届次	职务	姓名	籍贯	任职时间
第十届（1990年3月—1993年2月）	主任	顾玉良	江苏兴化	1990年3月—1993年2月
	副主任	王　森	江苏兴化	1990年3月—1993年2月
		吴粉香（女）	江苏兴化	1990年3月—1993年2月
		陈志方	江苏	1990年3月—1993年2月
		金伯卿	江苏兴化	1990年3月—1993年2月
		黄旭清	江苏兴化	1990年3月—1993年2月
第十一届（1993年2月—1998年1月）	主任	胡　炼	江苏扬州	1993年2月—1995年2月
		顾桂喜	江苏兴化	1995年2月—1998年1月
	副主任	邓向明	江苏兴化	1993年2月—1998年1月
		吴粉香（女）	江苏兴化	1993年2月—1998年1月
		黄旭清	江苏兴化	1993年2月—1998年1月
		王　森	江苏兴化	1993年2月—1998年1月
		周鸿惠	江苏兴化	1993年2月—1998年1月

续表 19-4

届次	职务	姓名	籍贯	任职时间
		黄绍林	江苏	1993年2月—1998年1月
		沈满志	江苏兴化	1994年3月—1998年1月
		葛鸾英（女）	江苏兴化	1996年3月—1998年1月
第十二届（1998年1月—2003年1月）	主任	顾桂喜	江苏兴化	1998年1月—2001年2月
		陈骏骠	江苏泰州	2001年2月—2002年2月
		杨　峰	江苏泰兴	2002年3月—2003年1月
	副主任	邓向明	江苏兴化	1998年1月—2002年4月
		黄旭清	江苏兴化	1998年1月—2000年1月
		沈满志	江苏兴化	1998年1月—2002年4月
		周鸿惠	江苏兴化	1998年1月—2003年1月
		黄绍林	江苏	1998年1月—2001年10月
		葛鸾英（女）	江苏兴化	1998年1月—2003年1月
		解钦功	江苏兴化	1999年1月—2002年4月
		王小跃	江苏兴化	2000年1月—2003年1月
		袁征祥	江苏兴化	2001年2月—2003年1月
		全琮德	江苏姜堰	2002年3月—2003年1月
第十三届（2003年1月—2007年12月）	主任	杨　峰	江苏泰兴	2003年1月—2007年1月
		贾春林	江苏姜堰	2007年1月—2007年12月
	副主任	刘元太	江苏兴化	2003年1月—2007年12月
		葛鸾英（女）	江苏兴化	2003年1月—2007年12月
		王小跃	江苏兴化	2003年1月—2007年12月
		全琮德	江苏兴化	2003年1月—2006年5月
		薛宏金	江苏兴化	2005年2月—2007年12月
第十四届（2007年12月—　）	主任	贾春林	江苏姜堰	2007年12月—
	副主任	卞正祥	江苏兴化	2007年12月—
		葛鸾英（女）	江苏兴化	2007年12月—
		王小跃	江苏兴化	2007年12月—
		薛宏金	江苏兴化	2007年12月—
		李如亮	江苏兴化	2007年12月—

二、工作机构

1991年，市十届人大常委会下设办公室和法制、财政经济、教科文卫、城乡建设、内务工作5个工作委员会。

1993年，市十一届人大常委会下设办公室和法制、财政经济、教科文卫、城乡建设、人事代表（内务工作委员会更名）、农村经济（增设）6个工作委员会。

1998年，市十二届人大常委会下设办公室和法制工作、财经工作（由财政与农村经济两个工作委员会合并）、社会事业（由城乡建设与教科文卫两个工作委员会合并）、人事代表联络（由人事代表工作委员会更名）4个工作委员会。

2003年，市十三届人大常委会下设办公室和法制、财经、社会事业、人事代表联络、农村5个工作委员会。

2007年，市十四届人大常委会下设办公室和人事代表联络、法制、财经、农村和社会事业5个工作委员会。

三、常委会会议

【第十届人大常委会会议】 1991—1992年，市第十届人大常委会举行15次会议，确定审议议题37项。

主要议题有听取和审议"一府两院"关于实施国务院《农民承担费用和劳务管理条例》、农业生产和为农服务、农业结构调整、农科教统筹工作的规划及执行、乡村医疗网络建设、农村初级卫生保健、农村建制镇规划实施、抗洪救灾、实施总量控制制度，强化环境管理工作、外向型经济发展、开展"科技、质量、品种、效益年"活动、《全民所有制工业企业法》实施和工业企业扭亏为盈、建筑业发展、交通事业发展和管理、水利建设及绿化、全市第一个五年普法教育和制订第二个五年普法规划、治理"三乱"、开展执法大检查、反盗窃斗争、反贪污贿赂斗争、法律监督工作、"二五"普法规划实施及换届选举等29项工作报告。

作出决议1项、决定8项、审议意见17项。市人大常委会先后对市政府关于对农业生产和为农服务、乡村医疗网络建设、农业结构调整、农科教统筹工作的规划及执行等情况的汇报作出审议意见。

任免国家机关工作人员80名（任职56名，免职24名）。其中任命副市长5名，市人民政府委办主任和局长11名；市人民法院庭长2名，副庭长10名，审判委员会委员1名，审判员12名；市人民检察院副检察长2名，检察委员会委员3名，检察员7名；市人大常委会工作委员会正、副主任3名。免去副市长1名，市人民政府委、办主任和局长9名；市人民法院庭长2名，副庭长1名，审判委员会委员1名，审判员1名。市人民检察院副检察长2名，检察委员会委员4名，检察员2名；市人大常委会委办负责人1名。另外，接受辞职3名，撤职1名。

【第十一届人大常委会会议】 市十一届人大常委会举行38次会议，确定审议议题110项。

主要议题有：听取和审议"一府两院"关于贯彻《江苏省计划生育条例》《江苏省社会治安综合治理条例》《义务教育法》《城市房地产管理法》《食品卫生法》《环境保护法》《教育法》《农业法》和《农业推广法》、《全民所有制工业企业转换经营机制条例》及省实施办法、《江苏省科学技术进步条例》《村民委员会组织法（试行）》等实施情况的汇报和郑板桥诞辰二百周年纪念活动筹备及首届中国兴化郑板桥艺术节、举行市（乡）镇工业经济发展、外向型经济、企业产权制度改革、市属工业企业改革和扭亏增盈、多种经营、农业经济、农业生产计划落实、控制和减轻农民负担、农民医疗保障、集镇规划建设、划定基本农田保护区和村镇建设规划区、绿化、初级卫生保健、城市总体规划第三轮修编、环境保护和城区环境卫生、城区总体规划实施、城区教育事业规划情况、实施九年制义务教育规划、代表建议意见办理、乡镇人大换届选举、接受人大代表评议司法部门工作整改、接受人大代表对社会治安评议落实整改、组织有关人员述职、开展城乡社会治安集中整治、开展“三禁一打”专项斗争、“二五”普法、接受人大代表评议土地管理部门工作、贯彻市人大常委会审议意见、在全市公民中开展法制宣传教育第三个五年规划、廉政建设、惩治贪污贿赂犯罪等80项报告。

作出《市人大常委会关于举办郑板桥诞辰三百周年纪念活动筹备工作的决议》等决议5项、《市人大常委会关于全市乡镇人大换届选举的决定》等决定40项、《市人大常委会对市政府关于贯彻实施〈农业法〉有关情况的汇报的审议意见》等审议意见41项。

任免国家机关工作人员210名（任职150名，免职60名）。其中任命代市长2名，副市长10名，市人民政府委、办主任和局长56名；市人民法院庭长4名，副庭长10名，审判委员会委员1名，审判员24名；市人民检察院代理检察长1名，检察员22名；市人大常委会办公室和工作委员会正、副主任等20名。免去市人民政府委办主任和局长19名；市人民法院副院长3名，庭长2名，副庭长9名，审判员10名。市人民检察院副检察长1名，检察委员会委员2名，检察员6名；市人大常委会办公室主任及委办负责人8名。另外，接受辞职17名，撤职2名，许可逮捕1名。

【第十二届人大常委会会议】 市十二届人大常委会举行44次会议，确定审议议题70项。

主要议题有听取和审议“一府两院”关于《未成年人保护法》《城市规划法》《科学技术进步法》《行政监督法》《教育法》《水污染防治法》《农民承担费用和劳务管理条例》《消防法》和《江苏省消防条例》《环境保护法》等实施情况的汇报和市属工业企业改制和实施再就业工程、开展反贪污贿赂斗争、农副产品销售、开展依法治市工作情况、加快发展个体私营经济、控制学校流生、农业结构调整、查办有关经济犯罪案件、城镇职工医疗保险制度改革、农村税费改革、市人民法院执行工作、全市机构改革、部门预算执行、招商引资、推进市属企业“三置换一保障”、开展严打整治斗争等39项报告。

作出《关于批准本级财政预算部分变更的决议》等决议7项、《关于大营、下圩、东鲍三个乡撤乡设镇有关事项的决定》等决定57项,《对市政府贯彻实施〈环境保护法〉情况的审议意见》等审议意见13项。

任免国家机关工作人员257名（任职163名，免职68名）。其中任命代市长2名，副市长9名，市人民政府委、办主任和局长51名；市人民法院代院长1名，副院长4名，庭长11名，副庭长27名，审判委员会委员3名，审判员22名；市人民检察院代检察长2名，副检察长1名，检察委员会委员6名，检察员12名；市人大常委会办公室和工作委员会正、副主任等12名。免去副市长1名，市人民政府委、办主任和局长17名；市人民法院副院长2名，庭长7名，副庭长12名，审判委员会委员2名，审判员18名。市人民检察院检察委员会委员1名，检察员3名；市人大常委会办公室主任及委、办负责人5名。另外，接受辞职26名。

【第十三届人大常委会会议】 市十三届人大常委会举行31次会议，确定审议议题45项。

主要议题有听取和审议“一府两院”关于《工会法》《土地管理法》和《江苏省土地管理条例》《农村土地承包法》和《江苏省农村土地承包经营权保护条例》等实施情况的汇报和加强园区建设和招商引资、开展反贪污贿赂、组织审判员述职、水利建设和城市防洪工程建设，加强网吧经营管理、兴化市第四轮城市总体规划修编、开放型经济工作、开展“建设平安兴化，创建安全乡镇”活动、政府机构改革、预防和查处职务犯罪、省级生态农业县建设规划编制说明、加快实施城市防洪工程建设、新农村建设工作等19项报告。

任免国家机关工作人员255名（任职181名，免职74名）。任命代市长3名，副市长6名；市人民政府委、办主任和局长53名；市人民法院代院长1名，副院长1名，庭长2名，副庭长6名，审判委员会委员3名，审判员18名，陪审员46名；市人民检察院副检察长3名，检察委员会委员4名，检察员19名；市人大常委会办公室和工作委员会正、副主任等16名。免去副市长2名，市人民政府委、办主任和局长22名；庭长4名，副庭长9名，审判委员会委员4名，审判员13名；市人民检察院副检察长2名，检察委员会委员4名，检察员10名；市人大常委会办公室主任4名。另外，接受辞职13名。

作出决议5项、决定29项、审议意见11项。其中就城市防洪工程建设这一议案，常委会先后在4次会议上进行审议，并提出审议意见。在第31次常委会上作出关于批准《市政府关于安排城市防洪工程建设项目资金的报告》的决定。

【第十四届人大常委会会议】 市十四届人大常委会（2008—2010年）举行20次会议，确定审议议题55项。

主要议题有听取和审议“一府两院”关于《城乡规划法》《农民专业合作社法》《环境保护法》《土地管理法》《江苏省农村土地承包经营权流转办法》和《农村土地承包经营纠纷调解仲裁法》等实施情况的汇报和推进高效农业发展、推进服务业发展、开展社会大救助工作、实施教育改革方案、落实“国家扩大内需政策，促进经济社会事业发展及上争项目”情况、民事审判工作、“十一五”规划目标和全面实现小康社会进程、“十二五”规划等39项报告。

任免国家机关工作人员187名（任职145名，免职42名）。任命副市长3名；市人民政府委、办主任和局长42名；市人民法院代院长1名，副院长3名，庭长5名，副庭长10名，审判委员会委员3名，审判员7名，陪审员59名；市人民检察院代理检察长1名，副检察长1名，检察委员会委员3名，检察员6名；市人大常委会办公室主任1名。免去市人民政府委、办主任和局长17名；市人民法院副院长1名，庭长2名，副庭长8名，审判委员会委员1名，审判员2名；市人民检察院副检察长1名，检察委员会委员3名，检察员6名；市人大常委会工委主任1名。另外，接受市政府副市长辞职2名、法院院长辞职1名、检察院检察长辞职1名、检察院检察委员会委员辞职1名、人大常委会委员辞职3名。撤销检察院副检察长、检察委员会委员、检察员职务1名。

作出决议6项、决定35项、审议意见14项。其中作出多项决定，把城市防洪工程建设项目、城南污水处理厂、第三水厂区域供水工程项目、城市拆迁改造建设项目等民生工程的贷款还贷列入市财政预算。

四、人大常委会主任会议

市十届人大常委会于1991—1992年举行6次主任会议，主要议题8项：文化市场管理和“扫黄”工作情况、劳动就业工作情况、《文物保护法》贯彻实施情况、城市管理工作情况、开展计划生育工作情况、关于已发生法律效力的民事及经济案件执行情况、第三产业发展情况等。

市十一届人大常委会举行17次主任会议，主要议题有34项：《未成年人保护法》《统计法》《药品管理法》《环境保护法》《劳动法》《水法》《国家赔偿法》《刑事诉讼法》等法律的贯彻落实情况以及全市体育工作、城镇住房制度改革、土地使用制度改革、房地产市场管理、工业技改重点项目进展、城建重点工程项目建设、建筑业发展、公路建设和管理、十件实事实施、“二五”普法、学校内部管理体制改革、治理乱收费工作、创建省级卫生城市工作、文化市场管理、实施重点技改项目和发展外向型经济、创建省级计划生育先进市、民族宗教台湾侨务工作、发展贸工农一体化、控减农民负担工作、组织人大代表评议环保部门工作总结、预算外资金管理工作、重点亏损企业扭亏增盈工作情况等。

市十二届人大常委会举行17次主任会议，听取议题主要议题有21项：推进农业产业化经营、打击制售伪劣产品、贯彻实施《江苏省农业机械管理条例》、实施再就业工程、创建文明村镇工作、有关部门规费收支审计工作报告、村民委员会换届选举工作、社会治安工作、实施下岗职工再就业工程、企业科技进步和技术改造工作、推进卫生体制改革、财政信贷资金最低生活保障金交通建设资金管理、发展开放型经济、医药市场管理、控减农民负担和加强农村财务管理、城镇职工医疗制度改革和药品价格执行、户办工业和流通企业改革、财政周转金清收、第六届村民委员会换届选举工作、有关部门预算执行、外向型经济（招商引资）发展情况等。

市十三届人大常委会举行12次主任会议，主要议题有13项：加强文化市场管理、通达工程建设、贯彻落实市十二届人大常委会第三十八次会议作出的环境保护审议意见和十三届人大常委会第二次会议形成的会议纪要、2005年部门预算执行、开展“四五”普法工作、创建省人口与计划生育工作示范市、全市第七届村民委员会换届选举工作和村委会运行、加强软环境建设情况、加强安全生产监督管理工作、开展打击“两抢一盗”专项斗争、土地出让金、长安路建设分摊费和建设规费收缴、推进农村二次改水，确保饮用水安全卫生和民办教育办学情况等。

市十四届人大常委会（2008—2010年）举行10次主任会议，主要议题有10项：土地出让金收取和政府借贷资金管理使用、社区卫生服务机构建设和运行、市政府落实市十四届人大常委会第六次会议关于城乡规划法审议意见、河蟹产业发展、司法机关建设和经费保障、法院调解工作、检察院查处和预防职务犯罪工作及公安局查处经济犯罪案件工作、检察院民事行政检察工作、贯彻执行《价格法》和《江苏省商品房价格管理规定》、贯彻实施《农产品质量安全法》和惠农政策落实情况等。

五、制度建设

市第十届、第十一届、第十二届、第十三届、第十四届人大及其常委会根据国家有关法律、法规，先后制定和修改一系列市人大及其常委会的工作制度。

1993年8月，市十一届人大常委常委会制订《兴化市人民代表大会常务委员会议事规则》《兴化市人民代表大会常务委员会主任会议制度》《兴化市人大常委会办事机构工作制度》《兴化市人大常委会信访工作制度》和《关于市政府组成人员和“两院”负责人向市人大常委会述职的暂行办法》。1996年6月，市十一届人大常委会对《关于加强同市人大代表联系的办法》进行修改。1998年10月，市十二届人大常委会制订《关于任免市级国家机关工作人员的办法》，对人大常委会、主任会议议事规则以及“一府两院”有关人员述职办法、联系人民代表大会代表的办法、市人大常委会机关内部管理制度等重新修订。2000年10月，市十二届人大常委会制订《关于讨论、决定重大事项的暂行规定》。2003年8月，市十三届人大常委会制订《关于财政预算审查监督的暂行规定》。2004年4月，市十三届人大常委会制订《关于任免市级国家机关工作人员的办法》和《关于对拟提请任命人员进行任前法律知识考试的暂行办法》等。2009年6月，市十四届人大常委会修订《兴化市人民代表大会常务委员会议事规则》《兴化市人民代表大会常务委员会主任会议议事规则》《兴化市人民代表大会常务委员会人事任免办法》，制订《兴化市人民代表大会常务委员会关于批复政府借贷的操作程序》。8月，制订《兴化市人民代表大会常务委员会规范性文件备案审查实施意见》。

六、视察

市十一届人大常委会组织人大代表视察活动20次。主要内容：1. 有关法律法规实施情况的视察和检查，对兴化市实施《药品管理法》《国家赔偿法》《劳动法》《环境保护法》《教育法》《食品卫生法》《农业法》《看守所条例》等情况的视察和检查。2. “一府两院”重要工作情况的视察，对代表建议意见办理、绿化工作、热电工程项目实施、创卫、文化市场管理、基层敬老院建设和使用、春节市场管理、扶贫工作、农村改水工作、道路交通管理、刑事庭审活动情况的视察等。

市十二届人大常委会组织人大代表视察活动22次。主要内容：1. 有关法律法规实施情况的视察和检查，对兴化市实施《未成年人保护法》《环境保护法》《水污染防治法》《乡镇企业法》《残疾人保障法》《城市规划法》《消防法》和《江苏省消防条例》《农民承担费用和劳务管理条例》等情况的视察和检查。2. “一府两院”重要工作情况的视察，对优抚工作、城市管理、市属工业企业盘活存量资产、骨干企业改制、基层人民法庭建设、法院行政审判庭审活动、兴化市经济开发区建设、建筑市场建设、高兴东公路建设、农村中心镇建设管理、圩堤闸站建设和圩堤管护责任制落实、农业结构调整和林业生产情况的视察等。3. 与人民生活密切相关的热点问题的视察，如对人大代表建议意见办理、重点中学建设、农村水利建设、城建重点项目建设、基础设施建设、工业企业污染治理情况的视察等。在检查、视察中，采取边看边议的方法，发现问题，及时提出批评和建议，并依法督促政府有关部门处理。

市十三届人大常委会组织人大代表视察活动24次。主要内容有全市“非典”防治、城区“1515”工程建设、工业园区建设及招商引资工作、城市（全市）防洪工程建设、城市社区建设、建筑市场建设、公路建设、城区道路交通管理、农村“5+1”工程实施、执行劳动法和省工资支付条例、公路交通和水利工程建设、农村河道综合整治、农村中心敬老院建设、建筑市场安全管理、基层法庭建设、林业绿化、社区矫正工作、“五城同创”为民办实事及代表建议办理等情况。其中对城市防洪设施建设情况进行多次视察，督促政府下大力气解决这一民生问题，市政府高度重视，认真落实常委会审议意见，城市防洪工程设施建设日趋完善，在2007年的强降雨天气中防洪设施抵挡住洪水，城市防洪取得阶段性成果。

市十四届人大常委会（2008—2010年）组织人大代表视察活动16次。主要内容有全市防洪工程建设、新农村建设、农村饮水安全工程建设、重点（市政）工程建设、宗教场所建设和活动、贯彻实施《江苏省法制宣传教育条例》、外向型经济发展、高效农业发展及项目建设、安居工程建设和安置、职业教育、公安机关基层队所规范化建设、代表建议办理等工作。其中对农村饮水安全、区域供水工作进行多次视察，督促政府重视这项民生事业，不断加大投入，采取有效措施，加快工程进度，确保工程质量，使更多区域的人民群众喝上放心水，同时，努力推动兴化市早日饮用长江水。

七、代表工作

【学习贯彻“代表法”】 1992年4月，第七届全国人民代表大会第五次会议通过《中华人民共和国代表大会和地方各级人民代表大会代表法》（简称“代表法”），常委会每年组织开展代表法颁布实施纪念日的系列宣传活动。在代表法颁布实施3周年、5周年、10周年之际，通过发表电视讲话、印制宣传画册、召开座谈会和宣传月活动等形式，广泛深入地进行宣传，组织各级人大代表学习代表法，交流依法行使代表职权的经验和体会，尤其是代表法两次修订颁布期间，在全市营造浓厚的学习宣传氛围，增强人大代表主人翁意识和责任意识。

【议案建议办理】 1991—2010年，市十届至十四届人大二次会议期间，在市人代会会议和闭会期间，代表提出各类议案和建议4500多件，全部办理完毕。为办好代表建议议案，市人大常委会会议和主任会议每年听取市政府办理建议的情况汇报。为提高办理质量，不断改进和加强办理工作。为提高办理效果和办理质量，每年人代会都筛选出10件影响大、涉及面广、群众反映强烈的重点建议，由市委、市政府负责人牵头督办，使一些涉及群众切身利益的实际问题得到较好的解决。每年除听取政府办理代表建议情况外，还组织对上一年度办理工作进行视察检查，召开交办会、督查会，组织“回头看”。总结推广承办部门好的经验和做法，对代表反馈办理不满意的建议，责成有关单位加强与代表沟通，重新研究办理，以提高办理实效。

【述职评议】 组织人大代表对“一府两院”进行述职评议。1998年10月16日，市十二届人大常委会通过《关于市政府组成人员和市人民法院、市人民检察院领导人员向市人大常委会述职的办法》。2000年10月17日市十二届人大常委会第二十四次会议对办法进行修改补充，至2006年，先后有95名政府组成人员和两院领导人向市人大常委会述职。同时，人大常委会还指导“两院”分别组织各庭庭长、副庭长、审判委员会委员、审判员及检察委员会委员、检察员述职。根据省和扬州市人大的统一部署，在市委统一领导下，市十一届人大常委会分别于1993年、1994年、1995年、1996年组织人大代表开展评议市政府有关部门和公检法3机关工作的活动，全市五级人民代表认真履行职责，踊跃参加评议，参评率在93%以上。走访联系选民8万多人次，提出建议、意见9410多条。市人大常委会和评议工作领导小组对代表提出的意见及时反馈给被评单位，并要求制订整改方案，落实整改措施。对代表意见集中、反映强烈的重点问题，限期整改。在组织述职和评议工作中，常委会注意把监督人与监督事结合起来，把会前调查与会上评议结合起来，实事求是地评价述职人员的履职情况，肯定成绩，提出要求。

【组织代表活动】 每年年初，根据市人大常委会工作要点，向各代表小组印发活动安排意见，指导人大代表、代表小组从兴化市实际出发，围绕党的中心工作和群众反映的热点难点问题开展视察调查，协助政府推进工作。指导和帮助代表小组建立健全活动制度，使多数小组能做到每季度活动一次。加强与代表的沟通和联系。1996年6月28日，市第十一届人大常委会第二次会议通过《关于加强同市人民代表联系的办法》，建立市人大常委会主任、副主任、委员分地区联系代表制度。1998年，十二届人大常委会对"办法"进行修改，并一直坚持组织人代会前集中统一视察。市、镇（乡）两级人大分别组织80%以上的代表参加。每次集中2—3天，通过听取汇报，分组实地察看、座谈总结等形式，让代表系统深入地了解全面工作情况。2007年以后，根据省人大统一部署，在全市深入推进"人大代表之家"建设。至2009年4月，全市建成泰州、兴化、乡镇三级人大代表之家118个。市人大常委会注重发挥"家"的作用，采取各种有效措施，努力把人大代表之家建成代表学习培训的重要阵地、联系选民的固定场所、议政督政的重要平台。全市各乡镇人大依托"人大代表之家"这个载体，把人大代表之家各项代表活动组织好、开展好。借助"家"这个平台，组织代表进行学习培训，开展视察调研、组织代表向选民述职、安排代表接待选民、听取有关部门和单位工作情况的汇报等，赋予代表之家丰富的活动内容。据不完全统计，全市"人大代表之家"建立后，开展活动700多次，组织视察调研280多次，开展代表向选民述职400多场，代表3500余人次参与活动，接待选民群众1万余人次，收集整理问题3500余条，在代表、选民和人大工作之间形成良好的互动机制。

第四节　乡镇人民代表大会

一、代表选举

乡镇人民代表大会代表由选民直接差额选举产生，任期3年。

1992年9—11月换届选举，全市47个乡镇有选民1129624人，划分1803个选区，参加选举的选民1028629人，占选民总数的91.06%。各乡镇选出乡镇新一届人民代表2968人，占应选代表99.46%。

1995年，全市47个乡镇的换届选举工作于1995年10月开始至同年12月结束。全市有选民1162561人，划分1823个选区，参加选举的选民1102436人，占选民总数的94.83%。全市选出新一届乡镇人民代表大会代表2887人，占应选代表99.52%。

1998年8—12月各乡镇进行人大代表换届选举工作。全市有选民1174660人，划分1829个选区，参加选举的选民1126316人，占选民总数的95.88%。全市47个乡镇选出新一届人民代表大会代表2899人，占应选代表99.9%。

2001年11月，全市乡（镇）人大换届选举工作全面启动，历时5个月。全市除11个因行政区划调整已依法进行人大选举的新建乡镇外，其余23个乡镇人大于2002年上半年任期届满，需依法进行换届选举。2001年11月，市十二届人大常委会第三十三次会议作出《关于全市乡级人民代表大会换届选举问题的决定》，并成立选举工作办公室。23个乡镇人大换届选举划分756个选区，登记选民613664人，参加投票选举的选民585811人，占选民总数的95.46%，应选代表1518人，实际选举产生代表1506人。分别召开乡镇人民代表大会，选举产生乡镇国家机关领导人员148人。

2007年8—12月，全市实行市、镇（乡）两级人大代表同步换届选举。全市34个乡镇划分1123个选区，登记选民1161125人，参加投票选举的选民1106700人，占选民总数的95.31%。全市依法选举产生乡镇新一届人民代表大会代表2381人。

二、乡镇人大主席团

1991年，按照上级要求，部分乡镇开始配备乡镇人大主席团专职常务主席。1995年，第八届全国人大常委会第十二次会议对《中华人民共和国地方各级人民代表大会和地方各级人民政府组织法》进行修改，规定“乡镇人大设主席，并可设副主席1至2人”。在1996年乡镇人大换届选举时，全市47个乡镇均配备1名专职人大主席或副主席（有专职副主席的乡镇，人大主席由乡镇党委书记兼任）。至2000年，全市有专职常务主席32名。随后，又相继出台一些制度，对乡镇人大主席、副主席、秘书的配备作了规定。按照有关文件和制度的要求，至2010年，全市34个乡镇，除个别乡镇外，基本配备专职主席、副主席、秘书。市人大常委会按照有关法律、法规，学习外地经验并结合市内乡镇人大工作的实践，先后帮助乡镇人大建立主席团会议、常务主席工作、办公室工作、办理代表议案和批评意见、来信来访接待、联系代表、代表联系选民、代表组活动等八项制度，使乡镇人大工作有章可循。

市人大常委会注重对乡镇人大主席团成员的业务培训。1991年后，多次举办乡镇人大主席、副主席和人大秘书业务培训班，或组织开展外出参观考察活动，组织系统学习有关人大工作的理论、法律及业务知识，熟悉人大工作，提高履职水平。同时，分批邀请乡镇人大主席、副主席列席常委会会议，参加常委会组织的视察和调查活动，分片召开人大工作座谈会，拓宽参与国家事务管理的渠道，为依法执行职务创造条件。市人大常委会定期给乡镇人大寄送《中国人大》《江苏人大》（《人民与权力》）、《泰州人大》以及市人大常委会编印的《会报》《兴化人大工作》等学习材料。为推进“一个载体、两项制度”建设，2006年，常委会组织部分乡镇人大主席观摩代表向选民述职活动，利用《兴化人大情况》总结推广部分乡镇人大工作经验。2007年，常委会全面启动“人大代表之家”创建工作，下发《创建“人大代表之家”的意见》，对“人大代表之家”的十项制度以及建家的场所、设施、台账资料等提出具体要求。至2010年底，全市34个乡镇都建立1—2个“人大代表之家”，基本达到有阵地、有制度、有计划、有台账、有学习资料的规范化要求。在市人大常委会的指导下，各乡镇人大积极开展活动，较好地发挥了人大代表之家的载体作用。

第二章　市人民政府

第一节　组成人员与工作机构

一、市政府领导人员

1990年3月15日至1993年2月13日第十届人民大代表大会期间，历任市长1人，副市长12人。1993年2月14日至1998年1月3日第十一届人民代表大会期间，历任市长3人，代市长2人，副市长20人。1998年1月4日至2003年1月4日第十二届人民代表大会期间，历任市长3人，代市长2人，副市长19人。2003年1月5日至2007年12月18日第十三届人民代表大会期间，历任市长3人，代市长3人，副市长15人。2007年12月19日至2010年第十四届人民代表大会期间，历任市长1人，副市长11人。

1990—2010年兴化市政府领导成员一览表

表19-5

人代会届次	职务	姓　名	籍贯	任职时间
第十届 1990年3月15日— 1993年2月13日	市长	胡　炼	江苏邗江	1990年3月—1993年2月
	副市长	陈在钧	江苏兴化	1990年3月—1992年2月
		葛鸾英（女）	江苏兴化	1990年3月—1993年2月
		居锦杰	江苏兴化	1990年3月—1992年11月
		张凤岗	江苏兴化	1990年3月—1992年11月
		凌桂生	江苏泰兴	1990年3月—1991年4月 1992年11月—1993年2月
		林厚余（挂职）	江苏南京	1990年7月—1993年2月
		何　前（挂职）	江苏淮安	1990年6月—1992年8月
		金文鸾	江苏兴化	1991年3月—1993年2月
		解钦功	江苏滨海	1991年4月—1993年2月
		桑光裕（女）	江苏扬州	1992年2月—1993年2月
		陈镇岳（挂职）	浙江宁波	1992年8月—1993年2月
		马玉龙（挂职）	江苏海门	1992年8月—1993年2月
第十一届 1993年2月14日— 1998年1月3日	市　长	桑光裕（女）	江苏扬州	1993年2月—1996年2月
		臧巧华	江苏仪征	1996年2月—1996年11月
		周书国	江苏泰兴	1997年3月—1998年1月
	代市长	臧巧华	江苏仪征	1996年2月—1996年2月
		周书国	江苏泰兴	1996年11月—1997年3月
	副市长	居锦杰	江苏兴化	1993年3月—1996年11月
		凌桂生	江苏兴化	1993年2月—1994年11月
		金文鸾	江苏兴化	1993年2月—1998年1月
		解钦功	江苏泰兴	1993年2月—1998年1月
		陈镇岳（挂职）	浙江宁波	1993年2月—1994年9月
		马玉龙（挂职）	江苏海门	1993年2月—1993年12月

续表 19-5-1

人代会届次	职务	姓　名	籍贯	任职时间
		张文彬	江苏兴化	1993年2月—1997年4月
		范学忠	江苏兴化	1993年2月—1994年8月
		邵五仁（挂职）	江苏	1993年12月—1994年9月
		周源（挂职）	江苏海安	1994年12月—1997年1月
		张益考（挂职）	江苏淮阴	1994年12月—1997年1月
		王泓卫	江苏兴化	1995年2月—1996年11月
		吴以安	江苏兴化	1995年2月—1996年2月
		臧巧华	江苏仪征	1996年2月—1996年2月
		周书国	江苏泰兴	1996年11月—1997年3月
		宁润堂（挂职）	陕西凤翔	1997年1月—1998年1月
		华　坚（挂职）	江苏无锡	1997年1月—1998年1月
		俞　军	江苏扬州	1996年11月—1998年1月
		许国曾	江苏兴化	1996年12月—1998年1月
		袁征祥	江苏兴化	1997年7月—1998年1月
第十二届 1998年1月4日— 2003年1月4日	市　长	周书国	江苏泰兴	1998年1月—1999年8月
		杭天珑（女）	江苏江都	2000年1月—2001年1月
		吴　跃	江苏姜堰	2001年2月—2003年1月
	代市长	杭天珑（女）	江苏江都	1999年8月—2000年1月
		吴　跃	江苏姜堰	2001年1月—2001年2月
	副市长	金文鸾	江苏兴化	1998年1月—2000年10月
		解钦功	江苏兴化	1998年1月—1999年1月
		范学忠	江苏兴化	1998年1月—2001年1月
		宁润堂（挂职）	陕西凤翔	1998年1月—1998年12月
		华　坚（挂职）	江苏无锡	1998年1月—1998年12月
		俞　军	江苏扬州	1998年1月—1998年12月
		许国曾	江苏兴化	1998年1月—2000年3月
		袁征祥	江苏兴化	1998年1月—2001年2月
		金厚坤	江苏兴化	1999年1月—2003年1月
		杨　健	江苏兴化	1999年1月—2003年1月
		陶长生（挂职）	江苏高淳	1999年1月—2001年1月
		杭天珑（女）	江苏江都	1999年8月—2001年1月

续表 19-5-2

人代会届次	职务	姓　名	籍贯	任职时间
		刘元太	江苏兴化	2000年3月—2003年1月
		吴　跃	江苏姜堰	2001年1月—2001年2月
		赵旭东	江苏兴化	2001年2月—2002年11月
		张育林	江苏兴化	2001年2月—2003年1月
		梅建成	江苏兴化	2001年6月—2003年1月
		吉天鹏	江苏兴化	2001年6月—2003年1月
		顾国平	江苏兴化	2001年8月—2003年1月
第十三届 2003年1月5日— 2007年12月18日	市　长	吴　跃	江苏姜堰	2003年1月—2005年7月
		唐文奇	江苏泰兴	2006年2月—2006年6月
		李　伟	江苏泰州	2007年2月—2007年12月
	代市长	唐文奇	江苏泰兴	2005年9月—2006年2月
		李　伟	江苏泰州	2007年1月—2007年2月
		贾春林	江苏姜堰	2006年6月—2006年12月
	副市长	金厚坤	江苏兴化	2003年1月—2005年2月
		杨　健	江苏兴化	2003年1月—2007年12月
		张育林	江苏兴化	2003年1月—2005年2月
		梅建成	江苏兴化	2003年1月—2007年12月
		吉天鹏	江苏兴化	2003年1月—2007年12月
		顾国平	江苏兴化	2003年1月—2007年12月
		孙如丽（女）	江苏兴化	2003年1月—2003年5月
		唐文奇	江苏泰州	2005年9月—2006年2月
		贾春林	江苏姜堰	2006年6月—2006年12月
		李　伟	江苏泰州	2006年12月—2007年2月
		顾跃进	江苏兴化	2005年2月—2007年12月
		陈东义	江苏兴化	2006年5月—2007年12月
		裴红川（挂职）	辽宁	2006年9月—2007年12月
		马雅斐（女）	江苏靖江	2007年11月—2007年12月
		钱　玲（女、挂职）	江苏苏州	2007年6月—2007年12月

续表 19-5-3

人代会届次	职务	姓　名	籍贯	任职时间
第十四届 2007年12月19日—	市　长	李　伟	江苏泰州	2007年12月—
	副市长	梅建成	江苏兴化	2007年12月—
		吉天鹏	江苏兴化	2007年12月—
		顾国平	江苏兴化	2007年12月—
		顾跃进	江苏兴化	2007年12月—
		陈东义	江苏兴化	2007年12月—2009年10月
		马雅斐(女)	江苏靖江	2007年12月—
		裴红川(挂职)	辽宁	2007年12月—2009年4月
		钱　玲(女、挂职)	江苏苏州	2007年12月—2009年4月
		邓志方(女)	江苏兴化	2009年12月—
		陈　浩	江苏姜堰	2009年4月—
		戴荣军	江苏兴化	2010年6月—

二、政府机构

1991年,市政府工作机构设11个委员会和41个局级工作机构。分别是编委、计委、经委、科委、体委、绿化委、计生委、爱卫委、经济协作委员会(简称“经协委”)、市志编纂委员会、对外经济贸易委员会(简称“外经委”);政府办公室、经济研究室、财贸办公室、侨务办公室、地方志办公室;监察局、审计局、司法局、民政局、公安局、人事局、劳动局、统计局、财政局、税务局、工商行政管理局、商业局、物资局、粮食局、物价局、土地管理局、档案局、农业局、水利局、多种经营管理局、交通局、地方工业局、轻工业局、纺织工业局、机械工业局、电子工业局、农机局、化学建材工业局、水产局、教育局、文化电视广播局、卫生局、城建局、环保局、建筑工程局和人民银行。

1997年,市政府机构改革。保留机构有:市政府办公室、人事局、监察局、对外经济贸易委员会、计划委员会、经济委员会、科学技术委员会、计划生育委员会、劳动局、环境保护局、统计局、物价局、经济委员会、交通局、科学技术委员会、农业局、水利局、多种经营管理局、财政局、地方税务局、审计局、工商行政管理局、粮食局、文化局、卫生局、公安局、司法局、民政局。规范名称的机构:市城乡建设局更名为市建设委员会,市地方工业局更名为市乡镇企业管理局,市土地管理局更名为市国土管理局,市教育局更名为市教育委员会。新组建、撤销的机构:标准化管理、计量管理、质量管理职能合并,组建市技术监督局,撤销市标准计量局;撤销市政府接待

图 19-4　原市政府门楼
(2004年摄,市城建档案馆提供)

办公室、市政府财贸办公室，职能划归市政府办公室；撤销市招商局，职能划归有关部门；撤销市技术改造办公室，职能并入市经委。部门管理机构：市信访局为市委办公室、市政府办公室部门管理机构，仍为正科级。市政府外事办公室、市政府法制局为市政府办公室部门管理机构，均为副科级。市国有资产管理局为市财政局部门管理机构，仍为副科级。合署或挂牌：市监察局与市纪律检查委员会机关合署，市机构编制委员会办公室与市人事局合署，市政府侨务办公室与市政府外事办公室合署；市政府办公室增挂“兴化市政府研究室”“兴化市经济体制改革委员会办公室”和“兴化市无线电管理办公室”牌子，市计划委员会挂“兴化市经济协作办公室”和“兴化市第三产业领导小组办公室”牌子，市建设委员会挂“兴化市人民防空委员会办公室”牌子，市民政局挂“兴化市老龄工作委员会办公室”和“兴化市拥军优属拥政爱民领导小组办公室”牌子，市卫生局挂“兴化市爱国卫生运动委员会办公室”牌子，市国有资产管理局挂“兴化市城镇集体资产管理办公室”牌子，市多种经营管理局挂“兴化市绿化委员会办公室”牌子。挂“局”牌子的行政性公司：市机械工业公司（市电子工业公司仍与其合署）、市化学建材工业公司、市轻工业公司、市纺织工业公司仍保留“局”的牌子，继续过渡。此外，市供销合作总社仍按现行体制运行。经过调整，市政府机构设置工作机构31个：市政府办公室、市人事局、市监察局、市对外经济贸易委员会、市计划委员会、市劳动局、市建设委员会、市环境保护局、市统计局、市物价局、市经济委员会、市交通局、市技术监督局、市乡镇企业管理局、市科学技术委员会、市农业局、市水利局、市多种经营管理局、市国土管理局、市财政局、市地方税务局、市审计局、市工商行政管理局、市粮食局、市教育委员会、市文化局、市卫生局、市计划生育委员会、市公安局、市司法局、市民政局。部门管理机构4个：市政府法制局、市政府外事办、市信访局、市国有资产管理局。

2001年，调整机构设置。综合经济部门：市计划委员会更名为市发展计划局，保留“兴化市第三产业领导小组办公室”牌子，不再保留市经济协作办公室，有关职能并入市经济贸易局；在市经济委员会基础上组建市经济贸易局，安全生产监督管理局为其副科级内设机构；保留市财政局，保留“兴化市财政监督稽查局”牌子，不再保留市国有资产管理局及其增挂的“兴化市城镇集体资产管理办公室”牌子，有关职能并入市财政局；保留市乡镇企业管理局，将原增挂的“兴化市个体私营经济发展局”更名为“兴化市私营个体经济发展局”。专业经济管理部门：市建设委员会更名为市建设局，增挂“兴化市旅游局”牌子，不再保留“兴化市人民防空办公室”牌子；市水利农机局更名为市水务局，增挂“兴化市农业机械管理局”牌子；市对外经济贸易委员会更名为市对外贸易经济合作局；保留市交通局、市农业局、市多种经营管理局、市粮食局。执法监管部门：组建市城市管理局，保留市环境保护局、市物价局。社会管理部门和其他部门：市教育委员会更名为市教育局；市科学技术委员会更名为市科学技术局；在市劳动局基础上组建市劳动和社会保障局；在市国土管理局基础上组建市国土资源局；市计划生育委员会更名为市计划生育局；市信访局由市委办、市政府办的部门管理机构改为市政府工作部门；将市政府法制局、市外事办公室由市政府办公室的部门管理机构改为与其合署办公，仍为副科级建制；市政府侨务办公室，由与原市外事办公室合署改为在市政府办公室挂牌。保留：市政府办公室、公安局、监察局、民政局、司法局、人事局、文化局、卫生局、审计局、统计局。调整后，市政府工作部门为29个，即：市政府办公室（市政府法制局、市外事办公室均与其合署办公，挂“兴化市政府研究室”“兴化市经济体制改革委员会办公室”“兴化市政府侨务办公室”“兴化市无线电管理办公室”牌子）、市发展计划局（挂“兴化市第三产业领导小组办公室”牌子）、经济贸易局、教育局、科学技术局、公安局、监察局（与市纪律检查委员会机关合署办公，不计机构数）、民政局（挂“兴化市拥军优属拥政爱民领导小组办公室”“兴化市老龄工作委员会办公室”牌子）、司法局、财政局（挂“兴化市财政监督稽查局”牌子）、人事局（市机构编制委员会办公室与其合署办公）、劳动和社会保障局、国土资源局、建设局（挂“兴化市旅游局”牌子）、城市管理局、交通局、水务局（挂“兴化市农业机械管理局”牌子）、农业局、多种经营管理局（挂“兴化市绿化委员会办公室”牌子）、市对外贸易经济合作局、市文化局、市卫生局（挂“兴化市爱国卫生运动委员会办公室”牌子）、计划生育局、审计局、环境保护局、统计局、物价局、粮食局、乡镇企业管理局（挂“兴化市私营个体经济发展局”牌子）、市信访局。人民防空办公室为市国防动员委员会的常设办事机构，正科级建制，不计政府机构数。此外，开发区机关仍为市委、市政府派出机构。撤销市委、市政府派驻农村的9个区委、区公所。

2005年，政府机构改革。将市发展计划局改组为发展和改革委员会，将原由政府办承担的经济体制改革委员会办公室，由市经贸局承担的经济协作职能划入。将市安全生产监督管理局由市经济贸易局的副科级内设机构调整为政府工作部门（正科级建制），将原由市经贸局承担的综合管理安全生产工作、原由市卫生局承担的作业场所职业卫生监督检查职能、原由市公安局承担的烟花爆竹生产经营单位的安全生产监督管理职能划入。在整合农口有关部门行政职能的基础上，组建市农业委员会。撤销原市政府工作部门农业局、林牧业局建制，撤销原市政府直属事业单位市水产局、市农业资源开发局建制。撤销原在市水务局挂牌的“兴化市农业机械管理局”，将农机管理、农机推广和监理的职能划归市农委（机电排灌职能仍保留在市水务局）。在市农委挂“兴化市农业局”“兴化市林牧业局”“兴化市水产局”“兴化市农业机械管理局”“兴化市农业资源开发局”牌子。将市经济贸易局改为市经济贸易委员会，将乡镇企业管理局职能并入，撤销市乡镇企业管理局，在市经贸委挂“乡镇企业管理局”“中小企业局”牌子。将市商业局的行政职能并入市经贸委（企业改革任务基本完成后撤销市商业局建制）。撤销市轻纺工业公司（局）、市机械化建工业公司（局）建制。将市计划生育局更名为人口和计划生育委员会，其主要职能不变。将原由市卫生局承担的保健品审核的有关职能划入泰州市兴化食品药品监督管理局。经过上述调整，市政府设置政府办公室和工作部门28个，均为正科级建制。具体是市政府办公室（市政府法制局、市外事办公室均与其合署办公，挂“兴化市政府研究室”“兴化市政府侨务办公室”“兴化市无线电管理办公室”牌子）、市发展和改革委员会、市经济贸易委员会（挂“兴化市乡镇企业管理局”“兴化市中小企业局”牌子）、市教育局（挂“兴化市政府教育督导室”牌子）、科学技术局（挂“兴化市知识产权局”牌子）、公安局、监察局（与市纪检机关合署办公，不计机构数）、民政局（挂“兴化市拥军优属拥政爱民领导小组办公室”“兴化市老龄工作委员会办公室”牌子）、司法局、财政局（挂“兴化市财政监督稽查局”牌子）、人事局（市机构编制委员会办公室与其合署办公，挂“兴化市事业单位登记管理局”牌子）、劳动和社会保障局、国土资源局、建设局（挂“兴化市旅游局”牌子）、城市管理局、交通局、水务局、农业委员会（挂“兴化市农业局”“兴化市林牧业局”“兴化市绿化委员会办公室”“兴化市水产局”“兴化市农业机械管理局”“兴化市农业资源开发局”牌子）、对外贸易经济合作局、文化局（挂“兴化市新闻出版局”牌子）、卫生局（挂“兴化市爱国卫生运动委员会办公室”牌子）、人口和计划生育委员会、审计局、环境保护局、统计局、安全生产监督管理局、物价局、粮食局、信访局（挂“兴化市人民建议征集办公室”牌子）、民族宗教事务局（市委统战部与其合署办公室，不计机构数）。人民防空办公室为国防动员委员会常设办事机构，正科级建制，不计政府机构数。2006年，成立市规划局。2007年，组建兴化市服务业局，在市发展和改革委员会挂牌。撤销商业局。2009年，经泰州市人民政府批复，成立市应急管理办公室，与市政府办公室合署办公。

2010年，政府机构改革。组建市农业委员会，将市农业局的职责、市林牧业局的职责，整合划入市农业委员会，挂“兴化市农业局”“兴化市林牧业局”牌子，不再保留市农业局、市林牧业局，不再保留市绿化委员会办公室牌子。将市水产局、市农业机械管理局、市农业资源开发局由市政府直属事业机构调整为市农业委员会下属事业机构，机构规格均相当副科级。组建市经济和信息化委员会，将市经济贸易委员会内贸管理以外的职责、市发展和改革委员会的信息化工作职责、市政府办公室的无线电管理职责，整合划入市经济和信息化委员会，挂“兴化市中小企业局”牌子，不再保留市经济贸易委员会,不再保留“兴化市乡镇企业管理局”牌子。市政府办公室不再保留“兴化市无线电管理办公室”牌子。组建市人力资源和社会保障局,将市人事局的职责、市劳动和社会保障局的职责整合划入,挂“兴化市公务员局”牌子,不再保留市人事局、市劳动和社会保障局,与市人事局合署办公的市机构编制委员会办公室(挂“兴化市事业单位登记管理局”牌子)单独设置,仍列市委机构序列,既是市委的工作机构,又是市政府的工作机构。组建市商务局,将市经济贸易委员会的内贸管理职责、市对外贸易经济合作局的职责、市粮食局的职责整合划入市商务局,挂“兴化市粮食局”牌子,不再保留市对外贸易经济合作局、市粮食局。市招商局更名为市投资促进局,并由市政府直属事业机构调整为市商务局下属事业机构,机构规格相当副科级。组建市住房和城乡建设局,将市建设局、市规划局的职责,整合划入市住房和城乡建设局,挂“市规划局”“兴化市旅游局”牌子,不再保留市建设局、市规划局。将市建筑工程局更名为市建筑工程管理局,为市住房和城乡建设局下属事业机构,机构规格相当副科级。组建市文化广电新闻出版局,将市文化局、市广播电视局的职责整合划入,不再保留市文化局、市广播电视局。不再保留“兴化市新闻出版局”牌子。将市体育局由市政府直属事业机构调整为市文化广电新闻出版局下属事业机构,规格相当副科级。市广播电视台为市文化广电新闻出版局下属事业机构,规格相当正科级。泰州市兴化食品药品监督管理局更名为兴化市食品药品监督管理局,其职责与市卫生局职责整合,市卫生局挂“兴化市食品药品监督管理局”牌子。将市物价局的职责划入市发展和改革委员会,挂“兴化市物价局”牌子,不再保留市物价局。将市信访局由市政府工作部门调整为市委办公室的部门管理机构,不再保留市人民建议征集办公室牌子。将市人民防空办公室的职责划入市政府办公室,挂“兴化市人民防空办公室”牌子,不再保留市人民防空办公室。市交通局更名为市交通运输局,挂“兴化市港口管理局”牌子,市政府法制局更名为市政府法制办公室,并由与市政府办公室合署办公调整为在市政府办公室挂牌。将市应急管理办公室由与市政府办公室合署办公调整为在市政府办公室挂牌。市政府办公室挂“兴化市政府外事侨务办公室”牌子,不再保留市外事办公室,不再保留市政府侨务办公室牌子。市国有资产管理局更名为市政府国有资产监督管理办公室,仍在市财政局挂牌。市财政局不再保留市财政监督稽查局牌子。市招标采购管理办公室由市政府直属事业机构调整为市财政局下属事业机构,机构规格相当副科级。将市民族宗教事务局由与市委统一战线工作部合署办公调整为在市委统一战线工作部挂牌。将市人民政府教育督导室由与市教育局合署办公调整为在市教育局挂牌。市城市管理局挂“兴化市城市管理行政执法局”牌子。市民政局不再保留市拥军优属拥政爱民领导小组办公室、市老龄工作委员会办公室牌子。市卫生局不再保留市爱国卫生运动委员会办公室牌子。将市市级机关事务管理局由市政府直属事业机构调整为市政府办公室下属事业机构,规格相当副科级。将市接待办公室由在市市级机关事务管理局挂牌调整为在市委办公室挂牌。市政府机构改革后,设置工作部门24个,机构规格均为正科级。具体是:市政府办公室(挂“兴化市政府研究室”“兴化市人民防空办公室”“兴化市政府法制办公室”“兴化市政府外事外侨办公室”“兴化市应急管理办公室”牌子)、市发展和改革委员会(挂“兴化市物价局”“兴化市服务业局”牌子)、市经济和信息化委员会(挂“兴化市中小企业局”牌子)、市教育局(挂“兴化市人民政府教育督导室”牌子)、市科学技术局(挂“兴化市知识产权局”牌子)、市公安局、市监察局(与市纪委机关合署办公,列入政府工作部门序列,不计政府机构个数)、市民政局、市司法局、市财政局(挂“兴化市政府国有资产监督管理办公室”牌子)、市人力资源和社会保障局(挂“兴化市公务员局”牌子)、市国土资源局、市住房和城乡建设局(挂“兴化市规划局”“兴化市旅游局”牌子)、市城市管理局(挂“兴化市城市管理行政执法局”牌子)、市交通运输局(挂“兴化市港口管理局”牌子)、市水务局、市农业委员会(挂“兴化市农业局”“兴化市林牧业局“牌子)、市商务局(挂“兴化市粮食局”牌子)、市文化广电新闻出版局、市卫生局(挂“兴化市食品药品监督管理局”牌子)、市人口和计划生育委员会、市审计局、市环境保护局、市统计局、市安全生产监督管理局。2010年11月，市食品药品监督管理局由在市卫生局挂牌调整为单独设置，为政府工作部门。

第二节 施政纪要

1991—2010年，兴化市历届政府以经济建设为中心，继续贯彻执行治理整顿和深化改革方针，深入贯彻科学发展观，坚持富民优先、科教优先、环保优先、节约优先，在全面分析、科学论证的基础上，全方位、多角度、及时准确地提出一系国民经济和社会发展的奋斗目标和战略方针，保证全市国民经济和各项事业持续、稳定、协调发展。

一、兴化市第十届人民政府

本届政府任期1990年3月至1993年2月。1990年，市政府继续贯彻执行治理整顿和深化改革方针，努力保持国民经济持续、稳定和协调发展。为了以提高经济效益为中心，调整结构，强化管理，发展乡镇企业，全市有村组工业1582家，实现利税2312万元，约占全市工业利税总额的39.2%，村组工业成为兴化工业三分天下有其一的主力军。是年，全市实现社会总产值44.32亿元，工农业总产值39.31亿元，地区生产总值17.71亿元，财政收入8492.5万元，增长6.43%。战胜强台风灾害，深化农村改革试点，建立健全农村服务体系，完善统分结合的双向承包，农业再获丰收，被国务院授予1990年粮食生产先进单位。

1991年，市政府编制《兴化市国民经济和社会发展第八个五年计划纲要》，立足现有基础，坚持科技领先，加快经济结构调整，稳定提高农业，重点发展工业，协调发展第三产业。巩固和发展粮食、棉花、油料、水产4大商品生产基地，积极开发农业资源，提高农业的综合生产能力，提高商品率。加快工业结构调整，优先发展纺织业为主导行业，重点发展农用工业和农副产品加工工业，加快发展电子和化学、医药工业，大力开发食品、建材工业，调整提高机械工业和轻工业，提高工业整体素质，提高经济效益；大力发展为生产和生活服务的行业，加快商业、供销、物资、金融业、运输业的发展，形成城乡协调、具有本地特色的经济结构。是年，全市人民克服重重困难，战胜历史罕见的特大洪涝灾害，保护了全市150万人民群众的生命安全，保护了关系国计民生的重要部门、重要设施和国家财产的安全；夺回80万亩秋熟作物，补种70万亩晚秋作物。筹集1042万元资金、物资和药品，解决灾民生活中的具体困难，群众情绪和社会秩序基本稳定。在遭遇严重自然灾害的情况下，把经济建设的重点转移到优化结构和提高效益的轨道上来，狠抓一批骨干企业的技术改造，全市固定资产投资额完成9290万元，比上年增长32.15%。

1992年，以恢复发展粮棉生产为基础，增加农业投入，发展效益型农业，全面发展农村经济。突出工业结构调整，加快外向型经济发展的步伐，抓好工业结构调整，转换企业经营机制，加快对外开放，大力发展第三产业。国民经济摆脱洪涝灾害的滞后影响，得到恢复和发展，跻身全国农村综合实力百强县行列。全市实现国民收入19.05亿元，比上年增长61.51%，比1990年增长15.38%。社会总产值52.1亿元，比上年增长35.91%，比1990年增长17.55%，工农业总产值42.8亿元，比上年增长30.49%，比1990年增长8.88%。地区生产总值20.46亿元，比上年增长58.6%，比1990年增长15.53%。三次产业比重为49.88%、27.41%、22.71%。

二、兴化市第十一届人民政府

本届政府任期1993年2月至1998年1月，其间，市政府以经济建设为中心，坚持一、二、三产业协调发展。基础设施建设不断加快，民主法制建设和政府工作得到加强，国民经济和各项社会事业保持较好发展势头。1993年全市实现地区生产总值26.64亿元，按可比价格计算，比上年增长30.21%。其中第三产业增加值5.79亿元，比上年增长17.51%，占地区生产总值的比重为21.73%，工农业总产值52.58亿元，比上年增长22.85%，财政收入1.03亿元，比上年增长47.14%，财政收入首次突破亿元大关。

1994年，农业经济全面增长，棉花总产3.59万吨，比上年增长28.4%，入库皮棉总量全省第一，全国第三。加快工业经济发展，规模经济显示优势，35个工业规模企业（村）完成产值16.4亿元，占全市工业总产值的37.77%。以产权制度改革为重点的企业改革进一步深化。各项社会事业取得新的进步，精神文明和民主法制建设得到加强。城乡居民收入增加，城镇职工年平均收入3381元，农民年人均纯收入1400元，分别增长34.17%、42%。全市实现地区生产总值38.38亿元，按可比价格计算，比上年增长44.07%。其中第三产业增加值9.02亿元，比上年增长55.79%，占地区生产总值的比重为23.5%，工农业总产值64.74亿元，比上年增长23.1%，财政收入1.44亿元，比上年增长39.81%。

1995年，加快经济结构调整，推进以产权制度改革为重点的城乡改革，加强基础设施建设，提高经济运行质量，增强经济发展活力，加快对外开放步伐，完成和超额完成 ”八五“计划提出的各项目标。全市实现工农业总产值81.17亿元，比上年增长25.4%。地区生产总值49.57亿元，比上年增长29.16%，其中第三产业增加值12.63亿元，比上年增长40.02%；一、二、三产业所占比重分别为42.4%、32.1%、25.5%；财政收入1.9亿元，比上年增长31.94%。

1996年，市政府编制《兴化市国民经济和社会发展“九五”计划和2010年远景目标纲要》，积极推进“农工接轨、规模经济、外向带动、科教兴市、基础设施先行”五大战略，切实加快转变经济体制和经济增长方式，促进全市经济发展和社会全面进步。是年为实施“九五”计划的第一年，进一步调整农业结构，推进农业产业化进程；突出规模工业建设，提高工业经济整体素质；进一步加强市场的培育与建设，加快水上运输业发展和农村小城镇建设，认真实施科教兴市战略，促进经济社会协调发展。全年实现工农业总产值87.32亿元，比上年增长7.58%；地区生产总值56.42亿元，比上年增长13.82%。其中第三产业增加值16.9亿元，比上年增长33.81%；财政收入2.25亿元，比上年增长18.42%。

1997年，强化农业基础地位，稳定提高种植业，积极推进贸工农一体化经营，增强农业综合生产能力；积极推进企业改革，积极开展工业结构调整促进年活动，扩大开放，提高经济外向度，着力改善工业运行质态，实现经济工作新突破，提高全市城乡人民生活水平。全市实现工农业总产值89.07亿元，比上年增长2%；地区生产总值60.15亿元，比上年增长6.61%，其中第三产业增加值18.69亿元，比上年增长10.59%，占地区生产总值比重达31.1%；财政收入2.38亿元，比上年增长5.78%。

三、兴化市第十二届人民政府

本届政府任期自1998年1月至2003年1月，其间，市政府全面贯彻中共十五大精神，以经济建设为中心，通过调整和完善经济结构，提高经济整体素质。加强精神文明建设和民生法制建设。1998年，着重推进农业产业化经营，发展农村经济。加快工业结构调整，围绕实施科技4大工程，加大项目产品开发力度。突出重点开拓市场，建好荻垛畜禽批发市场、沙沟水产品批发市场和垛田蔬菜批发市场，协调发展各项社会事业，推进社会全面进步。全年水产品总量10.22万吨，为全省唯一淡水产品总量突破10万吨的县（市）。全市完成地区生产总值63.95亿元，比上年增长6.32%，第一、二、三产业增加值分别为25.92亿元、16.63亿元、21.39亿元，构成比例为40.5 : 26.0 : 33.5，财政收入2.62亿元，比上年增长10.08%。

1999年，国民经济持续发展，经济整体素质不断提高，全市完成地区生产总值68.45亿元，比上年增长7.04%，第一、二、三产业增加值分别为26.45亿元、18.18亿元、23.82亿元，构成比例为38.6 : 26.6 : 34.8，财政收入2.78亿元，比上年增长6.11%。实施产权制度改革的市属企业、乡镇企业达33家和1304家，改制面分别达34.7%和99%。基础设施建设力度加大，城镇面貌有新变化，顺利实施城市区划调整，完成长安南路和建设东路房屋拆迁任务，建成建设东路快车道，长安南路主体基本竣工。加大小城镇规划、建设和管理力度，全市小城镇固定资产投资9.87亿元，创建省、泰州市级新型示范小城镇5个。社会事业协调发展，城乡人民生活逐步改善，农民人均纯收入和城镇职工平均工资收入分别比上年增长4.32%和6.4%，城镇居民储蓄增长14.6%。深入开展精神文明活动，稳步推进民主法制建设，加强政府自身建设。

2000年，加快农业产业化进程；紧抓市场开拓和技术创新，优化软硬发展环境，推进大开放发展战略，促进工业经济优化提高，深化以产权制度为核心的企业改革、流通体制改革和各项配套改革，增强经济发展的动力和活力；加快基础设施和小城镇建设步伐，实施科教兴市战略，促进经济社会事业的全面进步。全市完成地区生产总值74.7亿元，比上年增长9.13%，第一、二、三次产业增加值分别为27.58亿元，增长4.27%，第二产业增加值21.03亿元、增长15.68%，第三产业增加值26.1亿元、增长9.57%。第一、第二、第三产业增加值构成比例由上年的38.6∶26.6∶34.8转变为36.9∶28.2∶34.9。财政收入3.11亿元，比上年增长11.87%。

2001年，市政府编制《兴化市国民经济和社会发展第十个五年计划纲要》，以富民强市总揽全局，以提高人民生活水平为落脚点，积极应对“入世”新形势，解放思想，抢抓机遇，推进创新，加快发展。坚持培大扶强，提高企业市场竞争力，加大项目开发力度，促进产品结构调整，放大戴南、张郭效应，发展私营个体经济。调整提高农业，加快农业市场化、标准化、产业化和农村经济“非农化”进程。做强城区经济，抓好经济开发区、私营经济城、科技工业园3个园区建设。扩大对外开放，狠抓财税建设，增加人民收入，维护社会稳定，促进经济持续快速健康发展和社会全面进步。是年，全市实现地区生产总值82.42亿元，比上年增长10.3%。第一、二、三产业增加值分别为28.63亿元、增长3.81%，24.1亿元、增长14.6%，29.69亿元、增长13.75%。一、二、三产业所占比例为34.74∶29.24∶36.02。财政收入4.29亿元，比上年增长37.94%。

2002年，全市实现地区生产总值91.31亿元，比上年增长10.79%。其中第一、二、三产值增加值分别为29.7亿元、增长3.74%，28.61亿元、增长18.71%，33.01亿元、增长11.18%。一、二、三产业构成比例为32.5∶31.3∶36.2。全年实现工业总产值151.47亿元，销售收入143.51亿元，利税10.79亿元，分别比上年增长21%、23%、38%。全市实现财政收入6.11亿元，比上年增长42.42%。1997—2002年城镇居民人均可支配收入和农民人均纯收入年均分别递增14.2%和5.51%，人均储蓄存款达4193元。社会保障制度不断完善，全市参加养老保险和医疗保险的人员分别达到5.95万人和4.63万人，2002年筹集社会保障金2.04亿元，实现参保企业离退休人员养老金100%按时足额发放，建立并逐步完善城乡居民最低生活保障制度，9178名特困对象按时领取低保金。

四、兴化市第十三届人民政府

本届政府任期2003年1月至2007年12月，2003年，市政府以富民强市总揽全局，深化各项改革，加快体制创新，增强经济运行调控功能，增强经济社会发展活力。完善基础设施，加快城镇化步伐，完成第四轮城市总体规划、市域城镇体系规划、历史文化名城保护规划的修编工作，张郭镇创建为全国卫生镇，陈堡镇通过省级新型示范小城镇检查。大力实施就业和再就业工程，繁荣各项社会事业。转变政府职能，改进工作作风，加强政治文明和精神文明建设，促进全市经济社会持续快速健康发展。当年，全市经受“非典”和洪灾两大考验，取得最终胜利。完成中央电视台“心连心”艺术团来兴慰问演出承办任务，举办第六届郑板桥艺术节。全市地区生产总值首次突破百亿元大关，达103.29亿元，比上年增长13.12%，跻身全国第三届县域经济基本竞争力百强县（市）行列。其中第一产业增加值29.92亿元，增长0.74%；第二产业增加值36.24亿元，增长26.67%；服务业增加值37.13亿元，增长12.48%。全年实现工业总产值200.55亿元，销售收入

190.95亿元，利税16.41亿元，利润9.66亿元，分别增长32.4%、33.1%、52.1%、62.1%。全年社会消费品零售总额26亿元，比上年增长10.45%。全年完成财政收入7.55亿元，比上年增长23.57%。农民人均纯收入3935元，增长6.1%，城乡居民储蓄存款余额75.59亿元，增长16.3%。

2004年，全市围绕翻番小康的目标，突出农民增收，统筹城乡发展，拓宽“三农”工作新思路。加快推进城市建设，做大规模，做美形象。完善社会保障体系，为民办好实事，统筹兼顾，协调发展，开拓文明进步新局面。全年实现地区生产总值124.03亿元，比上年增长20.08%。完成财政收入10.09亿元，比上年增长33.64%。全社会固定资产投产46.52亿元，比上年增长26%。实现农业增加值33.33亿元，比上年增长11.4%。农、林、牧、渔全面增产增收，获全国“十大粮食生产标兵县（市）”称号。完成工业增加值46.88亿元，比上年增长29.36%，首次超农业增加值。工业总产值254.55亿元，销售243.65亿元，利税20.81亿元，分别比上年增长26.9%、27.6%和26.8%。完成工业技改投入20.01亿元，增长57.8%。戴南、张郭工业发展成果显著，标兵作用更加突出。全市产销过亿元企业14家，全年新登记注册私营个体工业企业1563家。建筑业实现增加值10.67亿元，比上年增长13.2%。全年完成第三产业增加值43.82亿元，比上年增长18.02%。实现社会消费品零售总额30.05亿元，比上年增长15.6%。年末城乡居民储蓄存款余额88.4亿元，比年初增长16.9%。

2005年，全市实现地区生产总值150.67亿元，比上年增长21.48%，五年翻一番。财政总收入12.78亿元，比上年增长26.66%，五年翻两番，一般预算收入5.23亿元，比上年增长24.2%，增幅居泰州4市之首，再次被省政府表彰为“财政收入上台阶先进单位”。农业和农村经济稳步发展，结构调整、品牌建设、产业化经营深入推进，第二次获得“全国十大粮食生产先进县标兵”称号。工业产销三年翻番，全市产销过亿元企业25家，江苏兴达钢帘线股份有限公司产值达23.75亿元。全年新引进项目525个，引资总额24.65亿元，实际利用外资2976万美元，新批外资企业26家。民营经济快速发展，全年新增民营企业509家、个体工商户7475家。建筑业和服务业持续稳定增长，五年年均递增18.6%和12.1%。推行新型农村合作医疗制度，落实“一免三补”惠农政策。城镇在岗职工平均工资13560元，增长13.9%。农民人均纯收入4904元，增长11.2%。农村中小学教师国标和省标工资上划市财政，实现农村义务教育以县为主的管理新体制。全面取消农业税、村提留和乡统筹，村务公开、民主管理等村级组织规范化建设得到加强。开通政府门户网站，实现有线电视“村村通”。被省政府命名为“质量兴市”先进市，表彰为“民族团结进步模范单位”，被省委、省政府命名为社会治安安全市，获得省级文明城市创建工作先进市称号，张郭镇建成全国文明镇、戴南镇成为全国文明创建工作先进镇。

2006年，市政府编制《兴化市国民经济和社会发展第十一个五年总体规划纲要》。在实施“十一五”规划的开局之年，全市围绕“建设全面小康，构建和谐兴化”的目标，全面落实科学发展观，认真贯彻宏观调控各项改革措施，坚持率先发展、科学发展、和谐发展，加快产业集聚，发展企业集群，打造特色经济板块，强化招商引资，发展民营经济，加快工业化进程；积极发展高效、生态、外向型农业，扶持发展龙头企业，促进农业产业化进程。巩固壮大传统服务业，培强不锈钢制品、农资等特色市场，提升服务业发展水平。发挥规划的龙头作用，统筹城乡建设，完善城市功能，打造“水乡兴化”“文化兴化”“绿色兴化”品牌。为民办好实事，加快发展社会事业，加强政府自身建设，实现“十一五”发展的良好开局。全市实现地区生产总值178.36亿元，比上年增长18.4%，一、二、三产分别达39.15亿元、82.54亿元、56.67亿元，比上年增长6.24%、21.88%和22.93%。实现财政收入15.86亿元，其中一般预算收入6.56亿元，分别比上年增长24.1%和25.4%，被省政府表彰为“财政收入增收先进单位”。农业和农村经济稳定发展，完成农业总产值72.96亿元，比上年增长3.5%，全市高效农业面积45.5万亩，比重达23.6%，获批无公害农产品45个，绿色食品41个，有机食品4个，兴化香葱被国家质检总局批准实施地理标志产品保护，再次获“全国粮食生产先进县（市）”称号。兴达国际控股有限公司于12月21日在香港成功上市。全市招商引资额30.6亿元，实际利用外资2234万美元。实现工业总产值413.53亿元，销售400.95亿元，利税33.2亿元，分别比上年增长27.7%、28.8%和28.1%。实现社会消费品零售总额40.62亿元，比上年增长16.2%。城镇在岗职工人均年工资收入15219元，农民人均纯收入5456元，分别比上年增长12.2%和11.3%。年末城乡居民储蓄存款余额比年初净增8.3亿元，达109.8亿元。农村新“5+1”实事有序推进，新型农村合作医疗参保率达89%。社会事业全面进步，成功举办市第三届运动会，被列为全国“科技富民强县”试点市，被省政府表彰为“全省‘十五’人口计生工作示范市”和“社会治安安全市”。

2007年，继续加快发展和培强不锈钢制品及农副产品加工两大特色支柱产业，改造提升纺织服装、机械、轻工等传统产业，发展培育电子信息、新材料等新兴产业，促进企业集群发展、产业集聚升级。加快构建服务业发展体系，推进服务业“五五”工程建设，提升服务业发展水平。加快农业结构调整和农业产业化进程，突出农业园区建设，大力实施农副产品营销品牌战略，争创名牌产品、著名商标。加快城市建设步伐，推进新农村建设，构建资源节约型、环境友好型社会。健全社会保障体系，协调发展各项社会事业，推进城乡统筹就业，为民办好实事。加快政府职能转变，加强廉政建设，提高依法行政能力。全市实现地区生产总值212.73亿元，比上年增长19.27%。其中第一、二、三产分别达41.77亿元、101.21亿元、69.75亿元，三次产业结构演进为19.6∶47.6∶32.8。再次跻身全国县域经济基本竞争力百强县（市）行列，完成财政收入24.68亿元，比上年增长55.61%；其中一般预算收入9.58亿元，同比增长46%，增幅列泰州4市之首，再次受到省政府表彰。注册协议利用外资1.1亿美元，实际利用外资5016万美元，分别是上年的13.72倍和2.2倍。完成工业总产值552.5亿元，销售收入537.26亿元，利税45.62亿元，分别比上年增长33.6%、34%和37.4%。加强节能减排工作，万元GDP能耗比上年下降5.5%，二氧化硫和化学需氧量排放分别比上年下降1.97%、1.53%。以不锈钢材料及制品、农副产品加工、机械制造、纺织服装为特色的四大产业高速发展，与脱水蔬菜加工一起被列入全省100个重点培植的产业集群。兴达国际控股有限公司全年实现产值28.7亿元，利税6亿元，成为亚洲最大、世界第三的钢帘线生产基地，总产量约占全国的42%。农业和农村经济继续稳定发展。粮食总产116.67万吨，获“全国十大粮食生产标兵县（市）”称号，棉花总产1.36万吨，油料总产3.28万吨，水产品总产量18.1万吨，淡水产品连续14年创江苏省之冠。新增高效农业种植面积10.1万亩，新增高效渔业面积8万亩，被省海洋渔业局授予“全省高效渔业示范市”称号。现有省级农业产业化龙头企业6家，无公害农产品41个，绿化食品47个，有机食品8个，已成为亚洲最大的香葱种植、加工、出口生产基地。全年完成城乡建设投入74.9亿元，同比增长近57%。旧城改造拆迁面积近35万平方米，新增绿地面积104万平方米，城市绿化率达41%。启动兴泰公路扩建工程，英武大桥建成通车，全市614个行政村实现“村村通”。牌楼路夜市迁址整治，污水处理厂投入试运行，生活垃圾无害化运送处理启动实施。实现社会消费品零售总额48亿元，比上年增长18.3%。居民储蓄存款余额124亿元，增长13%。城镇居民人均可支配收入12651元，增长13.6%。农民人均纯收入6176元，增长13.2%。优化教育资源布局，整合组建“兴化市第一中学”。落实义务教育“两免一补”政策，上划农村中小学教师省标工资，完成农村义务教育省核定债务化解工作。成功举办第八届中国·兴化郑板桥艺术节。文化遗产得到有效保护，公布第二批市级文物保护单位和首批市级非物质文化遗产保护名录，修缮赵海仙洋楼、任大椿读书楼、明城墙等一批古建筑。加快乡镇文化站达标建设，有线广播电视实现“村村通”，完成614个行政村“万村体育健身工程”。大力实施农村“5+1”和新“5+1”实事工程，启动全市区域供水改造，积极推进小康示范村建设和村庄环境整治。城乡医疗保障基本实现全覆盖，城乡低保实现应保尽保。成立市慈善总会，开展“万户结对帮扶活动”。建立廉租住房保障制度，对城区117户低保住房困难家庭发放廉租住房租金补贴。

五、兴化市第十四届人民政府

本届政府自2007年12月开始。2008年，全市坚持以科学发展观总揽全局，突出以解放思想为先导，调优目标，调优结构，调优机制积极应对客观经济形势的新变化，主动化解发展过程中的新矛盾，扎实推进各项工作的开展，圆满地完成全年各项目标任务。经济结构进一步优化，坚持工业第一方略，落实鼓励扶持企业发展的一系列政策措施，开展招商引资活动，扶持重点企业，加快项目建设，转变发展方式。继续加大扶持激励力度，加强农民合作继续组织发展。高效农业和重点农业园区建设取得新成效，再次获得“全国粮食生产标兵县（市）”称号和“中国河蟹养殖第一县（市），成立苏中首家金融小额贷款公司，发展生产型服务业，戴南不锈钢综合物流中心被列为省级服务业集聚区，巩固提升运输、商贸、餐饮等传统服务业，有序规范房地产业。城乡品位进一步提升，大力推进城市生态绿化和基础设施建设。省级文明城市和省级园林城市创建工作通过省级考评。民生工作进一步推进，扎实推进教育、卫生、文化系统改革，城乡社会事业迈出新步伐，获得“江苏省人口计生工作示范市”称号。加快社会保障体系建设，着力解决好群众关切的热点、难点问题。着力组织“走出里下河，融入长三角”的思想解放大讨论。加强组织建设和干部队伍建设，深入开展党风廉政建设和反腐败工作，审计、监察等工作成效明显。全年实现地区生产总值268.61亿元，比上年增长26.27%。第一、二、三产业增加值分别为44.55亿元、132.18亿元和91.88亿元，分别比上年增长6.66%、30.6%和31.73%。三产比例为16.59∶49.21∶34.2。财政总收入33.37亿元，比上年增长35.2%。年末居民储蓄存款余额157.54亿元，比上年上升27%，城镇居民年人均可支配收入14667元，农民人均纯收入6995元，分别比上年增长15.9%和13.3%。

2009年，面对国际金融危机给经济社会发展带来的严重冲击和各种困难，市政府坚持凝心聚力，科学发展，及时制定和采取一系列“保增长、促发展”的政策措施，全市经济保持稳较快发展。通过深入改革，扩大开放，发展活力不断增强。各项改革稳步推进，市属企业改制扫尾工作全面完成。进一步完善国有资产监管制度，加强政府投资项目招投标管理，深化“小金库”专项治理工作。以政府为主导的金东门文化旅游发展有限公司和乌巾荡风景区旅游发展有限公司先后成立，以产业链为依托的江苏戴南不锈钢集团、江苏兴化大闸蟹集团相继组建。全年完成招商引资40亿元，注册协议利用外资1.77亿美元，实现外经营业额1018万美元。获批江苏省脱水蔬菜出口基地；江苏省九寿堂公司在美国兴办奥通水产食品公司，成为全省首家在境外投资的水产品加工企业。坚持完善功能，丰富内涵，城乡面貌显著改观。坚持以人为本，关爱民生，全年城镇居民人均可支配收入16422元，农民人均纯收7741元，分别比上年增长11.97%和10.66%。加快改善城区低收入家庭居住条件，新建经济适用房2680套、廉租房1000套。深入开展“万户结对帮扶活动”，全年脱贫2.5万人。积极推进兴化水厂、兴东水厂建设，解决24.4万农村人口安全饮水问题。统筹兼顾、协调发展，社会事业全面推进。科技创新成效明显，获“全国科技进步先进市”“江苏省知识产权示范市”称号。戴南镇被命名为首批江苏省创新专业镇，楚龙面粉公司建立院士工作站。年内，成功举办第九届中国·兴化郑板桥艺术节，沙沟镇成功申报江苏省历史文化名镇。加快推进“法治兴化”“平安兴化”建设，加强社会治安综合治理，认真做好信访维稳工作。2009年，全市实现地区生产总值320.48亿元，比上年增长19.31%。第一、二、三产业增加值分别为47.79亿元、154.95亿元和117.74亿元，分别比上年增长7.27%、17.23%和28.15%。三次产业构成比例为14.91∶48.35∶36.74。财政总收入41.12亿元，比上年增长23.2%。在全国第九届县域经济基本竞争力评价中位居第72位，年末居民存款余额182.03亿元，比上年增长15.5%。

2010年是实施“十一五”规划的最后一年，市政府深入贯彻科学发展观，积极应对宏观形势的变化，紧紧围绕“务实抓转型，全力奔小康”工作主线，扎实工作，全面完成“十一五”发展目标，达到省定全面小康指标体系主要目标值，产业结构不断优化，综合实力再上台阶。连续4年跻身全国县域经济基本竞争力百强县（市），位次由2007年的99位跃升到67位。农业经济稳定发展，连续8年被表彰为“全国粮食生产标兵（先进）县（市）”，钓鱼水稻万亩示范方百亩核心方平均单产再创全国第一，水产养殖总量继续保持全省之首。获“中国生态河蟹养殖第一县（市）”称号。高效农业发展迅速，产业化经营深入推进，稻米加工等6大超10亿元产业初步形成，品牌化建设取得成效，“兴化香葱”等5大集体商标获得国家工商总局授牌认证。工业经济实力攀升，工业总产值突破1000亿元，是“十五”期末的10倍。不锈钢制品、农副产品加工、机械铸造3大产业集聚效应不断放大。不锈钢制品入选“全国百佳产业集群”，被授予“江苏省不锈钢制品特色产业基地”称号。全市产销过亿元企业137家，其中过5亿元企业15家，兴达钢帘线公司实现销售60亿元，成为亚洲第一、世界第二的钢帘线生产科研基地。建筑业、现代服务业发展加快发展。加快旅游业开发整合力度，形象宣传和旅游品牌推介取得明显成效。各项改革成效显著，新一轮政府机构改革顺利实施，经营性事业单位改革顺利实施。全年完成招商引资44亿元，协议利用外资2.6亿美元，实际利用外资1亿美元，分别是“十五”期末的5.4倍和3.5倍。台资招引取得重大进展，茅山镇呈现台商企业抱团发展的良好势头，当年完成自营出口额3.1亿美元。推进城市基础设施的生态人文景观建设，城市面貌显著变化，建成省级文明城市和省级园林城市，民生保障全面加强，就业创业体系逐步完善。5年新增就业4.1万人，转移农村劳动力11.65万人，城镇登记失业率控制在3.3%以内，构建城乡一体化基本医疗保障体系，推进城乡居民养老保险全覆盖工作。深入开展扶贫帮困活动，3年脱贫帮困任务基本完成。大力实施振兴社会事业3年行动纲要，调整优化教育资源配置，积极推进义务教育均衡发展。文化、卫生、体育及其他政府工作也取得明显成绩。2010年，实现地区生产总值387.11亿元，比上年增长20.79%。第一、二、三产业增加值分别为64.51亿元、173.02亿元和149.58亿元，分别比上年增长34.99%、11.66%和27.04%，三次产业的占比重为16.7∶44.7∶38.6。城镇居民人均可支配收入18409元，农民人均纯收入8817元，分别比上年增长12.1%和13.9%，金融机构城乡居民储蓄存款206.94亿元，比上年增长13.7%。财政总收入54.47亿元，比上年增长32.47%。

第三节 政府法制

一、规范性文件制定与审核

为贯彻执行《行政复议法》《行政许可法》和国务院《全面推行依法行政实施纲要》，市政府分别于1995年、2001年和2004年进行3次较大规模的规范性文件清理工作，清理市政府（含市政府办公室）规范性文件526件，其后，废止51件，修改14件。1991—2010年，市政府（含市政府办公室）颁发规范性文件98件，内容涵盖社会生活各个领域，包括深化改革、扩大开放、完善市场主体、市场交易、市场监管、维护社会稳定、公共安全、加强环境监管、基本农田保护、加强廉政建设、保持社会可持续发展以及扩大就业、完善社会保障体系等内容。

二、行政复议和应诉

【行政复议】 1991—1998年，市政府受理行政复议案件20多件，其中计划生育类占绝大多数。1999年，《中华人民共和国行政复议法》颁布实施，市政府受理的行政复议案件大幅度增加，1999—2010年，受理行政复议案件315件。经审理，维持213件，终止73件，撤销25件，其他方式处理4件，范围涉及治安、环保、规划、土地管理、工伤认定等多个领域。

【应诉】 2004—2010年，市政府行政应诉件42件。

三、行政执法证件

1993年起，试行行政执法人员持证上岗制度，当年核发扬州市人民政府统一印制的行政执法证600余份。1996年起，根据《江苏省行政执法证件管理办法》规定，经培训、考试合格，全市有1800余人领取江苏省人民政府统一印制的、有效期为三年的行政执法证；1999年、2002年、2005年、2007年、2010年平均每轮有2000余人通过培训、考试合格取得行政执法资格，领取《江苏省行政执法证》。

四、行政执法监督

1996年起，市政府法制局、市监察局有30名工作人员经培训，领取《江苏省行政执法监督证》。市政府同时聘请10名人大代表和政协委员为市政府特邀行政执法监督员，对全市行政执法部门的行政处罚、行政征收、行政许可等行政执法情况进行检查，随机抽查行政执法卷宗1200余份，并对检查中发现的问题书面通报全市。

2000年后，市各行政执法部门普遍建立行政执法责任制和公示制。实行行政处罚罚缴分离制度。2006年，市法制部门特邀行政执法监督员组成执法检查组，对全市26个主要行政执法机关执法卷宗进行检查评议。2010年，对部分行政执法机关和45个重点科室（大队）的行政执法情况组织检查。

第四节 行政审批

一、行政审批制度改革

2000年，兴化市进行第一轮行政审批项目清理，减少行政审批事项322项，减幅37.14%。市长杭天珑在全省行政审批制度改革动员大会上作经验介绍，省内20多个县市派员到兴化市学习考察。2002年根据省和泰州市统一部署，进行第二轮行政审批项目清理，经过清理，在第一轮基础上又减少行政审批事项278项，减幅50.8%。2003年，进行两轮行政审批项目清理后，建立行政服务中心，对行政审批（服务）项目实行“一站式”办理，并于当年12月28日正式运行。至2010年，有24个部门的147项行政审批（服务）项目集中在中心办理。

2004年，根据《中华人民共和国行政许可法》和国务院规定，按照省、泰州市的要求，对行政许可实施主体及实施项目进行清理、审核，确定兴化市发展计划局等45家行政机关、法定授权组织和受委托机关为市级行政许可实施主体，实施“污染排放许可证的核发”“建设用地规划许可证的核发”“林木采伐许可证的核发”等行政许可项目197项。

二、行政服务中心

为强化行政审批管理，规范运作程序，市政府于2003年3月组建行政服务中心（简称“中心”），同年12月28日开始运行。该中心为正局级全额拨款事业单位，内设秘书科、业务科、督查科。有工作人员12人，其中主任1人、副主任2人，挂靠政府办。市经济环境监察中心明确专人在中心办公。

中心拥有金融大厦二楼全部以及三楼部分办公用房，建筑面积近1800平方米，其中二楼办事大厅建筑面积约1400平方米，可设置服务窗口39个，并设有结算中心和商务中心。

中心主要履行有关行政许可的组织协调、管理监督和服务指导的职能。具体工作职责分为两块：管理层负责对中心窗口办事人员的管理和服务，根据相关部门申请，负责重大、联办事项的协调；负责中心项目办理情况的督查和人员的考核；负责协调服务对象的投诉或质询等事项；对招商引资的重大项目投入审批的进展情况，进行跟踪督办，必要时根据需要接受委托审批；完成市委、市政府交办的其他事项。中心窗口办事层的工作，主要是办理国内外投资者申请投资项目等需要审批、核发的各项批准文件、证照；办理基础设施使用方面的审批事项；办理各类经济组织和城乡居民申领的有关证照；受理各类投资和税收政策、人才劳动力需求及各种证照的咨询、释疑、资料发放、信息发布等事项；办理经济服务和社会事务等方面的其他事项。行政服务中心人员分管理和窗口办事两个层次。管理层人员由组织、人事部门从现有行政机关、事业单位以及应届大专毕业生中选配。窗口办事层工作人员由各窗口部门推荐，由中心择优确定，一般定岗2年，人事、工资关系不转，身份性质不变，业务上接受原单位指导，日常工作接受中心领导和管理。窗口工作人员的组织关系转入中心管理，年度考核由中心统一组织实施。中心实行“朝九晚五”作息制度和上下班指纹考勤。

按照市政府第十一次常务会议的要求，有27个部门以及会计事务所在中心设置服务窗口。2008年7月调整为26个部门，在中心设置38个窗口，窗口工作人员76人。26个部门有228项行政许可（服务）事项在中心办理，其中行政许可事项116项，行政服务事项112项。中心对所有办理事项实行“六公开”“五制办理”和“五件制”分类管理。“六公开”即实行许可事项的“服务内容、办事程序、申报材料、承诺时限、收费标准和收费依据”六公开。“五制办理”即实行“即办事项直接办理制、一般事项承诺办理制、联办事项联合办理制、上报事项负责办理制和不予办理事项的明确答复制”。“五件制”分类管理即对承办的许可事项分“即办件、承诺件、联办件、退办件、补办件”处置。按市领导要求，中心为所有窗口统一刻制“行政审批专用章”。市纪委下发《关于严明纪律保证市行政服务中心顺利运行的通知》、市财政局下发《兴化市行政服务中心收费资金管理办法》，从纪律要求和资金管理上规范各窗口及其部门的行为。

图19-5 市行政服务中心接待窗口
（2007年摄，市行政中心提供）

截至2010年末，中心受理各类行政许可（服务）事项190003件，办结189946件，办结率达99.97%；承诺办理事项54706件，办结54650件，承诺办结率达99.9%；即办件135240件，全部当场办结，即办件占全部受理事项的比例为71.2%。中心各窗口收费29851.63万元。

第五节 人事工作

一、机构编制

【管理机构设置】 1994年，市编制委员会更名为市机构编制委员会，2001年，市编委列为市委工作机构，与市人事局合署办公，增挂“兴化市事业单位登记管理局”牌子。下属两个事业单位：人才流动服务中心、机关事业单位工人技术等级岗位考核办公室。同年，建立机关事业社会保险管理处，为市人事局下属自收自支事业单位。2002年，机关事业社会保险管理处整体划归市劳动和社会保障局，改为全额拨款事业单位。2010年，组建市人力资源和社会保障局。将市人事局的职责、市劳动和社会保障局的职责整合划入，挂市公务员局牌子。不再保留市人事局、市劳动和社会保障局。与市人事局合署办公的市机构编制委员会办公室（挂“兴化市事业单位登记管理局”牌子）单独设置。

【机构编制状况】 1991年初，全市行政、事业编制分别为3409人和237人，合计3646人，实际在编3296人，对照总编数尚缺350人。是年，制订下发《关于事业单位机构编制管理的暂行办法》，对机关、事业单位的机构编制实行冻结。1994—1996年，草拟加强机关事业单位机构编制管理的意见。坚持“一冻三控”原则，冻结行政机构设置，控制机关内设机构审批，严格控制人员编制，严格控制人员调入机关、事业单位。全市89个市级机关，有51个缺编，全市行政、事业编制略有结余。

1997年、1998年，根据上级要求进行党政机构改革，出台《市乡（镇）党政机构实施意见》《市级党政机构改革“三定”工作和乡（镇）党政机构改革的指导意见》等政策性文件。市级机关、部门由改革前的90个减为74个，精减率为18%。完成市级机关“三定”（定职能、定机构、定编制）工作。为深化乡镇事业单位改革，拟定《乡镇事业单位机构人员精简实施意见》。

1999年、2000年，下发《关于加强乡镇事业单位机构编制和人员管理的规定》以及《关于加强乡镇事业单位机构改革的指导意见》，结合本地实际，围绕改革、减负、效能的原则，抓好乡镇区划调整，全市清理事业单位编外人员1077名，减少3522人，精简人员占原有人数的37.7%。

2001年，出台《关于市级党政机关机构改革“三定”工作和乡（镇）党政机关机构改革的指导意见》，明确乡镇党政机关的内部职位设置。是年，下发《关于冻结全市各级党政机关和财政全额预算单位机构编制进人的通知》，配合农村税费改革进行乡镇事业单位改革和人员精简分流，精简乡镇事业单位87个、编制1297名，精简率分别为17.8%和41.4%，减少财政开支1034万元。抓好市、乡两级党政机构改革，草拟市（乡）镇党政机构改革指导意见和实施意见、定岗定员、人员分流等政策性文件。通过改革，市级机关行政编制由923名精简为785名，减少138名，精简率达15%。乡镇机关行政编制由1800名精简为1350名，减少450名，精简率达25%。

2005年，完成以职能调整为主要任务的政府机构改革。按照“总体稳定、各负其责、逐步过渡”的原则，对全市15家部门进行改革。除撤销、合并的以外，就职责职能需要重新调整界定的8个单位，重新制定或补充“三定”方案。同时约请市法制局对“三定”方案把关，确保部门职能整合到位、归位，年末市行政编制889人。

2010年，出台《政府机构改革实施意见》。对各部门职能进行详细梳理，梳理拟增加、取消、下放、调整的职能40项，建立健全基础台账。做好“三定”落实工作。年内全市政府部门“三定”规定的批复工作全部结束。乡镇机关行政编制、事业编制以2001年机构改革时核定的编制总数为基数，分别精简10%、51%。

二、事业单位改革

【单位改制】 1993—2000年，全市事业单位法人登记518家，法人变更登记180家，每年年检率95%左右。其间，对事业单位行政、技术干部由录用制改为聘任制。

2002年，市委、市政府联合下发《关于推进市属企业“三置换一保障”改革若干问题的实施意见》，明确市属自收自支事业单位可参照执行。此后，市养殖场、抗旱排涝站等单位均按此文件实施改制。

2003 年、2004年，根据上级要求，市政府相继出台事业单位分类改革、市属事业单位分类改革和市属经营性服务类事业单位转体改制等政策意见。对市属333个事业单位进行分类，经泰州市编办初审，市编委会研究，确定66家事业单位为经营性服务类事业单位。除11家各类学校、培训中心暂不定性外，实际改制的经营性服务类事业单位55家。根据管理类、社会公益类事业单位职能撤并整合13家；35家经营性服务类事业单位基本完成转体改制任务。至2007年，全市55家经营性服务类事业单位，涉及人员2315人（其中退休人员665人）。改制后，撤销空壳事业单位10家；经批复改制并身份置换的21家，1844人（其中退休人员547人）；经批复改制但身份未置换的7家，135人（其中退休人员57人）；撤销事业单位性质的15家，313人（其中退休人员61人）；暂缓改制2家，23人。当年进行新一轮事业单位法人登记612家（含已注销登记的107家）。2010年，乡镇事业编制以2001年机构改革时核定的编制总数为基数，精简51%。

【人事制度改革】 2001年，乡镇事业单位实行竞争上岗，280名编内人员提前离岗，102名编内人员末位待岗，同时清退编外人员。2002年，出台事业单位人事制度改革意见及配套文件，市人民医院、新华书店等单位完成全员聘用合同签定及鉴证工作。2003年，市委、市政府出台《关于深化事业单位人事制度改革的意见》，以推行聘用制、建立岗位管理制度、搞活分配制度为重点，稳步推进事业单位人事制度改革。2008年，制定《兴化市事业单位聘用人事代理人员暂行办法》，明确兴化市今后除引进优秀人才及事业单位之间流动外，暂时冻结事业单位新进编制内工作人员，试行事业单位补充工作人员，实行人事代理聘用制度，“不占编制、来去自由”。

三、公务员管理

【录（聘）用和调配】 1991—1995年，按照人事部有关规定及国务院颁布的《国家公务员暂行条例》，市内金融、保险、工业、政法、文化等部门录用干部及合同制民警833人，水利及乡镇事业单位聘用干部958人，市直属乡镇事业单位办理续聘手续近千人，调配干部471人，其中中专以上学历或取得专业技术职称的120余人。引进各种人才22人，另解决夫妻分居两地问题而调出28人，市内调动的98人，民办教师转公办557人。

1996—2000年，泰州市人事局下发机关及事业单位人员调动的暂行规定，兴化市政府下发关于市及乡镇机关补充招聘工作人员的意见。2001年以后，全市推行竞争上岗，规范中层干部管理。在公安、法院、检察院、司法局等部门，全面推行干部竞争上岗。同时规范管理市级机关中层干部的任职。至2007年末，中层干部备案数达800人次。

2008—2010年，兴化市打造“阳光招考”品牌，推行“三保密”（面试题本保密、面试考官保密、面试工作人员保密）“三随机”（面试考官随机抽取，面试考官随机分组，面试考生随机抽签确定出场顺序）“三隔离”（面试考官、待考考生、已考考生之间相互隔离）。其间，招录公务员197人，招录事业单位625人。2010年，起草《兴化市机关事业单位人事调配工作实施办法》。

图19-6 2006年新录用公务员和部分事业单位工作人员初任培训 （市人社局提供）

【培训】 1991—1995年，先后举办5期人事干部岗位培训班，市级机关380名人事干部接受培训。1997年，组织全市公务员过渡培训考试，办班25期，3771人参加培训并考试。1998年从编制、干部身份、年度考核、过渡培训、惩戒等方面对需过渡人员进行审核，全市有3469人过渡为公务员或者参照公务员制度管理。

2000—2010年，举办公务员知识更新、普通话培训、公务员初任、“四五”普法等各类培训班100多期，培训4.2万人次。

【考核】 1994年起，市组织、人

事部门先后拟发有关考核方面的文件10余份，从“德、能、勤、绩、廉”5方面对公务员及事业单位工作人员进行考核，重点考核工作实绩。按照干部管理权限，市人事局负责机关、事业单位中科员及其以下工作人员的考核，市委组织部负责副科职以上工作人员的考核。1993年，事业单位改革后，因机构撤并及人员分流，参加考核人数下降。全市参加考核人数1995年22346人、2000年24032人、2005年22485人、2010年21915人。

1995—2010年兴化市机关、事业单位工作人员考核情况一览表

表19-6　　单位：人

年份	参加人数			等次			未定等次
	机关	事业	合计	优秀	称职（合格）	不称职（不合格）	
1995	2491	19855	22346	2768	19136	7	435
1996	2488	20507	22995	2796	19681	7	511
1997	1802	20944	22746	2661	19315	4	766
1998	1915	21230	23145	2739	19893	8	505
1999	2407	21356	23763	2774	20051	11	927
2000	2343	21689	24032	2791	20607	22	612
2001	2637	23326	25963	2848	22639	22	454
2002	2584	22113	24697	2738	21358	17	584
2003	2530	21458	23988	2788	20423	3	774
2004	2450	20709	23159	2709	19905	8	537
2005	2279	20206	22485	2691	19294	15	485
2006	2513	20515	23028	3038	19624	7	359
2007	2429	20210	22639	3205	19089	24	321
2008	2600	19754	22354	3180	18832	20	322
2009	2625	19316	21941	3134	18571	16	220
2010	2572	19343	21915	3199	18495	17	204

【奖惩】 1991年后，全市继续开展机关、事业单位年终奖励评比工作。2002年，市政府转发市人事局《关于加强全市国家行政机关奖励工作综合管理的意见》，确定市人事局负责公务员奖励工作的实施和监督。

1991—2007年，与有关部门联合表彰先进集体20个，先进个人531人。向上级部门推荐先进集体182个，先进个人294人。2007年在年度考核的基础上，对特别优秀人员进行嘉奖和记三等功。经过民主推荐、审核、市政府常务会议研究、公示等程序，33人记三等功，192人予以嘉奖。1991—2007年，办理惩戒案件40件，开除公职18人。2008—2010年，向上级部门评选推荐先进集体46个，先进个人182人。根据《中华人民共和国公务员法》有关规定，经过民主推荐、审核、市政府常务会议研究、公示等程序，265人记三等功，1573人予以嘉奖。办理惩戒案件31件，开除公职16人。2010年，根据泰州市《关于对全市经济十强乡镇主要领导进行记功奖励的通知》要求，审核全市3人事迹材料，按程序上报材料，申请给予3人各记二等功一次。

四、人才流动与管理

【人才交流与市场管理】 1992年，市政府批准建立“人才服务中心”，主要承担全市人才调节职能，负责预测人才需求，传达人才信息，调剂人才余缺，组织人才合理流动，开发人才智力，办理人才交流中的调解鉴证工作，接受用人单位委托，组织实施人才引进、招聘，管理人事和技术档案。同年，制定《科技人才流动暂行办法》。1993年3月，举办全市首届人才集市，有400多家企业到场招聘，约5000多人应聘，达成流动意向410人，当场签订协议95份。自此，每年均举办1次以上全市大型人才集市。

1995年，各乡镇陆续成立人才服务站，逐步形成全市人才服务工作网络。1996年，市政府下发《科技人才到乡镇企业工作的暂行办法》，鼓励科技人才到乡镇企业工作。

图19-7 举办招聘会 （2009年摄，市人社局提供）

2003年，市委、市政府下发《关于进一步加快人才资源开发和人才队伍建设的意见》。2005年，市人事局与市劳动保障部门共建“人力资源市场”，12月1日正式投入使用。同年，注册开通兴化人才网。

2008—2010年，举办大型人才招聘会9场、公益性人才专场招聘120余次，通过招聘会有6700多人达成就业意向。组织用人单位赴泰州、南京、徐州、合肥、云南、成都、长春、重庆等地高校招聘60多场次，达成意向1900多名。

【专业技术人员管理】 1991年，全市职称评定工作进入正常化轨道。1993年，经济、会计、审计、统计及计算机软件等专业实行全国统一资格考试，不再组织评审。1995年，在涉及国家和人民生命财产安全的技术工作领域，实行专业技术人员职业资格制度。

1997年10月，根据省市有关文件精神，专业技术人员管理和职称改革职能及市职称改革领导小组办公室由科学技术委员会整体划转市人事局。1998年，兴化市专业技术人员职称工作领导小组制定出台《兴化市职称工作管理意见》，调整19个专业技术职务任职资格评审委员会。

2000年，兴化市专业技术人员职称工作领导小组制定出台《兴化市地方职称评审暂行办法》。2002年，引进外国智力职能由科技部门划到人事部门，人事部门设立专家引智科，负责国内外专家管理工作。转发《泰州市事业单位岗位设置指导意见》。

2003年，在市人民医院启动专业技术职务评聘分开试点工作，低职高聘、高职低聘改革初见成效，打破专业技术职务终身制的传统观念。在泰州率先开展专业技术人员信息化素质培训，办班23期，培训总人数5500余人。组织开展农业技术服务人员的职业资格认定工作，首批初次认定1300人，信息化素质考核2769人。

2004年，职称申报政策大幅放宽，机关公务员和参照管理单位工作人员、退休返聘的专业技术人员均可申报专业技术职称，但不与工资待遇挂钩。2006年，组织开发职称证书网上办理系统，借助兴化人才职称网平台，面向社会推出职称证书网上办理服务。

2010年4月30日，人事部门与劳动保障部门合并，职称和专家引智职能划至新成立的市人力资源和社会保障局。

1997—2010年部分年份兴化市专业技术人员情况一览表

表19-7　　　　　　　　　　　　　　　　　　　　　　　　单位：人

分类		1997年	1999年	2001年	2003年	2005年	2007年	2010年
职称	高级	632	726	813	965	1380	1940	2089
	中级	6157	7321	8026	8526	9350	12990	13991
	初级	31349	32236	33947	35675	35830	34570	37555
	合计	38138	40283	42786	45166	46560	49500	53635
类别	工程	7056	7822	7895	8210	8510	9113	9815
	教育	10043	10449	11665	11800	12090	13648	15022
	卫生	3509	3752	3916	4466	4603	5161	5558
	农业	3676	3988	4251	4335	4464	4781	5149
	财经	12912	13328	14084	15435	15903	15801	17018
	其他	942	944	975	920	990	996	1073
学历	本科以上	3814	4028	4317	5420	5766	6175	6651
	大专	8505	8983	9545	11290	11964	12749	13731
	中专及以下	25819	27272	28924	28456	28830	30576	33253
年龄	35周岁及以下	15254	16112	17145	18522	18926	20269	21830
	36—45周岁	11594	12246	12978	12970	13545	14142	15554
	46—54周岁	8505	8983	9536	10412	10741	11504	12390
	55周岁及以上	2785	2942	3127	3262	3348	3585	3861

【大中专生就业】 1991—1995年，全市接收、分配国家统配生（非师范类）1351人。1996年，对统分毕业生实行“阅档积分，优生优分”做法，对委培、定向、协议生以外的国家统分毕业生采取在计划指导下积分双选的就业方式。由政府下达带有指令性质的就业计划、用人单位填报毕业生专业需求，按毕业生所学专业划定其就业范围，按毕业生学历、成绩、在校表现等9要素的积分高低确定其选择单位的先后次序。

1999年，大中专毕业生就业政策放宽，专业对口、单位急需的统配生可进全额拨款事业单位，不包分配毕业生可进乡镇差额事业单位，安置形势明显好转。全年安置各类大中专毕业生530人，其中：考试录用公务员和事业单位人员168人，选配“村官”134人。

2001年，市委、市政府出台《2001年大中专毕业生就业工作意见》，办理非师范类毕业生就业手续389人（其中计划内249人、计划外140人），解决二类生就业的老大难问题。

2002年后，逐步完善毕业生就业政策，推行公开招考制度。2004—2010年，全市办理大学、专科及中专毕业生2808人就业，其中计划内2678人、计划外130人。在计划内毕业生中，硕士研究生61人，大学本科1307人，专科1111人，中专毕业生199人；在计划外毕业生中，大学本科17人，专科72人，中专41人。

2004—2010年兴化市大中专毕业生就业情况一览表

表19-8　　单位：人

年份	计划内					计划外				合计
	硕士生	大学本科	大专	中专	小计	大学本科	大专	中专	小计	
2004	—	66	40	14	120	7	19	21	47	167
2005	—	172	289	12	473	—	15	6	21	494
2006	—	152	157	24	333	4	16	6	26	359
2007	—	167	118	11	296	6	22	8	36	332
2008	16	216	153	22	407	—	—	—	—	407
2009	19	248	173	53	493	—	—	—	—	493
2010	26	286	181	63	556	—	—	—	—	556
合计	61	1307	1111	199	2678	17	72	41	130	2808

说明：2007年大中专毕业生就业统计中含教育系统85人。

【人事代理】 1991—2004年，办理人事代理手续2059人次，档案保管4059份。2005年，拓展人事代理业务，出台人事代理办法，与劳保、公安等部门协调落实个人人事代理人员的养老保险、户籍挂靠等事务。对教育部门新进356名毕业生全部实行人事代理。全年新办人事代理590人，累计人事代理2649人，新增人事代理单位53家，人事代理单位累计400多家。办理人事代理人员档案工资审批180人次，办理辞职备案19人，职称申报5人。通过人事代理，为3家企业申报资质和10多名中介机构从业人员申报执业资格提供相关服务。2006年，推行机关事业单位新进人员人事代理制，对新进机关事业单位的毕业生全部实行人事代理。2007—2010年，办理专业技术人员辞职备案153人，辞退备案164人。办理人事代理2497人，其中新办1408人，代理人数累计3900多人。新接收保存人事档案15082份，保管档案累计24627份。

【人才引进】 1991—2004年，市人事局局开展赴外招聘高层次人才100多场次，接谈各类高层次人才2000多人。1999年，市政府转发《引进高层次人才实施意见》，明确高层次人才的各项优惠政策，包括企业引进的高层次人才的工资、报酬、补贴、安家费等生活待遇。2001年为戴南镇兴达钢帘线引进MBA硕士生1名，在该企业股票上市的筹划工作中发挥重要作用。

2005年、2006年，市委办、市政府办连续下发关于下达全市年度引进人才目标和明确考核办法，将引进人才情况纳入各乡镇、各部门全年工作目标，并作为市委、市政府年终考核的内容。两年先后引进高层次人才34人和28人。

2007年，组织江苏兴达钢帘线股份有限公司等5家企业申报江苏省高层次创业创新人才项目。

2008年7月8日，市委、市政府下发《关于进一步吸引和用好优秀人才的若干规定》，明确人才界定范畴。设立"兴化市杰出人才奖"，加大人才激励力度。设立人才开发专项资金，努力营造引才、育才、用才的良好环境。2008年7月11日，市委办、市政府办转发《关于"十百千万"人才工程的实施意见》通知，对引进和培养高层次人才工作中成绩显著的单位和个人给予表彰和奖励。意见还通过对优秀人才、引进人才的企业落实奖励政策。

2008年6月，江苏兴达钢帘线股份有限公司博士后科研工作站正式设立。2008—2010年，全市引进培养博士研究生23人、硕士研究生147人、其他高级人才1514人。

【工考[①]】 1995年，建立市工考办公室，部署全市工考工作，建立基础资料。1996年，启动机关、事业单位技术工人的培训考核。举办汽驾、收银、广电机务、广电线务、电影放映、电影检查6个工种的高、中、初级技术等级岗位培训班，有433人领取等级证书，并兑现工资。复核认定原经劳动部门培训合格的技术工人51人，建立机关事业工考培训台账。1997—2007年，举办50多期技术等级培训班，培训技术工人3000多人。

2008—2010年，组织安全保卫、图书管理、水电工、计算机、收银员、渔政员、防疫等16个工种490多人的高、中、初级培训考试及技能考核，并发放合格人员等级证书，组织52名高级工参加泰州市技师选拔考试并通过省里组织的培训考试取到技师证书。

五、军队转业干部安置

1991—2010年，全市接收安置军转干部736名，其中团职106名、营级及营级以下630名，军转安置工作得到部队、用人单位、军转干部和随调家属“四满意”效果。

1995年起，率先对军转干部实行积分制安置，即按照军转干部的军龄、职务及任职年限、立功受奖情况、艰苦地区工作年限等要素立项，合理界定每一项目分值，然后将各项分值进行综合，得出每个军转干部总分。在确定安置指标后，将军转干部安置指标、积分排名公布，实行高分先选、低分后选、从高分到低分依次选岗。1999年，进一步完善“立项积分，分类选岗”的安置办法。《人民日报》《解放军报》《新华日报》等各大媒体对此做法予以肯定和赞扬，江苏省人事厅和泰州市推广此项安置办法。

20世纪90年代中后期，由于企业经济效益下降，部分企业军转干部基本工资难以保障，基本生活费和养老金难以按时发放。为确保企业军转干部解困到位，严格执行中央、省和泰州市解困政策，对破产、倒闭企业和主管部门无力发放企业军转干部工资、医疗、养老保险金的，由市财政兜底解决，统一发放：2000年7月，每人每月发放156元，2002年元月增至300元，2002年7月增至320元，2003年7月增至390元，2003年10月增至838元，2004年元月增至952元，2005年元月增至1099元，2006年元月增至1257.5元，2007年初增至1443元，2008年1773元，2009年2145元，2010年2483元。

六、工资福利

【工资管理】 1994年5月至年底，全面完成工资制度改革，将机关事业单位人员的职务基本工期资制度改为职级工资制。事业单位按全额拨款、差额拨款和自收自支3种不同类型的单位实行分类管理，专业技术人员的工资与职称挂钩。事业单位职员实行职务等级工资制，技术工人实行技术等级工资制，普通工人实行等级工资制。此次工改参加总人数达18034人，人均月增资145元。其中：机关4180人，人均月增资133元；事业单位13854人，人均月增资150元。为近3000名离退休人员提高离退休费。

2007年，对公务员工资和事业单位收入分配制度实施改革，全市机关事业单位在编人数25133人（机关4612人，事业单位20521人），离退休7664人参加工改。机关人均增资212.4元，事业单位人均增资333.2元，离退休人员人均增资306.3元。工改结束后又调整事业单位2007年的薪级工资和2008年公务员级别工资跨档。

2008年，印发《兴化市规范公务员津贴补贴实施意见》，规范全市公务员及参照公务员管理的事业单位3958人的津贴补贴，由岗位津贴、综合补贴、地方津贴归并为工作性津贴和生活补贴。年人平均津贴补贴为30000元，离退休人员发放生活补贴，分别占在职人员的60%和50%。事业

①工考：全称为机关、事业单位工人技术等级岗位升级考核。

单位发放临时补贴，在职人员300元/月，退休人员 150元/月。完成工改后公务员第一次级别工资档次的正常晋升，并推广使用工资系统软件。

【福利待遇】 根据江苏省机关、事业单位的福利费标准，自1992年以来一直按职工平均工资水平的2.5%计提。1992年为每人每月4元。至1999年7月，省直机关、事业单位工作人员及离退休人员福利费调整为每人每月20元。

1991年，对420名20世纪50年代退职人员核发定期补助，对1957年撤区并乡时退职235名的干部发放补助费17835元，看望因病住院和生活困难的副乡局级以上干部350人次。

2004年第一次组织优秀公务员健康休养。2006年、2007年，先后组织市级机关和乡镇机关优秀公务员分别赴四川、贵州、云南、广西、海南、湖北等地健康休养。2008年、2009年，组织优秀公务员66人先后赴湖南、湖北、海南、福建等地健康休养。2010年，组织优秀公务员83人分四批赴广西、湖南等地健康休养。

七、离休退休

1991—2010年，全市办理机关、事业单位工作人员8007人离休、退休手续。在离退休人员中，副乡（局）级以上干部1428人，一般人员5426人。2002年起，严格执行干部退休制度，按政策坚持到龄及时办理退休手续。配合市级机关机构改革工作，审批提前退休人员55人。严格执行特殊工种提前退休和劳动鉴定有关政策，办理特殊工种提前退休11人，病退85人。2003—2005年，除正常办理机关、事业单位工作人员退休审批外，办理160多名要求病退人员材料初审，并组织上述人员参加泰州市劳动和社会保障局举办的劳动鉴定。2008—2010年，全市除正常办理到龄退休人员审批手续外，办理特殊工种提前退休12人、病退15人的相关审批手续。

1991—2010年兴化市机关、事业单位离退休人数一览表

表19-9 单位：人

年份	离退休人数	其中				备注
		副乡（局）级以上	一般人员	提前退休	病退	
1991	171	—	—	—	—	
1992	182	—	—	—	—	
1993	255	—	—	—	—	
1994	210	—	—	—	—	
1995	208	31	177	—	—	
1996	65	31	34	—	—	
1997	154	48	106	—	—	
1998	286	76	210	—	—	
1999	293	11	282	—	—	
2000	412	69	343	—	—	
2001	700	112	588	—	—	
2002	721	137	433	55	85	特殊工种提前退休11人
2003	522	76	366	—	80	
2004	663	132	491	—	40	
2005	545	127	406	9	3	

续表 19-9

年份	离退休人数	其　中				备　注
		副乡（局）级以上	一般人员	提前退休	病退	
2006	628	148	480	—	—	
2007	496	122	365	9	—	
2008	459	71	370	5	8	特殊工种提前退休5人
2009	583	123	450	3	4	特殊工种提前退休3人
2010	454	114	325	8	3	特殊工种提前退休4人

第六节　外事、侨务、港澳工作

一、外事

1990年，市政府外事办公室成立。1993年7月，兴化市与日本浪江町开始交往。1994年2月，浪江町首次派团访问兴化，形成友好交往意向。10月，浪江町町长、议长率团到兴化市访问。1995年4月，兴化市第一次友好访问团对浪江町进行回访。1996年4月17日，浪江町政府议会代表团一行20人到兴化市访问，兴化市与浪江町签订《建立友好城市关系协定书》。双方经常互派团组，在行政、经济、教育、文化、社会事业等方面进行多方位、深层次交流。1997年10月，由浪江町町长叶幸一等16位议会议员共同捐建的“华江园”在兴化市落成。2006年5月，双方缔结友好城市关系10周年，双方举办庆祝活动。截至2010年底，兴化市向浪江町派出团组21批263人次，浪江町向兴化市派出团组23批494人次。青少年友好交往一直是兴化市与浪江町友好交往的重要内容。至2010年末，双方互派青少年团组28批466人次。

图 19-8　2006年5月，双方缔结友好城市关系10周年，双方举办庆祝活动　　（市外侨办提供）

1991—2010年，办理因公出国（境）团组396批965人次，分赴美国、加拿大、日本、韩国、俄罗斯、德国、英国、加拿大、澳大利亚、新西兰等国家和地区进行友好访问、招商引资、行业考察、学习进修等活动。对外交往逐渐增多，对外开放程度明显扩大。

二、侨务与港澳工作

据2010年统计，兴化市在外华侨华人、港澳同胞1000多人，主要分布在美国、加拿大、日本、法国、澳大利亚等20多个国家和地区，在市内眷属3000多人。

【海外联谊】 1991—2010年，先后接待1000多位海外人士，回兴化市探亲访友、考察洽谈、合作交流。其中包括巴西祖国和平统一促进会会长张无咎、美国国家医学院院士王存玉、中国驻巴西大使陈笃庆、加拿大中国工商业协会会长朱德修、美国江浙工商总会会长章爱龙等。

【牵线搭桥】 2003年、2004年，为响应市委、市政府“全民创业、发展经济”的号召，在全市侨港澳眷属中，开展以招商引资为主要内容的“金桥”活动。积极为开发区等经济部门提供招商信息，并做好各种跟踪服务工作。2005年初，联系邀请美籍华人杨逢春到兴化市洽谈Wi-Fi无线上网项目，市侨办参与信息提供、政策咨询、协调联系和条款谈判等具体过程。2006年6月，推荐全市7家重点侨资企业参加泰州市侨商会。2008年5月下旬，联系接待美国国家医学院院士王存玉和两名加拿大客商到戴南镇考察投资环境。2009年，顶级手套（兴化）有限公司被省侨办表彰为“江苏省明星侨资企业”。

【接受捐赠】 2003年，中国香港新时代科技集团有限公司董事长向心通过星火数字信息化中心向兴化中学捐赠价值100万元的电脑及配套软件和工具书。2004年9月，向心分别向兴化市实验小学和板桥初级中学捐赠72台和54台电脑及配套软件，价值约100万元人民币。2005年，香港同胞陈占美捐赠50万元给大邹镇，用于修建乡村公路和桥梁。2006年10月，向心分别向两校捐赠36张和27张电脑桌。2008年，四川汶川大地震后，倡议兴化市侨界人士捐款12万元，其中侨眷宗义正及其领导的江苏南山（重工）集团股份有限公司为灾区捐赠11万元，被江苏省侨联评选为抗震救灾侨眷先进个人。2010年7月，向心向兴化中学和实验小学捐赠电脑显示器200台，并通过中国科技教育基金会，向两所学校捐赠价值100万元的400人免费港澳游，捐赠物价值人民币400万元。

【侨眷参政议政】 1998年，兴化市人大、政协换届，13名侨眷当选为人大代表或政协委员，其中新移民亲属2名。2003年，兴化市2名侨眷当选为泰州市、兴化市人大代表；10名侨眷被推荐为政协委员，其中泰州市政协委员1名、兴化市政协委员9名。2004年初，配合市政协侨台组联系三资企业，开展情况调查，侨眷政协委员徐林在大会协商时作《关于改善三资企业投资环境的几点建议》的发言。侨眷王永国、郁群被评为兴化市优秀政协委员。2006年初，市侨办负责人撰写的《关于加强新华侨华人工作的几点建议》，在政协会议上交流。2007—2010年，多次举办侨务代表座谈会，征求侨眷属对兴化市发展的建议。

【帮扶】 1991—2010年，市侨办贯彻《中华人民共和国归侨侨眷权益保护法》（简称“《归侨侨眷权益保护法》”）精神，排查归侨侨眷困难户、特困户，做好扶贫解困工作，救济207户452人次，发放救济金45500元、棉被120条、腈纶毯50条。维护侨眷及海外华侨华人的合法权益不受侵害。处理各类侨务信访事件500多件次，主要涉及生活困难、子女升学、房屋产权归属、经济纠纷等方面，做到件件有答复，事事有落实。多次举办《归侨侨眷权益保护法》讲座，并请省、市领导到兴化市宣讲，增强侨界人士的法律意识。至2010年，走访慰问侨眷属重点户、特困户近千户（次），并赠送慰问品和慰问金。

第七节　行政监督

一、涉农问题监察与督察

1991年，根据市委要求，针对农业生产资料市场，尤其是化肥市场出现的混乱现象，由市监察局牵头组织有关部门对各乡镇突击检查，针对检查中发现的问题，市政府组织各乡镇及有关部门加强农资市场的管理，保证化肥、农药等专营物资按政策供应农民，以维护广大农民群众利益。对违反规定的单位和个人进行严肃处理。

1992年,市监察局会同市委农工部、市供销合作总社等单位组成检查组,对全市棉花收购工作进行检查。同时了解戴窑等4个收花站棉花解缴情况。通过检查,及时发现和纠正问题,处理并通报一些单位的违规行为,提出改进建议。1996年,市纪委在新棉上市后,向市棉花集团总公司送达《关于对全市棉花收购工作开展专项执法监察的通知》,开展监督检查。1997年,对14个乡镇供销社及3个轧花厂的棉花收购工作台进行专项检查。对大营供销社董家收花站违反棉花收购政策、损害棉农利益的有关责任人给予严肃处理。

1996年,市纪委和市委农工部等联合组成农民负担执法检查组,对各个乡镇开展农民负担执法大检查。通过财务清理,对违法违纪的党员干部立案查处,挽回经济损失。1997年,抽调人员组成9个组,对46个乡镇和138个村的农民负担进行执法检查,深入到户了解当年落实农民负担情况,发现问题,及时落实整改措施。1998年,有关部门相互配合落实减负政策。全面推行农民负担监督卡制度,组织专人参加农民负担执法检查,深入到户了解农民负担实情,确保农民负担不突破年收入5%的限额。2000—2010年,强化基层站所站务监督。推行“村民直评村干部”活动,调动农民参与监督管理的积极性。

二、专项治理和纠风治乱

（参见《中共地方组织与群众团体》卷第五章第三节《纠正部门和行业不正之风》）

三、其他监察督查

1994年,对省交通重点工程建设资金和养路费及客票附加费等有关方面进行检查。会同有关部门对贯彻执行《统计法》情况和工商部门行政性收费管理工作进行督促检查。1995年,开展土地管理执法监察,采取“土管系统内上下清理、重点地区与面上清理、资料清理与实地勘察丈量”相结合的办法,通过清理,依法补办用地手续,补缴规费。开展个人所得税专项检查,全市补查入库个人所得税112.43万元,落实代扣代缴单位261户。开展安全生产检查和计划生育工作的效能监察。1996年,对全市的环保工作进行专项检查。1997年、1998年,对党政机关办企业、对违反规定向企业乱收费、乱摊派、乱罚款问题进行专项清理,抓好减轻企业负担工作,试行企业交费登记卡制度,狠刹乱收费、乱摊派、乱罚款歪风。1999年,开展计划外生育费专项清理,严格实行“乡收市管、财政监督”的管理体制。2001年,深化行政审批制度改革,对全市原有行政审批事项逐一清理,建立收费公示制度,设立行政审批集中服务窗口,推行“一站式”服务和首部负责制。2004年,根据省市统一部署,开展统一着装整顿,按照有关规定,对社团组织进行专项清理,纠正违规收费,责成领导干部辞去违规兼任的社团组织领导职务。2005年,下发《关于在全市基层党委开展党务公开工作的意见》,作为基层先进性教育活动的一项重要措施,狠抓落实,促进四项民主制度(健全村务公开制度、规范民主决策机制、完善民主管理制度、强化村务管理的监督制约机制)的进一步推进。

第八节　信访事务

1989年元月,市委、市政府信访办公室合并。改设“兴化市信访局”,属市委序列,核定编制10名。2001年10月,划归政府序列,内设办公室(挂查办科牌子)、接访科、办信科3个科室。各乡镇统一悬挂“信访办公室”牌子,明确乡镇党委秘书兼任信访办主任。2004年,市信访局挂“兴化市人民建议征集办公室”牌子,两块牌子、一套班子,核定编制人数为行政编制9名,行政附属编制1名。2007年7月，行政编制增加至14名，行政附属编制1名。2009年6月，行政编制增加至16名，行政附属编制1名。2010年5月起，信访局由市政府工作部门管理机构调整至市委办公室部门管理机构，不再保留“人民建议征集办公室”牌子。内设党务机构职能由党组调整为支部。7月，内设机构增设综合法制科。

一、信访受理

图19-9 信访接待处 （2006年摄，市信访局提供）

20世纪90年代初，随着改革开放政策的进一步深入，广大人民群众法制意识开始增强。国有、乡镇企业体制结构逐步调整，个体民营经济占比例小幅增加。农村重大政策调整主要是围绕实施“二轮承包”。群众来信来访以维护自身权益、各级干部改进工作作风等问题为重点，开始出现“下岗”引发信访问题。1995年后，市场经济模式初步建立，乡镇企业向私营经济转型。城镇群众较多地集中反映在住房问题、医疗保险、入学问题上。农村来信来访集中在要求公开村级财务管理问题上。优抚救济类诉求有所变化，部分农村来信来访由经济救助向政策扶持转变。涉法涉诉类来信来访量小幅增加，人民建议征集类来信来访大幅减少。极个别信访积案呈现上行化。2000年后，由于兴化市农村人口占较大比例，国家取消农业税、社会保障体系进一步向农村延伸后，老龄农村居民开始关注养老问题。2005年国务院颁布《信访条例》，全市群众来信来访分别达到两次峰值。城镇拆迁、企业欠薪、农民工工资引发信访问题成为信访工作重点。以群众工作为统揽，成为信访工作新指向。随着互联网技术进一步推广，“电子政务”开始投入使用。2007年11月起，部分群众来信向“网上信访”转变，市信访局同时承担办理部分市委书记、市长网上信件。2007年11月起至2010年，市信访局和市委书记、市长承办网上信件数分别为164件、540件。

1991—2010年，全市来信总量达57482件，来访批次总量达22763次，人次总量达132913人。

1991—2010年兴化市信访量一览表

表19-10

年份	来信（件）				来访（批次/人次）							
	来信总量	初信	重复信	联名信	来访总量		初访		重访		集体访	
					批次	人次	批次	人次	批次	人次	批次	人次
1991	3204	2718	486	—	610	1399	592	1325	18	74	27	534
1992	2661	2292	369	—	421	2363	400	2322	21	41	46	1758
1993	1839	1547	292	—	352	3850	331	3224	21	626	97	3511
1994	1892	1536	356	—	295	3085	279	2605	16	480	78	2775
1995	2385	1977	408	—	317	3710	315	3678	2	32	72	3362
1996	2253	1832	421	—	319	2515	316	2461	3	54	57	2116

续表 19-10

年份	来信（件）				来访（批次/人次）							
	来信总量	初信	重复信	联名信	来访总量		初访		重访		集体访	
					批次	人次	批次	人次	批次	人次	批次	人次
1997	2508	1939	569	—	306	3207	294	2786	12	421	83	2861
1998	2511	1703	808	—	403	3630	380	2875	23	514	100	3130
1999	3002	2284	718	—	815	7261	729	5850	86	1409	206	6286
2000	2864	2084	780	382	1221	9575	1139	7847	82	1728	252	7935
2001	4381	2033	2348	569	1307	9761	1231	5920	76	690	582	6415
2002	4059	2032	2027	566	1408	10160	1334	6012	74	532	385	7913
2003	2885	1523	1362	476	1437	7250	1356	6115	81	478	297	5299
2004	2770	1522	1248	476	1743	9965	1597	6782	146	1206	289	7717
2005	3122	1679	1443	476	1935	9094	1664	7012	271	2154	336	6353
2006	2868	1676	1192	459	1607	6942	1495	6364	112	578	267	4713
2007	3750	2224	1526	566	1720	9501	1529	6869	191	1718	466	6978
2008	3102	1967	1135	486	1937	9929	1660	7225	277	2170	377	7509
2009	2853	1719	1134	480	2105	9856	1788	7733	317	2123	368	5447
2010	2573	1531	1042	306	2505	9860	1720	6616	785	3244	475	6305

2007—2010年兴化市网上信件承办一览表

表 19-11　　单位：件

年份	市信访局	市委书记网上信箱	市长网上信箱
2007（11—12月）	5	12	—
2008	29	207	13
2009	53	126	42
2010	77	60	80

二、信访工作机制

【信访工作制度】 20世纪90年代以后，信访工作得到市委、市政府高度重视，市有关部门、各乡镇相应建立来信登记、来访记录、批办交办、结报、回访等制度。1992年4月24日，全市开始施行《江苏省信访暂行条例》，1995年10月28日，国务院发布《信访条例》。1997年，全市开始施行《江苏省实行逐级上访和分级受理制度暂行规定》，受理上访事项遵循下列原则：分级负责、归口办理，谁主管、谁负责的原则；按照有关法律、法规和政策，把上访事项妥善处理在基层的原则。8月12日起，全市开始施行《江苏省信访工作文明接待制度》。10月17日起，全市开始施行《江苏省信访条例》。2001年10月22日，《兴化市实行逐级上访的暂行规定》颁布实施。2002年2月，市委、市政府制订《关于实行党政领导信访接待日制度的意见》，同年3月，市委办下发《关于实行市领导信访接待值班制度的通知》，规定市领导每月接待群众来访不少于2次，接待地点设在信访局，接待日期定在星期一，文件排定并公布《四套班子领导接待日程表》，并有律师参与领导接待，便于及时正确地解决涉法问题。2003年7月21日，根据国务院《信访条例》和《江苏省信访条例》

中“分级负责、归口办理，谁主管、谁负责”的信访工作原则，对照市级机关机构改革“三定方案”批复，市委办、市政府办出台《市级机关归口处理信访问题暂行规定》，进一步明确市级机关各部门的信访工作责任制。9月29日，市委办、市政府办出台《兴化市信访工作首问责任制实施暂行办法》，对信访首问责任制的责任人、责任范围、工作要求作了具体规定，并实行首问责任人追究制。2004年9月，按照中央、省和泰州市要求，由市信访局等18家相关职能部门建立“处理信访突出问题及群体性事件联席会议制度”，联席会议由市委和市政府有关负责人召集，市有关部门负责人参加。下设信访问题协调组、纪检督查组和办公室，负责落实联席会议有关精神和具体工作要求。另据群众来信来访中反映比较突出的问题，成立6个专项工作小组，即：农村土地征用问题工作小组，由市国土局牵头负责；国有企业改制问题工作小组，由市经贸委牵头负责；涉法涉诉问题工作小组，由市委政法委牵头负责；军转干部问题工作小组，由市人事局牵头负责；农村财务问题工作小组，由市委农村工作办公室牵头负责。

【信访条例】 2005年5月1日，国务院颁布施行新的《信访条例》。2006年10月1日起，省政府颁布施行新的《江苏省信访条例》。新《信访条例》将信访工作原则调整为“属地管理、分级负责，谁主管、谁负责”。依据国务院《信访条例》和《江苏省信访条例》的要求，市信访局进一步规范信访问题处理程序，对信访事项实行答复、复查、复核三级终结制度。对无理信访事项实行初审初定、集中会办、公开听证、设区的市级认定、省级终结认定、社会公示6步工作法进行终结。

【领导接访】 2007年7月，按照省和泰州市信访部门要求，增加接待次数，将每周第一个工作日作为“市领导接待日”，有效促进问题的解决。是年，按照中央、省和泰州市《关于进一步加强新时期信访工作的意见》要求，市委、市政府分别出台《关于实施信访工作“一票否决”制度的通知》《关于对信访问题突出的乡镇实行重点管理及建立重要信访情况约谈制度的意见》《兴化市规模较大群体性上访事件应急预案》等一系列文件，进一步健全新时期的信访工作制度。自2007年起，全市信访工作实行“一票否决制”。信访工作制度在全市范围内得到健全和完善，先后建立市领导会办制度、选派优秀年轻后备干部到信访局挂职锻炼制度、开展领导干部下访制度、处理信访突出问题及群体性事件联席会议制度。2010年，市委书记、市长信访接待日分别由市委书记、市长负责接待，其他专项接待日由市分管负责人牵头组织。结合兴化市信访工作实情，建立“书记、市长，民生，涉法涉诉，城建管理，涉农”五大专项联合接待制度，规范信访工作秩序，提高接访效率成效。探索群众民生诉求机制，建立每月民生联席会制度。

2002—2010年兴化市领导接待群众来访情况一览表

表19-12

年份		2002	2003	2004	2005	2006	2007	2008	2009	2010
领导接待数（次）		17	19	23	21	24	18	92	42	56
群众来访	批	226	218	164	268	263	190	633	349	314
	人	1813	1401	2090	1718	1517	1690	2194	1704	1451

三、信访处理

20世纪80年代以来，信访工作执行分级负责，归口管理原则，部门和乡镇成立信访登记、批办、结报、保密、回访等制度，提高信访结案率。

2002年4月30日，市委成立“兴化市信访工作调研小组”。其工作职责主要包括：协助市委、市政府对涉及农村乡镇的重要信访问题办理落实情况进行调研；对全市人民群众关心的难点、热点问题进行调研，并向市领导决策提供信息服务；对市领导批示交办的重要信访件进行跟踪督办，促进群众反映的信访问题尽快解决；对疑难信访问题进行调查核实，并指导、协调相关部门妥善化解。市信访工作调研小组的成员由原市人大常委会领导和市委宣传部、市建设局、市纪委、市信访局有关人员担任。

2004年，在全市党员先进性教育活动中，市信访局开展“永葆党员先进性，做张云泉式信访干部”主题教育活动，开展“学习身边人，争做贴心人”“学习张云泉，做十心信访干部”“三挂钩三服务”等系列实践活动。2005年1月5日，新的《信访条例》出台后，市信访局进行探索和创新，对无理上访老户实行终结听证。即在信访听证基础上的延伸和拓展，让社会各界人士共同参与，对信访事项的处理是否得当进行评议和表决，利用社会舆论力量做信访人的思想工作，体现对信访人的公平、公正，从而达到停访息诉目的。2006年6月，根据中央、省、泰州市统一部署，结合兴化市情实际，出台开展信访老户停诉息访百日活动的意见，在这次信访老户停诉息访百日活动和非正常上访集中整治活动中，通过信访会办、领导包案、信访听证和社会终结评议等形式，达到“快速解决一批合理信访、教育一批无理信访、惩处一批违法信访”的目的。2008年起，按照中央有关文件要求，市委、市政府研究制定《关于开展党政干部定期接访和下访工作的意见》，加强接访下访工作组织领导，把“大接访”“大下访”“大排查”作为关注民生、维护稳定的重要抓手和“民心工程”来抓。重点敏感时段，每天安排一名市领导现场接待来访群众，当场转办、交办、会办。2009年，中央联席办在全国信访系统开展的“信访积案化解年”活动中，兴化市有67名信访老户的历史遗留问题得到化解。2009年7月，建立信访维稳流动督查会办机制。2009年12月建立信访工作点评机制，做法被泰州市推广。2010年10月，信访专项联合接待机制受到省和泰州市肯定。

第九节　机关事务管理

兴化市市级机关事务管理局（简称“事务局”）成立于2001年12月，2002年4月正式对外办公，为市政府直属事业单位正科级建制。内设有5个职能科室：办公室、财务审计科、综合服务科、基建房产科、安全保卫科，核定编制19人；下属3个全额拨款事业单位：政府采购中心（2002年5月成立，2005年划归到市财政局）、综合服务中心、保卫警卫队；下属4个自收自支事业单位：兴化宾馆、板桥宾馆、机关印刷厂（2005年6月至2006年底3个单位相继完成改制）、车船管理所。2008年成立元馨物业公司；2009年5月增设机关节能科。2010年6月，事务局由市政府直属事业机构调整为市政府办公室下属事业机构，机构规格相当于副科级。内设6个科室，2个全额拨款事业单位：综合服务中心、保卫警卫队，1个自收自支事业单位：车船管理所。主要职能作部分调整：将政府采购有关职责划给市政府采购招投标中心；将重大接待有关职责划给市委接待办；增加公共机构节能管理的职责。

一、接待服务

1991—2010年期间，机关事务围绕市委、市政府中心工作提供服务，完成市“两会”、“党代会”、招商引资、历届千垛菜花节、各项表彰大会等重要活动的会务工作，年均服务415场次，服务参会9万余人次。

二、机关食堂管理

1991年后，市政府开设机关食堂，但管理落后，服务不足。2004年6月，新区机关食堂试运行，

11月底对外承包，在此同时狠抓内部管理，提高饭菜和服务质量。2007年，针对机关干部多年反映的就餐问题，在物价不断上涨而餐费标准未提高的情况下，为确保食堂菜肴质量和品种，争取市领导的支持，从每人补贴2元提高到4元。2010年10月起改机关食堂承包经营为自主经营，改自行采购为农副产品统一配送，实行原料采购、质量标准、供应价格三统一，推出每周食堂菜单预告制和水果供应。2004—2010年，接待就餐达40万多人次。

三、安保通信服务

2002年后，市委、市政府机关接待正常来访1万多人次，阻止无理取闹人员1000多人次。文件交换，报刊发放投送迅速及时，为机关大院内的机关单位及个人订阅各类报纸杂志年均400多种，每日正常投递各类报纸和文件3000多份。2009年，会同电信部门组建党政机关综合VPN网，将行政中心的内部虚拟网延伸到乡镇党政机关，将办公固定电话、小灵通、天翼手机连成内网，网内通话免费，年节约100多万元。将行政中心的404部电话的月租费作为通话费使用，年节约50多万元。

四、车辆管理

2002年7月，为加大所辖范围内公务用车的监管力度，会同市纪委、市监察局联合下发《关于机关公务用车维修保养和油耗管理规定（试行）的通知》。2003年初以招投标方式重新确定4家汽车维修站（厂）为机关公务用车维修定点单位。2004年，做到月月有统计、有公布，严把费用支出关。核定车辆数，配合省、市对机关事业单位的“双超”车辆进行调查登记，及时上报泰州。2006年，加强机关大院车辆秩序管理，严格执行车辆通行证制度。2007年，以降低机关资源消耗为重点，加强管理，广泛宣传，大力开展公务用车节能减排，压缩维修和使用规模，最大限度地节约财政支出，全年节约维修、保险等费用10万多元。

2008年下半年，在市级机关及乡镇推进公车改革，执行公务交通费包干，确定相应交通费补贴标准，实行“总额包干、统筹使用、超支不补、节余奖励”办法，所有车改交通补贴用于公务活动，不直接补贴到个人。对保留车辆的实行集中统一管理，对公务用车的报废、维修实行专人鉴定；严格控制维修费用，对公务用车维修、加油的定点单位加强监督管理。公开处置原有公务用车，至2008年12月10日，186辆公车全部上缴到位，面向社会公开拍卖，拍卖资金1327.53万元全部上缴财政。对各机关单位公务用车的报废、购置、更新等逐一审核，对副局职以上领导干部购买私车严格按照标准审核发放交通费补贴，标准为市核定标准（正局职1200元/月，副局职780元/月）的150%。对保留车辆和执法车辆统一登记造册。认真审核控制车辆维修和核定维修费用，2009—2010年，维修车辆近2366辆次，维修费用市场价为771.4万元，采购价为598.7万元，节约172.7万元。

五、办公用房修建管理

1991年，市政府建办公楼，承建单位为严家建筑公司，面积1370平方米，1992年11月投入使用（其余参见《城乡建设》卷第三章第二节第二目《办公用房建设》）。2001年底，市行政中心开始规划设计，2002年8月28日奠基动工，2004年5月28日投入使用。整个区域占地10公顷，建筑面积约3万平方米。残疾人康复中心于2009年4月28日奠基，附属楼2010年10月招标成功（预计2011年10月交付使用），总占地面积1万平方米，总建筑面积6480平方米，总投资约2200万元；老年大学于2009年8月6日奠基，并于2010年9月交付使用，总建筑面积3000平方米，总投资约680万元。2010年6月，针对新一轮机构改革后部分单位调整和部门撤并等实际状况，根据需要及时调整办公用房。

六、节能和卫生保洁

2009年4月，经市编办批准增设“公共节能管理科”，贯彻“以节约促节能，以清洁促文明，以科技促发展”的工作思路，制定节能方案，统计水电消耗。落实考核措施，建立比较健全的考评制度。完善全市公共机构节能工作的组织管理和联络员机制，2010年6月，组织开展全市公共机构能源消耗统计与台账管理培训会议，首次将公共机构节能工作覆盖到乡镇。开展机关节能工作宣传周，组织节能知识竞赛和邀请省市专家现场讲学，建立一套考核制度。截至2010年底，统计384家，其中国家机关100家、事业单位276家、社会团体8家，公共建筑面积183.48万平方米，用能人数131631人，编制人数为22881人。

2004年，机关大院保洁实行长效管理，保证大院全年环境整洁。绿化投入约120万元，新增绿化面积40724.6平方米，新栽苗木2561株，草坪面积37098平方米，绿化成活率100%。2005年起，机关大院常年保持环境整洁、秩序井然，物业管理工作推行“一扫全保责任制”，按照“安全、文明、整洁”的要求管理办公大院，达到了亮化、绿化、净化、美化和优化的要求，形成出现脏乱死角就立即清除的长效机制；定期对行政中心水、电、空调、厕所、网线等系统等进行检修，安排专人负责行政中心的绿化及树木的保养和维护。2008年，新增昭阳剧院以及市人大常委会、政协新办公楼的物业管理。

第三章　政协兴化市委员会

政协兴化市委员会（简称“市政协”）在市委领导下，贯彻中共中央关于加强政协工作的一系列文件精神，遵行《中国人民政治协商会议章程》，围绕市委、市政府工作中心，认真履行政治协商、民主监督、参政议政的职能。1991—2010年，历经第七至第十一届委员会，为促进全市经济和社会事业又好又快发展，巩固和发展爱国统一战线作出应有贡献。

第一节　政协委员

1990—2010年，每次换届前，市政协党组、市委组织部、市委统战部联合提出政协人事安排意见，并由市委批转各乡镇、各部门贯彻执行。市政协党组会同市委组织部、市委统战部到各系统、各单位对政协委员人选进行协商考察，广泛征求意见。经认真选拔，集中各方面意见，提出下届政协界别设置，拟定人员建议名单，再由政协常务委员会研究确定。

政协兴化市第七届委员会设置13个界别，即：中共界、青年界、工人界、妇女界、农林界（农业和农村）、工商界、教育界、文艺界、科技界、医卫界、少数民族界、宗教界、特邀界。第八届起增设经济界，第十届、十一届增加无党派人士，共15个界别。

1991—2010年，在兴化的省政协委员1人（欣巧凤，女，省政协七届委员会委员），在兴化的扬州市、泰州市政协委员有87人次（1. 在兴化的扬州市政协委员人数：第三届（1993年2月至1996年8月）16人。2. 在兴化的泰州市政协委员人数：第一届（1996年9月至2002年12月）18人；

第二届（2003年1月至2007年12月）22人；第三届（2008年1月至2010年12月）31人。）。

政协兴化市第七至第十一届委员构成情况一览表

表19-13　　　　单位：人

界别	第七届	第八届	第九届	第十届	第十一届
中国共产党	13	16	16	16	18
无党派人士	—	—	—	13	15
共青团（青年联合会）	7	7	7	6	7
妇联	7	7	7	7	8
工会	9	9	9	9	10
工商联	20	14	15	17	20
文艺新闻	18	15	15	15	15
科技（科协）	29	20	22	24	27
教育	46	35	32	29	29
医卫	30	25	25	24	24
经济	—	26	28	29	32
农业（农林）	24	29	26	25	26
少数民族	6	6	6	6	7
宗教	5	6	6	5	5
特邀	35	37	33	29	32
合计	249	252	247	254	275

第二节　历届委员会议

一、政协兴化市第八届委员会

第一次全体会议于1993年2月13—17日举行。出席会议委员250名，有关人士应邀列席会议。市委、市人大常委会、市政府的领导出席会议的开幕式和闭幕式。市委书记吕振霖到会讲话，市政协主席袁少群作常委会工作报告，副主席陈美银作提案委员会工作报告。16名委员作大会协商发言。与会委员列席市第十一届人民代表大会第一次会议，听取和讨论市政府工作报告和其他报告。会议通过市政协八届一次会议决议，号召全体政协委员和各界人士进一步解放思想，振奋精神，团结开拓，负重奋进，努力为加快全市改革开放和经济建设作出新的贡献。会议选举顾桂喜为市政协第八届委员会主席，葛鸾英（女）、王林祥、杨训明、王挹清、姚正生（女）、刁立德、段志余为副主席，张宗铭为秘书长，马伯松等36人为常务委员。会议期间和闭会后收到委员提案314件。

第二次全体会议于1994年3月25—29日举行。出席会议的政协委员235人，40多名有关人员应邀列席会议。市委、市人大常委会、市政府的领导出席会议的开幕式和闭幕式。会议由常务会主持。会议通过市政协八届二次会议决议，《决议》要求全体政协委员紧紧围绕经济建设这个中心，针对改革开放、经济建设和社会发展中的新情况、新问题，经常深入实际，切实搞好调查研究，积极参政议政，努力提高协商监督的质量。会议期间和闭会后收到委员提案394件。

第三次全体会议于1995年2月23—27日举行。出席会议的政协委员247人，市政协离退休老同志、非委员的工作组正、副组长、联谊会理事、工商联常委和有关方面负责人应邀列席会议。会议通过市政协八届三次会议决议，《决议》号召全体政协委员和各界人士，要以饱满的政治热情和高度的责任感、使命感，继续高举爱国主义和社会主义旗帜，在中共兴化市委的领导下，统一思想，齐心协力，和衷共济，扎实工作，为实现“超百亿，奔小康”的奋斗目标，为繁荣兴化经济、推动社会进步作出新的贡献。会议同意顾桂喜因工作变动辞去市政协主席职务的请求，选举李柏荫为市政协八届委员会主席。会议期间和闭会后收到委员提案300件。

第四次全体会议于1996年3月15—19日举行。出席会议的政协委员227人，列席人员55人。会议同意市政协副主席葛鸾英代表常委会作的工作报告和市政协副主席刁立德作的提案委员会工作报告。会议期间分组与市委、市政府和有关部门的领导就两个文明建设方面的工作，进行协商并提出建议。会议同意王林祥辞去市政协八届委员会副主席职务；补选谢东洪为市政协八届委员会副主席，增选王小跃、王树春、魏佩琴为市政协八届委员会常务委员。会议通过市政协八届四次会议决议。《决议》要求加强政治协商、民主监督、参政议政的规范化、制度化建设，深入基层，深入实际，广泛了解和反映社情民意，提高调查研究质量，加大民主监督的力度，使协商监督、参政议政更加富有成效。会议期间和闭会后收到委员提案326件。

第五次全体会议于1997年3月16—20日举行。出席会议的政协委员238人，55名各界代表人士应邀列席会议。市委书记臧巧华在会议开幕式上讲话，并对市政协1997年工作提出4点意见。会议期间，分物质文明建设和精神文明建设两个大组与兴化市委、市政府领导及60个部门负责人进行协商。市政协主席李柏荫致闭幕词。会议通过市政协八届五次会议决议。《决议》要求统一思想，增进共识，协调社会各方面关系，调动一切积极因素，紧紧围绕市委、市政府的中心工作，更好地发挥政治协商、民主监督、参政议政的职能作用。会议期间和闭会后收到委员提案340件。

二、政协兴化市第九届委员会

第一次全体会议于1998年1月1—6日举行。出席会议委员245名，在兴化的省和泰州市政协委员、市政协离退休前领导成员及有关人士应邀列席会议。市委、市人大常委会、市政府负责人出席会议的开幕式和闭幕式。市委书记臧巧华到会讲话，市政协主席李柏荫致开幕词，并作常委会工作报告，副主席刁立德作提案委员会工作报告。与会委员列席市第十二届人民代表大会第一次会议，听取和讨论市政府工作报告和其他报告。会议选举李柏荫为市政协第九届委员会主席，谢东洪、姚正生（女）、段志余、潘坚、李显运（女）为副主席，鲍友喜为秘书长，王小跃等37人为常务委员。会议表彰1997年先进工作组和优秀政协委员以及优秀提案，通过提案初步审查情况的报告和市政协九届一次会议决议。会议就加快全市经济结构调整，深化企业改革、加快建立现代企业制度、推进农业产业化进程、发展非公有制经济和加强精神文明建设、社会民主法制建设等问题发表意见，提出建议。会议收到委员提案266件，18名委员作大会协商发言。

第二次全体会议于1999年1月18—21日举行。230多名政协委员出席会议。会议期间，收到委员提案219件。会议通过市政协九届二次会议决议，《决议》要求全体政协委员要增强使命感和责任感，要紧紧围绕市委、市政府的工作中心，积极递交提案，及时反映社情民意，充分发挥在两个文明建设中的重要作用。

第三次全体会议于2000年1月13—17日举行。230多名政协委员出席会议市政协主席李柏荫致开幕词，市委书记陈骏骠在会议开幕式上讲话，市政协副主席谢东洪代表常委会作工作报告，市政协副主席潘坚作提案委员会工作报告。会议期间，收到委员提案308件。市政协主席李柏荫致闭幕词。会议通过市政协九届三次会议决议，《决议》号召全体政协委员和各界人士，更加紧密地团结在江泽民同志为核心的党中央周围，在中共兴化市委的领导下，高举爱国主义和社会主义两面旗帜，坚持团结和民主两大主题，切实履行基本职能，调动一切积极因素，为完成中共兴化市委八届八次全体（扩大）会议提出的各项工作任务，夺取全市改革开放和现代化建设的新胜利作出更大的贡献。

第四次全体会议于2001年2月1—5日举行。240多名政协委员出席会议。会议期间收到委员提案270件，经过认真审查，确定立案266件。会议增补刘玲、陆玉华、孙凤翔、祝永康为九届政协常委。会议通过市政协九届四次会议决议，号召全体政协委员和社会各界人士，以邓小平理论和江泽民"三个代表"重要思想为指导，认真贯彻全国统战工作会议和全省政协工作会议精神，在中共兴化市委领导下，牢牢把握团结和民主两大主题，紧紧围绕改革、发展、稳定大局和富民强市的总体要求，切实履行政治协商、民主监督、参政议政的主要职能，和衷共济，奋发图强，为实现21世纪开局之年的各项工作目标而努力奋斗。

第五次全体会议于2002年2月28日至3月4日举行。230多名政协委员出席会议，市委书记杨峰出席会议并讲话，市政协副主席谢东洪代表常委会作工作报告，会议期间收到委员以提案形式提出的意见、建议243件。会议通过市政协九届五次会议决议，《决议》要求努力探索更为有效的履行职能的形式和途径，不断推进政治协商、民主监督、参政议政的规范化和制度化，增强工作的主动性和创造性。要密切同社会各界的联系，及时反映社情民意，在协调关系、化解矛盾、维护稳定中发挥积极作用。

三、政协兴化市第十届委员会

图19-10　政协兴化市第十届委员会第一次会议
（2003年摄，市政协办提供）

第一次全体会议于2003年1月3—8日举行。出席会议的政协委员249名，在兴化的泰州市政协委员和市政协离退休前领导成员、有关知名人士列席会议，市委、市人大常委会、市政府负责人出席会议开幕式和闭幕式。市委书记杨峰到会讲话，市政协副主席谢东洪代表常委会作工作报告，市政协副主席潘坚作提案委员会工作报告。与会委员列席市第十三届人民代表大会第一次会议，听取、讨论政府工作报告和其他报告。会议通过市政协十届一次会议决议，要求高举爱国主义和中国特色社会主义旗帜，突出团结和民主两大主题，坚持以经济建设为中心，自觉服从和服务于全市工作大局，切实履行基本职能，为推进全市"三个文明"建设作出新贡献。会议选举范学忠为市政协第十届委员会主席，谢东洪、姚正生（女）、段志余、李显运（女）、杨宝泉为副主席，鲍友喜为秘书长，丁永明等37人为常委委员。会议表彰2002年度优秀提案和优秀社情民意信息，通过提案初步审查工作报告和政协十届一次会议决议。会议收到委员提案308件，经初步审查，确定立案299件，12名委员作大会协商发言。

第二次全体会议于2004年2月6—10日举行。240多名政协委员出席会议，市委、市人大常委会、市政府的领导出席会议的开幕式和闭幕式，会议由常委会主持。市委书记杨峰出席会议并讲话，市政协主席范学忠作常委会工作报告，市政协副主席杨宝泉作提案委员会工作报告和十届二次会议提案审查委员会关于提案审查情况的报告。会议期间收到委员以提案形式提出的意见、建议286件，经初步审查，确定立案284件。会议通过市政协十届二次会议决议，《决议》要求，突出团结和民主两大主题，围绕全市工作中心，认真履行基本职能，不断开创政协工作新局面，为促进全市经济发展和社会进步作出新的贡献。

第三次全体会议于2005年2月17—21日举行。230多名政协委员出席会议，会议收到委员提案318件，会议同意鲍友喜辞去市十届政协秘书长职务，选举姚明林为市十届政协秘书长，增补王宇云、卞荣涛、石益平、陆建康、袁士龙、徐祖富、殷有富、唐智、戴荣军为十届政协常委。会议通过市政协十届三次会议决议，号召全体政协委员和各界人士，在中共兴化市委领导下，高举邓小平理论和“三个代表”重要思想伟大旗帜，解决思想，发扬民主，求真务实，开拓创新，为完成全年各项工作目标任务，促进全市三个文明建设协调发展，着力构建和谐社会，作出新的贡献。

第四次全体会议于2006年2月6—9日举行。240多名政协委员出席会议，市委书记杨峰结合十一五规划展望兴化的经济和社会发展提出3点希望和要求，市政协主席范学忠作常委会工作报告，在回顾2005年工作的同时，对2006年主要工作从4个方面作了安排和部署。市政协副主席杨宝泉作提案委员会工作报告，会议期间收到委员提案248件，会议认真协商讨论兴化“十一五”规划纲要，并提出修改意见。会议增补李如亮为市十届政协副主席。会议通过市政协十届四次会议决议，号召市政协各组成单位和全体政协委员，在兴化市委领导下，团结社会各界人士，开拓创新，真抓实干，为实施“十一五”规划开好局，为早日全面建成小康社会，作出新的贡献。

第五次全体会议于2007年2月3—6日举行。230多名政协委出席会议，会议期间收到提案258件，19名委员就全市教育、卫生、文化、民族、文物保护等方面问题进行大会协商发言。会议通过市政协十届五次会议决议，号召市政协各组成单位、全体政协委员和社会各界人士，突出又好又快发展主旋律，把握团结和民主两大主题，围绕全市发展目标和主要任务，全力关注民生，积极建言献策，努力开拓创新，为全面达小康、构建和谐兴化而努力奋斗。

四、政协兴化市第十一届委员会

第一次全体会议于2007年12月18—22日举行。出席会议委员276名。有关人士应邀列席会议，市委、市人大常委会、市政府领导出席会议开幕式和闭幕式。市委书记贾春林到会讲话，范学忠作常委会工作报告，杨宝泉作提案委员会工作报告，谢东洪致闭幕词。与会委员列席市第十四届人民代表大会第一次会议，听取并讨论政府工作报告和其他报告。会议要求继续坚持以邓小平理论和“三个代表”重要思想为指导，全面贯彻落实科学发展观，在中共兴化市委领导下，认真学习贯彻十七大精神，围绕全市经济建设中心，认真履行人民政协基本职能，不断提高工作水平，为推进全市经济社会又好又快发展、构建和谐兴化作出新的更大贡献。会议选举范学忠为市政协第十一届委员会主席，谢东洪、李显运（女）、杨宝泉、余建年、彭国良为副主席，石益平为秘书长，丁永明等45人为常委务员。会议表彰2007年度优秀提案和优秀社情民意信息，通过提案初步审查情况的报告和市政协十一届一次会议决议。会议期间和闭会后收到委员提案330件，14名委员作大会协商发言。

第二次全体会议于2009年1月6—9日举行。出席会议委员252名。会议期间，委员们听取和讨论贾春林同志的讲话；听取和审议市政协常委会工作报告和提案工作的报告；列席市第十四届人大二次会议第一次会议，听取并讨论政府工作报告和其他报告。围绕全市政治、经济、社会生活中的重大问题，特别是如何应对当前世界金融危机的影响、保持全市经济社会平稳较快发展，提出许多建设性的意见和建议。市政协副主席谢东洪主持闭幕式。会议通过市政协第十一届委员会第二次会议决议，同意政协主席范学忠所作的政协常委会工作报告和副主席杨宝泉所作的提案工作报告。会议号召全体政协委员和社会各界人士，更加紧密地团结在以胡锦涛同志为总书记的中共中央周围，在中共兴化市委的领导下，高举中国特色社会主义伟大旗帜，坚持以邓小平理论和“三个代表”重要思想为指导，深入贯彻落实科学发展观，突出团结、民主两大主题，围绕市委十届六次全会提出的各项目标任务，同心协力，埋头苦干，为建设“富庶兴化、生态兴化、文化兴化、和谐兴化”而奋斗。会议期间和闭会后收到提案330件，实际立案328件。

第三次全体会议于2010年1月11—14日举行，出席会议委员254名，市政协副主席谢东洪主持会议。市委书记贾春林发表讲话，市政协主席范学忠作工作报告，会议期间，委员们听取和讨论贾春林同志讲话；听取和审议市政协常委会工作报告和提案工作报告；列席市十四届三次会议第一次会议，对政府工作报告和其他有关报告进行协商讨论；通过大会发言、协商讨论、撰写提案和反映社情民意等形式，就全市政治、经济、社会生活中的有关问题和政协工作提出许多很好的意见与建议。会议期间收到320件，立案316件。会议通过市第十四届三次会议决议。范学忠作闭幕讲话，其号召把广大政协委员的思想认识统一到市委、市政府的决策部署上来，不断加强同社会各界人士的接触沟通，多做统一思想、理顺情绪、排忧解难的事，多做增进了解、加深理解、促进谅解的事。切实加强队伍自身建设。继续搞好政协机关作风建设，进一步完善工作机制。

第三节　组成人员与工作机构

一、常务委员会组织

市政协设常务委员会主持会务。常务会由政协全体会议选举产生的主席、副主席、秘书长和常务委员组成。主席主持常委会工作，副主席、秘书长协助主席工作，主席、副主席、秘书长组成主席会议，处理常委会的重要工作。

1990年3月，市政协第七届第一次会议选举产生主席1人、副主席6人、秘书长1人，常务委员37人。1991年3月，第二次全体会议增选副主席1人，改选秘书长。至此，市政协第七届常委会成员46人。

1993年2月，市政协第八届第一次会议，选举产生主席1人、副主席7人、秘书长1人，常务委员36人。1995年第三次全委会议进行主席改选。1996年第四次全委会议增选副主席1人，常务委员3人，至此，市政协第八届常委会成员调整为49人。

1998年1月，市政协第九届第一次会议选举产生主席1人、副主席5人、秘书长1人，常务委员37人。2001年第四次全委会议增选常务委员4人。至此，市政协第九届常委会成员调整为48人。

2003年1月，市政协第十届第一次全体会议选举产生主席1人、副主席5人、秘书长1人，常务委员37人。2005年2月，第三次全委会议增选常务委员9人。2006年第四次全体会议增选副主席1人。至此，市政协第十届常委会成员调整为54人。

2007年2月市政协第十一届第一次全体会议选举产生主席1人、副主席5人、秘书长1人，常务委员45人。至2010年1月，市政协第十一届常委会成员52人。

政协兴化市第七至第十一届委员会主席、副主席更迭一览表

表19-14

届次	职务	姓名	籍贯	任职时间
第七届 1990年3月—1993年2月	主席	袁少群	江苏兴化	1990年3月—1993年2月
	副主席	吴坚	江苏兴化	1990年3月—1993年2月
		杨训明	江苏兴化	1990年3月—1993年2月
		陈美银	江苏兴化	1990年3月—1993年2月
		方以城	江苏兴化	1990年3月—1993年2月
		王挹清	江苏兴化	1990年3月—1993年2月
		姚正生（女）	江苏兴化	1990年3月—1993年2月
		王林祥	江苏兴化	1991年3月—1993年2月
第八届 1993年2月—1998年1月	主席	顾桂喜	江苏兴化	1993年2月—1995年2月
		李柏荫	江苏兴化	1995年2月—1998年1月
	副主席	葛鸾英（女）	江苏兴化	1993年2月—1996年3月
		王林祥	江苏兴化	1993年2月—1996年3月
		杨训明	江苏兴化	1993年2月—1998年1月
		王挹清	江苏兴化	1993年2月—1998年1月
		姚正生（女）	江苏兴化	1993年2月—1998年1月
		刁立德	江苏兴化	1993年2月—1998年1月
		段志余	江苏兴化	1993年2月—1998年1月
		谢东洪	江苏兴化	1996年3月—1998年1月
第九届 1998年1月—2003年1月	主席	李柏荫	江苏兴化	1998年1月—2003年1月
	副主席	谢东洪	江苏兴化	1998年1月—2003年1月
		姚正生（女）	江苏兴化	1998年1月—2003年1月
		段志余	江苏兴化	1998年1月—2003年1月
		潘 坚	江苏兴化	1998年1月—2003年1月
		李显运（女）	江苏兴化	1998年1月—2003年1月
第十届 2003年1月—2007年12月	主席	范学忠	江苏兴化	2003年1月—2007年12月
	副主席	谢东洪	江苏兴化	2003年1月—2007年12月
		姚正生（女）	江苏兴化	2003年1月—2007年12月
		段志余	江苏兴化	2003年1月—2007年12月
		李显运（女）	江苏兴化	2003年1月—2007年12月
		杨宝泉	江苏兴化	2003年1月—2007年12月
		李如亮	江苏兴化	2006年2月—2007年12月

续表 19-14

届次	职务	姓名	籍贯	任职时间
第十一届 2007年12月—	主 席	范学忠	江苏兴化	2007年12月—
	副主席	谢东洪	江苏兴化	2007年12月—
		李显运（女）	江苏兴化	2007年12月—
		杨宝泉	江苏兴化	2007年12月—
		余建年	江苏兴化	2007年12月—
		彭国良	江苏兴化	2007年12月—

二、工作机构

市政协内设机构根据工作需要和机构改革要求设置和调整。1990年，市政协机关设秘书处（辖秘书科、组委工作科、行政科）和学习、提案、文史资料3个专门委员会。1991年3月，增设经济、教科文卫、社会法制和祖国统一工作4个专门委员会（连同原设的学习、提案和文史资料3个委员会，共7个委员会），将秘书处更名为办公室。1993年，将经济委员会变更为经济科技委员会、教科文卫委员会变更为教育卫生文化委员会、祖国统一工作委员会变更为联谊工作委员会，增加社会法制委员会，将祖国统一联谊工作组变更为侨台工作组。1998年3月，将原来的“一办”“七委”调整为“一办”“四委”，即办公室，学习文史外联、经济科技、教卫文体和提案社会法制委员会。2002年1月，市委批准市政协机关“三定”方案，内设机构定为“一办”“四委”，即办公室（辖秘书科、联络科、行政科）和学习文史、社会法制、经济科技、教卫文体委员会，挂“对外联谊委员会”“提案委员会”的牌子。

市政协基层组织一直保留原有的12个工作组和书画研究会以及10个区镇委员小组。1998年，将12个工作组调整为13个工作组，书画研究会更名为诗书画研究协会。2001年，农村区公所（市政府派出机构）撤销以后，区委员小组更名。2003年，农村和昭阳镇以5大片建立委员活动小组。

第四节　主要工作

一、政治协商

全会期间，政协委员围绕市政府工作报告、国民经济和社会发展计划、财政预决算报告，进行广泛协商，建言献策。市委、市政府领导和有关部门主要负责人听取大会协商发言。八届政协期间，改大会集中发言为分组协商，让更多委员畅所欲言。十届一次会议大会协商发言时，还吸收部分群众代表旁听。常委会每次突出一个主题，进行协商讨论，提出许多有重要参考价值的建议和意见。主席协商会议选择全市工作大局中的重中之重，与市委、市政府领导协商，搞好宏观献计。1991—2010年，市政协召开全体会议20次，常委会议110次，主席协商会41次，各类情况通报会、对口协商会议20多次。政协各专门委员会或工作组就某一方面的工作与市（县）机关部门进行对口协商，提出意见和建议。

二、民主监督

【提案办理】 1991—2010年，市政协委员提出6291件提案，立案5708件。提案内容丰富全面，涉及经济建设、城乡建设、科教文卫体、政法、劳动人事、统战等方方面面，多数提案与市委、市政府工作中心和部门年度工作目标相一致，为领导科学决策提供参考依据。提案办结率达100%。委员对办理的提案满意率和基本满意率达到97.08%。《建议进一步加大力度，改善我市经济软环境》《如何克服招商难、难招商》的提案，为市招商引资工作提供较好思路。《关于加快城市防洪工程建设》《加强防洪设施管理》《尽快打通英武路，加快城市建设步伐》等提案受到市委、市政府的高度重视，并在实际工作中得到实施。

1991年以后，市政协先后向市委、市政府递交《关于进一步加强领导，加快结构调整，促进我市农业经济高效快速发展的建议案》《关于整合我市城区教育资源问题的建议案》《关于加快城区工业园区建设的建议案》等11份建议案。

1991—2010年部分年份兴化市政协主要建议案一览表

表19-15

时间	会议	建议案
1993年7月12日	市政协八届二次常委会议	关于进一步加强领导，加快结构调整，促进兴化市农业经济高效快速发展的建议案
1995年8月17日	市政协八届二次主席协商会议	关于在1995年底实现全市普及九年制义务教育的建议案
1998年9月15日	市政协九届四次常委会议	关于做好下岗职工基本生活保障和再就业工作的建议案
2000年10月12日	市政协九届十三次常委会议	关于兴化市中小学教育如何适应生源高峰期需求的建议案
2001年7月21日	市政协九届十八次常委会议	关于大力转移农村剩余劳动力、切实增强农民收入的建议案
2003年7月26日	市政协十届三次常委会议	关于促进兴化市卫生事业改革与发展的建议案
2005年7月6日	市政协十届十五次常委会议	关于整合兴化市城区教育资源问题的建议案
2006年10月26日	市政协十届二十四次常委会议	关于兴化市实施“五五”工程做大做强工业企业有关问题的建议案
2007年9月27日	市政协十届三十次常委会议	关于促进兴化市服务业发展的建议案
2010年9月27日	市政协十一届十五次常委会议	关于发展兴化市村级集体经济的建议案

【委员视察、走访】 1991年后，市政协针对全市三个文明建设中的重要问题以及人民群众普遍关心的热点、难点问题，组织委员开展视察活动。1991年以后，先后组织专题视察100多次，平均每年5次以上。视察内容包括全市工业企业、农业和农村经济、乡镇企业、个私企业、城镇建设、政法、文化、教育、卫生、计划生育等工作。通过视察，提出意见和具体建议，推动有关工作开展。

【主席走访】 1991年后，市政协开展主席走访部门活动，熟悉情况，交换意见，提出建议，以达到推动和促进部门工作的目的。此外，政协注意扩大情况通报的范围，使委员进一步拓宽视野，有的放矢地开展民主监督。

【行风评议】 1991—2010年，市政协选择与经济建设和群众生活密切相关的行政执法、执收执罚部门，对其履行职责、服务承诺以及在执行公务中所表现的党风、政风、行风等方方面面，组织委员及各界人士开展民主评议，并以书面报告、社情民意和其他形式提出批评和建议。同时，选派政协委员和机关工作人员担任法院、公安、工商、税务、物价、供电、教育、交通、卫生等部门的行风监督员和评议员。

三、参政议政

【专题调研】 市政协根据市委年度工作重点和经济社会发展中具有综合性、全局性、前瞻性的课题，精心选题，深入调查，坚持到实地、查实情、听实话。每年组织专题调研15次以上，形成调查报告20份左右，其中有许多调查报告被市委以正式文件或《兴化情况》向全市转发，为党政领导实施正确决策提供重要参考。

市政协重视社情民意的收集和上报，为市委、市政府了解民情、体察民意、集中民智发挥重要作用。1998年以后，平均每年收到委员反映的社情民意信息200份左右。1999—2010年，编发《社情民意》451期，其中全国政协录用21件、省政协录用11件、泰州市政协录用194件。《群众对事业单位改革有五个担心》《农业税取消之后农民有五盼》等有质量的社情民意信息，得到市委、市政府领导的重视。《慎提“党政领导干部与个私企业老板交朋友”》《城市搞“亮化”、民众疑问大》《农村村级组织规范化建设中出现新矛盾影响稳定和发展》《工业项目用地管理亟待加强》等社情民意稿件被全国政协信息中心全文刊用。

四、文史资料征编和名胜古迹保护

兴化为里下河地区古城，清末民国年间有许多著名商号，各有经营特色，历经数代不衰。如：立大、广元、恒吉绸缎布庄，同昌、仁昌、茂昌南货店，上池斋、鹤山堂等药店，养和园、天禄居等茶菜馆。这些字号的资料弥足珍贵，但熟知“老字号”资料的人寥寥无几。市政协利用自身优势，发动文史研究者深入调查，抢救资料。先后在省、泰州市、兴化市报刊上发表相关文章数十篇。

1991年后，市政协围绕兴化市文物古迹、名胜景区保护修复和重建积极参与，坦诚进言。修复刘熙载故居、金东门古街区保护性开发、银北门控制性详规、儒学街古街区历史文化遗存包括吴甡故居、陈五房进士第、中原才子坊的保护、兴化名胜拱极台修复、建立抗日战争死难同胞纪念碑、古镇沙沟保护规划、东岳庙使用权划归宗教团体及乌巾荡风景区规划建设等建议，得到市委、市政府高度重视。1990—1992年，受市委、市政府委托，市政协承担四牌楼47块匾额的修复工作。通过邀请全国著名书法家题字，组织能工巧匠制作，使四牌楼以崭新面貌展现在世人面前。1994年，经过多次联系和恳谈，南京徐石桥将康熙、雍正、乾隆三朝兴化籍书法家的11幅作品捐赠给市政府。2003年，经市政协联系，金陵兰竹缘画会原会长陈乐村将自己创作的80件兰竹作品捐赠给兴化市博物馆。

1991—2010年，市政协按照“三亲”（亲听、亲见、亲闻）原则，突出传统特色，先后编辑书版《兴化文史资料》《兴化人物》《兴化政协志》，形成文史材料近百万字。

附

重要提案及办理情况选介

1. 1993年，吴存党、刘正义等委员关于“抛荒毁田现象应引起党政领导重视”的提案，市委分管负责人召开会议专门研究，派出工作组深入到有关乡镇进行调查，研究制定5条措施，问题得到较好解决。沙永玉委员关于“保护消费者利益，严厉查处制造和销售假冒伪劣商品”的提案，市工商局很重视，检查国营、集体商场、商店和个体摊点3600余家，有问题的达2100多家，查处制假窝点15个，查出假酒价值19.6万元，假烟2136条，劣质食品、饮料、调味品10.1万件，假冒药品12件，假冒农肥1000多吨，假商标500万张（只）等，按市场价格折算金额121.9万元，其中销毁假冒伪劣商品120.3万件，查出假冒伪劣商品案件131件，罚没款30.6万元。

2. 1998年，市政协教育组关于“尽快落实实验小学的改善措施，确保实验小学顺利通过省教委验收”提案，对市委、市政府作出新建第二实验小学的决策及实验小学老校改造，合理规划城区教育事业布局，起到积极作用。

3. 2003年，关于“建设昌合公路”的提案反映老区人民的夙愿，也是政协委员多年来一直关注热点。市委书记杨峰亲自督办，经多方努力，上争下调，投资逾4000万元的一期工程于2003年8月12日开工建设。

4. 2007年，何伟俊委员提出“科学防洪”的提案，市政府十分重视，将之列为当年政府为民办实事项目之首，作为重要的民生工程，重点组织实施，取得一定实效。至是年汛期前，基本完成主城区防洪工程建设任务。同时加大农村闸站工程建设力度，完成新建圩口闸173座，新建排涝站98座，汛期发挥作用。关于“加快农村交通工程建设”方面的5件提案，市政府十分重视，将农村公路建设列入为民办实事项目。重点组织实施“444”（计划投资4亿元，完成400公里农村公路建设任务、解决40个未通公路行政村）公路建设目标。是年实现投资3.4亿元，开工建设农村公路里程440公里。其中40个未通公路行政村中，道路和桥梁主体工程已完成的有15个；路基土方已备好，正在施工桥涵的11个。

五、学习宣传

市政协学习主要有委员小组学习、常委会议学习和主席会议学习及综合性学习等形式。1990年，市政协第七届委员会设学习委员会，有成员8人。1991年后第七届委员会期间组织主要学习活动6次。市政协第八届委员会设学习委员会，成员12人。其间组织主要学习活动7次。市政协第九届委员会设学习文史对外联谊委员会，成员21人。其间组织主要学习活动6次。市政协第十届委员会设学习文史委员会，成员12人。其间开展学习活动5次。市政协第十一届委员会设学习文史对外联谊委员会，至2010年，组织主要学习活动3次。主席会议、常委会议安排学习邓小平理论，学习中共十五大、十六大及十七大文件和江泽民、胡锦涛重要讲话，学习国内外形势。主席会议成员参加市委中心组学习。

1991年后，市政协通过编发学习参考资料，组织专题理论讲座，邀请省内专家、学者作形势报告，提高委员和有关人士的政治理论水平。每次换届以后，及时组织新委员的政协基本理论、基本知识的培训，使新委员增强光荣感、责任感。2000年，恢复委员活动日制度。开展评选和表彰优秀政协委员、先进政协委员小组、优秀提案和优秀社情民意信息活动，激发委员的参政热情。鼓励引导广大委员立足本职，爱岗敬业，在各自的岗位上创造一流成绩。表彰优秀政协委员小组41个次，优秀政协委员55人次，优秀提案249件，优秀社情民意信息68份。

市政协注重宣传工作，运用报纸、广播、电视等媒体宣传人民政协的性质、地位和作用。1992年12月1日在《人民政协报》二版组织编发“宝地共开发，携手向未来”的兴化专版。《选准议题是履行好职能的前提》等多份稿件先后被《泰州政协》《江苏政协》杂志刊用。市政协办公室与电视台共同制作纪念兴化市政协成立43周年的《风雨同舟》电视专题片。1999年9月，市委召开兴化市庆祝人民政协成立50周年大会。《兴化日报》发表宣传专刊，《兴化政协》编印专辑近10万字。同时，政协重视加强对外宣传，向省市报刊、电视台发稿。政协会刊《兴化政协》在宣传党和国家方针政策，宣传统一战线理论方面起到积极作用。

六、团结联谊

【“三胞”联谊】 兴化市台胞、侨胞、港澳同胞较多，市政协通过寄发贺卡、致电、致函等途径保持联系，同时会同有关部门做好接待工作。接待回家探亲访友的港澳台同胞和海外侨胞1400多人次。市政协注意利用“三胞”关系，为兴化市经济发展牵线搭桥。1993年，兴化无线电元件厂与台湾华昕电子有限公司建立良好合作关系。1996年，利用台胞关系，了解海外设备行情，解决临城乡一企业设备投资的难题，避免近万美元的经济损失。2002年11月，引荐浙江客商在开发区投资创办陶瓷装饰材料市场项目，总投资2000万元。在落实项目过程中，促成中岛渔具有限公司盘活资产280万元，为该企业进行“三置换一保障”改制创造一定条件。

【联系各界人士】 市政协通过组成单位与社会各界人士联络与合作，协助党和政府做好沟通思想、化解矛盾、凝聚人心的工作。通过举办“元宵笔会”“中秋茶话会”“国庆书画展”以及走访、座谈等途径，加强与各界人士的联系和沟通。

【发挥离任委员作用】 市政协联谊会是离任委员的联谊团体。1991—2010年，联谊会换届3次，第五届联谊会有会员108名。主要活动有组织学习、参观考察、专题调研、反映社情民意信息以及适应会员特点特长的健康娱乐活动。

七、特色活动

【送医送教送文化下乡】 1991—2010年，市政协组织医卫界人士先后到安丰、周庄、沈坨、大邹等10多个乡镇开展义诊活动，为农民和少数民族群众诊断治疗。组织教育界名教师到沈坨、沙沟、陈堡等乡镇为农村中小学教师上示范课，进行业务辅导。组织医卫界、文化界人士到钓鱼、新垛等乡镇开展送计划生育、送文化下乡等活动，为提高农民的精神文明水平服务。

【义务捐赠】 1991年特大洪涝灾害后，市政协与有关部门一道主动和台湾兴化同乡会杨本彤多次联系接洽，争取到台湾慈济慈善基金会建房经费1540万元。组织上海、扬州著名书画家周志高、江南春、李亚如、何庵之等人以及兴化市书画协会的书画作品义卖，所得收入5.11万元上缴市接受捐赠办公室。1994年，争取台湾慈济功德会的援助项目，引进台资近100万元，完成西鲍中学新建工程。1998年夏季，长江、松花江流域发生严重洪涝灾害，市政协在全市率先发出赈灾捐款倡议，政协委员和机关工作人员（包括老干部）捐款3万元、衣物200多件。市政协关心兴化中学建设，于1992年8月向全市政协委员、联谊会会员发出《向兴化中学捐赠图书的倡议》，200多人参加捐赠活动，捐图书1300多册。2007年5月，市政协主办“关爱孤儿特困生”主题活动，号召政协委员、政协机关工作人员以及工商联常委、金三角市场业主奉献爱心，捐款91855元，资助城乡孤儿特困生100名。

【高考补习班】 1991—2007年，市政协创办的高考补习班，为4700多名学生提供重读机会，向高等院校输送2400多名本科生。2007年以后停办。

【诗书画活动】 1991年后，政协坚持每年举办“元宵笔会”“国庆书画展”。市政协与有关单位联系，为名家举办书画展。1993年，与市书画协会合作，举办台湾徐通德书画展和板桥故里书画展。1997年6月，与高邮、宝应政协联合举办迎“七一”迎回归——里下河三县市第三届书画联展。2004年，在省美术馆为兴化籍旅沪知名书画家舒伯展举办画展。2006年12月，与省政协书画室联合在江苏省美术馆举办《板桥故里·当代兴化人书画摄影作品展》。2007年5月，与扬州八怪纪念馆联合为书画家舒伯展举办个人书画展。

卷二十

政法 军事

第一章 政法委及综治

第二章 公　安

第三章 检　察

第四章 审　判

第五章 司法行政

第六章 军　事

1991—2010年，随着经济体制改革、社会变革的深入，各种社会矛盾显现。兴化市公、检、法、司机关面对错综复杂的新形势，创新工作方法，加强政法干警队伍的思想作风建设，行使国家司法机关职能，为稳定社会、发展经济、改善民生保驾护航。

公安部门以建设“平安兴化”为目标，全面构建覆盖城乡的社会防控体系，在维护社会稳定，禁赌、禁娼、禁毒，打击刑事、经济犯罪，加强治安、入出境人员、消防、道路交通、监所管理、内部保卫等方面取得显著成绩。立案侦查刑事案件40917起，侦破24511起，查处经济案件584起，为国家、集体和个人挽回经济损失6.45亿元。检察机关把反腐败作为首要任务。全面行使刑事、民事、行政、控告申诉、监所检察及犯罪侦查、预防等职能。依法定程序进行法律监督活动，受理公安机关提请批捕案件5395件7653人，批准逮捕4670件6542人，不批准逮捕631件1053人。审判机关改革审判方式，依法履行各项审判职能，全面加强法院能力建设，增设少年庭，民一、二、三庭及执行庭（局）、行政庭、审监庭。审结刑事案件5424件、民事案件56804件、经济案件21241件，执行案件31277件。司法行政部门深入开展“二五”至“五五”全民普法教育，创新人民调解、安置帮教、社区矫正、法律服务、法律援助等工作，为增强市民法制意识、化解民事纠纷，促进社会和谐稳定和民主、法制建设作出努力。

1991—2010年，兴化市人民武装、国防动员工作和经济社会事业同步发展。市和乡镇人武部门开展国防教育，调整充实民兵组织，进行政治教育和军事训练，基干民兵和预备役部队现代化水平不断提高。武警中队、消防队官兵在维护社会治安、抢险救灾中发挥重要作用。驻兴化部队在完成自身任务外，坚持开展“拥政爱民”活动，为兴化市的经济和社会发展贡献力量。

图20-1　2008年6月19日，市人武部组织市民兵应急分队进行抗洪抢险综合演练

（市人武部提供）

第一章 政法委及综治

第一节 社会治安综合治理

一、“综治”组织

1991年9月20日，兴化市成立兴化市社会治安综合治理委员会（简称“综治委”），下设办公室，与市委政法委合署办公，政法委书记任主任。是年，全市46个乡镇分别建立综治办。2003—2007年，各乡镇综治办达到有统一规范的台账；有相应办公用房，有电脑、电话等基础设施；有专门工作人员；有较好经费保障等要求。2006年底，全市614个村，城区24个社区全部建成村（社区）综治办。2008年4月，市委发文任命乡镇（开发区）党委政法委员，5月各乡镇政法综治工作中心全面建成。至2010年底，全市35个乡镇（开发区）政法综治工作办公用房、办公实施以及工作人员、经费保障达到四到位，含派出所在内的政法综治部门“大集中”办公的乡镇9家，占26%；实行“小集中”（派出所与综治办、司法所调处中心分开）办公的25家。

二、群防群治

1996年，市委政法委发出《关于在全市开展“创安活动月”的通知》，要求500人以上市属、乡镇企业建立保卫科，300人以下单位配备专职保卫人员。各中学建立护校队，实行警校共建。当年，全市建有联防队、治安办公室108个387人，护厂队275个1221人，护村队875个2698人，治安信息员2786人。2006年，在原有基础上，整合社会力量，重组辅警联防大队39个1452人。2007—2008年，城区和乡镇辅警队伍分别按实有人口万分之十二、万分之九的比例配备到位。职业化治安巡逻队伍，城区100人的巡防大队、戴南镇52人的巡防大队和其他乡镇12—20人的巡防中队配备到位。80%的规模企业配备专职保安，500人以上学校建立综治警务室配齐警务人员。治安志愿者队伍在册13092人。2010年，1546名巡防辅警充实到位，398名校园保安持证上岗，10088名“五老”治安志愿者参与治安大联防。

三、社会治理综合治理责任制

1992年起，落实“社会治安一票否决权制”，修订完善治安承包责任制。市委、市政府每年与各乡（镇）、市级机关各部门以及市综治委成员单位签订《兴化市社会治安综合治理责任书》，市综治委每季或每半年组织督查，年终进行检查考核，把社会治安综治管理责任制落到实处。

四、治安管控

1991年初，全市列入管理的旅社有338家、床位5795个（其中国营23家、床位1969个），生产性废旧金属收购站（点）114家，刻字业62家，印刷厂（社）69家，从业人员达3300多人。2003年起，突出对特殊群体管理，开展流动人口管理服务试点，健全“以房管人、以人管人、以阵地管人、以网络管人”的管控机制。在乡镇开展流出人口源头普查活动。社区矫正工作分解落实帮教责任，控制和减少重新犯罪。充分发挥中小学法制副校长（辅导员）作用，整治学校周边治安秩序，整治非法书刊、音像制品和“网吧”。2007年，市文明委、市妇联、团市委、市关工委联合总结推广中堡镇教育管理“留守儿童”工作做法，取得较好效果。2008—2010年，强化特殊人群管理，全市接受矫正对象2586人，依法解除矫正对象1598人，重新犯罪率下降0.1%。在流动人口管理上安装启动流动人口社会化采集系统，推行乡镇流动人口“一站式”管理。至2010年底，全市采集暂住人口信息5.06万条，出租房信息2.73万条。通过流动人口落脚点控制，抓获吸毒人员35人，刑事作案人员310人。健全网络管理长效机制，全市网吧上网实名率达90%以上。

五、重点部位整治

1998年，针对城区和部分乡镇桑拿浴、美容室、游戏室等行业存在异性按摩、赌博、卖淫嫖娼、播黄贩黄等丑恶现象，开展“扫黄打丑”“打拐”和反盗抢机动车辆等专项治理，取缔72家违法经营场所，查处黄、赌、娼等违法犯罪嫌疑人375名，对900多名业主和从业人员进行法制培训，落实长效管理措施。1997年7月，摧毁一个盗窃团伙，该团伙由20多人组成，先后盗窃机动车辆30多辆、总价值40多万元。1998年11月，针对拐卖妇女儿童犯罪活动猖獗问题，市委政法委、市公安局、市妇联、团市委、计生委等单位联合行动，开展“打拐”专项治理，当年解救被拐卖妇女儿童41人，处理18名“人贩子”。1999年，对在境内从事各业的暂住人口、流动人口调查摸底登记造册，发证验证，全市17661名暂住人口全部登记在册。整治登记无牌无证机动车1.1万余辆，破获涉车犯罪案件66起，抓获盗抢机动车犯罪嫌疑人52人，缴获被盗摩托车50辆、汽车3辆，查处卖淫嫖娼案件105件、赌博案件近千件。2000年，先后集中组织“打拐”“反盗窃”和“打恶扫丑”“打黑除恶”等专项斗争。先后破获各类经济犯罪案件72起，抓获犯罪嫌疑人94名，挽回经济损失3300余万元；破获拐卖案件125起，抓获“人贩子”69名，解救被拐卖妇女儿童15名。依法查处违法经营场所22家，取缔43家。查处破获涉黄、涉赌案件147起、涉案嫌疑人329名。挖出流氓犯罪团伙7个，89名违法犯罪分子受到查处。2007年，深入开展打黑除恶、打击“两抢一盗”、治理自行车被盗和打击盗窃、破坏“三电”（电力、电信和广播电视）设施违法犯罪等专项行动，侵财型案件比上年下降3.9%。2008年，集中整治废品市场治安隐患和公交车扒窃等群众关注的热点问题。2010年，集中整治以城郊张家口为重点的7个治安混乱地区和5个突出治安问题，摧毁犯罪团伙3个，刑事处罚8人。

六、表彰见义勇为行为

1994年，设立见义勇为奖励基金，市综治委对全市建立见义勇为奖励基金会工作进行部署。是年，陈堡乡中心中学初二（1）班班主任唐庆华组织班上57名同学开展“学英雄，见行动”活动，向基金会捐汇人民币1400元。1995年4月21日，市委、市政府发出《关于开展向救火英雄徐庆云同志学习的决定》；1996年12月1日市委、市政府以兴发（1996）51号文件发出《关于开展向舍己救人小英雄金兰烈士学习活动的决定》，12月3日市民政局和昌荣镇党委、政府举行金兰烈士追认命名大会。多次邀请市内外报刊、电台、电视台等媒体大力宣传兴化见义勇为先进典型，中央电视台《焦点访谈》栏目组织专题采访，于1995年11月27日晚向全国播放，赞扬兴化市救治救火英雄徐庆云的成功实践。对舍己救人而光荣献身的金兰，基金会给予家属一次性补助人民币5000元；对为抢救人民群众财产而烧伤的徐庆云，除为其安排专人当年接送治疗、整容外，协调帮助解决其户口“农转非”，安排在乡土管所工作。在其举行婚礼时赠送8000元的“八大件”和2000元现金，省、市、区乡和有关部门的领导前往祝贺，《人民日报》《新华日报》《人民公安报》《扬子晚报》《现代家庭报》等新闻媒体发表通讯或消息。至1998年，市见义勇为资金会收到社会各界捐款57万余元。建立见义勇为激励保障机制。1990—2002年，全市表彰见义勇为先进个人134名，其中省表彰先进分子4名、英雄称号1名、追认烈士4名。

七、安全创建

1997—2002年，在全市开展创建“安全合格村镇、安全合格单位、安全合格小区”的“创三安”活动。通过6年“创三安”活动，全市90%的乡镇达到创建标准，791个村和566个单位（小区）被市综治委命名为达标村、单位（小区）。2003年8月，在全市开展“建设平安兴化、创建安全乡镇”活动。8月15日，市委、市政府召开建设“平安兴化”电视直播动员大会，要求通过3年努力，使全市80%以上乡镇达到“安全乡镇”建设标准。创建工作绩效显著，3年达到预期目的。2005—2007年，兴化市连续3年被省委、省政府表彰为“社会治安安全市”。2008年，明确20个系列平安创建目标要求，制定16个牵头部门的工作职责，聘用82名退居二线干部参与学校平安创建，调整充实82名学校法制副校长，排查校园隐患358起，涉校涉生矛盾16起，重点人员49人。至2010年底，全市“五无村”创建达标376个。

八、技防建设

2003年，在城区24个社区建立警务室，在城郊设立4个治安查报站，在农村设立3个治安卡口，戴南镇建成泰州市规模第一的技防镇。是年，治安案件比上年下降23%，公众安全感认可度达95%。经过3年创建，至2007年底，兴化市主城区全面建成电子监控系统。建成技防村147个，技防企业282个，技防金融网点173个，技防小区21个，技防学校、医院56所。安装电子视频监控探头2497只，比2005年增加2143只。是年10月底，35个乡镇（开发区）全部建成技防乡镇。2009年，全市35个乡镇（开发区）建成39个技防监控平台、2个市际卡口和4个治安查报站安装双向视频监控探头，城区128个探头升级改造，年底有电子视频监控探头5855个，比2005年增加4615个。2010年，新增探头355个，技防村覆盖面达68%。全市所有道路卡口全部实行双向监控，技防监控建成率达100%。

九、“大调解”机制

2004年6月，市委、市政府在昭阳、临城两镇试点，探索建立党委、政府统一领导，政法综治部门牵头协调，组建“大调解”运行机制。该机制由党政各有关部门共同参与，社会各方整体联动，集人民调解、行政调解和司法调解于一体。是年9月，市建立社会矛盾纠纷调解工作联席会议制度，在市、乡（镇）建立社会矛盾纠纷调处服务中心，在村（社区）、大中型企事业单位建立调解站（室），落实调解人员。在农村村民小组、城镇居民小区、企业车间班组建立调解信息员队伍。其间，市、乡（镇）、村建成矛盾纠纷调处中心（站）856个。2004—2007年，调处各类社会矛盾纠纷14101起，调成率94.6%。2008—2010年，在原有基础上，全市逐步形成以人民调解、行政调解、司法调解和社会调解紧密对接层层衔接的“大调解”工作格局。3年化解各类矛盾纠纷9449起，调成率达97.6%。

第二节　法治建设

一、管理体制

根据江苏省编办苏编办发［2005］55号和泰州市编委泰编［2006］2号文件精神，2006年3月30日，调整兴化市依法治市领导小组办公室管理体制，将原由司法局承担的“市依法治市领导小组办公室”的职能划出，交由市委政法委承担，“市依法治市领导小组办公室”设在市委政法委；撤销市司法局内设的市依法治市领导小组办公室。在市委政法委增设依法治市工作科。

二、法治政府建设

1991年后，推进行政机关负责人出庭应诉工作，针对行政机关负责人出庭应诉率低的情况，市依法治市领导小组办公室专题召开会议研究工作对策，在加强行政机关负责人法制教育、提高法治意识的前提下，采取应诉前主动联系提示、每季度督查通报、年终考核否决等办法，确保出庭应诉率100%目标的实现。1991—2010年，市人民法院审结行政诉讼案件482件，其中：作出维持判决67件，驳回86件，撤销44件，撤诉125件，被告改正行为原告撤诉60件。

三、公正廉洁司法

2007年后，加大阳光执法的力度，最大限度地扩大警务、检务公开，对一些社会关注、群众关心的案件，坚持公开审理，定期报道；由市委政法委牵头组织开展了案件评查活动，由市法治办牵头组织人大代表、政协委员和社会各界人士开展执法巡视活动，提高外部监督的实效，促进案件质量的提高。

四、法制宣传教育

图20-2 20世纪90年代兴化市司法局法制宣传车
（市司法局提供）

2006年后，创新普法形式，注重形象化教育。组织编印未成年人保护法漫画，在全市学校和社区流动展览，增强青少年法制教育的启发性、趣味性，提升教育效果。注重以案释法，将全市青少年违法犯罪案件撰写编印成册，市委主要负责同志亲自为读本作序，全市各学校以“读本”为法制课教材，提高教育针对性。开设法制巡回讲堂，组织法官、检察官、公安干警和律师法律工作者为全市500多家重点企业巡回讲法。政法各部门组织开展青少年法制征文演讲报告会、青少年法律知识竞赛、小手拉大手学法活动等形式多样的普法活动。2008年后，把领导干部和公务员法制教育、企业普法、青少年法制教育和农民的普法教育作为普法重点，在领导干部、公务员的法制教育上坚持中心组学法制度、坚持专题报告会制度、坚持任前法律知识考试制度、坚持法律培训制度。在企业普法工作上开展企业法制讲座与开展法律咨询相结合，在巡回普法过程中帮助企业解决融资、劳资、合同等纠纷。开展青少年普法教育活动和未成年人零犯罪社区（村）创建活动，在全市村和社区建立青少年法制学校，开展青少年法制教育。市司法局牵头组织开展送法下乡和农民法律咨询活动。针对农村民间借贷的非法性和危害性，多部门联合开展民间借贷专题法制宣传下乡活动，编印《民间借贷十大注意事项》法制宣传手册，在重点乡镇进行宣传教育。

五、法治惠民活动

2000年后，主动为经济发展和群众维权提供法律服务和法律保障。2008年后，依法处理金港等企业的破产案件。至2010年，帮助企业化解合同、融资、劳资等纠纷200多个，为企业提供法律咨询1000多个，查处侵害群众利益的案件100多起，为群众办理法律援助案件1100件，为农民工追回工资7000多万元，切实保护人民群众的合法权益。

第三节 政法队伍建设

一、协管干部

2003年11月19日，市委常委、市委政法委书记顾跃进和市委常委、市委组织部长陈林共同召集市委组织部、市委政法委和市人事局、编办、法院、检察院、公安局、司法局等单位负责人，就市委政法委协助管理政法系统干部工作的相关事宜进行商讨，形成纪要：协助对政法系统各单位机构、编制、领导职数执行情况进行管理；参与政法系统各单位一般工作人员的考录；协助政法系统各单位做好工作人员年度考核；负责做好政法系统各单位工作人员奖惩工作；组织政法系统工作人员专门业务和更新知识培训；组织开展政法系统各单位中层干部竞争上岗和系统内交流轮岗；负责政法系统各单位法律职务任免的相关审查；指导政法系统各单位中层干部任免；参与政法系统二级局单位副职干部的考察；参与政法系统市管领导干部的考察。

二、从严治警

1995年5月、1997年10月、1998年4月，根据省、市的统一部署，在全市政法系统组织开展集中教育整顿活动。1997年和1998年的集中教育整顿活动中，全市政法系统分别处理违法违纪干警5人和14人，清除“害群之马”。2005年4月，市委、市政府表彰2003—2004年度人民满意“十佳”政法单位、人民满意“十佳”政法干警、15个人民满意政法单位、20名人民满意政法干警。2004年3月，市委、市政府授予王洪生“忠诚卫士”称号。2004年11月27日下午，在楚水实验学校举行市政法系统大练兵汇报表演，市四套班子成员出席汇报表演，社会各界1000余人观看表演。2007年，开展争创人民满意“十佳”政法基层单位、人民满意“十佳”政法干警活动。2008年，在政法各部门开展“大学习、大讨论、大提高”活动，评选“双十佳”树立典型，开展警示教育，社会主义法治理念教育，提高政法干警的综合素质。2010年11月22日至12月5日，在全市开展“万人评警”活动。

第二章 公 安

第一节 机 构

1991年，兴化市公安局设秘书、行政装备、政保、内保、治安、户政、法制工作、预审、消防、通信、财务等股和调查研究室、党委办公室、政治工作办公室（和教导员办公室合署）、看守所、刑警队，各乡镇设派出所。市区设昭阳分局，下设牌楼、英武、南沧、文峰、新义、水上6个派出所。另有交通警察大队、武装警察中队和消防中队，属市公安局和扬州市相应机构双重领导。1998年3月，市公安局设有20个科、室、大队、分局、所等机构。

2002年3月，市编委同意市公安局机构改革“三定”方案，其内设机构：办公室（挂“信访室”牌子）、政治处、监察室（与纪委合署办公）、警务督察大队（副科级）、信息通信科（挂“计算机管理监察科”牌子）、法制科、后勤管理科、财务管理科、指挥中心（下设：综合股、110报警服务台、处警一、二、三、四中队）及国内安全保卫大队、经济文化保卫科、治安警察大队、交通巡逻警察大队、刑事警察大队、经济犯罪侦查大队、出入境管理科、水上警察大队、市看守所、市治安拘留所、市公安消防大队（与中国人民武装警察部队兴化市消防大队合署办公）。派出机构：因行政区划调整，将原有的派出所调整为45个。

2002年，成立市公安局城市管理治安办公室，将国内安全保卫大队升格为副科（局）级。下设一、二、三中队。2003年11月，增设审计室，与监察室合署办公。2005年9月，将交通巡逻警察大队临城中队更名为“陈堡中队”。同年12月，在指挥中心增设“情报信息股”，在交通巡逻警察大队增设“法制教育股”。2006年8月，建立“市公安局防控特警大队”，下设综合股和5个中队。2006年11月，增设刑事警察大队禁毒中队、戴南中队，同时将市公安局刑事警察大队技术中队更名为市公安局刑事科学技术室。

2009年1月，市编委同意市公安局机构改革“三定”方案，机构设置分为综合管理机构、执法勤务机构、监管机构、派出机构、党群办事机构。综合管理机构设3个职能科室，其中政工监督室为副科级建制，法制室和警务保障室为正股级建制。政工监督室挂“警务督察大队”“监察室”“审计室”“教育训练室”（对外称“人民警察培训学校”）牌子。执法勤务机构设指挥中心（挂“局办公室”牌子）副科级建制（下设：综合管理中队、110报警服务台、情报信息中队、档案机要中队，均为正股级），国内安全保卫大队副科级建制，治安管理大队（挂“出入境管理大队”“经济文化保卫大队”牌子）副科级建制，交通巡逻警察大队副科级建制、刑事侦查大队（挂“禁毒大队”牌子，对外称“兴化市禁毒委员会办公室”）副科级建制、经济犯罪侦查大队副科级建制、网络安全监察大队副科级建制、水警大队副科级建制、巡防大队副科级建制、兴化市公安消防大队（与中国人民武装警察部队兴化市消防大队合署办公）。监管机构设兴化市看守所、兴化市拘留所（正股级建制）。派出机构设根据区域划分和工作需要，设置39个派出所和5个派驻公安、治安办公室。保留原牌楼中心派出所，副科级建制。保留原派出所38个：即英武、南沧、新城、开发区、戴南、张郭、安丰、戴窑、周庄、临城、垛田、大垛、合陈、永丰、老圩、大营、新垛、大邹、钓鱼、下圩、海南、沙沟、中堡、周奋、缸顾、李中、西鲍、西郊、城东、竹泓、林湖、沈坨、荻垛、陶庄、昌荣、陈堡、茅山派出所、昭阳水上派出所，均为正股级建制。其中，戴窑派出所挂“戴窑水上派出所”牌子，沙沟派出所挂“沙沟水上派出所”牌子，周庄派出所挂“周庄水上派出所”牌子。保留原派驻机构5个：即城市管理治安办公室，驻国税、地税、工商、财政公安办公室，均为正股级。党群办事机构设立党委办公室；市维护稳定工作领导小组办公室（挂“兴化市应急指挥中心办公室”牌子）设在市公安局内，下设信息调研科和协调督办科，均为股级建制。

第二节 刑事侦查与经济侦查

一、刑事案件侦查

1991—1992年，开展“打拐、查禁”“打流”“反盗”专项斗争。查获1个8人嫖娼团伙，捕获严重刑事犯罪分子9人,流窜犯罪分子78人、拐卖妇女犯罪分子8人,解救被拐卖妇女30人。1992年破获杀人、抢劫、放火、投毒、伤害、强奸等重特大恶性案件48起。

1993年,开展"严打夏季攻势""打击车匪路霸""水上大清查"三项斗争,破获各类刑事案件300余起,挖出犯罪团伙6个,抓获刑事作案人员70余人。6月15日凌晨,市郊发现一具无名女尸,干警在附近6个村、20多家工厂排查访问,走访干部、群众500余人,挖出深藏的杀人凶手。

1995年,摧毁各类犯罪团伙37个,查获作案人员177人。缴获赃款赃物总值410余万元,逮捕285人。年内,连续破获盗窃团伙案、伪造证件案、投毒案、大营乡暴力强奸案、水上流窜盗窃案、昌荣镇暴力抢劫人大代表案及林潭乡一家3口被杀的恶性案件。从4月开始组织狱政攻势,有45名在押人犯坦白检举线索,经查证破案84起,其中重大案件17起,追捕、追诉犯罪嫌疑人30人。全年侦破诈骗、盗窃等侵财性案件500起,为企业挽回经济损失近300万元。

1997年,先后破获老圩乡绑架案、戴窑和竹泓镇数起恶性杀人案、周奋乡投毒杀婴案、林湖乡特大抢劫案、林潭乡轮奸团伙案、陈堡乡经济诈骗案。10月、11月,戴南、顾庄、唐刘、荻垛、昌荣、林湖、垛田等乡镇连续发生数十起"白日闯"盗窃案件,刑警大队在勘查、走访的基础上,并案侦查。通过布控守候、排查审查,打开突破口,一举破获盗窃串案30余起,抓获犯罪嫌疑人5人,总案值达5万余元。1998年,3月下旬至7月底,全市追回逃犯43人,在9月开展的"破案防范百日会战"中破获刑事案件658起,破案数列泰州市之首。

1999年7月,在"全国追逃专项斗争"中,先后抓获各类逃犯117人,其中省、市督捕逃犯11名。7月20日凌晨,荻垛镇周薛村周某某及妻、子一家3口被杀死在自家粮船上。市公安局干警200多人在荻垛、张郭、唐刘、大垛、陶庄、昌荣等乡镇开展排查,奋战16个昼夜将张某勇、曹某山、曹某某3名犯罪嫌疑人抓获。

2001年4月,开展"打黑除恶"专项斗争,先后摧毁公安部挂牌督办的谭某军带有黑社会性质犯罪团伙,泰州市公安局挂牌督办的席某海、王某、邹某良、顾某兵、颜某、张某华等一批涉黑涉恶团伙案件,维护城区及城郊的社会安定。截至当年底,专案组破获涉黑涉恶案件120余起,抓获涉黑涉恶违法犯罪人员110多人,摧毁黑恶势力团伙8个,抓获成员86人。从9月20日开始,在公安部部署为期70天的全国追逃专项行动中,全市抓获网上逃犯159人,其中省公安厅及泰州市公安局督捕各4人。破获刑事案件161起,缴获赃款赃物折合人民币30余万元。

2001—2003年,市公安局先后抓获"人贩子"3人,解救外地被拐妇女15人。

2002年3—5月,开展严打整治"春雷行动"和打击盗窃机动车、自行车违法犯罪活动,取得实效。8月26日下午,市区某宾馆服务员打扫房间时,在床下发现一具腐败男尸,死者是数天前失踪的城东镇私营业主金某某(男,41岁)。经缜密侦查获取大量证据后,于8月29日夜在宿州一举将嫌疑犯郧某利和淮南新庄煤矿刑释人员任某祥擒获,当场缴获手枪、子弹、匕首等凶器及被害人手机等物。7月29日,板桥宾馆发生一起麻醉抢劫案,此案当年未破,被省公安厅挂牌督办。2005年12月下旬,犯罪嫌疑人范某被抓获,通过审讯深挖,破获省内16个市(县)和安徽、河南10个县(市)26起麻醉抢劫汽车串案,案值100多万元。

2003年4月起,在全市范围内开展"破大案、挖团伙、追逃犯"会战。先后侦破陈堡"12·23"杀人案、临城"1·22"抢劫出租车案、昌荣"5·5"强奸强迫卖淫案、竹泓"5·31"杀人放火案、城区"6·26"抢劫出租车案、大垛"8·19"杀人案、大垛"11·1"杀人抢劫出租车案等一批大要恶性案件,先后摧毁以聋哑人李某兵、李某红等为首的10多人的飞车抢夺团伙,城东镇"赵氏四兄弟"盗窃变压器铜芯团伙,以李某某为首由家族成员参加在戴南镇盗窃工业材料的水上盗窃团伙,以周庄镇刑释人员倪某俊、赵某波为首有10多名成员的邪恶势力团伙。

2004年,以侦破命案为龙头,当年发生的杀人案件全部告破,先后侦破"1·16"安丰投毒杀人案、"2·29"大垛抢劫杀人案、"3·10"张郭雇凶杀人案、"6·1"戴窑报复杀人案、"7·10"张郭特大杀人案、“8·8”新华小区强奸杀人碎尸案、“3·24”城区杀人碎尸案等11起杀人案件。6—9月组织开展夏季侦破攻势，破获各类刑事案件655起，其中八类案件37起，查获刑事犯罪嫌疑人364人，摧毁盗窃团伙13个，抓捕网上在逃人员35人（其中外地在逃人员18名），追缴赃款赃物总值37万余元。

2005年，全年立各类刑事案件3611起，破1871起，破案率51.8%。杀人案件11起，破10起，破案率为91%。查获刑事作案人员686人，其中刑拘365人，逮捕228人，移诉307人。先后侦破安丰“1·14”杀人抢劫案、临城“1·19”抢劫杀人案、戴窑“1·20”报复杀人案、戴南“7·2”杀人案等一批有影响的杀人案件，在强化现行命案侦破的同时，对历年杀人积案紧抓不放，落实专人，组织攻坚。1月下旬，专案组经过两年多追捕，在湖北省天门市将张郭“2002·10·08”杀人积案逃犯张某某抓获归案，实现2000—2004年命案全破。2005年1月31日7时43分，市公安局110报警台接到报警，大兴商厦某夜间值班职工死于店内。经现场勘查，确定系他杀，此案当年未破。2010年，1月19日刑侦记述部门通过技术对比，成功告破5年前积案，犯罪嫌疑人卞某某被抓捕归案。开展打击“两抢一盗”专项斗争，摧毁以邓某某为首、有11名成员的流窜盗窃团伙，破获市内及周边地区系列盗窃案件40多起，总案值达30多万元。当年，李中、西郊等10多个乡镇先后发生40多起盗窃排涝站、闲置厂房外的变压器铜芯系列案件，刑警大队开展串并侦查，于8月上旬打掉由7名四川籍流窜人员结成的盗窃团伙。

2006年，全年查获刑事作案人员872人，刑拘453人，移诉581人。2月5日上午，张郭镇1名11岁男童被绑架。案发后，刑警大队在相关道口设卡盘查，在重点区域仔细搜索检查，仅用30小时就成功破获此案，人质安全获救，犯罪嫌疑人赵某成、高某国（均为张郭镇刑释人员）被抓获归案。2月13日夜，大邹镇顾马村发生一起恶性杀人抢劫案，经侦查，该村仲某华有重大嫌疑。9月21日晚，专案组在沙沟镇与盐都区接壤的大纵湖边将仲某华抓获归案。3月上旬，“打黑除恶”专项斗争开始后，公安局刑警大队经过半年多工作，摧毁以周某祥、周某剑为首的“二周”黑社会性质组织，查获涉案人员30多名，破获刑事案件30多起。5月9日凌晨1时许，戴南镇陈北村村民蒋某某（男，79岁）、徐某某（蒋某某之妻，74岁）被杀死在家中。经现场勘查，确定是一起抢劫杀人放火案。此案当年未破，被省公安厅挂牌督办。经14个月努力，专案组于翌年7月27日将犯罪嫌疑人朱某飞（36岁，宿迁市宿城区郑楼镇人）抓获。6月6日下午5时许，市公安局接到报案：开发区张阳村村民吉某某于6月4日晚上离家后失踪。接警后，刑警大队迅速会同开发区派出所，经过深入细致排查走访，确定吴某宽（男，36岁）、王某国（男，26岁）有杀人劫财嫌疑。抓捕人员于6月9日从西安将两名犯罪嫌疑人抓获归案，成功破获该起杀人抢劫抛尸案件。9月下旬，市公安局抽调40多名干警成立专案组，摧毁以陈某为首的黑社会性质犯罪团伙，抓获陈某、李某、李某洪等4名骨干成员。是年，市公安局一举破获省公安厅挂牌督办的麻醉抢劫汽车系列案。

2007年，立刑事案件3581起，破1846起，破案率51.5%；八类案件立59起，破58起，破案率98.3%。查获刑事作案人员980人，刑拘557人，逮捕259人，移诉730人，先后成功侦破新城“2·1”拐卖儿童案、开发区“2·4”绑架案、林湖“4·30”杀人案、城区“5·30”特大绑架案、戴南“11·3”聚众斗殴致人死亡案等一批有影响的大案要案。5月11日晚，暂住兴化市大船厂宿舍区的某女性被杀死在出租屋内。经现场勘查和走访调查，确定是因嫖娼引发的抢劫杀人案。2009年3月14日，专案组发现赃物手机曾在徐州被人使用过。循线追踪，于3月19日凌晨在徐州市区将犯罪嫌疑人董某敬抓获。11月12日，刑警大队通过串并案侦查，抓获犯罪嫌疑人任某武（男，33岁，泰兴市人）、姜某珍（男，39岁，沈坨镇人）。攻克市公安局挂牌督办的城区聚龙池浴室“9·28”特大盗窃现金案，并破获兴化、泰州、泰兴、姜堰、高邮、江都等地盗窃浴室财物系列案件70多起，总案值40多万元。

2008年，刑侦大队先后侦破城区“2·5”杀人案、戴南“2·22”聚众斗殴致人死亡案、城区

"4·20"故意伤害致人死亡案等有影响的命案。全年立故意杀人、故意伤害致人死亡案件14起，破13起，破案率为92.9%。5月13日傍晚，新城文化馆对面小巷里，一保健品商店发生一起恶性入室抢劫杀人案。39岁的业主杨某某被人行凶杀害，随身金首饰被劫。案发后，市公安局迅速调整民警100多人投入案件侦查工作。11月26日下午3时许，新城北村再次发生一起入室抢劫案，受害人被一男子持刀威胁、用铁锤击打头部致伤，劫走现金及金手链、项链等物。通过现场勘查，发现此案与新城"5·13"案件作案手段极为相似。专案组决定将两起案件并案侦查。根据受害人反映的嫌疑人体貌特征，经深入排查走访，将居住在野行新村的殷某明纳入侦查视线，并于当晚将其抓获。通过受害人辨认、技术鉴定，认定"5·13"案件是其所为。在铁证面前，殷某明供认所作两起案件的犯罪事实。8月21日晨，犯罪嫌疑人刘某荣因与邓某红谈恋爱不成，持斧头窜至邓某红家，将邓本人及邓母翁某英（56岁）、邓女王某某（3岁）3人砍死后潜逃。"8·21"特大杀人案性质恶劣，手段残忍，刘某荣被公安部列为B级通缉犯。案发后，市公安局成立专案组，围绕刘的逃窜轨迹先后转战上海、浙江、安徽、四川等地全力组织追捕。虽经不懈努力，但当年未能抓获。次年7月中旬，开展"打盗抢抓逃犯"专项行动，破获各类盗抢案件1458起，抓获各类逃犯375人。6月17日夜，戴南镇姚二货运公司满载不锈钢成品和半成品的货车连车带货被盗，货物涉及该镇52个业主，总价值110万元。侦查民警最终在昆山查获被盗货车，成功将被盗物品全部追回，将犯罪嫌疑人滕某、杨某方抓获归案。

2009年，全市发生故意杀人、故意伤害致人死亡案件9起，均全部破获，并破获年前市内杀人积案2起，带破外省命案2起。5月5日下午6时许，戴南乾通担保有限公司高某某驾驶马自达轿车下班途中被人绑架。5月9日下午，其家人接到绑匪索要300万元赎金的电话后报案。接报后，市公安局专案组迅速分赴戴南和苏南地区开展工作。5月11日晚7时许，抓捕人员在苏州吴门桥地区一浴室内将犯罪嫌疑人顾某抓获；5月12日下午在上海抓获犯罪嫌疑人王某仁，5月13日凌晨在苏州抓获犯罪嫌疑人王某贵、王某冬。该团伙交代5月5日晚将高从戴南绑架至沙沟镇并于当夜将高杀害后分尸抛于河沟，后向高的亲属勒索巨额赎金的犯罪事实。7月，刑侦民警根据举报线索，获悉"2008·8·21"永丰特大杀人案公安部B级通缉犯刘某荣潜逃在四川凉山州一带，专案组飞赴四川，7月16日晚在四川省凉山州冕宁县境内将犯罪嫌疑人刘某荣抓获归案。12月25日上午11时许，暂住戴南镇的安徽霍邱县人徐某某到戴南派出所报案称：其妻妹许某某死在戴南镇张万村出租屋里，其使用的手机、笔记本电脑不见，怀疑被人杀害。接报后，刑侦大队迅速出警，经初步勘验确定是一起杀人抢劫案。市公安局立即启动命案侦破机制，当天下午5时许即锁定犯罪嫌疑人曾某容，并于26日凌晨1时许在戴南镇金达不锈钢制钉有限公司宿舍将曾抓获，用13个小时破获这起因嫖娼引发的杀人抢劫案。全年破获"两抢一盗"等侵财案件1680起，抓获犯罪嫌疑人831人，返还群众被盗的摩托车、自行车293辆，为群众挽回损失130万元。

2010年，侦破城区"5·13"抢劫杀人案、城区"2005·1·31"抢劫杀人积案，实现2000—2010年连续11年命案全破。5月15日凌晨，城区张阳小区葛某某家发生一起抢劫杀人焚尸案，专案组围绕赃物金耳环迅速布控，很快发现线索，仅用10个小时成功侦破，抓获犯罪嫌疑人孙某宝。9月20日下午6时许，获垛镇西毛村村民孙某某（42岁）被杀死在家中院内。经现场勘查、走访调查，于当夜抓获犯罪嫌疑人朱某红，破获这起因邻里矛盾引发的杀人案。开展打击毒品犯罪专项行动，遏制城区吸贩毒蔓延态势，4月，相继摧毁以周某全和韩某彪为首的两个特大贩毒团伙，抓获涉毒犯罪嫌疑人25名，缴获海洛因、冰毒、K粉等毒品2000多克。是年1月，戴南派出所陆续接到群众报案，反映冯某进以高价进货拖欠货款、低价卖货预收定金、借款、合伙做生意、让人担保等手段，诈骗他人货物、现金1200余万元，冯及其家人于2009年12月携款外逃。由于案值巨大，涉及人员较多，在戴南镇反响强烈。接报案后，刑侦部门全面搜集证据，及时组织追捕。2月22日在苏南某地将其抓获，依法将其逮捕、移诉，追缴赃款400多万元。

1991—2010年兴化市刑事案件立案、破案一览表

表20-1　　　　单位：件

年份	立案数	破案数	破案率（%）	其中：重大案件		年份	立案数	破案数	破案率（%）	其中：重大案件	
				立案数	破案数					立案数	破案数
1991	401	310	77.3	138	123	2002	2484	1447	58.3	173	170
1992	516	406	78.7	191	153	2003	2645	1517	57.4	69	65
1993	481	419	87.1	132	102	2004	3620	1870	51.7	37	37
1994	533	411	77.1	192	146	2005	3611	1871	51.8	76	74
1995	672	535	79.6	255	204	2006	3591	1893	52.7	63	62
1996	721	592	82.1	324	269	2007	3581	1846	51.5	58	58
1997	640	520	81.3	309	245	2008	3069	1501	48.9	43	42
1998	1019	992	97.4	476	423	2009	3613	2012	55.7	43	43
1999	1171	1055	90.1	484	455	2010	3301	1703	51.6	33	33
2000	2492	1976	79.3	101	101	合计	40917	24511	59.9	3299	2904
2001	2756	1635	59.3	102	99						

说明：表中“重大案件”一栏自2000年起，表述为故意杀人、抢劫、强奸、放火、爆炸、故意伤害致人重伤死亡、投毒、贩卖毒品八类案件。

二、经济案件侦查

兴化市公安局经济犯罪侦查大队成立于1998年。1999—2010年，经侦大队立案侦查655起，侦破544起，挽回经济损失6.43亿余元。

1999年10月29日，中堡镇南宋村人沈某柏，在常州用2万元人民币购买1张伪造的空白银行承兑汇票后，在假汇票上填写420万元数额等项内容，后至兴化市农行中堡办事处要求贴现，在办理贴现过程中，经银行系统内部查询，发现该票据系伪造的汇票，遂向公安机关报案。通过1年多内审外查，终于查获其作案犯罪的全部事实。2001年2月12日，沈某柏被市人民法院判处有期徒刑14年，剥夺政治权利四年，并处罚金10万元。

2001年初，经侦部门对大邹镇顺达商业物资公司在全市十多个金融部门借贷1000余万元的案件进行调查，发现该公司法人陈某会挪用单位资金借予他人进行营利活动的犯罪证据。同时，通过对陈与金融部门关系人入手，先后发现其与兴化市建设银行信用卡部主任徐某平、外勤徐某、市财政局工作人员施某涛、银星城市信用社主任盛某祥、大邹金融服务社主任邹某玺、会计顾某明等人有不正常的经济往来。刑侦、经侦10余名干警组成专案组，通过各个击破的方法，最终突破全案。先后逮捕经济犯罪嫌疑人9人，其中涉嫌受贿5人、挪用公款的2人、非法出具金融票证2人。9名案犯分别被判处有期徒刑。

2003年7月，据群众举报永丰镇个体经营户颜某干1998—1999年在销售盐酸过程中让他人为自己虚开增值税专用发票，经侦部门对此案依法立案侦查，并对在逃犯罪嫌疑人颜某干展开网上追逃。2003年7月中旬，颜某干被经侦大队从江阴布控抓获。通过审查，先后挖出涉税违法犯罪嫌疑人5人，涉案总值230余万元。同时通过内审外查破获兴化市首例犯罪嫌疑人与税务工作人员相勾结，虚开增值税专用发票的案件，一举查破案件19起，移诉3人，追缴非法所得22万余元。是年，开展“百日破案会战“大队全体干警共同努力，先后受理初查经济案件38起，立案36起，破案34起。抓获违法犯罪嫌疑人15人，挽回经济损失100万元，移送11件14人。

2004年2月6日，兴化市经侦大队接戴南新东方不锈钢制品有限公司报案：该公司于2003年8月与上海贵美不锈钢精炼设备有限公司法人张某贵签订购买一台价值150万元的AOD炉，新东方公司按合同约定预交定金84万元后，张以种种理由拖延交货，后“失踪”。案发后，经侦部门开展侦查，将其列为网上逃犯，并报泰州市公安局列为挂牌督办案件。先后多次派人前往上海等地追捕，同时在其可能出没的场所架网守候。2004年11月11日，张在其暂住地被上海市奉贤区经侦支队干警擒获。经侦部门追缴赃款62万元返还受害单位。张某贵被市人民法院依法判处有期徒刑11年。

2005年初，经侦部门陆续接到福建省鑫源建设发展公司、江苏尧塘园林绿化有限公司、安徽省鲁班建设投资集团、浙江省世安建设有限公司、上海通兴建设安装工程公司等12家单位（个人）报案，上海恒宏置业发展公司、江苏立宏经济开发有限公司法人代表袁某军（又名华某安）和陈某、江苏立恒投资发展有限公司法人代表陈某明、兴化市金华置业有限公司法人代表朱某平等人与报案单位（个人）在签订兴化市经济开发区“园中园”工程施工合同过程中，以预缴合同履约金、“打点费”等为名，骗取人民币150余万元。经侦部门成立专案组，对此案进行全面侦查。4名主犯先后被抓获，最终破获全案。2006年，袁某军被兴化市人民法院判处有期徒刑14年，陈某明被判处有期徒刑12年，朱某平被判处有期徒刑10年。追缴的30余万元赃款全部退还受害单位。

2006年7月，市信用合作银行报案：2005年3月至2006年3月，犯罪嫌疑人顾某祥（男，1952年6月12日生，常州市人）用借来的210万美元在兴化市注册成立港资独资企业兴化市禾顺织造有限公司，在厂房未建好、公司未投产，没有履行合同能力的情况下，3次与上海华源兰宝进出口有限公司签订代理出口合同，委托该公司代理将牛仔裤销往香港成业公司，上海华源兰宝进出口有限公司以不得转让银行承兑汇票支付60%货款作为预付款。顾某祥明知汇票不得贴现，由本人或委托他人3次将开出的六张490万元不得转让银行承兑汇票到兴化信用合作银行贴现，并将贴现款用于还债等，造成兴化农村合作银行直接经济损失达340多万元。经侦大队迅速立案侦查，抓获顾某祥及其同案犯郑某国、强某荣等人，并为受害单位追回全部贷款。同年9月起，在全市范围内开展代号“山鹰二号”的打击侵犯知识产权犯罪专项行动期间，先后集中清查10次，查获假冒法国鳄鱼“LACOSTE”牌T恤成品及半成品1120件，假香烟1万余条，假冒“花轿”牌辣椒酱300余箱，假冒“今世缘”牵手系列酒以及其他假酒400余箱，总价值200余万元。10月1日清晨，经侦大队驻烟草办干警通过线人举报，联合市烟草局稽查大队在市内宁靖盐高速公路戴南出口处附近伏击守候，截获一辆装满香烟的拖挂货车。经清点，查获9000余条“红杉树”“飞马”“大前门”等假冒品牌香烟，价值15万余元。

2007年4月，经侦大队在配合市国税局打击虚开增值税专用发票的专项行动中，通过对部分纳税企业纳税信息的分析、研判，发现兴化市凤华物资有限公司和兴化市诚信物资有限公司有虚开增值税专用发票的嫌疑，遂对其受票企业进行专项检查，发现全市60余家收票企业涉嫌虚开增值税专用发票，涉案金额超亿元，国家税收流失近1000万元。通过立案侦查，追缴税款及违法所得800余万元，对9名犯罪嫌疑人采取刑事强制措施。8月19日，经侦大队接到泰州市公安局经侦支队转来的举报信，举报原茅山镇居民魏某顺涉嫌非法吸收公众存款近1000万元。市公安局迅速组织警力开展初查，查明魏某顺在2004年4月至2006年7月间，非法吸收公众存款800余万元后外逃。遂决定立案侦查，并被省公安厅确认为督办案件。于8月29日在黑龙江省大庆市将魏某顺抓获，经市人民检察院批准，9月28日将魏某顺逮捕。魏某顺被市人民法院判处有期徒刑8年，并处罚金人民币34万元。9月，市委政法委牵头，成立全市“平安企业”创建工作领导小组，加强对全市“平安企业”创业工作的领导。10月22日，在泰州市公安局组织的检查验收中，兴化市“平安企业”创业工作名列泰州前茅。

2008年3月，市公安局通过经侦情报信息，破获泰州地区首例串通投标案——安丰徐某勇、许某兵串通投标案，为国家和集体挽回经济损失300余万元。案件破获后，经侦部门对该类案件的作案手段、涉及领域等特点，以及掌握的线索进行综合分析，发现市政工程串通投标现象尤为严重。于是在全市范围内组织开展打击串通投标犯罪的专项整治行动，成立市政工程串通投标专案组，加大侦办力度，破获“5·20”市政建设工程系列串通投标案，追缴非法所得800余万元，为国家和集体挽回重大经济损失。9月下旬，金港公司因融资受阻、资金链断裂，不能清偿到期高利债务，引发部分债权人上门逼债和部分金港公司房产被法院查封。10月20日，市公安局成立专案组，对金港公司涉嫌非法吸收公众存款罪依法立案侦查。经过初步侦查，发现金港公司背负巨额债务，已严重资不抵债。12月5日，市人民法院宣告金港公司破产。经过缜密侦查发现，2003年8月，杜某仁、诸某斌经过包装到兴化市进行金港房地产开发。杜某仁、诸某斌自创办公司以来便以其本人或关联公司名义，向民间高息吸纳资金、进行非法集资。吸收存款20多亿元，其中吸收个人资金6.92亿元，少数借款月利率高达12%以上，仅金港账面反映就支付1.27亿元的高额利息。为遏制金港公司资产流失，切断债权非法转移途径，立案后，专案组立即启动多种刑事侦查措施，抓捕主要犯罪嫌疑人杜某仁、诸某斌；全面追缴、冻结、查封、扣押金港公司及其8家关联公司的财务账册、账户、银行卡及公司印章，金港公司资产得以有效保全，核减剥离普通债权、抵押债权、房产权及优先债权等各类债权，挽回经济损失达7.15亿元。对公司主管人员杜某仁、诸某斌及直接责任人章某华、庄某标向市人民检察院移送起诉。2010年6月28日，市人民法院依法分别判决杜某仁、诸某斌有期徒刑10年，章某华、庄某标有期徒刑3年、缓刑5年。

2009年，组织开展打击涉众涉稳型经济犯罪、打击涉税违法犯罪以及发票违法犯罪专项整治、打击假币犯罪“09行动”等一系列专项斗争。2010年，组织开展打击银行卡、假币以及发票违法犯罪专项行动“四大机制”，专项行动取得显著成效。先后破案20起，抓获犯罪嫌疑人21人。其中：银行卡诈骗案件4起，POS机套现的非法经营案件3起，假币案件2起，收缴假币33万余元，破获发票犯罪案件11起，收缴假发票560余万份。银行卡、发票专项行动在泰州绩效排名第二，假币收缴量、案件查处数及处罚人员数在泰州排名第一。2010年，经侦大队获公安部表彰为“全国公安机关深入打击整治发票犯罪专项行动成绩突出集体”。

1999—2010年兴化市经济案件查处一览表

表20-2

年份	受理案件（起）	立案（起）	破案（起）	涉案总值（万元）	挽回经济损失（万元）	抓获犯罪嫌疑人（人）	追逃（人）	刑拘（人）	批准逮捕（人）	取保候审（人）	移送起诉（人）
1999	—	26	23	865	268	—	—	29	18	12	22
2000	—	52	30	3300	200	—	29	39	—	7	11
2001		42	40	—	200	—	—	28	26	—	29
2002	—	40	41	2200	395	51	6	28	—	—	47
2003	—	87	86	1400	256	—	14	—	14	—	35
2004	78	76	73	—	400	37	13	11	10	—	38
2005	33	32	27	1500	300	29	18	11	9	—	18
2006	45	34	27	1700	670	41	36	9	9	—	21
2007	59	55	51	23000	856	44	25	27	10	27	25
2008	64	45	42	52900	28600	69	—	18	7	31	42
2009	96	93	87	19659	13345	64	—	35	9	—	50
2010	78	75	57	—	19000	67	50	—	—	—	53

第三节　户政管理

一、常住人口管理

【户籍制度改革】 1992年7月，根据市政府《关于鼓励各类人员进城经商发展第三产业的决定》，兴化市公安局会同相关部门办理地方城镇户口。至1998年，办理1.5万余人。1999年，省政府批转省公安厅《关于扩大小城镇户籍制度改革试点工作的意见》，兴化市昭阳、戴南、周庄、戴窑、安丰、沙沟、海南7个建制镇被列为1999年户籍制度改革先行试点乡镇，并逐步在全市推开。同年，省政府批转省公安厅《关于解决当前户口管理工作中几个突出问题的意见》，兴化市全面实行“三投靠”政策，即1998年7月22日以后出生的新生婴儿可随父落户；男年满60周岁、女年满55周岁且原籍乡镇无其他子女的可投靠在城镇的子女；夫妻投靠满5年，未成年子女投靠父母可以落户。至2000年6月，办理三投靠户口15137户、22232人。2003年5月，全省范围内取消农业户口、非农业户口、地方城镇户口、自理口粮户口等各种户口性质，统称居民户口，全面建立户口迁移准入制，凡有合法固定住所或稳定生活来源，购建房、招工、投资兴办实业、兴办第三产业，且具有稳定的经济收入均可申请本人及共同生活的直系亲属户口迁入，取消投靠亲属的条件限制。改革大中院校学生户口迁移办法，大中专院校招生户口迁移实行自愿。2003年8月，公安部制定户籍管理7项便民利民措施，进一步深化户籍制度改革，市公安局及时调整有关办事程序，为群众办理户口提供便利。2006年，省公安厅文件规定：凡是2003年8月7日以后出生的婴儿，既可以在其父亲也可以在其母亲常住户口所在地户口登记机关申报常住户口。2010年初，制定《兴化市关于进一步放宽办理市区及集镇户口迁移准入条件的暂行规定》，5月1日正式施行。2010年8月，省公安厅制定出台《江苏省常住户口登记管理规定（试行）》，为派出所常住户口登记管理提供系统的规范文件。

【人口信息管理】 自1995年开始，按照“一村一图一册一员，一户一牌一簿一档”的要求，在全市范围内开展农村户口城市化管理工作和常住人口信息系统建设，此项工作于1998年全面结束，全市53个派出所全部购置微机，核对录入户口153万余人，绘制村级示意图1500张，聘请户口协管员1600余人。全面完成实有人口调查登记和暂住人口、出租房屋的清理整顿以及重点人口、工作对象信息采集工作，建成人口综合信息系统，所有派出所的微机均推向前台办公。2000年，市内部分乡镇进行合并。此后，又进行村组合并，全市51个户籍派出所合并为38个。2004年，开展为期7个月的人口信息质量攻坚，至11月底，核对户口137万余人，纠正主要项目差错2.9万人，纠正次项差错15.5万余项，注销1.7万余人，注销重户171户，重人358人，登记未落户口2.1万余人，确保二代证换发工作的顺利开展。2004年12月，完成人口信息升级换代工作。从2005年1月开始，市内户口迁移不再使用迁移证，实行“一站式”网上户口迁移，极大方便群众。

2008年12月，部署开展户口整顿工作，要求派出所对一人多户、应落未落、应销未销、户口项目差错、违规变更等问题进行排摸，期间排摸一人多户口70人次、应落未落户口4020人、应销未销户口3285人、户口登记项目差错620人次，办理应落未落户口1176人，撤销一人多户口49人，注销应销未销户口2088人。

2010年第六次全国人口普查，开展入户调查、户口核对整顿工作，采集核准实有人口信息，摸清人口底数，提高寄住人口信息采集录入率，落实实际居住地管理模式，规范户籍管理和身份证工

图20-3 村人口普查工作人员入户登记普查表
（2010年摄，市公安局提供）

作流程。抽调户口整顿工作人员2437人，其中民警178人，走访540091户1560563人，登记人户分离232478人、常住户口待定人员18224人、暂住人口55247人、境外54人，户口漏登2484人，重户1017人，应销未销户口19561人，变更户口项目9357项，纠正公民身份证重错号44个。

二、暂住人口管理

20世纪90年代初，兴化市暂住人员较少。此后，外来务工、经商人员逐渐增多。1993年，通过对全市暂住人口的排查，登记12590人，登记率达96%，应发证10218人，实发证9239人，发证率90%。1994年后，按照《江苏省暂住人口管理条例》精神，多次对全市暂住人口清理登记，并与用工单位、个体工商业主、外来务工单位签订治安责任书，与房屋出租户签订租赁责任状。1997年，市政府成立市区、市郊暂住人口工作领导小组，下发《兴化市区暂住人口管理办法》，对暂住人口实行扎口管理。1998年，建成暂住人口管理信息系统，录入暂住人口信息11080人，实现暂住人口信息化管理。同年，开展流动人口集中清查行动，查出租户1514户，外来务工人员7010人，其中查获犯罪嫌疑人员10人，破获案件13起，查处嫌疑机动车15辆，非机动车14辆。2002年，清理登记暂住人口4706人，清理整顿重点场所部位2577个，其中房屋出租户1523个、公共娱乐场所366个、旅馆招待所389个。与1363个房屋出租户签订治安责任书，554个用工单位签订责任状。2004年，开展流动人口落脚点治安管控攻坚，全市新登记流动人口9348人，登记房屋出租户316户，并对117个建筑工地工棚、21个流浪乞讨人员聚集地、294家网吧、454个旅馆招待所、260个洗浴场所进行重点整治。2005年，市政府成立由市公安、劳动、工商、建设、卫生、计生等部门领导参加的外来人口管理领导小组，办公室设于市公安局。结合“五城同创”，在城区、城郊进一步开展流动人口及房屋出租户的清理整顿突击月活动。进一步摸清出租房屋和承租人的底数和情况。全市有暂住人口25000人，房屋出租户7800余户。2007年，在外来人员集中的社区（村委）全面设立信息采集点，50人以上用工单位基本实现自行采集录入。至2010年，健全完善信息共享、异地更新、实时传递的流动人口在线跟踪管理新机制。

三、重点人口管理

1991年，在全市范围内排出重点人口6825人，占总人口的4‰。1997年，开始建立人口管理工作对象信息库，开展为期1年的重点人口清理整顿工作，对近2年被查获的违法犯罪嫌疑人和涉案对象、近10年内被放回的刑释解教人员、监外执行人员等进行“兜底翻”，并全部录入计算机。1998年，根据公安部《重点人口管理规定》及省公安厅《江苏省公安机关重特大案件涉案成员案前管控倒查制度》，对25岁以下有轻微违法犯罪行为的青少年和刑满释放人员、解除劳教不满五年的人员，全面建立帮教小组，并采取多种形式进行法制教育。1999年，全面建成工作对象信息系统并联网运行。2001年，对全市“两劳”（劳动改造和劳动教养）释放人员开展调查摸底，排摸5年内“两劳”释放人员2010人，10年内释放人员3038人。落实帮教措施，减少不安定因素。2002年，新登记工作对象1002人，新列管重点人口704人，破获一般案件26起，重大案件6起。2005年，省公安厅部署开展违法犯罪高危人群管控会战，通过群众工作和入户调查，掌握辖区内重点年龄段人员、工作对象、重点人口、监外执行人员的现实情况，实行重点管理。通过会战，摸清市内违法犯罪高危人群1.6万余人，其中，有违法犯罪行为或疑有违法犯罪可能，应列为工作对象的1.38万人，内重点人口4739人；违法犯罪比率较高，或者对社会有潜在危害，需重点关注的人群约0.23万人。2008年，建立健全重点人口管理工作规范，推行高危人群分层次管理，实施流出高危人员委托管理，突出抓好刑释解教人员、违法青少年、治安危险分子、单身独居、闲散无业五种高危人员的管控工作，有效压降重点人口重新犯罪率。2010年，进一步健全上访重点人员、治安危险分子、肇事肇祸精神病人定期排查梳理制度，摸清实有人口中重点人口底数，规范重点人口和高危人员分层次管控机制，加快构建以房管人、以人管人、以阵地管人、以网络管人的“四管机制”。

四、户政服务

20世纪90年代初期，市政府下发《关于控制市区人口机械增长暂行办法》《关于对郊区人口机械增长实行总量控制的通知》，市公安局对市区、市郊户口实行有效控制，保证全市国民经济和社会发展事业稳定协调发展。1997年，开展“文明户籍室”达标活动。至1998年，全市有27个优秀户籍室，26个文明户籍室。1998年以后，市公安部门切实解决群众办户口难和领身份证难的问题，进一步规范户口登记制度。1999年，执行省公安厅《关于解决当前户口管理工作中几个突出问题的意见》，解决未成年子女投靠父母、夫妻投靠、父母投靠子女落户问题。2005年，开始受理非迁农户口迁移业务，每年办理城镇迁往农村的户口500份左右。2008年，执行省公安厅《江苏省公安机关便民利民六项措施》，推行预约服务、节日服务、上门服务、送证服务、快递服务等服务，取消原来辖区派出所接待办证的规定，为弱势群体提供流动服务上门照相服务，开辟异地办证通道，为外地暂住人口办理二代证业务。至2010年底，为群众办理户口12500余人，答复群众咨询23000余次。

五、身份证管理

1988年3月，市政府批转市公安局《关于颁发居民身份证工作的意见》，成立领导小组和办公室。至集中发证结束，全市核对户口145万余人，制发身份证100余万份。1996年4月1日起，采用新工艺制作居民身份证。通过对各个派出所专职办证人员进行业务培训，使新工艺制证工作得到落实。1998年，有25个派出所进入有效期满10年换发证阶段，有12万余人需换发，当年完成换发证9万余人。1999年，开展居民身份证重错证号的清理纠错，以及数据转换和居民身份证号的升位工作。全市完成重证号的修改129602人，无证号的清理20余万人，重记录修改6090人。

2003年起，在全市开展门牌整治、入户调查、人口信息质量攻坚以及人口信息系统升级换代工作。2005年10月，成立二代证换发工作领导小组，拟定《兴化市换发第二代居民身份证工作方案》。2006年3月，市政府成立换证工作领导小组及办公室，具体办理换发等相关工作。完成经费测算、人像采集、合同签字、网线布建、通用设备安装准备等工作。5月初，在英武、垛田两派出所试点。至月底，在市内全面推开。7月，首批1700余份二代证及时发放到居民手中。至2010年底，全年采集人像1319257人，发放二代证件1309898份，基本完成换发证任务。

1991—2010年兴化市暂住人口一览表

表20-3　　单位：人

年份	男	女	其中				合计
			省内	省外	港澳台	国外	
1991	7100	5700	12120	680	—	—	12800
1992	6456	4280	10045	691	—	—	10736

续表 20-3

年份	男	女	其中				合计
			省内	省外	港澳台	国外	
1993	7816	4774	11098	1492	—	—	12590
1994	7830	6513	10479	3864	—	—	14343
1995	7227	6243	12203	1266	1	—	13470
1996	17937	10429	24127	4234	4	1	28366
1997	18064	10006	23469	4590	9	2	28070
1998	16232	9009	21225	3915	75	26	25241
1999	15677	12566	22301	5746	104	92	28243
2000	12289	8065	15269	4683	93	309	20354
2001	13372	4973	13474	4393	93	385	18345
2002	16958	7604	21100	3175	124	163	24562
2004	20753	12292	24680	8355	5	5	33045
2005	28867	16826	37305	8374	9	5	45693
2006	30589	18056	40773	7864	1	7	48645
2007	32405	15979	39023	9350	4	7	48384
2008	28907	16780	33722	11964	1	—	45687
2009	29278	18009	31363	15910	14	—	47287
2010	31401	21856	34865	18377	1	14	53257

第四节　治安管理

一、特种行业管理

1991年以后，通过开展集中整治，依法打击处理违法犯罪人员，取缔违法经营场所，有效加强特种行业的控制。

1991年9月，公安民警抓获4名介绍容留卖淫的严家个体旅馆业主。1993年7月，对城郊接合部严家村个体旅社进行突击检查，严厉打击卖淫嫖娼活动。同年，成立全市收旧治安管理办公室，对废旧收购行业实行专项治理。1995年9月1日，对旅馆突击检查，在临城乡个体旅社抓获卖淫女3名。1997年5月，开展废旧金属收购站点清理整顿工作。8月1日至9月底，开展旅馆业治安秩序专项整顿工作。1999年，对机动车修理业开展清理整顿，对全市291家机动车修理业主进行治安业务培训，并发放特种行业许可证。2001年2月，公安机关对刻字印章业进行清理整顿，取缔街头流动刻字摊点12家，上半年，对戴南镇废旧金属收购业进行专项整治。2002年，规定由江苏国盾科技实业有限责任公司泰州分公司统一刻制公章。同年5月起，将全市旅馆纳入信息系统管理，落实旅客信息登记制度。2003年，审批刻制各行政、企事业等单位印章1000多枚。2004年，通过清理整顿，取缔3家无特种行业许可证的刻字点，扣押私刻公章5枚。2004年3月，对以旅馆为主和流动人员落脚点进行清查，查获一批违法犯罪在逃人员。2005年4月，各派出所通过摸清旅馆业底数，按照“一店一档”的要求建立基础台账，督促各旅馆配备消防器材，帮助其建立财物登记、可疑情况报告等制度。有100多家不按规定验证的旅馆受到查处，各旅馆查验登记制度逐步走上正规。2006年7—12月，开展对旅馆业及留宿洗浴场所集中整治，强化旅馆信息系统和监控设施建设。有60家旅馆单独安装信息系统，27家派出所对旅客信息集中录入，32家旅馆安装监控设施。全市各类旅馆583家，旅客信息传输率达90%以上。通过旅馆信息系统报警抓获网上逃犯14人。2006年11月20日起，会同工商部门在全市集中整治废旧金属收购业专项行动。

2007年9月，全面推进废旧金属收购业的规范化建设。2008年，审批发证的57家旅馆三率（申报率、准确率、及时率）均达100%，通过旅馆业信息系统抓获逃犯56人。在全市开展废旧金属收购业专项整治行动，开出整改通知书58份，责令25家收购点停业整顿，依法取缔违法经营站点13家，破获刑事案件11起，刑拘1人，缴获赃款折价4万余元。2009年，会同市工商等部门全面清理检查辖区典当、收旧、二手机和二手车交易、机动车修理等行业、单位，取缔无照经营户，查处整顿一批违法违规经营单位，堵牢收销赃渠道，让赃物无法出手。通过阵地控制抓获刑事作案人员33人，破获各类刑事案件45起。2010年，市治安大队会同相关部门查处娱乐服务场所105家（其中捣毁涉娼场所54家、行政处罚场所51家）、不按规定登记住宿旅客信息368人、擅自经营旅馆17家、未经许可经营或未按规定安装监控设备旅馆79家。通过旅馆业系统报警抓获网上在逃人员75人。

二、公共场所管理

1991年12月，对戴南文化市场进行治安整治，依法取缔2家地下舞厅、16个录像放映点和4个录像带出租户，查处5起治安案件，拘留7人。1993年，贯彻《江苏省公共场所治安管理条例》，集中对公共场所治安整顿，换发《公共场所安全合格证》603份。1994年10月，对全市文化娱乐场所集中清理整顿，查处3起涉黄案件。1995年5—7月，对电子游戏机场所进行专项治理，查获赌博游戏机54台，收缴电脑板96块，没收非法所得1万余元。1997年11月，在市区清查180家美容美发室、24家桑拿浴室，治安处罚38名卖淫女。1998年3月至1999年5月，集中对全市美容美发室、洗头房、泡脚屋和桑拿浴室等场所进行整顿，规范经营，要求从业人员持证上岗。

2000年7—9月，公安机关会同工商、文化、广电等部门，集中整治娱乐服务场所482家，责令停业整顿287家，取缔9家。2001年10—12月，在全市加强娱乐服务场所管理，严厉打击涉及黄、娼、赌、毒等违法犯罪行为。2003年7月，会同文化部门对市区演出场所突击检查，重点打击色情表演活动，责令银座城、长江娱乐城等演出场所停业整顿。2004年1月至3月底，开展以打击黄、赌、毒、娼为重点的“清风行动”。公安机关出动干警、保安联防队员500多人次对公共娱乐服务场所开展4次大规模清查，检查桑拿洗浴、歌舞娱乐、美容美发、电子游戏及其他场所180多家，整治重点区域5个。其间立刑事案件2起，刑拘2人；立治安案件14起，其中：涉娼案件5起，涉赌案件3起，其他案件6起。治安处罚24人，捣毁卖淫嫖娼、聚众赌博窝点5个，对10家违规经营场所处以罚款，有20多家场所被要求限期改正，2家停业整顿，拆除不符合要求的硬件设施5处，收缴赌博游戏机4台。2005年4月，对58家电子游戏室、17家棋牌室、98家分散摆放赌博机的场所集中清查，有80多家分散摆放赌博机的场所被取缔，缴获赌博电子游戏机100多台，收缴赌资1万多元，有28名涉赌人员被治安处罚。2005年5月，对全市的歌舞娱乐、洗浴按摩等场所容纳人数进行核定，制作牌匾220块。

2006年8月11日，在南沧辖区香格里大酒店召开公共场所等级评定现场会，重点落实公共场所规范化管理。2007年4月26日，召开动员大会，在全市取缔无证经营游戏场所300多家，以净化全市电子游艺市场。2007年5月、6月，对娱乐服务场所进行全面调查。12月15—31

日，在全市范围内开展以歌舞娱乐、洗浴按摩为重点的娱乐服务场所和旅馆业集中整治。加强治安管理，确保元旦、春节和全国、省、市“两会”期间的社会治安稳定。2008年，收缴各类赌博游戏机1114台，查处赌博案件185起，卖淫嫖娼案件31起，处理违法犯罪人员561人，办理一起泰州首起、全省第二起的开设赌场案，打掉组织、强迫卖淫犯罪团伙3个，查破涉毒案件3起。2009年，查处游戏机赌博刑事案件3起，治安案件78起，查处涉赌人员408人，查缴各类赌博游戏机2669台，查处摆放场所983处，取缔无证游戏机室361家。同年5月21日，联合文化、工商等部门集中销毁查禁的赌机600余台。破获强迫卖淫团伙17个，抓获犯罪嫌疑人54人，捣毁卖淫嫖娼窝点32个，刑事拘留30人，逮捕25人，取保13人，移诉26人，治安拘留35人，收容教育16人。

2010年，取缔无证游戏机室208家，查缴各类赌博游戏机2334台，查处涉赌人员179人，刑事拘留涉嫌开设赌场的业主10人，逮捕1人。2010年7月26日，捣毁昌荣镇两处赌博游戏机经营场所，查获参赌人员28人，查扣赌博游戏机113台，业主分别以涉嫌开设赌场罪被刑事拘留。2010年5月21日，集中销毁查禁的赌机600余台。全年破获涉娼刑事案件37起、治安案件140起，抓获涉娼违法犯罪人员408人，刑事拘留65人，逮捕23人，取保候审45人，收容教育39人，劳动教养4人，行政处罚224人。

三、危险品管理

1991年后，危险品管理主要由市公安局治安部门负责，爆炸物品由市消防部门负责。

2001年4月30日起，将市内150家烟花爆竹销售、批发、生产企业和药物原材料供应站的档案、花名册及民用爆炸物品管理由市消防大队移交给市治安大队。

2001年9月15—22日，组织人员进驻沙沟镇水产村，对持有猎枪的30多户村民逐一登门，宣传有关法律，收到上交猎枪46支。同年，开展收缴城区市场上非法销售管制刀具专项行动。通过6次行动，在楚水招商城、金三角市场、大兴商厦、农公站、长途车站等地收缴非法销售的三角刮刀、弹簧刀、各种大砍刀计480把。

2003年9月18日，在安丰镇棉纺厂家属区查缴犯罪嫌疑人苏某福私藏的“五四”手枪子弹156发、步枪子弹46发、机枪子弹2发、教练弹5发、信号弹1发。10月7日，新垛镇板桥村某村民家中突然起火爆炸，炸塌厨房3间、正屋1间，附近45户居民的房屋受到不同程度的损坏。经查，系村民之妻私藏烟火药物自燃爆炸所致。其妻被依法追究刑事责任。

2003年11月5日，位于昭阳镇开发区的兴化市美全科技有限公司首次加源。来自英国的17根钴—60放射源被安全运输到位，7日凌晨安装完备。该公司是泰州地区唯一一家使用放射源进行辐照加工企业。2004年6月18日，第二次加源，来自加拿大的19根钴—60放射源被安全运到并于次日安装完备。2005年3月3日进行第三次加源。来自英国的12根钴—60放射源被安全运到，5日安装完备。至此，市公安局管理该公司装源工作全部结束，总源活度达56.404万居里。

2004年8月23日，市公安局邀请解放军理工大学南京工程兵学院爆破专家一行3人，对市内近几年群众上交和收缴的各种废旧炮弹462枚、子弹1.3万余发进行销毁。

2006年4月5日至10月31日，开展“治爆缉枪”专项行动。发现并整改各类隐患72处，增设3台报警装置，4处应急碱池。两家单位增设监控设施，与6家放射源使用单位重新签订责任状。收缴管制刀具504把，气枪6支，猎枪22支，左轮手枪1把，炮弹21枚，弩1把，各种子弹4520发，各种仿真枪240把，氰化钾300克；安全转移液氯500千克，委托销毁三氯化磷2400千克。收缴并销毁各类烟花780只，组合响8500只，双响22500只，籽鞭330万头。8月10日，市公安局会同市安全生产监督管理局、安丰镇党委政府对日本独资企业兴化市安常医药有限公司库存的500千克液氯、2400千克三氯化磷等剧毒化学品和大量氨气、硫酸等危险化学品进行处置，消除重大安全隐患。

2007年4月—11月，继续开展"治爆缉枪"专项行动。收缴管制刀具166把，气枪13支，猎枪18支，炮弹21枚，弩1把，子弹1117发，氰化钾190克，砒霜200克。破获涉危刑事案件8起，抓获刑事作案人员8人，其中5人因非法持有枪支罪被判处缓刑，另3人取保候审。查获9起非法运输烟花爆竹案件，6人被行政拘留，3人被处以罚款。9月27日，在解放军理工大学南京工程兵学院爆破专家的指导下，集中销毁各类废旧炮弹42枚，子弹9000余发，电、火雷管320枚，手榴弹25枚，TNT炸药750克。

2008年，全市危险物品管控成效显著，危险物品收缴数量在泰州四市三区名列第一。为确保平安，出动警力3000余人次，检查危险物品单位220余家次，排查整改各类安全隐患85处，收缴炮弹等废旧爆炸物品14枚、剧毒化学品液氯2000千克、其他剧毒化学品3200余克、非法枪支73支、仿真枪191支、子弹4854发、旧炮1门、烟花爆竹450箱、管制刀具326把。危险物品管控经验和做法被《人民公安报》于6月25日在治安管理周刊栏目头版介绍推广。

2010年，治安部门着力于建立防范控制、查禁收缴、执法管理、流向监控、应急处置五项机制建设，实现治爆缉枪日常化、长效化管理。发现并整改各类隐患55处，指导办理涉枪刑事案件5起，移诉4人。办理涉危案件143起，拘留9人，行政处罚120人。给予2家放射源单位警告处罚。接受群众上交及收缴旧炮弹5枚，猎枪28支，气枪34支，钢珠枪2支，军用子弹1000发，民用子弹1200发，仿真枪683把，管制刀具224把，火药302克，烟花爆竹350箱。

四、互联网管理

【互联网上网服务和营业场所管理】 2003年底，市公安局会同文化、工商、电信等部门，根据国务院《互联网上网服务营业场所管理条例》，对互联网上网服务营业场所进行清理和重新登记。经过近半年整顿，全市重新注册136家符合条件的网吧，其余作为"黑网吧"全部取缔。在加强登记注册管理的同时，经常开展拉网式检查，对场内巡查、身份登记、案件报告、日志留存、消防安全等信息网络安全管理制度进行督查。

2005年，对全市网吧进行实名制登记，全面安装相关软件，对不能按要求刷卡上网的及时处理。2007年，根据《泰州市网吧信息网络安全年审细则》，会同文化、消防、工商等部门对全市网吧进行网络安全年审检查，规范上网服务营业场所信息安全管理，遏制网上有害信息传播蔓延。

2010年，全面推行二代身份证刷卡上网，做到上网人员使用本人二代身份证刷卡上网，禁止未成年人进入网吧。为形成网吧管理的长效机制，启动应用社区民警网吧检查在线管理系统，全面落实网吧属地管理责任。

【使用计算机信息系统重点单位安全员培训】 2001—2010年，先后6次组织1000名安全员培训。主要对象是使用计算机信息系统的重点单位如金融、电信、供电、政府部门和网吧等单位计算机使用人员和管理人员。主要培训内容：计算机信息网络安全基础知识、安全保护制度、安全保护法律法规、治安管理处罚条例等，通过脱产培训，有568人取得安全员合格证书。

【计算机信息系统安全大检查】 1999年12月，会同市人民银行联合开展对全市金融机构计算机信息系统安全大检查。2002年6月、2006年6月，先后开展"净网一号"至"净网四号"专项行动，彻底整治校园周边经营性网吧，取缔无照经营黑网吧，对部分不符合条件的网吧进行整顿，专项清理整治互联网有害信息，特别是对开办电子公告留言板等交互信息服务单位落实信息审核、巡查措施，要求严格遵守信息发布规定。

2004年，开展互联网上网服务营业场所专项整治行动，依法从严查处利用"网吧"制作、浏览、下载、发布和传播淫秽色情信息等违法行为。对于"网吧"经营管理人员发现网上违法犯罪活动不制止、不报告的，依法予以查处。将“网吧”存在火灾隐患、消防安全制度不落实等违反消防安全管理规定的限期整改。组织开展“网吧”从业人员信息网络安全教育培训工作，加强“网吧”信息网络安全技术手段建设，“网吧”安全管理软件开机在线率达90%以上。

2006年7月，开展网吧、电子游戏经营场所“百日整治集中行动”，突击检查的重点部位放在校园周边和城郊接合部。2007—2010年，全市开展多次网吧、电子游戏经营场所整治活动，会同工商、文化等部门依法取缔数家无证经营的“黑网吧”。

【计算机网络违法犯罪案件查处】 2001—2007年，查处行政案件151起，刑事案件1起。主要是网吧提供查阅有害信息案件、不符合设立条件和为上网用户提供查阅有害信息案件、未按规定核对、登记上网消费者有效证件案件。

2009年后，随着网络社会的迅猛发展，网络盗窃、网络诈骗、网络赌球等犯罪在市内呈明显上升趋势。2010年，破获网络赌球案件7起、非法经营案1起。

第五节　安全保卫

1991年兴化市发生特大洪涝灾害。7月21日，中共中央政治局常委、国务院总理李鹏赴兴化市视察灾情。兴化市加强安全保卫工作，保证视察活动顺利进行。

1993年10月28日，兴化市举行首届郑板桥艺术节，省、市领导出席活动，期间举办多个商贸活动。市公安部门强化城区治安秩序管理，强化重点部位的安全防范，强化保卫职责，使艺术节活动正常顺利进行。

2002年9月30日至10月6日，在城区举办600万元体彩销售活动，特约众多影视明星现场助兴，为彩民颁奖，吸引广大彩民积极参与，场内人流量达4万余人次。市公安局成立安全保卫工作领导小组，全面负责活动的安全保卫工作。

2003年12月6日，中央电视台“心连心”艺术团到兴化市慰问演出。现场观众近2万人，公安机关围绕演出现场保卫和社会面控制两大块做好保卫工作，确保演出现场秩序井然。

2007年4月6—7日，中共中央政治局委员、中央组织部部长贺国强到兴化市视察，市公安局组织民警完成保卫工作。7月17日下午，省委书记李源潮在泰州市委书记朱龙生、市长姚建华陪同下到兴化市视察，市公安局、各派出所民警随团就地保卫完成安全保卫任务。10月22—24日，日本浪江町友好代表团一行22人到兴化市进行友好访问。其间，市公安局投入保卫警力52人次。

2008年，奥运火炬泰州接力传递，兴化市公安局治安大队先后召开专题信息研判会议5次，3次组织各单位负责人赴泰州火炬传递线路实地了解，召开火炬安全传递论证会4次，对可能出现的突发事件进行分析研究，确保泰州火炬传递兴化包干段安全顺利传递。同时完成市“两会”、高层领导到兴化市视察、茅山清明会船、东岳庙会、涉外访问团到兴化市访问等66起大型活动的安全保卫工作。

2009年，治安大队全力以赴牵头组织全国“两会”、中华人民共和国成立60周年庆典、高层领导到兴化市视察（督导）、涉外访问团到兴化市访问、清明旅游节系列活动、第九届中国·兴化郑板桥艺术节系列活动、“3·15”公益晚会、“送欢笑到水乡”文艺演出等80多起大型活动的安全保卫工作。2010年，治安防爆处突队完成市“三会”、中国·兴化第二届千垛菜花旅游节、“您好泰州——走进兴化”、“幸福向前冲”、“南水北调”工程启动仪式等大型活动安保任务89项，处置群体性事件和调解重大矛盾纠纷45起。

第六节　出入境管理

一、境外人员管理

1991—2010年，随着兴化市对外开放和经济建设事业的发展，尤其是中国加入世界贸易组织后，到兴化市从事经商贸易、投资办厂、旅游探亲、科技文化交流等活动的境外人员逐年增多。公安部门逐步建立起"以派出所为依托，各警种分工负责"的境外人员管理工作新机制，准确掌握辖区内实际居住的境外人员底数，全部纳入实有人口管理范围，纳入公安机关的管理视线。社区民警对常住境外人员做到知姓名、知国籍（地区）、知来华事由、知停留期限、知活动情况。强化境外人员住宿登记管理，掌握境外人员的落脚点，住宿登记申报率达到100%，主要登记项目准确率达100%。落实境外人员住宿地安全管理，确保不发生因防范工作不到位，侵害境外人员人身及财产的案件。辖区派出所通过入户调查，在掌握境外人员基数基础上，与私房出租户、小区管理部门等相关单位签订《确保境外人员安全责任状》，定期开展安全检查，发现安全隐患及时整改。针对辖区违法犯罪活动特点，及时向境外人员及涉外单位发放警方告示，提醒做好安全防范工作。

二、中国公民因私出国（境）管理

1988—2000年，居民因私出国（境）尚未放开，对每一个出国（境）的人均需经过严格审查，审批环节多，手续繁琐。随着对外开放政策的进一步实施，对外经贸合作的不断深入，特别是2001年中国正式成为世界贸易组织的成员国以后，出入境管理部门逐步完成从管理者为主到服务者为主的角色转变。2001年12月1日起，放宽赴港澳商务签注有效期限，最长可至3年，同时取消赴港澳旅游的名额限制，方便内地居民赴港澳从事商务、旅游活动。2002年2月1日起，公民申请出国（境）免交境外邀请函，公安机关取消签发出国护照附发出境登记卡的做法。2003年12月22日起，除部分国家工作人员因私出国（境）需按人事管理权限提交单位意见证明外，公民因私出国（境）只需提交身份证、户口簿，无需提交单位或派出所意见。1991—2010年，全市出国（境）人员22929人次。

1991—2010年兴化市临时入境境外人员及出国（境）人员一览表

表20-4　　　　单位：人

年份	境外人员				出国出境人员			
	外国人	华侨	港澳台胞	合计	出国	赴港澳	赴台湾	合计
1991	—	—	—	216	9	12	—	21
1992	—	—	—	237	11	15	9	35
1993	—	—	—	250	9	8	10	27
1994	—	—	—	137	13	18	7	38
1995	—	—	—	343	21	9	13	43
1996	—	—	—	433	27	15	15	57
1997	—	—	—	389	35	25	8	68

续表 20-4

年份	境外人员				出国出境人员			
	外国人	华侨	港澳台胞	合计	出国	赴港澳	赴台湾	合计
1998	—	—	—	402	42	24	9	75
1999	—	—	—	410	110	26	6	142
2000	—	—	—	450	153	25	10	188
2001	385	—	93	478	225	26	25	276
2002	163	—	124	287	385	121	18	524
2003	125	4	15	144	405	318	21	744
2004	145	3	25	173	728	601	20	1349
2005	151	—	40	191	832	672	23	1527
2006	202	3	40	245	1193	972	22	2187
2007	324	—	47	371	1363	855	19	2237
2008	339	2	58	399	1698	1412	57	3167
2009	344	7	154	505	1939	2068	179	4186
2010	671	1	212	884	2539	3142	357	6038

第七节 道路交通管理

一、路面管理

1991—1995年，对全市城乡道路交通秩序进行集中整顿，纠正违章行驶，清除违章建筑130处，堆物414处，摊点12838个，搬迁农贸市场18个。在市区开展非机动车违停和交通秩序整顿。成立清障机动队，在农村组织开展“五小”车辆（低速货车、三轮汽车、三轮摩托车、两轮摩托车、拖拉机）整顿，办理牌证，纠正“五小”车辆违章。在全市范围内开展客运车辆专项整顿，重点整治客运车辆无牌无证、带病行驶、超速、超员、强行超车、酒后驾车等严重违章及夜间会车不变灯光等行为，遏制客运车辆违章上升势头。

1997年4—5月，在市区集中查纠出租车、公交车、中巴车随意停车载客、机动车闯红灯、非机动车驶入机动车道等突出交通违章，整治中，采用白天查纠和夜间查纠相结合，定点设卡与流动巡查相结合的方法。

1999—2000年，以盐宁线、盐高线、兴东线和兴周线和城区主干道为重点，集中整顿交通秩序。专项整治悬挂外地号牌和无牌无证机动车，全市设办证点6处，新办、补办“五小”车辆牌证。在城区开展“交通文明示范街”活动，查纠各类违章，现场教育群众6万余人。

2005年，市交巡警大队与交通、农机监理部门联手，集中清理整顿全市农用车辆，查扣报废农用车10多辆。与派出所、交管所联手，对校车、非客运车辆专项整治，查扣报废9辆。在市区组织百名干警集中整治交通秩序，不断深化“畅通工程”创建工作。

2006年，重点开展对校车、危险品车辆专项整治和预防重特大道路交通事故专项行动。市区以开展“红旗岗亭”创争活动为抓手，以“三无一有”（无闯红灯、无机非不分、无乱停乱放，全天候有交警在岗值勤管理）为目标，狠刹交通顽症。

2007年，贯彻落实公安部开展专项整治，遏制特大道路交通事故电视电话会议精神，集中整治“四小”车辆（二轮摩托车、正三轮摩托车、低速载货汽车和三轮汽车）。在宁盐线、兴泰线和高兴东公路等交通干线，瞄准超载、超速等严重危及人民群众生命安全的交通违法行为，坚持严管重罚。在市区，集中整治各类交通顽症，闯红灯、机非不分等交通顽症明显减少。全年查处各类道路交通违法行为23万多起、暂扣车辆10597辆，通过路面巡逻和卡口堵控，抓获违法犯罪嫌疑人140人。

2008年，参加省级文明城市、平安兴化创建活动。通过“城市畅通工程”三等管理水平、“平安畅通县区”优秀等级省级验收；兴化大道评为省级文明示范路；南亭岗评为省级文明示范岗；333省道、县道周张线评定为省级实施公路交通事故综合预防示范路。全年查扣各类交通违法行为24万起，抓违法犯罪嫌疑人134人。

2009年，组织兴化市首届千垛菜花旅游节道路交通安保工作，开展酒后驾驶专项整治和事故处理随岗培训活动，推进城市道路交通环境综合整治暨平安畅通县区创建活动，严查道路交通违法行为，开展交通管理规范教育培训活动，完成板桥节、欢乐中国行系列道路保卫任务，组织开展冬季预防和压降道路交通事故“突击月”集中整治行动。

2010年，完成市“两会”、第二届“中国兴化千垛菜花旅游节”、清明节、“五一”、“十一”等节日和活动期间的道路交通安全保卫工作。组织开展春运道路交通、酒后驾驶、涉牌涉证、校园周边道路、公路客运车辆、城区道路交通环境、世博安保交通秩序、迎国庆城区交通秩序、电动三轮车等各类专项整治行动20余次，查处影响道路交通秩序和交通安全的违法行为，全年查处各类交通违法行为近26万起，拘留醉酒驾车人员12名，协助抓获违法犯罪嫌疑人154人，进一步优化城乡道路交通环境。

二、车辆管理

兴化市车管所担负着对各种车辆（除拖拉机外）注册登记、转移登记、变更登记、注销登记、抵押登记工作。1991年全年办理6000辆次业务。1992年6—9月，市交警大队整顿城区非机动车违停现象，暂扣乱停乱放板车388辆、三轮车205辆。1994年3月，专项整顿客运车辆营运秩序，查处无牌无证客车7辆，超载客车411辆。2007年，机动车注册登记：二、三轮摩托车登记15415辆、定期检验14334辆、变更登记34本，补登记证书112本，补牌证合格标志701本，档案更正90本。机动车转入9辆，转出325辆，注销1辆。汽车检验6678辆（包括“春运”“五一”“十一”特检）、事故车检验910辆。2010年，机动车注册登记二、三轮摩托车10339辆、定期检验二、三轮摩托车12209辆、二、三轮摩托车变更登记263本，补登记证书179本，补牌证合格标志891本，档案更正12本，机动车转入20辆，汽车检验16296辆（包括“春运”“五一”“十一”特检）、事故车检验2100辆。

2007—2010年兴化市车辆管理一览表

表20-5

年份	机动车注册登记（二、三轮摩托车）（辆）	定期检验（二、三轮摩托车）（辆）	变更登记（二、三轮摩托车）（本）	补登记证书（本）	补牌证合格标记（本）	档案更正（本）	机动车转入（辆）	机动车转出/注销（辆）	汽车检验（包括春运、“五一”“十一”特检）（辆）	事故车检验（辆）
2007	15415	14334	34	112	701	90	9	325/1	6678	910
2008	7482	8483	130	108	699	35	22	2	11205	1850

续表 20-5

年份	机动车注册登记（二、三轮摩托车）（辆）	定期检验（二、三轮摩托车）（辆）	变更登记（二、三轮摩托车）（本）	补登记证书（本）	补牌证合格标记（本）	档案更正（本）	机动车转入（辆）	机动车转出/注销（辆）	汽车检验（包括春运、"五一""十一"特检）（辆）	事故车检验（辆）
2009	9071	14269	277	195	881	22	19	—	12505	1900
2010	10339	12209	263	179	891	12	20	—	16296	2100

2007—2010年兴化市各种车辆保有量一览表

表 20-6　　单位：辆

年份	汽车	二轮摩托车	三轮摩托车	轻便摩托车	运汽车三轮汽车	拖拉机
2007	19200	71393	16216	9365	488	3072
2008	25841	73557	19813	9174	2345	—
2009	28302	80271	22205	9180	2445	—
2010	36878	87790	25035	9184	2562	—

说明：拖拉机中大多用于货物运输。

三、驾驶员管理

1991年初，全市有机动车驾驶员2380人。1991年后，兴化市公安局建立汽车驾驶员安全活动小组，组织驾驶员学习，规定每月15日为安全活动日。1991年以来，每年召开审验表彰大会，对上年度的优秀驾驶员、车管干部、先进车队进行表彰，部署当年的审验工作。由驾驶员协会组织驾驶员进行交通安全学习，每月1次。驾协每年进行优秀驾驶员的表彰。交巡警大队为平时不参加安全活动、多次交通违章的驾驶员举办学习班，学习交通法规、安全行驶等知识。1990年后增加交通肇事驾驶员的学习，对负主要责任以上的驾驶员进行安全法规考试。1999年4月15日，兴化市机动车驾驶员协会经市民政局注册成立，下设5个分会，有会员近1万名。2004年后，实施交通违法记分制度，对记12分的驾驶员实行为期一周的交通法规学习，同时进行科目无纸化考试，合格后予以清分审验。加强客运车辆、危险品运输车辆、校车、公交车、农公班、出租车的管理。车管所完善机制，分工负责，制作车辆、驾驶人电子台账，并及时更新。对所有驾驶人进行准驾审核，对驾龄不足3年的，有记分、事故负主要责任的驾驶员，取消行车资格。车管所与各单位及驾驶人签订安全责任状，定期对车主、驾驶人进行道路交通安全教育，组织学习各相关文件、安全行车知识。不定期对车辆进行抽查，及时排除隐患。在"五一""国庆""春节"客货流急剧增加期间，均对各专业运输单位的车辆逐一检测线，不达标的车辆严禁上路行驶。2010年，全市有汽车驾驶员106023人，摩托车驾驶员154002人。

2007—2010年兴化市机动车驾驶员人数一览表

表 20-7　　单位：人

年份	汽车驾驶员	摩托车驾驶员	年份	汽车驾驶员	摩托车驾驶员
2007	83508	143231	2009	97366	144722
2008	89655	143700	2010	106023	154002

四、交通秩序管理

【道路交通安全设施】 2005年，对城区道路交通标志进行整改，新增指路标志112块。2007年初，对农村道路进行基础调查，对其交通安全标志设施向市政府提出建议。市政府立项“安保工程”，投资700多万元，增设交通标志2890块。2008—2010年，交通设施投入1300多万元。截至2010年底，境内设有各类道路交通标志4606块，其中：禁令标志1876块，警告标志934块，指示标志696块。市区有交通标志962块，禁令标志412块，警告标志287块，指示标志246块。

附

全市主要道路交通安全设施设置情况

【交通标线】 2005年，兴化市创建省级文明城市，在城区主次干道路施划6个灯控路口地面导向箭头，45条停车线，6800米分道线，21处人行横道线，施划面积近2万平方米。2006年，新区增设标线3000多平方米，并将长安路、兴化大道路、昭阳路由原来的冷喷标线改为热熔标线，提高清晰度和使用寿命。2007年，投资3万元漆划交通标线3万多平方米。2008年，施划道路交通标线25700平方米，增设城区临时占道停车场107处，增加停车泊位1360个。2009年，施划道路交通标线33000平方米，增设缓冲带1800米。2010年，施划道路交通标线39000平方米（其中学校门前立体斑马线865平方米），增设缓冲带1600米、停车泊位950处。

【红绿灯】 1993年，在丰收路与牌楼路交叉路口设置红绿灯1组。1994年在丰收路英武路口新增1组。2000年，在长安路北水关路口、昭阳路口新增2组。2003年，在丰收路人医路口新增1组。2006年，在兴化大道路中和路口、南亭路口、五里东路英武南路口、英武路建行路口新增4组。2007年，在英武中路昭阳路口新增1组。为加快戴南镇区城市化建设步伐，由戴南镇政府投资，在镇区增设信号灯8组，张郭镇增设2组。至2007年底，全市有红绿灯21组。其中市区11组、戴南镇8组、张郭镇2组。为加强城区部分路口的临时管理，大队购置3台移动式信号灯，用于中队执勤时使用。2008年，城区主要路口增设红慢黄闪灯8组。2009年，增设交通信号灯7组，改造信号灯5组。2010年，增设交通信号灯5组，改造信号灯3组。

【隔离护栏】 1993年，在丰收路五里转盘至人民医院路口设置钢质隔离护栏2400余米。1994年后，大队对市区护栏进行调整与整修，在昭阳路、五里东西路、英武中路设置隔离护栏，实行机非分隔。1995年，水泥加工厂路口至昭阳岗路面拓宽后，设置道路隔离护栏3000余米。同年，市城管办在英武路设置绿化封道护栏900余米。2003年，在长安路、兴化大道全线设置PVC塑钢隔离护栏2000余米。2007年增设浸塑护栏2200米。2008—2010年，增设交通隔离护栏9650米，油漆护栏2600米。

【交通岗亭】 1995年，丰收路西门岗、昭阳岗首次使用交警执勤岗亭，并在西门设立“交通警察手势班”。2000年后，在长安路北水关岗、牌楼岗、长安大桥岗和昭阳路人医岗设立交警执勤岗亭。2005年，新区及市区新增信号灯路口不再设置岗亭。

【红蓝闪灯及黄闪灯】 2004年，在新区江浙广场设置红慢黄闪灯1组。2006年在南绕城设置红蓝闪烁灯4组、兴泰线临城路口1组。2007年，对省道事故隐患点进行整改，S333省道增设光闪4组。2008年，过境路口设黄闪灯20组。

【电子警察】 1999年，首次在西门岗、昭阳岗设置第一代硬件半下载型电子警察。2000年，在长安路北水关岗、长安大桥岗、人医岗设置相机取卡式电子警察。2003年在牌楼岗设置自动下载式相机电子警察。2006年，在兴化大道路中和路口、南亭路口、五里西路英武南路口，2007年，在英武中路昭阳路口设置新型视频电子警察，并实行信号实时传输，实时监控。2007年12月将城区原有相机取卡式电子警察升级为自动传输型，加大处罚的及时性。2009年、2010年，先后增设电子警察19套和6套，新增治安卡口监控系统各2套。

【交道监控设备】 2004年，为建设“平安兴化”大防控体系，在获垛治安卡口设置双向四车道道路监控系统。2005年，在城南卡口、陈堡卡口与收费站实行监控信息共享，并在陈堡中队建立第一个道路监控室。利用市局监控网络，对全市道路实施全方位监控。2007年，对获垛卡口、城南卡口监控设备进行功能升级，全部入网，实现信息共享。至2007年底，道路监控点增至115个。2008年，获垛治安卡口监控升级为高清卡口监控，旗杆荡卡口安装高清卡口监控。2009年，城南卡口升级为高清监控。2010年，按照省公安厅要求，积极推进道路“320”工程建设。

【交通违法行为查处】 1991年后，对于交通违法行为查处主要有暂扣驾驶证、吊销驾驶证、行政拘留等。对于交通肇事造成严重后果负有刑事责任的，由刑事警察大队查处。2004年后，实施违法记分制度。随着车辆和驾驶人员的增加，交通违法行为迅速增长。2010年，全市查处交通违法行为221694起，暂扣驾驶证12880本，吊销驾驶证13本，行政拘留156人。

1991—2010年兴化市交通违法行为查处一览表

表20-8

年份	查处交通违法行为（起）	暂扣驾驶证（本）	吊销驾驶证（本）	行政拘留（人）	年份	查处交通违法行为（起）	暂扣驾驶证（本）	吊销驾驶证（本）	行政拘留（人）
1991	6543	1325	16	5	2001	20045	8852	23	65
1992	6654	1124	12	11	2002	21321	9012	34	66
1993	6988	2154	11	12	2003	22343	10234	45	78
1994	7115	3211	14	15	2004	25334	11235	48	57
1995	7665	3546	23	24	2005	30176	21031	29	112
1996	8998	4522	24	26	2006	31128	21778	45	213
1997	10245	9844	15	25	2007	230500	48000	27	156
1998	11235	8778	26	35	2008	224900	15043	21	184
1999	16543	8523	32	46	2009	236200	12129	16	206
2000	17654	8578	25	45	2010	221694	12880	13	156

1991—2010年兴化市道路交通事故四项指数一览表

表20-9

年份	发生数（起）	死亡（人）	受伤（人）	经济损失（万元）	年份	发生数（起）	死亡（人）	受伤（人）	经济损失（万元）
1991	479	38	327	54.70	1998	1336	104	871	170.92
1992	521	42	362	59.38	1999	1164	91	751	169.98
1993	583	47	398	63.05	2000	1419	106	982	193.04
1994	624	56	423	79.62	2001	1328	98	935	311.82
1995	685	53	451	81.21	2002	1222	97	856	244.15
1996	705	57	447	83.40	2003	1101	90	745	255.91
1997	1129	82	673	172.65	2004	971	91	657	199.82

续表 20-9

年份	发生数（起）	死亡（人）	受伤（人）	经济损失（万元）	年份	发生数（起）	死亡（人）	受伤（人）	经济损失（万元）
2005	1142	86	800	174.62	2008	1100	78	752	169.55
2006	1145	80	818	187.45	2009	997	75	613	163.10
2007	1005	75	731	170.40	2010	1299	73	467	155.59

第八节　消防管理

一、消防组织

【中国人民武装警察部队兴化市消防大队】 简称“公安消防大队”。1979年，成立义务兵役制的公安消防中队，1983年，划为武警部队序列。1995年1月，建立兴化市公安消防大队（武警兴化市消防大队、武警兴化消防中队）。2010年底有大队干部6名、中队干部3名、战士18名。

【合同制消防警】 2006年6月，为弥补公安消防警力的不足，向社会招收8名合同制消防文员，经过培训，在市消防大队上岗，与武警消防官兵一同工作、学习、训练。

【专职消防队】 为加强企业自防自救能力，从20世纪80年代开始，在易燃易爆防火重点单位和要害部门相继建立专职消防队。至2004年，全市有专职消防队22个，专职消防队员338人。之后由于部分工厂企业关、停、并、转和破产，多数专职消防队相应消失。至2010年，仅存金三角市场专职消防队。

【乡镇消防队】 为加强农村消防工作，2003年起相继建立乡镇保安消防队。至2010年底，全市有31个乡镇建立联防消防队，有队员126人。2008—2010年，戴南、安丰两个镇相继建立乡镇专职消防队，有队员18人。

【义务消防队】 为群众性应急性的消防队伍。1991年，全市有义务消防队100多个。至2010年，全市义务消防队达614个。在市消防大队和派出所指导下，不断提高扑灭初起火灾能力，起到群防群治的作用。

【综合应急救援大队】 按照“一专多能、一队多用、平战结合”的原则，2010年7月，兴化市政府依托市公安消防大队，交巡警、医疗、供电、供水等相关部门单位参与，成立兴化市综合应急救援大队。

二、消防设施

1991年，市公安消防中队备有消防车3辆、消防艇1艘，并逐步增设通信、联络及指挥设备。各单位有消防泵600多台，要害部位备有泡沫灭火器，部分村庄备有旧式水龙。至2010年底，市公安消防大队有执勤消防车6辆。其中常规车辆3辆、特种车辆3辆（抢险救援车1辆、举高消防车1辆、空气压缩泡沫车1辆），配备救生、侦检、防护、破拆、堵漏、警戒、照明、洗消、输转等特种装备150余件（套），消防监督检查车2辆，火场勘察车1辆。戴南镇专职消防队配备有大型水罐消防车2辆及相应消防器材和装备。安丰专职队配备4吨水罐车1辆、消防三轮摩托车1辆及相关消防器材和装备。其他31个农村乡镇保安消防队，每队配备1辆小型三轮消防车，并配备消防泵及其他灭火器材和个人防护装备。市区市政有消火栓425个，基本上与城镇建设同步进行。全市建筑消防设施完好率达90%以上。

三、消防监督检查

1991年以后，把好建设工程消防设计审核、竣工验收、开业前消防安全检查等火灾隐患源头防控关，以人员密集场所、易燃易爆单位等为火灾防控工作重点，开展火灾隐患排查整治，查处各类消防安全违法行为，督促整改政府挂牌督办重大火灾隐患单位。1991—2010年，审核建筑物项目1200多件，受审建筑面积600万平方米左右，其中高层建筑12座（不包括在建项目）。

【重点单位管理】 1991年后，根据消防安全重点单位界定标准，适时调整和确定二、三级消防安全重点单位。2007年，全市二级消防安全重点单位50家、三级消防安全重点单位181家。2010年底，全市二级消防重点单位增至100家、三级消防安全重点单位增至206家。市公安消防大队、辖区派出所按照消防安全重点单位分级管理要求，督促各重点单位实行消防安全标准化管理、全面推广社会单位消防安全“四个能力”（检查消除火灾隐患能力、扑救初起火灾能力、组织人员疏散逃生能力、消防宣传教育培训能力）建设，建立完善消防安全重点单位档案、制定应急灭火疏散预案，定期组织消防演练。

【农村及集镇防火】 1991—2010年，针对居民家庭用电、用气增多，家用电器普及，危险化学物品的生产使用日益增多，加之不少农村青壮年农闲时外出打工，家中多为老弱病残的特点，公安、消防部门会同新闻媒体加大防火宣传教育力度，使消防知识进农村、进社区、进工厂、进学校。根据季节特点，部署夏收、秋收和棉花收获时期的防火、夏季高温和冬季严寒季节的防火宣传工作，做好“五一”“国庆”“元旦”“春节”等重大节日期间的消防安全保卫。各乡镇综治办、安监办、派出所按照消防安全工作要求，加强对辖区内消防工作的组织领导、消防安全检查、消防宣传，全力消除火灾隐患。

四、灭火与抢险救援

1991年，兴化市发生特大洪涝灾害。6月29日至7月23日，兴化市消防中队出动车船47次，出动消防泵45泵次，出警384人次，为企业、部门、群众住宅区排除积水机械工作时间675小时。6月29日，灾情趋于严重，消防人员为车站家属区40多户疏通下水道，排除积水；在人武部弹药库、看守所和燃料公司露天煤场排除积水，减轻险情。7月3日，兴化市电镀厂因地势低洼，雨水汇流厂区，4个电镀液槽中数吨有毒物品电镀液流出，危及人民生命安全。中午12时30分，消防中队接到防汛指挥部命令，驱车至该厂，在暴风雨中奋力排水。到次日凌晨1时，使该厂转危为安。市防汛指挥部设在市政府第二招待所，消防中队派出两名战士，出动3台消防泵，从7月13日至23日，连续排水11个昼夜。抗洪期间，中队叶勇、赵从海两名战士抽调到被淹的九顷家属区治安巡逻，每天用渡船接送来往居民百余次。7月16日下午，在房产开发公司门前发现一名两岁小孩掉落进1米多深的水中，赵从海立即下水，救起小孩。

2002年3月28日，安丰纱厂北区3幢29号居民张某华家房屋倒塌，2人被埋压，消防大队接到紧急求援电话后，出动两辆消防车，11名官兵赶赴事故现场，连夜奋战7个小时，将张某某父子从约2米深的废墟里营救出来。张某华在送医院抢救途中死亡，其子张某权经抢救脱险。

2003年4月7日23时40分左右，西门候家街51号房屋倒塌，82岁的万某寿老汉和79岁的老伴邹某芳被埋在废墟里。当夜23时48分，兴化市消防大队接到求援电话后，出动4辆消防车，1辆指挥车，16名官兵赶到现场，在迅速支护倾斜墙体后进行挖掘，扒开砖瓦堆，经40分钟将两位老人救出并送医院救治，后于4月8日清晨出院。

2004年1月22日（农历正月初一）12时40分，获垛镇傅家村东南角一塑料厂发生火灾，获垛派出所接警后，立即带领联防消防队赶到火场，迅速将大火扑灭，使该厂避免5万元经济损失。

2006年3月13日20时50分，海南镇自来水厂一个容量0.5吨的液氯罐发生泄露，市消防大队接警后，迅速出动3辆消防车和15名消防官兵赶赴现场处置，疏散群众百余人，设立警戒线，使用喷雾水流稀释泄露氯气，将液氯罐体移至石灰池中中和处理，未有人员伤亡。

2009年7月2日7时45分，兴化市富康花园小区17栋2单元502室发生自杀事件，市消防大队接警后，出动2辆消防车和16名官兵到现场处置。由于当事人亲属救人心切，在关闭燃气灶开关时触发开关打火引发瞬间爆燃，5名消防官兵及其他在场人员12人不同程度被灼伤。

2009年11月20日17时27分，宁靖盐高速距戴南出口5公里处一辆油罐车着火，车内装载13.5吨的燃料油，消防大队接警后迅速出动4辆消防车和20名官兵于18时11分到达现场，到场时油罐车正猛烈燃烧，大队领导到达现场组织指挥，同时调动戴南专职队、姜堰消防中队组织联合扑救，于19时30分将大火扑灭。1991—2010年，兴化市发生火灾2189起，死亡55人。

1991—2010年兴化市火灾发生情况一览表

表20-10

年份	火灾数（起）	死亡人数（人）	受伤人数（人）	损失（万元）	年份	火灾数（起）	死亡人数（人）	受伤人数（人）	损失（万元）
1991	28	8	7	14.11	2001	143	1	5	61.18
1992	42	2	17	33.65	2002	208	7	6	47.68
1993	34	2	4	54.38	2003	175	4	—	97.35
1994	58	2	9	48.00	2004	167	3	—	77.93
1995	39	—	15	50.33	2005	186	1	—	80.01
1996	36	2	2	56.67	2006	131	3	—	62.67
1997	104	4	4	76.60	2007	143	—	1	82.48
1998	111	4	4	54.00	2008	109	0	0	91.62
1999	205	8	6	181.11	2009	79	1	0	60.48
2000	128	2	3	46.17	2010	63	1	1	55.30

第九节　监所管理

一、监所设施

1985年，兴化市看守所从市区迁至城北严家庄。2007年1月，迁至临城镇（原刘陆乡）入口处，占地面积约5.27万平方米，监区占地面积约9000平方米，为砖墙水泥预制结构。监墙内有白炽照明灯，监区有全方位的监控设备和报警装置。

二、看守关押

1991年后，看守所（与拘留所合设）通常关押的各类人员中，85%以上为刑事犯罪人员。为确保安全，在监区设有岗楼，24小时均有武警在岗。在监区大门处设有哨所，由武警哨兵值勤，人员出入采用AB门控制。有干警值班，负责巡视、监控、收押和处理日常事务，节假日增加巡防力量，保证安全。

1991—2010年，看守所健全外来人员、在押人员出入监区、提讯会见、安全检查、值班巡视、教育转化、民警直接管理在押人员等各项规章制度。落实安全防范责任制，对监所安全防范设施、监室、在押人员人身、物品、劳动场所、生产工具的保管等方面进行全面细致的检查，及时发现隐患，消除不安定因素。

三、训诫管教

1991年后，看守所对在押人员进行政策法律、理想前途、伦理道德等方面教育，组织他们学习文化知识、劳动技能，开展心理疏导矫治，提倡和鼓励被监管人员读书看报，促进思想转化，使其自觉遵守、执行监规。利用电化教学系统每月为在押人员上大课2次，宣讲法律法规及有关案例。兴化市委、市政协及市公安局、关心下一代工作委员会及其他相关部门每年到看守所开展赠书寄语和社会规劝等活动4次以上。利用家属会见的机会，开展面对面教育。落实医生巡诊制度，对患病人员及时诊治，合理安排在押人员作息时间，严格控制生产劳动时间和劳动强度，按规定使用戒具、关禁闭和采取固定约束措施。

2000年后，看守所加大狱政攻势，深挖犯罪，扩大战果。对获取的各类犯罪案件线索，进行甄别和分析研判，定期交流情报信息，及时掌握未破案件、在逃人员等情况。通过在押人员提供的线索，破获一批较有影响的杀人、强奸、抢劫等重大案件。2002年8月26日，市内发生持枪抢劫杀人案，经公安机关全力侦查，犯罪嫌疑人任某祥（安徽寿县人）于8月29日被抓获归案。经过狱政工作，2003年3月，配合安徽警方破获任某祥2001年9月7日在淮北汽车站家属区报复杀害吴某某女儿的重大案件，从而侦破安徽省公安厅督办的重大案件。

第三章　检　察

1991年后，市检察院根据《宪法》《刑法》和《刑事诉讼法》规定，独立行使检察权，不受行政机关、社会团体和个人的干涉，全面行使法律赋予的各项检察职能。1997年以来，市检察院根据修改后的《刑法》《刑事诉讼法》及有关法律规定，行使下列职权：直接受理的刑事案件侦查权，批准和决定逮捕权，审查起诉、提起公诉、不起诉、出席法庭支持公诉权，刑事立案监督权，刑事侦查活动监督权，刑事审判活动监督权，刑罚执行活动监督权，民事审判监督权，行政诉讼监督权。同时，注重运用法制宣传、调查研究、检察建议、回访考察等方法，参与社会治安综合治理。

第一节　机　构

1990年底，市检察院设政治工作科、办公室、刑事检察一科、刑事检察二科、经济检察科、法纪检察科、控告申诉检察科、监所检察科、举报中心、驻国税局检察室。隶属扬州市检察院。1991年5月设驻供销合作总社检察室，同年12月增设民事行政检察科。1993年1月，迁址至牌楼北路19号办公；6月设立驻工商局检察室，7月设立驻粮食（集团）总公司检察室。1994年10月，设立驻农行兴化支行检察室。1995年3月设立驻盐务局检察室，5月设立驻地税局检察室；同年5月

17日，经济检察科改称反贪污贿赂局。

1996年10月，扬州、泰州区域调整后，市检察院隶属泰州市检察院。1997年3月，刑事检察一科、二科分别更名为审查批捕科、审查起诉科；12月25日，反贪污贿赂局正式挂牌成立。1998年3月，撤销驻市国税局、地税局、工商局、粮食（集团）总公司、盐务局、供销合作总社、农行兴化支行7个行业检察室。1998年10月25日，市检察院由原牌楼北路19号迁至丰收北路邮政大厦东侧（现楚水路35号）办公。

2000年5月设立行政装备科、检察技术科。2002年7月，政治工作科更名为政治处，审查批捕科更名为侦查监督科，审查起诉科更名为公诉科，法纪检察科更名为渎职侵权检察科，增设警务科（对外称“司法警察大队”）和职务犯罪预防科（隶属反贪污贿赂局），撤销检察技术科。2003年7月，反贪局原内设机构职务犯罪预防科改为院内设机构。2004年9月增设人民监督员办公室。2006年5月26日，从楚水路35号迁至兴化大道八里铺路3号新办公大楼办公。同日，渎职侵权检察科更名为反渎职侵权局。2007年12月增设案件监督管理科，恢复建立检察技术科。

图20-4　兴化市人民检察院办公楼
（2006年摄，市检察院提供）

至2010年底，市检察院内设机构为16个，即政治处、办公室、监察室、侦查监督科、公诉科、反贪污贿赂局（内设综合科、侦查一科、侦查二科）、职务犯罪预防科、反渎职侵权局、监所检察科、民事行政检察科、控告申诉检察科、行政装备科、警务科、人民监督员办公室、案件监督管理科、检察技术科。实有在编人员107人，其中检察干警103人。市检察院设检察委员会，全面负责法律规定的检察业务。有委员7—15人，由检察长、副检察长和部分科室负责人组成。

1991—2010年，经历届人民代表大会选举，先后任检察长的有殷有珍、杨宝泉、陈书华、童连芳、陆红梅。

第二节　刑事检察

一、审查批捕

1991—1996年，审查批捕工作遵循“严格执法，狠抓办案”的方针，突出重点打击杀人、抢劫、强奸、投毒、流氓集团等严重犯罪活动，对惯犯、累犯、犯罪集团的首要分子，坚持从严惩处；坚持“提前介入、主罪复核、请示报告、个人阅卷、集体讨论、检察长或检察委员会决定”等具体办案制度，严格把好批捕关，确保案件质量，保证无罪的人不受追究。1997年后，批捕工作严格按照修订后的《刑事诉讼法》要求，以打击暴力犯罪、带有黑社会性质的团体犯罪和严重影响群众安全感的多发性犯罪为重点，扫除黄、赌、毒等社会丑恶现象，维护社会治安稳定，同时做好挽救失足青少年工作，争创优秀“青少年维权岗”。2001年5月，快速批捕高检院督办的以谭某为首的黑恶势力犯罪案件犯罪嫌疑人18人。2004年，对张郭镇梅某杀人案和市区新华小区徐某某杀人分尸案分别在24小时和4小时内作出批捕决定。2005年后，把严重影响社会治安、危害广大人民群众生产生活秩序的侵财型犯罪和影响人民群众安全感的暴力型犯罪作为打击重点，依法快捕，切实保障人民群众生命财产安全。贯彻质量和效率并重原则，对重特大案件集中精力、提前介入，与市公安机关共同研究侦查取证，依法适时介入多起杀人、抢劫、聚众扰乱社会秩序等重大恶性案件的侦查和预审活动，批捕工作高节奏、快速度，保证及时准确有力地打击犯罪。1991—2010年，受理公安机关提请批捕案件5395件7653人，批准逮捕4670件6542人，不批准逮捕631件1053人。

1991—2010年兴化市检察院审查批捕情况一览表

表20-11　　单位：件/人

年份	报捕数	审结数	审结情况			公安撤回数	未结待查	批捕案件中						
			批捕数	不捕数	通知补查			杀人	抢劫	伤害	强奸	盗窃	交通肇事	其他
1991	194/273	187/263	169/229	18/34	12/14	2/2	2/2	11/11	8/22	11/11	24/25	83/112	—	32/48
1992	233/350	221/345	207/313	14/32	7/9	—	—	4/4	17/37	15/15	24/27	114/179	—	33/51
1993	156/228	153/223	143/202	10/21	2/2	—	—	5/5	11/21	6/6	22/26	67/95	—	32/49
1994	202/312	198/289	187/290	11/18	5/7	—	—	3/3	16/46	12/12	22/23	102/160	—	32/46
1995	241/347	234/323	212/296	22/37	/2	—	—	3/3	17/40	22/23	27/28	84/119	—	59/83
1996	299/476	291/468	256/409	35/59	10/13	1/2	4/4	8/8	14/32	17/18	17/30	117/176	—	83/145
1997	265/356	266/357	219/279	47/78	—	3/3	—	9/9	5/10	21/21	31/40	89/127	20/20	44/52
1998	332/461	322/448	256/355	66/93	38/51	4/6	6/7	4/4	14/36	25/25	24/25	108/162	34/34	47/69
1999	358/517	362/521	283/401	69/120	32/65	1/1	1/2	6/8	9/22	11/12	28/34	119/156	21/21	89/148
2000	296/437	295/436	250/367	45/69	20/32	—	2/3	6/8	14/28	10/10	17/19	105/151	20/20	78/131
2001	307/447	309/450	279/397	30/53	15/30	—	—	5/6	23/57	12/14	20/21	95/122	22/22	102/155
2002	260/343	260/343	238/309	22/34	7/10	—	—	8/9	16/31	18/19	18/19	84/99	22/22	72/110
2003	231/302	226/295	208/276	18/19	4/4	—	5/7	9/11	16/26	12/13	19/19	71/101	28/28	53/78
2004	228/309	215/312	215/289	—/23	—/3	—	3/4	10/13	10/16	9/9	12/14	85/10	30/30	59/197
2005	240/334	240/331	216/302	24/29	5/6	—	3/7	10/11	11/23	7/8	17/28	88/124	19/19	64/89
2006	237/331	216/336	216/293	—/37	—/8	2/5	1/1	3/4	16/33	15/18	5/5	56/112	21/21	100/100
2007	275/384	279/391	241/334	38/57	7/9	1/1	3/5	3/4	10/17	8/8	13/17	115/172	8/9	84/107
2008	327/463	322/459	287/391	35/68	10/15	2/2	6/7	7/9	17/24	8/8	17/24	123/172	27/27	88/127
2009	321/459	324/463	294/412	30/51	6/11	1/1	2/2	4/5	17/31	17/18	7/15	94/123	44/44	111/176
2010	393/524	391/519	294/398	97/121	22/24	—	4/7	3/3	10/10	12/13	18/24	91/122	39/40	121/186

二、审查起诉

1991年后，针对兴化市各类刑事犯罪发案率持续攀升的状况，市检察院密切注视犯罪动向，突出打击重点，充分发挥检察职能，保持“严打”声威，增强专政意识，重点打击杀人、抢劫、强奸、投毒、流氓集团等严重刑事犯罪，特别对其中的惯犯、累犯和犯罪集团的首要分子，坚持从严惩处。审查案件把好“四关”：一是认真阅卷审查，把好事实关；二是坚持主罪复核，把好证据关；三是注重内部制约，把好法律政策关；四是严格掌握标准，把好免予起诉关。1993—1996年，办理起诉案件坚持对大要案、疑难复杂案件进行主罪、主证复核的一贯做法，同时注重加强对一般刑事案件的证据复核。审查起诉部门优先审查、办理重特大案件和专项斗争、专项治理活动中发生的刑事案件，保证工作重点，加大打击力度。对“严打”案件实行“三定一保”工作方法，即定人、定案、定时，保证办案质量。1997年，审查起诉工作严格按照修改后的“两法”要求，依法“从重从快”打击严重刑事犯罪，积极维护社会稳定。1999年起，推行主诉检察官办案制度等各项检察工作改革，继续强化“稳定压倒一切”意识，公诉工作始终保持高压态势，牢固树立办案质量意识，严防错诉、漏诉，不枉不纵。2006年后，贯彻中共中央关于构建和谐社会的总体要求，落实宽严相济的刑事司法政策，既震慑犯罪，又化解矛盾纠纷，促进社会和谐稳定。2008—2010年，依法惩治破坏市场经济秩序类犯罪，审查起诉非法吸收公众存款、串通投标、合同诈骗等经济犯罪155件246人。2009年，注重把握法律政策界限，综合运用检调对接、刑事和解等工作机制，减少社会对抗，促进社会和谐，出台《附条件不起诉试行办法》。当年，对获得被害人谅解的轻微刑事案件，促成刑事和解21件。2010年，依法对轻微犯罪3件8人作出附条件不起诉，其中6人为在校学生。

1991—2010年兴化市检察院审查起诉情况一览表

表20-12　　单位：件/人

年份	受理数	审结数	起诉数	不诉数	退查数	移送他院数	移送单位撤回	未结数	出庭支持公诉数
1991	202/279	198/278	174/238	—	9/10	4/4	1/2	2/2	167
1992	254/398	245/378	203/307	1/1	1/2	8/14	2/3	—	198
1993	172/282	159/263	138/218	—	3/7	5/5	1/1	4/4	110
1994	221/359	215/345	198/310	—	1/1	7/12	/3	2/2	174
1995	270/417	258/383	230/337	/1	7/8	5/14	1/2	6/7	206
1996	319/513	310/489	274/435	—	6/8	7/13	1/1	5/8	135
1997	258/345	246/320	241/311	4/8	12/21	8/22	1/1	4/6	149
1998	332/416	309/382	302/373	7/9	23/32	5/9	1/1	15/21	288
1999	413/619	378/545	375/541	3/4	53/89	5/18	2/6	34/56	247
2000	368/553	376/559	373/551	3/8	40/63	4/6	4/9	15/32	211
2001	424/641	410/609	401/595	9/14	43/88	12/30	1/5	13/22	198
2002	381/551	381/538	367/524	14/14	25/46	8/16	2/5	3/3	147
2003	328/463	300/493	293/411	7/10	22/26	7/10	2/3	19/28	143
2004	380/506	380/493	354/457	26/36	21/26	9/26	4/5	8/13	127
2005	365/543	343/505	325/480	18/25	25/36	6/10	9/20	6/10	115
2006	440/662	419/614	397/583	22/31	45/60	8/18	1/1	10/15	112
2007	514/781	503/755	483/732	20/23	43/87	9/15	6/11	8/17	142
2008	553/957	518/864	506/849	12/15	30/60	7/24	20/39	28/64	169
2009	574/978	530/881	519/861	11/20	36/113	12/45	21/36	37/77	161
2010	647/1078	600/997	574/960	26/37	98/210	6/13	21/48	53/88	245

三、出庭支持公诉

1991年，市检察院开展评选“优秀公诉人”活动，2名干警被评为“优秀公诉人”，其中1人同时被扬州市检察院评为“优秀公诉人”。此后，不断重视出庭支持公诉工作，组织公诉观摩庭，对起诉书、公诉词、答辩词（提纲）的制作、庭审发问等进行全面检查考核，互相学习，取长补短，努力提高公诉人员的公诉水平。1997年，《刑事诉讼法》修改实施后，公诉人员通过边工作边学习，边总结边提高，很快掌握新的庭审程序及讯问被告人、举证质证等具体工作方法。1999年，市检察院开展“出庭效果年”活动，把出庭公诉工作作为重中之重，积极组织，增强出庭效果。对在本市有影响的重大案件，主动邀请市人大常委会、政协以及其他有关单位人员参加旁听，扩大法制宣传教育范围。2001年，首次运用多媒体示证系统成功出庭指控市财政局财政监督科原副科长施某受贿案。2003年后，对“被告人认罪案件”采用普通程序简化审，缩短办案时间，节约司法成本。自2004年起，正副检察长、检察委员会委员直接办理重大、疑难、复杂案件，以国家公诉人身份出庭支持公诉，推动公诉工作发展。是年，检察长陈书华出庭公诉泰州市海陵区农业局原局长邵某受贿案。被告人邵某利用职务便利受贿37万余元，受贿连续时间跨度达7年之久，受贿次数70余次，涉案34人次。在法庭上，陈书华列举证据，指控被告人邵某犯罪事实，并针对辩护人的辩护观点作了反驳。公诉词深入分析法理，详细诠释邵某的行为构成受贿罪及其危害性，所有指控均被法庭认定。2008—2010年，派员出庭支持公诉575次。2010年，依法对921名被告人提出量刑建议，法院采纳率98.2%。

第三节 民事行政检察

1992年4月，市检察院设立民事行政检察科，对人民法院的民事审判和行政诉讼活动实行法律监督。民事行政检察部门成立之初，群众对该机构性质、任务及受案范围尚不了解，案源严重匮乏。为此，市检察院多次派员深入农村乡镇和在城机关进行宣传走访，邮寄分发宣传材料，扩大民事行政检察工作的影响。1994—1995年，受理民事行政申诉案16件，受理的申诉案件质量不高，从中只立案审查1件。1996年，受理民事行政申诉案7件，经审查建议提请抗诉1件。戴窑镇农经公司与大丰市航运公司经济纠纷案，一审法院在诉讼主体应承担的民事责任问题上，先后两次就同一诉讼作出自相矛盾的判决，二审法院亦先后作出自相矛盾的判决。市检察院经审查认为：两级法院在程序和实体上的裁判均有错误，遂建议扬州市检察院提请省检察院向省高级法院提出抗诉。此案历时4载，终于2000年1月获得改判。1997年，受理民事行政申诉案10件，经审查均不予立案。1998—2004年，民事行政检察工作以办理抗诉案件为重点，加大宣传民行检察工作和办理抗诉案件的力度，受理申诉案件的质量有所提高。受理民事行政申诉案117件，立案42件，息诉71件，提请抗诉10件，建议提请抗诉15件，执行和解18件。2005年10月起，推行民事行政检察律师代理申诉制，在城乡律师事务所和法律服务所成立18家民事行政申诉案件特约接待站，拓宽案源渠道，方便群众诉讼。是年，受理各类民事行政申诉案件21件，立案9件，建议泰州市检察院提请抗诉6件，建议同级法院再审2件；被泰州市检察院采纳6件，其中，向省检察院提请抗诉3件，建议泰州市中级人民法院再审3件，经法院再审后改判2件，泰州市中级人民法院指定兴化市法院再审1件，执行和解4件。2006年，民行检察规范办案程序，全面落实目标管理任务，受理各类民事行政申诉案件22件，立案21件，建议提请抗诉或提请抗诉12件，为开展民事行政检察工作以来最多的一年。2007年受理12件，立案10件，建议提请抗诉或提请抗诉4件。是年5月，市检察院成功办理一起流浪乞讨人员被机动车撞死而无人维权案件，在全国产生积极反响。2008年，与市法院联合出台《关于刑事附带民事诉讼工作暂行规定》，探索刑事案件审判过程中，保护国家、集体利益和公民权益的新途径，办理刑事附带民事诉讼案件。2009年，针对群众反映强烈的“执行难”问题，与市法院联合制定《关于建立民事行政案件执行工作协调、配合、监督机制的实施意见》，强化民事行政案件执行监督。2010年，主动履行涉及公共利益民事案件的督促起诉、支持起诉职能，协助国土部门清收土地出让金5700万元，防止国有资产流失。

第四节　贪污贿赂侦查

1991—1993年，市检察院把反贪污贿赂斗争重点放在群众举报较多、反映强烈的行业和单位，深挖亏损企业内部“蛀虫”，在供销、机电、卫生、建工、粮食等系统立案侦查28件31人。1994—1996年，把党政机关、行政执法机关、司法机关和经济管理部门（简称“三机关一部门”）作为反腐败工作重点，立案侦查“三机关一部门”经济犯罪案件15件16人。1997—1999年，坚持“严格执法，狠抓办案，加强监督”的工作方针，查办贪污贿赂等职务犯罪案件。2000年，以“三讲”教育和争创“五好”“两满意”活动为契机，认真贯彻中共兴化市委、上级检察机关指示及市人大常委会关于反贪污贿赂斗争的审议意见，研究分析当前反腐败斗争形势，加大查办贪污贿赂等职务犯罪案件工作力度，全年立案侦查贪污贿赂、挪用公款等国家工作人员职务犯罪案件20件20人。2001年，突出打击重点，注意查办因受贿造成国有企业严重亏损的案件，立案查办此类受贿案3件3人。2002—2005年，突出重点查办贿赂大要案。所查处的案件均为国家机关工作人员和国有企事业单位工作人员，主要分布在教育、司法、交通、医药、财政、审计、工程建设以及乡镇机关等群众反映较为强烈的热点部门和行业。2006年，认真贯彻执行中共中央、国务院关于进一步规范市场秩序，维护公平竞争，促进改革开放和经济社会健康发展，深入推进反腐倡廉工作的重大决策，突出对热点行业商业贿赂案件查处力度，研究制定《治理商业贿赂专项工作实施方案》，针对实际，重点在医疗卫生和工程建设等领域，严肃查处官商勾结、权钱交易等严重危害市场经济秩序的商业贿赂犯罪，全年立案查处商业贿赂案件11件11人。2007年，查案的范围和重点确定在中心集镇的工程建设和土地出让上，先后查处与之有关的多名乡镇领导干部受贿案。2008年后，贯彻中共中央《关于建立健全惩治和预防腐败体系2008—2012年工作规划》，保持查办职务犯罪工作力度，促进建设清廉高效的政务环境。1991—2010年，立案查处贪污贿赂等职务犯罪案件372件422人，其中副科级以上干部63人，提起公诉248件271人，通过办案为国家挽回经济损失2000余万元。

第五节　渎职侵权检察

1991年，兴化市农村停尸闹事案件增多，市检察院法纪检察部门在坚持依法办案的前提下，派员协助公安机关处理停尸闹事事件，坚决查处侵权案件。是年，受理非法侵入他人住宅案件线索20件，其中停尸闹事15件；立案侦查、起诉该类案件4件4人。1992年，通过办理渎职案件为企业追回被骗款32万元。1993年，重点查办玩忽职守、重大责任事故、非法拘禁、非法侵入他人住宅等案件，全年受理各类法纪案件线索25件，立案侦查7件7人，通过办案为国家和集体挽回经济损失177.7万余元，其中帮助企业挽回被骗款92.7万元。1994年，立案侦查非法拘禁案5件5人。是年8月，最高人民检察院《检察院情况反映》第49期刊载《江苏兴化市顾峰非法拘禁案侦破 被拘禁113天的人质梁宁飞获救》一文，介绍市检察院办理顾某非法拘禁案的成功做法。是年，市检察院在办理非法拘禁案件中，摒弃地方保护主义，解救人质19名，取得较好的社会效果。1995年，把工作重点放在查处徇私舞弊、非法拘禁等案件上，全年立案查处各类法纪案件9件11人，其中大案和特大案件4件5人。1996年，市检察院法纪检察科因查处徇私舞弊案件成绩突出，被省检察院荣记集体二等功。1997年，最高人民检察院决定将渎职侵权检察工作纳入反腐败查办职务犯罪的总体格局，市检察院把查办司法工作人员犯罪案件，特别是徇私舞弊案件作为法纪检察工作的中心。但根据新的《刑事诉讼法》规定，渎职侵权检察工作主要查处国家机关工作人员的职务犯罪，管辖范围相对狭小，当年仅立案侦查徇私舞弊案件1件1人。1998年后，查处渎职侵权案件逐年减少。至2005年，8年间只立案查处渎职侵权案12件12人。2005年，兴化市建设局原副局长董某某擅自减免昭阳镇沙甸村停车场综合楼建设工程规费，并违反规定为该综合楼工程增发2888平方米“建筑工程规划许可证”，致使国家损失建设工程规费110万余元，构成滥用职权罪。2006年5月，渎职侵权检察科更名为反渎职侵权局。9月，采取多种形式宣传最高人民检察院公布的渎职侵权案件新立案标准，扩大反渎部门在社会上的影响。2006—2007年，立案查处渎职侵权案件2件3人。2010年，集中查办船型标准化改造中国家机关工作人员玩忽职守、造成国家专项补贴被骗取的渎职案件3件7人，挽回经济损失200余万元。

第六节 职务犯罪预防

1991年，检察人员在办理沙沟中学汪某贪污案时，发现该校总账、出纳工作由1人统管，存在管理漏洞，及时向该校负责人提出健全财务制度、预防职务犯罪的建议，被采纳落实。1992年，市检察院向有关部门和单位提出检察建议81次，其中口头53次、书面28次。1993年，结合办案，提出检察建议67件（次），督促发案单位健全制度，堵塞漏洞，落实整改措施，预防和减少犯罪。1994—1995年提出检察建议170多次（件）。1996年，结合办案提出的检察建议主要以口头建议为主，当年提出检察建议45次，其中书面建议2次。1997—1998年，预防职务犯罪工作有所削弱。1999年，明确专人负责，认真开展职务犯罪预防工作。2000年，注意分析行业或部门发生贪污贿赂犯罪的原因，及时向党委、政府及有关部门提出防范措施。2001年，先后与人民银行、经贸局、工商局等单位建立预防犯罪网络。2002年，结合机构改革，在反贪局内设立职务犯罪预防科。2003年，成立市预防职务犯罪工作领导小组，将预防机构从反贪局单列出来。在看守所、中共兴化市委党校建立“预防职务犯罪警示教育基地”和“预防职务犯罪法制教育基地”。2004年3月，全院各科室分赴13个重点乡镇和经济开发区，开展预防职务犯罪宣传教育活动，营造全社会参与的氛围。5月17日，在全省预防职务犯罪工作经验交流会上，市检察院作了《服务三农，创建特色，积极推进乡镇预防》的经验交流。年底，在兴化市承办全省预防职务犯罪工作研讨会。2005年，在已建立的重点乡镇、行业和部门预防网络的基础上，成立泰州首家预防协会，搭建新的预防平台。2006年，创办《兴化职务犯罪预防》期刊，举办预防职务犯罪书画、摄影作品展，深化社会预防，开展职务犯罪预防进社区工作。2007年，探索预防工作服务新农村建设活动，对5年来农村基层干部职务犯罪情况进行调查分析，推动农村预防工作开展。2008年，先后组织开展“预防渎职侵权犯罪，服务社会经济发展”的主题宣传月活动、服务新农村建设的“春风月”活动。与纪委、监察等部门配合，对政府投资的建设项目实行廉政保证金制度，会同有关部门对城区防洪工程、气象科技预报中心建设工程、市人民医院综合楼桩基工程等建设项目进行专项预防。2009—2010年，在全市开展争创无涉农职务犯罪乡镇（单位）等活动，提供行贿档案查询服务，促进社会诚信体系建设。

第七节　控告申诉检察

1991年起，市检察院控告申诉检察科与举报中心合署办公，一套班子、两块牌子，控告申诉与举报工作实行统一受理、分类办理、分类统计的办法。当年受理群众各类来信来访264件（次），其中所属管辖的举报线索154件（次），检察长接待群众来访20件50人次，批阅重要信件186件。对不属检察机关管辖的110件群众来信来访，按照“归口管理，分级负责”的原则，及时转交有关部门（单位）办理，并告知举报人、控告人。当年，基本实现无重复信访、无上访老户、无越级上访。1992年，认真贯彻“打击、保护、服务、促进”的工作方针，深入开展控申举报工作，积极消化举报线索，热情接待群众来信来访。1993—1994年，注意加强对控告申诉人员的法制宣传和教育疏导，及时处理了一批可能激化的告急信访。1995年，配合扬州市检察院检察长到兴化市接待群众来访，接待群众来访41批78人，获各类线索42件。1997年，部署创建“文明接待室”活动。1998年，实现举报线索归口统一管理。是年4月，全国人大代表张某代昌荣镇村民杨某向兴化市检察院递交控申材料，反映杨某于1983年4月因参加他人涉嫌贪污问题，遭打击报复被清退出厂。市检察院经过认真细致的调查，认定企业在清退杨某的工作中不存在打击报复问题，但考虑到杨某晚年生活困难，经与有关部门协商，解决其老有所养问题，杨某息诉罢访。1999年起，对控申举报信息实行微机化管理。2000年后，受理群众控告申诉逐年减少。2002—2005年，把可能越级上访人员作为工作重点，认真疏导化解，努力控制和减少赴省进京上访。2004年，市民胡某控告某单位领导渎职，同时认为市检察院查处不力，多次赴省进京上访。市检察院按照法律程序，公开审查胡某所反映问题，自觉接受泰州市检察院及兴化市人大常委会、市纪委、市委政法委等部门的监督，通过展示证据、宣讲法律、解疑释惑、教育疏导，胡某息诉。2006年底，控申举报接待室被评为省级“文明接待室”。2008—2010年，重点开展排查化解涉检重信重访工作，依法解决群众合理诉求。

第八节　诉讼监督

一、立案监督

1997年，修改后的《刑事诉讼法》赋予检察机关立案监督权，但工作尚未展开。2000年8月，市检察院就孙某非法经营向公安机关发出首份《要求说明不立案理由通知书》，公安机关予以立案。2001年，建立《立案监督统计台账》，2002年建立《公安机关提请逮捕案件另处人员登记表》，从中发现立案监督线索，监督成案2件。2003年，采取各种措施，加大工作力度，立案监督工作取得突破性进展，全年立案监督7件。2004年，立案监督工作走上稳步发展轨道，立案监督11件11人。2005年，立案监督工作重点放在“在逃”和“另处”人员上。在当年办理的12件立案监督案件中，"在逃" 和 "另处" 涉案人员就有6人。2006年，通过组织开展 "打击制假售假、侵犯知识产权" 专项立案监督活动，审查公安机关2005年度行政（治安）处罚案件卷宗，办理立案监督案件13件16人。2007年，立案监督18件18人。2008年，对不应当立案而立案的，督促公安机关撤销案件14件。2009年，依法纠正公安机关应当立案而不立案10件13人，不当立案20件23人。2010年，组织开展 "另案处理" 案件专项监督活动，对2008—2010年 "另案处理" 的刑事案件进行分类排查，解决有罪不究、以罚代刑和违法立案等问题，督促立案14件16人，督促撤案6件15人。

二、侦查监督

1991—1996年，市检察院加大对市公安机关侦查活动的监督力度，坚持配合与制约相结合，6年间纠正侦查活动中的违法行为70次，追捕人犯3人。1997年后，对市公安机关侦查活动中的违法现象及时提出纠正意见，对公安机关执行逮捕或不批准逮捕的情况进行跟踪监督，对公安机关侦查取证的合法性、赃款赃物的管理与发还，以及采取取保候审和捕后改变强制措施是否得当，进行认真审查，严防放纵犯罪，注意纠正侦查活动中的违法行为。1997—2007年，对公安机关侦查活动中的违法行为提出口头或书面纠正意见169次，追捕追诉一批违法犯罪分子。2008—2010年，对应当逮捕而未提请逮捕的，决定追捕60人，对依法不应当追究刑事责任或证据不足的，决定不批准逮捕174人，对侦查活动中的违法行为提出纠正意见74次。

三、审判监督

1992年，通过对判决书、裁定书的审查，发现法院对有的案件赃物重新作价的依据不充分，有的案件遗漏引用法律条款等，提出书面纠正意见6次。向市法院提起抗诉3件4人，其中1件1人被驳回。1993—1996年，对审判活动中的违法行为提出口头或书面纠正意见20多次。1997年，根据修改后的《刑事诉讼法》和人民检察院刑事诉讼规则，市检察院着重加强对适用普通程序审理的案件特别是贪污贿赂等职务犯罪案件进行监督，对认为确有错误的案件依法提出抗诉4件4人。其中，许某、吴某受贿案先后被泰州市中级人民法院依法改判，抗诉获得成功。1998—2009年，审判监督工作仅停留在口头纠正庭审中一般违法现象和对法院刑事裁判文书的审查上，其间无一刑事抗诉案件。2010年，对刑事判决量刑畸轻的案件提起抗诉1件，法院依法改判。

第九节　监所检察

一、看守所检察

1991年，监所检察部门发现并纠正看守所关押手续不全、假释手续不合法、超期羁押等各类违法违纪行为20件20人。1992—1993年，市检察院坚持监所检察工作经常化、制度化，力争实现规范化，促进依法文明管理和监管改造场所秩序的稳定。此后，监所检察工作加大监督力度，坚决纠正违法行为。2000年，监所检察部门首次公诉一起服刑罪犯又犯罪案件。2001年，与市法院、公安局联合发出《关于服刑罪犯又犯罪案件、劳教人员犯罪案件由监所检察部门负责审查批捕、审查起诉问题的通知》，理顺工作关系。当年办理批捕案件6件7人，起诉案件11件20人，出庭支持公诉6件12人。2002年起，实行羁押期限倒计时提示制度，杜绝超期羁押现象。2003年底，驻看守所检察室通过省级规范化验收。2004年，推行和完善监所检察微机化管理和动态监督，驻看守所检察室被授予“全国二级规范化检察室”称号。2005—2007年，监所检察部门加强安全防范工作，消除事故隐患16次；开展打击牢头狱霸活动，稳定看守所正常秩序。2008—2010年，检察提请减刑、假释、暂予监外执行罪犯58人次，发出检察建议和纠正违法通知书31份。

二、社会改造检察

1991—1996年，考察在社会上执行改造的“五种人”（被判处管制、缓刑、假释、剥夺政治权利和被判处徒刑而监外执行的罪犯）1354人，使多名脱管罪犯得到控制，监外执行条件消失建议收监执行11名。1997年考察保外就医罪犯18名，对保外就医条件不符合的建议收监执行3名。1998—2000年，考察监外执行“五种人”678人，对其中法律文书不全的12人、监改组织措施不落实的6人、少数在外打工形成脱管等问题提出检察建议和解决办法。2001—2002年，对在宣告缓刑期内又有严重违法行为的10名缓刑罪犯，及时建议收监执行。2003年，与市公安局联合下发《关于进一步加强“监外执行罪犯”管理监督工作的通知》，对全市“五种人”进行摸底，使监督工作落到实处。2004年5—6月，组织保外就医罪犯到省政府指定医院体检，1名不符合保外就医条件的罪犯被投送监狱执行，2名缓刑犯在考验期内有违法行为被收监执行。2005年，对“五种人”的监督考察工作改称“社区矫正”，“五种人”的执行改造由公安机关移交给司法行政部门。是年7月5日，兴化市社区矫正对象入矫暨移交工作现场会在获垛镇召开，获垛镇派出所将入矫对象及个人有关档案向该镇司法所进行现场移交，监所检察部门到会对移交工作实行当场监督。2006年，制定《兴化市人民检察院开展社区矫正工作办法（试行）》，明确检察机关在社区矫正工作中的职责和监督的具体内容。2007年，在10个乡镇建立社区矫正工作检察室，探索社区矫正工作新思路，加强对社区矫正工作各个环节的监督。2008年，检察社区矫正对象804名，4名违法或不符合法定条件的社区矫正对象被收监执行，依法办理社区矫正对象再犯罪案件5件20人。2009年，检察社区矫正对象946名。2010年，检察社区矫正对象992名，针对社区矫正中的违法行为提出纠正意见21次，发出书面检察建议6份，2名有违法行为的监外执行罪犯被收监执行。

第十节　检察技术

1999年后，市检察院检察技术工作被摆上应有日程。2000年7月，市检察院结合机构人事制度改革，设立检察技术科，配备具有文检学鉴定人资格的专职技术人员1人，专司检察技术工作，并购置10多万元的技术设备。当年，检察技术部门为本院各部门和其他单位提供技术协助12件，其中文件检验2件、视听技术10件；出具文书材料13件，其中物证材料4件、视听资料9件。2002年7月，撤销检察技术科，其工作职责划归办公室。2003年5月，根据泰州市检察院《关于贯彻实施2003年全省检察技术工作会议的意见》要求，市检察院成立信息化工作领导小组，制定信息化工作计划，对全院干警进行计算机应用培训。2004年9月19日，新技侦大楼正式开工建设，检察技术及信息化建设同步展开。

2005—2006年，在“两房”（办案用房和专业技术用房）建设的同时，建成局域网，开通检察三级专线网，建成视频会议室，建立内网网站，实现了最基本的传输、共享的网络功能。2006年，对19名涉嫌职务犯罪的犯罪嫌疑人进行讯问全程同步录音录像1320多小时。2007年12月，市检察院设立检察技术科，配备专门人员从事检察技术工作，检察技术工作服务办公办案水平不断提高。2008年，建成警务工作区和看守所特审室，实现职务犯罪侦查数字监控指挥和讯问犯罪嫌疑人同步录音录像。2009年，投入108万元用于更新技术装备和信息化建设。2010年，继续加大检察技术和信息化建设资金投入，完善信息化基础设施，实现网上办公、办案。

第四章 审 判

第一节 机 构

1991年，市人民法院内设办公室，政工科，刑事、民事、经济及行政审判庭，执行庭，告诉申诉庭和昭阳、严家、安丰、钓鱼、大垛、沈坨、戴窑、戴南、周庄、沙沟10个人民法庭，在编144人。1992年5月，大垛法庭迁址，更名为唐子法庭。1995年5月，增设研究室、司法警察队和纪检、监察室（纪检组、监察室合署办公）。1996年6月，增设少年刑事审判庭。1998年，按中央机构改革“三定”方案，市法院设办公室，政工科，刑事、民事、经济、行政审判庭，执行庭，告诉申诉庭，少年庭，研究室，法医技术室，纪检、监察室，法警队和昭阳、严家等10个人民法庭，计23个部门。1999年，告诉申诉庭分设立案庭、审监庭，法警队更名为法警大队，撤并调整昭阳、严家、沙沟、沈坨、钓鱼、戴窑6个人民法庭。2000年，组建临城法庭。2002年4月，按照改革要求、法律规定和上下对口原则，市法院内设机构作相应调整。民事庭更名为民事审判一庭，审理婚姻、家庭、人身权利、交通事故赔偿、医疗纠纷赔偿及相关合同纠纷案件。经济庭更名为民事审判二庭，审理经济纠纷案件。设立民事审判三庭，审理名誉侵权等特殊类型案件及城区各类民事案件和限额经济诉讼案件。政工科改为政治处。执行庭调整为执行局。法医室并入办公室。新建西鲍法庭。2003年，周庄法庭并入戴南法庭。2004年5月，撤销法医室。2005年，增设审判管理办公室。2006年，撤并唐子法庭。2007年，市法院设政治处、办公室、研究室、法警大队、纪检监察室、刑庭、少年庭、民一庭、民二庭、民三庭、立案庭、行政庭、审监庭、审管办、执行局和临城、西鲍、安丰、戴南4个人民法庭，计19个部门。截至2010年底，在编干警178人。

1991—2010年，经历届市人民代表大会选举，兴化市人民法院院长为邓向明、潘坚、吕万贵、徐生炉、吴跃生。

第二节 刑事审判

1991—2010年，兴化市人民法院审结各类刑事案件5500件左右，判处案犯7143人。对46名罪行轻微、认罪较好的犯罪人员免予刑事处罚；对78名证据不足，指控罪名不能成立的犯罪嫌疑人宣告无罪；为362名符合法律援助条件的当事人指定辩护，依法保障被告人的诉讼权利。认真贯彻实施省高级人民法院关于《开展集中整治社会治安斗争的若干问题意见》，运用审判职能，参与综合治理。开展狱政攻势，挖掘犯罪线索，分化犯罪分子，先后有50多人次在押犯提供破案线索150多条，经查证破案的有40起，追捕人犯90人，缴获赃款80余万元。加强对缓

图20-5　刑事审判现场　　（2007年摄，市法院提供）

刑犯和受制人员的帮教工作，与公安机关、基层组织及学校家庭落实帮教措施，开展回访，巩固审判效果和改造效果。坚持通过公开审理，以案讲法，扩大审判的社会效果。选择故意伤害致死女婴、盗窃台胞财物和严重扰乱社会治安等典型案件，到案发地进行公开审判，弘扬法治，震慑罪犯。广泛开展法制宣传，组织审判人员送法到社区、学校、乡镇、企业，及时提出司法建议，帮助有关部门消除隐患，完善制度，规范管理。1991—2010年，上法制课600多场次，提出司法建议200多条。

一、普通刑事案件审理

【盗窃案件审理】 1991年后，盗窃案件一直占刑事案件首位。市法院适时开展反盗窃专项斗争，重点打击盗窃集团的首要分子、盗窃惯犯、流窜犯，教唆犯、共同盗窃罪主犯等。1991年，开展"打拐查禁"和"反盗打流"专项斗争。1993年、1994年，会同市公安、检察、司法机关，开展"反盗打流"专项斗争。1995年，先后组织"反盗窃"、夏季"严打"和"双禁"等专项斗争，召开公开宣判大会3场，判处案犯50余名。2001年，针对日益猖獗的盗窃犯罪，根据中央部署，展开"反盗窃"专项斗争，审理盗窃案1942件，一批盗窃犯罪分子受到法律惩处。1991—2010年，审理2388件。

【侵犯公民人身权利和侵犯财产罪审理】 1993年，"车匪路霸""水匪船霸"等抢劫案频频发生，严重影响社会稳定。市法院突出打击重点，加强打击力度，依法从重判处。当年审结抢劫案60件，先后决定改变起诉书所认定犯罪性质2件4人，增加起诉书所认定犯罪性质和情节2件6人。对抢劫集团2名首要分子判处15年以上20年以下有期徒刑。未成年人抢劫现象突出，2006年，抢劫案中涉及未成年人占70.2%。1991—2010年，市法院审理抢劫案件342件，伤害案件752件，放火投毒案46件，强奸案356件，奸淫幼女案60件60人，盗窃案2388件。

【未成年人犯罪审理】 针对未成年人犯罪，贯彻"教育、感化、挽救"的方针，改进审判方式，加强司法保护。1991年9月，全国人大常委会通过《中华人民共和国未成年人保护法》后，市法院根据未成年人案件特点，指定专人或专门合议庭审理。1994年，先后到4个少管所和劳改单位为兴化籍青少年犯罪人员赠书寄语，进行考察谈心。1996年，设少年刑事法庭，专门从事未成年人犯罪案件的审理。针对少年犯这一特殊群体，注重惩教结合，寓教于审，认真执行少年刑事审判政策，通过庭前、庭中、庭后帮教，使未成年人犯得到法律、道德和人生观教育，引导失足少年悔罪自新，吸取教训，重新做人。开展普法教育，1996年以后，经常选派审判人员担任学校法制辅导员，给中小学生上法制课或组织学生旁听庭审，及时预防和矫正在校未成年人不良行为。执行宽严相济的方针，2001年，建立74个帮教小组，跟踪帮教，75名未成年犯无一重新犯罪。2005年，对38名符合缓刑、管制条件的，依法从轻、减轻处罚，并尽力帮助他们复学复工。1991—2010年，审结未成年人犯罪821件987人。

【黑社会组织性质犯罪审理】 2007年，审结以陈某为首的市内首例黑社会组织性质的犯罪。该团伙有成员6人，在安丰境内采用暴力、威胁、滋扰等手段，大肆进行欺行霸市、寻衅滋事、干扰正常经济活动等违法犯罪活动。首要分子陈某被判处有期徒刑12年，其他成员均被处罚。

【交通肇事罪审理】 依据2000年最高人民法院颁布的《关于审理交通肇事刑事案件具体应

用法律若干问题的解释》，市法院加强对交通肇事罪的审理，对交通肇事后逃逸的犯罪分子依法严惩。2000—2010年审结678件，判处684人。2004年，审理交通肇事附带民事赔偿案38件，全部调解结案，并督促赔偿与履行到位，保证受害人医疗、生产、生活不受影响。

1991—2010年兴化市人民法院一审免处、无罪及撤诉人数一览表

表20-13　　单位：人

年份	免予刑事处分	宣告无罪	检查机关撤诉	年份	免予刑事处分	宣告无罪	检查机关撤诉
1991	1	—	—	2002	5	7	—
1992	—	1	—	2003	—	5	—
1993	—	—	—	2004	4	4	—
1994	—	—	—	2005	1	7	2
1995	2	—	13	2006	4	10	—
1996	—	2	5	2007	4	4	—
1997	1	1	—	2008	—	—	—
1998	10	2	1	2009	—	—	—
1999	1	7	9	2010	10	—	—
2000	2	11	3	合计	46	78	40
2001	1	17	7				

二、经济犯罪案件审理

1993年，根据中央"一要坚决，二要慎重，务必搞准"的原则，先后对贪污、挪用公款等9案14人进行公开审理和宣判，昭示党和政府惩治腐败、查处大案要案的决心。1994年7—9月，重点组织对职务犯罪案的审判，判处贪污、挪用公款等职务犯罪22件26人。1996年，根据职务犯罪案件数量增加，犯罪分子侵占国家集体财物数额大的特点，加大对大案要案审判的力度，全年审结的15件案件中有5件涉案金额较大。如原靖江市公安局长夏某贪污受贿一案，涉案金额较高，判处被告人有期徒刑8年。同年依据全国人大常委会《关于惩治违反公司法犯罪的决定》，准确认定职务犯罪主体，对原以贪污罪定性的8人改判为侵占罪。在职务犯罪案件中，国家机关工作人员占有相当比例，1997年，13件中有9件涉及国家工作人员。1998年，市法院审理全市第一例虚开增值税发票案，对被告人和被告单位分别判处拘役和罚金。同年，市法院召开宣判大会，对3案4名被告人持有、使用假币案集中宣判，扼制假币犯罪上升势头。对破坏市场经济秩序犯罪人员判处相应主刑的同时，充分适用罚金附加刑，尽可能为国家和集体挽回损失，不让犯罪分子在经济上获益。2002年的8件，几乎都是国家工作人员，其中科级公务员3人。1991—2010年，审结贪污、受贿、挪用公款案件178件178人。

第三节　民事审判

1991年以后，随着市场经济的发展以及对外交流的扩大，民事审判领域除传统的婚姻家庭、债权债务、"三养"（抚养、扶养、赡养）、继承、赔偿等案件外，出现大量破产、房屋拆迁、劳动争议、居间合同等新型案件。1991—2010年，市人民法院审结民事案件56804件，经济案件21241件，涉案标的6.97亿元。

一、婚姻家庭案件审理

婚姻家庭案件占民事案件首位。1991年，离婚纠纷260件。1996年，出台《关于审理婚约引起的财物纠纷、离婚及解除非法同居关系案件涉及彩礼问题的处理意见》，使此类案件审理统一、平衡、规范。2001年4月后，遵循修改后的《中华人民共和国婚姻法》，坚持保护妇女、儿童、老人和无过错方的合法权益。对当事人情绪对立的案件，坚持教育疏导，及时化解矛盾，积极组织调解。2006年，戴南法庭审理的一起离婚案件中，当事人一方以自残身体、自制炸药相威胁不愿离婚，另一方则以服毒、跳楼表示离婚决意。市法院在审理中，注重把握离婚的法定条件，充分考虑共同财产的准确分割，力求保障解体家庭双方生产、生活实际需要。2007年10月，市法院受理市内第一例涉外婚姻案件。

1991—2010年，市法院审结婚姻家庭案件18056件，其中离婚案件14249件，占婚姻家庭案数的76.8%。调解撤诉案件5120件，占婚姻家庭案件的28.4%。

1991—2010年兴化市婚姻家庭案件分类一览表

表20-14　　　　单位：件

年份	离婚	解除非法同居关系	婚姻财产纠纷	继承纠纷案件	“三养”案件	其他案件
1991	260	111	45	5	19	3
1992	333	107	37	8	21	5
1993	373	81	14	5	24	7
1994	493	166	60	7	62	13
1995	489	107	17	11	65	10
1996	467	148	51	4	55	5
1997	519	139	33	6	63	4
1998	522	41	36	4	13	11
1999	585	133	39	7	82	9
2000	586	151	38	9	70	6
2001	673	164	24	4	72	3
2002	725	105	62	8	72	11
2003	792	99	38	3	58	9
2004	913	47	41	7	61	20
2005	814	14	20	4	72	19
2006	907	8	40	3	65	29
2007	1112	—	46	6	69	51
2008	1271	55	68	13	60	21
2009	1224	69	84	10	135	36
2010	1191	42	65	2	32	98
合计	14249	1787	858	126	1170	370

二、债务纠纷案件审理

1992年，全院受理民间借贷纠纷案件150件，1997年上升至300件。自1998年起，涉及生产流通领域的借用、买卖、承揽加工和合伙人财产纠纷逐渐增多，当年审结借贷纠纷案件667件，诉讼标的额不断增大。2002年后，出现专门借贷放贷，赚取利息的民间行为，涉案金额多达几百万元、上千万元。在债务案件中，不断出现新类型债务案件，如不当得利之债、担保之债、个人合伙之债、单一之债发展为复杂的多数人之债。债权人、债务人一方不限于一个公民或法人，而是多个公民或法人，审理时涉及共同之债、连带之债承担互为债权、债务人，“三角债”、连环债的问题，增加审理难度。针对借贷纠纷诉讼审理难，市法院及时采取诉讼保全，既保证判决后的执行，又迫使债务人到庭应诉，切实保护债权人权益。随着离家打工、逃避债务，下落不明的当事人增多，送达难成为新的问题，审判人员除依法采取公告委托送达外，还通过假日送达、专人送达、实地送达、跟踪送达，提高送达到位率。对矛盾易激化案件，注意做好当事人思想疏导工作，加大调解力度，提高办案效率。1992—2010年，审结借贷纠纷案8665件，调解撤诉1094件。

三、损害赔偿案件审理

1991—1993年，人身损害赔偿案件每年仅有几十件。1994年后，因道路交通、工伤、医疗事故和意外伤害请求赔偿案件均有上升，其中又以道路交通事故引起的人损赔偿诉讼上升最快。针对赔偿标准难以把握的问题，1997年研究制定《人身伤害赔偿补偿标准》，把握各类不同事故赔偿标准，统一尺度，明确赔偿条件和范围，加强与保险部门沟通协调，多争理赔，对拒按交通安全规范赔偿的保险公司，依法冻结扣划，坚决制裁拒赔违法行为。2002年，受理道路交通人身损害赔偿纠纷案件69件，2006年增加到310件，增长349%。同期出现用电赔偿、环境污染、产品质量类新型案件和恶性特大交通事故赔偿案件。1992—2010年，审结人身损害赔偿案3750件，其中2010年审结473件，赔偿额946.89万元。

四、房地产纠纷案件审理

1991—1998年，房地产市场形成初期，案件以房屋买卖、强占公房、私自转让公房使用权、租赁、转让、拖欠购房款为主。1999年以后，消费者起诉商品房屋质量、城市改造拆迁安置补偿，以及房地产开发经营合同等方面纠纷上升迅速。房地产案件诉讼主体多，争议标的金额大，法律关系复杂，涉及的法律法规和政策多、变化快。市法院安排专门合议庭集中统一审理，及时审查证据，深入现场调查，依据法律政策，加强诉讼调解。2003年，审理涉及外商投资开发房地产引发的集团诉讼，全部以调解撤诉结案。为解决现行拆迁补偿标准和市场评估价反差过大的矛盾，强化和规范涉讼标的评估鉴定工作，实行评估鉴定程序到结果的完全公开。平衡拆迁双方的利益分配、同时督促落实拆迁安置补偿资金发放到位。适当提高经济困难的被拆迁人补偿标准，保护贫困群众利益。审理涉及国家开发建设案件，依法适用强制措施，制裁违法行为。2005年，审理全市影响较大的陈堡、垛田公路建设、工人米厂、板桥宾馆等拆迁案，面对个别拆迁户漫天要价，拒不搬迁，先予执行，保证工程进度。1992—2010年，市法院审结房地产案1582件，保护投资者和涉讼群众的合法权益，促进房地产市场健康有序发展。

五、企业破产案件审理

1991年后，在审理乡镇企业和私营企业破产案中，重视债务人逃废债务问题，对经审查发现有逃废债务迹象或者不能赔偿到期债务证据不足的，不予立案。发现债务人有巨额财产下落不明且债务人不能合理解释财产去向的，或者先行剥离企业资产另组企业，而后申请破产的，予以裁定驳回破产申请。在审理企业破产案件中，市人民法院注意维护职工权益，使清偿工资、缴纳养老保险金等问题得到合理解决。1997年，在审理市多管局所属液化气站破产案件时，3000多个用户和债权人哄抢钢瓶，审判人员当即查封站内存有的钢瓶，多方联系，积极筹借用气，发还钢瓶，平息事态。对恶意哄抢者进行教育，取回钢瓶，避免破产企业财产损失。同时通过竞争拍卖，协议转让，并加强对拍卖程序监督，使破产企业财产得以最大限度变现。2001年，为10家破产企业核减债务7.8亿元。2002年市法院成立破产办，专门审理破产案件。对破产企业闲置厂房、设备、材料及时查封，组织企业与清算组工作移交，对侵占企业财产的人员采取措施。1993—2010年，市人民法院受理破产案件128件，审结107件，结案率83.59%。

1993—2010年兴化市人民法院企业破产收、结案一览表

表20-15　　单位：件

年份	收案	结案	年份	收案	结案	年份	收案	结案
1993	9	—	2000	12	3	2007	4	12
1994	4	—	2001	20	10	2008	4	1
1995	1	4	2002	13	—	2009	3	2
1996	5	4	2003	11	3	2010	4	20
1997	4	—	2004	5	28	合计	128	107
1998	7	1	2005	9	9			
1999	9	5	2006	4	5			

六、农村承包合同案件审理

1991年后，农村大量剩余劳动力被吸纳入城，从事三产服务业，大批农田被无序转让，违规违约承包而引发合同纠纷，或单方面悔约、擅自转包。因农户拖欠农业税和农村承包款的纠纷诉讼也占相当比例。1991—1996年，开展清收农业税和农村承包款的专项审判。1995年，先后在大营、东鲍、海南、陶庄等10个乡镇42个行政村，解决2381个农户的“两上缴”款额达676万元。1997—2001年，为纠正无序转让，单方悔约，擅自转让的问题，坚持平等、公平原则，依据法律政策，调整承包行为，保障家庭联产承包为主的责任制，最大限度地保护承包者的合法权益和广大农民的生产积极性。2001年，受理农村承包合同纠纷案17件。2002年，国家加大支农力度，农民种地积极性提高，争抢责任田成为普遍现象，承包人与经营人纠纷案件大幅攀升。2002年，农村承包合同纠纷案猛增到220件。为依法纠正违规、违约承包以及不诚信行为，做到受理快、审理快、执行快，对涉及农村季节强，可能影响种植、养殖方面的纠纷，及时运用先予执行、诉讼保全、及时排除妨碍等法律手段，制裁违法行为，保证不误农时，并实行就地审理，巡回办案，送法下乡，指导依法承包和有序转让，提供诉前服务，努力就地取证、就地质证、就地调解。广泛适用简易程序，快捷灵活审理。2006年审结农村承包合同经营纠纷42件，平均审理天数21天。2007年审结农村承包合同经营纠纷60件。2008年、2010年分别审结农村承包合同经营纠纷89件、128件，有效维护农村承包经营秩序。

1992—2010年兴化市部分民事案件分类一览表

表20-16　　单位：件

年份	房地产	人身损害赔偿	农村土地承包合同	借贷纠纷	劳动争议	所有权及与所有权相关权利纠纷
1992	71	74	17	150	9	40
1993	109	53	14	190	6	25
1994	90	102	54	172	5	27
1995	78	92	126	277	4	39
1996	79	126	117	216	1	34
1997	96	97	67	300	—	59
1998	100	121	99	401	—	53
1999	123	156	85	687	3	79
2000	153	154	79	610	—	76
2001	154	200	17	609	5	47
2002	7	69	220	583	9	163
2003	28	82	116	423	13	132
2004	69	109	83	314	15	136
2005	59	200	52	269	27	111
2006	56	310	42	309	47	52
2007	86	387	60	792	—	230
2008	81	423	89	857	55	36
2009	82	522	132	937	268	12
2010	61	473	128	569	979	427
合计	1582	3750	1597	8665	1446	1778

1991—2010年兴化市人民法院受理合同纠纷案件情况一览表

表20-17

年份	受案（件）	结案（件）	涉案标的（万元）	年份	受案（件）	结案（件）	涉案标的（万元）
1991	392	377	472.24	2001	1029	1026	12516.65
1992	283	176	833.45	2002	3735	3976	7947.87
1993	376	388	2157.73	2003	2794	2774	5763.06
1994	915	864	958.45	2004	2367	2411	7483.45
1995	744	727	2118.32	2005	1994	1973	5764.21
1996	604	642	3032.60	2006	1050	991	4011.98
1997	451	429	2519.18	2007	2069	1998	9504.04
1998	747	676	2672.47	2008	2267	2086	21034.20
1999	756	782	4964.57	2009	2114	2222	48895.10
2000	1028	1031	4304.08	2010	2798	2763	48552.50

第四节　行政审判

一、行政纠纷案件审理

1991年，审理行政案件13件。1991年后，所涉及范围不断扩大，由起初的治安惩罚、征收计划外生育社会抚养费、征用土地等几类案件，扩大到税务征收、吊销执照、收容审查、城市规划、房屋产权登记、社会最低保障金发放、农业税费征收、要求乡镇政府履行法定职责等几十个行政管理执法领域，审理的难度也有所提高。1996年，审理市内首例公民因不服公安机关强制人身自由附带行政赔偿案，通过被告举证，双方质证，判决被告败诉，依法撤销市公安局行政行为，并一次性赔偿原告的医疗费、伤残补助费。在审理中，严格执行行政诉讼制度，强调被诉行政机关举证责任，全面落实公开审判原则，强调当庭举证、质证、认证，加强辩论和说理，推行阳光审判。1991—2006年，通过协调原告主动撤诉69件，占结案总数的21.5%，消除人民群众与个别行政机关之间的对立情绪，改善干群关系。同期受理行政案件325件，审结321件，审结率98.77%，在审结的案件中，维持原行政机关行政行为的65件，占同期审结案件的20.25%；撤销原行政机关行政行为的26件，占审结案件的8.1%；驳回起诉的52件，占审结案件的16.2%。被告改变行政行为后原告撤诉的49件，占审结数的15.26%；以其他方式结案的60件，占审结数的18.69%。2007—2010年，结案161件。

1991—2010年兴化市人民法院审理行政案件分类一览表

表20-18　　　　单位：件

年份	案由													审结数
	公安	城建	交通	劳动和社会保障	工商	技术监督	计划生育	卫生	教育	乡政府	民政	土地	其他	
1991	1	3	—	—	—	—	4	—	—	—	—	1	4	13
1992	2	2	—	—	—	—	1	—	—	—	—	3	9	17
1993	1	1	—	—	—	—	—	—	—	—	—	—	1	3
1994	2	1	—	—	—	—	—	—	—	—	—	1	1	5
1995	3	—	1	—	1	—	—	—	—	—	—	1	4	10
1996	4	—	—	—	—	—	1	—	—	—	—	1	3	9
1997	1	3	—	—	—	—	1	—	—	—	—	—	5	10
1998	6	2	—	—	3	—	3	1	—	—	—	1	10	26
1999	6	—	—	—	1	2	—	—	—	—	—	—	5	14
2000	12	2	—	—	3	3	5	1	—	—	—	—	10	36
2001	3	—	—	—	3	4	—	—	—	—	1	—	25	36
2002	5	5	—	1	2	2	5	—	1	1	—	—	8	30
2003	6	8	1	5	1	4	—	1	1	4	—	—	5	36

续表 20-18

年份	案由													审结数
	公安	城建	交通	劳动和社会保障	工商	技术监督	计划生育	卫生	教育	乡政府	民政	土地	其他	
2004	2	—	—	3	—	—	1	—	1	2	—	1	12	22
2005	3	8	2	5	1	1	1	—	—	1	1	—	3	26
2006	6	6	1	6	1	—	1	1	—	1	1	4	—	28
2007	9	14	3	4	—	—	2	1	—	2	2	6	1	44
2008	4	—	1	7	—	2	1	1	—	13	—	2	5	36
2009	3	6	1	9	4	—	—	—	1	4	—	1	20	49
2010	6	—	1	7	—	1	—	—	—	2	—	—	15	32
合计	85	61	11	47	20	19	26	6	4	30	5	22	146	482

1991—2010年兴化市人民法院行政案件结案情况一览表

表20-19　　单位：件

年份	维持	驳回	撤销	撤诉	被告改正行为原告撤诉	其他	结案数
1991	7	2	—	1	2	1	13
1992	10	3	1	1	1	1	17
1993	2	—	—	—	1	—	3
1994	1	—	1	1	2	—	5
1995	4	—	2	3	—	1	10
1996	2	1	1	2	3	—	9
1997	1	1	—	1	6	1	10
1998	6	3	4	4	4	5	26
1999	3	1	1	5	—	4	14
2000	6	4	5	15	6	—	36
2001	7	7	2	8	12	—	36
2002	6	10	1	6	2	5	30
2003	6	4	1	10	2	13	36
2004	2	3	1	3	—	13	22
2005	1	9	2	5	2	7	26
2006	1	4	4	4	6	9	28
2007	—	10	1	16	5	12	44
2008	1	5	10	12	2	6	36
2009	1	14	5	13	2	14	49
2010	—	5	2	15	2	8	32
合计	67	86	44	125	60	100	482

二、非诉行政执行案件

1991年后，市法院加大对非诉行政执行案件审查力度，防止具体行政行为违法而侵害行政相对人的合法权益。为促进行政机关依法行政，审判人员不定期召开行政审判观摩庭、座谈会或为行政机关开班培训，宣传法律法规。对在执法过程中的问题，提出司法建议。对行政审判中具有普遍性的行政执法事项，会同行政机关开展调研，提出建议，为政府决策提供司法服务，对确认的行政机关合法、正确的具体行政行为，则依法维持，全力执行，维护行政执法的严肃性。1993年，在打假治劣专项整治中，及时执结不服标准化管理处罚案，对行为人违法行为予以批评教育的同时，依法支持行政部门的经济制裁措施，取得很好的社会效果。1997年，垛田税务所申请执行一个体户欠纳税款案，在教育无效情况下，采取措施扣押变卖执行人生猪，促使义务人交纳税款，体现财税政策的严肃性和强制性。市法院全力服务重点建设工程。1999年，在长安南路、建设东路拆迁过程中，强制拆除沿河违章建筑，以保障城建开发。1992—2010年，办结非诉行政执行案件2534件。

1992—2010年兴化市人民法院非诉行政执行案件情况一览表

表20-20 单位：件

年份	收案	办理结果		不予受理	年份	收案	办理结果		不予受理
		办结	裁定不予执行				办结	裁定不予执行	
1992	79	48	31	—	2002	440	433	7	2
1993	183	164	19	—	2003	361	360	1	7
1994	120	119	1	—	2004	116	114	2	—
1995	95	84	11	—	2005	80	77	3	2
1996	80	72	8	—	2006	50	47	3	—
1997	41	41	—	—	2007	15	14	1	—
1998	96	96	—	—	2008	112	113	—	—
1999	147	138	9	—	2009	108	109	—	—
2000	133	130	3	—	2010	130	132	—	—
2001	247	243	4	1	合计	2633	2534	103	12

第五节 立案、执行

中华人民共和国成立后审理的各类案件，实行审判与执行合一制。1987年2月，依照最高人民法院要求，成立执行庭，配备执行人员7名。2002年，对法院机构进行改革，撤销原执行庭，设立执行局，配执行人员15人。

1991年后，由于被执行人难找，执行的财产难查，协助执行的部门难求，执行的财产难动，无力履行法定义务的占相当比例，导致“执行难”。市人民法院采取集中办案，开展执行会战，实行告申庭、行政庭和各业务庭分流，采取说服教育和强制措施结合，取得一定效果。1994—1996

年，开展“执行工作认真抓三年”活动，执结率大幅上升。1994年、1995年的执结率分别上升到85.26%和91%。1996年起连续3年，因大案、急案多，集团诉讼多，涉农和困难企业多，执结率有所下降。1999年，开展“执行年”活动，加大执行力度，受理执行案件2278件，执结2028件，执结率为89.03%，比上年上升28.46个百分点，执行标的额6610.62万元。在“执行年”活动中，市法院绝对禁止“三案”（金钱案、关系案、人情案），坚决杜绝“三乱”（乱抓人、乱查封、乱变更被执行主体），认真解决“三同”（同吃、同住、同行），依法、公开、文明、高效执行，确保执行效果。2002年，执行局成立后，进一步加大执行工作力度，精心组织，首长负责。院领导直接分管，实行执行长负责制和工作通报制。制定完善申请登记备案制、风险告知制度、重大疑难案件专办制、工作目标考核制、听证制度等多项制度，规范执行，完善流程管理。及时对案件分类备案，落实办案责任制。在执行过程中，争取当地党委、政府和基层组织支持。年初以签定执行目标责任状形式，明确各执行小组任务和执结指标，遏制积案上升。1991—2010年，受理执行案件36262件，执结31277件，执结率为86.25%，执行标的额为8.02亿元。

1991—2010年兴化市人民法院执行案件情况一览表

表20-21

年份	受理（件）	执结（件）	执结率（%）	执行标的额（万元）
1991	455	207	49.49	197.00
1992	921	424	46.04	282.94
1993	860	569	66.16	464.26
1994	1092	931	85.26	318.40
1995	944	859	91.00	826.78
1996	820	570	69.51	965.85
1997	1123	603	53.70	1574.91
1998	1712	1037	60.57	2670.75
1999	2278	2028	89.03	6610.62
2000	2873	2645	92.06	5740.40
2001	3430	2425	70.70	6581.44
2002	3168	3069	96.88	5548.68
2003	3254	3132	96.25	6634.62
2004	1914	1844	96.34	7520.56
2005	1205	1160	96.26	2928.30
2006	1347	1318	97.85	2465.96
2007	1975	1849	93.62	3147.60
2008	2134	2027	94.99	3557.91
2009	2161	2085	96.48	4594.92
2010	2596	2495	96.11	17563.65
合计	36262	31277	86.25	80195.55

第六节 申诉复查和审判复查

一、申诉与申请再审

1991—1998年，市法院受理再审案件186件，审结126件，其中维持原裁决15件，占审结数的11.9%，依法改判36件，占审结数的28.57%，其他处理26件，占审结数的20.63%。1999年，审监庭成立后，复查、再审工作得到加强。1991—2010年，审结再审案件403件，其中维持原判的21件、依法改判的45件。贯彻省、泰州市法院关于抗诉再审工作会议精神，加强对检察机关的抗诉案件，与抗诉机关业务交流和沟通，统一案件办理程序和要求，建立相应对口工作联系制度，尊重事实和法律，慎办精审，依法裁判。进一步规范审监工作，先后制订《告申工作审判方式改革的初步意见》和《申诉复查、再审工作意见》，明确审判监督范围和责任，规定办案程序和期限，改传统阅卷复查为听证程序复查，并逐步完善听证程序，扩大听证范围。对申请再审理由不能成立的，有针对性地进行法律释明，不简单一驳了之。对争议较大、情绪对立的案件，坚持公开举证、公开听证、公开质证、公开认证，以公开促公正，以减少讼争。1991—2010年，经教育疏导后撤回申请的36件，占申请总数的9%。

1991—2010年兴化市人民法院申诉与申请再审案件情况一览表

表20-22 单位：件

年份	结案	改判	维持	驳回	调解	撤诉	进入再审	其他
1991	9	2	1	4	1	—	—	1
1992	15	1	—	5	1	1	—	7
1993	7	1	1	2	1	—	—	2
1994	10	6	—	1	2	—	—	1
1995	31	4	2	13	2	4	—	6
1996	17	12	3	4	2	2	—	—
1997	17	5	5	3	1	2	—	1
1998	20	5	3	3	1	—	—	8
1999	7	3	—	1	2	1	—	—
2000	8	4	1	2	—	—	—	1
2001	10	2	4	1	1	—	—	2
2002	48	—	—	40	—	2	1	5
2003	41	—	—	32	—	4	1	4
2004	51	—	—	34	—	3	5	9

续表 20-22

年份	结案	改判	维持	驳回	调解	撤诉	进入再审	其他
2005	32	—	—	16	—	3	1	12
2006	19	—	—	12	—	5	2	—
2007	31	—	—	20	—	8	1	2
2008	16	—	—	9	—	1	5	1
2009	6	—	—	1	—	—	—	5
2010	8	—	1	3	—	—	1	3
合计	403	45	21	206	14	36	17	70

二、立案信访

1992年2月，市人民法院制定实施《关于实行统一立案的暂行办法》，实行立、审分离统一立案，同时实行窗口式便民服务。除公诉刑事案件、行政案件分别由刑庭和行政庭受理立案外，凡属自诉刑事、民事、经济纠纷和执行方面的告诉均由告申庭统一受理、统一审查、统一收费、统一立案。当年，审查立案1912件，接待处理信访告诉2987人次，98%以上的案件在法定期限内立案，改变立案推诿拖拉作风和当事人“告状难”的状况。市法院还通过信函立案、电话立案、代为立案等途径，减轻农民的诉讼负担。

1996年底，最高人民法院在重庆召开统一立案的经验交流研讨会，兴化市法院的经验材料成为大会交流材料。此后，人员配备有所加强。同年，告申庭开始办理支付令申请业务，发出符合督促程序的支付令24件，及时解决有关债权债务纠纷。1993—1997年，完善立案与审理分离、审判与监督分开的新审判运行机制，加强告诉工作规范化、制度化建设，提高立案质量。1996年，开始办理公示催告案件。为解决群众“告状难”，告申人员落实接待人员和接待制度，对符合诉讼案件的告诉及时受理、及时送审，同时还深入乡镇受理告诉，就地审理。

1998年，实行告诉立案专职化。由专人接待群众来访、处理信件，专人接受审查公民、法人的起诉，对符合起诉条件的，及时立案并转入审判庭审理。当年，审查受理各类案件4255件，无一起超法定立案期限。办结诉前保全，公示催告和督促程序案件三类案件161件。每月定期下乡巡回受案。开通法律咨询热线电话，派专人值守，解难答疑。1999年，告诉申诉庭分为立案庭、审监庭。2001年，群众告诉求助增多，立案量增大，工作人员实行当场收诉、当场审查的“一条龙”操作，缩短立案时间。推行诉讼指导和诉前调解，并为当事人提供立案指导。1999—2001年，立案庭信访工作被省高院评为“文明窗口”和“创优达标”单位。2002年，落实全院专职信访员和各部门兼职信访员制度，推行院长接待日活动，接收各类投诉。2004年，全面实行审判流程管理，立案庭成为流程管理的“龙头”，接待来访5157人次，处理来信1067件次。对部分上访老户的涉诉信访问题，进行集中妥善处理，得到省高院的表彰。2006年，投入省高级人民法院“停诉息访”百日活动，畅通信访申诉渠道，落实属地原则和首问负责制。落实司法救助制度，对合法权益受到侵害但经济确有困难的当事人，实行诉讼费减、缓、免，确保弱势群体得到救助。2001—2007年，实施司法救助案件7105件，减、缓、免交诉讼费用800多万元。1991—2010年，立案庭审查立案117707件，接待来信19740件、来访86515人次。

1991—2010年兴化市人民法院立案信访情况一览表

表20-23

年份	来访（人次）	立案（件）	来信（件）	非诉来信（件）	年份	来访（人次）	立案（件）	来信（件）	非诉来信（件）
1991	1285	2503	524	409	2002	10016	8423	1011	559
1992	961	1912	1477	513	2003	7407	7993	634	198
1993	1747	2890	1893	425	2004	5157	4883	1067	177
1994	2865	3523	2142	323	2005	5251	4939	441	90
1995	564	3585	1795	217	2006	6248	7535	429	62
1996	571	3092	1433	124	2007	7547	7856	504	81
1997	577	3044	1790	185	2008	6327	7998	513	74
1998	2705	5678	508	191	2009	7011	7861	527	69
1999	3550	6708	702	449	2010	8586	10070	579	97
2000	4097	8328	817	818	合计	86515	117707	19740	6040
2001	4043	8886	954	979					

第七节　诉讼调解

1992年9月，市人民法院组建经济纠纷调解中心。1993年，先后在戴窑、安丰、昭阳法庭设立经济纠纷调解站，实行收案、调解、执行一条龙服务。1994—1998年，强调当庭审理，直接裁判，诉讼调解工作有所弱化。1999年，调解工作被摆上应有的位置，严家、沈坨、戴南和钓鱼法庭的调撤率都超过50%。2002年，在农村税费改革、“消赤减债”和城市改造建设中，调解结案或经调撤结案的3126件，占结案数的53.4%。2004年，调解工作得到加强。根据最高人民法院《关于适用简易程序审理民事案件的若干规定》精神，推行庭前通知调解制度。在送达诉讼材料的同时，附送庭前调解通知书，告知当事人调解的功能，让当事人选择调解程序，使权利义务关系明确的案件尽量在开庭前调解结案。对一方明确表示不需要答辩期的，安排调解。坚持把调解贯穿于民事诉讼全过程。对调解不成或调解书送达前一方翻悔的，依法及时判决。少年庭针对自诉刑事案件特点，提高调解率和调撤率。审监庭在办理各类申诉、申请再审案件中转变复查方式，突出法律疏导，通过调解工作达到服判息诉、依法纠错和为民解忧的要求。为方便当事人，广泛实行实地调解、约期调解、假日调解、电话或信函调解等方式解决纠纷。民三庭、西鲍法庭、临城法庭调撤率达80%以上。在调解工作中兼顾执行。如安丰法庭对调解结案的涉及老年人、残疾人分期履行的案件登记造册，专人定期督促，确保按时得到款物，从源头上减轻执行工作的压力。2007—2010年在审结的自诉刑事案件中，结案270件，调解或经调解撤诉结案的215件，占结案数的79.63%；民商事案件结案6055件，调解撤诉结案的4190件，占结案数的69.2%。

第五章 司法行政

第一节 机 构

一、市级司法部门

1991年，市司法局在办公室、宣传股、基层工作股基础上，增设政工股，配备专职人员，加强对干部考核管理。1999年4月，开通“148”专线服务。同年9月，成立市法律援助中心。2002年，“三定”方案中明确市司法局内设办公室、政治工作科、法制宣传教育科（挂法制宣传教育工作领导小组办公室牌子）、基层工作科、安置帮教工作科（挂市安置帮教工作领导小组办公室牌子）、律师管理科、法律援助中心和公证处8个科室。2008年4月，增设社区矫正工作科（挂社区矫正工作领导小组办公室牌子），律师管理科更名为公证律师管理科。2010年，“三定”方案中增设社会矛盾纠纷调处科。

二、乡镇司法部门

2002年，组建乡镇司法所，实行市司法局和乡镇人民政府双重管理。司法所作为基层政法组织，与公安派出所、基层法庭、检察室和综治办等部门构成乡镇一级的基层政法体系。2008年对司法所编制实行单列管理，人员和工作从乡镇政府中相对独立出来，由乡镇管理为主转变以司法局管理为主。

三、律师事务所

1992年11月，律师事务所分设为兴化市第一律师事务所和兴化市第二律师事务所。1995年，兴化市第一律师事务所更名为扬州兴华律师事务所，第二律师事务所更名为扬州天棱律师事务所。2000年10月，兴化市律师机构随着全省国资律师事务所改制脱钩，成为自主管理、自担风险、自我约束、平等竞争的执业主体，相继建立四个合伙所和一个合作所。至2010年，发展成8家律师事务所，分别为江苏兴华人律师事务所、江苏天棱律师事务所、江苏天炜律师事务所、江苏四牌楼律师事务所、江苏信利达律师事务所、江苏泰州道和道律师事务所、江苏天庭律师事务所和江苏邦兴律师事务所。

第二节 法制宣传

1991—2010年，兴化市法制宣传在“一五”普法的工作基础上，继续开展“二五”“三五”“四五”“五五”普法。普法内容从“一五”普法的启蒙教育，逐步发展到宪法、专业法宣传教育，依法治国和普及法治观念，提高全民法律素质，整体全面推进依法治市。

一、"二五"普法（1991—1995年）

全市"二五"普法的重点对象是领导干部、执法人员（包括司法人员和行政执法人员）、青少年特别是中小学校的在校生。普法主要内容以"宪法为核心"、以"专业法为重点"，认真抓好教育。普法的基本目标是紧紧围绕党和国家的中心工作，组织深入学习宪法，同时，按计划、有步骤、分层次地组织学习上级规定的相关专业法律知识，促进各项工作依法办事。"二五"普法期间，全市采取多种形式联动，发挥宣传工具和宣传阵地的作用，推动法制宣传教育。与兴化报社、广播电台签署协议共同办好《普法园地》《学法讲坛》等栏目，扩大受众面及影响；做好编印教材、培训骨干、抓好试点等工作。出示宣传栏、黑板报，出动法制宣传车，深入城乡进行宣讲。多次举办法律知识竞赛，推动学法用法的新高潮。5年间，全市征订、购买普法材料2万册，编印各类普法教材30万册，举办各个层次普法骨干培训班450期，举办法制讲座、法律广播讲座5460场。

二、"三五"普法（1996—2000年）

全市"三五"普法的重点对象为工人、农（牧、渔）民、知识分子、干部、企业经营管理人员、学生、军人和个体劳动者以及其他一切有接受教育能力的公民，其基本目标是通过继续深入进行以宪法、基本法律和社会主义市场经济法律知识为主要内容的宣传教育，进一步增强公民的法律意识和法制观念，提高各级干部依法办事和依法管理的能力和水平。针对国内形势变化，有重点地多次举办《刑法》《行政诉讼法》《香港基本法》和《律师法》等法律讲座，召开法制教育大会。利用"身边事教育身边人"，自编以案释法教材，推动普法学习。联合公安、工商、卫生等13个行政执法部门组成依法治市宣讲团，到城乡巡回宣讲，推动依法治市工作发展。

三、"四五"普法（2001—2005年）

全市"四五"普法的重点对象为领导干部、司法和行政执法人员、青少年以及企业经营管理人员。普法的主要内容是宣传与整顿规范市场经济秩序相关的法律法规，宣传与加入世界贸易组织相关的法律知识，宣传与维护社会稳定相关的法律法规，宣传社会发展迫切要求普及的各项法律法规。基本目标是通过"四五"普法规划的实施，实现由提高全民法律意识向提高全民法律素质的转变，由注重依靠行政手段管理向注重运用法律手段管理的转变，全方位推进各项事业依法治理，为依法治国、建设社会主义法治国家奠定坚实基础。此间，发挥法制副校长的职能作用，抓好青少年法制宣传。强化《江苏省法制宣传教育条例》贯彻，下发《关于加强非典型肺炎防治工作法制宣传教育的通知》，将防非基本知识和《传染病防治法》分发到各乡镇各部门。围绕农村税费改革，开展"送法下乡"活动，帮助群众解决税费改革中的疑难问题。结合12月4日"全国法制宣传日"，开展系列宣传活动。推进民主法治示范村（社区）创建，全市行政村（社区）申报合格率41.4%；"法律服务进社区"、送法下乡、送法到学校、工厂、军营等系列活动受到广泛好评。

四、"五五"普法（2006—2010年）

全市"五五"普法的重点对象为领导干部、公务员、青少年、企业经营管理人员和农民，首次将农民列为重点普法对象。2006年，按照省和泰州市"五五"普法规划，结合兴化实际，打造"百花齐放、星罗棋布"的大普法格局，争创"五五"普法省级先进市。在市、乡镇、各部门单位建立普法工作领导小组，市普法办成立以法律专业人士为主体的法制宣讲教育团，下设依法行政、青少年

图20-6 法制宣传进校园 （2009年摄，市司法局提供）

法制教育、依法经营、依法维权、新农村建设5个法制宣传组，明确宣讲课题，定期组织开展法制教育宣讲活动。以“围绕中心，服务大局，关注民生，促进和谐”为主题，结合兴化市“五城同创”中心工作，开展送法下乡、“未成年人零犯罪社区（村）”活动、“法律进社区”、送法进校园等活动，加强法治文化阵地建设。组织泰州市人大代表和兴化市人大代表、政协委员视察全市法制宣传工作，全市“五五”普法工作实现领导重视程度提高、社会知晓度提高、部门配合度提高、司法行政部门地位形象提高。

第三节 人民调解

一、调解组织

1991年，各乡镇、村，城市社区普遍整顿基层人民调解组织，调解充实民调干部，明确纠纷信息员，并对民调人员进行专门培训，或实行以会代训。按照《江苏省标准化人民调解委员会标准》，依法处理企业与职工、职工与社会之间的民事纠纷。

1995年，兴化市转发扬州市司法局《关于进一步加强全市农村民调组织建设的通知》。兴化市委办、市政府办下发《关于进一步加强人民调解工作的意见》，加强人民调解组织建设，形成组织网络化、工作制度化、业务规范化、防范体系化的良好格局。1995—1999年，以村民委员会换届选举为契机，调整调委会1854个，培训民调主任13753人次，构筑民调网络，做到人员专职化、工作正常化。

2000年和2002年，乡镇及行政村先后大规模调整，两级人民调解组织相应调整。2005年，先后印发《关于进一步加强乡镇社会矛盾纠纷调处中心建设的意见》和《兴化市乡镇社会矛盾纠纷调处中心和司法所考核细则》。2006年10月，成立市社会矛盾纠纷调解工作领导小组及市社会矛盾纠纷调处服务中心，明确市司法局承担大调解指导、管理职能。全市大调解机制建设基本到位，35个乡镇（开发区）以及社区分别成立社会矛盾纠纷调解工作领导小组和社会矛盾纠纷调处服务中心。联合信访、公安、检察、法院等职能部门，整合资源、整体联动，在行业、企业间建立调解组织，统一制作公示制度，统一印制文书、簿册，统一刻制公章，形成以市矛盾调处中心为龙头的各级调解辐射网络。成立市、乡两级重大疑难纠纷协调指导中心，结合平安创建的时机，在人员编制、经费保障、办公条件等得到改善和落实的同时，通过基层司法所创优、乡镇社会矛盾纠纷调处中心“星级”创建、基层人民调解组织网络建设三大工程建设，全市35个司法所全都达到规范化建设，乡镇调处中心软、硬件及平安创建整体水平明显提高，排查、化解复杂纠纷的能力普遍增强。2007年，在海南镇进行村级“四位一体”工作机制试点工作，《东方法治导刊》派记者专题采访报道。至2010年，全市规模工业企业、集贸市场、行业协会分别成立人民调解委员会，覆盖率达

40%以上。重点部门设立专业调解室，昭阳镇16个社区分别成立个人调解工作室，形成基本覆盖全市的人民调解工作网络格局。

二、调解工作

1991年，各乡镇普遍将民调工作纳入年度目标管理计划。1991—1994年，创建标准化调委会，达标率81%。调处民间纠纷20842起，调处成功率97%，防止民转刑案件168起，防止非正常死亡173人。1997年，全市开展“学习侯殿禄、创四无乡镇”活动，即无因民事纠纷激化酿成的自杀案件、刑事案件、群众性械斗和群体上访。各乡镇以创建为契机，集中人力和时间进行纠纷大排查、大调解，坚持调防结合，搞好民间纠纷专项治理，维护社会的稳定。2001—2003年，针对农村开展税费改革的新情况，汇集司法、公安、综治、农经和财政等多方力量，加大对相关矛盾纠纷的排查、调处、治理力度，3年调处化解矛盾纠纷280多起。加强毗邻地区矛盾纠纷的排查调处，牵头组织召开兴化、东台、大丰3市司法局领导及3市相毗邻的17个乡镇司法助理员参加人民调解联席会议，确定加强毗邻地区人民调解工作的具体路数和方法。2003年，泰州市司法局下发《乡镇、街道人民调解委员会九项制度》，使全市的人民调解工作有章可循。是年，集中调处土地流转矛盾纠纷，争议涉及面积333.5公顷，1000多农户的合法权益得到维护。2004年，全市乡镇司法所结合创建“社会调解服务中心”试点工作的要求，全面推进民调工作“四个机制”的建设，探索建立具有广泛性的社会大调解服务机制，全市各调委会受理纠纷3925起，调处成功3180起，防止民间纠纷引起自杀事件28起，防止民间纠纷转化为刑事案件73人37起。是年2月，在全国人民调解工作座谈会上，新垛镇司法所被最高人民法院和司法部联合授予“全国人民调解模范司法所”称号。

2005年，建立纠纷快报制度和社情分析制度，规范排查研判、接待、分流指派、协调调处、检查督办等工作环节，大调解机制建设进一步完善。2005—2010年，先后派出工作组20余次深入基层矛盾调处中心，开办培训班10次、培训3000余人，实体观摩26例2000余人，受理矛盾纠纷9910件，调处成功率97%以上。在此期间，人民调解工作网络积极完善多调对接机制，全市各类矛盾纠纷得到及时、有效控制和化解，抑制重、越、集访，实现全市进京上访零登记的目标，人民群众对调解工作满意度达98%以上。

第四节　律师事务

1991年以后，兴化市律师工作者积极参与普法活动，到法律顾问单位宣传法律知识，举办法律讲座。1992年后，各律师事务所分别帮助法律顾问单位把好合同洽谈、签约和履行等。参与和配合“严打”斗争，参与刑事辩护，依法维护当事人合法权益。2000年后，各律师事务所面向市场、面向社会，扩大服务领域。围绕市属企业改制、稳定发展农业、扶贫解困等市委、市政府中心工作，主动进位、积极服务，及时协调处理农村各类承包合同纠纷，处理农村集体企业租赁承包经营以及改制中发生的相关纠纷，接待来访农民，千方百计为民办实事。

2000年，根据国务院和省政府相关文件精神，兴化国资律师事务所进行改制。其间，向各所印发《关于在国资律师事务所脱钩改制期间加强资产、财务管理和工作纪律的规定》，严防国资流失，得到省司法厅肯定，并批转全省各地。改制完成后，律师执业新格局逐步形成。

2001—2010年，各律师事务所，增强服务意识，提高服务质量，围绕市委、市政府和泰州市司法局的中心工作，坚持服务经济、服务民生、服务发展，律师业务得到长足发展。

1991—2010年兴化市律师业务情况一览表

表20-24

年份	担任法律顾问单位（家）	刑事辩护（件）	民事诉讼代理（件）	经济诉讼代理（件）	行政案件代理（件）	非诉讼法律事务（件）
1991	60	40	130	32	4	14
1992	64	36	117	29	4	12
1993	146	44	158	38	5	17
1994	114	70	141	54	1	24
1995	182	77	248	60	8	26
1996	186	81	261	64	9	27
1997	188	146	252	81	21	52
1999	148	94	277	38	8	11
2000	100	136	487	95	19	27
2001	150	187	605	148	21	64
2003	114	188	673	—	29	—
2004	106	182	736	—	8	77
2005	59	46	209	84	7	54
2006	207	171	547	134	20	173
2007	49	63	142	106	—	29
2008	53	223	720	176	24	76
2009	198	288	929	226	32	97
2010	680	335	1086	265	37	114

说明：缺1998年、2002年数据。

第五节　公证事务

1981年7月，建立县公证处，属国家行政机关，财政拨款单位。2007年，更名为江苏省兴化市公证处。2008年11月，改制为自收自支全民事业单位。

20世纪90年代初，在戴窑、刘陆设立公证办事处，将公证业务延至乡镇。1991年办理各类公证3867件，其中国内经济公证2378件、国内民事公证1464件、涉外涉台公证25件。同时，继续开拓新证源，扩大服务范围，先后联系试办计划生育合同、供电协议、拆迁协议等一批新公证项目。在洪涝灾害后，为有效启动市场，压缩资金占用，公证处又对有奖销售促销活动进行公证，并邀请全市10多家主要商场（店）负责人座谈，协调关系。

1992年以后，加强公证处内部激励机制和约束机制，对每个公证员实行全面考核，确定基数，超收加奖，鼓励公证员多办证、办好证，以增强内部的活力。广泛开阔思路，开拓证源。主要是为大中型骨干企业服务，针对齿轮厂改革试点，市公证处进行现场监督。为农村经济改革服务，为近百户农民办理滩涂开发养鱼承包合同。促进乡村企业发展，为公司出具公司章程、法人资格证明等公证。积极促进农村社会化服务体系改革，对全市46个乡镇农科站进行固定资产清理登记，出具公证。为流通领域改革服务，先后在四牌楼商场等10个网点办理商店柜组三级承包公证，健全风险责任机制，使企业焕发生机。围绕房屋拆迁安置，清理整顿房地产市场、计划生育等工作，提供公证服务。建立“一处多点”的公证网络，形成多层次、全方位公证服务网络，围绕市场，主动进位，开拓不动产转让、租赁、承包、股份制改造、公有民营等公证业务，注重现场公证和批量公证，形成规模效益。

2000—2010年，采取多种形式多种载体宣传公证知识，提升公证质量，开展重大活动公证，如郑板桥艺术节、书画大赛等活动均受邀予以相关事务公证。其间，编印反映兴化市公证情况的《兴化公证信息》20多期，增加群众的知晓率。努力为个私经济、外商投资企业提供方便、快捷的公证服务，实行优先受理、优先出证、优惠收费的“三优”原则。落实当天出证、预约上门、首问负责、回访联络的“四项制度”。建立健全涉外公证办理制度，公证费用减免审批制度，全面推行公证质量报告和办证质量认证卡制度，加强公证质量管理。坚持“四不”“四坚持”原则，即事实不清不办、证据不足不办、不符合办证程序不办、没有法律依据不办和坚持办证程序、坚持手续齐全、坚持调查取证、坚持疑难公证请示汇报。2010年，全年办理各类公证1038件，公证业务收费近62万元。将公证质量、错证责任追究、公证质量投诉纳入全年考核目标，并与公证员奖惩挂钩。

图20-7　20世纪90年代公证咨询宣传日活动
（市司法局提供）

1991—2010年，全市办理各类公证约5万件。

第六节　基层法律服务

20世纪80年代起，兴化市基层法律服务所，按照成熟一个发展一个的原则建所，乡镇司法办公室和乡镇法律服务所实行“一个机构、两块牌子”，司法助理员即为法律服务所主任。1991年初，全市46个乡镇成立法律服务机构。基层法律服务所广泛开展社会矛盾纠纷调解、诉讼和非诉讼代理、法律顾问、提供法律援助、协办公证、见证、代写法律文书、法律咨询、代理、参与谈判、协助风险代理、清理欠款等法律业务。是年，全市法律服务工作者发展到252人，100%经过法律业务培训。1993年，试点“室所分离”。1996年，全市21家乡镇法律服务所实施室所分离，司法助理员与法律服务所分离面达到45%。法律服务所在服务“三农”、企业改制、个体私营经济、工业园区开发、招商引资等方面提供优质高效的法律服务。涌现出“省级文明法律服务所”—南亭法律服务所等先进典型。

1999年，推行《乡镇法律服务所分类标准与考核办法》，实行升档与降档相结合。2000年，行政区划调整后，全市法律服务所调整为40个。与此同时，乡镇司法科与法律服务所分开，市司法局印发《兴化市法律服务所服务管理细则》《法律服务所考核办法》。从组织领导、业务范围、工作制度、纪律、财务和档案管理等方面做出统一规定。是年，全市40个法律服务所为1410个单位担任常年法律顾问；代理诉讼1880件、代理非诉讼480件，协办公证130件，见证170件、代写法律文书620份、办理法律援助67件、帮助企业和当事人挽回、避免经济损失2100万元，当年实现业务收费146万元。尔后，为进一步规范法律服务市场，成立市基层法律服务工作者协会，建立对基层法律服务行政监督管理和行业管理相结合体制。

2001年，全市35家法律服务所完成脱钩改制。2003年，市司法局出台《兴化市合伙制法律服务所管理办法》，并在《兴化日报》上公布当年通过年检的法律服务所和法律工作者名单，接受社会公众监督。对一些条件成熟的法律服务所尝试合并，整合法律服务资源。2004年开展整顿法律服务市场，对于内部管理松散混乱的4家法律服务所暂缓注册。严把法律服务所年检注册关、进人关，强化法律工作者职业道德建设，制定法律工作者“十不准”禁令，杜绝人情案、关系案、金钱案的发生。引导基层法律服务工作者发挥熟悉民情、就近便利、收费低廉的优势，以农业和农村经济改革发展为重点，在涉及农业承包、土地管理、集市管理、村务管理及坑农害农引发的纠纷案件等方面提供法律服务。

2010年，全市通过年检的法律服务所38个，基层法律服务工作者132人，为1520家单位担任常年法律顾问。1991—2010年，所有律师参与刑事案件辩护1400件，代理民事诉讼案件49782件（其中经济诉讼4200件），办理诉讼代理15800件，协办公证2641件，代写法律文书11769件，解答法律咨询87941人次，帮助委托人避免或挽回经济损失4.18亿元。

1991—2010年兴化市基层法律服务情况一览表

表20-25

年份	常年顾问（家）	民事、经济案件（件）	代写文书（件）	法律咨询（人次）	追回欠款（万元）	避免经济损失（万元）	协办公证（件）
1991	1193	2046	603	4110	1030	1600	170
1992	1268	2150	621	4130	1120	1710	181
1993	1274	2176	616	4400	1230	1820	162
1994	1286	2243	623	4320	1180	1800	157
1995	1395	2317	704	4890	1210	1900	193
1996	1420	2390	746	4815	1350	2126	201
1997	1421	3376	732	4756	1430	2010	214
1998	1370	2195	751	4720	1528	2130	221
1999	1431	2210	734	4600	1860	2200	230
2000	1410	2360	620	4500	1900	2100	130
2001	1370	2420	780	4200	2200	1960	100
2002	1421	2486	581	4500	2210	2050	121
2003	1207	2370	570	4300	2200	2100	120
2004	1134	3246	380	4800	2100	2300	120
2005	1200	2300	410	4500	2800	1920	47
2006	1290	2410	390	4300	2700	1600	53
2007	1290	2476	470	4100	3200	2600	43
2008	1603	2831	402	4400	4900	2200	67
2009	1520	2880	516	4200	5800	2900	61
2010	1520	2900	520	3400	5800	2751	50

第七节 法律援助

1996年，市司法局指导两家律师事务所制定实施法律援助试行制度。法律援助对象为少数特困企业的职工、生活特别困难的当事人、残疾人和赡养、婚姻、工伤事故劳动争议及刑事诉讼等方面诉讼而无力支付代理费用的当事人。1997年，开展法律援助试点工作，办理法律援助案件50件，为特困企业职工和生活特别困难的当事人减、免收费近8万元。

1999年9月，市法律援助中心成立，“148”法律咨询热线开通，建立健全值班制度，开通半年接待来访45人次。2000年，“148”扩大覆盖面，23个乡镇开通“148”咨询电话，占乡镇总数的68%。同年，与市总工会联合组建工会法律援助站、与市妇联联合组建妇女权益法律援助站。2001年，与团市委联合组建青少年法律援助站，与市老龄委联合组建老年人法律援助站，拓宽法律援助渠道。2001年，“148”作为市长公开电话的分项电话，对外公布，并定期跟踪、回访。做好法律援助中心专职律师、公职律师执业申报工作，壮大法律援助队伍。

2003年，有36名职业律师和18名法律工作者正常开展法律援助工作，成立青年志愿者服务总队法律援助分队。昭阳镇24个社区，11个行政村聘请45名法律援助联络员，对群众的要求涉及法律援助事项申请，保证依法受理，依法援助，应援尽援。2004年，“148”大厅购置电脑、复印机等设施，改善办公条件，实行工作日、节假日、夜间录音服务等，不间断值班，坚持来电必接，有问必答，有难必帮。

2005年，建立法律援助目标考核检查制度，把法律援助案件的数量、质量、服务态度，列入年度目标考核。2007年，在12个乡镇建立新的法律援助工作站，规范化运作。市司法局下发《关于加强法律援助工作的意见》《关于加强法律援助工作管理的通知》，指导乡镇法律援助工作站建设。2010年，从机关办公经费中挤出15万元，进行中心规范化建设。开通12348免费法律咨询省际专线网，建立法律援助律师专业队伍，落实各项便民举措，贯彻“调解优先”的原则，实现办案数量、办案质量、群众知晓度和社会影响力4个明显提升。多项工作被泰州市司法局评为特色亮点工作，在全省130多个法援中心评比中处于前列，办案数量排名全省第一。

1997—2010年部分年份兴化市法律援助业务情况一览表

表20-26

年份	法律援助办理案件(件)	接待群众来访(次)	“148”法律咨询(次)	年份	法律援助办理案件(件)	接待群众来访(次)	“148”法律咨询(次)
1997	50	30	—	2007	350	1000	980
1999	56	55	125	2008	547	3000	1020
2001	60	54	528	2009	989	4600	1350
2003	65	307	637	2010	1140	5200	1680
2005	109	800	752				

第八节　安置帮教与社区矫正

一、安置帮教

1996年，兴化市成立刑释解教人员安置帮教工作领导小组，下设办公室，市司法局增设安置帮教工作科。深入有关部门单位，摸底调查刑释解教人员的情况，掌握基本数据，同时开展刑释人员回归社会的衔接和帮教措施的调查研究，制定《关于进一步加强刑释解教人员安置帮教工作的意见》。通过抓安置帮教网络建设，抓建章立制，抓衔接管理，抓帮教责任制的落实，抓多渠道安置工作。在安置帮教中重点做好四项工作：接收衔接工作，做到及时登记造册、落实帮教责任、及时家访了解情况、及时进行法制教育；生活安置工作，按照“安置领域多元化，安置方式多样化，安置机制市场化”的要求，引导刑释解教人员更新择业观念，广开就业渠道，使回归人员能够“安其身”；帮扶教育工作，落实“一对一”专人负责帮教工作，帮助他们尽快放下包袱，理顺情绪，融入社会，达到“暖其心”的帮教目的，定期做好排查回访工作，尽力帮助他们解决生产、生活方面的困难；管控工作，对排查回访中发现思想情绪不稳定，就业生活不稳定的回归人员列入重点管理对象，落实责任人，确保这部分人在重大节日、敏感时期不发生违法犯罪行为。1997—2010年，全市刑释解教人员安置率达95.7%以上，帮教率达98%以上，重新犯罪率控制在1.2%以下，最大限度地预防和减少重新犯罪。

二、社区矫正

2005年5月27日，兴化市成立社区矫正工作领导小组及其办公室，各乡（镇）相继成立“社区矫正工作领导小组”，制定《关于认真开展社区矫正工作的意见》。是年，在荻垛镇举行矫正对象宣告入矫现场会，全市各乡镇司法所长到场观摩。随后举办为期2天的社区矫正工作业务培训班，形成公检法司四部门社区矫正工作联动机制，制定各项工作制度，明确工作职责，统一格式文书，编印《社区矫正对象须知》。市委、市政府把社区矫正工作作为“平安兴化”“法治兴化”创建的重要内容。市社区矫正工作领导小组每季、市矫正办每月召开联席会议，协调解决社区矫正工作中存在的困难和问题。与市公安、检察等部门研究制定《脱管漏管矫正对象处置办法》，依法对脱、漏管对象强化监管。讨论制订工作措施，确保各成员单位充分履职、齐抓共管。印制《兴化市社区矫正对象日常管理手册》和《兴化市社区矫正对象考评记录表》2000多册，建立健全各类档案台账资料30多种，不断细化管理制度，促进矫正监管工作科学化、规范化和制度化。抓好社区矫正对象进入社区服刑调查把关、入矫、日常管理、外出请销假、解除矫正等6个环节，加大日常监督力度，突出做好季度考评工作，定期开展集中排查和重点对象回访。加强特殊时期矫正对象排查，确保他们家庭情况清、犯罪情况清、现实表现清、解矫时间清、生活情况清、就业情况清，无脱管、漏管现象发生，有效预防重新犯罪。创新社区矫正工作通信虚拟网，建设社区矫正语音传呼信息管理平台，招聘社区矫正专职工作者和志愿者，全部挂牌上岗。基层一线工作力量得到加强。开展“真情回报社会”等系列活动，回报社会的热情。逐步加强矫正对象公益劳动、警示教育、爱国主义教育、技能培训和就业安置基地、法律维权等“五大基地”建设，使其集教育矫正、监督管理、帮扶解困、技能培训等功能于一体，丰富矫正工作形式和内容。

第六章　军　事

第一节　机　构

一、人武部

【市人武部】 1991年至1996年4月，兴化市人民武装部（简称“市人武部”）属地方建制，接受市委、市政府和扬州军分区双重领导。主要负责全市民兵和预备役工作，为副县级单位。内设办公室、军事科、建工科。1996年4月，市人武部划归军队建制，升格为正团级单位。有干部编制9人，职工编制14人。内设军事科、政工科、后勤科。

1991—2010年，历任市人武部主要领导都参加市委常委会议和市政府常务会议，了解全局情况以及市委、市政府的决策意图，从而更自觉地围绕党委中心任务开展民兵工作。每年“八一”建军节前夕，市人武部组织市有关部门负责人观摩武器实弹演习。市四套班子成员每年“八一”建军节和春节进行慰问活动，到市人武部、武警中队和消防大队现场办公，听取部队对地方政府在拥军优属工作中的意见和建议，帮助解决实际问题。

1991—2010年兴化市人武部部长、政委更迭一览表

表20-27

职务	姓 名	任职时间	备注
部长	周鸿惠	1986年4月—1993年2月	
	谢东洪	1993年2月—1996年4月	
	刘振平	1996年4月—1998年3月	
	葛树义	1998年3月—1999年2月	
	王新桥	1999年2月—2000年2月	
	张卫平	2000年2月—2001年3月	
	吴卫宁	2001年3月—2002年4月	
	马新亮	2002年4月—2004年3月	
	陈金元	2004年3月—2004年10月	
	姚爱平	2004年10月—2007年3月	
	朱国金	2007年3月—2010年5月	
	王吕忠	2010年5月—	
政委	沈满志	1986年4月—1994年6月	部党委书记
	厉传进	1994年6月—1999年3月	部党委书记
	陈德富	1999年3月—2000年2月	部党委书记
	龚 智	2000年2月—2004年3月	部党委书记
	马新亮	2004年3月—2004年10月	部党委书记

续表 20-27

职务	姓 名	任职时间	备注
	孟宪辉	2004年10月—2005年3月	部党委书记
	吴祥华	2005年3月—2008年3月	部党委书记
	陈 琨	2008年3月—2009年3月	部党委书记
	袁祝祥	2009年3月—	部党委书记

【基层人民武装部】 1991年后，市内基层人武部随行政区划设立。2000年前设46个乡镇及市直机关人武部，行政区划调整后35个乡镇（开发区）人武部。机构单设，为副乡级单位。各乡、镇人武部配备部长1人、副部长、干事各1人（有的仅副部长或干事1人）。2000年起，基层人武部长的任免，经市委组织部和市人武部联合考察，市委常委会审定后，以市人武部部长、政委的命令形式公布，接受所在乡镇党委和市人武部双重领导。

二、武装警察

【武警兴化市中队】 1991年，中国人民武装警察部队兴化市中队（简称“市中队”）隶属武警扬州市支队和市公安局领导。1996年以后，改属武警泰州支队和兴化市公安领导。担任看守、押解罪犯和社会治安、执勤任务，中队为正连级单位。市中队原驻兴化市府前街。2007年，迁至原刘陆乡入口处，营区与看守所相邻，占地约6600平方米，营房30间，建筑面积1700平方米。

【武警兴化市消防大队】 1991年，市消防大队隶属中国人民武装警察部队序列，属武警扬州市消防支队和兴化市公安局双重领导。1996年8月，改属武警泰州市消防支队和兴化市公安局双重领导。（消防工作和消防管理参见《政法军事》卷第二章第八节《消防管理》）

三、国防动员委员会

1986年4月，人武部归建地方后，动员科撤销，国防动员由县人民政府组织领导，人武部军事科、政工科负责具体工作。1996年4月，人武部收归部队建制后，内设机构增加后勤科，共同负责国防动员的具体工作。兴化市国防动员委员会（简称“市国动委”）于1998年正式成立，作为平时本级地方党委、政府和军事机关领导下的议事协调机构，负责组织和协调本行政区域内的国防动员工作。战时根据国务院、中央军委的授权，行使指挥本行政区域内国防动员行动的职权，由市委书记任第一主任。2002年6月5日，市国防动员委员会成员进行调整，增设综合办公室、人民武装动员办公室、经济动员办公室、人民防空办公室、交通战备办公室、信息动员办公室、科技动员办公室、政治动员办公室“一综七办”为市国防动员委员会办事机构。

第二节 国防动员

一、规范化建设

2004年初，泰州市国动委和泰州军分区赋予兴化市承担国动委工作机构规范化建设试点任务。2004年5月，兴化市国动委根据泰州市国动委和泰州军分区关于在兴化市组织国防动员工作机构规范化试点的工作安排，成立国防动员工作机构规范化建设领导小组，研究制订兴化市国防动员工作机构规范化建设实施方案和计划。按照规定标准逐个定人定位，正规工作秩序，强化动员训练，明确将动员训练分为基础训练，机构合练和实兵演练三种形式。2004年9月22日，泰州市国防动员委员会和泰州军分区在兴化市召开县级国动委工作机构规范化建设观摩会议，兴化市试点工作得到上级的肯定和推广。2005—2010年，加强民兵组织建设及调整改革，注重专业对口和好中选优，确保人员在位率、专业对口率和出动率。

二、指挥演练

【“兴动1号”战时动员指挥演练】 2003年8月23—25日，兴化市国动委组织“兴动1号”战时动员指挥演练。此次演练着重演练平战转换、战时动员、全民防空和支前保障等课题，有31个部门120多人参加。通过演练，进一步加深做好国防动员工作重要性的认识，基本建立一整套战时动员指挥的工作资料，初步形成战时动员指挥预案，锻炼和提高了全体参演人员对新时期人民战争思想的理解能力、国动委在战时体制下的统筹能力和对战时行动的组织指挥能力。

【参加“苏动—2005”演练】 2005年5月16—26日，兴化市国动委结合全省民兵高炮部（分）队赴射阳靶场机动考核，分3个阶段利用3天时间，进行国动委带部分实兵指挥协同演练。此次演练，采取军地联合、民兵协作的方式，重点进行应急作战兵员动员、保交护路和机动通信保障等课题的演练。3个阶段参演人员501人、动员吊车、拖车等各种车辆60余台次、各种通信器材16部，圆满完成参演任务。

【参加城市防空和反恐维稳演习】 2005年8月31日，在“泰动2005”演习编成内，参加城市防空和反恐维稳演习，由常务副市长牵头，成立军地联合指挥部，市委、市政府、市人大常委会、市政协主要领导，市人武部机关全体干部、职工，市国动委一综七办及30名基干民兵参加演习，组织演练成立联合指挥机构，召开作战会议、空中设障、烟幕伪装等课题，圆满完成任务。

【参加“保畅通”国动委演练】 2006年5月12日、22日、23日，根据军分区的统一部署，为完成省军分区高炮实弹射击考核部队过境（开进和回撤）的保障任务，市国动委在宁靖盐高速公路老圩服务区实施“保畅通”演练。通过开设综合保障站、政治动员、保交护路、开通应急通道等演练，完成任务。

【参加“苏动—2007”演练】 2007年5月23日至6月1日，泰州军分区在兴化市境内组织实施市、县两级国动委带部分实兵的动员支前演练。重点演练开设动员支前指挥部，在老圩服务区开设综合保障站，组织道路疏通、物资供应、卫勤保障、车辆维护等科目，保障无锡军分区、预备役高炮第1师第3团、预备役高炮2师机关过境。兴化市国动委领导和“一综七办”、人武部机关及民兵预备役人员67人参加演练。

【参加“苏动—2008”演练】 2008年5月24日和6月1日，兴化市国动委结合全省民兵高炮部（分）队赴射阳靶场机动考核，在宁靖盐高速老圩服务区进行国动委带部分实兵指挥协同演练。此次演练，采取军地联合、民兵协作的方式，重点进行战时指挥机构开设和组织指挥、应急兵员动员、政治动员、保交护路等课题的演练。

三、人民武装动员

1993年，在各级战备指挥机构领导下，组织力量对全市国防动员潜力资料进行调查核对，更新有关资料数据，摸清战争初期兴化市人力、物力的数质量情况，掌握全市战时兵员动员的综合能力。2003年5月14—20日，进行兴化市国防动员潜力数据采集工作。2004年3月，组织地方与军事专业对口技术人员预备役登记。抓好民兵武器装备管理。组织民兵预备役人员参加战备执勤和抢险救灾。抓好兵役工作，搞好历年的兵役登记和退伍军人服预备役登记，完成每年的征兵任务。

2008年2月15日，利用春节期间外出务工人员返乡之机，在市民兵训练基地，对总部、军区需求的专业技术兵（海军专业兵、空军专业兵、二炮专业兵、陆军专业兵）进行集结点验。市人武部机关对总部需求人员和军区退出现役的专业技术兵进行逐人呼点，核对身份证和退伍证，并与乡镇、首批动员对象互签《履行义务责任书》。

四、政治动员

1990年3月，市人武部成立兴化市国防教育领导小组，全市各级成立国防教育领导小组。1994年6月，根据江苏省《全民国防教育条例》，兴化市国防教育领导小组改建为兴化市全民国防教育委员会。1995年6月，市委将市博物馆、中共兴化县委旧址、兴化市革命烈士纪念馆、大营抗日阵亡将士纪念塔、中圩（现安丰）华中二分区革命烈士纪念塔、施耐庵陵园定为爱国主义教育基地，1997年11月，将周奋烈士陵园确定为全市国防教育基地。每年结合清明节，组织党政军领导、机关干部、在校学生和广大民兵祭扫烈士墓，凭吊革命烈士，进行爱国主义教育。2010年，由单纯组织乡镇领导过“军事日”向市级机关部门和企业家延伸，全市1200多人走进军营过“军事日”。

五、后勤保障动员

1991年以后，动员民兵积极参加生产建设，努力发展经济，为经济动员提供物质基础。同时开展拥军优属活动，对烈、军属和转业、退伍、残废、复原军人组织经常性慰问活动。

2000年10月，兴化市委成立科技动员领导小组，领导小组组织进行科技动员数据采集工作，制订下发科技动员预案。2004年，对全市科技潜力进行调查编组，掌握全市符合动员条件可为军用的科技人才情况；各类修理厂、各类修造船厂、各类科研机构、高新技术企业及科技装备器材、科技产品数量、科技培训点和科技通信信息网络。通过科技动员潜力调查，为战时直接平战转换，并在作战中遂行支前保障任务做好准备。

2004年，完成市人武部本级国防动员信息局域网建设。2007年，建成以光缆通信网、程控通信网、电视电话会议网、计算机网和信息处理中心为主要技术支撑的地面指挥信息平台。与地方电信部门达成通信线路平战转换协作机制，能满足战时指挥通信线路的需要。构建指挥控制网络密码保护防护系统，安装网络通信加密设备和防火墙，实现文电、语音、图像、数据等机密级上信息加密传输与处理，保障战时指挥通信安全可靠。组织民兵专业分队进行抗敌信息攻击训练和演练，培养一批信息攻防技术人才，能够有效组织对敌信息攻击和反击。依托兴化市无线电管理办公室建立一支电磁频谱管控分队，建立严密的管控措施，战时能有效实施电磁频谱管制。2005—2010年，拟制合成化民兵应急救援分队组建方案。

第三节 民兵与预备役

一、组织建设

【民兵组织建设】 1991年后，全市普通民兵数量大幅减少，而基干民兵数量和质量都有所提高。全市民兵每年进行一次组织整顿。在民兵整组结束时，市人武部对各乡镇基干民兵进行一次点检，健全民兵活动制度。对基干民兵的编组以市属企业和乡镇企业为主，以行政村编组为辅，并在股份制企业和民营企业国党组织健全的单位中建基干民兵班或排。2010年，全市设步兵连、应急连、应急排，另设各应急专业分队、支援保障队伍、储备队伍若干。普通民兵以村设营，营以下设排、班。复员退伍军人视年龄及身体状况分别编入基干民兵或普通民兵。

【预备役组织体制】 1980年8月，国家恢复退伍军人预备役登记统计工作后，县人武部按照总参谋部规定的专业号码，结合民兵整组，对转业、复员、退伍军人进行核对建档，转入预备役。1991年以后，兴化预备役团全称中国人民解放军扬州预备役师第二团。除现役军人外，余均分散在各自生产、工作岗位上。1996年8月以后，随着行政区划的调整，预备役团随之改编为中国人民解放军泰州陆军预备役师第二团，团以下为营、连、排、班，班排以上干部除现役军人外，其余均分布在各自生产、工作岗位上。

二、政治教育

1991年以后，市人武部按上级部署，认真抓好民兵政治工作，把全民国防教育摆上重要议事日程。下发《兴化市全民国防教育意见》《国防教育逐月活动计划》。致力开展国防教育进校园工作，利用升旗仪式、学校军训等形式，组织"全民国防教育日"和国防教育读书活动。每年组织全市中小学生参加以《国防教育法》为主要内容的知识竞赛、征文比赛等系列活动，增强师生的国防意识和军事基本技能，磨炼学生吃苦耐劳精神，激发爱国主义热情和国防意识。2008年，制定发布《兴化市全民国防教育实施细则》。2010年，组织民兵预备役歌咏大赛。

三、军事训练

1991年后，全市民兵训练，立足现有武器装备，着重进行民兵干部和民兵专业技术兵的训练。训练突出新"三打三防"和应用训练，按泰州军分区下达的纲目施训，每年实行民兵基地化集中训练45天。

图20-8　市人武部进行武器分解结合训练
（2009年摄，市人武部提供）

2001年，泰州军分区和兴化市人武部，分别组织两批专武干部集训。其中第二期为军事高科技学习，参训人数15人。2003年4月开始，针对全市35个乡镇（开发区）人武部长中有12个调整的情况，组织全市基层人武部长在市民兵训练基地进行为期15天的集训。训练内容为新条令、高科技知识、兵役登记与征兵、退伍军人预备役登记与统计、预备役工作、敌军研究等科目。是年，组织民兵营长分9批，每批3天时间集中培训，以提高民兵营长的业务素质。2005年5月，市人武部分批组织全市基层民兵营长进行为期5天的业务培训，着力提高民兵营长组织开展民兵整组、军事训练、政治教育和征兵工作的业务能力，并将上级有关政策法规和业务常识搜集整理编印成《民兵营长工作手册》，使基层民兵营长在平时学习和工作中能熟练掌握使用。

1991—2010年，预备役团实行劳武结合，以劳养武，忙时生产，冬闲时军训。通过训练和集训，提高军事水平，组织指挥能力得到增强。

第四节　兵员征集

自1978年开始，实行义务兵和志愿兵相结合的制度。2002年修改后的《中华人民共和国兵役法》规定，凡年满18周岁至22周岁的男性公民均有服兵役的义务，每年征集1次，发动适龄青年报名，经过严格的体检和政审，合格者入伍。服役年限海陆空军均为2年，可以越期服役转为士官。

1991—2010年，兴化市征集20次，其中多数为普通兵和武装警察，另有少数特种兵。

第五节 人民防空

1994年4月，成立兴化市人民防空委员会，市长兼主任委员，市人武部负责人兼办公室主任，全市人防工作起步。2001年机构改革，明确人民防空办公室为兴化市国防动员委员会常设机构，正科级建制，与市建设局合署办公。2008年，成立市人防办党组，市人防办接受同级地方党委、政府和军事机关双重领导，人、财、物完全独立的行政机构。2010年，市人防办成为兴化市政府办公室的挂牌单位，保留党组、行政，人、财、物完全独立完整属性。

一、组织指挥

2003年，参加市国防动员委员会组织的“兴动1号”战时演练。组织人防专业队训练，在市人武部、建设局党委、建设局人武部帮助支持下，在泰州市率先组织城建抢修专业队训练。泰州军分区首长亲临训练场检查指导，市四套班子领导和有关部门负责人观摩训练汇报表演。此次训练历时一周，参训人数30人，训练收到预期效果。确定抢险抢修、医疗救护、消防、治安、运输、防化防疫、通信7支专业队，总人数300余人，每年轮流对各支专业队集中训练。2010年8月，兴化市人民防空指挥中心奠基动工，由人防基本指挥所和地面应急指挥中心两部分构成。建成后，为市委、市政府在战时组织全市人民防空行动、平时应对突发事件、实施防灾救灾和应急救援创造有利条件，提供指挥平台。

二、通信警报

至2005年底，分别建成大兴商厦、农公站、人民银行、西鲍财政所、垛田镇政府、昭阳镇政府、临城粮贸公司、一水厂、农科所9处警报点。2007年，新增市建设局、市政府2处警报点，建成人防警报无线集控系统，保证市区警报音响覆盖率达100%。至2010年，每年进行防空警报试鸣。

三、法制宣传教育

每年10月24—30日人防法制宣传周期间，广泛开展法制宣传活动。市政府、市人武部领导发表电视讲话、在报纸上登载署名文章、出人防知识专栏、召开座谈会、设立咨询台、竖灯箱标语牌、悬挂标语横幅等多样形式，广泛宣传。人防知识教育自2000年起在城乡初级中学全面开课，并在民众中推行人防知识教育普及工作。截至2010年底，接受人防知识教育学生数达22.6万人。市人防办、教育局每年组织2—3次活动，主要内容为：人防教育工作会、教研活动、教学效果检查督导、中心教研组活动和组织校长、教师外出参观学习。

四、人防工程建设

2000—2010年，全市建有人防工程多处，其中部分人防工程对外出租，产生平战结合效益。

卷二十一 科技

20世纪90年代后，兴化市围绕富民强市总体目标，加强队伍建设，开展科技交流，推进科技创新，普及科学知识，保护知识产权，推动“科技兴市”战略的实施。先后编制、实施兴化“十五”发展计划和2010年远景规划、国家级农业科技园计划。市委、市政府先后出台科技兴市、引进高层次科技人才、奖励有突出贡献科技人才及科技创新企业等办法，推动科技工作的发展。2007—2010年，兴化市连续被授予“全国科技进步先进县（市）”称号。至2010年，全市获批准设立省、市级工程技术研究中心24家，其中省级8家、泰州市级16家；省级以上高新技术企业17家，民办科研机构10家，厂办研究所20家；确立星火计划52项，火炬计划43项；获各级科技成果奖13项，其中：国家级二等奖1项，省级一等奖3项、二等奖4项，省级三等奖5项。

图21-1　江苏星火特钢有限公司研发大楼　　（2010年摄，戴南镇提供）

第一章　机构队伍

第一节　研发机构

一、工程技术研究中心

2000年10月，泰州市经贸局批准江苏兴达钢帘线股份有限公司成立泰州市特种合金制品工程技术中心。2003年，建省级技术中心。2006年被省科技厅批准设江苏省特种合金制品工程技术研究中心。中心在“高强度新结构钢帘线用原材料”“中间水淬火热处理工艺”“热扩散电镀工艺技术”“捻制工艺的研发”等研制和开发方面取得阶段性成果。至2010年，全市有8家企业经批准成立省级工程技术研究中心。

二、博士后及院士工作站

2008年，江苏兴达钢帘线股份有限公司建立国家级博士后工作站，楚龙公司与里下河农科所共建江苏省企业院士工作站。2010年，江苏星火特钢有限公司与南京理工大学共建全市工业领域首家院士工作站。

图21-2　兴达博士后工作站揭牌仪式
（2008年摄，市科技局提供）

三、科技公共服务平台

2008年，“江苏省兴化特种合金材料及制品试验检测公共技术服务中心”和“江苏省兴化脱水蔬菜行业发展公共技术服务中心”获批省级科技服务平台专项引导资金项目，并各获得省拨款100万元。2009年，依托省级孵化器——兴化市科技创业中心，公共技术服务平台建设不断拓展，获批“江苏省兴化市科技成果转化公共技术服务中心”。

2010年兴化市科技基础设施项目一览表

表21-1

类型	序号	名称	企业名称	立项年份
省级工程技术研究中心	1	江苏省特种合金制品工程技术研究中心	江苏兴达钢帘线股份有限公司	2006
	2	江苏省分离机械工程技术研究中心	江苏新宏大集团有限公司	2008
	3	江苏省不锈钢材料及制品工程技术研究中心	江苏星火特钢有限公司	2008

续表 21-1

类型	序号	名称	企业名称	立项年份
	4	江苏省不锈钢低温轧制工程研究中心	江苏明璐不锈钢有限公司	2009
	5	江苏省特种不锈钢绳具工程技术研究中心	兴化市亚盛金属制品有限公司	2009
	6	江苏省（博生）医用包装材料工程技术研究中心	江苏博生医用新材料股份有限公司	2010
	7	江苏省车用钢丝绳索具工程研究中心	江苏兴龙金属制品股份有限公司	2010
	8	江苏省泡沫消防药剂工程技术研究中心	兴化锁龙消防药剂有限公司	2010
省院士工作站	1	江苏红皮小麦新品种选育及新产品研发院士工作站	江苏省楚龙面粉有限公司	2009
	2	江苏星火特钢有限公司陈国良院士工作站	江苏星火特钢有限公司	2010
国家级博士后工作站	1	兴达公司国家级博士后工作站	江苏兴达钢帘线股份有限公司	2009
市级工程技术研究中心	1	泰州市高速线材轧制技术研究开发工程技术中心	江苏明璐不锈钢有限公司	2009
	2	泰州市不锈钢绳具工程技术研究开发中心	江苏亚盛金属制品有限公司	2009
	3	泰州市果蔬机械研发中心	兴化市李工蔬菜机械有限公司	2009
	4	泰州市医用包装材料工程技术研究中心	江苏博生医用新材料有限公司	2009
	5	泰州市车用钢绳索具工程技术研究中心	江苏兴龙金属制品有限公司	2009
	6	泰州市不锈钢紧固件工程技术研究中心	兴化市长江铁路器材有限公司	2009
	7	泰州市LED技术研究开发工程技术研究中心	泰州赛龙电子有限公司	2009
	8	泰州市合金钢标准件工程技术研究中心	兴化市新迅达不锈钢标准件有限公司	2009
	9	泰州市耐热钢及制品工程技术研究中心	江苏华信达特钢科技有限公司	2009
	10	泰州市特种合金材料工程技术研究中心	江苏省不锈钢制品质量监督检验中心	2009
	11	春达渔用药品技术研究中心	泰州市春达动物药业饲料有限公司	2010
	12	泰州市电热合金材料工程技术研究中心	江苏新华合金电器有限公司	2010
	13	泰州市特种紧固件工程技术研究中心	江苏振亚特种螺钉有限公司	2010
	14	泰州市特种金属材料工程技术研究中心	泰州市华泽金属工业有限公司	2010
	15	泰州市功能性豆类制品工程技术研究中心	江苏欣晖食品有限公司	2010
	16	泰州市锂材料工程技术研究中心	江苏宏利达锂业有限公司	2010
省级科技公共服务平台	1	江苏省特种合金材料及制品试验检测公共服务平台	兴化市产品质量监督检验所	2008
	2	江苏省兴化脱水蔬菜行业发展公共技术服务中心	兴化市绿禾食品有限公司	2008
	3	江苏省兴化市科技成果转化公共技术服务中心	兴化市科技创业中心	2009

四、民办研究所

1988—2010年，全市兴办民办科研机构有兴化市食用菌研究所、江苏省兴化市特种生物研究所、兴化市火炬生物工程研究所、兴化市医疗卫生研究所、兴化市联通科技服务有限公司、兴化市特色农业科技研究院、兴化市兴农科技推广服务部、江苏省兴化市昱恒节能设备研究所、兴化市绿源名优新林木繁育研究所、兴化市天地农业科技发展有限公司10家单位。

五、厂办研究所

1998—2010年，全市先后成立厂办研究所20家，其中泰州市级16家、兴化市级4家。主要为提高企业产品质量服务，着力开发新产品，引进新技术、新材料、新工艺，提高职工技术水平，提高企业经济效益。

1998—2010年兴化市厂办研究所一览表

表21-2

名称	单位	建立年份	级别
江苏兴龙汽车配件研究所	江苏兴龙汽车配件厂	1998	泰州市级
江苏兴龙金属制品研究所	江苏兴龙金属制品有限公司	1998	泰州市级
扬州拖拉机厂技术工程部	扬州拖拉机厂	1998	泰州市级
江苏板桥药业有限公司研究所	江苏板桥药业有限公司	1998	泰州市级
兴化市玻璃钢船厂研究所	兴化市玻璃钢船厂	1998	泰州市级
江苏兴达钢帘线股份有限公司科学技术研究所	江苏兴达钢帘线股份有限公司	1999	泰州市级
扬州伟力特种钢材料厂技术开发中心	扬州伟力特种钢材料厂	1999	泰州市级
兴化市锌业研究所	泰州市可达锌业有限公司	1999	泰州市级
江苏兴海特殊钢研究所	江苏兴海集团	1999	泰州市级
双乐化工颜料研究所	江苏双乐化工颜料有限公司	1999	泰州市级
江苏江兴电力器材有限公司研究所	江苏江兴电力器材有限公司	1999	泰州市级
江苏兴化齿轮厂研究所	兴化齿轮厂	1999	泰州市级
江苏凯华集团研究所	江苏凯华集团	2000	泰州市级
兴化市双星生物化学研究所	兴化市双星生物化学制品厂	2000	泰州市级
中国特钢企业协会不锈钢分会江苏希尔发集团不锈钢研究开发中心	江苏希尔发集团	2001	泰州市级
兴化市明升生物化学研究所（临城）	兴化市明升生物化学制品厂	2004	泰州市级
不锈钢制品质监检验中心	戴南镇政府	2007	兴化市级
不锈钢材料及制品研发基地	江苏兴利达特钢有限公司	2007	兴化市级
新型气阀钢产学研基地	泰州龙瑞金属制品有限公司	2007	兴化市级
家禽研究基地	海南明灿禽业有限公司	2007	兴化市级

第二节　技术推广与指导机构

一、兴化市农业技术推广中心

由县农业科学研究所1985年1月改组而来，设有土肥站、植保、作物栽培指导站、培训班、试验农场、农业技术开发公司等经济实体。1991—2010年，中心实行科研、推广、培训相结合，从事农技培训、病虫测报、组织药肥、提供良种等系列化服务，构成综合性农技服务体系。获省级科技进步（成果）奖5项，其中一等奖1项、二等奖3项、三等奖1项。泰州市级科技进步（成果）奖15项，其中一等奖2项、二等奖9项、三等奖1项、四等奖3项。

二、兴化市渔业技术指导站

1978年，兴化县渔业技术指导站改名兴化县水产研究所。1987年12月后，更名兴化市水产研究所，2000年机构改革，恢复兴化市渔业技术指导站名称。自1985年后，贯彻科技体制改革精神，由单纯研究转为全市水产应用技术的研究、示范、推广、培训及咨询工作。1994年，全市各乡镇成立水产技术推广服务站。为发展渔业生产、促进渔农增收，市、乡（镇）站积极开展产前、产中、产后的技术推广服务工作。自1992年开始进行渔民绿色证书培训、发证工作，乡镇每年的培训不少于4次，培训人数达2万人左右。2006年，市水产部门组织实施渔业科技入户工作，成立指导专家组，落实技术指导员，深入渔民指导工作。指导科技示范户应用、推广新品种、新技术，及时帮助解决生产中实际难题。1991—2010年，获得各级各类科技计划项目16项，其中：省级科技进步奖5项（一等奖1项、三等奖4项），泰州市级科技进步奖4项（二等奖2项、三等奖1项、四等奖1项），兴化市级科技进步奖6项（二等奖2项、三等奖4项），省水产局科技项目一等奖1项。（参见《农业与农村经济》卷第二章第一节《养殖》）

三、兴化市农业机械化技术推广服务站

1987年6月，兴化县农机具研究所改称兴化县农业机械化技术推广服务站。该站主要任务是根据本地区农业特点，引进新式农机具并进行试验、示范和推广，组织指导群众性的技术改革和科普活动，参加农机化试点和农机区划工作，承担农机新技术培训和省、市、县下达的农机科研项目。1998—2010年，完成省、市、县下达的科研项目7项，其中1998—2000年参与实施的“水稻机械化栽植技术机抛秧试验示范”项目，获2001年全国农牧渔业丰收奖（农业部）。

四、兴化市科技创业中心

2002年5月，兴化市科技创业中心建立，为全额拨款事业单位，市科技局负责人兼任中心主任。市科技创业中心主要负责招商引资项目洽谈，协助投资者办理项目审批及经营过程中相关手续，组织实施中心基本建设及中心服务性基础设施的物业管理工作。

2002—2007年，入驻中心孵化项目中列入国有重点新产品2项，省级以上火炬计划3项，星火计划项目4项，省科技攻关计划项目1项，省高技术研究计划项目1项，省科技成果示范计划项目2项，省高新技术企业6家，省高新技术产品13项，采用国际标准产品1个。

2007年7月，兴化市科技创业中心被江苏省科技厅认定为省级高新技术创业服务中心。2008年创业中心承担建设的国家科技富民强县专项行动计划子项目“蔬菜种植与深加工科技创新服务体系建设”通过验收，并规划实施新基地建设。2009年完成兴化市科技创业中心一区固定资产招商出让工作，2009年1月中心承担建设的“国家火炬计划兴化特种合金材料及制品产业基地技术信息化综合服务平台建设”项目，通过省级验收，同年，兴化市科技创业中心成功获批“江苏省兴化市科技成果转化公共技术服务中心”。2010年完成创业中心新基地建设一期工程，成立兴化市高新投资有限公司。

第三节　科技队伍

1989年底，全市有各级各类专业技术人员17448人，每10000人拥有专业技术人员117人。其中高级职称的147人、中级职称2299人、初级职称15002人（含在乡镇企事业单位中，评出中

级职称的专业技术人员72人，初级专业技术职称1343人）。至2010年底，全市有获得各级各类专业技术职级者53635人，每10000人拥有专业技术人员321人，比1989年增加204人。其中高级职称2089人、中级职称13991人、初级职称37555人。

1991—2010年兴化市享受国务院政府特殊津贴和省、地级市有特殊贡献的中青年专家一览表

表21-3

姓　名	工作单位	职务	从事专业	职称	批准年份	专家称号
王少华	市中医院	名誉院长	中医内科	主任中医师	1992	国务院政府特殊津贴
张筱霖	市人民医院	名誉院长	心脏内科	主任医师	1993	国务院政府特殊津贴
闵长桂	扬州金陵集团	副厂长	机械	高级工程师	1993 1995	1993年国务院政府特殊津贴、1995年省专家、1993年市专家
吕贵才	海河区农技站	站长	农技	农技推广员	1994	国务院政府特殊津贴、市专家
娄登仪	市农技推广中心	主任助理	作物栽培	高级农艺师	1997 1992	1997年国务院政府特殊津贴、1999年省专家、1992年市专家
柳印生	省兴化中学	名誉校长	高中语文	中学高级教师	1991	省专家
邹德和	市科技局	副局长	农学	高级农艺师	1992	省专家
魏仁元	市农业局	科长	棉花栽培	高级农艺师	1991 1994	1994年省专家、1991年市专家
祝富海	市国土资源局		林业	高级工程师	1993	市专家
王荫传	市农技推广中心	副主任	作物栽培	高级农艺师	1993	市专家
王玉斌	市机械工业局	副局长	金属加工	高级工程师	1995	市专家
姜　鸣	中星化工公司	副总经理	化工	高级工程师	1995	市专家
程宏林	市气象局	局长	天气预报	工程师	1996	市专家
何伟俊	市教研室	副主任	小教研究	小学高级教师	1996	市专家
孙如丽	市卫生局	局长	妇产科	副主任医师	1996	市专家
华正雄	市农技推广中心	站长	农技推广	农艺师	1996	市专家
解正已	省兴化中学	副主任	中学教学	中学高级教师	1998	市专家
孙凤翔	市人民医院	副主任	骨科	主任医师	2000	市专家
朱道平	市电信局	科长	中文	经济师	2000	市专家
王　杰	省兴化中学	教务主任	中学语文	中学高级教师	2000	市专家
葛玉林	市农技推广中心	副站长	植物保护	高级农艺师	2000	市专家
张炳嘉	省兴化中学	教研主任	语文教学	中学高级教师	2000	市专家
刘锦兰	江苏兴达钢帘线股份有限公司	公司董事长	企业管理	高级经济师	2002 2004 2006	2006年国务院政府特殊津贴、2004年省专家、2002年市专家
陈德前	市新城中学	副校长	数学教学	中学高级教师	2002	市专家
周日东	市渔业指导站	站长	渔业技术	工程师	2002	市专家

续表 21-3

姓　名	工作单位	职务	从事专业	职称	批准年份	专家称号
练明生	电源特钢公司	副总经理	工程技术	高级工程师	2004	市专家
沙安勤	市农技推广中心	站长	农业技术	高级农艺师	2004	市专家
孙　庆	省兴化中学	副主任	中学物理	中学高级教师	2004	市专家
姚丙南	市人民医院	主任	医疗卫生	副主任医师	2004	市专家
刘　祥	江苏兴达钢帘线股份有限公司	总经理	企业管理	高级经济师	2006	市专家
姚　平	省兴化中学	政教副主任	数学教学	高级教师	2006	市专家
蒋长富	市农业局	科长	农学	高级农艺师	2006	市专家
翟世先	星火特钢公司	董事长	冶金	高级经济师	2008	市专家
朱会林	市农业局	副科长	农技推广	高级农艺师	2008	市专家
曹伯高	省兴化中学、市教育局	校长、局长	语文教学	中学高级教师	2008	市专家
何如涛	市板桥初级中学	教导主任	化学教学	中学高级教师	2008	市专家
张　彤	市人民医院	院长	普外科	主任医师	2008	市专家
严志林	市中医院	副院长	中医肾内科	主任中医师	2008	市专家
张恩波	博生医药公司	总工程师	橡胶加工	高级工程师	2010	市专家
徐东旭	市农技推广中心	所长	蔬菜园艺	高级农艺师	2010	市专家
陈如国	市水产局	科长	水产	高级工程师	2010	市专家
顾兴国	市实验小学	副校长	语文教学	中学高级教师	2010	市专家
沈玉荣	省兴化中学	教务处副主任	语文教学	中学高级教师	2010	市专家
邓新桃	市人民医院	副院长	心内科	主任医师	2010	市专家

第二章　科技开发

第一节　科技项目

一、星火计划

1991年后，兴化市大力推进科技兴农工作，积极组织企业申报国家、省级农业科技计划项目，推进农业科技进步。2004年，兴化市蔬菜种植与加工产业被列入江苏省苏北星火支柱产业带；2006年，被列为国家科技富民强市（县）专项行动计划建设项目，重点开展蔬菜新品种引进示范推广、辛香蔬菜真空冷冻干燥技术产业化开发。蔬菜高效种植、加工与营销技术培训等。至2010年，列项星火计划52项，其中国家级24项、省级17项、市（地）级11项。

1991—2010年兴化市实施市级以上星火计划项目一览表

表21-4

级 别	项目名称	项目实施单位	年份
国家级	索菲姆发动机齿轮产品技术开发	兴化齿轮厂	1992
国家级	漂珠隔热耐火砖	兴化市保温材料厂	1995
国家级	微型不锈钢丝绳	兴化钢丝绳厂	1997
国家级	利用电厂余热培育早期大眼幼体	兴化市燎原特种水产公司	1998
国家级	复合耐腐蚀熔铝坩埚	扬州市伟力特种钢材料厂	1999
国家级	绿色环保型一次性纸质快餐盒	兴化市长江旅游餐具厂	1999
国家级	蜂窝纸板	江苏双蝶集团公司	2000
国家级	阳极炭块	兴化市美联碳素化工厂	2001
国家级	包裹型棉花长效肥项目	兴化市农乐肥料有限责任公司	2002
国家级	河蟹大规格无公害养殖技术开发	兴化市燎原特种水产公司	2003
国家级	稻渔共作优质农产品开发	兴化市绿佳源米业有限公司	2004
国家级	兴化香葱无公害标准化种植与加工	江苏信友食品有限公司	2005
国家级	新型鱼用抗生素替代药物“鱼蟹福星”产业化开发	泰州市春达动物药业饲料有限公司	2006
国家级	高丽菜的综合利用及其产业化	兴化中野食品有限公司	2006
国家级	龙香芋商品苗生产及优质丰产栽培技术	兴化市天地农业科技有限公司	2006
国家级	高食用安全性纯种发酵蔬菜技术与产业化开发	江苏省高康冻干食品有限公司	2009
国家级	水稻稳定高产栽培技术集成与推广	兴化市农业技术推广中心	2009
国家级	高效农业专业化服务体系建设	兴化市农业技术推广中心	2009
国家级	系列功能营养冻干蔬果产品开发	江苏省高康冻干食品有限公司	2010
国家级	五行蔬菜汤的生产技术推广及应用	江苏顶能食品有限公司	2010
国家级	预脱水—冷冻干燥法生产麦绿粉技术与产业化开发	兴化市绿禾食品有限公司	2010
国家级	“泓膏”大闸蟹、小龙虾、鳜鱼生态养殖技术示范应用	江苏红膏大闸蟹有限公司	2010
国家级	应用酶技术开发中筋红麦特种专用粉及产业化	江苏楚龙面粉有限公司	2010
国家级	克氏原螯虾加工及三废综合利用技术研究与产业化开发	江苏九寿堂生物制品有限公司	2010
省 级	手扶系列犁	兴化机具厂	1991
省 级	高温承压耐热钢离心铸管	扬州市新华化工机械有限公司	1993
省 级	抗菌新鱼药品开发	兴化市鱼药厂	1994
省 级	新型节能产品炉排及炉排生产	兴化市合金铸造厂	1994
省 级	铝锌合金轴瓦镀铝锡二元合金	兴化轴瓦厂	1994

续表21-4

级 别	项目名称	项目实施单位	年份
省 级	液态模锻铝合金曲柄工艺鞋袋	兴化市自行车链轮曲柄厂	1995
省 级	17米玻璃钢巡逻艇	兴化市玻璃钢船厂	1996
省 级	液—液—固三相萃取法生产棉仁蛋白	兴化市良繁中心棉种加工厂	1997
省 级	包裹型系列配方肥的研制及其推广应用	兴化市农乐肥料有限责任公司	1999
省 级	气液分离设备中除沫器	江苏新宏大石化机械有限公司	1999
省 级	RHJ-M1救生缓降器	兴化市文兴机械厂	1999
省 级	蟹用盐酸复方吗啉呱散	兴化市恒威生物技术有限公司	2002
省 级	年产120万只鹅制品加工技术开发	泰州润兴食品有限公司	2004
省 级	高纯金属锂开发	泰州市宏伟锂业有限公司	2004
省 级	“史力丰”保优栽培技术开发	兴化市农业技术推广中心	2004
省 级	纳米技术改性稳定剂开发	兴化市天中塑胶有限公司	2004
省 级	年产500吨FD休闲银杏脆果研制及生产线建设	江苏兴野食品有限公司	2007
泰州市级	新型渔用抗生素替代药物“鱼蟹福星”的开发	泰州市春达动物药业饲料有限公司	2004
泰州市级	YH-01L壁式温度控制器	兴化市银河仪器仪表有限公司	2004
泰州市级	杨树速生丰产栽培技术开发	兴化市林业技术指导站	2004
泰州市级	优质良种奶牛规范化饲料	兴化市强生乳品有限公司	2004
泰州市级	优质瘦肉型猪标准化生产	兴化市隆康畜禽有限公司	2004
泰州市级	渔肥王饵料生物促进剂	江苏美乐肥料有限公司	2005
泰州市级	脱水芦蒿	兴化市东宝食品有限公司	2005
泰州市级	新型鱼用抗生素替代药物“鱼蟹福星”产业化开发	泰州市春达动物药业饲料有限公司	2005
泰州市级	光电互补太阳能热水器	兴化市中新特钢制品总厂	2005
泰州市级	脱水土霉素	江苏金扬子生物工程有限公司	2005
泰州市级	板桥大闸蟹生态养殖示范推广及品牌开发	兴化市燎原特种养殖有限公司	2009

二、火炬计划

1991—2010年，兴化市推进工业强市战略，引导、组织企业申报各级各类火炬计划项目，与国内科研院所开展产学研合作，开发新产品、新技术，提升企业自主创新能力。获批火炬计划43项，其中国家级20项、省级23项。

1991—2010年兴化市实施省级以上火炬计划项目一览表

表21-5

项目级别	项目名称	承担单位	立项年份
国家级	耐热钢离心铸管	扬州市新华化工机械有限公司	1994
国家级	超细高强特殊结构子午胎钢帘线	江苏兴达钢帘线集团公司	1996
国家级	低磁耐蚀高强特种合金	江苏新环宇集团有限公司	1997

续表 21-5-1

项目级别	项目名称	承担单位	立项年份
国家级	HNiCrFeNb特种不锈钢焊丝	江苏兴海集团公司	1997
国家级	包膜铬系颜料	江苏双乐化工颜料有限公司	1998
国家级	高精度微型热敏电阻器	兴化无线电元件厂	1999
国家级	全钢（新结构）子午线轮胎用钢丝帘线	江苏兴达钢帘线股份有限公司	2000
国家级	手制动控制索总成	江苏兴龙金属制品股份有限公司	2000
国家级	金属超微细锌粉	兴化市东方锌业制品厂	2000
国家级	镀青铜高强度回火胎圈钢丝	江苏兴达钢帘线股份有限公司	2001
国家级	民航客机服务车	兴化市华达不锈钢制品有限公司	2002
重点国家级	全钢（新结构）高性能子午线轮胎用钢丝帘线	江苏兴达钢帘线股份有限公司	2003
重点国家级	纳米颗粒增强内燃机气阀钢棒	江苏申源特钢有限公司	2005
国家级	子午线轮胎专用高性能新结构钢帘线关键技术研究及其产业化	江苏兴达钢帘线股份有限公司	2006
国家级	低粘度成氟蛋白抗溶泡沫灭火剂	兴化锁龙消防药剂有限公司	2006
国家级	H00Cr19Ni15Si4特种焊接用不锈钢丝	江苏兴海特钢有限公司	2008
国家级	高强度螺钉	兴化市长江铁路器材有限公司	2008
国家级	30t/a头孢替唑酸产业化开发与应用	江苏九寿堂生物制品有限公司	2008
国家级	高性能新型气阀钢产业化开发	江苏申源特钢有限公司	2008
国家级	0Cr17Ni12Mo2特种膨胀螺钉	江苏振亚特种螺钉有限公司	2010
省　级	大功率热敏电阻器	兴化无线电元件厂	1992
省　级	DX—862无线电调车指挥系统	兴化市无线电元件厂	1993
省　级	高纯度乙酰丙酮	南苑化工集团公司	1995
省　级	美愈伪麻口服液	江苏兴化制药厂	1996
省　级	异植物醇	江苏南苑化工集团公司	1997
省　级	汽车变速用推拉索总成	江苏兴龙金属制品股份有限公司	1998
省　级	无水钙盐	兴化日模塑料制品有限公司	1998
省　级	水溶性膳食纤维	江苏玉缘食品有限公司	1999
省　级	复方雷尼替丁胶囊	江苏板桥药业有限公司	1999
省　级	双棱2#法制芽	兴化市第三麦芽厂	1999
省　级	17H汽车变速器总成	兴化齿轮厂	2000
省　级	吲哚-3-甲醇	兴化市双星生物化学制品厂	2001
省　级	转盘真空过滤机	江苏新宏大石化机械有限公司	2001
省　级	超低氧条件下应用锆质电氧探头	兴化市万达机电有限公司	2002
省　级	纳米颗粒增强内燃机气阀钢棒	江苏申源特钢有限公司	2003

续表 21-5-2

项目级别	项目名称	承担单位	立项年份
省　级	高纯度河豚毒素（TTX）	泰州市康特生物工程有限公司	2004
省　级	冷热芯树脂砂复合工艺生产新式篦板	兴化市精密铸钢有限公司	2004
省　级	KSC抗渗碳耐高温电热合金	泰州市春海电热合金制造有限公司	2006
省　级	偏保式固定端等速万向节	江苏东明集团有限公司	2006
省　级	半导体照明用蓝宝石衬底基片	兴化市祥盛光电子材料有限公司	2007
省　级	离锰低镍纳米析出相奥氏体抗菌不锈钢	江苏星火特钢有限公司	2007
省　级	可轴向移动的三球销盲孔式万向节精锻槽壳	江苏威鹰机械有限公司	2007
省　级	非湿性纤维除雾器	江苏新宏大集团有限公司	2007

三、其他科技计划项目

1991—2010年，兴化市推进科技兴市、创新型兴化建设步伐，树立项目为王的理念，组织企业申报各级各类重大科技计划项目，争取上级科技部门项目资金扶持，为全市科技创新发展提供活力。1998—2010年，兴化市获得3项国家农业科技成果转化资金专项计划项目，37项省重大科技计划项目，其中省科技攻关项目13项、省科技支撑项目5项、省基础设施项目4项、省创新基金项目5项、省科技公共服务平台项目5项、省科技服务业项目1项、省国际合作项目2项、省自然科学基金项目1项、省人才项目1项。

【省重大科技成果转化专项资金计划项目】 2005年、2006年，江苏兴达钢帘线股份有限公司的“子午线轮胎专用高性能新结构钢帘线关键生产技术及其产业化”项目进行立项。至2007年，完成产业化工作。实施产业化工作后，企业生产规模从年产16万吨跃升至年产近30万吨，居亚洲第一，世界第三，一些规格的产品成为国内市场的龙头产品，产品在国内市场上占30%的份额。

【国家农业高技术研究计划项目】 2003年，“抗污染水特色鸢尾花卉品种选育”项目由兴化楚水特产服务公司承担，先后完成6种鸢尾属水生植物不同水深栽培技术的研究，筛选出镉超富集植物黄菖蒲、鸢尾、马蔺和喜盐鸢尾4种，铜超富集植物黄菖蒲和马蔺2种，铅超富集植物马蔺和喜盐鸢尾2种。2006年，项目通过省级验收。

【国家农业科技成果转化资金专项计划项目】 2001年，国家启动农业科技成果转化资金专项计划。2002年，兴化市渔业技术成果转化中心承担的“池塘青虾混养技术成果转化”和兴化市燎原特种水产有限公司承担的“中华绒螯蟹大规格生态快速养殖技术示范”两个项目列入该计划，国家分别拨款30万元资助。2005年，兴化中野食品有限公司承担的“辛香蔬菜真空冷冻干燥技术”项目列入该计划，国家拨款70万元资助。

【省科技攻关计划涉农项目】 列入该计划的主要有：1996—2000年兴化市科委与兴化市水产科学研究所承担的“鳜鱼繁养殖技术示范”项目；1997—1998年兴化市科委承担的“青虾养殖技术示范”项目；1997—2000年兴化市科委与兴化市燎原特种水产有限公司承担的“利用电厂余热繁育特种水产种苗”项目；2004—2006年兴化中野食品有限公司承担的“即食型复合营养蔬菜粉研究与开发”项目；2004—2006年兴化市农业技术推广中心承担的“苏中稻区（兴化）水稻高产优质清洁生产技术集成与示范”。2005—2007兴化中野食品有限公司承担的“甘蓝、青花菜采收和加工副产品利用技术研究与开发”项目；2006—2010年兴化市绿禾食品有限公司承担的“预脱水—冷冻干燥法生产麦绿粉关键技术研究与产业化”项目。

1998—2010年兴化市获得省重大计划项目一览表

表21-6

项目类别	项目名称	承担单位	立项年份
科技攻关计划项目	鳜鱼繁养殖技术示范	兴化市科委，兴化市水产科学研究所	1996
	青虾养殖技术示范	兴化市科委	1997
	利用电厂余热繁育特种水产种苗	兴化市科委，兴化燎原特种水产有限公司	1997
	青气凉营注射液	兴化制药厂	1998
	子午线轮胎用高强度钢帘线产业化技术开发	江苏兴达钢帘线股份有限公司	2003
	一种新型渔用抗生素替代药物的开发及应用	泰州春达动物药业有限公司	2003
	FD即食型复合营养蔬菜粉新品研发	兴化中野食品有限公司	2004
	苏中稻区（兴化）水稻高产优质清洁生产技术集成与示范	兴化市农业技术推广中心	2004
	甘蓝、青花菜采收和加工副产品利用技术研究与开发	兴化中野食品有限公司	2005
	高性能新型气阀钢（21-4NVNbRE）产业化开发	江苏申源特钢有限公司	2006
	预脱水-冷冻干燥法生产麦绿粉关键技术研究与产业化	兴化市绿禾食品有限公司	2006
	机械包装用杨木/秸秆复合材料制造技术	兴化市中亚有限公司	2006
	半导体照明用蓝宝石衬底材料制备关键技术及其产业化	兴化市祥盛光电子材料有限公司	2007
科技支撑计划项目	绢纺节能减排脱胶及丝胶蛋白的回收利用	兴化市大地蓝绢纺有限公司	2008
	科技创新专业示范镇的特色产业信息化示范	兴化市不锈钢行业协会	2009
	新型核电蒸发器用防振合金材料的研制	江苏新华合金电器有限公司	2010
	低碳生物基全降解膜材料技术的应用研究	江苏博生医用新材料有限公司	2010
	出口型大豆芽加工关键技术研究及其产业化	兴化市盛源食品有限公司	2010
基础设施计划项目	江苏省博生医用包装材料工程技术研究中心	江苏博生医用新材料有限公司	2010
	江苏省泡沫消防药剂工程技术研究中心	江苏锁龙消防科技有限公司	2010
	江苏省车用钢丝绳索具工程研究中心	江苏兴龙金属制品股份有限公司	2010
	江苏星火特钢有限公司陈国良院士工作站	江苏星火特钢有限公司	2010
创新基金计划项目	蛋白泡沫灭火剂的再生和利用	兴化锁龙消防药剂有限公司	2008
	基于电力载波组网技术的智能温控仪表	兴化市宇程自动化仪器仪表研发有限公司	2009
	紫苏挥发油的超临界分离提取技术研究与开发	兴化中野食品有限公司	2009
	无甲醛无絮凝一次结晶高纯度莱鲍迪甙A	泰州格瑞生物科技有限公司	2010
	高氮低镍经济型高性能新型双相不锈钢	江苏九胜特钢制品有限公司	2010
公共服务平台计划项目	脱水蔬菜行业发展公共技术服务平台建设	兴化市绿禾食品有限公司	2008
	江苏省兴化市科技成果转化公共技术服务中心	兴化市科技创业中心	2009

续表 21-6

项目类别	项目名称	承担单位	立项年份
农村科技超市计划项	江苏农业科技服务超市兴化特种水产产业分店	江苏红膏大闸蟹有限公司	2010
	江苏农业科技服务超市同富水产养殖专业合作社便利店	兴化市同富水产养殖专业合作社	2010
	江苏农业科技服务超市益佳水产品专业合作社便利店	兴化市益佳水产品专业合作社	2010
科技服务业计划项目	兴化市水产技术推广服务支撑体系建设	兴化市渔业技术指导站	2008
国际合作计划项目	海外科学家江苏发展专项（岸田芳郎）	山华科技发展（兴化）有限公司	2008
	2%高倍泡沫灭火剂及相应试验场	江苏锁龙消防科技有限公司	2010
高层次创新创业人才引进计划项目	自由路（中国农科院资源与区划研究生）	江苏金龙果蔬有限公司	2010
自然科学基金项目	超微粉碎法提取商业中DNJ及其降血糖机理的研究	兴化市顶能食品有限公司	2009

第二节　中小型企业科技创新

2001年，兴化市燎原特种水产养殖有限公司承担的“中华绒螯蟹大规格生态快速养殖技术示范”项目，获拨款30万元。2003年，泰州康特生物工程有限公司承担的“高纯度河豚毒大规模分离纯化中试”项目，获拨款70万元。2007年，兴化市锁龙消防药剂有限公司承担的“工程爆破降尘、降噪专用泡沫”项目，获拨款50万元。2009年，江苏威鹰机械有限公司承担的“通孔式万向节精锻槽壳制坯的生产工艺研究”项目，获拨款80万元；江苏亚盛金属制品有限公司承担的“高强度高韧性高速电梯用高氮无镍超级双相不锈钢丝绳”项目，获拨款80万元。至2010年底，全市获得国家级中小型企业科技创新计划项目6项。

附

通孔式万向节精锻槽壳制坯的生产工艺研究（发明专利）

【申请号】CN200810202923.X

【申请日】2008-11-14

【公开号】CN101733350A

【公开日】2010-06-16

【申请人】江苏威鹰机械有限公司

【地址】225714江苏省兴化市陈堡镇工业区

【发明人】张太良；万永福

【摘要】可轴向移动的通孔式万向节精锻槽壳制坯的生产工艺，包括下料、加热，在制坯模中进行局部镦粗挤压，形成杆部和坯料盘部，所述的杆部由直径不等的圆柱形实体部分以及它们的过渡段构成，所述的过渡段为直径逐渐递减或递增的圆所形成的实体部分，杆部的最大直径和杆部总长度的乘积与杆部的体积差不小于法兰部反挤压形成的内孔体积；然后将该坯料放入终锻模膛内，在坯料盘部对坯料反挤压，坯料中心形成内孔球道，坯料盘部则挤压成型为产品的法兰部，锯底取长后整形。该发明主要解决现有锻造工艺中工艺余料比例较大的技术问题，节省了原材料，降低了生产成本。

【主权项】一种可轴向移动的通孔式万向节精锻槽壳制坯的生产工艺，包括下料、加热，下料后的金属材料加热后，在制坯模中进行局部镦粗挤压，在封闭的型腔中镦粗形成杆部（1）和坯料盘部，所述的杆部（1）为圆柱形结构；然后将该预成型的坯料放入终锻模膛内，在坯料盘部对镦粗后的坯料反挤压，坯料中心形成内孔球道（3），坯料盘部则挤压成型为产品的法兰部（2），锯底取长后整形，其特征在于：所述的杆部（1）由直径不等的圆柱形实体部分以及它们的过渡段（5）构成，所述的过渡段（5）为直径逐渐递减或递增的圆所形成的实体部分，所述杆部（1）的最大直径和杆部长度的乘积与杆部的体积差不小于法兰部（2）反挤压形成的内孔体积。

第三节　高新技术产业

1993年起，江苏省开始认定高新技术产业。兴化市围绕高新技术企业认定标准，引导企业开展高新技术企业申报创建工作。2001—2005年，兴化市贯彻落实省和泰州市高新技术产业化工作会议精神，下达科技五大工程和高新技术产业化工作目标任务，将目标任务进行层层分解落实，签订目标责任书。2003年实现高新技术产业产值3.5亿元，2004年实现4.2亿元。2004年，兴化市蔬菜种植与加工产业被列入江苏省苏北星火支柱产业带。2005年，全市高新技术企业实现产值34.3亿元，占当年全市列统企业产值的22%，高新技术产品销售收入37.1亿元，占当年全市列统企业销售收入的25%。2005年8月，国家火炬计划兴化特种合金材料及制品产业基地被科技部正式批准建立，全年实现技工贸总收入55亿元。

2006年，全市列入高新技术产业产值统计的定报企业31家，全年完成产值11.8亿元，比上年增长36%。国家火炬计划兴化特种合金材料及制品产业基地实现产值106亿元，销售收入104亿元，比上年增长83%、89%。是年，被列为国家科技富民强市（县）专项行动计划建设项目，重点开展蔬菜新品种引进示范推广、辛香蔬菜真空冷冻干燥技术产业化开发、蔬菜高效种植、加工与营销技术培训等。主要企业有兴化中野食品有限公司、兴化市绿禾食品有限公司等。

2007年，全市实现高新技术产业产值26.41亿元。国家火炬计划兴化特种合金材料及制品产业基地当年实现产值139亿元、销售136亿元、利税19亿元。基地呈现出自主创新能力进一步增强、产业链进一步延伸、配套设施日趋完善、产业规模日益扩张四大特征。是年7月，创建省级高新技术创业服务中心，使入驻企业在研发和发展中享受省级高新技术创业服务机构的优惠政策，推动全市的科技创新创业发展。积极争取并获批国家级特种合金材料及制品检测专业服务平台和泰州市级绿禾蔬菜食品工程技术中心，促进全市科技创新服务平台建设。

2008年，全市实现高新技术产业产值达44.8亿元，比上年增长69.63%，增幅在泰州市四市二区中位居第二。国家火炬计划兴化特种合金材料及制品产业基地当年实现产值191亿元、销售187亿元、利税26亿元，分别比上年增长37%、38%和37%；国家科技富民强县专项行动计划兴化市“蔬菜种植与深加工技术示范及推广应用”项目顺利实施，使全市蔬菜种植与加工科技先导型支柱产业发展进一步加快，当年全市引进推广应用新品种、新技术、新工艺50多项，全市蔬菜种植面积达到61万亩次以上，蔬菜加工企业发展到128家，全年生产鲜菜170多万吨，加工脱水蔬菜干品7万多吨。

2009年，全市完成高新技术产业产值76.02亿元，比上年增长69.69%。经省科技厅综合考评，兴化市科技局被评为“2009年全省高新技术产业工作先进单位”。

2010年，全市研发投入占地区生产总值的比重为1.8%，高新技术产业实现产值106.24亿元，占全市规模以上工业比为16%，比“十五”期末增长209.7%。

2001—2010年兴化市省级及以上高新技术企业一览表

表21-7

项　目	企　业	年份
国家级重点高新技术企业	江苏兴海集团	2003
	江苏申源特钢股份有限公司	2004
国家火炬计划重点高新技术企业	江苏兴达钢帘线股份有限公司	2007
	兴化锁龙消防药剂公司	2007
	江苏威鹰机械有限公司	2009
	江苏兴达钢帘线股份有限公司	2010
省级高新技术企业	江苏新宏大石化机械有限公司	2001
	江苏板桥药业有限公司	2001
	兴化市万达机电有限公司	2002
	上海材料研究所电热材料厂	2002
	江苏九寿堂生物制品有限公司	2002
	江苏星火特钢有限公司	2006
	江苏威鹰机械有限公司	2007
	江苏圣蓝科技有限公司	2007
	江苏新宏大集团有限公司	2008
	江苏威鹰机械有限公司	2008
	江苏兴达钢帘线股份有限公司	2009
	江苏申源特钢有限公司	2009
	江苏星火特钢有限公司	2009
	江苏兴龙金属制品股份有限公司	2010
	江苏方通新型不锈钢制品股份有限公司	2010
	江苏宏利达锂业有限公司	2010
	江苏海陵机械有限公司	2010
	江苏华信达特钢科技有限公司	2010
	江苏圣蓝科技有限公司	2010

1991—2010年兴化市省级高新技术产品一览表

表21-8

项目名称	承担单位	确认年份
大功率热敏电阻器	兴化无线电元件厂	1993
高性能子午线轮胎用钢丝帘线	江苏兴达钢帘股份有限公司	1997

续表 21-8-1

项目名称	承担单位	确认年份
低磁、耐蚀、高强特种合金	江苏新环宇集团有限公司	1997
双棱2#法制芽	兴化市第三麦芽厂	1997
汽车变速用推拉索总成	江苏兴龙金属制品股份有限公司	1998
镍铬铁特种不锈钢焊丝	江苏兴海集团公司	1998
新结构高性能子午线轮胎用钢丝帘线	江苏兴达钢帘线股份有限公司	1999
金属超微细锌粉	兴化市东方锌业制品厂	2000
复方雷尼替丁胶囊	江苏板桥药业有限公司	2000
5Cr21Mn9Ni4N气阀钢棒	上海材料研究所电热材料厂	2000
吲哚-3-甲醇	兴化市双星生物化学制品厂	2001
镀青铜高强度回火胎圈钢丝	江苏兴达钢帘线股份有限公司	2001
转盘真空过滤机	江苏新宏大石化机械有限公司	2001
超低氧条件下应用的锆质电氧测头	兴化万达机电有限公司	2002
民航客机服务车	兴化市华达不锈钢制品有限公司	2002
高纯金属锂	泰州市宏伟锂业有限公司	2002
溶剂法低氯代铜酞菁	江苏双乐化工颜料有限公司	2002
纳米级复合稳定润滑剂	南京天中塑胶化工有限公司	2002
带电作业用防潮绝缘绳	兴化市永安电力工具厂	2004
深锥浓密机	江苏新宏大石化机械有限公司	2004
YH01L壁式温度控制器	兴化市银河仪器仪表有限公司	2004
偏保式固定端等速万向节	江苏东明集团有限公司	2004
高纯度河豚毒素（TTX）	泰州康特生物工程有限公司	2004
冷热芯树脂砂新式篦板	兴化市精密铸钢有限公司	2004
非湿性纤维除雾器	江苏新宏大石化机械有限公司	2005
高钠金属锂	江苏宏利达锂业有限公司	2005
成膜氟蛋白抗溶泡沫灭火剂（3%、6%）（低粘度）	兴化锁龙消防药剂有限公司	2005
软磁不锈钢盘条	江苏星火特钢有限公司	2005
SL100条干均匀度测试分析仪	江苏圣蓝科技有限公司	2006
YC清疵监控系统	江苏圣蓝科技有限公司	2006
YH01L-06机械式温度控制器	兴化市银河仪器仪表有限公司	2006
0Cr17Ni12Mo2特种螺钉	江苏振亚特种螺钉有限公司	2006
微能耗无噪声（横磁保持）交流接触器	江苏兆龙电气有限公司	2006
KSC抗渗碳耐高温电热合金	泰州市春海电热合金制造有限公司	2006
热风炉用轻质硅砖	兴化市大垛保温材料有限公司	2006
可轴向移动的三球销盲孔式万向节精锻槽壳	江苏威鹰机械有限公司	2006
1×2×0.295HT高强度子午线轮胎用钢帘线	江苏兴达钢帘线股份有限公司	2006
2+2×0.295HT高强度子午线轮胎用钢帘线	江苏兴达钢帘线股份有限公司	2006

续表 21-8-2

项目名称	承担单位	确认年份
高强度螺钉	兴化市长江铁路器材有限公司	2007
容器管板式法兰	泰州市精业管件有限公司	2007
鱼用促生长肽和抗菌肽配合饲料	泰州海大生物饲料有限公司	2007
PERMCO油泵齿轮	江苏兴利达齿轮有限公司	2007
H00Cr19Ni15Si4特殊钢焊接用不锈钢丝	江苏兴海特钢有限公司	2007
超级耐热合金钢	江苏兴海特钢有限公司	2007
稀土无镍奥氏体不锈钢	江苏兴利来特钢有限公司	2007
高锰低镍纳米析出相奥氏体抗菌不锈钢	江苏星火特钢有限公司	2007
刀刃双层卸灰阀	江苏海陵机械有限公司	2007
压缩空气泡沫灭火剂（A、B类泡沫灭火剂）	兴化锁龙消防药剂有限公司	2007
高性能新型气阀钢（21-4NVNbRE）	江苏申源特钢有限公司	2007
穿心莲注射液	泰州市鹏程动物药业有限公司	2007
注射液用聚对二甲苯镀膜溴化丁基橡胶塞	江苏博生橡塑有限公司	2007
3+8×0.33HT子午线轮胎用钢帘线	江苏兴达钢帘线股份有限公司	2008
7×7×0.25+0.15HT子午线轮胎用钢帘线	江苏兴达钢帘线股份有限公司	2008
1×3×0.27HTTR子午线轮胎用钢帘线	江苏兴达钢帘线股份有限公司	2008
铬锰铜钼奥氏体耐蚀耐磨不锈钢	江苏省方通新型不锈钢制品股份有限公司	2008
韧性高铬铁素体合金	江苏星火特钢有限公司	2008
气囊式电液推杆	江苏海陵机械有限公司	2008
联动阀	江苏海陵机械有限公司	2008
电液水渣橡皮阀	江苏海陵机械有限公司	2008
奥氏体不锈钢用焊丝材料（H0Cr26Ni9）	江苏兴海特钢有限公司	2008
头孢替唑酸	江苏九寿堂生物制品有限公司	2008
超强度耐磨损抗氧化耐热件	江苏华信达特钢科技有限公司	2008
一次轧成型20高速线材冷镦不锈钢	江苏明璐不锈钢有限公司	2008
耐晶间腐蚀新型钢带	泰州汇能不锈钢制品有限公司	2008
204Cu耐腐蚀易成型特种螺钉	江苏春雨不锈钢有限公司	2008
可轴向移动的法兰通孔式万向节精锻件	江苏威鹰机械有限公司	2009
可轴向移动的锥形万向节精锻件	江苏威鹰机械有限公司	2009
新型可复位转臂式液压挤孔机	兴化市双湖矿山液压机械厂	2009
矿井用防爆型电动锯轨机	兴化市双湖矿山液压机械厂	2009
头孢曲松钠专用溴化丁基胶塞	江苏博生医用新材料股份有限公司	2009
3+9+13镀锌钢索	江苏兴龙金属制品股份有限公司	2009
轿车用轮胎索具	江苏兴龙金属制品股份有限公司	2009
超强型耐热钢挂板	江苏华信达特钢科技有限公司	2009
高强度无磁不锈弹簧钢	江苏明璐不锈钢有限公司	2009

续表 21-8-3

项目名称	承担单位	确认年份
新型低振动、低噪声船用立式海水泵	兴化市苏中泵业制造有限公司	2009
头孢甲肟盐酸盐	江苏九寿堂生物制品有限公司	2009
钙水解蛋白泡沫灭火剂（浓缩液）	兴化锁龙消防药剂有限公司	2009
防锁死高强度特种紧固件	兴化市新迅达不锈钢标准件有限公司	2009
立式全自动压滤机	江苏新宏大集团有限公司	2009
3×0.175+6×0.32HT子午线轮胎用钢帘线	江苏兴达钢帘线股份有限公司	2010
2+7×0.26HT子午线轮胎用钢帘线	江苏兴达钢帘线股份有限公司	2010
3+8+13×0.23高性能子午线轮胎用钢帘线	江苏兴达钢帘线股份有限公司	2010
12×0.22+0.15HT子午线轮胎用钢帘线	江苏兴达钢帘线股份有限公司	2010
0.22+6+12*0.20HT子午线轮胎用钢帘线	江苏兴达钢帘线股份有限公司	2010
1×3×0.28HT子午线轮胎用钢帘线	江苏兴达钢帘线股份有限公司	2010
掉道矿车液压复位机	兴化市双湖矿山液压机械厂	2010
双钩液压水平弯轨机	兴化市双湖矿山液压机械厂	2010
可轴向移动的六球销盲孔式万向节精锻槽壳	江苏威鹰机械有限公司	2010
304N-Mo-Cu特种金属软管用不锈钢丝	泰州华泽金属工业有限公司	2010
聚乙烯给水管	江苏广接通管业制造有限公司	2010
5WQX-5000型果蔬卧式涡旋清洗机	江苏李工果蔬机械有限公司	2010
6XQ3-350型果蔬鲜切机（切丁机）	江苏李工果蔬机械有限公司	2010
汽车等速万向节传动轴内滑套精锻槽壳	江苏威鹰机械有限公司	2010
可轴向移动的锥形六球销万向节精锻槽壳	江苏威鹰机械有限公司	2010
新型高密封不锈钢U形管	江苏瀚森不锈钢有限公司	2010
新型耐高温抗氧化奥氏体不锈钢	江苏新华合金电器有限公司	2010
超低碳高合金不锈钢焊丝（H00Cr19Ni15Si4RE）	江苏兴海特钢有限公司	2010
多层共挤输液袋用聚丙稀接口	江苏金扬子包装科技有限公司	2010

第三章 科技活动

第一节 学术交流

1991年后，市科协下属19个学（协）会组织开展学术交流、学术报告会、会员活动日等活动，服务经济社会建设。1991年后，每年召开一次中医学会年会，邀请江苏省内中医药专家到兴化市讲学。

1991—2003年，举办兴化市级各学组学术活动29次，举办腹部外科提高班1个；泰州市妇产、心血管学术活动各1次；承办省医学会糖尿病讲习班1次。1997年，兴化市土地学会结合举办第7个全国土地日宣传活动，开展较大规模的学术交流活动，有60多名土地管理科技人员撰写论文40多篇，参与大会交流与书面交流。2004—2010年，先后承办省医学会专题讲习班4次（呼吸专业1次，临床检验1次，"春风行动" 糖尿病、高血压病防治各1次）；举办泰州市级学术活动13次（心血管、神经外科、肿瘤专业各2次，泌尿外科、骨科、感染传染病、普通外科、大内科、耳鼻喉及头颈外科、皮肤病专业各1次）；兴化市级学组学术活动41次。2009年，由兴化市中医学会承办泰州市继续教育项目"炎症性肠病的中西医结合诊治"，邀请南京市中医院丁义江教授和南京鼓楼医院消化内科的陈隆典教授到兴化讲学，来自泰州市四市两区和兴化市各乡镇近200人参加会议。2010年，兴化市中医学会承办泰州市"中医经典培训班"，邀请南京中医药大学教授和本地老中医王少华等十多位专家主持中医经典讲座，来自泰州市各县市30多名江苏省优秀农村中医药人才参加学习。

第二节 科普活动

1991—2010年，以每年的全国科技活动周为平台，市科协组织气象、农业、环保、卫生、畜禽、药监等相关专家组到各乡镇举行"科技三下乡" 活动，围绕稻鸭渔共作、微管增氧技术、蚕桑养殖技术、水产养殖、高效农业、畜禽养殖、保护环境、疾病预防等方面的内容进行培训、咨询、义诊服务。针对各乡镇产业结构特点、区域布局实际，按需设项，分片实施，避免走过场现象的发生。针对未成年人、农民、城镇劳动者、社区居民、领导干部和公务员五大重点人群进行科技培训。针对农民朋友组织开展的高效农业科技讲座、农民科技培训等，培训项目涉及高效、生态、设施农业以及林、牧、渔业；对象涉及种养专业大户、科技示范户；内容涉及新品种、新技术、新材料、新模式以及疾病虫害防治等。针对青少年学生组织开展"气象知识" 科普讲座、"坚持科学发展、走进低碳生活" 的科普报告会、图片展、金钥匙科技竞赛、科普大篷车兴化行，参观科普教育基地，举办青少年周末快乐驿站、少儿科普探索大本营活动，举办"新蕾·环保杯""节能减排""构建和谐社会" 等演讲比赛和征文竞赛等。针对城市劳动人口组织开展的高技能人才培训、实用技术培训，"减少污染、关爱家园" 和"坚持科学发展，走进低碳生活" 大型系列图片展以及卫生、科技、文化、体育进社区活动等。针对领导干部和公务员组织开展的"走进低碳生活" 科普报告会、干部能力建设系列讲座以及公务员网上培训等，全市1.26万名机关事业干部从中受益。

第三节 咨询服务、技术推广

1990年，兴化市农村能源建设重点以建设沼气池和推广省草灶为主体。1990年底，推广省草灶7700户；沼气池6443只，正常使用5752只，利用率达89%。太阳能热水器推广应用30平方米。

1991年，兴化市遭受特大洪涝灾害。灾后，为使用农村经济结构的调整，中国农函大兴化分校举办的农业技术培训班，向广大农民开设"作物栽培""果树栽培""食用菌""畜禽养殖""淡水养鱼""企业管理""企业财会""综合经营""蚕桑" 等13个专业，传授科学知识和致富门路。

1991—1993年，农函大兴化分校连续3年被总校授予“先进集体”称号。先后有30多人被总校评为先进工作者、优秀教员和优秀学员。1991年后，根据“开发与节约并重”的方针，市发改委每年下发《兴化市农村能源建设意见》，确定以昌荣、徐扬、永丰10多个等重点乡镇为建池和太阳能推广重点乡镇，同时加强管理，提高使用率。1994年，发改委大力推广把沼气与种植业、养殖业相结合，用农作物秸秆作饲料，饲料喂猪，粪便入池，产生沼气，用沼气灯增温蚕室，沼气孵鸡，沼气灯补光增蛋，沼渣育菇，养蚯蚓，垩果树、桑树，沼液喂鱼养猪，实现多层次循环利用。1995年，完成大垛镇管阮村农村能源建设项目。1997年，着手推广“微型生活污水净化装置”，要求凡在兴化城规划区新建办公楼、宾馆招待所等建筑物，需要建化粪池的，一律按照“净化池”标准进行建设，与主体工程同设计、同施工、同验收使用，对原有化粪池5年内改造完成。

1999年4月，组织全市32个农村党员、基层干部参加由省委组织部、省科协共同开办的“现代农业管理”培训班。2000年以后，太阳能热水器在城乡逐步推广并普及。城区新建多层商品房大多均配套安装太阳能热水器，起到环保节能效果。

2000年2月，成立百万农民教育工程领导小组，市分管农业的副书记任组长，成员有市农工、农业、林牧、科技局及市科协等26个单位负责人，督导小组及其办公室。每年组织专家编印科普教材数千份册，到省科协组织订购数万册科普丛书，赠送到各乡镇党、政负责人和各村党支部书记。分别组织专家讲师团到乡镇巡讲科普知识。充分利用现代远程教育终端网的作用，系统组织农村党员干部接受科技教育与培训，以发挥带头学习科技、带领群众致富的作用。

2003年12月，市科协承办、由省委组织部、省人事厅、省科协联合举办的农村党员、干部无公害农产品生产和商品化技术高级研修班（苏中片）。邀请省农科院、南农大、省水产研究所等7位专家到兴化市讲课，进行现场咨询和实地技术指导，受训人数2000多人。

2004年4月，市科协举办首届系统内干部培训班，市属各学（协）会、企业科协、乡镇科协67人参加培训。

2006年，全市开展“千名科技专家兴农富民工程”。市海南镇中兴村采用生态、有机、立体种养模式在稻田养蟹，每亩年收益3500多元，比传统农业净增1800多元，比普通水面养殖净增收近1000元。

2007年，兴化市联富食品有限公司投资200万元建一座大型沼气池。猪粪用于生产沼气，除猪场使用之外，还可向邻庄供气；沼气液、渣可供公司1000亩原料（蔬菜）基地施用。2008年，该公司上沼气发电项目。2008年，钓鱼镇建立约1200平方米的大型沼气池，供应周围村庄，解决对环境的污染和降低基地肥料成本，增加基地附加收入。

2008年，市政府发布《兴化市农村环境综合整治工作实施意见》，要求进一步加强农村清洁能源利用，完成“一池三改”户用沼气工程和规模畜禽养殖场沼气治理工程；户用沼气池建设与改圈、改厕和改厨同步设计、同步施工。项目建设必须符合相关国家和行业标准。同时大力发展农村户用沼气，提高沼气普及率。年出栏20—100头牛、2万—10万羽鸡、2000—5000头猪的养殖场建设小型沼气工程；年出栏100—400头牛、10万—30万羽鸡、5000—10000头猪的养殖场建设中型沼气工程；年出栏400头以上牛、30万羽以上鸡或万头以上猪的养殖场建设大型沼气工程。推广建设秸秆气化集中供气工程，逐步形成与社会主义新农村建设相适应的农村清洁能源建设新格局。2009年，完成一池三改427个，农村环境综合整治获泰州验收组好评。

2010年，由兴化市政府推动科普惠民活动，指定35名专家，重点对11个工程项目实施对接，帮助农户进行生产、技术加工和营销服务，直接带动农户1953户。先后举办使用技术培训140场次，受训3万多人次，实现新增产值3820万元，带动辐射农户12110户走上小康之路。2008年，西郊镇春禾林木协会沙福祯被省科协表彰为“科普惠农带头人”。2009年，兴泰线万亩果蔬种植协会被中国科协、财政部表彰为“科普惠农先进单位”。

第四章　知识产权

第一节　专利申请

1999—2010年，全市专利申请3789件，授权量1619件，其中发明专利申请量488件、授权量50件。

1999—2010年兴化市专利情况一览表

表21-9　　　　单位：件

年份	申请量	授权量	其中		年份	申请量	授权量	其中	
			发明专利申请量	授权量				发明专利申请量	授权量
1999	12	7	—	—	2006	206	68	26	7
2000	31	9	—	—	2007	313	109	47	4
2001	40	16	—	—	2008	562	65	67	8
2002	65	38	—	—	2009	1018	380	106	10
2003	65	43	9	2	2010	1257	778	195	15
2004	83	38	16	1	合计	3789	1619	488	50
2005	137	68	22	3					

第二节　知识产权保护

2004年4月，兴化市知识产权局成立。2005年，市科技局、知识产权局发出《关于在全市开展争创知识产权工作示范、试点乡镇和企业活动的通知》，确定戴南镇为示范乡镇、江苏兴达钢帘线股份有限公司为示范企业。试点乡镇为张郭镇、昭阳镇和兴化经济开发区，成员企业有：江苏新宏大石化机械有限公司、江苏海陵机械有限公司、兴化市煜恒节能设备研究所。

2004年，市知识产权局组织5大商场（超市）对数万种商品进行检查，对各商场知识产权监管员进行业务指导，帮助其检索800多种有专利标识的商品。是年，江苏兴达钢帘线股份有限公司建立专利专用数据库。2005年，帮助企业间调处专利纠纷3起，引导企业重视维权，依法办事，注重申请专利，保护自身利益。是年，江苏兴达钢帘线股份有限公司的“一种拉丝机”获第四届省专利奖铜奖。

2006年，江苏兴达钢帘线股份有限公司被评为江苏省知识产权先进企业。8月，兴化市顺利通过“江苏省知识产权试点城市”第三批试点单位考核验收。2006年、2007年，兴化市知识产权局先后被省知识产权局评为省企事业知识产权推进工作、知识产权系统先进集体及知识产权试点单位考核验收先进集体。2007年，江苏新宏大集团有限公司的“大直径环状盘的加工方法”获第十届中国专利优秀奖，兴化市银河仪器仪表有限公司的“一种机械式温度控制器”获第五届江苏省专利奖优秀奖。

2008年，兴化市印刷厂成为省第二批正版正货承诺单位；江苏兴达钢帘线股份有限公司的专利项目获第四届中国国际专利与名牌博览会银奖。江苏兴达钢帘线股份有限公司改进原有设备、工艺，申请的两项专利技术为该公司降低生产成本近1亿元。2009年，江苏威鹰机械有限公司获得江苏省企事业知识产权战略推进计划立项。江苏威鹰机械有限公司张华文获“江苏省十大优秀发明家”称号、江苏新宏大集团有限公司陈爱民获“泰州市十佳发明人”称号；市新华书店和印刷厂成为省正版正货承诺单位。2010年，成立市专利保护协会。江苏兴达钢帘线股份有限公司、江苏新宏大集团有限公司、江苏威鹰机械有限公司入选省专利标准化示范创建单位。

图21-3　知识产权专题讲座

（2010年摄，市知识产权局提供）

第五章　科技管理

第一节　科技经费管理

1991年，全市科技三项费用支出67万元，占市财政预算支出比重达0.49%。1993年2月，兴化市召开科技工作大会，会上印发《兴化市科技经费计划项目管理办法》。1995年，出台《关于奖励有突出贡献的科技人员的暂行办法》，调整充实市重大项目评审会，成立各专业评审小组。1999年，市科委与市财政局共同研究制定新的《市科技三项费用使用和管理办法》。市科技局负责研究拟定科技发展战略、中长期规划和年度计划；研究提出合理配置科技经费的意见和建议；负责归口管理的科学事业费、科技三项费用等有关经费的预、决算。2010年，全市科技费用支出8323万元，为1991年的124.22倍。

第二节　科技成果奖励

1991—2000年，经市乡镇企业科技进步奖评审会评审，全市有145项科技成果获“乡镇企业科技进步奖”，其中一等奖35项、二等奖52项、三等奖58项。全市在工农业和其他方面取得一批科研成果，经国家级鉴定的1项，省级鉴定的12项，泰州市级鉴定的107项，由兴化市自行鉴定的科技成果499项。

一、工业科技成果

1991—2010年，全市在工业方面泰州市级以上的科技成果50项，其中：国家级1项（二等奖），省级1项（一等奖），扬州、泰州市级48项（一等1项、二等13项、三等24项、四等10项）。兴化市自行选出的207项（一等11项、二等45项、三等77项、四等74项）。

1991—2010年兴化市工业方面科技成果一览表

表21-10

项目名称	完成单位	获奖等级	级别	获奖年份
大功率负温度系数热敏电阻器	兴化市无线电元件厂	三等奖	扬州市级	1992
全面能量审计	兴化市节能办公室	四等奖	扬州市级	1992
液态模锻铝合金柄	兴化市自行车链轮曲柄厂	三等奖	扬州市级	1994
新型结构子午线轮胎用钢丝帘线	江苏兴达钢帘线集团公司	三等奖	扬州市级	1995
子午线轮胎专用高性能新结构钢帘线生产技术开发	江苏兴达钢帘线股份有限公司	一等奖	省级	2003
子午线轮胎专用高性能新结构钢帘线生产技术开发	江苏兴达钢帘线股份有限公司	二等奖	国家级	2005
低磁耐蚀高强特种合金	江苏新环宇集团有限公司	三等奖	泰州市级	1996
无水十二烷基苯磺酸钙	兴化日模塑料制品有限公司	四等奖	泰州市级	1996
HniCrFeNb特种不锈钢焊丝	江苏兴海集团公司	三等奖	泰州市级	1997
汽车变速用推拉索软轴总成	江苏兴龙金属制品股份有限公司	四等奖	泰州市级	1997
电动液压推杆	兴化市海陵机械厂	四等奖	泰州市级	1998
乳酸环丙沙星注射液	江苏板桥药业有限公司	四等奖	泰州市级	1998
磷酸快速萃取技术	江苏省兴化市宏大科技开发公司	二等奖	泰州市级	1999
汽车变速用推拉索软轴总成	江苏兴龙金属制品股份有限公司	四等奖	泰州市级	1999
复方雷尼替丁胶囊（商品名：格来士）	江苏板桥药业有限公司	二等奖	泰州市级	2000
V-P-Fe系CTR临界温度电阻	兴化市无线电元件厂	三等奖	泰州市级	2000
子午线轮胎用回火胎圈钢丝	江苏兴达钢帘线股份有限公司	三等奖	泰州市级	2000
吲哚-3-甲醇	兴化市双星生物化学制品厂	三等奖	泰州市级	2000
内燃机气阀钢棒	上海材料研究所电热材料厂	四等奖	泰州市级	2000
纳米颗粒增强内燃机气阀钢棒	江苏申源特钢有限公司、东南大学	二等奖	泰州市级	2001
TC篦板、预热器内筒	兴化市东方机械有限责任公司	三等奖	泰州市级	2001
转盘真空过滤机	江苏新宏大石化机械有限公司	二等奖	泰州市级	2003
一种拉丝机的研制与应用	江苏兴达钢帘线股份有限公司	二等奖	泰州市级	2003
银杏维生素C泡腾片	诺德药业（江苏）有限公司	四等奖	泰州市级	2003
采用冷热芯树脂砂复合工艺生产新式篦板	兴化市精密铸钢有限公司	二等奖	泰州市级	2004
子午线轮胎专用高性能新结构钢帘线生产技术开发	江苏兴达钢帘线股份有限公司	一等奖	泰州市级	2005
深锥浓密机	江苏新宏大石化机械有限公司	四等奖	泰州市级	2005

续表 21-10

项目名称	完成单位	获奖等级	级别	获奖年份
工字轮翻转装置	江苏兴达钢帘线股份有限公司	四等奖	泰州市级	2006
软磁不锈钢	江苏星火特钢有限公司	二等奖	泰州市级	2007
微能耗无噪声(恒磁保持)交流接触器	江苏兆龙电气有限公司	三等奖	泰州市级	2007
刀口式双层卸灰阀	江苏海陵机械有限公司	三等奖	泰州市级	2007
高强度螺钉	兴化市长江铁路器材有限公司	三等奖	泰州市级	2007
工程爆破降尘、降噪专用泡沫及泡沫产生器	兴化锁龙消防药剂有限公司	三等奖	泰州市级	2007
高性能新型气阀钢	江苏申源特钢有限公司	二等奖	泰州市级	2008
立式全自动压滤机	江苏新宏大集团有限公司	二等奖	泰州市级	2008
可轴向移动的通孔式万向节精锻槽壳	江苏威鹰机械有限公司	三等奖	泰州市级	2008
YH01L-06机械式温度控制器	兴化市银河仪器仪表有限公司	三等奖	泰州市级	2008
HOCr26Ni9奥氏体不锈钢用焊丝材料	江苏兴海特钢有限公司	三等奖	泰州市级	2008
YC系列清疵监控系统	江苏圣蓝科技有限公司	二等奖	泰州市级	2009
新型可复位转臂式液压挤孔机	兴化市双湖矿山液压机械厂	二等奖	泰州市级	2009
头孢曲松钠专用溴化丁基橡胶	江苏博生医用新材料公司	二等奖	泰州市级	2009
智能防盗网钢丝绳	江苏亚盛金属制品有限公司	三等奖	泰州市级	2009
一次轧成型ф20高速线材冷镦不锈钢	江苏明璐不锈钢有限公司	三等奖	泰州市级	2009
SL100条干均匀度测试分析仪	江苏圣蓝科技有限公司	三等奖	泰州市级	2009
可轴向移动的锥形万向节精锻件	江苏威鹰机械有限公司	三等奖	泰州市级	2009
HOCr19Ni9Si2奥氏体不锈钢用焊丝材料	江苏兴海特钢有限公司	三等奖	泰州市级	2009
韧性高铬铁素体合金材料	江苏星火特钢有限公司	三等奖	泰州市级	2009
航空航天用超低碳高合金焊丝水平连铸连轧技术与产业化	江苏兴海特钢有限公司	二等奖	泰州市级	2010
超低碳马氏体不锈钢自动焊丝	江苏新华合金电器有限公司	三等奖	泰州市级	2010
铬锰铜钼系奥氏体耐蚀耐磨不锈钢	江苏省方通新型不锈钢制品股份有限公司	三等奖	泰州市级	2010

二、农业科技成果

1991—2010年,全市在农、林、牧、渔方面泰州市级以上的科技成果43项,其中:省级11项(一等奖2项、二等奖4项、三等奖5项),扬州、泰州市级32项(一等奖2项、二等奖17项、三等奖9项、四等奖4项),兴化自行评出的79项(一等奖10项、二等奖22项、三等奖30项、四等奖17项)。

1991—2010年兴化市农业方面科技成果一览表

表21-11

项目名称	完成单位	获奖等级	级别	获奖年份
扑虱灵作用机制及应用技术研究	兴化市	三等奖	扬州市级	1992
扬州市农业害鼠优势种生态特性及监控技术	兴化市植保站	二等奖	扬州市级	1994

续表 21-11-1

项目名称	完成单位	获奖等级	级别	获奖年份
泗棉三号的引种及高产栽培技术的研究与推广	兴化市作栽站	三等奖	扬州市级	1994
多效唑在果树生产中的应用技术研究与推广	兴化市林业站	三等奖	扬州市级	1994
500吨/年乙酰丙酮	兴化市化肥厂	三等奖	扬州市级	1994
扬州市稻麦棉主要自然灾害的抗逆应变技术及其应用	兴化市	二等奖	扬州市级	1995
偏迟熟粳稻的推广应用和高产栽培技术	兴化市竹泓镇农技站、兴化市竹泓区农技站	三等奖	扬州市级	1995
二万亩大水体鱼蟹混养高产高效技术	兴化市东鲍水乡服务站	三等奖	扬州市级	1995
池塘鱼鳖混养技术	兴化市林湖水产养殖场	三等奖	扬州市级	1995
池塘青虾混养技术	兴化市水产局 兴化市水产研究所	三等奖	省级	1998
长江水系中华绒螯蟹品种更新与健康养殖技术	兴化市水产局	一等奖	省级	2003
稻田养殖省级示范市建设	兴化市水产局	三等奖	省级	2003
稻田套播小麦轻型高效栽培技术的推广	兴化市作物栽培技术指导站	二等奖	省级	2003
江苏省稻麦双免双套技术的试验示范与推广	兴化市作物栽培技术指导站	二等奖	省级	2003
高邮鸭品种资源的保护与利用研究	兴化市畜牧兽医站、江苏省畜牧兽医总站等	二等奖	省级	2003
池塘主混养青虾技术	兴化市渔业技术指导站	三等奖	省级	2003
稻渔（蟹）共作安全优质高效生产技术体系研究	兴化市农业技术推广中心	二等奖	省级	2004
水产品清洁生产技术体系研究及转化应用	兴化市渔业技术指导站	三等奖	省级	2006
兴化香葱标准化生产技术集成与推广	兴化市农业局	三等奖	省级	2006
高效生物杀菌剂—纹曲宁的示范推广与应用	江苏省兴化市植保站	一等奖	省级	2006
包裹型系列配方肥的研制及推广应用	兴化市土壤肥料站、兴化市农业局、兴化市农业推广中心、兴化市农乐配方肥料厂	二等奖	泰州市级	1997
池塘青虾混养技术	兴化市水产科学研究所、江苏省水产技术推广站	二等奖	泰州市级	1997
泰州市增肥补钾配套技术的研究与推广	兴化市农业技术推广中心	一等奖	泰州市级	1998
小麦抗逆应变增产技术的研究与应用	兴化市作栽站等	二等奖	泰州市级	1998
棉田亚洲玉米螟种群的生态、行为、预测预报及控制技术	兴化市植保植检站	三等奖	泰州市级	1998
泰州市水稻轻型栽培技术的研究与推广	兴化市作物栽培指导站	二等奖	泰州市级	1999
青虾标准化示范区	兴化市水产科学研究所、兴化市技术监督局	二等奖	泰州市级	1999
稻田草害控制技术研究与应用	兴化市植保植检站等	二等奖	泰州市级	1999
“双低”油菜优质高产栽培及产业化开发	兴化市作物栽培技术指导站等	二等奖	泰州市级	2000
兴化香葱高效栽培技术和产业化机制的研究和应用	兴化市农业局、兴化市蔬菜研究所、兴化市蔬菜站	四等奖	泰州市级	2000
包裹型棉花长效肥开发	兴化市农乐肥料有限责任公司	四等奖	泰州市级	2001

续表 21-11-2

项目名称	完成单位	获奖等级	级别	获奖年份
无公害蔬菜生产技术集成与产业化开发	兴化市蔬菜技术服务指导站等	二等奖	泰州市级	2003
土壤培肥与高效施肥技术集成应用	兴化市农业技术推广中心等	二等奖	泰州市级	2003
蒸煮类小麦优质高效栽培技术规程的研制与推广应用	兴化市作物栽培技术指导站、兴化市农业局沙沟直属站	二等奖	泰州市级	2003
富营养水体水生蔬菜生态高效种植示范推广	兴化市农业技术推广中心	四等奖	泰州市级	2003
麦秸全量自然还田一麦（油）套稻技术标准体系的示范与推广	兴化市农业技术推广中心等	一等奖	泰州市级	2004
兴化香葱改良及标准化生产技术体系研究及应用	兴化市农业局、兴化市农业技术推广中心	二等奖	泰州市级	2005
黄鳝无公害全价配合饲料及其添加剂示范推广	兴化市渔业技术指导站、泰州六和饲料有限公司	四等奖	泰州市级	2006
测土配方施肥技术研究与推广应用	兴化市农技推广中心土肥站	二等奖	泰州市级	2007
新型渔用抗生素替代药物——鱼蟹福星	泰州市春达动物药业饲料有限公司	三等奖	泰州市级	2007
蔬菜种植和干燥加工关键技术集成与示范推广应用	兴化市科学技术局	二等奖	泰州市级	2008
异育银鲫“感染综合症”防治技术研究及药物开发——护肝泰	泰州市春达动物药业饲料有限公司	二等奖	泰州市级	2009
里下河地区（兴化）粳稻丰产高效技术集成研究与示范	兴化市农业技术推广中心 扬州大学农学院 泰州市作物栽培技术指导站	二等奖	泰州市级	2010

三、其他科技成果

1991—2010年，全市其他方面（主要是医疗卫生方面）泰州市级以上的科技成果230项，其中：由扬州、泰州市评出27项（二等奖4项、三等奖13项、四等奖10项），由兴化市自行评出的213项（一等5项、二等29项、三等75项、四等104项）。

1991—2010年兴化市其他方面科技成果一览表

表21-12

项目名称	完成单位	获奖等级	级别	获奖年份
乳酸环丙沙星注射液	兴化制药厂	三等奖	扬州市级	1994
频域分析在检测心室晚电位中的应用	兴化市人民医院	三等奖	泰州市级	1997
AO角钢板操作改进及应用范围的拓展	兴化市人民医院	三等奖	泰州市级	1999
EH复合人工骨修补颅骨缺损的临床研究	兴化市人民医院	四等奖	泰州市级	1999
小剂量美托洛尔与巯甲丙脯酸联合治疗心力衰竭	兴化市人民医院	四等奖	泰州市级	1999
中心潜挖后自制L型击平器治疗钙化型腰椎间盘突出症	兴化市人民医院	四等奖	泰州市级	2000
王少华治疗席汉氏综合征3法	兴化市中医院	四等奖	泰州市级	2000
米索前列醇预防产后出血的临床观察	兴化市人民医院	四等奖	泰州市级	2000
催产素治疗咯血的临床应用研究	兴化市人民医院	四等奖	泰州市级	2000

续表 21-12

项目名称	完成单位	获奖等级	级别	获奖年份
环磷酰胺和氟美松治疗肾综合征出血热的临床应用研究	兴化市人民医院	四等奖	泰州市级	2000
鼻中隔开放性整复术联合鼻骨骨折复位术治疗严重鼻外伤	兴化市人民医院	三等奖	泰州市级	2001
缬沙坦逆转高血压左室肥厚作用的临床研究	兴化市人民医院	三等奖	泰州市级	2001
贲门癌切除术后上切缘癌阳性的相关因素	兴化市人民医院	四等奖	泰州市级	2001
膨胀螺丝型自锁髓内针的研制	兴化市人民医院	二等奖	泰州市级	2003
CT引导下经皮肺穿刺活检对孤立性肺结节的诊断价值	兴化市人民医院	四等奖	泰州市级	2003
低场强磁共振胆胰管成像对梗阻性黄疸的诊断价值	兴化市人民医院	四等奖	泰州市级	2003
微创手术治疗重症高血压脑出血及继发脑室出血的临床应用	兴化市人民医院	二等奖	泰州市级	2005
膀胱全切Sigma直肠膀胱术	兴化市人民医院	三等奖	泰州市级	2006
急性心肌梗死介入治疗患者血浆晚期蛋白氧化产物水平的变化	兴化市人民医院	三等奖	泰州市级	2007
计算机三维重建EH复合型颅骨预制体修复额颞顶大面积颅骨缺损	兴化市人民医院	三等奖	泰州市级	2007
组合式骨外固定器结合有限内固定及肌皮瓣转移在治疗重度开放性骨折的应用	兴化市人民医院	二等奖	泰州市级	2008
缩宫素治疗肝硬化门脉高压并发上消化道大出血临床研究	兴化市人民医院	三等奖	泰州市级	2008
联合检测血清β-HCG和孕酮对异位妊娠的早期诊断价值	兴化市人民医院	二等奖	泰州市级	2009
后腹腔镜下肾上腺肿瘤切除13例体会	兴化市人民医院	三等奖	泰州市级	2009
脑钠肽在冠心病中的应用研究	兴化市人民医院	三等奖	泰州市级	2010
尼美地平对蛛网膜下腔出血后坐骨神经炎性因子表达的影响	兴化市人民医院	三等奖	泰州市级	2010
47例肺肉瘤样癌的特征及预后因素分析	兴化市人民医院	三等奖	泰州市级	2010

第三节　技术市场管理

1991年，全市举办《技术合同法》普及学习班，学习人数达375人，技术市场办公室全年登记数达124份。1992年，组织参加中国新产品新技术博览会和泰州技术交易会，技术市场办公室全年登记数达10份。1993年，组织企业参加技术交易活动。登记技术转让合同2份。全年开展技术咨询服务活动，全年接待科技咨询者300多人次。制定《民办科技机构管理办法》，全年新审批民办科技咨询机构4家，累计达13家。

1994年，配合兴化市秋季招商会编印《科技项目汇编》，汇集最新转让技术100项，全年进行技术合同法、专利法培训各1次，从事技术中介2项，协助企业签订技术转让意向书3份，技术交易额4万元。1995年，在板桥节期间收集整理信息100项，分发各乡镇、企业。选择14家企业与省技术市场信息网联网。组织有关企业和部门参加省高新技术博览会，参展产品获得2个金奖、6个银奖。1996年，市科技信息中心边筹建边开展工作，定期面向企业和有关部门编发科技信息，提供技术信息服务。1997年，建立科技信息服务中心，定期编印《科技信息资料汇编》，发送到各乡镇、各部门和有关企业。全年编发科技信息资料12期，提供实用的技术转让和科技合作项目200多项，开展科技信息咨询20多次。1998年，编印科技信息24期，征集技术难题招标项目12项，组织专家、行家解答基层企业技术咨询10多次，帮助有关企业申报专利技术和产品10多项。2001年，成功举办兴化科技集市，收集整理各类技术难题需求60项，并遴选30多项向全国64所高校寄发寻求帮助。

2002—2010年，产学研工作加快，组织企业参加各项科技活动110次，与高校、科研院所洽谈项目1000项左右，正式签约200项左右。

第四节　科技合作

1991年后，兴化市组织企业厂家参加中国高新技术新产品博览会、中国专利博览会、省高新技术博览会、省专利技术博览会，全市参展项目获金奖9项、银奖7项、优秀奖3项。

1998年12月，举办兴化科技招商洽谈会，会上对口洽谈120多个科技项目，形成合作意向40多项，正式与高校院所达成协议的项目5个。1999—2010年，组织参加泰州市第一届至第七届科技洽谈会，邀请上海、南京等地70所高校、科研单位的200多名专家、教授到泰州进行科技招商洽谈，洽谈签订合作项目800多项，其中正式协议150多项、帮助企业解决重大技术难题60多项。

2001年，组织召开特种合金材料及制品发展战略研讨会，邀请北京科技大学、同济大学、上海理工大学、上海应用技术学院等9家大专院校、科研院所的10多名专家教授与兴化市16家不锈钢冶炼及制品重点企业进行座谈和研讨。

2002—2010年，先后与国家钢铁研究总院、中科院沈阳金属研究所、上海市教委科技发展中心、江苏省海洋水产研究所、江苏省农科院等签订产学研合作协议；组织参加“钢研总院与兴化特种合金材料及制品产业基地产学研合作对接会”“企业院校行”“院校企业行”“中国国际工业博览会中国高校展区”等一系列产学研合作推进活动；加入上海高校技术市场，成为首批成员单位，提高全市产学研合作层次。

图21-4　2008年，市政府与国家钢铁研究总院签订产学研合作协议　（市科技局提供）

第六章　科技测报

第一节　地震测报

一、测报机构

1984年，市地震办公室撤销，地震测报及防震工作划归市科委分管。1998年4月，市政府批准建立“兴化市地震局”，仍隶属科技局管理（为二级局）。明确科技局一名副局长兼地震局局长，核定事业编制2名，经费纳入市财政预算。市地震局主要职能：编制全市防震减灾中、长期发展规划和相关专题计划，并组织实施；会同有关部门协助市政府拟订破坏性地震应急反应预案和综合防御措施，承担市防震减灾工作领导小组（市抗震救灾指挥部）办公室的日常工作；管理全市城镇及重大工程建设场地的地震安全性评价工作；负责全市重点工程建设项目抗震设防标准的审定工作；负责全市地震前兆台网管理和指导全市地震监测预报、防震减灾及宣传教育工作。

二、测报工作

1991—2010年，全市境内设有两个测报点：一是戴窑镇境内苏08#，二是市创业中心数字深井测震台和数字强震动台。市内地震监测预报仪器设备主要有LN-1型水位监测仪、SLJ系列力平衡加速度计、LN-3A数字水位仪、WYY-1型气温、气压、雨量综合测量仪、SZW-1A数字式温度计。由1名专职测报员负责苏08#的日常观测工作。

三、群测群防工作

1998年，市地震局成立后，每年利用科普宣传周进行防震减灾宣传。2006年，建立防震减灾网站，宣传防震避震知识。2006年12月，江苏省兴化中学获首批"江苏省防震减灾科普示范学校"称号。2008年汶川特大地震发生后，市地震局广泛深入开展防震减灾知识的宣传普及工作，扎实推进地震监测预报、地震灾害防御、地震应急救援3大体系建设。2009年，组织市振兴双语学校开展地震应急演练；制定《兴化市地震应急预案》，成立应急领导小组，推进"三网一员"体系建设，全市35个乡镇（开发区）和市防震减灾联席会议成员单位均安排专职或兼职地震速报人员，建立震情速报网络制度。在群测群防工作上，建立2个家畜宏观观测网点。2010年，对4月19日发生的ML2.8级地震、11月26日发生的ML3.0级地震，采取有效措施妥善处置，及时做好群众思想工作，稳定群众情绪。

1991—2010年兴化市地震情况一览表

表21-13

时间			震中位置			震级
年	月	日	地点	北纬	东经	
1991	1	13	兴化	32° 46′	120° 00′	2.0级
1991	12	19	兴化	33° 04′	119° 56′	2.5级
1994	5	14	兴化	33° 05′	119° 43′	2.8级
1994	11	30	兴化	32° 55′	120° 10′	2.3级
1995	2	14	兴化	32° 52′	119° 52′	3.2级
1997	12	17	兴化	32° 43′	119° 48′	2.4级
2001	5	27	兴化	33° 05′	119° 43′	1.7级
2001	6	26	兴化	32° 55′	120° 10′	1.8级
2003	2	28	兴化	32° 58′	119° 54′	1.7级
2003	6	27	兴化	33° 05′	120° 00′	1.8级
2004	5	10	兴化	33° 12′	119° 39′	1.8级
2006	4	26	林湖	32° 59′	120° 05′	3.2级
2006	5	2	兴化	32° 47′	119° 58′	2.5级
2007	11	21	兴化	33° 04′	120° 10′	1.3级
2007	11	26	兴化	32° 45′	120° 11′	1.3级

续表 21-13

时间			震中位置			震级
年	月	日	地点	北纬	东经	
2008	5	3	兴化与高邮交界	32° 56′	119° 44′	1.1级
2009	1	27	兴化	33° 06′	119° 57′	0.5级
2010	4	19	兴化	33° 05′	120° 06′	2.8级
2010	11	26	兴化	32° 58′	119° 59′	3.0级

第二节　气象测报

一、机构

1991年4月启用兴化市气象局名称，实行局站合一。1991年内设测报组、预报组和农气组，2002—2010年全局设置业务服务科和科技服务科。

二、气象观测

1991—2002年人工观测项目包括：云、能见度、天气现象、气压、气温、湿度、风向风速、降水、雪深、日照、小型蒸发、地温。2002年9月在站建立ZQZ—Ⅱ型自动气象站并试用，2003年1月1日起正式投入使用，实行自动站和人工站双轨运行。2005年1月1日起自动站实行单轨运行，其中自动观测项目有：风向、风速、气温、相对湿度、气压、降水、地温。2010年，“兴化国家气象观测站”正式立项。张郭、缸顾、钓鱼、下圩、老圩5个四要素站和东鲍、荻垛双要素站建成，实现全市乡乡有自动气象站。

【时间、频率】 1991—2002年实行人工观测，每天08、14、20时3次定时观测，夜间不守班，2003年1月1日起实行风向、风速、气温、相对湿度、气压、降水、地温自动观测，每分钟采集一次数据。

【观测设备】 人工观测设备：温度计、湿度计、气压计、EL型风向风速计、雨量计、日照计、蒸发皿；自动观测设备：ZQZ—Ⅱ型自动气象站，观测包括：风向、风速、气温、相对湿度、气压、降水、地温。2003—2010年，先后在35个乡镇（开发区）建立区域自动气象站，实现观测设备全网覆盖。

1992年9月新建711B型数字化测雨雷达；1993年12月安装WT–8A卫星云图接收设备；1999年9月安装启用“9210”工作站，通过Micaps系统使用高分辨率卫星云图。2005年2月开通省—市—县2M视频会商系统。2006年11月建成GPS观测站。

【天气预报】 1991年，应用数值预报释用技术，制作短期天气预报和48小时及天气趋势预报；1999年9月起，通过“9210”卫星单收站获取更多数值预报产品和气象资料，天气预报水平得到明显提高。

【气象服务】 公众气象服务。20世纪60年代初起，利用全县有线广播站播报天气预报；1997年10月，开通“121”声讯电话自动答询系统（2005年8月改号为“96121”），开展短期预报、3—5天天气趋势预报、生活指数、农业气象和科普知识等信息服务；1999年9月起由兴化市气象局制作《天气预报》在兴化电视台播放；2005年起利用气象电子显示屏提供预警服务；2007年6月起开通市、乡、村各级领导和气象信息员手机短信气象预警服务；2008年4月发布兴化政府网站天气预报；为历届郑板桥艺术节、菜花节、大型集会等重大活动提供气象保障服务。

决策气象服务。20世纪60年代，以口头或书面方式向县委、县政府提供气象预报；1980年起，开展《重要天气报告》《气象旬报》和《农业气象预报情报》气象服务；1990年起，利用《重要天气公报》《防汛专报》等形式提供决策服务，在“9015”号台风、1991年特大洪涝和2008年初严重低温雨雪冰冻灾害中，为市委、市政府和防汛部门正确决策发挥重要作用；2006年10月起建立兴化市重大气象灾害预警信息发布平台；2008年6月建立兴化市气象防灾减灾联席会议制度。

专业与专项气象服务。从1985年起建立气象警报服务台，为全市砖瓦行业提供专业服务；1987年建立农村气象警报网，为乡镇、村和粮库等提供粮棉油生产专项服务；1992年3月为供销社棉花收购行业提供专业服务；1996年1月起，为交通工程建设和港监提供专项服务；2005年起，利用电子邮件为供电行业提供专项服务；2006年起，为高效农业基地大棚瓜果蔬菜生产提供专业气象服务。“气象服务一路通”被兴化市文明委评为2007年度兴化市优质服务品牌。2008年起，逐步开展气象显示屏服务。

图21-5 市气象局工作人员为高效农业服务
（2008年摄，市气象局提供）

农业气象服务。从1997年起开展气象为大棚早西瓜生产专题服务；2006年起开展气象为新农村建设服务，为草莓、西红柿、哈密瓜等高效农业生产基地提供气象服务；2008年7月，在全市建立一支650名农村气象信息员队伍，使气象为农服务工作向村延伸。

第三节 水文测报

一、机构

2009年8月前，兴化水文站隶属江苏省水文水资源勘测局扬州分局管理。2009年8月后，隶属江苏省水文水资源勘测局泰州分局。至2010年末，有工作人员2名，其中合同制人员1名，下设6个委托站，分别为沙沟水位站、中堡水位站、安丰水位站、唐子镇水位站、沈坨水位站、老阁水位站，主要业务为水文测验、观测资料整编、水文站网管理，协助上级部门开展兴化市地表水功能区、集中式饮用水源地、入河排污口、深层地下水的采样和水质监测工作，为兴化市防汛防旱提供雨水情服务，为兴化市水资源管理提供技术支持，开展建设项目水资源论证、涉河建设项目防洪评价、水文测量等对外有偿服务。

二、报汛与测报

1991—2010年，全年向国家、省、市防汛指挥部及周边地区通过网络报送雨水情信息，1991年、2003年、2006年等洪水期根据上级要求加报特殊雨水情。测报项目有降水量、地表水水位、蒸发量、浅层地下水位、地表水温、地下水温等。（相关水文测报数据参见《水乡地理》卷第二章第三节《水文》与第三章第一节《气候》）

卷二十二 教育

1991—2010年，市委、市政府贯彻《中华人民共和国义务教育法》和中共中央《关于教育体制改革的决定》等法律、文件精神，在全市大力推进九年制义务教育，实施教育管理体制政策。全市实行以校长选任负责制、教师定编聘任制、教育教学责任制为主要内容的学校内部管理体制改革。建立分级办学、分级管理体制。全市各级各类学校在教育、教学方面取得显著成绩。

兴化市继1988年被国务院授予"扫除文盲先进市"称号后，将推行九年制义务教育列入工作目标。1992年，实施小学六年义务教育，学龄儿童入学率达99.8%，12—15周岁少年儿童义务教育普及率达99.2%。1996年4月，通过省政府组织的评估验收，全市全面实施九年义务教育。随着乡村环境和交通状况的改善，全市对中小学布局作较大调整。为实现教育公平，进行中小学招生制度改革。在政府鼓励下，社会力量积极参与办学，民办教育事业健康发展。

自1995年起，根据《中华人民共和国教育法》，逐步建立起以市财政拨款为主，其他多渠道筹措教育经费为辅的体制，教育经费逐年增长，从1990年的1834.2万元到2010年的100048万元，20年增长53.55倍。新建、扩建、改建一大批学校校舍，购置大量图书、教具和现代化教学设施，办学条件大为改善。

2010年，全市有高中10所，451个班，教职员1863人；在校学生24556人，其中毕业班学生8003名，27.8%考入大学本科。初中16所，809个班，教职员3242人，在校学生34390人。小学55所（含37所九年一贯制学校），另有教学点81个，计1468个班，教职员5197人，在校学生58757人。与此同时，学前教育、职业教育和成人教育也取得长足发展。

图22-1　江苏省兴化中学　（2010年摄，省兴化中学提供）

第一章　教育改革

1989年，兴化市进行以“校长选任负责制、教师定编聘任制、教师岗位责任制”为内容的“三制”改革，学校内部管理工作得到一定加强。1999年，全面深化“四制”（校长负责制、教师聘任制、岗位目标责任制、校内结构工资制）改革。2007年，实行教育系统人事分配制度改革。2010年，启动实施新一轮农村小学布局调整，促进义务教育均衡发展。

第一节　教育体制改革

一、分级办学、分级管理

1985年8月，贯彻落实中共中央《关于教育体制改革的决定》文件精神，明确县、乡（镇）对基础教育的责任，实行分级办学、分级管理。农村小学和初中由乡镇办，县城的城东中学、城西中学、城南中学、新生中心小学及其所属各小学由昭阳镇办。兴化中学、昭阳中学、城北中学、鲁迅中学、戴南中学、周庄中学、茅山中学、竹泓中学、大垛中学、戴窑中学、安丰中学、舍陈中学、大邹中学、沙沟中学、魏庄中学、唐刘中学、县职业技术学校、县多种经营技术学校、实验小学和教师进修学校等20所学校由县办。分级办学后，学校领导干部、教师队伍、教育计划和教育经费也实行分级管理。

1995年后，随着农村乡镇集体经济发展格局的变化，一些乡镇筹措教育经费的能力有所下降，向群众集资办学也出现较大困难，个别经济困难的乡镇出现拖欠教师工资的现象。2001年5月，国务院、省政府连续就基础教育管理体制、取消农村教育集资和向农户征收教育事业附加费发出通知。为此，兴化市政府就农村义务教育体制、办学经费及教师补（津）贴等问题作出一系列决定。农村中小学教师工资上划市财政统一发放管理，彻底解决农村中小学教师工资发放问题。

2001年1月，撤销各乡镇教育管理委员会办公室，设乡镇教育助理。乡镇教育助理属事业编制，教师身份，在乡镇中心小学办公。2001年3月，兴化市职工中等专业学校由市经委管理整体划归市教委管理。2002年4月，市直机关幼儿园整体划归市教育局管理。

2005年3月，市政府下发《关于建立农村中小学公用经费保障机制的意见》，保证农村中小学公用经费投入。2007年12月，市委、市政府按照农村义务教育实行“以县为主”的管理体制要求，调整完善乡镇教育管理体制。乡镇党委、政府明确1名公务员担任教育助理，负责协助乡镇长管理教育事务，并接受市教育局工作指导。明确学校法人主体地位，乡镇初级中学、中心小学为独立的法人，“九年一贯制”学校为1个独立法人。昭阳镇中小学实行市镇一体化。同时市政府建立农村义务教育经费保障机制，从2008年起，农村义务教育经费全部上划到市。理顺编制关系，乡镇成人教育职能划入乡镇政府所在地初级中学，成教人员纳入初中编制。乡镇幼儿教育管理职能划入施教区内的乡镇中心小学，幼教管理人员（含在编幼儿教师）统一纳入乡镇中心小学编制，村小、完小人员原则上编制关系保持不变。明确工作职责，乡镇教育助理完全回归行政身份，不参与教育教学业务管理。法人单位校长居于教育教学的中心地位。建立政府督学工作制，市政府进一步加强对乡镇学校的教育督导工作。

2009年12月，市教育局出台《关于在全市义务教育学校建立学区教育教学管理机制的意见》，全市义务教育学校以区域分成10个学区（戴南学区、戴窑学区、陈堡学区、张郭学区、安丰学区、大垛学区、城东学区、大邹学区、沙沟学区、城区学区），学区建立管理领导小组，执行“四个统筹”，即统筹学区重大管理事项，统筹学区教育教学工作，统筹学区教育资源配置，统筹学区评比表彰奖励活动。2010年，市楚水实验学校初中部、小学部，市实验中学及昭阳实小回归公办，整合城南学校、阳山学校、楚水学校资源，组建公办楚水初级中学、楚水小学，新成立景范学校、昭阳湖幼儿园。

二、学校内部管理体制改革

1989年，全市进行以“校长选任负责制、教师定编聘任制、教师岗位责任制”为内容的“三制”改革。1999年下半年，全市各级各类学校根据市委、市政府《关于加强教育工作的意见》，全面深化“四制”（校长负责制、教师聘任制、岗位目标责任制、校内结构工资制）改革。按照市教委实施意见，各学校普遍实行教师二级聘任（校长聘班主任、班主任聘任课教师）和结构工资制。教师竞争上岗，择优聘用，提取工资总额的30%作为浮动工资进行考核，多劳多得，优绩优酬，调动广大教师的工作积极性。

2001年，全市公开选拔28位年轻校长助理。2002年起，推行学校干部竞聘上岗制度。至2010年底，全市有900多位中青年骨干教师通过公开竞聘走上学校管理岗位。

2007年7月，市政府下发《振兴兴化教育三年行动计划》，全市教育人事分配制度改革工作全面推开。7月2日，市委、市政府在安丰镇召开试点动员大会。安丰高级中学、安丰镇中心小学的试点工作按期完成后，于7月21日召开教育系统人事分配制度改革动员大会。当年暑期，全市完成各学校、各乡镇在核定岗位定编数额内竞聘上岗，落聘人员按预定计划分流。至7月底，全市有在编教职工11084人，核定岗位数9623人，其中：市属学校2810人，核定岗位2934人；乡镇8274人，核定岗位6689人。全市通过竞聘上岗9043人，落聘2041人。同年秋季开学起，全市中小学推行绩效工资制，做到“以岗定薪、岗变薪变、绩优薪优”。2008年，制定出台《教育人事分配制度改革学校岗位调整暂行办法》，规范岗位管理，严肃绩效考核，建立起学校学年度考核末位转岗、年度岗位调整的正常机制。2009年，出台《兴化市义务教育学校教职工绩效考核工作指导意见》，改革教学质量评价办法，增强教师的岗位意识、质量意识和危机意识。出台《兴化市人事分配制度改革2010年度学校岗位竞聘实施意见》，组织第二轮全员竞聘上岗，全市在编教职工10445人，核定岗位数9225人，9000余名教师参加竞岗教学能力测试，全市通过竞聘上岗8720人，落聘1725人。

2009年起，对中高级职称评审推荐办法进行改革，按照“四公开”要求，公开本单位的岗位指标数、公开述职、公开展示教育教学和教科研实绩，公开评审推荐上报人员名单。规范申报推荐程序，出台《2010年教师专业技术资格考评推荐工作意见》，在评审推荐过程中，坚持量化记分和考试积分相结合，确保评审推荐工作客观、公正。2010年，市教育局印发《兴化市教育人事分配制度改革2010年学校岗位竞聘实施意见》，继续深化教育人事分配制度改革，推进全市中小学教师队伍建设。

第二节 教学改革

一、课程改革

【义务教育阶段课程改革】 1993年，开始实施江苏省《九年制义务教育全日制小学、初级中学课程方案》,小学学科设有语文、数学、思想品德、音乐、体育、美术、劳动、常识、历史、地理、活动课程、地方课程等。1998年,学科设置有语文、数学、思想品德、音乐、体育、美术、自然、社会、活动课程、地方课程等。自1986年起,初中执行国家教委和省教委颁布的教学计划,开设13门必修课:语文、数学、外语、政治、物理、化学、生物、历史、地理、体育、音乐、美术、劳动技术。2000年开始,微机课正式纳入课表。2001年,教育部颁发《基础教育课程改革纲要(试行)》。2002年,小学、初中起始年级进入新课程改革。市实验小学、安丰镇中心小学等7所小学,市板桥初中、陈堡初中等7所初中参加市综合实践活动课程实验。在课程结构上:小学1—2年级开设《品德与生活》,3—6年级开设《品德与社会》,《自然》改为《科学》。重新开设《健康》课。从3年级起开设《英语》。3年级以上各年级将综合实践活动作为必修课程。2002—2005年,初一年级开设地方课程《兴化历史》和《兴化地理》,并在初二组织全市会考。2005—2010年,根据新课程标准要求,各中小学结合各自办学特色,自编校本教材。

【高中阶段课程改革】 1991年,各普通高中执行国家教委颁发的新教学计划,增加选修课、活动课和社会实践活动。2000年秋季高一年级起,实施教育部颁布的全日制普通高中新课程计划,全部学科分必修和选修两类。信息技术和艺术正式列入课程。强化综合实践活动,分为研究性学习、劳动技术、社区服务和社会实践4个门类。2005年,全市普通高中按《基础教育课程改革纲要》精神,全面实施新课程改革。江苏省兴化中学、市楚水实验学校、市周庄高级中学担当泰州市普通高中课程改革实施“样本校”任务。为保证学生自主选择课程,多数必修课一般按照原班级安排课程教学;选修课则根据学生选择情况组织教学班,允许学生跨班或跨年级上课。全市高中教师更新教育理念,在课堂教学、实践活动等方面都有新的突破。2010年,全市贯彻全国基础教育课程改革经验交流会议精神,深化课程改革,加强地方课程、校本课程建设,组织和开展各类综合实践活动,重视高中通用技术教学工作。学校全面实施大课间操活动,确保学生每天在校体育活动达1小时以上;组织周末快乐驿站,加强学生双休日活动指导,丰富校园文化生活;培养学生体艺特长,成立叶江川国际象棋学校;开设艺术实验学校文体双修班,创建体育特色学校。

二、课堂、学科教学改革

1991年以后,为提高课堂教学质量,每年层层开展优秀课的观摩活动。对于教学常规以做到“五认真”(认真备课、上课、布置与批改作业、辅导、考核)为重点。每年市教育局制定中小学语文、作文、数学、物理、化学、政治、思品、音乐、美术等学科教学常规要求。各完中、教管办制定切合本校实际的教学管理制度(包括备课、上课、作业批改、辅导差生、实验室管理、卫生保健等管理制度)。1991年,根据省教委调整教学计划,兴化中学、鲁迅中学、戴南中学等绝大多数完中都相应制定实施调整教学计划的方案,保证开足、开全、开好选修课和必修课。制定实施《兴化市中小学教学常规40条》,对课堂教学作出明确规定。开展对小学语文的“四步导读”(读通、读熟、读懂、读好四读构建的教学模式)“三线并进”(把识字、阅读、写作的训练融为一体的经验)和小学数学思维能力训练以及中学的政治课、小学思想品德课的教学研究,先后在实小、新生小学开观摩课,在全市推广低年级语文教学“三线并进”。实小、新生、戴窑、舍陈小学,分别对思品课的考核,课堂结构以及对学生道德行为序列训练进行专题研究。“注音识字,提前读书”“李吉林情景教学法的运用”两项实验相继推广2年,并取得成效。是年,全市推广东鲍乡复式教学管理,茅山镇制订复式教学管理的实施细则。至1993年,全市教学管理基本做到“四不”(不随便改变教学计划、不随便增减课时、不随便停课、不任意组织考试和加大作业量)。1994年,全市各校进一步落实《关于改革和加强中小学语文教学的意见》,以语文教学改革为突破口,推动各学科教研活动的开展。在职业学校教学管理上,强化文化课和专业课的教学管理。1995年,加强实验课教学,全市中心中学实验开出率达90%以上,戴南镇实验中心把实验开设情况与学校、任课教师的考核挂钩,调动上好实验课的积极性,使实验开设率达100%。1996年,在语文教学改革上,努力把语文课上成以语言训练为主的课，克服"老师讲，学生听；老师问，学生答；繁琐分析，简单提问"的教学弊端。1997年，完成1—6年级作文教学训练序列，课堂指导变静态指导为动态指导。小学数学教学在彻底改变旧程式的教学基础上，重视过程教学的研究，重视学生参与教学过程，重视学生操作训练。幼儿教学促进分科教学向综合教育转化。由于活动课的正常开展，音乐、美术课堂教学的改革，一般学校都能组织1个小时的艺术节目。1998—2000年，周庄、张郭两镇中心中小学开展课时改革（课时总量不变），开展对洋思经验的学习和研究活动。1999年，全市绝大多数学校开足开全体育课和健康教育，体育教学中以学生为主体，兴趣为先导。

2003年，修订《兴化市中小学教学常规管理基本要求》，进一步倡导学生的学习要从传统的被动接受为主转变为自主、合作、探究为主。教师起组织、指导、引导、促进学生学习的作用，围绕学习任务合理安排学生进行阅读、练习、研讨、探究、交流等学习活动。2005年，市文正实验学校赵冬俊获全国课改实验区小学语文赛课一等奖。2007年，制定出台《兴化市青年教师课堂教学达标管理办法》，组织开展高中理化生和初中英语学科青年教师教学能力测试。组织考察学习孟照彬教授"有效教育"、潍坊五中的"小组有效合作学习"、杜郎口中学的"三三六"自主学习模式等，不断改进教法。2007年，市委办、市政府办制定《振兴兴化教育三年行动计划》，开展"有效"教学，积极构建理想课堂。坚持面向全体学生，开全开足课时；统一教科用书、统一教学进度、统一备课要求、统一质量检测、统一考核尺度。

2009年，实施"减负提质增效"工程，出台《关于进一步提升教学质量的意见》。制发《兴化市规范义务教育阶段学校教学常规管理深入推进减负提质增效工程十项规定》，统一安排并逐一审核全市义务教育阶段学校课程、课时和作息时间。制定《全市2009—2010学年度普通高中教育教学管理工作要点》，规定各校要依据有关规定对双休日和其他法定节假日作出合理安排，学校必须保证学生每天有一小时集体体育锻炼时间（含体育课、课间操和课外体育活动）。深化课堂教学改革，课堂教学要以新课程理念为指导，以提高课堂教学效率为中心，在语、数、外、史、物等学科中推行"学案式教学"，努力构建理想课堂，在实践中积极探索"主体参与、多元互动、和谐精深"等有效课型，推出一批典型课例在全市示范、引领广大教师针对预习、上课、复习、作业、练习等环节，培养学生自觉预习、主动生成、及时巩固、系统整理、定期复习的良好习惯，掌握学习的主动权。2010年，市板桥初中、安丰初中被评为全国综合实践研究先进单位。

三、素质教育

【思想道德素质】（参见《精神文明建设》卷第一章第三节《青少年革命传统教育与道德教育》）

【能力培养】 20世纪90年代后期，在兴化中学、板桥初级中学和实验小学的引领下，各学校从学生身心发展不同特点出发，因地因校制宜，着眼于教育教学全过程与各个环节，运用多种方式着力培养学生学习的主动性和创新能力，德、智、体、美、劳五育并举，促进学生生动活泼地全面成长，提高学生的整体素质，从而适应时代的发展与社会的需求。2001年，兴化中学、楚水实验学校、板桥初中、实验小学等学校改进课堂教学、公开课教学活动都突出教育思想转变，教学质量逐年提高。2009年，兴化市推进素质教育，依法规范办学行为，实施"减负提质增效"工程，市政府出台《关于进一步提升教育教学质量的实施意见》，市教育局制定《兴化市规范义务教育阶段学校教学常规管理深入推进减负提质增效工程十项规定》，统一安排并逐一审核全市义务教育阶段学校课程、课时和作息时间。全市学校教育教学效益得到提升。各学校充分利用现代教育技术和多媒体手段，加强素质教育。2010年，兴化中学在全省数学、物理、生物、作文等学科竞赛中获得15个一等奖。

【个性发展】 自2008年开始，兴化中学分别设立初中生、高中生现场作文大赛，增强学生写作兴趣，促进全市中学作文教学。2009年，全市各中小学校严格执行省教育厅的"五严"（严格禁止下达高中考升学指标、严格控制学生在校集中教学活动时间、严格执行国家课程计划、严格规范考试和招生管理、严格制止义务教育学校违法办学行为）规定，减轻学生过重课业负担，推进素质教育。在新一轮课程改革中，全市各中小学校全面开设综合实践课程、研究性学习课程。茅山中心校关注地方特色文化——茅山号子，开展“寻找散落民间的珍珠”综合实践活动，探寻茅山号子的源头以及茅山地区的其他民风民俗。林湖中心校开展“寻访林湖历史，感受家乡文明”的社会实践活动，该校非物质文化遗产调查小组发现《曲词工尺杂语》《良言曲词》等手写本，为地方特色戏曲文化的研究、发掘，为兴化提线木偶戏这一古老艺术焕发生机提供珍贵资料。

2009—2010年，市教育局制定《义务教育阶段学生双休日活动实施指导意见》，各校积极组织课程类、主题类、休闲类、兴趣类、特长类5类活动，丰富学生的课余生活，提高学生的综合素质。同年，在市文明委的领导下，市教育局、市文化局、市体育局、市科协、团市委、市司法局、城市社工委、市关工委等部门成立市“青少年学生周末快乐驿站”组委会，按照“学生自愿参加，学校有序组织”的要求，充分整合教育资源，加强少儿大舞台、少儿棋类学习竞赛基地、少儿球类活动基地、少儿书画大学堂、少儿科普探索大本营、少儿读书俱乐部等六大活动阵地的建设。

图22-2　艺术特色教育　（2010年摄，市教育局提供）

【体育教育】 1991年以来，针对每个学生不同的身心发展状态，认清每个学生的优势，开发其潜能，培养其特长，让每个学生都具备一技之长，使全体学生各自走上不同的成才之路，成长为不同层次、不同类型的有用人才。2001年，兴化市有8名考生被空军飞行院校录取，列江苏省第一，受到南京空军招飞中心的表彰。2007年，兴化市推进阳光体育活动，在课程设置上保证学生每天有1节体育课或体育活动课，确保学生在校体育活动时间不少于1小时。实施体艺“2+1”项目，通过课内外体育和艺术教育活动，要求每位学生在九年义务教育阶段能较好地掌握2项健身锻炼的体育技能和1项艺术技能。2009年举行中小学生乒乓球赛、庆六一小学生径赛、“唱响青春”中学生合唱比赛，举办兴化市第三届少儿艺术节，推进“国学进校园”“国象进校园”“国粹进校园”工程，特色化办学取得重要成果。2010年，兴化市创建21所体育特色学校，成立叶江川国际象棋学校，启动普通高中体艺特长生招生工作。楚水实验学校文体双修班、中等专业学校获泰州市中小学生田径赛小学组、职教组团体总分第一名，市特殊教育学校在全省残运会上夺得1枚乒乓球银牌。组织全市中小学开展丰富多彩、形式多样的学生阳光体育冬季长跑活动，兴化市被教育部、团中央、体育总局表彰为“第三届全国亿万学生阳光体育冬季长跑活动优秀组织单位”。

四、品德教育

（参见《精神文明建设》卷第一章第三节《青少年革命传统与道德教育》）

五、减轻学生负担

1990年，制订《兴化市中小学校教学常规管理基本要求》，从端正办学思想，规范课堂教学行为，到减轻学生过重负担，明确40条要求。随着教学改革的深化，2000年，对“教学常规40条”进行第一次修订。2004年，根据新课程要求，再次进行修订。2009年，兴化市进一步加强教学常规管理，深入推进减负提质增效工程，统一安排全市义务教育阶段学校课程、课时和作息时间。严格执行省教育厅“五严”规定，切实规范课程设置、作业总量、考试次数、学生在校活动时间等。规定小学、初中和高中学生每天在校集中教学时间分别不得超过6小时、7小时和8小时。不得组织非住校学生上晚自习，住校生晚自习控制在每天2课时，严禁利用晚自修时间组织文化补习或考试。小学一、二年级不留书面家庭作业，小学中、高年级和初中高中学生每天家庭作业总量分别不得超过1小时、1.5小时和2小时。确保中小学生每天在校体育活动时间不少于1小时，保证学生每天睡眠时间，小学、初中和高中分别不少于10小时、9小时和8小时。严格禁止组织中小学节假日补课。全省中小学严禁组织任何年级学生在节假日（含双休日和寒暑假）集体上课，或以补差、提优等形式变相组织集体上课。市教育局采用专项督查和随机抽查相结合的办法，及时掌握并通报各校执行规定的情况。聘请行风监督员担任减负监督员，指导和监督学校减负工作。重点查处“校中校”“重点班”以及双休日、假期补课等违规行为。2009年，印发《关于进一步规范从教行为严禁在职教师从事有偿家教的通知》。至2010年，学生课业负担过重现象得到一定遏制，全市学校教育效益得到提升。

第三节　招生考试改革

一、小学招生制度

1986年，《中华人民共和国义务教育法》颁布后，全市小学招生实行按施教区就近登记入学。每年市教育局发布施教区范围，所有适龄儿童按时到施教区内小学就读。

1998年，启动村小布局调整，合理配置资源。全市各乡镇中心小学和城区小学全部推行学生考核成绩等级制，分优秀、良好、及格、不及格四个等级，取消百分制。2001年起，全市小学进行学生信息技术等级考核和英语等级测试。

二、初中招生制度

1997年以前，兴化市实行小学升初中统考制度，小学毕业、升学一次考试，各中学按学生志愿和考试成绩分别录取。在城区，兴化中学每年初一招生，指标按相同比例分别下达各小学，再平均分配到毕业班，从高分到低分，择优录取。城区其他中学的录取由市教育局划定最低分数线，各校按择优录取和就近入学的原则取足为止。1997年，全市农村取消初中入学考试。1998年，城区取消初中入学考试，所有初中均根据就近入学的原则，按施教区招收初一新生，逐步使学生接受公平的初中教育。1998—2010年，城区每年制订公办学校布点和施教区调整方案。

三、普通高中招生制度

1991年后，统一组织的初中生毕业和升学考试的基础上，按照学生填报的志愿，采取德智体全面衡量，由高分到低分择优录取的办法。学生根据自己的学业成绩和实际情况，可报考重点高中、一般高中、职业高中（含技工学校）。1992年开始实行初中毕业生升学体育考试，成绩纳入中考总分。1994年起，各完全中学普通高中招收自费生，每个班限招5—8名，规定凡录取的学生除正常缴纳学杂费外，还需一次性缴纳高中三年培养费3000元。以后几年，自费生招收的比例有所扩大，部分普通高中经审批同意，扩大招生范围，自主招生。1997年，兴化中学高一年级提前招生，此后有所间断。

按省教委要求，从1991年入学的高中一年级学生开始实行会考，着重对基础知识、基本技能和应用知识能力进行考核，考试科目由省统一命题制卷，统一计分标准，统一考试时间。会考中对单科成绩不及格或因故缺考者，允许补考。按规定，普通高中应届毕业生取得“江苏省普通高中会考合格证书”和学校毕业文凭，方可参加高一级学校的招生考试。按省教育厅规定，从2005年秋季入学的学生开始实行学业水平测试，替代原有的高中会考。学业水平测试由省考试院统一命题、统一阅卷和统一计分。学业水平测试分必修科目和选修科目，其中必修科目5门、选修科目2门，艺术类、体育类考生如不兼报普通类专业，可选择7门均为必修科目。按规定，学业测试成绩只记载等级，不记载原始分。考试成绩只通知考生本人，不公布、不查卷。2007年，兴化市组织首次普通高中学业水平测试，全市2005级考生及格率达80%左右。2010年，全市9423名考生参加学业水平测试，及格率达90%以上。

第四节　民办教育

一、事业概况

1990年初，兴化市出现少数社会力量举办的教育机构（又称“民办教育”）。这些机构大多为市有关部门办的职业技术学校，后又有市政协等单位举办的高考补习班。

1999年，市供销合作社申报振泰外国语初级中学（后改名“振兴双语学校”），其后范明森创办明升双语学校。2001年底，全市有民办学校8所，在校学生3900多名。这些学校涵盖基础教育的各教学阶段，在校生占全市中、小学生数的1.8%。学前教育领域的民办幼儿园占全市入园幼儿的81.1%。

2002年，兴化市政协提出《关于进一步发展我市民办教育的建议》。同年市政府出台《关于鼓励社会力量参与办学的意见》，提出“十五”期末全市民办学校学生数达23000人，占全市中小学生总数10%的目标。2003年，制订《兴化市民办学校设置和管理暂行规定》和《兴化市民办学校管理章程》，民办教育的发展进入快车道。2004年，各类民办学校增至22所。2005年达38所，学生总数38753人，占全市学生总数的23.43%。

2006年，贯彻省教育厅《关于进一步做好改制中小学清理规范工作的通知》精神，按照“四独立”（独立法人、独立校园校舍、独立进行经费核算和人事管理、独立进行教育教学）要求，进行认真清理、整顿，规范民办学校的办学行为。对不符合“四独立”要求的阳山实验学校等12所改制学校取消招收新生计划，吊销办学许可证，停止按民办学校收费，回归公办学校的办学体制。全市民办学校降至23所。经省教育厅批准的楚水实验学校、昭阳实小、实验中学、沙沟石梁、安丰育才、永丰朱严、新垛曙光7所学校，同意继续办学，并严格执行公办民营学校财务管理办法，对其办学收入除发放教师报酬外，一律用于偿还所欠教育债务，待债务还清后，回归公办。对受聘在民办学校工作的本市在编教职工，视同公办学校教师管理，公办教师身份不变。对照省对民办学校的要求加强规范管理，对条件不具备、设置不合理的停止其继续办学，收回办学许可证。同时，对民办学校加强财务监管，建立财政专户，实行收支两条线，资金由投资者按规定正常使用，接受市财政和教育部门的监管。对招生广告和招生简章的发布实行严格审批。

2010年，全市有民办学校10所，其中：振兴双语学校为独立初中学校；乐吾实验、文昌、芙蓉外国语、唐子实验、天路双语、明升双语、楚天实验7所学校为九年一贯制学校。文正实验学校与板桥高级中学为十二年一贯制学校。全市民办学校有班级318个，其中小学90个、初中144个、高中84个。在校学生数14574人，占全市在籍学生总数的12.38%。其中小学生3066人、初中生6847人、高中生4661人，分别占各自总数的5.22%、19.91%和18.98%。

二、民办学校选介

【兴化市振兴双语学校】 原名“振泰外国语初级中学”，创办于1999年，是改革开放后市内出现的第一所股份制民办学校。位于昭阳镇王家塘小区，占地20亩，建筑面积6730平方米。2000年，被江苏省教育厅、科技厅、科协表彰为“江苏地区实施素质教育先进学校”，2001年成为“清华双语教育实验基地”，2003年3月被泰州市委、市政府表彰为“五星级安全文明单位”。2004年12月被中国素质教育教学研究学会定为“全国素质教育教学试点单位”，2005年3月被江苏省民政厅表彰为“民办非企业单位先进集体”。同年12月，被泰州市民政局表彰为“民办非企业单位自律与诚信建设先进单位”。2007年被中国民办教育协会表彰为“全国民办学校守诚信、重教育质量双保障示范单位”。多次被兴化市表彰为“综合治理先进单位”。2010年有14个班，657名在校生。教职工75人，其中专任教师47人。

【乐吾实验学校】 坐落在明代平民思想家韩乐吾的故里——戴窑镇。学校由王华桂于2004年出资创办。学校占地180亩，建筑面积5万平方米，2010年有小学、初中两个学部，学生全部寄宿，教学班55个，在校学生2394人，教职员工300多人。学校所有硬件设施全部按部颁标准建设。学校始终把“关爱”作为基本教育策略，把“成人”作为育人的首要任务，把“学生安全、家长放心”作为学校管理工作的第一要务，把打造“书香校园、成长乐园、爱心家园”作为“十二五发展规划”的具体抓手。学校申报的“为留守儿童打造‘成长乐园’的实践研究”国家级科研课题，由教育部中国教师发展基金会批准立项。2010年该校被教育部、中国教师发展基金会评选为“全国民办教育先进集体”。

【兴化市文正实验学校】 位于城南新区牌楼南路。2003年7月由北京新民投资有限公司与兴化市教育学会合作创办，为全寄宿制民营学校。校名“文正”，取名于曾任兴化知县的北宋政治家、文学家范仲淹的谥号。学校由迟浩田上将题写校名。总投资1.5亿元，占地319亩，总建筑面积28.4万平方米。图书馆藏书15万余册，有现代化多功能实验室、一应俱全的多媒体网络，学生公寓安装冷暖空调。学校体育场地设施齐全，有400米标准塑胶跑道、标准足球场和网球场、篮球场、排球场、羽毛球场及乒乓球室等。2004年9月，正式交付使用。2006年，学校获“全国先进民办学校”称号。2010年，全校设83个班，其中小学、初中、高中3个阶段分别为10个、28个、45个班。学生总数4458人。教职工245人，其中专任教师243人。

第二章 基础教育

第一节 学前教育

一、事业概况

1980年后，兴化市贯彻中共中央、国务院转发的《全国幼托工作会议纪要》精神，全县（市）幼儿教育事业得到较快发展。1991年，全市有幼儿园897所，1090个班。入园幼儿32863人。

1991年后，在建设“教育现代化乡镇”中，各乡镇政府加大对农村中心幼儿园的建设投资。1991年、1992年，大邹、钓鱼镇各集资10多万元，建起标准较高的幼儿园，园内有活动室、幼儿寝室、教师办公室、食堂、花园、游泳池等设施，成为扬州地区样板园。1993年，按照《江苏省幼儿园(班)登记注册办法》，对全市各类幼儿园(班)进行登记注册，1995年全面完成注册工作。通过注册登记，全市农村幼儿教育有所发展，学前一年的入园率大幅提高。1999年，全市有各类幼儿园(班)744所，1434个班，在园幼儿36546人，3—6周岁幼儿入园率达84.5%。2000年，全市绝大多数乡镇都办起具有一定规模的中心幼儿园，基本普及学前三年教育，同时办园条件也有明显改善。新垛乡多方筹措资金250多万元，张郭镇吸引民间资金300万元，分别建成功能齐全、设施一流的中心幼儿园。

20世纪90年代，对私人办幼儿园(班)采取鼓励政策，私人办园(班)发展很快。2001年，教育行政部门对全市各类幼儿园(班)进行第二轮登记注册，同时下发《兴化市规范幼儿教育管理实施细则(试行)》，规范民办幼儿园的审批程序。2006年，全市有各类注册幼儿园(班)214所，班级805个，在园幼儿24115人，3—5周岁幼儿入园率上升到94.2%。全市形成以社会力量办园为主体、教育部门办园为龙头，国家、集体、个人共同参与的办园体制。但幼教事业发展不平衡，至2006年底，有7个乡镇没有中心幼儿园，一些个人办园(班)存在小、散、乱现象，未登记注册的幼儿园(班)还存在。为保障学前教育健康发展，市教育行政部门根据江苏省2006年农村幼教工作会议精神，对照省《学前教育机构登记注册办法》，出台《兴化市幼儿园园籍管理暂行规定》，规范幼儿园办园行为。2009年，全市进一步科学规划幼儿教育布局，以乡镇公办中心园为核心，构建“一镇一所中心园，下设数量适宜的办园点(班)”的幼教网络。主城区新增6个规范办园点，适度降低收费标准，缓解群众子女“入园难，入园贵”的矛盾。2010年全市有幼儿园55所，教育部门办49所、民办6所，有1073个班，在园幼儿35644人，3—5周岁幼儿入园率92.5%。

1991—2010年兴化市幼儿教育情况一览表

表22-1

年份	分类(所)			班级数(个)	在园幼儿数(人)	教职工数(人)	入园率(%)
	教育部门和集体办	其他部门和社会力量办	合计(所)				
1991	875	22	897	1090	32863	1432	—
1992	878	11	889	1192	37209	1504	—
1993	881	13	894	1220	46549	1574	—
1994	885	34	919	1520	55305	1815	—
1995	780	35	815	1284	25798	1841	—
1996	782	50	832	1516	50066	2061	—
1997	669	100	769	1525	45030	2196	—
1998	616	108	724	1483	41518	2253	—
1999	615	129	744	1434	36546	2121	84.50
2000	583	80	663	1212	31165	1794	—
2001	176	155	331	1098	24245	883	—
2002	138	133	271	1048	21044	1055	78.00

续表 22-1

年份	分类（所）			班级数（个）	在园幼儿数（人）	教职工数（人）	入园率（%）
	教育部门和集体办	其他部门和社会力量办	合计（所）				
2003	152	78	230	799	17819	792	—
2004	121	118	239	873	22503	805	95.01
2005	121	57	178	637	18586	812	95.30
2006	98	116	214	805	24115	1025	94.20
2007	94	102	196	790	23838	1153	90.30
2008	38	10	48	854	24983	1279	91.70
2009	46	5	51	869	29109	1318	92.20
2010	49	6	55	1073	35644	1294	92.50

2010年兴化市幼儿园情况一览表

表 22-2

所在乡镇	园　名	班级数（个）	在园幼儿数（人）	教职工数（人）	代课教师（人）	性质
安丰镇	兴化市安丰镇中圩幼儿园	6	190	13	—	
	兴化市安丰中心幼儿园	43	1648	82	—	
昌荣镇	兴化市昌荣中心幼儿园	16	498	2	21	
陈堡镇	兴化市陈堡镇中心幼儿园	28	742	67	—	
城东镇	兴化市城东镇中心幼儿园	12	434	10	19	
大垛镇	兴化市大垛中心幼儿园	23	680	1	18	
大营镇	兴化市大营镇中心幼儿园	22	722	4	30	
大邹镇	兴化市大邹中心幼儿园	8	313	7	15，兼职2	
戴南镇	兴化市戴南镇博爱实验艺术幼儿园	9	306	41	—	民办
	兴化市董北实验小学幼儿园	20	639	59	—	
	兴化市戴南镇顾庄幼儿园	21	670	55	—	
	兴化市戴南镇中心幼儿园	35	1078	100	—	
戴窑镇	兴化市林潭学校幼儿园	18	566	5	19	
	兴化市戴窑镇中心幼儿园	31	985	29	5	
荻垛镇	兴化市荻垛镇中心幼儿园	27	815	6	30	
钓鱼镇	兴化市钓鱼镇中心幼儿园	28	1063	1	36	
	兴化市海河学校幼儿园	20	727	2	23	
垛田镇	兴化市垛田镇中心幼儿园	61	2035	9	68	
缸顾乡	兴化市缸顾中心幼儿园	16	568	9	10	
海南镇	兴化市海南镇中心幼儿园	29	853	17	8	
合陈镇	兴化市合陈镇中心幼儿园合塔分园	13	403	26	—	
	兴化市合陈镇中心幼儿园	16	505	32	—	

续表 22-2

所在乡镇	园　名	班级数（个）	在园幼儿数（人）	教职工数（人）	代课教师（人）	性质
开发区	兴化市开发区中心校幼儿园	23	709	3	25	
老圩乡	兴化市老圩乡中心幼儿园	10	346	21	—	
李中镇	兴化市李中镇中心幼儿园	30	1070	24	20	
林湖乡	兴化市林湖乡中心幼儿园	25	916	34	—	
临城镇	兴化市临城中心校幼儿园	30	1017	1	58	
茅山镇	兴化市茅山镇中心幼儿园	15	395	30	—	
沙沟镇	兴化市沙沟镇中心幼儿园	17	565	9	20	
沈纶镇	兴化市沈纶镇中心幼儿园	19	638	21	5	
市属	兴化市楚水小学幼儿园	7	284	5	16	
	兴化市第二实验小学幼儿园	11	410	2	19	
	兴化市少年宫幼儿园	19	712	21	—	
	兴化市实验小学幼儿园	13	497	8	17	
	兴化市市直机关幼儿园	11	410	13	—	
	兴化市昭阳湖幼儿园	3	75	3	5	
陶庄镇	兴化市陶庄中心幼儿园	34	1335	7	37	
西鲍乡	兴化市西鲍乡中心幼儿园	11	407	4	20	
西郊镇	兴化市西郊镇中心幼儿园	16	578	4	18	
下圩乡	兴化市下圩中心幼儿园	24	582	4	12	
新垛镇	兴化市新垛中心幼儿园	11	428	1	21	
永丰镇	兴化市永丰镇第二幼儿园	25	780	28	3	
	兴化市永丰镇中心幼儿园	26	873	36	5	
张郭镇	兴化市张郭镇中心幼儿园唐刘分园	20	730	37	—	
	兴化市张郭镇中心幼儿园	16	537	32	—	
昭阳镇	兴化市板桥幼儿园	6	190	22	—	民办
	兴化市楚天实验学校	6	157	18	—	民办
	兴化市嘉鸿幼儿园	5	104	19	—	民办
	兴化市伟才幼儿园	4	92	28	—	民办
	兴化市新生中心小学幼儿园	9	282	10	—	
中堡镇	兴化市中堡镇中心幼儿园	10	524	4	14，兼职4	
周奋乡	兴化市周奋乡中心幼儿园	21	470	29	3	
周庄镇	兴化市周庄镇边城幼儿园	6	242	27	—	
	兴化市周庄镇中心幼儿园	11	478	46	—	
竹泓镇	兴化市竹泓中心幼儿园	17	653	1	20	

说明：表中数据为2010年10月的事业报表数据。

二、等级幼儿园创建

1997年，兴化市开展幼儿园评估定类工作，从保教队伍、办园条件、安全卫生、保教水平、管理绩效几个方面进行评估。2006年，少年宫幼儿园、市直机关幼儿园和第二实验小学幼儿园被确认为江苏省基本实现现代化幼儿园。少年宫幼儿园、市直机关幼儿园被确认为泰州市绿色幼儿园。至2007年8月，安丰中心幼儿园、新垛中心幼儿园、钓鱼中心幼儿园、唐刘幼儿园、董北实小幼儿园、实验小学幼儿园、板桥幼儿园被认定为泰州市一类幼儿园。周庄中心幼儿园和边城幼儿园被确认为泰州市二类园。

2007年底，按泰州要求，开展新一轮幼儿园评估定类工作。全省幼儿园评估分为省优质幼儿园、泰州市优质幼儿园、合格幼儿园。市内除新建园按省优标准建设外，所有定点园均按标准改造环境，添置设备，加快提档升级。至2010年底，全市55所定点园，通过省优质园评估的12所，通过泰州市优质园评估的21所，其余均为合格园。省优质幼儿园是：少年宫幼儿园、市直机关幼儿园、第二实验小学幼儿园、戴南镇董北实小幼儿园、实验小学幼儿园、唐刘学校幼儿园、林潭学校幼儿园、陈堡镇中心幼儿园、戴南镇博爱实验艺术幼儿园、戴窑镇中心幼儿园、安丰镇中心幼儿园、新垛镇中心幼儿园。等级幼儿园的创建，促进办园条件迅速得到改善，各园重视幼儿游戏活动开展、早期潜能开发和个性发展。

三、幼儿园选介

【兴化市少年宫幼儿园】 兴化市少年宫是一所集青少年校外活动与幼儿教育为一体的艺术特色学校。2010年，有教师21人，其中专任教师19人。教师有本科生8人，大专生13名。该幼儿园创办于1999年8月，有大、中、小、托班级19个，幼儿700多人，2001年被评为泰州市一类幼儿园，2006年被评为江苏省现代化幼儿园，2007年被评为江苏省优质幼儿园。青少年活动中心建成于2005年8月，至2010年培训学员近6万人次，开设琴、棋、书、画、舞蹈和各类综合课30余项，其中美术书法类1600多名学员通过全国3—9级的考核，器乐类1200多名学员通过省音协3—10级考核，有3200多名学员在全国、省、市各级各类大赛中获得大奖。

2008年，少年宫幼儿园迁至原新生中心小学校址办学。校舍建筑面积7715平方米，拥有四轨以上的规模幼儿园和0—3岁亲子园。2010年底，兴化市青少年活动中心进一步扩大，迁至市体育场东南侧新大楼三楼，面积约为2500平方米，名为兴化市青少年宫。每年培训学员达1万人次以上。至2010年末，多次被市政府表彰为“文明单位”“综合先进单位”，被评为泰州市妇女儿童先进工作集体、优秀家长学校、绿色学校、语言文字规范化示范校、江苏省“巾帼示范岗”、省和谐校园。

【兴化市市直机关幼儿园】 建于1982年，1989年迁至新城小区，占地面积1877平方米，建筑面积1620平方米，绿化面积580平方米，软地面积820平方米。2007年，在原城东小学开设分部。该园实行全日制，开办托、小、中、大11个班，在园幼儿400多人，教职员工29人，近10人被评为兴化市岗位能手、十佳班主任、先进教育工作者、优秀班主任。幼儿园先后被评为兴化市“五一巾帼标兵岗”、兴化市和泰州市的“文明单位”、“泰州市卫生先进单位”、“泰州市青年文明号”、“泰州市‘三八’红旗集体”和“泰州市幼儿教育先进幼儿园”。至2010年，幼儿园创建成为“泰州市模范学校”“泰州市优秀家长学校”“江苏省示范性实验幼儿园”。

【兴化市板桥幼儿园】 创办于2000年9月，是一所全日制民办幼儿园。幼儿园占地面积1800平方米，建筑面积900平方米。园内设有晨间接待室、传达值班室、卫生保健室、国际象棋室、多功能室等各类专用教室，有洁净的厨房。园内配备电脑、摄像机、投影仪、多媒体、照相机、洗衣机等设备。室外活动场地铺有橡胶软垫，场地上有供幼儿活动的攀岩、小型鲸鱼滑梯、各种摇摇马、跷跷板等大型玩具。板桥幼儿园将国际象棋引进课堂并取得丰硕成果，2004年被国家体育总局、教育部确定为“全国百所国际象棋传统学校”；根据幼儿的不同兴趣开设电子琴、舞蹈、书画等兴趣班，让幼儿自主选择，在自己喜欢的小天地里发挥特长。多次在省、泰州市少儿艺术节上获奖。2005年被邀请参加江苏省首届文博节、兴化市第七届板桥艺术节的演出。至2010年，先后获得泰州市、兴化市“巾帼创业示范岗”称号。2007年7月经泰州市教育局评估验收，晋升为“泰州市优质幼儿园”。

第二节　义务教育

一、事业概况

1990年，兴化市政府把普及九年义务教育列入工作目标。各乡镇政府把此项工作列入经济和社会发展规划，建立责任制，与市政府签订责任状，把实施情况作为考核政府工作的一项重要内容。各乡镇、村从实际出发，订立乡规民约。教育部门建立义务教育入学通知书，加强学籍管理，建立健全各类档案资料。市督导机构依据《普及九年义务教育评估验收表》评估验收，并向社会公布。在全社会强化制止学生辍学和禁止招用童工的措施。

兴化市实施义务教育大体分为3个阶段：1985—1992年，全面实施小学六年义务教育，1992年全市学龄儿童入学率达99.8%，在校学生年巩固率达99.5%，12—15周岁少年儿童的普及率达99.2%，小学毕业班学生毕业率达99.2%。1993—1996年，动员全社会力量，积极实施九年制义务教育，1996年4月通过省政府组织的评估验收。1996年，全市小学适龄儿童入学率为99.9%，年巩固率为99.9%，专任教师学历达中师毕业及以上（含专业考试合格）的比例为92.56%。初级中学的毛入学率100.52%，年巩固率达97.1%，专任教师学历达到大学专科毕业及以上（含专业考试合格）的比例为84.79%。7—15岁残疾儿童、少年入学率为80.5%。1997—2010年，巩固普及九年制义务教育成果，推进教育现代化工程，提高办学水平和教育质量。

二、“两基”年审与教育现代化乡镇建设

【“两基”年审制度建立】 1996年6月，省政府建立“两基”（基本普及九年制义务教育和基本扫除青壮年文盲）年审制度。要求各级政府继续增加投入，改善办学条件，提高教师队伍的整体素质，不断提高九年义务教育普及程度和教育质量。兴化市政府每年组织对乡镇的义务教育年审，并接受泰州市政府和省政府组织的抽查。2005年，全市小学学龄儿童入学率和巩固率均为100%；初中入学率100%，巩固率99.15%。2010年，全市小学、初中入学率100%，毕业率分别为100%、99.84%。初中巩固率99.8%，初中毕业生升学率95.18%，义务教育成果得到巩固和提高。

【教育现代化乡镇建设】 1995年，《江苏省乡镇教育中小学和幼儿园基本实现现代化建设标准（试行）》出台。兴化市于1998年启动创建工作，各乡镇加大投入，改善办学条件，扩大优质教育资源。2001—2005年，新垛、茅山两个教育现代化乡镇通过省级标准的评估验收。为推进教育现代化建设，进一步加大乡镇社区教育中心创建力度，2010年，戴南镇创建成江苏省乡镇社区教育中心。是年，新垛、周庄等15个乡镇通过泰州市合格社区教育中心评估验收。

三、学校布局调整

1991年后，各乡镇交通条件大为改善。为了科学支配教育经费，尽量使学生得到优质教育，

从“普九”开始，全市对中小学的布局进行较大调整。

【小学布局调整】 1992年，全市有小学713所（不含教学点239个），其中村小656所。第一轮教育事业布局调整重点是村小，1998年村小调整到593所，其中完小404所、初小189所，另有教学点300个。1998年，戴南镇董北村委会按照江苏省农村现代化学校建设的要求，投资500万元，用地22亩，建成一所现代化实验小学。1999年，全市第二轮教育事业布局调整，原则是一般乡镇设3—5所小学（含中心小学在内），人口较多、居住分散的乡镇不超过8所。中心小学学生容量占全乡镇50%以上。完小要求办成双轨以上规模，并不再开设复式班，尽量减少初小教学点。是年，市政府在海南镇召开现场会，各乡镇制订调整方案，市教育行政部门逐个审核过堂。2001—2003年，进行新一轮农村义务教育学校布局调整，三年任务两年全部完成。全市农村撤并小学校392所，撤除教学点91个，异地新建168所。昭阳镇撤并文林小学、城南小学和城西小学，投资800多万元建成新文林小学。自2006年开始，教育布局调整向更高层次推进。2009年，对昭阳镇等6个乡镇学校布局进行新一轮调整，新文林小学划为实验小学分校，城东小学、新严小学并入新生中心校。市特殊教育学校从东鲍乡迁入新严小学。2010年整合城南学校、阳山学校、楚水学校小学部资源，组建成楚水小学。新成立的景范学校小学部在2010年招收新生。至2010年，全市小学由2006年秋季的137所（含15所九年一贯制学校）调整为55所（含37所九年一贯制学校），教学点由128个调整为81个。

【初中布局调整】 1992年，全市初级中学132所（不含16所完中初中部），1998年调整到69所（不含10所完中初中部），基本达到1个乡镇1所初中的目标。2001—2003年，结合薄弱初中的改造工作，通过强弱合并、联合托管等方式，推进学校布局调整，加强乡镇初级中学建设。2006—2010年，全市开展以中学为重点的新一轮布局调整。2010年秋季，进行初中教育的学校56所，其中：全市有独立初中16所；一贯制学校初中39个（其中：九年一贯制学校初中部37个，十二年一贯制学校初中部2个）；完全中学初中部1个。昭阳镇中小学实现市镇一体化，新城初中并入板桥初中。城南学校、阳山学校、楚水学校的初中部组建成楚水初级中学。2010年成立的景范学校开始招收初一新生。学校布局基本趋于合理，大大提高城乡学校办学水平，促进基础教育的均衡和谐发展。

1991—2010年兴化市中小学撤并情况一览表

表22-3

年份	净撤并小学（所）	净撤并小学教学点（个）	净撤并初中（所）	净撤并高中（所）
1991	20	100	11	0
1992	110	增设18	5	0
1993	22	增设42	17	0
1994	6	增设2	9	0
1995	3	增设15	13	0
1996	0	增设44	22	0
1997	10	52	3	0
1998	10	增设10	5	0
1999	12	46	5	0
2000	36	24	10	0（1，增设1）
2001	269	增设72	1	0

续表 22-3

年份	净撤并小学（所）	净撤并小学教学点（个）	净撤并初中（所）	净撤并高中（所）
2002	28	74	增设1	0
2003	95	17	0	0
2004	51	21	增设8	增设1
2005	15	44	增设1	0
2006	19	18	2	0
2007	2	14	0	2
2008	76	增设31	10	3
2009	2	14	1	2
2010	0	50	4	0

1991—2010年兴化市小学教育情况一览表

表 22-4

年份	学校数（所）	班级数（个）	在校学生数（人）	教职工数（人）	
				其中专任教师	合计
1991	823+221（教学点）	4174	119835	5741	6596
1992	713+239（教学点）	4059	114622	5659	6661
1993	691+281（教学点）	3794	115859	5505	6430
1994	685+283（教学点）	3846	122003	5655	6634
1995	682+298（教学点）	3905	130370	5714	6744
1996	682+342（教学点）	3972	142329	5785	6719
1997	672+290（教学点）	4075	153836	5649	6066
1998	662+300（教学点）	4170	161229	5195	5495
1999	650+254（教学点）	4175	159817	5248	5521
2000	614+230（教学点）	4115	152743	5389	5672
2001	343+302（教学点）	3760	143477	5624	6124
2002	313+228（教学点）	3531	128371	5469	5955
2003	222+211（教学点）	3061	109398	5299	5794
2004	171+190（教学点）	2645	94839	5222	5546
2005	156+146（教学点）	2348	82383	4945	5526
2006	137+128（教学点）	2006	73960	4895	5487
2007	114+132（教学点）	1884	66532	5082	5526
2008	55+145（教学点）	1703	62194	5112	5396
2009	54+131（教学点）	1590	59193	5054	5346
2010	55+81（教学点）	1468	58757	4508	5197

说明：班级数、在校学生数为独立小学的数据。

1991—2010年兴化市初级中学教育情况一览表

表22-5

年份	学校数（所）	班级数（个）	在校学生数（人）	专任教师人数（人）	其中大专以上人数（人）
1991	137	975	50910	2550	1279
1992	132	1024	55226	2598	1360
1993	115	998	54023	2601	1474
1994	122	1001	50038	2609	1581
1995	93	936	47191	2580	1651
1996	87	844	44859	2479	1964
1997	84	822	45995	2400	1948
1998	69	815	47397	2307	1984
1999	64	943	64163	2363	2038
2000	59	976	58000	2572	2257
2001	60	1066	63106	2869	2539
2002	58	1168	69046	3053	2748
2003	54	1265	74931	3372	3372
2004	54	1323	75275	3612	3392
2005	52	1292	71030	3704	3506
2006	50	1203	62991	3658	3523
2007	49	1116	57120	2772	2607
2008	23	1022	49962	2816	2685
2009	23	909	41513	2835	2735
2010	16	809	34390	3242	2597

四、等级学校创建

1991年，全市中小学普遍开展创市“合格学校”活动，一大批学校先后达标。义务教育阶段学校创建目标主要有省模范学校、省实验小学、省示范初中、泰州市模范学校及兴化市合格学校。1996年，全省开始省级实验小学评估。兴化市实验小学、第二实验小学、董北实验小学和新生、茅山、安丰、戴南、周庄、陈堡、边城等10所学校先后被评为省实验小学。2000年5月，戴南董北实验小学经省综合评估，被授予第三届“江苏省模范学校”称号，这是由省教育厅授予学校的最高荣誉。

2000—2010年，全市开始申报省示范初中。楚水实验学校（初中部）、板桥初级中学及戴窑、茅山、周庄、安丰、陈堡、新垛、大垛、戴南、张郭、顾庄、老圩、林湖、唐刘等15所乡镇初级中学，先后被评为江苏省实施教育现代化工程示范初中。

五、学校选介

【兴化市实验小学】 清光绪二十五年（1899）创办，原名昭阳书院。清光绪二十九年（1903），邑人成占春等将昭阳书院改为昭阳学堂，址设海子池南岸放生庵。民国16年（1927）改为昭阳小

图22-3　20世纪90年代兴化市实验小学教室旧址　（市教育局提供）

图22-4　兴化市实验小学教学楼（2009年摄，市教育局提供）

学。自民国20年（1931）起，在校学生每人每日投铜元1枚，于民国25（1936）年建成“集成楼”，2层教室6间（由蔡元培先生取《孟子·万章（下）》“集大成者也，舍声而玉振”句意题匾命名）。民国29年（1940）初，楼西教室被日机炸毁，民国35年（1946）修复。中华人民共和国成立后，学校先后命名昭阳小学、公社中心小学、县实验小学。“文化大革命”期间，一度改称“五七”小学。1980年复名实验小学。是年，被省教育厅确认为省级实验小学。1980年后，学校经多次扩建、改建。2010年，学校占地20246平方米，建筑面积16649平方米，集成楼、蕴华楼、科技楼、幼儿楼被宽大的长廊连接起来。设备、图书、挂图等总值近2501万元。分部面积占地4026平方米，建筑面积5549平方米。小学有70个教学班，在校学生3735人。有教职员工201人，其中小学高级教师104人。学校附属幼儿园，有托、小、中、大13个班，497名幼儿。在编教师13人，另有代课教师17人。

至2010年，学校先后被表彰为“全国校园文化建设十佳示范学校”“全国小公民道德建设先进单位”“全国绿色学校”“全国青少年集邮活动示范基地”“全国作文教学名校”“全国小学生作文教改先进集体”“省环境教育先进集体”“省安全教育先进集体”“省贯彻体卫条例先进单位”“省绿色学校”“省教育科研基地学校”“省优秀家长学校”“省现代教育技术实验学校”“泰州市文明单位”“泰州市模范学校”。

【兴化市第二实验小学】 位于新城小区白涂河畔，校园占地总面积约20000平方米，建筑面积11000平方米，建有教学楼、科技活动楼、行政办公楼、图书阅览楼、风雨活动室及阶段大教室。2010年，全校有46个教学班级，学生2530多人，小学教职员工91人，专任教师89人。其中小学高级教师42人。学校另有附属幼儿园，占地3300平方米，建筑面积2800平方米，办学规模11班，在园幼儿400多名。学校经多年努力，形成自己的办学特色。学校先后被命名表彰为“泰州市文明单位”“泰州市首届模范学校”“泰州市学校党建工作先进集体”“泰州市艺术特色学校”“江苏省绿色学校”“江苏省现代教育技术实验学校”“江苏省贯彻落实学校体育卫生两个《条例》优秀学校”“江苏省青少年科技教育先进学校”“全国中小学生日常行为规范先进学校”“中国少年儿童平安行动平安校园”。

【兴化市板桥初级中学】 前身为创建于民国15年（1926）的“兴化县立初级中学”。1998年江苏省兴化中学初中部整体分流，在牌楼路25号兴化中学老校区创建“兴化市初级中学”。1999年更名为“兴化市板桥初级中学”。2005年创办“公办民助”机制分校——兴化市实验中学。2007年8月，城区事业布局调整，学校本部迁至楚水路原城北中学，实验部迁至英武北路原鲁迅中学。2008年新城初中并入，2010年实验中学回归公办，合并到校本部。全校有55个班级，在校学生2818人。学校占地面积38478平方米，建筑面积20121平方米，运动场地面积6301平方米，在职员工238人，专任教师210人，高级教师58人，中级教师86人。具有硕士学位4人，本科学历185人，本科以上学历人数占专任教师的91.9%。至2010年，受到省市表彰的优秀教育工作者、优秀共产党员、师德标兵、三级骨干教师、省市教学竞赛获奖等教师136人。学校先后获“省

图22-5 兴化市板桥初级中学
（2007年摄，市板桥初级中学提供）

级示范初中”、泰州市“首届模范学校”、“德育先进单位”、江苏省“文明单位创建先进单位”、泰州市“文明单位”、兴化市“文明单位标兵”、江苏省“青少年科技教育特色学校”、“绿色学校”、“实施素质教育先进单位”、江苏省“千校万师支援农村教育工程”先进学校、江苏省教育学会系统初中教育研究“先进集体”、江苏省“初中英语课程教材改革实验工作先进集体”、江苏省陶行知研究会“实验学校”、教育部综合实验课题组“实验基地”、综合实践活动“全国先进实验学校”等称号。

第三节 普通高中教育

一、事业概况

20世纪90年代，普通高中教育进入快速发展时期。全市加强重点高中建设，扩大优质教育资源。撤并完中的初中班，进行学校布局调整，并适当扩大办学规模，改革办学体制，发展民办普通高中。1996年，全市有兴化中学、昭阳中学、城北中学、鲁迅中学、戴南中学、周庄中学、茅山中学、竹泓中学、大垛中学、戴窑中学、安丰中学、舍陈中学、大邹中学、沙沟中学、魏庄中学、唐刘中学16所完中。1996—2003年，全市撤并完中内的初中班，逐步将原有完中办成高级中学。2000年，撤并魏庄中学，易地新建戴南、沙沟、板桥高级中学，扩建周庄高级中学、安丰高级中学。在城区新建楚水实验学校、文正实验学校。2006年，将周庄高级中学与茅山分校、戴南高级中学与唐刘分校、戴窑高级中学与舍陈分校的高一招生计划合并下达，为实质性整合创造条件。2007年上半年，城区昭阳中学、城北中学和鲁迅中学合并为兴化市第一中学。学校布局的调整，使全市教育结构趋于合理，教育功能日趋完善。至2010年，全市有普通高中10所，451个班级，在校学生24556人，毕业8003人，有5900多人被高等院校录取，录取率达74%以上。

1990—2010年部分年份兴化市普通高中教育情况一览表

表22-6

年份	1990	1995	2000	2005	2010
学校数（所）	16	16	16	17	10
班级数（个）	120	148	267	470	451
在校学生数（人）	6370	7619	13671	25644	24556
专任教师数（人）	481	525	915	1530	1533

2010年兴化市高中学校情况一览表

表22-7

城 镇	校名	班级数（个）	在校学生数（人）	教职工数（人）	性质
城 区	兴化中学	76	3828	288	
城 区	楚水实验学校	53	2927	175	
城 区	兴化一中	73	3838	385	
戴南镇	戴南高中	52	2739	197	
周庄镇	周庄高中	38	2296	168	
安丰镇	安丰高中	35	2199	144	
城 区	文正实验学校	45	2637	214	民办
大垛镇	板桥高中	39	2024	167	民办
戴窑镇	楚水学校戴窑校区	17	860	73	
沙沟镇	第一中学沙沟校区	12	783	52	
城 区	教师进修学校附设	11	425	—	
合 计		451	24556	1863	

二、星级高中建设

1996年，江苏省开始进行国家级示范普通高中的评估验收。2003年，在省教育厅统一部署下，原省级重点高中、国家级示范高中转评为三星级、四星级普通高中，泰州市级重点高中转评为二星级普通高中，同时取消各级重点高中称号。

江苏省兴化中学为1978年前江苏省重点中学，1998年，通过省教委组织的国家级示范性普通高中评估验收，成为全国示范性普通高中。2004年晋升为四星级普通高中。2001年，周庄高中通过省重点高中评估验收，后转为省三星级高中。2007年，楚水实验学校晋升为省四星级普通高中。至2007年，戴南高级中学、周庄高级中学、安丰高级中学三所学校均成为三星级普通高中。2008年文正实验学校晋升为省三星高中。2009年，市第一中学、板桥高中晋升为省三星高中。创建星级普通高中使学校的面貌焕然一新，办学条件改善、学校规模扩大，教育水平有所提高。至2010年，全市有省四星级高中2所，省三星级高中6所。

1991—2010年兴化市应届高中毕业生高考情况一览表

表22-8 单位：人

年份	报名人数	录取总数	提前录取（本科）	提前录取（专科）	本一	本二	民办本科
1991	4264	664	—	—	309		—
1992	3766	529	35	37	113	100	—
1993	3741	812	—	—	176		—
1994	4050	893	29		67	109	—
1995	3987	874	14		81	124	—
1996	4023	1423	36		172	346	—
1997	3921	1533	39	8	175	391	—
1998	4399	1229	78	13	204	350	—

续表 22-8

年份	报名人数	录取总数	提前录取（本科）	提前录取（专科）	本一	本二	民办本科
1999	4335	2584	58	8	339	718	—
2000	4296	2572	84	14	314	504	82
2001	4799	2639	72	11	313	642	112
2002	4932	2995	30	16	302	585	162
2003	6075	3686	44	17	401	722	254
2004	6278	4212	43	8	374	746	414
2005	7524	4387	34	11	322	762	531
2006	8183	4603	32	15	402	688	562
2007	9017	6238	117	20	421	721	658
2008	8502	5959	75	—	454	831	1014
2009	9922	6619	27	—	393	886	1052
2010	8113	5926	37	—	336	815	1072

三、学校选介

图 22-6　20世纪90年代兴化中学　（市教育局提供）

【江苏省兴化中学】 民国15年（1926）创办，设于文正高等学堂内，名为“兴化县立初级中学”。民国34年（1945）兴化光复，学校先后更名为“苏中二分区兴化中学”“苏皖边区第二行政区兴化中学”“苏皖二分区联合中学”。民国37年（1948）底兴化解放，县立中学和私立念劬中学合组“兴化中学”，校址文庙。1952年经苏北行署批准增设高中班，更名“苏北兴化中学”。1953年，江苏省政府教育厅、财政厅行文，将学校命名为江苏省兴化中学。1980年，经省政府批准，学校被定为省首批办好的重点中学之一。

1998年学校迁址新城小区，占地14万平方米，建筑面积5万多平方米。2004年，学校被评为江苏省首批四星级普通高中。2006年，学校建设80周年，与中国孔子基金会携手，建立全国首家中学“国学教育基地”。2010年，有76个教学班，3828名学生。教职工288人，其中专任教师252人，均达本科以上学历。高级教师109人。有全国“五一”劳动奖获得者1人、全国优秀教师5人、江苏省名教师1人、省特级教师5人、泰州市突出贡献专家6人、泰州市名教师4人。学校有实验楼、电教楼、生物馆、语音室、微机房、多媒体教室、信息化中心、图书馆、报告厅、体育馆等教育教学馆室。学校拥有双向闭路电视网、校园广播通信系统和校园局域网。每个教室配备电视机、液晶投影仪、视频展视台、互联网终端接口等电教设备，每个教师配置笔记本电脑。图书馆藏现代书籍11.56万多册，生均47.14册，另有线装书1700多册。

建校80余年间，为国家输送各方面人才近万人。其中5人当选为中国科学院院士（学部委员)、5人成为中国人民解放军将军。2004年以后,兴化中学涌现省高考文科状元朱荣芳、泰州文科状元熊洁。2007年,江苏省高中生作文三大赛事,戎甜儿获省第六届"中学生与社会"现场作文大赛特等奖第六名;杨希、王倩云、费汉洵、李旺春等4名学生在江苏省首届"高考作文"杯高中生现场作文大赛决赛中获特等奖,其中2人列特等奖第一、二名。学生杨希在"镇中"杯江苏省第七届高中生作文大赛现场决赛中获特等奖第一名,省内外语文教育专家对兴化的作文教学给予很高评价。2010年,兴化中学"本二进线"915人,其中"本一进线"332人,5名毕业生达清华、北大录取线。学校先后获"江苏省实施素质教育先进单位""江苏省德育先进学校""江苏省电化教学先进学校""江苏省教育科研实验基地""江苏省示范家长学校""江苏省文明单位""江苏省安全文明单位"等40多项。

【兴化市楚水实验学校】 位于张阳新区,创建于2000年,校园占地约16.67公顷。按照"高起点,高品位"发展思路,成为跨高中、初中、小学三个学段集团化办学的现代化实验学校。其中高中部占地94787平方米,建筑面积33091.2平方米。学校倡导"求全、求实、求活、求精"的校风,确立"人文关怀,和谐共进"的文化理念,全面推进素质教育,促进学生终身发展。学校按照开放式办学模式,先后成为北京大学附属中学、南京外国语学校联合办学单位,成为复旦大学文科科学实践基地、华东师范大学课程与教学研究所实验学校。

该校各种现代化教育教学设施和生活配备齐全,拥有校园计算机网络系统、远程教育卫星接受系统、多媒体教学与管理系统,实现学校办公自动化、教学网络化、管理信息化。学校建有学生公寓、餐厅、浴室,配备专职生活指导教师,设立安保部,建立完善的后勤管理与保障系统。2010年,全校53个高中班,学生2927人,教职员工175人,专任教师169人,其中特级教师4人、中学高级教师42人、研究生课程进修班结业25人、特聘外籍英语教师2人。该学校先后被评为江苏省实施教育现代化工程示范初中、"江苏省四星级高中",获"全国群众体育先进单位""江苏省德育先进学校""江苏省绿色学校""江苏省教育技术装备工作先进集体""泰州市首届模范学校""泰州市园林单位"等称号。

图22-7　兴化市楚水实验学校北校区外景　　　　(2006年摄,市楚水实验学校提供)

【兴化市第一中学】 校址原为明嘉靖年间胡公祠内创办的文明书院。民国36年(1947)春,国民党陆军中将冷欣回乡祭母,兴办"私立念劬中学",以示感念母恩。1956年,成立昭阳初级中学。1980年,更名为昭阳中学。2007年6月,兴化市政府在昭阳中学原址上扩建形成的新校区,与建于1964年的原鲁迅中学和建于1976年的原城北中学整合,组建为兴化市第一中学。

该校位于城区中心,校园内外有宅第、祠堂、牌坊、园林和若干古树名木,人文资源十分丰富。学校占地53760平方米,校舍建筑总面积(不含学生宿舍)25281.6平方米。2010年,学校有82个班,学生4172人,其中73个高中班,学生3838人。教职工385人,专任教师345人。校园整体规划布局紧凑，教学区、运动区、生活区、绿化带因地制宜，合理分布，疏密有致。校园内有150多年的古黄杨树，有纪念明嘉靖间县令胡顺华的“胡公碑”碑亭、明景泰间内阁大学士的“五朝元老”高穀故居、扬州八怪之一的李鱓故居、郑板桥晚年寓居的“拥绿园”旧址，遍植银杏、玉兰、桂树、杉、竹等花木。学校设立“年级组管理委员会”，统筹协调年级教育教学教研，形成学校管理特色。坚持探索、完善和推进“以学定教，当堂训练”教学模式，拓展学生多渠道成才的途径，形成“体艺特长，多元发展”的办学特色。

至2010年，学校先后获得“江苏省绿色学校”“江苏省平安校园”“江苏省中小学优秀基层党组织”“江苏省和谐校园”“江苏省教科系统基层工会先进集体”“江苏省依法治校示范校”“江苏省法制综合先进学校”“江苏省青少年科技教育先进学校”“泰州市青少年科学教育特色学校”“泰州市教育系统创造争优先进集体”“兴化市高考集体效能奖”和“高考突出贡献奖”等各项荣誉。

【戴南高级中学】 1956年7月在戴南镇西南首南朱村设立。1969年增设高中班，转为县属完中。1996年，初一年级停止招生，2000年更名为戴南高级中学。2001年迁镇西文化路，被定为泰州市重点高中，2003年转为二星级高中，2004年晋升为江苏省三星级高中。

校园占地15.4万平方米，新建教学楼6457平方米，综合楼17835平方米。图书馆藏书总量8.3万册，订阅报刊279种；阅览室座位600个。学校建有闭路电视和有线广播系统，加入宽带网，初步建成校园网。体育健身设施比较齐全，建有标准田径场1个，混凝土场面的篮球场6个。生活设施有学生宿舍楼、教师公寓、男女浴室、医务室等。学校餐厅可容1800人同时就餐。校园绿化面积74000平方米，占总面积的49%，被评为“泰州市绿色学校”。2010年，有教学班52个，在校生2739人，教职工197人，其中专任教师192人，高级职称的38人。

学校多次在中学生物理、生物、数学、信息技术等学科竞赛中取得较好成绩。高中学生翟成兴1983年参加全国中学生数学竞赛获江苏赛区二等奖，1984年参加江苏省首届中学生物理竞赛获第一名；1985年2月参加中国物理学会举办的中学生物理竞赛获全国二等奖，免试升入北京大学。在历届毕业生中，有留美博士翟成兴、浙江大学博士生导师潘颐、著名画家潘高鹏、上海市政协委员董增平等。戴南高级中学是江苏省中学生体育协会会员校、泰州市体育传统校（篮球）。学校先后被命名表彰为“江苏省德育工作先进单位”“江苏省青少年科技教育先进学校”和泰州市、兴化市文明单位。

第四节 特殊教育

一、事业概况

1984年，全县一些规模较大的乡镇中心小学均附设特教班（培智班），其余各乡镇普遍实行残疾儿童少年随班就读。1993年，台湾慈济基金会在东鲍镇中心校内援建的一所聋哑学校面向全市招生。学校设有聋障教育部和智障教育部，为全市聋哑儿童和智障儿童实施九年制义务教育。2003年下半年，兴化市被确定为省级残疾儿童少年随班就读工作支持保障体系实验县。2005年，在兴化市召开特殊教育随班就读工作经验交流会。2005年，全市设特殊教育学校1所，安丰中心小学、戴窑中心小学、唐刘小学、开发区中心小学附设特教班4个，随班就读点46个，另设有全市聋儿听力语言训练康复中心和全市培智教育训练指导站，初步形成以特殊教育学校为骨干，以普通小学附设特教班、随班就读为主体的特殊教育网络体系。全市6—15周岁三类残疾儿童少年接受义务教育的入学率达96.2%。2008年，聋哑学校搬迁至新严小学，更名为“兴化市特殊教育学校”，并新建一幢综合楼。至2010年，市特殊教育学校先后承担泰州市级“听障学生数学课堂教育有效性策略研究”“分类教育”等课题研究。该校教师在省级以上刊物发表论文25篇，100多篇论文在各级各类论文评比中获奖。2010年，市特殊教育在校生421人，其中市特殊教育学校有学生102人，在其他小学随班就读的小学生241人，初中学生78人。全市义务教育适龄残疾儿童少年入学率达96.1%。

二、兴化市特殊教育学校

1994年开办，校址设于原新严小学。2010年，有专用劳技教室、音乐教室、美术教室、舞蹈教室、化学实验室、物理实验室、计算机室和语音实验室。装备15个多媒体教室，校园网覆盖学校教学区，图书馆藏书8万多册，设有2个期刊阅览室、1个电子阅览室。两幢学生公寓楼，每个学生都有物品柜和写字台。餐厅面积5500平方米，可容纳3000人同时就餐。有9个年级、9个班，在校学生102人。教职员工33人，其中专任教师28人。学校占地1.4万平方米，建筑面积3997平方米。新建职业技术教学综合楼和学生公寓各一幢。

图22-8　2008年3月23日，市特殊教育学校举行慈心楼奠基仪式　（市教育局提供）

学校全面实施素质教育，乒乓球队获泰州市“优秀乒乓球队”称号，舞蹈队多人次参加省市演出并获奖，2007年手语舞蹈《感恩的心》在省残代会开幕式上演出。至2010年，该校毕业的学生除进入高一级学校外，其余均由学校与企业联系安排工作。

学校先后被评为“兴化市文明单位”“兴化市绿色学校”“语言文字规范学校”“兴化市师德建设先进单位”“泰州市平安校园”和泰州市“四无”学校先进单位。

第三章　中等职业教育

第一节　事业概况

1990年，全市有职业技术学校、多种经营技术学校、海南职业中学、城西中学4所职业学校，91个班级，在校学生2540人。招生40个班1308人，毕业800人。另有各乡镇普通中学17所附设43个农职业高中班，在校学生926人。是年，全市招收农职业班学生1308人，普通高中招生2211人，普职比为1.69∶1。1993年，全市各类农职业学校招生1057人，普通高中招生2538人。

1995年，全市职业高中为省级重点职业高级中学；多种经营职业学校、海南职业中学、城西中学3所为扬州市首批办好的职业学校，在校生达3616人。有商业职校、粮食职校和供销职校等8个部门和16个乡镇开办职业班、技工班，开设24个专业，169个班。1996年，《中华人民共和国职业教育法》颁布实施，职业技术教育步入法制轨道，兴化市职业技术教育事业有新的发展。

1997年，高等教育扩大招生，高中阶段凸现普高热。职业技术学校出现招生难、就业难的局面。面临严峻形势，兴化市职业教育实施“出口”推动“进口”的策略，把“招生”当作“招工”，使“进口（招生）——加工（教育）——出口（就业）”形成良性循环。同时，学校面对市场加强专业建设，切实抓好对口单招应试，改革招生制度，试行初三分流试点，将有关乡镇初三就业意识较强的学生集中到职业学校，提前考试录取，接受职业技术教育。对报考“农”字头等相关专业的考生免收培训费，对困难家庭减收培训费，并通过奖学金每月给予一定补助。1998年，市政府调整职业教育管理委员会，成立以分管副市长为主任、主要部委办局负责人为成员的领导机构。在两所重点职校成立“劳动就业服务中心”，加强农职高的建设，撤销海南职业中学。

2000年后，职业技术教育专业结构更加紧贴市场需要，毕业生就业率达95%以上，对口单招的升学率不断上升。2000年，以职业高中、职工中专、垛田农职中为主干，成立兴化市职业教育集团，吸纳全市有关乡镇职业学校和其他部门职业学校、技工学校加入，统筹全市职教专业设置、统筹安排全市劳动力职前职后培训。2001年，市职工中专纳入教育系统职业教育学校序列。2005年，垛田农职中升格为市第二职业高中，当年通过省重点职校验收。2008年，市职教中心校、职工中专、第二职业高中合并，在市开发区建成一所现代化、综合性的职教示范中心校（中等专业学校），2010年该校被认定为江苏省四星级中等职业学校。2010年，全市有独立设置的职业中等学校2所，招生2964人，毕业生2069人，在校学生7099人，教职工329人。

1991—2010年兴化市中等职业教育情况一览表

表22-9

年份	学校数（所）	班级数（个）	在校学生数（人）	招生数（人）	毕业生数（人）	教职工数（人）	专任教师数（人）
1991	4	61	2058	1051	685	223	178
1992	4	61	2012	759	612	235	177
1993	4	67	2348	1057	610	247	191
1994	4	71	2888	1266	620	321	238
1995	4	97	3616	1527	723	410	294
1996	5	89	2555	714	1410	367	261
1997	5	55	1655	519	1095	289	232
1998	5	21	652	496	704	250	204
1999	4	24	679	349	199	222	185
2000	3	18	444	139	244	178	152
2001	5	10	221	91	196	175	136
2002	5	10	281	160	107	149	114
2003	6	—	871	379	121	266	199

续表 22-9

年份	学校数（所）	班级数（个）	在校学生数（人）	招生数（人）	毕业生数（人）	教职工数（人）	专任教师数（人）
2004	5	—	1897	1360	288	273	205
2005	5	—	3298	1735	322	280	214
2006	7	—	9099	4301	979	347	283
2007	5	—	7497	2498	2301	308	248
2008	3	—	5590	1993	1876	321	259
2009	2	—	7512	3491	1486	346	288
2010	2	—	7099	2964	2069	329	277

第二节　学制　专业

1991年后，随着职业教育事业的发展，出现多种办学模式，既有三年制中等职业教育，又有普通中学的初三、高三分流（前两年学文化，后一年学专业）；既有长期的专业培训，又有短期的高、初中毕业生“双百”培训，走出职前与职后，职教与成教、普教相互渗透的路子。2000—2008年，市职业高级中学、职工中专、第二职业高中等一些职校分别与外地高校联合办学，招收初中毕业生，学制五年，毕业后拿大专文凭。2010年，全市五年制高职学生318人。

1995年，一些职校发展综合高中（班）。其教学的总体思路是升学为主、就业为辅，以后发展成职校毕业生报考对口普通高校或高等职业教育院校。1995—2000年，市职业高中对口单招进线率达85%—92%。

1996年起，职业教育专业设置主动适应经济社会发展；根据国家需要、科学技术发展和学校条件，对专业设置作了调整，合并一些设置重复的专业，撤掉一些专业面过窄的专业，面向就业设置专业。全市职校参与“机电一体化”和“现代农业”专业现代化建设的实施。一些职校根据市场的需求，增加商贸、服装、旅游、建筑类专业。2010年，市职教中心校有机电、电子信息、建筑及其他四个大类28个专业，基本满足市场和学生的需求。

2002年后，职业教育和职业培训成为职业学校发展的“双翼”。全市实施初、高中毕业生“双百”工程，确保未继续升学的初、高中毕业生100%接受职业技能培训，提高了兴化市职业教育的整体水平。全市职校先后启动促就业、助致富培训，开展下岗、转岗职工和农村致富骨干的培训工作。2010年，职业学校开展“送教到企业”活动，招收在岗职工1900多人。当年，市职教中心校被定点为泰州市退役士兵职业技能培训承培学校。

第三节　教育　教学

1991年后，兴化市各职业学校以文化教育与职业教育相结合，努力提高学生专业素质。1996年，省教委提出《关于加强职业高级中学专业建设的意见》，职业教育按规划扩大办学规模的同

图22-9 兴化职业教育中心校学生学习机械模具操作
（2008年摄，兴化职业教育中心校提供）

时，另一方面侧重教学质量和提高办学效益。各校使用省统编的3个专业54种教材，成立市职业教育中心教研组，先后进行社会需求与专业设置、课程开发和教材建设、素质教育与培训目标、教学模式与产教结合等专题研究。学校重视校内实习基地建设，海南、垛田等农科类专业的职业学校建立起自己的种植园、养殖场，市职高、城西等职业学校改建实习车间或工厂，把学生实习和工厂的生产结合起来。

2000年后，全市职业技术学校结合政治思想教育、职业道德教育和毕业就业指导，加强学生的创业意识和创业技能教育，新开设《就业与创业指导》课程，加强校内外创业基地建设，让学生参与生产、销售、经营管理，在创业实践中全面提高学生素质和创业能力。2010年，在泰州市第五届职校学生技能大赛中，全市有7名职校学生获奖，有3个项目代表泰州市参加省技能大赛。

第四节 江苏省兴化中等专业学校

图22-10 兴化中等专业学校校园一角
（2009年摄，市教育局提供）

1982年创办，初名兴化县花园中学，后改名江苏省兴化职业高级中学、江苏省兴化职业教育中心校。1994年经省教育厅评估为省级重点职业学校，2003年成为省合格职业教育中心校，2004年被教育部评估认定为国家级重点职业中学，2010年通过省四星级职业学校验收，被省教育厅认定为江苏省高水平示范性中等职业学校。至2010年，学校为地方经济发展培养2万多名具有较高实践技能的高素质的劳动者。毕业生就业率始终保持在98%以上。

2008年，市委、市政府整合原江苏省兴化职业教育中心校、兴化职工中专和兴化第二职业高级中学3所职校，建设新校区。校园占地135857平方米，建筑面积5.6万平方米，实验实训设备总值近3000万元，现代化教学、生活、实训和活动设施齐全，总投入1.5亿元。2010年，有教职工238人，其中专任老师207人，专业教师“双师型”达70%，兼职教师27人，校本部在籍中职学生6598人。另有高职在校生256人。

学校设有机电、电子信息、建筑及其他4大类28个专业。其中机电技术应用、计算机及应用、电子技术应用专业是新一轮省级示范专业，数控技术应用为江苏省品牌专业，数控技术应用专业为省级紧缺型人才培养培训基地和国家级实训基地，软件与信息服务专业为省级实训基地。

学校建有计算机实训中心、机电实训中心、数控实训中心、电工电子实训中心、会计模拟实训中心，有电工、电子、机械原理、单片机、PLC、液压与气动、多媒体等40多个实验室和专用教室，建成千兆校园网，各类实验实训设备总价值逾1799.04万元。

至2010年，学校在办学规模、专业建设、校企合作、三项管理、省市大赛、社会培训和对口高考等方面取得新突破。先后获得"全国德育管理先进学校""江苏省平安校园""兴化市学校综合管理先进单位"等称号。

第四章　高等教育

第一节　泰州广播电视大学兴化分校

1980年，江苏广播电视大学兴化班依托县教师进修学校及粮食职工学校招收专科层次的学生，由县教育局电大管理站管理。2001年3月，"泰州广播电视大学兴化分校"正式挂牌。2002年春，学校参加中央广播电视大学人才培养模式改革和开放教育试点工作。该校采取常日班与业余班结合，普通高等教育与成人高等教育相结合的办学形式。

一、电大常日班教育

2000年招生，先后设置现代教育技术、师范英语、艺术设计、机电一体化、化工、电子、数控技术等7个专业，招收普专、五年高职、中专等各类电大生601人，毕业或转入其他电大367人。2000年，从事电大常日班专职或兼职教学人员30人，2007年增至92人。常日班教育2008年结束。

2000—2007年兴化电大常日班情况一览表

表22-10

年份	班级数（个）	学生数（人）	招生数（人）	毕业或转入其他校（人）
2000	2	80	现代教育技术40、师范英语40	—
2001	4	143	现代教育技术63	—
2002	5	139	师范英语36	会计40
2003	4	165	艺术设计26	现代教育技术40、师范英语40
2004	6	203	机电一体化72、化工26、机电中专40	现代教育技术63
2005	8	295	机电一体化85、电子40、机电中专30	师范英语36、机电中专40
2006	8	303	机电一体化47、电子31	机电中专30
2007	8	254	数控26	机电一体化55、化工23

二、电大业余成人教育

2002年春季开始招生，学员为党政机关、企事业单位的干部、职工以及社会青年，学制为大专2—3年、本科3年，实行开放式办学，通过电视教学，由外聘或本校专、兼职教师辅导。先后开设法学、小学教育、财会、工民建、建筑施工与管理5个专科专业及小学教育一个本科专业。至2010年毕业870人，在籍250人。2002年秋季开始专业教育招生，先后开设法学、财会、行管3个专科专业和财会、法学、工程管理、汉语言文学、行政管理5个本科专业，学员700人，至2010年已全部毕业。专业教育自2005年停止招生。

三、电大远程教育

2005年秋，经中央电大奥鹏教育中心批准，“兴化电大奥鹏远程教育学习中心”成立。该中心依托中央电大公共服务体系，至2010年，先后与东北师范大学、东北财经大学、大连理工大学、福建师范大学等多所学校联办专业，先后招生2000多人。中心实施学分制、弹性学习期限，不受时间、地点限制，利于在职人员学习工作两不误。

2005—2010年兴化电大奥鹏学习中心招生情况一览表

表22-11

招生时间	联办学校	专业设置	招生人数
2005年9月	东北师范大学	汉语言文学、数学、物理、化学、教育管理、小学教育、英语教育	162
	东北财经大学	财务管理、工程管理、行政管理、电子商务、法学、会计学	
2006年3月	东北师范大学	汉语言文学、数学、物理、化学、教育管理、小学教育、英语教育	128
	东北财经大学	财务管理、工程管理、行政管理、电子商务、法学、会计学	
	大连理工大学	土木工程、工商管理、计算机网络工程、经济管理	
	福建师范大学	汉语言文学、化学、教育管理、小学教育	
2006年9月	东北师范大学	汉语言文学、数学、物理、化学、教育管理、小学教育、英语教育	120
	东北财经大学	财务管理、工程管理、行政管理、电子商务、法学、会计学	
2007年3月	东北师范大学	汉语言文学、数学、物理、化学、教育管理、小学教育、英语教育	136
	东北财经大学	财务管理、工程管理、行政管理、电子商务、法学、会计学	
	大连理工大学	土木工程、工商管理、计算机网络工程、经济管理	
	福建师范大学	汉语言文学、数学、物理、化学、教育管理、小学教育、英语教育、心理学、思想政治	
2007年9月	东北师范大学	汉语言文学、数学、物理、化学、教育管理、小学教育、英语教育	113
	东北财经大学	财务管理、工程管理、行政管理、电子商务、法学、会计学	
	大连理工大学	土木工程、工商管理、计算机网络工程、房地产经营管理	
	福建师范大学	汉语言文学、数学、化学、教育管理、小学教育、英语教育、心理学、思想政治	
2008年	东北师范大学	原有专业+学前教育、法学、教学应用、地理、历史	254
	东北财经大学	原有专业+国际经济贸易+旅游管理	
2009年	大连理工学院	原有专业+电气工程及自动化、水利水电工程、船舶海洋工程、机械设计及自动化	254
	兰州大学	行政管理、人力资源管理、计算机科学技术、会计学、公共事业管理	

续表 22-11

招生时间	联办学校	专业设置	招生人数
	东北师范大学	原有专业+心理学	416
	东北财经大学	原有专业+金融学证券、建筑工程	
	兰州大学	原有专业	
	大连理工学院	原有专业+计算机应用技术	
2010年	东北师范大学	原有专业+行政管理	433
	东北财经大学	原有专业+工程质量监督与管理	
	兰州大学	原有专业+大气科学护理、法律事务、汉语言文字	
	大连理工学院	原有专业+房地产经营管理	
	中央音乐学院	—	

第二节　江苏教育学院兴化学院

学院创于2003年，为江苏教育学院和兴化市教育局联合创办，其定位为兴化市及周边县市以在职教师为主体的本科学历教育。2009年，与扬州教育学院联合办学，开设学前教育专业大专班，招生对象以幼儿园在职教师为主，兼收社会上一些待业的高校毕业生。2003—2010年，开设英语、中文、数学、物理、体育、小学教育、小学教育专科7个专业，开26个班，招收学员560人。为保证质量，其面授课均直接由省院院长、系主任、教授讲课。考试由省教育学院统一命题、监考、阅卷。至2010年，已毕业学员520人。

第三节　高等教育自学考试

兴化市高等教育自学考试始于1983年，由县高校招生办公室承办。先后开考文、理、工、农、经济、教育、历史、管理等专业的本科、专科及少数中专。1985年成立县高等教育自学考试办公室，负责应考者报名、教材预订、组织考试等相关工作。1999年，推行农村高等教育自学考试试点工作。至2010年，全市各乡镇均设有自学考试服务站，有9.09万人次报名参加考试，在籍考生2.5万人，3362人取得毕业证书。

1991—2010年兴化市自学考试情况一览表

表22-12　　单位：人

年份	报考人数	毕业生数	年份	报考人数	毕业生数
1991	5897	86	1994	3572	108
1992	5991	80	1995	3827	136
1993	3971	75	1996	4175	96

续表 22-12

年份	报考人数	毕业生数	年份	报考人数	毕业生数
1997	5667	111	2004	4854	229
1998	6864	138	2005	3556	236
1999	7065	175	2006	2219	240
2000	7599	196	2007	2832	173
2001	7063	257	2008	1941	124
2002	5846	411	2009	1406	130
2003	5091	290	2010	1512	71

第五章　社会教育

第一节　农民教育

一、扫盲与乡镇成人教育

【扫盲】 1988年，兴化市15—40周岁农业人口非文盲率93.7%，达到国务院规定的基本扫除文盲单位标准，被国家教委授予“扫除文盲先进市”称号。在此基础上，各乡镇及成人教育工作者抓紧扫除剩余文盲，组织脱盲人员业余高小组学习。在各级领导重视下，落实“双线承包”责任制。乡村干部包宣传发动、包文盲入学、包奖惩兑现，学校教师包教学、包脱盲、包验收合格。1995年，全市成年人非文盲率达99.84%。

【乡镇成人教育】 1992年，市政府发出《关于加强乡镇成人教育中心校建设的通知》，要求切实抓好乡镇成人教育中心校的建设。至2005年，全市34个乡镇和1个开发区均建有成人教育中心校，其中张郭镇、周庄镇两所成教中心校为省级重点示范校，还有15所为泰州市级合格成教中心校。2007年，随着教育体制的变革，成人教育职能划入乡镇政府所在地初级中学。2008年，按照泰州市政府要求，各乡镇依托成人教育中心校建立乡（镇、街道）社区教育中心。2009—2010年，农民教育以社区教育为主导。

二、实用技术培训

1991年后，实用技术培训过程紧紧围绕农村产业结构调整，不断更新充实培训内容，坚持实际、实用、实效的原则，既进行实用技术培训，又进行文化知识学习，切实提高农村劳动力素质。全市每年培训农村劳动力14.6万人次，农村劳动力受教育年限达11年。2008年后，各乡镇、社区教育中心围绕农民教育工程，施行多层次、多规模、多门类的培养，运用专家讲座、现场培训、远程教学指导等多种教学手段，开展培训。2010年，全市在各乡镇各类实用技术培训班接受培训的达

31.8万人次。至2010年，全市从业人员63.33万人，已接受培训人员35.11万人，培训率达55.4%。

三、劳动力转移培训

2002年，兴化市制定《关于加快劳动力转移工作的意见》，2004年制定《加强农村劳动力职业技能培训的意见》。各乡镇成人教育中心校和尔后建的社区教育中心担负劳动力转移培训的任务，推动农村劳动力转移。2003年，在昌荣镇召开全市农村劳动力转移培训现场会。2004年起，省财政厅每年下达兴化市农村劳动力转移培训补助资金，有力支持此项工作的开展。2007年，20家培训机构被认定为省农村劳动力定点培训机构，其中乡镇定点培训机构15家，部门定点培训机构5家。2007年起，实施农村贫困家庭“技能就业帮扶工程”，对帮扶对象实行包技能培训、包鉴定发证、包食宿交通、包实习单位、包推荐就业的“五包服务”，当年帮扶贫困家庭成员350人实现转移就业。2008年，各乡镇在继续组织劳务输出培训的同时，根据各乡镇经济发展需求和部分企业技术工人紧缺的实际，组织开展农村劳动力就地转移的岗前培训、上岗培训、在岗培训和转岗培训，理论教学与实践教学相结合，以实践教学为主，实习基地主要设在各乡镇具有一定规模的工业企业，促进半数以上学员就近就地转移。2008年以后，主要由职教中心校（后改名中等专业学校）承担劳动力转移培训任务。2009年，受国际金融危机的影响，就业形势严峻，市劳保局大力组织农村劳动力转移培训，各培训机构根据市场需求和学员情况开展各类特色培训。3月初，各乡镇面向女性开办渔具加工、服装缝纫、纺织挡车、蔬菜脱水加工等培训班，5—6月，利用初高中生即将毕业的时机，组织新成长劳动力电子装配、电脑应用等培训。加大对农村困难群体的技能就业帮扶力度，全年对贫困农民实施“五包”式培训1100多人。2010年，各乡镇培训中心与企业组织各类技能培训，满足企业用工需求，促进农村劳动力就近就地转移。与财政等部门继续加强对培训质量全程跟踪管理督查，确保培训质量不断提升。加大对农村困难群体的技能就业帮扶力度，对贫困农民实施“五包”式培训1042人。2010年，培训转移农村劳动力3.07万余人次，农民免费创业培训905人，“两后双百工程”培训816人。

第二节　职工教育

一、发展概况

“八五”期间，全市把岗位培训作为职工教育重点，每年职工按总数2%比例组织培训，“八五”后三年比例增加到3%；参训合格率达到80%以上，每年岗位应急培训职工总数达到25%左右，同时大力开展等级技术业务培训和老职工基础教育。市各系统建立专业培训中心、职工学校和培训班，逐步形成以市培训中心为依托，辐射到全市各系统单位的网络化职工培训体系。

1991年，全市开展职工文化补习和技术培训119个班，培训职工21789人；组织岗位操作和技能培训的单位70个，参训6000人次。1993年，组织岗位操作和技能培训的单位164个，参训7606人次，953人获得“技术业务能手”称号。1994年，全市有11600名职工参加岗位练兵，5590名职工参加技术培训。1995年，全市组织职工培训班187期，参训人员22338人次。

20世纪90年代后期，由于企业经营效益问题，大批职工下岗。全市组织多轮再就业培训，同时重点抓好企业中青年干部培训和营销人员培训。供销职校、商业职校、化建职校、粮食职校等职业学校发挥建设性作用。加强培训基地建设，将分散的职校集中联手，加强领导，统一管理，规范教育。

2000年后，全市每年均组织职工开展各类劳动竞赛活动，以赛代练，以赛代训，同时对下岗职工进行各类免费培训。2002年，设立市总工会计算机培训基地，免费为下岗职工培训提供设备、师资、教材，当年培训下岗职工268人。2004年，全市建立机械加工、电子加工、汽车维修、不锈钢加工、农产品加工、水产养殖、工业与民用建筑、财会8个职工技能培训基地，有针对性地举办各类培训班128期，培训职工12613名。2010年，全市开展“万名职工大练兵、十大工种大比武”职业技能竞赛，引导职工踊跃参加技术革新、合理化建议活动，催生出一批蓝领精英。

二、职工中专

1986年，经省政府批准成立兴化职工中专。1991年12月，建立“江苏省兴化职工中等专业学校实习基地”，确定兴化化肥厂为化工、环保专业实习基地；兴化齿轮厂为企业管理、机械专业实习基地；兴化化纤纺织厂为纺织专业实习基地；兴化五金工具厂为机械专业实习基地。“八五”期间，职工中专逐步开拓企业管理、财会等新专业，打破单一学历教育模式，坚持多功能合作。2001年，市政府为优化资源配置，将职工中专整体划归市教委管理。2005年，职工中专重新装备计算机网络教室，被泰州市人事局确认为兴化市专业技术人员信息化素质培训考核点。2008年市职教中心校、职中、二职中进行整合，迁入新校区办学。同年11月，职教中心校顺利通过省三星级学校转评验收。2010年，通过省四星级中等职业学校评估。

第三节　老年教育

兴化市的老年教育主要集中在兴化市老年大学进行。兴化市老年大学建于1992年，但学校“无固定教室，无专职教师，无固定教材”，借老干部局松鹤楼临时聘教员授课，开办诗词、保健、书画3个班，150多名学员。1992年，老年大学新建800平方米的教学楼，3个门球场和1间健身房。2010年又新建一座3000平方米的教学楼，设有教室8个、多功能教室1个、活动室1个，拥有50多台电脑和1个机房。当年，全校38个班级在册学员900多人，设有文学、诗词、历史、太极拳、门球、保健、书画、京剧、烹饪、音乐、舞蹈、摄影、电脑、法律、花卉等20多门课程。每周在校学习的学员达2000人次。20多年中，毕业学员达4000多人次。其中：年龄最小的50岁，最大的95岁，80岁以上的学员接近百名。兴化市老年大学在做好教学管理的同时，组织学员开展丰富多彩的活动，走出校门到社区演出，服务社会。

2008年后，乡镇的老年教育起步。乡镇老年学校一般以乡镇社区教育中心为载体，无独立的办学场所，一般开设法律、器乐、舞蹈等课程，其中健身舞是不少乡镇的特色课程。2010年，乡镇有老年大学34所。老年教育师资全部为兼职；参加各级各类老年教育培训的学员9400人，占全市老年人口的3.5%。

第四节　社区教育

社区教育的前身为成人教育中心校。1992年，市政府要求切实抓好乡镇成人教育中心校的建设。至2005年，全市34个乡镇、1个开发区均建有成人教育中心校。

2007年，成人教育中心校已不能适应社会的需求，开始撤销建制。2008年，各乡镇实施乡镇教育培训资源整合建立乡镇社区教育中心计划，各乡镇社区教育中心挂牌成立，实现由成教中心校向社区教育中心的转变，构建终身教育体系。基层党校、党员远程教育站、农村党员基层干部实用技术培训学校、成人教育中心校、人口学校、科普活动中心、农村劳动力转移培训、文化体育活动中心，老干部活动中心等各类培训机构合署到社区教育中心办公。当年，全市实施“两后双百”工程，对应届初、高中返乡毕业生实现100%职业技能培训，并100%实现转移。

2009年，陶庄镇创建省级社区教育中心，大邹等5个乡镇创建泰州市乡镇合格社区教育中心。利用社区教育中心进行成人学历教育，在陶庄镇进行试点，依靠社区教育中心的办学资源，开办农村成人中专班，招收学员142人。2010年，对照创建教育现代化市要求，研究制订《江苏省教育现代化县（市）社区教育现代化实施方案》，进一步加大乡镇社区教育中心创建力度，戴南镇社区教育中心通过省级社区教育中心验收，新垛等11个乡镇通过泰州市合格社区教育中心评估验收。

第六章　教　师

第一节　教师队伍

1991年，全市有中小学教职工10388人，其中公办5371人、民办5017人。在教职工总数中，女性1939人。

1991年后，随着教育事业的发展，教师队伍数量不足、素质偏低、结构不尽合理等问题越来越明显。高中教师、音体美等小学科师资紧缺的问题更为突出。兴化采取多项措施，以缓解矛盾。师范院校毕业生全部分配到学校任教。同时，通过定向代培、社会招聘、从外地引进等方法，充实教师队伍。90年代中期，与南京师范专科学校联合办学，培养紧缺学科本科生，补充高中师资。委托无锡教育学院、扬州职业大学，代培职教师资。委托东吴外国语师范学校代培英语（双语）中师生，补充小学英语师资。从当年非师范专科毕业生中挑选优秀生送常州职业技术学院进修一年，补充职教师资。鼓励农村往届高中毕业生报考成人教育专业，毕业后充实成人教育师资队伍。1991年后，逐步做好民办教师转正工作。省、市、县每年调拨用人指标，分期分批将符合条件的民办教师转为公办教师。另外，通过中师招收民办教师的形式，将素质较好的合同民办教师及部分民办教师转为公办教师。至1997年底，符合转公条件的民办教师均转为公办教师。至2000年底，凡考取“中师民”的合同民办教师，毕业后都成为公办教师。

2010年末，全市有中小学教职工10784人，其中女性3562人。专业技术职称：高级1120人，中级5424人，初级3683人。截至2010年底，有专任教师9283人，其中：省特级教师15人，教授级中学高级教师2人，省名教师1人，中学高级教师898人。

1990—2010年部分年份兴化市中小学教职工队伍一览表

表22-13　单位：人

年份	人数			性质		文化程度				职称		
	教师	职工	其中：女性	公办	民办	研究生	本科	大专	中师及以下	高级	中级	初级
1990	8720	1668	2536	5187	5201	0	446	1692	8250	60	1114	8151
1995	8819	1727	2576	6902	3644	0	696	2272	7518	146	1380	8598
2000	8876	764	2873	10735	397	5	1208	3828	6091	187	3071	5998
2005	10179	1258	3277	11001	473	7	2265	4864	4338	436	4340	4989
2010	9283	1501	3562	10424	214	38	5502	3082	2016	1120	5424	3683

第二节　进修培训

1991年后，先后对全市教师开展学历、继续教育、“新五项”基本功、新课程师资、青年骨干教师及校长提高等各类培训。

一、“专业合格证书”考核培训

中小学教师“专业合格证书”是国家教委对不具备合格学历人员经过考试合格后颁发的一种证明，在评聘教师职务时，视同相当学历。自1980年开始，全市组织相关中小学教师经过适当培训后参加此项考试。1991—1994年，先后有1038人获得“专业合格证书”。

二、学历达标培训

1991年后，以教师进修学校为基地，组织教师通过脱产进修、业余函授、自学考试、电大等多种培训形式，提高教师的学历达标率；通过政策导向，把教师的进修、学历达标与职称评定、评优、评先、民转公等挂钩，从而调动教师进修学习的积极性。1991—2006年，通过函授，幼儿教师927人、小学教师2163人达到中师学历，中学教师100人达到大专学历。中学教师通过自学考试，有556人达到大专学历。到2010年，全市中小学教师学历达标率均达100%。与此同时，各学校还引导教师参加高一层次学历学习。1990—2006年，小学教师通过自学考试和函授学习，分别有1423人和281人达到大专学历。中学教师有460人本科毕业，82人研究生课程进修结业。2009年在籍进修本科和研究生学历的分别有1091人和38人。2010年底，小学专任教师中大专及以上学历的达73.17%，初中教师中本科及以上学历的达76.92%，高中教师中研究生学历的达4.24%，职业教育中“双师型”的教师达70%。

1991—2010年兴化市中小学教师学历达标率一览表

表22-14　单位：%

年份	高中教师	初中教师	职高教师	小学教师	年份	高中教师	初中教师	职高教师	小学教师
1991	53.2	50.2	22.5	55.3	1992	53.9	52.3	23.7	58.4

续表 22-14

年份	高中教师	初中教师	职高教师	小学教师	年份	高中教师	初中教师	职高教师	小学教师
1993	54.3	56.7	31.1	64.3	2002	75.1	90.0	73.7	96.3
1994	58.7	60.6	34.0	67.2	2003	75.4	91.2	71.9	97.7
1995	58.3	64.0	32.0	74.5	2004	80.4	93.9	75.1	98.4
1996	58.6	79.2	41.6	81.2	2005	80.0	94.7	76.6	99.2
1997	58.8	81.2	37.9	83.6	2006	83.5	96.3	77.4	99.4
1998	58.7	86.0	38.8	90.7	2007	86.3	96.6	81.9	99.3
1999	61.0	87.0	50.3	91.8	2008	90.5	96.7	81.5	99.6
2000	64.2	87.8	65.1	93.6	2009	94.1	96.6	90.6	99.8
2001	71.2	88.5	71.3	96.6	2010	100.0	100.0	100.0	100.0

三、继续教育培训

1990—1997年，全市中小学、幼儿园教师1705人接受轮训。1999年，实施中小学教师继续教育证书制度，要求初级职称人员每人每年接受48学时继续教育，中高级职称人员每人每年接受72学时继续教育。“继续教育证书”人手一册，通过规定学时培训后，由培训部门签证，由市教育局验证。教师参加继续教育情况与教师职评、评优挂钩，未完成继续教育任务者不能参加职评，不能评优。

2000年，有5509名小学教师和2537名中学教师分别参加现代教育技术考核。2001年后，先后制订中小学教师继续教育和校长培训“十五”和“十一五”规划。进行新课程师资培训，实行“先培训，后上岗”原则，确保师资培训与课程改革同步进行。2002年、2003年，参加小学新课程培训5303人。2002年参加中学新课程培训2172人。2006年，有224名高二年级教师参加省新课程师资培训。2007年，有206名参加省新课程骨干教师培训。开展以“新三能”基本功为重点的培训。2007年，组织第二批现代化教育考试，报名参考人数达3290人。继续实施“123”培训计划，应对初中生源高峰期，调整优化教师队伍结构，选送164名小学骨干教师进行英语转科脱产培训。2008年暑假，举办中小学体育与健康师资培训班，定向培养35名体育教师，充实农村体育师资队伍。开展教师学历提高培训。2009年开始，与徐州师范大学合作，实施百名教育硕士生培养工程，当年38人，2010年43人。2010年，制订“136”青年教师培养计划，使青年教师一年入门，三年合格，六年成为骨干。实施“名师培养工程”，出台《兴化市教坛新秀、教学能手、学科带头人、名教师、名校长评选管理暂行办法》，推进泰州、兴化两级名师工作室建设。

第三节 教师管理

一、师德教育

20世纪90年代，全市贯彻《江苏省中小学教师日常行为规范》，开展“学陶师陶”活动。1991

年4月，邀请陶行知纪念馆副馆长陶翠英到兴化市作“学陶师陶”辅导报告。同年11月邀请北京部队离休干部、全国优秀青年思想教育工作者、优秀校外辅导员王遐芳作“把全部爱献给下一代”的报告。自1992年开始，多次组织全市“师德标兵”到中小学巡回演讲，用身边的事教育身边人。1994年10月，召开兴化市“学陶师陶、教书育人”经验交流暨表彰会，全市87个先进集体和193名先进个人受到表彰。

1999年，以贯彻《中小学教师职业道德规范》为重点，深入开展以“爱岗、敬业、奉献、为人师表”为核心的师德教育活动。暑期举办教育系统师德教育培训班，引导教师提高自身素质，树立职业理想。同年10月，市教委下发《关于严禁在职教师外出兼课的通知》，通过突击检查，对8名涉及有偿家教的教师进行通报批评。

2005年12月出台《兴化市中小学教师职业道德考核办法（试行）》，提出师德“十不准”，规范教师职业行为，督促教师自律、自爱、自尊、自勉。2008年出台《关于开展创建“无红包学校”活动实施意见》，各学校制定实施方案，开展自查自纠，创建“无红包”学校。

2009年，市委、市政府制定《关于进一步加强全市教师队伍建设的意见》，明确目标、落实责任，着力提升教师队伍素养。印发《关于推进教师依法从教的实施意见》《兴化市教育系统干部廉洁从教十项规定》《兴化市教育局防范和查处在职教师从事有偿家教工作规程》，建章立制，规范教师从教行为。

2010年，市委、市政府召开全市教师“依法从教”万人大会，教育系统以“践行师德规范，办人民满意教育”为主题，积极开展师德师风“建设年”“推进月”以及“师表百日引领月”等系列活动，成立师德巡回报告团，组织广大教师向优秀人民教师吴邵萍、袁德怀、徐书来学习活动。坚持典型引路与查纠违规行为并举，引导教师自查自纠有偿家教、乱收费、代伙代宿、推销教辅资料、“生钱交易”等师德失范行为。先后举办师德演讲报告会10场，开展片区间检查40次，制作宣传光盘2张，处置师德失范行为4例，向8所学校提出责令整改意见11条。

二、资格认定和选聘

【资格认定】 1995年12月，国务院颁布《教师资格条例》，1996年1月，江苏省教委下发《教师资格认定的过渡办法》。按照国务院和省教委要求，兴化市于当年完成1993年12月31日前在编在岗的各级各类教育工作人员的教师资格过渡工作。全市中小学（幼儿园）、中等职业学校在职教师8143人取得教师资格。

2002年，首次开展教师资格认定工作。1994年1月1日以后进入教师队伍的2612名教师提出资格申请，经过泰州市和兴化市两级教育行政部门受理申请、审核材料、组织测试、专家审查、认定颁证等阶段工作，最后认定其中2445名申请人的教师资格。从2003年开始，启动面向社会认定教师资格工作，并按年度开展。2003—2010年，全市受理2799名教师资格申请，被认定教师资格2609人。

【选聘】 2005年，市政府制订《关于进一步加强全市中小学教师队伍管理的意见》，加强新进人员和教育系统人员调动的管理。改革师范院校生分配制度，实行“双向选择、择优录用”的就业办法。应届师范毕业生全部“笔试入围，面试选岗”，择优选聘，严把教师“进口关”。重点学校、城区学校选调教师（包括拟从外县市调进人员），实行市教育局、人事局统一组织公开招聘。坚持“凡进必考”的原则，保证新进教师的基本素质，防止用人中的不正之风。2006年，按照“笔试入围、面试选岗”的模式参加竞聘的有389名应届师范毕业生，择优录用新教师225人。2007年，竞聘上岗9043人，落聘待岗2041人，对落聘人员采取多种渠道妥善分流。2010年，通过组织二轮教师竞聘教学能力测试，竞聘上岗8636名教师。

第四节　教师待遇

一、优秀教师表彰奖励

1991年后，每年教师节前后，政府和市教育行政部门都通过一定形式，表彰奖励有突出贡献的教师。

2006年12月，市政府办公室转发市教育局《兴化市名校长、名教师队伍建设工作意见（试行）》。从2007年起，每两年评选一届泰州市和兴化市名校长、名教师、教学能手、教坛新秀，并予以奖励。奖励标准分别为：泰州市省特级教师后备人才、泰州市名教师每人每学期960元，兴化市名教师、泰州市学科带头人每人每学期660元，兴化市学科带头人、泰州市教学能手每人每学期540元，兴化市教学能手、泰州市教坛新秀每人每学期420元，兴化市教坛新秀每人每学期300元。其经费在奖励性绩效工资中专项安排。2007—2010年，评选出泰州市教坛新秀65人、教学能手48人、学科带头人31人，兴化市教坛新秀65人、教学能手41人、学科带头人36人。2008—2010年，评选出泰州市名校长1人、名教师1人。1998—2010年，评选出兴化市名校长27人、名教师56人。

1998—2010年兴化市第一批至第五批“名校长”“名教师”一览表

表22-15　　　　单位：人

批次	年份	名校长	名教师	批次	年份	名校长	名教师
第一批	1998	6	10	第四批	2007	6	10
第二批	2001	5	10	第五批	2009	5	10
第三批	2004	5	16				

二、教师工资待遇

从1989年起，根据省政府规定，对从事教育工作满30年的男教师和满25年的女教师，实行退休后享受100%工资的待遇。“民转公”工作结束后，少数因不合转公条件的民办教师，工资待遇相应有所提高。

1993年，根据国务院规定，对教师实行专业技术人员职务等级工资制度，在工资构成上分为专业技术职务工资和津贴两部分。全市教职工的工资待遇得到了进一步提高。当年，全市6508名公办教师月平均工资由原来的292.72元，增到491.32元，人均月增资近200元；民办教师人均增资87元。1994年，国务院印发《关于〈中国教育改革和发展纲要〉的实施意见》，教师工资待遇得到法律保障。此后，每两年给教师提升一次工资和每年经过考核增发1个月工资。

2006年7月，教师参加全国第四次事业单位收入分配制度改革。建立岗位绩效工资制度：工资由岗位工资、薪级工资、绩效工资、津贴补贴四部分组成（其中岗位工资、薪级工资为国标部分）。教职工的工资得到较大幅度的提高，全市11107名公办教职工平均月增资约768元（其中国标部分月增资约329元，绩效工资月增资约439元）；.建立正常调整工资办法：年度考核结果为“合格”及以上等次的人员，每年增加一级薪级工资（平均月增资约30元左右），职务变动人员岗位工资按新岗位变动；收入分配制度改革后，中小学教师的岗位工资、薪级工资标准提高10%。

2006年6月30日前已办理离退休手续和已达到离退休年龄的人员不实行新的收入分配制度，适当增加离退休费。民办教师按同类人员的70%增资。2009年，对全市9342名教师实施绩效工资制度，年人均绩效工资为28297元。

第七章　教育管理与研究

第一节　教育机构

1992年4月，兴化市教育局成立“兴化市教育督导室”，负责对本地区范围内义务教育的实施进行全面的视察、督促和指导。1993年起实施教育督导制度。

1997年10月，根据市委、市政府《关于兴化市党政机构改革的实施意见》的规定，兴化市教育局更名为兴化市教育委员会，4年后复名。2000年3月，小学教育科与中学教育科合并成立“基础教育科”，负责全市基础教育工作。2000年6月，人事科增挂“兴化市人才服务中心”的牌子，在市人才服务中心的指导下，主要从事教育系统内的人才服务工作。2002年5月，教学仪器站更名为教育装备室，并增挂“电化教育中心”的牌子。2003年3月，职业教育科与成人教育科合并，成立“职业教育与社会教育科”，行使原职业教育科、成人教育科的职能。

2001年，兴化市综合性省级教育科研课题办公室成立。2005年，市教研室与教师进修学校分设。教研室力量逐步壮大，从19人增加到31人。各学校则设置教导处组织教育教学工作。兴化中学、楚水实验学校以及后成立的第一中学等规模以上学校，教务处、政教处分设，分管教务工作与政教工作，另设教科室主管教育科学研究。各学校还按照不同学科，设置学科教研组、备课组，较大的学校，另设年级组加强教育教学管理。市教研室就教学管理、课程设置、教学常规和德育工作对全市中小学进行全方位的检查与指导与督促，有效提升学校教学管理水平，促进学校管理的科学化与规范化。2007年市教研室、教科室加强科研选题、立项指导和管理工作，教研工作走向有序、规范。

2008年1月，为进一步加大对教育工作的督查力度，强化教育执法监控，促进教育改革的深化，市政府成立教育督导室，与教育局合署办公。原教育局教育督导室改称督导科。新教育督导室将督政与督学结合起来，开展对中小学的综合督导评估，使全市教育制度进一步规范化、系统化。2010年，教育督导室改为在市教育局挂牌。

第二节　教育经费

一、财政拨款

1991年后，市政府对教育经费拨款逐年增长。1995年根据《中华人民共和国教育法》，逐步建立起以市财政拨款为主，其他多种渠道筹措教育经费为辅的体制。政府坚持优先保证教育经费投入，教育财政拨款的增长高于财政经常性收入的增长，生均教育经费、教师工资和学生人均公用经费逐步增长。2001年，教育事业费拨款为17845万元，为1990年的10.6倍，占全市财政总支出的38.76%。2005年31894万元，比2001年增长78.73%，占全市财政总支出的25.76%。2010年，教育事业费拨款81218万元，比2005年增长154.6%，占全市财政总支出的20.4%。

2001—2010年兴化市教育经费一览表

表22-16　　单位：万元

年份	财政拨款	教育费附加用于教育	学杂费收入	捐赠收入	教育基金收入	勤工俭学支持教育经费	合计
2001	17845	531	4400	5152	190	518	28636
2002	23740	577	5293	7012	12	441	37075
2003	24026	345	5116	3427	—	452	33366
2004	29880	1808	5231	3192	824	386	41321
2005	31894	2559	5413	2375	707	320	43268
2006	33530	2034	4891	1451	36	527	42469
2007	44544	3759	9357	33	893	—	58586
2008	50622	3630	10610	253	—	—	65115
2009	57191	2898	10697	63	5	—	70854
2010	81218	3373	12811	194	2452	—	100048

2001—2010年兴化市中小学生年均教育经费一览表

表22-17　　单位：元

年份	学段				年份	学段			
	小学	初中	职中	高中		小学	初中	职中	高中
2001	963.70	1217.07	6222.69	4100.94	2006	3060.08	2354.22	3428.77	3996.16
2002	1092.91	1477.00	5130.87	4568.87	2007	4603.89	3545.07	5695.04	5165.87
2003	1413.24	1242.82	4402.46	4086.64	2008	4388.04	4326.06	8995.78	6342.44
2004	2046.98	1649.64	5802.08	4886.66	2009	5342.56	5636.69	4681.63	5945.47
2005	2646.85	2154.89	3855.90	4091.54	2010	8211.64	9289.28	6504.19	7153.76

二、教育事业费附加征收

1985年开始征收，此后市政府每年初都下发文件，下达征收任务，对征足用好教育费附加、完善征收制度和办法作出具体布置和严格规定。市属全民、大集体单位教育费附加按“三税”总额的2.5%计征，由税务部门与“三税”同时征收。农户以乡镇为单位，按上年人均纯收入的1%以内计征，征收办法由各地自定。若学校通过学生向家长代征的，学校开据给家长全部抵算经费上缴。农村私营企业、个体工商户和乡镇企业，按销售额的5%左右由市工商或税务部门负责征收。昭阳镇属企业教育费附加征收办法，参照市属全民、大集体单位征收办法执行。1994年，市政府调整教育费附加征收比率，市属全民、大集体单位按“三税”总额的3%计征。1995年，市政府又规定农户按上年人均纯收入的1.5%—2%计征；农村乡镇企业和个体企业按销售收入4%征收。昭阳镇属企业参照市属全民、大集单位征收标准和办法执行，个体企业按农村个体企业的征收率，即按销售收入的4%征收。另外，从1995年1月1日起，向企业开征教育地方附加费。征收教育费附加是仅次于国家财政拨款的最大教育经费来源，主要用途是在保证民办教师工资足额发放的同时，用于改善办学条件，改造薄弱学校，美化校园环境。为减轻农民负担，自农村税费改革后，2004年，市政府宣布停止向农户征收教育事业费附加和捐（集）资。

三、收取学杂费

1986年起，按照国家统一规定，对义务教育阶段学生不收学费，只收取杂费。对非义务教育阶段学生仍收取学杂费。1990年，全市收取学杂费389.5万元。此后，根据国家有关规定以及物价上涨等因素，对非义务教育阶段学生的学杂费有所提高，义务教育阶段的杂费标准也有所调整。2000年后，非义务教育阶段学费标准继续有所提高。为解决学费标准提高和个别乱收费现象带来的一些问题，全市建立特困学生档案，建立扶困助学制度，落实帮扶帮困专项资金，落实义务教育阶段“两免一补”（免费提供教科书、免杂费并补助寄宿生生活费）工作，鼓励实施“希望工程”“春蕾计划”，动员和鼓励机关、团体、企事业单位和地方捐资助学，保证义务教育阶段适龄儿童不因经济贫困而辍学，非义务教育阶段学生不因家庭经济贫困而失学。2007年，全市成立5个督查组，对64件教育乱收费信访问题进行集中交办、查处，清退乱收费85万元，并通报批评20所学校，处理校长7人，其中党纪政纪处分6人、免职1人。至2010年，全市教育乱收费行为得到有效遏制。

2006年秋季开始，根据国家规定，农村义务教育阶段学生全部免收学杂费。2008年春季开始，义务教育阶段学生全部免收书本费。2010年开始，义务教育阶段学生免收簿本费。

四、捐资助学、集资办学

由于各级政府的鼓励和引导，在实施九年义务教育过程中，群众自愿捐资助学、集资办学蔚然成风。1991年洪涝灾害给市内中小学校舍造成严重损坏。灾后为校舍修复、重建，全市广泛开展捐资活动。1992年台湾慈济慈善事业基金会捐赠900万元人民币给东鲍、舍陈、严家、周奋、荡朱等中心校、新城小学、戴窑及周庄中学等8所学校，建成30幢主体建筑，2.54万平方米。1992—1993年，筹集资金3723.58万元，其中一次性集资或捐资达1924.4万元。1995年，建立市人民教育基金。从当年开始，凡有工资性收入的干部、职工原则上按每月收入的0.5%缴纳人民教育基金，由财政部门负责征收，用于扶持贫困乡镇的教育事业和覆盖全市教育重点工程建设。至2010年，香港邵逸夫先后捐赠230万元人民币，为开发区初中、竹泓镇初中、阳山小学、城北中学建成4幢教学楼9000平方米。西鲍乡顾国富捐赠280万元，在家乡建成寄宿制星海小学1座，占地

13300平方米，校舍面积3025平方米。

五、校办企业和勤工俭学收入

1991年后，市委、市政府提倡勤工俭学，支持学校在搞好教学的前提下，兴办一些力所能及的工厂和其他企业。城乡工业企业和有关部门则给予积极帮助和支持。校办工厂的收入除按有关规定实行免税外，对交纳产品税确有困难的可按具体规定申请减免。由于各级政府的重视和扶持，勤工俭学和校办企业都有所发展，其收益用于补助教育经费。据统计，1996—2006年，全市校办产业收入用于补助教育经费4467.36万元，用于改善办学条件3158.61万元，用于师生福利1080.6万元。2006年后，多数校办企业由于缺少市场竞争力而逐步萎缩。

第三节　教育设施

一、薄弱学校改造

1990年末全市中小学校舍总面积64.32万平方米。从1997年起，兴化市实施“改造义务教育阶段薄弱学校行动计划”，至1999年全市改造薄弱学校101所，完成省教委下达的“改薄”任务。全市“改薄”投入资金2300多万元，征地约22公顷，新建校舍2.4万平方米，改建0.65万平方米，砌围墙0.37万米，添置教学设备及图书资料等计150多万元。2001年开始实施危房改造工程，至2002年底基本完成。投入资金17500.01万元，拆除危房95701平方米，新建、改扩建校舍215857平方米。2002年11月，经泰州市检查组验收，认定兴化市为农村中小学无危房市。2003年通过省检查组的复查验收。

2006年末，全市中小学、幼儿园（含民办学校）学校占地总面积达570.09万平方米，校舍面积达160.48万平方米，是1990年的2倍多。2009年，落实危改经费966万元，完成42所学校2.95万平方米改造或维修任务。2010年，制定校安工程8年规划，年内完成3万平方米D级危房改造任务。

二、“三新一亮”“六有”工程

为了改善农村中小学办学条件，实施“三新一亮”（新讲台、新课桌、新板凳、电灯亮）工程，2003—2004年，投入资金439万元，新增课桌凳53520套，维修课桌凳59908套，新增讲台2067张，维修讲台996张，通电教室达1925间。2004年10月，通过泰州市验收，认定兴化市“三新一亮”工程符合省定标准。

2004年开始，全市展开农村中小学“六有”工程建设（有整洁的校园、有满足师生就餐需要的卫生食堂、有冷热饮用水、有水冲式厕所、有安全的宿舍，寄宿生一人有一张床），至2005年10月底，所有中小学全部实现“六有”目标。据统计，全市投入资金5390万元，新建水冲式厕所33座，4338平方米；改建厕所133座，15626平方米。新建食堂、餐厅42个，19655平方米；改建食堂、餐厅35个，8747平方米；完成新建学生宿舍项目40个，28820平方米。改建学校宿舍项目27个，10653平方米。完成校园绿化面积99480平方米，铺设硬质化路面48838平方米，铺设下水道29450米，添置饮水机等设施2779套，购买、修理双人床11093张。2006年1月，通过省“六有”工程验收组的验收。

三、“校校通”教育信息化工程

2003年，兴化市教育网站顺利开通，2004年被评为泰州市十佳网站。2005年，全市投入近500万元，建成多媒体教室200个，网络教室200个，拥有计算机14500台，学生与计算机的比例达15∶1，250所中小学接入宽带网。2008年，全市校园网建成率达100%。2010年，省教育厅下拨兴化“龙芯”电脑3555台，分配到35个中心小学、44个初级中学。每所学校配备含45台“龙芯”电脑的互动教学系统一套（含投影机电子白板等设备）。在实施“校校通”工程的基础上，推进“送优质教育资源下乡”活动，实行城乡优质教育资源共享，引导师生参加网上培训，提高教育教学质量。

图22-11　多媒体教室授课　　（2006年摄，市新生小学提供）

四、合格学校“四项配套”工程

2006年，按照“因校制宜、分层推进”的要求，全市实施农村中小学理化生史地实验设备、图书资料、体育、艺术教育器材“四项配套”工程建设。48所农村初中“四项配套工程”基础设施建设投入资金约1400万元，其中：省市财政投入约220万元（援建项目160万元），乡镇财政投入200万元，拍卖、转让闲置校舍约80万元，学校自筹资金800万元。缸顾、芙蓉等9所初中新建功能用房5700平方米，荻垛、竹泓等39所初中改建、改造功能用房2.95万平方米（其中：新建实验室和仪器室69个，改造改建实验室122个，改建学生阅览室37个、教师阅览室40个、书库51个，完善电子阅览室48个、新增艺术类教室108个）。整理体育场地10万平方米（其中：海南、中堡等7所初中新建整修100米直道、200米以上环形跑道，林湖、茅山等12所初中新建水泥篮球场25个、乒乓球场27个、体操区31个）。各校整理添置仪器橱柜约800张（其中：新购占40%，旧柜新用占60%），添置阅览室杂志架、开架式图书书柜各35套。以上建设于2007年底通过验收。

至2010年底，全市市乡（镇）两级财政投入2亿元，对定点学校的塑胶田径场、绿化、排水等基础设施进行改造，校安工程新增42个重点工程项目，40所学校受惠。全市投入10664.7万元，为所有定点学校高标准、高起点购置现代化教育技术装备，重点实施教育城域网、多媒体教室、电子白板、功能教室、师生及管理用计算机、图书等17个项目建设。建成校园网、校园闭路电视、广播系统79个，计算机网络教室151个，计算机14908台，其中教学用计算机12146台。建成多媒体教室255个，物理、化学、生物、科学实验室161个，艺术类教室136个，劳动技术教室7个，篮球场160个，排球场25个，足球场23个，乒乓球台510个，购置普通图书370.63万册，电子图书29.8TB（太字节）。体育场（馆）面积达标情况：小学达标18所，占学校数的100%；普通中学达标61所，占学校数的100%；职业中学达标1所，占学校数的100%。小学仪器设备总值3661.51万元；普通中学仪器设备总值为7139.81万元。

第四节　教育督导

一、督导机构

兴化市于1992年成立教育督导室，1993年起实施教育督导制度。市教育督导室受泰州市政府委托，对下级政府及其教育行政部门和学校贯彻执行教育方针、政策、法律、法规情况和教育管理工作进行监督、检查、评估、指导，并向同级和上级政府及教育行政部门反映教育工作信息。2008年，市教育督导室与市教育局合署办公。

二、督导评估

【依法督校】 从1993年开始，市教育督导室按《江苏省普通中小学督导评估指导方案》的要求，开展学校督导评估试点工作。1994年，对各乡镇学校制止流生工作进行专项督导。1999年，市教委下发《兴化市乡镇教管办工作考核评估意见》，关于兴化市小学、初中、高中3个学段教育教学质量督导评估意见。市政府聘任兼职督学10人。2005年9月，兴化市制订《关于建立全市中小学综合督导评估的意见》，分别从办学方向、学校管理、办学条件、教育教学几个方面提出具体要求，对市属学校和乡镇中心中小学每3年进行一轮综合督导评估。除此之外，还对学校布局调整、师德师风、教学常规管理、执行课程计划、减轻中小学生过重的学业负担等问题进行专项督导和经常性督导。2008年，市政府教育督导室开始建立督导结果通报处理制度和回访复查制度。通过兴化教育网向社会公布对学校的督导考核结果，接受社会监督，确保综合督导评估的质量和效果。至2010年上半年，全市结束对市属学校和乡镇中心中小学3年一轮的第三轮综合督导评估。

【依法督政】 1993年起，市教育督导室多次参加泰州市政府和教育局组织的义务教育检查、“两基”督导评估等工作，推动乡镇政府加强对教育工作的领导，增加经费投入。1996年，开展基础教育“五项内容”（增加教育投入、落实“教师法”、“两基”规划的实施、加强德育、“减负”工作）的督导检查。从1997年起，市教育督导室受政府委托，每年组织对乡镇“两基”工作进行年审，内容主要为：初中在校生辍学率、义务教育阶段薄弱学校按计划改造、义务教育经费“三增长”及教育费附加征收使用和扫盲诸方面等情况。市督导室同时承担起对乡镇教育现代化工程的督导评估工作。

2005—2010年，建立乡镇政府教育工作督导评估和考核制度。督导评估和考核内容为乡镇政府主要领导和分管领导切实履行教育工作职责、依法保障和增加教育投入、不断改善办学条件、加强教师队伍建设、提高教育发展水平等方面情况。督导考核结果作为乡镇政府及其主要领导政绩考核的重要内容。

第五节　教育研究

一、三级教研网络

1991年后，市教育局教研室发挥全市学科带头人、区域特约教研员、中心教研组的作用，加强对集体备课、观摩实验课等活动的指导，从整体上提高全市学科教研水平。各校分别建立教导处（教科室）、教研组、学科组教科研网络，开展教研活动。部分学校通过公开教学、一日开放、教学竞赛等活动，搭建教师交流平台。2000年后，多数学校每学期编辑一本教学经验汇编，不定期编辑教师论文集。2001—2006年，在创建江苏省四星级普通高中的过程中，兴化中学教师在泰州市级以上报刊发表论文578篇，出版专著46部，学校被评为江苏省教育科研先进单位，列为省教科研实验基地。市楚水实验学校教师发表论文309篇，出版专著23部。

1999年，兴化市制订《教育科研课题研究的基本要求》，公布《兴化市级教育科研立项课题（第一期）》和研究成员，修订《教科研课题管理条例》，使教科研管理工作逐步规范化、科学化。"十五"期间，全市有省级立项课题18项，泰州市级立项课题44项，兴化市级立项课题8项。2001年，兴化市综合性省级教育科研课题办公室成立。2007年，调整综合性重点教科研课题实验基地和研究工作小组。市教研室、教科室加强科研选题、立项指导和管理工作，教研工作走向有序、规范，立足教学实际。全市省级综合性教研课题《发展语言能力，增强学习能力，探求提高教学效率科学之路》于2002年4月开题，2005年6月结题。《追寻理想课堂——兴化市区域整体提高课堂教学质量的实践研究》于2007年4月开题，2010年12月结题。省教科院对这两个课题研究的意义和成果给予高度评价。

二、理想课堂构建

20世纪80年代，对课堂教学提出"加强双基、培养能力""教师是主导，学生是主体，训练是主线"的要求。在实施新一轮课程改革过程中，教育行政部门引导教师探讨构建理想课堂要素，力求在借鉴继承优良教学传统的基础上，反思教学行为，转变教学方式，引导学生自主、合作、探究地学习；探索教师与学生互动，共同发展的教学方式。践行传授知识与培养能力并重，注重培养学生质疑、调查、探究的意识与方法；尊重学生人格，关注个体差异，满足不同学生学习需要。在实施新课程过程中，组织全市性课堂调研活动，组织新课标、新课堂优质课评比活动，加强综合督导评估。1994年10月，《中国教育报》发表长篇通讯《洋思之路》，报道泰兴洋思初中提高教育质量的成功经验。全市中小学开展创建"洋思式学校"的活动，转变教育观念，强化常规管理，改革课堂教学，努力提高课堂教学质量。

2004年，全市有28人次和72人次分别在省和泰州市优质课、课改论文评比中获奖。2006年，全市有23名教师在省内各类教学竞赛活动中获一、二等奖。2009年，全市教师在省级以上刊物发表论文2060篇，其中获省级奖项论文397篇。在泰州市组织的各类教学与技能竞赛中，有120名教师获省级以上奖励。在全市中小学生参加的省市各类竞赛活动中，144人次获国家级奖项，541人次获省级奖项。兴化中学两名学生入选国家数学奥赛集训队，学校实现全省中学生作文大赛"九连冠"。楚水实验学校学生在第十五届全国青少年信息奥赛中获一等奖。2010年，兴化市教师在省级以上报刊发表论文1173篇，获省论文一等奖47篇，省赛课一等奖51个；学生在各类竞赛中获国家级奖317个，获省级奖515个。

三、评价方式改革

1994年，兴化市城区小学试用"小学生素质发展报告书"取代传统的成绩报告单。1997年开始，全市小学推行学生考核成绩等级制，逐步淡化分数，实行等级制记分，减轻分数对学生的心理压力，促进学生生动活泼地学习。兴化中学实施《学生基本素质学分制》，楚水实验学校将《学生成绩报告单》改为《我的成长轨迹》报告书，建立新的素质发展评价制度，改革学生评价方式。2010年，教育局印发《兴化市小学生综合素质评价方案（修订）》，建立科学的小学生综合素质评价体系。

卷二十三

文化

1991—2010年，兴化市文化事业健康发展，人民群众的社会文化生活日趋活跃。各文化机构面向人民大众，正常开放、积极开展活动。文化馆（宫、站）、图书馆（室）、博物馆馆舍面积扩大，条件改善，藏书、展品增加。文化艺术欣欣向荣，文学创作、理论研究成果丰硕，涌现出“兴化作家群”，有30多位作家出版文艺作品近百部，其中9人的26部作品获省级以上奖项，形成独特的“兴化文学现象”。书法、绘画、摄影、雕塑创作蒸蒸日上。经常举办戏曲、歌舞演出和民间传统文艺竞赛，吸引大批业余文艺爱好者和热心观众参与。各种陈列、展览丰富多彩，向群众传播社会主义文明。文化遗址、古建筑、古民居、古街道及各种非物质文化遗产的保护工作进一步加强。文化市场管理走向规范化、法制化。文化事业逐步向市场化、产业化方向发展。

图23-1　茅山会船——龙舟竞赛　　（2010年，顾晓中摄）

第一章 文 学

兴化市自古文风昌盛，文学源远流长，被学术界称为中国长篇小说的发祥地、文学理论的制高点、诗词歌赋的大观园。自元至清，县志收录的邑人文集有320多种。清代兴文字狱，乾隆《四库全书》之禁毁书目，首列兴化人之书。否则，存书将远远高于此数。1991年后，陆续发现多种孤本、抄本、辑佚本，丰富了兴化文学宝库。20世纪90年代以后，文坛涌现出一大批颇有成就的兴化籍作家。小说方面，兴化籍作家多次获得茅盾文学奖、鲁迅文学奖、施耐庵创作奖等奖项。纪实文学尤其军旅文学方面，为海内外瞩目，获得全国图书金钥匙奖、全军优秀作品奖、军版图书奖、全国优秀畅销图书奖、全国“五个一”优秀图书工程奖等奖项。电视电影和各种创作剧本，夺得华表奖、金星奖、夏衍杯电影剧本奖等。各体诗歌创作别具一格，开出新路，获省级、地级、县级文学奖者近百项。旅外作家和在乡作家相得益彰，广大受众的人文素养不断提高。地方政府也陆续出台相应政策，从而形成引人注目的“兴化文学现象”。

第一节 文学传统

一、明清小说和戏曲创作

兴化是小说之乡。兴化文学尤其是明清小说，在地域文化中是一朵瑰丽的奇葩。明清时期兴化籍作者所创作或校定的小说，名著之多，在全国县级地域独占鳌头，如《水浒传》《西游记》《封神演义》《梼杌闲评》（又名《明珠缘》）等。江苏省明清小说研究会原会长陈美林教授曾言：“研究明清小说不能不研究兴化，兴化是明清小说的重要基地。”中科院图书馆原馆员沈承庆先生著《话说吴承恩——〈西游记〉作者问题揭秘》(北京图书馆出版社2000年版)认为：“江苏省兴化县于明季生有作《水浒》之施耐庵、《西游》之李春芳、《封神》之陆西星及《梼杌闲评》之李清，一地拥有四大文豪，四大名著光焰灿烂，古今中外少有，堪称‘话本文学之乡’”。

清嘉庆年间，“独步一时”的评话名家邹必显侨寓扬州，著有《飞跎全传》入《中国通俗小说书目》传于世。在戏剧领域，李春芳曾孙、明末清初的戏剧家李长祚，著有传奇《千祥记》《红叶记》、戏曲《梅雪缘》《翠烟记》等，被伶人公演；李春芳六世孙、清康熙年间左都御史李楠，为孔尚任《桃花扇》作序并设金斗班演唱，轰动京师；李春芳六世孙、剧作家李栋，除著有《自怡堂诗稿》《崧岚诗文集》《楚湘杂记》诸书和《自怡堂稿》画谱外，还著有戏曲《七子缘》和《犊鼻裈》传奇。

二、诗书画创作

在诗书画坛，兴化也是独树一帜，名家荟萃。被清代词家兼学者朱彝尊命名的“昭阳诗派”独步文坛，尊成廷珪为“诗家鼻祖”，其成员以誓不仕清的李沂为核心，以李氏家族中的李长科、李淦、李滢、李沛、李潜、李瀚、李潮、李驎、李国宋，王氏家族中的王仲儒、王熹儒，陆氏家族中的陆廷抡和僧人济润、济广、得一、本函、懂子师徒，以及侨寓兴化的张昉、张翮、雷士俊等文士组成，名动一时。清初一代诗宗王渔洋任扬州府推官行部至兴化，踵门请谒“昭阳诗派”代表人物李沂，李沂以不与清朝官吏往来之气节，固辞不见。清初广陵诗坛著名诗人宗元鼎，深为王士祯激赏，与兄宗观、弟元豫和侄子瑾、子瑜，皆工诗，时称“广陵五宗”。清隐士陆廷抡，工古文词，与宗元豫、李沂称“昭阳三隐”。清中叶，扬州八怪之翘楚、“诗书画三绝”的郑板桥异军突起，其诗作《逃荒行》《思归行》《还家行》被认为有杜甫“三吏”“三别”的遗风，“衙斋卧听萧萧竹，疑是民间疾苦声。些小吾曹州县吏，一枝一叶总关情”更是脍炙人口，传颂至今。由郑板桥亲笔题写的城中央四牌楼上所悬匾额，旌表明清“诗画名家”十二人（今匾由当代著名书法家应野平先生重书）：陆沧浪、李沂、顾符真、陆震、李鱓、王国栋、顾于观、李恢、李光国、魏标、黎体淳、顾锡爵。其实，康雍乾时期兴化诗画名家济济，未入匾者大有人在。清以降，兴化书画名家还有陆骖、李佳言、吴唯、赵九鼎、理昌凤、徐退、吴小道、黄晋卿、金德辉、宗德超、郑銮、高廪、成启运、王墨林、朱汉臣、吴观乐、金伯言、陈锡侯、魏克三、徐兆彬等。令人称道的是，兴化巾帼诗人并不逊于须眉，史上有姓名可考的才女就有李国梅、李倩、李贞、许德祯、徐尔勉、李侣姒、季娴、李妍、王媛、李梦星、徐秀林、黄仲仙、徐秀林、刘韵琴等，以夫名行世者亦不在少数，如任氏、魏氏、虞氏等，大都有诗文传世，其中不乏杰作，如徐尔勉（字幼芬）给丈夫李淦的遗诗《寄李季子》，曾令一代诗宗王渔洋赞赏不已。

三、文艺理论创作

文艺理论方面，清代刘熙载《艺概》是我国文艺理论批评史上，继刘勰《文心雕龙》之后，又一部通论各种文体的杰作，与同世纪西方的高峰——德国黑格尔《美学》东西辉映，并峙竞美，在文论史上熠熠生辉。

四、白话短篇小说创作

白话短篇小说创作方面，兴化籍作家也开风气之先。民国时期刘韵琴（刘熙载孙女）为中国新文学第一位女作家。她于1915—1919年间在沪上发表小说十多篇，其中1915年刊发于上海《中华新报》的《大公子》（写袁世凯的儿子袁克定），是我国第一部白话文小说，比陈衡哲女士于1917年用白话文所写的《一日》和鲁迅先生于1918年用白话文所写的《狂人日记》还分别早二、三年，是中国白话小说创作的先驱。

第二节　当代作家群

兴化当代作家继承和弘扬了光荣的文学传统，涌现出以喻蘅为代表的诗词作家、以毕飞宇为代表的小说作家、以顾保孜为代表的传记作家和一大批散文作家、剧本曲艺作家、民间文学家、科普作家等。各体文学蕴含传统的元素，又反映了现实的生活。尤其在1991—2010年，兴化作家创作了大量作品，在国内外产生一定影响。

一、小说和剧本创作

【小说创作】 在小说创作方面，兴化籍代表作家是毕飞宇。毕飞宇20世纪80年代开始创作短篇小说。20世纪90年代发表短篇《那个男孩是我》《是谁在深夜说话》《哺乳期的女人》《白夜》《男人还剩下什么》等。1994年发表中篇小说《雨天的棉花糖》。2000年以后发表中篇小说《青衣》《上海往事》《玉米》《玉秀》《玉秧》《相爱的日子》等。2004年出版《毕飞宇文集》，参加巴黎书展，获评“最受法国读者欢迎的中国作家”。2005年发表首部长篇小说《平原》，此被视为其转型之作。

以后又发表长篇小说《摇啊摇，摇到外婆桥》《那个夏季，那个秋天》，小说集《慌乱的指头》《祖宗》等。2008年出版《推拿》轰动一时。该书描述了一群盲人按摩师独特的生活，细微而彻底，真正深入到了这部分人群的心灵。《推拿》最大的意义在于，写出了残疾人的快乐、忧伤、爱情、欲望、性、野心、狂想、颓唐，打破了普通人对残疾人认知的情感牢笼。由此引发读者对于盲人这一特殊群体、对于正常人人生的深刻反思。从此毕飞宇被誉为“最了解女性的男性作家”。2009年发表《上海往事》。毕飞宇两获鲁迅文学奖，成为21世纪初中国文坛最为杰出的代表人物之一。

20世纪90年代前，马春阳在1957年出版《十二道水车》（通俗文艺出版社）。董程里1961年在《人民日报》发表《小根子的假日》，带动兴化人小说创作。马春阳1963年出版《换麦记》（江苏人民出版社）。文革后，作品喷发。马春阳1980年出版《双灯照》（江苏人民出版社），产生较大影响。刘仁前在1988年出版《香河风情》（南京出版社）。

20世纪90年代，葛玉莹在1992年发表《喜鹊喳喳》（《南京文化》）。罗国明1993年出版《菩提树下的诱惑》（花城出版社），1994年出版《欢庆胜利》（海南出版社）。陈钟石在1995年出版《圣洁的塑像》（中国城市出版社）。马春阳1997年出版《马春阳作品选》（江苏文艺出版社）。时育龙1998年出版《时育龙寓言选》（黄河出版社）。楚尘1999年出版《有限的交往》（海天出版社）、《楚尘小说选》（大众文艺出版社），朱道平1999年出版《吴承恩》（大众文艺出版社）。

2000年后，老作家继续创作，新一代作家不断涌现。除毕飞宇外，费振钟2000年出版《堕落时代》（东方出版中心），刘春龙2000年出版《无意插柳》（中国文联出版社），葛玉莹2000年出版《绿野如画》（人民日报出版社）。姜广平2001年出版《无声的突围》（台湾商务出版社），朱道平2001年出版《爱的标点》（中国文联出版社）。费振钟2002年出版《黑白江南》（浙江摄影出版社），王锐2002年出版《别让阳光照到我》（长江文艺出版社）。王锐2003年出版《我爱“吸血鬼”》（长江文艺出版社），赵诗坤2003年出版《老顽童的故事》（大众文艺出版社）。费振钟2004年出版《古典的阳光》（百花文艺出版社），薛宏金2004年出版《心灵絮语》（江苏文艺出版社），葛玉莹2004年出版《明月清风》（南京出版社）。陈钟石2005年出版《水乡抗日儿童团传奇》（大众文艺出版社），顾坚2005年出版《元红》（北京十月文艺出版社），一草2005年出版《再见，上海》（中国文联出版公司）、《初恋》（古吴轩出版社），朱辉2005年出版《我的表情》（江苏文艺出版社），庞余亮2005年出版《薄荷》（北京十月文艺出版社）。朱辉2006年出版《白驹》（中国青年出版社），一草2006年出版《挚爱》（贵州人民出版社）、《毕业了，我们一无所有》（新星出版社），刘春龙2006年出版《深爱至痛》（江苏文艺出版社），梅国云2006年与人合著《大钟无声》（解放军文艺出版社），刘仁前2006年出版《香河》（人民日报出版社），费振钟2006年出版《为什么需要狐狸》（江苏文艺出版社）。庞余亮2007年出版《银镯子的秘密》（古吴轩出版社），朱辉2007年出版《牛角梳》（山东文艺出版社）。庞余亮2008年出版《丑孩》（江苏少年儿童出版社），刘春龙2008年出版《很爱很爱你》（河南文艺出版社），梅国云2008年出版《若水》（华文出版社），刘仁前2008年出版《瓜棚漫笔》（作家出版社），沈光宇2008年出版《水性杨花》（中国文联出版社），钱国怀2008年出版《日月之梦》（中国文联出版社），周飞2008年出版《沧浪之城》（上、下）（江苏文艺出版社）。刘春龙2009年出版《时光到此为止》（宁夏人民出版社），顾坚2009年出版《青果》（昆仑出版社），朱辉2009年出版《天知道》（凤凰出版社），沈光宇2009年出版《兴化民间故事集》（南京大学出版社），钱国怀2009年出版《水流千转》（南京出版社），王凤祥2009年出版《海边风云录》（太白文艺出版社）。钱国怀2010年出版《南瓜花》（中国青年出版社），王凤祥2010年出版《智斗飞马帮》（远方出版社）。

【剧本创作】 兴化自在元、明、清皆是剧本创作的重镇，当代亦然。

杨本生（1931—），兴化四知堂杨氏第八代，国家一级编剧，中国戏剧家协会会员，江苏省戏剧家协会理事，南通市戏剧家协会副主席。创作各类剧本百余部，部分发表于《剧本》《江苏戏剧》

《华东小戏选》等期刊，并有多部作品演出并录制。先后参加全国、省、市汇演、调演及中央和省、市电视台、电台放映或播出。在《人民日报》《戏剧通讯》《戏剧与电影》《雨花》等有关报刊发表散文、相声、唱词、戏剧评论近百万字。其中，1992年创作电视剧剧本《门神之斗》，电视剧在中央电视台播放。1995年作电视剧剧本《五山风雨》，发表于《剧影月报》。1995年出版《天地人》，收15篇剧本。2003年出版《杨本生剧作选》（吉林人民出版社），收20篇剧本。

顾保孜（1957—），自幼随父生活在西藏，中国作家协会会员，国家一级作家，国家一级编剧。参编故事片《相伴永远》，1999年在全国影院上映。2000年获电影界政府最高奖——华表奖和优秀编剧奖，2001年获"五个一"工程奖优秀故事片奖。著十一集电视连续剧《罗荣桓元帅》剧本，2003年底在中央电视台播出，2004年获解放军电视剧"金星奖"三等奖。参著故事片《风起云涌——陈云》电影剧本，2005年在纪念陈云诞辰100周年之际在全国影院上映，2005年获电影华表奖优秀故事片奖。编长篇电视连续剧《彭雪枫》剧本，电视剧2006年在中央电视台综合频道黄金时间播出，获得解放军"金星奖"一等奖、电视剧"飞天奖"二等奖、"五个一"工程奖优秀电视剧奖。著故事片《走进被遗忘的王国》电影剧本，2007年获国家新闻出版广电总局"夏衍杯"电影剧本二等奖。2010年编长篇电视连续剧《阿丕书记》剧本，电视剧在中央一套黄金时间播出。

二、诗歌创作

兴化有诗词创作的传统，但20世纪前半叶承继明清馀绪，五六十年代鲜有创作，文革以后日渐繁荣，20世纪80年代后至21世纪初形成高潮。

喻蘅（1922—），毕业于南京中央大学，任复旦大学教授、书画研究会会长、上海诗词学会顾问，从事诗词创作七十年，有《延目》《夕秀》《桑榆》等专集，数量近千首。另收入《当代词综》《二十世纪名家词选》《上海近百年诗词选》《江苏千家万首诗选》等。《诗书画缘》于2005年广西民族出版社出版，收诗词对联500首以及论文书画作品若干。《上海诗词》2007年第3期出喻蘅诗词专辑。喻蘅作品，时间跨度大，题材多样，内容宏富。咏物题景之作，在江苏、浙江、山东、广东、江西、重庆等地30余处景点镌刻勒碑，增添景点色彩。早在抗战时期就作《纪痛》二十余首。纪"918"："谁知黑水绿江上，又见胡尘盖地来。"还有纪南京大屠杀之"弥月屠城"，纪台儿庄大捷之"寒敌胆"。1961年《访兴化郑板桥故居七绝二首》："门巷依稀秋水外，平居淡泊夕阳边。先生去后修篁在，尚有幽兰傍砌眠。"生动记述郑板桥故居在文革遭毁前的状况，为复修提供依据。1990年游扬州，见大明寺佛殿香火兴旺，却冷落了代表中国正宗传统文化的欧阳修"六一祠"，甚为不平，作《偕俶成乡兄游平山堂》："重兴香火大明寺，谁吊平山芍药堂？"表达了对重佛轻儒的担忧。1996年作《兴化拱极台五首》云："少年初识愁滋味，风雨雷霆六十年。"追述60年前所见拱极台所存元明清遗迹，慨叹"灵台玄武梦迢迢"。2006年作词多阕，抒写时代风貌。《鹧鸪天》："笑看福字倒悬也，国策和谐福始生。"喻蘅与诗词名家田遨、钱仲联、吕贞白、陈从周、周谷城、苏步青等多有酬唱之作，成为当代诗坛佳话。还以诗词记述学术论争，为诗歌拓展了新的题材，如《读金瓶梅》《黄门旧学》《三谒兴化施家桥施耐庵墓》等。《金缕曲·题黄俶成教授新著"施耐庵与水浒"》："学术论文相濡沫，歧见终成共识。"田遨评喻蘅诗词云："先生之作，才情过人，学足以副之；学既宏富，识自卓然。时时运典入化，意在言外。……"

乔惟良（1915—1988），兴化中学教师。撰《题画诗录》二册，《赋花草稿》二册，尤以花赋见长。《梅花赋》云："影度寒香，雪凝皑素。苞簇丛丛，花开树树。标新于岁首，绽繁英于朝曙。青柯无缀，附老干以连株。逸趣可寻，接修枝而荫路。"全赋五百余言，极言梅花之娇妍傲寒，耐寂自洁，亦诗翁之自况。另有吟咏牡丹、芍药、兰蕙、菊花、梅花、杏花等十余篇大赋，风格皆从嵇康、江淹大赋化出，浑成无迹，句法参差错落，音调珠圆玉润，谱出楚阳华章。

顾材民（1925—），新四军战士，1956年在兴化县副县长位置上支援西藏，长期主持自治区宣传工作达25年，回居故里后著《楚牛吟》《在西藏的岁月》（1999年4月江苏人民出版社出版）等，费孝通、阴法唐等有较好评价。有诗词五百多首，体裁多样，多咏及家乡与西藏风貌。《五绝·纪念郑板桥诞辰三百一十周年》："清风拂两袖，傲骨满身裁。"《菩萨蛮·纪念抗日战争胜利五十周年》："如今重返首，血泪沉思久。"《沁园春·喜见兴化老年大学教学楼落成》："拱极台郊，乌荡滨南，崛起新楼。"

黄鹏成（1932—），南京林业大学教授，退休后继续任中国树木学会副会长兼秘书长至1996年。善于以自然科学家的眼光注入格律诗词。《西江月·登五老峰》："山下阳光普照，山巅雾霭朦，瞬息万变立云中，最喜挺拔青松。"

谢孝宠（1936—），常州人，1957年毕业南京大学，分配到兴化中学，执教三十余年。出生于书香门第，擅诗词楹联，被词学界公认为常州词派在当代的传承代表人。1995年退休后走下讲坛，全力从事诗歌创作，组织系列创作活动。作品多记兴化名物和师友交往。2004年作《七绝·甲申冬出席省诗协理事会喜遇省兴中老校友方祖岐将军》："登高合影景观新，校友相逢话语亲。白首难忘年少事，将军情富亦诗人。"《满庭芳·江苏省兴化中学80届高中（2）班琵琶山居雅集》："楚水阳山，板桥何念，此生欣育群芳。德才双焕，乡慰且民扬。"

班吉庆（1949—），扬州大学古汉语教授，讲究声律。《七律·贺母校兴中七十华诞》："颠连哪论甘和苦，历劫始知伪于真。"与黄俶成、杨本红等人合作《水龙吟》："寸草春晖思报。纵当年礼崩乐坏，师生情谊，何曾稍减？尼山是拜。共度严霜，沉舟出水，分清泾渭。许献身孺子，人梯叠接，化为长彩。"

此外，何学昌、魏伯勋、魏平孙、高岩、张华、孙子怡、朱思愚、叶亚平、杨少峰、马红云、杨凌云等皆喜作格律诗词。杨本红早年创作儿歌，避开政治喧嚣，回归童真天趣，曾风靡一时，在人民日报、光明日报发表。1974年出版儿歌集《一代新人》（江苏少儿出版社），1978年出版儿歌集《小社员》。1991年后，出版的诗集还有金倜的《倾诉》、曹峰峻的《生命不息》、王桦苍的《北窗临美》、杨玉贵的《生活的路上》、陈德生的《为你喝彩》、庞余亮的《开始》《比目鱼》等。李学中、刘龙寿等则常有新诗发表于地方报刊。兴化文联等单位编印的《昭阳诗词》至2010年有80期，另还有《水乡文艺》《水乡钟声》《人文兴化》等皆有诗词专栏。

三、纪实文学和散文创作

【纪实文学创作】 兴化籍作家的纪实文学创作以重大历史事件和重要历史人物为主要题材，在海内外产生较大影响。其中以顾保孜最为出色。1992年出版《红墙里的瞬间》（解放军文艺出版社），获当年全国优秀畅销图书奖、全国图书金钥匙奖，1994年获第三届当代军人喜爱的军版图书一等奖。《纳粹集中营的中国女孩》（赤子丛书），河北少儿出版社1994年出版，获1995年全国"五个一"优秀图书工程一等奖。《铁血N4A》，解放军文艺出版社1995出版，获1996年中国图书奖，1996年首届解放军图书奖。《我的父亲朱德》，辽宁人民出版社1996年出版，获1996年全国优秀畅销图书奖，1996年中国图书奖。《红镜头》，上下两册，辽宁人民出版社1998年出版，获1998年辽宁省优秀图书特等奖，辽宁省"五个一"优秀图书工程奖，1999年全国优秀畅销图书奖，1999年中国图书奖。《伟人凡影》，上海人民出版社1998年出版。《特写中南海》，中国青年出版社1999年出版。《超越血缘之爱》中国青年出版社2002年出版。《新四军征战纪实》，解放军文艺出版社2002年出版。《生死两极的追问》，知识出版社2003年出版。《红镜头中的毛泽东》，辽宁人民出版社2004年出版。《解放军著名军长大传奇》，珠海出版社2004年出版。《红镜头中的周恩来》，辽宁人民出版社2004年出版。《实话实说红舞台》，中国青年出版社2005年出版。《中南海人物春秋》，中共党史出版社2009年出版。《红墙里的瞬间》，解放军文艺出版社2009年出版。《毛泽东最后七年风雨路》，人民文学出版社2010年出版，获第十二届全军优秀作品奖，获第五届中国出版集团优秀畅销书奖。在20世纪90年代，还有《摄影师眼中的晚年毛泽东》获团中央“好作品”奖，《元帅府的悲欢》获中国老年协会主办的“国际家庭年征文”一等奖。以及《样板戏出台内幕》《知情者说》《伟人凡影》《超越血缘之爱》等记实文学专著。顾保孜的纪实文学以领袖题材为主，采访当事人，写亲身经历或亲睹亲闻之事，史料可信，笔墨流畅，不仅为国内读者所熟悉和喜爱，也深受海外读者的欢迎，被出版界誉为“红墙女作家”。

更多的兴化作家，多以本地历史文化名人为题材，作纪实传记文学。罗国明《中国大剿匪纪实》，东方出版中心1990年出版；《黄埔军校大传》，中国青年出版社2004年出版。黄俶成《郑板桥小传》，1993年在兴化首届郑板桥艺术节首发，《人民日报》等数十家报刊作评介；《画仙春秋·李鱓传》，2001年上海人民出版社出版。陈钟石《吴王张士诚》，中国文史出版社2000年出版；《戈公振》，延边大学出版社2001年出版。徐敬高《昭阳二杰》，江苏文艺出版社2008年出版。

【散文创作】 散文写作也是兴化文学的一道风景线。除发表于全国各大报刊外，1991年后出版散文集的有刘春龙《乡村捕钓散记》、葛玉莹的《明月清风》、张学诗的《第四十九圈年轮》《在炊烟和牧歌里》、李明官的《里下河雨季》、薛宏金的《心灵絮语》、李松筠的《垛上杂谈》、王桂国的《乡村肖像》、金鸿美的《流年碎影》等。黄佩成作《窗口》等散文30余篇，发表于《人民日报》等刊物。此外，还有冯晓华、徐兴旗、夏红卫、汪夕禄、陈明干等当地作家专注散文创作，并在各类刊物上发表多篇作品。

附

兴化籍作家作品获省级及以上奖项情况

顾保孜《红墙里的瞬间》，获1992年全国优秀畅销图书奖、全国图书金钥匙奖，1994年第三届当代军人喜爱的军版图书一等奖。

顾保孜《纳粹集中营的中国女孩》，获1995年全国“五个一”优秀图书工程一等奖。

顾保孜《铁血N4A》，获1996年中国图书奖、首届解放军图书奖。

顾保孜《我的父亲朱德》，获1996年全国优秀畅销图书奖、中国图书奖。

顾保孜《红镜头》，获1998年辽宁省优秀图书特等奖、辽宁省“五个一”优秀图书工程奖，1999年全国优秀畅销图书奖、1999年中国图书奖。

顾保孜《相伴永远》，2000年获电影华表奖优秀故事片奖、优秀编剧奖，2001年获“五个一”工程奖优秀故事片奖。

顾保孜《罗荣桓元帅》，2004年获解放军电视剧“金星奖”三等奖。

顾保孜《风起云涌——陈云》，2005年获电影华表奖优秀故事片奖。

顾保孜《走进被遗忘的王国》，2007年获国家新闻出版广电总局“夏衍杯”电影剧本二等奖。

顾保孜《彭雪枫》，2006年获解放军“金星奖”一等奖、电视剧“飞天奖”二等奖、“五个一”工程奖优秀电视剧奖。

顾保孜《毛泽东最后七年风雨路》，2010年获第十二届全军优秀作品奖、第五届中国出版集团优秀畅销书奖。

毕飞宇《哺乳期的女人》，2001年获鲁迅文学奖。

毕飞宇《玉米》，2004年获鲁迅文学奖。

黄俶成《郑板桥小传》，1993年获任中敏学术奖。

黄俶成《南渡录》，2001年获江苏省人民政府哲学社会科学奖。

黄俶成《文化扬州研究报告》，2003年获江苏省社科应用精品工程二等奖。

黄俶成《画仙春秋·李鱓传》，2003年获华东地区第17届优秀图书二等奖。

费振钟《江南士风与江南文学》，2000年江苏紫金山文学奖。
费振钟《黑白江南》，2002年获江苏紫金山文学奖。
朱辉《暗红与枯白》，2000年获江苏紫金山文学奖。
朱辉《和辛夷在一起的星期三》，2002年获江苏紫金山文学奖。
朱辉《金发的北斗星》，2002年获汪曾祺精短小说奖。
庞余亮《薄荷》，2005年获江苏省"五个一"工程奖。
班吉庆《说文解字校订》，2005年获江苏省人民政府哲学社会科学奖。
刘仁前《故里人物三记》，1988年获全国青年文学奖。
王干《王干随笔选》，2010年获鲁迅文学奖。

第三节　文学研究和文献整理

分布在各地的学者研究中外文学和文献整理的成果颇丰。本志重点记述研究本地作家文学和整理本地学者文献的情况。

一、文学研究

2001年黄俶成出版专著《施耐庵与水浒》（上海人民出版社）。至2010年，黄俶成发表关于施耐庵、李春芳、李复堂、郑板桥的论文一百余篇。

王干在1991年出版评论集《世纪末的突围》（安徽文艺出版社），1992年出版《王蒙王干对话录》（漓江出版社），1994年出版《南方的文体》（云南人民出版社），1995年出版《迷人的语言风景》（江苏教育出版社），1996年出版《静夜思》（江苏文艺出版社），2001年出版《边缘与暧昧》（云南人民出版社）、《王干文学对话录》（漓江出版社），2003年出版评论集《赵薇的大眼睛》（江苏教育出版社），2004年出版评论集《灌水时代》（山东文艺出版社）。

徐林祥在1992年与单世联合著《中国美育史导论》（广西教育出版社）。2001年出版《中国美学初步》（广东人民出版社）。2010年出版专著《刘熙载及其文艺美学思想》(社会科学文献出版社)。

此外，任祖镛发表研究施耐庵、宗臣、李鱓、郑板桥、任大椿等论文及语文教研论文300多篇，其中研究李清的论文《谁是〈梼杌闲评〉的作者》刊于中国人民大学的《中国古代近代文学研究》，研究宗臣、郑板桥的论文刊于香港《文汇报》和美国《国际日报》。陈麟德、刘兆清在1997年出版《幽寒集》（中国文联出版社）。费振钟在1997年出版理论评论集《江南士风与江苏文学》（湖南教育出版社），2000年出版《堕落时代》（东方出版中心），2008年出版《悬壶外谈》（上海书店出版社），2009年出版《中国人的身体与疾病——医学的修辞及叙事》（上海书店出版社）。马春阳在2002年出版《民谣变读》（中国文联出版社）。任晓润在2010年出版《视界新语》（南京大学出版社）。

二、文献整理

文献整理既是对传统文化的弘扬，又对他人研究和创作提供便利。1978年后，李庆甲著《刘勰卒年考》《文心雕龙与佛学思想》等，整理《词综》《楚辞集注》《瀛奎律髓》等。杨本生在1980—1987年间编《中国古代笑话选译》《古代笑话》《中国历代笑话选》等，分别由江苏人民出版社、青海人民出版社、江苏少儿出版社出版。

李清所著《南渡录》六卷，由黄俶成于1983年申得国家项目资助，对其进行拟合成一善本，此为苏北各高校第一个获得国家项目者（见《扬州市志》），1998年江苏古籍出版社出版。参与编纂《扬州历代诗词》（含兴化历代诗词），1996年人民文学出版社出版。编《扬州八怪诗歌三百首》（校注、赏析），2001年上海人民出版社出版。另与郑奇合编《扬州八怪评论集》等。

此外，任祖镛编著的《板桥对联（故事·赏析）》，1990年山西人民出版社出版，获兴化市首届哲学社会科学奖，为首次汇集郑板桥对联之作，《扬子晚报》书评，评价很高。刁骏编著《郑板桥对联缉注》，1991年上海文化出版社出版。徐林祥编《刘熙载美学思想研究论文集》，1993年四川大学出版社出版。与单世联合编《红楼梦选读》，2005年江苏教育出版社出版；《〈红楼梦选读〉读本》，2010年江苏教育出版社出版。班吉庆整理《说文解字校订》（2004年凤凰出版社出版）等。沈光宇2009年出版《兴化民间故事集》（南京大学出版社）。仲鲁连参与《古代优秀灯谜鉴赏辞典》《历代灯谜赏析》等书的编纂。

第四节 文学扶持

兴化历届市委、市政府都十分重视文化，提出建设“文化兴化”的口号，在鼓励支持文学创作方面尤为突出。国家和省相关部门和团体多次在兴化市召开施耐庵等专题调查会、座谈会、研讨会，启发兴化人的文学创作与研究。各种奖项既树立了文学标杆，激发了创作热情。

一、文学创作平台建设

2005年12月17日，市作协召开兴化市作家协会第一次代表大会，出席会议代表50名，增补新的理事，聘请2名顾问和10名名誉理事，新发展会员37人，新增省级会员3人。2010年，全市作协会员近130人。

2005年，创办中国乡土文学网（论坛）。截至2010年底，注册会员15000多人，影响与日俱增，2009年11月，在市博物馆建立“兴化文学馆”，展示兴化文学创作的丰硕成果，在全国县级市中独一无二。中国作协副主席高洪波题写馆名，江苏省作协书记处书记张王飞、副主席黄蓓佳为文学馆揭幕。2009年11月，在市乌巾荡风景区建立“江苏省作家协会创作基地”。省作协领导王臻中、范小青出席授牌仪式。

图23-2 兴化文学馆开馆仪式

（2009年摄，市文广新局提供）

二、相关研讨会和讲坛

1982年4月，兴化县政府与江苏省社科院联合举办施耐庵文物史料研讨会，8月由中宣部安排，中国社科院召开施耐庵文物史料座谈会，县政协副主席沈恒生率队并携施耐庵文物赴会，与会权威专家启功、于冠英、张政烺、刘思德等皆确认这些文物无伪。1983年兴化县政府举办纪念郑板桥诞生290周年研讨会。

1993年，首届郑板桥艺术节期间举办国际郑板桥美学思想研讨会，海内外80于位专家出席，提供论文50余篇，半数以上论述郑板桥的诗文。此后在1995年、1997年、1999年、2001年、2003年的郑板桥艺术节期间都举办研讨会，卞孝萱、李亚如、薛锋、周积寅、丁家桐、黄俶成等与会发言。

2000年后，设昭阳讲坛，邀请海内名家前来讲说文学名家、文学创作、文学理论。主讲者有国务院参事忽培元、作家毕飞宇、小说史家欧阳健，以及黄俶成、徐林祥等。这对兴化作家文学认知的提高和普及起到一定作用。2006年6月，举行《香河》研讨会，来自江苏和上海、北京等地20多位作家、评论家，对这部充满浓郁地域风情的作品的思想艺术特色及作者的创作努力给予了高度评价。

2009年11月，兴化市委、市政府和省作家协会联合主办“兴化文学现象”研讨会，省作协主席王臻中，副主席赵本夫、黄蓓佳、丁帆，省作协党组成员、书记处书记张王飞，中国作家协会创研部副主任彭学明，南京大学、北京师范大学、南京师范大学、上海大学等高校文学院有关专家学者，《钟山》《雨花》《扬子江诗刊》《文艺报》《文学报》等文学杂志报纸负责人参加会议。泰州市文联主席陈社、市作家协会有关负责人以及兴化市有关作家出席会议。研讨会作家、评论家们对兴化文学现象作了高度评论，也向本土的作家们提出一些建议。研讨会上王臻中作了最后总结，“兴化在一定的范围产生巨大的反响……以兴化代表兴化文学现象本地作家形成特定的内涵……挥不去的兴化情节，对乡土正面的颂唱，水乡成为其重点描摹的对象，水乡风貌转换为字里行间的渗透。审美的习惯，造就了兴化作者气质和语言造诣。”2010年10月由江苏省作家协会、南京理工大学诗学研究中心、泰州市文联主办的刘仁前作品研讨会在南京市举行。2010年12月《乡村捕钓散记》作品研讨会在泰州市举行。江苏省作协主席、党组书记范小青，《文艺报》总编阎晶明，省作协副主席周梅森，省作协党组成员、书记处书记张王飞，以及叶延滨、蔡翔、王干、费振钟等专家参加了研讨会。

其他研讨会还有80后女作家王锐的长篇小说《别让阳光照到我》《我爱吸血鬼》研讨会，王兰作品《其实你救不了我》专题研讨会，周飞长篇小说《沧浪之城》研讨会等。这些研讨会规模不等，都体现省市作协对兴化这方水土上创作者的鼓励支持。

三、文学奖项设置

为鼓励广大作家进行文学创作，兴化市委、市政府建立文艺精品扶持奖励制度，完善申报、立项、考核机制，设立政府文艺奖，每三年评选一次，对在文学艺术等领域取得成就的集体和个人给予表彰奖励。2010年，为加快推进“文化兴化”建设，兴化市委、市政府决定，设立“文化兴化建设突出贡献奖”，奖励在文化建设领域做出突出贡献的精英人才。

附

成长中的“兴化文学现象”

兴化是江苏里下河地区的一个水乡，自古以来，文气很盛，文人辈出。上世纪80年代以来，兴化文学创作迅速发展，逐渐涌现出一大批卓有成就的作家、评论家，形成了一个创作群体。前不久，当几大摞兴化籍作家的作品集捧到我办公室和“兴化文学名人简介”发到我信箱时，真的让我吃了一惊，继而则是欣喜。毕飞宇、王干、费振钟、顾保孜、朱辉、庞余亮、刘仁前、顾坚……30多位富有成就的作家，一大批的优秀文学作品，在有的县至今连一个省级作协会员都没有的情况下，目前在兴化境内工作生活的省级以上作协会员就近20个。一个县级市出了这么多作家作品，这么多省级以上作协会员，着实让人感到是文坛少有的一种“现象”。

我们完全有理由说，如今兴化的文学创作蔚然成风，兴化的作家群体及其成果尉为壮观。这里面不仅有代表性的作家，还有代表性的作品；不仅有走出本土、走向江苏、走向全国、甚至走向世界的著名作家，还有坚守本土勤奋笔耕的新秀；不仅有各种门类的文学创作人才，还有在全国有影响的文学评论家。他们的创作，大多植根里下河地区，既有各自不同的创作个性，又有相对鲜明的水乡特色的审美趋向的同一性。正因为如此，所以把它称为“兴化文学现象”也未尝不可，不过应视它为成长中。但仔细考虑，我觉得还是叫“里下河文学现象”更好。因为高邮、宝应、兴化以至盐城的部分地区都属“里下河”地区，这里都是水乡泽国，受古运河文化的影响比较深，文化积淀深厚，文学人才辈出。我们应该把“兴化文学现象”放到“里下河”这一大的地域文化背景下来考量。

为什么会出现“兴化文学现象”或者说“里下河文学现象”？我以为主要有以下四个原因：

1. 深厚的文学渊源。这里是一片文学的沃土，文化文学的血脉源远流长。兴化历史上最著名的文人有施耐庵、郑板桥、刘熙载等等，这就不说了，紧邻的高邮历史上的秦少游、王氏父子(王念孙、王引之)、汪曾祺等等，对兴化，或者说对整个里下河地区的文化都影响深远。

2. 特殊的地域文化背景。一方水土养一方人，特殊的地理环境必然会孕育出特殊的地域文化。兴化是个水乡，过去没有公路，直到上世纪70年代末，没有船是进不来的。这里民间文学很发达。过去有个段子，说兴化人行船拉纤，月光下看到河边有一滩鲜虾壳，在月光照射下发出鳞光，以为是什么宝石，就用手去拈，一边拈一边用兴化方言说：“是我家财往我家来。”结果一拈被虾芒刺了手就叫起来：“入咯娘咯遇到鬼，虾儿芒啊戳咯手。”正因为交通不便，所以过去的兴化相对比较封闭，这种封闭性对一地文化来说有时并不是坏事，它使得兴化长期保持着水乡农耕时代的风情与民俗。垛田与水网，风车与女人，是我感受到的作为水乡兴化的特有景观。水是有灵气的，女人是文学永恒的话题，垛田与遍野的风车是兴化特有的一道亮丽的风景。过去这里的女人是比较洒得开的，夏天在玉米地里锄草，能把上衣脱掉，收麦的时候女人们开起心来能把男人按在田头把裤子扒下。有句民谣说：“到了兴化心就花，到了盐城不想家。”说的也就是这一带女人有着特有的魅力。所以，毕飞宇等兴化作家笔下的女人怎么写得那么好，那么细致深入，跟这片水土是分不开的。是水乡的女人给他们上了第一课，让他们开化得早，见多了识就广。

3. 显见的名人效应和羊群效应。这里不仅历史上出过文学大家，而且当代出了不少文学名人。就创作而言，高邮的汪曾祺，兴化的毕飞宇、顾保孜、朱辉、庞余亮，还有江都的王洪等等；文学评论上，有从高邮师范调到扬州师院的叶橹，有在宝应插队、在扬州教院成名的丁帆，兴化本土走出去的王干、费振钟等等。这批名人产生的效应，一是影响了一批的后来者，二是引领了一批的后来者。这里面有的有着直接的师承关系，如，丁帆、叶橹对王干、费振钟的影响，不管他们今天名气多大，看到叶橹、丁帆还都得喊老师。当然，王干、费振钟后来又影响和引领了后来者。有的则表现为一种主动的效法，模仿、学习借鉴，在兴化新锐作家群的作品中不难看出这种痕迹。

在名人效应下，于是许多从事文化教育工作和爱好文学的人都尝试走这条路，结果就产生了羊群效应，量变到质变，不断地冒出新秀来。

4. 难得的一种文化自觉。兴化带有的文化“气场”、文学氛围对文化人的熏陶是非常重要的，使他们自然而然地产生了一种文化自觉，无需你赶，无需你去催打，他自然而然、心甘情愿地出自内心需求地去练习和从事文学创作，成为一种自觉行为、自觉追求，这是非常难得的。这种文化自觉还表现在兴化当地的领导者身上，他们有眼光有远见，重视文化、文学的创作与积累，助推了“兴化文学现象”的成长。

“兴化文学现象”从文本上讲，有着鲜明的水乡特色和乡土气息，无论是描写乡间的人事景物，抒写乡村的生活情调，还是揭示乡野的民俗、民情、民性，无论是怀乡、思乡，还是写童年的记忆、青春的记忆，无不流露出作者“无土时代”对淳朴田园生活的热爱与向往，这里是人们真正的精神家园。

“兴化文学”作为一种现象来研究，还应该深入探讨它的文化意蕴、审美倾向、文体特征以及它存在的价值和意义，这是一个不大不小的课题。我们期待有更多的同仁来关注和研究。

兴化今属泰州，“兴化文学现象”跟年轻的泰州市一样，像一个十几岁的孩子，正处于高速成长期，我愿他越来越成熟。如果中国的县级市中有百分之一的县能像兴化这样，产生出这么多优秀的作家作品，并且形成一种气候，甚至能成为一种文学现象，那么我们文学的明天会更加美好！

（作者张王飞，江苏省作家协会书记处书记，此文刊于《文艺报》2009年12月05）

第二章　艺　术

第一节　戏剧　曲艺

一、戏剧

1987年后，兴化淮剧团创作《烛泪》等多部大型淮剧，在省以上艺术大赛多次获奖。2002年后，响应“送戏下乡”号召，每年为农村观众排戏演戏，丰富农村文化生活。

2006年，板桥京剧联谊会获“全国先进票友社团”称号。同年，大型纪实现代剧《沈正彬》获江苏省第五届淮剧艺术节剧目二等奖、优秀导演奖、作曲奖、配器奖、灯火设计奖等7项大奖；泰州电视台影视频道连续播放市文化馆潘金国创作，市淮剧团刘泽旺、瞿久干、陈茂国等演出的系列方言小品《致富指南》《拔牙》《镇长热线》《躲养》《梦水乡》等。

2007年，由潘金国创作的淮剧小戏《板桥放粮》参加泰州市《板桥竹风》廉政文艺专题调演，获创作一等奖，演出一等奖。板桥京票社许作成参加中央电视台《梅绽千秋》专题节目表演。

2008年春节期间，市文化馆、市民间戏曲协会于拱极公园广场联合举办迎新春戏剧演唱会，观众达1万多人。5月，市文化馆主办“庆五一，迎奥运”戏曲票友演唱会。国庆期间，市文化馆开展阵地文娱活动16项，举办京、淮、扬等戏曲大家唱活动。11月，市文化馆潘金国创作的小淮剧《板桥放粮》在江苏省第五届小戏小品大赛中获优秀剧目一等奖，并囊括编剧、导演、音乐创作、舞美设计、表演等全部奖项，剧本获全国首届戏剧文化奖（小戏类）二等奖。淮剧《板桥放粮》获泰州市2008年度新创文艺节目调演金奖。

2009年元旦期间，文化馆举办市民间戏曲之友协会成立10周年暨迎新年戏曲演唱会。上海、泰州、扬州、江都、高邮等地戏曲票友祝贺并参演，观众达5000人次。

2010年4月，由泰州市文化馆和市梅兰芳纪念馆联合主办的“海阳杯”泰州市首届京剧票友优秀节目调演在梅兰芳纪念馆举行。来自四市二区的15名京剧票友一一登台亮相，市文化馆获两个银奖。8月21日，由市委宣传部、市文广新局、市社工委联合主办，文化馆承办的“富得利”杯戏剧票友大赛淮剧、京剧组决赛在儒学广场举行，近千名观众观看。

附

兴化市淮剧团

1987年，兴化杂技团转办为淮剧团。在淮剧训练班的基础上，加上杂技团部分人员（其余人员已由政府妥善安排），正式恢复兴化县（市）淮剧团。杂技团所有房屋、资产全部交给淮剧团，团址位于城北新村18号。

图23-3 板桥系列剧《断鸡》

（2010年摄，市委宣传部提供）

兴化市淮剧团是市内唯一专业文艺团体，由市文化广电新闻出版局主管，单位性质为差额拨款事业单位。截至2010年底，剧团财政拨款总额为108万元。该团在编人员33人，退休人员17人，其他人员11人。

兴化市淮剧团自成立以后，先后创作并演出大型淮剧《血泪姻缘》《小镇税官》《留一盏灯》《沈正彬》《赤色玉麒麟》等，在省以上各种艺术大赛上获得大奖多项，在省内外产生一定影响。1990年，兴化市淮剧团被评为江苏省文化系统思想政治工作先进集体。2002年以后，剧团响应省委、省政府“送戏下乡”的号召，坚持每年为兴化农村观众送戏下乡，丰富农村文化生活。2009年10月，创作并演出的郑板桥系列淮剧《板桥放粮》《板桥卖画》《板桥事亲》《板桥断鸡》，由中央电视台戏曲频道连续播出7次以上，每次播出时长110分钟，为宣传板桥、宣传兴化，扩大兴化影响，起到积极作用。2010年，市淮剧团完成演出任务109场。

1991—2010年兴化市淮剧团获省以上艺术奖项一览表

表23-1

年份	剧目名称	剧目类型	调（汇）演名称	获奖项目及人员
1991	《血泪姻缘》	大型现代淮剧	江苏省新创剧目调演	剧本奖、导演奖、演出奖 优秀表演奖：汤红英 表演奖：瞿久干、刘泽旺、陈　波
1992	《烛泪》	大型现代淮剧	江苏省第二届淮剧艺术节	剧本奖、导演奖：俞克平、林　强 优秀演出奖 舞美设计奖：陈正礼 音乐设计奖：瞿久干 优秀表演奖：夏　琴 个人伴唱奖：许美文、姚莹湘
1998	《小镇税官》	大型现代淮剧	江苏省第三届淮剧艺术节	剧目奖 优秀演员奖：刘泽旺 演员奖：陈　波、汤红英、夏　琴

续表 23-1

年份	剧目名称	剧目类型	调（汇）演名称	获奖项目及人员
2002	《留一盏灯》	大型现代淮剧	江苏省第四届淮剧艺术节	优秀剧目奖、优秀演出奖 舞美设计奖：陈正礼 造型设计奖：韩义龙 伴唱奖：陈金巧等 优秀表演奖：汤红英、陈　波、瞿久干 表演奖：禹玲玲、朱金巧
2006	《沈正彬》	大型现代淮剧	江苏省第五届淮剧艺术节	剧目二等奖、优秀导演奖 作曲奖：瞿久干 配器奖：戈　弘 灯光设计奖：葛洪文、葛洪才 优秀演员奖：刘泽旺、汤红英 演员奖：陈金巧、朱金巧、柏赞东、陈茂国、徐　徐、周才喜
2008	《板桥放粮》	淮剧小戏	江苏省第五届小戏小品大赛	优秀剧目一等奖 优秀表演奖：刘泽旺
	《板桥放粮》 《板桥卖画》 《板桥断鸡》 《板桥事亲》 《姐弟情》	淮剧小戏	首届全国戏剧文化奖	小型剧本二等奖
2010	《板桥卖画》	淮剧小戏	江苏省第九届五星工程奖	铜　奖

二、曲艺

1998年，由市文化馆潘金国创作，周庄文化中心裴万金、李晓莺演出的扬州评话《聚焦救火点》，代表泰州市供电系统参加江苏省供电行业汇演。说唱《现场考试》参加江苏省国土系统汇演并获奖，节目台本编入江苏国土文艺节目选编。2003年，为宣传反对封建迷信、治理假僧假道，市文化馆创作编排一批文艺作品，有方言说唱《自食其果》、小淮剧《贾生改行》、方言小品《捉鬼》、戏曲联唱《宗教依法管理好》等。同年，新创小戏剧《补锅》获省纪委、省委宣传部主办的“廉政之光”文艺调演铜奖。2007年，市文化馆与板桥幼儿园联合编排的歌舞《板桥先生找啊找》应北京第三届“爱我中华全国青少年科学与艺术大会”组委会邀请赴京展演。2009年5月17日，中国曲艺家协会在兴化市举行“欢乐送水乡”大型文艺演出，市文化馆辅导的民间舞蹈“沙沟段式板凳龙”参与演出，受到刘兰芳、姜昆等艺术家赞许。

第二节　音乐　舞蹈

一、传统音乐

兴化传统音乐有民间音乐、锣鼓担、板桥道情、民歌小调等。其中民间音乐由民族乐器演奏的各种小调、时调等。如判舞的曲牌有《搬不倒》《八段锦》。有的曲牌只有曲调而无曲词，专供演奏，如吹打乐《十牌子》。还有道教音乐、佛教音乐等，演奏的乐器有别，曲牌也不一样。兴化迎神赛会队伍中的“锣鼓担”由花布篷遮为顶，上立一凤凰，布幔四周绣有各种图案，下沿缀有流苏。锣鼓担前后有板鼓、堂鼓、大小锣、镲钹等打击乐器，另有二胡、笛子、月琴、三弦等民乐演奏人员随后。锣鼓担由一人肩挑，边行进，边演奏各种传统乐曲。20世纪50年代以前，每逢迎神赛会盛大游行、集会时都有这种锣鼓担出现。这一民间音乐形式近年又出现在迎神赛会的行列之中。道情是流传于民间演唱形式，演唱者手持渔鼓简板，敲打节拍边演边唱。道情的曲调很多，有耍孩儿、倒板浆、银纽丝、八段景等。扬剧、扬州弹词中的“道情”，由此衍变而来。《板桥道情》系郑板桥经过20多年的创作、修改而成。流行于兴化民间的民歌有数十种。1956年，兴化民歌手朱春香随江苏省歌舞团赴京参加全国音乐周活动，其演唱的《茅山号子》被灌成唱片发行。《刮地风》《栽秧号子》《水车号子》《皮马号子》《攀花号子》等于20世纪60年代初被江苏省出版社编入《江苏优秀民歌集》。《花鼓调》《孟姜女调》《李玉莲调》《梨膏糖调》《麒麟调》及《小放牛调》等及由邻近地区流入的《杨柳青》《高邮西北乡》等小调在民间广泛流传。革命战争年代，这些曲调被填上新词，在民间传唱，发挥了团结人民、鼓舞人民、打击敌人的作用。2009年，《茅山号子》列入省级非物质文化遗产项目保护目录。

二、舞蹈

兴化民间舞蹈多姿多彩。1982年成立县民间舞蹈集成小组，对境内民间舞蹈进行普查。主要有高跷、判官舞、龙舞、荡湖船、莲湘、花棍、花鼓舞、秧歌、唐刘千户狮子舞、板凳龙等。1986年，兴化判官舞在扬州民间舞蹈会演中获奖。会后录像，由省文化厅编入《中国民族民间舞蹈集成》。2003年，沙沟板凳龙经创新后，参加中央电视台心连心艺术团赴兴化演出。2004年10月赴宁参加全国十运会会徽揭徽仪式，年末参加中央电视台7套《农民丰收迎大年》春节联欢晚会演出。至2010年，全市搜集民间舞蹈10多种。（具体参见《文化遗产》卷第四章第三节《传统舞蹈》）

三、新编新创音乐

【兴化民歌进校园读本】 2009年，市文化局、教育局联合推动“民歌、民乐、民舞”进校园工作，并出刊《兴化民歌进校园读本》，免费赠送小学一年级至高一年级学生。

【民歌中国·魅力兴化】 2010年底，中央电视台音乐频道民歌中国栏目组在兴化录制地方民歌节目《民歌中国·魅力兴化》，次年3月起连续播放4辑兴化民歌：多彩兴化、号子兴化、流韵昭阳、乡风楚水。

图23-4 《拉纤号子》获第九届江苏省五星工程奖（2010年摄，市委宣传部提供）

【板桥竹】 刘鹏春作词、吴小平作曲。2010年获江苏省第八届五星工程奖金奖。

【拉纤号子】 新编周庄民歌表演唱《拉纤号子》由董景云填词、戈弘编曲，周庄镇文化站、泰州市高职院、泰州市文化馆联合打造。2010年获江苏省第九届五星工程奖表演艺术类金奖。

【垛田水乡】 李朝润作词、吴小平作曲。2010年获江苏省第九届五星工程奖表演艺术类银奖以及华东六省一市新红歌大赛创作金奖、表演银奖。

附

梦 水 乡

1=G 4/4 2/4

阎肃 词
孟庆云 曲

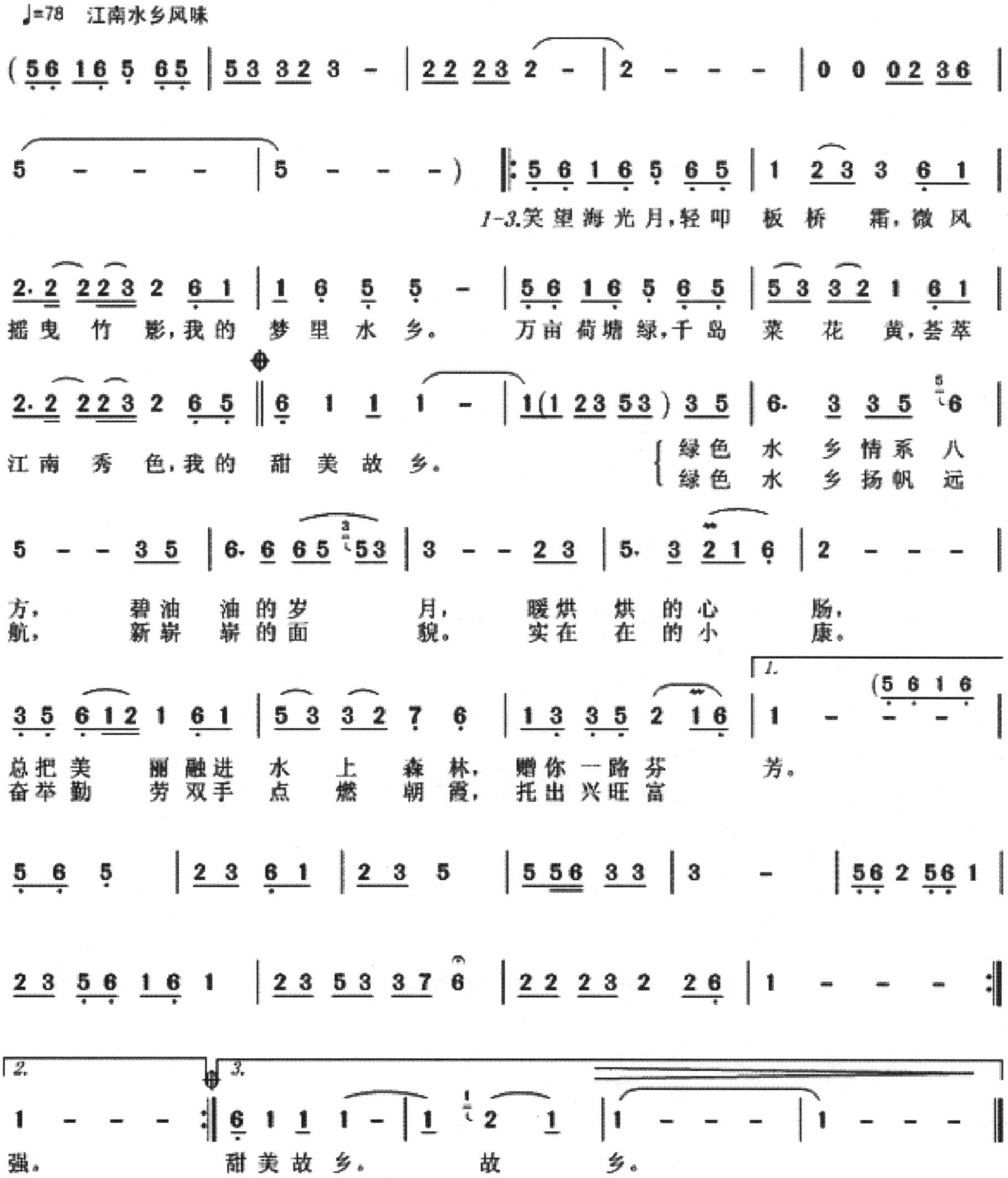

说明：创作于2003年4月，阎肃作词，孟庆云作曲。为兴化市市歌。

第三节 书画 摄影 雕塑

一、书法

20世纪90年代以后，兴化涌现出一批书法创作人才。2010年，兴化书法人中有中国书协会员2人、省书协会员29人、省国画院特聘书法家2人。兴化书法人的作品多次在省级以上展赛中入展获奖。徐寿祥、谢佳银、邹国美的作品多次入展中国书协等单位主办的国家级展览。其中，邹国美获首届江苏省美术节铜奖（泰州市唯一书法奖项）等奖项近20次，在省级以上展赛中入展获奖达数十次。兴化市郑板桥书画院（1993年经兴化市人民政府批准成立）2007年挂牌办公，有在职人员两名，市文化局副局长李劲松兼院长，邹国美任副院长（驻院办公）。另有名誉院长、顾问、特聘书画师若干名。郑板桥书画院是兴化市开展书画创作、研究、培训、展览、服务等相关活动的专业机构。2007年以后多次组织书画活动，举办反腐倡廉书画作品展等多项专题展览，创作一批优秀作品。积极开展书法后备人才培养。此外，经市民政局批准相继成立兴化市扬州八怪书画院、兴化市书法院，均为具有法人资格的非营利性组织，院长分别为董怀勇、谢佳银。2010年，书法创作队伍有50多人。

二、美术

1990年后，境内涌现出一批优秀的绘画人才。为扶持书画创作的发展，兴化市政协多次举办“国庆书画展”。此外，垛田镇农民画创作取得较好成绩，创建为“江苏省农民画之乡”。

2005年，李劲松国画作品《板桥道情》入选并获文化部“群星奖”，《大棚妹子》入展第六届全国年画大展。2007年，李劲松《论中国画的创新》发表于《中国大画家》2007年第11期，邹国美《论中国传统山水画的造型规律——读“芥子园画传”有感》发表于《荣宝斋画院》2010年7月总第6期。2010年，邹国美国画作品《山村即景》获江苏省美术家协会第3次美术作品展“新人奖”，《清泉飞漱江山秀》获江苏省反腐倡廉美术作品展一等奖，《烟雨李家》获江苏省“五星工程奖”美术书法作品展成人组铜奖。

1991—2010年，彭国良、李劲松、叶智敏、车国贵、邹国美、吴传峰、李玉书等人的多幅画作入展省级以上美术作品展赛并获奖。至2010年有省美协会员4人，成为兴化市美术创作的中坚力量。

三、摄影

1991年夏，兴化市摄影家协会组织摄影工作者和爱好者深入抗洪一线，记录和反映水乡儿女战洪魔、保家园的动人场面，记载洪灾给兴化造成的巨大损失，宣传中共中央、国务院和社会各界对灾区人民的关心。国务院总理李鹏亲赴灾区察看灾情，慰问灾民的多幅图片被国内外媒体采用。同年9月出版的《兴化：难忘的1991》画册，为社会各界及联合国救灾开发署支援兴化灾区重建家园提供较为详实的图片资料。1991年11月，李士祥被评为“全国抗洪救灾新闻摄影工作先进个人”。2001年5月，台湾《摄影画报》刊载一组关于兴化风情风物的图片。2003年6月、7月，兴化市发生洪涝灾害，摄影工作者深入抗洪第一线，拍摄城乡居民抗洪斗争的场景。市委宣传部、市烟草局、市文联、兴化日报社联合举办“金叶杯”2003年抗洪救灾摄影大赛，收到摄影作品334幅，杨桂宏《抗争》，黄书荣《情系灾区》，李松筠《防线》，李群、杨俊峰《抗洪小憩》，董维安《渴望》获金奖。同年印制《楚风影报》，收录城乡居民抗洪灾保家园的摄影作品多幅。

2003年10月，中国·兴化第六届郑板桥艺术节举办，由市文联、市地税局联合举办“地税杯”第六届郑板桥艺术节摄影大赛，杨桂宏《聆听》获一等奖，欣巧凤《传承》获二等奖。同年12月，中央电视台“心连心”艺术团赴兴化慰问演出，市摄影家协会组织会员拍摄艺术家们表演的精彩瞬间和现场观众欢欣鼓舞的情景，为“心连心”画册出版奠定基础。2004年2月，市文联、市妇联、市地税局、市摄影家协会联合举办“十佳创业巾帼”风采剪影专题摄影活动，广大摄影工作者深入基层一线，利用摄影技巧，全方位多角度地记录解燕、董炜炜等10名“创业巾帼”的风采。2004年11月27日，市委宣传部、市委政法委等7家单位联合举办兴化市政法系统大练兵汇报表演。摄影家协会组织10多名会员，拍摄数百幅反映政法干警苦练过硬本领的精彩瞬间。同年，出版影集《英姿——2004兴化市政法系统大练兵汇报表演集萃》。

2006年4月，兴化市委、市政府和省摄影家协会联合举办“板桥故里绿色兴化”全省摄影邀请赛，时间跨度7个月，收到参赛作品近千幅。年底由摄影家协会组织专家评审，全市有20多位摄影爱好者获奖受表彰。2007年上半年《水乡兴化摄影作品集》出版。

2007年6月17日至，9月底，“楚水流韵”专题摄影大赛开赛，此次活动旨在宣传保护兴化物质和非物质文化遗产。

2010年，在第23届全国摄影艺术展览中，兴化市摄影家杨天民的作品《放工》获得铜奖，《风雪圣途》《佛门子弟》两幅作品获优秀奖。

四、雕塑

2000—2010年，市文广新局的李劲松创作的石雕作品有千秋广场8尊烈士青铜胸像、大型花岗岩浮雕《收复兴化城》、兴健园《体育雕塑》、《国象之星——侯逸凡》等汉白玉浮雕、昭阳湖浮雕、乌巾荡公园《乌巾荡的传说》大型花岗岩浮雕、四牌楼广场《水乡之舟》青铜雕塑、《兴化城池图》青铜雕、《春夏秋冬》青铜地雕、《城市中心原点》青铜地雕、《老渔翁》青铜雕塑、《世纪转轮》雕塑。此外，位于大垛管阮村《郑板桥》汉白玉全身雕像、郑板桥陵园《郑板桥》青铜雕像，都具有较高价值。

图23-5　兴健园内国际象棋棋盘雕塑

（2009年摄，市文广新局提供）

除石雕外，兴化的泥塑以刘氏、黄氏等家族为代表，技艺精湛，旧时，境内各庙宇寺观神像多半出自他们。后裔刘永祥、黄宝奇等世袭其业。20世纪70年代，昭阳镇建立“工艺美术厂”，生产大批泥塑产品出口到东南亚等国家。1991年后，复建的一些庙宇，其中神像多由刘、黄二氏传人塑造。

第三章 文化馆（站） 图书馆

第一节 文化馆（站）

一、文化馆

1991年，市文化馆设于牌楼东路41号（东岳庙），占地面积653.52平方米，建筑面积465.85平方米。馆内设戏曲、音舞、美术、摄影、创作、游艺发行等部（组），在编44人（含电影院22人）。1991年后，常年开设钢琴、舞蹈、作文、书法、美术等各类培训班，先后有1.5万人次接受培训。学员在各类大赛中屡屡获奖。2001年，经市政府研究，将牌楼东路92号（原技术监督局）500多平方米办公楼转给市文化馆，作为培训及办公用房。2004年，市政府决定将九顷丁字路口原法院9幢办公用房有偿划拨给文化馆，建筑面积3385.3平方米，于次年迁入。主要建筑有培训楼、多功能活动中心、办公楼，经过改建，各种公益文化服务功能齐全。

在2005年和2008年省级文明城市创建活动中，市文化馆承办“走进社区——文明行业文艺汇演”、“文明家园”大型文艺演出及“激情十月大放歌”等文化活动。广场文艺演出、培育新苗成长、打磨精品力作逐渐成为该馆的亮点，在群众中确立新的形象。

2008年，市文化馆被评为国家一级馆。多年来，该馆国画《板桥道情图》入选文化部群星奖，歌舞《板桥道情》参加第六届中国艺术节游园活动，女声独唱《板桥竹》获第八届省“五星工程奖”金奖，器乐与舞蹈《东山月》和女声独唱《垛田水乡》分别获省第五届和第九届“五星工程奖”银奖，《段式板凳龙舞》等节目参加2003年中央电视台“心连心”艺术团赴江苏慰问演出以及第十届全运会会徽揭晓仪式。

至2010年底，该馆分别向江苏省和泰州市申报非物质文化遗产保护项目多项。“兴化水车制作技艺”等30多项被列入泰州市非物质文化遗产保护名录，另外“沙沟板凳龙”“施耐庵与《水浒》传说”“茅山号子”3项列入省级非物质文化遗产保护名录，“兴化市传统木船制造工艺”被列入国家级非物质文化遗产保护名录。截至2010年底，列入国家非物质文化遗产项目名录有1项，省级有3项，泰州市级有31项，兴化市级有31项。

2010年底，市文化馆内设文艺部、培训部、网络信息部、美术部、摄影部、《水乡文艺》编辑部及非物质文化遗产领导小组办公室。工作人员31人（在编人员27人），分别从事文艺创作、声乐、器乐、书法美术摄影、电子网络、文艺培训、舞台技术、档案管理等工作。该馆活动阵地主要有小剧场（多功能展示厅，容纳400人左右）、展览室、报刊阅览室、电子阅览室、棋牌室、戏曲大家唱活动室、器乐活动室、形体舞蹈房、钢琴房、古筝房、书画室及各类文艺培训班。市文化馆长期承担群众文化的组织、辅导、示范、调研任务，开展艺术培训、文艺演出、展览宣传等活动。馆办刊物《水乡文艺》定期出刊，电子阅览室对外开放，特色活动项目有“元宵灯谜同乐晚会”“京淮扬大家唱”“农村文艺调演”等，重大节庆均开展各类文化活动。

二、乡镇文化站

乡镇综合文化站是市（县）乡（镇）两级共同管理的全民事业单位。1992年底，经过考试考核，招聘27名乡镇文化站人员为“群众文化干部”。1994年4月，市政府决定文化站由乡镇政府直接管理。2000年，部分乡镇合并后，全市35个乡镇（含开发区）文化站，按照合并乡镇3人，非合并乡镇2人的标准重新核定编制82人。2007年底，市政府决定文化站仍暂归乡镇管理，在编人员工资中的国标、省标部分由市文化局考核代发，其余部分由乡镇发放。

图23-6　昭阳镇文化站　　（2007年摄，昭阳镇提供）

至2004年底，全市文化站核定无房的9家，面积不达标站的20家，面积达到或超过500平方米的6家。2006—2008年，在省、市两级财政扶持下，29个站房不达标乡镇全部建成面积超过500平方米的文化站，各站均具有图书报刊阅览、宣传教育、文化娱乐、科普培训、信息服务、体育健身等功能。至2010年底，全市乡镇文化站建筑总面积35007平方米，站均1000.17平方米。其中戴南镇文化站建筑面积9875平方米，并辟有1万平方米的文化广场，在全省处于领先地位。

三、村文化活动室（农家书屋）

2006年起，各村开始兴建文化活动室。兴化市采取与党员远程教育联建共享的办法，为每个行政村配备电脑、电视机等终端接收设备。2007年，启动“农家书屋”工程。至2008年，在村级文化活动室基础上先后建成农家书屋194家。2009年，通过省级援建、市级帮扶、乡镇自建、社会捐助、财政托底等多种办法，建设农家书屋420家，于当年底基本实现农家书屋村级全覆盖。农家书屋的建设标准为图书不少于500种1000册，期刊不少于30种，音像制品不少于100种。2009年，市文化局被省新闻出版局表彰为“江苏省农家书屋建设先进集体”。2010年，对各村农家书屋进行全面提升，每个书屋图书均达到1500册以上。

第二节　图书馆（室）

一、市图书馆

20世纪90年代初，市图书馆馆舍面积798平方米，设外借、阅览、少儿、资料、古籍、采编六个服务窗口（部门）。开展预约借书、送书上门、资料代查、集体借书等服务，年外借图书6万册次以上，内阅读者3万人次以上。除白天开放外，星期六和星期日晚间阅览室增加对外开放2小时。通过出租门面房，每年创收5万—10万元，年增新书二三千册，年订报刊300多种，在1994年第一次全国公共图书馆评估定级中，被文化部评定为“三级图书馆（县级）”。其间，市图书馆广泛开展社会读书活动，有较大影响的社会读书活动每年10次以上。配合首届中国·兴化郑板桥艺术节举办“兴化名人著作成果展”，展出兴化籍明清和当代85位名人学者的著作。开展纪念毛泽东100

图23-7 市图书馆阅览室
（2008年摄，市委宣传部提供）

周年诞辰及迎接香港、澳门回归“百日归航”、迎接“第62届北京国际图联大会”图片展览等大型社会宣传活动。组织评选兴化市“十佳藏书之家”等。1997年，增辟“兴化（灯光）报廊”，陈列21种行业报纸。1999年，市政府将原市检察院办公用房划拨给市图书馆，面积增加到1819平方米，除古籍室、少儿室外，其余各室均迁至新馆内。同年，被文化部评定为“二级图书馆（县级）”，被省文化厅授予“文明图书馆”称号。

2000年后，图书馆先后新建电子阅览室、李审言藏书室。李审言（李详）藏书室的文献史料，为李详后裔李传砚于1963年无偿捐赠给县政协，后转交县图书馆收藏。2002年6月8日，在李园方厅举办“国学大师李详先生藏书捐赠颁奖暨李审言藏书室揭牌仪式”，市政府、市政协有关领导为李详后裔六房代表颁发荣誉证书和奖品。在泰州地区公共图书馆中，兴化馆第一个开通“图书馆网站”，与市工商联、市个私协会共同启动“个私企业信息网络服务”。2003年，建立文献流通、编目、查询、连续出版物子系统，实现计算机自动化管理。同年，通过因特网连接全国文化信息资源中心，成为江苏省首批文化共享工程基层服务点。

2008年7月，市政府决定市图书馆迁至原楚风实验学校校舍，下拨140万元用于维修馆舍。8月18日向读者开放，免费办证。新馆舍面积5413平方米，除原有服务窗口外，增设视障阅览室、老人阅览室、电子阅览室、多功能报告厅和教育培训中心。新购复柱双面钢质书架、成人阅览桌椅、会议长条桌椅、存放古籍钢质密集架等设施，添置电脑、投影仪、数据采集仪、电子屏等现代化设备。2008年，市图书馆建立古籍普查申报工作领导小组，开展古籍普查申报工作。2010年1月，在第四次全国公共图书馆评估定级中，被文化部评定为“一级图书馆（县级）”，被江苏省文化厅授予“2006—2009年度文明图书馆”称号。2009年、2010年，馆内有1部古籍（明代李清《南渡录》）入选国家级珍贵古籍名录，有5部分别入选第一、二批江苏省珍贵古籍名录，分别为：明代李清《三垣笔记》、唐代张说《张燕公集》、明代李沂《鸾啸堂诗集》、清代孙志祖《文选考异》、明代顾充、汤宾尹《历朝捷录》《元朝捷录》。2010年底，馆藏文献17.29万册，年采购图书5000册左右，年订购报刊300多种。有持证读者5038人，年外借流通15.8万人次，年外借图书16万册次以上，馆内阅读4万人次以上。开展各项读者读书活动20多次，举办各类讲座10多场。

二、共享工程支中心

2002年11月，市图书馆被江苏省文化厅列为首批“共享工程（江苏文化网）基层服务点”。次年3月，与全国文化信息资源共享工程联网。2003年，周庄镇文化中心成为全市首家省级农村文化信息资源共享工程基层服务点。

2010年5月，被江苏省文化厅定级为全国文化信息资源共享工程兴化市支中心。有专、兼职人员各1名。期间，省文化厅和省图书馆共享工程分中心援建价值30多万元的主要设备，其中有服务器3台、存储1台、台式机5台、笔记本电脑1台、投影仪1台、数码相机1台以及远古、力博等软件。支中心有光盘资源195张，涉及电影、讲座、戏剧、曲艺等内容，另有视频资源523GB。专业人员6次参加省级专业培训，学习相关专业知识和设备管理技能。

至2010年底，全市35个乡镇（开发区）服务点全部建成。其中，12个乡镇为增强型共享工程基层服务点，比基本型服务点多4台电脑、1台52英寸大屏幕数字电视、1TB移动硬盘、1台DVD影碟机和1台多功能激光一体机等设备。

三、基层图书馆（室）

1995年，全市有基层图书馆（室）74个，其中：城区企业、学校、机关、医院图书馆（室）32个，农村乡镇文化中心图书馆（室）42个。城区建有基层图书馆（室）协作网片4个。每年举办基层图书管理人员业务培训班2—3期。1998年，市委宣传部、市总工会、市教委、市文化局组织开展“十佳基层图书馆（室）”申报评比活动，兴化中学图书馆、戴窑镇图书馆等10家基层图书馆（室）获表彰、授牌。昭阳镇各社区先后建立图书室，免费向居民开放。2001年，乡镇及城镇社区撤并后，全市有乡镇文化中心图书馆（室）35个、社区图书室16个，图书数量增加，服务阵地扩大。同年，沈坨镇樊荣村樊才林自筹资金5000元、利用私宅建立村级图书室“关情书苑”，藏书4000多册。2004年，兴化中学图书馆被评为“泰州市示范图书馆”。2007年，兴化中学图书馆占地面积3000多平方米，总藏书16万余册，设有藏书库（包括珍藏书、工具书专柜），馆藏古籍209部1330册，在全省高级中学图书馆中馆藏古籍数量较多，品相较好。其中《文选六十卷》于2010年7月入选第二批江苏省珍贵古籍名录。2009年，兴化实现村级“农家书屋”全覆盖。图书馆组织专业人员对614个行政村的“农家书屋”管理员进行业务培训，并示范、帮建临城镇砖场村、垛田镇翟家村等村级“农家书屋”6家。2010年底，全市乡镇文化中心图书馆（室）藏书21.74万册，村级“农家书屋”藏书93.79万册，城镇社区图书室藏书3万册，市直属单位、企业、医院图书室藏书10万余册，中、小学校图书馆（室）藏书114.69万册。

第四章　群众文化活动

第一节　文艺演出与赛事

一、演出

【郑板桥艺术节文艺演出】 1993年11月22日，郑板桥诞辰300周年之际举办首届中国兴化郑板桥艺术节，是年，举办郑板桥艺术节文艺晚会，此后，每两年举办一次。历届郑板桥艺术节通过“文艺搭台、经贸唱戏”的形式，吸引广大市民和海内外各界人士参与。不仅促进郑板桥艺术思想的研究，推出一批研究成果，经贸活动也取得累累硕果，一批批外资、合资企业落户兴化，推动全市经济和社会事业的发展。通常在艺术节开幕式（艺术节首日）演出，艺术节以节为媒，文艺主题、形式各异。2001年第五届郑板桥艺术节，市文化局承办开幕式文艺晚会演出，韦唯、王宏伟、于魁智等著名演员应邀参加；2003年第六届郑板桥艺术节举办规模较大的民俗民情文化展演，《腾飞的兴化》大型文艺演出；2005年第七届郑板桥艺术节举办主题晚会《梦水乡》，演创人员阵容强大，总策划、总导演、音乐总监、舞美设计等都是名家，谭晶、韩兰成等一批全国知名的文艺界人士到水乡兴化一展风采；2007年第八届郑板桥艺术节举办“合行之夜”大型文艺晚会；2009年第九届郑板桥艺术节期间，举办《欢乐中国行·魅力兴化》大型晚会，孙悦、那英、孙楠、毛阿敏等众多明星现场助阵，吸引近2万名观众到场观看。

【千垛菜花旅游节文艺演出】 2009年起，兴化市每年举办一届千垛菜花旅游节，时间定在菜花盛开季节，前后约1个月时间。2010年，举办第二届中国·兴化千垛菜花旅游节，期间举办大型文艺晚会《你好·泰州》，在市文正实验学校体育场举行，兴化籍歌手孙佳、郁可唯，著名演员大兵、赵卫国、阿宝等参与演出。至此，千垛菜花旅游节文艺演出成为兴化固定的节庆活动、文化活动。

【元宵灯谜同乐晚会】 1990年以后，市文化馆于每年元宵节期间，在东岳庙游艺宫开展“元宵灯谜同乐晚会”，邀请市公安、工商、财政、税务、烟草、卫生等相关部门参加。活动以谜为媒，知识与艺术结合，晚会与文娱活动相结合，展示地方“两个文明”建设成果，宣传相关法律法规，加强单位之间的友谊，深受百姓欢迎。

【庆“六一”演出】 1991年以后，市文化馆一直帮助实验小学、新生小学等学校编排文艺节目，参与各校庆“六一”文艺演出活动。2002年“六一节”前后，兴化市举办首届少儿艺术节。从2002年开始，每4年举办一次少儿艺术节。2005年6月，组织辅导城区中小学、幼儿园“六一”文艺演出9场，观众15000多人。同年，兴化市举办第二届少儿艺术节暨首届青少年艺术节，市文化馆业务干部参与舞蹈类、书画类、朗诵类、声乐类、器乐类所有活动小组的组织及评选工作，承办活动闭幕式汇报演出，并推荐部分优秀作品参加省市评比，获得较好成绩。其中，由市文化馆组织辅导、市板桥幼儿园演出的说唱节目《板桥先生找呀找》获选参加江苏省第四届少儿艺术节决赛，获得银奖。这一作品同年被选调参加省第二届文物节开幕式文艺演出。2009年“六一节”前后，举办第三届少儿艺术节。期间有汇报演出、器乐比赛、舞蹈比赛、朗诵比赛等活动。2010年，举办“太子乳业杯”庆“六一”文艺汇演活动。

图23-8 “‘多彩周末’走进长安社区”广场文艺演出（2008年，徐凌摄）

【多彩周末广场文艺演出】 20世纪90年代，兴化市文化馆在各城市社区推出“楚水之夏”纳凉晚会广场演出活动，后逐步扩大演出范围，增加演出场次，定名为“多彩周末”。1999年举办的“金三角”广场群众文化活动月，被省委宣传部表彰为“优秀活动月”。2000年后，“多彩周末”广场文艺演出成为文化馆服务社会的常态活动，每年演出不少于30场。

【参与“心连心”艺术团赴兴化慰问演出】 2003年12月6日下午，中央电视台“心连心”艺术团赴江苏慰问演出，在兴化市楚水实验学校操场举行。此次慰问演出演员有著名主持人周涛，著名歌唱家张也、陈明、陈思思、殷秀梅、阎维文等。其中，兴化的《茅山号子》《板凳龙舞》等节目以及700多名群众演员参演。演出实况向兴化市民电视直播。12月13日，中央电视台综合频道黄金时间正式播出。

二、赛事

【乌巾荡龙舟大赛】 2008年8月8日，市委宣传部、市文广新局、市旅游局、市体育局联合在乌巾荡公园举办龙舟大赛，比赛舟船为竹泓镇制作的木船。2009年起，比赛逐步规范，大赛举办时间定为每年端午节期间，赛事名称为“乌巾荡龙舟大赛”。比赛地点在乌巾荡风景区（上方寺东侧），赛程为500米直道，每舟设棹手18人、擂鼓手1人、舵手1人。2010年，兴化市推荐竹泓镇龙舟队参加“中国·镇江金山湖龙舟大赛”，获第四名。

【新春舞龙表演大赛】 2007年底，市委宣传部、市文化局、市体育局联合筹备兴化市新春舞龙表演大赛。自2008年开始，每年正月十五举办，后调整至正月初十。每年从乡镇预选20支舞龙队进城决赛。至2010年，全市龙舞队伍整体水平有所提升，逐渐在泰州地区占领先地位。此项赛事每年邀请省市专家观摩评奖，表演奖金额超过万元，乡镇预选和城区决赛均在广场举行，受到群众欢迎。

【歌唱比赛】 20世纪90年代，卡拉OK逐步兴起，为推出更多本土歌手，采取文企合作方式，举办多届全市性卡拉OK比赛。除文化部门主办外，市总工会、团委、妇联等群团组织也多次承办。进入21世纪，随着电视、网络等新媒体影响不断扩大，文化活动与传媒结合更趋紧密。2010年，市文广新局举办青年歌手电视大奖赛，省文化厅、省音协、演艺集团、南艺、前线歌舞团等单位知名艺术家，自复赛起，莅临现场指导，在省市产生影响。

【舞蹈大赛】 “十一五”期间，兴化广场健身活动逐步兴起，至2010年，城区形成广场健身舞队数十支，各农村集镇乃至戴南、张郭等乡镇的部分村也建起自己的健身队。为提高活动水平，并引导其健康发展，市文化部门先后举办广场健身舞大赛（设城、乡组），后扩展为全市舞蹈大赛，项目包括健身舞、民族舞、国标、拉丁舞等。

【家庭才艺表演大赛】 “幸福小城·和谐之家”兴化市家庭才艺表演大赛，由市委宣传部、市文广新局联合主办，活动两年举办一届。主题是“建设幸福家园，构建和谐兴化”。每届大赛分预选、初赛、复赛、决赛几个阶段进行，时间跨度2—3月。决赛分别设金奖、银奖、铜奖、优秀奖家庭4个。2007年9月举办首届大赛，2009年第二届大赛增设最佳才艺奖、最佳台风奖、最佳参与奖。2009年度冠军蔡爱芳家庭经市妇联选送，参加中央电视台综艺频道《欢乐一家亲》栏目表演。

第二节　群众文化载体

一、社区文化

20世纪90年代以后，文化单位经常开展进社区活动，与昭阳镇水关、文峰、昭阳、西霞、堂子、新风、沧浪、长安等居委会配合，通过连续举办“走进社区”演出等文艺活动，促进社区文化健康发展。

二、农村文化

【农民个人演唱会】 周庄镇边城一村沈培俊，职业为农村医生，自幼爱好文艺。妻子任村妇联主任，一子一女高校毕业后都在外地工作，一家人生活幸福。2006年自筹资金举办“沈培俊个人演唱会”。《农民日报》《江苏文化·周讯》《泰州日报》和泰州、兴化媒体作了专题报道。

【农村文艺调演、民歌大赛】 1992年1月23日，举办首届全市农村社教文艺调演。此后至2004年每年于春节后举办。2009年9月，恢复农村文艺调演，全市35个乡镇（开发区）选送48个节目参加。一批优秀节目脱颖而出，如周庄民歌表演唱《拉纤号子》《船工号子》以及获垛民歌新编《万盛桥赞》等。2010年起，市农村文艺调演与兴化民歌大赛结合，确定每两年举办一次。

三、企业文化

市文化馆多年坚持“组织、辅导、示范、研究”的原则，探索“文企联姻”之路，帮助企业开展文化宣传活动，提高职工素质。

1999—2007年，文化馆连续8年配合兴化市房产交易会举办广场文化活动。2006年与企事业单位联合开展群众文化活动达百次，设有大地蓝、劳动市场、平衡保健、钟星消防工程公司泰州分公司等企业群众文化活动基地4个。2006年，市文化馆与税务部门联合举办以“依法诚信税务，构建和谐社会”为主题广场文艺活动，并为其编排表演唱歌、小品等节目。积极参与宣传“2006年和谐江苏文明社区环省行”十大新闻人物汪东奇诚实经营的先进事迹。同年“五一”，赴工业园区慰问企业一线工人。举办“社保之歌·和谐之春——庆五一”广场文艺演出等企业文化活动。是年，帮助大地蓝绢纺公司创作小品《梦水乡》、小戏《抢收》等节目，到乡镇、社区广场演出20多场，并与该企业合作编印一期《水乡文艺》在全国发行。2007年、2009年，市文化馆承办第一届和第二届“幸福小城·和谐之家”家庭才艺大赛。2008年，文化馆承办“龙腾湾杯”新春舞龙表演大赛。2009年，市文化馆承办兴化市第二届“建设杯”新春舞龙表演大赛、兴化市“众达置业杯”迎国庆广场健身舞大赛、协办市第二届“国土杯”龙舟大赛。2010年，文化馆承办“幸福小城杯”兴化民歌大赛、“众达置业·国际公寓杯”兴化市第三届乌巾荡龙舟大赛、“富得利”杯戏剧票友大赛、“国际公寓（二区）杯”舞蹈大赛、“缘酒杯”兴化市青年歌手电视大奖赛、“丽都房产杯”学礼仪·讲文明文艺演出等文化活动。

第五章 传 媒

1992年5月，兴化市广播电视局和兴化人民广播电台、兴化电视转播台实行“局台合一”体制，一局两台合署办公。1998年3月，兴化广播电台、兴化电视台、兴化市有线电视台（筹）合并为兴化市广播电视台，仍实行“局台合一”体制。2001年4月，乡镇广播电视站由乡镇管理变为由市广播电视局（台）垂直、统一管理。2010年5月，市政府实施机构改革，组建市文化广电新闻出版局。将市文化局的职责、市广播电视局的职责，整合划入市文化广电新闻出版局。不再保留市文化局、市广播电视局。市广播电视台为市文化广电新闻出版局下属事业机构，机构规格相当正科级。

《泰州广播电视报·兴化周刊》创办于2006年11月24日，由兴化市广播电视局主办。后因兴化市广播电视局与兴化市新闻信息中心进行整合，兴化周刊内容刊登在《兴化信息》上，《泰州广播电视报·兴化周刊》于2007年底停办。2009年，根据与省广电网络公司合作要求，经市政府批准，成立兴化市广播电视信息网络有限公司。2010年底，兴化市广播电视台下设有办公室（培训科）、人事科、监察室、总编办、广播节目中心、电视节目中心、大型活动中心、技术中心、广播电视发射中心、财务科、经营管理科、广告经营中心、网络公司和35个乡镇（开发区）广播电视站。全系统有在职职工688人，离退休职工122人，其中：在职人员中公务员14人，事业编制人员304人（含改制单位42人），人事代理20人，临时人员350人。拥有高级职称人员2人，中级职称人员25人，初级职称人员165人。全系统固定资产1.91亿元。

第一节　兴化广播电台

图23-9　兴化市广播电视中心　　（2010年，杨桂宏摄）

1988年9月23日，兴化广播站改为兴化人民广播电台，并开通103.3兆赫调频广播节目。1988年12月29日，兴化人民广播电台由靴桥巷迁进新址（英武路）正式开播。1989年4月，兴化广播电台机构进行调整，设立编辑部、技术部、农村辅导部和办公室。1991年10月，局台合一，兴化电台搬迁至新的广电大楼（东五里）办公，添置先进的录制设备。

1991年后，乡镇广播逐步进入有线喇叭和调频喇叭并行的局面。1998年更新1千瓦调频广播发射机。2000年以后，兴化广播电台也逐步拥有音频工作站等先进的制作播出设备，传输发射达到自动化、网络化、数字化水平。随着电视普及，特别是有线电视的兴起，加之农村税费改革等对广播设施投入减少，农村有线广播逐步衰退。为满足人民群众日益增长的文化生活需要，2007年5月，兴化广电部门在大垛镇管阮、双石两个村进行调频广播与有线电视“双入户”试点。2008年，市委、市政府对农村调频广播与有线电视“双入户”工程进行部署安排，提出用3年时间实现农村调频广播与有线电视“双入户”通播率达100%，入户率和通响率达到75%以上的目标。至2010年7月，全市614个行政村实现有线广播“村村响”，安装可寻址音柱6048只，提前完成市委、市政府提出的“双入户”目标任务，为全市新农村建设提供更好的公共文化服务。同时做好广播进校园工作，为全市45个中心小学安装校园广播，让电台《校园之声》栏目响彻校园，使全市小学生能够听到自己的节目。

一、节目宣传

1978年中共十一届三中全会以后，广播宣传不断进行改革，节目注重实用性、多样性、可听性。《兴化新闻》增加信息量，先后新办《楚水之声》《水乡生活》等专题节目，开设《大众科学》《水乡人》《农村天地》《经济舞台》《造福一方》《周末班车》《文学之窗》《空中乐园》等栏目。随着社会主义市场经济体制逐步建立，信息资源越来越与人民群众的生活息息相关，媒体竞争日益明显。兴化人民广播电台积极寻求新的发展思路，大胆创新，在原有节目的基础上不断加大信息量，节目由9个小时间断播出延长到16个小时不间断播出。2004年5月18日，与兴化市纪委、市监察局联办的《行风热线》正式开播，该节目成了党政部门了解民意的新窗口，广大百姓反映心声的快车道，节目的社会影响越来越大。2005年10月1日，大型时尚、音乐类互动节目《音乐发烧友》正式开播，吸引一大批的歌迷，“用歌声分享内心的喜悦，让祝福传递彼此的关爱，让音乐温暖我们的每一个日子”。2006年9月，新辟法制类栏目《与法同行》，全方位宣传法制兴化建设中的新人新事，为“五五”普法宣传搭建新平台。《与法同行》专题节目填补电台法制节目的空白。2007年起，兴化广播电台对整体的节目进行包装。2008年1月16日，大型互动节目《农业热线》开播，栏目宗旨紧扣服务“三农”主线，更加注重农业新科技传播，为农民朋友提供最新的市场信息，以农业专家走进直播室的形式架起与人民群众沟通的桥梁。至2010年末，新辟交通类节目《交通直达车》，生活服务类节目《阳光生活》，娱乐类节目《快乐向前冲》《咖啡时间》《触摸新听觉》《点击流行》等，为球迷朋友开辟体育类节目《体坛周记》。

二、技术设施

1991年，兴化市遭到百年未遇的特大洪涝灾害的袭击，全市广播设施损失惨重：183个村、572个组不通广播，全市80%的乡镇站进水，有15个乡镇站房不同程度倒塌，被水浸入或倒房砸毁设备61台。广播电台干部职工奋力拼搏，一手抓抗灾自救，确保电台信号正常传输；一手抓正面宣传，努力提高舆论宣传的整体水平。是年，农村站新增设备8台，控制桌2台，配电柜4台，发展喇叭6200只，其中动圈喇叭500只。1993年，新建机房30多间，600多平方米，更新扩音机20台，新增控制桌8台，电源柜5台，输出柜6台，14个乡镇更新主杆线路80杆公里，农村通响率保持在70%—98%之间。1994年，下圩乡筹资8万元更新全乡线路，沈纶乡筹资4万元更新机房设备及线路230公里。1994年，全市更新扩音机8台，控制桌2台，电源柜2台，输出柜2台。1995年设备更新加快，新增扩音30台，控制桌7台。全市广播机房设备指标全部达到乙级以上，其中48%达到部颁甲级标准。戴南镇中心村，实施广播电视共缆传输。1997年，添置1千瓦调频发射机和维修检测仪器，其中发射机用于转播省台一套节目。广播电台具备2套调频广播的发射能力。2000年，开通音频工作站，基本达到广播节目制作数字化，发射设备固态化，播出系统自动化，整体设备档次达到同年行业先进水平。戴南站被泰州市广电局命名为“动圈广播乡镇”。2001年，添置300W调频发射机1台，用作广播电台自办节目的主机。2004年，投入15万元，添置《行风热线》直播设备一套。2007年10月，添置1千瓦调频发射机1台，用于电台自办节目的发射。2008年5月，投入4.8万元，新建一套广播文稿系统，使写稿、编稿、审稿在网上进行，实现广播编辑记者无纸化办公，提高工作效率。为确保广播播出系统安全优质，2008年7月，投入3.4万元对原音频工作站服务器进行更新改造，使设备运行得到有效保证。2010年8月，广播机房搬迁到新建的广电大楼后，先后投入55万元新购广播音频工作站系统1套（含3个录制站、2个播控站、1个后期编辑站、1个慢录站及广播播出设备1套）、行风热线数字直播室设备1套，兴化广播电台节目的制、编、播实现数字化、网络化。

三、经营创收

2007年，兴化广播电台首次独立承担创收任务，在外部环境不理想、广告竞争激烈的不利条件下，全体员工围绕市场抓节目，办好节目促创收，先后与税务、交通、供电、国土、工商、规划等12家单位联办节目，取得较好的社会效果，实现电台创收零的突破。2008年实现收入16.2万元，2009年实现收入21.6万元，2010年实现收入18.7万元。

四、综合管理

1993年，电台《科普园地》栏目获省二等奖。1999年10月13—14日上海经济区广播新闻协作会1999年“三农”宣传经验交流及业务研讨会在兴化市召开，华东地区及四川七省一市的50多名广播电视工作者参加会议。2000年3月，兴化广播电视台获1999年全省县级广播电视台“安全播出”一等奖，被上海经济区上海新闻协作会评为对农宣传先进单位。同时，送展的广播文艺节目《世纪之春》获二等奖。2004年，无线电台站管理被省无线电管理局评为先进单位。2005年5月，上海经济区新闻协作会上兴化广播电视台被表彰为“广播联合协作五好成员台”。2009年11月16日，兴化广播电视台配合市委、市政府及泰州人民广播电台成功举办第九届中国·兴化郑板桥艺术节开幕式直播活动，活动邀请到中央台经济之声、上海第一财经、浙江台经济广播、苏州经济台、无锡经济台、南京经济台、镇江经济台、淮安市广播电视台、连云港台节目部、常州交通经济广播等10多家上级台、兄弟台参加，泰州台也组织较大阵容参加这一直播活动。2008年，录制的音乐节目《弦外之音》、语言节目《往事如风》和录制的《咖啡时间》节目参加江苏省广播节目技术质量奖评比获3个三等奖。2010年，录制的《青春风铃》节目参加江苏省广播节目技术质量奖评比获三等奖。

第二节　兴化电视台

1991年10月，市广播电视中心竣工，市电视台正式播出3套电视节目。1992年10月，兴化电视台成立，开始自办电视节目。1993年10月，兴化电视台正式播出。

一、节目宣传

1992年，《兴化新闻》栏目固定为每周一档，不定期拍摄制作电视专题片10部。1993年，兴化电视台正式开播，全年制作电视节目22120分钟，并成功向全市现场电视直播首届郑板桥艺术节文艺晚会。1994年，《兴化新闻》和《经济纵横》全年用稿近3000条，新开辟《天气预报》《红板桥影视剧场》等节目。1995年，《兴化新闻》节目从每周一档增加到每周三档，全年播出电视新闻30个小时，播报各类新闻稿件5971篇，电视栏目由4个增加到7个。1996年，增设《农家新产业》栏目，电视专题节目中为省台《江海潮》拍摄的外宣片获子栏目一等奖。1998年7月1日，《兴化新闻》栏目由每周三档增加到每周六档，星期日播出《一周要闻回顾》，每周开办一档《社会广角》电视专题，包含《社会扫描》《百姓人家》《楚水风情》《法制园地》《人口之窗》等子栏目。电视专题片《小木匠薛圣友》获全国广播电视学会三等奖。电视专题片《茅山号子》获泰州市精神文明建设五个一工程入选奖。1999年1月18日，泰州市委宣传部“我家20年”电视片展播中，兴化电视台《农民常委——孔繁彬》获二等奖，《渔花子变迁记》和《领带王祝永康》获三等奖。2000年，电视专题片《命脉》获泰州市五个一工程奖。2003年7月，在原有新闻综合频道的基础上增设互动点歌频道，10月增设影视娱乐频道，满足人民群众日益增长的多层次、个性化文化娱乐需要。2004年8月，兴化电视台选送的电视专题片《梦故乡》《印证砖瓦文化的老人》获泰州市第三届精神文明建设“五个一工程”奖入选作品奖。2005年，《兴化新闻》由每档10分钟扩延至每档15分钟，并进行全新改版，提高节目的采制能力，增大节目信息量。2006年7月，将每周日播出的《一周要闻回顾》改版为新闻杂志类节目《兴化新闻周刊》，播音员采用站姿主持节目，内设“综述”“关注”“人物”“话题”4个子栏目，时长约为20分钟。2007年3月1日，《兴化新闻》民生直通车栏目正式开播。2008年3月，与市人民医院合办健康科普类节目《健康伴我行》开播，填补兴化电视媒体无健康教育节目空白，节目以访谈的形式邀请医院专家讲解各种常见病、多发病，全年录播10期节目，每期时长30分钟。同年，创作的《金东门探幽》节目获江苏省优秀广播电视社教节目系列片二等奖，《楚水风》栏目获得泰州市优秀广播电视栏目一等奖。2009年1月1日，增设一档全新的电视社教栏目《法治在线》，每周一档，周五播出，内容选题以普及法律知识为宗旨，通过多种形式讲述法理人情，弘扬伦理道德，鞭挞丑陋邪恶，促进社会和谐。当年《健康伴我行》节目改版为每周一期，全年52期，节目时长15分钟，增设“健康食谱”“健康贴士”“每周一招”等版块。同年，创作的《沙沟古镇》获泰州市优秀广播电视社教节目系列片一等奖。

2010年，《兴化新闻》完成时政版和民生直通车改版工作，120平方米演播室启用。《兴化新闻》《访谈》《经济视点》《教育新时空》《纵横交通》《红绿灯下》《环保在线》《兴化工会》等栏目有机融合，形成整体宣传气势。当年选送的《青春走过三十年》获江苏省优秀广播电视社教节目系列片三等奖，泰州市优秀广播电视社教节目系列片一等奖；《寻访“水乡大寨花”》获泰州市优秀广播电视社教节目长纪录片一等奖；《楚水风》栏目获得泰州市优秀广播电视栏目一等奖。音乐电视《板桥道情》获江苏省电视文艺三等奖，公益广告《家的奉献》获泰州广告类二等奖，节目《健康伴我行》和音乐电视《茅山号子》获泰州社教类一等奖。

二、技术设施

1991年10月，兴化广播电视中心建成并投入使用。1992年10月，新增发射机1台，功率为1千瓦，新增14频道，转播扬州市台节目。1993年，将26频道发射功率由1千瓦增加到3千瓦，具备4套开路电视节目的发射能力。1994年，为提高制作能力和播出质量，先后投资40余万元，购置制作、播出设备，拥有5台摄像机、4条编辑线、3个录播室，设备逐步配套，功能逐步完善。1995年，购置视音频矩阵切换器、8选1视音频切换器、播控台和稳压装置。1996—1997年，先后投资220万元，更新9频道播出设备，添置一批摄录像设备，对电视播出机房进行改造，提高前期设备的运行质量。1998年，购置1千瓦全固态9频道发射机。投资12万元购置1套电视测量仪器。投资180万元，购置广播电视测试仪器、自动停播仪和播放摄录像设备，提高设备档次。2001年，投资14万元，添置1台数字放像机。投资35万元，添置14频道1千瓦、2频道100W全固态电视发射机各1台。2003年8月，在原有综合频道带播的基础上，投入68万元扩增经济娱乐频道硬盘播出系统一套。2003年，为加强安全管理，排除安全隐患，投资20万元对铁塔进行全面维护，同时调整改造电视台自办节目的天馈线系统。2003年12月6日，中央电视台“心连心”艺术团到兴化市慰问演出，根据主委会要求，突击架设主会场至中继站光缆，沟通城区DPT（动态分组传输技术）环，保证市网SDH（同步数字体系）回传通道，利用有线、无线2频道通过省台转播车对演出进行延时直播，圆满完成“心连心”转播任务。2004年，投入26万元购置摄录设备，对前期设备逐步过渡到数字化。2005年，投入23万元购置1台非编和1台录像机，使广告节目实行单独制作；投入38万元购置非编2台、录像机3台，用于制作新闻专题节目。2006年，投入42万元购置6台摄像机，使新闻、专题摄录设备全部升级到数字化；投入32万元对硬盘播出系统进行扩频，将原带播过渡到硬盘播出，同时增加影视娱乐频道；投入17万元购置非编1台、录像机1台，用于广告制作。对电视硬盘播出系统进行升级改造，将原来的硬盘容量365G扩增到730G，节目容量增加1倍；将服务器主版升级到奔4主版。2007年3月，对电视播出系统5KWUPS不间断电源和蓄电池组进行更换，增加容量。9月，投入150万元对建设虚拟演播室，并购置直播及相关设备。2008年5月，投入30万元，购置3台松下P2HPX500MC高标清摄像机，用于电视新闻拍摄，1台标清松下P2SPX900MC摄像机，用于电视专题拍摄。电视制播设备逐步向数字化、网络化过渡。2008年8月，投入45万元，新建非编制作网络（7套非编站点、2套配音站点、16个文稿站点、2台服务器及1个盘塔），基本实现后期制作资源共享，提高电视节目制作效率。

根据新建广电中心大楼600平方米演播厅建设要求，2009年11月，投入65万元，购置演播厅活动看台及电动伸缩舞台；投入273万元，购置600平方米演播厅扩声系统1套、6讯道视频导播系统1套、通话系统1套及电视墙等设备；投入298万元，购置600平方米演播厅灯光系统及调光设备1套，提高节目录制现场灯光效果；投入170万元，购置摇臂、6讯道演播室摄录设备，用于600平方米演播室大型综艺节目录制，为举办大型电视综艺节目做准备。在新大楼建成后，为不影响广播电视节目正常播出，2010年4月，投入9.8万元，购置机房设备操作台及设备机架等，用于设备搬迁安置。2010年5月，投入3.3万元，购置智能化光盘管理柜，用于电视节目素材存储。2010年6月，投入66万元，购置600平方米演播厅舞台大屏及彩幕、单色屏，

图23-10　600平方米演播厅　（2010年，杨桂宏摄）

用于舞台背景及新大楼信息发布。2010年6月，投入83万元，用于电视硬盘播出系统视频服务器数字化升级改造及新大楼机房搬迁等。2010年9月，投入42万元，购置160千伏安UPS（不间断电源）系统一套，用于新大楼机房设备的集中供电。2010年11月，投入34万元，购置120平方米演播室摄录系统1套，用于新闻、民生节目录制，增加2台便携式摄像机，用于电视新闻采访。

2009年，投入2000万元，在新区昭阳湖东南角新建一座159米高广播电视发射塔及发射机房，并对塔体进行亮化。2010年9月，投入21.8万元，购置2台1千瓦电视发射机，用于14频道和45频道电视节目发射，购置1台1千瓦调频发射机用于93.4江苏新闻广播节目发射。2010年10月新塔启用后，投入43.8万元，新购置1千瓦电视发射机用于2频道、9频道、26频道电视节目发射，并增加广播电视发射中心电视墙及监听监看设备。

三、经营创收

从1993年开始经营广告。1996年广告收入突破100万元，以后逐年增加。2005年突破500万元，2007年实现收入800万元，创历史新高。2008年实现收入880万元，2009年实现收入1089万元，2010年实现收入1073万元。

四、综合管理

2001年，在1996—2000年广播影视系统“三五”法制宣传教育工作中被省广播电视局评为先进集体。2005年，被省广播电视局评为广播电视系统先进集体；广播电视技术维护被省广播电视局评为先进集体。2007年，《兴化老行当》《神州兴化人》获泰州市史志档案办公室编研成果特别奖。2009年，《兴化新闻·民生直通车》被评为泰州市首届“十佳”文明优质服务品牌提名奖。

第三节　兴化有线电视

兴化有线电视于1993年3月开始由广播电视工程公司负责筹建，1995年更名为兴化有线电视台（筹），1998年底更名为兴化市广播电视局网络管理科。2002年2月，经兴化市机构编制委员会批准更名为兴化市广播电视局网络科，负责泰州市广播电视光缆网兴化段的运行、维护管理和市区有线电视网、市至乡镇有线电视光缆传输网的建设、运行、收费及维护管理。34个乡镇和1个开发区的农村广播电视事业建设和技术管理工作由科技事业科负责。2001年，成立广播电视器材供应站，全系统物资的采购供应实行扎口管理。2009年10月，根据与省广电网络公司合作要求，经市政府批准，成立兴化市广播电视信息网络有限公司。2010年11月，开通“96296”客服呼叫中心，对用户信息咨询、故障报修、投诉服务实行“一站式”服务。

一、技术设施

图23-11　2009年12月31日，兴化市广播电视信息网络有限公司揭牌暨有线数字电视整体转换启动仪式　　（王燕海摄）

2005年以后，缸顾、沙沟、陈堡、李中、大邹、周奋、中堡、海南、竹泓、垛田、西郊、开发区等广电站的站房进行了购置和装修。2007年，完成兴化至乡镇1550设备的升级改造，开通PSTN互动点歌设备，开通3个VPW业务6个数据专线业务，城乡干线改造28公里，城区管道建设近50公里。2009年，搭建泰州——兴化波分系统、互动电视平台、宽带数据平台。至2010年，有独立的前端设备和SDH接收设备1套，近200平方米的接收、传输、监控机房及4个分机房，卫星地面站3座，卫星接收机50台，调制器40台，1550系统的光发射机2台，光纤放大器9台，1310系统光发射机15台，双向光工作站95台，防非法信号插播的监控系统1套，熔接设备2套，光时域反射仪2台，全套有线电视测试设备1套，以及各种辅助器材。

二、信号传输

1993年底，在城区开通有线电视信号，网络传输带宽为550MHZ，传输22套电视节目。1993年，边城镇建立有线电视前端，为300MHZ有线电视网络。1994年，戴南、戴窑等乡镇开通有线电视。1995年底，全市有16个乡镇开通有线电视。1996年开始传输中央卫星加密频道，至2010年正常传输中央、省、泰州市、兴化市及7个外省市34套电视节目和5套调频广播节目。1995年底开始城乡光缆联网，整个网络为星型结构，城乡光缆干线360公里，信号传输采用1310系统的二级传输方式，在昌荣、钓鱼、舜生、刘陆设立4个中继站，1998年与泰州市局完成光缆联网，2005年实现有线电视“村村通”。2005年实施城乡光缆联网1550系统设备的升级改造，完成舜生段光缆干线改造任务，做到点到点的一级传输。在城区，2006年开始网络的双向化改造，设计带宽862MHZ，每个光工作站按4芯配备，每个光站的覆盖用户为150户左右，城区干线光缆地埋率达90%。

2001年，乡镇广播电视站上收由市广播电视局垂直、统一管理后，市有线电视频道完全统一，改变过去乡镇广电站的独立前端，全市农村有线电视网络逐步改成550MHZ星型结构。2005年，农村广电站开始进行网络改造，实行光进铜退，完成光点到村、组。戴南、张郭等站在集镇开始实施无杆化下埋工程。到2007年底，全市农村光节点达1030个。2008年，对兴化昌荣光缆干线改造33公里，城区干线管道建设11.8公里，小区管道15公里，开通新建15个小区有线电视信号。2009年，完成27个旧小区双向化网络改造，更换-5电缆46320米，更换分支分配器2472只，更换管道和引上光缆27400米，新增光站55台，改造放大器箱61个，疏通电缆井11口。铺设城区下埋光缆35.5公里，架空光缆4.8公里。同年，完成城区网络90%的双向化改造，搭建好波分系统传输平台、EPON+EOC双向传输平台、互动平台，开通11个集团专线业务、18个新建小区信号。2010年，完成城区数字电视整体转换，双向光节点达到406个，搭建数据平台。当年6月开通个人宽带业务，发展用户1200户、新增7个集团专线业务。

三、经营服务

1993年10月，开始发展有线电视，当年新增入户3000户，2010年用户达35.34万户，主要收入为收视费、初装费、工程配套费、增值业务费。2002年开通数据业务，2004年开通数字电视业务。至2007年，发展数据集团用户25家，数字电视用户437户。2004年开通互动点歌业务。推进有线电视进村入户工程。2002年，有线电视用户12.5万户，传递有线电视节目29台（套），调频节目3台（套），乡镇有线电视覆盖率100%。2005年，城乡有线电视用户18万户，有线电视实现村村通。2008年，城乡有线电视用户29.47万户，城乡有线电视综合入户率76.06%，全市实现有线电视组组通。2010年，全市有线电视用户总数为35.34万户，城乡综合入户率88.62%，事业收入7259.8万元。

四、综合管理

2006年，有线电视“进村入户”工程被省广播电视局、省财政厅评为先进集体，“无小耳朵社区”工作被省社会治安综合治理办公室评为先进县（市、区）。2007年，广播电视社会管理工作被省广播电视局评为先进单位。2007年，戴南站被命名为泰州市有线电视示范乡镇；城东站被命名为泰州市有线电视先进乡镇，垛田站被命名为泰州市有线电视达标乡镇。2008年全市实现有线电视“组组通”，并获得“江苏省有线电视先进市”称号。2009年，获得全省境外卫星电视传播秩序整治工作先进单位。2010年，获得全省创建“无小耳朵社区”先进县（市），周庄广播电视站获得江苏省广播电视技术维护优秀乡镇广电站。

第四节　《兴化日报》（《兴化信息》《兴化报》）

一、《兴化日报》

《兴化日报》前身为《兴化报》，四开四版，周三刊。1993年7月1日增出星期刊，成为周四刊。1991年1月1日至1998年11月8日，出1497期。该报是一家具有党报性质和地方特色的综合性报纸。一版为要闻版，二版为经济版，三版为政文版，四版为副刊版。1991年7月，兴化遭受罕见的特大洪涝灾害，为适应抗洪排涝需要，经省新闻出版局同意，7月12日至7月30日将隔日出版的四开四版报纸改为每日出版的八开二版报纸。1991年8月，省新闻出版局颁发报刊登记证，《兴化报》国内统一刊号为：CN32-0024。1991年，中国县市报研究会吸收兴化报社为团体成员。1993年1月，兴化报社印刷厂建成投产，使用电脑排版，胶版印刷。1994年元旦，中共中央宣传部新闻局和国家新闻出版总署在京举办全国报纸博览，该报作为扬州市唯一的县市报参加此次博览会。1995年1月，该报在江苏省第三届报纸评比中获优胜奖。报纸发行量逐年上升，1995年日发行量突破3万份，1998年突破3.5万份。

1998年11月9日，《兴化报》更名为《兴化日报》，四开四版，周六刊，刊期接续《兴化报》，至

2003年12月31日出版1545期。报纸更名后，一版仍为要闻版，二版由经济版改为综合新闻版，三版由政文版改为专版，四版为楚水副刊和国内国际新闻版。从2000年1月1日起，不定期出版彩报。1998年10月兴化新闻大楼落成，报社迁新址办公。至2003年，《兴化日报》日发行量突破4万份。2003年12月31日，中共兴化市委根据中共中央办公厅、国务院办公厅《关于进一步治理党政部门报刊散滥和利用职权发行，减轻基层和农民负担的通知》精神，决定停办《兴化日报》。

二、《兴化信息》

2004年1月6日，中共兴化市委决定撤销兴化日报社，组建兴化市新闻信息中心，为市委直属事业单位，归口市委宣传部管理，正科（局）级建制。该中心于2004年9月8日创办《兴化信息》，四开四版，周三刊（2007年改为周五刊），每日免费赠送读者2万份。至2010年3月17日，出版1061期。《兴化信息》一版为要闻版，二版为经济版，三版为政文版，四版为副刊版。2007年4月，《兴化信息》全彩印刷，自7月份起由每周出版3期改为每周出版4期，期发行2万份，免费赠阅给全市城乡机关部门、企事业单位、各自然村、城区7条主要商业街店铺、30家报亭、各大超市和商场及社区和部分居民家庭。同时改变过去通过报刊夹送的办法，由市邮政部门独立发行，实现《兴化信息》城乡全覆盖。

三、《兴化报》

2010年3月17日，经报市委领导同意，《兴化信息》更名为《兴化报》，四开四版，周五刊，每日免费赠送读者2万份。刊期从5397期开始，至2010年底出版到5592期。

第六章　文化市场与管理

第一节　文化市场

一、出版物市场

至2010年，市内有专业出版物批发市场1家，书报刊零售、出租店（摊）125家，音像制品零售91家，从业人员近万人。有印刷复制行业106家，其中图书出版物印刷1家、内部资料印刷2家、包装装潢16家、其他印刷75家、打字复印12家。

【新华书店】 1991年，兴化新华书店城北书库进水受淹，全店干部职工投入抗洪抢险，保证全市中小学秋季教材和教辅资料“课前到书、人手一套”顺利到位。1991年后，新华书店积极配合政府部门举办形式多样的文化活动。1994年8月初，举办兴化首届书市，省新闻出版局局长石启忠及市四套班子领导参加开幕式并剪彩。

1995年，推行集体合同制，被评为中型企业。其后，多次开展党、团员争创先锋岗、文明岗、职工送书下乡、开门办店、十大藏书家庭评选等活动。向特困生赠送教材、教辅资料，向受灾地区

及特困户捐衣捐款，并向部分乡村、社区、学校图书室捐赠价值26万多元图书。邀请著名作家毕飞宇、苏童、曹文轩、黄蓓佳、金波、高万祥、刘仁前、章红、杨鹏、李白坚、阎崇年、杨红樱、顾坚，电视主持人孟非及名演员六小龄童等到兴化市举办讲座暨签名售书活动。

1999年5月，市新华书店由市文化局领导改为江苏新华发行集团统一管理，党组织关系改由市委宣传部管理。2000年1月，市新华书店恢复为副科级事业单位。2000年11月，对下属集体企业音像书店职工进行改制。

2000年12月，投资1645.5万元新建6547.81平方米的长安图书大楼。2004年12月，新华书店由事业单位改制为企业。

2010年，新华书店设门市部及书亭网点22家，正式员工64人，劳务派遣人员21人。销售各类图书等总值达亿元，比1991年增长11.8倍。实现利税1091.8万元，比1991年增长20.5倍。

【个私书店】 1991年以后，市内个体私营书店得到发展。昌荣教育书店、宏大书店、钦荣书店、教学书店、巴人书店、合陈图书经营部、辅考书店等个私书店先后申办，出版物市场开始由新华书店单一经营向多样化经营发展。1999年后，先后有考试书店、板桥书店、育才书店申请开业。2006年，市内出现由苏果超市（兴化）有限公司、江苏省时代超市有限公司兴化丰收店、苏果超市（兴化）有限公司戴南店等经营的书店。至2010年底，全市有新华书店门市部、书亭以及邮政系统开设的邮政报亭等出版物经营场所125家。

二、影剧市场

【市区影剧场所】 1991—1996年，兴化市区有影剧场所5处，建筑面积4721.12平方米，座席4297座。其中人民影剧院、胜利剧场、文化馆影剧院为演出和放映两用场，新华电影院为立体声电影院，银座城为豪华影视厅。人民影剧院、胜利剧场在放映电影的同时，接待著名演员彭丽媛及浙江省小百花越剧团、江苏省淮剧团、俄罗斯时装表演队等国内外演出团体。文化馆影剧院作为普及和宣传群众文化的场所，负责接待、组织全市群众文艺表演活动。1991—1999年，市文化剧单位放映、演出上万场次，其中有宣传爱国主义和革命英雄主义的影片《周恩来》《焦裕禄》《开天辟地》《大决战》《南京大屠杀》等，有反腐倡廉的影片《新中国第一大案》等，有普及科技知识的影片《计划生育》《怀孕以后》《配方施肥》《化学锄草》《防治稻瘟病》等。2005年，市政府决定对影剧系统进行改制。2006年，江苏省内部分农村实行放映补贴。在市文化局直接参与下，兴化陆续恢复农村电影放映队。至2010年底，全市有32个乡镇由省文化厅低价或免费配供数字放映设备，每场电影放映补助从80元升至100元，“十二五”期间达到200元。

图23-12　兴化市人民影剧院旧址　（市城建档案馆提供）

【乡镇影剧院】 1986—1992年，戴南、戴窑、安丰、大垛、沙沟、周庄、陈堡、林湖8个乡镇陆续建立放映35毫米电影的影剧院，有建筑面积约6200平方米，座席7000余座。其他22个乡镇相继建立简易影剧院，用于放映16毫米电影，接待小型演出，有建筑面积8913平方米，座席15000余座。

三、音像市场

1980年起，兴化城区陆续出现音像放映点和录像带出租点。市文化广播电视局审批电影发行放映公司、文化馆、新华书店3个发行单位。1993年，文化和广播电视局分开，市文化局主要管理文化部门内部音像制品放映发行工作，广播电视局则管理社会音像制品发行放映、零售业务。1998年，音像制品市场改由市文化局管理。是年，全市有音像制品零售店（点）130家。市文化局对未经审批的录像放映点整顿后，城区录像放映点剩6个。1999年，市内音像制品经营户达210家。2005年，根据《江苏省音像市场管理条例》第三十三条规定，兴化市自5月1日起，关闭所有经营性音像制品放映场所。尔后在每年"扫黄打非"行动中，逐步清理非法或违规经营的音像制品零售商，鼓励超市化连锁型经营。至2010年底，兴化市音像制品经营户91家。

四、网络市场

1991—1995年，市内有网吧十几家，但都是无证经营。2003年，网吧发展到200多家。2003年7月至2004年7月，对网吧进行集中整治，取缔147家无证经营的网吧，由文化部门分两次发放《网络文化经营许可证》136家。2010年，查处违规经营网吧114家，取缔无证照游戏室、黑网吧146家。

五、娱乐市场

1991年后，市内先后颁发20多家游戏经营许可证。这些游戏娱乐场所在经营中存在不同程度的违规行为。在1999年全国性游戏娱乐场所年检中，凡严重违规的游戏娱乐场所一律不得通过年检。市文化局稽查队在年检中严格遵守规定，严格把关。所有的游戏娱乐场所都没有通过年检。

1991年以后，歌舞娱乐场所得到长足发展。1992年楚水饭庄开办第一家卡拉OK音乐茶座。1993年8月10日，市内第一家歌舞厅——新华歌舞厅开张。此后，歌舞娱乐场所不断增多，其中金梦歌舞厅、福斯特歌舞厅、流连不夜城歌舞厅具有代表性。21世纪初，市委、市政府大力开展招商引资，为娱乐市场注入新的活力。夜明珠娱乐城、凯撒皇宫娱乐城、温州名流会所、优力锋娱乐有限公司、钻石人间歌舞厅等相继开张。截至2010年底，市内有歌舞娱乐场所近30家。

第二节 文化市场管理与服务

一、文化市场管理

1992年4月11日，市文化电视广播局成立文化市场管理股。1995年12月30日，成立文化市场稽查队。对外行使文化领域综合执法权，受市文广局委托对文化市场进行检查、监督和管理。宣传文化市场管理法律、法规和规章，依法对文化经营单位和文化经营活动进行监督和检查，制止和查处文化经营活动中的违法行为，对营业性的互联网上网服务、文化演出、歌舞、文化娱乐、音像制品、电影发行放映、书刊经营、文物经营、文化艺术培训、电脑光碟等文化经营活动进行稽查，配合有关部门开展"扫黄打非"活动，维护文化市场的正常秩序。

2000年后，稽查队通过各项整治行动，把文化市场管理纳入社会治安综合管理和“五老”（老干部、老战士、老专家、老模范、老教师）义务监督范围，优化文化市场经营秩序，促进文化市场繁荣、健康、有序地发展。2003年7月，对68家网吧发放网络文化经营许可证。2004年，开展网吧专项调查，配合公安、工商部门重点对147家黑网吧进行打击、取缔。6月，成立兴化市网吧行业协会。8月，聘请140位离退休老干部、老工人为网吧义务监督员。2005年，对全市所有网吧安装“净网先锋”监控软件。2001—2004年，分别在兴化、泰州等地开展“扫黄打非”集中销毁行动3次，销毁非法音像制品和盗版教辅、非法出版物15万件。2004—2010年，全市处罚文化市场各类案件315起（其中网吧287起、演出7起、音像制品8起、出版物9起、印刷企业4起），收缴非法音像制品和盗版教辅、非法出版物4.6万余件，网吧违法违规处罚款66万元。

二、扫黄打非

20世纪90年代初，成立市“扫黄打非”办公室，具体工作由市文广局负责，1996年以后转由市文化局文化市场管理科负责，1997年底转由文化市场稽查队负责，稽查市内文化市场违法违规经营行为。

1990—1996年，“扫黄打非”工作重点是“扫黄”，每年收缴黄色书刊和各种淫秽音像制品千余件（册）。1996—2010年，工作重点以保护知识产权为主，年均查缴各类黄色、非法、盗版出版物2000余件，音像制品1万张（盘）左右。

第七章 档案 地方志

第一节 档 案

一、法规执行

1992年，市档案局、司法局、法制局联合转发《关于在全市实施〈档案法规监督书〉制度的通知》，强化档案法制监督手段，此后档案局每年检查机关及区、乡镇文书档案工作，对先进集体和个人予以表彰，对少数不重视档案管理工作的单位下发整改通知，推动档案工作规范化、法制化进程。1997年，市委、市政府将档案工作纳入《乡镇两个文明建设考核奖励办法》。2003年，市史志档案办对兴化市工商局城西分局违反规定将档案拆散、挪作他用的现象进行批评，并限期整改。2010年，市人大常委会3位副主任专程调研全市史志档案工作。

二、馆室建设

【档案馆】 1986年4月，在原市政府院内兴建一栋3层档案楼，面积1096平方米。2000年后，以行政中心集中建设为契机，新建总面积为5500平方米的档案馆大楼，于2004年5月正式迁入。至2010年，市档案馆拥有档案密集架45组，270列，约250立方米。铁质图书资料架8组，164

列，并配备空调、去湿机、消毒柜、电脑、复印机、打印机等一系列设备。

【基层档案室】 20世纪80年代起，市档案局（馆）指导机关、乡镇建立档案室。1991年市档案局与市地方工业局联合举办乡镇企业档案人员培训班。同年，与市财政局、卫生局联手指导其所属基层单位建立档案室。其后，各部门、乡镇建立档案室，财政、卫生、工商、建工等系统下属站所建立规范档案室。至2010年底，全市基层档案室有882个，专（兼）职档案人员2286人。

三、管理利用

【档案保管】 1990年底，市档案馆馆藏档案资料约53077卷（册），其中档案42345卷、资料10732册。至2010年底，市档案馆馆藏档案资料约104221卷（册），其中档案89577卷、资料14644册。特色馆藏档案有：《兴化县志》5部，《兴化文史资料》13辑，施耐庵、郑板桥档案资料16册，李审言（李详）档案资料36卷。根据库房管理“以防为主，防治结合”的原则，市档案馆加强档案保管状况的检查，适时采取空调、去湿机调节温湿度，并定期保持自然通风。每年梅雨季节来临前及时更换防霉防蛀药物，加大湿度控制，确保档案安全。

【档案利用】 1991年，档案局对91个全宗满30年的3442卷档案进行划分，对开放的2380卷档案作出明显标志，编制开放档案目录123册，供利用者自行检索。1997年起，利用微机存储、编制文件及目录。2004年，成立“兴化市现行文件资料服务中心”，为社会公众提供高效快捷的信息资料。2005年10月初，正式开通“兴化档案信息网站”，具备1990—2010年现行文件目录的在线查询、网上咨询等功能。至2010年底，市档案馆拥有开放档案目录513册，微机输入目录数据40万条。市档案馆不断拓宽服务领域，档案利用数量和利用人次逐年增加。

1991—2010年兴化市档案馆档案资料利用情况一览表

表23-2

年份	查阅档案（卷）	查阅资料（册）	查阅人次	复印摘抄（页）	年份	查阅档案（卷）	查阅资料（册）	查阅人次	复印摘抄（页）
1991	1600	135	600	3000	2001	2650	36	900	7800
1992	1850	141	700	3600	2002	4900	210	1560	12000
1993	2400	131	1050	6800	2003	2380	70	580	7000
1994	2800	211	1100	5600	2004	2000	150	1000	6000
1995	1000	125	570	4200	2005	4300	162	1200	12000
1996	1500	107	590	4800	2006	12000	144	1800	24000
1997	1300	104	460	4000	2007	20000	178	2200	40000
1998	1000	83	450	3000	2008	18000	136	2300	39000
1999	1400	3120	590	3500	2009	10000	155	1200	26000
2000	1800	92	680	5700	2010	12000	177	1300	36000

【档案接收】 1991年，市档案馆除将1983年前各单位应进馆文书档案接收进馆外，还将纪检档案、婚姻档案、区划档案等6319卷（册）接收进馆。此后，市档案馆逐步将8—12年前各乡镇、机关单位档案接收进馆。2004年在市档案馆顺利完成搬迁后，组织历史上最大一次档案接收工作，接收档案近3万卷。至2010年底，市档案馆库存档案89577卷，其中永久性档案38650卷、长期性档案50927卷。

【档案鉴定】 1997年，针对1973年鉴定剔除的5258卷档案重新组织鉴定整理，整理出有保存价值的档案1600余卷。2000年，鉴定短期档案8103卷，剔除4763卷。2004年，对接收进馆的近3万卷档案进行规范化整理，至2007全面结束。

【档案征集】 1991年，市档案局聘请24名专、兼职档案征集员，建立征集网络，开展经常性征集活动。1997年对征集网络进行调整。至2010年，市档案局征集到大量有价值的档案及资料，其中比较珍贵的有清代契约、民国江苏省省长韩紫石信函、各类名人档案、“爱民支书”沈正彬资料及实物等。

【档案编研】 1991年，市档案馆除对原有专题资料进一步充实和完善外，新编《名特优产品简介》《历届团代会简介》等专题资料，整理编制11种文件汇编。此后每年除延续外，均新编1—2种专题资料。2000年和2008年，利用征集的名人档案资料编辑出版《天南海北兴化人》（一、二卷）。至2010年，市档案馆有各类编研资料35种，35册，计900万字。

四、培训指导

【档案培训】 1991年后，每年结合机关文书立卷工作，举办档案培训班。1991年，与市卫生局、地方工业局联合举办卫生机构和乡镇企业档案人员培训班。为提高档案管理层次，市档案局举办数次达标升级培训班。2004年，举办文书立卷改革培训班和档案人员持证上岗培训班。1991—2010年，举办各类档案培训班51期，参训3100人次。

【档案指导】 1991年后，全市每年上半年指导机关、乡镇文书立卷工作，下半年组织开展档案达标升级工作，10月份前后组织档案检查考核工作，同时与各主管部门配合指导基层单位和企业的档案工作。至2010年底，全市年度立卷数量达到180万卷。

【基层达标升级】 1991年，市档案局在边城轧花厂试点，为全市乡镇企业开展档案管理达标摸索经验，同年，指导市邮电局档案管理达省级先进标准。2000年，全市财政系统档案工作全部达到泰州市三级以上标准。至2010年，全市机关事业单位建成省特一级档案室3个（市人民银行、市城建档案馆、市供电公司），省特二级档案室1个（市电信局）。

五、市档案馆（局）达标升级

1992年6月，市档案馆通过省二级档案馆评审验收。1997年8月、2002年1月两次通过省二级档案馆复查验收。2007年12月，市档案馆通过省一级档案馆验收。

第二节 地方志

一、县（市）志编纂

1980年，县革委会决定编纂县志，是年12月成立县志编撰委员会。1987年底，兴化撤县建市，志书易名为《兴化市志》，下限延续至1990年。1995年6月，《兴化市志》正式出版，印刷6000册。

全书28篇，依次为建制区划、自然环境、人口、经济综述、农业、水利、工业、交通、邮电、城乡建设、商业、财政税务、金融保险、经济管理、政党社团、政务、民政、劳动人事、治安司法、军事、文化、教育、科学技术、卫生、体育、方言、姓氏民俗宗教、人物。全志160万字，时间上限不限，对需要溯源的事物适当上溯，下限1990年，大事记延伸到1994年3月。以辩证唯物主义和历史唯物主义为指导，继承修志传统，横排竖写，纵横结合，全面记述兴化自然和社会的历史和现状，内容涉及地理、政治、经济、文化、习俗等众多领域，详实记载兴化人民进行革命斗争和社会主义建设的事迹，为社会各界提供详尽准确的市情资料。

2007年4月，全市召开续修市志动员大会，部署开展第二轮《兴化市志》编纂工作，时间断限1991—2007年，后将下限延续至2010年。

二、部门、专业志编修

1990年以后，先后出版的部门、乡镇、专业志有：《兴化方言志》，1994年上海社科院出版社出版；《兴化工业志》，1996年上海社科院出版社出版；《兴化税务志》，1998年中国税务出版社出版；《兴化水利志》，2001年江苏古籍出版社出版；《戴南镇志》，2007年凤凰出版社出版。内部发行的部门、专业志书先后有《兴化财政志》《兴化商业志》《兴化交通志》《兴化物资志》《兴化法院志》《兴化土地志》；乡村志有《陶庄乡志》《东汉村志》《蒋家村志》。2009年，《兴化交通志》《兴化电力工业志》通过评审。

三、旧志编校

2008年，启动对明嘉靖三十八年（1559）成书的《兴化县志》（胡志）的点校工作。2010年，由王强负责的点校本提交出版，全书27.9万字，注释2200条，考校问题100多处。

四、年鉴编纂

2002年，兴化编纂首部年鉴，由兴化市委、市政府主办，市史志档案办公室承办，是地方综合年鉴。《兴化年鉴》（2002）全书75万字，设32个栏目，244个分目，1030多个条目。此后，每年出版一部。至2004年末，《兴化年鉴》（2004）获首届中国地方志年鉴质量评比综合二等奖。2006年，《兴化年鉴》（2005）获江苏省第四次地方志系统优秀成果二等奖。2008年后，《兴化年鉴》加强改版力度，更加突出地方特色、年度特色。2009年，《兴化年鉴》（2009）在专记中设置“改革开放三十年专记”“兴化解放60周年大事记”“五城同创纪实”“公务用车改革”“国际象棋之乡”等专题，并获全国地方志系统第二届年鉴评比一等奖和首届江苏省年鉴奖综合优秀奖（一等奖）。2010年，《兴化年鉴》（2010）在专记中设置“科学发展观实践活动”“中国河蟹养殖第一县”等专题。至2010年，出版9部《兴化年鉴》，合730余万字。

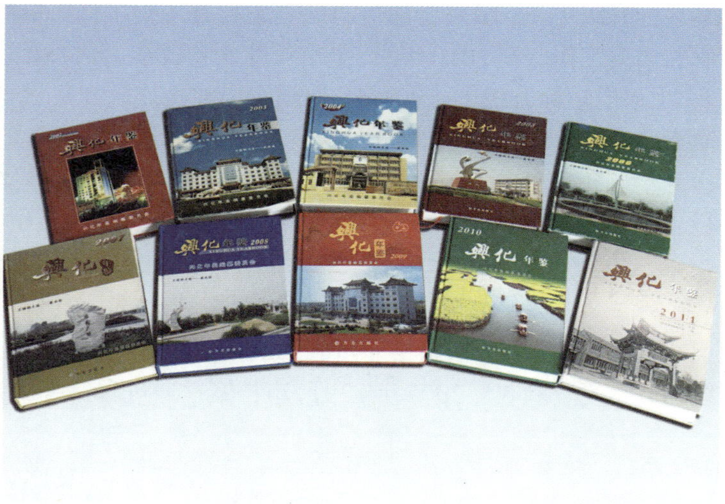

图23-13 历年编纂的《兴化年鉴》
（2010年摄，市史志档案办提供）

卷二十四 文化遗产

兴化是一座拥有6000多年历史的省级历史文化名城，素以人文荟萃、物产丰饶和名胜景观众多而闻名于世。兴化于五代杨吴武义二年（920）设县，1987年撤县建市，名称“兴化”，取“兴盛教化”之意。2006年，林湖乡影山头遗址的发现，经考证6000年前的新石器时代就有先民在境内生产劳动、繁衍生息。

兴化自古文风昌盛，人才辈出。自南宋咸淳至清末光绪，兴化有262人中举，103人中进士，在苏北实属罕见。兴化在明清文化史上占有重要地位，最著名的有《水浒传》作者、元末明初大文学家施耐庵，以及明朝状元、内阁首辅李春芳，明后期主张诗文复古的“嘉靖七子”（后七子）之一的宗臣，明末清初史学家李清，清代扬州八怪代表画家郑板桥和李鱓，著名文艺理论家、《艺概》作者刘熙载等。

全市有文物古迹120多处。至2010年，列为江苏省级、泰州市级、兴化市级的文物保护单位有76处，其中省级文物保护单位6处。东岳庙大殿、李园船厅、上池斋药店等明清建筑，飞檐斗拱、结构精巧；位于市中心的四牌楼有文物精华之称，上悬表彰兴化历史名人47块81人次，除1块留存的老匾和6块仿旧匾外，其余40块均按县志所载内容，分别由知名书法家赵朴初、启功、沙孟海等数十人重新题写，书体具有较高的观赏价值。兴化市非物质文化遗产丰富，茅山号子、板凳龙舞、沙沟鱼圆、中庄醉蟹等60多项被列入各级“非遗”保护名录，其中竹泓木船制造技艺入选国家级“非遗”保护名录，另有30多项列入泰州市保护名录。

图24-1　八字桥广场一角　（2009年，顾晓中摄）

第一章　历史街区和历史文化名镇

兴化城始建于南宋宝庆元年（1225），明嘉靖三十六年（1557）重建。中华人民共和国成立前，城区范围东起大油坊巷，西至西大街石桥，南起老坝头大佛庵，北至窑尾大王庙。东西最宽处约2公里，南北长约3.2公里，为东西短、南北长地形。总面积约1.66平方公里。

兴化老城区历史源远流长，留存古建筑众多，有"金东门，银北门，补天纳地西南门"之说。其中兴化金东门大街由东城内大街和东城外大街组成，拥有完整的明清古建筑群及鱼骨状的街巷体系，保持和沿袭了明清时期传统风貌特色。明清以来，兴化"银北门"商业发达，鼎盛时期有70多个行业，近200家大小商行、店铺、加工厂和手工作坊，其中仅百年老字号就有数十家。这些老字号有绸缎行、典当行、酱菜行、渔行等70多个特色行业。从明朝末期开始，兴化西门开始有居民聚居于此，经过数百年发展，逐渐形成以西城门外大街为轴心，大溪河、横泾河为边界的古街区，建于明末清初的许氏大夫第、近500年历史的宗臣故居等许多古建筑依然保存完好。

2001年3月，兴化市被江苏省政府认定为江苏省历史名城。2002年6月，城区老东门历史地段保护与整治规划通过省和泰州市文管会、南京大学、东南大学、南京工业大学等单位专家组成的评审组评审。2005年，兴化启动东门历史文化街区建设保护工程。从上池斋药店修缮开始，该文化街区先后修缮任大椿读书楼、赵海仙洋楼、古城墙、状元坊、东岳庙、陈五房进士第、吴甡故居、成家大司马府等文物保护单位和其他文物古迹，整治金东门大街、城内东大街，并结合历史街区的整治，恢复重建高榖故居、李鱓浮沤山庄、宋县衙，建设八字桥文化广场、儒学广场和沿街商铺等。2008年8月，兴化邀请上海、南京等地高校的专家规划，规划对重点历史街区、各级文物保护单位以及名胜古迹，划定保护范围和建设控制地带，实行城市紫线控制。保护范围和建设控制地带内的建设，严格控制建筑体量、高度、风格、色调，确保风貌协调。2010年，沙沟镇被住房和城乡建设部、国家文物局命名为中国历史文化名镇。

第一节　历史街区

一、金东门街区

主要指城内四牌楼以东大街和东城外大街。历史上这一带商业繁荣，手工业相对集中，历经明、清、民国各个阶段，文化积淀深厚。

大街长约1500米，曾经集中丝绸、棉布、南北货、药材、茶叶、陶瓷、金银首饰、钱业、当铺、食品、烟草行业的200多家店铺，大都为金字老店，如立大、广元、恒吉绸布店，同昌、茂昌南货店，怡泰茶庄，极陞号茶食店，同兴嫁妆铜锡店，恒太和、何丰恒酱园，陈万兴广货店，万宝银楼及养和园酒楼等。所有服务性行业，如茶楼酒肆、澡堂戏院，甚至医家诊室，全部在后街小巷中。粮、鱼、菜三大类商行皆在城郊，依水为市。

手工业主要集中于城门口附近南、北巷道中。有以竹制品为主的竹巷，以染色业为主的染坊巷，以饰品制作业为主的珠蕊巷，以制售家具及棺木为主的发财（吉祥谐音）巷等，临街为铺面，后为家居院落。清末，东城外出现一批规模较大的工场作坊，如源隆油坊、同茂协、同茂丰制蛋厂等。

图24-2 金东门板桥街 （2006年摄，市统计局提供）

金东门东临上官河入东门泊。城内有明代永乐年间赠封兵部尚书成琎的大司马府，街东有李春芳的故居及“状元坊”牌坊，街南有郑板桥故居，街西南有李详故居。家舒巷有赵海仙、魏荫塘、张涤珊等江淮名医悬壶及家居之所。临街有著名的鹤山堂、上池斋药店。

东门外原有数处宗教寺庙，如佛教时思寺（始建于北宋，清末设小学堂，中华人民共和国成立后为城东小学校址，现改为幼儿园）、道教四圣观（祀天蓬、天猷、翊圣、佑圣四圣，元建）、晏公庙（祀晏公，传为河神）和上真庙（祀上清真界九仙之第一仙），均为明代所建，天妃宫（又称天后宫，俗谓妈祖庙）为清初建筑。清宣统元年（1909），在玉带路建基督教（新教）福音堂。在东门外小尖曾建有四义楼，供奉南宋初抗金英雄张荣等四义士像。

二、银北门街区

历史上北门含北城内外，经历城市改造，2010年只存城外部分。旧北门商业发达，古迹甚多。长达3华里的大街和并行的上河边及西下河住宅群、水码头，舟楫穿梭的上官河、烟波浩渺的乌巾荡萦绕于东西两侧，更有幽深古巷、高宅府第、巍峨庙堂殿阁。

北门有近200家商店、行栈、手工作坊，涉及70多个行业，仅百年老店即有数十家。如成泰、协勤、解裕泰绸缎店，震裕泰、源泰顺、谦泰、张同成等南货店，大生堂、杏林堂、益善堂中药铺，双盛、争春、爰轩、万盛园等茶馆酒肆，松龄阁、状元斋、晋升号、庆升号茶食店，周鸿泰、隆泰、曹洪记苏货店，方乾顺、复隆祥酱园及万兴大典、聚盛祥钱店。另有铁匠巷内的农具、铁器，北窑庄的砖瓦，蔡家垛的藤柳、方机布、制革等。清末民初，这里生产的干儿包（细蒲编织用于制豆干）曾获浙江西湖博展会、江苏物品展览会和美国芝加哥博览会优等奖状。上河边有盛记久余米厂，木行、渔行、花生行、竹厂，城门口、市河边一带有画匠店、灯笼店和黄记木雕泥塑神像，以及民国初年兴起的蛋行、蛋厂等。

北门外的陆氏宗祠，祀迁兴始祖陆六二（南宋咸淳进士、曾任两淮盐运使）、明嘉靖进士陆期范、道教一代宗师陆西星、明礼部主事陆容、清书画名家陆沧浪、诗人陆震等。三阳巷内有明万历进士解学龙府第。王府巷内有一座建筑面积170多平方米的王府大厅。主人王志广于清乾隆年间任广西梧州、柳州知府。“四牌楼”上悬有旌表他的“粤西召杜”匾额。大街有创于清乾隆年间的“北普济堂”（今市图书馆）保存有一株清光绪二十年（1894）种植的女贞树，列为兴化古树名木。“北普济堂”北侧为“观音阁”（清光绪皇帝赐名“宝筏寺”），始建于南宋隆兴年间（1163—1164）。再往北，曾有一座李春芳之女的墓葬，人称“皇姑坟”。

此外，湾巷北侧还保存有明代顾氏民居、赵家大门内清代画家王墨林故居。

三、西门街区

西门分为城内和城外大街两部分。与西城外大街并行的有船厂、大小校场和十多条南北向的巷子，以及周围的侯家垛、梁家垛、太平垛、南官营等。西门大街虽不比东、北门繁华，但南北货店、布店、酱园、中药店、苏货店、茶馆酒店齐全，沿河开设多家粮、草行。西城外仓巷是元末盐民起义领袖张士诚及其堂弟张士俊后裔居住的地方。清嘉庆十七年（1812）前后，张士俊第十九世孙张如珍在仓巷内所建“张氏宗祠”保存至今。石桥西北隅有宗臣故居——宗府。位于石桥西南边的是许氏“大夫第”，许氏于明永乐年间（1403—1424），迁入兴化西城外定居。清康熙十五年（1676），许承宣以江都（今扬州）学籍考中进士，官工科给事中。曾向康熙进“扬州水利”和“赋役”二疏。康熙二十四年（1685），胞弟许承家中进士，官翰林院编修，诰封奉政大夫。康熙三十九年，其侄许迎年中进士，官至中书舍人。民国28年（1939），许氏“大夫第”曾作为韩德勤江苏省政府办公及举行重要会议场所。

西门外冷家巷是国民党陆军中将、台湾东吴大学教授冷欣的祖居和出生地，侯家垛是鸭行云集之地。自清中期至20世纪50年代，有“侯协顺”“黄万顺”“高裕昌”等30余家老字号鸭行。戴家湾西侧，东西长约1公里沿河一带，曾是兴化木船作坊聚集地，人称“船厂”。此外，西门还保存着龚家私塾、董氏民居等大批明清建筑群。

第二节　中国历史文化名镇——沙沟镇

千年古镇沙沟，位于兴化市西北隅，地处泰州、盐城、扬州三市交界处。北纬33° 9′，东经119° 43′，四季分明，气候温和，雨量充沛。古河道下官河、西塘河、镇南河、后河、宝应河等蜿蜒其中。镇域面积57.82平方公里，古镇区面积0.99平方公里，总人口3.03万人，境内地势低洼，四面环水，有“一湖五荡”，具有独特的水乡风貌，至今仍保持原始湿地生态环境。

沙沟建镇历史悠久。境内多处出土历代石鼓、石刻等文物。据志载，远古时代盐城以西、淮安以南、宝应以东、兴化以北地区曾是一片湖泊，称古射阳湖。沙沟是古射阳湖中的一座小岛，以捕捞为生，战国时期称蔡家柳垛，公元前206年称射阳村；西汉初年，汉高祖刘邦为答谢鸿门宴上的救命之举，赐项伯为射阳候，这里成为项伯的封地。汉武帝元狩四年（公元前118），射阳村为镇，历史上曾取名沙溪、石梁，清嘉庆年间（1796—1820）定名为“沙沟”，沿袭至今。沙沟曾是苏北里下河地区政治、经济、文化中心，是苏北的革命老区，战略要塞，军事重地，水乡交通枢纽和商品集散地，为著名的水上驿站。分别于民国8年（1919）设沙沟市，1945年春节后，沙沟解放，同年3月9日设沙沟市，1945年9月建沙沟县，为巩固苏中政权、全国解放作出了贡献。

沙沟历史文化厚重。扬州八怪之一郑板桥曾在此设馆授徒，创作诗词书画；施耐庵数次周游沙沟，为创作《水浒传》取材；南宋陆游曾到沙沟作《鹊桥仙》《渔父》等诗词描述渔家生活；清朝蒲松龄《聊斋志异》“水灾”章节取材于沙沟；郭沫若为沙沟人民医院题名。沙沟人崇尚读书，人才辈出，历史上先后出进士、举人120多人，明进士万云鹏为福建布政史，守湖州、赴湖广，按察浙江、布政福建；北洋时期，管云臣为通海镇守使。中国医学通史研究的开拓者陈邦贤于民国3年（1914）倡导成立中国历史上第一个医史研究会，民国8年（1919）完成第一部《中国医学史》。据统计，全镇海内外有教授20多人，高级知识分子、专家、学者800多人，许多仁人志士在沙沟成就大业。

沙沟古建筑遗产丰富。元朝初年就建有“大士禅林”古庙，历史上曾有大小庙宇28座，砖、石、木桥14座。唐朝以后，由于五县通衢，商贸繁荣，姜、赵、刘、王四大家族纷争建造宅院，青砖小瓦，独具匠心。现保存完好的有赵家巷、杨家巷、姜家巷、管家巷等多处明清建筑群，古民居72000平方米，古巷道75条，其中明清建筑36000平方米。拥有虹桥、益民巷、鱼市口石板街、沙沟市政府、苏中公学旧址等5处市文保单位，17处保护性历史建筑。

沙沟非物质文化遗产众多。段式板凳龙为省级非物质文化遗产；沙沟鱼圆列入泰州市非物质文化遗产；淮扬鱼宴名扬天下；有50多种具有地方特色、保存完好的老行当、老字号；国内首家淡水渔业博物馆初具规模。沙沟有国内罕见的菩提圣树、元代香橼、万朵紫薇、百年银杏等许多珍贵稀有的名木古树，见证了古镇历史悠久。

图24-3　虹桥
（2010年摄，市委宣传部提供）

沙沟古镇沿河而建、依水而居，小巷深深、住宅密集，巷巷相连，两旁住家，巷深路窄，砖石路面，巷直路平，直通沿河。古镇区建筑具有如下风格：1.人多地少、建筑密集，户户可通、相互照应。2.砖木结构、七桁五架，青砖小瓦、徽式风格。3.砖雕木刻、精致花纹，敞檐格扇、独特艺术。4.排山板壁、后墙无窗，天窗采光、防火防盗。5.组合丰富，排列自然，单门独院，几进几出，两边合围、穿堂几进，门照堂厅，四合小院，小楼人家，人居安康。

早在20世纪80年代，镇党委、政府提出"开发新区，保护老区"的建设思路，编制集镇建设总体规划，2000年由南京大学城市规划设计院重新修编。在镇南向西开辟新镇区，保护老镇区，以"三横三纵"道路骨架，将新镇区、老镇区融为一体，使古镇更古朴、新区更时尚，集镇东西长2.84公里，南北宽1公里，面积2.84平方公里，其中新区1.85平方公里。

图24-4　沙沟镇获中国历史文化名镇奖牌
（2010年摄，沙沟镇提供）

2005年后，沙沟镇按照"科学定位、错位竞争、特色发展"的思路，加大对古镇投入和保护力度。2009年10月，沙沟镇被批准为江苏省历史文化名镇。2010年7月，被住房和城乡建设部、国家文物局确定为第五批中国历史文化名镇。

第二章　古建筑与名人故居

第一节　古建筑

一、古城墙

兴化城初建于南宋宝庆元年（1225），原为土城，元末坍塌。明洪武五年（1372），守御千户郭德等用砖重建，内外环水为濠。嘉靖三十六年（1557），因抗倭需要，知县胡顺华主持重修。城墙加高至11米，外昂内卑，底宽13米。重立四门崇四楼，东为启元门、观海楼；南为文明门、怀薰楼；西为威武门、见山楼；北为肇魁门、仰宸楼。又辟东南西北四门水关与城内市河相通，城墙上设窝棚哨所20处。

历经数百年风雨，城墙斑驳残败。1958年，经省人民委员会批准，主体基本拆除。1965年前，北门、西门城墙残存段亦相继拆除。现存东岳庙北侧和东营街东侧两部分，1986年，被兴化县人民政府公布为文物保护单位。

2002年，江苏省人民政府公布东岳庙北侧一段为省级文物保护单位。2007年，兴化市人民政府对该段城墙进行整修，2010年在城墙北侧新建古城墙遗址公园。

图24-5　古城墙　（2010年摄，市文广新局提供）

二、兴化县署

原址府前街东侧，初建于北宋淳化年间（990—994）。天圣初年（1023）范仲淹任兴化知县，理政其间，筑有小梅岭，亲植腊梅。后世称之“景范明堂”，列入“昭阳十二景”之一。

明初在原址西侧另建县署，旧署降为主簿署，清为县丞署。清道光十四年（1834），改为文正书院，民国间改设中学，中华人民共和国成立后改为政府部门驻地。1986年，在仪门壁间发现《重修兴化县丞署碑记》，兴化县人民政府遂以“县丞署”命名公布为文物保护单位。

2009年，因旧城改造，在城内东大街按历史原貌重建。有正门、谯楼、仪门、正堂、两庑、戒石亭、迎翠亭、小梅岭等。重建后的县署，内部设施基本依县衙规制陈列，并在两庑设立“范仲淹纪念馆”。

三、拱极台

位于海子池北岸。南宋嘉定年间（1208—1224），知县陈垓筑城时，将海子池北岸积土堆于城墙内侧而成高台，台上构筑“襟淮楼”。因位于县衙正北，取名“玄武台”。元时知县詹士龙于此读书，又称“读书楼”。明初称“玄武灵台”，列入“昭阳十二景“之一。明嘉靖十七年（1538），知县傅珮于原址重建，改为拱极台。清康熙二十五年（1686），孔尚任因治水，以拱极台为行馆，修改《桃花扇》。乾隆十年（1745）曾在此建立昭阳书院。同治六年（1867），知县俞麟年于书院旧址重建拱极台，大会文士，兴化文风大振。

民国期间，曾在此设立兴化县中学。民国34年（1945）秋，拱极台毁于战火。残存台长16米，宽10.5米，高8.5米。台上有清同治年间重建拱极台碑记1块、昭阳书院修筑碑记1块及兴化县城修城记碑额1块。1986年，拱极台被兴化县人民政府公布为文物保护单位。1998年，在土台东侧按历史原貌复建拱极台及海光楼。

四、四牌楼

原位于市区四牌楼广场西首，城中县署南，始建于明代嘉靖三十八年（1559）之后，万历十九年（1591）以前。清嘉庆初年毁而复建，“文化大革命”初期再度被毁，仅存“两朝忠孝”等7块匾。1987年在博物馆南侧重建，2009年再度迁建至牌楼东路。

图24-6 四牌楼牌匾 （2003年摄，市文广新局提供）

主体为四柱四门式牌楼，斗拱支撑，重檐叠起，八角飞翘，攒顶“五岳朝天”，结构独特，庄重典雅。内外悬挂匾额47块，旌表上起南宋、下至民国，兴化籍历史人物75人81人次。1990年，除留存的一块老匾和6块仿旧匾外，其余40块匾额由赵朴初、启功等数十名当代著名书法家按原文重书悬挂，堪称现代书法艺术精粹集成。四牌楼具有重要的历史文化价值、艺术价值和建筑科学价值，是兴化老城区标志性建筑物。1990年，被兴化市人民政府公布为文物保护单位。

五、李园

位于市区武安街西侧的市博物馆内。始建于清咸丰年间（1851—1860），原为清代扬州富商李小波的私家花园。咸丰年间李小波在兴化四牌楼东侧开办“德本”当典，并在屋后建成花园，即今之李园。其设计风格独特，建筑技艺精湛，独具水乡园林特色。因地形狭长，有“余园半亩”之称。

图24-7 李园 （2010年摄，市文广新局提供）

李园门楼（1934年作商会时已改建），坐西面东。东院建筑主要有方亭、船厅、方厅。北部船厅为园中最富特色的古典建筑。整体呈船状，船头朝西，呈“L”字形，共七间，卷棚歇山顶。船头挂落上方，悬“自在流行”匾额，舱屋中间以大型双面雕花落地罩分隔。东端与后舱有隔栈，上悬常州书法家汪洵所题“沧浪画舫”额。后舱南北3间，南2间与北1间中有圆形落地罩分隔，花罩上方悬清代著名书法家杨岘所题“谅斋”小匾。船厅外部南侧正中有一斜面坡道，状似跳板。

船厅西去隔一堵高大的围墙，原为明代所筑“大禁”（大狱），为化解镣链不祥之音，李小波聘请各地园林名设计师，集姑苏、维扬园林建筑特色，建造这座船厅。船头正对监狱方向，铁镣之声化为一帆风顺的“锚链”之声。

方厅内悬当代书法家赖少其先生所题“松云山馆”匾额。沿方厅北廊西行有南、北两个院落。南院天井南侧为坐南朝北的桂华楼。内悬当地书画家彭国良题书的“桂华楼”匾额。桂华楼楼梯门上方嵌有刻石，为清代著名书法家刘墉（石庵）所书“台榭如富春，时至则有；草木知名节，积久乃成”。方厅天井西北角通北园小门的门楣上方，嵌有清代书法家阮元书写的“吟春”石额。

船厅在1957年和1982年两次被江苏省人民政府公布为省级文物保护单位，2002年，李园（含船厅）被江苏省人民政府公布为省级文物保护单位。

六、上池斋药店

位于昭阳镇东城外大街10号，始建于清康熙年间，迁居兴化的扬州人方石川在此购得前后三进、两厢一楼明代建筑，开设前店后作的药号，取《史记·扁鹊传》中“饮是以上池之水，三十日当知物矣”典故，定名为“上池斋”。民国21年（1932）落架大修。2005年，兴化市人民政府拨款维修，并扩建围墙、凉亭，增开朝西门楼。现保存完好，仍为中药店。

上池斋药店坐南朝北，西侧有弧形风火墙和龙脊雕花围墙，面北大门上镶含灵芝神鹿雕塑，嵌“上池斋”砖雕门额。药店上层为药库，底层店堂，店堂由前后两进，中间卷棚搭连组成，木结构硬山顶。店内装潢考究，中西合璧，其花饰瓷砖、德国镜面、八角琉璃灯、木雕挂落、书法匾额等皆为精品。

店内东南侧有“上池神井”，水质清澈，专门用来煎药。铺面以南为制药作坊，明建清修。

上池斋具明清建筑风格，是众多高校建筑学科教学研究实习基地。2002年，被江苏省人民政府公布为省级文物保护单位。

七、杨家大院

位于东城外大尖，东至复顺和巷，西至鱼市口，南至大尖南河，北至龙津河边，占地面积5280.9平方米，建筑面积4516.5平方米。院内原有门楼、花厅、客厅、板厅、穿厅、花园、藏书楼和假山、吊桥、亭阁、水榭以及店面和货栈等。今存院门、后楼、板厅及万（复）顺和南货栈等主体建筑。

杨氏祖籍江南句容。先祖于清康熙年间迁至兴化。至道光年间，五世舜华经商起家，累赀数十万，遂成兴化巨富。在发展“万顺”号南货业的同时，创建“乾源”“恒隆”“庆恒”当典，并在大江南北各地经营南货、钱庄、油坊、糟坊、酱业、米厂、烛坊、铁工厂、发电厂、丝绸厂等企业，历经数代不衰。20世纪30年代，日军入侵，民族工商业遭受沉重打击，杨氏家族逐渐衰败。1956年后，杨家大院为多家单位和市民使用、居住。2009年，被兴化市人民政府公布为文物保护单位。

八、八字桥

原址城内东大街北市河南端，东西落坡，名“登瀛桥”，亦名“中和桥”，石质，建于明成化年间。

万历三十九年（1611）重建，在桥上筑“凌霄亭”，悬“宰相里”额，桥西埦立贞节坊。清末，先后拆除牌坊亭阁及护栏，并在桥身两侧建过河楼开设店铺，与街市相连。为方便街市行人，桥身逐渐放平。中和桥的东南隅砖砌拱桥“长安桥”（古称“永福桥”），成“八”字形。咸丰《重修兴化县志》记述：“东来之水由此而北，中和、永福两桥跨之，参差如‘八’字，曰‘八字桥’。”系单孔花岗岩拱桥，桥面每边有22块石阶，桥长20米，宽3.4米，桥西拱壁有神龛，内刻有桥神和桥形图，桥西埦店房的朝北壁嵌有明代和民国修桥碑记。1986年，被兴化县人民政府公布为文物保护单位。因拱形桥洞中立有神龛，故有“桥下有座庙”的说法。20世纪90年代，两桥因旧城改造拆除。21世纪初，以原构件按明代式样移建于四牌楼广场东侧。

九、沙沟虹桥

位于沙沟镇大士禅林南侧，南北向，建于明代，原名“三仙桥”。桥梁、桥板、踏坡及护栏均为棕色条石，其余部分以青砖砌实。清道光十九年（1839），沙沟大士禅林复修，方丈福安禅师重筑“三仙桥”，更名“虹桥”。因桥下溪水横流，“虹桥卧波”成沙沟一处胜景。2007年，被兴化市人民政府公布为文物保护单位。

十、茅山唐井

位于茅山镇镇区景德禅寺内，原山丘朝南山坡处。《扬州府志》《东台县志》及《茅山志》皆载为“唐明皇时所凿”，距今约1300年。石井栏为宋代修浚时所加。井水透明，甘洌清凉，虽大旱不竭。此井历代多次修浚，清乾隆年间曾由山寺住持碧潭和尚重修，民国33年（1944）填塞，1968年重新挑出。2009年，被兴化市人民政府公布为文物保护单位。

十一、状元坊

位于昭阳镇东城外大街，石质双柱单门，跨街而立，上立重檐。为明代建筑。嘉靖二十六年（1547）李春芳廷试一甲第一，奉旨于故居巷南跨街建“状元坊”。石柱高大，上镌“圣旨”，额题“状元坊”。2009年，按原样修复。同年，被兴化市人民政府公布为文物保护单位。

十二、中原才子坊

位于旧儒学街中、今儒学广场西南侧，石质，四柱三门，砖木重檐，东西向。牌坊为明宗周、宗臣父子而立，曰“父子科第”。背面加镌“中原才子”。又悬“中原才子”匾于四牌楼上。后因年久失修，重檐、坊额尽失，仅存石柱四根。21世纪初，按原样修复。2007年，被兴化市人民政府公布为文物保护单位。

图24-8 中原才子坊 （2010年摄，市文广新局提供）

十三、万兴大典

位于北城外大街与当典巷交叉处，始建于清乾隆年间，占地近4000平方米，建筑面积2736平方米。整个建筑群系用上等杉木、大青砖建成，有大小院落7座、天井9个、上下楼房64间，配套平房12间，另有谯鼓楼、营业铺面等近百间。俯视整个建筑群呈“日”字形，结构精巧，防火马头墙高大，相互间通道沟通，大小室、明暗室相互交错，具有防盗、防潮功能。当典于民国初年闭歇。现仅存西楼和中楼。20世纪90年代，文化部、省文化厅以及泰州市有关领导和专家多次到兴化实地考察，认为万兴大典是国内现存规模较大的典当建筑群之一，也是当时兴化工商业、金融业发展的实证。2007年，被兴化市人民政府公布为文物保护单位。

十四、徐府

位于市区城内东大街北侧、长安路西侧，是一处典型的民国府第建筑（局部）。其主体建筑为砖木结构两层小楼，梁架结构及墙体保存完好。小楼西侧为两层厢房，七檩，穿斗式。东、西两侧建有围墙，形成一个独立院落。大门位于东南角，门楣上嵌有石额“逸园”，花窗精致独特。徐府建筑雅致，风格独特，在民国建筑中具有一定的典型性、代表性。2009年，被兴化市人民政府公布为文物保护单位。

十五、莫氏民居

位于市区北城外大街王府巷21号，占地面积近400平方米，是一处保存完好的古民居建筑群。由东、西两组前后各两进建筑构成，有房屋12间。花墙、门窗做工精细，雕刻别具匠心。莫氏民居始建于清代。清咸丰三年（1853），原籍镇江的莫益三为避太平天国战乱，迁徙兴化，居于此宅。民国初年莫锡藩对宅第进行改建。民国34年（1945）夏秋之交，新四军某部机关曾驻于此。

莫氏民居是保存完好的民居建筑，为研究兴化清代及民国建筑和银北门的经济发展提供了实物依据。2009年，被兴化市人民政府公布为文物保护单位。

十六、临丰桥

位于陶庄镇焦庄村，单孔砖砌拱桥。始建于清末民初，原为木桥，民国10年（1921）重建。高约6米，拱宽4米左右，南北向，桥两侧正中嵌石额，分别镌有“临丰”桥名和建桥时间。临丰桥造型美观，结构合理，保存完好，为研究里下河水乡地区桥梁发展史提供了实物资料，具有一定的历史、科学和艺术价值。2009年，被兴化市人民政府公布为文物保护单位。

十七、周庄石板街

位于周庄镇镇区中心地带，为民国时期传统集镇步行街。石板街呈东西走向，长约500米。周庄商业街市形成于清代，原为青砖路面。民国15年（1926），周庄工商大户高植斋发起并带头捐资，从苏州购买长1米、宽30厘米、厚15厘米的花岗岩条石，改铺成石板路面。石板街的建成，促进了周庄商业街市的繁荣。周庄石板街是一条保存完好的民国时期老街，为研究里下河地区商业街市的形成和发展提供了实物依据。2009年，被兴化市人民政府公布为文物保护单位。

十八、沙沟后大街老厕

位于沙沟镇镇区后大街明清古建筑群中，原商会巷南首。沙沟古厕初建于明代，原为陈氏家厕。清代改为对外开放的公厕，以聚作农家肥料出售获利。民国20年（1931）洪水退后，厕主陈黑鼻子在原址重建。建筑风格上，采用西式工艺，如“洋门”“洋窗”等；内部设施上，用木料制作成全封闭式坐便台，在便台上设置木搁几，以便如厕者抽烟、饮茶、谈生意。同时设置便后盥洗盆，制作木桶承接雨水冲洗，设计理念与现代接近。2008年，沙沟镇政府在原址按历史原貌对其进行修缮。沙沟古厕建筑风格别致，设计科学，设施完备，当时在里下河地区十分罕见，具有一定的历史和科学价值。2009年，被兴化市人民政府公布为文物保护单位。

十九、共乐桥

位于陶庄镇乌巾村，单拱砖砌，建于民国期间。结构合理，保存基本完好。为研究里下河水乡地区桥梁发展史提供了实物资料，具有一定的历史和科学价值。2009年，被兴化市人民政府公布为文物保护单位。

二十、竹业公所

位于市区东门外竹巷南端拐弯处，坐北朝南。临街是一座砖木结构的两层小楼，门上嵌有“竹业公所”石额。进门为一方天井，天井以北是两楹平房，东侧又有两楹厢房。自明清以来，竹巷是兴化竹业最集中的所在。民国《兴化县志》卷四实业志中，曾记载竹巷中“竹器业有二十余家”，知名的有葛源兴、丁其元、景宝泉、胡荣记、花复顺等，主要生产篾罱、蛋篓、米筛等生产用具及竹篮、碗橱等生活用品。由于行业兴盛，清中期业主们共同集资，建了这座“祖师庙”，供奉祖师鲁班和鲁班娘娘。前为祠门，后为正殿，正殿东侧为同行业议事的场所。民国17年（1928），兴化“竹业公会”成立，是当时最早成立的28家行业公会之一。公会成立的当年，改祖师庙祠门为两层楼房，嵌以“竹业公所”石额，同时保留清代所建的祖师正殿和议事厢房。

兴化竹业公所是保存较好的清代和民国时期的行业建筑，为研究兴化明清以来、尤其是晚清“光绪新政”至民国期间，商业、手工业发展及行业协会的形成提供了实物依据，具有一定的历史价值。2009年，被兴化市人民政府公布为文物保护单位。

二十一、护国寺

全称“敕封护国寺”，位于戴南镇护国街。相传始建于唐代，清嘉庆《东台县志》载：“护国寺，在戴家泽，建于宋。”相传北宋天圣年间。扩建佛寺时，为保护天王殿东侧一株参天古树（今不存），将殿宇西移2米左右，形成此殿与大雄宝殿不在同一条中轴线上的布局。寺内仍保存两株百年银杏，为兴化市级古树名木。1986年，兴化县人民政府公布其为文物保护单位。1991年以后，戴南镇政府两次拨款重修护国寺。修缮后的护国寺气势恢宏，中轴山门、天王殿和大雄宝殿三进，后面庭院建有回廊，大殿东侧为佛事堂、斋堂、僧寮。占地面积约513平方米，大雄宝殿面阔3间13米，进深七檩10米，高8米，歇山顶；天王殿面阔3间11米，进深7米，高6.8米，硬山顶，石匾长120厘米，宽30厘米，厚9厘米。

二十二、城隍庙

位于牌楼路西北侧，坐北朝南。明初知县徐士诚建。嘉靖年间，知县陈时霖增建大殿前楹。宗臣撰《城隍庙新建前楹记》。由此大殿前后连成一起。庙内有门厅、戏楼、东西厢（拟阴曹地府）、审事厅。中华人民共和国成立后，神像、匾额先后被毁，唯正殿和戏楼（后半部）保存完好。1986年，被兴化县人民政府公布为文物保护单位。翌年，在庙址恢复宝严寺，改为佛教活动场所。后楼下面有泰国赠送玉佛1尊，后楼东供奉城隍和娘娘塑像。

二十三、罗汉寺

位于周庄镇郭牛村东北隅。据明崇祯六年（1633）《泰州志》卷七《方外·寺观》记载，该寺最早建于北宋景德年间（1004—1007），至今有1000多年历史，为泰州下河地区“九寺十八堡”的“九寺”之一。历经多次修缮。20世纪40年代，寺院部分建筑被毁。1958年，残余部分改为粮库。现寺院尚存天王殿、大雄宝殿等建筑。天王殿为歇山九脊、单檐飞角、金环筒瓦。内部结构为双步抬梁，设有驼峰、叉手。梁中为斗拱。中脊金柱下为叉口接榫。柱脚下石础，上为圆石鼓，下以方石垫底。院内还保存有石质门额、木雕佛龛、砖刻兽头等物件。门额镌篆体“太平律院”。佛龛为四柱三门、三道垂花檐，砖刻兽头分别为“犀牛望月”“丹凤朝阳”。2007年，被兴化市人民政府公布为文物保护单位。

二十四、东岳庙

图24-9 20世纪90年代东岳庙正殿原貌 （市住建局提供）

图24-10 东岳庙正殿 （2000年摄，市住建局提供）

位于市区牌楼路。主体建筑初建于明代永乐年间（1403—1424），其中四圣观建于元末至正年间（1341—1368），是兴化历史上体量最大的道教丛林。明清两朝及当代多有修缮，因战争而颓废。余产（东岳庙正殿及四圣观、财神祠等殿室）中华人民共和国成立后曾归文化部门使用。主体建筑正殿为前后两殿，中间以卷棚勾搭连成，深邃阔大。前殿为三间七檩硬山顶，开阔15米。后殿高18米，重檐歇山，内呈方形藻井式。前后殿之间以五檩卷棚相衔接，相接处为层层叠叠的斗拱，工艺精湛，为国内罕见。从外观看，大殿重檐歇山九脊高瓴，戗角飞翘，檐下饰以斗拱、额枋、雀替。瓦垒角下悬楣子、风铃。脊瓴中央置铜制葫芦形宝瓶，两端有鸥吻。凡脊皆塑有仙人、走兽。气势恢宏，雄伟壮观。2008年基本按历史原样修复。除正殿外，恢复山门、十王、文昌、财神、斗姆、四圣、吕祖、慈航诸殿及长生院、抱一亭、碑廊等一应设施。

兴化东岳庙不仅是兴化宗教历史文化的实物载体，而且是古代建筑中的精品，具有较高的历史价值、艺术价值和科技价值，现作为道教活动场所对外开放。1986年，被兴化县人民政府公布为文物保护单位。2001年，被批准为省级文物保护单位。

二十五、基督教堂

基督教于清末传入兴化，基督教堂建于民国14年（1925）。民国14年（1925）德籍传教士钮汉士购得城内东营街城墙西侧一块地皮，新建一座基督教新教的福音堂。主体建筑为坐北朝南的西式大楼，建筑外形及门窗等具有欧式风范。外看三层，内为五层，楼南为花墙庭院，南侧为11间连体中式平房，是一座集教堂、医院和学校为一体的建筑群。主体楼为教堂、神职人员起居室与兴仁医院。平房为教会慧德女子学校。其中“兴仁医院”是兴化历史上第一座西式医院，首任负责人即是医学博士、传教士钮汉士。民国35年（1946）因政局变化，外籍传教士纷纷返归，教务由本地神职人员负责。民国37年（1948）兴仁医院为国民党兴化县政府接受，更名兴化县医院，教会学校停办。中华人民共和国成立后，改为兴化县人民医院。改革开放后曾划归宗教部门开展宗教活动，1986年，被兴化县人民政府公布为文物保护单位。2010年转让给兴化中医院作为办公用房。

第二节　名人故居

一、郑板桥故居

郑燮（1693—1765），字克柔，号板桥，兴化人，历康熙秀才、雍正举人、乾隆进士，曾作七品县官，兼擅诗、词、曲、文、联、印、书、画，为“扬州八怪”的重要代表，并以“诗书画三绝”名世。

郑板桥故居位于市区东城湾郑家巷中，板桥路北侧，清代建筑。宅院“东临文峰古塔，西接才子花洲”，东侧护城河上有古板桥。屋后是高大的城垣，巷南为一泓水泊，藕花芦叶，垛岛连绵。原本为草屋，后改建为“郑家大堂屋”。1983年，省人民政府拨款按原样重修。大门楼设于宅院东南角，赵朴初先生题书的“郑板桥故居”石额嵌于门楣。绕过照壁西去为一方青砖铺就的天井，南向正屋三间，中为客厅，两侧为卧室。天井南三间厦屋面北，中额砖雕郑板桥手书“聊避风雨”。大天井东侧为书斋，书斋南接小天井，竹影摇曳，清雅幽静。大天井西侧为厨房，外悬按郑板桥手迹木刻对联“白菜青盐粯子饭，瓦壶天水菊花茶”。1986年，被兴化县人民政府公布为文物保护单位。2006年，附筑于郑板桥故居西侧，仿原貌建“拥绿园”。陈列力求表现板桥品质特征和嗜爱兰、竹、石的特点，再现历史原貌。拥绿园为板桥晚年归里时的暂居之所，由清风轩、画厅、碑廊、小桥、水池等组成。碑廊石刻镌有毛泽东、周而复、徐悲鸿、吴作人、沙孟海等伟人对郑板桥的评价，为拥绿园注入新的内涵。

二、赵海仙洋楼

赵海仙（1830—1904），名履鳌，字海仙，以字行于世，兴化人，医术高明，医德高尚，著有《霍乱辩症》《秦石轩医案》等。赵海仙洋楼位于市区东城外家舒巷16号，建于晚清。门楼为3间中式平房，中为门厅，两侧为耳房。过门厅，天井南、北为平房廊屋。南廊屋5间，东两间为花厅，西三间与花厅之间有一雕花内门相通为中药房。中为赵海仙行医情景的蜡像馆，西为兴化医派及赵海仙医绩陈列室。北侧廊房4间为兴化中医博物馆，陈列兴化自宋代以来历代名医及其医著、医案等实物资料。

天井东侧为一堵高大的青砖屏风式画墙，有圆门，上嵌隶书“盂园”石额。园内正中掘池如“盂”，盂池周边垒以假山，主峰两侧各有门洞。过门洞南去为长方形水池，池上架一小木桥，名“长寿桥”。盂园北边为主体建筑“洋楼”。相传为扬州盐商出资、江都木商联手，聘宁波匠人构建。中西合璧，屋面飞檐翘角、青砖黛瓦、四围回廊，雕花栏杆，层层环抱。盂园东侧向南，有依围墙而筑的串廊，连接凉亭两间，敞檐格扇。北间原为赵家浴池，南间为赏景休闲场所，现作中草药标本陈列室。2006年，按照“修旧如旧”的原则，进行全面修缮。2008年，设立兴化当代名中医专家门诊，常年对外开放。赵海仙洋楼不仅是人们瞻仰先贤、展示兴化优秀传统中医药文化、接受中医药文化教育和求医问药的重要场所，也是兴化文化旅游的靓丽景点。

1986年，被兴化县人民政府公布为文物保护单位。2008年，赵海仙洋楼被命名为江苏省首批中医药文化宣传教育基地建设单位。

三、成家大司马府

图24-11 成家大司马府
（2010年摄，市文广新局提供）

位于市区牌楼东路北侧，是明仁宗洪熙元年赠封兵部尚书成琎的府第。成琎，字公楷，洪武二十二年（1389）贡生。历官代州学政、蔚州知州、北平布政使参议。成家大司马府原为东西两轴各8进，今存东6西7共13进，一律青砖黛瓦马头墙，基本保持原有规模。现存11个院落，东以室外火巷、西以串廊成南北连接，中以内火巷为东西串联，形成既分又合的建筑格局。现存建筑物多为明建清修，古井、挂落、石刻、木雕分布其间。客厅、穿堂、正厅（锄经堂）、板厅、内院、书屋（小居竹轩）分布有序。曾悬有“两朝忠荩”“吐凤凌云”等匾额，为兴化现存体量较大的明代府第建筑群。其中“两朝忠荩”匾额是为成琎及其裔孙成谐而立。历经600多年，至20世纪90年代，已成为民居大杂院，部分建筑被改建、扩建。2009年，兴化市人民政府拨专款实施动迁修复。2009年，被兴化市人民政府公布为文物保护单位。2010年，在复原陈列的基础上，设立兴化市非物质文化遗产展示馆对外开放。

四、许氏“大夫第”

明永乐年间（1403—1424），《说文解字》作者许慎（约58—约147年）后裔迁入兴化城西门外筑屋定居，产生若干举人。明末清初，许氏家族更加兴盛。清康熙十五年（1676），许承宣（?—1685）以江都（今扬州）学籍考中进士，官工科给事中。许承宣的弟弟许承家中进士，官翰林院编修，诰封奉政大夫，在文坛上与许承宣齐名，被人称为“二许”。康熙三十九年（1700）许承家的侄子许迎年考中进士，官中书舍人。清嘉庆年间（1796—1820），许氏第16世孙被嘉庆皇帝诰封为中宪大夫，正四品衔，御书“大夫第”金字横匾悬于门厅上方。又御赐“经笥堂”（经笥原指装经书古籍的书箱，后比喻通经博学之人）金字横匾，悬于大厅上方，以旌表被誉为“五经无双”的许慎后裔。因此，“大夫第”许氏家族既立“承素堂”堂号（源于唐代宰相许敬宗），又立“经笥堂”堂号（源于东汉学者许慎）。

许氏“大夫第”建于明末清初，坐西朝东。门厅南端有轿房。入门厅是一方小庭院。小院南侧朝东二道门，经回廊进入大院，有一方铺着青石板的前天井。北侧为大厅。从大厅北屏门入内后院，第三进五开间堂屋。大院西部有主人读书的“夏书房”（另有两处位于门厅南侧的“冬书房”）。门镌“谦和处世，诗礼传家”的楹联。书房前后都有庭院。南院建有一处花圃。花圃东南角为“宿影亭”。“夏书房”西侧包括贮粮仓、杂物房等。小亭西侧朝南小门通过小巷至太平垛。

五、刘熙载故居

刘熙载（1813—1881），字伯简，号融斋，晚年自号寤崖子，也曾自字熙哉，晚清著名学者、美学家。其故居位于府前街西端，始建于清咸丰年间，1983年移址重建。1986年，被兴化县人民政府公布为文物保护单位。1990年改建成现有规模，由门厅、大堂、书房、内堂组成，空间紧凑略显局促。大门面东，门楣上嵌有文艺美学家王朝闻手书“刘熙载故居”石额，门柱对联“缘读为经艺而能概，读书德闲老更知非”由著名书画家陈大羽题书。入门一方天井，朝南一组清式建筑，为穿厅。厅正北屏板镌有刘熙载任广东学政时，所作《惩忿》《窒欲》《迁善》《改过》四箴全文。屏板之上高悬清代咸丰皇帝御书的“性静情逸”匾额，后院朝南为正厅，中设古榻，左右耳房为陈列室，天井西有厢房，东植桐木一株，故称“古桐书屋”。1992年，因英武路拓宽，故居整体向东南稍移。

图24-12　刘熙载故居
（2010年摄，市文广新局提供）

六、高榖故居

高榖（1391—1460），明朝官员，字世用。25岁登上进士，历任翰林侍讲、侍读学士、工部尚书，后进少保东阁任大学士。66岁时升为谨身殿大学士，仍兼东阁。高榖为官清廉，办事公道，主持正义，后因年老主动离职回家。回乡后，仍住的是简朴房屋。历官永乐、洪熙、宣德、正统、景泰五朝元老，由中书舍人升至内阁大学士，故被尊为“五朝元老”。其故居原位于市区牌楼南路13号，由门楼、火巷、三个内宅院构成，低檐小瓦，简朴无华，门前“益恭坊”（毁于“文革”）跨街而立。因旧城改造获准拆除移址重建。重建的高榖故居，位于儒学广场西侧。保留原建筑主要元素，门楼东向，悬“忠结主知”额，入门有照壁，南北间有火巷。火巷西为三进两天井，布有正厅、照厅、厦屋、轿房、书斋等，均以明代早中期规制复建。1986年，被兴化县人民政府公布为文物保护单位。

七、元老府（李春芳故居）

李春芳（1511—1584），字子实，号石鹿。祖籍江苏句容，曾祖迁兴化。少时在句容茅山华阳洞读书，别号华阳洞天主人。嘉靖二十六年（1547）廷试鼎甲第一，高中状元。隆庆二年（1568），继徐阶致仕后接任首辅，史称“状元宰相”；累加少师兼太子太师，授柱国光禄大夫、吏部尚书、中极殿大学士。因屡受奸党诬告，深谙“贵不如安”的为官之道，多次引疾请疏归养，隆庆五年（1571）允准致仕归。李春芳卒后赐葬扬州城西二十里句城塘，赠“太师”，谥“文定”，祀乡贤祠。著有《贻安堂集》10卷行世、《宗藩条例》2卷，编有《明隽》10卷。《明史》有传，李春芳与吴承恩亲密至深，是古典文学名著《西游记》的策划者和校订者。元老府（局部）位于城内东大街元老府巷中，现存三进宅院，门楼朝东。2009年，被兴化市人民政府公布为文物保护单位。

八、宗臣故居

宗臣（1525—1560），明代文学家。字子相，号方城山人。南宋末年著名抗金名将宗泽后人。嘉靖二十九年（1550）进士，由刑部主事调吏部，嘉靖三十年（1551）调考功。嘉靖三十三年（1554）正月，宗臣便赴京复职，以谢厚望。嘉靖三十六年（1557）八月，被排挤出为福建提学副使。诗文主张复古，与李攀龙等齐名，为“嘉靖七子”（后七子）之一，《报刘一丈书》对当时官场丑态有所揭露，著有《宗子相集》。故居位于市区西城外石桥西北，又名“宗府”，是一座由门楼、大厅、正厅、花厅、照厅、蝴蝶厅等前后三进、附属用房及戏楼、甬道等组成的明代府第建筑群。1986年，被兴化县人民政府公布为文物保护单位。

九、吴甡故居

吴甡（1589—1670），字鹿友，晚号柴庵。明代官吏，名医。于明末时任邵武等知县，受魏忠贤迫害，至崇祯年间复出，任河南、陕西等省巡抚，兵部左侍郎、右佥都御史、礼部尚书兼东阁大学士。故居位于市区儒学广场西北侧，明代建筑，又名“吴家大门楼”。原为前后八进、东西两院。至2010年，重建其中三进两院，布有正厅、穿堂、厦屋、书斋等。厅内梁柱雕刻精美生动，石础牢固，保存完好。21世纪初，兴化市人民政府拨款全面修缮。2007年，被兴化市人民政府公布为文物保护单位。

十、陈五房进士第

又名陈氏五进士第，位于市区儒学广场西侧。始建于明代，清康熙年间曾经修葺。明清两代，陈氏家族先后有陈常道（明嘉靖四川松潘兵备副使）、陈爰诹（明万历礼部主事）、陈履中（明崇祯吏部主事）、陈以恂（清顺治平遥知县）和陈广德（清道光户部主事）五人中进士而得名。进士第现有厅屋、书房、堂屋、门楼、轿房、厢房等25间，大小院落6个，五进相通，门楼、景门、格扇、敞檐、卷棚，青砖黛瓦，砖刻木雕精美，雀替龙纹清晰，布局既有层次又次第推进，具有典型的徽派建筑风格，保存较为完整。2007年，被兴化市人民政府公布为文物保护单位。

十一、任大椿读书楼

任大椿（1738—1789），清代官吏、学者。字幼植，一字子田，兴化人。乾隆三十四年进士，历官礼部主事、《四库全书》纂修官、御史。任大椿为扬州学派的前期代表人物，一生立闸于考证名物制度及辑录小学、史书的研究，著有《弁服释例》《深衣释例》《小学钩沉》《子田诗集》等。任大椿读书楼原位于市区儒学街儒学巷15号，砖木结构一间二层小楼，明建清修，为任大椿祖父任陈晋和任大椿读经处。1986年，被兴化县人民政府公布为文物保护单位。因城市建设需要，2007年移址儒学广场西北隅重建，为两间二层，并增设门楼、天井、围墙，形成青砖黛瓦古色古香的独立院落。

十二、李详故居

李详（1858—1931），字审言，为明代状元宰辅李春芳八世孙，兴化八大家之一。清末民初著名文学家、国学大师、扬州学派的后期代表人物。曾担任东南大学国文系教授，并主持修纂《兴化县志》。其以博雅通识著称，一生博览史集，著作颇丰，藏书丰富。以骈文知名于世，而笺注考证、金石、目录、方志、诗赋无所不精，成就卓著。故居位于市区原东岳庙桥南，第三人民医院东侧。俗称李家大院，明建清修，坐北朝南，前后三进，硬山砖木结构。1986年，被兴化县人民政府公布为文物保护单位。2005年因旧城改造，在原址整合重修。正南门上嵌有胡乔木手书的“李审言故居”石额。入门后为两进两天井，西侧有厢房，东南侧有花台，古朴典雅。

十三、家舒巷古民居群

东门外家舒巷8、10、12号原为明末居民住宅。门楼高大，水磨砖砌，雕饰精美，多布有正厅、轩廊、书斋，青砖黛瓦马头墙，清以来累经修缮，但仍保持原貌。1986年，被兴化县人民政府公布为文物保护单位。

十四、解家祠堂

位于东城外大街市场巷内，明代建筑，砖木结构。由东楼、西楼、中楼（正厅）、厢房、大门、二门、后门（阙门）等构成。现存东西3幢两层楼房和西厢房，有房屋18间，建筑面积368.11平方米。

《解氏建祠记》载：“解氏初无祠宇，今晏公庙北隅所建之解氏宗祠，七二公之旧宅也。”祠堂内原供奉解氏列祖列宗牌位，两侧房柱挂有“春祀秋尝，遵万古圣贤礼乐；左昭右穆，序一家世代源流”的青底金字抱柱楹联，同时悬有“鹤立堂”“奕世恩荣”“三省名家”等匾额。2007年，被兴化市人民政府公布为文物保护单位。

第三章　古墓葬与古遗址

第一节　名人陵墓

一、昭阳墓

兴化在战国时期，为楚令尹昭阳食邑。在老城区以西偏北尽头（今昭阳镇北山村）曾有一土山，为昭阳墓葬。占地面积4200平方米，呈圆形，封土高3米，直径10米。土山之上建有四栏寺（“山子庙”），四周景色优美。昭阳十二景“阳山夕照”即指此。庙内书一联：“渤海镇军，压六国而霸楚；阳山食采，留三户以诛秦”。20世纪80年代文物普查，发现原庙宇屋脊兽吻一具，经幢1座，石香炉1只，雕花石础3块，石刻匾额两块，其中一块为门额，上款“道光庚寅年孟冬”，中间为篆体“香山塔院”四字，下款“光绪癸卯年住持福田重修立”。1986年，被兴化县人民政府公布为文物保护单位。

二、施耐庵墓（陵园）

位于新垛镇施家桥村。施耐庵（约1296—1370），名惠，又名子安，字彦端，又字耐庵，肇瑞。元元贞二年（1296）生于兴化一个船民家庭，父亲施元德，人称“舟人”。祖籍姑苏，迁居兴化，定居施家桥（位于新垛镇施家桥村）。元至顺进士，曾出仕钱塘，以不合当道权贵，弃官归里，闭门著述。施耐庵创作了中国文学史上“四大名著”之一——《水浒传》。卒于淮安，其后迁葬于现址。墓占地1.12平方米，圆形封地高3.5米、直径4.5米。民国32年（1943）兴化县抗日民主政府重修其墓，砌成方形墓台，长宽各12米，高出地面1米。墓前立“大文学家施耐庵先生之墓”碑，碑高1.4米、宽0.4米、厚0.2米；并建三门砖砌牌坊。1957年和1982年，被江苏省人民委员会和省人民政府两次公布为省级文物保护单位。1996年建成施耐庵陵园，占地约3.4万平方米。

三、高榖墓

位于西鲍乡张舍村。高榖，字世用，兴化人。生于明洪武二十四年（1391），明天顺初（1457），高榖辞官归隐，天顺四年（1460）辞世。葬于兴化西鲍乡张舍村（今西鲍乡张家村砖瓦厂）。墓园布有牌坊、享堂，神道两侧立有石人石马。历经战乱和“文化大革命”破坏，墓址仅存部分石件。1986年，被兴化县人民政府公布为文物保护单位。

四、韩贞墓

韩贞（1509—1585），字以贞，号乐吾，兴化人。明代泰州学派的传人。其墓位于戴窑镇西、韩窑村正南，砖砌墓基以上为圆锥形封土。墓以南为四柱三门石牌坊，额镌“东海贤人”，系明万历知县凌登瀛题（同时制匾悬挂四牌楼上）。清代雍正知县汪芳藻题撰。柱联“陋巷箪瓢好学深思追复圣；泥涂轩冕高风大节接严陵”。1986年，被兴化县人民政府公布为文物保护单位。

五、郑燮墓

清乾隆三十年（1765）郑板桥逝世，葬于大垛管阮庄。1983年、1993年，兴化县（市）政府拨款整修墓区，并辟为陵园。墓坐北朝南，封土呈圆锥形，高3米，直径5米，墓基砖砌高1米。前列“郑板桥之墓”石碑，为周而复题书。碑前有石祭台，南为甬道，两侧苍松翠竹，再南为墓区牌坊大门。牌坊东侧构有纪念堂。1993年，全面修缮，墓园重新绿化，建围墙驳岸，占地2760平方米。1995年，被江苏省人民政府公布为省级文物保护单位。

图24-13　郑燮墓全景图　（2008年摄，市文广新局提供）

六、刘熙载墓

位于永丰镇沙仁村一座高垛上，四围环水，为刘熙载与其夫人合葬墓。由于战争和“文化大革命”损毁，现为一座土坟。墓前残碑尚存。2009年，被兴化市人民政府公布为文物保护单位。

第二节　古文化遗址

一、影山头遗址

位于林湖乡魏东村东南1500多米处，面积5万—7万平方米。属于江淮地区原始文化中期，距今约6300—5500年，是江淮东部面积最大的新石器时代遗址。文化层堆积较厚，有石器、陶器、骨角器。器形有石斧、石刀、石纺轮、陶鼎、陶釜、陶盉、陶豆、陶三足盘、陶罐、陶壶以及骨笄、骨簇等。自然遗物大型动物骨骼亚化石，如麋鹿、家猪以及丽蚌、蓝蚬等。

影山头遗址是兴化已知最早的新石器时代遗址。2008年，第三次全国文物普查时发现，并入选江苏省第三次全国文物普查十大新发现。它的发现，对研究里下河濒海地区史前人类活动及史前文化具有重要意义。2009年，被兴化市人民政府公布为文物保护单位。2010年，影山头古遗址被公布为江苏省第三次全国文物普查十大新发现之一。

二、东古遗址

位于戴窑镇古牛村东古庄东北角。2008年10月，戴窑镇农民取土时在距地表以下约3米处发现，出土石斧、石锛、石钺等排列整齐的石器11件。石器造型优美、表面光洁、镂孔精致，其中一件石钺最为完整、精美，专家鉴定是距今约4500年新石器时代良渚文化的典型器物。东古遗址为第三次全国文物普查新发现。2009年，被兴化市人民政府公布为文物保护单位。

三、南荡遗址

位于林湖乡戴家村东南约2.5公里的南荡中，面积约10万平方米，为江淮东部地区新石器时代王油坊类型龙山文化遗址，距今约4200年。

图24-14　南荡遗址　（2010年摄，市文广新局提供）

1989年和1991年，戴家村村民在开发湖荡沼泽时先后发现大量动物骨骼亚化石和陶片。兴化市博物馆、扬州市博物馆对此进行多次实地调查。1992年10—12月，经国家文物局批准，南京博物院会同扬州和兴化博物馆进行考古发掘，挖掘9个探坑，175平方米。南荡遗址的文化层呈小片零星分布。文化遗存主要有榫卯结构半地穴干栏式房屋遗址和室内铺设的芦席、陶器及石、角器。陶器主要有鼎、壶、罐、瓮、豆、盆、钵、碗、杯等。石器有刀、锛、镞、凿等生产工具，皆为磨制。骨器有管、笄，磨制精细。另外还发现麋鹿、牛、猪、鳖、鲨、鱼、飞禽的骨骼。该遗址出土的器物，从物质、纹饰及造型上均与河南王油坊类型龙山文化十分接近，揭示了王油坊类型龙山文化向南迁徙的轨迹及今兴化境内人类活动的历史。2007年，被兴化市人民政府公布为文物保护单位。

四、耿家垛遗址

位于垛田镇湖西口村耿家垛，距城区直线距离约3公里。发现于原始垛田地表以下约1米，占地达3万平方米。布有大量碎陶片，并曾发现古井、古镜、筒瓦残片、规格较大的残砖以及古街道遗迹。经专家鉴定，为春秋至西汉早期（约公元前800年—公元前160年）古文化遗址，距今约2800—2200年。耿家垛遗址的发现，填补了兴化春秋至秦汉时期的历史空白。尤其是筒瓦（汉代官瓦）残砖的发现，证明早在汉初此处已有较密集的先民活动。耿家垛遗址为第三次全国文物普查新发现。2009年，被兴化市人民政府公布为文物保护单位。

五、蒋家舍遗址

位于张郭镇蒋家舍泰东河两岸。地表以下约1.4米处有厚约40厘米的堆积层，南北延伸约1000米，西岸向西放射约400米，占地面积40万平方米以上。根据采集和出土的大量陶器、石器、角器、瓷器及亚化石、古井遗存等表明，这处遗址大致经历距今5800—5200年的新石器时代崧泽文化、距今4200—2200年的夏商周时期和距今约1000年的北宋后期等3个历史阶段。考古专家认为，这是一座江淮东部地区目前已知的面积最大的古文化遗址，也是文化年代延续时间长、文化遗物极为丰富的古文化遗址。2010年，被兴化市文化广电新闻出版局评为文物控保单位。

六、戴窑砖窑旧址

位于戴窑镇窑南村。原为古窑群，1973年在此建立戴窑砖瓦厂时曾出土五块古城砖，砖身正面刻有阳文“扬州府提调官同知竹祥、司吏陶旭，高邮州提调官同知常松、司吏纪衡，兴化提调官主簿樊弘道、司吏赵宗”等字样，背面则刻有“年月日窑匠胡七一”，与南京中华门发现的明代城砖相同。反映了明初洪武年间（1368—1398）修筑南京城时官派制砖的历史，证明了戴窑烧制砖瓦的历史至少在明代以前，距今有650年以上历史。戴窑砖窑旧址为研究中国烧砖历史和当时世界上最大的城墙——南京城的建城历史及建城制度提供了实物依据，具有一定的历史价值。2009年，被兴化市人民政府公布为文物保护单位。

七、胡公生祠碑

位于市区第一中学操场南端（原南城内大街胡公祠中），明代石刻。碑高210厘米，宽114厘米，厚23厘米，字迹清晰，保存完好。

碑镌于明代嘉靖三十八年（1559），碑文为明代文学家、“后七子”之一的兴化人宗臣所撰。内容记述嘉靖三十六—三十八年间（1557—1559），兴化知县胡顺华领导军民抗倭并取得胜利的历史过程。

胡顺华，字宾甫，号龙岗，湖广潜江（今湖北潜江市）人，嘉靖三十五年（1556）进士。任职兴化时倭寇猖獗，通州、泰州、盐城、高邮、宝应一度沦陷，而兴化孤悬其中。胡顺华下令“积薪谷、精器械，募邑中人几千，时时督练为城守计”。同时，“自登城，衣戎带剑，气肃肃扬扬”。又趁倭寇暂退之机抢修城墙，直至取得嘉靖三十八年（1559）茆花岭大捷。此外，修方志、筑水利，尽得人心。

胡顺华升迁离任时，兴化父老为其立生祠，宗臣在福建任上为其撰写碑文，称其“著功表业，深得民心”。又记胡公祠建于“文明门内，门有题，门后左右有亭，中有堂，后有正堂，中即侯（指胡顺华）像在焉。像为金碧，众犹虑其不坚也，最后更构堂，更铸铜像”云云。

胡公祠建成后，附设文明书院，清代改为育婴堂，毁于战火。2008年，市第一中学将埋在地下的石碑在原址重新树立，并建有碑亭，具有较高的历史文化价值。2009年，被兴化市人民政府公布为文物保护单位。

第四章　民间文学艺术

第一节　传说与故事

一、施耐庵与《水浒》传说

施耐庵著《水浒传》为中国小说史树起一座丰碑，在中国文学史上占有重要地位，在世界文学史上有着极为广泛的影响。作为兴化先贤，施耐庵写《水浒传》的传说在兴化城乡世代流传，影响深远。传说主要流行在故乡兴化一带、盐城大丰一带及山东郓城、江苏江阴、浙江建德一带。这些传说勾画出水浒故事的流传、演变以及《水浒传》产生的轮廓。自20世纪初以来，许多《水浒传》研究的专家学者到兴化广泛搜集，寻访施耐庵创作的《水浒传》的自然环境和人文环境。省民间文艺家协会原主席马春阳著有《施耐庵传说》，扬州大学教授黄俶成编著《施耐庵与水浒》一书。兴化市业余作者徐敬高编著《昭阳二杰》一书。施耐庵与《水浒》的传说广泛流传不仅具有广泛的趣味性，让人们在茶余饭后欣赏，丰富文化生活，同时更具有重要的历史研究价值，为学术界提供了丰富的研究资料。

施耐庵与《水浒》的传说内容丰富，影响深远，其内容有施耐庵的家族史、生平、交友、设塾、卜地之事……传说施公著书的故事如："三年成《水浒》，七月作《封神》""跺断楼板饿煞狗"，元末张士诚起义称王的故事如"十八条扁担起义"，《水浒传》中阮氏三雄的原型人物南宋抗金故事"张荣四义士水军抗金"，武松打虎的原型"卞元亨打虎"的故事，还有与地域有关的如"陆谦庄的故事""十五里庙疑为风雪山神庙""水浒港更名避风港"等。2009年被列入第二批省级非物质文化遗产名录。

二、吉高的传说

吉高是汉族地区少见的机智人物。因为家穷，其七岁才由养祖父送进私塾"吃书"，只因捉弄所谓"姐夫服砒霜"而又很快失学，后来，由于饥饿难忍，只好受雇到财主家用"九把火烧茶"，长年累月，过着牛马不如的劳工生活。吉高为平民百姓做了大量好事，在《诱彭刚》等作品中充分体现，足以看出其是个从不顾及个人安危、勇往直前的硬汉。

吉高传说在兴化及苏北、苏中一带广为传颂，吉高的故事大部分都是惩恶扬善、顺应民心的事，但也干出一些"损人利已"的"缺德事"，反映出无业游民特有的那种阴暗心理状态。吉高的故事既有娱乐性、群众性，又有文学性和教育性，深受广大群众喜爱，现在仍然是人们茶余饭后、夏日消凉中常讲的故事。2008年被列入泰州市第二批非物质文化遗产名录。

三、韩乐吾的故事

戴窑地处兴化、东台、大丰三市交界处，泰州学派创始人王艮的民本思想，深刻地影响着东海之滨的戴窑人民。其中韩家窑陶匠韩乐吾备受王艮父子影响，王艮称："继吾道者，韩子一人而已。”韩贞，明代哲学家，祖辈做砖瓦，家道清贫。韩乐吾以倡道化俗为己任，坚持泰州学派“百姓日用即道”的学旨，常于秋成农隙之时，聚徒讲学，农工商贾从之者千余，反对寻章摘句，搬弄陈言，力主创新。

韩乐吾是坚持“百姓日用即道”的泰学重要传人，是安贫乐教，倡导乐学的教坛名人，是清新自然、朴实无华的平民诗人，更是扶危济困为民请命的“东海贤人”。《中国哲学大辞典》《扬州府志》《兴化县志》等辞书志书均有记载，旧县志上把其列为兴化市十七位乡贤之首，四牌楼正东第一块匾额“东海贤人”即为纪念韩乐吾。

韩乐吾毕生与人为善，扶危济困，乐善好施，为民请命，震动朝廷。流传至今有《望烟送粮》《韩贞信用为本》《四请抚台快加赈》《劝知县免税放赈》《为救乡亲卖塾馆》《葛臣卖子》《孙本元死而瞑目》《大头归》《感动三汊》《第一始祖》等四十几个故事。

韩乐吾的传说有强烈的人民性。尊重人的生命价值，珍重人类之爱，奉劝宰相李春芳“剩有残膏携满袖，愿分梓里润苍生”，肯定妇女作用，反对重男轻女，弘扬人的主体精神。主张“愚夫尧舜本来同，圣贤端的在人修，固知野老能成圣，谁道江鱼不化龙”。坚持“百姓日用即道”，维护平民利益。冒风雪打冻撑船往县城劝知县减租放赈救民，四次要巡抚加赈，怜爱百姓。

韩乐吾逝世后，后人为了纪念他，将其身前的所为编成故事广泛传颂，特别是在明末清初时盛行。清朝顺治年间，韩公祠举办历时3天的盛大祭典，由韩万镖等数人宣讲了韩乐吾一生中经历的故事。400年来代代相传，家喻户晓。2005年，韩乐吾故事经陈钟石先生搜集整理成书，由大众文艺出版社出版。2007年被列入首批泰州市级非物质文化遗产名录。

四、郑板桥的故事

板桥为人疏放不羁，以进士选县令，日事诗酒，及调潍县，因岁饥为民请赈，忤大吏，乞休归，居扬州，声誉大著。恣情山水，与骚人、野衲作醉乡游。时写丛兰瘦石于酒廊、寺壁，随手题句，观者叹绝。著有《板桥全集》，手书刻之。所作卖画润格，传颂一时。其诗、书、画世称“三绝”，擅画兰竹。一生画竹最多，次则兰、石，但也画松画菊，是清代比较有代表性的文人画家，为“扬州八怪”的代表人物之一。

关于郑板桥的传说流传极广，全国大部分地区均有传播，但以郑板桥的家乡兴化更为典型。传说的形式丰富多彩，有口头、有书籍、有网络、有舞台、有电视，人们利用各种方式传诵郑板桥这个受人爱戴的人物。传说的内容反映了广大人民的社会生活、斗争、思想、感情和希望，其风格朴素、简练，给予人民以鼓舞力量，是广大劳动者所创造拥有的精神财富，是劳动人民做人做事、尽职尽责的教科书。板桥传说的主要特征在于其口头性，自板桥逝世前后百姓基于对郑板桥先生为官清廉的伟大人格、诗书画三绝的精妙艺术的敬重与钦佩，用朴实的语言，爱憎分明的思想，创作出一段段生动有趣的传说故事，在流传中不断加工、整理、琢磨。2016年，被列入泰州市级非物质文化遗产名录。

附

板桥故事选介

【板桥放粮的故事】 乾隆十一年（1746），自范县调署潍县。恰逢荒年，百姓饥饿吃人。郑板桥打开官仓发放粮食来赈济灾民，有人阻止（他）。郑板桥说：“这都什么时候了，要是向上申报，辗转往复，百姓怎能活命？上级降罪，我来承担。”于是打开官仓赈济灾民，上万人得以活命。任命到期的时候，潍县的百姓沿路相送，百姓对其的爱戴可见如此。

【板桥巧断赖婚案】 传闻郑板桥于潍县担任县令时，受理一桩赖婚案，穷秀才告其岳父不守诺言，无端赖婚。板桥事先已知穷秀才的岳父是一位大地主，他令穷秀才暂留衙内，派人传唤地主与其女儿到堂上。于是，板桥问道："你为什么要赖婚？"财主答："因穷秀才养活不了我的女儿，他们不宜生活在一起。"板桥说："原来如此，看来你的女儿确实不应该嫁给一位穷秀才。不过，你也得为你的女婿想想。这样吧！你出一千两黄金，我来帮助你解决这个问题，保证你满意。"

财主听说郑板桥要帮他解除女儿与穷秀才的婚约，颇为高兴。他按时如数付现。板桥说："你的女儿迟早总是要嫁人的，倒不如我给你找个乘龙快婿，这一千两黄金就算是嫁妆之资，你意下如何？"财主听了之后，眉开眼笑，连连点头哈腰说："当然好！当然好！"

在说话之间，板桥已令人把穷秀才传了出来，当即命他与财主女儿拜堂成亲，随后双方携金而去。财主瞠目结舌，不知所措。

第二节　传统音乐

一、民歌

【周庄民歌】 周庄是兴化市最南端的古老集镇。追溯到较早的年代，地处吴头楚尾，周庄民歌受吴楚文化交汇的影响，形成自己独特的风格，既有楚文化的粗旷、豪放，如锣车号子，又有吴文化的细腻婉转，如河西号子。千百年来，民间口耳流转，逐步积淀了一批代表性作品，如周庄花鼓、渔樵耕读、耕田牛号子、车水号子、唱西厢等。在民间流传过程中，受里下河地区交通条件的影响，1949年前后的"无船不行路"，因而在演唱时就有大同小异，各具风格的特点，有些曲调甚至于隔几里路的村庄，唱法就不一。

周庄民歌内容极其丰富，涵盖面广，大致分为时政、节令、农时、地名、历史传说、人物传说、神话传说、情歌等，句式上有三句加虚词，四句，也有十几句叙事性的。周庄民歌包括民间小调、花鼓小调、牛号子、挑担号子、栽秧号子、打夯号子、碾场号子、车水号子等，涵盖面广，内容丰富。大致分三种类型，其演唱风格也迥然不同。节奏欢快型，如周庄花鼓，演唱可几个人，也可几十人，夹以莲湘、花船、小花脸表演及打击乐，尤以小锣为特色，表演者常怀绝技，演唱敲打过程中常将锣抛向高空，最高可达几米，然后稳稳接住，继续敲打，这类演唱大多在节庆、庙会上举行，载歌载舞，渲染气氛。粗犷豪放型，如车水号子，劳动者为了鼓劲，调动劳动积极性，一边敲锣演唱，一边车水，常见的有双人组，四人组，偶见六人组，八人组，多为一人演唱，众人虚调附和。娓娓抒情型，如河西号子，多为插秧以及夏夜纳凉时演唱，曲调比较柔和、清雅、极富韵味，也是以一个领头，众人答腔的方式演唱。

【林湖民歌】 林湖民歌是兴化乃至里下河地区具有悠久的历史渊源、厚重的文化底蕴、浓郁的水乡情韵、地道的本域之音、独特的艺术价值和广泛群众基础的一种民间歌唱形式。林湖地处兴化以及江淮东部地区的中心位置，是江淮地区古文化的主要发祥地之一，乡土民歌民谣流传由来已久。它既凸显兴化民歌明快流畅、清新泼俏的魅力，又渗透江南民歌委婉清秀、柔美细腻的基调，还包含着北方民歌侉腔泼调、粗犷苍劲的元素，带有很强的兼容性，蕴含着相当丰富的文化内涵。从民间文学的角度或乡土音乐的角度来审视，林湖民歌都有极其珍贵的艺术价值和研究价值。

林湖民歌从内容上可分为劳动歌、仪式歌、爱情歌、生活歌、时政歌（含抗日歌谣及中华人民共和国成立后改编的民歌）、历史传唱歌、儿歌、叫卖唱、摇篮曲、民间小调等；从形式上可分为独唱、对唱、重唱、合唱、一人唱众人和等；从题材上可分为田歌、渔歌、灯歌（旧时家族上灯时所吟唱的歌曲）、号子（包括栽秧号子、打硪号子、牛号子、翻场号子、作坊号子等）、小调（包括吟唱、时调、谣曲等）等；从体裁上又可分为传统民歌、革命民歌。从调性上说，林湖民歌大多以五声音阶征调式和宫调式为主，六声音阶和七声音阶调式亦能见到。其民间小调曲式结构多为“上下句”或“起、承、转、合”式的单乐段。“号子”里有以衬词命名的《陈么塘小妹妹》《说么个号号子》《阿里隔上栽》《兰花朵朵》等，有以句式命名的《四句头》《五句半》《抢八句》等，也有以唱词字数命名的《七字唱》《串十字》等，还有以曲牌命名的《刮地风》《西凉月》《格当代》等。每种劳动样式都有相应的劳动号子。渔歌代表作有《渔龙撒网》《渔网撒到白云上》等。民间小调代表作有《荡湖船》《茉莉花开》《五更天》等。传统民歌的代表曲目有：20世纪50年代中央音乐学院、江苏省中小学所使用的教材上的代表作《阿里隔上栽》等，根据民歌《荡湖船》演变而成的民间歌舞《崴花船》（兴化地区欢庆、庙会时必现的古老歌舞之一）等。革命民歌的代表曲目有唱遍苏中战场的《数头歌》（林湖周奎章唱）等。

林湖民歌现存有100多首，比较流行《花鼓调》《孟姜女调》《李玉莲调》《梨膏糖调》《傀儡调》《麒麟调》《小放牛调》《荡湖船调》《鲜花调》《十二月名花调》等曲调20多种。林湖民歌中，不少采用“间白”“对白”以及“一领众和”的传唱方式，显得活泼灵巧，风趣俏皮，加之变化音、装饰音和衬腔衬字的巧妙安排，听起来旋律优美，情韵十足。它甜中透爽，活泼俏皮，野味芳馨的草根特性，经过专业音乐工作者提炼润色，它被《水乡红旗》等影视作品用做主题曲，插曲或背景音乐。林湖民歌还不断推陈出新，成为民族新音乐创作的源泉。它从民谣俚曲，唱到现代音乐大厅，并且多次出国演出。经典作品《阿里隔上栽》的旋律20世纪50年代经常在电台中播放，选入中小学音乐教材，成为民族音乐精品。扬州著名音乐家戈弘赞其“调色明朗，节奏明快，旋律高亢，领唱部分悠扬辽阔，充满水乡色彩，合唱部分明快、爽朗，动作性强”。

二、器乐——乐书吹打

乐书吹打是传统民间音乐之一，自古流行于兴化、江都、高邮三市交界地域，百姓凡有婚嫁拜寿、小孩满月等人生喜事，总要请“乐书吹打”喜庆一番。

据史籍记载，乐书吹打源于唐代皇宫内，是宫廷音乐之一，后由老郎君整理，流向民间，成为民间传统音乐，并常在梨园演奏，老郎君也从此被民间当作神祖供奉。后凡民间艺人演奏乐书吹打时，台前都立“三圣公老郎君之神位”，且两旁对联是“金枝玉叶梨园主”“龙生凤养帝王家”。

民间艺人演奏乐书吹打总共6人，敲击鼓、大小锣、钗钹、吹奏唢呐及京胡、二胡、三弦等民间乐器，全部坐姿演奏，各人吹拉弹唱，各有所长。演奏场地在主办者门前。门前用毛竹或木棍搭一“花厂”，花厂大小有6—8个平方米，花厂四周设有布幔和红布条幅，布幔上绘有“八仙图像”，条幅上有“福寿双全”“龙凤呈祥”等吉祥话语。花厂内拼八仙桌两张，靠门一端为前，中间有插牌，插牌上有“三圣公老郎君之神位”和神像，两旁立有对联。插牌两边各有一只风灯，内插红蜡烛一支。演奏人员座位是：紧靠大桌后面两唢呐，其后是大、小锣，再后中间是司鼓者。

乐书吹打演奏曲为吹打“十牌子”，“十牌子”分为一吹江儿水，二吹水龙吟，三吹点将，四吹蹲位（打三起阴锣），五吹七安回，六吹上段，七吹下段，八吹七字锣，九吹猴子头，十吹工尺上。在吹打“十牌子”前先是“大闹台”，然后是“节节风”，最后“起霸”；“十牌子”演奏完后续吹打“尾声”结束。

乐书吹打传统音乐由民间艺人传承至今，极大地丰富了广大农村地区的文化生活，成为广大农民喜闻乐见的民间音乐艺术。但由于婚俗的演变进化，水乡“乐书吹打”已渐失传，唯剩陈堡镇闵正国一家得以传承。2002年，泰州电视台曾将婚庆乐书吹打部分场景予以录像。2008年被列入泰州市第二批非物质文化遗产名录。

三、佛教音乐

佛教僧人所云：佛生西域，祥光摄于周朝，法流东土，金身梦于汉帝。相传，佛教由迦叶为禅宗传灯的第一代祖师，在中国开枝散叶，始于达摩，至大唐盛世时，六祖慧能改革教义，创立南宗，使禅宗发展为中国主流。

佛教音乐中的“吹打”是为佛理离世俗身旁，得以传播而发展。到明朝初年放焰口增添乐师，为吹打闹台增添热闹场面，传承至今。吹打这一音乐形式，旧时流行于扬泰地区的“扬八派”和南通地区的“东如派”。现在以兴化茅山、戴南和东台、如皋、大丰这两个区域最盛行，其他地区流布较广。

吹打在旧时的主要曲目是：开门点将、回龙、唢呐皮、柳益精、梅花三弄、阴阳煞、将军令、天下同等，现在增添了一些歌曲。“吹打”演奏形式，先开门点将（吹）、蝴蝶穿花（打）、夹锣令（敲），接着戒鼎真香三称香云盖，再吹、拉、弹、唱主要曲目及歌曲，锣鼓敲打，吹打闹台大约几分钟稍示休息，便上台放焰口。放焰口，坐台僧人先说四句瓒子：奈何千层浪，苦海万丛波，要脱轮回苦，请师念弥陀。众僧唱佛经，伴吹打，交经两次，诵念弥陀经等，然后宣意、散花。第二天上午，念早经后吹交经小开门曲目，唢呐吹天下同曲目到化库，然后收拾结束。

茅山、戴南地区“放焰口”之前，要在“出口约孤”，为请为国忘躯者、流落他乡先亡者等孤鬼来此看戏，同受佛的甘露味。约孤时吹、拉主要曲目，一领众合，轮唱道情调“叹骷髅”。

四、曲唱——道情

“道情“是一种民间小调，原为道家用以传道的配乐，故名《道情》。因道士唱乐歌时以鱼鼓简板伴奏，故又称“鱼鼓道情”或“渔鼓道情”，后因其曲调优美而又便于一般人吟唱，加之一般可一人演唱，其伴奏使用的鱼鼓、简板既便于携带又可自行伴奏，故易流传至民间，成为民间艺人谋生之手段，使得道情由“雅”走向“俗”，逐步形成为曲艺说唱艺术中的一个分支。民间艺人走街串巷，在书场、小剧场、茶馆、旅行帮（轮）船中，以道情曲调演唱“珍珠塔”“十把穿金扇”“白蛇传”“孟姜女”等民间故事，深受百姓喜爱。“扬州八怪”代表人物、邑人郑板桥十分欣赏这一在当时普及的民间艺术形式，于37岁时创作《道情十首》初稿，后几经修改，直到51岁时方才终稿。后人为标示作者，特冠以“板桥”二字，遂名为《板桥道情》。郑板桥以其傲骨亮节及压抑和遁世的文人情怀，采用道情中“耍孩儿”曲调，填词十首，充分体现其民本思想，道出人民群众对清王朝民族压迫政策的强烈愤懑，抒发刺世嫉邪之情，直摅牢落不平之气。这十首道情词经艺人手执鱼鼓简板，到处演唱，在全国产生一定影响，并传唱赞颂。

江泽民在青少年时期就爱唱郑板桥先生创作的《道情十首》，一直记忆犹新，在扬州视察期间曾亲自询问该曲。后江泽民视察泰州期间，兴化市新培养的传承人曾前往泰州向江泽民汇报演唱郑板桥创作的《道情十首》，并合影留念。

五、号子

【茅山号子】 兴化茅山先民在劳动中发出有节奏的呼声，具有自然而健康的韵律，成为茅山号子的源头。故老相传，茅山号子与秦始皇时代孟姜女寻夫到长城的故事有关。据说，茅山籍农夫将孟姜女所传号子带到家乡。

自远古至先秦时期，茅山一带先后隶属吴、越、楚，劳动号子受到吴歌影响。东晋时期，此地邻近侨置建陵县，大量北方移民入境，劳动号子又接受北方中原文化的浸润。因此，茅山号子“刚柔相济”，融合北方的高亢和南方的柔美。

图24-15 茅山号子 （2009年摄，市文广新局提供）

茅山号子从内容上分为车水号子、栽秧号子、薅草号子、挑担号子、碾场号子、掼把号子、牛车号子等；从音乐结构上分为长号子、短号子。车水号子，是人们在车水时演唱的号子，边踏车、边演唱；栽秧号子、薅草号子，是在栽秧、薅草时，一边栽秧、薅草，一边打着号子，消除疲劳，愉悦身心；挑担号子，是挑担打着号子，健步如飞，精神焕发；碾场号子，是一边碾场，一边跟着石磙的节奏哼打号子；掼把号子，是一边掼把，一边高唱号子，虽挥汗如雨，但精神抖擞；耕田牛号子，是一边耕田，一边演唱号子，消除疲劳。尤以栽秧号子"小妹妹"最为流传。茅山号子以舒缓平实的音调旋律、明快有力的音乐节奏、快慢自由的演唱速度、分合有致的歌唱形式，形成高低协调、咏叹自如独有的民歌特色。

【西江月号子】 时堡古镇，旧时隶属扬州府管辖，美丽的水乡灵气孕育了一片勤劳善良的人民，农民日出而作，日落而息，劳动的激情时常迸发出悠扬的旋律，这便是西江月号子的最早来历。相传，隋炀帝第三次下扬州去看闻名天下的琼花，为了尽早地看到琼花，炀帝弃舟上岸，依运河岸堤上陆地行"舟"（其实是皇帝乘坐的木车，造型像龙舟）。为了增加行程的速度，隋炀帝命令，征抓童男童女三千人，在古老的运河东岸上用绳拉车，在这些征集的纤夫中，大部分都是里下河地区无辜的百姓，古镇时堡当时就有几户人家被征集去，在拉车、拉纤的途中，炀帝从不顾这些民工的性命，强迫这些童男童女日夜赶路，马不停蹄地拉。为了打发单调枯燥的生活，拉纤中纤夫们每天都不约而同发出了打号声，而这种劳动的号声映着涛涛的运河流水声，却形成一种独特的音乐旋律。皇帝听了后大为高兴，命令随从的宫廷乐师立即把这段声音记下来，炀帝站在高高的上运河岸边，望着西山落下的红日，东边升起的圆月，坐在岸上望着岸西遥遥晃晃的运河，在暮色中恰似一条缓延的长江，望着倒映在江中的月亮，皇上一时诗兴大发，定名这个曲子就叫"西江月"。

随着时间的转移，西江月优美的音乐韵律在兴化广为流传，一代一代传承了下来。20世纪90年代以后，兴化的文艺工作者和市文化馆都对这个古老的表演形式进行发掘整理，西江月有了各种各样的词和唱法，有秧号子、牛号子、窑号子、船号子、锣鼓号子等。在保持原来劳动号子的基础，加入现代表演形式，使西江月号子进行更好的传承和改进，如在演唱中加入锣鼓、笛子等乐品，在方式上可以用两人对答、对话等多种表演形式。

【戴窑窑工号子】 相传元末明初，因张士诚十八条扁担在戴窑起义，后来在苏州封王，朱元璋的军师刘伯温，有意出游戴窑，见戴窑南有青龙桥、八卦池，北有凤凰嘴，河沟纵横，风景秀丽，水激清波，地蒸云霞，蔚然成彩，大有卧龙栖凤之势。当年吴王张士诚在这里起义，与朱元璋争夺江山，恐再出能人与朱氏争夺江山，于是下令戴窑夏家嘴子建窑7座，靠近建窑5座，八卦地建8座连体大窑，李家嘴建窑4座，张家嘴建窑5座，地势险要的建窑15座，加上原戴窑河北的西窑头北窑头等就变成72座，凿井72眼，以破戴窑的风水。从此戴窑即以盛产砖瓦而盛名远扬，戴窑由此而得名。伴随着旺盛的窑火，戴窑的窑民也传唱出丰富的窑工号子。这些号子起源于劳动，原汁原味，自然朴实。具体唱法是一人领唱，众人应和，激越粗犷的歌声与劳动节奏和谐交融，乡音乡情与人们朴素的感情愿望相交汇，可起到调节情绪、增添干劲之功效。

第三节 传统舞蹈

一、习俗舞蹈

【千户狮子舞】 相传100多年前，千户村人常在冬闲外出江南，替人家打编织、剐芦柴，养家糊口，混日谋生。村民余广寿、盛春华、盛春林为寻生路，结交好友吴业存。吴业存，永安州人，四十多岁，身材魁梧，力大过人，喜舞棒弄拳，且练就一身气功，其师父是上海青龙帮一头目，吴跟师父学成一套舞小狮子的技巧，因与千户村有亲缘关系，故收余广寿等三人为徒。余三人在师父吴业存的精心传授下，学成而归。从此小狮子舞在唐刘千户村扎根，代代相传。由此，小狮子也被千户村人命名为“千户狮”。

唐刘千户狮子舞由九、十一或十三头小狮子组成，另持彩球逗引一人，打击乐队四人。九头小狮子伴舞的俗称“九狮图”，既最常见，也为最低级次。若十三头小狮子一道伴舞的，这是最高级次，也称“十三太保狮”，“十三太保狮”即成帮派，该级次的舞蹈人员必须武艺超强，遇斗必胜，否则有辱“狮祖”，故一般组队九头或十一头狮子。唐刘千户狮子舞蹈动作有：引狮、铁绳股、九连环、狮盘球、双对狮、狮子座、五星阵。除引狮外，铁绳股、九连环、盘球、双对狮、狮子座、五星阵等其他六路动作舞蹈队形各异，丰富多彩。

唐刘千户狮子舞表演动作在“武狮”的基础上，又有所创新和发展。唐刘千户狮制作材料和方法：唐刘千户狮每头约1.2米长，狮子头、尾骨架由篾片、铅丝扎成，狮身用花布和彩带缝制，狮眼球和胡须用棉球、麻丝制作，红绸布做舌头，另配铜铃数只，晚上，狮身内配置电筒发光。

经过几代人的传承和弘扬，唐刘千户狮从传入起，就成为水乡民间舞蹈的一颗璀璨明珠。乡民凡有婚嫁喜事、延年拜寿、逢年过节、赶集庙会等，都请千户狮表演庆贺一番。因民间俗称狮子为“太平狮”，故狮舞队、龙舞队一同参加庙会时，组庆者都把狮子舞蹈队当作贵宾，排在龙舞队的前列，行进时，一是菩萨神像，二是狮舞队，三是龙舞队。千户狮舞蹈队在乡村街巷行进中，因路道狭窄，一般只表演铁绳股，以此前行。

唐刘千户狮子舞常在庭院广场演出。演出前，分别由舞蹈队队员要单刀、双刀、猴拳、花棍等，节目名称有“金蝉仰月”“扬家八虎”“黑口偷心”等，总称为“小红拳”。“小红拳”实为大闹台、开场戏，尔后，再演狮子舞。唐刘千户狮子舞自余广寿始，已口传心授五代人，第五代为千户村小学生舞狮队。2008年被列入泰州市第二批非物质文化遗产名录。至2010年，千户村有1400多人，每10人中有1人会舞狮子。

【兴化高跷龙舞】 垛田镇高家荡村至今保留着一项古老的民间艺术——高跷龙舞。高跷龙舞，是一种将踩高跷与龙灯舞融为一体的舞蹈形式。它既有高跷的惊险，又有舞龙的热烈；既讲究个人的技巧，又讲究群体的配合；既可以在街巷巡游，又可以于空地表演。对表演者来说，既要练就扎实的踩高跷的基本功，又要掌握舞龙的技巧要领；既要身强力壮有足够的力气，又要身灵心巧有艺术的才气。这是一项高难度、高“耗能”、完全依赖家族传承的高精尖的民间艺术，虽传续已久却所存无多，现苏北地区仅见于垛田高家荡。

高跷龙的高跷为杉木所制，高度为1米左右。高跷龙的龙与里下河地区常见的龙灯舞豹龙相同，竹骨布衣，龙头、龙身、龙尾11节。与普通龙灯舞不同的是，高跷龙前没有龙球（龙灯）引路，动作的变化、套式的转换全由掌龙头者带动指挥。高跷龙的动作套式与兴化地区流行的龙灯舞基本相似。但受高跷的限制，一般只有大花、小花、寻阳背剑、连环4套。高跷龙舞表演者的服饰，早期为上穿白褂，下穿蓝花裤，头勒白巾，腰系红带。现在一般头扎毛巾（后扎式），黄褂红裤，脚穿球鞋。高跷龙的配乐为锣鼓。行走或过场时一般为长锣、走场锣，上套式为紧锣，如急急风等。

高跷龙舞一般在街头游行，遇有人多的开阔地带，或有人放鞭炮“接龙”的，便停下来要上一两套。行进时，表演者脚踩高跷、手举长龙，长龙摇头摆尾，如在空中游弋，观众远望可见、近观昂首，加之前有开道的横幅、彩旗、锣鼓，场面热烈。2008年被列入泰州市第二批非物质文化遗产名录。

二、岁时节令舞蹈

【沙沟段式板凳龙】 沙沟镇民间艺人李兆龙是个纸扎匠，李兆龙综合众人的智慧，在出会时给每个“拜香凳”的凳面上糊上一层白纸，又在上面粘上红、黄、青、蓝等色彩的鳞形纸片，巧妙设

图24-16 沙沟板凳龙舞 （2004年摄，市文广新局提供）

计出一长条形态各异的“板凳龙”。至今，沙沟民间中一直流传着“李兆龙，会造龙”的说法。庙会上的传统保留节目，一代一代的沙沟人对“板凳龙”的表演形式进行传承和改进。“板凳龙”有它的独特性，在4张板凳上，各制扎一条长短与条凳相称的精致小龙，表演者双手各执板凳前后1条腿，4人一组；也有两女分持板凳前面2条腿，一男双手执后两条腿，3人一组，可多组表演。舞动中穿插交叉成各种图形，同时歌唱民间小调。为了表演方便，在“拜香凳”两只脚中间加了一根横撑，以利于一只手高举。在出会队伍排列上，人少组成独龙腾空、二龙戏珠的造型，人多则组成五龙闹海、九龙会聚的造型。

“板凳龙”的舞蹈形式最初用于东岳庙会的游行祭祀活动，按五、七、九个人为一组，每人手上持一张拜香凳，凳上贴上一硬纸，纸上分别用手绘上龙头龙身尾图案，路过狭窄的小巷举过头顶，人少组成二龙抢珠的造型，人多则组成五龙闹海、九龙会聚等造型。民国34年（1945）日寇宣布无条件投降后，沙沟人民和新四军召开庆祝大会，并举行文艺演出，“板凳龙”作为一种喜庆的文娱节目参加演出。中华人民共和国成立后，沙沟小学的学生们也曾几次在文娱会演中演出过“板凳龙”。后来，随着历史的变迁，将小凳改成大凳表演形式，由庙会祭祀改为搬上舞台表演，参与大型庆祝活动表演。它的独特之处，每人持凳龙，合起成龙形，分分合合，异彩纷呈，加上水乡农民的特色装饰，演出令人耳目一新。2003年，中央电视台“心连心”艺术团慰问兴化市的大型文艺演出中，“沙沟段式板凳龙”以其独特的表演形式和表演技艺，受到专家的好评和观众赞誉。2009年被列入第二批省级非物质文化遗产名录。

【兴化判官舞】 流传于兴化城乡的判官舞，由古老的巫舞、江淮傩舞演变而成，判官舞起源于唐代，距今已有1300多年。唐大历二年（767）淮南节度判官李承，主修兴化东部拦海大坝阻挡海水倒灌，使坝西泽地渐成农田，出现农耕种植，兴化的先民生产、生活得到发展。为纪念这位为民造福的判官，后又加入民众祈求天地神灵，保吉祥平安、主持正义、惩恶扬善的心愿，借助神话中的钟馗形象，运用傩舞形式，每逢节庆、行会、庙会进行街头或设台（场）表演。亦更名为判官舞，简称“判舞”。

判舞自唐代起，延续到宋元明清及至今各个历史阶段，尽管不同时期表现的形式有所不同，但都反映了人们的心愿，与生产生活密切相关，具有重要的历史价值；判舞中的判官采用的古典的服装造型，夸张的脸谱和独特的舞姿，选择优美的民歌和传统打击乐伴奏，充分展示舞美，具有极高的艺术价值；通过判舞形式，大众广泛参与，既表达人们祈求主持正义、惩恶扬善的愿望，又得到身心愉悦，在现代利用判舞弘扬真善美，鞭挞假丑恶，对丰富群众文化生活，构建和谐社会具有极大的现实作用。据兴化昭阳镇老艺人石桂山（生于1926年）介绍，明末清初，兴化一带扛草、挑萝苦工和窑工，为反抗压迫，学习戏曲中花脸表演的特点，装扮成面貌丑陋，然而主持正义的判官，手持“善恶分明”簿，表演时展现“善恶分明”“天地良心”“善有善报”“恶有恶报”等字样，名曰告诫世人，实则斥责贪官污吏及奸、盗、邪、恶之徒。

随着社会的发展和审美需求的提高，人们对判舞表演兴趣淡漠。抢救、传承这一文化遗产迫在眉睫，兴化市政府为判舞的传承发展，积极制定保护规划，落实保护措施，组建判舞协会，开展传习活动，投入保护资金，建立判舞档案及实物陈列室，确保判舞民间艺术在传承中不断延续和发展。2007年被列入泰州市首批非物质文化遗产名录。

第四节　传统戏剧

一、淮剧

发端于盐阜、兴化、两淮民间的香火戏和门叹调（曾流行于苏北城乡的卖唱的曲调形态），广泛流传于两淮苏北里下河地区和上海、安徽等地，至今已有200多年历史。

兴化是淮剧的发祥地之一。早在清代中期，兴化城乡就有淮京班底演出。旧时，由于兴化城乡民间的青苗会、太平会等庙会活动众多，香火戏极为活跃。苏北九大淮京班底中本地顾氏班底和其他四个班底活跃在此为广大百姓传唱。明清两代，县城一些集镇的大庙宇正殿对面多建有砖木结构的戏楼，到了清末民初，兴化城乡建有“新新”“新民”“更新”大戏院等20多家，给淮剧艺术的发展提供生存土壤。

1955年，江淮淮剧团在兴化胜利剧场演出，被兴化县人民政府就地登记定名为“兴化县淮剧团”，其演出的剧目有《团圆之恨》《骂灯记》等剧目深受水乡百姓喜爱。20世纪50年代末，兴化淮剧团陈锦春编写以“抗日”为题材的现代戏《在战斗中成长》参加扬州汇演获二等奖，20世纪60年代初，挖掘整理的传统淮剧《王巧楼磨豆腐》参加扬州汇演，著名旦角王小萍获优秀奖。

20世纪80年代以来，兴化淮剧团涌现出不少淮剧新秀，所编的历史和现代剧目屡屡获奖。全团选择百里水乡适合淮剧的百万观众。在演出中，既学习上海淮剧团的“都市淮剧”的雅气和江苏省淮剧团“乡土淮剧”的“俗”气，又借鉴泰州淮剧团推出的“三并举”（历史剧、新编古装剧、现代剧三并举），剧目在传承“陈派”唱腔的基础上加上自己的创新，剧团所到之处，受到了当地政府的肯定和老百姓的赞许。剧团能上能下，去都市、赴省城、下基层、到农村、进学校都受到欢迎，演出场次在业界名列前茅，每年演出300多场次。

至2010年，兴化淮剧团创作演出板桥系列故事《板桥放粮》《板桥断鸡》《板桥事亲》《板桥卖画》及《沈正彬》《留一盏灯》《小镇税官》《高原雪魂——孔繁森》《烛泪》《血泪姻缘》《三放吊桥》等不少闻名全国全省的优秀剧目。

二、兴化戴家舍提线木偶戏

林湖乡戴家舍徐氏家族（亲戚）提线木偶戏是兴化乃至里下河地区最具特色、深受群众喜爱的一种由艺人操作木偶表演故事的古老戏曲表演形式。

戴家舍的“提戏”发端于该村南荡先民的“傀儡”丧葬与祭祀活动，是在该地区后来盛行的昆曲、徽曲、京戏、木偶戏等民间艺人演出活动基础上，由徐家戏班于清末在口吹叫子模仿人声唱戏的基础上，结合山东艺人的表演特点而独创的、江苏地区唯一的一种古老剧种。民国初期，已脱离属于片断、杂耍表演的“弄傀儡”形式，能够表演规模宏大的历史戏。民国20年（1931）左右，木偶制作技术大大提高，艺人们根据《三国》《西游》《封神》等戏的特点，创造了不少花脸、鬼脸头像。同时改进活动头像，把木偶又往前推进一大步，为在江淮地区民间广为流传打下坚实基础。提线木偶古称“悬丝傀儡”，又叫“悬丝木偶”“丝戏”，民间俗称“鬼头戏”。徐氏提线木偶戏一般由5—6人组成一个演出班子，用12—30条线操纵木偶的各个关节活动，木偶穿着各种绚丽的服装在台上表演，技艺高超、动作逼真，在锣、鼓等乐器的配合下，有说有唱，十分动听。根植于戴家舍的提线木偶戏是兴化地区的古老珍稀戏种之一，数百年形成一套稳定而完整的演出规制，据徐氏木偶第二代传人徐鹤志的《曲词工尺谱记载》，庆云堂徐家班有自己剧种音乐“傀儡调”、正宫调、小宫调、走马调、二黄调、鲜花调等30多种曲调和300余出传统剧目，一直为水乡人民所喜闻乐见。清末民初，徐氏提线木偶戏还到南京、安徽、上海等地演出过，受到群众欢迎和好评。20世纪50年代，徐氏提线木偶剧团以其独特的表演形式，主要演员被南京、泰兴、常熟等地木偶剧团“挖去”。

第五节　民间曲艺

一、兴化锣鼓书

锣鼓书，又名打鼓书，源于古老的鼓词，是民间传说的曲艺形式。鼓词的源流可以追溯到先秦。锣鼓书是在民歌、民间故事的基础上，从鼓词中演变、发展而形成的说唱艺术。这原是劳动人民的业余集体创作，后逐渐由民间艺人作为专业演唱，以集市、庙会为主要演出场所。

“兴化锣鼓书”历史悠久，大约出现于清代初年，肇始于明末清初泰州艺术家（祖籍南通）柳敬亭。据《明史·左良玉传》记载：“有柳生敬亭者，号称柳麻子，善说评书，游将军门，抵掌谈忠孝节义大事，奋髯瞋目。良玉闻而动色。佐之以弦索曰弹词，节之以鼓板为鼓儿词，鼓儿词曰打鼓书。”《江湖丛谈》记述柳敬亭在泰州一带用两块破梨木片当板儿，一手击案，一手敲梨演唱。不久，临近泰州的里下河地区特别是兴化城乡受到柳公的影响，逐渐流传着民间曲艺形式——鼓儿书。这一文艺形式刚出现，即受到广大民众的欢迎，很快流行开来。

兴化锣鼓书在城乡特别是农村广泛流传。兴化锣鼓书由两人演唱，以敲鼓人为主，一边敲着鼓点，一边放声歌唱。敲鼓人在一旁不时敲击锣鼓，以渲染气氛。锣鼓书艺人大多唱着七字段，叙述历史故事，如《杨家将》《扈家将》《八美图》《九美图》《十把穿金扇》《六段锦》《八段锦》《三国演义》《水浒传》《薛仁贵征东》等。

兴化锣鼓书是文学、音乐、表演三种因素结合，以文学为主的演唱艺术。兴化锣鼓书采用民歌、故事、话本等材料加以发展，有人物有故事，有抒情有叙事，生动活泼，通俗易懂，矛盾集中，人物性格突出。一段锣鼓书中只说一个故事，人物不多，一般只有两三个人物，结构单纯。锣鼓书每段200行左右，句式多为七言、十言。七言多为“四三”结构，适当加进衬字。十言有两种句式结构：一为“三四三”结构，一为“攒十字”（即“三三四”结构）。

兴化锣鼓书的音乐唱腔以民间小调、民歌为基础，一般为四句式。曲调循环反复，高亢激昂。要求艺人口齿清楚，字字清晰，句句入耳，声情并茂，以唱代白。

兴化锣鼓书道具较为简单，除了以小鼓打节奏外，还增加一面大锣。艺人在演唱间隙用锣鼓敲打铿锵的锣鼓点子，用以烘托气氛。兴化锣鼓书艺人用兴化方言演唱，为群众所喜闻乐见，受到普遍欢迎。2010年被列入泰州市第三批非物质文化遗产名录。

二、兴化唱凤凰

唱凤凰这种音乐表演形式，为锣鼓伴奏，二胡、笛子亦可伴唱，唱词灵活性强，为自编自唱，盛行于清末、民国，尤其在中华人民共和国成立后，更是成了农民喜闻乐见的音乐形式。

演奏时间为重大节日，特别是春节，正月初一在本村庄，正月初二至初五在周围村庄广场上，旧时进庄后先拜庙，然后到庄头、干部家拜年，再到广场向广大群众拜年，随后有花担、花船等表演同时进行。

传统凤凰队由六人组成，一般在春节前一个月编词、记词，春节期间用。拜庙时的唱词：“庙里贴得红堂堂，抬起头来看，人物山水挂两旁”；“凤凰送到大庙上，韦陀菩萨脸朝里，如来佛朝南向”；“茅山寺门哼哈将，二门站的四大金刚，韦陀菩萨脸朝里，十八罗汉分两旁”。一个人捧捧盘，一人手擎“凤凰”并领唱为清唱，四人敲锣鼓并答腔、为合唱。其余乐器伴奏人员可多可少。过桥、进巷先唱一段“麒麟唱”，后随见景、情、事、人灵活编词唱，也有时事、政要的宣传词，进行锣鼓说唱。

这种表演形式起源年月无法查考。中华人民共和国成立后，“唱凤凰”一度成为热潮。因为“龙”为男人，“凤”为女人所象征。部分乡镇还有此传统节目，在舞台上成“锣鼓说唱”。

第六节　传统美术

一、民间绘画

【兴化烙画】 烙画，也称火画，火绘或烫花。烙画的历史最早出现在西汉，盛于东汉。据著名学者王世襄称烙画的传统方法是用针插入粗香，通过燃香、热针，用以代笔，可施之于纸、竹、木、葵、叶等。烙画源于民间，与生活、日用密切相关。烙画已成为一门独特的烙画艺术，既有装饰的实用性，又有欣赏的艺术性。随着烙花艺术的发展，现代作画工具主要是火烙铁及电烙铁二种，作画材料有竹、纸、葵叶等，现代主要以选用质白细软的胶合板为主。

兴化烙画工艺，现代祭彦俊颇有成就。祭彦俊自幼爱好书画，有较好的书画功底。少时受先辈影响，曾尝试用竹筷和竹壳、水瓶作花卉。后在太原工作期间，经烙画专家孙茂林指点，画艺大进，他创造性地在传统烙画工艺基础上揉进水墨画技法，用笔沉雄挺拔，流畅自然，“墨色”丰富多变，酣畅淋漓，古色古香，既具烙画技点，又有中国画的神韵，是民间工艺与传统绘画相结合的产物。2007年被列入首批兴化市非物质文化遗产名录。

【兴化通草画】 通草剪贴中国画属中国画范畴，是中国画创作始于清代后期的一个新品，是中国画家族中的一朵奇葩。通草剪贴中国画将工艺技法融入中国画的创作之中，因此，创作通草剪贴中国画必须具有中国画技法基础的基本功，即花鸟草虫、翎毛走兽、人物山水，要样样精通。通草剪贴中国画新颖明亮，浑厚显色，立体感强，装饰性好，陈列于厅室华堂，给人以饱满厚实、气质高雅、别具机杼、富丽华贵的感觉。

通草剪贴中国画主要材料之一通草，其质地柔软，性象灯草，每块约10厘米见方，纯白，盛产于台湾。通草剪贴中国画以草虫人物为主，画幅一般为30×50厘米，如：《贵妃出浴》《昭君出塞》《西施宛纱》《貂蝉拜月》古代四大美女条幅及《风尘三侠》《题诗扫绿苔》等。

兴化通草剪贴中国画始于清朝后期。当时，从事通草剪贴中国画的艺人极少。清末秀才魏侨将通草剪贴中国画走出画室，推向世界。“文化大革命“期间，魏家几大箱子画谱、画稿、字画作品被焚毁，加之后无传承，兴化民间所存通草剪贴中国画极为稀少，也极为珍贵。2007年被列入兴化市首批非物质文化遗产名录。

【拾破画（破卷残书）】 元代初年，浙江湖州籍画家钱选创造一种“杂画”，命名“锦灰堆”。这种绘画以残破文物片断构成画面。延至清代，一度失传。“扬州八怪”画家高翔重振“锦灰堆”画种，称其为“拾破画“，又叫“破卷残书”。19世纪中期以后战火频仍，社会上文物屡被焚毁，这也是“拾破画”再度兴盛的特殊的社会历史背景。中华人民共和国成立以后，“拾破画”仍有焚烧过的痕迹，但一些画中已出现钱币报纸等内容，见证了时代的变迁。主要题材是将金石古董、拓片、旧书散页，书画书札残片组合堆栈成画面。不论是旧书、残贴还是公文、信札、废契、短柬，都能临摹逼真，把那些形似杂乱无章的东西，加以错综组织，有正有反，有半截有折角，或似烬余，或如皱折，风格细致，似实物剪裁而后接贴在画面上一样。作为一种特殊的民间通俗绘画艺术，曾经流行数百年，集博古、写实、通俗、商品为一体，有较高的观赏价值和艺术价值。自清末以来至今，兴化地区先后有袁德甫、孙丽川、姜正武、朱石渠、朱荣、吴华、马少宣、钮传礼等从事此画种创作。钮传礼，兴化人，从事"拾破画"创作已有七十多年。其以被水渍、火熏、虫蛀的破卷残书，以及公文、私札、契约、函件等作为绘画选材的内容。画上的破旧东西就像真的摆放在纸上一样，立体感极强，足可以假乱真。

"拾破"之"拾"既表示杂物之众，又表示选材来自于拾弃之物。因此，人们形象地称为"拾破画"。起初，拾破画限10种粮子荟萃而成，此画盛行后新添了具有考古价值的出土文物等新粮子，使"拾破画"提升到"二十破"。拾破画的创作，一般是先在画纸上框定轮廓，然后设计摹画若干重叠交错的画如旧书的残页、揉皱的画幅、发黄的报纸，甚至门券邮票等，而且大多是破烂的面貌，活像灰堆里拾出来的。拾破画打破了中国传统的风格画法，蕴含有西洋印象画派的画风。在看似胡乱堆积的几何形状中，能反映出完整的历史事件、人物典故、社会现实、民俗风情等主题，从而引发人们的无限想象。

至19世纪后期，主要用于商铺装点门面，市民居室内装饰以及绘制在扇面，用于送礼或收藏。该画通过融入西洋写生的画法，以通俗的写实画风，描绘残贴、公文、彩札、废契等。作品几可乱真，尤为寻常百姓所喜爱。中华人民共和国成立以后，特别是"文化大革命"期间该画种几乎绝迹，后经兴化钮传礼挖掘传承。

二、砖瓦雕刻

图24-17　砖桥　　（2006年摄，市文广新局提供）

砖瓦雕刻是戴窑人们特有的民间艺术形式，它是戴窑人民精神信仰，文化心理和对美好生活的理想象征。据《兴化县志》记载，戴窑已有两千多年的文明历史，原名"灶产"，后因戴氏人口剧增，故又改名为"大戴庄"。

戴窑烧砖制瓦，为美化生活，适应达官显贵宅府、官殿、庙宇、店铺、酒楼等建造的需要，砖瓦雕刻应运而生，并世代相传。

砖瓦的种类有：河砖（即建桥白砖）、城墙砖、墓砖、门楣砖、砧砖、瓦档及其他手工艺品，特别是门楣砖、罗底砖、瓦档上面雕刻着各种花纹、图案，刀工精细、线条流畅，图像更是美妙绝伦，有丰富的文化内涵，有较强的地方性、花纹、铭文、图案五花，有楼阁、栅栏、云水、人物、龙、凤、河泊、水草、花鱼牡丹，各类"古钱"图，有福禄寿财喜、天宫赐福、黄金万两、花鸟、天马行宫、云雾水浪、月季花、菊花、如意花、虎头、狮子头、红太阳、八卦、太平、火盆、荷花、莲子、藕结，还有古屋和庙宇用的兽头、龙对头、凤对头、鸡对头、狮对头、砖像等。2007年，戴窑砖瓦雕刻被列入泰州市首批非物质文化遗产名录。

三、塑造

【兴化糖塑】 戴窑东古村陈氏一族糖塑的手艺从清朝的老祖宗传承下来，走遍江苏、上海、浙江、安徽等地，深受儿童喜爱。

糖塑是用老百姓喜闻乐见的题材作为原型，人物以西游记里的唐僧师徒、动以十二生肖、兵器、哨子、灯笼、老鼠、老鼠偷油、猴子舞大刀、松鼠等，有强烈的人民性，有广泛的群众性，有生的趣味性。

糖塑在制作工艺上讲究手疾眼快，以前是用胡萝卜熬成糖稀（糖料），现在是用碎米煮成饭，大麦长成芽，合起来粉碎，上瓤子蒸，滴下来的就是糖，在用锅烧熬成糖料。选用上好白砂糖，用铜锅放上糖料，放在炉上用小火熬，待糖料即将开的时候放入白糖。等糖料熬好后扯成丝，用手一弹即破，则说明糖料熬好。倒入铜盆内，铜盆分四格，放火盆上。接下来开始上色，用食用色素给糖料上色，一般有白、红、绿三色。最后捏糖人，先捏成基本形状固定在柴棒上，用小吹筒吹，用剪刀、小刀、镊子修成各种形态，即成作品。

【兴化面塑】 大营镇崔家村有十来户人家世代制作兴化面塑，从清朝开始已传承第九代，面塑艺人一直在苏中、苏北一带巡回制作。大营镇地处兴化市东部，与大丰市、盐都县接壤，与《水浒传》作者施耐庵故里毗邻。面塑的原型来自于《水浒传》中的一百零八将，后逐渐发展至十二生肖、西游记里的唐僧师徒、三国志里的“刘关张”等。

兴化面塑主要用料是糯米粉、面粉，辅之以蜡及各种彩色食用颜料、金粉、毛发、蜡纸等。制作工艺：首先将面粉捏成基本形状，固定在小木棒上，用手捏成各种形态，再用剪刀、镊子、梳子等工具修成各种形态，再配以其他相关物品，即成作品。制成的作品形象逼真、栩栩如生，深受儿童喜爱，且有一定的保存时期，以装饰与观赏。扬州工艺美术大楼曾邀请大营崔家村何传俊专门设摊制作，其作品经过精心包装，出口国外。其本人还应邀去日本献艺。该村张姓家第三代传承人张德山农忙务农，农闲外出制售，深受苏中、苏北广大地区的群众欢迎。

【兴化泥塑】 泥塑，亦称“彩塑”。在黏土中加入少许矿石渣或棉花纤维，配入适量水捣匀后，捏制成各种人或物的泥坯，阴干后，先上底色，再施彩绘而成。大垛镇兴化泥塑艺术传承代表人袁永祥被当地群众唤作“泥人袁”。1997年，其为上海东方电视台制作一批专用系列面具和大量的狮子头，为苏州乐园做了吉祥物“苏迪”，还为在上海举办的第七届农运会做了近30平方米的巨幅荷花模型。1998年，其制作的泥塑工艺《金龙头》，在江苏省首届农民艺术节中获优秀作品奖，并同时入选江苏省首届农民艺术节综艺展，在江苏展览馆展出。1999年，又为上海文化局排演的古装戏《牡丹亭》制作了直径45厘米、高6米的可装卸的4根盘龙柱。2001年9月，袁永祥回到兴化发展。袁永祥的作品包括龙头、大头娃娃到各种面具、居家装饰品、儿童玩具等，还有花船、花担、各种彩灯以及伟人像、各路神仙及宗教塑像，业务涉及周边乡镇。其泥塑工艺制作，可与无锡“惠山泥人”、天津“泥人张”媲美。其工艺流程主要有：先取细腻的黑黏土，加适量矿石渣或棉花纤维，配以适量水搅拌捣作匀熟成可塑性泥料备用。后再根据需要的尺寸，用杉木条搭钉成略小于作品尺寸的木架。在木架间用麻丝或尼龙绳牵连结成网络状，接着用备好的泥料敷上，形成人或物的雏形。后再进行细部刻画，如道教、佛教、神仙等，根据中国人的脸形、身材的特征刻之，而菩萨则根据西方人，如脸形要饱满、庄严等特征刻之。细部刻画处理后即为阴模，再用石膏或玻璃钢在泥塑表面敷上一层，即为阳模。待阴干后去掉阴模，将拆开的阳模的身体、手等进行组装，再经过打磨，使表面光滑后再上色。

【兴化麦秸工艺】 麦秸民间工艺在里下河地区源远流长。唐代宗大历二年（767），拦海大坝常丰埝大功告成，里下河中部地区的种植业得到迅速发展。兴化民众在长期的生产生活实践中用麦秸编织草帽遮阳，编织草扇纳凉，编织手提包、提篮、针线匾子及装盛五谷的器皿作生活用品。随着生产力的发展，一些民间艺人脱颖而出，用色彩的麦秸制成具有艺术欣赏价值的实用品、工艺品及儿童玩具，一些宗教信仰者用麦秸制作“金甸”“心经筹”作为祭祀供品和用品。

明清时期，麦秸工艺作坊城乡皆有，大量的麦秸制成品流入商品市场，商人用麦秸制作金字招牌，私塾先生用麦秸制作警句以教导学生，百姓更喜用麦秸制作条屏和春联，以增喜庆之气，文人学士也用麦秸制作壁画挂在家中以示风雅。正是文人的加入，使千年传承的麦秸工艺水平和艺术欣赏价值得到很大提高。兴化先贤明朝宰相李春芳的后裔讲述：当年李府中用麦秸制作的浮雕壁画和立于平台之上的立体工艺品已自成体系，堪称一绝。作品有《二龙抢珠》《螳螂捕蝉》《雄鹰展翅》《喜鹊登梅》《青狮白象》等。这些作品和文字记载，可惜在战乱中遗失。

由于塑料及金属制品的普及，高档装饰材料的应用，传统的麦秸民间工艺面临失传、后继无人的状况。兴化市政府为麦秸民间工艺的传承发展，积极制定保护规划，落实保护措施，组建麦秸民间工艺协会，积极开展传习活动，投入保护资金，建立麦秸民间工艺档案及实物陈列室，确保麦秸民间工艺在传承中不断延续和发展。2007年被列入泰州市首批非物质文化遗产名录。

图24-18 麦秸工艺作品
（2009年摄，市文广新局提供）

四、兴化剪纸

剪纸是民间装饰工艺品之一。早在汉唐时期，民间妇女就有使用金银箔和彩帛剪成方胜、花鸟贴在鬓角作饰的风尚，后来逐步发展，在节日中用色纸剪成各种花草、动物或故事人物，贴在窗户上叫“窗花”，门楣上叫“门签”作为装饰，也有作为礼品装饰刺绣、绣花之用。

剪纸一般用较厚的红纸、白纸和一把很合手的剪刀即可。纸太薄剪时不好运剪，放时会粘连，放不平整，纸太厚难于运剪。常用的鞋样花、团花根据需要直接构思剪出。大的达二尺，小的仅一寸多。

鞋样花主要有绣花拖鞋、娃娃虎头鞋、新娘嫁鞋、老年人“四片瓦”鞋，花样多为蝴蝶、牡丹、萝卜丝、菊花，竹子花、梅花、虎头画、莲藕等。团花主要用于结婚喜庆之日用。有贴窗户的，放四仙桌玻璃台板下的，放茶具、茶盘、茶碗上的，放面盆里的，套罩子灯上的，放茶几、桌子上的，放铜炉子上的，花样多为蝴蝶双喜、凤催牡丹、蝴蝶如意、竹子花、蝴蝶牡丹、蝴蝶桃花、蝙蝠、梅花、蝴蝶含桃、喜鹊登梅、兔子望月、合欢踩藕、如意牡丹、梅花如意、荷花莲藕、鸳鸯戏鹅等。

第五章 传统工艺与手工技艺

第一节 传统中医诊疗

一、兴化木塔寺卞氏眼科疗法

元代，兴化有一位高明的专业眼科医生，名郭忠，字恕甫。元仁宗皇后双目失明，郭忠用金针拔去眼珠上的翳膜，使皇后重见光明，后皇上赐号“金针先生”。后来郭忠眼科医术传授卞大之的后裔，即木塔寺卞氏七世祖卞学洪，从此，木塔寺卞氏金针眼科世世相传。至卞泽林、卞锡五、卞子育兄弟三人已是第十四代。

清代，卞氏眼科第八代传人卞开远曾治愈刘状元母亲的眼疾，赠给“光远有耀”金字匾额，以致酬谢表扬。到民国时期，木塔寺卞氏眼科第十二代传人，在村里有四家药室（诊所），有宦官名人因患有疑难眼疾治愈后赠送的匾额就有十几块之多。如卞文铸家的屋梁上悬有“拨云见天”“拨开云翳”“十全为上”的金字匾额三块。卞文明家的药室里，悬有名人患者赠送的“水饮上池”和“明察秋毫”金字匾额两块。卞文凤家的屋梁上悬有“医界明星”和当时三县大队长史得成赠送的“继绪精微”金字匾额两块。这些匾额的大小模样与兴化“四牌楼”悬挂的匾额相仿，都是当时宦官名人患很难治的眼疾治愈后赠送，作为酬谢医生的纪念。

中华人民共和国成立后，木塔寺卞氏眼科第十二代传人卞文寅往东台开业，卞文渊往泰州开业。卞文凤携长子卞春台往兴化城开业。卞氏眼科第十三代传人卞阳春往大邹镇开业，均医术高明，名闻遐迩。“文化大革命”期间，受到冲击，许多医书及医疗器具被毁。改革开放后，在党的中医政策关心和指引下，走中西医结合之路，卞氏眼科获得新生。1992年秋，在市卫生局关心和支持下，卞氏眼科第十三代传人卞阳春率长子卞泽林到兴化市开业定居城北严家。卞锡五、卞子育陆续到兴化市共谋发展大计，先后投资诊治设备20余万元，以适应医学发展的形势和需要，每天到兴化诊疗眼疾的患者络绎不绝。为使卞氏眼科进一步壮大发展，在卞春及教授（江苏省人民医院眼科主任医师，南京医科大学眼科教授，全国青光眼知名专家）大力支持下与北郊医院联合，经兴化市卫生局批准于1999年成立“兴化市北郊眼科中心”。卞氏眼科如虎添翼，迅速发展，年门诊量逾万人，患者酬谢的锦旗及感谢信不知其数，名声大震。

常年开展“白内障超声乳化”“小切口摘除白内障”“各种抗青光手术”“网脱复位”“斜视矫正”“泪囊鼻腔吻合术”“上睑下垂矫正术”等各类手术数十种。

中西医结合治疗疑难眼病为中心一大特色。2005年4月斥资引进美国准分子激光治疗近视系统，手术时间短，无痛苦，恢复快，立竿见影，深受近视眼患者的喜爱。同时，大型设备的投入运用，提升眼科中心档次。2007年卞氏眼科被列入泰州市首批非物质文化遗产名录。

二、潘氏喉科疗法

中医潘氏喉科疗法是苏中地区民间传统医学传承至今的一朵奇葩，是中医学治喉专科在泰州地区唯一的民间家传式诊所。

据潘氏家谱记载，潘“一世祖”潘福庆在江西任指挥史，因仕途不顺心寒，决意弃官还乡，于明洪武七年（1374）岁次甲寅（十一月）率全家由江西赣州府赣县马安村迁居江南省（今江苏省）扬州府泰州（今泰州市）。潘还乡前，赣州清宁寺济民主持推介潘氏行医，并赠私自秘藏医书于潘。潘福庆接书如获至宝，且代代相传，但无人操行。直至九世，潘世家族因经济衰竭，潘日荣方把祖传秘藏医书习之，并从此开始为患者诊疗。

中医潘氏喉科行医至今有300多年历史。长期以来，潘氏喉科凭借中医的莫大精深，以丸散药物治疗为主，辅以物理疗法，散、丸、汤并用，使潘氏喉科疗法这一传统医学越发光大。潘氏喉科历代传人不仅注重医术传承，且十分注重医德培养，家以“着联为训”：“体天道而行医道，法古人以济今人”，并把百姓看作衣食父母，把行医视为“济民”，坚持“民本思想”，“十世青囊沾杏雨，三春红锦灿桃林”是潘家的医训，因此，潘氏历代传人医德高尚，深受患者好评。九代传人潘泳泉行医直到90高龄，医术精湛（其四子潘春城20世纪80年代从上海退休后随父侍诊，行医至今）。国民党将领冷欣（兴化人）曾从南京亲临兴化伍张村，请潘泳泉治疗喉疾。潘泳泉二子、十代传人潘野城，字声源，医术高超，一生行医数十年，百姓称之“华佗再世”。潘咏泉通过自己多年的医疗实践和不断总结，用手抄体写下近10万字的《秘本潘氏喉科：十世医潘声源经验集》（两册）。该经验集可谓中医喉科学的精华结晶，也是为中华民间传统民间医学的研究与发展，留下宝贵财富。潘氏祖传秘藏医书由十一代传人潘锡山保存。

中医潘氏喉科疗法历史悠久，盛名远扬，其影响遍及长江下游两岸及苏中里下河地区，使万千喉疾患者病愈。中医潘氏喉科特色鲜明，自成一家，亟待发掘保护、继承发扬。2008年被列入泰州市第二批非物质文化遗产名录。

三、左氏正骨疗法

左得怀中医骨伤科诊所，主治骨折，关节脱位，软组织伤筋及痹痿病。

左得怀医师传承祖国传统医学——中医骨伤科，在中医骨伤科研究上取得丰硕成果，在正骨技艺上攻破各种技术难题，曾赴马来西亚参加第六届世界中医骨科联合会学术交流大会，首批获中医骨科国际名医（泰州市唯一获此殊荣）。2008年获国家级执业医师资格。2009年11月，在第三届聚医杰全国中医特效疗法暨民间中医论坛上授予“百佳名医”“百佳特色中医诊所”荣誉称号，并编辑出版大型画册《中国民间优秀名中医》。其诊所是兴化市境内唯一的骨伤科个体诊所，其人系苏北里下河地区较有影响的骨伤科医师。2010年，被列为泰州市第三批非物质文化遗产名录。

四、史氏中医幼科疗法

史氏创业者史继川于雍正八年（1730）在昭阳悬壶，从医55年，擅长儿科。传承九代人，至今近300年。坚持中医理论，以四诊八纲辨证论治，就症宜人适体，拟法选药，内服汤剂、单方、丸散；结合体外疗法，如脐疗法、穴敷疗法、洗浴疗法、足疗法等，提高疗效，缩短疗程。坚持中医理论，以史氏的“重人惜命，明理辨证，审因适体，灵变活治”十六字原则，认真诊治小儿疾病，内服与体外疗法（脐疗法、穴敷疗法、洗浴疗法、足疗法等）相结合，其有史氏验方、单方、丸散及体外疗法方剂若干，其方组成、用法、作用、配制工技均在整理编写之中。常言道：“史氏悬壶三百年，传承为医救含灵，专研先业乐为民，洁身为善于百姓”。戴窑中医史氏儿科影响苏北20多个县市，其继承、发扬祖国医学，对儿童身体保健、疾病的预防和治疗，有着非常重要的价值。

五、老圩蛇伤疗法

在民间，医治毒蛇咬伤的方法很多。苏小凤为老圩蛇伤疗法第四代传承人，其医治毒蛇咬伤绝活远近闻名。诊断的方法主要是眼观，看毒蛇咬伤的程度，如被毒蛇咬伤的患者，一定肿、紫；重者神志不清，起泥浆泡。确认毒蛇咬伤的程度后，立即给患者治疗。治疗的方法是排毒和吸毒两种：重者一定用排毒方法，首先以最快的速度烧好开水，放入一些食用盐，等冷却后，用来给患者伤口清洗消毒，寻找毒蛇咬伤的具体部位。同时，还要用针挑出毒蛇牙，然后，将配置好的药敷在伤口上。最后，还要进行跟踪巡诊，上门服务，直到患者伤口处完全消肿、消紫及起泥浆泡消失，神志清醒，才算全部治愈。轻者也要给患者伤口清洗消毒，寻找毒蛇咬伤的具体部位。然后，用预先消毒过的针进行挑，再用嘴吸出蛇毒。最后才用一些配置好的药敷在伤口上。同时，每隔一天就要用电话联系的方式，进行跟踪巡诊，直到患者伤口处完全消肿、消紫，才算全部治愈。

六、兴化徐氏皮肤病传统疗法

徐氏皮肤传统疗法，始祖原住兴化城东门外大街，世代书香门第。于清咸丰六年（1856）移居兴化县沈坨乡沈家舍居住，后拜师学医。兴化属里下河腹地，湿气大，各种皮肤患者较多，经徐氏几代人对各种皮肤病的研究与实践，总结出多种内服与外用方剂，疗效确切，方剂独特，疗效好，见效快。传至第五代，徐世余定居沈坨镇开铺行医，救济穷人，并立下祖传训言，其曰穷人看病，富人给钱。其意是穷人看病只收本钱或少收本钱，极其困者全免，从此名声大振，其后所传各支都大有建树，特别是徐坚白更是学贯中西医。

第八代传人徐继援随父学医，在祖传方剂上进行药理学分析研究，结合其父悉心指导，言传身教，与自己刻苦学习，从业数十年，深受周边人民爱戴，许多患者从千里之外赶来就诊。

七、兴化夏氏针灸疗法

夏氏是相传四代的中医世家，也是名扬苏中、苏北的针灸疗法诞生地。夏氏后裔夏树柏回忆起父亲夏春茂讲述过“文革”期间毁损的《夏氏家谱》中清楚地记载着夏氏祖先夏殿开原从事教学工作，早年为私塾老师，十分精通“四书五经”，被百姓誉为“三先生”。当村民将从御医坟墓中挖出的医书赠送给夏殿开后，从此祖父弃教从医，随之父亲也随祖父学医。当时上门求医者络绎不绝。中华人民共和国成立后，夏树柏祖父与父亲都分别走进医疗部门。特别是夏春茂因学习针灸，技术精湛，被兴化卫生局调往组建“兴化中医院”。夏春茂进院后，由于针灸技术一流，被誉为“兴化名老中医”。夏春茂在医院和在家为患者针灸，夏树柏儿子夏金自幼好学、耳濡目染，便学会中医针灸医术。夏树柏毕业后，便投入针灸这门医术当中，并将该医术传给儿子夏金。在针灸医术多年的实践中，夏树柏在学习父辈针灸医术的基础上，在日常临床实践中和儿子夏金一起研究、攻关发明“微针刀”“钩拔针”技术，采用传统的中医进行微创、按摩、正骨、拔罐、牵引、穴位注射、微针刀、水针刀、理疗等手段，一般患者的治愈率为85.7%。“微针刀”“钩拔针”获得两项国家专利，先后获得泰州市人民政府和泰州市卫生局的奖励。

八、兴化舒氏骨伤疗法

兴化舒氏分支系均由洪武年间，苏州阊门大批移民到兴化。当时舒、余二姓分居距兴化东12公里处人烟稀少的村庄，故定名为舒余舍，有做工有务农，而舒姓先祖种中草药治疗骨伤病人。

据舒氏后裔舒一农回忆，舒氏世代医治跌打损伤，于明洪武年间第9世祖舒汉鼎从苏州阊门始迁兴化竹泓舒余舍，历经15代人，达500余年，相传代代都有人继承祖业，是当地的骨伤名医。

舒氏骨伤在医术上有独到之处。对四肢骨折、手法复位时，舒氏主张“力线复位”，而不是解剖复位，选取长短夹板固定后，主张“能动则动、能立则立、能行则行”。

据已毁的原家谱记载，曾有苏州某官员的母亲住兴化南门，因跌伤经舒氏治愈，遂赠以“舒虞舍伤科”金字招牌一块，世代相传，逢年过节均将此牌悬挂供奉，惜毁于“文化大革命”。

舒氏骨伤科在临床实践中，采用“摸、捏、拔、拉、推、帨、拿、接、端、按、揉、摩”12字的手法，以“通腑逐瘀汤”配合治疗脊椎骨折也有独到之处。舒氏采用内调与外治并重，对骨伤病人均察舌诊脉、辨其症候、内服活血逐瘀补肾养骨之剂。兴化舒氏骨伤疗法收效显著、闻名遐迩，远至高邮、江都、宝应、泰州、苏州等地。

九、邱氏烫伤膏制作技艺

“邱氏烫伤膏”对各种原因所致的严重烧烫伤者都不需要植皮，避免截肢之苦。此药膏不粘皮肤，换药时无痛苦，上药后1分钟即可缓解疼痛。治愈后，Ⅰ、Ⅱ度无疤痕，深Ⅲ度或溃疡也无疤痕或少量疤痕。

自邱氏先祖邱小棠移居兴化市茅山镇西孙王村从医，后代代行医，邱风声、邱宝和父子对烧烫伤治疗尤其擅长，邱敬良在祖辈传承的基础上又刻苦钻研，反复实践，用近三十年时间研制出一种“中药外用烫伤膏”（邱氏烫伤膏）。

邱氏烫伤膏制作技艺流程简介，共13味中药材经过9道工序加工而成：1. 净选——清除杂质，去除品质差的。2. 清洗——达到洁净目的。3. 浸泡——有些药物通过水漂除杂质可以更加洁净，同时减低药的劣性。4. 曝晒——便于碾细。5. 炒炭——有些药物用武火炒至焦黄色，但要注意存性，不能过焦失去药的性能。6. 水飞——有些药物必须用磁铁吸尽铁屑水飞得极细末，但水飞后必须还要将药物晾干，水飞是清除杂质洁净药物去除毒性。7. 碾细——用碾槽碾细用100—120目筛子筛细粗细得当。8. 煎熬——将适当的菜油加入铜锅内，中火至沸加以备好的药末，从药物入锅后再文火熬煎，用铜铲不断搅拌，有芳香易挥发的药物应最后入锅，保持有效成分不至挥发。9. 贮藏——装瓶备用，放阴凉处保存。

2006年，“邱氏烫伤膏”获国家知识产权局发明专利。

第二节 食品加工制作技艺

一、中庄醉蟹制作技艺

中堡庄（简称“中庄”），是兴化历史上十大古镇之一。它南距城厢18公里，大纵湖、蜈蚣湖分布在古镇北南两侧，密如蛛网的河沟港汊环绕其间，为优质淡水螃蟹的生长繁殖提供了得天独厚的良好条件。尤其是蜈蚣湖（俗称中堡湖、前湖或南湖）及其四周宽阔水域中盛产的青背壳、白胸甲大蟹（中华绒螯蟹）名闻遐迩。而由这种蟹精制而成的，具有600多年历史的童氏家族创办的“童德大”牌美味佳肴——中庄醉蟹，更是享誉海内外。

中堡庄的童氏家族，祖籍江南宁国府宣城县童家寨（今属安徽省宣城市），元代前即迁居平江府（今苏州）。明洪武二年（1369），童氏家族由苏州阊门迁往兴化中堡庄定居，从而成为中堡童氏家族第一世始迁祖。原本从事花木栽培、管理和善长裱画技艺的童氏第二代族人，发现中堡庄前湖及其周围河流，不但水面辽阔，而且水质纯清，每年重阳节后都出产大宗肥美的青壳大蟹，但由于鲜活螃蟹销路不广、积压较多，渔民们蒙受较大损失而生活贫困。于是见多识广的童氏在操办本行当的同时，走南闯北，干起鲜活螃蟹的买卖生意。同时在经营活蟹的过程中，将剩余的螃蟹用醉螺、醉虾的方法，逐步摸索出一套用自制糯米浆酒及其他配料醉制螃蟹的制作工艺，这样既可以延长螃蟹的保质期，又可以赢得更多的用户、赚取更多的利润。为此，中堡童氏第二代传人便于明洪武二十七年（1394）前后，创立“童德大”醉蟹加工作坊，从而成为“中庄醉蟹”的创始人。

自明初至明末二百多年间，童氏家族数十代传人不断完善精工细作醉蟹工艺和配料秘方，从而使其加工出来的醉蟹味道鲜美、口感极佳而成为维扬菜系中不可缺少的一道冷盘菜肴和达官贵人喜庆节日的馈赠礼品。

清代康熙、雍正、乾隆年间，中堡庄先后聚集过一批知名度很高的文人学者画家。雍正年间，“扬州八怪”之一的淮安人边寿民（1684—1752）寓居中堡，并在湖边构筑“苇间书屋”，以写生和绘画创作芦雁为乐。另一位“扬州八怪”代表人物李鱓因在中堡庄有田地房产，所以长期往来于中堡写诗作画。郑板桥也曾寓居过中堡坐馆授徒。他们每年迎来送往和国内许多学者画家交流技艺，同时又品尝中堡特产——中庄醉蟹，从而使“童德大”中庄醉蟹美名传扬，进而成为贡品，享誉全国。

清光绪二十四年（1898），清朝通商大臣的著名实业家、状元张謇在多次品尝“童德大”品牌的中庄醉蟹以后，被它的鲜嫩可口、营养丰富的质量所陶醉。其将“童德大”第16代传人童庆墀（小名童六子）精制的中庄醉蟹推荐到南洋（新加坡）参加国际物赛会，受到与会各国通商产业大臣一致好评而获得一等奖。“童德大”品牌的中庄醉蟹由此名声大作而誉播南洋。此后，每年都有销往东南亚国家的记录。2007年被列入泰州市首批非物质文化遗产名录。

二、兴化湖彩蛋制作技艺

兴化变蛋源远流长。据《兴化县续志》记载：清光绪、宣统年间就有“陈顺兴”等六、七家变蛋坊制作变蛋。“陈顺兴”创始人陈玉祥于清同治年间去常州一家变蛋坊学徒。满师后回到兴化，在东营街北首城外绿缘村创建变蛋坊。陈玉祥去世后，其长子陈桂荣继承父业。民国初年，陈桂荣次子陈寿考成为“陈顺兴”第三代传人。20世纪50年代至20世纪60年代，陈寿考及其儿子陈锦年、孙子陈建国进入“兴化鸭蛋加工厂”负责出口湖彩蛋的制作。由于兴化变蛋不但数量多，而且质量好，被江苏省指定为唯一一家湖彩变蛋制作企业，同时荣获商业部免检产品和优质食品光荣称号以及经贸部颁发的出口产品证书。

加工湖彩蛋工艺配方较为复杂多变考究，从选蛋、配方、配料、制料到成品有几十道工序。优质湖彩蛋是变蛋品种中的精品，其外形呈绿豆灰色、半透明、充满松花状，色香味俱全，且含有多种维生素，是深受广大群众喜爱的食品。由于湖彩变蛋制作工艺流程繁杂、配方严格。目前江苏地区已无厂家生产。兴化陈建国是唯一掌握传统湖彩蛋技术的正宗传人。为保护这一非物质文化遗产，陈建国每年都加工1万多只湖彩蛋供应市场，同时着手整理出版有关湖彩蛋的加工技术书籍。2007年被列入泰州市首批非物质文化遗产名录。

三、沙沟鱼圆制作技艺

沙沟鱼圆是名扬中外的淮扬菜系中最具特色的菜肴之一，一度曾为宫廷美食贡品。沙沟鱼圆选用沙沟湖产的新鲜白鱼、青鱼、草鱼为原料。以采用青鱼为例，加工方法是：取鲜活青鱼宰杀洗净后，实时剔除鱼皮、鱼刺，取其精肉，剁成细肉泥，加入适量淀粉、姜葱末、盐，由人工在盆中始终按同一方向反复搅拌后，用羹匙舀入放到油锅中，先用较大的火油炸，后用勺煎成，一般一斤重的青鱼可以加工20—25个鱼圆。制作鱼圆的配料比例十分讲究，鱼肉、盐、水、淀粉、姜葱末的各自分量、比例很重要，水少了鱼圆入口不嫩，水多了鱼圆不圆，难以成形，不仅影响美观，而且入口无味。盐多盐少也会影响鱼圆的口味和韧性。酒席用的鱼圆以现炸现吃为好，其色香味俱佳，冷却后的鱼圆用上等汤汁，辅之笋片、茨菇片、木耳片烩制，油炒、水氽均可，味道鲜美可口。邑人郑板桥当年在沙沟镇桂家庄教馆授教，时常品尝沙沟鱼圆，传说曾写诗一首：“作宦山东十二年，不知溪上青鱼鲜；今朝尝的君家味，一只鱼圆值万钱”。2008年被列入泰州市第二批非物质文化遗产名录。

四、兴化大麦酒酿造工艺

水乡兴化，水多粮多酒也多。兴化产酒，主要品种是“大麦酒”“碎米酒”“糁子酒”“米甜酒”。1949年前，兴化是“十里一糟坊，过年家家酿，沽酒不出庄，无钱可赊账。”祖籍山东世代酿酒的邹氏家族迁至兴化城区后，在兴化开设一家酒坊，并加入到水乡兴化酿酒行业中。邹氏家族邹公卿、邹忠荫、邹泽和、邹贻争对兴化的大麦酒酿造不仅胜人一筹，同时还学会了“米甜酒”酿造。邹氏从清代开始酿造用大麦和高粱制成的白酒，其薪火不断，世代相传，为丰富广大老百姓日常生活发挥着独特的作用，形成兴化农村饮用“大麦酒”的一大特色。邹氏酿造“兴化大麦酒”至今已有五代人，其工艺比较复杂，以里下河兴化盛产的优质大麦为原料，经过浸泡、淘洗、初蒸（干蒸）、上料、出窖、摊及打堆、下曲、出甑、培菌、糖化、蒸酒、储存、包装等10多道传统工序酿造而成。20世纪80年代末，为让优质大麦酒产销对接，兴化“难得酒厂”厂长邹贻争在申请注册“难得”商标的基础上，将大麦酒定名为“难得原浆”品牌酒。

五、兴化茶食制作技艺

兴化茶食制作可追溯到明代。据《兴化市志》记载：清代，兴化县城及集镇均有茶食店。

民国期间，县城有茶食店30余家。一般为前店后作，生产多种应时糕点。名特产有太师饼、八珍糕。规模最大的稻香村号雇工30余人，盛时收入达万元以上。20世纪50年代中期，县城有茶食店49家、糖果店16家、糖坊16家。从那时候起，兴化城乡的茶食制作技艺就已达到相当水平。其品尝后，甘甜爽口，甜而不腻，油炸很脆，口感清新，齿颊留香，好吃而不油腻。

明洪武年间，由于大量的苏州移民从阊门迁入兴化，带来江南的先进文化和民间工艺。至明万历年间，大量的客帮商人迁进与土著的兴化人相融合，兴化的商铺、商行以及传统的手工作坊增多，出现70多门类的300多家上好的手工作坊，形成“金东门”“银北门”“古西门”的商业街区，并逐渐向城郊蔓延。仅老字号茶食店在城区四门驻扎的就有“极升号”“九如斋”“鼎泰丰”“稻香村”“松龄阁”“易大升”“大华”等，这些茶食店一年四季为兴化城乡老百姓提供食品，一般春季茶食有云片糕、薄荷糕、杏仁酥、桃酥等，秋季有京江脐、馓子、小麻饼、小麻球、脆饼、京果、白糖果等，冬季制作有炒米糖、花生糖、交切糖、寸金糖、鸡蛋糕、八珍糕、丰糖糕等。这些茶食的口味含苏南、苏中两大特点和特色，实践并逐渐形成自己的特色，享有相当声誉。

六、兴化糯米软麻花制作技艺

麻花是中国的一种特色健康的休闲食品，它有大、小、软、脆、咸、甜之分。目前主要产地在湖北省崇阳县、天津市和山西省稷山县以及江苏兴化市，湖北崇阳以小麻花、脆麻花出名，天津以生产大麻花、脆麻花出名，稷山麻花是咸的，而兴化则以中等的软麻花而著名。脆麻花把三股条状面拧在一起，而兴化盛产的传统软麻花则是将一根粗条面拧在一起，它和脆麻花一样用油炸熟即可。麻花金黄醒目、甘甜爽口、甜而不腻、口感清新、齿颊留香；好吃而不油腻、吃多亦不上火；富有蛋白质、氨基酸、多种维生素和微量元素，是人们日常食用的休闲食品。

兴化闻氏制作坊以“软麻花”而著称于市，在苏中、苏北食品中小有名气，成为这里的“一绝”，而闻宏才祖传的“兴化软麻花”也就因此生存了上百年之久，成为这里老百姓最爱的食品。兴化闻氏软麻花制作坊用传统的方式制作“兴化糯米软麻花”可谓是世代相传，至今已有四代100多年历史。20世纪50年代，兴化的老子号茶食店“极升号”“九如斋”“大华”“鼎泰丰”“稻花村”“松龄阁”等都有“寒具”食品销售，而闻氏制作的“兴化糯米软麻花”虽然是个体作坊，但此软麻花仅此独家生产，生意十分红火，几乎与这几家老字号茶食店齐名。如今，这些老字号茶食店已不存在，而兴化闻氏糯米软麻花这一传统制作技艺仍代代传承。20世纪70年代，凡在城区的市民都知道闻氏族人闻宏才推着“兴化糯米软麻花”小车走街串巷、沿街叫卖，嘴里还喊着口头禅“妈妈要”。该产品老少皆宜，深受水乡百姓的喜爱。

七、兴化黄烧饼制作技艺

兴化老百姓常吃的“兴化小炉烧饼”又名“黄烧饼”，源于唐朝。旧时，兴化城乡小炉烧饼（黄烧饼）店一家一户经营。民国37年（1948），县城有熟食、饼、面店355家。到了20世纪90年代初，全县城镇饮食店增加到1308家3661人。张氏家族就是其中一员。

据散落在兴化民间的《张氏家谱》记载：张朝迭、张荣达、张景风是兴化老字号茶食店“极升号”的业主之一，从事茶食制作，后因家庭琐事把“极升号”卖给刘氏，张氏族人先后来到大邹、海南、舜生等乡镇开设烧饼店从事小炉烧饼制作，闲时也制作一些京果、桃酥、脆饼、京果粉等食品。后来这些传统食品制作技艺和烧饼制作技艺传到张景风之子张友之手中，张氏后裔张友之从事烧饼制作技艺，张友之学会父亲的食品和烧饼制作至今从未间断。勤奋好学的二儿张志猛自幼在家耳濡目染，张志猛于舜生高级中学初中毕业后，并随父一起干起“兴化小炉烧饼”（黄烧饼）的制作，结婚后的张志猛与爱人在李中镇开设一家烧饼店，后迁移兴化城区金东门步行街。由于其一直继承的传统方法制作是采用食用碱投的老窖，所以老百姓非常爱吃。张氏小炉烧饼生意十分红火。在兴化城乡，大邹镇的张氏制作坊的黄烧饼制作技艺比较有名气。

八、(兴化市蒋氏)猪头肉卤制技艺

熏烧就是卤菜，系里下河（兴化、江都、高邮、扬州、宝应等）地方的叫法。兴化熏烧将清洗去毛的猪头劈开放在猪大肠、猪小肚、猪耳头、猪尾巴的木甑子（现在用不锈钢桶）内加上必需的佐料，煨煮几个小时即成。摆到摊位上的猪头肉是油光光的、香喷喷的。

旧时，兴化城区东城内大街南侧有一家闻名全国的肉制品熏烧的连锁企业“陆稿荐”，常年腌制香肠和熏制肉、鸭鹅等美食菜肴供应城区市民。另外在兴化东北部的边远农村大营乡也有一家小有名气的蒋氏卤菜制作坊与大丰市比邻。据“文化大革命”期间被毁的《三经堂蒋氏家谱》记载：蒋氏制作卤制猪头肉世代相传，在当地非常有名气，谱中清楚地记载着蒋氏族人加工制作（猪头肉）的过程，到目前，蒋氏卤菜（猪头肉）制作技艺已有九代，达380多年历史。

兴化（蒋仕昌）猪头肉为传统系列卤菜之一，选用淮猪头为原料，加入特殊香料、佐料，以传统方法秘制而成。其酥香鲜美，肥而不腻，回味无穷，是以“酱汁肉”名扬姑苏的“陆稿荐”卤菜制作精髓与兴化食材的完美结合。相传乾隆皇帝下江南，驻跸扬州，两淮盐运使卢雅雨设宴接驾，其围碟中置有兴化猪头肉，乾隆皇帝赞不绝口。因此，兴化猪头肉名扬大江南北，并被清代食家童岳荐收入《调鼎集》。

20世纪80年代初，蒋氏后裔蒋世昌和妻子邹鸭粉俩人重操旧业，把蒋氏卤菜继续传承下去，并向国家工商总局商标局申请注册“蒋仕昌”商标，在猪头肉等卤菜上不断研究，在继承传统制作技艺上不断创新，调整好适合大多数消费者的所需口味，添加各种原辅材料，终于烧制出风味独特的“猪头肉”等卤菜。蒋氏猪头肉在江苏省内外好评如潮，江苏电视台、兴化电视台还专程为蒋仕昌制作的“兴化卤制猪头肉”拍摄专题片。

九、兴化咸鸭蛋制作技艺

兴化夏季菜的冷盘中，“兴化咸蛋”是必不可少的一盘。1950年8月，具有130多年历史的兴化“陈顺兴皮蛋坊”与常州“久成皮蛋坊”在兴化市携手合作，组建“兴化鸭蛋加工坊”，并以两家作坊的原班人马为制作蛋品的“主力军”。他们所加工的变蛋、咸蛋质量上乘，被江苏省食品公司指定为苏北独家经营生产，并以“松花皮蛋”和“江苏皮蛋”以及“兴化咸蛋”的品牌销往美国、加拿大、西欧等国家和日本、新加坡、中国香港等东南亚市场，其产品在国内也十分畅销。20世纪60年代初，“兴化鸭蛋加工坊”更名为“江苏省兴化肉联厂”，蛋品的传统制作工艺作为该厂的一个分厂，生产从未间断。20世纪70年代中期，陈跃华进蛋品分厂跟随岳父刘兆年和师傅陈寿明学习制作“湖彩蛋”和“咸蛋”技艺，并熟练掌握变蛋和咸蛋的配方。20世纪80年代末至20世纪90年代初，兴化肉联厂企业实施改制，陈跃华仍然在蛋品厂工作，企业转制后仍从事“湖彩蛋”和“咸蛋”的传统制作技艺，成为“兴化咸蛋”的唯一传承人。

加工咸蛋的制作工艺较为复杂多变考究，从选蛋开始到用盐的重量以及配方、配料到腌制好的成品咸蛋有20多道工序。咸蛋成品装箱前，必须按个头大、小进行分级，然后才走向市场、超市进行销售。

十、兴化早茶制作技艺

兴化早茶属维扬风味，是产生于农耕经济慢生活的一种饮食习俗。在兴化称为“早上皮包水”，又谓之“吃早茶”，它大致包括茶水、茶头、面点等几个方面。兴化早茶历史悠久，始于汉代，兴于唐代，盛于清代。素有“东南第一佳味，天下之至”之美誉。

兴化市民早晨起来，烫一碟干丝、泡一壶浓茶，筷子搁在碟沿子慢慢享受。倘若人多时则煮一碗干丝放在桌上品尝。在品尝兴化制作的维扬风味的茶点上，兴化首先是平民化而又不失儒雅。兴化是历史文化名城，早在清代中期，“茶市”便遍布城乡，甚至连寺庙（东寺的大殿、时思寺的文院）都被租为“茶市”。据《兴化小通志》记载：到了20世纪30年代，“兴化城中，茶市林立”。曾有餐饮行业的老字号“养和园”“魁园”“松涛”“王厨房”“天禄居”“庆华园”“又一村”“万怡”“可可居”“杏花村”“新兴楼”“万全楼”“兴隆馆”“源源居”以及素茶馆“纯素园”“小觉林”等20多家茶馆，各具特色和优势，凡来者通例为一茶三点四分面，连通小费约三四百文。

素有“金东门”之称的兴化城东部地区，是一个由明清古民居群组成的街区。兴化“大华”（风华）饭店就坐落这条古街上。这家的传统烫干丝和大煮干丝及“豆沙包”“千层油糕”“素菜包”“肉包”“杂笼”口感怡人，特别是“虾仁蒸饺”“三丁包”“八宝烧卖”“蟹黄汤包”等早点都以一流的质量赢得食客的厚爱。20世纪90年代后，仅兴化城区就有“凤凰”“万家灯火”“喜来居”“向阳渔港”“养和园”等大、小餐饮企业几十家，美食的色、香、味各有千秋。然而大华的“兴化早茶”无论是烫干丝还是大煮干丝以及正宗的维扬风味的各色点心都以独特的美味胜人一筹。

十一、沙沟酥皮春卷制作技艺

沙沟酥皮春卷是就地取材并传承下来的一道水乡特色菜。沙沟自古有吃早茶的习俗，酥皮春卷就是这段时期内吃早茶的主打点心。街头巷尾的小吃摊点上，也都有现炸现卖的酥皮春卷，供人们休闲小吃。春季的大饭店、酒家，酥皮春卷也常常当做一道压轴点心出现在酒席上。春卷这道点心各地都有，唯沙沟的酥皮春卷风味特别。外皮酥脆松香，内馅糯粘可口，三丝鲜、冬笋脆、韭黄嫩构成了沙沟酥皮春卷的独特风味。

酥皮春卷正常在春节后上市，到农历三月前后一般就停止销售。有人到沙沟观光旅游，或者走亲访友，沙沟人一定会用酥皮春卷招待。逢年过节，镇上每家每户都要自做或买上些酥皮春卷，除自家食用外还馈赠亲朋好友，已成为沙沟的一道特色招牌菜。

酥皮春卷的做法很特别，先将一定的面粉倒入干净的容器内搁着，接着在炒锅上火后放入熟猪油100克将其烧热，另用一口锅将高汤200克烧沸和热油同时倒入装有面粉的容器内，快速搅拌上劲，冷却后即成酥油面。取炒锅上火，放熟猪油50克、高汤、鸡丝、野鸭丝、肉丝、虾仁、冬笋、香菇、精盐烧至入味，再放入韭黄、味精，用湿淀粉勾芡，起锅时淋入芝麻油，即成馅心待用。接着，取油酥面搓拉成长条，摘成剂子，擀成薄皮，放入馅心，包成长7厘米、半径1.5厘米左右的圆柱形春卷生坯，用鸡蛋清封口。最后在炒锅中放熟猪油烧至五六成热时，放入春卷，炸至金黄色捞出装盘即成。

沙沟酥皮春卷经过好几代人的制作和传承，除了饭店的厨师会加工外，民间老百姓家家会做，特别是过年过节，沙沟镇上家家都要做上一些酥皮春卷，在沙沟除鱼圆、藕夹外，酥皮春卷成一种充满吉祥、财气的美食文化。

十二、兴化三腊菜制作技艺

三腊菜，顾名思义是三九寒冬、腊月里做的菜。选用野生麻菜为主要原料，根据中医药食同源理论，配以优质的精制菜油、白抽酱油、优质的萝卜干为原料，经过十多道工序精心制作而成。

相传施耐庵写《水浒传》时，日日以三腊菜佐餐，一撮进嘴，腊味便穿鼻而过。传说每当伏案写作《水浒传》思路闭塞时，并取一撮三腊菜放入口，灵感大发，成就传世名作《水浒传》，故称其为“开胃通窍三腊菜”。长期食之，有通气明目、开胃健食之功效。

三腊菜的制作流程为：一是采摘麻菜。进入三九寒冬，采摘田埂上翠色欲滴、无污染的野生麻菜。二是晾干洗净。将采摘的野生麻菜用绳子串起，挂在朝北的阴凉处，朔风吹干两个月左右，然后用清水洗净，去黄叶留总根。三是文火炒作。将洗净的野生麻菜用刀切细，放在铁锅内用文火炒至三成熟即可起锅。炒是关键，如果炒的时间过长，麻菜就会变黄、变烂，吃时口感不好、辣味不够；炒到恰到好处，辣味才浓。炒好后，将野生麻菜盛于大盆中，使之充分冷却。四是添加佐料。将炒好冷却后的麻菜与事先准备好的佐料均匀拌和（以制作10斤野生麻菜为例，需熬熟精制菜油1.5斤、白抽酱油1斤、切碎的白萝卜干2斤左右、新鲜生姜3两、细绵白糖3两、炒过的精盐3两和味精少许）。五是密封保存。将炒至三成熟的野生麻菜与佐料均匀拌和后，分装在大口瓶中密封10天后即可食之。食时，如再加上少量麻油和食醋，味道更佳。

2010年被列入泰州市第三批非物质文化遗产名录。

十三、沙沟藕夹子制作技艺

沙沟镇地处里下河腹部，前有湖后有荡，水资源十分丰富，盛产河藕，沙沟藕夹子是当地的一道家乡菜。

藕夹子是用两块藕片夹馅合成油煎而成，寓意合家欢乐。是因为藕夹子的形状很像古时的钱币。上年纪的老年人戏称藕夹子为“洋钱”，食藕夹有“进财”之意。所以，藕夹子是一道吉祥菜。河藕为睡莲科的根茎，味甘性平，有开胃健脾、清热散瘀之功效，是集食用和药用为一体的植物。所以用河藕为主料制作的藕夹子又是一道保健菜。

图24-19　沙沟藕夹子（2009年摄，市文广新局提供）

逢年过节，镇上每家每户都要做上一篮子藕夹子，除自家食用外还馈赠亲朋好友，沙沟藕夹子逐年声名鹊起，成为沙沟的一道特色菜肴。制作藕夹子选用直径在5厘米左右的藕段，除去藕节去皮后洗净开始切片。切片非常讲究，要求厚薄均匀，一只藕夹由两片组成，两片之间不能分离，仅留8毫米的连接，每片的厚度要控制在4毫米左右，这就要求厨师的刀工要好、心要细。接着是制作肉馅，肉馅选用精肉剁成肉泥加上细猪油渣，并加入生姜、葱、盐、味精等，充分搅拌均匀备用。再下来要把加工好的肉馅从藕夹的开口处填塞进去，最后将肉馅藕片蘸满面粉糊，放入烧开的油锅中煎炸而成。

沙沟藕夹传承几百年，除了饭店的厨师会加工外，民间老百姓家家会做，特别是过年过节，沙沟镇上家家都要做上一篮藕夹，在沙沟除鱼圆外，藕夹成了一种充满吉祥、财气的美食文化。

十四、兴化米甜酒制作技艺

米甜酒在人们日常生活中，特别是逢年过节是馈赠亲友、家人饮用不可缺少的最佳饮品，它不仅是佳节人见人爱的饮料，而且是一种滋补的保健食品。

米甜酒是里下河的传统产品，距今已有500多年历史，从明代开始这里的米甜酒酿造就已达到了较高的水平。民国20年（1931）兴化有槽坊23家，年产白酒3920担。民国26年（1937），槽坊增至70余家，大多集中兴化东北乡，产有白酒、米甜酒、雪酒、状元红。1949年有槽坊46家，从业人员306人，年产白酒95吨，1954年，用稗子为原料酿酒。次年恢复米甜酒生产。1979年，兴化市粮食局在东门外宝塔街组建国营兴化酒厂，年产白酒475.94吨，米甜酒166吨。1987年酒厂迁至南郊东五里（现昭阳镇五岳小区）建成年产米甜酒和麦芽各5000吨的酿造车间。1990年该酒厂有职工153人，占地39887平方米、固定资产392.69万元，年产麦芽2480吨，米甜酒752吨，产值378万元，亏损20万元。由于企业改制，该酒厂倒闭后卖给私人。兴化板桥酿酒老板陈往喜是兴化祖传生产米甜酒的传人，由其酒坊生产出的“板桥故里”米甜酒由于认真贯彻执行“精选、精酿、精调、精品”

的质量方针，所生产的米甜酒口感醇厚、回味悠长。2002年11月，板桥酿酒坊被泰州市质量技术监督局授予“泰州市执行标准优秀企业”称号。2003年12月，被中国中轻产品质量保障中心授予“中国消费者放心购物质量可信产品”称号。该产品以远销浙江、上海、无锡、镇江、扬州等地，由于质量上乘，受到当地消费者的青睐。

十五、兴化药膳八珍糕制作技艺

清光绪十四年（1888）春，兴化地区发生水灾，水肿病及类似水肿病盛行，夏秋时又出现旱灾，霍乱等传染病流行，“奔走求医者纷然于道路”。于是，兴化名医赵海仙拟定20多种方剂予以救治。同时，借鉴明代万历末年（1605—1615）扬州府南通县籍医学家陈实功初创的“八仙糕”制作方法，研究北宋御制《太平惠民和剂局方》、明代名医王肯堂《六科准绳》、清代名医汪昂《汤头歌诀》所载古方，结合宋代陈植“药食同源”的药膳学理论，根据兴化等江淮地区发病的特点和君、臣、佐、使的组方原则，对古方进行变化运用，创造独具特色的兴化药膳八珍糕（又名“八珍参糕”“补益八珍糕”“健脾八珍糕”），用以辅助治疗水肿类疾病。

赵海仙将兴化药膳八珍糕配方及加工方法提供给兴化“极升号”茶食店，由其精心制作。人们以糕代药，食而治病和防病，效果明显，一时名闻遐迩。不久，兴化药膳八珍糕便成为兴化地方的传统名特产品。

现代兴化药膳八珍糕选用党参、茯苓、白术、芡实、苡仁、山药、山楂、陈皮、谷麦芽等平性补益药材，佐以米粉、熟面、白糖、麻油等，根据传统工艺，用现代科学方法制成，具有“四君子汤中和义，参术茯苓甘草比。四物地芍与归芎，血家百病此方通。八珍合入四君子，气血双疗功独崇”的效能。主治因脾胃虚弱而引起的消化不良，腹胀便溏，面色萎黄，体形瘦弱等病，有交通心肾之效，有补而不滞，燥而兼润，补脾益气，渗湿助运的作用。尤其适合儿童和老年人。

1990年后，由于企业改制，加上现代人口味的变化，兴化药膳八珍糕濒临失传。2007年被列入兴化市首批非物质文化遗产名录。

第三节　工具和器械制作技艺

一、兴化水车制作技艺

兴化地处里下河腹部，地势低洼，历史上有水就淹，无水则旱。为避旱涝之灾，百万农民在长期农业实践中创造了“兴化水车”，为兴化先民的生存、繁衍发挥极为重要的作用。兴化种植水稻有1200多年历史，兴化水车也一直作为提水浇灌的主要农具。兴化水车以人力车和风力车为主，分为脚车、泼车（手摇、手杆车）、风车、洋车等。20世纪70年代后期，由于抽水机的普及，木质水车逐渐从兴化人的视野中消失。1985年，兴化市仅存276部备用风车，少量观赏风车。进入21世纪，兴化水车传统的制作工艺已进入濒临失传的状态。

2000年后，兴化市陈堡镇农民徐长龙挖掘研究，在古代制作风动水车的基础上进行创新，使古老水车从以前只用于农田灌溉的单一模式，演变成为集观赏、娱乐、运动、健身为一体的新型游乐水车。2005年9月，该水车制作获国家知识产权局专利证书。徐长龙制作的水车结构合理，安装方便，傍水设置，车声吱吱，水流潺潺，村野增色，不仅传承和显现了古代水乡劳动人民的智慧，而且也逐步成为新时期人们观赏的新宠和锻炼的器具。2005年后，上海南汇桃花园、南京汤山度假村、南京甘泉河公园、扬州凤凰岛公园、苏南周庄公园、溱湖风景区、大纵湖风景区都置有兴化水车，成为原生态旅游的一道靓丽的风景线。2008年被列入泰州市第二批非物质文化遗产名录。

二、传统木船制造技艺

竹泓镇河港纵横，交织成网，是典型的水乡地域，无船难行，小木船是当时的群众出行、生产生活的主要工具，为此历史上该镇就形成制造木船工艺，久负盛名。

据传在宋代范仲淹修筑“范公堤”之前，竹泓镇就是一个出海口，当时镇上就有了制造沿海捕捞渔船为主的手工作坊；明朝以来，主要以制造农用船和内河捕捞渔船为主，到清朝末年，竹泓木船制造已成气候，全镇以周、郑、陈、王、冯、崔、李等几大姓为主，从事纯手工生产农用、渔用、商用木船，并延至现今。目前全镇专业木船生产的手工艺人约80人，年产各类小木船近4000条。竹泓木船制作主要以杉木为主要原料，辅以铁钉、麻丝、石灰、桐油等，此杉木材质结实、有韧性，所造之船吃水浅、浮力大，能载重，轻巧灵敏而且比较坚固耐用。

图24-20　传统木船制造技艺
（2010年摄，市文广新局提供）

整个造船工艺相当复杂，工序多，工艺难度大，从选料备料到断料、配料、破板、分板、拼板、投船、打麻、油船等有十多道工序，均为手工操作。竹泓木船广泛应用于农业生产、渔业生产、交通运输、城市景区观光旅游，销往全国十多个省市，并有数百条出口到日本、荷兰、德国等国家。2008年6月被列入第二批国家级非物质文化遗产名录。

三、兴化戏曲脸谱制作技艺

兴化早在宋代就有“瓦肆”再现，瓦肆犹如现今的戏曲舞台和班底。清乾隆五十五年（1790），“四大徽班”进京演出演员中就有兴化茅山一带的名伶。徽班进京演出后的部分徽班演员沿着古老的京杭运河来到苏北里下河，吸收了昆腔、秦腔的部分曲调和表演方法及其他民间曲调，通过演变发展成为京剧，那时兴化城乡有20多个戏曲班底活跃在百里水乡，其中就有祖籍高邮的吴氏家庭班底。具有百年历史的吴氏家族，是苏中、苏北一带小有名气的梨园世家，太祖父和高祖父都在徽班打杂，五代人员其中祖孙三代正宗唱戏，祖父吴春林，13岁开始学唱戏，后带领戏曲班底在苏北一带演出，吴氏的第二代传人吴通斌自幼随父在京班学戏，都是扮演的花脸，由于演艺高超，便成为里下河地区的著名花脸演员，吴氏第三代传人吴红顺随父学练武功，祖孙三代与京剧结缘，可以说是“京剧艺术世家”。

1955年在兴化注册登记的京剧团有3个，即兴化京剧团、红旗京剧团、新兴京剧团。1958年，三团合并为“红旗京剧团”。同时在京剧艺人子女中挑选28人成立儿童京剧团，吴氏的第三代传人吴红顺被该团选中并在里面学习京剧武生，9岁即团里学唱花脸戏。从那时候起其迷上脸谱这门艺术，充分利用该团扮演花脸演员，老师替其化妆面部的机会，找来旧报纸将自己脸上的脸谱复印下来，留着绘画脸谱做参考。经过多年的绘画实践，吴红顺将脸谱画到扇面、花瓶、帽筒、笔筒、鸭蛋等物品上，让人摆放在装饰橱子里，给人以美的享受。

四、兴化木杆秤制作技艺

兴化老字号马荣泰秤店（木杆秤制作坊），始建于清末民初，马氏最初从陕西西安移居江苏阜宁，《马氏族谱》记载着马氏祖先世代相传的传统木杆秤制作技艺的原理。兴化的马氏家族一直都以制作各类木杆秤为业，所制作的秤大的可称重200千克，最小的是各药房用于称重中药材为几钱的小盘秤。

自1959年起，兴化普遍推行10两制秤（每市斤10两、每两50克），木杆秤仍在民间和一些营销企业运用。20世纪50年代中期，兴化成立衡器组，制作木杆秤，当时马义荣就走进衡器组工作，从事传统的木杆秤制作。1980年，兴化衡器组并入日用五金修造厂，衡器组停产。此后，兴化城乡个体制作木杆秤渐有发展，马氏后裔马义荣离开衡器组，再次打出“老字号马荣泰秤店”，重新挂起招牌。木杆秤制作是一门精细的手艺，工序复杂，需要几十道工序。首先是秤杆，非要采用硬木才行，选好木料，需要晾放一年，然后才能使杆成型，刨光打磨，其次是弹线定星位用分度尺划分刻度、测定盘星、钻孔打眼、敲星点、上色刷漆、包铁皮或铜皮，最后检测等。每道工序都得小心，稍有闪失，秤就会出偏差。

五、兴化扫帚制作技艺

兴化扫帚制作技艺可追溯到宋代，从众多的宋代绘画和全国少量的出土实物来看，兴化宋代已经是鸡毛掸子的制作时期，许多能工巧匠所制作的鸡毛掸子式样、种类与宋末明初没有多大区别。

清光绪年间，薛氏祖先从苏州阊门迁移到苏北建湖，并将传统扎扫帚技艺带到当地，繁衍了薛守信、薛学宽、薛志荣等薛氏后裔。清宣统年间，薛守信从建湖迁居兴化，传统扎扫帚技艺也在兴化生根，同时也培养了一大批扎扫帚的人工巧匠。

20世纪50年代，兴化县政府成立扫帚合作社，把城区扎扫帚的人工巧匠全部组织起来，薛氏父子就是该社的员工，年生产扫帚20万把。1972年企业被政府撤销，扫帚生产又恢复为作坊式生产。薛氏后裔制作的扫帚有大扫帚、小扫帚和专门用于洗锅的洗锅耙子，且生意十分红火，产品在市场上十分抢手。20世纪90年代初，兴化化建物资公司改制，薛志荣从化建公司回到家中，重操旧业，仍然干起薛氏祖传扎扫帚这一老行当，所扎的扫帚源源不断地走向省内外市场，深受广大百姓的喜爱。薛氏传统扫帚制作技艺世代相传。兴化掸子坊未拆迁前，兴化电视台曾对薛氏扎掸子作过专题报道。

图24-21　兴化渔具制作技艺
（2009年摄，市文广新局提供）

六、兴化渔具制作技艺

里下河地区辽阔的水域，盛产各种鱼、虾、蟹、贝、蒲、菱、草、藕及野禽、爬行类、两栖类，兴化先民根据尾（只）个体大小，创造制作的渔具和各种不同渔法有近60种之多，如有撇网、大网、弓网、撒网、泥网、小卡、大卡、丝网、大钩、绷钩、挂钩、曳钩、大罱、小罱、亚子、虾笼、捣网、喷枪（公安局登记注册）、蔽箳、豪、大罾、小罾、板罾、提罾、簖、扒钩、大龙罩、小龙罩、花篮等。

兴化渔具制作技艺是中国众多的水

网地区中，具有很强的代表性，在国际上也享有一定美誉。2008年被列入泰州市第二批非物质文化遗产名录。

七、兴化犁具制作技艺

农业机械化推广之前，兴化农村地区保留用牛拉犁种地的习惯。特别是老圩乡偏僻的田地间、小垛田及零隙地，仍可看到淳朴的农民用牛拉犁种地的身影。

耕田犁具制作是以传统的犁具为样板，用特殊木材（桑树）制作而成，由木工纯手工制作，每个环节工艺都很考究，全部用凿人工打眼，做成榫头，然后相互连接，整个犁具没有一颗铁钉或螺丝钉，由犁辕、犁梢、犁梢把手、犁剑、犁底、撑耳、犁刀、犁耳、犁钩、犁单、绳索、格头、仰板、赶牛绳、赶牛棒等15个部分组成。做好后，用桐油刷两遍，吹干，便可下地耕作使用。

八、竹泓传统木桌琴凳制作技艺

竹泓一带的群众民风淳朴，崇尚礼教，热情好客，家家客厅里都会放置一张方桌，俗称“八仙桌”，配上四条长凳，俗称“琴凳”，可以坐八个人。当地就相继出现木桌制作的手工作坊，并形成独特的木桌制作工艺。

竹泓木桌外形古朴典雅、美观大方，厚重沉稳而又坚固耐用，以老龄柏木、朱木、桑树为主要原料，此类木材材质坚实、不易变形，经久耐用。木桌制作从选料备料到断料备料、断料配料、分板破料、定尺刨料、雕花、凿眼梭榫、开槽拼板、投拐、拼桌面、上桌面、油漆等有十多道工序，均为手工操作，工艺相当复杂，工序多，工艺难度大，普通木工匠人难以熟练掌握。

明、清以来，竹泓木桌制作主要以板桌、斗拐桌为主；清朝末年至近代，是竹泓木桌制作的成熟期，镇上有木桌制作作坊十多户；改革开放后的30年为竹泓木桌制作的兴盛期，顶峰时期全镇有300多户家庭从事木桌制作作业，全年约生产木桌8万套。20世纪90年代末期，该镇的木桌制作工匠们在传承这项传统工艺的基础上不断丰富创新，技艺更加精良，所制木桌拓展到雕花斗拐八仙桌、各种雕花板花八仙桌，其中有分镂空雕花和平板雕花，雕花条台、花架、茶几、方凳、圆凳等不同品种。2010年，全镇专业从事制木的工匠已不足100余户200人，年产各类木桌2万套，主要销往周边县市，还有一部分被销往外省市。

九、兴化古筝制作技艺

具有百年历史的冷氏家族，虽然是扬州邗江李典镇人，后因冷氏族人冷立新娶兴化昭阳镇市民周丽荣为妻，于1985年到兴化落户。据《冷氏家谱》记载：冷氏木雕世代祖传，清光绪年间，冷氏先贤冷万太就在扬州市李典镇学会了木雕这门技艺。20世纪80年代初，冷氏后裔冷步年（冷立新的叔父）在扬州学会了传统民间乐器古筝制作这门技艺，并随后传给了侄儿冷立新，由于冷步年制作古筝技艺高超，被扬州市人民政府授予“扬州市工艺美术大师”称号。冷立新带着叔父冷步年的制作古筝技艺来到兴化，并将这门技艺传给东鲍镇灶陈村青年王达军、中堡镇青年陈忠平、昭阳镇青年王林，为民乐古筝在兴化的生产打下基础。由于古筝创作所需材料十分考究，经过11道程序制作而成，制作古筝必须用优质楠木、织木为原料。兴化古筝等制作坊生产的优质古筝随扬州金艺乐器厂的产品一起远销北京、上海、南京、广州、哈尔滨、厦门及新加坡、泰国等国内外市场。

十、兴化钉鞋制作技艺

明朝洪武年间，里下河地区经常泛滥成灾，苏北高家堰崩倒后，苏北地区全部淹没，仅存人员四处逃难，后流落到溪子里（现七子村），相传少数人在荻垛镇七子村定居后，开始农耕和取鱼为生。后来七子村人办起牛船节，把自己家的牛、船和手工制作的钉鞋又称油鞋在牛船节上进行交易。晚清时，国内战事不断，百姓民不聊生加之当时经济落后，乡间道路均以土路为主，一遇阴雨天，道路泥泞不堪，人们无法行走。当时的做鞋匠（后发展成大部分村妇）均能仿古制作成雨天能够在外行走的雨鞋即钉鞋。钉鞋的制作和使用一直沿袭至20世纪50年代，随着工业的发展和社会的进步，胶鞋（又称套鞋）应运而生，钉鞋随之退出历史的舞台。

第四节 兴化垛田生产技艺

图24-22 秀色垛田 （2007年摄，市文广新局提供）

垛田，既是一个行政区域的名称，又是一种特有的耕地形态。作为行政区划的垛田镇，位于长江以北里下河腹部兴化市区的东郊，全镇辖22个行政村，5.7万人口，总面积59.64平方公里，具有悠久的蔬菜种植历史，是著名的蔬菜之乡和民间艺术之乡；而作为耕地形态，垛田，俗称“垛子”，则是一种四面环水、大小不一、形态各异的岛状耕地，这是千百年来世世代代垛田人于沼泽荒滩之上手挖肩挑堆垒而成，是垛田人适者生存、与大自然和谐相处的智慧结晶、经典杰作。垛田大的两三亩，小的只有几分、几厘，垛与垛之间互不相连，四面环水，形同海上小岛，有人称其为“千岛之乡”。在垛田范围内，有2万多亩这样的耕地、几千块这样的垛子，如此规模的垛田集群，如此独特的地貌，在全国乃至世界上实属罕见，可谓天下奇观。垛田有种植油菜的传统，每逢春季油菜花开放季节，散落于万顷碧波之中的万千垛子上，披金镶翠，形成“河有万弯多碧水，田无一垛不黄花”的无比壮观的垛田春色。

早在20世纪50年代兴化就曾有“垛田油菜，全国挂帅”之说。自从20世纪70年代著名摄影家吕厚民拍摄的垛田春色图发表、获奖后，全国各地的作家、艺术家、名人政要和中外游人，纷纷来垛田采风、观光，并写下许多赞美垛田春色的诗词、美文。垛田的自然风光和生态特质，成为独具魅力、极富潜力的旅游观光景区。每年清时节前后，千垛万垛一片金色，荡舟其间，会有“船在水中走，人在花中游”的感受。壮丽的垛田春色，每年都会吸引许多文人雅士和中外游客前来观赏。2009年，被兴化市人民政府公布为文物保护单位。

第五节 烧造技艺

一、铜器制作技艺

兴化何时有铜器制作技艺，一般认为明朝发生洪武赶散后，江南人带来若干个先进文化，其与土著的兴化人相融合，兴化的铜器制作也随之发展起来。明嘉靖年间，被誉为状元宰相的李春芳，在兴化东城内八字桥以西老街建造人称“元老府”的府第，大门上安装一对生灵活现的铜虎头门扣，做工相当精细，而这副铜门扣就是洪武年间从苏州阊门迁至建湖辗转兴化的蒋氏先贤制作的。据《兴化市志》记载：明清时期，兴化城乡的铜锡器、银器、生铁器冶铸造，为全县农牧、渔业服务的传统铁、木、竹等生产具有一定的规模。当时的铜匠行业的业主们为了生计，挑着担子走村串户，大多数以船为家，一船一家，一副铜匠担子。担子一头是炉灶，一头是工具，悬挂着一些铜产品。一旦生意来临，河边制作，铜匠师傅们挑着担子晃动并不时发出铜器碰撞声。

20世纪50年代初，兴化铜业工会成立，蒋氏后裔蒋德宽被推荐为会长。之后，蒋氏后裔蒋德宽侄儿蒋建平带着传统的“兴化铜器”制作技艺严格按照蒋氏祖传的铜器制作技艺，严把制作中白煤、化铜温度、模具漏气、铜水冷却、铜片画线、剪铜板、铜板打磨抛光、图案雕刻等八道程序，几乎走遍了苏中、苏北的每个角落，所制作成为流传于民间的艺术时代。由于它的品种、花样繁多，做工考究，春兰秋菊，巧夺天工，让人看后赞叹不已，从而形成水乡“兴化铜器”的一大特色。

二、锡器制作技艺

自古以来，兴化及里下河一带广大城镇乡村中，常年活跃着一支以铜匠、锡匠、铁匠、箍桶匠、补锅匠为主的“五匠”队伍。这五匠之中，当数锡匠的历史最为悠久。清朝中期，兴化锡匠已有数百人之多，有的定居城镇，每日挑着锡匠担子走街串巷招揽生意。有的以船为家，来往于里下河及苏中、苏北、苏南广大城乡，为百姓打造各种锡器。为了交流技术、互通信息，维护自身的权益，兴化锡匠自发地建起“兴化锡匠会”，规定每年八月十八日为会期。届时，所有参会人员必须到兴化城集中开会，同时举行祭祀锡匠祖师爷—李老君。历史上，兴化城及四周有4个锡匠会，东台南安丰镇为南会。其他3会已停办，兴化锡匠会停办43年后，于1995年复会。

兴化锡匠始祖有陈、杨、黄三大姓。他们的手工技艺世代相传。兴化历代其他姓氏从事锡器制作的工匠，都是从以上三姓学来的。清末民初，兴化城有锡匠百人之多，为里下河各府、县之首。兴化锡匠历来所制作的各种祭器、酒器、茶具、酒龙、消防水龙头部件以及各种庙会仪仗等锡器艺术品流布全国各地，有许多被民间爱好者和博物馆收藏。

第六节　家具传统制作技艺

清咸丰年间，从苏州阊门移居到苏北盐城的李氏家族族人李兴旺将家具传统制作技艺在当地传承，后因再次从盐城转移到兴化大邹镇，李氏后裔李贵方随之将家具传统制作带到兴化。随着李氏硬木家具在水乡的传承与发展，兴化的风气也随之大变。明清家具在兴化的出现，标志着兴化家具发展巅峰的到来。兴化家具传统制作技艺有着规范的严格要求，从设计到木工制作，再到雕刻装饰与油漆，每道工序工艺复杂。

民国37年（1948），兴化城乡家具店有20多家，其中孙文昌、朱同兴、曹克基和城郊的李贵方家具店较大，木器有的是委托加工产品，有的是自投作坊雇工生产。产品有架子床、站柜、椅子等。唯有李氏家具店制作的家具胜人一筹，其产品有太师椅、八仙桌、八仙圆桌、雕花床、雕花格扇、屏风等，且生意十分红火，自李氏族人李占翱将明、清时期的家具制作技艺传到第七代传人兴化明兴红木家具厂李照明手中，李氏家具世代相传，使用传统工艺和现代科学技术相结合生产的仿明清时期的传统家具在水乡实属罕见，充分展现明清家具的风采，由于家具质量上乘，深受全国各地消费者的喜爱。

兴化明兴红木家具厂是兴化市唯一的一家专门从事明、清家具制作的企业。李氏后裔厂长李照明采用专业技术人员设计的各式仿明清时期家具的生产图纸，选用国内外的优质红木、樟木、桦木、楠木、榆木、高丽木等10多种木材制作硬木家具。明清家具制作技艺从材料、造型、结构、工艺乃至功能等方面都充分体现明清时期文人雅逸、含蓄、内秀的审美情趣，与苏中生态水乡兴化秀丽的自然环境、人文环境与古邑昭阳的精美的园林及受当地保护的文物府第中的厅堂内部陈设协调一致。这些家具设计精巧，制作精致，线条挺拔，比例适度，刚中有柔，漆泽光亮，极富韵味，具有很高的艺术格调。

第七节　织染缝纫技艺

一、青布挑花技艺

青布挑花又名架子花、十字挑花，广泛流传兴化一带。长期以来，经过一代又一代农家妇女的精研细作，这门工艺日臻完善，以明快的色彩组合、精巧的图案构想凸显出独特的艺术表现力。青布挑花是水乡农村民间长期广泛流传的一种民间工艺，其内容丰富，品种繁多，图案精美，色彩富丽，具有浓郁的地方风格和民族特色。青布挑花起源于唐宋时期，成熟于明末清初。据《兴化县志》记载：早在宋代，兴化就有十分讲究的挑花工艺，女孩刚懂事就跟着妈妈或婶婶做针线活，一直做到出嫁。

青布挑花不同于一般刺绣，刺绣重刺，挑花重挑。农家姑娘在藏青色的土布上，按照代代相传的纹样样板，以白色棉线为十字交叉针法挑制成的一种刺绣。其中针脚为“×”字形的称“十字绣”，针脚为“一”字形的称平线绣。包括团花、边花、角花、填心花等；表现手法简练、高度夸张变形、高度程序化、几何化；描绘的对象有龙凤、花鸟、人兽、虫鱼、器具及少量的文字；挑法上有单面挑与双面挑，用特技针法挑出正反两面一样的图案；品种有近40种，大至被面、门帘，小至香袋、袜带、方巾、围裙等，均为妇女、儿童日常生活穿戴和卧房内的部分用品，也有的是用于男性所需的女工制品，如褡裢、腰带、烟袋，或定情信物。青布挑花的主要原料是当地的家机布，又叫大布，这种布被染成青色作底，艺人依靠一根针、一根线在上面交替挑绣各种图案。青布挑花是用白线挑绣，用针将白线挑制在底布的经线和纬线交叉在网格上，形成立体感强的图案。青布挑花富于变化，各种团花、填花、边花、角花构成图有千百种之多。青布挑花全凭农家妇女一双慧眼和巧手，循土布的经纬进行徒手操作。其立意巧妙，布局合理，图案古朴繁杂，左右对称，体现出浓厚的民族特色和乡土气息，加之针法精细，每件作品都有收藏价值。2008年被列入泰州第二批非物质文化遗产名录。

二、绣花虎头鞋制作技艺

虎头鞋是民间广为适用人们穿着和装饰的一种民间艺术形式。清末民初，兴化的鞋帽刺绣等手工业已形成一定规模。1956年，城区有嘉禄、天禄、翔云、金童、泰和等鞋帽店，前店后作（作坊），自产自销，个体绱鞋匠遍布城乡。当时城乡组织鞋帽皮革生产合作社，除少量线缝皮匠外，主要生产布鞋、帽等。位于城区八字桥老街8号的老字号“兴化金童绣花虎头鞋制作坊”是兴化绣花虎头鞋传统制作技艺的佼佼者。

据金氏后裔金兆松回忆，其儿时所看到的《金氏家谱》中记载，金氏家族制作虎头鞋历史悠久，源远流长。清同治年间，太祖父金宏禹学习南方的制鞋技艺开始制作传统的虎头鞋，并一代一代地往下传承。到了金风年的手中后，儿子金兆松自幼随父做虎头鞋，儿媳陈赛兰自进入金家以后，耳濡目染，便学会了这门手艺。金氏的传统技艺世代相传至今已有上百年历史，所制作的虎头鞋胜人一筹。由于该虎头鞋的工艺比较复杂，在兴化城区已越来越稀少，整个东大街仅剩一家，且制作的虎头鞋式样几乎与古代平分秋色，充分体现明、清时期的风格。本地作坊所制作的虎头鞋一直深受全国各地消费者的喜爱，不少外地人都慕名前来求购带回去馈赠亲友。

第八节　编制轧制技艺

一、兴化渔网编织技艺

织渔网是一种用熟麻捻成线或用化纤制成的尼龙线按需要的大小网眼和面积，以专用工具，上下左右打结，织成中国象型文字“网”状制品的并有着特定用途的传统工艺。织渔网纯属手工活计，有坐式、立式、走动式和单人、双人、多人操作式。织渔网时首先按用途和大小选好符合要求的麻线（现为尼龙线），然后根据设计放头。操作时用“梭子”罗织，梭子是织渔网的专用工具和重要工具，有木制品、骨制品、贝壳制品（现时也有金属制品）。梭子的大小长短以所需的网眼大小而定；同时又起到控制网眼大小一致和穿行引线、反复打结的关键作用。织网按横向顺时针方向进行，要求织网者必须手腕灵活、技术娴熟、力度均匀，保持专心、细心、耐心，真正做到聚精会神、一丝不苟。织网达到设计要求时，便随之直入关键阶段，这是整个织网全过程重要的组成部分，也是将渔网织成成品的最后环节，其中要进行上“纲”、装“目”、扣“镇”处理。“纲”用麻绳或尼龙绳做成，大小长短视渔网各项规格确定，其固定在渔网外固周边；“目”由易浮物做成，古时用木料，现时用塑料泡沫（有专用品生产和销售），以相隔50—80厘米的尺寸匀布在渔网上端；“镇”在渔网的下端用小石子捆绑围边，或用铅制品、布设围边。“纲”的作用是便于使用者在布网、拉网、收网和撒网、围网、拦网时抓拿掌控；“目”的作用是将渔网的上端向上飘浮，“镇”的作用是将渔网的下端向下沉没，形成一道从水面到河底可移动的或固定的捕鱼和拦鱼屏障。有的渔网由于选用麻线、麻绳为材料，为防止容易被水侵蚀，还需用新鲜猪血经常浸泡，进行必要的防护与强化处理。

二、兴化藤柳编织手工工艺

兴化藤柳编织手工工艺历史悠久。兴化从海涂滩地淤积为陆地，最早生活这方土地之上的人群就地取材，利用自然野生柳条，编织简易生产工具和生活用具。唐代，淮南节度判官李承主修兴化东部拦海大坝，以阻挡海水倒灌，发展农耕；宋代，范仲淹任兴化知县时，率民四万之众，历时一年修筑捍海堤。抬运泥土时，主要工具之一就是使用大量的柳筐、柳担。

明清两代，随着社会的发展，在大量使用柳制品的同时，藤器也伴随产生。藤柳编织制品也不局限于初始实用的状态，逐步向编织精细、品类多样化发展。达官贵人，普通百姓都广泛应用，如做工考究的藤椅、藤桌、藤枕等。特别是清末民初兴化藤柳编织传统工艺得到空前发展，品种达上百种之多，有桌椅类、床几类、箱包类、柜架类、工具类、用具类、工艺类，并根据用料、做工、样式的差异，分高、中、低不同档次。

中华人民共和国成立后，兴化成立县藤柳合作社，后又建起藤柳编织厂。20世纪80年代，西鲍乡建立藤柳编织工艺厂，生产外销产品，后扩展到安丰、垛田、东鲍、林湖等24个分厂。

藤柳编织主要原料为本地产物花柳，安徽白条柳、萱麻，云广山藤、印度尼西亚白藤以及浙江青竹。主要工具：大小刈刀、刨刀、锥子、木柳头、手幸玷、小料锯、剪刀、尺子、圆规、喷灯等。

藤柳制品手工工艺主要有三大类别：一是藤类，二是柳类，三是竹类。三种类型的制品制作时，既有区别又互相联系，藤器中有柳竹，柳器中有藤竹，竹器中又离不开藤柳。由于它们三者的相互作用，形成主次分明自成体系的若干品类。藤器桌椅类有大小方圆桌、座椅、躺椅、摇椅、藤沙发、茶几等，箱包类有藤箱、藤包等，杂品类有藤忱、藤被扑子、藤篮、藤盘、藤落子等。柳器生产工具类有柳筐、柳篓、柳安全帽、柳包装箱等，生活用具类有笆斗、小斗、挽子、大小匾子、簸箕、衣箱、柜架、桌椅、提篮、花篮、工艺挂件等。竹器品类繁多。藤柳品制作时无固定尺寸，各种制品的大小、长短、高矮、方圆、用料、色调、粗细，根据客户需要而定，全部以手工制作讲究形拟、牢实、美观，耐看耐用。在少数柳制品中还配以铁构件，如笆斗中的铁手环，柳箱的铁皮包角包边。2007年被列入兴化市首批非物质文化遗产名录。

三、郑周蓑衣制作技艺

蓑衣又称雨披，是人们雨天外出、田间劳作、遮风挡雨的原始工具。18世纪初，获垛镇获垛村荻草丛生，垛垛相连，勤劳智慧的郑周人因地取材，用荻草制作蓑衣，后来发现沿海一带茅草防雨透气，性能更佳，就改用茅草编织蓑衣，这种蓑衣不但防雨透气，且轻便易带。

蓑衣分上下两截，每个环节均手工制作，结蓑衣的主要材料蓑衣草由最初用荻草制作，后来到东台青蒲罗家庄采购，这里的蓑草质量高、草质洁白，有时也到东台海边去采购，除此还要用稻草事先制作好结蓑衣用的蓑衣瓜（制作蓑衣的骨架）。蓑衣草外表茅草自然下垂，内壁相对较平，以前是较好的防雨工具。

获垛镇郑周村是兴化制作蓑衣的发源地，全村600多户，不管男女老少都会制作蓑衣，一直到20世纪80年代都作为家庭副业。随着塑料工业的兴起，以塑料雨具取而代之，古老的蓑衣制作就此衰落。2010年，郑周村仍有数十人能制作蓑衣。

四、竹泓制香制作技艺

历史上，竹泓修建大小庙宇无数，在农闲之时或丰收之年免不了烧香敬神。因此在当地就相继出现制香的手工作坊，并形成独特的制香工艺，从此延续下来，一直流传到现在。制香从选料、备料到配料、插香、切块、冷藏、压榨、撂香、晒香、上架整形、包装等有十多道工序，均为手工操作，工艺相当复杂，工序多，工艺难度大，普通工人难以熟练撑握。

明、清以来，竹泓制香主要以寿字香、盘香、檀条香、斗香为主；清朝末年至近代，是竹泓制香的成熟，镇上有制香作坊十多户。20世纪80年代末期，该镇的制香工匠们在传承这项传统工艺的基础上不断丰富创新，技艺更加精良，顶峰时期全镇有280多户家庭从事制香作业，全年约生产香3万多吨。2010年，全镇专业从事制香的工匠已不足300人，150余户，所制香拓展到佛香、蚊香、卫生香等各个不同香种。年产各类香2.5万吨，主要销往周边县市，还有一部分被经销商重新包装贴牌后销往全国各地。

五、茅山竹筷制作技艺

茅山竹筷制作，是兴化的老行当之一。茅山镇地处水乡腹地，为平原地貌，本地并不产竹子，都靠到外地用车船将原料运来生产制作。茅山镇之所以成为制作竹筷、竹器的地方，是由于中华人民共和国成立前茅山地区有很多人在浙、闽、赣等地谋生，学会制作竹器。20世纪50年代，在外竹筷艺人返乡成立专业合作社，即竹筷厂的前身。1976年茅山成立兴化县竹筷厂，工人由五六十个人发展到200多人，产品由省里包供包销，远销全国各地，供不应求。工厂改制后，由个体经营、加工。

竹筷制作工序：从购料、选料到制成成品，需要经过：一锯（下料）、二劈（选择茅头要大的、粗的、竹节长大的）、三削（去掉两头节把，一般长度26厘米）、四刨（长方形的竹条，刨成上方下圆的筷子形）、五钻顶（上筷顶钻成宝塔形）、六漂（经过消毒水的漂洗）、七晒（晒干）、八扎把，制成成品。对工艺竹筷还要上色烙花、烙字等多道工序。

六、兴化彩线结艺

兴化手工编结技艺品可追溯到明末清初，从众多的明、清绘画和全国少量出土实物来看，明末清初，兴化手工编结工艺品已进入鼎盛制作时期。

据《张氏家谱》记载：清代光绪年间，张氏开始接触并学会传统的结艺这门技艺，后因战事，张家自苏州阊门先后从苏南的镇江来到高邮、兴化等地落户，同时也将在苏南学到的传统结艺从高邮带到兴化，使这门技艺在兴化得到传承。当时，张氏的结艺技艺对象其式样丰富多彩，在兴化小有名气，并在百里水乡广为流传。

随着改革开放的不断深入，传统结艺在兴化城乡得到进一步地传承与发展，兴化的家庭装饰之风也随之大变，争相选购“中国结”和不少用绳结艺而成的十二生肖以及“鹿”“鱼”“蝴蝶”等工艺品的爱好者络绎不绝，后来该工艺品广泛用于服装、器具、家具等装饰。张朋军是张氏家庭中第五代正宗传人，其用手工编结的工艺品栩栩如生，巧夺天工，让人看后目不暇接，充分体现明、清风格，而且工艺品的质量上乘，深受市内外广大客户的喜爱。

七、兴化空竹制作技艺

兴化的竹、木手工技艺可追溯到明末清初。那时，兴化手工作坊用木车床车出的各类空竹几乎与全国各地没有什么区别，黄氏家族就是其中一员，据世代祖传的黄氏泥木雕传人、抖空竹的传承人黄万明师傅回忆儿时所看到的《黄氏族谱》记载：黄氏木雕世代祖传，大概可追溯到明末清初。20世纪50年代，城区私营家具店和部分流动木匠组建木器生产合作社（后更名木器厂）。20世纪60年代初，黄万明也随之进了该厂，在木器社将其在家所学的空竹车艺进一步地巩固。

八、昌荣传统儿童玩具制作技艺

兴化地区儿童玩具的出现，始于明代。明洪武初年，苏州等地的江南移民迁入兴化，一些民间手工艺人进入本地区。延至清咸丰年间（1851—1861），今兴化昌荣镇存德村（原属草冯庄）顾同山拜师学艺，从事儿童玩具制作。目前，已传至第四代顾福五。

顾氏儿童玩具是以传统手工技艺制作的玩具，造型别致，设计巧妙，主要有“蝴蝶敲锣”“李三娘磨豆腐”“秋千打鼓”“荡秋千”等。其中，“秋千打鼓”的创意源于生活又高于生活，彰显民间艺人深厚的生活底蕴，艺人把农村中蹬风车的劳动场面，不露痕迹地融会在玩具中。“秋千打鼓”由四人风车，击鼓装制，摇动手柄构成。“李三娘磨豆腐”设计分上下两层。上面为两个小木人立在石磨旁，双手紧紧把住推石磨的木柄，中间是磨豆腐的转动装置，巧用机械原理，杠杆原理。最下层是转动的手柄。转动石磨带动中间一层的转动装置，上面的李三娘夫妇就在磨旁有规律地推动石磨。“蝴蝶敲锣”用一根细长的小木棒插在蝴蝶车的横梁上，推着蝴蝶车行走在路上，车轮滚动带动上面的极小极短的敲锣棒，有节奏地敲打前面的锣。

第九节　书画工艺

一、兴化匾额制作技艺

明洪武初年至万历年间，大量江南移民和客帮商人进入兴化，兴化城的商铺、商行、手工作坊增多，同时，兴化地区涌现出一大批文化、艺术人才和官宦。而兴化的商号、庙宇、牌坊、府第众多，需要制作大量匾额用以装饰。因此，兴化袁氏匾额制作工艺成为兴化手工艺制作的一大特色。

兴化袁氏油漆牌匾制作，源远流长。明万历年间（1573—1620），袁氏油漆牌匾坊始祖居住南门袁氏宗祠，以制作油漆牌匾为生，将传统的漆器工艺制作方法用于牌匾的制作，为兴化及周边地区商号、牌坊、府第制作牌匾。由于手艺精湛，生意兴隆，收入丰厚，后人袁起萱于清乾隆五十九年（1794），在市中心武安街购置十几间营业用房，并挂牌“袁万隆油漆牌匾坊”。

袁氏牌匾工艺世代相传，至今已有13代，达400年之久，制作的匾额数不胜数。在始建于明代的“四牌楼”上47块匾额中，有37块出自袁氏各代传人之手。袁氏牌匾工艺传承人为第13世袁桂宏。袁桂宏12岁随父学手艺，20岁时完成兴化城区一大批文保单位（包括庙宇）牌匾以及商业招牌的制作，为修复“四牌楼”做出贡献。此外，为福建、上海、泰州、宝应、高邮等地商户酒楼、庙宇、祠堂制作匾额，开拓了广阔的市场。2002—2005年，袁桂宏赴北京学习彩绘匾、雕梁画壁、油漆迭字等工艺，继承和发展传统的兴化袁氏牌匾工艺，参与“北京大学”“天趣园”“一得阁”等一批匾额的制作和修复。袁桂宏回到兴化后，在祖辈旧址武安街10号挂牌“袁氏油漆牌匾坊”，使兴化袁氏匾额制作工艺得到更好的传承。

袁氏匾额制作工艺复杂，仅前道工序即有上灰、过腻子、打磨、上布、上麻等几十道。制字方法有凸字、凹字、走边字，分大阳、小阳、大阴、小阴、大宝、小宝和各种形体的花边字。上色颜料以天然矿物质和植物汁为主体颜料，辅以金属材料。牌匾制作形式主要为牌、匾、屏、联、额等。其中，按制作材料和加工工艺的不同，匾可分堆漆匾、螺钿匾、贴金（银）匾。其制作方法有包漆法、雕漆法、罩漆法、抽漆法、抽金法、堆漆法、填漆法、螺钿法、犀牛法、剔红、剔犀、款彩、鎏金、百宝嵌等十几种。油漆匾额成为传统的工艺品，具有较高的艺术价值和审美价值。2008年被列入泰州市第二批非物质文化遗产名录。

二、兴化书画装裱工艺

装裱艺术是和中国传统书画艺术紧密联系的一门古老艺术，它是以宣纸、绫绢为主要材料，经过装裱形式有设计，对书画作品进行裱背、镶接、加画杆画轴，使书画作品成为一幅打开可以悬挂，卷起便于收藏的画卷的工艺流程。首先是根据作品的尺寸、内容进行装裱形式和用绫组色彩搭配的设计，然后对画心背托，待干后下壁方裁，配以宽窄合宜，长短适度的绫边和天地头，然后再进行镶接工序，四裁、转边、粘纸串、扶背后再次上壁绷平，干后取下再研光、批串、配杆等几十道工序方可完成一幅书画作品的装裱。

明清时期，兴化出现许多书画家，装裱业也应运而生，涌现不少装裱艺人。20世纪60年代，兴化成立“兴化染裱印刷厂”，一度业务红火。以王宽华为代表的一大批装裱艺人，多年来为郑板桥、李鱓、王光英、齐白石、沈鹏、聂成文等国内及本地众多知名书画家书画作品装裱。

第十节　雕筑工艺

一、兴化果蔬雕刻技艺

果蔬雕刻是在瓜果蔬菜上雕刻鸟兽虫鱼、亭台楼阁、花卉、花草，既供欣赏，又供食用，集观赏性与实用性于一身。兴化果蔬雕刻有特殊风味。席上出现了瓜皮雕花、瓜内瓤馅的新品种（凡香瓜、冬瓜、西瓜均有之），作为一种特殊风味，进入名馔佳肴行列。西瓜皮外刻花，瓤内加什锦，又名玉果园，是在‘西瓜灯’的基础上创新的品种。什锦以糖水枇杷、梨、樱桃、菠萝、青梅、龙眼、莲子、橘子、青豆拌西瓜瓤丁组成。

兴化果蔬雕刻有独特风格。主要以本土果蔬为原材料。以瓜类如香瓜、冬瓜、西瓜等雕刻“瓜灯”；以蔬菜类如菠菜叶、苋菜叶、药芹雕刻“梅、兰、竹、菊”各种花卉；水果类如枇杷、梨、樱桃、菠萝等雕刻鸟兽虫鱼、亭台楼阁。

二、西鲍木雕手工制作工艺

西鲍朱氏木雕世代相传，至21世纪初，达上百年之久，制作的木雕工艺品数不胜数。其中位于兴化英武北路的凤台大酒店的精雕细刻就出自朱氏父子之手。目前，朱氏木雕传承人为第四世朱田玉。朱田玉18岁随父学艺，30岁完成周边农村的一批木雕工艺品（包括庙宇佛像）的制作，此外为河南、山东、浙江、上海及本省无锡、扬州、盐城等地区的商户、庙宇、酒楼、书斋等制作木雕，开拓广阔的市场。2006年10月，朱田玉自费赴浙江乐清学习黄杨木雕，而后又到福建莆田考察各类雕刻艺术。朱田玉回到兴化后，在祖辈旧址西鲍乡高垛村挂牌“朱氏木雕制作工艺坊”，使兴化朱氏木雕制作工艺得到传承。

兴化木雕制作工艺复杂，工序明确，分出坯、修细、打磨、上光、配置、底座等流水作业。因此，木雕成为传统的工艺品，具有较高的欣赏艺术和收藏价值。

三、兴化竹雕工艺

竹木雕刻源于唐太宗李世民赠给魏征的竹根雕作品《吉祥如意》。竹木雕刻在选料上十分讲究，首先是选竹，不能老也不能嫩，春天的竹子不能用，要选三年左右的腊月竹，接着是洗、蒸，除掉水气，阴干两年，使竹材死透，即不会再受温度湿度的影响，经过这样处理的竹子可保存千年以上。

竹木雕刻就是在竹片上刻击书法、山水、花鸟虫鱼、人物等各种美丽的图案。兴化竹木雕刻，历史悠久。清朝郑板桥先生书画作品经竹木雕刻。“室雅何须大，花香不在多”。“梅兰竹菊”四条屏等更显高雅。竹木雕刻其创作以浅刻为主，表面稍作刮磨，古朴有味，因形取势，依势而刻，凭着雕刻者一双巧手，力道全靠自己掌握，线条流畅与否，人物传承与否唯有自己悟。兴化竹木雕刻传人张旭的竹木雕刻继承金陵派和浙派的雕刻风格，尤擅竹刻书法，在简洁的竹皮上刻下古典名篇，使传统竹雕平添了浓郁的文人气息，其代表作《兰亭集序》雅俗共赏。

四、“正清牌”纸牌制作技艺

纸牌是供人们休闲娱乐用的游戏用品，通常现在的扑克牌是中国纸牌的一种。纸牌，历史悠久，起源于唐朝初期，是著名数学家发明的，起初叫“叶字”。明初又演变成“数线叶子”。清初，人们根据马吊牌把“文线”绘成饼（饼的图案均为古钱状），把“索”字绘成“条”，把“十字”绘成“红花”“白花”，沿用至今。兴化“正清派”纸牌另加“福、禄、寿、财、喜”，称“五喜”。“马吊牌”溶化为“默和牌”，“默和”谐音“模胡”，牌张改为3门120张，成为现代“麻将”的雏形。

兴化“正清牌”纸牌用图板纸印制，规格长20厘米，宽约4厘米，共3门120张。包括一至九万，一至九条，一至九饼及红中、老干、白花各4张。纸牌两端印有独特的标记图案。

五、兴化水石造景技艺

兴化水石造景以水景为主，取材于太湖石、黄石、虎劈石等辅助点缀，再配以树木、人物、船舶等。形成山水人相配，既具诗情画意，又富有水乡生活情趣的风光特色。利用太湖石、黄石、虎劈石、灵璧山等，经过敲、洗、磨，除它的火气，因石制宜。随石纹雕琢使其山势凸显，选用这样的石头，“迭山理水”的园林看不出人造痕迹。“迭山理水”表现形式多种多样、风格各异的美景，小到盆中山水，大到百亩园林，让笨拙的石头雄浑秀丽，美不胜收。

六、茅山石刻

清宣统三年（1910）身为石匠世家的树金大携妻儿从盐城建湖树家桥举家到时属东台县的茅山荀家庄安家落户，凭一身好的石匠手艺在苏北里下河一带远近闻名，所做碌碡、石磨、石臼、石碑等是精雕细琢，到其孙子树正银一辈，更是独树一帜。20世纪80年代初，随着时代的进步，机械化的普遍，石滚、石磨、石砟、石礁等纷纷退出农村舞台，石匠生计亦难以维持，至2010年，树家第五代孙树顺义（60多岁）已歇业四十余年，而年青时所学石刻技艺却是幼学如漆，铭记于心。

茅山镇薛家村民陈存国，从石器之乡宜兴回到家乡，在石刻生意比较疲软的时节，干起传统石刻这一行，其勤奋好学，虚心求教，多次登门请求树正银、树顺义父子，得到其父子的言传身教，使其一些石匠绝艺得以传承下来。

第六章 民俗遗产

第一节 民间信俗

一、兴化都天庙会

兴化都天庙会，一说是为纪念民族英雄张巡而举办的悼念仪式。相传唐朝安史之乱，爱国将领张巡、许远等驻守河南睢阳城，浴血奋战、以身殉国。江淮一带民众感激涕零建庙塑像，作为神像供奉。另一说法认为泰州、兴化及苏州一带供奉的"都天大帝"实为张士诚。张士诚在苏州期间，礼待文人，重视文化事业。为保境安民，在多处修筑城垣。同时重视水利建设，增强了吴地和家乡人民对其崇敬与怀念。由于吴地和其家乡人民支持拥戴张士诚，从而激怒朱元璋。朱得天下后，迫令吴地缴纳沉重的赋税以为报复。同时将数以万计的吴地一带的百姓迁往泰州、兴化等地垦荒（历史上称此举为"洪武赶散"）。张士诚死后，吴人多立庙私祀。为避免朱元璋及其部下的诛戮，不敢明目张胆地为张士诚建庙，而托于张巡，称都天大帝，敬祀"地藏王"（实为"祭张王"三字谐音）。

兴化的都天庙会主要是陈堡蒋庄颇有特色，由主会大轿会和28个分会组成，农历三月初八试会三月初九出会。初九一大早参会人员集中化妆，穿上各会服装，只等下午的时辰一到就按先后次序排列到街上出游，礼炮齐响、兴锣开道。十多条彩龙上下舞动，黑白两条老龙护驾，主要会有：龙会、大轿会、五人墓、高跷会、万福会、香莲会、狮吼会、万名伞、鸾驾会、八仙会、天女散花、头锣等。出会队伍走到下场神台停留，举行供奉大典，约半个小时后回街即告结束。

二、茅山东岳庙会

每年农历三月十八日举办的茅山东岳庙会，其人员之多、形式之美、内容之精彩、市场之繁荣、影响之深远，比其他乡村庙会更具规模。自古以来，茅山百姓十分崇拜和信仰正直、廉明、疾恶如仇、能祈福消灾的神君——东岳大帝。据记载，唐玄宗开元十三年（725）封泰山神为"天齐王"；宋真宗大中祥符六年（1013）封泰山神为"仁圣天齐王"；元世祖忽必烈至元二十八年，封泰山神为"天圣大生仁圣帝"，东岳大帝自此得名。与历代统治者对东岳大帝的另一传说，则来自民间。传说商朝末年，大将黄飞虎家族七世忠良，世居高位，被封为镇国武成王。然而纣王受妲己蛊惑，荒淫残暴，黄妻为保贞节自杀身亡，黄妹痛斥纣王之后，被摔下摘星楼而亡。黄飞虎身负家仇，和父亲、二弟、三子、四友带千余家将反出五关，投奔周武王，被封为开国武成王，一起讨伐昏庸残暴的纣王。在兴周灭商的战争中，黄飞虎战死于渑池。周武王评价黄飞虎"威行天下，义重四方，施恩积德、真忠良君子"。于是姜子牙特封黄飞虎为五岳之首，东岳泰山天齐仁圣大帝，总管人间吉凶祸福。

后来民间到处兴建东岳神庙，塑东岳帝君像，每遇天灾人祸，人们便祈求帝君护佑"三月二十八"俗传为东岳齐天圣帝生辰，这一日，历史上各地东岳庙会都会很宏大。而茅山于清朝初年在镇东头建东岳神庙祭奉。茅山庙会始于乾隆年间，进入民国以后，茅山东岳庙会期提前10天，一是因为农忙季节安排的需要，二是因为这一日是"三茅真君"茅盈（东岳大帝的原型三茅真君的茅盈）的生辰纪念日，所以每年农历三月十八日举办盛大茅山东岳庙会纪念东岳大帝和三茅真君。

一年一度的东岳庙会，场面宏大热烈，程序严谨隆重。会期两天，三月十七日为小迎会，三月十八日为大迎会。这一天需要完成祭祀（敬头香"景德禅寺"敬山神）、朝山、游行、舞龙、唱戏等程序。会期当日凌晨子时一过，香客们便潮水般地涌入东岳庙。争"烧头香"，届时庙内人山人海，香火缭绕、钟鼓齐鸣、鞭炮声声，一直延续到中午时分。朝山的香客和被迎接来赴会的四乡八镇的舞龙队、文娱队都蜂拥进入"景德禅寺"。一拜山神、二拜三茅真君大佛，同时戏台上各地文娱队依次演出，健身舞蹈穿插亮相。台下广场上，舞狮子、腰鼓队、莲湘队、花船队、双龙戏珠、渔翁撒网、济公活佛的表演生动活泼，场面极其壮观。

图24-23　茅山东岳庙会
（2010年摄，市文广新局提供）

中午时分，东岳庙内"马皮穿锥"后奔出庙门，鸣锣开道，游街开始（俗称大迎会），游街队伍气势磅礴、声势浩大，头锣、会标、旗幡、抬阁、花鼓、腰鼓、花船、高肩、高跷、锣鼓、唢呐、万民伞、秋千架、判官、古代兵器、狮子舞、仪仗队、唐僧师徒四人西天取经、济公活佛、凤凰队、莲湘队和几十条不同色彩的舞龙队掺杂其中，最后是八个穿红着绿的大汉，抬着东岳大帝的神像花轿，让万民景仰，庆歌舞升平，直到下午四时许。整个游街队伍延绵几百米，沿途必经辕门、祭场和香亭，家家门前敬斗香，龙队过门前放鞭炮，特别是群龙飞舞，其宏大、热烈欢快、奔放、震撼力十足的场面是其他地方所无法比拟的。沿路观会人员四五万人。

茅山庙会期间，来自周边县市各乡镇的商贩带来十分丰富的商品，来自省内外各大媒体的记者、摄影师相继报道盛会的信息，来自本埠及全国各地的香客、游客成千上万。

三、清明节·茅山会船

清明节茅山会船是以集体撑船前往旧墓丛、古战场洒麦饭、奠酒浆，进行民间祭祀为主要内容的传统节日民俗活动。它与邻近的溱潼会船为同宗同源而主体内容有别。

清明节·茅山会船延续至今已有800多年历史，祭祀的主要对象为南宋绍兴年间在此发生的山东梁山泊张荣义军抗金“得胜湖之役”、元代至正年间张士诚起兵、明代嘉靖年间抗倭斗争的“神童关之役”以及近代抗日战争、解放战争中于此阵亡的客籍和无主亡灵。

清明节·茅山会船以茅山为中心，涉及周边10多个乡镇，200多个村庄，近万人自发参与，吸引全国各地游客达数万之众。每年清明前10天，各村庄自发地以族亲或村组组成会船，每船丁壮二三十人不等，近年亦有妇女参加，自筹经费，购篙备船，经过抱（购）篙、铺船、张旗、彩化即纳福后下船试水。其间，各村庄主路口搭建彩门、空场地搭戏台彩棚，各户人家采购祭祀用品，准备宴请亲友和清明户祭。

清明当日凌晨起，三更出船、五更祭祀。各船篙子手在锣声指挥下，下篙提篙，整齐划一，先纷纷驶往唐港河高地（古称奠祭口）以及各庄乱坟岗、险水湾，一路号声不绝，有如古代出征。集体持篙登岸后，由一人敲锣，领队者手捧三牲祭品即猪头、雄鸡和花鱼，俗称“六只眼”，填土焚香、烧纸放鞭炮，集体叩首，然后酹洒酒浆，抛洒麦饭，现为抛洒水泡米饭。天明后，约于巳午之际驶进茅山西大河，相互问讯聚合（赴会），自发提篙撑船，以展示昔年水战情景。一时飞船如梭、竹篙如林，岸上人山人海，号歌不绝。

中午时分，各户人家门庭齐插杨柳菜花，门前设户祭香案，宴请宾朋。各会船篙子手登岸前往茅山古刹景德禅寺礼佛后，回各庄饮酒聚餐，并带祭品回家即散福。当晚各庄于空旷处设僧道坛口超度亡灵，各户于此集体跪焚纸钱。茅山及较大村庄于当晚开锣唱戏，以侑神人亡灵。

四、芦洲东岳庙会

芦洲环绕湖荡，东北有昭阳十二景的得胜湖，西南有癞子荡，东南有黄家荡，西北有旗杆荡，方圆十多华里没有村庄，一片芦苇之地，芦洲居于这湖荡的中央，所以取名为芦洲。芦洲原由七个小洲合并而成，有木桥六座将七洲相连。明朝洪武年间，刘、李、周三姓从苏州移民至此，为芦洲创始人，后老百姓封三人为公侯老爷，塑像礼拜。世世代代垒土成垛，以种植蔬菜为生。芦洲人认为世代沿袭的民风、民俗要通过庙会的形式得以传承。据说芦州人的分工及行使的职能，和明朝苏州府升堂理事判案的分工和职能范围十分相似。芦洲庙会敬仰的是东岳菩萨黄飞虎，相传其扶周灭商为国捐躯，值得万众纪念。

芦洲庙会，历时十天，严密的组织，浓厚的古风，热闹的出会队伍，是芦洲庙会的重要特色。芦洲庙会由72个班会组成，约900人，大多数是本地菜农、搬运工人、富裕的农民、小手工艺者，也有少数知识分子，担任文书和领导职务。每班都有自己的头领和固定的会员。三月十八“安坛”举行“佛七胜会”，四方道友，云集东岳庙、宝莲寺、西隅庙念佛诵经，超度九种十类阵亡将士等孤魂。二十五日散会；二十六日马弁净街，将跑道所有障碍物全部清除干净，以免正日出会挡道；二十七日下午小出会，除大型重器不出外，圣驾只出龙袍衣驾，其余小会皆出，防止二十八日下雨；二十八日下午正式出会，八面头锣开道，横幅标语、龙凤旗、鼓号乐队齐上阵，花鼓腰鼓震天响，锣鼓喧天传四方。街道两旁人山人海，多达十万之众。四乡八镇，男女老少掌声如雷，笑语满天。各种舞蹈、文娱节目精彩纷呈，目不暇接。文武判官技巧绝伦，五花八门。大小龙队，翻滚腾挪，活灵活现。秋千、高跷玲珑别致，奇巧传神。每逢路祭，文武判官都要点烛焚香，培土浇水，三拜九叩。各种节目过后就是禁班会、护驾会、吆喝声，惊人魂魄，接着是圣驾，磕头作揖的、祈求平安的、祷告求财的、保佑健康的，后面还烧拜香的，最后马皮断后，五时散会。

芦洲庙会始于明朝洪武年间，兴盛于清末、民国，由庄头会同方丈西相、海亮负责庙会。庙宇毁于中华人民共和国成立前夕。自1992年恢复至今已近20年，由庄上德高望重的老人牵头，选出总会长和副会长及各分会会长主持庙会的一切事宜。庙会每年都有新的发展和变化。1994年，庙会节目文武判、高跷、大头锣首次参加扬州琼花节表演。往后每年都有其他乡镇的庙会邀请芦洲庙会节目参演，文武判节目年年都被兴化、泰州选调参加民俗展演。

五、兴化行帮香会

“香会”是一种配合民间庙会通过做法事和打鼓说唱鼓儿书、做魔术杂技等融合一起的娱人娱神的艺术形式。香会表演者是文武兼于一身的傩人。傩人一般具备文能书写庙会上祭祀的各种榜文、制作幡旗、说念各种祈祠、打鼓说唱鼓儿书；武能双臂开刀、血洒祭物，会做一些杂技魔术等技能。传承方法是家传和拜师传承。是活跃在民间鱼坛会、铜匠会、锡匠会、定秤会、土地会、老君会等各种庙会上不可缺少的主要形式。

相传唐朝太宗贞观十三年（639），李世民梦游地府，许下三件事：西天取经、刘全献瓜、三表三贴喜神位。李世民在皇宫设天坛，摆香案祭祀各路阵亡将士亡灵，祈求各路神仙保佑大唐盛世五谷丰登、国泰民安。此举流传至民间后，各地纷纷效仿，逐步扩展流行，形成了人们正常的庙会活动，以此祈求风调雨顺，民间太平，寻求精神寄托。为了渲染庙会的盛况和效果，一些民间打鼓说唱鼓儿书的艺人也被请到庙会上助兴，其敲锣打鼓有说有唱，通宵达旦。实际上，香会源于民间信仰和民间崇拜，经过巫、傩的演变发展，与民间鼓祠、说唱、杂耍相结合而形成的一种表演形式。后来凡办庙会活动，必请香会，一直流传至今。

“香会”在庙会上的活动有一个规定的程序。即“香会”自接到庙会的邀请后，马上准备庙会上“香会”所需用的物品，制作幡旗两条，各长3丈6尺。书写榜、贴五道。再准备做法事用的斧刀、铁板铃、法衣法帽，备好锣鼓，约好同伙。到了庙会正日的前一天下午，“香会”们准时到达庙会举办地。竖起雀杆，扬起长幡，挂起榜文表贴，意是邀请各路神仙进场。下午四时左右“香会”们穿戴法衣帽，做出法事，叫“交猪精神”。“香会”们口中念念有词，作各种傩舞姿势将庙会上准备好的祭供品按次序一一摆上神台供奉。供好后，“香会”们脱衣露臂，手持九环象鼻刀，抛向半空，直划双臂，血流如注，洒向祭供品及榜贴，意在刀刀见红，红红火火，兴旺发达。晚上八时“香会”们换上灰色长布衫，开始打鼓说唱，叫“开坛”。唱的内容分春天和秋天的庙会，春天的庙会唱“斩岳”（意斩疟疾），秋天的庙会唱“斩龙”（意斩龙王）。夜十二时左右，“香会”们开始敲锣打鼓说唱鼓儿书，直至天亮。正日的早上六时左右，“香会”们又穿戴法衣法帽做法事叫“交表”。“香会”们将挂好的榜贴取下，在神台前逐一念诵、焚化。中午“香会”们穿着法衣法帽手拿铁板铃，到各家各户去驱赶瘟神、邪气、送太平，叫“打扫”。下午四时左右，“香会”们唱散花（各种花名），娱神娱人，叫“送神”。到此程序完成，庙会结束。

“香会”在明末清初流传至兴化。陆上以村庄，水上以行帮为基本组织，定期兴办各种“香会”，如渔民的“鱼坛会”。水上铜、锡匠人的“铜匠会”“锡匠会”，陆上铁匠、制秤工艺匠人的“老君会”“订秤会”、农民的“土地会”“三官会”等，以此联络。随着政治色彩淡化，香会逐渐成为同行业者互助共济的民间信仰活动，以娱人娱神为主的表演艺人独特的表演形式被称为“香会”，在民间的庙会上十分活跃，并发展多支班子。清末时，兴化有中圩大洋庄的杨家班、垛田顾家湾子的洪家班、中堡陆家班、红星楼房村的朱家班子等。

六、昭阳庙会

昭阳庙会是以古代祭祀大典的方式和传统庙会的形式，来祭祀和歌颂兴化的人文始祖昭阳将军。

战国时期，昭阳将军为保卫楚国的领土南征北战屡战奇功，在镇守古勃海（兴化地区）期间，率三军开垦创业，保境安民，深得百姓敬仰。殁后，墓旁建庙（山子庙）奉祀。自明代永乐年间，每逢正月十五上元节圣诞之际，即为昭阳将军祭祀日，现改为四月八号（兴化菜花节期间）为昭阳将军的祭祀迎会日。这一天，兴化南北四门通往各地的公路上旌旗招展，尘土飞扬，一辆接一辆的卡车、农用车上载满演员和各色各样的庙会道具，他们敲锣打鼓，从四面八方开往兴化市中心牌楼广场，参加昭阳庙会民俗文艺游行表演。他们身穿古代戏剧服装，手拿道具，按照总会通知时间，依次排列在庙会集中指定的广场上，等候表演。

迎会时间到，按照庙会惯例，各分会会长带领参会人员按序叩拜昭阳将军神像，然后列队出迎。迎会队伍的最前面打着“昭阳庙会”横幅，横幅后面是两片头锣，鸣锣开道。接着一条领队白龙摇头摆尾地紧跟而来，龙队后面便是“马弁”，其是为庙会銮驾逢山开路的先行官，銮驾的仪仗有一对对虎头令牌，肃静回避，金瓜武士（刀斧手），刀枪剑戟，斧钺钩叉，镗棍槊棒，鞭锏锤爪，拐子，流星十八般兵器，好似三军出阵迎敌。一把接一把的黄罗伞、万民伞、竹子伞、龙凤旗、威风幡，迎风招展，遮天盖日。

昭阳将军神像，头戴紫金冠，身穿龙麟铠甲，左手握剑，右手捏卷，威风凛凛地站立在轮式的敞篷“龙舆”上（古代称轿为“辇”，车为“舆”），象征指挥着千军万马，两旁羽林军卫士，好似众星捧月，护驾左右。

一班班的“腰鼓队”“莲湘队”“扇舞队”边走边演，六书式的“花蓬会”（锣鼓担子）“河蚌精”“八仙过海”“唐僧取经”“活佛济公”以及“三国人物”（刘、关、张、马超、黄忠）“白蛇传”等各式各样的民俗文艺节目，令人目不暇接。接着后面紧跟抬花轿，吹锁呐，锣鼓喧天，娶新娘，五彩缤纷，琳琅满目的花船，花担边演边唱。独角兽朝天吼，善恶分明，疾恶如仇，判案神明公正。判官舞分文判、武判，文判以面“饰演”配黑白五常，判官手拿毛笔生死簿。武判在由四人抬着的判官架上翻跟头，表演金鸡独立、白鹤展翅、童子拜佛等惊险节目。狮子舞搔痒、抖毛、跳跃、跌打，能文能武。

七、沙沟游走灯会

沙沟灯会历史可追溯到明朝。明朝以前，沙沟镇称作“沙溪镇”。相传，到了明朝嘉靖年间，官至福建右布政使的万云鹏告老还乡，其先后在南京、浙江、福建为官几十年，见识甚广，根据沙沟地处水乡、集镇面积不大、巷道狭小的特点，倡导沙沟彩灯以出会的名义，搞彩妆游走方式。万云鹏的提议得到沙沟富商们的响应，他们纷纷出资赞助，由商会牵头，其他行会各自组织节目。沙沟灯会由此产生。

沙沟灯会日期多为正月十五和二月二。每当会期定下来，立刻对外公布，到时，近至十里八乡周边乡镇，远至大江南北，甚至京都的看客纷纷蜂拥而来，观灯赏灯。其时的沙沟河面上船来船往，集镇四周河岸上停满了前来看灯的船只，大街小巷张灯结彩人来人往，水乡小镇洋溢在欢乐的气氛里，沉浸在灯的海洋里。夜幕降临，华灯初上，出灯的队伍延绵一里多，犹如一条火龙在沙沟“五团”缓缓遨游，五彩缤纷的彩灯让人眼花缭乱，美不胜收，观灯的人头攒动、摩肩接踵，如同潮水涌动，场面非常壮观。

出灯时，一人身着武士服装，手舞长绳系着的两只火球在前打道，其动作类似杂技中的水流星，持火球者甩动火球，不时做出各种招式。这样为后面灯组的行走开辟了较为宽畅的道路。紧接是穿着衙差服饰的两人高举头牌，头牌为发光的长方形灯盒，灯盒前后两面用薄形片材缕空雕刻的龙凤呈祥图案。头牌后面是由六书艺人组成的乐队，头班灯为“五星赐福”，后为“八面牌匾灯”、“西湖搭伞”灯、“拷打红娘”灯、“八仙过海”灯、“鹊桥相会”灯、“孩童嬉戏”灯，其他还有“荡湖船”灯、“状元祭塔”灯、“桃园三结义”灯、“荷花盛开”灯、“刘海戏金蟾”灯、“貂蝉拜月”灯、“楼台会”灯、“童子拜观音”灯、“天女散花”灯、“鱼虾蟹蚌”灯等。

八、三王龙灯会

三王龙灯会起源于清朝末年，由原来的东岳会演变而成，会期正月十六，恰逢这天民俗有跨窑穸、烧青柴、挂灯笼的习俗，寄托人们趋吉避凶、五谷丰登、红红火火的愿望。据现年已八旬老会长李国义回忆：20世纪30年代，小的时候，就已经在灯会上提灯笼摇旗呐喊凑热闹了，在中华人民共和国成立前，庄上得势名流掌控灯会。

20世纪80年代后期，临城镇三王村老村支书吕寿昌根据群众心愿，为活跃庄上文化娱乐生活和文化氛围，倡导和组织村民学习舞龙，恢复龙灯会传统习俗。当时计划经济，没有布票买布做龙，就用稻草绞成草龙学舞，后得艺人资助，才用布做成布龙。在热心人资助下，群众自觉集资添置器具，会员们积极运作，逐渐办成今日规模的三王龙灯会。

第二节 兴化渔家婚俗

兴化地区湖荡密布、水网纵横。1950年，县渔民协会登记的渔民就有5927户21699人。目前，绝大多数乡镇都设有水产村，渔民虽然大多已在陆地定居，但仍在从事捕捞、养殖或水产品营销。渔民长期居于舟船，在水上漂泊捕鱼，特定的职业、特定的环境、特定的信仰，形成特定的婚姻习俗和婚俗文化。

兴化地区渔民的婚俗有四个特点。一是“近”。渔民较为分散，而且因捕鱼方式的差异分成“卡帮”“避风帮”“大网帮”等十多种帮会，一般依帮、依族亲而聚，婚姻也就多在相近的亲戚中形成，俗称“老亲做亲”，近亲结婚的现象比较普遍，也有张家女儿嫁给李家男孩、李家女儿嫁给张家男孩的叫“换亲”，还有“抢亲”的。通婚是在渔民之间进行。自从20世纪60年代后期渔民陆上定居以后，这种现象有所改变，渔民的通婚范围逐步扩大，“水陆婚姻”日见其多。二是“早”。过去的渔民大多“指腹为媒”或“做奶亲”，十来岁订婚。十六七岁就结婚。如今虽有《婚姻法》管着，但早婚现象仍然普遍存在。三是“简”。彩礼简单，定亲一两样小首饰或一两块布料，结婚时稍多些，但要有条船，船的大小新旧不定。结婚仪式程序比陆上人家相对简化。主人的招待也简单，亲朋好友来一天吃三顿，正席四五道菜，而宾客的贺礼一般也是“小意思”。四是“奇”。渔民的婚礼有许多奇特之处。比如“一头蒯”，举办婚礼时，女方的主人、亲友全到男方这边由男方招待，而女方亲友的贺礼也要悉数交给男方。水上喜宴也很奇特，十几条甚至几十条大小渔船船头相对，分两排泊定，每船摆一两桌席，中间留一船档，好让专门传菜的小船穿行其间，烧菜的船每船一灶只烧一种，分工负责。渔民接亲分“早亲”“晚亲”两类，而以“早亲”居多。早亲，男方接亲的“轿子船”在正日的头天晚上就要来到女方船旁，在女方船上吃晚饭，饭后陪新郎打牌，凌晨三四点钟吃“发轿饭”后，在天刚亮的时候将新娘接回。这新郎吃发轿饭有考究，饭碗里有八块红烧肉，吃得越多越发财；而女方家则不能让其多吃，意为“财”都给新郎带走如何是好，于是把肉藏在碗底，上面堆着很多的饭。

随着时代的发展，兴化地区渔民婚俗特色渐趋淡化。2007年被列入兴化市首批非物质文化遗产名录。

第三节 兴化铜匠会习俗

铜匠会从过架、安架、登堂开始。会之伊始，主办会头在经过三叩九拜之后，将供奉的神台请至会堂。两人抬着神台，做法事者手摇着“铁板铃”，护卫者敲着铜锣，打着鼓，放着鞭炮，后面的人手举着色彩各异的三角龙旗。片刻之后，太上老君木塑像已经立上神案上，旁边有关公等圣灵拱卫，"当今皇帝万万岁" 牌位亦在其列，参会者供奉着果品、酒等，手捧炷香和黄元，一一叩着跪拜。做法事者身围黑布裙，头扎黑布带，在锣鼓声中用里下河地区特有的方言，吟唱着颂天吉人之语，在鞭炮声、锣鼓声和吟诵声交会之中，参会者饮下敬奉之酒，象征着接受太上老君的保佑，心中默默地祈求着平安和富裕的降临。在参会者的簇拥下，做法事者用红布将酒缸封口，用白色粉末在几坛酒封口洒了一个白圈。而后，用一个尖头刀具划开两膀，鲜红的血慢慢地流了下来，锣鼓声越敲越紧，人们发出 "欧" 的喊叫声，一个高潮掀起，此举含义刀刀见红，生意笔笔皆成。

办会堂屋室中，用黄纸书写着铜匠会的会名——太上老君圣会，紧接下来着是铜匠业兴旺发达后继有人的祝愿，会头与参会的姓名按照事先抽签而定的顺序一一排列。特此悬挂起来，称为"上榜"。而在会堂走廊檐下，标有 "恭喜发财" 字样的四个大红灯笼格外引人注目，一个个斗香像梅花桩一样布着 "梅花阵"，烟气直飞云天。会屋北立着长竿，三角龙旗在飘带的陪伴下，随风飘荡。屋顶四周插着彩旗。铜匠们称这根长竿为百雀杆，意为商海中船帆，象征着百鸟朝凤，迎接九郎官，请其下凡来到人间，将天宫之福赐予各位参会师傅，带回各位师傅的祈求和祝愿。此番行为称之为"上天言好事，下界保平安"。迎九郎官是办会第一天的内容，照例有鞭炮、锣鼓、吟唱、燃香、叩拜。而送九郎官则是第二天的课程。送九郎官时间安排十分重要，超过下午三时，天界南天门就要关闭，九郎官就无法把 "上榜" 带回，向玉皇大帝交 "纸"，向太上老君 "汇报"。

缴猪和跪香是第三天的主题。参会者将一头口衔束香的金猪供奉在神台各位仙家菩萨面前，此时的鱼鸡及豆腐青葱成配角，一把菜刀柄裹黄元在旁警卫，在一番吟唱和鞭炮声之后，各位会头带领诸位参会者像一字长蛇阵分两排跪叩拜，不同的是，这次跪拜排除了女性，且列跪顺序严格按年龄大小为序，决不错位。随着做法事者口中念念有词，参会者手捧黄元包扎的炷香三叩首。晚上大餐，数十人分几桌而坐，启开封缸酒，第一杯酒首先是敬太上老君。互祝神灵保佑，交流技艺和商海搏击的感受，而品德不端者，则被罚跪在百雀杆之下，接受各位师傅的训斥，进行自我反省。

第七章 博物馆 纪念馆（塔）

第一节 兴化市博物馆

兴化市博物馆是县级综合性博物馆，与市郑板桥纪念馆、施耐庵纪念馆合署办公，实行三块牌子、一套班子的管理体制，隶属市文广新局。同时负责省级文物保护单位李园、市（县）级文物保护单位郑板桥故居、刘熙载故居等文物景点的日常管理与对外开放工作。市博物馆负责兴化行政区域内可移动文物的征集、保管、展示，并开展相关的研究工作。

1958年10月，兴化县博物馆在兴化城区四牌楼西民宅成立。同年12月，迁入东岳庙内。1961年，兴化县博物馆合并于兴化县文化馆，馆藏文物由县文化馆保管。1981年，馆藏文物移交县图书馆，由县图书馆兼理文物管理工作。1986年，文博工作交兴化县郑板桥纪念馆兼管，1989年在市区牌楼北路恢复建立兴化市博物馆。1991年，明确兴化市博物馆与郑板桥纪念馆实行两块牌子、一套班子的管理体制。1993年在牌楼北路兴建三层仿明清风格的馆舍。1995年6月，市委将其列入首批爱国主义教育基地。2007年，经市编制委员会批准，在兴化市博物馆增挂“兴化市施耐庵纪念馆”牌子。2009年，对原有郑板桥纪念馆、兴化历代名人史料陈列馆进行改造，完成“三绝奇才——郑板桥”“楚水流长——兴化简史陈列”的陈列布展。根据博物馆功能区域划分要求，开辟休息服务区，划分展览展示区、文物库房区和行政办公区。是年，经过省级文物行政部门评估，全国博物馆评估委员会核审备案，兴化市博物馆被评为国家三级博物馆。市博物馆内设馆长室、征集保管部、陈列部、群工部和办公室等机构。

至2010年底，市博物馆在册馆藏国家一级文物5件，二级文物48件，三级文物127件，一般文物2223件，合计2403件。主要类别有书画、陶器、瓷器、青铜器、金器、玉器等。郑板桥等清代扬州八怪的书画作品和兴化籍的历史文化名人的书画作品较为丰富，构成兴化博物馆藏品的一大特色。市博物馆收藏的晚唐银锭，对研究中国货币史尤其是银质货币的发展历史具有很高的价值。兴化文庙的儒学祭器，历经明清两代至今，完整成套，种类齐全，内涵丰富，做工精致，为国内罕见，是中国古代儒家文化和儒学教育的重要历史见证。有关《水浒传》作者施耐庵家族墓的出土文物是市博物馆的专有文物，其中《故处士施公庭佐墓志铭》是当代研究施耐庵的最重要最直接的文物，一向为学术界和社会所瞩目。市博物馆还收藏一批当代书画名家的作品，多数为海内外书画名家缅怀、颂扬郑板桥的作品。

市博物馆有“三绝奇才——郑板桥”“楚水流长——兴化简史陈列”“施耐庵纪念馆”“兴化当代名人成就展”“王同宝书画收藏陈列馆”等固定陈列。

市博物馆先后接待时任中共中央政治局委员、中央书记处书记、中央组织部部长贺国强，江苏省委书记李源潮，省长梁保华，外交家龙永图，中国工程院院士王振义，著名书法家沈鹏，百家讲坛主讲阎崇年，著名节目主持人倪萍、杨澜等知名人士。

2010年兴化市博物馆馆藏文物一览表

表24-1　　单位：件

年代	名称	数量	备注
一级文物（5件）			
晚唐	田字船形银锭（一组）	5	
二级文物（48件）			
北宋	文字八卦纹地券	1	
元	百佛插牌	1	
明代	万历龙首双耳兽面圆柱形三足祭炉	1	
	左右脚跪姿壮汉烛台	2	
	万历首左侧象形尊	1	
	万历昂首牛形尊	1	
	匍姿吼	2	
	立姿独角兽薰炉	1	
	寿星侧骑梅花鹿铜器	2	
	麒麟送子铜器	1	童子的后腿裂开
	首左侧 右侧鸳鸯铜器	2	
	首右侧座狮铜器	3	
	卧姿麒麟望云铜器	2	
	卧姿犀牛望月铜器	2	

续表 24-1-1

年代	名称	数量	备注
	俯首水牛铜器	1	
	口含桃枝梅花鹿铜器	2	
	卧姿麒麟望月铜器	1	器物的背上缺月，身上有污斑
	左足盘球座狮铜器	1	
	首右侧脚踩灵芝座狮铜器	1	
	万历兽面双耳四足祭炉	1	一端炉角有腐蚀小洞，器物身上有污斑
	右足踩灵芝座狮铜器	1	
	右足盘球狮子薰炉	1	
	独角兽脚踩蛇薰炉	2	
	半蹲正视独角兽铜器	1	
	李春芳行书手札	1	
	青花花鸟纹小罐	2	
清代	郑燮行书轴	1	画芯右端印章模糊不清且有霉斑，右端残破有霉斑
	黄慎携琴访友图轴	1	
	李培源行书轴	1	
	元度行书轴	1	
	吴甡行书手札	1	
	理昌凤草书轴	1	
	元度草书轴	1	
	陆骖草书轴	1	
	李鱓喜鹊登梅图轴	1	
	康熙慎郡王行书轴	1	
	刘熙载行书轴	1	
三级文物（127件）			
新石器时代	石锛	1	
	石刀	1	兴化戴窑东古出土
	石钺	1	兴化戴窑东古出土
战国	青铜剑	1	断裂成两截
汉	盖面双耳弦纹陶罐	1	
南宋	铜牌	1	
	银锭	1	
	景德镇窑仿定窑白釉印花花卉纹碗	2	
北宋	银锭	3	
元	铜权	1	器物身上有划痕
明代	万历黄建中行草轴	1	成色旧，残破严重，字迹缺损，左上印章残缺
	万宏道黄鹤楼图轴	1	
	高穀行书横批	1	
	陆篆松下弈棋图轴	1	

续表 24-1-2

年代	名称	数量	备注
	陆篆楷书轴	1	
	明初龙泉窑系三足洗	1	
	弘治青花松竹梅三足炉	1	
	青花八棱镂空底座	1	
	吉州窑系酱釉三足炉	1	
清代	王维翰海屋添筹图轴	1	
	姜焘驼马图轴	1	画幅多处折痕，前后端残破严重
	陈多士高秋图轴	1	
	莲溪山水图轴	1	
	周镐山水图轴	1	
	万上遴人物山水图轴	1	绢面多处断裂、有裂口，轴上下两端破损严重
	郑燮竹石图轴	1	整幅画折痕、擦毛，画芯左端字迹、印章模糊不清
	吴昌明风竹图轴	1	
	徐兆彬松猴图轴	1	
	赵九鼎兰花图轴	1	
	莲溪柳塘嬉水图轴	1	
	李光国草书轴	1	
	黄晋卿行书轴	1	画面破损
	王熹儒行书轴	1	画芯霉变成色旧，“儒”、印章残缺。右下角“儿”字有墨渍
	梁同书行书轴	1	
	薛科联草书轴	1	画面第一行三、四、五行有破孔，轴上端有折痕。左端有裂纹
	伊秉绶隶书七言对联	2	四角残破，上联的第一个“清”字与最后一个“泽”字有破损
	袁阜存行书轴	1	
	陆骖草书轴	1	
	万春隶书七言对联	2	
	莲溪“溪山读易”图轴	1	
	顾于观草书轴	1	
	郑燮竹石图轴	1	
	王维翰牧牛图横幅	1	
	王维翰墨狗图横幅	1	
	王维翰百禄图轴	1	
	理凤墨兰图轴	1	
	李凌沧双鲤图轴	1	
	李鱓兰花图轴	1	
	徐退行书轴	1	

续表 24-1-3

年代	名称	数量	备注
	陈从训草书轴	1	
	徐退行书四屏条	1	
	李鱓梅竹图轴	1	画幅残缺，字迹模糊
	郑銮行书轴	1	
	王维翰仙鹤图轴	1	
	慎毓林行书对联	2	
	李育苏东坡出游图轴	1	
	徐步云行书轴	1	
	团时根山水人物图轴	1	
	郑燮行书册页	1	
	郑燮兰竹石图轴	1	
	翁方纲行书册页	1	
	王熹儒楷书册页	1	
	李长琨、郑銮行草书轴	1	
	乾隆黄骍梅竹石图轴	1	
	王维翰、蒋石渠山水人物图轴	1	
	张百禄花卉四屏条	4	
	吴唯兰花图轴	1	
	金溶山水图轴	1	
	吴昌明墨竹图轴	1	
	彭玉麟行书轴	1	
	明度草书轴	1	
	蒋师辙行书对联	2	
	徐宗勉墨竹图轴	1	
	黄骍行书轴	1	
	李凌沧花鸟四屏条	4	
	章木田嵩龄图轴	1	
	李鳌河塘芦雁图轴	1	
	王国栋草书轴	1	
	连溪墨竹图轴	1	
	王维翰山水人物图轴	1	
	蒋石渠山水人物图轴	1	
	翁同龢行书对联	2	
	王国栋行书轴	1	
	顾于观草书轴	1	
	李鱓秋趣图轴	1	
	罗聘仕女图轴	1	

续表 24-1-4

年代	名称	数量	备注
	潘承桂铁拐李图轴	1	
	闵贞童趣图轴	1	
	晚清竹雕臂搁	1	
	坐佛铜像	1	三叶冠略有损缺
	仿宣德款夔龙三足香薰	1	
	鎏金五仙像香筒	1	
	牧童骑牛铜器	1	
	财神进宝铜器	1	
	刘海戏金蟾铜器	1	
	牧童骑牛铜器	1	
	双耳蟠龙盖炉	1	
	龙纹环耳三足香薰	1	
	雍正青花红彩龙纹碗	1	
	乾隆款霁蓝釉万寿描金盖碗	2	
	乾隆款青花釉里红双狮绣球纹碗	1	
	嘉庆款粉彩花卉纹碗	1	
	清末五彩六角山水人物纹笔筒	1	
民国	袁润和拾破图轴	1	
民国	赵光远、徐承瑞、陈汝蕃、吴鲁宾四条屏	4	
民国	徐兆彬松鼠葡萄图轴	1	
民国	余金顺造款黄釉开窗花鸟纹帽筒	2	
近代	袁江花鸟图轴	1	
一般文物（2223件）			

第二节　纪念馆（塔）

一、兴化市郑板桥纪念馆

1982年，江苏省人民政府办公厅批复同意兴化建立郑板桥纪念馆。1983年，修复郑板桥故居，同年11月23日举办郑板桥诞辰290周年纪念活动。1984年7月，经兴化县人民政府批准正式建立郑板桥纪念馆。1991年，经兴化市编制委员会批准，与兴化市博物馆实行两块牌子、一套班子的管理体制。馆内设“郑板桥纪念馆”展览（即“郑板桥生平及艺术成就陈列”），主要展品有《昭阳郑氏家谱》、郑板桥遗物、《郑板桥集》7种版本和郑板桥书画作品及研究论著、资料等。1993年，郑板桥诞辰300周年，市政府在城区牌楼北路2号兴建郑板桥纪念馆，为三层仿古建筑，庭院中立郑板桥塑像。2005年，郑板桥纪念馆被批准为AA国家级旅游景区。2009年，对“郑板桥生平及艺术陈就陈列”进行改造，完成“三绝奇才——郑板桥”固定陈列。

二、兴化市施耐庵纪念馆

2007年2月，经市编制委员会批准同意，在兴化市博物馆增挂“兴化市施耐庵纪念馆”牌子。兴化市博物馆二楼有“施耐庵纪念馆”，内有“施耐庵文物史料陈列”。兴化市施耐庵纪念馆（兴化市博物馆）收藏的20世纪出土的有关施耐庵家族墓出土的文物，是研究《水浒传》作者施耐庵的珍贵文物。是年，水浒文化暨明清小说研讨会在兴化召开，80多名专家、学者会聚兴化探讨水浒文化，中国水浒学会会长佘大平等参加研讨。

三、兴化市范仲淹纪念馆

兴化县署建于北宋淳化年间（990—994），筑有正门、谯楼、仪门、大堂、戒石亭、两庑等。北宋天圣元年至五年（1023—1027），范仲淹听政于此，手植古梅，建梅岭、梅亭，与县署称为“景范明堂”，列入“昭阳十二景”。1986年，兴化县人民政府公布兴化县署为县级文物保护单位。原址位于府前街，2009年移址重建。

四、兴化市非物质文化遗产展示馆

成家大司马府建于明永乐年间，为明代大司马（谥号）成琎府第，现存东6进、西7进共13进，是兴化地区保存较好的大型古建筑群。2009年修缮，2010年在复原陈列的基础上，设立兴化市非物质文化遗产展示馆。2010年，成家大司马府被命名为兴化市第四批爱国主义教育基地。

五、兴化文学馆

2009年，兴化文学馆设立，初设于兴化市博物馆内，后移址于陈五房进士第后进，东西平行五间，用“历史的长河”“远方的天空”“芬芳的土地”三部分介绍兴化文学从古至今的发展脉络，重点介绍《水浒传》作者施耐庵、《封神演义》作者陆西星、《南渡录》作者李清、《四库全书》编撰任大椿、《艺概》作者刘熙载等文学大家以及兴化当今作家鲁迅、茅盾文学奖获得者毕飞宇，鲁迅文学奖获得者王干、紫金山文学奖获得者刘春龙等。

六、兴化革命烈士纪念馆

位于市区海池河南岸，人民公园东侧，占地面积4300平方米。始建于1974年，1982年和2008年先后扩建，由主厅、门厅和千秋广场等构成。主厅为陈列室，建筑面积240平方米，仿广州农民运动讲习所造型，庄严古朴，风格鲜明。主厅的中央厅陈列革命烈士遗像45帧，东西大厅陈列革命烈士生平资料和遗物。门厅含办公室和接待室，建筑面积154平方米，仿明清建筑，风格与正厅协调。门厅至正厅是30米长的水泥甬道，两侧松柏花卉，一片葱茏。正厅以北千秋广场占地面积900多平方米，是一处开放式广场。广场正面是一座高4米、长10米的《收复兴化城》花岗岩大型浮雕，气势恢宏。广场两侧矗立着沈云楼、严昌荣、周奋、袁舜生、李健、茆建群、汪仪云、朱廉贻8尊不同时期的革命先烈铜像，广场西北隅立有花岗岩碑石，上镌由原江苏省人大常委会副主任、曾在兴化战斗过的革命老前辈戴为然题写的“千秋广场”4个金色大字。1986

年，兴化县人民政府公布其为文物保护单位。1995年6月，兴化市将其列入首批爱国主义教育基地。

七、华中二分区革命烈士纪念塔（纪念馆）

位于安丰镇盛家村，始建于民国36年（1947），1997年重建。

原中圩乡有着光荣的革命传统。战争年代，苏皖边区二分区曾在这里开辟革命根据地，领导革命斗争。所属机关、军队、学校、军工厂均驻扎在中圩若干村舍里。二分区地委设盛家庄，司令部驻成其甫庄，专员公署在大杨庄。另外，报社、交通站、疗养所、被服厂、榴弹厂、修枪所等也分布在中圩境内。民国35年（1946）至36年（1947），面对敌人的四面包围和反复"清剿"，华中二分区军民在这里开展斗争，无数革命先烈献出宝贵生命。

图24-24　华中二分区革命烈士纪念塔
（2010年摄，市文广新局提供）

民国36年（1947）冬，为了纪念革命先烈，党和人民政府在当时的华中二分区司令部驻地——原中圩乡盛家庄，建立"华中二分区坚持敌后斗争牺牲烈士纪念塔"。当时，华中二分区党政军机关和各界代表7000余人，在纪念塔下隆重举行公祭仪式和追悼大会。1986年，兴化县人民政府公布其为文物保护单位。1995年6月，市委将其列入首批爱国主义教育基地。1997年，在原省人大常委会副主任戴为然等革命老前辈倡议下，纪念塔重建，并改名为"华中二分区革命烈士纪念塔"。新建的纪念塔保持原有风格，基座呈六角形，代表着当年二分区所辖高邮、宝应、江都、溱潼、兴化和邗江6个县市。纪念塔总高25.41米。基座高5米，寓意从1947年始建至1997年重建经历50个年头。塔身高19.47米，表示永远不忘1947年那段革命历史。塔顶高1.997米，表示1997年重建。避雷针高1.407米，象征着周山、李健、高杨、狄奔、周奋、袁舜生、郑光耀、卞松山等1407名烈士，永远铭记在水乡儿女的心中。

2006年底，华中二分区烈士纪念馆在纪念塔附近建成。该馆建筑面积300多平方米，辟有4个展厅，展出相关革命历史资料、实物等。纪念馆收集的烈士名录由原先的1946年10月至1947年11月期间牺牲的1546名，增加为抗战胜利至1949年5月江苏解放前夕华中二分区所有牺牲的2642名（不完全统计）。展厅陈列的内容分四个部分：第一部分为前言、华中二分区区域图、1947年华中二分区各机关驻兴化中圩示意图、《祭文》及纪念文章。第二部分为60名主要烈士的生平简介和照片。第三部分为华中二分区区域内的几次重大战斗介绍及图片。第四部分为华中二分区建立期间所有牺牲的2642名革命烈士英名录、挽歌、后记、领导题词。

八、兴化抗日阵亡将士纪念塔

位于大营镇大营村东北，始建于民国32年（1943），1987年迁址重建。塔园占地面积2000余平方米，塔身为水泥结构，高19.43米（寓意1943年立），呈方锥形。正方形塔座，分为两层，底层宽12米，高0.55米；上层宽7米，高0.32米。塔身正面刻有"兴化抗日阵亡将士纪念塔"，右上方书"中华民国三十二年三月建，公元一九八七年冬迁建"，左下方书"兴化县长蔡公杰题"。纪念塔背面镌刻着严昌荣团长、朱廉贻县长等92位烈士英名。纪念塔顶端为"四星朝天"（寓意新四军）。中央是一杆高1.76米的步枪，刺刀直指蓝天。纪念塔前建有一座三门牌坊，正门上方书有"浩气长存”，左、右门上方分别书“生的伟大”和“死的光荣”。坊、塔之间有长36米、宽4米水泥方砖铺设的大道，大道两侧松柏苍翠，牌坊左侧为管理人员办公用房。纪念塔原址位于大营村南首渡口。由于年深日久，河坎坍塌，塔前牌坊受影响发生倾斜。1976年，原大营公社报请原兴化县革委会批准，将牌坊和纪念塔后移。1986年，兴化县人民政府公布其为文物保护单位。1987年，经兴化县人民政府批准，纪念塔迁址重建。

2010年兴化市文物保护单位一览表

表24-2

编号	分类	名称	年代	所在地
一、古遗址（5处）				
1	1	南荡遗址	新石器时代	林湖乡戴家村
2	2	影山头遗址	新石器时代	林湖乡魏东村
3	3	东古遗址	新石器时代	戴窑镇古牛村
4	4	耿家垛遗址	春秋至汉	垛田镇湖西村
5	5	戴窑砖窑旧址	明	戴窑镇窑南村
二、古墓葬（6处）				
6	1	昭阳墓	春秋战国	东潭乡北山村
7	2	施耐庵墓★	明	新垛乡施家桥村
8	3	高穀墓	明	西鲍乡张家舍
9	4	韩贞墓	明	戴窑镇西首
10	5	郑燮墓★	清	大垛镇管阮村
11	6	刘熙载墓	清	永丰镇沙仁村
三、古建筑（47处）				
12	1	兴化县署	宋	兴化城县府前街
13	2	护国寺	宋	戴南镇
14	3	拱极台	宋建明修	兴化城海子池北岸
15	4	兴化城墙★	明	兴化城东岳庙后身
16	5	古城墙	明	健康小学后身
17	6	高穀故居	明	兴化城牌楼南路
18	7	八字桥	明	兴化城内东大街
19	8	宗臣故居	明	兴化城西城外石桥西北侯家垛
20	9	城隍庙	明建清修	兴化城牌楼西路
21	10	东岳庙★	明	兴化城牌楼东路
22	11	家舒巷西侧古建筑群	明	兴化城东城外家舒巷西侧
23	12	郑板桥故居	清	兴化城东城湾郑家巷

续表 24-2-1

编号	分类	名称	年代	所在地
24	13	任大椿读书楼	清	兴化城儒学街儒学巷
25	14	刘熙载故居	清	兴化城小关帝庙巷
26	15	李园★	清	兴化城武安街
27	16	赵海仙洋楼	清	兴化城东城外家舒巷
28	17	基督教堂	民国	兴化城东营街
29	18	天主堂（遗址）	民国	兴化城儒学街
30	19	李详故居	民国	兴化城东岳庙桥下百岁坊巷
31	20	四牌楼	现代	牌楼北路
32	21	上池斋药店★	清	东城外大街
33	22	吴甡故居	明	儒学街儒学巷
34	23	陈五房进士第	明	儒学街陈五房巷
35	24	中原才子坊	明	儒学街陈五房巷等
36	25	万兴大典	清	北城外大街
37	26	解家祠堂	明	东城外大街
38	27	虹桥	明	沙沟镇北首
39	28	益民巷古民居群	清	沙沟镇后大街
40	29	鱼市口石桥街	明	沙沟镇前街
41	30	韩氏宗祠	明	戴窑韩窑村
42	31	罗汉寺	明	周庄郐牛村
43	32	茅山唐井	唐	茅山镇山前街
44	33	成氏宅第	明	牌楼东路大司马巷
45	34	状元坊	明	东城外大街
46	35	魏氏民居	明	北上河边6号
47	36	元老府	明	东大街元老府巷
48	37	王府大厅	清	北城外王府小巷
49	38	杨家大院	清	东城外复顺和巷
50	39	罗家大院	清	北城外王府巷南
51	40	茅山东岳庙	清	茅山镇茅山西村
52	41	万盛桥	清	荻垛镇荻垛村
53	42	迎新桥	清	周奋乡时堡村
54	43	福星桥	清	张郭镇张纪村
55	44	姜雨仁祖宅	清	沙沟镇后大街

续表 24-2-2

编号	分类	名称	年代	所在地
56	45	张氏宗祠	清	沙沟镇姜家三巷
57	46	石梁古码头	清	沙沟镇石梁村
58	47	蒋庄西庙	清	陈堡镇蒋庄村
四、石窟寺及石刻（1处）				
59	1	胡公生祠碑	明	市第一中学内
五、近现代重要史迹及代表性建筑（16处）				
60	1	兴化抗日阵亡将士纪念塔	近代	大营乡大营村
61	2	华中二分区革命烈士纪念塔	近代	中圩乡盛家村
62	3	革命烈士纪念馆	现代	海子池南岸
63	4	兴化县委旧址	近代	戴窑镇兴东街
64	5	沙沟兴化市人民政府旧址	近代	沙沟镇后大街
65	6	苏中公学旧址	近代	沙沟镇后大街
66	7	徐府	民国	城内东大街
67	8	竹业公所	民国	东城外竹巷
68	9	莫氏民居	民国	北城外王府巷
69	10	沈云楼故居	民国	垛田镇湖西村
70	11	粟裕办公处	民国	竹泓镇医院巷
71	12	兴化县政府旧址	民国	老圩乡肖家村
72	13	临丰桥	民国	陶庄镇焦家村
73	14	周庄石板街	民国	周庄镇步行街
74	15	沙沟后大街老厕	民国	沙沟镇后大街
75	16	共乐桥	现代	陶庄镇乌巾村
六、其他（1处）				
76	1	兴化垛田	唐	垛田镇境内

说明：★为省级文物保护单位。

2010年兴化市非物质文化遗产项目一览表

表 24-3

序号	类别	项目名称	级别	取得批次、时间	保护单位
1	民间文学	施耐庵与《水浒》传说	省 级	省二批、2009年6月	图书馆
2		兴化韩乐吾的故事	泰州级	泰首批、2007年6月	戴窑镇
3		吉高的传说	泰州级	泰二批、2008年12月	文化馆
4		郑板桥的故事	泰州级	泰三批、2010年12月	博物馆
5		陆西星著《封神》的故事	兴化级	市二批、2009年10月	市非遗保护中心
6		兴化谚语	兴化级	市二批、2009年10月	大垛镇

续表 24-3-1

序号	类别	项目名称	级别	取得批次、时间	保护单位
7	传统音乐	茅山号子	省　级	省二批、2009年6月	茅山镇
8		茅山佛教音乐	泰州级	泰三批、2010年12月	茅山镇
9		“六书”（乐书）音乐	泰州级	泰二批、2008年12月	陈堡镇
10		板桥道情	泰州级	泰三批、2010年12月	文化馆
11		周奋西江月号子	兴化级	市二批、2009年10月	周奋乡
12		周庄民歌	泰州级	泰五批、2014年6月	周庄镇
13		戴窑窑工号子	兴化级	市二批、2009年10月	戴窑镇
14		林湖民歌	泰州级	泰四批、2012年12月	林湖乡社会事务服务中心
15	传统技艺	传统木船制造技艺	国家级	国二批、2008年6月	兴化市竹泓木船文化产业有限公司
16		中庄醉蟹制作技艺	泰州级	泰首批、2007年6月	中堡镇
17		兴化湖彩蛋制作技艺	泰州级	泰首批、2007年6月	昭阳镇
18		沙沟鱼圆制作技艺	泰州级	泰二批、2008年12月	沙沟镇
19		兴化水车制作技艺	泰州级	泰二批、2008年12月	陈堡镇
20		兴化匾额制作技艺	泰州级	泰二批、2008年12月	市非遗保护中心
21		里下河渔具渔法	泰州级	泰二批、2008年12月	沙沟镇
22		青布挑花技艺	泰州级	泰二批、2008年12月	文化馆
23		兴化三腊菜制作技艺	泰州级	泰三批、2010年12月	安丰镇
24		昌荣传统儿童玩具制作技艺	泰州级	泰三批、2010年12月	昌荣镇
25		兴化锡器制作技艺	泰州级	泰三批、2010年12月	昭阳镇
26		西鲍木雕手工制作工艺	兴化级	市二批、2009年10月	西鲍乡
27		兴化书画装裱工艺	兴化级	市二批、2009年10月	西鲍乡
28		兴化钉鞋制作技艺	兴化级	市二批、2009年10月	荻垛镇
29		郏周蓑衣制作技艺	兴化级	市二批、2009年10月	荻垛镇
30		兴化犁具制作工艺	兴化级	市二批、2009年10月	老圩乡
31		沙沟藕夹子制作技艺	兴化级	市二批、2009年10月	沙沟镇
32		兴化果蔬雕刻技艺	兴化级	市二批、2009年10月	文化馆
33		兴化竹雕工艺	兴化级	市二批、2009年10月	文化馆
34		兴化“正清牌”纸牌制作技艺	兴化级	市二批、2009年10月	文化馆
35		兴化水石造景技艺	兴化级	市二批、2009年10月	文化馆
36		兴化渔网编织技艺	兴化级	市二批、2009年10月	海南镇
37		兴化米甜酒制作工艺	兴化级	市二批、2009年10月	兴化市板桥故里酿酒坊

续表 24-3-2

序号	类别	项目名称	级别	取得批次、时间	保护单位
38		兴化垛田生产技艺	兴化级	市二批、2009年10月	垛田镇
39		兴化药膳八珍糕制作技艺	兴化级	市首批、2007年11月	昭阳镇
40		兴化藤柳编织传统手工工艺	兴化级	市首批、2007年11月	昭阳镇
41	传统舞蹈	沙沟板凳龙	省　级	省二批、2009年6月	沙沟镇
42		兴化判官舞	泰州级	泰首批、2007年6月	文化馆
43		千户狮子舞	泰州级	泰二批、2008年12月	唐刘镇
44		兴化高跷龙舞	泰州级	泰二批、2008年12月	垛田镇
45	传统美术	兴化麦秸工艺	泰州级	泰首批、2007年6月	西郊镇
46		兴化烙画	兴化级	市首批、2007年11月	昭阳镇
47		兴化通草画	兴化级	市首批、2007年11月	昭阳镇
48		戴窑砖瓦雕刻	泰州级	泰首批、2007年6月	戴窑镇
49		兴化糖塑	泰州级	泰二批、2008年12月	戴窑镇
50		兴化面塑	泰州级	泰二批、2008年12月	大营镇
51		兴化泥塑	兴化级	市二批、2009年10月	大垛镇
52		兴化剪纸	兴化级	市二批、2009年10月	大垛镇
53	传统医药	兴化木塔寺卞氏眼科疗法	泰州级	泰首批、2007年6月	昌荣镇
54		潘氏喉科疗法	泰州级	泰二批、2008年12月	周庄镇
55		兴化邱氏烫伤膏制作工艺	兴化级	市二批、2009年10月	茅山镇
56		戴窑史氏中医儿科疗法	兴化级	市二批、2009年10月	戴窑镇
57		左氏正骨疗法	泰州级	泰三批、2010年12月	陶庄镇
58		老圩蛇伤疗法	兴化级	市二批、2009年10月	老圩乡
59	曲艺	兴化锣鼓书	泰州级	泰三批、2010年12月	昭阳镇
60		兴化唱凤凰	兴化级	市二批、2009年10月	茅山镇
61	民俗	兴化都天庙会	泰州级	泰三批、2010年12月	陈堡镇
62		兴化铜匠会习俗	兴化级	市二批、2009年10月	文化馆
63		兴化东岳庙会	兴化级	市二批、2009年10月	茅山镇
64		茅山会船	泰州级	泰三批、2010年12月	茅山镇
65		兴化渔家婚俗	兴化级	市首批、2007年11月	垛田镇
66	传统戏曲	兴化戴家舍提线木偶戏	兴化级	市二批、2009年10月	林湖乡

卷二十五 体育

1991年以后，市委、市政府重视体育事业，逐步健全事业机构，配齐专业和行政管理人员，拨款修建体育场馆，增添体育设施，加大活动经费投入，保证体育活动正常开展。2000年，兴化市全民健身指导委员会成立，负责指导和协调全民健身工作。

在政府和社区、民间组织的推动下，城乡群众体育有较快发展。1991—2010年，举办全市性综合运动会3次，各种单项比赛700余次，承办上级在兴化市举办的体育比赛50余次。兴化籍运动员在各类体育竞赛中，兴化市的国际象棋一枝独秀，夺得世界和亚洲冠军6个。2009年5月，兴化市成为第一个被中国国际象棋协会授予“国际象棋之乡”的城市。2010年，全市经常参加健身锻炼的人数达60万人左右，占总人口的40%。单项体育协会先后成立，协会组织的活动和竞赛增多。乡镇、工厂企业对体育支持、参与、赞助意识增强。学校体育工作坚持德、智、体、美全面发展，特别是注重游泳、棋类等传统项目的建设。全市有省级传统项目学校3所、泰州市级传统项目学校8所、兴化市级传统项目学校16所。农村体育越来越普及，一些经济发达乡镇定期或不定期举办农民运动会渐成传统。竞技体育水平相应提高，专业和业余体育队伍不断壮大。2010年，全市有社会体育指导员2360人，其中一级29人、二级409人、三级1922人。专业训练正常开展。对各年龄段、各项目的运动员注重科学训练、科学选材。

图25-1　兴化人民体育场　　（2010年，李春泽摄）

第一章　国际象棋之乡

兴化国际象棋运动起步于20世纪80年代。经过近30年发展，兴化国际象棋人才异军突起。至2010年，涌现出侯逸凡、谷笑冰两位国际特级大师，以及7名全国冠军、4名全国棋协大师、2名国家一级运动员、50多名国家二级运动员，有万名青少年利用课余时间不间断地研习国际象棋，形成国际象棋特级大师、全国冠军、省级冠军，一大批省、市获奖棋手四级梯队良性发展的态势。兴化市多次承办省、市级比赛。2008年，兴化成功举办首届“戴南杯”中国女子明星对抗赛。2009年5月，承办首届中国·兴化全国国际象棋锦标赛（个人甲组）。2009年5月25日，中国国际象棋协会宣布授予兴化市“国际象棋之乡”称号和“国际象棋高水平后备人才培训基地”称号，同意兴化市建立“中国国际象棋协会国际象棋高水平后备人才培训基地”。

第一节　发展沿革

兴化市国际象棋运动起步于20世纪80年代。1983年5月1日，兴化市棋类协会成立，棋类协会建立后在兴化体育场成立中国象棋、国际象棋、围棋（简称“三棋”）3个少儿训练班，并进入市实验小学、新生小学教小学生下“三棋”。1985年，高杰获江苏省电子厅国际象棋个人赛第2名。在扬州第九届运动会上，王宪、朱庭宏和王光明组成的兴化队夺得国际象棋所有项目的第2名。从此，很多家长将孩子送到王宪处培训国际象棋。1995年，王宪的弟子谷笑冰参加全国“李成智杯”国际象棋比赛，夺得女子10岁组冠军，成为兴化体育史上第一位全国冠军，随后进入江苏省棋院集训，引发兴化青少年儿童学习国际象棋的热潮。自此，几乎每个学校都开设国际象棋兴趣班，体育局开办的培训班也门庭若市。经过体育局、棋类协会和业余教练员近30年的不懈努力，兴化市国际象棋运动从无到有，逐步发展，先后培养一大批优秀运动员，有的成为国内、国际棋坛一流选手。

2005年，兴化市提出“发展智力运动，打造国象之乡”的口号。2009年5月，中国国际象棋协会同意兴化市建立“中国国际象棋协会国际象棋高水平后备人才培训基地”，中国国际象棋国家少年队常年在此集训。截至2010年底，兴化市有1位国际象棋男子国际特级大师（侯逸凡，女），1位国际象棋女子国际特级大师（谷笑冰），另有4名全国棋协大师，7名地方棋协大师；国家一级运动员2人，国家二级运动员50多人；先后5人次获得世界冠军，7人次获全国冠军，获省级赛的奖牌150多枚。

第二节　培　训

一、国际象棋进学校

从20世纪80年代中期开始，兴化市教育系统在小升初和中考中对获得省、国家级冠亚军的小棋手加分录取，2005年进一步放宽为直接录取。这一系列措施，使得兴化的国际象棋普及率大幅提高。2008年，国际象棋走进包括兴化中学在内的5所中小学的课堂，有近万名青少年学习过国际象棋。从2009年秋学期开始，兴化市的93所中小学都培训国际象棋，并且聘请固定教练轮流授课。兴化的各所小学、幼儿园也把教授国际象棋作为一项重要的课程，很多学校还把中国象棋、围棋一起纳入教授范围。在“三棋”教育的蓬勃发展下，市教育局和体育局联合发文，对优秀“三棋”学生在升学上予以倾斜，对取得一定名次的学生，升学时可协调到地方名校就读。至2010年，“三棋”成为城区幼儿园、小学的实验课程，中学也有大量的棋类兴趣班，国际象棋已然成为兴化的名片。

二、兴化棋院

2000年，兴化市棋院成立。小棋手没有特殊情况每天下午放学后都可以去下棋，采用的是类似于俱乐部式的会员制。2010年4月，兴化市政府在位于市中心元老府巷1号的明朝状元、内阁首辅李春芳府邸内成立兴化棋院，全天向市民开放。棋院聘请外地教练和经过江苏棋院考核获得资格证书的10多名初、中级教练执教，进一步促进兴化棋类运动水平的提高，并先后承办多次省、市级比赛。

三、叶江川（兴化）国际象棋学校

2010年5月，叶江川（兴化）国际象棋学校成立。学校位于市体育场英武路118号昭阳实验小学内。同时还设立叶江川（兴化）国际象棋学校新区分部（新区体育馆内）、叶江川（兴化）国际象棋学校牌楼分部（元老府巷1号兴化棋院内）。兴化90%的国际象棋冠军都是由该校培养。

图25-2　叶江川（兴化）国际象棋学校揭牌
（2010年摄，市体育局提供）

四、其他培训机构

兴化设有国际象棋社会力量培训机构，如果果棋院、兴化武安国际象棋俱乐部等，均培养出部分优秀小棋手。果果棋院，成立于2007年末，拥有优秀的训练设施，通过宽带上网与全国同行教练及特级大师们交流信息、资源共享，培训小棋手在各类比赛中取得优秀成绩。

第三节　人才梯队

一、第一梯队

1991年，谷笑冰开始学下国际象棋，1995年入选国家少年队，1998年正式加入江苏省国际象棋队，多次入选国家集训队。1993年首获江苏省赛冠军，1995年第一次获得全国分龄组冠军，其后多次在全国各类比赛中夺冠，曾战胜过世界冠军谢军、许昱华、诸宸等名将。2002年，谷笑冰获全国个人锦标赛亚军，2003年获全国青年锦标赛亚军，成为江苏省第一位国际象棋女子国际特级大师。2004年被国家体育总局授予“国际级运动健将”称号。谷笑冰10多次代表国家队到巴西、法国、俄罗斯、希腊、印度等10余个国家参加国际比赛，取得过世界快棋锦标赛女子第四名的成绩。2004年，谷笑冰代表南开大学取得世界大学生团体赛的冠军。2005年，在埃及举办的世界青年锦标赛上获得亚军。2007年新加坡国际公开赛获得女子冠军。

侯逸凡7岁师从童渊明，良好的棋感加上系统的训练，侯逸凡棋艺长进迅速。2001年获全国“李成智”杯国际象棋赛女子8岁组冠军。2003年获全国“李成智”杯国际象棋赛女子10岁组冠军。2003年获世界青少年锦标赛女子10岁组冠军。2004年获全国“李成智”杯国际象棋赛女子12岁组冠军。2005年获中国独立区女子分区赛冠军。2005年获首届全国联赛女子团体冠军。2006年获第37届国际象棋奥林匹克团体赛女子第三名、台次银牌。2006年获第23届女子国际象棋世界青年锦标赛亚军。2007年获第一届女子国际象棋世界团体赛冠军，台次金牌。2007年获全国女子国际象棋个人赛冠军，成为中国历史上最年轻的全国冠军。2008年获世界锦标赛亚军，同年参加世界智力运动会，为中国队夺得二金一铜。2008年晋升男子国际特级大师，是国际象棋历史上晋升男子特级大师最年轻的女棋手。2010年获世界女子国际象棋锦标赛冠军，成为历史上最年轻的世界棋后。同年在广州亚运会上以9战8胜1和积8.5分的不败战绩，为中国国际象棋实现亚运历史上金牌“零”的突破，是兴化籍运动员夺得的首枚亚运金牌。

2003年，郭琦获得第十一届“李成智杯”全国少年儿童国际象棋冠军赛12岁女子组“一级棋士”。2006年获得第十四届“李成智杯”全国少年儿童国际象棋冠军赛12岁女子组“棋协大师”称号。2007年获第十五届“李成智杯”女子12岁组冠军，2008年底，郭琦经过江苏省体育局训练、考核，入选省优秀运动队，并参加省优秀运动队的专业训练和比赛。

侯逸凡、谷笑冰、郭琦均有国际等级分并参与世界排名，成为兴化国际象棋的领军人物。

二、第二梯队

经过市体育局、市棋类协会和业余教练员20年的努力，兴化国际象棋运动从无到有，逐步发展，除培养侯逸凡、谷笑冰、郭琦外，还相继涌现出聂昕、袁烨、季玮、沙雯雯、朱逸伦、张诗婕、孙华鹏、何雅岚、王安奇、景珊珊、刘曼犁、万婕等一大批全国和省级各年龄组冠军。至2010年，兴化籍国际象棋选手先后有5人次获得世界冠军，8人次获得“李成智杯”全国冠军。另外，兴化棋手还获得省级赛奖牌150多枚，并有200多名经过省体育局注册的运动员，同时还有中国棋协大师4人，国家一级运动员2人，国家二级运动员50多人。这些孩子成为兴化国际象棋棋手第二梯队。

三、第三梯队

1991—2010年，兴化市有近万名少年儿童常年不间断地研习国际象棋，在省市比赛中获得大量名次，组成第三梯队，成为兴化国际象棋人才不断涌现的基础和保证。

第四节　赛事与成绩

2005年后，兴化市政府每年投入一定资金举办各类国际象棋比赛，对于在各类国际象棋比赛中获优秀奖的选手给予奖励。拿到全国名次可以从体育局获得6000元以下不等的奖励。对于获得冠军的选手，兴化市领导上门祝贺，市体育局把喜报张贴到学校。兴化市体育局积极向省国象队推荐人才。

2008年5月12—16日，“戴南杯”首届中国国际象棋女子明星对抗赛在兴化市举行。比赛由中国国际象棋协会主办、兴化市人民政府承办、江苏省棋院协办，是兴化市首次举办的高水平国际

图25-3 2008年5月16日，"戴南杯"首届中国国际象棋女子明星对抗赛比赛在兴化举行 （市体育局提供）

象棋赛事。旨在宣传国际象棋训练的历年成果，提升兴化市的国际象棋知名度，为进一步开展国际象棋运动，为创建"国际象棋之乡"造势。对抗赛邀请许昱华、侯逸凡、谷笑冰、郭琦、黄茜、赵雪、阮露斐、沈阳、王瑜、居文君等10名棋坛高手参加。棋手中，侯逸凡、谷笑冰两人是兴化藉的国际象棋特级大师。对抗赛赛程4天，棋手们分A、B两组，A队由国家队队员和地方队员5人组成，B组由国家队队员5人组成，分别经过10轮角逐，决出慢棋优胜奖、快棋优胜奖和超快棋奖。结果是拥有赵雪、阮露斐、沈阳的B队以56∶44的总比分战胜许昱华、侯逸凡领衔的A队。在个人战绩方面，B队的赵雪、阮露斐、沈阳和A队的侯逸凡都得到12分，并列第一。

2009年5月25日至6月7日，由国家体育总局棋牌运动管理中心和兴化市委、市政府共同主办的首届中国·兴化国际象棋锦标赛（个人甲组）在兴化市举行。此次锦标赛系国家国际象棋界最高规格，云集来自全国各地的24名国象明星，其中有17名是国际象棋特级大师，分别代表北京、江苏、山东、重庆等9支全国甲级劲旅参赛。比赛通过国家体委权威网站"中国棋院在线"首次实现网上直播、同步专家点评和网友网上互动交流。经过11轮激烈的争夺，丁立人（浙江）和沈阳（江苏）分别摘得男、女子组桂冠。

2010年5月24日至6月4日，"合行杯"第二届中国·兴化全国国际象棋锦标赛（个人甲组）开幕式在兴化市举行。参加本次比赛的24名男女明星棋手分别是：卜祥志、王皓、李超、丁立人、倪华、周健超、李师龙、卢尚磊、周唯奇、季诞、张子洋、侯逸凡、赵雪、张继林、王瑜、谷笑冰、居文君、章晓雯、丁亦昕、黄茜、谭中怡、沈阳、王豆豆、王珏。锦标赛从5月24日开始，到6月4日结束，历时12天。大赛采用国家体育总局最新审定的"国际象棋竞赛手册"，比赛用时为每方1小时30分，每步棋加30秒，男女比赛采用循环赛，每人赛满11轮。男女分别计算成绩，并计算国际等级分，最后决出男女前8名，由国家体育总局颁发奖牌、奖状。经过11轮的角逐，王皓和居文君分别获得男子组和女子组的冠军，兴化籍女棋手侯逸凡、谷笑冰获得"兴化国象运动特别贡献奖"。

2010年5月29—30日，"博思特门业杯"华东协作区第四届幼儿国际象棋冠军赛在兴化市实验小学举行，本次比赛有27支代表队310名国际象棋"未来之星"参赛，其中，兴化市派出7支代表队115名运动员参赛。此次赛事按5岁、6岁、7岁、8岁、9岁五个年龄段分男女组10个组别比赛，采用国家体育总局审定的最新竞赛规则，比赛采用瑞士制，共比7—9轮，每局每人限时35分钟（共用50分钟后加钟）。兴化市各代表队取得较好成绩。市棋类协会代表队在男子团体赛中获得7岁组第二名；市少年宫代表队在男子团体赛中获得5岁组第一名、6岁组第三名、7岁组第五名及8岁组第五名；市板桥幼儿园代表队在男子团体赛中获得7岁组第四名，在女子团体赛中获得5岁组第一名、6岁组第一名；市果果棋院代表队分别在女子团体赛和男子团体赛中获得5岁组第二名。

2010年10月2—6日，"博思特门业杯"全国国际象棋少年精英赛在兴化市开赛。此次精英赛由中国国际象棋协会主办、兴化市人民政府承办，中共兴化市委宣传部、兴化市体育局、江苏博思特门业有限公司共同协办，为期5天，有来自全国12个省、市的51名男女国象选手参赛，参赛选手主要是近两年"李成智"杯全国国象少年冠军赛男女前16名的棋手，整体实力较强。比赛执行国家体育总局最新审定的《国际象棋竞赛手则》，分A、B组，各组男女分组比赛，按年龄8岁、10

岁、12岁、14岁、16岁组男女分别计算成绩。比赛采用瑞士制，进行11轮比赛，用时为每方45分钟，每步加30秒，计算国内等级分（按照最新颁布的等级分计算办法），并对各年龄段男女前六名给予奖励和颁发奖状，前三名颁发奖牌。同时，根据《中国国际象棋协会技术等级条例》，A组可申请棋协大师称号。此外，此次比赛设鼓励奖、最佳表现奖、最具潜力奖、最具拼搏奖，每个年龄段男女棋手各录取1人。44名小选手获得各类奖牌，其中最小的获奖选手年仅8岁。

1991—2010年兴化籍棋手获省级以上国际象棋比赛成绩一览表

表25-1

比赛名称	年份	成绩	创造者
世界青少年国象冠军赛	1995	第八名	谷笑冰
世界青少年国象赛	1996	第四名	谷笑冰
世界杯国象赛	2000	第十八名	谷笑冰
世界国象锦标赛	2001	第十四名	谷笑冰
世界青年国象锦标赛	2002	第四名	谷笑冰
世界青少年国象锦标赛	2003	第一名	侯逸凡
世界青少年国象锦标赛	2004	第三名	侯逸凡
世界女子国象锦标赛	2005	第一名	侯逸凡
世界青年锦标赛	2005	第二名	谷笑冰
世界青少年国象锦标赛	2005	第五名	侯逸凡
世界奥林匹国象赛	2006	第三名	侯逸凡
全国少儿国象比赛	1993	第五名	谷笑冰
全国第三届少儿国象赛	1995	第一名	谷笑冰
全国“棋童杯”国象赛	1996	第一名	谷笑冰
第十届“希望杯”国象全国赛	1997	第一名	谷笑冰
全国国象锦标赛	1998	第三名	谷笑冰
全国第七届“李成智杯”国象赛	1999	第三名	谷笑冰
全国第九届“李成智杯”国象赛	2001	第二名	谷笑冰
全国“棋童杯”国象比赛	2002	第一名	侯逸凡
全国第十一届“李成智”杯国象赛	2003	第一名	侯逸凡
全国国象快棋赛	2003	第一名	侯逸凡
全国国际象棋“新人王”赛	2004	第一名	侯逸凡
全国第十二届“李成智”杯国象赛	2004	第一名	侯逸凡、景姗姗、刘曼犁
“金马杯”国际象棋赛	2005	第一名	侯逸凡
全国国际象棋联赛	2005	第一名 团体	侯逸凡
全国第十三届“李成智”杯国象赛	2005	第一名	景姗姗
全国第十四届“李成智”杯国象赛	2006	第一名 快棋	聂　昕
江苏省少儿国象赛	1993	第一名	谷笑冰
江苏省少儿国象赛	1994	第五名	谷笑冰
江苏省少儿国象赛	1995	第三名	王　玥、班　舒、王少凡
江苏省少儿国象赛	1996	第四名	王　玥、周啸山

续表 25-1-1

比赛名称	年份	成绩	创造者
江苏省少儿国象赛	1997	第一名	谷笑冰
江苏省少儿国象赛	1997	第一名	季　玮
江苏省少儿国象赛	1997	第一名	王荣久
江苏省十四届运动会少儿国象赛	1998	第一名	谷笑冰、班　舒
江苏省少儿国象赛	1999	第一名	季　玮
江苏省少儿国象赛	2000	第二名	班　舒、王少凡、季　玮、侯逸凡
江苏省十五届运动会少儿国象赛	2002	第一名	沙雯雯、朱逸伦
江苏省“新苗杯”国象公开赛	2002	第一名	王少凡、刘曼犁、景姗姗
江苏省少儿国象赛	2003	第一名	万　婕、张诗婕、张华鹏、郭　琦
江苏省少儿国象赛	2004	第一名	何雅岚、郭　琦、张诗婕、王安奇、沙雯雯、景姗姗
江苏省少儿国象赛	2005	第一名	张诗婕、聂　昕、刘曼犁、徐鑫恺
江苏省少儿国象赛	2006	第一名	张诗婕、郭　琦、聂　昕、刘可心
世界少年国际象棋锦标赛	2007	第三名	郭　琦
全国女子国际象棋锦标赛	2007	第一名	侯逸凡
全国第十五届“李成智杯”国象赛	2007	第一名	郭　琦
江苏省少儿国象赛	2007	第一名	聂　昕
江苏省少儿国象赛	2007	第一名	刘可心
江苏省少儿国象赛	2007	第二名	张靖娴
江苏省少儿国象赛	2007	第二名	刘曼犁
江苏省少儿国象赛	2007	第三名	徐必君
江苏省少儿国象赛	2007	第三名	沙雯雯
江苏省少儿国象赛	2007	第三名	奚王雨牧
江苏省少儿国象赛	2007	第三名	袁　烨
全国女子国际象棋锦标赛	2008	第一名	侯逸凡
全国第十六届“李成智杯”国象赛	2008	第二名	聂　昕
全国第十六届“李成智杯”国象赛	2008	第六名	刘曼犁
全国第十六届“李成智杯”国象赛	2008	第八名	景姗姗
世界青少年国际象棋锦标赛	2008	第六名	聂　昕
世界女子国象锦标赛	2008	第二名	侯逸凡
第一届世界智力运动会	2008	第一名	侯逸凡
华东协作区第五届国象赛	2008	第一名	聂　昕
全国第十七届“李成智杯”国象赛	2009	第二名	聂　昕
全国第十七届“李成智杯”国象赛	2009	第三名	刘曼犁
第五届世界学校国象锦标赛	2009	第一名	聂　昕
第五届世界学校国象锦标赛	2009	第三名	刘可心
第十届全国中学生国象赛	2009	第二名	聂　昕
第一届全国智力运动会	2009	第二名	侯逸凡
第一届全国智力运动会	2009	第二名	郭　琦、聂　昕、刘曼犁

续表 25-1-2

比赛名称	年份	成绩	创造者
第二届国象世界团体赛	2009	第一名	侯逸凡
2010年女子国际象棋世锦赛	2010	第一名	侯逸凡
亚洲青少年国象锦标赛	2010	第三名	聂　昕
全国第十八届“李成智杯”国象赛	2010	第一名	聂　昕
全国国际象棋精英赛	2010	第一名	刘曼犁
全国国际象棋精英赛	2010	第二名	赵可欣、刘可心、袁　烨
全国国际象棋精英赛	2010	第三名	景姗姗、杨雨秋
广州亚运会	2010	第一名	侯逸凡

第二章　社会体育

20世纪90年代以后，全市经济快速发展，人民生活水平不断提高，体育健身活动受到越来越多人的喜爱。1991—2010年，先后举办全市性运动会3次。1995年兴化市开始实施《全民健身计划纲要》，职工体育、农民体育、社区体育、老年体育更加广泛开展；开展创建体育先进乡镇活动；加强城乡全民健身服务体系建设；培训社会体育指导员，开展国民体质测试工作。2009年，兴化市举办首届广场舞大赛、棋类大赛、龙舟大赛。截至2010年，全市城乡有700多个健身点，经常参加体育活动的人数达全市人口的40%以上。

第一节　体育社团

2003年6月，成立兴化市老年人体育协会。主要工作是组织指导老年健身活动；开展老年体育科学研究，总结交流经验，表彰先进促进老年人健身工作。

2004年10月，成立兴化市乒乓球运动协会，主要工作是推广乒乓球运动，举办乒乓球培训、表演、竞赛等活动。是年，成立兴化市钓鱼协会。主要工作是组织和领导广大垂钓爱好者和热心体育事业的各界人士，积极推动钓鱼运动的开展。

2005年6月，成立兴化市城市社区全民健身协会，主要组织全民健身活动，开展健身培训比赛，丰富群众精神生活。会员数970人，活动场所设在城市社工委内。

2006年9月，成立兴化市羽毛球运动协会，主要工作是指导羽毛球健身运动；承办羽毛球比赛活动，组织参加上级举办的比赛。

2007年6月，成立兴化市武术协会，主要工作是宣传普及武术运动，组织武术基本知识培训；协助开展武术比赛，加强与外界联系沟通。

2008年10月，成立兴化市信鸽协会，主要开展信鸽养殖经验交流，组织、参加信鸽放飞比赛，对外交流等。

2009年11月，成立兴化市门球协会，主要开展技术培训，组织参加比赛，承办门球活动，加强对外交流。至2010年，有会员120人，活动场所设在老年大学内。

2010年1月，成立兴化市社会体育指导员协会，主要开展健身、培训、咨询活动，组织社会体育指导员资格评定，参加省、泰州市学术交流活动。

2010年3月，成立兴化市体育总会，主要工作是指导各单位开展体育工作，促进体育事业健康发展，协助政府部门完成体育事务。

1991—2010年，兴化市相继成立10个体育协会。与1983年5月成立的兴化市棋类协会，至2010年，全市计11个体育协会。

第二节　职工体育

1993年，兴化市体育局在工厂、企业推广第七套广播体操和各类健身操，举办游泳、健身操、棋类等各类体育项目培训班11期，培训人员2280人。1995年，举办各类体育培训班16期，受训人员4000多人。兴化市邮电局、五金公司、轴瓦厂分别于1991年左右成立企业体育协会，组织职工开展各类体育活动。2000年后由于企业相继改制，职工体育基本处于停滞状态。

2010年10月13日，兴化市市级机关运动会开幕式暨广播体操比赛在市文正实验学校举行。此次运动会比赛项目有广播操和拔河比赛，扑克牌比赛，国际象棋、围棋、中国象棋比赛，女子800米、男子1500米中长跑比赛，女子跳绳比赛。全市有91个市级机关部门的600余名运动员报名参加各项比赛。

1991—2010年，为丰富广大职工的文体生活，增强广大职工的身体素质，市级机关党委、市总工会、市体育局每年都联合各单位定期举办机关干部和职工羽毛球、篮球、乒乓球、三棋联赛等活动。兴达钢帘线集团组织两次职工篮球比赛，锻炼职工身体，活跃职工气氛。

第三节　农民体育

一、承办比赛

1997年、2000年兴化市承办泰州市农民棋类比赛，2001年举办兴化市二运会农民部“信合杯”比赛。

二、地方特色体育活动

兴化地方特色的民间体育活动主要有沙沟的板凳龙、合陈的手狮舞、龙舟、舞龙等。2008—2010年，每年春节期间定期举办兴化市新春舞龙表演大赛，端午期间举行兴化市乌巾荡龙舟大赛。

三、创建体育先进乡镇

1991年后，开展创建体育先进乡镇活动，从体育工作领导、设施建设、活动开展等方面，促进乡镇体育工作的开展。1991—2010年，兴化市创建省级体育先进乡镇2个，市级体育先进乡镇13个。戴南、钓鱼被命名为省级体育先进乡镇；大邹、安丰、戴窑、周庄、林湖、陈堡、茅山、荡朱、林潭、大垛、竹泓、张郭、沙沟获得“泰州市体育先进乡镇”称号。1994年，戴南被评为江苏省第十三届运动会群众体育先进集体。

四、戴南农民体育

1990年后，省级体育先进镇戴南镇每年都与毗邻的泰县（姜堰市）溱潼镇举行篮球、乒乓球邀请赛或友谊访问赛。2004年起每两年举办一次全镇运动会。经常参加体育活动的人数达全镇总人口的35%以上。

第四节　老年人体育

1997年前，全市老年人体育活动以分散自练为主，之后门球活动的开展为老年人组织体育活动打开第一扇大门。1998年、1999年，兴化市承办江苏省县级市老干部门球比赛，1999年举办首届老年人门球比赛。2001年，举办兴化市“地税杯”第二届体育运动会老年部棋类比赛及老干部门球比赛。2002年，组队参加省第七届中老年男子篮球比赛。

2003年，兴化市成立老年人体育协会。2006年，兴化市张郭镇、昭阳镇、新垛镇、安丰镇人民政府被评为“江苏省老年人体育工作先进集体”。2008年，协办泰州市第三届运动会老年部乒乓球比赛。是年，全市34个乡镇和1个开发区均组建起老年体协。2008—2010年，市老年人体育协会多次组队参加省、市举办的门球比赛，均取得优异成绩。

第五节　全民健身工程

1995年6月20日，国务院发布《全民健身计划纲要》。1996年为全面贯彻实施《全民健身计划纲要》，兴化市举办首届综合运动会，分为职工部、机关部、农民部、学生部。2000年，兴化市全民健身指导委员会成立，负责指导和协调全民健身工作。2001年，兴化市开始实施城乡全民健身服务体系“八个一工程”，以城市社区和农村乡镇为重点：建立一个健身组织网络；每年举办一次全民健身周活动；建设一个全民健身工程（点）；建设一批晨（晚）练健身点；建设一支社会体育指导员队伍；建立一个国民体质测定站；每年进行一次系列科学健身讲座；形成一个特色体育项目。2001年、2006年分别举办兴化市运动会。至2006年，34个乡镇的“八个一工程”全部达标。2001年，以提高妇女身体素质为目的，面向基层、面向全市广大妇女群众开展妇女体育健身活动，举办兴化市“国寿杯”巾帼风采健身表演活动。2005年，举办兴化市全民健身“家庭趣味运动会”。2008年，举行迎奥运“江浙广场杯”腰鼓友谊赛、“迎奥运盛会、树文明新风”妇女儿童健身大展演。2009年，举办全市广场健身舞大赛。2009—2010年，在乡镇举办全民健身日活动。

1991—2010年兴化市每年举行各类中国象棋比赛。1997年举办首期三级社会体育指导员培训班。2002年，全市培训二、三级社会体育辅导员198名，有384名社会体育指导员。2003年，全市社会体育指导员网络遍布城镇，全市已有500名等级社会体育指导员。2004年，先后在戴窑、安丰、钓鱼、中堡等地举办二、三级社会体育指导员培训班，其中：70人达二级标准，125人达三级标准，另有4人达一级标准，全社会累计社会体育指导员近千人。2005年，根据省体育局万分之十二的群众体育骨干人员的评估标准，先后在永丰、临城、海南等6个乡镇举办社会体育指导员培训班，累计培训三级社会体育指导员305名，一级社会体育指导员6名。全市建成全民健身工程

图25-4　全民健身活动蓬勃开展
（2006年，邹道海摄）

（点）45个。截至2010年底，全市城乡建设晨（晚）练健身点734个，全民健身（点）78个，全民健身工程2处，国民体质测定站1个。社会体育指导员2360人，其中一级29人、二级409人、三级1922人。全民健身周广泛组织开展群众性健身竞赛、体质测试、科学健身讲座和健康咨询等系列活动，宣传全民健身计划纲要，展示群众健身风采，引导群众参与到各种健身活动中来。

2006年，根据江苏省体育局《关于实施“江苏省万村体育健身工程”的意见》，兴化市结合本地特点制定“万村体育健身工程”实施方案，采取体育部门免费配置体育器材，市财政补助部分场地建设费用的方式，通过采取调查摸底、宣传动员、协助选址、指导安装、验收监督等一系列措施，大力推进“万村体育健身工程”。2007年，全市614个行政村都建有三类公共体育场地设施，即1片混凝土标准篮球场、2张以上乒乓球台（室内或室外），其中20%的行政村体育设施达二类场地标准，即1片混凝土标准篮球场、2张以上乒乓球台（室内或室外）、30平方米以上棋牌室（或60平方米以上室内健身房）。34个乡镇全部建成体育健身活动中心。每个活动中心都有1套健身路径、2张乒乓球台（室外）、3片运动场地（水泥篮球场及门球场、羽毛球场等）、1个健身房（80平方米左右）、1个乒乓球室（40平方米左右）、1个棋类活动室（40平方米左右）。

第六节　国民体质监测

图25-5　国民体质监测　（2010年摄，市体育局提供）

2003年，兴化市国民体质监测开始启动，全市在部分机关、学校、晨练点开展监测工作，完成包括干部、职工、幼儿、青少年、成年人、老年人等人群的标本测试工作。2004年，先后在安丰镇、昭阳镇、戴窑镇、市级机关、兴化中学、国税局等部门为千名干部群众进行体质测试并开出运动处方。2005年，开展国民体质测试乡镇行活动，先后在新垛、老圩、下圩、合陈、临城、陶庄等地免费为2400多名干部群众开展体质测试并开出运动处方。2007年，为2500多人进行体质测试并开出运动处方。

2010年，兴化市国民体质监测中心对2000名3—69岁兴化市民进行抽样监测，其中3—19岁组426人，成年组1574人，根据监测数据形成公告于年末向社会公布。总体评价结果显示：市民体质一般，50—69岁城市女性各项指标有明显上升趋势，与这个年龄段的城市女性晨（晚）练和广场舞运动密不可分，同时也暴露出这个年龄段的男性及其他年龄段的人缺乏各种健身锻炼。

第三章　学校体育

第一节　体育锻炼

1991年全市中小学生体育达标13.29万人，占适龄学生的95%。1991年后，全市中小学全面贯彻《中小学体育工作暂行规定（试行草案）》，开展《国家体育锻炼标准》达标活动，以增强学生体质为主，以普及促提高，以两课两操两活动（每周两节体育课、每周两节活动课、广播操、眼保健操）为载体，全面开展体育锻炼活动。全市每年参加《国家体育锻炼标准》测试施行率为100%、优秀率稳定在12%，及格率超过95%以上。1994年，市实验小学丁志前获得“全国‘雏鹰起飞’小能手”称号；1995年，沙沟中心小学石晓芳获得“全国体育小能手”称号。全市所有学校均开展冬季三项活动（跳绳、踢毽子、长跑），阳光体育活动蓬勃开展，市体育局、教育局每年开展阳光体育联赛活动10次以上。

2006—2010年，按照“因校制宜、分层推进”的要求，全市实施农村中小学“四项配套”工程建设（农村中小学理化生史地实验设备、图书资料、体育、艺术教育器材等设施、设备）。结合此项工程，全市学校整理体育场地约12万平方米（其中新建整修100米直道、200米以上环形跑道运动场7个，新建水泥篮球场45个，新建乒乓球场57个、体操区51个）。

第二节　体育传统项目学校

1991年以后，兴化市统一布局的训练项目为田径、游泳、棋类、篮球、乒乓球等5项，形成以兴化中学、板桥初中、实验小学为龙头的网式训练体系。

图25-6　2006年，新生小学体育竞赛周田径比赛颁奖仪式
（市体育局提供）

1993年，兴化市体委、教育局首次命名大邹中学（田径）、鲁迅中学（田径）、林湖中心小学（排球）、戴窑中心小学（田径）、戴南中心小学（篮球）、周庄中心小学（田径）为兴化市级体育项目学校，此后基本每两年命名或升格2—4个传统体育项目学校。1998年，兴化市鲁迅中学（现属第一中学）体育班成立。根据江苏省体育局《省体育局关于创建省级青少年奥林匹克体育俱乐部的通知》要求，有关学校经过筹备，在体育教学力量、场馆设施以及辐射周边

的能力上都有较大的提升。2001年，安丰镇成立全市首家篮球俱乐部。2007年12月，兴化市新生青少年体育游泳俱乐部（新生中心小学）和兴化市龙翔奥林匹克体育俱乐部（兴化中学）通过省体育局的验收，被命名为“江苏省青少年奥林匹克体育俱乐部”。

2010年，整合资源，在楚水中学建立文体双修班，专门挑选优秀体育苗子进行培养。全市有省级传统校3所、省级青少年体育俱乐部3所，泰州市级传统校8所，兴化市级传统校16所。全市各市属学校、乡镇中心校以田径、篮球、乒乓球为基础，每校建立两支训练队伍，参加市中小学生阳光联赛。

兴化市少儿业余体校创办于1964年，其中以游泳为省级传统优秀运动员选拔基地。1991年后，积极打造“国象之乡”。在训练中对不同年龄的运动员实施不同的训练方法和手段，高度重视体教结合发展业余训练的工作。主动与教育部门齐抓训练，联合举办各种比赛，形成“资源共享，优势互补，齐抓训练，共享成果”的业余训练体制。2010年，市少儿业余体校设有游泳、田径、羽毛球、棋类、柔道5个竞技项目，教练员12人，其中中级8人、初级4人。市少儿业余体校多年培养运动员千余人，为国家输送2名国际象棋特级大师，为八一体工大队输送1名举重运动员，向省游泳队输送9名运动员，向省体工大队输送柔道、摔跤、皮划艇、田径等7名运动健将，为扬州、泰州体校输送若干优秀苗子。

2010年兴化市体育传统校一览表

表25-2

级 别	项目	学 校
市级	田径	兴化中学、实验小学、周庄中学、戴窑中心小学、新生中心小学、鲁迅中学
	篮球	城西小学
	乒乓球	舍陈中心小学
县级	田径	大邹中学、周庄中心小学、海南中心小学、茅山中心小学、永丰中心中学、楚水实验学校、周庄初级中学
	篮球	戴南中心小学、戴南中心中学、安丰中学、新垛镇初级中学、张郭镇中心学校
	排球	林湖中心小学
	乒乓球	竹泓中心小学、林潭中心小学
	游泳	实验小学

第四章 竞技体育

第一节 队伍建设

1991—2010年，兴化市在全面普及的基础上积极开展业余训练工作，坚持以科学发展观为指导，以促进中小学生全面发展，培养优秀体育后备人才为目标，构建了适应市场经济体制的体教结合模式；认真贯彻选好苗子、加大输送、系统训练、普及与提高相结合的青少年体育训练方针；重点发展优势传统项目，积极培养高水平体育后备人才，推进兴化市体育事业快速协调持续发展。

1991—2010年，兴化市先后向省优秀运动队、八一体工队输送20多名优秀运动员。1990年后，市业余训练、体育竞赛和全民健身活动正常开展，体育队伍不断壮大，至2010年，市人民体育场有专职教练员9名，其中取得一级教练员资格3人、二级教练员4人，分别负责游泳、田径、摔跤、羽毛球、举重等项目的训练工作。

2010年，全市有裁判员930名，其中一级裁判员28人、二级160人、三级742人，涉及田径、球类、棋类、游泳等项目。有等级运动员1022人，其中一级12人、二级150人、三级860人。

1998—2010年兴化市输送运动员一览表

表25-3

项目	姓名	性别	出生年月	输送院校	输送年份
国际象棋	谷笑冰	女	1985年7月	江苏省棋院	1998
激流快艇	王小静	女	1986年7月	江苏省激流快艇队	2003
柔道	纪瑞根	男	1985年1月	江苏省柔道队	2003
柔道	杨天刚	男	1986年2月	江苏省柔道队	2004
乒乓球	李京慰	女	1994年1月	江苏省乒乓球队	2004
柔道	李茂鉴	男	1989年6月	江苏省柔道队	2006
柔道	勾 燕	女	1989年12月	江苏省柔道队	2006
游泳	叶千鹏	男	1994年12月	江苏省游泳队	2007
棋类	程 鸣	男	1990年3月	江苏省棋院	2008
棋类	郭 琦	女	1995年1月	江苏省棋院	2008
摔跤	蔡玉楼	男	1989年4月	江苏省摔跤队	2008
游泳	储定海	男	1996年3月	江苏省游泳队	2009
田径	薛 宏	男	1991年8月	江苏省田径队	2009
举重	钟仕勇	男	1991年3月	八一举重队	2009
赛艇	万连海	男	1993年3月	八一赛艇队	2010

第二节　运动会与赛事

一、县（市）级竞赛

【兴化市首届运动会】 1996年，兴化市第一次举办全市性综合运动会，分设职工部、农民部、机关部和学生部，比赛设16个大项，126个小项。从8月中旬起，各部分别开展比赛活动，在历时3个月的比赛过程中，参赛的城乡运动代表队有44支，参赛运动员达到1889人（次），有1人2次刷新2项兴化市最高纪录，1人1次刷新1项市中学生纪录，1人1次刷新1项市小学生纪录。首届运动会的举办，推动了城乡健身热潮，推动了群众体育活动的开展。

【兴化市第二届运动会】 2001年，兴化市体育局会同市委农工部、机关党委、教育局、老干局、民政局成功举办市"地税杯"第二届运动会。全市356支城乡代表队2250名运动员参加17个大项、142个小项的比赛，学生部有1人刷新市女子三级跳远田径纪录，2名学生运动员达国家二级运动员标准，32名学生运动员达国家三级运动员标准，历时7个月，推动了全市各类群众性体育活动的开展。

【兴化市第三届运动会】 2006年，兴化市举办第三届运动会，从5月开始至11月结束，历时7个月。三运会设学生部、职工部、机关部、农民部、社会部，有27个大项，100多个小项比赛，有4000多名运动员参赛。10月16日在兴化中学田径场举行三运会开幕式和主题为“水乡情·飞向2008”大型团体操表演。11月3日举行闭幕式，表彰三运会的先进集体和先进个人。

1991—2010年县（市）级体育竞赛一览表

表25-4

举办时间	运动会名称	项目	参赛人数（人）
1991年1月	1991年城区中、小学生迎春中长跑比赛	田径	99
1991年11月	1991年兴化市中小学田径运动会	田径	412
1993年3月	1993年中小学田径运动会	田径	533
1993年6月	1993年“国土杯”干部乒乓球男子团体邀请赛	乒乓球	42
1994年4月	1994年兴化市城区中小学生棋类选拔赛	棋类	178
1994年5月	兴化市首届青年文化艺术节“供销”杯围棋邀请赛	围棋	96
1994年10月	兴化市第二届“城市开发”杯围棋邀请赛	围棋	36
1994年10月	兴化市中小学生田径运动会	田径	492
1995年2月	兴化市中小学田径运动会	田径	560
1995年4月	兴化市城区中小学生中国象棋、围棋、国际象棋比赛	棋类	118
1995年4月	兴化市小学生乒乓球男、女团体单打比赛	乒乓球	80
1995年5月	兴化市“银河”杯围棋比赛	棋类	54
1995年6月	兴化市“国土杯”机关乒乓球男女团体、单打比赛	乒乓球	62
1995年8月	兴化市“邮电”杯游泳邀请赛	游泳	66
1995年9月	兴化市中小学篮球比赛	篮球	186
1995年9月	兴化市职工棋类比赛	中国象棋、围棋	108
1996年3月	兴化市中小学体育比赛	田径、篮球、游泳、乒乓球	860
1996年5月	兴化市中专、职高技校学生“金桥”杯篮球比赛	男篮、女篮	160
1996年8月	首届运动会职工部游泳比赛	游泳	140
1996年8月	兴化市首届运动会农民部乒乓球男、女团体单打比赛	乒乓球	54
1996年9月	兴化市首届运动会农民部象棋比赛	中国象棋	27
1996年9月	首届运动会职工部棋类比赛	中国象棋、围棋	160
1996年9月	兴化市首届运动会机关部乒乓球比赛	乒乓球	130
1996年9月	首届运动会职工部篮球比赛	男篮	80
1996年10月	兴化市首届运动会机关部棋类比赛	围棋、中国象棋	113
1996年10月	首届运动会职工部乒乓球比赛	男、女单打	144
1996年10月	兴化市首届运动会学生部篮球比赛	男篮、女篮	448
1996年11月	首届职工部田径比赛	田径	150
1996年11月	兴化市首届运动会学生部田径比赛	田径	564

续表 25-4-1

举办时间	运动会名称	项目	参赛人数（人）
1996年11月	兴化市首届运动会学生部乒乓球比赛	男、女团体单打	120
1996年11月	兴化市首届运动会农民部田径比赛	田径	87
1997年1月	市职中、中专、技校篮球比赛	篮球	11个队120人
1997年1月	第三届“交通”杯棋类邀请赛	围棋、中国象棋	60
1997年5月	市中专、职高、技班学生田径比赛	田径	8个队90人
1997年9月	市属中学中小学生篮球比赛	篮球（市属中学组）	12个队130人
1997年10月	中小学生篮球比赛	篮球（中学组）	7个队80人
1997年10月	中小学生篮球比赛	篮球（小学组）	5个队60人
1997年10月	市中小学生田径运动会	田径	78个队1000人
1997年11月	市中小学生乒乓球比赛	乒乓球	21个队210人
1997年11月	中小学冬季长跑比赛	长跑、踢毽、跳绳	3000
1997年12月	市小学生乒乓球比赛	乒乓球	17个队100人
1998年5月	市中小学生篮球比赛	篮球	11个队160人
1998年10月	市中小学生篮球比赛	篮球（市属中学组）	20个队180人
1998年12月	市中小学生篮球比赛	篮球（乡镇中学组）	17个队120人
1998年12月	市小学生乒乓球比赛	乒乓球	38个队160人
1999年5月	市城区中、小学生棋类比赛	三棋	12个队150人
1999年6月	市中小学生体育比赛	田径（小学组）	20个队300人
1999年6月	市中小学生体育比赛	田径（中学组）	21个队280人
1999年6月	市小学生田径比赛	田径	18个队120人
1999年9月	市首届老年门球	门球	7个队50人
1999年10月	市小学生篮球比赛	篮球	9个队120人
1999年10月	市中小学生幼儿示范广播体操比赛	广播操	20个人150人
1999年11月	市中学生田径比赛	田径	20个队150人
1999年11月	市中学生篮球比赛（初中组）	篮球	21个队150人
1999年12月	市中小学生越野长跑	长跑	12个队250人
1999年12月	市中学生乒乓球比赛	乒乓球	19个队120人
1999年12月	市中学生篮球比赛（高中组）	篮球	20个队120人
2000年1月	市小学生乒乓球赛	乒乓球	24个队90人
2000年3月	市城区学校“冬季三项”比赛	长跑、踢毽、跳绳	7个队50人
2000年4月	市“新世纪”杯职工篮球比赛	篮球	4个队50人
2000年5月	市中小学生职业技校棋类比赛	三棋	19个队76人
2000年6月	市小学生田径比赛	田径	30个队150人
2000年9月	市中学生田径比赛	田径	20个队100人
2000年9月	市级机关“国税”杯乒乓球比赛	乒乓球	17个队51人
2000年10月	兴化市“兴龙杯”中小学生田径比赛	田径	35个队150人
2000年11月	市“工商”杯全民健身体育项目表演赛	腰鼓、太极剑、拳、广播操、迪斯科	10个队80人

续表 25-4-2

举办时间	运动会名称	项目	参赛人数（人）
2000年12月	市中小学生、职业技校篮球比赛	篮球	21个队350人
2000年12月	市中小学生乒乓球比赛	乒乓球	34个队170人
2001年2月	市“国泰杯”巾帼风采健身表演	腰鼓、太极剑、拳、广播操、	20个队800人
2001年4月	市庆五一“国土杯”职工象棋围棋比赛	围棋、中国象棋	20个队100人
2001年5月	市“质监杯”全市团员青年乒乓球比赛	乒乓球	18个队54人
2002年1月	市元旦象棋大赛	中国象棋	50
2002年2月	市“移动杯”象棋邀请赛	中国象棋	48
2002年2月	市第二届“联通杯”围棋邀请赛	围棋	40
2002年5月	市“五一”职工乒乓球比赛	乒乓球	12个队35人
2002年5月	市首届国际象棋“海光杯”擂台赛	围棋、中国象棋	20
2002年5月	市庆五一“邮政杯象棋、围棋比赛	围棋、中国象棋	80
2002年12月	市市级机关干部乒乓球邀请赛	乒乓球	30
2003年1月	庆元旦象棋大奖赛	中国象棋	58
2003年2月	第三届“联通杯”象棋比赛	中国象棋	60
2003年6月	“新世纪嘉园杯”职工乒乓球	乒乓球	80
2003年10月	“威克多杯”羽毛球邀请赛	羽毛球	40
2004年1月	兴化市“金三角杯”象棋比赛	中国象棋	42
2004年1月	兴化市第四届“联通杯”小学生象棋比赛	中国象棋	30
2004年3月	“双蝶杯”职工羽毛球比赛	男、女单打	61
2004年4月	“中国人寿杯”兴化市乒乓球运动协会乒乓球比赛	乒乓球	72
2004年4月	“建设杯”兴化市青年乒乓球大赛	男、女团体单打	340
2004年4月	兴化市昭阳镇2004年中小学生田径比赛	田径	95
2004年5月	兴化市“海尔斯”杯小学生综合竞赛	田径	344
2004年5月	兴化棋院学员棋类比赛	棋类	97
2004年9月	兴化市市级机关干部乒乓球比赛	男子团体 男、女单打	237
2004年11月	兴化市中小学生篮球比赛	男篮、女篮	600
2005年2月	兴化市第五届“联通杯”小学生象棋比赛	中国象棋	35
2005年4月	兴化市职工象棋围棋比赛	中国象棋、围棋	96
2005年4月	兴化市棋院学员棋类比赛	国际象棋	61
2005年6月	兴化市“国际华城”杯象棋围棋比赛	中国象棋、围棋	102
2005年10月	2005年兴化市中学生田径比赛	田径	420
2006年4月	第三届运动会小学生田径比赛	田径男女甲组	51队408人
2006年4月	“电信”杯乒乓协会乒乓球比赛	乒乓球	2个组90人
2006年4月	市社区退休人员乒乓球“银星”赛	乒乓球	3个组8人
2006年6月	第三届运动会社会部门球比赛	门球	5个队45人
2006年6月	第三届运动会社会部棋类比赛	中国象棋、围棋	48

续表 25-4-3

举办时间	运动会名称	项目	参赛人数（人）
2006年6月	第三届运动会社会部乒乓球比赛	乒乓球	30
2006年6月	第三届运动会职工部篮球比赛	篮球	8个队40人
2006年6月	第三届运动会学生部乒乓球比赛	乒乓球高、初、小学组	35个队150人
2006年7月	第三届运动会机关部“双沟珍宝坊”杯乒乓球比赛	乒乓球	28个队74人
2006年7月	第三届运动会学生部棋类比赛	围棋、中国象棋、国际象棋	20个队80人
2006年8月	第三届运动会机关部象棋围棋比赛	中国象棋、围棋	15个队60人
2006年8月	第三届运动会农民部“美乐”杯篮球比赛	篮球	15个乡镇280人
2006年8月	第三届运动会农民部大众体育比赛	挥锹投石、力境速男女组	6个乡镇58人
2006年8月	第三届运动会农民部“邮政”杯中国象棋比赛	中国象棋	14个乡镇56人
2006年8月	第三届运动会农民部“合行”杯乒乓球比赛	乒乓球男女组	15个乡镇60人
2006年9月	第三届运动会社会部太极拳比赛	太极拳老中青组	14个晨练点180人
2006年9月	第三届运动会社会部钓鱼比赛	钓鱼	80
2006年12月	市羽毛球协会羽毛球比赛	羽毛球	3个组25人
2007年1月	2007年兴化市“体彩杯”中国象棋精英赛	中国象棋	14
2007年2月	兴化市第七届“联通杯”学生象棋比赛	中国象棋	32
2007年4月	兴化市棋院学员棋类比赛	国际象棋、围棋、中国象棋	181
2007年5月	2007年兴化市乒乓球运动协会乒乓球比赛	乒乓球	70
2007年10月	兴化市第三届“金桥杯”象棋比赛	中国象棋	49
2008年2月	兴化市“龙腾湾杯”新春舞龙大赛	舞龙	38个队
2008年6月	兴化市市级机关第三届乒乓球比赛	乒乓球	25个队
2009年2月	“建设杯”兴化市第二届新春舞龙表演大赛	舞龙	20个队
2009年2月	“建设杯”兴化市第二届新春舞龙表演大赛	舞龙	20个队
2009年4月	兴化市职工羽毛球比赛	羽毛球	10个队 36人
2009年9月	兴化市“中国移动杯”乒乓球联赛	乒乓球	65个队190人
2009年9月	兴化市“中国移动杯”羽毛球联赛	羽毛球	29个队77人
2009年9月	兴化市“中国移动杯”篮球联赛	篮球	26个队
2009年10月	兴化市“中国移动杯”棋类比赛	中国象棋、围棋、国际象棋	42个队242人
2010年3月	兴化市“中国电信·天翼杯”羽毛球邀请赛	羽毛球	20
2010年5月	兴化市庆“五一”老年人门球比赛	门球	7个队
2010年7月	兴化市市级机关第二届“移动政务通杯”乒乓球比赛	乒乓球	33个队120人
2010年8月	“中国移动杯”兴化市第二届篮球联赛	篮球	32个队
2010年9月	“中国移动杯”兴化市第二届羽毛球联赛	羽毛球	21个队62人

续表 25-4-4

举办时间	运动会名称	项目	参赛人数（人）
2010年9月	“中国移动杯”兴化市第二届乒乓球联赛	乒乓球	35个队158人
2010年10月	兴化市大学生村官首届体育运动会	田径、乒乓球、羽毛球、跳绳	352
2010年11月	兴化市市级机关运动会棋类比赛	中国象棋、围棋、国际象棋	24个队43人
2010年11月	兴化市舞蹈大赛	体育舞蹈	32个队

二、参加市级以上比赛

1991—1993年3次承办扬州市少年、儿童游泳比赛。1991年，兴化市1人2次参加全国少儿游泳比赛，获银牌1枚、铜牌3枚。1992年6月，市游泳队8名运动员在江苏省县级游泳比赛中获11枚金牌，并取得团体总分第1名。是年，市运动员在少年儿童游泳比赛中破2项省女子游泳纪录，并获全国少儿游泳分区赛3项第1名。参加江苏省县级田径比赛成绩排名58位。1993年3月，兴化市选手加入扬州市代表队参加省短池游泳赛，并获得金牌。是年，市运动员4人破11项次省少年儿童游泳纪录。1995年上半年，兴化市组队代表扬州市参加第三届全国少儿国际象棋冠军赛、江苏省少儿短池游泳比赛、扬州市中小学生田径运动会、扬州市少儿棋类比赛等，夺得金牌38枚，尤为突出的是小棋手谷笑冰在全国第三届“李成智杯”少年儿童国际象棋冠军赛E组中获得金牌。是年，市运动员获得省少年游泳比赛男子组100米蝶泳第1名。1997年，兴化市青少年儿童参加全国、江苏省、泰州市三棋比赛，获金牌18枚、银牌10枚、铜牌9枚。1999年，在参加全国、省、市各项比赛中，夺得奖牌235块，其中金牌59枚、银牌72枚、铜牌104枚。在泰州市首届运动会上兴化市学生部获泰州市团体总分第一，金牌总数第一。2000年，在参加全国、省、市各项比赛中，选手获204块奖牌，其中金牌76枚，2人2项次破泰州市年龄组纪录，8人达三级运动员标准，64人达三级运动员标准。2001年，全年在市级以上体育单项比赛中取得金牌54枚、银牌62枚、铜牌70枚。有4人打破泰州市年龄组纪录。2003年，参加全国比赛3次，省级比赛10次，夺得全国金牌1枚（国际象棋）、银牌4枚（游泳2枚、柔道1枚、国际象棋1枚）、铜牌2枚（国际象棋）；省赛金牌22枚（游泳12枚、柔道1枚、摔跤2枚、中国象棋3枚、国际象棋4枚），全年竞技体育获奖总数创历史纪录。2004年，组织参加全国比赛7次，省赛14次，泰州大赛近百次，获得省级以上金牌23枚、银牌14枚、铜牌22枚，获得泰州市金牌50多枚。2005年，参加全国、省、市各类体育比赛近40次，夺奖牌145枚。其中：国家级金牌3枚、省级金牌19枚、市级金牌70枚，国家级银牌5枚，铜牌4枚。2006年，在江苏省十六届运动会上，有46名兴化籍运动员参赛，获得金牌5枚、银牌5枚、铜牌7枚，夺得总分225分。全年兴化市运动队和兴化籍运动员夺得全国、省、市各类比赛的金牌60多枚、银牌80多枚。2007年，全年参加国家级、省级、泰州市级体育比赛70多场次，获得各类比赛金牌71枚、银牌82枚。2008年，兴化籍运动员先后参加国际、全国、全省各类比赛11次，获得金牌45枚、银牌15枚、铜牌14枚。其中：参加国际比赛获得奖牌4枚，其中金牌2枚；参加全国性比赛获得奖牌14枚，其中金牌10枚；参加省级比赛获得奖牌56枚，其中金牌33枚。2009年，兴化选派游泳健将叶千鹏、柔道高手李茂鉴等3名优秀运动员参加第11届全国运动会游泳、柔道等项目比赛，有6名运动员参加全国首届智力运动会，获得4枚银牌；李茂鉴在世界柔道大奖赛中国站比赛中取得第五名。是年，兴化籍运动员在国际、全国、全省、泰州的游泳、举重、柔道、棋类等项目比赛中获得金牌32枚、银牌42枚、铜牌60枚。2010年，在第十七届江苏省运动会上，兴化籍运动员获得金牌4枚、银牌6枚、铜牌5枚，总分148.75分，其中，兴化籍选手李茂鉴在世界柔道大奖赛中国站比赛中获得男子81公斤级银牌，这是中国男子柔道在世界级比赛中获得的最好成绩，也是兴化市运动员获得的第一枚奥运项目世界奖牌。

三、承办省、市体育竞赛

1991—2010年，兴化市承办国家级比赛8次，省级比赛11次，地市级比赛36次。

1991—2010年兴化市承办市级以上体育竞赛一览表

表25-5

承办时间	竞赛名称	参加队伍	运动员数（人）
1991年	扬州市少年儿童棋类竞赛	各县（市）、区、市直代表队	67人
1991年	扬州市儿童游泳比赛	县（市）、区、年体校各代表队	72人
1992年	扬州市少年儿童游泳比赛	兴化、泰州、扬州体校	50人
1993年	扬州市少年儿童游泳比赛	兴化、泰州、扬州体校	57人
1995年	扬州市少年儿童游泳比赛	兴化、泰州、扬州体校	57人
1996年	扬州市泰州市中学生篮球比赛	各县（市）、区中学生男、女代表队	120人
1997年	中国象棋特级大师徐天红车轮战	—	25人
1998年	泰州市中小学生棋类比赛	各市、区中、小学生代表队	120人
1998年	泰州市游泳比赛	各市、区代表队	40人
2000年	泰州市青少年儿童游泳比赛	各市、区代表队	50人
2000年	泰州市“兴龙杯”中小学生田径比赛	各省重点中学、实验小学、各市、区代表队	150人
2000年	泰州市农民象棋比赛	四市二区	25人
2000年	围棋九段邵震中车轮战	—	8人
2001年	泰州市中小学生棋类比赛	四市二区小学生代表队	25人
2001年	泰州市“苏中杯”职工乒乓球比赛	各代表队	20人
2001年	“友好服饰杯”江苏省少年儿童围棋象棋比赛	江苏省10个代表队	80人
2001年	江苏省少年儿童游泳比赛	江苏省20个代表队	85人
2001年	江苏省小学生游泳比赛	江苏省18个代表队	70人
2002年	泰州市老年人象棋、围棋比赛	四市二区、市直代表队	45人
2002年	国际象棋大师徐俊车轮战	—	28人
2003年	“鲁能杯”超级甲级联赛	—	—
2004年	江苏省中小学生国际象棋赛	南京、苏州、无锡、常州、镇江等14个直辖市	—
2004年	中国女篮明星队表演赛	—	—
2004年	江苏省少儿国际象棋比赛	南京、苏州、无锡、常州、镇江、南通、扬州、泰州、淮安、连云港、盐城、徐州、宿迁市	43人
2004年	泰州市第二届运动会老年部门球比赛暨泰州市第七届老干部门球比赛	各市、区、市属企业、市直单位组队	49人
2004年	泰州市第二届运动会职工部羽毛球比赛	各市、区、市直系统、市属企事业单位组队	64人
2004年	泰州市第二届运动会学生部棋类比赛	各市、区中小学代表队	246人

续表 25-5

承办时间	竞赛名称	参加队伍	运动员数（人）
2004年	泰州市第二届运动会社会部钓鱼比赛	各市（区）、市直单位和驻泰单位，市协、渔人岛俱乐部组队	37人
2004年	泰州市第二届运动会农民部“人保杯”乒乓球比赛	各市、区队乡镇为单位组队	43人
2005年	泰州市第二届“银星杯”退休人员中国象棋比赛	泰州市四市二区各代表队	18人
2005年	“鲁能杯”中国乒乓球俱乐部超级联赛	上海圣雪绒VS山东鲁能	13人
2005年	中国女篮明星队表演赛	—	
2005年	国际象棋特级大师谷笑冰车轮战	—	30人
2006年	泰州市“联通杯”中小学生国际象棋比赛	各市、区中小学代表队	50人
2006年	泰州市“成长杯”全民健身趣味运动会	泰州市四市二区各代表队	50人
2006年	泰州市中、小学游泳比赛	泰州市四市二区各代表队	48人
2006年	泰州市党委办公室系统“兴化国土杯”乒乓球比赛	各市（区）委办公室代表队	25人
2006年	“兴中杯”江苏省中学生中国象棋、国际象棋、围棋赛	镇江、南通、徐州、扬州、连云港、泰州	—
2007年	2007年泰州市中小学生国际象棋比赛	泰州各代表队	65人
2007年	2007年泰州市楚龙杯武术比赛	泰州各代表队	80人
2007年	2007年泰州市中小学生游泳比赛	泰州各代表队	33人
2007年	2007年泰州市残疾人游泳比赛	泰州市各代表队	33人
2008年	泰州市第三届运动会职工部围棋比赛	泰州市各代表队	34人
2008年	泰州市第三届运动会学生部中小学组游泳比赛	泰州市各代表队	—
2008年	泰州市第三届运动会农民部乒乓球比赛	泰州市各代表队	6个队 29人
2008年	泰州市第三届运动会老年部乒乓球比赛	泰州市各代表队	—
2008年	2009年中国乒乓球俱乐部超级联赛（江苏兴化赛区）	海宁皮革城鸿翔俱乐部 VS浙商银行俱乐部	—
2009年	中国·兴化首届全国国际象棋锦标赛（个人甲组）	—	24人
2009年	泰州市中小学生围棋、国际象棋比赛	泰州市各代表队	16个队 127人
2010年	“博斯特门业杯”华东协作区第四届幼儿国际象棋冠军赛	广东省、上海市、江苏省各县市代表队	27个队、 300人
2010年	中国·兴化第二届全国国际象棋锦标赛（个人甲组）	—	24人
2010年	泰州市中小学生围棋、国际象棋比赛	泰州市各代表队	15个队 181人
2010年	兴化首届乒乓球俱乐部邀请赛	江苏省各俱乐部	11个队 45人
2010年	全国象棋甲级联赛兴化专场	江苏队VS山东队	江苏6人 山东5人
2010年	首届全国国际象棋少年精英赛	12个队	51人

1991—2010年兴化籍运动员取得最好成绩一览表

表25-6

项目			成绩	创造者	比赛名称	比赛时间
柔道			第一名	吴晓容	江苏省比赛	1999年7月
			第一名	勾　燕	江苏省比赛	2003年7月
			第一名	顾　青	江苏省比赛	2003年7月
			第一名	李茂鉴	第十届全国运动会	2007年8月
摔跤			第一名	蒋玉龙	江苏省比赛	1999年7月
			第一名	谭松杰	江苏省比赛	1999年7月
			第一名	秦　检	江苏省比赛	2000年7月
			第一名	张友兵	江苏省比赛	2002年7月
			第一名	肖　吉	江苏省比赛	2003年7月
			第一名	蔡玉楼	江苏省比赛	2005年7月
田径			第一名	薛　宏	全国少年田径锦标赛（铅球）	2005年7月
			第一名	薛　宏	全国少年田径锦标赛（铁饼）	2005年7月
			第一名	薛　宏	全国少年田径锦标赛（铁饼）	2008年7月
举重			第一名	钟仕勇	全国举重冠军赛青年组	2009年11月
击剑			第一名	刘小龙	全国少年击剑锦标赛	2005年8月
			第一名（团体）	刘小龙	江苏省少年击剑冠军赛	2005年12月
赛艇			第一名	戴春凤	全国青年U-18赛艇锦标赛	2010年6月
游泳	10岁男子组	100米仰泳	1:21.9	马贵才	江苏省少儿游泳比赛	1991年8月
		200米混合泳	2:44.3	刘小余	江苏省少儿游泳比赛	2001年8月
		4×50米混合泳接力	2:25.4	刘小余	江苏省少儿游泳比赛	2001年8月
				王建飞	江苏省少儿游泳比赛	2001年8月
				钱亚军	江苏省少儿游泳比赛	2001年8月
				李　罡	江苏省少儿游泳比赛	2001年8月
		4×50米自由泳接力	2:9.1	刘小余	江苏省少儿游泳比赛	2001年8月
				王建飞	江苏省少儿游泳比赛	2001年8月
				钱亚军	江苏省少儿游泳比赛	2001年8月
				李　罡	江苏省少儿游泳比赛	2001年8月
		50米蛙泳	37.67	刘小余	江苏省少儿游泳比赛	2001年8月
		100米蛙泳	1:23.2	刘小余	江苏省少儿游泳比赛	2001年8月
		50米蝶泳	35.63	钱亚军	江苏省少儿游泳比赛	2001年8月
		100米蝶泳	1:19.9	钱亚军	江苏省少儿游泳比赛	2001年8月
		50米仰泳	38.96	王建飞	江苏省少儿游泳比赛	2001年8月
		50米自由泳	30.54	叶千鹏	江苏省少儿游泳比赛	2004年8月
		100米自由泳	1:7.2	叶千鹏	江苏省少儿游泳比赛	2004年8月
		400米自由泳	4:57.1	叶千鹏	江苏省少儿游泳比赛	2004年8月

续表 25-6-1

项目			成绩	创造者	比赛名称	比赛时间
	10岁女子组	50米蛙泳	44.08	杨金花	江苏省县级组游泳比赛	1992年8月
		100米蛙泳	1:35.4	杨金花	江苏省县级组游泳比赛	1992年8月
		200米自由泳	2:58.7	沈雯雯	泰州市中小学生游泳比赛	1997年7月
		200米蛙泳	3:50.1	袁　静	泰州市中小学生游泳比赛	1997年7月
		200米仰泳	3:18.3	张长春	泰州市游泳比赛	1998年7月
	11岁男子组	100米自由泳	1:03.7	储定海	江苏省少儿游泳比赛	2007年8月
		100米仰泳	1:13.4	储定海	江苏省少儿游泳比赛	2007年8月
		100米蝶泳	1:06.7	储定海	江苏省少儿游泳比赛	2007年8月
		200米混合泳	2:32.7	储定海	江苏省少儿游泳比赛	2007年8月
		400米自由泳	4:52.7	储定海	江苏省少儿游泳比赛	2007年8月
		4×50米混合泳接力	2:18.6	张成洋、罗　鹏、储定海、吴金路	江苏省少儿游泳比赛	2007年8月
	11岁女子组	400米混合泳	5:39.6	刘采云	江苏省少儿游泳比赛	2001年8月
		100米仰泳	1:15.1	刘采云	江苏省十五届运动会预赛	2002年4月
		200米仰泳	2:37.6	刘采云	江苏省十五届运动会预赛	2002年4月
		200米混泳	2:37.1	刘采云	江苏省十五届运动会预赛	2002年4月
	12岁男子组	50米仰泳	35.07	肖　吉	泰州市中小学生游泳比赛	1998年7月
		4×100米自由泳接力	4:37.6	瞿\吴\朱\张	江苏省少儿游泳比赛	2001年8月
		4×100米混合泳接力	5:19.8	瞿\吴\朱\张	江苏省少儿游泳比赛	2001年8月
		200米自由泳	2:14.0	瞿长年	江苏省十五届运动会预赛	2002年4月
		100米蛙泳	1:13.0	刘小余	江苏省十五届运动会预赛	2002年4月
		200米蛙泳	2:43.0	刘小余	江苏省十五届运动会预赛	2002年4月
		100米蝶泳	1:09.2	瞿长年	江苏省十五届运动会预赛	2002年4月
		200米蝶泳	2:27.9	瞿长年	江苏省十五届运动会	2002年8月
		4×50米自由泳接力	1:52.8	刘\王\吴\瞿	江苏省十五届运动会	2002年8月
		50米蛙泳	35.15	刘小余	全国少儿游泳锦标赛	2003年8月
		4×50米混合泳接力	2:03.7	刘\王\沈\陈	全国少儿游泳锦标赛	2003年8月
		50米自由泳	26.8	叶千鹏	江苏省十六届运动会	2006年1月
		100米自由泳	57.56	叶千鹏	江苏省十六届运动会	2006年1月
		200米混合泳	2:17.1	叶千鹏	江苏省十六届运动会	2006年1月
		400米自由泳	4:21.0	叶千鹏	江苏省十六届运动会	2006年1月
	12岁女子组	200米混合泳	2:40.5	朱　达	江苏省少儿游泳比赛	2004年8月
		400米自由泳	4:51.3	朱　达	江苏省少儿游泳比赛	2004年8月
		50米蛙泳	38.71	朱　达	江苏省少儿游泳比赛	2004年8月
		100米蛙泳	1:22.3	朱　达	江苏省少儿游泳比赛	2004年8月

续表 25-6-2

项目			成绩	创造者	比赛名称	比赛时间
	13岁男子组	50米自由泳	26.64	徐　健	江苏省十六届运动会	2006年1月
		100米自由泳	58.31	徐　健	江苏省十六届运动会	2006年1月
		800米自由泳	9:33.4	徐　健	江苏省十六届运动会	2006年1月
		200米混合泳	2:26.8	徐　健	江苏省十六届运动会	2006年1月
	13岁女子组	200米混合泳	2:34.7	庞小丽	扬州市游泳比赛	1993年7月
		100米仰泳	1:17.3	顾春兰	江苏省县级比赛	1993年8月
		50米仰泳	32.7	庞小丽	江苏省少儿游泳比赛	1998年7月
		200米仰泳	2:37.6	刘秀云	江苏省十五届预赛	2002年4月
	14岁男子组	50米仰泳	35.07	肖　吉	泰州市中小学生游泳比赛	1998年7月
		50米蛙泳	35.15	刘小余	全国少儿游泳锦标赛	2003年8月
		200米混合泳	2:25.7	刘小余	江苏省少儿游泳比赛	2003年8月
		100米自由泳	58.75	刘小余	江苏省少儿游泳比赛	2004年8月
	14岁女子组	800米自由泳	9:56.2	朱　达	江苏省十六届运动会	2006年1月
		200米混合泳	2:30.1	朱　达	江苏省十六届运动会	2006年1月
		50米蛙泳	36.97	朱　达	江苏省十六届运动会	2006年1月
		100米蛙泳	1:20.5	朱　达	江苏省十六届运动会	2006年1月
	15岁以上男子组	50米蛙泳	35.15	刘小余	全国少儿游泳锦标赛	2003年8月
		100米蛙泳	1:09.3	刘小余	全国少儿游泳锦标赛	2003年8月
		50米自由泳	25.78	刘小余	江苏省十六届运动会	2006年1月
		100米自由泳	55.85	刘小余	江苏省十六届运动会	2006年1月
		50米自由泳	25.92	储定海	江苏省少儿游泳冠军赛	2009年5月
		100米自由泳	58.81	储定海	江苏省少儿游泳冠军赛	2009年5月
		100米仰泳	1:00.6	储定海	江苏省少儿游泳冠军赛	2009年5月
		200米蝶泳	2:25.4	储定海	江苏省少儿游泳冠军赛	2009年5月
		4*200米自由泳接力	9:02.9	储定海	江苏省少儿游泳冠军赛	2009年5月
		400米混合泳	5:40.9	储定海	江苏省少儿游泳冠军赛	2009年5月
		200米仰泳	2:28.5	张成洋	江苏省少儿游泳冠军赛	2009年5月
		4*200米自由泳接力	9:21.9	张成洋	江苏省少儿游泳冠军赛	2009年5月
		4*200米自由泳接力	9:21.9	吴金路	江苏省少儿游泳冠军赛	2009年5月
		1500米自由泳	第三名	叶千鹏	全国青年游泳锦标赛	2010年6月
		400米自由泳	第七名	叶千鹏	全国青年游泳锦标赛	2010年6月
		4*200米自由泳接力	第二名	叶千鹏	全国游泳锦标赛	2010年8月

续表 25-6-3

项目			成绩	创造者	比赛名称	比赛时间
	15岁以上女子组	200米仰泳	2:35.8	朱 达	江苏省少儿游泳比赛	2007年8月
		100米仰泳	1:13.1	朱 达	江苏省少儿游泳比赛	2007年8月
		100米蛙泳	1:23.9	朱 达	江苏省少儿游泳比赛	2007年8月
		200米蛙泳	3:00.0	朱 达	江苏省少儿游泳比赛	2007年8月
中国象棋			第六名	颜爱民	全国化工部象棋比赛	1991年
			第六名	顾网年	江苏省少儿象棋比赛	1992年
			第三名	顾网年	江苏十三届运动会象棋比赛	1994年
			第二名	石 敏、戴卫平	江苏省少儿象棋比赛	1995年
			第七名	石 敏	全国少年儿童象棋比赛	1996年
			第一名	石 敏	江苏省少儿象棋比赛	1996年
			第五名	石 敏	全国“兴大杯”象棋比赛	1997年
			第一名	石 敏	江苏省少儿象棋比赛	1997年
			第一名	石 敏	江苏省十四届运动会象棋比赛	1998年
			第三名	顾 岚	江苏省少儿象棋比赛	1999年
			第一名	石 敏、程 鸣	江苏省少儿象棋比赛	2000年
			第一名	石 敏、程 鸣	江苏省少儿象棋比赛	2001年
			第七名	张荣辉	全国可口可乐杯少儿象棋赛	2002年
			第一名	张荣辉	江苏省十五届运动会少儿象棋比赛	2002年
			第二名	洪 杨	江苏省十五届运动会少儿象棋比赛	2002年
			第二名（团体）	程 鸣、单 宇、颜爱民	全国县级象棋锦标赛	2003年
			第五名	程 鸣	全国少年儿童象棋锦标赛	2003年
			第二名	朱晨辉	江苏省“利昌杯”少儿象棋比赛	2003年
			第一名	石 敏、洪 杨、程 鸣	江苏省少儿象棋比赛	2003年
			第三名	程 鸣	全国少年儿童象棋锦标赛	2004年
			第一名	程 鸣	全国少年象棋锦标赛	2006年
			第一名	程 鸣	江苏省少年国象比赛	2006年
			第三名	张荣辉	江苏省少儿象棋比赛	2007年
			第三名	杨 睿	江苏省少儿象棋比赛	2007年
			第七名	洪 杨	全国青年象棋锦标赛	2009年

续表 25-6-4

项目	成绩	创造者	比赛名称	比赛时间
围棋	第四名	朱　震	江苏省少儿围棋比赛	1991年
	第八名	朱建俊	江苏省少儿围棋比赛	1994年
	第四名	邹　羽	江苏省少儿围棋比赛	1997年
	第三名	虞　凯	江苏省十四届运动会围棋比赛	1998年
	第二名	吴　瑶	江苏省少儿围棋比赛	2000年
	第三名	吴　瑶	江苏省少儿围棋比赛	2001年
	第五名	宫　辰	江苏省少年儿童围棋比赛	2006年

说明：国际象棋比赛成绩参见本卷第一章第四节《赛事与成绩》。

第五章　场馆设施与体育彩票

第一节　公共体育设施

一、兴化体育馆

2001年，经市委、市政府批准，将原体育场灯光篮球场改建为简易体育馆，2002年7月建成并投入使用，工程投资230多万元。简易体育馆占地1500平方米，拥有座位1000多个，可开展羽毛球、篮球、滚轴溜冰等体育活动，也可作为展览、文艺演出场地。2003年，投入31万元对原室内游泳池进行改造，增加供暖设备，改造后的温水游泳池占地380平方米，解决游泳队冬训场地问题。2007年，投资45万元对简易体育馆进行音响及墙面吸音改造工程，进一步改善馆内硬件设施。

二、兴化新区体育馆

2010年12月10日，兴化新区体育馆和全民健身中心全面建成并投入使用。新区体育馆总占地面积1.67公顷，建筑面积11408平方米，总投资约4000万元，为广大市民健身提供场所、技术指导和咨询服务。对外开放项目主要有乒乓球、羽毛球、篮球、滚轴溜冰等，以满足不同群体的健身需求。

三、兴化人民体育场

1973年建成。1990年场地总面积2.81万平方米，有400米跑道运动场和足球场各一面，21米×50米露天游泳池1座，25米×6米室内游泳池1座，联系球场2面，可容纳2000名观众的带看台露天游泳池1座，建筑面积264平方米的乒乓球室1间，篮球场3面。2007年，体育场进行升级

图25-7 兴健园 （2009年摄，市体育局提供）

改造，购置音响设备，安装墙面吸音装置，组织施工队整修田径场跑道，疏通下水道，粉刷周边墙壁，增设全套健身路径，新建水冲式公厕。2009年，对体育场周边组织拆迁，实施新建游泳馆和塑胶跑道项目。

四、兴健园

2008年底建成。为市区开放式体育主题公园，位于长安大桥西，昭阳路南（原花园中学操场），占地面积18公顷，总投资550万元。园内建有网球场、篮球场、排球场、羽毛球场、U形池、舞池及塑胶跑道等体育健身设施，吸引大批市民在此健身娱乐。

第二节 体育彩票

截至2010年，全市销售体育彩票36977万元，其中即开型彩票销售4329万元、电脑型彩票销售32648万元，募集体育彩票公益金1386.46万元。

一、即开型体育彩票

1998年4月30日至5月5日，在楚水招商城南广场销售即开型体育彩票，6天销售彩票78.8万元。2000年2月15—19日，在长安路进行即开型体育彩票销售，5天销售彩票760.01万元。2002年9月30日至10月6日，在体育场发行即开型体育彩票，7天销售彩票223.08万元。2004年1月26—30日，在体育场进行即开型体育彩票销售，5天销售彩票90.75万元。至2010年，即开型彩票销售4329万元，募集体育彩票公益金1386.46万元。

二、电脑型体育彩票

2000年，电脑型体育彩票开始在兴化市设立体彩投注站。2003年，城乡有18个电脑销售站，在连续两年销售2000万元的基础上，由于受非典和洪涝两大自然灾害的影响，略有下滑，全年销售1478万元。同年彩票销售被表彰为苏中、苏北第一名。2004年，城乡有26个电脑体育彩票销售点，电脑体育彩票销售1100多万元。2005年，全市有新老电脑体育彩票销售站（点）53个，全年销售体育彩票1916万元，是年成为泰州市体育彩票销售第一名。2006年。全市有电脑体育彩票网点69个，覆盖全市28个乡镇，全年彩票销售总额达3860万元，戴南、戴窑、陶庄、城区长安等4家销售网点被授予“全国体育彩票优秀销售站点”称号。2007年，全市新增销售网点9处，合计体彩销售网点78处，实现体彩销售4323万元。2008年，全市新增11个体彩销售站点，站点达89家，全年销售彩票突破4600万元。2009年，全市体彩销售6669万元，销售总量列全省第18位。2010年，全市体育彩票销售7200多万元。

卷二十六 卫 生

1991年后，兴化市卫生事业有了较快发展。城乡医疗卫生服务网络基本形成，基础设施条件明显改善，卫生人才队伍有所壮大，诊断技术水平逐步提高，突发公共卫生事件应对能力不断提升。爱国卫生运动深入开展，城乡环境卫生状况进一步改善，人民群众卫生习惯逐渐养成，自我保健意识日益增强，身体健康水平有较大提高。

2010年，卫生系统有市直医疗卫生单位9个，城市社区卫生服务中心1个，乡镇（中心）卫生院（所）45个，村卫生机构506所，在编人员3680人，其中卫技人员3360人，床位3269张，拥有固定资产6.37亿元。全年门诊急诊人次252万人次、住院8.6万人次、手术3.7万人次、分娩1.2万人次。

图26-1　兴化市中医院　（2008年摄，市卫生局提供）

第一章　卫生体制改革

第一节　卫生管理体制改革

1994年7月，市政府印发《兴化市乡镇（中心）卫生院管理暂行办法》，乡镇（中心）卫生院由所在地乡镇政府领导、管理。2006年11月市政府研究决定，乡镇（中心）卫生院实行“市乡分级管理，以市为主”的管理体制。

2000年，顾庄、茅山卫生院实行股份合作制改革。同年，林湖乡政府对林湖卫生院实行整体出售。从2004年起，部分乡镇（中心）卫生院进行所有权不变，经营权有偿转让的“两权分离”改革。至2010年，全市实施“两权分离”改革的乡镇（中心）卫生院（所）42家，其中北郊卫生所实行产权整体出售。

第二节　卫生经营体制改革

1999年，张郭卫生院由企业代管。2000年，戴南镇顾庄卫生院、茅山镇卫生院改制为股份合作制医院。2000年8月，林湖乡卫生院改制，实行资产公开拍卖转让，改制后的卫生院继续履行预防保健职能。2000年12月，顾庄卫生院跨地区兼并边城卫生院，双方签订资产转让合同。2001年，对垛田、东鲍两个濒临倒闭的卫生院采取租赁经营的形式进行改革。从2004年6月起，根据上级关于卫生改革的精神，开始对经营状况较差的林潭、缸顾以及经营状况较好的大营等乡镇卫生院试点所有权不变、经营权有偿转让的“两权分离”改革。同年，市二院也实行“两权分离”改革。此后，“两权分离”改革逐步在全市乡镇（中心）卫生院推开。2007年，西郊镇北郊卫生所实行产权制度改革，公有资本全面退出，卫生所原承担的防保职能交由西郊镇荡朱卫生院行使。至2007年，全市除荻垛卫生院未实行任何改革外，林湖、北郊卫生院实行产权制度改革，戴南、顾庄卫生院合并为戴南人民医院，实行股份合作制，其余42家乡镇（中心）卫生院（所）全部实行两权分离改革。市卫生局、林湖乡政府对林湖乡卫生院产权进行回购，同时实施“两权分离”改革。2009—2010年，对资不抵债的城东卫生院重新实行“两权分离”改革，中止刘陆卫生院“两权分离”协议。

第三节　医药购销制度改革

2002年4月，经兴化市市属企业改革领导小组办公室批准，兴化市医药公司实行产权制度改革，采取“国有净资产折股，吸收职工参股，挂靠优势企业，职工身份置换”的改制形式，挂靠扬州市医药总公司，成立兴化市医药有限公司。改制后的企业为股份制企业，国有股占30%，法人股占40%，由扬州市医药总公司以现金投入，内部职工股占30%。国有股权委托扬州市医药总公司代为管理。2005年，扬州医药集团兴化市医药有限公司再次进行改制，国有股全部退出。

2005年9月，经兴化市市属企业改革领导小组办公室批准，对兴化市时运实业公司实施“三置换一保障”改革，兴化市时运实业公司与扬州医药集团兴化市医药有限公司签订资产转让协议书，全部资产及债权债务转让给扬州医药集团兴化市医药有限公司。

第二章　机构队伍

第一节　医疗机构

一、市（县）直属医院

图26-2　兴化市人民医院旧址（丰收路）门诊楼（2010年摄，市卫生局提供）

【兴化市人民医院】 地处城区丰收南路，是全市医疗、教学、科研及“120”急救中心。1991年、1992年连续被省卫生厅授予省级文明医院称号，1993年成为扬州大学医学院、江苏大学医学院（原镇江医学院）的教学医院，1993年经省红十字会批准冠名为“兴化市红十字医院”，1995年1月被卫生部确认为省内首批二级甲等医院和爱婴医院。

2007年，市政府决定将医院迁址新区，东邻英武南路、西近南官河、南接高兴东公路、北抵八里铺路，沿兴临路分成东、西两块，占地面积约12万平方米，规划建筑面积11.8万平方米，设1200张床位。2008年8月18日，市人民医院举行新址奠基仪式。2010年，全院有职工799人，其中专业技术人员679人，技术人员中，高级技术人员212人，中级技术人员368人。医院占地面积38686平方米，建筑面积26418平方米，其中医疗用房面积25368平方米。床位编制465张，实际开放床位数600张，拥有包括美国GE磁共振成像、螺旋CT、直线加速器、岛津1000mA型数字胃肠X光机、CR、DSA、乳腺机等万元以上大中型先进设备425台（套）。固定资产总值1.18亿元。专业水平逐步提高，心血管内科、骨科、神经外科为泰州市重点专科，儿科、胸外科、口腔科、肾内科、呼吸内科为兴化市优势专科，微创外科基本形成。全年门诊量71.4万人次，住院病人2.32万人次。

【兴化市中医院】 位于城区长安中路，1996年4月被国家中医药管理局批准为二级甲等中医院，1997年经省教委批准为江苏省高校实习基地，2005年成为南京中医药大学教学医院。

2010年，全院建筑面积16800平方米，其中医疗用房面积14780平方米，开放床位180张。在职职工280人，其中卫生技术人员226人。内有中医药人员108人，具有高级职称的49人、中级职称的31人。全年门诊26.35万人次，住院治疗5675人次，业务收入5792万元。医院拥有螺旋CT、电子胃镜、电子肠镜、腹腔镜、膀胱镜、全自动生化分析仪、西门子彩超、CR、C臂X光机、呼吸机、多功能监护仪等医疗设备100余台（套），固定资产总值7630万元。该院中西医并重，具有鲜明的中医特色，设有内、外、妇、儿、急诊、肛肠、骨伤、针灸、推拿、耳鼻喉、眼、口腔等14个临床一级科室，同时设有脾胃、肝胆、肾病、男性病、糖尿病、血液病、哮喘气管炎、小儿哮喘、小针刀等特色专病门诊。中医喉科、肛肠科、脾胃科、哮喘气管炎科是市内优势专科，其中肛肠科是泰州市级临床重点专科。

【兴化市第二人民医院】 地处城区英武北路，占地3824.4平方米，建筑面积5087.49平方米，编制床位100张。1993年，该院引进市内第一台美国GE8800CT机，1998年引进DPN-III型体外震波碎石机。还拥有NSA270全自动生化仪、德高血凝仪、万东52-8CX光机、C肩机、SUNNY820彩超、奥林巴斯电子胃镜、多功能微波治疗仪、红外光治疗仪、电子阴道镜、QH-2000体外冲击碎石机等医疗设备。1995年被评为创建省级卫生城市先进单位，1996年被确认为爱婴医院。2010年，全院拥有固定资产1132万元，各类专业卫生技术人员115人，其中副主任医师以上14人、主治（主管）医师18人。全年门诊3.95万人次，业务收入1463万元，住院治疗3300人次。临床科室有内科、儿科、妇产科、外科、眼科、耳鼻咽喉科、口腔科、皮肤科、传染科、急诊医学科、康复医学科、麻醉科、中医科、针灸理疗科、碎石科、骨伤科。医技科室有病理科、检验科、药剂科、放射科、CT室、超声科、心电图室、胃镜室。设内科、外科、妇产科3个病区。在城区设有两个社区卫生服务站。2004年10月，该院实行所有权不变，经营权有偿出让的“两权分离”改革。

【兴化市第三人民医院（兴化市肿瘤医院）】 地处长安路，成立于1958年，原名昭阳医院，1992年10月更为现名。1997年5月，增挂“兴化市肿瘤医院”牌子。1998年被泰州市卫生局批准为二级乙等医院。2003年建成以诊治肿瘤为主的新区医院，后与市人民医院合作。2006年医院改扩建6层病房楼1幢。2010年，全院占地面积2691平方米，建筑面积6829平方米，床位200张，拥有菲利浦双排亚秒螺旋CT、阿洛卡彩色B超、奥林巴斯240型电子胃、肠镜、日立全自动生化分析仪、艾克发CR、化学发光免疫分析仪、全自动酶标仪、徕卡病理全套设备、膀胱镜、阴道镜、24小时动态心电图、多功能监护仪、除颤器、呼吸机等医疗设备。新区分院拥有西门子直线加速器、钴-60机、模拟定位机等成套肿瘤治疗设备。固定资产总值2280万元。2010年全年门诊5.6万人次，住院治疗5321人次，业务收入3933万元。

至2010年，该院设内科、外科、妇产科、肿瘤放化疗科、眼科、口腔科等临床科室。肿瘤放化疗科是泰州市重点专科。胸外科、泌尿外科、中医针刀科是兴化市重点专科。内科、外科、妇产科、肿瘤科是该院重点科室。眼科、内分泌科、骨伤科是该院特色科室。检验科、影像科技术水平在兴化市处于领先地位。内科设消化、呼吸、心血管、神经内科、内分泌、血液专业组，能有效地实施危、重、急、疑难症病的救治。外科设胸外、普外、骨外、泌尿、脑外专业，能组织重大车祸、突发事故的抢救及多重复合伤、食道、肺、胰腺癌的手术治疗。妇产科设妇科、产科、计划生育专业组。肿瘤科设放疗、化疗专业组，能进行正规放疗、化疗、免疫、介入、中西医结合肿瘤综合治疗。眼科中心开展白内障超声乳化、人工晶体植入等手术。医院注重人才培养和引进，每年都派出骨干医生前往上级医院进修与学术交流，保持技术更新，跟踪学术前沿。医院在职职工322人，其中卫生技术人员246人内具有中、高级职称的132人。

【兴化市脑科医院（市第四人民医院）】 原市精神病院。1991年10月从林湖乡西丁村迁址水乡大桥东原北贺中学，1996年迁址水乡大桥东路137号新建，1997年更名为现名，增挂“兴化市第四人民医院”牌子。1998年12月被泰州市卫生局确定为泰州市精神病定点医院。医院占地面积7260平方米，建筑面积3020平方米，编制床位80张，实际开放床位96张。2010年，职工总数108人，其中卫生技术人员70人。门诊0.7万人次，住院治疗621人次，业务收入754万元。该院设有精神科、神经内科、失眠门诊、心理科、青少年心理咨询门诊、疼痛科、外科、内科、肛肠科、风湿科、心电图室、脑电图室、B超室、放射科、检验科、心理测定室、声光治疗室、护理部、药剂科、精神科一病区、精神科二病区、普科病区等科室。主要医疗设备：500mA（毫安）可遥控电视X光机、24道数字定量脑电图机、阿洛卡B超、迈瑞BC—2800全自动血液细胞分析仪、CB—171半自动生化分析仪、FX7202多道自动分析心电图机、钾钠氯锂电解质分析仪、声光治疗仪、上海惠诚心理测定软件。固定资产总值836万元。

二、乡镇（中心）卫生院

图26-3　昌荣镇卫生院　　（2009年摄，昌荣镇提供）

1991年，全市有中心卫生院8个，在职职工788人，其中卫技人员639人，病床516张，建筑面积26947平方米，固定资产总值347.9万元；乡镇卫生院38个，在职职工1168人，其中卫技人员956人，病床838张。至1998年，市10家乡卫生院被评为一级甲等卫生院。1999年，张郭镇卫生院由企业代管。2000年，戴南镇顾庄卫生院、茅山镇卫生院改制为股份合作制医院，顾庄卫生院兼并边城卫生院，林湖乡卫生院实施股份制改选。2001年，市内行政区划调整，乡镇撤并，乡镇卫生院（所）也随之调整撤并。是年，垛田镇卫生院实行租赁经营，东鲍乡卫生院实行所有权与经营权“两权分离”改革。2010年，全市有乡镇中心卫生院8个，乡镇卫生院（所）37个，在职职工2101人，其中卫生技术人员1670人，拥有病床1802张。全年接待门诊136万人次，住院治疗4.89万人次，业务收入2.99亿元。年末固定资产总值2.79亿元。

三、基层医疗服务机构

【社区卫生服务站】 为推进农民健康工程，加快建立功能合理、方便群众的医疗卫生服务网络，2007年启动乡镇（中心）卫生院（所）和村卫生室向农村社区卫生服务中心和社区卫生服务站转型，建立新型农村卫生服务体系。截至年底，全市建成33个农村社区卫生服务中心和203个社区卫生服务站。2010年，城区新华社区卫生服务站通过省级示范城市社区卫生服务站评审。

【村卫生室】 1991年，全市有村卫生室1326个，含乡镇卫生院设点及个体办。乡村医生、卫生员、保健员1508人，其中女性820人。农村80%以上轻微病员在村卫生室治疗。2001年后，随着行政村撤并，村卫生室相应调整。2010年，全市有村卫生室506个，乡村医生、卫生员、保健员1929人，其中女性717人。通过业务实践和各种专业技术培训，从业人员整体医疗水平有所提高。

【厂校医务室和个体诊所】 1991年全市有厂校医务室26家。1993年，市卫生局联合有关部门对厂校医务室进行整顿，检查验收20个单位，其中合格的14家，其余均通知停办整顿。2000年，厂校医务室尚有兴化中学、花园中学、新生小学、供电局、齿轮厂等6家。同年，组织拟申请个体开业人员参加泰州市卫生局组织的个体行医资格考试，核准开业39家。2010年，社会办医疗机构74所：综合医院1所、专科医院1所，厂校医务室3所，综合门诊部2所，专科门诊部3所，诊所63所，社区卫生服务站1所。

第二节　预防保健机构

一、兴化市卫生防疫站

地处丰收南路，占地面积8782平方米，建筑面积5161平方米，其中业务用房3236平方米。1992年1月，站内各股改为科，设有防疫、计免、卫生、食品卫生、学校卫生、结防、寄防、宣教、检验等科室，时有人员107人。1995年将健康教育科改为健康教育所，和市核病防治所及卫生防疫站合并办公，统一领导。2000年1月，经省卫生厅等级站评审组评审，在泰州各市、区率先达县级二等站标准。2004年，撤销市卫生防疫站，组建市卫生监督所和市疾病预防控制中心。

二、兴化市卫生监督所

2004年9月在原市卫生防疫站基础上组建。受市卫生局委托，依法行使预防性和经常性公共卫生监督职能，负责全市食品卫生、公共场所卫生、化妆品卫生、学校卫生、生活饮用水卫生、劳动卫生、放射卫生以及医疗机构、采供血机构的卫生监督执法工作，对突发公共卫生事件和重大案件进行调查处理，并承担全市政治、经济、文化等重大活动的卫生监督保障任务，维护社会活动中正常的公共卫生秩序，保障人民群众的身体健康和生命安全。全所设6个科室：综合科、卫生监督一、二、三、四科以及许可受理科。2010年，有员工54人，其中：大学本科19人，大专16人，中专15人；副主任医师6人，中级职称18人。拥有二氧化碳分析仪、荧光检测仪、辐射热计等快速检测设备，固定资产总值40万元。

三、市疾病预防控制中心

2004年9月在原市卫生防疫站基础上组建，主要职能为疾病预防控制与公共卫生技术管理、服务，进行应急预警与处置、疫情收集与报告、监测检验与评价、健康教育与促进、应用研究与指导、技术管理与服务，以提高群众健康水平和生命质量为根本目标。设有防疫、结防、寄防、卫生、综合门诊、健康教育、理化检验、微生物检验、质量管理、财务、总务11个科室。

2010年，中心占地面积2860平方米，建筑面积5723.04平方米，在职人员75人，含大学本科学历28人，大专学历27人，中专学历15人，其中卫生技术人员54人。拥有千级空气净化室、原子吸收仪、高效液相色谱仪、气相色谱仪、离子色谱仪、原子荧光光度计、酶标仪、全自动洗板机、血球分析仪、全自动生化分析仪、心电图仪、B超等仪器设备，固定资产总值900万元。

四、市妇幼保健所（院）

地处城区东营街6号。1997年接受日本政府无偿援助妇幼保健设备项目，包括救护车、200mA（毫安）X光机等28套妇儿保健专用仪器设备。固定资产总值1200万元。设有围产保健、儿童保健、更年期保健、妇女保健、生殖保健、健康教育信息、妇产、儿、内、口腔等科室及婚前医学检查站，开展妇科疾病诊治、妇女病普查普治、围产期保健、更年期保健、不孕不育治疗、儿童保健、儿科疾病诊治、口腔保健、计划生育4项手术、药物流产、婚前医学检查等服务项目，并指导各乡镇妇儿保健工作。1997年5月更名为市妇幼保健院。1998年6月，经泰州市卫生局确认为婚前医学检查单位。2004年12月，通过省专家评审组的评审验收，创建为泰州地区首家甲等妇幼保健所。2005年11月，开设妇产科病房。2006年12月，成为扬州大学医学院教学医院。2007年4月，与江苏省人民医院生殖中心合作设立不孕不育门诊。2010年，该院占地面积3300平方米，建筑面积1800平方米。在职职工52人，其中卫生技术人员44人，拥有阿络卡彩超、宫腔镜、阴道镜、乳腺照射仪、乳房钼钯机、牙科综合治疗台、超声波洁牙器、微波治疗仪、冷冻治疗仪、同视仪、经皮黄疸测定仪等医疗设备。

五、市皮肤病性病防治所

原名市皮肤病防治所，1992年1月改为现名。1994年，因旧城改造临时迁址北小街民政局招待所应诊，1995年12月迁九顷南村新址。占地1300平方米，投资180万元，新建五层业务楼，建筑面积1860平方米。1996年，卫生部部长陈敏章为其题写所名。同年12月成为扬州大学皮肤病性病专业临床实习教学基地，1999年被省卫生厅授予“江苏省麻风病防治先进单位”称号。2010年，职工总数46人，其中各类卫生技术人员30人，含大学本科15人，大专7人。设有社防科、医务科、门诊部、药剂科、检验科、护理部等科室。拥有Q型YAG激光治疗机、高频电刀、多功能电子治疗机、紫外光疗仪、体外高频治疗机、光子治疗仪、红外治疗仪、表皮移植白癜风治疗仪、微波综合治疗仪、超声诊断仪、心电图机、定量过敏原检测仪、酶标仪洗板机、尿十项分析仪、生化分析仪、血球计数仪及牙科治疗等设备。

第三节 药品检验机构

1991年，市药品检验所业务楼在北郊严家大桥西首建成。1995年10月迁址牌楼路医药公司四楼开展药检业务。2001年9月，组建泰州市兴化食品药品监督管理局，为泰州市药品监督管理局直属机构，原兴化市药品检验所由市卫生局划属市药监局。2010年，泰州市兴化食品药品监督管理局更名为兴化市食品药品监督管理局，其职责与市卫生局职责整合，市卫生局挂兴化市食品药品监督管理局。

2001—2010年，药品检验机构配合药品市场检查和药品不良反应监测，检验药品药械和上报监测数据。2010年，完成监督性抽样200批次，省市级基本药物评价性抽样104批次。

第四节 卫生队伍

一、组成与分布

【人员构成】 1991年，全市有卫生人员3515人。1991—2010年，随着全市卫生事业的发展，通过公开招聘，中医带徒、在职培训进修和上级调配等途径，医疗卫生人员逐步增加。1995年、2000年、2005年分别为3954人、4052人、3889人，2010年3809人，其中卫生技术人员3360人。

1991—2010年部分年份兴化市卫生人员构成情况一览表

表26-1 单位：人

年份	总人数	卫生技术人员										管理人员		工勤人员
		中医师	西医师	护师	中药师	西药师	检验技师	其他技师	初级卫计人员	其他人员	合计	其中卫技人员	合计	
1991	3515	132	680	174	30	51	45	1	317	1379	2809	140	354	352
1995	3954	151	881	403	46	121	64	5	454	993	3118	241	528	308
2000	4052	153	946	547	56	133	91	26	457	869	3278	287	454	320
2005	3889	162	964	665	88	165	153	35	475	682	3389	120	228	272
2010	3809	180	987	836	92	128	203	41	363	500	3330	30	99	380

【人员分布】 1991年，全市医疗人员总数3515人中，分布在各医疗机构的占84%，分布在其他卫生部门的占16%。2010年，全市医疗卫生人员总数3809人，其中分布在医疗机构的占96%，在其他卫生部门的占4%。

二、业务培训与进修

1992年，兴化市卫生进修学校培训大楼和实验楼建成，当年招收中医自考大专班学员40名。1998年、2000年各招收成人大专班1个班。至2005年，培养各类中专生近3000人。2005年，市卫生进修学校机构撤销、人员分流。

卫生系统通过业余学习、学术活动、临床进修、脱产培训等多种途径对各类卫生技术人员进行专业技术培训和在职继续教育。1994—2000年，在兴化市卫生进修学校举办多次继续教育脱产培训班，培训580人次。2001—2010年，乡村医生转岗培训完成1518人次，全科医师培训完成171人次，骨干医师培训完成62人次，社区护士培训完成87人次。医学继续教育成为职称晋升、执业（助理）医师、护士注册的必备条件。2010年，全市医疗卫生单位继续教育覆盖率达100%。

第三章 医 疗

第一节 医疗设施设备

一、基础建设

1990年，全市卫生单位建筑总面积10.09万平方米，其中医疗用房7万平方米左右。1991年后，通过财政拨款或自筹资金，加快医疗用房建设。至2010年，全市卫生系统医疗卫生单位房屋建筑物总面积26.59万平方米，其中医疗用房22万平方米，分别比1990年增加1.64倍和2.14倍，做到科室分设、辅助科室用房齐备，门诊和住院分设。在房屋总面积中，市直医疗单位63661平方米，8个乡镇中心卫生院98918平方米，37个乡镇卫生院（所）91951平方米，其他卫生机构11340平方米，房屋总造价3.41亿元。

二、设施、器械

【病床】 1990年，全市病床总数2183张，平均每1000人拥有病床1.44张。1991年后，各医疗单位所设病床逐步规格化，床位数逐年增加。2010年，全市床位数达3269张，比1990年增长49.75%，平均每1000人拥有2.09张。

1990—2010年部分年份兴化市拥有病床数一览表

表26-2

年份	全市人口（万人）	病床数（张）		平均每1000人拥有病床数（张）
		总数	其中：乡镇医院拥有数	
1990	151.54	2183	1354	1.44
1995	153.42	2249	1225	1.47
2000	154.83	2460	1434	1.59
2005	154.31	2507	1467	1.62
2010	156.06	3269	1802	2.09

【器械】 20世纪80年代后，城乡医院普遍装备显微镜、光电比色器、X光机、心电图机、A型和B型超声波机，市人民医院先后引进心电图机、心电量图机、除颤起搏器、高压氧舱、美国贝克生化分析仪、血气分析仪、欧林巴斯电视纤维胃镜、纤维直肠镜等设备。1991年根据卫生部颁布的《大型医用设备配置与应用管理暂行办法规定》，对乙类大型医用设备配置，严格按程序进行论证与审批。2010年，全市拥有CT（电子计算机断层扫描）8台，钴60机2台，医用直线加速器1台，DSA（数字减影血管造影技术机）2台，MRI（核磁共振机）1台。基层卫生院普遍配备彩色B超、X光机、生化分析仪等设备。

20世纪90年代中期，市防疫站采取新购置冷链设备每台补助50%的做法，为各乡镇卫生院更新设备30台，同时为每个乡镇卫生院免费配供新型冷藏包4只。1998年，省卫生院分配兴化市防疫站1辆丰田牌疫苗运输车。2002年，省疾病预防控制中心为兴化市防疫站更新18立方米冷库1座。2006年，市卫生局为每个接种单位配备1台冰箱和3只冷藏包，基本满足计划免疫工作的需要。2007年，省疾控中心为兴化市疾控中心再次配置2台15立方米的冷库，每个接种门诊配备1台冰箱（美菱）。

2010年兴化市医疗单位主要医疗设备一览表

表26-3　　单位：台

设备名称	市人民医院	市中医院	市第二医院	市第三医院	市第四医院	市疾病预防控制中心	妇幼保健院	中心卫生院	乡镇卫生院	其他医疗机构	合计
医用核磁共振成像设备（MRI）	1	—	—	—	—	—	—	—	—	—	1
医用电子直线加速器（LA）	1	—	—	—	—	—	—	—	—	—	1

续表 26-3

设备名称	市人民医院	市中医院	市第二医院	市第三医院	市第四医院	市疾病预防控制中心	妇幼保健院	中心卫生院	乡镇卫生院	其他医疗机构	合计
X线正电子发射型电子计算机断层扫描仪（PETCT）	0	—	—	—	—	—	—	—	—	—	0
数字减影血管造影X线机（DSA）	2	—	—	—	—	—	—	—	—	—	2
X线电子计算机断层扫描装置（CT）	1	1	1	1	—	—	—	2	1	1	8
彩超机	9	2	1	2	1	1	4	8	25	3	56
数字减影X线拍片机（DR）	2	—	—	—	—	—	—	2	5	—	9
X光机	7	5	1	1	1	1	—	6	20	3	45
生化分析仪	2	1	1	2	1	1	2	8	27	3	48
血球计数仪	3	1	1	2	1	1	3	8	24	3	47
心电图机	7	2	2	4	1	—	2	8	28	3	57
胃镜仪	14	1	1	1	—	—	—	8	5	2	32

【救护设备】 1991年后，各医疗单位在原有的基础上，增添急救专用设备。各乡镇卫生院均分别设置急诊观察室，备有观察床、抢救专用药箱等。市直医疗机构及中心卫生院均设置抢救室，专为预备急救病人补液、洗胃之用。乡镇医院备有抢救床、简易呼吸气囊、洗胃机等急救设备。市级医院备有抢救推车、呼吸机、监护仪、除颤仪、洗胃机、手术包及抢救药品等急救设备。2010年，全市有救护车56辆，其中市人民医院6辆。

2010年兴化市医疗机构救护车数量一览表

表 26-4　　　　单位：辆

机构名称	数量	机构名称	数量
兴化市人民医院	6	兴化市下圩镇卫生院	1
兴化市中医院	4	兴化市海南镇卫生院	1
兴化市第二人民医院	1	兴化市钓鱼镇海河卫生院	—
兴化市第三人民医院	2	兴化市钓鱼镇钓鱼卫生院	—
兴化市第四人民医院	2	兴化市周奋乡卫生院	—
兴化市卫生监督所	5	兴化市缸顾乡卫生院	1
兴化市疾病预防控制中心	4	兴化市中堡镇卫生院	1
兴化市妇幼保健院	2	兴化市李中镇李健卫生院	1
兴化市皮防所	1	兴化市李中镇舜生卫生院	—
兴化市第五人民医院	2	兴化市开发区红星卫生院	—
兴化市戴南人民医院	3	兴化市城东镇卫生院	—

续表 26-4

机构名称	数量	机构名称	数量
兴化市城中社区服务中心	—	兴化市西鲍乡卫生院	—
兴化市戴窑中心卫生院	1	兴化市临城镇临城卫生院	1
兴化市大邹中心卫生院	1	兴化市临城镇刘陆卫生院	—
兴化市沙沟中心卫生院	1	兴化市西郊镇卫生院	—
兴化市沈坨中心卫生院	—	兴化市林湖乡卫生院	1
兴化市大垛中心卫生院	—	兴化市垛田镇卫生院	—
兴化市周庄中心卫生院	1	兴化市竹泓镇卫生院	—
兴化市昭阳镇卫生院	1	兴化市荻垛镇卫生院	1
兴化市合陈镇卫生院	1	兴化市陶庄镇卫生院	1
兴化市永丰镇卫生院	—	兴化市昌荣镇卫生院	1
兴化市大营镇卫生院	2	兴化市茅山镇卫生院	1
兴化市新垛镇卫生院	1	兴化市周庄镇边城卫生院	—
兴化市老圩乡卫生院	—	兴化市陈堡镇卫生院	1
兴化市安丰镇卫生院	1	兴化市张郭镇张郭卫生院	1
兴化市安丰镇中圩卫生院	1	兴化市张郭镇唐刘卫生院	—

第二节　西医技术

20世纪90年代初，市人民医院开展脾切除术+门奇断流术、部分分流术治疗门脉高压症。1991年，开展带旋股外动静脉束及缝匠肌骨瓣移植治疗股骨头无菌性坏死（Perthes病）。1992年，在开展鼻营养等术后肠内营养。1990—1995年期间，对肾综合征出血热发热期和低血压休克期的病人，加用免疫抑制剂环磷酰胺和氟米松治疗，阻断病情发展，缩短病程。1992年起成功施行全肺切除、袖状切除、血心包开窗引流术。1992年开展鼻侧切开鼻腔鼻窦肿瘤切除术。1993年，开展纤支镜声带息肉摘除及气道异物取出术。同年开展糖皮质激素等药物吸入治疗“喘憋性肺炎”和“小儿哮喘”。1994年，用肝素治疗重症“新生儿硬肿症”，同年对儿童进行大样本的“发锌”含量的测定。1996年，行鼻面部掀翻内侧上颌骨切除术。1997年，开展形态记忆合金环抱器治疗四肢管状骨骨折。1997年起开展全麻支撑喉镜下喉显微手术，同年开展全喉切除术、保留喉功能的垂直部分喉切除术和水平部分喉切除术、下咽癌根治术。1998年，开展咽旁肿瘤切除术。1999年起，行颈椎前肿瘤切除术，成功抢救多例严重的鼻面部外伤、严重的耳面部外伤、颈咽喉部贯通伤。同年采用大剂量缩宫素代替生长抑素类似物，治疗肝硬化门脉高压并发食管胃底曲张静脉破裂所致上消化道大出血，取得满意疗效。

自1999年起，开展腹腔镜胆囊切除术，较早应用“三孔法”行胆囊切除，完成5000余例，并相继开展腹腔镜下胆总管探查术、经胆囊管胆道镜胆总管取石术、肝囊肿开窗引流术、腹腔镜下阑尾切除术、疝囊高位结扎术、脾切除术、胸腔镜下肺癌根治术、肺大疱切除术等。1999年起，陆续开展规则性肝左右叶切除、巨大肝海绵状血管瘤切除、高位胆管癌根治术、高位胆管狭窄再次手术、胆总管囊性扩张症囊肿切除术、肝硬化门脉高压症的断流和分流术、胰头癌根治术、胰体尾切除、胰岛细胞瘤切除术、胰腺假性囊肿内引流术。

2000年起，开展高压氧治疗低血糖昏迷，取得良好效果。2001年7月成功开展一例延髓海绵状血管瘤切除术。同年开展B超引导下介入治疗桥本氏甲状腺炎、甲状腺功能减退，填补泰州地区空白。2002年，开展血管成形术介入治疗糖尿病足。2003年，成功抢救1例心脏刀刺伤。是年开展新鲜胎儿软骨移植治疗骨不连获得成功。2005年起，使用冷盐水灌注射频消融房性扑动，全部获得成功。

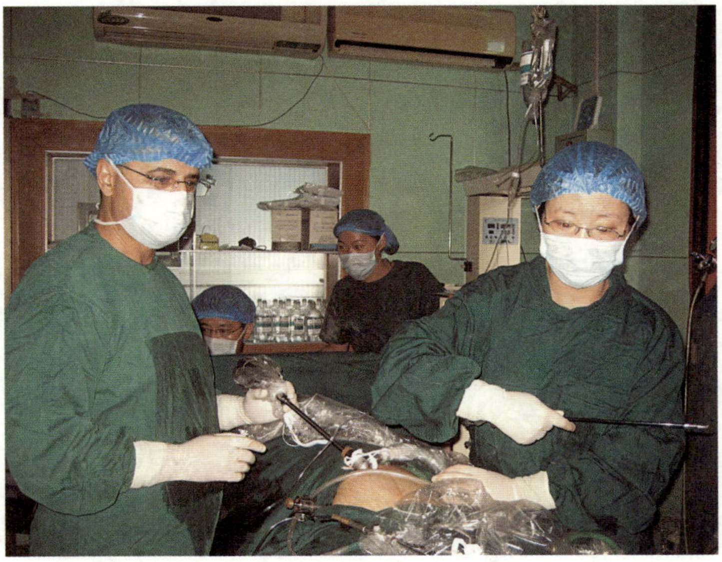

图26-4 以色列专家福德博士在市妇保院进行妇科腹腔镜手术（2010年摄，市卫生局提供）

2007年，使用床旁快速测定BNP（纳利尿肽）鉴别呼吸困难的原因，判断冠心病心衰、介入治疗顽固性心衰的预后。2008年，开展经皮肾活检、微创锁定型钢板（liss）治疗四肢管状骨骨折、闭合空心钉内固定术治疗骶髂关节脱位、肿瘤栓塞化疗、下肢深静脉血栓形成滤器置入、溶栓术、消化道大出血急诊造影栓塞术、头皮血管瘤造影栓塞、食管癌术后吻合口狭窄内支架植入术及全身各部位诊断性血管造影，填补本地区空白。2009年，开展颅内动脉瘤的介入治疗、肝癌合并脾功能亢进双介入治疗的疗效观察、动脉瘤夹闭术、C-P角肿瘤切除术、垂体腺瘤切除、带血管蒂尺侧屈腕肌豆状骨移植治疗陈旧性月骨脱位、前路切开复位植骨内固定治疗颈椎骨折脱位。

2010年，开展腹腔镜结直肠癌根治术、胃癌根治术、单孔腹腔镜胆囊切除、腹腔镜脾切除、宫腔镜在妇科中的应用、脐血流检测对脐带绕颈胎儿妊娠结局的影响预测价值、腹腔镜子宫肌瘤剔除术、子宫切除术、腹腔镜辅助下的阴式子宫切除术（非脱垂子宫）、脊柱不稳矫形固定术颈椎前路减压椎体间cornerstone-sR融合zephir内固定治疗颈椎不稳（滑脱）经椎弓根途径椎体内复位植骨治疗胸腰椎爆裂性骨折、KUS（股骨近端锁定钢板系统）治疗股骨粗隆间粉碎性骨折。

在此期间，其他医院的医疗工作也取得较大的进展。1993年，市第三人民医院在昭阳镇北山村新建肿瘤放疗病区，购置钴-60等放疗设备，开展肿瘤放疗。2004年4月，与兴化市人民医院合作建成以诊治肿瘤为主的新区分院，肿瘤诊治规模在泰州市范围内处于领先地位。

1993年，市脑科医院新增PC—1500微电脑心理测定室，开展心理测定。1997年7月，将原临床心理科分为心理测定、心理咨询、心理治疗。同年增设声光治疗室、生物反馈室。

1991年后，基层卫生院医疗水平不断提高，均能处理本地区常见病、多发病，并能开展下腹部手术，部分单位可开展上腹部手术。

第三节　中医、中西医结合

1991年后，按照“中西医并重”的卫生工作方针，兴化市在引进提高医疗水平的同时，注重传统中医的发扬光大，建立和完善中医药服务网络，实现中西医协调发展。兴化市中医院为全市中医医疗、教学、科研、康复中心。医院中西医并重，具有鲜明的中医特色，有中医药人员83人，中医喉科、肛肠科、脾胃科、哮喘气管炎科是兴化市优势专科，儿科采用中药配合吸入疗法治疗小儿哮喘及咳嗽变异型哮喘。肛肠科是泰州市级临床重点专科，1997年开展大肠癌手术，并完成数例超低位直肠癌保肛手术。市人民医院、二院、三院、四院等医疗机构均开展中医门诊。

乡镇（中心）卫生院（所）中，周庄中心卫生院骨伤科、安丰中心卫生院针灸推拿科、大营卫生院眼科、昌荣卫生院哮喘气管炎专科，形成一定的特色。1991年后，兴化市卫生管理部门鼓励中医药进农村、进社区，推广中医药适宜技术，提高农村中医药覆盖率，取得积极成果。兴化北郊眼科中心的传统卞氏眼科疗法及潘氏喉科、左氏正骨疗法、老圩蛇伤疗法、夏氏针灸疗法等传统中医疗法不断继承与发扬光大，部分入选泰州市、兴化市非遗名录。2007年，兴化市成为省级农村中医工作先进市。至2010年，积极开展中医进社区、进农村、进家庭的“三进”工程，先后数十次组织中医专家对全市近千名乡村医生和乡镇卫生院骨干进行中医药适宜技术的培训和考核，并多次组织专家到农村指导适宜技术的推广应用，努力构建农村中医网络，扩大影响，让中医药更好地服务于水乡百姓。

第四节　医疗服务

一、门诊、住院

1991年后，随着医疗体制改革的深入，各种医疗保险和农村合作医疗覆盖面的大幅度提升，全市医疗工作量的迅速增长。2010年，门诊人数273.5万人次，分别比1990年、2000年增加130%和90%。住院人数9.55万人，分别比1990年、2000年增加125%和95%。由于医院急症系统的不断完善和各种新型急救医疗设备的使用，使一些危急病人得到及时有效的救治，重危病人抢救成功率明显提高。

二、应急医疗救助

为加强院前急救体系建设，提高应急救治能力，按照急救就近、属地救治的原则，1997年兴化市120急救中心依托兴化市人民医院设置。至2010年，该中心与市110联动，24小时开通120急救专线电话，承担全市医疗应急救援工作指挥、协调任务。2010年，兴化市120急救中心有急救车4辆，院前急救4492人次。城区各医疗机构和乡镇（中心）卫生院（所）普遍建立急诊科室，配备相关专业人员和急救设备。卫生部门应对突发公共事件的应急救援和医疗救助能力得到提高。

三、护理

根据《中华人民共和国护士管理办法》的规定，兴化市对1994年1月前取得“护士”“助产士”

专业技术职称的人员和1994年以后取得护理专业中专以上学历、参加全国执业护士考试合格者进行护士的注册、首次注册。上述人员逢双数年进行再次注册，护士的执业地点发生变化时进行变更注册。

1994年，全市开展护士微笑服务活动。1998年，开展敬业爱岗教育活动，推行规范服务、文明用语、护士礼仪和争创青年文明号、巾帼英雄岗。同年起，开展评选“十佳优秀护士”活动。为提高护理质量，1998年，市人民医院推行“整体化系统护理模式”，针对各个病人身心、社会、文化等需要，提供优质服务，用护理方法解决病人已有的和潜在的健康问题。市中医院在推行“整体化系统护理模式”过程中，发挥中医护士特长，实施辨证护理，更好地配合中医辨症施治。

从2002年开始，医院把护士继续教育工作纳入常规化，建立《护士继续教育学分手册》，根据卫生部《临床护士规范化培训试行办法》，从政治思想、职业素质、医德医风、临床操作技能、专业理论等方面进行培训。建立健全5年以下护士规范化培训制度，并认真组织实施，把规范化培训纳入考核内容。制定切实可行的实施计划，把学分考核与年度评优、评先进直接挂钩。

2008年，兴化市人民医院部分病区施行护士分层使用，通过科学管理弥补人员数量的不足，改善基础护理不到位的现状。至2010年，护士继续教育率达到100%。

四、送医下乡

2006年，贯彻江苏省卫生厅下发的《城市卫生支援城乡基层卫生工作的实施方案》和《关于城市医生晋升职称前到城乡基层医疗卫生机构服务的意见》精神，把支援农村工作作为有效载体，切实落实“卫生下乡”工作，进一步推进城市卫生支援基层卫生工作。

图26-5 送医下乡 （2005年摄，市卫生局提供）

实行对口支援乡镇卫生院（社区卫生服务中心）制度。对乡镇卫生院进行专业技术指导，帮助乡镇卫生院提高医疗技术水平；帮助乡镇卫生院规范管理、健全制度，加强乡镇卫生院管理建设，规范医疗行为；依据乡镇卫生院现有技术条件，帮助卫生院开展特色专科建设；开展双向专诊。各乡镇卫生院对危重、疑难病例，及时转入市直二级医院治疗；市直二级医院康复期的住院病人、适合转乡镇卫生院的，向乡镇卫生院转诊，尽量节约病人费用。

全市每年抽调拟晋升中、高级医务人员由市卫生局统一安排定期到乡镇卫生院工作，下派工作时间为1年。每季开展业务培训1次，下派人员到对口支援帮扶的乡镇卫生院。开展门诊、查房、手术、业务讲座等，下派期满后，由镇卫生院对下派人员进行考核鉴定，方可晋升职称。2007—2010年，全市下派225名医生开展对口支援工作。

广泛开展巡回医疗、义诊咨询活动。定期组织医务人员赴乡镇卫生院开展义诊、咨询和健康宣传，为群众送医送药。安排相关科室医务人员深入受援单位开展卫生支农活动，指导临床医疗，通过义诊、健康咨询、业务讲座、手术、会诊等方式，协助受援单位开展适宜新技术、新项目，使基层单位的医疗技术水平和管理水平得到提升。2007—2010年，开展支农义诊51次，涉及20多个专业，完成门诊近9000人次，查房400多人次，参与手术150余台次，组织业务讲座40多次。

抓好对乡镇卫生院、村卫生室卫技人员专业知识培训。以临床诊治规范知识培训为重点，以提高基层卫生人员的个人素质、服务质效为目标，抓好对乡镇卫生院、村卫生室卫技人员的培训工作，兴化市人民医院作为全市科医教研中心，接受乡镇卫生院选派的医生进行技术培训，2007—2010年，接受乡镇卫生院75人到院进修学习。

五、抢险救灾

1991年、2003年，兴化市遭遇特大洪涝灾害，市卫生局均成立卫生防疫和医疗救护工作小组，做到人员、责任、物资等三到位。灾后，全市卫生系统指挥部组建卫生防疫及医疗救治队伍，投入到灾后卫生防疫消杀及医疗卫生救治工作，及时为灾区群众提供医疗、防疫服务，确保灾后无重大疫情发生。2000年7月13日下午，兴化市竹泓等10个乡镇遭受特大龙卷风袭击，人员、财产损失巨大。灾情发生后，全市卫生系统紧急动员，全力以赴投入医疗救护和卫生防疫工作。截至当晚24时，全系统组织600多名医护人员参加抢救工作，治疗轻伤员700多人，收治重伤员78人，留院观察80人，使灾区所有伤员都得到及时的抢救和妥善的治疗。兴化市卫生局抽调30余名业务骨干组开展灾后卫生防疫及医疗救治工作。2008年四川汶川大地震，兴化市积极响应参与医疗援救。5月28日至6月2日，市卫生局安排兴化市中医院普外科徐勇参加全市第三批抗震救灾队伍。在四川绵竹期间，徐勇担任泰州大队的卫生联络员，负责全队的卫生防疫工作。在徐勇的努力下，泰州大队管理范围内无一例疫情发生。

六、体检

【征兵体检】 1991年后，每年征兵体检工作由市人民武装部、接兵部队和卫生部门共同负责，体检业务活动主要由卫生部门承担。每年征兵季节，卫生部门按有关征兵文件，抽调卫生技术人员根据国防部统一制发的体检标准从事体检工作。应征青年首先经乡镇目测后，一般按2∶1的比例送检。

【招生体检】 1991年后，高校招生体检由市教育部门和市卫生部门共同领导，国家统一制定招生体格标准，市卫生部门依照执行，抽调卫生技术人员实施。2000—2010年，全市高校招生体检人数76440人，其中3人不合格。

2000—2010年兴化市高校招生体检人数一览表

表26-5　　单位：人

年份	参检人数	不合格人数	年份	参检人数	不合格人数
2000	4296	—	2006	8181	—
2001	4779	—	2007	9107	1
2002	4932	—	2008	8751	—
2003	6075	—	2009	8404	1
2004	6278	—	2010	8113	—
2005	7524	1	合计	76440	3

【健康检查】 1991—2010年，兴化市人民医院、兴化市中医院、兴化市第三人民医院设有体检中心，配有专用的体检仪器设备，安排专门的体检人员，承担全市人民常规体检工作以及公务员招录体检、事业单位招录体检等大型体检任务。同时，每年为百岁老人免费健康体检，为驻兴化市部队及市人武部工作人员免费体检。

第四章　疾病预防控制

第一节　计划免疫

一、预防接种

1991年，抽样调查1988年出生的婴儿1366人，建卡率100%，四苗（卡介苗、脊髓灰质炎疫苗、百白破三联疫苗、麻疹疫苗）覆盖率96.2%。1992年，乙肝疫苗纳入儿童计划免疫管理，对新生儿进行乙肝疫苗接种。1996年，卫生部委托省卫生厅到兴化市审评，考核结果建卡率100%，四苗覆盖率95.9%。1997年，省卫生厅修订《江苏省儿童计划免疫程序》，停止7周岁儿童卡介苗复种，2003年7月1日起，按照省卫生厅工作要求，将新生儿乙肝疫苗接种纳入计划免疫管理，实施免费接种。各医疗单位产科负责新生儿首针乙肝疫苗的接种，以提高乙肝疫苗24小时首针及时率。2005年，国务院颁布《疫苗流通和预防接种管理条例》。2006年10月15日起，全市对第一类疫苗全部实施免费接种，不再收取任何接种管理费用。当年计划免疫接种合格率抽样调查，12—24个月儿童150人，建卡率100%，四苗覆盖率99.3%，乙肝疫苗合格接种率100%。是年，将麻疹疫苗的免疫程序和接种剂量进行调整，将4周岁加强免疫调整为1.5—2周岁，每针次的接种剂量由0.2毫升改为0.5毫升。对2002—2004年出生儿童开展麻疹疫苗追加免疫活动。2007年1月1日起，实行儿童预防接种信息化管理。2008年1月1日起，流脑疫苗接种纳入儿童预防接种门诊安排，实行按月常规接种。2008年5月1日起，实行国家扩大免疫规划，在原有乙肝疫苗、卡介苗、脊灰疫苗、百白破疫苗、白破疫苗、麻疹疫苗、A群流脑疫苗、乙脑疫苗8种疫苗的基础上，以无细胞百白破疫苗替代百白破疫苗，并将麻腮风疫苗、A+C群流脑疫苗、甲肝疫苗3种疫苗纳入儿童免疫规划，对适龄儿童进行常规接种。2008年8月1日，实行预防接种票据化管理。2010年，新生儿乙肝疫苗全程接种率94.83%，消灭脊灰强化免疫服苗率达99.46%，麻疹疫苗强化免疫接种率96.03%。

二、免疫监测与专题调查

为确保疫苗接种的效果，市卫生防疫站开展疫苗免疫成功率、免疫水平监测和专题调查。1992年，开展婴儿卡介苗接种后12周免疫成功率调查，抽取136名婴儿进行PPD（结核菌素）试验，阳性率86.76%。1999年，进行VERO细胞狂犬病疫苗血清学效果监测，监测218人，抗体阳转率100%。2000年，对0—9周岁儿童296名进行脊髓灰质炎抗体水平调查，Ⅰ、Ⅱ、Ⅲ型血清中和抗体阳转率均在96%以上，超过卫生部下达的85%的指标。2001—2006年，开展不同乙脑疫苗免疫策略研究，结果显示接种乙脑减毒活疫苗24小时内副反应发生率为6.06%，未发生中重度反应；接种灭活疫苗副反应发生率为25.53%，其中中反应发生率为4.12%。加强免疫后1年中和抗体的GMT从1∶20.42降至1∶7.37。第3针免疫后，实验组中和抗体阳性率为99.24%，对照组为95.86%，差异无显著性。2010年，开展乙脑免疫水平监测，选择荻垛镇和昭阳镇为监测点，监测对象为0岁、1—3岁、3—5岁、5—7岁、7—15岁、15—20岁、≥20岁年龄组健康人群，每组采集血样50份。其中获垛镇采集0—19岁年龄人群300份血样，昭阳镇采集≥20岁年龄组50份血样。样本经处理后及时上送到省疾控中心免疫规划所检测。

第二节 传染病防治

1991—1995年，境内报告的传染病以肠道传染病为主。1996年起，将肺结核作为乙类传染病管理，肺结核的报告发病率逐年上升，2006年成为市内主要传染病病种。2003年，卫生部颁发《突发公共卫生事件与传染病疫情信息报告管理办法》，兴化市自翌年起逐步实行法定传染病网络直报。至2005年底，全市法定传染病的网络直报率达100%。

1998年，市防疫站按国家有关规定，拟定《兴化市居民急性传染病报告调查方案》，每隔3年进行1次居民急性传染病报告率调查。当年，对昭阳镇5个居委会1795户5240人进行传染病漏报调查，查出肝炎、伤寒、痢疾3个病种52例病人，漏报16例，漏报率30.77%。伤寒漏报病例中3例为医院漏报，有13例痢疾为未就诊病人，分别占漏报率中的18.75%和81.25%。市防疫站对大垛、陶庄、沈坨3个乡镇17个行政村3830户15225人进行调查，查出伤寒、肝炎、痢疾等3种乙类传染病247例，报告178例，漏报69例，漏报率27.94%，漏报病例中62例在村医处就医为报告，5例为就诊。2005年起，市疾病预防控制中心承担国家级伤寒/副伤寒、省级登革热监测任务，制定《兴化市伤寒/副伤寒监测方案》和《兴化市登革热监测方案》，对承担监测任务的单位和参与人员进行专题培训。2008年5月，卫生部将手足口病纳入丙类传染病管理，全市手足口病疫情逐年上升。

一、呼吸道传染病防治

兴化历史上曾有天花、麻疹、白喉、流行型脑膜炎等呼吸道传染病流行。1980年，全球宣布消灭天花。1984年后，兴化未发生白喉疫情。1987—2006年，麻疹发病率在0—17.79/10万之间，其中，1998年、1999年、2001年、2002年、2003年未发生麻疹疫情；1990—1992年，兴化市发生麻疹暴发疫情6起，发病率有所上升；2005年受全省麻疹疫情上升的影响，全市麻疹疫情也呈再上升趋势。发生小学麻疹暴发疫情1起，发病7例，均为在外回归儿童，原因是麻疹疫苗未免疫或未全程免疫；另成人和小于8月龄儿童发病的比例分别占14%和43%。流脑发病率1987—2006年在0—1.83/10万之间，其中1997—2003年和2006年未发生流脑疫情。2009年，市文正学校发生一起甲型H1N1流感聚集性疫情，市疾病预防控制中心及时对患病学生落实隔离治疗措施，对密切接触者实施居家医学观察等综合性防控措施，疫情得到有效控制。

二、肠道传染病防治

【霍乱】 1987—1998年，全市霍乱发病率在0—4.15/10万。1987—1998年，有3个年度未发生霍乱疫情。自1998年以后，全市未有霍乱疫情报告。

【伤寒】 1987—1994年，持续8年，发病率在60.79/10万—332.2/10万之间，1997年起伤寒发病率明显下降。1998—2006年，伤寒发病率在1.57/10万—20.26/10万之间。1991年兴化发生特大洪涝灾害，城乡大量厕所被淹，饮用水源严重污染，全市7月中旬至8月上旬伤寒发病有抬头趋势。全市在抗灾防病工作中，采取以饮用水消毒为主的综合性防治措施，当年伤寒发病率比1990年下降27.14%。自1995年开始，伤寒疫情一直得到有效控制。

【痢疾】 据1993—1995年兴化全市1063例病例分析，细菌性痢疾占92.2%，阿米巴痢疾占7.8%。除1991年因洪涝灾害因素疫情有所上升外，其余年份多在较低的发病率水平。

【病毒性肝炎】 1992年，病毒性肝炎发病率达到200.98/10万，以后发病率逐年下降，至2003年为9.28/10万，达最低水平。2004年起，全面实行医疗机构网络直报，疫情监测系统敏感性提高，发病率上升。临床诊断和流行病学资料表明，零星散发病例多为乙型肝炎，而有明显流行趋势的地区，则多为甲型肝炎，亦有混合感染或合并丙肝、丁肝、戊肝者。在甲肝疫苗和乙肝疫苗问世之前，经常呈现肝炎病例的春峰和秋峰。1991年起，逐步推广乙肝疫苗接种，肝炎的发病率自1994年后稳定在较低水平，在9.28/10万—81.45/10万之间，无明显的发病高峰。1994年起，开始实行甲型肝炎疫苗接种，连续多年进行肝炎“压春峰”运动，在学生、饮服从业人员、驾驶员、学龄前儿童中开展甲肝疫苗的接种。

【脊髓灰质炎】 又称“小儿麻痹症”。1991年发生2例，1992年发生1例，1992年后，无脊髓灰质炎病例。1990年起，每年12月5—6日和次年1月5—6日实施两轮次的强化免疫。2000年按照卫生部的统一部署，于3月20—25日和4月20—25日开展两轮次“扫荡”式强化免疫，对所有2—47月龄的儿童进行服苗。2000年全市开展一次儿童脊灰免疫水平调查，调查儿童296人，三型抗体全阳性287人，占96.96%。各型抗体阳性率分别为Ⅰ型99.32%、Ⅱ型99.32%、Ⅲ型98.31%。抗体几何平均滴度（GMT）分别为Ⅰ型259.18、Ⅱ型171.17、Ⅲ型78.25。

三、结核病防治

20世纪90年代后期，由于人口流动频繁等原因，结核病疫情有所回升。针对结核病疫情的新趋势，2001年，市政府成立兴化市结核病控制领导小组。同年实施现代结核病控制策略，对活动性肺结核病人实行免费检查、免费治疗，结核病疫情逐年下降。

从1996年开始，每年“3·24世界结核病防治日”，由市卫生局牵头，组织市人民医院、市疾控中心及结防科所专业人员参加大型诊疗咨询活动，向市民普及防痨知识。每年对各医疗单位肺科医生、痰检医生、防痨医生、放射医生进行专业培训。2000年、2005年，先后分别对全市乡村医生5200余人（次）进行培训考核。统一化疗方案，坚持“早期、联合、适量、规律、全程”的治疗原则，以门诊督导为主。2001年，全面实施现代结核病控制策略，重点控制涂阳肺结核病人，统一执行全程督导，即医务人员面视下督导化疗，大大提高治愈率，有效控制疫情蔓延。1986—2000年医治病人11603例，临床治愈病人9224人，治愈率79.5%。2001—2006年发现涂阳病人6102例，全程督导6024例，治愈5443例，治愈率89.2%。2007—2010年，发现涂阳病人2484例，全程督导2360例，治愈2341例，治愈率94.24%。

全国五次流调点兴化市结果一览表

表26-6　　单位：人

	年份	抽样点			抽样人口	应检人口	实检人口	受检率(%)	确诊活动性肺结核病人			患病率(1/10万)	菌阳患病率(1/10万)
		乡镇	村	代号					Ⅰ组	Ⅱ组	合计		
第一次	1979	昌荣	唐家	09—98	1448	1428	1422	99.58	10	4	14	980	345.0
第二次	1985	大营	南沈陈家	09—32	1431	1409	1409	100.00	4	6	10	710	309.0
第三次	1990	竹泓	竹四	09—20	1570	1517	1504	99.14	1	5	6	380	164.0

续表 26-6

	年份	抽样点			抽样人口	应检人口	实检人口	受检率(%)	确诊活动性肺结核病人			患病率(1/10万)	菌阳患病率(1/10万)
		乡镇	村	代号					Ⅰ组	Ⅱ组	合计		
第四次	2000	戴南 顾庄	管东 管西	09—01	1710	1664	1661	99.82	4	8	12	482	241.0
第五次	2010	安丰	青龙 居委会	3209	1902	1746	1709	97.88	1	2	3	117	58.5

四、麻风病防治

兴化市曾是麻风病高流行区之一，全境乡镇均发现过麻风病人。1995—2000年，发病率下降到0.065/10万。2001—2005年，平均年发病率为0.039/10万；2006—2010年，平均年发病率为0.03/10万。全市麻风病患病率与发病率2项指标已均达国家规定实现基本消灭麻风病的标准，1997年，通过江苏省卫生厅组织的考核验收。1998年，通过卫生部组织的复查验收。

1991—2010年兴化市麻风病现症病例一览表

表26-7　　单位：例

年份	未定类麻风（Ⅰ）	结核样型麻风（TT）	界线类偏结核样型麻风（BT）	中间界线类麻风（BB）	界线类偏瘤型麻风（BL）	瘤型麻风（LL）	合计	患病率（‰）
1991	—	—	2	5	21	5	33	0.0220
1992	—	—	4	5	22	5	36	0.0240
1993	—	—	3	6	18	5	32	0.0210
1994	—	—	4	7	15	2	28	0.0180
1995	—	1	1	6	14	2	24	0.0160
1996	—	1	—	3	9	2	15	0.0097
1997	—	—	—	3	9	2	14	0.0090
1998	—	—	—	4	10	1	15	0.0097
1999	—	—	—	3	9	2	14	0.0090
2000	—	—	—	1	10	2	13	0.0084
2001	—	—	—	1	10	2	13	0.0088
2002	—	—	—	1	9	2	12	0.0082
2003	—	—	—	1	10	2	13	0.0083
2004	—	—	—	1	8	—	9	0.0058
2005	—	—	—	—	6	—	6	0.0038
2006	—	—	—	—	4	—	4	0.0026
2007	—	—	1	—	5	—	6	0.0038
2008	—	1	1	1	3	—	6	0.0038
2009	—	1	—	1	2	—	4	0.0026
2010	—	1	—	1	—	—	2	0.0013

五、寄生虫病防治

【疟疾】 2006年11月，省卫生厅基本消灭疟疾达标考核组对兴化市进行考核。考核组认真查阅全市疟疾防治历史资料，核对相关统计数据，随机抽取昭阳（含原东潭）、昌荣两乡镇，进行现场走访调查，对市人医、戴窑等18家医院化验室的检验人员进行镜检技术考核，抽查昭阳、张郭两所学校310名学生滤纸血，进行IFA检测。考核组确认兴化市达到卫生部颁布的基本消灭疟疾标准。

【丝虫病】 1996年，对16个乡镇200个村进行病源学监测调查，血检138928人，未检出微丝蚴阳性；开展晚期丝虫病调查工作，对查出的12例晚期丝虫病人进行复查复治；在4个乡镇13个村进行蚊媒监测调查，解剖淡色库蚊3357只，无人体幼丝虫感染。1996年，经扬州市和泰州市组成的消灭丝虫病考核小组考核确定，兴化市丝虫病达到卫生部颁布的消灭丝虫病标准。

1997年、1998年和2002年分别开展丝虫病病源学监测工作，血检5741人，未检出微丝蚴阳性。2006年，对全市丝虫病防治资料进行整理，并录入电子展板。2007—2010年，持续对2例慢丝病人开展照料工作。

【肠寄生虫病】 1992年，省及扬州市在荻垛乡西毛村进行肠道蠕虫病防治研究，课题是“人群集体化疗控制肠道线虫的效果观察”。检出钩虫、蛔虫、鞭虫、成人蛲虫、姜片虫和肝吸虫等虫种，感染率分别为52.9%、53.4%、24.2%、0.5%、0.3%和0.5%；儿童蛲虫感染率达45%；钩蚴培养鉴定十二指肠钩虫占75.7%，美洲钩虫占5.7%，混合感染占18.6%；总感染率为80.81%。经过三年驱虫化疗，人群肠蠕虫感染率明显下降。至2000年，总感染率降到10.7%，其中钩虫感染率10.04%，蛔虫感染率为0.38%，鞭虫感染率为0.57%。1998年，兴化市人民政府授予此项研究课题组科技进步三等奖。1994年起，全市开展大规模的人群驱虫服药工作，至2006年累计驱虫374万余人次，监测调查1万余人，人群肠寄生虫病感染率降到8.77%。2007年起，省寄研所和泰州市疾控中心在张郭镇欧家村开展为期5年的土源性线虫感染情况纵向监测。2007年监测阳性率为4.09%（41/1002），检出虫种3种；2008年调查阳性率为1%（10/1003），为钩虫感染；2009年、2010年阳性率分别为0.48%（5/1041）和0.093%（1/1075），肠寄生虫感染率逐年下降。2007—2010年，完成重点人群驱虫服药62.25万人次，有效控制肠寄生虫病感染率。

【血吸虫病】 1991—2010年，全市查螺755.69万平方米，查螺用工11077个，未发现钉螺。每年对流动人口较多的乡村和往返疫区的流动人口进行血防综合查病，检查85869人次，诊断血吸虫病人149例，其中急感病人8例，均及时进行1—3次抗虫治疗。对血清学阳性而非诊断病人扩大化疗273人次。至2005年，现存晚期血吸虫病人89例，其中尚须治疗3例，20年间新增晚血病人25例。2008年，进行晚血病人复查，死亡15人、迁出4例，新增晚血病人1例，失访2例。2010年，在册晚血病人71例，多为临床治愈和病情稳定病人，尚需治疗3例。

图26-6　查螺行动　（2005年摄，市卫生局提供）

1991—2010年兴化市血吸虫病防治工作开展情况一览表

表26-8

年份	查螺乡镇数（个）	查螺面积（万平方米）	有螺面积	查螺用工（个）	查病人数（人）	查出病人（人）	急感人数（人）	治疗人数（人）	扩大化疗（人）
1991	6	18.20	0	2490	19685	29	2	29	26
1992	2	64.90	0	1052	5357	21	4	20	24
1993	3	59.67	0	891	5595	17	0	18	7
1994	2	42.18	0	512	3142	15	0	15	7
1995	2	35.08	0	542	3326	13	0	13	2
1996	2	52.90	0	584	3303	8	0	8	15
1997	2	29.35	0	527	3279	10	0	10	5
1998	2	39.42	0	548	3422	10	0	10	4
1999	2	38.42	0	586	3462	11	0	11	4
2000	2	36.14	0	534	3425	6	0	6	0
2001	2	36.43	0	563	3252	6	0	6	0
2002	2	35.43	0	163	3184	1	0	1	4
2003	2	35.21	0	136	3022	0	0	0	19
2004	2	33.43	0	109	3207	0	0	0	88
2005	2	32.52	0	109	3079	1	1	1	64
2006	2	30.53	0	115	3192	0	0	0	0
2007	2	35.17	0	246	3061	0	0	0	1
2008	2	34.08	0	413	3936	1	1	1	2
2009	2	34.07	0	438	2941	0	0	0	0
2010	2	32.56	0	519	2999	0	0	0	1
合计	45	755.69	0	11077	85869	149	8	149	273

六、性病、艾滋病防治

1991—2010年，市皮防所性病就诊总数18356例。病种有梅毒、淋病、非淋菌性尿道炎、尖锐湿疣、生殖器疱疹、软下疳6种。1998—2000年，每年的淋病发病率达40/10万左右，以后逐年减少。梅毒从1994年出现并有所增多，1999—2007年发病率在5/10万左右。

从1998年开始，全市开展艾滋病初筛检测工作，对高危人群、性病门诊就诊病人进行艾滋病检测。至2010年，HIV抗体初筛检测累计101096例，检出艾滋病病毒感染者和病人29例，经上级疾病预防控制中心艾滋病确证实验室确诊29例。

第三节 地方病防治

兴化市为轻度碘缺乏地区。自1992年起，开展以补服碘油丸为主要措施的碘缺乏病防治工作，组织7—14岁在校学生、学龄前儿童、新婚育龄妇女等重点人群补服碘油丸，服丸人数达79.09万人次。开展防治碘缺乏病宣传活动。1996年，兴化市开始全面供应加碘食盐。为确保居民食用合格碘盐，市盐务和卫生部门密切配合，实行碘盐的批发、销售卫生许可证制度，每年定期监测批发部碘盐样品12批次、居民户盐样品2个批次，对批发、销售及居民户三个环节碘盐含碘量进行定期或不定期监测。结果表明，碘盐合格率和碘盐覆盖率逐年提高。

1994年和1995年，省政府和兴化市政府先后下发《2000年消除碘缺乏病行动规划》。至1999年，经过四年多的努力，市内8—10岁学生甲状腺肿大率降为2.9%，尿碘中位数173.5μg/L，加碘食盐合格率及合格碘盐覆盖率达98.5%和95.39%，人群防治知识知晓率为97.8%，以全民食用碘盐为主的综合防治措施得到落实，达到国家“碘缺乏病消除标准”的要求。1999年12月，泰州市消除碘缺乏病考核评审组对兴化市碘缺乏病防治工作进行考核。考核结果：8—10岁学生Ⅰ度以上甲状腺肿大率为2%，尿碘中位数131μg/L，批发、零售及居民户碘盐样品合格率分别为96%、100%、100%，合格碘盐覆盖率达95.39%，30名新生儿脐带血TSH检测结果均＜5mμ/L，学生、居民和碘盐分装人员健康知识问卷成绩达优秀者分别占93.5%、92.3%、100%。综合评价：兴化市基本达到消除碘缺乏病标准。2000年后，正常开展批发、零售及居民户层次碘盐监测工作，开展“防治碘缺乏病日”宣传活动，先后配合开展省第五、六、七次和泰州市第三、四、五、六次碘缺乏病抽样监测调查，完成40个监测点的调查工作。2010年，完成碘缺乏病防治规划（2004—2010年）终期评估工作，代表泰州市接受省重点地方病考核组考核评估，并确认通过。

第四节　慢性非传染性病防治

2007年，兴化市进行慢病基线调查，全面启动慢病防治工作，每个乡镇自选1个行政村，对35岁以上的25050名常住居民，进行高血压、冠心病、脑卒中、糖尿病、恶性肿瘤等慢性非传染性疾病流行病学调查。结果显示：兴化市35岁以上人群中，5种重点慢性病总患病率达33.68%，其中流行状况最严重的是高血压，患病率为25.36%，其余慢性病患病率分别为：糖尿病2.85%、冠心病3.34%、脑卒中1.3%、恶性肿瘤0.8%。为掌握全市常住居民的常见病、多发病以及医药费用负担等情况，为临床、教学以及疾病防治、卫生保健提供重要的科学依据，2008年对2006—2007年兴化市住院病人进行系统调查，通过对3家市直医疗单位和8家乡镇中心卫生院2006—2007年住院病历进行整理录入，最后进行数据统计分析显示：在住院病人的系统疾病构成中，消化系统疾病、损伤和中毒、循环系统疾病、肿瘤、呼吸系统疾病位居疾病谱的前5位，计40035例，占整个疾病谱的83.25%，心脑血管疾病、恶性肿瘤所占住院病历构成比处在较高的位置，分别为12.42%和10.18%。2009年，兴化市参加由国家疾控中心组织实施的全国成人烟草流行抽样调查，市昭阳镇文峰社区和沙沟团结居委会列为调查点。在居委会、村委会工作人员的协助下，绘制两个居委会、行政村住户地图12张，登记整理家庭信息1957户，相关调查问卷进行系统录入。2010年1月20—21日，省疾控中心慢性非传染性疾病防治所专家到兴化市督查验收全球成人控烟调查质量，并进行评估。评估结果显示：此次调查率为98.7%，家庭问卷和个人问卷调查准确率均为100%，在全省5个调查点中居首位。2010年市昭阳卫生院经随机抽样，被定为全国开展慢性病预防控制能力接受调查的600家基层乡镇卫生院单位之一。按照上级统一布置，在市卫生局的领导下，制定调查实施方案，成立调查技术小组，有序、细致、真实、科学的开展调查工作，调查的相关结果于当年上报给省疾病预防控制中心。

第五节 疫病监督

一、传染性非典型肺炎防控

2003年2月，广东省发生传染性非典型肺炎（简称“非典”）局部流行，一度疫情呈现迅速扩散、蔓延势头。兴化市及时制定方案，组织防治措施。2004年，市人民医院被定为全市“非典”预警监测医院，每日统计发热呼吸道病例数和发热肺炎病例数。

【防治机构和疫情报告】 为贯彻落实中央和省、市关于非典防治工作的一系列重大决策、部署，严防非典在兴化市流行，在市委、市政府统一领导下，2003年4月10日成立市防治非典工作领导小组（27日，改为市非典防治工作指挥部），市政府办公室制订下发《兴化市非典型肺炎防治应急处理预案》，动员全市各部门各单位全力投入防治非典工作。

自4月中旬起，市卫生局先后召开各单位负责人及防保组长、医疗组长会议6次，落实各项防控措施。全市各医疗单位克服人员、设备、房屋、资金等方面的困难，投入资金55万元，设立规范的发热门诊和留观室52个。市人民医院为全市临床观察病例集中收治医院，设置8张观察病床。大垛中心卫生院为疑似病例和临床诊断病例定点收治医院，按照非典隔离病区设计要求，将整个病房大楼进行腾空改造，设置18张收治病床，配备床边X线摄片机、心电监护仪、呼吸机等诊疗设备；一次性安装64支紫外线消毒灯，8台循环风紫外线消毒器，按国家标准配备符合非典污水处理系统和焚化炉；每个病房都配置传呼对讲系统，设置物品传递窗口及换气窗等，制订严密的规章制度和规范的人流、物流流程，两院投入专项资金约110万元。

4月11日起，全市实行24小时值班制、疫情日报告、零报告以及即发即报。截至6月18日，市卫生局以及防疫站所设立的疫情中心值班室收到疫情报告335次，各种疫情报表11816份，群众咨询举报电话2240个，派出市级诊断组前往现场核实诊断29次。

【防治知识宣传】 市卫生局在兴化电视台播出非典防治宣传广告60条、180次，防治工作动态75次；在兴化人民广播电台、《兴化日报》《卫生科普》报播出、刊出有关防治知识366篇；印发防治知识传单24种计40万份。派员前往市公安局、市交通局、昭阳镇政府、市中小学校等部门单位，开展防治知识宣传讲座17场次。各医疗卫生单位制作宣传牌432块，刊出宣传橱窗278块，黑板报162期，制作、散发宣传传单8万余份。健教工作的开展使广大群众参与非典防治、加强自我防护的自觉性空前提高。

【防控措施】 4月中旬以后，兴化市在疫区打工、经商的人员大批返乡，输入性传播危险性加大，为此重点加强对这部分人员的健康监控，严防输入性传播。截至6月18日，全市外出回归人员达52459人，其中从北京、山西等疫区回归人员2038人。对上述人员健康建卡率、每日体检率均达100%。全市发现发热病人4887例，其中122例实施临床医学观察。市卫生局抽调16名医疗卫生人员，协同市公安、交通、外事等部门在城南收费站等入市卡口设置4个检疫站，在长途客运中心设置留验站，对过往车辆的乘车人员进行健康检查。

2003年，市非典防治指挥部发布《关于非典防治期间加强公共场所卫生管理的规定》。卫生监督人员分组包片，加强巡查，出动卫生监督人员1315人次，出动车辆72台次，检查单位2279家，检查从业人员14185名，采集各类样品212份。

2003年5月11日，泰州市人民医院发热门诊收治1名来自兴化市张郭镇的发热病人，当日19时，经泰州市“非典”防治专家组会诊确认为非典型肺炎疑似病人。接报后，兴化市防治“非典”

指挥部总指挥、副总指挥率领卫生防疫机动组人员赶赴张郭镇，会同张郭镇党委、政府进行疫情调查和处置，依据卫生部《传染性非典型肺炎密切接触者划定标准和处理原则》，经调查，确定密切接触者84人，其中本市68人、外市16人。除外县市15人无法追踪外，本市68人及外市1人均采取相应的隔离措施。5月30日，经泰州市专家组再次会诊，排除非典疑似病例。6月18日，撤销紧急状态，并将应急措施转为常规检测。

二、其他疫情处置

2002年9月26日，昌荣镇存德学校在给学生接种乙肝疫苗时，引起群发性癔症，10多人反应异常。经省、市专家组协助调查处理，对病人开展心理疏导、留院观察，癔症得到控制。

2003年6—8月，陈堡镇袁家庄村连续发生9例不明原因视力障碍病例。省、泰州市、兴化市相关专家会诊结果确认，9例病人视力障碍均为单眼葡萄膜炎，除新发1例病人单眼尚存视力外，其余8人单眼均盲。病因可能是霉菌、细菌感染，不排除寄生虫和钩端螺旋体感染。后经再次会诊，病因仍不明确。

2004年9月下旬，周庄镇发生疑似登革热疫情。经省疾控中心检测，认为该起疫情为登革热的可能性很大。

2005年5月，李健小学发生1起麻疹疫情，7例病人，处置后无新发病例。

2005年7月，沙沟镇中心小学发生1起流行性腮腺炎疫情，12例病人，经采取措施控制疫情，在一个最长潜伏期后无新病例。

2006年2—3月，陈堡镇发生1起学校流行感冒暴发疫情，涉及陈堡镇中心小学、初级中学、幼儿园3所学校，发生病例402起。经采取措施控制疫情，一个最长潜伏期后无新发病例。

第五章　公共与职业卫生监督

第一节　食品卫生

一、监管体系

1997年，市卫生防疫站获得省计量认证合格证书，检验技术和仪器设备都得到加强和提高，食品监测种类和检测项目得到拓展，对抽样监测不合格食品采取依法跟踪处理。2004年，明确生产加工的食品卫生监管划归质监部门；卫生部门负责餐饮业、食堂等消费环节的监管。主要负责食品流通环节和餐饮业、食堂等消费环节的卫生许可和卫生监督以及食品生产加工环节的卫生许可。2005年6月，根据国务院和省政府关于进一步加强食品安全工作的决定，建立市食品安全委员会，由分管副市长任主任，22个成员部门分管负责人为成员，统一协调全市食品安全管理工作。2006年3月，市食品安全委员会要求各乡镇成立相应领导小组，各行政村明确1名食品安全协管信息员，形成市、镇、村三级食品安全监管网络。市食品安全委员会出台一系列关于食品安全规划、重大食品安全事故应急预案及行业管理等办法。牵头开展儿童食品、高温季节食品、元旦、春节、五一、中秋等重大节日及高考期间食品安全整治活动。按照上级统一部署，开展对肉及肉制品、奶及奶制品、保健食品和豆制食品四大类专项整治，组织开展粮油、儿童食品抽样调查，进行农村食品安全状况和食品生产企业食品安全保障体系实施情况等3项研究。2007年，加强乡（镇）村两级监管队伍建设，进行食品安全示范镇试点。开展蔬菜农药残留、肉类食品、校园及周边食品、农村食品安全等4大重点整治工作。推进农村食品安全"安全责任网""群众监督网"，依托万村千乡市场工程构建"现代流通网"。协调有关部门利用"食品安全宣传周""3·15"等活动，通过设立咨询台、公布举报热线、发放宣传资料、发表电视讲话、刊登科普文章等多种形式宣传食品安全法律法规和食品安全知识。2008年，按照省卫生厅、泰州市卫生局的统一部署，兴化市成立专项整治工作领导小组，制定《兴化市2008年"蓝盾一号"和"蓝盾三号"专项行动实施方案》。针对本次专项行动工作目标和任务，在全市范围内集中开展对学校食堂，校园内及校园周边饮食摊点、小食品店、学校集体用餐配送单位和建筑工地食堂、酱卤肉、食品加工及旅游景点内的餐饮单位专项整治行动，完成"蓝盾一号"和"蓝盾三号"专项整治工作任务。2009年，按照省卫生厅、泰州市卫生局的统一部署，成立专项整治工作领导小组，分别制订兴化市2009年学校餐饮单位及建筑工地食堂、学校食堂食品原料采购索证索票和食品添加剂4个专项行动实施方案。针对不同专项行动工作内容目标和任务，在全市范围内分别集中开展对学校餐饮单位和建筑工地食堂、学校食堂食品原料采购索证以及食品添加剂专项整治行动，完成各个专项整治工作目标和任务。2010年，按照省卫生厅、泰州市卫生局专项整治工作通知精神和市委、市政府专项工作部署和要求，重点对全市学校食品安全、无证幼儿园清理整顿、地沟油专项整治以及一滴香专项调查、公共场所中央空调清洗、放心消费行业创建迎审开展一系列工作，在开展专项整治及重点工作中，结合全市实际及工作任务和目标要求，分别制订实施方案及工作计划，完成各项专项整治工作目标和任务。

二、食品卫生监督

1991—2000年，食品生产经营单位的监督频次一般每年一次，较大食品企业和饮食单位每年监督两次以上，对少数食品摊贩的监督管理不能全面覆盖。2001年起，随着卫生监督力量加强和上级考核要求提高，对每个食品生产经营单位监督一般每年不少于两次（含乡镇检查次数）。2006年，全市实施农民健康工程后，由于有专项经费下达，调动了各乡镇防保所的工作积极性，基本做到对每个食品生产经营单位监督4次以上，对检查出的卫生问题除口头和书面提出监督意见。对违法问题，视情节轻重予以相应的行政处罚。1991—2010年，全市立案查处各类食品卫生违法案件1401起，其中：警告并限期改进666户（次），责令追回并销毁各类食品31514.29千克，罚款685户（次），累计罚款总额176.75万元。卫生行政处罚案件来源主要是食物中毒、监督监测和群众举报。2005年12月27日，戴窑镇镇东砖瓦厂负责人在食堂举办家宴慰问职工，误将亚硝酸盐作白糖使用，导致55人急性食物中毒，经泰州市、兴化市、镇卫生机构全力救治，无人员死亡。同年4月，戴窑大酒店因制作不洁食物引起70人细菌性中毒。

1991—2010年兴化市食品卫生许可证发放复核数一览表

表26-9　　单位：户

年份	应发证复核数	实发证复核数	比例（%）	其中				
				生产单位	经营单位	饮食单位	集体食堂	摊贩
1991	1938	1938	100.00	194	257	185	59	1243
1992	2488	2488	100.00	112	199	124	70	1983

续表 26-9

年份	应发证复核数	实发证复核数	比例（%）	其中				
				生产单位	经营单位	饮食单位	集体食堂	摊贩
1993	2423	2423	100.00	112	189	194	72	1856
1994	2116	2021	95.51	95	77	80	63	1801
1995	2426	2426	100.00	106	160	155	45	1960
1996	2883	2883	100.00	174	426	1040	57	1186
1997	2114	2114	100.00	152	474	624	52	812
1998	2470	2470	100.00	163	218	409	59	1621
1999	2526	2526	100.00	142	302	726	71	1285
2000	2167	2167	100.00	248	329	753	56	781
2001	2337	2337	100.00	270	408	854	75	730
2002	2675	2675	100.00	334	464	809	139	929
2003	2725	2725	100.00	442	580	889	121	693
2004	3084	3084	100.00	375	714	768	125	1102
2005	2162	2162	100.00	372	670	694	55	371
2006	2117	2117	100.00	362	428	805	41	481
2007	3040	3040	100.00	421	1318	1183	118	0
2008	3480	3480	100.00	542	1353	1469	116	0
2009	1197	1197	100.00	—	—	1092	105	0
2010	1184	1184	100.00	—	—	1072	112	0
合计	47552	47457	99.80	4616	8566	13925	1611	18834

1991—2010年，全市检测各类食品9291份，餐具28446份，总合格率分别为86.4%和85%。检测结果表明：大型食品企业好于个体销售点，定型包装食品好于卤菜等散装食品，冬春季节合格率高于夏秋季节。

1991—2010年兴化市食品卫生监测情况一览表

表26-10 单位：件

年份	监测数	合格数	合格率（%）	年份	监测数	合格数	合格率（%）
1991	149	128	85.9	1997	255	231	90.6
1992	340	288	84.7	1998	676	613	90.7
1993	283	233	82.3	1999	670	566	84.5
1994	167	145	86.8	2000	673	582	86.5
1995	305	270	88.5	2001	839	729	86.9
1996	310	277	89.4	2002	451	405	89.8

续表 26-10

年份	监测数	合格数	合格率（%）	年份	监测数	合格数	合格率（%）
2003	727	619	85.1	2008	346	342	98.8
2004	727	615	84.6	2009	155	116	74.8
2005	884	630	71.3	2010	138	113	81.9
2006	700	659	94.1	合计	9291	8032	86.4
2007	496	471	95.0				

1991—2010年兴化市餐具消毒监测情况一览表

表 26-11 单位：件

年份	监测数	合格数	合格率（%）	年份	监测数	合格数	合格率（%）
1991	280	198	70.7	2002	1253	934	74.5
1992	327	151	46.2	2003	2285	2016	88.2
1993	184	139	75.5	2004	1220	1082	88.7
1994	400	327	81.8	2005	2010	1910	95.0
1995	615	505	82.1	2006	2022	1722	85.2
1996	675	561	83.1	2007	1596	1231	77.1
1997	1595	1374	86.1	2008	1553	1345	86.6
1998	1125	972	86.4	2009	960	869	90.5
1999	4302	3362	78.1	2010	740	665	89.9
2000	2482	2141	86.3	合计	28446	24176	85.0
2001	2822	2672	94.7				

三、食品卫生从业人员健康监护

1991—2010年，全市食品从业人员应做健康检查156571人，实检151799人，体检率达97%。1995年，《中华人民共和国食品卫生法》颁布后，每年体检率均为100%。1991—2010年，全市查处患有碍食品卫生疾病或病源携带者338人，均依法书面通知所在单位（个人），并调离其直接接触食品的岗位，控制住食源性疾病的传播。

1991—2010年兴化市食品生产人员健康检查情况一览表

表 26-12 单位：人

年 份	应检人数	实检人数	体检率（%）	阳性人数
1991	7984	3845	48.2	2
1992	7199	7199	100.0	31
1993	7147	6798	95.1	17
1994	6438	6154	95.6	12
1995	6683	6683	100.0	7

续表 26-12

年 份	应检人数	实检人数	体检率(%)	阳性人数
1996	7394	7394	100.0	4
1997	6641	6641	100.0	6
1998	6390	6390	100.0	13
1999	5287	5287	100.0	24
2000	6572	6572	100.0	16
2001	7389	7389	100.0	24
2002	7450	7450	100.0	1
2003	8690	8690	100.0	34
2004	8546	8546	100.0	24
2005	7047	7047	100.0	31
2006	9210	9210	100.0	35
2007	11243	11243	100.0	17
2008	14166	14166	100.0	40
2009	7058	7058	100.0	—
2010	8037	8037	100.0	—
合 计	156571	151799	97.0	338

第二节　饮水卫生

一、自来水厂监督监测

1991—1996年，全市自来水厂86户，卫生防疫站对自来水厂定期开展监督、监测工作。兴化市自来水总公司的水源水、出厂水、末梢水水质，每年枯、丰水期各进行1次全项目分析，监测项目30项；其余月份一般监测10个项目，5—10月每月增测一次末梢水；遇有水质异常时跟踪监测。农村水厂水源水、出厂水每年抽样监测1次，监测项目为色度、浑浊度、pH酸碱度、细菌总数、大肠菌群、余氯等指标。

1997年《生活饮用水卫生监督管理办法》实施，水厂卫生监督管理步入法制化轨道，卫生部门对集中式供水单位实行卫生许可证制度，自来水厂发证率、水管人员健康证持证率逐年提高。

2005年，根据区域供水工程实施规划，卫生监督员对全市自来水厂进行卫生学调查。全市有水厂169家，其中22家水源为地下水，调查发现多数水厂在多年运营后，经济效益明显下降，水质处理工艺滞后，管网老旧，水源卫生防护薄弱，农村水质卫生安全存在诸多隐患。

2006年，全市区域供水工程正式启动。在此过程中，卫生监督员参与4所区域供水水厂及城区水厂工艺升级改造的设计卫生审查和竣工水质验收；组织开展农村管网改造中涉水产品的卫生监督抽查；开展农村居民户缸水消毒；协助个别乡镇小水厂撤并等工作。2009年，省卫生监督所

图26-7　兴化市自来水公司水质检测中心
（2009年摄，市自来水公司提供）

在兴化市开展农村饮用水调研工作，兴化市卫生监督所完成105家农村水厂的卫生管理现状调查，按照全市水厂区域分布特点配合省对农村20家水厂的源水、出厂水进行农药残留检测，并对其中6家水厂进行卫生管理措施干预研究，开展干预效果评估。

2010年2月，兴化市老阁村上游发生装有槽罐硫酸的船只沉没，在市政府统一组织下，卫生人员进行调查，采取措施：要求水源受到影响的老阁水厂停止供水；督促水厂加强污染后供水设施的管理；加强水体水质监测，了解污染物扩散趋势及影响程度，及时预警。直至水源水质合格后水厂方恢复供水。

二、汛期生活饮用水监督监测

1991年、2003年，全市发生洪涝灾害。为控制和预防灾后疫情的发生，兴化市卫生防疫站组织人员到各乡镇开展集中式供水单位卫生监督监测，指导居民户开展饮用水消毒，宣传卫生防病措施，督促乡镇防保人员每日上报水质消毒监测数据，取得水质消毒数据3000多个。

三、二次供水消毒与监测

1995年，结合创建省级卫生城市工作，兴化市卫生防疫站对城区二次供水设施进行全面调查，完善建档，统计二次供水水箱数460多只。市卫生防疫站人员对二次供水设施进行检查、指导、监测，对提升二次供水水质发挥较好作用。

2009年，健全全市饮用水卫生本底资料，采集、检测源水、出厂水、末梢水619份，其中市政供水合格率100%，乡镇水厂合格率61.6%。

第三节　劳动卫生

一、职业病防治

2001年10月，《职业病防治法》颁布，于2002年5月1日施行，职业病防治工作走上法制化管理轨道。2003年7月，市卫生防疫站根据《职业病防治法》规定，首次对大垛某企业违法行为进行行政处罚，并由市人民法院强制执行。2005年，卫生部、国家安全生产监督局联合下发《关于职业卫生监督管理职责分工意见的通知》，将作业场所职业病危害监督管理职能划归安企监管部门，2005年3月起，市卫生局与市安全监督管理局联合对全市44家化工企业进行联合执法，对作业场所职业病危害因素进行监测评价。2005年8月至2006年3月，对8家小型蓄电池企业开展职业病危害的现状调查和专项整治工作，对105名作业工人按规定项目进行职业健康检查，结果出现异常32人，检出率30.48%，其中血压异常8人，实验室检查中血常规检查异常26人，白细胞减少14

人，血红蛋白异常23人，血小板减少3人；尿铅超标16人，检出率为15.24%，最高为271.6毫克/升，最低为45.7毫克/升，平均值在71.6±2.64毫克/升；8个工作场所280个点进行职业病危害因素监测，合格123个，合格率为53.49%，其中铅烟合格率最低为20.83%。职业病危害因素监测合格率之间差异显著（X2=60.31，P＜0.01）。铅烟最高浓度达1.68毫克/立方米（超标55倍），最低0.025毫克/立方米，平均值为0.68±0.06毫克/立方米；铅尘最高浓度达2.01毫克/立方米（超标39倍），最低0.012毫克/立方米，平均值为0.79±0.04毫克/立方米，说明工作场所职业病危害因素比较严重。此次调查监测中铅烟、铅尘较高的为组装车间，提示与生产工艺及车间布局安排有关，相关企业迫切需要技改。

2006年3月，兴化某渔具制造厂发生1例被确诊为苯致急性白血病患者。2006年4—7月，市疾病预防控制中心对渔具制造行业职业病危害现状进行调查和专项整治工作，调查38家企业，体检作业工人362人，阳性检出率11.4%。对38个厂的作业场所中的苯、甲苯、二甲苯、铅烟、铅尘等职业病危害因素进行检测（以STEL为职业接触限值和采样），检测208个监测样本，合格点数为174个，合格率为83.7%。其中，甲苯68个检测点全部合格，二甲苯合格点数46个，合格率67.7%，最高浓度262毫克/立方米，最低浓度26.9毫克/立方米，平均值（8.0±3.2）毫克/立方米；苯合格点60个，合格率为88.2%，最高浓度62.8毫克/立方米，最低浓度0.54毫克/立方米，平均值（7.6±0.56）毫克/立方米；铅铸造作业场所4个点检测均不合格，最高浓度1.02毫克/立方米。

2006年9—12月，根据省卫生厅统一布置展开毒源调查，调查7种类型196个单位，建立全市毒源基本数据库。兴化市的主要毒物有：氯气、苯、二甲苯、甲苯、铅、氨、硫酸、盐酸、氢氧化钠、氢氧化钾等。

1991—2010年，每年开展有毒有害作业场所检测和接触有毒有害因素作业工人职业健康监护。申请职业病诊断12人，确诊尘肺病人5人，全部为矽肺。

1991—2010年兴化市有害作业场所监测情况一览表

表26-13　　单位：处

年份	粉尘		化学因素		物理因素		合计	
	检测点	合格点	检测点	合格点	检测点	合格点	检测点	合格点
1991	89	37	30	24	119	91	238	152
1992	83	42	28	10	132	70	243	122
1993	38	22	17	9	25	19	80	50
1994	39	25	17	10	21	—	77	35
1995	36	4	21	12	15	13	72	29
1996	113	58	40	21	27	18	180	97
1997	79	42	22	13	13	8	114	63
1998	112	74	36	21	27	18	175	113
1999	36	17	14	8	11	8	61	33
2000	33	15	12	7	13	7	58	29
2001	35	28	12	8	15	9	62	45
2002	48	35	21	16	31	19	100	70
2003	45	32	18	14	30	20	93	66
2004	60	49	15	10	28	22	103	81
2005	91	75	20	15	27	25	138	115

续表 26-13

年份	粉尘		化学因素		物理因素		合计	
	检测点	合格点	检测点	合格点	检测点	合格点	检测点	合格点
2006	29	19	224	133	36	21	289	173
2007	25	11	110	110	132	106	267	227
2008	112	86	89	78	155	130	356	294
2009	114	89	90	87	132	120	336	296
2010	167	134	89	85	132	123	388	342

1991—2010年兴化市有害操作工人健康监护情况一览表

表 26-14 单位：人

年份	粉尘		化学因素		物理因素		合计	
	受检人数	检出数	受检人数	检出数	受检人数	检出数	受检人数	检出数
1991	226	1	108	0	0	0	334	1
1992	143	4	269	0	30	0	442	4
1993	45	4	398	0	0	0	443	4
1994	83	3	129	0	0	0	212	3
1995	40	1	105	0	0	0	145	1
1996	200	2	60	0	0	0	260	2
1997	0	0	0	0	0	0	0	0
1998	602	0	51	0	142	0	795	0
1999	387	0	42	0	54	0	483	0
2000	259	0	38	0	90	0	387	0
2001	241	5	48	2	50	1	339	8
2002	251	10	42	1	59	1	352	12
2003	264	4	75	1	64	1	403	6
2004	251	1	28	1	28	1	307	3
2005	301	12	208	10	158	5	667	27
2006	124	13	429	20	137	6	690	39
2007	264	0	339	0	435	0	1038	0
2008	412	80	154	11	524	92	1090	183
2009	423	37	252	15	512	68	1187	120
2010	398	31	126	12	487	59	1011	102

二、预防农药中毒

兴化市农作物种植面积大，每年使用农药近万吨。为保护农民的生命和健康，市卫生防疫部门开展农药中毒防治知识的宣传。1991—2010年，组织对乡村医生、临床医生和防保医生培训，在农药使用保管制度上规定实行“一包二箱三把锁一本账”制度，回收农药空瓶，减少农药中毒发生的概率。通过长期广泛的宣传，对农药中毒做到家喻户晓。在施药高峰季节，加强巡回医疗和宣传督导，伴随着高效低毒农药的广泛使用，农药中毒特别是生产性农药中毒的发生率有所降低。

1991—2010年兴化市农药中毒情况一览表

表26-15　　单位：人

年份	中毒数			死亡数		
	生产性	非生产性	合计	生产性	非生产性	合计
1991	71	552	623	1	55	56
1992	93	528	621	0	67	67
1993	18	348	366	0	28	28
1994	42	276	318	0	37	37
1995	37	266	303	2	40	42
1996	13	290	303	0	40	40
1997	33	370	403	0	33	33
1998	29	461	490	0	42	42
1999	19	377	396	0	27	27
2000	6	182	188	0	10	10
2001	12	239	251	0	13	13
2002	3	96	99	0	5	5
2003	5	92	97	0	6	6
2004	6	91	97	0	11	11
2005	5	36	41	1	5	6
2006	4	60	64	1	4	5
2007	5	136	141	0	9	9
2008	15	136	151	1	11	12
2009	14	120	134	1	8	9
2010	15	126	141	1	7	8

第四节　学校卫生

一、健康教育

1991年，市防疫站设学校卫生科（1999年与健康教育科合并）。同年11月兴化市卫生局、体委、教育局联合转发《江苏省贯彻〈学校体育工作条例〉和〈学校卫生工作条例〉的意见》。1994年，全市中小学均开设健康教育课程，每两周一课时，使用全省统编教材。市教育局在市实验小学召开健康教育现场会，并上健康教育示范课。在创建卫生城市和初级卫生保健工作中，将学校卫生健康教育作为一项重要工作进行督查。1997年，市教育局、卫生局联合召开两次学校卫生工作会议，对中小学“六病”（近视、沙眼、龋齿、寄生虫、营养不良、贫血）防治工作进行动员、落实，并对有关业务进行指导。2002年12月，经过省教育厅、卫生厅组织的学校卫生专家组考核评估，兴化市通过“江苏省第四批学校卫生试点县”验收。

2004年，市直部分学校对照《健康促进学校》有关要求，逐步开展创建“健康促进学校”工作。2006年，市卫生局、教育局联合举办“兴化市校医、保健老师培训班”，制定《兴化市学校卫生室设置标准》，明确要以地方卫生部门的现有技术资源与教育部门的行政资源相结合的原则，使全市学校卫生室的建设走上规范化、法制化轨道。2007年，在全市中、小学校中，开展“江苏省健康促进学校”创建活动。至2010年，全市63所中、小学，53所幼儿园开设健康教育课或开展健康讲座覆盖率均达100%。健康教育课做到“六有”：有教师、有课本、有教案、有课时、有考核、有评价，建成“江苏省健康促进学校”38所。

二、健康检查

1991年，对市实验小学学生的身高、体重两项形态指标采用离差法进行发育等级评价，90%在中等以上。

2000年，市卫生、教育两局下发《关于建立健全中小学生健康档案和开展全市学生健康检查工作的通知》，全面详细地规定学生健康检查工作的规范和要求。同年，市防疫站第一次对城区所有市直学校的在校学生进行健康检查，受检率达95%以上。2001年，开始对城区部分市直学校入学新生进行肝炎和肺结核等传染病的检查。2004年，市卫生局、教育局下发《2004—2005年度兴化市学校卫生工作意见》，初步确立学生健康检查单位资质审查制度，并将此项工作委托市防疫站负责。2006年，市卫生局、教育局下发《关于进一步规范兴化市学生健康检查工作的通知》，规范学生健康检查工作的长期化、统一化、制度化和规范化。1998年，城区15所中小学建立学校卫生档案室。至2004年全市各级各类学校基本建立健全学校卫生档案室，为规范学校卫生管理打下基础。

2009年10月21日，根据江苏省和泰州市教育卫生物价财政等部门做好学生健康体检工作文件的通知，兴化市教育卫生物价财政等部门对各学校、乡镇卫生院和财政所做好工作转达，由市疾病预防控制中心牵头落实。同年，对市区兴化市实验小学、兴化市第二实验小学、兴化中学、兴化市楚水中学等市直学校的入学新生实现肝炎、肺结核等传染病的全面筛查，一次性体检率达98%以上（部分学生因病请假未参加体检或补检）。2010年6月1日，制定并下发《兴化市高考（含中考）期间突发公共卫生事件应急处置预案（试行）》。

三、学生常见病防治

【贫血】 1997年，兴化中学调查学生1935人，患病率为31.78%；实验小学调查学生1981人，患病率为27.09%。

【沙眼】 1997年，实验小学调查学生1891人，患病率为6.99%。

【龋齿】 1991年，实验小学调查学生1734人，患龋者960人，龋患率为55.36%。其中：男生为55.92%，女生为54.75%。1997年，调查学生1891人，患龋者511人，龋患率为27.02%。为预防龋齿，1998年在全市推广使用中小学生保健牙刷3.2万支。2006年，在永丰镇各小学开展牙病防治试点工作，检查1779名中小学生，龋患率为25.35%，得到治疗178人。同时，在全市逐步推广学生牙病综合防治工作。

【肠蠕虫病】 1992年，全市中小学生开展阿苯达唑普服治疗肠道蠕虫病，服药16.7万人，并对城乡各1所学校进行治疗观察，排虫率达36.6%，未发生严重不良反应。1993—1995年，有39.14万人次服驱虫药。1997年，用改良加藤氏法对兴化中学学生1935人进行调查，蛔虫感染率为28.57%。实验小学调查学生1891人，蛔虫感染率为9.1%。

【学生因病缺课监测、学生常见病及膳食】 根据省教育厅、卫生厅《江苏省中小学校学生因病缺课监测试点工作方案》和《关于做好2010年学校卫生工作的通知》，兴化市在2009年全面启动因病缺课监测工作。2009年5月12日，在市第一高级中学召开全市学校甲型流感和学生因病

缺课监测工作会议，市教育局、卫生局及相关学校单位参加会议，根据工作要求按时将因病缺课监测信息报送江苏省疾病预防控制中心学生监测管理系统。2010年，市疾控中心每学年对全市各中小学进行1次学生常见病督导工作，督导内容：学生视力不良与近视、龋齿、营养不良、超重与肥胖、高血压等患病率。

四、视力监测

1991—1995年，连续对兴化中学、昭阳中学、城北中学、大邹中学、实验小学、新生小学、大邹小学等学生进行视力监测。结果发现，视力不良率随学习阶段上升而上升，并呈逐年增加的趋势，主要是学习负担加重和不良视力习惯所致。

五、教室建筑设备卫生调查

2002年，对兴化中学进行全面系统的学校卫生综合监测。结果表明，大多数指标符合国家标准，但教室微小气候、课桌椅和班级人数指标普遍不合格。2003年，配合市政协委员视察，对城区板桥初中等9所学校开展采光照明的专项监测工作，有4所学校不合格。2007—2008年，根据《学校卫生综合评价GB/T18205》的要求，对城区6所学校的教学环境进行监测，其中多项指标如教室人均面积、黑板反射系数、课桌面照度均匀度、女生厕所蹲位数、洗手盆数都不符合GB7793—10《中小学校教室采光和照明卫生标准》和GB50099—11《中小学校建筑设计规范》。

六、学校食品卫生和饮用水卫生监督管理

2000年，市卫生局、教育局联手组织专业人员对全市中小学校食堂进行专项督查，检查学校食堂和小卖部187家，其中《食品卫生许可证》和《从业人员健康证》齐全的123家，两证不全的和未办理两证的64家，当场发出《责令整改通知书》159份。从当年开始，建立市卫生、教育两局联合监督检查学校食品卫生的基本原则和制度，每年开展联合专项督查2—4次。2006年，市卫生监督所和疾病预防控制中心联合开展学生饮用水卫生质量专项督查工作，对全市36所中小学校学生饮用水进行监督抽检，合格率95%。2010年，对安丰高级中学等7所采用二次供水方式供水的学校进行监督检查，监督合格率为57%。

第五节　放射卫生

1996年起，对全市放射工作人员个人剂量进行监测，逐步建立健全放射工作人员健康档案和个人剂量档案。1997年起，对全市放射工作人员定期健康检查制度。监测生产砖瓦、水泥5家企业，检测结果均符合国家规定的卫生标准。2000年，全市设有放射治疗同位素设备2台、小型密封源1台、工业X线探伤设备1台，市卫生防疫站协助上级部门对有关单位做好相关的监督和管理工作。2005年8月，根据国务院《放射性同位素与射线装置安全和防护条例》，市卫生监督所管辖的9家使用放射性同位素单位移交市环保局，市疾控中心仅负责技术服务工作。

自2006年3月起，根据卫生部《放射诊疗管理规定》，开展对全市55家有放射诊疗的医疗单位进行放射防护监测，核发《放射诊疗许可证》。2007—2010年，放射卫生监督工作步入常态化管理轨道，市卫生监督所每年组织开展2次卫生监督检查，按照规定要求督促放射诊疗单位规范自身管理工作。2007—2010年，《放射诊疗许可证》发放校验数分别为54、54、52、49家，放射工作人员健康监护数分别为135、140、140、142人。

2008—2010年兴化市放射防护检测和放射工作人员健康监护情况一览表

表26-16

年份	项目		应用辐射源			监督监测		健康管理		
			单位数（家）	持证数（家）	设备台数（台）	户次数（户）	合格数（户）	放射工作人员数（人）	体检人数（人）	个人剂量监测数（人）
2008	放射性同位素	放射治疗	1	—	1	—	—	—	—	—
		密封源及其他应用	1	—	1	—	—	—	—	—
		X线诊断	51	51	102	25	15	168	168	670
	合计		53	51	104	25	15	168	168	670
2009	放射性同位素	放射治疗	1	—	1	—	—	—	—	—
		密封源及其他应用	1	—	1	—	—	—	—	—
		X线诊断	56	56	102	44	33	184	182	552
	合计		58	56	104	44	33	184	182	552
2010	放射性同位素	放射治疗	1	—	1	—	—	—	—	—
		密封源及其他应用	1	—	1	—	—	—	—	—
		X线诊断	56	56	102	41	20	190	192	570
	合计		58	56	104	41	20	190	192	570

第六章 卫生保健

第一节 妇幼保健

一、妇女保健

【助产技术服务】 2001年，根据《中华人民共和国母婴保健法》执业资格许可的要求，对全市所有领取助产技术服务许可证的单位进行年度校验，合格率100%。是年10月，全市218名助产技术服务人员参加省助产技术理论考核，合格184人，合格率84%。2004年，再次开展考核换证工作，经考核，合格率100%；8月，全市助产技术人员在泰州市进行理论考试，165人参加考试，合格153人，合格率93%。2007年，全市152人参加考试，合格人数147人，发证258人（含免考111人）。2010年，全市127人参加考试，合格人数115人，发证258人（含免考143人）。各助产技术服务单位能强化执业服务意识，严格执行母婴保健技术服务准入制度，医疗机构和从事母婴保健技术服务的人员能够凭证上岗，依法服务。市妇幼保健所能强化高危人群的管理，要求基层医院对疑难病例及时转诊，对产科并发症或妊娠高危因素大于15分的及时转上级医院诊治、分娩，极大地降低医疗风险，保障母婴安全。

【孕产妇系统管理】 对孕妇进行登记建卡，实施产期检查、孕期咨询、产时住院分娩、产后定期随访的系统管理。1995年，全市孕产妇接受系统管理9307人，系统管理率71.2%，住院分娩率90.2%，活产数13039人，孕产妇死亡率3.07/百万。2007年，孕产妇系统管理8923人，系统管理率为95%，住院分娩率达100%，活产数9730人，孕产妇死亡率下降到1.07/百万。2010年，全市孕产妇接受系统管理10129人，系统管理率96.65%，住院分娩率100%，活产数10480人，孕产妇死亡率为0。

二、婴幼儿保健

【儿童系统管理】 1991年后，在婴儿出生后42天建立儿童保健卡，每年按要求进行健康体检，直至7岁，检查中发现缺陷及时矫治。2002年，根据泰州市目标管理要求，全面启动新生儿疾病筛查工作，为及早发现新生儿甲低和苯丙酮尿症提供医学依据，提高出生人口素质。2005年3月，开展新生儿听力筛查工作。2006—2010年听力筛查情况：2006年8407人，听力筛查率91%，2007年8420人，听力筛查率90%，2008年9803人，听力筛查率95%，2009年10830人，听力筛查率92%，2010年9954人，听力筛查率95%。

【托幼机构卫生保健管理】 1991年后，为提高群居儿童的健康水平，每年开展入园、入托儿童体检和“六一”体检，并与市教育局联合对全市各托幼园（所）进行卫生保健评审，加强对幼师的保健知识培训。定期开展幼师体检，体检合格后方可上岗。

1991—1994年兴化市妇幼保健情况一览表

表26-17　　单位：人

年份	活产数	孕产妇死亡		婴儿死亡		儿童系统管理	
		人数	死亡率（‰）	人数	死亡率（‰）	人数	死亡率（%）
1991	17157	9	5.2	230	13.4	72549	77.6
1992	15864	9	5.7	181	11.4	104764	74.0
1993	12881	10	7.8	112	8.7	80057	54.0
1994	11049	6	5.4	129	11.7	30049	64.0

1995—2010年兴化市妇幼保健情况一览表

表26-18　　单位：人

年份	活产数	孕产妇死亡		婴儿死亡		孕产妇系统管理		儿童系统管理		妇女病查治	
		人数	死亡率（1/10万）	人数	死亡率（‰）	人数	登记率（%）	人数	登记率（%）	人数	占育龄妇女率（%）
1995	13039	4	30.68	120	9.20	9307	71.38	114505	82.48	73059	57.55
1996	11019	4	36.30	116	10.53	10324	93.69	10875	86.36	79848	58.15
1997	9589	4	41.71	95	9.91	8946	93.29	100942	90.47	102885	64.97
1998	8980	1	11.14	103	11.47	8318	92.63	88545	91.00	91959	54.16
1999	9212	3	32.57	86	9.34	8478	92.03	78896	90.79	95145	67.54
2000	9518	1	10.51	83	8.72	8910	93.61	73001	91.39	83691	70.50
2001	9191	2	21.76	78	8.49	8827	96.04	67281	92.00	86735	67.90

续表 26-18

年份	活产数	孕产妇死亡		婴儿死亡		孕产妇系统管理		儿童系统管理		妇女病查治	
		人数	死亡率（1/10万）	人数	死亡率（‰）	人数	登记率（%）	人数	登记率（%）	人数	占育龄妇女率（%）
2002	7287	1	13.72	62	8.51	6810	93.45	67105	98.50	83782	65.70
2003	7459	0	0	51	6.84	6636	88.97	53976	85.00	15416	62.70
2004	8566	1	11.67	22	2.57	7860	91.76	47823	75.00	116949	68.00
2005	8390	2	23.84	23	2.74	7730	92.13	61801	96.84	95524	78.92
2006	9230	2	21.67	53	5.74	8728	94.56	60745	95.00	85664	75.74
2007	9370	1	10.67	57	6.08	8923	95.23	25704	96.00	67016	75.00
2008	10302	1	9.71	54	5.24	9797	95.10	24930	87.39	188559	85.66
2009	11831	0	0	44	3.72	11354	95.97	27352	88.43	168359	87.23
2010	10480	0	0	57	5.44	10129	96.65	30226	96.71	210641	90.20

三、爱婴市创建

1996年起，全市开展创建爱婴医院活动，要求撤销婴儿室，实行母婴同室，母乳喂养、按需哺乳、控制感染等措施，并按《江苏省爱婴医院评估标准》定期评估。同年6月，市卫生局对城乡医院评估，全部合格。7月，扬州市卫生局和省卫生厅到兴化市抽查市二院、三院及戴窑、安丰、大营、茅山等乡镇（中心）卫生院（所），均获通过。1997年，各医疗单位不断完善创建爱婴医院的内容。11月，省政府授予兴化市“爱婴市”称号。根据泰州市卫生局工作要求，每年市卫生局均组织爱婴医院工作检查组，对全市爱婴医院工作进行检查评估，检查合格率达100%。2002年8月，市卫生局对部分乡镇爱婴医院工作督查。针对存在问题，于9月份分两次复查，抓好整改。2003年9月，泰州市卫生局组织爱婴医院检查，对市人民医院、三院、周庄卫生院、荻垛卫生院4家单位进行复查，均顺利通过评估。2004年11月，泰州市组织爱婴医院抽查，兴化市抽查合格率100%。2006年6月，泰州市卫生局抽查市人民医院和北郊、戴窑、戴南、舍陈、顾庄等乡镇卫生院兴化市爱婴医院工作，抽查合格率100%。2009年11月，泰州市卫生局组织检查组，对兴化市爱婴医院工作进行检查，抽查市人民医院、市第五人民医院、安丰镇卫生院、临城镇卫生院、开发区红星卫生院，被查单位全部通过爱婴医院评审。2010年，泰州市卫生局组织检查组，对市人民医院、妇幼保健院、戴窑、舍陈、茅山等乡镇（中心）卫生院（所）进行爱婴医院复查，均通过检查考核。

第二节　农村初级卫生保健

1989年，在荻垛、茅山、周庄等乡镇开展农村初级卫生保健试点。1991年，建立兴化市初级卫生保健委员会，并设立专门的办公室。1992年，市人民政府制发《兴化市实现“2000年人人享有卫生保健”概略规划意见》，推动各乡镇落实“初保”工作。各乡镇人民政府对照概略规划的要求，把医疗卫生、预防保健等工作纳入经济社会发展规划，并组织实施。至2000年，全市整顿村卫生室1298个，整顿后有乡村医生2509人。印发农民健康宣传手册3万份，农村自来水受益人口达112万多人，改厕总户数73635户。

1996年，昌荣、荻垛等乡镇9个村通过扬州市初级卫生保健评审组评审验收。1998年2月，兴化市通过江苏省初保合格市的评审验收。1998年，全市有昌荣等20个乡镇通过省级初保合格评审。1999年，有14个乡镇通过泰州市评审，并有12个乡镇通过省初保合格评审。2001年11月，由省卫生厅、省农林厅等单位组成的专家组，对兴化市争创省初级卫生保健先进市工作进行审评，未经评审合格的合陈、永丰、安丰、李中、张郭、昭阳、开发区、东鲍、西鲍、缸顾等乡镇，由张郭镇、开发区为代表接受评审（原周庄、戴窑因已接受评审未纳入统计）。2002年1月，省人民政府授予兴化市“江苏省初级卫生保健先进市”称号。

从2003年起，开展新一轮农村初级卫生保健工作，巩固已取得的成果。2010年，全市建成506所村卫生机构，占应建总数的100%，其中395所村卫生机构通过省卫生厅、财政厅考核验收，获得省财政每所1.5万元购置设备的资金补助。

第七章　爱国卫生运动

1991—2010年，先后成立第3至第12届兴化市爱国卫生运动委员会（简称“市爱卫会”），成员由市政府办公室、市委宣传部、市计（经）委、财政、工商行政、交通、城建、城管、环保、农业、商业、文化、广播、电视、教育、卫生等局，以及工、妇、青群众组织、昭阳镇、临城镇、报社负责人组成。委员28人，历任市长兼任主任委员，下设办公室（简称“市爱卫办”），为常设机构，设专职主任或由卫生局负责人兼任。市爱卫会遵照政府组织、地方负责、部门协调、群会动手、科学治理、分类指导的工作方针，拟定全市爱国卫生工作计划，并组织实施。拟定和完善地方卫生规章制度，协调督促有关部门和乡镇开展卫生运动，深入基层，培养典型，帮助总结、推广先进经验。保证爱国卫生运动持久、健康发展。35个乡镇（开发区）人民政府及市直各部门均建立爱国卫生运动委员会或爱国卫生领导小组。

第一节　公共环境卫生

1989年起，全市每年4月开展“爱国卫生月”活动。2002年，通过泰州市爱卫会“灭蟑螂先进城市”复查验收。2006年，各部门、城市各社区在9月底、10月初开展以清除卫生死角、清扫屋顶垃圾、清理楼道和阳台为重点的环境整治活动，广大居民群众进行室内外环境卫生整治，清除卫生死角15处，城管部门突击清运垃圾49多吨，铲除路边杂草约5万平方米，疏通下水道400多米，清除“牛皮癣”路边广告200多处，使室外环境达到“六无”（无暴露垃圾、无乱搭乱建、无乱停乱放、无污水漫溢、无油烟噪声、无乱贴乱画），室内环境达到窗明几净、物品摆放有序，无积尘、杂物，提高居民生活质量，改善投资环境。10月上旬，在全市开展控烟健康教育，开展无烟单位创建活动，向全市发出控烟倡议书2万份。2007—2010年，开展春季、秋季爱国卫生运动，爱国卫生运动进社区、进窗口、进家园的“爱国卫生运动三进活动”，促进城乡卫生面貌的进一步改善。

第二节 除四害

一、灭鼠

1991—1992年，全市先后组织4次巩固性灭鼠活动。1992年，扬州市爱卫会命名兴化市为“灭鼠先进城市”。1993—1994年，又组织巩固性灭鼠活动。1995年春秋两季全城进行统一灭鼠，经扬州市灭鼠复查小组进行复查验收达到全国爱卫会规定的灭鼠先进城市标准。1997年、2003年灭鼠工作通过上级复查。2008年，通过省爱卫办委托泰州市爱卫办对兴化灭鼠先进城市进行复查验收。

二、灭蝇

20世纪90年代后，城区冲水式厕所逐渐增多，苍蝇滋生受到限制，灭蝇活动日渐减少。农村仍有采用各种土办法或喷杀剂灭蛆的措施。2005年，省爱卫办命名兴化市为“灭蝇达标”城市。1995—2010年，在城区选择农贸市场、绿化地、饭店定点调查苍蝇密度，发现垃圾转运场和垃圾箱、桶是小家蝇主要栖息孳生场所，市环卫部门加强药杀措施，使成蝇的密度控制在较低水平。

三、灭蟑螂

1992年，开展群众性灭蟑螂活动。1995年3月，对城区12家浴室越冬蟑螂集中灭杀。同年5—7月，全城使用“蟑螂光”药剂和敌百虫毒饵突击灭杀。9月，扬州市爱卫会灭蟑螂考核小组在兴化市考核单位4个，居民11户，住房710间，未发现蟑螂。仅发现卵房间1间，卵荚1只，卵荚的侵害率为0.14%，确认兴化城达到全国卫生规定的灭蟑螂先进地区标准，被评为“灭蟑先进城市”。2002年，灭蟑工作通过复查。2003—2007年，每年春秋两季开展巩固性灭蟑工作。2008年，通过省爱卫办委托泰州市爱卫办对兴化灭蟑先进城市复查验收。

四、灭蚊

1991年后，每年爱国卫生月活动期间，市爱卫办都发动群众排除积水，填平洼地，疏通沟渠，不让孑孓藏身。2004—2010年，每年5—10月期间，市爱卫办配备1支民办消杀队伍，负责对街道小巷、垃圾箱、窨井、臭沟废塘进行消毒杀虫。通过综合防制措施，兴化城区的蚊虫密度控制在国家规定标准范围内。

第三节 农村改水改厕

一、改水

1991年，兴化市遭遇特大洪涝灾害，农村饮水安全受到严重影响。同年12月，市爱卫办召开农村水厂管理经验交流会，提倡兴办水厂。至1995年，全市建成农村水厂132座，受益人口82.3万人。1996年3月，省爱卫会表彰兴化市为农村改水先进集体。1999年12月，省爱卫会命名兴化市为“农村自来水普及市”。2003年，省委、省政府将农村改水工作列为为民办实事的五项内容之一，要求各地从2003年起用3年时间，全面完成农村改水任务。省里要求兴化的改水目标为到2005年底，全市新增自来水受益人口10万人，其中2003年1万人、2004年6万人、2005年3万人，农村自来水普及率达95%以上。全市新建5000吨以上水厂4座，净水池7个，新增受益人口105403人，超额完成省里下达的任务。截至2005年底，全市农村自来水受益人口为132.39万人，农村自来水普及率为97.15%。水厂由169座撤并至146座，其中村办水厂102座。2006年，经市政府研究决定，农村改水工作由市水务局接管。

2010年6月，对2008年实施的合陈、永丰、戴窑、戴南2个片区4个乡镇的农村饮水安全工程验收合格。对2009年实施的安丰、昌荣、老圩、新垛、大营、沈纶、茅山、荻垛、张郭、陶庄等4个片区10个乡镇的饮水安全工程，于6月基本完工，安装管道560公里，新建增压泵站10座，工程总投资1.19亿元，解决24.39万人饮水不安全问题。按照市委、市政府相关会议及文件精神，要求将供水主管道从原计划铺设至行政村改为延伸至所有自然村，农村饮水安全工程建设领导小组决定利用结余资金实施2009年农村饮水安全二期工程，工程铺设各类管道102公里，总投资1070万元，于2010年7月完工。实施周庄、陈堡、大垛、林湖、竹泓、开发区、沙沟、海南等8个乡镇农村饮水安全工程，从9月初开工建设至年末基本完成，铺设各类管道367公里，新建增压泵站5座，总投资7299万元，解决3.93万人饮水不安全问题。2010年，乡镇饮用水源达标率94%。

二、改厕

2006年，省委、省政府把农村改厕作为新的为民办实事的五件实事之一，兴化市将农村改厕工作与社会主义新农村建设、创建卫生城镇等有机结合起来。是年，以海南镇刘泽村、荻垛镇周石村、周庄镇薛庄村、陈堡镇陈东村、临城镇刘陆村、大垛镇管阮村、沙沟镇水产村为农村改厕试点村，改厕政策是省财政补助每户150元，市政府补助每户250元资金，以村为单位，改厕率达80%。至年底，全市完成改厕任务3000座并通过省、市爱卫办的考核验收。2007年，合陈镇等9个乡镇的12个村（含自然村）为改厕项目村，完成改厕任务6000座。2008年，新垛镇等13个乡镇27个村（含自然村）为改厕项目村，完成改厕任务1万座。2009年，荻垛镇等25个乡镇48个村为改厕项目村，完成改厕任务1.5万座。2010年，戴南镇等25个乡镇85个村为改厕项目村，完成改厕任务2万座。截至2010年底，全市建卫生厕所32.66万座，覆盖率达72%；无害化厕所17.69万座，覆盖率达39%。

第四节　健康教育

2002年，兴化市成立“全国亿万农民健康促进行动”（简称“行动”）领导小组，分管市长任组长，市爱卫办、市委宣传部、市委农工办、市农业局、市林牧业局、市教育局、市广电局、市妇联等部门为成员单位，主要领导为小组成员，小组下设办公室，负责对全市实施“行动”工作的督导；各乡镇也相继成立“行动”领导小组；各部门、各乡镇将“行动”工作的组织、管理纳入本部门、本地经济发展规划和卫生规划。“行动”工作三级健康教育网络基本健全，网络覆盖全市所有乡镇、农村，专（兼）职人员队伍稳定，结构合理，并能充分发挥网络的作用，积极开展“行动”工作。

通过广播、电视等新闻媒体播出“行动”节目，为基层提供“行动”适用的健康教育传播材料。2006年，在全市614个行政村分别建立《健康之窗》宣传栏，市疾控中心负责编辑制作《健康之窗》墙报分发各乡镇村庄，每季出刊一期，全年出刊四期。同时，增加《卫生科普》报印数，扩大《卫生科普》报的覆盖面，对全市42万户农村家庭每户每年分发4份《卫生科普》报。城乡各医院充分利用候诊宣传栏、病区宣传栏、门诊咨询台、录像、讲座和各类健康教育传播材料等形式开展医院“行动”工作。

图 26-8 社区健康知识讲座
（2007年摄，市卫生局提供）

定期组织市健康教育专家巡回演讲团深入农村、社区，开展健康教育巡回演讲活动，将“行动”相关核心信息、卫生保健和疾病防治知识送到广大群众手中。在学校和社区组织开展“小手拉大手”活动，上好中小学生健康教育课，在校学生获得健康知识后反哺给家长；通过文艺演出、知识竞赛、市民论坛等形式开展健康教育。县级以上医院把对住院病人的健康教育纳入护理工作，并对医护人员自身的行为危险因素进行干预。广大医护人员常年利用街头咨询、送医下乡等开展城乡社区健康教育与健康促进活动。

按照《全国“行动”规划》要求，2002年制定《兴化市“行动”实施方案》，先后有28个乡镇开展试点，试点乡镇开展“农民健康促进活动”覆盖面达80%。2002年后，市教育部门制定学校健康教育与健康促进工作计划，所有中小学校健康教育课开课率达95%以上，做到有教师、有教案、有教材、有考试、有评价“五有”。针对学生心理、青春期生理、个人卫生习惯，进行心理健康咨询、常见病防治和健康行为指导。2007年，按照泰州市“行动”办及《泰州市2006—2010年健康教育与健康促进工作规划》要求，市教育局、市卫生局联合发文，决定在各中小学校开展“健康促进学校”创建活动，并明确兴化中学、楚水实验学校、市实验小学和第二实验小学4所中小学校为兴化市第一批“健康促进学校”申报单位。

2007年，制定《兴化市2007—2010年“行动”实施方案》，并将“行动”试点到村。各“行动”试点乡镇除巩固一个试点村外，新培植一个试点村。2007—2010年，市疾控中心、健康教育所每年举办基层健康教育骨干人员培训班，培训对象涉及乡镇分管领导，乡妇联干部、乡计生干部、乡镇防保人员、村级干部，其培训覆盖面达90%以上。全市中小学生健康知识知晓率达85%以上，健康行为形成率达80%以上。农村居民健康知识知晓率达80%以上，健康行为形成率达75%以上。

第五节 卫生创建活动

一、卫生城市创建

1991—1995年，先后接受省和扬州市城市卫生检查，1992年、1993年两次被评为“江苏省环境综合整治先进市”。1996年2月，省爱卫会授予兴化市“江苏省卫生城市”称号。2000年4月，省爱卫会表彰兴化市为第四次全省城市卫生检查评比先进城市。2006年启动“五城同创”活动，2009年12月，兴化市通过省级卫生城市年度复查。

二、卫生镇村创建

1999年，张郭镇成为泰州市首家省级卫生镇，2003年又通过全国和省爱卫会组织的考核评审，成为苏北地区第一家国家级卫生镇。2003年，张郭镇蒋庄、刘纪、赵万、罗么、欧家、葛尤、同济、五星、唐刘9个村建成省级卫生村。2006年，陈堡镇成为泰州市级卫生镇。2006年，海南镇刘泽村建成省级卫生村。2007年，大垛镇被泰州市爱卫办表彰为“泰州市卫生镇”，大垛镇安民村、新垛镇施家桥村、合陈镇邓桥村、西郊镇徐圩村被表彰为“泰州市卫生村”。2008年，大垛镇管阮村建成省级卫生村；临城镇砖场村、戴窑镇锯家村、周庄镇农兴村建成泰州市级卫生村。2009年，戴南镇建成省级卫生镇；戴南镇（董北村、顾庄村、双沐村、永丰村、张万村、赵家村）、大垛镇（安民村、从六村、阮中村、双石村、天河村、吴岔村）、周庄镇农兴村、新垛施家桥村14个村建成省级卫生村；荻垛镇建成泰州市级卫生镇；荻垛镇七子村、荻垛村、北王村、从刘村、郝家村5个村建成泰州市级卫生村。2010年，临城镇砖场村、新垛镇团结村、荻垛镇七子村、戴窑镇锯家村4个村建成省级卫生村；新垛镇建成泰州市级卫生镇；新垛镇（朱彭村、徐高村、新城庄村）、缸顾乡瞿冯村、永丰镇永兴村、合陈镇陈居村、临城镇宣扬村、大邹镇贾所村、陈堡镇东彭村、周庄镇胡官村10个村建成泰州市级卫生村。

第八章　卫生行政

第一节　卫生经费

1991年，全市卫生事业经费622万元。随着全市经济和卫生事业的发展，卫生事业经费逐年增加。2000年为1098.2万元，为1991年的1.77倍。2010年为6489.24万元，分别为1991年和2000年的10.43倍和5.91倍。

1991—2010年兴化市卫生事业经费一览表

表26-19　　　　单位：万元

年份	医院经费	卫生防疫经费	乡镇卫生院经费	技术培训经费	妇幼保健经费	中药经费	其他	卫生事业经费合计
1991	103.80	46.90	100.00	18.40	45.70	30.79	276.41	622.00
1992	114.00	55.00	100.00	18.40	32.00	28.00	163.60	511.00
1993	152.00	78.00	100.00	19.00	28.00	22.00	279.35	678.35
1994	222.80	88.10	104.60	19.00	20.50	21.00	275.32	751.32
1995	201.00	89.00	150.00	20.00	22.00	25.00	238.30	745.30
1996	191.00	27.88	304.00	23.00	35.00	33.90	242.39	857.17
1997	191.31	70.80	162.64	30.77	45.68	36.80	364.60	902.60
1998	282.71	176.80	195.44	28.77	112.83	75.62	229.38	1101.55
1999	510.00	56.00	218.00	54.00	104.00	36.00	159.00	1137.00
2000	303.00	176.00	335.00	64.00	68.00	105.30	46.90	1098.20

续表 26-19

年份	医院经费	卫生防疫经费	乡镇卫生院经费	技术培训经费	妇幼保健经费	中药经费	其他	卫生事业经费合计
2001	370.90	193.96	144.58	49.91	51.68	102.50	381.05	1294.58
2002	523.69	209.61	191.08	62.95	46.65	78.70	270.99	1383.67
2003	277.70	156.13	166.50	51.70	54.93	65.10	493.72	1265.78
2004	431.58	214.79	124.90	44.37	78.94	140.10	382.68	1417.36
2005	386.70	174.67	163.67	47.82	98.75	119.10	658.99	1649.70
2006	319.20	231.31	132.00	15.00	139.54	79.10	730.20	1646.35
2007	262.75	339.58	520.65	—	168.35	210.47	598.62	2100.42
2008	661.20	374.48	452.17	—	195.59	225.20	1054.57	2963.21
2009	2476.50	535.13	615.27	—	223.70	163.40	674.00	4688.00
2010	1667.08	536.61	1282.64	—	247.04	1632.10	1123.77	6489.24

第二节 医疗市场管理

1991年后，市卫生、药监等部门不断强化对医疗市场的管理。2001年，下发规定，严禁医疗单位聘用非卫生技术人员从事医疗活动，严禁医疗机构将单位的科室、门诊、业务用房租借或承包给社会非医务人员从事医疗活动，对不具备条件的医疗机构开展性病整治的予以清理。全年取缔无证个体诊所130家（次），查处销毁460种次假药、劣药和3.42万支一次性输液器。2002年，依据《医疗机构管理条例》，规范医疗机构行为，严把人员、技术、设备准入关；对取得执业资格的个体诊所实行管理制度、用药处方、门诊登记、进药渠道、药品价格的“五统一”管理；核发校验各级各类医疗机构执业许可证131份。全年出动执法人员600多人次，取缔城东等12个乡镇的168个非法行医户，作出行政处罚33起，立案查处21起。2003年，市政府召开全市医疗市场整顿动员大会，市卫生部门牵头会同市公安、工商、药监、城管等部门组织开展城乡医疗市场整顿，出动执法人员640多次，依法取缔两家市直医疗单位的“院中院”和城郊卫生院在城区乱设的下伸点；关闭无证个体诊所城区62个，农村114个；责令药店限期改正坐堂行医行为5起，纠正乡村医生异地经营行为21个，没收无证行医药品、器械89件，电动吸引器1台。立案处理15起，作出1.7万元行政处罚。

2004年，按照卫生部严厉打击非法行医专项整治工作的统一部署，重点加强各医疗机构的执法检查、城区个体医疗机构的监管、医疗广告的审批发布。全年出动执法人员440余人次，检查各级医疗机构312所（次），查处违规行为医疗机构63所，取缔城乡非法行医48起，没收价值3.5万元的医疗器械、药品，作出行政处罚8起。2005年，出动执法人员460多人次，检查各级医疗机构388所（次），检查各类医务人员362人次，查处违法医疗机构59所，没收非法行医药品、器械18件计1.2万元。取缔乡镇非法个体诊所36家，责令异地经营整改8起，查处不在编乡村医生5人，立案查处11家情节严重、经教育不改的刁难户。2007年，出动执法人员330余人次，取缔城乡非法行医68起，立案查处23起，罚款7.45万元。2008年，对21家民营医疗机构与个体诊所进行专项检查，实施行政处罚3家；抽查医疗机构700份处方和1540份病历；对36个医疗机构的医院感染管理、使用中消毒剂、消毒产品、医疗废物及污水处理等方面进行重点检查。2009年，落实《卫生部关于医疗机构审批管理的若干规定》，查处超范围执业、命名不规范、非卫技人员从事医疗活动等违法违规行为。对全市18家卫生院违反江苏省医院手术分级管理规定开展腹腔镜手术行胆囊切除术的行为进行整顿。对10家医疗机构超范围设置科室、聘用非卫生技术人员从事医疗技术服务的行为作出行政处罚。结合医疗机构年度校验工作，3月起对全市社会办医疗机构校验实施现场考核。全年查处无证行医162起，取缔无证行医机构38家。

2010年，结合等级医院复评、医疗机构校验现场审核，对一级医院的规范执业、质量管理、医院感染管理、麻醉药品管理等方面进行督查指导。重点对戴窑、临城、林湖等地医疗市场进行整治，联合市公安部门执法，对屡教不改和影响较大的“钉子户”依法取缔。对医院机构超范围开展手术情况进行监督检查和整顿规范。

第三节　医政管理

一、医疗业务管理

【医疗机构执业注册登记】 根据1994年国务院颁布的《医疗机构管理条例》，1996年《江苏省实施〈医疗机构管理条例〉办法》的规定，全市从1998年起，对辖区内52家医疗机构的名称、性质、诊疗科目、床位、法人代表进行审核，并核发《医疗机构执业许可证》。2002—2007年，先后进行执业注册登记的医疗机构有肿瘤专科医院（兴化市人民医院、兴化市第三人民医院新区分院）、综合门诊部（兴化中山医学门诊部）、妇科专科医院（兴化现代女子医院）、专科门诊部（汪有美肛肠科门诊部和兴化润生门诊部）、个体诊所及社区卫生服务机构。截至2010年底，全市有167家医疗机构，其中：二级医院3家，专科和综合医院4家，乡镇（中心）卫生院（含分院）45家，门诊部、诊所、医务室113家，妇幼保健院1家，专科疾病防治所1家。

【执业医师】 根据《中华人民共和国执业医师法》的规定，对1998年6月26日以前已经取得相应职称的人员进行直接认定，对具有医学院校中专以上临床、中医、预防、口腔等专业学历的人员组织参加全国医师资格考试。根据卫生部关于医师执业注册的规定，对认定具备医师资格人员和全国医师资格考试合格人员进行执业注册，并根据医师执业情形，及时办理首次注册、变更注册、注销注册等注册手续。到2010年底，在市卫生行政部门注册医师2089人，其中：临床类别1554人（执业医师1278人，执业助理276人）；口腔类别95人（执业医师69人，执业助理26人）；公共卫生类别167人（执业医师143人，执业助理医师24人）；中医类别273人（执业医师239人，执业助理医师34人）。市人民医院、市中医院、市三院医师注册在泰州市卫生局办理。

【医院管理年】 2000年，根据卫生部开展“以病人为中心，以提高医疗服务质量为主题”的医院管理年活动要求，兴化市卫生局开展活动并制定考核细则。要求医疗机构以“质量、安全、服务、费用”为核心内容，以各种业务活动为载体，从基础管理抓起，强化医疗质量管理和医院内涵建设，加强医患沟通，构建和谐医患关系。在活动中，市卫生行政部门通过开展医政工作的综合与专项检查、医务人员病历书写质量评比与竞赛、青年医务人员“三基”考核、青年医师执业注册前培训、护理人员轮训等方法和手段，促进全市医疗机构提升服务水平与服务能力。市卫生系统实施以名医战略抓人才培养，以名科战略抓专科建设与技术发展，以名院战略抓医疗卫生机构建设和管理及评选优秀护士，通过“三名一优”工程，增强医院实力，提升卫生系统社会效益和卫生系统综合服务能力。

二、等级医院创建

图26-9 大营镇卫生院 （2007年摄，大营镇提供）

1992年，开始等级医院的创建工作。1995年，市人民医院被卫生部确认为全省首批“二级甲等医院”。1996年市中医院经国家中医药局批准为“二级甲等中医院”。同年，市卫生局组织力量对全市8所中心卫生院、14所乡镇卫生院进行一级医院分等评审，茅山、舍陈、大营3所乡镇卫生院被确认为“一级甲等医院”。1997年，戴窑中心卫生院通过“一级甲等医院”评审。1998年，市第三人民医院经泰州市卫生局批准为“二级乙等医院”。至1998年底，通过“一级甲等医院”评审的还有安丰、大垛、戴南、周庄、沈坨、大邹6家中心卫生院和顾庄、唐刘、海南3所乡镇卫生院。后因卫生部通知暂停等级医院评审，市内其他医疗机构未明确等级。

三、医疗事故处理

1995年11月，市人民政府调整医疗事故技术鉴定委员会成员。调整后的鉴定委员会成员为：主任张筱霖，副主任3人（其中市公安局法医1人），秘书2人，委员11人（其中市公安局法医1人、法院法医1人）。2002年9月，国务院颁布《医疗事故处理条例》。医疗事故争议通过医患双方协商、卫生行政部门处理、司法途径处理三条途径解决。需要进行医疗事故技术鉴定的争议案例，由泰州市医学会医疗事故技术鉴定办公室组织鉴定，原兴化市医疗事故技术鉴定委员会因不再接受鉴定业务而自动撤销。1991—2010年，全市医疗事故处理1000件左右。

四、血液管理

1998年10月1日，《中华人民共和国献血法》颁布实施后，兴化市在市人民医院中心血库的基础上，筹建“兴化市中心血站”，承担推动、宣传、发动全市公民无偿献血的工作。2002年，全市无偿献血占临床用血比例为35.5%，成分输血率3%。2004年4月1日，兴化市人民医院中心血库改为“泰州市中心血站兴化分站”。主要从事临床采血、供血，指导、推动临床科学合理用血工作。2006年，无偿献血占临床用血比例达96.8%，成分输血率60%；2007年，全市无偿献血占临床用血比例为90.2%，成分输血率75.6%；2008年，全市无偿献血占临床用血比例为100%，成分输血率85.4%；2009年，变更为“泰州市中心血站兴化采血点”。全市无偿献血占临床用血比例为100%，成分输血率91.7%；2010年，全市无偿献血占临床用血比例为92.6%，成分输血率95.5%。

第四节 药政管理

1991年，药政管理由市卫生局药政股负责。1995年，为规范医药市场管理，市人民政府制发《兴化市医药市场管理有关问题的暂行规定》，对全市3家药品生产企业、45家药品经营单位、10

家医疗单位制剂室进行检查验收发放许可证。同年12月，市卫生局印发《兴化市零售药店营业守则》，规范药品经营行为。1991—2000年，开展多次药品质量检查，查出不合格药品11931种（次），价值34.9万元。

2001年，药政管理职能划归新组建泰州市兴化食品药品监督管理局。2010年，职能与市卫生局进行整合，市卫生局挂"兴化市食品药品监督管理局"。2001—2010年，药监部门组织执法人员2万余人次，查处各类药品、医疗器械违法违规案件800起，涉案金额近千万元。

一、药品安全监督

【药品生产监督】 1994—1995年，市内通过省卫生厅换发《药品生产许可证》的企业3家。2000年11月，市卫生局成立医药监督管理办公室，委托市防疫站负责医药市场全面监督管理。次年，对江苏板桥药业有限公司大容量注射剂进行GMP（药品生产质量管理规范）认证，并帮助该企业改进生产管理，通过国家食品药品监督管理局认证。2002年，该公司被美国诺德公司收购，成为外商独资企业。2005年，诺德药业（江苏）有限公司申请换发《药品生产许可证》。该公司有5个剂型、3个生产车间，即小容量注射剂（含激素类）、片剂、胶囊剂、颗粒剂、大容量注射剂，通过GMP认证。2006年，林潭氧气厂取得江苏食品药品监督管理局颁发的气态医用氧《药品生产许可证》。2007年，林潭氧气厂取得国家食品药品监督管理局颁发的药品氧的批准文号。2007年9月，市食品药品监督局向诺德公司派驻监督员1名。

【不良反应监测】 2005年，根据省、市食品药品监督管理局要求，兴化市在网络上加入全省药品不良反应报告系统。强化药品不良反应报表的手机上报工作，尤其是现实网上在线呈报情况，作为评选"规范化药房"的考核条件之一。全年有12家涉药单位实行网上注册，通过全省药品不良反应报告网络系统上报ADR（药品不良反应）表155份。2007年，药品不良事件报告进入正常轨道。截至2010年底，全市上报药品不良反应报告1470例。

【特殊药品管理】 1991年后，对麻醉药品、毒剧药品进行特殊管理，明确医疗单位使用麻醉药品必须做到有病历，有专用处方，麻醉药品专人专柜保管，专用账册登记，处方权由县（市）卫生局批准，每次处方不超过2日量。1991年，经市卫生局批复，授予市内8个医疗单位、34名医生的麻醉处方权。1993年重新审定医疗单位麻醉药品供应级别和处方权医生名单。2005—2010年，多次对辖区内开展毒性药品监督专项检查。对二类精神药品经营和使用单位进行拉网式检查。

【禁毒执法检查】 2007—2010年，加强对生产用特殊药品的监管，定期对诺德药业（江苏）有限公司购用精神药品伪麻黄碱的情况进行核查，对其购进的渠道、供应商资质、购进数量、使用情况、人员、仓储硬件条件，各项相关制度制定执行情况定期核查。

【药品包装材料监管】 2001年，给2家药品包装材料（简称"药包材"）企业核发许可证。2002年，配合省药监局给有关厂家换发许可证，并进行产品注册。2005年，按照《药包材生产企业实施细则》，对16家药包材生产企业进行检查。2007—2010年，开展对药品包装材料生产和使用环节专项检查，企业使用药包材均有产品注册证，供应商档案资料完整，新产品、品种、更换包装等情况均按要求进行稳定性试验，未发现违规使用药包材行为。

【医疗制剂监管】 2001年，全市有3家医疗机构制剂室，向泰州市食品药品监督管理局申报4项新品证。2007—2010年，开展医疗机构制剂专项检查，督促市皮肤病防治所制剂室对原辅料、成品进行全项检验。

二、医疗器械生产监督

2002年5月，对药品、医疗器械生产、经营企业人员实行登记管理。7月，对医疗器械生产企业进行质量检查。2003年5月，为加强非典防治，市食品药品监督管理局与市卫生、质监、工商、物价、公安等部门联合开展防护服、口罩、消毒剂等产品专项执法检查，重点检查防护服和口罩生产环节及产品质量标准、生产环境、质量检验、产品标识等。2005年5月，在医疗器械生产企业中开展诚信建设活动，采集医疗器械生产企业信用，建立一企一档。2006年，全市有医疗器械生产企业9家，其中一类6家、二类2家、三类1家。7—12月，对一、二、三类医疗器械生产企业进行专项整治。通过检查整治，各企业质量管理体系达到文件基本完整，生产设备、检查仪器基本满足生产、检验要求，生产许可证内容未发生变化，未发生超过范围生产现象。2007—2010年，对市内9家医疗器械生产企业的生产工业、生产流程和成品检验设施、质量记录等全面检查，完善企业基础档案，并配合省、市食品药品监督管理局对辖区医疗器械追测资料真实性进行核查，依法查处违法违规行为。

三、药品、医疗器械经营监督

2001年，有药品经营许可证的企业40家，其中批发企业1家、零售企业39家。城乡医疗机构54家，村卫生室1019家。2002年初，配合泰州市药监局对全市《药品经营许可证》进行年检。全年新开办药品零售企业48家。在全市城乡聘请120多名药品市场监督协管员，设立举报电话、举报信箱，实施举报奖励。对医疗机构一次性医疗器械的采购、使用、销毁等情况进行检查。在药品零售企业中开展创建“放心药店”活动。当年，兴化市医药有限公司所属鹤山堂等14家零售药店加盟扬州大德生医药连锁店。

2003—2005年，全市新设医疗器械生产、经营企业各2家，药品批发企业1家，零售企业50多家。农村药品代购员100名、代购率80%。对同和堂等15家乙类非处方药和医疗器械商店核查初审。市医药公司负责38家零售药店和农村109家零售药店中的105家先后通过GSP（药品经营质量管理规范）认证。2006年，通过开展“全省万店无假药行动”，对零售药店实行全方位的GPS认证跟踪检查，落实药品分类管理各项规定。全年向市工商部门移送违法药品广告案3起。2007年，出动执法人员2400多人次，对全市238家药品、医疗器械相对单位中的227家监督检查。受理新开设药品零售企业10家、申请变更企业5家、新办医疗器械批发企业1家。当年，全市有35家乡镇（中心）卫生院（所）通过规范化药房现场检查验收。2010年，组织对14家新办药店现场验收，30家药店换证验收，100多家药店GSP认证现场指导验收。截至2010年底，全市有43家药品使用单位创建成规范药房。

四、药品市场稽查

2001年10月至2010年底，市药监部门出动2万多人次，查处各类药品、医疗器械违法违规案件800起，涉案金额近千万元。

1991—2010年，全市组织10次年度药品质量监督大检查，查出不合格药品11931种次。在2000年查出的546种次不合格药品中，属淘汰药品2种次，变质药品121种次，过期失效药品416种次，假药7种次。

五、药师队伍建设

【药师资格评审注册】 2004年，成立兴化市药学（药品）专业初级专业技术资格评审委员会（库）。同年12月起进行药学（药品）初级专业技术资格评审工作。2007—2010年，泰州市食药监局、泰州市人事局进行年度药学中级专业技术资格的评审工作。由兴化市人事局对申报材料进行初审，统一上报。11月，开展年度药学（药品）初级专业技术资格评审工作。

【药学技术人员教育】 2006年，泰州市食品药品监督管理局在兴化市举办药学专业技术人员继续教育培训班。2007年，市内药学人员继续教育工作分别与12月19日、20日分两批展开。至2010年，全市开展药品经营企业质量管理知识培训3000多人次，增强药品经营单位的守法和诚信意识。

卷二十七 社会管理

1991年后，随着劳动就业人数增加，全市劳动制度逐步深化改革。劳动管理由单纯的行政管理型向管理服务型转变。围绕保增长、保民生、保稳定的大局，抓住统筹城乡就业、完善社会保障体系和严格执法维权三大重点，就业形势稳步回升，社会保障体系渐趋完善，劳动关系更加和谐。2010年，全市城镇新增就业9962人，其中失业人员再就业5444人，城乡登记失业率2.85%。企业内部工资分配自主权进一步扩大，采取岗位、定额、计件、浮动、提成、结构等多种形式。全市职工年人均工资29379元，是1990年的18.46倍。1991—2010年，全市劳动市场建设、劳动力输出输入、职业技能培训、劳动仲裁、企业退休人员社会化管理及劳动执法监察等方面都有新的进展。

1991—2010年，逐步建立和完善社会保障体系。随着经济、社会发展，社会保障工作得到加强。至2010年底，农村最低生活保障标准年人均2520元，城镇年人均4080元。城镇住房制度改革、医疗保险、失业保险及养老保险等工作逐步发展。

全市社会救助工作改变“输血式”单纯救济，结合扶贫、老区开发，引导群众自力更生，互救互助，强化自身“造血”功能。通过多种途径扶持贫困户发展生产，勤劳致富。对五保对象除帮助改善家庭供养条件外，市办福利院、乡镇及部分村办敬老院、老年公寓集中供养五保老人，不断提高老龄人、五保户及残疾人员的供养标准和生活质量。2005年，兴化市被评为“江苏省老龄工作先进市”。

自1990年12月起，兴化市全面贯彻实施《江苏省计划生育条例》，把计划生育工作与发展经济、脱贫致富、建设文明幸福家庭“三结合”，做到宣传教育为主、避孕为主和经常性工作为主。2010年，全市人口出生率和自然增长率分别为12.66‰和-0.55‰，达到全省计划生育一类地区水平，计划生育率99.6%，独生子女积累率75%。

图27-1　市民政局办公楼　　（2006年摄，市民政局提供）

第一章　劳动管理

第一节　劳动用工制度改革

1987年，兴化市废止“子女顶替”“内招”职工子女等劳动用工制度办法。1991年、1992年，市内国有及集体企事业单位，按照“面向社会，公开招工，德、智、体全面考核，择优录取”的精神，对全市尚未就业的初、高中毕业生统一进行文化考核，招聘职工4606人。新招聘工人普遍实行劳动合同制，以合同形式确定和调整用人单位和劳动者的关系。

1993年，市政府印发《全民所有制工业企业深化劳动、工资、社会保险制度改革的实施意见》，在企业全面实施三项劳动制度改革，明确企业可以自行选择用工形式，取消固定职工与合同制工人的区别，将过去存在的终身固定劳动关系明确为契约化的合同用工关系，打破“铁饭碗、铁工资、铁交椅”，解决职工不能解聘、工资分配固定化、职务能升不能降的问题。

1994年起，实施《中华人民共和国劳动法》，通过加强劳动执法监察，进一步规范用工管理。取消“企业干部”与“企业职工”分类，干部与工人统称“职工”。

2003年，组建“劳务输出服务中心”，帮助各类灵活就业人员接续社会保险关系，实行劳动保障事务代理和劳务派遣等，初步实现“你用人，我管理”的新型用工模式，减轻企业的社会事务负担。截至2007年底，为22家市内外单位业务派遣1331人，主要在金融、电信、烟草、供电、交通等行业，被派遣人员多为大中专毕业生。截至2010年底，代理劳务派遣单位52家，派遣人数1666人。

第二节　劳动就业

一、再就业工程

1991—1998年，全市每年新增失业人员和就业人数分别为2000人左右，城镇登记失业率保持在3%以内。1756名青年进行待业登记，并领取待业证。1998年下半年，市属困难企业下岗职工进入再就业中心，116家市属困难企业建立再就业服务中心。同年9月起，对进入中心的下岗职工按月发放基本生活费、代缴社会保险金，特困企业上述资金由财政补贴三分之二。同时对下岗职工提供推荐岗位、职业培训等再就业服务。2000年6月，全市进入再就业服务中心的下岗职工达6497人。同年7月起，下岗职工基本生活保障同失业保险并轨，下岗职工不再进入中心，已进中心的逐步离开中心。当年登记失业率高达5.3%。2001年初，在中心的6148名下岗职工先后脱离中心，与企业解除劳动关系。当年市属企业职工1万多名与企业终止或解除劳动关系，累计达4.5万人。

2000年起，市委、市政府把下岗职工再就业列为“一号工程”，市政府在昭阳镇建立社区就业服务中心，各社区建立就业服务站，与企业解除劳动关系的失业职工开始在社区得到再就业服务。同年10月起全市实施再就业优惠卡制度，下岗失业职工凭卡享受各项再就业优惠政策。自是年起，每年新增就业、再就业人数都在5000人左右。2002年，市政府差额购买就业岗位，首批108名再就业困难的“4050”人员（女四十周岁、男五十周岁以上的城镇登记失业人员）和低保户家庭人员进入环卫部门的“门前三包”等岗位，由政府支付岗位补贴。2004年，城镇登记失业率控制在3.5%。楚水招商城、金三角市场等8个集贸市场和昭阳镇私营工业园优先吸纳下岗失业人员进场进园创业和就业。当年，在24个社区开展创争“促进再就业先进社区”活动，社区促进再就业的职能得到进一步增强。

2005—2007年，市政府进一步扩大再就业扶持政策的覆盖范围，加大对自谋职业和自主创业的扶持力度，并加大对就业困难对象的援助力度，依托社区劳动保障工作平台，建立及时发现、充分了解、限时解决问题的援助机制，做到零就业家庭“出现一户、帮扶一户、清除一户”。至2007年底，全市再就业率达96%。城镇登记失业率3.3%，在24个城镇社区中有15个被省认定为充分就业社区。2009年，组织集中招聘会52场、大型招聘会13场、“创业服务超市”8场。全年新增就业9800人。2010年，组织各类招聘活动41场，创业就业服务超市11场，达成就业意向8000多人。通过困难家庭毕业生和城市“双零”就业援助，帮助500多人实现就业。

二、自主就业

1996年，市政府批转市劳动局《关于实施再就业工程意见》，规定对自谋职业的职工可将失业救济金一次性发给本人，从事个体经营的一年内减半征收工商管理费，失业职工参加转业训练给予培训费补助。1997年，市政府下发《关于加快实施再就业工程的意见》，在税费减免等方面加大对下岗职工再就业的扶持力度。2003年，为帮助下岗失业职工自谋职业，发放小额担保贷款2333.6万元，减免各种税费356万元。同年4月，兴化市对下岗失业人员核发全省通用的《再就业优惠证》，调动下岗失业人员自谋职业、自主创业的积极性。为加大对下岗失业人员自主创业的资金支持，2003年底全市开始推进下岗失业人员小额担保贷款工作。劳动就业管理机构组建“再就业担保有限公司”，为符合条件的下岗失业职工提供贷款担保。2006年，全市新增核发《再就业优惠证》1283份，为自主创业下岗职工发放小额担保贷款271万元，办理社会保险补贴60万元，当期减免各种税费1209万元。2007年，核发《再就业优惠证》8040份，当期减免各种税费599万元。2008—2010年，通过落实优惠政策，扶持创业就业，强化技能培训，提升城乡居民创业就业能力。优化服务措施，健全城乡一体、切合兴化实际的就业政策体系、人力资源市场体系、服务体系和技能培训体系。在全市建立就业培训基地15个，创业孵化基地15个，村级劳动保障工作平台614个。3年新增城镇就业人口3.1万人，城镇“零就业家庭”实现动态清零。2010年末，城镇登记失业率2.85%。

三、农村劳动力转移

1991年后，各乡镇采取多种形式，广泛宣传劳务输出的意义，宣传外出务工、经商致富的典型和政府推进劳务输出的政策措施，引导农民群众转变观念，增强信心和勇气。1993年后，全市实施农村劳动力跨地区流动有序化工程，实行外来劳动力流动就业凭证管理制度。1995—1998年，全市向外转移分别为416人、232人、301人和445人。2000年为969人。2001年后，各地加强组织培训，发放《外出务工指南》、开通务工热线电话，开辟外出渠道。全市外出农村劳动力人数猛增，2002年达4.23万人。其中城东镇转移近万人，赴深圳、浦东及昆山、盐城等地打工、经商、收购废品。2003年后，放宽农村劳动力流动就业政策，取消企业使用农民工行政审批制度，加快统筹城乡就业步伐，对农村劳动力实行动态管理。2005年，全市新增转移农村劳动力4.07万人，其中劳务输出2.8万人。2006年，全市转移农村劳动4.53万人，除在市内从事第二、三产业外，均输出外地打工、经商。2010年，转移农村劳动力2.14万人，使“零转移家庭”得到重点帮扶。

1995—2010年兴化市就业安置人数一览表

表27-1　　　　单位：人

年份	待业登记人数	就业安置	转移农村劳动力	年份	待业登记人数	就业安置	转移农村劳动力
1995	1909	2244	416	2004	4545	4002	37409
1996	2211	2100	232	2005	4430	6210	40654
1997	1409	1832	301	2006	9162	9277	45267
1998	1623	1766	445	2007	9892	9854	35207
1999	1824	1780	1162	2008	11032	11231	26133
2000	6370	2576	969	2009	9708	9839	19125
2001	6160	5845	1160	2010	9993	9962	21363
2002	7440	5008	42251	合计	93554	88030	306439
2003	5846	4504	34345				

第三节　劳动服务

2001年，市劳动力市场交流大厅建成并投入使用，面积250平方米；城区4个街道办事处建立劳动保障工作站。2003年，在有关部门、社区和乡镇聘用72名兼职信息员，负责所在地区、部门和单位用工信息的采集、传递和上报工作。2005年初，全市组织开展城乡劳动力资源入户调查，建立城乡劳动力资源档案，同时在乡镇、社区安装全省统一的劳动就业管理软件，录入劳动力资源情况，做到信息联网、资源共享。2005年底，在英武北路建成全省首家人力资源市场，总建筑面积1280平方米，其中交流服务大厅980平方米，配备18平方米大型电子显示屏、3.5平方米中型电子显示屏各1块、小型电子显示屏23块、触摸式显示屏4台和近30台电脑，与泰州市人力资源市场和乡镇、社区联网。把高校毕业生、退伍军人和农村劳动力等统一纳入服务范围，组织各类招聘集市和招聘活动。

2006年、2007年，新建成的市人力资源市场除日常职业介绍工作外，还举办一系列招聘活动和17次大型招聘专场，如帮助农民工和高校毕业生就业的“春风行动”“高校毕业生就业服务百日行动”和劳务输出专场、再就业援助专场、迎“三八”女性招聘专场、大中专技校生招聘专场、党员招聘专场等。进场的用人单位800多家，提供就业岗位近3万个，职业介绍成功8500多人。为优化市人力资源市场服务功能，解决好企业用工难题，2008年，走访企业近百家，搜集并发布109个工种4000多个岗位的用工需求信息。建成兴化市人力资源市场专用网站，开发网上招聘市场，搭建网络求职平台，为企业和劳动者提供更方便快捷的就业服务。2009年，各

图27-2　兴化市创业服务超市走进周庄镇
（2009年摄，市人社局提供）

有关部门在市场内联合建立“创业服务超市”，为城乡创业者提供创业指导、项目推介、政策咨询、培训宣传、典型示范、交流合作和联合办理审批事项等“一条龙”“一站式”服务。全年人力资源市场组织新春就业、女性就业、高校毕业生就业、就业援助等近20场大型招聘活动。市劳动和社会保障部门多次与市人事、工商等部门联合举办民营企业招聘和人才招聘活动，全年提供岗位3.36万个，达成就业意向1.21万人，缓解企业招工难、用工荒的矛盾。

2010年，将“创业服务超市”更名为“创业就业服务超市”，扩大服务内容和范围。将优惠政策、创业项目、就业岗位、就业服务等送到基层一线，更好地满足广大群众需求。加快村级平台建设，全年新建达标村级平台334个，全市村级劳动保障平台总数523个，覆盖率85%。指导基层劳动保障工作站正常开展工作，为农民提供就业创业服务。在戴南镇董北村建成全省首家村级人力资源市场，为戴南镇企业和农民提供更加方便快捷的就业服务，为推进全市基层平台建设起到较好的典型示范作用。

图27-3　戴南镇董北村人力资源市场揭牌仪式
（2010年摄，戴南镇提供）

第四节　职业技能培训与鉴定

一、职工技能培训

1991年，兴化市劳动局在化肥厂三个车间实行技术工人晋级培训。通过培训考核，评出符合晋级工人102人。全年培训在职职工3000人。1991—1995年，培训在职职工7000人。1996年，以轴瓦厂、化肥厂、南方集团、新华书店等单位为重点，实施在职职工培训。全年开办培训班24个，培训人员1600人。

1998年起，兴化市开展再就业培训。2000年起，实行失业职工先培训后领取失业保险金制度，在失业登记过程组织再就业培训，实行失业登记、就业指导和再就业培训一条龙服务。市就业训练中心不间断地举办电脑操作、服装裁剪、羊毛衫纺织、早点制作、鱼圆加工、家政服务、艺术插花等实用技能培训班，聘请18名有较高技能和实践经验的老师担任教学和实际操作指导工作。2001年，百名上岗女职工参加电脑培训班。2003年，在安丰镇举办首期下岗失业人员创业者培训班，培训50人。全市举办实用技术培训班36期，培训4068人。2005年，组建10多人的创业培训师资队伍和30多人的专家志愿团，采取集中授课和后续指导相结合的培训方式，对学员创业过程进行跟踪服务。钓鱼镇举办水电工、挡车工、制衣工、家政服务员及电脑操作培训班12期，培训劳动力600人。2006年、2007年，扩大再就业培训对象，将未就业毕业大学生、退伍军人等人员纳入免费培训范围，在乡镇、社区举办各类再就业技能培训班，如与楚水、西霞、新阳等社区组织举办电脑操作、渔具制作、插花艺术等培训班，提升社区失业人员、零就业家庭人员技能水平，促进学员实现再就业和自主创业。继续与企业开展联合培训，并增加机械加工、电子装配、纺织挡车等实用技能培训项目。2008年、2009年，把创业培训的对象扩大到农村劳动力，市就业训练中心启动由惠普（中国）科技有限公司支持的农村返乡人员创业培训（惠普）援助项目，对有创业意向的农村返乡人员、知识青年等进行创业基础理论和计算机网络技能等系统培训。各乡镇培训中心积极组织农民参加创业培训班，提升农民创业技能水平，提高创业能力，两年组织城乡居民创业培训5000人，再就业培训1万多人，其中绝大部分人员被企业录用或自主就业、创业。2010年，扶持民办职业培训机构，开展失业再就业培训，通过民办培训机构开展培训失业人员技能培训1500多人，并全部实现再就业。

二、农村劳动力培训

（参见《教育》卷第五章第一节《农民教育》）

三、职业技能鉴定

1991年，兴化市劳动局在全市重点培训中级技术工人，全年培训中级工2000人，取得中级工技术等级证书1500人；推荐50名符合条件技术工人参加外地高级工培训，48人取得高级工技术等级证书。

1991—1995年，对2600名职校毕业生进行“双证制”培训考核（学历证书与职业资格证书）；举办高级工培训3期，培训人员180人；完成中级工培训2500人；评聘技师16人；创办扬州技校兴化班，培训学员1000人。

1999年初，兴化市推行劳动预备制度，同时在各行各业推行国家职业资格证书制度，职业学校实行毕业证书和职业资格证书“双证制”。2004年初，兴化市成立“职业技能鉴定中心”，指导4家职业技能鉴定站（所），正常开展技能鉴定工作，并指导帮助企事业单位开展相关职工技能鉴定培训。鉴定工种包括机械、电子、建筑、汽车、烹饪、美容、美发、按摩等各大门类。2005年，兴化市在江苏兴达钢帘线集团进行全省首次技师、高级工现场考核鉴定。2006年、2007年，鉴定2.19万人，其中高级工1000多人、技师约500人。2008年，市委、市政府开展“十百千万”人才工程（“十一五”期末引进博士研究生10名、硕士研究生100名、高级人才1000名、培养熟练技工10000名），提出3年培养1万名熟练技工计划。深入规模企业、工业园区和经济较发达乡镇开展调查研究，了解企业对技术工人的需求，充分发挥行业和企业组织培训的主体作用，帮助编制培训方案，组织师资教材，指导开展培训。同时加强培训质量管理，强化能力考核，在严格鉴定程序、坚持鉴定标准的前提下，结合所在企业实际，着重考核操作技能、操作效率和解决实际问题的能力。全年1.16万人获得职业技能鉴定证书，其中高级工620人、技师223人。组织412人参加各类职业技能全国统考，1036人参加计算机高新技术考试。市劳动和社会保障部门全年组织多场职业技能竞赛活动，与市总工会、水务局共同组织自来水公司职工技能大赛活动，与团市委、经贸委共同组织全市“金三角杯”青工技能大比武活动等。2009年，继续大力组织实施市委、市政府提出的“十百千万”工程，全年开展职业技能鉴定获证11525人，其中技师和高级技师220人、高级工773人。组织423人参加各类职业技能全国统考，1112人参加计算机高新技术考试。加强培训质量巡查监控，及时组织技能鉴定，着重考核操作技能、操作效率和解决实际问题的能力，积极推行企业现场考评。成功组织育婴师、计算机高新技术等全国、全省统考。提请市政府批准认定江苏兴海特钢有限公司等10个就业实训基地，为广大参训学员提供充分实习机会。2010年，为企业培养中级以上的熟练技术工人6000多人，其中高技能人才3355人，全面完成3年培养万名熟练工任务。与市总工会联合组织开展十大行业、工种的技能大赛活动，组织全市铣工、焊工、清洁工和医疗护理等技能大赛。

1995—2010年兴化市职工技能培训、技能鉴定一览表

表27-2　　单位：人

年份	再就业培训			农村劳动力培训		职业技能鉴定		
	人数	其中		人数	其中：培训后转移人数	人数	其中	
		创业培训	训后就业				高级工	技师、高级技师
1995	1288	—	898	1055	923	558	78	10
1996	2015	—	1482	1865	1488	624	62	8
1997	2733	—	1894	1722	1645	738	85	9
1998	3030	—	1908	1883	1536	746	76	13
1999	3201	—	2016	2355	1985	784	94	12
2000	3869	—	2671	2288	1898	765	56	8
2001	3933	—	2250	2578	2030	842	68	12
2002	4748	—	2518	6264	4550	964	52	16
2003	4068	—	3005	15163	11392	1055	87	10
2004	4430	152	3222	17122	16588	3832	136	27
2005	4273	396	2985	15803	14201	10250	174	123
2006	6833	977	4631	16704	13605	10721	433	229
2007	7525	987	5752	16575	12521	11152	649	244
2008	6809	1044	5288	16533	13422	11623	620	223
2009	9198	3664	7394	14473	11566	11525	773	220
2010	12022	6471	10221	12113	10233	15209	3018	139
合计	79975	13691	58135	144496	119583	81388	6461	1303

第五节　工资福利

一、职工工资

【工资调整】 1990年，市内全民所有制企业职工资，月人均151.83元，年人均1821.96元；集体所有制职工月人均114.58元，年人均1374.96元。

1991年，改革分配制度，完善企业工效挂钩方式，拉开苦、脏、累、险岗位与一般岗位和高技能岗位与一般岗位的分配差距，以劳动贡献确定劳动报酬。1992年，对251户企业进行工效挂钩结算工作（全民69户、集体182户），1993年实行工效挂钩的企业304户（全民99户、集体205户），实行工资总额包干的企业106户。

1994年，取消“企业干部”和“企业职工”的分差，将原八级工资制改为岗位技能工资制。职工个人按原级别对应所在企业的技能工资标准，各种补贴全部记入基本工资。提高新进人员的工资待遇，确定技能月工资执行标准，如商业流通企业职工月工资不得超过125元。1995年后，随着工资改革的力度加大，工效挂钩的方式逐步停止。

1996年，试行工资指导线办法。企业可自主安排职工工资的正常增长，增长幅度按企业经济效益而定。

2000年，由于企业转换经营机制，原实行的工效挂钩、固定升级取消，职工调资由企业自定，报市劳动局备案。企业负责人和国有企业职工调资报市劳动局批准。是年，全市职工人均年工资7396元，比1991年增加5730元。

2003年，职工工资增长，最高按企业上年职工平均工资增长16%，下线为3%，基准线为8%。2004年，兴化市调整企业工资指导线。企业工资调控在岗职工货币平均工资增长基准线为8%，企业在岗职工货币平均工资增长预警线为16%；企业在岗职工货币平均工资增长下线为3%。2005年，全市企业工资指导线调整为：凡经济效益指标在全省同行业处于领先地位或经济效益增长较快的企业，可按预警线16%水平增长工资；利润增长或持平的企业，在岗职工工资增长水平原则上不低于基准线8%；生产经营基本正常，有工资支付能力的企业，原则上不低于下线4%。2006年，企业工资增长指导线原则为：生产经营基本正常、有一定经济效益或利润持平的企业工资增长基准线为本企业上年度工资水平的10%；生产经营正常、经济效益较好的企业工资增长预警线为企业上年度工资水平的11%—16%；各类企业工资增长下线为本企业上年度工资水平的4%。2007年，企业工资增长指导线原则为：生产经营正常、经济效益良好、利润增长或持平的企业，在岗职工工资增长基准线为本企业上年度工资水平的7%—10%；生产经营正常、经济效益较好、经济指标（主要是实现利润）在全省同行业处于领先地位的企业，在岗职工工资增长预警线为企业上年度工资水平的11%—16%。各类企业工资增长下线为本企业上年度工资水平的3%—4%。2008年，为落实省委、省政府提出的“以民为本、富民优先”的发展方针，推进全市“全面达小康、建设新兴化”进程，逐步提高职工的生活水平，兴化市企业工资增长指导线为：凡经济效益指标在全省同行业处于领先地位或经济效益（主要是实现利润）增长较快的企业，可按企业工资增长上线（预警线）18%；利润增长或持平的企业，在岗职工工资增长水平原则上不低于基准线12%；生产经营基本正常，有工资支付能力的企业，原则上不低于下线5%。2010年，各类企业工资增长下线为本企业上年度工资水平的6%。

【最低工资标准】 1996年，全市建立企业职工最低工资制度。兴化市最低月工资标准由175元调整为200元（7月1日执行）。1998年，全市最低月工资标准210元，1999元调为250元，2000年7月1日调为290元。2002年7月1日起，最低工资标准为月最低工资320元（2002年在岗职工年平均工资为9129元，企业在岗职工年平均工资为5680元）。2003年7月1日起，全市最低工资标准为月最低工资390元（2003年，全市在岗职工年平均工资为10373元，企业在岗职工年平均工资为6767元）。2004年7月1日起，全市最低工资标准为月最低工资440元（全市在岗职工年平均工资为11903元，企业在岗职工年平均工资为7970元）。2005年11月1日起，全市最低工资标准为月最低工资480元（全市在岗职工年平均工资为13560元，企业在岗职工平均工资为9342元）。2006年10月1日起，兴化市最低工资标准为月最低工资520元，小时最低工资标准为4.4元（2006年全市在岗职工平均工资为15219元，企业在岗职工平均工资为11218元）。2007年10月1日起全市最低工资标准为月最低工资590元，小时最低工资标准为5元（在岗职工年平均工资为18705元，企业在岗职工年平均工资为15628元）。2010年2月1日起，调整最低工资为670元/月，小时最低工资标准为5.4元。

1991—2010年兴化市职工年平均工资一览表

表27-3 单位：元

年份	平均工资	年份	平均工资	年份	平均工资	年份	平均工资
1991	1666	1996	4432	2001	8531	2006	15219
1992	1937	1997	4698	2002	9129	2007	18705
1993	2520	1998	4914	2003	10373	2008	22894
1994	3381	1999	6849	2004	11903	2009	26083
1995	3963	2000	7396	2005	13560	2010	29379

二、职工福利

根据《中华人民共和国劳动法》《中华人民共和国劳动保险条例》及有关法律、法规规定，国有企业职工享有退休、退职、休假、物价补贴、丧葬、救济、供养直系亲属等待遇。

1991年后，在劳动工资制度改革、完善中，职工的丧葬费、死亡抚恤金、遗属补助等制度一直实行，标准不断提高。产假、探亲假、休假等职工待遇一直没有取消，不同所有制企业执行情况有差异。1991年至1992年9月，职工因病死亡、丧葬费、抚恤金分别为300元和400元。1991—1995年，遗属补助标准为每月25—28元，之后根据经济发展水平和消费水平，逐步增加补助待遇。2005年，企业在岗职工夏季防暑降温费标准为：从事室外作业和高温作业人员每人每月120元；非高温作业人员每人每月100元。全年按4个月计发，列入企业成本费用。2007年，调整市内企业在岗职工夏季防暑降温费标准：从事室外作业和高温作业人员每人每月160元；非高温作业人员每人每月130元。全年按4个月计发，列入企业成本费用，并准予税前扣除。

2005—2010年，兴化市连续6年调高企业退休人员养老金标准，每年增幅均在10%以上。2010年，全市退休职工月平均养老金为1120元。

1991—2010年兴化市企业职工因病死亡丧葬费、遗属补助费标准一览表

表27-4 单位：元

时间	丧葬费	抚恤费	合计	遗属定补		一次性抚恤费
				计发基数	遗补待遇	
1991年1月—1992年9月	300.0	400.0	700	—	25.0—28.0	说明：1.遗补根据各年度计发基数1、2、3人享受标准分别为20%—40%，表中仅计算一人为例。2004年1月前农村户口各减少5%，之后统一标准。2.一次性抚恤费自1991年1月至2010年7月一直不变，根据各年度计发基数，1、2、3人享受标准分别为6、9、12个月。
1992年10月—1995年12月	400.0	500.0	900		20.0—23.0	
1996年1月—1997年6月	1320.0	1320.0	2640	366.67（1996年1月—1997年12月）	74.0 55.0	
1997年7月—1998年6月	1477.5	1477.5	2955	390.00（1998年1月—1999年6月）	78.0	
1998年7月—1999年6月	1568.0	1568.0	3136		59.0	

续表 27-4

时间	丧葬费	抚恤费	合计	遗属定补		一次性抚恤费
				计发基数	遗补待遇	
1999年7月—2001年6月	1638.0	1638.0	3276	409.50	81.9	
2001年7月—2003年12月	1640.0	1640.0	3280		61.4	
2004年1月—2005年9月	1800.0	1800.0	3600	430.00	86.0	
2005年10月—2007年9月	2250.0	2250.0	4500	580.00	116.0	
2007年10月—2009年6月	3100.0	3100.0	6200	900.00	180.0	
2009年7月—2010年12月	4100.0	4100.0	8200	1100.00	220.0	

第六节 管理与执法

一、劳动争议仲裁

1986年11月，组建兴化县劳动争议仲裁委员会，劳动争议仲裁建立劳动、工会、企业主管部门参加的三方协调制度。1993年8月1日，《中华人民共和国企业劳动争议处理条例》开始施行，原《国营企业劳动争议处理暂行规定》同时废止。同年10月、11月，《劳动争议仲裁委员会办案规则》和《企业劳动争议调解委员会组织及工作规则》相继施行，为及时正确地处理劳动争议，实现劳动仲裁办案规范化，保证办案质量起促进作用。

1999年3月，按照《江苏省县级劳动争议仲裁委员会乡镇办事处组织及工作规则》，全市各乡镇分别成立仲裁委乡镇办事处，工作地点设在乡镇劳动所，负责本乡镇劳动争议处理调解工作。

2001年5月，省劳动厅、省劳动争议仲裁委员会出台的《劳动争议仲裁委员会劳动争议仲裁员选择办法》，给争议双方当事人提供选择权，为公正处理劳动争议案件提供保证。2002年、2003年，开庭前实施公告，建立“阳光仲裁”。是年，建立案件审理与监督相分离、案件回访等制度，先后在戴南、大邹、安丰3镇成立仲裁分庭。仲裁工作全面实行当事人选择仲裁员制度、仲裁庭审公告制度、审理监督相分离制度及案件回访制度等“四项制度”。

2004年起，对以劳动者为主的弱势群体在办案中的法律咨询、办案费用收缴等方面给予援助和减免缓。

2006年，开始施行劳动仲裁员等级制度，劳动仲裁员由泰州市劳动和社会保障局实行等级评估确认。开始启动仲裁办案信息化工程，从立案受理到结案归档，实现网上办案。6月，兴化市劳动争议仲裁院正式挂牌成立，为全额拨款事业单位，仲裁院内设立案与调解庭、综合审理庭、仲裁监督庭。

2007年，在全市50个用人单位和街道居委会成立劳动争议调解庭。

2008年5月1日，《中华人民共和国劳动争议调解仲裁法》开始施行，该法取消处理劳动争议仲裁收费的规定，仲裁委的办案经费由财政予以保障。同年8月，兴化市社会矛盾纠纷调处中心、兴化市劳动和社会保障局、兴化市司法局3家联合发文，成立“兴化市劳动争议人民调解委员会”。是年，全市35个乡镇（开发区）均成立以劳动保障服务所为主的“劳动关系调处中心”。

图27-4 农民工工资发放现场 （2009年摄，市人社局提供）

2009年3月，市劳动和社会保障局、市总工会、市经济贸易委员会和市劳动争议仲裁委员会4家联合发文，成立兴化市劳动争议仲裁委员会“三方驻会”工作制度。4月，市（司法局）法律援助中心在市劳动争议仲裁院内成立“维护农民工权益法律援助工作站”。8月，组织全市35个乡镇（开发区）劳服所人员及重点企业的劳动争议调解人员进行培训，有95人被泰州市劳动保障局批准成为注册调解员，并领到《劳动争议调解员资格证书》。

2010年7月，兴化市仲裁委、人民法院联合发文，决定在仲裁委成立兴化市人民法院劳动争议巡回法庭。同月，市人民调解委员会在仲裁委内设立人民调解工作室，由调解委派出两名以上人民调解员到仲裁委工作。11月，市劳动争议仲裁委员会、市人事争议仲裁委员会决定，在市教育局、卫生局、科学技术局、农业局、体育局、文化广电新闻出版局等6个局成立劳动人事争议调解中心。

1991—2010年，全市劳动仲裁机构接待职工来访14022人次，劳动仲裁立案1243起。以争议原因分：劳动报酬方面441起、保险福利14起、工伤待遇398起、解除合同308起，终止合同49起，其他原因33起。案件处理结果：单位胜诉15起，占1.21%；劳动者胜诉1188起，占95.5%；双方部分胜诉41起，占3.29%。另调解案件6864起，为73103人进行劳动合同鉴证。

1991—2010年兴化市劳动争议处理及合同鉴定情况一览表

表27-5

年份	接待职工来访（人次）	立案数（起）	争议原因						案件处理结果			案件调解数（起）	劳动合同鉴证	
			劳动报酬（起）	保险福利（起）	工伤待遇（起）	解除合同（起）	终止合同（起）	其他（起）	单位胜诉（起）	劳动者胜诉（起）	双方部分胜诉（起）		鉴证人数（人）	纠正无效合同（份）
1991	156	2	1	—	1	—	—	—	—	1	1	9	—	—
1992	180	2	1	—	—	—	—	1	—	2	—	13	—	—
1993	170	4	2	—	1	—	—	1	1	3	—	21	—	—
1994	205	5	4	—	—	—	—	1	—	5	—	19	3000	—
1995	234	5	5	—	—	—	—	—	—	4	1	25	4000	—
1996	256	6	3	—	—	2	—	1	—	5	1	32	4700	—
1997	248	4	4	—	—	—	—	—	—	4	—	20	1800	—

续表 27-5

年份	接待职工来访（人次）	立案数（起）	争议原因						案件处理结果			案件调解数（起）	劳动合同鉴证	
			劳动报酬（起）	保险福利（起）	工伤待遇（起）	解除合同（起）	终止合同（起）	其他（起）	单位胜诉（起）	劳动者胜诉（起）	双方部分胜诉（起）		鉴证人数（人）	纠正无效合同（份）
1998	268	7	3	—	—	3	1	—	—	5	2	37	2400	—
1999	277	11	4	—	3	2	—	2	—	10	1	95	1900	—
2000	301	23	15	—	3	4	—	1	1	22	—	162	3200	—
2001	508	14	10	—	1	1	—	2	—	14	—	243	8740	—
2002	615	28	22	—	3	2	—	1	—	23	5	256	12960	—
2003	744	34	28	—	4	2	—	—	—	33	1	315	4300	—
2004	768	57	47	—	5	3	—	2	1	55	2	426	4590	—
2005	812	106	50	—	52	4	—	—	—	104	2	587	5200	—
2006	1036	101	39	1	48	9	—	4	1	97	3	672	5192	—
2007	1133	159	61	2	73	13	8	2	3	150	6	674	3580	—
2008	1926	311	52	5	64	153	30	7	3	302	6	1100	3320	—
2009	2018	195	46	3	76	56	7	7	2	188	5	915	2186	—
2010	2167	169	44	3	64	54	3	1	3	161	5	1243	2035	—
合计	14022	1243	441	14	398	308	49	33	15	1188	41	6864	73103	—

二、劳动监察

1995年10月，市劳动局设劳动监察股。1997年，与计划调配股合并为劳动关系与监察股。先后从行业行政主管部门、乡镇劳动所、工业公司及部分全民、集体企业劳资干部中选调130多人，经泰州市劳动局组织，参加省劳动和社会保障厅培训，考核合格后发证，分别聘为劳动监察员、兼职劳动监察员和劳动监察协理员。1998年10月，设立劳动监察大队，编制5人，隶属市劳动局，负责全市范围内劳动执法监察。1998年后，按照《中华人民共和国劳动法》《江苏省劳动监察规定》，由专兼职劳动监察员持劳动监察证上岗，采取巡查、年审等监察方式，设立投诉箱、举报电话与信访接待室。对单位劳动规章制度、劳动合同签订与履行、女职工、未成年工保护和残疾人保障、养老保险、失业保险金缴纳支付、职业中介、劳动技能培训鉴定、劳动者就业维权等情况进行检查监督，维护劳动用工单位和职工的合法权益。2005年以后，全面实施《中华人民共和国劳动保障监察条例》，市劳动监察大队遵循“公正、公开、高效、便民”原则，开展劳动保障监察工作。2005年，帮助职工追缴工资300多万元，敦促参保4万多人次。2009年监察用人单位1032户，立案处理各类案件275件，敦促用人单位补签劳动合同1.5万份。1998—2010年，监察用人单位9708家（次），追缴拖欠工资12749.3万元。

1998—2010年兴化市劳动监察执法情况一览表

表27-6

年份	监察用人单位（家）	涉及职工（人）	清退童工（人）	补办就业登记（人）	补签劳动合同（份）	清退风险抵押金（万元）	追缴拖欠工资（万元）	追缴社会保险费（万元）	组织专项检查（次）	接受群众举报（次）	立案侦查（起）	行政处罚（起）	罚款（万元）
1998	445	12318	0	24	1560	4.49	165.2	0.0	3	36	42	0	0.0
1999	586	15780	0	39	1840	5.16	241.8	0.0	5	42	65	2	0.7
2000	720	21045	0	52	2100	8.82	385.4	0.0	5	49	58	0	0.0
2001	605	18495	10	78	2520	12.52	278.3	0.0	4	65	79	2	1.2
2002	642	19506	3	65	2820	9.46	521.6	0.0	4	58	84	5	7.2
2003	680	24502	2	92	3640	10.25	745.3	34.6	5	64	102	4	3.9
2004	558	21350	1	105	4320	15.44	1032.9	55.8	6	92	118	7	5.6
2005	725	22300	1	115	5580	18.41	965.1	64.2	4	85	158	10	6.5
2006	821	26355	2	242	8650	19.32	1178.4	85.6	4	109	188	11	8.3
2007	785	30471	2	290	9565	12.55	1261.5	135.1	6	193	212	15	18.2
2008	868	29895	4	352	16030	22.48	1860.8	442.8	7	230	283	12	6.8
2009	1032	32350	0	465	15322	25.60	1680.1	680.4	5	215	275	7	3.5
2010	1241	34025	0	640	12850	32.10	2432.9	527.2	5	198	320	2	0.4
合计	9708	308392	25	2559	86797	196.60	12749.3	2025.7	63	1436	1984	77	62.3

说明：1998—2010年，取缔乡镇非法中介39家，收取调节金23.4万元。

三、劳动用工年检

1998年起，全市实行劳动用工年检制度，市劳动局对企业执行劳动法律法规情况进行年度检查，办理劳动用工年检手续，发年度用工年检登记证。1998—2010年，年检用人单位6972家（次），涉及职工187871人（次）。

1998—2010年兴化市劳动用工年检情况一览表

表27-7

年份	年检用人单位（家）	涉及职工（人）	年检合格单位（家）	基本合格单位（家）	限期整改准备（家）	补签劳动合同（份）	补办劳动签证（份）	补发拖欠工资（万元）	补办就业登记（人）
1998	454	9620	442	12	12	1560	649	165.2	24
1999	487	9936	478	9	9	1840	942	241.8	39
2000	511	12318	501	10	10	2100	1015	385.4	52
2001	529	11499	513	16	16	2520	1255	278.3	78
2002	491	9846	478	13	13	2820	1415	521.6	65
2003	502	12715	494	8	8	3640	1631	745.3	92
2004	575	15171	469	6	6	4320	1550	1032.9	105
2005	561	14922	559	2	2	5580	1495	965.1	115
2006	523	16915	523	0	0	8650	1201	1178.4	242
2007	554	17420	554	0	0	9565	1088	1261.5	290
2008	579	18221	577	2	2	16030	821	1860.8	352
2009	591	18966	591	0	0	15322	552	1680.1	465
2010	615	20322	615	0	0	12850	467	2432.9	640

说明：1998—2010年补缴就业调节金46.8万元、补缴管理费17.2万元。

第二章　社会保障

第一节　养老保险

1992年，市民政部门启动农村养老保险试点。1995年1月，市人事部门在自收自支事业单位人员和机关事业单位合同制职工中推行养老保险，形成多头管理，职能交叉的局面。2002—2003年，机关事业单位和农村养老保险统归市劳动和社会保障局归口管理，在全市范围内推行社会统筹和个人账户相结合的养老保护制度。

一、城镇职工基本养老保险

1992年，印发《企业职工养老保险制度改革的实施意见》，将企业职工纳入基本养老保险范畴，逐步与原来纳入统筹的单位职工养老保险办法并轨。1996年，全市执行《江苏省城镇企业职工养老保险规定》，按照“基本养老保险费用由企业和个人共同负担”“社会统筹与个人账户相结合”的原则，企业缴纳的基本养老保险费由企业工资总额的22%调整到21.2%。1998年，市城镇企业缴纳的基本养老保险费比例调整为21%。1999年，根据省劳动和社会保障厅《关于扩大城镇企业职工基本养老保险覆盖面若干问题的意见》，将部分市（县）属以下集体所有制企业职工纳入基本养老保险参保范围。2000年7月，取消集体企业养老保险双基数结算，使全市城镇企业职工养老保险工作趋向于规范化。同年10月，兴化市基本养老保险费由市地税局代征收。2001年5月，兴化市基本养老保险实行收支两条线，不再对参保单位进行差额结算。每月由市社保经办机构直接汇入退休人员的银行账户，不再通过单位发放。2002年1月，全市城镇企业职工基本养老保险的覆盖范围扩展到所有企业职工、个体工商户和城镇自由职业者。2010年，全市参加基本养老保险的企业3574家，职工94521人，享受离退休待遇人员33444人；征收基本养老保险费39199万元，支付养老金45867万元（含丧葬抚恤补助金支出）。

1991—2010年兴化市城镇职工基本养老保险情况一览表

表27-8

年份	参保人员（人）	离退休人员（人）	征缴收入（万元）	养老金支出（万元）	年份	参保人员（人）	离退休人员（人）	征缴收入（万元）	养老金支出（万元）
1991	57401	9542	1588	1482	2001	60653	18658	6694	10352
1992	65163	10254	1876	1916	2002	57078	20596	7265	11491
1993	50993	10428	2483	2066	2003	55321	22058	7656	12309
1994	53378	12101	3670	3671	2004	58118	23800	9372	14291
1995	54779	12297	4104	3819	2005	63064	25305	11834	16736
1996	58156	13085	4465	4471	2006	68202	26952	12973	21406
1997	58544	13825	4558	4948	2007	77157	28632	34776	25062
1998	57593	14454	4550	5451	2008	84045	30326	29120	32635
1999	57828	15247	5019	6094	2009	90505	32018	31301	39067
2000	58841	16249	7378	7674	2010	94521	33444	39199	45867

2002年12月，兴化市退休人员社会化管理服务工作正式启动，进入社区管理的退休人员1100人。2003年初，各乡镇建立劳动和社会保障服务所，城区24个社区建立劳动保障工作站，负责辖区内企业退休人员社会化管理服务工作。全市21693名企业退休人员档案全部移交退休人员管理服务中心。2004年，楚水社区居委会率先建立退休人员自管小组。城区24个社区建立退休人员自管小组303个，34个乡镇建立退休人员自管小组204个。4月，对养老人员领取养老保险待遇进行资格认证，其中退休人员15093人，供养直系亲属1004人。同时，对居住异地的267名退休人员领取养老金进行认证。从4月开始，为退休人员中的军转干部增发生活困难补贴和定额补助，对困难企业的泰州市级以上劳模增发荣誉津贴。

2005年开始，市劳动和社会保障局每两年为退休人员进行1次健康检查，当年城区有10870名退休人员参加。自2006年4月起，市劳动和社会保障局给全市85周岁以上企业退休人员每人每年送1份生日蛋糕。2008年8月起，在联建社区率先启动企业退休人员居家养老服务。截至2010年底，16个社区建立居家养老服务站。

二、农村养老保险

1992年9月，兴化市政府下发《关于加快推进农村社会养老保险工作的意见》，成立市农村社会养老保险管理委员会。市民政局在临城乡进行农村社会养老保险（简称“老农保”）试点。同年10月，成立市农村社会养老保险事业管理处。1995年4月，出台《农村社会养老保险暂行办法》，理顺农村社会养老保险工作关系，在全市推开，当年收取保费2100多万元。2003年9月，农村社会养老保险处由市民政局划转到市劳动和社会保障局。划转后调整工作思路，从全面推开向针对失地农民、村干部等特定人群展开。2005年11月，市政府出台《关于开展村干部养老保险工作的意见》。

2007年3月，市政府出台《农村社会基本养老保险试行办法》（简称“新农保”），采用个人缴费、集体补助、政府补贴三结合的办法筹集养老保险费，缴费标准以本市上年度农村最低生活保障标准为基数，最低不低于基数的60%，最高不高于基数的300%。市、乡镇财政对参保人员给予参保补贴，标准为本市上年农村最低生活保障标准的10%（其中市财政承担6%、乡镇承担4%）。当年在全市53个小康示范村试点，吸引1.01万人参保，收取保险费3419.99万元。2007年底，全市农村参加社会养老保险6.96万人，收取保费5482.13万元。

2009年4月17日，市劳动和社会保障局印发《关于执行城乡居民社会基本养老保险相关基数的通知》，在全市试行城乡居民社会基本养老保险制度。在新农保制度的基础上，扩大参保范围，将城镇居民也纳入社会养老保险范围。缴费标准以上年省在岗职工社会平均工资的10%—60%为基数，缴费比例为20%。取消普通参保人员的参保补贴，增加对低保家庭中的人员参保补贴，补贴标准为不低于兴化市当年最低缴费标准50%（当年标准为每人每年275元）。将新农保的个人账户模式改为个人账户与基础养老金相结合的模式，基础养老金标准为上年省在岗职工社会平均工资的1‰（当年标准为每人每月27.37元）。同年8月，市政府办公室印发《兴化市城乡居民社会基本养老保险转移衔接实施意见》，将新农保参保人员转入城乡居民社会基本养老保险，已领待遇人员人均月增加13.69元养老金。当年新增参保3.89万人，累计14.63万人；2.82万人领取养老金；3100人领取高龄养老补贴。

2010年5月31日，市政府出台《兴化市城乡居民社会基本养老保险实施办法》，从2010年10月1日起实施。城乡居民缴纳养老保险费标准设为每人每年100元、200元、300元、400元、500元、600元及600元以上档次，最高标准为6000元。对普通缴费人员每人每年增加30元的缴费补贴，对低保家庭人员、重度残疾人员给予每人每年100元补贴。对年满60周岁（1950年10月1日之前出生）符合条件的城乡居民发放基础养老金。将60周岁以上人员的基础养老金标准从每人每月27.37元调整到60元。截至2010年12月31日，参加城乡居民养老保险68.28万人，28.84万人领取基础养老金，实现适龄人员参保、基础养老金发放两个全覆盖。

三、机关事业单位职工养老保险

1994年1月，设立市级机关事业社会保险管理处，为自收自支全民事业单位，隶属市人事局领导，核定编制6人。1月21日，成立机关事业单位养老保险管理委员会，下设办公室，设市人事局内。1995年1月1日，市政府印发《机关事业单位职工养老保险暂行办法》，自收自支事业单位全体人员和机关事业单位中的合同制职工开始缴纳养老保险费，实行浮动缴费比例。1995年底，参保职工2101人、离退休人员438人，基金收入276.95万元，支出183.22万元。2002年5月，因社会保障职能合并，机关事业养老保险工作改属市劳动和社会保障局，同时改为全额拨款事业单位。2003年1月，市政府印发《机关事业单位职工养老保险暂行规定》，将机关事业养老保险参保范围扩大到差额拨款事业单位，实行固定缴费比例。全市参加事业养老保险的经营性服务类事业单位成建制转企改制。2007年1月1日起，卫生系统整体参加事业养老保险。同年8月，教育系统新分配教师参加事业养老保险。2010年，全市机关事业单位职工参保人数5339人、离退休数1781人，基金收入4948万元，支出3748万元。

1995—2010年兴化市机关事业单位职工养老保险情况一览表

表27-9

年份	参保人数	离退休人数	基金收入（万元）	基金支出（万元）	年份	参保人数	离退休人数	基金收入（万元）	基金支出（万元）
1995	2101	438	276.95	183.22	2003	2384	442	1329.73	934.84
1996	2127	442	339.78	258.39	2004	2330	485	1180.39	731.25
1997	2815	477	327.74	252.25	2005	1865	359	1094.67	640.10
1998	2795	497	456.78	348.78	2006	1728	341	1080.02	562.74
1999	2486	417	555.88	485.90	2007	5540	1724	4805.00	2549.00
2000	2430	458	562.26	506.75	2008	5602	1719	4693.00	1930.00
2001	3150	617	754.24	671.00	2009	5168	1731	4090.00	2578.00
2002	3206	670	1532.25	1202.70	2010	5339	1781	4948.00	3748.00

第二节　医疗保障

一、公费医疗改革

1993年，为进一步完善“分级管理、单位包干，与个人适当挂钩”的公费医疗管理办法，在1984年基础上重新明确公费医疗报销范围和报销药品目录。单位包干，结余结转下年，超支由单位自有资金弥补，个人适当负担门诊费用。医药费，每人每年发给备用金60元，超过部分按工龄长短分别负担一定比例，工龄在10年以下者负担20%，工龄在11—20年者负担15%，工龄在21—30年者负担10%，工龄在30年以上及离退休人员全报。住院医药费用超支，也按上述四种工龄档次分别自负12%、10%、7%、4%。为避免大病重病住院医药费个人负担过重，规定在职人员自负费用不超过300元/年，退休人员不超过150元/年，其余由单位按实报销。癌症等特殊病例住院医药费一次超过6000元的，年终由市财政适当补贴。

1993年，享受公费医疗人数14561人，经费指标309万元，人均经费212.21元。1995年，公费医疗费用定额标准调整为每人每年在职人员150元，退休人员200元，离休人员250元，特殊病例一次性住院医药费由6000元增加到8000元，超支部分按超支金额结合工龄长短，规定不同的自负比例。门诊超支101—300元的，工龄在10年以下者自负30%，工龄在11—20年者自负25%，工龄在21—30年者自负20%，工龄在30年以上者自负15%，退休人员自负5%。门诊超支301—500元的，各工龄档次自负比例均减少5%。住院超支5000元以上的，各工龄档次自负比例再减少5%。下列四种人员，不论门诊、住院，其医药费用免除个人负担：1.在乡二等乙级及其以上残废军人；2.离休人员；3.经市级以上医疗单位确诊为癌症的患者，在治癌期间的医药费；4.因公负伤人员治疗工伤的医药费。1998年，享受公费医疗人数21049人，经费指标619万元，人均经费294.08元。2000年，享受公费医疗人数21981人，经费指标829万元，人均经费377.14元。自2000年8月1日起，公费医疗改为城镇职工医疗保险，管理由市卫生局改归市劳动和社会保障局。

二、城镇职工医疗保险

1999年6月，根据《国务院关于建立城镇职工基本医疗保险制度的决定》，市政府成立城镇职工医疗保险制度改革领导小组。2000年3月，建立城镇职工医疗保险管理处，市政府和市劳动局会同有关部门相继制订城镇职工医疗保险配套文件。2000年8月，基本医疗保险制度改革正式实施，参保的主要是市级机关、事业单位、部分垂直管理单位和市内部分正常运营的企业。2000年，全市参保人数29802人，基金收入1221万元，支出113万元。2010年，全市参保人数162867人，基金收入18716万元，支出16999万元。

2000—2010年兴化市城镇职工医疗保险情况一览表

表27-10

年份	参保人数（人）	基金收入（万元）	基金支出（万元）	年份	参保人数（人）	基金收入（万元）	基金支出（万元）
2000	29802	1221	113	2006	128607	7816	6502
2001	47000	1795	1060	2007	156982	11347	9428
2002	56305	2650	1859	2008	175126	17452	11734
2003	73000	4430	2654	2009	163240	16614	12994
2004	90306	6337	4792	2010	162867	18716	16999
2005	100416	6780	5878				

三、城镇居民医疗保险

2006年11月，兴化市出台《城镇居民医疗保险参保办法》，该办法规定，从2007年1月1日起，凡未参加城镇职工基本医疗保险的城镇居民，可参照新型农村合作医疗的办法，采取政府补助和个人缴费相结合的方式，全家参加居民医疗保险，每人每年只要缴纳10元，就可享受年最高累计补偿限额3万元的住院和特殊病门诊医疗费用。因本地医疗条件所限，需转往外地就医的参保人员，由经治医生填写病情诊断，医疗机构医保办批准，到市医保处办理转诊手续，转诊的医疗费用个人自负比例增加10%。办法规定，参保居民发生相应住院费用后，分段结付具体标准为：4000元以内部分补偿45%；4001元至8000元部分补偿55%；8001元至12000元部分补偿65%；12001元至20000元部分补偿75%；20001元以上部分补偿80%。另外，各种肿瘤患者需放、化疗，重症尿毒症需透析等重大疾病的参保居民，经医保经办机构审核确认后，门诊费用视同住院费用进行补偿。

2007年6月，兴化市出台《城镇居民基本医疗保险参保办法》，办法规定：城镇居民基本医疗保险的实施范围和保障对象是城镇职工基本医疗保险制度覆盖范围以外的具有城区户籍（昭阳镇）的居民（包括少年儿童和中小学生），乡镇居民、学生纳入新型农村合作医疗范围。城镇居民基本医疗保险参保费用实行个人缴费和财政补助相结合，并向困难人群倾斜。城镇成年居民（年

图 27-5　参保人员结报医疗费
（2009 年摄，市人社局提供）

龄满18周岁以上）筹资标准为每人每年150元，其中财政补助50元、个人缴纳100元。未成年居民（年龄未满18周岁，以及已满18周岁但仍在全日制学校就读的学生）筹资标准为每人每年80元，其中财政补助40元、个人缴纳40元。享受最低生活保障的家庭成员、孤儿、家庭困难的重度（伤残级别在二级以上）残疾人员不缴费，参保费用由财政全额负担。城镇居民参保后，可享受住院和特殊门诊费用报销待遇，医疗费用报销范围按城镇职工医疗保险药品目录、诊疗项目和服务设施标准执行。参保居民在自付起付标准后才能享受以下统筹基金报销待遇。起付标准为：一级医疗机构450元、二级医疗机构550元、转市外医疗机构1000元，一年内两次以上住院的，起付标准按50%递减，最低不少于150元，长期连续住院的，每90天作一次住院结算。统筹基金报销待遇为：起付线至10000元部分，医疗保险基金支付45%；10000元以上至30000元部分，医疗保险基金支付50%；30000元以上至40000元部分，医疗保险基金支付55%；40000元以上部分，医疗保险基金支付60%；统筹基金年最高支付40000元。参保居民因本地医疗条件所限，需转往外地就医的，由经治医生填写病情诊断，医疗机构医保办批准，到市医保处办理转诊手续，转诊的医疗费用个人自付比例增加10%。2007年，全市参保人数141.65万，参保率90.8%。此后，保险缴费标准和医疗保险结算标准逐年递增。

2008年，出台《兴化市城乡居民基本医疗保障实施办法》，实行居民自主选择医保制度，城乡居民可自由选择参加职工医保、居民医保和新农合，但不得重复参保，城乡居民看病负担总体大为减轻。至2010年，建立起城乡居民医疗保险一体化体系，城乡居民医疗保险参保率99%。

四、新型农村合作医疗

1991年初，市卫生局根据农村经济发展情况，拟订《农民集资医疗章程（草案）》，在林湖、陈堡两乡的47个村试行，参加人员37826人。集资标准为每人每年7—10元，其中个人缴纳6—8元，集体补助1—2元，实行低水平的民办公助，筹集资金325971元，其中现金160884元、合同金额165087元。后因洪涝灾害影响，未及全面推开。为防止农民因病致贫，1992年起在农村合作医疗中引入保险机制，先后在沈坨、周庄、新垛、陶庄、茅山、竹泓、永丰7个乡镇试行农民住院医疗保险。除门诊仍按原合作医疗章程集资、管理、报销外，每人每年再投资10元，作为住院医疗保险之用。此项资金由市人寿保险公司管理，对参加住院医疗保险的农民，由保险公司负责理赔补偿。7乡镇有14.9万人参保，投保金额149万元。当年理赔案例7438人次，受益面为5%，理赔补偿金额143万余元。1993年3月2日，《健康报》头版报道兴化市推行农民住院医疗保险的做法。同年7月，国务院研究室、卫生部共同组织“中国农村合作医疗保健制度改革研究”，兴化市作为参与研究的14个项目县之一。1994年，市政府制定《兴化市农民医疗保险管理暂行办法》，建立农民医疗保险管理委员会，由市政府办公室、卫生局、民政局、保险公司等单位联合组成。同时将医疗保险范围分为住院医疗、门诊医疗、预防保健三大块。1999年，保险公司退出农民医疗保险委员会。市政府在卫生局设立农民医疗保险管理办公室。2000年5月，市政府修订“管理暂行办法”，对一些具体问题重新作出规定。同年有缸顾等8个乡镇参加乡办市管的农民医疗保险，参保人员达13.5万，合陈等4个乡镇实行镇办镇管农民医疗保险，参保人员16万人。

自2003年10月起，在全市实施新型农村合作医疗制度。对参合人员的住院医药费用实行补偿。资金来源由农民个人缴纳（每人每年10元），省财政补助（人均从10元到25元）两级市财政配合、补助，年人均补助分别1元、5元、15元。农民参合率由最初的63.35%上升至2006年的89.5%，乡镇及行政村覆盖率100%。2006年10月起，此项工作由市卫生局划归市劳动和社会保障局。2004—2006年，筹集8997.61万元，支出6271.17万元，结余3110.44万元。

2004—2010年兴化市新型农村合作医疗收支一览表

表27-11

年份	参合人数（人）	收入				结报人数		结报金额	
		个人缴纳（万元）	市配套（万元）	省补助（万元）	合计（万元）	占参保人之比（%）	合计（人）	人均（元）	合计（万元）
2004	806300	10.00	10.00	10.00	30.00	3.07	24735	808.10	1998.84
2005	920901	10.00	10.00	10.00	30.00	3.19	29360	646.39	1897.80
2006	1019769	10.00	15.00	25.00	50.00	3.74	38114	1047.73	3993.30
2007	1173997	10.00	15.00	25.00	83.00	4.49	52716	1163.61	6134.11
2008	1199704	20.00	30.00	50.00	114.90	5.31	63675	1720.52	10955.42
2009	1208036	20.00	30.00	50.00	112.69	4.67	56464	2105.51	11888.54
2010	1237977	30.00	45.00	75.00	150.00	6.10	75521	2026.76	15306.32

说明：收入中另有泰州市引导资金：2007年33万元，2008年14.9万元，2009年12.69万元。

第三节　失业保险

1993年，兴化市将待业保险征缴范围扩大到实行企业化管理的事业单位，以及国家机关、社会团体和实行财政补贴的事业单位的工人。1998年9月，市政府转发《泰州市失业保险暂行规定》，将失业保险制度扩大到城镇各类企业及其职工，包括城镇个体工商户、私营企业职工以及在乡镇企业工作的城镇户口人员，将缴费的比例由原来按工资总额的1%提高到3%，其中单位缴纳2%、职工个人缴纳1%。1999年1月1日起，兴化市将失业保险征缴范围扩大到城镇各类事业单位及其职工。2000年4月，市政府办公室印发《市属以上企业职工下岗保障向失业保障过渡实施办法（试行）》，规定市属企业分流富余人员时不再实行下岗登记进入企业再就业服务中心，而是向失业保障过渡，进行失业登记，将个人档案交市劳动保障部门托管，享受相应失业保险待遇。2000年10月1日起，失业保险费改由地方税务局征收。2006年4月，市政府出台《关于贯彻实施泰州市政府〈关于调整失业保险待遇的通知〉的意见》，进一步调整享受失业保险待遇的标准，其中失业保险金发放标准按失业人员失业前12个月月平均缴费工资的40%计算，但最高不得超过兴化市最低工资标准，最低不得低于城市居民最低生活保障标准。失业人员在领取失业保险金期间患病享受医疗补助费。

1991—2004年，全市参加失业保险人数保持在5万人以上，其中1999年和2000年达7万多人。2003—2005年，因企业改制，大量职工与企业终止、解除劳动关系，参保人数降至4万人以下。在参保人数和资金征缴额大幅度下降，而失业职工大幅度增加的情况下，市有关部门努力克服困难，多方筹措资金，确保失业职工失业保险费100%按时足额发放。2000—2005年是失业保险资金发放高峰期，最高的2002年达3424万元，最低的2005年为1440万元。1991—2007年，征缴失业保险费1.14亿元，发放1.44亿元。失业保险经办机构接受失业职工档案4.51万份，其中转出退休或再就业等人员的档案0.51万份。2007年底实际保管档案4万份。2008年，参加失业保险人数4.68万人，征缴收入380万元，发放失业保险金额506万元，接收失业职工档案1006人。2009年，参加失业保险人数5万人，征缴收入1904万元，发放失业保险金额826万元，接收失业职工档案639人。2010年，参加失业保险人数7.49万人，征收2421万元，发放失业保险金额527万元，接收失业职工档案1042人。

第四节　生育保险

1994年4月28日，市政府印发《生育社会保险实施细则》，全市女职工生育保险工作正式启动。参保范围为已参加企业职工养老保险的各类企业，后逐步扩大范围。由市劳动局主管，市社会劳动保险管理处负责基金的征缴、支付、管理等业务。生育保险费按企业职工工资总额的1%比例提取，逾期不缴的，按日增收5‰滞纳金。与养老社会保险金同步结算，实行专户储存，专款专用。参加生育保险的单位女职工，凡符合计划生育政策的生育（含婴儿、产妇死亡）都可享受生育保险金补偿。具体标准为：顺产1200元、难产1600元。对符合规定允许生育第二个孩子的妇女、领取独生子女证的，给予女职工500元奖金。

1995年7月1日起，提高生育保险费支付标准，生育保险支付标准调整为：顺产1600元、难产2000元。

2005年7月1日，市政府办公室对生育保险津贴、女职工产假期间的营养补助作出具体规定：女职工计划内生育，按照国家和省有关规定享受产假，产假期间本人原工资照发。生育保险基金以生育津贴形式按其本人生育保险费缴纳基数的1/3补偿给企业。符合国家规定90天以及90天以上产假的女职工可享受一次性营养补助，标准为市区上年职工平均工资的1%。

2009年8月1日，市政府办公室下发《关于进一步完善生育保险有关政策的通知》，将生育保险覆盖范围扩大到各类企业、自收自支或企业化管理的事业单位，以及民办非企业单位及其职工、国家机关和其他事业单位及其职工。规定国家机关、全额拨款事业单位按职工工资总额的0.5%征收（已参加公务员医疗补助的单位仍按原办法执行），各类企业、有雇工的个体工商户和其他性质的事业单位等按职工工资总额的1%征收，并对生育保险待遇作出规定。

2010年7月，兴化市对生育保险相关待遇进行调整：参保女职工在市医疗保险定点医院（特殊情况除外）正常分娩发生的符合生育保险管理规定的费用，定额标准（自然分娩2000元、剖宫产3000元）及以下按实结报，定额标准以上的部分，按60%的比例由生育保险基金结报。女职工计划内怀孕后发生的围产期检查费定额标准调整为350元（不含自费部分），女职工临产前在定点医疗机构发生的检查费定额标准调整为250元，同时增加享受围产期保健补贴200元。参保女职工流（引）产手术医疗费用按定额标准限额报销。其中：3个月（含3个月）内流（引）产的定额标准为400元，3个月以上流（引）产的定额标准为1500元。参保女职工怀孕期间及产后4个月内，因妊娠并发症或生育并发症住院治疗发生的、符合生育保险管理规定的医疗费用，由生育保险基金按90%结报；参加医疗保险的女职工分娩4个月以后的生育并发症，医疗费用由医疗保险按有关规定结报。对符合国家规定享受90天及以上产假的女职工发给一次性营养补助费，标准调整为上一年度职工平均工资的3%。对3个月以上流（引）产的，增发一次性营养补助费，标准为上一年度职工平均工资的1%。标准每年7月份随上年度职工平均工资而调整。参保女职工妊娠分娩生育津贴标准调整为参保女职工生育前12个月月平均缴费基数(缴费不足12个月的执行统筹地区最低月缴费基数)。对参保女职工3个月以上流(引)产的,发给1个月的生育津贴。国家机关、全额拨款事业单位不实行生育津贴,差额拨款事业单位减半执行,自收自支事业单位按标准执行。参保男职工的配偶因无工作,未享受生育保险待遇的,其发生符合计划生育规定的生育医疗费按第一项待遇享受,并增发一次性营养补助费。参加生育保险的职工失业后,女职工在享受失业保险金期限内生育的,生育医疗费、一次性营养补助费、产前检查医疗费、妊娠并发症和生育并发症住院相关医疗费用参照在职女职工的待遇享受。参保男职工配偶在男职工领取失业保险金期间生育,符合享受生育保险待遇条件的,生育医疗费、产前检查医疗费、一次性营养补助费按在职女职工待遇享受。异位妊娠、葡萄胎等原因导致妊娠终止的,医疗费用参照妊娠并发症规定结报。女职工计划内生育,出现胎儿、新生儿或产妇死亡的,可按规定享受生育保险相关待遇。

第五节　工伤保险

1995年8月15日,市政府印发《企业职工工伤社会保险暂行办法》,规定工伤社会保险参保范围适用于国有企业、市属大集体企业、三资企业、股份制企业、劳服企业和私营企业以及驻兴化的部、省属企业。参保人群为固定职工、劳动合同制职工、招聘干部及经劳动部门批准使用的城镇户口的临时工。市社会劳动保险管理处具体负责工伤保险基金的筹集、支付和管理等工作。工伤保险基金按“以支定收、略有储备”的原则筹集,全市统一计提比例为企业在职职工工资总额的1%。

2002年7月15日,市政府印发《城填企业职工工伤保险办法》,将1995年实施的“暂行办法”细化、修改和完善。参保范围和人群扩大到全市行政区域内的城镇所有企业及与之形成劳动关系的劳动者。市劳动和社会保障局主管全市企业职工工伤和工伤认定工作。市城镇职工医疗保险管理处负责市内工伤保险的登记、审核、结算和待遇支付及工伤职工社会化管理服务工作。工伤保险费按照企业在职职工工资总额规定的比例1%提取。

2005年4月27日起,泰州市政府1号令颁布《泰州市工伤保险管理办法》,将参保范围进一步扩大到市内各类企业、个体工商户及职工。全市进行“五统一”:即统一参保范围和对象、统一工伤保险缴费政策、统一基金财务账户管理、统一工伤认定和劳动能力鉴定办法、统一工伤保险待遇支付标准。其中:一类行业0.8%,二类行业1.6%,三类行业2.4%。缴费年度为每年的7月1日至次年的6月30日。

2003—2010年兴化市工伤保险基金情况一览表

表27-12

项目	2003年	2004年	2005年	2006年	2007年	2008年	2009年	2010年
认定工伤人数(人)	59	82	479	600	1004	973	1018	1128
征收保险基金(万元)	114	197	230	483	728	913	859	1589
支付工伤保险金(万元)	89	106	100	290	524	875	1092	1288

第六节 住房保障

一、取消福利分房

1999年5月，根据《兴化市进一步深化城镇住房制度改革的实施方案》《兴化市城镇职工购房补贴实施细则》《兴化市经济适用住房建设管理暂行办法》相关规定，兴化市从1998年12月1日起停止住房实物分配，逐步实行住房分配货币化。建立和完善以经济适用住房为主的多层次住房供应体系。发展住房金融，培育和规范住房交易市场。1999—2005年，主要开展公有住房出售、住房补贴审核发放和经济适用房建设等工作。2007年，市政府出台廉租住房保障政策，并正式启动实施。

二、住房公积金

1995年8月31日，建立“兴化市住房制度改革办公室”和“兴化市住房基金管理中心”。2004年，成立泰州市住房公积金管理中心兴化分中心，代表兴化市政府统一归集、管理、使用兴化市内各级行政机关、企事业单位及各行业的单位和个人缴存的住房公积金。其职能包括：在泰州市住房公积金管理中心年度计划内完成住房公积金的归集和使用计划；按泰州市住房公积金管理中心的有关规定，记载职工住房公积金的缴存、提取、贷款等情况；按有关规定和审批权限审核住房公积金的提取和转移；受理职工个人住房公积金委托贷款的申请，按程序负责贷款审核和贷后管理；负责住房公积金的催建和催缴；办理住房公积金的对账和查询，提供住房公积金政策咨询；在泰州市住房公积金管理中心确定的商业银行开设住房公积金专用账户。

2004—2010年兴化市住房公积金归集使用情况一览表

表27-13

年份	缴存单位（个）	缴存人数（人）	缴存公积金（万元）	发放住房贷款（万元）
2004	350	21721	13238	3239
2005	365	23268	17558	5226
2006	388	25393	23294	9221
2007	424	27130	28597	11741
2008	525	36121	38026	9518
2009	569	37884	46839	19620
2010	663	40489	56034	19263

第七节 最低生活保障

1997年10月1日，兴化市开始实行居民最低生活保障，凡家庭人均月收入低于110元最低生活保障线的城镇居民均为保障对象。1999年，居民最低生活保障线调整为平均每人每月156元。

2001年，全市基本实现低保参保。

在资金负担比例上，2003年10月将市、乡镇、村3∶3∶4的比例调整为泰州市、兴化市、乡镇1∶5∶4的比例负担。是年，实行农村低保下限保底，每人每月不低于800元。农村低保补助资金从2005年10月起全面实现社会化发放。2005年，出台《兴化市农村居民最低生活保障实施细则》，实现农村居民低保资金由市民政、财政、各乡镇同步将配套资金划拨到专户，实行社会化发放。同时对农村集镇与城区低保实行统一标准实行。2006年4月起，全面提升城乡低保标准，城市从2005年的每人每月172元提高到每人每月200元，农村从每人每月800元提高到每人每月900元。动态管理进一步加强，2006年1—12月，全市低保家庭537户1058人由于收入达到或超过城乡低保标准而取消低保资格，年停发保障金37.77万元。对低保家庭196户288人由于收入下降（或提高），适时调整保障补助标准，对2405户2483人符合城乡低保条件的家庭批准纳入低保。从11月起补助资金全面实现社会化发放。2007年，提高城乡低保供养标准，农村由每人每年900元提高到1080元，城市由每人每月200元提高到210元，并根据物价涨幅较大情况，对城乡低保和特困职工家庭发放一次性物价补贴。强化城乡低保动态管理，引进低保申请听证制，加强核查把关，坚决杜绝“人情保”。至年末，核销1893户、3936人的低保资格，批准将3870户、8046人纳入低保。至年底，全市城乡低保户15908户30455人，其中城镇低保户4576户8929人、农村低保11332户21526人，全年投入资金1800万元。为保证各项政策措施落实到位，组织人员深入调查、认真核实低保人员资格，规范保障金发放程序。整个过程做到“公平、公正、公开”。2008年，全市享受低保的有18299户34143人，全年投入低保补助资金3570万元。2008年7月起，城市最低生活保障标准由210元/人月提高到270元/人月，农村最低生活保障标准由1080元/人年提高到1680元/人年。城镇新增低保304户539人，核停150户316人；农村新增低保2240户4217人，核停520户1526人。2009年，全市低保20091户36664人，全年投入低保补助资金4652.62万元。2009年7月起，城市低保标准由270元/人月提高到300元/人月，农村低保标准由1680元/人年提高到2040元/人年。全年新增3550户6572人，核停1758户4051人。2010年，全市低保21274户36722人，全年投入低保补助资金4708万元。2010年7月起，城市最低生活保障标准由300元/人月提高到340元/人月；农村最低生活保障标准由170元/人月提高到210元/人月。全年新增低保4626人，核停4303人。

2004—2010年兴化市低保人数及提标情况一览表

表27-14

年份	享受低保人数			核停（人）	城镇提标（元/人月）	农村提标（元/人年）
	低保总数（人）	城镇（人）	农村（人）			
2004	20256	6048	14208	844	72	—
2005	25473	8346	17127	816	—	—
2006	27189	7915	19274	1058	28	100
2007	30455	8929	21526	3936	10	180
2008	34143	9117	25026	1842	60	600
2009	36664	9207	27460	4051	30	360
2010	36722	9262	27460	4303	40	480

第三章 社会福利与慈善

第一节 五保户供养

1991年，全市47个乡镇对农村没有依靠、缺乏劳动能力，或完全丧失劳动能力的老、弱、孤、寡、残疾人员实行“五保”，即：保吃、保穿、保住、保医、保葬（或孤儿保教）。实行“以乡（镇）统筹，合理负担、多种形式、联合供养”的办法。对五保户供养经费以乡镇统筹为主，三级负担。年初以文件下达到村，确保资金到位。对分散供养的五保对象，各村指定监护人，定期发放零用钱，送医送药，送粮送油，乡镇民政科定期派人上门看望。2001年，全年分散供养五保老人8520人，收养城市“三无”①人员48人，供养金额742万元，五保供养标准达兴化人均收入的70%。

2005年初，对全市五保户进行核查清理，换发五保供养证书，全市有五保供养对象10248人。同年7月，市政府下发《关于进一步做好农村五保供养工作的通知》，全市五保供养经费实行以乡镇统筹，市财政专户管理，社会化发放，所需经费从农村三项资金中列支，供养标准为集中供养每人每年1400元，分散供养每人每年1100元。全年供养经费1100万元。2006年，全市在册五保供养对象11448人，社会化发放供养经费1300多万元。2007年，农村五保分散供养标准从每人每年1100元提高到1400元，集中供养标准从每人每年1400元提高到每人每年1600元。当年，全市五保供养11964人，全年投入五保供养资金1633.4万元。2010年，集中供养标准由2009年的每人每年2400元提高到3000元，分散供养由1800元提高到2500元。5月，全面核查五保供养对象，重新换证登记，核减826人，是年年底，全市在册五保总人数为11948人。

第二节 乡镇敬老院

图27-6 竹泓镇敬老院一角 （2008年，赵桂荣摄）

1990年，乡镇敬老院收养五保老人1472人，集中供养率13.5%。戴南镇敬老院面积600平方米，房屋60间，床位20张，有电风扇30台，电视机16台，餐具齐全。20世纪90年代初，每人每月生活费标准108元。2005年，实施省政府倡导的农村五保户“关爱工程”建设，争取省补资金449万元，市财政筹集资金200

①三无：无劳动能力、无生活来源且无法定赡养、抚养、扶养义务人，或者其法定赡养、抚养、扶养义务人无赡养、抚养、扶养能力的老年人、残疾人以及未满16周岁的未成年人。

万元，新建、改扩建乡镇中心敬老院14家，新增床位1424张。2006年争取省补资金720万元，新建、改扩建乡镇中心敬老院15家，新增床位1600张。2007年，全市推进五保户集中供养、实施五保“关爱工程”项目11个，新增床位1100张。新建敬老院宿舍全部采用宾馆式标准建设并按照10∶1的比例配备敬老院工作人员。2008年，新改扩建乡镇敬老院13家，新增床位1300张。2009年举办全市敬老院院长培训班，推进农村敬老院规范管理。至2010年，全市各乡镇敬老院35家（不含村级养老机构）。2010年1月，兴化市福利院被评为“江苏省示范性养老机构”。

第三节　福利企业

2000年，全市福利企业发展到50家。2005年，全市福利企业59家，职工2207人，其中残疾职工961人，全年销售收入173633.4万元，缴纳增值税8534.3万元。2010年，全市福利企业65家，有职工4070人，其中残疾职工1508人，全年销售额404822万元，上缴增值税4269.5万元。初具规模，经济效益好，吸纳残疾职工较多的福利企业有兴化市华顺针织服装厂、兴化市美联碳素化工厂、兴化市泰禾机械厂、兴化市茂华蜂窝纸制品厂、兴化市春达有色金属制品厂、兴化市芳强机电制造厂、兴化市双发机械实业有限公司等。市民政局积极探索，把福利企业管理和打造强势民政结合起来。为优化政策资源配置，协调有关部门，落实有关政策，解决全市残疾职工养老保险、工伤医疗保险问题，实行职工工资由银行统一发放。同时坚持“因地制宜、分类指导”的原则，充分发掘乡镇资源和优势，帮助经济薄弱乡镇新办福利企业。切实维护残疾职工权益，残疾职工劳动合同签订率达到100%，五项保险缴纳率达到100%。

2004—2010年兴化市福利企业情况表

表27-15

年份	企业数（家）	职工数（人）	残疾职工数（人）	销售收入（万元）	实缴增值税（万元）
2004	53	1925	845	45100.00	2909.31
2005	59	2207	961	173633.38	8534.30
2006	58	2040	886	305461.78	15976.92
2007	48	2735	1200	390997.31	15834.78
2008	59	4924	2894	501030.00	19574.00
2009	61	3616	1427	357214.00	4163.20
2010	65	4070	1508	404822.00	4269.50

2010年兴化市社会福利企业一览表

表27-16　　单位：人

乡镇	企业名称	其中：残疾职工数	合计
戴窑	兴化市戴窑织布厂	20	59
张郭	兴化市麦格维尔合成化工厂	10	40
	泰州明煌线缆有限公司	10	26

续表 27-16-1

乡镇	企业名称	其中：残疾职工数	合计
	泰州星球钨钼材料公司	34	87
	江苏华洋塑化厂	25	75
	江苏芳强机电制造厂	99	177
	兴化市东方塑料造粒厂	16	20
	江苏泽宇不锈钢制品有限公司	33	60
新垛	兴化市泰和机械厂	44	152
	兴化市华顺针织服装厂	48	158
老圩	兴化市合金铸造厂	10	23
	兴化市新蕾铜制品厂	30	41
永丰	兴化市荣生化工机械厂	13	44
	兴化市丝诺旅游保健卫生用品厂	10	35
	兴化市新艺达香料厂	11	30
大营	兴化市宏昌机械厂	11	44
安丰	兴化市智宇金属制品有限公司	30	55
	兴化市恒星铜制品有限公司	19	75
下圩	兴化市鑫源金属制品有限公司	24	53
	兴化市康辉金属制品有限公司	21	38
	兴化市倚兴金属制品有限公司	15	39
海南	兴化市美特服装有限公司	21	68
	泰州市金岳包装制品有限公司	12	47
	兴化市慧根铜制品加工厂	22	39
钓鱼	兴化市宏锦针织制衣厂	21	80
	兴化市兴鹏制衣厂	18	70
大邹	兴化市万达电力工具有限公司	11	32
	兴化市永安电力工具有限公司	27	107
	泰州市恒安电力工具有限公司	13	44
	兴化市兴盛针织服装厂	11	43
沙沟	兴化市兴华有色金属制品厂	16	33
西郊	兴化市金色江南金属制品厂	18	58
	兴化市志峰商品混凝土有限公司	20	57
	兴化市襟联服装有限公司	24	91

续表 27-16-2

乡镇	企业名称	其中：残疾职工数	合计
李中	兴化市楚宁电站设备厂	20	41
	兴化市鑫源食品公司	13	27
临城	兴化市东瑞机械厂	30	42
	兴化市缘尊生物化工厂	10	16
	兴化市苏美特机械有限公司	28	97
垛田	兴化市味野食品有限公司	16	60
竹泓	兴化市宏辉金属制品厂	13	26
	兴化市宇程金属制品厂	17	40
	兴化市盛源无纺厂	39	98
大垛	兴化市宇森稀有金属制品厂	11	16
	兴化市豪盛铜制品有限公司	14	26
	兴化市鼎宏金属制品有限公司	30	44
荻垛	兴化市春达有色金属制品厂	46	100
	兴化市五环有色金属制品厂	33	52
	兴化市耀华钢模配件厂	10	35
陶庄	兴化市双洋锌制品厂	13	36
	兴化市陶庄针织服装厂	20	74
茅山	兴化市东亚铜业器材厂	10	29
周庄	兴化市美联碳素化工厂	47	116
	泰州市茂华蜂窝纸制品厂	51	200
戴南	兴化市炬业金属材料厂	15	55
昭阳	江苏银联铸钢有限公司	18	45
	兴化市渗铝耐热钢厂	22	66
	兴化市垣泰特钢厂	37	67
	兴化市亨达再生橡胶厂	16	42
	兴化市康宁药用包装材料厂	10	26
开发区	兴化市中兴电动工具厂	22	76
	兴化市金鼎消防器材厂	15	52
	兴化市引春机电有限公司	19	57
	江苏双发机械实业有限公司	74	242
	江苏长友特钢机械有限公司	22	67
合计		1508	4070

第四节 福利彩票发行

2000年，兴化市福利彩票发行中心成立，负责全市福利彩票发行管理工作，主要职责是筹集社会福利资金。电脑福利彩票销售网点遍布城乡，乡镇布点率100%。自福利彩票发行后，销售额持续快速增长。2004年，获得“全省福利彩票销售成绩突出县市”称号。2005—2010年，福利彩票销售连续6年成为省福利销售十强县（市）之一。先后组织发行500万元以上大奖组2个，筹集公益金600多万元，集中资助乡镇敬老院和市社会福利中心建设，并资助贫困大学生1200多名。2005年11月、12月，连续创下月销售额列全省县级单位第一的纪录。2006年4月，泰州市内唯一的“中福在线”落户兴化市，投资200万元，在市中心购置房产建立营业大厅，当年10月1日开业营运。至2010年，全市有福利彩票发行销售点120个，其中：市区45个，乡镇75个。2010年，全年福彩销量达7056万元，进入全省县市销售“十强”。

2000—2010年兴化市有奖募捐福利彩票情况一览表

表27-17 单位：万元

年份	发行金额	提取基金	年份	发行金额	提取基金
2000	375	37.50	2006	3000	300.00
2001	600	60.00	2007	3696	369.60
2002	900	90.00	2008	3718	371.80
2003	1100	110.00	2009	5514	551.40
2004	1500	150.00	2010	7056	705.60
2005	2200	220.00	合计	29659	2965.90

第五节 慈善与社会募捐

1991年后，兴化市慈善事业由市民政部门组织、实施。2007年4月25日，市慈善总会成立，筹集创始基金1000万元，选举范学忠为会长。

一、募捐活动

2007年慈善总会成立后，每年举行慈善一条捐活动，发动全体公职人员（含公务员、事业单位人员、企业员工）捐出工资一天的部分；工商企业主慷慨解囊，捐出一日的利润部分，特别是城乡重点企业带头捐赠及热心于慈善事业的社会各界人士。至2010年，募集经费近2000万元。

二、慈善救助

1998年，长江、嫩江、松花江流域遭洪涝灾害，兴化市各界捐款15万元，捐赠物资30万元、寒衣棉被5680件。对口支援重庆市万州区、江西省九江市、湖北省上安县寒衣棉被6570件。2003年，泰州市50例唇腭裂患儿登上“微笑列车”，其中兴化11人。2007年，泰州市慈善总会配合中华慈善总会、省慈善总会先后实施“心蕊工程”“慈善助学”等项目。资助下圩镇双联小学3万元。2007年后，市慈善总会开展救灾、扶贫、安老、助孤、助学、助医六方面近10个慈善项目，逐步形成遍布全市、初具规模的慈善援助体系。

第四章　社会救助

第一节　救灾、救济

一、灾害救济

1991年，兴化市遭遇特大洪涝灾害，全境受涝，损失惨重，保险公司理赔灾害2835万元。至8月31日，兴化市人民在抗灾中斗争中，收到全国各地、海外侨胞、国际友人大量捐款、捐物及药品。1992年，接受台湾慈济慈善事业基金会捐助兴建中小学8所。（参见《兴化纪事》卷《二、1991年兴化抗洪纪实》）

2003年6—7月，兴化梅雨成灾，直接经济损失22.63亿元。种植业损失10.04亿元，水产养殖业损失6.27亿元，林牧业损失0.55亿元；倒塌房间11304间，损失0.31亿元；桥梁、公路受损95座，通信杆等基础设施损失1.33亿元；工业损失2.04亿元；254所学校受淹，损失0.45亿元；乡镇卫生院受灾损失0.11亿元；服务业损失0.74亿元。市民政局及时转移安置被水围困群众，紧急下拨转移安置经费25万元，发放救灾大米32.78万千克、方便食品3300箱、矿泉水450箱、火腿肠150箱、棉被30条、帐篷35顶、搭建简易棚的彩条布3500米。采取投亲靠友、船上安置、集中安置等形式，及时将被水围困灾民安全转移，妥善安排其基本生活。下发530多万元灾民生活救助资金、17.5万元重灾乡镇救灾补助资金。接受社会各界捐赠款物130.68万元，其中接受现金86.1万元、接受物资折币44.58万元。

2004年，临城、戴南、中堡等10乡镇相继遭受暴雨、大风、冰雹袭击，直接经济损失1.55亿元，冬春缺粮人数9.08万人。政府安排生活救济款193万元，救灾建房数20万元，救济口粮843吨，衣被1.21万件（条）。

2005年，全市发生龙卷风、风雹灾等局部自然灾害8起，受灾人口41237人，农作物受灾面积8.63万亩，倒塌居民住房208间，直接经济损失达1.3亿元。市政府救济2.1万人，发放救济口粮651吨。安排寒衣被救济款18万元，下拨救灾资金38.5万元，春荒冬令生活安排救济款216万元。

2006年7月，全市发生严重的洪涝灾害，造成直接经济损失15.45亿元；紧急转移安置受灾人口4.1万人，发放救济口粮1014.5万吨，救济衣被8650人，下拨救灾款260万元，救济寒衣被2600件（条），冬令生活救济款118.1万元，使3.62万受灾民众安全度过寒冬。

2007年入梅后，市内遭受龙卷风、强降雨、特大暴风雨和严重的洪涝灾害。7月3日，陈堡、茅山、戴南5镇15个村遭受龙卷风袭击。7月中旬，发生严重洪涝灾害。7月25日，22个乡镇遭受特大暴雨袭击。7月30日和8月2日，12个乡镇又遭受暴风雨袭击。全市受灾人口63.15万人，灾害造成直接经济损失10.2亿元。面对灾害，政府全力开展救灾救济工作。紧急安全转移受灾民众2.16万人。动用救灾预备金30万元，确保受灾群众生活得到妥善安置。下达救灾资金436万元，全部完成405户因灾倒房恢复重建工作。

二、社会救济

图27-7 兴化市社会救助服务中心
（2004年摄，市民政局提供）

【救助体系】1991年后，市民政局建立健全救灾专项预备金制度，基本形成备灾、紧急救援、生活救助和恢复重建为重点的灾民救助体系。2001—2005年，全市发放救灾款物折合人民币1700多万元，寒衣被142896件（条），帮助3809户灾民建房9038间，完成3762户的农村草危房改造任务。2005—2010年，持续开展市、乡镇两级机关部门帮扶城乡贫困居民工作。市级机关部门与帮扶家庭签订帮扶协议，发放挂钩帮扶联系卡。

【救助服务中心】 2008年4月25日，成立省内首家"一站式"集中办公社会救助服务机构——兴化市社会救助服务中心。市民政局和市社保、市委组织部、市总工会、残联、教育、建设、妇联、司法9个部门在"中心"设立窗口，20多名工作人员统一办公、集中管理。中心统一受理全市城乡居民救助事务，到2010年，救助内容达27项，基本涵盖全市困难群体的各种救助要求。

【常规救助】 1991年后，市内农村贫困户主要有3种类型：主要劳动力长期生病，上有老人，下有小孩；天灾人祸，尤以自然灾害造成损失更大；孤儿寡母的家庭，缺少劳动力，子女读书连遇困难。对于上述3种类型的贫困户，市、乡镇民政部门均根据实际情况安排救济款，保证其基本生活。每年冬前，及时拨款购置棉衣、棉裤、棉被，夏季拨款购置蚊帐发放到贫困户家中。2002年，全市发放春荒救济专款17.5万元。全市建立救灾预备金制度，市财政安排30万元救灾预备金，纳入自然灾害救济事业费专户，各乡镇安排2万—3万元救灾预备金全部足额到位。2003年洪涝灾害后，根据市委、市政府"保生命、保财产、保生产"的三保并重方针，下达灾民生活救助资金530多万元、重灾乡镇救灾补助经费17.5万元，下发救灾大米325吨，确保受灾群众的基本生活。接受社会各界捐赠款物130.68万元。为确保因洪涝灾害倒塌的3809户受灾群众在入冬前全部住进新房，市下达救灾建房资金400万元，实行专款专用，重点使用。2004年，全市需政府救济人数2.8万人，需救济口粮843吨，需救济衣被人口1.21万人，下拨春荒、冬令生活安排救济款193万元，救灾建房款20万元。2005年，全市需政府救济人数2.1万人，需救济口粮651吨，安排救济款18万元，下拨救灾资金38.5万元，春荒冬令生活救济款216万元。2006年，全市需救济人数达3.62万人，需救济口粮1014.5万吨，需救济衣被8650人，下拨救灾款260万元，救济寒衣被2600件（条），冬令生活救济款118.1万元。2010年，出台《兴化市城乡医疗救助实施办法》，全市1800人得到救助，发放医疗救助金1200万元。发放城乡低保节日慰问补助367.1万元，物价补贴633万元。

第二节　城乡扶贫

一、城镇困难居民救助

1991年后，城市扶贫从救助困难职工开始，特别是从国有企业下岗职工开始。工会组织针对贫困人口开展送温暖活动。1992年起，调整精简老职工生活补助费，城镇户口的每人每月35元（不含油粮补助），农村户口的每人每月32元。1994年，城镇“三无”孤老、孤儿、幼儿和精神病人每人每月调整为75元，年满80岁的再加10元，1960年精简已享受生活补助和救济费的，城镇户口每人每月调整到70元，农村户口的调整到60元（含1993年底前粮油、水电等补助）。

20世纪90年代中期后，建立社会保障体系，直接救助城市贫困人口，城镇孤老定期生活补助，在原有基础上每人每月增加5元。1997年后，建设城市居民最低生活保障制度逐步加大资金投入，实施开发式救助，推进再就业工程。2000年后，市政府组织市级机关部门，帮扶城镇特困居民。2002年，城镇帮扶812户，劳务输出152人，扶持就业54人，资助特困家庭子女学杂费6.7万元。困难补助24.71万元，另安排义务帮工2210个。2004年1月1日起，20世纪60年代下放老职工和宽大释放人员生活费，从每人每月130元统一提高到180元。2006年元旦、春节期间，市总工会组织基层工会筹集送温暖资金31.12万元，慰问困难职工2037户、困难劳模172名、困难工会干部10名。将有智力优势、技术优势、资金优势的劳模与困难劳模结成15个帮扶对子，使困难劳模的生活有所改善。通过核发第八批“特困证”，让最困难的职工家庭（包括2名农民工）享受到政府10个方面的优惠待遇。

2007年10月31日起，施行《江苏省城乡困难群众临时生活救助实施办法》，救助对象为具有当地户籍的常住居民。救助调查、审核、审批程序原则上不超过7天。救助资金由市根据需要，通过财政预算、福利彩票公益金、社会捐赠等渠道筹集。2009年，各社区通过政策扶持，有46户困难居民住进廉租房。

2010年，市妇联等社会团体及有关部门对全市孤儿实施动态管理。2月，市教育局、烟草局、新华书店共同组织“爱让冬天更温暖，和你一起过大年”助孤助贫联欢会。8月，市妇联组织全市百名孤儿代表开展“共享一片蓝天，共度七彩夏日”活动，市妇联争取全国、省及泰州市妇联资金31万元，创办职教、义务教育阶段“春蕾”班4个，资助200名“春蕾”女童。

二、农村扶贫

1991年后，市和乡镇扶贫工作领导小组每年制定扶贫计划，实行包扶责任制。2001年，市委继续组织市级部门、乡镇政府和社会团体与经济薄弱乡镇、村和贫困户结对挂钩帮扶。年初落实经济实力较强的16个市级部门重点帮扶8个经济薄弱乡镇，市级其他72个部门帮扶62个村，乡镇政府帮扶116个村，帮扶6000个贫困户，年末村级脱贫率达76%，贫困户脱贫率达64%。2002年，泰州市40个部门落实帮扶资金1400多万元，为兴化市30个村修建通村公路。2005年，中堡镇党委、政府一手抓“给予型”扶贫，一手抓增收长效机制的构建。通过帮助建设通村公路桥梁，改善经济发展环境；狠抓村级班子建设，带领农民创业致富，组织技能培训，组织劳动力就业，帮助特殊困难农民，建立社会保障机制。促使机关干部、事业单位部门中的党员干部结对帮扶118个农村贫困户脱贫。被帮扶对象年均纯收入达4800元，同时发动社会力量捐赠20多万元，解决160多名特困学生上学难的问题。2006年，市级机关工委和市残联一起，筹措1万元，帮助挂钩扶贫的临城镇秦家村改善道路。帮助村民房余扣发展塑料粒子加工，改变该村无工业现象，组织机关干部结对帮扶特困学生，为全市228名特困学生解决衣、食、住、医、学等方面困难。“六一”期间，市妇联协调9个口对9所学校少年儿童进行慰问，送去慰问金4.5万元，与市机关工委、团市委、市教育局支持203名孤儿完成9年义务教育，安丰镇对100名贫困学生结对帮持。

2009年，市委农工部门完成农村贫困人口建栏立卡监测基础工作，对当年24078户贫困户、42580名贫困人口做到户有卡片、村有册、乡镇和市有电子台账。出台《关于开展新一轮万户结对帮扶的实施意见》和《考评办法》。继续组织实施8个经济相对发达乡镇与8个经济相对薄弱乡镇结对帮扶。组织100个市级机关部门和34个乡镇及开发区党委政府共同帮扶128个经济薄弱村，组织市、乡干部和教师结对帮扶10351户农村贫困户。发放扶贫贴息贷款2000万元，当年有7个经济较薄弱乡镇财政收入达1000万元以上，有78个经济薄弱村集体收入达5万元上，21623名贫困人口实现脱贫目标，脱贫率67%。2010年，突出推进整村扶贫和定点帮扶两项重点，抓万户结对帮扶、部门挂钩示范村和困难户就业扶贫3项工作。当年向困难户发放农村小额贷款3000万元，扶持就业贷款2000万元，捐赠款物400多万元，当年全市脱贫人口20957人、脱贫村48个，8个经济薄弱乡镇财政总收入全部达到1000万元以上，全面完成脱贫攻坚工程3年目标任务。

第三节 收容救助

1991年5月起，执行国务院《关于收容遣送工作改革问题的意见》，将收容遣送对象扩大到“三证”（身份证、暂住证、务工证）不全的流动人员。1995年9月起，贯彻实施中央社会治安综合治理委员会《关于加强流动人口管理工作的意见》，由市民政部门和市公安部门共同承担收容遣送工作。收容遣送的对象主要是无合法证件、无固定住址和无正当生活来源的流浪乞讨人员。

2003年6月20日，国务院颁发《城市生活无着的流浪乞讨人员救助管理办法》，并于2003年8月1日实施，同时废止《城市流浪乞讨人员收容遣送办法》，建立新型的救助管理制度和运行机制。2003年8月，《城市生活无着落流浪乞讨人员救助管理办法》实施，收容救助模式实现从强制遣送到自愿接受救助转变。至2010年末，全市救助1490人，其中：2004年91人，2005年219人，2006年233人，2007年226人，2008年236人，2009年283人，2010年202人。

第五章 社会专项事务管理

第一节 民间组织登记管理

一、社会团体

1991年，市民政部门根据国务院《社会团体登记管理条例》。对各类社会团体进行整理、核准、登记、发证，全市核准市级社团56个，乡镇级社团72个，并向社会公布。同时建立重大活动报告制度、内部管理制度。通过清理整顿，社团登记管理步入法制化轨道。1992年，根据国务院批示，对参加中国人民政治协商会议的共青团、工会、妇联、科协、工商联、台联、侨联和青年联合会等8家人民团体再次进行社团登记。1993年，对社团进行年检，全市登记社会团体138个，新批准8个、合并4个、注销3个、变更49个。1994年，建立社会团体代码标识制度，对年检合格的市级、乡镇级社团编发代码。

1998年10月起，贯彻国务院修订的《社会团体登记管理条例》。市民政局和业务主管单位分别负责社会团体的筹备申请、成立登记、变更登记及注销登记前的审查，监督社会团体遵守国家法律、法规，依据其章程开展活动，并规范社会团体收费及财务管理等事宜。2010年，全市社会组织注册登记数703个，其中社团235个、民办非企业单位468个。团体性质：学术24个、专业113个、行业32个、联合26个、其他40个。当年通过年检注销（撤销）14个、变更49个、限期整改19个，参检率96%，合格率91%。

二、民办非企业单位

1996年，中共中央办公厅、国务院办公厅下发《关于加强社会团体和民办非企业单位管理工作的通知》，市民政局从兴化市具体实际出发，通过严格审批、加强管理、正确引导等措施，发展一批适应社会经济发展需求的行业协会、农村专业经济协会和公益性服务型民办非企业单位。加强登记管理，促使其沿着健康有序的轨道快速发展。新成立的民间组织“官办”色彩逐步淡化，利用自身优势服务社会的功能不断增强。2005年前成立的132个社团开展各类咨询服务活动185场次，化解诸多矛盾，帮助一些会员单位和个人解决难题。186家“民非”单位为全社会新增2000多个就业岗位。民办非企业单位在全社会开展诚信自律建设等一系列活动，取得较好社会效果，为全市民间组织树立良好的社会形象。2006年1月，兴化市板桥高级中学被民政部授予“全国民非自律与诚信建设先进单位”。2007年，开展“民间组织服务社会主义新农村建设”和“提供优质服务，真情回报社会”公益活动，兴化市脱水蔬菜行业协会、兴化市不锈钢行业协会等6家社会团体被省民政厅表彰为“全省百强单位”。市民政局加强执法监督检查，依法撤销14家组织，促进民间组织健康有序发展。兴化市民间组织管理工作被省民政厅授予先进单位称号。2010年，全市有民办非企业单位468个，其中市（县）级468个。

第二节　区划地名管理

一、勘界

1997年7月，兴化市成立“勘界工作领导小组”，办公室设于市民政局。8月起，按照泰州市勘界工作会议部署，对边界勘定作前期准备。1998年，兴化与姜堰2市实现全线贯通。东起兴化市戴南镇、姜堰市兴泰乡、东台市溱东镇3处交汇点，西至兴化市周庄镇、江都市吴堡镇、姜堰市叶甸乡3处交汇点。2市交界7乡镇，分别为兴化戴南、顾庄、周庄、边城、姜堰俞垛、叶甸、兴泰。东西间长73.6公里。2000年，先后完成兴化与东台、大丰、盐都、宝应、高邮、江都各县、市、区之间的勘界工作。兴化与东台之间，北起大丰市草堰镇、东台市廉贻乡、兴化市戴窑镇3市交汇处，南至东台、姜堰、兴化3市交汇处（乡镇见前），全长约39.2公里。兴化与大丰之间，北起盐都区三圩乡、大丰市刘庄镇、兴化市大营乡3处交汇点，南至兴化、大丰、东台3市交汇点，全长约23.4公里。兴化与盐城市盐都区之间，东起兴化、大丰、盐都区3市区交汇处，西至盐都区大纵湖乡、宝应县广洋湖乡、兴化市沙沟镇3处交汇点，全长约55.4公里。西边与宝应、高邮、江都3县交界。北段与宝应之间，北起盐都、宝应、兴化3县、市、区交汇处，南至宝应夏集镇、高邮临泽镇、兴化市周奋乡交汇处，全长约21.6公里。中段与高邮市接壤，其北起兴、高、宝3县市交汇处，南至高邮汤庄镇、江都武坚镇、兴化市陈堡镇3处交汇处，全长约24.6公里。南段与江都市交界，其北起高邮、江都、兴化3市交汇处，南至江都吴堡镇、姜堰叶甸乡、兴化市周庄镇3处交汇点，总长约12.6公里。兴化市与周边县、市、区交界总长350.5公里。除兴姜线为泰州市内2市交界处，其余为盐泰、扬泰2条地级市际行政区界线，2线总长352公里。上述边界线分别于2001年7月23日、9月30日和12月24日经省政府批准。于同年起，并行《行政边区域界线管理条例》，开展与相邻县市行政区域界线的联合检查。2006年，完成扬泰线110公里、10个界桩点的联合检查任务。

二、地名管理

1991—2001年，开展城市地名标志设置工作，安装主干道标志232块、楼幢牌452块、居民门牌29685块、沿街门面用房2047块。命名路名102条、桥24座、小区名称66个。2005年4月，被评为全省标准地名标志设置工作先进集体。初步建立地名数据库。2006年9月，出版《兴化地名文化集锦》。完成《江苏政区大典》（兴化片）资料收集、文字校对。2007—2010年，形成城区地名规划总体方案，实施“地名公共服务工程”，全面建立地名数据库。

第三节 婚姻和收养管理登记

一、婚姻登记

20世纪90年代，由乡政府办公室文书兼办婚姻登记工作。1992年7月1日开始，全市实行“两证”（结婚证和生育证）同时发放。1993年7月起，使用省民政厅同意印制的新式结婚证、婚姻状况证明书。1994年2月1日起，贯彻民政部颁布的《婚姻登记管理条例》，完善规章制度，坚持依法登记，杜绝乱收费等现象的发生。

2005年，兴化市成立婚姻登记处，落实人员编制和经费。自2006年起，全市实行婚姻集中登记，各乡镇不再办理。为确保全市婚姻登记工作正常运转，市民政局在做好交接工作的同时，加大婚姻登记人员培训和管理工作力度。落实婚姻登记员工作责任制，实行专人登记、专人负责，切实规范婚姻登记行为。2007年，加强婚姻登记机关规范化建设，设立婚姻登记政策咨询热线，在全省率先建立并完善“四数一致、当日对账”（“登记数与空白证使用数一致、登记数与收费数一致、登记数与档案数一致、纸质档案数与电子档案数一致”）工作制度，从源上防控弄虚作假和非法登记现象的发生，婚姻登记合格度100%。2009年10月，市婚姻登记处被民政部授予“国家级婚姻登记规范化单位”。

1991—2004年，全市申请结婚150795对，准予结婚141674对。出具各类婚姻记录证明8025份。2005—2010年，全市申请结婚80013对，准予结婚75555对。出具各类婚姻记录证明4287份。

1991—2004年兴化市结婚登记情况一览表

表27-18

年份	结婚数(对)	登记数(对)	登记率(%)	年份	结婚数(对)	登记数(对)	登记率(%)
1991	13667	12500	91.4	1998	9250	9069	98
1992	13761	12689	92.2	1999	12520	12520	100
1993	11616	10733	92.4	2000	12000	12000	100
1994	11162	10562	94.6	2001	6992	6992	100
1995	12055	13916	95.6	2002	7935	7935	100
1996	11165	10942	98.0	2003	8030	8030	100
1997	10436	10025	96.0	2004	9536	9536	100

说明：1. 1994年清理1991—1994年违法婚姻3630对，补登记2726对，准予登记离婚73对，再婚156对。2. 1995年登记数含补证2391对。3. 1999年含补证2480对。

2005—2010年兴化市婚姻登记情况一览表

表27-19

年份	婚姻登记情况(对)			补发证件(人)	婚姻记录证明(份)
	登记总量	其中			
		结婚	离婚		
2005	10084	9753	331	135	—
2006	9699	9303	396	209	—
2007	11039	10355	684	314	—
2008	13479	12538	941	543	1135
2009	16813	15429	1384	980	1397
2010	19612	18177	1435	1309	1755

二、离婚登记

2006年10月1日起，协议离婚由市民政局办理，各乡镇不再办理。2006—2010年，全市申请离婚5297对，准予离婚4840对。

三、收养登记

1991年12月29日，《中华人民共和国收养法》颁布后，市内对收养查找不到生父母的弃婴及社会福利机构收养的孤儿，由市民政局登记。1999年5月25日起，根据民政部颁布的《中国公民收养子女登记办法》，对各种被收养对象、收养人以及登记机关、登记程序等作明确规定。2005年，办理收养登记9人，其中事实收养7人，登记合格率100%。2006年，全市办理收养登记32件，其中事实收养23人，登记合格率100%。1991—2010年，全市办理收养登记279件。

第四节 优抚安置

一、优待军烈属、转复军人

1990年，按照上级规定明确不低于上年人均纯收入的56%以上兑现，同时全面推广钓鱼乡对残复军人和带病回乡退伍军人“按困难大小改为按入伍时期定额优待”的办法，即按抗日战争、解放战争、抗美援朝3个时期入伍分别确定优待金额，减少随意性。对城镇义务兵家庭的优待，实行以县统筹、企业平衡负担的办法。根据《江苏省义务兵家属享受优待金的暂行办法》，义务兵家属优待金标准随着城乡收入水平的提高而提高，其他各类优待对象的优待金标准也不断提高。

1991年7月起，对从农村入伍的义务兵家属，按照上年度末公布的人均收入的70%发给优待金，从乡村企业或城镇企事业入伍的义务兵家属，按同年进单位的职工全年平均收入的70%发给优待金。无工作单位入伍的义务兵优待金略低于上述标准。

1996年后，贯彻执行泰州市统一的抚恤补助优待标准，实行抚恤金、补助金、优待金、立功荣誉金、护理费“五金合一”。对重点优抚对象实行“政策照顾、小病补助、重病救助、慢性病疗养”五位一体的新型医疗保障体系。全市各医院、卫生院实行医疗减免政策，通过大病互助、住院医疗保险帮助重点优抚对象解决看病难的问题。开展“一助一”扶优志愿服务活动，实施领导帮扶、双扶保障、企户挂钩“三大工程”，受到民政部肯定，并予推广。把对优抚对象的各项优惠政策整理成10项服务内容，并实行“一卡通”。10项服务内容为：低于当地群众生活水平的享受抚恤、补助的重点优抚对象，符合条件的享受低保待遇；将重点优抚对象纳入“政策照顾、小病补助、大病互助、重病救助”四位一体医疗保障体系；确有住房困难的，优先给予解决；本市境内乘农公车、公交车，减半收费；子女入学，减免学杂费；发展经济，优先发放贷款；发展生产，帮助提供技术、项目等方面的扶助；优先介绍本人或子女到企业务工；减免各种公益性用工收费；农忙时组织义务帮耕帮种。

“十五”期间，全市开展优抚对象普查工作，组织伤残人员换证。重点优抚对象的抚恤补助标准提高100%以上。全市优待各类优抚对象49873人次，优待金总额达6123.4万元，支付立功奖励金41.8万元。投入155万元，帮助520名优抚对象改善住房条件，新建改建敬老院光荣室68间，使集中供养的优抚对象住房困难得到解决。“十五”期间，医疗优惠减免41200人次，优惠减免98.5万元。解决门诊医疗费390.5万元，通过大病互助、住院医疗保险，帮助重点优抚对象解决医疗费255.06万元。市建立重病救助资金60万元，乡镇2万—5万元，救助标准最高可达5000元，每人救助总额不超过1万元，先后救助重点优抚对象423人，支付救助资金168.6万元。接收重点优抚对象慢性病疗养700人次。2002年1月，兴化市成为全省首家实行优抚对象抚恤补助经费社会化发放县市，为每个乡镇添置电脑，实行供养人员经费数据化网络化管理。市四套班子全体成员率先与城区12名重点优抚对象签订帮扶合同，副乡（局）级以上干部每人与贫困优抚对象结对帮扶。2003年6月，建成泰州市兴化复员军人疗养院，建筑面积2600平方米，主体5层，局部6层。2005年，全市接待重点优抚对象就诊5476人次，减免各种费用23.6万元，下达门诊经费32万元，参加住院医疗保险5667人，理赔金额102.6万元，理赔率100%。市四套班子成员和副乡级以上干部帮扶重点优抚对象1216户，156家企业与优抚对象家庭结对帮扶，安置贫困优抚对象和亲属就业。开展纪念抗战胜利60周年活动中，为519名抗日战争时期入伍在乡老战士颁发

"中国人民抗日战争胜利60周年纪念章"，为597名在乡务农的老战士每人发给慰问金1000元。完成残疾军人证件换发工作。为做好残疾军人、退伍志愿兵的服务工作，市民政局成立优抚工作办公室。

2005—2007年，全市帮扶优抚对象6225人次，参加帮扶人员近10万人次，投入帮扶资金953万元。举办各类培训班123次，扶持4120名优抚对象发展养殖业、种植业，组织劳力5.13万人次，助耕助种3.67万亩。安排优抚对象子女1566人就业，资助优抚对象子女1329人入学，90%的优抚家庭提高了生活质量。特困企业在职伤残军人的生活医疗待遇得到妥善落实。采取按等级和年龄相结合的办法，妥善解决伤残军人的待遇。市政府及主管部门为全市42名在业伤残军人一次性交纳养老保险金就达91.3万元。

2006年，全市减免重点优抚对象各种费用23.6万元，下达门诊经费21.3万元，下达医疗经费169.3万元。参加住院医疗保险6079人，理赔金额122万元。2007年，全面调整重点优抚对象抚恤、定补、优待金和护理费标准，优抚对象抚恤补助标准普遍提高10%以上，对各乡镇义务兵家属优待金都有大幅度提高。核定参战、涉核退役人员536人身份，在10月1日前将其生活补助全部发放到位。实施新一轮重点优抚对象住院医疗保险，参保率达90%以上。修订出台《兴化市重点优抚对象门诊医疗费补助实施办法》，取消乡镇配套资金，门诊医疗补助经费统一纳入市财政预算。重点优抚对象的门诊报销标准平均提高200元，并门诊报销实行医疗刷卡制度。积极探索"一助一"扶优志愿服务活动新举措，形成"一卡通"与"连心卡"双卡效应，把医疗保障落到实处。帮助解决86名重点优抚对象享受低保待遇，解决32户住房困难，减免53名特困家庭子女学杂费，介绍43名重点优抚对象子女到企业做工，解决210名帮扶对象医疗费用，对缺劳户义务帮耕帮种土地2400亩。

2008年，全市推进"四扶一"帮扶新机制，即以一个责任人、一个社会组织、一个社会群体、一套优惠政策扶持一户困难优抚对象家庭，对全市6万多名优抚对象开展"送温暖"活动，全面调整重点优抚对象抚恤、定补、优待金和护理费标准，优抚对象抚恤补助标准普遍提高10%以上，义务兵家属优待金各乡镇都有大幅度提高。从2008年7月对全市7530名重点优抚对象的抚恤、定补、优抚金和护理费按泰州市新标准执行，全年发放2906.13万元，对全市2820名重点优抚对象住院医疗保险进行调整，对门诊医疗卡进行分档、充值。对2162名在乡老复员军人遗孀每人每月发放100元生活补助，全年累计发放259.44万元。2009年，不断深化"一助一"扶优活动，放大优抚服务"一卡通""连心卡"效应。结对重点优抚对象1200户，90%以上的帮扶对象生活明显改善。提高全市优抚对象抚恤、定补、优待、护理费标准，从2009年7月1日起，优抚对象抚恤补助和优待金标准按新标准执行。在乡复员军人遗属生活补助从每人每月270元提高到300元。统一城乡义务兵家庭优待金实现城乡同步，标准达5159元。2010年，结对重点优抚对象1200户，90%以上的帮扶对象生活明显改善。提高全市优抚对象抚恤、定补、优待、护理费标准，从2010年7月1日起，优抚对象抚恤补助和优待金标准按泰州市新标准执行。不断完善重点优抚对象"五位一体"医疗保障体系，推行优抚对象"一站式"即时结算，将住院医疗保险与重病救助合二为一，实行一站式服务，有效解决医疗报销周期长、垫付难问题。在全省率先实施重点优抚对象百户危房改造工程，安排100万元为139名重点优抚对象进行危房改造，并于10月底全面完成。推进"慰烈工程"建设，在调研论证的基础上，通过乡镇试点，以知名烈士墓塔和村级公益性公墓为依托，实行集中安葬。

二、抚恤

【牺牲病故抚恤】 1991年7月23日起，按照《江苏省〈军人抚恤优待条例〉实施办法》，现役军人死亡，由市民政局根据死亡性质和死亡时工资收入，发给一次性抚恤金。标准：革命烈士40

个月工资、因公牺牲军人20个月工资、病故军人10个月工资。

对“三属”定期补助标准，烈属、因公牺牲军人家属定期补助标准为：1993年，家住农村每月45—50元，家住城镇每月55—60元；2000年，家住农村每月115—120元，家住城镇每月125—130元。2005年因公牺牲军人家属，农村2520元，城镇3900元，2010分别为5010元和7820元。病故军人家属定期补助标准为：1993年，家住农村每月40—45元，家住城镇每月50—55元；2000年，农村每月110—115元，城镇120—125元。2005年病故军人家属，农村2340元，城镇3600元，2010年分别为4790元和7360元。2005年，烈属定期补助标准为：家住农村每年2640元，家住城镇每年4200元。2010年分别为5240元和8730元。

【伤残抚恤】1991年，全市革命伤残人员1964人，其中革命伤残军人1845人。此后，通过数次新评、补评、升等和集中进行残情鉴定，2010年，全市有革命伤残军人983人，其中在乡775人、在职208人。按伤残等级分：一级2人，二级2人，三级27人，四级19人，五级65人，六级320人，七级237人，八级253人，九级37人，十级21人。此后，按照《军人抚恤优待条例》，退役后未参加工作的革命伤残军人，由市民政部门发给抚恤金；参加工作或享受离退休待遇的革命伤残军人，由市民政部门发给伤残保健金。伤残抚恤金标准，根据伤残性质和伤残等级，参照全国一般职工的工资收入确定。1994年、1996年、1998年起，调整伤残抚恤金标准作出。2001年，在乡人员抚恤金一、二、三等分别为1000元、800元、640元、500元；在职人员保健金特、一、二、三等分别为320元、220元、150元、100元。

2005年、2010年兴化市革命伤残人员年抚恤标准一览表

表27-20　　单位：元

年份	致残原因	伤残等级及抚恤金标准									
		一等	二等	三等	四等	五等	六等	七等	八等	九等	十等
2005	因战	14560	13100	11650	9470	7280	5820	4350	2880	2180	1460
	因公	14040	12480	10920	8580	6550	5460	3880	2480	1870	1250
	因病	13570	11960	10140	7800	5930	4680	—	—	—	—
2010	因战	28690	25960	22770	18670	14580	11390	8660	5470	4550	3190
	因公	27780	24600	21410	16850	12750	10780	7740	5010	3640	2730
	因病	26780	23680	20040	15490	11840	9110	—	—	—	—

三、烈士褒扬

【编纂英名录】20世纪80年代初，按照民政部和省民政厅有关通知精神，县民政局完成《革命烈士名录》的编纂工作，兴化县烈士姓名列入省民政厅编辑出版的《江苏省革命烈士英名录》。20世纪90年代初出版的《兴化市志》在《人物》篇中，列有革命烈士传略、简介和英名录。2004年，为纪念抗美援朝战争胜利50周年，国家在丹东修建历史纪念馆和烈士碑林。为配合这次行动，市民政局开展全县抗美援朝烈士英名收集工作，全市在抗美援朝战争中牺牲的烈士286人，并派员赴沈阳核实。

【树碑建馆】1997年，在原兴化县委书记戴为然等老领导的关心和省政府的支持下，兴化多方筹措资金，在安丰镇盐宁一级公路东侧重建华中二分区革命烈士陵园。陵园内建有革命烈士纪念碑以及史料陈列室。重建的纪念碑碑高19.47米，碑基座高5米，碑顶高1.997米。2002年，泰州市政府下拨资金，为华中二分区革命烈士纪念陵园修建围墙，并对陈列室进行简易装修。2005年，省政府先后下拨资金对烈士纪念碑碑身和革命烈士陵园大门进行修缮。2005年11月，在老领导戴为然的关心和倡议下，兴化市启动重修华中二分区革命烈士纪念馆工作。2007年底顺利完成，成为兴化市及周边县市重要的爱国主义教育基地。华中二分区革命烈士纪念馆的基础设施建设由兴化市安丰镇政府负责承办，展厅的资料收集整理及布展工作由兴化市史志档案办公室负责承办。兴化市另有烈士纪念碑10座、烈士陵墓20座，分布于市内各乡镇。

2007年10月，兴化市委、市政府将烈士纪念馆定为“金钥匙”工程，市财政出资，市建设局代建，市民政局组织协调，新建900多平方米的千秋广场、大型花岗岩浮雕呈现收复兴化城的壮烈情景，8名著名烈士雕像增加广场气氛，东边70多米的文化墙显得庄严、肃穆。陈列室、办公室、会议室重新布置一新，总投资150多万元。

1991年以后，每逢清明节，各乡镇干部群众、中小学师生都到附近纪念塔、纪念碑前凭吊革命烈士，或到烈士墓前举行祭扫活动。市党政机关、人民团体、企事业单位干部职工、中小学师生均于每年清明节前后至革命烈士纪念馆举行纪念活动。

【命名纪念】 以烈士姓名命名的乡镇有：昌荣镇——为纪念在抗日战争时期与日伪军在唐子镇战斗中牺牲的新四军团长严昌荣烈士而命名；舜生镇——为纪念解放战争时期，在黄邳区草王镇反“扫荡”斗争中牺牲的高邮县长袁舜生烈士而命名，周奋乡——为纪念在解放战争时期，遭国民党反动派杀害的高邮县副县长周奋烈士而命名；李健乡——为纪念在解放战争时期率部坚持反清剿斗争中，不幸落水牺牲的中共高邮县委书记李健烈士而命名（李健乡、舜生镇于2000年合并为李中镇）。此外，还有部分村庄改以烈士姓名命名。如（刘）洪亮——林潭护驾垛、（周）春景——钓鱼郭家庄、（万）圣传——钓鱼万仕庄、（郑）光耀——沙沟汤家庄、薛鹏——沈坨穆家堡、（尹）志芳——竹泓蚂蚁舍、（王）有德——昌荣草冯庄等。（破折号前为烈士名，后为原村名）

四、退役军人安置

1991年后，市民政局为适应新形势进行一系列改革。对城镇退伍义务兵实行货币安置，对转业士官、荣立二等功以上的退役士兵和因战致残的二等、三等革命伤残军人实行就业安置、双向选择、自谋职业相结合的安置办法，形成政府引导、经济补偿、政策优惠、自主创业的安置工作新机制。1991—2010年，城镇退役士兵安置率100%，自谋职业率85%。农村退役士兵两用人才开发使用率90%以上，安置率100%，自谋职业率85%。2005年开始，遵循“国防建设、人人有责”“国防义务社会均衡负担”的原则，实行全社会共同负担政策，统筹城镇退役士兵安置资金。举办转业士官就业形势教育培训班，继续实行以货币安置、自谋职业为主渠道的安置办法。2007年，举办首期城镇退役士兵电脑培训班和退役士兵就业专场招聘会，在159名安置对象中，144名自谋职业，自谋职业率达91%。建立退役士兵劳动力转移基地，与泰州LG集团、扬子江药业以及苏南地区企业建立长期退役士兵劳动力转移合作关系，先后输出60余人。2008年，推行城乡安置工作一体化，对农村退役士兵发放一次性生产生活补助金。重视技能培训，举办电脑技能培训班、驾驶技能培训班，组织输送退役士兵参加泰州市“学历+技能”大专班培训。加大就业中介服务，推荐百余名退役士兵就业。2009年，调整转业士官安置政策，实行岗位安置与自谋职业相结合的办法，安置岗位为市属企业岗位和财政支付工资的公益性岗位。根据《全省退役士兵职业技能培训工作实施方案》，以“愿训尽训，免费培训”为宗旨，全面推行退役士兵免费教育技能，2009年448人、2010年481人参加培训。

1996—2010年兴化市退伍转业安置人数一览表

表27-21

单位：人

年份	安置人数	年份	安置人数	年份	安置人数
1996	715	2001	802	2006	791
1997	533	2002	767	2007	821
1998	627	2003	788	2008	820
1999	747	2004	856	2009	799
2000	731	2005	852	2010	805

五、军队离退休干部（含无军籍职工）安置

1991—1995年，全市先后接收安置一、二、三批及1981年以前的军队离退休干部49人。1996年，市军队离退休干部休养所建设得到加强，军队离退休干部政治、生活待遇得到进一步加强。1998年、1999年末，全市接受第四批军队离退休干部3人、第二批无军籍退职职工和军队一次性安置退休职工2人。2002年11月起，开始接收安置第五批军队离退休干部。2004年1月3日起，贯彻中共中央办公厅、国务院办公厅、中央军委办公厅意见，将接收安置军队离退休干部工作纳入全市社会发展计划，作为开展军民共建活动和创建"双拥模范城"的重要内容，确保军队离退休干部老有所养、老有所医、老有所教、老有所学、老有所乐。至2010年末，全市接收纳入批次的军队离退休干部11人。接收安置列入批次的军队无军籍退休退职职工5人。

六、双拥活动

【双拥模范城创建】 1991年后，兴化市委、市政府把"双拥"工作摆在重要位置。开展多形式、多层次、多方位的宣传教育活动，通过丰富多彩的活动，创新落实新时期党管武装工作。重视解决部队官兵及其家属涉法维权问题，推进双拥工作向社区延伸，拓展个体双拥工作新领域。成立利兵创安服务中心，组建泰州市第一支女子民兵连。1991年9月，省政府和省军区授予"拥军模范市"称号。鉴于"双拥模范市"每四年举行一次，在首次获得"双拥模范市"称号后，1992年进一步加大创建力度，健全完善一系列"双拥"工作制度，推出新的创建举措，如拍摄《水乡拥军曲》专题电视片，编印《兴化双拥》书籍，在英武路建设拥军一条街，制定优抚对象提前奔小康十条优惠措施，调整提高农村复员军人生活补助标准，建立"市拥军优属基金"等。双拥工作进一步向市外拓展，先后与连云港海军"兴化艇"、浙江台州海军航空兵"兴化团"及吉林四平空军"兴化团"建立军民共建关系。1995年、1998年7月、2002年1月、2006年3月、2009年12月连续获省级"双拥模范城"称号。

2006年，双拥创建被市委、市政府纳入"五城同创"（创建省级文明城市、省级园林城市和国家环保模范城市、国家卫生城市、全国双拥模范城市）总体目标，建立创建全国双拥模范城指挥部。通过编写《水乡英烈传》，开展国防知识"宣传周"活动，参加省、市"八一"双拥文艺调演、开展双拥先进典型评选活动、放大"个协双拥一条街"示范效应和共建主题系列活动，增强全民国防观念和双拥意识。2007年，市民政局增设双拥工作科，编辑双拥理论论文集，加强爱国主义教育基地的建设，对部分年久失修的革命烈士纪念碑进行维修，深入开展国防教育，增强全民国防观念和双拥意识。2007年，市交通局、供电局等单位出资10万多元，用于民兵训练基地改建。2008

年，采取“领导干部进军营”“书画家进军营”“企业家进军营”等形式开展双拥共建活动，2010年，组织开展双拥宣传月、国防知识宣传月、军营一日、“勿忘国耻、强我国防”“万名适龄应征青年报效国防”签名，老战士服务团形势报告会等活动。由市领导成员带队，组团赴连云港和安徽肥东机场，走访慰问海军“兴化艇”和空军航空兵“兴化团”官兵。

图27-8　开展双拥创建，慰问海军“兴化艇”
（2010年摄，市民政局提供）

【军队支援地方】 20世纪90年代，市人武部干部职工开展“绿色扶贫”活动，在李中、陈堡等乡镇建民兵连扶贫田300多亩，在“双带双扶”活动中，市人武部与临城镇临东村结战帮扶对子。1991年，驻兴化部队和民兵预备役官兵积极投入抗洪救灾，减少国家、人民财产损失。2003年，市人武部机关结对帮扶兴化中学13名特困家庭学生，协调军分区援建周奋乡仲寨村希望小学1所。在当年抗洪救灾中，全市出动民兵1.6万人次，加固堤防100多公里，抢运物资3000多吨，转移群众1万多人。2007年，发挥“新兵”服务中心作用，组织转移劳动力650多人，共建民兵带头致富示范点37个。市人武部机关出资1万元，帮助新阳、北郊社区创建文明社区活动。组织民兵参加冬春农田水利基本建设和河道整治。开展“国防林”建设活动，植树21万株。7月下旬，兴化遭遇特大洪涝灾害，市人武部先后3次组织民兵300多人次参加城区紧急抢险救灾行动。全市组织民兵3800多人次，排除险情26次。2010年，市人武部机关投入3.1万元，挂钩帮助1个贫困村、1个社区、7个贫困户和4名大学生。协调军分区出资18万元，援建钓鱼镇希望小学。协调省军区机关出资10万元，为周奋乡傅堡村修建通村公路，帮助沈坨镇沈南村成功创建小康村。

第五节　殡葬事业

一、清理乱葬乱埋现象

1991年，针对部分滥占土地私建坟墓、将尸体骨灰装棺土葬及制售棺木等行为予以制止和处罚。1996年，全市开展“清理墓葬用地，实行平迁坟还田”活动。市政府把殡葬改革作为反对封建迷信、提倡精神文明建设的一项重要内容，全面开展清理墓用地工作。至1998年，全市46个乡镇成为无土坟乡镇，城市规划后的经济开发区和主要交通干线两侧500米范围内基本无土坟。2001—2010年，全市迁土坟66万座，复垦土地11384亩，基本实现“无坟市”目标。结合创建省级文明城市，整治丧葬陋俗，组织开展骨灰处理“回头看，回头抓”活动，杜绝土坟复垒，遏制土坟反弹现象。对涉及的5个乡镇、8个村的土散坟和墓地突击清理，全市平毁墓地4682穴。

二、殡葬服务

为推行殡葬改革，兴化市加强对殡葬设施的建设。1991年后，推广海南乡做法，全市有33个村平散坟建造骨灰存放堂。至2005年，建造骨灰存放堂199座，公益性墓1413处，市内3家殡仪馆建设得到加强。2002年，茅山殡仪馆通过国家三级殡仪馆验收。对兴化殡仪馆、安丰殡仪馆进行装修改造，馆容馆貌有较大改进。1997年，殡仪馆改造火化设备，将煤炉改油炉，提高火化效果，改善周边环境。2003年，对火化炉进行改造。兴化殡仪馆投资300多万元进行全面改造，安丰殡仪馆投资70万元进行改扩建，3家殡仪馆购置殡葬接尸车等设备，扩展服务空间。各馆开展“政务公开，规范服务，塑造自身形象”活动。不断探索殡葬事业社会化道路，进行市场化运作，将经营权出租。2005年，对市公墓管理中心实行经营权租赁承包，并推行以聘任制为主要形式的人事制度改革，实施产权经营权“两权分离”，服务水平和服务质量得到提高。1991—2010年，兴化殡仪馆火化遗体6万具，安丰殡仪馆火化遗体5.5万具，茅山殡仪馆火化遗体4.8万具。1991—2010年，全市遗体火化率98%。

三、殡葬管理

1991年，针对少数乡镇火化率下降趋势，兴化市政府组织调研，发布“关于加强殡葬改革工作”的相关文件。是年，全市死亡8794人，火化8698人，火化率98.9%。1993—1994年，针对部分乡镇土葬回潮现象，兴化市民政局重点抓殡葬典型，通过思想工作，对土葬的丧户实行起尸火化。1994年，全市火化尸体9281具，火化率98.2%。1995年，全市平（迁）土散坟16万处，乱埋乱葬、土葬回潮的现象得到控制。1996年，兴化市统一开展土散坟专项治理工作。至2001年，全市投资建设资金1000多万元，平迁坟墓65万穴，整治率99%，其中摧毁廊、亭、塔5万座，复垦土地133公顷，建成公益性公墓64座，骨灰存放塔35座。36个乡镇达到“无坟乡镇”标准。

2005年7月，兴化市殡葬管理所成立。是年，制止土葬21起，打击非法棺材生产商22个，销毁棺材88副，基本理清全市殡葬秩序。2006年初，市政府召开会议，对全市村级公墓整治和墓地绿化进行部署，打击土葬和二次棺木土葬，全市火化率100%。起棺火化11起，清除制售棺材窝点27处，摧毁廊亭塔305座，净化市内殡葬活动社会风气。2007年，开通有奖举报热线。加大执法考核力度，以建立村级规范化公益性公墓，实行财政以奖代补试点工作。成立市殡葬管理监察大队，会同市交警大队对殡葬车辆开展专项整治，依法起棺火化尸体6具，摧毁骨灰廊15处235座。

2009—2010年，兴化、安丰、茅山3家殡仪馆实施新一轮承包。建立健全集体承包经营新机制，对火化设备和服务设施进行更新改造，先后投入780万元。调整基本火化费，实现城乡殡仪馆收费标准一体化。建立单位发展基金提留制度，实行主办会计委派制度，使经营承包责任制更加规范。

第六章　基层自治组织建设

第一节　村民委员会建设

1991年后，全市各村委会严格依照法定程序，先后于1993年、1996年、1999年、2001年、2004年、2007年、2010年进行7次换届选举。2002年5月后，全市农村在完成第六届村委会换届选举的基础上，确定每月10日为“基层民主议事活动日”（农忙期间由各乡镇自行调节）。有挂钩联系人的市级机关副局级以上干部，每年到联系点参加议事活动6次。副乡级以上干部每月到联系点参加议事活动。每年帮助联系点及百姓办两件实事，解决1—2个实际问题。

2005年5月，全市推行村务公开、民主管理，各村完善村民代表议事决策机制，制定村务公开相关制度，规范民主管理程序，建立村务公开栏和台账，保证广大村民的管理权、决策权、监督权和知情权。村村建立村务公开监督小组和民主理财小组，村务公开率达100%，群众满意率达95%以上。2005年，31个乡镇被泰州市民政局命名为“村民自治模范乡镇”。戴南、张郭、昭阳、大垛4个镇被省民政厅命名为“村民自治模范乡镇”。2006年4月下旬，市民政局组织人员对全市村委会办公活动场所建设和村民自治活动进行调研，为各级领导决策提供科学依据。8月，配合市委农工办制发《村务管理记载簿》。12月，组织召开全市民主议事村务公开理论研讨会。大垛镇安民村、临城镇砖场村被省民政厅命名为“全省村务公开民主管理示范村”。2007年与有关部门联合编制《兴化市村务公开目录》，发放各村执行。2010年，全市614个村村务公开率达100%，群众知情率达98%以上，村民满意率达97%以上。

第二节　社区建设

1991年后，全市社区建设主要采用市、镇、街道办、居委会四级管理模式。为理顺社区建设管理体制，2003年8月，通过整合、调整，撤销昭阳镇4个街道办事处，保留24个社区居委会。在此基础上成立兴化市城市社区工作委员会，主管城区社区工作，建立起市、镇（社工委）、社区三级管理体系。

2003年8月，市四套班子领导成员分工联系24个社区居委会，93个市级机关部门与各个社区居委会结队挂钩，并明确牵头责任部门。基本解决社区居委会办公用房，每个社区居委会办公用房、社区警务室面积80—220平方米。同年8月，市共建部门捐助社区资金44.2万元，同时配备电视机、VCD影碟机各24台，电脑36台、电话48部，以及办公桌椅、报刊书籍、居务公开栏等办公设施。2005年6月，市共建部门捐款68万元，支持居委会进行社区环境综合整治，同时捐资41万元，帮助5个社区扩大办公用房。为改善社区干部生活待遇，年初市委召开书记办公会，专题研究落实社区建设工作经费206万元，其中：市财政局50万元，昭阳镇60万元，市劳动和社会保障局、市计生局、市建设局各20万元，市民政局15万元，市委组织部10万元，市总工会6万元，市城管局5万元。落实社区工作人员生活补贴和养老保险、医疗保险，正副主任人均500元、专职委员人均480元。同年4月，市民政部门牵头召开“4321”工程设施落实协调会（四室：老年活动室、图书阅览室、青少年和文化活动室、警务室；三站：社区服务站、卫生服务站、青年志愿者服务站；二栏：宣传栏、公示栏；一点：全民健身点），社区有老年活动室、图书阅览室各19家，青少年文化活动室、卫生服务站各10家，宣传栏、公示栏48处，全民健身点58个，均达到硬件设施齐全，软件资料齐全的要求。24个社区服务站面积均达30平方米。建立便民利民网点382个，兴办社区服务项目510个，其中福利性服务项目360个，占70.6%。指导各社区利用已有资源创造服务、文明、和谐、学习、环保、绿化、科普、双拥、法治等类型的社区品牌，为创建省级文明城市、构建和谐兴化夯实社区建设基础。

2006年，市四套班子成员分工联系各社区居委会，93个市级机关部门与社区居委会结队挂钩，明确24个部门为牵头责任部门，基本解决社区居委会办公用房。实行“三统一、一公开”（统一挂牌、统一制度、统一内容，公开服务承诺），为居民提供优质服务。2007年，沧浪、北郊社区被泰州市环保局命名为绿色社区。迎丰社区被命名为省级和谐示范社区，英武、水关社区被表彰为“泰州市星级社区”。各社区大力推进社区市民论坛、健身、清洁家园等丰富多彩的社区活动。文峰社区代表兴化市社区参加省文明办、省电视台、省民政厅联合举办的全省“文明社区环省行”活

图27-9 英武社区服务大厅 （2006年，邹道海摄）

动，分别获得社区议事三等奖、社区文明礼仪风采二等奖、社区才艺一等奖。8月，在泰州市举行的社区减灾知识竞赛中，兴化代表队夺得泰州市第一名，并代表泰州市参加全省社区减灾知识竞赛获二等奖。2008年，为适应城市发展需要，促进社区管理全覆盖和社区“两房”（办公用房、活动用房）达标建设，市委、市政府对原有社区规模进行整合，将城市24个社区居民委员会和4个城中村整合为16个社区居民委员会，从而消除城市社区管理盲区，实现居民和村民融合，新增服务居民3216户、11839人，新增服务区域4.6平方公里。通过社区整合，推进城乡一体化进程，促进城区、郊区、园区互相联动、协调发展。

2009年，通过政府资助、部门赞助、上级补助的办法多方筹措资金，着力解决社区“两房”面积不足的难题。当年向省民政厅争取两房建设资金15万元，各社区向有关单位和部门争取资金33万多元，推进社区两房建设。新阳、西霞、景范等3个社区办公活动用房建设项目顺利启动，通过置换和政府协调方法落实沧浪、五岳社区办公活动用房，达到400平方米以上标准。积极开展和谐社区创建活动，文峰社区被命名表彰为“全国和谐示范社区”。

2010年，社区建设以改善民生为着力点，深化社区服务活动。围绕文明城市创建，开展市民城市意识教育，社区通过向市民发放“深化文明创建，争做文明市民”倡议书28976份，开展“文明在口中，文明在手中，文明在脚下”市民论坛活动19次，组织600名市民代表参加“万人游兴化”活动，增强广大市民文明城市意识。城市社工委与市电视台合作，在兴化电视台《民生直通车》栏目中推出《和谐社会小康曲》专题栏目，宣传社区新人、新事、新风尚，弘扬社区党员干部群众在推进和谐社会建设和“共建小康、造福百姓”过程中的典型28个。各社区坚持以特色社区创建促进和谐社区建设，城市社工委和16个社区分别制作特色创建专题片，打造“一居一品”，形成23个特色创建主题。

第七章 老龄事业与残疾人事业

第一节 老龄事业

一、人口老龄化

2000年，全市65岁及以上人口134278人，占常住人口9.31%，比1990年普查时上升2.67个百分点。2010年在125万抽样人口中，65岁及以上人口占总数的14.79%，比2000年普查时上升

5.48个百分点，已步入老年化行列（国际通行人口年龄类型标准，65岁及以上人口占10%以上即为老年型）。2000年人口普查时，全市90岁及以上人口1236人，占总人口0.09%。2010年在抽样人口中，90岁及以上人口2296人，占抽样人口的0.18%。显示兴化人口老龄化具有时间早、速度快、高龄多的特点。

为开展老龄工作，1986年成立兴化县老龄问题委员会（“老龄委”办公室设于市民政局）。此后，兴化先后建立多个有关老龄的群众性组织，如兴化市老年体协和退管中心、兴化老干部艺术团、兴化老年人法律援助中心等。1991年，刘陆乡陈果村老年协会被省老龄委、省委老干部局、省人事局、省民政局、省劳动局及省总工会表彰为“老龄工作先进集体”、市供电局被表彰为“保护老年人合法权益先进集体”。2004年，兴化市通过省级验收，进入老龄工作先进市行列。

二、优待供养与养老机构

自1991年起，为城乡600多名孤残老人建立常年结对帮扶。2005年，在安居工程中，对全市1560户困难老人住房进行改造，将2860户困难老人家庭纳入低保，做到应保尽保。自2006年1月起，将每名百岁老人的营养补贴标准提高到每月100元。2007年，将城镇11.6万名离退休人员纳入社区管理。按国家规定，逐年提高养老金标准，并实行养老金社会化发放。城镇医保和农村合作医疗实行全覆盖，医保水平逐年提高。从2007年8月起，贯彻省政府办公厅《关于进一步作好老年人优待和服务工作的通知》，加强对城乡困难老年人的救助服务，加快养老服务基础设施建设，提高社会养老服务水平。各乡镇、村在做好子女亲属思想教育工作的基础上，帮助子女签订赡养老人协议书，由村委会监督执行。2000年签订率达75%以上，2010年达95%。

1997年10月，市福利院开展对外寄养服务，接受老人自费到院安度晚年。2001年5月，戴南镇董北村农民疗养院开业。2006年，市内首家民办养老机构幸福老年公寓成立，院址五里西路（市交警大队对面），占地面积0.33公顷，设140张床位，每个房间有电话、彩电、空调、风扇、卫生间等设施。至2010年，全市有养老机构173家，其中市级1个、乡镇级35个、村级136个、民办1个。托养“三无”人员2632人、自费寄养87人。

2010年兴化市供养服务机构一览表

表27-22

机构名称	地址	备注
兴化市福利院	兴化市九顷北路18号	公办
幸福老年公寓	兴化市五里西路10号	社会力量
合陈镇敬老院	合陈镇人民政府西首	农村“五保”供养
永丰镇敬老院	永丰镇朱严路	农村“五保”供养
大营镇敬老院	大营镇府前路	农村“五保”供养
新垛镇敬老院	新垛镇振兴路	农村“五保”供养
老圩乡敬老院	老圩乡健康路1号	农村“五保”供养
安丰镇敬老院	安丰镇中圩村	农村“五保”供养
下圩镇敬老院	下圩镇人民政府东首	农村“五保”供养
海南镇敬老院	海南镇东荡村	农村“五保”供养

续表 27-22

机构名称	地址	备注
钓鱼镇敬老院	钓鱼镇文化路	农村“五保”供养
大邹镇敬老院	大邹镇联通路	农村“五保”供养
沙沟镇敬老院	沙沟镇备战路	农村“五保”供养
周奋乡敬老院	周奋乡仲南	农村“五保”供养
缸顾乡敬老院	缸顾乡缸顾村	农村“五保”供养
中堡镇敬老院	中堡镇政府路东首	农村“五保”供养
李中镇敬老院	李中镇顾赵集镇	农村“五保”供养
西郊镇敬老院	西郊镇侯管村	农村“五保”供养
城东镇敬老院	城东镇集镇	农村“五保”供养
西鲍乡敬老院	西鲍镇集镇	农村“五保”供养
临城镇敬老院	临城镇育才路	农村“五保”供养
林湖乡敬老院	林湖乡魏庄东村	农村“五保”供养
垛田镇敬老院	垛田镇新联合村	农村“五保”供养
竹泓镇敬老院	竹泓镇竹二村南首	农村“五保”供养
沈坨镇敬老院	沈坨镇人民政府西首	农村“五保”供养
大垛镇敬老院	大垛镇双石村	农村“五保”供养
荻垛镇敬老院	荻垛镇集镇	农村“五保”供养
陶庄镇敬老院	陶庄镇集镇南部	农村“五保”供养
昌荣镇敬老院	昌荣镇存德村	农村“五保”供养
茅山镇敬老院	茅山镇府前街1号	农村“五保”供养
周庄镇敬老院	周庄镇人和路	农村“五保”供养
陈堡镇敬老院	陈堡镇集镇	农村“五保”供养
戴南镇敬老院	戴南镇集镇	农村“五保”供养
张郭镇敬老院	张郭镇人民路	农村“五保”供养
昭阳镇敬老院	昭阳镇阳山村	农村“五保”供养
开发区敬老院	开发区开明村	农村“五保”供养
戴窑镇敬老院	戴窑镇舍戴路	农村“五保”供养

说明：该表为纳入泰州养老服务机构名录的兴化养老机构，不含村级养老机构。

三、维护老人合法权益

【宣传、贯彻老年人权益保障法】 1996年8月，《中华人民共和国老年人权益保障法》颁布实施。兴化市开展多种形式的学习、宣传，提高广大干部群众的法律意识和老年人的维权意识，营造良好的尊老、敬老的社会氛围。2001年，市老龄委会同市宣传、司法、广电部门，将老年人权益保障法列入宣传教育的重要内容；《兴化日报》、兴化电视台分别开辟《老年在线》《敬老专栏》等专栏，刊载和播放宣传老年权益保障法以及尊老、敬老的文章。2004年，市老龄委会同市司法局开展“送法下乡”“法律咨询”等活动。

【敬老活动】 1998年10月19日（农历九月初九）江苏省第一个敬老日期间，市老龄委组织开展一系列庆祝、宣传活动，此后每年敬老日都开展类似活动。社区、单位还组织老龄人健康检查，有的社区、单位、乡镇、村还送上节日慰问品（金）。市领导走访慰问高龄、特困老人，帮助解决实际困难。2000年，在城乡开展以青少年为重点的“尊老爱老助老”主题教育活动，以及敬老模范村居民评选表彰活动。2003年，通过读敬老书、做敬老事、写敬老人等形式，引导青少年树立敬老助老意识，养成爱老的美德。2006年1月18日，大邹镇政府、老年协会举办百对老人庆贺大会，为4位90岁以上老人、13对钻石婚、83对金婚夫妇颁发证书和慰问金。

1991年起，按国家有关规定对老年公益事业给予优惠。城乡70岁以上老人可凭优待证享受包括生活、学习、娱乐、乘车、就诊及农村不承担义务工等10多项优待政策。

【老年人法律援助】 2002年7月，兴化市老年人法律援助中心成立，与市老龄委办公室合署办公。其主要职能是：接待、处理有关老年人权益保障方面的来信、来访、来电，提供免费法律咨询，解答相关的法律、法规、政策问题。接受老年人委托，开展非诉讼调解、代写法律文书、提供民事代理等。2000年1月起，施行《江苏省实施〈中华人民共和国老年人权益保障法〉办法》，机关、团体、企业事业单位、村（居）民委员会将老年人权益保障工作列入精神文明建设规划和考核内容。至2001年末，市、乡镇、村（居）三级维权网络形成。2003—2010年，全市各级为老年人提供法律援助260多次，减免诉讼费16.5万元。

四、老年人文体活动

【老年活动室】 20世纪90年代，市内老年活动室创建活动逐步展开，其服务功能一般有卫生保健、文体娱乐、休闲谈心、咨询讲座、阅览学习、养老服务、书法绘画、旅游观光等。2004年，全市创建老年活动室62所。2010年达89所，达到各乡镇、社区都有老年活动室。

【老年大学】 1991年春，兴化市老年大学正式开课，学员大都是从不同岗位退下来的离退休干部，开设书法、绘画、音乐、舞蹈等课程。2010年9月，兴化市老年大学新建一幢6层楼3000平方米的教学楼，建成后的新校舍有8个教室和1个多功能教室，最多可容纳2000名学员上课。新增9个班总班级达到34个，可容纳约1000名学员上课。学员达900多人。课程设置分为文学类、艺术类、计算机类、书画类、医药保健类等。

【老年文艺活动】 1991年12月，市老干部艺术团成立，起初以离退休老干部为主，也有一部分是企业有文艺才华的退休干部职工。建团初期，队伍只有10多人。市老干部艺术团编排出大量的广大群众喜闻乐见的歌舞曲艺节目，多次参加省、市有关单位演出，荣获多个奖项，受到广大群众的欢迎，媒体也多次报道市老干部艺术团取得的成绩。2010年有成员70多人。1991—2010年，老干部艺术团演出近1000场次，观众超过10万人次。

第二节　残疾人事业

一、残疾人状况

1991年，全市有残疾人73967人，其中：肢残27972人，视力残疾12284人，听力语言残疾18278人，精神残疾9053人，智力残疾6380人。2010年，兴化市残疾人总数为102540人，占总人口的6.57%。其中：肢残29807人，视力残疾15212人，听力语言残疾26401人，精神残疾7594人，智力残疾6805人，多重残疾16721人。

二、残疾人组织

【市残疾人联合会】 1991年5月，兴化市残疾人联合会成立，二级局建制，编制3人。隶属市民政局领导。1998年12月，市残联升格为一级局建制，并实行财务计划单列，内设康复部、群众工作部、办公室，下属劳动就业服务所和残疾人康复活动中心，市民政局局长兼理事长。2004年2月，市残联与民政局分列。2010年，市残联内设办公室（财务部）、组织维权部、康复部、宣教文体部，下辖残疾人就业管理处和残疾人康复中心。行政编制3人，事业编制3人。2010年6月，成立市残疾人托养服务中心，与康复中心合署。

【基层组织】 1992年，各乡镇相继成立残疾人联合会。1999年，各乡镇建立“三位一体”组织机构，即：残疾人联合会、助残志愿者工作站和残疾人服务社，由民政助理、村支书等兼任职务。2007年，35个乡镇（开发区）相继召开乡镇残疾人代表大会，选举产生新一届主席团，614个行政村及城市24个社区全部设立残疾人兼职委员。2010年，各乡镇残疾人专职委员招聘全部到位。

三、残疾人就业培训

1991年起，残联加大就业培训力度，积极推荐有能力残疾人到福利企业工作。1991—1995年，安置1685名残疾人就业。1998年，全市有66家福利厂，完成产值2.4亿元，安置残疾人1660人。

2002年5月，成立市残疾人就业管理处，为自收自支事业单位。委托财经部门征收残疾人就业保障金，其征收额由2002年10万多元增长到2010年的1318万元。2002年后，免费为残疾人技能培训5000多人次。介绍残疾人600多人次去苏南、浙江等地就业。2008年后，先后建立省级残疾人扶贫基地2个、泰州市级5个、县级9个，辐射和带动2000多个贫困残疾人家庭，其中495个家庭脱贫。

四、康复托养

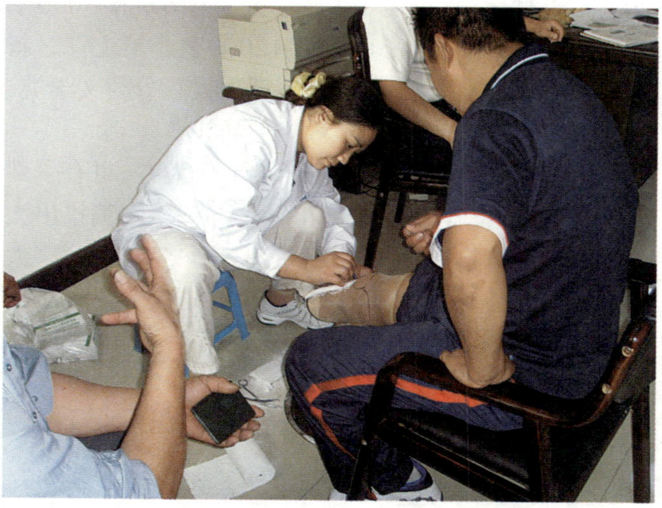
图27-10 为残疾人安装假肢 （2006年摄，市残联提供）

1992年，省医疗队到兴化市为56名儿麻后遗症患者进行矫治手术。举办10多期聋儿家长、教师培训班。1992—2010年，实施白内障复明手术7996例，其中为贫困残疾人免费实施白内障手术1785例，免费发放轮椅2500辆、大小拐杖3000多付、安装大小腿假肢122条，发放助听器130付。2004年后，先后在安丰、海南等20多个乡镇建起残疾人康复活动中心，在竹泓、缸顾、大营等10多个乡镇建立残疾人集中托养所。

2010年，建成市残疾人综合服务中心，占地1.4公顷，建筑面积6800平方米，总造价约3000万元，由康复中心、托养中心、职业培训中心、辅助器具展示中心、文体活动中心、办证大厅和市残联办公区等组成。

康复中心为五层大楼，以6岁以下残疾儿童抢救性康复训练为主，内设脑瘫儿康复训练中心、智力儿童康复训练中心、聋儿语训中心。至2010年，先后接收60名儿童入住，全部实行免费培训。康复中心还设有白内障复明手术室和假肢安装手术室，拥有标准床位30张。采取公有民营的运行模式，为白内障患者和肢体残疾人开展特色服务。

托养中心主要接受16—40周岁智力残疾人和病情较为稳定的精神残疾人，拥有床位100张，分全托和日间照料两种。至2010年，先后有40多名残疾人入托。内设残疾人基本生活料理与服务区、残疾人工疗农疗与服务区、残疾人系统康复训练与服务区、残疾人辅助性技能培训与服务区、残疾人文体娱乐活动与服务区等5大服务功能区。

五、法律维权

1991年，《中华人民共和国残疾人保障法》颁布实施，兴化市运用多种形式广泛宣传。1994年，市电台开辟“残疾人保障法”讲座，连续举办半年之久。每年5月第3个星期日为全国助残日，市残工委主席都发表电视讲话，并举行“残疾人保障法”宣传一条街活动。2003年，市建立残疾人法律援助中心，各乡镇建立援助站，免费为残疾人提供司法援助。2007年后，市人大常委会、市政协多次视察市残联，通过人大提案、社情民意等形式反映实际问题。

六、残疾人文体

1993年3月，市残联举办“兴化市首届残疾人工艺美术书画展”，市四套班子成员出席剪彩仪式。展览展出作品84件（幅），吸引2000余人次参观。1998年3月，组织城区残疾人观看由残疾演员组成的北京乐华歌舞团演出的大型歌舞晚会《情满人间》。2000年5月，中央电视台著名节目主持人倪萍、国家一级演员杭天琪到兴化市为残疾人义演，举行大型歌舞晚会《人间真情》。2002年，中央电视台到兴化市拍摄聋人李正泉专题片，并在中央电视台财经频道播放。2004年5月，市委、市政府召开“双十佳”表彰大会，表彰十佳残疾人自强模范和十佳助残先进集体。

1992年后，市残疾人运动员积极参加全国及省级残疾人运动会，获得金牌24枚、银牌25枚、铜牌7枚。2010年在省“残疾人文化活动周”书画摄影比赛中，兴化市参赛作品获书法作品一等奖。

七、残疾人扶贫与社会保障

每年助残日和春节，组织残工委成员单位利用各种形式开展帮扶残疾人活动。走访慰问特困残疾人家庭2000多户，发放慰问金100多万元。2004年，市残联出资12.7万元帮助127户残疾人家庭进行草危房改造。2005年，市政府转发垛田镇社会保障暂行办法，向全市推广。2010年，市委、市政府出台《关于推进残疾人事业加快发展的工作意见》，全市为6001名重残无业人员落实全额享受最低生活保障待遇，为8000多名残疾人购买意外伤害保险，为8001名重残人员发放养老保险补贴，为1100名低保家庭中重度残疾人发放补贴金，为1256名重残人员发放护理补贴，为重度残疾人落实大病救助，为95名高中以上教育阶段残疾学生发放教育补贴。

第八章　人口控制

2001年10月，市计划生育委员会更名为市计划生育局。2005年1月，更名为市人口和计划生育委员会。

2002年1月，设立市流动人口计划生育管理服务站。2003年6月，设立戴窑、安丰、钓鱼、大垛、沙沟、陈堡、戴南7个中心服务站，增挂“兴化市计划生育指导站分站”牌子。2005年，戴南中心站引进省人口计生委和玛丽斯特普国际组织合作的“世代服务”品牌，2006年1月建成戴南生殖健康家庭保健服务中心，成为省内“世代服务”首批试点单位，并于2006年10月通过省终期评估。2007年建成市指导站、周庄、安丰3个“世代服务”机构。2008年建成钓鱼、大邹两个“世代服务”机构。2009年，市计生指导站建成全省首家生殖健康检验中心宫颈细胞学筛查基地，其余30个乡镇全部建成“世代服务”机构，614个行政村基本建成“计卫分开”或“计卫合一”的村级世代服务室，初步实现“世代服务”体系市乡村全覆盖。2010年，全市计划生育率99.6%。

第一节 政策法规

一、晚婚晚育

1981年后，规定男满25周岁、女满23周岁结婚为晚婚。1984年4月13日，《中共中央批转国家计划生育委员会〈关于计划生育工作情况的汇报〉》下发后，晚婚率不再作为经济计划生育工作的重要指标。对未达晚婚年龄，但已达法定婚龄，具有特殊困难的，在批准结婚的同时动员晚育，但执行难度较大，未列入计划生育工作的考核内容。

二、少生

20世纪80年代后，一直提倡“一对夫妇只生一个孩子”。自1990年12月起，全面贯彻实施《江苏省计划生育条例》。1996年底，地级泰州市成立后，坚持现行生育政策不变、坚持既定人口控制目标不变，坚持党政一把手亲自抓负总责不变，把计划生育工作与发展经济、脱贫致富、建设文明幸福家庭“三结合”，转变工作思路和工作方法。做到宣传教育为主、避孕为主和经常性工作为主。

2010年，全市人口出生率和自然增长率分别为12.66‰和-0.55‰，达到全省计划生育一类地区水平，计划生育率99.6%，独生子女积累率75%。

三、照顾再生一个孩子

在推行“一对夫妇只生一个孩子”政策的同时，从中央到地方都有文件规定，如有特殊情况，允许生育第二个孩子。1990年10月，《江苏省计划生育条例》规定再生一个孩子的条件。2002年《中华人民共和国人口和计划生育法》颁布后，江苏省于同年10月废止“计划生育条例”，并于12月起，施行《江苏省人口与计划生育条例》，对城市中7种对象，农村中13种对象，经批准照顾再生育一个孩子，进行相应公示，接受社会监督。1991—2010年，全市批准3万对左右夫妇再生育一个孩子。

四、奖励办法

【独生子女奖励】 2005年下半年起，国家对农村部分计划生育家庭实行奖励扶助制度，奖励扶助对象有两种：一、凡年满60周岁，子女在1963年1月1日以后出生，领取《独生子女父母光荣证》并符合下列条件之一的农村居民：1.只生育一个孩子的夫妻；2.未生育而依法只收养一个孩子的夫妻；3.符合省生育政策规定，经过批准生育两个孩子，其中一个孩子在未生育前死亡，之后不再生育或收养孩子的夫妻。二、只生育一个孩子且孩子已死亡而又未再生育或收养孩子，年满50周岁的农村居民。兴化市对第一种对象奖扶金额为每人每月发放50元，对第二种对象在每人每月50元基础上，每年增发100元。资金来源为省财政补助80%，市财政出资20%。委托兴化农村合作银行以存折的方式直接发放到人。至2010年底，全市有39862人领取扶助金，发放奖扶金2237.6万元。

【免费技术服务】 2003年7月，市计生局、财政局、卫生局、物价局联合制定《兴化市向农村实行计划生育的育龄夫妻免费提供避孕节育技术服务市级专项经费使用、管理办法》。在市计划生育指导站，戴窑、安丰、钓鱼、大垛、陈堡、戴南中心站，戴窑、安丰、沙沟、大邹、大垛、沈纶、周庄、戴南中心卫生院和市人民医院、二院、三院、妇幼保健院等定点单位对农村实行计划生育的育龄夫妻免费提供上环、取环、男扎、女扎等避孕、节育技术服务。

【计划生育社会保障】 2004年6月，泰州市计生、民政、劳保、卫生4部门在兴化周庄、大营2镇开展计划生育社会保障试点。次年10月，兴化市政府出台《兴化市计划生育社会保障政策实施办法》，全市有562户计生特困家庭凭《兴化市计划生育社会保障优惠证》享受13类29项优先优惠政策，并颁发《计划生育社会保障优惠证》，凭证享受。各乡镇社区逐户逐人调查因计划生育4种特困家庭（独生子女伤残亡故、独生子女家庭贫困、节育手术并发症患者贫困、计生干部亡故家庭），政府协调财政、卫生、劳保、民政、教育、计生等各个部门，对计划生育家庭实行奖、保、优、扶、补“五位一体”的优惠政策措施。其中独生子女伤残、亡故后其父母未再生育或收养，只生育一个女孩，计生手术并发症，亡故计生干部的配偶等四种特困家庭为计生社会保障重点对象，比普通计生家庭享受更加优先优惠的9类政策①。

从2007年起，对独生子女伤残的每月发放80元扶助金，死亡的每月发放100元，当年有604人领取，其中独生子女伤残的168人、死亡的436人。2010年，全市有858人领取扶助金，其中独生子女伤残的295人、死亡的563人。

1991—2010年兴化市计划生育情况一览表

表27-23

年份	当年出生人口总数（人）	出生率（‰）	计划生育率（%）	一孩率（%）	出生性别比女=100	晚婚率（%）	独生子女率（%）	节育措施落实率（%）
1991	22071	14.50	88.09	84.87	162.20	53.67	45.56	97.94
1992	18291	11.95	93.75	87.23	147.60	64.51	47.58	97.63

①9类政策：一是农村部分计生家庭奖励扶助优惠。对独生子女病残、亡故，其父母未再生育或收养子女的年满50周岁的农民，在享受农村部分计生家庭奖励扶助金每人每年600元的基础上，每人每年再奖100元。二是最低生活保障优先优惠。人均年收入低于全市最低生活保障标准的计生特困家庭，优先列为最低生活保障对象，除享受相关社会救助政策外，乡镇增发10%的生活保障金。三是救助扶助优先优惠。优先列为帮扶对象，落实扶贫致富的目标、责任和措施。发生天灾人祸时，优先给予社会救助。四是农村养老保险优先优惠。符合规定条件，自愿参加农村社会养老保险的，由政府财政给予适当补贴，其中亡故计生干部的配偶经济有困难的，其养老保险费用由人口计生部门承担。五是新型农村合作医疗保险优先优惠。优先救助大病就医，优先办理新型农村合作医疗保险，其中个人应缴纳的保险金由市财政负担。六是纳入安居工程优先。城镇户口的计生特困家庭享受经济适用住房供应待遇；农村户口的计生特困家庭宅基地面积不足132平方米的，优先安排宅基地，并免征配套费。七是就学优惠。义务教育阶段在公办学校就读的，学校适当减免其杂费；在公办特教学校就读的，免缴课本费和杂费。八是农业科技、家庭经济发展项目收费优惠。政府部门重点扶持计划生育特困家庭在技术指导、技能培训和提供信息服务时，免收其相关费用。九是法律援助优先。法律援助机构优先为计生特困家庭无偿提供法律咨询、代理、刑事辩护等服务。

续表 27-23

年份	当年出生人口总数（人）	出生率（‰）	计划生育率（%）	一孩率（%）	出生性别比女=100	晚婚率（%）	独生子女率（%）	节育措施落实率（%）
1993	15960	10.41	95.58	90.59	153.20	68.68	49.21	98.57
1994	13931	9.09	95.73	89.78	143.30	64.87	56.94	98.83
1995	14897	9.72	95.51	90.21	144.50	61.64	57.09	98.02
1996	10233	6.67	95.37	91.26	135.75	59.83	58.32	99.59
1997	10142	6.61	98.11	90.54	124.98	53.69	59.98	99.85
1998	9971	6.50	98.20	90.38	109.50	41.40	61.78	99.96
1999	10012	6.50	99.60	90.10	106.10	42.76	63.17	99.85
2000	14280	9.23	99.68	90.25	111.95	40.56	64.93	99.93
2001	13445	8.67	99.54	91.37	109.53	45.57	67.19	99.83
2002	9129	5.88	99.54	90.79	104.95	47.53	68.94	99.87
2003	8641	5.57	99.65	89.65	109.41	47.26	70.51	99.46
2004	8709	5.66	99.65	85.75	108.84	45.80	71.98	99.08
2005	9888	6.39	99.46	81.16	108.67	50.39	73.59	99.65
2006	12973	8.40	99.10	76.02	106.32	49.31	74.59	99.35
2007	15627	10.13	99.51	71.38	106.34	47.57	75.20	99.09
2008	15680	10.17	99.64	67.55	107.99	41.16	75.41	99.19
2009	17674	11.39	98.57	72.75	107.42	47.57	75.40	99.78
2010	19747	12.66	99.60	78.38	106.58	56.93	75.00	99.92

第二节　宣传教育

一、教育培训

1991年后，各乡镇每年冬春季集中性宣传教育活动转为经常性工作。2000年后，全市人口和计划生育宣传形式更加多样化、现代化。“9·25”纪念日举行表彰会和文艺会演。兴化电视台、电台和《兴化日报》，将人口和计划生育工作列为重要宣传内容。新闻媒体和人口计生委联办节目。2004年，市人口计生委与文化局联合举办“计生杯”文艺调演。在乡村巡回放映《新甜蜜事业》等计划生育题材电影。2005年起，在“5·29”“7·11”“9·25”等人口计生活动日，市、乡（镇）计生部门都组织人员走上街头，走村进户发放宣传资料。

举办乡、镇、村人口学校，组织适龄人群学习。按照青春期、新婚期、孕产期、避孕期、更年期，制定“五期”教学计划、由计生干部和专业医卫人员进行通俗易懂的讲解。重点是面向育龄妇女宣传避孕节育、优生优育知识。有的乡镇开展避孕节育及生殖保健方面知识讲座，提高育龄妇女避孕的自觉性和自我保健能力。

2009—2010年，全面开展计生业务培训，分期对乡镇计生宣传、法制、卫技、统计人员和村计生专干、协会会员开展系统的业务培训，组织市乡计生专线人员参加省组织的生殖健康咨询员资格证、统计师、社工师、执业医师“一证三师”职业培训，基本实现行政管理、宣传法规、技术服务、信息统计和群众工作队伍职业化。

二、群众自我教育

1987年10月，在荡朱、老圩两乡试点建立乡计划生育协会试点，作为群众自我教育、自我服务的民间组织。至1990年，市、乡（镇）两级计划生育协会相继成立。协会每年举办基层协会人员培训班。按照“组织健全，活动经常，搞好服务，形成风尚”的要求，在计划生育工作中，发挥带头、宣传、服务、监督、交流的职能，为控制人口过快增长，提高新生人口素质发挥积极作用。2007年后，先后在广州、佛山、昆山、上海等兴化务工人口集中城市建立流动人口计生协会。

【计划生育中心户建设】 20世纪90年代初，兴化市在多个村民小组建立计划生育中心户，每月活动一次，由中心户长组织育龄群众学习，并帮助其解决生产、生活、生育中的实际困难。按照建设社会主义新农村新家庭的要求，不断改革创新，发挥计生中心户在农村计生工作中的生力军和先行官作用。2006年，兴化市按照居住相近、人际相宜、方便群众和每20—30户群众建1个中心户的原则，建成计划生育中心户近万户。在新农村新家庭建设中，兴化市发挥中心户宣传教育点、信息采集点、村民议事点、邻里互助点“四点”作用，使农村计生宣传、管理、服务工作落到实处，中心户成为协助乡村党政组织推进新农村建设的基本力量。2009年10月，全省新农村新家庭建设现场会在兴化市召开，与会人员现场观摩了大垛镇现场。

【婚育新风进万家活动】 1999年3月以后，全市掀起以新型婚育观为主要内容的计划生育宣传热潮。2001年4月起，市宣传、文化部门组织编演《为了明天》《幸福之路》《三凤求凰》等40多个婚育新风文艺节目，深入农村，巡回演出120多场，观众10万多人次。同年10月，兴化市被中共中央宣传部、国家人口计生委授予“全国婚育新风进万家活动先进市”称号。2007年1月，在市区森林公园、人民公园、竹石园、安丰镇、戴南镇、张郭镇、大垛镇建成生育文化园，在戴南、安丰等乡镇建成婚育新风一条街。

2007年和2008年，围绕和谐家园建设，分别举办《手拉手·共建和谐家园》《世代放歌》大型文艺演出。兴化电视台对文艺汇演现场直播，并录制演出光盘，在各乡镇有线电视台播放，收视群众每年均达100多万人次。2010年，举办纪念计划生育“9·25”《公开信》发表30周年暨“小康兴化·阳光计生”大型文艺演出活动，并专题通报表彰人口计生工作“五好书记”（五好：统筹协调好、组织领导好、依法行政好、改革创新好、社会反响好），全面展示人口计生工作成果和基层党政主要负责人良好的精神面貌。

【关爱女孩行动】 2004年起，每年都开展“关爱女孩”专题宣传活动，各级党政组织积极营造关心女孩生活、关爱女孩成长的社会氛围。市级机关各部门和各乡镇在制定各类普惠政策时，重点突出对独女家庭的优先落实。市财政建立关爱女孩专项基金，对贫困女孩小学、中学、大学分别给予每年500—1000元资金补助。对特困家庭女孩患重大疾病的医疗费用，市、乡财政给予医疗保险报销后的全额补助，支出医疗费用补助90多万元。实施生育关怀行动，全市建立生育关怀基地35个，在资金、信息、就业等方面与3884户计生家庭结对帮扶。市人口计生、农业、科技、人社等部门常年发布致富项目，帮助计生家庭发家致富，先后发布致富项目52个，2700户计生家庭从中受益。

第三节　技术服务

一、节育措施

20世纪80年代，贯彻国家《避孕药具供应发放管理办法》，推广使用避孕套和外用避孕膜。1985年，实行计划分配，建立统一使用管理台账，免费避孕药具统一由市人口计生部门层层下发，村（居）、单位计生干部直接发给服用者，市场上也有零售。1994年推行避孕药具“双合同”管理，即乡（镇）与村药具员、村级药具员与服用药具者签订合同，落实责任，确保按时发放和服用，保证有效避孕率。自2001年起，贯彻以人为本的理念，推行避孕节育方法知情选择，由育龄夫妇根据自己身体状况，在计生、卫生医技术人员指导下，选择适宜、安全有效的避孕节育措施。

2007年起，实行避孕药具“一卡通”，即市民持《避孕药具卡》可在境内药具发放点免费得到避孕药具。至2010年，基本形成“送药上门，刷卡自取，药店领取，机械零售”的药具发放管理体系。

二、优生、优育

【优生】 1985年起，把“婚前健康检查表”作为结婚前登记的必备手续。市民政、司法、计生及妇联、团市委于1986年联手清理违法婚姻，动员近亲恋爱的男女终止恋爱关系；对未达法定婚龄而准备结婚的不予登记；说服有遗传疾病的夫妇不要生育；对已怀孕的在产前实施胎儿预测方法，发现患有遗传病的动员终止妊娠；可采取医学措施的，则尊重其意愿。

1991年后，围产期保健工作推行自然分娩、母婴喂养、出生缺陷监测，建立孕产妇围产期保健联系卡、婴幼儿死亡报告和产后42天母子（女）健康检查制度。1999年，市人口计生部门启动出生缺陷干预工程，开展面对面的孕前、围产期健康促进教育。倡导新婚妇女在孕前、孕后3个月的服用优生营养素叶酸或福施福。

2003年10月，国家新的《婚姻登记条例》规定婚前医学检查实行自愿原则，全市婚检率逐年下降，预防遗传性残疾胎儿出生的首道防线被冲垮。2005年，将照顾再生一个孩子家庭纳入染色体检查范围，对新婚妇女开展以唐氏综合症筛查为主的出生缺陷干预工作，并将其列入基础工作考核内容，促进优生工作正常开展。2010年，全市坚持实行季度孕情服务制度，优质服务率达98%。

【优育】 1993年，按照省委、省政府统一部署，在全面贯彻生育政策，继续控制人口过快增长的同时，加强优生优育工作。组织开展优生优育知识需求调查，组织编写、发放优生优育科普知识宣传品。倡导自然分娩、母乳喂养、按婴儿生长发育速度添加辅食、婴儿保健、早期教育等工作。乡（镇）村计生工作人员对孕妇进行产前、产中、产后保健指导。1999年，将产后42天随访、传播育儿和避孕节育知识列入人口和计划生育基础工作考核内容。健全和执行婴儿计划免疫保健制度，市、乡（镇）级计划免疫达标率为100%。

2000—2010年，随着人口和计划生育工作的深入开展，儿童早期教育逐渐引起政府、社会和家庭的重视，乡、镇、村、社区和个人积极开办托儿所、幼儿园，对幼儿进行素质、文化、体育等教育。（参见《教育》卷第二章第一节《学前教育》）

【病残儿医学鉴定】 1985年启动病残儿医学鉴定。1989年5月，省人口计生、卫生部门联合制定《独生子女非遗传病残儿鉴定标准及审批程序的暂行规定》，明确独生子女因病残照顾再生一个孩子的病种、鉴定程序、标准、方法等。经专家诊断鉴定不能成为正常劳动力或影响婚配的病残儿，排除遗传因素后，再经市人口计生部门审批，可以再生育1个孩子。地级泰州市成立后，按照国家有关规定，成立专家组，履行病残儿鉴定职责。兴化市计生部门负责初步审查上报，不再进行医学鉴定工作。1991—2010年，全市病残儿医学鉴定2362人，符合病残人数1827人，符合率77.3%。

1991—2010年兴化市病残儿医学鉴定情况一览表

表27-24

年份	鉴定人数	符合病残人数	符合率（%）	年份	鉴定人数	符合病残人数	符合率（%）
1991	75	59	78.7	2002	131	94	71.8
1992	115	87	75.7	2003	120	91	75.8
1993	141	125	88.7	2004	214	167	78.0
1994	72	56	77.8	2005	135	121	89.6
1995	92	68	73.9	2006	179	134	74.9
1996	95	72	75.8	2007	138	80	58.0
1997	136	112	82.4	2008	99	78	78.8
1998	125	98	78.4	2009	81	65	80.2
1999	86	69	80.2	2010	60	42	70.0
2000	112	85	75.9	合计	2362	1827	77.3
2001	156	124	79.5				

三、生殖保健

【全程服务】 1997年后，市乡镇计生部门把查治妇女病纳入孕情检查工作内容，组织开展“五期”（青春期、新婚期、孕产期、避孕期、更年期）知识普及和生殖保健服务。通过举办培训班、讲座、主题班会等活动，开展避孕节育、优生优育、生殖健康知识普及教育。自2001年起，市政府将避孕节育全程服务和生殖保健服务列入人口和计划生育目标管理责任考核内容。市计生服务机构开展咨询、指导和与计划生育有关的常见妇女病、不孕不育症查治服务。至2010年，先后到西鲍、大营、缸顾、戴窑、中堡、沙沟、大邹、下圩、新垛、竹泓、茅山等乡镇开展生殖健康检查，全市接受生殖健康防治20306人，宫颈癌筛查16424人，发现各类妇科疾病7716例，宫颈刮片阳性7001人，宫颈癌筛查8.9万人，确诊宫颈癌25例，均落实治疗措施。

【“计划生育”系列工程】 2002年，《中华人民共和国人口与计划生育法》颁布后，逐步取消婚姻管理方面的行政强制措施。计划生育工作由单纯的婚育管理向管理与服务并重转变，在为群众实施优质服务的过程中，强化孕情监测，加强婚育管理。2003年，全市普遍开展计划生育“六

图27-11 戴南镇世代服务中心
（2006年摄，市人口计生委提供）

大系列服务工程”①。2009年，兴化市被省分别确定为避孕节育知情选择、宫颈癌筛查、避孕药具不良反应监测与防治三个项目点单位。至2010年底，全市育龄群众优质服务率达96%。

【世代服务】 2005年，戴南镇计划生育中心服务所被推荐为全省世代服务试点，引进英国玛丽斯特普服务团队以人为本、以顾客为中心的先进服务理念，把服务站改造成非医院化、具有鲜明计划生育特色、充满人文关怀的“温馨家园”。2006年底，省人口计生委带领国际专家验收戴南试点质量时，对其集行政管理、技术服务和群众工作于一体，融宣传、管理、服务于一炉，实行“六结合”的做法，社会效益、经济效益“双赢”的成效给予肯定，评其为“最成功的试点单位”。省内各地级市和部分县（市）相继派员前来考察。泰州市政府把建成世代服务中心作为当年为民办实事项目。

2006年6月，兴化市被国家人口计生委表彰为“全国人口和计划生育科技工作先进集体”。2007年底，市计生指导站和安丰镇、周庄镇服务站通过泰州市验收。至2010年底，全市35个乡镇（开发区）全部通过验收。2009年12月，兴化市被国家人口计生委表彰为“全国计划生育优质服务先进市”。2010年1月，兴化市被省人口计生委表彰为“全省计划生育优质服务先进市”。

第四节 基础管理

一、生育管理

1990年，《江苏省计划生育条例》实施后，采取行政、法律、经济、教育的综合措施，保障生育计划的有效实施。自1992年起，学习、推广泰县沈高镇孕情双月查、落实节育措施当月清（简称“双月查、当月清”）管理经验。1992—2010年，生育计划管理由孕前转向孕后。同时实行分类管理，将新婚和生一女孩的、服用避孕药具的妇女划为一类对象，生男孩、上环的妇女划为二类对象，生育二孩后采取绝育措施的妇女划为三类对象，每年分别进行6次、3次、1次孕情检查，保证生育计划不突破，计划生育率不超标。1994年，全市实行“四落实、四把关”（落实生育计划，把好年龄关；落实婚育管理，把好生育关；落实基础管理，把好流动人口计划外生育关；落实综合避孕

①计划生育“六大系列服务工程”：一是避孕节育知情选择，尊重群众知情权，计生服务人员为群众详尽解释各类节育措施优缺点，根据各类群众的实际情况，向群众推荐安全、有效、优质的节育措施。二是随访，技人员对落实节育措施人员一年内开展两次随访，对落实措施一年以上人员开展一次随访，检测不良反应。三是生殖道感染综合防治，重点是检查滴虫性阴道炎、细菌性阴道炎、病菌性阴道炎和宫颈炎4种常见疾病。市指导站组织人员，逐乡镇巡回为育龄妇女进行生殖健康检查，对各类妇科疾病跟踪治疗。四是出生缺陷干预。指导新婚、怀孕人员服用叶酸营养素。对照顾再生一孩人员进行染色体检测。五是男性生殖健康。六是青少年生殖健康。

节育措施，把好节育措施期内落实关）工作，提高晚婚率、计划生育率、节育率，此做法在扬州市得到推广。1995年，全市强化村级人口与计划生育基础管理工作，基本形成以村委会为龙头、计生专线工作人员为骨干、计生协会为依托、乡村服务室医生为辅助的计划生育管理服务机制。2001年，全年贯彻实施《计划生育技术服务管理条例》，市计划生育委员会、卫生局联合开展计生专项检查。2006年以后，全市推进世代服务品牌建设工作。

二、目标管理

1991—1995年，市与乡、镇每年签订目标管理责任状，主要是人口出生率、计划生育率、独生子女率、期内综合避孕率、意外怀孕率、出生婴儿性别比、统计数据准确率、人均经费投入8项。2001年后，考核指标中增加服务水平等指标。2006年后，为稳定低生育水平，统筹解决人口问题，促进人口与经济、社会、资源、环境协调和可持续发展，确定的考检内容是：计划生育率、孕前—围孕期保健率、出生人口性别比、流动人口管理服务率、依法管理优质服务和群众满意率、计划生育机构队伍建设达标率、政策兑现率、财政人均人口和计划生育事务支出8项考评指标，以及婴儿死亡率、孕产妇死亡率、平均预期寿命、城镇居民人均可支配收入、农村居民人均收入、城镇基本养老覆盖面、城镇失业保险覆盖面、城镇基本医疗保险覆盖面、新型农村合作医疗覆盖面9项参考指标。

1996年起，考核对象由单一考核计生部门改为党委政府、相关部门、人口计生部门3个方面，把党委政府重视程度、相关部门配合程度作为考评的重要依据，把人口计生部门的能力作为考评的重要内容，把群众满意程度作为考评的主要标准。考核结果与集体、个人奖惩挂钩。惩的方面，实行人口计生工作“一票否决制”；奖励分为精神鼓励和物质奖励。1996年，兴化市人口计生工作被省政府评为合格。2001年，被省政府表彰为“计划生育工作先进市”。2007年，被省政府表彰为“人口和计划生育示范市”。2010年8月，省定14个样本点通过泰州市复核，11月通过省人口协调发展先进市检查组的考核评估。2007年2月，垛田镇被泰州市人口和计划生育领导小组黄牌警告。林湖、戴窑两个乡镇于上半年经泰州市验收，脱掉重点管理的帽子。2009年2月，临城、获垛相继通过泰州市验收，脱掉重点管理帽子。同时，垛田、西鲍被泰州市人口和计划生育领导小组列入重点管理单位。2010年，兴化市建成计生优质服务先进市。

三、流动人口管理服务

1998年8月，市人口计生部门认真贯彻执行国务院《流动人口计划生育工作管理办法》，对流动人口计划生育实行户籍地和现居住地政府共同管理，以现居住地管理为主的制度。人口计生、公安、劳保、工商等部门在办理暂住证、就业证、营业证（照）和实施管理时，对流进人口查验《流动人口婚育证明》，纳入本辖区管理，人口计生部门对流出人员办理《流动人口婚育证明》。2003年，市财政部门将流进人口计划生育管理经费纳入现居住地人口基数预算，免费发放和查验《流动人口婚育证明》，全面推行属地化管理、市民化服务、法制化维权、正常化考核，保证流动人口与户籍市民同宣传、同管理、同服务、同享受待遇。因流进和流出人口猛增，自2007年起，《流动人口婚育证明》发放、查验对象由成年流动人口改为流动人口中的育龄妇女。国务院《流动人口计划生育工作条例》于2009年10月1日起施行，兴化市依法加强流动人口计生管理服务。

随着农业技术推广和农村生产力的提高，全市外出经商务工、创业致富人员逐年增多。至2010年底，常年流出在外人员中已婚育龄妇女达7.3万人，占全市已婚育龄妇女的17%。2010年6月，市政府办公室印发《全面推进流动人口计划生育基本公共服务均等化工作意见》，建立城乡统一的流动人口基本公共服务体制，全面落实均等化服务，并逐步走上制度化轨道。2010年8月24日，兴化市委、市政府在戴窑镇召开全市流动人口计划生育服务管理工作现场会，推广戴窑镇流动人口服务管理工作经验，构建公安、卫生、计生部门共同携手服务流动人口的新格局。规范信息核查，通过国家流动人口信息平台发出协查通告，对流出成年育龄妇女婚育信息开展信息核查，流入地相应协查。同时，及时反馈外地计生部门要求兴化市协查的有关信息，实现网络信息互换。按照“属地管理”原则，将流动人口纳入常住人口的日常管理服务范畴，免费为流入人员提供宣传咨询、查环查孕、避孕节育、生殖保健、援助维权等服务。全市流入人口免费服务率达97%。

四、统计管理

统计内容主要有：人口变动信息（包括总人口、出生、死亡、自然增长、迁入、迁出人数）及相对应的指标；育龄妇女信息登记（15—49周岁育龄妇女中已婚和未婚人数、已婚中又将无孩、一孩、二孩、多孩分类登记）；节育落实信息（分别不同孩次、不同年龄组采取各种避孕节育措施的人数、类型及节育率、期内落实率、节育手术信息）；出生信息（包括出生总数、婴儿性别比、孩次、有无生育计划及相对应指标）；女性初婚信息（记载初婚总人数，包括初婚、事实婚姻、早婚、晚婚人数及对应指标）；领取《独生子女父母光荣证》信息（反映独生子女人数、领证和退证时间及相对应指标）；其他信息（记载计划生育各项管理工作落实情况）。统计数据主要来源于基层的统计卡、账、册、单。分为月报、季报、半年报、年报表。上报内容，乡级及以上只报汇总数字，村级则分别上报具体名单。2002年，兴化市初步建成育龄妇女信息资料库、机关局域网、广域网、因特网组成的“三网一库”。2003年，兴化市对泰州市和乡镇的文件传输网络化，对信息系统升级，与省连接方式改为帧中继。2007年，整合村级党员电教设备，基本实现计划生育信息“村村通”。全市相继建成“奖扶特扶人员信息”“独生子女家庭信息”“全员人口信息”“育龄妇女信息”“流动人口信息”等信息数据库。2008年，研制开发“批准再生一孩管理服务软件”“计生、卫生出生数据比对软件”，为省内创新之举。实现批准再生育审批、怀孕、生育全程监测，预防选择性生育。“批准再生一孩管理服务软件”获泰州市创新一等奖，参加全省信息化成果展示，获得国家信息化建设征文优秀奖。2009年，建成省级人口综合信息平台和全国全员人口信息系统，获省人口计生信息化建设先进单位。2010年4月，针对两个系统中漏项较多、人口覆盖率不高等问题，组织300多名乡村计生人员，历时1个多月，进村入户核查人口信息。10月，根据全省对两个人口信息系统合并升级的要求，对全市人口信息再次核查，省平台录入育龄妇女42.5万人，全员人口系统录入信息155.2万人，准确率和覆盖率均达99%以上。

五、社会抚养费征收

1998年以后，《中华人民共和国人口与计划生育法》以及国务院《计划生育技术服务管理条例》《流动人口计划生育工作管理办法》《社会抚养费征收管理办法》（“一法三规”）相继颁布实施，全市计划生育工作步入依法和优质服务轨道。市委、市政府先后出台《兴化市社会抚养费征收管理实施办法》及《兴化市社会抚养费征收管理实施办法补充规定》，按照立案委托、调查取证、确定金额、告知权利、作出决定、送达文书、执行决定、结案归档8项程序，依法规范征收社会抚养费。

2008年，市人口计生委与市审计局联手，对乡镇2006年社会抚养费征收工作进行专项审计，社会抚养费征收全部纳入收支两条线管理。2009年，市纪委牵头，市财政、计生部门参与，重点对各乡镇社会抚养费和出生人口性别比治理实行专项督查，推进基层计生依法行政和综合治理工作措施的落实。2010年，制定《兴化市社会抚养费征收管理实施办法补充规定》，按工作经费、考核经费、奖励经费定期划拨，确保社会抚养费征收、管理、使用规范。

卷二十八 社会生活

1991年以后，随着经济的发展，兴化市城乡人民生活水平不断提高。农民人均纯收入由1990年的743.8元，提高到2010年的8817元，城镇居民人均可支配收入由1990年的1591元，提高到2010年的18409元，分别增长10.85倍和10.57倍。居民人均储蓄额由1990年的387.5元提高到2010年的13271元，增长33.25倍。农民与市民收入之比，1991年为1∶3.92，2010年为1∶2.09，各乡镇之间最低与最高收入之比，2002年为1∶1.81，2005年为1∶1.83。

兴化市区及大部分乡镇的方言属江淮方言泰如片，西北部少数村镇属洪巢片。由于地理位置邻近吴语区，明初又曾迁入大批苏州人口，故兴化方言中含有某些吴语成份。兴化地处里下河水乡，昔日交通闭塞，方言变化缓慢。20世纪90年代以后，由于经济文化发展，水陆交通开发及普通话的影响，兴化方言有向普通话靠拢的趋势。

兴化境内民风淳朴，相邻地区之间，传统的生活、礼仪等风俗差异不大。1991年后，随着人民生活水平的不断提高，一些文明健康、积极向上的新风尚得到倡导和逐步推广。

兴化市是全省宗教工作重点市。1991—2010年，全市有经批准登记的佛教活动场所54处，道教场所7处，基督教活动场所21处。上方寺、护国寺、大士禅林被认定为全省重点寺院，上方寺连年被省宗教局表彰为“模范宗教活动场所”。

图28-1　群众舞蹈大赛　（2010年摄，市委宣传部提供）

第一章　人民生活

第一节　收　入

一、农村居民收入

20世纪90年代中后期，粮食已供大于求，大批富余劳动力从第一产业中解放出来，促进全市产业结构的调整和乡镇企业、个私企业发展，半数左右农民转向第二、第三产业，两成左右的农民走出家门，外出从事服务业、建筑业等劳务活动。1991年，全市粮食亩产329千克，2010年提高到606千克。至2010年，根据市农村经济调查队住户调查资料，全市农民户均工资性收入为4398.86元，比1991年的54.58元增长79.59倍，占户均总收入的比重由1991年的5.17%提高到2010年38.78%。全市农民人均纯收入从1991年的426.98元提高到2010年的8817元，户均总收入从1991年的1055.71元提高到2010年的11341.88元。农民生活从温饱型转向基本小康型。

1991—2010年兴化市农村住户（户均）收入（抽样调查）一览表

表28-1　　单位：元

年份	全年总收入	工资性收入	家庭经营收入	财产性收入	转移性收入
1991	1055.71	54.58	958.49	42.64	—
1992	1534.84	47.94	1416.87	70.03	—
1993	1654.23	127.97	1467.98	58.28	—
1994	2520.68	169.14	2286.29	65.25	—
1995	3338.05	310.53	2968.55	58.97	—
1996	3924.36	269.81	3553.79	100.76	—
1997	3865.98	360.56	3422.20	3.51	79.71
1998	4170.13	490.63	3545.66	4.96	128.88
1999	4260.76	618.14	3410.66	23.70	208.26
2000	4250.75	1103.35	2992.35	0.27	154.78
2001	4704.22	1365.37	3227.90	34.14	76.81
2002	4830.86	1684.42	3033.64	1.31	111.49
2003	5165.84	1840.03	3251.07	2.06	72.68
2004	6189.21	2061.35	4028.11	15.36	84.39
2005	7681.71	2357.11	5139.63	18.55	166.42
2006	7737.10	2650.45	4884.01	24.24	178.40

续表 28-1

年份	全年总收入	工资性收入	家庭经营收入	财产性收入	转移性收入
2007	7740.00	3047.00	4406.00	38.00	249.00
2008	8814.56	3498.62	4973.12	15.44	327.38
2009	9412.71	3901.06	5134.04	78.17	299.44
2010	11341.88	4398.86	6123.51	236.46	583.05

说明：至1996年前，转移性收入放在财产性收入里统计。

二、城镇居民收入

1991年，全市职工人均年工资1666元。20世纪90年代后期，全市进行企业改制，国有企业、城镇集体企业改制为私营企业、股份制企业和股份合作制企业，第二、三产业较快发展。2010年，全市在岗职工人均年工资为29379元，比1991年增长16.63倍。职工工资的涨幅基本与经济增长同步。由于20世纪90年代中后期物价水平基本平稳，工资的增长成为生活水平提高的基本因素。

1991—2010年兴化市职工工资收入一览表

表28-2

年份	职工总数（人）	工资总额（万元）	人均年工资（元）	年份	职工总数（人）	工资总额（万元）	人均年工资（元）
1991	97720	16056	1666	2001	49548	44746	8531
1992	98748	18980	1937	2002	52208	50835	9129
1993	95923	24524	2520	2003	59474	53671	10373
1994	98964	33102	3381	2004	55387	58585	11903
1995	97346	38369	3963	2005	51247	68144	13560
1996	98784	43352	4432	2006	47162	71453	15219
1997	98300	46172	4698	2007	51823	98122	18705
1998	97210	47296	4914	2008	49138	120429	22894
1999	66430	45822	6849	2009	51294	131300	26083
2000	56562	43597	7396	2010	52112	152700	29379

第二节 居民消费

1991—2010年，全市居民在衣食住行诸方面消费发生明显变化，在消费结构方面，食品消费比重逐渐下降，从58.11%下降至39.34%；医疗保健、交通通信、文教娱乐方面消费比重逐渐上升，从1.02%上升到30.24%。农民负担占人均纯收入的比例，1990—1998年控制在3%—4%之间，1999—2002年控制在2%—3%之间，2003—2005年控制在1.47%以下，2010年降至0.3%。1个学生读完中、小学，时隔5年，学杂费提高近3倍；居民看病，普通门诊费2010年是1988年的2.1倍，急诊费2005年是1988年的2.4倍。2010年，名专家门诊费是普通门诊费的17.5倍。

1991—2010年部分年份兴化市农村住户人均消费支出（抽样调查）一览表

表28-3　　　　单位：元

年份	年人均消费支出	食品	衣着	居住	日用品	交通通信	文教娱乐	医疗保健	其他商品及服务
1991	783	455	58	124	82	4	—	4	56
1997	1988	1121	135	303	109	45	193	72	10
2000	1602	792	98	277	60	71	164	95	45
2005	2759	1347	219	213	145	242	447	66	80
2010	10897	4287	1445	675	652	982	2037	276	543

说明：1. 1991年“文教娱乐支出为0.11元。2. 因1995年数据有缺，故改用1997年统计数据。

一、衣着

20世纪90年代，随着人民收入增加，生活水平提高，服装式样和色调逐渐丰富多彩，尤以青年服饰变化节奏最快，年年都有新款式，岁岁皆有流行色。衣着趋向成衣化、时装化，不仅御寒，且追求舒适美观、时尚品牌。衣服由一衣多季变成一季多衣。2000年后，兴化城区出现众多服装专卖店，多数乡镇也有时装店。据兴化市农村住户人均消费支出调查资料，衣着消费支出从1991年的58.28元，上升到2010年的1445.36元，20年增长23.8倍。

二、饮食

20世纪90年代，市内人民饮食结构出现三大变化：主食以大米为主型转向米、面、五谷杂粮综合型，副食以“植物型”（瓜菜）为主转向“肉食型”（禽蛋鱼肉）为主，以吃饱为主转向吃好为主。2000年后，餐桌上讲究营养、风味、时鲜。回归自然成为食物首选，大鱼大肉猛吃海喝的旧习有所改变。据市农村经济调查队调查资料，市内“恩格尔系数”从1991年的58.11%下降到2010年的39.34%。

三、家庭耐用消费品

在居住条件改善的同时，农民家庭耐用消费品拥有量不断增加，反映农民家庭生活水平的“三大件”也有了变化，从20世纪80年代的电冰箱、收录机、电视机，发展到20世纪90年代的空调机、摩托车、电话机。20世纪90年代后期，部分富裕农民家庭有电脑、小轿车、摄像机。2010年底，农村用户有固定电话的88%，电脑37%，移动电话户均1.74台。全市农民家庭有水冲式厕所的占26%，饮用自来水的占100%，使用燃气的占32%。

2010年，全市城镇居民固定电话户均0.88台，移动电话户均0.91台。全市城镇居民家庭饮用自来水的占100%，使用灌装液化气的占82%，使用管道液化气的占16%。

1991—2010年部分年份兴化市百户家庭耐用品拥有量一览表

表28-4

品名	1991年	1995年	2000年	2005年	2010年
自行车（辆）	115	125	131	84	88
收录机（台）	21	38	7	5	—
黑白电视机（台）	65	75	50	20	4
彩色电视机（台）	6	17	54	89	99
电风扇（台）	93	154	221	96	—

续表 28-4

品名	1991年	1995年	2000年	2005年	2010年
洗衣机（台）	6	12	40	67	79
摩托车（辆）	—	—	8	31	18
电冰箱（台）	—	4	18	36	71
空调器（台）	—	—	—	14	55
固定电话（台）	—	—	32	86	88
移动电话（台）	—	—	8	64	91
影碟机（台）	—	—	17	22	24
照相机（架）	—	—	3	2	5
微波炉（台）	—	—	—	—	57

第三节　居住状况

一、农民居住状况

农民家庭居住条件逐步改善，20世纪90年代开始住楼房，讲装潢。20世纪90年代后期，部分富裕农民建别墅式住宅楼，住房宽敞，装潢美观高档，生活设施配套齐全。据市农村经济调查队住户调查资料，2010年，全市农村家庭人均住房面积41.03平方米，为1991年的19.38平方米的2.12倍。

图 28-2　香堤别墅区　　（2007年摄，市住建局提供）

二、城镇居民居住状况

1991年，全市城镇居民人均居住面积14.2平方米。1996年4月，兴化市实施住房公积金制度。1998年12月1日，兴化市停止住房实物分配，逐步实行住房分配货币化。至2010年，城镇居民居住条件大大改善，人均住房36.51平方米，为1991年人均居住面积的2.57倍。

第二章　民俗民风

20世纪90年代后，兴化市经济和文化事业快速发展，许多民俗发生变革，一些民俗事项逐步消失，有的仅残存于老龄人之中。不少新的习俗正在形成，在日常生产、生活中蔚成风气。

第一节　生产习俗

一、种植业

【下秧】 少数农户落谷前，在秧池附近置一木盘，内置炒米、碗、粘（饼）碗、连根葱1棵、2斤左右猪肉1块（俗谓“刀头”）、粽子6只，敬神，点香烛、黄元，燃放鞭炮，叩头。然后将炒米、粘饼倒走，也有的让附近田里的人来抢，可得吉兆。仪注完毕，主人下田落谷，事毕在秧池边插一根柳枝。

【加苗】 如果春天阳光充足，雨水调和，小秧长得很快。如遇苗情欠佳，就在田头烧香，求苗全苗壮。也有的在正常情况下也去烧香，求神保佑。

【烧青苗】 水稻孕穗，有的农户备“刀头”，到田岸焚黄元，放小鞭，祈神保佑穗头饱满。同时“捉黄塘”，补施追肥。

【尝新】 新稻登场之前，有的农户先在打谷场上敬神。新饭熟，先敬天地先祖，请其“尝新”，也称“荐新”，感谢神灵、先祖保佑，然后家人聚食新米饭。旧谚：“见新不死”，新年登场，一年的生活就有了希望。

二、建筑与装修

【建筑】 20世纪90年代初，城镇居民私人建房极少，农村建房的也已少见。城镇较大工程开工，往往邀请乡镇党委、政府负责人或其他头面人物举行奠基仪式。在工地预竖一块奠基石，上披红彩绸。仪式开始，由现场职位最高者首先铲土掷向奠基石，随后四周执锹者纷纷铲土抛向奠基石，直至掩埋为止。工程竣工建筑落成投入使用，特邀当地头面人物举行剪彩仪式。奠基仪式和剪彩仪式后，主办者往往设宴款待参加者，有的还要给执锹、执剪者送红包。

【装修】 人们购买的商品房（包括门面房和住宅）多为毛坯房，入住前一般都要装修。按入住者经济能力，可分简装和精装。但都要选“好日子”开工。有的人家在开工和结工时，都要燃放鞭、烧香敬神，祈神保佑新房吉利，还要宴请装修工人，酬谢其辛勤劳动。

商店开张之前，无论是旧店新开，还是新店房，也不管是否更换店主，对店面都要进行装修，使之面貌一新，且力求风格独特，给顾客以深刻印象。

三、工厂、商店开张（工）

商店开张和工厂开工都要选择吉日，最好是黄道吉日，起码也是逢二、逢六或逢八的日子。开张（工）这一天，店门、厂门口张灯结彩，门前吊大彩色气球。吉时一到，燃放鞭炮，请鼓乐队吹奏喜庆的曲子。白天，商店打折销售（有的甚至优惠3天），晚上宴请致贺的宾朋。规模较大的厂店还在电视台点歌，开辟广告专栏。

四、集市庙会和市声

1991年以后，各地集市、庙会进一步发展，促进农产品交换和农村市场繁荣（具体参见《商贸服务业》第一章第三节《专业市场》）。随着城镇农贸市场建设和消费品结构变化，游街串巷的小商贩大为减少；由于人们生活水平提高，消费理念的变化，手工制作日用品和修旧利废习惯的改变，流动的手工匠工也大为减少。但近年一些收废品、卖青货、卖油末的商贩，修电器的手艺人把叫卖声录音，在一些马路、背街小巷边开车、边放录音，组合成新的市声。

第二节 生活习俗

一、饮食

图28-3 蒸蒸日上 （2008年摄，市委宣传部提供）

【食制】 一日三餐，早晚稀饭或面条，中午大米，农村忙时一日4—5餐，有早茶、晚茶（米饭、干粮之类）。城镇许多人家早晨以烧饼、米饼、油条、豆浆和鸡蛋、牛奶为早餐。工薪阶层逢休息日，早晨到茶馆小坐，以点心、盘茶、面条作早餐。晚餐也以米饭、面条为主，以稀饭和烫饭换换口味。

【主食】 一般以大米为主，辅以面食。山芋、小米等五谷杂粮成为营养品受到青睐。每到腊月中下旬，还有部分农家划糕和米团，早晚放一些粥里当主食，节下用来馈赠家住城镇的亲友。有的人家把米团用清水浸泡起来一直吃到栽秧时。也有的农民制作糕米团到城镇出售。

【菜肴】 早晨如果吃粥和烫饭，小菜以咸菜、酱菜为主。中饭以蔬菜为主，以豆制品及荤食搭配。20世纪90年代以后，荤食品消费增多。经济条件稍好的人家，鱼、肉、鸡、鸭、蛋、虾等，每日总有样把上桌，春天的龙虾（克氏螯虾）、秋天的螃蟹等应时菜肴偶尔购买。有客人上门，菜肴更加丰盛。进入腊月，一般人家都要腌鱼、腌肉、宰鸡风干、灌香肠，采购各种食材。即使经济条件较差家庭也要购买少量鱼肉蛋品，聊以应景而已。

【筵席】 婚嫁、寿庆、迁居、开业等菜肴因家境而异。通常有的6碗8碟、8碗8碟、8大4小、6碗12碟等。便餐4碗4盘，外加一道汤。用料以鸡、鸭、鱼、蛋、猪、牛等肉为主。配以各种素菜，条件好的筵席有冷盘、热炒、大菜、甜菜、点心，不下二三十样。讲究的有长（鳝）、毛（鳗）、甲（鳖），尔后又兴螃蟹、鳜鱼等。在家中举行婚宴、寿宴、上梁宴红烧鱼一般不食。端上餐桌即停止饮酒，有"鱼到酒止"之说，但在餐厅酒楼无此禁忌。一种新兴行业，称"家宴"，一些下岗或退休厨师，带助手帮举宴人家办筵席，按筵席档次和桌数取酬。

20世纪90年代以后，各种品牌的白酒纷纷涌入市场，"洋河""双沟"等白酒曾为上品，在外地名酒挤压下一度销路不畅，后经改头换面又常现身于宴席之上。有的主人以名酒显气派，款待高贵客人，且以酒来品评宴会档次。数百元甚至上千元一瓶的"剑南春""五粮液""茅台"等名酒也偶见于筵席之上。"劝酒"被视为"好客"，但不善饮者常被劝得手足无措。

二、服饰

【发型】 男子一直以"三七开"、"一边倒"发型为主。少数人剃光头，偶有留长发、长鬓角、长胡子、小胡子，有少数年轻人染彩发或烫发。妇女发型比较复杂，以烫发为时尚，发型有波浪式、爆炸式、一刀卷、丹凤朝阳等。还有不少女孩子长发披肩或把头发染成棕色、黄色、甚至红色。但多数妇女还是理运动头，少数打辫子。幼儿有的剃桃子头，男童也有少数留辫子。随着时代发展，美发行业逐渐兴起，发型也趋于多样化。

【衣着】 男性服装款式、色彩日渐丰富，缝纫店因赶不上潮流而被淘汰，销售西装已成热门。西装、夹克衫、滑雪衫、羽绒服、休闲装、T恤衫、喇叭裤、牛仔裤、健美裤等，除在青年男女中流行外，部分中老年人也跟着花样翻新。球衣、球裤是人们锻炼身体时的着装。中山装、列宁装及女性穿的大头上衣十分罕见。衣料向高档化发展，毛呢织品相当普及。20世纪90年代初中期，穿皮装的人还是凤毛麟角。后期，街面上比比皆是。儿童服装不再是“新老大、旧老二”，服装特点是色彩鲜艳，式样五花八门，惹人喜爱。2000年后专卖店兴起，服饰趋于多样，往往以一年或几年为一个周期流行各种款式，年轻人服饰尤为丰富。

【鞋帽】 冬春季节，除老年人外，戴帽子围围巾的人不多。以前流行的解放帽已无人问津，戴鸭舌帽的人增多。青少年戴滑稽帽、绒线帽，小孩戴风帽、狗头帽。还有少数人戴礼帽。少数城镇妇女先为滑骨帽，后又有罗丝帽、八角帽。夏天戴遮阳帽。农村妇女冬天下地干活时扎方巾御寒，夏天下地戴草帽遮阳。农民穿草鞋的渐少。在城乡人们休闲时穿布鞋、阴雨天穿胶鞋。球鞋、凉鞋、旅游鞋、保暖鞋和皮鞋日渐普及，且向高档化发展，商品房、别墅铺实木地板的，都备有拖鞋，冬为棉拖鞋，夏为塑料拖鞋。家人及来客进门多有各式拖鞋待换。

【首饰】 改革开放以后，金戒指、耳环、手链、手镯、项链被列为纳聘必备的礼品。有的男子亦戴手链、项链和戒指，且以其肥大、花样翻新显示富有。中老年妇女戴玉镯，老年男子戴扳指。也有少数妇女戴珍珠手链、项链。2000年后，部分人士中流行檀木或其他材质珠串。

三、居住

【建房、选房】 旧俗，盖房先要请“阴阳”先生看风水，现时地皮紧张，“风水”已无法顾及，但仍避免在正对通衢或河流的地方建房，以防“冲射”。人们购买商品房，也注意窗户的朝向。有的还注意房下地基原来的用途。购买二手房成交前往往打听此房有没有发生过不吉之事。住进新房后短期内（如三年内）发生家人出事、生病，往往归咎于住房不吉。有的还请僧道、巫婆神汉做仪注禳解，甚至将房子低价转手。

【迁居】 住房搬迁一般选择“大寒”期间，有人迷信地认为此时的“太岁”不管人间闲事，百无禁忌。搬迁时先进马桶（子孙桶）、万年青，还有斧头一把用红纸裹柄，取子孙绵绵，万年常青之意，斧头用来辟邪。新建住房或新购商品住宅虽不一定选在大寒进宅，但一般也要选在吉日进行。迁居时亲友必赠贺幛、亮匾（玻璃镜屏），有的则送红包，庆贺乔迁之喜，贺屋或贺搬，主家要择日设宴酬宾。

第三节　人生礼仪

一、婚嫁

改革开放以后，男婚女嫁的许多旧俗被逐渐革除，但仍有许多礼仪被保留下来。

【提亲】 一方请媒人上门提亲，对方有意，或经亲友撮合双方同意的，再请媒人凑成双数，一为“原媒”，一为“请媒”。也有的是男方一位媒人，女方一位媒人，少数的仍是“三媒六证”。

【访亲】 先由男方的女性亲友数人（双数）访问女方，主要是女子的品貌性格、有无遗传疾病等。对女子家境一般不过于计较，俗话“买猪不买圈”。女家有意即招待来访者。女家访男家，除上述内容外，还有男方家境、男子人品等。旧时有“女攀高亲”的说法。女方满意，才接受男家的招待。

【合婚】 通过媒人（介绍人）把女子生辰八字口头告知男家，此为“暗口谕”。男家请巫者“合婚”，若“八字”相合即通知女家，女家再将女子的大红庚帖（“明口谕”，或称“鸳鸯扣”）发至男家，谓“回好”。也有人家省去“回好”这一程序，而和发“帖子”一道进行，谓之“一把连”。

【下定】 男家接到女家庚帖后，即备衣料两套及云片糕等礼物送至女家，即为“下小定”。新的说法为“订婚”。男方要宴请媒人（介绍人）及双方至亲，使互相认识，谓“会亲”，至此婚约乃成。

也有双方经人介绍认识，同意相处即明确恋爱关系，互为双方的朋友，其时不乏家长暗访对方，找人合婚的。二人相处合适即订婚，另外送彩礼和酒水（折干）给女方，彩礼和酒水钱不断看涨，往往非几万、几十万元不罢。此外，还要宴请介绍人和双方至爱亲朋。女方也送一两件礼物给男方作“表记”。更有男女青年恋爱情热，请人出面告知双方或一方家长“关面子”，下一步礼节如仪。少数的按婚姻法办事，恋爱结婚一切从简。

【追节】 青年结婚当年，于中秋节给岳家送礼“对节”（即追节），礼物通常有四色或六色，除名酒名烟名茶外，必须有月饼、藕、鸭（一对）。岳家返还其中几样。在结婚前二三年，村内未婚女婿择夏日闲时至岳家小住数日，即曰“歇伏”，又可让未婚小夫妻联络感情。逢“三大节”都给岳家送礼“追节”，春节送礼需要“盒担”，即有猪蹄髈、鱼、酒、茶食、大团大糕等。

【送日子】 旧称“请期”，男家有结婚意向，即请媒人（介绍人）带礼物去女家磋商婚期。农村吉期一般选在农闲时节（现在亦有选择“国庆”“五一”长假期间或阴历七月初七“情人节”）。春秋二季较多，正月为主，以便亲朋邻里送礼贺喜，俗谓“赶情”“出人情”。具体日期一般选“双日”。双方年龄都为双数的即选单日，但日子要好。还要避开女子经期，日期商定后，即用大红柬帖通知女家。且一经通知，只能提前，不可推迟。城镇举行婚礼不限于农闲时节。

【送彩礼】 按“通话”时约定的礼金、首饰送给女家。礼金供嫁娘买衣服（即谓“扯喜布”），结婚时男家置办木床一张（商品房装修时，衣橱连在墙壁上），新房内其余家具由女家陪送，品种数量男方概不计较。吉期前，未婚夫妇相偕去邻近大中城市购买衣物。女家陪嫁多为家用电器、化妆品、沙发，还有陪厨具。现时富裕家庭陪轿车的也不少。极少数女家对男方需索无度，以至为婚后小夫妻不和埋下隐患。

【发嫁妆和铺房】 结婚前一天，女家将嫁妆送至男家布置新房，是为“铺房”。是日男方“待媒”。请媒翁大人“上座”，由上亲作陪。表示谢意。后改为由男方4—6人至女家“过礼”，将聘礼装盒担送至女家，顺便将女方陪嫁带回“铺房”。

【暖床】 正日前一天，男方请福寿双全的老夫妇（福爹、福奶）铺床，新郎即邀父母在堂的平辈亲友（表兄弟为多）联床，谓“暖床”。正日早晨，主家端蛋茶至床前喊联床者起身用餐，但不给“筷子”，由联床者口呼“筷子”（即“快生贵子”）。新郎父母给红包联床者。

【迎亲】 20世纪90年代以后，由于城乡公路交通发展，尤其是实现村村通公路以后，兴起轿车迎亲之风，传统的“轿子船”已属罕见。吉日，新郎在伴郎和数名亲友（双数）陪同下，开轿车去女家迎亲。新人乘坐的喜车车头结彩球，挂红绸，车后贴双喜。车队一路播放喜庆乐曲。车队开到女家门前，女家即鸣放鞭炮出迎。女家以圆子、云片糕、红枣茶招待。寓意为团团圆圆、步步高升、早生贵子。在迎亲队伍催促之下，新人上车。女家有人跟车送亲，喜车至男家门前，由福爹爹、福奶奶开启车门，搀扶新娘下车，并请迎亲、送亲的人吃圆子、云片糕、红枣茶。拜堂行礼后，新婚夫妇由福爹爹、福奶奶送入洞房，吃富贵茶，双双并列床沿“坐富贵”。

【喜宴和闹洞房】 正日，男家大摆筵席，招待亲朋好友。现在女方亲朋好友也到男家吃喜酒，新郎、新娘及公婆都要到每席前敬酒。席间，宾客闹新人，闹公婆。一些好事者，常将热闹气氛推向高潮。席散闹新房。俗曰：新婚三天无大小，闹发！闹发！婚宴上主家必殷勤劝酒，客人开怀畅饮，喜酒喜酒，吃得歪歪扭扭。

现时饭店、宾馆承包新婚宴席，由男女双方合办，遍请双方亲友，动辄几十桌，甚至上百桌。饭店宾馆门前彩灯照耀，电视屏幕放映祝贺新婚的大幅礼屏。新人在门前迎宾。有经过专业培训的婚礼司仪主持婚礼，宴会厅灯光灿烂，歌声悦耳。不时有宾客上台演唱，整个宴会显得热闹温馨。

【粉朝】 又称“分朝”，在农村新婚次日早晨，新娘开脸梳妆，由福奶奶陪同指认锅灶、河口、巷道、熟悉夫家环境，也让左邻右舍，七姑子八大姨认识新娘。新娘依次拜见公婆和尊亲，长辈要包红包给新娘，名曰“开箱钱”。新娘送手巾给长辈，给小辈发红包。散亲时，新娘给长辈敬“早茶”，长辈给红包新娘。“三朝”娘家人到婿家“望朝”，随后带姑娘、女婿回门。此日，女家待客会亲，新姑父是娇客，“上座”。满月“回门”时，给岳家带2色或4色礼品，岳家回赠粽子100只，其中一个特大，谓“百种选一”。新娘是“红人儿”，蜜月中忌串门。在城镇，诸多禁忌已不存在，许多礼仪也逐渐淡化。

【谢媒】 举行婚宴必请媒人（介绍人）出席，席散，主家给媒人糖果、香烟和红包，谓“满兜儿”。订婚、结婚，婚后谢媒三次，给媒人送猪肉、面条、米团糕，谓之“媒三担”。

【交生日】 新媳妇过门后的第一个生日，由娘家出资庆贺，表示以后的生日即交由婿家庆贺。

二、生育

生儿育女是传宗接代的大事，妇女从怀孕到分娩，都受家人的重视，形成一套习俗。

【催生】 产前，外婆家为新生做两件毛衫儿，其他衣服要成单，送一只窠儿（摇篮车），放6根帐管竹（“祝子”），一棵万年青，象征长命百岁。一把红萝卜，寓意生小萝卜头儿（男孩），一把枣子谓“早子”。还有一只糖罐和一些艾草、草纸等（现在医院分娩除小儿衣服和摇篮外，其他不一定准备）。

【过街】 预产期前数日，娘家带孕妇回去过一天，但当晚必回夫家。让孕妇活动一下身体，有利顺产。也有满足女儿眷恋（念）娘家之意。谚曰：“吃咯过街饭，养也养不及”。

【生养】 产妇生养一定在自家（现多在医院），民间有“借死不借生”的说法，如正巧养在娘家，则要包红纸封儿给娘家人。

婴儿落地后第一个进入产房的人叫“踏生”，旧俗认为：小儿长成后个性常和踏生者相仿。旧时，接生婆还将衣胞埋在产妇床下，让小孩日后不忘衣胞之地。

【报喜】 婴儿降生须向外婆家及其他亲戚报喜，生男送红蛋、毛米粥。生女儿送毛米粥，现在也有的和生男一样，送红蛋、毛米粥。

【洗三】 产后第三天给婴儿洗澡，取乳名，请至亲好友吃“洗三饭”。

【暗房】 产妇满月前的房间称“暗房”，门窗关闭，防止邪气进来。产妇是“红人儿”，月子里不能乱跑，尤其不能走进别家。部分人家男人月子里在房外搁铺另睡。读书（识字）人则将书籍放置产妇床前，名曰“压邪”。

【看月子】 在产妇坐月子期间，诸亲六眷上门看望，并馈赠猪蹄髈、母鸡、鸡蛋、鲫鱼、红糖、馓子等慰问品及婴儿鞋帽等。现也有不送食品而“折干”送红包的。

【做满月】 早上吃圆子，晚上吃满月酒。来客中未曾“看月子”的人，则送礼金或长命锁、项圈、手镯、脚镯等。为新生儿剃胎毛（但要避开正腊月），将剃下的第一刀胎发揉成团，用红绒线扎好或装在小红布袋中挂在袂头。也有的和万年青叶子扎在一起挂在帐子上。满月后有的娘家人将产妇、婴儿带回去过一个月，直至“双满月”。

【百日和抓周】 婴儿出生一百天和周岁，也要宴请一番，表示祝贺。过周时，外婆送饰品、衣帽给孩子。父母摆上小弓箭、塑料手枪、笔墨、玩具等物品，让婴儿抓取，用来试探其将来的志向、爱好等，谓之“抓周”，如抓笔墨即预示婴儿将来是文人。

三、寿诞

【小儿生日】 戏谓“长尾子”。小寿星此日穿新衣，吃寿面。家中焚香烛，放鞭炮敬神。10岁为人生第一个“整生日”，家长要宴请亲友，应邀者馈赠礼金、衣物。现在有人家贺6岁，剪辫子。

【贺整生日】 平常生日谓之“闲生日”。这一天，早晨吃面条，中午添几样荤菜而已。年岁逢整十是“整生日”，一般都要庆贺一番，谓“做寿”。二十岁生日不太隆重。三十岁是“半甲”，一定要做的，俗话“三十不做，四十不发”。六十花甲大寿，更要庆贺。八十做寿的排场要看主人的身份、经济状况和个性特征而定。有的“贺九不贺十”，七十九岁隆重庆贺，八十岁反而简化。谚曰：“没得强盗贺八十”，这虽是戏言，但有很多老者避讳。

贺寿从生日前一晚开始，宴请至亲好友，谓之“暖寿”。农家于此日下午到亲，居住在他村的亲戚前来送礼祝寿。过去寿礼有寿幛、寿联、亮匾，现在大多数是肉、面、香烛、鞭炮等，也有送服装的。而今时髦的还到广电站点歌祝寿。正日中午和晚上设宴款待宾客。第二天午饭后回礼散亲。前后共3天。有些人家因故（外出或其他原因）错过寿期，事后还要“补寿”。有的利用春节外出人员回归，亲朋比较集中又较清闲而提前做寿。城镇居民多在生日当晚或前一天晚上宴客贺寿。

【冥寿】 少数富而好礼之家，先人逢十的诞辰之日，请僧人做“善寿”“贺冥寿”。亲友送纸锞、“金条”（和尚或修行奶奶念的7—8寸长的麦秸）、礼金，主家照样办酒宴招待，做冥寿一般以故人100岁为限。

【假寿】 近年有人借本人或亲属“生日”名义宴请官场、生意上的“朋友”，联络感情。少数手握权力的人以“生日”名义收礼、敛财，走上不归之路。

四、丧葬

20世纪90年代以后，实行殡葬改革，遗体火化，骨灰装匣，在公墓购买墓穴隆重安葬，并在墓前立碑为记。

【送老与守灵】 为将死的人剃头，擦洗身子谓“净身”，然后穿寿衣（俗称“老衣”）谓之“送老”。将弥留者从病床移至堂屋一侧地铺上（下铺稻草），咽气后再移至灵床（又称“停床”）。从弥留到入殓（或去焚化）这段时间必须有亲人守灵或守夜（又称“伴夜”），同时焚化纸钱，谓“烧寿纸”，寿纸一般是女儿买。富有人家还请僧人放“引路焰口”。

【报丧】 除贴讣告发丧外，必须开列亲族至交名单。派人上门报丧（俗称“把死信”）。逢母丧，孝子须至舅家报丧（独子本人不报），并向舅父或舅母跪拜。父亡而向叔、伯（或伯母、婶母）报丧、跪拜。

【举丧】 主要有收敛、戴孝、上庙等仪注。将尸体移入棺中，棺下层垫黄土、石灰、棉褥、纸、尸枕俗称“鸡鸣枕”，上覆衾被，此为“小殓”。尊亲逝世，卑亲属按辈分穿戴不同颜色的孝服。孝衣、孝帽，子孙辈白色，重孙辈红色。孝子还要戴麻布帽，穿孝服系草腰，孝媳穿孝服戴麻窝。有未过门的儿媳需送孝布于女家置孝服，谓“送孝”。对前来吊唁的亲戚和宾客赠孝布或黑纱，称“散孝”。迷信说法，“死后三日内亡灵临时羁押在土地庙”，故家人必于每日晚前往送饭一次，并焚化纸钱，嘱土地爷关照。土地庙被毁后，此项仪式随之被免除。20世纪90年代以后，政府提倡殡葬改革，人死的遗体火化，“大殓”仪式亦简化。

【吊丧】 自人咽气之日起第六日为“头七”。后每七日必祭，诵经、供饭、焚纸锞谓“烧七”。在牌位前点香油灯或三瓦灯，谓“七灯”。终宵不灭，直至“终七”（俗称“断七”）。“头七”前一日请僧人诵经，门前焚香称“暗七”，凡烧“头七”在场的亲友、晚辈，“逢七”必来参祭、吃斋饭，谓之

"应七"。逢七这日的黄昏，孝子手提白灯笼到附近土地庙带回亡灵谓"带七"。"带七"的仪注今已免。死者已嫁女儿于"五七"回娘家"换饭"，此日祭奠所需皆由女儿自备，有死者"五七不食自家饭"之谚。死者如有已嫁孙女的换饭谓"玉米饭"，亡魂飨之，冥福最高。如今，农村很多人外出打工，城镇也多为上班族，亡者亲友、晚辈忙于上班，只在"六七"祭奠之时聚会、放焰口、还受生经、给女亡人念血盆经等。治丧之家多在此日设宴答谢吊唁的人，谓"谢红"。

【遗体火化、骨灰安葬】 20世纪90年代以后，遗体火化在城乡普及，逝者咽气起第三日清晨，殡仪馆应约将灵车开至治丧门前（或附近），将遗体安放在玻璃抬棺上抬上灵车。送灵队伍由逝者长子或长孙手捧遗像率先上车，车队后置放花圈等物的卡车。灵车在哀乐声中缓缓驶向殡仪馆。将抬棺安置在灵座之上，在举行告别仪式后遗体火化，同时在广场上将花圈连同纸钱等祭物一并焚烧。待骨灰冷却装盒后，送灵车队返回。一路上仍是哀乐低回。有的人家将骨灰盒供奉数月至3年，但今多数直接送公墓安葬。先在公墓挖好的坑内焚纸钱暖坑，然后搭上跳板，送葬者双手拿钱，从跳板上走过，留大钱，丢小钱，钱由土工分之。从公墓回家也不走原路，且须从燃烧的稻草上跨过，驱除邪祟。送葬者回到家要喝一口红糖水，吃一片云片糕。葬后第三日，家人必再临墓地设祭哭奠，谓之"复山"。骨灰入葬公墓，形制统一，原第三年"圆坟"的仪注已免。

【服丧】 一般为3年。尊亲咽气，孝子及孙辈理发谓"剃七头"，终七前一般不能理发。死者百天及周年忌辰必祭。服丧期间，家人一律素色穿戴，不办喜庆，不放鞭炮，春节不贴红楹联，直至满三年脱孝。是日设祭将最初为死者设的纸写牌位焚化，谓之"化牌子"。有的扎库（幽居），请僧人放焰口，开宴席，请致祭亲友。现时，有的不到三年，"六七"就"化牌子"，可以贴红对联。

实行殡葬改革后，葬礼简便、隆重、节俭。近年，旧俗有所抬头，烧七念经忏悔、请阴阳、化幽居、"踩街"等迷信仪式复活，丧事攀比，甚至大操大办，借丧事摆阔。手头不宽者往往为此欠下一笔债。

五、交际往来

【称谓】 小辈对长辈不能直呼其名，在尊亲中对曾祖辈称老爹（太爷）、老太，祖父母称爹爹、奶奶，称外祖父母为婆爹爹、婆奶奶（婆婆），长一辈称爸爸（音bāi），妈妈、伯伯、叔叔、伯母、婶娘、舅舅、舅母、姨娘、姨丈、姑父、姑母（姑妈）。平辈称哥哥、嫂嫂、姐姐、姐夫、弟弟、弟媳妇、妹妹、妹夫（妹婿）、妯娌、舅子（舅老儿）、舅母娘子、连襟、姨子等。如非嫡亲，则在称谓前加堂（叔伯）、表姑（表、姨表）等关系。对晚辈，儿子称小伙，女儿称姑娘（丫头）。另有媳妇（新妇）、女婿（姑爷）、侄子、侄女、外甥（女）、孙（女）、外孙（女）等。对平辈、晚辈一般直呼其名，不冠姓氏，以示亲切。

对有亲戚关系的长者，一般随其侄辈称呼，如张叔、王婶妈、刘爹爹等，对有文化的称"某老"以示敬重。现时称职务之风盛行，如某局长、某主任、某书记，前面不加"副"字，免得对方不快。近年又盛行某总、某工（工程师）、某老板等。

【亲戚往来】 亲戚间往来依关系的远近和感情的亲疏而定，一般亲戚遇婚丧喜庆都送礼（出人情），每逢传统节日互赠节令食品、用品。亲戚中一时困难，亲密者都帮助想办法、出主意，有的还出手援助。有人生病或负伤，都前去探望、慰问、赠送苹果（表示平平安安）、桔子（表示大吉大利）及其他保健品、营养品，也有的送红包。亲戚买部新车或小辈考上大学，亲戚朋友都争相祝贺。有的还上电视台点歌庆祝。

【尊师睦邻】 兴化有尊师传统，视老师为尊长。成年后对儿时的老师尊敬，有的孩子结婚还请老师赴宴、赠送喜糖。见老师有困难能主动帮忙，同学聚会不忘请老师光临。

邻里之间常常串门谈心，互赠小吃、菜肴，代为照看门口或带小孩。夏日乘凉，邻居间无话不谈。遇有婚丧、建房或农忙之时，邻居间都能互相帮忙。而今城乡居民多数住进商品房、别墅群，邻里间少了往来的机会，感情淡薄不少。

【日常礼仪】 早晨见长辈先打招呼，后道早安，相熟的人见面也互道早安。中午前后或傍晚见面时问“吃过没有？”以示关心。来了外庄（地）或远地亲友先敬烟茶，稍后主家热情留餐。

【同乡情谊】 改革开放以来，城乡大批人外出经商，先行者接引后者，在外地兴化人之间，一人有困难，同乡互相帮扶，以求共同发展致富。

【亲属间礼仪】 夫妻、父母、子女、兄弟、姐妹、亲朋及师生之间礼仪和其他各地大致相同，唯对舅权的尊重比较突出，如外甥婚娶，舅父必坐首席，兄弟家庭纠纷，分家析产必请舅父主持等。

第四节 岁时节庆

一、春季

【春节】 农历五天大年。正月初一，家主早起，点蜡烛放鞭炮，敬天地神祇。焚香后方可开门。男女老少穿新衣、新鞋，戴新帽。清晨先吃云片糕、红枣、京果之类“开口”。尤其孩子一早起来就令其吃红枣，这样就会说吉利话。家人见面互道“恭喜发财”“身体健康”等。早餐有生姜干丝、圆子等。中午、晚上吃的都是除夕准备的饭菜。是日早饭后即外出拜年，小辈先到族亲中长辈家中拜年。途中熟人相见拱手为礼，互道“恭喜发财”“过百岁”长寿之类的吉祥话。整个正月熟人初见面都要互道恭喜。春节期间，乞丐上门送财神均慷慨施舍。初一不兴扫地，不许泼水下地。少数人家到初五送财神后才扫地，且由外向内扫，意在招财进宝。2000年后，在部分年轻人中流行利用春节外出旅游。

初二，女儿携夫婿及孩子带上礼物至娘家拜年。有的一住数日，有“七不出，八不归，初九、一十往家飞”之说。

初三，谢生，这一天开始淘米煮饭。

初五财神日子，凌晨家家接财神。初四晚至初五，有的人家往往彻夜不眠，抢在初五零时放鞭炮。爆竹声声响彻通宵。初五起，许多商店开门营业。

春节期间，文化娱乐活动丰富多彩。城郊农民的舞龙、舞狮、麒麟送子、挑花担及扭秧歌等传统文艺表演活动。也有人呼朋引友，沉湎于吃酒打牌。正所谓“正月里过年，二月里赌钱，三月里种田”。改革开放以来，市委、市政府领导人于春节前慰问军烈属、离退休老干部和各界知名人士，市政协召开联欢会、茶话会祝贺新春。农村文艺宣传队敲锣打鼓上门给烈军属、五保老人拜年。乡镇有自发舞龙班子，春节期间乡间巡回舞龙。有人家放鞭炮，意为请到家门口舞龙，讨个好彩头。主家往往给予香烟一两条及红包，香烟档次及红包多少根据财力而定。

【元宵节】 正月十五元宵节，俗称“灯节”。旧俗正月十三晚上灯，村里这天做会。许多人家每晚悬灯于檐下，至十八日落灯。又有“上灯圆子，落灯面”之俗，十五吃元宵，十八吃面条。从十三到十六晚，分别食粘饼、春卷、炒元宵之类食品。谚语：“炒十三炸十四，十五十六炒圆子”。于晚，小孩手持各式各样造型的纸灯在街巷玩耍。

【二月二】 是日，已嫁闺女携夫将雏回娘家做客。谚语：“二月二，龙抬头，家家带活猴。”“活猴”者，女儿外孙也。”又曰：“二月二，龙抬头，家家撑船带女儿。”现在则是开车带女儿。

【春光会】 阴历二月，本庄及附近有庙宇的村庄，有村民上庙焚香敬神，约请“香会”唱古谈今，此谓“春光会”。赴会者有男有女，而以老人居多。小商小贩在庙外叫卖玩具、吃食、甚为热闹。会毕，焚香敲锣打鼓，“香火”奉着神像奔赴全村各户祈福驱邪，名曰“打哨”。在门上手书“太平”二字。在外衣上盖蓝色印章“辟邪”。各家敬香放鞭炮，接福保平安。

【清明节】 节前数日许多存有土坟的人家担土垫坟。清明前十天或后十天内扫墓祭祖。节日中午家中设馔（大多数人家是4碗、鱼肉及两碗素），焚纸钱祭奠先人。檐下插柳枝、艾叶，妇女在鬓边簪柳枝。小孩用柳枝编成环当帽子戴。清明食韭菜、螺丝，谓可耳聪目明。

图28-4　茅山会船　（2009年摄，茅山镇提供）

清明节茅山镇一带有撑（划）会船之俗。一般有板掀船、篙子船，另有供船。青年人身穿一色新衣，手持竹篙或板掀，在船两侧不停地撑（划），使船行得飞快，船上锣鼓喧天，彩旗飘扬。茅山河上百舸争流，沿途庄户纷纷放鞭炮欢迎，有的给行会船的人馈赠食品、香烟等。会船行至“乱坟地”，即抛出三牲等祭品，焚烧纸钱，祭奠“孤魂野鬼”。

二、夏季

【立夏】 大人小孩称重，小孩吃蛋，谓可防“疰夏”。

【端午节】 五月初五又称“端阳节”。五月是毒月，为了“辟邪”，家家门前挂菖蒲、艾，堂前挂钟馗像。家家裹粽子，妇女簪艾叶，小孩带绒虎，穿虎鞋，腕系五色丝绒编的“百索儿”，谓可避邪。胸前挂网袋，内盛咸鸭蛋，额上用雄黄书写“王”字，中午菜肴要有“五红”：虾、苋菜、黄鳝、红烧肉、红萝卜等。饮雄黄酒赏午。

图28-5　立夏　（2010年摄，市委宣传部提供）

【夏至日】 又称“交莳”，旧俗此日家家炒豆子，名曰“时豆子”。

【六月六】 有“六月六，吃口焦屑养块肉”之谚。此时天气炎热，有的农家带已嫁之女儿回家歇几天，养精蓄锐，准备投入秋收，又有“六月六，家家撑船带苦肉”之谚。

三、秋季

【立秋】 在交秋日吃西瓜，谓之“咬秋”。

【七巧节】 相传七月初七牛郎织女鹊桥相会。小孩用凤仙花加明矾捣烂涂在指甲上，翌日即成红色指甲，谓可祛痰。傍晚立于庭前观看天上的彩云（巧云），母亲唤女儿灯前穿针引线，谓之“乞巧”。现时，人们把七月初七改做中国人的“情人节”。

【中元节】 阴历七月半，佛教为盂兰盆节。旧俗家家在近年设馔、焚纸钱、祭奠先人。旧俗，此日“斋孤”（斋孤为阴历7月最后一天）——给“孤魂野鬼”焚化纸钱，晚上放河灯超度溺死者亡灵。

【中秋节】 阴历八月半，又称“团圆节”。是日家家吃月饼、圆子、粘饼、喝团圆酒。菜肴中必有鸭子（据传杀鸭子为杀“鞑子”的谐音）。晚上月圆之时，家家在月下设香案，供菱藕、柿子、西瓜、粘饼及月饼等，然后点烛焚香放鞭炮谓之“敬月光”。举家团圆赏月，“但愿人长久，千里共婵娟。”

【重阳节】 食菱形的重阳糕，糕上插三角旗谓“重阳旗”。旧有重阳登高之俗。因白昼渐短，农村劳动者不再吃晚茶，故有“吃咯重阳糕，就把晚茶撂”之谚。20世纪80年代将此日定为“敬老节”，开展各种敬老活动。

四、冬季

【冬至】 前一日为“小冬”，旧俗于午间设馔，焚纸钱祭奠先人。冬至日为“大冬”，从此进入“数九寒天”。此日家家敬神，午餐菜肴丰盛。有“小冬不值钱，大冬大似年”之谚。

【腊八】 腊月初八，传为释迦牟尼悟道成佛之日，旧时，庙上以白果、红枣、栗子、蘑菇、木耳、金针、花生仁、茶豆等煮成糯米糖粥，散给施主，故有“打一世的蘸饭（斋饭），不够一顿腊八粥”之说。此俗后传至俗家，此日煮食“腊八粥”，或购买“腊八粥”罐头，聊应时节。

【送灶和接灶】 一般民家于腊月二十四夜焚香烛、纸马、放鞭炮、撒草豆、设简单饭菜及麦芽糖（俗称“灶糖”），送灶神“上天言好事”。除夕再接其“下界保平安”。送灶日期有“军三民四赵（灶）五”之说，即明清时的“军户”及其后裔于二十三夜送灶，赵氏（传为宋太祖赵匡胤的后裔）二十五送灶。

进入腊月下旬，家家擦洗家具，拆洗被褥，洒扫室内室外，谓之“掸尘”。各家过年不忘先人，择日于上午设馔、焚化纸钱，谓之“辞年”。

【除夕】 腊月三十（小月为二十九）俗称“三十夜”。之前备齐年货，“有钱没钱，洗洗过年”。大人孩子剪“元宝头”，洗“元宝澡”。白天贴春联、换年画。用蒲包装石灰粉在庭院及门前满地打印，谓“沥元宝印”，预示来年丰收、发财。

午后，家庭夫妇精心制作“陈年饭”，用上等白米煮一盆饭，上插柏枝、小旗，叶间缀果脯银杏、花生等，供于家神柜上，至正月初六才蒸熟食用。晚上敬过神祇以后，家庭举宴长幼咸集，多讲吉利话，也有不开口说话的，谓之“闷声大发财”。长辈给晚辈分“压岁钱”。据称是晚诸神下界，恐小孩口无遮拦，有所触犯，故备有枣儿、云片糕、花生及糖果之类，待其醒后食之可得“早高升”之吉兆。过去除夕，许多人家阖宅团坐守岁，甚至通宵不眠。近年人们多以看中央电视台春节联欢晚会节目欢度除夕夜。零时，即焚香、点烛、放鞭炮迎接新春到来。2000年后，逐渐兴起年三十在饭店吃年夜饭，城区上规模饭店年三十几乎订满。

五、其他

20世纪90年代之后，兴化年轻人跟随潮流，逐渐兴起过外国节日，如西方情人节、圣诞节等，同时也成为商家促销的手段之一。情人节男士给女友送玫瑰、巧克力；圣诞节举行庆祝活动。

第三章　宗　教

兴化百姓信奉的宗教分别有佛教、道教、基督教、天主教。1987年，恢复道教活动，开放佛教活动场所宝严寺。2001年，全市有宗教活动场所14处，其中依法正式登记的8处（佛教6处，基督教、道教各1处）、临时登记的6处（佛教4处，基督教2处）。2010年，经批准登记的宗教活动场所83处，其中佛教54处、道教7处、基督教21处、天主教1处，有教职人员256人，其中比丘（和尚）117人、比丘尼（尼姑）15人、道士96人、基督教教牧人员28人。有佛教协会、道教协会、基督教“三自”爱国运动委员会、天主教爱国会等4个宗教团体。兴化市为江苏省宗教工作重点市。

第一节　佛　教

自唐代开始，佛教在兴化已流行一千多年。旧时佛教之盛，民间有“家家弥陀佛，处处观世音”之说，主要流传的宗派是禅宗。僧人主要活动是做佛事，念佛诵经。应施主之聘，做道场、放焰口，超荐亡人，并以此作为主要谋生工具。佛教信徒平时烧香、念经，有的持斋（分长斋、花斋），逢阴历初一、月半或佛教节日上庙拜佛烧香。兴化历史上名刹林立，高僧辈出，有震华、霜亭、慈舟。十一届三中全会后，党的宗教政策得到贯彻落实，超尘、隆根、松纯等高僧均出自兴化古刹，并由此走向世界佛坛。兴化佛教活动场所得到恢复和发展。

1991年，全市有宝严寺、观音庵、沙沟大士禅林、戴南护国寺、沈坨天龙寺、中堡乾明禅寺等佛教场所13处，宗教教职人员38人。2003年8月，对22处佛教寺庙进行登记并发放《宗教活动场所登记证》。至2010年，全市有经批准登记的佛教活动场所54处，有佛教教职人员132人，其中比丘117人、比丘尼15人。

附

寺庙选介

【上方寺】 始建于明末清初，原址在车路河畔，今在兴化城北郊乌巾荡风景区，为佛教丛林古建筑群。民国33年（1944），庙宇毁遭日伪军劫掠，拆毁而荡然无存。1991年，兴化市遭遇特大水灾，台湾《世界论坛报》副主编的兴化籍人士陶佩瑚与台湾佛教慈济慈善事业基金会会长证严法师、早年从兴化上方寺“下院”圆通庵出家的台湾超尘法师共同商定，在赈灾同时，帮兴化复建一座寺庙。1996年，经兴化市政府及上级部门批准，成立“上方寺复建委员会”。海内外兴化籍高僧镇江金山江天禅寺住持慈舟、常州天灵寺住持松纯、新加坡隆根和台湾超尘4位法师任上方寺名誉筹备主任。选址乌巾荡风景区北部复建上方寺。新建的“大雄宝殿”高25米，实用面积1242平方米。殿宇在上下两层雕花玉栏杆拱卫下，重檐飞角，气势恢宏。2003年10月，举行大雄宝殿落成暨佛像开光庆典。海内外100多位大德高僧、部分省、市、县领导及数万信众参加开光大典。殿内三尊贴金大佛、十八罗汉金身及彩塑海岛完工后，二、三期工程又建成一组东配殿楼群。2009年11月18日，上方寺举行山门殿、天王殿落成暨佛像开光庆典。2010年，开始第四期工程施工，启动素斋馆建设工程。

【宝严寺】 原名“西宝严教寺”，又名“西寺”，原址于兴化市古城西城大街。唐朝大顺元年（890年）穰翁和尚始建，明洪武五年（1372）重建，至2010年有1100多年历史。相传为历代文人聚会之所，清初著名诗人李沂、李瀚、王仲儒与寺僧济润、济立、本函等人于此结成法华诗社，著有《严庵诗集》《鸾啸堂集》《西斋诗集》等，名重一时。古寺饱经战火蹂躏，历尽风雨沧桑，已衰败颓废。改革开放后，兴化市人民政府将明代城隍庙依原样改建成宝严古寺，使千年古刹风采重现。宝严古寺具丛林格局，建筑典雅精致，殿阁生辉。大雄宝殿、天王殿雄伟壮观，殿内佛像庄严、栩栩如生，经典法器一应俱全，藏经楼、经堂别具风格。1987年经省人民政府批准作为佛教活动场所。

图28-6 护国寺 （2010年摄，市文广新局提供）

【护国寺】 位于戴南镇护国街，相传始建于唐。中华人民共和国成立后，庙址由戴南镇党政机关和学校使用。1998年初，戴南镇党委、政府新建办公大楼，让出古刹。是年8月，在慈舟法师和泰州、兴化宗教部门支持下，江苏省、泰州市佛教协会批准修复护国寺。1999年6月，镇江江天禅寺赠送释迦牟尼玉佛像一尊。7月，经慈舟法师推荐，江天禅寺年轻弟子智宇任护国寺住持。庙宇修建工作全面启动。戴南建筑公司捐资维修大雄宝殿、戴泽村捐资修复天王殿。2001年耗资60多万元，为3尊大佛像、十八罗汉、四大天王（四大金刚）像装金彩绘。2002年3月，拆除原镇政府临街三层办公大楼，由永丰村捐资22万元修建护国寺山门殿。同年春，戴南小学从护国寺西边迁出，全部移交护国寺。2003年5月又拆除原政府内4层办公楼，新建东厢客堂和朝南客堂。2004年建东厢客堂、敬塑山门殿菩萨像。次年6月修建东厢斋堂。

【大士禅林】 原名“大士庵”，元末，游方和尚广善云游沙沟，于此择地开山建寺，定名“大士禅林”。寺庙建成后，从苏州普陀寺引进菩提树苗一株植于院中。20世纪40年代初，日军入侵时，寺院遭遇兵燹，菩提树立遭摧残。后经寺庙十代传人天成师太精心维护，菩提树萌芽复活。“文化大革命”期间再次遭到摧残。1994年，外家沙沟的茗山法师受邀赴台湾地区讲经，得遇89岁高龄的性海师太，共同商定复建大士禅林。此议得到兴化市政府支持，批准复建。于1996年奠基，2000年6月3日举行诸佛开光大典。后经逐年修缮，大士禅林内拥有大小殿堂十余座，大雄宝殿内佛像高大庄严，大小佛像均为“金身”。玉佛4尊（大玉佛释迦牟尼像高2.2米，宽1.2米，重2.5吨，由缅甸引进）。各种法器俱全。千佛灯幽冥钟已登堂，功德碑廊已建成。客户、斋堂能容纳百余香客，山门外广场宽阔，小桥流水，仿汉白玉狮头栏杆，高大照壁与山门相呼应。

庙中供有茗山法师、性海师太骨灰灵塔2座。两次被毁的菩提树，在呵护下青枝绿叶，茁壮生长，年年开花结果。

第二节 道 教

一、概况

1991年，兴化市境内有道教场所3处，分别是竹泓三清观、临城清静观、沈坨清义观，各场所管理组织健全。2000年，兴化市道教协会成立。

2006年，为进一步贯彻党的宗教政策，市政府将位于金东门古文化街区的明代建筑东岳庙归还给道教协会。结合金东门旧文化街区的保护开发，又通过房屋拆迁，将周围5000多平方米的土地无偿划拨给东岳庙，用于恢复重建。重建后的东岳庙成为全市道教活动的重要场所。至2010年，又新增西郊文昌庙、市区东岳庙、荻垛赞化宫3个道教场所。全市有道教教职人员96人，其中经省级宗教部门认定的教职人员有9人。

二、东岳庙

东岳庙位于市区牌楼东路，明中叶道人王典建。供奉东岳泰山神，庙名“东岳神庙”。开山道长姜可常。第九任道长，邑人陆西星。经多年扩建，使东岳庙扩大为占地近万平方米的道观建筑群。历经数百年沧桑，除大殿与山门外，大部分建筑倾塌。中华人民共和国成立后，在大殿两侧建房兴办师范学校，后又分别成为文化馆活动场所及百货仓库。2001年，东岳庙被批准为省级文物保护单位。2006年，市委、市政府落实党的宗教政策，将东岳庙的使用权移交给道教协会，恢复宗教活动。又对周围房屋拆迁，将5000多平方米无偿划拨给东岳庙。2007年，东岳庙再次动工，投资1000多万元，是年，冯军道长任东岳庙住持。2008年完成基础设施建设。复建后的东岳庙由山门殿、大殿、文昌殿、斗姥宫、财神祠、慈航殿、四圣观、祖师坛、长生院、斋醮堂、十殿阎罗殿以及配套生活设施构成。殿、宫、祠、观、坛、院、堂内供奉各路神仙塑像。2008年，东岳庙住持为陈纪明道长，主要宗教仪式有斋醮、祈祷、诵经、礼忏等。2010年，举办东岳庙殿堂落成暨神像开光庆典。东岳庙成为全市道教对外开放和宣传交流的重要窗口。

第三节　基督教　天主教

一、基督教

1991年，兴化市有基督教活动场所3处，分别是兴化基督教礼拜堂、戴南基督教活动点、张郭基督教活动点。时称“一堂两点”。2003年，按照自治、自养、自传的原则，新增活动场所18处。至2010年，全市有基督教活动场所21处，宗教教职人员28人，有受洗信徒及慕道友8000人左右。

2003年以后，配合宗教规范管理、依法管理，对全市各基督教活动场所进行整治，先后劝散、取缔私设聚会点54处。

2008年，为进一步满足全市信教群众的需要，市政府决定对原坐落东营街的基督教教堂移址重建。选择在长安北路森林公园内，通过无偿划拨，资金自筹、规费减免等途径，于2010年5月举行奠基仪式，总投资1500万元。

2010年兴化市基督教活动场所一览表

表28-5

名称	名称	名称	名称
戴南镇基督教礼拜堂	缸顾乡缸一村聚会点	合陈镇新胜村聚会点	钓鱼镇北芙村聚会点
戴南镇顾庄村聚会点	缸顾乡瞿冯村聚会点	周奋乡崔三村聚会点	兴化市金东门聚会点
安丰镇杨霸村聚会点	大营镇高港村聚会点	张郭镇唐刘村礼拜堂	兴化市东营街74号基督教礼拜堂
永丰镇中堡村聚会点	周庄镇边城村聚会点	张郭镇葛黄村聚会点	
茅山镇茅东村聚会点	沈坨镇聚会点	戴南镇冯田村聚会点	
陶庄镇裴舍村聚会点	荻垛镇部家村聚会点	张郭镇张纪村聚会点	

二、天主教

1991年，全城有天主教徒13人，由于教堂被昭阳镇征用，凡有重大宗教活动，部分教徒均往扬州教堂参加。2003年，礼堂被拆除。2004年5月，中共兴化市委统战部、市民宗局主动与天主教南京教区对接，以实小西物价局楼上一处房屋与新生小学操场的教堂置换。于2007年3月举行天主教君王堂开堂庆典。天主教南主教区陆新平主教到兴化市主持庆典仪式。2010年底，全市有天主教教友39人。

第四章 方 言

兴化境内方言，市区及大部分乡镇属江淮方言泰如片，西北部沙沟、周奋、李中等乡镇属洪巢片。兴化方言内部存在一定差异。从语音上大致可分为4个小片：市区片、市郊东北片、东南片、沙沟片。1991年后，随着普通话的推广普及，兴化方言有向普通话靠拢的趋势。

兴化的方言俗语、歇后语，是兴化人民历代口头创作的语言，它以兴化方言为主，真实地反映了群众的生产生活和风俗民情。它以情感丰富的想象、富有情趣的比喻、生动曲折的意会、浓重醇厚的乡音，表达了兴化人民对美的歌颂、丑的贬斥和朴实的语言风格。

第一节 方音片区

一、兴化城区音序

【声母（17）】

p巴布边帮	p帕拼拔旁	m妈米摸木	f帆夫法父
t大丁得刀	t他天秃台		l那兰如洛
ts资知渣作	ts雌疾茶粗		s私诗沙索
tɕ基尖级江	t千轻吃齐		虾兴昔心
k家姑格角	k开肯客科		x哈呼黑华
ø哑衣乌鱼			

辅音[η]可以自成音节，只在口语中出现，如“我”[ŋ]、嗯[η]（语气）

【韵母（49）】

ɩ 知资池词	i衣基皮希	u乌猪姑布	y针女居须
a巴他车大	ia亚加虾佳	ua花娃抓画	ya曰
ɛ排街开才	iɛ界且写阶	uɛ歪乖猜怀	
ɔ包刀昭跑	iɔ妖标交条		
o波金科火			
ɣ兜周沟口	iɣ丢纠友又		

ər儿耳二			
əi悲飞低对		uəi追摧威回	
	iĩ兵年沾名		
ɛ̃颜班兰山	iɛ̃奸闲限减	uɛ̃创闩关环	
ũ般端官团		yũ捐全宣劝	
ən本真根沉	in今青英幸	uən军春孙问	yən永运云韵
aŋ帮当刚方	iaŋ娘江羊向	uaŋ光双王庄	
oŋ朋东中翁	ioŋ穷兄荣用		
	iɪʔ笔匹舌叶		
əʔ不则格得	iəʔ急七一吃	uəʔ骨出沃物	yəʔ噱役入域
æʔ八杂夹答	iæʔ甲狭峡侠	uæʔ刷刮挖滑	
uʔ拨掇撮合			yuʔ决缺月血
aʔ博各壳若	iaʔ脚恰岳削	uaʔ捉朔扩郭	
ɔʔ北国福六	iɔʔ菊蓄育玉		

【声调（7）】

调类	调值	例字
阴平	˧˨˦324	巴飞多天知江
阳平	˧˦34	婆忙甜徐图如
上声	˨˩˧213	把买酒水土古
阴去	˥˧53	霸肺店去正世
阳去	˨˩21	大步慢稻树件
阴入	˦4	毕法岳雪得则
阳入	˥5	拔麦叶实俗局

二、安丰音系

【声母（17）】

p布宝不班	pʻ怕爬败白	m毛门忙没	f飞符丰收
t得到搭大	ʻt蛋听托豆		l楼兰人如
ts支站作争	ʻts草才造赵		s少生苏丝
tɕ鸡尖江居	ʻtɕ区千桥就		ɕ休小笑西
k哥姑家角	ʻk科空哭柜		x会回红黑
ø昂音文元			

【韵母（49）】

ɿ知紫师四	i衣齐米皮	u古步布除	y举许雨区
a巴他沙麻	ia爹加夜介	ua瓜夸花挂	ya曰肥
ɛ排台来才	iɛ解写阶借	uɛ怪快外坏	
ɔ包刀桃猫	iɔ表秒苗条		
o波多火我			

əi杯培梅飞		uəi归桂吹灰	
ɣ斗丑收周	iɣ九丢刘救		
ər儿耳而二			
	iĩ边平脸检		
ɛ̃班蛮反颜	iɛ̃闲奸减限	uɛ̃关环万患	
ũ半官端团			yũ全玄选员
aŋ帮放忙当	iaŋ良枪香阳	uaŋ光庄荒床	
ən奔喷门分	in井青因幸	uən昆昏文孙	yn均存云群
oŋ公东充风	ioŋ穷兄荣用		
	irʔ别力铁协		
əʔ不则尺得	iəʔ乙七急吸	uəʔ骨勿窟率	yəʔ入疫卒谑
æʔ八杂夹杀	iæʔ甲峡	uæʔ刮滑挖刷	
uʔ拨合说夺			yuʔ决缺月血
aʔ剥托洛各	iaʔ脚却岳削	uaʔ郭桌扩浊	
ɔʔ百拍六木	iɔʔ菊曲蓄玉		

①[i]有较强摩擦。

②[ŋ]可自成音节[ŋ]我。

【声调（6）】

调类	调值	例字
阴平	21˨˩	飞光灰父部大
阳平	34˧˦	民平池田来回
上声	213˨˩˧	老马减口水手
去声	43˦˧	四去算帐建欠
阴入	4˦	割阔缺雪越蓄
阳入	5˥	学麦伏滑毒六

三、戴南音系

【声母（19）】

p布半帮毕	p怕盘抱旁	m门没忙毛	f飞贩冯房	v万萎文稳
t到短搭当	t天堂段团	n南老娘乱		
ts早底转鸡	ts气梯丈造		s苏诗少希	z绕人仁让
tɕ卷抓假嘴	tɕ乔斜崔区		ɕ香修选帅	
k古干果古	k空考勘跪		x红鞋合黑	
ø央远藕望				

[tɕ tɕ ɕ]舌面与上颚摩擦较强

【韵母（53）】

ɿ支思池诗		u布夫土古	y鱼巨嘴水
a大爸蛇家	ia爹家邪亚	ua花瓦挂瓜	ya抓靴瘸肥

ɛ开来盖派	iɛ且介谐写	uɛ拐坏快怪	yɛ帅肥衰摔
ɔ包刀旱劳	iɔ表条笑庙		
o波母多可			
əi杯培梅飞		uəi回灰归对	
ɣɯ否斗口丑	iɣɯ流九秀又		
ər儿尔耳			
	iĩ面千扇展		
ɛ̃间烂产甘	iɛ̃间闲监艰	uɛ̃关环患惯	yɛ̃赚撰闩删
ũ半搬川软			yũ卷全宣劝
aŋ上冈厂方	iaŋ阳亮江枪	uaŋ汪光匡荒	yaŋ庄床双壮
əŋ奔分冷庚	iŋ命丁令林	uəŋ滚昆婚魂	yəŋ军旬准春
oŋ东钟公红	ioŋ兄用熊穷		
	ilʔ笔敌力叶		
æʔ塔压夹八	iæʔ峡夹甲	uæʔ刮滑挖	yæʔ刷
uʔ钵脱说活			yuʔ决缺血阅
aʔ剥勺作落	iaʔ脚削约掠	uaʔ郭扩握霍	yaʔ桌镯朔戳
ɔʔ百竹迫国	iɔʔ曲玉菊育		

[ŋ]可自成音[ŋ]我；[ʅy]有较强的摩擦。

【声调（6）】

调类	调值	例字
阴平	21˩	批妹枯洞胎豆
阳平	45˦	爬麻才狼梅闲
上声	213˩	朵免浅冷暖饮
去声	44˧	再办正帐妙破
阴入	4˧	法杀博割缺得
阳入	5˥	笛舌落昨闸滑

去声先平而后稍降。

四、沙沟音系

【声母（17）】

p包别办白	p普旁配皮	ʻm梅木买木	f飞翻防服
t打豆刀毒	ʻt妥唐他突		南令若牛
ts祖砖宅坐	ts此存陈触		s森始岁石
tɕ居匠卷战	tɕ欺亲缺雀		ɕ先系闪刷
k甘古更名	ʻk葵可看哭		x化河害火
ø袄文而央			

【韵母（53）】

ɿ资词史志	i批其洗艺	u初古土库	y驱鱼女巨
a巴拿洒岔	ia加霞雅夏	ua花娃寡话	ya抓爪耍
ɛ胎埋开爱	iɛ街也戒界	uɛ淮外快坏	yɛ猜衰拽师
əi悲雷飞培		əui龟回伟愧	
ɔ包毛老靠	iɔ腰条表娇		
o哥驼左卧			
ɣ周头手后	iɣ丢求有旧		
ɛ̃翻蚕喊岸		uɛ̃关环晚惯	yɛ̃闩赚涮
	iĩ篇连点		yĩ田捐权选院
õ官船短半			
aŋ帮长党让	iaŋ枪良减匠	uaŋ光狂往晃	yaŋ庄床爽创
əŋ分腾冷很		uəŋ温魂混棍	yəŋ军唇损韵
	iŋ兵林请印		
oŋ风同孔颂	ioŋ史荣窘用		
aʔ剥壳鹤托	iaʔ略侠甲约	uaʔ郭扩霍	yaʔ桌戳朔
æʔ抹搭扎鸭		uæʔ括滑挖	yæʔ鷚刷
oʔ拨渴夺合			
ɔʔ白麦毒六	iɔʔ局曲蓄育		
	iɪʔ贴歇页别		yɪʔ决缺血月
əʔ不革额得	iəʔ必密六一	uəʔ忽物骨窟	yəʔ掘出术

【声调（5）】

调类	调值	例字
阴平	31˨˩	巴拖丢番中机
阳平	34˧˦	爬麻牙肥常黄
上声	53˥˧	摆斗反赏口手
去声	51˥˩	怕恕汉盖共患
阳去	4˦	八抹麦督日脱

第二节 俗 语

A

爱亲的亲（因互相爱慕而结亲）

晏生蛋（喻：迟来者）

拗腔别调（主观偏激，专唱反调）

B

扒肩子（戽泥工具，喻贪婪攫取）

八刀子（分开、分手、分拆）

八更八点（极言很晚）

八脚头儿（爱凑热闹的人）
白日撞（小偷、白日潜入户下行窃者）
摆方子（炫耀自己得意之事）
扳头子（一开始即用强力制服）
搬楦子（互相揭发隐私）
板上钉钉（十分肯定、把握十足）
半吊子（不够朋友、不讲交情的人）
半掩门儿（暗娼）
半枝枯（半身不遂，身体衰弱的人）
奔丧报死（人急迫匆忙的样子）
憋（别）关窍（机关、窍门）
蹩脚笋（处境不佳的人）
不尴尬（不方便 事有可疑）
不公不法（违背道德准则和法纪）
不涨汤（谓人没出息）

C

岔头官司（节外生枝）
岔枝儿（主体之外的、节外生枝）
抄头不抄尾（对事件叙述不完整）
草鸡毛（性情急躁、缺乏修养的人）
扯鸡挂炮（夸大其词）
扯（扛）顺风旗（顺着别人的意思说话、行事）
扯眼摸鼻子（混时间、磨洋工）
扯野鸽子（闲聊）
陈猫儿古老鼠（古老话题；在旮旯乱翻、乱找）
趁脚跷（随声附和他人）
吃豆腐（旧谓调戏妇女）
吃涸骗（跟在别人后面骗吃骗喝）
吃生活（挨揍）
痴巴歹麦歹登（形容智力低下，反应迟钝）
臭老鼠（由于对人严厉而遭憎恨）
戳阴枪（在背后说人坏话、下绊子）

D

搭搭上（善于交际，也指女人作风败坏）
搭悬桥（做无把握的事情）
打白水（土匪抢劫、恶霸敲诈）
打过门（以虚言搪塞）
打拦头板（迎头阻拦别人计划和行动）
打闷虎（吞没公私财产）
打哨语（用暗语、手势及眼生示意）
打失惊（表示惊讶和不平）
打水漂（喻落空、投入难以回收）
打野食（找外快，指婚外两性关系）
打圆场（调解纠纷，缓和僵局）
打直脚（借死人进行敲诈）
大锣架子（旁若无人的样子）
大洒洒（对钱财不计较、不在乎）
大头梦（不切实际的空想）
捣喜鹊窝（比喻声音嘈杂）
倒酱架子（内部互相揭短）
倒头光（挥霍浪费，把钱用光的人）
到门铳（拦住别人话头）
吊驼粉（一种将人反绑悬吊的肉刑）
钉钉入木（步步紧逼，一着不让）
丢人现眼（当众出丑）
笃定泰山（一定、有把握）
对脚板（俗谓能干的夫妻）
蹾不稳（行为鲁莽，常捅娄子的人）

E

屙脓活血（形容人窝囊，缺乏阳刚之气）
讹痴答蛮（因说不清事理而胡搅蛮缠）
横五六犟（固执、顶牛、不服管教）
二寸半（“二寸半口子”的节缩语，即“嘴”）
二勒子（原指半大的螃蟹，也指半大的人或物）

F

翻尸倒骨（到处乱翻乱捡）
贩挑子（桃、挑同音，意为逃跑或出走）
放白鸽（用女色诱人，乘对方不备窃钱逃跑）
逢人配（喻指生活作风糜烂的女人）
扶墙摸壁（学步者体虚着扶着墙壁行走）
浮梁跷蹊（形容人不稳重、器物放置不稳）

G

干草皮（请人帮忙不付报酬）

隔壁戏（俗指皮影戏）
勾八子（小、小人、小气、小老婆）
狗脸栽毛（指人容易发急、变脸）
骨头打鼓（指人死去多时）
关门不落闩（喻：说话留有余地）
关目三（花样、名目）
光六秃（形容一点都没留下）
跪打哭笑（软硬兼施的各种手段）
锅边秀（见不得世面的人）
郭大儿（花样、玩意儿）

H

号头鸭（头鸭。喻：爱出头露面的人）
红花芝草（希望所在）
猴儿心思（痴心妄想）
胡大热说（因高烧说胡话，或指吹的离奇）
戽臭水（揭短）
虎势狼威（令人畏惧的声势和气派）
花娇货（外表好看，实用价值不大的东西）
花里胡哨（装饰品、衣着过于鲜艳）
花子打架（旧谓穷戏班行头破旧、演技差）
坏瓜秀才（旧指品格低下的文人）
悔后迟（后悔迟，故凡事要三思而后行）
混笼统（模糊不清）
火饽饽（燥热、很着急、很气愤）

J

鸡争鸭斗（吵吵闹闹的）
急口令（绕口令、随机应答的话）
家长里短（家庭琐事及邻里的故事）
加油添酱（言语中含有虚假成分）
夹棍气（来自对立双方的责难）
假撇清（假装坏事与自己无关、假正经）
奸刁巨猾（十分奸诈狡猾）
见风下棹（随情势转变态度）
娇皮嫩肉（形容人皮肤娇嫩，身子娇弱）
借沟出水（借机发泄不满的情绪）
紧脚鞋（穿小鞋）
尽蜡烛念经（按照既定条件完成工作）
惊惊怵怵（因惊恐而神情异常）
精胡子（平时神经兮兮，但从不吃亏）
舅舅理（歪理，只对自己有利的理）

K

开码头（离开此地，到别处去）
开盘子（要价，提出条件）
看人兑汤（对不同人不同对待）
扛木梢（上别人当去做得罪人的事）
扛旗打伞（喻：在人手下做辅助性工作）
扛招牌（旧指学徒、店员被店主解雇）
刻薄刁枭（形容人尖酸势利）
空头心思（不切实际的空想）
苦桃子（自小处境很苦的人）
快嘴三娘子（抢嘴抢舌，爱传闲话的人）

L

拉儿兵（嘲衣衫不整的人）
剌剌不休（形容饶舌，说个不停）
烂板凳（坐着就不想动身的人）
烂桃子（形容作风糜烂的女人）
滥污小（品质恶劣的青少年）
老脚鱼（市井话，用来骂老年男子）
老霉桩子（形容人年老而不合时宜）
老皮奁相（老气横秋，令人生厌）
老梢儿（老年人的积蓄）
勒桩扣（扣押财物，强令对方就范）
脸大肉呆（贬称爱出头露面，宣扬自己的人）
辽边及缝（位于最边缘）
流碌大谈（胡言乱语）
漏口风（出言不慎、走漏了消息）
路头债（为办一件事情，而走许多冤枉路）
乱缽子（丢三落四的人）

M

麻里木竹（形容少不更事者）
买静求安（为了安宁而屈从对方）
蛮搅草（形容长时间纠缠不休的人）
毛戳毛（相互之间都不较真）
冒天空（形容说大话、空话）
没搭撒（荒唐、没正经；无聊、无味）
没核枣儿（妄想得到意外好运）
没屁眼（缺德、喜欢恶作剧，做事不顾后果）
没头苍蝇（无明确目标，到处乱窜）

没头官司（没有头绪的事情）

没下巴（说话随便，胡吹乱扯）

没眼笛子（茫无绪）

没药医（品质恶劣，无可救药）

门帘痧（戏谓害羞，怕见生人者）

梦枣儿（糊涂人）

棉花包（喻：旧谓有钱的女人）

面糊盆（喻：糊涂人）

面糊刷子（专拿甜言蜜语笼络人者）

抹胡子（白吃白拿的暗语：抹抹胡子扰孙子）

木冲子（形容人鲁莽，不明事理）

木头老爷（喻：呆笨、不见机的人）

目瞪痴呆（呆笨、不灵敏及受惊吓的样子）

N

拿老保（轻率的许诺）

奶奶经（中老年妇女间的谈资笑料）

恼闷惆怅（心情烦闷、苦恼）

内巴子（外行、不懂行者）

念歪嘴经（背后说人坏话）

牛角梢（难题、岔道）

P

盘贩头（搬弄是非）

皮里膜外（肤浅、表面）

偏食包儿（背着别人去捞额外好处）

破罐子（讽刺坏了贞操的女人，也指有劣迹的人）

菩萨老爷（表示对人轻蔑的称呼）

Q

七打八（差不多，所剩无几）

七二八碰（凑巧，碰运气）

蹊跷八怪（形容令人奇怪的事物）

牵马带索（撮合男女通奸的人）

前捣后戳（被人指责或议论）

强讨恶化（乞丐强讨别人钱财）

抢明理（拣有利于自己的话说）

翘脚放屁（形容娇气、懒惰）

敲丝别弦（唱反调、闹别扭）

请士用将（有事请亲友帮忙）

秋呆子（立秋后持续高温或连续降水的天气）

R

绕门经（迷惑人、糊弄人的鬼花样）

人儿灯（对人轻蔑称呼）

人面上媳妇（指人表里不一）

忍心害理（昧着良心）

日白谈谎（撒谎成性）

肉搨油（糊弄、敷衍）

肉电话（通风报信，搬弄是非的人）

肉阂子（拦在周围的人墙）

如意算盘（只从好的方面着想）

软而敉（形容人态度温和，语言谦卑）

S

赛小伙（比男孩好动、能干的女孩）

三当对面（争执双方和证人当面对质）

三花两绕（用花言巧语行骗）

三卯四道空（说谎成性）

三烹七诈（用各种手段哄吓诈骗）

杀猫喂猫（用某项收入专办同样的事）

闪躲急滑溜（形容人行踪不定，信誉极差）

上苏州（入睡，进入梦乡的隐语）

烧角信（急信、报丧的信）

烧野锅（野炊：已婚男子和其他女人非法同居）

神气六谷（神气活现）

丝绵老虎（喻：表面客气，其实很厉害的人）

狮猫失张（心神慌乱不安，举止失措）

湿布衫（喻：难以摆脱的麻烦事）

十三点（形容人傻里傻气）

屎急扒塘（事到临头才着急）

收篷转舵（收起高压姿态和激烈举动）

竖头觉（坐着打瞌睡）

刷儿刮儿（漂亮、干脆、利索）

要油扣（虚言应付）

甩山头（推诿）

双虎老虎（有双重罪行的人）

水耳朵（谁说谁好，自己无主见）

水袜香鞋（穿着讲究、一尘不染的样子）

水转山摇（说话兜圈子）

睡长觉（死亡的隐语）
顺毛抹（借指拣人爱听的话说）
死猪脸（形容人摆架子，成天拉着脸）
缩头夹领（两肩高耸，头颈下缩）
随方就圆（形容人性情随和）

T

塌毛三胡（马马虎虎，敷衍了事）
抬财神（归指土匪绑票）
太平汤（比喻：无关紧要的空话）
谈谎撂白（说谎话、假话）
叹气湾（戏称到了失望的境地）
天不亮（天将亮。讽指眯睎眼）
舔屁眼（骂人拍马溜须）
头南脚北（死亡的隐语）
拖汤滴水（处事不干脆）

W

挖壁洞（在墙上挖洞进家行窃）
歪嘴和尚（讽：把好事办坏，好经验学偏的人）
弯弯顺（形容船行中一路顺风）
横竖横（音“王是王”：反正如此，横下心来）
望船沉（面对败局不采取措施挽救）
威武六层天（抖威风）
窝边秀（形容人腼腆，不善交际）
窝里鸡（一个小圈子里的人）
无头大影（毫无根据的）
五色花斑点（形容人群体流品复杂、低下）

X

西瓜岔（西瓜藤上岔头，借指岔子）
吸汜（形容物体无弹力。借指不成功）
虾儿捧灶（形容张皇无措的样子）
瞎打六更天（乱套，坏了规矩）
瞎三话四（胡说八道）
下戽子（钱物被人私下占有）
下药子（下本钱谋利）
纤来小去（指没有多大出入）
仙人跳（男女串通以色相诈人）
相脚头（盗贼窥探地形、路径，准备行窃）
小儿科（形容人吝啬，举止不大方）
小耳朵（经常打小报告的人）
小九九（喻：心中的算计）
斜插花（不走正路而抄近路）
斜麻侉（态度蛮横，不讲道理的人）
信风斜（听信传言，跟着起哄）
雄鸭痨（因声带病变，说话声音嘶哑，尖细）
秀顶光（秃顶）
嘘情卖乖（炫耀自己的情义，讨好别人）
玄色缸（贮放黑色染料的大缸）

Y

鸭屎臭（喻：丢脸、不光彩）
烟消火灭（消灭净尽）
盐酱口（迷信指说话不吉有应验的人）
洋而泊呲（形容说话随便，不知轻重）
洋油味（有神经质的人）
咬癞子（互相推诿、推卸责任）
野和尚（没有受戒的僧人）
野雀儿（性情粗野，不受约束的青少年）
野三八四（不知来自何处，与事无关的人）
一惑筒子（形容与人相处时冷时热）
一了百净（了却牵挂）
一门腔（指单一的）
一手泥墙（完成某事后，趁手把相关事情做好）
一注打一注（态度严谨，不随便）
倚疯作邪（装疯卖傻，寻机大吵大闹）
以生托熟（本来不熟悉，却以熟人姿态拉关系）
引猫调狗（引逗人干不好的事）
硬抛三个六（喻：用强横手段行事）
圆套圆（还是原样）
圆弯子（调解、劝和）

Z

龇牙鬼（骂人的话，表示轻蔑）
诸亲六眷（泛指各方面的亲戚）
钻眼打洞（千方百计寻找有利机会）
撞木钟（碰钉子）
撞日朝（白昼潜入人家行窃）
自肉自藠（自己子女或晚辈看着顺眼、可喜）

走闷水（暗中交易，暗中吞没公私财物）
走小路（指婚外两性关系）
作嚎啕（起哄）
作世界（把环境弄得一团糟）
坐家三品（在家中摆架子，怠慢人）
坐蜡烛（上别人当，处于两难境地）

第三节　谚　语

A

按下葫芦浮起瓢（事故不断）

B

把戏人人会做，各有巧妙不同
白鸽子拣亮处飞（人往高处走）
半斤对八两，针尖对麦芒（针锋相对）
比上不足，比下有余（处于中间状态）
病从口入，祸从口出
不经厨子手，难免酱饭气（只有内行才行）
不怕虎生三只眼，只怕人心隔肚皮（人心难测）
不受苦中苦，难为人上人

C

馋猫鼻子尖
朝里无人莫做官（有人情好办事）
吃不穷，穿不穷，算计不到一世穷
吃的盐和米，讲的情和理
吃咯五谷想六谷，做饭凡人想成仙（人心不足）
吃人的嘴软，拿人的手短
丑女儿怕个三打扮
臭肉惹苍蝇
出门看天色，进门看脸色
除去死法想活法
船舱不漏针，失物数来人（到过案发现场的人受怀疑）
船多不碍港，车多不碍路（各有通道）
从小一看，到老一半
粗布衣，菜饭饱（形容艰苦生活）
粗工换细工，拙婆娘换碓舂

D

打出壶来看锡（等结果出来再说）
打得断的筋，打不断的心
打呃春，赤脚奔；挑荠菜，拔茅针
打酒问提壶的（查问知情人）
打开天窗说亮话（有话明说）
打破砂锅璺（问）到底（问个水落石出）
打蛇要打七寸子（击中要害）
打一世斋饭不够一顿腊八粥（长期的节省，不够一次消费）
打肿脸充胖子
大家马儿大家骑（公平合理）
大鱼吃小鱼，小鱼吃虾米（权势大的压小的）
当坊土地当坊灵（当地人办事方便）
当面锣，对面鼓（有话当面说清楚）
东倒吃猪头，西侧吃羊肉（比喻两边讨好）
东湖里取鱼，西湖里放生（瞎折腾）
冬吃萝卜夏吃姜，不用医生开药方
懂一份人事吃一份亏（讲道理的人克己让人）
多个朋友多条路，多个冤家多堵墙

E

饿来好吃饭，冷来好穿衣
儿不嫌母丑，狗不嫌家贫
儿大不由爷（ya），女大不由娘
儿孙自有儿孙福，莫为儿孙作远愁
耳不听，心不烦（又说“耳不听，肚不恼）
耳过千遍，不过手过一遍（实践第一）
耳听是虚，眼见为实（不轻信传言）

二月二，龙抬头，家家带活猴（女儿、外孙）

F

犯法的事不做，药人的东西不吃

分家三年不见天，毛毛南北当阵烟（自立门户后艰苦奋斗）

风吹鸭蛋壳，财去人安乐（该花的钱花了才安心）

富时省一口，缺时顶一斗（富时要注意节省）

G

甘蔗没得两头甜（世上没有十分完美的事）

干一行，怨一行，到老不成行（要安心手中工作）

隔行不隔理（不同行业有些规律是相通的）

跟好人学好人，跟巫婆学跳神（人以群分）

公修公德，婆修婆德，不修不得（努力才会有成果）

弓是弯的，理是直的（真理不并复杂）

瓜无滚圆，人无十全

过到老学到老，活到八十学个巧

H

害人之心不可有，防人之心不可无

好汉不怕出身低（男儿当自强）

好借好还，再借不难（信用为上）

好人就怕坏人蹿，瓷器最怕金刚钻（远离坏人）

画龙画虎难画骨，知人知面不知心（人心难测）

黄牛能耕地，水井不值钱（在兴化黄牛只能拉磨，不能耕水田）

黄秧落地，老少低头（下秧后农村大忙）

火到猪头烂，功到自然成

J

急惊风遇到慢郎中（紧急情况遇到慢性子的人）

家不和，受邻欺

家鸡打得团团转，野鸡打得着地飞（子女终归最亲）

家贫不是贫，路贫愁煞人（出门缺少盘缠最急人）

家有黄金，外有戥秤（群众眼睛雪亮）

家有贤妻，夫不遭横事（家有贤内助）

捡了芝麻，丢了西瓜（失去重点）

见风下棹，过河撤跳（桥）（随机应变，不讲诚信）

见怪不怪，其怪自败

金旮旯，银旮旯，不抵自家的穷旮旯（家乡好）

君子爱财，取之有道（不取不义之财）

君子动口，小人动手

君子之交淡如水，小人之交甘如醴

K

开门七件事，柴米油盐酱醋茶

看人挑担不吃力（事情不在自己身上）

靠天靠地都是假，自己跌倒自己爬（自己的事情自己努力解决）

L

来说是非者，就是是非人（指搬弄是非之人）

冷不能靠灯，穷不能靠亲（无济于事）

冷粥冷饭好吃，冷言冷语难受（人言可畏）

离家三里路，各地各乡风

礼多人不怪，油多没坏菜

立夏三天收菜籽，立夏十天麦焦黄

良田千顷，不如薄艺随身（人要有一技之长）

良言一句三冬暖，恶语伤人六月寒

两场小麦一场打（相同的事合并起来办）

两春夹一冬，麻布裤子好遮风

临阵磨枪，不快也光（临时准备，也有好处）

路不平有人铲，话不平有人谏（有不平事自有人议论）

路遥知马力，日久见人心（天长日久才知一个人真心）

锣儿三，钹儿四（啰里啰唆）

M

买鸡斗不到卖鸡的（信息不对称）

买衣裳看袖子，娶老婆看舅子（参照）

麦盖三床被，头枕馒头睡（雪兆丰年）

满瓶不动半瓶摇（薄浅者自以为了不起）

慢工出细货（布）（仔细操作质量才会好）

猫儿多了不捉鼠（互相依赖、扯皮）

帽子大不过一尺（凡事总有个谱）

没得男将瘌子是好的，没得婆娘瞎子是好的（不得已求其次）

没得强盗贺八十

没得金刚钻，别揽瓷器活

门前扣的高头马，不是亲来也是亲；门前戗的讨饭棍，骨肉至亲不上门

牡丹（红花）虽好，还要绿叶扶持（不要个人英雄主义）

N

男儿膝下有黄金（男儿应该有尊严）

男人勤吃得饱，女人勤穿得好（勤劳才能丰衣足食）

内行看门道，外行看热闹

年年防火，夜夜防贼（不能放松警惕）

宁拆十座庙，不破一家婚（破人婚姻不道德）

宁可跌在屎上，不可跌在纸上（书写字据要谨慎）

宁可信其有，不可信其无（保持警惕，做好准备）

宁添一斗，不添一口（添人进口负担很大）

牛不知力大，人不知己过（缺乏自知）

P

爬得高，跌得重（野心大，失败也惨）

怕的是怪，难躲的是债

朋友好交，知音难觅

贫贱之交不可忘，糟糠之妻不下堂（人不可忘旧）

Q

千个馒头一滚汤（同类一并去做）

千里搭凉棚，天下无不散的宴席（聚会终将散去）

千里送鹅毛，礼轻人意重

千人所指，无病而亡（众怒难犯）

前人栽树，后人乘凉（为后人创造幸福）

墙倒众人推，鼓破众人锤（人一旦失势，众人都来攻击）

桥归桥，路归路（互不相干）

巧妇难做无米之炊（条件不具备难成事）

且留方寸地，留与子孙耕（为人宽厚，有利后代）

亲不亲，故乡人，美不美，家乡水

清明要明，谷雨要雨

穷不失志，富不癫狂（君子本色）

求人不如求己

拳不离手，曲不离口（不练就要生疏）

R

热肉好吃，冷债难还（拖欠太久的债难办）

热在三九，冷在三九

人的名儿，树的影儿

人过留名，雁过留声（人要留下好名声）

人哄地皮，地哄肚皮

人敬我一尺，我敬人一丈（互相尊重）

人怕狠，鬼怕恶，犟头驴子怕绳索

人情急如债，头顶锅儿卖（“人情”负担重）

人无远虑，必有近忧（要有长远打算）

人往高处走，水往低处流

人心都是肉长的（要有同情心）

人心要实，火心要虚（人要诚实，不虚伪）

任凭风浪起，稳坐钓鱼船

日有所思，夜有所梦

若要人不知，除非己莫为

S

三九搭四九，相逢不出手

三人抬不过一个理字（有道理驳倒众人）

三十六行，行行出状元

桑树从小扨，到老直笔笔

杀人偿命，欠债还钱（世之常理）

山不转水转，河不弯水弯（喻：人都有见面的时候）

善有善报，恶有恶报，不是不报，时候未到

上梁不正下梁歪，中柱不正倒下来

舌头四两重，奪下来一千斤

蛇无头不行，鸟无翅不飞（凡事要有领头人）

身正不怕影子歪

师傅领进门，修行靠个人（要靠自己的努力）

十个指头有长短，荷花出水有高低

十年树木，百年树人（培养人才是长远之计）

十网九空，一网成功（贵在坚持）

世上无难事，只怕有心人

是福不是祸，是祸都不过

瘦死的骆驼比马大（富人再难也比穷人强）

瘦田丑妻家中宝（无人觊觎，故觉安全）

树高千丈，叶落归根（人总要回归故乡）

霜前冷，雪后寒

说起来像个政委，做起来像个小鬼（言清行浊）

T

贪嘴的猫儿打不改（陋习难改）

太阳晛个中，屋上烂个洞；太阳落到底，来日晴无雨

天上飞个雁，地上当碗碟（把可能当现实）

天上星多月不明，地上坑多路不平（主事者不可太多）

天下无难事，只怕有心人

听事不真，爬起来乱奔（盲目冲动）

偷牛的走呃，逮住拔桩的（放走责任人，拿涉嫌者顶缸）

头醋不酸，二醋薄（开头不行，以后就会好）

头九冻河二九开，三九冻河等春来

头疼医头，脚疼医脚（缺乏通盘计划）

W

挖去心头肉，医得眼前疮（只顾救急，不计后果）

瓦罐不离井上破（常态）

歪戴帽子斜穿衣，十九不是好东西（没有正形）

外来和尚好念经

碗外的不吃，袋子外的不拿（合法收入）

为人不做亏心事，半夜敲门不吃惊

为水先作坝（有备无患）

文官不爱财，武官不怕死（政治清明）

蚊子遭扇打，全怪这张嘴（多言遭殃）

无风不起浪，有烟就有火（事出有因）

五十步笑百步（错误相同只是轻重不同）

物以稀为贵

X

西风不过酉，过酉日夜吼

闲时不烧香，急来抱佛脚（事到临头才想办法）

小洞不补，大洞吃苦（防微杜渐）

小马乍行嫌路宽（得志小人的丑态）

心病还须心药医（注意心理治疗）

心肝皮胃贤，到处骗铜钱；心肝脾胃肾，坐的冷板凳（真才实学不如巧舌如簧）

心慌不能吃热粥，走马不能看“三国”（心静为佳）

兴化的篙子邵伯的桨，沙沟的布兜子顺风日良

兴化的判官盐城的鬼，沙沟的高跷三条腿（踩跷人手柱竹杖）

雪里埋不住人，纸里包不住火（真相迟早会暴露）

Y

杨柳水大家洒（好处人人有份）

养兵千日，用在一时（平时准备，紧急时应用）

养儿胜似父，要钱做什么？养儿不如父，要钱做什么？

痒要自己抓，好要旁人夸（不要自夸）

要得人不知，除非己莫为

要生锅，打里锅（盲目蛮干）

一把钥匙开一把锁（有针对性）

一白遮百丑（也说一俊遮百丑）

一步走错，满盘皆输（棋语：比喻人步步都要谨慎）

一沰鸡屎坏缸酱（害群之马）

一个山头一只虎，离呃山头不上数

一个有福，帮带一屋，一个有祸，帮带一窝

一日之计在于晨，一年之季在于春，一生之

计在于勤
一失足成千古恨，再回头已百年身
一熟三分巧
一朝被蛇咬，十年怕井绳
一字值千金，如何不用心（文化比什么都珍贵）
硬处拖锹过，软处好取泥（不敢碰硬，回避矛盾）
有得忙才有得噇（劳动才能改善生活）
有借有还，再借不难（信誉为重）
有理不在高声
有理走遍天下，无理寸步难行
有志不在年高，无志空长百岁
雨下不到一天，人穷不到一世
欲知心中事，但听口中言
运去黄金失色，时来黑铁生光

Z

在家千日好，出门一时难
早起三光，晏起三慌
张公吃酒李公醉（代人受过）
真金不怕火炼（正确的东西经得起考验）
真人面前不说假，假人面前不露真（区别对待）
众人一条心，黄土变成金（团结可贵）
自己屁股红堂堂，专给别人医痔疮
坐得船头稳，不怕浪来颠
坐得正，行得正，不怕跟和尚坐一凳
做贼心虚，放屁脸红

第四节　歇后语

B

八十老儿学吹打——上气不接下气
八仙桌盖在井栏上——随得方，就得圆
巴掌心长白毛——老手
包脚布当围枷子——臭呃一转
抢着元宝投井——舍命不舍财
鼻孔里养宝宝——擤 哄人
扁担上睡觉——不能翻身
补锅匠锔碗——自顾自（吱咕吱）
布袋里放菱角——个个想出头

C

裁缝做嫁衣——替别人欢喜
踩高跷唱戏——半截不是人
茶壶打掉把子——落咯一张嘴
茶壶里煮饺子——肚里有，倒不出来
唱道情的打渔鼓——敲竹杠
炒熟的豆子——不能做种
重阳不打饼——高（糕）兴
出头椽子——先烂
穿蓑衣救火——惹火烧身
船家烧纸——为何（河）
船头上跑马——没得出路
床肚里养仙鹤——饭好吃，头难抬

D

打灯笼拾粪——找死（屎）
大海里翻了豆腐船——汤里来，水里去
大麦换蟹渣——毛戳毛
大水冲到龙王庙——一家人不认识一家人
呆小伙不识个夹袍子——里外里
呆小伙不识哭丧棒——麻颠（黏）趾（纸）糊
戴草帽亲嘴——差得远哩
戴乌纱弹棉花——有功（弓）之臣
道士吃狗肉——块块好
灯草做楞棒——不能做主（拄）
踮起脚来相嘴——拼命巴结
电线杆上扎鸡毛——好大的掸（胆）子
吊死鬼挨冻——死而无憾（汗）
吊死鬼搽粉——死要脸

顶门杖当针使——大材小用
东吴招亲——弄假成真
兜腮胡子秀顶光——该长毛的不长毛
豆腐掉进灰堆——拍不得，打不得
豆腐店里到客——将（浆）好
对镜子作揖——自己恭维自己
碓血里跳加官——吃力不讨好

E

屙屎拔茅针——一事两勾当
二妈妈子卖盆——一套一套的

F

法场上麻雀——吓大的
饭店里卖衣服——有吃有穿
放屁脱裤子——多此一举
飞机上跳伞——丢人
飞机上养宝宝——高产

G

盖屋匠收工——往下爬
擀面杖吹火——一窍不通
高山滚鼓——不通（扑通）
耕田的甩鞭子——吹（搉）牛
公鸡戴乌纱——官（冠）上加官
公鸡害嗓子——不能提（啼）
狗鼻子插大葱——装相（象）
狗赶鸭子——呱呱叫
狗头上栽角——装佯（羊）
狗掀门帘——全靠一张嘴
狗子逮老鼠——多事
鼓楼上麻雀——经过风浪的
关公门前耍大刀——献丑
关老爷卖豆腐——人硬货不硬
关起门来打叫花子——拿穷人开心
棺材店老板瞪眼睛——恨你不死
光棍堂儿烧木材——当着不着
郭呆子帮忙——越帮越忙
郭呆子求财——越多越好
过呃端午卖雄黄——不是时候
过河的卒子——只进不退

H

和尚的家——庙（妙）
和尚看见花轿——空欢喜
荷叶包菱——各（角）出
黑板上写字——揩掉重来
猴子吃辣椒——麻爪子了
黄瓜打锣——去了一半
黄花女儿绗衲子（厚尿垫）——早办前程
黄连树下弹琵琶——苦中作乐
豁巴齿吃疙瘩——不得走滚

J

鸡子不尿尿——各有各的去处
鸡子鸽石头——难得（啄）
见强盗喊爸爸——认贼作父
江边上蚊子——吃客
豇豆角子下面——清汤清水
姜太公钓鱼——愿者上钩
姜堰卖稻——两不会面
叫花子晒太阳——享的天福
接生婆做媒——一包到底
韭菜炖蛋——冒充（葱）

K

空棺材出殡——目（木）中无人
孔夫子搬家——尽是输（书）
孔夫子放鸽子——非（飞）也
裤裆里放屁——两岔

L

癞头上的辫子——你不长，我也不想
懒婆娘的包脚布——又臭又长
郎中开棺材店——死活钱全要
老虎戴数珠——假充慈悲
老虎头上拍苍蝇——找死
老鼠拱进风箱——两头受气
老鼠拖板掀——大头子在后面
老鼠尾巴害疖子——没得多少脓出
老鼠钻进书箱——咬文嚼字
雷公打豆腐——专拣软的欺

两个胖子挤一块——合肥
两个秃子打架——没得几个（根）毛钱（挦）
两个哑巴睡一头——没得话谈
木亮 子没把子——饭桶
刘豁子下饺儿——看人兑汤
六指儿打时——忙不过来
六指儿抓痒——加一奉承
聋子的耳朵——摆设
芦州撑船——倒住蒿子（别忙）
卤水点豆腐——一物降一物
罗汉鱼淌眼泪——不得出篓（谓无衣脱单者）

M

麻袋片上绣花——底子不好
麻雀儿掉下烟囱——有命没毛
买猪头饶个胆——自讨苦吃
买咸鱼放生——不知死活
麦田里捉龟——稳拿
卖米不带升子——存心不良（量）
猫子哭老鼠——假慈悲
猫子咬尿泡——空欢喜一场
茅坑里的石头——又硬又臭
帽子没沿——顶好
门缝里看人——把人看扁
棉花店里挂弓——不谈（弹）
庙门口的狮子——一对

N

奶奶不吃烂面——又下（雨）
泥螺壳子戴眼镜——多一层不如少一层
糯米饭煮硬了——像个真（蒸）的

P

螃蟹过河——七手八脚
皮匠不用锥子——真（针）好
屁眼里插蜡烛——假充人儿灯
屁眼里夹大斧——作（作）死

Q

七月七过生日——赶巧
旗杆上点灯笼——高明
旗杆上挂剪子——高才（裁）
骑驴看唱本——走着瞧
浅碟子盛水——一眼看透
墙上挂帘子——没门
桥洞里点灯——孔明
青菜烧豆腐——一清二白
蜻蜓吃尾巴——自吃自
秋后的蚂蚱——蹦不了几天
求雨走进火星庙——找错门了
全家都外出——防（房）空
瘸和尚说法——能说不能行

S

三尺长的梯子——答（搭）不上言（檐）
三个猴子（骰子）掷亮点——出色
三个钱买个京江脐儿——六角铮铮的
三个铜钱摆两处——一是一，二是二
三十晚上逮个兔子——有它没它总过年
三十晚上看黄历——没得日子
三张纸画个鼻子——好大的面子
扫竹戴草帽——也算个人
沙沟的升子——一声（升）抵声（升）米
筛子做锅盖——透气
上茅房作揖——多此一礼
十八罗汉请观音——客少主人多
实心的竹子——不通窍
寿星老儿吃砒霜——活得不耐烦
寿星老儿卖妈妈——倚老卖老
熟透的石榴——合不拢嘴
霜后的桑叶——没得人睬（采）
水牛掉下井——有力使不出
水仙不开花——装蒜
四牌楼朝北——兑现（对县）
寺院失火——妙哉（庙灾）
孙悟空守桃园——自食其果

T

泰州灯笼——没得影子
讨饭花子借算盘——穷有穷的打算

剃头匠的担子——一头热
田鸡翻跟头——白大肚
铁匠的砧子——听随（锤）
铁匠做官——打字向前
听评书淌眼泪——替古人担忧
铜匠的担子——走到哪块想（响）到哪块
头发丝穿豆腐——不能提
头上害疖子，脚下淌脓——坏透了
秃头上虱子——明摆
秃子打伞——无法（发）无天
秃子跟着月亮走——借光
脱毛的牙刷——有板有眼
驼子跌跟头——两头不着实

W

瓦匠没梯子——够就够煞咯
歪嘴儿吃毛鱼——弯弯顺
外甥子打灯笼——照旧（舅）
王八吃秤砣——铁了心
王大脚上会——会会到
王二骑驴子——跨过头了
王奶奶和玉奶奶——就差一点
乌龟吃馓子——自绕自
乌龟爬门槛——就看这一番（翻）
乌巾荡失火——谣言（窑烟）
乌鸦站在猪背上——一个比一个黑
巫婆打哈欠——神来啦
屋顶上支碓——冲家
屋檐下的冻冻钉儿——根子通呃上头
无事烧纸钱——引鬼

X

西瓜淌水——坏了
瞎子点灯——白费啦（蜡）
瞎子磨刀——看见亮
巷子里扛木头——直来直去
小狗子喝恶水——软饱
小褂子没领子——撮起来呢
小和尚拾到个辫子——得法（发）
小和尚替老和尚抓痒——也是庙上的功德
小媳妇喝粥——不想（响）
小丫鬟带钥匙——当家不做主
蝎子的尾巴——毒得狠
胸口挂钥匙——开心
绣花枕头——外表好看，实为草包
徐庶进曹营——一言不发
薛仁贵的行头——白跑（袍）

Y

哑巴吃黄连——有苦说不出
哑巴吃馄饨——心里有数
腌菜缸的盖子——受尽了闲（咸）气
阎王老爷贴告示——鬼话连篇
夜猫子进宅——没得好事
一根灯草点灯——无二心（芯）
一根筷子吃藕——挑眼
阴天驮穰草——越背越重
袁大头（银元）做眼镜——只认钱不认人

Z

糟鼻子不吃酒——空担虚名
澡堂子的灯笼——天天挂
张飞穿针——大眼向小眼
张果老倒骑毛驴——怕见畜生命
张天师被鬼迷——有法使不出
丈八高的灯台——照远不照近
丈母娘看女婿——越看越有趣
丈二金刚——摸不着头脑
帐子里放风筝——不得远去
正月十五贴门神——迟了半个月
芝麻掉进针眼里——巧了
中堡庄的锣鼓——各打各
中堂挂帘子——不是话（画）
中药店的菩萨——愢（撮）神
中药里的干草——少不了的一味药
猪八戒摔耙子——不伺候啦
猪八戒照镜子——里外不是人
走路拾到张膏药——小贴贴
嘴上抹石灰——白吃
做梦娶媳妇——尽想美事

卷二十九

精神文明建设

20世纪80年代初，全市精神文明创建活动由中共兴化县委宣传部负责发动、管理。在城乡居民中开展“五讲四美三热爱”（讲文明、讲礼貌、讲卫生、讲道德、讲秩序；心灵美、语言美、行为美、环境美；热爱中国共产党、热爱祖国、热爱社会主义）活动。1991年后，全市百家窗口单位继续开展优质服务竞赛活动，纠正行业不正之风。农村广泛开展创“三户一村”（遵纪守法户、五好家庭户、双文明户、双文明村）活动。精神文明创建活动不断深入，文明单位、文明村镇、文明社区、文明行业及文明家庭创建活动渐次展开。1992年初，为加强对精神文明创建活动的组织和管理，制订下发《兴化市“八五”期间社会主义精神文明建设规划》，明确全市“八五”期间精神文明建设的各项任务。在此基础上，成立市精神文明建设活动委员会。在总结各级创建活动经验的基础上，征求干部、群众意见，制定文明路（街）文明社区标准、日常行为规范，编印《市民文明读本》等，使文明创建行动有序发展。2000年，市文明办健全机构，正式挂牌。市文明委议事制度正常，全市文明创建工作步入有序轨道。

2006年，中共兴化市委决定开展“五城”（省级文明城市、省级园林城市、国家卫生城市、国家环保模范城市和全国双拥模范城市）同创活动。市文明委同时履行“五城同创”指挥部职能。活动中，坚持以点带面，推进样板乡镇、样板社区和样板私营企业创建示范点建设。人们精神面貌发生积极变化，见义勇为、舍己救人、诚实守信、尊老爱幼及致富不忘家乡，慷慨捐资助残、助学等新人新事不断涌现；社会陋习进一步破除。精神文明创建活动对全市经济、文化及法制建设发挥较大促进作用。2009年7月，兴化市获“江苏省文明城市”称号。

图29-1　全民参与文明创建签名活动　（2008年摄，市委宣传部提供）

第一章　道德建设

第一节　社会公德教育

20世纪80年代后，兴化市提倡“五讲四美三热爱”，在推进市区文明市民夜校试点的基础上，逐步向城镇推广。推行并普及“十字”（请、您好、谢谢、对不起、再见）礼貌用语。在城镇逐步禁止随地吐痰、禁止乱扔废弃物。在城乡广泛开展“三提倡、三反对”（提倡科学文明，反对封建迷信；提倡艰苦创业，反对奢侈浪费；提倡民主与法制，反对违法乱纪行为）活动以及创建文明村镇、文明企业、五好家庭活动，采取“单位包职工、学校包学生、家庭包成员”的办法，重视和加强对青少年的社会公德教育。1991年，编写《市民守则》宣讲提纲，制定和学习《职工守则》《学生守则》《党政干部守则》等基本行为规范。1992年，市委、市政府印发《兴化市“八五”期间社会主义精神文明建设规划》，规划指出把每年的三月、五月、六月、七月、八月、九月里的节日作为社会公德建设活动日，引导全市人民树立文明礼貌、助人为乐、扶正祛邪、移风易俗、尊老爱幼、团结和睦的社会新风尚。1994年，对《兴化市民守则》进行修改并完善，编写《兴化市文明市民读本》，用以规范市民的言行。制订兴化市《文明家庭标准》《文明职工标准》等规范，以企业和商业单位的职工为对象开展社会道德教育。

1997年，市委、市政府批转《兴化市社会主义精神文明建设“九五规划”》，以《兴化市文明市民读本》和《兴化市市民守则》作为宣传教育的媒介，组织编写“八不”教育宣传材料，开展以“八不”为主要内容的社会公德教育。“九五”期间，每年评选一批十佳“文明标兵”和一批十佳“文明市民”。开展兴化市民素质大讨论活动。1998年，开展文明创建知识竞赛活动，评选并表彰“百佳文明标兵”和“百佳文明市民”。

2001年后，以贯彻《公民道德建设实施纲要》为主线，开展一系列文明创建活动，加强社会公德教育。2002年，修改《兴化市民守则》《兴化市民日常行为规范》，组稿编印《兴化市民生活指南》，开展道德教育。2004年、2006年、2008年，分别编印《拥抱文明——兴化市民教育读本》《走进文明——市民素质教育读本》《共建文明——市民文明礼仪读本》系列读本，提高市民文明素质。2007年，倡导“讲文明、树新

图29-2 《兴化市民教育读本》首发式
（2004年摄，市委宣传部提供）

风、促和谐”的良好社会风尚，制定并实施《兴化市提高市民文明素质行动计划》，重点开展“文明和谐从我做起”市民教育系列主题活动。2008年，组织“文明兴化与奥运同行”“知我兴化、爱我水乡”实践活动，促进兴化人文精神的培育。2009年，围绕“做文明的兴化人”主题，开展“沿河环境看素质”“日常行为看文明”等专题讨论，组织文明交通进学校、进社区、进机关、进企业、进镇村“五进”系列宣传。2010年，把文明礼仪作为提升市民素质的突出内容，组织开展文明礼仪学教系列活动，以“教、演、画、赛、做”为载体，即通过主题讲座、文艺汇演、漫画化人、知识竞赛、道德实践等形式，推动文明礼仪宣传教育进机关、进校园、进社区、进农村、进家庭、进企业、进窗口。邀请礼仪专家到兴化作市民文明礼仪和职场商务礼仪专题讲座。

第二节 职业道德教育

1994年，以企业和商业单位的职工为主要对象开展职业道德和社会公德教育，指导大兴商厦、商业大厦等窗口单位开展开门评店活动，发动广大消费者对窗口行业的服务态度、服务质量进行评点。同年5月，扬州市文明委在兴化召开大中型商城职业道德教育和实践研讨会，推广这一做法。

1996年初，市文明办会同工商、财办、消协等部门在全市开展“百城万店无假货”活动，全市10大商场提出倡议，50多家窗口服务单位参加，带动企业的职业道德、思想道德建设，促进企业自身信誉的提高，净化行业风气，为全市的外向发展营造良好的社会环境。

2009年，推进“百城万店无假货”示范街建设，在文明行业单位开展“树新风，创品牌，社会满意在我家”竞赛活动，取得良好成效。

第三节 青少年革命传统教育与道德教育

1994年，以青少年学生为主要对象开展爱国主义教育，组织广大青少年学习“两史一情”（中国现代史、中国近代史、国情和市情）。市文化、广播、教育部门紧密协作，组织中小学生观看百部爱国主义优秀影视片，使三年级以上学生平均观看7—12部。组织中小学生参加全国以爱国主义为主题的征文竞赛，10多万名学生参加，在高中、初中、小学生三个组都荣获一等奖，大营中学获得组织奖。电台电视台利用黄金时间播发爱国主义歌曲，组织开展《祖国万岁》系列丛书阅读活动。利用本地革命文物、革命遗址，组织开展“写史建碑”活动，整理革命史料10多万字，对广大青少年进行革命传统教育。市职业技术学校开展的“革命传统歌曲”歌咏大赛，《新华日报》作了专题报道。1995年，全市组织1万余名青少年开展18周岁成人宣誓仪式，组织数千名中小学生签字告别“三室一厅”（游戏机室、录像室、台球室、舞厅）成人宣誓仪式。1996年制定《爱国主义教育实施意见》，据此开展一系列爱国主义教育活动。以学校为阵地，以“两史一情”为依托，开展读好书、背好诗、唱好歌、看好片活动，写史立碑活动，“爱我兴化”读书竞赛活动，会同有关部门开展“百名好学生签名”活动。面向社会开展“航道杯·爱我兴化”读书征文竞赛，收到征文近千篇。会同有关部门发放《中华正气》《爱心献给祖国》《热爱祖国，立志成才》《21世纪的中国》等图书6万多册，丰富爱国主义教育内容，增强爱国主义教育效果。

2004年，贯彻落实《中共中央国务院关于进一步加强和改进未成年人思想道德建设的若干意见》的文件精神，制定《加强未成年人思想道德建设实施计划》。8月底，兴化市建设银行100名职工自发组织，每人扶助1名贫困学生，在城区掀起帮困助学的热潮。市委宣传部、市文明办与市关工委、工青妇、教育等部门抓住典型，总结推广，9月初在经济比较薄弱的大邹镇组织召开全市关心农村未成年人教育现场会。会上，举行结对帮扶捐资仪式，出台全市关心未成年人教育帮困助学结对制度，规定13个经济薄弱乡镇，其中：泰州领导牵头帮扶的5个乡镇，由市文明单位结对帮扶；兴化市领导牵头的8个乡镇，结对帮扶部门与经济帮扶同步。除13个重点帮扶乡镇以外，其他乡镇面上的帮扶工作，分别由团市委、市教育局、市总工会、市妇联牵头负责检查督促，掀起全方位关心未成年人教育的热潮。全市帮困助学行动资助中小学生7500人，筹措资金146.74万元，减免学费73.4万元，受扶助的每位学生每学期可得到资助300元。通过帮困助学行动，引发全社会对加强未成年人思想道德建设的关心。2005年起，未成年人思想道德建设坚持项目化推进，每年推出惠及未成年人健康成长的10件实事。2005年，文明单位帮扶困难家庭学生1000人左右，推出8家向未成年人免费开放的爱国主义教育基地、科技和道德实践示范基地，青少年活动中心如期建成并投入正常运营，网吧治理工作成效明显并得到省有关部门肯定。

2006年，突出社会文化环境的整治，组织百日集中行动，净化未成年人成长环境，农村留守儿童帮扶行动、青少年法制教育等实事项目受到社会各界肯定。成立未成年人思想道德建设研究会并正常例会制度。2007年，投资20多万元，建立青少年心理健康教育指导中心，在18所重点中小学设立辅导站，加强青少年学生心理健康教育，产生较好效果。组织青少年学生“文明和谐从一言一行做起”演讲比赛。推出兴化市未成年人“远离网吧”主题漫画展，在全市各中小学校进行巡展，加强专题教育。开展专项整治，推出网吧接纳未成年人处罚公示制度，推进营业性网吧规范化管理。结合农村实际，重点推出“关爱农村留守子女行动计划”，建立寄宿制学校、组织对留守子女结对帮管等工作得到省市有关领导的肯定。2008年推进未成年人心理健康校外辅导站建设，全市农村建成106个，23个通过泰州市文明办验收。全市关爱留守子女工作进一步深化，新建寄宿制学校12所，“社会妈妈”关爱留守子女扩展到1400多对，“关爱女孩”行动取得成效。青少年心理健康教育扎实推进，借助“心语热线”“心语小报”等载体，教育中心的指导作用进一步发挥。编印《以案释法读本》，以身边人身边事为素材，提升法制宣传教育实效。全市星级网吧创建活动全面展开，网吧管理联席会议制度进一步健全。坚持社会文化环境定期查访与义务监督相结合，发现问题及时整治。组织社会文化环境百日整治集中行动，组织查访整治90多次，查处违法经营行为120多起。2009年，青少年学生“周末快乐驿站”、校外辅导站建设得到社会广泛好评。推出“爱家爱校爱兴化，做一个有道德的人”主题教育活动，组织兴化市“美德少年”评选，全市近4万名青少年学生参与其中。清明节、中秋节期间，组织中华经典诵读活动，在推动语言文字普及的同时，深化青少年学生对传统文化的感受。制作“江苏省未成年人保护条例漫画展”，全市巡展160多场。

图29-3　兴化市未成年人“远离网吧”主题漫画展
（2007年摄，市委宣传部提供）

2010年，推出青少年学法用法系列活动、“周末快乐驿站”、家教案例征集及漫画巡展、校外辅导站建设等特色工作，得到社会广泛好评，相关工作获得全国关工委表彰。至2010年底，全市有爱国主义教育基地20处，登记特色素质教育基地14处，其他校外活动场所28处。

2010年兴化市爱国主义教育基地一览表

表29-1

<table>
<tr><th>名称</th><th>级别</th><th>地点</th><th>主管单位</th></tr>
<tr><td>兴化市博物馆</td><td>省级</td><td>市区</td><td>市文广新局</td></tr>
<tr><td>华中二分区革命烈士纪念碑</td><td>泰州市级</td><td>安丰镇</td><td>安丰镇政府</td></tr>
<tr><td>兴化市革命烈士纪念馆</td><td>泰州市级</td><td>市区</td><td>市民政局</td></tr>
<tr><td>兴化市档案馆</td><td>兴化市级</td><td>市区</td><td>市史志档案办</td></tr>
<tr><td>兴化县委成立旧址</td><td>兴化市级</td><td rowspan="2">戴窑镇</td><td rowspan="2">戴窑镇政府</td></tr>
<tr><td>兴化市农家展馆</td><td>兴化市级</td></tr>
<tr><td>兴化市周奋烈士陵园</td><td>兴化市级</td><td>周奋乡</td><td>周奋乡政府</td></tr>
<tr><td>楚水实验学校生命科学馆</td><td>兴化市级</td><td>市区</td><td>市楚水实验学校</td></tr>
<tr><td>兴化市拱极台公园</td><td>兴化市级</td><td>市区</td><td>市园林管理处</td></tr>
<tr><td>郑板桥陵园</td><td>兴化市级</td><td>大垛镇</td><td>大垛镇政府</td></tr>
<tr><td>江苏省兴化中学生物馆</td><td>兴化市级</td><td>市区</td><td>市兴化中学</td></tr>
<tr><td>兴化气象台</td><td>兴化市级</td><td>市区</td><td>市气象局</td></tr>
<tr><td>乌巾荡公园</td><td>兴化市级</td><td>市区</td><td>市旅游局</td></tr>
<tr><td>施耐庵陵园</td><td>兴化市级</td><td>新垛镇</td><td>新垛镇政府</td></tr>
<tr><td>兴化抗日阵亡将士纪念塔</td><td>兴化市级</td><td>大营镇</td><td>大营镇政府</td></tr>
<tr><td>兴化竹泓木船文化展览馆</td><td>兴化市级</td><td>竹泓镇</td><td>竹泓镇政府</td></tr>
<tr><td>里下河渔业文化博物馆</td><td>兴化市级</td><td>沙沟镇</td><td>沙沟镇政府</td></tr>
<tr><td>昭阳湖公园</td><td>兴化市级</td><td>市区</td><td>市园林管理处</td></tr>
<tr><td>赵海仙洋楼</td><td>兴化市级</td><td>市区</td><td rowspan="2">市文广新局</td></tr>
<tr><td>成家大司马府</td><td>兴化市级</td><td>市区</td></tr>
</table>

第二章　文明创建

第一节　文明城市创建

2002年，全市以创建文明城市为龙头，讨论修改《兴化市民守则》《兴化市民日常行为规范》，组稿编印《兴化市民生活指南》，开展“诚信为本、服务似金”主题签名联创活动和“万人签名告别不文明交通行为”的城市文明交通工程。

2003年，全市开展文明城市创建，推进“城市文明交通工程”，加强城市管理和道路交通秩序整顿，在宣传、整治、教育和规范等方面都取得成果。在城区四面和人口密集处制作以“兴化精神”为主要内容的公益性广告，达到美化环境和教育市民的目的。

2004年7月29日，全市召开创建省级文明城市动员大会，全市围绕“确保通过调研考核，全力争创省级文明城市”目标，在城市建设、城市管理和市民教育等方面取得重大突破并形成一批标志性成果。强化市民的文明素质教育，组织编印《拥抱文明——兴化市民教育读本》，集中组织开展科技、文体、法律、卫生“四进社区”和市级机关普通话大赛、“家园之恋”国庆大型文艺演出等重大活动。

2005年，在文明城市创建中，先后推出“创建利民十大工程”“市民参与十项行动”和“综合环境十项整治”，优化城市综合环境。兴化市被授予“创建省级文明城市工作先进市”称号。

图29-4　金三角示范市场诚信建设公开承诺活动
（2006年摄，市委宣传部提供）

2006年8月26日，兴化市委、市政府召开全市“五城同创”动员大会。围绕省级文明城市创建规划，推进综合整治，提升主次干道保洁水平，推进“门前三包”管理，先后启动金海池蔬菜批发市场等一批专业市场建设和王家塘、交通新村等防洪工程建设，市容市貌得到改善。新增绿化面积达87.91公顷，开工建设4座压缩式垃圾中转站，新建水冲式公厕1座，改造维修城区公厕208座，城市基础设施配套水平不断提高。通过开展主题教育活动，评选“十佳市民”、加强文明创建示范点建设等，推进市民文明习惯的养成。2007—2008年，加快城市建设步伐。以英武大桥通车、英武路全线贯通为标志，兴化城市发展呈现面积加快扩展、功能日趋完善的显著变化。通过2006年14路5桥建设，2007年15路4桥建设，新增城区道路里长9.32公里，建成区面积达16.87平方公里，城市化率达40.1%，比2005年提高3.7个百分点。实施电力、通信、城市管道燃气等一批工程，2007年实行生活垃圾无害化运送处理，告别填埋处理的历史。城南污水处理厂一期工程建成投入试运行，增强城市的承载能力。组织河道清淤，开展重点排污企业专项整治，城乡统一行动，发动10多万人开展河道水生植物及漂浮物集中整治。新建板桥竹石园、森林公园，改造人民公园，城市绿地面积进一步扩大。

2008年，城市建成区绿化覆盖率达41.37%，绿地率达36.01%，人均公共绿地达10.1平方米。修缮赵海仙洋楼、任大椿读书楼、明城墙等历史古迹，保护改造东门大街、金东门明清古建筑群。新建昭阳剧院，改建市图书馆、文化馆，启动市职教中心校新校区、广电信息技术中心、体育馆等项目建设，使历史文化名城焕发出现代文明的新姿。2008年，加强城市长效管理，抓好市容环卫责任区暨“门前三包”、城区交通秩序管理、住宅小区物业管理等制度的落实，对城区经营性户外广告、建筑垃圾和工程渣土相继出台管理办法，开通“12319”市政服务热线，启动数字化城管。2008年9月经省文明城市测评组考核验收，兴化市在县级市中名列前茅。创建迎检工作结束后，推进文明城市常态创建工作，召开专项动员大会，组织专题调查研究，跟踪推进市容环境、小区管理、交通秩序等长效管理措施的落实。2009年，兴化市以县级市第一的考评成绩，跻身江苏省文明城市行列。

2010年，制定下发《兴化市深化文明城市创建行动计划》，推出文明交通建设、环境卫生整治、基础设施维护、公共秩序优化、文明素质提升、社会文化环境净化六大行动。污水处理厂、自来水厂、停车场建设取得明显进展，垃圾填埋场全面完工。对江浙商业广场东侧和城区农贸市场环境秩序进行综合整治。狠抓交通秩序整治，市民文明交通意识普遍增强。全市发放交办督办单45份，推动近60项创建问题的解决。

第二节 文明村镇社区创建

一、文明村镇创建

1992—1993年，农村继续开展创评“三户一村”活动和中共党员“三带头三促进”活动。1995年在城镇开展“创三优”（优良秩序、优美环境、优质服务）活动，1996年初，市文明委制定《创“三优”、建“三户”活动意见》，在顾庄乡开展试点，市委在顾庄乡召开全市农村精神文明建设现场会。《新华日报》、省电视台对顾庄精神文明建设的成果作重点宣传报道。1997年，先后在周庄镇、戴南镇树立起董北村、五一新村、薛庄村、春蕾新村等小康文明村“小康文明示范小区”的典型，在全市创建文明村镇现场会议上，推广戴南镇在创建工作中促进两个文明建设协调发展的典型经验和做法。1998年3月27日，泰州市创建文明村镇工作会议在海南镇召开，与会人员参观创建现场，听取市文明委情况介绍，对兴化市文明乡镇创建工作给予肯定。5月初，在林潭乡召开全市创建文明村镇工作会议，交流全市各乡镇文明创建情况，讨论确定《兴化市创建文明村镇的评比考核标准》。1999年在农村开展“创十星、评三户”活动，把文明户评选活动纳入文明村镇创建总体规划，协调力量齐抓共管取得显著成效。戴南镇董北村作为泰州市唯一代表，获“全国创建文明村镇工作先进村”称号。戴南镇、舍陈镇被评为1997年度、1998年度江苏省文明镇。2001年，针对乡镇区划调整的新情况、新问题，市文明委先后4次深入新垛镇开展调查研究，确立“分类指导、整体推进”的工作思路。召开全市深化文明村镇创建工作会议。是年3月，中共江苏省委在泰州召开深化文明村镇工作会议，会议期间参观兴化市戴南镇、张郭镇和董北村3个现场。2005年在张郭镇召开现场会，从提高农民综合素质、加强精神文明要素建设、推进农村环境综合整治、倡导文明新风、加强和改善农村未成年人教育等5个方面深化文明村镇创建工作，确保乡镇文明创建全覆盖。是年，张郭镇被表彰为“全国文明村镇”，戴南镇被表彰为“全国创建文明村镇工作先进村镇”。2008年组织“乡风文明百村行”活动，在主动融入新农村建设上取得新进展。5月，在茅山镇召开现场会，围绕加强农民教育、特色村创建、道德实践、丰富文化生活进行部署。城乡“1＋1”共建对子扩展到388对，“农民读书节”、送书下乡活动受到好评。2009年，文明特色村创建融入全市小康示范村创建，形成戴南董北村富脑富民、全面发展；沈坨姜朱村仁礼教化、弘扬美德；陈堡蒋庄村科技兴农、诚信互助；获垛北王村环境育人、健康生活等一批村庄文明创建的典型。2010年，实施“十镇百村千户文明示范工程”。开展农村精神文明创建专题调研，全市形成调研报告50篇。结合全面小康示范村和环境优美乡村创建，在各乡镇培树乡风文明建设的示范村，全市着重推介十大特色村创建经验。

二、文明社区创建

1994年，制定兴化市《文明示范路（街）标准》《文明住宅区标准》等规范。1997年4月初，会同昭阳镇、城建、城管、文化、民政、公安等十多个有关责任部门和单位，在新城北村狠抓文明小区试点工作。建立以小区中的离退休干部为主体，办事处居委会主任、辖区内部门单位负责人、下岗工人骨干参加的敢于管理、乐于奉献的小区管理委员会，小区的社会性事务由管委会商定。办起小区"大家帮"服务站和志愿者服务中心，便民利民，服务到门。新城文明小区创建做法和事迹在《中国市容报》《新华日报》《扬子晚报》《泰州日报》等报刊进行宣传报道。制定居民"十不十要"行为规范、"区规民约"以及创建文明小区六条标准等一系列规章制度，整顿楼道，治理小区脏乱差，强化居民文明卫生行为的养成教育。举办文明市民学校，建立老年活动中心关心下一代组织。举办露天家庭文娱联欢会，广泛开展一、二、三家庭读书工程活动（每户一只书橱、两份报刊、三百本图书）。开展小区全民健身活动，成立小区综合执法管理队伍，实现小区群众自我服务、自我管理、自我防范。开展月度好人新事评选活动。出刊黑板报，作为评选小区月度好人新事的宣传栏。1998年一季度在全市广泛开展"百佳文明市民"的评选活动，在报纸、电视、宣传栏开辟"老百姓的文明事"等专题、专栏。对照《泰州市文明小区考核验收表》，统一布置、分类指导、明确职责。同昭阳镇及城建、民政、城管、文化、公安等单位和部门紧密配合，对新城、海池、张阳、春蕾及戴南农民别墅区进行集体式作战，使软件、硬件跃上新台阶。2000年，富安小区成为文明小区创建典型代表。2001年，在全市各社区广泛开展"做文明市民、建美好家园"主题教育活动，推出新华小区、供电小区、沧浪小区、绿岛花园等新典型。9月，举办社区广场文化艺术周活动，整个活动观众人数逾3万人次，受到省、市好评，并获得省首届社区艺术节优秀综合活动项目奖。2003年，在抗击"非典"取得阶段性胜利后，筹划科学文明生活进社区的活动，组织科教、文体、法律、卫生、计生部门开展"五进"社区试点，举办"社区文明大家谈"等系列活动，组织社区市民从现在做起，从小事做起。2005年，落实市四套班子全体负责人分别牵头负责城区24个社区的文明创建，将市级机关所有部门分别挂钩到各社区进行结对共建，增强社区创建合力。2006年，在流通领域开展"窗口诚信竞赛暨创建星级企业"活动，突出示范街、示范市场的打造。2007年，制定实施《兴化市提高市民文明素质行动计划》。在城区集中开展"不乱扔垃圾、不随地吐痰、不闯红灯、不说脏话、不乱涂乱画"的"五不"行为规范教育，在农村集中开展"不乱倒垃圾、不乱堆乱放、不乱搭乱建、不散养家禽家畜、不搞迷信活动、不违法滋事"的"六不"行为规范教育。在此基础上，重点开展了全市文明市民知识竞赛。组织行业、单位与社区挂钩，开展"党员义工"、"四进社区"、扶贫帮困、改善环境等工作，促进社区文明共建的深入和基础设施的完善。2009年，围绕"做文明的兴化人"主题，着眼于市民日常行为引导，开展"沿河环境看素质""日常行为看文明"等专题讨论，组织文明交通进学校、进社区、进机关、进企业、进镇村"五进"系列宣传。突出社区小区便民服务、文化乐民、助民和谐等内容，推进文明和谐社区创评工作。开展全市"十佳文明小区"评选活动，突出小区环境、小区服务、小区设施、小区管理、小区创建活动等要素，促进人居环境的改善。2010年，开展星级社区创评工作，深化文明和谐社区创建活动，举办首届社区邻里节，推进居民小区文明创建，提高创建的参与率。

第三节　文明行业单位创建

一、文明行业创建

1995年第二届板桥节期间，全市22个系统开展"当好东道主、热情迎嘉宾"优质服务竞赛活动。1997年，突出"为人民服务、树行业新风"这个主题，按照文明职工——文明"窗口"——

文明行业这一由点到线、由线到面的思路，从6月初起，组织公安、交通、卫生、商业、邮电、供电、工商、财税、金融、城建十大行业开展创建活动，提出创建的主题口号，落实创建文明行业活动的目标措施，推行“两公开一监督”向社会承诺制度，广泛接受群众的监督和社会舆论监督。

1998年，以供电行业、邮电行业为代表，文明行业创建活动取得阶段性的成果。4月中旬，市文明办会同工、青、妇及报社等部门进行隐形检查，对全市参与创建的行业和窗口示范单位的服务水平、文明水平有了更为客观的认识，增强创建工作的针对性。6月中旬，召开全市创建文明行业、文明小区现场观摩经验交流会。组织开展行业之间、窗口示范单位之间及窗口单位与文明单位之间的结对竞赛活动，有力推动文明行业及窗口示范单位创建活动的深入开展。市邮电、供电部门作出一次申告下岗的规定；卫生行业针对收红包、拿回扣、以药换物等不正之风，作出十项承诺。财税、工商、金融等行业的许多窗口单位采取一系列便民、利民措施，群众得到了实惠，化解一些社会矛盾，提高社会满意度。工商系统获得1997年度、1998年度江苏省创建文明行业工作先进行业。

2000年，为展现文明行业的风采，组织“迈向新世纪——兴化市创建文明行业文艺汇演”。2001年初，依据《江苏省文明行业创建管理办法》，制定下发《兴化市文明行业动态管理百分考核细则》，进一步规范文明行业创建的管理工作。组织全市文明行业、文明单位参加“我为富民强市、快速崛起献计献策”和“新世纪泰州新形象”大讨论活动，收集主题词20条，征文36篇。在上年推出的5条创建特色示范街取得初步成效的基础上，有关职能部门加大监管力度，巩固扩大创建成果。2002年，各行业系统认真修订职业道德规范、职工守则，广泛开展道德教育。2003年，在启动文明城市创建工作的同时，针对兴化私营个体经济发展迅猛的实际，年初组织调研，分析私营个体经济业主对文明创建的认识、需求和开展活动的可行度，草拟《关于在全市非公经济领域开展文明创建工作的意见》和《兴化市非公经济领域文明单位创建细则》，经市文明委讨论完善。意见形成后，及时选择四家私营企业组织试点，得到省文明办的肯定，在《精神文明建设简报》转发。

2005年，在全市开展“我为文明城市作贡献百日赛”活动，组织机关、学校、社区、窗口四个序列的分组竞赛，窗口服务组的参赛对象扩大到有一定规模的个体私营企业。2006年，新推出文明机关创建、城乡“1＋1”文明结对共建、“五星文明企业”活动。文明行业、文明单位创建队伍发展壮大，全年有国土、环保、建设、城管等系统加入争创行列。2007年，组织文明行业、单位开展“树新风、创品牌、促和谐”竞赛活动，突出擦亮窗口、优质服务，发挥引领作用。组织开展城乡联动创建，动员各级文明行业、单位与镇、村结对共建，配合并帮助镇村开展环境综合整治、倡导文明乡风民俗、推进农村宣传文化阵地建设，为村镇文明创建注入新的活力。

2008年，兴化市精神文明建设指导委员会制定下发《关于深化文明行业、单位“树新风、创品牌、促和谐”竞赛活动的意见》，推进全市文明行业、单位“树新风、创品牌、促和谐”竞赛，引导开展主题教育活动，实施管理服务提升行动，培树先进典型。年底组织专项考评，评选综合优胜单位、优秀示范窗口和优质服务标兵，扩展行业创建的社会影响力。推荐申报优质服务品牌，兴化市工商行业“红盾解忧”、广电行业“民生直通车”、气象行业“气象服务一路通”等服务品牌在泰州市候选中榜上有名。2009年，推进“百城万店无假货”示范街建设，在文明行业单位开展“树新风，创品牌，社会满意在我家”竞赛活动取得较好成效。

2010年，组织开展文明行业志愿服务进社区、青年文明号志愿服务活动、学生志愿者美化市容活动和交通义务执勤等一系列活动。领用“爱心护照”的开展，激励社会志愿服务活动更广泛地开展。重新制定印发《关于在全市参创行业中深化“树新风，创品牌、社会满意在我家”

竞赛活动的通知》，融合优化行业管理、打造服务品牌、提升窗口建设水平等要求，强化竞赛活动的吸引力和影响力。以省级文明单位检查为抓手，推进行业单位建设，涌现出兴化市烟草公司文化创建园等一批创建典型。开展平面公益广告大赛、文明礼仪节目比赛，提升行业单位创建的水平。

二、文明单位创建

1991—1992年，在全市窗口行业开展以纠正行业不正之风为主要内容的“百家窗口”优质服务竞赛，全市有53个单位分别被省、扬州、兴化市政府授予“文明单位”称号。1993年，城区窗口服务部门和单位继续深入开展“微笑在窗口，满意在兴化”的优质服务竞赛活动。大兴商厦连续四度获省级文明单位称号，与齿轮厂、制药厂一道构成全市文明单位创建的“排头兵”。全市有49家单位获“扬州市文明单位”称号。1994年，在全市支部以上建制的企事业单位组织开展单位文明创建活动，组织1993—1994年度文明单位的负责人到兴化制药厂观摩学习。1995年，组织实施“百千万工程”（一百个文明单位、一千个文明户、一万个文明市民），组织发行《文明单位建设指南》《扬州市文明市民读本》和《兴化市文明市民读本》1000余册，制定《兴化市文明单位管理办法》《兴化市文明单位检查验收细则》，抽查验收申报三级文明单位50多家。1999年，出台《兴化市文明单位管理办法》，申报各级文明单位（文明机关）390个。新城派出所、供电局机关等16个单位获得省级先进。2000年，注重对个私企业的文明单位创建跟踪指导，培育出新宏大、金扬子等私企典型。“创文明机关、做人民满意公务员”活动全面启动，为发挥市级机关的龙头示范作用提供支持。2001年8月，开展“文明单位帮困助学大行动”，发函400多份，参加单位177家，资助现金13万余元，360多名濒临辍学、失学儿童得到资助，重返课堂。2007年，拓展创建工作领域，在非公有制企业开展创建“五星文明企业”试点，组织非公窗口文明创建现场观摩活动，推进诚信经营示范街、示范市场建设，增强文明创建的影响力与感召力。2009年，兴化市精神文明建设指导委员会印发兴化市文明行业、单位、镇、村、社区创建管理办法，融合经济社会发展、“五城同创”、未成年人思想道德建设等新要求，明确具体的测评标准，提升考评的规范化水平。

第四节　文明家庭创建

1991年起，全市开展“五好”家庭活动（双文明户）评选活动，农村开展三户（“遵纪守法光荣户”“新风户”“文明户”）创评活动。各乡镇通过开展创争评选好婆媳、好家长、贤内助、五好文明家庭等活动推动家庭文明建设。

1994年，制定兴化市《文明家庭标准》《文明职工标准》等规范。1995年，结合创建省级卫生城市活动，以文明卫生清洁户和文明家庭评选为基础，延伸开展文明单位、文明街道、文明社区的评选活动。1996年，继续组织实施“百千万工程”，组织发行1000余本《文明单位建设指南》《扬州市文明市民读本》和《兴化市文明市民读本》。1996年英武、牌楼两办事处开展文明街巷、文明楼院、五好家庭评选工作，开展警民共建、警校共建等创建活动，推动面上创建工作。1999年，全市把创建文明小区、文明村镇与“当文明市民，建美好家园”主题教育活动结合，开展“文明户”评选活动。启动“幸福家庭”五个一活动，即读一本好书、学一门新技术、参加一项文体活动、搞好一次公益活动、献上一份孝心、爱心。

2000年，开展“五好文明家庭”奉献月活动，全市有18752人参加活动，做好事10728件，许多家庭改变旧风俗，把包“压岁钱”变为“压岁书”“压岁赠言”，给老人包“敬老钱”，使家庭美德在全市发扬。2002年，召开全市“五好文明家庭”创建动员大会和组织“十佳市民”评选活动，修改《兴化市民守则》《兴化市民日常行为规范》，编印《兴化市民生活指南》，推进道德建设。2003年，市妇联开展“十佳五好文明家庭”的评选活动。2004年，市妇联以贯彻《公民道德建设实施纲要》为主线，开展丰富多彩的家庭文化建设活动，并继续开展“五好文明家庭标兵户”评选，100多户五好家庭参评。围绕省级文明城市创建，在城区街头举办“争创文明家庭，共建文明城市”倡议签字活动。2005年，全市继续开展以争创“五好文明家庭”为主题的家庭文化建设，倡导社会新风尚。市妇联于“三八”期间表彰五好文明家庭标兵户55户；国际家庭日，全市23户十星文明户、15户五好文明家庭受泰州市表彰。2006年，全市开展以争创“五好文明家庭”为主题的和谐家庭建设，开展“和谐家庭”先进事迹征集活动；以“争创五好文明家庭，促进人际关系和谐”为主题的市民学校宣讲教育活动；市妇联与市委政法委等十家单位联合开展平安家庭创建评选活动，将家庭在社会主义精神文明建设中的作用进一步凸现。

2007年“三八”期间，全市表彰“五好文明家庭”29户、“十星文明户”27户。推荐昭阳镇毛剑云家庭申报全国“五好文明家庭”标兵户。首次举办“和谐家庭”事迹报告会。评选出市级“平安家庭”1000户，泰州市级“平安家庭”280户。动员全市“五好文明家庭”“十星文明户”为400多户孤寡老人和军烈属做好事、办实事。2008年6月，市妇联与市环保局联合举办世界环境日、绿色家庭环保大行动启动仪式，向全市广大家庭发出“致力节能减排、创建绿色家庭”倡议书，103户家庭被表彰为“绿色家庭”。9月，市妇联联合地税局、苏果超市联合举办“家庭美德”宣传活动。向广大顾客宣传家庭美德的内容。2009年5月，市妇联与平安家庭领导小组各成员单位举办“创建平安家庭构建和谐家园”广场宣传活动，向全市家庭发出争创平安家庭倡议书，与各乡镇妇联签订2009年度“平安家庭”责任书。2010年，在纪念“6·5”世界环境日文艺汇演中，市妇联评选表彰100户“绿色家庭”。

第五节 志愿者活动

2003年，兴化市成立兴化市青年志愿者服务总队。2008年，在市文明委统一领导下，成立市社会志愿者总会，注册成员达1.6万人，推出城区绿色景点志愿认管认护、交通义务值勤服务日等活动。

2009年，团市委与市文明办组织近千名楚水志愿者开展健康咨询、好书进社区、法律咨询与援助、生活常识进家门、交通协管、帮扶孤寡老人、网吧义务监督、欢乐中国行志愿服务等活动。

2010年，志愿者服务活动推出“爱心护照”，探索社会志愿活动的激励性和保障性。志愿者服务总会原下设文明行业志愿者分会、青少年学生志愿者分会、社区志愿者分会、青年志愿者分会、“五老”志愿者分会和党员义工志愿者分会6个分会，改为以乡镇及行业为单位下设35个乡镇（开发区）志愿者服务站及22支行业系统志愿者服务队。各乡镇志愿者服务站负责本乡镇志愿服务的组织协调和日常工作，各行业系统志愿者服务队负责本行业本系统志愿者的招募和本行业志愿服务的组织协调。兴化团市委召集500名青年志愿者开展以“减少污染，珍爱家园”为主题的环保签名、环保漫画展、免费发放环保购物袋和宣传漫画册、张贴环保小贴士等绿色环保活动。开展文明行业（单位）和青年文明号现场咨询、好书进社区、交通义务执勤等志愿服务。在全市开展“让玉树的冬天不再寒冷”大型募捐活动，通过网络募捐、行政募捐、社会募捐等方式，募集3万余件棉衣棉被，发动志愿者加班加点对捐献物进行分拣，筛选出2万件七成新以上的棉衣棉被，消毒后专车运送至玉树灾区。

第六节　破陋习树新风

一、破除社会陋习

1994年11月下旬至12月上旬，根据省、扬州市有关会议要求，会同市文化、广电、公安、工商等部门，在城市开展“扫黄打非”集中行动。通过清理整顿，收缴非法出版物460多册，取缔一个多次出售非法书刊的个体摊点；收缴赌博的苹果机2台、苹果机电脑板4块；收缴非法录像带200多盒。1995年，组织专题宣传活动17次，提高城市的文明程度。从当年初开始，按照上级布置，会同文化、广电、公安、工商等部门，在市区和城镇有计划有重点地集中开展6次“扫黄 打非”专项活动，收缴非法音像制品1000多盒、非法书刊400多册，取缔赌博性电子游戏机摊点55个，收缴用于赌博的麻将机600多台，净化城乡文化市场。

二、弘扬文明新风

1993年，市工商局开展创评“文明个体工商户”“信得过摊位”活动，团市委开展“红花少年”“新长征突击手”等活动。1994年，宣传、表彰市“见义勇为”先进人物，号召全市干群学英雄事迹，走英雄道路，创英雄业绩。举行为抢救落水同学献身的好少年余海健烈士的追悼大会，在全社会造成强烈影响。1995年，在城区数万名市民和广大中小学生中广泛开展健康知识教育，开展月度新事评选，全年评选月度新事120件。组织党员干部学习孔繁森和市“十佳模范党员”，人民群众学习徐庆云，中小学生学习余海健、金兰的“三学”活动。举办《弘扬科学精神，反对封建迷信》图片巡展50场，参观群众近10万人次。2002年，讨论修改《兴化市民守则》《兴化市民日常行为规范》，组稿编印《兴化市民生活指南》，开展“诚信兴化与经济建设”研讨活动，组织“诚信为本、服务似金”主题签名联创活动和“万人签名告别不文明交通行为”的城市文明交通工程。2007年，制定下发《兴化市提高市民文明素质行动计划》，开展规范教育，引导践行社会主义荣辱观。组织专场颁奖演出，隆重表彰第三届十佳文明市民，组织开展对全国、全省道德楷模的学习。2008年，编印《共建文明——市民文明礼仪读本》，组织专项竞赛，倡导文明风尚。2009年，组织广场健身舞大赛、龙舟大赛、家庭才艺大赛和特色文艺展演活动，倡导健康娱乐、文明生活。发挥全面健身、舞蹈、武术、民俗文化、文联各协会等民间团体的作用，在组织活动、培训、联谊中，贯穿市民文明教育的内容，倡导文明风尚，陶冶市民情操。2010年，推进省级文明城市创建活动，组织开展综合环境整治、城市文明指数测评、市民集中观摩等活动。开展公民道德建设日系列活动，

图29-5　兴化市第三届“十佳文明市民”颁奖演出
（2007年摄，市委宣传部提供）

在全市组织“讲文明、学楷模、做好事”社会道德实践活动。制定出台月度新事评选的工作意见，组织市全面小康年度人物评选表彰。精心做好毛如勤事迹挖掘工作，配合中央电视台“道德观察”栏目进行深入报道，弘扬家庭美德。

第七节 道德模范选介

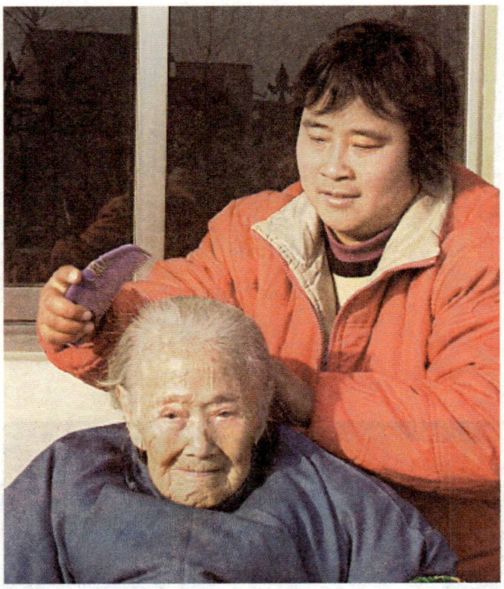

图29-6 周奋乡仲南村妇女主任韦兆兄照顾五保老人 （2006年摄，周奋乡提供）

韦兆兄 女，周奋乡仲南村妇女主任。10多年如一日，长期服侍一名孤寡老人。2006年11月被中共中央宣传部、教育部、国家老龄委、共青团中央、国家广电总局、全国妇联等国家六部委表彰为“全国孝亲敬老之星”，是2006年度泰州唯一受此荣誉表彰的个人。

王 强 中共党员，市地税局五分局副局长。1999年，王强在恋爱期间发现未婚妻身患肾炎，但发誓不会抛弃她，毅然决然地与之携手走进婚姻的殿堂。2009年，妻子病情恶化，诊断为尿毒症后，王强更是无怨无悔地与遭遇病魔折磨的妻子风雨同舟，不离不弃。为了便于妻子做腹膜透析治疗，王强在家里设置了简易无菌透析间，每天上班前都要对透析间进行擦洗、消毒，防止透析中感染，还学会测量血压，每天早晚要跟妻子测量血压，做好血压记录。家庭的不幸从没影响过王强的工作，其负责的税收征管“七率”指标一直居全系统前列。至2010年，先后被评为泰州市新长征突击手、税务先进工作者、青年岗位能手。

王少华 兴化市中医院名誉院长。1992年起享受国务院政府特殊津贴，2008年被南京中医药大学聘为博士生导师，是江苏省名中医。王少华出身中医世家，兢兢业业，钻研业务，先后在国家和省级杂志上发表180多篇学术论文。坐诊专家门诊，每天起早贪黑，坚持看完病人才下班。他视病人如亲人，有时来自农村的病人身上带的钱不多，不够买药，王少华会主动为素不相识的病人垫上药费。1990年退休后，每天工作时间仍达到10个小时。王少华坚持自己专家门诊只收10元挂号费，从没有开过大处方。2010年，王少华获得2008—2010年“感动泰州”十大人物、泰州市道德模范评选活动提名奖，当选2010年兴化市“十大新人新事”。

王红妹 女，周奋乡人。王红妹和丈夫结婚十多年，一直与残疾未婚的大伯、年迈痴呆的婆婆生活在一起。每天工作之余，她要服侍痴呆的婆婆，照顾残疾的大伯。婆婆突发脑溢血，家人都建议放弃治疗。王红妹卖掉结婚的首饰，从娘家借款3万元，用50多个不眠之夜陪在医院，把婆婆从死亡线上拉回来。王红妹无微不至地照顾村中无儿无女80多岁的仲伟志夫妇10多年，老人去世后，还为老人操办后事。2006年王红妹带头捐款3000元，为特困户仲跻奎盖房子。资助上万元帮助一名特困大学生，还挂钩17户特困户，帮助他们脱贫致富。2007—2010年，王红妹先后入选泰州、兴化“十大新人新事”，当选为泰州市劳动模范、泰州市十大孝亲敬老之星、兴化市十大杰出青年，多次被泰州评为“三八”红旗手。

毛如勤 女，林湖乡戴家舍村村民。2009年，丈夫毛松民不幸患尿毒症，外出治疗不到半年，就将从亲友和乡邻那里借、捐的2万多元花光。绝望中的丈夫不想拖累她，要求离婚，毛如勤坚决不同意，丈夫以自杀相要挟，毛如勤含泪在丈夫写好的离婚协议书上签字。当听说毛松民因缺钱已停止血透的消息后，毛如勤又回到丈夫身边。白天，毛如勤到附近一家工厂打工，下班后，就捡垃圾废品变卖，坚持每月为丈夫到医院透析一两次。通过自己的努力，延续“丈夫”的生命。2010年，毛如勤获得“感动泰州”十大人物暨泰州市道德模范评选活动提名奖，当选兴化市“十大新人新事”。

朱丽华　女，张郭中心校校长助理。朱丽华教学以来，工作执着，关爱学生。然而，厄运接踵而来：2006年婆婆食道癌手术，2007年公公肺癌手术，2008年母亲切除胆囊，2009年父亲贲门癌晚期。这样的困境，并未使朱丽华停下奋斗和思考的脚步：多篇论文在各级评比中获奖或发表，出版了五万多字的《小荷集》，获得泰州市小学语文教学评比一等奖，指导学生在各级书法、作文比赛中获得佳绩。至2010年，先后当选为泰州市十佳青年教师、兴化市优秀教育工作者、兴化市三八红旗手、教育系统爱心使者。

李　勤　女，兴化市李工果蔬机械有限公司董事长、江苏省女企业家协会常务理事。1997年，李勤创办兴化市李工果蔬机械有限公司。企业在发展中不忘回报家乡，回馈社会，关注弱势群体，公司先后录用下岗工人100多人，汶川地震后捐款近3万元帮助地震灾区人民重建家园。多年来，李勤热心公益事业，做好拥军优属工作，每年“八一”节期间，都到市人武部、预备役部队送去慰问金。与开发区开发村孤儿王莹结为帮扶对象，每年提供生活、学习资助6000多元。2007年，李勤获得全国“双学双比”活动女能手等称号。2010年，公司生产的果蔬机械产品被评为江苏省名牌产品、江苏省高新技术产品，泰州市十大女性自主创新品牌。2010年，年销售达8000多万元，产品覆盖全国各地，远销东南亚和欧美市场，成为国内果蔬机械生产行业的领军企业。

汪东奇　昭阳镇张阳小区福利彩票投注站业主。2005年12月8日，一位彩民委托汪东奇代购的彩票中500万元大奖，在该彩民不知情的情况下，其不为巨款所动，通知该彩民。中央电视台、江苏电视台、《人民日报》《新华日报》等多家媒体对汪东奇的事迹进行报道，称他是一个“绝对诚实守信的人”。汪东奇先后当选首届“感动泰州”十大人物、获江苏省泰州市精神文明建设新人新事奖、江苏省道德模范提名奖。

居晓年　中共党员，李中镇副镇长、人武部长。居晓年从事武装工作之余，写下6万多字的乡土教材、9万多字的心得体会和13万多字的读书笔记。2003年6月带领民兵抗洪抢险，四天三夜未合眼，转移群众1320多人，加固圩堤3571米，堵住圩堤决口8处，完成土方2150方。其间，母亲病故，他只请了两个小时假，三天后抢险结束，才将母亲遗体火化。在居晓年负责人武工作期间，镇里每年送走的新兵，立功受奖的不少于60%。居晓年埋头工作，积劳成疾，切除了右肾，每日要服用7种药，但工作的劲头丝毫不减。20多年来，他受各级表彰67项，26次被上级评为“先进专武干部”，获泰州市“十佳专武干部”称号。2010年当选兴化市“精神文明建设十大新人新事”，《兴化报》《泰州日报》《中国国防报》对居晓年的事迹进行报道。

徐天明　市公安局钓鱼派出所辅警队长。2009年11月21日14时许，钓鱼镇南陆村陆宝林家因煤气罐泄漏，点火时不慎引起火灾，火势迅速蔓延。周围近百名群众担心煤气罐爆炸，不敢上前扑救。徐天明冲进西房间寻找煤气罐。由于火势较大，煤气罐表面温度较高，第一次寻找目标未能成功。徐天明随即用浸湿了的衣服第二次冲进火场，将煤气罐紧紧包住，取出后抛入了100多米远的河里，避免一起爆炸事故的发生。泰州电视台、兴化电视台、《兴化报》等媒体对他的事迹进行专题报道。2010年徐天明当选“感动泰州”十大新闻人物、泰州市道德模范、“兴化市2010年精神文明建设十大新人新事”。

樊才林　沈坨镇卫生院退休医生。樊才林长期关注未成年人思想道德建设。2000年前，樊才林就将自家的4间房子腾空，自费建立青少年活动中心。2009年，樊才林花费20多万元，将活动中心扩建到170平方米，并取名“关情书苑”，成为兴化市最大的家庭式校外教育辅导站。樊才林牵头建立兴化市第一个民间爱心组织——“关情爱心互助会”，带头注入2000元资金，吸引一些热心人士加入这一行列。该爱心组织几年来资助的特困学生、孤残儿童达98名。先后被表彰为“全国关心下一代先进工作者”“江苏省百名优秀志愿者”“2008—2010年感动泰州十大模范人物暨泰州市道德模范”。

王建友　沙沟镇人。王建友退伍后，立志回乡务农，开荒种植，引领村民致富。2007年7月特大洪灾期间，王建友开挖自家承包田的圩堤放水，淹没自家60亩稻田，损失3万多元，保住本村养殖户、种植户1500多亩的鱼塘和稻田，经济效益达千万元。中央电视台《新闻联播》以“抗洪第一线，始终有党员”为题，报道王建友“舍小家、顾大家”的事迹。2008年，先后获兴化市、泰州市“精神文明建设十大新人新事奖”。2010年后，王建友还为30多名常年在外务工村民代缴保险费，资助解决34名辍学儿童的学习生活困难，提供60多万元资金周转帮助村民发展种养殖业。至2010年末，先后当选“泰州市双拥模范个人”、第二届（2006—2008）“感动泰州”十大新闻人物、兴化市“十佳优秀青年”。

王跃进　中共党员，市福利院院长、党支部书记。王跃进把每一位入住敬老院的老人看作自己的亲人，使其感受到亲人般的关怀、儿女般的亲情。1991年起，每年除夕之夜，王跃进都和老人们一起度过；每年的大年初一，王跃进都要向每一位老人拜年，送上祝福。王跃进先后“送”走100多位孤寡老人，当了100多次孝子。王跃进先后被表彰为“全国敬老之星”“全国模范养老院院长”“泰州市十大敬老之星”“2010兴化市全面小康年度人物”。《江苏民政》《江苏商报》分别以“我把老人当亲人”“他比亲人还要亲”为题报道其事迹。

余秋莲　女，英武社区居民。多年来，余秋莲和丈夫一起靠捡破烂贴补家用。在捡破烂的十几年里，余秋莲先后6次捡到贵重物品，都如数交给派出所。2010年1月的一天，余秋莲捡破烂时，在路上捡到了一个钱包，里面装有500元现金，还有好几张银行卡，加上钱包总价值3000余元。余秋莲二话不说，随即把钱包送到了牌楼中心派出所，并及时归还到失主手中。2010年2月15日的泰州新闻综合频道、2月18日的《兴化报》对余秋莲的事迹进行了报道。

张　辉　中共党员，市公安局交巡警大队一中队警长。张辉转业后，成为一名交警至2010年，已工作11年。张辉路面值勤，耐心细致，并总结出老城区防堵排堵“五要工作法”。健康体检时，张辉被确诊为肺癌，直到陪同张辉去医院进行术前检查后，同事们才知道张辉只有一个肾。为了不让组织照顾，张辉从未向别人提起过。张辉11年换了44个岗哨，始终在马路上执勤，实现11年工作“零投诉”。张辉在部队两次荣立三等功，到公安系统工作后，多次被评为优秀公务员。

金正银　中共党员，茅山镇茅山西村党总支副书记。2010年3月，金正银听到本村群众举报有小偷入室盗窃，立即赶到案发现场，面对持刀歹徒，金正银穷追不舍，历时一个小时，终于在麦田里将其成功抓获，缴下菜刀。金正银被评为兴化市2010年度见义勇为十佳先进个人。金正银长期默默无闻奉献在农村第一线，所负责的茅二村村干部只有他一人，可从不叫苦，不叫累，心系集体，一心为公，各项工作走在全镇前列。村自来水管网改造，金正银带头开挖5000多米的水泥路面，省下施工费，完成改水任务。村里有矛盾纠纷，金正银从不回避，及时化解。金正银多次被茅山镇党委评为优秀共产党员。

樊久炎　中共党员，永丰镇沙仁村村民，砖瓦厂退休职工。樊久炎4个儿子都在北京创业，攀久炎经常教育子女，在外赚了钱要多想到为家乡的建设多作贡献。攀久炎一直非常关心困难群众和五保老人。从2001年起，每年春节前樊久炎都领着儿孙们到本村10多户孤儿、五保户、低保户及家庭困难的老党员家中拜年，并给每户发放200—400元钱、10斤香油、4斤猪肉。2002年一次性给因病致贫的村民樊启荣家送去2万元。攀久炎动员儿子捐款81万元为村建成通村公路，每年给镇里捐款2万元，帮助特困家庭。

毛永珠　女，文峰社区居民。1974年，3岁的女儿黎敏患上病毒性脑炎，从此不再长大，肌肉逐渐萎缩，只能瘫痪在床。为更好照顾女儿，丈夫提前病退。毛永珠学会理发，自学医术。1997年毛永珠父亲去世，毛永珠回杭州奔丧忙，这也是毛永珠30年多间唯一出的一次远门。夫妻二人持之以恒地重复着一件事，从不放弃，用爱和美好演绎家庭的含义。

徐庆云　老圩乡人。1992年6月10日上午9时许，老圩乡新徐村一个打麦场上起火，大火危及附近的农家和商店。正在地里干活的徐庆云泅水过河，冲进起火的商店，抢出电视机、煤油、鞭炮等物品，当徐庆云再次冲进火海时被烧成重伤，全身烧伤面积达80%，面容被毁，双手致残。1994年3月，市政府授予救火英雄徐庆云"见义勇为先进分子"称号。扬州市政府、扬州军分区分别作出决定，给徐庆云记二等功一次。1996年，徐庆云被评为省劳动模范，被兴化市团委评为兴化市"十佳青年"，并批准加入中国共产党。徐庆云的事迹先后被《人民日报》《中国国防报》《扬子晚报》和省市广播电台等多家新闻媒体报道，还被南京电影制片厂、珠江电影制片厂联合摄制纪录片。

附

一位村支书的爱民情怀

"沈正彬在世做的好事三天三夜也说不完，他是为大伙儿累死的啊！我要是识文解字，沈支书的事肯定能写尺把厚。"目不识丁的兴化市钓鱼镇南旺村老农沈开鹏这样念叨着。

"沈支书走了，但他为了抗洪一身水、一身泥地奔波，为了修路建学校走东家、跑西家的忙碌，这些事老百姓怎能忘记。他是真正造福一方的好干部啊！"南旺村老干部戴书传老泪纵横地诉说着。

"深受群众爱戴的好支书沈正彬虽然离开了我们，但他留下的宝贵精神财富正激励着钓鱼镇四万人民为早日脱贫奔小康而不懈奋斗。"钓鱼镇党委书记陈有权在沈正彬先进事迹报告会上这样说。

最近4个多月来，水乡兴化到处传颂着一个名字，他就是钓鱼镇南旺村党支部书记沈正彬，因积劳成疾患肝癌医治无效，于今年6月13日不幸去世，年仅53岁。

8月17日，兴化市委追授沈正彬同志"爱民支书"荣誉称号，市委、市政府隆重举行沈正彬同志先进事迹报告会，全市30多万党员、干部和群众眼含热泪，收看报告会电视直播。

10月8日，泰州市委书记朱龙生在一份报告上作出批示："他（沈正彬）的事迹体现了新时期农村基层干部心系群众、为民谋利的崇高追求，具有鲜明的时代特征……"

"我爱自己的村庄，我奋斗的目标是把我的村庄搞好、建设好……"沈正彬在日记中是这样写的，更是用尽心力这样做的——

沈正彬初中毕业后回到家乡南二村务农，1981年起一直担任乡镇兽医站站长。这期间，曾3次受命于危难之时，到困难村和困难单位兼职，特别是2001年4月，南一村、南二村合并为南旺村，原有的村干部谁也不愿挑这个头。61位党员和村民议事代表全票推荐沈正彬回村兼任党支部书记。这时的沈正彬已有了两年多肝炎病史。在家人的一片反对声中，沈正彬动情地说："南旺再穷，也是生我养我的地方，如果拼一条命，能换来乡亲们的富裕，也值啊！"妻子赵阿凤只好含着泪答应了。

经过调查研究，沈正彬决定把良种繁育作为本村的特色项目来培植。他凭着诚心和磨功，争取了500亩额外制种计划。此后不论刮风下雨，原本对制种一窍不通的他，每天凌晨4点多就到制种田里观察苗情长势，一茬制种，他记了两大本观察笔记。村广播室设在他家西房里，天不亮他在大喇叭里就喊开了：谁家制种田需要施肥，谁家出现虫害……而他自家并没有一分制种田。这一年，南旺村制种田获得了大丰收，平均亩产210千克，全村增收近50万元。

去年，水乡兴化又一次遭受大洪灾。原本准备治疗疝气的沈正彬，毫不犹豫地拖着病体奔波在圩堤、闸站之间。抗洪最紧张的10多个日日夜夜，他吃住在圩堤上，有时一天只吃一顿。与中堡镇夏李村接壤的黄连沟圩堤决口，他一边抢险，一边让人从他家里找来20多根木头赶到现场……直到抗洪结束，沈正彬也没顾上治疗疝气。

从钓鱼镇提供的几份报表看，沈正彬第二次回村3年多，南旺村级债务猛降了17万元，并且连续三年荣获镇综合考核一等奖，连续三年在全镇第一个完成税费上缴，村民人均收入全镇第一……

长期劳累使沈正彬肝病急剧恶化，身体明显消瘦，常常头晕，可他一再说是感冒。今年3月10日，沈正彬从扬州郊区联系组建建筑队的事情后返回村里，实在撑不住了，13日被逼着到兴化市人民医院做检查，诊断为肝病晚期。14日晚，钓鱼镇党委书记、镇长赶到沈正彬家为他出远门看病送行，一进门，见他正在召集几位村干部开会，布置通村公路加宽、制种田布局落实、招商引资等工作，两位领导见此情景深受感动。

为了南旺的发展，为了南旺百姓的富裕，他早已将自己的生死置之度外。3月21日，沈正彬从上海回到兴化市人民医院住院治疗，每天都要打电话向村干部了解工作进展，一个多月手机费花去300多元。6月3日，他最后一次召集村主要干部到病房交待，"我们南旺已连续三年获综合工作第一名，今年红旗不能倒！"

沈正彬的病情牵挂着南旺村民的心。在他住院期间，全村400多户有一大半专门赶到兴化市人民医院看望，希望沈支书能好起来。年近八旬的老农沈开甲和老伴每天都在家里为沈正彬烧香祈祷……

说到沈支书帮助村民的往事，64岁的农妇任鸽三泣不成声——"前几年，我家房子倒了，我又有哮喘病，沈支书顿顿来请我们到他家吃饭，一连吃了20多天。我家盖房时，沈支书送来木材，还送了一台电视。这么多年，我家欠他五六千元，去年要还钱给他，他说，你们家还困难，等日子过好再还晚不了。"

其实，沈正彬家中并不宽裕，生病前就欠债3万多元，治病又花了7万多元，都是向亲戚朋友借的。病重期间，沈正彬对妻子赵阿凤说："我对乡亲们问心无愧，但对不起你这个好人，你可要答应我，再穷也不要向欠我钱的人家要，他们都很穷。"在他去世后，家人翻出了一叠账单，都是别人打的借条，总额3万多元。

"爱村庄为百姓鞠躬尽瘁心难忘，淡名利聚精神死而后已增党辉"，这副挽联真切地道出沈正彬关爱群众、倾心为民的公仆情怀。在兴化市委书记杨峰等领导登门慰问沈正彬亲属时，赵阿凤对领导送来的慰问金再三推让，反复说，"正彬在世时有交待：一不许向组织伸手，二不许让村里花一分钱，这公家的钱我不能要。"在场的人无不为之落泪。如今，一个远学"农民支书"李元龙、近学"爱民支书"沈正彬的热潮正在水乡兴化蓬勃兴起！

（原载2004年11月8日《新华日报》，作者：顾介铸）

第三章　组织管理

第一节　活动管理

1992年，在创建活动中，各级党组织注意树立先进典型，发挥典型示范引路的作用。"七一"前夕，市委下发《关于向优秀企业家、共产党员标兵顾定华同志学习的意见》。政法系统组织广大干警认真学习海南派出所阮祥波同志的先进事迹。组织纪念“5·23”讲话系列活动。1993年，在全市范围普遍开展主题为“当好东道主，办好艺术节”的宣传教育。市委宣传部编印1万多份宣传讲话材料，发至全市各乡镇各单位。

1995年底，市委、市政府召开两个文明建设总结表彰大会，给全市4家省级文明单位、59家扬州市级文明单位和98家兴化市级文明单位颁发牌匾、证书，并为文明单位代表大兴商厦、兴化中学等举办送匾仪式，举办为期一周的两个文明建设成果宣传周活动。组织全市第二届农村文艺调演。为繁荣农村文艺，发现和培养农村文艺骨干，市文明办与制药厂党委联合举办“广久杯”全市第二届文艺调演，全市24个乡镇代表队，演出150多个节目。演出节目大都是自编自演，以宣传爱国主义、集体主义、弘扬民族文化为主旋律，反映农村改革开放带来的巨变，热情讴歌党在农村的富民政策和农村两个文明建设中涌现的新人新事，反映农村特色，丰富农民文艺生活。掀起“送文化下乡”的热潮，会同市委农工部等10个部门组织近40名文化、卫生、农科工作者，深入到全市的56个区乡镇12个村开展“送文化下乡”巡回活动。市教育局组织城区9所小学开展“手拉手、献爱心”活动，每个学生捐赠一本课外读物，累计捐赠7000多册，分别送到李健乡的10所小学。是年，以“五爱”“四有”为目标，倡导以集体主义为核心的价值观，开展“建功在‘九五’，贡献在岗位”的竞赛；市委宣传部与市委组织部、团市委、市妇联在全市企事业单位开展党员创“先锋岗”、团员创“文明岗”、职工创“红旗岗”活动，并实行挂牌上岗。

1999年，在文明创建活动中，加强群众监督和舆论监督，开展明察暗访、“我看兴化文明”万人问卷调查等活动，有力促进创建社会满意度的提高。为创建省级卫生城市，在城区开展“做文明市民，建美好家园”为主题的系列活动，文明创建与卫生达标同步进行。2000年，举办“楚水之夏小区纳凉晚会”，在4个小区公演，观众累计达6000多人次。

2001年，在全市各社区开展“做文明市民、建美好家园”主题教育活动，组织全市17个单位和部门开展“送文明下乡”活动，直接受益群众达5万人。创建文明小区并出台《兴化市文明小区创建管理办法》。2005年，从群众反映强烈的问题抓起，设立5部热线电话，先后处理来电347件，接待来访101批次，解决问题297件。

图29-7　兴化市文明市民知识竞赛决赛现场
（2007年摄，市人寿保险公司提供）

2006年上半年，开展新一轮省级文明城市调研，年中针对全市创建突出问题和主要制约因素，组织制定“五城”的各个创建规划，制定2006—2010年“五城同创”《十大攻关项目分年度推进计划》《2006年十项重点工作》，为创建工作有序开展提供依据。坚持标本兼治，集中力量组织开展城市环境综合整治。推进6个样板社区、6个样板乡镇、10个样板村和10个样板私营企业等创建示范点的建设。2007年，履行“五城同创”总指挥部办公室的工作职责，牵头组织省级文明城市创建。在创建中，除统筹协调好市创建办相关工作外，突出市民教育，加强对各项工作推进的督查，促进创建各项工作的落实。

2010年，开展“共建小康，造福百姓”主题教育活动，组织开展解放思想大讨论、务实转型大实践、改善民生大行动、敬业奉献大竞赛活动，起到较好教育效果。是年，组织开展文明礼仪学教系列活动，以“教、演、画、赛、做”为载体，即通过主题讲座、文艺汇演、漫画化人、知识竞赛、道德实践等形式，推动文明礼仪宣传教育进机关、进校园、进社区、进农村、进家庭、进企业、进窗口。

第二节 基层教育阵地

1991年，全市63家企业职工学校培训职工1.3万人次，参训率达85%以上。市棉纺厂、制药厂、轴瓦厂等单位发动全员培训，参训率达100%。昭阳镇党委对50家镇属企业青工（青年工人）进行轮训，参训职工达2100人。不少企业结合生产经营实际，把社会主义教育活动具体化，开展各种主题教育活动。

1992年，全市培训职校教员174人，66所职校办班130期，培训企业干部职工26800人次。在纪念毛泽东《在延安文艺座谈会上的讲话》发表50周年活动中，不少乡镇把纪念活动与农村社会主义教育结合起来，用为群众所喜闻乐见的形式，宣传新思想，颂扬新道德，用身边事教育身边人，强化宣传效果。同时，为加强基层教育阵地建设，充分发挥教育阵地功能，市有关部门将基层党校、企业政校、成人教育中心进行联网，实行统筹规划，协同管理，形成稳定的教育网络。

1996年在文峰办事处举办文明市民学校，试点后在市昭阳镇7个办事处推开。

2008年，制定《关于进一步加强文明市民学校建设的意见》，成立市民教育讲师团，推出《昭阳讲坛》，组织“阳光心态与阳光政务”“理性投资、科学理财”“兴化教育30年回顾”“兴化年俗文化”等讲座，强化文明意识、热点引导。

图29-8 市民学校开课 （2007年摄，昭阳镇提供）

2010年，市委宣传部加强兴化市理论讲师团、宣传演讲团、文明礼仪推广团、文艺展演团4支宣讲队建设，针对不同层面，采取多种形式普及理论，全年到基层开展全面小康等专题理论宣讲活动320多场次。

卷三十 人物

第一章　人物传略

第二章　人物简介

第三章　人物表

兴化历史上人文荟萃，改革开放新时期更是人才辈出。在政治、经济、军事、文化、教育、科技等领域，涌现出一大批兴化籍杰出人物。这些人物在各条战线上勤奋工作，为兴化实现全面小康、国家繁荣富强、社会文明进步作出自己的贡献。

本篇分人物传略、人物简介、人物表三章，采集收录各类人物742人（次）。人物传略中上限时段前的历史人物19人，补记于人物传略中。

图30-1　施耐庵雕像　　（2007年摄，新垛镇提供）

第一章　人物传略

第一节　革命烈士

本节收录1991—2010年认定的烈士9人，其中1人于1949年前牺牲，2003年批准认定为烈士。烈士以牺牲年月先后为序。

刘长山

刘长山（1913—1947.6）　新垛镇人。1940年入伍，曾任兴化县老圩区税所主任。1947年6月17日在刘庄镇被敌人杀害。2003年7月25日被江苏省人民政府批准为烈士。

余海健

余海健（1973—1990.9）　城东镇人。生前为魏庄中学高一（1）班学生。1990年9月3日下晚自习，余海健和同学王某某一起到码头洗饭钵。走在前边的王某某刚到码头，脚下踩空掉到水中。王某某不会游泳，大声呼救。余海健一头扎进河里，拼命向王某某游去，一把抓住对方的手，拉着向岸边游去。在水中挣扎求生的王某某紧紧缠住余海健，余海健无法摆脱，两人一起沉水。师生们闻讯赶到后，将余海健和王某某从水里捞上来，两人因在水中时间过长而停止呼吸。1994年8月31日被江苏省人民政府批准为烈士。

金　兰

金　兰（1981—1995.7）　女，昌荣镇盐北村人。1995年7月24日，金兰在安丰镇耿家村发现一小孩在河中心舞动双手挣扎，便毫不犹豫跳进水里，为抢救落水儿童耿某某，献出自己年轻的生命。为表彰金兰的英雄事迹，共青团江苏省委、少工委先后授予金兰“舍己救人小英雄”和“十佳少先队员”称号。1996年9月28日，被江苏省人民政府批准为烈士。

吉云华

吉云华（1964—1997.1）　合陈镇吉家村人。1997年1月11日上午，吉云华乘船从大丰回家。至大丰市刘庄镇以东大刘河龙桥下时，与安徽省凤阳县一条装运酒瓶的个体运输船相撞，站在船头的陆某某不慎掉入河中。吉云华发现险情，抓起毛篙伸向河中让落水者抓握，但由于落水者不会游泳，加之水深流急，转眼之间船与落水者就相隔数米。在千钧一发之际，吉云华连衣跳入冰冷的河水中，逆水游向陆某某，3次奋力潜入水中将陆某某托出水面。不幸的是因在冰冷的水中拼搏太久，陆某某没有得救，吉云华也献出了生命。1997年，被江苏省人民政府批准为烈士。

邹文峰

邹文峰（1973—1997.12） 下圩镇人。1997年12月30日，准备在1998年春节期间结婚的邹文峰，在孙阳村借用岳父家的挂桨机船到邻近的钓鱼镇购买水泥、地砖等装修新房的材料和结婚用品。船行到钓鱼镇供销社东北水深流急的三汊河口时，同船的朱某某不小心掉进河中。邹文峰立即拿篙子跳入刺骨的寒水中，向30多米外的朱某某游去，将篙子伸到浮在水面的朱某某身下，用篙子托起朱某某向岸边推去。当其父掉转船头，跳下河救起朱某某时，邹文峰却被河水吞没。1999年12月21日，被江苏省人民政府批准为烈士。

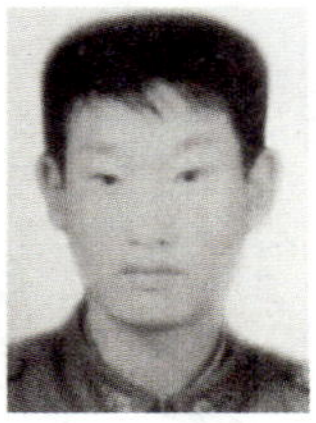

周茂进

周茂进（1980—2000.11） 海南镇人。1999年入伍，2000年11月4日在沈阳军区应急保障演习中牺牲。2000年11月11日，被部队批准为烈士。

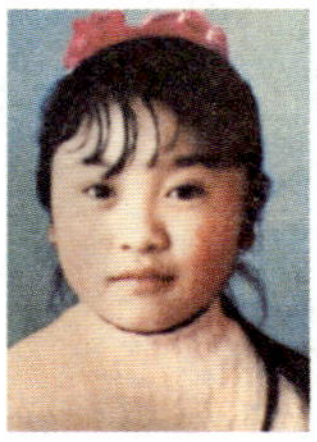

蒋玉芹

蒋玉芹（1989—2002.7） 女，大邹镇人。2002年7月21日下午，吉耿村五组程某某、蒋某某、赵某某、陈某某4个小朋友结伴到河边嬉水。突然一个浪头打过来，蒋某某、陈某某被卷到河中心。蒋玉芹发现后，立刻跃入水中，一把拽住蒋某某的胳膊，猛劲一拉，拽上岸边。她又立即转过身向处在离岸边10米远的河道最深处的陈某某游去，蒋玉芹刚接触到陈某某，就被她死死拽住。蒋玉芹试图往回游，已无足够体力，两人双双沉入河底。2003年6月5日，被江苏省人民政府批准为烈士。

陈洪生

陈洪生（1975—2009.11） 获垛镇人。1994年入伍，2009年11月26日在执行海上实弹轰炸射击任务中牺牲。2009年11月30日，被中国人民解放军总政治部批准为烈士。

赵　月

赵　月（1982.7—2010.10） 女，张郭镇赵万村人。2001年12月入伍，2004年7月入党，空军中尉军衔，生前是空军95959部队专机服务队二排排长。2010年10月13日在执行任务途中遭遇车辆事故，经抢救无效，于10月20日去世，年仅28岁。2010年10月25日，被部队批准为烈士，并追记二等功。

第二节　各界名人

各界名人收录已故在兴化工作并有较大贡献的历史名人、党政领导干部和市内各界业绩显著的优秀人士以及已故的在外地兴化籍（含祖籍）著名人士35人。35人中有科学家、教育家、党政领导干部、基层干部、战斗英雄、画家、医生等，其中含前志未收人物19人（姓名前用*表示为前志未收人物）。各界名人以传主逝世年月先后为序。

*昭　阳

昭　阳（生卒年不详）　名云，字阳，谥号“山子”。战国时楚国令尹。楚昭王后裔。原为大司马，主管楚国军事；兼领柱国，卫戍楚都郢（今湖北江陵纪南城），封上爵执珪。战国时期兴化一带属于楚国。楚怀王六年（公元前323年），昭阳率兵攻打魏国，得襄陵（今河南睢县）等八邑，此战在古代军事史上影响颇大，称“楚魏襄陵之战”，威震齐、燕、赵、魏、秦、韩六国。为此，楚怀王将传国之宝“和氏璧”赐给昭阳，又将“古勃海之地”（即兴化一带）封为昭阳食邑。此后不久，昭阳在封地病死。为表彰其战功，楚烈王便以周穆王“八骏”之一，美称为“山子”的良马名为谥号，赐给昭阳，故后人称昭阳为“山子府君”，供奉昭阳的庙宇称之为“山子庙”，其所葬的地方为“山子村”，意在赞美和纪念这位楚国良将。昭阳成为兴化有文字记载的第一人，被称之为兴化的人文始祖。昭阳将军墓保存在城区西侧，兴化城区所在地称为昭阳镇。

*范仲淹

范仲淹（989—1052）　字希文，谥号“文正”。北宋政治家、文学家、军事家，吴县（今江苏苏州）人。少年时家贫但好学，当秀才时就常以天下为己任，范仲淹工于诗词散文，所作的文章富有政治内容。范仲淹的《岳阳楼记》中的“先天下之忧而忧，后天下之乐而乐”成为千古名句。北宋天圣年间，范仲淹任西溪盐监，发现海堤年久失修，人民饱受海水倒灌之苦。兴化近海，为此，范仲淹上书给江淮漕运张纶，痛陈海堤利害，建议在沿海重修一道坚固的捍海堤堰。张纶奏准朝廷，调范仲淹做兴化县令，全面负责修治捍海堰。经过范仲淹等人的坚持和努力，捍海堰终于修成。人们感激兴化县令范仲淹的功绩，把捍海堰叫做“范公堤”，建了范公祠。范仲淹在兴化期间重视兴化的县城建设，建设学宫、沧浪亭等设施，建设县署。

*张荣、孟威、贾虎、郑握

张荣、孟威、贾虎、郑握　南宋人。南宋绍兴元年（1131）三月，兴化渔民张荣与孟威、贾虎、郑握在山东梁山组织义军余部抗击金兵，并辗转进入兴化境内缩头湖（即得胜湖），安营扎寨，自称“水浒寨”。当他们得知金兵即将从占据的泰州侵犯兴化时，便在湖中打下了数以千计的暗桩，布成水中“八卦阵”，然后设计将金兵引入湖中。由于缩头湖地区河港湖汊纵横交错，地形复杂，加上湖面芦苇丛生，水中暗桩密布，金兵如同进入迷宫，处处被动挨打。这一仗，张荣不但击退金兵主帅挞懒（完颜昌，金穆宗之子），杀死、溺死驸马胡芦巴等数千人，而且还活捉了挞懒的胞弟破辣叔等5000多人，缴获大小船只和战略物资无数，沉重地打击了金兵的嚣张气焰，取得抗金战争的重大胜利，将金兵赶出江淮地区。此战在《宋史》中称为“缩头湖之战”，又称“得胜湖大捷”。战后，兴化民众和有识之士将缩头湖改名为“得胜湖”。张荣也因此被朝廷委任为泰州知州，并总摄兴化县事。张荣等被合称为抗金“四义士”，后来成为施耐庵创作小说《水浒传》中的“阮氏三雄”和浪里白条张顺等水上英雄的原型而流芳百世。

*孔尚任

孔尚任（1648—1718）　字聘之，号东塘，又号云亭山人。孔子第六十四代孙。清代文学家、戏剧家，以著有《桃花扇》闻名于世。康熙二十五年（1686），39岁的孔尚任以钦使身份随工部侍郎孙在丰来下河七邑治理水患，署设泰州。二十六年（1687）三月，孙在丰因与靳辅互揭而被撤差，河工停顿。《东华录》载：“康熙二十六年三月，以与孙在丰同往修河专员，未尝留心河务，唯

利是图，九卿决议，撤回差往各官。”众官撤回，上命孔尚任留守。是年五月初，孔尚任的留守衙门设到了兴化，“余因疏海至昭阳，馆拱极台之北楼。”（孔尚任《海光楼记》）。自此，孔尚任与兴化结下了不解之缘。

在驻守兴化前，孔尚任就已经开始与兴化人的交往。初识宗元鼎，通过宗元鼎，孔尚任结交大批兴化才子彦士。康熙二十六年（1687）五月至十月，孔尚任连续发起几起盛大的文会，除与兴化籍名流唱和外，还经常邀请泰州等地的旧友如黄云父子、俞锦泉、蒋玉渊、柳长在、冒青若、陈鹤山等名望到兴化游海子，登拱极、览名园。

孔尚任到下河七邑，名为治水而来，其实其主要目的是为了修改《桃花扇》。江淮三年，陆续写成《桃花扇》第二稿，其中在兴化的半年时间孔尚任仍不辍于此剧的创作。李审言先生《药裹慵谈》卷一（脞语）“孔东塘桃花扇”条说：“孔东塘尚任随孙司空在丰勘里下河浚河工程，住先映碧枣园中。时谱《桃花扇》传奇未毕，更阑按拍，歌声呜呜，每一出成，辄邀映碧共赏。”

*魏　源

魏　源（1794—1857）　原名远达，字默深，又字墨生，号良图，晚年自取法号承贯，湖南邵阳（今属隆回县）人，长寓扬州。清代启蒙思想家、政治家、文学家。清道光二十五年（1845）中进士。清道光二十九年（1849），任兴化县知县。三年，被钦差大臣琦善诬以未能绕道递送军报革职，旋由副都御史袁甲三奏复其官。复职后，即辞官侨居兴化，更至苏州、高邮。六年，移居杭州僧舍，翌年三月逝于杭州，葬西湖边南屏山方家峪。

魏源在兴化、高邮任中，曾防汛排涝，兴修水利，改革盐政，协修县志。赴兴化任时，适逢连日暴雨，高邮河湖暴涨，河督拟开坝宣泄。时值新谷结实之机，坝启，里下河7州县将受水害，而兴化受害尤剧。此讯传出，百姓汹惧。魏源一面要士兵、百姓日夜看守，一面连夜赶至扬州，赴总督陆建瀛行署击鼓，请求速开运河东岸24闸，分路宣泄河洪。还提出，即使要开高邮5坝，也要等到新谷收割登场之时，得陆氏“可保则保，毋许擅开”答复后，亲率10万多百姓、士兵日夜防护。守坝至立秋，新谷获得丰收，百姓称之为“魏公稻”。兴化任中，魏源曾亲自考察里下河地区水利的来龙去脉，查勘河流故道，汇查历年案卷图说，写成《上陆制府下河水利书》，向陆建瀛陈述自己的河防论见，并率民在运河东堤之外，筑“西堤”以防汛。在任高邮知州兼署海州分司时，鉴于南课短缺，主张运北盐以协南课，请裁浮费、减官价、杜私贩，并撰有《淮北票盐记》《筹鹾篇》等，致使官盐价低于私盐价，销路大畅，盐政收入大增。在兴化任中，拟重修《兴化县志》，因忙于水利，未能如愿。知高邮间，应邀与郑元桥、赵彦俞，分类编纂成《（重修）兴化县志》。魏源一生著作甚丰，其中相当一部分成稿于扬州、高邮、兴化，如《明代食兵二政录》《书明史稿一》《书明史稿二》《圣武记》《道光洋艘征抚记》《四洲志》《海国图志》等。此外，魏源在扬州还留下大量诗文，先后编著成《絜园文抄后集》《古微堂诗稿》《古微堂文集》。

*余井塘

余井塘（1896—1985）　兴化人。原名愉，字景棠、井塘。1914年考入上海复旦公学中学部，1919年升入该校大学部商科。1923年毕业后留学美国，1925年获爱荷华大学经济学硕士学位。曾任国民党中央组织部秘书。1929年在国民党三大上当选为候补中央执行委员。旋任国民党中央组织部代理副部长，并担任中央政治学校教授兼教务主任，江苏省民政厅厅长。1935年当选为国民党第五届中央执行委员。1939年任国民政府教育部常务次长。1944年调任国民党中央组织部副部长。1949年底去台湾。1950年起，先后出任台湾方面“内政部”部长、“行政院”政务委员、“蒙藏委员会”委员长、“国

民大会”主席团主席、“行政院”副院长等职。1985年4月2日在台北病逝。

*震　华

震　华（1909—1947）　兴化人，上海玉佛寺第六代方丈。10岁出家，1926年在镇江超岸玉佛学社研习佛经。1929年在宝华山具圆足戒后，入夹山竹林寺佛学院深造。1930年任佛学院教授，以研究佛教史著称。1932年任竹林寺监院。1942年主持上海玉佛寺，同年继任方丈。任间创办上海佛学院和图书馆，同时创办《妙法论》月刊。著有《中国佛教人名大辞典》《兴化方外诗徵》等数十部佛教经典。1947年圆寂。

*霜　亭

霜　亭（1882—1954）　兴化人。7岁出家，17岁在镇江金山寺具圆足戒。1932年出任金山寺主持，在寺内设立图书馆。亲笔书写《华严》《楞严》《法华》《地藏》等佛经数十部，又刊刻《金陵梵刹志》《金山志》等若干。曾捐资重建兴化圆通庵韦陀、大雄二殿，并另建月身殿、六合居、大山门等，并倡议修建兴化文峰塔。其传法弟子香港超尘法师、上海淦泉法师、金山慈舟法师、淮安梦初法师等多为高僧，遍布海内外。

*许玉书

许玉书（1879—1960）　原名炳麟，字玉书，汉族，祖籍兴化，清末秀才，民初教育家。1916年出任兴化时思学校校长，“五四”时期，积极传播新思想、新文化，对文化教育事业贡献卓著。1928年任兴化通俗教育馆、民众教育馆馆长，“开通民智、改良风俗”，对民众广泛开展社会教育，并为前清政府所遗大量文史典籍搜集整理作出重要贡献。1953年帮助兴化学者刘仲书等写成数十万言的《施耐庵历史的研究》一书，并为该书作序，使研究中国长篇小说《水浒传》发源之大量珍贵史料得以保存。许玉书为中华传统文化和乡土历史文化的传播和保存做了大量工作作出重要贡献，1958年被江苏省人民政府聘任为省文史研究馆馆员。

*孙蔚民

孙蔚民（1896—1968）　字斌，扬州人。1918年毕业于江苏省立第五师范艺术专修科。孙蔚民潜心研究中小学教育，曾编写《小学音乐》《中小学课外音乐集》《结绳图说》等教材，成为中小学校争相选用的教学参考书。1940年，加入中国共产党，从事革命根据地的政权建设和文化教育工作，曾任苏中二分区兴化县县长（1941.4—1942.1）、苏皖专署教育处处长等职。1944年获苏中行政公署教育工作者特等奖。1949年扬州解放后，孙蔚民被任命为副市长、市长。中华人民共和国成立后，先后任苏北行署文教处副处长、苏北建设学校副校长、苏北师范专科学校校长、扬州师范学院院长，当选为江苏省第一至第四届人民代表大会代表，中共八大代表。孙蔚民从事教育工作50年，先后主持创办盐垦中学、苏中四分区专门学校、苏皖二分区专门学校、联合中学、工农兵干校、第一中学、苏北建设学校、工农速成中学、苏北师专、扬州师院等10所院校，坚持贯彻德智体全面发展的教育方针，努力使教育服务革命战争和经济建设。先后编写《新三字经》《农民须知》《四书精华》《国民必读》《民主建设讲话》《扬州名胜》等，以传统的民族形式，传播新思想、新文化。

孙蔚民尤为关注对扬州历史文化的研究，20世纪60年代初即出版《鉴真和尚东渡记》一书，被日本友人称之为“研究鉴真的专家”。孙蔚民还写有《扬州的一条马路》《扬剧的兴衰》《历代文人笔下的扬州》《我对扬州的剖视》《大明寺和鉴真和尚》《清代的扬州八怪》《扬州人民的英勇斗争》等文章，对宣传扬州起到重要作用。

*张雷平

张雷平（1918.12—1975.7） 原名邵泽普，江苏沛县人。抗日战争初期任中共泰州县委组织部长，江都县委书记兼江都独立团政委，1942年10月任中共苏中第一地委、第二地委组织部长，新四军第一师兼苏中二分区台北独立团政委，1943年7月任苏中二分区兴化县委书记、独立团政委，苏中二分区特务团政委。解放战争时期，担任华东野战军第七纵队57团政治委员、第十纵队30旅副政委、十二纵队34旅副政委、皖北军区警备二旅副政委。中华人民共和国成立后，任三野三十军九十师副政委、政委，炮兵第三师副政委，志愿军炮兵指挥所政治部主任。1958年9月起任国防科学技术委员会第二十训练基地政治部副主任、主任（正军职）。1964年晋升少将。1975年7月去世。

*黄公正

黄公正（1895—1981） 江苏江都人。原为国民党员，曾任国民党江苏省保安第10旅旅长、团长和韩德勤部所属117师参谋主任、第5支队长等职。抗战时期，黄公正一贯坚持民族气节，率部同敌人作战。1942年春，日伪军“扫荡”淮宝地区，韩德勤弃战退后，黄公正仍在沙沟一带率部抗战。1943年3月12日，黄公正宣布起义，所部被新四军改编为宝应支队，任支队长。沙沟镇收复后，被委任为沙沟市市长，后任兴化县县长（1945.9—1946.11）、华中行政学院行政系队长、华中建设大学行政系队长、安奉铁路管理局总务处长、山东青岛市政府秘书主任。1945年8月，经上级批准，被吸收为中国共产党特别党员，同年当选为苏中人民代表大会代表、苏中行政委员会委员，曾被推选为出席中国解放区人民代表会议代表。中华人民共和国成立后长期在省民政部门工作，曾任江苏省第四届政协委员。

*王湘林

王湘林（1925—1985.3） 山东莱西人。1938年10月参加中国工农红军，次年12月加入中国共产党。曾任山东省胶东军区海南军分区侦察队政治指导员，山东军区警备二团政治教导员，南京市公安总队二团政治处副主任，扬州市兵役局、扬州市人民武装部、兴化人民武装部副政委，兴化县革命委员会主任（1968.3—1970.2），扬州军分区政治部主任、顾问，中共扬州军分区委员会常委，中共扬州地委委员等职。1981年离休，1985年3月24日病逝于南京。

*俞乃章

俞乃章（1915.10—1987.6） 江苏镇江人。1939年参加革命，次年6月加入中国共产党。历任澄西县副县长、中共路北特委敌工委副主任、长江工委主任、苏南第四专署财经处处长兼税务局局长、澄西县县长、新四军江南挺进支队政委、华中二地委财经部副部长、苏皖边区二专区建设处处长、中共运河南段工程处委书记、兴化县县长（1946.11—1948.9）、长江工委书记等职。中华人民共和国成立后，历任武进县县长，苏南电业局第一副局长，南京电业局代理党委书记、代理局长，南京电力学校校长，电力工业部培训处处长。1958年被错划为右派后，调任镇江医专副校长、省卫生干部进修学校校长。1978年平反。1979年起任镇江地区行署顾问。1982年12月离休。

*蔡公杰

蔡公杰（1918.5—1987.10） 曾用名蔡国英，江苏江都人。1938年6月参加革命，次年5月加入中国共产党。历任村党支部书记、江都县郭村区区委副书记兼区长、苏中太东李堡区区长、苏中兴化县县长（1942—1943年）、苏中行署秘书。1945年转入部队后，历任新四军政治部秘书、南京炮兵学院政治处副主任、华东炮兵政治部青年部部长、炮兵十六团政委、西安炮兵学院政治部副主任、炮兵学院政治部宣传部副部长等职。1960年转业地方，任江苏省政府办公厅副主任。1974年调任江苏省家禽科学研究所副主任。1979年调入江苏省农学院任副院长、党委委员。1983年12月离休。

*许符实

许符实（1915—1988） 江苏金坛人。1930年就读于无锡国专，1933年考入国立上海商学院新闻专业，同年加入左翼作家联盟，1937年5月加入中国共产党。历任苏中行政委员会科长，兴化县抗日民主政府代理县长（1942.8—1943.1），苏中区党委调查研究室副主任，江都县委副书记，华中二地委宣传部长，镇江地委宣传部长，苏南党校教育处副处长，苏南行政公署副秘书长，苏南工业专科学校党委书记、副校长，西安动力学院副院长。1957年被打成右派。1979年改正后任江苏省哲学社会科学联合会副主席，江苏省社会科学院副院长、党组书记。

李华楷

李华楷（1899.9—1992.11） 曾用名王林，江西泰和人。1927年2月参加革命，1928年4月加入中国共产党。1934年参加中国工农红军，参加了二万五千里长征。抗日战争时期，任新四军一支队后方留守处主任、苏皖特委组织部长和中共兴化县委书记（1941.1—1941.秋）、县长（兼，1941.3—1941.4）、县独立团政委等职。解放战争时期，任纵队政治部民运部长、后勤处政治委员、军后勤部政治委员等职。中华人民共和国成立后担任华东军区后勤部生产部政治委员、文化速成中学政治委员、南京军区离休干部办公室主任。1955年授予大校军衔。1964年离职休养。

刘 云

刘 云（1913.12—1993.2） 曾用名刘桂庆、姚志华，江苏盐城人。1941年10月参加革命，同年加入中国共产党。历任乡党支部书记、区委委员、民运科长、区长。抗战胜利后，历任区委书记兼区长，兴化县政府军事科长、县社会部部长兼公安局长、县长（1948.9—1949.1）。中华人民共和国成立后，历任扬州、泰州专署民政处处长，泰县县长、县委书记，中国食品公司南京加工厂厂长、党委书记，江苏省商业厅副厅长，高淳县委书记，镇江地委支农办公室主任，镇江专署商业局局长、供销社主任，镇江专署秘书长等职。

胡 炼

胡 炼（1935.8—1995.10） 江苏扬州人。1951年7月参加工作，1983年6月加入中国共产党。1951年7月任苏北治淮总指挥部测验处、设计处技术人员，1952年11月任三河闸工程处钢筋大队中队长，1953年11月任江苏省治淮总指挥部测量大队技术员，1956年8月选调到华东水

利学院河川系学习，1961年11月毕业后任兴化县水利局技术员，副股长，1980年4月任兴化县水利局副局长，1981年4月任兴化县人民政府副县长，1986年4月任兴化县（市）人民政府县（市）长，1987年6月兼任中共兴化市委副书记，1993年3月任兴化市人大常委会主任，党组书记。

钮经义

钮经义（1920.12—1995.12） 兴化人，生物化学家，中国科学院院士。1935年，钮经义从兴化初级中学毕业后，考入浙江杭州高级中学读书。1938年，钮经义被保送入昆明西南联大化学系学习。1942—1946年任重庆国立药专助教，1946—1948年任北京清华大学助教、教员，参加普通化学、有机化学和分析化学等课程的教学工作。1948年在美国得克萨斯州大学攻读生物化学。1953年5月，获美国德克萨斯大学哲学博士（生物化学）学位，9月被聘为该州大学克莱通基金会生化研究所的研究助理，在Lester Reed的实验室进行硫辛酸的全合成研究工作。

1956年4月，钮经义回国，被聘为中国科学院生化研究所研究人员，从事原肌球蛋白的C-端分析工作。1958年12月，中国科学院生化所、有机所和北京大学化学系的科研人员在钮经义等人的领导下，进行中国人工合成胰岛素研究。1965年9月，生化所获得具有天然胰岛素活力和晶体形状的人工合成结晶牛胰岛素。钮经义在这一工作中负责合成方案的设计、合成路线的选择和解决难题，是这项成果的主要研究人员之一。该项成果通过中国国家鉴定委员会的鉴定，1982年获中国国家自然科学奖一等奖第一名。1978年12月，中国人工合成胰岛素研究集体的代表钮经义，被推荐为诺贝尔化学奖1979年度候选人，成为中国申报诺贝尔奖第一人。同年，钮经义被选为中国生化学会理事和中国化学会理事。1980年，钮经义当选为中国科学院生物学部委员。20世纪80年代初期，钮经义合成胰岛素原C肽，并与北京海军总医院协作，完成C肽放射免疫测定药箱的研制，荣获1983年度国家发明奖二等奖。1995年12月16日，钮经义病逝于上海。在近50年的教学和科研生涯中，钮经义在国内外重要刊物上发表论文40余篇，尤其有关胰岛素合成的20余篇论文，得到国际学术界的高度评价。

朱亚杰

朱亚杰（1914.12—1997.3） 兴化人，中国能源专家，中国科学院院士。1934年考入清华大学化学系，1937年随校南迁就读于西南联合大学。1947年赴英国曼彻斯特工学院化学工程系学习。1949年取得硕士学位，并受聘于英国西蒙卡夫化工设计公司。1950年回国，先后任清华大学教授、北京石油院筹委会委员、副院长、研究生部主任。1956年，任北京石油学院副院长时创建中国第一人造石油专业，开展粉煤和油页岩流态化低温干馏研究，主持鲁奇低温干馏炉的设计和改进，开创褐煤空气氧化制腐埴酸试验等，为培养炼油人才和经济建设作出贡献。曾配合大型合成氨和烃类裂解装置的引进，研究并核算其工艺设计以适应国情。1978年起历任华东石油学院副院长兼任中国科学院山西煤炭化学研究所研究员，指导油页岩热解和组成结构关系、太阳光催化水解制氢、固体化石燃料超临界萃取等研究项目，均取得成果。后任华东石油学院大学教授，兼任中国能源研究会副理事长、理事长，石油工业部科学技术委员会委员，国际氢能源协会常委，国务院学位委员会学科评议组成员。1980年当选为中国科学院学部委员，1985年获国家科技进步特等奖。1994年当选为中国工程院院士，长期从事煤、页岩、石油等可燃矿物化工综合利用方面的科研和教学工作。

杨增彤

杨增彤（1921.1—1998.4） 沙沟镇人。1940年参加新四军，同年加入中国共产党，历任教员、政治指导员、连长、副营长等职，曾参加黄桥决战和车桥等战役战斗。解放战争时期，历任营长、团参谋长、副团长等职，参加了渡江战役、解放上海、进军福建、兰西剿匪等战役战斗。中华人民共和国成立后，历任团长、陆军高级步校战术主任教员、驻越南军事顾问团顾问、副师长兼参谋长、师长、军参谋长、副军长、成都军区司令部副参谋长、参谋长等职，为军队的革命化、现代化、正规化建设作出贡献。曾获三级独立自由勋章、三级解放勋章。因病于1998年4月10日在成都逝世。

陈小池

陈小池（1919.10—2001.4） 江苏涟水县人。1940年8月参加苏皖淮海区淮河大队，同年10月加入中国共产党，先后任淮河大队分队长、涟水县大队副大队长、东海县上房区区委书记、沭阳县独立团副团长、苏北淮阴分区教导大队大队长。1952年6月起历任苏北军区司令部人武部第二科科长，灌云县县委委员，人武部长，南京市兵役局动员科科长，兴化县兵役局副局长，县人武部副部长、部长，兴化县军管会副主任，革委会副主任、主任（1970.2—1975.2），中共兴化县委书记（1971.6—1975.2），淮阴军分区司令部副参谋长等职。

陈小池1944年被淮海地委授予“淮海区民兵作战英雄”称号。1962年7月晋升中校军衔，1978年由南京军分区批准离休，1988年7月被授予中国人民解放军独立功勋荣誉章。

慈　舟

慈　舟（1915.1—2003.2） 张郭镇人。俗名史源，法名月济，字培功，系中国佛教协会咨议委员会副主席、江苏省佛教协会副会长、镇江市佛教协会会长，曾任镇江金山江天禅寺、句容宝华山隆昌寺、兴化上方寺住持。

1927年，慈舟于兴化穆家堡青龙庵出家，礼恒净法师为其剃度。1934年，在句容宝华山隆昌寺受具足戒。1946年任金山监院。1954年，受宗教管理部门安排，入北京中国佛学院进修。毕业后仍回到金山寺任监院，事实上是率众耕田做工。1966年“文化大革命”开始，慈舟被遣返原籍参加劳动生产。1978年中共十一届三中全会后，落实宗教政策，开放重点寺院。慈舟重回金山寺任江天寺监院，负起修复金山的重任。慈舟以古稀之年奔波于北京、南京，及海外各地，募化资金。从殿宇设计到立柱土建、佛像制作，无不全心投入。江天寺从残破不堪中修复更新。1984年慈舟法师晋任方丈。1995年，慈舟法师在江天寺开办金山佛学院，还兼任南京宝华山隆昌寺住持。1998年，慈舟法师在宝华山开办宝华山律学院，首届招收15名学僧，以后逐步扩大规模。

慈舟法师十分关心家乡的佛教事业。为帮助护国寺、宝严寺、上方寺等宝寺修建复建不遗余力，从筹建、基建到寺庙管理都亲力亲为。兴化佛教事业的发展慈舟法师功不可没。

2003年2月10日凌晨3时3分，慈舟法师圆寂于江天禅寺楞伽丈室。法师俗年89岁，僧腊76年，戒腊69夏。

沈正彬

沈正彬（1951.10—2004.6） 钓鱼镇人。生前为兴化市钓鱼镇兽医站站长兼南旺村党支部书记。1993年后，沈正彬服从组织分工，先后兼任工作难度较大的南二村、南旺村党支部书记。沈

正彬以服务群众、富裕百姓为己任，带领全村干部群众艰苦创业，开拓进取，改变了南旺村落后面貌，使该村成为全镇的先进村。1998年沈正彬身患肝病后，仍坚持埋头苦干，忘我工作。2004年6月13日因病情恶化，医治无效，不幸去世，年仅53岁。

沈正彬去世后，沈正彬的事迹在钓鱼镇群众中引起较大反响，并得到上级党委、政府及有关新闻媒体的高度关注。2004年8月，兴化市委作出《关于开展向沈正彬同志学习的决定》，兴化市委、市政府追授“爱民支书”的荣誉称号，并作出“向沈正彬同志学习”的决定。《新华日报》《泰州日报》等新闻媒体先后对沈正彬事迹进行专题报道。泰州市委书记朱龙生作出批示指出：“沈正彬同志是我市加快推进小康社会进程中涌现出来的优秀农村基层干部的典型，沈正彬的事迹体现了新时期农村基层干部心系群众、为民谋利的崇高追求，具有鲜明的时代特征。”

班沛川

班沛川（1915.4—2005.2） 字子田，昭阳镇人。中华人民共和国成立后班沛川在江苏镇江银行部门工作，20世纪50年代末，下放溧阳蒲塘初级中学教书，1976年退休后定居南京中山门外后宰门清溪村。江苏省文史研究馆馆员，民革江苏省委员会成员，中华诗词学会会员，世界书画家协会理事，国际美联会中韩艺术专家委员会委员，香港东方文化研究中心研究员，江苏省江南诗词学会、江南诗书画院、中原书画研究院高级艺术顾问。

班沛川自幼酷爱书法艺术，幼年曾受业于兴化宿儒、书法家姚慎之先生门下，形成融方正、奇古流畅于一炉的风格。在扬州国专读书时受书法大家陈含光及其传人张华父的指点，专习篆书。晚年临习草书。其书法可谓四体皆备。曾多次参加省市、全国暨国际书法展览，先后获得“王子杯”海峡两岸书画金奖、“世纪人才杯”全国书画大展赛荣誉金奖、“跨世纪和平”国际书画大展赛银奖、“洞庭杯”书画大展赛铜奖等。其真、草、隶、篆不同书体的作品被载入《世界书画经典》《当代书法家诗词墨迹选》《当代著名书法家精品集》《中国当代书法艺术获奖作品集》《第三届城运会全国名人书画展画册》等数十部大型书法专集，被世界书法家协会加拿大学会、日本、韩国和江苏、浙江、河南、宁夏、新疆、内蒙古等文史馆、陈列馆、美术史馆收藏。传略被载入《当代书法家传记》《中国当代艺术界名人录》《中韩书画名家大辞典》《海峡两岸书画名人大辞典》《国际现代书画篆刻家大辞典》，并获由中国现代文化学会艺术部、国际现代书画篆刻家大辞典编委会授予的世界铜奖艺术家称号。

卞荫贵

卞荫贵（1917.5—2005.6） 钓鱼镇人。中国科学院力学研究所研究员、中科院力学研究所研究室主任，清华大学、浙江大学兼职教授。1942年毕业于上海交通大学机械工程系，1949年毕业于美国哈佛大学应用工程系，获硕士学位。1952年从美国约翰·霍普金斯大学航空系毕业并获得博士学位后，任美国弗吉尼亚理工学院副教授。1957年回国，任中国科学院力学研究所研究员、博士生导师。一直从事航空航天方面的空气动力学和流体力学的理论研究，主要包括跨声速流、烧蚀理论、再入物理气体动力学、计算流体力学及湍流应用研究等。1978年研制的高硅氧烧蚀材料获全国“科学大会奖”，1980年主持的洲际导弹弹头传热某些问题研究项目获国防科委二等奖。1978—1986年任中国科学院力学研究所研究室主任。先后与他人合著《高温边界层传热》（科学出版社，1986年）、《气动热力学》（中国科学技术大学出版社，1997年）等学术专著。1988年被国防科工委授予《献身国防科技事业》荣誉证书。

张鸿吉

张鸿吉（1910.11—2006.1） 兴化人。美籍华人，物理学家。1930年考取上海交通大学物理

系。在学期间即发明了硫酸铜整流器，还编写高中物理教科书。1934年，大学毕业，任北平物理研究所研究员。完成全国定点重力加速度的首次测定。1947年赴美读书，学制“电表”（第一代电子计算机）。1953年获博士学位，成为著名的大规模集成电路电子学专家。在美国匹兹堡西屋电气公司从事科研和工程建设达20年之久，取得十多项发明专利，被列入美国名人录。曾任西屋公司半导体材料部主任、西屋公司太空核能研究所顾问、后任宇航局太空核能研究所所长。此外，曾兼任美国著名大学（哥伦比亚、加州等校）教授和博士、博士后导师。

张桃芳

张桃芳（1931.8—2007.10）　陈堡镇人。第二次世界大战以来世界著名十大狙击手之一。1946年担任村儿童团团长。1951年3月参加中国人民解放军。1952年9月参加中国人民志愿军。在上甘岭阻击战中，张桃芳担任狙击手，在3个多月时间里以436发子弹毙联合国军214人，创志愿军狙击手单人战绩的最高纪录。1953年，被志愿军总部和朝鲜最高人民会议常务委员会授予特等功、二级狙击英雄和朝鲜一级国旗勋章。1954年调入空军，进入徐州第5航空预备学校和济南空军第5航校1团学习。1956年加入中国共产党，有着上千小时的安全飞行记录。退出飞行后，进入蓬莱空军某防空部队担任参谋长。1980年退休。2007年10月29日因病在潍坊逝世。

江南春

江南春（1925.10—2008.11）　陈堡镇人。上海人民美术出版社美术编创、副编审。中国美术家协会会员，上海市美术家协会理事，上海市文史研究馆馆员，上海海上书画研究所副所长。自幼喜爱涂抹，临习绘画，15岁在童家舍做启蒙塾师，及民间绘画为生。1946年初在上海从事舞台美术及连环画创作，1951年参加出版社工作，1956年随公私合营新美术出版社合并到上海人民美术出版社，历任美术编辑、美术编创、副编审。主要从事连环画、年画、宣传画、中国画、装饰画的创作，先后出版连环画10余种、年画100多幅及报刊装饰插图若干。国画《陈毅将军》《龙腾狮吼》获全国大展三等奖，国画《祖国颂》获上海市文学艺术二等奖，连环画《琵琶记》获国家出版银奖。国画《群英献礼图》《敬爱的周总理》分别为中国美术馆、上海文史馆收藏。

许　兵

许　兵（1934.7—2009.11）　戴南镇人。中国科学院地质研究所工程地质力学研究室院主任、研究员。中国地质学会工程地质专业委员会秘书长。早年就读于戴南小学，1958年从南京大学地质系毕业，分配至中国科学院地质研究所工作。主要从事地质方面的研究和设计，先后参与、主持或咨询的工程近百项，具代表性的项目有：南京长江大桥、西部南水北调、四川雅砻江锦屏水电工程、金川矿山工程、长江三峡工程、黄河大柳树水电工程以及国防和核电工程等。先后获多项国家级、部级奖励，其中有国家科学技术进步特等奖1项、三等奖1项，国家自然科学三等奖1项，省部级一等奖1项、二等奖3项、三等奖2项。发表论文50余篇，代表性的论文《中国工程地质学的走向和着力点》一经问世就得到热烈反响。出版专著4部，代表性的有：《区域地壳稳定性理论与实践》（地质出版社，1986年）、《长江三峡工程地质学研究》（三峡出版社，1996年）和《中国露天矿边坡稳定性研究》等，曾获水利电力部优秀专著一等奖，享受国务院颁发的政府特殊津贴。

朱桂森

朱桂森（1951.7—2010.4） 李中镇人。1970年12月入伍，1972年3月入党，大专学历。历任52825部队卫生队通信员、军医、三营卫生所所长，52829部队医院内科主治医师、内科所所长，国防大学第二门诊部主治医师、内科主任、第二门诊部副主任，国防大学门诊部卫生所副所长、所长等职。2000年9月晋升文职三级，2009年9月调整为专业技术四级。立三等功3次，被评为“全军干部保健工作先进个人”。

第二章 人物简介

人物简介收录市内各界业绩显著的优秀人物7人，同时收录在外地兴化籍（含祖籍）著名人士33人。40人中有科学家、企业家、书画家、特级教师、党政领导干部、高级军官、寺庙住持、作家、运动员、基层干部等。人物简介按生年为序。

第一节 市内优秀人物

王少华 生于1929年，安丰镇人。兴化市中医院名誉院长，全国老中医药专家学术经验继承工作导师，南京中医药大学博士生导师，江苏省名中医。早年就读于南京中医药大学，毕业后分配至河北中医学院任教。调回桑梓后，任兴化市中医院院长、党支部书记，主任中医师。曾任扬州市中医学会副理事长，泰州市中医学会副会长，江苏省第一届中医内科学术委员会委员，兴化市第七、八、九届人民代表，第七、八届人大常委会委员，政协兴化市第三、七、八、九、十届委员。1992年起享受国务院特殊津贴。

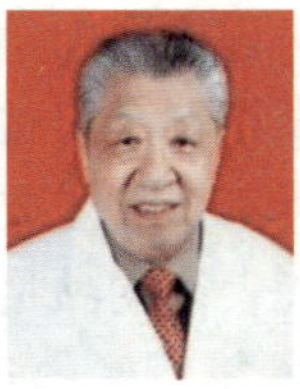

张筱霖 生于1933年，江苏姜堰人。兴化市人民医院名誉院长，内科主任医师。享受国务院特殊津贴。江苏省医学会理事，兴化市科协荣誉主席，兴化市医学会会长，国际心血管病学会会员。1959年毕业于山东医学院。长期从事临床、教学和管理工作，专科特长为心血管内科。先后在国家和省级医学杂志上发表论文60多篇，获地、市科技进步（成果）奖11项次，为兴化医疗技术水平的提高作出重要贡献。

柳印生 生于1937年，兴化人。从事中学语文教学与研究长达半个世纪。历任江苏省兴化中学语文教研组长、教导主任、校长、党支部书记，学校名誉校长。此外，柳印生还受聘为兴化市楚水实验学校、兴化市文正实验学校名誉校长，兴化市振兴双语学校名誉董事长、顾问，兴化市高考补习中心顾问，兴化市科学技术协会荣誉主席。先后担任政协兴化县第四、第五届委员会委员，政协兴化市第七、第八届委员会常委，第九届、十届、十一届委员会委员。有专著3部，合著两部，主编《高中作文百课》《青年

文化常识手册》等5部。发表教育教学论文百余篇。1991年被评为江苏省突出贡献中青年专家，1998年被聘任为江苏省兼职督学。

任祖镛　生于1939年，兴化人。连续执教中学语文半个世纪，任教研组长36年，培养青年教师；教高中毕业班34届，学生语文单科高考成绩全省第一，高考均分多次全市第一，送两千多学生入大学。受聘为省委教育工委特约调研员、省中学高级职务任职资格评委会评委、市党外知识分子联谊会会长、市政府督导顾问。担任政协兴化县第五届委员会委员，六、七届常委；政协兴化市第八、九、十、十一届常委。出版《新精讲》《板桥对联》《创新读本》等专著、主编合著40本（部），在国内外发表语文教育教学与文学研究论文300余篇。著作与论文填补多个研究空白，并多次获奖。1996年被评为省中学语文特级教师，1999年经省政府批准为江苏省首批名教师。

刘锦兰　生于1950年，戴南镇人。江苏兴达钢帘线股份有限公司董事长，全国人大代表。1987年任兴化市戴南热电厂厂长、支部书记。1992年任兴化兴达钢帘线有限公司董事长、总经理。1994年任江苏省兴达钢帘线集团公司董事长、总经理，1998—2003年，任江苏兴达钢帘线股份有限公司董事长、总经理。在刘锦兰的领导下，兴达公司成为国家重点高新技术企业、国家级技术创新示范单位、国家级高新技术企业、江苏省产学研试点单位、江苏省明星企业、省“成长型”企业和泰州市重点骨干企业。刘锦兰先后获“江苏省劳动模范”“江苏省优秀科技工作者”“江苏省高新技术产业化先进工作者”等称号。2003年“全国五一劳动奖章”获得者。

张文德　生于1952年，戴南镇人。戴南镇董北村党委书记。20世纪80年代，在张文德和村民的共同努力下，董北村成立兴龙金属制品有限公司，实行集团化经营。历经20多年的发展，董北村有生产不锈钢丝绳的企业50家，不锈钢制品加工企业110家，全村形成以不锈钢制品加工为主导的产业集群。董北村连续5年居泰州市小康建设十强村之首，先后被表彰为“江苏省文明村标兵”“全国文明村”。张文德先后获得兴化市“十佳”村党组织书记、泰州市突出贡献人物、江苏省优秀村党组织书记、全国劳动模范等称号。

朱同林　生于1956年，安丰镇人。兴化红膏大闸蟹有限公司董事长、总经理。1988年承包鱼塘搞水产养殖，经过十几年的艰苦创业，建成兴化市水产养殖龙头企业——江苏省兴化市红膏大闸蟹有限公司，在苏、皖、鄂、鲁四省建立近百个养殖基地，其主要产品“泓膏”牌大闸蟹升档为国家级无公害农产品。2006年，获省劳动模范称号。

第二节　在外著名人士

葛家澍　生于1921年，昭阳镇人。1980年任教于厦门大学，教授兼经济系副主任，1982—1988年在厦门大学任经济学院院长。曾任厦门大学会计学教授、中国第一批经济学（会计学）博士生导师兼中国会计学会副会长、国务院学位委员会（经济学）学科评议组第一和第二两届成员、财政部中国企业会计准则专家咨询组

成员。由于在会计学领域有较深的造诣，其会计思想和观点被教育部和会计学术界称为“独树一帜”。长期从事会计学的教学研究工作。主编全国统编高等学校文科教材6部，4次获高校优秀教材一等奖。出版专著及论文集近十部。1989年被评为全国劳模。首批享受国务院特殊津贴。

王振义 生于1924年，兴化人。上海第二医科大学终身教授、博士生导师，国内血栓与止血专业的开创者之一。中国工程院院士，法国科学院外籍院士。1948年获震旦大学医学院医学博士学位。历任上海第二医科大学病理生理教研室主任、上海第二医科大学校长等职。1994年12月当选为中国工程院院士。长期从事内科血液学的教学和科研工作。1979—1986年研究诱导分化药物方法，在国际上首次用国产全反式维甲酸治疗急性早幼粒细胞白血病。1993年3月获瑞士步鲁巴赫肿瘤研究奖、法国荣誉军团骑士勋章证书，1994年获美国癌症研究大奖凯特林奖。2010年获国家最高科学技术奖。

李德平 生于1926年，兴化人。1948年毕业于清华大学物理系。中国辐射防护研究院研究员、名誉院长，中国核工业总公司科技委高级顾问。建立中国核工业辐射防护研究和监测体系。指导了中国初期放射性计量实验室科研及建立实验室的工作。在从事辐射探测器研究中，参与中国首次研制卤素计数管、强流管及稳压管的工作。在电离室方面，指出苏式堆控硼壁电离室设计参数的缺点，并推导出普适的电离电流体复合损失的新公式，发展了用细束照射研究探测器性能的方法。“球形电离室特性”一文证明球形室等效中心不因反平方律而前移。1991年当选为中国科学院学部委员（院士）。

松　纯 生于1927年，大垛镇人。常州天宁禅寺方丈，常州市佛教协会会长。1935年在东台鲍舍庵依守恒大师出家。1986年任天宁禅寺代方丈，1988年任常州市佛教协会会长、中国佛教协会理事、江苏省佛教协会常务理事，1990年11月任天宁禅寺方丈。1994年6月任江苏省佛教协会副会长，1995年3月任江苏省天宁佛学院院长，1996年10月任江阴君山广福掸寺方丈，1997年4月任台湾地区台北县新店市妙法寺方丈。1998年12月任美国纽约观音寺方丈。2010年当选中国佛教协会咨议委员会副主席。

袁　木 生于1928年，昭阳镇人。中华人民共和国国务院研究室原主任兼国务院发言人，中共党员，复旦大学本科学历。第八届全国政协常委。著有《袁木文集》10卷、《历史的足迹——中国在改革开放中前进》（一、二、三集）、《袁木答问》（一、二集）、《改革·开放·精神文明建设》、《历史飞跃的新起点》、《中国经济体制改革的纲领》、《中国之路》等。

徐福海 生于1931年，兴化人。海军少将。1985年8月至1990年7月，任海军东海舰队航空兵政治部主任、海军东海舰队航空兵纪委专职副书记。1988年9月被授予海军少将军衔。

林　逸 生于1932年，又名林发泽，西鲍乡西鲍（西）村人。12岁随亲戚在外读书，1948年参加工作。1959年清华大学工程力学系毕业。历任民进福建省委主委，福建省副省长，福建省政协第七、第八届副主席，离休后任福建省关工委副主任。

任德麟　生于1934年，昭阳镇人。1957年毕业于武汉大学数学系。历任武汉钢铁学院讲师、教授、基础课部主任，湖北省数学学会、武汉市数学学会常务理事兼几何专业委员主任，湖北省系统工程学会副理事长。专于积分几何。建立了欧氏和非欧空间凸体内定长线段运动测度公式，在弦幂积分不等式到En的推广、Buffln投针问题的推广等方面取得成果。撰有《广义支持函数及其应用》《积分几何的两个专题》《非欧空间的一个测度公式与其些几何概率问题》等论文，著有《积分几何引论》。首批享受国务院颁发的政府特殊津贴。

蔡祖铭　生于1935年，昭阳镇人。解放军军事科学院外国军事研究部部长、研究员（教授）、博士生导师，少将军衔。中国翻译工作者协会副会长兼军事翻译委员会主任，中华美国学会常务理事，中国战略学会特约研究员。1951年7月入伍，1957年7月毕业于解放军外国语学院，分配至军事科学院工作。曾任军事科学院党委委员兼外国军事研究部党委书记。主要论著有《第二次世界大战史简编》《美国军事战略研究》，主要译著有《导弹时代的战略》《大战略》《军事战略》《苏联军事思想》《苏芬战争》等。

顾启良　生于1938年，兴化人。1961年毕业于上海社会科学院政法系。1979年加入中国共产党。历任上海市跃进农场副场长、上海市申江企业总公司总经理、市劳改局党委副书记、市司法司副局长，1985年5月至1987年12月任中华人民共和国司法部副部长。

戴凤举　生于1941年，大垛镇人。中国再保险公司原党委书记、总经理。1983年任中共南昌市委副书记，1986年任国家审计署金融司司长，1990年后任中国人民保险公司浙江省分公司总经理、中国人民保险公司副总经理、中国人民保险（集团）公司副总经理兼中保再保险有限公司董事长、总经理，1999年3月任中国再保险公司党委书记、总经理（法定代表人）。

潘高鹏　生于1942年，戴南镇人。当代中国山水画家，国家一级美术师。江苏省新闻美术家协会会长，江苏省美术家协会省直分会副会长，江苏省国画院特聘画家。2003年起专职从事中国书画研究和创作。长期致力于中国书画艺术的研究和创作。作品《大雪残象》《山之韵》等为国家美术馆和中南海收藏。

徐敬原　生于1942年，戴窑镇人。1961年8月参加工作，1963年7月加入中国共产党。1988年6月至1991年2月任贵州省贵阳市总工会副主席、主席。1991年2月至1993年11月任贵州省贵阳市委常委、市纪委书记。1993年11月至1997年8月任贵州省纪委常委、副书记。1997年8月至2001年1月任贵州省六盘水市委书记。2001年1月至2008年1月任贵州省人大常委会副主任。

傅家宝　生于1944年，祖籍兴化。中国美协理事、北京美协常务副主席、荣宝斋画院教授、北京书协顾问、海峡两岸书画联谊会副会长、扬州八怪书画院顾问、北京市政协委员。五岁开始学习书画，寄情书画矢志不渝，1979年与范曾、刘炳森、谢德萍发起成立“北京书法学研究会”，1980年发起组织“全国第一届书法篆刻展览”。书法作品曾获国际书法大赛银奖，全国书法一等奖，多次获北京市一等奖。曾在国内外举办书画联展、个展多次。1999年组织创作由江泽民题词的“江山万里图”国画长卷。书画

作品数百次参加国内外大展，并二百余次任全国性、北京市书画展览的评委。书画作品为中南海、天安门、毛主席纪念堂及许多博物馆、图书馆、纪念馆及书画收藏家收藏。出版有《傅家宝书画集》《傅家宝中国画精品集》《傅家宝中国画小品集》等。

周志高 生于1945年，张郭镇（原唐刘）人。中国书法家协会第一届、第二届常务理事，第三届理事，中国书法家协会资深评委，全国展、全国中青展评审委员，中国书协培训中心特聘教授等。先后获首届华东六省一市优秀期刊评比一等奖、中国书协首届报刊编辑出版“兰亭奖”。先后主持或参与主办全国首届群众书法竞赛、全国第一届书法篆刻展览、全国首届书学研讨会、全国首届篆刻征稿评比和全国中青年“书苑撷英”大赛。

解厚铨 生于1945年，昭阳镇人。1964年7月参加中国人民解放军。1964年7月至1968年8月在解放军装甲兵工程学院学习。1970年起任师政治部秘书，师政治部宣传科干事、副科长，沈阳军区司令部办公室秘书，总政治部办公厅秘书，中央军委纪委办公室副主任、主任，总政治部纪检部案审局局长，海军航空兵政治部副主任。1998年12月任总政治部纪检部副部长。2002年11月任中央纪委常委，中央军委纪委副书记、总政治部纪检部部长。1991年授予大校军衔，1998年7月晋升海军少将军衔。在中共第十六次全国代表大会上当选中央纪委委员、常委。

吴冬华 生于1945年，昌荣镇人。江苏省政协副主席、党组成员，中共十五大代表。第七届、第八届全国人大代表，省八届、九届政协委员。1963年8月参加工作，1973年4月加入中国共产党。1968—1982年任无锡造漆厂技术员、革委会副主任、主任、党支部书记、厂长。1982—1984年任无锡市经委副主任、党组副书记、无锡市委副书记、副市长、市长。1987年12月任省计经委副主任、党组副书记。1990年10月任省政府外事办公室主任、党组书记。1996年12月任扬州市委书记。2001年2月起任省政协副主席、党组成员。

黄俶成 生于1947年，昭阳镇人。扬州大学教授，中国商业学会副会长兼盐业史专业委员会会长、中国《水浒》学会常务理事兼学术委员、扬州八怪研究会及兴化市施耐庵研究会名誉会长。黄俶成在从事教学工作的同时，潜心学术研究，成果颇丰。先后出版个人专著5部，与他人合著30余部，在国内多种学术刊物上发表论文100余篇。主持国家级、部省级研究项目5项，并获得奖励。黄俶成一直关心家乡文化建设。1982年，应兴化县政府、县政协之邀，回兴襄助筹建郑板桥纪念馆及施耐庵纪念馆。协助征集有关文史资料，出面或提议邀请国内多位知名学者至兴化考察。首提设立郑板桥艺术节，被市人大采纳并经常委会通过，成为兴化市一个具有文化特色的节日。

陆廷金 生于1947年，昭阳镇人。中共党员，空军军官（技术三级、文职二级），教授，博士生导师，全军军事系统工程学会副主任委员。现任徐州空军学院航弹系教授。1959年9月至1965年7月就读于江苏省兴化中学，1970年7月毕业于西北工业大学（飞行设计），毕业后加入中国人民解放军空军，先后在兰州军区空军和徐州空军学院任职。1997年任空军后勤学院副院长。主要从事航空弹药专业教学和科研工作，撰写专著和教材9部，是军队航空弹药专业学科领域带头人，被聘为

国务院军队学位委员会学科评议组成员，国务院军事硕士专业指导委员会委员，2005年获国务院特殊岗位津贴。

王凤银　生于1949年，大邹镇人。中共党员，大学文化。沈阳军区空军装备部部长，空军少将。1967年毕业于江苏省兴化中学，1968年2月入伍到南京军区某部，1969年选入空军某航校学习飞行，1971年7月提干，1980年5月调沈阳军区空军，1986年于空军工程大学本科毕业，先后任分队长、教员、参谋、中队长、副参谋长、训练处长、团长，军区空军装备部办公室主任、副部长等职。组织撰写《航空与防空武器装备》《透析信息化条件下‘三战’》等专著，并发表10多篇学术论文。

张长宽　生于1954年，陈堡镇人。国家海洋局海洋研究中心，江苏省海涂研究中心主任。曾任河海大学校长、研究生院院长，教授，博士生导师，同时兼任中国水利学会副理事长、中国海洋湖沼学会副理事长、江苏省海洋湖沼学会理事长、国际水利工程与研究协会（IAHR）会员等职。主要从事近海水环境及物质扩散数值模拟、海岸河口灾害预测与防御以及海岸演变数值模拟等领域的教学和科研工作。发表学术论文50余篇，9项研究成果获得国家及部省科技进步奖。

徐如俊　生于1955年，兴化人。中共党员，高级编辑。1978年毕业于上海复旦大学新闻系新闻专业。历任人民日报社总编室编辑，国内政治部编辑、主任编辑、办公室主任，群众工作部副主任，总编室副主任、主任，人民日报社编辑委员会委员、秘书长、副总编辑。2005年6月起任经济日报社社长（副部长级）。第十一届全国政协委员。2000年8月获“第五届全国百佳新闻工作者”称号。

李　健　生于1956年，新垛镇人。中共党员，硕士研究生学历。1968年9月起在兴化市安丰中学读高中。1974年12月入伍到中国人民解放军59865部队任战士、班长、电影组长、政治指导员。1985年9月起在陕西师范大学思想政治教育专业学习，1992年5月任59953部队政治处主任、党委常委、纪委书记。1995年3月任59049部队政委、党委书记。1998年7月任59190部队政治部主任、党委常委。1999年9月起在第二炮兵指挥学院政治工作学专业学习。2002年3月任62101部队政治部主任、党委常委。2005年5月任62101部队政委、党委书记，少将军衔。

顾保孜　生于1957年，女，兴化人。1971年8月参加工作，1995年3月入伍，中国作家协会会员、中国传记文学学会会员，现为第二炮兵电视艺术中心一级编剧。著有纪实文学专集《红墙里的瞬间》《样板戏出台内幕》《铁血N4A》《纳粹集中营的中国女孩》《我的父亲朱德》《红镜头》，小说《巅魂》等。电影《相伴永远》编剧，电视剧《罗荣桓》编剧。作品获第三届当代军人最喜爱军版图书一等奖、第五届五个一工程奖、中国第十届图书奖、解放军首届图书奖、1993年全国图书金钥匙奖。2000年电影华表奖优秀编剧奖。

黄　明　生于1957年，兴化人。1975年8月参加工作，1976年12月加入中国共产党，中共江苏省委党校科学社会主义专业毕业，在职研究生学历。2009年8月任公安部副部长、党委委员，副总警监警衔。

林　鸣　生于1957年，兴化人。硕士，高级工程师，中国交通建设股份有限公司总工程师。历任珠海大桥、武汉白沙洲大桥项、润扬大桥项目经理。2003—2005年任南京长江三桥建设指挥部副总指挥长。主持创造的项目多次获国家科学技术进步奖。2010年12月任港珠澳大桥岛隧工程项目总经理、总工程师。

华学诚　生于1957年，兴化人。文学博士。现任北京语言大学人文学院院长、汉语古文献研究所所长，教授，博士研究生导师，中国古典文献学博士点学科带头人。出版《潜斋语文丛稿》《扬雄方言研究》《中国历代训诂学文选》《汉语方言学史研究》《周秦汉晋方言研究史》《扬雄方言校释汇证》等专著；主编《现代文秘丛书》8种，主编《北京语言大学汉语言文字学论丛·汉语史卷》），参编部编《古代汉语自学辅导》1种，参编大型工具书《古文字诂林》12册。在《中国语文》《语言研究》《古汉语研究》《语言科学》《文史》等专业学术期刊和有关学报发表论文60余篇。先后完成校级课题4项、省部级课题8项、国家级课题1项，在研国家级课题1项。先后获得各级各类优秀科研成果奖近20项。

王存玉　生于1963年，陶庄镇人。美国洛杉矶加州大学牙学院副院长，口腔生物学和医学系主任。1985年毕业于南京医科大学口腔系，1989年获北京医科大学（现北大医学部）临床医学博士学位。1990年，王存玉赴波士顿福赛思学院做博士后研究，1998年获北京大学分子生物学和遗传学博士学位后，受聘为密西根大学教授。至2010年，在加州大学洛杉矶分校任职。先后在美国《科学》、英国《自然—医学》等世界一流学术期刊上发表大量具有影响的科研论文。

毕飞宇　生于1964年，兴化人。江苏省作家协会副主席。1987年毕业于扬州师范学院（现扬州大学）中文系。其作品《哺乳期的女人》获首届鲁迅文学奖短篇小说奖，《玉米》获第三届鲁迅文学奖。2010年，法文版《平原》获法国《世界报》文学奖。代表作品有《青衣》《平原》《推拿》等，其中长篇小说《推拿》获第八届茅盾文学奖。

朱天曙　生于1974年，兴化人。北京语言大学教授、博士生导师，中国书法篆刻研究所所长，中央美术学院聘任教授。南京艺术学院文学（书法篆刻）博士，清华大学艺术学博士后。2008年3月被《中国教育报》评为全国“七十年代书家”中最有代表性的学院书家之首。

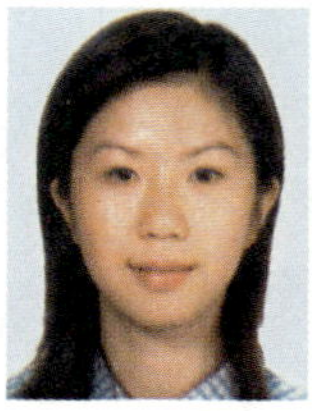

谷笑冰　生于1985年，女，兴化人。国际象棋女子国际特级大师。1993年获全国“李成智杯”国际象棋女子8岁组冠军。1995年获全国“李成智杯”国际象棋女子10岁组冠军。1996年获全国“棋童杯”国际象棋比赛11岁组冠军。1997年获第十届全国“希望杯”国际象棋比赛第一名。2001年世界青年国际象棋冠军赛第四名。2002年全国个人国际象棋锦标赛亚军。2004年获世界大学生团体赛冠军。2005年获世界青年锦标赛冠军赛第二名。2003年成为江苏省第一位国际象棋女子国际特级大师。

侯逸凡　生于1994年，女，兴化人。国际象棋男子国际特级大师，国际象棋女子世界冠军，中国国际象棋队员。1998年开始学棋，2000年获得全国少儿冠军，2001年成为棋协大师，2002年

获得世界青少年冠军，2003年成为中国年龄最小的成年全国冠军。2007年获全国女子国际象棋个人赛冠军，不满13岁即晋升为女子国际特级大师。2008年晋升男子国际特级大师，是历史上晋升男子特级大师最年轻的女棋手。2010年获世界女子国际象棋锦标赛冠军，成为历史上最年轻的世界棋后。同年在广州亚运会上以9战8胜1和积8.5分的不败战绩，为中国国际象棋实现亚运历史上金牌“零”的突破，也是兴化籍运动员夺得的首枚亚运金牌。

郭　琦　生于1995年，女，兴化人。国际象棋女子国际特级大师。2003年获得“一级棋士”称号，2006年获得女子国际象棋“棋协大师”称号。后在阿联酋国际棋联会上以2337分被批准晋升为女子特级大师。

第三章　人物表

第一节　先进人物

先进人物表收录省、部级及以上单位表彰的劳动模范、“五一”奖章获得者、先进工作者、优秀教师、优秀共产党员等226人次。排列以表彰先后为序。

1991—2010年兴化市先进人物一览表

表30-1

姓　名	性别	所在单位	表彰时间	荣誉称号	授予单位
刘　歆	男	市卫生局	1991	全国救灾防病先进个人	卫生部、中医药局
陈富金	男	市卫生局	1991	全国救灾防病先进个人	卫生部、中医药局
张连洲	男	海河乡党委	1991	江苏省1991年抗洪救灾先进个人	省委、省政府
赵正洪	男	老圩区委	1991	江苏省1991年抗洪救灾先进个人	省委、省政府
奚茂乾	男	中圩乡党委	1991	江苏省1991年抗洪救灾先进个人	省委、省政府
迟开元	男	市委办	1991	江苏省1991年抗洪救灾先进个人	省委、省政府
吕万桂	男	陈堡乡党委	1991	江苏省1991年抗洪救灾先进个人	省委、省政府
韩世荣	男	大垛镇党委	1991	江苏省1991年抗洪救灾先进个人	省委、省政府
王启平	男	戴南镇党委	1991	江苏省1991年抗洪救灾先进个人	省委、省政府
邹祥凤	女	大邹镇党委	1991	江苏省1991年抗洪救灾先进个人	省委、省政府
韦雁国	男	李健乡党委	1991	江苏省1991年抗洪救灾先进个人	省委、省政府
平学诗	男	林湖乡政府	1991	江苏省1991年抗洪救灾先进个人	省委、省政府
徐国银	男	永合区委	1991	江苏省1991年抗洪救灾先进个人	省委、省政府

续表 30-1-1

姓　名	性别	所在单位	表彰时间	荣誉称号	授予单位
汤广厚	男	临城区委	1991	江苏省1991年抗洪救灾先进个人	省委、省政府
徐后信	男	竹泓区委	1991	江苏省1991年抗洪救灾先进个人	省委、省政府
张正银	男	周奋乡党委	1991	江苏省1991年抗洪救灾先进个人	省委、省政府
卢立志	男	周庄区委	1991	江苏省1991年抗洪救灾先进个人	省委、省政府
顾玉良	男	市人大常委会	1991	江苏省1991年抗洪救灾先进个人	省委、省政府
袁少群	男	市政协	1991	江苏省1991年抗洪救灾先进个人	省委、省政府
刁　荣	男	市保险公司	1991	江苏省1991年抗洪救灾先进个人	省委、省政府
蔡明鹏	男	市物资局	1991	江苏省1991年抗洪救灾先进个人	省委、省政府
冉玲秀	女	市妇联	1991	江苏省1991年抗洪救灾先进个人	省委、省政府
夏　骏	男	市民兵通信连	1991	民兵规范化训练和带训工作先进个人	省政府、省军区
于元庆	男	市卫生局	1991	抗洪救灾先进个人	中国红十字会
史兆英	女	市爱卫办	1991	全国农村改水先进个人	全国爱卫会
顾学大	男	昌荣镇存德初级中学	1991	江苏省劳动模范	省政府
吕贵才	男	海河区农技站	1991	江苏省劳动模范	省政府
鲍育华	男	西鲍乡新城村	1991	江苏省劳动模范	省政府
房学林	男	大邹砖瓦厂	1991	江苏省劳动模范	省政府
汤金明	男	边城镇东二村	1991	江苏省劳动模范	省政府
邹维葆	男	市农技推广中心	1991	江苏省劳动模范	省政府
徐　娟	女	合塔乡人民政府	1991	江苏省劳动模范	省政府
周珍国	男	获垛乡人民政府	1991	江苏省劳动模范	省政府
王清元	男	周奋乡人民政府	1991	江苏省劳动模范	省政府
宗瑶琴	女	安丰工商所	1991	江苏省劳动模范	省政府
潘学智	男	市税务局陈堡税务所	1991	江苏省劳动模范	省政府
吕贵才	男	海河区农技站	1991	江苏省劳动模范	省政府
吴文华	男	安丰高级中学	1991	全国优秀教师	人事部、国家教委
刘同泽	男	新垛乡中心小学	1991	全国优秀教师	人事部、国家教委
王荫槐	男	实验小学	1991	全国优秀教师	人事部、国家教委
徐保荣	男	城北中学	1991	全国优秀教师	人事部、国家教委
柳印生	男	兴化中学	1991	江苏省有突出贡献中青年专家	省政府
张连洲	男	海河乡党委	1992	1991年全国抗洪抢险模范	国家防汛总指挥部、人事部、水利部
孙如丽	女	市人民医院	1992	全国城市优秀计划生育工作者	国家人口计生委
赵国权	男	市林牧业局	1992	全国基层畜牧三站先进个人	农业部
刘玉年	男	市民政局	1993	江苏省拥军优属先进个人	省政府、省军区
翟树春	男	市卫生局	1993	全国卫生防疫工作先进个人	卫生部、铁道部、总后勤部
陈笃沂	男	兴化中学	1993	全国优秀教师	人事部、国家教委

续表 30-1-2

姓　名	性别	所在单位	表彰时间	荣誉称号	授予单位
刘永高	男	新垛乡中心小学	1993	全国优秀教师	人事部、国家教委
吴春宝	男	大营乡中心小学	1993	全国优秀教师	人事部、国家教委
孔繁惠	男	张郭镇中心小学	1993	全国优秀教师	人事部、国家教委
季开灵	男	周庄镇周泽中学	1993	全国优秀教师	人事部、国家教委
朱道玲	女	第二实验小学	1993	江苏省特级教师	省政府
李德剑	男	钓鱼镇农技站	1995	全国劳动模范	国务院
孙兆才	男	市人武部	1995	江苏省民兵武器安全管理工作先进个人	省政府、省军区
魏仁元	男	市农业局	1995	江苏省有突出贡献中青年专家	省政府
许良瑜	男	茅山镇朱龙小学	1995	全国教育系统劳动模范	国家教委、人事部
毛　涵	男	兴化中学	1995	全国优秀教师	人事部、国家教委
刘中俊	男	戴窑镇初级中学	1995	全国优秀教师	人事部、国家教委
潘振华	男	林湖乡中心小学	1995	全国优秀教师	人事部、国家教委
任祖镛	男	兴化中学	1996	江苏省特级教师	省政府
王月华	男	市绿化委员会	1996	江苏省绿化先进工作者	省政府
徐志平	男	市多管局	1996	江苏省绿化先进工作者	省政府
徐庆云	男	老圩乡新徐村	1996	江苏省见义勇为英雄	省政府
徐庆云	男	老圩乡新徐村	1996	江苏省劳动模范	省政府
卞祖荄	男	舍陈高级中学	1996	江苏省劳动模范	省政府
陈红菊	女	市人民医院	1996	江苏省劳动模范	省政府
马永明	男	市殡仪馆	1996	江苏省劳动模范	省政府
王春红	女	市水泥制品厂	1996	江苏省劳动模范	省政府
季友鹏	男	市供电局	1996	江苏省劳动模范	省政府
卞玉琴	女	市商业大厦	1996	江苏省劳动模范	省政府
唐龙珍	男	市计生委	1996	江苏省劳动模范	省政府
徐学进	男	市信访局	1996	江苏省劳动模范	省政府
赵煦东	男	周奋乡时堡二村	1996	江苏省劳动模范	省政府
袁征祥	男	周庄镇委员会	1996	江苏省劳动模范	省政府
张文德	男	戴南镇董北村	1996	江苏省劳动模范	省政府
陈金祥	男	沙沟镇水产村	1996	江苏省劳动模范	省政府
万友莲	女	市卫生局	1996	全国妇幼卫生先进工作者	卫生部
吴中允	男	市卫生局	1996	全国卫生系统先进工作者	卫生部、人事部、国家中医药管理局
娄登仪	男	市农技推广中心	1997	江苏省有突出贡献中青年专家	省政府
周进豪	男	市公安局	1997	全省防范和处理邪教工作先进工作者	省委、省政府
刘玉年	男	市民政局	1997	江苏省拥军优属先进个人	省政府、省军区
张家宽	男	市教育局	1997	全国群众体育工作先进个人	国家体委

续表 30-1-3

姓　名	性别	所在单位	表彰时间	荣誉称号	授予单位
吴瑞华	男	新生中心小学	1997	全国群众体育工作先进个人	国家体委
杭银凤	女	市公交公司	1998	江苏省再就业先进个人	省政府
刘国胜	男	昭阳镇	1998	江苏省见义勇为先进分子	省政府
刘居凤	女	中堡镇朱野村	1998	江苏省见义勇为先进分子	省政府
姚立军	男	市委统战部	1998	民族团结进步先进个人	国家民委、省政府
刘仁浩	男	兴化市第一中学	1999	江苏省特级教师	省政府
徐永海	男	市公安局	1999	全国优秀人民警察	公安部
任祖镛	男	兴化中学	1999	江苏省首批名教师	省政府
朱爱道	男	市工商局	1999	江苏省“人民满意的公务员”	省政府
石粉兰	女	大垛镇从六村	2000	江苏省见义勇为先进分子	省政府
郭乃年	男	钓鱼乡	2000	江苏省见义勇为先进分子	省政府
金　玉	男	李健信用社	2000	江苏省见义勇为先进分子	省政府
张文德	男	戴南镇董北村	2000	全国劳动模范	国务院
瞿桂富	男	市纪委	2001	全省纪检监察先进个人	省委、省政府
马永明	男	市殡仪馆	2001	全国“五一”劳动奖章	全国总工会
沈风生	男	舍陈高级中学	2001	全国模范教师	教育部
金厚成	男	茅山镇教管办	2001	全国“两基”工作先进个人	教育部
陈朝银	男	周庄镇政府	2001	全国乡镇企业家	农业部
杨风昌	男	新垛镇	2001	全国婚育新风进万家活动先进个人	中宣部、国家人口计生委
吴瑞华	男	昭阳镇	2001	全国群众体育先进个人	国家体育总局
史宏旺	男	市农行	2001	优质服务先进个人	中国农业银行总行
赵旭东	男	张郭镇党委	2001	江苏省劳动模范	省政府
薛宏金	男	市财政局	2001	江苏省劳动模范	省政府
孔繁彬	男	中堡镇	2001	江苏省劳动模范	省政府
孙桂存	男	市电信局	2001	江苏省劳动模范	省政府
刘锦兰	男	江苏兴达钢帘线股份有限公司	2001	江苏省劳动模范	省政府
陈爱华	女	市人民医院	2001	江苏省劳动模范	省政府
金巧兰	女	荻垛镇	2001	江苏省劳动模范	省政府
刘玉俊	男	昭阳镇药沈村	2001	江苏省劳动模范	省政府
乔宝友	男	戴窑镇	2001	江苏省劳动模范	省政府
花幸福	男	建委装潢装饰公司	2001	江苏省劳动模范	省政府
刘锁英	女	江苏双蝶集团有限公司	2001	江苏省劳动模范	省政府
丁天方	男	市水产局	2001	优秀共产党员	省委
姚朋林	男	市委宣传部	2001	优秀共产党员	省委

续表 30-1-4

姓　名	性别	所在单位	表彰时间	荣誉称号	授予单位
张炳嘉	男	兴化中学	2002	江苏省特级教师	省政府
解正己	男	兴化中学	2002	江苏省特级教师	省政府
吴　跃	男	市政府	2002	国家级生态示范区优秀领导	国家环保总局
杨　建	男	市政府	2002	国家级生态示范区优秀领导	国家环保总局
魏　佩	男	市环保局	2002	国家级生态示范区先进工作者	国家环保总局
顾广铭	男	市卫生局	2002	全国改水厕先进工作者	国家爱卫会
陈振邦	男	市人行	2002	金融监管先进个人	中国人民银行总行
瞿桂富	男	市纪委	2002	嘉奖	中纪委、监察部
滕　帅	男	市计生委	2002	全国计划生育 生育/生殖健康调查优秀调查员	国家人口计生委
周爱红	女	市计生委	2002	全国计划生育 生育/生殖健康调查优秀调查员	国家人口计生委
华正雄	男	市农技推广中心	2002	农业科技先进工作者	省政府
易荣根	男	市公安局	2003	全国优秀人民警察	公安部
刘锦兰	男	江苏兴达钢帘线股份有限公司	2003	全国五一劳动奖章	全国总工会
葛仁华	女	市体育局	2003	全国优秀社会体育指导员	国家体育总局
徐德银	男	市国土局	2003	全国土地登记和土地调查先进个人	国土资源部
袁桂芬	女	市计生委	2003	全国人口和计划生育科技工作先进个人	国家人口计生委
王永明	男	市卫生防疫站	2003	全省防治非典型肺炎工作先进个人	省委、省政府
卞祖炎	男	楚水实验学校	2004	江苏省特级教师	省政府
顾兴国	男	实验小学	2004	江苏省特级教师	省政府
张炳嘉	男	兴化中学	2004	全国优秀教师	教育部
刘　俊	男	市中行	2004	文明优质服务红旗标兵	中国银行总行
王　晖	男	城东镇	2004	2004年度“全国粮食生产大户”	农业部
范维礼	男	沈坨镇	2004	2004年度“全国粮食生产大户”	农业部
丁仁山	男	荻垛派出所	2004	江苏省见义勇为先进分子	省政府
刘锦兰	男	江苏兴达钢帘线股份有限公司	2004	江苏省优秀共产党员	省委
倪干华	男	市教育局	2005	全国绿色学校工作优秀教师	国家环保总局 教育部
陆锦元	男	市委老干局	2005	全国关心下一代先进工作者	中国关工委、文明办
王宝银	男	市农业局	2005	全国农业技术推广先进工作者	农业部
曹爱凤	女	市计生委	2005	全国人口和计划生育系统药具工作先进个人	国家人口计生委
周金喜	男	市计生委	2005	2001—2005年全国新风进万家先进个人	中宣部、中央文明办、国家计生委、教育部、民政部、文化部、广电总局、全国总工会、共青团中央、全国妇联

续表 30-1-5

姓　名	性别	所在单位	表彰时间	荣誉称号	授予单位
马元年	男	市体育局	2005	全国群众体育先进个人	国家体育总局
赵旭东	男	张郭镇党委	2005	全国先进工作者	国务院
韦雁国	男	市委统战部	2005	全国宗教系统“四五”普法先进个人	国家宗教局
王明瑾	男	兴化市第一中学	2006	江苏省特级教师	省政府
陈德前	男	市教研室	2006	江苏省特级教师	省政府
华艺平	男	戴南高级中学	2006	江苏省特级教师	省政府
张正耀	男	楚水实验学校	2006	江苏省特级教师	省政府
徐永海	男	市公安局	2006	江苏省先进工作者	省政府
韦兆兄	女	周奋乡	2006	全国孝亲敬老之星	中宣部、教育部、国家广电总局、共青团中央、全国老龄委、全国妇联
陆维珠	男	市安监局	2006	安全生产监管先进个人	国家安监总局
李国华	男	市交通局	2006	京杭运河船型标准化示范工程推进工作先进个人	交通部
奚春根	男	市公安局	2006	2006年度全国公安机关清理“三非”外国人专项整治行动先进个人	公安部
赵龙才	男	垛田镇敬老院	2006	全国老龄工作先进个人	民政部、全国老龄委
宗建江	男	合陈镇	2006	“双带双扶”先进个人	省军区
杨加安	男	市委政法委	2006	一等功	省委、省政府
周进豪	男	市委政法委	2006	二等功	省委、省政府
杭银凤	女	市交通局	2006	江苏省劳动模范	省政府
刘　祥	男	江苏兴达钢帘线股份有限公司	2006	江苏省劳动模范	省政府
翟培成	男	戴南镇永丰村	2006	江苏省劳动模范	省政府
陈秋林	男	江苏双蝶集团有限公司	2006	江苏省劳动模范	省政府
朱同林	男	兴化红膏大闸蟹有限公司	2006	江苏省劳动模范	省政府
杨汉洲	男	江苏双乐化工颜料有限公司	2006	江苏省劳动模范	省政府
王　云	男	市烟草局	2006	江苏省先进工作者	省政府
杨加平	男	市粮食局	2006	江苏省先进工作者	省政府
徐永海	男	市公安局	2006	江苏省先进工作者	省政府
葛玉林	男	市植物保护站	2006	江苏省先进工作者	省政府
陆维珠	男	市安监局	2007	安全生产监管先进个人	国家安监总局、国家煤矿安全监察局
徐　洁	女	市计生委	2007	先进工作者	国家人口计生委
张正太	男	市计生委	2007	先进工作者	国家人口计生委
王学林	男	市计生委	2007	先进工作者	国家人口计生委

续表 30-1-6

姓　名	性别	所在单位	表彰时间	荣誉称号	授予单位
曹伯高	男	兴化中学	2007	全国优秀教师	教育部
王　梅	女	中堡中心小学	2007	全国优秀教师	教育部
周祥松	男	钓鱼镇	2007	全国调研模范	农业部
金禹根	男	临城镇	2007	防矛盾激化先进个人	省委、省政府
周长书	男	市文广新局	2007	2007年全国“送电影下乡”活动优秀农村电影放映员	文化部
曹伯高	男	兴化中学	2008	江苏省特级教师	省政府
姚　平	男	兴化中学	2008	江苏省特级教师	省政府
张乃贵	男	周庄高级中学	2008	江苏省特级教师	省政府
杨　建	男	中共兴化市委	2008	全国“群众喜爱的社会体育指导员”	国家体育总局
万桂琴	女	市中行	2008	奥运服务先进个人	中国银行总行
朱满涛	男	开发区	2008	第二次全国农业普查先进个人	国务院第二次全国农业普查小组、国家统计局
史松奇	男	张郭镇	2008	第二次全国农业普查先进个人	国务院第二次全国农业普查小组、国家统计局
黄寿余	男	戴南镇	2008	第二次全国农业普查先进个人	国务院第二次全国农业普查小组、国家统计局
马宝贵	男	戴南镇	2008	第二次全国农业普查先进个人	国务院第二次全国农业普查小组、国家统计局
翁国忠	男	戴南镇	2008	第二次全国农业普查先进个人	国务院第二次全国农业普查小组、国家统计局
邱步前	男	海南镇	2008	第二次全国农业普查先进个人	国务院第二次全国农业普查小组、国家统计局
赵长荣	男	合陈镇	2008	第二次全国农业普查先进个人	国务院第二次全国农业普查小组、国家统计局
彭瑞庆	男	市农业局	2008	全国粮食生产先进工作者	农业部
贾春林	男	中共兴化市委	2009	全国县（市）科技进步工作先进个人	科技部
李　伟	男	市政府	2009	全国县（市）科技进步工作先进个人	科技部
顾跃进	男	市政府	2009	全国县（市）科技进步工作先进个人	科技部
董建平	男	市邮储银行	2009	全国优秀信贷员	中国邮政储蓄银行
侯贵铭	男	市国土局	2009	全国基本农田先进个人	国务院第二次全国经济普查领导小组
孙家祥	男	市交通局	2009	全国交通运输系统先进工作者	人社部、交通运输部
戎晓健	女	市地税局	2009	全国“三八”红旗手	全国妇联
吴虎臣	男	市体育局	2009	全国群众体育先进个人	国家体育总局
于　华	男	市工商银行	2009	对公结算账户双提升营销活动先进个人	中国工商银行
张洪平	男	市工商银行	2009	第四届总行级“知识型员工先进个人”	中国工商银行

续表 30-1-7

姓　名	性别	所在单位	表彰时间	荣誉称号	授予单位
赵世远	男	市物价局	2009	2008—2009年度全国农产品调查工作优秀个人	国家发改委
房元富	男	中堡镇中心校	2009	江苏省优秀教育工作者	省政府
徐松春	男	市农业行政执法大队	2009	全国农业综合执法先进个人	农业部
李炳维	男	市农业局	2009	全国粮食生产先进个人	农业部
何如涛	男	板桥初级中学	2009	全国优秀教师	教育部
胡自明	男	江苏兴达钢帘线股份有限公司	2009	全国钢铁工业劳动模范	人社部
刘庄明	男	江苏兴海特钢有限公司	2009	全国钢铁工业劳动模范	人社部
孙　庆	男	兴化中学	2010	江苏省特级教师	省政府
陆维珠	男	市安监局	2010	安全生产监管监察先进个人	国家安监总局、国家煤矿安全监察局
姜　华	女	市妇联	2010	维护妇女儿童权益先进个人	全国妇联
葛玉林	男	市农技推广中心	2010	全国先进工作者	国务院
郑生英	女	市邮储银行	2010	全国金雁奖优秀客户经理	中国邮政储蓄银行
徐立华	男	中共兴化市委	2010	全国扫黄打非先进个人	全国“扫黄打非”工作小组
戴秀华	男	市文广新局	2010	全国打击互联网和手机媒体淫秽色情信息专项行动有功个人	全国“扫黄打非”工作小组
樊才林	男	沈纶镇樊荣村关工委	2010	全国关心下一代工作先进工作者	中央文明办、中国关工委
高乾德	男	市委农工办	2010	全国农村固定观察点系统“模范调研员”	中央政策研究室、农业部
纪瑞成	男	茅山镇中心小学	2010	全国优秀班主任	教育部
解绍东	男	市总工会	2010	全国工会系统“五五”普法先进个人	全国总工会
刘　祥	男	戴南镇	2010	第三届“江苏创新创业人才奖”	省委、省政府
唐玉银	男	陈堡镇	2010	第六届江苏省农业技术推广奖	省政府
周友炎	男	市农技推广中心	2010	江苏省科学技术进步奖一等奖	省政府

第二节　在外乡贤

在外乡贤名录收录至2010年部分兴化籍在外地任副厅（师）级及以上的干部、正高级专业技术人员、著名文化人、企业家以及有影响的海外华侨和港、澳、台名人等，共377名。前人物简介已记述的不再列表。

兴化市在外乡贤一览表

表30-2

所属乡镇	姓名	性别	出生年份	工作（学习）单位和职务（军衔，职称）
昭阳镇	任 琰	男	1921	铁道部宝鸡桥梁工厂总工程师，教授级高级工程师
	李宗泰	男	1926	中国水电顾问集团北京勘测设计研究院教授级高级工程师
	陈 耀	男	1926	新疆农业大学农学院教授
	杨冬麟	男	1927	化工部北京化工研究院研究室原主任，教授级高级工程师
	陈麟书	男	1928	一部机第二设计研究院、上海市轻工业局冠生园（集团）有限公司教授级高级工程师
	黄德成	男	1928	华东理工大学教授，硕士生导师
	路丙章	男	1928	上海海洋地质调查局原局长
	吴怀瑛	女	1929	上海医科大学药学院物理化学教研室主任，教授，博士生导师
	乔 平	女	1929	山东师范大学教授
	夏祝辉	男	1931	同济医科大学环境流行病学教研室副主任，校务处长，教授，硕士生导师
	成保良	男	1931	中国人民大学经济学院教授
	杨本生	男	1931	中国戏剧家协会会员，国家一级编剧
	李德津	女	1932	北京语言大学汉语学院教授
	朱德修	男	1932	加拿大中国工商业协会会长
	黄鹏成	男	1932	南京林业大学树木标本室主任，教授
	钮齐礼	男	1933	北京市律师协会原副秘书长，一级律师
	高天如	男	1933	复旦大学中国语言文学研究所理论语言学研究室主任，中文系教授
	杨福渠	男	1933	海军大连舰艇学院教授
	魏锦城	男	1933	南京师范大学生物学系教授
	成绶台	男	1933	长江水利委员会直属党委原副书记（副厅级），高级编辑，中国作协会员
	顾润华	女	1934	上海市第一人民医院妇产科主任医师，教授
	任 瑗	男	1934	辽宁省轻工设计院总工程师
	陈定一	男	1934	北京中医药大学教授，硕士研究生导师
	李德昌	男	1935	南京理工大学理学院教授
	宫 镇	男	1935	江苏大学教授，博士生导师
	顾进成	男	1935	中国石油天然气总公司基建局副总工程师，教授级高级工程师
	孔繁敖	男	1936	中国科学院化学研究所研究员，学术委员会原副主任
	张 燕	女	1936	上海市人大财经委员会主任委员，研究员
	高树香	女	1936	东南大学电子工程系教授
	赵强基	男	1936	江苏省农业科学院农业现代化研究所研究员
	易承德	男	1937	太原理工大学经济管理学院经贸系教授，硕士生导师

续表 30-2-1

所属乡镇	姓　名	性别	出生年份	工作（学习）单位和职务（军衔，职称）
	张元林	男	1937	东南大学应用概率统计研究所原副所长，教授
	朱崇文	女	1937	徐州农科所甘薯育种室原主任，研究员
	郭燕昌	男	1938	信息产业部电子第14研究所研究员
	陈怀琴	女	1938	上海建筑设计研究院主任工程师，教授级高级工程师
	金朝亮	男	1938	中科院上海分院进修学院教授
	刘联璠	男	1938	中国科学院上海原子核研究所研究员
	刘麟仲	男	1938	中国科学院紫金山天文台研究员
	潘应元	男	1938	山东省青岛医学院教授
	梅钧安	男	1939	浙江省杭州市建筑设计研究院原副总建筑师，教授级高级建筑师
	闵长江	男	1940	徐州矿务局原局长，徐州矿务集团董事长兼总经理
	顾练百	男	1940	南京林业大学木材工业学院研究所所长，教授，博士生导师
	刘　珣	男	1940	北京语言大学人文学院和教师进修学院教授
	秦晓钟	男	1940	中国通用机械工程总公司原副总工程师，教授级高级工程师
	顾同祥	男	1944	海军指挥学院外军教研室主任，教授，大校
	严国英	女	1944	中央军委总装备部装备学院，正师级，大校
	刘　璟	男	1944	中共淮阴市委原常委，江苏省淮阴军区分区政委，大校
	吴瑞林	男	1945	南京大学发展委员会原副主任
	黄　峻	男	1945	南京医科大学副校长、常委常委兼第一临床医学院院长，主任医师，教授，博士生导师
	杜崇仁	男	1945	跃进汽车集团公司技术中心党委副书记，高级工程师
	王寿荣	男	1946	东南大学仪器科学与工程学院教授，博士生导师
	丁长森	男	1946	政协南京市秦淮区委员会原主席
	陈笃庆	男	1947	中国驻巴西联邦共和国特命全权大使
	秦晓山	男	1948	江苏省机构编制委办公室副主任
	杨本红	女	1948	扬州大学社会发展学院教授，硕士生导师
	成授昌	男	1950	扬州教育学院教授，扬州市小学语文研究会理事长
	金文骛	男	1951	泰州市政协副主席，民建泰州市委主委，民建江苏省委常委
	王泓卫	男	1951	泰州市人大常委会副主任
	张　泉	男	1954	江苏省住房和城乡建设厅副厅长，省抗震办公室主任
	赵　钲	男	1955	江苏省词协会办公室主任，《江海诗词》美编，国家中级美术师，金陵书画院一级画师
	赵文霞	女	1955	美国旧金山西门子公司项目负责人
	沈镇昭	男	1956	全国农业展览馆（中国农业博物馆）党委书记
	徐林祥	男	1956	扬州大学文学院教研室主任，教授，文学博士，硕士生导师

续表 30-2-2

所属乡镇	姓　名	性别	出生年份	工作（学习）单位和职务（军衔，职称）
	顾　明	男	1957	上海同济大学土木工程防灾国家重点实验室、桥梁工程系教授，博士生导师
	赵文迅	男	1957	美国芝加哥希尔制药公司部门主管，统计学博士
	张　申	男	1957	中国矿业大学物联网研究中心，教授，工学博士，博士生导师
	徐　荣	男	1958	广东省珠海市华发集团公司党委书记
	曹广亚	男	1961	武警上海总队医院检验病理科主任，主任医师
	解希顺	男	1961	全国高等物理教育研究会副秘书长，东南大学物理系教授
	王　杰	男	1961	南京大学化学化工学院教授，博士生导师
	顾建新	男	1961	香港理工大学博士，东南大学图书馆馆长，教授，博士生导师
	徐桂华	女	1962	南京中医药大学副校长，教授，博士生导师
	冯宏娟	女	1962	中国人寿再保险股份有限公司原副董事长，原总经理
	张　宏	男	1963	中国石油大学（北京）机电工程学院原院长，教授，博士生导师
	朱　洪	男	1963	商务部国际司副司长
	陆彩荣	男	1963	光明日报新闻报道策划部主任，高级记者
	鲍育明	男	1964	南京军区建筑设计院高级工程师
	王道成	男	1964	扬州市中医院大内科主任，主任中医师，教授，医学博士，硕士研究生导师
	杨莉馨	女	1966	南京师范大学文学院外国文学教研室主任，教授，硕士生导师
	朱学军	男	1967	美国纽约Mckinsey & Company咨询公司主编，法学博士
	杨　明	男	1968	南京大学哲学系党委书记，教授，博士生导师
	任晓润	女	1969	南京广播电视集团节目研发部主任，高级编辑（教授级）
戴南镇	许廷官	男	1932	南京大学原副校长
	徐立人	男	1933	泰州市人民医院主任医师
	肖丙仁	男	1933	新疆军区后勤部部长
	徐世纯	男	1933	镇江医学院主任教授
	刘锦星	男	1934	上海交通大学教授
	徐国庆	男	1935	南京鼓楼医院主任医师
	沐茂方	男	1935	济南军区空军飞行大队大队长
	顾永芝	男	1936	南京艺术学院原教务处处长，教授
	周守泉	男	1936	电子工业部401医院党委书记
	杭庆平	男	1936	扬州师范学院物理系教授
	杭永益	男	1937	马鞍山钢铁（集团）原总经理，马鞍山钢铁股份有限公司原董事长
	刘立人	男	1937	扬州师范学院中文系教授
	汪德泉	男	1938	解放军第二炮兵军事法院院长
	徐国余	男	1939	无锡市血防研究所主任医师
	姚宪邦	男	1939	机械工业部规划研究院副院长

续表 30-2-3

所属乡镇	姓　名	性别	出生年份	工作（学习）单位和职务（军衔，职称）
	蒋中毅	男	1939	原北京林业科学院研究员
	丁恒广	男	1940	解放军某研究所上海研究处原政委
	吉济华	男	1940	南京市口腔医院院长，主任医师
	叶和春	男	1941	中国科学院植物研究所原副所长，中国植物学会原秘书长，研究员，博士生导师
	沈德才	男	1941	广州铁路局广州铁路中心医院主任医师
	李俭春	男	1942	南京军区南京总医院心血管内科主任，主任医师，教授
	朱永法	男	1942	政协湖北省第九届委员会社会和法制委员会副主任
	丁国伟	男	1943	东台市人民医院五官科副院长，主任医师
	蒋兰芳	女	1945	南京市科学技术委员会主任
	潘　颐	男	1946	浙江大学材料与化工学院金属材料研究所教授，博士生导师
	陈守来	男	1947	泰州市人民医院骨科主任医师
	徐绍章	男	1948	牡丹江市第三人民医院院长，主任医师
	周　斌	男	1949	天津市化工设计院副院长
	郭淑兰	女	1950	国营898工厂党委书记
	吉宝宽	男	1950	山东省商业厅党委书记
	蒋绍海	男	1950	宁波市中华纸业（亚洲浆纸业）有限公司党委书记
	周维才	男	1951	南京军区南京总医院主任医师
	翟人友	男	1955	北京市朝阳医院放射科主任，教授
	杭东跃	男	1955	江苏省苏北人民医院口腔科主任，扬州大学医学院口腔科学教研室主任
	李树国	男	1956	交通部第三航务工程勘察设计院副院长
	刘祥安	男	1957	苏州大学文学院中国现当代文学教研室教授，博士生导师
	陈　洁	男	1958	公安部交通管理局局长
	王捍东	男	1958	扬州大学教授
	高　黎	男	1958	中国医学科学院肿瘤医院放射科主任，教授
	费正钟	男	1958	江苏省作家协会创作研究室副主任，文学评论家
	刘大旺	男	1960	江苏省交通厅党组书记
	王　昕	男	1960	美国旧金山北京信息咨询公司总经理，教授
	汤新兵	男	1962	扬州市江都人民医院骨科主任，主任医师
	沐建龙	男	1962	美国马里兰州医生，主任医师
	包振祥	男	1962	扬州大学工学院教授
	董玉海	男	1962	扬州市人民政府副市长
	陈金如	男	1963	南京师范大学数学与计算机科学学院院长，教授，博士生导师

续表 30-2-4

所属乡镇	姓　名	性别	出生年份	工作(学习)单位和职务(军衔,职称)
	孙映祥	男	1963	南京禄口机场党委书记
	顾赛林	男	1963	南京财经大学教育处长,教授
	蒋忆明	男	1963	国泰君安证券股份有限公司财务总监
	尤明庆	男	1964	河南理工大学博士生导师,教授
	张玉林	男	1964	东南大学经济管理学院教授,博士生导师
	向增俊	男	1964	美国摩托罗拉公司加拿大研究中心研究员,高级工程师
	马恒国	男	1964	美国IBM公司(国际商业机器公司)高级工程师
	王卫东	男	1964	中国人民解放军总医院(301医院)医学保障部医学工程保障中心主任,研究员
	翟成祥	男	1965	美国伊利诺大学香槟分校(UIUC)计算机系助理教授
	庞爱中	男	1965	江苏省教育学院教授
	翟振宇	男	1966	江苏省肿瘤医院研究所主任医师,高级工程师
	范建高	男	1966	上海市第一人民医院消化科脂肪肝诊治中心副主任,主任医师
	马建华	男	1967	美国云丝登堡大学康福医院研究员,医药博士
	翟成兴	男	1968	美国国家航空航天局喷气推进(JPL)实验室研究员,博士后
张郭镇	赵京玉	男	1943	江苏省第九届政协秘书长
	王盛如	男	1943	上海远洋运输公司船舶政委,高级政工师
	夏合金	男	1948	南京军区南京总医院医务部主任,主任医师,大校
	王景明	男	1949	国家工商行政管理总局中国工商出版社原社长
	孙玉林	男	1950	济南军区空军联勤部原副部长,大校
	张正太	男	1952	广州空军医院原院长,大校
	陈友春	男	1953	中国东方数控公司总经理,党委书记
	黄福庆	男	1954	南京军区联勤部政治部原主任,大校
	赵观生	男	1955	武汉市房地产开发总公司副总经理
	叶百东	男	1955	南京军区司令部通信部副师职,大校
	华干林	男	1957	扬州大学艺术学院院长
	吴领兵	男	1957	徐州市消防支队党委书记,政委,大校
	华定宁	男	1958	青岛91379部队政治处政委
	张志贵	男	1958	武汉指挥学院教研主任,大校
	黄建国	男	1961	南京海军学院研究员,政委
	汤　咏	男	1961	中国丝绸进出口公司副总经理
	陈友清	男	1962	中国人民解放军广州军区港澳办公室主任,大校
	杭　寅	男	1962	上海光学精密机械研究所研究员

续表 30-2-5

所属乡镇	姓 名	性别	出生年份	工作（学习）单位和职务（军衔，职称）
	汤 晖	男	1962	安徽马鞍山军分区参谋长，大校
	姜 建	男	1962	北京大成开发集团有限公司副总经理兼总会计师
	张月波	男	1962	中国民生银行稽核部总经理，首席稽核检查官
	徐建仁	男	1962	香港贝铭建筑设计有限公司设计总监兼设备专业总工程师，高级工程师
	沈德富	男	1962	武警警种学院政委，大校
	徐开俊	男	1963	中国药科大学教授
	袁锦富	男	1963	江苏省城市规划设计研究院总规划师，教授级，高级规划师，住建部专家委员会委员
	黄宝华	男	1964	中国电信湖北省总公司副总经理
	方祝元	男	1964	江苏省中医院副院长，教授，主任中医师，博士生导师
	赵启群	男	1964	南京医科大学第二附属医院泌尿科主任医师
	谭志忠	男	1964	南通大学理学院教授
	戴鼎震	男	1964	江苏省农科院兽医研究所研究员，金陵科技学院动物科学与技术学院党委书记
	沈新勇	男	1964	南京信息工程大学大气科学系主任，博士生导师
	夏兆云	男	1964	江苏省武警医院影像中心主任，主任医师，医学博士，教授
	薛茂云	男	1964	江苏经贸职业技术学院党委副书记，副院长，教授
	吴金高	男	1965	扬州第三人民医院肝病科主任，主任医师
	赵 华	男	1966	北京民航总局审计科研究员
	潘高华	男	1966	中央军委后勤保障部财务结算中心主任，正师职，大校
	曹春平	男	1967	厦门大学建筑与土木工程学院副教授，博士
	华天涓	男	1973	江苏省苏果超市有限公司副总经理
大垛镇	徐方忠	男	1928	解放军某部原副师级干部
	陆干泉	男	1931	解放军某部原副政委
	李宜东	男	1936	内蒙古自治区林业勘察设计院工民建室、路桥室主任工程师
	吴宗汉	男	1939	东南大学物理系教授，博士生导师
	吴宗鹏	男	1943	徐州第四人民医院主任医师，教授
	陈教义	男	1945	总参三部原军事研究员，大校
	孙桃荣	男	1946	北京军区原某飞行大队大队长，大校
	刘兴前	男	1953	解放军总后勤部军事交通运输部副师职助理员，大校
	李晶生	男	1955	天津市电力公司总经理，教授级高级工程师
	虞万良	男	1957	济南军区总医院医务部主任，大校
	丁永涛	男	1964	北京军区驻石家庄256医院副院长，大校
	王存德	男	1964	扬州大学化学化工学院教授，博士生导师

续表 30-2-6

所属乡镇	姓 名	性别	出生年份	工作（学习）单位和职务（军衔，职称）
	咸春龙	男	1965	华南农业大学党委委员，珠海学院院长，教授
	刘粉明	男	1965	南京天源冷冻设备有限公司董事长
	陈日发	男	1965	民政部党组办公室主任兼政策研究中心副主任
	杨 玉	男	1970	华能徐州铜山风力发电有限公司副董事长，副总经理
	刘文中	男	1972	济南军区空军司令部大校
	孙 永	男	1976	南京中医药大学教授
荻垛镇	罗达成	男	1943	《文汇报》副刊编辑，中国作家协会会员
	周加咸	男	1954	96531部队副总队长，大校
	赵年辉	男	1958	南京军区联勤部政治部主任，大校
	于洪生	男	1960	南京军分区联勤部某船运大队装备处处长，大校
	孙柏旺	男	1965	东南大学化学化工学院教授，博士生导师
	陆伦根	男	1965	上海交通大学医学院附属第一人民医院消化科主任、上海市消化疾病研究所所长助理，教授，主任医师，博士生导师
	徐海铭	男	1966	上海外国语大学英语学院教授，博士生导师
	杨春福	男	1967	南京大学法学院副院长，教授，博士生导师
戴窑镇	姜揖君	男	1922	北京中医大学附属东直门院主任医师，教授
	王如道	男	1940	江苏省人大财政经济委员会原副主任委员
	夏桂年	男	1944	中国（厦门）国际投资促进中心原党支部书记，研究员
	袁有祥	男	1947	国家工商行政管理总局外事司副司长
	袁文荣	男	1950	南京市栖霞区人民政府区长
	韩明权	男	1958	上海肺科医院中西医结合科主任医师，教授
	朱 辉	男	1963	南京河海大学出版社副总编，一级作家，副编审
	周义安	男	1963	南京大学法学系党委书记
	袁欣华	男	1972	宁波市第二医院创伤骨科主任，主任医师，硕士研究生导师
合陈镇	费正翼	男	1953	南京军区技侦一局局长
	顾永美	男	1954	总后武汉基地62159部队医院院长
	沈开涛	男	1964	江泰保险经纪有限公司董事长，北京快速工程规划建设管理公司董事长
	李松年	男	1964	南京医科大学教授
	袁伯银	男	1965	万科企业股份有限公司集团总经理助理兼上海公司总经理
	樊金龙	男	1970	原中国建筑设计院上海分院院长，上海中森建筑与工程设计顾问有限公司董事长
昌荣镇	陆得荣	男	1930	空军某军政治部原副主任
	孙金章	男	1941	泰州市眼科中心名誉主任，主任中医师

续表 30-2-7

所属乡镇	姓　名	性别	出生年份	工作（学习）单位和职务（军衔，职称）
	卞春及	男	1946	江苏省眼科专业委员会主任，南京医科大学眼科教授，主任医师
	杨景发	男	1946	海军电磁兼容研究检测中心主任，总工程师
	俞长兴	男	1950	解放军第414医院副主任药师，主任
	蔡阳金	男	1954	海军高级电子工程学院副师级干部
	杨大云	男	1962	新疆军区副师级干部
	万中山	男	1963	中央军委办公厅综合调研局研究员
	王新晴	男	1963	解放军理工大学工程兵工程学院教授
	朱志铎	男	1963	东南大学教授，博士生导师
	许志泉	男	1963	日本富士堂东洋医学研究所所长，教授
	吴生富	男	1964	中国第一重型机械集团公司总经理，党委副书记，中国第一重型机械集团有限责任公司董事长
	魏春生	男	1966	上海五官科医院主任医师，博士生导师
陶庄镇	顾伟如	女	1935	上海财经大学法学院教授
	盛明生	男	1952	石家庄陆军指挥学院附属医院主任医师
	周泽民	男	1953	南京海军指挥学院高级教官
	仲永龙	男	1957	南京陆军指挥学院战争动员系战争动员理论教研室主任，教授，硕士研究生导师
	刘永辉	男	1958	海军兵种指挥学院科研部部长，硕士研究生导师，海军大校
	薛廷伍	男	1962	中国种畜进出口公司经理
	王桂山	男	1964	扬州教育学院教授
	王日根	男	1964	厦门大学历史研究所所长
海南镇	张桂明	男	1955	解放军驻西北光电仪器厂军事代表室总军事代表
	徐伯俊	男	1960	数字纺织技术研究中心主任，江南大学教授，硕士生导师
	阮礼荣	男	1961	南京信息工程大学传媒与艺术学院副院长，教授，硕士生导师
	王志根	男	1961	浙江江南钢构股份有限公司董事长
	骆金华	男	1968	江苏省人民医院心胸外科主任医师，教授，硕士生导师
	袁秋伟	男	1971	中国新闻出版总署期刊中心主任
	刘丰枝	男	1974	捷库动力（北京）教育科技有限公司首席运营官
大邹镇	易振生	男	1935	安徽芜湖书画院副院长，国家一级美术师
	万金高	男	1956	青海省军区海南军分区司令员，大校
	陈长来	男	1956	中国美术家协会会员，江苏省美术家协会会员，江苏省国画院特聘画家，水墨艺术研究院院长
	顾华志	男	1964	武汉科技大学材料与冶金学院无机非金属材料系主任，教授
永丰镇	潘立卿	男	1928	北京军区空军后勤部原副部长

续表 30-2-8

所属乡镇	姓　名	性别	出生年份	工作（学习）单位和职务（军衔，职称）
	征道生	男	1937	上海华东师范大学数学系教授，中国数学会会员，美国数学会会员，美国数学会（AMS）数学杂志评论员
	朱学铭	男	1948	扬州职业大学党委副书记，高级政工师
	邵松明	男	1949	南京苏星汽车销售服务有限公司总经理，高级工程师，大校
	张忠良	男	1955	中国人民解放军71375部队装备部部长，高级工程师，上校
安丰镇	成启予	男	1939	南京中医药大学附属江苏省中医院心内科主任，主任中医师，教授，硕士生导师
	丁龙章	男	1940	机械工业部第二设计研究院副总工程师，教授级高级工程师
	易佑民	男	1944	安徽大学原副校长，教授
	赵才珍	男	1949	江苏省军区后勤部原副部长
	陈鹤童	男	1952	北京总装机械士官学校政委，大校
	成凤台	男	1952	解放军总政治部老干部服务管理局政委，大校
	王卫中	男	1956	加拿大渥太华大学心脏病研究所及分子生物学研究部研究员，基因治疗及转基因研究课题首席研究员
	袁钦成	男	1959	北京科锐屹拓科技有限公司董事长，教授级高级工程师
	汪　悦	男	1960	南京中医药大学第一临床医学院院长，临床医学研究所所长，主任中医师，教授，博士生导师
老圩乡	王建中	男	1951	司法部《法制日报》社党委副书记
	孙建新	男	1954	南京人口管理干部学院副院长
	陈伯富	男	1956	总后武汉62196部队，大校
	禹新龙	男	1961	武警总部后勤部大校
	苏　适	男	1964	澳大利亚联邦科学院主任研究员
	魏俊淦	男	1964	青岛航空技术学院教研室主任，大校
	陈德春	男	1969	中国石油大学（华东）石油工程学院采油工程系主任，博士
新垛镇	陈长勇	男	1954	西宁市第二人民医院院长，党委副书记
	钱　进	男	1961	福建省军区漳州军分区司令员，大校
	董维春	男	1964	南京农业大学研究生院副院长
	陈振乾	男	1964	南京市东南大学能源与环境学院人工环境系主任，教授，博士生导师
	张德玉	男	1965	中国海洋大学青岛学院外语系主任，教授，硕士生导师
钓鱼镇	赵昌银	男	1948	江苏省军区门诊部副主任军医
	徐定胜	男	1953	扬州军分区参谋长，大校
	许佳文	男	1959	浙江日报报业集团《共产党员》杂志副总编辑，主任记者，浙江省作家协会会员
大营镇	肖　俊	男	1947	徐州工程学院党委书记
	智建明	男	1958	66195部队师长，大校

续表 30-2-9

所属乡镇	姓　名	性别	出生年份	工作（学习）单位和职务（军衔，职称）
	朱福堂	男	1962	中粮集团总裁助理
	徐　劼	男	1963	江苏省无锡市委常委，市政府副市长、党组副书记
	杨桂山	男	1965	中科院南京地理与湖泊研究所研究员
	吉坤美	男	1967	深圳大学医学院基础医学教授，生化与分子医学教研室主任
下圩镇	薛长湖	男	1964	中国海洋大学食品科学与工程学院副院长，教授
	曹建奇	男	1964	国防大学政治部干部部部长
	钱达勇	男	1972	海军航空兵正师级副参谋长，大校
沙沟镇	刘　平	男	1925	中共南京市委原副书记，南京市顾问委员会主任
	杨志宏	男	1929	上海市闸北区中心医院原党委书记
	赵家捷	男	1938	江苏省剧协副主席，南京市文联顾问，南京市剧协名誉主席
	张洪熙	男	1940	江苏里下河地区农业科学研究所研究员
	王玉新	男	1956	扬州市副市长
	朱学芳	男	1962	南京大学信息管理学院教授，博士生导师
	张洪根	男	1968	安徽工业大学文法学院副院长，副书记
李中镇	翟礼生	男	1931	中国建筑科学研究院研究室原主任，研究员
	徐步安	男	1962	湖北省宜昌市驻宜昌地区军事代表室副总军事代表，高级工程师
	仇荣亮	男	1967	中山大学环境科学与工程学院副院长，教授，博士生导师
西郊镇	朱茂进	男	1950	空军后勤学院上海士官大队大队长，大校
	杨鲁平	男	1953	全国曲艺家协会会员，江苏曲艺家协会理事，国家一级演员
	陈来书	男	1962	解放军91079部队政治委员
	周维仁	男	1963	江苏省农科院畜牧研究所副所长，研究员，博士
	徐　莹	男	1964	江苏省发展和改革委员会副主任
	傅宁汉	男	1966	常州市武进区人民武装部党委副书记，部长
周奋乡	曹德言	男	1941	中国兵器工业第五设计研究院院长助理，研究员级高级工程师
	陆有铨	男	1943	上海华东师范大学教授，博士生导师
	黄国文	男	1950	现代金报总编辑，高级记者
	金立平	男	1955	美国依利诺斯洲立大学物理博士
	金元泰	男	1960	美国芝加哥大学天体物理学博士
	史永安	男	1962	浙江理工大学党委委员、宣传部部长兼统战部部长，教授，硕士生导师
中堡镇	罗建平	男	1952	南京军区空军装备部副部长，大校
	周步祥	男	1965	四川大学电气信息学院教授
缸顾乡	顾世群	男	1945	广东省韶关市人大常委会原副主任

续表 30-2-10

所属乡镇	姓　名	性别	出生年份	工作（学习）单位和职务（军衔，职称）
	徐广银	男	1953	广东省粮贸公司总裁
	瞿洪桂	男	1965	北京市中电兴发科技有限公司董事长兼总裁，高级工程师
西鲍乡	倪国贵	男	1964	美国华盛顿电信中心高级工程师
	李　才	男	1972	上海交通大学成教学院办公室主任
城东镇	陆濂泉	男	1938	中国船舶总公司上海勘察设计研究院原院长，党委书记
	赵　进	女	1945	中共中央政策研究室副巡视员
	沈如槐	男	1945	北京东方通科技公司副总经理，高级工程师
临城镇	殷继成	男	1936	成都理工大学地球科学学院教授
	高祥照	男	1963	农业部全国农技中心肥料处处长，研究员，博士，华中农业大学博士生导师
	吴宏春	男	1964	西安交通大学研究生院副院长，教授
陈堡镇	马　驹	男	1937	广东石油化学工业厅原副厅长（正厅）
	卢克旺	男	1944	中国人民解放军国际关系学院军事学术中心主任，教授，大校
	卢保全	男	1950	江苏省粮食局副局长
	顾鼎竞	男	1955	江苏教育电视台台长，总编辑，主任编辑
	钱　言	男	1962	珠海市委宣传部副部长兼珠海市社科联主席，暨南大学兼职教授，硕士生导师
	曾文华	男	1964	厦门大学软件学院副院长，计算机体系结构研究所所长，教授，博士生导师
	费良汉	男	1964	解放军413医院政委
周庄镇	陈在钧	男	1943	中国人民财产保险股份有限公司江苏省分公司原副总经理
	钱鹏霄	男	1944	四川省绵阳市原副市长
	陈　余	男	1951	徐州市广播电视大学党委副书记，纪委书记
	许中银	男	1952	上海通银石油公司、上海通银工贸公司董事长
	孙正森	男	1957	江西赣州市委常委、市委组织部长
	刁立群	男	1958	南京轻纺产业集团董事，副总经理
	许志强	男	1958	中国人民解放军山东省聊城军分区参谋长，大校
	乔秀东	男	1963	江苏省军区政治部副主任，副师级干部
	祝宝华	男	1965	扬州市第一人民医院副院长，主任医师
垛田镇	韩良何	男	1937	盐城市第一人民医院主任医师
	王德法	男	1944	中国科技大学教授，1989年10月侨居美国
	汪德明	男	1952	广州市工商行政管理局白云分局党委书记
	吕福扣	男	1979	上海理工大学系统生物医学研究中心办公室主任
竹泓镇	毛恒才	男	1938	中共金肯职业技术学院党委副书记，教授
	舒伯展	男	1941	上海市工艺美术书画篆刻研究会会员，日中水墨画学会会员

续表 30-2-11

所属乡镇	姓　名	性别	出生年份	工作（学习）单位和职务（军衔，职称）
	丁道远	男	1963	美国亚特兰大州立大学研究员
	郁　钧	男	1963	美国泰乐（Tellabs）公司产品开发副总裁，中国分公司经理
茅山镇	陆树森	男	1938	原机电部电子第十二研究所副总工程师，研究员级高级工程师
	祭彦加	男	1948	江苏省教育厅副厅长
	罗汉文	男	1950	上海交通大学通信教研室副主任，无线通信研究所常务副所长
	钱万红	男	1951	南京军区军事医学研究所室主任，研究员
	常程康	男	1954	上海应用技术学院材料学院教授，博士生导师
	王春喜	男	1955	江苏省农林厅副厅长
	后兆明	男	1955	广东广晟酒店集团常务副总经理兼广东亚洲国际大酒店董事长
	王汝成	男	1962	南京大学地球科学与工程学院院长，民盟江苏省委委员会副主任委员，教授，博士生导师
	孙树明	男	1962	中国证监会会计部主任
	许宏才	男	1963	财政部预算司司长
	沈云祥	男	1964	英国PIC中国公司总经理
	张友根	男	1964	南京邮电大学教授
	常新朋	男	1964	上海交通大学教授
	强加友	男	1964	东海舰队副师
	张荣锦	男	1965	东海舰队副师长
	马志和	男	1966	浙江省湖州师范学院教务处处长，教授，博士
	李存芳	男	1966	徐州师范大学商学院党委书记
	曹永林	男	1967	南京市白下区委副书记，代理区长（副厅级）
	强根民	男	1969	首都高速公路发展有限公司总经理
	陆建荣	男	1972	南京光大银行行长助理，信贷部主任
林湖乡	瞿宏法	男	1941	中国驻比利时王国大使馆原政务参赞
	瞿连喜	男	1964	复旦大学附属华山医院器官移植中心主任，博士
	张兆同	男	1968	南京农业大学管理工程研究室主任，工学院管理工程系主任，教授
沈坨镇	杨建东	男	1950	南京军区第81医院眼科主任，主任医师
	王春富	男	1963	沈阳军区联勤部二级部部长
开发区	刘平龙	男	1963	海军航空兵某师副参谋长

第三节　能人巧匠

本节收录至2010年被命名为兴化市级以上非物质文化遗产项目代表性传承人55人（次），领域涉及民间文学、传统音乐、传统技艺、传统舞蹈、传统美术、传统医药、民俗、戏曲等。

兴化非物质文化遗产项目代表性传承人一览表

表30-3

类别	项目名称	传承人	备　注
民间文学	施耐庵与《水浒》传说	徐敬高	生于1938年1月，2010年被命名为第一批兴化级非遗传承人
	兴化韩乐吾的故事	陈钟石	生于1942年9月，江苏省作家协会会员，2010年被命名为第一批兴化级非遗传承人
	吉高的传说	张从义	生于1941年10月，2010年被命名为第一批兴化级非遗传承人
	陆西星著《封神》的故事	郭保康	生于1948年7月，2010年被命名为第一批兴化级非遗传承人
	兴化谚语	任兆毓	生于1938年5月，中学高级职称，退修教师2010年被命名为第一批兴化级非遗传承人
传统音乐	茅山号子	陆爱琴	生于1972年8月，2010年被命名为第三批省级非遗传承人
	茅山佛教音乐	徐忙扣	生于1951年3月，20多年来的和尚生涯，使得吹打功底深厚，而且不断实践，在吹打曲目中增添不少现代的歌曲和剧中名曲，颇受兴化人的欢迎。2010年被命名为第一批兴化级非遗传承人
	“六书”（乐书）音乐	闵正国	生于1934年7月，2010年被命名为第一批兴化级非遗传承人
	周奋西江月号子	潘红旗	生于1951年4月，2010年被命名为第一批兴化级非遗传承人
	周庄民歌	周粉兰	生于1942年8月，2010年被命名为第一批兴化级非遗传承人
	戴窑窑工号子	陈书田	生于1933年4月，1953年进县砖瓦厂，2010年被命名为第一批兴化级非遗传承人
	林湖民歌	汤晓玲	生于1944年6月，60年代为中央音乐学院、南京歌舞团、扬州艺校、上海人民广播电台、上海歌剧院等单位录制原声唱节目30多个，其中《啊里隔上栽》等成为这些单位和江苏省中小学音乐视听教材。2010年被命名为第一批兴化级非遗传承人
传统技艺	传统木船制造技艺	周永干	生于1964年12月，竹泓木船行业协会副会长。16岁起师承其父学习木船制造技艺，精通农用船、捕捞渔船和出海渔船的制造。2009年被命名为第三批国家级非遗传承人
	兴化湖彩蛋制作技艺	陈建国	生于1947年2月，继承祖辈变蛋制作，1986年编写的《鲜蛋的鉴别与加工》一书由江苏科技出版社出版。2010年被命名为第一批兴化级非遗传承人
	兴化渔具制作技艺	刘正洪	生于1943年9月，自幼对渔具制作技艺就耳濡目染，后刻苦钻研，熟练掌握该门技艺，可以制作各种不同种类、不同式样的渔具。2010年被命名为第一批兴化级非遗传承人
		许定和	生于1939年1月，2010年被命名为第一批兴化级非遗传承人
	青布挑花技艺	赵　蓉	生于1983年10月，其结出的青布挑花品种繁多，多次被电影界、戏剧界和群众文艺选用。2010年被命名为第一批兴化级非遗传承人
	兴化三腊菜制作技艺	成敦奎	生于1928年4月，2010年被命名为第一批兴化级非遗传承人
	兴化锡器制作工艺	陈莲富	生于1973年5月，2010年被命名为第一批兴化级非遗传承人
	西鲍木雕手工制作工艺	朱田玉	生于1964年5月，高中毕业后随父学艺，从事古建筑、木雕等技巧。2010年被命名为第一批兴化级非遗传承人
	兴化书画装裱工艺	王宽华	生于1971年12月，2010年被命名为第一批兴化级非遗传承人
	兴化钉鞋制作技艺	杨文俊	生于1942年9月，2010年被命名为第一批兴化级非遗传承人
	郑周蓑衣制作技艺	刘同根	生于1936年10月，2010年被命名为第一批兴化级非遗传承人
	兴化犁具制作工艺	徐奎富	生于1970年3月，2010年被命名为第一批兴化级非遗传承人

续表 30-3

类别	项目名称	传承人	备 注
	兴化果蔬雕刻技艺	郁大春	生于1962年7月，2010年被命名为第一批兴化级非遗传承人
	兴化竹雕工艺	张 旭	生于1971年4月，中国民间传统手工工艺协会会员。1998年，拜民间雕花状元卢正浩为师，善竹刻书法。2010年被命名为第一批兴化级非遗传承人
	兴化水石造景技艺	张 旭	生于1971年4月，改造、承建清华大学清华园的叠山理水和深圳“世界之窗”和广州太平天国影视基地叠山理水。2010年被命名为第一批兴化级非遗传承人
	兴化垛田生产技艺	董书艮	生于1969年7月，2010年被命名为第一批兴化级非遗传承人
	兴化药膳八珍糕制作技艺	袁文新	生于1956年2月，2010年被命名为第一批兴化级非遗传承人
	兴化藤柳编织手工工艺	刘德成	生于1946年，2010年被命名为第一批兴化级非遗传承人
传统舞蹈	沙沟板凳龙	程宏康	生于1934年，退休教师。2010年被命名为第一批兴化级非遗传承人
	兴化判官舞	石桂山	生于1927年，将“判官舞”编入文化部《中国民族民间舞蹈集成》。2010年被命名为第一批兴化级非遗传承人
	兴化高跷龙舞	王春桂	生于1965年5月，2010年被命名为第一批兴化级非遗传承人
传统美术	兴化麦秸工艺	邢凤春	生于1973年12月，2010年被命名为第一批兴化级非遗传承人
	兴化烙画	祭彦俊	生于1944年12月，兴化市建设局退休干部。2010年被命名为第一批兴化级非遗传承人
	兴化通草画	魏庆生	生于1945年7月，2010年被命名为第一批兴化级非遗传承人
	戴窑砖瓦雕刻	朱洪干	生于1960年5月，祖传，2010年被命名为第一批兴化级非遗传承人
	兴化糖塑	陈广明	生于1930年4月，祖传学习糖塑，2010年被命名为第一批兴化级非遗传承人
	兴化面塑	张德山	生于1935年6月，祖传面塑技艺，2010年被命名为第一批兴化级非遗传承人
		黄宝富	生于1964年9月，2010年被命名为第一批兴化级非遗传承人
	兴化泥塑	袁永祥	生于1967年10月，2010年被命名为第一批兴化级非遗传承人
	兴化剪纸	张粉珍	生于1931年，2010年被命名为第一批兴化级非遗传承人
传统医药	兴化木塔寺卞氏眼科疗法	卞玉蓉	生于1980年3月，2010年被命名为第一批兴化级非遗传承人
	潘氏喉科疗法	潘锡山	生于1946年2月，2010年被命名为第一批兴化级非遗传承人
	左氏正骨疗法	左得怀	生于1956年7月，中医骨伤科第七代传承人。2010年被命名为第一批兴化级非遗传承人
	邱氏烫伤膏制作技艺	邱海辰	生于1977年1月，2010年被命名为第一批兴化级非遗传承人
	史氏中医幼科疗法	史来恩	生于1945年12月，2010年被命名为第一批兴化级非遗传承人
	老圩蛇伤疗法	苏小凤	生于1967年3月，2010年被命名为第一批兴化级非遗传承人
	兴化唱凤凰	于荣海	生于1952年10月，2010年被命名为第一批兴化级非遗传承人
民俗	兴化都天庙会	汤桂生	生于1945年9月，蒋庄都天庙会会长，庙会文化2010年被命名为第一批兴化级非遗传承人
		袁文德	生于1944年1月，文化2010年被命名为第一批兴化级非遗传承人
	兴化东岳庙会	金秀存	生于1944年8月，三村庙会会长，茅山东岳庙会，2010年被命名为第一批兴化级非遗传承人
	茅山会船	冯三九	生于1950年7月，茅山会船2010年被命名为第一批兴化级非遗传承人
	兴化渔家婚俗	刘正洪	生于1943年9月，渔民婚庆礼仪2010年被命名为第一批兴化级非遗传承人
戏曲	兴化戴家舍提线木偶戏	徐唐诗	生于1923年5月，2010年被命名为第一批兴化级非遗传承人

卷三十一 乡镇概览

1991年，全市有32个乡、13个建制镇，1个市属镇，辖1409个村民委员会，8446个村民小组，13个街道办事处（其中昭阳镇7个），65个居民委员会（其中昭阳镇38个）。1991—2002年，乡镇及村经过多次拆分、合并。2010年，全市有5个乡、29个镇，1个经济开发区，辖614个村民委员会，8290个村民小组，70个社区居民委员会（其中昭阳镇16个）。

1991年后，随着全市经济和政治体制改革不断深入，农村经济建设和各项社会事业也得到长足发展。2010年，各镇农林牧渔业总产值109.12亿元，工业总产值1083.46亿元，分别比1991年增长7.53倍、53.17倍。全市各乡镇经济实力总体呈现“南强北弱”态势，各乡镇经济发展不平衡，特别是东南片和西北片乡镇之间经济发展差距较大。戴南、张郭等乡镇不锈钢产业发展较快，经济实力较强，北部部分乡镇经济实力相对薄弱。2000年后，多数乡镇在“戴南张郭”效应的带动下，依托自身的资源和产业基础，合理布局，错位发展，形成“双星璀璨、群星闪耀”的发展格局，如戴窑镇的粮食产业、荻垛镇的铜制品、垛田镇的脱水蔬菜、大垛镇的氧化锌、竹泓镇的旅游木船、沙沟镇的水产品交易、大营镇的玩具业、临城镇的铸造业，都成为兴化经济名片。农村面貌显著改变，农民生活水平和生活质量显著提高。农民人均纯收入从1991年的426.98元提高到2010年的8817元，增长19.65倍。

图31-1　张郭镇小区一角　　（2007年摄，张郭镇提供）

第一章　昭阳镇

昭阳镇是兴化市委、市政府驻地，是江苏省百家名镇和文明镇、泰州市经济工作十强乡镇。1999年，撤销东潭乡，所辖18个村划属昭阳镇。2010年，镇域总面积47.42平方公里，其中陆地占77.4%、水域占22.6%。城区建成区面积20.59平方公里，农村耕地面积20353亩。2010年末，全镇总人口159219人。昭阳镇政府设阳山路西端与外环西路的交汇处。

昭阳镇包括城区、城郊村和江苏昭阳工业园。兴化市城市社区工作委员会下辖水关、迎丰、长安、文峰、儒学、沧浪、南沧、文林、景范、五岳、新阳、西霞、牌楼、新义、海池、英武16个社区居民委员会。农村24个自然村庄设沙甸、五岳、南阳、安洲、双潭、阳山、城堡、冷家、严家、新城、城北11个村民委员会、137个村民小组。昭阳工业园有4个工业区和电子产业园，设江苏昭阳工业园管理委员会实施管理。

1995—2010年部分年份昭阳镇经济社会发展情况一览表

表31-1

年份	户数（户）	人口（人）	耕地面积（亩）	地区生产总值（万元）				财政收入（万元）	人均收入（元）
				第一产业	第二产业	第三产业	合计		
1995	42748	102683	23220	3066	5124	1636	9826	1098	2076
2000	58905	145990	25906	5399	8796	6492	20687	1795	3750
2005	63830	150128	25217	6589	33542	51505	91636	6910	5958
2010	67119	159219	20353	9935	113546	189533	313014	64977	11290

说明：1.昭阳镇1991年兴化统计年鉴未统计。2. 1995年数据为原昭阳镇与东潭乡合计。

第一节　经济建设

一、农业

1991年，花园村在城区东南郊，以生产蔬菜为主，由于土地被陆续征用，村民转入第二、第三产业。水产、捕捞2村为陆上定居渔民，靠内河捕捞为业，后另谋出路。1999年8月区划调整后，农业列入全镇经济构成，次年农业总产值11433万元，其中：种植业4365万元，渔业3749万元，牧业1593万元，其他1726万元。2000—2010年，从事农业生产的从6199人减少到1589人，从事第二、三产业人数从6627人增加到9917人，其中外出打工的3115人。2000年后，昭阳镇推进农业生产结构调整，培育高效特色生产基地。建农村合作组织14个，其中专业合作社8个、土地股份合作社4个、社区股份合作社2个。2010年农业总产值21761万元，比2000年增长90.3%，

11个行政村均达小康村建设目标。

2010年，全镇粮食作物播种面积23427亩，总产量12160吨，其中：小麦5092吨，稻谷5370吨，皮棉739吨，油菜籽378吨。生猪出栏2.75万头，家禽出栏49万羽，水产品产量7058吨。全镇特色农业项目主要有西潭葡萄农庄、安洲大棚蔬菜等。

二、工业、建筑业

1991年，昭阳镇工业有机械、电子、轻工、纺织、建材、金属制品6个门类40多个主要产品，其中出口产品近10个。TB打气筒、1332系列槽筒式络筒机、热敏电阻器、弹簧垫圈等产销量在全国或全省同行业中居前列。MFII型热敏电阻器、MYZ2型环状压敏电阻器为江苏省优质产品。年末，有城镇集体所有制企业31家，职工总数5702人，工业总产值8051万元（1990年不变价），其中出口产品产值1674万元。2001年底兴建昭阳镇私营经济城，2001年12月升格为兴化市私营经济城，2002年10月列为省级乡镇示范园区，更名江苏昭阳工业园。园区主要发展特钢制品、电子产品、船舶配套机械、纺织机械四大主导产业。骨干企业主要有：兴化市恒源特钢有限公司、兴化市东方机械有限公司、兴化市大地蓝绢纺有限公司、江苏楚龙面粉有限公司、泰州市同鑫不绣钢材料有限公司、江苏兴顺电子有限公司等。2010年，全镇企业908家，职工13776人，总产值98.53亿元，销售收入94.84亿元，创利税8.76亿元。

图31-2　兴化城区一角　　（2010年，薛宏全摄）

1991年，全镇有4家建筑企业。1993年，市政工程处更名市政建设房屋开发总公司，主营房屋开发和道路建设。1999年，原东潭乡所属市建筑安装四公司等3家建筑企业划属昭阳镇，2000年全镇建筑业产值0.52亿元。2001年后，建筑企业改制为民营，其中建安四公司更名为江苏新兴建设工程有限公司，具有房屋建筑工程承包二级资质，年产值2亿元以上，逾千人赴省外施工。创省优质工程8项。先后获“江苏省质量管理先进单位”“泰州市建筑业明星企业”等称号。2010年，创产值6.58亿元，是2000年的12.65倍。

三、商贸服务业

1991年初，镇区国营、集体商贸服务业大部分隶属市商业、物资、供销等部门管理，镇属企业10多家经营规模不大。2008年1月，城区第三产业全部归口昭阳镇，是年，有商贸服务业法人单位1341个，亿元专业市场7个，个体工商户1.3万户、从业人员3.7万人。2010年，个私商贸、服务业情况如下：批发业783户，从业人员3646人，批发额30.36亿元。零售业7194户，从业人员18481人，零售额46.5亿元。餐饮业、住宿和其他服务业6450户，从业人员26250人，营业额34.77亿元。运输业3606户，从业人员11893人，固定资产原值7.32亿元，收入15.25亿元。房地产交易、技术研发、休闲娱乐、物流仓储、观光旅游、信息中介等服务业和超市、连锁经营、专卖、配送等新型业态竞相发展。社会消费品零售总额51.47亿元，占全市的60%。第三产业增加值18.95亿元。

第二节　社会事业

一、教育、科技

1991年，镇区有高中3所36个班；初中3所70个班，在校学生4588人，专任教师242人；职业中学2所22个班，在校学生976人，专任教师61人；小学9所153个班，在校学生8181人，专任教师329人。2010年镇区有高中3所；职业中专2所，在校学生7099人，专任教师277人；初中3所157个班，在校学生7697人，专任教师533人；小学4所202个班，在校学生10303人，专任教师551人；特殊教育学校1所10个班，在校学生102人，专任教师28人。省、市级一类幼儿园6所和民办幼儿园多处，全镇3至5周岁幼儿入园率97.2%。小学入学率、巩固率、毕业率均为100%。初中入学率100%，巩固率99.7%，毕业升学率92%。镇管学校有新生中心小学、阳山初级中学和关门小学。新生中心小学2008年迁至市职业中学原址，先后被评为江苏省实验小学、现代教育技术实验学校、青少年科技教育先进学校、电化教育实验学校。

1991年，镇设有科协，重点工业企业设技术科。当年经省、地鉴定，研制成功新产品8个。其中无线电元件厂研发的高精度微型电阻器获国家级新产品证书，功率型热敏电阻器、WF温度传感器获江苏省新产品“金牛奖”，企业列为中国电子元件敏感元器件协会副理事长、热敏委员会主任单位。2000年后，建立李工果蔬机械硕士工作站，社区组织科普志愿者队伍。社区、村级标准化服务室6个。2010年增加技改投入13.55亿元。当年列入国家级火炬计划项目2项。江苏圣兰科技有限公司、兴化市新兴电子有限公司为省级高新科技企业。楚龙面粉有限公司为省民营科技企业、省级农业科技型企业。2009年与里下河农科所共建江苏省企业院士工作站，成功培育出糯性小麦“扬糯麦1号”，填补国内空白。

二、文化

1991年后，镇区文化馆逐步发展，开展放映录像、举办歌咏会、交际舞会及棋类竞赛等活动。市图书馆藏书近12万册，其中线装书2万册，并有善本书《南渡录》《历朝捷录》《鸡足山志》等18部。新华电影院、人民影剧院等大型影剧院均设在镇区内。1991年，市体育场先后举办太极拳、太极剑、气功及领操员训练班10期，720人接受训练。1999年后，有农村文化室11个、农家书屋6个，社区文化活动室、图书室16个，群众业余文艺和民俗文化队伍20多个。龙舞、花船、莲湘、腰鼓、秧歌和太极拳（剑）、百人腰鼓、健身舞、太极功夫扇以及中老年迪斯科等文体项目30多次获市以上奖项。京剧、扬剧、淮剧票友经常开展活动。2005年成立社区全民健身协会和文体活动中心。设健身晨（晚）练点52处，有全民健身指导员83人，其中一级1名、二级5名。2006年，成立社区书画协会，举办笔会和画展。2007年“万村体育健身工程”实施后，农村建篮球场、乒乓球室11处、农民休闲广场8处计2.3万平方米，农民体育活动得到开展。2010年，城区晨（晚）练点增加到80处，体育活动场地22处，每天有近万人活跃在各晨（晚）练点。

三、卫生

1991年，全市5家直属医院均位于昭阳镇内，镇里居民享受其医疗服务。镇属卫生医疗机构有昭阳镇卫生所（科）、昭阳医院及四门的门诊所（后陆续撤销）和清洁管理所（后更名为环境卫生管理所，1998年划归城乡建设局管理）。1999年8月，原东潭卫生院划入，更名为昭阳卫生院。

1992年，增设预防保健所，承担城区儿童计划免疫、食品及公共场所卫生、健康教育和传染病管理等工作。2009年11月，升格为城市社区卫生服务中心，除原有服务内容外，亦为职工医保慢性病门诊定点单位。2010年，有工作人员48人，其中卫技人员38人，含执业医师26人，注册护士5人。昭阳镇卫生院坐落阳山村，设病床20张，有医护人员35人，其中：主治医师3人，主管护师2人。此外，建农村社区卫生服务站9个，形成农村社区医疗卫生网络。

四、人民生活

1991年，城区就业人口人均年工资收入1665.75元。2010年，在岗职工人均年工资收入29379元，居民存款余额69.73亿元；农民人均收入11290元。1999年，实施城乡居民最低生活保障制度。2002年，城区居民最低生活保障线以下人数3088人，全部纳入低保，同时帮扶特困户312户。2010年，纳入低保的城区居民4743人，农村居民336人，达到应保尽保。2005—2010年，发放低保补助3145万元。农村“五保户”分散供养74人，集中供养43人。1991—2010年，参加城镇职工养老、基本医疗、工伤、失业保险的分别为30240人、8470人、9500人和8610人。至2010年，参加城镇居民养老保险和基本医疗保险分别为18116人、47052人。参加医疗保险的农民工2650人，参加新农合的22345人。

2010年昭阳镇各行政村基本情况一览表

表31-2

村名	耕地面积（亩）	人口（人）	工农业总产值（万元）	农民人均纯收入（元）
沙甸村	—	2952	28206	12152
五岳村	—	1804	36469	12058
南阳村	1590	2158	333901	11292
安洲村	3945	2260	5278	10679
双潭村	4050	2686	6487	11412
阳山村	1785	2277	270414	10579
城堡村	—	1789	33421	11264
冷家村	465	988	4662	11391
严家村	2160	3364	124892	10475
新城村	165	1309	99105	11300
城北村	930	2716	38255	11514

第三节 社区选介

一、文峰社区

2010年，位于城区东部，包括8个住宅小区以及东城外老商业街区，后街小巷64条，面积0.6平方公里。有郑板桥、李详故居，赵海仙洋楼、百年老店上池斋药店、家舒巷古民居等旅游景点。常住居民4375户11993人，其中纳入社区管理服务的退休人员2056人，低保户263户。区内有单位6个。居委会设王家塘小区26号，办公活动用房面积300平方米。下设22个居民小组，工作人员10人。有党员239人。挂联共建市直机关单位7个。为“全国和谐社区建设示范社区”“全国敬老模范社区”“江苏省和谐示范社区”“江苏省充分就业社区”“江苏省退休人员社会化管理示范社区”“江苏省绿色社区”。

二、英武社区

2010年，位于城区西北部，有6个住宅小区，居民3050户，常住人口10100人，其中纳入社区管理服务的退休人员1276人，低保户104户，区内有单位10个。居委会设在英武北路301室，办公活动用房面积328平方米，下设8个居民小组，社区工作人员7人，有党员214人，挂联共建市直机关单位7个。社区广泛联系和吸引居民参与活动，居委会依法自治率达98%以上。正常开展未成年人法制宣传教育，为“全国低保档案管理先进社区”、省级“民主法制示范社区”、“和谐社区”、“绿色社区”、“放心消费创建活动示范社区”、“侨务工作示范社区”、“创建文明社区工作标兵社区”、“充分就业社区”。

三、长安社区

2010年，位于老城区东北部，有4个住宅小区，及小东门老住宅区，后街小巷118条，兴化古城墙残垣遗址、东岳庙、金东门历史文化街区坐落于此。居民5619户，常住人口13296人，其中纳入社区管理服务的退休人员1635人，低保户328户。辖区驻市人大常委会、市政协等机关单位11个。居委会设东营街56号，办公活动用房面积202平方米，下设20个居民小组，社区工作人员9人，有党员190人，挂钩共建机关单位7个，服务型社区建设为主要特色。为省级“和谐示范社区”“充分就业社区”“退休人员社会化管理示范社区”。

四、沧浪社区

2010年，位于城中，有7个住宅小区，常住居民1626户常住人口5003人，其中纳入社区管理服务的退休人员1027人，低保户284户。驻辖区单位8个，商业网点163个。居委会设在交通街58号，办公活动用房面积1100平方米，社区工作人员9人，有党员187人，挂联共建单位6个，文化型社区建设为主要特色。为省级“文明社区”“创建文明社区工作标兵社区”“绿色社区”“充分就业社区”。

第二章　戴南镇

戴南镇位于市境东南部，2000年3月，顾庄乡和原戴南镇合并，行政村规模随之调整。2010年，镇域总面积107.69平方公里，其中陆地88.24平方公里、水域（含滩地）19.64平方公里，耕地面积76695亩，老镇区4平方公里、新镇区4平方公里、科技园区8平方公里，人口9.31万人，另有外来务工人员5万余人。全镇辖33个行政村、5个居民委员会（人民、护国、水产、顾中、兴达）。2010年，实现地区生产总值102.25亿元，财政收入16.74亿元，人均收入13979元。先后被评为全国文明镇、重点镇、千强镇、村镇建设先进镇、群众体育先进单位和中国不锈钢名镇，镇党委被评为全国先进基层党组织。镇区被评为江苏省文明镇、卫生镇、人居环境示范镇、新型示范小城镇、重点镇、社会治安综合治理先进乡镇、科技体育先进乡镇、体育强镇、苏中百强乡镇，列为全国小城镇发展改革试点镇。2007年，戴南镇在苏中地区率先实现全面小康。2010年，戴南镇成为全国25家、江苏省4家经济发达乡镇行政管理体制改革试点乡镇之一。

1991—2010年部分年份戴南镇经济社会发展情况一览表

表31-3

年份	户数（户）	人口（人）	耕地面积（亩）	地区生产总值（万元）				财政收入（万元）	人均收入（元）
				第一产业	第二产业	第三产业	合计		
1991	33981	91660	96578	5247	16168	3357	24772	345	578
1995	33190	92713	93397	9129	13883	7894	30906	1256	1980
2000	30708	92281	96814	10772	39068	18819	68659	3980	3808
2005	30861	91833	75365	9228	213121	70839	293188	35186	7115
2010	32881	93065	76695	13995	736564	271988	1022547	167397	13979

说明：1.1991年、1995年数据为原戴南镇与顾庄乡合计。2. 1991年因统计年鉴未统计地区生产总值，故使用现价社会总产值（以下各章同）。

第一节　经济建设

一、农业

境内土地肥沃，水网稠密，宜粮宜棉。1991年后，戴南镇改善生产条件，调整生产布局。土地向工业流转，播种面积减少。1991年，水稻播种面积21768亩，单产321千克，总产量6988吨。2010年，水稻播种面积61486.63亩，单产569千克，总产34985.89吨。

戴南镇原有河道弯曲浅窄。20世纪90年代后，加强水利建设，开拓、浚深河道，建有联圩26座，周长175.11公里，全镇93%以上土地受到围护。有圩口闸22座，机电排灌站35座，另有抽水机船432艘，排灌总动力2216千瓦，初步建成较为完整的引排水系。2010年，全镇拥有农业机械6.19万千瓦，每万亩平均7732千瓦。其中：耕作机械432台，4281千瓦；收割机械35台，2123千瓦。

2010年，全镇有成片林地1769亩，公路、圩堤及田旁绿化342公里，绿化率35%。传统畜牧业为养猪、养禽，全镇养猪大户5户，年生猪饲养量14.76万头，年终存栏数0.53万头；有养禽大户20家，年饲养家禽83.81万羽，年末存栏26.21万羽。全镇渔业总产值2447万元。

二、工业、建筑业

1991年，原戴南镇除3家市属工业企业外，有镇村办厂30家，个体、联户工厂507家。顾庄乡办厂18家，个私工厂近百家。两乡镇产值合计12489万元。2000年个私工业快速发展。2002年10月，经省政府批准建立戴南科技园区。2010年，全镇有工业企业1160家，其中股份制企业1家，余均为个体、私营企业。员工38433人，固定资产总值48.69亿元。有子午轮胎钢帘线、不锈钢制品两大支柱产品和兴达钢帘线、新宏大、钢城物流、兴龙金属制品、新华达、希尔发及新东方特钢等多家骨干企业。全年工业增加值61亿元，占地区生产总值的59.66%。工业总产值286.93亿元，销售收入284.91亿元，创利税33.27亿元。

1986—1997年，先后建一、二、三号发电机组。2005年，兴达公司新上3.5万伏发电机组1台（套）。全镇有供、变电所5个，主压器5台，装机容量617500千伏安，全年用电量12.5亿千瓦·时。2010年，戴南热电厂发电14752.5万千瓦·时。全镇用电量22.56亿千瓦·时。

20世纪90年代初，境内有4家集体建筑企业。即顾庄、永达、戴南镇建筑工程公司及陈南建筑队。有职工2700多人，其中工程技术人员120多人。在戴南镇及兴化市区、泰州、扬州、南京等地承包工程，并一度兼营其他业务。2000年产值2.05亿元。2010年，全镇建筑业产值14.39亿元，增加值12.66亿元。

三、商贸服务业

改革开放后，戴南镇逐步建立多渠道商品流通体系，国营、集体、个私商业共同发展。20世纪末进行商业体制改革，私营、个体商业迅速发展，网点增多，市场日趋繁荣。2005年，全镇批零网点4486家，从业人员8092人，商品销售总额51.17亿元。2010年，全镇有商业网点8655家，从业人员14650人，商品销售总额230.55亿元。大批戴南人外出经商，在全国120个城市开设商店300多家，从业人员近千人。个私饮食业快速发展，在镇区和各村庄遍地开花。2010年，餐饮业从业人员1675人，营业额2964.82万元。全镇（含村庄）有住宿业法人、个体80多家，接待顾客16.2万人次，营业额1575.28万元。此外，天宝大酒店、兴达绣园酒店、中盛商旅酒店、兴海宾馆、龙都宾馆等一批高档酒店均设有客房部，有标准间200多套，床位462张，卫生间、空调、电视等设施齐全，全年接待6.3万人次。

第二节　社会事业

一、教育、科技

1991年，戴南镇有小学19所，顾庄乡有小学22所，完全中学1所，初级中学4所。2000年后，全镇小学26所，以戴南小学为镇中心小学，初中2所，高中1所。2005年，各村基本扫除文盲。2010年，全镇有幼儿园19所，100多个班，入园幼儿2900多人，有员工221人，其中专任教师163人，具有幼儿师范学历的91人。全镇有小学5所（其中村小3所），108个班级，在校学生数5233人，有教职员工346人，其中女性278人。有高中班51个，在校学生2440名，教职工193名。初中班44个，在校学生2454名，教职工232名。戴南中学高中毕业生862名，升入高等学校695名，升学率80.6%。是年，兴化市中等专业学校戴南分校在文化艺术中心揭牌。

20世纪90年代后，戴南镇通过招聘，挂靠大专院校、科研院所等途径，吸引高层次人才。2010年，全镇有各类专业人员3162人，内有外聘千余人。其中工程、农业、卫生技术人员分别272人、58人和292人。1991—2010年，戴南镇取得重点高新技术企业及产品认定书34项，全面质量管理达标、优质名牌产品认定书39项。

二、文化

1991年后，乡、镇文化站、文化中心正常开放，电影放映队巡回至各村放映，经常聘请专业文艺团体、演艺明星举行演出活动。2007年，《戴南镇志》由凤凰出版传媒集团出版发行。2010年，戴南广电中心有线电视用户28000户，入户率达85%。业余书画、摄影及文学爱好者，创作活动十分活跃。

进入20世纪90年代，群众性体育活动日趋普及，35%以上人口经常参加体育活动。每两年举行一次全镇运动会。每季度有单项比赛，1997年被批准为省级体育先进乡（镇）。1999年，戴南中学成为江苏省篮球会员校。2008年，戴南镇第三届群众运动会在戴泽初级中学体育场举行。2009年、2010年，先后获“全国群众体育先进单位”“江苏省体育强镇”称号。

三、卫生

1991年，镇中心卫生院有医技人员96人，其他人员23人，建筑面积3000多平方米，病床60张。顾庄卫生院有医技人员31人，其他人员8人，病床25张。2000年12月，顾庄乡卫生院跨乡镇兼并边城卫生院。2010年，全镇有医院1所，村级卫生室46个，病床224张，医疗技术人员292人（不含私人开业医生）。医疗设施日趋齐全，医疗水平有所提高。卫生保健工作全面展开，公费医疗、新农合及医疗保健制度的实施，农民因病致贫的问题得到缓解。

四、镇村建设

图31-3　戴南镇新貌　　　（2010年摄，戴南镇提供）

1991年后，随着经济发展，人口增加，先后搬迁或关停镇区一些工厂企业，镇区面积扩大，居民住宅及各种公共设施建设加快。1995年、2001年，两次重新编修总体规划。经省建设厅组织专家评审通过，镇区规模16平方公里，人口规模为5万人，实际居住6万人（含外来务工人员）。2001—2010年，先后投资10多亿元，建成8平方公里科技园区及戴南大道、长65公里的硬质化通村公路、财政大楼、计生大楼、休闲广场、文化中心等，完成戴张（郭）线改造等惠民工程80项。全镇水、电、路、下水道、通信等基础设施日趋完善。镇区形成“六纵六横”新架构。建成绣园宾馆、城中河风光带、文化艺术中心、泽园等一批标志性建筑，新区框架初步拉开。街区安装路灯1300盏。机关学校、医院、商场等公共建筑近300万平方米，为1985年的20多倍。居民人均居住面积40多平方米。小城市建设初具规模。

在农村，董北、永丰、张万、赵家等村庄分别制定并实施建设规划，道路、桥梁、商场、环卫、给排水、照明、电话、有线电视、宽带网等公共设施日趋齐备，社会主义新农村逐步建成。

1986年，镇区建成日产2500吨的自来水厂，铺设管道4.09万米。2005年，日供水能力提高到6000吨，铺管道3.5万米。西部各村通过自办或联办建成小型水厂11座，铺设100毫米以上主管道163公里，全镇居民都吃上自来水。

戴南镇水陆交通发达。从镇区始发的客车96辆，有开北京、上海、沈阳、广州、深圳、南京、济南等城市的班车，通往兴化市区的班车每隔15分钟一班，从镇区至各村及周边乡镇的公交车四通八达。2010年，全镇有货车545辆，运输从业人员1966人，货运量155.74万吨，总收入5.25亿元。

五、人民生活

1991年，全镇农民人均收入为578元。人们的饮食、衣着极大改善。农户建房标准越来越高。新建住房多为两层楼房，并向别墅式房屋发展。2010年，全镇有别墅式房屋3300多幢，商住楼3400多套。人均居住面积53平方米以上。全镇有轿车5087辆、摩托车12500辆、电动

（瓶）车33000辆、电话28552部、手机52600部、彩电33000台，冰箱、空调、电脑、太阳能热水器、淋浴房、煤气灶基本普及。2010年，农民人均收入为13979元，其中年人均收入1万元以上的村13个，收入最高的董北村人均收入2.31万元、永丰村1.93万元、北姜村1.82万元。截至2010年底，个人储蓄存款余额26.55亿元。全镇有45632人参加社会养老保险，60周岁以上人员全部办理城乡居民基本养老保险，对752名老人实施五保供养，其中333名老人分别在15所敬老院集中供养。2010年，全镇有1200多人领取独生子女家庭父母奖励。

2010年戴南镇各行政村基本情况一览表

表31-4

村名	耕地面积（亩）	人口（人）	工农业总产值（万元）	农民人均纯收入（元）	村名	耕地面积（亩）	人口（人）	工农业总产值（万元）	农民人均纯收入（元）
中迎	3367.5	4498	153787	15741	北孙	2010.0	1500	10465	11007
戴泽	391.5	2348	48358	17348	丁吉	2179.5	2150	27152	12031
永丰	877.5	3961	116697	19278	徐顾	1426.5	1527	6013	11124
南朱	1669.5	2468	60741	14971	光孝	1894.5	1432	1403	8998
东陈	2628.0	3710	112228	15917	顾庄	2845.5	5354	33768	13904
罗顾	1977.0	3495	172589	14800	帅垛	1437.0	2309	65588	14635
裴马	2436.0	3628	57517	14284	姜何	2976.0	4527	14285	15329
张万	1470.0	2112	148266	15660	张合	2205.0	1516	749	10202
赵家	1507.5	2889	48674	15260	黄夏	2455.5	2279	806	10091
双沐	1795.5	2753	44964	13846	花杨	2560.5	2067	1811	12284
董北	1362.0	3957	279842	23059	季家	3411.0	2547	1051	10165
史堡	3178.5	3696	286003	14598	小良	1554.0	1030	1303	12123
雁伦	2488.5	3381	58548	14112	刁家	1968.0	1576	748	10800
北姜	2536.5	2810	187121	18203	冯田	4150.5	2696	1384	10616
陈祁	1669.5	1985	53429	15864	管家	3859.5	3184	1696	10538
孙堡	3259.5	1858	8947	10522	徐唐	4152.0	2091	2438	11135
石万	2179.5	1416	4123	9981					

第三节　（重点村）董北村简介

董北村地处镇区北郊，全村3957人。为“全国创建文明村镇工作先进村”、省级卫生村、省级康居示范村。有私营工业企业68家，以不锈钢为主导产业，全村1000多人进厂做工。产品不仅在国内畅销，还出口欧美10多个国家和地区。2010年，三业总值35.19亿元，人均收入2.31万元，村集体资产6720.7万元。全村200多人在外埠开设不锈钢制品专卖店、连锁店，有的致富后回村办厂。村里投资建成不锈钢市场，占地300亩，吸纳600户进场交易。

董北村重视村庄建设，聘请上海同济大学城市规划设计院编制建设规划。先后建成桥梁20多座，硬质化公路和村庄大道20公里，主干道安装路灯140多盏，建成占地20多亩的农民广场。投

图31-4 董北村农民别墅区 （2009年摄，戴南镇提供）

资1200多万元建成董北实验小学，达到省农村现代化办学标准，周边各村就读的孩子有专车接送。村农民疗养院集保健医疗、康复疗养、养老敬老为一体。村民家家安装闭路电视和程控电话。90%以上农户有空调、冰箱、洗衣机、电脑、钢琴开始进入农家，全村有各种轿车近500辆。该村为村民办独生子女父母养老、家庭财产和新型农村合作医疗3个保险，参保率100%。土地流转后的农民享受固定生活补助，年人均700元。对老党员、老干部实行固定生活补助，每年进行一次免费健康检查。“五保”老人全部在敬老院集中供养。

第三章 张郭镇

张郭镇地处市东南隅，镇名取自镇内张纪庄、郭家堡2庄首字。镇政府驻地赵万庄。2000年，由原唐刘、张郭2镇合并而成（1993年11月，经省人民政府批准，撤销张郭乡，建立张郭镇）。2010年，全镇总面积84.4平方公里，有耕地71744亩。辖24个行政村，3个居民委员会（赵万、水产、裕民）。总人口62772人。另有外来务工人员1万多人。当年实现地区生产总值43.93亿元，财政收入3.47亿元，人均收入12759元。被表彰为“泰州市工业经济先进乡镇”“泰州市经济工作十强乡镇”“江苏省发展乡镇企业工作先进乡镇”。在全省首获“绿色名片”—ISO14001绿色环保体系认证证书。先后被评为省文明镇、卫生镇、全国文明镇、卫生镇、全国小城镇建设示范镇、农业旅游示范点，镇党委被命名为全国先进基层党组织。

1991—2010年部分年份张郭镇经济社会发展情况一览表

表31-5

年份	户数（户）	人口（人）	耕地面积（亩）	地区生产总值（万元）				财政收入（万元）	人均收入（元）
				第一产业	第二产业	第三产业	合计		
1991	23023	65543	75637	3926	13463	1954	19343	191	455
1995	21892	66003	73815	7015	8878	2911	18804	1581	1807
2000	20483	65275	79452	10237	29091	11097	50425	2053	3672
2005	21433	64777	70787	12224	93673	22970	128867	6886	6907
2010	21078	62772	71744	16455	337565	85266	439286	34739	12759

说明：1991年、1995年数据为原张郭镇与唐刘镇合计。

第一节　经济建设

一、农业

境内水网纵横，土地肥沃，适宜农作物生长。1991年，全乡粮食大豆播种面积25295亩，总产14443吨。棉花种植面积2241亩，单产皮棉54千克，总产121吨。油料种植面积1916亩，油菜籽单产120千克。2010年，全镇粮食播种面积110853亩，总产53589吨，棉花种植面积3844亩，亩产皮棉88千克，总产340吨。油菜种植面积6079亩，油菜籽亩产173千克。陆姜村建成2000亩高效农业生态园，以高效农业为核心，包含特色水产养殖区、畜禽高效健康养殖示范区、农业新品种新技术试验区和生态观光休闲采摘区等4个功能区。2010年，全镇有养猪大户4户，有养禽大户30户，全年生猪出栏2.22万头，家禽出栏18.75万羽，水产品总量4523吨。

1991年水灾后，开拓、疏浚各级河道。1996年，对原有11个圩堤分拼结合，建成9个“四点五四式”圩堤，实现无坝镇目标。94%以上土地受到围护。圩口闸149座。机电排灌站41座，另有抽水机船427艘，排灌总动力2970千瓦，总流量128立方米/秒。全镇农业机械总动力35754千瓦，有大中型拖拉机39台、小型拖拉机1452台、抽水机456台、收割机99台、插秧机41台。2010年，全镇有成片林地448亩，公路、圩堤及四旁绿化399公里，森林覆盖率20%以上。镇区绿化覆盖率40%。

二、工业

1991年以后，张郭镇办兴化市药用玻璃瓶总厂、双乐化工颜料有限公司等企业具备一定规模。1995年底，全镇有14家镇办企业。自1996年起进行企业产权制度改革，大力发展民营经济。2001年10月创建张郭工业集聚区。2010年，全镇民营企业超过1000家，投资总额超过30亿元，吸纳镇内富余劳动力1.2万余人，吸纳外来务工人员1.5万余人，全年完成销售额121亿元，创利税13亿元，工业增加值28.6亿元，占地区生产总值65.1%。初步形成不锈钢制品、电热元件、轻工包装、食品机械等特色产业，建成全国最大的气阀钢棒、金属软管和新型药包材生产基地，骨干企业主要有：江苏申源特钢有限公司、江苏凯华集团有限公司、江苏九寿堂生物制品有限公司、江苏博生医用新材料股份有限公司、兴化市芳强机电制造厂等。2010年10月，兴化市新型医药包装产业园在张郭镇科技工业园区内成立，占地133公顷，拥有江苏博生橡塑材料有限公司、江苏金扬子有限公司、凯华集团等10多家新型医药包装企业，初步形成以药用丁基胶塞、医用多层共挤膜、输液软包装接头组件、药用塑料瓶等为特色的新型药用包装产业。

三、商贸服务业

改革开放后，镇内个体、私营商业迅速发展。张郭镇有上万人在国内各大中城市开设商店，销售镇内生产的电热电器、仪表、金属软管、电线电缆、金属桥架等产品。自20世纪90年代起，先后兴建一批酒店、宾馆，如华奥、鑫源、康乐、花园、名士等大酒店，其中华奥大酒店投资2800万元，占地面积7000平方米，于2008年元旦前开张营业，是市内农村集镇中规模大、功能全的酒店之一。2010年，全镇服务业增加值85266万元，服务业税收11280万元。

第二节　社会事业

一、教育

1991年，全镇有中小学19所，村村建有小学和幼儿园。从1994年开始调整事业布局，至2000年乡镇合并时，全镇有完小12所，初小7所，教学点8个，初中2所，高中1所。“十五”期间，加大投入，改善办学条件。2008年，全镇幼儿入园率97%。张郭中心幼儿园唐刘分园被评为江苏省优质园。小学入学率、巩固率100%，初中毕业升学率达97%以上。张郭中心校先后被评为“江苏省绿色学校”“江苏省爱国卫生先进单位”“省级安全文明学校”“江苏省未成年科技创新先进学校”“中国书法（写字）特色学校”。镇成人教育中心校1995年被批准为江苏省重点成人教育中心校。1991—2010年，为全镇企业培养数百名管理和技术人员。2010年，唐刘小学有25个班，59名教师，在校学生1281名。唐刘初中2007年获“江苏省示范初中”称号，2010年有22个班，教师63名，在校学生1031名。

二、文化

1994年，被省文化厅命名为“江苏省群众文化先进乡镇”。1997年，文化站图书室被泰州市文化局命名为“泰州市万册图书馆”。2004年，“千户手狮”成功申报为泰州市非物质文化遗产项目。2008年，成立镇全民健身协会。2009年、2010年被命名为江苏省“体育强镇”“群众体育健身活动先进单位”“老年体协工作标兵乡镇”。镇文化站长、老年体协主席分别被表彰为“江苏省群众喜爱的社会体育指导员”“老年体协工作先进个人”。2010年5月，发现距今5800年的蒋家舍古文化遗址，落实控制保护措施。

1995年，原张郭、唐刘两镇有线广播入户率95%，通响率100%。同年启动有线电视入户工程，于2005年实现“户户通”，用户达1.5万余户。1998年10月，投入200多万元新建广电文化中心大楼，成为镇区的重点文化娱乐活动中心。

三、卫生

1991年，张郭卫生院有医卫人员26人，病床15张，建筑面积1120平方米。2005年改由市医药公司托管，迁址原中心小学。2010年，建筑面积3800平方米，有医卫人员38人，设内、外、妇、儿、口腔、皮肤等10个科室及放射、检验等医技科室，设病床30张。另有8个村级卫生服务站，36名乡村医生，基本达到小伤小病不出村，一般疾病不出镇的要求。1991年后，95%以上村民用上卫生厕所。镇村建有垃圾池、垃圾中转站和垃圾填埋场，并建成污水处理中心。

1992—1999年，唐刘卫生院先后建成病房、门诊大楼，建筑面积3184平方米，病床25张。2010年有医护人员37人，其中高级职称1名，设内科、中医科、骨科、妇产科、检验、放射等10个科室配有各种检验仪器。全区域建成14个卫生服务站，村医53人，服务人口3.5万人。该院为一级甲等综合医院、国家级爱婴医院、市社保局核准的医保和农村合作医疗定点单位，也是该镇定点分娩医院。

四、镇村建设

1991年后，该镇先后投资30多亿元，进行小城镇建设。镇区面积从1997年的0.4平方公里，扩大到5.8平方公里。常住人口从3600人增至2.6万人。先后建成商品房60多万平方米，新增硬质路面55万平方米。镇区所有道路实现“硬化、亮化、绿化、美化、净化”“五线”（电力、电信、移动、联通、广电等5个部门的电线、电缆）全部入地。绿化覆盖率达40.75%，人均拥有公共绿地20平方米。投资840万元建成晨秀公园和人民广场。营造“小桥流水人家”的优雅氛围，同时实施街道灯箱文化工程。2006年通过全国农业旅游示范点考评验收，2010年通过江苏省园林乡镇评比验收。

图31-5　张郭镇农民别墅　（2005年摄，张郭镇提供）

村庄建设同步发展。2000年实现镇村道路黑色化和网络化，村村通公交车、户户通自来水，百户家庭电话拥有量超过200部，全镇森林覆盖率达20%以上。2003年，蒋庄、刘纪、赵万、罗么、欧家、葛尤、同济、五星、唐刘等9个村建成省级卫生村。2004年刘纪村被评为江苏省文明村。2007年7月赵万村被评为绿色江苏模范村。

镇域内有县道5条、乡道24条，村道41条，连同镇区道路公路里程139.5公里。1991—2010年镇区先后建成七横九纵硬质化路道，总长4.05万米。

1991年底，全乡有话机150部。邮政班车正式通车，邮件进出由委办改为自办。1993年，村村通程控电话。2010年，全镇固定电话入户率60%，移动通信家庭普及率100%，驻集镇机关、企业和部分居民家庭安装互联网。

1999年前，张郭镇由史堡变电所张郭、药玻两条10千伏线路供电。2010年由过去单一制供电转成双电源供电，由8家变电所供电，线路40条，其中35千伏变供10条，10千伏变供30条。1991年全镇供电量1.1亿千瓦·时，其中工业用电0.88亿千瓦·时。2010年供电量4.3亿千瓦·时，其中工业用电3.44亿千瓦·时。

1992年，在赵东村新建日产200吨的水厂1座。1993年，刘东玻璃厂、蒋庄村各打深井1口。1995年，在郭堡片建第二水厂。2000年3月，由私人投资在蒋庄新建日产万吨自来水厂。新铺设、改进供水管网37.64公里，合并原有4座小水厂，实行24小时供水。2008年，将各村支管网全部换上PE管。2010年，撤并原唐刘区域原有3座小水厂，将东部15个自然村接通，由镇自来水厂集中供水。

五、人民生活

全镇人均收入1991年为455元，2010年为12759元。人民生活得到很大改善，吃、穿、住、行发生重大变化，住的基本是砖瓦房，部分农户建起楼房，住上别墅。冰箱、彩电、空调、热水器等家用电器基本普及。2007年起试行农村养老保险，至2010年底全镇参加城乡居民养老保险的31827人，参加企业职工养老保险的3750人，实现养老保险的全覆盖。全面推行基本医疗保险制度，新型农村合作医疗参保人数达5.5万人，覆盖率87.3%。基本实现“病有所医、老有所养”的社保目标。

2010年张郭镇各行政村基本情况一览表

表31-6

村名	耕地面积（亩）	人口（人）	工农业总产值（万元）	农民人均纯收入（元）	村名	耕地面积（亩）	人口（人）	工农业总产值（万元）	农民人均纯收入（元）
蒋庄	1935	1956	117436	16508	朱家	1905	1518	3057	11200
刘纪	2730	3166	102062	13130	藕杭	2355	1755	6564	12170
五星	4905	4915	83920	12255	港南	3240	2039	15174	12169
罗么	2100	2581	116653	14620	杨家	1875	1305	5380	11800
赵万	4365	5279	385041	16218	周家	2220	2092	24366	13305
欧家	1560	1827	13733	12848	南桥	2880	2391	10117	12566
同济	2730	2619	46565	11280	草积	1140	1165	5756	11396
葛尤	2130	2401	13060	9767	蒲场	2070	1509	3306	11666
千户	1575	1465	7676	12880	唐刘	2490	2368	21330	12731
陆姜	2340	1884	49001	12549	三舍	1560	1481	17312	12867
吁戚	3330	2300	6478	11301	东周	3930	2682	2937	11178
华庄	2925	1791	3965	12445	西周	3645	2265	5527	11935

说明：另设赵万、水产、裕民3个居委会。

第三节 （重点村）赵万村简介

赵万村是张郭镇政府所在地，2001年由原赵东、赵西、南甸、农科、戴垛5个村合并而成。2010年底有32个村民小组，1737户，5279人。耕地面积4365亩，有个私企业196家。1991年后，该村开展招商引资，招引从镇内走出去的能人回镇办企业。同时建立工业园区，吸引上百家企业进驻该村，使之成为工商业集聚地，工商业经济成为主体经济。该村先后被评为江苏省“卫生村”“建设社会主义新农村先进村”“民主法治先进村”“民主管理先进村”“绿色江苏模范村”以及泰州市“十强村”“廉政建设示范村”。

第四章 大垛镇

大垛镇位于市境中部，旧为兴化“十大镇”之一。1991年辖39个村和2个居委会。2001年调整为23个行政村，2007年两个居委会合并为“板桥社区居委会”。2010年，全镇总面积72.77平方公里，其中陆地55.08平方公里。有14949户42938人。地区生产总值12.17亿元，财政收入

1.04亿元，人均收入10111元。是年，大垛镇通过“省级环境优美乡镇”验收。

1991—2010年部分年份大垛镇经济社会发展情况一览表

表31-7

年份	户数（户）	人口（人）	耕地面积（亩）	地区生产总值（万元）				财政收入（万元）	人均收入（元）
				第一产业	第二产业	第三产业	合计		
1991	14096	41948	59503	3985	3310	1622	8917	55	459
1995	13601	41759	58515	6956	2154	2404	11514	263	1983
2000	12997	41630	58531	10919	5611	5867	22397	381	3404
2005	13872	42092	58521	15753	14063	10816	40632	1003	5102
2010	14949	42938	59621	25726	59602	36336	121664	10400	10111

第一节　经济建设

一、农业

1991年后，大垛镇农业生产稳步发展。1999年，农业总产值为15112万元。2010年，完成农业总产值47241万元。全年粮食种植面积112575亩，产量57195吨。1991—2010年，植树71万株，形成高标准农田林网（东风圩、先锋圩）。全镇绿化总面积14500亩，覆盖率15%。全镇养殖水面23440亩，产量7997吨，其中特种水产约占30%。1998年后，畜禽养殖逐渐由分散向专业化饲养转变。2010年末，全镇生猪出栏6.52万头，家禽106.95万羽。养猪及饲养家禽专业户分别为108户和198户。

1991年，全镇农机总动力15610千瓦，平均每公顷1.4千瓦。2010年，全镇有小型拖拉机871台，大中型拖拉机30台，收割机、插秧机、植保机械等各种农用机械1354台，农用运输车130辆，农机总动力46977千瓦，平均每公顷11.82千瓦，为1991年的8.44倍。全镇有排涝站36座，动力2099千瓦，流量达57立方米/秒，圩口闸增加到111座，防洪圩堤达112公里。

二、工业、建筑业

1991年，全镇有工业企业17家，其中镇办集体10家、村办企业7家。职工343人，总产值2523万元。经过改制个体私营企业逐步发展。2002年创办市民政工业园入驻企业主要为有色金属、电子、机械、服装等企业。2010年，全镇有个私工业企业340家，职工总数4087人。总产值35.78亿元，实现利税3.81亿元。重点行业氧化锌企业65家，刃具、纺机配件企业37家，服装加工企业4家，保温材料企业3家。镇内规模较大的企业有江苏通泰纱线有限公司、兴化市宏联纺机有限公司、兴化市豪盛铜制品有限公司、兴化市鼎宏金属制品有限公司等。

1991年前，镇建筑队伍主要在扬州、兴化等地施工。1991年后，大力开拓外地建筑市场，先后在海南、湖北、上海、山西等地承建工程。2002年，乡镇建筑公司改制，组建“难得建筑工程有限公司”。2010年，全镇建筑业从业人数达1063人，实现产值4538万元，利润166万元。

三、商贸服务业

1991年，供销合作商业在镇内占主导地位，其后个体私营商业迅速发展，规模不断增大。2010年，全镇有私营企业133家，个体商店598家，宾馆、酒楼、个体理发和缝纫店等服务性店（摊）47家。

第二节 社会事业

一、教育、科技

1991年后，大垛镇中心校办学条件得到改善。1999年初中经验收成为泰州市合格初中，2001年通过省教委验收，成为省示范初中。兴化市板桥高级中学始建于1968年，原名兴化市大垛中学，2000年迁址重建后更为现名，2003年经市政府批准改制为民办学校。2009—2010年，有34个班，在籍学生1784人。有专任教师115人，其中研究生学历1人、本科学历112人，学历达标率98.3%。具有中、高级技术职务的教师占总数的64.3%。2010年，中心校有班级36个，学生1764人。实行九年一贯制。在职教师216人。

2010年，全镇成立23个行政村、1个社区居委会科普分会，139名会员，分别建立农村、社会、企业、文教卫生4个服务队。成立农业专业技术协会10个，其中镇级9个、村级生猪饲养协会1个，确定首批科技示范基地6个。

二、文化

1994年，在镇区建立广播电视转播站。1996年，开通有线电视。在全镇定点安装调频广播。2010年，全镇有线电视入户达8210户，开通智能广播400只。

1998年，政府投入50多万元，在文化路中段建成文广电活动大楼。1998年8月，被省文化厅命名为"群众文化先进乡镇"。2000年，被泰州市文化局命名为"优秀乡镇文化站（文化中心）""乡镇万册图书馆"；2000年12月被省文化厅命名为"江苏省文化系统先进单位"。2006年底由文化站支持在管阮试办农家书屋。

2006年后，集镇和管阮、双石建成居民健身活动广场，购置各种体育器材供群众休闲锻炼。全镇有腰鼓队、广场健身舞、中国象棋、乒乓球、篮球等团体。村村建有乒乓球活动室，有15个村利用原学校操场建起篮球场。一些工厂设有乒乓球室，群众性体育普遍开展。2007年恢复电影队，有有证网吧4家。2009年村村都建有农家书屋。2010年，组建总规模达100多人的街舞队、健身舞队、腰鼓队，健身舞队获得兴化市比赛一等奖。

三、卫生

1995年、1997年，大垛卫生院先后通过爱婴医院、一级甲等医院评审。有三层门诊、病房、医技科室楼，设有内、外、儿、中医、妇产、检验、放射等17个科室。在编人员94人，其中高级职称5人、中级职称24人。全镇设有卫生室23个，有村医52人，基本达到小伤小病不出村，一般伤病不出镇要求。2010年，在大垛中心卫生院妇幼保健中心，新建村卫生室5家。

四、镇村建设

20世纪80年代初镇区拆迁拓宽中市街。1996年填河建成集贸市场，面积1600平方米，有摊位160户，店面90户。镇区面积由1991年的2.3平方公里拓展到2010年的4.05平方公里。2007—2010年，先后建成管阮、双石、安民、阮中、吴岔等新农村小康示范村。至2010年，镇区有21条街道，形成商业街区。

1987年实现户户通电。2010年，供电线路总长242.23公里。有配变压器244台，总容量51140千伏安。2010年供电量4853万千瓦·时，其中工业用电2601万千瓦·时。供电可靠率在99.93%以上，电压合格率97.72%。

1985年9月，建成日供水1000吨的自来水厂。1993年改建扩大后，日供水量2000吨。2001年，水厂改制为个私企业，2003年移址新建。2008年实施水管铺设、户表改造。2010年供水人口4.2万人左右，占总人口99%，日供水3000吨。

境内水路四通八达。陆路直通兴东线、高兴东线，1993年起每天往返扬州班车1趟和泰州班车2趟。开市区班车每15分钟一班。2001年8月开通镇村公交，有线路4条，2007年实现村村通公路。

1997年开通程控电话，有话机100余部。2010年全镇固定电话7468户。邮政支局设有集镇和通村邮路。

五、人民生活

1991年农民人均收入459元，很多农民住上楼房、别墅，人均住房面积38平方米。彩电、电脑、空调、太阳能热水器进入居民家中，摩托车、电动车逐渐普及。2010年，农民人均收入为10111元，每100户拥有汽车1.7辆。2010年末，全镇居民储蓄存款余额2.43亿元。

1994年初，开展农村社会养老保险工作。1997年村村推行合作医疗，实行大病统筹。2010年，新型合作医疗制度覆盖率100%。有9255人参加农村养老保险。对5520户9914人实施最低生活保障，发放资金124.8万元。有五保供养老人399人，其中60人入住镇中心福利院。

2010年大垛镇各行政村基本情况一览表

表31-8

村名	耕地面积（亩）	人口（人）	工农业总产值（万元）	农民人均纯收入（元）	村名	耕地面积（亩）	人口（人）	工农业总产值（万元）	农民人均纯收入（元）
大何	3660	2071	4342	8758	许马庄	2235	1493	4535	8664
三家	1845	1140	1574	8976	丁家	1200	918	6809	8691
娄庄	2970	2075	5233	9859	阮中	1830	2252	4231	10078
兴芦	1635	955	1617	8536	管阮	2385	1710	6300	13350
东刘	2730	1733	7517	8766	双包	2865	1772	3983	10860
朱罗	1515	865	1301	8468	陈卞	2745	1924	3162	11906
大陶	2835	1787	4101	9361	盛吴	3045	2398	9334	10054
世联	1575	1124	3173	9037	肖庄	3255	1627	7397	9299
保宽	2400	1846	15113	10386	吴杨	2895	1776	6634	9397
从六	2100	2061	9883	10236	天河	2475	1721	3902	10193
安民	2250	2070	39008	13663	吴岔	1875	1551	3608	10128
双石	2295	1859	2035	9948	板桥社区	—	4210	—	12110

第三节 （重点村）管阮村简介

图31-6 管阮村貌 （2008年摄，大垛镇提供）

管阮村为全国造林绿化千佳村、绿色小康村及省文明村、卫生村、康居示范村、民主法制村及民主管理示范村。2007—2010年，投入1040万元，清理垃圾，改厕改圈，新建公厕8座，整治村庄河沟，建设河道驳岸2800米，新建桥梁4座。村庄主次干道全部硬质化。庄台绿化率达38%，村域农田林网化。兴建农民广场和板桥生态园，安装路灯114盏，灯箱20只。建成公共服务中心，内有超市、社区卫生服务站、农家书屋、便民服务室、村两委办公室等设施。2010年有12个村民小组，486户，1710人，耕地2385亩。2010年，集体收入78万元，农民人均收入13350元。管阮村先后获得全国造林绿化千佳村、绿色小康村以及省文明村、卫生村、康居示范村、民主法制村、民主管理示范村等称号。省级文物保护单位——郑燮墓坐落该村。

第五章 荻垛镇

荻垛镇位于市境东南部，1996年撤乡建镇，2001年由45个村合并为21个行政村、1个居委会（荻垛）。2010年，全镇总面积72.39平方公里。有13759户，45957人，实现地区生产总值6.76亿元，财政收入8000万元，人均收入9380元。

1991—2010年部分年份荻垛镇经济社会发展情况一览表

表31-9

年份	户数（户）	人口（人）	耕地面积（亩）	地区生产总值（万元）				财政收入（万元）	人均收入（元）
				第一产业	第二产业	第三产业	合计		
1991	15308	46799	62332	2885	4190	1315	8390	47	304
1995	14532	47118	61716	7434	2109	2206	11749	217	1826
2000	13415	46944	67024	9597	4919	5538	20054	344	3334
2005	14463	45996	66325	11988	8054	9650	29692	645	5020
2010	13759	45957	65875	16801	21814	29019	67634	8000	9380

第一节　经济建设

一、农业

1991年后，荻垛镇农业生产稳步发展，2010年，全镇粮食播种面积119265亩，总产量62665吨。2000年后，逐步加强农业产业化建设，全镇有法国大管蒲公英高效生态农业产业化基地、有机水稻生产示范基地、红膏公司养殖基地、高效设施大棚基地等6000多亩高效农业基地。反季节蔬菜大棚1320亩，主要生产西瓜、日本香葱、水蜜桃、黑眼葡萄等。

1991—2010年，建设高标准农田林网，全镇植树35万株，绿化总面积12000亩，绿化覆盖率15%。2010年，全镇养殖水面15600亩，水产总量2877吨，其中特种水产占25%。初步形成池塘特色化混养，提水养蟹科学套养格局。畜禽养殖逐渐由家庭分散粗养向集约饲养转变。2010年末，有养殖大户32户，全年生猪出栏2.49万头，家禽出栏137.2万羽。

1991年，全镇农机总动力18157千瓦。2010年有小型拖拉机470台，大中型拖拉机12台，其他农业机械266台。农用运输车20辆，农机总动力27091千瓦，平均每公顷6.17千瓦。全镇有排涝站21座，圩口闸120座，防洪圩堤110公里。镇内建有农业综合开发生态园区、水稻机械化插秧服务公司、由日本山华株式会社投资兴办的山华农业科技发展有限公司，生产无公害优质农产品。江苏（兴化荻垛）蒲公英保健品公司与上海复旦大学、无锡江南大学中草药研究中心合作，开发种植法国大管厚叶蒲公英、亚洲蒲公英、茅叶蒲公英和金银花等品种。

二、工业、建筑业

1991年，全镇有企业18家，其中镇办13家、村办5家，有职工806人，总产值3287万元。后经企业改制，大力发展个体私营企业。2004年，荻垛工业集中区——兴化市铜制品产业园，投入2000多万元，进行基础设施配套建设。至2010年，已聚集形成不锈钢制品、铜材加工、日用化妆品三大优势产业，有兴化市春达有色金属制品厂、兴化市五环有色金属制品厂、兴化市兴东铸钢有限公司、兴化市东方铸钢有限公司、兴化市天派化妆品有限公司、江苏蒲公英保健品公司等骨干企业。2010年，全镇有私营个体工业企业203家，职工3782人，总产值20.71亿元，实现利税1.69亿元。春达和兴成铜业、兴东和东方铸钢产品畅销全国，中外合资泰州润伟机械有限公司产品外销马来西亚、越南等国家和地区。至2010年，兴化市铜制品产业园入驻企业27家，分别为铸钢、铜材、铝材、塑料管材管件等行业。

1991年起，镇内建筑队伍在兴化境内及南京、兰州、北京等地承建工程。2010年，荻垛建设工程公司员工2100人，实现产值3.2亿元，利润4600万元。先后承建军委、公安部、中组部大楼木模工程，北京火车站土建及木模工程项目，南京玄武区、雨花区、栖霞区、鼓楼区商住楼工程，其中南京商会大厦“黄金楼”获江苏省建筑业最高奖“扬子江杯”及“梅花杯”奖。

三、商贸服务业

1991年后，个体私营商业在境内迅速发展。2010年全镇有个体商店1352家、理发店30家、缝纫和服装店25家，酒楼、饭店24家，宾馆、旅社5家。原有荻垛老菜场进行改造重建，新建春达农贸市场，年销售额达3700万元左右。

第二节 社会事业

一、教育

2002年，创办梓辛民办学校，2008年与中心小学合并，在原址建中心小学。2010年，有班级18个，在校学生1003人，教职工127人，其中中、高级职称83人。中心小学附设幼儿园，2010年经省教育厅验收为省优质园。2010年，原荻垛中学（二中）与原中心中学合并为荻垛初级中学，有13个班，在校学生687人，教师73人，中、高级职称教师40人。2010年，全镇有中心小学1所，初级中学1所，村小（教学点）2所，公办中心幼儿园1所。

二、文化

2007年底，全镇村村建有农家书屋，其中省建农家书屋4个。全镇有公共健身处3个，村村有篮球场和乒乓球室，每天有上百人参加晨练。晚上在街头跳舞健身。各村建有健身舞蹈队。2010年，文化站位于新区镇南路东侧，建筑面积1750平方米，内设图书馆、乒乓球室、电子阅览室、社区教育中心。是年，荻垛镇获“江苏省体育强镇”称号。

1995年，开通有线电视。2010年新文广电视大楼建成。全镇有线电视用户11200户，占总户数的81.4%。

三、卫生

镇卫生院设幸福路西段，占地面积17亩，建筑面积3600平方米，设有内科、外科等科室11个，有病床36床。医疗设备不断更新。2010年，医院在编人员35人，其中中级职称13人。各村建有村卫生室，有村医60人。

四、镇村建设

1991—2005年，镇区先后建成幸福路、健康路、镇中路、兴东路、春达路、五环路。2007年后，镇政府投资2000余万元，新建长91米、宽17米的长兴大桥等9座大桥，形成“三纵五横”主干道。五个休闲广场分布集镇东南新区，新增绿化面积120亩。建成文化广电中心、世代服务中心两幢综合性办公楼。开发后丰花园小区、春达集贸市场、好又多超市、兴东大酒店等服务业项目。镇区建有环卫队伍，设置垃圾箱。至2010年，初步形成由老镇区向东、南、北辐射的工、商业网点、政治文化中心。镇区面积由20世纪90年代初的2平方公里拓展至2010年的4平方公里。

2008年起，投入1500万元，先后建成北王、荻垛、七子、塾墩4个新农村和北王、蒋家、七子、郑周、征王、塾墩、郝家、周石、南北石、野陈10个小康示范村。

境内水道纵横，水上交通发达。1987年，宁盐一级公路开通，有班车开通兴化。2003年开通至泰州班车，2002年实现村村通公路，村村通公交车。

1998年，荻垛邮电所分设为电信支局和邮政支局。邮政支局1986年设立邮政储蓄，报纸邮件当日投送。

1992年，开通程控电话，2010年有7986户安装程控电话机。

1984年村村通电。2010年供电线路总长232.54公里，配变压器256台，总容量41550千伏安。

供电量4552万千瓦·时，其中工业用电2852万千瓦·时。

1993—2000年，先后建成第一、第二自来水厂，四联村水厂。2009年，成立镇幸福自来水供水公司，铺设水管、接通戴南自来水厂，使全镇4.5万多人都吃上达标自来水，原有4个水厂关闭。

五、人民生活

1991年农民人均收入304元，2010年为9380元。2010年，很多农户住上楼房、别墅，人均住房面积53平方米，电视机、冰箱、电瓶车基本普及，许多家庭用上电脑、空调、太阳能热水器。

2002年，推行合作医疗，实行大病统筹。2009年，开展农村养老保险工作。2010年全镇居民存款2.4亿元左右。农村新型合作医疗覆盖率100%。全镇有2.6万多人参加农村养老保险，636人享受最低生活保障，45位“五保”老人入住镇中心敬老院集中供养。

2010年荻垛镇各行政村基本情况一览表

表31-10

村名	耕地面积（亩）	人口（人）	工农业总产值（万元）	农民人均纯收入（元）	村名	耕地面积（亩）	人口（人）	工农业总产值（万元）	农民人均纯收入（元）
埝墩	2325	1886	10300	8575	郝家	2235	1641	12092	8601
郑周	2580	2153	8813	8267	七子	1380	1393	2447	9212
蒋家	2220	2418	12987	9979	大袁	1395	1126	2987	8360
富家	3225	2889	12916	8143	征王	1980	1791	3940	8446
周石	2025	2002	14696	9893	从刘	2130	1561	2456	8684
荻垛	3795	2763	19303	10150	野陈	2760	2212	8080	9425
北王	2925	2335	8922	10150	南北石	2355	2144	3998	8397
南王	1665	1141	7024	8463	廷良	3465	2568	5683	8338
四联	2625	2580	6282	8406	新丰	1680	1466	13590	9503
董唐	1860	1278	3457	8105	西毛	4440	3233	13072	9417
周吾	2400	1691	3690	7955					

说明：另有荻垛居委会1个。

第三节　（重点村）埝墩村简介

埝墩村有11个村民小组，耕地2325亩，常住人口1886人，劳动力980人，从事第二、第三产业人数587人。有个私企业8家，水产养殖面积331亩。不锈钢制品铸造企业有一定的规模。2010年，村级集体收入29.2万元，农民人均收入8575元，全年三业总产值1亿元。新老庄区相连，近500米的进村通道及大小巷道全部硬质化。两旁花木成行，绿树成荫，全部实施亮化工程。连续多年被省、泰州市评选为文明村、小康示范村。

第六章 戴窑镇

戴窑镇地处市境东部，旧为兴化“十大镇”之一。民国30年（1941），中共兴化县委、兴化县抗日民主政府诞生于此。2000年2月，经省政府批准，将原林潭乡（除姚庄、傅家2村）的31个村并入，组建新的戴窑镇。2002年，将原61个村调整为32个行政村、3个社区居委会。2010年，全镇镇域面积97.27平方公里，其中镇区4.5平方公里。24405户，人口6.87万人，实现地区生产总值10.8亿元，财政收入3488万元，人均收入8543元。

1991—2010年部分年份戴窑镇经济社会发展情况一览表

表31-11

年份	户数（户）	人口（人）	耕地面积（亩）	地区生产总值（万元）				财政收入（万元）	人均收入（元）
				第一产业	第二产业	第三产业	合计		
1991	22867	70408	84839	4598	4397	1592	10587	466	396
1995	22486	70005	81969	8000	3646	3893	15539	550	1808
2000	22521	70222	87854	9514	7062	10107	26683	665	3269
2005	22893	68586	84999	14833	16151	21270	52254	1098	4999
2010	24405	68677	89833	20815	38149	48999	107963	3488	8543

说明：1991年、1995年数据为原戴窑镇与林潭乡合计。

第一节 经济建设

一、农业

图31-7 戴窑镇水生大棚蔬菜
（2009年摄，戴窑镇提供）

境内土地肥沃，水资源丰富，20世纪90年代以后，以种植水稻、小麦、油菜等农作物为主。1996—1998年，曾先后引进胡萝卜、甜玉米等经济作物。2010年，全镇粮食作物总产量73497吨。水稻种植面积69313亩，小麦种植面积66644亩，油菜8633亩、棉花1971亩。与此同时，全镇建有水生蔬菜，杏鲍菇生产、大棚蔬菜等高效农业基地。2010年，全镇生猪出栏9.7万头，有规模养猪场4家。全镇家禽出栏57.61万羽，逐步形成青凤、荣进、白港、恒河等养鸡专业村。境内有果园场、东古竹园、韩董苗圃等绿化园地。通村公路、圩堤绿化率100%，全镇绿化覆盖率13%。水产养殖总面积2.4万亩，其中河蟹1.58万亩，水产品产量2911吨，其中河蟹790吨。

1991年灾后，加强水利基础设施建设。至2010年底，全镇新建联圩140.82公里，圩口闸191座，排涝站23座，动力1050千瓦，排涝流量60.75秒/立方米。实施河道清淤疏浚工程，解决村庄河道水流不畅、水质污染等问题。

2010年，全镇拥有小型拖拉机935台，大中型拖拉机28台，排灌动力机械758台，其他植保、加工等机械多台，农机总动力50022千瓦。农用运输车57辆，农机专业户129户，从业人员968人，农业机械化综合水平达86%。

二、工业、建筑业

1991年，原戴窑镇除3家市属企业（轧花油脂一厂、兴化制药厂、戴窑砖瓦厂）外，有乡镇企业29家，村办厂12家，个体联户90家，两乡镇工业总产值2700多万元。此后，上述企业先后改制。1993年，戴窑建成股份制企业兴化毛条厂、兴化市洗毛厂。1995年，在灯塔村兴办维维集团兴化分厂。

2003年4月，设立戴窑工业园区，规划面积1500亩，入驻企业16家，固定资产1.6亿元。涉及食品、化工、棉纺、医药、纸制品、饮料等行业，其中豆奶粉、卫生巾、纸尿裤和汽车配件四大系列产品，年生产规模2.2亿元。骨干企业主要有兴化市亚泰化工有限公司、兴化市伯祥棉业有限公司等。2010年，全镇个私企业372家，产值2亿多元，利税1000多万元。

境内先后有市属永泰建筑公司、镇属戴窑建筑站和林潭乡建筑站。1991年，全镇建筑业从业人数1800人，产值2245万元，利润250万元。2000年后，改制为民营，大部分人员分散经营或组建团队。2010年，全镇建筑业从业人员有3500多人，增加值10366万元。

三、商贸服务业

1991年，戴窑镇区有卷烟、药品市场，主街三桥路有永联、兴达、供销等集体商场3家，流动摊位200多个，商业批发50家。有店面房589间，各类经营户50多家，年营销额过2亿元。1995年后，相继形成粮食、水产品、煤炭批发、蔬菜批发和小商品综合市场。其中以粮食市场最为闻名。自2004年起交易量交易额连续7年列全国同类市场前列。2010年，粮食市场有米厂53家，年交易额30亿元。（参见《商贸服务业》卷第一章第三节《专业市场》）

第二节　社会事业

一、教育

1991年，有幼儿园26所、班级29个，幼儿504名，教师36人；小学26所、班级120个，在校学生3602人，教师143人；初中5所、班级18个，在校学生809人，教师49人；职业高中1所、班级2个，在校学生95人。1999年、2000年，镇中心中学先后获江苏省“文明单位”“实施素质教育先进学校”“优秀教师集体”等称号。2010年，全镇幼儿班35个，幼儿830名，幼师59人；小学84班，学生2978人，教师257人；初中58个班，学生2501人，教师180人。

二、文化

1991年初，戴窑广电站除转播兴化节目外，开始自办节目。1994年推广有线电视。2006年6月，原戴窑、林潭两站合并，“组组通”计划全面实施。2010年，全镇有线电视用户14126户，占总户数的57.88%。

2007年投入资金10多万元，在32个行政村建成农家书屋，平均每村有图书1700多册。是年重新组建2个流动数字电影队，常年深入各村、单位巡回放映。每年配合市淮剧团送戏下乡4场。1992年、1999年、2010年，戴窑镇先后获省群众文化先进乡镇、体育先进乡镇和体育强镇称号。2010年，镇文化站占地2000平方米，建筑面积600平方米，各类设施基本齐全，集宣传、教育、培训、娱乐、健身于一体，有文学、书法及各类体育等10多个民间团体。全镇有网吧6家，图书音像制品经营户9家。

三、卫生

1991年，境内有镇、乡卫生院各1家。1997年戴窑中心卫生院通过国家级一等甲级医院验收。2010年设有内、外、妇、针灸、手术、CT室等科室17个，卫技人员87人，病床81张。2010年全镇有医院2家，乡村卫生室32个，医生179人，病床104张。

四、镇村建设

戴窑镇原有主要街是一条东西走向的狭长老街，长近1公里，宽2米左右。1992年、1993年，林潭集镇在护驾垛开辟南北长1200米、宽25米的砂石路，1996年，提升为硬质路面，南连兴东公路，西接盐靖公路，形成集镇商业街。1998—2010年，镇区水电、路、下水道、通信等基础设施日趋完善，先后建成信合、汽车站、财政、国土、供电所等大楼、国土宾馆、乐吾实验学校等标志性建筑，居民住宅新建窑东三组、南园新村、花元等别墅小区，贤人、新世纪、龙锦家苑和宏盛家园等新型宜居小区，居民人均居住面积40平方米。2010年，镇区道路形成“两横四纵”布局，其中“两横”为三桥路、人民路；“四纵”为戴舍路、凤凰路、乐吾路、丰乐路。农村别墅鳞次栉比，小城镇建设初具雏形。

1987年，兴东公路全线贯通，途经戴窑镇区。2010年，戴窑站有始发扬州、南京、青浦、松江、徐州的班车。每天开苏州、昆山、无锡班车两个往返，开上海每天4班，开东台半小时一班，往兴化城每10分钟发车1班。

图31-8 韩乐吾纪念馆 （2006年摄，戴窑镇提供）

1993年4月，戴窑建成程控交换机，扩容至1000门，163上网业务开通拨号上网宽带业务。1994年所有行政村都通程控电话。1997年戴窑邮政支局交换机达2000门。戴窑邮政支局储蓄与贷款业务量直线上升，2010年储蓄额突破亿元大关。

1991年前，戴窑有一所3.5万伏变电所（戴窑降压站），不能完全满足社会经济生活需要。2002年3月，戴窑供电所建立，永合变（东三焦家）22万伏变电所启用，电力发展速度加快，双维线路10千伏线路和配电变压器大幅度增加，供电量、用电负荷充分满足生产生活需要。

2010年，全镇有自来水厂6座，其中取地表水4座、取地下深井水2座，实际生产8800吨/日。全镇自来水实现全覆盖，受益人口6.87万人。

五、人民生活

1991年，全镇农民人均收入396元。1991年以后，人们的饮食结构逐年改善，衣着款式不断翻新，农户建房标准越来越高，房屋讲究高、大、全（水、电、排水设施齐全），新建住房向别墅式发展。2010年，农民人均收入8543元。全镇90%以上农户住房实施自建和改建。近65%的农户新建楼房和别墅式洋房。

2008年推行农村社会养老保险。至2010年底，全镇8526人参加养老保险，58168人参加农村新型合作医疗保险，840人享受居民最低生活保障，并对376名老人实施五保。全镇设敬老院2所，124名老人集中供养。全镇有1810多人领取独生子女家庭父母奖励，领取奖励204万元。

2010年戴窑镇各行政村基本情况一览表

表31-12

村名	耕地面积（亩）	人口（人）	工农业总产值（万元）	农民人均纯收入（元）	村名	耕地面积（亩）	人口（人）	工农业总产值（万元）	农民人均纯收入（元）
韩窑	2220	2320	3096	8333	北李	1800	1339	2188	8581
元友	2835	1796	4046	8500	胜合	2850	1723	3168	8481
荣进	1650	800	3549	8535	果园	2115	1410	2833	8508
古牛	2715	1760	3470	8477	焦勇	2820	2052	4406	8502
三合	3105	1900	3465	8350	袁夏	1440	1012	2016	8405
新唐元	1905	1232	3276	8686	永杰	2055	1325	1983	8347
新竹元	2565	1846	5148	8397	洪亮	1275	965	1807	8303
钱元	2205	1067	4640	8089	刘丰	3780	2376	4086	8203
灯塔	3135	2136	5256	8244	东三	3465	2750	17935	9110
联葛	4020	2210	16063	8514	舍王	2565	1610	3213	8653
新花园	2370	1814	17355	8733	向阳庄	1530	1015	1845	8609
青凤	1860	1556	5007	9169	杨林	2145	1219	2293	8526
窑东	1380	1938	6807	9801	叶堡	3210	2095	2860	8141
窑南	1725	1796	7167	8454	兴野	2730	1823	2970	8108
恒和	2235	2048	16081	8314	唐林	2910	1614	2433	8520
锯家	2220	1542	7621	8823	白港	2985	2486	3574	8065

说明：另有东关、一清、护驾垛3个社区居委会。

第三节　（重点村）东三村简介

东三村位于戴窑镇区西侧，是全国著名的粮食交易市场所在地。2001年，由原东三、焦家、泗汉3村合并而成。有15个村民小组，763户，人口2750人，耕地面积3465亩。东三村是戴窑镇粮食加工厂、编织袋厂和船舶修造厂相对集中区域，个体私营经济起步较早。2010年底，全村拥有别墅和商住楼200多套，家家安装有线电视和程控电话。85%以上人家有空调、冰箱、洗衣机、电脑，全村有各种轿车、运输车200多辆，百姓生活富裕，社会保障制度逐步健全。2001年被兴化市政府命名为小康示范村。

第七章　合陈镇

合陈镇地处兴化市东部，2000年2月，由原合塔乡和舍陈镇合并而成（原舍陈乡于1993年撤乡建镇）。原合塔乡35个村，舍陈镇36个村。2001年行政村合并后，全镇辖27个行政村，1个居委会，19474户，人口55387人，镇政府驻舍陈庄。镇域有新长铁路兴化火车站、国家级粮库和中石油浙江油田分公司兴泽作业区。2010年，全镇面积98.9平方公里。实现地区生产总值5.4亿元，财政收入3399万元，人均收入9082元。先后被评为江苏省文明镇、江苏省环境优美镇、省级新型示范小城镇。

1991—2010年部分年份合陈镇经济社会发展情况一览表

表31-13

年份	户数（户）	人口（人）	耕地面积（亩）	地区生产总值（万元）				财政收入（万元）	人均收入（元）
				第一产业	第二产业	第三产业	合计		
1991	19523	58663	83477	6167	3902	1083	11152	440	370
1995	17678	57359	81779	9026	3824	3075	15925	738	1806
2000	18122	56309	86885	9602	4942	9420	23964	426	3349
2005	18894	55635	91377	10984	6914	12018	29916	416	4733
2010	19474	55387	93008	15055	16243	22888	54186	3399	9082

说明：1991年、1995年数据为原合塔乡与舍陈镇（舍陈乡）合计。

第一节　经济建设

一、农业

境内传统农业以小麦、水稻、棉花、油菜种植为主。1991年，粮食播种面积7.29万亩，总产5.54万吨。棉花种植面积1.6万亩，皮棉总产1306吨。2000年后随水产养殖面积增大，农作物播种面积减少。2007年，全镇水稻面积6.3万亩，总产5.99万吨。棉花种植面积2000亩，皮棉总产420吨。2010年，粮食播种面积13.81万亩，总产6.87万吨。2010年，初步形成以百亩生态观光旅游农业——龙泉山庄、千头奶牛养殖基地——康益牧业以及10万头生猪、2万亩河蟹、20万羽家禽养殖为主题的“百千万”高效农业基地。全镇生猪、家禽、山羊饲养量分别达到6.5万头、23.27万羽和0.38万只，奶牛栏存300头。蛋品、牛奶产量分别达到462.6吨、1800吨，全镇畜牧业产值6701万元，占全镇农业总产值的42.9%。

图31-9　兴化合陈国家粮食储备库
（2010年摄，合陈镇提供）

1991—2010年，加修联圩90.3公里，建圩口闸125座，机电排涝站11座，另抽水机船459条，排灌总动力4877千瓦。疏浚生产河24公里，拓浚市级河道1条，各村实施“三清”工程，清理村庄河道205条，增强抗旱排涝能力。2010年，全镇拥有农业机械4812台，23387千瓦，其中耕种机械4284台、收割机械145台，农业生产基本实现机械化。

二、工业、建筑业

1991年，全镇有乡村办集体企业18家，工业产值2932万元，利税198万元。1997年后企业改制。2006年起，建立4平方公里汽车齿轮工业园。至2010年，年产齿轮达400万支，产值近亿元，为全镇工业主导产业。2010年，全镇完成工业销售21.36亿元，实现利税2.74亿元，工业技改投入1.81亿元。有兴化市金宝铸件有限公司、兴化市金塔齿轮有限公司、兴化市海星超重机械有限公司、兴化市科创纺织品有限公司、兴化市盛达工艺品厂等骨干企业。

镇境内先后有合塔、舍陈建筑站和合陈建筑公司。1991年，全镇建筑业从业人数2300人，产值3245万元，利润280万元。2010年，全镇建筑业从业人数3800人，主要在上海浦东、昆山和扬州等地施工，产值17608万元。

三、商贸服务业

1991年，合陈全境有个体工商户364户。2009年，设立现代粮食物流集聚区，占地3平方公里。区内拥粮库、鑫博、金宝、明丰、金塔、广扬、奥尔达、华伟、耀龙等企业。镇区有上海华联、浙江奥特隆、苏果等3家超市。2010年，全镇有经营餐饮、日用百货、服装、家用电器、农资、修理等行业的个体户410家。

第二节　社会事业

一、教育

1991年，境内幼儿园由小学附设、代管；合塔乡有小学18所，舍陈镇有小学22所，有班级81个；舍陈乡有完全中学1所、初中3所；合塔乡有初中2所。2000年，设公办幼儿园1所。后调整事业布局，以舍陈小学为镇中心小学。2007年，舍陈高级中学撤销。2010年，全镇有幼儿园9所，26个班，入园幼儿1097人，有专任教师34人；小学2所（下设3个教学点），41个班级，在校学生2160人，教职工168人；初中2所，38个班级，在校学生2068人，教职工115人。

二、文化

全镇文化、体育事业发展，镇文化中心投入110万元，占地5亩，建筑面积700平方米，内设图书阅览室、乒乓球室、台球室、篮球场等设施。至2010年，全镇村村建有篮球场，设置乒乓球桌和部分健身器材。

1991年，乡镇广播自办节目每周两档。1996年开通有线电视。2005年实现有线电视“村村通”，2010年，有线电视用户8700户，入户率44.67%。

三、卫生

1991年，合塔、合陈卫生院分别有医疗技术人员21人和32人。2005年8月，两家卫生院合并，有病床50张，医疗技术人员50人。至2010年，投入110万元，建设综合楼1幢，建筑面积1000平方米，添置CT、彩超、胃镜等先进的诊疗设备，成为一所综合性医院，达到一般疾病不出镇的要求。

四、镇村建设

1991年后，新建水利站、电力管理站及土管所大楼，有宾馆、文化站、敬老院。浙江、湖北、无锡、盐城、兴化等地开发商参与集镇商品房开发。2010年，镇区建成区面积5.6平方公里。主要街道6横4纵，总长4600米（均为水泥路面）。户均住房面积135平方米。有线电视、程控电话、宽带网、自来水、电“村村通”。保洁公司负责集镇环境卫生，主要街道进行绿化、亮化。

境内水陆交通便利。陆上有合白、昌合、舍营、戴舍等公路干线，设有新长铁路兴化火车站。合陈汽车站有直达泰州、扬州、南京、上海的班车。通兴化班车每天12班。2010年，公路总里程97公里。

五、人民生活

1991年，全镇人均收入370元。2010年，农民人均收入9082元，有2.7万人外出务工经商，年劳务收入3亿元。群众生活从温饱型向小康型迈进，多数农户新建楼房，电话、手机、电视机、电冰箱、洗衣机、电脑等相继普及，全镇拥有轿车超过千辆。迁入各大中城市居住的有1000多户。至2010年，镇内全面完成自来水主管网改造。全镇镇住户吃上清洁卫生的自来水。全镇有25344人参加养老保险，48052人参加农村新型合作医疗，779名特困对象被纳入低保，647名孤寡老人享受五保待遇，58名五保老人入住镇中心福利院。

2010年合陈镇各行政村基本情况一览表

表31-14

村名	耕地面积（亩）	人口（人）	工农业总产值（万元）	农民人均纯收入（元）	村名	耕地面积（亩）	人口（人）	工农业总产值（万元）	农民人均纯收入（元）
胜利	2010	2376	15156	8581	高桂	3195	2676	15782	9526
东向阳	2655	1534	7626	8842	许港	2505	1734	11655	9154
东联合	2175	1842	8186	7502	万沈	2580	2127	9136	8093
锦贤	2250	2003	14437	9197	桂山	3780	2709	11567	10119
界牌	3120	2127	17558	9150	樊奚	2175	1452	8626	9265
娄子	2370	1625	8414	8138	成章	1305	1044	8126	8285
凤存	3435	2594	13986	8016	舍陈	3240	3407	31310	10238

续表 31-14

村名	耕地面积（亩）	人口（人）	工农业总产值（万元）	农民人均纯收入（元）	村名	耕地面积（亩）	人口（人）	工农业总产值（万元）	农民人均纯收入（元）
朱甜	1635	1253	7818	9007	张居	1515	1183	10696	9640
朱陈	1740	1046	5995	7500	征孙	2535	2026	8547	8146
陆谦	2220	1366	7053	8997	塔港	2070	1692	11301	9460
红旗	2130	1307	7662	7900	邓桥	3075	2262	19984	12556
卜寨	4035	4003	22523	8690	幸福	2250	1472	9190	9950
李秀	1635	1445	8051	8091	甘杨	1575	1099	7987	9741
九里港	2640	2072	12812	9910					

说明：另有民建社区居委会。

第三节　（重点村）邓桥村简介

邓桥村位于镇区西南，2010年人口2262人。村内个私企业10家，以水泥预制为主。全村500多人在上海、苏州、无锡等地经商。人均收入1.26万元，村集体资产1700.4万元。是江苏省文明村、泰州市小康示范村。全庄为水泥混凝土道路。主干道安装路灯80多盏，河道驳岸2000多米。河道清澈，绿树环绕。有20多名保洁人员负责日常清扫。村庄住房整齐划一，有卫生室1所。建有村级组织活动场所、中心花园和文化广场等。社会保障体系健全，适龄儿童入学率100%。邓桥村先后被授予江苏省文明村、江苏省创文明工作先进村、泰州市关心下一代工作“双创”先进村、泰州市文明村、泰州市卫生村。

第八章　昌荣镇

昌荣镇位于市境中东部。因纪念革命烈士严昌荣而得名。原辖33个行政村。2000年12月，林潭乡傅家、姚庄2村划入。2001年，合并为13个行政村、1个居委会。2010年，全镇总面积61.64平方公里，有13757户37720人，地区生产总值4.33亿元，财政收入1547万元，人均收入8182元。

1991—2010年部分年份昌荣镇经济社会发展情况一览表

表31-15

年份	户数（户）	人口（人）	耕地面积（亩）	地区生产总值（万元）				财政收入（万元）	人均收入（元）
				第一产业	第二产业	第三产业	合计		
1991	12077	34748	46637	3276	1939	764	5979	104	488
1995	10863	35067	44574	6730	1474	2080	10284	362	1808
2000	11048	34950	51692	7451	2573	5368	15292	176	3057

续表 31-15

年份	户数（户）	人口（人）	耕地面积（亩）	地区生产总值（万元）				财政收入（万元）	人均收入（元）
				第一产业	第二产业	第三产业	合计		
2005	12712	36842	52198	9896	4774	8890	23560	248	4339
2010	13757	37720	53871	14756	11502	17059	43317	1547	8182

第一节　经济建设

一、农业

境内土地肥沃，宜粮宜棉。1991年大灾之年仍获得较好收成，被省政府授予“抗洪救灾先进乡镇”称号。灾后加强农田水利建设，实施河道疏浚、圩堤加修、闸站和排灌体系配套。是年，农业总产值为3642万元。2010年，农业总产值达13940万元。投资2457万元，在盐北、盐南、盐西三大联圩完成省级土地整理项目。全镇粮食作物播种面积99938亩，粮食作物总产量51647吨，生猪出栏1.05万头，家禽出栏33.42万羽，水产品产量3973吨。全镇拥有农业机械总动力23953千瓦，其中手扶拖拉机417台、中型拖拉机15台、其他农业机械881台。稳步推进农业结构调整，高效农业有安仁村林下套种黄蜀葵药材、朝阳新村辣椒生产、富民村香葱生产等。拥有双星村“有缘”西瓜、富民等村畜禽和水产养殖、兴昌鸭业及稼友植保等专业合作社11家，取得较好生态效益和经济效益。

二、工业、建筑业

图31-10　兴化市亚宝公司车间

（2004年摄，昌荣镇提供）

1991年前后，镇内相继办起碾米、砖瓦、农机等工厂100多家。1991年，通过整顿改制，招商引资，逐步形成服装、粮棉加工、造船，蔬菜脱水、水泥、炼钢，化工、塑料等工业门类。2010年，全镇工业企业225家，职工近5000人，工业增加值8740万元，创利税1390多万元。骨干企业有江苏西郊爱思箱包厂、亚宝食品、黄河水泥制造、振才钢质船、昌荣化工、华丰棉业、昌荣砖瓦、新天地机械制造等。

1991年有917人从事建筑业，建筑业增加值261万元。2010年，全镇从业建筑业2000多人，增加值达2636万元。

三、商贸服务业

1991年后，部分集镇居民开店经商，或办起服务点。2010年，全镇商业、服务业网点700多家，车辆维修点9家，浴室6家，服装店8家，餐饮服务25家，加工食品23家，菜市场摊点50多家。从业人员1839人，增加值达17059万元。

第二节　社会事业

一、教育

1991年，昌荣镇有小学21所，九年制普及率达99%。全镇幼儿园（班）39个。1993年，原中心小学改建成中心幼儿园。1997年，移址新建唐子中学教学楼。2009年，在唐子中学新建小学教学楼，建成九年一贯制中心校。另保留喊陈、存德两所小学和一所民营唐子实验学校。2010年，中小学54个班，学生总数1910人，教职工183人，中级以上职称教师116人（中学高级教师19人）。是年，撤并集镇以外30个幼儿班，中学撤并后校舍改建成公办中心幼儿园，保留1所民营幼儿园。全镇90%以上的适龄幼儿入园。

二、文化

1991年后，文化站活动中心正常开放，每个行政村每月免费放一次电影。唐子、新镇、万昌、邹罗、唐泽等村健身器材全部安装到位，村村有篮球场、乒乓球台和农家书屋，健身舞成集镇街头一大亮点。2010年12月，昌荣籍运动员李茂鉴参加世界柔道大奖赛中国站比赛，夺得男子81公斤级银牌。

1991年全镇广播线路达218公里，下半年广播站改为广电站，开通有线电视转播。2010年全镇有线电视用户6800户，入户49.43%。

三、卫生

镇卫生院位于镇区木塔路，占地面积1.4万平方米，建筑面积5000多平方米。为一级甲等乡镇医院。2010年卫技人员45人，其中副主任医师3人，基本做到小伤小病不出村，一般疾病不出镇。行政村设有卫生服务站，每站配有3名乡村医生。实施大病救助机制，农民因病致贫问题初步缓解。

四、镇村建设

1983年，兴化实施车路河拓浚工程，唐子镇迁址重建。1991年后，先后建成新存路、镇安路。1995年、2001年两次重新修编《昌荣镇总体规划》，向北延伸拓宽昌荣路，向东延伸拓宽木塔路，随着昌华路、北昌路建成，集镇三横两纵道路初步形成，镇容镇貌得到改观。昌荣路有各类个体工商户300多家。木塔中路两边建有各种公共建筑和商店门面200多间。贯通全镇的靖盐一级公路两旁新建造船、轧花、机械、食品、粮食加工等工业企业30多家。在农村分别制定、实施新农村建设规划，各种公共设施逐步齐备。2010年，境内通村公路总长31.28公里，全部硬质路面，覆盖全镇。

1995年，村村通程控电话。2010年，全镇固定电话5592部，入户率达60%。手机基本普及，宽带用户1700户。

1984年，实现村村通电后逐步更新。2010年，全镇供电主线路23公里，入户线140公里，年用电量达到2300万千瓦·时。

20世纪90年代初，镇村自筹资金先后兴办唐子、姚舍等自来水厂7个。2007年筹资启动二次改水工程。2010年，从主管道到分户水表全部更新，全镇1万多农户全部用上兴东水厂提供的自来水。

五、人民生活

1991年，农民人均收入488元，2010年为8182元。2010年末，居民储蓄存款余额89730万元。人们保健意识增强，饮食讲绿色、讲健康。农户住房标准越来越高，户平占地从1991年的100平方米上升到2010年的150平方米，新建住房的三分之一为别墅或楼房。2010年人均居住面积39.6平方米。全镇有轿车1000多辆，摩托车、电瓶车、彩电、空调、冰箱、太阳能热水器逐步普及。手机、固定电话入户率100%。2010年，全镇1.74万人参加农村新型社会养老保险，职工养老保险2600人；农村医疗保险32648人，参保率97%；享受高龄补助4103人。最低生活保障应保尽保。

2010年昌荣镇各行政村基本情况一览表

表31-16

村名	耕地面积（亩）	人口（人）	工农业总产值（万元）	农民人均纯收入（元）	村名	耕地面积（亩）	人口（人）	工农业总产值（万元）	农民人均纯收入（元）
安西	2520	2022	2513	8009	红花	1995	1220	2371	7837
安仁	3210	2188	2368	8506	富民	3750	2668	16294	8692
瞿沈	2715	1624	2038	8000	双星	4920	3254	7278	8120
宝宏	3330	2262	3639	8137	盐北	2430	1515	3108	8115
欣荣	3045	2040	4310	8111	朝阳新	3765	2685	4404	8109
唐子	7605	6496	29961	8198	存德	10635	6230	6202	8160
唐泽	2565	1527	2114	7984					

说明：另有唐子社区居委会。

第三节 （重点村）唐子村简介

唐子村地处镇东南角，由唐子、马场基、张家庄、张家舍、韦家舍、木塔寺、野孙、姚庄、傅家舍、徐黄舍、黄家庄11个自然村组成，耕地面积7605亩，总人口6496人。2010年工农业总产值29961万元，农民人均收入8198元。全村从事商业、服务业的有700多家。2000年后投资400多万元，用于道路、桥梁、路灯、绿化等基础设施建设，大小道路全部浇筑水泥混凝土路面。全村先后建别墅110多幢。油品运销专业户先后在兴化、南京、上海、武汉、江阴、靖江等地成立油品运输经营公司和加油站。全村有运油船100多艘，其中千吨以上的36艘。年经销油品创利税8000多万元。

第九章 陶庄镇

陶庄镇位于市境东部。1991年，全乡38个行政村。2000年，撤乡建镇。2001年，合并为20个行政村、1个居委会。2010年，全镇总面积69.63平方公里，人口46112人。实现地区生产总值4.82亿元，财政收入2523万元，人均收入7188元。

1991—2010年部分年份陶庄镇经济社会发展情况一览表

表31-17

年份	户数（户）	人口（人）	耕地面积（亩）	地区生产总值（万元）				财政收入（万元）	人均收入（元）
				第一产业	第二产业	第三产业	合计		
1991	15390	47933	67183	3317	4055	1123	8495	198	409
1995	14401	48100	66591	7269	2712	2632	12613	647	1752
2000	15301	48434	63960	10016	4182	6602	20800	285	3099
2005	15321	47781	64324	11890	6562	10690	29142	319	4240
2010	14900	46112	62561	16916	11277	19999	48192	2523	7188

第一节　经济建设

一、农业

境内以粮、棉、油、玉米种植为主。1991年，陶庄乡粮食播种面积114054亩，总产量23597吨。2000年后，有农户培育花木，发展大棚蔬菜、种植药材等经济作物。罗马等村种植药材莳萝2000余亩，每年产250吨的莳萝籽。幸福庄村一农户投资种植美国红枫30余亩。全镇年屠宰羊10万只、牛6000头以上。2007年，上海邦成生物有限公司落户三和庄村原江苏省英特福养猪场。罗马村有专业养鸡户17户，每天可向市场提供鲜蛋5吨。2009年，卞堡村人投资500万元，流转土地200亩，建设灵芝生产基地。粮棉品种结构逐步优化，产量效益逐年提高，2010年，全镇粮食播种面积57527亩，粮食作物总产量33866吨。生猪出栏2.36万头，家禽出栏35.5万羽。全镇提水养殖面积达8000亩，重点是养蟹、虾、泥鳅，水产品总量3002吨。栽植意杨、白果、苗木、风景树2160亩。

1991年，全镇有手扶拖拉机338台，柴油机、电动机261台，农机总动力26969千瓦。2010年，全镇拥有拖拉机200台，收割机112台，农机总动力27485千瓦。

1991年灾后，大搞农田水利建设。至2010年，对全镇101公里的九大联圩进行加修，新建、维修圩口闸133座，新建、维修排涝站38座，防洪抗洪能力得到加强。

二、工业、建筑业

1991—1997年，多为乡村办集体企业。1997年后，企业改制，转变为个私企业。主要项目有化工、造船、建材、磨具、服装等。2010年，全镇有6家服装厂，其中江苏梅兰服饰有限公司投资1000多万元，建标准厂房近万平方米，有职工600人，年生产服装50余万件。

1991年后，陶庄建筑工程公司先后承建陶庄卫生院门诊楼及其他企事业单位的工程。1994年后，公司组织力量赴外地施工，承建西安丹妮康乐大厦，建筑面积23000平方米。承建兰州军区干休所2500平方米1号商住楼，3100平方米8号住宅楼；镇江朱方路6800平方米的商住楼。2005年公司倒闭，转让给个人经营。2010年，陶庄镇建筑业增加值为1070万元。

三、商贸服务业

1991年，镇内有供销合作社、商业社、粮管所、食品站，个体商业、贩运业、修理业407户。

2010年，华联、上海超市，农贸市场、休闲浴业、个私药店、诊所，大酒店、餐饮小吃、服装、家具、联通、移动经销点等先后落户集镇。全镇有近2万劳力外出经商打工，年劳务收入超亿元。

第二节 社会事业

一、教育

1991年，有乡村办幼儿园38所、小学30所、初级中学5所。1992年，陶庄初级中学教学楼落成。2007年，陶庄小学迁入新校区。2010年，全镇中小学6所，其中初级中学1所、小学5所，在校中小学生2112人，在职中小学教师226人。

二、文化

1991年，全镇有线广播入户率98%。1995年，开通有线电视。2010年，全镇数字电视入户率90%以上。村村有图书室，群众的文化生活越来越丰富。全镇公共健身场所8处，村村有篮球场、乒乓球室。镇里定期或不定期举行象棋、篮球、乒乓球、拔河等比赛。

三、卫生

1991年，卫生院迁至陶庄东首，占地17亩，新建门诊大楼、病房大楼，建筑面积4910平方米。有病床40张，设内外科、妇科、精神病科等11个科室和检验设施。设村卫生室19个。2010年，全镇医卫人员42人，病床40张。

四、镇村建设

1991年后，集镇建设框架初步形成，主要街道四条，总长1840米（均为水泥路面）。新建中、小学、卫生院、金融、邮电及文体中心等公共建筑，商品房开发初具规模。主街道两侧新建或翻建的均为楼房，主要街道进行绿化、亮化。全镇43个自然村，80%实施“亮化”工程。南柯、季平、罗马为小康示范村。季平村80%以上农户建起别墅。2005年，完成集镇中心路改造，对陶庄至高兴东公路段拓宽。2010年，新张线公路开工建设。截至2010年底，境内公路总里程86公里。全镇有241艘机动船从事水上运输。有开往上海、镇江、泰州、兴化、东台的班车，村村通公交车。

1993年秋，开通程控电话。1998年底，达到村村通程控电话。2010年，全镇达90%以上家庭有手机，大部分机关、企业、学校、家庭用上互联网。

1993年11月建变电所，用电户10700多户。至2010年，实现全天候供电，不少村庄安装路灯。

1992年，镇投资建自来水厂，日供水量4000吨。2007年，水厂扩建为日供水1万吨，2010年实施二次改水，全镇户户吃上自来水。

五、人民生活

1991年，农民人均收入409元。2005年，储蓄存款余额3亿元。2010年，农民人均收入7188元，储蓄存款余额达3.8亿元。2005年后，有千余户迁往大、中城市居住。全镇拥有小轿车千余辆。农村剩余劳动力转移步伐加快。社会保障体系逐步完善。2010年，参加新农保人数22721人。参

加农村新型合作医疗人数为42990人，参加企业养老保险480人，361名五保老人中66人集中保养。低保296人，187名重残人员生活得到保障。

2010年陶庄镇各行政村基本情况一览表

表31-18

村名	耕地面积（亩）	人口（人）	工农业总产值（万元）	农民人均纯收入（元）	村名	耕地面积（亩）	人口（人）	工农业总产值（万元）	农民人均纯收入（元）
南柯	6855	3160	254	8359	焦舍	3570	1645	105	6103
焦庄	4110	1892	154	6052	潘戴	3930	1808	206	6390
夏北	5640	2601	202	6701	裴舍	3450	1587	94	8232
王寺	4125	1900	193	8116	大顾	10125	4663	383	5586
仲冯舍	6165	2844	259	6827	幸福庄	3060	1413	163	8200
卞堡	5385	2482	299	8166	新徐	1665	1658	140	6404
袁庄	3210	1479	137	6009	季平	5565	2567	342	8354
金戈	5160	2377	247	3210	三和庄	5130	2362	267	8275
潘洋叉	4845	2232	233	6827	周冯	3075	1420	151	6900
罗马	3360	1549	164	9760	陶庄	5820	2682	179	6001

说明：另有梓辛社区居委会。

第三节　（重点村）季平村简介

季平村由十八河、陆家庄、谢家等3个自然村组成，耕地面积5565亩，总人口2567人。2010年，农民人均收入8354元。该村在全镇率先建设一条2.6公里的通村公路，近万米的巷道全部实现硬质化，新建农桥11座，维修桥梁10座，新建排涝站3座，圩口闸2座，总投资达120万元。村里70%的劳动力在外打工经商。全村1016户，有600多户住上两层别墅，实现小康村目标，多次被兴化市表彰为“先进文明村”。

第十章　海南镇

海南镇位于市区北部，1996年撤乡建镇。48个自然村庄，原设42个村委，镇政府驻地蔡高村。2001年4月合并为18个行政村、1个居委会。2010年，全镇面积71.63平方公里，总人口36809人，全年实现地区生产总值3.97亿元，财政收入4309万元，人均收入8509元。

1991—2010年部分年份海南镇经济社会发展情况一览表

表31-19

年份	户数（户）	人口（人）	耕地面积（亩）	地区生产总值（万元）				财政收入（万元）	人均收入（元）
				第一产业	第二产业	第三产业	合计		
1991	11977	37038	45524	3544	1682	891	6117	98	359
1995	11172	37132	30079	6011	2204	1747	9962	126	1993
2000	10459	36569	56006	7039	3198	4402	14639	256	3450
2005	10609	35416	56538	9452	5160	7960	22572	220	4867
2010	13328	36809	57515	13653	11209	14853	39715	4309	8509

第一节 经济建设

一、农业

图31-11 海南镇稻渔共作 （2004年摄，海南镇提供）

1991年前，海南镇种植业实行两熟制。1991年后发展优质高效农业，形成稻渔共作、无公害优质稻米产业化和茧丝绸“一条龙”生产两大特色。1991年，农村经济总收入4780万元，粮食总产量21904吨。1993年起，调整农业产业结构，打造以稻田养蟹为主的优质稻米生产基地和畜禽生产基地。2010年，农村经济总收入达30650万元，粮食总产量50681吨，生猪出栏1.5万头，家禽出栏20.8万羽，水产品产量5768吨。高效农业形成蔬菜水果、畜禽、水产、林木、生猪5大农业特色产业，以农技站牵头推广的“引江河”优质稻米在市场上广受好评。是年，天地裕盈禽业合作社生产的“板桥”土猪、草鸡走进上海世博会。

从1998年起实行林权制度改革，鼓励农民植树。2010年，全镇森林面积9231.7亩，绿化覆盖率21.16%。

1991年灾后，抢修水毁工程，加修圩堤106公里。疏浚大小河道320条，新开挖河道25条。先后改造中低产田6.9万亩。全镇新建圩口闸89座、排涝站13座，排涝流量51立方米/秒。2010年，拥有大中型拖拉机21台、小型机878台，另有种植、播种、水泵等农业机械，总动力16537千瓦，机械化率达85%。

二、工业、建筑业

1991年，全乡有乡办企业8个，村办企业18个。1998年企业全部改制。2010年，全镇有个私工业企业35家，生产总值65830万元，创利税2726万元，主要包括轧钢拉丝、建材、缫丝、脱水蔬菜、粮食加工、铜制品、包装纸片等产业。有兴化市柏林丝绸有限公司、兴化市长生不锈钢有限公司、泰州市金岳包装制品有限公司、兴化市惠根铜制品加工厂、兴化市兴吴机械铸造有限公司等骨干企业。其中，兴化市柏林丝绸有限公司经1994年创办兴如缫丝厂，2000年通过拍卖改制为现公司。2007年，全镇有缫丝企业6家，职工390人。全年所需原料折成鲜茧2400多吨。收茧季节，周边的大丰、射阳、盐城、高邮、宝应等10多个县市蚕农到该镇出售蚕茧。

1993年，建筑站迁到集镇，成立建筑安装工程公司，年实现产值3500万元。1999年由个人承包，2001年公司解体，由工人自发组织分散经营。2007年，实现产值3208万元，利润258万元。2010年，实现产值5001万元，利润401万元。

三、商贸服务业

1991年，全镇有供销社，商业社各1家，个体工商户131家。1997年，供销社、商业社改制。2005年，全镇批零网点46家，从业人员122人。2010年，全镇有商品批发、超市17家，餐饮旅社14家，理发美容18家，服装鞋帽店44家。

第二节　社会事业

一、教育

1991年全乡有小学22所、初中3所。1994年，新建幼儿园1所。1998年中学迁址，小学迁中学原址。2001年，创办民营文昌学校。2010年，全镇有学校8所，其中小学7所32个班级，在校学生1190人，教职工127人；初中1所。

二、文化

20世纪90年代以后，海南镇积极开展群众文化活动。先后组建中国象棋、乒乓球、篮球、中老年健身舞蹈队等群众业余文娱团体。1996年10月，镇文化站和影剧院合并，成立文化中心。1997年办起歌舞厅，卡拉OK歌唱厅、网吧、音像制品店、书店、打印社。1998年，海南镇获“江苏省群众文化先进乡镇”称号。2000年，镇文化中心恢复为文化站。2006年，由省、市扶持35万元新建文化站房，正常对外开放。2007年，恢复电影队，常年深入各村、单位巡回放映。至2010年，每年配合市淮剧团完成送戏下乡4场。

2007年，实施“万村体育工程”，建有篮球场10处，户外健身路径8处，棋牌室、乒乓球室18处。每天有百人活跃在各晨（晚）练点。结合重大节日举办象棋、乒乓球比赛。2010年1月，被省体育局授予“江苏省体育强镇”称号。

1989年，开始自办广播节目。1993年，在镇政府楼顶架设卫星电视接收信号，583户安装有线电视。1998年10月，开通乡镇有线电视信号。2003年，实现有线电视村村通，有用户5600多户。2010年，投入数字电视设备更新。

三、卫生

1991年，海南卫生院设内、外、儿、妇4个病区和门诊部。年门诊1.1万人次，住院约300人次。1996年成立防疫保健所。1997年8月，海南卫生院迁入新院大楼，通过“一级甲等医院”“爱婴医院”评审。农村卫生室18个，有村医43人。2006年装备救护车1辆。2010年有床位36张，卫技人员26人，全年门诊32896人次，住院约762人次。

四、镇村建设

1991年前，镇区仅一条商业街，全长200米，宽10米。1996年后，对镇区建设全面规划。1991—2007年，先后建成三纵三横硬质化水泥路。其中，过境路（沥青表处）长1298米，宽25米。1996年后，对镇区建设全面规划。

1991年，集镇几乎都是小瓦房。1994年以后建砖混结构楼317座，别墅式房屋91座。农村田园、家园、水源“三清”工程正常开展，面貌发生很大变化。2010年，有7个村达到小康建设要求。

1995年，轮船停航。2007年，实现村村通公路。全镇硬质化路面40公里。2010年，全镇有各类汽车349辆，往兴化城区的都是过往各路班车。

1991年安装程控电话。2007年，固定电话用户7320户，宽带用户198户。

1991年，全乡通电基本正常。1999年，实行农网改造。2010年，电源来自钓鱼110千伏变电所，有用户12576户，售电量1189.52万千瓦·时。

1993年，集镇兴建自来水厂1座，水源来自渭水河。2010年，全镇有东荡、南蒋、兴高、西张、苏海、成周、东老水厂7处，日供水800吨，供水总人口达3.7万人。

五、人民生活

1991—2010年，农民衣食住行都发生很大变化，衣着讲究时尚、新款，饮食向营养型发展。住房向砖混、框架型发展，摩托车、轿车，彩电、电脑、宽带、空调、冰箱逐步进入普通农家。1991年人均收入359元；2010年，达8509元。截至2010年底，居民储蓄款余额3.6亿元。2010年，镇区新建别墅137幢。全镇人均居住面积57平方米。农村50%以上的人参加医疗新农保，40%的人参加农村养老保险，低保范围逐年扩大。70多位“五保”老人入住敬老院集中供养。

2010年海南镇各行政村基本情况一览表

表31-20

村名	耕地面积（亩）	人口（人）	工农业总产值（万元）	农民人均纯收入（元）	村名	耕地面积（亩）	人口（人）	工农业总产值（万元）	农民人均纯收入（元）
金储	2205	1855	896	7575	新合	2820	1599	803	7556
西荡	2985	2001	1149	8150	中兴	1800	1287	700	6899
东荡	2235	1793	1170	11040	张联	2010	1602	743	7800
胡家	3900	2250	873	7180	唐良	1650	1346	660	7310
老舍	1965	1484	957	8170	蔡高	4515	3924	2730	8180
刘泽	2505	1990	1414	11188	许马	2190	1288	1048	7528

续表 31-20

村名	耕地面积（亩）	人口（人）	工农业总产值（万元）	农民人均纯收入（元）	村名	耕地面积（亩）	人口（人）	工农业总产值（万元）	农民人均纯收入（元）
南蒋	2070	1889	1125	9008	新发	1590	1027	752	8150
北蒋	2325	2233	1116	8825	苏海	4065	2247	2321	8150
新伍	3540	2701	1416	10288	莫顾	2085	1590	948	7314

说明：另有蔡高社区居委会。

第三节　（重点村）刘泽村简介

刘泽村位于海南镇东南，通村公路与高兴盐公路相连接。有15个村民小组，530户1990人，耕地面积2505亩。1991年以后，发展特色农业和水产养殖业，全村水产养殖户50多户，鱼虾蟹混养面积达2100亩。在外打工、经商的560人。2010年，蔬菜种植600亩，花卉苗木基地1100亩，养猪场年产生猪3万头。动员在外能人回乡创业，新办企业2家。该村四周环水，环境优美，通村公路两侧水杉茂密，实现农田林网。民风淳朴，社会风气好。管理民主，基础设施配套，村庄大小道路整齐，硬质化率100%，主干道亮化100%，改厕达80%以上。村集体年收入80万元，集体积累资产及资金达220万元。村集体林木4万株。2010年，人均收入11188元。先后被评为江苏省文明村、生态村、卫生村和民主法治示范村和泰州市全面小康特色村和党风廉政建设示范村。

第十一章　大邹镇

大邹镇位于市区东北部，233省道穿境而过。旧为兴化“十大镇”之一。39个自然村庄，原设30个行政村，2001年合并为13个，镇区设居委会1个。2010年，全镇总面积69.99平方公里，其中耕地面积35784亩。有8100户27760人，实现地区生产总值24259万元，财政收入1436万元，人均收入7870元。

1991—2010年部分年份大邹镇经济社会发展情况一览表

表31-21

年份	户数（户）	人口（人）	耕地面积（亩）	地区生产总值（万元）				财政收入（万元）	人均收入（元）
				第一产业	第二产业	第三产业	合计		
1991	8999	27351	37302	2682	2560	492	5734	39	537
1995	8815	27305	36339	3220	2230	1067	6517	196	1843

续表 31-21

年份	户数（户）	人口（人）	耕地面积（亩）	地区生产总值（万元）				财政收入（万元）	人均收入（元）
				第一产业	第二产业	第三产业	合计		
2000	8922	27921	40050	4822	2174	2600	9596	246	3109
2005	9127	27728	42458	6182	3495	4543	14220	191	4102
2010	8100	27760	35784	9455	6738	8066	24259	1436	7870

第一节　经济建设

一、农业

1991年，主要农副产品产量：粮食3000吨，皮棉400吨，油料718吨，蚕茧1600担。生猪出栏5860头，家禽出栏6.1万羽，产蛋1105吨。1994年，全镇桑园面积达3300亩，蚕茧产量358吨。养殖水面4500亩。随着蚕茧行情迅速下滑，至2010年全镇蚕桑面积不足100亩。2010年，全镇粮食作物总产量2.73万吨，生猪出栏1.76万头、家禽出栏19.71万羽，养殖水面达1.2万亩，水产品总量2286吨。全镇农业增加值0.95亿元。

1991年拥有手扶拖拉机191台，柴油机141台，农机总动力8064千瓦。2010年大中型拖拉机9台，收割机133台，插秧机50台，农用运输车15辆，农机总动力22274千瓦，农业综合机械化水平有很大提高。

1991年灾后，全镇加固防洪联圩总长39公里，新建圩口闸61座。全镇有排涝站16座，配套动力830千瓦，总流量32立方米/秒，完成农田水利基本建设示范区1.2万亩。

二、工业、建筑业

1991年后，通过招商引资，个私企业得到整合和发展。原有镇村集体办企业改制为个私、股份制企业。拥有兴化市万达电力工具、永安电力工具、新安消防器材、恒威生物、泰州市春达动物药业、恒安电力工具等骨干企业。镇内建起工业集中区，先后有食品加工厂、服装厂、脱水厂、伟业塑料有限公司等企业落户。2010年，工业生产总值62858万元，实现利税2309万元。

1988年设立大邹镇房屋开发公司。1991年，全镇建筑业从业人数1200人，产值1345万元，利润140万元。改制后，公司解体，由工人自发组织，分散经营。2010年，全镇建筑业从业人数2000人，建筑业增加值666万元。

三、商贸服务业

20世纪90年代，个体私营商业快捷发展。2010年，全镇商店摊点84家，车辆维修点13家，浴室14家，餐饮服务18家，另外理发、缝纫、中介、蔬菜、熟食等服务性店、摊上百家。商业、服务业从业人员1360人，增加值达8066万元。

第二节　社会事业

一、教育

1996年，大邹镇中心小学迁入新址。2003年，撤销农村小学，全镇小学生集中到中心校就读。2010年，全校17个班，学生710人，教职工63人，其中小学高级教师45人。镇幼儿园8个班，幼儿315人，专职教师9人，配有专车接送。

大邹初级中学始建于1990年9月，2009年迁至大邹高级中学校址。2010年，有10个班，在校学生375人，教职工71人，其中中学高级教师9人。

二、文化

2006年，镇文化站扩建，并成立文化活动中心，与镇妇联、科协、成教中心、老年体协、关工委等单位联合，形成宣传教育、信息服务、科学普及、文化娱乐、体育活动于一体的多功能文化中心。2007年，各行政村设立体育活动场所，配备体育健身器材。2010年，全镇公共健身场所38处。镇区双溪文化广场每天有100多人锻炼，定期或不定期举行各种健身比赛。

1994年5月，有线电视开通，1998年底，与市广播电视联网。2000年，有线广播停播。2005年，有线电视村村通。2010年底，全镇4958户安装有线电视，入户率61.21%。

三、卫生

1997年，大邹中心卫生院迁址，新建门诊和住院大楼，设内、外科、妇产科、手术房，并逐步配备先进医疗设备。2010年，在职医生30人，病床40张。各村设医务室，农村医疗保险普及率大幅上升，基本解决群众看病难的问题。

四、镇村建设

镇区有双溪路、丰乐路、虹桥路、抗大路、育才路。总长2830米，宽5—7米。1992年前人均住房面积不足10平方米。截至2010年，全镇房屋总面积71.21万平方米，人均31平方米。镇区浇筑水泥道路10万多平方米，街道两旁楼房林立，商店近200家，新建双溪文化广场，大街小巷安装路灯1200多盏。

镇境河网密布，原以轮船、木船运输为主。1973年，高兴盐公路（233省道）建成通车。2007年，全镇实现村村通公路。2010年，每日从大邹站始发无锡4车次，泰州、青浦2车次，直达上海、苏州、昆山、太仓、扬州、南京、宜兴、青浦各1班。往返兴化城区每15分钟有一班。年客运量30万人次。

1993年，开通程控电话业务。2010年底，固定电话用户4653户，手机拥有量8000多只。20世纪90年代以后，《扬子晚报》《泰州日报》当天送达读者手中。

20世纪90年代初，全镇供电基本正常。2010年，全镇供电线路总长75.09公里，年供电量1253万千瓦·时，其中工业用电580万千瓦·时。

大邹自来水厂建于1986年，1999年扩建水池，2010年主管道长80公里。年供水量100.8万吨。2010年二次改水，增设主管道62.6公里。

五、人民生活

1991年，全镇人均收入537元，2010年达7870元。人们的穿着、饮食有很大改善。住的基本是砖瓦房，部分农户建起别墅式楼房。私家轿车逐年增多。彩电、冰箱、洗衣机、摩托车、电动车等基本普及，不少家庭添置电脑。

1994年初，开展农村社会养老保险工作。1997年推行合作医疗，实行大病统筹。2010年，全镇参加农村新型社会养老保险8142人，参加新农合22990人，对854户1337人实施最低生活保障，有48位“五保”老人入住镇中心敬老院集中供养。

2010年大邹镇各行政村基本情况一览表

表31-22

村名	耕地面积（亩）	人口（人）	工农业总产值（万元）	农民人均纯收入（元）	村名	耕地面积（亩）	人口（人）	工农业总产值（万元）	农民人均纯收入（元）
双溪	3135	2863	5751	8102	沈五	2760	1906	4014	8002
渭水	2970	1700	3017	8053	新庄	3285	1996	3928	7690
友谊	2520	1809	4031	8130	吉耿	3105	1926	4447	7810
万家	2460	1711	2990	8052	吴家	2520	1864	2931	7760
北艮	1800	881	3246	7980	向家	1695	1036	2296	7920
芦家坝	3135	2017	2914	7970	顾马	2220	1385	2265	7756
复兴	2970	2318	2653	7650					

说明：另有虹桥社区居委会。

第三节 （重点村）友谊村简介

友谊村距离镇区1.5公里，由贾所、许四、水产3个自然村合并而成。有9个村民小组，698户，1809人，耕地面积2520亩。村民以种植和养殖为主，2010年人均收入8130元。全村完成户改厕，道路亮化、硬质化，绿化达标。设有两处健身场和600多平方米文化广场，形成河道清澈、绿树环绕的村庄环境。有舞龙队、腰鼓队、莲枪队、广场舞蹈队等。2010年完成小康示范村创建。

第十二章 永丰镇

永丰镇地处兴化东北部。2000年2月，徐扬、永丰两乡合并为永丰乡，同年撤乡设镇。设26个行政村，1个社区居委会，316个村民小组。2010年末，全镇总面积77.94平方公里，其中陆地占56.75%、水域（含滩地）占43.25%。总人口49604人，全年实现地区生产总值4.24亿元，财政收入

1758万元，人均收入8167元。

1991—2010年部分年份永丰镇经济社会发展情况一览表

表31-23

年份	户数（户）	人口（人）	耕地面积（亩）	地区生产总值（万元）				财政收入（万元）	人均收入（元）
				第一产业	第二产业	第三产业	合计		
1991	17104	52055	69974	4471	3470	1115	9056	236	434
1995	16119	50810	68235	6917	3454	1923	12294	374	1826
2000	16785	50378	72599	8644	2564	4422	15630	288	3032
2005	17021	50182	66910	9990	5260	7683	22933	422	4206
2010	17868	49604	76952	14825	12458	15111	42394	1758	8167

说明：1991年、1995年数据为原永丰乡和徐扬乡合计。

第一节　经济建设

一、农业

1991年以后，逐渐形成稻麦两熟制为主的作物布局，实现亩均千斤粮目标。1995年，全镇灌溉面积5.7万多亩。高产优质粳稻品种和新型栽培技术得到推广。从1996年起发展稻田养蟹等特色农业。1996年，全镇银杏总株数达到11万株。此后，大力发展意杨产业。2010年，全镇林地面积达万亩，森林覆盖率23%左右。提水养殖迅速发展，为全国10个“中国河蟹之乡”之一。2010年，全镇粮食作物总产量5.85万吨，河蟹养殖面积40005亩，占全部养殖面积95%。全镇水产养殖户15个。苏兴水产养殖专业合作社联社及朋缘水产有限公司规模均达5000亩以上。2010年，全镇生猪出栏5.15万头，家禽出栏14.59万羽，水产品总量3926吨。有养猪专业户12户、合作社2个，此外还饲养鹅、山羊、长毛兔等。

图31-12　兴化市红膏大闸蟹养殖场棒徐村A1-2塘
（2006年摄，永丰镇提供）

1991年灾后，对90.21公里联圩按照“四点五四式”标准全面加修，兴建圩口闸112座，排涝站16座，对境内6条市乡河道清淤，对65个自然村进行两轮河道整治。2004—2010年，先后投入1830万元，建设三联、捷行、西南、双营北圩商品粮基地、优质小麦、农业综合开发、土地复垦项目4个。

二、工业、建筑业

20世纪90年代中期以后，实行产业结构调整，逐步形成建材、卫生保健、电子、五金机械四大支柱产业。有隆昌敷料有限公司、润翔内燃机配件厂、华良敷料有限公司、新艺达香料厂等骨干企业。2008年起，先后投入资金建设工业园区，实施水、电线路和网络通信设施建设。2008年8月和2010年，顺和房产开发有限公司和兴化市永兴电子有限公司先后进驻园区。2010年，全镇工业总产值9.4亿元。

三、商贸服务业

20世纪90年代，个体私营商业快捷发展。全镇餐饮、中介、浴室、超市、蔬菜、熟食等各类商店摊点应有尽有。2010年，商业、服务业增加值达1.5亿元。河蟹交易市场在建设之中。

第二节 社会事业

一、教育

1991年前全镇村村建有小学和幼儿园，自1993年起调整教育布局。1996年，原永丰乡和原徐扬乡分别通过省两基达标验收。2005年，全镇设初中2所、小学5所、幼儿园2所。2010年永丰镇中心校初中部教职工75人，15个班级，学生503人。小学部教职工76人，20个班级，学生803人。幼儿园教职工18人，9个班级，学生258人。

1991—2010年，镇成人教育中心校举办各类实用技术培训班850期，受训人数5万多人次。

二、文化

1991年以后，原徐扬、永丰两乡设有文化站。乡镇合并后建立文化中心，拥有1座电影院和电影放映队、业余文化团体各1个。1995年，原永丰和原徐扬乡分别开通有线电视，2003年通村率达100%。2010年末，全镇有线电视用户达7560户。

三、卫生

1991—2000年，有徐扬、永丰两家卫生院，分别设有临床科室：内科、外科、妇产等科室和各种医疗设备。各有病房5间，病床15张。医务人员68人，村卫生室61个。2001—2005年，有村卫生室26个。截至2010年底，全镇参加新型医疗保险46410人。户厕改造491户。

四、镇村建设

20世纪90年代，加快推进小城镇建设。2001年，农贸市场迁址朱严路北西侧，并新建人民路、朱严路、镇南路、中学路，新区建成丰韵路，丰盛路6条街道，两旁建有店面1000多家。政区面积由1991年的1.7平方公里拓展为2010年的3.1平方公里。

镇域西连宁盐一级公路，与宁靖盐高速公路互通。昌合公路途经集镇和8个行政村，长达8公里，汽车通达每个自然村。原两乡20世纪50年代即设立邮电支局，于1990年开通程控电话。2010年，全镇固定电话用户1.2万户。

20世纪90年代初期，2乡分别由安丰、大营变电所供电。2000年度农村电网改造，年供电量

760万千瓦·时。2010年，全镇有10千伏线路3条126公里，分别由安丰、大营、戴窑变电所供电。年供电量1700万千瓦·时。

1994年、1995年，先后兴建徐扬、刘寨、祁吉、蔡星4家小型自来水厂，基本满足人民用水需要。2008年二次改水，建兴东水厂。至2010年9月，组建永丰镇供水服务公司，全镇人民吃上安全、卫生的自来水。

五、人民生活

1991年，全镇人均收入434元，2010年达8167元，年末居民储蓄余额3.9亿元。群众生活从温饱型向小康型迈进，许多农户新建楼房，电话、手机、电视机、电冰箱、洗衣机、摩托车、电脑等相继普及。至2010年，迁入城镇居住的有1000多户。全镇拥有轿车超过千辆。全镇2万多人参加养老保险。有5380人享受老年人基础养老金。慰问各类贫困对象4082户，发放慰问金288.2万元。为1195名低保户落实最低生活保障。新型合作医疗参保人数4.5万人。

2010年永丰镇各行政村基本情况一览表

表31-24

村别	耕地面积（亩）	人口（人）	工农业总产值（万元）	农民人均纯收入（元）	村别	耕地面积（亩）	人口（人）	工农业总产值（万元）	农民人均纯收入（元）
徐扬	2940	2039	7447	8407	桑富	2970	2051	7242	7984
沙仁	1652	957	7214	7966	三联	2850	1487	7531	8281
东倪	4365	2268	7362	8241	府李舍	1470	1228	7000	8003
永联	3750	2510	7129	8198	东棒徐	2880	1669	7107	8047
四合	2715	1755	7038	8210	捷行	4350	2523	7193	8377
捷西	2595	1425	7150	8032	新科	3330	1897	7299	8202
永兴	3345	1369	7556	8542	新虎	3105	1736	7136	8194
蔡星	2940	1684	7148	8017	港中	2670	1978	7011	7805
刘葛	3225	1806	7445	8278	四塔	2745	1892	7083	7850
明兴	2295	1566	7210	8033	苏扬	2940	1636	7142	8207
钟祁	3780	2241	7313	8654	如意	2775	1911	7227	8180
迎新	2760	1149	7116	8028	戚舍	2055	1304	7163	7999
祁吉	2535	1736	7398	8070	三星	3870	1997	7054	7991

说明：另有朱严社区居委会。

第三节　（重点村）徐扬村简介

徐扬村为永丰镇政府所在地，2001年由原徐南、徐北两个村合并而成。有15个村民小组，2039人。耕地面积2940亩，个私企业10家。2010年，农民人均收入8407元。1991年以后，该村先后办起化工厂、毛条厂、家具厂、农具厂等企业，并有100多户商家，工商业成为村级主体经济。该村先后被评为“江苏省民主法治先进村”“泰州市文明村”“泰州市廉政建设示范村”。

第十三章 安丰镇

安丰镇地处市境东北部，旧为兴化“十大镇”之一，抗日战争和解放战争时期，曾为华中二分区革命根据地中心。2000年中圩乡与安丰镇合并。2001年全镇由67个行政村合并为21个，7个居委会，镇政府驻地安丰新北郊村。至2010年，先后被命名为中国河蟹之乡、江苏省重点中心镇。2010年，被泰州市列为小城市发展对象。全镇总面积98.73平方公里，其中耕地面积9.24万亩。全镇人口71262人，实现地区生产总值15.99亿元，财政收入2.38亿元，人均收入10180元。

1991—2010年部分年份安丰镇经济社会发展情况一览表

表31-25

年份	户数（户）	人口（人）	耕地面积（亩）	地区生产总值（万元）				财政收入（万元）	人均收入（元）
				第一产业（万元）	第二产业（万元）	第三产业（万元）	合计		
1991	24789	66773	81809	6342	9014	1189	16545	421	517
1995	23307	67291	68726	9237	5521	3546	18304	793	1849
2000	25912	71088	81820	12483	9334	11117	30534	746	3480
2005	27432	71710	80365	16035	17580	29924	63539	1621	5651
2010	26704	71262	92433	25266	53034	81599	159899	23793	10180

说明：1991年、1995年数据为原安丰镇与中圩乡合计。

第一节 经济建设

一、农业

粮食作物生产实行麦稻两熟制。20世纪90年代中期逐步发展精养螃蟹和其他水产品，朱同林养蟹成功，多次受到国家级和省市表彰。1991年，全镇粮食播种面积69580亩，总产量26245吨。2000年以后，培育泓膏大闸蟹和安丰“三腊菜”等品牌，先后建成商品粮、红膏蟹、金龙果蔬和棉田套栽瓜蔬3个万亩基地，万头鼎丰畜禽、千亩荷藕套养泥鳅养殖基地，农业生产的种、收、管基本实现机械化。2010年，全镇粮食总产量60609吨，生猪出栏2.29万头，家禽出栏67万羽，水产品产量8405吨。

1991年，全镇有手扶拖拉机872台、柴油机132台、电动机324台，农机总动力18129千瓦。2010年，全镇农机总动力18922千瓦。有21座联圩、34座排涝站，配套建设农田水利设施221座，可抗御较大洪涝灾害。

图31-13　螃蟹加工产品　（2006年摄，安丰镇提供）

二、工业、建筑业

1991年前，镇内工业多为全民集体企业，安丰水泥、轧钢、轴瓦被誉为兴化工业经济的“五朵金花”之列。1997年后，全镇工业企业先后改制，368家企业先后转变为个体私营企业。安丰纺织服装产业园由南中北三个园区组成，规划总面积5平方公里。入驻企业68家，主要经营项目有机械、冶金、纺织、服装、轴瓦等。有兴化市恒星铜制品有限公司、兴化市智宇有色金属制品加工厂、兴化市洁豪针织厂、兴化炜泰制衣有限公司、泰州长新纺织（兴化）有限公司、江苏飞月轴瓦有限公司、兴化市华英机械有限公司等骨干企业。2010年末，总注册资本2.56亿元，从业人员8160人，厂房面积13.5万平方米。其中：年销售亿元以上企业4家，先后投入建设资金1860万元，实施水电、路桥、邮电等基础设施建设。通过ISO9001质量体系认证和ISO14000环保认证。产业园成立投资服务公司，实行“一站式”服务。组建资金担保公司，为进园区企业提供资金保证。

20世纪90年代初，安丰镇建筑工程公司有职工118人，其中工程技术人员18人。在兴化市区、泰州、扬州、南京等地承包工程。1991年，产值3.8亿元。2000年后改制为民营。2010年，全镇建筑业产值5.3亿元，增加值4.3亿元。

三、商贸服务业

1991年后，安丰镇商业经济日益繁荣，成为兴化东北部的交通、文化和商贸中心。2010年，镇区有文峰、星地、华联、如海等超市，格林豪泰、天地和、蟹都等大小酒店80多家，浴室30多家，沿街店铺600多家。建有国蟹、农贸、建材、服装等十大专业市场。全镇第三产业从业人员2万多人，第三产业增加值达8.16亿元。

第二节　社会事业

一、教育

1991年，安丰镇中心幼儿园4个班，安丰镇有小学19所，原中圩乡有小学22所，有班级237个，在校学生7428人，教职员工439人，其中民办187人；安丰镇有完全中学1所，初级中学3所。1994年，安丰镇基本普及9年制义务教育。1995年8月28日安丰中心校迁入新校区。1996年，安丰镇中心幼儿园迁入原安丰小学校园，设6个班。2000年，乡镇合并后全镇有小学26所，高中1所，初级中学1所。2002年，安丰镇中心小学被省教育厅确认为“江苏省实验小学”。2003年，各村基本扫除文盲。2010年，有民办幼儿园7所，入园幼儿1740人，教师29人。中心幼儿园扩展为10个班，在园幼儿500余人，教师32人，其中10人获得高级育婴师证书。全镇有小学5所（其中村小3所），108个班级，在校学生5233人，教职员工346人；高中班35个，在校学生2150人，教职工142人；初中班36个，在校学生2454人，有教职员工232人。2010年，安丰中学高中毕业生723人，升入高等学校的622人，升学率86%。

二、文化

1991年起，全镇先后建成公共健身场所8所，村村有篮球场，经常举行歌咏、象棋、篮球、街舞等比赛。送科普、送戏、送电影"三送"工程有序推进。1995年开始安装有线电视，2010年有线电视入户率达95%。至2010年，境内每年举办庙会。境内有华中二分区烈士纪念碑，每年组织学生进行祭扫活动。

1991年村村通有线广播。1995年后，推进电视"双入户"工程，开通"安丰新闻"节目。2010年，有线电视入户率达100%。

三、卫生

1991年，镇设卫生院1所，下属防保所1所，有村卫生室31个。2000年，卫生院住院楼原址翻建，原防保所异地新建。2010年，镇区设有兴化市第五人民医院、安丰卫生院、中圩卫生院，有医务人员200多人，内有副高级职称3人、中级职务16人（中医1人），病床400张。各村整合成21个卫生室。村医42人。卫生院总建筑面积2500平方米，床位56张。设内、外、妇、儿、肛肠等12个临床科室及各种检验、分析设备。

四、镇村建设

1991—2010年，镇区先后建成"四纵五横"硬质化水泥路，近6000米，宽8—12米。另有12条街区道路。1992年，公共建筑面积约为44800平方米。2000年与中圩乡合并后，改建学校、医院、机关、邮电等公共建筑，新增面积8万多平方米。居民住房条件改善，人均居住面积约45平方米。2009年，安丰镇先后被确定为兴化城市副中心和泰州市级小城市。镇政府重新修编规划，明确区域功能定位，先后投入6.8亿元，拉动社会资金25亿元，重点实施"八路""六桥""五区""四园""两河"建设工程。同时积极推进城市管理法制化。2010年，启动实施21个自然村的28条道路、30座桥梁的建设工程。

1991年，全镇道路多为砖石路面。2001年后，逐步改建为水泥混凝土路面。镇区主干道形成双向四车道至六车道。2006年实现村村通公路。对外有宁靖盐高速公路和宁盐公路通过。安丰至兴化农公车每7分钟一班次。

1991年，基本实现村村通电话。1995年开通程控电话。2010年底，装机总量22272门。全镇固定电话14638部，入户率50%以上。互联网用户3820户。

20世纪90年代逐步实现村村通电，进入21世纪实现户户通电。2010年供电量1.33亿千瓦·时，成为市内第三家年供电量超1亿千瓦·时的乡镇。

1991年，镇自来水二厂原是中圩自来水厂，2000年乡镇合并后更为安丰镇自来水有限公司，年供水量180万吨，主要供应原中圩乡约1.8万人口的食用水。2010年，镇自来水有限公司日供水能力1.5万吨，年供水量540万吨左右，供应全镇约5万人口。是年，投入1280万元，改造村级自来水管网210公里。

五、人民生活

1991年，农民人均收入517元，2010年达10180元。2010年末，全镇个人储蓄存款余额达

11.35亿元。

1991年后，人民吃、穿、住、行发生重大变化，吃讲营养、穿讲时尚、住讲宽敞、行讲便捷。2000年后迁入大中城市的有千余户，拥有小轿车超过千余辆。大力实施镇村居民医疗保险一体化政策，镇村居民医疗保险参保率100%。截至2010年，29096人参加养老保险，居民最低生活保障1960人，全年结对帮扶528户，落实帮扶资金30万元，救助重病户106户，发放救助资金20万元。

2010年安丰镇各行政村基本情况一览表

表31-26

村别	耕地面积（亩）	人口（人）	工农业总产值（万元）	农民人均纯收入（元）	村别	耕地面积（亩）	人口（人）	工农业总产值（万元）	农民人均纯收入（元）
万耿	4155	2686	9033	9731	黄庄	4230	2374	11306	10415
万刘	3855	2394	11383	10236	新夏	2640	2531	8874	11002
三庄	4710	2551	12498	10056	成其甫	2760	1462	4710	10050
西南	3000	2068	11843	9935	盛宋	3000	1587	3891	10121
寺万	2190	1399	5734	9483	陆宴	2340	2049	4563	10249
东郊	4305	2290	13829	9700	中圩	4560	3165	11097	10152
九丰	3255	3239	2454	10040	大杨庄	2985	2356	6918	10173
新北郊	3915	4861	37849	10995	沈曹	3600	2236	7337	9792
东新合	3360	2291	10136	10237	四和	3705	1872	8010	9926
塘港	4350	2731	10388	10203	张阳	2730	2403	9155	9971
五庄	3090	1978	10889	10039					

说明：另有程关东、程关西、西园、虹桥、太平、青龙、永安7个社区居委会。

第三节　（重点村）新北郊村简介

新北郊村位于安丰镇腹部，2001年，由易童、周帮、杨坝、许家、莲花沟4个村合并而成，面积15平方公里，有24个村民小组，1579户，4861人口。耕地面积3915亩，有个私企业63家，村集体资产800多万元，积累110万元。2010年，实现总产值2.5亿元，人均收入10995元，计划生育率100%，儿童入学入托率100%，自来水入户达100%，电话入户率96%，有线电视覆盖率达100%。连续被评为泰州市文明村。村庄主要街道浇筑混凝土路面，小街背巷全部铺上水泥方砖。铺设下水道5万米，建桥梁12座。装有路灯260盏，建公厕6座，设垃圾箱（桶）52个，有专人逐日打扫、清运。全村有别墅100多幢，商住楼150多套，人均居住面积40多平方米。部分村民拥有轿车。摩托车、电动车、手机、彩电、冰箱、空调等生活日用品基本普及，三分之一的家庭拥有电脑。

第十四章 老圩乡

老圩乡位于市境东北部。2001年3月，将36个村合并为15个行政村，1个居委会。2010年，全镇面积52.37平方公里，其中耕地面积50259亩。总人口27396人，全年实现地区生产总值2.65亿元，财政收入3233万元，人均收入7660元。

1991—2010年部分年份老圩乡经济和社会发展情况一览表

表31-27

年份	户数（户）	人口（人）	耕地面积（亩）	地区生产总值（万元）				财政收入（万元）	人均收入（元）
				第一产业	第二产业	第三产业	合计		
1991	9202	30126	47046	3474	2645	484	6603	69	557
1995	8758	28790	44781	3976	1470	1081	6527	319	1880
2000	8995	27788	47331	4752	1480	3102	9284	163	3068
2005	8910	26584	46851	6565	2455	5318	14338	191	4093
2010	10173	27396	50259	9765	6729	9965	26459	3233	7660

第一节 经济建设

一、农业

图31-14 大棚草莓 （2010年摄，老圩乡提供）

1991年后调整农业结构，改变传统种植模式，提高种植效益。1995年后全乡围水养殖纳入“泓膏”公司旗下，蟹农每亩年收入数千元。2000年后，相继推广万亩棉花、万亩围水养殖、万亩水稻、万亩经济作物“四大工程”建设。2007年，培植高效规模养殖24个项目。全乡栽意杨35万株，为发展林业打下基础。2010年，全乡粮食作物总产量38841吨，生猪出栏3.49万头，家禽出栏39.89万羽，水产品产量1468吨。高效农业面积19005亩，有千亩大棚草莓、千亩大棚西瓜、千亩蔬菜3个特色设施农业基地。

二、工业、建筑业

1991年，有乡办工业企业12家，村办企业36家。1997年起先后改制为个私企业。2003年，新建工业园区。至2010年底，全乡引进企业45家，其中落户工业园区的企业4家。主要骨干企业有兴化市新蕾铜制品厂等。

1991年，兴化市建安公司老圩分公司建筑总产值为295.51万元，中圩站为221.9万元。2000—2010年，接受安丰镇辐射，打造集镇商品房建设、联合新村集中居住点，建筑业取得较快发展。2010年，建筑业增加值1666万元。

三、商贸服务业

20世纪80年代末，个体私营商业较快发展。2010年，全乡商店摊点100多家，浴室14家，餐饮服务8家。另有理发、缝纫、蔬菜、熟食等服务性店摊近百家。商业和服务业从业人员1360人，外出打工经商和商贸服务业从业人员1.09万人。

第二节　社会事业

一、教育

1991年，全乡有初级中学4所、小学22所，中心小学设肖家村。2000年9月，新建老圩乡中心小学，后撤并小学20所，保留中心小学和文邱小学。2003年，企业主姜荣广、金明海共同投资1000万元新建老圩初级中学，校舍占地面积4.87万平方米，建筑面积1万平方米。将其他3所初级中学并入，学校更名为兴化市姜金中学。2010年，老圩初级中学、中心小学更名为老圩中心校初中部、小学部。是年，全乡有中心幼儿园1所，入园幼儿1000人；小学在校学生1035名，教师82人，合格率100%。初中在校学生700多名，教职工49人，其中高级职称3人，合格率达92%。

二、文化

2007年9月投资97万元，将原建筑公司改建成乡文化体育中心。2010年，全乡各村分别建起篮球场、乒乓球室等活动场所，村村建有农家书屋。电影队每月巡回放映15场。有线电视入户率79.8%。许多家庭接上宽带网络。

三、卫生

1991年，乡卫生院有职工19人。设内科、外科、妇产科、儿科等，有床位16张及部分医疗设备。新建卫生院大楼。2010年底，乡卫生院在编职工29人，其中卫技人员19人。全年门诊1.8万多人次，住院约367人次，病床使用率98%。

四、镇村建设

从1991年起，实施《老圩集镇总体规划》，新建长5000米、宽4米的通乡公路，即中心公路，新建钟夏、杨林、文邱、新徐等4座大桥，兴建商业一条街，开发商品房、农贸市场各1处。至2010

年，先后兴建部分公共建筑和机关单位办公用房。综合治理乡村河道39条，长2.72万米，清淤32万立方米。

2007—2010年，孙联、双徐、文邱、郭徐、葛扬、朝周6村先后创建为社会主义新农村示范村，分别新装路灯239盏，植树2.4万多棵，新建休闲活动广场7处，村部5幢，文化活动中心6处，公厕8座，疏浚村庄河道22条，清淤土方18万立方米。新建村级小公园3处。

20世纪80年代初，修筑公路3条，总长10.6公里，通达安丰和兴化。2006年投资3000万元，将通乡公路改造成宽9米的二级公路。至2010年，全乡公路总长46公里。全乡拥有私家轿车206辆，10吨以上货车15辆。

1995年，安装程控电话，1997年实现村村通电话。1998年，邮电分营，电信业务快速发展。2010年，全乡安装固定电话8006部，入户率80.3%。邮政业务量大大增加，开办邮政储蓄业务。

1985年，该乡实现村村通电。2010年，用电入户率达100%。

集镇自来水厂始建于1991年，仅供集镇和肖家村，供水量300吨/日。1993年、1994年，新增文邱、双夏两家水厂。全乡户户用上自来水，供水率达100%。2010年，进行管网改造，全乡居民吃上安全、放心的自来水。

五、人民生活

1991年，全乡人均收入557元。农户居住的多为砖瓦房，平时以自种植蔬菜为主，逢年过节才有鱼、肉上门。随着经济发展，农民生活水平相应提高。平时荤素食品搭配，讲究营养。彩电、冰箱、洗衣机、电脑、小汽车走进普通农家。多数群众购买商业保险。农村基本养老保险，医疗保险全覆盖。2010年，全乡人均收入7660元。

2010年老圩乡各行政村基本情况一览表

表31-28

村名	耕地面积（亩）	人口（人）	工农业总产值（万元）	农民人均纯收入（元）	村名	耕地面积（亩）	人口（人）	工农业总产值（万元）	农民人均纯收入（元）
肖家	3630	2205	5815	6980	孙联	3795	1380	2694	6605
民乐	3975	1879	3279	6869	朱文	2955	1323	2917	6640
联合	2595	1736	3996	7120	葛杨	2475	1071	2446	6888
韩周	4845	1500	2605	7040	双葛	2625	1293	2723	6687
双徐	2310	1127	2372	6494	文邱	2670	1232	3249	6235
西凤	3525	1666	2336	6467	郭徐	3405	1346	3158	6930
钟南	3915	2191	7505	7170	潘王	3600	1453	2718	7080
安东	3765	1358	4086	6620					

说明：另有振兴社区居委会。

第三节 （重点村）联合村简介

联合村位于老圩乡政府南郊，是集镇的一部分，由三格、吴思、葛芝3个自然村合并而成。有15个村民小组，525户，总人口1736人，耕地面积2595亩。2009年8月，成立梅缘果蔬专业合作社，以种植草莓为主，产品直接销往省内及周边省市各大超市。2010年，实现社会总产值3996万元，农民人均收入7120元。

第十五章　新垛镇

新垛镇位于市境东北，1980年由大营、老圩2公社分别划出19个和13个大队组建新垛公社，1983年建乡，2000年撤乡设镇。有70个自然村庄，2001年行政村由32个合并为13个，另设1个居民委员会。江苏省文物保护单位——《水浒传》作者施耐庵墓位于境内施家桥村。2010年，全镇面积49.08平方公里，其中耕地面积44622亩。总人口26487人，实现地区生产总值30780万元，财政收入1872万元，人均收入8006元。

1991—2010年部分年份新垛镇经济社会发展情况一览表

表31-29

年份	户数（户）	人口（人）	耕地面积（亩）	地区生产总值（万元）				财政收入（万元）	人均收入（元）
				第一产业	第二产业	第三产业	合计		
1991	9166	29026	40023	3258	2309	433	6000	92	567
1995	8808	28236	38283	4643	2298	947	7888	122	1887
2000	7672	27474	43400	6015	3525	2833	12373	213	3278
2005	8810	25966	43404	7217	5643	5272	18132	359	4690
2010	9373	26487	44622	10060	11145	9575	30780	1872	8006

第一节　经济建设

一、农业

1991年，新垛乡粮食作物总产量为20547吨。1991年后，农业结构不断优化。2000年起，发展加工企业原料基地建设，由粮、棉、油为主转变成粮棉油及大葱、蔬菜和其他经济作物综合种植及特种水产养殖。2010年，粮食作物总产量32439吨，生猪出栏3.17万头，家禽出栏28.9万羽，水产品产量919吨。粮经作物比例由1991年的9∶1调整到6∶4。

1991年，全乡拥有手扶拖拉机229台，柴油机、电动机253台，农机总动力10907千瓦。2010年，全乡拥有大中型拖拉机3台，小型拖拉机55台，其他农用机械612台，农用运输168辆，农机总动力11492千瓦，农业综合机械化水平达78%。

1991年灾后，加固防洪联圩38.95公里，新建圩口闸73座。2010年有排涝站10座，建成农田基本示范区0.8万亩。

二、工业、建筑业

1991年后，对原有乡、村办企业进行整顿、改制，通过招商引资，使个私企业得到整合和发展。2002年，新垛工业园成立，入园企业25家。有江苏方通股份有限公司、兴化市华顺针织服饰厂、兴化市鑫泰不锈钢公司等骨干企业。投资1.5亿元兴建的兴化市荣澄精密铸造有限公司，占地8公顷，建成主厂房3幢1.7万平方米，办公用房及宿舍楼3500平方米。当年另有投资500万元以上的企业9家入驻园区。2010年，全镇企业有209家，其中24家收入超100万元，2个村销售收入超2000万元。全镇实现工业产品销售收入75606万元。

1991年建筑业改制后，立足当地，同时开拓周边市场。2005年，实现建筑业产值5005万元。2010年建筑业增加值1890万元。

三、商贸服务业

20世纪90年代，个体私营商业发展较快。2010年，全镇有商店摊点330家，车辆维修点4家，浴室4家，餐饮服务9家，另外理发、缝纫、中介、蔬菜、熟食等服务性店摊上百家。从业人员3539人，增加值达9575万元。

第二节　社会事业

一、教育

1991年，全镇村村有幼儿园，有小学27所，初中2所。2000年，开始调整学校布局。2010年，全镇有1所幼教中心和1个幼儿办学点，9个班级，在园幼儿378人，幼儿教师22人；初中1所，小学1所，在籍学生1328人，教师136人，教师学历达标率100%，其中高级职称10人。

二、文化

1991年后，逐步推进农村文化基础设施建设。2006年建成文化活动中心，建筑面积540平方米。2007年完成镇体育活动中心和“万村体育”工程建设。2009年实现全镇农家书屋全覆盖。2010年，镇社区教育中心通过泰州市级验收。村村建立文化室、青少年活动中心（校外辅导站）、标准篮球场和乒乓球室，有体育健身器械（路径）13套。各行政村农家书屋达省标。至2010年，先后组建群众业余文娱团体5个。电影放映转换成数字电影，每年送电影156场次，送戏4场。

1995年，新设有线电视接收传输中转机房。2007年，有线电视用户4024户，入户率45.38%。2010年，有线电视入户5282户，入户率56.35%。

三、卫生

新垛镇卫生院为一等甲级乡镇卫生院，内设防保所。有内、外、妇产科等13个科室，医技人员38人，病床28张。另有村卫生所（室）10个，医卫人员50人，病床40张。

四、镇村建设

1991—2010年，镇区先后建成四纵五横硬质化道路，全长4300米，宽6—12米。从2007年起，先后投入400万元用于小康示范村建设。

1984年，公路直通新垛。2004年8月新增公交车每天24班。全镇拥有各种车辆95辆，其中轿车80辆、货车9辆。2006年，实现村村通公路，总长47.1公里。

1995年，邮政与电信分营。2010年，全镇安装固定电话5163部，互联网用户1062户，移动电话2234部。

1989年实现户户通电。1999年起，乡电管站改为供电所。2010年供电量2731.2万千瓦·时。

图31-15　农民别墅　（2007年摄，新垛镇提供）

新垛水厂始建于1988年，供水范围3个自然村。1995年扩建水厂，铺设改造主管道75.68公里，年供水量45万吨，全镇供水总人口100%。2010年成立供水服务公司，全镇2.6万人口受益，供水普及率100%。

五、人民生活

1991，全镇农民人均收入567元。2010年，人均收入8006元，居民储蓄存款余额2.6亿元。1991年后，人民吃、穿、住、行各方面皆不断发展，饮食更加讲究营养健康、住房更加宽敞，冰箱、彩电、空调、洗衣机、摩托车、小汽车等走入寻常人家。截至2010年，参加城乡居民养老保险12647人，企业职工养老保险594人，领取农村60岁以上人员基础养老金8470人，新农合保险23675人。

2010年新垛镇各行政村基本情况一览表

表31-30

村名	耕地面积（亩）	人口（人）	工农业总产值（万元）	农民人均纯收入（元）	村名	耕地面积（亩）	人口（人）	工农业总产值（万元）	农民人均纯收入（元）
丰乐	2880	1998	8403	8258	荷花港	2475	1396	1678	7260
新城庄	4305	2937	3895	8270	施家桥	3060	1772	2239	8124
团结	2355	1365	1457	8250	朱彭三庄	2280	1521	3317	7560
孙家	2235	1247	1663	7316	徐高	2355	1457	3875	8260
庙徐	3000	1710	1942	7150	李施	2550	1430	2663	7776
曹吉	3525	1877	2855	7544	张高	2685	1837	3322	8102
新东	4230	2265	1129	8210					

说明：另有新港社区居委会。

第三节 （重点村）施家桥村简介

施家桥村是《水浒传》作者施耐庵的故里。全村586户、1772人。2007—2010年，村庄加强环境综合整治力度，形成"两横四纵"的硬质化道路、"一带三园"的绿化格局，村庄绿化率达38%。新建水冲式公厕4座及占地1100平方米的农民健身广场一处，农户改厕率60%以上。环卫设施齐全，亮化工程完善。先后被评为"泰州市卫生村""泰州市康居示范村""江苏省村庄环境整治合格村"。

第十六章 钓鱼镇

钓鱼镇地处市境东北部。2000年2月，原海河、钓鱼2乡合并，同年撤乡建镇。2001年由62个自然村庄合并成24个行政村、2个居委会，下辖273个村民小组。2010年末，全镇总面积46.57平方公里，其中耕地面积59469亩。有15673户45531人。镇政府驻地钓鱼庙。2010年，实现地区生产总值36438万元，财政总收入1545万元，人均收入7650元。

1991—2010年部分年份钓鱼镇经济社会发展情况一览表

表31-31

年份	户数（户）	人口（人）	耕地面积（亩）	地区生产总值（万元）				财政收入（万元）	人均收入（元）
				第一产业	第二产业	第三产业	合计		
1991	14941	46216	61527	4402	3040	1006	8448	175	462
1995	15523	46214	58210	5996	2538	3024	11558	490	1834
2000	14601	45519	62419	7033	3069	6351	16453	278	3196
2005	16058	44857	63118	9220	2925	8335	20480	375	4443
2010	15673	45531	59469	13595	6833	16010	36438	1545	7650

说明：1991年、1995年数据为原钓鱼乡与海河乡合计。

第一节 经济建设

一、农业

1991年后，通过调减粮食面积，稳定桑棉面积，鼓励发展蔬菜、花卉等经济作物，种植业结构更趋合理。1995年，粮食播种面积8.05万亩，蔬菜种植面积4089亩，粮经比例6:4。2003

年，南旺村成为泰州良种繁育基地。至2005年，全镇相继建成无公害粮食、水产养殖、饲料原料、林业4个万亩基地、5000亩蚕桑、千亩蔬菜基地。2007年由陈文传引进山东技术，依托上海市场，发展大棚蔬菜，申请注册“兴化市钓鱼镇绿园蔬菜专业合作社”，基地种植品种25个。2009年产品成功打入“家乐福”“大润发”超市。2010年，该合作社产值2100万元，纯收入500万元。

传统家庭副业有河沟稻田养殖、圩堤植树造林，利用粮棉副产品发展畜禽养殖业。2010年，全镇粮食作物总产量57899吨，生猪出栏1.02万头，家禽出栏12.53万羽，水产品总量3493吨。林地总面积1.36万亩，森林覆盖率18.2%。全镇有联圩10座，圩堤长度62.2公里，圩口闸119座，排涝站31座，总动力447千瓦。

二、工业、建筑业

1991年，有工业企业5家，其中乡村办厂2家、个私工厂3家，有职工109人，年产值2150万元。两乡大力发展个私企业。2000年，全镇有个私企业65家，工业总产值6300万元。2006年，抓住大兴金、邮兴盐及兴海路拓宽改造和兴泰公路北延的契机，加快南北工业集聚区基础设施建设。2010年，全镇有私营企业78家，有纺织、针织、建材、节能灯具及饲料等行业，从业人员2433人。有兴化市兴亚针织服饰有限公司、兴化市永联纺织品有限公司等骨干企业。

1991年建筑业改制后，立足当地，同时开拓周边市场。2006年，在外施工人员2246人，实现建筑业产值4400万元。2010年达9100万元。

三、商贸服务业

1991年后，集镇和农村市场活跃，商业繁荣，2006年，社会消费品零售总额7430万元。2010年，有个体工商户1763户，从业人员5418人，实现社会消费品零售总额1.35亿元。

第二节　社会事业

一、教育

1991年后，教育事业平稳发展。1996年后，全镇撤并完小9所，教学点10个。1997年9月，芙蓉中学迁址新区。2000年，全镇幼儿入园率85%，学龄儿童及初中阶段入学率100%。2003年，小学、初中教师学历达标率分别达100%、95%。2004年，新建民营初中芙蓉外国语学校。2010年，全镇有幼儿园6所，完小4所，初中2所，民办学校1所，教职工308人，初中入学率、毕业率100%。实施农村“5+1”实事工程，开展实用技术培训。

二、文化

1996年，在北芙（海河）办起歌舞厅，并开设老年活动室、图书阅览室。1998年，被省文化厅命名为“群众文化先进乡镇”。2010年，恢复电影队，全年送电影下乡273场、送戏4场。在社区成立2个健身点，组织3支广场健身舞蹈队。镇区有书店、网吧各1家，行政村都有农家书屋。2009年被评为省群众文化体育先进乡镇。

1991年，镇广播放大站开播自办节目。2001年，新增宽带业务。1994年开通有线电视。2010年，全镇有线电视用户6503户，入户率41.49%。

三、卫生

1994年，海河卫生院新院址落成。2004年，钓鱼卫生院迁院址原海河区公所，两家卫生院拥有一批先进医疗设备，具备各种常见病防治和急救能力。2006年，全镇新农合参保率98%。2010年，全镇有卫生院2家，村级医疗卫生服务中心17家，建筑面积3680平方米，固定资产总值858万元。卫技人员54人，病床45张。

四、镇村建设

1991年，镇区建成区面积0.78平方公里。20世纪90年代中期开始，各村兴建楼房户逐渐增多，且出现一批别墅式房屋。1999年、2004年自筹资金在芙蓉集镇、钓鱼集镇各建蔬菜市场1个。2000—2010年，全镇新建、扩建、改建住房10400间，人均居住面积38.2平方米。结合新农村建设，开展村庄环境整治，全镇疏浚河道158条。完成集镇规划修编和圣传、北芙蓉、同利、姚家等4村规划试点工作。2010年，镇区建成区面积达1.5平方公里，有主街道7条，总长2190米。

1991年后，加强交通等基础设施建设。2000年，钓沙路钓鱼至北芙段建成通车。2003年，镇中心路建成。2006年，新建通村公路10条，配套桥梁19座，总里程21.2公里，2007年，实现村村通公路。2010年，实施政府西路等主次干道硬质化建设，并新建停车场。

2010年，报刊业务量47.2万元，报纸、杂志每天投递1300多份。固定电话装机总量9680部，宽带用户1000多户。

1985年实现村村通电。2010年，供电线路总长135公里，装机总容量13900千伏安。

1996年，在芙蓉集镇建成日产3000吨自来水厂，铺设管道28公里。2002年，在钓鱼集镇建成日产5000吨自来水厂，全镇自来水普及率98%。

五、人民生活

1991年后，全镇农民收入大幅增长。1991年农民人均收入462元，2010年7650元。2010年人均住房面积38.2平方米。全镇五保户427人，其中集中供养80人，低保户1055人，参加新农合39858人，农村社会养老保险22236人，企业养老保险456人，工伤保险361人，失业保险185人。

2010年钓鱼镇各行政村基本情况一览表

表31-32

村名	耕地面积（亩）	人口（人）	工农业总产值（万元）	农民人均纯收入（元）	村名	耕地面积（亩）	人口（人）	工农业总产值（万元）	农民人均纯收入（元）
钓鱼	6000	4044	9480	8540	南北夏	1860	1150	2380	8120
同联	2475	1427	1702	6700	刘陆南	2025	1236	1566	6849
姚家	1890	1321	1764	8356	南旺	2715	1804	3826	8190
陆胥	2040	1068	1437	7511	圣传	1530	1005	819	7163
北芙	2625	2382	1447	7418	八尺沟	1650	1170	1296	8106
苏任	1365	1049	827	6476	陈李吴	3300	2122	2267	8170
洋汉	3300	2111	2605	8150	双吉	2625	1776	3291	7689
汤顾	2355	1173	938	6985	陆杨	2310	1439	1709	7971

续表 31-32

村名	耕地面积（亩）	人口（人）	工农业总产值（万元）	农民人均纯收入（元）	村名	耕地面积（亩）	人口（人）	工农业总产值（万元）	农民人均纯收入（元）
春景	4410	2505	1895	6478	檀孙	4665	2560	1834	7113
南刘	1470	772	1157	7483	卞张	1605	1063	1114	6985
北赵	2415	1216	1660	8109	南赵	4935	2542	2437	7690
同利	1845	1211	1462	8215	中朝	3885	2381	4487	7801

说明：另有钓鱼、北芙蓉2个社区居委会。

第三节　（重点村）八尺沟村简介

八尺沟村位于镇西南部，耕地面积1650亩，人口1170人。为钓鱼镇新农村建设点和环境整治先行村，该村投入132.3万元，新建大桥3座，总长110米，铺设硬质巷道1870米、6560平方米，建公厕4座，对村中心进行绿化。建成村卫生站和农家书屋、群众活动广场和水上乐园。2010年实现农民人均收入8106元。

第十七章　大营镇

大营镇位于市境东北角，2001年撤乡建镇，镇政府驻地大营集镇，距兴化市区约45公里，新长铁路穿境而过。全镇91个自然庄舍，原设33个行政村，2001年撤并为11个村、1个社区居委会，辖184个村民小组。2010年，全镇面积50.81平方公里，其中耕地面积48973亩。有9764户27648人。地区生产总值2.44亿元，财政收入1352万元，人均收入7194元。

1991—2010年部分年份大营镇经济社会发展情况一览表

表31-33

年份	户数（户）	人口（人）	耕地面积（亩）	地区生产总值（万元）				财政收入（万元）	人均收入（元）
				第一产业	第二产业	第三产业	合计		
1991	10415	29235	41557	3093	2479	672	6244	23	570
1995	9170	28271	39466	3908	1708	863	6479	126	1816
2000	9110	27865	48611	5406	2283	2994	10683	197	3273
2005	9459	27895	48900	6547	3029	4125	13701	130	4365
2010	9764	27648	48973	10469	6178	7737	24384	1352	7194

第一节 经济建设

一、农业

镇境内河流纵横，水乡特色鲜明，种植业以产粮为主。1991年，粮食作物总产量20114吨，皮棉391吨，油料作物总产521吨，水产品140吨。2000年后，逐步加大多种经营和特色农业建设。2010年，产粮食42438吨，油菜籽795吨，大豆512吨。全镇养鸡大户369户，养鸡63.4万羽，产蛋量3162吨。生猪出栏2.41万头，年末存栏1.89万头。水产养殖大户160户，养殖水面9345亩，其中螃蟹养殖户120户，水产品总量3039吨。全年农业总产值2.13亿元，粮经比4.5∶5.5。

1991年后全镇4大联圩保持完好。至2010年，建闸涵96座、排涝站12座，拥有各种农业机械2161台，19348千瓦。大中型拖拉机14台，收割机109台。

二、工业、建筑业

1991年，大营镇有砖瓦、农机、五金、服装等乡办企业30多家，工业总产值2479万元。2000年对集体企业改制后，全镇有个私企业206家，职工7150人。主要产品有砖瓦、服装、汽车配件、塑料机械等，年产值2283万元，利税554万元。有兴化市顺达离合器厂、兴化市统全食品有限公司、兴化市营丰机械厂、兴化市宏昌机械厂等骨干企业。2010年，全镇个私企业309家，职工9680人，固定资产9310万元。

1991年，市建安公司大营分公司建筑总产值337.11万元，全年平均职工人数311人。2010年，镇建安公司有职工3180人，拥有固定资产7650万元，机械设备1495台（套）。经营建筑安装装潢等工程，企业资质三级，下辖26个施工队。施工范围除省内各城市外，逐步发展到京、津、沪、山东等省市及境外。全年建筑业增加值500万元，劳务收入15650万元。

三、商贸服务业

1991年后，个体、私营商业发展。2010年，全镇有私营、个体商店68家，摊点89个。从业人员402人。农副产品贩运、餐饮等服务业32家，华联、新旺、苏润发等5家超市相继落户，年增加值7737万元。

图31-16 大营镇中心小学
（2009年摄，大营镇提供）

第二节 社会事业

一、教育

1991年，全乡有小学31所104个班，初级中学1所14个班。通过学校布局调整，2010年，全镇有幼儿园6所18个班，在园幼儿668人，入园率100%，有幼师42人。小学2所28个班，在校学生1102人。初中1所11个班，在校学生445人，义务教育普及率100%。小学初中有教职员工145人。成人教育中心有教师2人，先后举办各类培训班6期，318人接受实用技术培训。

二、文化

镇文化站位于原镇政府对面，内设图书室、棋牌室、乒乓球室。11个村建有农家书屋。广电站位于屯南村，2010年迁址镇区人民路。全镇有线电视入户率89%。全镇有广场5处，农村增设体育健身器械15组（件）、篮球场14面、乒乓球室14个、棋牌室2个、正常参加体育锻炼的1000余人。

三、卫生

大营镇卫生院为一等甲级乡镇卫生院。内设防保所及内科、外科、骨伤科、妇产科等16个科室，有医技人员56人，病床65张。另有村卫生所（室）25个，医卫人员102人，病床115张。眼科为该院特色。该院于20世纪90年代实行股份制改革。

四、镇村建设

1991年前，镇区一条东西走向的街道，小砖铺设，长约0.75公里，宽3—5米，两侧为平房。2005年初，三横三纵通村公路全面贯通，总长54公里，都为混凝土路面。各村组之间道路混凝土路面全长76.2公里。2007年起，确定高港、营东、营中等村为社会主义新农村建设重点村。

2007年，大兴金公路改造后为332省道途经镇区3公里，建桥梁6座。街两旁新楼林立，绿树成行。住宅建筑面积28万平方米，各种公共建筑0.8万平方米。街道两侧建有8个商场和1个农贸市场。镇区街道有路灯120盏，排水管道长2400米。铺设自来水管道7200米，供水普及率100%。设置垃圾筒85个，绿化覆盖率18%。2010年，完成集镇规划修编，重新修缮烈士陵园。

大营镇交通便利，332省道通过镇境9.5公里。村村设有公交站台，有班车达无锡、苏州、南京、上海、杭州等城市。邮电大楼位于镇区西首，于1994年7月正式启用。2010年，全镇安装固定电话6300多部，入户率95.3%。邮政业务量增加，并开办邮政储蓄。

供电、供水日趋正常。2010年供电入户率100%。镇内建水厂3家，2010年进行二次改水，95%的居民都饮用上长江水。

五、人民生活

1991年后，农民生活逐步从温饱过渡到小康。农民收入、住房、医疗水平逐年上升。2010年，全镇民居都建成砖瓦房，其中2690户住上楼房及别墅。人均居住面积45平方米。全镇拥有小汽车180辆，摩托车、电动助力车9770辆，安装固定电话7115门，拥有手机1万多部，家用电脑105台，空调372台，有线电视入户率89%。社会保障逐步完善，全镇15168人参加新农保，3852名60岁以上老人每人每月领取60元基础养老金，五保实行分散供养与集中供养相结合，其中集中供养63人，低保实行动态管理，达到应保尽保。

2010年大营镇各行政村基本情况一览表

表31-34

村名	耕地面积（亩）	人口（人）	工农业总产值（万元）	农民人均纯收入（元）	村名	耕地面积（亩）	人口（人）	工农业总产值（万元）	农民人均纯收入（元）
大营	4365	3115	5015	8520	联镇	4575	2100	1803	5414
营东	3930	2159	2317	8610	屯北	4710	2365	2279	5564

续表 31-34

村名	耕地面积（亩）	人口（人）	工农业总产值（万元）	农民人均纯收入（元）	村名	耕地面积（亩）	人口（人）	工农业总产值（万元）	农民人均纯收入（元）
屯南	4800	2195	3307	5401	高港	4860	2126	3756	8580
营丰	4170	2018	2273	5377	阵营	3510	1167	1492	5348
屯军	4500	2289	3350	8520	营中	4920	2470	2352	8580
洋子	3975	1826	1996	5562					

说明：另有兴营社区居委会。

第三节 （重点村）高港村简介

高港村位于大营镇西。2001年由原金瞿、陈高、王营、陆杨4个村撤并而成，面积7.36平方公里。辖16个村民小组，780户2126人，耕地面积4860亩。主要巷道8.6公里，均为混凝土路面。安装路灯54盏，下水道2.8公里。铺设自来水管道10.8公里，村民全部饮用自来水。设置垃圾箱86个。全村绿化覆盖率19%。村设有篮球场、乒乓球台等体育设施。农家书屋有图书2000余册。有线电视入户率98%。2010年村集体收入23.5万元，农民人均收入8580元。

第十八章 下圩镇

下圩镇位于市境北部。2001年撤乡建镇。同年，将37个村合并为12个行政村，2010年，全镇总面积49.16平方公里，其中耕地面积50266亩。有9392户25363人。镇政府驻地四汊河，镇区设居委会。2010年，实现地区生产总值23654万元，财政收入2712万元，人均收入8314元。

1991—2010年部分年份下圩镇经济社会发展情况一览表

表 31-35

年份	户数（户）	人口（人）	耕地面积（亩）	地区生产总值（万元）				财政收入（万元）	人均收入（元）
				第一产业	第二产业	第三产业	合计		
1991	8060	26285	40543	2307	1232	715	4254	145	404
1995	7782	26191	38825	3184	847	1662	5693	120	1737
2000	7797	25884	47148	2431	923	3670	7024	118	3184
2005	10051	25657	46890	7198	2720	5804	15722	136	4288
2010	9392	25363	50266	9736	3962	9956	23654	2712	8314

第一节　经济建设

一、农业

该镇农作物以粮、棉为主。20世纪90年代，农业结构不断调整优化。1991年，粮食总产量18832吨。1998年起，发展河蟹（提水）养殖，由单一种植业转变为粮棉油蔬菜和提水养殖并举的综合生产。2010年，全镇提水养殖面积2.3万亩，亩平收入3000元以上，粮经作物比例由1991年的9∶1调整到5∶5，高效农业总面积达22500亩。全镇粮食产量40075吨，生猪出栏1.17万头，家禽出栏15.28万羽，水产品产量2838吨。

1991年，全镇拥有手扶拖拉机279台，柴油机、电动机239台，农机总动力12402千瓦。2010年，全镇拥有小型拖拉机355台，大中型拖拉机8台，其他农业机械428台，农用运输车19辆，农机总动力14523千瓦，农业综合机械化水平达91.6%。

1991年灾后，加固联圩43公里，新建圩口闸49座。2010年，全镇有排涝站14座，完成农田水利基本建设示范区0.5万亩。

二、工业

1991年前，乡办集体工业企业有拉丝、砖瓦、农机具等项目。各村先后办起碾米、油、酒、拉丝、塑料等工厂。1995年后，各厂改制，个私企业得到发展。2003年，建成镇工业集中区，园区内铜制品、PE管道制品等各种行业蓬勃发展。有兴化市倚兴金属制品有限公司、江苏广接通管业制造有限公司、兴化市鑫源金属制品有限公司等骨干企业。成立于2009年4月的江苏广接通管业制造有限公司总资产5000万元，年销售额2个多亿。2010年，下圩镇工业销售总额101779万元，实现利税2192万元。

三、商贸服务业

20世纪90年代，个体私营商业发展速度加快。2010年底，全镇有商店摊点53家，车辆维修点13家，浴室2家，餐饮服务8家，另有理发、缝纫、蔬菜、熟食、物回等服务性店摊数十家。从业人员850人。第三产业增加值9956万元。

第二节　社会事业

一、教育

1991年，全乡有初中3所、完全小学10所，单双班教学点7处。2000年实施规模办学，3所初中合并为下圩镇初级中学，小学合并为1所完全小学。2010年，全镇在籍学生1134人，在职教师135人。基本普及九年制义务教育。全镇有幼儿园3所，在园幼儿210人，幼师15人。

二、文化

1991年后，文化站利用节假日组织文艺表演、歌咏球类比赛。2005年，被泰州市体育局评为

“八个一工程体育先进乡镇”。2010年，恢复镇电影队，全年送电影下乡163场，12个行政村全部建立农家书屋。10个行政村建有标准篮球场，乒乓球室台20套，体育健身器械5套。2010年通过省验收，被评为体育强镇。

1991年，镇广播放大站开播自办节目。1999年，全乡定点安装调频广播。2010年，全镇有线电视入户率达83%。

三、卫生

1991年，下圩卫生院有医卫人员39人（含乡村医生），有病床15张，具备各种常见病防治和急救能力。2010年，全镇有医院1所，卫生所（室）12个，医务人员55人，病床48张。

四、镇村建设

从1995年起，实施集镇总体规划，道路实现“两横四纵”，建成商品房2万平方米。兴建计生站、土管所、财政所等公共建筑8000多平方米。改造桥梁22座，安装村庄路灯130多盏，改建公厕34处，铺设村庄街道19公里，栽植各类常绿树木1万多棵。农民生产、生活环境得到改善。

下圩镇交通便利，大兴金省道（S332）从镇内穿过。2000—2008年，投资1000万元修建四合至四岔河二级公路，安装路灯120盏。投资3500万元，新建桥梁71座，建成总长50.2公里的通村公路，实现村村通公路。

1990年，村村通程控电话。2010年全镇有固定电话5600部，入户率80%。手机拥有率达75%，宽带用户335户。

1982年实现村村通电，2010年，全镇用电户100%。

1994年，启动“安全饮水工程”建设，建成第一个日产1000吨自来水厂，范围为集镇及周良、翟家2个村，人口4000人。2010年，西马、东马、顾孟等5个简易自来水厂负责其他村供水，惠及2.4万人。

五、人民生活

1991年农民人均收入404元，2010年为8314元。很多农民住上别墅，人均住房面积38平方米。四季服装齐全，并向时尚化、多元化发展。彩电、电脑、空调、太阳能热水器进入居民家中，摩托车、电动车逐渐普及。每100户拥有汽车2.5辆。2010年末，居民储蓄存款余额1.21亿元左右。

1994年初，开展农村社会养老保险工作。1997年，推行合作医疗，实行大病统筹。2010年，参加农村新型合作医疗人数22530人，占总人口88.83%。有8255人参加农村养老保险。对430户721人实施最低生活保障，发放资金113.87万元。有73位“五保”老人入住镇中心敬老院集中供养。

2010年下圩镇各行政村基本情况一览表

表31-36

村名	耕地面积（亩）	人口（人）	工农业总产值（万元）	农民人均纯收入（元）	村名	耕地面积（亩）	人口（人）	工农业总产值（万元）	农民人均纯收入（元）
东港	2250	1385	1224	8205	洋港	4425	2407	2107	8213
李阳	3525	1932	1689	8249	刘文	3225	1963	1803	8003
朝阳	3300	1995	1795	9758	双联	3795	2375	2019	8105
双建	3435	2505	2245	8107	联富	3375	1947	1754	8354

续表 31-36

村名	耕地面积（亩）	人口（人）	工农业总产值（万元）	农民人均纯收入（元）	村名	耕地面积（亩）	人口（人）	工农业总产值（万元）	农民人均纯收入（元）
同盟	3495	1674	1298	8025	清洋	2985	1623	1394	8165
镇二	2505	1836	1358	7950	镇一	2850	1917	1652	8036

说明：另有玉带社区居委会。

第三节　（重点村）朝阳村简介

朝阳村地处下圩镇北部。改革开放后，一些能人走出本村，进入水运行业。1991年后，看准沿海港口建设需求，发展大型挖砂和专用运泥船数十条。2010年，全村1995人，耕地面积3300亩。拥有1000—7000吨级船舶60余艘，1.5万吨海轮1艘，200多人的队伍在长江沿海从事油料化工运输。在该村影响下，带动全镇运输行业的兴起。运输总投资约5.5亿元，年创收达9500万元以上。2010年，该村农民人均收入9758元。

第十九章　沙沟镇

沙沟镇位于市境西北部。1991年，下设22个行政村。2001年，合并为10个行政村，集镇设4个居民委员会。2010年，实现地区生产总值2.82亿元，财政收入1610万元，人均收入8211元，年末储蓄余额2.4亿元。2010年全镇总面积57.82平方公里，其中耕地面积41349亩。有10022户，30270人。

沙沟镇具有独特的水乡风貌，保持着原始湿地生态环境，具有悠久的历史文化和古建筑遗存，古镇区面积0.99平方公里。2000年，南京大学城市规划设计院本着“开发新区、保护老区”的理念，对集镇建设重新规划。沙沟镇加大古镇投入和保护力度，先后被确定为泰州市特色中心镇、江苏百家名镇之一。2009年、2010年，沙沟镇先后被命名为江苏省历史文化名镇和中国历史文化名镇。

1991—2010年部分年份沙沟镇经济社会发展情况一览表

表 31-37

年份	户数（户）	人口（人）	耕地面积（亩）	地区生产总值（万元）				财政收入（万元）	人均收入（元）
				第一产业	第二产业	第三产业	合计		
1991	10878	29410	28412	2073	2981	711	5765	176	439
1995	9463	28946	26628	5182	2516	1354	9052	203	1980

续表 31-37

年份	户数（户）	人口（人）	耕地面积（亩）	地区生产总值（万元）				财政收入（万元）	人均收入（元）
				第一产业	第二产业	第三产业	合计		
2000	8549	28994	31631	5035	2395	3053	10483	241	3521
2005	8554	28122	30498	7480	2950	4991	15421	404	4869
2010	10022	30270	41349	11868	6399	9966	28233	1610	8211

第一节 经济建设

一、农业

1991年后，沙沟镇在抓紧粮、棉、油料农作物种植的同时，发展无公害瓜果、蔬菜的种植，设施农业面积不断扩大，大棚西瓜、蔬菜种植260亩。全镇种植荷藕1.46万亩，芡实580亩。2010年无土栽培发展到140亩，良种利用率达100%。

沙沟镇境内有“两湖五荡”，水资源丰富。2010年，张家港市养殖大户投资500多万元，在石梁村承包1600亩鱼塘进行鱼、蟹、蚌立体混养。全镇养殖面积5万多亩，其中高效养殖1.6万亩。每年可增加农村集体收入300多万元。

1991年，沙沟镇粮食作物总产量7393吨，生猪出栏0.25万头，家禽出栏46.18万羽，水产品6895吨。2010年，全镇粮食作物总产量18992吨，生猪出栏0.39万头，家禽出栏12.84万羽，水产品总产量11200吨。

1998—2006年，各村先后在圩堤两侧栽意杨17700多株。2010年，林业站加强指导管理，争取项目资金30多万元，不断提高森林覆盖率。

1991年后，加强水利基础设施建设，加固防洪联圩，至2010年先后加修圩堤12公里，疏浚河道85公里，新建桥梁61座、改建32座，新建排涝站12座、小型电灌站9座，新建圩口闸3座、维修13座。修筑砂石路3000米、机耕大道1.85万米、硬质化渠道8100米。

1991年，沙沟镇农业机械总动力8170千瓦，手扶拖拉机195台，动力为1721千瓦。2010年，有大中型拖拉机3台，收割机28台，其他农业机械927台，微管增氧面积2000亩，农机总动力8508千瓦。

二、工业、建筑业

1991年，沙沟镇工业总产值1655.7万元，村组办工业总产值450.11万元。2005年，在集镇西部形成200亩工业集中小区。全镇有工业企业17家，其中规模企业3家，投资1000万元以上企业5家。以农副产品加工、外贸服装、有色金属、混合饲料等产品为主，部分产品远销美国、西欧、日本、韩国等国家和地区。2010年实现产值2.67亿元，销售2.59亿元，利税1266万元，完成技改投入4500万元。有金莎食品公司、松鹤化学试剂厂、兴华有色金属制品厂等骨干企业。飞越服饰有限公司与美国客商合作，生产“波司登”“雪中飞”等名牌羽绒服，实现产值利税翻番。

20世纪90年代初，成立鑫沙建筑安装工程有限公司，辖6个分公司。有15支施工队伍，分布在东北三省、浙江、上海、内蒙古、山东、天津等省市，以及无锡、昆山等城市。从业人员2200多人，其中高级工程师12人。拥有塔吊、搅拌机等各种建筑机械设备674台，工程运输车300辆，设有预制场3家、建筑材料供应站4家。2010年底，建筑业年产值2.8亿元，实现利润1.45亿元。

三、商贸服务业

2000年、2001年，沙沟水产品批发市场先后被确认为省级农产品批发市场和全国百强水产交易市场。2006年11月，被授予“江苏省渔业产业化经营成长型骨干企业”称号。小商品市场和农贸市场相继招引一批超市、连锁店落户，完善木材、建材、渔需物资等市场。同时，利用古镇文化优势，开拓旅游服务业。2010年，全镇各类商品交易额5.6亿元。

第二节　社会事业

一、教育

1991年后，全镇教育事业通过布局调整，均衡发展。2002年8月，创办石梁民营学校。2010年10月，建成泰州市级社区教育中心。2010年，有中学2所15个班级，在校学生726人，专任教师71人。有小学1所18个班级，在校学生990人，专任教师52人，义务教育普及率100%。有幼儿园1所，入园幼儿380人，有幼儿教师22人。

二、文化

1991年后，镇文体活动中心定期开展群众性文化娱乐活动。各村成立农乐队，组织农村电影队定期巡回放映。2008年，修复沙沟市政府、苏中公学等革命遗址，开发红色旅游。2010年10月，按照明代风格恢复重建“进士坊”。里下河淡水渔业文化博物馆初具规模，展示各类渔具渔法。沙沟民俗文化“段式板凳龙”享誉省内外，被列为省级非物质文化遗产。具有代表性的沙沟大鱼圆、藕夹子、水粉鸡等地方特产菜肴成为省市非物质文化遗产，入选《中国名菜大典》。

图31-17　沙沟古镇　（2010年摄，沙沟镇提供）

1991年8月，广播放大站因遭洪涝灾害，工作受到影响。1997年7月，重启广电站各项工作。2002年，实现村村通有线电视。2003年，安装调频音响260只，实现村村通广播电视。2010年，有线电视入户率达98%。

三、卫生

中心卫生院建筑面积4260平方米。有15个科室，79名医工，住院部54个床位。医疗水平、服务质量逐年提高。2005年8月1日，实行“两权”分离，由个人承包，人员性质不变。2010年，拥有村级卫生室9个，为村民提供就医便利。

四、镇村建设

1991年后，镇以开发新区保护老区的思路对镇村进行建设。2001年10月，《2001—2010年沙沟镇集镇总体规划》经沙沟镇第十五届人民代表大会第四次会议审议通过。2007年后，集镇投入2852万元，对新老镇区10条道路进行改造，总长7100米，各宽3—30米。改造后街背巷48条、总长9670米。2009年，集镇东西长2.84公里，南北宽1公里，面积2.84平方公里，其中新区1.85平方公里。2010年，全镇公共建筑面积5.4万平方米。新建、改建公厕12座，新安装路灯327盏，建成后河、镇南河风光带，建成休闲广场7个、绿化面积5.69万平方米。新建迎宾门、时代服务中心、进士坊，完成程家大院修复等工程。农村投入1500多万元，进行通村公路建设。全镇新浇筑村庄道路300多条、总长1万多米。建公厕72座，安装路灯210盏，新添垃圾站30个。新建沿河驳岸风光带1500米，10个行政村全面完成自来水管网改造，7个村成为泰州市小康示范村，光耀村通过省康居示范村合格验收。是年，沙沟镇被确定为泰州市20个重点建设镇之一。

1991—1995年，每天有4辆班车往返兴化，长途客运每天有上海、扬州各1班。1995年后，兴化班车增至每20分钟1班，长途客运增至9条班线。2004年，砂石路面全面改建为沥青路。2007年实现村村通公路。

1997年，邮政与电信分家，成立邮政支局和电信支局。2010年底，安装固定电话5300部，互联网用户500多户，电话普及率达98.55%。另有手机16000多部。积极发展邮政储蓄、报刊发行、函件、包件、特快业务。2010年，邮政储蓄余额达8500余万元。

1985年12月实现户户通电。2004年8月，新建供电大楼。全镇配电总容量11000千伏安，10千伏线路总长63公里，400伏低压线路86公里。2010年底，全镇配电总容量达16500千伏安，10千伏线路总长95公里，400伏低压线路120公里。

1987年，建自来水厂1座。2006年扩建后，日制水5000吨。铺设改造主管道78.6公里，年供水量54万吨，全镇供水覆盖率达100%。2010年，进行自来水管网改造。

五、人民生活

1991年，农民人均收入439元。1995年起，新建住房均为砖混结构或框架结构，建成南星、垛田两个别墅小区。2010年，全镇拥有数十辆私家车，几乎家家都有摩托车、电瓶车。固定电话入户率95%以上，手机近两万部。落实五保、低保、特困职工配套资金近200万元。2009年投入100万元建成镇中心敬老院。截至2010年底，农民人均收入8211元。全镇有5640多名老人领取基础养老金。新型合作医疗实行全覆盖，其中参加农村新型合作医疗人数达22831人。

2010年沙沟镇各行政村基本情况一览表

表31-38

村名	耕地面积（亩）	人口（人）	工农业总产值（万元）	农民人均纯收入（元）	村名	耕地面积（亩）	人口（人）	工农业总产值（万元）	农民人均纯收入（元）
兴龙	3600	2460	1538	8135	董庄	3570	2114	2009	6593
严舍	975	626	544	8512	光耀	3990	2425	3729	9008
官河	4425	2381	3895	8734	高桂	4290	3088	4770	8778

续表 31-38

村名	耕地面积（亩）	人口（人）	工农业总产值（万元）	农民人均纯收入（元）	村名	耕地面积（亩）	人口（人）	工农业总产值（万元）	农民人均纯收入（元）
联溪	1815	1089	716	7001	石梁	1005	2573	2922	8548
水金	1050	2201	2452	8421	沙北	1005	2235	3736	8500

说明：另有繁荣、民主、团结、兴隆4个社区居委会。

第三节　（重点村）光耀村简介

光耀村地处镇西首，2001年由汤庄、光北和光耀3个自然村合并而成，以郑光耀烈士的名字命名。有18个村民小组，652户，总人口2425人，耕地面积3990亩，鱼塘2490亩。2009年被命名为泰州市生态村、文明村；2010年，工农业总产值3729万元，集体收入268万元，农民人均收入9008元。2010年6月被确定为泰州市重点建设村之一。同年11月，通过省级康居示范村评估验收。1991—2010年，该村先后投入800多万元，进行村庄环境综合整治，改善村民居住环境。新建花园、公厕、健身休闲场所、沿河风光带，浇筑硬质路面，实现绿化、亮化、美化、香化工程。同时，建成村文化活动室、图书室、老年活动中心、残疾人活动中心、社区卫生服务站，还成立舞龙队、腰鼓队、莲湘队，丰富群众文化生活。

第二十章　李中镇

李中镇位于市区西北部。2000年2月，由原李健乡与舜生镇合并组建。镇政府驻地草王。水上森林公园位于镇境内。2001年，原有30个村合并为15个行政村，1个居委会。2010年，镇域总面积70.22平方公里，其中耕地面积49353亩。总人口35011人。实现地区生产总值4.89亿元，财政收入1401万元，人均收入8348元。

1991—2010年部分年份李中镇经济和社会发展情况一览表

表31-39

年份	户数（户）	人口（人）	耕地面积（亩）	地区生产总值（万元）				财政收入（万元）	人均收入（元）
				第一产业	第二产业	第三产业	合计		
1991	10572	34816	50472	3180	2831	1306	7317	88	382
1995	10893	34540	43866	7650	2480	2404	12534	428	1869
2000	10627	35122	49194	10754	2050	6005	18809	276	3526
2005	10261	33324	49443	13018	3547	9719	26284	187	4546
2010	10679	35011	49353	20700	8816	19425	48941	1401	8348

说明：1991年、1995年数据为原李健乡与舜生镇合计。

第一节 经济建设

一、农业

20世纪90年代初，该镇旱改水面积扩大，“八五”期间，全镇有效灌溉面积4.75万亩。推广高产优质小麦、粳稻品种。化学除草、小麦早稀播、浅耕翻，水稻肥床旱育，棉花扩行减株、测土配方施肥等新的栽培技术得到普及。从1996年开始，进入压粮扩经阶段，充分利用荒滩资源，扩大荷藕8000亩，发展稻田养蟹3500亩。挂靠省农科院建立水稻、油菜良种繁育基地1500亩。至2010年，全镇高效农业面积达2500亩左右。

1991—1992年，农田林网覆盖率35%。1999年推行林权改制，引进速生意杨。2010年，全镇林地面积达2.5万亩，森林覆盖率分别比“九五”和“八五”期末提高1.9%和2.8%。

20世纪90年代初，水产养殖从河沟拉网式粗养，发展到池塘养殖8700亩。1996年起，特水养殖和稻田养殖迅速发展，大面积推广鱼、虾、蟹混养和鱼蚌混养模式。后改粗养为精养。2000年，水产养殖上升到3.56万亩。黄邳、许季两村分别建起150亩甲鱼和200亩牛蛙养殖基地，亩平纯收入890元。后因土地复垦，养殖面积下降，2010年不足3万亩。有渔业科技示范户122个。亩平纯收入上升到1360元。2010年，全镇水产品产量1.66万吨。苏宋村马井旭联合村民创办的养殖场，产出的螃蟹规格大、质量高，出口到国外市场。

1991年，李健乡生猪出栏0.23万头，家禽出栏量12.3万羽，舜生镇分别为0.31万头、15.69万羽。1992年起，畜禽饲养逐渐向集约型转变。1997年栏存家禽39.53万羽，孵化家禽炕坊达6家。2010年，全镇生猪出栏1.04万头，家禽出栏39.56万羽。顾赵、天鹅、兴健3个村还创办徐淮山羊、肉狗、獭兔养殖基地。

1991年，农业机械总动力17980千瓦。2010年，全镇有大中型拖拉机14台，小型拖拉机917台，其他农业机械多台。总动力17225千瓦。

20世纪90年代初，全镇居民基本用上电。1998年，通过农网改造，每天24小时正常供电。2010年，拥有高低压线路485公里，加压站1处，变压器105台，5300千伏，用电户8620户。

该镇地势为全市“洼中之洼”。1992—2010年，加修圩堤22公里，疏浚河道119条。2010年，有“四点五四式“联圩10个，野水圩7处，圩堤总长100.6公里，圩口闸66座，排涝站42座，圩口闸全部改造为“直升闸”。

二、工业、建筑业

1991年，李健乡、舜生镇工业总产值分别为349万元、652万元。村组办工业总产值为324万元、420万元。1992年，全镇有工业企业45家，其中镇办集体24家，主要项目有纺织、砖瓦、农机、农具及农产品加工等。年产值1654万元，利税124万元。1998年，集体企业改制，新增私营企业46家。黑高村吸引外出能人回归办企业29家，被江苏电视台《大写真》栏目专题报道。2010年，全镇企业86家，销售收入2.59亿元，利税总额1266万元。有兴化市协康纺织有限公司、兴化市恒丰机械有限公司、兴化市诚信粮油贸易公司、兴化市楚宁电站设备公司、兴化市阳谷米业有限公司等骨干企业，其中占地600亩的协康工业集中区基础配套设施基本齐全。协康公司主要产品出口到澳大利亚、俄罗斯等国家和地区。

20世纪90年代初，两家镇办建筑站从业1100多人。2001年改制后，成立李中建筑工程公司，资质三级，有3支建筑工程队2300多人。后有450多人另组个体建筑队13家。2010年，建筑业增加值为2000万元。

三、商贸服务业

20世纪90年代后，整合资源优势，加快李中水上森林景点建设，推进生态旅游业发展。2008年，旅游经济在全镇实现零的突破，全年旅游业收入达1530万元。2010年，全镇服务业增加值达19425万元，税收630万元。

图31-18　李中水上森林景区水上木筏
（2010年，薛宏金摄）

20世纪90年代初，全镇有210户农户从事粮油贩运。至1998年，粮食经营户42户，配套运销户550多户，船只610多艘，17400多吨位，从业人员1800多人。以顾赵集镇为中心，形成1个年交易量5.53万吨粮食的市场。2000年起，粮食贸易市场不断扩大。诚信粮贸公司、兴化市阳谷米业有限公司生产的“方心”“渡江”牌大米，分别被国家食品质量监督中心列为无公害食品。2010年，粮贸市场有较大型粮食加工企业6家，交易额5.5亿元。

第二节　社会事业

一、教育

1991年，全镇有完小学校21所，村小5所，初中8所，教师209人，其中民办23人。2002—2004年撤并为幼儿园2所，完小4所、教学点5个和2所初级中学。2010年，在编教师176人；学生1485人，小学入学率100%，初中巩固率98%。镇成人教育中心校举办各类技术培训班850期，受训人数达5万多人次。

二、文化

1991年，有30多人的文艺表演队伍和2支电影放映队，1995年，农民自发成立乐队6支。2007年4月，在水上森林建起800平方米的镇文化中心大楼，设有篮球场、羽毛球场。内设图书阅览室、活动室，拥有电影放映队及5个业余文化团体。

1993年，原李健乡和舜生镇分别开通有线电视，2003年通村率100%。2010年末，有线电视用户8000户。

三、卫生

1991年，舜生卫生院翻建门诊楼。1992年，李健、舜生两家卫生院有医务人员58人，病床40张，分别设有内、外、妇、儿、等16个临床科室。先后添置检验、医疗设备。2007年，李健卫生院整体搬迁，新建2200平方米的医疗综合大楼，新医疗设备。2010年，在全镇建立13个村级社区卫生服务站。

四、镇村建设

李中有顾赵、草王两个集镇，1996年在顾赵河北建设新区和小商品市场。2000年前建成李健烈士陵园、中心中学、影剧院、农贸市场及广电、供电、公安、金融等办公大楼。草王拓宽东西集镇中心大道及舜北路1.78公里，开发商品房建筑面积3550多平方米及机关事业单位办公用房。乡镇合并后，建成国土、村建等一批公用建筑。集镇区面积由1992年的1.7平方公里扩展为2010年的3.1平方公里。

1991年前，境内有5条水运航线。1996年，全镇有个体运输船只1355艘，4.17万吨位，年收入3565万元。1998年后，部分运输户转至苏南、上海、浙江等地从事建材经营、废品收购等。2002年水上客运停止。

20世纪90年代加快通村公路建设。至2001年，建成黄邳等5条宽3.5米泥结碎石通村公路，总长19公里，新建宽4米公路桥梁66座，实现村村通公路。2006年，完成兴沙和舜川公路拓宽改造，建成3.5公里的李陆公路及黑高大桥。2010年，全镇通村公路总长56公里。

1993年10月开通程控电话。1997年邮政与电信分开，在顾赵、草王集镇开通手机用户500多个。2010年，全镇固定电话用户达1.43万户，宽带280户，移动通信家庭普及率82%。

1993年开设邮政储蓄业务。2010年，邮储余额近5000万元。

1992—2005年，投资320多万元，建造自来水厂7座，自来水入户率92%。2010年，除保留李健中心水厂外，其余全部撤销。舜生片区12个自然村庄接通周奋自来水厂。

五、居民生活

1991年，李健乡、舜生镇农村人均收入分别为444元、319元。1991—1992年，全镇民居砖木结构瓦房及简易楼房占86%，小型别墅房占5%。2010年，全镇小别墅300多幢，简易楼房及商品房占29%，草危房基本绝迹。村庄水泥硬质化路面占45%。2010年，全镇转移劳动力1.2万多人。农民收入增加，生活水平相应提高。电瓶车、摩托车、彩电、冰箱、空调等进入普通农民家庭。有387户、721人享受最低生活保障。37位“五保”老人入住南山敬老院集中供养，贫困人口由1992年的1080户减少到2010年的284户，残疾人保障人口64户172人。2010年末，农民人均收入8348元。全镇居民储蓄存款余额1.9亿元以上。

2010年李中镇各行政村基本情况一览表

表31-40

村名	耕地面积（亩）	人口（人）	工农业总产值（万元）	农民人均纯收入（元）	村名	耕地面积（亩）	人口（人）	工农业总产值（万元）	农民人均纯收入（元）
顾赵	4305	3254	2541	8200	翟家	1935	1278	1718	8300
李南	1815	1633	1964	8300	黑高	2025	2881	2312	8200
刘沟	1950	2180	5680	8500	铁陈	1275	956	1822	8200
苏宋	2295	2861	4376	8500	天鹅	3480	2325	3012	8300
许季	3450	2133	2774	8500	黄邳	5700	4603	6610	8500
草王东	2175	2276	2938	8300	陆家	1740	1344	1429	8200
草王西	2280	1935	2548	8500	兴健	1755	2399	1808	8200
黄花	1965	1220	1239	8200					

说明：另有草王社区居委会。

第三节　（重点村）刘沟村简介

刘沟村地处李中镇西北部，属革命老区，原高邮县委书记李健烈士牺牲于此。大兴金公路穿村而过。有16个村民小组，640户，人口2180人，劳力1278个，耕地面积1950亩，拥有两家纺织服装私营企业，个体工商户16户。2008年12月，成立集体资源股份合作社，全村每年集体经济收入210多万元，其中按49%的比例分配到农户，外出经商和从事非农产业的达650多人，收入占人均纯收入的65%以上。村庄环境面貌不断得到改善，硬质巷道率，路灯覆盖率，自来水入户率各为100%，有线电视入户率96%，社会治安良好，贫困人口下降到0.6%。2010年，实现总收入5680万元，集体经济可支配收入85.64万元，人均收入8500元。全村有两家水产养殖专业合作社，建高效生态螃蟹养殖基地700多亩，甲鱼养殖基地280亩。

第二十一章　西郊镇

西郊镇地处兴化城郊。1991年，原严家乡（1994年更名为北郊乡，严家村划归昭阳镇）和荡朱乡（2000年水产村、陈楼村划归昭阳镇）各设21个行政村，2000年2月，由原北郊乡与荡朱乡合组而成。2001年6月调整为17个行政村，辖210个村民小组。2010年，全镇9805户，总人口2.91万人。全镇面积55.87平方公里，其中耕地面积39025亩。镇政府驻地荡朱庄。2010年，完成地区生产总值5.82亿元，财政收入4255万元，人均收入9637元。

徐马荒原生态区湿地风景区位于西郊镇徐官庄、马踏港两村西侧，以徐官庄、马踏港村为主体。著名演员吴若甫主演的电视连续剧《秋雪湖之恋》将此处作为外景基地。

1991—2010年部分年份西郊镇经济社会发展情况一览表

表31-41

年份	户数（户）	人口（人）	耕地面积（亩）	地区生产总值（万元）				财政收入（万元）	人均收入（元）
				第一产业	第二产业	第三产业	合计		
1991	9841	33976	55895	3444	2847	912	7203	135	403
1995	10588	35399	53496	7357	2564	2272	12193	264	2000
2000	11068	31171	54970	9996	2849	5368	18213	313	3586
2005	11679	31026	53232	11947	6446	9717	28110	333	5451
2010	9805	29135	39025	19011	18156	21033	58200	4255	9637

说明：1991年、1995年数据为原严家乡（北郊乡）与荡朱乡合计。

第一节 经济建设

一、农业

图31-19 葡萄农庄的哈密瓜种植
（2008年摄，西郊镇提供）

1991年，西郊镇主要种植粮食、油料、特色经济作物等。1996年起，调整粮经比例，由68∶32至2000年40∶60。2001年起，逐步扩大经济作物种植面积，如西郊的哈密瓜、姜戴的西瓜、圩岸的金花菜、文政的葡萄等。2010年，全镇粮食作物总产量33744吨，完成农业总产值19011万元，为1990年的6.6倍，全镇高效农业面积4920亩。

2002年，特种水产品养殖迅速发展。郑朱村开发“南美白对虾养殖基地”1000亩以上。2010年，全镇养殖面积21510亩，水产品产量12697吨，总产值11492万元。养殖专业户635多个。

1995年后，畜禽养殖逐渐向集约型转变，发展林下养殖，涌现许多养畜养禽大户。“徐马荒”土鸡蛋品牌化。2010年出栏生猪1.41万头、出栏家禽18.98万羽。

1999年，开始推进道路、河坡和集镇绿化。2010年，全镇林地面积2.3万亩，意杨总数达120万株，森林覆盖率22.4%。2004年，被江苏省林业局授予“绿色江苏建设先进乡镇”。2007年被泰州市政府授予“小康社会森林覆盖率达标乡镇”。

西郊镇地势低洼，防汛防洪为全镇要务。2007—2010年，投入771万元建圩口闸63座、机电排灌站27座，另有抽水机船72艘，排灌总动力2240千瓦。2010年，全镇农业机械总动力21825千瓦，其中大中小型拖拉机1426台、农用水泵347台。

二、工业、建筑业

1991年，两乡有乡办企业15家，其中北郊8家、荡朱7家，产值2117万元。随着市场变化和产品结构的调整，逐步形成机械制造、木业、建材、农产品加工等几大产业。2010年，全镇有个私工业企业279家，其中产值超过500万以上的有11家，主要骨干企业有金色江南金属材料厂、兴化市兴源铸钢公司、兴化市三江食品公司、泰州市中亚木业公司、戴园建材公司、兴化市志峰商品混凝土公司等。全镇工业总产值达17.1亿元，为1991年的7.34倍。

2003年，西郊镇工业园区建成，位于镇区东、中部，水陆交通运输便利，规划面积1800亩，投入7500多万元，配套建设硬质公路4100多米和水、电等基础设施。2010年，新增企业10家，初步形成机械制造、建材、农产品加工等特色产业雏形。利税在50万元以上的企业50家，利税100万元以上的15家。

20世纪90年代初，境内有北郊、荡朱两家集体建筑企业，有职工260多人，其中工程技术人员80多人。在镇区和兴化市区、泰州、扬州、南京等地承包建筑工程。2000年后，公司改制为民营。2005年建筑业增加值567万元，2010年建筑业增加值1136万元。

三、商贸服务业

1991年，全镇批零网点200余家，从业人员600余人。2010年，全镇有商业网点800余家，从业人员2400余人。全镇外出经商人员近1000人。全镇有饮食、熟食经营户近100家，从业人员500余人。镇区有浴室6家、理发店45家、旅馆5家。有粮食、水产品经纪人89人，专业合作社5个，另有从事搬运、瓦木漆工、家政服务的500余人。2010年，服务业增加值21033万元。

第二节　社会事业

一、教育

1991年，基本达到村村有小学和幼儿园。1993年开始逐步撤并部分学校。2000年，全镇有初中2所，小学9所（后撤并小学5所）。新建北郊小学，完善其他学校硬件设施，2010年，全镇有初中2所，22个班级，在校学生833人，教职工103人。小学3所，班级29个，在校学生1156人，教职工93人。义务教育普及率100%。幼儿园1所，入园幼儿276人，教职工14人。

二、文化

1991年后，乡镇文化事业不断发展。2008年，文化站建设达标，电影放映队定期为各村百姓放映电影，经常组织群众文化团体举行文艺演出。全镇17个行政村建成“农家书屋”。2010年，社区教育培训中心通过泰州市级验收。

1991年后，全镇35%以上的人经常参加体育活动。每3年举行一次全镇运动会。2001年后输送省市级运动员6人。2010年，西郊镇有专兼职体育教师、指导员40多人。全镇有篮球场15面、排球场6面、田径场3面、乒乓球室26个、农村健身场所17个。2010年经验收，被批准为“江苏省体育强镇”。

1993年，两乡实行村组广播大喇叭联网。1997年6月两乡有线电视与市台联网。2010年，全镇有线电视入户4200余户，广电站开播30多个电视频道。

三、卫生

1991年，镇内有卫生院2所，原北郊卫生院建于1990年。2007年改制为民营医院。荡朱卫生院建于1958年。2010年有医务人员45人，病床20张，设有内科、外科等6个医技科室。区划调整后，更名为西郊镇卫生院。全镇有村卫生服务站17个。

2010年，全镇摆放垃圾桶300多个，建有冲水式公厕68个，有保洁车30多辆，垃圾转运车3辆，每天有人清扫、转运垃圾。各村环卫工作有很大改善。

四、镇村建设

1991—2010年，镇区振兴路改建成水泥路，全长1700米，宽7米。1993年建成荡朱通往高邮横泾4.6公里的砂石路。2010年，总里程53.73公里。

1991年，公共建筑面积偏小，两乡合并后得到改善。至2010年底，先后建成影剧院大会堂、文化站、卫生院、农合银行、供电所、财政所、国土所、敬老院等公共建筑。居民住房1995年起全部为砖混结构，楼房别墅遍布全镇。2010年，人均居住面积达33平方米。

1992年12月，荡朱乡新建自来水厂。1994年10月，北郊乡新建自来水厂，两厂铺设主管道83公里。2010年1月西郊镇“二次改水”工程全面启动。

1986年，实现户户通电。2002年2乡电管站合并为市供电公司西郊供电所，2010年供电量达19150万千瓦·时。

1991年，开通荡朱至兴化班车。乡镇合并后，公路交通有所改善，2003年与兴沙路连接，2004年8月，荡朱至市区为公交5路车。至2010年建成通村公路53.73公里，公交车每天24班。全镇拥有各种车辆412辆，其中货车146辆。

1994年开通程控电话。1995年，分别成立邮政支局和电信支局，截至2010年底，全镇安装电话6360部、互联网用户1258户，手机3350部，电话普及率93%。

五、人民生活

1991年，严家乡农民人均收入539元，荡朱乡农民人均收入266元。2010年，人均收入9637元，收入最高的姜戴村人均收入10946元。随着收入增加，百姓饮食都有很大改善。农户建房标准越来越高。每户占地面积由1991年的80平方米增加到2010年的120平方米以上。房屋讲究高、大、全（水、电、排水设施齐全）。新建住房多为两层，并向别墅式房屋发展。人均居住面积由1990年的13平方米增加到35平方米。2010年，全镇有轿车122辆、摩托车、电动（瓶）车3801辆、电脑1328台，电话、手机、彩电、冰箱、空调、太阳能热水器基本普及。全镇有17300人参加社会养老保险，对406名老人实施五保户供养，其中64人在敬老院集中供养。有563人领取独生子女家庭父母奖励。

2010年西郊镇各行政村基本情况一览表

表31-42

村名	耕地面积（亩）	人口（人）	工农业总产值（万元）	农民人均纯收入（元）	村名	耕地面积（亩）	人口（人）	工农业总产值（万元）	农民人均纯收入（元）
陈杨	2055	1674	3682	8727	侯管	2160	1698	3411	9285
金焦	1155	1288	3620	8573	郑朱	3075	1673	3304	8711
丁沙	2925	1783	4801	9076	刘联	2130	1515	2885	8748
荡朱	2295	1912	3284	8894	北兴	1860	1326	2902	9259
北沙	1815	1678	4110	9506	西郊	1410	949	2461	8915
徐圩	2130	1803	3158	9254	华南	3045	2293	4423	8749
马港	3735	1723	3888	9189	孙张	2925	1709	2893	8923
姜戴	3420	1509	4255	10946	兴西	2610	1489	3284	8733
夏许	3165	1780	3257	9025					

第三节 （重点村）姜戴村简介

姜戴村地处镇境南部，辖姜戴、吕杨两个自然村，14个村民小组，总户数465户，总人口1509人，耕地3420亩，有私营企业3家。该村为“一禾”品牌西瓜的重点生产基地，有轧花厂宏鑫棉业日加工籽棉能力20吨。西郊葡萄农庄有限公司为泰州市农业龙头企业，总投资3700万元，带动100多人就业，村庄公共设施建设取得进展。主街道浇筑混凝土路面，小街背巷全部铺上水泥方砖。铺设下水道5万米，建桥梁5座。家家用上自来水，全村有路灯60余盏，建公厕12座。2010年，全村社会总产值8400万元，农民人均收入10946元。

第二十二章　周奋乡

周奋乡位于市境西北部，为纪念周奋烈士而得名。1993年3月，划出18个村另建缸顾乡。2010年，面积46.48平方公里，其中耕地28697亩，10个村委会，1个居委会，69个村民小组，人口27856人。全乡实现地区总产值2.17亿元，财政收入1014万元，人均收入7885元。

1991—2010年部分年份周奋乡经济社会发展情况一览表

表31-43

年份	户数（户）	人口（人）	耕地面积（亩）	地区生产总值（万元）				财政收入（万元）	人均收入（元）
				第一产业	第二产业	第三产业	合计		
1991	15362	48981	59223	2460	1416	932	4808	132	251
1995	8021	27240	32000	4418	793	926	6137	110	1939
2000	7717	26966	37234	6759	1233	2409	10401	149	3658
2005	7999	27948	37853	8991	1211	3355	13557	52	4539
2010	8106	27856	28697	13230	2275	6150	21655	1014	7885

第一节　经济建设

一、农业

20世纪90年代，种植业实行传统的麦稻两熟制。在东部扩大甘蔗、芋头、生姜、草莓等作物的种植面积。中部发展河藕、芡实等水生蔬菜。1991年，周奋乡粮食作物总产量13466吨，生猪出栏0.5万头，家禽出栏17.29万羽，水产品总产量1552吨。粮经作物比例从1991年的78∶22，到2010年调整为40∶60。境内农户素有饲养猪、羊及家禽传统。进入21世纪后，大力发展林业。2010年，全乡造林面积14970亩，林木总数突破90万株，森林覆盖率26.3%，通过泰州市小康绿化示范乡镇验收。2010年，全乡粮食作物总产量22354吨，生猪出栏0.64万头，家禽出栏48.7万羽，水产品总产量7802吨。

1991年，改造荒滩新开鱼池14900亩。甲鱼、青虾、螃蟹等特种水产品养殖面积不断扩大。自1992年开始，陆续建立时堡、仲寨、斜沟养殖场。新成立的水产养殖协会拥有117名会员。2006年注册“福寿甲鱼”商标。2010年，以蟹、青虾、梭鲈鱼等为主的水产品养殖面积达1.1万亩，亩纯效益在3000元以上。

1991年，全乡有手扶拖拉机439台，其他农机具1557台。农机总动力18262千瓦。2010年，拥有小型和大型拖拉机1212台、21台，其他农用机械375台，水产养殖机械3120台，农机总动力12354千瓦，农业综合机械化水平92%。

1991年灾后，加快水利基础设施建设。至2010年，加修联圩75公里，兴建排涝站21座，圩口闸25座，改造病老闸站16座，完成农田水利建设11700亩，配套建筑物2100余处。

二、工业、建筑业

1991年，有乡办厂2家，个私企业13家，工业产值933万元。2003年起，通过招商引资，促进工业经济迅速发展。2010年，全乡有工业企业44家，涉及服装、鞋帽、玩具、电子配件等5大类，从业人员1180多人，实现工业产值13556万元。市政府实施“飞地”招商政策后，作为湿地保护重点区域，4家大型企业在市工业园区落户。

1991年，建筑业从业人数480人。2006年成立龙发建筑劳务、富强建设有限公司，分别在北京、山东烟台开设分公司和办事处。2010年，建筑业产值800万元。

三、商贸服务业

1991年，全乡有全民商业及属集体商业企业12家，个体私营商店51家，熟食、蔬果、理发和缝纫等服务性店（摊）117家，饭店11家。1997年，全乡从事运输业318人。有载重30吨以上船只234条，从事汽车运输的117人。1997年乡政府迁址后，镇区兴办海陵大酒店、明盛酒楼、华堂饭店、北极桑拿休闲会所。2010年，全乡商业服务业从业人员4618人，社会消费品零售总额9980万元，第三产业增加值6150万元。

第二节　社会事业

一、教育

1991年，有幼儿园16所、小学15所、初级中学2所、职中、成人教育各1所。1996年后，实施教育布局调整，小学调至7所，初中合为1所。2010年，全乡有幼儿园4所，班级10个，入园幼儿352人，幼儿教师31人。小学4所，班级14个，在校学生680人，教师75人。初级中学有班级6个，在校学生305人，教师52人。义务教育普及率100%。

二、文化

1997年，乡文化站迁至李中河开发区，1998年，被江苏省文化厅表彰为“先进群众文化乡镇”。2006年，文化站进行改扩，建成图书馆、健身房、多功能厅等综合文化阵地。民歌号子“西江月”列为泰州市非物质文化遗产名录。建成群众文化广场4处，8000多平方米。2010年，村村建成有篮球场、乒乓球室、文化活动室及农家书屋。

三、卫生

1991年，乡卫生院设11个科室，医技人员32人，病床20张，村卫生室18个，医务人员36人。2005年乡卫生院投资35万元购置配套设施。村卫生室整合为10个。2006年，卫生院由沙沟镇卫生院承包。2010年收回独立经营。

四、镇村建设

1997年，按照总体规划要求，将乡政府迁址兴沙公路与临沙公路交界处。启动集镇开发，完善基础设施建设。2010年，集镇面积由1991年的0.28平方公里扩大至1.1平方公里。新建主街道4条5.8公里，街巷18条3.1公里。完善自来水管道和下水道铺设。新建文化中心、文化广场、电信、邮政等公共建筑，吸引400多户农民进镇落户创业。

2005年镇区建汽车站。2006年兴建和改造学校4所，建成中心敬老院。至2010年，全乡新建公路桥梁10座，农桥75座，机耕路21590米。铺设水泥路8120米，安装路灯280盏。沿河驳岸5100米，绿化面积10100平方米。新建文化广场4处，8000平方米。建公厕90座，垃圾池96处。改造下水道4590米。

1991年，有临沙公路12公里，3条主干道，连结12个村。2004年，建成崔垛大桥和大溪河桥，结束崔一、崔四靠摆渡出庄的历史。2003年，实施通村工程建设。2010年，建成通村水泥路及村庄间公路42公里。开通3条公交线路，每天12班。

1995年，村村通程控电话。2010年，固定电话入户率95%，移动通信普及率88%。宽带网入户率58%。

1991年，实现户户通电目标，全镇供电量为0.35亿千瓦·时，其中工业用电0.1亿千瓦·时。2010年，供电量为1.3亿千瓦·时，其中工业用电0.54亿千瓦·时。

1996年，全乡兴建小水厂6座。2003年，兴建日供水万吨的周奋自来水总厂，撤并6家小水厂，实行并网供水。2007年，总厂更名利民自来水有限公司，向李中、缸顾、周奋3乡镇统一供水，受益人口8.5万人。2010年，改造农村管网，完成“二次改水工程”。

五、人民生活

1991年，农民人均收入251元。人均住房面积23.5平方米。全乡居民储蓄存款余额1000万元左右。2003年，启动农村最低生活保障，实施新型农村合作医疗保险，2004年覆盖率达99%。2010年，农民人均收入7885元，人均住房面积51平方米，有5315户住上楼房。彩电、空调、太阳能、电瓶车户占有率90%以上，电话入户率90%，有线电视入户率86%。每100户拥有汽车8辆。有21%的人参加农村社会养老保险，1635人参加“五险”，对312户886人实施最低生活保障。

图31-20　农村新貌　（2009年摄，周奋乡提供）

“五保”119人，其中50人入住乡敬老院集中供养，全乡居民储蓄存款1.92亿元左右。15%的人正常参加体育运动，8%的人利用节假日外出旅游，5%的人在城市购房。

2010年周奋乡各行政村基本情况一览表

表31-44

村名	耕地面积（亩）	人口（人）	工农业总产值（万元）	农民人均纯收入（元）	村名	耕地面积（亩）	人口（人）	工农业总产值（万元）	农民人均纯收入（元）
崔一	2415	1966	1018	7170	傅堡	2370	1863	2097	7385
崔二	1530	1599	1856	6320	时堡	5880	5531	8844	8150
崔三	1725	1398	2046	7239	仲南	4395	3345	4859	8160
崔四	2550	1967	2188	7177	仲北	3780	2972	5540	8200
斜沟	2295	2771	1829	6811	三界	4215	2893	5024	8120

说明：另有周奋社区居委会。

第三节 （重点村）仲北村简介

仲北村位于周奋乡西部，于2001年由原仲一、仲四、西寨3个村合并而成。2010年底有25个村民小组，812户，2972人。耕地面积3780亩，个私企业7家。2010年，实现工农业总产值5540万元，农民人均收入8200元。

1991年后，大力发展特色农业和水产养殖业。全村水产养殖户达90多户，鱼虾蟹混养面积达3150亩。2006年高效农业有新进展，种植大棚西红柿300亩，蔬菜80亩。养殖业面积减少，改荷藕种植，2010年达2200亩。该村民风淳朴，社会风气好。管理民主，基础设施配套，村庄大小道路整齐，硬质化率100%，主干道亮化100%，改厕达80%以上。村集体年收入90万元，集体积累资产及资金达220万元。先后被评为泰州市“民主法治先进村”“卫生工作先进村”和“廉政建设示范村”。

第二十三章 中堡镇

中堡镇位于市西北部，旧为兴化“十大镇”之一，为兴化市西北部湿地核心保护区。镇政府原驻地中堡庄，1997年迁址集镇新区。2001年4月，将28个村合并为13个行政村、1个居民社区，有205个村民小组。2010年，全镇总面积80.52平方公里，其中陆地面积占52.91%、湖滩水域占47.09%，耕地面积43334亩。人口34933人，实现地区生产总值4.68亿元，财政收入1597万元，人均收入9056元。

1991—2010年部分年份中堡镇经济社会发展情况一览表

表31-45

年份	户数（户）	人口（人）	耕地面积（亩）	地区生产总值（万元）				财政收入（万元）	人均收入（元）
				第一产业	第二产业	第三产业	合计		
1991	12023	35589	44097	2591	1487	1084	5162	82	446
1995	11433	35475	39188	7815	1416	1616	10847	483	1920
2000	10733	35734	50142	11122	1949	3289	16360	238	3488
2005	10890	34294	54526	14210	3741	6350	24301	132	5064
2010	11222	34933	43334	23575	10230	13000	46805	1597	9056

第一节　经济建设

一、农业

1991年后，原有“老沤田”全部改成二熟旱地，农作物以粮、棉为主。1997年，中堡镇特产——中庄醉蟹被国家绿色食品发展中心认定为绿色食品。2001年被评为“江苏名牌产品”。年销“中庄”牌系列醉蟹1000吨以上。2001年后，积极发展水产养殖及蔬菜等经济作物的种植。2010年，江苏雨田专业合作社落户该镇。该企业投资2450万元，流转土地500亩，主要生产食用菌及大棚蔬菜，使3个责任区近200户村民受益。全镇有近一半农户从事水产养殖，改造和新开鱼池2万多亩，连续多年成为泰州市水产养殖第一镇，获得“中国河蟹之乡”称号。镇北大纵湖区被国家认定为“无公害”养殖基地，年产商品大闸蟹1000多吨。“江苏名牌产品”“中庄牌”大闸蟹产于此。在江苏优质大闸蟹上海推介会上，获“金奖蟹星”和“品质最佳”两个单项奖。2010年，全镇粮食作物总产量39186吨，生猪出栏0.51万头，家禽出栏20.15万羽，水产品产量16966吨。

1991年，全镇有手扶拖拉机279台，柴油机258台，电动机39台，农机总动力12731千瓦。2010年，农机总动力25171千瓦，全镇农业综合机械化水平达93%。水利建设取得新成效，全镇有排涝站23座，完成农田水利基本建设示范区1.6万亩。

二、工业、建筑业

1991年前，有镇（社）办厂3家，另有村办碾米、油、酒等工厂。1991年后各厂改制，先后创办一批个私工业企业。2010年，全镇工业销售总额42078万元，实现利税5967万元，有兴化市永鑫食品有限公司、兴化市双湖矿山液压机械厂等骨干企业。

20世纪90年代初，镇办建筑站有800人以上。2002年改制后，组建镇建筑工程有限公司，资质三级，有建筑工程队2支，人员1100多人。2005年以后，部分建筑工人离队组建个体建筑队6家，转战于吴江、上海、昆山、镇江等地。2010年，全镇建筑业产值达3245万元。

三、商贸服务业

1991年后，个体私营商业发展较快。2010年底，全镇有商店摊点279家，浴室5家，餐饮服务21家，另有理发、缝纫、中介、蔬菜、熟食等服务性店、摊上百家。从业人员3123人，产业增加值达13000万元。

第二节　社会事业

一、教育

1991年，全镇有初级中学3所，村村有小学和幼儿园。自2001年起逐步调整教育布局。1991—2010年，镇区新建教学楼4幢、综合楼1幢、学生宿舍楼3幢，村小新建教学楼3幢。2010年，全镇有初中1所，18个班级，在校学生911人，教职工77人。小学3所，39个班级，在校学生1213人，教职工102人。义务教育普及率100%。有幼儿园3所，14个班级，入园幼儿419人。中心小学关爱留守儿童工作经验在全省推广。

二、文化

1997年，镇文化站迁至新镇区，经省文化厅验收为省级群众文化先进乡镇。2007年10月，经省文化厅、泰州市体育局验收为江苏省农村综合文体活动中心。20世纪90年代后，中堡镇积极组织文体爱好者参加各类市级比赛和文艺表演，多次在市体育比赛中获得较好成绩。2007年，该镇"中庄醉蟹"被列为"泰州市非物质文化遗产"。2009年12月，中堡镇文化站被省文化厅表彰为"优秀文化站"，2009—2010年度被泰州市文化局表彰为"十佳文化站"。

1998年，全镇有线电视用户987户。2007年，开展进组入户工程，全镇新装调频音柱171只。2010年，全镇有大喇叭172只，有线电视入户6740户，入户率60.06%。

三、卫生

1991年，中堡镇卫生院有医护人员23人，设内、外、妇产等9个临床科室及预防保健所；设有放射、检验等8个医技科室；有床位20张。1998年10月，迁址集镇河东，有医务人员50人。2010年，全镇有卫生院1家，10个卫生服务站，组成农村三级医疗服务网络，医生总数达80人，床位80张。

四、镇村建设

1991年，镇区面积0.46平方公里。2001年，行政村合并后，村庄建设取得进展。住房由瓦房向商品套房发展。西孤、东荡、戚家、沙湾、中堡、南宋等村农民所建房屋向别墅型方向发展。2010年，镇区扩展为1.25平方公里，有9条主街道，所有后街背巷全部改造成硬质化路面。新建中庄花园小区，环镇区河道全部建成石驳岸。

1990年，兴化至中堡泥结碎石公路接通，一辆客车每日4班。2010年底，增加到每20分钟一班车，全天18班。1995—2007年，兴中公路先后改造为沥青表面处治及水泥混凝土路面。2000年起，全镇陆续建成通村公路31公里，达到村村通公路目标。2001年，实现主要行政村通公交车。

1994年10月，开通程控电话，1998年，分别成立中堡邮政、电信支局。2010年，全镇拥有固定电话6000多户，手机用户为1500多户，宽带网用户650多户。

1989年实现户户通电。2010年供电量1457万千瓦·时，其中工业用电456万千瓦·时。中堡自来水公司创办于1993年8月，月供水量2000吨。截至2010年，全镇自来水用户数为8879户。

五、人民生活

1991年，全镇农民人均收入446元，2010年为9056元。饮食衣着逐步改善。农户建房标准越来越高。不少富裕家庭新建起别墅式房屋，全镇人均居住面积40平方米以上。2010年，全镇有16525人参加社会养老保险，对1174名老人实施“五保”。全镇设敬老院1所，集中供养62名老人。

2010年中堡镇各行政村基本情况一览表

表31-46

村名	耕地面积（亩）	人口（人）	工农业总产值（万元）	农民人均纯收入（元）	村名	耕地面积（亩）	人口（人）	工农业总产值（万元）	农民人均纯收入（元）
戚家	5175	3530	5490	7287	西孤	3135	2408	4889	9505
东臯	2835	1730	2322	8700	东荡庄	2865	1701	2289	9024
朱野	2520	1720	2211	8384	夏宏	2415	1597	4485	9607
夏李	2040	1530	2452	8400	中堡	7305	5110	7842	8507
陆家甸	1965	1952	4825	9179	龙江	6435	3993	8873	9608
沙湾	2055	1510	3096	8615	水产	1395	1115	1163	8600
长安庄	5430	3450	5909	9341					

说明：另有中堡社区居委会。

第三节　（重点村）西孤村简介

西孤村坐落于大纵湖畔，由两个自然村合并而成。全村耕地总面积3135亩。人口2408人，有水产养殖面积1218亩，有近300人从事水产养殖工作，是一个典型的水产养殖大村。2009年，村级收入4842万元，其中水产养殖收入1069万元，农民人均纯收入8241元。该村在发展传统产业的同时，大力发展高效规模农业，先后在兴泰公路两侧实现高效规模农业全覆盖。2009—2010年，全村先后上马鱼蟹饲料加工、纸盒包装等工业产业。在发展经济的同时，投入资金进行村庄环境改造，农民居住环境得到较大改善。

第二十四章　缸顾乡

缸顾乡位于市境西北部，1993年3月，从原周奋乡东南部划出18个村新建，乡政府驻地缸顾庄。2001年，全乡合并为8个行政村，有138个村民小组，镇区设居民居委会。2010年，全乡面积83.93平方公里，其中耕地面积43641亩。总人口21191人，实现地区生产总值3.24亿元，财政收入1449万元，人均收入9029元。

缸顾乡原生态“千垛菜花”景区，万亩连片，风光无限，吸引众多名人前来观光采风，逐步发展为特色旅游资源。

1993—2010年部分年份缸顾乡经济社会发展情况一览表

表31-47

年份	户数（户）	人口（人）	耕地面积（亩）	地区生产总值（万元）				财政收入（万元）	人均收入（元）
				第一产业	第二产业	第三产业	合计		
1993	6544	21678	25819	910	50	435	1395	80	995
1995	6231	21256	25806	2748	311	839	3898	236	1811
2000	5714	21071	28359	4329	1765	2863	8957	140	3844
2005	5769	20780	32747	6785	4063	6012	16860	221	5397
2010	6744	21191	43641	10555	10780	11050	32385	1449	9029

第一节 经济建设

一、农业

1991—1993年，实行夏、秋两熟，以稻、麦、油、棉为主，杂粮为辅。1993年4月起，调整农业结构，开发滩涂荒地及河道水面，发展水产养殖业，扩大经济作物面积，粮经比5.5∶4.5。注册“贡禾”牌、“冠禾”牌无公害粮油商标。建立东旺5000亩无公害蔬菜种植基地，注册“菜花村”牌商标，把蔬菜集中运往上海、苏锡常等大、中城市销售。2010年，粮食种植面积39352亩，亩产580千克，总产22824吨。建设东罗、仲家“梦水乡”葡萄园和千岛果园2处，设施农业面积500亩。

1993年后，出现一批养殖专业户。2006年，创建大地蓝草鸡生态养殖基地，注册“梦水乡”“菜花香”等禽畜商标。2010年，全乡养猪专业户15户，养禽大户23户，全年生猪出栏0.68万头，家禽出栏17.81万羽。2010年，产草鸡蛋品1800吨，创经济效益500多万元。全乡有精养鱼塘18690亩，河沟5400亩，年产各种鱼10426吨、河蟹869吨、青虾及特种水产品2036吨，实现水产品总量12790吨，总产值15641万元。

自1998年起，全乡所有林地、圩堤全部发包给个人经营，鼓励农民种植树木。发展林地16500亩，品种以意杨为主。发展东罗蚕桑基地、花卉基地和葡萄园基地。2002年，成功申报国家级土地开发整理示范项目，国家投资1652万元。2010年，林业森林覆盖率达21%以上。

1993年，缸顾乡拥有耕作机械247台，排灌机械235台，农机总动力7150千瓦。2010年，全乡拥有大中型收割机40台，拖拉机76台，抽水机630台，水产养殖机械525台。农机总动力11176千瓦，全乡农业机械化率达87%。

1991年灾后，全乡5个联圩全部按“四点五四式”标准修筑。1997年实现“无坝乡”。2000年后，新建、翻新圩口闸27座，排涝站22座，总流量达47立方米/秒。

二、工业、建筑业

1993年，全乡只有1家吴公湖砖瓦厂。1994年，乡水利站创办缸顾水泥制品厂。乡政府在大兴金公路北侧建立工业集中区先后办厂5家。2000—2007年，先后招商引资工厂10家。2003年，在昭阳工业园区创办大地蓝绢纺有限公司。2007年，为保护湿地，取消工业集中区，新办企业全部实行“飞地”招商，至市经济开发区落户。相继创办各类私营企业25家，个体工商户119家，其中市级规模企业3家，有纺织、食品加工、建材、化工、金属制品、塑料制品等行业。2010年，实现工业产值55100万元，利税6480万元。其中楚水绢纺厂、大地蓝有限公司实现工业产值23464万元，利税2759万元，公司生产的桑棉球国家免检，“梦水乡”牌蚕丝被获“江苏省和中国名牌产品”称号。

1993年，成立乡建筑站。1995年底，成立建筑安装工程公司。公司除承接市外工程外，一般在缸顾乡施工，当年实现建筑业产值3000万元，后于2002年改制。2010年全乡实现建筑业产值2550万元。

三、商贸服务业

1993年有供销社，商业社及个体工商户98家。1993年起，发展农副产品购销、商品零售和餐饮业。1997年，供销社、商业社改制。2002年，引进张家港客商开发缸亭路商品房，由上海客商开发新世纪大道64套商品房。2007年，粮管所新办粮食加工厂，生产“冠禾”牌大米，并在粮食经销中稳步经营，连年赢利。2009年起，发展千垛菜花旅游，国内外游客逐年增多，带动第三产业发展。2010年，从业人数5200人，实现第三产业总值6亿多元，增加值11050万元。

图31-21 千垛菜花景区 （2010年摄，缸顾乡提供）

第二节 社会事业

一、教育

1993年，有缸顾、东旺2所初级中学，有缸顾中心小学和完小6所、教学点两个。2010年秋，乡中心校有小学部、初中部、中心幼儿园及东旺、东罗两个教学点，4个幼儿班。学龄儿童入学率100%。初级中学入学率、巩固率99.5%以上。编内教师94人，学历合格率100%，其中高级职称4人。

二、卫生

1993年，借用缸顾一村村部5间旧房组建卫生院。2002年新建医疗大楼。2004年6月，乡卫生院外聘医疗人员，自筹资金购置检验医疗设备，医疗条件大为改善。村卫生室整顿合并为7个社区卫生服务站。2007年，与兴化人民医院、第二人民医院、第三人民医院等挂钩，提高诊治能力。

乡卫生院在编人员27人，有床位15张，设防保、内、外、妇产等8个科室，达到小伤小病不出村，常见病、多发病不出乡的要求。2010年，农村卫生服务室为8个。

三、文化、旅游业

1993年组建文化站，与广电站合署办公。2006年，建成达标文化站，实用面积670平方米，添置电脑及桌球、乒乓球等体育设备。组建农村电影放映队1个。村村开通有线电视。全乡村村都有农家书屋、棋牌室、乒乓球室、篮球场。集镇和东罗组织70多人的两支跳舞健身队，参加体育锻炼的村民不断增加。

2007年后，成立千岛旅游服务公司。多次在南京、上海、浙江、北京等地召开新闻发布会，推介东旺千垛菜花观光旅游农业。2009年，举办首届中国兴化千垛菜花旅游节。2010年举办第二届中国兴化千垛菜花旅游节。投资6000万元，新建千垛菜花循环旅游线路。获“江苏省最具魅力休闲乡村旅游点”称号。

四、镇村建设

图31-22 农村别墅 （2008年摄，缸顾乡提供）

1993年，在缸顾庄以西2公里处新建乡政府。镇区先后建成“两纵三横”硬质化水泥路面，总长5600米。2000年、2001年，拆迁317户，新建商品房380套。形成缸亭路商业一条街，2005年底实现村村通公路，总里程31公里。2007年起，进行村庄环境整治，修建道路27条，桥梁26座，修建闸站10座，修筑混凝土巷道路面400多条，建公厕160多座，装路灯500多盏，设垃圾箱400多只，垃圾池90多处。村容村貌发生重大变化。东旺村获省级特色重点村、三星级康居示范村、最具魅力休闲乡村称号。至2010年，镇区相继建成乡政府、汽车站、大会堂、文化站、财政所等办公营业用房。缸顾、东旺两村各建敬老院1所。镇区铺设下水道，电力、通信、广播、照明、有线电视等设施逐步配套，绿化面积1万多平方米。另有健身广场5处，总面积1300平方米。

1997年12月，开通有线电视网络，2003年实现有线电视村村通，2010年开通调频广播。1995年，建成缸夏公路。1998年公路实现黑色化，班车5辆往返兴化、缸顾庄，半小时一班。2004年，新建大兴金省道途经乡境。2005年底实现村村通公路。2010年全乡拥有个体轿车、面包车225辆，货车150辆。全乡有100吨—200吨以上运输船98艘22645吨位。

1993年，缸顾乡建设程控电话系统。2010年，全乡固定电话用户3500户，手机5000多部，宽带150多户。

1999年，组建缸顾邮政服务。2004年底，撤归周奋邮电支局管理。

1993年分乡后，在夏广东侧新建3.5万千伏变电所，1999年改称缸顾供电所。2003年实行二次电改，全乡年用电量830万千瓦·时，其中工业用电500万千瓦·时。

1993年，全乡建有6个小水厂。2007年，投资1045万元收购全部小水厂，接通周奋自来水厂，实现区域供水。

五、人民生活

1993年，全乡人均收入995元。2010年达9029元。农民住房向砖混、框架及别墅型发展，人均居住面积45平方米以上。出行有摩托车、电瓶车、小轿车，彩电、电脑、宽带、空调逐步进入普通农家，手机、电话基本普及。99%以上村民参加医疗新农保，75%的人参加农村养老保险，弱势群体享受最低生活保障。乡敬老院集中供养50多位“五保”老人。2010年末，全乡居民储蓄存款7006万元。

2010年缸顾乡各行政村基本一览情况

表31-48

村名	耕地面积（亩）	人口（人）	工农业总产值（万元）	农民人均纯收入（元）	村名	耕地面积（亩）	人口（人）	工农业总产值（万元）	农民人均纯收入（元）
缸顾	6960	5964	17129	8953	东罗	2145	2363	6818	9418
房石水	1620	1882	3248	8773	仲家	1170	1092	2648	9030
瞿冯	2310	2192	5696	9180	东旺	1950	4291	5790	8154
夏广	1320	1383	2468	8785	万旺	1245	1583	1779	8700

说明：另有康盛社区居委会。

第三节　（重点村）东罗村简介

东罗村由原东罗、西罗两村合并而成，有耕地面积2145亩，水面1272亩。2010年，实现社会总产值12000万元，人均纯收入9418元。2008年，全面整治村庄环境，建设村庄大道，新建冲水式厕所24座，垃圾箱50多个，垃圾池20个。新建健身广场3个，篮球场2个，观景亭1座。安装路灯60多盏，设宣传牌100多个，村庄绿化1.5万平方米。该村组建蚕桑合作社，发展桑蚕400亩，亩均收入5000元，并成功申报省农业开发项目。2009年，引进威隆食品有限公司，投资2000多万元，从事食品加工。2010年，流转土地300亩，发展葡萄园，增设钓鱼休闲农家土灶餐饮项目。被省、泰州市列为高水平小康村建设重点村。

第二十五章　西鲍乡

西鲍乡位于城北郊，1999年，关门、双官、南贺、新城4村并入昭阳镇。2001年由32个村合并成17个行政村，158个村民小组。另设1个居民委员会。2010年，全乡总面积52.44平方公里，其中耕地44183亩。有9840户28755人，实现地区生产总值2.82亿元，财政收入5629万元，人均收入7720元。

1991—2010年部分年份西鲍乡经济社会发展情况一览表

表31-49

年份	户数（户）	人口（人）	耕地面积（亩）	地区生产总值（万元）				财政收入（万元）	人均收入（元）
				第一产业	第二产业	第三产业	合计		
1991	9454	31166	42972	2679	2968	635	6282	77	411
1995	9745	31428	41875	4931	2139	1412	8482	150	1874
2000	8406	28947	44858	6415	1237	3149	10801	198	3311
2005	9382	28724	44847	8104	2198	5323	15625	387	4407
2010	9840	28755	44183	12146	5853	10236	28235	5629	7720

第一节　经济建设

一、农业

1991年后全乡实现“沤改旱”。农作物以粮、棉为主。1996年冬，西鲍、周韩等8个村联合开发西北荒田滩涂，新开鱼池5000多亩。2000年后，发展粮棉油和经济作物综合种植。2001年，全乡饲养生猪3100头，家禽饲养量16.2万羽，水产品产量780吨。2010年，全乡种植黄蜀葵、大葱、茶麦、蔬菜3100亩，为8家食品脱水加工企业提供原料。粮经作物比调整到2010年的6∶4。2010年，全乡粮食作物总产量39947吨，生猪出栏0.85万头，家禽出栏18.5万羽，水产品产量4425吨。

1991年，全乡拥有手扶拖拉机283台，柴油机、电动机192台，农机总动力13773千瓦。2010年，拥有大中型拖拉机9台，小型拖拉机327台，其他农业机械436台，农用运输车39辆，农机总动力23459千瓦，农业综合机械化水平达81.6%。

1991年灾后，全乡加固防洪联圩56公里，新建圩口闸49座。至2010年底，全乡有排涝站18座，完成农田水利基本建设示范区1万亩。浚深河道19条，总长21公里，加修联圩5.1公里，修建圩口闸3座。

图31-23　渔具加工　　（2008年摄，西鲍乡提供）

二、工业、建筑业

1991年后，对乡办工厂进行改制，通过招商引资，逐步形成高垛、平旺等工业聚集区。脱水蔬菜、工业陶瓷、粮油加工等行业蓬勃发展。1995年建设废品交易市场，经过几年发展，成为华东地区最大的废橡塑基地。2009年后因安全、环保等因素关闭。与此同时，加快北贺、窦家工业集中区基础设施建设。有兴化隆城渔具有限公司、兴化市恒大混凝土有限公司等骨干企业。

1991年，市建安公司西鲍站建筑业总产值201万元，平均职工人数210人。2000年，西鲍建筑工程安装公司承建的扬州"江陵大厦"被评为扬州市优质工程。2010年，西鲍建筑工程安装公司3级资质，有工程队9个，从业人员350名。常年在兴化、扬州、泰州等地施工。全乡建筑业增加值2518万元。

三、商贸服务业

20世纪90年代，个体私营商业快速发展。至2010年底，全乡有商店、摊点70多家，车辆维修点10家，浴室7家，餐饮服务8家，另外理发、缝纫、中介、蔬菜、熟食等服务性店摊上百家。从业人员300多人，增加值10236万元。

第二节　社会事业

一、教育

1991年，全乡有初中3所、职业高中1所、完全小学12所、教学点12处。2001年，职高班并入市职中，3所初中合并为西鲍乡初级中学，12所小学合并为3所完小。2010年，全乡在籍学生1673人，在职教师158人。基本普及九年制义务教育。有幼儿园3所，6个班，在园幼儿240人，幼师14人。

二、文化

2010年，全乡有12个村建立文化室，5个村建立青少年活动中心（校外辅导站），7个村建有标准篮球场，乒乓球室台17套，体育健身器械3套，农家书屋12处。

1991—2001年，有21人在国家、省级少年儿童游泳比赛中获得名次。西鲍村庞小丽曾获全国儿童女甲蝶泳100米和省儿童女乙50米蝶泳第四名和第二名。

1991年，在全乡户户安装广播。1994年，村村通有线电视。1996年，有线电视入户率达63%。2010年有线电视入户率达81%。

三、卫生

2006年，组建平旺村社区卫生服务中心。2008年，成立13家社区卫生服务站。2010年，全乡有医院1所，卫生所（室）17个，医生26人，病床10张。

四、镇村建设

1990年开始实施《西鲍集镇总体规划》，新建官河路长1100米，建成1800米驳岸，新建3座公路大桥，西鲍商业区、布厂小区、白涂河别墅区等，开发商品房8000平方米。兴建水利、计生、土管、财政等公共建筑8000多平方米。2007年建设平旺东及张舍两个新农村示范小区。改造桥梁、安装路灯、改建公厕、铺设街道。2010年兴西公路全线亮化，对西缸公路沿线千垛菜花景区路面改造。

过西鲍乡境与市区相连，从1991年起建设兴西公路9公里，1998年拓宽，实施沥青表面处治。2004年，投资4549.5万元，兴建桥梁21座，建成通村公路12条，总长26.18公里，实现村村通水泥路。市公交线3路、11路覆盖全乡。

1995年，村村通程控电话。2010年，全乡有固定电话5400部。手机1800多部，宽带用户280多户。乡邮政代办所于1995年与新城支局合并，实现村村通邮。

1984年，实现村村通电。2010年，全乡用电量1998万千瓦·时。1991年，杨唐、胡鲍、陆鸭、张舍、新民、鹅尚6村建成简易自来水厂。1997年7月，在平旺建成乡自来水总厂（公司），供水范围22个村，惠及2万人口。1998年，地处城郊接合部的8个自然村由市自来水总公司直供，全乡实现自来水全覆盖。

五、人民生活

1991年，全乡农民人均收入411元，2010年为7720元，个人储蓄存款余额16334万元。人们的饮食、衣着得到很大改善。新建住房从平房向楼房别墅改变。2000年后，在市区购房，紧靠兴化中学成为发展趋向。2010年，人均居住面积53平方米。全乡有轿车120辆、摩托车、电动（瓶）车660辆，彩电、冰箱、空调、电脑等逐渐普及。全乡有12856人参加社会养老保险，26292人参加新农合，对185名老人实施“五保”。

2010年西鲍乡各行政村基本情况一览表

表31-50

村名	耕地面积（亩）	人口（人）	工农业总产值（万元）	农民人均纯收入（元）	村名	耕地面积（亩）	人口（人）	工农业总产值（万元）	农民人均纯收入（元）
牛陆	2985	1624	968	7146	北贺	1650	1324	6633	8104
肖垛	1980	1404	870	8067	高垛	1275	1461	4592	8100
胡杨	1980	1608	1588	6865	平旺	3450	2781	14152	7328
西鲍	5100	3511	5526	7820	陆鸭	1560	1013	2193	8301
张舍	1410	1092	947	8106	周家	2175	1160	1160	7508
沙陆	1380	1144	2278	7022	韩家	2520	1915	2512	8655
窦泊	1530	1212	6722	7500	朱家	2700	2149	1190	7230
新王	1395	999	496	8607	巾荡	3135	2563	1011	7544
新民	1650	1312	987	8212					

说明：另有官河社区居委会。

第三节　（重点村）西鲍村简介

西鲍村位于乡西北部，由3个自然村合并而成，有18个村民小组，总人口3511人，耕地5100亩，水面1000亩，荒滩2332亩。2010年，实现工农业总产值5526万元，人均收入7820元。2005年后，通过整理荒滩、整合资源，将村水面资源发包，村级经济较快发展。该村先后投入资金对村庄道路进行硬质化改造，疏浚生产河道，新区住房统一规划，打造环境整洁村庄。

第二十六章　城东镇

城东镇地处市区东郊，由原东鲍公社改为乡。2001年撤乡建镇，更名城东镇，为闻名全国的“脱水蔬菜之乡”，镇政府驻地东鲍庄，29个村合并为16个行政村、1个居民委员会。2010年，总面积74.88平方公里，其中耕地面积58500亩。有9386户30451人，地区生产总值4.67亿元，财政收入3170万元，人均收入8971元。

1991—2010年部分年份城东镇经济社会发展情况一览表

表31-51

年份	户数（户）	人口（人）	耕地面积（亩）	地区生产总值（万元）				财政收入（万元）	人均收入（元）
				第一产业	第二产业	第三产业	合计		
1991	9252	29805	40641	2249	1261	740	4250	64	406
1995	8947	29951	32137	4497	1200	1082	6779	284	1728
2000	9143	30063	42295	8066	3810	3652	15528	331	3275
2005	9327	30329	40955	11150	6383	4937	22470	634	4891
2010	9386	30451	58500	17500	18150	11050	46700	3170	8971

第一节　经济建设

一、农业

20世纪90年代初，实行稻麦两熟制，同时种植湖桑、油菜等经济作物。20世纪90年代中期起，逐步扩大蚕桑、果树、苗木、蔬菜种植面积和水产养殖面积。按照“一村一品”要求，打造专业村。2010年，经济作物面积达9000多亩，粮经作物比例调整为45∶55，农作物产量：粮食26034吨，棉花201吨，油菜680吨，脱水蔬菜5.09万吨。生猪出栏2.12万头，家禽出栏84.02万羽。孙唐村年养菜鹅30多万羽。“隆康”牌猪肉在江苏省唯一被中国绿色食品发展中心授予“绿色食品”称号。

20世纪80年代，将得胜湖、北大荒分别开发成精养鱼池2400亩和500亩，被市编为第四、第九水产养殖场。从20世纪90年代初开始，推广鱼、虾、蟹立体混养。2010年，水产品总量达8310吨，其中螃蟹470吨、青虾445吨。

1991年，东鲍乡有手扶拖拉机251台、中型拖拉机2台、其他耕作机械2台。农机总动力

图31-24 泰州市蔬菜加工园 （2007年摄，城东镇提供）

12739千瓦。2010年，全镇有大中型拖拉机23台、小型拖拉机1168台、其他农业机械170多台。农机总动力17580千瓦。

1991年冬，开展水利工程建设，将19个联圩合并为13个，总长76.8公里。1999年建成无坝乡镇。

二、工业、建筑业

1991年，有乡办厂两家，产值650万元。是年3月，建兴化市脱水果蔬产业园。2003年4月经市政府批准为市级工业园区。2010年，全镇以脱水蔬菜为重点的工业企业57家，成为全国脱水蔬菜行业重要集聚地。有兴化市绿禾食品有限公司、兴化市长虹食品有限公司、兴化市碧莹食品有限公司、兴化市富强食品有限公司、兴化市长盛食品有限公司、兴化市联发食品有限公司等骨干企业。实现工业产值12.04亿元，销售收入11.8亿元，利税6818万元，全年完成技改投入1.19亿元。

1991年初，成立东鲍乡建筑安装有限公司。2002年1月，改制并更名为兴化市兴东建筑安装有限公司。开拓外埠建筑市场，先后在北京、南京、扬州、泰州等大中城市承建工程。2010年，全镇建筑业从业人员1250人，实现产值3255万元。

三、商贸服务业

1991年后，个体私营商业快速发展。1995年，全镇有全民、集体商业企业6家，个体商店28家，理发和缝纫等服务性店（摊）85家。2010年，全镇有超市两家（好又多、百惠）。第三产业从业人数2678人，增加值11050万元。

第二节 社会事业

一、教育

1991年，有中心幼儿园1所、小学14所、初中2所。1992年，基本扫除青壮年文盲。1992年6月，台湾慈济基金会捐款128万元，在原中心小学校址新建两幢教学楼，15个标准教室和实验楼。捐款建造一幢9个教室、1个阶梯教室的三层教学楼，作为聋哑学校校舍。1993年普及九年制义务教育。2010年，中小学撤并为2所，班级减少为27个，在校学生1683人，教师162人。有幼儿园2个，幼儿班10个，教师15人。学龄儿童入学率、巩固率均达100%。教师学历达标率100%。至2010年，小学先后获“江苏省青少年科技教育先进单位”“江苏省未成年人科技创新先进学校”“泰州市绿色学校”称号。

二、文化

2008年，组建4支广场舞健身队和6个体育项目协会。2009年被授予省体育强镇称号。2009年4月，由原财政所办公楼改建的文化站房，按照“八有”要求，通过省验收达标。文化站经常组织群众性文化活动。东北村组建业余淮剧团，邀请著名淮剧演员陈德林作顾问。以新农村建设为题材，自编自演小淮剧。全镇7236户安装有线电视，入户率77.09%。至2010年，镇区建成图书阅览室，各行政村建有“农家书屋”。全镇有10处晨晚练点，16个行政村都建有乒乓球室和篮球场。

三、卫生

1991年，有卫生院1家、村卫生室28个。2007年，在职30余人中只有12人坚守，其余有的个体开业，有的外出经商。2007年卫生院停业，2008年卫生院彻底改制。2010年有镇卫生院1所，卫生所（室）10个，医生30名，病床25张。

四、镇村建设

主干道人民路、迎宾路横贯东西，永泰路南北纵伸，镇区道路、绿化、路灯等基础设施配套，邮政、电信、广播电视、银行网点、农贸市场俱全。镇区建成区0.27平方公里。2010年建商住楼7000平方米，完成镇北路改造8000平方米。全镇农村住房由青砖小瓦平房发展到砖混结构楼房，少数为别墅式楼房。人均住房面积40平方米左右。2010年，通过村庄环境整治，人居环境大为改善。

2003—2010年，筹资1600多万元，新建公路44.12公里，新建、改建桥梁81座。2007年，新南村白涂河大桥建成，靠渡船出村成为历史。公交车从市区通往11个村。兴泰公路北延线途经镇境7公里。改造东鲍至高垛三角区老邮兴盐公路4.5公里，改建桥梁5座。

1997年底，全乡安装电话逾千门。1998年，邮电分营。2002年，东鲍邮政支局业绩跃居全市前列，受到泰州局及省局表彰。

1994年，实现户户通电目标。2007年建成35千伏东鲍变电所，供电量由1985年3万千瓦·时左右，上升为2010年的近4000万千瓦·时。供电合格率达98.8%。

1994年起，先后建集镇、湖北庄、沈沟自来水厂。2010年，全镇自来水普及率100%。

五、人民生活

1991年，农民人均收入406元。1994年初，开展农村社会养老保险工作。1997年推行合作医疗，实行大病统筹。2004年开始劳动力输出，增加农民工资性收入。2010年，农民人均收入为8971元，2.78万人参保新农合，覆盖率91.15%。有4000多户农民住上楼房，500多户建成别墅。彩电、空调基本普及，每100户拥有汽车6辆。有60多位“五保”老人入住敬老院集中供养。全镇居民年末储蓄存款余额2.02亿元。

2010年城东镇各行政村基本情况一览表

表31-52

村名	耕地面积（亩）	人口（人）	工农业总产值（万元）	农民人均纯收入（元）	村名	耕地面积（亩）	人口（人）	工农业总产值（万元）	农民人均纯收入（元）
东北	3225	2315	9956	9007	沈沟	3510	2702	1852	8957

续表 31-52

村名	耕地面积（亩）	人口（人）	工农业总产值（万元）	农民人均纯收入（元）	村名	耕地面积（亩）	人口（人）	工农业总产值（万元）	农民人均纯收入（元）
东鲍南	1590	1684	9961	9002	赵献	4320	2389	3507	8869
东鲍西	1695	1387	4442	9075	塔头	2100	1776	5435	9007
腊树	3030	1932	3595	8963	灶陈	240	1415	1262	8967
跃进	2070	1665	2649	8986	联发	3315	2065	4721	9014
西湖	2775	2045	1947	9053	孙唐	2790	1489	1733	8830
恒刘	2040	1605	1945	8996	新南	1980	1336	2646	8968
周蛮	2340	1323	1040	8980	钱戴	1905	1710	4001	8879

说明：另有东鲍社区居委会。

第三节 （重点村）塔头村简介

塔头村地处镇东北部，水陆交通便捷。总面积182公顷，其中耕地面积2100亩。全村12个村民小组，476户，总人口1776人，村民主要从事种植业和养殖业，水产品养殖有河蟹、青虾及各种鱼类。有个体工商户58户、私营企业3家。2010年，实现社会总产值7709万元，农民人均收入9007元。村庄道路宽阔平坦，硬质化率达95%以上，两旁绿树成行。基础设施配套完善，村东别墅新区建设成型，老年活动中心正常开放，村民生活水平日益提高，先后被表彰为“江苏省民主法治示范村”和泰州市“民主法治村”“生态村”。

第二十七章 临城镇

临城镇位于兴化城南郊。2000年2月，由原临城、刘陆两乡合并，同年建镇。2001年，行政村由51个合并为27个，338个村民小组。另设1个居民委员会。2010年，镇域总面积92.73平方公里，其中耕地74417亩，总人口55885人。镇政府驻地十里亭。实现地区生产总值11.95亿元，财政收入1.88亿元，人均收入9945元。

1991—2010年部分年份临城镇经济社会发展情况一览表

表 31-53

年份	户数（户）	人口（人）	耕地面积（亩）	地区生产总值（万元）				财政收入（万元）	人均收入（元）
				第一产业	第二产业	第三产业	合计		
1991	17937	56388	77461	3377	7732	1142	12251	174	368

续表 31-53

年份	户数（户）	人口（人）	耕地面积（亩）	地区生产总值（万元）				财政收入（万元）	人均收入（元）
				第一产业	第二产业	第三产业	合计		
1995	17313	55558	72903	8271	4645	2949	15865	671	1836
2000	15421	54024	83725	10932	5517	6902	23351	571	3375
2005	16794	52575	79015	14207	17846	14267	46320	1916	5084
2010	16567	55885	74417	22695	58519	38266	119480	18836	9945

说明：1991年、1995年数据为原临城乡与刘陆乡合计。

第一节　经济建设

一、农业

自1991年起调整农业结构，逐步扩大经济作物种植面积，主要品种有香葱、无花果、黑米稻、蚕桑等，水产品养殖面积相应增加。稳步推进“一村一品”专业村建设。农业产值由1991年的5567万元增长到2010年的44195万元，2010年，全镇粮食播种面积10.88万亩，总产量53164吨，单产489千克；棉花播种面积0.91万亩，皮棉单产105千克。涌现一批特色村及其特色产品，如陆横村“润兴”草莓、古庄村“红膏”大闸蟹、三王村“板桥”食用菌、花沈村“清湖”青虾等。

1991年，临城乡、刘陆乡饲养生猪1900头，饲养家禽50万羽。2010年，临城镇生猪出栏2.2万头，家禽出栏70.4万羽，栏存千头生猪和10万羽家禽的专业户12户。

1991年，镇境内森林覆盖率2.15%。21世纪初，圩堤公路绿化总里程96公里。2010年全境造林面积1722.58公顷，森林覆盖率达20.03%。

1991—2000年，新建和改造鱼池1.1万亩。养殖河蚌（育珠）、青虾、蟹和鳜鱼等。2001年后养殖面积扩大。2002年初，在兴泰公路两侧规划建设市农业科技园区。一期面积1万亩。2007年养殖青虾3400亩。至2010年，建成草莓和特种养殖基地各4000多亩。2010年，兴化建立省级水产养殖示范园区，其中临城建成2000亩板桥河蟹青虾高效混养示范基域。是年，全镇水产品产量5380吨。

1991年，全乡农机总动力38803千瓦，综合机械化水平87%以上。2010年，全镇有拖拉机2532台（大中型拖拉机67台），其他农业机械4326台。农机总动力40096千瓦，综合机械化水平98%以上。

1991年后，及时修复水毁工程，疏浚河道，加宽、加高联圩。至2010年，有85.6%的圩堤达“四点五四式”标准，有防洪闸168座，排涝站65座，完成田间工程2.56万亩，配套水利建筑683座。

二、工业、建筑业

1991年，两乡有集体工业企业69家。通过改制，至2001年，全镇有个私工业企业142家，产值4.1亿元，利税3400万元。2003年，在镇境中部建市科技工业园。2007年，入园企业达69家。2010年，全镇工业企业301家，形成不锈钢铸造、机械制造、亚麻纺织、建筑材料等特色产业，有

图31-25 2008年5月3日，兴化市科技工业园区重大工业项目集中开工仪式 （临城镇提供）

江苏春龙亚麻纺织有限公司、兴化市光明蓄电池厂、兴化市龙牌机械厂、江苏苏美特机械有限公司、兴化市通明电器设备有限公司、兴化市锁龙消防药剂有限公司、兴化市振泰合金钢有限公司、兴化市长城铸钢有限公司等骨干企业，其中江苏春龙亚麻纺织有限公司建于2000年，生产规模5000锭。有员工450余人。拥有全套亚麻湿纺长短麻线生产设备70台（套），织布机80多台（套）。2005年、2007年通过ISO9001-2000质量管理体系认证和ISO14001-2004环境管理体系认证。主产品为亚麻纱、亚麻布和部分亚麻纺机配件，年产量1000吨，部分出口欧亚国家。2010年，全镇实现工业产值38.02亿元、销售37.57亿元、利税2.5亿元。有职工7977人，其中各类技术人员1800多人。固定资产总值5.73亿元。实现国家、省“星火”“火炬”计划项目6个。有省级高新技术企业4家、产品4个。

1991年，2乡建筑业总产值859万元。1993年，兴化刘陆建筑建材公司实行横向联营，更名为兴化市建筑安装工程公司刘陆分公司。2001年8月，实行二级联合体，更名为兴化市建筑安装工程公司五公司。2002年5月，建筑业企业重新资质审核时，取得江苏省建设厅核发的房屋建筑施工总承包叁级资质。企业注册名称为“兴化市屹峰建筑工程有限公司”，改制为股份制企业。2010年，临城镇实现建筑业增加值1.12亿元。

三、商贸服务业

1991年，临城乡、刘陆乡有商业企业94家，其中全民2家、乡集体28家、私营个体64家，理发、缝纫等服务性店（摊）180家。1998年后，交通运输业、商业、餐饮服务业较快发展。2010年，全镇商贸、服务业从业人员达9940人，第三产业增加值38266万元，税收收入7007万元。

第二节 社会事业

一、教育

1991年，临城乡、刘陆乡有小学32所，初级中学5所。2001年，全镇有幼儿园18所、小学18所、初级中学3所。学校布局调整后，初中2所，小学4所，学龄儿童入学率100%。小学、初中学生毕业率100%。2010年，合并成立临城镇中心校，新建镇中心幼儿园。

二、文化

1991年后，全镇群众性文化、体育活动蓬勃发展，有各种群众业余文艺队伍20多支。2005年，有线电视入户率为85%。2007年建成镇文化活动中心，健身房、多功能厅、老年活动室、阅览室等正常开放。2010年底，全镇有31个“农家书屋”和书报阅览室。获“江苏省体育强镇”称号。

三、卫生

1991年，有乡卫生院2所，医技人员36人，设医技科室16个，床位32张。村卫生室54个，医务人员68人。1997年，原临城乡卫生院获“国家爱婴卫生院”称号。2007年新建门诊大楼，设立社区卫生服务中心。村卫生室整合为8家社区卫生服务站。2010年，镇中心卫生院建筑面积2800平方米，有医务人员34人，其中主治医师4人，床位36张。

四、镇村建设

1991年前，镇区民居主要集中在十里亭东北部。此后，镇村基础设施建设逐步完善。2010年集镇面积4.5平方公里，新建街道12条。完善自来水管道、下水道铺设和电力、通信、广播照明线路配套建设。新建农贸市场，开发商品房小区，吸引1000多户农民进镇落户择业。集镇4条主干道路实现硬质化，有线电视和电信线路整体下埋。绿地面积45公顷，绿化覆盖率达32%。

1991—2003年，全镇铺设泥结碎石路面30条，总长50公里。2003—2007年，新建、改建道路45条65公里，均为混凝土路面。2006年，实现村村通公路。市区第9路、12路公交车直达临城镇区及砖场村。

1994年，临城乡和刘陆乡开通程控电话300门。2010年，全镇固定电话用户3650户，宽带用户560户。

1996年，各村接上电网，全镇年用电量1440万千瓦·时。1997年建站，总投资260万元。2010年全镇10千伏线路4条，供电量6277.13万千瓦·时。

五、人民生活

1991年，农民人均收入368元。20世纪90年代后，随着收入增加，许多农户饮食结构、四季服装都有很大改善。1994年初，开展农村社会养老保险工作。1997年，推行合作医疗，实行大病统筹。2003年，启动农村最低生活保障。实施新型农村合作医疗制度，2004年覆盖率达100%。2010年，农民人均收入为9945元。人均住房面积由1991年的18.5平方米上升至38.2平方米，有8500户农民住上楼房。彩色电视机、空调、热水器基本普及。有3000多人参加农村社会养老保险。3500人参加“五险”。对800户、2200人实施最低生活保障。有50多位“五保”老人入住镇敬老院集中供养。

2010年临城镇各行政村基本情况一览表

表31-54

村名	耕地面积（亩）	人口（人）	工农业总产值（万元）	农民人均纯收入（元）	村名	耕地面积（亩）	人口（人）	工农业总产值（万元）	农民人均纯收入（元）
三赵	2235	1600	7500	9413	南娄子	2385	1619	3121	9975
王梅	2220	1700	2266	9200	袁舍	1140	703	886	8108
朱中	3525	2343	3917	8917	新银	1905	1198	7021	9725

续表 31-54

村名	耕地面积（亩）	人口（人）	工农业总产值（万元）	农民人均纯收入（元）	村名	耕地面积（亩）	人口（人）	工农业总产值（万元）	农民人均纯收入（元）
刘陆	1920	2206	13750	10190	陆横	3225	2859	10487	12078
大王	2700	2470	4095	8158	任家	3120	2163	6105	9736
陈里	945	752	2076	8604	古庄	1755	1850	2377	8254
西浒垛	3915	3293	3710	8828	宣扬	1455	2535	2535	10545
秦家	1860	1105	1571	8217	临东	2265	2323	7350	8300
三王	3735	3855	13500	10337	十里	810	1236	9684	12427
花沈	4095	2568	7687	9817	八里	825	1188	6203	9773
老阁	2760	2264	15006	12858	姜家	1485	1967	10527	11347
瓦庄	2250	1792	4257	9816	陈口	780	1060	5080	10557
曹垛	2160	1552	3508	9246	郭家	1260	2347	6203	11248
砖场	2535	2115	3121	9975					

说明：另有城南社区居委会。

第三节 （重点村）曹垛村简介

曹垛村地处临城镇南郊、兴泰路沿线，有村民小组10个，336户，1552人，耕地2160亩。2010年，工农业总产值3508万元，农民人均收入9246元。成立新绿土地及荣兴罗氏沼虾专业合作社，吸引能人回乡建企业3家。全村新建道路3000米、驳岸1500米、圩口闸站3座、桥梁7座、公厕7座、花园及绿化健身休闲广场2座、绿化面积3000平方米，装路灯100盏。在西村新建老年活动中心和文化娱乐广场，新建“一站式”便民服务中心。2010年，被评为泰州市民主法治示范村。

第二十八章 陈堡镇

陈堡镇位于市区西南，2000年撤乡设镇。2001年由42个村合并成17个行政村、1个居委会。2010年，全镇面积80.57平方公里，其中耕地面积71069亩，境内有省内最大的内陆油田——陈堡油田，年产原油40万吨。有339个村民小组14821户，人口45413人。实现地区生产总值9.7亿元，财政收入1.04亿元，人均收入10290元。至2010年，陈堡镇先后被评为全国婚育新风进万家活动先进乡镇、江苏省文明镇、江苏省新型示范小城镇、江苏省群众文化先进乡镇、江苏省体育先进乡镇、江苏省环境优美乡镇、江苏省科技创新特色镇。

1991—2010年部分年份陈堡镇经济社会发展情况一览表

表31-55

年份	户数（户）	人口（人）	耕地面积（亩）	地区生产总值（万元）				财政收入（万元）	人均收入（元）
				第一产业	第二产业	第三产业	合计		
1991	15313	46004	59263	3176	3070	1184	7430	120	403
1995	14562	46085	57827	6740	3164	2119	12023	510	2137
2000	14342	45809	64817	10071	5569	5520	21160	465	3772
2005	15290	45335	66500	14075	13589	9840	37504	1171	5678
2010	14821	45413	71069	20925	45354	30686	96965	10350	10290

第一节　经济建设

一、农业

图31-26　陈堡镇生产的红富堡番茄

（2007年摄，陈堡镇提供）

1991年，陈堡乡粮食播种面积28988亩，总产量17236吨，水稻播种面积16177亩，总产3341吨。生猪饲养量2.36万头，出栏1.44万头。家禽饲养量40.25万羽，出栏25.85万羽。水产品680吨。全镇农业机械总动力19178马力，手扶拖拉机410台，条播机155部，开沟机37部。2010年，陈堡镇拥有万亩蔬菜、万亩水产品、万亩农业示范方、百万羽家禽饲养四大种养基地，是市内农业结构调整示范乡镇。“红富堡”“绿食缘”品牌蔬菜商标已注册，并获无公害和绿色食品证书。“十一五”期间植树800公顷60万株，森林覆盖率20.6%。2010年，全镇水稻播种面积52646亩，总产31076吨。油菜种植面积7086亩，油菜籽总产1394吨。生猪饲养量5.91万头，出栏5.74万头。年饲养家禽255.99万羽，出栏243.55万羽。水产品总产量10128吨。全镇农业机械动力44425千瓦，其中各种型号拖拉机1372台、播种机530台、收割机176台。

二、工业

1991年前，有乡以上工业企业10多家，工业总产值594.2万元，村组工业总产值1192.3万元。1991年后个体私营工业得到发展。通过陈堡工业聚集区招商引资，工业经济得到长足发展。精密铸造企业成为市内除不锈钢和农副产品加工以外的第三大支柱产业。2010年，全镇工业总产值

24.9亿元，增加值3.44亿元。有江苏威鹰机械有限公司、兴化市华宇电子有限公司、兴化市雅兰机械制造有限公司、兴化市华兴机电有限公司、泰州市金鹰精密铸造有限公司、兴化市金盛电子有限公司、泰州市凯特精密铸造有限公司等骨干企业。

三、商贸服务业

20世纪90年代，个体私营商业发展速度加快，网点增多，市场日趋繁荣。2010年，全镇商店超市、车辆维修、浴室、餐饮服务店、理发、缝纫、中介、蔬菜、熟食等服务性店摊一应俱全。陈堡宾馆、绍山大酒店等相继开张，提升服务水平。2010年，实现服务业总产值3.1亿元，税收收入2275万元。

第二节 社会事业

一、教育

1991年，全乡有初中5所，完小15所。1993—1995年，完成中心幼儿园迁址，新建翻建中小学教室68间。1999年，建成中心小学大楼，中学科技大楼。2003年，建设中心幼儿园、中心小学第三幢教学大楼和中学食堂。2004年，增设陈堡中学民营分校。2009年，中心幼儿园建成省级优质幼儿园。2010年，全镇有1所初中、8所小学、1所幼儿园，在籍学生2352人，教师262人。

二、文化

1992年，影剧院安装35毫米电影放映机。1995年开办歌舞厅。1997年，投入40万元兴建文化中心。2001年，被授予省群众文化先进乡镇称号。2008年，各村建设“农家书屋”。2009年，组建乒乓球、舞龙舞狮、龙舟等10支文化健身队伍。

1991年，更新全乡广播设施，接通通村线路。1993年，完成广播站迁址，次年开通有线电视，自办点歌台。2000年，实现有线电视“村村通”，总装户3405户。2008年，有线电视入户率70.4%。2010年，被评为泰州市有线电视达标镇。

三、卫生

1991年，卫生院新建用房，设集镇门诊室，修建病房、手术室。1992年，成立预防保健所。1993—1995年改造添置部分医疗设备。1999年，卫生院迁址。2001年全面推进乡村医生一体化管理。2005年，加大新农合工作力度。2009年，卫生院主体大楼建成并投入使用。2010年，通过省一级甲等和泰州市“无红包医院”验收。医院有病床79张，村医疗室17个，医务人员109人。

四、镇村建设

1995年10月、2001年、2010年3次修定集镇和乡域总体规划，镇区形成中心、兴泰公路、镇北河两条轴，镇东、西、南、北四片。1996年后，在人民路两侧新建文化中心、广电站、国土所和政府办公大楼等公共建筑。新建超市、小商品市场、农贸市场、日用品市场和绿苑广场、公厕、路灯等便民公益设施。开发建设金堡、银堡、花园、晟和园、新园商住小区。至2010年，集镇水、电、路、排污、通信等基础设施日趋完善。

从2006年开始，进行新农村建设。蒋庄、陆陈、曹黄、向沟、四林等村分别制定、实施建设规划，加快路、桥、环卫等公共设施建设，使环境得到改善。

经过陈堡境内的公路干线有新老兴（化）泰（州）线、陈（堡）—张（郭）线，周（庄）—陈（堡）线。“十一五”期间建成农村公路32公里，2010年通车里程62.09公里，开通各村公交。每天有始发上海、苏州的班车。通往泰州、兴化市区的班车每隔15分钟一班。

1992年，实现村村通电，有3.5万伏的供电所一座，装电容量1.5万千瓦。2010年，全镇用电量4860万千瓦·时，用电入户率100%。

2005年，完成农村改水工程，全镇自来水受益人口44513人，自来水普及率98%。2008—2010年，加强自来水厂水源保护，开掘两口深水井，“二次改水”工程顺利进展。

五、人民生活

1991年，全镇农民人均收入403元。1991年后，农户新建住房多为两层（以上）楼房并向别墅式房屋发展。2010年，农民人均收入10290元，达1万元以上的村4个。年末各项储蓄余额46422万元。2010年，全镇13995人参加社会养老保险，39746人参加新农合，896人享受居民最低生活保障。98名“五保”老人在两所敬老院集中供养。全镇“一对一”结对帮扶309人，帮扶资金18.4万余元。

2010年陈堡镇各行政村基本情况一览表

表31-56

村名	耕地面积（亩）	人口（人）	工农业总产值（万元）	农民人均纯收入（元）	村名	耕地面积（亩）	人口（人）	工农业总产值（万元）	农民人均纯收入（元）
东南	1545	1925	17787	11090	四林	2970	2277	10761	8580
镇郊	3240	2241	13299	10730	蔡堡	5205	3404	18053	8770
向沟	2700	1743	9013	8560	陆陈	2400	1973	10197	8780
校果	2340	1720	12022	9180	沈芦	2400	2329	10143	9190
宁乡	3030	1698	9822	9610	东彭	2235	1768	10045	9410
唐庄	4245	2882	13765	9580	袁家庄	3135	3195	28722	10350
蒋庄	4125	3317	11840	10310	里堡	2805	2404	11585	8990
曹黄	2745	1750	11602	9300	高里庄	3330	2479	12745	9340
武泽	4875	3498	12827	8780					

说明：另有新陈社区居委会。

第三节　（重点村）蒋庄村简介

蒋庄村东邻兴泰公路，除粮棉外，主要农产品有番茄、黄瓜、青椒、茄子，被誉为“苏中蔬菜第一村”。2010年，全村3317人，耕地面积4125亩，工农业总产值11840万元，人均收入10310元。“红富堡”西红柿2003年获国家级无公害农产品证书。在科技兴农示范户带动下，全村番茄种植面积逐年扩大，达7000多亩，钢架大棚设施栽培4000余亩。2010年，农业产值1414.82万元，年销售额占农业总产值50.1%。

第二十九章 周庄镇

周庄镇位于市境南端，2000年2月由原周庄、边城两镇合并，镇政府驻地周庄。2001年，59个村合并为24个行政村，2个社区居委会。2010年，全镇总面积92.52平方公里，其中耕地面积81174亩。有17873户，总人口56183人。实现社会总产值18.4亿元，财政总收入1.2亿元，人均收入10800元。被评为省级文明镇。

1991—2010年部分年份周庄镇经济社会发展情况一览表

表31-57

年份	户数（户）	人口（人）	耕地面积（亩）	地区生产总值（万元）				财政收入（万元）	人均收入（元）
				第一产业	第二产业	第三产业	合计		
1991	21701	60237	80700	4227	6908	1949	13084	193	277
1995	19235	59330	79948	9313	6630	5609	21552	986	2086
2000	19709	58115	82396	11044	13329	12488	36861	751	3836
2005	18444	56445	84041	15095	33753	28056	76904	2786	6046
2010	17873	56183	81174	23979	88434	71609	184022	12002	10800

说明：1991年、1995年数据为原周庄镇与边城镇合计。

第一节 经济建设

一、农业

1991年，农业产值4227万元。粮食播种面积104099亩、亩产241千克；棉花种植面积1242亩，亩产皮棉61千克；油菜种植面积7063亩，油菜籽亩产126千克。1995年后，优化种植结构。粮经作物比例由1995年5.5∶4.5优化至2000年的4∶6。建成2200亩三高农业示范区周庄核心方。2010年，全镇粮食种植面积132840亩，亩产539千克，总产量71541吨；油菜种植面积5841亩，亩产206千克；经济作物有药材、茭白、青椒、甘蔗等。涌现一批特色村及特色产业，如殷庄村“麒麟”西瓜、颜吕村裕民蔬菜、农兴村罗氏沼虾等。农业增加值23979万元。

1991年，水产养殖面积4000亩。生猪、家禽年饲养量分别为2.41万头、78.53万羽。2000年后，拥有精养鱼池7000亩，年均上市水产品3000多吨。2010年，养殖罗氏沼虾5500亩；生猪、家禽出栏量分别0.71万头和52.6万羽，水产品总量7094吨。新建板桥鸽业、双平禽业合作社，促进养殖业增产增效。

1991年全镇森林覆盖率2.3%。2010年，绿化面积1127公顷，森林覆盖率达13.2%。

1991年灾后，及时修复水毁工程，疏浚河道、改造加修联圩。至2010年，有24个联圩达到

"四点五四式"标准，有圩口闸217座、排涝站39座。实施省级土地整理项目，涉及9个村，总投资2970万元，改造粮田20000亩、复垦废塘废河、新增耕地750亩。

1991年，全镇拥有农业机械2934台，总动力29089千瓦。此后，农机转为个人承包或出售。2010年，拥有农业机械5148台（套），总动力40237千瓦，其中拖拉机1360台（大中型拖拉机36台）、联合收割机140台，农业综合机械化水平72.1%。

二、工业、建筑业

1991年，两镇有集体工业企业39家，产值7200万元。随着企业改制，2000年有个私企业87家，产值60455万元、利税3635万元。2007年5月，成立双蝶工业园区投资服务有限公司，园区被确定为"泰州市重点工业园区"。2010年，有企业83家，其中股份制8家、私营71家、三资企业4家，职工5010人。形成纸板包装、啤酒麦芽、阳极碳素、电力金具、机械加工等五大重点行业。有双蝶、正阳、美联、江兴、永顺泰5家"五五工程"企业。2010年，全镇工业总产值519441万元、利税44587万元。销售收入1亿元以上企业有江苏双蝶集团公司、永顺泰（泰州）麦芽有限公司、兴化市美联碳素化工厂、泰州市茂华蜂窝纸制品有限公司、江兴电力器材有限公司、兴化市康华碳素制品有限公司、兴化市振兴碳素制品有限公司、泰州市正阳麦芽有限公司8家。

1991年，有边城和周庄两家建筑公司，分别在武汉、南京等城市承揽工程。周庄公司后更名为江苏盛达建设工程有限公司，具有房屋建筑施工总承包2级资质。自2000年后，盛达公司坚持"立足当地、向外拓展"，2005年公司工程结算收入9031万元，年施工能力82.8万平方米，工程质量一次性交验合格率100%。2010年，全镇建筑业从业人数4071人，总产值97168万元，增加值15460万元。

三、商贸服务业

20世纪90年代，周庄与边城两镇有粮油贸易站、供销社、商业社、个私商业服务点459家。1996年，周庄建成春蕾宾馆（2008年更名周庄宾馆），随后陆续建成江兴宾馆、新周庄大酒店、建工招待所、双蝶大酒店。2010年，服务业从业人数7213人，增加值71609万元，税收3216万元。

第二节　社会事业

一、教育

1991年，有周庄高级中学、3所初级中学、2所中心小学、9所完小、36所镇村办幼儿园。2001年4月，周庄高级中学被评为省重点高中。2003年完成边城初中和周庄中心小学扩新建工程，后初中减为2所。同年，周庄高级中学通过省"三星"高中验收。2007年，小学调减为2所中心小学，1个小学教学点（胡官），2所中心幼儿园。2008年边城及周庄中心小学被命名为省实验小学。2010年周庄、边城中心幼儿园分别创建为省和泰州市优质园。

图31-27　兴化市周庄中心中学

（2008年摄，周庄镇提供）

边城初中和中心小学合组边城学校。

二、文化

边城镇、周庄镇分别于1992年、1998年建成文化活动中心。2007年文化活动中心升级改造后，面积2000多平方米，内设图书室、展览室、阅览室、歌舞厅等。村村建有农家书屋。2000年3月被省政府命名为“群众文化先进乡镇”。2006年投资新建府前文体休闲广场。2007年3月被省文化厅命名“民乐之乡”，同年10月被省委、省政府、省文明委命名为文明镇。2010年10月，文化站自编自演歌舞《拉纤号子》参加省文艺调演获得金奖。2010年，各村均建成农民体育活动广场，健身器材全部安装到位。

1992年，两镇实施有线电视入户工程，2005年全镇有线电视用户7850户。2010年，调频音柱实现“组组通”，有线电视用户11850户，入户率66.3%。

三、卫生

1991年，有镇级卫生院2所，医技人员85人，设有临床医技科室15个、床位68张。村卫生室59个，从业人员89人。2002年，原边城卫生院由顾庄卫生院兼并接管。2009年，周庄中心卫生院新建病房大楼。2010年，创建为省级示范乡镇卫生院。2010年，全镇2所卫生院有医卫人员211人、病床215张，有村建卫生服务站24个，从业人员60人。

四、镇村建设

1991—2010年，镇区先后建成四纵五横硬质化道路，总长1.25万米，分别宽16.24米、32.56米。构建完备的交通网络。1991年起，陆续兴建机关、事业单位办公用房。2010年底，建成办公、教学大楼11.6万平方米，新建沿街商住楼46幢11.04万平方米。宾馆、酒店6家9486平方米，新建春蕾、税务、朝阳、明珠、宏凯5个居民别墅小区6.86万平方米。

1990年10月，兴泰公路建成，从周庄东侧通过。2006年实现村村通公路，通车里程96公里。2008年实现通村公路硬质化改造。2010年，全镇拥有各种车辆530辆，其中货车152辆。东浒村拥有6000吨以上海船18艘。

1991年前，两镇安装固定电话360部。至2010年，全镇安装电话12480部，拥有手机19600部，互联网用户2400户。

1991—2008年，全镇区域分别由陈堡和茅山供电所供电。2008年底，周庄110千伏变电站建成向全镇供电。2010年，全镇10千伏线路6条，供电量6580万千瓦·时，其中工业电量4809万千瓦·时。

周庄水厂建于1987年，日供水量2000吨。2004年，在卖水河北侧建日制水8000吨水厂。另有村办水厂3座，年供水量210万吨。2008年市政府投资1亿元在江孙庄村新建水厂，日供水量10万吨，面向周庄、陈堡、临城等乡镇和城区供水。2010年，实施二次改水工程。

五、人民生活

1991年，镇内农民人均收入277元。20世纪90年代，人们的饮食、衣着得到很大改善。多数农户住的是砖瓦房，人均住房面积16.4平方米。2005—2010年，全镇农民购置商品房有2679户，自建别墅286幢，人均住房面积36.5平方米。

1994年初，开展农村社会养老保险工作。1997年，村村推行合作医疗、实行大病统筹。2003年，启动农村最低生活保障。2010年，农民人均收入达10800元，年末全镇居民储蓄存款6.8亿元。2010年，全镇享受低保810户1446人，参加城乡居民养老保险21638人，参加新农合44845人，周庄、边城两家敬老院接纳90多位五保老人集中供养。

2010年周庄镇各行政村基本情况一览表

表31-58

村名	耕地面积（亩）	人口（人）	工农业总产值（万元）	农民人均纯收入（元）	村名	耕地面积（亩）	人口（人）	工农业总产值（万元）	农民人均纯收入（元）
周郊	2115	1425	5960	8898	周北	2820	1929	3330	8100
薛庄	930	1674	39310	10752	官庄	5415	2988	6360	8100
邬牛	2670	2028	5030	8750	胡官	2100	1256	3420	8200
农兴	1200	1030	2890	8873	东浒	3405	2076	5905	9500
边城一	2535	1828	4440	8825	西浒	3300	2233	5725	8120
边城二	1485	1643	4500	8200	东坂坨	3000	2074	5530	8400
腾马	1665	1018	2380	9900	西坂坨	4200	3241	9600	8120
西边城	2265	2023	3760	8800	江孙庄	2955	2478	7003	11884
黄界	3990	2572	4880	7503	祁沟	2595	1648	5340	8230
大同	1920	1223	1920	7988	颜吕	2865	1951	4320	8600
伍张	3855	2452	5620	8100	殷庄	2550	1909	4050	8800
夏泊	3075	2072	5150	8200	周泽	3645	1970	5045	8700

说明：另有周庄、边城2个社区居委会。

第三节　（重点村）薛庄村简介

薛庄村位于周庄集镇北侧，由薛庄、周东两村合并而成，人口1674人，耕地面积930亩。2010年实现工农业总产值39310万元、农民人均收入10752元，获泰州市“小康示范村“等称号。

20世纪90年代末，在双蝶包装材料厂基础上，组建江苏双蝶集团公司，下辖7个分厂。为苏北地区最大的包装生产基地、省农业产业化龙头企业，以工哺农协调推进。2000—2010年，村级集体对农业投入300多万元，新建农桥、闸站、机耕路、硬质渠等农田水利工程，农业综合生产能力显著增强。吸纳本村300多名农民进厂打工，企业平均每年支付农民工资及保险金近1200万元。至2010年，全村投入资金400多万元，组织实施“绿化、亮化、美化、洁化”等工程，新建绿化健康休闲广场2处，栽植花卉树木11000株，安装路灯60盏，浇筑村庄道路和通组公路5000平方米，疏浚河道4200米，整治庄前废塘建成小公园一处，改造新建公厕9座，添置垃圾筒（箱）150只。

第三十章　垛田镇

垛田镇位于市区东郊，镇内70%以上耕地四面环水，著名的“三十六垛”位于该镇境内。1999年，沙垛、下甸两村划归昭阳镇。2000年撤乡建镇，镇政府驻地翟家垛。2001年，42个村合并为22个行政村、1个居民委员会。2010年，全镇总面积59.64平方公里，其中耕地面积33191亩。有17332户56976人，地区生产总值6.77亿元，财政收入8612万元，人均收入8265元。

1991—2010年部分年份垛田镇经济社会发展情况一览表

表31-59

年份	户数（户）	人口（人）	耕地面积（亩）	地区生产总值（万元）				财政收入（万元）	人均收入（元）
				第一产业	第二产业	第三产业	合计		
1991	18721	56120	24027	4539	6571	1311	12421	201	598
1995	18375	55159	23801	8174	4777	2893	15844	298	1849
2000	16699	53733	32560	9035	6967	6257	22259	524	3283
2005	18381	56103	31979	11195	12846	8541	32582	1211	4156
2010	17332	56976	33191	16666	30922	20118	67706	8612	8265

第一节　经济建设

一、农业

图31-28　垛田镇油菜花海　（2005年摄，垛田镇提供）

1991年，垛田乡粮食作物种植面积2320亩，总产401吨，蔬菜种植面积39847亩，生猪出栏0.41万头，家禽出栏18万羽。境内垛圪适宜蔬菜生长。1991年后，蔬菜种植逐步转向加工原料方向。至2010年，初步形成近郊以应市小品种和大棚反季节种植为主、中部以香葱等加工原料为主、远郊以传统产品为主的格局，种植效益快速提升。兴化“龙香芋”是垛田镇特色传统无公害农产品。2008年，种植“龙香芋”3000多亩，亩产量在2000千克左右。2010年，全镇粮食作物总产量2537吨，蔬菜16.64万吨，生猪出栏0.52万头，家禽出栏12.8万羽。

境内河湖密布，水面资源丰富。1983年起，先后建成市第八（镇属）、第十水产（湖西口村属）养殖场。1991年以后，推广青虾、螃蟹、甲鱼、鳜鱼等特种水产品养殖。1996年，水产养殖场被列为省万亩青虾基地。2010年，全镇养殖水面30495亩，其中精养鱼池12495亩，年产水产品13150吨，产值10098万元。

垛田特殊地形不适应大型农业机械化。1991年，垛田乡有手扶拖拉机36台，农机总动力5458千瓦。2010年，全镇有手扶耕作机620台、戽水机9339台、水产养殖机械300台（套），农机总动力58672千瓦。

1999年，全镇实现联圩化。2010年，全镇有防洪圩堤105公里，防洪闸86座，排涝站41座，排涝总动力2160千瓦。

二、工业、建筑业

20世纪90年代初，王横、王垛等村先后办起集体蔬菜脱水厂。1993年起，王横村民在白涂河北岸、兴盐公路南侧狭长土地上兴办一批私营脱水蔬菜厂。1998年起，对集体企业实行改革。至2002年，14家镇办企业、35家村办企业全部转为私营。2010年，全镇有蔬菜加工企业48家，年产脱水蔬菜9600吨，创产值1.36亿元，税收2460万元。产品远销韩国、日本、东南亚及欧美地区。同年，全镇有塑料农膜企业6家，砖瓦建材、消防器材各4家，年销售额5860万元。有江苏顶能食品有限公司、江苏高康冻干食品有限公司、泰州欣晖食品有限公司、兴化市联富食品有限公司等骨干企业。凌翟村拥有个私企业34家，所办企业遍布省内外十几个大中城市。

1995年，垛田乡建筑公司改为市第九建筑工程公司。2002年改为私营，更名“江苏振亚建设工程有限公司”。2010年，从业人数1160人，实现产值9860万元、利润208万元。

三、商贸服务业

1991年后，小商店、小饭店、小旅馆逐渐增多。进入21世纪，一些村民进入餐饮服务、房地产开发、物流、废品回收等行业，足迹遍布省内外。2000年后，部分蔬菜和水产品经纪人合伙，办起几家合作社。2010年，全镇有经纪人106人，专业合作社45家。个体工商户629户，年销售额2510万元。服务业人员约5000人。2010年，得胜湖港口物流园区奠基。

第二节　社会事业

一、教育

1989年，在何家垛迁址新建中心小学。1992年，在三羊村前建成垛田中心中学。1994年，全镇基本普及九年制义务教育。2004年，将原卫生院址改建成寄宿制学校。1998年，建成的成人教育大楼，于2000年改设为民营初中东升学校。2006年，利用王明德教育基金建成中心小学南教学楼。2007年，东升学校又改为垛田初级中学分部。2008年，垛田中心中学改称垛田初级中学。同年，将市职业中学改为垛田初级中学。2010年，全镇有幼儿园28所、35个班，入园幼儿1350人，教师31人。小学5所、55个班，学生1690人，教师180人。其中中心小学27个班，学生1230人，教职工85人。初级中学1所、26个班，学生1218人，教师86人。

二、文化

1983年，乡文化站迁址新建，有影视厅及活动、办公用房。1993年，组建“垛田乡书画摄影协会”，与上海浦东新区北蔡镇联合举办书画摄影轮展，农民画、“拾破画”、剪刻纸多次在国家级和省级大赛获奖。2002年，被省文化厅命名为“民间艺术之乡”。高家荡高跷龙舞被列为泰州市非遗保护名录。2008年，将原东升学校教学楼改为文化站，设有图书阅览室、体育健身房、培训教室等设施。2010年，22个行政村农家书屋实现全覆盖，并作为兴化市唯一重点抽查乡镇，通过省新闻出版局的检查验收。“耿家垛遗址”“垛田景观”“沈云楼故居”被列为市级文保单位。“垛田景观”入选全国第三次文物普查重大新发现。

1994年，全镇有线广播入户率85%。2010年，有线电视用户10267户，入户率59.24%。

三、卫生

2001年于镇区新建镇卫生院大楼。2010年，卫生院建筑面积2400平方米，设有13个科室，医卫职工64人。另建有社区卫生服务站22家，乡村医生103人。

四、镇村建设

1991年，333、231省道均从境内经过。2002年、2006年，先后开通市区至芦洲、孔戴8路、10路公交车。2010年，通车里程30.5公里，全镇拥有各种汽车760辆。

1992年，新建邮电大楼。1993年，开通程控电话。2010年，电话普及率60%。互联网宽带用户360户。

1987年，户户通电。2010年，全镇供电量2500万千瓦·时，其中工业用电1300万千瓦·时。

1998年，新建自来水厂1座，日制水2500吨，铺设主供水管道44.5公里，供水总人口100%。2009年11月，接通城市供水管网并开始“二次改水”。2010年，有7个行政村，17个自然村全面完成内部管网改造，其余15个行政村，23个自然村制定改造及施工方案。

五、人民生活

1991年，垛田乡农民人均收入598元。1991年后，人们的穿着、饮食、住房均有很大改善。部分农户建起别墅式楼房。彩电、冰箱、洗衣机等基本普及，不少人家添置电脑。2010年，农民人均收入达8265元。2010年末，全镇居民储蓄存款余额15477万元，人均住房面积42平方米，安装空调的约6800户，有摩托车、电动车约3200辆，轿车580辆。

1995年起，推行农村社会养老保险、合作医疗、最低生活保障。2010年，参加新农合47886人，农村社会养老保险23600人，职工养老保险和失业保险的1657人。有254户、652人享受最低生活保障，65位五保老人入住中心敬老院集中供养。发放老年优待证7180份。

2010年垛田镇各行政村基本情况一览表

表31-60

村名	耕地面积（亩）	人口（人）	工农业总产值（万元）	农民人均纯收入（元）	村名	耕地面积（亩）	人口（人）	工农业总产值（万元）	农民人均纯收入（元）
芦洲	1845	7432	31470	8028	解楼	585	1820	6120	8600
南园	1440	2158	4600	8402	凌翟	150	1327	13000	8922
征北	960	1915	3820	8620	城东	210	2708	5380	8562

续表 31-60

村名	耕地面积（亩）	人口（人）	工农业总产值（万元）	农民人均纯收入（元）	村名	耕地面积（亩）	人口（人）	工农业总产值（万元）	农民人均纯收入（元）
孔长	1065	2146	8520	8130	杨花	375	1710	3710	7926
杨荡	885	1497	4600	8023	新徐庄	600	2737	3130	7109
高家荡	855	3625	6600	8150	三羊	315	1353	5600	7590
王垛	675	1314	2290	7655	得胜	1020	3269	5930	8360
张庄	840	2893	26590	8316	申家佃	825	1946	2570	8050
水产	150	723	15280	7018	王横	3990	4408	73150	10425
张皮	930	2367	4760	7556	湖西口	1290	3175	10440	7370
南仇	675	1565	4300	7427	新联合	735	3050	16410	7904

说明：另有金岛社区居委会。

第三节　（重点村）凌翟村简介

凌翟村由翟家垛、大凌沟两个自然村组成，有13个村民小组，居民384户，总人口1327人。2010年实现工农业总产值13000万元，村民人均收入8922元。

1992年，建成兴化市塑料农膜厂。至2010年底，村内有工业企业8家，其中规模以上4家。村人外出10多个省市开办各类企业30多家。经多年努力，全村实现耕地方块化、浇灌电气化、村庄方整化。实现村庄绿化、亮化、美化和公共设施配套化。连续多年被评为江苏省文明村和泰州市文明村。

第三十一章　竹泓镇

竹泓镇位于兴化市区以东，原名竹横港，旧为兴化“十大镇”之一。2001年行政村由33个合并为17个。另设2个居民委员会。2010年，全镇总面积64.27平方公里，其中耕地面积49905亩。有173个村民小组，12099户，39651人。地区生产总值3.74亿元，财政收入2693万元，人均收入8307元。

1991—2010年部分年份竹泓镇经济社会发展情况一览表

表31-61

年份	户数（户）	人口（人）	耕地面积（亩）	地区生产总值（万元）				财政收入（万元）	人均收入（元）
				第一产业	第二产业	第三产业	合计		
1991	13181	40633	48534	2206	2987	913	6106	119	334
1995	12529	40494	47199	5072	1996	2181	9249	216	1825
2000	12081	40360	55463	5428	3192	5136	13756	256	3103

续表 31-61

年份	户数（户）	人口（人）	耕地面积（亩）	地区生产总值（万元）				财政收入（万元）	人均收入（元）
				第一产业	第二产业	第三产业	合计		
2005	12157	39848	56072	6709	6119	7911	20739	395	4423
2010	12099	39651	49905	9755	12708	14960	37423	2693	8307

第一节 经济建设

一、农业

1991年，全镇粮食播种面积57989亩，总产量15776吨。种植棉花3432亩，总产207吨。1991年后，经济作物逐步发展。2007年，上海人刘伟租用北张村750亩农田，建成设施农业生产基地。2010年，全镇高效农业面积1.25万亩。2010年，粮食播种面积80741亩，总产量41384吨。种植棉花2107亩，总产263吨。

1991年，全镇绿化面积2112亩，森林覆盖率2.23%。2010年，绿化总面积16452亩，森林覆盖率提升到16.98％。

1991年，生猪出栏量0.32万头，饲养水牛38头，家禽出栏量4.8万羽。1998年后，畜禽养殖逐渐向集约型转变。2010年，建成万头猪场及生猪养殖合作社，全年出栏3.2万头。年出栏家禽55万羽，饲养奶牛200余头。

1991年后，发展稻田养殖、提水养殖。水产总量740吨。2010年，全镇养蟹1.3万亩，套养青虾2.5万亩，水产品总量4250吨。形成300多人的水产品营销队伍，将螃蟹等水产品运销全国各地。

1991年灾后，整治河道，加高加厚圩堤。建成“四点五四式”联圩15座，全长103.3公里，95%的农田受到保护。建成防洪闸71座，排涝站23座，2000年建成无坝镇。

1991年，农业机械总动力18029千瓦，拥有手扶拖拉机264台、条播机56部、排灌机械270台，开沟机23部。2010年，全镇农业机械总动力24758千瓦，其中：中小型收割机、手扶拖拉机、排灌机械1076台（套），机动船5456只，其他农用机械1570台（套）。

图31-29 荷兰客商考察竹泓木船（2007年摄，竹泓镇提供）

二、工业、建筑业

1991年，竹泓镇工业总产值为1437万元，村组办工业总产值992万元。1998年起，通过经济体制改革，发展私营个体企业。2004年，在兴泓路北至高兴东公路两侧建立工业集聚区。2008年7月，竹泓木船制造工艺进入国家级非物质文化遗产名录。2010年，竹泓镇工业集中区被命名为“光伏制品产业园”，占地面积1500亩，有22家企业入驻，职工2660多人。总产值18.23亿元，创利税1.46亿元。2010年，竹泓镇主要有兴化市飞驰玻璃钢船艇有限公司、兴化市宏辉金属材料厂、兴化市信达塑编有限公司、兴化市宇程金属材料厂、兴化市盛源无纺材料厂、兴化市今世香油脂有限公司等骨干企业。该镇传统生产小木船，有画舫、纤夫船、观光船、乌篷船、休闲钓鱼小划船、鱼鹰船等20多个品种。全镇大小木船厂30多家，产品远销全国各地和荷兰、芬兰等国家。

1991年，全镇建筑业总产值为489万元。2010年，建筑业增加值为1288万元。

三、商贸服务业

改革开放后，竹泓镇个私商业迅速发展。2001年，竹泓镇第三产业从业人数3461人，实体1646个，第三产业增加值5225万元。2010年，全镇有商铺摊点326家，大小饭店21家，浴室8家，宾馆、旅店6家，其他各类服务摊点200多家，全镇商业、服务从业人员4830多人。第三产业增加值达14960万元。

第二节　社会事业

一、教育

1991年有高中1所，初中4所，完小10所。2009年，竹泓高级中学撤并，原址改为中心小学。2010年，全镇设初中1所，中心小学1所，村小1所，在籍学生1639人，教师262人。入园幼儿215人，幼师14人。义务教育基本普及。

二、文化

1991年，有文化活动中心1座，设于镇政府西处。2005年，新建木船文化展览馆。2006年，镇区广场舞活动点5处，300多人参加。镇龙舟队曾代表兴化市参加在镇江举办的全国龙船比赛，获得三等奖。2010年，全镇15个村建有体育活动场，配备篮球架，乒乓球室，4个村及社区建有青少年活动中心。至2010年，先后被评为“江苏省群众文化先进乡镇”“泰州市体育先进乡镇”。

1994年，启动电信村杆建设，结束广播与电话同线的历史。1998年，广电站开启有线电视网。2010年，全镇有线电视用户5600户。

三、卫生

1991年，镇卫生院兴建住院大楼和门诊大楼，设有11个科室，床位46张，医护人员78人。全镇设有村卫生室15个，医务人员51人。2010年，有镇中心卫生院1家，社区及村级服务站10家。医生50人，病床42张。

四、镇村建设

1991年后，对老镇区实施改造，先后建成四纵六横主街道，混凝土路面。1992年后，先后建成镇政府、中学、文化中心、农业银行、敬老院等机关、事业、企业单位办公、营业活动场所及各种基础设施。2010年，聘请专家编制镇村规划，投资1000多万元在安泰路北新建一条创业路。

1988年兴竹公路建成后，往返竹泓—兴化的农公车每天54班次。每天至全国各地的班车平均56车次。2002年新建兴泓路。2010年，大周公路建成从镇区东侧通过。镇区有开通至上海青浦、扬州、泰州的班车。全镇有各种车辆86辆。2007年，实现村村通公路，公交车直达30多个自然村庄。

1995年邮、电分营。2010年底，全镇固定电话入户6815部，互联网用户685户。全年订阅报纸、杂志1123份，每日递送到户。

1988年，竹泓镇新建自来水厂。解家村、北刘村建深井水厂，白沙、舒余、西刘、赵徐沈4村建简易水厂。全镇近4万人吃上自来水。2006年，投入100多万元扩建水厂，年供水量264万吨。2010年二次改水，主管道年底全部铺设竣工。

1987年，实现村村通电。1992年在扶贫通电政策照顾下，达户户通电。2010年，全镇供电量2076万千瓦·时，其中工业用电881万千瓦·时。

五、人民生活

1991年，全镇农民人均收入为334元。1991年以后，人们的饮食衣着逐步改善。农户建房标准也越来越高，水、电、排水设施齐全。2007年，新建镇社会福利中心，设100张床位。2009年，把原竹泓中心小学改建成敬老院分院，新增床位130张，基本满足全镇五保老人集中供养的要求。2010年，通过民政部和省民政厅检查验收，竹泓敬老院被表彰为"国家级模范敬老院""江苏省文明敬老院"。2010年，除全镇有别墅式房屋750多幢，商住楼420多套。人均居住面积32平方米以上。2010年，农民人均收入为8307元。至年末，全镇310名五保老人中，集中供养223人。2010年，全镇有1375人领取独生子女父母奖励。全镇有22371人参加社会养老保险，参加农村医疗保险的31482人。

2010年竹泓镇各行政村基本情况一览表

表31-62

村名	耕地面积（亩）	人口（人）	工农业总产值（万元）	农民人均纯收入（元）	村名	耕地面积（亩）	人口（人）	工农业总产值（万元）	农民人均纯收入（元）
竹一	3030	3037	8210	8190	北张	2460	2178	2047	8107
竹二	2895	2658	7107	9220	尖沟	2280	1946	1565	8500
竹三	2490	2069	3844	8270	丁刘	1395	1253	1546	8484
竹四	1680	1648	3016	8150	舒余	4245	2906	3516	8506
冯家	2505	1796	2271	7959	白沙	2595	2102	1800	7985
西刘	1470	1208	2834	8350	竺陆张	1680	1487	1086	7974
赵徐沈	1950	1905	2448	8408	解徐王	3600	3110	1968	8108
志芳	1875	1892	3003	8427	东高魏	2385	2083	2690	8260
九港	1920	2252	1624	8175					

说明：另有永宁、竹泓水产2个社区居委会。

第三节 （重点村）竹二村简介

竹二村地处镇南首，有11个村民小组，住户874户，耕地面积2895亩。2010年工农业总产值7107万元，农民人均收入9220元。全村专业从事木船制造的60多户。竹二村有生猪养殖专业合作社、弘扬果蔬专业合作社等。村两委坚持“一事一议”制度，逐步落实各项支农惠农政策。2010年投入70多万元用于村庄环境整治，道路卫生、公厕、河道、绿化等均安排专人负责。村庄道路清洁，河水清辙，树木成林，绿化覆盖率31.5%，村庄文化活动丰富，健身器材健全，坚持体育锻炼和文化娱乐活动。

第三十二章　茅山镇

茅山镇位于市境东南。镇政府所在地茅山。全镇有31个自然村庄，2001年4月合并为10个行政村，1个社区居委会。2010年，全镇面积43.04平方公里，其中耕地面积42466亩。有10462户，总人口30417人。地区生产总值3.71亿元，财政收入5124万元，人均收入9069元。

1991—2010年部分年份茅山镇经济社会发展情况一览表

表31-63

年份	户数（户）	人口（人）	耕地面积（亩）	地区生产总值（万元）				财政收入（万元）	人均收入（元）
				第一产业	第二产业	第三产业	合计		
1991	12130	31980	37300	2025	1598	910	4533	105	342
1995	10960	31616	36921	3531	1287	1200	6018	186	1815
2000	9693	31549	40174	5011	1554	3311	9876	215	3421
2005	9976	31277	40881	5623	3287	5414	14324	342	4840
2010	10462	30417	42466	8566	13194	15376	37136	5124	9069

第一节　经济建设

一、农业

改革开放后，茅山镇农业生产稳定发展。1991年，战胜特大洪涝灾害，全镇粮食总产与上年基本持平。实现农业总产值2269万元。粮食作物总产量13688吨，生猪出栏0.98万头，家禽出栏21.3万羽，水产品产量264吨。2010年，实现农业总产值16406万元。粮食作物总产量33733吨，生猪出栏0.85万头，家禽出栏15.37万羽。畜牧业产值占农业总产值的13.2%。水产养殖面积2785亩，其中鱼塘1080亩，水产品产量1168吨。渔业占农业总产值的9.1%。

1991—2010年，绿化面积1120公顷。绿化覆盖率达20%。不断加大投入，进行土地整理和中低产田改造。2010年，全镇有10家专业合作社，涉及粮食、棉花、油料、瓜果蔬菜的生产、收购、加工，畜禽及水产养殖等多个领域。

1991年，全镇有排涝站2座，动力69千瓦，流量19.85立方米/秒，有圩口闸3座。加强圩堤闸站维修、管护。2010年，全镇有排涝站14座，动力1189千瓦。圩口闸63座，防洪圩堤68.65公里。

1991年，全镇拥有农机总动力20872千瓦。2010年，农机总动力20635千瓦，其中大中小型拖拉机194台、水泵587台、收割机140台。

二、工业、建筑业

1991年，有镇村办企业17家，工业产值465万元。2003年，建设星火工业园区，为戴南不锈钢产业集群区之一。主要有兴化市众心棉业有限公司、江苏省大唐不锈钢制品有限公司、兴化市宏甫不锈钢制品有限公司、泰州市亚德胶粘制品有限公司等骨干企业。2010年，围绕打造市台商工业园，在西区实施配套建设，新建驳岸560米，道路3.5公里，绿化面积3000平方米。至年底，入园企业主要有兴化市众心棉业有限公司、兴化市阳光汽配厂、兴化市鸿韵电声器材厂、兴化市申杰星辰电缆厂等20多家。2010年，全镇有企业79家，其中规模以上企业12家、台资企业2家，总产值10.5亿元。

1991年，镇建筑工程公司有职工58人，当年完成产值156万元。1995年，公司在镇区红旗大桥北开发商品房，完成产值264万元。1997年，公司在南京承包工程。2000年，公司破产倒闭。2010年，全镇完成建筑业产值3666万元。

三、商贸服务业

1991年后，个体私营商业快速发展，苏果、上海华联、百惠、新家园超市相继落户。2010年，有商业店摊325个，从业人员8245人。社会商品销售总额3850万元，集市贸易成交额1580万元。全镇餐饮业从业人员128人，营业额1125万元。旅社40多家，接待6.3万人次，营业额128万元。

第二节　社会事业

一、教育

1991年，有中心小学1所（内设幼儿园）、完中（茅山中学）1所。1991年，茅山初中被授予省“实施教育现代化工程示范初中”“泰州市模范学校”，中心小学被授予“省实验小学”“全国书法实验学校”称号，两校均为“泰州市模范学校”。1995年，茅山教师许良瑜被评为全国教育系统劳动模范。是年，在镇北征地建中心小学。1997年新建初级中学。1998年，茅山中学撤并至周庄高中，原校区给初级中学。2010年，全镇有幼儿园（所）1所，在园幼儿252人，幼儿教师21人。小学1所，在校生940人，教师106人，小学适龄儿童入学率100%。初中1所，在校生380人，教师72人，九年义务教育覆盖率100%。

二、文化

1991年建成文化站。1997年被省文化厅授予省级群众文化先进集体称号。2006年，建成文化中心大楼和影剧院，刊印《茅山号子集》，镇民乐队、健身舞蹈队、茅山号子青年演出队常年开展活动。各村建有农家书屋，藏书3000多册。2009年6月，茅山号子被列入省级非物质文化遗产保护项目。2010年5月，入选第三批国家非物质文化遗产名录推荐项目名单。2010年12月，茅山会船和佛教音乐被列入泰州市级非物质文化遗产保护项目。2010年，茅山镇被省文化厅命名为“江苏省特色文化之乡”。

至2010年，各村建有乒乓球室，8个村建有篮球场。每年定期举办篮球赛、乒乓球赛。每村和社区都有健身广场，25%人口经常参加体育活动。

1993年7月，开通有线电视。2010年，有线电视用户6509户，电视综合覆盖率86%。

图31-30　茅山号子参加中央电视台《欢乐中国行》泰州演出　（2007年摄，茅山镇提供）

三、卫生

1992年，建成茅山卫生院大楼。1994年创“一级甲等医院”。有10个村医疗室，30多名乡村医生。2006年，新建门诊大楼投入使用，在编医务人员44人，其中副高、中级职称医师8人。与泰州市中医院建立业务合作关系，专家定期到院坐诊。为上海振国医院兴化肿瘤防治基地。2010年，有医院1所，卫生所（室）10个，医生81人，病床数48个。

四、镇村建设

1991年，镇区面积1.2平方公里。1991—2010年，镇区先后建成主要街道7条，均为混凝土路面。总长4750米，各宽12米、18米至28米，全部完成绿化、亮化。西大河疏浚，美化看台周围环境，新建西大河两岸茅山会船看台4000米。2007年，镇区面积达1.72平方公里。建成万金、纪荀村居民小区。集镇新建住宅楼16.5万平方米。一批公用建筑和公共设施相继建成，建筑面积20.8万平方米。至2010年，相继建成好又多超市、世纪联华、上海华联、新家园超市等购物商场。

1991年，茅山公路接通兴化、泰州市区。2006年末，实现村村通公路。2010年，镇城区外环路形成。全镇交通线路6条，全长70公里，年客运量31.03万人次。其中公交线路2条，逐步形成水陆交通运输网络。2010年，邮政投递路线160公里，投递点202个，乡村通邮100%。固定电话用户0.61万户，移动电话用户1.35万户。宽带用户0.25万户。

1999年，电管站改为供电营业所。2010年，全镇拥有110千伏变电站1座，供电量3275万千瓦·时，其中工业用电2650万千瓦·时。

1995年2月，建成自来水厂，日制水2000吨，管道接24个村庄。2004年扩建水厂。2010年，接通戴南水厂，铺设干线水管82.8公里，年供用水48万吨、居民自来水普及率100%。

五、人民生活

1991年，农民人均收入342元。20世纪90年代后，人们饮食结构逐步改善，衣着款式不断翻新。农户新建住房多为两层楼房，并向别墅式房屋发展。2010年，全镇有别墅425幢，商住楼18幢，居民小区3个，人均居住面积50平方米以上。一些私营业主，花数十万元购买镇区别墅，不再在农村建房。农民人均收入为9069元。全镇有12345人参加社会养老保险，26651人参加农村新型合作医疗保险。设有中心敬老院1所，五保老人401人中有72人集中供养。500多人获得独生子女家庭父母奖励。

2010年茅山镇各行政村基本情况一览表

表31-64

村名	耕地面积（亩）	人口（人）	工农业总产值（万元）	农民人均纯收入（元）	村名	耕地面积（亩）	人口（人）	工农业总产值（万元）	农民人均纯收入（元）
姜太	57945	2541	1460	9076	薛杨	73305	3181	4720	9066
茅山西	33930	2596	8340	9058	孙王	60960	2625	4391	9063
纪荀	40530	2365	8657	9080	顾冯	47655	2661	1938	9076
茅山北	61500	2699	2331	9033	南朱庄	32685	1663	1248	9080
朝阳庄	37515	2048	2162	9042	茅山东	2265	2596	3223	9058

说明：另有茅山社区居委会。

第三节 （重点村）茅山西村简介

茅山西村地处集镇西南，2001年由4个村合组而成，2010年，有17个村民小组，800户2596人。主要种植粮油棉等农作物。茅山镇工业集中区、台商工业园区、华东油田均坐落该村。有企业8家，其中台资企业3家。从业人员300余人。2010年，实现工农业总值8340万元，人均收入9058元。该村文化底蕴丰厚，为茅山号子、茅山会船诞生地。近年来，加强文化、民生工程建设，发展高效农业渔业，进行村庄环境综合整治，民主法制建设，人居环境迅速改善。

第三十三章 林湖乡

林湖乡位于市境中部，1983年建乡，乡政府所驻地魏庄。2001年，全乡行政村由32个合并为12个，198个村民小组。另设2个居民委员会。2010年，全乡面积65.74平方公里，其中耕地49536亩、水面24000亩。有14777户，37278人，实现地区生产总值2.62亿元，财政收入1645万元，人均收入7447元。

1991年、2006年在乡境先后发现南荡、影山头遗址。2010年，影山头遗址被评为第三次全国文物普查江苏省“十大新发现”。

1991—2010年部分年份林湖乡经济社会发展情况一览表

表31-65

年份	户数（户）	人口（人）	耕地面积（亩）	地区生产总值（万元）				财政收入（万元）	人均收入（元）
				第一产业	第二产业	第三产业	合计		
1991	12056	35980	41228	2505	1957	536	4998	34	280
1995	11486	36429	40829	4955	1652	1512	8119	340	1813

续表 31-65

年份	户数（户）	人口（人）	耕地面积（亩）	地区生产总值（万元）				财政收入（万元）	人均收入（元）
				第一产业	第二产业	第三产业	合计		
2000	10726	36308	50806	5342	1115	3185	9642	186	3121
2005	10808	36375	52188	6930	2807	4946	14683	319	4320
2010	14777	37278	49536	10195	6903	9150	26248	1645	7447

第一节　经济建设

一、农业

林湖乡土地肥沃，主要种植粮食和油料。1991年，粮食作物总产量18115吨，蔬菜播种面积424亩。自2000年起“保粮扩经”，扩大蔬菜等种植面积。2010年，蔬菜、辣椒播种面积达4500亩，大棚果蔬面积300亩，占全乡耕地面积的12%。粮食作物总产量32321吨。

1991年，全乡林地面积4000亩。此后，各村通过绿化，广植意杨。2010年，全乡林地面积7000亩。

1991年以前，水产养殖以河沟、湖荡自然养殖为主，全乡养殖总面积1.2万亩。1991年起，戴家、湖东、魏庄、水产等村先后将得胜湖、鲫鱼湖、南荡、黄家荡等浅水湖面和芦苇荒滩9000亩改造成高产鱼池。1995年后，稻田提水养殖和池塘养殖成为新的亮点。2010年，全乡养殖面积17310亩，水产品总值5200万元。鳜鱼、蟹、青虾、克氏螯虾、甲鱼等占36.2%。全乡拥有省级示范基地3个。“得胜湖鱼虾”、新家村“红膏大闸蟹”、戴家舍南荡及魏庄鲫鱼湖等养殖公司，规模均达3000亩以上。全乡建有养殖协会（合作社）4个、无公害水产品基地5个，总面积1万多亩。

1991年，生猪出栏1.03万头，家禽出栏11.8万羽。1991年后，畜禽饲养逐步向集约型转变。2010年，全乡养猪和养禽专业户分别为98户和86户，生猪出栏1.25万头、家禽出栏48.1万羽。

1991年洪涝灾害后，将原联圩合并为11个，总长104.66公里，新建加修圩堤78公里。在圩堤上栽植意杨，达到以圩养圩。至2007年，有圩口闸89座，封闭活口门40个，提前实现“无坝乡”目标。

1991年，全乡排涝站装机容量910千瓦。2004年，灾后重建工程得到副省长黄莉新赞扬，省政府、省水利厅、泰州市政府召开现场会，推广该乡水利建设、圩堤绿化管理经验。2010年，全乡投入71万元分别在马家村、朱陈村、强胜村和西丁村建设3座排涝站和两座闸站。

二、工业、建筑业

1991年，全乡有县办集体企业1家，村办企业24家，职工306人，总产值1586.97万元。2001年以后，通过改制发展个私企业。1997年起通过招商引资，2004年，楚水工业集中区建设位于新高兴东公路戴家段北。2005年，全乡有氧化锌企业4家，2010年，4家氧化锌企业销售收入14323万元，利税1018万元。至2010年末，楚水工业集中区有9家企业落户，投资总额1亿多元，实现产值2.6亿元。骨干企业有兴化市三圆锌品、天伦化纤纺织、汇通精细化工、可达锌业有限公司等。2010年，全乡个私企业146个，职工2480人，工业总产值6.57亿元。

20世纪80年代初成立乡建筑站，每个村有小型建筑队，瓦木工500余人。1991年，市建安公司林湖站建筑业总产值105.66万元，年平均职工人数187人。2010年，建筑站改编为公司，在编

10多人，主要承担乡内建筑业务。是年，建筑业增加值1502万元。

三、商贸服务业

20世纪90年代初，商业体制改革，私营、个体商业发展迅速。2010年，全乡商店、摊点358家，车辆维修点16家，浴室8家，餐饮服务15家，另有理发、缝纫、蔬菜、熟食等服务性店摊200多家。专业运输船只300多条。姚富、戴家等村村民300多人外出经销调味、水产、粮食和渔网虾笼等产品，尤以小胡椒销售产业发展成规模。是年，全乡商业、服务业从业人员1580人，水上运输业512人，增加值4946万元。

第二节 社会事业

一、教育、科技

1991年，村村建有小学和幼儿园，有初中3所，高中1所。从1993年开始调整布局。1996年，通过省“两基”达标验收。2005年，初中通过省示范初中验收。2010年，全乡有中心校（辖初中部、小学部及村小6个）和中心幼儿园各1所。初中部17个班，在校生792人，教职工59人。小学部41个班，在校生1547人，教职工103人。中心幼儿园在园幼儿432人，幼师5人。

1991—2010年，乡成人教育中心校举办各类培训班350期，受训人数3.6万多人次。

1997年、1998年，该乡获“江苏省科技工作先进乡镇”称号。2010年，拥有“江苏省高新技术企业”2家、高新技术产品6个，成立村各类、级科技协会23个。

二、文化

2001年，新建文化中心，内设图书阅览、展览、电子游戏、歌舞厅、资源功能共享室等。2002年通过省级合格文化站验收。拥有业余文化团体5个、标准农家书屋6个，资源共享基层点12个。至2010年，有古遗存13处，红色革命遗址8处和市级文物保护单位2处，其中影山头遗址被评为江苏省第三次全国文物普查“十大新发现”，“林湖乡民歌”和“戴家舍提线木偶”成为兴化市非物质文化遗产保护项目。

1997年全乡开通有线电视，2003年通村率达100%。2010年，全乡有线电视用户5566户，入户率37.67%。

三、卫生

1995年，林湖卫生院迁至原乡政府内，有医务人员36人，病床30张，设有内、外、妇、儿、骨科等16个临床检验科室。2010年，社区卫生服务中心分设9个服务站，经省级验收合格。

四、镇村建设

改革开放以后，镇区魏庄不断拓展，面积由1991年的1.7平方公里扩展为2010年的3.5平方公里。以前仅有东林路一条主街道，后建成丰收路、林海路等。2001年12月，《林湖乡集镇总体规划》通过评审。2010年，镇区7条主要街道均为混凝土路面。总长9000多米，宽5米、7米、9米、15米不等。

2003年新建高兴东连接线2.4公里，林马连接线3.1公里。2010年，农村公路全长39.47公里。

全部硬质化。

1991年全乡有磁式电话用户120户。1994年安装程控电话600余部，20世纪90年代获“江苏省电话小康镇”称号。2010年，全乡固定电话用户6360户，宽带用户420户，手机用户1200户。邮政储蓄4500万元。

图31-31 林湖秧歌 （2004年摄，林湖乡提供）

1991年，全乡供电量260万千瓦·时。2010年，供电量1000万千瓦·时，其中工业用电量500万千瓦·时，供电率99.5%。1998年，林湖自来水厂建立。2010年，经二次改造，日供水2000吨。至2010年，全乡所有村庄接通自来水。

五、人民生活

1991年，农民人均纯收入280元。1991年后，人民生活水平逐步提高。2005年，全乡居民储蓄存款余额7440万元，2010年达19881万元。人们的饮食衣着得到很大改善。半数以上农户改建了房屋。进入21世纪，富裕村约三分之一以上农户建成砖混结构的2层楼房。彩电、冰箱、洗衣机、摩托车、手机、程控电话进入农家。2010年，农村人均收入7447元。全乡90%以上农户加入新农合，享受农村低保858人，社会救济274人。全乡有乡、村敬老院3座。享受“五保”待遇312人。

2010年林湖乡各行政村基本情况一览表

表31-66

村名	耕地面积（亩）	人口（人）	工农业总产值（万元）	农民人均纯收入（元）	村名	耕地面积（亩）	人口（人）	工农业总产值（万元）	农民人均纯收入（元）
魏东	4425	2982	1962	6388	马家	2145	2569	1521	6173
魏西	4185	2977	1999	6432	姚富	2940	2527	1984	8651
铁陆	1680	1397	994	6130	湾朱	2490	2263	1393	6520
西丁	3600	2917	1960	6219	朱胖	1635	1574	1204	8113
强胜	4125	3213	2516	8275	湖东	2625	3295	1453	6676
朱陈庄	3030	2213	1577	8120	戴家	4695	5317	5530	8181

说明：另有魏庄、良种场2个社区居委会。

第三节 （重点村）姚富村简介

姚富村位于乡境中部。20世纪80年代初成为全市副业生产“样板村”。部分村民从外出经营小胡椒生意起步，逐步走上规模加工、销售百余种调味品轨道，并带动全村70%的家庭从事这一产业。1991年，全村从业者有50多户，100多人，销售额6000万元，盈利500多万元。2010年，14个村民小组、825户，总人口2527人，耕地面积2940亩，水面570亩，农民人均收入8651元。有年产值500万元以上的调味品厂50多家，销售网络遍布全国各大、中城市，年销售额达10多亿元，“津味”等10多种品牌享誉全国。

第三十四章 沈坨镇

沈坨镇位于市境东南，2000年撤乡设镇。2001年行政村由29个合并为13个，集镇设居委会。有155个村民小组。2010年，全镇总面积49.56平方公里，其中耕地面积42153亩。有9475户28057人。实现地区生产总值25580万元，财政收入1822万元，人均收入7780元。

1991—2010年部分年份沈坨镇经社会发展情况一览表

表31-67

年份	户数（户）	人口（人）	耕地面积（亩）	地区生产总值（万元）				财政收入（万元）	人均收入（元）
				第一产业	第二产业	第三产业	合计		
1991	10030	29671	43232	2296	1690	1395	5381	41	462
1995	9856	29185	41228	3999	1825	1234	7058	175	1800
2000	9803	28931	45645	4335	2407	4236	10978	204	3100
2005	10611	28688	45571	6105	2649	6307	15061	229	4251
2010	9475	28057	42153	8902	4576	12102	25580	1822	7780

第一节 经济建设

一、农业

1991年洪灾以后，着力调整农业结构。1991年，实施退耕还水，退耕还林，发展经济作物。粮经比例1∶1。粮食作物总产量17079吨，生猪出栏0.59万头，家禽出栏17.76万羽。2010年，粮食作物总产量31798吨，生猪出栏0.7万头，家禽出栏31.17万羽。农业产值由1991年2596万元（不变价）增长到2010年的19106万元，其中种植业、水产业、林业产值分别由71.2%、13%、5.7%调整为50.9%、27.2%、6.8%。2010年，意杨20万株，全镇森林覆盖率达20.3%。

1991年，新开挖提水养殖面积7500亩左右，螃蟹、罗氏沼虾等特种水产品养殖面积不断扩大。水产品产量495吨。2010年，全镇水产品产量2474吨。

1991年，全乡拥有手扶拖拉机205台，柴油机、电动机193台，农机总动力14932千瓦。2010年，全镇拥有大中小型拖拉机193台，其他农业机械2016台，农机总动力24804千瓦，农业综合机械化水平89%。

1991年后，及时疏浚河道，修复水毁工程。2010年，全镇有圩堤18座，总长90公里，建有排涝站22座，闸96座。

二、工业、建筑业

1991年，全乡有个私工业企业56家，产值10340万元。1996年，全镇22家乡村办企业完成改制。2000年后，发挥地理优势，加大招商引资力度，工业发展迅速。2010年，全镇工业企业71家，从业人员978人。工业产值36750万元。创利税1903万元。有空调、船舶、橡塑、机械、服饰等产业，主要骨干企业有兴化市祥和制药厂、兴化市鑫航机械厂、兴化市舜泰服饰厂等。

1991—2010年，沈坨镇建筑业从小组、站到建筑公司，先后在南京、泰州设立办事处。1991年，沈坨建筑公司建筑业总产值234.9万元。2001—2003年，参与南京省中医院和泰州市春兰集团公司部分工程建设。2010年建筑业生产总值1558万元。

三、商贸服务业

1991年后，镇内全民、集体商业改制，个私商业快速发展，餐饮、洗浴、农贸市场、商店等设施齐全。2000年，双洋春宾馆开业。2010年，个体工商户297家，注册资金3095万元。

第二节　社会事业

一、教育

1991年，有幼儿园26所、小学16所、初中3所。1995年、1996年学校调整后，初中1所，小学2所（另设教学点5个）。九年制义务教育普及。自2009年起，政府投入资金新建薛鹏小学教学楼、中心幼儿园、中心校报告厅综合楼等设施。中心校有4个校区，25个班，900多名学生，幼儿园9个班，370名幼儿。教职工103人，其中高级职称13人，学历达标率100%。2010年，全镇有中小学校3所，学生1034人，教师149人。

二、卫生

1991年，乡中心卫生院设17个科室，医技人员51人，病床51张。有村卫生室8个，医卫人员35人。1997年兴建中心卫生院2000平方米，为一级甲等资质。2010年，有医卫人员78人，病床63张。

三、文化

1991年，有镇文化站（文化中心）1个，站房500平方米。1991年以后，电影放映队在各村巡回放映。民歌、流行歌曲等广场文化受群众喜爱。2000年，成立一支民族器乐队，经常在镇内演出。至2010年，村村有农家书屋。集镇及薛鹏、樊荣、安塘等村先后建有业余健身队。

20世纪90年代以后，农村广电事业快速发展。2006年，全镇有线电视全面开通。2010年，有线电视入户率达88.96%。

四、镇村建设

1991年，溱潼路贯穿集镇向东延伸至沈安路，南北连接薛鹏路，形成东西、南北大道。根据规划，集镇加快东部基础设施建设，面积由1991年的0.7平方公里扩大至2010年的1.07平方公里。有街道10条（新建5条、改造5条）5公里，巷道73条16公里。铺设下水道，电力、通信、广播、照明线路等配套设施相继建成。至2010年，先后建成信合、水务、集镇办、汽车站大楼及停车场、小商品市场、商住楼。集镇绿化面积20公顷，绿化覆盖率31%。

2003年，铺设通村公路泥结碎石路面15公里，先后建成沈坨，崇律和西塘港河大桥。2005年，全镇铺设宽3.5—4米的混凝土路面33.8公里，实现村村通公路。

1992年，村村通程控电话。2010年，全镇移动通信家庭普及率50%，驻集镇机关、部分企业和民居通上互联网。

1991年，全乡有自来水厂3家。1993年，推进改水工作，建成10家水厂（船），新增自来水受益人口1.8万人，自来水普及率100%。至2010年，全镇13个行政村和集镇全部接通安全、卫生的自来水。

五、人民生活

20世纪90年代，人民群众生活水平提高，饮食、衣着改善，住房向楼房、小别墅转变。移动电话、彩电、电脑、空调进入普通百姓家庭。村村推行合作医疗，实行农民住院医疗保险，实行大病统筹。沈坨乡的做法受到省政府表彰、推广。开展职工社会养老保险、医疗保险、工伤保险、失业保险工作。1991年，农民人均收入462元。1998年，启动农村最低生活保障，实施新农合制度，至2010年，覆盖率90.26%。农民人均收入7780元。有25324人参加新型农村合作医疗，719人享受居民最低生活保障。有20多位“五保”老人入住镇敬老院。全镇居民年终储蓄存款余额2.38亿元。

2010年沈坨镇各行政村基本情况一览表

表31-68

村名	耕地面积（亩）	人口（人）	工农业总产值（万元）	农民人均纯收入（元）	村名	耕地面积（亩）	人口（人）	工农业总产值（万元）	农民人均纯收入（元）
关华复	3030	2156	1817	8000	姜朱	1410	1473	2024	8200
李默	5295	1984	1555	7620	张谭	2280	1320	1283	6810
薛鹏	2790	4236	3723	7149	沈南	2175	1740	2347	6510
金唐纪	2655	2079	1319	7760	沈北	2715	1570	2917	8160
樊荣	2415	2000	868	7492	安塘	3045	1758	1841	8465
沈家	1050	1050	2012	7460	冒家	1815	1210	763	6495
柏九	2520	1877	1534	8150					

说明：另有沈坨社区居委会。

第三节 （重点村）安塘村简介

安塘村地处镇东郊，百年古刹——雁荡观音禅寺与文化广场隔河相望。1991年后，集体经济不断壮大，村民收入逐年增加，生活水平持续提高。2010年，全村有别墅245幢，商住楼5幢、入住92户，人均居住面积36平方米。轿车154辆，摩托车、电动车488辆。手机1340部，彩电450台，冰箱374台，空调289台。该村基础设施配套、绿化覆盖率高、垃圾污水实现集中处理。2010年，有11个村民小组，1758人，耕地面积3045亩。全村经商150多人，外出打工近700人，人均年收入8465元。

卷三十二 丛录

一、兴化文化研究辑选

二、调研报告录选

三、前志勘误

图 32-1　千垛花海　　（2014年，朱宜华摄）

一、兴化文化研究辑选

纪念文化部关于施耐庵身世调查60周年暨《施耐庵文物史料考察报告》发表30周年学术座谈会述要

林 骅 史 实

2012年4月27日至29日，由中国水浒学会、江苏省社会科学院、江苏省明清小说研究会和兴化市联合举办的纪念文化部关于施耐庵身世调查60周年暨《施耐庵文物史料考察报告》发表30周年学术座谈会在历史文化名城江苏省兴化市举行。中国社科院文学所《文学遗产》编辑部原主任、编审卢兴基，中国社科院历史所研究员王春瑜、江苏省社科院文学所所长姜建、研究员陈辽、副研究员徐永斌、魏文哲，南京师范大学教授李灵年，南京大学教授王立兴、吴翠芬、苗怀明，贵州大学教授曲沐，天津师范大学教授林骅，湖北大学教授佘大平、张虹，江苏教育科学研究院、江苏教育学院教授冯保善，东南大学教授乔光辉，福建师范大学教授欧阳健，南京林业大学教授黄鹏成，扬州大学教授黄俶成等20多位专家学者，济济一堂，就施耐庵身世问题进行深入的交流和论证。

中国水浒学会会长佘大平主持开幕式，他充分肯定1952年文化部关于施耐庵身世的调查和1982年江苏省社科院组织的施耐庵文物史料调查取得的丰硕成果，认为具有重大的意义。中共兴化市委常委、宣传部长邹祥龙致欢迎辞，代表市委、市政府向与会的专家学者深表敬意与感谢，对已故的施耐庵研究专家表达缅怀之情，并介绍了施耐庵故里深厚的历史人文底蕴和作为“水浒摇篮”赖以产生的独特历史地理环境。江苏省社科院副院长陈刚在致辞中强调指出，江苏省社科院自始至终积极参与了施耐庵和《水浒传》的研究工作，并产生了一批成果，刘冬等学者在施耐庵研究方面所作的开创性贡献，为广大研究者所赞誉。位于长三角经济区核心地带的兴化是中国的一块宝地，物华天宝，人杰地灵，历代名人辈出，为中华文明的发展做出了巨大贡献。施耐庵之所以在兴化出现，不是偶然的，是这片丰厚的水土孕育出来的。江苏省明清小说研究会会长萧相恺在书面致辞中，情深意切地回顾了1982年“施耐庵文物史料考察”那场气氛热烈、一心求真的会议，认为像那样认真考察、热烈争辩、严谨论证的学术会议，在学术界值得大加提倡。大丰市施耐庵研究会秘书长仓显也致了贺辞。山东大学终身教授袁世硕在来函中指出：“30年前应邀参加施耐庵文物史料考察活动，原本对《水浒传》作者问题，无所适从，几天的考察、参观，使我萌生了一种自以为最贴近历史事实的判断：《水浒传》的原创者施耐庵，原籍兴化（大丰），流寓杭州。”北京大学资深教授侯忠义在书面发言中认为：“施耐庵的故里在兴化，现有两谱（《施氏家谱》《施氏家簿谱》）、两志（《施耐庵墓志铭》《处士施公廷佐墓志铭》）可证。”会议交流了曲沐的《施耐庵祖籍的再认识》、陈辽的《施耐庵生卒年考》、李灵年的《〈施耐庵研究〉及其前后》、浦玉生的《三重证据法重说〈水浒传〉作者施耐庵》、陈麟德的《让施耐庵归真返璞》、任祖镛的《再论〈水浒传〉作者施耐庵的兴化情结》和即将由凤凰出版社出版的《施耐庵研究》（样稿）收录的欧阳健的《〈浙江通志〉元代选举科目正讹——兼评“至顺二年辛未余阙榜”之由来》、莫其康的《1952年、1982年施耐庵身世调查成果的检阅和思考》等多篇新作。会议期间，专家学者前往大丰市施耐庵纪念馆考察了“施氏长门谱”，赴兴化市新垛镇拜谒了施耐庵陵墓，在兴化施耐庵纪念馆考察了“施廷佐墓志铭”。在实地参观考察的基础上，大家畅所欲言，从文化生态学和系统论等新的研究角度，从出土文物、家谱和民间传说等多重证据综合分析，肯定了元末明初兴化白驹场（今分属兴化、大丰两市）施耐庵的存在。与会的卢兴基、李灵年、王立兴、欧阳健诸先生深情回忆了1982年亲身经历的考察及座谈情况。会议对当年考察者的探索求实精神和考察的重要学术意义给予充分肯定。受李灵年先生委托，福建师范大学教授欧阳健为会议作学术小结。兹将会议的要点简述如下：

《水浒传》作者施耐庵的身世研究，备受人们关注，在中国文学史上具有重要意义。中华人民共和国成立初期，就曾受到周恩来总理的重视。1952年文化部调查团南下调查的四位成员中，徐放、谢兴尧、钱锋都撰文认为《水浒传》作者施耐庵是兴化一带人，聂绀弩虽未有专文发表，但从给盐城地委和何满子等人的信函中，表露了他晚年对《水浒传》作者施耐庵的异常关注和悄然转变的心态。1982年4月25日，张志岳、朱一玄、范宁、刘操南、何满子、刘冬、张啸虎、袁世硕、李灵年、王俊年、卢兴基、张惠仁、章培恒、王立兴、马蹄疾、欧阳健等十六位专家学者于扬州萃园签署的《对江苏省新发现的关于〈水浒传〉作者施耐庵文物史料考察报告》，经过30年的历史检验，证明是实事求是的。

上世纪初以来陆续发现的《施氏家簿谱》《处士施公廷佐墓志铭》等文物史料，在那个缺少功利思想的年代，应该说是确凿可信的，由此可以确认兴化施耐庵的存在。至于在学术界存在一些认识上的分歧是可以理解的。在中国备受歧视的通俗小说的传播过程中，出现某些记载可疑，或者故老传闻失实的情况，并不奇怪，应从总体上看待它的真实性。解读上的细微歧义，不构成是非问题。王道生的《施耐庵墓志》也可能存在这一情况，但不可一概否定。该墓志是较完整的文献，由于发表时间较晚，与胡瑞亭的版本有简繁之分，先后之别。1952年文化部调查团《再次调查有关施耐庵历史资料的报告》认为，经鉴定“原稿《施耐庵墓志》和《兴化县续志》上所载的原文是毫无出入的”。1982年的调查因故没有看到这份报告，留下了遗憾。

关于施耐庵《秋江送别》遗曲，经当年陪同聂绀弩调查的丁正华于1982年翻检“文化大革命”被抄而又发还的资料中，该遗曲赫然在目。徐放曾于1982年7月31日致书刘冬，告知《施耐庵生平调查报告》所录《秋江送别》遗曲，与丁正华抄件完全一致，堪称大手笔，感情意境不是一般的人能够写出来的。刘冬当年据“五年随断梗，千里逐飘蓬”，查到鲁渊等曾劝阻张士诚缓称吴王，辞官而走，第一次在时间坐标上找到施耐庵的行踪记录，具有很高的价值。

对待有关施耐庵的民间传闻，应该从根本上反省思维方法。历史传闻历来是史书的材料来源之一，没有传闻，也就没有了司马迁的《史记》；相反，书本上的记载，如只言片语的私家书目和笔记资料，也不一定完全可靠。《百川书志》《七修类稿》等资料，说罗贯中是钱塘人、杭人、越人，都是将寄籍误为里籍了。罗贯中在杭州生活过，而实际上是东平或太原人。施耐庵也是如此，兴化、大丰地区存在的许多有关施耐庵的传闻故事，不应视为空穴来风，可与文物史料相结合作为佐证。

从文化生态学的研究角度看，兴化位于江淮之间里下河地区腹部，四面环水，具有“水浒摇篮”赖以产生的锅底洼、荷叶地、芦苇荡、水浒港等独特的历史地理环境，有着丰富的与施耐庵有关的民间传说。用系统研究的方法来分析，《处士施公廷佐墓志铭》《施让地照》是“地下之材料”，《施耐庵墓志》《故处士施公墓志铭》是“纸上之材料”，山东、江苏、浙江绵延千里、流传百年的施耐庵轶闻传说是“口述史料”，它们既相互联系，又相互支持，是有机的整体。历次调查所获取的出土文物、家谱和民间传说等多重证据，在兴化白驹场施耐庵身上，大体上都能合榫，可以判定元末明初的兴化人施彦端即施耐庵，就是《水浒传》的作者。这是运用文化生态学和系统方法取得的研究成果。即将出版的中国社科院文学所研究员孙一珍的《明代小说史》，在《水浒传》一章中，径署作者施耐庵是兴化人，可见这已是大多数学者的共识，也是历史的抉择和肯定。

宣扬《水浒传》作者不可知的观点，或宣扬《水浒传》成书于明嘉靖年间的观点，乍看是一个纯学术问题，其实质是两种不同的对《水浒传》精神的解读。对施耐庵的考证，应符合《水浒传》产生于元末明初的传统记录。《水浒传》面对动荡年代、天翻地覆的变化，宣传“造反有理”，就显得顺理成章；明嘉靖时期，商品经济活跃，如果这时写《水浒传》，就是“教人犯法，破坏稳定”。几乎所有企图否定《水浒传》价值的人，包括刘再复的“假晶”理论，都是将成书年代定在明中叶，可见不是偶然的。考定施耐庵元末明初的家世生平，实际上是捍卫了《水浒传》的不朽价值。

施耐庵身世的考证，经历了太多的反复，值得认真总结和反思。1952年冬的苏北水乡，交通、食宿等条件极其艰苦，聂绀弩、徐放一行常驻调查了40多天，没有一番科学探索的热情，是不可想象的。如果不是对揭开“施耐庵之谜”有重要价值，怎么会把一批文物史料运回北京？1982年的调查，专家们身历实地，态度极其认真，论证十分严谨，考察成果应予尊重。在施耐庵身世问题上，聂绀弩等人也有难言之隐，非学术干预是1952年施耐庵身世调查成果未得彰显和1982年考察成果遭到纠偏的直接原因。《施让地照》原件的丢失，《施廷佐墓志铭》的严重磨损，都是人为造成的不可弥补的损失。

与会者对莫其康新编的《施耐庵研究》（样稿）给予好评，认为既收有代表性论文，又有相关链接、存目辑览，图文并茂，是一部集施耐庵学术研究成果之大成的厚重之书，其中新作《1952年、1982年施耐庵身世调查成果的检阅和思考》，是一篇突出会议主旨的精心之作，是对60年来施耐庵研究成果的总结之作，也是揭开历史面纱、还原历史真相有胆有识之作。与会者认为，学术问题应该通过学术研究与交流来解决，避免一些非学术因素的干扰；务必坚持实事求是、一切从实际出发的科学态度；务必坚持全息思维、系统思考，讲究学术规范，不在细微末节问题上纠缠不休；务必抛弃“本本主义”，将施学研究从旧的“书斋式”“学究式”的死胡同中解脱出来，致力于用大智慧勾勒和描绘施耐庵的光辉形象。

与会者希望，兴化、大丰两市要联手合作，理直气壮地宣传《水浒传》作者施耐庵，进一步深化施耐庵研究，对尚未发现的施氏文物史料，应继续着力挖掘、保护。用文化部调查团唯一健在的钱锋先生的话说，要让外国文化人到中国来，都来看一看施耐庵纪念馆，让世界都能了解施耐庵。呼吁尽快将施耐庵是元末明初兴化白驹场（今分属兴化、大丰两市）人写入中国文学史、权威工具书，恢复民国时期教科书将施耐庵定为兴化人的注释。会议建议由江苏省文物局牵头，联合兴化、大丰两市，组成施耐庵文物资源整合委员会，协调保护、开发、利用施耐庵文物资源，促成旅游资源的共享。由江苏省交通厅牵头，联手泰州市、兴化市，帮助解决新垛镇施家桥施耐庵陵园的交通出路与大兴金公路干线的连接问题，请大丰市帮助解决出入白驹施耐庵纪念馆的交通问题。

（载南开大学《文学与文化》2012年第3期，《明清小说研究》2012年第3期节载）

挖掘与传承：全球重要农业文化遗产兴化垛田的文化内涵探析

卢　勇

江苏省中部地区里下河腹地的兴化垛田传统农业系统，于湖荡沼泽之中堆土成垛，垛上种田，既能抵御洪水又地貌秀丽。垛田大者两三亩，小者几分、几厘，垛与垛之间四面环水各不相连，形同海上小岛的台状高地。垛田物产丰饶，别具特色，目前约有6万多亩，分布在垛田、缸顾、李中、周奋、西郊、林湖、沙沟等乡镇，核心区是垛田镇万亩垛田和缸顾乡千垛菜花风景区。作为中国湖荡沼泽地带独有的一种土地利用方式与农业景观，2013年、2014年兴化垛田先后被遴选为“中国重要农业文化遗产”和“全球重要农业文化遗产（GIAHS）”。

兴化垛田是中国里下河地区历史地理和农业生态系统变迁的活化石，不仅因为它是传统生态农业和可持续发展的典型，而且它万岛耸立、千河纵横的独特地貌和景色，在全国乃至全世界都是唯一的，具有难以估计的地理历史、科研价值和文化旅游价值。[1]目前，有关垛田的研究持续升温，成为政府、学界日益关注的热点，学界同仁们已做了不少富有建设性的工作，其中钱晓晴等分析了垛田土壤属性；①刘春龙等描写垛田的美丽风光；②陈祥麟则以文学手法描写了垛田的菜花；③韦吉描写垛田的菜花由来；④李松筠叙述了垛田的乡土纪事；⑤崔峰探讨了垛田保护与区域社会经济发展的关系；⑥拙作在垛田起源时间和原因等方面作了一些探讨。⑦然而学界和政府社会却对垛田浓郁而富有特色的文化内涵关注不足，造成仅重视垛田表面地貌特征保护，忽视其文化精神内核传承的局限，长久以往，必然会导致与联合国粮农组织设置全球重要农业文化遗产的初衷相偏离，也不利于真正保护传承好这一人类珍贵遗产。笔者身为垛田乡邻，深以为憾，故对此试作挖掘，以期抛砖引玉，不当之处，祈请专家指正。

一、永不屈服的治水精神

作为全球重要农业文化遗产的垛田并非自然天成，而是世世代代垛田人于湖荡沼泽湿地之上手挖肩挑堆垒而成的血汗结晶。它既是当地先民兴修水利敢叫日月换新颜的现实体现，又是垛田人永不屈服的治水精神的具体见证，主要体现在两方面。

其一，面对洪魔，不屈抗争。兴化位于江苏中部的里下河地区，素有“洪水走廊”之称。尤其是明清时期黄河南下夺淮，二渎合一，水势浩大，加上明清两代长期执行“黄淮合一、束水攻沙”的治水方针，低洼的里下河地区成为行洪通道。位于兴化西北的洪泽湖与高邮湖最高洪水水位一度达到16.9米和9.64米，比城内塔尖还高。[2]每到夏秋汛期，洪水迅速汇集锅底洼的兴化地区，河湖决溢、雨涝潮灾交替发生，水患不断。民众墙倒屋坍，家破人亡的记载史不绝书。据《清史稿·河渠志二》统计，从顺治四年（1647）至同治五年（1866），运河共决堤14次，平均15.6年一决。[3]民谚“一夜飞符开五坝，朝来屋顶已行舟”，即是当时兴化地区民众惨遭其害、民不聊生惨状的真实写照。

在日益严峻的洪水压力面前，兴化先民没有逃避退缩，他们首先通过兴修圩堤防止洪水进一步侵袭，为本地区的沼泽湿地改造奠定了基本条件。《咸丰重修兴化县志》卷2“筑圩”记载：“治水之官禁民筑圩，恐妨水道，亲民之官劝民筑圩以卫田庐。前抚宪林公劝筑圩岸，刊刻示谕，剀切周详，至今民利赖焉。邑之兴、盐，界河北盐民筑长圩蚌，沿河南泰民亦筑长圩，均绵亘百里。……厥后东隅踵行之。”[4]与此同时，先民们发现在频繁的水涝灾害和黄淮带来的大量泥沙的冲击及下游海潮的顶托下，兴化地区的古射阳湖逐渐淤积而成的湖荡沼泽地带出现了一些大小不等的高地，土肥草绿，鱼鸟翔集。受此启发，他们创造性地在露出水面的高地周边挖起河泥取土堆高、一担担挖泥围土，垒成高垛。每一个刚刚挖成的新生代垛子既低又窄，通常是一些离水面的高度不过一米左右，宽不过几米岛状土垛。以此为基，先民们因地制宜利用土垛通风良好、灌溉便利的自然条件种植瓜果蔬菜，以后逐年培高，垛田渐具雏形。

①钱晓晴，陈清硕，封克.江苏省的垛田[J].土壤通报，1996（3）.

②刘春龙，董景云.垛田之美[J].江苏地方志，2012（1）.

③陈祥麟.垛田的菜花[J].档案与建设，1999（6）.

④韦吉.兴化垛田菜花的由来[J].江苏地方志，2012（2）.

⑤李松筠.垛上杂弹[M].内蒙古人民出版社，2007.

⑥崔峰.农业文化遗产保护与区域经济社会发展关系研究——以江苏兴化垛田为例[J].中国人口资源与环境，2013（12）.

⑦卢勇.江苏兴化地区垛田的起源及其价值初探[J].南京农业大学学报（社科），2011（2）.

其二，精心维护，变害为利。垛田初步成型后还需要精心的维护和保养，当地先民长年累月地在湖荡港汊河沟间罱泥扒苲，往垛上浇泥浆堆泥渣，垛田便以每年几厘米十几厘米的速度渐渐长高至四五米的海拔。[5]这样，在面对频频来袭的洪水时，当地人基本可以高"垛"无忧了；而且高高的垛田，除了平面还有四周的坡面，都可以栽种作物，达到增产之效，在涝灾之年至少可保一家口粮无虞。但是，当年的这种垒田劳动没有任何机械化工具，全凭一条罱泥船和和掌中的铁锹。千百年血汗的累积和沉淀，垛田人硬是让洪魔低头，变水害为水利，从一无所有的沼泽湿地中改造出一个人间胜境。

由于垛田地区地理条件的独特性，至今仍无法全面推广现代化的耕作方式，依旧维持着以舟代车的劳作景象，以及罱泥①、扒苲、搅水草等传统的农耕方式。[6]垛田维护劳动强度大，工作难度高、持续时间长。直到20世纪六七十年代，兴化每年冬春都会组织发动10多万劳力参加兴修水利工程，深受水灾荼毒的村民干劲很大，速度很快，短短几年就开挖和疏浚了渭水河、靖盐河、雌雄河、西港河等，建造了7万多个马力的排灌设备。20世纪80年代联产承包到户后，水灾基本被杜绝，菜农纷纷将垛田挖低，以增加面积，方便耕作。在兴修水利中建立了大量的联圩，使用上了排涝的抽水排涝站，从此更加不再担心洪涝灾害。

正是祖祖辈辈勤劳的垛田人不畏洪魔肆虐，始终坚守家园，努力改善不利的生态环境，终于化害为利，变废为宝，使得垛田不仅成为风景秀丽的人间乐土，而且演绎为体现中国先民精神一座丰碑。这种永不屈服的治水精神是中华治水精神宝贵财富的有机组成部分，影响着一代又一代的兴化人民。[7]

二、天人合一的农耕体系

中华民族是一个智慧的民族，总是能够根据所处的生态环境，或合理利用，或创造性地加以改造，从而孕育出了辉煌灿烂的中华农耕文明，垛田就是一个经典例证。它是当地先民为适应生态环境变迁，因地制宜创造出来的一种抗灾减灾的土地利用方式。就其本身而言，垛田是一个和谐、科学的农耕系统，是人与自然完美结合的产物，充分代表了中华农业文明中天人合一、和谐自然的传统哲学思维，具体体现如下。

（一）因地制宜的耕作体系

垛田利用沼泽湿地堆垛而作的农耕方式，是当地民众长期改造恶劣环境与之相适应的结果，因其显著的地貌形态逐渐构成了具有独特农业特质的生态圈和耕作体系。因为垛田具有较为分散、面积小，所以垛田人在种植麦稻等作物时，不像其他地方那样大面积撒播麦种、栽插秧苗，他们通常不使用耕牛、拖拉机等常规的农具来犁耙耕地，而是使用钉耙、大锹等农具翻地，使用戽水瓢舀水的浇灌。盛夏时节不少作物每天要浇两三次水，其灌溉系统别具一格。据当地学者研究"在垛田的四周，每隔五六米开挖一组浇灌系统：顶部平面处是一道流水槽，称为"灌槽"，灌槽口垂直向下，"每隔一米多的高度，在坡面上挖一个小坑，这叫戽塘，最高的垛有四五层的戽塘。浇水时，每层一个人，最下边的人将河水舀到第一层戽塘里，第一层的人再把水舀进第二层，逐层传递，直至上面的灌槽。" [8]

垛田种植的选种、播种、移植等环节也较有特色：选种通常在收获季节就开始了。例如瓜种，他们选择成熟的、个头大的，将扒下种子用锅灰拌和成饼状糊到墙上晾干，等到来年播种用。选芋头种用"搁种"和"窖种"法，"搁种"是已选芋头放在阳光下晒八成干，后用搁子放在屋里。"窖种"是把芋头种储藏待来年用。垛田人播种是采取往后退，直退到河坎上为止的

①罱泥：江苏里下河地区老百姓常用前段有兜状的长竹竿从河湖底部捞取淤泥，以疏浚河道或者以之肥田、堆积垛田。

方法。移植有打塘儿、打岭子、平移等方法，这些方法都有便于浇水、施肥的特点。打岭移植便于刀豆、番茄等植物搭架爬藤、收获的作用。还有是为植物的果实长出来光滑、干净不沾着泥土。

垛田耕作还非常讲究移植，因为移植后的二次布局，便于作物的除草、施肥，使之更加通风、透气，更有利于各植株间都能够吸收到足够的营养，给作物生长营造出一个良好的生存环境，种植出来的瓜菜较之他处显得味道纯正、口感醇厚、鲜美。

由于垛田地理地貌的独特性，现代化的耕作方式在这里一直无法全面推广和普及。至今，垛田地区唯一能派上用场的现代化机械是抽水机，原本是消防器材，垛田乡民移作他用，装在小舟之上漂浮喷水灌溉，堪称垛田一绝。[9]

（二）天赐嘉种的果蔬栽培

垛田具有独特岛状地貌的特征，彼此间形成有效的空间隔离，使得田地通风好、光照足，四面环水，容易浇灌又难有水渍，为瓜果蔬菜生长提供了绝佳条件。同时垛田是在湖荡沼泽地带挖土堆积而成，以河泥为主的肥料，富含有机质及钙、铁、锰等多种微量元素，加上采取因地制宜的蔬菜栽培方式，垛田出产的果蔬无论是品质还是产量，都是普通大田种植无法比拟的，因而有"蔬菜之乡"的美誉，可谓天赐嘉种。其主要产品有三：

第一，油菜。油菜栽培在垛田地区历史悠久，当地先民利用得天独厚的地理优势，培育了一大批的优良菜种。中华人民共和国成立后，垛田油菜产量创全国挂帅；20世纪60年代，农业技术员张伯康培育油菜新品种"垛油2号"，品质、单产堪称全国一流；油菜姑娘王兰英获得全国"三八红旗手"殊荣，受到周总理的接见。[10]每到春季，各垛之上的油菜花竞相开放，形成了"河有万湾多碧水，田无一垛不黄花"的旖旎景色，恍若人间仙境，有中国最美油菜花之誉。

第二，香葱。垛田香葱虽是垛田后起之秀，但已在2006年获得国家地理保护标志而香飘四海，给当地百姓带来了无以计数的财富。[11]叶碧绿，口感浓烈，脱水香葱早已是康师傅、统一、金麦郎等方便面选用的配料包主料，并远销欧美、东南亚、韩国、日本和俄罗斯等国家和地区。

第三，龙香芋。龙香芋为垛田地区所独有，垛田长出来的龙香芋敦实可爱，子芋少，肉粘而白，粉而香。最近正在热播的中央电视台纪录片《舌尖上的中国Ⅱ》拍摄了垛田龙香芋的独特种植方法和烹饪过程。盛夏正午，夏俊台和王元凤夫妻船划进湖荡，就地取材，罱取河泥施肥。他们用当地特色农具"戽水瓢"给芋头浇水，每天四次且每次必须浇够一个小时，只有这样，才能保证龙香芋生长所需的水量；只有如此精美的食材，也才能成就经典的淮扬菜名品"芋头红烧肉"香而不油，肥而不腻的绝佳口感。

（三）水天一色的农业风光

垛田地区千岛耸立、万河纵横，其秀丽景色在中国乃至世界都是独一无二的，自古就有"两厢瓜圃、十里菱塘、胜湖秋月"的垛田三景。如今，春天油菜花盛开的季节，垛田、花丛与水中浮动的光影，密密地交织成一条无边的黄地毯，游人来到垛田，在开满油菜花的垛子里款款而行，嗅着花蕊的芬芳气味、泥土的清香、河水的甜润，再荡舟其间，体验"船在水中走，人在花中游"的感受，真可谓"人间仙境"。

自2009年4月兴化举办首届中国"千垛菜花节"后即引起轰动，在人民网旅游频道举办的"中国最美油菜花海"评比中名列前茅。2013年菜花节共接待游客80万人次，与2012年相比，同比增长6.7%；实现旅游总收入4.2亿元，同比增长7.7%。旅游团队8200家，约49万人次，境外游客突破3万人次。[12]2014年共有62个项目成功签约，这些项目计划预计总投资112亿元，垛田成为江苏省蜚声中外最具吸引力的乡村旅游项目之一。

兴化垛田地处亚热带，四季分明，水乡特征十分明显，与此相对应的是垛田景观层次不仅限于春季，而是随不同季节、不同天气状况呈现多姿多彩的景象。其水田相依形成的天人和谐之感无处不在，使得垛田周边远有水上森林的宏大，近有渔歌唱晚的温馨，有“中国最正宗水乡”之誉。整个兴化垛田区域内田青水秀，蔬菜飘香，夏秋时节满垛碧绿，瓜果金黄；冬季白垛黑水，满目圣洁，四季各有神韵，美景数不胜数，令人流连忘返。

三、清淡自然的垛田美食

俗话说靠山吃山，靠水吃水。垛田地区水网密布、土地肥沃、物产丰富，自古就是鱼米之乡和淮扬菜系发展传承的核心地区，其饮食文化博大精深，主要特点有三：

其一，食材新鲜丰富。垛田地区河湖纵横，水田相依，鱼虾等水产品种四时不绝。鱼、虾、蟹、鳖、螺、蚌、蚬层出不穷，鱼类产品青、鲢、鲤、银、黑、鳊、鳜鱼、虎头鲨品种繁多。湖鲜风味鲜美，蟹黄豆腐羹、淮扬名菜长鱼（黄鳝）烧猪肉的“大烧马鞍桥”等等，都是垛田的特色美味。刚从湖里捕上来的大青虾，活蹦乱跳，晶莹剔透，用烈酒呛一下，加上佐料，直接上桌，清淡自然。还有藕、莲、菱、芋头、莴苣、茨菇等，这些水灵灵的本土蔬菜给垛田筵席带来阵阵水乡清凉之风。垛田香葱，质地柔嫩，香味浓郁，且有中药功效。这些都为兴化的餐桌提供了丰富的食品原料，也吸引了众多商贾名士举家来到垛田这个世外桃源隐居避乱。当地传说施耐庵在兴化时酷爱三腊菜，而郑板桥则对兴化红膏蟹情有独钟，知识分子的加入，促进了当地各个行业尤其是餐饮业的迅速发展。

其二，技法精细考究。垛田菜品取自天然，往往于自然平淡中见真味。垛田地区做菜十分讲究刀工，很多名菜形态精美，既是美食又是工艺品。在烹饪上非常注重火功，擅长炖、焖、煨、焐、蒸、烧、炒，重视调汤，原汁原味，清新自然，滋味淡而不薄，讲求食材的本来风味，这也与当下追求绿色、健康的饮食风尚相吻合，所以受到食客的普遍追捧。兴化古属扬州，苏东坡《扬州以土物寄少游》诗中提及的鲜鲫、紫蟹、春莼、姜芽、鸭蛋之类，郑板桥诗词中描述的鲥鱼、鲜笋和“蒲筐包蟹、竹笼装虾、柳条穿鱼”等，均比比皆是。这些，构成了淮扬菜令人艳羡的新鲜食材。又以其居天下之中的地理优势，得以博采海内厨艺之精髓。在垛田地区食材和垛田菜品基础上发展兴盛起来的淮扬菜，素有“东南第一佳味，天下之至美”之美誉。许多标志性事件的宴会都是淮扬菜唱主角：1949年开国大典首次盛宴；1999年中华人民共和国50周年大庆宴会；2002年中国国家主席江泽民宴请美国总统小布什等，其中都能看到垛田饮食的影子。

其三，师法自然，因时而食。垛田地区食材丰富，取材简易，更为讲究清新鲜活。尤其蔬菜是垛田的名优土产，但其品质亦随生长期和季节的变化而变化，有一个最佳食用期。因此人们在不同季节对蔬菜的选择就有不同的讲究。比如韭菜要吃头刀的，菜鲜味足；荠菜、马兰头在清明前上桌；苋菜馉一定要在盛夏里做；三腊菜就要在严冬里腊。“腊月青菜赛羊肉”，经霜打过的青菜才能甜而无渣；再如螺蛳菜肴，垛田人最喜欢吃清明节前无子、肉肥的螺蛳，还流传“清明螺赛肥鹅”，以及“醉蟹不看灯、风鸡不过灯①、刀鱼不过清明、鲥鱼不过端午”等说法，这种因时而异的准则确保了盘中的美食原料来自最佳状态……正如清代美食家袁枚的话：“冬宜食牛羊，移之于夏，非其时也。夏宜食干腊，移之于冬，非其时也”[13]，可谓殊途同归，道出了垛田美食的真谛。

四、特色鲜明的地域文化

俗话说一方水土养一方人。兴化垛田的独特地貌和物产影响到当地人生活的方方面面。加之垛田地区地处江淮之间，水网密布，交通便利，以宽广的胸襟迎接、包容八方来客，数百年来在垛田地区形成了特色明显的地域文化。

①此处的灯是指正月十五挂的灯，这里与后面的清明、端午一样是指节令时间。

（一）名家辈出的文化沃土

从历史上看，兴化垛田地区早先受楚文化的滋养，后又融入吴文化乳汁，是真正的南北文化的交融地区。又由于其岛状地形非常适合隐居躬耕，深受历代文人雅士的青睐，成为名家辈出的文化沃土。明朝万历年间兴化即被称为“缙绅之渊薮，人才之都会”。从古到今，代有人才，各领风骚，形成了中国文化史上奇特的“兴化现象”。明清时期就有施耐庵、宗臣、禹之鼎、郑板桥、李鱓、刘熙载等大师出现，据说施耐庵创作《水浒传》是源于垛田境内的得胜湖、八卦阵、水浒港，以及传说的抗金反元故事等影响。扬州八怪的代表人物郑板桥也出生于垛田地区，其别具一格的“六分半书”与垛田散而不乱、错落有致的地貌极为神似，似乎也是源于“杂垛戏水”韵味的创新灵感。他在《自在庵记》也说：“兴化无山，其间菜畦瓜圃、雁户渔庄，颇得画家遥远之意。”[14]

20世纪80年代以来，兴化又涌现出一大批在小说创作方面卓有成就的作家，他们是王干、费振钟、毕飞宇、朱辉、楚尘、庞余亮、马春阳、顾保孜等，形成了一个群星璀璨的作家群体，构成了中国当代文学一道亮丽的风景。2011年第八届茅盾文学奖评选中，入围的178部作品名单中，兴化籍作家作品占了4部，分别是毕飞宇的《推拿》、朱辉的《天知道》、梅国云的《第39天》和顾坚的《青果》。最终，毕飞宇获得第八届茅盾文学奖。[15]毕氏的书中将兴化垛田地区的民风民俗、人性的好坏，体现得尤为生动。

重文重教，崇拜文化、崇拜文人形成了垛田特有的人文景观。兴化的学者既从这方水土中汲取着激情与灵感，又从这里收获了敬意与崇拜。悠久的历史文脉、政府的支持加上兴化作家群的共同努力，奠定了兴化以垛田为特色文化的丰厚底蕴。2012年4月兴化成为中国小说协会唯一认定的“中国小说之乡”。

（二）丰富多彩的乡土艺术

灵动的水、秀丽的垛，也催生了垛田丰富多彩的乡土艺术发展，造就了一大批民间艺人和深厚的民间文化。高家荡的高跷龙、芦洲的判官舞、四人花鼓舞、新徐庄的刻纸与扎裱，以及拾破小品画、垛田农民画，都具有独特的艺术表现力、感染力和生命力。1993年组建“垛田乡书画摄影协会”，并与上海浦东新区北蔡镇联合举办书画摄影轮展，农民画、拾破画、剪刻纸多次在国家级和省级大赛获奖。芦洲的高跷剧表演参加1995年扬州琼花节民间文艺展演获得广泛好评，高家荡高跷龙舞已被列为泰州市非遗保护名录。2000年5月，兴化电视台拍摄、播放专题片《水乡画苑一奇葩》全面介绍了垛田的书画现象。2002年垛田因书画创作特色鲜明被江苏省文化厅命名为“民间艺术之乡”。2010年9月农民画家李玉书的《四季春》《放风筝》，获得首届“中国农民艺术节”最高奖项，并被中国农业博物馆永久收藏。其中《放风筝》以一家三口在垛田菜花地里放风筝为画面，反映了当代水乡农民的和谐家庭生活和社会主义新农村的新气象，小中见大，寓意深刻。

据不完全统计：目前兴化共有各级文物保护单位70多处，其中省级文物保护单位5处，国家级非物质文化遗产2个，其中大多数在垛田或者垛田周边。

（三）地域文化的代表名片

兴化垛田不仅为民众提供一个神清气爽、心旷神怡的工作和生活场所，而且也成为显现地域人文精神的代表名片。垛田逐渐成为到过的人共同关注和喜爱的对象，不断地用摄影、舞蹈、绘画、对联、歌曲、散文等等艺术形式加以描绘和书写，既流露出他们由衷喜爱的真情实感，也不断地丰满了这一极具地域文化色彩的代表符号。

1959年杨训仁摄影的《兴化的油菜》一书由江苏文艺出版社发行，是较早拍摄、宣传油菜图片。在1960年描写垛田油菜《油菜舞》在扬州地区群众文艺汇演中获奖。1961年扬州大学教师摄影家齐云直拍摄《兴化垛田风光》在扬州专区第一届摄影艺术展览展出，并刊在当年7月26日

《新华日报》摄影艺术专版上。1978年著名摄影家吕厚民拍摄的作品《兴化垛田春色》入选大型画册《江山如此多娇》。随着这些照片陆续在国内外发表、获奖，壮观奇丽的垛田春色被世人所知晓。1984年阙文林根据巴金原著改编的电影《寒夜》，选择垛田作为外景基地，画面优美细腻，首次在银幕上宣传了垛田。20世纪80年代，著名书画家李宗海题写楹联“九夏芙蓉三秋菱藕，四围香菜万顷鱼虾”。1995年4月，原上海“一大”纪念馆馆长张成之题写“河有万弯多碧水，田无一垛不黄花”著名诗句。此外，潘金国作词、徐菲谱曲《垛田印象》以优美的旋律唱出了对垛田的赞美。董景云写词、陶思耀谱曲《歌声洒满三十六垛》。以“三十六垛”为背景，用新民歌的体裁，展示了水乡儿女纯真的爱情、淳朴的情感，后被拍摄成MTV。

2012年11月28日江苏省委宣传部与新华社江苏分社联合制作“水润江苏”形象片，在美国《纽约时报》广场新华社电子屏播出，其中兴化垛田作为经典元素亮相“世界十字路口”，展现了美好江苏新形象。2013年，“兴化垛田（菜花）”图案作为江苏省唯一作品亮相《美丽中国》邮票，搜狐网的《江苏旅游》栏中甚至推介兴化垛田是“真正意义上的水乡”。垛田已成为江苏乃至中国文化的标志性符号之一。

由上可知，垛田地区的文化既丰富多彩又独具特色；既具有浓烈的乡土气息，又暗合中国先民天人合一兼蓄并包的审美意趣和精神追求。文化是遗产之根，农业文化遗产尤其如此。如果仅仅停留在地理地貌的保护和观光等的开发利用上，兴化垛田的传承发展就会与全球重要农业文化遗产的设置初衷相背离，而且当前貌似火热的乡村旅游等成为无水之源、无根之木，日益挑剔的游客在审美疲劳之后很快就会对其丧失兴趣，转而它去。因此兴化垛田的保护和传承一定要坚持文化优先，在深入调研挖掘的基础上作战略谋划，才能真正着眼长远，不惟垛田如此，中国其他农业文化遗产的保护和传承也应如斯。

参考文献：

[1]卢勇，王思明.兴化垛田的历史渊源与保护传承[J].中国农业大学学报（社科版）2013（4）：141-148

[2]水利部淮河水利简史编写组.淮河水利简史[M].北京：水利电力出版社，1990：9.

[3]彭安玉.论明清时期苏北里下河自然环境的变迁[J].中国农史，2006（1）：111-118.

[4]（清）梁园棣.咸丰重修兴化县志[M].卷二，南京：江苏古籍出版社，1991：123

[5]李松筠.垛上杂弹[M].内蒙古人民出版社，2007：14

[6]卢勇.兴化垛田：中国古代的绿色田园[J].百科知识，2011（13）：38-40.

[7]潘杰.以水为魂-中国治水文化的精神传承[J].江苏水利，2006（6）：46-48.

[8]李松筠.垛上杂弹[M].内蒙古人民出版社，2007：15

[9]神奇垛田编写组.神奇垛田[M].南京：东南大学出版社，2012：213.

[10]刘春龙.感受垛田[N].泰州日报.1992-09-15（3）.

[11]中华人民共和国农业部官网.江苏省兴化市垛田镇香葱[EB/OL].[2013-02-25].http：//wszt.agri.gov.cn/ycypzt/201302/t20130225_108868.htm[OL].

[12]蒋步银.江苏省兴化市休闲农业与乡村旅游发展报告[J].中国乡镇企业，2013：22-26.

[13]（清）袁枚.随园食单·时节须知[M].南京：凤凰出版社，2000：43.

[14]艾舒仁编.郑板桥文集配图本.成都市：四川美术出版社，2005：198.

[15]江苏兴化市府门户网.兴化籍著名作家毕飞宇荣获第八届茅盾文学奖[EB/OL].[2011-08-20].http：//www.xinghua.gov.cn/art/2011/8/20/art_3_49565.html

（载于《西北农林科技大学学报（社会科学版）》2015年第6期）

兴化河名文化探秘

刘文凤

兴化全市共有大、中、小河道12124条，总长10526公里。其中：市级骨干河道31条，总长329.13公里；乡（镇）级骨干河道（分圩河）364条，总长1167.55公里；圩内河道（中心河、生产河和村庄河边道）11729条，总长9029.32公里。真是兴化水乡，万条河道；三级河流，交织成网；引排灌航，鱼米之乡；人杰地灵，全国百强。

兴化的河道都有河名，而且文化内涵丰富，有的反映了河的成因，有的表明了河的功能，有的明确河的区位，有的包涵了许多典故。笔者从事水利工作40年，由于在职期间成年累月忙于治河，从规划设计、立项审批、上争资金到组织施工和工程配套，忙得不亦乐乎，无暇顾及河名文化。退休10年，时间宽余，对河名文化做了一些搜集和探讨，知其皮毛，现整理成拙文，旨在和同仁们相互交流，期待共同研讨和探究兴化的河名文化。

初步归纳兴化的河名有五大特点：

一是以河的成因取名，历史渊源深长久远。

兴化地处苏北里下河腹部，历史上经历了海湾、泻湖、沼泽、平原的漫长演变过程。西起西鲍、东至大丰白驹全长48.9公里的海沟河，远古就是黄海滩涂上的小海沟，多年的行洪泄洪，河床被洪水冲成口宽百米河深5米的大河，取名海沟河。里下河成陆以后，兴化腹部地势低洼，兴化城以东延伸到大丰草堰王港，全是连片大荒田，由于历史上是海边滩涂，土壤含盐量很高，从东鲍、海南东西荡南北蒋、林湖魏庄、昌荣草冯庄、安丰大邹耿家舍、戴窑韩董到大丰草堰，到处都是白茫茫的白色滩涂。兴化至大丰丁溪，原来是扬州盐商们从沿海盐场用车辆往扬州运盐的车路，车子走多了，荒田压成宽阔平坦的路槽。淮河年复一年大流量行洪泄洪，低矮的白色滩涂上，冲出一条大河，就叫白涂河；平坦的路槽上冲出的一条大河，就叫车路河。

卤汀河南起泰州北至兴化城，全长49.8公里，其中兴化境内33.8公里。由于历史上海水倒灌，卤汀河里的水非常咸，撑船时篙子一拖，泛黄的河水白沫直冒像条火龙，人们把水咸得卤汀子的河称之为卤汀河。后来，由于水上运输逐步繁忙，卤汀河成为南北水上交通运输要道，人们又称为南官河，“官”指公家、公共的意思，意指兴化城以南公共交通河道。

塘港原来是北起兴盐界河，穿过安丰镇，南至边城的纵贯兴化市南北的河道。“塘”指河岸河堤，“港”指入海入江的中小河道，取土筑堤形成的河道称塘港。安丰镇至盐城大冈的河道叫东塘港，它是筑老圩西堤、中圩东堤形成的河道。黄庄至兴盐界河的河道叫西塘港，它是筑中圩西堤、下圩东堤形成的河道。随着永丰圩、林潭苏坡圩和昌荣福星圩的浚河取土筑堤，塘港由安丰接通到唐子，并逐步向南延伸至边城腾马，这就是塘港河的由来。在全市水系调整中，20世纪整个70年代，兴化市用10年时间，先后动员民工4.48万人次分5期工程把西塘港向南新开和拓浚至兴泰界河，并跨过界河接通泰东河，成了兴化市版图中心贯穿南北、全长59.9公里的河网中轴线，西塘港也由中小河道升格为市级骨干河道。

二是以河的功能取名，河的作用一目了然。

兴化的河道功能主要是引排灌航，但在特定历史条件下也有一些专用河道，并以功能取名，从河名一看便一目了然。

兴化市东部边界有一条北起阜宁、南至海安，全长150多公里纵贯里下河的串场河，它是因取土筑范公堤而形成一个个土塘，为方便运盐把土塘整治成一段段堆河，随着盐业发展，盐运迫切，把堆河全线贯通，便成为人工运河——运盐河，又称抻（chēn）盐河，它的功能主要是把沿海各大盐场串联起来，后来改名为串场河。

市境西部的李中、周奋、沙沟一带，20世纪70年代以前还是一望无际的连片大荒田，荒田长柴草，又称草田，当时农民以取鱼、卖草营生。由于草多，李中镇政府所在地称草王，又称草堰港。当时刘沟向东通往夏广沟出下官河的一条河，全长6公里，是荒田对外的主要通道，担负着柴外运、粮食内调的主要功能，所以叫粮草河。后来编制兴化地图时，按照航摄图调绘时，由于"粮""穰"（ráng）音近而出现笔误，把粮草河写成"穰草河"，其实当时这里一根穰草都找不到。新开的纵贯南北的李中河，建成了高标准圩堤和水利设施，新筑了兴沙公路、大兴金公路和浙江省盐公路与其交汇，水陆交通四通八达，抗御洪涝的灾害的能力显著提高，昔日荒田、荒滩、荒水全部开发，建成了高标准农田和一方方精养鱼池，粮草河使命已经完成，优质的农产品和丰富的水产品源源不断地通过公路陆运，满足大江南北大中城市的市场供应。

中引河位于大纵湖的蜈蚣湖之间，是将蜈蚣湖水排入大纵湖，两湖之间的人工引河称中引河。蜈蚣湖与大纵河两湖相距3公里，历史上由于没有大河相沟通，两湖汛期水位相差1尺多。大纵湖有蟒蛇河通新洋港，汛期排水快，而蜈蚣湖每年汛期的高水位需要持续到年底才能排完。例如1957年汛期，蜈蚣湖水位高于大纵湖38厘米，直至12月底两湖水位差仍达27厘米。为了开拓两湖通道，加大蜈蚣湖排洪流量，1958年春，县政府组织沈坨、中堡两乡民工，将原来12米小河开成口宽70米的大河，使大纵湖与崔垛至中堡的东西大河——大溪河相沟通，大溪河以南有许多垛岸间小沟与蜈蚣湖相连。后来，由于联圩并圩，蜈蚣湖北侧大溪河以南新匡成郯家大圩，使两湖又隔断。1987年底，市水利局启动了三湖连通工程，分开郯家圩，疏通中引河上游郯家河道，扒开平旺湖与蜈蚣湖之间的大丁沟，使平旺湖、蜈蚣湖、大纵湖三湖沟通，共同调蓄，加速外排，现在的三湖连通河道全长8公里，河名仍沿用中引河。

城南十里亭以东、郭家庄一带是临城粮食主产区，郭家庄至十里亭（临城镇政府所在地）一条大河是四乡八舍运输粮食的唯一通道，所以叫运粮河。后来，为了方便刘陆乡运粮，把运粮河由郭家向南拐弯延伸7.2公里，穿过浪家荡开到刘陆砖场，仍定名运粮河。

三是以河的位置取名、读名即明确河的区位。

历史上有很多老河以起讫地点或河道区位定名，简单明了。例如：兴化与盐城分界处，西起大纵湖东至串场河，全长39.5公里一条河叫兴盐界河，就是以区位定名；兴化至姜堰途经刘陆、沈坨、茅山、顾庄的一条通航河道叫兴姜河；沈坨向南穿过茅山朱南，通往边城界沟，接兴泰界河的南北向河叫通界河。水系调整中，新开了一大批市、乡（镇）骨干河道，不少河道定名时，仿效历史做法，如李健、中沙两区合开的河叫李中河；1958年水利建设规划中，北起盐城、南接靖江纵贯里下河的盐靖河，由于南北两头没有实施，兴化境内于1994年结合新筑宁靖盐一级公路，拓浚与路平行的全长54公里河道，仍然定名为盐靖河。1979年盐城市组织所辖各县民工，拓浚整治了南起沙沟北至建湖黄土沟全长17.3公里的东塘河，其中兴化境内7.7公里，把东塘河按照起讫地点更为沙黄河。

"四五""五五"期间，各乡（镇）在水系调整、开河分圩中，新开一大批乡（镇）骨干河道，顾庄乡新开纵贯全乡的南北中心河，全长8.2公里，取名顾中河；戴南唐刘共同新开的南起戴南北至唐刘出蚌蜒河的南北河，全长11.8公里，因唐刘先开、戴南后工，取名唐戴河；陈堡新坨开了西起校庄东至沈阳全长10公里的东西河；使卤汀河、渭水河、通界河三河沟通，取名校阳河；徐扬乡新开了南起白涂河北至河沟河贯穿全乡南北的中心河，因地处永丰圩东侧与雄港平行，故取名永东河；西北部地区，缸顾劈开九庄圩，新开了缸顾至夏广入下官河的东西河，取名缸夏河，缸顾中堡两乡（镇）把缸夏河穿过蜈蚣湖向东延伸，接通海河钓鱼两乡洋汊河，取名缸洋河；大邹、海河、钓鱼3乡镇闸合新开的南起海沟河、北至兴盐界河，全长14公里的老海河大圩的中心河，与东西向洋汊河十字交叉，将老大圩分开，使水系串通搞活，取名兴海河，后来编制市图时由于笔误，将"兴"写成了"新"，所以现在成了新海河。分圩河甚多，这里就不再一一列举。

四是以开河的时代特征取名，政治色彩浓厚。

兴化市近代整治河道，曾经在大跃进年代、"文化大革命"期间和农业学大寨年代出现过三次高潮，当时新开和整治河道的命名，大部分都有政治色彩。

"大跃进"年代，全面开花，大搞河网化，当时新开了一大批河道，由于摊子铺得太大，未能完工，在后来多年的工程续建中按规划完成了原来的实施计划，这批河道仍沿用原来河名，如垛田乡南起孔戴接兴姜河、北通湖西口北白涂河、全长8.8公里的跃进河；大邹超纲河、大垛跃进河、下圩跃进河、海南跃进河、舍陈跃进河等都是1975年前后续建整治完工的河道，河名仍沿用原名。

"文化大革命"期间，勤劳淳朴的兴化农民，治水不停步，农业生产迈大步，新开了一批新河、大河，他们按照时代特征给新河起名，如边城、茅山两乡镇联合新开的南北全长9.2公里的朝阳河，还有周庄朝阳河、沈坨朝阳河、老圩前进河、下圩前进河、中圩前进河、边城向阳河等，都成为乡镇引排灌航骨干河道。有的乡镇起的河名政治色彩更是鲜明，如舍陈1966年新开南起塔子河、北接王家港的中心河定名为红卫河，老圩乡新开的横贯全乡腹部的东西干河取名为反修河。后来由于时代进步，舍陈、老圩两乡镇分别将两河更为塔子河和老圩河，抹去刺眼的政治色彩。

"农业学大寨、普及大寨县"的年代里，尽管当时"四人帮"政治干扰不断，但广大干群对政治纷争十分厌倦，在群众性治水活动中迸发了极大积极性，掀起了水系调整水利建设的热潮，这期间新开和整治的河道大部分命名为大寨河、团结河、龙江河、幸福河、"四五"河、"五五"河等。例如舍陈、合塔、戴窑在3乡镇交界处，联合新开了全长11公里的红旗大寨河；永丰、林潭两乡交界处，新开了永林大寨河；陶庄乡于1975年，举全乡之力新开了南起蚌蜒河、北至车路河的南北大河，全长15公里，定名为幸福河。幸福河现在已作作为泰东河形象工程，向南延伸至泰东河，进行全线高标准整治，升格为市级骨干河道，成为全市东部地区引水干河。

五是以历史典故取名，文化内涵丰富。

兴化的每条河都有故事，特别是老河的河名深藏历史典故，细细探究这些河名典故，意义深远，让人回味无穷，现列举几条市级骨干河名典故，和大家共同探讨兴化的河名文化。

蚌蜒河是兴化市横贯市境南部地区的一条大河。蚌蜒河的河名由来，民间流传着一则神奇的神话故事。据传洪泽湖里修炼五百年的河蚌精，乐善好施，为了帮助饱受洪涝之苦的里下河人民抗洪除涝，它排除了妖魔的阻挠，施展魔术，用伤痛之躯，犁出一条东西大河，排除淮洪，造福人民。里下河人民为了纪念它，就把这条河命名为蚌蜒河。美好的传说教育民众积善行德，助人为乐，在民间起到很好的教化作用。其实，蚌蜒河的真名可能是"驳盐河"，它是串场河东各大盐场驳运食盐的水上主要通道。食盐运至陵亭镇（即现在的老阁），通过盐官检验，然后向南转运泰州或向西经邵伯运至扬州。"驳盐"的谐音即"蚌蜒"，正好蚌蜒河弯道较多，人们把驳盐河混淆成河蚌蜿蜒成弯弯曲曲的河。

渭水河是纵贯市境中部，北起大邹镇东侧出兴盐界河、南至边城东板坨西侧入兴泰界河，全长52.5公里的市级骨干河道，它的河名形成有一个传奇典故。宋元时代，姜氏家族由苏州阊门迁居兴化北乡务农为生。姜代后代怀念始祖便建庙纪念，并在庙前河边设立钓鱼台，后来兴化的文人雅士把这条由庙东通往大邹的一条小河定名为渭水河。把渭水河与钓鱼台联系起，反映了当时的文人崇尚历史、崇敬文王，巧妙运用周文王求贤若渴，在渭河边寻访直钩钓鱼的姜子牙的“文王渭河遇太公”历史典故，启迪后人尊重人才、尊重知识。后来，随着兴化人民兴修水利，水系调整，把原来7.5公里的渭水河拓宽浚深，并新开河道向南延伸，形成现在的渭水河。

上官河、下官河分别是历史上里下河地区主要通航河道，上官河是盐城至镇江的盐邵线主航道，下官河是建湖至高港的建口线主航道，分别是兴化市洪水下泄新洋港和黄沙港的行洪通道。上官河南起乌巾荡、北至大邹吉耿西侧出兴盐界河，全长20.6公里，与盐城新洋港支流朱沥沟相衔接，南端乌巾荡东侧由航道部门疏浚，向南延伸至东门泊与车河河沟通接卤汀河。下官河南起乌巾荡、北至沙沟王庄，全长26公里，北端由沙沟王庄向北分东、西两个支流，西支通宝应西射阳，称西塘河；东支至建湖黄土沟称东塘河。南端向南穿过乌巾荡西侧与城区西荡河衔接，由西鲍鹅尚折向东与上官河相接。民间传说兴化城历史上是块真龙宝地，人才辈出，经初步统 计曾经考中进士的达103人，出的官员较多。大小官员上任卸任的官船相遇，经常为争走上首而发生争执，给民间老百姓看笑语。后来，宰相李春芳定了一个规矩，凡上任官船走东河航道赴任，河名定上官河；凡是回乡探亲、卸任的离任官船走西河航回兴化，河名定为下官河，相当于现在的公路分道行驶。这一民间传说无法考证，但反映了民间百姓对兴化宝地人文荟萃的一种赞颂。古代民间称东为上首、西为下首，“官”指公共的意思，东边一条公共交通航道称上官河，西边一条公共交通航道称下官河，这一名称的来由可能较为靠谱。

雌港位于原来全县历史上8个老大圩之首的老圩境内，是老圩的一条南北中心小河，南起海沟河，北至兴盐界河，口宽22米左右，总长.5公里，雄港原为永丰圩内的南北中心小河，南起白涂河北至海沟河，河道弯曲浅窄，口宽不足20米，全长10.7公里。雌港和雄港河名由来版本很多，说法不一，无法考证。一种说法是：上下首，阴阳说。古代东、南为上首，西、北为下首，习惯称呼上首为阳、下首为阴，雄港在南是上首为阳，称雄港；雌港在北是下首为阴，即自称为雌港。传说雌、雄若相连、相通必遭大水灾，因此雄港北端的坝头历史上总是封闭着。另一种为“鸭说”。雄港北端河东河沟河畔有一个村庄叫葛垛营，因为雄港、雌港、海沟河的螺蛳多，养的鸭子肥且产蛋又多又大，所以葛垛营和周围村庄养鸭人很多，但不知何故，海沟河南的雄港河里养的鸭子产蛋孵化出来的雄鸭多，而海沟河北的雌港河里养的鸭子产蛋孵化出来的雌鸭多，人们无法解释这种古代传说中的奇特现象，把一切归结为“河”的原因，雄港、雌港两河原本无名，人们便将产雄鸭多的河称为雄港、产雌鸭多的河称为雌港。还有一说为“寺庙说”。雌港河西有个新文庄，位于雌港的南北中心，庄的东南角、雌港河畔建有一座大庙叫观音寺，寺内供奉着大慈大悲的观世音菩萨，一年四季香火很旺。观音菩萨慈悲为怀，女性化身。因此，人们把寺庙东的河，习惯称为雌港；海沟河以南与之相对的河则称为雄港。雌、雄港河名由来，诸多说法，流传甚多，很难定论，人们之所以分出个“雌、雄”，源于好奇，并没有什么科学的或权威性的依据。现在的雌、雄港，经过1958年、1962年、1965年、1966年、1969年、1972年和1977年共7期工程整治，已经成为兴化东北部地区南起车路河、北接斗龙港，全长23.7公里的南北排水大通道，南引北泄、东西调度，综合效益十分显著。

百里水乡，万条河道，河名甚多，五花八门；有的河叫鲤鱼河、麻雀河、五唐港、九里港、老龙河、买水河等。圩内河道更是名目繁多，沟、港、河、湾品名齐全：一、二、三、四、五……等数字；东、南、西、北、前、后上、中、下、左、右多个方位；《百家姓》中的赵、钱、孙、李、张、王、刘、陈等很多姓氏被用上。兴化境内如庄前河、东大沟、董家港、刘家河、第五沟、三里湾、伍深巷、吴岔河、九龙口、十八河、蚂蝗沟……不胜枚举。

河名是代表河的名称符号，但是内涵十分丰富，有的深藏历史典故，有的包含丰富的故事，有的是体现民众的美好愿望，有的反映时代特征，充分展示了兴化的水文化。认真品味河名可谓余味无穷。探讨河名文化，对研究历史、传承文明，有着深远的意义。

（2014年载于《泰州水利》）

二、调研报告录选

县域经济活力在民间

——兴化市私营个体经济发展情况调查

中共江苏省委研究室 兴化市委研究室

兴化市曾被誉为“江苏农业第一县”，但长期以来工业经济相对薄弱。近几年来，兴化市紧紧把握经济结构调整良机，把加快发展私营个体经济作为富民强市的重要战略举措，以创新的思路和扎实的工作，有效地激发出民间巨大的创业热情，全市私营个体经济渐呈蓬勃发展之势。2001年，全市新增个体工商户7749户、私营企业506家，同比分别增长20.6%和23.7%。同年，全市私营个体工业实现的总产值、销售收入和利税，同比分别增长25.7%、26.6%和29.9%，入库税收占全市工商税收的57%。戴南镇的不锈钢制品、城郊的脱水蔬菜、戴窑镇的粮饲加工等特色产业，在全省乃至全国都有一定知名度。兴化私营个体经济的快速崛起，结束了全市工业经济徘徊不前的局面，明显增强了全市经济的整体活力。

一、挖掘自身潜力，化资源禀赋为发展的现实优势

在发展私营个体经济的过程中，兴化市立足自身实际，充分依托本地资源禀赋实现快速启动，努力把静态资源优势转化为动态发展优势。

化丰富的农业资源为农业产业化的比较优势。兴化市拥有耕地191.96万亩，水域108.69万亩，年产粮食104万吨，水产12.6万吨。在农业结构调整中，兴化人自觉摒弃狭隘农业观，确立“依托工业抓农业”的大农业观，充分利用自身优势，培育和发展了一批农副产品加工龙头企业，为群众找到了一条成本低、见效快的致富途径。目前，全市已有2000多家农副产品加工企业，其中龙头企业64家，年转化农副产品45万吨，加工销售收入16.8亿元，农民从农业产业化经营中人均获得年收入870元。垛田镇、城东镇等优质蔬菜产地，从事脱水蔬菜加工的企业有84家，年加工销售收入6亿元，70%的产品出口到韩国、日本、美国等10多个国家和地区。目前，兴化全市有5万多亩耕地种植蔬菜为其配套，蔬菜品种也已扩大到20多个。

化大批的在外经商能人为集聚经济要素的核心优势。在发展私营个体经济的初始阶段，能人起着关键作用。改革开放以后，兴化市有一大批能人在外经商，他们或是搞运输，或是办企业，都具有一定的资本原始积累和商海弄潮经验。近几年，兴化市把吸引能人回乡创业，作为发展壮大本地私营个体经济的一件大事来抓。继1999年市里制定出台大力推进私营个体经济的40条优惠政策后，各乡镇和有关部门也都制定具体办法，积极动员和鼓励在外能人回乡投资创业。许多乡镇通过向在外能人“发一封信，登一次门”、利用节假日期间亲人回家团聚之机召开能人座谈会等多种形式，晓之以优惠政策，动之以乡情亲情，取得了累累硕果。张郭镇积极鼓动本镇能人“亲帮亲、邻帮邻、友带友”，近几年已先后有400多名在外能人回乡办企业，投资总额累计达3亿元。工业基础薄弱的李中镇，去年也通过吸引能人回乡办起了一家投资1200万元的织造公司。与此同时，兴化市还通过分布在外的能人，将经济触角延伸到全国各地乃至境外，在北京、上海、广州、杭

州、南京等大城市设立办事处，建立同乡联谊会，聘请有经济实力、良好信誉、热心于家乡发展的能人担任牵头人，请他们为家乡招商引资牵线搭桥，为家乡发展工业采购原料、营销商品、传递信息，集聚生产要素。

化传统的手工业基础为提升区域经济实力的竞争优势。兴化市历史上就有日用金属小制品、粮食和蔬菜加工等手工业传统，但长期以来一直以作坊式生产为主，规模不大。为了发展传统手工业，使其为壮大区域经济实力服务，兴化市成立了若干行业协会，通过行业协会对相关行业进行引导和培植，提升技术档次，扩大生产能力。经过几年的不懈努力，这些行业已具备一定的规模效益和市场竞争力，逐渐成为支撑当地经济发展的当家产业。以日用金属小制品为例，经过多年的积聚和产业提升，目前已形成较为完整的产业链，竞争实力大增。在广东等地，已出现“戴南不锈钢产品一条街”。蔬菜加工已由早先的菜籽榨油为主逐渐发展成以蔬菜脱水为主，生产方式也由以土炕为主演变为以汽炕为主，既扩大了产量，又提高了质量，还增加了国内外市场的占有份额。

二、倡导差别竞争，努力形成各具特色的规模产业

差异彰显特色，规模赢得优势。面对日趋激烈的市场竞争，兴化市努力运用差异化策略培育产业特色，集中力量做大产业规模、增强竞争实力。

力避重复，找准自身目标市场。适度重复有利于竞争，但不加调控的简单重复必然导致恶性竞争和巨大浪费。兴化人坚持在市场细分的基础上找准自身的目标定位。他们既充分发挥市场无形之手的资源配置功能，又在遵循客观经济规律的前提下，利用好政府有形之手的间接调控作用，逐步形成了戴南镇的不锈钢制品和工业防护手套，垛田、城东镇的脱水蔬菜，开发区的矿用机械配件，陈堡镇的体育用品，戴窑镇的粮食加工，沙沟镇的水产品等“一镇一品”或“一地一业”的产业特色。

注重配套，形成较为完整的产业链。在发展私营个体经济的实践中，兴化人既注重企业横向的竞争与联合，更注重企业纵向的分工与协作，通过拓展产业链，力图将企业的外部资源本地化，营造出行业内部化优势，逐步形成规模优势。以不锈钢产业为例，戴南镇生产了几十个系列、上千种规格的各类不锈钢制品，产供销配套成龙，自成体系，各类产品覆盖全国大中城市，形成了一条不锈钢制品产业链。这镇有3000多人分布在全国100多个大中城市，设点销售各类不锈钢制品，年成交额超过12亿元，成为名副其实的“不锈钢之乡”。

做大规模，确立市场竞争中的优势地位。兴化市通过扶优扶强，优化组合，联小成大，不断引导和帮助企业做大规模，改变个私工业发展低小散状况，形成群体优势和规模效益。对年销售2000万元以上的区域龙头企业和高新技术骨干企业，在项目审批、资金筹措、规费收取、建设用地、科技投入、挂钩扶持等方面给予政策倾斜和重点保护，着力培育“小巨人”。目前，全市年产值5000万元以上的私营企业已有14家，私营个体工业产值超亿元的村14家，戴南镇永丰村已过3亿元。随着一批规模企业的茁壮成长，脱水香葱、子午轮胎钢帘线、自行车链轮曲柄、不锈钢制品、劳保系列用品、汽车换挡用软轴软管、溶剂法铜酞菁、药用包装材料、电热元件、金属软管等10个主导产品已成为全国单打冠军。

显化特色，塑造独具魅力的区域品牌。产品以特色论输赢，而特色往往体现在品牌的知名度上。兴化人认识到，实行差别竞争，必须由传统的有形产品竞争向注重非物质因素竞争转变，努力创造具有浓郁地方特色的优秀品牌。他们充分利用江苏省历史文化名城、国家级生态示范区这一品牌资源优势，以创区域品牌商品为抓手，全面启动个私经济“名牌战略工程”。根据本地农业特色产品较多的实际，为地方农、副、水产品申请注册商标；结合企业经济状况、产品特点、销售情况，积极开展广告宣传，扶持特色品牌；帮助企业申报名牌认定，大力开展打假保名牌活动；借助品牌，进行市场化运作。如远东纸业有限公司利用“安洁尔”这一著名商标的无形资产，在省内进

行品牌有偿使用，借助社会资本加快发展，现已成为江苏最大的卫生巾生产基地。经过努力，一批具有浓郁地方特色的品牌知名度正在逐渐提升，如中庄醉蟹、板桥大米、一禾西瓜、五福酱菜等品牌农副产品以及“安洁尔”“新宏大”“九寿堂”等名牌工业品。目前，全市共有16家私营企业商标荣获江苏省和泰州市著名、知名商标的称号。

三、放大典型效应，谋求整体推进的区域经济发展格局

兴化市戴南镇、张郭镇通过放手发展私营个体经济，走出了一条体现本镇特色的富民强镇道路。到2001年底，戴南、张郭两镇的私营个体企业数分别为821家、552家。在去年戴南21.2亿元、张郭16.08亿元的工业销售中，私营个体工业分别占81%、80.3%。兴化市以培植戴南、张郭式乡镇为抓手，充分发挥典型的示范作用和放大效应。

瞄准更高参照系，不断提升两镇发展水平。市委、市政府着力引导戴南、张郭两镇进一步解放思想，冲破经济发展适度增长的束缚，树立事在人为、能快则快的观念；冲破小进即满、小富即安的思想束缚，树立永不满足、见强思超的观念；冲破不求有功、但求无过的思想束缚，树立与时俱进、开拓创新的观念。现在，戴南镇提出了“争当苏中、苏北第一镇”的新目标，张郭镇也喊出了“冲过长江争上游”的新口号。两镇确立了更高的发展参照系，力争使制度更新、结构更优、规模更大、特色更明。

扩散两镇发展观，拓宽全市致富路。市委、市政府号召全市开展争创戴南、张郭式乡镇活动，明确具体的考核目标和奖惩办法，大力扩散两镇“能人经济、实业兴镇”的发展观。通过典型带动、宣传发动、行政推动，在全市上下营造比、学、赶、超的浓烈氛围。在开展争创戴南、张郭式乡镇活动中，许多乡镇逐步确立“不以事小而不为，小财可以聚大财”的发展观、致富观，借鉴并实践“民间投资、能人创业、市场推动、政府服务”的发展路数，从基础抓起，从个体工商户抓起，从一点一滴做起。在两镇典型带动下，安丰镇工业近两年翻了一番；周庄镇去年工业入库税金1050万元，比上年增长60%以上；昭阳、临城等乡镇去年都有一批投资千万元以上的项目落户。近年来，已有昭阳、周庄、安丰、戴窑四镇及市经济开发区跃入戴南、张郭经济发展行列，先进典型的示范带动效应正在兴化日益显现。

四、注重载体建设，促进经济发展与城镇建设的良性互动

近年来，兴化市积极实施以载体建设促私营个体经济发展的举措，使二者相辅相成，互促并进。

以城镇化带动工业化。兴化市通过改革户籍制度、土地使用制度和调整乡镇行政区划和村格局等一系列措施，推动耕地向规模经营大户集中、人口向城镇集中、企业向园区集中，形成了以市区为轴心，安丰、戴南、戴窑、周庄等重点中心镇为支撑，一般集镇和中心村为基础的城镇体系。在加快城镇化的进程中，兴化市因势利导，降低门槛，运用市场化运作手段，多头多路启动民资民力，引入民资的范围已涉及基础设施、市政公用事业、住宅建设等诸多领域。参与载体建设的民资份额，已达全市总投入的一半以上，有效地带动了全市的工业化尤其是私营个体工商业的快速发展。2001年，全市共投入城建资金18.23亿元，其中民资10亿元，占54.9%。

以市场建设吸聚商家人气。近几年，兴化市依托资源优势和基础条件，培育了一批上档次、跨区域、广辐射的规模市场和特色市场，吸引了市内外大批客商。全市现有注册登记的市场103个，年成交额35亿元，市场经营户近2万家，从业人员3万多人，外地经营户有2500多户。兴化市利用本地粮食、水产品的资源优势，培育了26个粮食市场，3个水产市场。尤其值得一提的是，兴化粮食市场总占地面积达300公顷，已成为华东地区最大的粮食批发中心，吸引了山东、河南、浙江等10多个省的众多客商进场交易。其中，有稻谷加工企业54家，米行74家，经营户500多个，该

市场2001年成交粮食10亿多斤。兴化市沙沟水产品批发市场的发展势头也十分强劲，经营的水产品销往全国30多个大中城市和韩国、日本等地，每天有40多辆活水车、120多条活水船进场采购，日成交量达到70吨，正在成为里下河地区水产品集散中心之一。市场建设是兴化私营个体经济发展的一个亮点。个私经济的发展孕育了市场，市场建设推动了个私经济的发展也孕育了人才。全市涌现出一批懂经营、善管理、勇创业、求发展的私营业主和个体工商户。

以空间调整促进要素集聚。兴化市把工业园区作为招商引资、项目建设的重要平台，及时调整土地利用总体规划，采取多种供地方式，灵活置换土地，通过“占补平衡”确保用地计划，不断加快园区建设步伐。对规模较小、实力较弱的私营企业，在保留集体土地所有权性质的前提下，采用村办联营的形式；对实力一般的私营企业，采用国有土地使用权租赁的形式；对规模大、实力强的私营企业，采用直接出让国有土地使用权的方式供地。全市园区固定资产投入已达10.42亿元，入园企业1428家，从业人员3.9万人，年销售额40亿元以上。2001年，新办的私营个体企业70%以上都已进区入园落户，已有8个乡镇工业园区年产值过亿元。

五、激活经济细胞，增强企业发展活力和市场竞争力

兴化市在解放思想的过程中，积极扶持和强力推进私营个体经济的发展，不断挖掘全社会的发展潜力，营造出浓烈的发展氛围。

强力造势。1997年，兴化市把私营个体经济发展作为全市经济工作的四大重点之一。2000年，明确提出“四个为主”的观念，即把发展私营个体经济作为全市经济工作的主体思路、经济发展的主要途径、经济结构的主体框架和经济增长的主要方式，将发展私营个体经济列入“十五”规划，并作为全市经济发展的首要战略。今年初，进一步提出围绕富民强市大目标，继续放大戴南、张郭效应，加快培植开放型经济、私营个体经济两大增长点，加速走好农业产业化、农村工业化、城镇化之路，在新的起点上实现新的跨越。市委、市政府先后多次组织各级干部到浙江、上海以及苏南等地参观学习，邀请温州等地的专家、领导及企业家来兴化传经授课。同时，充分运用新闻媒体宣传先进典型，开展各种讨论活动，努力在加快发展中解放思想，在解放思想中统一思想。

倾心扶持。消除私营个体经济进一步发展的障碍，不在于“教育”民营企业家如何做，关键在于政府管理体制的改革。为此，兴化市从解决阻碍私营个体经济发展的一个个难题入手，采取了实实在在的措施。为了解决发展私营个体经济优惠政策难到位的问题，兴化市集中开展了软环境整治活动，专门印发了《关于对行政审批实行联合审批、限时办理和责任追究的工作意见》等一系列文件，不断完善部门承诺服务、联合办公等制度。为了解决个私企业负担重的问题，兴化市认真开展清费治乱减负工作，在2000–2001年两年内共取消115项收费，降低和优惠了208项收费标准，对于有上下限浮动幅度的收费标准坚持实行底限收费，在私营经济城等三个市级工业园区实行“零收费”。同时，在全市推行收费公示，实行“两证一卡”制度，实施收费“阳光工程”。为解决私营个体企业贷款难的问题，兴化市先后建立了3家担保中介机构，全面推行小额贷款“客户一证通”，为中小企业提供贷款累计7500余万元，为私营个体经济发展发挥了强劲的助推作用。

力促创新。面对中国加入WTO等新形势，兴化市加快了创新步伐，力促私营个体经济再上新台阶。在制度创新上，积极引导私营个体企业从个体业主制、合伙制，逐步转向公司制。目前全市已有424家私营个体企业采用了股份有限公司、有限责任公司等现代企业组织形式。在管理创新上，积极引导有条件的私营企业逐步摒弃“老子董事长，儿子当厂长，媳妇管总账”的家族式管理模式，加快建立现代企业制度。全市已有50多家私营企业引进了200多名管理人才，东方不锈钢制品厂、海陵机械公司等企业还聘请专业管理人才担任总经理等高级职务。在技术创新上，积极引导私营个体企业广泛招才引智，加大科技投入，挂靠大专院校和科研院所，努力实现产业升级和产品换代，把大的做强，强的做大。金扬子生化制品有限公司挂靠国家医药管理部门和黄海集团，

开发高科技产品脱水土霉素，年销售额由原来的1000万元猛增至6000万元。九寿堂有限公司依靠科技人才加强科研开发，已申报获得6项国家专利，开发的10多个产品全部出口。

（刊载于江苏省委研究室《调查与研究》2002年第27期，《新华日报》2002年7月14日节载；调查组成员：范朝礼、邹立靖、崔巍、仲红岩、莫其康、吴海盈）

一个产粮大县的昨天今天和明天

沈建华 史道智

“市场在资源配置中起决定性作用”，粮食的种与不种，种多种少，是由市场这只手决定，还是政府这只手强制产销平衡？在进一步市场化的新形势下，如何解决好粮食增产、农业增效、农民增收的矛盾？

中央经济工作会议前夕，江苏省政府参事刘立仁等国内知名学者，专程前往国家产粮大县兴化市调研，记者应邀同往。此前此后，记者也多次来采访调研，对一个粮食大县的昨天、今天和明天乃至中国的粮食问题，获得了一些新的认知。

昨天：连续十年被表彰为全国粮食生产先进（标兵）市

无论市场价值怎样变化，粮食生产一刻也不放松

调研组的阵容颇不一般：有享誉业界的中华农业科教基金会理事长刘立仁，有20世纪80年代几次参加中央1号文件起草的原江苏省委农工部部长吴镕，有被誉为“南方麦王”的中国工程院院士程顺和，有东南大学教授高祥生。

兴化方面重视程度更不用说，在家的市委、市政府主要和分管领导都参加或出席调研、座谈。因为，他们也想通过与这些学者型领导们的交流，进一步丰富发展思路，让粮食生产更上一层楼。首先是对“昨天”的回顾、反思和总结。

兴化市委书记陆晓声说，一部兴化现代农业发展史，就是在确保粮食稳产增产、农业增效增收的前提下，现代农业调整结构、转型升级的历史，也是兴化人民顾全大局、贡献粮食的历史，一部粮食生产一刻也不放松的持续奋斗史。

兴化市地处里下河地区腹部，有191万亩耕地，86万亩水面，124万农业人口。作为全国重要的粮食生产大县，兴化以稻麦两熟水旱轮作为主，是农业部长江下游优质弱筋小麦的优势区域和省定优质稻米、专用小麦主导产区。

20世纪90年代中期，美国学者莱斯特·布朗提出21世纪“谁来养活中国”的沉重议题。记者来兴化采访调研，时任兴化市委书记的吕振霖，就跟记者探讨过如何走出“粮食大县、经济弱县、财政穷县”困境和怪圈的问题。

近20年过去，无论市场怎样波动，兴化市从不放松粮食生产，不仅创造出每年向国家奉献百万吨粮食的可贵业绩，更探索了走出“粮食大县、经济弱县、财政穷县”困境和怪圈的新路。

兴化市代理市长李卫国介绍，从2003年起，该市连续10年被表彰为全国粮食生产先进市，其中6次荣获标兵市称号，粮食单产、总产一直位居江苏前列。2012年全市粮食播种面积275.7万亩次，总产139.3万吨，分别居全省第2位和第1位，财政总收入68.81亿元，农民人均纯收入11827.4元，增长18.4%。

座谈中，刘立仁说，粮食是人类生存和发展的基础，作为人口最多的国家，中国的粮食安全问题尤为重要，国际社会极为重视。兴化市多年来，特别是近年来，一刻也不放松地抓粮食生产，产出可羡，奉献可敬，探索可贵，路径可鉴。

今天：在稻麦两熟条件下水稻百亩方单产创全国纪录

粮食高产创建＋农业科技集成＋经营机制创新

2013年11月4日上午，经江苏省科技厅组织，由安徽、浙江、江苏、湖北等省有关专家组成的专家组，对兴化市钓鱼镇的杂交粳稻钵苗精确机插超高产栽培攻关方进行了实产验收。验收结果显示，攻关方平均亩产961.2千克，其中最高田块亩产为992.6千克，再次创造了稻麦两熟条件下水稻百亩方单产的全国纪录。

曾多次赴兴化调研、考察的中国工程院院士程顺和说，这不是偶然的，兴化粮食高产创建的过程，不仅是农业科技集成推广应用的过程，也是农业综合生产能力不断提升的过程，更是农业生产经营体系创新和优化的过程。

发挥生态资源优势，推进粮食高产增效创建。2011年4月，兴化市委、市政府就制订出台了《关于兴化市年增亿斤优质粮食综合生产能力的实施意见》《粮食高产创建规划和创建工作方案》等一系列规范性文件，大规模、广范围、高层次实施优质粮食高产创建示范基地建设，积极推进整市（县）高产创建。

强化粮食高产增效创建，优化粮食产业布局。市委副书记吉天鹏介绍，围绕做大做强优质稻米、红皮小麦、啤酒大麦等特色优势产业，兴化市制定和实施粮食主导产业发展规划，大力推进优质粮食生产基地建设，优化产业布局，放大区域资源优势，推进了粮食高产增效创建，促进了兴化粮食综合生产能力的提升。

副市长刘文荣介绍，2013年，全市共落实部省级粮食高产增效创建万亩示范片31个，市级万亩示范片33个，镇村千亩、百亩方464个，高产创建规模达到70多万亩。通过高产创建提升了对大面积粮食生产的示范、引领能力，推进了高产增效技术的普及化，变“专家产量”为“农民产量”、变“示范方产量”为“大面积产量”，促进了大面积平衡增产，兴化成为全省首批“亩产吨粮县”。

在开展粮食高产增效创建的同时，兴化市还加快探索高效设施农业与粮食生产轮作模式，注重粮食增产与农民增收的有机统一，成功探索出“水稻—番茄”“西瓜—水稻”“棉花—小麦”“芝麻—小麦”等多种轮作模式，“稻渔共作”“稻鸭共作”“稻蟹共作”“稻蛙共作”等新型种养模式，规模达10多万亩，基本实现了“千斤粮、万元钱”，既增粮又增效增收。

强化科技支撑，挖掘粮食生产潜力。近年来，兴化市大力实施科技攻关、科技示范和科技服务“三大科技工程”，建立了“省有专家顾问、县有技术专家、乡有技术骨干、村有技术标兵”的四级创建服务体系，突出超级稻品种示范推广、商品化基质育秧、精确定量栽培等集成技术的推广普及，促进了大面积平衡增产。

2012年，该市水稻单产、总产双创历史纪录，其中钓鱼镇百亩攻关方平均亩产947.6千克，最高产田块亩产达965.3千克，再次创造了稻麦两熟条件下水稻百亩方单产的全国纪录，2013年又再次创造了水稻百亩方单产的全国纪录。

强化适度规模经营，创新农业经营主体和机制。形成了陶庄镇“全程托管、保姆服务”、戴南镇“以工哺农、整镇推进”、周奋乡“公司经营、专业服务”等土地适度规模经营新模式，有效提高了粮食生产的组织化、规模化、机械化水平。

在陶庄镇采访，记者了解到这里推行的“土地全程托管”模式，很受农户欢迎。农户将稻麦两季的生产和管理，全程托付给农技站组建的合作社，通过签订托管合同，明确合作社负责从种到收全程服务，保证农户产量，农户付给合作社管理费，"坐收两熟、保产增收"。2012年，合作社土地托管面积1.5万亩，总收入达70多万元。该模式不仅加快了"三新"技术的推广，促进了种植的规模化，更为解决"谁来种地，地怎么种"的问题走出了一条新途径。

强化产业带动，增加粮食生产效益。兴化市近年来着力推动粮食加工流通增值，延长粮食生产链条，提升粮食生产效益空间，全市有粮食加工企业150多家，初步形成年生产规模30亿元的优质稻米产业、10亿元的食用面粉产业、6亿元的啤酒麦芽产业等三大粮食加工产业，形成年交易额近50亿元的大米加工交易市场，全市共有大米加工企业200多家，年加工能力达300万吨，全国最大的戴窑粮食市场有大米加工交易企业50多家，交易规模达到30亿元。

明天：继往开来提高对粮食产业全新认识与全面投入

在更高起点上推进百万亩粮食高产增效区建设

昨天的辉煌，不代表今天的创造。明天的辉煌，却必须有今天的基础打造。对明天的粮食生产和规划，兴化市干群首先建立在对现代粮食产业全新的思想认识的基础之上。记者从兴化同志的介绍和感悟中，得到很多新的认识——

"粮食产业是'基础'的基础产业，是政策优势集中的产业，是永远重复性消费的'日不落'产业，是永不愁市场销路的市场优势突出的产业。因此，粮食产业是一个没有多少经济风险、市场风险的稳定产业。"市委书记陆晓声说。

"粮食产业是人类无论农业文明，还是工业文明、现代文明史上，不可或缺的生态产业，在鱼米之乡的江苏，水稻种植不仅提供粮食，更提供了重要的人工湿地生态系统。"代理市长李卫国说。

"粮食产业是有利于推进机械化、集约化和技术集成化，有利于提高劳动生产率的特大宗型农业产业。"市委副书记吉天鹏说。"粮食产业是可以通过生态种植提高市场价值，通过延长产业链提高产业价值，通过深加工提高附加值，促进农民增收的富民产业。"副市长刘文荣这样认为。

在这样认识的基础上，对明天的粮食生产和规划，兴化市又推出不同凡响的"三个百万亩"工程：着力打造百万亩粮食高产增效生产区，进一步促进农业增效农民增收；着力打造百万亩水乡生态涵养区，进一步推动水乡生态文明建设；着力打造百万亩生态健康养殖区，进一步推动高效种养业发展。

为打造百万亩粮食高产增效区，兴化市进一步强化投入保障，提高粮食生产能力。从2013年开始，大力度加强农田基础设施建设，实施市级标准粮田改造工程，除上级项目外，每年投入8000万元左右，推进20万亩左右农田基础设施建设，力争用4年左右时间，实现高标准农田建设目标，农机通达率提升到90%。

为推进粮食机械化种植，市委、市政府提前制订下发了《2014年机插秧技术推广工作方案》，对2014年新购置高速插秧机的农户，完成400亩作业量则一次性发放2万元作业补贴；对2014年新购置育秧播种设备的农户，对完成100亩秧池田作业面积则一次性发放6000元作业补贴。

为推进粮食保障体系建设，兴化市扩大农村金融改革试点，积极组建农村小额贷款公司，稳妥推进农民资金互助合作社建设，全市小额贷款公司、农业投资担保公司、资金互助合作社2013年上半年发放小额贷款余额15亿元；全市实现了常规种养业保险全覆盖，高效设施农业保险面稳步扩大，其中小麦120万亩、水稻134万亩、油菜21万亩，保险面均达100%……

"稻米流脂粟米白，公私仓廪俱丰实。"杜甫《忆昔》中描写的这番他梦寐以求的美妙景象，在如今的粮食大市兴化，在鱼米之乡的江苏，早已成为现实，并还将继续谱写更加美好的现实之歌。

（载于2013年12月24日《农民日报》）

三、前志勘误

表32-1

页	行	误	正
53	倒4	闫明复	阎明复
55	7	主任医师王少华	主任中医师王少华
56	20	解钦恭	解钦功
57	倒6	洽淡	洽谈
104	倒7	讯期	汛期
113	18	2PPm	2ppm
143	倒10	男	男性
143	倒9	女	女性
154	11	工农业总产值39.31	工农业总产值24.13（统计年鉴公报数字）
154	12	国民收入16.51	国民收入11.23（统计年鉴公报数字）
188	表（序号8）	乌中荡	乌巾荡
245	1	工业企业7547	工业企业7685（统计年鉴数字）
249	倒2、4、5	帐	账
301	12	打涝	打捞
311	倒10	浆	桨
525	倒2	人民代表	人大代表
573	13	阴井	窨井
636	倒13	1926	1925（1926年开馆）
636	倒11	1933，在安丰、戴窑、竹泓、白驹分别设立民众教育馆	戴窑为1929年设立，安丰为1933年设立，竹泓、白驹为1935年设立。
636	倒8	建立	恢复
910往后	倒3	全宗德	全琮德

图32-2 李中万亩荷塘 （2010年，杨天民摄）

索引

一、条目索引

二、表格索引

说　明

本索引依照国家标准《索引编制规则（总则）》GB/T22466—2008，采用主题分析法进行编制，也有部分选用关键词。分设条目索引、表格索引。本索引采用汉语拼音排序，按标引词第一个汉字的拼音字母顺序排列；同音同调，按第二字的音序排列，依次类推。标引词后的阿拉伯数字是表示索引出处的页码。为便于检索，兴化市的党政机关、企事业单位、社会团体以及在兴化市发生的事件名称，除容易产生歧义的外，均省略“兴化市”或“兴化”。

李中水上森林　　（2010年，顾晓中摄）

一、条目索引

A

B

C

D

E

F

G

H

J

K

L

M

N

P

Q

R

S

T

W

X

Y

Z

二、表格索引

A

B

C

D

F

G

H

J

K

L

M

N

P

Q

R

S

Y

Z

T

W

X

Y

Z

编后记

2006年，根据《江苏省续修地方志工作规划》要求和省人民政府、泰州市人民政府关于做好二轮修志工作的通知精神，经市委、市政府研究同意，决定开展新一轮修志工作。在学习、参考其他县市经验、做法的基础上，规划设计出兴化市志篇目大纲，并制定详尽的市志编纂实施方案。经过一年多的调研准备，2007年4月，市委办、市政府办印发《关于组织开展〈兴化市志〉编纂工作的通知》，明确编纂工作实施方案。2007年4月24日，兴化市人民政府专题召开《兴化市志（1991—2007）》征编工作动员会议，市四套班子领导和各部门、各乡镇分管负责人出席会议。会上全面回顾兴化市修志工作的历史，研究和部署各承编单位下一阶段工作任务和做法。为确保工作落实到位，从组织上确保市志续修任务的顺利完成，市政府分别与各部门签订责任状，进一步强化“一纳入、五到位”的责任意识。

为进一步推进《兴化市志（1991—2007）》征编工作进度，2007年6月中旬，兴化市史志档案办召开在城机关以口为单位，乡镇以片为单位的征编工作督查会，检查和了解各单位在市志续修工作中组织建立、资料收集等情况，10月下旬进行第二次检查过堂，重点检查各单位修志工作落实情况。2008年4月，结合《兴化年鉴》征编督查会，重点了解和督促志稿编撰进度。综合三次检查情况，绝大多数乡镇、机关单位都能在市志续修班子建立、人员落实后，迅速搜集相关材料，积极撰写市志文稿。

2007—2008年，为强化市志编纂队伍建设，做好市志撰稿人员的业务培训工作。兴化市史志档案办邀请省地方志办公室专家到兴化对市志撰稿人员进行上岗前业务培训，做到“先培训后上岗”，进一步提高市志编修人员业务水平和素质。针对部分乡镇合并及工作脱节状况，积极编纂乡镇样稿，通过参照周边地区及本地实际情况，与有关乡镇磋商，拿出通稿，并推广到各乡镇。

2008—2011年，《兴化市志（1991—2007）》编纂工作进入资料征集、初稿撰写阶段。在此期间，重点抓好专题辅导、典型引导、交流互动。每年上半年对各乡镇、各部门的市志工作进行督查推动并提出修改意见。下半年，对各乡镇和部门单位进行点对点反馈，以引起相关部门领导重视，督促相关编纂人员加快工作进度。2011年初，形成《兴化市志（1991—2007）》资料稿30篇500多万字。

2010年，根据实际情况，重新制定纲目并请专家审核后实施。同时，考虑到2010年为五年计划的最后一年，兴化市史志档案办自我加压，将下限从2007年延续到2010年，从而大大增加了工作量，延长了编纂时间，增加了编纂难度。

2011—2014年，《兴化市志（1991—2010）》编纂工作进入分纂（结合总纂）阶段。从2011年4月起，对已送稿件进行分纂审稿，逐个单位、逐个乡镇提出修改和调整意见，形成反馈函，并与各单位对接，及时进行上门指导，对缺失材料进行追缴。对已送稿件，组织人员进行审稿，能修改调整的及时在稿件上进行修改调整，及时反馈修改完善意见给供稿单位；不能修改调整的提出修改调整意见，迅速发回到原单位进行重新编纂。邀请熟悉方志业务的老同志参与审稿和把关工作，保证分纂（结合总纂）工作顺利开展。至2014年10月底，《兴化市志（1991—2010）》经过数次易稿，全篇基本完成总纂。2014年11月形成《兴化市志（1991—2010）》第一次送审稿。2014年底组织召开《兴化市志（1991—2010）》初审。

2015年，根据初审会专家评委提出的意见，进行详细的梳理，从篇目布局、章节调整，到内容补充完善，乃至于到计量单位、标点符号，均制定了修改方案，并根据修改方案，逐篇进行编纂修改。2015年底形成《兴化市志（1991—2010）》复审稿并组织复审。

2016年，进一步做好志稿的补充、修改和核实工作。同时从谋求规范与彰显特色出发，在吸收专家意见的基础上，对《兴化市志（1991—2010）》纲目再次进行修改完善。增加了《不锈钢产业》《文化遗产》两个反映兴化地方特色的篇章。同时，还在相应卷章中，把“生态景区”“兴化特产”“中国历史文化名镇——沙沟镇”“国际象棋之乡”等升格为章或节，力求把兴化“国家级生态示范区”“中国不锈钢之乡”“中国国际象棋之乡”“江苏省历史文化名城”等地方名片在市志中充分体现，并将传统的大事记改设为“兴化纪事”卷，其中单设“1991年兴化抗洪纪实”。2016年底，组织召开《兴化市志（1991—2010）》终审会议。

2017年，终审会结束后，梳理终审专家意见，组织进一步修改调整。5月底，组织完成市志招标工作。6月中旬，将市志文稿送厂排版，并加强督促和标准化规范要求。在组织数次样稿审核后形成验收稿。10月底，泰州市史志档案办组成验收组对《兴化市志（1991—2010）》进行验收并顺利通过。11月，根据验收组意见，再次对《兴化市志（1991—2010）》进行加工。12月形成审核稿报省方志办审核并通过。12月中旬，方志出版社通过对《兴化市志（1991—2010）》的审稿并发放书号。

《兴化市志（1991—2010）》自编纂之日起，即受到兴化市委、市政府的重视和关心。兴化各乡镇、各部门将修志工作列入议事日程，抽调人员建立工作班子；200余名修志人员更是兢兢业业，埋头苦干。《兴化市志（1991—2010）》凝结了全体修志人员的心血，是共同创作、共同劳动的结晶。在编纂出版《兴化市志（1991—2010）》过程中，得到江苏省地方志办公室、泰州市党史方志档案办公室领导和专家的具体指导和关心帮助，谨向漆冠山、方未艾、蔡金良、牟国义、陈华、吉祥、张乃格、张士林、申俊才、查桂山、陈维、张越善、申万霞、徐强、殷勇、刘扣林等致以诚挚的谢意！同时，对关心支持《兴化市志（1991—2010）》编纂工作的兴化地方文史专家陈麟德、任祖镛、张炳嘉等致以衷心的感谢！

《兴化市志（1991—2010）》工程浩大，考证和选材均有一定难度。我们本着实事求是的精神，对历史负责，尽力求实存真。但限于水平，定有错漏，恳请读者指正。

兴化市党史方志档案办公室

2017年12月